ser Protagonista BOX

HISTÓRIA

VOLUME ÚNICO
ENSINO MÉDIO

ORGANIZADORA
EDIÇÕES SM
Obra coletiva concebida, desenvolvida e produzida por Edições SM.

EDITORA RESPONSÁVEL
Valéria Vaz

Anderson Roberti dos Reis
Bacharel e Licenciado em História pela Faculdades Metropolitanas Unidas (FMU).
Mestre em História Cultural pela Universidade Estadual de Campinas (Unicamp-SP).

Débora Yumi Motooka
Bacharela em História pela Faculdade de Filosofia, Letras e Ciências Humanas da Universidade de São Paulo (USP). Licenciada em História pela Faculdade de Educação da USP.

Fausto Henrique Gomes Nogueira
Bacharel em História pela Faculdade de Filosofia, Letras e Ciências Humanas da USP.
Licenciado em História pela Faculdade de Educação da USP.
Mestre em História Social pela Faculdade de Filosofia, Letras e Ciências Humanas da USP.

Gilberto Lopes Teixeira
Bacharel em História pela Faculdade de Filosofia, Letras e Ciências Humanas da USP.
Mestre e Doutor em História Social pela Faculdade de Filosofia, Letras e Ciências Humanas da USP.

Mairon Escorsi Valério
Licenciado em História pela Unicamp. Mestre e Doutor em História Cultural pela Unicamp.

Marcos Alexandre Capellari
Bacharel em História pela Faculdade de Filosofia, Letras e Ciências Humanas da USP.
Licenciado em História pela Faculdade de Educação da USP. Mestre em História Social e Doutor em Ciências pela Faculdade de Filosofia, Letras e Ciências Humanas da USP.

São Paulo,
1ª edição 2014

sm

Ser Protagonista Box História – Volume Único
© Edições SM Ltda.
Todos os direitos reservados

Direção editorial	Juliane Matsubara Barroso
Gerência editorial	Angelo Stefanovits
Gerência de processos editoriais	Rosimeire Tada da Cunha
Coordenação de área	Valéria Vaz
Edição	Jaqueline Martinho dos Santos, Maria Cristina Frota, Valéria Vaz
Apoio editorial	André Luiz Bis Pirola, Andressa Munique Paiva, Arnaldo Ferreira Marques Júnior, Beatriz Alves, Carlos Eduardo Matos, Carolina Amaral de Aguiar, Carolina von Zuben, Cecilia Setsuko Oku, Ciro Hardt Araujo, Fabiana Ferreira, Fausto Henrique Gomes Nogueira, Helena Botelho Gomes, José Antonio da Costa Fernandes, Laura Aguiar, Laura Guimarães, Letícia Vidor de Sousa Reis, Lizete Mercadante Machado, Lorena Vinci, Luciano Felipe dos Santos, Luis Donisete Benzi Grupioni, Luís Renato Maldonado, Maria Izabel Simões Gonçalves, Márcia Maria Menendes Motta, Renata Felinto, Nanci Ricci, Renata Paiva, Rosilene Alves de Melo, Thiago de Faria e Silva
Assistência de produção editorial	Alzira Aparecida Bertholim Meana, Flávia R. R. Chaluppe, Silvana Siqueira
Preparação e revisão	Cláudia Rodrigues do Espírito Santo (Coord.), Ana Catarina Nogueira, Ana Paula Ribeiro Migiyama, Eliana Vila Nova, Fátima Valentina Cezare Pasculli, Fernanda Oliveira Souza, Izilda de Oliveira Pereira, Maíra de Freitas Cammarano, Rosinei Aparecida Rodrigues Araujo, Valéria Cristina Borsanelli, Marco Aurélio Feltran (apoio de equipe)
Coordenação de *design*	Erika Tiemi Yamauchi Asato
Coordenação de arte	Ulisses Pires
Edição de arte	Luis Frederico Lida Kinoshita, Angelice Taioque Moreira
Projeto gráfico	Erika Tiemi Yamauchi Asato, Catherine Ishihara
Capa	Erika Tiemi Yamauchi Asato, Megalo Design sobre ilustração de Lavanya Naidoo
Iconografia	Priscila Ferraz, Bianca Fanelli, Daniela Baraúna, Josiane Laurentino, Mariana Zanato
Tratamento de imagem	Marcelo Casaro, Robson Mereu
Editoração eletrônica	Equipe SM
Fabricação	Alexander Maeda
Impressão	Eskenazi Indústria Gráfica Ltda

Dados Internacionais de Catalogação na Publicação (CIP)
(Câmara Brasileira do Livro, SP, Brasil)

Ser protagonista box : história, ensino médio :
    volume único / Organizadora Edições SM ; obra
    coletiva concebida, desenvolvida e produzida por
    Edições SM. — 1. ed. — São Paulo : Edições SM,
    2014. — (Coleção ser protagonista box)

Vários autores.
Bibliografia.
ISBN 978-85-418-0221-5 (aluno)
ISBN 978-85-418-0222-2 (professor)

1. História (Ensino médio) I. Série.

14-04521   CDD-907

Índices para catálogo sistemático:
1. História : Ensino médio 907

1ª edição, 2014

Edições SM Ltda.
Rua Tenente Lycurgo Lopes da Cruz, 55
Água Branca 05036-120 São Paulo SP Brasil
Tel. 11 2111-7400
edicoessm@grupo-sm.com
www.edicoessm.com.br

Apresentação

O estudo de História nos ajuda a entender nosso tempo, nossa realidade e nosso lugar no mundo.

Nesta obra, a História é vista como um processo dinâmico, resultado da interação entre as grandes estruturas sociais, políticas e econômicas e as experiências concretas das pessoas vivendo seu dia a dia em sociedade. Nessa perspectiva, todos nós participamos da construção da História, com nossas ações, omissões e com as escolhas que fazemos ao longo de nossa vida.

Um dos grandes objetivos desta obra, portanto, é permitir que os alunos se situem historicamente na comunidade em que vivem, conheçam os diversos agentes que produziram a História e reconheçam no presente o resultado dos processos que se desenrolam desde o passado. Processos que são múltiplos, diversos, assim como são diversos os indivíduos e grupos que compõem a sociedade.

A ação educativa que acompanha essas ideias não se dá no campo abstrato, e sim no concreto, por meio da pesquisa documental, da reflexão e do debate. Em cada capítulo desta obra o aluno terá oportunidade de investigar temas ligados ao conteúdo estudado, discutir opiniões divergentes e debater sobre questões atuais ligadas aos assuntos históricos tratados.

Nesta edição, a seção especial Ontem e hoje apresenta ao aluno um ponto de contato efetivo entre a realidade presente e o processo histórico estudado no capítulo.

As atividades propostas estimulam os alunos a refletir sobre a realidade que os cerca e sobre seu papel nessa realidade, num processo de descoberta do mundo e de si mesmos. Isso contribui para que se tornem cidadãos socialmente responsáveis e, principalmente, conscientes de sua capacidade efetiva de transformar o mundo, de seu potencial real de serem protagonistas de sua própria História.

Equipe editorial

A organização da obra

» Páginas de abertura

Abertura de unidade
Apresenta imagem e texto referentes aos temas a serem estudados na unidade.

Abertura de capítulo
O texto, a imagem e as atividades articulam conteúdos que serão estudados no capítulo.

» Apresentação de conteúdos

O texto principal é complementado por boxes, seções e atividades de reflexão e análise que permeiam o texto.

Seção especial
Ontem e hoje
Trabalha a relação passado-presente.

» Atividades

Verifique o que aprendeu
Questões sobre o tema do capítulo.

Leia e interprete
Atividades de leitura de textos e análise de fotos, ilustrações, mapas e gráficos.

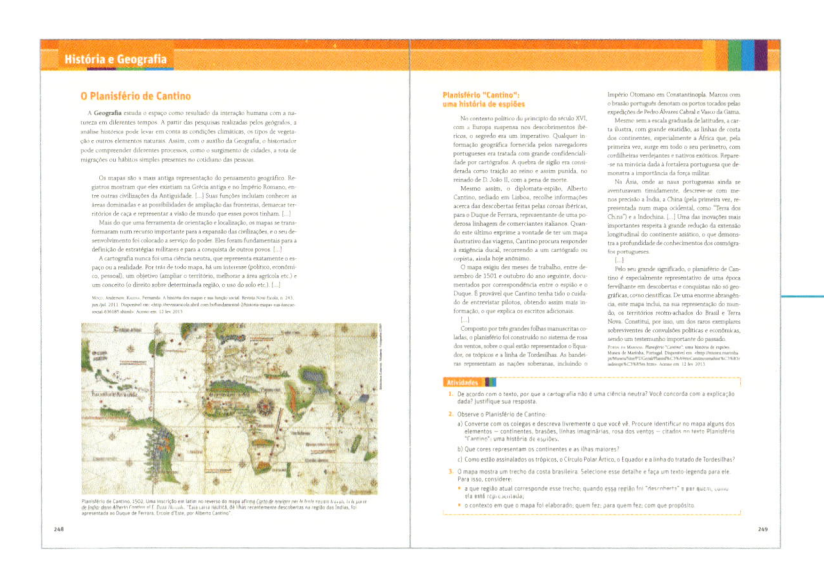

História e...
Propõe trabalho interdisciplinar no contexto global e multicultural.

» Páginas finais

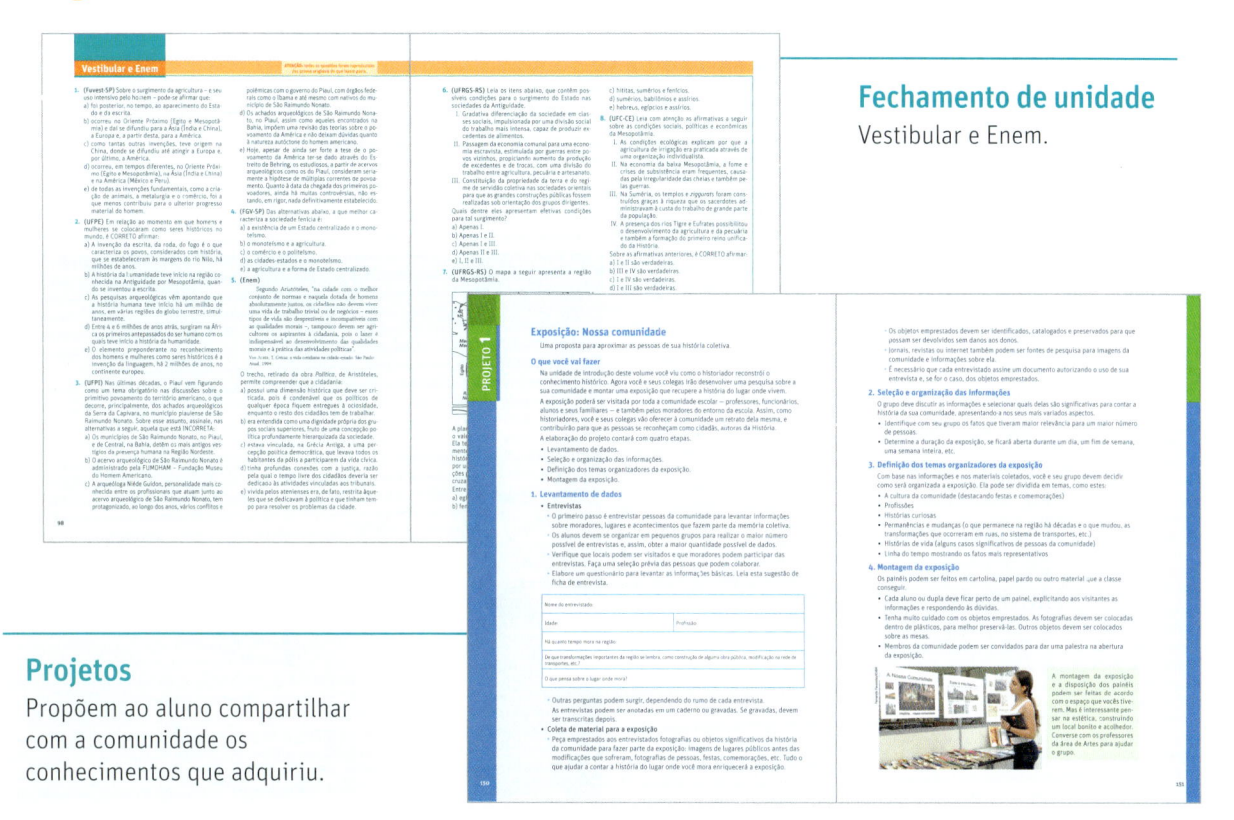

Fechamento de unidade
Vestibular e Enem.

Projetos
Propõem ao aluno compartilhar com a comunidade os conhecimentos que adquiriu.

5

Sumário geral

PARTE 1

Introdução – O trabalho do historiador 20

O tempo humano 22
A medida do tempo 23
As "Idades" da História 24
Patrimônio preservado 25
História, uma investigação do passado 26
As fontes da História 27
- Ontem e hoje: História e ficção 28
- Atividades 29

Unidade 1 – Antiguidade 30

Capítulo 1 — A origem da humanidade 32
A origem dos seres humanos 33
O *Homo sapiens* 35
A Revolução Agrícola 36
A Idade dos Metais 38
- Ontem e hoje: Encontrados vestígios de habitações perto de Stonehenge 40
- Atividades 41

Capítulo 2 — Os seres humanos povoam a América 42
As muitas teorias 43
Caçadores e coletores no Brasil 44
Os povos dos sambaquis 45
- Ontem e hoje: Aumento da produtividade 46
- Atividades 47

Capítulo 3 — África Antiga 48
Às margens do Nilo 49
Estado e sociedade 50
A vida às margens do Nilo 52
O Reino de Cuxe 55
O Império de Axum 56
- Ontem e hoje: Sítio arqueológico Maropeng, na África do Sul 58
- Atividades 59

Capítulo 4 — As sociedades da Mesopotâmia 60
Mesopotâmia: uma região entre rios 61
Os sumérios 62
Os acadianos 62
Os babilônios 63
Os assírios 63
Os caldeus 64
O Império Persa 65
- Ontem e hoje: Pântanos no golfo Pérsico 66
- Atividades 67

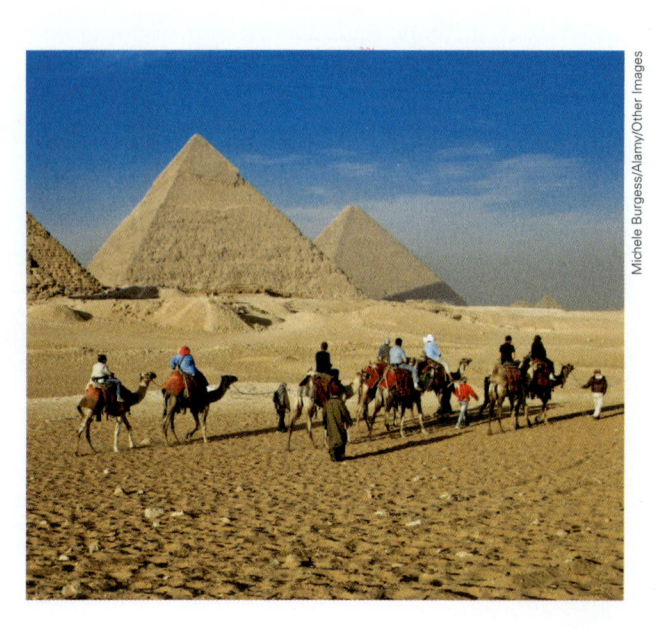

Caro aluno, seja bem-vindo!

A partir de agora, você tem a oportunidade de estudar com uma coleção didática da SM que integra um conjunto de recursos educacionais impressos e digitais desenhados especialmente para auxiliar os seus estudos.

Para acessar os recursos digitais integrantes deste projeto, cadastre-se no *site* da SM e ative sua conta.

Veja como ativar sua conta SM:

1. Acesse o *site* <www.edicoessm.com.br>.
2. Se você não possui um cadastro, basta clicar em "Login/Cadastre-se" e, depois, clicar em "Quero me cadastrar" e seguir as instruções.
3. Se você já possui um cadastro, digite seu *e-mail* e sua senha para acessar.
4. Após acessar o *site* da SM, entre na área "Ativar recursos digitais" e insira o código indicado abaixo:

KNCED - 9W73J - DA6BE - 7YYE9

Você terá acesso aos recursos digitais por 36 meses, a partir da data de ativação desse código.

Ressaltamos que o código de ativação somente poderá ser utilizado uma vez, conforme descrito no "Termo de Responsabilidade do Usuário dos Recursos Digitais SM", localizado na área de ativação do código no *site* da SM.

Em caso de dúvida, entre em contato com nosso **Atendimento**, pelo telefone 0800 72 54876 ou pelo *e-mail* atendimento@grupo-sm.com ou pela internet <www.edicoessm.com.br>.

Desejamos muito sucesso nos seus estudos!

Requisitos mínimos recomendados para uso dos conteúdos digitais SM

Computador	Tablet	Navegador
PC Windows • Windows XP ou superior • Processador dual-core • 1 GB de memória RAM **PC Linux** • Ubuntu 9.x, Fedora Core 12 ou OpenSUSE 11.x • 1 GB de memória RAM **Macintosh** • MAC OS 10.x • Processador dual-core • 1 GB de memória RAM	**Tablet IPAD IOS** • IOS versão 7.x ou mais recente • Armazenamento mínimo: 8GB • Tela com tamanho de 10" **Outros fabricantes** • Sistema operacional Android versão 3.0 (Honeycomb) ou mais recente • Armazenamento mínimo: 8GB • 512 MB de memória RAM • Processador dual-core	Internet Explorer 10 Google Chrome 20 ou mais recente Mozilla Firefox 20 ou mais recente Recomendado o uso do Google Chrome Você precisará ter o programa Adobe Acrobat instalado, *kit* multimídia e conexão à internet com, no mínimo, 1Mb

Capítulo 5	Fenícios e hebreus	68
	Os mercadores do Mediterrâneo	69
	Os hebreus	71
	A diáspora e o monoteísmo hebraico	73
	▪ Ontem e hoje: Rio sagrado em perigo	74
	▪ Atividades	75

Capítulo 6	A Grécia Antiga	76
	Formação da Grécia Antiga	77
	Tradição oral: Homero	79
	A Grécia arcaica	80
	Atenas	81
	Esparta	82
	A época clássica	83
	A cultura grega	85
	▪ Ontem e hoje: Soberania grega	86
	▪ Atividades	87

Capítulo 7	Roma: a cidade e o Império	88
	Mitos sobre a fundação e a Monarquia	89
	A República	90
	O Império	92
	Tradição e cosmopolitismo	94
	A crise do Império	95
	▪ Ontem e hoje: Termas e aquedutos romanos	96
	▪ Atividades	97

▪ Vestibular e Enem 98

Unidade 2 – Conviver com diferenças 102

Capítulo 8	Alta Idade Média	104
	A migração dos povos na Europa	105
	A formação dos reinos germânicos	107
	O feudalismo e a sociedade de ordens	109
	A representação da sociedade tripartida	110
	A cristianização dos povos germânicos	111
	▪ Ontem e hoje: O tempo na Idade Média	112
	▪ Atividades	113

Capítulo 9	Os reinos cristãos	114
	O Império Bizantino	115
	A religiosidade bizantina	116
	Cultura e arte em Bizâncio	118
	A política bizantina	119
	Um novo império no Ocidente	121
	O Sacro Império Romano-germânico	123
	▪ Ontem e hoje: O ecumenismo entre ortodoxos e latinos	124
	▪ Atividades	125
	▪ Interdisciplinar: História e Sociologia	126

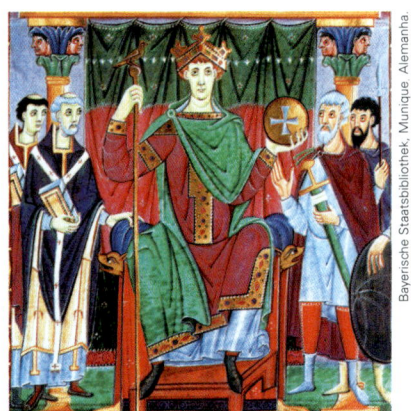

Sumário geral

Capítulo 10 Islã 128
- O surgimento do islamismo 129
- A expansão islâmica 130
- Os princípios do Islã 132
- Cultura e arte islâmica 133
  - **Ontem e hoje:**
    Comunicação no mundo islâmico 136
  - **Atividades** 137

Capítulo 11 Cultura e sociedade da cristandade medieval 138
- O ideal da cavalaria 139
- A renovação da Igreja ocidental 140
- As cruzadas 141
- O estilo românico 143
  - **Ontem e hoje:**
    Cluny: a maior abadia
    da Idade Média 144
  - **Atividades** 145

- **Vestibular e Enem** 146
- **Projeto 1:** Exposição – Nossa comunidade 150

Unidade 3 – O poder consolidado 152

Capítulo 12 O comércio e as cidades voltam a crescer 154
- A expansão do comércio 155
- As cidades 158
- A arte e a cultura góticas 160
- As crises do século XIV:
  fome, peste e rebeliões 162
  - **Ontem e hoje:**
    As grandes epidemias 164
  - **Atividades** 165

Capítulo 13 A centralização do poder real 166
- O surgimento das
  monarquias nacionais 167
- A centralização do
  poder na Inglaterra 168
- A centralização do
  poder na França 169
- A península Ibérica 170
  - **Ontem e hoje:**
    A arte de ser visto e lembrado 172
  - **Atividades** 173

Capítulo 14 O Renascimento cultural 174
- O Humanismo 175
- O Renascimento nas artes 178
- As ciências e o Renascimento 181
  - **Ontem e hoje:**
    A prática do mecenato 182
  - **Atividades** 183

Capítulo 15   **A Reforma religiosa** **184**

As origens da Reforma protestante 185
A expansão do pensamento reformado 187
Contrarreforma ou Reforma católica 188
- **Ontem e hoje:** O teatro religioso 190
- **Atividades** 191
- **Interdisciplinar:** História e Física 192

Capítulo 16   **Sociedades da África** **194**

As Áfricas 195
Reinos africanos 196
Cultura e arte africanas 201
As religiões 202
- **Ontem e hoje:** Artes da África: do cotidiano das aldeias aos museus e galerias 204
- **Atividades** 205

Capítulo 17   **A China Antiga e Imperial** **206**

Da origem ao Império Qin 207
A dinastia Han 209
Um Império renovado 210
A dinastia Song 211
A dinastia Ming 212
As Grandes Navegações chinesas 213
- **Ontem e hoje:** A China e o comércio 214
- **Atividades** 215

Capítulo 18   **O Japão Antigo** **216**

A formação do Japão Antigo 217
O período Yamato (250 a 710) 219
- **Ontem e hoje:** *Ikebana* 222
- **Atividades** 223

Capítulo 19   **As origens da Índia** **224**

A formação da Índia 225
Índia, de reinos a impérios 227
Cultura e religião 229
Budismo 230
Artes 231
- **Ontem e hoje:** O sistema de castas na sociedade indiana atual 232
- **Atividades** 233

Capítulo 20   **A expansão marítima europeia** **234**

O imaginário europeu 235
O mercantilismo 237
O pioneirismo português 238
Africanos e portugueses 240
Portugal monopoliza as especiarias 242
Rumo ao oeste 243
A divisão do mundo 245
- **Ontem e hoje:** Projeto urbanístico 246
- **Atividades** 247
- **Interdisciplinar:** História e Geografia 248

- **Projeto 2:** Seminário – A política na vida cidadã 250
- **Vestibular e Enem** 252

Sumário geral

PARTE 2

Unidade 4 – A conquista europeia da América 258

Capítulo 21 — **A América antes da chegada dos europeus** 260
- Os primeiros americanos 261
- Os maias 261
- Os astecas 262
- Os incas 263
  - **Ontem e hoje:** Inti Raymi ou A Festa do Sol 264
  - **Atividades** 265

Capítulo 22 — **Povos indígenas no Brasil** 266
- A diversidade dos povos indígenas 267
- Os tupis-guaranis 268
- Nem tudo era tupi 269
- Aspectos da cultura indígena 270
  - **Ontem e hoje:** A questão das Terras Indígenas no Brasil 272
  - **Atividades** 273

Capítulo 23 — **A invasão da América** 274
- Colombo e os primeiros contatos 275
- Cortés conquista o México 276
- Pizarro invade o Peru 277
  - **Ontem e hoje:** A conquista e a situação dos indígenas atuais 278
  - **Atividades** 279

Capítulo 24 — **A colonização espanhola** 280
- Um império de ouro e prata 281
- Os vice-reinados 283
- A sociedade colonial 284
- Cultura e religião 286
  - **Ontem e hoje:** Tesouro inca volta ao Peru após quase um século 288
  - **Atividades** 289
  - **Interdisciplinar:** História e Biologia 290

Capítulo 25 — **A colonização da América portuguesa** 292
- A exploração da costa 293
- As capitanias hereditárias e o governo-geral 295
- Indígenas e colonizadores 296
  - **Ontem e hoje:** Indígenas e ecologia 298
  - **Atividades** 299

- **Vestibular e Enem** 300

Capítulo 28 **A exploração do ouro na América portuguesa** 324
 Em busca das minas 325
 Povoando os sertões 326
 A sociedade mineradora 327
 O ouro integra a América portuguesa 329
 Arte e cultura nas minas 330
 O poder se desloca para o sul 332
  - **Ontem e hoje:** Ouro Preto tem história sufocada pelo crescimento 334
  - **Atividades** 335
  - **Interdisciplinar:** História e Língua Portuguesa 336
 - **Vestibular e Enem** 338

Unidade 6 – O Antigo Regime 342

Capítulo 29 **Absolutismo e mercantilismo** ... 344
 O mercantilismo nos séculos XVII e XVIII 345
 A Inglaterra Tudor 346
 A França dos Bourbon 347
 As representações do poder real 349
  - **Ontem e hoje:** O Barroco na Europa 350
  - **Atividades** 351

Unidade 5 – A exploração do continente americano 304

Capítulo 26 **Escravizados e senhores na América portuguesa** 306
 A atividade açucareira 307
 Tabaco, cachaça, gado e mandioca 308
 A sociedade do açúcar: casa-grande e senzala 309
 Vilas e cidades 311
  - **Ontem e hoje:** A família no Brasil 314
  - **Atividades** 315

Capítulo 27 **Ingleses, franceses e holandeses na América** 316
 A colonização inglesa 317
 Franceses de norte a sul 318
 Os holandeses invadem a América portuguesa 319
 Pernambuco holandês 320
  - **Ontem e hoje:** A cana-de-açúcar e a economia brasileira 322
  - **Atividades** 323

Sumário geral

Capítulo 30 — As revoluções inglesas ... 352
- Profundas mudanças sociais ... 353
- Uma dinastia impopular ... 354
- O agravamento da crise ... 355
- O povo contra o rei ... 356
- A guerra civil ... 357
- O fim do absolutismo na Inglaterra ... 359
  - **Ontem e hoje:** Mobilização e protesto popular ... 360
  - **Atividades** ... 361

Capítulo 31 — As Luzes na Europa ... 362
- A supremacia da razão ... 363
- Os pensadores iluministas ... 365
- A economia ilustrada ... 367
- Iluminismo e absolutismo ... 368
  - **Ontem e hoje:** Universalismo e preconceito ... 370
  - **Atividades** ... 371

Capítulo 32 — A Revolução Industrial ... 372
- Tempo de transformações ... 373
- Carvão, ferro e algodão ... 375
- A sociedade industrial ... 376
- A reação romântica ... 378
  - **Ontem e hoje:** As leis trabalhistas ... 380
  - **Atividades** ... 381

Capítulo 33 — A Revolução Americana ... 382
- Os colonos se autogovernavam ... 383
- Colônias do Norte e do Sul ... 384
- A metrópole pressiona ... 385
- A Independência ... 386
- A criação dos Estados Unidos ... 387
  - **Ontem e hoje:** Separados, mas iguais: a institucionalização do racismo ... 388
  - **Atividades** ... 389

Capítulo 34 — A Revolução Francesa ... 390
- A sociedade francesa no século XVIII ... 391
- O governo de Luís XVI ... 392
- O povo nas ruas ... 393
- O Terror jacobino ... 395
- O Diretório e o Consulado ... 396
- A Revolução como exemplo ... 398
  - **Ontem e hoje:** O sistema monárquico na atualidade ... 400
  - **Atividades** ... 401
  - **Interdisciplinar:** História e Sociologia ... 402

Capítulo 35 — O Primeiro Império Francês ... 404
- O Império consolidou a Revolução ... 405
- A expansão francesa ... 406
- A estética neoclássica ... 408
- A luta contra a Inglaterra ... 410
- O imperador é vencido ... 411
- O Congresso de Viena ... 412
  - **Ontem e hoje:** Código Napoleônico: um legado francês à posteridade ... 414
  - **Atividades** ... 415

- **Vestibular e Enem** ... 416

- **Projeto 3:** Fazer um dossiê – negros e indígenas no Brasil atual ... 420

Unidade 7 – Independência na América portuguesa ... 422

Capítulo 36 — Tensões na América portuguesa ... 424
- O projeto pombalino ... 425
- A Conjuração Mineira ... 426
- Conjuração do Rio de Janeiro ... 428
- Conjuração Baiana ... 428
- A vinda da Corte para o Brasil ... 429
- O Brasil joanino ... 430
- A sociedade e a Corte ... 432
  - **Ontem e hoje:** Crise econômica e protecionismo ... 434
  - **Atividades** ... 435

Capítulo 37 **A Independência do Brasil** 436
- Portugal luta pela volta da Corte 437
- Uma recolonização impossível 438
- Dom Pedro lidera o processo 439
- O Brasil é um Império 440
- Ruptura ou continuidade? 441
  - **Ontem e hoje:** Independências, Estados e nações 442
  - **Atividades** 443

Capítulo 38 **Primeiro Reinado e Regência no Brasil** 444
- As guerras de independência e a Constituição de 1824 445
- A Confederação do Equador 446
- Impopularidade e abdicação de dom Pedro I 447
- As regências 448
- Revoltas regenciais 450
  - **Ontem e hoje:** Dependência e independência 452
  - **Atividades** 453

- **Vestibular e Enem** 454
- **Projeto 4:** Fórum – construindo o trabalho voluntário na comunidade 458

Unidade 8 – A ascensão do liberalismo 460

Capítulo 39 **O Segundo Reinado no Brasil** 462
- A maioridade antecipada 463
- O regresso conservador 464
- A Revolução Praieira 465
- O Império agroexportador 466
- Sociedade e cultura 468
- A política externa e a abolição 470
  - **Ontem e hoje:** Abolição, uma luta de muitos 474
  - **Atividades** 475

Capítulo 40 **Nacionalismo e imperialismo** 476
- A formação dos impérios 477
- A Inglaterra na Índia 479
- A Índia imperial britânica 480
- A França na Indochina 481
- A partilha da África 482
- China e Japão 484
- Imperialismo na América Latina 485
  - **Ontem e hoje:** Os diferentes rumos da história chinesa 486
  - **Atividades** 487

Capítulo 41 **Estados Unidos** **488**
- O Pan-americanismo 489
- A expansão dos EUA para o Oeste 490
- A Guerra de Secessão 491
- Uma nova potência 492
  - **Ontem e hoje:** O Destino Manifesto e a Doutrina Bush 494
  - **Atividades** 495

- **Vestibular e Enem** 496

Sumário geral

PARTE 3

Unidade 9 – Valores em crise 498

Capítulo 42 A Primeira República no Brasil 500
- Civis e militares derrubam a monarquia 501
- A "República da Espada" 502
- A República civil 504
- A aventura da borracha na Amazônia 505
- A política dos governadores 506
- A modernização autoritária 507
- O modelo em crise 510
  - **Ontem e hoje:** Os automóveis no Brasil: crescimento e caos 512
  - **Atividades** 513
  - **Interdisciplinar:** História e Língua Portuguesa 514

Capítulo 43 As Américas no início do século XX 516
- A Revolução Mexicana 517
- Argentina, Uruguai e Paraguai 519
- Estados Unidos e o *big stick* 520
  - **Ontem e hoje:** A arte mural 522
  - **Atividades** 523

Capítulo 44 A Primeira Guerra Mundial 524
- Tensão crescente 525
- A solução pelas armas 527
- Tecnologia a serviço da morte 529
- O mundo reorganizado 530
  - **Ontem e hoje:** Tecnologia de paz na guerra 532
  - **Atividades** 533

Capítulo 45 A Rússia revolucionária 534
- A crise do czarismo 535
- A Revolução Russa 537
- A Revolução e o mundo 540
  - **Ontem e hoje:** O comunismo 542
  - **Atividades** 543

Capítulo 46 A crise do liberalismo 544
- Os loucos anos 1920 545
- A crise de 1929 547
- A URSS em busca de um novo modelo 549
- Lázaro Cárdenas e a experiência mexicana 551
  - **Ontem e hoje:** Liberalismo e intervenção na economia 552
  - **Atividades** 553

Capítulo 47 Os totalitarismos 554
- Conceito de totalitarismo 555
- O fascismo na Itália 557
- O nazismo na Alemanha 558
- Os nazistas no poder 560
- A banalização do mal 561
- As ditaduras ibéricas 563
  - **Ontem e hoje:** O totalitarismo na primeira metade do século XX 564
  - **Atividades** 565

Capítulo 48 **A Segunda Guerra Mundial** 566
    O expansionismo nazista 567
    A Europa em guerra 568
    A guerra na Ásia 570
    A reação aliada 571
    A derrota do Eixo 573
    ▪ **Ontem e hoje:**
      A Segunda Guerra Mundial
      no cordel do Pará 574
    ▪ **Atividades** 575

Capítulo 49 **A Era Vargas** 576
    A ruptura de 1930 577
    O Governo Provisório 578
    Vargas constitucional 580
    A ditadura do Estado Novo 581
    Cultura e sociedade 583
    Aliado da democracia 585
    ▪ **Ontem e hoje:**
      Tecnologia e controle
      dos meios de comunicação 586
    ▪ **Atividades** 587

▪ **Vestibular e Enem** 588

▪ **Projeto 5:** Seminário –
cooperativismo na economia 592

Unidade 10 – A Guerra Fria   **594**

Capítulo 50 **Duas superpotências**
    disputam o mundo 596
    O mundo do pós-guerra 597
    O mundo capitalista 599
    A União Soviética
      organiza seu império 601
    A "guerra quente" 602
    A independência da Índia 605
    ▪ **Ontem e hoje:**
      Faça amor, não faça guerra 606
    ▪ **Atividades** 607

Capítulo 51 **A América Latina**
    no pós-guerra 608
    Da boa vizinhança à repressão 609
    A Argentina de Perón 610
    Cuba e a Revolução 612
    ▪ **Ontem e hoje:**
      Os jovens e o regime cubano 614
    ▪ **Atividades** 615

Sumário geral

Capítulo 52   O Brasil e o populismo 616
- Uma nova Constituição 617
- Dutra e a Guerra Fria 619
- A volta de Vargas 620
- Anos JK 622
- Cultura bossa-nova 624
  - **Ontem e hoje:** Trabalho feminino 626
  - **Atividades** 627

Capítulo 53   O tempo das ditaduras 628
- O "perigo vermelho" justifica as ditaduras 629
- Ditadores por toda parte 630
- Golpes e ditaduras na América do Sul 632
- As ditaduras da África 633
- Guerrilhas latino-americanas 634
- Guerrilha europeia 636
  - **Ontem e hoje:** Guerrilheiros e narcotraficantes 638
  - **Atividades** 639

Capítulo 54   A ditadura militar no Brasil 640
- Jânio Quadros e a crise 641
- A instabilidade do governo de Jango 642
- Os militares no poder 643
- A rebeldia da juventude e os anos de chumbo 645
- O projeto de Brasil grande 647
- Cultura de massas e resistência 648
- Abertura lenta e gradual 650
  - **Ontem e hoje:** Direito de greve 652
  - **Atividades** 653
  - **Interdisciplinar:** História e Arte 654

Capítulo 55   O Oriente Médio 656
- Uma região disputada 657
- A questão judaica 658
- Uma sucessão de guerras 660
- A resistência palestina 663
  - **Ontem e hoje:** Identidade cultural 664
  - **Atividades** 665

- **Vestibular e Enem** 666
- **Projeto 6:** Evento – Festival cultural 670

Unidade 11 – O mundo globalizado 672

Capítulo 56 A reação democrática 674
  Os ideais democráticos 675
  A Revolução dos Cravos 676
  A democracia na Espanha 677
  A redemocratização da Argentina 678
  Uruguai, Paraguai e Chile 679
  O *apartheid* 681
  - Ontem e hoje:
    Igualdade econômica entre negros e brancos ainda é distante 682
  - Atividades 683

Capítulo 57 A redemocratização do Brasil 684
  A progressão da abertura 685
  A campanha pelas Diretas Já 686
  A última eleição indireta 687
  O governo Sarney 688
  O governo Collor de Mello 690
  - Ontem e hoje:
    A inflação e os hábitos de consumo 692
  - Atividades 693

Capítulo 58 O fim do mundo soviético 694
  A URSS e os países comunistas em crise 695
  Perestroica e *glasnost* 697
  O fim da Guerra Fria 698
  A desintegração da União Soviética 700
  - Ontem e hoje:
    Rússia: potência militar e hegemonia regional 702
  - Atividades 703

Capítulo 59 Em busca de uma nova ordem 704
  A supremacia dos Estados Unidos 705
  O Oriente Médio 707
  A dilaceração da Iugoslávia 710
  O Onze de Setembro 711
  A crítica à globalização 713
  Conflitos étnicos, religiosos e políticos 714
  A América Latina no século XXI 716
  - Ontem e hoje:
    A permanência dos muros 718
  - Atividades 719

Capítulo 60 A democracia consolidada 720
  O governo Itamar Franco e o Plano Real 721
  O governo FHC 722
  O governo Lula 724
  O governo Dilma 726
  Cultura e sociedade no Brasil do século XXI 728
  - Ontem e hoje:
    Favelas: problemas e soluções 730
  - Atividades 731
  - Interdisciplinar:
    História e Matemática 732

- **Vestibular e Enem** 734
- **Referências bibliográficas** 738
- **Siglas de universidades** 744

Parte I

Introdução	**O trabalho do historiador**	**20**
	O tempo humano, 22	
Unidade 1	**Antiguidade**	**30**
Capítulo 1	A origem da humanidade, 32	
Capítulo 2	Os seres humanos povoam a América, 42	
Capítulo 3	África Antiga, 48	
Capítulo 4	As sociedades da Mesopotâmia, 60	
Capítulo 5	Fenícios e hebreus, 68	
Capítulo 6	A Grécia Antiga, 76	
Capítulo 7	Roma: a cidade e o Império, 88	
Unidade 2	**Conviver com diferenças**	**102**
Capítulo 8	Alta Idade Média, 104	
Capítulo 9	Os reinos cristãos, 114	
Capítulo 10	Islã, 128	
Capítulo 11	Cultura e sociedade da cristandade medieval, 138	
Unidade 3	**O poder consolidado**	**152**
Capítulo 12	O comércio e as cidades voltam a crescer, 154	
Capítulo 13	A centralização do poder real, 166	
Capítulo 14	O Renascimento cultural, 174	
Capítulo 15	A Reforma religiosa, 184	
Capítulo 16	Sociedades da África, 194	
Capítulo 17	A China Antiga e Imperial, 206	
Capítulo 18	O Japão Antigo, 216	
Capítulo 19	As origens da Índia, 224	
Capítulo 20	A expansão marítima europeia, 234	

- A percepção da passagem do tempo
- A observação do céu e o surgimento dos calendários
- Os tipos de calendários
- As periodizações da História
- O trabalho do historiador hoje
- Instituições de memória e história

Introdução: O trabalho do historiador

A difícil construção da História

A ciência histórica tem como objeto de estudo o passado da humanidade.

Conhecer períodos anteriores é possível por meio do estudo das fontes históricas, também chamadas documentos. Essas fontes são vestígios da atividade humana, muitas vezes na forma de registros intencionais de atos e pensamentos.

Porém, nem tudo o que ocorreu foi registrado. E mesmo o que foi registrado corre o risco de desaparecer, pois muitos registros são perdidos ao longo do tempo.

A História, portanto, trabalha sempre com uma visão parcial do passado.

Como, então, entendê-lo?

Os historiadores utilizam métodos que envolvem a formulação de hipóteses sobre um tema histórico, o levantamento e a análise das fontes de modo a comprovar o que foi formulado. Quanto maior a variedade de fontes, maiores tendem a ser as condições de se formular hipóteses mais consistentes.

Ao analisar as fontes, os historiadores procuram compreender os fatos nelas representados, suas relações com outros eventos e seus possíveis desdobramentos. Com base nesse procedimento, constroem narrativas que dão significados temporais aos fatos, tornando-os compreensíveis enquanto parte da ação humana no decorrer do tempo.

O historiador, elo entre o presente e o passado

Afinal, para que serve a História? É comum que os jovens façam essa pergunta, geralmente durante a aula de História. Não há, porém, uma resposta única para ela. Ao longo do tempo, cada sociedade e grupo social determinaram uma utilidade para a História, com base em suas necessidades e interesses.

Na maior parte das sociedades antigas, o passado servia como exemplo de atos bons ou ruins, heroicos ou vergonhosos. Era utilizado também para legitimar o poder do grupo dominante.

A escrita da História tem, atualmente, direcionamentos diversos, correspondentes às linhas teóricas adotadas pelos vários grupos de historiadores. Uma preocupação constante em seus trabalhos é relacionar o processo histórico ao nosso tempo. Nesse processo tudo é construído pelas pessoas: nada apenas "acontece".

A História ajuda a entender quem somos e também pode inspirar soluções alternativas para problemas atuais.

1. Mulheres operárias trabalham em tecelagem na Inglaterra, foto de 1897.
2. Manifestantes na avenida Paulista, em São Paulo (SP), contra a aprovação do Novo Código Florestal, foto de 2012.
3. Tela do pintor francês Nicolas Lancret, *Senhora no jardim tomando café com crianças*, c. 1742.
4. Placa decorativa de bronze, representando guerreiro armado, criada pelos povos edo. Palácio real do Oba, Benin (atual Nigéria), século XVII.
5. *Casamento de negros escravos de uma casa rica*, aquarela de Jean-Baptiste Debret publicada em *Viagem pitoresca e histórica ao Brasil*, 1834-1839.

O tempo humano

Pedra do Sol, representação do calendário asteca esculpido em basalto, feita no século XV. O calendário é composto de 18 meses de 20 dias e mais 5 dias, representados por figuras de: crocodilo, vento, casa, lagarto, cobra, etc.

Ligando os pontos

No início da história humana, homens e mulheres perceberam que algumas manifestações da natureza eram cíclicas, ou seja, havia acontecimentos que se repetiam com regularidade.

Essa constatação não se tratava de um conhecimento inútil. Saber com antecedência quando colher frutos e sementes, caçar ou cultivar a terra era vital para garantir a sobrevivência. Por isso, as primeiras comunidades humanas procuraram maneiras de medir a duração dos ciclos. A própria natureza fornecia sinais que marcavam os ciclos.

Com base no nascer e no pôr do Sol, criou-se a ideia de **dia**. O ciclo completo de fases da Lua — que dura cerca de 29 dias — gerou o conceito de **mês**. As estações do ano e a posição de certas estrelas — que voltam ao mesmo ponto do céu a cada 12 meses aproximadamente — foram a base para o surgimento da ideia de **ano**.

Com essas informações, os primeiros grupos humanos elaboraram calendários: uma espécie de tabela que permite registrar os ciclos passados e planejar o tempo futuro.

A Pedra do Sol, que aparece na fotografia acima, é um calendário produzido pelos astecas, povo que viveu na região do atual México há mais de 500 anos. Eles eram hábeis astrônomos e produziam calendários muito precisos. Acreditavam que o tempo era cíclico, ou seja, tudo o que acontecia no presente já havia acontecido no passado e ocorreria novamente no futuro. Os acontecimentos se repetiriam, pois para eles o tempo era circular.

1. Na imagem acima, qual é a forma geométrica escolhida pelos astecas para representar seu calendário?
2. Por que eles escolheram essa forma?
3. Os calendários usados por nossa sociedade atualmente têm essa forma?
4. Qual seria a explicação para a forma dos calendários atuais?

A medida do tempo

Os povos da Antiguidade criaram calendários cuja base era a observação astronômica. Através do estudo do movimento aparente do Sol, da Lua e das estrelas foram elaborados quatro tipos de calendários.

Calendário Solar – a base é o **ano**, o tempo que a Terra demora em dar uma volta em torno do Sol (medido em 365 dias e ¼ de dia).

Calendário Lunar – a base é o mês **lunar**, a soma das quatro fases da Lua: nova, quarto crescente, cheia e quarto minguante, totalizando aproximadamente 29 dias.

Calendário Lunissolar – a base é o mês lunar, mas, para coincidir com o número de dias do ano solar, era acrescentado periodicamente mais um mês.

Calendário Sideral – a base é o retorno periódico de uma estrela ou constelação a um local determinado do céu. Os sacerdotes egípcios passavam noites em claro para observar a primeira aparição da estrela Sírius, pouco antes do nascer do Sol.

Cada povo com o seu calendário

Cada sociedade humana criou uma forma própria de medir o tempo e fazer seu calendário. Observe a seguir alguns calendários de sociedades antigas.

Egípcio – Os egípcios usavam um calendário solar de 365 dias. O primeiro dia do ano era determinado pela primeira aparição de Sírius, que coincidia com o início das cheias do Nilo, geralmente no nosso mês de junho. O ano era dividido em 3 estações de 4 meses: estação da cheia do Nilo, do cultivo dos campos e da colheita.

Chinês – O calendário é lunissolar. Os anos comuns são lunares, com 12 meses de 29,5 dias. Como um ano de 354 dias cria problemas (começa a fazer frio nos meses de primavera ou calor nos meses de outono), os chineses acrescentavam um mês ou mais em alguns anos. Havia anos de até 385 dias.

Maia – Os maias viviam na América Central, em regiões dos atuais México, Guatemala e Belize. Eles davam grande atenção à astronomia e possuíam um calendário solar de 365 dias e um calendário religioso de 260 dias.

Os calendários atuais

O antigo calendário romano seguia as fases da Lua. Como o ano lunar (cerca de 354 dias) é menor que o solar (365 dias e 6 horas, aproximadamente), em meados do século I a.C. o calendário de Roma estava 6 dias adiantado em relação às estações do ano. As estações frias e quentes não começavam nos dias e meses tradicionais. Consequentemente, o plantio e a colheita não coincidiam mais com as antigas datas.

Júlio César, quando se tornou governante de Roma, ordenou a elaboração de um novo calendário que fizesse os meses e estações voltar a coincidir.

Com base no calendário solar egípcio, foi determinado que o ano em Roma passaria a ter 365 dias, divididos entre os 12 meses romanos. Alguns meses teriam 30 dias e outros, 31. O início do ano já havia mudado de Martius (março) para Januarius (janeiro).

A cada ano, porém, ficavam faltando 6 horas para completar o ciclo solar. Isso resultava na defasagem de 1 dia a cada 4 anos, ou quase um mês (25 dias) por século. Para compensar essa defasagem, os astrônomos determinaram que a cada 4 anos fosse acrescentado um dia ao mês de fevereiro. É o chamado ano bissexto.

Esse calendário ficou conhecido como juliano. Depois ele foi usado pelos cristãos, que adotaram como marco inicial o Ano 1, a data presumida do nascimento de Cristo.

O calendário gregoriano

A reforma de Júlio César apresentava um problema. O ano de 365 dias e 6 horas era 11 minutos e 14 segundos maior que o ano solar. Em consequência, a cada 128 anos o calendário usado pelos cristãos se adiantava 1 dia inteiro.

No século XVI, esse adiantamento já estava em 10 dias.

Muitos astrônomos fizeram propostas de reforma do calendário. O problema era encontrar alguém que tivesse o poder necessário para impor a nova contagem de tempo ao Ocidente. Essa pessoa foi um papa, o chefe da cristandade ocidental: Gregório XIII.

Por decreto do papa, o ano de 1582 perdeu 10 dias. A quinta-feira de 4 de outubro de 1582 foi seguida da sexta-feira de 15 de outubro. Estava resolvida a defasagem herdada do passado.

Para evitar que se ganhasse mais 1 dia a cada 128 anos, resolveram eliminar alguns anos bissextos.

Assim, só seriam bissextos os anos centenários que fossem divisíveis por 400. Na regra antiga, todos os anos divisíveis por 4 eram bissextos.

O calendário gregoriano resolveu os problemas do calendário juliano e é adotado por muitas nações na atualidade, incluindo o Brasil.

Outros calendários contemporâneos

Muitas sociedades seguem calendários tradicionais, por serem mais bem adaptados a suas necessidades e crenças.

É o caso do calendário judaico, que é lunissolar, composto de 12 meses de 29 ou 30 dias. Para compensar a defasagem de 11 dias em relação ao ano solar, é acrescentado um novo mês de tempos em tempos. O marco inicial do calendário judaico é a criação do mundo. Segundo a Torá, o ano 1 corresponde ao ano de 3760 a.C. do calendário gregoriano.

O calendário islâmico, usado pelos povos muçulmanos, é lunar. O ano tem 354 dias. Portanto, seus dias e meses não se fixam às estações. Festas e feriados islâmicos movem-se lentamente por todas as estações do ano.

O ano 1 dos muçulmanos corresponde à Hégira, a fuga de Maomé de Meca para Medina, que no calendário gregoriano ocorreu no ano de 622.

As "Idades" da História

No dia a dia, as pessoas usam os calendários para medir o tempo. Os historiadores, ao analisar o passado, dividem-no em períodos, eras ou "idades". Dessa forma, procuram tornar mais claras para as pessoas as várias etapas de mudança das sociedades.

A invenção das "Idades" no Ocidente

No Ocidente, desde o século XVI os estudiosos pensaram em dividir a História em períodos. Inicialmente, havia apenas três períodos: Antiguidade, Idade Média e História Nova ou Moderna, sendo este o período mais recente depois do fim da Idade Média.

No século XIX, os historiadores buscaram criar métodos científicos e racionais para o estudo da História, que assumiu o *status* de ciência.

A divisão da História em períodos tornou-se então mais complexa, baseada em novos conceitos históricos. Para os historiadores "cientistas" do século XIX, a História começaria com os registros escritos, que surgiram por volta de 4000 a.C. Assim, a vida dos seres humanos anterior à criação da escrita foi classificada como Pré-História.

Sob o ponto de vista da história europeia, a História foi dividida em História Antiga, Média, Moderna e Contemporânea. A história dos povos da América, da África e da maior parte da Ásia não foi considerada.

Outras Idades

Atualmente, os historiadores do Ocidente trabalham com as quatro idades criadas no século XIX, mas fazem algumas ressalvas.

Em primeiro lugar, a maioria dos estudiosos não adota mais a ideia de que a História se inicia com a escrita. Povos que não usaram a escrita, como os indígenas brasileiros, possuem história, cultura e tradição tanto quanto os egípcios, os romanos ou os chineses. Torna-se, portanto, inadequada a utilização do conceito de "Pré-História".

A maioria dos estudiosos também concorda que não existem sociedades primitivas ou "adiantadas", superiores ou inferiores. Toda sociedade humana cria suas formas de estabelecer uma vida estável e equilibrada em seu ambiente.

Mercado de rua em Durban, na África do Sul. A cidade abriga diferentes culturas e etnias. Foto de 2011. Abordar conteúdos relacionados aos povos africanos, que tradicionalmente eram negligenciados, faz que a História auxilie a reflexão sobre a discriminação racial e a valorização da diversidade étnica.

Ponto de vista
Memória irrecusável

Um dos primeiros historiadores a denunciar a chamada história universal como uma história eurocêntrica e temática foi o francês Jean Chesneaux. Para ele, é eurocêntrica a tradicional divisão quadripartite (Antiguidade, Idade Média, Moderna e Contemporânea), que despreza deliberadamente os processos históricos vividos por outros povos e culturas [...].

No entanto, a tentativa de superar a dicotomia entre a história brasileira e a de outros povos e culturas, por meio de estratégias que justapõem temas do cotidiano ao pano de fundo da história geral, também é considerada equivocada. [...]

Atualmente, ambas as visões têm sido consideradas inadequadas à complexidade do mundo globalizado e multicultural. Elas são responsabilizadas ainda pelo completo distanciamento entre o ensino de História e o âmbito da experiência cotidiana dos alunos. [...]

A cultura escolar reproduz esses marcos de periodização, reforçando a manutenção de tais como tradição, como "memória irrecusável". Aliás, isto ocorre não somente na cultura escolar, mas em toda "produção" ou reprodução do saber histórico [...].

Em vez de evitar a periodização histórica [...] ou os chamados períodos "tradicionais" da História do Brasil, o mais importante seria estudar como tais periodizações foram construídas.

Proposta Curricular para o 2º segmento da Educação de Jovens e Adultos. Disponível em: <http://portal.mec.gov.br/secad/arquivos/pdf/eja/propostacurricular/segundosegmento/vol2_historia.pdf>. Acesso em: 24 abr. 2014.

> Patrimônio preservado

Nem todos os registros humanos importantes para o entendimento da História e para a identidade de um povo, região ou país podem ser preservados em arquivos e museus. Além de documentos e objetos, há registros como edifícios, parques, jardins, ruas e cidades inteiras que merecem ser salvos da destruição. Também passaram a ser preservados saberes e tradições, como algumas receitas culinárias.

Para preservar esse tipo de patrimônio, foram criados os conceitos de **tombamento** e **patrimônio imaterial**.

> O tombamento

Quando um bem ou registro é tombado, significa que, por lei, ele não pode ser destruído ou danificado. Quem ousar descumprir essa ordem legal pode ser preso e ainda pagar uma pesada multa.

No Brasil, o tombamento pode ser feito na esfera federal, pelo Iphan – Instituto do Patrimônio Histórico e Artístico Nacional; na esfera estadual, pelos conselhos estaduais de defesa do patrimônio; e na esfera municipal, pelos conselhos municipais.

Em 1998, a Lei dos Crimes Ambientais (Lei Federal n. 9 605) estipulou, pela primeira vez com clareza, a pena de prisão para quem destruir o patrimônio cultural que está sob proteção.

> Patrimônio imaterial

O patrimônio imaterial são práticas, expressões, representações, técnicas e conhecimentos que as comunidades ou os indivíduos reconhecem como parte integrante de seu patrimônio cultural.

Alguns exemplos de bens já registrados como patrimônio imaterial são: a arte Kusiwa, que corresponde à pintura corporal do povo indígena Wajãpi, o modo artesanal de fazer queijo em Minas Gerais, o samba de roda do Recôncavo Baiano, a Festa do Divino Espírito Santo de Pirenópolis (GO) e o ofício das paneleiras no bairro de Goiabeiras em Vitória (ES).

Encontro de Maracatus Rurais em Nazaré da Mata (PE). Foto de 2011. O Maracatu Rural, manifestação folclórica na qual participam muitos trabalhadores rurais, é Patrimônio Imaterial de Pernambuco.

Hoje em dia

"Tombar" não é apenas "cair"

Na linguagem do dia a dia, "tombar" significa "cair, jogar no chão". Então, por que chamar de "tombamento" justamente o dispositivo que procura evitar a destruição de bens como edifícios?

Porque na língua portuguesa a palavra "tombo" significa também arquivo, local ou livro em que se registram escrituras e outros documentos importantes.

Os bens que se quer proteger são registrados em um livro especial conhecido como "livro de tombo". Daí o nome.

O maior arquivo de Portugal chama-se Torre do Tombo, em referência a uma torre que existia no castelo real de São Jorge, século XIV, em Lisboa.

Hoje o arquivo nacional português funciona em um edifício moderno, mas que manteve o nome tradicional de Arquivo Nacional Torre do Tombo, onde está guardada grande quantidade de documentos referentes ao passado colonial do Brasil.

Navegue

<http://portal.iphan.gov.br/portal/baixaFcdAnexo.do?id=1800>.
Acesso em: 24 abr. 2014.
No *site* do Iphan é possível obter a versão digital do livro *Os sambas, as rodas, os bumbas, os meus e os bois,* que apresenta os princípios, as ações e os resultados da política de preservação do patrimônio imaterial no Brasil. O documento pode auxiliá-lo a conhecer os principais patrimônios imateriais do estado onde você vive.

História, uma investigação do passado

Os historiadores são os profissionais que, por meio de pesquisas, constroem interpretações sobre o passado humano. Dizemos que eles produzem **historiografia**, tendo em vista que o conhecimento elaborado é uma interpretação realizada com base em uma metodologia científica.

O trabalho do historiador

O trabalho do historiador é semelhante ao de um investigador de polícia. A função do detetive é esclarecer um crime já ocorrido. A do historiador é entender o que ocorreu nas sociedades do passado.

Tanto o investigador quanto o historiador seguem pistas e evidências. Da mesma forma que um criminoso deixa sinais, pistas, "provas" de seu crime, os homens e as mulheres do passado deixaram registros de seus atos e pensamentos. Esses registros são as fontes ou documentos. Cabe ao historiador procurar as fontes adequadas para se aproximar do passado.

Contudo, o seu trabalho vai além da tarefa do detetive. As pessoas do passado não apenas faziam coisas muito diferentes das que fazemos atualmente, como também **pensavam** de maneira diferente da nossa.

É como se o historiador tivesse de investigar algo que aconteceu em um país muito distante, de hábitos e cultura muito diferentes dos dele.

Por exemplo: uma estátua grega, que hoje é vista por nós apenas como uma obra de arte, para um grego antigo podia ser um objeto religioso de grande importância e poder.

Peças antigas de porcelana, que atualmente são consideradas valiosas e ficam muito bem guardadas em museus, na época em que eram usadas talvez não tivessem tanto valor, servindo no dia a dia para refeições comuns.

O historiador deve analisar as fontes, portanto, com base nos valores da época em que elas foram produzidas.

A história de todos

Durante muito tempo, os estudiosos da História acreditaram que apenas os atos dos grandes governantes e líderes podiam mudar o rumo dos acontecimentos. Logo, os estudos sobre o passado concentravam-se nos atos dos reis, imperadores, generais, nobres, comandantes de expedições, de revoltas e revoluções. Os temas estudados eram, em geral, a política e a guerra.

Atualmente, a maioria dos historiadores não pensa mais dessa forma.

Ao longo do século XX, os historiadores marxistas e de outras correntes historiográficas argumentaram que a **economia** é muito importante para entendermos as sociedades de todos os tempos.

Eles destacaram a importância de estudar aspectos antes desprezados, como a ação daqueles que trabalham, de que maneira trabalham, quem lucra com o trabalho, como se dá um valor às mercadorias, como a riqueza circula, etc. Com o estudo desses aspectos, é possível entender melhor manifestações como a arte, a religião, etc.

Nessa linha de análise destacam-se os trabalhos de historiadores marxistas, que consideram a luta de classes um elemento vital para a compreensão das mudanças históricas.

Novas abordagens

No decorrer do século XX, novas abordagens foram propostas por historiadores ligados à **Escola dos Annales**. Entre elas a concepção de que o tempo histórico tem ritmos diferentes. Além da breve duração (o acontecimento), haveria a média duração (a conjuntura) e a longa duração (a estrutura). Com isso aprofundou-se a reflexão sobre rupturas e permanências históricas.

Dessas novas abordagens consolidou-se um ramo de pesquisa denominado **História das Mentalidades**, que busca compreender a influência exercida pela cultura e pela mentalidade das pessoas em suas ações individuais e coletivas.

A análise da mentalidade leva o historiador a buscar informações em novas fontes e a tratar de novos temas, como a infância, os esportes, a higiene, a sexualidade, as festas, etc.

Mais recentemente, destacam-se novas abordagens propondo o estudo da cultura como conjunto de atos e significados de ações humanas. Essa concepção procura, em geral, unir o estudo da economia e dos valores culturais, do marxismo e das mentalidades, enfatizando, porém, o papel dos indivíduos como sujeitos de sua própria história.

Pulando carniça, 1959, óleo sobre tela de Candido Portinari. O historiador pode utilizar diferentes tipos de documentos para desenvolver seus estudos. Assim, para pesquisa sobre a infância no início do século XX, as obras de Portinari podem ser analisadas para obter informações sobre as brincadeiras de rua na cidade de Batatais (SP).

As fontes da História

O historiador, em busca da explicação do passado, usa diversos tipos de fontes.

Durante muito tempo, a pesquisa histórica privilegiou as fontes escritas, como cartas, documentos oficiais, jornais e revistas. Isso porque os estudiosos argumentavam que os povos sem escrita não tinham história, considerada privilégio dos povos que descreviam seus pensamentos e atos por meio da escrita.

Atualmente, entende-se que todos os seres humanos têm história. Essa nova atitude valorizou outros tipos de fontes. Hoje, todo tipo de registro de atos e pensamentos das pessoas pode ser usado como fonte pelo historiador.

É o caso das **fontes iconográficas**, que são imagens como fotografias, gravuras, estátuas e pinturas. Ou de **objetos** de todos os tamanhos e formas, como roupas e móveis, brinquedos, máquinas, edifícios e até mesmo o lixo.

As fontes podem ser classificadas em quatro tipos.

› Fontes escritas

São as mais tradicionais fontes de estudo da História. Desde documentos como passaportes, cartas, registros de nascimentos, casamentos e mortes a jornais e livros, as fontes escritas fornecem valiosas informações ao historiador.

Atualmente, com o interesse histórico por aspectos do cotidiano das pessoas, novos tipos de fontes escritas têm sido valorizados, como receitas culinárias e diários.

› Fontes materiais

São os vestígios materiais deixados por inúmeras atividades humanas.

Instrumentos de trabalho, utensílios domésticos, vestuário, moradias, monumentos, meios de transporte, moedas e qualquer material produzido pelas pessoas são considerados fontes materiais.

O estudo dessas fontes é fundamental para o conhecimento da história das sociedades sem escrita.

› Fontes iconográficas

As fontes iconográficas revelam muito das sociedades que as produziram. Algumas pessoas podem pensar que a análise das imagens serve apenas para conhecer a arte, a forma pela qual as pessoas do passado se expressavam, por meio de desenhos, pinturas, esculturas ou, mais recentemente, pela fotografia.

A análise iconográfica, porém, vai muito além disso. As imagens podem fornecer informações sobre a sociedade que as criou tanto quanto um documento escrito.

Antes de tudo, uma imagem é também uma fonte material. O estudo da técnica utilizada e dos materiais empregados em sua elaboração permite ao historiador conhecer desde o tipo de tecnologia existente até a organização do trabalho em determinada época.

Mas uma imagem não é apenas uma fonte material. Ela é uma representação, em traços e cores, das ideias, das crenças e dos valores de uma sociedade. Cabe ao historiador analisar essa representação para tentar entender o que determinada sociedade pensava, sentia e em que acreditava.

› Fontes orais

As fontes orais podem ser usadas pelo historiador para entender o passado distante registrado na memória dos grupos sociais por meio de cantos, orações, brincadeiras, lendas, entre outras atividades.

Mas o historiador não estuda apenas o que ocorreu há séculos. A fonte oral pode ser usada também como fonte da história mais recente. Por exemplo: no Brasil, há historiadores que estudam a ditadura militar imposta ao país entre 1964 e 1985.

Cartaz informativo sobre passeata pelo fim da violência contra mulheres e meninas realizada em Itacaré (BA), 2011. Como fonte iconográfica, o documento revela uma sociedade que convive com problemas relacionados à desigualdade de gênero.

Ontem e hoje

História e ficção

Nem tudo o que se lê ou a que se assiste sobre o passado é História. A todo momento, na TV, nos cinemas e nas livrarias, surge uma novela, uma minissérie, um filme ou um romance que situa seu enredo no passado. Eventualmente as pessoas podem acreditar que os fatos narrados nessas obras são verdadeiros, que aquilo tudo é História. Mas não é bem assim.

Muitas vezes os autores de ficção inventam o que não pode ser encontrado em nenhuma fonte histórica. Eles não são historiadores e não seguem nenhum método científico para tratar do passado.

A ficção é muito importante, é um exercício que, além de divertir e mexer com os sentimentos e com as ideias das pessoas, possibilita a elas imaginar o que poderia ter acontecido no lugar do que comprovadamente ocorreu.

Apenas se deve ter o cuidado de não confundir as coisas. A História segue um método rigoroso, construindo conhecimento com base em fontes. A ficção é criação subjetiva do autor.

Porém, não há motivo para conflito. História e ficção podem e devem manter um relacionamento muito próximo, cheio de trocas, como veremos a seguir.

Literatura

História e literatura sempre estiveram unidas. As primeiras obras literárias, escritas há milênios, contavam em verso e prosa a origem dos povos, de seus deuses, lendas e tradições.

Mais recentemente, a literatura ocidental passou a usar o passado como fonte de inspiração. E isso, muitas vezes, atraiu a atenção das pessoas para o passado, beneficiando ou mesmo alterando os estudos da História.

Por exemplo, em 1819 o escritor escocês Walter Scott publicou um romance chamado *Ivanhoé*. Esse romance conta as aventuras de um cavaleiro medieval inglês do século XII. Misturando História com ficção, Scott ajudou a popularizar o gosto pela Idade Média no século XIX.

Cinema

Como na literatura, a História é motivo de inspiração para roteiristas e diretores de cinema. Ao utilizar locações, roupas, edifícios e objetos com aparência antiga, em busca de uma recomposição do passado, o cinema tem um grande poder de convencimento sobre as pessoas.

O uso da História pelo cinema é o mesmo de qualquer obra ficcional. O interesse maior não é, em geral, seguir o que as fontes informam, mas sim conseguir o melhor efeito visual ou dramático, prender a atenção do público.

Contudo, no aprendizado da História não devemos rejeitar os filmes de temática histórica apenas porque muitos deles não seguem fielmente as fontes históricas e as análises dos historiadores.

Além de servir para despertar a curiosidade pelo passado, os filmes com temática histórica podem ser, sim, boas fontes de informação. Por exemplo, são excelentes oportunidades para conhecermos algumas lendas e histórias antigas.

O filme *Hotel Ruanda*, dirigido por Terry George, em 2004, é baseado na história verídica de Paul Rusesabagina, que conseguiu evitar o genocídio de cerca de 1 200 ruandenses durante a guerra civil de 1994. O roteiro permite refletir sobre o processo de descolonização dos países africanos e a presença dos conflitos étnicos no continente.

Reflita

1. Por que não se deve confundir ficção e História?
2. Você já assistiu a algum filme histórico? Você concorda que esse gênero de filme pode ser útil no aprendizado de História? Escreva um texto sobre o assunto contando sua experiência e depois compartilhe-o com seus colegas.

Atividades

Verifique o que aprendeu

1. Relacione os fenômenos celestes com o processo de criação dos primeiros calendários.

2. Quais são as "idades históricas" em uso hoje pelo Ocidente?

3. A ideia de que as sociedades e culturas sem escrita não têm história ainda é aceita atualmente? Justifique sua resposta.

4. Qual é o papel das pessoas comuns nas novas abordagens da História que valorizam a cultura?

5. Explique se as fontes orais podem ou não fornecer informações sobre acontecimentos ocorridos há centenas de anos.

6. Elabore uma lista com diferentes fontes documentais que você poderia utilizar para escrever a história de sua família. Justifique suas escolhas.

Leia e interprete

7. O texto a seguir foi retirado de um livro que explica as etapas da pesquisa do historiador. Leia-o com atenção e responda às questões propostas.

> Esta cena já apareceu em muitos filmes. A testemunha na tribuna, olhando fixamente para o acusado: "Foi ele! Eu vi com meus próprios olhos!". Ninguém duvida da boa vontade da testemunha, mas... podemos confiar nela?
>
> As pessoas que presenciam um fato qualquer – o roubo de um banco, por exemplo – nem sempre coincidem ao relatar o ocorrido. Uma testemunha declara que os ladrões eram dois homens e uma mulher; outra acha que eram três homens. Essas discrepâncias podem ser atribuídas a erros de observação, que vão aumentando se a testemunha demorar a declarar ou narrar o que aconteceu.
>
> Em outros casos, os preconceitos das testemunhas podem alterar a visão dos fatos. Se um árbitro anula um gol em uma partida de futebol, a razão que motivou a decisão arbitral é vista de forma distinta pelos torcedores de um ou outro time.
>
> Outras vezes, um mesmo acontecimento é apresentado à opinião pública de forma deliberadamente diferente em vários jornais, o que pode ser explicado pelas diferentes ideologias dos meios de comunicação, que os levam a "manipular" a notícia.
>
> Estas três distorções da realidade estão claramente presentes na reconstrução da vida de pessoas e de acontecimentos do passado e, por isso, o historiador tem que analisar, com suma cautela, os diferentes tipos de provas de que dispõe.
>
> Não é raro que as fontes [...] ofereçam opiniões ou juízos de valor contraditórios sobre o mesmo acontecimento ou a mesma pessoa. A explicação é que um autor pode ter erros de observação, preconceitos ou ideologias determinadas. E, às vezes, depois de analisar todas as provas, o historiador não encontra razões suficientes para extrair conclusões seguras.
>
> GRINBERG, Keila. *Oficinas de História, projeto curricular de Ciências Sociais e de História*. Belo Horizonte: Dimensão, 2000. p. 186-187.

a) Segundo o texto, as fontes históricas informam sempre a verdade?

b) Quais são as três distorções que, segundo a autora, uma fonte histórica pode sofrer?

c) Que procedimento o historiador deve adotar para procurar corrigir essas distorções?

d) Discuta com seus colegas a possibilidade de obter uma informação mais precisa por meio da pesquisa de diferentes fontes.

8. Leia o texto abaixo sobre literatura e História e responda às questões propostas.

> [...] Quem trabalha com história cultural sabe que uma das heresias atribuídas a esta abordagem é a de afirmar que a literatura é igual à história... [...]
>
> [...] Neste campo temos também um narrador – o historiador – que tem também tarefas narrativas a cumprir: ele reúne os dados, seleciona, estabelece conexões e cruzamentos entre eles, elabora uma trama, apresenta soluções para decifrar a intriga montada e se vale das estratégias de retórica para convencer o leitor, com vistas a oferecer uma versão o mais possível aproximada do real acontecido.
>
> O historiador não cria personagens nem fatos. No máximo, os "descobre", fazendo-os sair da sua invisibilidade. A título de exemplo, temos o caso do negro, recuperado como ator e agente da história desde algumas décadas, embora sempre tenha estado presente. Apenas não era visto ou considerado, tal como as mulheres ou outras tantas ditas "minorias".
>
> PESAVENTO, Sandra Jatahy. História & literatura: uma velha-nova história. Disponível em: <http://nuevomundo.revues.org/index.html>. Acesso em: 24 abr. 2014.

a) No texto, a autora afirma que História e literatura são narrativas; mas, então, onde está a diferença entre as duas disciplinas?

b) O que escritores e historiadores realizam?

c) Como o historiador "descobre" personagens?

UNIDADE

1 Antiguidade

Nesta unidade

1. A origem da humanidade
2. Os seres humanos povoam a América
3. África Antiga
4. As sociedades da Mesopotâmia
5. Fenícios e hebreus
6. A Grécia Antiga
7. Roma: a cidade e o Império

Pintura rupestre do sítio arqueológico de Tassili n'Ajjer, Argélia, c. 1000 a.C. O conjunto de imagens do sítio representa mudanças climáticas, domesticação de animais e cenas da vida humana desde 6000 a.C. até os primeiros séculos da era atual.

Desafios e conquistas

Nesta unidade, estudaremos as diferentes maneiras como homens e mulheres viveram na África Antiga, no Oriente Próximo e no Mediterrâneo Antigo. Veremos que, para solucionar seus problemas, eles tiveram de somar esforços e desenvolver meios para modificar o ambiente. Assim, inventaram instrumentos e aprenderam a cultivar plantas que fossem mais nutritivas e saborosas. Também aprenderam a criar animais em cativeiro.

No início, os seres humanos viviam em grupos nômades. Por volta de 10 mil anos a.C. diferentes grupos tornaram-se sedentários. Surgiram, então, as primeiras aldeias e cidades. No Egito, a sociedade se organizou com base no poder do faraó. Na Mesopotâmia e na Fenícia, formaram-se cidades-estado, cada uma com seu rei e sua elite política e econômica. Os gregos também viviam em cidades-estado, cada qual com uma organização social e política específica. A participação da população livre da cidade-estado ateniense na elaboração e aprovação de leis foi uma grande conquista política. Ela ficou conhecida como democracia.

CAPÍTULO

1 A origem da humanidade

O que você vai estudar

- Teorias sobre a origem dos seres humanos.
- A expansão do *Homo sapiens*.
- A Revolução Agrícola.
- O domínio dos metais.

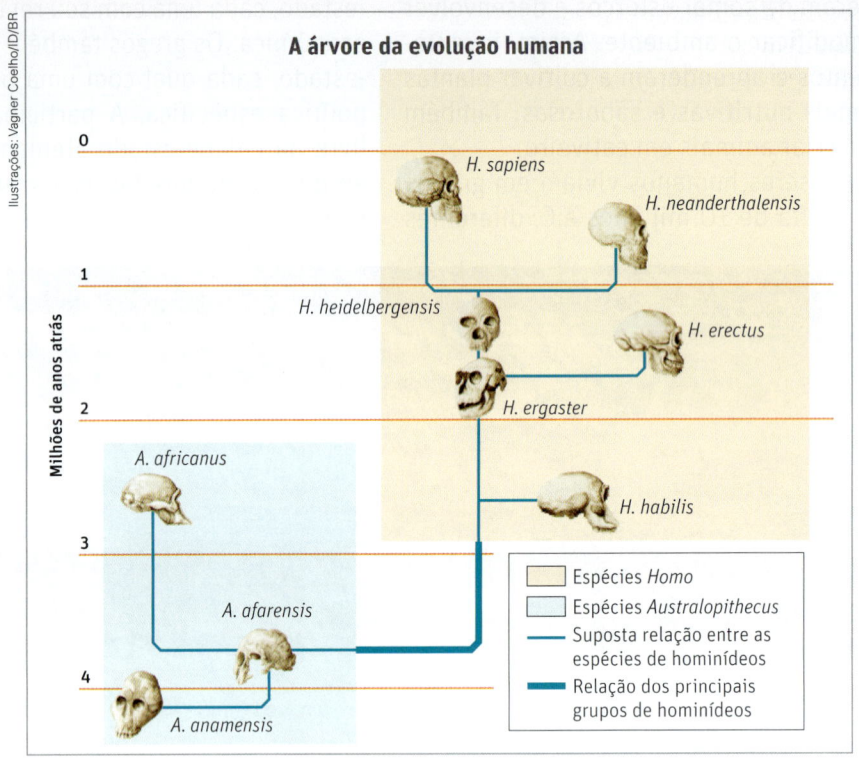

A árvore da evolução humana

(Milhões de anos atrás)

- 0 — *H. sapiens*, *H. neanderthalensis*
- 1 — *H. heidelbergensis*, *H. erectus*
- 2 — *H. ergaster*, *H. habilis*
- 3 — *A. africanus*
- 4 — *A. afarensis*, *A. anamensis*

Legenda:
- Espécies *Homo*
- Espécies *Australopithecus*
- Suposta relação entre as espécies de hominídeos
- Relação dos principais grupos de hominídeos

A evolução dos seres humanos foi estudada com base na análise das diferenças entre os diversos fósseis encontrados.

Fonte de pesquisa: ZIMMER, Carl. *Smithsonian intimate guide to human origins*. Washington: Smithsonian Books, 2007.

Ligando os pontos

A Terra tem aproximadamente 4,6 bilhões de anos. Os primeiros seres vivos surgiram nas águas dos oceanos. A partir de mutações genéticas e de seleção natural, originaram-se os peixes, os anfíbios, os répteis, os insetos e os mamíferos. Estes apareceram há cerca de 225 milhões de anos. Os antepassados dos grandes primatas, que são os gorilas, os chimpanzés, os orangotangos e os hominídeos, surgiram por volta de 60 milhões de anos atrás.

A vida dos hominídeos é estudada por arqueólogos, paleoantropólogos, biólogos, geneticistas e outros especialistas. Eles pesquisam os vestígios deixados por esses grupos, como restos fósseis, instrumentos, armas, pinturas rupestres (em cavernas e grutas), esculturas e monumentos megalíticos, feitos com pedras enormes.

Apesar de muito numerosos e profundos, os estudos realizados até hoje não permitem conhecer todos os passos no desenvolvimento das espécies do gênero *Australopithecus* e das do gênero *Homo*, como o *Homo habilis*, o *Homo erectus* e o homem moderno, o *Homo sapiens* — a única espécie ainda existente dos hominídeos.

Nesses estudos, os cientistas analisam material genético, avaliam as características de ossos, comparam crânios, pesquisam a arte pré-histórica e procuram calcular a idade das amostras. Com base nessas pesquisas, criam hipóteses e elaboram teorias sobre a origem e o desenvolvimento da espécie humana.

Neste capítulo, vamos estudar algumas dessas teorias e vamos acompanhar o desenvolvimento cultural do homem primitivo. Ou seja, estudaremos como os primeiros homens e mulheres criaram instrumentos, técnicas e modos de vida para enfrentar os desafios da sobrevivência.

Relacione a imagem acima com o texto e faça as atividades a seguir.

1. Indique as diferenças mais evidentes entre os crânios apresentados.
2. O que fazem os cientistas para elaborar hipóteses e teorias sobre o desenvolvimento do ser humano?

A origem dos seres humanos

Os primeiros hominídeos viviam em regiões de florestas, na África. Durante o período de glaciação da Terra, por volta de 5 milhões de anos atrás, as temperaturas caíram, as florestas diminuíram e deram lugar às savanas. O número de árvores foi reduzido e as que restaram ficaram mais finas. Os hominídeos se adaptaram às savanas, pois conseguiam andar sobre os pés (bipedalismo) sem a necessidade do auxílio das mãos. Tudo indica que eles trocaram a copa das árvores pelo solo, embora continuassem a se alimentar de frutos, o que facilitou sua sobrevivência em ambientes mais áridos.

O gênero *Australopithecus*

Os fósseis dos primeiros hominídeos foram encontrados na África, em países como os atuais Quênia, Etiópia e Chade. Os do gênero *Australopithecus* são comprovadamente os mais antigos já descobertos e têm idade aproximada de 4 milhões de anos.

As escavações revelaram fósseis de várias espécies de *Australopithecus*, como o *Australopithecus afarensis* e o *Australopithecus africanus*. Eles eram bípedes, viviam em sociedade e talvez usassem elementos do ambiente (pedras, galhos) como instrumentos.

O gênero *Homo*

As origens do gênero *Homo* ainda são incertas, mas sabe-se que seu sucesso está relacionado à sua capacidade de adaptação às mais diversas condições naturais e à sua habilidade em fazer instrumentos.

Os mais antigos fósseis do gênero *Homo* pertencem à espécie *Homo habilis* e têm cerca de 2 milhões de anos. Eles sabiam fazer instrumentos de pedra e viviam em sociedade.

Seu sucessor, o *Homo erectus*, além de saber fazer armas de pedra eficazes, vivia em comunidades em que havia divisão de trabalho (cada indivíduo era responsável por uma atividade).

O *Homo erectus* descobriu como fazer o fogo, técnica que o auxiliou a povoar outros continentes, adaptando-se a novos ambientes. Seus fósseis foram encontrados na África, na Europa e na Ásia.

GLOSSÁRIO

Glaciação: fenômeno climático associado à alteração do eixo terrestre e a outros fenômenos naturais que levam à diminuição da temperatura do planeta e provocam mudanças no relevo e no nível do mar.

Conheça melhor

O bipedalismo do *Australopithecus afarensis*

Há cerca de 3,6 milhões de anos, um vulcão na região da atual Tanzânia entrou em erupção e cobriu a área com cinza vulcânica. Logo depois choveu e a mistura da cinza com a água virou uma espécie de gesso que fixou as pegadas de vários animais. Dois pares de pegadas paralelas provam que o *Australopithecus afarensis* andava sobre os pés (bipedalismo) e tinha os dedos alinhados como os do homem moderno (diferentemente dos chimpanzés e dos gorilas, que têm o polegar do pé separado dos outros dedos).

Essa descoberta da equipe da antropóloga e arqueóloga Mary Leakey, no sítio arqueológico de Laetoli, na Tanzânia, em 1978, foi um marco nas pesquisas sobre os ancestrais dos seres humanos. Quatro anos antes, haviam sido encontrados na Etiópia os restos fósseis de um *Australopithecus afarensis* do sexo feminino. O exame dos ossos desse fóssil, que ficou mundialmente conhecido pelo apelido de "Lucy", já apontava para a hipótese de bipedalismo.

Paleoantropóloga examina pegadas do *Australopithecus afarensis* em Laetoli, na Tanzânia. Foto de 1995. A Paleoantropologia reúne conhecimentos das disciplinas da Paleontologia e da Antropologia, estuda fósseis de hominídeos e seus vestígios, tais como ossos e pegadas.

› O homem de Neandertal

Há cerca de 200 mil anos, o *Homo neanderthalensis*, o homem de Neandertal, ocupou a Europa, a Ásia central e o nordeste da África. Trata-se do hominídeo mais estudado. Os arqueólogos já encontraram centenas de esqueletos de neandertalenses.

A análise desses vestígios mostra que eles tinham uma grande caixa craniana, maior que a do *Homo sapiens*, além de músculos fortes. Eram caçadores, fabricavam instrumentos de pedra e foram os primeiros hominídeos a enterrar os seus mortos.

O *Homo sapiens*, o ser humano moderno, foi contemporâneo dos neandertalenses. Os dois grupos ocuparam, em alguns casos, as mesmas regiões. Até pouco tempo atrás, muitos estudiosos acreditavam na ocorrência de cruzamentos entre indivíduos das duas espécies. Atualmente, porém, devido principalmente às pesquisas genéticas, a maioria dos pesquisadores considera que não houve contato sexual entre *H. sapiens* e *H. neanderthalensis*. O homem de Neandertal não é ancestral dos seres humanos atuais. É uma linhagem que se extinguiu.

O desaparecimento do homem de Neandertal ocorreu há cerca de 30 mil anos, provavelmente como decorrência da competição com o *Homo sapiens*. Ambas as espécies competiam por território e recursos naturais, e o *Homo sapiens* saiu vencedor.

Ponto de vista

O desaparecimento do homem de Neandertal

Várias são as hipóteses acerca do desaparecimento dos neandertalenses. Eles ocuparam a Europa e o Oriente Médio durante 120 000 anos e resistiram a grandes períodos de frio intenso – as glaciações. No entanto, entre 35 000 e 25 000 anos atrás, o homem de Neandertal foi rareando até extinguir-se.

O que há de novo nesse período, além da estabilidade climática, é o aparecimento do *Homo sapiens*. Por muitos anos, acreditou-se que os neandertalenses eram muito inferiores intelectual e culturalmente aos *H. sapiens*, de modo que simplesmente não teriam sobrevivido à presença desses.

Contra essa visão, pesquisas recentes revelam que eles não eram tão grosseiros, pois fabricavam utensílios e ferramentas e enterravam seus mortos com rituais de caráter mágico ou religioso. Então, como e por que desapareceram?

Várias hipóteses, que passaram pelo genocídio, por epidemias e até pela fusão entre as duas espécies, foram derrubadas uma a uma por técnicas avançadas de pesquisa.

Atualmente, os cientistas concordam que não houve uma causa única para a extinção dos neandertalenses, mas sim uma conjunção de fatores.

Um desses fatores seria a concorrência com os *H. sapiens* por recursos naturais limitados: caça, sementes e frutos, que nem sempre permitiam o sustento de muitos grupos humanos.

Outra possibilidade é a questão demográfica – os neandertalenses apresentavam baixos índices de natalidade e alta mortalidade, sobretudo por se arriscarem em caçadas a animais de grande porte, como os mamutes. No entanto, até hoje se busca a resposta.

Distribuição geográfica de *Homo neanderthalensis* e *Homo sapiens* na Europa

- *Homo neanderthalensis*
- *Homo sapiens*

40 mil anos atrás
35 mil anos atrás
30 mil anos atrás

Fonte de pesquisa: Hominidés. Disponível em: <http://www.hominides.com/html/dossiers/disparition_neanderthal.html>. Acesso em: 5 maio 2009.

Assista

A guerra do fogo. Direção de Jean-Jacques Annaud, Canadá/França, 1981, 100 min.
O filme focaliza o domínio e o uso do fogo e a evolução da linguagem entre os hominídeos. Os sons foram planejados pelo estudioso de fonética e escritor Anthony Burgess, que também assinou o roteiro.

❯ O *Homo sapiens*

O *Homo sapiens* moderno surgiu na África há cerca de 120 mil anos. Da África, migrou para o Oriente Médio e para a Ásia, sempre em busca de animais para caçar e frutos para coletar. Após aprender a navegar, nosso antepassado chegou à Oceania, às ilhas do Pacífico e, navegando ou caminhando, ocupou a América.

❯ Caçadores e coletores

Quando os antepassados do homem moderno ainda não caçavam, fazia parte de seus hábitos alimentares comer os restos de carne de animais abatidos por outros predadores. Com o tempo, aprenderam a pescar e a caçar, atividades que exigiam o trabalho coordenado do grupo.

Durante o Paleolítico, os grupos humanos eram nômades. Quando o inverno chegava ou os animais e plantas escasseavam, homens e mulheres migravam em busca de climas mais amenos e de maior possibilidade de caça e coleta.

Para obter alimento, desenvolveram instrumentos de pedra. Ao lançar certas pedras contra o solo ou umas contra as outras, obtinham lâminas afiadas com as quais partiam sementes e cortavam frutos silvestres e raízes. Amarradas a cabos de madeira, essas pedras trabalhadas deram origem aos machados, às lanças e às flechas.

Locais em que foram encontrados vestígios de hominídeos

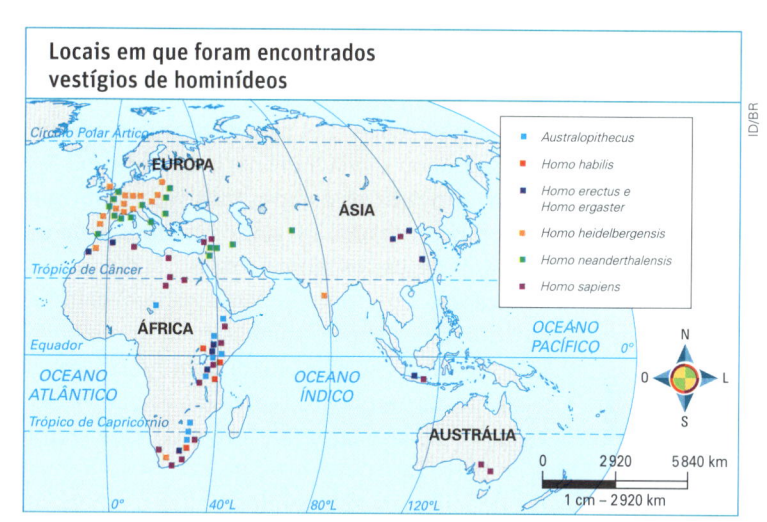

- Australopithecus
- Homo habilis
- Homo erectus e Homo ergaster
- Homo heidelbergensis
- Homo neanderthalensis
- Homo sapiens

Fonte de pesquisa: BLACK, Jeremy (Ed.). *Atlas da História do mundo*. Londres: Dorling Kindersley, 2005.

O aperfeiçoamento das técnicas de fabricar instrumentos fez os hominídeos desenvolverem lâminas cada vez mais finas, com as quais faziam pontas de flechas e lanças. Estas atingiam a caça a distâncias maiores, e o caçador não arriscava tanto a sua vida.

Além da carne, os caçadores aproveitavam as peles dos animais abatidos para fazer roupas. Os utensílios de pedra também eram usados para a feitura das vestimentas.

❯ A megafauna

Há cerca de 30 mil anos, os grandes animais da Austrália desapareceram. Cangurus gigantes, répteis e imensas aves – animais que pesavam acima de 40 kg – foram extintos. Esse fenômeno se repetiu entre 15 e 10 mil anos atrás na Europa, na Ásia e na América.

As espécies mais conhecidas da megafauna no hemisfério norte são os mamutes, os tigres-dentes-de-sabre e os alces gigantes. Na América do Sul, foram encontrados fósseis de preguiças-gigantes, de gliptodontes (tatus enormes) e de mastodontes (os antepassados dos elefantes).

A hipótese que explica o fim da megafauna associa um novo período de glaciação da Terra e a consequente diminuição das florestas com o aumento da eficiência dos hominídeos modernos na caça. Dessa maneira, os grandes animais desapareceram, mas seus fósseis são encontrados no mundo inteiro, incluindo o Brasil.

Réplica de preguiça-gigante do Museu de Ciências Naturais da PUC Minas, Belo Horizonte (MG).

Preguiça-gigante †*Eremotherium laurillardi* (Lund, 1842)

A Revolução Agrícola

O aumento da temperatura da Terra no fim da última glaciação, há cerca de 10 mil anos, originou uma profunda transformação na vida dos caçadores e coletores pré-históricos.

Do Paleolítico ao Neolítico

Graças à elevação da temperatura, houve aumento significativo das espécies vegetais. Havia mais frutas e sementes para coletar. Enquanto os homens caçavam, as mulheres perceberam que nasciam plantas nos locais em que deixavam cair sementes. Daí surgiu, há quase 10 mil anos, uma atividade que revolucionou a vida humana: a **agricultura**.

Animais começaram a invadir os campos cultivados em busca de alimento. As pessoas eram obrigadas a vigiar os campos e, ao mesmo tempo, começaram a domesticar os animais mais dóceis.

Cavalos, carneiros, cabras, bois, porcos, patos, gansos, galinhas, galos e cachorros foram domesticados. Os animais eram muito úteis, pois forneciam carne, leite, lã, ovos, esterco e auxiliavam no transporte. Os cães ajudavam a evitar que os herbívoros comessem as plantações.

Para estocar os grãos e armazenar água, foram criados recipientes de cerâmica, feitos do barro fresco das margens dos rios. Os recipientes secavam ao sol e depois eram submetidos a altas temperaturas. A queima era necessária para tornar potes e tigelas mais resistentes e impermeáveis.

Esses acontecimentos e processos mudaram a vida do ser humano, que, em vez de viver apenas da caça e da coleta, passou a cultivar a terra e a pastorear. Mas essa mudança não foi abrupta. Durante muito tempo, a caça e a coleta continuaram a ser praticadas pelos grupos de agricultores.

Plantar era uma atividade trabalhosa. Era necessário revolver a terra para semear, irrigar, proteger a plantação dos ataques de aves e animais, colher e construir silos – depósitos secos e seguros para armazenar a colheita, principalmente grãos como trigo, cevada e aveia, até a safra seguinte.

O processo de domesticação de vegetais e animais originou espécies mais adaptadas e produtivas. Por meio da seleção de sementes e de cruzamentos surgiram grãos, tubérculos e gramíneas mais suculentos, nutritivos e ao gosto dos seres humanos.

> **Conheça melhor**
>
> ### Os períodos da Pré-História
>
> Atualmente, o conceito de "Pré-História" é considerado incorreto, como vimos anteriormente. A maioria dos historiadores argumenta que a ação dos seres humanos é sempre histórica, seja qual for o tipo de sociedade em que vivam — nômade ou sedentária, organizada em comunidades ou estados, dotada ou não de escrita.
>
> Porém, o termo "Pré-História" ainda está presente em alguns livros para designar os primeiros milênios da História humana.
>
> Esse extenso período foi dividido em três fases.
>
> #### Paleolítico
>
> Teve início com o surgimento dos hominídeos e durou até cerca de 8000 a.C. Nessa fase, os seres humanos eram caçadores e coletores nômades. Fabricavam artefatos de pedra.
>
> #### Neolítico
>
> Teve início aproximadamente em 8000 a.C. e durou até cerca de 5000 a.C. Alguns grupos humanos aprenderam a cultivar várias espécies de plantas e a criar animais, tornando-se sedentários.
>
> #### Idade dos Metais
>
> Período entre cerca de 6000 a.C. e cerca de 1200 a.C., aproximadamente, quando alguns grupos humanos aprenderam a utilizar metais como cobre, ouro, prata, estanho e ferro.

Machados de mão e lâminas com dois gumes eram elaborados com lascas de pedra por grupos de *Homo erectus* e homens de Neandertal. Na foto, ferramentas de pedra feitas pelo *Homo erectus*, coletadas no norte da África.

> ## As primeiras aldeias neolíticas

O desenvolvimento da agricultura resultou no aproveitamento mais intensivo dos recursos naturais. Havia mais comida, fibras vegetais e animais, plantas medicinais, animais para alimentação, tração e produção de leite e laticínios.

A população aumentou por causa da maior oferta de alimentos. Por volta de 6000 a.C., as aldeias agrícolas neolíticas ficaram maiores e mais populosas.

As casas tornaram-se mais duráveis e eram feitas de argila socada, madeira, tijolos e até mesmo de pedra, dependendo da matéria-prima disponível em cada região.

Novos instrumentos, como pilões, almofarizes e moinhos, surgiram para amassar os grãos e transformá-los em farinha.

Os homens e as mulheres do Neolítico também começaram a desenvolver a tecelagem. As peles usadas para produzir roupas foram substituídas por fibras animais – a lã de ovelhas e cabras – ou vegetais – como o linho e o algodão. Os fios eram entrelaçados formando o tecido, mais flexível e confortável que o couro utilizado nas vestimentas antes do desenvolvimento dessa técnica.

> ## As cidades

As primeiras cidades concentravam casas cujos habitantes faziam cerâmica, tecidos, armas, ferramentas e vários artigos que trocavam entre si ou por produtos agrícolas dos camponeses.

Não se sabe ao certo como as aldeias agrícolas passaram a repartir o espaço com as cidades. Provavelmente, um grupo estabelecia em que épocas semear, colher e estocar grãos. Esse mesmo grupo, então, se apropriou das áreas agrícolas e começou a cobrar impostos em forma de produtos como condição para que os camponeses cultivassem a terra, cuja posse até então era coletiva. Talvez pessoas respeitadas pela sua capacidade de liderar tenham começado a dirigir as demais e formado as camadas privilegiadas das cidades.

A estruturação das cidades teve como desdobramento a formação do Estado. Cada núcleo urbano passou a controlar a produção dos campos das aldeias próximas. Desse modo, surgiram pequenas unidades territoriais compostas de cidades e aldeias agrícolas submetidas à mesma autoridade política.

Ruínas da vila Skara Brae, do período Neolítico, em Mainland, ilhas Orkney, Escócia. Foto de 2012. Na imagem, é possível observar o uso da pedra na construção das moradias.

> ## A escrita

A prática da agricultura e da criação de animais provocou a necessidade de obter maneiras de registrar e contar os animais e vegetais pertencentes a uma comunidade. Uma das formas encontradas foi a escrita.

A adoção da escrita, além de proporcionar um eficiente modo de registrar os estoques de alimentos, possibilitou o aparecimento da literatura, isto é, do registro de ideias, lendas, etc.

Os estudiosos do século XIX consideraram a invenção da escrita um acontecimento fundamental, a ponto de determinar a divisão do passado humano em Pré-História, período anterior ao desenvolvimento da escrita, e História, que teria começado com a utilização da escrita.

Entretanto, a escrita apenas registra ideias e pensamentos que os seres humanos produzem e que podem também ser transmitidos e registrados por outros meios, seja em desenhos nas paredes das cavernas, seja pela oralidade.

Ponto de vista

Surgimento da escrita

Da tecnologia alcançada, a fiação e a tecelagem, a cerâmica, as olarias, os navios, os veículos com rodas, os calendários, os sistemas de pesos e medidas e os primórdios da matemática são apenas alguns exemplos. Surgiu a escrita, marcando para muitos historiadores a passagem da Pré-História para a História. A meu ver, no entanto, ela foi apenas uma entre tantas outras transformações que ocorreram em curtíssimo espaço de tempo, permitindo o registro de eventos sociais e características culturais desses povos para as gerações futuras.

GUGLIELMO, Antonio Roberto. *A Pré-História, uma abordagem ecológica*. São Paulo: Brasiliense, 1999. p. 43.

▶ A Idade dos Metais

Existem duas hipóteses a respeito do início do uso dos metais. A primeira é que há cerca de 10 mil anos artesãos de lâminas e outros instrumentos de pedra, ao manipularem um pedaço de minério de cobre, perceberam que ele não lascava como outras rochas, pois tinha certa flexibilidade e podia ser trabalhado a marteladas. Depois passaram a aquecer o cobre e a moldá-lo em diversas formas.

Outra hipótese é que os homens verificaram que algumas pedras usadas para circundar fogueiras e evitar que o fogo se espalhasse derretiam com o calor. Eles passaram, então, a derreter essas pedras que continham metais e a fabricar armas e outros objetos.

› Idade do Bronze

Os primeiros metais utilizados foram o cobre, o ouro, a prata e o estanho. Aquecidos, derretiam até ficar no estado líquido e podiam ser misturados, resultando em ligas metálicas mais resistentes que o mineral isolado.

Alguns dos mais antigos objetos de cobre foram encontrados em túmulos do Antigo Egito, colocados ali para uso dos mortos na outra vida. Foram produzidos há cerca de 6 500 anos.

Misturando cobre e estanho, obteve-se o bronze, liga metálica utilizada em armas durante séculos. O mais antigo objeto de bronze, encontrado em uma pirâmide do Egito, tem idade estimada em 5 700 anos.

Nem todos os objetos de metal eram destinados à guerra. Os joalheiros e ourives elaboraram belos e sofisticados ornamentos. Também foram produzidos instrumentos destinados à agricultura e algumas ferramentas.

Grandes torçais de Ipswich e de Snettisham, século I a.C., encontrados na Inglaterra. Destinados a ser usados como colar, foram feitos, por ourives celtas, de uma liga de quase 1 quilo de ouro e um pouco de prata. Os celtas ocuparam quase toda a Europa no final da Idade do Bronze e destacaram-se pela qualidade de suas armas e joias.

› Idade do Ferro

Os primeiros instrumentos de ferro surgiram por volta de 1500 a.C. Foram posteriores aos elaborados com outros metais, principalmente por causa da dificuldade em trabalhar o tipo de mineral do qual o ferro era extraído.

O ferro é um metal que derrete somente a temperaturas superiores a 1 500 °C. Em função disso, os instrumentos eram confeccionados aquecendo-se o minério até amolecer e depois martelando-o para obter as formas desejadas.

Armas de ferro eram muito mais resistentes do que as de bronze; aos poucos, conforme o acesso à matéria-prima e o domínio da tecnologia se difundiam, o bronze foi deixando de ser usado e deu lugar ao ferro. Povos como os **hicsos** invadiram e dominaram por algum tempo o Egito graças às suas armas de ferro, muito mais resistentes.

■ Outras histórias

Os olmecas

Por volta de 1500 a.C., quando se difundiam na Ásia e no Egito os instrumentos de ferro, na região hoje conhecida como México formavam-se aldeias agrícolas dedicadas ao cultivo de milho, pimentas, etc.

A cultura olmeca era formada por uma sociedade hierarquizada, com sacerdotes, guerreiros, artesãos e agricultores. Os olmecas foram pioneiros na construção de pirâmides na Mesoamérica.

Vasilha olmeca em forma de peixe, cerâmica, séculos XII-IX a.C. Os olmecas possuíam conhecimentos técnicos que permitiam produzir objetos em argila, pedra e madeira.

GLOSSÁRIO

Hicsos: povo asiático que dominou o egípcio entre 1630 a.C. e 1520 a.C. Eles introduziram cavalos e carros de guerra no Egito, além de armas aperfeiçoadas.

› A diversificação das profissões

O desenvolvimento da agricultura e da pecuária levou grande parte dos grupos de seres humanos ao sedentarismo. Não era mais necessário migrar em busca de alimento, já que ele estava disponível em forma de campos cultivados e animais domesticados.

Além disso, com a crescente produção de excedentes de alimentos, nem todos precisavam se dedicar à agricultura e ao pastoreio. Nas aldeias, surgiram profissionais especializados em fabricar instrumentos, tecer fibras, moldar tijolos e vasilhames de cerâmica.

Dessa maneira, aos poucos, os grupos sociais começaram a se diferenciar. A posse da terra deixou de ser coletiva e algumas famílias se apropriaram dos lotes mais produtivos. O processo se intensificou com a formação das cidades. Os camponeses passaram a pagar tributos aos governantes. Surgiram personagens tipicamente urbanas: reis, sacerdotes que controlavam as práticas religiosas, funcionários, soldados que garantiam a cobrança dos impostos, mercadores que intermediavam a troca dos excedentes rurais pelos artigos do artesanato, etc.

Um dos resultados foi que a maior parte da população dos campos perdeu a posse das terras cultivadas e, também, ficou distante do poder político, centralizado na cidade e exercido pelo rei, com o apoio de funcionários civis e militares.

› Os monumentos megalíticos

Entre 5000 a.C. e 3000 a.C., os povos neolíticos da Europa Ocidental, do litoral do mar Mediterrâneo e do norte da África ergueram monumentos megalíticos, ou seja, constituídos de imensos blocos de pedra, os **menires**, ou de dois ou mais blocos encimados por um terceiro bloco, os **dolmens**.

Menires e dolmens foram encontrados em diversas posições: alinhados como os de Carnac, na França, com seus 2 935 menires, ou dispostos em círculo, como o famoso monumento de Stonehenge, na Inglaterra.

No local em que foram assentados os monumentos megalíticos encontraram-se corpos de pessoas que viveram nas comunidades agricultoras e pastoris da região. Tudo indica, portanto, que essas construções poderiam funcionar como uma espécie de cemitério.

Além disso, alguns monumentos megalíticos, como o de Stonehenge, também eram verdadeiros calendários de pedra. Os círculos de pedra indicam eventos astronômicos como as fases da Lua e os **solstícios** de verão e inverno. Provavelmente, Stonehenge era utilizado como um local de rituais religiosos pelos povos agricultores da região.

Ruínas de Stonehenge, na Inglaterra. Foto de 2012. Acredita-se que o monumento era um centro de rituais e de observação astronômica.

História e Física

Arqueólogos dataram em torno de 2300 a.C. a construção de Stonehenge. O cálculo baseou-se nos teores de radiocarbono existentes em amostras obtidas no local.

O método de datação conhecido como radiocarbono ou carbono 14 foi desenvolvido na década de 1940. Ele deu aos historiadores um "relógio" para calcular a idade de restos fósseis, ossos e outros documentos arqueológicos de até 60 mil anos.

O processo baseia-se na constatação de que a relação entre o carbono 12 e o carbono 14 (radioativo) é constante nos seres vivos, mas após a morte o carbono 14 existente no organismo não é mais reposto. Os físicos e químicos verificaram que esse isótopo radioativo tem meia-vida de aproximadamente 5 700 anos, ou seja, decorrido esse prazo a massa de carbono 14 cai para a metade.

Ao medir a relação entre carbono 12 e carbono 14 na amostra e compará-la com a existente em um ser vivo, é possível calcular a idade da amostra. Por exemplo, se esta contiver metade do carbono 14 encontrado em tecidos vivos, o ser do qual foi retirada a amostra estava vivo há cerca de 5 700 anos.

Ontem e hoje

Encontrados vestígios de habitações perto de Stonehenge

Arqueólogos britânicos encontraram vestígios de oito habitações a quatro quilômetros do monumento Stonehenge, em Durrington Walls, onde terão vivido os construtores deste sítio megalítico com 4500 anos.

As escavações começaram em 2003 e permitiram encontrar, em 2006, os restos de oito habitações situadas em ambos os lados de um caminho que ia dar a uma ribeira. Estudos mais rigorosos detectaram outras dezenas de habitações, o que pode indicar que em todo o vale terão existido construções de madeira, explicou aos jornalistas o arqueólogo britânico Mike Parker Pearson. O investigador acredita que se pode falar na existência de cem habitações.

"Naquilo que restou das casas, podemos encontrar vestígios de bases de camas, armários em madeira", precisou.

O solo de seis destas casas era de argila e estava bem preservado. Cada habitação, construída em madeira, tinha uma superfície de 25 metros quadrados.

Os arqueólogos encontraram ainda vários fragmentos de objetos com 4500 anos e ossos de animais.

Os vestígios serão datados entre 2600 e 2500 antes da nossa era, ou seja, o mesmo período da edificação de Stonehenge.

[...]

"Estas escavações mostraram que Stonehenge [formado por círculos de menires] não estava isolado", mas fazia parte de um complexo maior para cerimônias fúnebres, ligado a Durrington Walls.

[...]

Disponível em: <http://publico.pt/ciencia/noticia/encontrados-vestigios-de-habitacoes-perto-de-stonehenge-1284168>. Acesso em: 6 maio 2014.

O trabalho do historiador e do arqueólogo permite observar semelhanças entre o chão de argila das casas do sítio arqueológico de Durrington Walls e muitas habitações da atualidade. A área do piso era formada por linhas retas e ângulos de 90 graus. Foto de 2007.

Reflita

1. Observe a imagem e releia o texto, a seguir formule uma hipótese sobre a estrutura das paredes das casas do antigo vilarejo.
2. Pesquise em jornais, revistas ou na internet plantas de moradias atuais, observe as medidas que normalmente são informadas nesses projetos. Utilize seus conhecimentos em **Matemática** para calcular a área das habitações. Compare com as medidas informadas no texto acima.

Atividades

Verifique o que aprendeu

1. Explique como é possível saber a história de nossos antepassados mesmo sem registros escritos.
2. Relacione as causas do sucesso do gênero *Homo* até hoje.
3. Descreva as possíveis relações entre o *Homo neanderthalensis* e o *Homo sapiens*.
4. Descreva as hipóteses que explicam o desaparecimento da megafauna.
5. Diferencie o principal aspecto do Paleolítico em relação ao Neolítico.
6. Indique uma das hipóteses a respeito da descoberta dos metais.
7. Construa uma linha do tempo com as datas aproximadas da utilização dos metais na Pré-História e no início dos tempos históricos.
8. Caracterize o surgimento das primeiras aldeias neolíticas e das profissões.
9. Explique o surgimento dos primeiros Estados e em que período histórico isso ocorreu.
10. Indique a possível função dos monumentos megalíticos que surgiram em várias áreas da Europa e no norte da África, entre 5000 a.C. e 3000 a.C.

Leia e interprete

11. Com base no que você estudou até aqui e na leitura do texto abaixo, responda às questões propostas.

    > Como se pode conhecer a Pré-História?
    >
    > Podemos saber como viviam e o que pensavam os homens que existiram há milhares de anos? Seria possível determinar como se aconchegavam, como plantavam ou caçavam ou em que acreditavam? A resposta não é tão simples. Vamos, então, por partes.
    >
    > [...] A principal maneira de ter acesso ao passado pré-histórico é o estudo dos vestígios materiais que chegaram até nós. [...]
    >
    > [...] A cerâmica pode nos informar sobre como as pessoas armazenavam produtos ou como comiam, mas, em alguns casos, a forma e a decoração também podem nos dar indicações a respeito da simbologia e dos valores sociais adotados.
    >
    > As pinturas e gravuras, feitas nas paredes de cavernas ou em outras pedras, conhecidas como rupestres, são também evidências materiais que muito podem nos dizer sobre o passado pré-histórico. Algumas delas [...] representam humanos e animais e nos mostram como se pescava e caçava, assim como retratam rituais e festas, constituindo uma fonte de informação inigualável.
    >
    > FUNARI, Pedro P.; NOELLI, Francisco S. *Pré-História do Brasil*. São Paulo: Contexto, 2005. p. 15-19.

    a) Como podemos conhecer a vida dos grupos humanos pré-históricos?
    b) O que os ossos de nossos antepassados podem informar?
    c) Que informações podemos obter da cerâmica dos homens pré-históricos?
    d) O que revelam as pinturas rupestres?

12. Observe as pinturas encontradas no sítio arqueológico de Tassili n'Ajjer, na Argélia. Com base no que você estudou, analise que informações podem ser deduzidas a respeito de cada uma.

    Pinturas do sítio arqueológico de Tassili n'Ajjer, Argélia. Somente nesse sítio já foram descobertas cerca de 15 mil pinturas em pedra, produzidas entre 7 mil e 3 mil anos atrás.

    a) O que a primeira figura representa?
    b) O que a segunda figura representa?
    c) Como era o possível modo de vida do grupo representado na primeira imagem?
    d) Explicite as diferenças entre o grupo da primeira imagem e o da segunda imagem.

CAPÍTULO

2 Os seres humanos povoam a América

O que você vai estudar

- A migração e suas teorias.
- Grupos de caçadores e coletores no Brasil.
- Comunidades litorâneas e sambaquis.

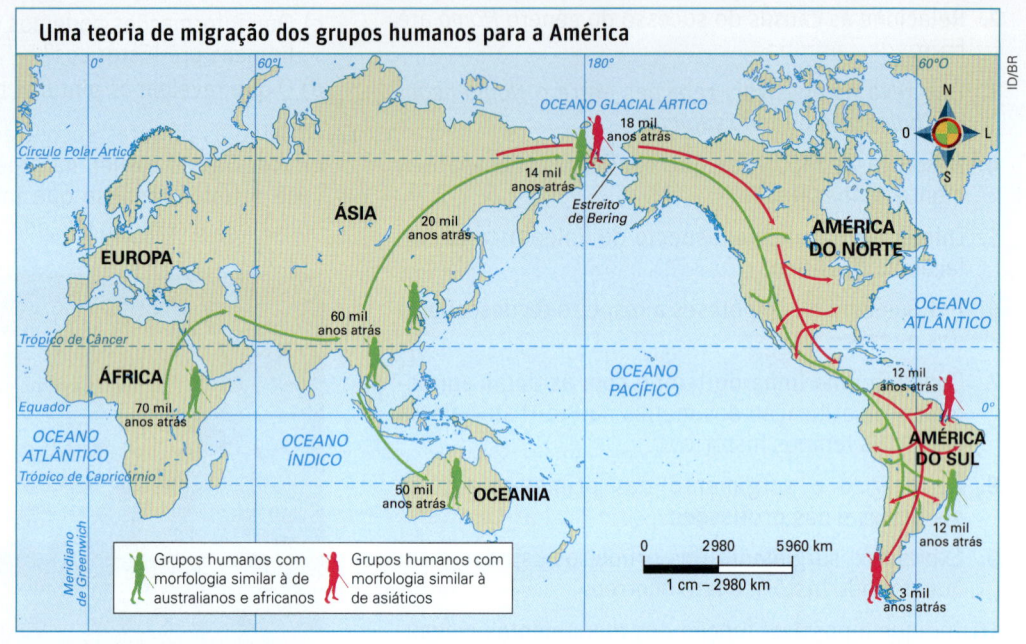

Uma teoria de migração dos grupos humanos para a América

[Mapa-múndi mostrando rotas migratórias com datas: África 70 mil anos atrás; 60 mil anos atrás; Oceania 50 mil anos atrás; 20 mil anos atrás; 14 mil anos atrás; 18 mil anos atrás; América do Sul 12 mil anos atrás; 3 mil anos atrás. Legenda: grupos humanos com morfologia similar à de australianos e africanos; grupos humanos com morfologia similar à de asiáticos. Escala: 1 cm — 2980 km]

Fontes de pesquisa: NEVES, Walter; HUBBE, Mark. Os pioneiros das Américas. In: *Nossa História*, Rio de Janeiro, n. 22, ago. 2005 e PIVETTA, Marcos. Como os nossos pais. *Pesquisa Fapesp*, São Paulo, n. 182, abr. 2011.

Ligando os pontos

A história dos seres humanos na chamada Pré-História é feita de longas caminhadas e migrações. Partindo da África, eles se dirigiram para a Europa e para a Ásia. Da Ásia, povoaram a Oceania e a América.

Até hoje não há consenso sobre como e quando a América foi povoada. Os especialistas no assunto levantam várias hipóteses, muitas vezes divergentes.

Os métodos utilizados pelos estudiosos para fundamentar suas teorias são diversos. Alguns se baseiam na análise de material genético dos povos asiáticos e indígenas. Outros realizam comparações entre tipos de crânios de diversas populações ou, ainda, analisam vestígios materiais, como restos de fogueira, pontas de lança e pinturas rupestres. Esses métodos variados abrem um amplo leque de possibilidades e permitem formular múltiplas hipóteses para as mesmas questões.

O mapa acima mostra a hipótese dos arqueólogos Walter Neves e Mark Hubbe, baseada em comparações de formas e tamanhos de crânios dos seres humanos que se estabeleceram na América. Para os dois estudiosos, a América foi povoada em duas grandes migrações: a primeira, há cerca de 14 mil anos, de povos com traços físicos africanos e australianos, e a segunda, há pouco mais de 11 mil anos, de povos com traços mongoloides, isto é, com características semelhantes às dos asiáticos atuais. As duas migrações ocorreram pelo estreito de Bering, entre a Ásia e a América.

Relacionando mapa e texto, responda.
1. Como os especialistas deduzem a origem dos antepassados do homem americano?
2. Por que há tantas hipóteses sobre essa origem?
3. De acordo com o mapa acima, descreva os caminhos percorridos pelos grupos pioneiros de seres humanos até a América.

❯ As muitas teorias

A idade dos fósseis humanos encontrados na América comprova que o nosso continente foi o último a ser ocupado pela espécie humana. Os especialistas sobre a Pré-História da América defendem teorias diferentes a respeito do caminho percorrido na povoação do continente.

❯ Pelo estreito de Bering

A teoria mais tradicional defende a hipótese de que grupos humanos da Ásia migraram para a América pelo **estreito de Bering**.

Atualmente, o estreito é um canal marítimo raso de 85 quilômetros de largura que separa o Alasca estadunidense da Sibéria asiática.

No entanto, na última **glaciação** (entre 80 e 12 mil anos atrás) houve diminuição do nível do mar. Como resultado, o estreito transformou-se em um istmo, possibilitando a passagem a pé da Ásia para a América.

❯ Através do oceano Pacífico

Além da passagem pelo estreito de Bering, alguns estudiosos sugerem que a ocupação da América foi feita também pelo **oceano Pacífico**. Os humanos teriam navegado em canoas desde as ilhas da Polinésia, atingindo a costa oeste da América do Sul.

A arqueóloga brasileira Niéde Guidon defende esse trajeto e também acredita que essa longa viagem ocorreu há mais de 40 mil anos. Datas tão remotas geraram muita discussão entre os especialistas. Em oposição a essa hipótese, alguns cientistas enfatizam a limitação tecnológica para navegar longas distâncias na época, além da inexistência de fósseis humanos que comprovem a data.

❯ A cultura de Clóvis

As primeiras teorias de ocupação da América surgiram após escavações em um sítio arqueológico encontrado na década de 1920, próximo à cidade de **Clóvis**, na região do Novo México, nos Estados Unidos.

Com base em testes de carbono 14 em artefatos encontrados no local, arqueólogos estadunidenses desenvolveram a teoria que se tornou clássica para explicar o povoamento da América.

A cultura de Clóvis teria surgido com a migração pelo estreito de Bering há cerca de 12 mil anos. Partindo do Alasca, os humanos teriam iniciado o povoamento da América, migrando cada vez mais para o sul.

Principais sítios arqueológicos mais antigos da América

Fonte de pesquisa: ARRUDA, José Jobson de A. *Atlas histórico básico*. 17. ed. São Paulo: Ática, 2007. p. 20.

Segundo essa teoria, a América do Sul foi povoada milhares de anos após a ocupação dos territórios do norte.

❯ Ocupação antes de Clóvis

Pesquisas atuais indicam que os seres humanos chegaram à América em um período anterior à cultura de Clóvis.

Descobertas arqueológicas como as do sítio de **Taima-Taima**, na Venezuela, antecipam a data da ocupação humana em nosso continente para cerca de 15 mil anos.

Em **Monte Verde**, no Chile, existem provas da presença humana há 12300 anos, o que significa que a travessia do estreito de Bering ocorreu antes da chegada do povo de Clóvis.

No Brasil, a presença humana pode ser estudada nos sítios arqueológicos de **Pedra Pintada**, no Pará. Nesses sítios foram encontrados vestígios da ocupação humana nas regiões da floresta Amazônica há 11300 anos.

Além dos sítios de Pedra Pintada, há outros sítios arqueológicos importantes descobertos no Brasil. Entre eles, os de **Lagoa Santa** e **Lapa Vermelha**, em Minas Gerais, e os sítios do **Parque Nacional da Serra da Capivara**, em São Raimundo Nonato, no interior do Piauí.

Ponta de flecha produzida pela cultura de Clóvis, c. 12000 a.C. Trata-se de um objeto de pedra lascada, isto é, foi feito por meio do atrito de pedras, como se observa nas bordas irregulares do instrumento.

> Caçadores e coletores no Brasil

Os primeiros grupos humanos que povoaram o que hoje corresponde ao território do Brasil eram **caçadores** e **coletores nômades**. Esses grupos desenvolveram diferentes técnicas ao longo do tempo, como lanças e flechas com pontas de pedra e rituais funerários próprios.

Atualmente, estão identificados cerca de 20 mil sítios arqueológicos no Brasil, contendo sepulturas, pinturas rupestres, restos de habitações e utensílios diversos.

> Lund, o pioneiro

Os estudos sobre a Pré-História brasileira começaram com o naturalista dinamarquês Peter Lund, que pesquisou as cavernas próximas à região de **Lagoa Santa**, em Minas Gerais, por volta de 1835.

Lund encontrou fósseis de animais da chamada **megafauna**, como tigres-dentes-de-sabre e preguiças-gigantes. Além dos fósseis animais, o dinamarquês encontrou ossos pertencentes a cerca de setenta homens e mulheres pré-históricos.

> O sítio arqueológico de Lagoa Santa

As descobertas de Peter Lund serviram de base para pesquisas mais aprofundadas realizadas em Lagoa Santa, em 1975, por uma equipe internacional de arqueólogos.

O material recolhido por eles foi estudado anos depois pelo arqueólogo Walter Neves, que descobriu, entre os esqueletos, o crânio de uma mulher. A descoberta recebeu do pesquisador o nome de **Luzia**. Análises comprovaram que Luzia viveu cerca de 11 680 anos atrás. É o fóssil humano mais antigo da América.

Luzia, assim como outros esqueletos datados entre 11 500 e 11 mil anos atrás, possui o crânio com formato semelhante ao dos **povos africanos** e **dos aborígenes australianos** atuais. Os esqueletos mais recentes, com cerca de 8 mil anos, têm traços semelhantes aos dos atuais povos asiáticos.

Walter Neves já trabalhava sobre a hipótese de que a América havia sido povoada inicialmente por um grupo humano vindo da Ásia, porém com traços dos atuais africanos. Posteriormente, uma nova migração teria sido feita por grupos com traços orientais (mongoloides).

A descoberta de Luzia reforçou a hipótese de Walter Neves, explicada no quadro *Ligando os pontos*.

> A polêmica da Pedra Furada

Segundo a arqueóloga brasileira Niéde Guidon, no sítio arqueológico do **Boqueirão da Pedra Furada**, na Serra da Capivara, no estado do Piauí, foram encontrados restos de fogueiras produzidas por seres humanos há 48 mil anos.

Muitos arqueólogos discordam de Guidon. Argumentam que o carvão encontrado é resto de um incêndio natural.

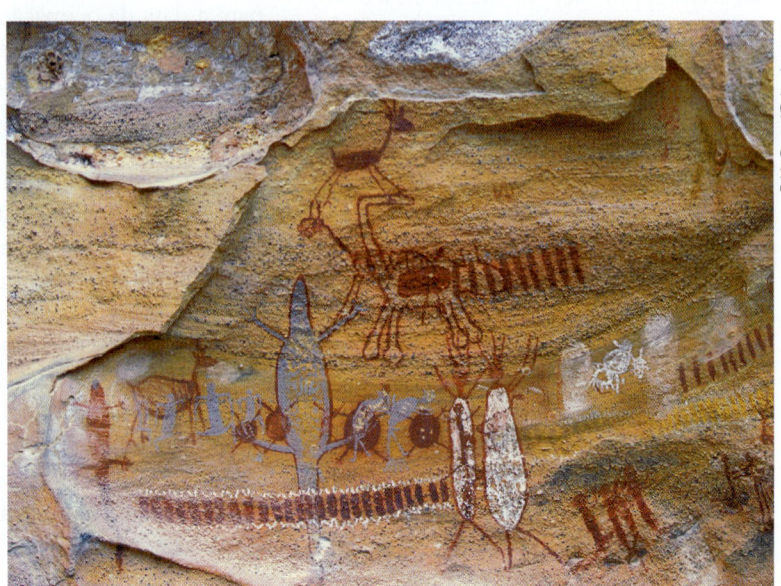

No Parque Nacional da Serra da Capivara (PI) encontram-se as mais antigas pinturas rupestres do Brasil, declaradas Patrimônio Cultural da Humanidade.

História e Química

Para entender as pinturas rupestres, os estudiosos pesquisam a simbologia dos grafismos, o local onde foram feitos e a sociedade que os produziu.

Os arqueólogos contam ainda com o auxílio de químicos para analisar a composição das tintas utilizadas nessas pinturas.

Pela análise química dos **pigmentos**, é possível identificar os tipos de minérios, de plantas e até mesmo de animais (por meio de restos de ossos carbonizados, usados para a obtenção da cor preta) empregados pelos paleoíndios. É mais um recurso no esforço de entender como essas pessoas viviam e seu grau de domínio sobre o ambiente à sua volta.

No futuro, quando os historiadores estudarem a sociedade do início do século XXI, os químicos poderão ajudá-los definindo, por exemplo, a composição química de nossos alimentos industrializados.

- Você costuma ler os rótulos dos alimentos industrializados (biscoitos, doces, sucos, refrigerantes, etc.)? Forme grupos com seus colegas. Cada grupo deve escolher um alimento industrializado e anotar a composição química informada na embalagem, fazer uma pesquisa sobre a função de cada ingrediente e relacionar o que descobriu com o estilo de vida da sociedade atual.

Os povos dos sambaquis

Há cerca de 8 mil anos, grupos coletores e caçadores se instalaram ao longo do litoral do território que hoje constitui o Brasil. Em contato com o mar, esses povos se especializaram na **pesca** e na **coleta de moluscos** (ostras, mariscos, mexilhões, etc.).

A proximidade entre a costa e as zonas de floresta permitia, porém, que esses povos pescadores continuassem a caçar e a coletar sementes, frutas e raízes.

Como resultado, a oferta estável e farta de alimento propiciou a formação de comunidades **sedentárias**. Algumas delas ocupariam a mesma área por séculos.

A principal característica dessas comunidades litorâneas é a formação de **sambaquis**. Os sambaquis são aterros elevados compostos basicamente de conchas de moluscos acumuladas ao longo de muito tempo.

> Povos ligados à água

Os sambaquieiros espalharam-se por grande parte do litoral leste da América do Sul, entre os atuais estados do Pará e de Santa Catarina.

Alguns sambaquis estão situados nas margens de **rios**, caso do rio Ribeira de Iguape, no sul do atual estado de São Paulo, e do rio Amazonas.

Contudo, os maiores sambaquis encontram-se no litoral do estado de **Santa Catarina**, onde alguns montes de conchas atingem 30 metros de altura (o equivalente a um edifício de dez pavimentos).

> A função dos sambaquis

Durante algum tempo, os estudiosos acreditaram que esses montes de conchas funcionavam como simples depósitos de lixo.

Pesquisas recentes indicam, porém, que os sambaquis eram formados intencionalmente e tinham função **ritual**.

Os arqueólogos ainda não conhecem com exatidão todas as funções dos sambaquis. Mas o grande número de sepultamentos ali realizados indica que uma dessas funções era servir como cemitério.

Adornos como colares de dentes de tubarão, utensílios do cotidiano, pequenas estátuas e ossos de animais eram enterrados com os corpos.

Nos sambaquis há também sinais de **fogueiras**. Possivelmente eram realizados rituais funerários usando o fogo, como o preparo de refeições em homenagem aos ancestrais mortos.

> A cultura dos povos sambaquieiros

Os povos sambaquieiros tinham uma cultura material muito variada.

Eles produziam pequenas esculturas de pedra ou osso, em forma de animais, chamadas **zoólitos** (do grego *zoo*, "animal", e *litos*, "pedra").

Além de estátuas, fabricavam utensílios como machados e facas com pedras finamente polidas.

Para a pesca, criavam **arpões** com ossos de animais e teciam **redes** com fibras vegetais.

Além das esculturas, os sambaquieiros faziam **inscrições** em pedras. Algumas dessas inscrições foram realizadas em ilhas distantes da costa. Tudo indica, portanto, que os povos dos sambaquis utilizavam barcos para viajar pelo litoral e pescar.

> O fim dos sambaquis

Os sambaquieiros acumularam montes de conchas para enterrar seus mortos por mais de 7 mil anos.

Por volta do ano 1000, porém, os sambaquis foram abandonados. Com eles desapareceram também a produção de zoólitos e arpões de osso, a pesca intensiva e outras manifestações culturais dos antigos povos do litoral.

Os pesquisadores não sabem o que causou o fim da cultura sambaquieira. O que se sabe é que, 2 500 anos atrás, as regiões antes dominadas pelos sambaquieiros começaram a ser ocupadas por um povo guerreiro vindo da Amazônia: os **tupis**.

Zoólito encontrado em sambaqui da região de Florianópolis, Santa Catarina. Os zoólitos fazem parte das fontes materiais, que você estudou no item As fontes da História no capítulo O tempo humano.

Navegue
<http://www.museusambaqui.sc.gov.br>. Acesso em: 24 ago. 2013. Principal centro brasileiro de estudos sobre a cultura sambaquieira, o Museu Arqueológico de Sambaqui, localizado em Joinville (SC), mantém um *blog* com informações sobre os sítios, as novas pesquisas e as ações educativas praticadas pela instituição para a preservação e divulgação do material remanescente dos povos sambaquieiros. No *blog* você encontra também *links* de outras instituições arqueológicas brasileiras, fotografias dos sítios e de exposições temporárias sobre o tema.

Ontem e hoje

Aumento da produtividade

A domesticação de animais e plantas, ocorrida a partir de 10 mil anos atrás, com o início da revolução agrícola neolítica, permitiu o avanço de sociedades que viviam da predação ou coleta de recursos naturais para outra etapa histórica. Nesse novo estágio, tais sociedades passaram a depender principalmente dos produtos de cultivos e criações – de plantas e animais que domesticaram.

A revolução agrícola neolítica irradiou-se para grande parte do mundo a partir de seis centros, localizados em vários continentes: o centro do Oriente Próximo, o centro-americano, o chinês, o neo-guineense, o sul-americano e o norte-americano. Um passo fundamental na direção da revolução agrícola foi a descoberta da importância das sementes para o cultivo de grãos e outras espécies vegetais.

Conhecendo a ligação entre semente e vegetal, o ser humano passou a guardar para o cultivo os grãos que lhe pareciam mais promissores e bonitos. Nascia, assim, de maneira empírica, a técnica de melhoramento de plantas, que imita os processos da evolução natural.

Engenharia genética

[No século XIX] [...] com a redescoberta das regras da genética, métodos racionais de melhoramento genético começaram a ser utilizados pelos geneticistas em plantas cultivadas, animais domésticos e microrganismos úteis [...].

Complexos sistemas de cruzamentos [...], associados a diferentes métodos de seleção, são utilizados quando os genes de interesse localizam-se em diferentes indivíduos de uma mesma espécie que se deseja melhorar geneticamente. Tomemos um exemplo: dentro de uma mesma espécie como *Zea mays* (o milho cultivado) podem existir plantas resistentes a determinada doença, mas de baixa produtividade, ao lado de outras sensíveis à mesma doença, mas de alta produtividade. Nesse caso, um programa de melhoramento genético pode combinar as características favoráveis de cada uma – resistência e alta produtividade –, produzindo assim um milho geneticamente melhorado.

É nesse contexto que se insere uma das aplicações da tecnologia do DNA recombinante, conhecida popularmente como engenharia genética. Ela possibilita o isolamento de um gene de um dado organismo e sua transferência para outro organismo, transpondo barreiras de cruzamento entre os reinos vegetal, animal, protista e fungi. O resultado é um indivíduo geneticamente igual ao utilizado para receber a molécula de DNA recombinante, porém acrescido de uma nova característica genética, proveniente de outro, que não é da mesma espécie. Esse indivíduo é chamado transgênico.

AZEVEDO, J. L. de; FUNGARO, M. H. P.; VIEIRA, M. L. C. Transgênicos e evolução dirigida. *História, Ciências, Saúde – Manguinhos*, Rio de Janeiro, v. 7, n. 2, p. 451-464, jul./out. 2000. Disponível em: <http://www.scielo.br/scielo.php?pid=S0104-59702000000300014&rscript=sci_arttext>. Acesso em: 6 maio 2014.

O milho, que em tupi significa *abati*, é um cereal de origem americana e está presente na culinária de diversos povos. Segundo estudos genéticos, esse cereal tem aproximadamente 150 espécies, que apresentam cor e tamanho de grãos variados.

Reflita

1. Por que a revolução agrícola neolítica foi importante?
2. Como o desenvolvimento da agricultura modificou estruturas sociais?
3. Os produtos transgênicos são alvos de críticas de determinados setores da sociedade. Pesquise em grupo sobre o tema e discuta se as modificações genéticas podem provocar outra "revolução" nos hábitos alimentares da população mundial. Anote suas conclusões.

Atividades

Verifique o que aprendeu

1. Relacione a ocorrência da última grande glaciação com o início do povoamento humano do continente americano.

2. Explique a teoria baseada na cultura de Clóvis e dê dois argumentos que a contestam.

3. Escreva um pequeno texto sobre a descoberta do fóssil de Luzia e sua importância para entender o processo de povoamento do continente americano.

4. Relacione a hipótese da migração pelo oceano Pacífico com o sítio arqueológico chileno de Monte Verde e a teoria da arqueóloga brasileira Niéde Guidon.

5. Em geral, os povos coletores e caçadores são nômades. Por que algumas comunidades de sambaquieiros eram sedentárias?

6. Descreva as principais características dos sambaquis.

7. Justifique a afirmação: "Os povos sambaquieiros tinham conhecimentos de navegação".

8. Os sambaquis foram abandonados por volta do ano 1000, depois de os sambaquieiros terem acumulado montes de conchas por mais de 7 mil anos. É possível saber o que provocou o fim dos sambaquis?

Leia e interprete

9. O texto a seguir, de autoria da arqueóloga brasileira Maria Dulce Gaspar, discute o significado dos sinais gravados nas pedras pelos primeiros habitantes das terras que atualmente compõem o Brasil. Leia-o e responda às questões propostas.

> Gabriela Martin, estudiosa da arte rupestre do nordeste do Brasil, assinala que grafismos tão comuns nos registros rupestres como espirais, círculos radiados e linhas paralelas onduladas podem significar, ao mesmo tempo, dependendo do grupo cultural, símbolos femininos ou masculinos, incesto, o movimento das águas ou a piroga [canoa] anaconda que transporta a humanidade. Quem poderia imaginar que uma simples linha, considerada em nossa cultura uma das mais simples formas geométricas, pode conter tantos significados? Se por um lado traços simples podem conter vários significados, André Prous ressalta que sinais vistos como simbólicos em algumas interpretações de arte rupestre podem ser simples esquematizações. Um bom exemplo é a figura do triângulo, que pode ser tanto um desenho geométrico ou uma simples representação realista. Este é o caso do desenho composto de dois triângulos opostos, feito pelos Bororo, que representa uma realista vértebra de peixe. Para complicar ainda mais, estudos realizados por André Prous e Alenice Baeta, em lâmina extraída de um paredão do sítio arqueológico [...], indicou a existência de muitas pinturas que não podem ser visualizadas nem a olho nu nem com o auxílio de fotografia com filme infravermelho.

GASPAR, Madu. *A arte rupestre no Brasil*. Rio de Janeiro: Jorge Zahar, 2003. p. 12-13.

a) Os sinais geométricos como linhas, círculos e triângulos tinham apenas funções decorativas? Justifique sua resposta.

b) Os sinais inscritos ou pintados nas rochas apresentavam sempre o mesmo significado?

c) Faça um exercício de representação: em seu caderno, elabore desenhos com linhas geométricas simples representando acontecimentos de seu cotidiano. Mostre esses desenhos aos seus colegas e peça a eles que identifiquem o que você desenhou.

10. A pintura abaixo foi feita em uma pedra do Parque Nacional da Serra da Capivara, no estado do Piauí. No Parque, encontra-se a maior concentração de sítios arqueológicos atualmente conhecida no país. Observe-a atentamente e responda às questões propostas.

Pintura rupestre no Parque Nacional da Serra da Capivara, Piauí.

a) Descreva as figuras representadas na imagem acima.

b) Identifique o que elas estão fazendo.

c) Com base nas figuras e nos atos representados na imagem, elabore uma hipótese de como seria a vida das pessoas que criaram essa pintura.

CAPÍTULO 3
África Antiga

O que você vai estudar

- A civilização às margens do Nilo.
- Características da sociedade egípcia.
- Os deuses e os faraós.
- O cotidiano às margens do Nilo.

As pirâmides de Gizé fazem parte de um sítio arqueológico localizado nos arredores do Cairo, Egito. Foram construídas como tumbas reais e demonstram como os antigos egípcios dominavam conhecimentos complexos nas áreas de matemática e engenharia. Foto de 2010.

Ligando os pontos

Milênios após terem surgido na África, os grupos humanos se dispersaram, domesticaram animais e plantas, criaram técnicas diversas, dominaram o fogo e os metais, construíram desde aldeias até grandes cidades, organizaram-se de forma hierarquizada e desenvolveram sociedades cada vez mais complexas.

Entre as civilizações do mundo Antigo, uma das que mais despertam curiosidade é a egípcia. As monumentais pirâmides, os complexos rituais funerários e os seus deuses tornaram o Egito Antigo uma fonte de contínuo interesse, em vários períodos da História.

Já no século V a.C., o historiador grego Heródoto, em suas inúmeras viagens, ao visitar o Egito ficou admirado com o que viu e escreveu a famosa frase: "O Egito é uma dádiva do Nilo".

Consideramos hoje que o Egito não é uma dádiva apenas do Nilo, mas de seu povo, que cultivou suas margens, ergueu templos para seus inúmeros deuses, escreveu textos com hieróglifos em pedras e papiros, mumificou e honrou seus mortos e preservou os membros da classe dominante em monumentos funerários que testemunham até hoje a grandeza e a complexidade dessa civilização.

Os egípcios construíram as maiores pirâmides há mais de 4 mil anos, portanto elas já eram muito antigas quando Heródoto as conheceu. Boa parte da história do Egito já foi estudada, mas ainda hoje se encontram vestígios com novas informações sobre os vários períodos dessa civilização.

Observando a fotografia acima, responda às questões propostas a seguir.
1. Você sabe qual era a função das pirâmides?
2. Como elas foram construídas?
3. Como os egípcios conseguiram sobreviver em uma região desértica?

> Às margens do Nilo

O rio Nilo nasce no lago Vitória, na fronteira entre os atuais Quênia, Uganda e Tanzânia, e corre cerca de 6 450 quilômetros até formar um gigantesco delta que deságua no mar Mediterrâneo. No decorrer da História, as cheias anuais que se originavam na África Equatorial, local das nascentes do rio, fertilizavam as terras ao longo de seu curso, permitindo a produção agrícola.

A sociedade egípcia desenvolveu-se às margens do rio Nilo graças ao trabalho intenso dos camponeses, sob o domínio dos faraós.

O mapa identifica as duas regiões em que se dividiam naturalmente as férteis terras do Egito Antigo: o vale, denominado Alto Egito, e o delta, denominado Baixo Egito.

> Formação das primeiras comunidades

Na época neolítica, após a revolução agrícola, as terras irrigadas naturalmente pelo rio Nilo atraíram povos de diversas etnias, oriundos do sul, do oeste e do leste da África. Esse processo de **sedentarização** ocorreu por volta de 6 a 5 mil anos antes de Cristo.

As enchentes anuais do rio Nilo facilitaram a fixação de comunidades que prosperaram às suas margens. As águas das cheias transportavam e depositavam grande quantidade de matéria orgânica nas áreas inundadas. Essa matéria orgânica se decompunha transformando-se em húmus, que adubava as terras permitindo a obtenção de boas colheitas, exceto nos anos em que o volume de água era pequeno.

A agricultura tornou-se a principal atividade econômica desses grupos, que desenvolveram técnicas para o aproveitamento integral das cheias do Nilo, como a construção de reservatórios de água, diques para evitar inundações e canais de irrigação para aumentar a área de cultivo.

Essas obras hidráulicas exigiam esforço coletivo, o que levou as comunidades a se agruparem.

Aos poucos, no decorrer de séculos, essas comunidades formaram unidades maiores, os **nomos**. Estes, por sua vez, agruparam-se em dois reinos: no norte, o Reino do **Baixo Egito**, que ocupava a região do delta; no sul, o Reino do **Alto Egito**, no vale do Nilo.

Por volta de 3200 a.C., o faraó Menés, do Alto Egito, conquistou o Baixo Egito para dominar a fértil área do delta. Essa conquista deu origem ao Estado egípcio.

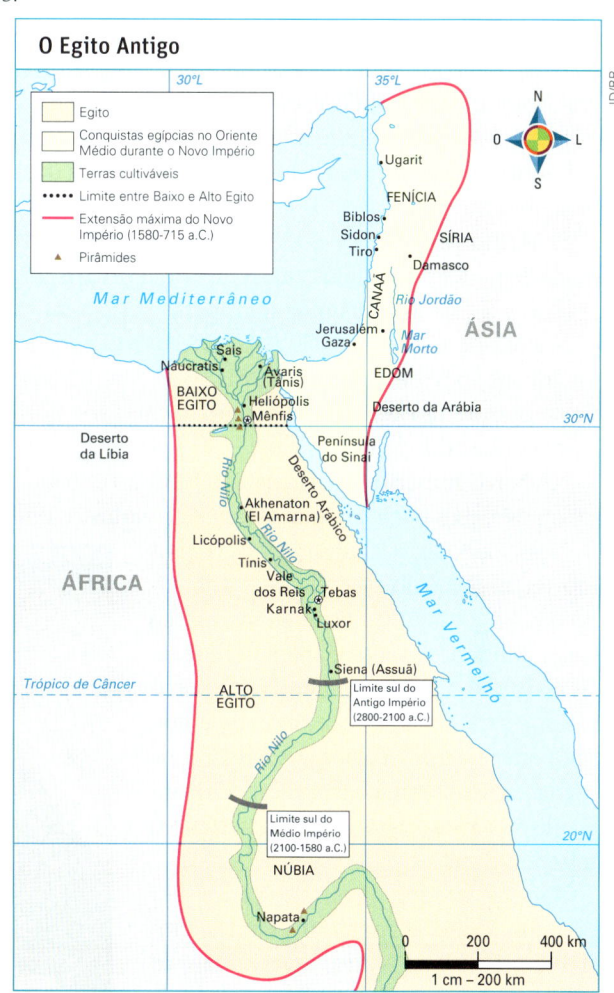

O Egito Antigo

Fonte de pesquisa: ARRUDA, José Jobson de A. *Atlas histórico básico.* 17. ed. São Paulo: Ática, 2007. p. 6.

Cena agrícola no túmulo tebano n. 1, em Deir el-Medina. Os relevos e pinturas egípcios apresentavam temas religiosos e atividades do cotidiano.

Estado e sociedade

O longo período da história do Egito posterior à unificação realizada por Menés foi dividido em três grandes fases, durante as quais reinaram diferentes dinastias.

O Império dos faraós

O **Antigo Império** vai de 3200 a.C. a 2000 a.C. Nesse período, os faraós, a nobreza e os funcionários estatais organizaram uma monarquia poderosa, cuja base era o poder teocrático. O faraó exercia o poder como representante de uma divindade. Destacaram-se nesse período os faraós Quéops, Quéfren e Miquerinos, famosos pela construção das grandes pirâmides de Gizé, entre 2700 a.C. e 2600 a.C.

Entre 2400 a.C. e 2000 a.C., o poder central sofreu um processo de enfraquecimento pela ação dos **nomarcas**, chefes dos nomos, apoiados pela nobreza.

O **Médio Império**, de 2000 a.C. a 1580 a.C., foi marcado pela retomada do poder pelos faraós, que reorganizaram o Estado. Entre 1800 a.C. e 1700 a.C., os hebreus migraram para o Egito em busca de melhores condições de vida. Em 1750 a.C., o território egípcio foi invadido pelos **hicsos**, povo originário da Ásia. Eles conquistaram rapidamente o Egito porque usavam carros de guerra puxados por cavalos, que não eram conhecidos pelos egípcios.

No **Novo Império**, que vai de 1580 a.C. a 1085 a.C., os faraós expulsaram os hicsos e iniciaram uma fase de conquistas militares.

Nesse período, o faraó Amenófis IV promoveu uma revolução religiosa, adotando o culto a um único deus, Áton, o disco solar. Mudou seu nome para Ikhnáton, "servidor de Áton". Ao diminuir a influência dos sacerdotes, o soberano aumentou seu poder político-religioso. A tentativa de implantação do monoteísmo acabou quando ele morreu e seu sucessor, Tutancâmon, retomou o culto aos deuses tradicionais.

Ramsés II, que ficou no poder por 66 anos, mandou construir grandes templos e estátuas na Núbia, atual Sudão, ao sul do Egito, além de ter se apropriado de outros, apagando o nome dos faraós originais e substituindo-o pelo seu nome.

Entre essas construções, destaca-se o impressionante templo de Abu Simbel, escavado na rocha ao lado do Nilo.

> **Leia**
> **Contos e lendas do Egito Antigo,** de Brigitte Evano. São Paulo: Companhia das Letras, 1998. As versões míticas narradas no livro auxiliam na compreensão da mentalidade religiosa do Egito Antigo.

Para marcar a conquista da Núbia, atual Sudão, Ramsés II (c. 1279-1213 a.C.) mandou construir um gigantesco templo entalhado na rocha em Abu Simbel. Foto de 2010.

Declínio

Aproximadamente em 1080 a.C. começa o período de declínio do Império Egípcio, que foi conquistado pelos assírios em 670 a.C.

Em 662 a.C. o Egito retomou sua independência, com um período de renascimento cultural. No entanto, foi derrotado pelos persas, em 525 a.C.; incorporado ao Império de Alexandre, o Grande, em 331 a.C.; e finalmente foi dominado pelos romanos em 30 a.C., tornando-se uma província do Império Romano.

> ## Sociedade

A população egípcia estava dividida em camadas sociais bem definidas. No topo da hierarquia social estava o **faraó**, senhor de tudo o que era produzido na terra.

Os **sacerdotes** formavam a camada social mais elevada e mais culta. Eram responsáveis pela transmissão dos conhecimentos e pelas práticas religiosas. Além das terras doadas pelo faraó, os sacerdotes também recebiam doações dos nobres e da população em geral para interceder favoravelmente junto aos deuses. Eles eram personalidades influentes em suas comunidades, e seus filhos herdavam a sua profissão.

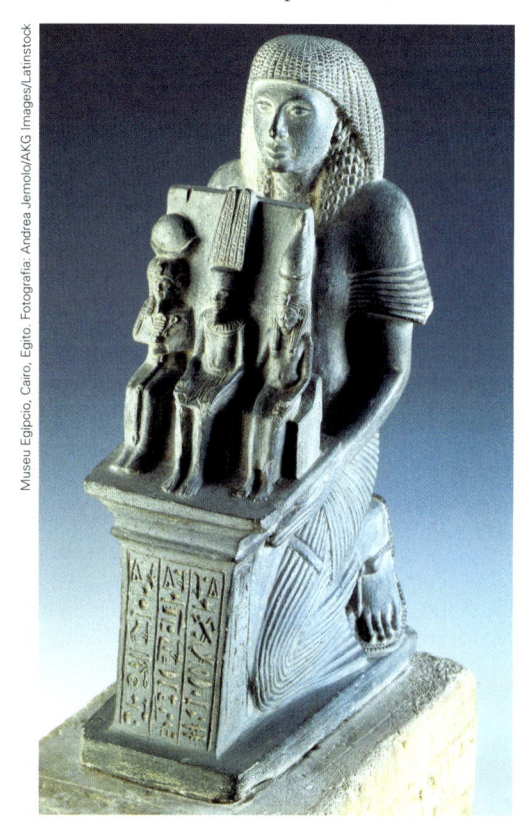

Ramsesnakht, sacerdote de Amon. A rigidez e impassibilidade são características da arte egípcia, derivadas da tradição religiosa. Escultura em alabastro do século XII a.C.

Os **nobres** eram altos funcionários do Estado, que auxiliavam o faraó na administração, na defesa e no comércio exterior. Recebiam altos salários e viviam cercados de luxo e conforto.

Os **escribas** eram os que aprenderam a ler e a escrever e ocupavam os cargos de funcionários da administração do Estado, tornando-se os executores das ordens do faraó. Daí provinha o prestígio de que desfrutavam. Eram eles que conferiam os rebanhos e a produção agrícola e coletavam os impostos.

Dominar a escrita egípcia, principalmente os **hieróglifos**, a escrita oficial, era muito difícil. Os hieróglifos eram desenhos, ideogramas que representavam ideias, sons ou objetos, dependendo da situação. No decorrer da história egípcia, novos hieróglifos surgiam e caíam em desuso. São conhecidos cerca de 6 mil hieróglifos, mas isso não significa que todos foram utilizados ao mesmo tempo. A média, por período, era de menos de mil hieróglifos, ou seja, o escriba dominava quase mil ideogramas com diferentes sons e significados.

Os **soldados** eram geralmente mercenários recrutados no estrangeiro que recebiam lotes de terra e prestavam serviço ao faraó, que, para manter o equilíbrio das atividades produtoras, evitava o recrutamento de camponeses para o serviço militar.

Os **artesãos** pertenciam à camada inferior, mas viviam em condições melhores do que os camponeses, pois conviviam com os ricos, para os quais trabalhavam.

O artesanato era diversificado e elaborado. Os bons artesãos eram bastante requisitados e abriam oficinas próprias. Havia oleiros, pedreiros, pintores, escultores, ourives, tecelões, vidreiros, carpinteiros, cesteiros e padeiros. No entanto, o faraó e os templos controlavam as oficinas de alto luxo destinadas às elites, como as oficinas de joias, de tecidos de linho, de móveis folheados a ouro, de esculturas e pinturas refinadas, de objetos de vidro e pratos de faiança da mais alta qualidade.

Os **camponeses** – felás – trabalhavam exaustivamente nos campos, logo após o fim das enchentes. Eles semeavam e irrigavam as culturas e faziam a limpeza das plantações até a colheita. Após a colheita, pagavam os impostos ao faraó ou aos donos da terra, nobres ou sacerdotes.

Sobrava pouco para a família camponesa. Todos os anos, eles também eram obrigados a trabalhar em obras estatais, como conserto de canais de irrigação ou obras monumentais, como palácios ou túmulos.

Os **escravos** eram minoria na sociedade. Eram mais numerosos em períodos de guerra, já que quase todos eram prisioneiros. Por serem caros, apenas a nobreza utilizava seus serviços.

Assista

Cairo 678. Direção de Mohamed Diab, Egito, 2011, 100 min. Drama sobre a luta de três mulheres egípcias contra abusos sofridos no interior de ônibus públicos no Cairo. Baseado em fatos reais, o filme possibilita conhecer parte da realidade urbana e social do Egito atual.

▶ A vida às margens do Nilo

A vida dos camponeses do Egito era regulada pelas cheias e vazantes do Nilo.

O começo do ano egípcio era em junho, a estação das cheias. Quando as inundações eram abundantes, a população orava e agradecia aos deuses, principalmente ao deus Hapi, que representava o próprio Nilo.

Durante as cheias, os campos ficavam inundados e os camponeses eram convocados para trabalhar em obras do Estado.

Em setembro, eles começavam a arar os campos para misturar o húmus – lama fértil que o Nilo deixava sobre o solo. O trabalho devia ser feito assim que as águas baixavam, senão o Sol ressecaria o húmus. Depois de arar, era hora de semear. As sementes eram jogadas na terra, e os porcos ou as cabras soltos nos campos ajudavam a afundar as sementes de cevada, trigo, lentilha, pepino, cebola e frutas como melancias e melões. O linho, utilizado para fazer tecidos, demorava um ano para ser colhido. A cevada e o trigo eram colhidos em três meses.

Na segunda estação do ano, de outubro a fevereiro, as terras eram irrigadas com as águas da inundação armazenadas em canais.

Em março, começava a terceira estação, a estação da colheita. A colheita devia terminar antes de junho, o auge do verão. Nessa estação, os camponeses aproveitavam que os canais estavam praticamente secos para consertá-los e deixá-los preparados para a próxima enchente.

Se as cheias não fossem abundantes ou ocorressem pragas, como nuvens de gafanhotos ou ataques de ratos do campo, ocorriam os temidos períodos de fome e milhares de pessoas morriam, principalmente os camponeses, que eram em geral muito pobres e trabalhavam no limite de suas forças. Alimentavam-se de pão de trigo, cebola, peixe e cerveja, ou seja, com o mínimo que conseguiam depois de pagar as taxas que deviam pelo uso da terra. Viviam em casebres com pouca mobília, construídos com barro e palha, com um buraco no teto para a saída da fumaça.

Os grupos mais favorecidos estabeleciam-se em vilas, e suas casas tinham móveis de madeira nobre e eram decoradas com tapetes, vasos de vidro e outros objetos de adorno. Alimentavam-se de carnes, frutas, vinho, cerveja, bolos – uma variedade de alimentos não acessível aos camponeses. Vestiam-se com tecidos finos e se enfeitavam com perucas e joias de ouro, prata e pedras semipreciosas. Homens e mulheres usavam cosméticos e um óleo para proteger o corpo do Sol.

O *shaduf* é um instrumento de irrigação do Egito Antigo usado até hoje. Trata-se de uma haste móvel, como uma "gangorra". Em uma ponta da haste há um balde, que é enchido com água e erguido com a ajuda do peso da pedra amarrada na outra extremidade. Rio Nilo. Foto de 2008.

■ Outras histórias

A cidade mais antiga da América

Enquanto florescia a civilização egípcia, uma cultura complexa despontava na costa do atual Peru. A cerca de 200 quilômetros de Lima, arqueólogos encontraram vestígios da cidade de Caral.

Construída entre 2600 a.C. e 2100 a.C. por uma sociedade que já se organizava como Estado, Caral controlava um amplo território.

Ali foram achadas pirâmides, muros com 20 metros de altura e grandes plataformas de pedra.

Os habitantes desenvolviam a agricultura, a pesca e o comércio do algodão. Foram encontrados produtos dos Andes e da Amazônia, o que mostra o intercâmbio com essas regiões.

Aldeia núbia na ilha Elefantina, às margens do Nilo. Foto de 2010.

› Conhecimentos

Os egípcios aprenderam a registrar todas as suas conquistas. Desenvolveram um sistema de escrita que inicialmente era composta de sinais pictográficos, os hieróglifos, que representavam objetos e depois sílabas. Foram os precursores do alfabeto, que mais tarde foi inventado e difundido pelos fenícios. Escreviam principalmente sobre papiro, produzido com uma planta de mesmo nome, comum nas margens do Nilo, e também sobre linho e couro, além dos textos esculpidos na pedra.

A **ciência** estava voltada para realizações práticas, como determinar a época das cheias do Nilo, construir canais de irrigação e diques para represar a água, projetar monumentos, como templos e pirâmides. Isso originou o desenvolvimento da astronomia e da Matemática.

Os astrônomos egípcios criaram um **calendário solar**, com a divisão do ano em 12 meses de 30 dias, acrescidos de 5 dias a cada ano. Identificaram estrelas fixas no céu, como Sírius, que provavelmente serviu de referência para a elaboração do calendário.

Na Matemática, lançaram as bases da aritmética e da geometria. Executavam as **operações aritméticas** de adição, subtração e divisão e realizavam a multiplicação por meio de somas sucessivas. Estabeleceram formas de calcular as áreas de triângulos, retângulos e hexágonos.

Em função da prática da mumificação, eles conquistaram avanços consideráveis na medicina, como o **tratamento das doenças** com o uso de ervas medicinais e o desenvolvimento de procedimentos cirúrgicos. Conheciam a importância do coração no funcionamento do organismo e fizeram o primeiro tratado sobre o preparo de medicamentos.

O talento artístico dos egípcios expressava-se nas grandes obras arquitetônicas, como os **templos** dedicados aos deuses.

O templo representava a casa do deus, visitada por ele quando aparecia na Terra. No interior dessa edificação, existia uma câmara que guardava a estátua da divindade, lugar permitido somente aos sacerdotes. Os templos mais grandiosos foram erguidos em Luxor e Karnac. As paredes eram ornamentadas com pinturas e figuras em relevo.

Na **literatura** destacavam-se os textos de caráter religioso, como o *Livro dos mortos*. Havia também obras de caráter pedagógico, tanto com orientações de ordem moral, como *Ensinamentos do escriba Any*, quanto de ordem política, que é o caso de *Ensinamentos de Kéti III a seu filho Merikarê*.

Os contos populares, como a *Sátira dos ofícios*, os romances, como *Aventuras de Sinuhé*, e relatos folclóricos, como o *Conto do camponês*, proliferaram a partir de 2000 a.C.

A **música** também fazia parte da vida desse povo. Muitas atividades eram enriquecidas com apresentações musicais realizadas com instrumentos de corda (harpas), de sopro (flauta) e de metal (trombetas).

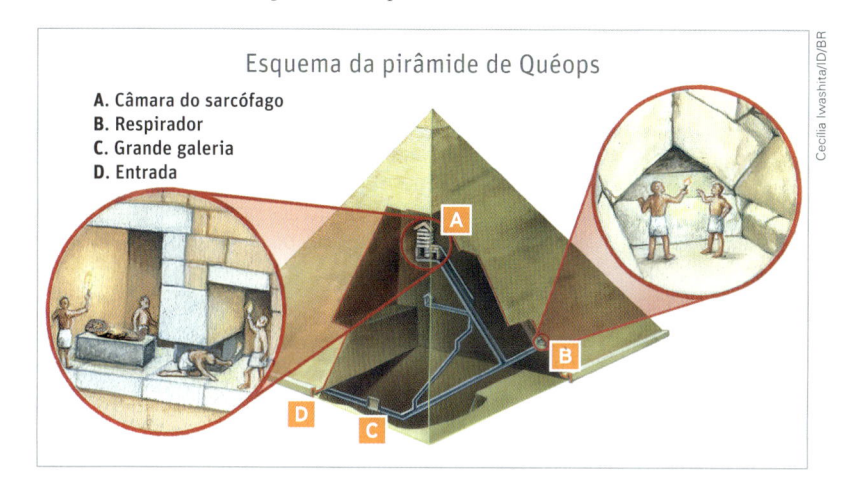

Este papiro do século II a.C. está escrito em demótico, tipo de escrita mais simplificada que os hieróglifos que se tornou comum em todo o Egito a partir de 600 a.C.

Esquema da pirâmide de Quéops
A. Câmara do sarcófago
B. Respirador
C. Grande galeria
D. Entrada

> ## Além do Nilo

Além da sociedade egípcia, outros povos fazem parte da história da África Antiga. Havia grandes reinos e impérios, bem como agrupamentos nômades e pequenas aldeias.

A organização social na maioria das diferentes sociedades africanas era estabelecida com base nas relações de parentesco ou na relação de subordinação a um chefe.

Nas aldeias, o chefe, geralmente um dos membros mais velhos e experientes do grupo, exercia a liderança garantindo que as tradições e as normas estabelecidas fossem seguidas.

Suas determinações podiam ser elaboradas em parceria com outros líderes das várias famílias que compunham a aldeia. Deliberava-se sobre as atividades de caça e coleta de alimentos, assim como sobre a criação de animais ou o cultivo de plantas.

Muitas sociedades africanas organizavam seu modo de vida de acordo com a crença em espíritos da natureza, antepassados e heróis míticos.

Várias aldeias podiam formar uma confederação chefiada por um líder e um grupo de representantes. As decisões giravam em torno de ações para administrar a justiça, a defesa, a expansão militar, a produção de alimentos e a distribuição de terras.

A expansão de algumas vilas dava origem a uma cidade, que podia ser independente ou tornar-se parte de um Reino.

No vale do Nilo, assim como a sociedade egípcia, outros povos se desenvolveram e se fixaram nas terras férteis do rio. Agricultores e pastores garantiam o abastecimento das aldeias e das cidades.

No norte da África, onde se localizam atualmente a Líbia, a Tunísia, a Argélia e o Marrocos, e no deserto do Saara, viviam grupos nômades como os berberes, os azenegues e os tuaregues, que se dedicavam sobretudo ao comércio. As atividades praticadas por esses grupos garantiam o intercâmbio entre os povos que viviam nas regiões de floresta, no deserto e na costa do Mediterrâneo.

Os povos que habitavam as regiões ao sul do **Sahel** praticavam atividades mais adequadas aos ambientes das savanas e florestas, dominavam a metalurgia e possuíam técnicas elaboradas para construção de edifícios.

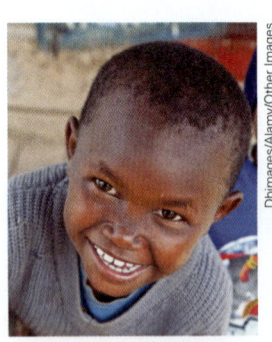

A diversidade étnica atual dos povos do continente africano reflete o passado de diferentes origens e organizações sociais.

História e linguística

O historiador Alberto da Costa e Silva, especialista brasileiro em estudos africanos, procura destacar, no trecho escrito a seguir, a diversidade étnico-cultural com base nas línguas faladas no continente. Em oposição à perspectiva eurocêntrica, que acredita na impossibilidade de um estudo científico por falta de fontes e documentos escritos, a análise linguística contribui para o reconhecimento da África como um continente formado por culturas originais e de história milenar.

Os africanos que vivem ao norte do Saara são diferentes dos que vivem ao sul?

Os que vivem ao norte são predominantemente brancos, e os que vivem ao sul, negros. Mas estes também são diversos entre si. Um amara da Etiópia é tão distinto de um ambundo de Angola quanto, na Europa, um escandinavo de um andaluz. E um jalofo do Senegal é diferente de um xona de Zimbabué [Zimbábue] como um russo de um siciliano. [...]

A África é riquíssima de línguas e culturas. Falam-se no continente mais de mil idiomas. Mais de dois mil, segundo alguns estudiosos. Algumas dessas línguas, como o hauçá e o suaíli, são faladas por dezenas de milhões de pessoas e numa área geográfica bem extensa. Outras, por uns poucos milhares. Numa área onde predomina determinado idioma, pode haver pequenos bolsões de outro. Ou de outros. [...]

COSTA E SILVA, Alberto da. *A África explicada aos meus filhos*. Rio de Janeiro: Agir, 2008. p. 16.

- Pesquise a quantidade de línguas indígenas faladas hoje no Brasil. Com base na informação obtida, justifique se a afirmação a seguir está correta: Assim como o estudo das línguas faladas no continente africano auxilia a pesquisa histórica, no Brasil, o estudo da linguística pode contribuir para o estudo dos povos indígenas.

GLOSSÁRIO

Sahel: região situada entre o deserto do Saara e as terras mais férteis ao sul do continente africano.

❯ O Reino de Cuxe

No vale do Nilo, ao sul do Egito, desenvolveu-se outro importante Estado da África Antiga: o Reino de Cuxe.

Documentos egípcios e fontes arqueológicas indicam que a sociedade cuxita se estabeleceu na região da Núbia, no norte do atual Sudão, entre os séculos VII a.C. e II d.C., e teve como principal característica econômica o comércio.

❯ O comércio

As trocas comerciais realizadas pelos cuxitas eram responsáveis pelo intercâmbio entre os povos que viviam nas savanas e florestas da região central da África e na região da costa mediterrânea. Do interior da África, saíam os artigos de luxo como incenso, marfim, ouro e madeiras, apreciados pelos chefes e nobres de diversos povos.

O solo cuxita era rico em pedras preciosas e metais como ouro e ferro. A condição natural favoreceu o domínio de técnicas de metalurgia, com as quais eram produzidos arados, espadas e enxadas que se tornavam itens de destaque nas trocas comerciais.

❯ Cuxitas e egípcios

As relações de comércio indicadas pelas fontes materiais permitem afirmar que a história do Reino de Cuxe esteve estreitamente relacionada à do Egito. Pesquisas arqueológicas em região núbia encontraram grande número de objetos como vasos e pérolas de origem egípcia; já o marfim e o ouro núbios foram encontrados em abundância nas escavações em terras egípcias.

Além das trocas comerciais, a relação entre cuxitas e egípcios foi marcada por períodos de guerras e dominação.

Apesar das relações conflituosas, os cuxitas assimilaram algumas características da cultura egípcia.

❯ Mulheres no poder: sacerdotisas e *candaces*

As tradições matrilineares, comuns em diversas sociedades africanas, também eram praticadas no Reino de Cuxe. As mulheres da família real podiam desempenhar várias funções e ocupar cargos de liderança.

Como sacerdotisas, algumas princesas também se tornavam líderes espirituais – deviam dedicar-se ao celibato e eram responsáveis pelo culto do deus Amon, considerado a divindade mais importante.

Os cuxitas foram governados por algumas mulheres que recebiam o título de *candace*, cujo significado é rainha-mãe. Entre as atividades de poder exercidas por essas mulheres, estavam a administração civil, do comércio e do exército e o estabelecimento de relações diplomáticas.

Apesar do destaque político da mulher de linhagem real, plebeias não possuíam nenhum privilégio ou vantagem social.

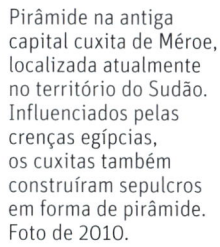

Pirâmide na antiga capital cuxita de Méroe, localizada atualmente no território do Sudão. Influenciados pelas crenças egípcias, os cuxitas também construíram sepulcros em forma de pirâmide. Foto de 2010.

Representação da rainha cuxita Amanitore (1-25 a.C.). Na imagem, é possível observar a escrita egípcia (esquerda) e a cuxita (direita). A escrita cuxita, denominada de **meroíta**, originou-se dos hieróglifos egípcios.

❯ O Império de Axum

Por volta do século V a.C. surgiram na região entre o Reino de Cuxe e o mar Vermelho, onde hoje se localizam a Etiópia e a Eritreia, inúmeras cidades fundadas por povos que viviam no sul da península Arábica.

A localização entre o mar Vermelho e o oceano Índico favoreceu o desenvolvimento de uma sociedade urbana dedicada ao comércio marítimo que promovia o intercâmbio entre o mundo mediterrâneo, a Arábia, a Índia e o Sudeste Asiático.

O governo da cidade de Axum, com maior poder militar, passou a dominar as demais cidades da região, consolidando a formação do Império de Axum.

O principal porto axumita localizava-se na cidade de Adulis, onde morava uma população cosmopolita de marinheiros e comerciantes de origem romana, persa, árabe, grega e indiana, entre outras.

As informações sobre a sociedade axumita derivam de fontes antigas, como os relatos do escritor romano Plínio (século I d.C.) e do cronista árabe Ibn Hischam (século VIII d.C.), a epigrafia local e o material arqueológico.

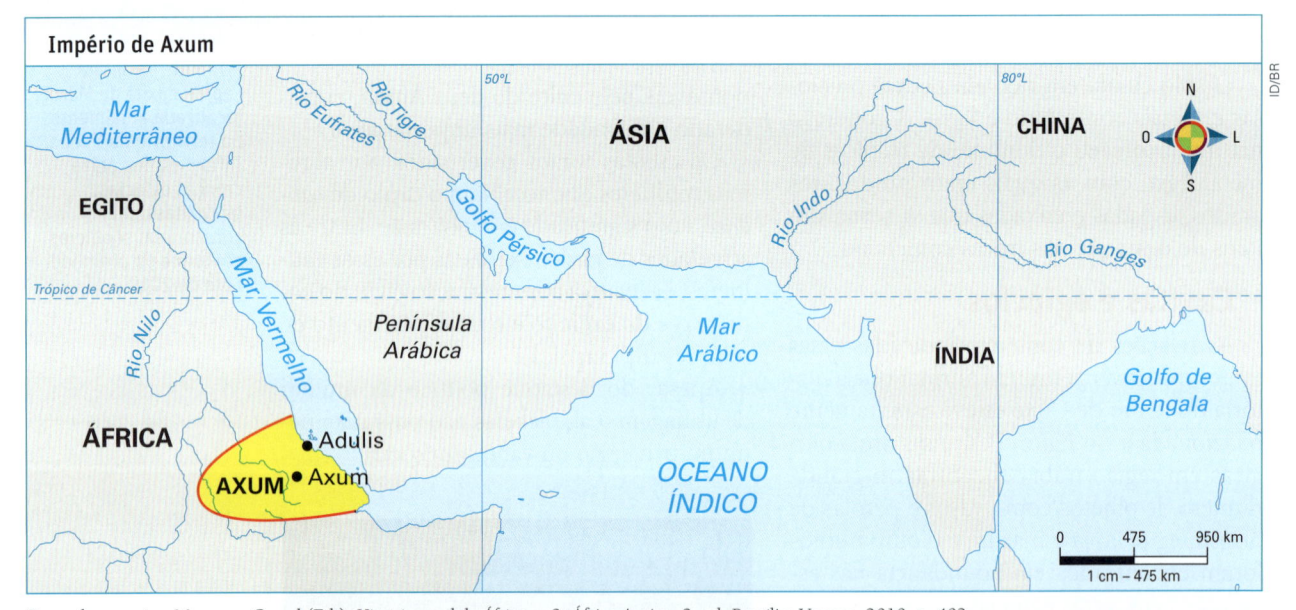

Fonte de pesquisa: MOKHTAR, Gamal (Ed.). *História geral da África*. v. 2: África Antiga. 2. ed. Brasília: Unesco, 2010. p. 402.

❯ A atividade marítima

Do porto de Adulis eram exportados marfim, ouro, objetos de cobre e ferro, gado, pedras preciosas e incenso. Importavam-se artigos de luxo, como seda, porcelana, vinho e óleos, fornecidos por negociantes romanos, indianos e árabes.

Os marinheiros axumitas conheciam a dinâmica dos ventos que atingiam o mar Vermelho e o oceano Índico, por isso conseguiam navegar com rapidez e segurança até portos distantes. Garantiam também a segurança da região, combatendo piratas que ameaçavam a estabilidade comercial.

O desenvolvimento econômico obtido com a expansão comercial marítima promoveu a intensificação da cunhagem de moedas, que começou no século III e continuou até o século VII. As moedas geralmente traziam a efígie de um governante e inscrições na língua oficial do Império, o ge'ez. Algumas moedas axumitas eram grafadas em grego, língua internacional utilizada no Mediterrâneo oriental.

Moedas de ouro axumitas. Algumas delas trazem a efígie de governantes e inscrições em ge'ez.

> ## Pecuária e agricultura

A maior parte da população dedicava-se ao cultivo e à criação de animais. Além dessas práticas, os axumitas dominavam técnicas como a construção de terraços em montanhas, a utilização de canais de irrigação e do arado puxado por animais e o armazenamento de água em cisternas e barragens.

Eles plantavam principalmente cereais e conheciam a viticultura. Em relação à pecuária, os rebanhos axumitas eram formados por bovinos, caprinos e muares. O desenvolvimento dessa atividade garantia o abastecimento de carne, leite e a produção de derivados como manteiga.

Além de satisfazer as necessidades alimentares internas, a produção agrícola e a criação de animais se destinavam também ao comércio com outros povos.

> ## O fim do Império

Devido à instabilidade causada pela expansão dos árabes muçulmanos, a partir do século VII, o Império de Axum perdeu sua hegemonia.

Os árabes conquistaram a cidade portuária de Adulis e passaram a dominar as rotas comerciais do mar Vermelho.

No mesmo período da invasão árabe, a produção agrícola que abastecia a cidade de Axum decaiu devido a problemas ambientais e exploração excessiva do solo. A população da cidade diminuiu progressivamente, até que a nobreza também se transferiu para outra cidade. Em fins do século VIII, a antiga capital do poderoso Império estava reduzida a um simples vilarejo.

> ## O patrimônio histórico

Em 1980, as ruínas da cidade de Axum foram consideradas Patrimônio Mundial pela Unesco. Entre os monumentos tombados estavam grandes estelas de pedra esculpidas a partir do século I. Situados em um local conhecido como campo de Mai Hedja, acredita-se que no passado os monumentos sinalizavam tumbas da realeza ou indicavam acontecimentos importantes para a comunidade. Eles eram feitos em um único bloco de pedra e muitos deles eram decorados com porta, janelas e inscrições que narravam lendas e tradições axumitas.

Atualmente, existem 126 obeliscos em Axum, mas a maior parte está caída e partida em pedaços.

O relevo das janelas e portas das estelas de Axum seguiam o padrão das construções da península Arábica. Foto de 2011.

História e Geografia

Moradias

A principal característica da arquitetura axumita consistia na utilização de elementos da natureza, como pedra e madeira. Leia o texto e responda à questão a seguir.

Os axumitas incluíam a madeira entre os materiais de construção, empregando-a nas molduras das portas e janelas e em certos pontos das paredes, especialmente nos cantos das salas, onde se introduziam vigas de madeira na alvenaria para reforçá-la. As traves que sustentavam os assoalhos dos aposentos superiores ou os tetos, provavelmente planos, eram igualmente de madeira. As estelas esculpidas que mostram as extremidades das vigas dão uma imagem fiel dos métodos de construção da época.

Outro costume consistia em executar as bases das grandes construções com a maior solidez possível, o que se conseguia colocando-se grandes blocos de pedra talhada nos cantos ou em longas fileiras no topo.

ANFRAY, F. A civilização de Axum do século I ao VII. In: MOKHTAR, Gamal (Ed.). *História geral da África*. v. 2: África Antiga. 2. ed. Brasília: Unesco, 2010. p. 386-387.

- De acordo com a **Geografia**, os recursos naturais renováveis são aqueles que detêm a capacidade de renovação após serem utilizados pelo homem. Desde que o uso de tais recursos seja planejado, certamente eles não se esgotarão. Identifique, no texto acima, qual recurso natural não renovável era usado como material nas construções axumitas. A seguir, escreva um parágrafo comentando se esse recurso ainda é utilizado em construções que você conhece.

Ontem e hoje

Sítio arqueológico Maropeng, na África do Sul

Em língua setswana, Maropeng significa "retorno ao local de origem". Mas na África do Sul é também a principal porta de acesso a uma das atrações turísticas mais impactantes das savanas africanas: o "Berço da Humanidade".

Localizado a uma hora de Johannesburgo, esse atrativo de 47 mil hectares é considerado pela Unesco um Patrimônio da Humanidade por abrigar 13 áreas de escavação de onde saíram mais de mil fósseis de hominídeos, os ancestrais do homem moderno encontrados naquele continente e que têm, aproximadamente, sete milhões de anos.

As "estrelas" locais são a Sra. Ples, cujo esqueleto de mais de dois milhões de anos é considerado o mais preservado de um *Australopithecus africanus* e fica exposto algumas épocas do ano; e o Little Foot ("Pezinho", em português), um exemplar de um ancestral meio humano e meio macaco com idade entre 3,1 e 4,1 milhões de anos que ainda está sendo escavado.

A viagem ao nosso passado ancestral, no centro de visitantes Maropeng, começa pelo Tumulus Building ("Túmulo", em português), um projeto arrojado com desenhos que remetem a um grande túmulo, na parte dianteira da construção, e a uma espaçonave, na parte posterior, em uma referência ao futuro da Humanidade.

É em seu interior que o visitante embarca em um pequeno bote que navega, literalmente, através dos estágios de formação da Terra, a partir dos quatro elementos (terra, ar, fogo e água).

A viagem, aliada ao uso de efeitos tecnológicos que simulam a Era do Gelo e as grandes erupções vulcânicas, é uma experiência sensorial que leva o visitante a sentir na pele, literalmente, os bilhões de anos que antecederam à chegada do Homem no planeta.

O passeio termina com uma exposição de fósseis originais, como o crânio de um *Australopithecus africanus* encontrado na região, em 1989.

Mas se a ideia é mergulhar profundo na história da Humanidade, a parada seguinte é nas Cavernas de Sterkfontein com túneis de 40 km de extensão [...].

Por pouco aquelas impressionantes formações de calcário dolomítico, que começaram a se formar há 20 milhões de anos, não desapareceram junto com a cobiça de milhares de homens que, no final do século 19, transformou aquela savana desolada em um cenário ocupado por caçadores de diamantes e pedras preciosas.

A ossada encontrada no lugar do ouro foi o que garantiu à Humanidade conhecer seu passado distante. Porém, as escavações com fins científicos só começaram em 1936, após a descoberta de um crânio de *Australopithecus*.

Do topo da escada de acesso às cavernas, o visitante mal pode imaginar o que aquele terreno de plantas baixas escondeu durante séculos. Seu interior, cujos 18 graus livram do calor sufocante daquelas terras africanas, leva a um vertiginoso *tour* vertical a 18 metros de profundidade.

Estalactites, estalagmites e formações rochosas. É quase uma missão impossível prestar atenção nas explicações detalhadas dos excelentes guias locais que acompanham os grupos de visitantes paralisados diante daquele livro vivo de Pré-História.

Alguns trechos são escorregadios, úmidos (afinal de contas trata-se de uma caverna recortada por canais de águas) e com pouca iluminação. Porém o atrativo está desenvolvido para turistas de todas as idades e oferece infraestrutura que inclui corrimãos, escadas e pontos de luz em diversos locais.

VESSONI, Eduardo. Sítio arqueológico Maropeng, na África do Sul, é uma volta ao berço da civilização. Disponível em: <http://viagem.uol.com.br/ultnot/2011/08/01/sitio-arqueologico-maropeng-na-africa-do-sul-e-uma-volta-ao-berco-da-civilizacao.jhtm?action=print>. Acesso em: 5 maio 2014.

Centro de visitantes do sítio arqueológico de Maropeng, na África do Sul. Foto de 2010.

Reflita

1. Em sua opinião, por que esse sítio arqueológico é chamado de "Berço da Humanidade"?
2. Com base nas informações acima e no que você estudou até agora, escreva um pequeno texto sobre os hominídeos encontrados na África, o *Australopithecus africanus*, e sua relação com o *Homo sapiens*, o homem moderno.

Atividades

Verifique o que aprendeu

1. O historiador grego Heródoto afirmou, no século V a.C., que o "Egito é uma dádiva do Nilo". Como se explica, tendo por base essa ideia, a existência do Estado egípcio? Você concorda com essa visão? Justifique.

2. Ao invadir o Egito em 1798, Napoleão teria dito a suas tropas: "Soldados, do alto destas pirâmides quarenta séculos vos contemplam". Essa frase sintetiza a importância da história do Egito e o fascínio que causava e ainda causa. Descreva com suas palavras os aspectos da cultura egípcia que mais impressionam até os dias de hoje e justifique suas ideias.

3. Além do aspecto político e do econômico, o Egito influenciou também a vida cultural e religiosa do Reino de Cuxe. Apresente informações retiradas do capítulo que comprovem essa afirmação.

4. Apesar de praticar tradições matrilineares, é possível afirmar que no Reino de Cuxe todas as mulheres possuíam prestígio social? Justifique sua resposta.

5. Por meio da análise de moedas, os estudiosos podem chegar a quais informações sobre o Império de Axum?

6. Com base na leitura do capítulo, formule hipóteses a respeito de como fatores internos e externos ocasionaram o fim do Império de Axum.

Leia e interprete

7. Leia com atenção o texto a seguir, também de Heródoto.

> A medicina no Egito é dividida em especialidades; cada médico trata de uma única doença, e não de muitas. Todo o seu território é cheio de médicos, uns especializados em doenças dos olhos, outros em doenças da cabeça, outros dos dentes, outros do ventre e alguns em doenças indefinidas.
>
> HERÓDOTO. *História*. Brasília: Ed. da UnB, 1985. p. 113.

a) Com base no texto, é possível deduzir que importância tinha o conhecimento médico no Egito Antigo? Justifique.
b) O que podemos concluir a respeito do acesso aos cuidados médicos naquela época?

8. O texto a seguir descreve a estrutura política do Império de Axum.

> O Estado se dividia entre Axum propriamente dito e seus "reinos vassalos", cujos monarcas estavam sujeitos ao "rei dos reis" de Axum, a quem pagavam tributo. Os gregos designavam o potentado de Axum por basileus (somente Atanásio, o Grande, e Philostorgius o chamavam tirano): os reis vassalos eram conhecidos como arcontes, tiranos ou etnarcas. Os autores sírios, como João de Bíeso, Simeão de Beth-Arsam e o autor do Livro dos Himiaritas, chamavam rei (mlk') ao "rei dos reis" de Axum, mas também aos reis de Himiar e de Alwa, seus súditos. No entanto, é preciso considerar que o termo axumita empregado para todos eles era negus. Só em determinados casos, quando se escrevia para leitores estrangeiros, é que se empregavam as variações terminológicas. Cada "povo", reino, principado, cidade, tribo tinha seu próprio negus. Existem referências a negus no exército axumita (...). Além do comando dos exércitos em tempo de guerra esses negus dirigiam os empreendimentos de construção.
>
> KOBISHANOV, Y. M. Axum do século I ao século IV: economia, sistema político e cultura. In: MOKHTAR, Gamal (Ed.). *História geral da África*. v. 2: África Antiga. 2. ed. Brasília: Unesco, 2010. p. 403.

a) Descreva a formação política do Império de Axum.
b) Como os estrangeiros designavam o "rei dos reis de Axum" e os monarcas dos "reinos vassalos"?

9. A obra a seguir, *Escriba sentado*, data provavelmente do período da IV dinastia, entre cerca de 2620 a.C. e 2500 a.C. A escultura está exposta no Museu do Louvre, em Paris.

Escriba sentado (séculos XXVII-XXVI a.C.).

a) Identifique na imagem algumas características da função exercida pelo escriba.
b) Pela observação da imagem, é possível deduzir como era o clima da região? Justifique.
c) Pelo aspecto do escriba representado, explique como seria sua condição de vida na sociedade do Egito Antigo.

CAPÍTULO 4

As sociedades da Mesopotâmia

O que você vai estudar

- A região entre os rios Tigre e Eufrates.
- Sumérios e acadianos.
- Babilônios, assírios e caldeus.
- Os persas.

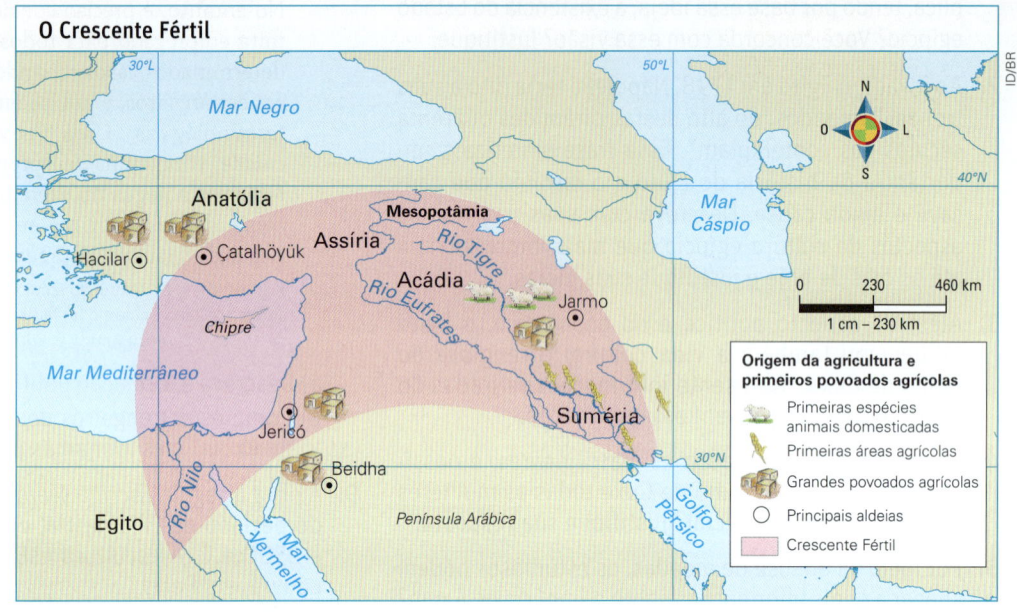

O Crescente Fértil

Fonte de pesquisa: HILGEMANN, Werner; KINDER, Hermann. *Atlas historique*. Paris: Perrin, 2006. p. 12.

Ligando os pontos

Como já foi estudado nos capítulos A origem da humanidade e África Antiga, o domínio da agricultura e da pecuária levou homens e mulheres a ocupar regiões que ofereciam água potável, o principal recurso para a sobrevivência. Há cerca de 6 mil anos, surgiram as primeiras cidades às margens dos rios Nilo (no Egito), Tigre e Eufrates (nos atuais Iraque e Síria, como se pode observar no mapa acima).

Grande parte dessas regiões era desértica, e a população local dependia da água dos rios, que fertilizava a terra. Daí a área ser conhecida como Crescente Fértil. As primeiras cidades eram agrupamentos de casas cujos habitantes faziam cerâmica, tecidos, armas, ferramentas e vários produtos artesanais, que, nesses centros urbanos, eram trocados por excedentes agrícolas.

Para organizar a propriedade da terra, as atividades urbanas e os trabalhos necessários para a utilização da água, as primeiras civilizações criaram as cidades-estado. Embora não haja total concordância entre os estudiosos, a hipótese mais provável para o surgimento do Estado é que um grupo passou a organizar a colheita, a estocagem dos grãos e a construção de diques e canais para controlar os períodos de cheias e vazantes dos rios. Esse grupo apropriou-se das terras e começou a cobrar impostos na forma de produtos artesanais e agrícolas.

A partir de então, a terra, que antes era coletiva, passou a ser controlada por chefes guerreiros. Esses chefes formaram, com seus familiares, uma minoria privilegiada, composta de pessoas respeitadas pela sua capacidade de liderança ou pelo poder acumulado em decorrência de sua força militar ou econômica.

1. No mapa acima está representada a região do Crescente Fértil. Atualmente, que países fazem parte dessa região?
2. De que forma eram realizadas as trocas comerciais nas primeiras cidades?
3. Como é possível explicar o surgimento do Estado?

Mesopotâmia: uma região entre rios

O nome Mesopotâmia foi criado pelos gregos antigos. Em grego, *meso* significa "entre" e *potamos* significa "rio". Para os povos do Ocidente a região passou a ser a Mesopotâmia. Já para os povos do Oriente ela não tinha um nome único, pois diversos povos a disputavam.

As condições geográficas

Os rios Tigre e Eufrates nascem no sul da atual Turquia, percorrem terras áridas e semiáridas em direção ao sul e deságuam no golfo Pérsico. Graças ao degelo da neve das montanhas ao norte e às chuvas de primavera, o fluxo de água era tão grande que as enchentes inundavam as margens dos rios e irrigavam as terras desérticas, principalmente entre os meses de abril e maio, a primavera no hemisfério norte.

A agricultura às margens do Tigre e do Eufrates só começou realmente quando os povos da região construíram uma rede de canais e diques para irrigação e contenção de água. Essa rede possibilitou a regularização do abastecimento de água durante todo o ano.

Os diques eram barreiras de contenção para evitar que a violência das águas destruísse os campos de cultivo. Os canais de irrigação distribuíam a água e os sedimentos de forma mais homogênea e também serviam como reservatórios de água durante o período de seca.

As inundações do Tigre e do Eufrates – da mesma forma que as do Nilo no Egito – forneciam um valioso sedimento que boiava nas águas dos rios, o húmus, matéria orgânica em decomposição (restos de plantas e animais mortos) que ficava depositada sobre a terra, após as enchentes. Quando os camponeses misturavam o húmus ao solo, este ficava mais fértil e a produção aumentava.

Observe o mapa e veja as regiões da Mesopotâmia: ao norte, havia uma área montanhosa, denominada **Assíria**; a região central, entre os rios Tigre e Eufrates, era a **Acádia**; e, ao sul, próximo ao golfo Pérsico, havia uma área pantanosa chamada **Suméria**.

> **Leia**
> **Morte na Mesopotâmia**, de Agatha Christie. Porto Alegre: L&PM, 2011.
> Ficção sobre um assassinato misterioso que ocorre no sítio arqueológico de Tell Yarimjah, às margens do rio Tigre, no Iraque. A autora utilizou informações de História e **Geografia** para elaborar o enredo.

Campos cultivados em Hasankeyf, às margens do rio Tigre, na parte turca do Curdistão. As águas dos rios Tigre e Eufrates permitiram o desenvolvimento de uma rica cultura agrícola e o surgimento das primeiras cidades. Ainda hoje esses rios são importantes para a agricultura da região. Foto de 2012.

❯ Os sumérios

Há cerca de 8,5 mil anos, a região sul da Mesopotâmia já era ocupada e disputada por vários povos nômades e populações sedentárias. A Suméria, primeira civilização da região, teve suas origens e seu desenvolvimento estimulados pela necessidade de drenar áreas inundadas e pantanosas, formadas pelas cheias dos rios Tigre e Eufrates, para o aproveitamento das terras férteis daí originadas.

Aos poucos, por volta de 4000 a.C., os sumérios se organizaram em **cidades-estado**. As cidades eram cercadas por muralhas para proteção contra inimigos. Além das zonas residenciais, dos templos e dos palácios, as cidades-estado contavam com um porto fluvial, campos de cultivo e pastagens.

Os chefes políticos e religiosos das cidades-estado, os *patesi*, eram responsáveis pelas previsões sobre a colheita, pelos estudos astronômicos e pela estocagem de cereais. A população das cidades era composta de trabalhadores submetidos ao controle do Estado e por escravos, homens vencidos nas guerras.

Esses trabalhadores construíram diques para conter a força da água das enchentes – evitando assim muitas perdas –, canais de irrigação, celeiros e represas para armazenar a água que seria utilizada durante os meses de seca.

Os sumérios desenvolveram a escrita cuneiforme para administrar as colheitas e os impostos. As inscrições eram em geral feitas em placas de argila úmida, que depois eram colocadas para secar. Os demais povos que viveram na Mesopotâmia também usaram os caracteres cuneiformes em suas próprias línguas, como o acadiano, falado pelos babilônios e pelos assírios.

A escrita cuneiforme foi usada em textos literários, religiosos, contratos e leis. Após diversos estudos, foi possível interpretar esses textos e pesquisar parte da história dos povos da Mesopotâmia.

Além da escrita, os sumérios inventaram instrumentos agrícolas importantes, como o arado, e desenvolveram técnicas destinadas à construção, como o uso de adobes, tijolos de argila retirada dos rios. O barro fresco era moldado em formas de madeira retangular e seco ao sol.

Os adobes eram utilizados em edificações como os **zigurates**, grandes edifícios erguidos em degraus. Essas construções eram pontos de referência nas cidades por causa de sua altura e sua função. Apesar de sua finalidade ser ainda discutida, os zigurates teriam função importante na cidade, como templos, centros administrativos ou palácios reais.

❯ Os acadianos

Os acadianos eram povos de origem semita, do sudoeste da Ásia, assim como os árabes e os judeus. Liderados por um lendário rei chamado Sargão I, ocuparam a região central da Mesopotâmia e conquistaram as cidades-estado sumérias, criando o primeiro Estado unificado da Mesopotâmia em 2340 a.C.

O rei Sargão I, *patesi* da Acádia, era considerado um herói, e sua fama de grande rei conquistador perdurou por várias gerações em toda a Mesopotâmia. Sargão I tornou-se o símbolo do Estado unificado, superando os poderes locais das cidades-estado.

Acádia, a capital do Primeiro Império da Mesopotâmia, não foi encontrada até hoje, mas é mencionada em textos posteriores como uma cidade cosmopolita, frequentada por pessoas de diversas culturas e com intenso comércio internacional.

Conheça melhor

Como foi decifrada a escrita cuneiforme

A escrita cuneiforme foi decifrada por Henry Rawlinson, um oficial do exército britânico enviado ao Irã para treinar as tropas do xá, o monarca iraniano.

Além de militar, Rawlinson era especialista em cultura oriental. Em 1835 ele escalou uma falésia no monte Behistun, onde havia inscrições com caracteres ainda não decifrados e esculturas não identificadas.

Após três anos de estudos e escaladas, Rawlinson decifrou a escrita cuneiforme. A partir de então, foi possível ler os textos dos povos da Mesopotâmia e conhecer melhor sua história.

Placa de argila com inscrições em caracteres cuneiformes. No centro, ramo de cevada, a base da escrita cuneiforme. Tablete produzido em Uruk, c. 3500-3100 a.C.

Os babilônios

Os povos amoritas eram nômades originários da **península Arábica**. Por volta de 2000 a.C., em busca de terras férteis, eles ocuparam a região entre a Acádia e a Suméria. Partindo dessa região, derrotaram os acadianos e fundaram a Babilônia, capital do **Primeiro Império Babilônico**, também chamado de Reino dos Amoritas. A Babilônia tornou-se um centro político-comercial importante. Sua localização geográfica contribuiu para isso, pois situava-se em uma região de confluência entre norte e sul, centro dos cursos dos rios Tigre e Eufrates.

O principal rei amorita foi Hamurabi, que conquistou territórios desde a Assíria, ao norte, até a Caldeia, ao sul. Ele também centralizou o poder e uniformizou as leis.

O seu severo código de leis chegou até nós por causa da descoberta, por arqueólogos franceses, no Irã, de um bloco de pedra negro com inscrições em escrita cuneiforme acadiana. O **Código de Hamurabi** possui 282 artigos, englobando questões sociais diversas. Determina desde normas de economia, como preços, taxas e regulamentações comerciais, até leis civis, abordando o casamento, o divórcio e a escravidão. Também estão presentes questões criminais, como assaltos e assassinatos. As penalidades variam conforme a camada social do criminoso e as circunstâncias da infração. A lei mais conhecida determinava: "Se um homem arrancar o olho de outro, o seu olho deverá ser arrancado". O Código de Hamurabi segue o princípio de talião e influenciou as leis de outros povos, como os hebreus e os romanos.

Após a morte de Hamurabi, o Império Babilônico entrou em crise, e lutas internas acabaram por enfraquecê-lo até ser dominado pelos assírios.

Os assírios

Por volta de 3000 a.C., duas cidades assírias se destacavam no norte da Mesopotâmia: Assur e Nínive. Os assírios também eram amoritas e incorporaram vários aspectos da cultura da Babilônia.

A partir de 1200 a.C., após um período de invasões constantes, os assírios tornaram-se povos conquistadores. Além de contarem com um exército organizado, desenvolveram máquinas de guerra inovadoras para a época, como torres móveis e rampas de terra para atacar as altas muralhas das cidades, aríetes para derrubar os portões, tropas de arqueiros e sapadores, e soldados especialistas em cavar túneis abaixo das muralhas. Graças a essas inovações, os assírios conquistaram toda a Mesopotâmia, além do Egito e da Palestina.

Os assírios eram temidos, pelos povos dominados, por sua extrema violência e pelos impostos altíssimos que cobravam. Tudo isso gerava descontentamento entre esses povos dominados.

Painel de pedra do palácio do rei assírio Tiglath-pileser III, no norte do Iraque, datado entre 730 a.C. e 727 a.C. O baixo-relevo era uma técnica de escultura em painéis de pedra muito apreciada pela nobreza assíria. Os painéis representavam várias cenas do cotidiano, caçadas, datas comemorativas, festas e batalhas.

> Os caldeus

Por volta do século VII a.C., um povo da região da Caldeia, no sul da Mesopotâmia, derrotou militarmente os assírios. Eram os caldeus, que conquistaram a Babilônia e incorporaram o território assírio ao seu próprio império, conhecido como Segundo Império Babilônico.

O rei caldeu Nabucodonosor II ficou famoso por invadir a região da Palestina e escravizar o povo hebreu (veja o mapa).

Para comemorar as conquistas, Nabucodonosor II mandou erguer construções monumentais na capital Babilônia, como os Jardins Suspensos, um zigurate coberto de jardins. Outro zigurate construído foi a Torre de Babel, mencionada no Antigo Testamento como a torre cujo topo deveria atingir os céus.

O Segundo Império Babilônico durou até 539 a.C., ano em que foi dominado por um povo em expansão territorial, os **persas**. No entanto, a cultura mesopotâmica foi incorporada por diversos povos: a escrita persa inspirou-se na escrita cuneiforme e muitos episódios do Antigo Testamento remetem aos povos da Mesopotâmia.

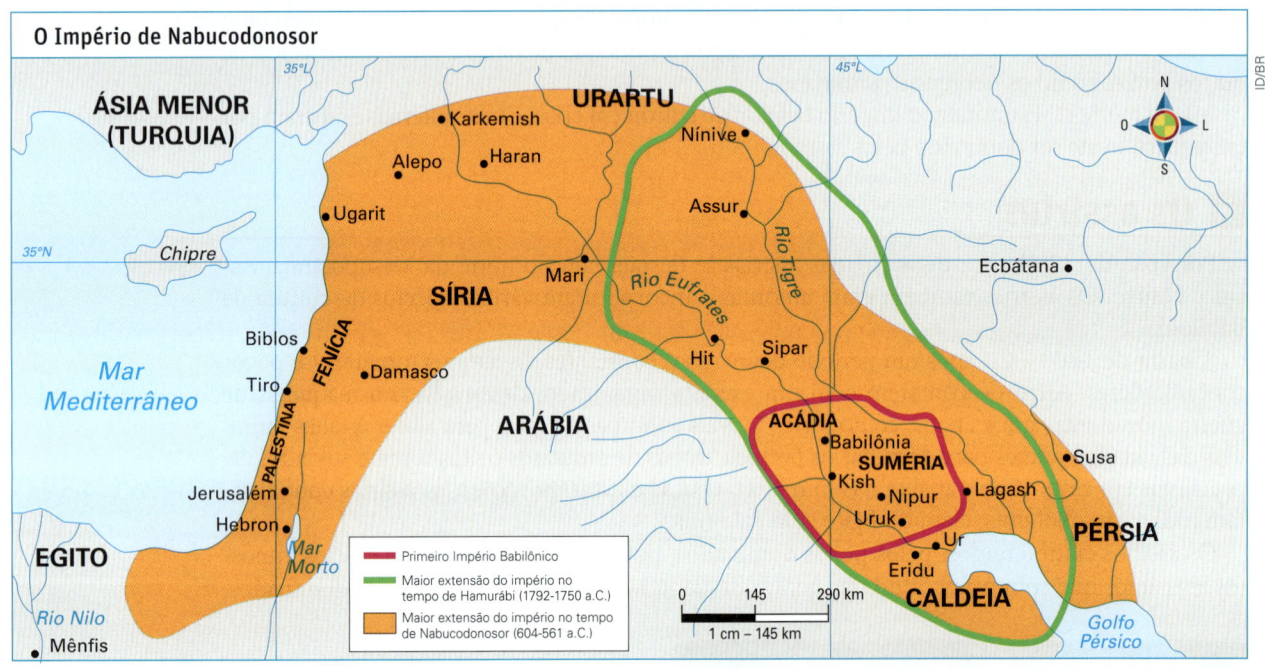

O Império de Nabucodonosor

Fonte de pesquisa: ARRUDA, José Jobson de A. *Atlas histórico básico*. 17. ed. São Paulo: Ática, 2007. p. 7.

Conheça melhor

Jardins Suspensos

Até hoje, em pleno século XXI, os arqueólogos não conseguiram encontrar vestígios dos Jardins Suspensos da Babilônia. De acordo com testemunhos da época, os Jardins ficavam próximos ao palácio real de Nabucodonosor II, e os estudiosos ainda debatem como seriam.

O arqueólogo inglês Leonard Woolley, que escavou Ur no início do século XX, defendeu que os Jardins Suspensos foram construídos com as muralhas do Palácio Real da Babilônia. Consistiam em uma série de terraços cultivados pertencentes a um grande zigurate. Eles seriam irrigados por um sistema de bombeamento de água movido por energia humana.

Gravura de 1829 com representação dos Jardins Suspensos da Babilônia. Na imagem, é possível observar o terraço arborizado sobre arcos.

O Império Persa

Por volta de 2000 a.C., tribos nômades da Ásia central fixaram-se no planalto do Irã. Séculos mais tarde, formaram na região o reino da Média, ao norte, e o reino da Pérsia, ao sul.

A expansão de Ciro

Em 550 a.C., o rei da Média, Astiages, atacou a Pérsia, governada por Ciro. Após a vitória, Ciro anexou o reino da Média à Pérsia e, com essa conquista, expandiu seu território, dominando a Mesopotâmia e o reino da Lídia (atual região da Turquia), até chegar às fronteiras da atual Índia.

Ciro respeitava a cultura e a religião dos povos dominados. Assim, quando conquistou a Mesopotâmia, em 539 a.C., concedeu liberdade aos hebreus escravizados na Babilônia, que puderam, então, retornar à Palestina.

Quando Ciro morreu, seu filho Cambises herdou um império poderoso. Ele continuou a expansão persa por meio do domínio da região do atual Egito e da Líbia. Após sua morte, Dario, filho de um governador de província, conseguiu o apoio de seis nobres persas e herdou o trono do Império, tornando-se Dario I.

O Império de Dario I

Dario I ficou conhecido por organizar a administração do imenso império, composto de vários povos de culturas e línguas diferentes.

Em seu reinado, unificou as leis, os impostos e a moeda, cuja unidade era o dárico. Além disso, mandou construir estradas, das quais a mais famosa é a Estrada Real, que pode ser observada no mapa. Ela unia a cidade de Sardis à capital Susa. Era dotada de um sistema de correios eficiente, com cem postos, onde trabalhavam mensageiros a cavalo. Nesses postos, os mensageiros trocavam os cavalos, cansados por causa da longa jornada, para prosseguir viagem. Em uma semana, após percorrer 2 400 km, a mensagem chegava ao seu destino.

Dario I criou quatro capitais: Pasárgada, Persépolis, Babilônia e Susa. Sob seu governo havia vinte províncias, chamadas **satrapias**, administradas por vinte governadores, os **sátrapas**. O rei também contava com inspetores reais, que verificavam se os impostos eram enviados corretamente e se os sátrapas permaneciam fiéis ao imperador.

Dario I sofreu grande derrota militar ao tentar dominar a Grécia, em 490 a.C., na batalha de Maratona, durante as Guerras Médicas. Com a morte de Dario, quatro anos depois do fracasso militar, seu filho Xerxes continuou a guerra contra os gregos, até ser definitivamente derrotado em 468 a.C.

Face norte do palácio de Dario I em Persépolis, no atual Irã. Assim como outros povos da Mesopotâmia (veja o painel assírio apresentado anteriormente), os persas utilizavam pedra para realizar trabalhos diferenciados de escultura.

GLOSSÁRIO

Maratona: planície próxima a Atenas, Grécia, onde ocorreu a primeira tentativa de invasão feita pelos persas, em 490 a.C.

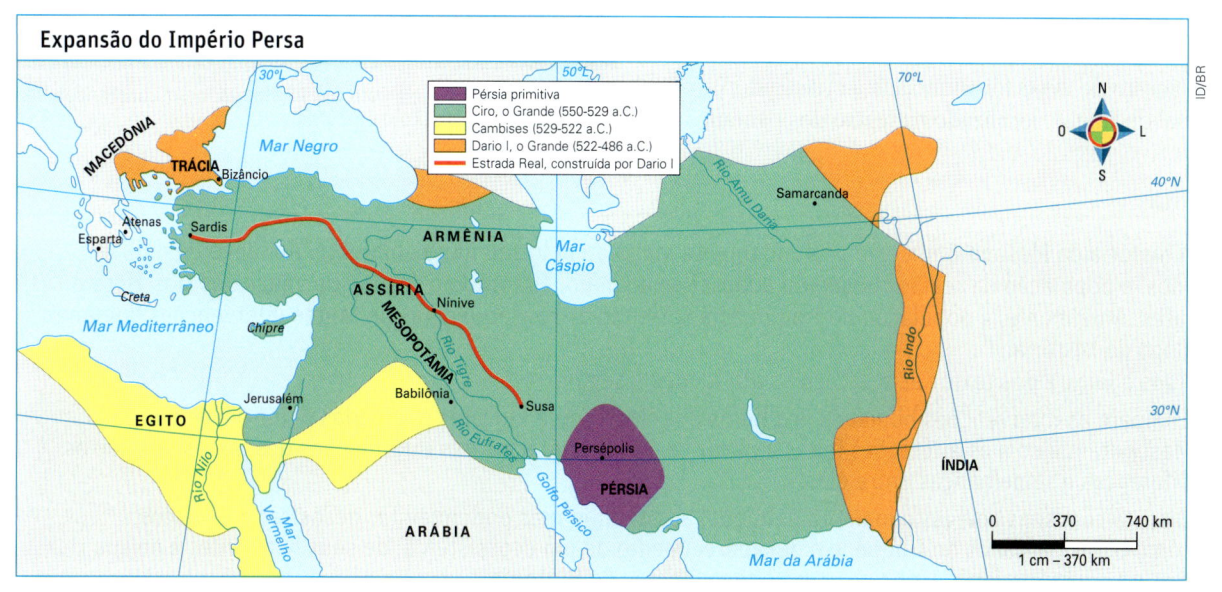

Expansão do Império Persa

- Pérsia primitiva
- Ciro, o Grande (550-529 a.C.)
- Cambises (529-522 a.C.)
- Dario I, o Grande (522-486 a.C.)
- Estrada Real, construída por Dario I

1 cm – 370 km

Fonte de pesquisa: ARRUDA, José Jobson de A. *Atlas histórico básico*. 17. ed. São Paulo: Ática, 2007. p. 9.

Ontem e hoje

Pântanos no golfo Pérsico

Os pântanos da Mesopotâmia

Quando os rios Tigre e Eufrates atingem o sul do Iraque, eles se unem e formam um único rio, o Chat al Arab, que também recebe as águas dos rios Karum e Karkheh. Esta é a região dos pântanos da antiga Mesopotâmia, onde surgiu a civilização suméria.

Os pântanos da Mesopotâmia formavam um dos mais ricos ecossistemas do mundo, berçário dos peixes do golfo Pérsico. Lá viviam aves aquáticas, como o **íbis** sagrado, já extinto, além de mamíferos, como os búfalos dos pântanos e as lontras.

A região era tão exuberante e bela que foi muitas vezes comparada ao jardim do Éden, descrito como o lugar onde viveram Adão e Eva.

A drenagem dos pântanos do Iraque

Desde 1950, a Turquia, a Síria, o Irã e o Iraque construíram represas nos rios Tigre e Eufrates e em seus afluentes para aumentar as áreas irrigadas desses países. São 32 grandes represas, que alteraram o regime dos rios e o ecossistema dessas regiões.

A situação ambiental ficou ainda mais grave durante o governo do ditador iraquiano Saddam Hussein. Ele mandou drenar os pântanos do sul do Iraque, construindo barragens, com o objetivo de eliminar a resistência do povo local, os *madans*, os árabes dos pântanos, que, por serem **xiitas**, resistiam ao governo do **sunita** Saddam.

Como agravantes dessa situação, destacam-se as guerras que assolaram o Iraque durante o governo do ditador e a total ausência de leis ambientais no país.

Cerca de 90% dos pântanos desapareceram, e os *madans* se refugiaram no Irã.

O Parque Nacional dos Pântanos do Iraque

Em agosto de 2008 foi anunciada a criação do Parque Nacional do Iraque, localizado na região dos pântanos da Mesopotâmia. O projeto, chamado de Éden novamente, foi idealizado prevendo tanto o retorno da água do pântano como a volta de seus habitantes, os árabes *madans*.

Em 2012, graças ao programa, grande parte dos pântanos estava restaurada. Antes disso, a região estava se transformando em um deserto. Aves raras e ameaçadas de extinção, entre elas o ganso-de-magalhães, passaram a ser avistadas na região. Calcula-se que cerca de 80 mil árabes *madans* voltaram ao local de origem.

O sucesso do projeto Éden dependia da solução para o problema da escassez de água na região, uma ameaça à recuperação do Parque. Na tentativa de reverter o quadro, outros projetos tiveram início, entre eles a construção de uma barreira no rio Eufrates, para elevar o seu nível de água.

As medidas tomadas visavam preservar a natureza e a cultura local, e ainda o patrimônio arqueológico da região dos antigos sumérios, contribuindo para que o país devastado recupere o seu passado.

Pântanos dos rios Tigre e Eufrates. As aldeias foram construídas sobre ilhas artificiais. Foto de 2008.

Reflita

A história da Mesopotâmia está profundamente marcada pelo seu meio ambiente. Ao longo de milhares de anos, a população da região conseguiu adaptar-se ao meio, alterando o regime de águas dos rios Tigre e Eufrates. Atualmente, a população do Iraque está sofrendo as consequências de tantas intervenções humanas ao longo da História.

Após a leitura dos textos acima, faça as atividades a seguir.

1. Compare as intervenções humanas nos leitos dos rios Tigre e Eufrates realizadas pelos povos da Mesopotâmia com as alterações feitas a partir de 1950. Com base nas informações dos textos, analise as diferenças e semelhanças entre elas.
2. Discuta com seus colegas a maneira pela qual as comunidades podem evitar desastres ecológicos, como o dos pântanos do Iraque, e o desaparecimento de um ecossistema, de seus habitantes e de sua rica cultura e história local. Utilizem seus conhecimentos de **Biologia**.

Atividades

Verifique o que aprendeu

1. Como os primeiros sumérios lidavam com as grandes variações de volume de água nos rios Tigre e Eufrates?
2. Como os sumérios se organizavam politicamente?
3. Os acadianos dominaram a Suméria e impuseram uma organização política diferente da organização política dos sumérios. Qual é a principal diferença política entre os dois povos?
4. Por que Hamurabi é o mais conhecido rei amorita até hoje?
5. Os assírios conviviam com outros povos da Mesopotâmia desde 3000 a.C., mas por volta de 1200 a.C. passaram a ser temidos em toda a região do Oriente Médio. Por que eles passaram a ser temidos?
6. Explique o processo de formação do Império Persa, desde suas origens como reino.
7. Relacione as conquistas de Nabucodonosor II com as grandes obras que ele realizou na Babilônia.
8. Como Dario I organizou a administração de um império tão imenso como o Império Persa?
9. Que povo conseguiu derrotar pela primeira vez o poderoso Império Persa? Qual é o nome das guerras entre os dois povos?

Leia e interprete

10. O texto a seguir fala de uma importante instituição que surgiu na Mesopotâmia. Leia-o com atenção e responda às questões.

    > A invenção das cidades pode muito bem ser o mais duradouro legado da Mesopotâmia. Não havia apenas uma cidade, mas dezenas delas, controlando cada uma seu próprio território rural e pastoril e sua própria rede de irrigação. Mas, uma vez que essas comunidades estavam alinhadas ao longo dos principais cursos de água como uma coleção de pérolas num colar, elas tinham necessariamente que chegar a formas de cooperação e tolerância mútua. Os historiadores foram propensos a salientar o surgimento de estados centralizados que exerceram controle sobre territórios frequentemente muito vastos, mas a unidade sociopolítica mais duradoura e bem-sucedida a surgir na Mesopotâmia continuou a ser a cidade-estado.
    >
    > LEICK, Gwendolyn. *Mesopotâmia, a invenção da cidade*. Rio de Janeiro: Imago, 2003. p. 14.

    a) Qual é a hipótese mais aceita para o surgimento de estados centralizados?
    b) Por que a autora do texto considera a cidade-estado uma instituição importante na Mesopotâmia?

11. Leia o texto a seguir, que aborda uma grande dificuldade para a construção do conhecimento histórico, e responda à questão.

    > Os historiadores e os arqueólogos enfrentam grandes dificuldades ao tratarem da vida das aldeias na Antiguidade, pois não possuem quase nenhum documento proveniente diretamente delas. Enquanto, nas cidades, utilizavam-se materiais mais resistentes, como a pedra, os metais e o barro bem cozido, as matérias-primas usadas nas aldeias para construir casas e fabricar ferramentas eram mais fracas (como as fibras vegetais, as madeiras, o couro) e não sobreviveram muito depois da destruição ou desocupação de um lugarejo. Para agravar ainda mais a situação, a arqueologia concentrou sua atenção nas escavações das cidades, esquecendo-se da zona rural. Além disso, nas aldeias geralmente não se usava a escrita; desse modo, as poucas informações que temos vêm de documentos escritos feitos nas cidades. Assim, o nosso conhecimento sobre a vida nas aldeias é cheio de lacunas e incertezas.
    >
    > REDE, Marcelo. *A Mesopotâmia*. 2. ed. São Paulo: Saraiva, 2002. p. 15 (Coleção Que História é esta?).

    Para o autor, por que o conhecimento sobre a vida nas aldeias é cheio de lacunas e incertezas?

12. Leia o texto e responda.

    > Mas o templo foi principalmente uma instituição religiosa, responsável pelo culto aos deuses, pelos rituais e pelo recebimento das oferendas. Era considerado a moradia do deus, que se fazia presente nele pela sua estátua. Cada cidade podia ter vários grandes templos (o maior era, em geral, dedicado ao deus principal da cidade), além de pequenos santuários espalhados pelos quarteirões. Junto com os zigurates, os templos formavam um imponente conjunto de construções religiosas.
    >
    > Um grande número de sacerdotes e sacerdotisas estava ligado aos templos, formando uma camada importante da sociedade. Sua função era cuidar do serviço religioso e também administrar os bens e negócios dos templos. [...]
    >
    > Os templos, além de sua importância religiosa, foram os principais focos da cultura literária e artística na Mesopotâmia. Neles, ensinava-se a escrita cuneiforme e formava-se uma parte dos funcionários do rei. Os sacerdotes eram encarregados de formular e transmitir por escrito as tradições culturais mesopotâmicas, copiando e recopiando, durante milênios, os mitos, os hinos, as poesias etc.
    >
    > REDE, Marcelo. *A Mesopotâmia*. 2. ed. São Paulo: Saraiva, 2002. p. 27-28 (Coleção Que História é esta?).

    a) De acordo com o texto, os templos eram o mesmo que zigurates?
    b) Explique as funções dos templos na Mesopotâmia.

CAPÍTULO 5

Fenícios e hebreus

O que você vai estudar
- Os fenícios no comércio mediterrâneo.
- O povo hebreu.
- O monoteísmo hebraico.

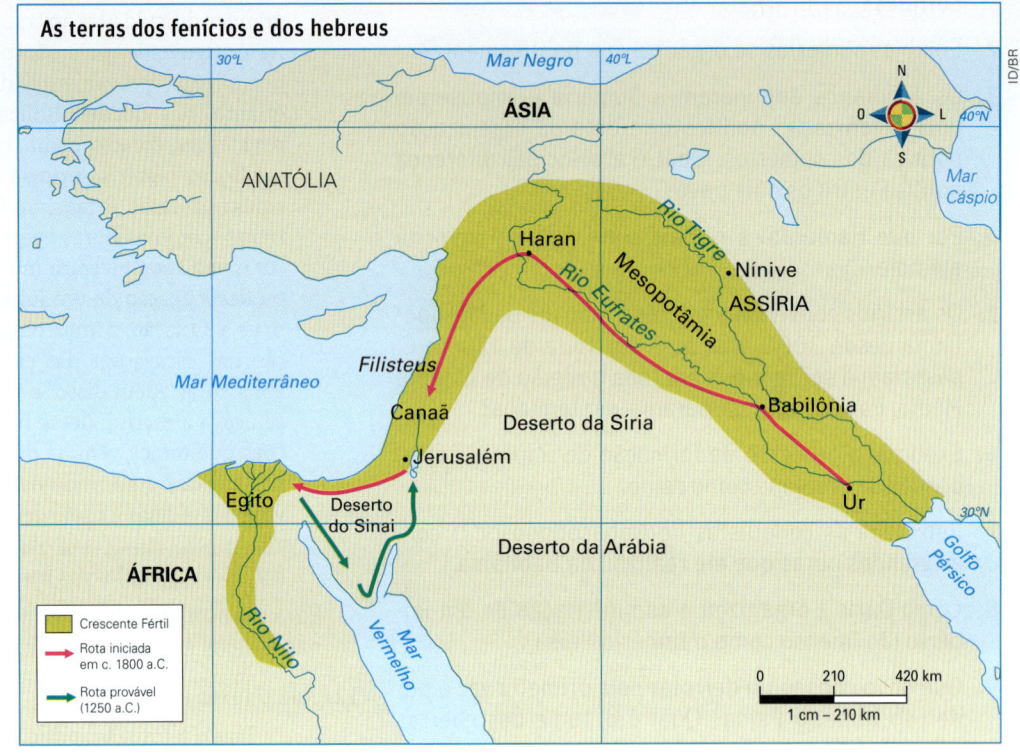

As terras dos fenícios e dos hebreus

Fonte de pesquisa: MESTRE, Juan Santacana; RUVIRA, Gonzalo Zaragoza. *Atlas histórico*. Madrid: Ediciones SM, 2005. p. 14.

Ligando os pontos

Até agora, você estudou povos agricultores, como os egípcios e os mesopotâmicos. A vida dessas populações estava profundamente ligada aos rios Nilo, Tigre e Eufrates.

Os povos abordados neste capítulo, os fenícios e os hebreus, viveram em regiões muito áridas e conseguiram sobreviver sem depender da agricultura.

Por volta de 3000 a.C., simultaneamente aos sumérios, os fenícios desenvolveram suas cidades-estado. Nessas cidades, eles tentaram cultivar a terra, mas a aridez do solo os levou à busca do mar Mediterrâneo como alternativa econômica. Assim, desenvolveram a pesca, a construção naval, o comércio marítimo e praticaram a pirataria e o tráfico de escravos.

Já os hebreus, a partir de 2300 a.C., estavam em busca de pastos para suas ovelhas e cabras. Os primeiros registros históricos sobre esse povo foram encontrados posteriormente no Egito. Essas narrativas registram a saída de povos nômades da árida Palestina para as margens do Nilo em busca de terras férteis.

A história do povo hebreu é fortemente vinculada à religião. A Torá, incorporada à Bíblia cristã como o Pentateuco, é um livro religioso que narra a origem mítica e parte da história desse povo. Para os hebreus, suas longas viagens foram ordenadas por Deus. Segundo suas narrativas, o patriarca Abraão partiu de Ur, cidade-estado da Mesopotâmia, liderando as tribos hebreias para encontrar a terra de Canaã, banhada pelo rio Jordão. A chegada a Canaã, ou Palestina, teria ocorrido por volta de 2000 a.C.

---

1. As histórias dos egípcios, dos mesopotâmicos e dos fenícios foram fortemente marcadas pela presença de rios em seus territórios. Esses três povos utilizavam a água desses rios da mesma maneira?

2. O que os hebreus fizeram para solucionar o problema da aridez do solo?

❯ Os mercadores do Mediterrâneo

Por volta de 3000 a.C., os fenícios começaram a habitar o território do atual Líbano, no litoral leste do Mediterrâneo.

Eles praticavam a agricultura, mas a pouca disponibilidade de terra fértil e a proximidade do mar Mediterrâneo os levaram ao desenvolvimento da pesca, do artesanato e do comércio marítimo como atividades econômicas principais. Não por acaso, eles chamavam a si mesmos de cananeus, termo que designa os habitantes da terra de Canaã, mas que também tem o significado de "mercadores".

Os fenícios se organizaram em cidades-estado, cada uma com seu rei e uma elite econômica formada pelos comerciantes locais e pelos grandes proprietários de terras. As mais importantes foram as cidades de Tiro, Biblos, Sídon e Beritos (a atual Beirute, capital do Líbano). As cidades-estado fenícias se destacaram como fornecedoras de numerosos produtos artesanais.

Os artesãos fenícios produziam joias, objetos de vidro e marfim, além de tecidos tingidos pela púrpura, pigmento produzido em Tiro. Era uma tinta vermelha, feita com um molusco chamado múrex. Vendida por alto preço, só era acessível à pequena parcela mais abastada da população. Além desses produtos, havia também o comércio de papiro egípcio, atividade na qual a cidade de Biblos era especialista.

Com atividades tão variadas, as cidades-estado fenícias tinham interesses diferentes, que reforçavam a fragmentação do território.

❯ A cultura dos fenícios

Mercadores do Mediterrâneo, os fenícios sofreram influências culturais de outros povos do Oriente. Por exemplo, Biblos assimilou influências religiosas do Egito desde meados do terceiro milênio antes da era cristã. Influência semelhante exerceu a escrita cuneiforme da Mesopotâmia, utilizada pelos fenícios durante muito tempo.

No terreno artístico, os fenícios tornaram-se conhecidos por suas esculturas em relevo e seus trabalhos de talha em madeira e em marfim. Essas obras eram geralmente de pequenas dimensões, embora eles também criassem esculturas maiores, como o sarcófago de Ahiram, rei de Biblos, que data do século XI a.C. Os artesãos distinguiram-se igualmente na modelagem do vidro, técnica que parece ter surgido na Fenícia.

A religião praticada pelos fenícios baseava-se no culto às forças da natureza. O deus supremo chamava-se El, mas as divindades de maior alcance entre a população estavam associadas à fertilidade. Eram a deusa Astarte, protetora dos guerreiros e do amor sexual, reverenciada basicamente em Tiro e em Sídon, e sua contraparte masculina, o deus Baal, senhor das nuvens, da chuva e do orvalho. Outra divindade poderosa era Anath, irmã de Baal, associada ao amor e à guerra.

Os rituais fenícios (e cananeus) de fertilidade tornaram-se conhecidos por suas práticas de caráter sexual. Além disso, há indícios de que os primogênitos eram sacrificados aos deuses, que garantiam em troca a fertilidade e a riqueza da família dessas crianças.

❯ As inovações dos fenícios

Para fazer a contabilidade e agilizar o comércio, os fenícios criaram um **alfabeto fonético**, muito mais prático do que os caracteres cuneiformes da Mesopotâmia ou os hieróglifos do Egito.

Apesar das divergências sobre a origem do alfabeto fenício, é reconhecida a influência egípcia. O novo alfabeto teve grande importância, pois facilitou para os comerciantes o registro de compras e vendas.

Origem fenícia do alfabeto

No alfabeto fenício, cada signo simbolizava um som. Muitas semelhanças podem ser encontradas entre os alfabetos grego, latino e fenício.

› Uma sociedade em movimento

No mapa no fim da página, observa-se que os fenícios ocuparam vários territórios às margens do Mediterrâneo, criando colônias responsáveis por expandir rotas de comércio por toda a região.

A mais notável das colônias fenícias foi Cartago, fundada no século IX a.C., na região da atual Tunísia, que se tornou um grande centro comercial. Ela conquistou ricas terras férteis, como as ilhas da Sicília, da Sardenha e da Córsega, nas costas ocidental e sul da península Itálica, e dominou ainda o sul da atual Espanha.

Cartago continuou as tradições fenícias praticando o artesanato e o comércio marítimo. Tornou-se, assim, uma grande potência no Mediterrâneo.

A partir do século IX a.C., os fenícios foram dominados pelos assírios, depois por babilônios, persas e gregos, estes últimos durante as conquistas de Alexandre, o Grande (século IV a.C.).

Em seu processo de expansão, Cartago entrou em choque com a República de Roma, também interessada no controle do Mediterrâneo. Entre 264 a.C. e 146 a.C., foram travadas três guerras entre cartagineses e romanos. Conhecidas como Guerras Púnicas – pois os romanos chamavam os cartagineses de punos –, elas resultaram na total destruição de Cartago e seu império.

Os romanos ocuparam a Fenícia no século I a.C. No século VII, ela foi dominada pelos árabes.

Vista parcial das ruínas de Cartago, na atual Tunísia, no norte da África. Foto de 2012. As construções estão espalhadas por uma área extensa, com doze locais de visitação.

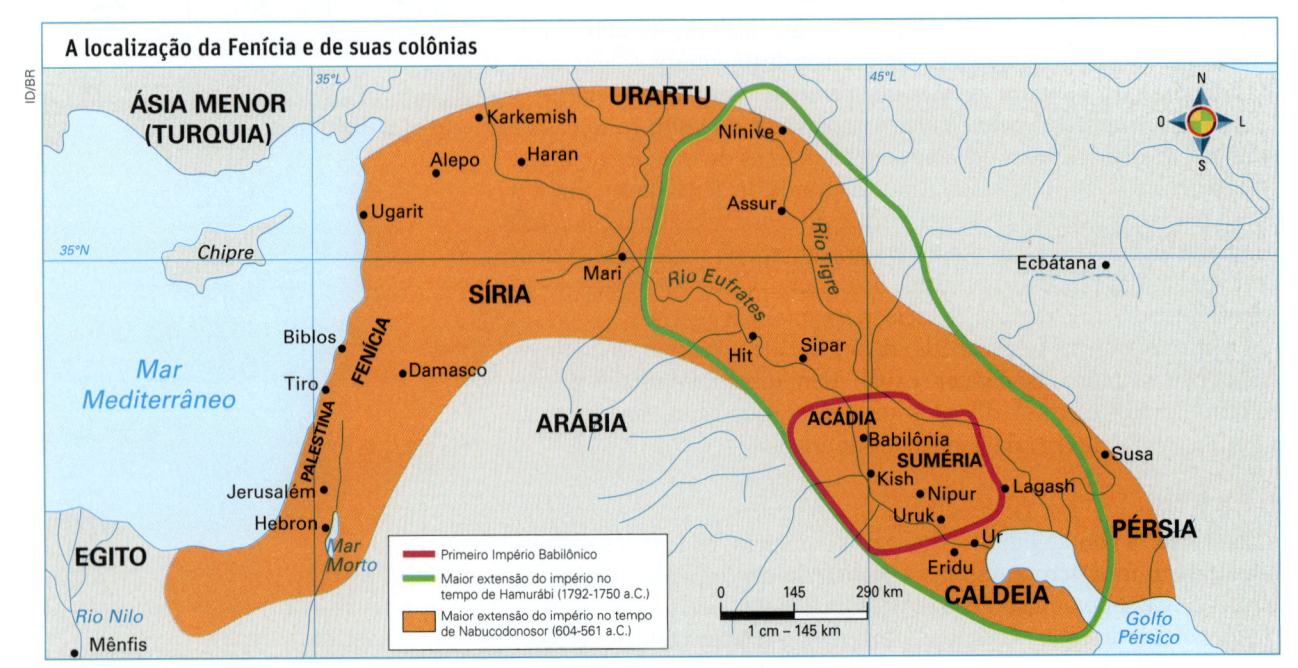

A localização da Fenícia e de suas colônias

Fonte de pesquisa: *Atlas historique*. Paris: Perrin, 1987. p. 32 e MESTRE, Juan Santacana; RUVIRA, Gonzalo Zaragoza. *Atlas histórico*. Madrid: Ediciones SM, 2005. p. 14.

Os hebreus

O povo hebreu era semita, assim como os acádios, os caldeus e os fenícios. No Antigo Testamento, há muitos relatos sobre a presença dos hebreus na Mesopotâmia, o que foi reforçado por outras fontes históricas e linguísticas.

GLOSSÁRIO

Semita: grupo linguístico que compreendia os hebreus, os assírios, os aramaicos, os fenícios e os árabes.

A influência dos povos da Mesopotâmia

Acompanhando o mapa de abertura do capítulo, observa-se que os hebreus seguiram o curso dos rios Tigre e Eufrates, do sul para o norte. Por volta de 2000 a.C., estabeleceram-se às margens do rio Jordão, em Canaã, nos atuais território da Palestina, da Jordânia, do sul da Síria e do sul do Líbano.

Os primeiros hebreus andaram centenas de anos pela Mesopotâmia, em contato com diversos povos, que exerceram sobre eles influência fundamental. Os tabletes de argila em escrita cuneiforme encontrados na cidade mesopotâmica de Mari indicam o caráter seminômade de alguns semitas, como os hebreus.

As pesquisas históricas ajudaram a entender que muitas narrativas do Antigo Testamento já eram conhecidas pelos povos mesopotâmicos. Um exemplo é o episódio do dilúvio e da arca de Noé, descrito no livro do Gênesis. Esse episódio se assemelha a um mito sumério que conta como Utnapishtim sobreviveu ao dilúvio construindo um enorme barco, no qual abrigou várias espécies de seres vivos. Após o dilúvio, essas espécies teriam repovoado o planeta.

Canaã foi habitada por numerosos povos, entre eles os fenícios e os filisteus. Estes eram originários das áreas banhadas pelo mar Egeu, entre a Grécia e a Turquia, e conhecidos como "povos do mar".

A região era atravessada pelo rio Jordão, importante fonte de água em uma área desértica. A luta pela posse dessa terra foi estimulada pela crença dos hebreus em que eram um "povo eleito", a quem Deus destinara a terra de Canaã. Essa convicção foi importante para manter a unidade cultural e religiosa dos hebreus desde então.

Detalhe de mapa em mosaico bizantino do século VI representando a cidade de Jericó. O nome da cidade está grafado em grego koiné, um dialeto do grego clássico.

Ponto de vista

Antigo Testamento: fé e História

Durante séculos, os hebreus contaram histórias aos mais jovens. Quando surgiu a escrita hebraica, essas histórias foram reunidas em livros que formaram o Antigo Testamento.

As narrativas do Antigo Testamento têm como objetivo a preservação da tradição, das leis e da experiência religiosa dos hebreus. Para contar os fatos vividos pelo povo hebreu, utilizaram recursos simbólicos, responsáveis por manter viva a memória da comunidade religiosa e reforçar os vínculos entre os fiéis.

Já as pesquisas históricas possuem objetivos diferentes. Os historiadores desejam entender o desenvolvimento da cultura e da sociedade, a razão dos conflitos e das guerras, além de comparar diferentes modos de vida e interpretar as transformações que ocorreram nessas sociedades.

Enquanto judeus e muitos cristãos leem os textos que correspondem ao Antigo Testamento da Bíblia acreditando no seu sentido divino, os historiadores os leem buscando ampliar o conhecimento que possuem sobre a história desses povos. Como o objetivo não é a fé em Deus, mas a realização de pesquisas, os historiadores confrontam os escritos religiosos com as fontes históricas egípcias, mesopotâmicas, gregas e romanas e ainda com descobertas arqueológicas.

Logo, o Antigo Testamento pode ser lido tanto como um texto religioso, pelos religiosos, quanto como uma fonte histórica, pelos historiadores.

> O Êxodo

Após um longo período de seca e fome, os hebreus migraram para o Egito com outro povo nômade da Ásia, os hicsos, que invadiram e dominaram o território egípcio entre 1780 a.C. e 1570 a.C.

Enquanto os hicsos foram senhores do Egito, os hebreus tiveram ali uma vida relativamente tranquila. Entretanto, depois da expulsão dos invasores eles passaram a ser perseguidos e foram reduzidos à condição de escravos. Em tais condições, quase 500 anos depois de sua chegada à região do Nilo eles retornaram a Canaã. Essa grande migração é referida na Bíblia como **Êxodo**.

> Os juízes e os reis

Segundo documentos e descobertas arqueológicas, os hebreus retornaram à Palestina por volta de 1230 a.C., após quase cinco séculos de permanência no Egito e de migrações pela região do Sinai.

Em um primeiro momento, as tribos hebreias foram lideradas por Josué, sucessor de Moisés, que alcançou vitórias importantes, como a conquista da cidade de Jericó. Após a morte do chefe guerreiro, os hebreus passaram a ser governados por um conselho de anciãos, dirigido por um juiz, que era chefe militar e guia religioso. Os juízes comandaram os hebreus durante a conquista de Canaã. Os cananeus e filisteus só foram derrotados após a consolidação da Monarquia, por volta de 1000 a.C.

O primeiro rei foi Saul, da tribo de Benjamin, que lutou contra os filisteus. Estes foram derrotados por Davi, da tribo de Judá, que desposou uma filha de Saul e subiu ao trono. Davi organizou o novo Estado hebreu, conquistou Jerusalém e a escolheu para ser a capital do reino de Israel.

O período mais próspero para os hebreus ocorreu durante o governo do filho de Davi, o rei Salomão, que expandiu as rotas de comércio até o Egito e estabeleceu relações privilegiadas com os fenícios, que lhe enviavam madeira para suas construções. O marco do esplendor de seu governo foi a edificação do Primeiro Templo de Jerusalém, entre 966 a.C. e 926 a.C., símbolo da religiosidade e da fé dos hebreus.

Conheça melhor

O Muro das Lamentações

Segundo a tradição judaica, o Templo de Jerusalém foi construído para louvar Deus e abrigar a Arca da Aliança, uma grande caixa de madeira folheada a ouro que continha os Dez Mandamentos.

O Primeiro Templo foi destruído na invasão do rei babilônio Nabucodonosor II. Então, o rei persa Ciro II decretou a construção do Segundo Templo, que terminou em 515 a.C. Por volta de 20 a.C., durante o domínio romano, o templo foi reformado e ampliado pelo rei Herodes. A reforma demorou 46 anos, e um grande muro foi construído em torno do templo. O imperador romano Tito mandou destruir o Segundo Templo após a revolta dos judeus contra o domínio romano, em 70 d.C. Após esse episódio, restou apenas uma parte da muralha, conhecida como Muro das Lamentações.

Durante a expansão muçulmana, a Mesquita do Domo da Rocha e a Mesquita Al-Aqsa foram construídas nas proximidades do muro, o que tornou o local sagrado também para os muçulmanos.

Muro das Lamentações, ruína do Segundo Templo de Jerusalém. Ao fundo, com a cúpula dourada, a Mesquita do Domo da Rocha, construída no século VII da era cristã. Foto de 2011.

A diáspora e o monoteísmo hebraico

O esplendor do governo de Salomão teve seu preço: o aumento de impostos, para realizar grandes obras e manter uma corte luxuosa. A população se revoltou e, após a morte de Salomão, em 926 a.C., as tribos se dividiram em dois reinos: ao norte, o reino de Israel, formado por dez tribos; ao sul, o reino de Judá, formado por duas tribos.

As invasões a Canaã

As tribos de Israel foram atacadas pelos assírios, e a maior parte de seu povo foi morta ou escravizada. As tribos de Judá foram dominadas pelo rei Nabucodonosor II e parte da população foi escravizada e levada para a Babilônia. Esse episódio ficou conhecido como **Cativeiro da Babilônia**.

Em 593 a.C., a Babilônia foi dominada pelos persas, cujo rei, Ciro, permitiu então o retorno dos antigos habitantes do reino de Judá à terra natal. Os **judeus**, como passaram a ser denominados os descendentes dos hebreus, retornaram a Canaã e foram incorporados ao Império Persa.

Em 332 a.C., persas e judeus foram dominados por Alexandre, o Grande, rei da Macedônia.

A diáspora

Em 63 a.C., Roma conquistou a Palestina e reprimiu duramente as revoltas dos judeus, que não aceitavam a dominação romana. No ano 70 d.C., após uma violenta revolta, os judeus foram expulsos da Palestina e proibidos de retornar à sua terra. Eles se espalharam pelo Império Romano em um processo conhecido como **diáspora**, a dispersão em direção a regiões distantes.

Mesmo separados em várias comunidades, os judeus mantiveram sua unidade cultural e religiosa ao longo de séculos graças à profunda crença em Deus e à esperança no retorno a Canaã.

Vivência do monoteísmo

No exílio, o desafio era manter a identidade religiosa sem o Templo de Jerusalém e longe da Terra Prometida.

A superação desse desafio assegurou a sobrevivência cultural dos judeus. Eles criaram sinagogas, locais de reunião para orações e estudos supervisionados pelos rabinos. Estes não eram sacerdotes, e sim professores dedicados ao exame e à discussão das leis de Moisés. Paralelamente, os lares tornaram-se núcleos de preservação das tradições judaicas. Desse modo, o monoteísmo foi vivenciado no dia a dia e uma religião perseguida atravessou os séculos e deu origem ao judaísmo moderno.

Nicolas Poussin. *A destruição do Templo de Jerusalém*, 1637. Óleo sobre tela. A obra do artista está inserida no classicismo francês do século XVII, movimento artístico que valorizava temas da antiguidade greco-romana. A pintura representa a destruição do Templo de Jerusalém pelos romanos no ano de 70 d.C.

Hoje em dia

Polos do judaísmo

Após a expulsão da Palestina, os judeus fixaram-se em várias cidades do Império Romano.

Séculos depois, já na Idade Média, a península Ibérica era o principal centro do judaísmo. Na Espanha moura, muçulmanos, cristãos e judeus conviviam em paz. Eram os judeus sefarditas – termo derivado de Sefarad, o nome da península Ibérica em hebraico – que falavam um dialeto derivado do espanhol medieval. Mas no final do século XV os sefarditas foram expulsos da Espanha cristã e depois de Portugal, refugiando-se nos territórios islâmicos e em regiões europeias mais tolerantes, como os Países Baixos.

Paralelamente, formavam-se outros núcleos judaicos nas atuais Alemanha, Polônia, Ucrânia e Rússia. Neles viviam os asquenazes, palavra derivada de Ashkenaz, o termo hebraico para designar a região da atual Alemanha. Os judeus dessas áreas falavam um dialeto germânico e conheceram séculos de perseguições antissemitas. Entre esses judeus surgiu, no século XIX, a maioria dos adeptos do movimento sionista, que pregava o retorno à Palestina.

Reflita e discuta com os colegas.

1. Qual grupo judaico constituiu a maioria dos pioneiros do Estado de Israel? Explique.
2. Em que região da Europa medieval muçulmanos, judeus e cristãos conviviam em harmonia? Pesquise as condições que permitiram essa convivência e exponha suas conclusões para os colegas.

Ontem e hoje

Rio sagrado em perigo

O rio Jordão nasce nas encostas do monte Hermon, na fronteira entre Líbano e Síria, e corre em direção norte-sul, até o mar da Galileia. Marca a fronteira entre a Cisjordânia e a Jordânia e, após percorrer cerca de 360 km, deságua no mar Morto. O rio Jordão é considerado sagrado para os fiéis de três religiões: os judeus, os cristãos e os muçulmanos.

Para os judeus, porque é o maior rio de Canaã e possibilitou a agricultura e o pastoreio na região. Ele faz parte de várias passagens importantes na história dos hebreus narradas no Antigo Testamento.

Para os cristãos, porque foi no rio Jordão que Jesus Cristo foi batizado pelo profeta João Batista. Jesus pregou na atual região da Palestina, banhada pelo rio Jordão.

Para os muçulmanos, o rio Jordão é sagrado pelo mesmo motivo que para os cristãos: às suas margens viveu Jesus Cristo, que, com Moisés, Abraão e Noé, é considerado um dos principais profetas antecessores de Maomé.

A situação do rio Jordão hoje

O volume de água do rio Jordão diminuiu 96% devido à construção de represas e sistemas de irrigação para a árida região da Palestina.

Israel construiu, na década de 1960, o Aqueduto Nacional, que desviou água do Jordão para irrigar as terras do país, além de barragens da Jordânia e da Síria.

Em 2006, um empreendimento sírio-jordaniano, a Unity Dam (Represa da Unidade), represou o rio Yarmuk, o principal afluente do sul do Jordão, e reduziu em mais 25% o volume de água do rio. E as águas que restaram estão poluídas, pois o Jordão também se tornou o canal coletor do esgoto produzido por israelenses, palestinos e sírios.

Além do Jordão, o mar Morto também sofre com a redução do volume de água, o que aumenta ainda mais a salinidade de ambos.

A situação foi agravada por anos de conflito na região. Alguns trechos do vale do Jordão são utilizados como áreas militares, o que impossibilita uma solução para a degradação do rio.

As soluções para reverter esse quadro dependem do esforço conjunto das autoridades de Israel, Jordânia, Síria e Palestina. Entre elas estão o controle da poluição e a devolução ao rio de cerca de 500 milhões de metros cúbicos por ano de água purificada.

Essa união de esforços, mesmo que difícil, é o mínimo que o rio Jordão merece, por sua beleza, história e importância histórica.

Fonte de pesquisa: SIMIELLI, Maria Elena. *Geoatlas*. 32. ed. São Paulo: Ática, 2006. p. 89.

Reflita

O rio Jordão tem importância fundamental na história e na geografia da região da Palestina, mas isso não impediu a degradação e a poluição de suas águas.

1. Forme um grupo e discuta com seus colegas as causas da poluição e da diminuição de volume de água do rio Jordão. Discuta também as possíveis soluções do problema. Compare a situação do Jordão com algum rio ou local de sua cidade que sofreu degradação semelhante.
2. Pesquise alguns aspectos dos conflitos políticos na região que dificultam o diálogo sobre a questão da distribuição de água e exponha para os colegas.

Atividades

Verifique o que aprendeu

1. Relacione o desenvolvimento cultural dos fenícios a suas invenções tecnológicas.
2. Com base no capítulo, formule algumas hipóteses que expliquem a fragmentação dos fenícios em cidades-estado.
3. O principal registro histórico sobre o povo hebreu é a Bíblia. Que outras fontes o historiador pode utilizar para estudar a história dos hebreus?
4. Relacione o passado nômade dos hebreus com as suas longas migrações para a Palestina e o Egito.
5. Analise o processo de consolidação da religião hebraica durante o Êxodo.
6. Quando chegaram a Canaã, entre 1230 a.C. e 1220 a.C., os hebreus lutaram contra os cananeus e os filisteus pela posse do território. Aponte uma característica da região que contribuiu para acirrar esse tipo de conflito armado.
7. Após o período dos juízes, líderes políticos e religiosos dos hebreus, houve a Monarquia. O que essa forma de governo representou para os hebreus?
8. As guerras entre as tribos hebraicas, após a morte de Salomão, fragilizaram a população dessas tribos. Analise as consequências desses conflitos.
9. Cite exemplos de como os judeus conseguiram manter sua unidade cultural e religiosa, mesmo depois da diáspora imposta pelos romanos em 70 d.C.

Leia e interprete

10. Os cinco primeiros livros da Bíblia são atribuídos a Moisés. Eles são conhecidos como Pentateuco e, entre outros temas, esclarecem novas regras religiosas e de convívio entre os hebreus depois de quase 500 anos de vida no Egito.
    Os Dez Mandamentos são uma espécie de base para as demais leis mosaicas, como são chamadas as leis atribuídas a Moisés.

    > Deus pronunciou todas essas palavras, dizendo:
    >
    > "Eu sou Iahweh teu Deus, que te fez sair da terra do Egito, da casa da escravidão.
    >
    > Não terás outros deuses diante de mim. [...]
    >
    > Não pronunciarás em vão o nome de Iahweh teu Deus, porque Iahweh não deixará impune aquele que pronunciar em vão o seu nome.
    >
    > Lembra-te do dia de sábado para santificá-lo. Trabalharás durante seis dias e farás toda a tua obra. O sétimo dia, porém, é o sábado de Iahweh teu Deus. Não farás nenhum trabalho, nem tu, nem teu filho, nem tua filha, nem teu escravo, nem tua escrava, nem teu animal, nem o estrangeiro que está em tuas portas. Porque em seis dias Iahweh fez o céu, a terra, o mar e tudo o que eles contêm, mas repousou no sétimo dia; por isso Iahweh abençoou o dia de sábado e o santificou.
    >
    > Honra teu pai e tua mãe, para que se prolonguem os teus dias na terra que Iahweh teu Deus te dá.
    >
    > Não matarás.
    >
    > Não cometerás adultério.
    >
    > Não roubarás.
    >
    > Não apresentarás um falso testemunho contra o teu próximo.
    >
    > Não cobiçarás a casa do teu próximo, não cobiçarás a sua mulher, nem o seu escravo, nem a sua escrava, nem o seu boi, nem o seu jumento, nem coisa alguma que pertença a teu próximo". [...]

    Êxodo 20, 1-17. In: *A Bíblia de Jerusalém*. São Paulo: Paulinas, 1993. p. 134-135.

    Esse texto faz parte do culto mosaico, ou lei mosaica, retirado do livro do Êxodo, do Antigo Testamento. Em relação ao trecho transcrito do culto mosaico, faça as atividades propostas a seguir.
    a) Destaque um trecho do texto e analise seu tom imperativo, procurando justificar o uso desse recurso.
    b) Elabore hipóteses que expliquem por que a lei mosaica insiste no culto a um só Deus.
    c) A atual legislação do Brasil e a de outros países adotam preceitos originários dos Dez Mandamentos. Identifique uma diferença e uma semelhança entre eles.
    d) Que outras religiões também seguem as orientações dos Dez Mandamentos?

11. Observe o mapa a seguir e identifique a que período da história dos hebreus ele está relacionado. Justifique.

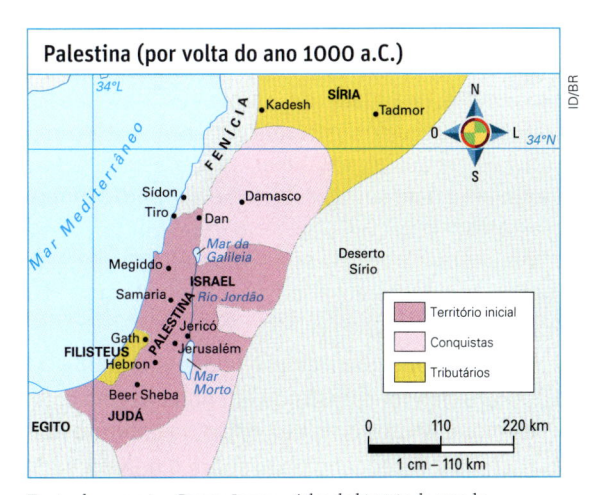

    Palestina (por volta do ano 1000 a.C.)

    Fonte de pesquisa: BLACK, Jeremy. *Atlas da história do mundo*. Londres: Dorling Kindersley, 2005.

CAPÍTULO 6

A Grécia Antiga

O que você vai estudar

- A formação da Grécia.
- As transformações no período homérico.
- A formação das cidades-estado na Grécia.
- A Grécia clássica.
- As manifestações da cultura grega.

O Partenon, construído no século V a.C. no alto da colina da Acrópole, em Atenas. Foto de 2012.

Ligando os pontos

Em sua trajetória, a maioria dos grupos humanos pouco a pouco reuniu conhecimentos para enfrentar a natureza e dela retirar o sustento necessário à sobrevivência. Espalharam-se pelos continentes, ocuparam regiões banhadas por grandes rios, desenvolveram a agricultura e a pecuária e tornaram-se sedentários.

Desenvolveram técnicas de construção, inventaram a escrita, renderam homenagem às divindades. Observaram os astros e assim organizaram calendários com a finalidade de aproveitar, na época adequada, os recursos naturais. Criaram estruturas de convivência social, estabeleceram o Estado e formas de governo para somar esforços em grandes empreendimentos.

Ampliaram os horizontes geográficos, diversificaram as atividades econômicas, conquistaram o Mediterrâneo, estabeleceram relações comerciais e culturais entre diferentes sociedades. Um desses grupos, o dos gregos, com a contribuição das culturas com as quais manteve contato, transformou os conhecimentos da vida prática em reflexão: foi a criação da filosofia, um tipo de pensamento metódico e rigoroso sobre o homem e a natureza.

Além da filosofia, foram desenvolvidas na Grécia Antiga várias outras áreas do conhecimento, como a matemática, a medicina, a astronomia e a história. Nas artes (na escultura, na arquitetura e no teatro, principalmente), os gregos nos legaram obras que são lidas, admiradas e encenadas até nossos dias.

A civilização grega também desenvolveu a democracia, sistema de governo que se difundiu e perdura, com diversas modificações, até os dias de hoje.

Observe a imagem acima e leia atentamente o texto.
1. O Partenon foi construído em homenagem à deusa Palas Atena. Descreva as diferenças entre esse templo e os monumentos do Egito vistos no capítulo 3.
2. Escreva um pequeno texto sobre o que você entende por democracia e qual é a sua opinião sobre essa forma de governo.

Formação da Grécia Antiga

A Grécia Antiga ocupava as terras ao sul da península Balcânica, as ilhas do Egeu, o litoral da Ásia Menor (atual Turquia) e mais tarde o sul da península Itálica. Era uma região montanhosa muito acidentada, mas próxima ao mar, o que facilitava a navegação.

A partir do século XX a.C., em sucessivas migrações, tribos de origem indo-europeia ocuparam esse território, que já era habitado.

Primeiro vieram os aqueus, que fundaram a civilização micênica e devastaram a civilização minoica da ilha de Creta, dominando o comércio marítimo em substituição aos cretenses. Mais tarde, chegaram os jônios, os eólios e, a partir do século XII a.C., os dórios.

Esses grupos falavam línguas aparentadas entre si, autodenominavam-se helenos e chamaram de Hélade o território ocupado. Por isso, a cultura da Grécia Antiga também é conhecida como cultura helênica.

A sociedade minoica

Diferentemente das sociedades que prosperaram às margens dos grandes rios, que tinham na agricultura sua base econômica, as que cresceram na região do mar Egeu caracterizaram-se pelo desenvolvimento comercial e marítimo.

A arqueologia é a principal fonte dos historiadores para o conhecimento da civilização minoica. Porém, não é possível determinar com exatidão quando surgiu essa sociedade. Os palácios, cujas ruínas foram descobertas e minuciosamente estudadas por arqueólogos e historiadores a partir do final do século XIX, datam de um período anterior ao ano 2000 a.C. Minos, do qual deriva o nome dessa civilização, faz referência a uma dinastia ou a um título.

A ilha de Creta possuía solo fértil, mas seu espaço físico era limitado. Por isso não comportava um aumento populacional de grandes proporções. Consequentemente, houve expansão dos cretenses em direção à Grécia continental, às ilhas do mar Egeu e à Ásia Menor.

Não se sabe muita coisa sobre as formas de organização social e política da sociedade cretense. As ruínas de Cnossos, cidade-palácio, permitem formular a hipótese da existência de uma monarquia na qual o poder se fundamentava no domínio do mar, a **talassocracia**, em cerca de 1500 a.C. Estudos arqueológicos coletaram evidências suficientes para afirmar que se tratava de uma sociedade com intensa atividade artesanal e mercantil, com domínio sobre as rotas comerciais do Mediterrâneo.

Os artefatos encontrados, especialmente vasos finos de cerâmica, trabalhos com metal e entalhe em pedras preciosas, revelam a destreza dos artesãos. Essas obras eram geralmente executadas em tamanho bastante reduzido, como miniaturas. No interior dos palácios, havia delicadas pinturas ornamentais, nas quais eram utilizadas as cores azul, vermelho, amarelo, preto e branco.

A religião era matriarcal, caracterizada pelo princípio da fecundidade. A principal divindade era a Deusa-Mãe, fonte da vida, do bem e do mal. Não há sinal de construção de templos religiosos.

Essa importante civilização prosperou até o século XVII a.C. Nesse momento, já havia surgido na Grécia continental um novo grupo humano.

Estatueta minoica representando a deusa das serpentes, encontrada nas ruínas de Cnossos. A obra, datada entre os séculos XVIII a.C. e XVI a.C., demonstra a habilidade dos artesãos e a importância da mulher na religião minoica.

› A sociedade micênica

Provenientes do norte, os aqueus fixaram-se no Peloponeso, ao sul da península Grega, e estabeleceram diversas cidades-estado, entre elas Micenas. Ali surgiu o que seria conhecido como civilização micênica.

Por cerca de dois séculos, houve a coexistência das sociedades minoica e micênica, que mantinham relações mercantis. No século XV a.C. a civilização micênica atingiu grande desenvolvimento, sobrepujando a cretense. Em 1450 a.C., aproximadamente, os aqueus invadiram a ilha de Creta, destruindo grande parte de sua estrutura material. Evidências arqueológicas sugerem que, no século XIV a.C., toda a área estava controlada pelos micênios. A presença de placas de argila com registros feitos com a escrita linear B é um indício da grande influência cultural dos cretenses.

Não havia unidade política entre os micênios, e sim reinos independentes cujos governantes se dedicavam às guerras. Prova dessa atividade guerreira aparece em um dos poemas épicos atribuídos a Homero, a *Ilíada*.

Essa obra relata, segundo a tradição oral e mítica, a guerra travada pelos aqueus contra a cidade de Troia – chamada de Ílion pelos aqueus –, que ficava na Ásia Menor, próxima do estreito de Dardanelos, na atual Turquia. Pesquisas sugerem que de fato houve uma guerra para saquear a cidade, rica em tesouros, que foram pilhados pelos aqueus. Escavações permitem afirmar que houve oito cidades nesse local, sendo a sétima provavelmente o palco do conflito com os aqueus, em aproximadamente 1230 a.C.

As ruínas indicam que no território grego os aqueus construíam cidadelas cercadas por muros de uma espessura aproximada de 10 metros, feitos com enormes blocos de pedra. Localizavam-se em lugares de difícil acesso, para que não pudessem ser vistas do mar, e tinham o palácio, residência real, no lugar mais alto do terreno. A população ocupava as áreas baixas nas proximidades.

A arte inspirava-se inicialmente no modelo cretense, mas depois ganhou fisionomia própria, com a utilização de modelos geométricos.

A mulher micênica provavelmente tinha menos liberdade que a cretense devido ao predomínio dos guerreiros na sociedade.

O domínio micênico perdurou até o século XII a.C. Nesse momento, uma nova onda de invasões de tribos indo-europeias, os dórios, chegou à região. Elas ocuparam o Peloponeso, Creta e outras ilhas e destruíram as estruturas de poder desenvolvidas pelos aqueus.

Como resultado, ocorreu um grande deslocamento de grupos humanos da porção continental da Grécia para as ilhas do Egeu e para o litoral da Ásia Menor. Essa migração forçada, realizada pelo mar, resultou na fundação de núcleos autônomos, basicamente dedicados à agricultura.

> **Leia**
> **O mundo de Homero**, de Pierre Vidal-Naquet. São Paulo: Companhia das Letras, 2002.
> O livro apresenta questões relacionadas à identidade de Homero e às suas epopeias – *Ilíada* e *Odisseia*. Oferece um conjunto de hipóteses importantes sobre a sociedade grega antiga.

> **Assista**
> **Troia.** Direção de Wolfgang Petersen, EUA, 2004, 163 min. Filme baseado no poema épico *Ilíada*, que narra a conquista de Troia pelos aqueus, comandados por Agamenon, com destaque para a atuação do herói Aquiles.

Turistas nas ruínas do "Tesouro de Atreus", tumba em Micenas, cidade que atingiu grande desenvolvimento por volta do século XV a.C. A construção representa o domínio técnico na utilização de pedras. Foto de 2012.

Tradição oral: Homero

Com a invasão dos dórios, iniciou-se uma fase de retorno à vida rural com produção autossuficiente. Esse novo período pode ser percebido pelo desaparecimento de registros arqueológicos que indicam os sinais de vida urbana e de práticas comerciais regulares.

A principal fonte de informação desse período é a tradição oral, registrada em poemas em que os aedos (artistas itinerantes) discursavam sobre o seu cotidiano. Essa tradição oral foi fixada mais tarde nos poemas épicos *Ilíada* e *Odisseia*, atribuídos a Homero.

A desagregação resultante da invasão dórica, somada ao fato de estarem em uma região montanhosa, impôs aos micênios uma forma de organização social muito simples, baseada na existência de pequenas unidades agrícolas denominadas *genos*. Portanto, em termos de organização política, no período homérico predominou a **comunidade gentílica**.

Em cada uma dessas unidades, os bens econômicos, como a terra, os animais, as sementes e os instrumentos de trabalho, embora fossem de uso coletivo, estavam sob o controle de um chefe comunitário denominado *pater*. A função desse chefe era o que mais se aproximava de uma autoridade administrativa.

A baixa produtividade dos territórios, aliada ao crescimento demográfico, contribuiu para a associação dos *genos* de uma mesma região. Isso resultou na formação da *fratria*, organizada e liderada pelos *pater* de cada um dos *genos* associados. Porém, com a intensidade do crescimento demográfico, foi necessário um novo processo de fusão. As diferentes *fratrias* formaram as tribos, sob o controle dos representantes dos *pater* das *fratrias*. Finalmente, as tribos agruparam-se em unidades ainda maiores denominadas *demos* (povo ou povoado, em grego). O governo dos *demos* centralizou-se em um único chefe supremo, o *basileu*, figura sobre a qual há várias referências nos textos homéricos.

Transformações sociais

Simultaneamente, ocorreram transformações sociais importantes. A posse da terra, que na fase de organização dos *genos* era coletiva, concentrou-se nas mãos dos parentes mais próximos do *pater*. Surgiu, aos poucos, uma aristocracia rural proprietária das terras mais férteis, deixando as menos produtivas para o restante da população na forma de pequenos lotes.

Essa diferenciação social teve importância decisiva na união dos *demos* para formar a **pólis**, a cidade-estado grega.

Cada uma dessas cidades era absolutamente autônoma do ponto de vista político. Era formada por uma cidadela, para proteger a sua população, e por um centro cívico, a **ágora**, para a realização dos negócios de seus habitantes.

Por volta do século VIII a.C., o crescimento populacional dos gregos, o espaço físico limitado, os poucos recursos disponíveis e a propriedade da terra concentrada nas mãos de poucos levaram a grandes mudanças na Grécia.

O controle da terra pela aristocracia gerou grande insatisfação. Aqueles que possuíam apenas lotes minúsculos, com os quais não eram capazes de sustentar suas famílias, lançaram-se em novas ondas de migração do continente para as ilhas e mesmo para além do mar Egeu. Teve início a colonização grega do Mediterrâneo, movimento que ficou conhecido como a segunda diáspora grega. Assim, o início do surgimento da pólis e o processo de expansão da cultura grega pelo Mediterrâneo marcaram o fim do período homérico e o início do período arcaico.

Ponto de vista

O mundo de Homero

As epopeias homéricas de fato contêm material antigo, que se estende por séculos. Antes que a escrita fosse reintroduzida na Grécia na forma de alfabeto familiar, os poetas empregavam grupos de palavras e temas para produzir versos metricamente corretos e coerentes no ato da representação, variando, e não reproduzindo, versões anteriores de uma história. [...]

Desse modo, a relação dos poemas com o mundo histórico da Grécia arcaica é complexa e permanece controversa. Estudos arqueológicos recentes sugerem que, no final do século VIII a.C., a sociedade grega tomou a forma predominante de pequenas comunidades independentes de cinquenta famílias ou menos. Alguns especialistas supõem que essas aldeias eram governadas por líderes [...] que tinham de atentar para vizinhos mais ou menos poderosos, mas gozavam de ampla liberdade para a ação individual.

KONSTAN, David. *A amizade no mundo clássico*. São Paulo: Odysseus, 2005. p. 37.

Moeda cunhada em Siracusa, colônia grega da Sicília fundada no século VIII a.C. Na parte superior da moeda, a figura alada corresponde provavelmente ao deus grego Eros. Por meio da cunhagem de moedas, os gregos difundiam sua cultura, além de facilitar as trocas de valores e a cobrança de tributos.

A Grécia arcaica

Dois fenômenos se destacaram nesta fase da história grega: a colonização e a formação das cidades-estado.

A colonização

Como visto, no século VIII a.C. houve na Grécia uma onda de migrações. Muitos habitantes das cidades-estado, em condições precárias de sobrevivência, rumaram em direção ao Mediterrâneo Ocidental e Oriental, ao Negro e à costa da África, onde estabeleceram colônias. Esse impulso migratório perdurou até o século VI a.C.

Nessas regiões, os colonos fundavam uma nova cidade, que era independente da metrópole, a cidade-mãe. No entanto, mantinham o dialeto do lugar de origem, assim como seus deuses.

No início, os colonos procuravam se instalar em terras férteis para se dedicar à agricultura. Mais tarde, surgiram núcleos voltados para o comércio marítimo, que estabeleciam relações mais estreitas com suas respectivas metrópoles.

A colonização transformou a vida econômica das cidades-estado gregas. Estas importavam das colônias trigo, peixe salgado, madeira para a construção de barcos e minérios. Em contrapartida, as colônias se constituíam em mercado consumidor do vinho e do azeite das metrópoles. Fomentou-se a produção manufatureira para atender à demanda de um mercado em expansão. Foram construídos navios maiores e mais seguros e portos bem localizados.

A constituição das cidades-estado

Embora muito diferentes, as pólis gregas tinham alguns elementos comuns, como a distribuição espacial. Eram dominadas pela **acrópole**, parte alta da cidade, espécie de fortaleza onde ficavam a moradia do rei e o templo da divindade local. Abrigavam também a ágora, praça utilizada para as reuniões públicas e para a realização de negócios, e a **cidade baixa**, com as casas da maioria da população.

Outro aspecto em comum foi o fato de que em todas as pólis se formaram governos aristocráticos dirigidos por reduzidos grupos sociais, aqueles que se apropriaram das terras mais férteis. A camada dominante usufruía do direito de cidadania, do qual estavam excluídos os camponeses, as mulheres e os escravos.

O relevo acidentado favorecia o isolamento das cidades. Nessas condições, o traço mais marcante da pólis grega era a autonomia.

Ação e cidadania

Movimento migratório

Em 2004, dados da ONU apontaram que 175 milhões de pessoas viviam fora do seu território natal, o que correspondia a 2,9% da população mundial.

Os deslocamentos são geralmente consequência do desemprego, característica estrutural da economia contemporânea. Por isso, o movimento migratório volta-se para os países desenvolvidos do hemisfério Norte.

Milhões de brasileiros deixaram o território nacional em busca de oportunidades de trabalho nos Estados Unidos, na Europa e no Japão. Muitos deles entraram ilegalmente nessas regiões e vivem na clandestinidade.

Com a crise econômica mundial, os países mais ricos cercam-se de mecanismos mais rigorosos para fechar as fronteiras. Ao mesmo tempo, cresce em sua população o sentimento de xenofobia, isto é, de aversão ao estrangeiro.

- É possível identificar semelhanças entre os movimentos migratórios atuais e os que ocorreram na Grécia no período arcaico? Discuta com os colegas e com o professor.

Colonização grega (séculos VIII a.C.-VI a.C.)

Fonte de pesquisa: HILGERMANN, Werner; KINDER, Hermann. *Atlas historique*. Paris: Perrin, 2006. p. 46.

> Atenas

A cidade-estado de Atenas localizava-se na região da Ática, ao sul da Grécia continental, em um território montanhoso e pouco fértil. Sua população descendia de três dos grupos helenos formadores da população grega: aqueus, eólios e jônios.

Na primeira fase de sua história, quando os diferentes *demos* se agruparam para formar a cidade, o poder político e econômico estava concentrado nas mãos de uma **oligarquia** e era exercido pelos **eupátridas**, grandes proprietários rurais que se organizavam em um conselho eleito anualmente por seus pares.

Além dos eupátridas, a população livre ateniense era composta de **demiurgos** (artesãos) e pequenos proprietários. Com o desenvolvimento comercial, muitos estrangeiros, os **metecos**, instalaram-se na cidade. Podiam exercer livremente a atividade mercantil, mas não tinham direitos políticos. Um grande número de **escravos** – por dívidas ou por serem prisioneiros de guerra – completava a sociedade da cidade-estado.

A escassez de terras férteis e a necessidade de suprir o que não era produzido no local levaram ao desenvolvimento de uma frota mercante considerável e de um comércio marítimo intenso. Formou-se, desse modo, um grupo social de armadores e comerciantes. Enquanto isso, os camponeses ficavam cada vez mais dependentes dos grandes proprietários rurais, tornando-se rendeiros como forma de evitar a escravidão.

O movimento colonizador provocou mudanças significativas na estrutura social e, posteriormente, na organização política da cidade. O produto da atividade agrícola desenvolvida nas colônias (especialmente o trigo) era remetido a Atenas a um custo muito menor do que o da produção dos pequenos proprietários da Ática. Por isso, essa importação levou muitos destes à ruína, convertendo-os em escravos por dívidas.

Por outro lado, a intensa atividade comercial entre Atenas e as colônias ampliou as fileiras dos demiurgos, formando uma numerosa camada de comerciantes enriquecidos. À medida que aumentava seu prestígio, os mercadores passaram a questionar o monopólio de poder exercido pelos eupátridas.

> Conflitos atenienses

A pressão das novas forças sociais abalou as instituições atenienses. Nem mesmo a ação dos grandes legisladores impediu a quebra da ordem institucional. Assim, Drácon, em 621 a.C., publicou um primeiro código de leis. Outro importante legislador, Sólon, eliminou a escravidão por dívidas, libertando os pequenos proprietários.

Após esse período, a cidade passou pela fase da **tirania**. O dirigente, com poderes ilimitados, afastava pela

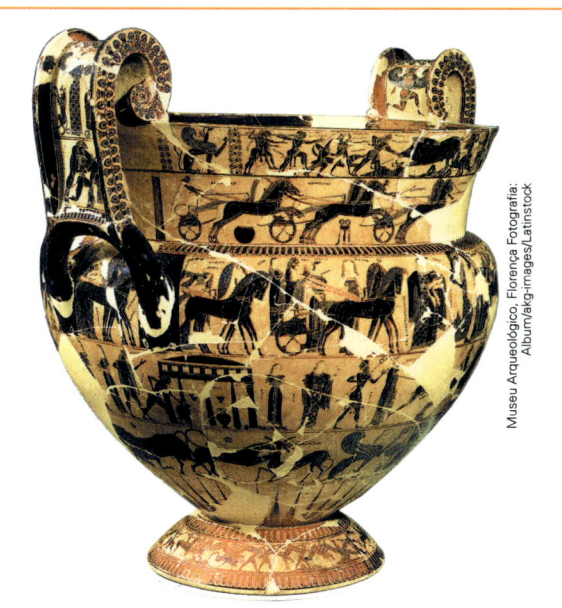

Os gregos produziam diferentes tipos de vasos que eram utilizados para armazenar água, vinho, azeite e mantimentos. Por suas pinturas, são importantes para pesquisar a história e a cultura da Grécia Antiga. Na foto, vaso do tipo cratera, usado para misturar vinho e água.

força os setores dominantes tradicionais, mas assegurava uma base de sustentação ao atender a algumas reivindicações populares.

Em 506 a.C. chegou ao poder Clístenes, considerado o pai da democracia grega, pois promoveu reformas políticas que garantiram o estabelecimento dessa forma de governo. As quatro tribos que originalmente formavam a cidade foram ampliadas para dez. A *Bulé*, órgão encarregado de deliberar sobre os assuntos da cidade, passou a contar com 500 membros. Conhecida como Conselho dos Quinhentos, reunia nesse período 50 representantes de cada tribo, eleitos por um ano. Esse órgão tinha a incumbência de elaborar leis que seriam submetidas à *Eclésia*, a assembleia popular, que contava com a participação de todos os cidadãos.

Com instituições desse tipo, o poder político saiu do controle da aristocracia rural e foi exercido pelos cidadãos. Mas estavam ainda excluídos da cidadania as mulheres, os escravos e os estrangeiros, que juntos compunham a maior parte da população.

■ Outras histórias

Conquistadores no sul da América

No momento em que os atenienses lutavam por mais igualdade social, na América do Sul o povo tupi empreendia uma migração desde o interior da Amazônia até o litoral sul do continente. Nesse movimento migratório entraram em contato com os povos sambaquieiros. No encontro dessas duas culturas, a sociedade dos sambaquis se extinguiu.

Esparta

Localizada na região da Lacônia, na península do Peloponeso, a cidade-estado de Esparta foi fundada, por volta do século IX a.C., por contingentes dórios em seu processo de domínio da civilização micênica. O principal traço distintivo de Esparta é que, durante o período de formação dos *demos*, a aristocracia consolidou-se como um grupo social mais amplo, incluindo os médios e até mesmo os pequenos proprietários rurais.

A sociedade espartana compunha-se de três camadas. A dominante, dos *esparciatas*, era formada pelos descendentes dos conquistadores dórios. Soldados do Estado, educados desde a infância para aperfeiçoar suas habilidades militares, encarregavam-se da política e da guerra.

A camada dos *periecos* abrangia os habitantes da periferia da cidade: artesãos, comerciantes e camponeses. Eram homens livres, mas sem direitos políticos.

Na base estava a categoria dos *hilotas*, os escravos, considerados propriedade do Estado e utilizados nas mais diferentes tarefas, até mesmo como integrantes de escoltas, carregadores ou criados durante as guerras. Uma vez que a escravidão era pública, os *hilotas* serviam às famílias de *esparciatas*, mas não podiam ser vendidos. No entanto, podiam ser dizimados: como havia muitas revoltas de escravos, o governo eliminava preventivamente, todos os anos, certo número deles. O massacre servia de treinamento para os jovens descendentes dos dórios.

A forma de governo em Esparta foi a **diarquia**, instituição formada por dois reis aos quais competiam as funções religiosas e principalmente o controle das atividades militares.

O fato de a Lacônia, território onde estava instalada Esparta, ser uma área em que a produtividade da terra era maior do que em outras regiões gregas proporcionou aos espartanos certa autossuficiência. Como resultado, o comércio local era menos desenvolvido do que em outras cidades-estado. Esse aspecto inibiu o surgimento de uma camada de comerciantes enriquecidos que pudesse rivalizar com os proprietários de terra, como ocorreu em Atenas e em outras cidades gregas.

Hoje em dia

Olimpíada do Rio de Janeiro

A cada quatro anos, os jovens mais vigorosos de todas as pólis gregas reuniam-se para disputar em Olímpia os Jogos Olímpicos, em honra de Zeus.

Quando o cristianismo se tornou a religião preponderante no Ocidente, no século IV, os jogos foram proibidos. Mas, em 1896, com a revalorização da atividade esportiva na Europa, uma versão moderna dos Jogos Olímpicos passou a ser realizada.

Em outubro de 2009, a cidade do Rio de Janeiro foi escolhida para receber a Olimpíada de 2016. É a primeira vez que uma cidade sul-americana sediará os jogos.

- Discuta com seus amigos os custos e os benefícios que a realização dos Jogos Olímpicos pode trazer para a cidade-sede.

> Um povo em armas

A sociedade espartana tinha como prática e interesse principal a atividade militar. Em geral, as crianças do sexo masculino das famílias dos cidadãos eram separadas de seus pais por volta dos sete anos e entregues ao Estado para que iniciassem seu treinamento militar, considerado completo depois dos 18 anos. Com essa idade, os homens livres de Esparta estavam habilitados a servir a cidade como *hoplitas*, soldados pesadamente armados com couraça, espada, lança e escudo. Esses soldados viviam em estado de mobilização permanente. Esparta constituiu, desse modo, um dos mais poderosos exércitos da Grécia.

Detalhe de vaso coríntio, de c. 600 a.C., mostra guerreiros espartanos em guerra. A maior parte das representações de batalha do período apresenta os objetos indispensáveis ao combate: capacete, lança, escudo e couraça.

A época clássica

O século V a.C. foi a época de ouro da civilização grega, graças às grandes realizações nos campos das letras, da filosofia, das artes e das ciências. Ficou também marcado pelas guerras greco-pérsicas, pela Guerra do Peloponeso e, no século seguinte, pelo domínio macedônio.

O primeiro grande desafio foram as guerras greco-pérsicas, que terminaram com a derrota do império asiático.

Entre os domínios do imperador persa Dario I estavam as cidades gregas da Jônia, na Ásia Menor, na atual Turquia. Em 499 a.C., elas se revoltaram, com o apoio de Atenas, mas foram vencidas. Para castigar os atenienses, em 490 a.C., os persas enviaram uma expedição militar, que desembarcou na baía de Maratona, não muito longe de Atenas. Apesar da inferioridade numérica, os atenienses derrotaram os persas no episódio que ficou conhecido como Batalha de Maratona.

Em 480 a.C., sob a liderança de Xerxes, sucessor de Dario I, os persas invadiram a Grécia por terra e por mar, com um contingente muito maior. A vitória grega só foi possível graças à ação conjunta das cidades-estado, que haviam formado a Liga Pan-helênica. Esparta comandou as forças terrestres, retardando o avanço persa no desfiladeiro das Termópilas. Atenas foi invadida e incendiada, mas destruiu a frota imperial na Batalha de Salamina. Por fim, os invasores foram definitivamente derrotados em terra, na Batalha de Plateia, em 479 a.C.

Hegemonia ateniense

Em 476 a.C., a maioria das cidades-estado do mar Egeu se agrupou em uma confederação, a Liga de Delos. Essa aliança previa o fornecimento, pelas cidades associadas, de dinheiro, soldados e navios, com o objetivo de enfrentar novas ameaças externas. A Liga ficou sob a hegemonia de Atenas, a mais poderosa das cidades marítimas.

Péricles, que governou Atenas de 443 a.C. a 431 a.C., utilizou os recursos da Liga para reconstruir e embelezar a cidade. Ele promoveu a construção de grandes obras públicas – entre elas o magnífico Partenon, na Acrópole – e incentivou a criação artística. Sua intervenção foi tão rica que o período ficou conhecido como século de Péricles.

Guerra do Peloponeso

As pólis não envolvidas na Liga de Delos formaram, sob hegemonia de Esparta, a Liga do Peloponeso, para se opor aos atenienses.

Em 431 a.C., Esparta e Atenas e seus respectivos aliados entraram em guerra. O conflito, que ficou conhecido como Guerra do Peloponeso, expôs as feridas da falta de unidade entre as cidades-estado.

Durante a guerra, Atenas foi atingida pela peste, que acometeu o próprio Péricles. Após vários anos de combates, Esparta recebeu ajuda dos persas e Atenas foi derrotada.

Quando a guerra terminou, em 404 a.C., o mundo helênico estava bastante desestruturado. As décadas seguintes assistiram à hegemonia de Esparta e, depois, de Tebas. Mas as cidades-estado permaneceram enfraquecidas e desunidas, incapazes de fazer frente a uma nova ameaça externa, dessa vez do reino da Macedônia.

No detalhe do vaso de terracota do século V a.C. estão representadas Fênix e a escrava Briseida, personagens da *Ilíada*, de Homero. A obra de tradição oral reflete parte da história da Grécia Antiga. Assim como Briseida, os prisioneiros de guerra que sobreviviam eram transformados em escravos.

Conheça melhor

Enredo da peça: *As mulheres na assembleia*

A comédia grega antiga satirizava muitos dos processos sociais e políticos de sua época. Por meio do riso e da fonte literária, o leitor contemporâneo pode refletir sobre a condição da mulher no mundo clássico. Leia a seguir a síntese do enredo da peça *As mulheres na assembleia*, escrita pelo comediógrafo Aristófane, em 392 a.C.

Nesta última das três peças "femininas" sobreviventes deste autor, um grupo de esposas de cidadãos atenienses conspira, com sucesso, para "forjar" uma reunião de assembleia, legalmente constituída exclusivamente por cidadãos masculinos, e garantir a maioria dos votos para transferir às mulheres o comando da cidade. Mas a nova ordem pretende ser não apenas feminista, mas também comunal – todos os bens serão compartilhados, inclusive belos rapazes que devem estar compulsoriamente disponíveis para qualquer mulher que os deseje, em ordem decrescente de idade e feiura. Trata-se de uma fantasia, literalmente uma paródia, mas talvez também de uma imagem distorcida de um certo feminismo (e comunalismo) que circulava na Atenas pós-guerra dos anos de depressão da década de 390 a.C.

CARTLEDGE, Paul. *Grécia Antiga*. São Paulo: Ediouro, 2009. p. 181 (Coleção História ilustrada).

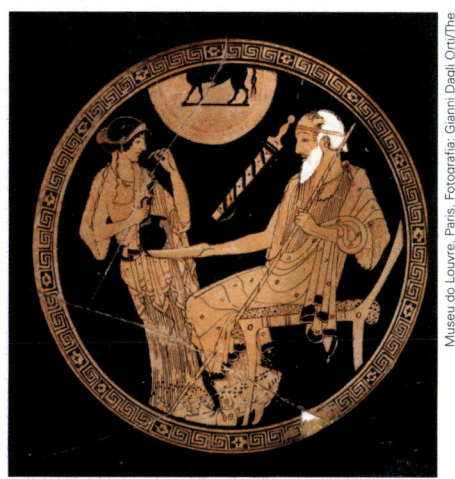

> ## A Macedônia

A Macedônia ocupava um território da península Balcânica, ao norte da Grécia. Era uma sociedade rural, governada por uma monarquia dependente do apoio dos soldados e dos senhores de terra. A partir de 357 a.C., aproveitando-se da fragilidade das cidades-estado, o rei Filipe II envolveu-se nos conflitos políticos da Grécia. Em 338 a.C. as tropas macedônicas, lideradas pelo príncipe Alexandre, venceram os tebanos e os atenienses. Filipe II impôs a formação de uma liga pan-helênica, sob hegemonia da Macedônia.

Quando finalmente houve a unificação das cidades gregas, ela foi conseguida pelo invasor estrangeiro. Com a morte de Filipe II, em 336 a.C., seu filho Alexandre conduziu tropas macedônicas e gregas em direção ao Oriente. Entre 334 a.C. e 327 a.C., o jovem rei conquistou a Pérsia, o Egito e boa parte da Ásia, chegando até a Índia.

Mosaico encontrado em Pompeia, representando a batalha de Isso (333 a.C.), reproduz pintura do século IV a.C. À esquerda aparece Alexandre Magno vencendo Dario III. A imagem procura destacar os guerreiros, mas toda batalha envolvia a ação e a morte de muitos soldados.

> ## Período helenístico

O projeto de Alexandre consistia em unir as conquistas culturais dos gregos com a sabedoria milenar constituída no Egito e na Índia. Pretendia obter uma síntese cultural entre o Ocidente e o Oriente.

Portanto, a partir desse momento a Grécia não podia mais ser considerada uma civilização com seus próprios valores, e sim parte de uma realidade mais universal. A civilização helênica deu, assim, lugar à **civilização helenística**.

A morte prematura de Alexandre, em 323 a.C., aos 33 anos de idade, deixou incompleta essa grande síntese, mas certamente a Grécia, depois do domínio macedônico, tornou-se mais universal do que em qualquer outra época de sua história.

Com o desaparecimento de Alexandre, seu vasto império fragmentou-se entre seus generais. Formaram-se o reino da Macedônia, do qual fazia parte a Grécia; o reino dos Selêucidas, composto da Síria, da Ásia Menor e da Mesopotâmia; e o reino dos Ptolomeus, no Egito. Todos eles sucumbiram à expansão romana.

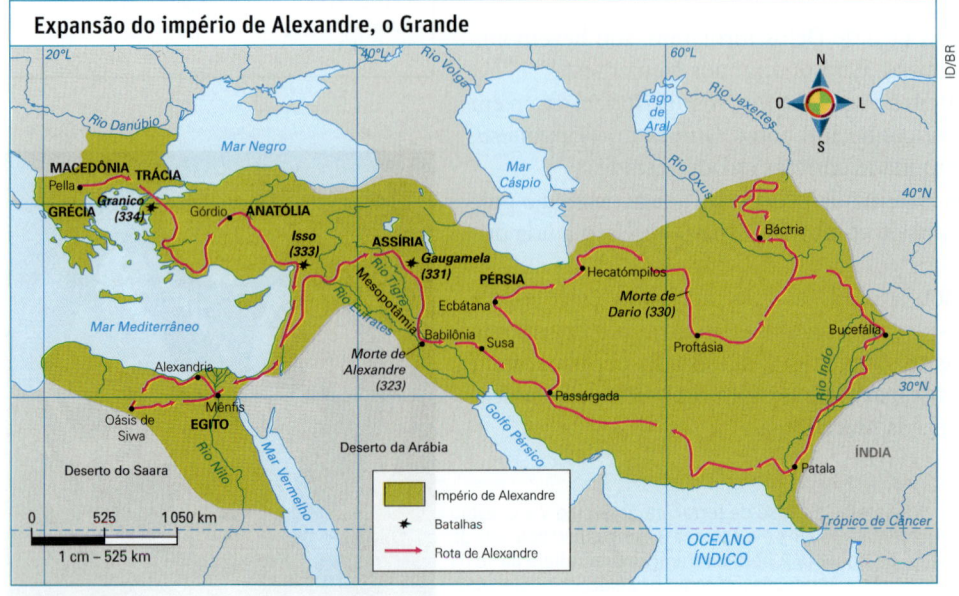

Expansão do império de Alexandre, o Grande

Fonte de pesquisa: *Atlas histórico*. Madrid: Ediciones SM, 2005. p. 22.

> A cultura grega

Apesar da fragmentação política, os gregos desenvolveram uma sólida unidade cultural.

Alexandre da Macedônia expandiu essa cultura pelos territórios conquistados, helenizando-os, e os romanos a difundiram em diversas sociedades.

> **Leia**
> **Édipo Rei**, de Sófocles. Porto Alegre: L&PM Pocket, 2007. Peça dramática grega, escrita por volta de 427 a.C., que narra a história mítica da maldição sofrida por Édipo, o jovem rei tebano.

> Religião

A religião era pan-helênica: os deuses eram cultuados por toda a Grécia, embora cada cidade fosse protegida por um deles. Zeus, o senhor do Universo, e sua esposa, Hera, viviam no monte Olimpo, ao lado de Apolo, protetor das artes, Poseidon, senhor dos mares, Atena, da sabedoria, Deméter, da agricultura, Ártemis, da caça, Afrodite, da beleza, Hefesto, da metalurgia, Ares, senhor da guerra, e outros. Os deuses, assim como os homens, possuíam suas paixões e fraquezas.

Havia também os heróis, considerados filhos de deuses com mortais.

Das lendas sobre deuses e heróis constituíram-se os mitos, que narravam as origens de todas as coisas com base nas lutas e alianças entre as divindades e os seres humanos.

A maioria da população não se preocupava com o pecado, tampouco com a salvação da alma. Mais tarde, o progresso das ciências e da filosofia levou as elites a adotar uma concepção racional do universo.

> Literatura

Inicialmente foi representada pela narração épica. A *Ilíada* e a *Odisseia* expressaram essa forma literária.

Hesíodo escreveu *Teogonia*, referente aos mitos divinos, e *Os trabalhos e os dias*, sobre a vida no campo.

Depois surgiu a elegia, que refletia sobre as desilusões amorosas ou a perda de prestígio por meio de versos escritos para serem declamados. No século V a.C. apareceu a poesia lírica, cantada com acompanhamento da lira. Píndaro de Tebas foi o destaque desse gênero.

Templo de Hera, construído entre 460 a.C. e 450 a.C. Está situado no Vale dos Templos, em Agrigento, Sicília. A coluna era o principal elemento arquitetônico utilizado pelos gregos. Foto de 2012.

A deusa Atena, cópia da escultura original de Fídias, *Atena Lemniana* (490-430 a.C.). A escultura grega sobretudo do século V a.C. buscava a imitação realista das formas naturais e sua idealização. Estava relacionada principalmente à religião, à política e à ornamentação de espaços públicos.

Ontem e hoje

Soberania grega

Em 2012, os gregos passavam por uma profunda crise econômica e política que suscitou um intenso debate a respeito dos valores democráticos e da autonomia do governo grego.

Grécia perdeu democracia e pode perder soberania

A União Europeia cogita criar uma forma de controle externo do Estado grego. A ideia é subordinar o governo da Grécia a uma autoridade econômica externa, a ser definida pelos demais governos da Europa.

Pelo plano em discussão, até a equipe econômica grega teria de ser aprovada pelos governos estrangeiros, que também teriam prioridade para definir os gastos do governo. Já está claro que a prioridade seria pagar dívidas.

Parece exagero mas não é. No plano político, a ideia é transformar a Grécia numa semicolônia, proposta que não nasceu agora e está mais desenvolvida do que se pensava. No plano da economia, pretende-se tratar um país em dificuldade como se fosse mais uma empresa privada que vai à falência. Nem isso, na verdade. Muitas empresas privadas são resgatadas e recuperadas, quando se conclui que podem cumprir uma função social necessária para um país ou uma região.

A ideia dessa autoridade externa é um novo passo na perda de soberania da Grécia, iniciada no fim do ano passado, quando os mercados confiscaram determinados direitos democráticos da população.

A história ensina que um país pode perder a própria soberania de várias maneiras. A mais conhecida é a ocupação militar, no fim de uma guerra.

O drama grego ocorreu de outra forma e demonstra que a perda da democracia pode ser a forma mais rápida de um país perder a soberania.

Os novos governantes não usam a farda nem o quepe dos coronéis que mantiveram a Grécia sob uma ditadura em anos recentes. Usam ternos bem cortados, falam inglês e com certeza são capazes de discorrer sobre música clássica.

Mas fazem um governo com origem autoritária, ainda que, no último momento, o parlamento grego tenha apoiado a mudança – atitude que não quer dizer muita coisa, pois já deu origem a muitas ditaduras, como se sabe.

O último primeiro-ministro grego perdeu a cabeça depois que teve a ideia de promover um plebiscito interno sobre os planos de austeridade. George Papandreou nem pretendia combater as propostas da União Europeia. Mas defendeu o direito de a população dar sua opinião sobre uma questão crucial em sua vida. [...]

Com isso, imaginava que seria mais fácil suportar a resistência da população.

Mas o que se passou a seguir mostra que os mercados não querem riscos de nenhuma forma. Querem dinheiro. Se a democracia atrapalhar, pior. Se a soberania incomoda, dá-se um jeito. Não há mediação, nem negociação. Apenas o jogo bruto.

Por isso Papandreou caiu em ambiente de conspiração e pavor para ser substituído por um tecnocrata da confiança dos credores. Está ali para cumprir ordens. Pela tradição do país, toda mudança de governo passa pelo voto popular. Dessa vez, não foi assim. A mudança ocorreu pelo alto, num acordo de cúpulas com o argumento de que não era possível perder tempo. [...]

Sem acordo, o país não recebe mais dinheiro. Em 20 de março, os gregos têm um pagamento de US$ 20 bilhões e já avisaram que estão com o cofre vazio. Sob direção de um governo que não tem qualquer compromisso com o futuro de seus cidadãos nem qualquer ligação com qualquer coisa que se possa chamar de interesse nacional, a Grécia está mais frágil do que nunca. A Europa também.

LEITE, Paulo Moreira. Disponível em: <http://colunas.revistaepoca.globo.com/paulomoreiraleite/2012/01/29/grecia-perdeu-democracia-e-pode-perder-soberania/>. Acesso em: 29 set. 2012.

Manifestantes protestam contra medidas de austeridade do governo grego para garantir ajuda internacional ao país. Salônica, foto de 2012.

Reflita

1. Converse com seus colegas e com o professor sobre o seguinte trecho da notícia: " [...] defendeu o direito de a população dar sua opinião sobre uma questão crucial em sua vida". Procurem estabelecer uma relação entre a convocação do plebiscito no século XXI e a democracia direta praticada na Grécia Antiga. Escreva um pequeno texto sobre as opiniões comentadas. Utilize seus conhecimentos em **Sociologia** sobre as formas de participação social.

2. Pesquise a respeito da atual situação da Grécia e elabore uma resenha com base nas informações coletadas.

Atividades

Verifique o que aprendeu

1. Identifique o princípio que influenciou a transformação dos *demos* em cidades-estado no período homérico.
2. Como se justifica a colonização grega no século VIII a.C.?
3. Escreva um pequeno texto abordando a evolução política da cidade-estado de Atenas.
4. Sintetize a sociedade ateniense.
5. Como eram educados os cidadãos de Esparta?
6. Como se justifica a tomada da Grécia pelos macedônios?

Leia e interprete

7. Observe a imagem. Qual foi a importância da Batalha de Salamina para os gregos? Que aspecto militar foi confirmado nesse combate? E na Batalha de Plateia?

Gravura do século XIX representando a batalha naval de Salamina, entre gregos e persas.

8. Observe a imagem a seguir e procure descobrir a origem do teatro, a importância dele entre os gregos e os gêneros teatrais surgidos no período clássico.

Foto atual do teatro de Delfos, na Grécia, na forma definitiva, resultante da restauração ocorrida em meados do século II a.C.

9. Leia o texto e responda às questões.

    A ascensão do poder ateniense no Egeu criou uma ordem política cuja função real era a de coordenar e explorar costas e ilhas já urbanizadas através de um sistema de tributo monetário cobrado para a manutenção de uma marinha permanente, que era nominalmente o defensor habitual comum da liberdade grega contra as ameaças orientais e, na verdade, o instrumento central da opressão imperial de Atenas sobre seus "aliados".

    ANDERSON, Perry. *Passagens da Antiguidade ao feudalismo*. São Paulo: Brasiliense, 1989. p. 41.

    a) Identifique o texto no seu contexto histórico.
    b) O que o autor sugere com a afirmação: "instrumento central da opressão imperial de Atenas sobre seus 'aliados'"?
    c) Identifique o inimigo externo comum das cidades-estado que deu origem à condição de liderança da cidade de Atenas.

10. Leia os textos sobre a escravidão na Grécia Antiga.

    Texto 1 (Esparta)

    Os educadores dos jovens escolhiam de tempos em tempos aqueles que lhes pareciam mais avisados e ousados; davam-lhes punhais e os víveres necessários e mandavam-nos bater o campo, cada um de seu lado. Esses jovens assim dispersos escondiam-se durante o dia... para repousar, e de noite desciam aos caminhos e matavam todos os hilotas que encontravam.

    PLUTARCO. Vida de Licurgo. In: FREITAS, Gustavo. *900 textos e documentos de História*. Coimbra: Plátano, 1977. p. 70.

    Texto 2 (Atenas)

    Quanto aos escravos [...] gozam em Atenas da maior liberdade: não há o direito de bater-lhes. [...] Se há quem se admire de que alguns escravos vivam até no luxo, pode ver-se nisso o efeito de um cálculo. Em um país poderoso pela sua marinha, o interesse da nossa fortuna obriga-nos a grandes atenções para com os nossos escravos, se queremos receber as rendas que eles cobram para nós, e somos por isso obrigados a deixar-lhes a liberdade.

    PSEUDO-XENOFONTE. A República dos atenienses. In: FREITAS, Gustavo. *900 textos e documentos de História*. Coimbra: Plátano, 1977. p. 72.

    Com base na leitura dos textos e no que você estudou neste capítulo, responda às questões propostas.
    a) Como era a escravidão em Esparta?
    b) Indique o costume mencionado no texto 1.
    c) Explique a importância do escravo para a democracia ateniense.
    d) Identifique as semelhanças entre a escravidão nas duas cidades.

CAPÍTULO

7 Roma: a cidade e o Império

O que você vai estudar

- Mitos da fundação de Roma e a Monarquia romana.
- A República.
- O Império.
- Tradição e cosmopolitismo.
- O fim do mundo Antigo.

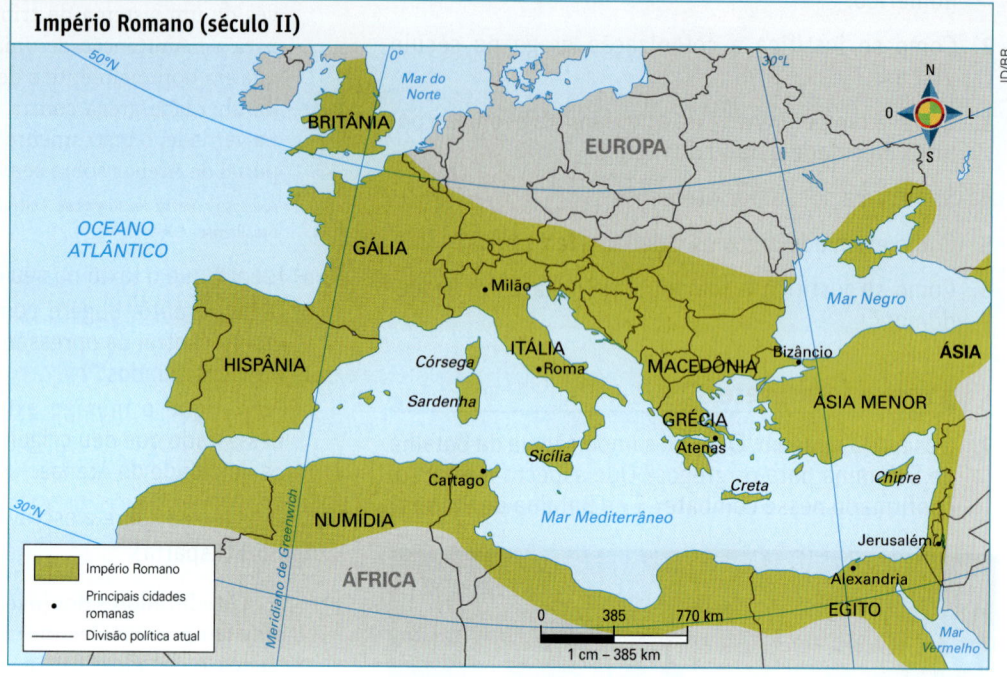

Império Romano (século II)

Fonte de pesquisa: PARKER, Geoffrey. *Atlas Verbo de história universal*. Lisboa: Verbo, 1996. p. 34-35.

Ligando os pontos

O mundo da Grécia Clássica caracterizou-se, entre outros elementos, pelas cidades-estado. No século V a.C., a região passou por um período bastante turbulento. Houve invasões de povos orientais, que levaram os gregos a se organizarem em confederações de cidades-estado para se defender. Além disso, houve a Guerra do Peloponeso, que opôs o grupo liderado por Atenas ao liderado por Esparta.

Essas lutas internas fragilizaram o poder de defesa dos gregos, facilitando posteriormente sua conquista pelos macedônios. Alexandre fundou o primeiro império mediterrânico ao conquistar a Grécia, o Egito e a Pérsia. Paralelamente, na península Itálica, Roma expandiu seus domínios e enfrentou um grande oponente: Cartago. Vencida a potência africana, o processo de expansão continuou até o século II, alcançando os limites observados no mapa acima, que mostra o Império Romano em seu apogeu, entre os governos de Otávio Augusto, primeiro imperador de Roma (27 a.C. a 14 d.C.), e Trajano (98 a 117).

Neste capítulo, você vai estudar uma civilização que teve a guerra como base de seu crescimento e fortalecimento. O poderoso e organizado exército romano possibilitou a conquista de terras e escravos, tornando Roma um símbolo de império na História. Vários governantes, muitos séculos após o fim desse império, tinham como inspiração a civilização guerreira de Roma.

1. Os romanos denominavam o mar Mediterrâneo de *Mare Nostrum*, que significa "nosso mar". Associe o nome em latim com as conquistas romanas.
2. Selecione e identifique no mapa acima três países atuais da Europa, três da África e três da Ásia que tiveram seus territórios dominados pelos romanos na Antiguidade.

❯ Mitos sobre a fundação e a Monarquia

No século VIII a.C. a península Itálica era ocupada ao norte pelos **etruscos**, povo de origem desconhecida que recebera influências orientais e gregas. O centro era ocupado por povos indo-europeus, como os **latinos** e os **sabinos**, e o sul era dominado por **colônias gregas**, conhecidas como **Magna Grécia**.

❯ A versão mítica

Quando Roma começou a consolidar suas conquistas militares, no século V a.C., escritores gregos passaram a criar versões míticas sobre sua fundação.

O mito mais tradicional conta que, após a Guerra de Troia, o herói troiano **Eneas** e alguns companheiros se refugiaram na Itália.

Eneas se casou com uma princesa dos **latinos** (que habitavam a região da atual cidade de Roma), e seu filho fundou a cidade de Alba Longa.

Muitos anos depois, Númitor, descendente de Eneas e rei de Alba Longa, foi destronado por Amúlio, seu irmão, que matou os filhos homens do antigo rei e obrigou sua única filha, Rea Sílvia, a se tornar uma sacerdotisa para permanecer virgem e não ter herdeiros.

No entanto, Marte, o deus da guerra, apaixonou-se por Rea Sílvia e a engravidou de gêmeos, que foram chamados Rômulo e Remo.

Amúlio mandou lançar os recém-nascidos no rio Tibre em um cesto para que morressem afogados, mas o cesto boiou e os bebês foram encontrados por uma loba que os amamentou. Essa passagem mítica tornou-se o símbolo de Roma, como vemos na imagem desta página.

Logo depois, um pastor encontrou os gêmeos e os criou até a idade adulta, quando lhes contou sua origem. Os gêmeos destronaram o tio, recolocaram o avô como rei e resolveram fundar sua própria cidade. Por causa de uma discussão, Rômulo matou Remo e deu seu nome à nova cidade: Roma.

❯ A Monarquia

A hipótese histórica mais provável sobre o surgimento de Roma é que algumas **aldeias** dos povos latinos e sabinos situadas às margens do rio Tibre uniram-se por volta de 753 a.C. Dessa união surgiu uma nova cidade-estado, Roma.

No início, ela foi dominada pelos etruscos e governada por uma **Monarquia**. Sob influência etrusca, a cidade cresceu, ganhando ruas pavimentadas, aquedutos que conduziam água à cidade, rede de esgotos e muralhas, tornando-se a cidade mais poderosa da região.

Tradicionalmente, Roma teve sete reis, sendo os quatro primeiros latinos e sabinos e os três últimos, etruscos.

Durante a Monarquia, começaram os conflitos entre o **rei**, os **patrícios** (grandes proprietários de terras) e os **plebeus** (pequenos proprietários, comerciantes e artesãos sem direitos políticos) que duraram séculos.

Em 509 a.C. os patrícios conseguiram derrubar Tarquínio, o último rei romano, dando início à República.

Ocupação da península Itálica (início do século VI a.C.)

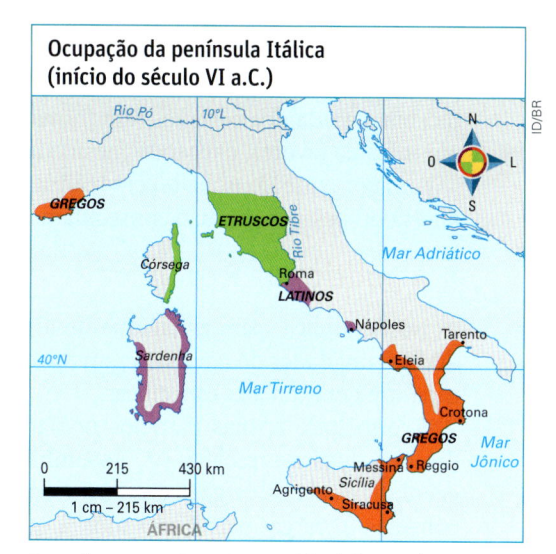

Fonte de pesquisa: BLACK, Jeremy. *Atlas da história do mundo*. Londres: Dorling Kindersley, 2005. p. 178.

Lupa capitolina, data e autoria desconhecidas. A obra representa a versão mítica da fundação de Roma. Na atualidade, a loba ainda é tema de medalhas, moedas, joias, relevos e objetos de arte que tratam da história da cidade.

■ Outras histórias

No mesmo período em que as tribos latinas e sabinas se fixavam na região do Lácio, alguns grupos ocupavam o litoral brasileiro e erguiam imensos sambaquis. Constituídos de conchas, ossos de peixe e mamíferos, além de restos de frutas e sementes, os sambaquis também eram usados para enterrar os mortos. Esqueletos foram encontrados em posição fetal e com objetos pessoais, como adornos, utensílios e armas.

A República

Além de **patrícios** e **plebeus**, a sociedade romana também era composta de **clientes**, que eram ex-escravos ou filhos de escravos livres que recebiam ajuda dos patrícios (em forma de terras, dinheiro e proteção) em troca de favores, chegando mesmo a substituí-los na guerra.

A maior parte do trabalho era realizada por escravos, prisioneiros de guerra ou pessoas que não conseguiam pagar suas dívidas.

A política na República

Na República, para evitar que uma única pessoa controlasse o poder, as atividades do governo eram divididas entre vários **magistrados**, cada um com funções específicas.

A princípio, apenas patrícios podiam ser magistrados, sendo eleitos por duas assembleias. A **Assembleia Centuriata**, formada pelo exército, elegia os cargos com maior poder, como censores, pretores e cônsules (o cargo mais disputado, já que dava acesso ao comando do exército).

Embora os plebeus fossem maioria no exército, seu poder era menor por serem soldados. Quanto mais alta a graduação no exército, maior era o peso do voto. As patentes mais altas eram ocupadas por patrícios, que acabavam, assim, controlando a Assembleia Centuriata.

Havia também uma assembleia civil, chamada de **Assembleia Tribal**, que votava os cargos de questores e tribunos da plebe (criados após muitos anos de luta dos plebeus por direitos políticos).

O **Senado**, formado apenas por patrícios, elaborava as leis e influía nas decisões políticas mais importantes, como a escolha dos cônsules pelos magistrados.

No início da República, os plebeus estavam praticamente excluídos da política e contribuíam servindo no exército. Quando voltavam das guerras, após anos, a concorrência com os latifundiários e grandes comerciantes era muito acirrada, levando os plebeus a perderem suas terras ou estabelecimentos, tornando-se muitas vezes escravos por dívida.

As revoltas dos plebeus

As guerras de conquista de terras e escravos enriqueciam os patrícios, principalmente aqueles ligados ao poder, que se beneficiavam também da extorsão de impostos sobre os povos dominados.

Essa situação injusta levou a massa de plebeus a lutar, durante duzentos anos, por direitos civis e políticos.

Ao longo dos séculos V a.C. a III a.C. os plebeus conquistaram duramente seus direitos, recusando-se a lutar no exército até que o governo romano cedesse.

As principais conquistas dos plebeus foram:
- Criação de novos magistrados, os Tribunos da Plebe, ocupados por dois membros que não podiam criar leis, mas vetavam as decisões do Senado e demais magistrados que prejudicassem os plebeus.
- A instituição da lei escrita com a "Lei das 12 Tábuas", que limitava o poder dos patrícios.
- Direito ao casamento com patrícios.
- Fim da escravidão por dívidas.
- Aprovação do plebiscito, por meio do qual as decisões que a maioria plebeia aprovasse se tornavam lei.
- Acesso às magistraturas e ao Senado, a partir do século III a.C.

Ação e cidadania

Conselho de Anciãos

O Conselho de Anciãos originou o Senado romano. A palavra "senado" tem origem no latim *senex*, que significa idoso. No mundo Antigo, os idosos eram muito respeitados e considerados pessoas de grande importância, pois eram os detentores da experiência e da sabedoria.

Esse conselho de idosos era composto de homens de cerca de 35 anos de idade. Na Roma Antiga, a expectativa de vida girava em torno dos 30 anos, e esses eleitos já tinham passado por uma série de experiências e adquirido uma renda mínima para serem habilitados ao cargo.

Atualmente, para ser considerada idosa uma pessoa precisa ter bem mais de 35 anos. Segundo dados do Censo do IBGE de 2010, a expectativa de vida do brasileiro aumentou 25,4 anos no período entre 1960 e 2010, passando de 48 para 73,4 anos.

Navegue

<http://www.portugalromano.com/>.
Acesso em: 14 maio 2014.
Site português sobre a presença romana em Portugal. Nele você encontra fotografias de ruínas, textos e comentários. É possível também participar de uma rede social organizada pelos pesquisadores que mantêm o *site*.

As conquistas romanas

Paralelamente à estruturação política da República, Roma expandiu seus territórios. Foram subjugados os **etruscos**, ao norte, a **Magna Grécia**, ao sul, e **Cartago**, a poderosa colônia fenícia no norte da África, após as guerras púnicas (264-146 a.C.).

Roma passou também a controlar as ilhas da Sicília, da Sardenha e de Córsega e o litoral sul da atual Espanha. Entre os séculos II e I a.C., dominou as margens do Mediterrâneo, e as conquistas continuaram até o século II d.C.

Uma das estratégias dos romanos para manter tantas regiões sob o seu domínio era dividir os seus inimigos, impedindo a sua união. Após conquistar um povo, o governo de Roma concedia privilégios à elite local, como a cidadania romana. Com isso, evitava revoltas.

Alguns povos, porém, não se entregavam, e a resposta romana a essa resistência era a submissão sem qualquer benefício.

Para melhor manter seu domínio, Roma implantou uma rede de **estradas** que facilitavam o deslocamento de tropas e viajantes por todas as regiões conquistadas.

Mudanças sociais

Com a expansão territorial, a sociedade romana sofreu mudanças. Os patrícios e os plebeus próximos ao poder (que enriqueceram com as conquistas) ocupavam as melhores terras e dominavam o comércio, esmagando a concorrência de pequenos proprietários, comerciantes e artesãos.

Esses novos plebeus enriquecidos, chamados de homens novos ou cavaleiros, além de dominarem as terras e o comércio, cobravam impostos das populações sob seu controle. Alguns deles, os publicanos, pagavam uma taxa a Roma para extorquir dinheiro da população.

O número de **escravos** também cresceu. Em 43 a.C., apenas na península Itálica havia cerca de 4,5 milhões de pessoas livres para 3 milhões de escravos.

Dessa forma, os plebeus pobres estavam reduzidos à miséria, sem terras para morar e cultivar e sem emprego, pois todas as funções eram exercidas por escravos.

Tentativas de reformas

A miséria dos plebeus chamou a atenção do patrício **Tibério Graco**, que em 133 a.C. foi eleito tribuno da plebe e lutou para que parte da terra pública, o *ager publicus*, conquistada durante a expansão romana, fosse distribuída entre os plebeus pobres. Tibério foi assassinado pelos latifundiários que temiam a reforma agrária.

Seu irmão, **Caio Graco**, retomou essa luta dez anos mais tarde, sofrendo também grande pressão dos latifundiários, até que, perseguido, pediu a um escravo que o apunhalasse.

A crise da República

No corpo do exército, os legionários apoiavam seus generais, que por sua vez atendiam às necessidades e ambições de seus soldados muito mais que o Senado.

Um exemplo foi o general **Mário**. De origem plebeia, conhecia as dificuldades dos soldados para lutar e manter a família. Por isso, começou a pagar salários a eles, profissionalizando o exército. Entre 107 a.C. e 86 a.C., Mário foi eleito cônsul sete vezes.

Para conter a ambição de Mário, o Senado nomeou o confiável general patrício **Sila** como ditador perpétuo, fato inédito na República romana. Após a morte de Mário, em 86 a.C., seus aliados foram exterminados por Sila, que governou até 79 a.C., quando renunciou.

Três generais dividiram o poder deixado por Sila: Júlio César, Pompeu e Crasso, formando uma aliança política conhecida como **primeiro triunvirato**.

História e engenharia

Estradas romanas

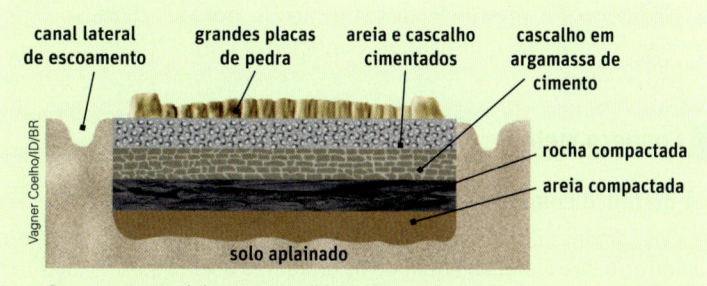

Corte transversal de uma estrada romana.

As estradas romanas eram construídas pelos próprios soldados em períodos de paz ou por escravos. Primeiramente, era necessário cortar a vegetação. Os pântanos ou áreas inundadas eram drenados. Depois, assentavam-se pedras grandes e areia, sobre as quais eram colocados cascalho e seixos. Finalmente, assentavam-se as pedras de pavimentação, largas e lisas.

O leito das estradas era ligeiramente mais alto no centro para facilitar o escoamento da água da chuva, captada por pequenos canais laterais. Assim, evitavam-se as poças de água.

Algumas estradas foram tão bem construídas que são usadas até hoje.

❯ O Império

O poder do primeiro triunvirato baseava-se na popularidade de seus generais entre os legionários. O Senado já não tinha nenhuma influência política sobre o exército.

Quando Crasso morreu em uma batalha, o Senado, desconfiado da grande popularidade de Júlio César, apoiou Pompeu. Porém César o derrotou e aliou-se à rainha do Egito, Cleópatra. Com medo de seu poder, sessenta senadores assassinaram Júlio César a punhaladas no próprio Senado, em 44 a.C.

O golpe, porém, não deu certo. O povo ficou ao lado dos aliados de César. Os assassinos do ditador foram perseguidos e mortos.

Vitoriosos, os aliados de César articularam o **segundo triunvirato**, formado pelos generais Marco Antônio e Lépido e por Caio Otávio, sobrinho e filho adotivo de César.

> **Assista**
>
> **Gladiador.** Direção de Ridley Scott, Estados Unidos, 2000, 155 min.
> Narrativa ficcional sobre a trajetória de vingança de um general romano que após ser traído é vendido como gladiador. A reconstituição de cenários e figurinos resulta de um importante trabalho realizado por meio da pesquisa histórica.

❯ A paz romana

Após anos de guerra civil, o Estado romano foi organizado por Otávio Augusto em seu longo governo de quase 40 anos.

Os tensos conflitos sociais e políticos foram resolvidos com o fim da obrigação dos plebeus de servir o exército. Eles foram substituídos por soldados assalariados e profissionais. Os soldados veteranos também ganharam lotes de terra, o que fez o exército voltar a ser leal ao governo, e não mais aos generais.

A cobrança de impostos passou a ser feita por funcionários públicos, acabando com a violenta extorsão realizada pelos publicanos.

As camadas dirigentes das demais cidades italianas tiveram acesso ao Senado e aos principais cargos do governo, reduzindo a insatisfação dos povos subjugados da península.

Para tentar manipular a plebe, o Estado romano, assim como políticos em busca de votos, financiava espetáculos de gladiadores e promovia distribuição de porções diárias de trigo, iniciativas que ficaram conhecidas como "política do pão e circo".

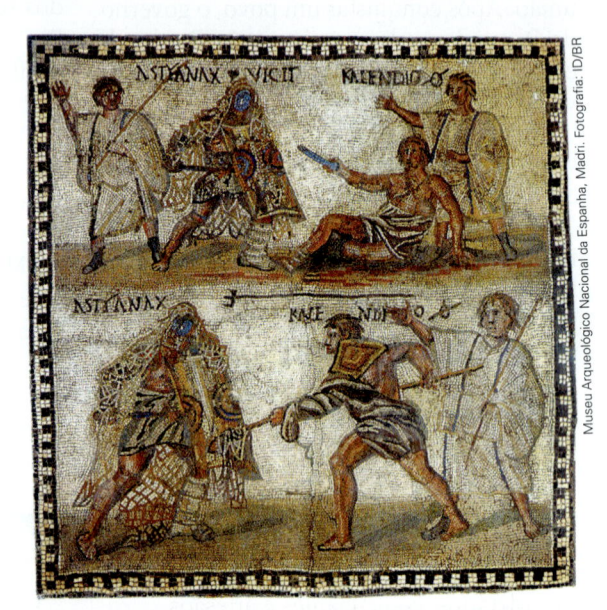

O gladiador Kalendio em luta contra o gladiador Astianax, em mosaico procedente da região do Lácio, Roma, século III. A imagem representa os diferentes armamentos utilizados em combate.

Conheça melhor

A matança como diversão

Os romanos da Antiguidade amavam as lutas. Mas, ao contrário da atualidade, quando os lutadores usam equipamentos protetores e seguem regras para evitar ferimentos graves, em Roma a luta em geral terminava com a morte do perdedor.

A sociedade romana foi construída baseada na guerra de conquista. Os romanos acreditavam que a grandeza da República e do Império era resultado da violência. Por isso, valorizavam a luta: quanto mais violenta, melhor.

No período imperial, o Estado construiu edifícios especiais para abrigar as lutas: os anfiteatros. Neles, lutadores profissionais, conhecidos como gladiadores, enfrentavam-se até a morte diante de uma multidão. Os grandes campeões tornavam-se heróis do povo, conseguindo fama e fortuna.

Mas nos anfiteatros não ocorriam apenas lutas de gladiadores. Para divertir a população com sangue fácil e mostrar a força do Estado, muitas vezes as pessoas consideradas perigosas para a sociedade romana eram executadas com requintes de crueldade. Desarmadas, eram estraçalhadas por animais selvagens ou por gladiadores bem armados.

O Estado imperial construiu anfiteatros por todo o império. Alguns, como os de Nimes (França) e Mérida (Espanha), existem ainda hoje.

A maior e mais famosa de todas as arenas de luta foi erguida na cidade de Roma no século I: o Anfiteatro Flávio, mais conhecido como Coliseu. Inaugurado no ano 80, podia receber 55 mil espectadores. Hoje, é um dos símbolos de Roma.

> ### A organização do Império

Para controlar um território tão vasto, Otávio Augusto, ou simplesmente Augusto, dividiu o Império Romano em **províncias** de dois tipos: as **senatoriais**, administradas por governadores indicados pelo Senado; e as **imperiais**, sob controle do imperador. As províncias imperiais eram administradas por governadores militares, em regiões de fronteira ou em áreas não completamente dominadas.

Cada província tinha sua capital, e cidadãos romanos eram enviados para trabalhar na administração. As províncias eram subdivididas em regiões, cada qual também com uma capital que administrava a cobrança de impostos e a manutenção de estradas e aquedutos.

> ### O exército romano

O domínio de povos tão variados em um território tão vasto durante centenas de anos só foi possível graças à organização de um poderoso **exército**.

Até o início da República, a maior parte dos soldados provinha da península Itálica. Mas a incorporação de distantes províncias ao Império trouxe para o exército homens nascidos nos mais variados locais do mundo mediterrâneo.

Reunidos nos acampamentos, soldados de povos diversos aprendiam a falar latim e incorporavam a cultura romana. Por vezes obtinham a cidadania romana, como recompensa pelos serviços prestados ao Império.

> ### Uma máquina de guerra

A base do exército romano era o **legionário**, soldado que lutava a pé, usando espada (o gládio), lança e escudo.

Apesar de os números variarem com o passar do tempo, podemos dizer que um grupo de 80 legionários formava uma **centúria**, comandada por um centurião. Seis centúrias formavam uma **coorte** (480 legionários). Dez coortes, ou cerca de 4800 legionários, formavam uma **legião**, que possuía também cavaleiros e máquinas de guerra, como catapultas.

Os legionários recebiam um salário por seus serviços e dividiam as riquezas saqueadas durante as guerras. Os inimigos capturados, incluindo mulheres e crianças, eram escravizados e distribuídos entre os soldados ou vendidos nas cidades.

Algumas vezes ocorria a divisão das terras conquistadas, o que dava aos soldados um meio de sustento estável em tempos de paz.

Embora os grupos que formavam o exército ocupassem regiões distantes entre si, mantinham uma rígida disciplina, com regras e organização de acampamentos iguais em qualquer parte do Império.

Sua manutenção dependia diretamente dos impostos pagos pela população. Porém, para agilizar o abastecimento de comida, a população dominada pagava parte desses impostos em alimentos, que eram escoados para órgãos administrativos encarregados de distribuir cereais, azeite e vinho entre as unidades do exército.

> ### Um exército de germânicos

Durante o século IV, o exército romano entrou em crise. Com o fim das conquistas, não havia mais saques nem terras a repartir. Como consequência, o número de legionários diminuiu. Poucos homens queriam arriscar a vida apenas por um salário.

Pouco a pouco, o Império teve de recorrer ao serviço de guerreiros germânicos. Na condição de **federados**, eles lutavam como mercenários sob comando dos generais romanos. No século V, eles formavam grande parte do exército romano.

Nem todos os soldados possuíam a condição de cidadãos romanos. Na imagem, legionários romanos em alto-relevo do início do século II a.C.

❯ Tradição e cosmopolitismo

Os romanos sempre incorporaram culturas de outros povos. As culturas etrusca e grega tiveram grande influência desde o início da Monarquia romana até os tempos do Império.

Os romanos também assimilaram valores e culturas de outros povos dominados. Roma tornou-se assim um Império **cosmopolita**, formado por pessoas de várias regiões e culturas, falantes de diversas línguas.

❯ Os etruscos

Grandes engenheiros, os etruscos utilizavam o arco em suas construções. Esse elemento arquitetônico já era usado por outros povos, mas os etruscos perceberam que os arcos podiam suportar muito peso devido ao equilíbrio de forças criado pelas pedras que o formam, possibilitando seu uso em grandes construções.

Os etruscos também construíam suas cidades com sistema de água encanada, coletada das fontes e transportada em aquedutos ou em canos de chumbo, além de fazer a coleta de esgoto pelas chamadas cloacas.

O domínio etrusco sobre Roma durante a Monarquia permitiu a assimilação dessa rica cultura, não só na arquitetura e no traçado urbano, mas também em aspectos religiosos, como a adivinhação do futuro por meio de **presságios** e **auspícios** e o culto a antepassados e aos deuses Lares e Penates, protetores das casas e dos celeiros. O deus Mercúrio, do comércio e das comunicações, tem origem etrusca.

A influência desse povo foi tão profunda que muitas obras identificadas como romanas têm na realidade origem etrusca.

❯ Os gregos

Romanos e gregos conviveram por séculos nas colônias da Magna Grécia, no sul da península Itálica. Os romanos admiravam a cultura grega e sofreram sua influência na religião, na arquitetura e na educação. O alfabeto grego influenciou diretamente o alfabeto latino, que é usado até hoje praticamente por todos os povos ocidentais, incluindo os de língua portuguesa.

Além dos deuses etruscos, os romanos adoravam deuses de origem grega, como você pode observar no quadro a seguir.

DEUS GREGO	CORRESPONDENTE ROMANO
Zeus	Júpiter
Afrodite	Vênus
Atena	Minerva
Poseidon	Netuno
Ares	Marte

Os jovens da elite aprendiam grego com os **pedagogos** – professores gregos, geralmente escravos. Tendo como modelo a arquitetura grega, os romanos construíram grandiosos edifícios, que ainda podem ser vistos nas regiões que fizeram parte do Império, como no norte da África, em quase toda a Europa e em regiões do Oriente Médio.

Conheça melhor

A cultura romana no mundo

Os romanos não apenas absorveram muito da cultura dos povos que conquistavam, mas também espalharam sua cultura por várias regiões da Europa, da Ásia e da África.

No Egito, tradicionais sarcófagos de múmias eram confeccionados com pinturas em estilo romano, reproduzindo o rosto do morto.

Algumas das antigas cidades romanas mais bem conservadas atualmente encontram-se no norte da África. É o caso de Leptis Magna e Sabrata, na atual Líbia, e Dougga e Sufetula, na atual Tunísia.

Turistas visitam ruínas de teatro romano construído no século I a.C. em Mérida, província de Badajoz, Espanha. Foto de 2010. Assim como os gregos, os romanos utilizavam as colunas como elemento arquitetônico de destaque.

Ken Welsh/Alamy/Other Images

Navegue
<http://www.museunacional.ufrj.br>. Acesso em: 15 maio 2014.
O *site* do Museu Nacional da UFRJ apresenta imagens de objetos da cultura greco-romana. Para conhecer essas peças, visite o *site*, clique na aba "Exposições", depois em "Arqueologia" e por fim em "Culturas do Mediterrâneo". Você irá encontrar, por exemplo, um espelho de estilo jônico e uma estátua de guerreiro etrusco.

> A crise do Império

O Império Romano viveu seu apogeu no século II. Nessa época, seu território se estendia da península Ibérica até a Mesopotâmia, do norte da África ao mar do Norte, e a cultura romana espalhava-se pelo Mediterrâneo.

Contudo, a partir do século III, o Império Romano entrou em crise. As causas para a instauração desse processo são variadas. Entre elas, podem ser mencionados os fatores a seguir.
- Diminuição das conquistas territoriais e, consequentemente, do número de escravos.
- Substituição dos legionários por guerreiros germânicos federados, que nem sempre obedeciam aos romanos.
- Queda da produção e da arrecadação de impostos.
- Inflação, causada principalmente pela emissão de moeda com pouco metal precioso.
- Desorganização do Estado em decorrência das guerras civis promovidas pelos generais romanos, que disputavam o poder.

> Tentativas de salvar o Império

No final do século III, imperadores mais centralizadores e enérgicos conseguiram conter a desorganização do Estado e recuperar, por algum tempo, a estabilidade do mundo romano.

Para auxiliar a administração de um Estado tão vasto, em 284 o imperador Diocleciano instituiu a tetrarquia, dividindo o Império em quatro regiões, cada qual com um governante.

Algumas regiões eram mais bem governadas do que outras por imperadores que, em geral, não conviviam pacificamente.

Em 306, **Constantino** unificou novamente o Império sob seu controle. Com o objetivo de reativar a vida urbana, ele construiu uma nova capital entre o mar Negro e o Mediterrâneo. Inaugurada em 330, ganhou o nome de **Constantinopla**.

Em 395, o enfraquecido Império foi dividido definitivamente em duas partes: Império Romano do Ocidente e Império Romano do Oriente.

Nesse período, os **povos germânicos**, vindos do leste, começaram a forçar as fronteiras romanas. O Império sofreu intensas ondas de invasão.

Em 476, o germânico Odoacro, rei dos hérulos, depôs o jovem imperador Rômulo Augusto, marcando o fim do Império do Ocidente.

> O Império e o cristianismo

No século I, surgiu na região da Palestina uma nova religião. Ela pregava o monoteísmo e a salvação de toda a humanidade. Era o **cristianismo**.

Para o Império politeísta, o cristianismo se mostrava perigoso. O culto ao imperador e aos deuses do Estado fazia parte dos deveres dos cidadãos romanos.

Porém, os cristãos acreditavam em um único Deus e se recusavam a adorar o imperador. Dessa forma, tornaram-se **subversivos** e foram perseguidos durante dois séculos.

O crescimento do número de seguidores do cristianismo foi enorme. Em tempos de anarquia militar e insegurança, escravos, pobres e mesmo aristocratas foram convencidos pela mensagem de igualdade e moderação que a nova religião trazia.

Com o tempo, o Estado imperial percebeu que era vantajoso adotar o culto de um único Deus. A ideia era fortalecer o poder do imperador, transformando-o na maior autoridade da única religião.

Em 313, o imperador Constantino permitiu a prática do cristianismo. Mas foi em 391 que o imperador **Teodósio** tornou o cristianismo a religião oficial do Estado imperial.

> **GLOSSÁRIO**
>
> **Tetrarquia**: do latim, *tetra*, "quatro", e *arquia*, "poder"; sistema político no qual o poder é dividido entre quatro governantes.
>
> **Hérulos**: povo germânico que dominou Roma em 476.

A arte paleocristã era simples. Muitas pinturas foram feitas nas catacumbas de Roma, como esta de 350, representando Adão e Eva e a árvore do conhecimento do bem e do mal.

Ontem e hoje

Termas e aquedutos romanos

Quando Roma ainda era uma pequena cidade, o rio Tibre funcionava tanto como fonte de água potável quanto como esgoto.

No período da Monarquia, por volta de 600 a.C., os reis etruscos mandaram construir a Cloaca Máxima, uma rede de coleta de esgotos subterrânea.

No entanto, todos os dejetos da Cloaca Máxima desaguavam no rio Tibre, e as suas águas ficavam poluídas demais para serem consumidas.

Assim, os engenheiros romanos criaram um sistema de captação de água de fontes próximas a Roma. Eles usaram canos de argila ou chumbo que passavam por aquedutos. Em alguns pontos, os aquedutos tinham a forma de verdadeiras pontes, que sustentavam os canos de água.

Ao longo dos séculos, foram construídos nove aquedutos em Roma. Eles abasteciam uma série de fontes públicas. Apenas os muito ricos possuíam água corrente em casa.

Os aquedutos também forneciam água para as **termas**, imensos banhos públicos com piscinas quentes e frias, nas quais escravos faziam massagens nos frequentadores ou os depilavam.

As águas dos aquedutos também conduziam os esgotos das **latrinas**, os banheiros públicos, para a Cloaca Máxima.

As cidades fundadas pelos romanos em todo o Império seguiam um modelo semelhante ao de Roma, possuindo termas, aquedutos, latrinas e esgotos.

O sistema de saneamento romano era de eficiência exemplar, sendo superado somente no século XIX.

Ainda hoje é possível conhecer um pouco do que foram as termas e aquedutos construídos pelos romanos.

As ruínas das famosas Termas de Caracalla são uma das atrações turísticas mais visitadas de Roma. Foram construídas entre 212 d.C. e 216 d.C. pelo imperador Caracalla e tinham capacidade para receber quase 2 mil visitantes. Funcionavam como um grande *spa*: além das salas para banhos, quentes e frios, as termas contavam com vestiários, biblioteca, teatro e salas para a prática de exercícios. Localizadas nos arredores da cidade, o local é hoje palco de grandes espetáculos artísticos, como óperas e concertos.

O Aqua Virgo, atualmente Acqua Vergine, é o único dos onze aquedutos da Roma Antiga que ainda permanece em uso. É ele que abastece a famosa Fontana de Trevi, além das fontes das praças de Espanha e Navona. Foi construído em 19 a.C. por Agripa, general do Império Romano, para abastecer as novas termas do Campo de Marte, região da Roma Antiga. O aqueduto foi destruído durante as Guerras Góticas (537 d.C.) e, desde então, foi restaurado diversas vezes, sendo a primeira restauração realizada durante o Renascimento.

Cloaca Máxima, em Roma, Itália. Foto de c. 1865.

Fontana de Trevi, em Roma, Itália. Foto de 2013.

Reflita

1. Será que todos os bairros de sua cidade têm água encanada e sistema de esgotos? Faça uma pesquisa e descubra quais bairros ainda não possuem saneamento básico e quais as consequências disso para a população do local.
2. Compare o sistema de fornecimento de água e de coleta de esgotos dos romanos com os existentes atualmente em sua cidade. Aponte as principais diferenças entre as duas sociedades em relação ao saneamento básico.

Atividades

Verifique o que aprendeu

1. Relacione a formação de batalhões de federados no exército romano com o fim do Império.

2. Qual foi o sistema político implantado no início da história romana?

3. Relacione a construção de estradas com a política expansionista romana.

4. Os plebeus conquistaram muitos direitos políticos por meio da recusa de lutar nas guerras de expansão. Entretanto, no final da República, a massa de plebeus empobrecida sofria com o desemprego, com a falta de terras e com a marginalização. Por que, apesar das conquistas políticas, os plebeus pobres estavam nessa situação?

5. Otávio Augusto, o primeiro imperador de Roma, solucionou uma série de tensões políticas quando tomou o poder. Identifique essas tensões e explique como Augusto conseguiu contorná-las.

6. Descreva a organização do exército romano.

Leia e interprete

7. O texto a seguir é uma fonte não bíblica da história dos hebreus escrita pelo historiador judeu Flávio Josefo no século I d.C. Ele narra o conflito entre os judeus e o Império Romano. Leia-o com atenção e responda às questões.

> Quando essa grande guerra começou, o Império Romano era agitado por questões internas; os mais jovens e os mais exaltados dos judeus, confiando em suas riquezas e em sua coragem, suscitaram tão grande perturbação no Oriente, [...] que povos inteiros tiveram receio de lhes ficar sujeitos, porque eles tinham chamado [...] outros judeus que habitavam além do Eufrates, a fim de se revoltarem todos juntamente.
>
> Foi depois da morte de Nero que se viu mudar a face do Império. Os gauleses, vizinhos dos romanos, sublevaram-se. Os celtas não estavam tranquilos; muitos aspiravam ao soberano poder; os exércitos desejavam a revolução na esperança de com isso serem beneficiados. [...] a tristeza que senti por ver que se desvirtuava a verdade tinha-me já feito tomar cuidado de informar exatamente aos partos, aos babilônios, aos mais afastados dentre os árabes, aos judeus que habitam além do Eufrates e aos atenienses da causa desta guerra, de tudo o que se passou e de que modo ela terminou; e não posso [...] tolerar que os gregos e os romanos que ali não estavam [...] sejam enganados por esses bajuladores de historiadores que só lhes narram fábulas.
>
> [...] Ignoram eles as forças poderosas empregadas pelos romanos nessa guerra [...] e as dificuldades que suportaram? Não consideram eles que é diminuir a estima do mérito [...] de seus generais diminuir a da resistência que o valor dos judeus fê-los experimentar [...]?
>
> JOSEFO, Flávio. As guerras judaicas. In: *Seleções de Flávio Josefo*. São Paulo: Edameris, 1974. p. 209-210.

a) Formule hipóteses sobre como o Império Romano se expandiu.

b) Qual era a situação interna do Império Romano nessa época?

8. O texto a seguir trata de uma grande revolta de escravos ocorrida na península Itálica do final do século I. Ele foi escrito por Floro, historiador romano nascido no norte da África no final desse mesmo século. Leia o texto e responda às questões propostas.

> Espártaco, Crixo, Enomau destruíram as portas da escola de gladiadores mantida por Lêntulo e com trinta (e não mais!) companheiros de destino fugiram da Cápua. Tendo chamado os escravos à liberdade, tiveram consigo imediatamente mais de dez mil homens; não lhes bastava mais terem fugido: eles queriam agora se vingar. [...] O afluxo cotidiano de novas tropas faz deles, afinal, um verdadeiro exército: confeccionam escudos informes de vime e de couro, forjam seu ferro em forma de espadas e lanças e, para que não falte nenhum brilho a seu exército, domam os bandos que encontram formando uma cavalaria. [...]
>
> [...] Orgulhoso de suas vitórias, pensou (e isto basta para nossa vergonha!) em atacar a cidade de Roma. Finalmente, todas as forças de nosso Império são preparadas contra este gladiador, e Licínio Crasso reivindicou a honra romana; vencidos e postos em fuga estes... – tenho vergonha de chamá-los de inimigos – refugiam-se no extremo da Itália. Lá, confinados num canto do Brúcio [sul da Itália], sem possuir embarcações, procuram evadir-se para a Sicília, tentando em vão a violenta corrente do estreito sobre jangadas de feixes de madeira e de conjuntos de potes. Enfim, numa saída, correram eles em direção a uma morte digna de homens de valor; e, como convinha a um general gladiador, a luta foi sem perdão: o próprio Espártaco, combatendo com muita bravura na primeira fila, foi morto como um *imperator*.
>
> FLORO. In: PINSKY, Jaime. *100 textos de História Antiga*. 4. ed. São Paulo: Contexto, 1988. p. 13-14.

a) Explique como Floro avalia os escravos e a revolta de Espártaco.

b) Ordene as etapas da revolta liderada por Espártaco.

Vestibular e Enem

ATENÇÃO: todas as questões foram reproduzidas das provas originais de que fazem parte.

1. **(Fuvest-SP)** Sobre o surgimento da agricultura – e seu uso intensivo pelo homem – pode-se afirmar que:
   a) foi posterior, no tempo, ao aparecimento do Estado e da escrita.
   b) ocorreu no Oriente Próximo (Egito e Mesopotâmia) e daí se difundiu para a Ásia (Índia e China), a Europa e, a partir desta, para a América.
   c) como tantas outras invenções, teve origem na China, donde se difundiu até atingir a Europa e, por último, a América.
   d) ocorreu, em tempos diferentes, no Oriente Próximo (Egito e Mesopotâmia), na Ásia (Índia e China) e na América (México e Peru).
   e) de todas as invenções fundamentais, como a criação de animais, a metalurgia e o comércio, foi a que menos contribuiu para o ulterior progresso material do homem.

2. **(UFPE)** Em relação ao momento em que homens e mulheres se colocaram como seres históricos no mundo, é CORRETO afirmar:
   a) A invenção da escrita, da roda, do fogo é o que caracteriza os povos, considerados com história, que se estabeleceram às margens do rio Nilo, há milhões de anos.
   b) A história da humanidade teve início na região conhecida na Antiguidade por Mesopotâmia, quando se inventou a escrita.
   c) As pesquisas arqueológicas vêm apontando que a história humana teve início há um milhão de anos, em várias regiões do globo terrestre, simultaneamente.
   d) Entre 4 e 6 milhões de anos atrás, surgiram na África os primeiros antepassados do ser humano com os quais teve início a história da humanidade.
   e) O elemento preponderante no reconhecimento dos homens e mulheres como seres históricos é a invenção da linguagem, há 2 milhões de anos, no continente europeu.

3. **(UFPI)** Nas últimas décadas, o Piauí vem figurando como um tema obrigatório nas discussões sobre o primitivo povoamento do território americano, o que decorre, principalmente, dos achados arqueológicos da Serra da Capivara, no município piauiense de São Raimundo Nonato. Sobre esse assunto, assinale, nas alternativas a seguir, aquela que está INCORRETA:
   a) Os municípios de São Raimundo Nonato, no Piauí, e de Central, na Bahia, detêm os mais antigos vestígios da presença humana na Região Nordeste.
   b) O acervo arqueológico de São Raimundo Nonato é administrado pela FUMDHAM – Fundação Museu do Homem Americano.
   c) A arqueóloga Niéde Guidon, personalidade mais conhecida entre os profissionais que atuam junto ao acervo arqueológico de São Raimundo Nonato, tem protagonizado, ao longo dos anos, vários conflitos e polêmicas com o governo do Piauí, com órgãos federais como o Ibama e até mesmo com nativos do município de São Raimundo Nonato.
   d) Os achados arqueológicos de São Raimundo Nonato, no Piauí, assim como aqueles encontrados na Bahia, impõem uma revisão das teorias sobre o povoamento da América e não deixam dúvidas quanto à natureza autóctone do homem americano.
   e) Hoje, apesar de ainda ser forte a tese de o povoamento da América ter-se dado através do Estreito de Behring, os estudiosos, a partir de acervos arqueológicos como os do Piauí, consideram seriamente a hipótese de múltiplas correntes de povoamento. Quanto à data da chegada dos primeiros povoadores, ainda há muitas controvérsias, não estando, em rigor, nada definitivamente estabelecido.

4. **(FGV-SP)** Das alternativas abaixo, a que melhor caracteriza a sociedade fenícia é:
   a) a existência de um Estado centralizado e o monoteísmo.
   b) o monoteísmo e a agricultura.
   c) o comércio e o politeísmo.
   d) as cidades-estados e o monoteísmo.
   e) a agricultura e a forma de Estado centralizado.

5. **(Enem)**
   Segundo Aristóteles, "na cidade com o melhor conjunto de normas e naquela dotada de homens absolutamente justos, os cidadãos não devem viver uma vida de trabalho trivial ou de negócios – esses tipos de vida são desprezíveis e incompatíveis com as qualidades morais –, tampouco devem ser agricultores os aspirantes à cidadania, pois o lazer é indispensável ao desenvolvimento das qualidades morais e à prática das atividades políticas".

   VAN ACKER, T. *Grécia*: a vida cotidiana na cidade-estado. São Paulo: Atual, 1994.

   O trecho, retirado da obra *Política*, de Aristóteles, permite compreender que a cidadania:
   a) possui uma dimensão histórica que deve ser criticada, pois é condenável que os políticos de qualquer época fiquem entregues à ociosidade, enquanto o resto dos cidadãos tem de trabalhar.
   b) era entendida como uma dignidade própria dos grupos sociais superiores, fruto de uma concepção política profundamente hierarquizada da sociedade.
   c) estava vinculada, na Grécia Antiga, a uma percepção política democrática, que levava todos os habitantes da pólis a participarem da vida cívica.
   d) tinha profundas conexões com a justiça, razão pela qual o tempo livre dos cidadãos deveria ser dedicado às atividades vinculadas aos tribunais.
   e) vivida pelos atenienses era, de fato, restrita àqueles que se dedicavam à política e que tinham tempo para resolver os problemas da cidade.

6. **(UFRGS-RS)** Leia os itens abaixo, que contêm possíveis condições para o surgimento do Estado nas sociedades da Antiguidade.
    I. Gradativa diferenciação da sociedade em classes sociais, impulsionada por uma divisão social do trabalho mais intensa, capaz de produzir excedentes de alimentos.
    II. Passagem da economia comunal para uma economia escravista, estimulada por guerras entre povos vizinhos, propiciando aumento da produção de excedentes e de trocas, com uma divisão do trabalho entre agricultura, pecuária e artesanato.
    III. Constituição da propriedade da terra e do regime de servidão coletiva nas sociedades orientais para que as grandes construções públicas fossem realizadas sob orientação dos grupos dirigentes.

    Quais dentre eles apresentam efetivas condições para tal surgimento?
    a) Apenas I.
    b) Apenas I e II.
    c) Apenas I e III.
    d) Apenas II e III.
    e) I, II e III.

7. **(UFRGS-RS)** O mapa a seguir apresenta a região da Mesopotâmia.

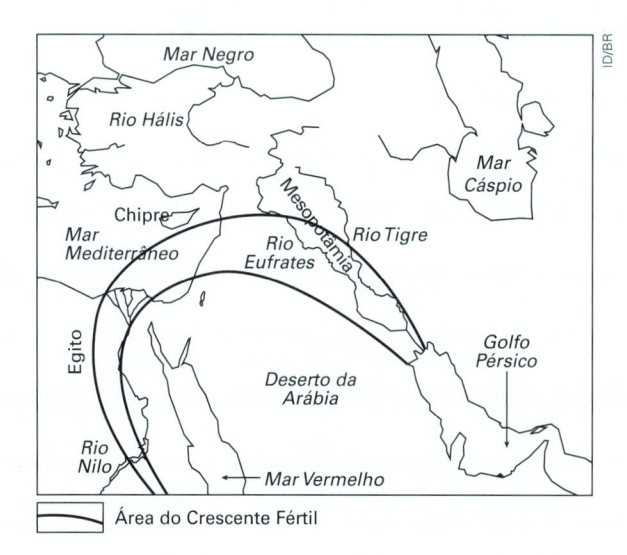

    A planície do Eufrates e do Tigre não constitui, como o vale do Nilo, um longo oásis no meio do deserto. Ela tem fácil comunicação com outras terras densamente povoadas desde tempos remotos. Por isso, a história da civilização mesopotâmica está marcada por uma sucessão de invasões violentas e de migrações pacíficas que deram lugar a um contínuo entrecruzamento de povos e culturas.

    Entre esses povos, destacam-se:
    a) egípcios, caldeus e babilônios.
    b) fenícios, assírios e hebreus.
    c) hititas, sumérios e fenícios.
    d) sumérios, babilônios e assírios.
    e) hebreus, egípcios e assírios.

8. **(UFC-CE)** Leia com atenção as afirmativas a seguir sobre as condições sociais, políticas e econômicas da Mesopotâmia.
    I. As condições ecológicas explicam por que a agricultura de irrigação era praticada através de uma organização individualista.
    II. Na economia da baixa Mesopotâmia, a fome e crises de subsistência eram frequentes, causadas pela irregularidade das cheias e também pelas guerras.
    III. Na Suméria, os templos e *ziggurats* foram construídos graças à riqueza que os sacerdotes administravam à custa do trabalho de grande parte da população.
    IV. A presença dos rios Tigre e Eufrates possibilitou o desenvolvimento da agricultura e da pecuária e também a formação do primeiro reino unificado da História.

    Sobre as afirmativas anteriores, é CORRETO afirmar:
    a) I e II são verdadeiras.
    b) III e IV são verdadeiras.
    c) I e IV são verdadeiras.
    d) I e III são verdadeiras.
    e) II e III são verdadeiras.

9. **(UFC-CE)** Observe a ilustração apresentada a seguir.

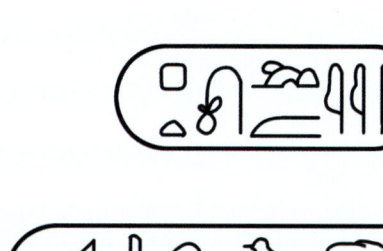

    Considerando a representação da escrita egípcia, é CORRETO afirmar que:
    a) a utilização de recursos decorativos favoreceu a escrita em virtude de facilitar a compreensão popular.
    b) os sinais apresentados constituíam um aperfeiçoamento da arte profana como forma de expressão.
    c) a diversidade de sinais utilizados tornava complexa a representação do que se queria exprimir.
    d) a diversidade de sinais utilizados na escrita resultou de uma imposição religiosa.
    e) os desenhos elaborados representavam uma simplificação da escrita hierática.

Vestibular e Enem

10. (Unesp) Na região onde atualmente se encontra o Líbano, instalou-se, no III milênio a.C., um povo semita, que passou a ocupar a estreita faixa de terra, com cerca de 200 quilômetros de comprimento, apertada entre o mar e as montanhas. Várias razões os levaram ao comércio marítimo, merecendo destaque sua proximidade geográfica com o Egito; a costa, que oferecia lugares para bons portos; e os cedros, principal riqueza, usados na construção de navios.

O contido nesse parágrafo refere-se ao povo:
a) fenício.
b) hebreu.
c) sumério.
d) hitita.
e) assírio.

11. (UFC-CE) O nome do rei egípcio Amenófis IV (c. 1377 a.C.-c. 1358 a.C.) está ligado à reforma religiosa que substituiu o culto de Amon-Rá por Áton e determinou o fim do politeísmo. Além do caráter religioso, essa reforma buscava:
a) limitar a riqueza e o poder político crescentes dos sacerdotes.
b) reunificar o Egito, após as disputas promovidas pelos nomarcas.
c) pôr fim às revoltas camponesas motivadas pelos cultos antropomórficos.
d) reunir a população, por meio da religião, para fortalecer a resistência aos hicsos.
e) restabelecer o governo teocrático, após o crescimento da máquina administrativa.

12. (UFRGS-RS) O atual Iraque abrigou territorialmente a maior parte da Antiga Mesopotâmia ("terra entre rios"), berço de ricas civilizações. Entre essas civilizações encontram-se os sumerianos, os quais se caracterizavam por:
a) apresentar uma comunidade constituída por clãs familiares independentes, onde a administração política descentralizada era exercida pelos patriarcas das aldeias.
b) constituir um império duradouro e unificado, imune, graças a suas defesas naturais e a seus grandes exércitos, aos perigos inerentes às migrações de sociedades nômades.
c) representar uma sociedade liderada pela oligarquia mercantil e pelos proprietários de navios, cujo poder e riqueza advinham, sobretudo, do comércio e do domínio dos mares do Oriente Médio.
d) provocar uma ruptura embrionária entre a dimensão divina e a dimensão humana da figura real, dado que o "*Patesi*" não era o seu próprio Deus, como no Egito, mas apenas seu representante.
e) formar um povo economicamente autossuficiente, que não praticava relações comerciais com o exterior.

13. (UFPel-RS) No esquema a seguir, os algarismos I, II, III e IV correspondem às civilizações da Antiguidade.

CIVILIZA-ÇÕES	LOCALI-ZAÇÃO	BASE ECO-NÔMICA	ORGANIZAÇÃO POLÍTICO--ADMINISTRATIVA	RELIGIÃO
I	Nordeste da África	Predominância da agricultura	Monarquia teocrática	Predominância do politeísmo antropozoomórfico
II	Atual Líbano	Comércio	Talassocracia	Politeísmo
III	da Ásia Menor à Ásia Central	Agricultura e comércio	Divisão do Império em satrapias	Zoroastrismo
IV	Atual Israel	Pastoril e agrária	Governo de patriarcas, juízes e reis, sucessivamente	Monoteísmo

Assinale a alternativa que denomina corretamente as civilizações indicadas, respectivamente, por I, II, III e IV.
a) Fenícia, Hebraica, Egípcia e Persa.
b) Egípcia, Fenícia, Persa e Hebraica.
c) Persa, Fenícia, Hebraica e Egípcia.
d) Egípcia, Persa, Fenícia e Hebraica.
e) Hebraica, Egípcia, Fenícia e Persa.

14. (Fuvest-SP)

> Cada um deve observar as religiões e os costumes, as leis e as convenções, os dias festivos e as comemorações que observavam nos dias de Dario. Cada um deve permanecer persa em seu modo de vida, e viver em sua cidade [...]. Porque eu desejo tornar a terra bastante próspera e usar as estradas persas como pacíficos e tranquilos canais de comércio.
>
> Edito de Alexandre para os cidadãos das cidades persas conquistadas, 331 a.C.

Com base no texto, responda:
a) Quem foi Alexandre e quais os objetivos de suas conquistas?
b) Indique algumas características do "helenismo".

15. (FGV-SP) O período helenístico foi marcado por grandes transformações na civilização grega. Entre suas características, podemos destacar:
a) o desenvolvimento de correntes filosóficas que, diante do esvaziamento das atividades políticas das cidades-estados, faziam do problema ético o centro de suas preocupações visando, principalmente, ao aprimoramento interior do ser humano.
b) um completo afastamento da cultura grega com relação às tradições orientais, decorrente, sobretudo, das rivalidades com os persas e da postura

depreciativa que considerava bárbaros todos os povos que não falavam o seu idioma.

c) a manutenção da autonomia das cidades-estados, a essa altura articuladas primeiro na Liga de Delos, sob o comando de Atenas e, posteriormente, sob a Liga do Peloponeso, liderada por Esparta.

d) a difusão da religião islâmica na região da Macedônia, terra natal de Felipe II, conquistador das cidades-estados gregas.

e) o apogeu da cultura helênica representado, principalmente, pelo florescimento da filosofia e do teatro e o estabelecimento da democracia ateniense.

16. (UnB-DF) Leia o texto abaixo, de Péricles – legislador ateniense –, escrito em 430 a.C.

> Temos um sistema político que se chama democracia, pois trata-se de um regime concebido, não para uma minoria, mas para as massas. Em virtude das leis, todas as pessoas são cidadãos iguais. Por outro lado, é conforme a consideração de que goza em tal ou tal domínio que cada um é preferido para a gestão dos nossos públicos, menos por causa da sua classe social do que pelo seu mérito.

Com o auxílio das informações contidas no texto, julgue os itens que seguem, relativos à Grécia Antiga.

1. Todos os cidadãos, homens e mulheres, incluindo os estrangeiros com mais de cinco anos de residência, exerciam os seus direitos políticos em igualdade de condições.
2. Em virtude da democracia e da igualdade perante as leis, os suspeitos ou transgressores da lei não eram punidos com a perda dos direitos políticos.
3. No século de ouro, época em que Péricles governou Atenas, o trabalho escravo foi abolido por ser incompatível com os princípios democráticos.
4. Os cidadãos menos afortunados tinham a possibilidade de participar da vida pública, até mesmo porque esta era uma atividade remunerada.

17. (Fuvest-SP) Na atualidade, praticamente todos os dirigentes políticos, no Brasil e no mundo, dizem-se defensores de padrões democráticos e de valores republicanos. Na Antiguidade, tais padrões e valores conheceram o auge, tanto na democracia ateniense quanto na república romana, quando predominaram:
a) a liberdade e o individualismo.
b) o debate e o bem público.
c) a demagogia e o populismo.
d) o consenso e o respeito à privacidade.
e) a tolerância religiosa e o direito civil.

18. (FGV-SP)

> Para ganhar o favor popular, o candidato deve conhecer os eleitores por seu nome, elogiá-los e bajulá-los, ser generoso, fazer propaganda e levantar-lhes a esperança de um emprego no governo. [...] Talvez sua renda privada não possa atingir todo o eleitorado, mas seus amigos podem ajudá-lo a agradar a plebe. [...] Faça com que os eleitores falem e pensem que você os conhece bem, que se dirige a eles pelo seu nome, que sem parar e conscienciosamente procura seu voto, que você é generoso e aberto, que, mesmo antes do amanhecer, sua casa está cheia de amigos, que todas as classes são suas aliadas, que você fez promessas para todo mundo e que as cumpriu, realmente, para a maior parte das pessoas.
>
> Marco Túlio Cícero, Notas sobre as eleições.

As práticas políticas na antiga Roma nos fazem refletir sobre as atuais. Essas palavras de Cícero (106-43 a.C.) revelam:
a) a concessão de favores, por parte dos eleitores, para cativar os candidatos.
b) a necessidade de coagir o eleitorado para conseguir seu apoio.
c) o desinteresse da população diante do poder econômico dos candidatos.
d) a existência de relações clientelistas entre eleitores e candidatos.
e) a pequena importância das relações pessoais para o sucesso nas eleições.

19. (Enem)

> *Somos servos da lei para podermos ser livres.*
> Cícero
>
> *O que apraz ao príncipe tem força de lei.*
> Ulpiano

As frases acima são de dois cidadãos da Roma Clássica que viveram praticamente no mesmo século, quando ocorreu a transição da República (Cícero) para o Império (Ulpiano).

Tendo como base as sentenças acima, considere as afirmações:

I. A diferença nos significados da lei é apenas aparente, uma vez que os romanos não levavam em consideração as normas jurídicas.
II. Tanto na República como no Império, a lei era o resultado de discussões entre os representantes escolhidos pelo povo romano.
III. A lei republicana definia que os direitos de um cidadão acabavam quando começavam os direitos de outro cidadão.
IV. Existia, na época imperial, um poder acima da legislação romana.

Estão CORRETAS, apenas:
a) I e II.
b) I e III.
c) II e III.
d) II e IV.
e) III e IV.

UNIDADE

2

Conviver com diferenças

Nesta unidade

- **8** Alta Idade Média
- **9** Os reinos cristãos
- **10** Islã
- **11** Cultura e sociedade da cristandade medieval

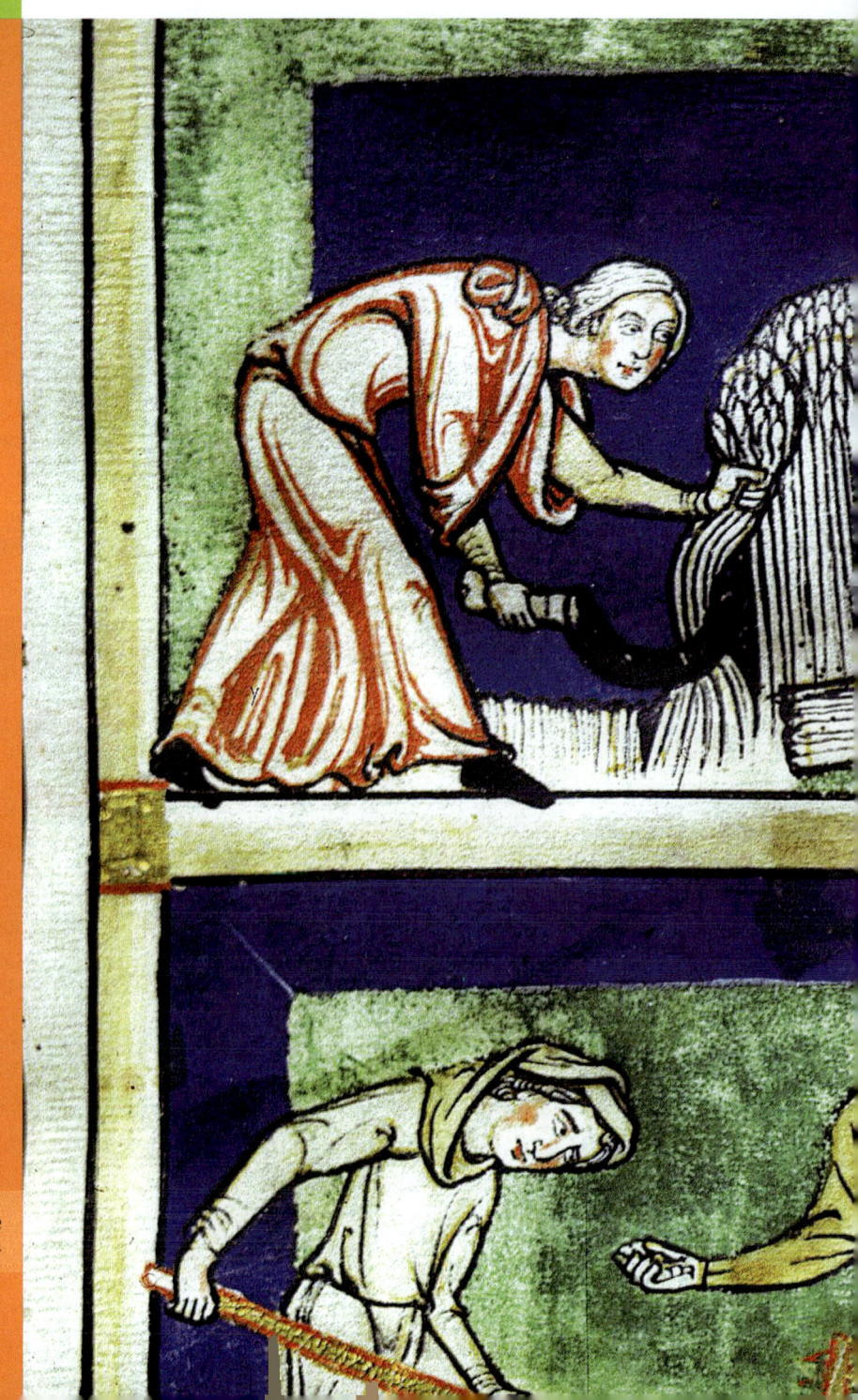

Monjas no trabalho de colheita em detalhe de iluminura em manuscrito alemão de 1190.

Novos ritos

A crise do Império Romano atingiu seu ponto máximo com as invasões realizadas pelos diferentes povos germânicos a partir do século III d.C.

O choque entre o Império Romano e os vários grupos invasores constituiu a base de um mundo transformado, com novas instituições políticas e práticas sociais. Esse é o mundo definido pela expressão "Idade Média". Suas marcas mais características na porção ocidental do Império foram o fim da unidade política e o crescimento vertiginoso do catolicismo. Foi também o momento em que surgiu a civilização bizantina, na porção oriental, baseada em outra modalidade do cristianismo.

O processo de expansão da civilização islâmica no Oriente Médio, na Ásia Ocidental e na Central, no Norte da África e no Leste do território europeu caracterizou igualmente esse período. O islamismo determinou uma configuração política e social muito específica para as regiões abarcadas por essa expansão.

CAPÍTULO 8
Alta Idade Média

O que você vai estudar

- Ocupação da Europa pelos povos germânicos.
- Estrutura de poder, sociedade e cultura dos povos germânicos.
- Organização social do mundo medieval.
- O crescimento do cristianismo.

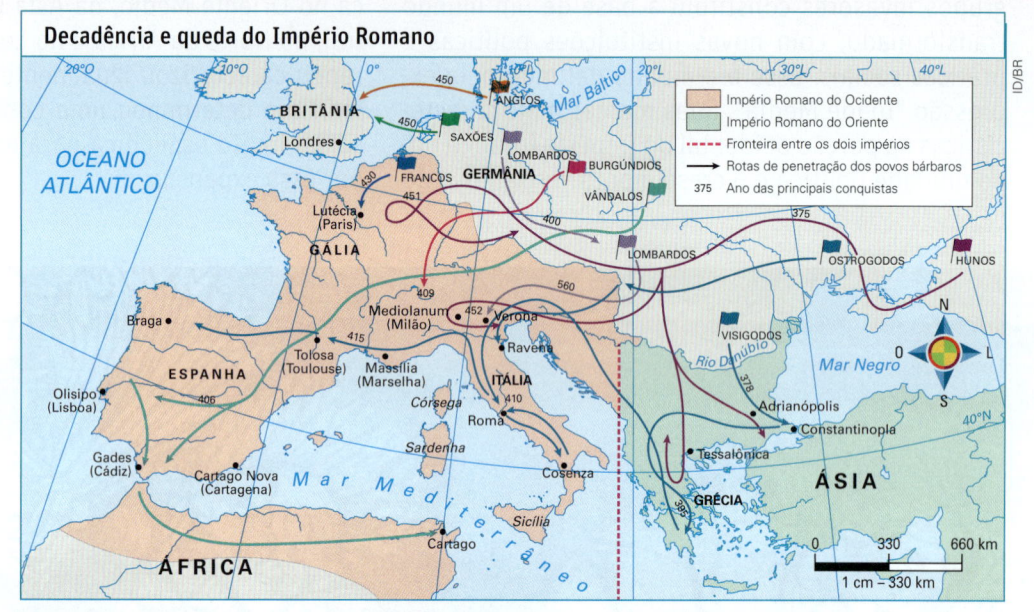

Decadência e queda do Império Romano

Fonte de pesquisa: ARRUDA, José Jobson de A. *Atlas histórico básico*. 17. ed. São Paulo: Ática, 2007. p. 12.

Ligando os pontos

A crise do Império Romano alcançou seu auge a partir do século II d.C. Com a política conhecida como Pax Romana e o consequente término das anexações territoriais, chegou ao fim também a principal fonte de fornecimento de mão de obra escrava. Com isso, a economia entrou em crise, pois o trabalho dos cativos e o latifúndio constituíam a base produtiva da porção ocidental dos domínios romanos.

Assim, o Império passou a dar mostras crescentes de fragilidade. Para contornar as dificuldades econômicas, cobravam-se mais impostos, o que gerava protestos e resistências em várias províncias. O próprio controle do imperador sobre os territórios periféricos ficava cada vez mais difícil, pois o poder central era desafiado pelas autoridades locais. O resultado era que a renda dos impostos se perdia em uma longa cadeia de corrupção.

Ao mesmo tempo, as disputas políticas ficaram mais acirradas, sendo resolvidas pelas armas. O processo de sucessão do imperador ficou cada vez mais tumultuado, com os chefes militares impondo ao Império seu comando e usando para tanto a força de seus legionários. A partir da segunda metade do século IV, tornou-se impossível conter as invasões externas. Teve início uma nova configuração política e social na Europa Ocidental.

Observe o mapa acima, que ilustra os principais vetores de penetração dos hunos e dos germânicos no Império Romano, e responda às questões.

1. Quais eram os povos que se localizavam nas fronteiras do Império Romano nessa época?

2. Por qual região do Império Romano as invasões começaram? Que povo iniciou esse processo e quais foram suas motivações?

A migração dos povos na Europa

A partir do século III d.C. o Império Romano, sobretudo sua porção ocidental, passou a sofrer a invasão de vários povos, chamados pelos romanos de "bárbaros". Tanto sua origem geográfica quanto seus costumes eram muito diversificados.

Essa diversidade ia desde a religião – deuses com diversas origens e características – até as diferentes práticas sociais e cerimoniais da vida cotidiana.

> Os povos germânicos

Vários povos que viviam ao norte do Império falavam idiomas **germânicos**. Caio Júlio César (100 a.C. a 44 a.C.), no livro *De bello gallico*, os descreveu como guerreiros ainda mais ferozes do que os gauleses. Outra fonte importante de informações sobre eles é o livro *Germania*, escrito pelo historiador Público Cornélio Tácito (55 a 120 d.C.). Segundo ele, esses grupos habitavam uma enorme área de fronteiras imprecisas que se estendia do rio Reno até as estepes das atuais Rússia e Ucrânia, repartindo o espaço com tribos celtas, eslavas e de outras origens.

A obra de Tácito informa também que em geral os povos germânicos se organizavam em **clãs** relativamente autônomos. Muitos eram seminômades, e suas leis não escritas fundamentavam-se nos costumes transmitidos por **tradição oral**. Politicamente, as decisões importantes eram tomadas por uma **assembleia de guerreiros**, que nomeava um chefe militar a quem todos os guerreiros do clã juravam fidelidade. Essa linha de conduta era importantíssima para a própria economia. O **saque** resultante de batalhas movidas contra outros povos era fundamental para a atividade econômica, que também contava com a agricultura não intensiva, a caça e a criação de gado.

No final do século III, vários povos germânicos haviam se incorporado à sociedade romana. Foi o caso dos francos, que de início realizaram incursões, mas depois ocuparam alguns trechos do território romano sem encontrar resistência. Em meados do século IV, eles tornaram-se **federados** do Império e receberam uma parte da Gália. Desse modo, os francos foram os primeiros germânicos a se estabelecer em caráter permanente nos domínios imperiais.

Estima-se que, por volta do ano 400, entre 30% e 50% das legiões romanas eram formadas por mercenários germânicos. Eles tinham seus próprios líderes, suas táticas de batalha, e muitos deles chegaram a ocupar posições de liderança nas próprias legiões romanas.

Conheça melhor

Cultura dos povos germânicos

O termo "bárbaro", usado pelos gregos com o sentido de estrangeiro, também foi empregado pelos romanos para designar povos considerados inferiores. Com o tempo, esse sentido de selvagem, tosco, intensificou-se, e os textos sobre "bárbaros" invadindo o Império Romano levam a imaginar multidões violentas, incapazes de qualquer realização cultural.

Mas essa imagem é equivocada. Em vários aspectos eles superavam os romanos. Na metalurgia, por exemplo, trouxeram contribuições importantes para a agricultura, com a criação de diferentes utensílios. Também forjaram espadas, lanças e outras armas e se destacaram na ourivesaria, elaborando objetos de rara beleza.

As fontes materiais e iconográficas são os principais vestígios para conhecer a cultura dos povos germânicos e observar as habilidades técnicas desenvolvidas no decorrer de sua história.

Moeda cunhada pelos germânicos em cerca de 500 d.C.

Coroa de prata revestida de ouro confeccionada pelos germânicos em 230 d.C.

GLOSSÁRIO

Federados: povos aliados dos romanos, autorizados a se estabelecer em terras do Império, e responsáveis por sua defesa contra invasores.

> ### Aceleração do processo de migração

O processo pacífico de incorporação foi acelerado pela ação de outros povos nômades, provenientes do Oriente. Na segunda metade do século IV, os **hunos**, povo nômade dedicado ao pastoreio que na época vivia nas estepes além do rio Volga, iniciaram sua marcha para o oeste. Primeiramente eles subjugaram os alanos, povo então ocupante das terras entre os rios Volga e Don, e por volta do ano 375 os ostrogodos, que viviam entre os rios Don e Dniéster. No ano seguinte, foram vencidos os visigodos, que ocupavam o território da atual Romênia. Desse modo, os hunos chegaram às fronteiras do Império Romano.

> ### Guerreiros a cavalo

Os hunos deixaram uma imagem de ferocidade poucas vezes igualada nos registros históricos. Escrevendo por volta do ano 395, o romano Amiano Marcelino observou: "Os hunos são rudes no seu modo de vida, de tal maneira que não têm necessidade nem de fogo nem de comida saborosa; comem raízes das plantas selvagens e a carne semicrua de qualquer espécie de animal. Vestem-se com tecidos de linho ou com peles de ratos silvestres cosidas umas às outras e, uma vez enfiados numa túnica desbotada, não a tiram até que se faça em tiras e caia aos pedaços".

Marcelino também observou que os hunos passavam a vida a cavalo, chegando a beber, a comer e a dormir no dorso desses animais. De fato, foi a perícia no manejo das montarias que fez dos arqueiros hunos os mais temíveis combatentes de sua época.

> ### A debandada

Com o avanço dos hunos rumo ao oeste da Europa, outros povos germânicos fugiram para diferentes partes do Império.

Os primeiros a se deslocar foram os ostrogodos e os visigodos, que já haviam sido expulsos de suas terras pelos hunos. Autorizados a cruzar as fronteiras imperiais, os dois povos marcharam em direção ao Mediterrâneo, deixando uma trilha de destruição e pilhagem.

Um combate decisivo ocorreu em 378, entre as tropas do Império Romano e os germânicos. Foi a Batalha de Adrianópolis, na qual visigodos e ostrogodos infligiram terrível derrota às legiões e chegaram a matar o imperador Valente. Era uma evidência de que a cavalaria germânica podia ser mais eficaz do que a disciplinada infantaria romana. O Império, sobretudo a sua porção ocidental, tinha os dias contados.

No século V, a crise agravou-se. Em 406, suevos, vândalos e alanos, pressionados pelos hunos, invadiram o território romano, entrando pela **Gália**. Em 410, os visigodos invadiram e saquearam Roma, confirmando a debilidade imperial.

Chefes de vários desses povos negociaram com autoridades romanas, e muitos trocaram a condição de invasores pela de federados, fixando-se em vários pontos do território.

Os hunos ocuparam a região da atual Hungria. Sua invasão à sede do Império do Oriente, Constantinopla, em 443, só foi evitada com o pagamento de um grande tributo.

Em 451, sob o comando de Átila, o mais poderoso dos reis hunos, eles tentaram invadir o Império do Ocidente pela Gália, mas foram repelidos graças à decisiva atuação dos povos federados. Em 452, invadiram a península Itálica, espalhando terror por onde passaram. No ano seguinte, Átila morreu e os domínios dos hunos fragmentaram-se com a mesma rapidez com que haviam sido unificados.

Miniatura do século XV representando o saque de Roma em 410. A cidade e os combatentes são representados de maneira anacrônica, com a arquitetura e os trajes característicos do fim do período medieval.

❯ A formação dos reinos germânicos

Apesar de os hunos terem espalhado o terror pela Europa dos séculos IV e V, não foram eles os responsáveis diretos pelo fim do Império Romano do Ocidente.

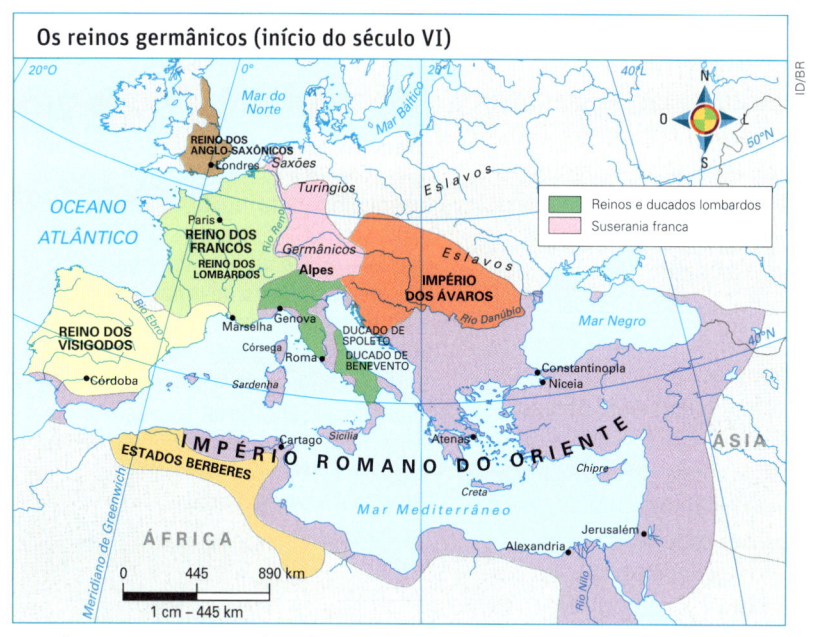

Os reinos germânicos (início do século VI)

Fonte de pesquisa: ARRUDA, José Jobson de A. *Atlas histórico básico*. 17. ed. São Paulo: Ática, 2007. p. 13.

❯ A queda do Império do Ocidente

Uma aliança formada por **hérulos** e **godos** atuando como mercenários a serviço de Roma contra os hunos, chefiada pelo rei hérulo **Odoacro**, reivindicou a condição de federados ao Império. Com isso, os dois povos receberiam territórios.

Como a reivindicação foi negada, Odoacro invadiu Roma com suas tropas e depôs o imperador do Ocidente, Rômulo Augústulo, em 476. Odoacro enviou as insígnias do imperador para Zenão, imperador do Oriente, em Constantinopla. Era o atestado de que o Império do Ocidente deixara de existir.

O domínio de Odoacro foi efêmero. Em 488, os **ostrogodos** invadiram a região, que a partir de 526 foi retomada por Justiniano I, imperador do Oriente. Em 560, os **lombardos**, povo de origem escandinava, conquistaram boa parte da península Itálica. Formou-se, desse modo, o **Reino Lombardo**, que dividiu o território em dois domínios: o **Bizantino** – estabelecido na Sicília e em outras áreas meridionais da península Itálica – e o papal, caracterizado pela autoridade do papa em **Roma** e em outras áreas centrais.

Na **Gália**, as tribos francas que ocuparam a região desde o início das invasões foram unificadas a partir do final do século V pelo rei **Clóvis**, no **Reino dos Francos**.

Vândalos, suevos e alanos invadiram a península Ibérica em 409 e dividiram entre si o território. Em 412, os **visigodos**, vindos da península Itálica, ocuparam a região, deslocando ou subjugando os povos recém-chegados. Os vândalos, por terem construído uma frota, atravessaram o estreito de Gibraltar em 429 e conquistaram boa parte da província romana do Norte da África. A partir de então, consolidou-se na península Ibérica o **Reino dos Visigodos**, que sobreviveu até a invasão islâmica em 711.

A sociedade medieval emergiu lentamente dessa nova realidade de ocupação da Europa.

▍Conheça melhor

Os nomes dos territórios

Vários povos germânicos deram seu nome aos territórios que ocuparam na Europa Central e na Ocidental.

França: deve seu nome às tribos dos francos.

Inglaterra: foi invadida por anglos e saxões, mas os primeiros deram o nome ao país (Inglaterra significa terra dos anglos). Os saxões, por sua vez, batizaram a região alemã da **Saxônia**.

Alemanha: seu nome deriva de *alamanes*, conjunto de tribos ao qual pertenciam os teutos ou teutões. Deles se origina o nome do país em alemão, Deutschland (terra dos teutos).

Jutlândia: os jutos participaram dos ataques às ilhas Britânicas ao lado dos anglos e dos saxões, mas deram seu nome à península onde hoje é a Dinamarca.

Lombardia: região italiana cujo nome faz referência aos lombardos.

Borgonha: região francesa ocupada pelos burgúndios.

> ## As novas estruturas de poder

A ideia de que, com a derrota dos romanos no Ocidente, os modos de vida dos germânicos se impuseram na Europa é equivocada. Boa parte dos historiadores afirma que o que lançou as bases iniciais do mundo medieval feudal foi uma **fusão** de tradições romanas e germânicas, com predominância das romanas.

A submissão inicial dos reis germânicos à autoridade imperial durou pouco, e a tendência à **fragmentação** resultante de sua crescente autonomia foi a marca mais vigorosa herdada pelo mundo feudal. Mas muitos desses reis tiveram como conselheiros cidadãos romanos, assim como adotaram costumes e ostentaram títulos romanos como os de cônsul e patrício.

A **ruralização**, outra característica marcante da Idade Média, muitas vezes atribuída aos germânicos, já vinha do fim do Baixo Império Romano. O gradual esvaziamento urbano, devido à diminuição do fluxo de mercadorias que eram consumidas pela população, acelerou-se com as invasões, mas já era uma tendência do período anterior. Antes mesmo das primeiras invasões, essas dificuldades já haviam levado os patrícios a se refugiarem em suas vastas propriedades rurais. Grande parcela de plebeus das cidades os seguiu como colonos e ocupou pouco a pouco o lugar da mão de obra escrava, cada vez mais escassa.

Essa mudança nas condições de trabalho começou antes que os germânicos se instalassem no Império. **Valentiniano I**, que reinou de 364 a 375, proibiu a venda de cativos separados da gleba, o que firmou uma ligação orgânica da mão de obra à terra e favoreceu a mudança da condição de escravo para colono, que seria a base da **servidão** em vigor na Idade Média.

Ação e cidadania

A situação da mulher

As sociedades germânicas procuravam estimular a procriação, o que implicava uma valorização especial da mulher grávida. Esse aspecto é evidenciado pelas leis do Reino dos Francos: no final do século VI, quem matasse uma mulher grávida deveria pagar uma multa de 600 soldos, e mais 600 se o feto fosse do sexo masculino. Já a morte de uma menina de menos de 12 anos ou de uma mulher que não pudesse mais ter filhos era punida com uma multa de 200 soldos.

Esses números sugerem que na base da escala social estavam a menina impúbere e a mulher idosa; no meio, os meninos e os homens; e no topo, a mulher grávida.

Na sociedade contemporânea, não é mais assim. As gestantes são protegidas por lei, até na esfera trabalhista, mas todos, homens e mulheres, têm direitos iguais.

Outras diferenças entre a sociedade germânica e a nossa dizem respeito ao casamento e à maternidade. No Reino dos Francos, as moças se casavam quando atingiam a puberdade, por volta dos 12 anos, e tinham o maior número possível de filhos. Hoje, muitas mulheres decidem se casar só depois de ter uma situação profissional estável e procuram limitar o número de filhos: os índices de fecundidade vêm decrescendo no Brasil e em todos os países mais desenvolvidos.

- Reflita e discuta com os colegas sobre quais são os principais fatores que levam as mulheres contemporâneas a ter cada vez menos filhos.

Reconstituição, em tamanho real, de vila anglo-saxônica de c. 420-650 feita exatamente no local onde foram realizadas as escavações arqueológicas da vila original, em West Stow, Suffolk, Inglaterra. Foto de 2011.

O feudalismo e a sociedade de ordens

A sociedade feudal é tradicionalmente descrita como uma estrutura composta de três ordens bem diferenciadas: **clero**, **nobreza** e **campesinato**.

Mas nem sempre foi assim. Essa configuração formou-se ao longo do primeiro milênio, com base na fusão de forças sociais do Baixo Império Romano com as características das sociedades germânicas.

A primeira distinção clara a se manifestar na sociedade feudal surgiu no fim do Império, entre clérigos e leigos.

> A Igreja e o clero

A palavra grega *eklésia* – origem da palavra **igreja** – significa assembleia. Foi usada pelos primeiros cristãos para se referir ao conjunto dos fiéis. Porém, no início da Idade Média, o termo ganhou outras duas acepções: edifício em que se reúnem os devotos e conjunto de pessoas que fazem parte da instituição religiosa, ou seja, do clero. Esse grupo passou a adotar modos de vida específicos, afastando-se aos poucos da sociedade laica.

Mais tarde, despontaram novas distinções. Funções eclesiásticas mais elevadas, como a dos bispos, eram exercidas por aristocratas do Império. Eles integravam o **alto clero**. Os encargos cotidianos, como a administração de pequenas paróquias, cabiam aos membros do **baixo clero**, de origem humilde.

Paralelamente, formaram-se as **ordens religiosas**. Seus integrantes obedeciam a um conjunto de regras e viviam em comunidades separadas, dedicando-se à prece, ao estudo ou a atividades manuais. Esses grupos constituíam o **clero regular** (que seguia uma regra).

Ele se distinguia do **clero secular** (de século, no sentido de mundo, vida terrena), que vivia fora dos mosteiros com a missão de administrar os sacramentos e orientar os leigos.

As abadias surgiram na Idade Média como instituições de reclusão que abrigavam o clero regular. Abadia Cisterciense de 1114, localizada em Yonne, França. Foto de 2011.

> A formação da nobreza

A aristocracia pouco mudou após as invasões germânicas. Esse grupo social estabelecia a distinção entre fortes e fracos, entre os que exercem o poder e aqueles que a ele se submetiam. As famílias aristocráticas do período imperial uniram-se aos chefes germânicos e constituíram a elite medieval, cujo poder estava relacionado à atividade militar. A ela se somaram, sobretudo a partir dos séculos IX e X, os *milites*, guerreiros que se subordinaram a essas famílias e, por meio da investidura de cavaleiros, fundiram-se socialmente a elas. Essa fusão de condições de nascimento e mérito originou a **nobreza**, por volta dos séculos XI e XII.

> Os trabalhadores rurais

A parcela mais numerosa da sociedade feudal abrangia **servos**, **escravos** e **homens pobres livres**.

Como vimos, no Baixo Império os escravos foram vinculados à terra. Durante a Idade Média, esses homens foram considerados servos. Eles cultivavam as terras do **feudo** e recebiam pequenos lotes para sustentar suas famílias.

Também havia cativos: a escravidão subsistiu depois das invasões germânicas, por ser praticada por vários desses povos.

Os homens livres, por sua vez, mantinham pequenas propriedades e não se ligavam diretamente a um feudo.

> A pirâmide feudal

Com o tempo, o território dividiu-se em feudos, unidades produtivas autossuficientes. Seu detentor, o **senhor feudal**, podia ceder parte das terras e, dessa forma, tornava-se o **suserano** dos beneficiados, chamados de **vassalos**, que lhe deviam, em troca, prestar serviços. Um nobre com muitos vassalos podia ter como suserano outro nobre ou o rei, que ocupava o topo da pirâmide feudal.

GLOSSÁRIO

Investidura de cavaleiros: cerimônia pela qual candidatos se tornavam cavaleiros, em geral presidida por uma pessoa que já possuía essa condição ou por alguma autoridade política ou religiosa.

Outras histórias

O povo tapajônico

No século X, enquanto na Europa se formava a sociedade feudal, dividindo as pessoas em três ordens, na América do Sul, povos que habitavam a região do atual rio Tapajós desenvolviam uma cultura complexa, baseada em grandes aldeias onde eram praticadas a agricultura intensiva e a produção de artefatos de cerâmica de grande beleza.

A representação da sociedade tripartida

Como vimos, a sociedade feudal era mais complexa do que pode parecer. No entanto, uma coisa é o que uma sociedade é, de fato, outra, a forma pela qual seus membros a representam.

Os historiadores localizam nas proximidades do ano 1000 o surgimento de uma nova forma de representação da sociedade feudal que nasce no seio da Igreja e se expande pela sociedade. Segundo essa visão, o mundo cristão é constituído de **três ordens** sociais: os que oram, os que guerreiam e os que trabalham (*oratores*, *bellatores* e *laboratores*). Assim, toda a diversidade social se resume a esses três grupos.

Iluminura de manuscrito francês do século XIII que representa a sociedade tripartida. À esquerda, o clero, no centro, a nobreza e, à direita, o campesinato.

A visão da Igreja

A força dessa representação na época explica-se em grande medida pela influência da Igreja sobre a sociedade.

A Europa Ocidental, referida pelos contemporâneos como "a cristandade", constituía uma comunidade na qual ser cristão não era uma escolha, mas uma herança que devia ser honrada por atos, palavras e pensamentos. A Igreja medieval se entrelaçava a todos os segmentos sociais, e a maneira pela qual o poder eclesiástico concebia a sociedade tendia a se universalizar.

A Igreja detinha o monopólio da escrita e da leitura: em meio à turbulência e à destruição das invasões, ela foi a responsável pela guarda e reprodução, em seus mosteiros, de boa parte dos manuscritos da Antiguidade. Além disso, a língua escrita do Império, o **latim**, sobrevivia na liturgia e era usada nos documentos oficiais da Igreja.

A maior parte das línguas faladas na região, especialmente depois da fixação dos povos germânicos, não dispunha de uma forma de escrita. Isso colaborou para que os membros do clero pudessem exercer o monopólio sobre a escrita e a leitura.

Na visão difundida pela Igreja, a sociedade era uma entidade orgânica, na qual cada parte cumpria uma função indispensável às demais. Tal percepção foi importante para preservar a estabilidade da ordem social.

Além disso, a concepção da sociedade composta de três ordens visava estabelecer a superioridade dos **sacerdotes** sobre o estamento dos guerreiros. Garantia-se, desse modo, maior influência do poder eclesiástico sobre toda a sociedade.

Essa representação da sociedade feudal é vista até hoje, em muitos estudos, como a única forma de compreender aquela sociedade. No entanto, é fundamental entender que essa visão não é a pura descrição de como a sociedade funcionava, mas apenas uma das formas de perceber esse funcionamento, construída historicamente.

Leia

A Idade Média explicada aos meus filhos, de Jacques Le Goff. São Paulo: Agir, 2007.
O livro analisa as duas principais polêmicas em relação à Idade Média: sua duração e seu significado.

História e Biologia

Uma das questões que intrigam os historiadores é saber com que animais as pessoas conviviam na Idade Média. A informação é relevante tanto para identificar as práticas de domesticação como para conhecer os hábitos alimentares no período. Os historiadores atuais podem ir além das informações de documentos escritos.

De maneira que, atualmente, há profissionais de diferentes ciências trabalhando com vestígios de tecidos ósseos encontrados em escavações, além de chifres e restos de pelos. É possível ainda analisar traços de dentes de ratos, cães e gatos em ossos roídos, além de marcas de patas deixadas na argila de telhas.

Da combinação dos esforços de arqueólogos e zoólogos, novas ciências passam a se desenvolver, como a Etnozoologia e a Eco-História.

- Ainda hoje, o conhecimento dos animais domésticos de uma sociedade pode ajudar a entender esse grupo social. Realize uma pesquisa com seus colegas sobre a criação de animais domésticos nas regiões do Brasil e sua importância para a economia dessas regiões.

A cristianização dos povos germânicos

O cristianismo já era, por ocasião das invasões, a religião oficial do Império Romano.

Entre os povos que realizaram as primeiras invasões, já tinham havido contatos prévios com o cristianismo antes mesmo da queda do Império Romano do Ocidente. Mas essa aproximação ocorrera nos marcos do **arianismo**.

A tese formulada por **Ário** (256-336), um padre de Alexandria, dizia que Jesus, por ser filho de Deus, era uma **criatura que não tinha a mesma substância da divindade**. Com isso, Jesus perdia seu caráter divino. A doutrina ariana foi considerada uma heresia no Concílio de Niceia, convocado pelo imperador Constantino em 325. Tornou-se oficial a visão de que Jesus tinha simultaneamente a natureza humana e a divina. Esse princípio era defendido pela sede da Igreja em Roma.

A história das heresias nasce com o próprio cristianismo. À medida que a relação entre a hierarquia católica e o poder imperial romano se estreitou, o problema das heresias ficou mais visível. A perseguição às heresias era também um instrumento político de dominação que foi utilizado pelas autoridades tanto do Império Romano como dos reinos germânicos que o sucederam.

Clóvis foi o primeiro rei germânico importante a converter-se ao catolicismo de Roma. Acima, cena de seu batismo em vitral da Basílica de Paray-le-Monial, França. Na imagem, estão representados os símbolos da nobreza e da Igreja.

> O sentido da cristianização

O combate ao arianismo foi um dos pontos cruciais na luta pela conversão de vários povos germânicos. A Igreja tentava, assim, realizar uma tarefa de que o Império já não era capaz: devolver à Europa Ocidental algum tipo de unidade em meio à instabilidade causada pela fixação dos germânicos na região. Não se tratava apenas da adoção do cristianismo, mas de, por intermédio dele, garantir a manutenção de uma organização social que os germânicos ameaçavam com suas diferentes formas de vida e tradições.

A mais importante conversão ocorreu em 496, com Clóvis I, rei dos francos. Ele adotou o catolicismo romano, facilitando a relação entre seu reino e o papado.

O grande desafio do cristianismo da época consistia em impor o aspecto mais importante de sua crença, o monoteísmo, já que grande parte dos germânicos era politeísta.

Na Idade Média, em quase toda comunidade católica havia um santo protetor. A igreja que sediava essa devoção se esforçava para juntar relíquias relativas à vida daquele santo. O poder milagroso das relíquias era difundido entre os fiéis, que acorriam aos templos em busca de graças.

As relíquias eram bens simbólicos preciosos. Não eram incomuns as histórias em que relíquias de uma igreja eram roubadas para serem utilizadas por particulares ou por outras igrejas devotadas ao mesmo santo.

> Os bispos e os santos

Dois aspectos fundamentais contribuíram para consolidar a Igreja: a formação da instituição eclesiástica, especialmente na figura dos bispos, e a prática da veneração aos santos.

Os bispos, primeiras autoridades eclesiásticas do catolicismo, apropriaram-se das estruturas de poder de Roma, pois boa parte deles era originária da **aristocracia senatorial** do antigo Império. Cada um exercia a autoridade em seus domínios e negociava com os reis germânicos que buscava converter. Ao longo dos séculos V e VI, não havia uma hierarquia definida para a ação dos bispos. Isso ocorreu mais tarde, cabendo ao bispo de Roma o título honorífico de papa e a autoridade sobre os demais bispos.

Os santos também tiveram papel fundamental: serviam de intermediários entre o politeísmo dos germânicos e o monoteísmo católico. Por volta do século III, já havia a prática de venerar mártires da Igreja. Logo, cada diocese passou a ter seu santo, e milagres atribuídos a eles atraíram novos fiéis.

GLOSSÁRIO

Aristocracia senatorial: elite que exercia o poder em Roma no período republicano e, em menor proporção, na fase imperial.

Ontem e hoje

O tempo na Idade Média

Os medievais tinham uma experiência da passagem do tempo bastante diferente da nossa. A Idade Média não se interessava por uma clara e uniforme quantificação do tempo. Como na Antiguidade, o dia estava dividido em 12 horas e a noite também, independentemente da época do ano. Os intervalos muito pequenos (segundos) eram simplesmente ignorados, os pequenos (minutos) pouco considerados, os médios (horas) contabilizados grosseiramente por velas, ampulhetas, relógios d'água, observação do Sol.

Apenas o clero, por necessidades litúrgicas, estabeleceu um controle maior sobre as horas, contando-as precariamente de três em três a partir da meia-noite (matinas, laudes, primas, terça, sexta, nona, vésperas, completas). Maior precisão apareceu somente no século XIV, com o relógio mecânico, que, porém, tinha apenas o ponteiro das horas. Essa forma de relação com o tempo não decorria, como já se pensou, de deficiências técnicas. Calculava-se imprecisamente o tempo porque não havia necessidade de fazer de outro modo.

A contagem dos dias agrupava-os em semanas de sete, adotadas no Ocidente por volta do século IV. Como a cristianização se manteve superficial ainda por alguns séculos, o calendário conservou os nomes de deuses romanos nas regiões mais latinizadas e de deuses germânicos nas outras. Curiosamente, a língua portuguesa não seguiu esse processo, baseando-se no hábito cristão dos primeiros tempos de comemorar a semana inteira de Páscoa. Como todos aqueles dias eram feriados (*feriae*), precisou-se ordená-los (segunda, terça etc.), mantendo-se nomes para apenas o sábado (o "repouso" do Antigo Testamento) e o domingo (o "dia do Senhor"). Este dia manteve sua conotação cristã também em outros idiomas neolatinos (*domingo, dimanche, domenica*), mas não nos dos povos convertidos tardiamente: nesses casos ele é o "dia do sol", *Sunday* (inglês), *Sonntag* (alemão), *Zondag* (holandês), *Sonndag* (sueco), *Sondag* (dinamarquês).

O agrupamento dos dias em meses, por sua vez, de origem muito antiga, passou para a Europa medieval latina e germânica com nomes romanos: *Maius* (mês da deusa Maia), por exemplo, deu *Maggio, Mai, Mayo*, Maio, *May*. Nos territórios alemães, que jamais haviam feito parte do Império Romano, os nomes dos meses revelam a força do cotidiano agrário.

[...]

Mais problemático era o cômputo dos anos. O conceito de Era Cristã – cuja datação parte do *Anno Domini*, "o ano do Senhor", o suposto ano do nascimento de Cristo – foi proposto pelo monge Dioniso, o Pequeno, em 525. Adotado nas Ilhas Britânicas pelo Concilio de Whitby, em 664, difundiu-se muito lentamente pela Europa continental: no século VIII nos territórios da futura França, no século IX na Alemanha, no século XII na Catalunha. A própria chancelaria papal passou a usar esse cômputo apenas a partir do pontificado de João XIII (965-972), mas não se tornou oficial antes do século XV. O conceito de Era Hispânica foi utilizado desde o século V pelos reinos ibéricos, que contavam os anos a partir de 38 a.C., data da conquista da região pelos romanos. Esse sistema foi substituído pelo da Era Cristã somente em 1349 em Aragão, 1383 em Castela, 1422 em Portugal.

FRANCO JÚNIOR, Hilário. *A Idade Média*: nascimento do Ocidente. 2. ed. São Paulo: Brasiliense, 2001. p. 169-172.

Iluminura que representa o mês de junho no *Livro de horas do Duque de Berry*, pintado por monges entre 1411 e 1416, sob encomenda desse nobre francês. Os livros de horas eram manuscritos que continham uma coleção de textos, orações e ilustrações relacionados ao cotidiano medieval.

Reflita

1. Compare algumas semelhanças e diferenças relacionadas a quantificação do tempo na Idade Média e as praticadas nos dias de hoje.
2. De acordo com o texto, explique por que a língua portuguesa não conservou os nomes de deuses romanos no calendário.

Atividades

Verifique o que aprendeu

1. Fale das relações estabelecidas entre os povos germânicos e o Império Romano logo após as invasões.

2. É comum que as invasões germânicas sejam entendidas como um ataque de grupos atrasados e selvagens contra uma sociedade sofisticada e desenvolvida. Comente esse tipo de percepção.

3. Quanto à organização social do mundo feudal, vimos que a nobreza se formou lentamente com base em dois grupos distintos. Comente a origem de cada um e explique as diferenças entre eles.

Leia e interprete

4. Como vimos, a imagem de uma sociedade resumida em três ordens é uma representação da sociedade medieval que surge apenas por volta do ano 1000. Leia este texto de 998, do bispo Adalberon de Laon, para responder às questões.

> A sociedade dos fiéis forma um só corpo; mas o Estado compreende três. Porque a outra lei, a lei humana, distingue duas outras classes: nobres e servos, com efeito, não são governados pelo mesmo estatuto [...] Eis os guerreiros, protetores das igrejas; eles são os defensores do povo, dos grandes e dos pequenos, enfim, de todos, assegurando ao mesmo tempo sua própria segurança. A outra classe é a dos servos: essa raça maldita nada possui sem penar. Quem poderia, com o ábaco na mão, contar as inquietações dos servos, suas longas caminhadas, seus duros afazeres? Dinheiro, vestuário, alimento, os servos fornecem tudo a todo mundo, e nenhum homem livre poderia viver sem eles. Há um trabalho a fazer? [...] Vemos reis e prelados fazerem-se servos de seus servos; o senhor é alimentado pelo servo, ele, que pretende alimentá-lo. E o servo não vê fim para suas lágrimas e suspiros. A casa de Deus, que se crê una, está assim dividida em três: uns oram, outros combatem, e os outros, enfim, trabalham. Estas três partes que coexistem não sofrem com sua disjunção; os serviços prestados por uma são a condição da obra das outras; e cada uma, por sua vez, encarrega-se de aliviar o todo. Assim, esta tripla associação não é menos unida, e a lei tem podido triunfar e o mundo tem podido gozar de paz.
>
> Le Goff, J. *A civilização do Ocidente Medieval*. Bauru: Edusc, 2005. p. 257-258.

a) Essa representação da sociedade medieval, concebida pelo clero, visa a disseminar a noção de harmonia entre os diferentes grupos dessa sociedade. Identifique no texto argumentos que justifiquem essa intencionalidade.

b) A imagem construída pela Igreja tinha o objetivo de colocar a nobreza a serviço do clero. Procure no texto indícios dessa intenção.

5. A debilidade do Império Romano foi confirmada com a invasão e o saque a Roma pelos visigodos, em 410. Este texto, escrito em seguida ao acontecimento, faz parte de um sermão denominado *De urbis excidio*, de Santo Agostinho (354-430), bispo de Hipona – cidade romana no norte da África. Leia-o e responda.

> Irmãos, líamos há alguns dias uma passagem que, se não me engano, chamou-nos muito a atenção. É aquela passagem do Gênesis em que Abraão pergunta ao Senhor se pouparia a cidade se nela encontrasse cinquenta justos ou se, pelo contrário, a perderia com eles (Gên 18,24).
>
> O Senhor lhe responde que, se encontrar cinquenta justos, poupará a cidade. [...] Deus responde que também por dez justos não se perderia a cidade. [...]
>
> Ora, irmãos, será que entre tantos fiéis, tantas religiosas, tantos homens e mulheres dedicados ao serviço de Deus, não se podia encontrar cinquenta justos, nem quarenta, nem trinta, nem vinte, nem dez?
>
> Sendo isto inverossímil, por que então Deus não poupou a cidade por causa de dez justos? A Escritura não engana o homem, se ele não se engana. Trata-se aqui de justiça e Deus responde pela justiça: trata-se do homem que é justo segundo a medida divina e não segundo a medida humana. E respondo prontamente. Das duas, uma: ou Deus encontrou o número de justos e poupou a cidade; ou, se Ele não poupou a cidade, é porque não encontrou justos. [...]
>
> Sodoma não foi poupada; perdeu-se. O fogo consumiu-a totalmente, sem esperar o dia do juízo; [...] não sobrou nada dos homens, nem dos animais, nem das casas [...].
>
> Já quanto à cidade de Roma, é tudo diferente: muitos dela saíram e depois voltaram; muitos permaneceram e escaparam à morte e muitos ficaram incólumes por terem se refugiado nos santuários.
>
> Santo Agostinho. *Sermão sobre a devastação de Roma*. Trad. Jean Lauand. Disponível em: <http://www.academia.edu/3764569/Sermoes_de_Santo_Agostinho>. Acesso em: 19 maio 2014.

a) Que diferenças entre a agressão sofrida por Roma e a destruição de Sodoma a leitura do texto sugere? O que teria levado Santo Agostinho a fazer esse sermão?

b) Com base no texto, o que você acha que o autor quis dizer com "[...] justo segundo a medida divina e não segundo a medida humana"?

113

CAPÍTULO

9 Os reinos cristãos

O que você vai estudar

- O Império Bizantino.
- O Império Carolíngio.
- As invasões dos séculos IX e X.
- O Sacro Império Romano-germânico.

Interior da basílica de Santo Apolinário, em Ravena, Itália. Foto de 2011.

Ligando os pontos

Como foi estudado no capítulo Roma: a cidade e o Império, em meados do século II, no auge do poder, o Império Romano controlava territórios com características muito diferentes. No Ocidente, em regiões hoje ocupadas por França, Suíça, Bélgica, Inglaterra, Espanha e Portugal, a maior fonte de riqueza era a agricultura. As cidades ocidentais viviam em função do campo. Na porção oriental do Império, principalmente em regiões onde hoje se situam a Grécia, a Turquia, a Síria, a Jordânia, Israel, a Palestina e o norte do Egito, boa parte da riqueza baseava-se na produção urbana de artesanato de luxo e no comércio. Por isso, as grandes cidades do Mediterrâneo oriental eram as mais ricas e cosmopolitas do mundo romano. A divisão política do Império entre Oriente e Ocidente acentuou essas diferenças.

Quando, a partir do século III, povos vindos do leste da Europa invadiram o Império, cada uma dessas porções reagiu de maneira diferente. No Ocidente, a ação dos invasores foi vitoriosa, isolando as várias comunidades romanas espalhadas no vasto território rural e gerando numerosos Estados independentes, conhecidos como reinos germânicos. No Oriente, a densa população urbanizada pôde resistir melhor às invasões, expulsando os conquistadores e mantendo o poder romano, sediado em Constantinopla.

Uma herança do Império Romano continuou, porém, a unir Oriente e Ocidente: o cristianismo.

A imagem acima representa o interior da basílica de Santo Apolinário, construída em meados do século VI na cidade de Ravena, norte da atual Itália.

1. Analise a imagem e faça comentários sobre a decoração do interior da basílica retratada.
2. Como explicar que um edifício desse porte tenha sido construído menos de um século após o início das grandes invasões de povos germânicos na península Itálica?
3. Pela análise do porte e da decoração do edifício representado, o que se pode inferir do poder da Igreja cristã nesse período?

O Império Bizantino

Em 395, pressionado por invasões militares e por uma grave crise econômica, o imperador Teodósio dividiu a administração do Império Romano entre seus dois filhos. Arcádio recebeu o governo do Oriente e Honório, o governo do Ocidente.

Ao contrário das divisões anteriores, que foram meramente administrativas, conservando a integridade da civilização romana, a partilha realizada por Teodósio criou dois Estados independentes que sofreram destinos muito diferentes. Enquanto o Império Romano do Ocidente desintegrou-se menos de 100 anos depois, invadido pelos povos chamados "bárbaros", o **Império Romano do Oriente** conseguiu manter sua autonomia e gerar uma civilização própria, que duraria mais mil anos.

> Os romanos do Império do Oriente

A capital do Império Romano do Oriente foi instalada em **Constantinopla**, cidade fundada pelo imperador Constantino em 330, no local ocupado por uma antiga colônia grega chamada **Bizâncio**. Destinada a abrigar o governo imperial, a nova cidade possuía edifícios grandiosos, semelhantes aos que havia em Roma: palácios, termas, circos, fóruns, um senado, templos e igrejas cristãs.

Situada no estreito de Bósforo, Constantinopla controlava o **comércio** entre a Europa e a Ásia. Sua importância aumentou ainda mais quando ela se tornou a única capital do mundo romano, comandando um império rico e populoso.

O poderio do Oriente incentivou o imperador **Justiniano** (que governou entre 527 e 565) a planejar a reconquista do Ocidente. O poderoso exército formado por ele conquistou parte do norte da África, a costa sul das penínsulas Ibérica e Itálica.

Governando territórios tão extensos, Justiniano procurou melhorar a administração do Império. Seu principal ato foi ordenar a organização de todas as leis imperiais emitidas desde o governo do imperador Adriano (século II). Essas leis foram reunidas em uma coleção que ficou conhecida como **Código de Justiniano**, obra que serviria de modelo jurídico para a Europa moderna.

Após a morte de Justiniano, porém, o Império perdeu a maior parte dos territórios reconquistados no Ocidente, tornando-se definitivamente oriental.

Planta da cidade de Constantinopla (século V)

Fonte de pesquisa: Santacana Mestre, Joan; Zaragoza Ruvira, Gonzalo. *Atlas histórico*. Madrid: Ediciones SM, 1999. p. 38.

> De romano a bizantino

Os habitantes de Constantinopla e do Império, apesar de se considerarem romanos, tinham costumes e valores muito diferentes dos do mundo latino ocidental. Nas diversas províncias orientais viviam povos herdeiros de **civilizações milenares**, como os egípcios, os fenícios e os gregos, unidos em torno de uma cultura comum, de base grega, chamada **helenística**, criada com as conquistas de Alexandre (estudadas no capítulo sobre a Grécia Antiga). As legiões de Roma levaram a cultura latina ao Oriente, sem conseguir, porém, extinguir a tradição helenística.

Com a desintegração do Estado Ocidental, a cultura latina perdeu força no Oriente, onde surgiu uma nova cultura, que misturava a tradição helenística com o cristianismo. No século VII, o grego substituiu o latim como idioma oficial do Império, marcando a ruptura com a antiga tradição romana. O imperador abandonou o título romano de **augusto** e passou a ser chamado de **basileus**, palavra grega que significa "rei".

Foi por esse motivo que os estudiosos passaram a chamar o Império comandado por Constantinopla de **bizantino**, e não de romano.

A religiosidade bizantina

Quando o Império Romano foi dividido pela última vez entre Oriente e Ocidente, a religião mais praticada nas duas partes era a mesma: o cristianismo. No entanto, a predominância da tradição helenística e a situação política do Império Bizantino se refletiram também na religião oriental, gerando um cristianismo com características próprias.

O imperador comanda a Igreja

No Oriente, o Estado era centralizado e o imperador, a autoridade suprema. Muito diferente do que ocorria no Ocidente, onde, após a fragmentação política, a Igreja tornou-se a única instituição com poder de impor regras ao conjunto da cristandade.

Essa centralização do Estado bizantino ia além da política, pois o imperador comandava também a religião no Império. De fato, ele governava em nome de Deus, nomeava bispos, convocava e presidia **concílios** e decretava regras sobre a fé cristã que deviam ser seguidas por todos.

A Igreja bizantina procurava resistir, mas apenas um grupo conseguia alguma independência diante do imperador: os **monges**.

A questão iconoclasta

Os monges bizantinos eram muito respeitados pela população. Eles dedicavam-se a uma vida de orações e produziam os **ícones**, pinturas que recebiam grande **veneração**. A venda dos ícones constituía uma fonte de renda para os mosteiros, que assim não dependiam do imperador para viver.

Havia grupos, porém, que consideravam a veneração aos ícones uma forma de **idolatria**, prática condenada pela Bíblia e proibida aos judeus e aos cristãos. Eram os **iconoclastas**.

No início do século VIII, o imperador Leão III passou a defender a causa iconoclasta e usou seu poder religioso para ordenar a destruição de todos os ícones. Além das razões de fé, era uma forma de empobrecer os mosteiros, submetendo-os ao controle imperial.

A maior parte da Igreja e da população, porém, defendia a veneração aos ícones e desobedecia às ordens imperiais. Por mais de um século houve rebeliões, perseguições e mortes, enfraquecendo o Império, até que em 843 os ícones foram definitivamente permitidos.

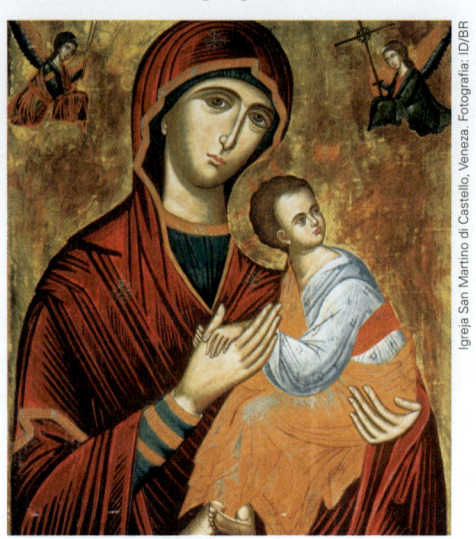

Ícone bizantino em têmpera sobre madeira, de c. 1450. Ao contrário da arte paleocristã (estudada no final do capítulo Roma: a cidade e o Império), a arte bizantina tinha o objetivo de levar o observador a uma atitude de respeito e veneração. Personagens bíblicos ou soberanos eram representados com postura rígida e frontal para ressaltar um caráter majestoso.

GLOSSÁRIO

Veneração: para os cristãos católicos e romanos e ortodoxos, demonstração de respeito a entidades sagradas representadas por meio de imagens (pinturas, ícones, estátuas, etc.).

Idolatria: para as grandes religiões monoteístas (judaísmo, cristianismo e islamismo), é o culto ou adoração de objetos materiais como se eles fossem entidades sobrenaturais possuidoras de poderes mágicos ou divinos.

Conheça melhor

Os mosteiros do Monte Atos

As comunidades de monges eram muito numerosas entre os bizantinos. Apesar de estarem espalhados por todo o império, havia concentrações de mosteiros em locais considerados "santos".

É o caso do Monte Atos (chamado de Agio Oros em grego), situado em uma península às margens do mar Egeu, próximo da antiga cidade macedônica de Tessalônica (atual Salônica, na Grécia).

O primeiro dos vinte mosteiros hoje existentes instalou-se no Monte Atos em 963. Isolados em meio a altos rochedos e florestas, os mosteiros resistiram a séculos de guerras e invasões, protegendo inúmeros tesouros artísticos, religiosos e culturais acumulados a partir do século X. Esses tesouros serviram de base cultural à nação grega, após a Grécia ter-se tornado independente, em 1821.

Desde 1924, a comunidade de mosteiros do Monte Atos mantém uma situação de semi-independência em relação à Grécia. Os religiosos ortodoxos – em 2008 eram cerca de 1 700 monges, vindos de vários países – elegem um conselho que governa a península.

Em pleno século XXI, as tradições e os ritos bizantinos permanecem vivos nos mosteiros do Monte Atos, como a proibição da entrada de mulheres (e fêmeas de qualquer animal) na península, imposta no século XI e seguida até hoje.

› A Igreja oriental e o papa

Após a divisão definitiva do Império Romano no final do século IV, a Igreja cristã continuou unida, chefiada pelos bispos das cidades mais importantes: Roma, Constantinopla, Alexandria, Antioquia e Jerusalém. Os bispos dessas cidades eram chamados de **patriarcas**.

Formalmente, os bizantinos consideravam o patriarca de Roma – que passou a ser chamado de papa – o líder religioso mais importante da cristandade. Porém, na prática eles não aceitavam se submeter às ordens papais.

O papa encontrava oposição do **patriarca de Constantinopla**, mas o maior desafio à autoridade do papado romano vinha do imperador oriental, que procurava impor seus decretos religiosos ao Ocidente.

O fato de os orientais terem adotado a **língua grega** na teologia e nos ritos litúrgicos dificultava ainda mais o entendimento com o Ocidente, onde a Igreja usava o latim. Em Roma, o papa procurava resistir às pressões do imperador, mas dependia do Império para se defender dos inimigos da cristandade.

Catedral de Santa Sofia, reconstruída após a Revolta de Nika pelo imperador Justiniano entre 532 e 537. Foi o principal templo do cristianismo oriental até a queda de Constantinopla, em 1453. Transformada pelos turcos otomanos em mesquita, atualmente é um museu e um dos principais monumentos ainda existentes da velha Bizâncio. Foto de 2011.

› O Grande Cisma

As leis iconoclastas do século VIII agravaram as disputas entre ocidentais e orientais pelo comando da religião. O papado romano condenou a política de destruição dos ícones, apoiando abertamente os grupos bizantinos contrários à iconoclastia.

O culto aos ícones, como vimos, foi restabelecido no século IX, mas as relações entre o papado e o Império nunca mais foram as mesmas. O papa, rompido com o imperador, conseguiu o apoio dos **reis francos**, deixando de depender da proteção militar do Oriente.

A disputa entre o papa e o imperador pelo controle das questões religiosas, somada a divergências com relação a detalhes sobre a fé, como a infalibilidade papal, resultaram em 1054 na separação das Igrejas de Roma e Constantinopla, conhecida como **Grande Cisma**. A Igreja bizantina independente passaria a ser conhecida como **Ortodoxa**.

Ação e cidadania

Leis do Trabalho

A legislação de um povo constitui importante fonte de conhecimento para a História. As leis informam sobre os valores, os costumes, as noções de certo e errado, e estabelecem critérios de punição e perdão de uma sociedade.

As leis romanas estão na origem do sistema jurídico atualmente em vigor nos Estados ocidentais e são estudadas em muitas faculdades de Direito, até mesmo no Brasil.

No Ocidente, outra importante fonte de conhecimento histórico é o Direito Canônico, isto é, o conjunto de normas religiosas, criminais, comerciais, etc. produzidas pela Igreja cristã ao longo dos séculos.

A análise das normas canônicas é feita tanto por historiadores quanto por teólogos e juristas, até mesmo em muitas faculdades de Direito. Além das questões religiosas, essas análises são muito importantes, por exemplo, para o entendimento de períodos como a Idade Média ocidental.

Você conhece a história das leis no Brasil?

Leia o artigo 76 do Decreto-lei n. 5 452, de 1º de maio de 1943, conhecido como Consolidação das Leis do Trabalho, ou CLT: "Salário mínimo é a contraprestação mínima devida e paga diretamente pelo empregador a todo trabalhador, inclusive ao trabalhador rural, sem distinção de sexo, por dia normal de serviço, e capaz de satisfazer, em determinada época e região do país, as suas necessidades normais de alimentação, habitação, vestuário, higiene e transporte".

1. Pela análise do texto, como você descreveria a relação de trabalho vigente no Brasil, na época em que foi decretada a CLT?

2. Promova um debate com seus colegas sobre as relações de trabalho no Brasil na atualidade e a importância das leis para regular essas relações.

⟩ Cultura e arte em Bizâncio

A cultura bizantina foi basicamente **cristã**. Assim como ocorria no Ocidente medieval, os artistas e intelectuais bizantinos dedicaram suas habilidades para glorificar Deus e as personagens consideradas santas.

Mas, mesmo com o predomínio do cristianismo, o Império Bizantino gerou uma cultura diferente da ocidental. Além de uma forte tradição helenística, os bizantinos mantinham contato direto com persas e árabes, gerando uma diversidade cultural desconhecida no Ocidente.

⟩ Imagens do divino

Na pintura, a forma mais característica da arte bizantina são os **ícones** (do grego *eikon*, imagem), considerados objetos sagrados, pois representavam a imagem de Cristo, da Virgem Maria e dos santos. Os pintores bizantinos não se preocupavam em imitar os traços humanos com fidelidade, mas sim em representar figuras que expressassem a espiritualidade cristã. As imagens eram pintadas geralmente sobre um painel de madeira e, segundo regras fixas, sem sombras, utilizando cores vivas e um fundo dourado que simboliza a luz interior das personagens sagradas.

Os mosaicos com figuras sacras recobriam as paredes das igrejas. Essa técnica artística foi um resquício da tradição romana que permaneceu na cultura bizantina adaptada ao culto cristão.

Mosaico representando Cristo *Pantocrator* (todo-poderoso), convento de Kykkos, na ilha de Chipre, final do século XI. Assim como no ícone de Nossa Senhora e o menino Jesus, visto anteriormente, essa representação se baseia nos elementos formais de frontalidade e rigidez.

⟩ A arquitetura

A arquitetura bizantina destaca-se pela construção de igrejas. A maior e mais importante dessas igrejas é a catedral de **Santa Sofia** (Hagia Sophia, em grego, ou Santa Sabedoria), reconstruída em Constantinopla por ordem do imperador Justiniano e terminada em 537. De planta quadrada e coberta por uma grande cúpula, ela é decorada com mosaicos e ícones nos quais predomina o dourado. A catedral de Santa Sofia, que atualmente é um museu, é um exemplo de igreja do estilo bizantino.

⟩ Difusão cultural bizantina

A cultura bizantina atravessou as fronteiras do Império, acompanhando os missionários que levavam a religião ortodoxa aos **povos eslavos** (búlgaros, sérvios e russos).

A expansão da fé oriental ligava-se a motivos religiosos e políticos. Convertidos ao cristianismo ortodoxo, esses povos passariam a obedecer à autoridade religiosa tanto do imperador quanto do patriarca de Constantinopla. Dessa forma, os eslavos deixariam de atacar o Império, tornando-se aliados dos bizantinos.

Na tarefa de transmitir os ensinamentos ortodoxos aos eslavos, os missionários bizantinos traduziram os principais textos sagrados para a língua eslava. Como essa língua não tinha forma escrita, foi criado um novo alfabeto, derivado do grego, chamado de **cirílico**.

O sucesso dos missionários orientais levou a cultura bizantina à grande área do leste da Europa, chegando até a região dos principados de Kiev e Moscou (Ucrânia e Rússia atuais).

Atualmente, russos, ucranianos, bielorrussos, sérvios e búlgaros, entre outros, usam o alfabeto cirílico e praticam um cristianismo derivado da ortodoxia bizantina, cultuando ícones e rezando em igrejas inspiradas na catedral de Santa Sofia de Constantinopla.

A catedral de São Nicolau, na cidade russa de Kronstadt, foi construída no início do século XX. Inspirada na de Santa Sofia de Constantinopla, reflete a persistência da influência bizantina na cultura russa, principalmente nas manifestações religiosas. Foto de 2011.

› A política bizantina

O esforço do imperador Justiniano em reconquistar o Ocidente esgotou os recursos financeiros e materiais do Império do Oriente.

No final do século VI, os exércitos imperiais, espalhados pela Ásia, pela Europa e pela África, tinham de lutar contra muitos inimigos: os **visigodos** na península Ibérica, os **berberes** no norte da África, os **lombardos** na península Itálica, os **eslavos** e os **ávaros** na península Balcânica e os **persas** na Síria.

Incapaz de sustentar a guerra em tantas frentes, o Império perdeu a maior parte das províncias ocidentais, restando algumas regiões na península Itálica, como Ravena e a ilha da Sicília, e na África, como Cartago.

No Oriente, apesar de obter importantes vitórias sobre os persas, tradicionais inimigos desde os tempos do antigo Império Romano, os bizantinos não conseguiram conter um novo invasor: os **árabes**, recém-convertidos ao islamismo. Entre 636 e 642, os árabes conquistaram as mais ricas e populosas províncias imperiais: a Síria, a Palestina e o Egito. Nelas situava-se a maior parte das grandes cidades do Império, incluindo Alexandria, Antioquia, Damasco e Jerusalém.

As conquistas árabes do século VII reduziram o Império Bizantino basicamente aos territórios de milenar colonização grega, espalhados pelas margens dos mares Egeu e Negro. No centro do Império, brilhava a única grande cidade que restou nas mãos dos bizantinos: Constantinopla.

Hoje em dia

A moderna Istambul

Os turcos otomanos tinham uma civilização brilhante e ampliaram a importância política e cultural de Constantinopla após conquistá-la, em 1453. Com o fim do Império Otomano em 1922, Istambul (nome oficial da cidade a partir de 1930) deixou de ser a capital política, mas manteve-se como grande metrópole dos turcos. Atualmente, é um grande centro financeiro, industrial e universitário e uma das mais populosas cidades do mundo, com aproximadamente 10 milhões de habitantes.

› Expansão e decadência do Império Bizantino

Durante os séculos VIII e IX, o enfraquecido Império Bizantino foi constantemente atacado por árabes na Ásia e por eslavos nos Bálcãs. Internamente, a política iconoclasta fomentava rebeliões que prejudicavam a economia.

A solução da questão iconoclasta e a concentração dos recursos militares na parte mais importante do Império – a Ásia Menor e a Grécia – permitiram aos imperadores, a partir de Basílio I (coroado em 867), reforçar o exército e ampliar o território bizantino.

Acompanhando a renovação do Império, no início do século X o imperador Leão VI publicou as **Basílicas**, coleção de leis que atualizava o antigo Código de Justiniano.

O Império Bizantino nos séculos VI e VII

Fonte de pesquisa: ARRUDA, José Jobson de A. *Atlas histórico básico*. 17. ed. São Paulo: Ática, 2007, p. 14.

A partir do século XI, porém, as disputas políticas entre burocratas e militares e o surgimento de novos inimigos nas fronteiras enfraqueceram o Império. Dois inimigos foram particularmente destruidores: os cristãos ocidentais e os turcos.

Os cristãos ocidentais da Quarta Cruzada, desejando controlar o comércio com a Ásia, tomaram e saquearam Constantinopla em 1204. Os bizantinos restauraram o Império em 1261, mas não conseguiram recuperar todos os territórios perdidos.

Os **turcos otomanos**, nova força islâmica, conquistaram o que restava do Império a partir do início do século XIV, tomando definitivamente a cidade de Constantinopla (1453), que passou mais tarde a se chamar **Istambul**. Foi o fim do Império Bizantino.

O Reino dos Francos

A fragmentação do Império Romano do Ocidente, estudada no capítulo Alta Idade Média, resultou em um conjunto de reinos relativamente fracos, sempre em guerra uns contra os outros.

A maior parte dos invasores germânicos seguia o **arianismo**, doutrina cristã condenada pela Igreja de Roma. Tal fato contribuía para a instabilidade dos reinos chamados "bárbaros". A conversão do rei dos francos, Clóvis, ao catolicismo romano, em 496, mudou esse quadro.

Os francos eram um povo germânico que havia se fixado no norte da antiga Gália romana (atuais Bélgica e norte da França). Sob o comando de Clóvis, passaram a conquistar os reinos vizinhos até dominar toda a Gália e parte da Germânia (oeste da atual Alemanha).

Aliados da Igreja ocidental e respeitados pelos **galo-romanos**, os reis descendentes de Clóvis, chamados **merovíngios** (em homenagem ao avô de Clóvis, Meroveu, grande líder militar), mantiveram seus vastos territórios por dois séculos. Contudo, no final do século VII os reis merovíngios, enfraquecidos por disputas familiares, transferiram a tarefa de governar a funcionários chamados **prefeitos do palácio**.

Defensores da cristandade romana

Carlos Martel, prefeito do palácio entre 717 e 741, organizou um poderoso exército. Como líder militar, tornou-se herói da cristandade ocidental ao vencer os árabes em 732, na batalha de **Poitiers**, que significou o fim da expansão islâmica na Europa Ocidental.

O poder e o prestígio dos prefeitos do palácio levaram **Pepino**, filho de Carlos Martel, a depor o último soberano merovíngio em 751. O papa, interessado em manter a aliança com o Reino Franco, apoiou o golpe de Pepino, coroando-o rei.

Nesse período, o papado vivia uma situação delicada. A questão iconoclasta havia provocado o rompimento com o imperador bizantino. Os **lombardos** cercaram a cidade de Roma, aproveitando o desentendimento entre o papa e os bizantinos. Pepino, chamado para proteger o papa, venceu os lombardos em 756 e doou ao papado os territórios italianos conquistados, criando os **Estados Pontifícios**.

GLOSSÁRIO

Galo-romano: pessoa nascida na Gália, ou moradora dessa região, que adotava a cultura romana.

Prefeito do palácio: também chamado de mordomo, do latim *major domus* (literalmente, "maior da casa", significando "administrador do palácio"). Na dinastia merovíngia, os administradores do palácio real ganharam funções cada vez mais complexas e importantes até passarem a governar de fato, em nome do rei.

A basílica de São Pedro, no Vaticano, foi construída no mesmo terreno onde o imperador Constantino ergueu uma basílica em c. 324, para homenagear o apóstolo Pedro, considerado o primeiro papa da Igreja católica. Foto de 2011.

Hoje em dia

O Estado do Vaticano

Atualmente, o papa – que acumula os títulos de bispo e de patriarca de Roma – é também o soberano do menor Estado independente do mundo: o Estado da Cidade do Vaticano.

A história desse pequeno país começou quando o rei franco Pepino criou os Estados Pontifícios, em 756. Desde então, os papas governaram um amplo território no centro da Itália e, a partir do século XIII, algumas cidades do sul da atual França.

Não foi uma história pacífica. Ao longo dos séculos, os Estados Pontifícios sofreram inúmeros ataques, de imperadores do Sacro Império ao francês Napoleão Bonaparte. Apesar de algumas derrotas, os domínios do papa sobreviveram até o final do século XIX.

Em 1870, porém, o movimento de unificação da Itália tomou a cidade de Roma e extinguiu os Estados Pontifícios. Em 1929, o papado finalmente assinou com o governo italiano um tratado que reduziu os Estados Pontifícios ao Estado do Vaticano.

- Promova um debate com seus colegas sobre as diferenças entre o Estado laico e o Estado controlado por religiosos.

❯ Um novo império no Ocidente

Carlos Magno, filho de Pepino, tornou-se rei dos francos em 771 e continuou a política de seu pai, baseada na expansão do reino e no apoio à Igreja romana. No leste, Carlos conquistou estados germânicos como a **Saxônia** e a **Baviera** (partes da atual Alemanha). No oeste, tomou dos árabes a região de **Barcelona** (atual norte da Catalunha, na Espanha), criando uma barreira permanente à expansão muçulmana no Ocidente.

A conquista dos novos territórios implicou também a **expansão do cristianismo** romano, principalmente com a conversão dos saxões, povo que cultuava deuses tradicionais. Dessa forma, Carlos Magno assumia o papel de defensor da cristandade.

Quando, em 772, os lombardos atacaram os Estados Pontifícios, os francos foram novamente chamados para socorrer o papa. Carlos Magno derrotou os invasores e proclamou-se **rei dos lombardos** em 774. Com a conquista do Reino Lombardo, pela primeira vez desde o século V um soberano governava a maior parte do Ocidente. Estava criada a base para o ressurgimento do Império Ocidental.

❯ O Império Carolíngio

Três séculos depois da fragmentação do Estado romano em pequenos reinos, a ideia de reconstituir o Império do Ocidente ainda estava viva. A Igreja era a maior interessada na restauração do Império, porque um governo forte e centralizado poderia garantir segurança para conventos e catedrais e impor ao conjunto dos cristãos ocidentais a obediência às regras ditadas pelo papa.

Como vimos, o Império sobrevivia no Oriente, mas os imperadores bizantinos, principais candidatos ao trono ocidental, discordavam da supremacia religiosa do papa e apoiavam causas polêmicas, como a iconoclastia, o que causava forte resistência da Igreja e da população do Ocidente.

O fortalecimento do Reino Franco, que no final do século VIII dominava quase toda a Europa Ocidental e era aliado fiel do papa, permitiu que o Império fosse recriado. No ano 800, o papa coroou Carlos Magno **imperador** e deu-lhe o título de augusto. O Reino Franco tornou-se um império chamado pelos historiadores de **Império Carolíngio**.

❯ A organização do Império

Para administrar seu extenso território, Carlos Magno retomou o uso de **registros escritos**, prática romana abandonada pelos reinos germânicos. As ordens imperiais passaram a ser escritas em documentos chamados **capitulares**.

O Império foi dividido em distritos governados por **condes**, nobres escolhidos para administrar a justiça e recolher os impostos. Os condes recebiam terras em troca de seu trabalho, o que criou uma nobreza poderosa, capaz de se opor ao imperador.

As fronteiras foram divididas em **marcas**, que eram territórios comandados pelos marqueses, militares indicados pelo imperador.

Para garantir a obediência às ordens do imperador, os condes eram visitados regularmente pelos *missi dominici* ("enviados do senhor"), fiscais com poderes para rever suas decisões.

A Igreja, aliada de Carlos Magno, não devia obediência aos condes, recebendo ordens diretamente do imperador. Bispos e abades, em geral homens de grande cultura, prestavam serviços ao Estado e comandaram o chamado Renascimento Cultural Carolíngio.

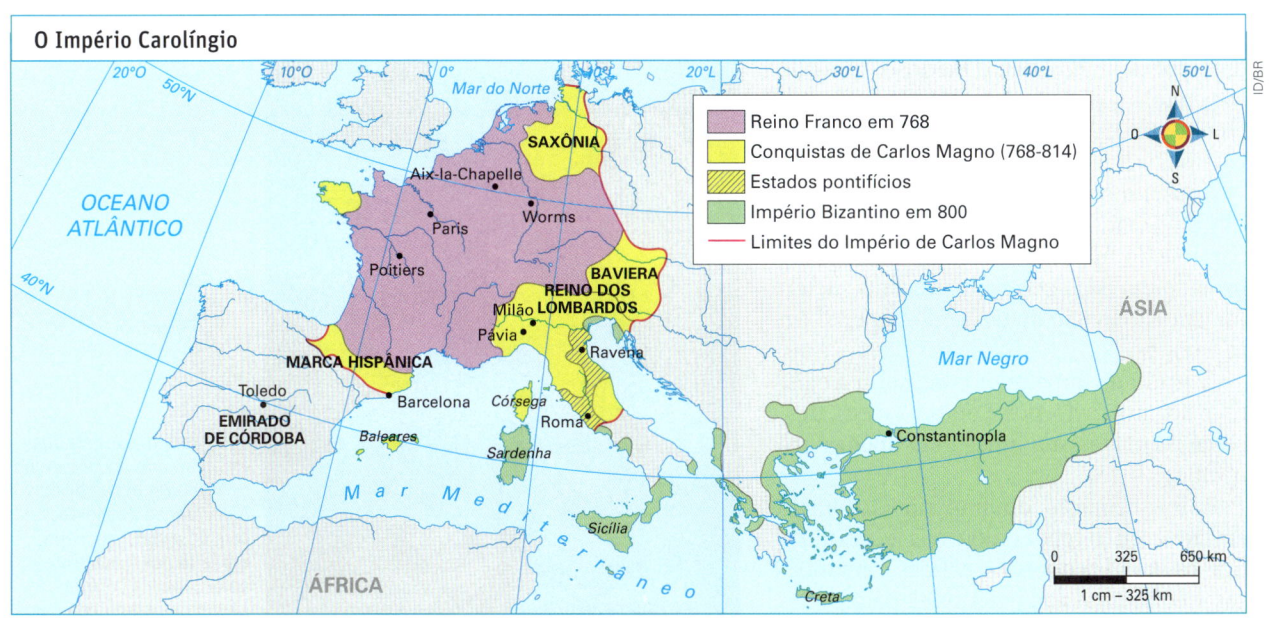

O Império Carolíngio

Fonte de pesquisa: ARRUDA, José Jobson de A. *Atlas histórico básico*. 17. ed. São Paulo: Ática, 2007. p. 15.

> O Renascimento Carolíngio

A reconstrução do Império do Ocidente foi acompanhada pela tentativa de unificar a cultura dos vários domínios carolíngios, tendo por base a antiga tradição imperial romana.

Com esse objetivo, Carlos Magno ordenou a criação de escolas nos mosteiros, nas catedrais e nos palácios. Os ensinamentos dessas escolas eram dados em latim, idioma oficial da Igreja de Roma. A adoção do latim como língua da religião, da cultura e do Estado marcava a oposição diante do cristianismo oriental, que, como vimos, usava o grego.

A maior e mais importante escola carolíngia funcionava na cidade de **Aix-la-Chapelle** (atual Aachen, no oeste da Alemanha), junto ao principal palácio de Carlos Magno.

Para que todas as escolas tivessem material para estudo, os monges foram incentivados a produzir cópias manuscritas não apenas dos textos religiosos, mas também das obras dos grandes pensadores do passado greco-romano (filósofos, poetas, historiadores, juristas, etc.), imitando o que se fazia no Império do Oriente.

A grande produção de cópias manuscritas favoreceu o desenvolvimento da arte da **iluminura**, que, feita de pequenos desenhos coloridos que decoravam os livros, foi a principal forma de arte do período carolíngio.

A esse movimento de renovação cultural e reforma educacional, depois de três séculos de decadência do uso da escrita, os historiadores dão o nome de **Renascimento Carolíngio**.

> A fragmentação do Império

Carlos Magno morreu em 814 e foi sucedido por seu filho **Luís, o Piedoso**. Coroado imperador pelo papa em 816, Luís prosseguiu a política de renovação cultural executada por seu pai.

Após a morte de Luís, em 840, seus três filhos – Lotário, Carlos e Luís – lutaram pelo controle do Império. O **tratado de Verdun**, firmado em 843, encerrou a disputa, determinando a divisão do território imperial em três reinos.

O título de imperador continuou a existir e foi utilizado por Lotário e seus descendentes, mas sua função era apenas honorífica.

A fragmentação do Império Carolíngio enfraqueceu o poder dos reis e permitiu que os grandes nobres – condes e marqueses – conquistassem autonomia para governar suas terras.

Porém, sem condições de coletar impostos, os reis não tinham como manter grandes exércitos. A Europa Ocidental – transformada em potência militar por Carlos Martel no início do século VIII – tornava-se novamente incapaz de se defender de invasores.

> As invasões dos séculos IX e X

A prosperidade econômica resultante da administração carolíngia atraiu a cobiça de povos que habitavam o entorno do Império.

No sul, piratas sarracenos pilhavam a costa das atuais França e Itália, ocupando algumas cidades e instalando-se nos Alpes, onde assaltavam os viajantes.

Do norte vieram povos germânicos que habitavam parte da Escandinávia (nas atuais Dinamarca, Suécia e Noruega), os **normandos** (homens do norte), também conhecidos como *vikings*. Os excelentes navios dos normandos navegavam com facilidade em rios rasos, o que permitia fazer saques no interior do continente. Amplas regiões das atuais França, Inglaterra e Irlanda foram saqueadas e ocupadas pelos escandinavos.

No leste, a ameaça eram os **magiares**, ou húngaros, que eram hábeis cavaleiros e, vindos da Ásia central, atacaram regiões das atuais Alemanha, Itália e França, provocando muitos prejuízos e aterrorizando a população.

Esses povos não pertenciam ao universo cultural cristão, logo não se intimidavam em atacar mosteiros e cidades, saqueando as riquezas que encontravam no caminho.

> **GLOSSÁRIO**
>
> **Sarraceno**: um dos nomes dados ao povo de origem árabe ou berbere e de religião muçulmana que ocupou a maior parte da península Ibérica entre os séculos VIII e XV.

São Lucas representado em iluminura do *Evangelho de Saint-Riquier*, c. 800. A decoração dos textos com desenhos coloridos era feita nos mosteiros pelos monges copistas, atividade estimulada pelos imperadores carolíngios.

❯ O Sacro Império Romano-germânico

Ao longo do século X, os reis carolíngios foram substituídos por novas dinastias em reinos como a Germânia (origem da atual Alemanha) e a França. Mas, enquanto na França a nobreza aumentou a sua autonomia, na Germânia os reis conseguiram recompor um Estado forte, comandado pelo monarca.

Oto I, duque da Saxônia, coroado rei da Germânia em 936, uniu as forças do reino para combater os invasores **magiares**, derrotados definitivamente em 955. Em seguida, subjugou a Polônia e a Borgonha (região da atual França). A conquista do território na península Itálica, concluída em 961, tornou Oto o mais poderoso soberano do Ocidente. O papa, mais uma vez necessitando da proteção de um grande exército, aliou-se a Oto, coroando-o **imperador do Ocidente** em 962.

❯ O Império Germânico

Com Oto I, o Império voltava a ser o mais poderoso Estado ocidental, conhecido posteriormente pelo nome de **Sacro Império Romano-germânico**.

Oto e seus sucessores procuraram ampliar sua autoridade, diminuindo o poder dos nobres. Para isso, utilizaram a estrutura da Igreja a seu favor. Os bispos e abades, nomeados pelo próprio imperador, tornaram-se funcionários do Estado, cumprindo diversas tarefas no governo e na justiça.

O ato de nomear os bispos e abades chamava-se **investidura**. A prática da investidura permitia ao imperador controlar a Igreja nos seus domínios, situação semelhante à praticada pelo imperador bizantino.

A restauração do Império Romano pelo saxão Oto I, no século X, foi acompanhada por uma nova tentativa de fortalecer a cultura clássica. O modelo era a experiência carolíngia.

Escolas em mosteiros e catedrais promoviam o estudo dos textos clássicos e do latim. Os monges eram incentivados a produzir cópias dos textos antigos e a pintar coloridas iluminuras neles.

Hábeis escultores e gravadores produziam camafeus de marfim e baixos-relevos para portas de bronze nas catedrais.

O imperador Oto III, que governou de 996 a 1002, foi o que mais investiu na ideia de reconstituir a cultura romana, transferindo sua capital para a cidade de Roma e criando uma corte de sábios.

❯ Decadência e fim do Império

O papado tolerou a investidura apenas enquanto dependeu da proteção imperial. Quando os papas sentiram-se mais fortes, a partir do século XI, passaram a combater o poder religioso dos imperadores.

No século XII, o papado teve forças para abolir o papel do imperador romano como protetor da cristandade ocidental. O papa assumiu sozinho o posto de líder religioso do Ocidente.

Como um simples Estado europeu, suplantado por reinos como Espanha, França e Inglaterra, o Sacro Império durou até 1806, quando foi extinto por Napoleão Bonaparte.

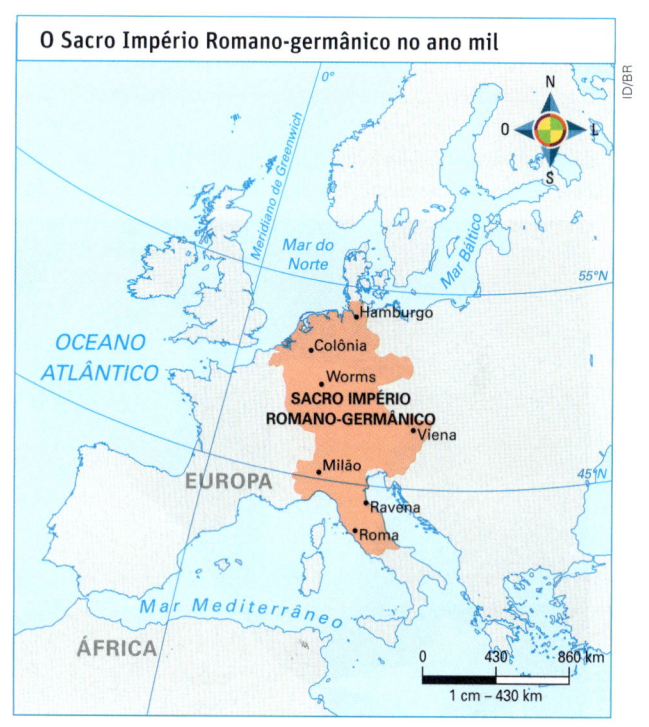

O Sacro Império Romano-germânico no ano mil

Fonte de pesquisa: BLACK, Jeremy (Ed.). *Atlas da história do mundo*. Londres: Dorling Kindersley, 2005. p. 188.

Iluminura do final do século X representando o imperador Oto III como soberano romano, com o globo, que significa o mundo, na mão esquerda.

Ontem e hoje

O ecumenismo entre ortodoxos e latinos

Patriarca da Igreja Ortodoxa Grega vai ao Vaticano

Francisco é definitivamente um papa afeito aos ineditismos. Primeiro sul-americano, primeiro jesuíta, primeiro a usar sua denominação, ontem o novo pontífice também se tornou o primeiro a receber em sua missa inaugural a visita do patriarca da Igreja Ortodoxa Grega desde o cisma católico, ocorrido no ano 1054. Ao lado de líderes da Igreja da Rússia e da Sérvia, entre outras, a presença do patriarca Bartolomeu I foi interpretada como um sinal de que as confissões católicas do Ocidente e do Oriente podem entrar em fase de maior aproximação no atual pontificado.

Roma passaram a exigir uma subordinação dos patriarcados orientais – Alexandria, Antioquia, Constantinopla –, fazendo do papa um monarca absoluto em vez do chefe de um governo colegiado.

Além de Bartolomeu I, estiveram presentes patriarcas e arcebispos maiores das 10 Igrejas Orientais Católicas, entre os quais o líder da Igreja Católica Ortodoxa Russa e das Igrejas Ortodoxas da Armênia e da Sérvia, em um total de 33 delegações de denominações cristãs – entre elas 14 orientais e 10 ocidentais, além de organizações cristãs e outros grupos.

Desde o conclave, Francisco tem recebido a visita na Praça São Pedro de cristãos coptas, do Egito, maronitas, do Líbano, e até mesmo grupos de sírios.

Uma das explicações do respeito obtido por Francisco é o fato de que, na Argentina, ele também chefiava o Ordinariato Oriental, que presta atividade pastoral a comunidades católicas orientais, como ucranianos, armênios, maronitas, melquitas, russos e romenos. O prestígio do papa ficou claro após o anúncio de seu nome. Bartolomeu I lhe escreveu, cumprimentando-o: "Desejo que prossigamos nossa viagem em direção à reconciliação e à consolidação do diálogo pela unidade de nossa Igreja".

Encontro entre o patriarca da Igreja Ortodoxa Grega, Bartolomeu I, e o papa Francisco, Vaticano. Foto de 2013.

A presença da autoridade máxima da Igreja Ortodoxa Grega, Bartolomeu I, havia sido anunciada pelo Vaticano na segunda-feira, véspera da missa inaugural. Trata-se de um evento histórico no catolicismo, pois desde o grande cisma nenhum patriarca grego ortodoxo prestava homenagem ao líder da Igreja Católica Apostólica Romana em sua missa de inauguração.

A discórdia que levou ao cisma teve como centro a polêmica em torno da forma de governo da Igreja. Os bispos de

Para especialistas como Lucetta Scaraffia, vaticanista e historiadora da Universidade Roma Sapienza, a aproximação ecumênica se intensificou no pontificado de Bento XVI e, agora, com Francisco, tende a gerar frutos. [...]

Em artigo publicado pela imprensa romana, o filósofo italiano Vittorio Strada seguiu a mesma linha. "A julgar pelo primeiro ato e pela personalidade deste papa, tudo parece conduzir a uma retomada e a uma melhora das relações com o Oriente." [...]

Disponível em: <http://www.estadao.com.br/noticias/impresso,patriarca-da-igreja-ortodoxa-grega-vai-ao-vaticano-,1010844,0.htm> Acesso em: 7 maio 2014.

Reflita

A História registra, ao longo dos séculos, a existência de grande diversidade religiosa. Diferentes sociedades, culturas e grupos adotaram crenças diversas, situação que se repete na atualidade. A convivência entre essas crenças, porém, foi e ainda é muitas vezes conflituosa. Guerras, perseguições e massacres são praticados em nome da religião.

- Debata com seus colegas sobre as guerras religiosas do passado e do presente e as maneiras possíveis de evitá-las na atualidade.

Atividades

Verifique o que aprendeu

1. Cite uma realização do imperador Justiniano e escreva um pequeno texto justificando sua importância.
2. Cite três razões que levaram a Igreja romana e a bizantina ao Grande Cisma de 1054.
3. Por que os ícones eram considerados objetos sagrados pelos bizantinos?
4. Relacione a difusão da cultura bizantina com o alfabeto usado atualmente pelos falantes da língua russa.
5. Escreva um pequeno texto explicando por que a política expansionista de Justiniano resultou no enfraquecimento do Império do Oriente.
6. Que povos contribuíram para o desaparecimento do Império Bizantino nos séculos XIII e XV?
7. Descreva a relação do povo franco com a Igreja romana e explique por que essa relação foi favorável aos reis francos.
8. Por que o Renascimento Carolíngio foi importante para a consolidação do latim como língua culta da Europa medieval?

Leia e interprete

9. Os mosaicos mais antigos, descobertos na Mesopotâmia, datam de 3000 a.C. No início, serviam para pavimentar o solo. Os romanos desenvolveram essa arte, passando a fazer composições de mosaicos em paredes e abóbadas, para serem vistas de perto. Observe estes mosaicos e realize as atividades.

Mosaico originário de Pompeia, cidade romana da península Itálica soterrada pela erupção do vulcão Vesúvio no ano 79. Foi encontrado à porta de uma casa acompanhado da inscrição *Cave canem* (Cuidado com o cão).

Detalhe de mosaico dedicado à imperatriz bizantina Teodora (rosto no destaque), na igreja de San Vitale, em Ravena, Itália.

a) Com relação à composição desses mosaicos, cite duas diferenças.
b) Observe o detalhe do mosaico de Ravena. Em relação ao mosaico de Pompeia, ele deve ser observado de perto ou de longe? Por quê?

10. No século VIII, a comunidade cristã do Oriente estava dividida entre os veneradores de ídolos e os iconoclastas. Para resolver a questão, em 754 ocorreu uma reunião de bispos na capital do Império, que ficou conhecida como Sínodo de Constantinopla. O texto a seguir reproduz um trecho da ata final desse Sínodo. Leia e responda às questões propostas.

> [...] Então, como Cristo armou os Apóstolos contra a idolatria antiga com o poder do Espírito Santo, e os enviou por todo o mundo, assim ele despertou contra a nova idolatria os seus servos, nossos fiéis Imperadores, e os dotou da mesma sabedoria do Espírito Santo.
>
> Impelidos pelo Espírito Santo, eles não puderam mais ser testemunhas da devassidão em que é posta a Igreja pelo engano dos demônios, e convocaram a assembleia santificada dos bispos amados de Deus para que realizassem um sínodo para um exame das escrituras sobre os coloridos e enganosos quadros [...] que tiram o espírito do homem da alta adoração [...] de Deus para a baixa e material adoração [...] da criatura [...].
>
> [...] O Cristianismo rejeitou todas as práticas pagãs, não só os sacrifícios, mas também a adoração pagã de imagens. [...] Não é permitido aos cristãos, que têm a esperança da ressurreição, imitar os costumes dos adoradores de demônios e insultar os Santos que brilham em tão grande glória. [...]
>
> Apoiados nas Sagradas Escrituras e nos Pais, nós declaramos por unanimidade, no nome da Santa Trindade, que serão amaldiçoadas, rejeitadas e removidas das Igrejas Cristãs todas as imagens que são feitas de qualquer material e cor pela arte má de pintores.

Disponível em: <http://www.ecclesia.com.br/biblioteca/documentos_da_igreja/atas_do_sinodo_de_constantinopla.html>. Acesso em: 16 maio 2014.

a) O texto compara os imperadores bizantinos com que figuras da religião cristã? Quais as implicações políticas dessa comparação?
b) Qual era a posição dos imperadores em relação à questão dos ícones? Justifique sua resposta.
c) Que argumentos se utilizam para condenar a veneração dos ícones? O que o Sínodo decide?

História e Sociologia

O xadrez

Não se sabe ao certo onde surgiu o jogo de xadrez, mas é bastante provável que tenha sido criado na Índia, por volta do século IV a.C. Levado pelos árabes, o xadrez logo alcançou ampla difusão na Europa medieval, onde sofreu modificações que lhe deram as feições atuais.

Esse jogo, desde sempre, é uma representação da guerra, em que os adversários têm como objetivo a captura do rei, figura central na estrutura social.

A estrutura social é objeto de estudo da **Sociologia**, bem como a forma como a sociedade se organiza. A definição desse termo tem resultado em diferentes teorias. Para o sociólogo Max Weber (1864-1920), as ações do indivíduo determinam as estruturas da sociedade; já o teórico Émile Durkheim (1851-1919) analisa a sociedade como algo constituído que determina as ações dos indivíduos. Apesar das divergências entre os pesquisadores, a Sociologia, assim como a História, estuda as estruturas sociais para tentar compreender como os homens vivem e se comportam socialmente.

Além do rei, as demais peças do jogo de xadrez na Idade Média correspondem, em parte, à estrutura social do ocidente medieval europeu. Durante a Idade Média a prática do xadrez estava fortemente relacionada à rotina de reis, imperadores e príncipes. Inicialmente o xadrez, chamado de jogo dos reis, era proibido para a população em geral.

Na Idade Média, jogar xadrez era privilégio da nobreza. Iluminura de 1282.

Peças Lewis, entalhadas em marfim. Encontradas em 1831 na Ilha de Lewis, Escócia, acredita-se que foram feitas no século XI.

O xadrez teve muita influência na literatura medieval. Um dos textos mais significativos da época é o sermão *Quaedam Moralitas* de Scaccario, que utiliza o jogo para o ensino de ética e moral, em uma sociedade organizada em três estratos: clero, nobreza e o campesinato:

[...]

A família que habita esse tabuleiro é formada pelos homens deste mundo [...].

[...]

O primeiro é o Rei, depois a Rainha, em terceiro lugar a Torre (*rocus*), em quarto o Cavalo (*miles*), em quinto o Bispo (*alphinus*) e em sexto o Peão.

[...]

Neste jogo o Rei se move e toma em todas as direções, simbolizando o fato de que tudo o que o Rei faz é tido por justo, já que o que apraz ao Rei tem força de lei.

A Rainha, que se denomina *Ferce* (ou Alferza) move-se e toma na diagonal, de modo torto, pois a mulher é tão cobiçosa que só toma tortamente, por obra da rapina e da injustiça.

A Torre é o justiceiro que percorre toda a terra em linha reta como sinal da justiça com que tudo julga e de que por nada deve seu ofício corromper-se. Mas, agora, se corrompe, como está escrito: "perverteste o juízo em amargor e o fruto da justiça em absinto".

O movimento do Cavaleiro é composição de reto e torto. O reto, representando o direito que tem, em justiça, como senhor da propriedade, de cobrar impostos e de impor justas penas conforme o exija o delito; representando as injustas extorsões a que submete os súditos.

Os Alfines são os bispos [...]. Movem-se oblíqua e tortuosamente duas casas porque muitos prelados se pervertem pelo ódio, amor, presentes ou favores [...]. E assim enriquecem o diabo [...].

Os Peões são os pobres que andam uma casa em linha reta, pois enquanto o pobre permanece na sua simplicidade vive honestamente, mas, para tomar, se corrompe e o faz tortamente, pois pela cobiça de bens ou honras, sai do reto caminho com falsos juramentos, adulações ou mentiras.

Jogo de xadrez adaptado ao folclore nordestino.

LAUAND, Luiz Jean. *O xadrez na Idade Média*. São Paulo: Perspectiva/Edusp, 1988. p. 17-18 (Coleção Elos, 47). Disponível em: <http://files.comunidades.net/xadrezmartinense/Luiz_Jean_Lauand__O_Xadrez_na_Idade_Media.pdf>. Acesso em: 7 maio 2014.

Atividades

1. Por que na sociedade medieval jogar xadrez era privilégio da nobreza?
2. Que parcela da sociedade medieval é intrinsecamente "cobiçosa", de acordo com o sermão *Quaedam Moralitas* de Scaccario? Você concorda com essa avaliação?
3. Quem o autor do sermão evita criticar? Por quê?
4. O sermão *Quaedam Moralitas* de Scaccario utiliza o jogo de xadrez para o ensino de ética e moral em uma sociedade organizada em três estratos: clero, nobreza e campesinato. Em dupla, escolham alguma organização social, pesquisem outras adaptações do jogo e proponham um novo jogo de xadrez com base nessa sociedade.

CAPÍTULO 10 Islã

O que você vai estudar

- A origem do islamismo e a vida de Maomé.
- A expansão do islamismo e suas tendências internas.
- Princípios éticos da nova religião.
- Cultura e arte islâmica: influências, desenvolvimento e originalidade.

A península Arábica e os impérios vizinhos no fim do século VI

Principais rotas comerciais

0 460 920 km
1 cm – 460 km

Fonte de pesquisa: McEvedy, Colin. *Atlas da história medieval*. São Paulo: Companhia das Letras, 2007. p. 31.

Ligando os pontos

No século VII, os territórios que haviam pertencido ao Império Romano encontravam-se divididos. No Ocidente, a unidade política estava fragmentada em diversos reinos germânicos. O Oriente, apesar de divergências religiosas constantes, mantinha-se unificado pela autoridade do imperador, que, além do poder político, controlava também a Igreja do Oriente, impondo a todo o Império uma única interpretação da fé cristã.

No Ocidente, as cidades perdiam gradualmente sua importância, e a população migrava para o meio rural, fixando-se em grandes propriedades fundiárias. No Oriente, ao contrário, as cidades continuavam a ter grande importância, e em torno delas uma intensa atividade comercial se desenvolvia.

No entanto, a partir do século VII uma nova religião seria criada e, em torno dela, toda uma civilização, com novas perspectivas morais, culturais e religiosas. Essa nova referência – o Islã – representou uma verdadeira transformação no cenário cultural do mundo de então. Tanto o Império Bizantino quanto os reinos germânicos do Ocidente tiveram de lidar com essa nova realidade. Os intensos conflitos decorrentes da expansão do Islã deram novos contornos políticos à Europa Ocidental, ao norte da África e ao Oriente Médio. O Império Bizantino teve sua área muito reduzida, e o Império Persa foi totalmente absorvido.

Observando o mapa acima, responda às questões.
1. Identifique os impérios mais próximos da península Arábica.
2. A que império pertencia a maior parte da costa mediterrânica do norte da África?
3. Descreva as principais rotas de produtos orientais com destino ao Ocidente que aparecem no mapa.

O surgimento do islamismo

A maior parte da península Arábica é desértica. Essa característica impôs duras condições às populações da região, o que influenciou o desenvolvimento de pequenas comunidades, parte delas nômade. Essas comunidades viviam do comércio, da modesta produção agrícola nos oásis, da criação de ovelhas e de camelos.

A sua organização política era tribal, ou seja, não havia um poder central, e cada comunidade tinha sua própria liderança.

O comércio logo se tornou a principal atividade na região. As aldeias próximas do mar Vermelho, como **Meca**, tornaram-se centros comerciais. Por esses centros circulavam produtos vindos do Oriente e da África destinados ao comércio com a Europa.

A religião desses grupos era politeísta, com divindades **tribais** ou **locais**. O culto a esses deuses se realizava na **Caaba**, um templo localizado em Meca.

Maomé

Em 570 nasceu Maomé, ou **Muhammad**, em Meca. Pertencia ao clã **Hachim**, da tribo **coraixita**, que era composta de ricos comerciantes, chefes de caravanas. Mas o clã a que pertencia Maomé não era dos mais poderosos.

Órfão muito cedo, Maomé foi criado pelo avô e depois por um tio, a quem prestou serviço até os 25 anos. Em 596 casou-se com Cadidja, rica viúva de seu próprio clã.

Por volta dos 40 anos de idade, manifestou o fato de que teve visões nas quais o arcanjo Gabriel lhe transmitia revelações divinas. Segundo elas, Maomé havia sido escolhido como último profeta, que devia pregar a existência de um único Deus, Alá, a quem todos deveriam se submeter.

Maomé deu início às suas pregações por volta de 613 e conseguiu as primeiras conversões. Mas chocou-se com as crenças tradicionais politeístas, pois o monoteísmo pregado por ele abalava os cultos praticados em Meca. Com isso, colocava em risco os rendimentos provindos das peregrinações e a influência exercida pela elite local. Esse choque levou os líderes religiosos a perseguir Maomé e seus adeptos, obrigando-os por fim a sair da cidade.

Antes de morrer, o profeta voltou a Meca, sua cidade natal, em peregrinação. Esse ato transformou-se em um dos cinco pilares do islamismo, que é praticado até hoje.

A Hégira

Em **622**, Maomé fugiu para **Yatreb**. Essa cidade, a noroeste de Meca, teria o nome alterado para **Medina** (cidade do profeta). A retirada ficou conhecida como Hégira, e esse ano foi estabelecido como o início do calendário muçulmano.

Depois da pregação em Medina, onde Maomé assumiu liderança política e religiosa, a nova crença se expandiu rapidamente pela península Arábica, como mostra o mapa da próxima página. A expansão deu-se tanto por meios pacíficos como militarmente.

Maomé liderou os muçulmanos até sua morte, em 632, quando foi sucedido por seu sogro e seguidor mais próximo, **Abu Bakr**, que se tornou o primeiro **califa**. Os primeiros califas exerciam sobre a comunidade islâmica tanto o poder temporal quanto o religioso, mas não eram considerados profetas.

GLOSSÁRIO

Hégira: palavra usada para designar a saída de Maomé de Meca para Medina. Com o tempo, a tradição islâmica ampliou seu significado e passou a designar a saída do crente de uma comunidade moralmente corrompida em busca da prática integral da fé islâmica.

Hoje em dia

Sunitas e xiitas

As divergências na comunidade muçulmana são antigas. Com a morte de Maomé, alguns seguidores queriam que seu sucessor fosse **Ali ibn Abi Talib**, primo de Maomé, casado com Fátima, filha do profeta. Esse grupo denominou-se Partidários de Ali (*Shi'at* Ali ou **xiita**).

Outros acreditavam que essa ligação de parentesco não era necessária, pois não havia sido estabelecida pelo profeta. Esse grupo denominava-se **sunita**, pois julgava ser mais importante o sucessor do profeta seguir a Suna, conjunto de textos da tradição que relatam a vida de Maomé. Até hoje esses grupos disputam a hegemonia entre os muçulmanos.

Peregrinos muçulmanos ao redor da Caaba, na Grande Mesquita, em Meca, Arábia Saudita. Atualmente, a peregrinação islâmica atrai cerca de três milhões de visitantes a cada ano. Foto de 2012.

A expansão islâmica

Durante o califado de Abu Bakr (632-634), a expansão islâmica prosseguiu na península Arábica, e a conversão de clãs e tribos da região à nova religião foi muito rápida. O sucessor de Abu Bakr, Omar Ibn al-Khattab (634-644), iniciou a conquista islâmica para além dos limites dos impérios vizinhos.

Quando invadiram o Império Persa, os árabes já não eram um aglomerado de grupos tribais, como as comunidades que ali habitavam antes do início da pregação de Maomé. Constituíam um exército muito bem organizado e motivado, uma vez que, além do saque e da conquista de territórios e riquezas, buscavam a **expansão da fé**: concretização de um estilo de vida inspirado pelo profeta.

Um dos motivos do sucesso da expansão islâmica nessa primeira fase foi a tolerância então praticada pelo governo muçulmano em relação aos territórios ocupados. Além do domínio das cidades e da determinação de tributos, a serem pagos pelas populações dominadas, pouca coisa mudou. Os habitantes dos territórios conquistados podiam manter suas religiões e tradições.

Divergências internas

A sucessão do terceiro califa, Uthman ibn Affan (644-656), gerou novas divergências no seio da comunidade islâmica.

Dois pretendentes se apresentaram à sucessão. Um deles era Ali ibn Abi Talib, parente de Maomé apoiado pelos xiitas que assumiu o califado de 656 a 661. Porém, todo esse tempo teve como oponente Mu'awiya ibn Abi Sufyan, governador da Síria e parente do califa anterior.

Essa disputa gerou uma guerra civil. Como resultado, Ali Talib foi morto e substituído por seu opositor, Mu'awiya, que foi califa de 661 a 680 e é considerado o fundador da dinastia Omíada, que se estendeu até 749.

Várias mudanças importantes ocorreram nessa época. A capital do Império foi transferida de Medina para Damasco, na Síria. O cargo de califa tornou-se hereditário e o **árabe** passou a ser a **língua oficial** do Império, sendo obrigatório não apenas nos documentos oficiais, mas também para todos os convertidos.

Nesse período, a expansão islâmica prosseguiu com vigor. A oeste, após conquistar toda a região do Magreb, no norte da África, os muçulmanos cruzaram o estreito de Gibraltar. Em 711 entraram na península Ibérica, extinguindo o Reino dos Visigodos e estabelecendo as estruturas do poder islâmico.

Com a morte de Ali, as divergências entre os partidários dos descendentes do profeta (xiitas) e seus opositores (sunitas) se intensificaram. A dinastia Omíada enfrentou, a partir de 740, uma rebelião que buscava destituir o califa.

A rebelião atingiu seu objetivo em 749, quando Abu'l Abbas (749-754), descendente do tio de Maomé, iniciou a dinastia Abássida, momento em que começou a desagregação do Império Islâmico. A capital do Império transferiu-se de Damasco para Bagdá em 762.

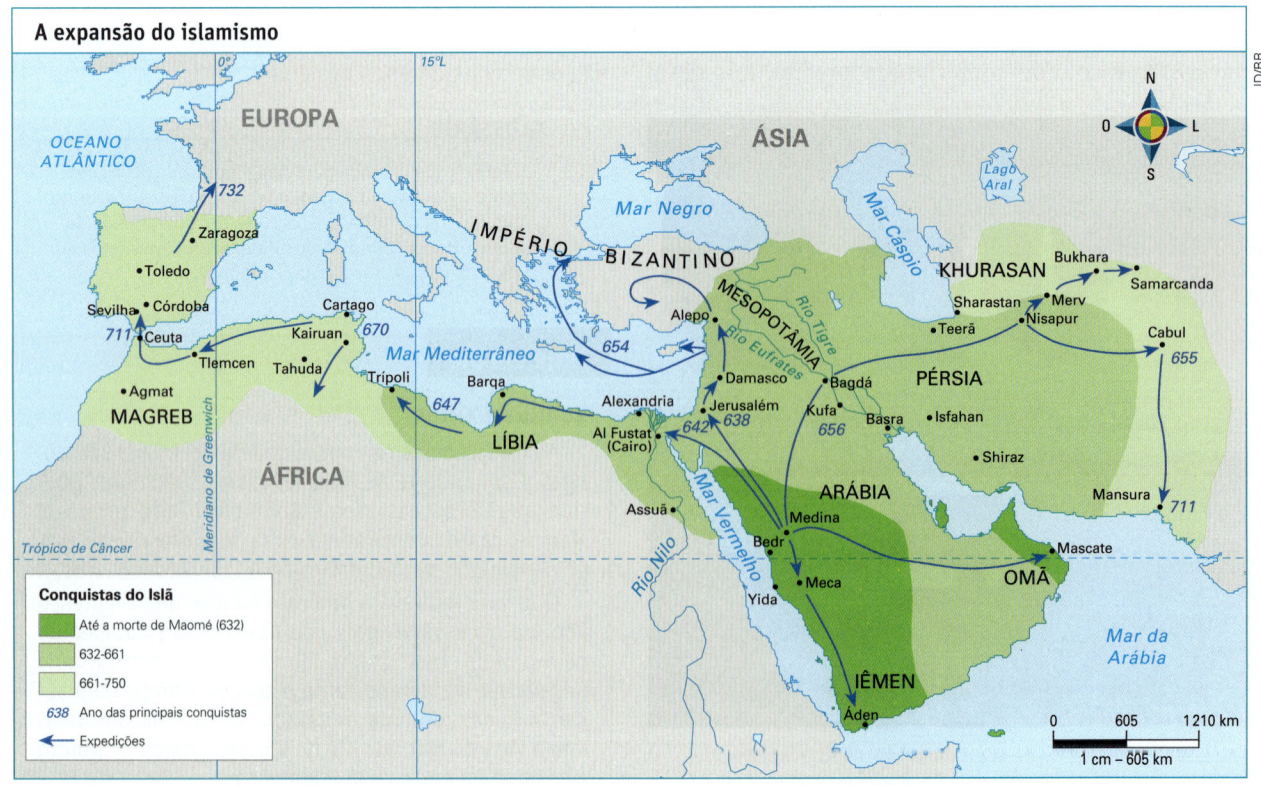

A expansão do islamismo

Fonte de pesquisa: *Atlas histórico*. Madrid: Ediciones SM, 2005. p. 38.

› Fragmentação do Império Islâmico

Os antigos governantes omíadas refugiaram-se na região da recém-conquistada península Ibérica, onde um sobrevivente da dinastia, Abd al-Rahman I, conseguiu organizar na cidade de Córdoba um califado independente da dinastia Abássida a partir de 756.

Essa porção do Islã, chamada **Al-Andalus**, nome dado ao território da península pelos árabes, em pouco tempo tornou-se uma das regiões mais importantes e influentes de todo o Império.

Tendo conquistado quase 75% do território da península, as tropas islâmicas atravessaram os Pireneus e avançaram sobre o território franco. Só foram detidos em 732, na **Batalha de Poitiers**, na região Centro-Oeste da atual França. Com a derrota diante de Carlos Martel, foram obrigados a voltar para a península Ibérica.

Na fronteira leste, a expansão islâmica também prosseguia com vigor. O governo da dinastia Abássida continuava sua política expansionista, aumentando as conquistas para além do rio Indo, avançando sobre os territórios do atual Paquistão e do Afeganistão e chegando até o noroeste da Índia.

Também foram conquistadas algumas importantes áreas na Ásia Menor bizantina.

No Mediterrâneo, chegaram ao extremo sul da península Itálica e às ilhas mediterrâneas da Sardenha, Sicília e Malta.

À medida que crescia, o Império absorvia tradições culturais diferentes de acordo com as características específicas de cada território incorporado.

Se compararmos as tradições árabes que se fixaram na península Arábica, no Oriente Próximo e no Norte da África com a tradição persa, nos domínios do extinto Império Sassânida, veremos que as diferenças são significativas. Mas a religião sempre desempenhou a função de elemento aglutinador dessas múltiplas culturas.

Durante a dinastia Abássida, mesmo em seu apogeu, novos califados surgiram nos domínios do Império Islâmico, como nas regiões dos atuais Irã, Egito e Tunísia.

Isso decorreu da dificuldade de exercer um governo efetivo em toda a extensão do Império, o que levou ao fim da unidade política, fragmentando a comunidade islâmica em vários centros de poder. Cada um desses centros contava com formas de governo e tradições culturais características, mas todos mantinham em comum a prática do islamismo.

O Califado de Córdoba, administrado pela dinastia Omíada, tornou-se um dos territórios mais importantes do mundo islâmico. Na imagem, os arcos em ferradura da mesquita de Córdoba, terminada no século X, na Espanha. Foto de 2012.

Conheça melhor

O *jihad* e a expansão do islamismo

O termo *jihad*, central na prática do islamismo, tem sido associado, seja pelo Ocidente, seja por algumas correntes do próprio islamismo, ao conceito cristão de Guerra Santa. Assim, tem servido muitas vezes como justificação para as ações de violência contra comunidades não islâmicas.

No entanto, o conceito original nada tem a ver com esse tipo de ação. Como conjunto de valores éticos e de orientações práticas, o Islã estabeleceu um novo modo de encarar as relações sociais baseado na busca pela unificação pacífica entre clãs e tribos que antes viviam em conflito.

Como maneira de realizar esse objetivo, o islamismo usa o conceito de *jihad*, que significa, em primeiro lugar, um **esforço pessoal** para compreender e vivenciar os ensinamentos da religião e aplicá-los no dia a dia.

Em segundo lugar, o conceito também é utilizado como forma de definir um **esforço coletivo** para levar os princípios da religião às comunidades não islâmicas. É uma atividade de conversão dos povos conquistados. Nesses termos, o conceito teve um papel fundamental na expansão da cultura e da religião islâmica.

Os princípios do Islã

Na época anterior à Revelação, a sociedade em que Maomé estava inserido era politeísta. Mas havia comunidades importantes das duas religiões monoteístas. Tanto o judaísmo quanto o cristianismo exerceram influência na formação do islamismo.

Isso se mostra não apenas no patriarca fundador, Abraão, que é comum às três crenças, mas também na existência de histórias do Antigo Testamento recontadas no **Alcorão** e na menção à importância de Jesus.

O Alcorão

Maomé relatou oralmente a seus discípulos o conteúdo das revelações. Estes o guardaram na memória ou registraram-no por escrito.

Após a morte do profeta, várias versões foram fixadas para preservar os preceitos que servem de base para a vida dos muçulmanos. Somente na dinastia do terceiro Califa, Uthman ibn Affan (644-656), foi concluída a versão definitiva do **Alcorão**.

O livro sagrado dos islâmicos visa, em linhas gerais, descrever as origens do Universo e do ser humano. Também regulamenta as relações desejáveis entre os homens e especialmente as relações deles com Deus. Ao longo do texto também se definem procedimentos a serem observados pelos fiéis no que se refere à moralidade, à economia e a grande número de questões cotidianas.

A ideia é que o texto seja uma clara resposta a todas as necessidades humanas, tanto materiais como espirituais. Para os fiéis do islamismo, o conteúdo do Alcorão representa a própria palavra de Deus, vertida para o árabe na exata forma como foi revelada ao profeta Maomé.

Na concepção do islamismo, o Alcorão é o texto que Alá ofereceu ao homem como forma de conhecer a vontade divina. Além deste, as leis de Moisés (a Torá, dos judeus), os Salmos de Davi e a mensagem de Jesus Cristo no Novo Testamento são livros considerados pelos muçulmanos como escritos com base na palavra de Deus. Por essa razão, os judeus e os cristãos, que compartilham com os muçulmanos a crença no monoteísmo, são chamados de **povos do livro**. Diferentemente de outros povos, merecem o respeito dos muçulmanos por compartilharem com eles a fé em um Deus único.

Do ponto de vista dos preceitos gerais, os ensinamentos do Islã estão apoiados sobre cinco pilares fundamentais.

Esses pilares resumem as obrigações doutrinárias de todo muçulmano. São eles: a profissão de fé, a oração, o tributo, o jejum e a peregrinação.

A **profissão de fé** (*shahada*) é a obrigação que todo muçulmano tem de testemunhar a existência de Alá como único Deus e de Maomé como seu principal profeta.

A **oração** (*salat*) consiste na obrigação de a pessoa realizar as cinco orações diárias voltada para Meca. Essas orações devem ser sempre recitadas em árabe, independentemente do idioma falado pelo crente, e devem ser realizadas em horários precisos.

O **tributo** (*zakat*) é de natureza religiosa. Seu pagamento é anual e o melhor momento de pagá-lo pode ser determinado por cada fiel. Corresponde em geral a um porcentual dos rendimentos do muçulmano e destina-se aos membros menos favorecidos da comunidade islâmica.

O **jejum** (*sawn*) é uma obrigação que todo muçulmano deve respeitar todos os dias do Ramadã, nono mês do calendário islâmico. Esse jejum é praticado sempre do alvorecer ao pôr do sol de cada dia e determina também abstinência sexual.

A **peregrinação** (*hadj*) é o compromisso que assume todo muçulmano de, ao menos uma vez na vida, peregrinar a Meca, desde que sua condição financeira e de saúde o permitam.

Navegue

<http://museus.cm-mertola.pt/index.php>. Acesso em: 6 dez. 2013.
Mértola é uma cidade que fica no sul de Portugal e abriga um importante museu de arqueologia com um acervo de cerâmica islâmica originário de Al-Andaluz. No *site* do museu, clique em "Núcleos expositivos" e, depois, em "Núcleo islâmico". Escolha uma visita virtual e conheça um pouco mais sobre a arte islâmica produzida na península Ibérica no século VIII e que influenciou, por exemplo, a azulejaria portuguesa no século XV.

O muçulmano sempre reza com a cabeça voltada em direção a Meca. Na imagem, mulheres muçulmanas rezam em um campo em Bali, na Indonésia, durante a Eid al-Adha, que marca o fim da peregrinação anual a Meca. Foto de 2012.

❯ Cultura e arte islâmica

Ao conquistar novos territórios, os muçulmanos não se limitaram a cobrar tributos dos povos submetidos. As autoridades procuravam assimilar o conhecimento produzido pelos que ali viviam antes deles.

Com essa busca de conhecimentos, ocorreu um processo de assimilação dessas diversas culturas, assim como sua difusão.

Essa assimilação não se limitou às áreas conquistadas. Os conhecimentos oriundos das mais longínquas regiões, como a China, com quem os muçulmanos mantinham relações de comércio, também foram incorporados e difundidos.

❯ A produção do conhecimento

Esse desenvolvimento era garantido por um trabalho de tradução para o árabe de tudo o que considerassem significativo da cultura dos povos dominados. A circulação constante desse material por todo o Império garantia que as contribuições das diferentes civilizações fossem comparadas e analisadas por sábios islâmicos com formações variadas. Isso permitia que eles realizassem sínteses desses conhecimentos antes dispersos e que chegassem, por meio deles, a novas e importantes descobertas e desenvolvimentos.

Assim, entre os séculos VII e IX, os muçulmanos travaram contato com as diferentes culturas de povos conquistados pela expansão islâmica. Eram regiões do Oriente Próximo, da península Balcânica, do sul da Ásia e até da Índia.

Nesse período ocorreram traduções para o árabe de obras persas, romanas, gregas e indianas dos mais diversos ramos do conhecimento. Eram áreas como matemática, astronomia, astrologia, ética, mecânica, física, filosofia, arquitetura, geometria e medicina. Essa literatura foi distribuída por todo o Império Islâmico. O mundo cristão só conheceu vários desses textos muito tempo mais tarde, graças a essas traduções.

As imagens religiosas associam os arabescos com textos em caligrafia árabe, compondo conjuntos que buscam enaltecer os ensinamentos do Alcorão. Mosaico da mesquita de Hazrat Ali, em Mazar-i-Sharif, Afeganistão.

❯ A arte islâmica

A arte no âmbito do Império Islâmico foi também uma grande mistura da tradição dos povos conquistados.

Nas artes plásticas, é muito clara a distinção entre a arte religiosa e a arte laica. Na primeira, a representação do ser humano e dos animais era vista pelos muçulmanos como uma ofensa a Deus, pois o artista que produzia essas obras estaria tentando imitar o poder criador de Deus.

Essa restrição à prática da arte figurativa atingia especialmente a imagem do profeta, que, segundo a tradição islâmica, não podia de forma alguma ser representada em desenhos ou pinturas. Procurava-se, assim, evitar quaisquer formas de idolatria em torno de sua imagem, característica que os muçulmanos denunciavam na tradição cristã, seja por parte dos católicos romanos, seja por parte dos ortodoxos.

Assim, os espaços religiosos eram decorados com pinturas, desenhos e relevos abstratos inspirados em **arabescos** e frequentemente acompanhados de textos escritos por calígrafos. A função principal desses artistas era reverenciar a forma pela qual a verdade de Deus foi revelada: no texto do Alcorão.

Na arte laica, a representação figurativa era frequente. Foi utilizada principalmente na elaboração de miniaturas destinadas a ilustrar as obras de cunho científico ou literário, que foram produzidas em todas as partes do mundo islâmico.

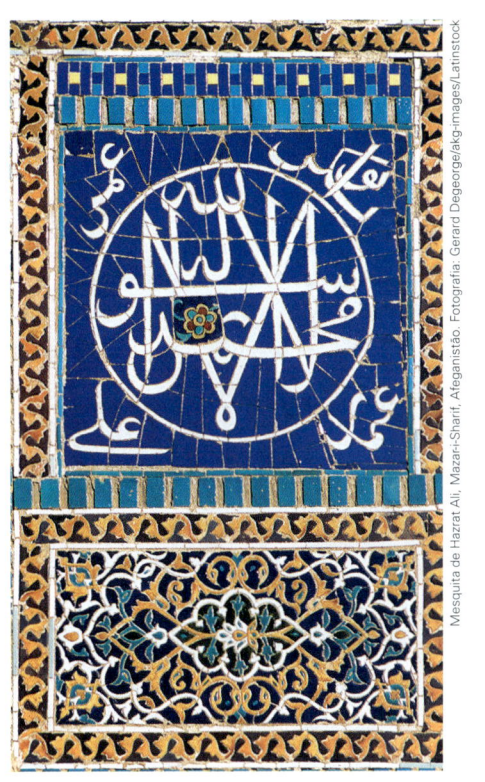

GLOSSÁRIO

Arabesco: entrelaçamento de figuras geométricas, de vegetais ou outras imagens, seguindo normas rígidas para alcançar um efeito visual decorativo.

> A arquitetura islâmica

Na Arquitetura, a construção de **mesquitas** (templos muçulmanos) e palácios foi a grande realização da cultura árabe. Os primeiros templos religiosos eram simples, baseados na casa de Maomé em Medina. A base era uma planta de formato quadrado, com um pátio e duas galerias cobertas sustentadas por colunas. O espaço reservado para a oração também era coberto, e havia fontes no pátio, usadas para as **abluções** dos fiéis.

A mesquita foi a primeira grande obra da arquitetura islâmica, construída como maneira de mostrar a consolidação e a grandeza do Islã. Na imagem, o Domo da Rocha, erguido em 691, em Jerusalém. Foto de 2011.

Nos primórdios do islamismo, essas mesquitas também eram o lugar em que se realizavam assembleias para a discussão de questões de interesse da comunidade.

Com a construção da mesquita do Domo da Rocha, edificada onde anteriormente havia o templo judeu de Jerusalém, houve uma série de mesquitas de porte monumental em outras partes do Islã.

Foram construídas mesquitas em Damasco, Medina e em Córdoba, na península Ibérica, entre outras.

Essa iniciativa de construir grandes edificações deu-se em razão da passagem dos hábitos nômades dos primórdios da expansão do islamismo para uma fase em que os grupos dirigentes se fixaram nos principais centros urbanos.

Os conhecimentos adquiridos pelo contato com outras culturas, como a Matemática, permitiram esse rápido desenvolvimento da Arquitetura, que também se estendeu aos palácios e às obras públicas, como os aquedutos.

A construção de mesquitas deu grande impulso à arquitetura islâmica nos vários territórios dominados pelo Império Muçulmano. Na imagem, o interior da Mesquita Azul, do início do século XVII, em Istambul, Turquia. Foto de 2010.

História e Matemática

Ao longo da história, as civilizações encontraram diferentes formas de representar números. Para os historiadores, analisar essas formas de representação dos algarismos mostra como distintas sociedades conseguiram resolver um gradual aumento da capacidade de abstração que o homem conseguiu alcançar.

Quando a expansão da sociedade islâmica alcançou a região da Índia, os muçulmanos entraram em contato com uma forma revolucionária de notação numérica. O sistema era posicional, pois as quantidades representadas diferiam dependendo da posição dos símbolos na representação.

Além disso, o sistema desenvolvido pelos indianos permitia que a infinidade dos números possíveis fosse representada por apenas nove símbolos numéricos independentes (os nossos algarismos de **1** a **9**) mais a invenção do símbolo **0**, que indicava o vazio, a ausência de quantidade, fundamental para o funcionamento do seu sistema.

A maneira como as diferentes sociedades solucionaram problemas como esse informa aos historiadores o modo de pensar, a capacidade de abstração, as estruturas hierárquicas e as necessidades econômicas práticas que estiveram presentes e inspiraram os homens que viveram no passado.

- Forme grupo com três colegas e pesquisem se a maneira de efetuar as quatro operações básicas da **Matemática** sempre foi como é hoje. Exponha o resultado da pesquisa em sala de aula.

GLOSSÁRIO

Ablução: prática religiosa que consiste em lavar o corpo ou parte dele com água corrente em busca de purificação.

› A literatura islâmica

A **língua árabe** difundiu-se com o islamismo. O texto fundamental para o estabelecimento da língua escrita foi o Alcorão. Foi por meio dele e da Suna, conjunto de textos sobre a vida de Maomé, que a literatura muçulmana se desenvolveu.

O contato com as culturas dos povos submetidos ao Islã trouxe várias influências e permitiu tanto o enriquecimento da língua, por meio de textos filosóficos pré-islâmicos, quanto o desenvolvimento de diferentes estilos literários, como a poesia e o romance.

Ao mesmo tempo, foi de grande importância a influência que a literatura persa recebeu dos textos muçulmanos. Mesmo mantendo características próprias, como as narrativas que contavam sua história tradicional, a língua literária desse povo passou a ser o árabe.

No campo da literatura, a contribuição islâmica foi muito significativa. Podemos tomar como exemplo dessa contribuição a produção durante o domínio da dinastia Abássida, quando a capital do Império foi transferida para Bagdá. A região atraiu intelectuais de todos os cantos dos domínios islâmicos, tornando-se um grande centro cultural.

Nesse cenário, foi produzida uma obra literária que se tornou um clássico da literatura universal: *As mil e uma noites*, compilação de histórias da tradição oral dos povos da Pérsia e da Índia que são anteriores à dominação islâmica e foram preservadas. O enredo é composto de histórias entrelaçadas umas às outras, tendo como fio condutor as narrativas contadas todas as noites ao sultão pela jovem Xerazade.

São muitos os manuscritos que chegaram ao Ocidente, provenientes de diferentes compiladores. A primeira versão dessa obra difundida no Ocidente surgiu somente em 1702, quando o francês Antoine Galland traduziu um manuscrito do século XIII.

A introdução do **papel** foi um fator importante que permitiu a difusão mais ampla da literatura árabe. A técnica para produzi-lo foi trazida da China no final do século IX e rapidamente se espalhou por todo o Império Islâmico, substituindo o papiro e o pergaminho usados até então. Essa rica tradição literária assimilada pelo Islã levou a criações importantes em diversas áreas do conhecimento.

Além da literatura de cunho religioso, central no islamismo, desenvolveram-se também a Filosofia, a História, a Matemática e a Astronomia, entre outras ciências.

Outras histórias

Alto Xingu

Por volta do ano 1300, no mundo islâmico consolidava-se a obra literária *As mil e uma noites*. No Brasil, na região do Alto Xingu, no Mato Grosso, eram construídas estruturas urbanísticas complexas.

Pesquisadores do Brasil e dos Estados Unidos vêm estudando, com a ajuda de indígenas locais, essas formações urbanas.

Essas comunidades eram do tamanho aproximado de cem campos de futebol, ocupando um território com cerca de 50 hectares. Eram protegidas por muralhas e fossos e ligadas por uma rede de estradas.

Compostos de um centro cerimonial, ao redor do qual orbitavam cidades e aldeias, intercaladas por diversas lavouras, estima-se que esses complexos abrigaram até 50 mil habitantes cada.

Essa descoberta coloca em xeque a imagem que se tem da população pré-cabraliana como "primitiva" e atrasada do ponto de vista técnico.

Conheça melhor

O uso da burca

A burca, o *niqab* e o xador são peças da indumentária feminina que se tornaram muito comuns em alguns países islâmicos.

Originárias das antigas civilizações da Pérsia e da Mesopotâmia, as vestimentas são muito anteriores ao surgimento do islamismo. Foram utilizadas também pelas mulheres cristãs do Império Bizantino e do Ocidente medieval e por mulheres judias. Caracterizavam a dignidade feminina e eram utilizadas apenas pelas mulheres de destacada posição social.

Maomé instituiu o uso do véu entre as mulheres islâmicas. O sentido de seu uso era reconhecer a dignidade das mulheres, além de protegê-las do olhar indiscreto dos homens. Simbolizava a elevação espiritual da condição feminina.

Com o tempo, em algumas comunidades islâmicas mais ortodoxas a burca passou a ser uma imposição masculina às mulheres.

Hoje, o uso do xador ou da burca também tem sido assumido pelas mulheres como marca de identidade cultural, mas provoca algumas polêmicas em países não islâmicos com presença expressiva de muçulmanos, como a França e a Itália.

Mulher muçulmana usando o *niqab*, lenço que cobre todo o rosto e parte do corpo, enquanto grava programa em emissora de televisão no Cairo, Egito. Foto de 2012.

Ontem e hoje

Comunicação no mundo islâmico

Estúdio da rede de TV Al Jazira. Tradição e modernidade remetem à característica islâmica de tolerância e absorção da cultura de outros povos, em Doha, Qatar. Foto de 2012.

No processo de expansão da civilização islâmica, entre o século VII e o XIV, cada uma das localidades em que o domínio islâmico chegava, com o auxílio de seus exércitos ou pela conversão pacífica de seus habitantes, recebia uma visão de toda a cultura que se desenvolvia nas outras regiões do mundo em que as mesmas ideias políticas e religiosas eram praticadas.

Essa circulação de patrimônio cultural dava-se por meio dos livros produzidos em todos os cantos do Império e da influência de funcionários dos Estados islâmicos, que, por sua condição, viajavam de uma região a outra.

Hoje, embora não haja mais algo como um Império Islâmico, de certa forma ainda podemos falar de uma cultura islâmica. A despeito das grandes diferenças que separam cada Estado de maioria islâmica, a religião ainda é um forte elemento agregador. As comunidades islâmicas do mundo contam hoje com uma verdadeira rede de comunicações globais.

Podemos citar a existência de *sites* voltados para a comunidade islâmica e de empresas de comunicação como a **Al Jazira**.

A Al Jazira (a Península, em árabe) foi criada no Qatar, em 1996. O canal em língua inglesa foi lançado em 2006. A emissora ganhou notoriedade fora do mundo árabe quando realizou uma cobertura jornalística diferenciada nas guerras movidas pelos Estados Unidos no Afeganistão (2002) e no Iraque (2003), fugindo da parcialidade com que a maioria dos canais de televisão do mundo ocidental fez a cobertura desses conflitos, especialmente a América do Norte e a Europa.

Isso garantiu-lhe um prêmio concedido pela revista *Index on Censorship*, publicação inglesa dedicada à denúncia da censura pelo mundo e a homenagear profissionais de imprensa cujo trabalho contribui na defesa dos direitos humanos.

O governo do então presidente George W. Bush, que declarou essas guerras, mostrou-se claramente contrariado com a cobertura jornalística da rede.

Decidiu proibir os membros de seu governo de falar à emissora. A relação entre a rede de televisão e as tropas americanas na região foi tensa, e os escritórios da rede no Afeganistão e em Bagdá, no Iraque, foram bombardeados pela artilharia americana durante a ocupação desses países.

No entanto, a rede não para de crescer. Hoje a empresa possui 65 escritórios em países de todos os continentes, com sede em Doha. Mais de 200 milhões de casas recebem o sinal da emissora em mais de 100 países. Possui cerca de 3 mil funcionários, dentre eles 400 jornalistas. As transmissões ocorrem 24 horas por dia, sete dias na semana, a partir de Doha, Londres e Washington. O *site* possui programação própria e transmite ao vivo a programação dos canais árabe e inglês. A Al Jazira é também o canal de notícias mais visto no YouTube, recebendo 2,5 milhões de visualizações por mês.

Reflita

1. Debata com seus colegas os motivos da hostilidade das tropas americanas em relação à rede de TV Al Jazira.
2. A existência de um canal de televisão árabe que divulgue os acontecimentos daquela parte do mundo segundo sua própria perspectiva pode representar um avanço para a compreensão da situação do Oriente Médio? Justifique sua resposta.
3. Você acha que as redes de televisão no Brasil oferecem informação adequada sobre os conflitos no Oriente Médio para que se possa formar uma opinião segura sobre o que acontece naquela região?

Atividades

Verifique o que aprendeu

1. Relacione as condições climáticas e sociais da península Arábica com as crenças ali existentes antes do surgimento do islamismo.

2. Qual a diferença mais significativa entre a religião que começou a surgir das revelações anunciadas por Maomé e as antigas práticas religiosas da região?

3. A morte de Maomé foi um momento decisivo para o processo de crescimento da religião islâmica. Assinale uma diferença fundamental entre Maomé e seu sucessor, do ponto de vista religioso.

4. Durante a primeira fase da expansão islâmica, houve relativa tolerância com relação aos povos conquistados. Caracterize essa tolerância e explique por que ela foi adotada.

5. A civilização islâmica deu uma contribuição fundamental para o conhecimento humano durante o auge de seu desenvolvimento. Que grandes realizações intelectuais da civilização islâmica vimos neste capítulo?

Leia e interprete

6. O Alcorão é a principal referência ética e moral na vida das comunidades islâmicas e tem o objetivo de orientar os fiéis e relacionar a nova fé com as religiões monoteístas mais antigas. Leia os trechos.

> 153. Os adeptos do Livro pedem-te que reveles um Livro celestial. Já haviam pedido a Moisés algo superior a isso quando lhe disseram: Mostra-nos claramente Deus! Porém, a centelha os fulminou por sua iniquidade. Não obstante isso, adoraram o bezerro depois de haverem-lhes chegado as evidências; e Nós os perdoamos, e concedemos a Moisés uma evidente autoridade. [...]
>
> 155. Porém, fizemo-los sofrer as consequências por haverem quebrado o pacto, por negarem os versículos de Deus, matarem iniquamente os profetas e por dizerem: Nossos corações estão insensíveis. [...]
>
> 157. E por dizerem: Matamos o Messias, Jesus, filho de Maria, o apóstolo de Deus, embora não sendo na realidade certo que o mataram nem o crucificaram, senão que isso lhes foi simulado. [...]
>
> 159. Não houve ninguém, entre os adeptos do Livro, que tivesse acreditado nele antes de sua morte. Ele testemunhará, no Dia da Ressurreição, contra eles. [...]
>
> 162. Quanto aos sábios, [...], bem como aos fiéis que creem tanto no que te foi revelado como no que foi revelado antes de ti, que são observadores da oração, pagadores do *Zakat*, crentes em Deus e no Dia do Juízo Final, premiá-los-emos com magnífica recompensa.

An Nissá (As mulheres), Revelada em Medina. Quarta Surata. Trad. EL HAYEK, Samir. *Alcorão*. São Bernardo: Centro de Divulgação do Islam para América Latina, 1989. p. 76-77.

a) Com relação aos textos citados, identifique referências ao Antigo e ao Novo Testamento.

b) Vimos no capítulo que há uma noção de continuidade entre os livros sagrados do judaísmo, do cristianismo e o Alcorão. Relacione esse fato com a história de Maomé, antes de ele começar a receber as mensagens que permitiram a escrita do texto sagrado dos muçulmanos.

7. Como vimos na parte do texto relativa à arte islâmica, na arte sacra a prática da representação de figuras humanas não é desejável. Nas mesquitas, é comum a decoração em que não aparece nenhuma imagem humana, muito diferente do que acontece nas igrejas católicas ou bizantinas. As imagens a seguir registram o interior de duas mesquitas.

Do ponto de vista da decoração, assinale os aspectos comuns a ambas e explique-os à luz do que vimos sobre a arte sacra islâmica.

Mesquita no bairro do Cambuci, em São Paulo (SP). Foto de 2012.

Mesquita de Neuklln, em Berlim, Alemanha. Foto de 2012.

CAPÍTULO

11 Cultura e sociedade da cristandade medieval

O que você vai estudar

- O ideal da cavalaria.
- Tensões na cristandade.
- As cruzadas.
- O estilo românico.

As Muralhas de Jerusalém e o Domo da Rocha, Jerusalém. Foto de 2010.

Ligando os pontos

A ideia de criar um grande Estado imperial cristão na Europa Ocidental foi colocada em prática pelo rei franco Carlos Magno. Porém, o Império Carolíngio durou pouco. Os imperadores germânicos do Sacro Império tentaram retomar esse projeto. Encontraram resistências no papado e entre os nobres.

Como foi visto no capítulo Alta Idade Média, o feudalismo promoveu o aumento da autonomia dos nobres, que se dedicavam às atividades militares.

O papa desejava ser o líder máximo da cristandade e retomar o controle da Igreja do Oriente, separada de Roma desde o Grande Cisma de 1054.

Para obter sucesso no Ocidente, o papa devia submeter os imperadores e os nobres e conquistar o apoio do povo. No Oriente, necessitava oferecer boa vontade e proteção aos bizantinos.

No século XI, os muçulmanos pressionavam o Império Bizantino com ataques constantes e controlavam lugares considerados santos por todos os cristãos. A ação dos muçulmanos serviu de pretexto para que o papa assumisse a liderança do Ocidente, levando a cristandade à guerra.

Na fotografia acima, pode-se ver a muralha medieval que cerca a Cidade Velha, em Jerusalém. Cidade sagrada para os judeus desde os tempos do rei Salomão, Jerusalém tornou-se sagrada também para cristãos e os muçulmanos.

Observe a imagem e responda.
1. Que impressão visual é transmitida por esses muros de pedra situados no alto de uma colina?
2. Por que algumas cidades medievais necessitavam de muralhas?
3. Que motivos específicos teriam levado os governantes de Jerusalém a erguer muralhas tão grandes em torno da cidade?

❯ O ideal da cavalaria

A partir de meados do século IX, os prósperos domínios carolíngios chamaram a atenção de povos que passaram a atacar suas cidades, mosteiros e igrejas. Diante dos ágeis bandos de normandos, sarracenos e magiares, o grande e pesado exército imperial não se mostrava, em geral, eficiente.

Então, para se proteger, os nobres de cada região formaram pequenos grupos armados e construíram fortalezas. Esses nobres guerreiros governavam seus domínios com crescente autonomia e, a partir do século XI, criaram uma nova instituição: a **cavalaria**.

O cavaleiro era, a princípio, apenas um guerreiro com recursos suficientes para manter um cavalo e armaduras de metal. Em uma época de pouco comércio e atividade artesanal em pequena escala, apenas os nobres – grandes proprietários de terra – podiam arcar com essas despesas. Com o passar do tempo, a cavalaria deixou de ser apenas um grupo de nobres guerreiros. Seus membros, os **cavaleiros**, passaram a adotar um código próprio de valores morais e de comportamento.

❯ Um ideal de vida

Os membros da cavalaria tinham o dever de praticar as virtudes cavalheirescas, como a **honra**, a **coragem**, a **fé** e a **lealdade**. Eles deviam proteger a Igreja, as mulheres e os fracos, lutar bravamente pela justiça e pela vitória do cristianismo.

Como guerreiros corajosos, os cavaleiros valorizavam a força física, a habilidade no uso das armas (espadas e lanças) e a destreza de montar a cavalo. Eles deviam combater seus oponentes frente a frente, pois o combate a distância, com flechas ou dardos, era considerado indigno, desonroso. Um cavaleiro não recebia educação apurada, e muitos deles não sabiam ler ou escrever. Sua principal atividade era a guerra.

Quando não havia uma guerra na qual lutar, os nobres criavam verdadeiros campeonatos de lutas, os **torneios**. Embora tivessem um caráter de competição, os combates dos torneios eram reais. Havia sempre muitos nobres feridos e mortos. O gosto pela luta era tanto que os cavaleiros arriscavam a vida apenas pela honra de ser um campeão.

Reprodução de armadura de c. 1390. Observa-se que todo o corpo do cavaleiro era protegido e que havia algumas partes feitas com entrelaçamento de fios de metal para garantir a mobilidade de movimentos.

■ Conheça melhor

As aventuras do rei Artur

Os escritores dos séculos XI e XII criaram muitas histórias narrando os feitos de grandes cavaleiros, chamadas canções de gesta.

Como muitos nobres guerreiros não sabiam ler, essas histórias costumavam ser contadas em voz alta nos salões dos castelos ou em torno da fogueira, nos acampamentos que se montavam para as guerras ou torneios.

Cheias de aventuras, batalhas e atos heroicos, as canções de gesta serviam para ensinar aos nobres guerreiros, de forma agradável e interessante, o código de valores da cavalaria.

Uma das histórias mais apreciadas era a que contava as aventuras do rei Artur.

Artur teria sido um rei celta do século VI que reinava sobre uma parte da Bretanha, atual Inglaterra. Um grupo de valorosos cavaleiros o auxiliavam, reunidos em torno de uma távola (mesa) redonda.

Juntos, o rei e seus cavaleiros praticavam as virtudes cavalheirescas. Eles combatiam os invasores anglo-saxões e lutavam para impor a justiça por onde passavam. Demonstravam sempre grande coragem, lealdade e honra.

O rei Artur teria sido, porém, traído por um sobrinho ambicioso. Ferido mortalmente em uma batalha, seguiu para a ilha mágica de Avalon, de onde um dia voltaria para salvar os bretões.

Até hoje se discute se o rei Artur realmente existiu. As narrativas chamadas "arturianas" misturam muitas lendas com alguns acontecimentos históricos.

O fato de Artur ser um rei lendário não invalida o estudo das histórias criadas sobre ele. Ao analisar essas narrativas, podemos entender melhor como as pessoas da Idade Média pensavam.

A renovação da Igreja ocidental

No final do século X, a Igreja cristã ocidental passava por sérias crises. **Bispos** e **abades**, autoridades da Igreja que deviam cuidar da fé e do espírito dos cristãos, davam, porém, mais atenção às coisas materiais. Eles administravam as terras da Igreja, comportando-se como senhores feudais.

No Sacro Império, o imperador germânico, por meio de seu poder de **investidura**, escolhia bispos por critérios políticos. Era comum que indicasse leigos para ocupar os bispados.

Como resultado, muitos cristãos começaram a perder a confiança e o respeito pela Igreja.

Essa situação incomodava também o **papado**, colocado em uma situação de dependência diante do imperador.

A iniciativa para recuperar o prestígio e a independência da Igreja ocidental surgiu nos **mosteiros**, principalmente nas ordens de Cluny e Cister.

Cluny (fundado em 910) e **Cister** (1098) eram mosteiros situados no leste da atual França. Eles seguiam a regra criada no século VI por São Bento, que tem como lema a frase em latim *Ora et labora* ("Reza e trabalha").

Contudo, Cluny e Cister interpretavam a regra beneditina de maneiras diversas.

Os monges de Cluny dedicavam a vida às missas e à oração. Todo o trabalho manual da abadia era feito por leigos.

Os cluniacenses acreditavam que a casa de Deus devia ser suntuosa. Suas igrejas eram decoradas com objetos de ouro cravejados de pedras preciosas.

Os monges de Cister, por sua vez, defendiam a humildade e o **trabalho manual** como formas de exercício espiritual tão importante quanto as orações e os cânticos sacros. Eles condenavam o luxo e viviam com simplicidade em mosteiros sem decoração alguma.

Uma Igreja renovada

Apesar das diferenças, cluniacenses e cistercienses tinham importantes pontos em comum: a independência em relação ao imperador e aos bispos.

Ao atuar com autonomia, Cluny e Cister ajudaram a renovar a Igreja, impondo aos padres e bispos valores como o estudo dos textos religiosos, a prática da oração e o maior afastamento das coisas do mundo.

A reabilitação do sacerdócio como atividade basicamente espiritual fortaleceu a autonomia da Igreja e permitiu ao papado enfrentar o imperador germânico.

Em 1059, o imperador perdeu o poder de indicar os papas, que passaram a ser eleitos em assembleias compostas de membros da própria Igreja.

Em 1075, o papa Gregório VII aboliu a investidura leiga, isto é, o poder que o imperador tinha de indicar bispos.

Essa decisão foi contestada pelo Império e só seria resolvida em 1122, quando a **Concordata de Worms** deu a vitória ao papado. Porém, a iniciativa de Gregório demonstrou que o papado não iria mais se submeter aos interesses dos monarcas cristãos.

Como resultado, o papa tornou-se o grande líder da cristandade ocidental. Sua autoridade moral se impunha não apenas ao Império Germânico, mas a todos os reinos cristãos do Ocidente.

Os desafios do Oriente

Após ter garantido o comando do Ocidente, o papado pretendeu impor sua autoridade também no Oriente. Para isso, deveria superar dois desafios: recuperar o controle sobre a Igreja bizantina, que havia se separado do Ocidente em 1054, e reconquistar Jerusalém. Essa cidade, sagrada para os cristãos, estava sob domínio dos muçulmanos desde o século VII.

Durante séculos, muçulmanos, cristãos bizantinos e ocidentais viveram uma relação pacífica. A guerra que se iniciou em meados do século XI deu ao papa a oportunidade de intervir na região.

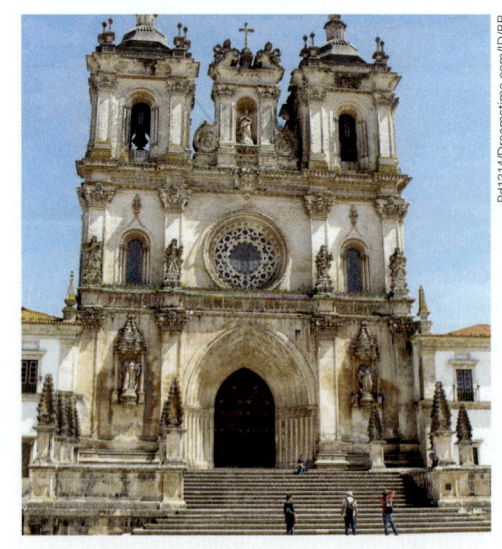

A ordem de Cister espalhou-se por toda a Europa. Em Portugal, os cistercienses construíram o mosteiro de Alcobaça, no século XII. Hoje, esse mosteiro é classificado como Patrimônio Cultural da Humanidade pela Unesco. Foto de 2011.

GLOSSÁRIO

Leigo: no sentido religioso, pessoa que não recebeu ordenação sagrada, que não pertence à hierarquia da Igreja ou que não tem conhecimentos aprofundados sobre a religião.

Ordem: na Igreja católica, grupo de pessoas que se comprometem a seguir determinadas regras religiosas. Muitas das ordens estabeleceram como regra a coabitação de seus integrantes em edifícios especiais, denominados conventos, mosteiros ou abadias.

As cruzadas

No final do século X, os muçulmanos governavam um imenso território que ia da península Ibérica à Índia. Entre suas possessões estava a região da Palestina, onde se situa Jerusalém, cidade considerada sagrada por judeus, cristãos e muçulmanos, como vimos anteriormente.

Sob o governo árabe, os "povos do livro" (judeus e cristãos) eram bem recebidos em Jerusalém. Mas em 1078 a cidade foi tomada por outro povo muçulmano, hostil aos cristãos, os **turcos seljúcidas**.

Os seljúcidas eram um povo nômade da Ásia Central recém-convertido ao islamismo. No século XI, eles migraram para o Mediterrâneo e atacaram os territórios bizantinos e árabes.

Diante da ameaça seljúcida, tanto o imperador bizantino Aleixo I quanto os **peregrinos** cristãos que iam a Jerusalém pediram ajuda ao papa. A intervenção do papado no Oriente podia então começar.

> O Ocidente em marcha

Em 1095, o **papa Urbano II** convocou os cristãos do Ocidente para conquistar Jerusalém.

O papa pretendia, por meio da ajuda aos bizantinos, retomar o controle sobre a Igreja do Oriente.

A convocação do papa teve grande sucesso. A população europeia estava em crescimento. Havia muitos camponeses e cavaleiros em busca de novas oportunidades de vida.

O ideal da cavalaria beneficiava os planos do papado. Os cavaleiros tinham o dever de defender a fé cristã, exibir coragem no campo de batalha e também tinham motivos materiais para lutar contra os seljúcidas, pois desejavam saquear as riquezas do Oriente. Muitos cavaleiros ambicionavam receber feudos nas terras conquistadas.

Como resultado, alguns meses depois do pedido de Urbano II dois grandes exércitos foram formados. Começava a **Primeira Cruzada**.

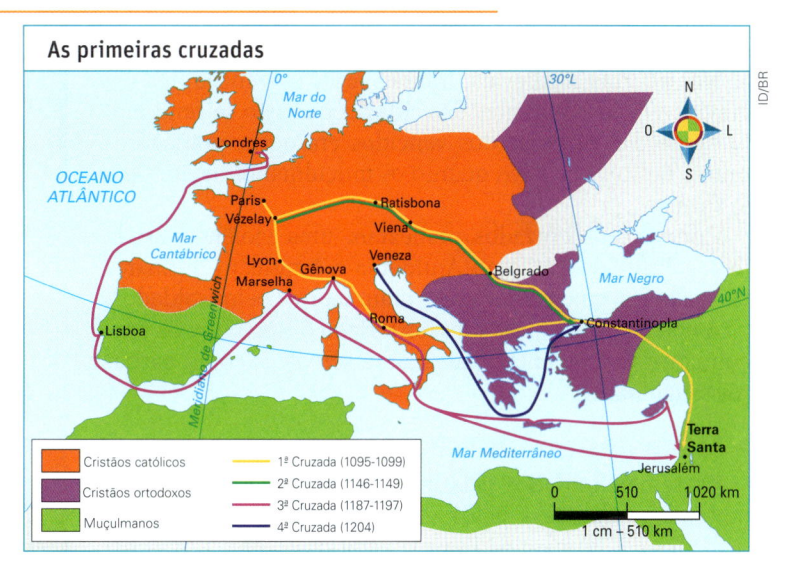

As primeiras cruzadas

Fonte de pesquisa: *Atlas histórico escolar*. Rio de Janeiro: FAE, 1973. p. 80.

> A Primeira Cruzada

O primeiro grupo de cruzados, que partiu do Ocidente em 1096, era formado por pessoas do povo e ficou conhecido como **Cruzada Popular** ou **dos Mendigos**. Reunidas por pregadores religiosos, essas pessoas confiavam na fé para obter a vitória. Após muitos problemas, chegaram ao Oriente, mas, sem experiência militar, foram massacradas pelos turcos.

O segundo grupo era formado por nobres cavaleiros bem armados. Por isso, também é conhecido como **Cruzada dos Nobres**.

Aproveitando a desunião das forças muçulmanas, os cavaleiros reconquistaram alguns territórios bizantinos tomados pelos seljúcidas na Ásia Menor. Dessa forma, cumpriram o plano papal, e a maioria desses territórios foi devolvida ao Império Bizantino. Porém, não ocorreu a esperada submissão da Igreja oriental ao papa.

Os cruzados continuaram a guerra na Síria e na Palestina. Em 1099, conquistaram Jerusalém.

Os comandantes da Primeira Cruzada levaram o feudalismo para o Oriente. Implantaram, ali, reinos vassalos do **Reino Latino de Jerusalém** e distribuíram terras entre os cavaleiros.

GLOSSÁRIO

Peregrino: pessoa que faz uma longa viagem, sozinho ou em grupo, para visitar locais de culto religioso.

Assista

Cruzada. Direção de Ridley Scott, Espanha/Estados Unidos/Inglaterra, 2005, 144 min.
Uma versão romanceada, com muitas cenas de batalha, dos últimos anos do Reino Latino de Jerusalém, sob a ótica de um jovem ferreiro que, descobrindo ser filho de um nobre, recebe como herança um feudo na Palestina.

■ Outras histórias

No final do século XII, os cristãos do Ocidente lutavam para manter a posse da cidade de Jerusalém, na Palestina. Enquanto isso, na América do Sul, na região do atual Peru, o líder quéchua Manco Capac fundava o Império Inca na cidade de Cusco.

› Os feitos dos cruzados

Apesar de movidos em grande parte pela fé religiosa, os cruzados cometeram graves **atrocidades** no Oriente.

Nas guerras medievais, muitas vezes os vencedores escravizavam os habitantes das cidades que não se rendiam. O saque das riquezas dos vencidos era outra prática comum. Tanto os cristãos quanto os muçulmanos agiam dessa forma.

Contudo, os cruzados praticaram uma violência ainda maior. Em cidades como Antioquia e Jerusalém, milhares de mulheres, crianças e idosos foram mortos pelos soldados.

A notícia desses massacres horrorizou o Islã. Entre os muçulmanos, os ocidentais passaram a ser vistos como bárbaros sanguinários.

› O fim dos reinos cruzados

Os reinos fundados pela Primeira Cruzada foram constantemente atacados pelos muçulmanos. A cada derrota dos cristãos, surgiam na Europa pedidos de uma nova cruzada. Houve, no total, **oito cruzadas** oficiais entre 1096 e 1270. Muitas delas foram comandadas por reis e imperadores germânicos.

Os cruzados não conseguiram evitar, porém, a perda dos territórios conquistados. O sultão Saladino reconquistou Jerusalém em 1187. O último reino cristão no Oriente, a cidade de Acre, foi conquistado pelos muçulmanos em 1291.

Soldados cristãos diante das muralhas de Jerusalém representados na Bíblia de Velislavovy, do século XIII. Nota-se que cruzados e inimigos dispunham do mesmo tipo de armamento.

› Ganhadores e perdedores

O plano dos papas de unir cristãos ocidentais e bizantinos também fracassou. O imperador bizantino considerava-se suserano dos reinos cristãos do Oriente, mas os cruzados não aceitavam se submeter a ele. Para piorar, as cidades marítimas da península Itálica, como **Veneza** e **Gênova**, desejavam destruir o poderio comercial bizantino.

Genoveses e venezianos lucraram com as cruzadas. Seus navios transportavam cruzados e mantimentos cobrando um preço alto. O dinheiro ganho transformou essas cidades em potências marítimas, que competiam diretamente com Constantinopla.

Em 1204, os venezianos fizeram a Quarta Cruzada, conhecida como "Cruzada Bandida", que atacou o Império Bizantino. Em vez de combater os muçulmanos, os cruzados conquistaram e saquearam a cidade cristã de Constantinopla. Os bizantinos nunca perdoaram o Ocidente e a união passou a ser considerada impossível.

Conheça melhor

Cruzada e Inquisição

No século XIII, as expedições militares e religiosas foram organizadas não só visando conquistar Jerusalém, mas também combater alguns movimentos cristãos que desafiavam o poder da Igreja de Roma por meio da pregação de certas interpretações da Bíblia.

Os cátaros ou albigenses, por exemplo, repudiavam a autoridade papal, afirmavam ser Jesus um simples profeta e que o reino de Deus era exclusivamente espiritual, oposto ao mundo material. Suas ideias espalharam-se pela Europa e eram seguidas por bispos e por membros da alta nobreza.

O albigensianismo foi considerado heresia pela Igreja e combatido com relativo sucesso. Houve, porém, resistências em Languedoc, levando a uma violenta ação do papado. Em 1208, o papa Inocêncio III convocou a chamada Cruzada dos Albigenses para exterminar os cátaros e, por vinte anos, arrasaram-se as cidades e a população de Languedoc. Depois, em 1233, para eliminar as falsas doutrinas o papa Gregório IX criou o Tribunal do Santo Ofício, extinto aproximadamente seiscentos anos depois e responsável pelo julgamento de "crimes" contra a religião católica.

> O estilo românico

As modificações ocorridas na Igreja ocidental no século XI, iniciadas nos mosteiros, exigiram a construção de um novo tipo de templo. Uma dessas mudanças foi a valorização das cerimônias religiosas, como missas diárias, novenas e vigílias. Monges e fiéis eram convocados para longas estadias nas igrejas.

A prática da peregrinação ganhou força. Interessado em ampliar o poder espiritual da Igreja, o papado lançou **bulas** decretando o perdão dos pecados para os peregrinos que visitassem locais considerados santos, como as cidades de Roma e de Santiago de Compostela (na atual Espanha). As multidões atraídas pela oferta papal necessitavam de igrejas novas, de dimensões muito maiores do que as do período carolíngio.

A necessidade de templos maiores e mais apropriados a cultos solenes fez surgir na Europa Ocidental um novo estilo arquitetônico, chamado **românico**. O nome derivava do uso de alguns elementos da arte antiga (romana) unidos a elementos bizantinos e algumas inovações medievais.

> As igrejas românicas

As igrejas românicas tinham de ser grandes e sólidas, capazes de abrigar multidões com segurança. O teto não podia ser baixo. A grande concentração de pessoas exigia um ambiente amplo, minimamente arejado, que permitisse aos fiéis respirar mesmo com tochas e velas acesas.

A solução encontrada pelos artesãos medievais foi usar grandes blocos de pedra para construir as paredes. As pedras eram tão grossas que alcançavam grande altura e sustentavam o peso do telhado.

Como os telhados de madeira herdados dos carolíngios costumavam pegar fogo, adotou-se o teto em abóbodas de pedra e tijolos.

As paredes grossas não permitiam a abertura de muitas janelas. Em geral, não havia decoração externa, com exceção das portas, que muitas vezes eram cercadas de esculturas em relevo representando cenas da Bíblia. Dessa forma, as igrejas ficavam com aparência de fortaleza.

No interior, as colunas e paredes eram decoradas com esculturas em pedra representando cenas religiosas. As paredes e o teto eram pintados com cores fortes, o que dava uma aparência alegre ao interior da igreja.

GLOSSÁRIO

Bula: na Igreja católica, ordem escrita expedida pelo papa.

A catedral de Saint Pierre, da cidade de Angoulême, na França, é um exemplo de grande igreja românica que resistiu ao tempo. Reformada inúmeras vezes, grande parte de sua atual aparência resultou da ampliação feita entre 1110 e 1128. Foto de 2012.

História e informática

A informática é a ciência que estuda e aplica o processamento de informações utilizando computadores. Atualmente, existem pequenos computadores pessoais que têm a capacidade de processar uma grande quantidade de dados, que podem estar na forma de textos, fotografias, desenhos, músicas, vídeos, cálculos, etc.

A História aproveita as potencialidades da informática de várias maneiras. Uma das mais simples é o uso da memória dos computadores como arquivo de documentos de interesse histórico. Discos rígidos, DVDs e *pen drives* podem armazenar muitos documentos, tanto escritos quanto audiovisuais.

Outra utilidade da informática é a elaboração de maquetes virtuais de paisagens, espaços e edifícios que não existem mais.

As bases para essa reconstrução virtual são os dados conseguidos em escavações arqueológicas e também pela análise de pinturas, desenhos ou fotografias do bem destruído, quando há esses elementos.

Os programadores alimentam então um programa (*software,* em inglês) de desenho com esses dados.

O resultado é uma imagem de como seria a aparência original do bem destruído. Jamais será uma representação totalmente fiel, mas permite uma visão aproximada da imagem desaparecida.

Um exemplo é a reconstituição digital que os técnicos da Escola Nacional Superior de Artes e Ofícios da França (Ensam) e a fabricante de computadores IBM fizeram, em 1991, da abadia de Cluny, na França, a maior e mais importante igreja românica da Europa.

1. Você conhece as várias aplicações práticas que a informática pode ter na atualidade?
2. Pesquise em jornais, revistas e na internet os vários usos da informática atualmente, incluindo usos válidos para a História.
3. Promova um debate com seus colegas sobre as vantagens e as desvantagens do uso da informática em nosso dia a dia.

Ontem e hoje

Cluny: a maior abadia da Idade Média

Para os europeus do início do século XII, a abadia de Cluny, na Borgonha, era uma das maravilhas sobre a Terra. O viajante que se aproximava ficava impressionado com o enorme conjunto de capelas, dormitórios, refeitórios, hospedarias e enfermarias que formavam a abadia. A igreja abacial dominava o cenário. Era a maior igreja de toda a cristandade medieval.

O esplendor dedicado à fé

A grande igreja abacial de Cluny, terminada no século XI, tinha 187 metros de comprimento (em comparação, a maior extensão de um campo de futebol é, atualmente, de 120 metros). As paredes de pedra, com 30 metros de altura, eram recobertas por pinturas e esculturas. Decorando os altares, havia objetos de ouro, prata e pedras preciosas.

A igreja era o local mais ativo de toda a abadia. Estava sempre cheia de monges, que dedicavam seu tempo à oração. Seis vezes por dia, uma procissão de religiosos se dirigia à igreja para cantar salmos da Bíblia. Cantavam por sete horas nos dias comuns. Nos períodos de festa, as sessões de canto duravam ainda mais tempo.

O cotidiano dos monges

Como todos os monges, os cluniacenses usavam roupas sóbrias (no caso, pretas), sem ornamentos. Acordavam muito cedo e, quando não estavam cantando, passavam o dia em silêncio.

Na alimentação, de início os monges procuravam seguir a regra de São Bento, que estipulava um cardápio simples. Nos dias comuns, comiam basicamente sopas ou ensopados de vegetais que eles mesmos cozinhavam, acompanhados de pão e vinho. Quatro dias por semana havia ovos e queijos. Às vezes, era servido um pouco de peixe.

Nos dias de penitência e jejum, comia-se menos. Nas festas, serviam-se pratos mais fartos, incluindo uma bebida especial: vinho temperado com mel, pimenta e canela.

A carne era evitada, por simbolizar a gula. Com o passar do tempo, porém, os cluniacenses abrandaram o rigor dos seus hábitos e incluíram a carne vermelha em seu cardápio, causando grande escândalo.

A fama de uma vida de luxo e riqueza em Cluny desagradava a muitos religiosos e leigos, e foi um dos fatores de decadência da ordem.

Decadência e desaparecimento

A partir do século XIV, a abadia de Cluny entrou em decadência. Novas ordens religiosas, mais humildes em seus costumes, passaram a atrair a atenção dos cristãos do Ocidente. A região da Borgonha se envolveu em guerras e a abadia foi saqueada. Com a diminuição das doações e da produção agrícola, os cluniacenses não conseguiam mais pagar o sustento dos seus membros e o luxo de suas celebrações. A ordem endividou-se. O número de monges diminuiu.

No final do século XVIII, a Revolução Francesa extinguiu todas as ordens religiosas. Os edifícios que formavam a abadia de Cluny foram esvaziados e vendidos a negociantes.

A partir de 1798, as grossas paredes foram sendo desmanchadas. Os demolidores vendiam as pedras para servirem de material de construção de novos edifícios. A demolição parou em 1823, quando restava de pé apenas uma torre e uma pequena parte da igreja abacial. Esses vestígios foram preservados e atualmente são considerados monumento histórico do povo francês.

Abadia de Cluny, localizada na Borgonha, França. Foto de 2012.

Reflita

1. Por que os monges de Cluny davam tanta importância à igreja de sua abadia?
2. Os líderes da Revolução Francesa eram contrários à existência de mosteiros por razões políticas e ideológicas. Por isso extinguiram as ordens religiosas, apossaram-se de suas terras e demoliram mosteiros. A partir do século XIX, essa prática de demolir igrejas e mosteiros milenares passou a ser muito criticada.
   a) Você conhece outros casos de demolição de edifícios antigos em sua cidade ou região?
   b) Debata com seus colegas a importância de preservar a herança legada por nosso passado, como templos das diferentes religiões, palácios do poder, casas de operários e fábricas.

Atividades

Verifique o que aprendeu

1. Relacione a descentralização política ocorrida na Europa medieval com o surgimento da cavalaria.

2. Descreva algumas das virtudes cavalheirescas que eram postas em prática nos torneios.

3. Explique por que o envolvimento com questões políticas enfraquecia o poder da Igreja.

4. Comente as principais semelhanças e diferenças existentes entre as ordens de Cluny e de Cister e qual foi a resposta que ambas deram à crise por que passava a Igreja no século XI.

5. Relacione a situação militar do Império Bizantino no final do século XI com o interesse papal de recuperar o controle sobre os cristãos do Oriente.

6. Cite os fatores socioeconômicos que facilitaram a organização da Primeira Cruzada pelos europeus ocidentais.

7. Comente os principais resultados da Primeira Cruzada.

8. Relacione os atos praticados pelos cruzados no Oriente, em especial os massacres da população de Antioquia e Jerusalém, com o código da cavalaria vigente na Europa desse período.

9. Por que os muçulmanos passaram a considerar os cruzados ocidentais como bárbaros sanguinários, se a violência nas guerras era comum também entre eles?

10. Qual era o interesse das cidades marítimas italianas nas cruzadas?

11. Por que algumas pessoas chamam a Quarta Cruzada de "Cruzada Bandida"? Qual foi o resultado dessa cruzada para a política papal no Oriente?

12. Relacione o incentivo às peregrinações com o projeto papal de liderar a cristandade.

13. Por que se adotou o uso da pedra na construção das igrejas românicas?

14. Descreva as principais características do estilo românico e relacione-as com a criação de novas ordens religiosas, como Cluny e Cister.

Leia e interprete

15. O texto transcrito a seguir reproduz parte de uma trova francesa composta no final do século XII. Seu autor é Bertran de Born, um nobre francês, senhor feudal e cavaleiro que no fim da vida se tornou monge da ordem de Cister. Leia com atenção e responda às questões.

> Belas me parecem as imagens gravadas dos escudos,
> nas cores vermelho e azul,
> e as insígnias e guiões [estandarte]
> de várias cores compostas.
> Belas são as tendas, belos são os abrigos,
> Ricos pavilhões erguer,
> Quebrar as lanças, furar os escudos
> E rachar os elmos polidos;
> Golpes dar e receber.
> E sinto grande alegria
> Quando vejo alinhados no campo
> Cavaleiros e cavalos armados.

BORN, Bertran de. Citado por LE GOFF, Jacques. *A civilização do Ocidente medieval*. Bauru: Edusc, 2005. p. 340.

a) A que fase da vida de Bertran a trova se refere?
b) Que valores o texto elogia?
c) A que código de comportamento esses valores se referem?
d) Cite três versos que se refiram a armas medievais.
e) Descreva com suas palavras como seria uma batalha medieval com base nas informações contidas na trova.

16. A iluminura reproduzida abaixo foi feita no século XV para ilustrar o livro intitulado *Romance de Tristão*, que faz parte do ciclo de histórias sobre o rei Artur. Observe a imagem e responda às questões.

Representação do combate entre os cavaleiros Tristão e Palamedes, iluminura do *Romance de Tristão*, século XV.

a) Que personagens da sociedade medieval podem ser identificadas na imagem?
b) A imagem representa uma cena de combate. Em sua opinião, trata-se de uma batalha real ou de um torneio? Justifique sua resposta.
c) Descreva os tipos de armas representados na imagem.
d) Compare a atitude das pessoas representadas na imagem e formule uma hipótese sobre o papel das mulheres e dos homens na nobreza medieval.

Vestibular e Enem

ATENÇÃO: todas as questões foram reproduzidas das provas originais de que fazem parte.

1. **(PUC-SP)** As "três ordens" que caracterizam o funcionamento da sociedade na Idade Média europeia podem ser identificadas como:
   a) plebe, patriciado e tribunos.
   b) monarquia, república e império.
   c) militares, políticos e escravos.
   d) tirania, autoritarismo e democracia.
   e) religiosos, nobres e servos.

2. **(Uece)**

   > O camponês "nunca bebe o produto de suas vinhas, nem prova uma migalha do bom alimento; muito feliz será se puder ter seu pão preto e um pouco de sua manteiga e queijo...".
   >
   > HUBERMAN, Leo. *História da riqueza do homem*. 21. ed. Rio de Janeiro: LTC, 1986. p. 6.

   De acordo com o texto, assinale a alternativa verdadeira sobre as condições de vida dos camponeses medievais.
   a) Os camponeses, chamados de servos, exerciam a função de escravos, pois podiam ser vendidos junto com as propriedades de terras.
   b) O sistema de deveres e obrigações sobre a posse da terra tornava os servos livres para usufruir, como quisessem, de suas terras.
   c) Os servos possuíam terras produtivas em abundância, mas não tinham liberdade e nem instrumentos de trabalho.
   d) A obrigação de trabalhar, sem pagamento, nas terras dos seus senhores, os colocava numa vida miserável.

3. **(UFC-CE)** Leia a canção:

   A sagração do Cavaleiro no século XII

   Empunhando Durendal, a cortante,
   O Rei tirou-a da bainha, enxugou-lhe a lâmina,
   Depois cingiu-a em seu sobrinho Rolando
   E então o papa a benzeu.
   O Rei disse-lhe docemente, rindo:
   "Cinjo-te com ela, desejando
   Que Deus te dê coragem e ousadia,
   Força, vigor e grande bravura
   E grande vitória sobre os Infiéis."

   E Rolando diz, o coração em júbilo:
   "Deus me conceda, pelo seu digno comando".
   Agora que o Rei cingiu a lâmina de aço,
   O duque Naimes vai se ajoelhar
   E calçar em Rolando sua espora direita.
   A esquerda cabe ao bom dinamarquês Ogier.

   DUBY, Georges. *A Europa na Idade Média*. São Paulo: Martins Fontes, 1988. p. 13.

   a) Qual o papel da cavalaria na sociedade medieval?
   b) O que a figura do papa representa no ritual da cavalaria?

4. **(Unesp)** Na Idade Média ocidental, a Igreja cristã justificava e explicava o ordenamento social. Ao lado dos clérigos, que detinham o conhecimento da leitura e da escrita, um dos grupos sociais da época era constituído por:
   a) assalariados, que trabalhavam nas terras dos que protegiam as fronteiras da Europa medieval das invasões dos povos bárbaros germânicos.
   b) usurários, que garantiam o financiamento das campanhas militares da nobreza em luta contra os infiéis muçulmanos.
   c) donos de manufaturas de tecidos de algodão, que abasteciam o amplo mercado consumidor das colônias americanas.
   d) servos, que deviam obrigações em trabalho aos senhores territoriais que cuidavam da defesa militar da sociedade.
   e) escravos, que garantiam a sobrevivência material da sociedade em troca da concessão da vida por parte dos seus vencedores.

5. **(UFPE)** Sobre o sistema feudal europeu, é INCORRETO afirmar que:
   a) o feudo constituía sua unidade básica de produção.
   b) a economia era baseada no comércio, devido à alta produção de excedentes agrícolas.
   c) neste regime, os servos eram obrigados a prestar serviços gratuitos e ceder a maior parte da produção ao senhor feudal e, em troca, recebiam do senhor feudal proteção militar.
   d) as duas principais camadas sociais eram a dos senhores feudais e a dos servos da gleba.
   e) cada feudo representava uma unidade politicamente autônoma.

6. **(Unesp)**

   > Reconheço ter prendido mercadores de Langres que passavam pelo meu domínio. Arrebatei-lhes as mercadorias e guardei-as até o dia em que o bispo de Langres e o abade de Cluny vieram procurar-me para exigir reparações.
   >
   > Castelão do século XI.

   O texto apresentado permite afirmar que, na Idade Média:
   a) o poder da Igreja era, além de religioso, também temporal.
   b) os senhores feudais eram mais poderosos do que a Igreja.
   c) o clero era responsável pela distribuição das mercadorias.
   d) o conflito entre Igreja e nobreza aproximou o clero dos comerciantes.
   e) o poder do papa era limitado pelos sacerdotes.

146

7. (Unifesp)

> O mosteiro deve ser construído de tal forma que tudo o necessário (a água, o moinho, o jardim e os vários ofícios) exerce-se no interior do mosteiro, de modo que os monges não sejam obrigados a correr para todos os lados de fora, pois isso não é nada bom para suas almas.
>
> Da Regra elaborada por São Bento, fundador da ordem dos beneditinos, em meados do século VI.

O texto revela:

a) o desprezo pelo trabalho, pois o mosteiro contava com os camponeses para sobreviver e satisfazer as suas necessidades materiais.
b) a indiferença com o trabalho, pois a preocupação da ordem era com a salvação espiritual e não com os bens terrenos.
c) a valorização do trabalho, até então historicamente inédita, visto que os próprios monges deviam prover a sua subsistência.
d) a presença, entre os monges, de valores bárbaros germânicos, baseados na ociosidade dos dominantes e no trabalho dos dominados.
e) o fracasso da tentativa dos monges de estabelecer comunidades religiosas que, visando à salvação, abandonavam o mundo.

8. (UFRN) No século VIII d.C., Carlos Magno distribuía terras entre seus chefes guerreiros, os quais lhe juravam fidelidade e passavam a ter expressiva autonomia nas propriedades recebidas.

Nessa prática, encontram-se raízes da estrutura social do feudalismo, o qual se caracterizou por:

a) ser uma estrutura de propriedade latifundiária cuja economia estava voltada para atender ao mercado externo.
b) abranger numerosas famílias de proprietários rurais que disputavam com a Igreja o recrutamento dos participantes dos exércitos.
c) apresentar uma sociedade fundamentada em grandes domínios territoriais, com uma economia rural de trabalho servil.
d) agrupar significativa população urbana oriunda do campo, devido às transformações na divisão das terras de cultivo.

9. (UEL-PR) Sobre a religiosidade medieval, é CORRETO afirmar:

a) Com o fim do Império Romano, o Cristianismo, até então perseguido, difundiu-se pela Europa, sendo seus adeptos liberados dos impostos pagos pelos idólatras.
b) A prática da bruxaria, então disseminada nos meios clericais, provocou a reação dos crentes e a Revolução Protestante, levando à renovação da experiência cristã.
c) O ateísmo foi combatido duramente pela Inquisição, tendo como consequência o desaparecimento dos descrentes até o século XVIII.
d) A experiência da reclusão foi bastante característica na vida religiosa do período medieval, sobressaindo-se a ordem beneditina, fundada sobre o princípio da vida dedicada à oração e ao trabalho.
e) A ativa participação dos leigos na instituição eclesiástica assim como uma tendência ao enfraquecimento da hierarquia dessa podem ser apontadas como características do período.

10. (UFG-GO) Leia o texto a seguir, que se refere à história do significado do trabalho.

> Do ponto de vista da história, uma das revoluções do cristianismo no Ocidente, reforçada pela tradição monástica hostil ao ócio, é ter feito do trabalho um valor.
>
> IOGNA-PRAT, Dominique. Ordem(ns). In: *Dicionário temático do Ocidente medieval*. Bauru: Edusc; São Paulo: Imprensa Oficial do Estado de São Paulo. p. 313. [Adaptado.]

A respeito da história da concepção de trabalho, pode-se afirmar que, na:

a) Grécia Antiga, as atividades manuais eram consideradas socialmente superiores.
b) Roma Antiga, o estatuto da escravidão limitava o trabalho do escravo às atividades no campo.
c) Roma republicana, o trabalho foi pensado como preço a ser pago pelo castigo decorrente do pecado original.
d) Idade Média, concebeu-se o trabalho como meio pelo qual o fiel poderia elevar-se de sua condição mundana.
e) Baixa Idade Média, o estatuto do trabalho nas cidades era semelhante ao da servidão nos campos.

11. (Enem) A Idade Média é um extenso período da História do Ocidente cuja memória é construída e reconstruída segundo as circunstâncias das épocas posteriores. Assim, desde o Renascimento, esse período vem sendo alvo de diversas interpretações que dizem mais sobre o contexto histórico em que são produzidas do que propriamente sobre o Medievo.

Um exemplo acerca do que está exposto no texto acima é:

a) a associação que Hitler estabeleceu entre o III Reich e o Sacro Império Romano-Germânico.
b) o retorno dos valores cristãos medievais, presentes nos documentos do Concílio Vaticano II.
c) a luta dos negros sul-africanos contra o *apartheid* inspirada por valores dos primeiros cristãos.
d) o fortalecimento político de Napoleão Bonaparte, que se justificava na amplitude de poderes que tivera Carlos Magno.
e) a tradição heroica da cavalaria medieval, que foi afetada negativamente pelas produções cinematográficas de Hollywood.

Vestibular e Enem

12. (PUC-PR) A História do Império Bizantino abrangeu um período equivalente ao da Idade Média, apesar da instabilidade social, decorrente, entre outros fatores:
a) dos frequentes conflitos internos originados por controvérsias políticas e religiosas.
b) da excessiva descentralização política que enfraquecia os imperadores.
c) da posição geográfica de sua capital, Constantinopla, vulnerável aos bárbaros que com facilidade a invadiam frequentemente.
d) da constante intromissão dos imperadores de Roma em sua política.
e) da falta de um ordenamento jurídico para controle da vida social.

13. (PUC-RS) Dentre os Reinos, surgidos após as invasões germânicas e o fim do Império Romano, o Reino Franco foi o mais importante, porque:
a) os Reis Francos se converteram ao Cristianismo e defenderam o Ocidente contra o avanço dos muçulmanos.
b) promoveu o desenvolvimento das atividades comerciais entre o Ocidente e o Oriente, através das Cruzadas.
c) nesse período a Sociedade Feudal atingiu sua conformação clássica e o apogeu econômico e cultural.
d) houve uma centralização do poder e viveu-se um período de paz externa e interna, o que permitiu controlar o poder dos nobres sobre os servos.
e) os Reis Francos conseguiram realizar uma síntese entre a cultura romana e a oriental, que serviria de inspiração ao Renascimento Cultural do século XIV.

14. (PUC-PR) O Império Bizantino ou Romano do Oriente existiu durante a Idade Média, sendo-lhe cronologicamente coincidente.
Sobre o tema, assinale a alternativa correta:
a) Seu período de maior esplendor e expansão ocorreu sob o governo de Justiniano, que mandou fazer a codificação das leis romanas.
b) Sua posição geográfica correspondia às terras da parte ocidental do Império Romano.
c) Apresentava excessiva descentralização política, o que enfraquecia os imperadores (basileus).
d) Reprimiu violentamente a heresia dos cátaros, que ameaçava a sua unidade religiosa.
e) A força da cultura romana fez com que o latim fosse língua de emprego geral.

15. (Enem)
> Os cruzados avançavam em silêncio, encontrando por todas as partes ossadas humanas, trapos e bandeiras. No meio desse quadro sinistro, não puderam ver, sem estremecer de dor, o acampamento onde Gauthier havia deixado as mulheres e crianças. Lá, os cristãos tinham sido surpreendidos pelos muçulmanos, mesmo no momento em que os sacerdotes celebravam o sacrifício da Missa. As mulheres, as crianças, os velhos, todos os que a fraqueza ou a doença conservava sob as tendas, perseguidos até os altares, tinham sido levados para a escravidão ou imolados por um inimigo cruel. A multidão dos cristãos, massacrada naquele lugar, tinha ficado sem sepultura.
>
> MICHAUD, J. F. *História das cruzadas*. São Paulo: Editora das Américas, 1956 (com adaptações).

> Foi, de fato, na sexta-feira 22 do tempo de Chaaban, do ano de 492 da Hégira, que os franj* se apossaram da Cidade Santa, após um sítio de 40 dias. Os exilados ainda tremem cada vez que falam nisso, seu olhar se esfria como se eles ainda tivessem diante dos olhos aqueles guerreiros louros, protegidos de armaduras, que espelham pelas ruas o sabre cortante, desembainhado, degolando homens, mulheres e crianças, pilhando as casas, saqueando as mesquitas.
>
> *franj = cruzados.
>
> MAALOUF, Amin. *As Cruzadas vistas pelos árabes*. 2. ed. São Paulo: Brasiliense, 1989 (com adaptações).

Avalie as seguintes afirmações a respeito dos textos acima, que tratam das Cruzadas.

I. Os textos referem-se ao mesmo assunto — as Cruzadas, ocorridas no período medieval —, mas apresentam visões distintas sobre a realidade dos conflitos religiosos desse período histórico.

II. Ambos os textos narram partes de conflitos ocorridos entre cristãos e muçulmanos durante a Idade Média e revelam como a violência contra mulheres e crianças era prática comum entre adversários.

III. Ambos narram conflitos ocorridos durante as Cruzadas medievais e revelam como as disputas dessa época, apesar de ter havido alguns confrontos militares, foram resolvidas com base na ideia do respeito e da tolerância cultural e religiosa.

É correto apenas o que se afirma em:
a) I.
b) II.
c) III.
d) I e II.
e) II e III.

16. (Fatec-SP) As conquistas intelectuais dos árabes, ou sarracenos, foram consequência da grande expansão realizada por eles, a qual lhes possibilitou o contato com diferentes civilizações: bizantina, persa, indiana e chinesa.
Ao respeitarem os costumes e crenças dos povos conquistados, os árabes acabaram por assimilar o

patrimônio cultural daqueles, enriquecendo-o com contribuições próprias.

Em decorrência disso, é correto dizer que a mais importante das artes sarracenas foi:

a) a música – acessível a toda a população e de grande importância para a educação de seus jovens.
b) a pintura – bastante realista, exprimindo a violência, a dor e, ao mesmo tempo, a sensualidade.
c) a literatura – com destaque para contos eróticos, fábulas e aventuras.
d) a escultura – caracterizada pela naturalidade e pela harmonia das formas.
e) a arquitetura – marcada pela construção de palácios, mesquitas e escolas.

17. (UFRGS-RS) O texto abaixo refere-se aos progressos de uma importante civilização dentro da História da Humanidade nos séculos VII ao XIV da era cristã. A partir das informações fornecidas, identifique o povo que marca esta civilização, indicando, também, a religião, o livro sagrado, o profeta, a principal cidade e a atividade econômica que caracterizam este povo.

> Um povo, até então quase desconhecido, unificara-se levado pelo impulso de uma nova religião. [...] Os mais antigos Estados desmoronavam e, do Sir-Daria ao Senegal, as religiões estabelecidas inclinavam-se diante de uma recém-chegada, a mesma que, hoje, conta cerca de 300 milhões de fiéis. A nova civilização resultante destas conquistas alinhar-se-ia entre as mais brilhantes e seria, de vários pontos de vista, a preceptora do Ocidente, depois de ter por sua vez recolhido, vivificando-a, grande parte do legado antigo.
>
> PERROY, E. A preeminência das civilizações orientais. In: CROUZET, M. História geral das civilizações. v. 1. t. III. p. 95.

a) árabes – Islamismo – Novo Testamento – Cristo – Bombaim – agricultura
b) hebreus – Judaísmo – Antigo Testamento – Moisés – Jerusalém – comércio
c) árabes – Budismo – Corão – Maomé – Meca – artesanato
d) persas – Zoroastrismo – Livro dos Ensinamentos – Nostradamus – Bagdá – artesanato
e) árabes – Islamismo – Corão – Maomé – Meca – comércio

18. (UFRGS-RS) Maomé, nascido em Meca, na Arábia, insatisfeito com o paganismo geralmente praticado na região, declarou ter visto o anjo Gabriel, que lhe apresentara um texto com a ordem de recitá-lo. Considerando-se então o último e maior de todos os profetas, Maomé promoveu a conversão das tribos da Arábia. A era muçulmana caracterizou-se pela:

a) divisão das esferas de poder político e de poder religioso, constituindo um Estado laico, onde porém a Igreja assumia um lugar privilegiado.
b) expansão territorial do Islã, que se fez inclusive às custas do Império Persa e do Império Bizantino, enfraquecidos por graves crises internas.
c) conversão forçada dos povos conquistados à nova religião do Islã, com a proibição dos cultos judeus e cristãos e o confisco de terras.
d) rejeição total à assimilação da cultura dos povos conquistados e das culturas antigas, em nome da verdadeira compreensão da palavra de Deus.
e) proibição das concentrações urbanas, do comércio e do desenvolvimento de novas técnicas de trabalho, considerados contrários aos preceitos do Corão.

19. (Unesp) Assinale a alternativa correta sobre a civilização muçulmana durante o período medieval.

a) Os constantes ataques de invasores árabes, provenientes das áreas do Saara, criaram instabilidade na Europa e contribuíram decisivamente para a queda do Império Romano.
b) A civilização muçulmana não desempenhou papel significativo no período, em função da inexistência de um líder capaz de reunir, sob um mesmo estado, sunitas e xiitas.
c) Os pensadores árabes desempenharam papel fundamental na renovação do pensamento da Europa Ocidental, uma vez que foram responsáveis pela difusão, via Espanha muçulmana, do legado greco-romano.
d) O distanciamento entre muçulmanos e cristãos aprofundou-se com a pregação de Maomé, que postulou a superioridade da religião islâmica e negou-se a aceitar os tratados de paz propostos pelo Papa.

20. (UFPE) A expansão muçulmana atingiu territórios da Europa, contribuindo para a divulgação de hábitos culturais que marcaram a formação histórica da península Ibérica. Além disso, mudou as relações comerciais da época. Em relação a outros povos e à Igreja Católica, os muçulmanos:

a) mantiveram, ao longo de sua história, uma tradição de total tolerância religiosa.
b) eram temidos, em razão do seu grande poderio militar.
c) mantiveram uma convivência sem choques culturais, revelando-se, no entanto, intolerantes com os judeus.
d) foram intolerantes e violentos, não assimilando as culturas adversárias.
e) só eram temidos em Portugal, pelos cristãos e pelos judeus, sendo bem-aceitos na Espanha.

149

PROJETO 1

Exposição: Nossa comunidade

Uma proposta para aproximar as pessoas de sua história coletiva.

O que você vai fazer

Na unidade de introdução deste volume você viu como o historiador reconstrói o conhecimento histórico. Agora você e seus colegas irão desenvolver uma pesquisa sobre a sua comunidade e montar uma exposição que recupere a história do lugar onde vivem.

A exposição poderá ser visitada por toda a comunidade escolar — professores, funcionários, alunos e seus familiares — e também pelos moradores do entorno da escola. Assim, como historiadores, você e seus colegas vão oferecer à comunidade um retrato dela mesma, e contribuirão para que as pessoas se reconheçam como cidadãs, autoras da História.

A elaboração do projeto contará com quatro etapas.

- Levantamento de dados.
- Seleção e organização das informações.
- Definição dos temas organizadores da exposição.
- Montagem da exposição.

1. Levantamento de dados

- **Entrevistas**
    - O primeiro passo é entrevistar pessoas da comunidade para levantar informações sobre moradores, lugares e acontecimentos que fazem parte da memória coletiva.
    - Os alunos devem se organizar em pequenos grupos para realizar o maior número possível de entrevistas e, assim, obter a maior quantidade possível de dados.
    - Verifique que locais podem ser visitados e que moradores podem participar das entrevistas. Faça uma seleção prévia das pessoas que podem colaborar.
    - Elabore um questionário para levantar as informações básicas. Leia esta sugestão de ficha de entrevista.

Nome do entrevistado:	
Idade:	Profissão:
Há quanto tempo mora na região:	
De que transformações importantes da região se lembra, como construção de alguma obra pública, modificação na rede de transportes, etc.?	
O que pensa sobre o lugar onde mora?	

- Outras perguntas podem surgir, dependendo do rumo de cada entrevista.
    As entrevistas podem ser anotadas em um caderno ou gravadas. Se gravadas, devem ser transcritas depois.
- **Coleta de material para a exposição**
    - Peça emprestados aos entrevistados fotografias ou objetos significativos da história da comunidade para fazer parte da exposição: imagens de lugares públicos antes das modificações que sofreram, fotografias de pessoas, festas, comemorações, etc. Tudo o que ajudar a contar a história do lugar onde você mora enriquecerá a exposição.

- Os objetos emprestados devem ser identificados, catalogados e preservados para que possam ser devolvidos sem danos aos donos.
- Jornais, revistas ou internet também podem ser fontes de pesquisa para imagens da comunidade e informações sobre ela.
- É necessário que cada entrevistado assine um documento autorizando o uso de sua entrevista e, se for o caso, dos objetos emprestados.

2. Seleção e organização das informações

O grupo deve discutir as informações e selecionar quais delas são significativas para contar a história da sua comunidade, apresentando-a nos seus mais variados aspectos.

- Identifique com seu grupo os fatos que tiveram maior relevância para um maior número de pessoas.
- Determine a duração da exposição, se ficará aberta durante um dia, um fim de semana, uma semana inteira, etc.

3. Definição dos temas organizadores da exposição

Com base nas informações e nos materiais coletados, você e seu grupo devem decidir como será organizada a exposição. Ela pode ser dividida em temas, como estes:

- A cultura da comunidade (destacando festas e comemorações)
- Profissões
- Histórias curiosas
- Permanências e mudanças (o que permanece na região há décadas e o que mudou, as transformações que ocorreram em ruas, no sistema de transportes, etc.)
- Histórias de vida (alguns casos significativos de pessoas da comunidade)
- Linha do tempo mostrando os fatos mais representativos

4. Montagem da exposição

Os painéis podem ser feitos em cartolina, papel pardo ou outro material que a classe conseguir.

- Cada aluno ou dupla deve ficar perto de um painel, explicitando aos visitantes as informações e respondendo às dúvidas.
- Tenha muito cuidado com os objetos emprestados. As fotografias devem ser colocadas dentro de plásticos, para melhor preservá-las. Outros objetos devem ser colocados sobre as mesas.
- Membros da comunidade podem ser convidados para dar uma palestra na abertura da exposição.

A montagem da exposição e a disposição dos painéis podem ser feitas de acordo com o espaço que vocês tiverem. Mas é interessante pensar na estética, construindo um local bonito e acolhedor. Converse com os professores da área de Artes para ajudar o grupo.

UNIDADE 3
O poder consolidado

Nesta unidade

- **12** O comércio e as cidades voltam a crescer
- **13** A centralização do poder real
- **14** O Renascimento cultural
- **15** A Reforma religiosa
- **16** Sociedades da África
- **17** A China Antiga e Imperial
- **18** O Japão Antigo
- **19** As origens da Índia
- **20** A expansão marítima europeia

Vista do mercado intramuros de Bolonha, Itália. Detalhe de iluminura, c. século XIV.

Novas fronteiras

A partir do século XI, a Europa Ocidental passou por profundas transformações. O aumento da produção agrícola e a consequente melhoria da alimentação provocaram o crescimento demográfico e impulsionaram o revigoramento comercial e urbano. As cidades, cada vez mais populosas, eram agitadas pelo vaivém dos mercados e das feiras, por onde passava todo o tipo de gente interessada em trocar, comprar e vender mercadorias. Muitas dessas mercadorias eram trazidas de longe, transportadas desde locais como o deserto do Saara, a Índia e a China até os portos do mar Mediterrâneo.

No século XV, os europeus planejaram dispensar os intermediários comerciais e se aventuraram pelos oceanos. Navegaram em busca dos mais distantes fornecedores de mercadorias, como a China e as ilhas do extremo Oriente. As sociedades da China, da Índia e do Japão e suas culturas milenares tornaram-se um pouco mais conhecidas no Ocidente. Entre os séculos XV e XVI, a Europa se agitou com a inovação nas artes, a curiosidade científica e as novas ideias religiosas.

CAPÍTULO 12
O comércio e as cidades voltam a crescer

O que você vai estudar

- O comércio e as cidades no século XI.
- Transformações sociais na Baixa Idade Média.
- As crises do século XIV.
- A Guerra dos Cem Anos.

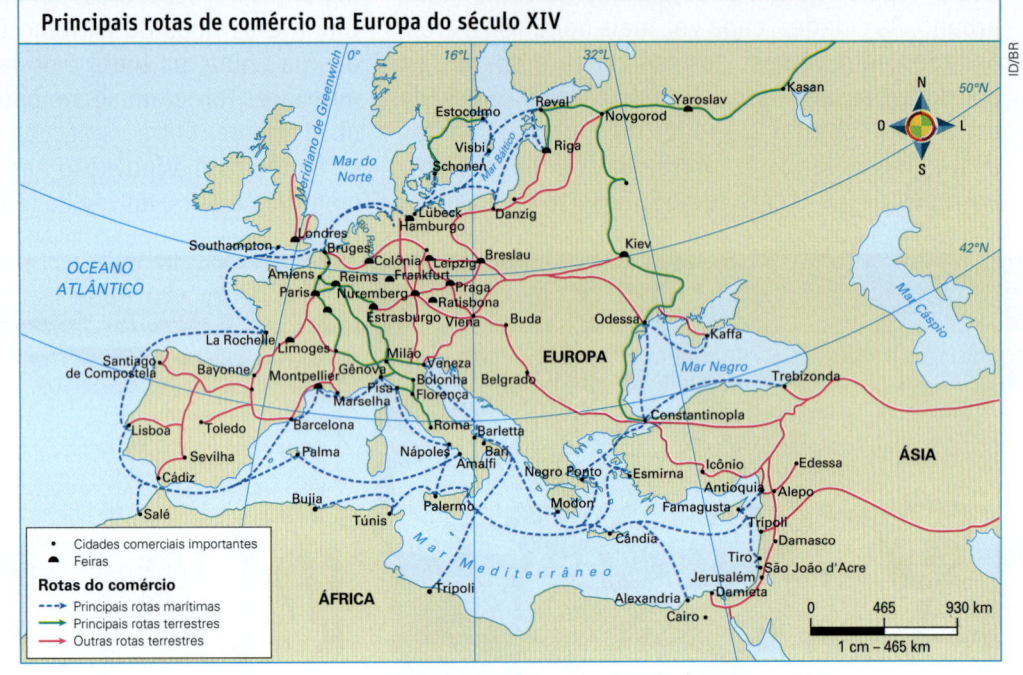

Principais rotas de comércio na Europa do século XIV

Fonte de pesquisa: ARRUDA, José Jobson de A. *Atlas histórico básico*. 17. ed. São Paulo: Ática, 2007. p. 17.

Ligando os pontos

No período conhecido como Alta Idade Média, entre os séculos V e X, grande parte dos europeus ocidentais passou a viver em pequenas comunidades rurais cercadas de florestas e ligadas entre si por estradas precárias e quase desertas, frequentadas por ladrões e lobos. Essas aldeias produziam quase tudo o que consumiam e, por isso, dependiam pouco do comércio para suprir suas necessidades.

Com o passar do tempo, a maior parte das terras e de seus habitantes passou a ser controlada pelos senhores feudais. Muitos senhores eram nobres guerreiros que moravam em castelos e — com seus cavalos e armaduras — formavam o principal corpo militar da época. Mas a Igreja também possuía feudos. Os grandes mosteiros e abadias cristãos eram responsáveis pela produção cultural em grande parte da Europa Ocidental.

Igreja e nobres exploravam o trabalho dos camponeses, que, em troca do uso da terra, da proteção de seus bens e de suas almas, deviam entregar boa parte do que produziam aos senhores.

Esse sistema começou a mudar a partir do início do século XI, com o revigoramento do comércio e das viagens e o intenso crescimento das cidades. Grandes rotas comerciais passaram a cruzar mares e continentes, religaram as regiões isoladas e provocaram muitas das mudanças sociais, políticas e culturais que estudaremos a seguir.

No mapa acima estão traçadas as principais rotas de comércio do século XIV. Observe as rotas marítimas e as terrestres.

1. Que continentes eram ligados pelas rotas comerciais do sul?
2. Quais mares e oceanos eram atravessados por rotas marítimas?
3. A quais cidades da Europa eram ligadas por rotas terrestres as cidades da península Itálica Amalfi, Pisa, Gênova e Veneza?

A expansão do comércio

A partir do final do século XI, as cidades da Europa Ocidental passaram a crescer em tamanho e população. Essas cidades renovadas praticavam entre si um comércio cada vez mais intenso, fazendo circular não só mercadorias, mas também notícias, conhecimentos científicos e ideias sobre política e religião. Uma nova camada social, os burgueses, surgiu em meio a esse movimento. Esse processo de transformação econômica e social é conhecido como **renascimento comercial e urbano**, embora o comércio não tenha desaparecido completamente da Europa durante a Idade Média.

A revolução demográfica e agrícola

O crescimento das transações comerciais e das cidades pode ser explicado em grande parte pelo considerável **aumento da população** europeia ocorrido a partir do século XI. Esse aumento populacional foi sustentado pela chamada **revolução agrícola**. A introdução de técnicas de cultivo mais eficientes permitiu a produção de maior quantidade de alimentos. Entre as novidades adotadas estava a **charrua** *(ver imagem abaixo)*, um arado de ferro que substituía o de madeira, permitindo que um número maior de sementes penetrasse no solo mais profundamente, mesmo nos mais duros.

Houve ainda o aperfeiçoamento dos **moinhos de água**, que melhoraram a qualidade e aumentaram a quantidade da farinha usada nos pães, base da alimentação das camadas mais pobres da população. A introdução de **moinhos de vento** também trouxe ganhos para a produção agrícola. Esses moinhos, além de moer cereais, eram usados para levar a água para locais altos, melhorando a irrigação dos campos secos e a drenagem de áreas pantanosas.

A adoção de equipamentos como o **peitoral** (usado para atrelar cavalos e bois a arados e carroças) e a **ferradura** (que protegia os cascos e permitia ao animal trabalhar por mais tempo) também contribuiu para o aumento da produtividade nos campos.

Mais alimentos melhoravam a condição de saúde das pessoas, que ficaram mais resistentes às doenças. Dessa forma, a mortalidade diminuiu e as famílias passaram a ter mais filhos.

As rotas comerciais

O crescimento demográfico foi acompanhado pelo revigoramento das atividades comerciais na Europa. Afinal, uma população mais numerosa necessitava consumir uma quantidade maior de mercadorias. Além das trocas envolvendo produtos locais, como trigo, frutas e objetos de cerâmica, havia um crescente comércio de mercadorias vindas de países distantes. Raras e caras, essas mercadorias provocavam fascínio entre os europeus e desempenhavam o papel de símbolo do poder e da riqueza de quem as consumia. Entre elas, destacavam-se as **especiarias**, nome dado a produtos como pimenta, cravo, canela, noz-moscada e açúcar, que conservavam os alimentos ou davam a eles mais sabor, aroma e cor. Além das especiarias, a Europa importava produtos de luxo, como sedas, pedras preciosas e marfim.

Essas mercadorias, vindas da Ásia e da Oceania, eram transportadas ao longo de milhares de quilômetros, por caminhos terrestres e marítimos, até os portos do Mediterrâneo oriental, onde embarcavam para a Europa.

A travessia do Mediterrâneo foi assumida pelas cidades portuárias da península Itálica: Amalfi, Pisa, Veneza e Gênova, que possuíam grandes frotas navais e monopolizavam o contato da Europa com os portos orientais e africanos fornecedores de especiarias, principalmente os de Alexandria e Constantinopla.

Ação e cidadania

A nova revolução agrícola

A revolução agrícola aumentou muito a produtividade do Ocidente medieval. Novos equipamentos e técnicas permitiram o melhor aproveitamento das áreas agrícolas já existentes e o aumento da área cultivada, em detrimento da ocupada por florestas.

Novas tecnologias surgiram a partir de então. No século XVIII, a Revolução Industrial trouxe a substituição da tração animal por máquinas agrícolas e novas técnicas de cultivo, o que ampliou ainda mais a área cultivada e a produtividade.

Atualmente temos máquinas agrícolas com tecnologia de ponta, além de adubos e agrotóxicos específicos para cada tipo de lavoura e região. As fronteiras agrícolas avançam cada vez mais sobre as florestas remanescentes.

Mas o que pode se considerar como a nova revolução agrícola veio com a manipulação genética de organismos vivos. São os transgênicos.

Sementes modificadas geneticamente para resistir a agrotóxicos e a doenças ocupam a cada ano um porcentual maior das terras agricultáveis no planeta. Hoje, por exemplo, a soja e o milho transgênicos ocupam grandes porções do território brasileiro, ampliando as áreas agrícolas e diminuindo a vegetação nativa.

- Debata com seus colegas sobre a possibilidade de equilibrar segurança alimentar e segurança ambiental.

Iluminura de Pol de Limbourg representando o trabalho agrícola, século XV. Em primeiro plano, camponês usando uma charrua.

As grandes feiras

Os armazéns da península Itálica abasteciam as grandes **feiras** das regiões de **Champagne**, na atual França, e de **Flandres**, na atual Bélgica. A partir delas organizava-se uma ampla rede de comércio que distribuía as mercadorias às mais variadas regiões da Europa.

As feiras eram rotativas. A de Champagne ocorria seis vezes por ano. Os nobres das regiões que abrigavam as feiras incentivavam esses eventos, até mesmo garantindo a segurança dos viajantes e comerciantes em seus domínios. Em contrapartida, cobravam taxas sobre tudo o que nelas era comercializado.

O revigoramento do comércio de longa distância estimulou os povos germânicos a expandir seus domínios para o leste, em busca de produtos típicos das terras de clima frio, como peles e madeiras.

Nesse processo de expansão, os mercadores germânicos fundaram cidades às margens do mar do Norte e do mar Báltico, em territórios hoje pertencentes à Polônia, à Rússia e às Repúblicas bálticas (Letônia, Estônia e Lituânia).

Com a finalidade de defender os interesses de seus comerciantes, evitando a concorrência e as ameaças dos piratas escandinavos, essas cidades uniram-se a partir do século XIII em uma aliança comercial e política conhecida como **Liga Hanseática** ou **Hansa Teutônica**.

Nas feiras de Champagne e de Flandres, os mercadores da Liga Hanseática e do norte da Europa ofereciam aos mercadores do sul produtos metalúrgicos, armas, tecidos, âmbar, cera, trigo e lã, gerando recursos que permitiam a compra das custosas mercadorias vindas do Mediterrâneo.

As moedas e o rei

Entre os séculos V e X, a circulação de moedas na Europa Ocidental tornou-se bastante restrita. Nesse período, a maioria das pessoas produzia tudo de que necessitava, e o pouco que adquiria nos mercados locais era obtido por meio da troca (escambo). As moedas que caíam nas mãos dos europeus, quase todas de origem árabe ou bizantina, eram em geral doadas à Igreja como forma de devoção a Deus.

Acumuladas por abadias, conventos e santuários, essas moedas formavam **tesouros** que serviam como fonte de prestígio e também como reserva em caso de guerras ou calamidades.

A partir do século XI, o aumento do consumo de mercadorias trazidas de regiões distantes, onde as transações comerciais eram pagas sempre em dinheiro, promoveu a volta das moedas à circulação e à vida cotidiana dos europeus ocidentais.

Reis e senhores feudais passaram a cunhar suas próprias moedas, diminuindo a dependência em relação ao estrangeiro. Porém, como as rotas comerciais alcançavam longas distâncias, atravessando muitos reinos e feudos, os mercadores tinham de realizar seus negócios utilizando moedas de vários tamanhos, metais e valores, o que dificultava as transações.

Os mercadores passaram, então, a apoiar todos os que oferecessem facilidades para a realização das transações comerciais. Foi por esse motivo que boa parte dos mercadores apoiou os reis, que desejavam submeter os senhores feudais ao seu comando: unindo vários feudos sob um comando único, os reis poderiam impor a circulação de uma só moeda sobre grandes territórios.

> **Outras histórias**
>
> **A cultura marajoara**
>
> No século XIII, enquanto os europeus ampliavam sua revolução urbana e comercial, os povos que habitavam a ilha de Marajó, na foz do rio Amazonas, no atual estado do Pará, viviam também uma revolução demográfica e cultural.
>
> O desenvolvimento de uma agricultura eficiente promoveu o aumento da população dos núcleos populacionais marajoaras. Caciques comandavam grandes obras coletivas, e artesãos especializados produziam objetos de cerâmica de grande sofisticação estética.

> ## O nascimento dos bancos

Outra iniciativa tomada pelos mercadores europeus para facilitar as transações comerciais foi a adoção de um **padrão bimetálico**, isto é, baseado em dois metais, o ouro e a prata. Seguindo esse padrão, as moedas de ouro e prata tinham seu valor medido pela quantidade de metal com que eram feitas. Dessa forma, não importava o nome ou o formato das moedas: as que apresentassem o mesmo peso em ouro ou prata teriam sempre determinado valor, em qualquer local.

As necessidades do comércio fizeram surgir na Europa a **atividade bancária**. Além de emprestar dinheiro a juros, os primeiros bancos tinham como missão fazer a conversão – o câmbio – entre diferentes moedas, com base em uma equivalência de valores. Com o passar do tempo, as várias filiais das casas bancárias, instaladas nas principais praças comerciais e nas feiras, começaram a emitir as chamadas **letras de câmbio**.

O uso das letras de câmbio era simples e de certa forma ainda permanece: o negociante depositava determinada quantia em moeda em uma casa bancária e recebia em troca um recibo de depósito assinado pelo banqueiro.

Iluminura medieval representando a atividade bancária na cidade de Gênova, na península Itálica, século XIV. À esquerda há uma arca que serve de cofre, e à direita um banco onde as moedas são expostas e contadas.

Esse recibo podia ser trocado pela mesma quantidade de moedas depositadas em qualquer uma das filiais do banco, mesmo aquelas situadas em cidades distantes. Dessa forma, os mercadores não necessitavam mais carregar grandes quantidades de pesadas moedas metálicas pelas inseguras estradas europeias.

Conheça melhor

Os bancos italianos

O historiador francês Jean Delumeau, na década de 1980, escreveu sobre os vários tipos de bancos existentes na cidade italiana de Florença no início do século XV. Os primeiros bancos, surgidos no fim da Idade Média, eram muito diferentes dos bancos informatizados que conhecemos hoje.

Na Itália do início do século XV, especialmente em Florença, havia vários tipos de bancos: *banchi di pegno*, *banchi a minuto*, *banchi in mercato*, *banchi grossi*. Os primeiros eram casas de empréstimos sobre penhores que exigiam juros de taxa muito elevada [...]. Os *banchi a minuto* são muito mal conhecidos. Mas, a ajuizar por alguns de seus livros, ainda hoje conservados, a sua atividade consistia principalmente na venda de joias a crédito [...] e, em certos casos, empréstimos sobre penhor de joias. Estes *banchi a minuto*, em Florença, [...] nem aceitavam depósitos nem faziam transferências de dinheiro de uma conta para outra. [Por sua vez] [...] a principal atividade dos *banchi in mercato* era o câmbio direto, realizado em algumas praças públicas importantes das cidades italianas e também de Barcelona [na atual Espanha], de Bruges [na atual Bélgica] e de outras cidades. Os cambistas ganharam muito depressa o costume de aceitar depósitos de dinheiro para o fazer render. [...] [Os *banchi grossi* eram grandes instituições] "que trocam e comerciam em todos os lugares do mundo onde há câmbios e moeda".

DELUMEAU, Jean. *A civilização do Renascimento*. Lisboa: Estampa, 1984. v. II. p. 230-231.

As cidades

Com a expansão comercial, houve também o **renascimento urbano** entre o final do século XI e o século XIII.

O aumento do comércio favorecia o crescimento dos centros urbanos, onde se organizavam mercados, feiras e oficinas. Do mesmo modo, o crescimento da população urbana, sustentado pela maior produtividade agrícola, movimentava o mercado local, fazendo prosperar os mercadores e os artesãos que trabalhavam na cidade e alimentando um contínuo círculo de crescimento.

As atividades culturais também se transferiram para a cidade. No período anterior, os mosteiros e as abadias rurais concentravam os copistas de textos eruditos e as bibliotecas, assim como os estudiosos de Filosofia e História. Porém, no século XIII surgiram grandes **conventos urbanos**, criados pelas novas ordens religiosas de **franciscanos** e **dominicanos**, que promoviam grande atividade cultural.

Todo esse movimento econômico, demográfico e cultural foi fundamental para o processo que transformou a sociedade medieval europeia. Porém, é importante lembrar que, apesar do grande crescimento da população urbana, durante toda a Baixa Idade Média o campo continuou a concentrar cerca de 80% da população europeia.

Os burgos e o movimento comunal

Muitas das pessoas que saíram dos campos se instalaram nos **burgos**, que eram povoações criadas ao lado das muralhas de castelos e abadias por pessoas atraídas pela proteção que as fortificações ofereciam nos tempos de guerra.

Com a reativação das rotas comerciais, os **burgueses** – habitantes dos burgos que se dedicavam principalmente ao comércio, ao artesanato e às atividades bancárias – enriqueceram. Com o transcorrer do tempo, os burgueses passaram a comprar a autonomia de seus burgos dos senhores feudais, que necessitavam de quantidades cada vez maiores de moedas para comprar mercadorias de luxo. Os burgos governados pelos burgueses chamavam-se **comunas** e tinham sua autonomia garantida pelas chamadas **Cartas de Franquia**, documentos que estabeleciam as regras gerais da comuna (autonomia, liberdades, direitos e deveres).

Principais cidades europeias do século XIII

Fonte de pesquisa: MESTRE, Juan Santacana; RUVIRA, Gonzalo Zaragoza. *Atlas histórico*. Madrid: Ediciones SM, 1999. p. 54.

História e urbanismo

O urbanismo atualmente é uma disciplina cursada nas faculdades de Arquitetura e Urbanismo. Ele trata da **organização das cidades**: a maneira pela qual os edifícios ocupam o espaço urbano; as funções de ruas, praças, quarteirões e bairros; e as formas de melhorar a vida urbana em todas as suas dimensões — meio ambiente, circulação, paisagem, vida cultural, economia, etc. Como técnica, o urbanismo surgiu no século XIX e se aplica à cidade moderna.

A análise urbanística pode ser, porém, estendida para tempos mais antigos, servindo como instrumento de estudo e compreensão das várias formas adotadas pelas cidades desde o seu aparecimento, no Período Neolítico, até os dias de hoje.

Conhecer a história da urbanização de uma cidade, entendendo seu desenvolvimento ao longo do tempo, ajuda a encontrar soluções para os problemas dos atuais centros urbanos.

Você conhece a história da urbanização de sua cidade?

1. Forme dupla com um colega e pesquisem a história de um dos bairros de sua cidade, procurando saber em que época esse bairro foi criado, quais são as ruas e as praças mais antigas e como ele cresceu ao longo do tempo.

2. Identifiquem qual é, atualmente, a principal qualidade e o principal problema desse bairro.

3. Promovam um debate com a classe sobre a história, as qualidades e os problemas dos bairros que foram pesquisados, pensando em soluções possíveis para esses problemas.

> ## A cidade e as corporações

Nas cidades, os artesãos e os comerciantes também se associavam para proteger seus interesses, regulando a concorrência entre eles, garantindo a qualidade dos produtos e organizando as atividades produtivas e comerciais. Essas organizações chamavam-se **corporações de ofício** ou **guildas**.

As corporações tinham regras e estatutos definidos, além de serem colocadas sob a proteção de um santo. Geralmente, a organização das corporações obedecia a uma hierarquia comum: no topo, o **mestre**, proprietário da oficina, da matéria-prima e dos instrumentos; na camada intermediária estavam os **oficiais** ou **jornaleiros**, que recebiam um salário para executar os trabalhos mais especializados; na base ficavam os **aprendizes**, jovens que trabalhavam em troca da alimentação, do aprendizado do ofício e de um lugar para morar.

Uma das funções mais importantes dessas guildas era **regular rigidamente a criação de novas oficinas e lojas**, evitando, assim, a concorrência. O comércio ficava sob o monopólio das corporações, que raramente admitiam um novo membro. Esse controle fez a atividade comercial se concentrar nas mãos de poucas famílias, provocando o surgimento de uma verdadeira aristocracia mercantil.

As corporações regulavam os ofícios artesanais de forma ainda mais rígida. A abertura de novas oficinas era permitida apenas às pessoas que conseguiam se tornar mestres, isto é, que haviam se submetido a muitos anos de aprendizado com um mestre, primeiro como aprendiz e depois como jornaleiro. Como apenas uma minoria dos aprendizes tornava-se mestre, o número de oficinas era rigorosamente controlado, garantindo, assim, o trabalho e o lucro dos artesãos já estabelecidos.

> ## As universidades

A **universidade** é uma das mais importantes instituições criadas na Idade Média. Ela surgiu com o renascimento urbano. Em certas cidades mais populosas, frequentadas por viajantes de todas as partes, onde se trocavam notícias e conhecimentos, algumas pessoas cultas, quase sempre religiosas, passaram a oferecer aulas sobre assuntos diversos a qualquer um que quisesse aprender. O uso geral do **latim** como língua da cultura facilitava o encontro de pessoas vindas de diferentes países para ensinar ou aprender, sem problemas de comunicação.

A invenção de técnicas de escrita mais rápida, com o uso das **letras minúsculas**, e a introdução do **livro**, encadernação de folhas de pergaminho mais brancas e finas do que as anteriores, também contribuíram para o aumento do hábito da leitura e da atividade educativa.

Com o passar do tempo, os professores que ensinavam nas cidades começaram a adotar o sistema das corporações de ofício: o professor assumia o papel de **mestre**, que, auxiliado por oficiais, transmitia seus conhecimentos aos aprendizes, ou **alunos**, como se pode ver representado na iluminura reproduzida acima.

No século XIII, algumas corporações de mestres e alunos tornaram-se tão importantes que receberam do papa um estatuto especial, o de **universidade**, conforme ocorreu com as corporações de Paris, na França, de Bolonha, na península Itálica, e de Oxford, na Inglaterra. Na universidade, os cursos tinham de seguir a mesma regra e eram coordenados por um **reitor**. Para garantir a qualidade dos professores, foi criada a *licentia ubique docendi* – licença geral para ensinar. Apenas os professores que conseguiam essa licença podiam ser mestres universitários. O título concedido aos alunos ao fim dos estudos, que podiam durar 15 anos, geralmente de **doutor**, era aceito em qualquer lugar da Europa Ocidental.

Sala de aula de uma universidade medieval, representada em iluminura do século XIII.

❯ A arte e a cultura góticas

A sociedade da Baixa Idade Média continuava profundamente religiosa. A Igreja mantinha e ampliava seu poder político e econômico. Não é de estranhar, portanto, que grande parte da arte produzida nesse período tivesse ligação com a fé.

Contudo, a revolução urbana trouxe grandes mudanças em relação ao período anterior. Enquanto na Alta Idade Média a arquitetura estava voltada para a construção de grandes mosteiros e abadias rurais, a Baixa Idade Média foi marcada pela construção de grandes **catedrais** urbanas, que eram as igrejas dos bispos, edificadas nos centros das cidades-sede de dioceses.

❯ As grandes catedrais

Essas catedrais seguiam um estilo novo, que ficou conhecido como **gótico**. A época das grandes invasões havia passado, os massacres e saques às cidades tornaram-se raros. Não havia mais necessidade de rezar em edifícios com paredes grossas feitas de pedra, que lembravam muralhas, sem ornatos ou janelas, como eram as igrejas românicas.

Livres do medo da guerra, as pessoas puderam criar e testar novas formas de arquitetura e arte. Primeiramente na França, e mais tarde em regiões como o Sacro Império Romano-germânico e a Inglaterra, muitos dos novos edifícios passaram a buscar a **luz**, que é, para os cristãos, sinal do divino, símbolo do bem que se contrapõe às trevas do mal.

A criação de um novo estilo arquitetônico que introduzisse mais luz nos edifícios foi facilitada pelo surgimento das **corporações de pedreiros e artesãos**. Essas organizações monopolizavam as encomendas das construções, e seus membros, nos muitos trabalhos que executavam, podiam testar novas técnicas, criando, assim, esse novo estilo, que muito tempo depois ficou conhecido como **gótico**.

No estilo gótico, as colunas e os **arcos ogivais** eram usados para sustentar o telhado, livrando as paredes dessa função e, com isso, possibilitando a abertura de grandes janelas. O **vidro colorido**, que passou a ser fabricado em larga escala em algumas regiões da Europa e vendido nas feiras, mostrou ser um elemento perfeito para vedar as grandes janelas. Dessa forma, as catedrais podiam ser fartamente iluminadas pela luz do dia.

❯ A escultura

A maior parte das esculturas produzidas na Baixa Idade Média tinha **função religiosa**, decorando as paredes e colunas das catedrais góticas e os túmulos de reis e grandes senhores.

Fachada principal da Catedral de Notre-Dame de Reims, na França, que começou a ser construída em 1210. Várias janelas envidraçadas levam a luz ao interior do edifício. Foto de 2011.

Representam – além de figuras bíblicas, como anjos, a Virgem Maria e Cristo – santos católicos que eram objeto de grande devoção, altos dignitários da Igreja, como bispos e papas, e nobres governantes, vistos como protetores da fé e da Igreja.

As estátuas eram esculpidas principalmente em pedra e procuravam, em geral, representar figuras humanas com grande **realismo**.

Esse realismo obedecia, porém, a um curioso critério de proporcionalidade: era comum que as personagens mais importantes fossem reproduzidas com um tamanho muito maior do que as figuras secundárias, deixando bem claro para o espectador com quem estava o poder.

Detalhe do portal central da Catedral de Amiens, na França, igreja gótica que começou a ser construída em 1220. Foto de 2010.

Caro aluno, seja bem-vindo!

A partir de agora, você tem a oportunidade de estudar com uma coleção didática da SM que integra um conjunto de recursos educacionais impressos e digitais desenhados especialmente para auxiliar os seus estudos.

Para acessar os recursos digitais integrantes deste projeto, cadastre-se no *site* da SM e ative sua conta.

Veja como ativar sua conta SM:

1. Acesse o *site* <**www.edicoessm.com.br**>.
2. Se você não possui um cadastro, basta clicar em "Login/Cadastre-se" e, depois, clicar em "Quero me cadastrar" e seguir as instruções.
3. Se você já possui um cadastro, digite seu *e-mail* e sua senha para acessar.
4. Após acessar o *site* da SM, entre na área "Ativar recursos digitais" e insira o código indicado abaixo:

DDH9F - HKEXV - C38HU - E67KA

Você terá acesso aos recursos digitais por 36 meses, a partir da data de ativação desse código.

Ressaltamos que o código de ativação somente poderá ser utilizado uma vez, conforme descrito no "Termo de Responsabilidade do Usuário dos Recursos Digitais SM", localizado na área de ativação do código no *site* da SM.

Em caso de dúvida, entre em contato com nosso **Atendimento**, pelo telefone **0800 72 54876** ou pelo *e-mail* **atendimento@grupo-sm.com** ou pela internet <**www.edicoessm.com.br**>.

Desejamos muito sucesso nos seus estudos!

Requisitos mínimos recomendados para uso dos conteúdos digitais SM

Computador	Tablet	Navegador
PC Windows • Windows XP ou superior • Processador dual-core • 1 GB de memória RAM **PC Linux** • Ubuntu 9.x, Fedora Core 12 ou OpenSUSE 11.x • 1 GB de memória RAM **Macintosh** • MAC OS 10.x • Processador dual-core • 1 GB de memória RAM	**Tablet IPAD IOS** • IOS versão 7.x ou mais recente • Armazenamento mínimo: 8GB • Tela com tamanho de 10" **Outros fabricantes** • Sistema operacional Android versão 3.0 (Honeycomb) ou mais recente • Armazenamento mínimo: 8GB • 512 MB de memória RAM • Processador dual-core	*Internet Explorer 10* *Google Chrome 20* ou mais recente *Mozilla Firefox 20* ou mais recente Recomendado o uso do Google Chrome Você precisará ter o programa Adobe Acrobat instalado, *kit* multimídia e conexão à internet com, no mínimo, 1Mb

> ## Os vitrais contam histórias

Nas grandes janelas das catedrais medievais, os vidros coloridos formavam desenhos que contavam histórias bíblicas. Mais do que criar um belo efeito teatral de luz e cor, esses **vitrais** serviam para ensinar à população, que era em sua maior parte analfabeta, os mais importantes episódios narrados na Bíblia.

A prática de abrir grandes janelas com vitrais nas paredes das igrejas foi utilizada pela primeira vez na basílica do mosteiro beneditino de Saint-Denis, na França, reformada entre 1135 e 1144. A nova luminosidade no interior das igrejas agradou aos europeus, e o exemplo de Saint-Denis foi seguido por algumas das catedrais que passavam por reformas e ampliações, como as das cidades francesas de Amiens, Paris e Chartres; a de Burgos, na atual Espanha; a de Colônia, na atual Alemanha; e a de Milão, na atual Itália.

A maior profusão de vitrais não ocorreu, porém, em uma grande catedral, mas sim na relativamente pequena Sainte-Chapelle (Santa Capela), construída por ordem do rei francês Luís IX em Paris.

Interior da Sainte-Chapelle, em Paris. Na parte superior, três quartos de sua estrutura são cobertos por vitrais. Foto de 2011.

Concluída em 1248 para guardar uma coroa de espinhos que se acreditava ter sido colocada na cabeça de Cristo, essa capela exibe enormes janelas fechadas por vitrais, quase como um edifício de vidro, como pode ser visto na figura acima.

Os vitrais de Chartres

Os quadros abaixo reproduzem vitrais da catedral de Chartres, na França, construída a partir de 1194. Eles representam passagens do Novo Testamento relativas à Páscoa cristã.

O lavapés que dá início à Santa Ceia.

A Santa Ceia.

A prisão de Cristo no Jardim das Oliveiras.

Cristo é açoitado por soldados romanos.

Cristo crucificado.

O corpo de Cristo é retirado da cruz por seus familiares.

Navegue
<http://www.abrem.org.br>. Acesso em: 16 maio 2014.
O *site* da Associação Brasileira de Estudos Medievais disponibiliza uma biblioteca e uma revista eletrônica com artigos sobre o período. Há artigos em português e espanhol, no formato PDF, que podem ser baixados gratuitamente.

As crises do século XIV: fome, peste e rebeliões

A expansão europeia na Baixa Idade Média, tão vigorosa desde o ano 1000, começou a diminuir de intensidade no final do século XIII. No século XIV, a cristandade ocidental estava em crise.

Um dos problemas foi a **fome**. Após séculos de desmatamento, a maioria das florestas havia sido derrubada, e não havia novas terras para cultivar. Os campos já cultivados iam-se esgotando, pois as técnicas de plantio não eram eficientes para preservar a fertilidade do solo. Enquanto isso, a população não parava de crescer. Assim, os alimentos foram se tornando cada vez mais escassos e caros.

O clima também não ajudava. A partir de 1315, houve anos de chuvas intensas, enquanto em outros ocorreram fortes geadas, seguidas de secas e tempestades. Grande parte das plantações foi devastada. Todos esses problemas trouxeram a fome de volta à Europa Ocidental, após um século de relativa fartura.

Além da fome, outro fator impulsionou a crise na Europa: uma epidemia de peste bubônica, conhecida como **Peste Negra**. Possivelmente trazida do Oriente por navios genoveses, a doença alastrou-se pelo continente. Passando pela península Itálica e pela França, chegou à península Ibérica e à Escandinávia. De 1347 a 1350, quando o surto diminuiu, estima-se que a peste tenha matado um terço da população europeia.

As pessoas abandonavam as cidades, onde os mortos se amontoavam pelas ruas. Nos campos, muitas aldeias ficaram desertas: os camponeses abandonavam suas casas com medo de serem contaminados. Entre os fugitivos estavam muitos servos, que dessa maneira se libertaram das obrigações que deviam aos senhores.

Ao contrário das doenças da desnutrição, típicas da pobreza, a peste atingiu igualmente ricos e pobres, camponeses e comerciantes, nobres e plebeus, provocando a desestruturação da vida cotidiana em numerosas regiões. Muitos artistas e pedreiros morreram em poucas semanas, o que fez diminuir a produção de novas pinturas e esculturas, enquanto as obras das grandes catedrais eram paralisadas. Corporações inteiras ficaram sem mestres, oficiais e aprendizes. Faltava mão de obra na cidade e no campo.

O desconhecimento das causas da doença aumentou o preconceito contra pessoas consideradas "perigosas" aos olhos dos europeus cristãos, como os judeus, os doentes de hanseníase e os suspeitos de feitiçaria. Essas pessoas foram, em muitos lugares, acusadas de causar a peste e de espalhá-la pelas cidades e aldeias. Houve perseguições e massacres, marcando o início de uma era de intolerância que duraria três séculos.

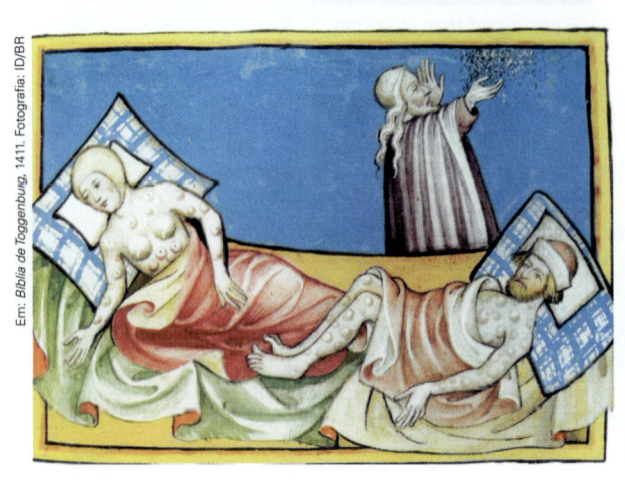

Iluminura da *Bíblia de Toggenburg* (1411) representando um casal de doentes de peste. Um sacerdote benze os doentes com ervas, com a intenção de curá-los.

População da Europa Ocidental na Baixa Idade Média
População (em milhões de habitantes)

Ano	População
1000	~21
1100	~27
1200	~34
1300	~50
1400	~34
1500	~48

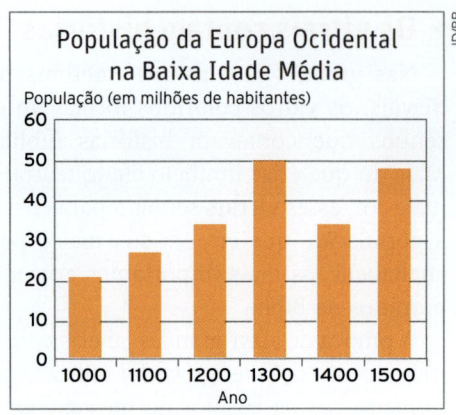

Fonte de pesquisa: MACEDO, José Rivair. *Viver nas cidades medievais*. São Paulo: Moderna, 1999. p. 17.

Ponto de vista

Houve mesmo uma crise?

Muitos estudiosos entendem que os problemas ocorridos na Europa Ocidental no século XIV, provocados pelas guerras, pela Peste Negra e pelas crises de fome, foram resolvidos rapidamente. O historiador francês Jean Delumeau trata desse outro ponto de vista no texto abaixo.

[A] indústria têxtil do Brabante [região que pertence atualmente à Bélgica e à Holanda] conheceu, nos primeiros decênios do século XV, um aumento de atividade e exportou substancialmente para o centro da Europa. [...] Em Florença, se é verdade que a indústria de panos foi duramente atingida depois da Peste Negra, a indústria da seda, pelo contrário, conheceu um belo incremento. [...] Enfim, e principalmente, o rápido despovoamento acarretou, de um modo geral, um importante aumento dos salários, pois a mão de obra escasseava. Muitos historiadores pensam, por isso, que o rendimento individual médio aumentou em grande parte da Europa depois de meados do século XIV.

DELUMEAU, Jean. *A civilização do Renascimento*. Lisboa: Estampa, 1984. v. 1. p. 79.

O texto de Jean Delumeau aborda uma questão muito importante: a mesma crise que provoca prejuízos para alguns muitas vezes traz benefícios para outras pessoas ou grupos.

- Você saberia dar outro exemplo de crise, na sua vida pessoal, em sua comunidade ou na História, que trouxe tanto prejuízos quanto benefícios para diferentes pessoas ou grupos?

As revoltas populares

Após a grande mortandade causada pela Peste Negra, os servos sobreviventes que permaneceram em suas terras receberam dos senhores uma carga ainda maior de obrigações e tributos. O aumento de impostos atingiu também os trabalhadores urbanos.

Não demorou muito para estourar uma crise social, com **rebeliões populares** nas cidades e no campo. Na França, o movimento de maior destaque foram as *jacqueries*, iniciadas em 1358. Nelas, os camponeses exigiam a diminuição das obrigações feudais e dos impostos, mas foram derrotados pelas tropas dos nobres.

Na Inglaterra houve uma revolta camponesa em 1381, também motivada pelo descontentamento com o aumento dos impostos. Após algumas vitórias, o movimento foi reprimido, e seu líder, **Wat Tyler**, morto.

A Guerra dos Cem Anos

Outro fator que serviu para aumentar o despovoamento e a mortandade na Europa Ocidental foi a **Guerra dos Cem Anos**, travada entre as coroas da França e da Inglaterra.

No início do século XIV, o rei inglês possuía vários feudos na França, e devia prestar obrigações de **vassalagem** ao rei francês. Essa era uma situação humilhante para um soberano poderoso como o rei da Inglaterra.

A região de Flandres também era um motivo de tensão entre as duas coroas. Politicamente, os senhores de Flandres prestavam vassalagem ao rei francês, mas economicamente dependiam da lã inglesa para produzir tecidos, base de sua riqueza. Quando os burgueses flamengos se revoltaram contra seus senhores, pediram a proteção do rei inglês, que enviou tropas para protegê-los. Tal fato desagradou aos franceses, que enviaram tropas para combater os invasores ingleses.

Após vários conflitos limitados, um fato novo veio deflagrar uma guerra de grandes proporções. Em 1328, morreu o rei da França, Carlos IV, sem deixar descendentes diretos. Seu parente mais próximo era seu primo Eduardo III, rei da Inglaterra.

Os franceses, porém, negaram-se a aceitar um inglês como rei e coroaram o francês Felipe de Valois – Felipe VI –, um parente mais distante de Carlos IV.

Em 1337, Felipe VI, pretendendo enfraquecer o poder da Inglaterra no Reino da França, invadiu o ducado inglês da Aquitânia. Eduardo III reagiu de imediato, declarando a guerra e reivindicando o trono francês.

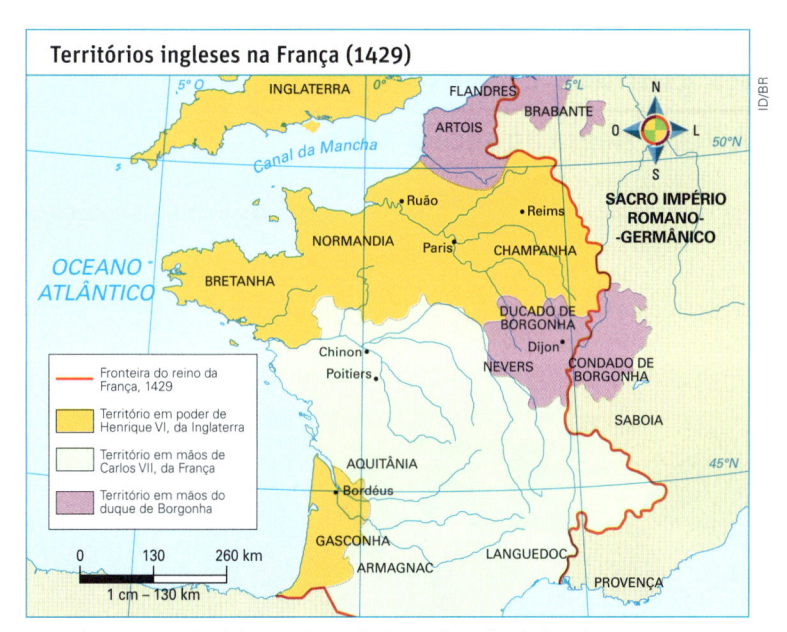

Territórios ingleses na França (1429)

Fonte de pesquisa: *Atlas da história do mundo*. São Paulo: Folha de S.Paulo, 1995. p. 140.

Reis, nobres e plebeus

Durante 116 anos, os exércitos ingleses e franceses lutaram pelo domínio dos grandes feudos do norte da França. Em grande parte, a motivação da guerra era obter recursos para a nobreza feudal, empobrecida pela crise do século XIV. A cada conquista, o exército vitorioso promovia saques e pilhagens que enriqueciam os nobres guerreiros.

O prosseguimento do conflito por longos anos acabou por fortalecer o poder real, principalmente na França. Com o argumento de que era necessário reunir um exército poderoso que expulsasse o odiado inimigo, os reis franceses tiveram apoio popular para criar novos impostos e centralizar o governo, enfraquecendo os senhores feudais. Os duques da Borgonha, que pretendiam também tomar o trono da França, aliaram-se aos ingleses e foram derrotados.

Outro fator de enfraquecimento do poder dos senhores foi a eficiência dos arqueiros ingleses, plebeus postos a serviço do rei, sobre a cavalaria francesa, formada por nobres. De baixo custo, os arcos podiam ser comprados e mantidos pelos camponeses e trabalhadores urbanos. Atiradas a distância, as flechas matavam os cavalos e muitas vezes feriam os cavaleiros, penetrando nas frestas de suas caras armaduras.

A introdução das **armas de fogo**, principalmente canhões, ajudou a acabar com o poder da cavalaria nobre. Contudo, a influência do uso do arco ia além da esfera militar: dava mais poder aos plebeus, que passariam a ser menos dependentes dos seus senhores.

GLOSSÁRIO

Jacquerie: no francês medieval, o nome Jacques (Jacó) era sinônimo de camponês simplório ou joão-ninguém, oposto às pessoas cultas da cidade e aos nobres. O termo *jacquerie* foi usado para denominar as revoltas camponesas lideradas pelo "jacques" Guilherme Carle, na França do século XIV.

Ontem e hoje

As grandes epidemias

A Peste Negra no século XIV

Entre os anos de 1347 e 1350, a Peste Negra matou milhões de pessoas. Grande parte da Ásia e da Europa sofreu com essa epidemia de **peste bubônica**.

A bactéria causadora da doença foi transmitida aos seres humanos pelas pulgas de ratos transportados nos navios vindos do Oriente. As pessoas infectadas tinham febre, mal-estar e caroços azulados – bubões – no corpo. Por fim, surgiam grandes manchas escuras na pele, resultado da hemorragia nos órgãos internos. Foram essas manchas escuras que deram nome à epidemia.

Grande parte dos doentes morria em alguns dias ou semanas. Praticamente todas as pessoas de uma cidade ou região atingida pela bactéria eram infectadas.

Procissão de flagelados, iluminura do século XIV.

Males semelhantes, reações diferentes

Desde que a humanidade passou a concentrar-se em cidades, ocorrem grandes epidemias que atingem muitas pessoas e causam muitas mortes.

Na Idade Média, os mecanismos que faziam surgir as doenças não eram compreendidos. Não havia microscópio e ninguém sabia da existência de microrganismos como as bactérias. Muitos acreditavam que a causa da peste era o ar e a água corrompidos. Por isso acendiam grandes fogueiras, procurando "purificar" o ar pela ação do fogo. Alguns acreditavam que substâncias de cheiro forte, como a cânfora e o incenso, podiam afastar o mal. Quando um caso de doença era descoberto, a região considerada empesteada era totalmente isolada para evitar o contágio. As pessoas das áreas afetadas ficavam presas em suas casas, aldeias e cidades até que as mortes acabassem. Os suspeitos de contágio eram perseguidos, segregados e muitas vezes mortos.

Atualmente, a ciência consegue explicar a existência de muitas doenças, identificando as bactérias e os vírus que as causam e as diferentes formas de contágio. As autoridades procuram proteger os doentes contra preconceitos e agressões sem sentido. Para prevenir as epidemias, os laboratórios criam vacinas que imunizam as pessoas. Mas não há vacinas ou cura para todas as doenças existentes, e, em pleno século XXI, ocorrem surtos epidêmicos, com muitos mortos.

Reflita

No processo de transformação histórica ocorrem, lado a lado, permanências e mudanças. Discuta com seus colegas o que mudou e o que permaneceu na relação do ser humano com as epidemias, na Baixa Idade Média e na atualidade. São temas importantes para discussão:

1. Alguns doentes da atualidade ainda sofrem perseguições por medo de contaminação ou algum tipo de condenação moral por ter contraído a infecção?
2. Em 2009, o vírus H1N1, causador da gripe A, alastrou-se pelo mundo. Como as pessoas reagiram a essa epidemia?

Atividades

Verifique o que aprendeu

1. Cite as inovações das técnicas agrícolas que surgiram no início da Baixa Idade Média.

2. Enumere as principais cidades portuárias italianas da Baixa Idade Média e relacione seu poder econômico com o desejo dos europeus de adquirir mercadorias exóticas.

3. Explique o que foi a Liga Hanseática.

4. Um dos fenômenos que acompanharam o crescimento do comércio foi o retorno das moedas à vida cotidiana. Descreva as medidas adotadas para limitar os tipos de moedas que circulavam na Europa Ocidental e o papel dos bancos como incentivadores dessa circulação.

5. Relacione os eventos que caracterizam o renascimento urbano com a criação do movimento comunal.

6. Compare a organização das corporações de ofício com a estrutura dos cursos universitários medievais, indicando as semelhanças existentes entre elas.

7. Escreva um pequeno texto identificando as principais características da arte gótica.

8. Relacione as causas que levaram a Europa a sofrer surtos de fome no século XIV com a expansão demográfica europeia ocorrida nos três séculos anteriores.

9. Explique a relação entre a mortandade causada pela Peste Negra e as rebeliões populares da segunda metade do século XIV na Europa.

10. A Guerra dos Cem Anos teve como resultado o fortalecimento do poder político tanto do rei francês quanto dos plebeus ingleses. Justifique essa afirmação.

Leia e interprete

11. Leia o texto a seguir, retirado de uma obra de autoria do historiador medievalista francês Jacques Le Goff, e responda às questões propostas.

    A cidade contemporânea, apesar de grandes transformações, está mais próxima da cidade medieval do que esta última da cidade antiga. A cidade na Idade Média é uma sociedade abundante, concentrada em um pequeno espaço, um lugar de produção e de trocas em que se mesclam o artesanato e o comércio alimentados por uma economia monetária. É também o cadinho [local onde se mistura] de um novo sistema de valores nascido da prática laboriosa e criadora do trabalho, do gosto pelo negócio e pelo dinheiro. [...] a cidade concentra também os prazeres, os da festa, os dos diálogos na rua, nas tabernas, nas escolas, nas igrejas e mesmo nos cemitérios. Uma concentração de criatividade de que é testemunha a jovem universidade que adquire rapidamente poder e prestígio [...].

    LE GOFF, Jacques. *Por amor às cidades*. São Paulo: Ed. da Unesp, 1998. p. 25.

    a) Explique o significado desta afirmação: "A cidade na Idade Média é uma sociedade abundante".

    b) Para Le Goff, "concentração" é a palavra-chave para entender a cidade medieval. Além dos aspectos econômicos, quais foram os outros efeitos da concentração de coisas e pessoas no ambiente urbano da Idade Média?

    c) Explique por que o autor afirma que a cidade medieval está próxima das cidades atuais.

12. A imagem abaixo reproduz uma iluminura medieval e representa uma cena passada na feira de Lendit, na cidade francesa de Saint-Denis, região de Paris. Observe-a, prestando atenção a seus detalhes.

    Iluminura do século XIV.

    A iluminura representa vários tipos de estruturas no recinto da feira, algumas de aparência sólida e outras que lembram barracas.

    Sabendo que as feiras medievais duravam apenas algumas semanas e reuniam pessoas de regiões distantes que participavam de várias feiras ao longo do ano, viajando de cidade em cidade, responda.

    a) Que tipo de estrutura representada na iluminura se relaciona com uma feira medieval? Justifique.

    b) Que atividades são representadas nessas estruturas?

    c) Com base na cena representada, diga qual era a participação das mulheres no comércio medieval.

    d) No centro do desenho há uma espécie de torre, onde está um grupo de pessoas. Que instituição medieval esse grupo representa? O que a personagem central desse grupo está fazendo?

CAPÍTULO

13 A centralização do poder real

O que você vai estudar

- O conceito de monarquia nacional.
- Diferenças entre monarquia feudal e monarquia nacional.
- Formação e características das monarquias na Inglaterra e na França.
- Características da centralização do poder na península Ibérica.

Detalhe do afresco *Alegoria do bom governo*, de Ambrogio Lorenzetti, pintado no século XIV. Palácio Público de Siena.

Ligando os pontos

Nos séculos X e XI, a Europa Ocidental estava dividida em uma série de unidades políticas. Reinos, condados e ducados ligavam-se por uma complexa teia de relações de vassalagem.

Após a fragmentação do Império Carolíngio, no século IX, a Europa viu nascer o Sacro Império Romano-germânico, que ocupava a parte central do continente.

A Baixa Idade Média trouxe muitas mudanças: desde o revigoramento das cidades e do comércio, cujas rotas envolviam toda a Europa, até o fortalecimento de grupos sociais como mercadores e artesãos.

Em meio a esse quadro, a Europa Ocidental convivia com a presença muçulmana na península Ibérica desde o século VIII e, no século X, enfrentava novas migrações de *vikings* e magiares. Esse período é também o momento em que se inicia a centralização do poder nas mãos de um rei. Em oposição à fragmentação política surgem, do século XII ao XV, as primeiras monarquias nacionais.

Na imagem acima, vemos a representação da **Justiça**. Sobre ela está a **Sabedoria** e, abaixo, a **Concórdia**. A justiça foi um dos setores que mais mudaram na Baixa Idade Média. No lugar da justiça local, com leis que variavam de um lugar para outro, a formação das monarquias nacionais foi marcada pela centralização do sistema judiciário.

1. Que aspecto na imagem caracteriza a Justiça? Analise-o.
2. Observe as figuras da Sabedoria, da Justiça e da Concórdia. Qual é a relação entre elas?

O surgimento das monarquias nacionais

Monarquia, em seu significado mais amplo, é a forma de governo em que uma pessoa com privilégios distintos das demais, o rei (ou monarca), é o chefe de Estado. A sucessão do rei, em geral, era hereditária, ou seja, o poder passava aos seus descendentes.

Na Idade Média, principalmente até os séculos XII e XIII, vigoravam as monarquias feudais. Era uma forma de governo em que havia reis, mas o poder político estava pulverizado entre a nobreza. As monarquias feudais resultaram, sobretudo, da fragmentação do Império Romano do Ocidente e da limitação do poder político dos reis. Essa limitação decorria tanto da existência dos poderes locais dos nobres como da pretensão de poder universal dos papas.

Com as alterações ocorridas no comércio, o rei tornou-se figura importante. Isso porque o impulso das relações comerciais, o reaparecimento das cidades e as mudanças na economia desorganizaram boa parte das antigas relações feudais. O surgimento da burguesia e de centros urbanos à margem dos nobres e de seus domínios é um exemplo da reorganização das relações sociais. Essas alterações abriram espaço para a entrada em cena dos reis, que se tornaram figuras importantes nos processos de regulamentação das novas relações na sociedade.

Dificuldades e características das monarquias nacionais

Alguns obstáculos marcaram o processo de formação das monarquias nacionais. O primeiro foram as tensões entre três poderes: os **nacionalistas** das monarquias; os poderes **universalistas**, como a Igreja e o Sacro Império, que pretendiam submeter e controlar toda a cristandade; e os poderes **particularistas**, da nobreza feudal.

Outro obstáculo foi a grande variedade de costumes e a fragmentação existentes na Europa Ocidental. Eram moedas, hábitos, leis, tributos, pesos e medidas que variavam de região para região, de reino para reino.

Como submeter essas diferenças a um único poder? A monarquia nacional deveria conferir alguma unidade a essas realidades distintas, o que não foi uma tarefa fácil para os reis e seus juristas.

Para dar conta dessas diferenças, das divergências e do funcionamento do Estado, os monarcas dispunham de um aparato administrativo e jurídico e de um exército, que também contava com mercenários, para garantir a ordem.

Le gros tournois, moeda de prata cunhada na França após a reforma monetária implementada por Luís IX, na década de 1260. Nessa reforma, foi proibida a circulação de moedas senhoriais em favor da moeda real.

RECURSOS ECONÔMICOS E OBJETIVOS DAS MONARQUIAS	
Origem dos recursos	**Objetivos**
• Controle da emissão de moedas.	• Controlar as finanças do reino por meio de uma burocracia.
• Cobrança de taxas alfandegárias e impostos indiretos sobre produtos comercializados.	• Administrar a justiça e centralizar os julgamentos.
• Cobrança de impostos diretos sobre a população.	• Administrar os assuntos ligados aos conflitos com outros soberanos. Constituir e manter um exército remunerado.

Conheça melhor

Tensões políticas na Igreja

Nos séculos XIV e XV, a Igreja enfrentou grave crise, iniciada com o conflito entre o papa Bonifácio VIII e o rei da França, Filipe IV, o Belo. O monarca impôs o pagamento de tributos sobre os bens da Igreja, e a medida foi imediatamente rejeitada pelo papa.

Com a morte de Bonifácio VIII, interessava a Filipe IV a escolha de um papa francês. O soberano conseguiu então eleger Clemente V, de origem francesa, em 1305. Quatro anos depois, para ter o pontífice sob sua influência, Filipe IV transferiu a sede do papado para Avignon, na França.

De 1309 a 1377, Avignon abrigou sete papas de origem francesa. O último destes, Gregório XI, restabeleceu em Roma a sede do papado, em 1377, mas morreu em 1378. A eleição do novo papa e a definição de sua sede foram marcadas por disputas políticas. Sem soluções imediatas, a Igreja passou a ter dois papas: um em Roma e outro em Avignon. Essa divisão ficou conhecida como Grande Cisma do Ocidente.

Tal situação perdurou até 1417, quando foi eleito Martinho V, e Roma tornou-se a sede única e definitiva do papado, restabelecendo a unidade religiosa.

A centralização do poder na Inglaterra

Em 1066, a Inglaterra foi invadida por tropas do duque da **Normandia**, **Guilherme, o Conquistador**, que assumiu o trono inglês ao vencer os anglo-saxões na **Batalha de Hastings**. Guilherme dividiu a Inglaterra em condados, onde representantes do rei eram responsáveis por administrar a justiça e recolher tributos. Tinha início a centralização do poder político na Inglaterra.

Com essa divisão, o rei distribuía tarefas e aumentava o controle sobre seus súditos. Guilherme I ficou com um sexto das terras do seu reino, e o restante foi distribuído aos nobres. Para não perder o controle político e financeiro, organizou um grande censo, mapeando a área, as pessoas e os bens de seu reino.

Os Plantagenetas e a Magna Carta

Henrique II **Plantageneta**, que reinou de 1154 a 1189, manteve parte da estrutura montada por Guilherme I. Organizou o exército sem a participação dos nobres e aboliu privilégios da Igreja, como os tribunais eclesiásticos independentes do poder real.

Também reorganizou a justiça. Em seu reinado surgiram as bases da Common Law, ou **Direito Comum**, corpo de leis que valia em todo o reino e que deveria substituir as leis locais.

No início do século XIII, os nobres ingleses se revoltaram contra a cobrança de impostos, reivindicando limites ao poder real. No reinado de João Sem Terra, o processo de centralização do poder se retraiu, pois, em 1215, foi obrigado a assinar a **Magna Carta**, que limitava os poderes do rei. As decisões do monarca sobre tributação, justiça e legislação seriam a partir de então submetidas à aprovação do **Grande Conselho**, composto de nobres e clérigos.

Em 1265, sob o reinado de Henrique III, foi convocado o **Grande Parlamento**, do qual participavam nobres, clérigos e também burgueses.

O poder do Parlamento cresceu ao longo dos anos. No século XIV, ele dividiu-se em duas câmaras – a dos **Lordes**, composta de nobres e prelados, e a dos **Comuns**, composta de burgueses e cavaleiros.

A Guerra das Duas Rosas e o início da dinastia Tudor

No fim da Guerra dos Cem Anos, estudada no capítulo anterior, a Inglaterra enfrentou um conflito interno – a **Guerra das Duas Rosas** – que durou de 1455 a 1485.

Essa guerra foi precedida pela disputa da sucessão da coroa. Em 1399, Ricardo II foi deposto, preso e morto após uma revolta tramada por seu primo, que negociou com o Parlamento e foi coroado Henrique IV, dando início à dinastia **Lancaster**.

Mas havia os **York**, que reivindicavam o trono. A partir da década de 1450, com a derrota dos ingleses na Guerra dos Cem Anos e com a doença mental do rei Henrique VI, aumentou a tensão entre os York e os Lancaster. Em 1455, começou a Guerra das Duas Rosas.

O conflito terminou quando **Henrique Tudor**, apoiado pelos Lancaster, derrotou Ricardo III, da família York, na **Batalha de Bosworth**. Foi então coroado Henrique VII.

Lancaster por parte de mãe, Henrique Tudor casou-se com Elizabeth de York, unificando as duas famílias. Foi o início da dinastia Tudor.

Hoje em dia

Os censos

Uma das medidas que Guilherme, o Conquistador, adotou foi organizar um censo.

Os censos são utilizados até hoje. Órgãos governamentais promovem pesquisas periódicas para saber o tamanho da população, o número de eleitores, de empresas, de crianças na escola, etc.

Atualmente, além de verificar o crescimento e as características da população, o censo identifica as áreas mais carentes e os setores que necessitam de mais investimentos. No Brasil, o censo é realizado pelo Instituto Brasileiro de Geografia e Estatística (IBGE).

- Você sabe qual é a população aproximada do Brasil de acordo com o último censo? E na época em que você nasceu? Pesquise e converse com seus colegas sobre as diferenças encontradas.

GLOSSÁRIO

Normandia: região no norte da atual França.

A centralização do poder na França

A formação da monarquia nacional e a centralização do poder na França tiveram início na dinastia dos **Capetos**, que reinaram do século X ao XIV. Mas, até a passagem do século XII para o XIII, os reis franceses tiveram seus poderes limitados pela nobreza e por alguns reinos vassalos de grande riqueza e poder militar.

Esse quadro mudou a partir do reinado de Filipe Augusto (de 1180 a 1223), que começou a estender as fronteiras de seus territórios em direção ao sul de Paris, a Flandres e às regiões norte e oeste, então sob domínio inglês.

Filipe Augusto acumulou recursos provenientes do comércio e formou um exército. Também instituiu a cobrança de impostos, exercida por uma burocracia nomeada e controlada pelo próprio rei.

Flandres, Inglaterra e o Sacro Império Romano-germânico se uniram para fazer frente ao expansionismo de Filipe Augusto.

A **Batalha de Bouvines** (1214), na qual a França venceu a coalizão, foi decisiva para a expansão territorial e para o aumento do poder real.

A vitória francesa nessa batalha permitiu a Filipe Augusto tomar a porção ao norte do reino e aumentar seu poder diante do rei da Inglaterra, dos duques da Bretanha e da Borgonha e do conde de Flandres.

Sob São Luís e Filipe IV

No reinado de Luís IX (de 1226 a 1270), a justiça e a paz foram privilegiadas. O rei reorganizou a justiça ao criar tribunais de apelação conduzidos por juízes nomeados por ele próprio. Luís IX também diminuiu a autonomia dos funcionários reais, aumentando o controle sobre a cobrança de impostos. Além disso, proibiu os duelos entre os cavaleiros. Por seu zelo religioso e participação na sétima e na oitava cruzadas, foi canonizado como São Luís.

A centralização do poder teve novo impulso com Filipe IV (1285-1314), que entrou em conflito com o papa Bonifácio VIII ao exigir o pagamento de impostos sobre os bens da Igreja.

Em 1302, Filipe IV convocou os **Estados Gerais**, assembleia integrada por representantes do clero, da nobreza e da burguesia, para decidir sobre a disputa com a Igreja. O monarca venceu o confronto e articulou a eleição de um papa francês, Clemente V, que dissipou a oposição da Igreja ao rei.

Com o fim da Guerra dos Cem Anos, vencida pelos franceses, e já sob o reinado de Luís XI, da dinastia **Valois**, consolidou-se a passagem da monarquia feudal para a monarquia nacional.

> **Leia**
> **O rei de ferro**, de Maurice Druon. São Paulo: Bertrand Brasil, 2003.
> Esse livro narra a trajetória de Filipe IV, o Belo, discorrendo sobre seu governo e sua relação com a Igreja e com os Templários no início do século XIV.

A expansão francesa do século XII ao XIV

Legenda:
- Domínio do rei da França em 1180
- Domínio do rei da França em 1259
- Feudos incorporados até 1328
- Domínios eclesiásticos
- Possessões inglesas em 1154

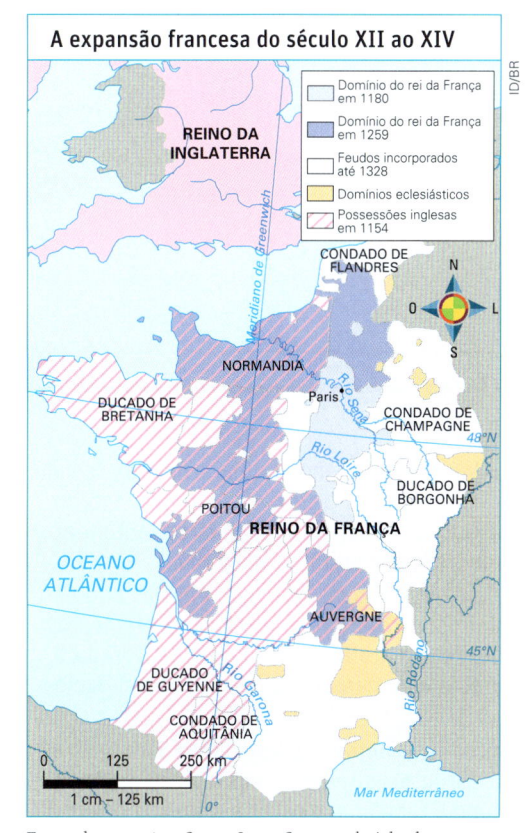

Fonte de pesquisa: SERRA, Irene Seco et al. *Atlas histórico*. Madrid: Ediciones SM, 2005. p. 52.

Ponto de vista

É possível falar em Estado?

O historiador Jérôme Baschet interroga-se sobre a existência de Estados na Idade Média.

> Desenvolvimento da administração, retomada do controle sobre a moeda e a justiça, instauração de um imposto direto regular [...]: tudo isso significa, sem nenhuma dúvida, um aumento da potência dos poderes monárquicos. Mas é possível, em decorrência, falar em Estado? [...] Não se pode avançar, aqui, sem dispor de uma definição clara de Estado e será adotada a de Max Weber, [...] que identifica o Estado à sua capacidade de "reivindicar com sucesso o monopólio do uso legítimo da violência física e simbólica sobre um território determinado e sobre o conjunto da população correspondente". Ora, os soberanos da Idade Média estão longe de atingir tal objetivo [...].

BASCHET, Jérôme. *A civilização feudal*: do ano mil à colonização da América. São Paulo: Globo, 2000. p. 268.

- Na Idade Média, o Estado era controlado pela nobreza. Qual deve ser o papel dos cidadãos no controle do Estado atual?

A península Ibérica

Em Portugal e na Espanha, a formação das monarquias nacionais esteve ligada ao processo de **Reconquista** da península Ibérica, ocupada pelos muçulmanos desde o século VIII (capítulo Islã). No século X, havia apenas alguns reinos cristãos no norte da península, na região das Astúrias.

Na Espanha

No século XI, em meio às Cruzadas, os reinos cristãos do norte foram apoiados pela Igreja e por outros reinos europeus para reconquistar a península Ibérica. As guerras de reconquista, que já existiam desde o início das invasões árabes, intensificaram-se na Baixa Idade Média. No século XIII, Fernando III de Castela reconquistou Córdoba e uniu os reinos de Leão e Castela.

Um fator decisivo para a formação da monarquia nacional foi o casamento de Fernando de Aragão com Isabel de Leão e Castela, em 1469, unificando os reinos católicos. Além dessa união, a organização de uma burocracia responsável pela administração do reino e a submissão da nobreza fortaleceram o poder real.

A consolidação da monarquia nacional, sob os reis católicos Fernando e Isabel, deu-se com a reconquista de Granada, em 1492, evento de importância política e simbólica que marcou o fim do domínio muçulmano na península.

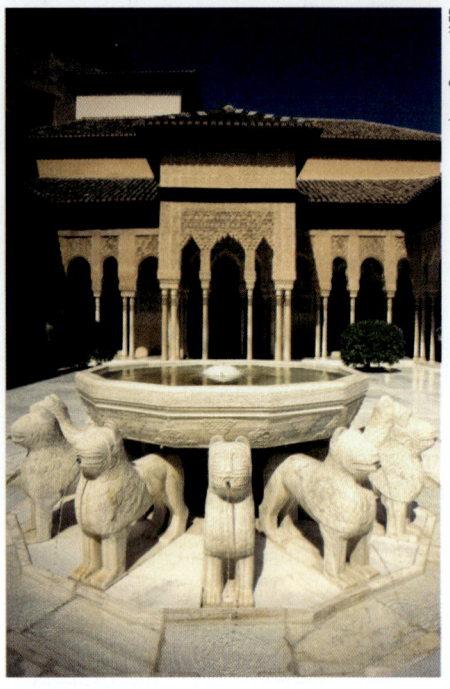

O Pátio dos Leões, no palácio de Alhambra, construído pelos árabes a partir do século XIII. Situado na cidade de Granada, atual Espanha, foi utilizado como palácio real pelos reis espanhóis após a Reconquista. Foto de 2012. Reveja as imagens do capítulo Islã e observe as semelhanças arquitetônicas.

Etapas da Reconquista

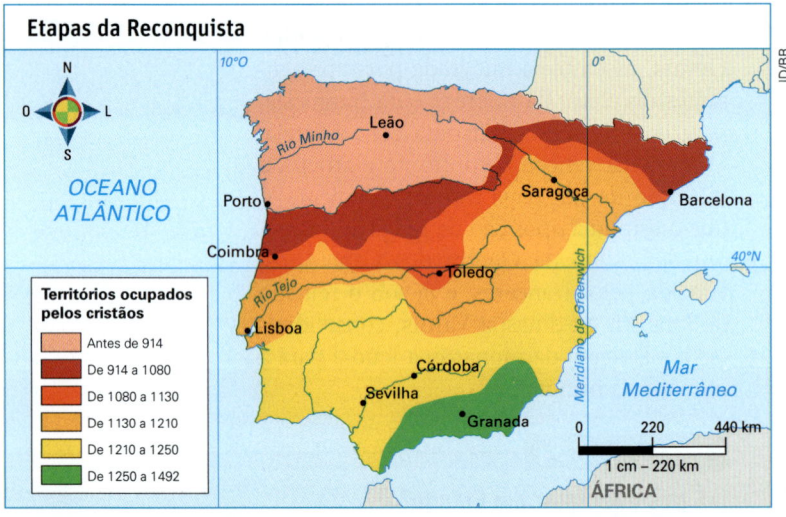

Territórios ocupados pelos cristãos:
- Antes de 914
- De 914 a 1080
- De 1080 a 1130
- De 1130 a 1210
- De 1210 a 1250
- De 1250 a 1492

Fonte de pesquisa: SANTACANA MESTRE, Joan. *Atlas histórico*. Madrid: Ediciones SM, 1999. p. 51.

História e arquitetura

A arquitetura é também fonte de informações para o historiador, já que por meio dela é possível traçar as linhas gerais da história de determinado lugar.

Das formas, das cores e dos materiais usados nas construções, podemos obter conhecimentos a respeito de povos ou épocas, observar os encontros culturais e elaborar interpretações sobre grupos sociais.

As construções erguidas na Espanha durante o domínio muçulmano são bons exemplos. Mesquitas como a de Córdoba e palácios como o de Alhambra oferecem ao historiador uma parte da herança cultural árabe na península Ibérica.

Embora a formação da monarquia nacional tenha ocorrido com as lutas para "retomar" os reinos sob domínio muçulmano, a influência árabe marca tanto a arquitetura como a própria cultura espanhola.

Na Espanha e em Portugal, que também foi conquistado pelos mouros, encontram-se, ainda hoje, elementos típicos da arquitetura árabe, como o arco de ferradura, a plena decoração das paredes, a decoração em azulejos, etc.

- Escolha um edifício antigo de sua cidade ou região e pesquise o estilo arquitetônico adotado na construção. Relacione o tamanho, o estilo e a função original desse edifício com a história de sua cidade.

Em Portugal

Como na Espanha, a formação da monarquia nacional em Portugal, assim como a do próprio reino, esteve ligada às guerras contra os muçulmanos. No final do século XI, Afonso VI, de Leão, recompensou o empenho de Henrique de Borgonha nas lutas contra os mouros e ofereceu-lhe o condado Portucalense. Essa cessão de terras a Henrique de Borgonha era estratégica, pois assim Afonso VI estabelecia um vassalo leal em uma região onde os mouros constituíam uma ameaça e para a qual outros nobres pretendiam expandir-se.

Após a morte de Henrique de Borgonha, sua esposa Teresa de Leão pretendeu incorporar o condado Portucalense ao Reino da Galiza. No entanto, seu filho Afonso Henriques rebelou-se contra essa pretensão e venceu as tropas de sua mãe em 1128, em São Mamede. Em 1139, ele obteve uma importante vitória contra os mouros, na **Batalha de Ourique**, e declarou a independência do condado diante de Leão, tornando-se o primeiro rei de Portugal.

Com isso, Afonso Henriques iniciou o processo de transformação de um Estado feudal, o condado Portucalense, em um Estado real.

No século XIII, Portugal aumentou seu território em direção ao sul até a conquista do Algarve, em 1249. Diferente de outras regiões da Europa Ocidental, a distribuição de terras aos nobres não enfraqueceu o poder do rei, dado que a posse da terra pelos nobres não era hereditária. Somaram a isso a formação de uma burocracia e de um sistema de justiça e o desenvolvimento do comércio e das cidades, fortalecendo a economia e a monarquia portuguesas.

A Revolução de Avis

Por fim, um episódio marcou a centralização do poder e a consolidação da monarquia em Portugal. Foi a crise sucessória após a morte, em 1383, do rei Fernando I, que não deixou herdeiros. Parte dos nobres queria entregar a Coroa ao rei de Castela, marido de Dona Beatriz, filha de Fernando I, abrindo mão da autonomia do Reino de Portugal. No entanto, comerciantes e outros setores da população propuseram o nome de dom João, mestre da Ordem de Avis e irmão de Fernando I.

O conflito, marcado por forte participação popular e conhecido como **Revolução de Avis**, só terminou em 1385, quando as tropas de Castela foram derrotadas pelos portugueses na **Batalha de Aljubarrota**. Era o começo da **dinastia de Avis**, cujos traços marcantes foram o governo centralizador e a construção de uma base jurídica para o reino, condições para iniciar a grande expansão marítima portuguesa no século XV.

Conheça melhor

A influência árabe na península Ibérica

Os árabes foram enfim derrotados e expulsos da península Ibérica. Sua presença de oito séculos deu origem a uma experiência bicultural e única no Ocidente europeu. A mesma característica crepuscular das instáveis fronteiras de guerra se aplicou à raça e à lealdade. A divisão entre os fiéis cristãos e os infiéis muçulmanos não era exatamente clara. Os *mozárabes* eram cristãos que adotaram a cultura muçulmana. Os *mudéjares* eram mouros que viviam como vassalos dos cristãos. Os *muladíes* eram cristãos que adotavam a fé do Islã. E os *tornadizos* (uma expressão pejorativa, comparável a vira-casaca) eram mouros convertidos ao cristianismo. Por fim, os *enaciados* se sentavam escarranchados entre as duas religiões e eram usados como espiões tanto por mouros como por cristãos, sendo os seus talentos bilíngues sumamente apreciados como arma de espionagem. Até hoje, um quarto de todas as palavras castelhanas são de origem árabe. E, na praça de touros, usamos uma palavra árabe para saudar o matador, pois *Olé*! vem do vocábulo árabe *Wallah*.

FUENTES, Carlos. *O espelho enterrado*: reflexões sobre a Espanha e o Novo Mundo. Rio de Janeiro: Rocco, 2001. p. 52.

GLOSSÁRIO

Ordem de Avis: ordem militar fundada por dom Afonso Henriques em 1175, fundamental no processo da Reconquista.

Representação de cena da Batalha de Aljubarrota, quando as tropas de dom João, em menor número, venceram o exército de Castela. Iluminura do século XV. Nota-se, à direita, o manto que encobre o cavalo com bandeiras do governo da monarquia portuguesa. Esses símbolos ainda figuram na atual bandeira republicana de Portugal.

Ontem e hoje

A arte de ser visto e lembrado

O desenvolvimento das monarquias nacionais dependeu também de um sentimento de pertencimento por parte dos súditos. Deveria haver um elemento que os unisse e lhes possibilitasse pertencer a um mesmo grupo. Esse elemento foi a figura do rei. Segundo o historiador Jérôme Baschet, o poder monárquico concentra-se na pessoa do rei. A **presença** do monarca em várias regiões do reino era tão necessária quanto a existência do exército e do comércio. "Aparecer" era reforçar a ideia do poder centralizado e relembrar a autoridade real, sob a qual estavam reunidos todos os súditos.

Os súditos devem ver o rei

Nos séculos XII e XIII, as catedrais góticas apresentavam nos vitrais cenas da vida dos reis. Nos séculos XIV e XV, outras manifestações artísticas destacavam os reis. Em pedra ou vidro, representações dos monarcas eram criadas e expostas aos súditos.

Essa era a forma de o rei "estar" em vários lugares ao mesmo tempo. Como era impossível aparecer a todos os súditos, ele se revelava esculpido, pintado, cunhado em moedas que se espalhavam pelo reino. A arte, nesse caso, era um meio de exaltar e difundir o poder político dos monarcas. O rei, ausente, fazia-se presente.

Após a cerimônia de sagração, o rei francês João, o Bom, desfila na cidade e se faz ver por todos os que acompanham os festejos. Iluminura de Jean Fouquet, século XV.

> ### Reis e rainhas do século 21
>
> [...] Hoje, em pleno século 21, há no mundo, aproximadamente, 40 países onde o regime político é a monarquia, o que representa aproximadamente 20% das nações do mundo. Em sua maioria, são monarquias constitucionais parlamentaristas. São campeãs nos índices que nos mostram o padrão de conforto e desenvolvimento.
>
> Nas monarquias constitucionais, o rei ou a rainha têm sua atuação restrita pela Constituição nacional que impede atitudes absolutistas. Por isso, a maioria desses países é comandada de fato por um primeiro ministro e o rei ou rainha são meras figuras decorativas. O exemplo mais conhecido é o da rainha Elizabeth II, da Inglaterra, uma peça simbólica que vale mais como representação da nação do que como símbolo do poder.
>
> Mesmo nos países onde as monarquias foram abolidas, ter esta ascendência é símbolo de *status* social, de riqueza e de tradição. Portanto, os herdeiros de soberanos desfrutam desde o nascimento de uma posição socioeconômica-cultural privilegiada. Nas Américas, existem dez monarquias parlamentaristas, já que são ex-colônias britânicas e, portanto, têm na chefia de Estado a Rainha Elizabeth II do Reino Unido. A maior delas é o Canadá.
>
> Hoje, na Europa, existem ainda sete reinos (Reino Unido, Holanda, Suécia, Dinamarca, Noruega, Espanha, Bélgica), três principados (Liechtenstein e Mônaco, sendo Estados independentes, e Gales, incorporado no Reino Unido), um ducado (Ilhas do Canal, do Ducado da Normandia), um Grão-Ducado (Luxemburgo), e um Estado soberano como cidade-estado (Cidade do Vaticano). Além disso, há o caso peculiar de Andorra (em que o Bispo de Urgel e Presidente da França são co-príncipes).
> [...]
>
> Adorável realeza. *Diário do Nordeste*. Disponível em: <http://diariodonordeste.globo.com/materia.asp?codigo=1167163>. Acesso em: 7 maio 2014.

Reflita

1. Ao incentivar a decoração dos palácios com estátuas e outras representações artísticas dos monarcas, criava-se o efeito de tornar o rei presente em vários lugares e para muitos súditos.
   a) Explique o que era "tornar o rei presente".
   b) Relacione essa "presença real" aos processos de formação da monarquia nacional.
2. Explique a relação entre arte e poder político com base no texto.
3. Em sua opinião, por que o autor do texto afirma que reis e rainhas atuais são figuras decorativas? Você concorda com essa afirmação?

Atividades

Verifique o que aprendeu

1. Indique as diferenças entre a monarquia feudal e a monarquia nacional.
2. Que entraves dificultaram a formação das monarquias nacionais na Europa Ocidental?
3. Enumere as principais fontes de recurso das monarquias.
4. Após reunir os recursos, quais eram os principais objetivos e medidas dos monarcas?
5. Comente a influência da Magna Carta (1215) na formação da monarquia nacional na Inglaterra.
6. Faça uma síntese sobre a Guerra das Duas Rosas.
7. Sob o reinado de Luís IX houve a organização e a centralização da justiça. Justifique a importância dessa medida para a formação da monarquia nacional na França.
8. Explique o que foi a Revolução de Avis. Comente sua relação com a formação da monarquia nacional em Portugal.
9. Relacione a formação das monarquias nacionais na península Ibérica com as Guerras de Reconquista.

Leia e interprete

10. Leia o texto a seguir e faça o que se pede.

> O termo das invasões tinha libertado os poderes reais e principescos de uma tarefa em que se esgotavam suas forças. Ao mesmo tempo, permitiu o prodigioso impulso demográfico que denuncia, a partir de meados do século XI, o avanço do desbravamento de terras. A densidade crescente da população não tornava apenas mais fácil a manutenção da ordem. Favorecia também a renovação das cidades, do artesanato e das trocas. Graças a uma circulação monetária mais abundante e mais ativa, o impulso reaparecia e, com ele, o funcionalismo assalariado e os exércitos pagos, em substituição do ineficaz regime de serviços hereditariamente contratuais. Decerto que também o pequeno ou o médio senhor não deixavam de tirar proveito das transformações da economia [...]. Mas o rei ou o príncipe possuíam quase sempre mais terras e mais vassalos do que qualquer outro senhor. [...] Assim, o Estado tinha, desde então, começado a adquirir esse elemento essencial da sua supremacia: uma fortuna incomparavelmente mais considerável do que a de qualquer outra pessoa ou coletividade privada.
>
> As modificações da mentalidade dirigiam-se no mesmo sentido. O "renascimento" cultural, operado depois do século XI, tinha tornado os espíritos mais aptos para conceber o vínculo social, sempre um pouco abstrato por natureza, que é a subordinação do indivíduo ao poder público.
>
> BLOCH, Marc. *A sociedade feudal.* 2. ed. Lisboa: Edições 70, 1987. p. 438-439.

a) Qual é a relação estabelecida pelo autor entre o aumento demográfico e o fortalecimento dos príncipes?
b) Segundo Marc Bloch, qual foi o elemento essencial para a supremacia do Estado?
c) Com base no texto, indique uma palavra que seja sinônimo de "funcionalismo assalariado".

11. Observe a imagem abaixo e faça os exercícios a seguir.

Personagens da Reconquista representadas em iluminura espanhola do século XIII.

a) Que aspectos da imagem revelam que se trata de um conflito militar?
b) Identifique e descreva a presença da Igreja católica.
c) Relacione a iluminura acima com um tema estudado neste capítulo.

CAPÍTULO 14
O Renascimento cultural

O que você vai estudar

- O que é Humanismo e como ele se difundiu pela Europa.
- A ideia de "Renascimento".
- O Renascimento das artes.
- Expressões do Renascimento em diversas regiões da Europa.
- As ciências no início da Idade Moderna.

Milagre da relíquia da cruz, pintura de Vittore Carpaccio, 1494. Galleria dell'Accademia, Veneza, Itália.

Ligando os pontos

O desenvolvimento das cidades e do comércio, a partir do século XI, provocou várias mudanças nas formas de organização da sociedade. Entre elas, o surgimento de grupos sociais urbanos, como os mercadores, os artesãos e os banqueiros; a existência de diferentes formas políticas, como as cidades-república da península Itálica; e também o florescimento de uma cultura urbana.

A produção artística medieval também passou por mudanças. O estilo românico conviveu, a partir do século XIII, com o gótico. A Igreja continuava a ser um dos centros irradiadores de cultura, e os temas religiosos predominavam em boa parte da produção artística.

As rotas que cortavam a Europa e a ligavam ao Oriente, o vaivém de mercadorias e de pessoas entre os portos italianos, o norte da Europa, o norte da África e a Ásia movimentavam a vida urbana,
o comércio e os grupos sociais envolvidos nessas atividades. As cidades italianas ocuparam um espaço privilegiado nesse processo. Sua localização – como porta de entrada para o Oriente e intermediária entre este e a Europa – possibilitou que os italianos desenvolvessem mais rapidamente as atividades comerciais.

Foi exatamente nas cidades italianas, cuja população era relativamente numerosa e onde havia certa mobilidade social, que surgiram grupos de homens educados e leigos responsáveis pela crítica a alguns valores da cultura medieval e da Igreja. Esse grupo, os humanistas, propunha a renovação dos estudos e a revalorização do homem e da razão humana.

A imagem acima, pintada no final do século XV, representa a cura de um endemoniado por meio de uma relíquia da cruz, em Veneza.

1. O autor representou Veneza como uma cidade movimentada, agitada. Assinale detalhes na pintura que expressam essa ideia de "movimento".
2. Embora o tema da obra seja um milagre, ele não é o aspecto central na pintura. Identifique os elementos que se destacam nessa representação.

> O Humanismo

Quando dizemos que alguém é humanista, consideramos que essa pessoa reconhece e respeita os valores humanos. No entanto, por volta do século XIV, o termo **humanista** designava os estudiosos das matérias humanísticas: retórica, gramática, poesia, filosofia moral, história, latim e grego.

Esse programa de estudos humanísticos (*studia humanitatis*) baseava-se nas obras da Antiguidade Clássica, consideradas perfeitas pelos humanistas porque tratavam da felicidade terrena, da vida cívica e do bem viver. A "perfeição" dos antigos se opunha, segundo os humanistas, à cultura medieval e aos estudos escolásticos, considerados obscuros e estáticos por serem dogmáticos e interpretarem a história com base na doutrina cristã.

Podemos então definir o **Humanismo** como um conjunto de ideias sobre cultura e educação, surgido nas cidades italianas do século XIV, que privilegiava o ensino das "matérias humanísticas", em oposição às "matérias divinas" (teológicas).

> Racionalismo e antropocentrismo

O estudo das matérias humanísticas tinha como fundamento a **ação humana** diante da natureza, do divino e da vida social. Por exemplo, estudar e ensinar História deveria auxiliar o ser humano a viver bem a vida terrena. Essa ênfase na ação humana está na origem de uma concepção **antropocêntrica**, isto é, na valorização do ser humano como centro do Universo.

O antropocentrismo divergia do teocentrismo medieval, cujo fundamento era a concepção de Deus como centro do Universo. A concepção antropocêntrica não significava uma descrença em Deus (já que a maioria dos humanistas era cristã), mas sim uma valorização do ser humano, entendido como criação divina, dotada de razão e criatividade.

A ênfase na figura humana levou muitos estudiosos a afirmar que os séculos XV e XVI foram períodos de irreligiosidade e ateísmo. Porém, essa tese foi refutada por outros historiadores, que salientaram a presença da religião na vida cotidiana com base nas obras produzidas na época.

Um dos resultados do antropocentrismo foi o surgimento da noção de **racionalismo**: a valorização da razão humana como instrumento transformador da natureza, da sociedade e da política. Logo, segundo essa perspectiva, o ser humano ocupa um lugar de destaque no Universo, e sua razão e potência criativa são fundamentais para a compreensão do mundo e sua interação com ele.

O desenvolvimento dessas ideias ampliou, a partir do século XV, a importância e a abrangência do Humanismo. Ele passou a ser compreendido como um movimento intelectual que propunha a renovação dos estudos, dos valores e dos costumes herdados da cultura medieval.

> O retorno à Antiguidade

Os humanistas se inspiravam nos autores antigos para concretizar a renovação que pretendiam. Entre os séculos XIV e XVI, as bibliotecas dos mosteiros foram vasculhadas em busca de manuscritos originais ou cópias de autores gregos e romanos. Além dessas obras, valorizaram-se os vestígios materiais, ou seja, os restos físicos remanescentes, sobretudo do Império Romano. Já no início do século XV, as ruínas de Roma eram reverenciadas, consideradas portadoras das glórias passadas.

O retorno à Antiguidade também ocorria quando os humanistas se dedicavam à **imitação** dos autores antigos. Eles estudaram as formas e técnicas utilizadas nas obras antigas para reproduzi-las em suas próprias obras, como forma de demonstrar a capacidade criativa humana.

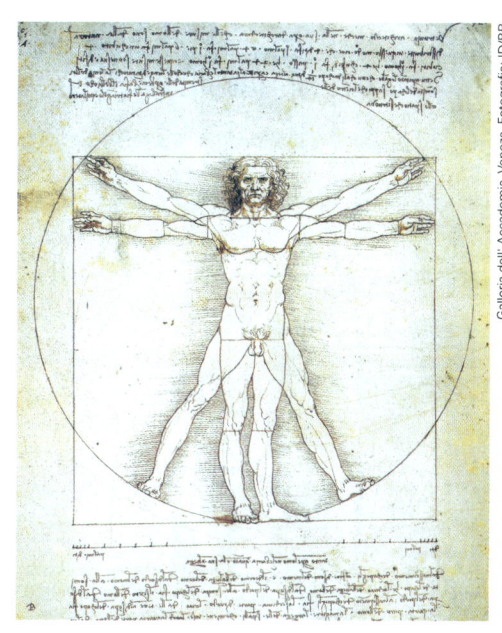

O homem vitruviano, desenho de Leonardo da Vinci, c. 1490. Da Vinci retomava as reflexões do arquiteto Marcus Vitruvius Pollio, do século I a.C., a respeito das proporções do corpo humano, cujos estudo e compreensão também eram preocupações dos humanistas.

❯ O Humanismo se difunde pela Europa

Desde os séculos XII e XIII, cidades da península Itálica como Florença, Gênova e Veneza participavam do comércio que atravessava a Europa e a ligava ao Oriente.

A população dessas cidades era numerosa, muitas delas tinham mais de 20 mil habitantes, o que movimentava mercados, feiras e ruas. O comércio favoreceu o surgimento de grupos sociais urbanos – mercadores, banqueiros, artesãos. Ocorreu também a migração de atividades culturais para a cidade, como mostra a criação das universidades.

Esses fatores favoreceram o desenvolvimento do Humanismo nas cidades italianas. Tanto o impulso econômico quanto a cultura urbana abriram espaço para a formação de pessoas leigas e educadas que questionavam os valores da cultura medieval.

O contato com as culturas do Oriente introduziu novas tecnologias até então desconhecidas dos europeus. Com a seda, chegaram à Europa a pólvora, a bússola, o papel e a imprensa.

O papel, desenvolvido na China provavelmente por volta do século II a.C., chegou à península Itálica já no século X, levado pelos árabes.

O desenvolvimento da **imprensa com tipos móveis**, assim como o aperfeiçoamento da prensa, ambos por Johann Gutenberg, em meados do século XV, e a difusão do papel ocasionaram o barateamento do livro. Esses eventos facilitaram a reprodução e a divulgação das obras escritas pelos humanistas. Além deles, as viagens e a correspondência trocada entre esses intelectuais foram importantes para a circulação de suas ideias pelo continente europeu.

Entre os séculos XV e XVI, o Humanismo espalhou-se por outras partes da Europa, irradiado principalmente pelos comerciantes e mercadores. Posteriormente, Flandres, Países Baixos, França, Espanha e Inglaterra também passaram a abrigar centros humanistas.

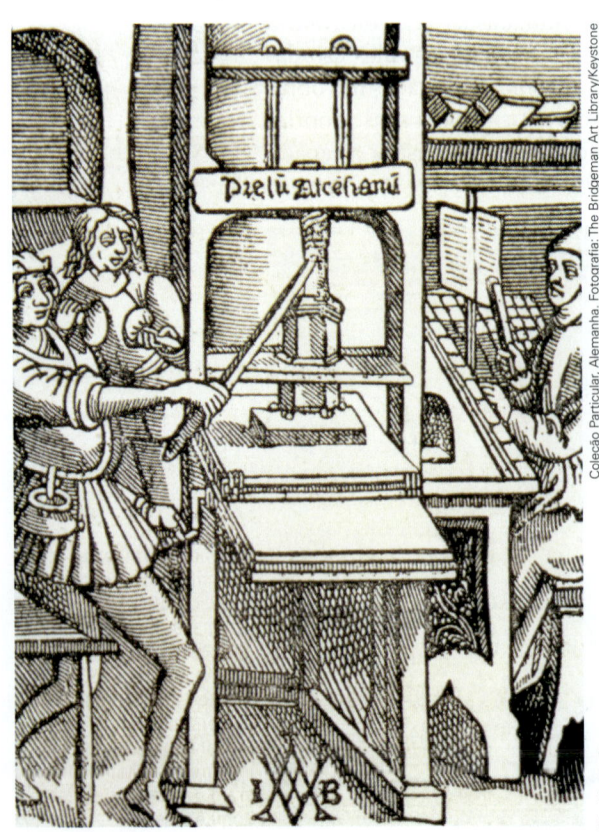

A imprensa de Gutenberg representada em gravura do século XV.

Hoje em dia

A imprensa

A imprensa tornou-se um dos meios mais eficazes de comunicação. Os movimentos intelectuais, primeiro na Europa e depois nos demais continentes, disseminaram-se, quase sempre, graças às múltiplas cópias saídas das prensas e à sua ampla distribuição.

Hoje, as máquinas impressoras têm tecnologia avançada e reproduzem milhões de cópias em pouco tempo. As redações dos jornais, por exemplo, entregam o material a ser impresso no final da noite à gráfica e, durante a madrugada, as bancas de jornal de todo o país começam a receber seus exemplares.

Atualmente, além do maquinário utilizado para imprimir, chamamos de "imprensa" as atividades jornalística, editorial e literária divulgadas pelos veículos de comunicação, nos quais incluímos a internet – rede mundial de computadores.

Também existem hoje computadores portáteis cada vez menores e com mais capacidade de armazenar informações, dotados de dispositivos que permitem ligação sem fio à internet.

1. Identifique um órgão de imprensa que você conhece.

2. O desenvolvimento de novas tecnologias de impressão e divulgação aumentou a velocidade da comunicação ao longo dos séculos. Para você, quais são os pontos positivos e quais são os negativos desse processo? Compartilhe suas respostas com um colega de classe.

3. Com a criação da informática e seus desdobramentos, qual é a perspectiva em relação ao uso do papel impresso como suporte da informação? Discuta com seus colegas de classe.

› Renascimento e Idade das Trevas

Francesco Petrarca foi o primeiro a enunciar, no século XIV, a ideia de renascimento ligada à visão de um período de trevas – a Idade Média – entre a Antiguidade Clássica e a época em que viveu. Dessa metáfora, que opunha a luz dos antigos às trevas medievais, podemos inferir noções fundamentais sobre o Renascimento.

Em primeiro lugar, o Renascimento surgiu com os próprios humanistas, certos de que suas obras fariam renascer a cultura greco-romana. O termo Renascimento, no entanto, só se tornou comum no século XIX.

Além disso, a associação entre Idade Média e "período de trevas" também foi obra dos humanistas, que consideravam a época medieval um período em que nada se produziu e no qual a cultura antiga desaparecera.

Leia
Segredos do Renascimento, de Jeannie Labno. São Paulo: Publifolha, 2012.
O livro traz a análise de algumas obras da pintura renascentista, relacionando-as ao contexto histórico em que surgiram.

› Os desdobramentos políticos

O Humanismo também teve desdobramentos no pensamento político da época. Acreditava-se que os estudos humanísticos deveriam ter um sentido prático. Assim, a retomada dos autores da Antiguidade deveria contribuir para a ação prudente dos homens na vida pública.

Um dos pensadores políticos desse período foi o florentino Nicolau Maquiavel. Ele escreveu *O príncipe* (1513), um "manual prático para príncipes", no qual indicava ao soberano o que fazer para manter o poder.

Sua teoria fundamentava-se em uma concepção de virtude diferente da cristã. Maquiavel acreditava que a virtude (*virtú*) era a capacidade de o príncipe agir diante das dificuldades e do imprevisto. Se fosse necessário usar a força para a manutenção do governo e para o bem comum, o soberano deveria usá-la. Como esse tipo de ideia se afastava da doutrina cristã, o livro de Maquiavel foi condenado pela Igreja.

Outro pensador político desse período foi o inglês Thomas More, autor de *Utopia* (1516), obra em que discute um modelo ideal de sociedade e organização política: a ilha de Utopia. Ao mesmo tempo que trata de uma sociedade ideal, o autor atesta sua impossibilidade, já que a palavra "utopia" significa "não lugar".

Ao longo do livro, More opõe os problemas que atingiam a sociedade real (baseada na sociedade inglesa) à perfeição da sociedade idealizada, que estaria fundamentada na igualdade entre os seres humanos, na liberdade de culto e no cultivo das virtudes. O ser humano e sua capacidade de criar, agir e viver em sociedade estiveram no centro da reflexão de Thomas More.

Retrato de Nicolau Maquiavel pintado por Santi di Tito (século XVI). Palazzo Vecchio, Florença.

Ponto de vista

Renascimento?

Ao longo do século XX, muitos estudiosos problematizaram a ideia do Renascimento como um período de ruptura com a cultura medieval.

Nos anos 1920, o historiador holandês Johan Huizinga dedicou-se a esse tema e concluiu que havia muitos elementos da cultura medieval presentes no Renascimento.

Huizinga analisou obras de arte e textos produzidos na época, constatando que o Renascimento não era menos cristão do que a Idade Média, pois os temas religiosos persistiam na cultura renascentista. As explicações sobre o mundo também continuavam baseadas em aspectos simbólicos que relacionavam os eventos do mundo terreno ao plano divino.

Ao enfatizar que nem tudo no Renascimento era novo, Huizinga problematizou a divisão temporal da História, principalmente a divisão entre a Idade Média e o Renascimento.

- Faça, com um colega, uma pesquisa sobre algum outro exemplo de divisão temporal da História que seja problematizado. Troquem as informações pesquisadas com os colegas da classe.

O Renascimento nas artes

O Renascimento trouxe uma série de inovações nas artes que também tiveram como fonte a Antiguidade Clássica. Os artistas dessa época buscavam o retorno às origens artísticas greco-romanas, rejeitando a herança medieval.

A arte renascentista

O que chamamos hoje de arte era conhecido, durante o Renascimento, genericamente por **ofícios**. O termo fazia referência a todo trabalho manual, como a pintura, a escultura, a arquitetura, etc. Não havia grandes diferenças sociais entre um pintor e um ourives. Essa distinção só surgiu de modo mais claro a partir do século XVII, com a hierarquização das artes.

O historiador inglês Peter Burke afirma que os séculos XV e XVI formam um período "cheio de primeiros". Nesses séculos, apareceram as primeiras pinturas a óleo, as primeiras gravuras em madeira e em metal, o primeiro livro impresso e outras novidades.

Houve inovações em relação a muitos aspectos da produção artística medieval, mas houve também a persistência de temas e características próprios da arte da Idade Média.

CARACTERÍSTICAS DA ARTE RENASCENTISTA	
Caráter didático	Ensinar algo, sobretudo à maioria analfabeta.
Os temas	Religião Cotidiano Política Mitologia greco-romana Corpo humano
Novidades técnicas	Uso de perspectiva e representação tridimensional das figuras. Aparecimento das gravuras em metal e madeira. Estudo e uso das cores e dos contrastes entre claro e escuro, de modo a criar volume. Aplicação das regras de proporcionalidade na produção artística.

Escola de Atenas, de Rafael Sanzio, 1509-1510. Stanza della Segnatura, Vaticano. Esse painel de Rafael reúne algumas das principais características da arte renascentista, como a ênfase na Antiguidade. Os dois homens no centro da imagem são Platão (à esquerda, com vestes vermelhas) e Aristóteles (à direita, com vestes azuis). Repare na noção de profundidade dada pela aplicação das técnicas de perspectiva.

Conheça melhor

Leonardo da Vinci, o renascentista

Leonardo da Vinci foi um dos maiores pintores do Renascimento. Mas ele foi muito mais do que um pintor. Ao longo da vida, acumulou uma impressionante gama de habilidades e saberes. Foi urbanista, escultor, arquiteto, botânico, estudioso de anatomia, engenheiro, cartógrafo, geólogo, inventor. Entre seus numerosos projetos, estão uma espécie de helicóptero, o escafandro e o paraquedas.

O trabalho e a arte de Leonardo são a expressão máxima do inesgotável interesse pela natureza e pelo ser humano, que estão no centro do espírito do Renascimento.

História e artes plásticas

As artes plásticas, como a pintura e a escultura, dão grande contribuição ao estudo da História. Elas são importantes tanto para o historiador da arte, que se dedica mais aos seus aspectos teóricos e estéticos, como para o historiador preocupado com o âmbito da sociedade e da cultura.

Ao observar detalhes, como o **material** empregado, as **técnicas** e as **formas** utilizadas ou o **conteúdo** abordado pelo artista, torna-se possível estabelecer relações entre essas características e as mudanças ocorridas na sociedade. Por exemplo, ao perceber que grande parte das pinturas e esculturas produzidas no Renascimento tinha como tema passagens bíblicas, muitos historiadores refutaram a ideia de que os séculos XV e XVI foram momentos de irreligiosidade ou de ateísmo.

As artes plásticas continuam a integrar o cotidiano. Podem ser vistas em museus e exposições, mas também nas ruas e praças, em esculturas e pinturas ligadas à história local.

- Você conhece alguma obra de arte existente no seu bairro?

As fases do Renascimento italiano

Os estudiosos costumam dividir a história do Renascimento em três fases. A primeira, o **Trecento** (ou seja, trezentos, século XIV), é marcada por pintores como Giotto e Ambrogio Lorenzetti, por escultores como Giovanni Pisano e por escritores como Dante, Petrarca e Boccaccio.

O Trecento é considerado um período de transição que mescla aspectos da arte gótica e bizantina, como a utilização do plano bidimensional, com inovações que se tornariam características do Renascimento. Destas, destacam-se o trabalho com as cores e a luz para criar volume, marcando os espaços e a profundidade da cena.

A segunda fase, o **Quattrocento** (quatrocentos, século XV), foi a da consolidação do Renascimento. Nessa época, Florença tornou-se o centro artístico da península Itálica. Desde o século XIV, Florença ocupava lugar de destaque devido à sua privilegiada situação financeira, resultado de atividades comerciais, têxteis e bancárias.

Com a ascensão da família Médici ao poder nos anos 1430, a cidade conheceu um novo impulso artístico, financiado por **mecenas**. Um deles foi Cosimo de Médici, dono de uma grande fortuna obtida em atividades têxteis e bancárias. Cosimo fundou a Casa dos Médici, promoveu a formação de bibliotecas e a construção de palácios, adquiriu coleções de pinturas e patrocinou diversos artistas.

Além dos banqueiros, os papas também foram patronos de artistas.

No Quattrocento, destacaram-se artistas como Donatello, Masaccio, Botticelli e Brunelleschi.

A terceira e última fase, o **Cinquecento** (quinhentos, final do século XV e século XVI), é considerada o auge do Renascimento. Nela, destacaram-se Leonardo da Vinci, Rafael, Ticiano, Michelangelo e outros grandes artistas. Foi então que o *status* do artesão se diferenciou definitivamente do *status* do artista, que passou a ter maior reconhecimento social.

No Cinquecento, as cidades italianas passaram por fortes crises políticas e econômicas. Além das rivalidades comerciais que mantinham umas com as outras, elas enfrentaram invasões estrangeiras, sobretudo após as ofensivas da França, que reivindicava o trono de Nápoles.

No plano econômico, o controle das rotas comerciais do Mediterrâneo, que ligavam a Europa ao Oriente, tornou-se menos lucrativo. Portugueses e espanhóis descobriram outras rotas e passaram a concorrer com os comerciantes italianos.

Essas circunstâncias provocaram o deslocamento gradual da produção artística para Roma, sede do papado e politicamente mais estável. Nas três primeiras décadas do século XVI, Roma abrigou artistas como Rafael, Leonardo da Vinci e Michelangelo.

Davi, de Michelangelo, Florença. Esculpida ao longo de três anos, a estátua representa a personagem bíblica Davi. Michelangelo aplicou sua arte na composição cuidadosa de um corpo jovem com a anatomia bem definida.

Outras histórias

Durante o Renascimento, aumentou o interesse científico. Os estudos astronômicos e matemáticos ganharam impulso na Europa com base em observações e experimentos que se estenderam entre os séculos XIV e XVII.

Enquanto isso, a civilização maia, situada na região leste do território hoje conhecido como México, entrava em declínio diante do avanço dos astecas e, depois, dos espanhóis. Conhecidos por suas descobertas nas áreas da Matemática e da astronomia, os maias criaram um calendário bastante preciso.

Navegue

<http://masp.art.br/masp2010/index.php>.
Acesso em: 7 maio 2014.
O Masp possui um acervo formado por obras de arte de diferentes períodos e estilos. Navegue pelo *site* e conheça algumas pinturas renascentistas como *Retrato de um fidalgo florentino*, do artista Alessandro Allori; e *Marte e Vênus, com uma roda de cupidos e paisagem*, do artista Carlo Saraceni. Para visualizar essas e outras imagens entre em "Acervo". Há diferentes possibilidades de busca.

› O Renascimento em outras partes da Europa

Além da península Itálica, o Renascimento se difundiu também por outras regiões da Europa. A região de **Flandres** (na Bélgica atual), por exemplo, viveu nos séculos XV e XVI um grande esplendor na pintura. Assim como as cidades italianas, ela participava do comércio que ligava o sul e o norte da Europa, contando com prósperas manufaturas têxteis.

O contato com os italianos e a estabilidade econômica constituíram um cenário propício para o desenvolvimento artístico naquela região. Tanto os duques da Borgonha, patronos de vários artistas flamengos, como os grupos de mercadores e banqueiros impulsionaram a produção artística nas cidades flamengas.

Entre os pintores do Renascimento flamengo, podem-se destacar Hieronymus Bosch, Peter Brueghel e os irmãos Hubert e Jan Van Eyck. Estes últimos têm importância especial, pois são responsáveis pelo aperfeiçoamento da pintura a óleo.

Nas letras, o humanista Erasmo de Roterdã destacou-se com sua obra *Elogio da loucura* (1509), em que fazia duras críticas à Igreja e à vida monástica.

No século XVI, o Renascimento floresceu também na **França** de Francisco I e na **Inglaterra** dos Tudor no contexto da consolidação da monarquia e da centralização política nesses dois países, iniciada nos séculos anteriores. Escritores como o francês François Rabelais, autor de *Pantagruel* (1532) e *Gargantua* (1534), e os ingleses Thomas More e William Shakespeare foram alguns dos representantes do Renascimento nesses reinos.

As peças de teatro escritas por Shakespeare, principalmente as tragédias, como *Romeu e Julieta* (1597), *Hamlet* (1601) e *Rei Lear* (1606), tinham o ser humano e suas paixões como temas privilegiados. Ainda hoje, as obras de Shakespeare são encenadas no mundo todo.

Em **Portugal** e na **Espanha**, que desde o século XV lideravam a expansão marítima, o Renascimento também se desenvolveu ao longo do século XVI. Tanto as riquezas geradas pelo comércio como as que provinham da América impulsionaram a produção artística na península Ibérica. Nas letras, destacam-se o poeta português Luís de Camões, autor de *Os Lusíadas* (1556), e o escritor espanhol Miguel de Cervantes, com sua obra, escrita originalmente em duas partes, *Dom Quixote de La Mancha* (1605-1615).

O casal Arnolfini, 1434, óleo sobre madeira, do pintor flamengo Jan van Eyck. Galeria Nacional, Londres. Nessa pintura, Eyck representa uma cena cotidiana, mostrando um casal em seus aposentos. A família Arnolfini, de origem italiana, fez fortuna nas cidades flamengas. O quadro incorpora com clareza a preocupação renascentista com a perspectiva e a luz. O espelho redondo, ao fundo, reflete a cena vista por trás.

Ricardo III, de William Shakespeare, encenada no Shakespeare Globe Theatre, em Londres. Foto de 2012. As tragédias do dramaturgo são encenadas e adaptadas há séculos, promovendo a reflexão sobre temas ligados ao ser humano: seus sentimentos, suas ambições e sua fraqueza.

> As ciências e o Renascimento

A ênfase dada ao ser humano pelos humanistas abriu espaço para o desenvolvimento da ciência moderna. A atitude contemplativa e passiva diante de Deus, da natureza e do mundo terreno foi criticada por eles. Em vez de "contemplar", o ser humano deveria colocar sua razão para agir, produzir e criar.

> Nicolau Copérnico

Os pensadores medievais haviam consagrado as concepções de autores antigos, como Aristóteles e Ptolomeu, segundo as quais o Sol e os planetas giravam em torno da Terra. Essa elaboração da cosmologia só foi alterada com a teoria desenvolvida por Nicolau Copérnico, matemático e astrônomo polonês.

A teoria de Copérnico sustentava que o Sol estava no centro do Universo, e os demais planetas, incluindo a Terra, giravam ao seu redor. Essa teoria foi publicada no livro *Das revoluções das esferas celestes*, em 1543, e provocou reações entre os membros da Igreja porque a teoria heliocêntrica de Copérnico contrariava trechos da Bíblia.

> Galileu Galilei

Nascido em Pisa, na península Itálica, Galileu Galilei dedicou-se à astronomia e tentou confirmar a teoria heliocêntrica de Copérnico, cinquenta anos após sua formulação. Usando uma luneta construída por ele mesmo, Galileu observou a existência de quatro luas girando em torno do planeta Júpiter. Constatou, assim, que um corpo celeste poderia se mover ao redor de outro que não fosse a Terra. Essa descoberta aumentava as possibilidades de a teoria de Copérnico ser correta.

As críticas de Galileu aos ensinamentos da Igreja católica, porém, o levaram a julgamento perante a **Inquisição**. Ele foi condenado em 1632 a renegar publicamente suas teorias, teve seus livros proibidos e viveu em regime de prisão domiciliar até o fim da vida, dez anos depois.

Em 1992, a Igreja reconheceu que Galileu tinha razão e o inocentou do processo.

> **Assista**
>
> **Genius Galileo.** Direção de Kultur Films Inc., Estados Unidos, 1999, 50 min.
> Especialistas e historiadores comentam a vida e as principais teorias de Galileu. O documentário exibe projetos e imagens raras da obra do astrônomo e matemático.

> Johannes Kepler

Uma das pessoas com quem Galileu trocava informações era o matemático e astrônomo germânico Johannes Kepler, cujos estudos o conduziram à formulação de leis a respeito do movimento dos planetas, importantíssimas para o avanço da astronomia.

Esse desenvolvimento da ciência transformou também os indivíduos, a sociedade e o modo de interação dos seres humanos com o mundo. A ideia de que Deus intervinha em cada acontecimento foi perdendo lugar para a concepção de que a natureza, criada por Deus, funciona de acordo com leis que os seres humanos podem descobrir com o uso de sua razão e seu esforço.

Em vez de simplesmente contemplar e admirar a natureza e aceitar passivamente as explicações religiosas medievais, os sábios do Renascimento acreditavam que os seres humanos podem entendê-la por seus próprios meios.

O sistema copernicano, representado na obra *Harmonia macrocosmica*, de Andreas Cellarius, 1661. Na imagem, vemos o Sol no centro do sistema.

181

Ontem e hoje

A prática do mecenato

Mecenas é o indivíduo rico que protege ou patrocina artistas, escritores e cientistas. A palavra provém do nome Caio Mecenas, conselheiro político e patrono de poetas do Império Romano.

Os mecenas foram figuras centrais no Renascimento, pois impulsionaram a produção artística. Segundo o historiador Peter Burke, dois sistemas de mecenato foram dominantes no Renascimento italiano. Um era o **sistema doméstico**, em que um homem rico acolhia o artista em sua casa, assegurando-lhe alimentação, alojamento e presentes, e recebia em troca as obras de arte que ele produzisse. O outro era o **sistema sob medida**, em que o artista era contratado temporariamente pelo mecenas para produzir uma determinada obra.

Quem estava disposto a patrocinar artistas e por quê?

Havia vários tipos de mecenas: homens leigos e ricos, a Igreja, o Estado, as irmandades religiosas e as corporações de ofício. Ainda segundo Peter Burke, havia três motivos para o patrocínio de um mecenas: a piedade, o prestígio e o prazer.

A **piedade**, também característica da produção artística medieval, referia-se à necessidade de devoção, de cultuar as coisas divinas, representadas artisticamente em esculturas e pinturas. Patrocinar e proteger artistas eram também formas de conseguir **prestígio**, de ter influência e ser reconhecido socialmente. Esse desejo de reconhecimento foi muito comum entre mercadores, banqueiros e todos aqueles que haviam feito fortuna com o florescimento do comércio. Por fim, havia o simples **prazer** de ter e apreciar obras de arte.

Entre os séculos XV e XVI, vários mecenas ficaram famosos, tanto pelas fortunas investidas como pelas relações conturbadas que mantinham com os artistas. Os membros da família Médici, que mantiveram o poder em Florença entre os séculos XV e XVIII, estão entre os mais importantes mecenas.

Parte dos frutos do mecenato está na Galleria degli Uffizi, em Florença, onde estão expostas, desde o século XV, obras de grandes artistas do Renascimento.

O mecenato hoje

O mecenato continuou a existir após o Renascimento. No entanto, atualmente as práticas de patrocínio a artistas são diferentes. O sistema doméstico de patronato é bem raro. Ainda há encomendas, mas dificilmente existem relações pessoais entre cliente e artista. Desde o final do século XIX, o mercado de artes cresceu, culminando no surgimento de locais destinados à comercialização das obras de arte, o que tornou as relações entre artistas e clientes menos pessoais.

Ao longo do século XX, alguns mecenas atuaram no Brasil. Nas últimas duas décadas, no entanto, cresceu o debate sobre o incentivo à produção cultural, tanto por parte do Estado como da iniciativa privada. Nos anos 1990, foi criada uma legislação federal específica para regulamentar o **patrocínio cultural** no país. As empresas que patrocinam projetos culturais têm benefícios fiscais, além de terem seu nome associado à ideia de investimento cultural, considerado uma ação positiva.

Cartaz de divulgação da nova lei de incentivo cultural brasileira, a Lei Rouanet, 2011.

Reflita

1. O que mudou em relação aos motivos que levam ao patrocínio das artes quando comparamos o período do Renascimento com a proposta da legislação brasileira atual?
2. Discuta com seus colegas quais são as características do sistema doméstico de mecenato e do sistema de mercado. Quais são as vantagens e as desvantagens da ampliação do mercado das artes verificada desde o final do século XIX?

Atividades

Verifique o que aprendeu

1. Relacione o culto à Antiguidade com os valores artísticos e científicos do Renascimento europeu dos séculos XV e XVI.
2. Compare o teocentrismo da Idade Média com o antropocentrismo renascentista.
3. Comente a diferença entre o sentido que atribuímos à palavra "humanista" hoje e seu significado por volta do século XIV.
4. Quais eram as principais características do Humanismo?
5. Explique por que a Idade Média foi associada pelos humanistas a um "período de trevas".
6. Ao analisar o "Renascimento das Artes", Peter Burke afirma que os séculos XV e XVI são períodos "cheios de primeiros". Justifique a afirmação do historiador.
7. Uma das inovações técnicas na arte do Renascimento foi a criação da perspectiva. Comente o que mudava nas obras de arte com o uso dessa inovação.
8. Identifique os fatores que provocaram um deslocamento da produção artística em direção a Roma no século XVI.
9. O Renascimento difundiu-se também em outras regiões da Europa. Identifique essas regiões e comente suas particularidades.
10. Relacione a instituição do mecenato com o desenvolvimento das artes na península Itálica do Renascimento.
11. Explique por que e em quais situações o filósofo florentino Nicolau Maquiavel considerava válido o uso da força pelos governantes.
12. Por que o cientista Galileu Galilei foi perseguido pela Inquisição?
13. Relacione as novas formas de entendimento dos fenômenos naturais propostas pelos cientistas do Renascimento com as formas anteriores, pautadas por concepções medievais.
14. Explique a teoria de Nicolau Copérnico. Por que ela gerou divergência com a Igreja católica?

Leia e interprete

15. Leia o texto a seguir e faça o que se pede.

    > O pintor é amo e senhor de todas as coisas que podem passar pela imaginação do homem, porque, se ele sente o desejo de contemplar belezas que o encantem, é dono de sua criação, e se quer ver coisas monstruosas, que causem terror, ou que sejam grotescas e risíveis, ou que provoquem compaixão, pode ser amo e criador delas. Se gosta de criar lugares desertos, ambientes sombreados ou frescos em tempo de calor, os representa, e de modo igual ambientes quentes em tempo de frio. [...] Tudo o que está no universo em sua essência, em presença ou na imaginação, ele [o pintor] o tem primeiro na mente e depois nas mãos, e elas são tão excelsas que, da mesma forma que as coisas, criam ao tempo uma harmonia proporcional com um só olhar.
    >
    > DA VINCI, Leonardo. Tratado de la pintura. Citado por MARQUES, Adhemar et al. (Org.). História moderna através de textos. São Paulo: Contexto, 2000. p. 97.

    a) Por que Leonardo da Vinci considera que o pintor é o senhor de todas as coisas que possam passar pela imaginação dos seres humanos?
    b) Relacione a concepção expressa por Da Vinci nesse trecho com as ideias humanistas.

16. Antonio Manneti, biógrafo de Filippo Brunelleschi, um dos grandes artistas do Renascimento, afirmava que o arquiteto viajava a Roma para medir as proporções e escalas dos edifícios

    > com o intuito de renovar e iluminar um estilo verdadeiramente *romano* em vez de apenas *românico*.
    >
    > SKINNER, Quentin. As fundações do pensamento político moderno. 5. reimp. São Paulo: Companhia das Letras, 2006. p. 107.

    Explique a afirmação de Antonio Manneti.

17. Observe a imagem a seguir.

    Nascimento de Vênus, de Sandro Botticelli, c. 1480. A pintura representa o nascimento da deusa Vênus, que, na mitologia romana, era a deusa do amor. À esquerda surge o vento Zéfiro, com sua esposa, Flora; à direita de Vênus, uma das Horas (as deusas das estações).

    a) Como Botticelli representa o corpo das personagens?
    b) Que detalhes da cena representada permitem perceber a ação de Zéfiro?
    c) Quais elementos da natureza estão representados na cena?
    d) Assinale os aspectos e os recursos técnicos característicos da produção artística no Renascimento que aparecem na obra.

CAPÍTULO 15
A Reforma religiosa

O que você vai estudar

- As origens das reformas protestantes.
- As críticas de Martinho Lutero à Igreja católica.
- A expansão do pensamento reformado pela Europa.
- Contrarreforma ou Reforma católica.

Detalhe da obra *O navio dos loucos*, pintura de Hieronymus Bosch, c. 1490.

Ligando os pontos

Durante a Idade Média, alguns movimentos religiosos contestaram a autoridade do clero e da Igreja. Homens como o francês Pedro Valdo, o teólogo inglês John Wycliffe e o teólogo boêmio Jan Hus chefiaram ou estimularam com suas ideias movimentos como os **valdenses**, **lolardos** e **hussitas**, respectivamente. Os valdenses acreditavam que a Bíblia — e não a Igreja — era a única fonte de verdade. Os lolardos e os hussitas criticavam a riqueza do alto clero e propunham o retorno aos ideais de pobreza de Cristo e da Igreja primitiva.

Na maioria das vezes, esses grupos traduziam a Bíblia do latim para as línguas locais. Assim, os fiéis alfabetizados passavam a ter acesso às Escrituras, sem depender do auxílio dos padres. As ações desses grupos visavam ao enfraquecimento do poder do clero, acusado de ser corrupto. A Igreja condenou esses grupos, considerando-os hereges.

As críticas à Igreja e sua contrapartida, a perseguição, evidenciavam a distância entre os fiéis e a instituição. Afinal, poucos compreendiam as missas em latim, e o luxo de parte do clero contrastava com a pobreza da maioria dos católicos.

No século XVI, a Igreja passou por outro período de crise e contestação que provocou grandes mudanças. Novas ideias e instituições desafiaram o domínio da Igreja. A criação das monarquias nacionais colocava em xeque o poder político do papado. As críticas dos humanistas, sobretudo nos séculos XV e XVI, tinham como alvo a estrutura eclesiástica e a educação católica. Foi nesse contexto de renovação que ocorreram as reformas religiosas protestante e católica no século XVI.

1. Identifique o título da imagem acima e assinale aspectos que o justifiquem.
2. No barco, Bosch pintou três religiosos. Identifique-os.
3. Com base no texto acima, relacione a obra de Hieronymus Bosch com as críticas dirigidas ao clero durante a Idade Média.

As origens da Reforma protestante

Desde sua fundação, a Igreja enfrentou momentos de crise, ora em razão das disputas políticas entre papas e reis, ora em virtude de divergências internas, promovidas por teólogos cristãos ou mesmo por homens leigos.

Os questionamentos direcionados à Igreja católica receberam novo impulso no século XVI. Como vimos, no capítulo anterior, os humanistas contestaram o domínio cultural do clero, abrindo caminho para o surgimento de novas ideias. Em sintonia com essas transformações, o monge alemão **Martinho Lutero** (1483-1546) formulou críticas incisivas contra certas práticas da Igreja.

Martinho Lutero e a salvação pela fé

Lutero entrou para a ordem dos agostinianos em 1505, período em que começou a se interrogar a respeito da natureza humana, da salvação e do papel desempenhado pela Igreja na vida dos fiéis. Em seus estudos, concluiu que a natureza humana é pecadora, incapaz de alcançar, por si mesma, a salvação. Por causa do pecado original de Adão e Eva, todas as pessoas já nasciam pecadoras. Assim, o fiel só poderia alcançar a salvação pela fé e pela graça divina. Essa concepção contrariava a ideia do livre-arbítrio, defendida e ensinada pelo clero, segundo a qual a salvação dependeria das boas obras dos fiéis.

Martinho Lutero também enfatizou a importância da Bíblia como a única portadora da palavra de Deus e, portanto, de autoridade. Com isso, Lutero desqualificava a Igreja como a instituição que poderia explicar e esclarecer a Bíblia. Segundo a perspectiva luterana, cada fiel deveria ler e interpretar as Escrituras sem a mediação do papa ou de qualquer outro clérigo. A Igreja seria apenas um lugar de reunião, sem poderes políticos ou institucionais sobre os fiéis.

As 95 teses em Wittenberg

Em 1517, Lutero divulgou um texto em que expunha 95 teses ou pontos de discordância em relação à Igreja católica. A versão mais famosa conta que ele afixou as teses na porta da igreja de Wittenberg, cidade da região da Saxônia, no Sacro Império Romano-germânico.

Nas teses (ver Conheça melhor), ele questionava a autoridade da Igreja católica na salvação dos crentes e o comércio de indulgências, perdões concedidos pela Igreja aos fiéis que oravam, faziam obras de caridade e doavam dinheiro à instituição. Acreditava-se que a indulgência abreviaria a permanência da alma no purgatório. Lutero combatia essa relação utilitária entre o pecado, o perdão e as doações.

Os movimentos protestantes empreenderam mudanças com base na reforma das doutrinas e dos costumes religiosos proposta por Lutero. Entre elas, a diminuição da autoridade da Igreja, a possibilidade de o fiel interpretar a Bíblia por meio da leitura, a simplificação do culto e dos sacramentos, a condenação do culto aos santos, à Virgem Maria e às imagens.

> **Assista**
> **Lutero.** Direção de Eric Till, Alemanha/EUA, 2003, 123 min. O filme narra a trajetória de Martinho Lutero, apresentando os momentos cruciais de sua vida. O filme provocou intensos debates entre católicos e protestantes.

Representação da venda de indulgências em um mercado alemão, xilogravura de Jorg Breu, c. 1530.

Conheça melhor

As teses de Lutero

As 95 teses de Lutero marcam o início das reformas protestantes.

Tese 6 – O papa não tem o poder de perdoar culpa a não ser declarando ou confirmando que ela foi perdoada por Deus [...].

Tese 21 – Por isso estão em erro os pregadores de indulgências que dizem ficar um homem livre de todas as penas mediante as indulgências do papa.

Tese 27 – Os que afirmam que uma alma voa diretamente para fora (do purgatório) quando uma moeda soa na caixa das coletas estão pregando uma invenção do homem [...].

Tese 53 – São inimigos de Cristo e do povo os que, em razão da pregação das indulgências, exigem que a palavra de Deus seja silenciada em outras igrejas.

BETTENSON, Henry (Org.). *Documentos da Igreja cristã*. São Paulo: Aste, 1967. p. 232-238.

> ## Os primeiros impactos das ideias de Lutero

Após a divulgação e a impressão das teses, as críticas de Lutero espalharam-se rapidamente pela Europa. Os cultos cristãos organizados por Lutero e seus seguidores reuniam cada vez mais fiéis à medida que os embates com a Igreja cresciam.

Em 1521, Lutero foi convocado pelo imperador do Sacro Império Romano-germânico, Carlos V, a comparecer à **Dieta de Worms**. Nessa assembleia, o reformador deveria responder às acusações de heresia e renunciar às suas teses e ideias. Lutero, no entanto, manteve as críticas. Como consequência, além de ter sido excomungado, foi condenado pela assembleia reunida em Worms e, a partir de então, perseguido.

As ideias de Lutero chegaram também aos camponeses. Em 1524, ocorreu uma série de conflitos com os senhores. As **revoltas camponesas** foram inspiradas nas críticas de Lutero às autoridades religiosas e políticas, radicalizando as propostas de reforma. Esses reformadores radicais, liderados por Thomas Müntzer, ficaram conhecidos como **anabatistas**, pois criticavam o batismo católico. Para eles, o batismo deveria ser fruto de uma decisão madura e voluntária de conversão ao cristianismo. Eles também defendiam uma sociedade sem hierarquia, por isso se revoltaram contra o poder dos nobres.

Lutero, que contava com o apoio de parte da nobreza, condenou a rebelião. Os exércitos do Sacro Império dominaram os camponeses em 1525.

Em 1530, o imperador Carlos V convocou uma dieta na cidade de Augsburgo para examinar as práticas cristãs propostas por Lutero. Para tanto, o teólogo Felipe Melanchthon redigiu um documento que expunha os princípios luteranos, como a justificação pela fé. A versão final desse documento, a **Confissão de Augsburgo**, tornou-se a base da doutrina luterana.

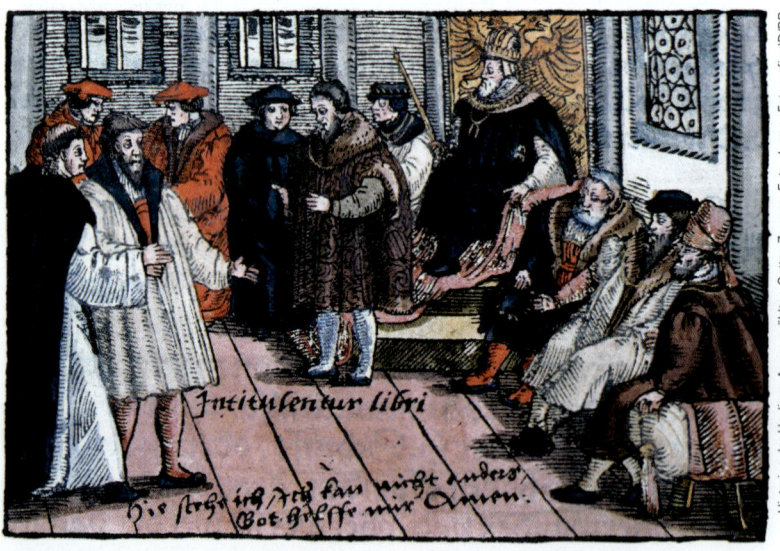

Lutero na Dieta de Worms, 1557, xilogravura de L. Rabus. Na imagem, os nobres germânicos estão com vestimentas e adereços não acessíveis à maioria da população.

Conheça melhor

Protestantes

O termo "protestante", usado para designar os membros das Igrejas originárias da Reforma, surgiu em 1529, durante a Segunda Dieta de Spira. Na ocasião, alguns príncipes alemães protestaram publicamente contra a proibição de Carlos V às práticas luteranas em seus territórios.

História e Filosofia

Para estudar a história das reformas protestantes, o historiador precisa também compreender a **história das ideias** que impulsionaram esses movimentos.

Martinho Lutero passou alguns anos de sua vida se interrogando a respeito de questões filosóficas, como a natureza humana, o livre-arbítrio e o poder de Deus. Para isso, estudou a história da **Filosofia** e da Teologia cristã, retomando autores clássicos, como Santo Agostinho e Santo Tomás de Aquino. Nesse percurso, apoiou-se na importância dada por Santo Agostinho à fé e à graça divina. Também criticou a filosofia do livre-arbítrio e das boas obras de Tomás de Aquino, na qual se apoiava o poder da Igreja.

As reformas protestantes são bons exemplos da relação entre a Filosofia e a História: não bastava atacar a Igreja católica e sua vida mundana. Era necessário formular um conjunto de ideias filosóficas que contribuíssem para criar novas práticas religiosas.

- O texto acima trata da Filosofia e da Reforma protestante. Você conhece outros exemplos de ideias religiosas que respondem a uma dúvida filosófica? Elabore algumas hipóteses e discuta com seus colegas.

A expansão do pensamento reformado

Ao mesmo tempo que Lutero criticava a Igreja em Wittenberg – ao lado de seu colaborador Felipe Melanchthon (1497-1560) –, o humanista **Ulrich Zwínglio** (1484-1531) propunha a reforma da Igreja em Zurique, na Suíça. Sua principal tese era a de que Cristo – e não o papa – era o chefe da Igreja.

Zwínglio trocava correspondências com outro humanista, o holandês **Erasmo de Roterdã** (c. 1466-1536). Desde o início do século XVI, Erasmo já criticava a Igreja e a arrogância dos nobres. Ele propunha uma religião interiorizada com base na leitura da Bíblia, sem os rituais e os dogmas da Igreja. Apesar de compartilhar alguns pontos de vista com Lutero, Erasmo não acreditava na natureza pecaminosa do homem, divergindo do fundamento da teologia luterana.

> Calvinismo

O teólogo francês João Calvino (1509-1564) foi um dos principais responsáveis pela expansão do pensamento reformado que se desenvolvia na Europa. Por volta de 1534, após se juntar aos luteranos e iniciar as pregações, Calvino deixou a França, fugindo da perseguição dos católicos, e se estabeleceu na cidade de Genebra, na Suíça.

A obra de Calvino reafirmava a tese luterana da salvação pela fé e pela graça divina. No entanto, ele acrescentou a ela suas ideias a respeito da **predestinação**: Deus determina desde sempre quem será salvo e quem será condenado, sem considerar os méritos individuais.

Mas, segundo a doutrina da predestinação, os homens poderiam ter sinais visíveis da salvação, que apareceriam na dedicação dos crentes e nas riquezas acumuladas, provas de uma vida disciplinada e voltada ao trabalho. De Genebra, os calvinistas se espalharam pela Europa, chegando à França (huguenotes), à Inglaterra (puritanos), à Escócia (presbiterianos) e à Holanda.

> Reforma anglicana

Na Inglaterra, o movimento reformista teve início quando o rei Henrique VIII (1491-1547) rompeu com a Igreja católica e declarou a autonomia da Igreja inglesa. O monarca desejava se divorciar de sua esposa, Catarina de Aragão, mas não foi autorizado pelo papa. Henrique VIII decidiu, então, anular a autoridade da Igreja católica na Inglaterra, acabar com os mosteiros e confiscar suas terras. Surgia, então, em 1534, a **Igreja anglicana**, da qual o chefe supremo era o rei da Inglaterra.

A Igreja inglesa manteve os rituais, os sacramentos e as hierarquias da Igreja católica, porém sem se submeter a Roma. Os bispos ingleses, por exemplo, ainda detinham os privilégios e poderes herdados da Igreja romana.

> Diversidade de reformas

Houve grande diversidade entre os movimentos religiosos reformadores do século XVI. Ao mesmo tempo que compartilhavam pontos em comum (a crítica e a ruptura com a Igreja católica e a ênfase na autoridade da Bíblia e na graça divina), os grupos protestantes se diferenciavam, conforme as particularidades políticas e religiosas de cada região.

AS PRINCIPAIS IGREJAS CRISTÃS APÓS AS REFORMAS DO SÉCULO XVI

Igrejas	Bíblia	Salvação	Ritos
Católica	Interpretada pela Igreja. Fonte de fé, bem como da tradição católica.	Pela fé em Deus e pelas boas obras.	Missas celebradas em latim. Liturgia luxuosa.
Luterana	Interpretada pelos fiéis. Única fonte de fé.	Pela fé em Deus e pela graça divina.	Cultos simples em vernáculo; reunião dos fiéis para ouvir a Palavra de Deus.
Anglicana	Interpretada pela Igreja anglicana, mas permitia-se que o fiel examinasse as Escrituras.	Pela fé em Deus e pela graça divina.	Manutenção da liturgia católica, porém em língua inglesa.
Calvinista	Interpretada pelos fiéis. Única fonte de fé.	Pela predestinação.	Cultos simples em vernáculo.

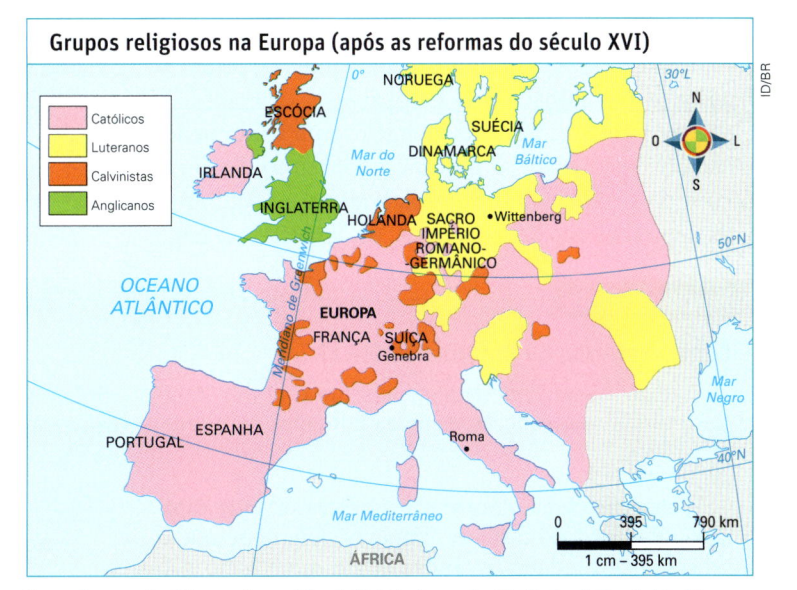

Grupos religiosos na Europa (após as reformas do século XVI)

Fonte de pesquisa: MARVIN, Perry. *Atlas da história do mundo*. São Paulo: Folha da Manhã, 1995. p. 179.

Contrarreforma ou Reforma católica

A Igreja católica também passou por reformas ao longo do século XVI. Não há consenso entre os historiadores sobre quais foram os fatores que impulsionaram esse movimento reformista (ver *Ponto de vista*).

Alguns historiadores, como Vivian Hubert H. Green, sustentam a tese de que a Reforma católica foi uma "Contrarreforma", ou seja, um movimento que apenas reagia às reformas protestantes. Outros estudiosos, como Michael Mullett, argumentam que houve uma Reforma católica genuína, iniciada antes dos ataques de Martinho Lutero. O que alimenta esse debate historiográfico é o fato de que as medidas tomadas pela cúpula da Igreja católica (algumas delas antes mesmo de 1517, como a reforma do clero) tocavam em pontos criticados pelos protestantes.

As medidas da Igreja católica

Desde o início das reformas protestantes, a Igreja católica procurou frear o movimento. Os reformadores eram perseguidos, sobretudo nas monarquias em que a Igreja estava mais presente, como Espanha, Portugal e França. Basta lembrar, por exemplo, que Lutero foi excomungado e João Calvino teve de abandonar a França e ir para Genebra. E, em contrapartida, nos locais onde os protestantes haviam se estabelecido (Inglaterra, Escócia, Holanda, Suíça, regiões central e norte do Sacro Império e norte da Europa – Suécia, Dinamarca e Noruega), os católicos também não eram bem-vindos.

A fundação da **Companhia de Jesus**, em 1534, por Inácio de Loyola (1491-1556), tinha como objetivo o aprimoramento da formação do clero e a ampliação do número de fiéis. Logo após sua fundação, a Companhia de Jesus dedicou-se a ensinar a juventude e a afirmar o papel dos sacerdotes entre os fiéis. Em pouco tempo, os jesuítas (nome dos membros da Companhia de Jesus) já haviam se disseminado pela Europa.

A Igreja católica também reorganizou a **Inquisição**. Criada no século XIII, a Inquisição foi reformulada no século XVI para tentar controlar ideias e manifestações contrárias aos dogmas católicos. Em 1542, o papa Paulo III autorizou o restabelecimento da Inquisição em Roma, organizando o **Tribunal do Santo Ofício**.

A Igreja católica tentou ainda controlar a circulação de livros e textos. Para evitar que os fiéis tomassem contato com obras indesejadas, publicou, em 1559, o *Index Librorum Prohibitorum*, uma lista que continha livros e autores que não poderiam ser lidos.

Gravura representando a queima de hereges pela Inquisição espanhola, c. 1630. Os castigos aplicados em praça pública mostravam aos fiéis o que poderia acontecer com aqueles que não seguissem a doutrina católica.

> **Navegue**
> <http://www2.uol.com.br/historiaviva/artigos/documento.html>.
> Acesso em: 7 maio 2014.
> No *site* da revista *História Viva*, é possível ler um documento da Inquisição italiana em que o pintor Paolo Veronese é interrogado a respeito de suas telas. Ao entrar no *link*, note que o inquérito se estende por quatro páginas, é necessário ler o documento na íntegra para descobrir se o pintor foi absolvido ou condenado. O diálogo entre Veronese e o inquisidor tem algumas passagens tensas e outras muito inusitadas para o nosso tempo, revelando um pouco da atmosfera sociocultural do período.

Ponto de vista

Contrarreforma ou Reforma católica?

O texto a seguir, de Mullett, discute o termo "Contrarreforma" aplicado às medidas adotadas pela Igreja católica.

"Contrarreforma" sugere um agressivo ataque católico à Reforma protestante. Implica igualmente que o processo de mudança e renovação do catolicismo não teria surgido sem que a Reforma protestante viesse estimular a reforma da Igreja Católica. [...] Em contraste, a expressão "Reforma católica" aponta para uma profunda e genuína restauração do catolicismo no século XVI; esta expressão indica um melhoramento espontâneo do catolicismo. Como seria de esperar, este ponto de vista [...] tem sido o preferido dos historiadores católicos [...].

MULLETT, Michael. *A Contrarreforma e a Reforma católica nos princípios da Idade Moderna europeia*. Lisboa: Gradiva, 1985. p. 13.

> O Concílio de Trento (1545-1563)

Entre 1545 e 1563, a cúpula da Igreja católica reuniu-se na cidade de Trento para discutir os problemas provocados pelas reformas protestantes. O Concílio de Trento preocupou-se com dois aspectos centrais: reafirmar os dogmas da Igreja católica (respondendo às críticas protestantes) e propor uma reforma do clero.

Em relação aos dogmas, a Igreja reafirmou o seu papel como esclarecedora privilegiada da Bíblia, a veneração das imagens (considerada idolátrica pelos protestantes) e a legitimidade dos santos. Com isso, para os católicos, os sacerdotes continuavam a ter importância no processo de interpretação e compreensão da Palavra de Deus. Os decretos do Concílio de Trento relembravam a necessidade das obras dos fiéis, pois consideravam que a fé era necessária, mas não bastava para a salvação do crente.

Pintura de c. 1630, representando uma sessão do Concílio de Trento, considerado um dos mais importantes da história da Igreja católica. Grande parte de suas decisões perdurou pelos séculos seguintes.

Em relação ao clero, as decisões tomadas em Trento destacaram a necessidade de os padres terem boa formação e seguirem uma disciplina rigorosa, aspectos mencionados nas críticas protestantes à Igreja. Enfatizou-se também a atuação dos bispos, que deveriam visitar as igrejas de sua diocese para controlar sacerdotes, fiéis e alunos dos seminários. Para regrar a atuação dos sacerdotes e criar uma noção de unidade, a liturgia foi uniformizada, o que tornava as missas e os demais rituais bastante parecidos nas diversas regiões onde a Igreja romana estava presente.

> Conflitos religiosos

As divergências provocadas pelas reformas religiosas do século XVI foram além dos planos espiritual e doutrinal. Católicos e protestantes se enfrentaram e promoveram perseguições recíprocas. Além disso, fatores políticos se misturavam às questões religiosas. A nobreza germânica, interessada em livrar-se dos impostos cobrados pela Igreja católica, apoiava Lutero. Em razão desse apoio, os príncipes alemães indispuseram-se com o imperador do Sacro Império, desencadeando uma série de conflitos na década de 1530. Essas tensões só diminuíram em 1555, quando foi assinada a **Paz de Augsburgo** – um tratado entre o imperador Carlos V e os príncipes alemães. A Paz de Augsburgo estabelecia que cabia aos príncipes definir a religião em seus domínios.

O Massacre da Noite de São Bartolomeu, pintura de François Dubois, c. 1572-1584. Observe como o autor enfatizou a violência dos combates entre católicos e protestantes.

Na França, os conflitos religiosos tiveram início no final dos anos 1560. O **Massacre da Noite de São Bartolomeu**, embate entre católicos e protestantes franceses (chamados huguenotes), foi um dos choques mais violentos entre os dois grupos. No dia 24 de agosto de 1572, dia de São Bartolomeu, iniciaram-se os ataques católicos contra os huguenotes. Esses ataques duraram cerca de dois meses e causaram milhares de mortes. Os conflitos tiveram uma trégua apenas em 1598, após a assinatura do **Edito de Nantes**, que permitia o culto protestante na França.

Ontem e hoje

O teatro religioso

A partir da segunda metade do século XVI, a Igreja Católica preocupou-se em reafirmar seus dogmas e rituais, alguns deles atacados pelos protestantes. Para isso, várias medidas foram tomadas, como vimos neste capítulo: novas ordens religiosas, Concílio de Trento, Inquisição.

No entanto, a Igreja Católica recorreu também a outro artifício para ordenar e uniformizar o catolicismo: a ênfase no teatro religioso. O teatro religioso não era uma criação do século XVI, mas teve papel significativo naquele momento, sobretudo para a Igreja Católica, que necessitava reconquistar seus fiéis e conter o avanço do protestantismo. Para um universo em que muita gente era analfabeta, o teatro religioso foi um poderoso divulgador de ideias, imagens e gestos.

A representação teatral

Assim como as imagens utilizadas pela Igreja Católica, as encenações deveriam ser artifícios para aumentar a devoção dos fiéis. Diante da acusação de idolatria lançada pelos cristãos reformados, a Igreja defendia-se argumentando que as imagens ou as encenações não eram adoradas em si, mas apenas representavam os santos, a Virgem ou o Cristo.

Essas representações variaram bastante, dependendo do lugar e do período histórico em que foram realizadas. Embora as datas religiosas comemoradas sejam comuns à tradição cristã, o tratamento dado aos episódios bíblicos depende de inúmeros aspectos culturais e sociais das sociedades que os encenam.

Todos os anos, os cristãos comemoram a Páscoa, festa religiosa para lembrar a ressurreição de Cristo. Em várias cidades brasileiras, durante a Semana Santa há encenações da Paixão de Cristo – os últimos dias de Jesus antes da crucificação e ressurreição.

Uma dessas comemorações ocorre, desde 1951, na cidade-teatro de Nova Jerusalém, em Pernambuco. Toda a cidade é utilizada como cenário para a dramatização da vida de Jesus Cristo. Durante nove dias, cerca de 500 pessoas participam da encenação nos oito cenários deste que é considerado o maior teatro ao ar livre do mundo. Participam do teatro desde atores consagrados pela televisão até agricultores da região que atuam como figurantes. Nesse espetáculo, entrelaçam-se os valores cristãos e a cultura popular brasileira. O grande número de católicos no Brasil contribui para o sucesso da comemoração.

Encenação da paixão de Cristo em Nova Jerusalém, Pernambuco. Foto de 2013.

Reflita

1. Identifique quais são as diferenças e as semelhanças entre a teatralidade do século XVI e as encenações religiosas atuais no Brasil. Compare suas respostas com as de seus colegas.
2. Aponte algumas diferenças existentes entre o público-alvo do teatro religioso do século XVI e o público-alvo dos espetáculos brasileiros atuais. Analise aspectos culturais, sociais e históricos que motivem as pessoas a assistir a esses espetáculos. Compare a sua reposta com a de seus colegas.

Atividades

Verifique o que aprendeu

1. Observe o mapa da página 187 e indique as regiões da Europa nas quais as ideias reformadas se disseminaram.
2. Martinho Lutero interrogou-se por muito tempo a respeito da salvação do ser humano e do papel da Igreja na vida dos fiéis. Quais foram as conclusões dele acerca desses temas?
3. Uma das principais mudanças que resultaram das propostas de reforma de Lutero foi a simplificação do culto religioso. Relacione essa mudança com as conclusões de Lutero a respeito do papel da Igreja na salvação dos fiéis.
4. Explique a importância da Dieta de Worms (1521).
5. Identifique as principais contribuições de João Calvino aos movimentos reformistas.
6. A Reforma anglicana teve como impulso um fator político. Justifique essa afirmação.
7. Quais foram as principais medidas da Igreja católica diante dos movimentos reformistas?
8. Uma das questões tratadas durante o Concílio de Trento (1545-1563) foi a necessidade de os sacerdotes terem boa formação e disciplina. Explique por que era fundamental à Igreja católica insistir nessa questão.

Leia e interprete

9. Observe a xilogravura e faça os exercícios a seguir.

Xilogravura germânica representando as diferenças entre um culto protestante e um culto católico, c. 1520.

a) Qual é o culto católico e qual é o protestante?
b) Com base no que você estudou no capítulo, compare os dois cultos.
c) Quais são as semelhanças entre os dois cultos?

10. Leia o trecho abaixo e responda às questões.

> Que tenho eu que ver com os homens, para que me ouçam as *Confissões*, como se houvessem de me curar das minhas enfermidades? Que gente curiosa para conhecer a vida alheia e que indolente para corrigir a sua! Por que pretendem que lhes declare quem sou, se não desejam também ouvir de Vós [Deus] quem eles são? [...]
>
> Vós, que sois o médico do meu interior, esclarecei-me sobre o fruto com que faço esta confissão. Na verdade, as confissões dos meus males passados – que perdoastes e esquecestes para me tornardes feliz em Vós, transformando-me a alma com a fé e com o vosso sacramento [...]
>
> Santo Agostinho. *Confissões*. São Paulo: Abril, 1973. p. 195-196 (Coleção Os Pensadores).

a) Esse texto foi escrito, provavelmente, em 397, alguns séculos antes das reformas religiosas do século XVI. Entretanto, é possível aproximar as ideias dos reformadores às de Santo Agostinho?
b) Destaque um trecho do texto que evidencie o poder soberano de Deus sobre os homens. Justifique sua escolha.
c) Selecione argumentos do texto que permitam uma crítica à Igreja católica do século XVI.

11. Observe a fotografia a seguir, que registra o interior de uma greja luterana atual na Região Sul do Brasil.

Interior de igreja luterana em Jaraguá do Sul (SC). Foto de 2012.

a) Descreva a arquitetura e o mobiliário do ambiente retratado.
b) Explique o que pode ter motivado a opção por esse tipo de ambiente.
c) Segundo a visão da época em que se disseminou essa concepção de local de culto, o que se buscava privilegiar nele?

História e Física

Johannes Kepler e a Revolução Científica

Aristarco de Samos (310 a.C.-230 a.C.) foi o primeiro a afirmar que a Terra tem movimento de rotação e gira em torno do Sol. Dessa forma, Aristarco se opôs a Aristóteles (384 a.C.-322 a.C.), para quem a Terra permanecia imóvel no centro do universo. No entanto, o geocentrismo, com a teoria de Cláudio Ptolomeu (90 d.C.-168 d.C.), prevaleceu no mundo ocidental até à Renascença. Bastante complexo, o modelo de Ptolomeu resistiu à passagem do tempo porque se ajustava bem aos movimentos dos planetas observados no céu, e era aprovado pela Igreja católica, defensora das concepções aristotélicas.

O edifício ptolomaico começou a ruir com Nicolau Copérnico (1473-1543), que retomou o heliocentrismo proposto por Aristarco. Ao colocar os planetas, incluindo a Terra, orbitando o Sol, Copérnico simplificava o entendimento do Sistema Solar. No entanto, ele não foi capaz de provar suas teses de maneira satisfatória. A questão seria resolvida por Johannes Kepler (1571-1630), matemático e astrônomo alemão. Kepler viveu em uma época dominada pelas disputas religiosas e políticas entre católicos e protestantes; sua vida pessoal foi conturbada e, desde a infância, sua saúde era precária. Imerso em ambiente hostil, Kepler buscou paz e serenidade na religião. Pretendendo ingressar na Igreja luterana, começou a cursar Teologia, e acabou por interessar-se pela Astronomia.

Resolveu dedicar-se ao aperfeiçoamento do sistema heliocêntrico proposto por Copérnico, pois acreditava que era um sistema harmonioso e simples, e que tais características eram o reflexo do espírito de Deus. Começou pela publicação da obra *Primeiras dissertações matemáticas sobre o mistério do cosmo*, em 1596. Essa tentativa inicial de explicar o cosmo era equivocada, mas lhe valeu um convite para trabalhar com Tycho Brahe (1545-1601), astrônomo dinamarquês. Brahe não concordava com as ideias de Copérnico. Também era adepto do geocentrismo: propunha a Terra fixa no centro, com o Sol e as estrelas girando em torno dela, mas, diferente de Ptolomeu, imaginava os planetas orbitando ao redor do Sol. Tentando comprovar seu modelo, construiu instrumentos que lhe permitiram realizar observações muito precisas. Fazendo uso das observações de Brahe, Kepler propôs novas leis dos movimentos planetários, em um sistema solar que tinha o Sol no centro de tudo.

Tycho Brahe imaginava a Terra no centro do Universo, a Lua e o Sol girando ao redor dela e os demais planetas orbitando em torno do Sol. Gravura do século XVII.

Órbita planetária

Em seus estudos, Kepler descobriu que as órbitas dos planetas não eram exatamente circulares, mas elípticas. Ao observar que os planetas são mais rápidos em suas órbitas quando ficam mais próximos do Sol, percebeu que o dogma existente entre os estudiosos de sua época, de que os movimentos dos planetas eram circulares e uniformes, era um equívoco. As leis de Kepler do movimento planetário levaram Isaac Newton a formular a lei da gravitação universal algumas décadas mais tarde.

Enquanto Kepler desvendava os mistérios cósmicos, Galileu Galilei construía uma nova Física, substituindo a mera especulação pela procura de causas físicas dos fenômenos. Construiu uma luneta e viu que a superfície da Lua não era lisa, mas recoberta de montanhas e crateras, o que mostrava que os corpos celestes não possuíam a perfeição a eles atribuída. Observou também manchas no Sol, novas estrelas, as fases de Vênus e quatro satélites orbitando ao redor de Júpiter. Essas observações ajudaram a abalar a crença na "perfeição e imutabilidade" do cosmos, além de mostrar que havia outros centros de rotação no Universo, afora a Terra. Tudo isso contrariava os dogmas da época, denunciando crenças falsas e abrindo caminho para cogitar que o sistema geocêntrico também poderia ser um equívoco. As ideias e descobertas de Copérnico, Kepler e Galileu, entre outros, foram essenciais para o avanço da revolução científica iniciada no século XVI.

No primeiro modelo de Universo de Kepler, depois abandonado por ele mesmo, cinco poliedros regulares estavam inscritos nas esferas dos planetas, estabelecendo uma lógica geométrica para suas proporções. Gravura de 1596.

Atividades

1. Como as descobertas de Kepler e Galileu se contrapõem às teorias do geocentrismo?
2. Em grupo, pesquisem e apresentem um cartaz com um texto e desenhos relacionando as descobertas de Galileu e a primeira lei de Kepler – "Os planetas se movem em trajetórias elípticas, onde o Sol ocupa um dos focos" – às explicações religiosas medievais.
3. O obscurantismo não é privilégio de qualquer época. Ainda hoje há pessoas que não acreditam que a Terra seja redonda nem que o homem alcançou a Lua. Como você se posiciona nessas discussões?

CAPÍTULO

16 Sociedades da África

O que você vai estudar

- As Áfricas e a multiplicidade do continente africano.
- As organizações políticas na África.
- Culturas e manifestações artísticas.
- As práticas religiosas no continente africano.

Caravana de tuaregues atravessa o deserto do Saara. Conhecidos como "homens azuis", por causa da cor de suas vestimentas, os tuaregues – povo nômade islamizado – são responsáveis por boa parte dos contatos entre o norte e o sul do Saara desde o século VII. Foto de 2010.

Ligando os pontos

As civilizações do norte do continente africano até hoje exercem fascínio sobre os historiadores. A civilização egípcia, que se desenvolveu às margens do rio Nilo, é um dos temas que despertam maior interesse. Cartago também é imprescindível para o entendimento de boa parte dos processos históricos da Antiguidade. Os comerciantes cartagineses controlaram o comércio mediterrâneo por longo tempo, e Cartago expandiu seus domínios pelo norte da África e por algumas regiões no sul da Europa, até ser derrotada pelos romanos nas Guerras Púnicas.

A expansão dos romanos colocou o norte da África em contato com seu sistema político e favoreceu o estabelecimento de vínculos comerciais com essa região. O cristianismo também se expandiu pelo continente, berço de teólogos como Santo Agostinho e de filósofos vinculados à Igreja romana. A partir do século VII, o islamismo chegou ao norte da África e atravessou o Saara. As caravanas cortavam o deserto transportando sal, ouro, marfim e escravizados. Seus integrantes levavam também ideias e crenças muçulmanas. Essa mistura de comércio e religião foi responsável pelo aumento do contato entre os povos da Europa e da Ásia e as civilizações africanas ao sul do Saara.

1. Que particularidades explicam o maior contato do norte do continente africano com a Europa e a Ásia?
2. As caravanas tiveram papel importante na superação da barreira do Saara. Que produtos eram transportados por elas? Além de produtos, o que mais os membros das caravanas levavam com eles?

As Áfricas

Os atuais meios de comunicação costumam divulgar muitas generalizações a respeito da África. São frequentes as notícias sobre crises e guerras, mas nem sempre se especifica a área ou o país em que ocorrem esses fatos. O desconhecimento da região leva à falsa impressão de que o continente africano é um único bloco.

Ao observar o meio natural, as formações políticas, as manifestações culturais e os diferentes níveis de contato com outras regiões do planeta, percebe-se que a África é um continente de grande multiplicidade geográfica, histórica, política, sociocultural e étnica.

Ao norte e ao sul do Saara

A geografia africana é marcada pelo **deserto do Saara**. Ele divide o continente em duas grandes Áfricas: a mediterrânica (ao norte) e a subsaariana (ao sul).

O deserto é essencial para a compreensão dos processos históricos e culturais do continente africano, pois é uma barreira natural que dificulta o contato entre os grupos de ambos os lados.

Apesar de escasso, houve contato entre essas regiões ao longo da história, impulsionado principalmente pelos grupos nômades do Saara.

O uso do dromedário como montaria e meio de transporte facilitou a ocupação e a travessia do deserto. Animal muito resistente, capaz de percorrer até 140 quilômetros por dia, o dromedário foi muito utilizado para transportar mercadorias, como sal, metais, grãos e sementes.

A porção noroeste da África (onde hoje ficam Mauritânia, Marrocos, Argélia, Tunísia, Saara Ocidental e Líbia) é chamada de **Magrebe**. Os povos dessa região, conhecidos, em geral, como berberes, sofreram influência dos povos do Mediterrâneo, como os fenícios, gregos, romanos e árabes.

Já a **região ao sul do Saara** permaneceu mais isolada. Espalhados por florestas, savanas e estepes, os diversos grupos se comunicavam principalmente por meio do comércio. Na região ocidental, próxima aos rios Senegal e Níger, as trocas envolviam ouro, peles, artesanato e escravizados, e as mercadorias negociadas eram transportadas até as rotas das caravanas saarianas.

Outras atividades também se desenvolveram na região sul, como a caça, o pastoreio, a pesca e a agricultura. Entre as principais culturas, destacavam-se o sorgo, o trigo e o arroz, produzidos nas áreas de savana e em algumas regiões de floresta. O inhame e o dendê também eram cultivados.

O domínio da metalurgia permitiu a criação de utensílios para a agricultura.

A criação de gado ocorria em regiões mais secas, evitando-se as áreas úmidas – propícias à proliferação da mosca tsé-tsé, transmissora da doença do sono, fatal para os animais.

O continente africano

Fonte de pesquisa: COSTA E SILVA, Alberto da. *A enxada e a lança*: a África antes dos portugueses. 3. ed. Rio de Janeiro: Nova Fronteira, 2006. p. 21.

Conheça melhor

As divisões e as Áfricas

As diferentes regiões do continente africano podem ser classificadas com base em vários critérios. Um deles é a localização geográfica. Assim, haveria as Áfricas Ocidental, Central, Oriental, Meridional (sul) e Setentrional (norte).

O estudioso brasileiro Alberto da Costa e Silva propõe que, para tornar essas divisões menos artificiais, deveríamos pensá-las considerando suas culturas e trocas culturais com outros povos.

Assim, haveria regiões como a África do Sahel (localizada ao sul do Saara e voltada para os povos do norte do continente e do Mediterrâneo), a África do Índico (cuja localização favoreceu o contato com os árabes e outros povos da Ásia) e a África do Atlântico (voltada para os contatos com os povos europeus e os americanos).

Reinos africanos

Entre os séculos V e XVII, desenvolveram-se várias formações políticas na **África Subsaariana**. Havia desde reinos e impérios até pequenas aldeias.

A sedentarização desses grupos tem relação com suas atividades e localização geográfica. O domínio da metalurgia e o desenvolvimento da agricultura nas regiões próximas a rios favoreceram a fixação das comunidades.

Clãs, reinos e cidades

Os **clãs** (ou aldeias) constituíam o modo de organização política mais comum. Seus membros, divididos em famílias, reconheciam um ancestral comum e viviam sob a autoridade de um chefe eleito, geralmente um membro mais velho. A função do chefe era zelar pela distribuição justa dos ganhos e das tarefas, além de garantir a segurança do clã.

Uma das maneiras de aumentar a população e o poder de um clã era o casamento das mulheres com homens de outros clãs. Isso porque muitas sociedades africanas eram **matrilineares**, ou seja, os filhos eram incorporados ao clã da mãe.

Quando as aldeias se agrupavam, seja por alianças ou por relações de parentesco, formavam-se os **reinos**, governados por um rei e por um conselho. O soberano, que contava também com um corpo de burocratas e com soldados, era, ao mesmo tempo, chefe político e líder religioso.

Na maioria dos casos, a sucessão real dava-se pelo critério da hereditariedade, e a escolha entre os herdeiros ficava a cargo do conselho. Essa decisão nem sempre era pacífica, pois a **poligamia** era comum na maioria das sociedades africanas. Casar com várias mulheres e ter muitos filhos era sinônimo de poder, pois o líder político estendia seus domínios por diversas linhagens. Nos reinos matrilineares, o sucessor do rei deveria ser filho de sua irmã.

Algumas sociedades também se organizavam em **cidades**, geralmente fortificadas e com intensa atividade comercial. Os assentamentos urbanos formaram-se principalmente nas savanas da costa ocidental da África.

As cidades tinham autonomia. As pessoas agrupavam-se em famílias, e o governante era responsável pela administração dos conflitos, pela paz com estrangeiros, pela distribuição das terras e pela aquisição de escravizados.

Gravura, c. de 1729, representando o rei de Benin acompanhado por soldados e cavaleiros.

Ação e cidadania

A participação das mulheres nas sociedades africanas

As mulheres exercem diferentes papéis nas sociedades da África. Veja o que o estudioso brasileiro Alberto da Costa e Silva escreveu sobre o tema.

A condição feminina variava de cultura para cultura. Aqui e ali, a mulher geria suas roças e seus haveres, era senhora de sua casa (construída com a ajuda do marido, mas onde este entrava quase como visitante) e podia ter a iniciativa do divórcio, e participar da escolha das outras esposas que tomassem o seu homem, e exercer posições de autoridade (chefe, rainha, rainha-mãe, irmã do rei, regente, líder das pessoas de seu sexo, sacerdotisa ou alta funcionária do palácio). Em algumas regiões, havia um quase perfeito equilíbrio entre os sexos, e noutras, o papel político das mulheres era decisivo, impedindo que as estruturas de mando fossem exclusivamente masculinas. Não só podia ela exercer a chefia direta, como participava ativamente dos conselhos. [...] Mas, acolá, a mulher podia não ter voz ou ser obrigada a falar baixinho, estar sujeita à infibulação ou à excisão clitoriana, ou viver reclusa no *afin* de um obá ou num serralho muçulmano.

COSTA E SILVA, Alberto da. *A enxada e a lança*: a África antes dos portugueses. Rio de Janeiro: Nova Fronteira, 2006. p. 662-663.

A escravização nas sociedades africanas

A escravização nas sociedades africanas tem sido tema de muitos debates. Historiadores, antropólogos e demais estudiosos têm questionado a natureza da escravização na África Subsaariana antes do século XV, quando o contato com os europeus se intensificou.

Alguns, como Walter Rodney, sustentam que o comércio de escravizados era uma atividade exterior às sociedades africanas e que foi imposta pelos estrangeiros. Esses autores argumentam que havia na África a **escravização de linhagem** ou **doméstica**, na qual os cativos eram incorporados ao novo clã. Conforme esse ponto de vista, a escravização doméstica não constituía exploração do trabalho, não praticava maus-tratos e não impulsionava o tráfico.

Outros, como John Thornton, afirmam que nessas sociedades havia escravizados e comércio de cativos. Logo, os europeus apenas se envolveram nesse processo.

À parte o debate a respeito de suas características, a existência da escravização nas sociedades africanas é aceita hoje pela maioria dos estudiosos. Sabe-se que se tornavam escravizados os **prisioneiros de guerra** ou as pessoas expulsas de suas comunidades. Entendidas como propriedade, essas pessoas podiam ser trocadas por outras mercadorias, utilizadas como pagamento de dívidas, como trabalhadoras agrícolas ou em atividades militares.

A situação dos cativos variava nas diferentes sociedades africanas. Em alguns povos islamizados, havia a possibilidade de ascensão do cativo à condição de homem livre. Já nas comunidades ao sul do Saara, a prática da alforria não era comum.

Contudo, a escravização tradicional africana não pode ser comparada ao tráfico de escravizados explorado pelos europeus a partir do século XV. A escala entre as duas formas de cativeiro é muito diferente. Em cinco séculos de tráfico atlântico, destinado basicamente às colônias na América, os europeus arrancaram até 11 milhões de pessoas da África.

A enorme demanda euro-americana por escravizados estimulou ininterruptas guerras de apresamento entre os povos africanos. Em decorrência dessas guerras, inúmeras sociedades, antes florescentes, entraram em decadência. Por sua vez, o constante envio de milhares de homens, mulheres e crianças para fora do continente causou a estagnação demográfica em vastas regiões da África, situação revertida apenas no século XX.

Representação de cativos no Reino do Congo, no século XVII, carregando membros da elite.

Ponto de vista

O historiador John Thornton é um dos que sustentam que o tráfico de escravizados para outras partes do mundo, a partir do século XVI, foi resultado da escravização interna que já existia em diversas sociedades africanas.

A escravidão era amplamente difundida na África, e seu crescimento e desenvolvimento foi muito independente do comércio atlântico, exceto que, à medida que esse comércio estimulou o comércio interno e seus desdobramentos, ele também ocasionou uma escravização mais intensa. O comércio atlântico de escravos [a partir do século XVI] foi o resultado dessa escravidão interna. Seu impacto demográfico, no entanto, mesmo nos estágios iniciais foi significativo [...]

THORNTON, John. *A África e os africanos na formação do mundo atlântico*: 1400-1800. 2. ed. Rio de Janeiro: Campus, 2003. p. 124.

O autor discute a existência da escravização nas sociedades africanas. Ainda hoje, muitos trabalhadores no Brasil e no mundo vivem em condições análogas às da escravidão.

- Você conhece algum caso em que se constatou a existência de trabalho escravo? Em sua opinião, qual é a diferença entre o trabalho legal e o trabalho escravo?

As sociedades do Sudão Ocidental

Entre os séculos IV e XV, desenvolveram-se vários reinos na região do Sahel, sobretudo próximo ao **delta do rio Níger**. Essa área a sudoeste do Saara era conhecida naquele período como Sudão Ocidental, sem correspondência com o atual país chamado Sudão.

Nessas regiões, viviam povos que se dedicavam à agricultura, ao pastoreio, à caça e à pesca. Sua organização baseava-se em aldeias, cujas casas (de palha ou taipa) eram cercadas por roças e pastos, trabalhados pelos membros do clã. Plantavam-se cereais como o sorgo e o arroz, além de outros grãos, nas zonas mais secas próximas ao Saara.

Nessas aldeias, a liderança era confiada a um chefe que, entre outras funções, deveria zelar pelo bem-estar e pela paz entre as famílias. Eram frequentes os conflitos pela liderança da aldeia e também pelo uso da terra entre agricultores sedentários e pastores nômades.

Com a introdução e progressiva utilização do camelo (dromedário), a partir do século III, aumentaram as travessias dos povos berberes em direção à zona do Sahel, e cresceu também o comércio com a região. Mercadorias como sal (abundante no deserto), cobre, perfumes e tecidos de algodão eram levadas pelas **caravanas** e trocadas por ouro, cereais e escravizados.

Entre todos os produtos, o **sal** e o **ouro** eram os mais valiosos. Os povos do Sudão Ocidental utilizavam o sal para a conservação dos alimentos. Já o ouro era escoado para as regiões ao norte, em direção à Europa, ou servia para a cunhagem de moedas em cidades como Cartago.

Em meio a esse rico comércio, desenvolveram-se algumas formações políticas no Sudão Ocidental.

O Reino de Gana

Os povos soninquês viviam em aldeias entre os rios Senegal e Níger, provavelmente desde o século VIII a.C. No final do século IV, algumas aldeias se aliaram para garantir a segurança de suas terras contra as ameaças de pastores nômades. A união política desses grupos permitiu também o controle do comércio de caravanas vindas do norte, por meio da cobrança de tributos.

Já no século seguinte, esses vilarejos constituíam o Reino de Gana, que tinha sua riqueza garantida pelo ouro extraído na região mais ao sul do rio Níger. A palavra "gana" era o título dado ao soberano e, posteriormente, passou a denominar todo o Reino.

O soberano era o responsável pelas funções administrativas e pelas questões de justiça, além da organização militar e da regulamentação de impostos cobrados aos mercadores e às comunidades a ele subordinadas.

A partir do século X, após quase quinhentos anos de crescimento e prosperidade, o Reino de Gana entrou em um período de estagnação. Os ataques dos berberes convertidos ao **islamismo** (século IX) e dos almorávidas (século XI) desorganizaram as sociedades soninquês e suas atividades econômicas.

A expansão do islamismo e seu contato com os povos soninquês levaram à convivência das duas tradições culturais em algumas cidades, nas quais se verificavam tanto os cultos animistas quanto a fé muçulmana. Entretanto, as campanhas dos almorávidas para a total conversão dos soninquês ao islamismo geraram conflitos.

Entre os séculos XI e XII, houve uma série de embates entre almorávidas e soninquês. A capital do Reino, **Koumbi Saleh** (um centro comercial cuja população era de quase 20 mil habitantes), foi disputada entre os dois grupos, que procuravam garantir o controle político do Reino. No século XIII, outros dois povos do Sudão colaboraram para o fim de Gana.

> **Leia**
> **África e Brasil africano,** de Marina de Mello e Souza. 2. ed. São Paulo: Ática, 2009. A obra, escrita por uma historiadora brasileira, analisa o processo de formação e desenvolvimento histórico de algumas das mais importantes sociedades africanas do passado. Com um texto claro e preciso, a autora aborda também a história da integração dos africanos à sociedade brasileira.

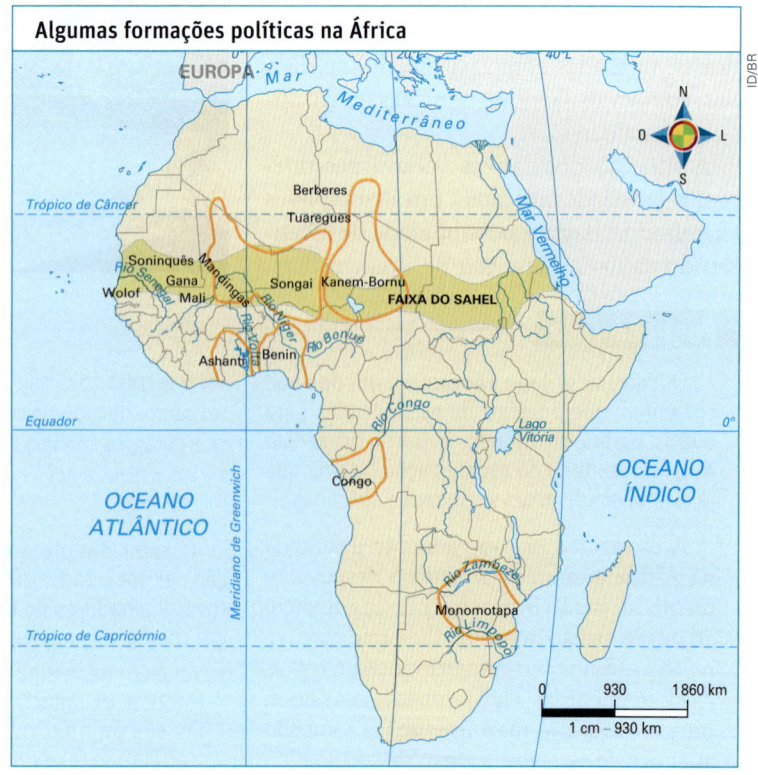

Algumas formações políticas na África

Fonte de pesquisa: MELLO E SOUZA, Marina de. África e Brasil africano. São Paulo: Ática, 2006. p. 15.

Os Impérios Mali e Songai

Além dos soninquês, outros dois grandes grupos étnicos habitavam a região do Sudão Ocidental: os sossos e os mandingas.

No século XIII, o islamismo se disseminava pelo Sahel por intermédio do comércio nas savanas. Alguns povos, porém, se opuseram à presença islâmica. Um deles era os sossos, que, após a desorganização de Gana, se insurgiram contra os muçulmanos almorávidas e iniciaram um movimento de expansão para o sul.

A expansão dos sossos sobre as regiões habitadas pelos mandingas (muitos deles islamizados) resultou, no final do século XII, no domínio de várias de suas aldeias. Como reação, os mandingas organizaram-se em unidades políticas maiores, lideradas por um chefe denominado **mansa**.

A expansão dos sossos foi finalmente interrompida em 1235, quando foram derrotados pelo mansa **Sundiata Keita**. Após a vitória, os mandingas espalharam-se pelo Reino de Gana e pelas regiões conquistadas pelos sossos, ao sul e a leste. Os diversos clãs mandingas uniram-se em torno da figura do mansa, constituindo o **Império do Mali**.

Durante o período em que governou, Sundiata Keita expandiu os domínios do Mali, conquistando áreas ricas em sal e ouro, além de acelerar o processo de islamização da região. Os soberanos do Mali passaram a controlar os entrepostos comerciais (por onde passavam as caravanas) e as minas de ouro de toda a região.

Embora o mansa fosse poderoso e habitasse um palácio na capital Mani, seus súditos viviam de maneira mais simples, em pequenas casas de barro. O islamismo difundiu-se nos centros urbanos, como Tombuctu. Em outras regiões, porém, os cultos tradicionais continuavam predominantes.

O Império do Mali chegou ao auge no século XIV, sob o reinado do mansa Kankan-Mussa. No século XV, o Mali entrou em decadência após uma série de conflitos com grupos étnicos vindos tanto do norte (como os tuaregues) quanto do sul do Império.

Um desses grupos, os songais, que viviam nas proximidades da cidade de Gaô, importante centro comercial a leste do Mali, mantinha certa independência em relação ao poder do mansa. No século XV, diante das invasões dos nômades do deserto, os songais, liderados pelo soberano **Soni Ali**, enfrentaram e derrotaram os tuaregues e conquistaram Tombuctu. A partir de então, os songais iniciaram um processo de expansão e conquista de outras regiões e clãs, formando o **Império Songai**.

Como em outros casos, o islamismo e os cultos tradicionais conviveram nos domínios songai. O próprio Soni Ali declarava-se muçulmano, embora conhecesse pouco sobre o islamismo e mantivesse os cultos aos ancestrais. O Império Songai continuou próspero até o final do século XVI, quando foi conquistado pelo Reino muçulmano do Marrocos.

O Reino de Benin

Na região ao sul do Sudão Ocidental (que corresponde hoje ao sul da Nigéria), viviam os povos edos. Situados entre a savana e a floresta tropical, esses grupos se dedicavam ao cultivo de cereais, feijão, quiabo e inhame. Os rios da região serviam tanto à pesca quanto ao transporte de produtos vindos da floresta.

Entre os povos edos organizou-se o **Reino de Benin**. As tradições orais contam que Benin surgiu quando alguns chefes edos pediram a um herói mítico chamado Odudua que lhes enviasse um líder. O herói mandou então seu filho Oronyan, responsável pela formação do Reino.

Benin era governado pelo **obá** (título conferido ao líder político e religioso). Sua economia era baseada na agricultura e no comércio (controlado diretamente pelo soberano) de produtos agrícolas e cobre. A partir do século XV, Benin estabeleceu relações comerciais com os europeus, exportando escravizados, pimenta, ouro, peles, marfim, pérolas e outros itens.

Detalhe de um mapa do norte da África, de 1413, no qual é representado o mansa Kankan-Mussa, governante muçulmano do Império do Mali, com uma pepita de ouro na mão direita.

Cabeça de bronze do Reino de Benin, século XVI. Peças de bronze foram uma das principais expressões artísticas da região de Benin.

Outras histórias

No século XIV, o Império do Mali chegou ao auge. O islamismo havia se espalhado pela região, e os domínios do Mali tinham se estendido consideravelmente.

A agricultura, o pastoreio e a pesca destacavam-se entre as atividades econômicas praticadas no deserto do Saara. Enquanto isso, também no século XIV iniciava-se na China o período de domínio da dinastia Ming.

Por três séculos, os soberanos dessa casa dinástica estiveram no poder. O comércio com os europeus e a agricultura eram as principais atividades econômicas chinesas durante esse período.

A cidade de Ilê Ifé

Outro povo que habitava a região sul do Sudão Ocidental era os **iorubas**. Esses grupos, desde o primeiro milênio da era cristã, viviam em pequenas aldeias, cultivavam as mesmas espécies vegetais que os edos (pois habitavam a mesma região), e sua organização política era baseada em pequenas unidades e alguns reinos.

Entre essas formações políticas, destacou-se a cidade de Ilê Ifé, cuja história se baseia também em tradições orais que remontam ao guerreiro mítico Odudua, considerado fundador de Ilê Ifé e pai dos reis dos grupos iorubá. Ilê Ifé era uma espécie de cidade-estado, cujo governo estava a cargo de um soberano designado pelo título de **oni**. Esse governante era, ao mesmo tempo, líder religioso e político, e seu poder se estendia sobre os clãs dos iorubas.

Os reinos e as cidades dos iorubas, sobretudo Ilê Ifé, foram grandes centros produtores de arte, principalmente máscaras e esculturas em bronze, além de placas de metal e objetos de terracota.

O Reino do Congo

Próximo à **bacia do rio Congo**, a sudoeste do continente africano, formou-se o Reino do Congo. As tradições orais, registradas por europeus nos séculos XVI e XVII, contam que o Reino teve origem com a migração de um grupo banto que atravessou o rio Congo no século XIV. Eles saíram da margem norte e seguiram para as terras mais ao sul, onde ficaram conhecidos como **muchicongos**.

O líder dos muchicongos, Nimi a Luqueni, casou-se com a filha do rei local e tornou-se o manicongo ("senhor do Congo"), soberano daqueles grupos. Com o tempo, os muchicongos integraram-se aos povos locais e, por meio de casamentos e alianças, o manicongo estendeu seu poder sobre diferentes linhagens, constituindo o Reino do Congo.

O soberano vivia na capital **Banza Congo**, com suas mulheres, seus conselheiros e alguns escravizados. As aldeias sob seu domínio eram governadas por um chefe originário das famílias que já viviam naquelas áreas e outro chefe indicado pelo manicongo.

As terras do Reino eram férteis. Nelas, cultivavam-se sorgo, coco, noz-de-cola, grãos diversos e inhame. Além disso, a caça e a pesca beneficiavam-se das longas áreas de savana e dos numerosos rios. Havia também trocas com os povos da costa, de onde vinha o sal.

Estima-se que, no século XVI, o Reino do Congo se estendia sobre uma área de aproximadamente 160 mil quilômetros quadrados, com cerca de 5 milhões de habitantes.

O Reino do Monomotapa

Entre os **povos xonas**, que habitavam a parte mais ao sul do continente (próximo à costa do Índico, entre os rios Zambeze e Limpopo), formou-se o Reino do Monomotapa.

Seu nome em português é uma derivação de *mwene mutapwa*, título dado ao soberano da região a partir do século XV. O governante era, ao mesmo tempo, líder político e religioso, porém apenas as regiões próximas ao centro de poder do Reino estavam diretamente sob seu controle.

Os povos xonas beneficiavam-se da fertilidade das áreas ribeirinhas (onde se cultivavam o sorgo e outros grãos) e da abundância de ouro e cobre, além do comércio com os grupos que habitavam a costa.

Durante o século XV, os xonas expandiram-se em direção ao norte e edificaram construções altas, com muralhas de pedra circulares conhecidas como **zimbábues**.

Nesse período, o Reino do Monomotapa conheceu certa estabilidade política, que foi perdida apenas no século XVI, quando o poder se fragmentou devido aos conflitos com povos vizinhos, desintegrando o Reino.

Ruínas do Grande Zimbábue. Descobertas no século XIX, ainda hoje intrigam os pesquisadores que tentam compreender o significado desse grande conjunto de construções de pedra na savana e sua relação com as formações políticas do Monomotapa. Foto de 2010.

Assista

A magia da Nigéria. Direção de Ola Balogun, Nigéria, 1993, 29 min. O filme percorre um caminho entre o passado e o presente para compreender as organizações políticas da atual Nigéria. Para isso, Ola Balogun revisita ritos e lendas das sociedades iorubas a fim de investigar seus modelos de organização política. O principal ponto destacado no filme é a ideia de que os grupos iorubas mantinham uma forma de governo pautada no consenso.

Cultura e arte africanas

A organização das sociedades em cidades, reinos e impérios foi uma característica de quase todos os povos africanos. Nessas formações políticas, desenvolveram-se costumes, rituais, expressões artísticas e formas de pensar específicos a cada grupo.

No caso das cidades, em sua maioria, havia um rico cenário cultural e artístico. Esse florescimento estava ligado a diversos fatores, como a importância política, a localização geográfica e a prosperidade econômica. Cidades como Djenné, Gaô e Tombuctu, entre outras do Sudão Ocidental, foram importantes centros culturais.

Tombuctu, situada em meio às rotas comerciais que ligavam o norte ao sul do Saara, destacava-se entre esses centros. Na arquitetura, são notáveis as **mesquitas**, nas quais os padrões islâmicos foram adaptados às tradições e às matérias-primas locais.

A islamização transformou a cidade em um centro de saber, por meio das escolas corânicas e da **Universidade de Sankore**. No século XV, Tombuctu tinha aproximadamente 100 mil habitantes, dos quais 25 mil eram estudantes. Esse dado mostra a grande importância cultural da cidade.

Contando atualmente com modernas instalações, a Universidade de Tombuctu preserva seus edifícios históricos. Mesquita de Sankore, uma das sedes da Universidade de Tombuctu, construída no século XIV. Foto de 2012.

Esculturas, máscaras e utensílios

Algumas formas de expressão artística, como a **escultura**, destacaram-se no continente africano. As obras representavam temas relacionados ao cotidiano, à natureza ou ao mundo sobrenatural. Para produzi-las, eram utilizados diferentes materiais, como terracota, madeira, marfim, ou mesmo metais como bronze e ouro (graças ao domínio das técnicas de metalurgia por alguns povos).

Ilê Ifé foi um dos centros produtores de esculturas de bronze e terracota entre os séculos XII e XIV.

As **máscaras** são igualmente representativas da produção artística africana. Produzidas com marfim, madeira, terracota e bronze, eram objetos carregados de simbolismo e fundamentais nos rituais religiosos.

Para produzi-las, o artesão deveria passar por um ritual de purificação que o tornava apto ao trabalho. Durante as celebrações, com dança e música, as máscaras funcionavam como uma espécie de proteção para quem as usava e como símbolo das divindades evocadas.

Em geral, tanto as esculturas quanto as máscaras eram pouco naturalistas, bastante volumosas e muitas vezes continham elementos desproporcionais.

Outros objetos e utensílios, como cestos, esteiras, facas, machados, arcos, bastões e instrumentos musicais, também eram produzidos artesanalmente com diversos materiais.

Entre os artífices, os **ferreiros**, que eram responsáveis pela transformação do minério bruto em metal, desfrutavam de grande prestígio social, e sua atividade era considerada mágica.

> **Navegue**
> <http://www.museuafrobrasil.org.br/>.
> Acesso em: 24 fev. 2014.
> O museu Afro Brasil possui um acervo com obras produzidas no Brasil e em várias regiões da África. Navegando pelo *site*, além de conhecer um pouco mais sobre o trabalho do museu, você terá acesso a fotografias e vídeos de objetos de arte e de uso cotidiano de alguns povos africanos. Para ver as fotografias, clique na aba "Exposições" e escolha a opção "Galeria de Imagens". Para ver os vídeos, na página *"Home"*, clique no botão "Vídeos". Destacamos o vídeo *África: diversidade e permanência*, que trata da multiplicidade cultural dos povos africanos.

❭ As religiões

No continente africano, conviveram diferentes crenças, desde as religiões monoteístas até as diferentes tradições locais. É importante conhecer a diversidade religiosa desse continente, pois o aspecto **sobrenatural** é fundamental para entender a história africana.

Os povos africanos (sobretudo ao sul do Saara, menos influenciados pelas religiões monoteístas) acreditavam em uma estreita relação entre a vida material, em sociedade, e a vida espiritual, em um plano sobrenatural.

❭ Os monoteísmos na África

As três grandes religiões monoteístas difundiram-se, sobretudo, no norte da África. O **judaísmo** foi a primeira a se expandir, desde o século V a.C., principalmente entre os povos menos sedentários. Sua difusão ocorreu por meio de casamentos, que favoreceram o crescimento das comunidades judaicas africanas. Contudo, sua expressão foi a menor entre as três religiões monoteístas.

O **cristianismo** expandiu-se entre os grupos sedentários da parte oriental da África até o século V, quando invasões de outros povos desestruturaram aquelas comunidades cristãs.

Já o **islamismo**, que chegou à África no século VII, constituiu a religião monoteísta que mais se difundiu no continente. Sua expansão teve grande impulso com as caravanas e o comércio no Saara.

Ainda hoje as três religiões monoteístas contribuem para a diversidade cultural e religiosa da África.

❭ As práticas religiosas africanas

Nos lugares onde as três religiões monoteístas tiveram menor influência, predominaram as **crenças tradicionais**. Essa expressão designa as práticas religiosas, principalmente ao sul do Saara, que apresentam semelhanças nas formas como se relacionam com o mundo sobrenatural.

A seguir, alguns aspectos das religiões tradicionais.
- A estreita relação entre o mundo natural (dos seres humanos) e o mundo sobrenatural (das divindades).
- O caráter sagrado da terra.
- A ideia de que houve uma divindade que criou o mundo, mas se afastou dele por causa das falhas humanas, deixando-o aos cuidados dos ancestrais (entes falecidos das comunidades, considerados responsáveis pela ligação entre as esferas humana e divina).
- A existência de cerimônias e rituais de oferendas em homenagem aos ancestrais.
- A ideia de que o homem é formado por três partes: o corpo, o princípio espiritual personalizado (uma espécie de alma) e o princípio sensitivo, que proporciona a vida (uma espécie de energia vital); a morte significa o fim do corpo e a privação da energia vital.

Nas culturas tradicionais africanas, as organizações religiosa e social giram em torno de adivinhos e curandeiros, que são responsáveis pelo contato com o mundo sobrenatural e têm uma posição social privilegiada. Esse rico acervo cultural é transmitido oralmente.

Ação e cidadania

Os griôs, guardiões da memória

Boa parte do que sabemos a respeito da África é fruto da tradição oral preservada no continente. As histórias da origem dos lugares e dos povos, as batalhas e as migrações foram preservadas em contos, mitos e cantos, transmitidos de geração em geração.

Em algumas sociedades, os griôs eram os responsáveis por guardar a memória do grupo. Anciãos considerados sábios, os griôs eram uma espécie de "biblioteca". Cada vez que um deles morria, era como se uma biblioteca tivesse desaparecido.

Há um provérbio africano que diz: "A boca do velho cheira mal, mas profere coisas boas e salutares". Os griôs integravam as cortes dos soberanos e, muitas vezes, exerciam a função de professores dos jovens e de conselheiros dos reis.

Cerimônia de vodu em Uidá, Benin. O vodu é uma religião politeísta africana que cultua os antepassados e foi reconhecida oficialmente em 1989. Foto de 2012.

> A diversidade linguística

Além da diversidade religiosa, o continente africano conta com uma notável diversidade linguística, com mais de mil línguas identificadas.

Essas línguas são divididas em famílias que reúnem idiomas semelhantes ou de origem comum. Há quatro grandes famílias linguísticas na África: afro-asiática, nilo-saariana, níger-cordofaniana e khoisan. Veja sua distribuição no mapa a seguir.

O conhecimento das famílias linguísticas é muito útil para a compreensão da história africana, pois sua formação revela os contatos estabelecidos entre os povos e suas migrações. Um bom exemplo é a família afro-asiática, composta de idiomas influenciados pelo árabe e por outras línguas do Oriente Médio.

Alguns idiomas, como o haussá, são falados por milhões de pessoas. Já outros têm menor abrangência, com um número de falantes restrito a poucos milhares. Isso ocorre, em geral, com grupos que habitam montanhas ou que estabelecem poucos contatos exteriores, a exemplo dos povos nômades.

Na maioria das vezes, os africanos falavam (e ainda falam) mais de uma língua.

Havia também as chamadas línguas francas, utilizadas para a comunicação no comércio. Isso significa que, mesmo com diferentes idiomas, muitos povos compartilhavam culturas semelhantes.

> A expansão dos bantos

Na família linguística níger-cordofaniana, estão as línguas **banto**, faladas pela maioria dos povos que ainda hoje habitam as regiões central e sul do continente. São mais de trezentos idiomas bastante semelhantes. Seus falantes, chamados genericamente de bantos, têm também práticas religiosas, formas de organização política e origem comuns.

Estima-se que os bantos sejam originários das terras próximas ao atual Camarões e que tenham iniciado um processo de migração para o sul por volta de 1500 a.C. Não há consenso sobre os motivos dessa migração, mas acredita-se em uma relação com a necessidade de novas terras para a agricultura.

Os bantos eram agricultores e dominavam a metalurgia. Produziam enxadas para o cultivo de cereais, além de lanças e outras armas de ferro. Por volta do ano 1000 d.C., os bantos já haviam se espalhado pela metade sul do continente. Muitos povos caçadores e coletores incorporaram as línguas e culturas banto. A grande exceção foram os povos com idiomas da família khoisan, que não se integraram aos bantos.

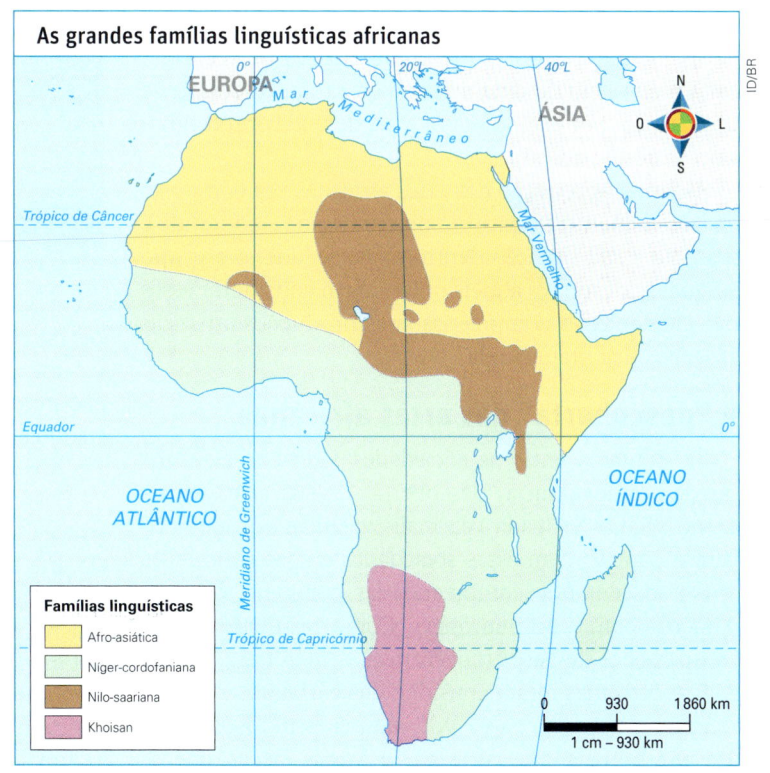

As grandes famílias linguísticas africanas

Famílias linguísticas
- Afro-asiática
- Níger-cordofaniana
- Nilo-saariana
- Khoisan

1 cm – 930 km

Fonte de pesquisa: MELLO E SOUZA, Marina de. *África e Brasil africano*. São Paulo: Ática, 2006. p. 20.

História e linguística

Somente na segunda metade do século XX os historiadores começaram a recorrer à linguística — ciência que estuda as línguas, subdividindo-as em grupos com base em sua estrutura e origem — como uma importante ferramenta para a História.

Ao identificar a formação e a origem das línguas, os linguistas oferecem aos historiadores a possibilidade de reconstruir, por exemplo, os contatos culturais entre os povos e os caminhos percorridos por grupos populacionais.

Graças aos estudos linguísticos, os historiadores dispõem de meios para compreender de modo mais amplo a expansão dos povos bantos.

1. Você conhece alguma palavra usada no seu dia a dia que indique contatos com outras culturas?
2. A língua portuguesa falada no Brasil tem incorporado palavras de outros idiomas. Pesquise e anote algumas palavras de outras línguas que foram aportuguesadas.

Ontem e hoje

Artes da África: do cotidiano das aldeias aos museus e galerias

As sociedades africanas produziram, ao longo dos tempos, diversas obras artísticas: pinturas, esculturas, máscaras, placas e figuras com diferentes materiais. Essas peças tinham um sentido comum aos grupos que as produziam. Uma máscara era elaborada com cuidado para determinada cerimônia, uma escultura era talhada de modo que remetesse a algum ancestral.

Podemos perceber duas características básicas na produção artística africana. A primeira é que a arte era essencialmente uma **linguagem**, ou seja, o objeto estabelecia a comunicação entre o artista e sua comunidade. Assim, o valor de uma escultura não estava apenas na beleza de sua forma ou na qualidade da matéria-prima, mas sobretudo no **conteúdo**, na mensagem transmitida aos membros da comunidade.

A segunda característica é que a obra de arte constituía um elemento de **identidade** dos povos africanos. Se os integrantes do grupo eram capazes de reconhecer a mensagem de uma máscara ou captar o sentido de uma dança, por exemplo, era sinal de que compartilhavam a mesma cultura.

Assim, a apreciação das artes africanas era composta de três elementos: o próprio objeto (forma e conteúdo); o artista e sua situação dentro da sociedade; e o grupo ao qual se destinava aquele objeto. Sem considerar esses três elementos, a compreensão das produções artísticas africanas fica prejudicada.

A "descoberta" das artes africanas

Os contatos entre as sociedades africanas e outros povos promoveram a "descoberta" de sua arte. A partir do século XV, cada vez mais viajantes europeus tiveram contato com essas sociedades e suas produções artísticas, tentando compreendê-las por meio de comparações com a arte europeia. Como resultado dessas comparações de base etnocêntrica, as manifestações artísticas africanas foram consideradas bárbaras.

Entre os séculos XIX e XX, alguns estudiosos se interessaram pela arte africana, e várias peças chegaram aos museus europeus quase sempre classificadas como exóticas, disformes e primitivas. Ao longo do século XX, artistas famosos, como o pintor espanhol Pablo Picasso, interessaram-se pelas formas artísticas africanas. Os museus da Europa e posteriormente de outras partes do mundo formaram grandes acervos com estatuetas, esteiras, tecidos e máscaras africanas. Hoje são frequentes as exposições de arte africana, e colecionadores comercializam mundo afora as peças dos séculos XIII ao XVII.

Desse modo, as artes africanas passam por um duplo processo de modificação. Em primeiro lugar, as obras de arte foram extraídas e isoladas de seu meio cultural e de sua comunidade tradicional, o que as transformou em peças destinadas somente à apreciação. Com isso, valorizam-se sua forma, seus traços, seus materiais, mas diminui-se a importância de seu conteúdo e de seu significado real.

Em segundo lugar, como resultado das exposições e do interesse pelas artes africanas tradicionais, algumas comunidades elaboram hoje objetos artísticos semelhantes àqueles produzidos há quatro ou cinco séculos, com o objetivo de vender as peças para turistas, que as compram como objetos de decoração.

Escultura em bronze de um oni, rei de Ifé, um dos reinos do Império Ioruba. Confeccionada entre os séculos XII e XV, representa o rei com uma coroa.

Reflita

1. Explique como as sociedades africanas tradicionais apreciavam suas produções artísticas e como elas são apreciadas hoje, quando expostas em museus e galerias.
2. Algumas comunidades na África produzem, ainda hoje, objetos artísticos parecidos com aqueles das sociedades de cinco séculos atrás. Identifique duas diferenças entre a produção atual e a tradicional.

Atividades

Verifique o que aprendeu

1. Indique três aspectos, um geográfico, um cultural e um político, que justifiquem a ideia de múltiplas Áfricas.

2. A situação dos escravizados nas sociedades africanas era homogênea? Justifique sua resposta.

3. O clã era a forma de organização política básica na África. Explique como se organizava um clã.

4. Além dos clãs, indique e comente outras duas formas de organização política das sociedades africanas.

5. Na região do Sudão Ocidental, surgiram alguns reinos africanos, como Gana, Mali e Songai. Relacione o surgimento dessas formações políticas com as atividades comerciais das caravanas que cortavam o Saara.

6. A partir do século VII, o islamismo difundiu-se pelo continente africano. Comente suas influências na política, na cultura e na arte.

7. Indique duas diferenças básicas entre as religiões monoteístas e as tradições religiosas africanas.

8. Por que os adivinhos e os curandeiros ocupavam lugares privilegiados nas sociedades africanas?

9. A variedade linguística na África é reveladora da diversidade cultural do continente. Você concorda? Justifique.

Leia e interprete

10. O texto a seguir é parte do relato deixado pelo viajante muçulmano Al-Bakri, no século XI. Leia-o com atenção e faça os exercícios.

> País do ouro conhecido dos muçulmanos desde o século VIII [...] compunha-se de duas cidades situadas numa planície. A que é habitada pelos muçulmanos é muito grande e encerra doze mesquitas; a cidade possui jurisconsultos e homens cheios de erudição. Nos arredores há vários poços de água doce, que fornecem a bebida dos habitantes e junto dos quais se cultivam legumes [...] Gana é o título que usam os reis deste povo, apenas o rei e o seu herdeiro têm o direito de usar vestuário talhado e cosido; os outros usam panos de algodão, de seda ou de brocado, segundo seus meios. Todos os homens têm a cara raspada e as mulheres a cabeça. Quando o rei dá audiência ao povo, a fim de escutar suas queixas e remediá-las, senta num pavilhão [...] à sua direita estão os filhos dos príncipes do seu império. A abertura da sessão real é comunicada pelo barulho de uma espécie de tambor formado por um longo pedaço de madeira escavado. Ao som deste instrumento, chamado *deba*, o povo se reúne. Para saudar o soberano, os súditos ajoelham e deitam poeira sobre a cabeça [...] O rei de Gana pode levantar em armas 200 000 guerreiros, dos quais mais de 40 000 estão armados de arcos e flechas.
>
> Priore, Mary del; Venâncio, Renato Pinto. *Ancestrais*: uma introdução à história da África Atlântica. 3. reimpr. Rio de Janeiro: Elsevier, 2004. p. 114.

a) Vários aspectos da vida cotidiana e política são relatados nesse fragmento. Cite três deles.

b) O documento refere-se a uma forma comum entre os povos africanos de expressar a posição social ocupada por uma pessoa. Identifique essa forma.

11. Leia um trecho da entrevista com o historiador Joseph Ki-Zerbo, nascido em Burkina Fasso, e responda às questões.

> [...] é útil precisar a noção de responsabilidade do poder africano tradicional. Um ditado africano declara: "Não é o rei que tem o reino, é o reino que tem o rei". O poder na África era amplamente partilhado entre diferentes grupos que rodeavam o chefe ou o rei. Fazia-se compreender ao rei, antes de ele ser investido, que devia reinar em proveito do povo. O rei, na maioria dos casos, fazia juramentos e comprometia-se solenemente, em nome dos seus antepassados, a trabalhar para a população e a não cometer abusos, atos de roubo, de desvio de mulheres etc. [...]
>
> Todo um conjunto de rituais advertia o rei e mostrava-lhe que devia exercer suas funções com toda a responsabilidade. [...]
>
> Atualmente, o que é muito característico entre os dirigentes africanos, é que a ideia de ter de prestar contas a certas instâncias – uma ideia que era muito forte durante o período pré-colonial e no tempo colonial – desapareceu na totalidade dos casos. É certo que essas elites são geralmente legais, porque funcionam em conformidade com as leis, mas não são legítimas.
>
> Ki-Zerbo, Joseph. *Para quando África?*: entrevista com René Holenstein. Rio de Janeiro: Pallas, 2006. p. 66-67.

a) Comente com suas palavras o que significa o ditado africano: "Não é o rei que tem o reino, é o reino que tem o rei".

b) Identifique a crítica feita por Ki-Zerbo às atuais elites dirigentes africanas.

c) Interprete o trecho: "É certo que essas elites são geralmente legais, porque funcionam em conformidade com as leis, mas não são legítimas".

CAPÍTULO 17

A China Antiga e Imperial

O que você vai estudar

- O início da ocupação humana no vale dos rios Yang-tsé e Amarelo.
- As primeiras dinastias reais: Xia, Shang e Zhou.
- A era dos reinos combatentes.
- O Reino de Qin funda o Império.
- A sucessão de guerras civis e dinastias imperiais: Han, Tang, Song.
- O confucionismo torna-se doutrina do Estado.
- Domínio mongol: a dinastia Yuan.
- A dinastia Ming e o apogeu da expansão marítima chinesa.
- O isolamento chinês no século XVI.

Dragão chinês em bronze, c. século IV.

Ligando os pontos

Durante a Idade Média, os navios de árabes e persas cumpriram o papel de intermediários entre os povos que habitavam as margens do oceano Índico e a costa asiática do Pacífico. Essa expansão marítima tinha razões religiosas — a propagação do Islã — e econômicas — o comércio de produtos como as especiarias (pimenta, cravo, canela, etc.), o marfim e a seda.

A seda, em especial, provinha do extremo leste da Ásia, de terras populosas onde desde muito cedo na História se formaram Estados poderosos, que resultaram em um grande império: a China.

Durante séculos, os povos que habitavam a costa oeste da África e a Europa mantiveram pouco contato com os chineses. Os europeus possuíam informações escassas e fragmentadas, trazidas pelos mercadores de seda ou por Marco Polo, um viajante veneziano do século XIII. Contudo, invenções chinesas como o papel, a pólvora e a bússola — divulgadas pelos árabes — seriam fundamentais para que os europeus iniciassem seu processo de expansão marítima no século XV.

A imagem acima é a representação de um dragão chinês. Esse animal mitológico representa o poder renovador do fogo e a sabedoria. Está presente no calendário lunar e faz parte do grupo de doze animais que caracterizam cada ano, em ciclos de doze anos, sistema conhecido no Ocidente como "horóscopo chinês". Por sua importância, algumas dinastias o elegeram como símbolo da autoridade imperial.

1. Descreva a imagem, considerando todas as suas partes: tronco, membros, pele, etc.
2. Compare a representação chinesa do dragão com a representação dos dragões feita no Ocidente.
3. Na cultura ocidental, esse animal mitológico costuma ser relacionado às forças do bem ou do mal? Justifique sua resposta.

Da origem ao Império Qin

A presença de hominídeos no extremo leste da Ásia é muito antiga. Foram encontrados vestígios de *Homo erectus* de cerca de 400 mil anos na região hoje ocupada pela China. Evidências arqueológicas indicam que os primeiros *Homo sapiens* chegaram a essa região por volta de 100 mil anos atrás. Eles eram nômades e viviam de caça, pesca e coleta.

Assim como no Crescente Fértil, os rios tiveram papel fundamental na formação dos primeiros núcleos sedentários da China. No sul, o rio **Yang-tsé** irriga uma planície de clima quente e úmido. No norte, de clima mais frio e seco, o **rio Amarelo** sofria inundações periódicas, que depositavam em suas margens uma lama muito fértil, o **loess**.

Por volta de 5000 a.C., grupos humanos que viviam nos vales desses dois rios desenvolveram a agricultura e formaram aldeias. No norte, cultivavam principalmente o **painço** e o **trigo**; no sul, o **arroz**. Esses primeiros grupos criavam animais, como cabras, carneiros e porcos, e produziam tecidos de **seda** e vasos de **cerâmica**.

Dinastias Xia e Shang

Com o tempo, algumas aldeias neolíticas cresceram em população e complexidade econômica, transformando-se em cidades. Entre as várias cidades havia relações comerciais, mas também disputas e guerras, o que levou à construção de muralhas protetoras em torno dos núcleos mais importantes. O governo das cidades estava nas mãos de clãs, ou famílias. O principal membro do clã governante tornava-se o chefe político, que tinha também funções religiosas.

No final do terceiro milênio, o domínio da técnica de fundir o **bronze** aumentou o poder militar das cidades, e as guerras tornaram-se mais frequentes. Por volta de 2200 a.C., a família Xia conquistou uma série de vitórias militares e se impôs sobre os demais clãs. Os Xia unificaram o governo das cidades em um reino centralizado, dando início à primeira dinastia real chinesa. Com a unificação, o comércio e o artesanato prosperaram e formou-se um exército único, que reunia soldados das diversas cidades.

Por volta de 1750 a.C., outra linhagem, a dos Shang, derrotou os Xia e deu início a uma nova dinastia. Nessa fase, foram criados um calendário de 365 dias e uma escrita em ideogramas (veja boxe ao lado), da qual se originou a atual escrita chinesa. Além disso, a metalurgia do bronze foi aprimorada, produzindo não apenas sofisticadas obras de arte, mas também armas mais eficientes, que permitiram uma contínua expansão do território chinês.

Contudo, por volta de 1027 a.C., os Shang foram derrotados pelos Zhou, que dominariam a China por oito séculos.

A dinastia Zhou

Ao conquistar o reino, os Zhou assimilaram grande parte da cultura Shang, incluindo a escrita. Na sociedade Zhou, o monarca ficava no topo da hierarquia, seguido pelos grandes **proprietários de terra** e pelos **guerreiros**. Abaixo deles estavam os **camponeses** e **artesãos** e, por último, os **escravos**. A autoridade do rei passou a ser legitimada por *Tian* (Céu), divindade suprema, originando o conceito chamado **mandato celestial**, adotado por todos os monarcas chineses até o século XX.

Os Zhou tinham o costume de distribuir terras aos aliados da realeza, que as administravam com certa autonomia. A partir do século V a.C., com o enfraquecimento do Estado central, esses territórios transformaram-se em reinos autônomos. Os chefes desses reinos passaram a lutar entre si, dando início ao período de guerras civis conhecido como **Era dos Reinos Combatentes**.

Conheça melhor

A origem da escrita chinesa

As evidências sugerem que a escrita chinesa surgiu a partir de rituais religiosos. Tudo começou com os xamãs, que, segundo a crença, adivinhavam o futuro interpretando rachaduras em ossos de mamíferos e carapaças de tartarugas expostos ao calor.

Com o passar do tempo, os xamãs passaram a usar sinais para registrar as adivinhações mais importantes, gravando-os também em ossos e carapaças de tartaruga.

Tudo indica que se trata de uma prática muito antiga. Em 2003, arqueólogos chineses e estadunidenses descobriram nas margens do rio Amarelo inscrições desse tipo, que datam de 9 mil anos atrás. Essas inscrições, contudo, eram símbolos mágicos, sem função de escrita.

Esses sinais foram aperfeiçoados até se tornarem um sistema de registro de ideias que pode ser convertido em fala, isto é, um sistema de escrita, o que ocorreu por volta de 1200 a.C., durante a dinastia Shang.

O sistema de ideogramas criado na era Shang foi ampliado ao longo dos séculos, formando a base da escrita da China atual.

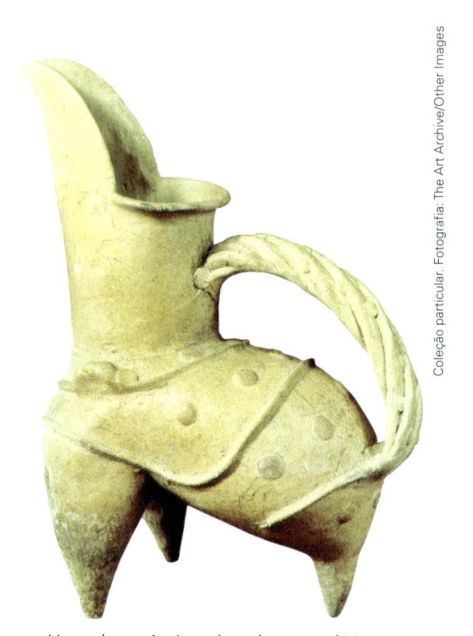

Vaso de cerâmica da cultura neolítica Lungshan, que viveu às margens do rio Amarelo há cerca de 4 mil anos.

A Era dos Reinos Combatentes

As constantes guerras travadas entre os vários reinos surgidos com a desagregação do reino Zhou resultaram na criação de sete reinos menores – Qin, Chu, Han, Wei, Yan, Qi e Zhao –, que lutavam para se sobrepor uns aos outros.

Pouco a pouco, o reino de Qin impôs-se aos demais. Para isso, contribuíram alguns fatores:

- O isolamento geográfico, que por longo tempo o poupou de combates em seu território.
- A criação de uma burocracia administrativa, composta de pessoas escolhidas pelo mérito e não por nascimento, o que diminuía o poder da aristocracia e criava um grupo fiel de servidores do rei.
- A adoção de um sistema legal baseado na **Escola Legalista**, que previa a aplicação de castigos severos a quem desrespeitasse as leis do reino e a distribuição de recompensas aos súditos que se mostrassem fiéis. A eficiência do sistema era garantida pela adoção de leis imparciais, que não privilegiavam os aristocratas.

Dessa maneira, o rei de Qin tinha o controle dos recursos do seu reino, podendo formar um grande exército e vencer seus adversários. Em 221 a.C., o rei de Qin, Ying Zheng, uniu todo o território chinês sob seu comando e proclamou-se **Shi Huang Di** (Primeiro Augusto Imperador).

O Império Qin

Shi Huang Di transpôs a estrutura administrativa altamente centralizada do reino Qin para o novo Império.

Para evitar o surgimento de poderes regionais, o imperador ordenou que as famílias aristocráticas se mudassem para a capital. O governo das províncias foi então entregue a funcionários de confiança do imperador. Os juízes também passaram a ser funcionários do Império.

Além disso, Shi Huang Di mandou construir um sistema de **estradas** para ligar os vários pontos do Império e assim facilitar o transporte de inspetores, tropas e mercadorias por todo o território. Padronizou os pesos e medidas, a moeda, as leis e a escrita. Por fim, para proteger-se das incursões de invasores nômades e seminômades do norte, como os hunos, o imperador determinou a junção de uma série de pequenas muralhas defensivas, dando início à construção da **Grande Muralha**.

Em 210 a.C., Shi Huang Di morreu repentinamente. A construção de imensas obras públicas tinha afastado milhões de trabalhadores de suas terras, causando grande insatisfação. A morte do imperador foi a oportunidade para uma nova guerra civil. Em meio à crise, em 206 a.C., a linhagem dos Qin foi substituída pela de um ex-camponês, Liu Bang, que deu início à dinastia Han.

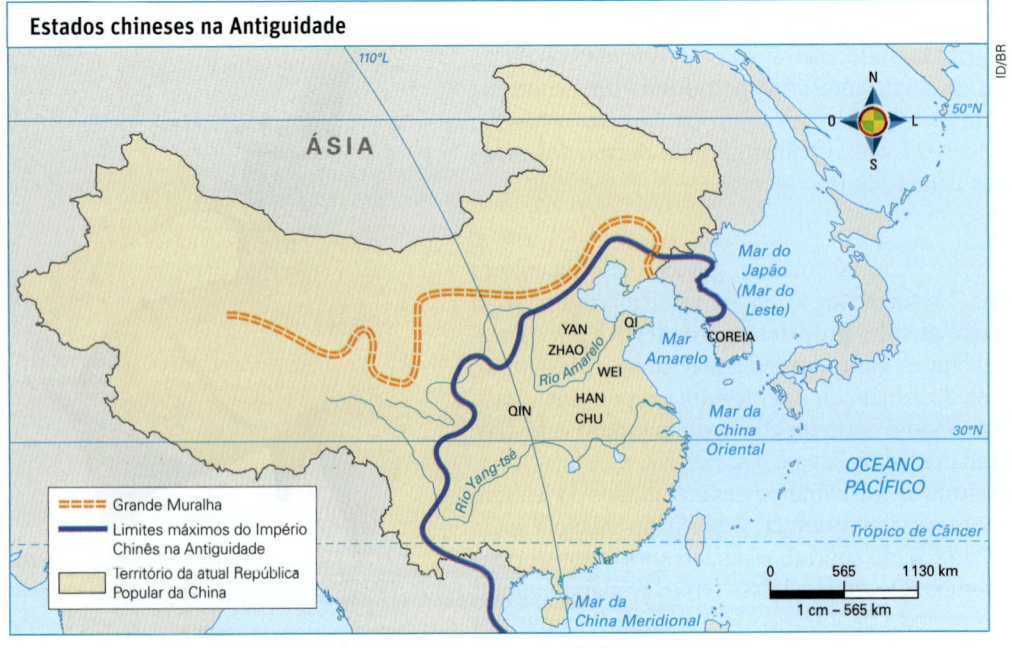

Estados chineses na Antiguidade

Fonte de pesquisa: DUBY, Georges. *Grand atlas historique*. Paris: Larousse, 1999. p. 223.

A dinastia Han

A dinastia Han durou quatrocentos anos. A unidade do Império foi mantida, assim como o investimento em grandes obras públicas, como a construção de canais de navegação, estradas e fortificações.

Os ensinamentos do filósofo Kung Fu Tse, conhecido no Ocidente como Confúcio (ver boxe ao lado), foram adotados como ideologia de Estado, recebendo apoio do governo, que em 124 a.C. fundou uma universidade baseada nos preceitos do **confucionismo**.

Os funcionários do Estado passaram a ser selecionados por meio de rígidos testes, que tratavam do conhecimento confuciano. Dessa forma, o Estado contava com uma burocracia eficiente de **letrados**, que auxiliavam o imperador a administrar o Império.

A estabilidade resultante dessas reformas e o empenho em promover a educação criaram as bases para um desenvolvimento econômico, científico e tecnológico sem precedentes. A agricultura chinesa prosperou. Foram inventados o **papel** e o **sismógrafo**. O ferro era forjado com grande habilidade. Além disso, ocorreram consideráveis avanços na medicina, com o estudo sistemático da **acupuntura** e a descoberta da **anestesia**.

Os governantes da dinastia Han estimularam o comércio com outras culturas. Assim, povos como os partos e os romanos passaram a apreciar a seda chinesa, que era transportada para o Ocidente pela Rota da Seda.

Uma das principais realizações da dinastia Han foi a quase duplicação do território chinês. No governo do imperador Wudi (140 a.C. a 87 a.C.), os exércitos chineses penetraram na Manchúria, na península da Coreia, em parte do atual Vietnã e em reinos chineses independentes, no sul. Por volta de 80 a.C., a população do Império alcançava cerca de 60 milhões de habitantes.

Porém, nem tudo era prosperidade. Os grandes latifundiários, enriquecidos pelo crescimento do mercado de alimentos, tomavam as terras dos pequenos camponeses, provocando uma grande tensão no campo. Nas cidades, o corpo de funcionários letrados, de cultura confucionista, entrava em choque com os comerciantes em ascensão. Essa tensão social enfraqueceu o poder central e abriu caminho para o ressurgimento dos poderes regionais.

Em 220, uma revolta de famílias aristocráticas derrubou o último imperador Han. Era o início de um novo período de guerras civis, que durou mais de 300 anos. Nessa fase, a agricultura desorganizou-se, os alimentos ficaram escassos, e a população diminuiu. O confucionismo perdeu espaço para o budismo, filosofia de origem indiana que havia chegado à China no século I d.C. Essa situação se manteve até 589, quando uma nova dinastia reunificou o país.

Conheça melhor

O confucionismo

No período dos Reinos Combatentes, a insegurança material e espiritual tomou conta da sociedade chinesa. Os sábios passaram, então, a buscar fórmulas que trouxessem a paz. Entre as propostas surgidas destaca-se o confucionismo (também conhecido como confucianismo).

Baseado nos ensinamentos de Confúcio (c. 551-479 a.C), o confucionismo prega a divisão da sociedade em seres superiores e inferiores. Contudo, a superioridade confucionista não é definida pela linhagem familiar ou pela riqueza, mas, sim, pela prática de virtudes e pela disciplina moral durante a vida de cada indivíduo.

A mais alta virtude para os confucionistas é a atividade intelectual, materializada na classe dos letrados, pessoas que devem exercer o papel de elite na sociedade, liderando-a e servindo como modelo a ser seguido. Logo após viriam os agricultores, que praticam as virtudes da natureza.

A atividade comercial, fonte da nova riqueza, e a militar, base do poder da aristocracia, eram consideradas indignas e deviam ser limitadas ao mínimo necessário.

Em 1974, camponeses de Xian, no centro da China, fizeram uma das maiores descobertas arqueológicas do século XX: o túmulo do imperador Qin, Shi Huang Di. Cerca de 7 mil guerreiros em terracota guardam a tumba imperial. Na foto, nota-se que os guerreiros têm fisionomias individualizadas.

Um Império renovado

No século III, o Império Han sofreu o ataque maciço de povos seminômades vindos do norte. Como no Império Romano, esses estrangeiros eram considerados "bárbaros" e provocavam horror nos chineses, que se autodenominavam "civilizados".

O Império não resistiu aos ataques e se fragmentou em Estados menores, destino semelhante ao vivido pelos romanos do Ocidente.

Em 589, a **dinastia Sui** reunificou novamente o Império. Entretanto, a China já não era a mesma. Tinha passado por um profundo processo de miscigenação, sobretudo nas províncias do norte, parte mais afetada pelas invasões. Os próprios Sui eram produto dessa miscigenação. A dinastia foi breve, mas fundamental para a modernização chinesa que veio a seguir.

Os dois imperadores Sui puseram em prática um programa de realização de grandes obras. Construíram duas novas capitais, um gigantesco canal de navegação ligando o norte e o sul, e uma extensa rede de canais de irrigação, obras que mobilizaram milhões de pessoas. Além disso, retomaram relações com a Pérsia e a Índia – rompidas no período de fragmentação –, reativaram o comércio e estimularam a cultura e as artes chinesas.

O excesso de obras públicas, porém, provocou o aumento dos impostos e a convocação de milhões de pessoas para os trabalhos de construção, criando sério descontentamento. Essas condições levaram à rebelião. Em 618, os Sui foram depostos e a dinastia Tang tomou o poder.

A dinastia Tang

De início, os Tang cumpriram o papel de todas as novas dinastias chinesas, reorganizando a administração e centralizando o poder. O confucionismo voltou a ser doutrina de Estado, e a seleção dos funcionários da burocracia estatal voltou a ser por meio de concursos públicos.

Os funcionários aprovados nesse sistema de seleção constituíam uma elite erudita. Chamados de letrados – ou **mandarins**, pelos ocidentais –, tinham grande poder na China. Seu contraponto eram os **eunucos**. Os eunucos eram, originalmente, guardiões das mulheres da corte. A confiança que os imperadores depositavam neles levou a que muitos desempenhassem importantes funções de Estado. Os eunucos eram menos apegados aos ideais confucionistas e disputavam o poder com os letrados.

Os chineses recuperaram a inventividade do período Han: sob a dinastia Tang, surgiu a **imprensa**, com a utilização de matrizes de madeira. A imprensa estimulou a criação do **papel-moeda** – derivado de notas promissórias e de outros papéis com poder de negociação – que ajudou a dinamizar a economia chinesa.

A volta da instabilidade

A partir de meados do século VIII, porém, as fronteiras do norte do país voltaram a ser pressionadas por invasores. Os gastos militares aumentaram, assim como o poder dos generais. Em 775, um general tentou tomar o poder, dando início a uma guerra civil que esgotou os cofres imperiais.

Para incrementar sua renda, em 845 o governo proibiu o budismo, confiscando as imensas propriedades fundiárias sob controle dos monges budistas, que não pagavam impostos ao Estado. O projeto não resolveu os problemas fiscais, mas quase eliminou o budismo no Império.

Em 875, uma grande seca provocou uma rebelião popular que desestruturou por completo o governo, levando, em 907, à derrubada da dinastia. Seguiu-se um período de caos político e social que durou até a reunificação do país, realizada por T'ai-Tsu, em 960. Tinha início o governo da dinastia Song.

Aristocrata e seu escudeiro representados em pintura do período Tang, c. século VIII. Os tipos de vestimentas marcam a distinção social entre ambos.

› A dinastia Song

Repetindo uma constante na história chinesa, a centralização do poder nas mãos de um governo imperial forte, a dinastia Song, em 960, trouxe o fim da instabilidade e propiciou o aumento da atividade econômica, das artes e da inventividade. O crescimento demográfico que se seguiu fez com que, em 1190, a população chinesa chegasse a cerca de 110 milhões de pessoas. Ao mesmo tempo, houve um grande processo de urbanização, com algumas cidades atingindo mais de um milhão de habitantes.

Nesse período, apesar da oposição confucionista, mercadores independentes passaram a realizar vultosas negociações com o Japão, a Índia, a Arábia e o Egito.

Data da era Song o desenvolvimento do sistema de **tipos móveis de impressão**. Esse sistema de impressão, adotado pela Europa apenas no século XV, possibilitou uma verdadeira revolução na educação chinesa, com a publicação de livros em série. Outras invenções chinesas do período foram a **pólvora** para uso militar e a **bússola**. Esta última, levada pelos comerciantes árabes, chegaria séculos depois à Europa e seria fundamental na expansão marítima europeia.

Além dessas invenções, a tecnologia náutica chinesa teve grande desenvolvimento nesse período. Os navios chegavam a ter quatro conveses, seis mastros e doze velas. Algumas embarcações especiais, chamadas **navios-tesouro**, tinham até 134 metros de comprimento, 55 metros de envergadura e capacidade para transportar até três mil toneladas.

Todos esses avanços técnicos, somados à grande população e à produção de riquezas, fizeram do Império Song um dos mais poderosos de sua época. Seu desenvolvimento, porém, foi estancado por uma série de fatores, entre eles o conservadorismo confucionista – que rejeitava o comércio e o desenvolvimento bélico – e a invasão mongol.

› Sob o domínio de Khan

Os mongóis eram um povo seminômade que habitava as estepes ao norte do Império chinês. Hábeis cavaleiros, constituíam uma força militar notável, porém desunida. Para contê-los, os chineses enviavam presentes, negociavam acordos de vassalagem e estimulavam guerras entre tribos mongóis rivais.

Em 1206, porém, Gengis Khan conseguiu unificar as várias tribos mongóis, dando início à guerra de conquista, que formou um dos maiores impérios da história.

Em pouco tempo, seu movimento de expansão chegou à fronteira chinesa. Entretanto, caberia aos exércitos de seu neto, Kublai Khan, a conquista do Império Song, em 1279.

Fascinado pela cultura chinesa, Kublai Khan tentou ocupar o lugar dos antigos imperadores, mantendo as instituições do Estado imperial, adotando hábitos chineses e apresentando-se como fundador de uma nova dinastia chinesa, a **Yuan**.

O governo mongol propiciou à China várias décadas de paz e estabilidade, criando condições para que se estabelecesse um intenso comércio de caravanas através da Ásia, o que intensificou o contato com o Ocidente. Segundo alguns estudiosos, o intenso contato entre europeus e asiáticos nesse período pode ter levado para o Ocidente a epidemia de peste bubônica, ocorrida na China entre 1331 e 1334, dando origem à Peste Negra.

Mesmo tendo incorporado as instituições e os rituais chineses em seu cotidiano, os mongóis eram vistos como **bárbaros** invasores pelos chineses. Depois de reorganizada a elite chinesa, um monge budista, filho de camponês, Chu Yuan-Chang, liderou as tropas chinesas a partir do sul, conseguindo expulsar os mongóis do território em 1368. Começava assim a dinastia Ming.

■ Outras histórias

A criação do reino de Portugal

No começo do século XII, enquanto os Song consolidavam a centralização do Império chinês, no norte da península Ibérica os cristãos expandiam seus domínios em direção ao sul, dominado pelos árabes muçulmanos. Em 1139, eles fundaram nessa região o reino cristão de Portugal.

Detalhe de pintura de c. do ano 1000, de Fan Kuan, um dos maiores pintores do período Song, conhecido por representar paisagens com detalhes e dramaticidade, expressão esta garantida pelo uso do monocromático e da intensificação do sombreamento.

› A dinastia Ming

Para evitar o perigo de uma nova ocupação estrangeira, os imperadores Ming preocuparam-se em reorganizar o exército, tornando sua função hereditária. Essas práticas, tidas como eficientes, eram uma contribuição mongol. A Grande Muralha foi reforçada, e a Corte, transferida para o norte, para a cidade de Pequim, mais próxima das áreas a serem defendidas.

O medo imperial de tornar-se refém da aristocracia letrada fez com que os poderes administrativos dos governantes fossem transferidos aos **eunucos**. Foram recrutados indivíduos de baixa condição sociocultural para a administração e centralizadas as decisões executivas nas mãos do imperador.

Como o país estava arruinado pela guerra, a população foi mais uma vez convocada para reconstruir a infraestrutura de represas, canais, estradas, pontes e sistemas de irrigação.

› A prosperidade retorna à China

As terras abandonadas durante a guerra foram cedidas aos camponeses, que recebiam isenção de impostos para reflorestá-las. Parte da madeira resultante desse reflorestamento foi utilizada na construção de uma grande frota naval.

A distribuição de terras reanimou a agricultura. Com a maior oferta de alimentos e o aumento da segurança, a população voltou a crescer. Estima-se que, em 1585, a população do Império chegava a cerca de 200 milhões de pessoas. Era o Império mais populoso do mundo na época.

Houve também um vigoroso processo de urbanização. Pequenas oficinas de artesanato transformaram-se em grandes empresas e, com isso, nasceu uma nova camada de empresários. Os navios dos comerciantes chineses passaram a frequentar os portos vizinhos ao Império.

O incremento do artesanato e o aumento da população das cidades deram origem a um numeroso grupo de trabalhadores urbanos, ocupados na produção em larga escala de **seda**, **tecidos de algodão** e **porcelana**.

Pintura em seda representando o imperador Hongwu, da dinastia Ming, século XIV. A imagem do dragão, símbolo da sabedoria e do Império, aparece em destaque na roupa do imperador.

Ação e cidadania

A milenar culinária chinesa

A partir do século XIX, milhares de chineses emigraram para várias partes do mundo.

Muitos deles abriram restaurantes, que passaram a oferecer uma comida de base chinesa, em geral do sul (Cantão), de onde saía a maior parte das pessoas que emigravam. A tendência geral foi adaptar as receitas aos ingredientes e principalmente ao paladar ocidental. Surgia assim a popular "comida chinesa", mistura de Oriente e Ocidente, que tanto sucesso faz no Brasil e no mundo.

Contudo, a culinária que se pratica na China é muito mais variada do que macarrão ou tiras de carne temperadas com molho de soja.

Com base no princípio filosófico, segundo o qual o equilíbrio deriva da combinação harmoniosa dos elementos yin (o feminino, o frio, o escuro) e yang (o masculino, o quente, a claridade), a gastronomia chinesa tradicional procura alternar pratos quentes e frios, macios e crocantes, doces e salgados, suaves e ácidos, líquidos e sólidos, etc.

Os ingredientes utilizados variam de região para região. No noroeste, onde fica Pequim, predominam os pratos com farinha de trigo (macarrão, bolinhos) e carnes, como a de pato. A cozinha de Setsuan, no centro do país, caracteriza-se pelo uso de temperos fortes, como a pimenta. A gastronomia do sul está ligada ao arroz e ao uso de carnes exóticas para os ocidentais, como a de cobra. Já a comida do litoral, a leste, especializou-se nos peixes e frutos do mar.

Há milênios, os chineses acreditam que a boa saúde depende de uma alimentação correta e equilibrada, algo que a medicina ocidental apenas recentemente aceitou como válido. Em muitos períodos da história chinesa, os cozinheiros tinham funções semelhantes às dos médicos.

A alimentação na China é tão importante que há cerca de 9 mil ideogramas na língua chinesa ligados à culinária.

1. Pesquise sobre alguns ingredientes tradicionais da culinária brasileira, identificando suas origens históricas.
2. Debata com seus colegas o papel da alimentação tradicional como alternativa aos alimentos industrializados na manutenção de uma vida saudável.

As Grandes Navegações chinesas

A capacidade naval, desenvolvida desde o período Song, foi utilizada em larga escala durante a dinastia Ming.

Nessa época, os chineses fizeram expedições navais de longa distância, explorando principalmente o litoral do oceano Índico. Ao todo foram sete expedições, organizadas entre 1405 e 1433 e dirigidas pelo almirante Zheng He, eunuco que tinha a confiança do imperador Yung-Lo.

Só a primeira esquadra dirigida por Zheng He teria sido formada por cerca de 317 navios – sessenta e dois deles "navios-tesouro" – e uma tripulação de cerca de 27 mil homens, entre eunucos, médicos, militares e marinheiros em geral.

Não bastasse o gigantismo dos navios-tesouro, essas sofisticadas embarcações dispunham de até quatro compartimentos à prova de água. Assim, se um dos compartimentos se chocasse contra algum obstáculo, como pedras ou recifes, um complexo sistema de vedação entre um compartimento e outro impediria que a água enchesse todo o navio, impedindo ou retardando seu naufrágio.

Essas viagens não tinham objetivos comerciais ou de colonização. Com elas, o imperador visava ao estabelecimento de **relações diplomáticas** com povos do exterior, com quem trocava presentes. Além disso, os viajantes deveriam trazer para a China informações sobre a cultura, a ciência e a geografia dos povos não chineses espalhados pela costa do oceano Índico.

Registros da época indicam que, em suas viagens, Zheng He chegou à costa da Índia, do Ceilão, de Java, Sumatra, Malaca, Golfo Pérsico e África oriental.

As visitas à África renderam ao menos um episódio curioso. Impressionado com a chegada à sua cidade, em 1414, de navios tão grandes e poderosos, o sultão de Melinde – cidade islâmica situada no litoral do atual Quênia – enviou de presente ao imperador Yung-Lo uma girafa. O animal africano era completamente desconhecido na China e reuniu multidões por onde passou. No início do século XV, o prestígio do Império chinês alcançou o auge ao redor do oceano Índico.

A política de isolamento

Contudo, nem todos na China apoiavam a crescente abertura do Império ao mundo exterior. Com a morte do imperador Yung-Lo (1424) e do almirante Zheng He (1433), o grupo ligado às navegações perdeu força e foi pouco a pouco suplantado pelos mandarins.

Os mandarins ou letrados eram funcionários do Estado que adotavam o confucionismo, filosofia que reprovava o comércio e as atividades militares e pregava as virtudes morais da intelectualidade e da atividade agrícola. O aumento do poder dos mandarins acabou por impor um novo isolamento do Império chinês. As viagens marítimas foram proibidas e a frota de navios-tesouro foi queimada. Em 1567, o comércio marítimo foi restringido, como resposta à pressão que os comerciantes portugueses e espanhóis exerciam junto à costa chinesa em busca de porcelana e seda. Apenas dois portos permaneceram abertos aos estrangeiros: Cantão e Macau. Desse modo, o que possibilitava um reduzido comércio internacional reduziu-se drasticamente na região.

A derrubada da dinastia Ming pelos manchus em 1644 não alterou esse quadro de isolamento. Assim como os mongóis, os manchus adotaram os costumes chineses, e seus imperadores mantiveram a capital em Pequim. O contato com o exterior só seria restabelecido pelos exércitos ocidentais em meados do século XIX.

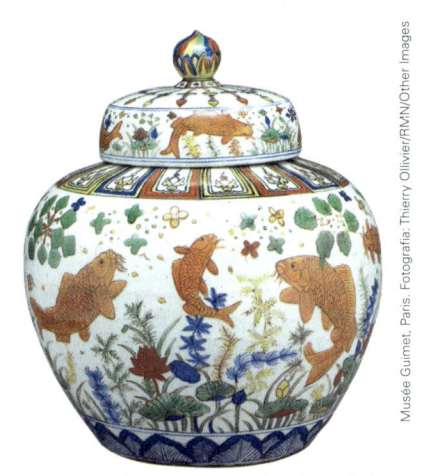

Pote de porcelana característica do período Ming, século XVI. Objetos de porcelana chinesa foram o principal produto de comércio entre a China e o Ocidente.

Conheça melhor

O surgimento da porcelana

Segundo estudos recentes, a porcelana teria sido inventada na China durante a dinastia Han, no século III a.C. Nesse período, os oleiros chineses — cuja tradição remonta à cerâmica neolítica produzida no vale do rio Amarelo — descobriram que o caulim (argila branca e fina), quando misturado a certas substâncias minerais e exposto a altas temperaturas, resulta em uma cerâmica branca, brilhante e muito resistente. Tão resistente que permite a fabricação de peças muito mais finas e leves do que a cerâmica comum.

A técnica de produção da porcelana alcançou grande desenvolvimento a partir da dinastia Tang.

Ao longo do tempo, os artesãos desenvolveram técnicas de desenho e pintura em porcelana. As primeiras porcelanas coloridas datam do período da ocupação mongol, na forma de desenhos em traços azuis nas porcelanas com fundo branco. Aos poucos, as porcelanas chinesas foram ganhando cores e fama.

Consta que o viajante Marco Polo, que visitou a corte de Kublai Khan no final do século XIII, teria levado algumas peças de porcelana para a Europa, onde as pessoas ficaram maravilhadas com o que chamaram de "ouro branco". A partir do século XVI, a porcelana Ming passou a ser exportada para o Ocidente em larga escala, tornando-se um dos principais itens do comércio exterior da China.

Ontem e hoje

A China e o comércio

Uma tradição de isolamento

A numerosa população, a grande oferta de recursos naturais e a valorização da educação como forma de aprimorar a consciência e a sabedoria fizeram da China, desde as primeiras dinastias, um grande polo produtor de mercadorias, que movimentava um comércio vigoroso. Contudo, o desenvolvimento das trocas se chocava com a doutrina confucionista, a qual considerava o comércio uma atividade pouco elevada.

Todas as vezes que as elites letradas confucionistas conseguiam controlar o Estado, o comércio passava a ser rigidamente regulado. Os preços eram tabelados e as vendas podiam ocorrer apenas nos mercados do governo. Os comerciantes, que pertenciam a uma categoria inferior, não podiam adquirir terras, usar roupas de seda ou andar a cavalo.

A crescente exportação de produtos como seda e porcelana permitia o enriquecimento dos artesãos, mas nem sempre dos comerciantes chineses, que muitas vezes eram impedidos de navegar para longe da China.

Essa situação instável se consolidou no século XVI, quando a dinastia Ming ordenou o fechamento da China. A exportação passou para as mãos de estrangeiros, que – isolados em portos predeterminados pelo governo imperial – detinham o direito de transportar as preciosas mercadorias chinesas para o exterior.

A abertura imposta e o regime comunista

Os defensores do isolamento chinês ganharam força ao longo dos séculos XVII e XVIII. Para eles, o fechamento do comércio era a melhor forma de combater a gradual expansão do colonialismo europeu na Ásia. Contudo, em 1842, os ingleses obrigaram o governo chinês a reabrir os portos ao comércio internacional. Tratava-se de uma abertura imposta de fora para dentro, que deu início a um período de grande exploração das riquezas chinesas pelas potências industriais.

As tradições milenares foram desrespeitadas pelos invasores, eliminando a crença da superioridade da civilização chinesa sobre os "bárbaros" estrangeiros.

Essa situação de exploração foi revertida apenas com a implantação do regime comunista por Mao Tsé-tung, em 1949.

A potência comercial do século XXI

A política de isolamento da China alterou-se completamente com a abertura econômica empreendida pelo governo comunista a partir de 1982. Adotando uma política agressiva de atração de capitais estrangeiros e oferecendo como principal atrativo a mão de obra altamente qualificada e barata, a China tornou-se o principal centro industrial do planeta no século XXI. Sua indústria muito diversificada visa principalmente à exportação, agora sob controle dos próprios chineses.

Em 2009, a China passou a ser o principal exportador mundial, depois de ultrapassar a Alemanha, com um volume de vendas superior a 1 trilhão de dólares. Os chineses exportam de tudo: de brinquedos de baixo custo a máquinas complexas e aparelhos eletrônicos.

O antigo Império que se isolava partiu para a conquista comercial do mundo.

Centro de Xangai, maior cidade da China, situada na foz do rio Yang-tsé. Foto de 2010.

Reflita

- Debata com seus colegas as vantagens e as desvantagens, sociais e econômicas, da adoção de uma política de isolamento como a praticada pela China Imperial.

Atividades

Verifique o que aprendeu

1. Compare o processo de sedentarização dos grupos humanos na região da China atual, há cerca de 7 mil anos, com o processo de sedentarização ocorrido na região do Crescente Fértil, tratado nos capítulos 3 e 4.
2. Quais as diferenças existentes entre o sul e o norte da região de onde se originou a nação chinesa?
3. Que importância teve o surgimento da fundição do bronze para o desenvolvimento da China antiga?
4. Descreva as principais realizações culturais ocorridas durante a dinastia Shang.
5. As aristocracias locais foram fontes de instabilidade nas três primeiras dinastias (Xia, Shang e Zhou). De que maneira o reino de Qin conseguiu resolver esse problema?
6. Apesar de o confucionismo se fixar como principal doutrina filosófica chinesa, a adoção de princípios baseados na Escola Legal foi o que tornou possível a ascensão da dinastia Qin ao poder. Descreva, em poucas palavras, os princípios da escola legalista e explique por que sua adoção foi importante para que esse reino se tornasse o mais poderoso da época.
7. Por que o período da dinastia Han foi considerado um período de ouro pelas dinastias chinesas que a sucederam?
8. Qual produto chinês despertou grande interesse no Ocidente na dinastia Han?
9. Durante a dinastia Tang, a China inicia um processo de renovação. Identifique os elementos que permitem fazer essa afirmação.
10. Explique o impacto que a invenção da imprensa causou durante a dinastia Song.
11. Ao longo dos séculos, o território chinês foi ocupado por dois povos estrangeiros: mongóis e manchus. Porém, ainda que dominados militarmente, os chineses acabaram dominando culturalmente seus invasores. Elabore hipóteses que expliquem essa condição da história chinesa.
12. Que medidas adotadas pela dinastia Ming contribuíram para a melhoria de vida dos camponeses chineses? Relacione essas medidas com o processo de desenvolvimento ocorrido nesse período.
13. Descreva as principais características dos navios chineses durante as dinastias Song e Ming e o tipo de viagem que o almirante Zheng He empreendeu sob as ordens do imperador Yung-Lo.
14. No início do século XV, a China era um país em plena expansão marítima. Explique os fatores que levaram à interrupção desse processo.

Leia e interprete

15. A Grande Muralha da China é composta de um vasto sistema de muralhas que cobre grande parte da fronteira norte chinesa. Foi construída ao longo de séculos, a partir do governo do primeiro imperador chinês, Shi Huang Di. A imagem a seguir reproduz um trecho da muralha. Observe os aspectos nela representados e responda às questões propostas.

Trecho da Grande Muralha da China. Foto de 2011.

A função básica de um muro é dividir o espaço, isolando os terrenos situados em cada um de seus lados.
a) Com base na observação da imagem acima, e considerando que se trata de uma obra pública (executada pelo Estado), como você descreveria a sociedade que construiu a Grande Muralha?
b) Seguindo o mesmo raciocínio da questão anterior, como você descreveria os povos que deviam ser contidos pela Grande Muralha?
c) Formule hipóteses sobre as causas do fracasso da Grande Muralha em conter alguns dos povos que pretendiam invadir a China.

CAPÍTULO 18 — O Japão Antigo

O que você vai estudar

- Os primeiros habitantes do planisfério.
- A cultura jomon.
- A metalurgia dos Yayoi.
- Período Yamato.

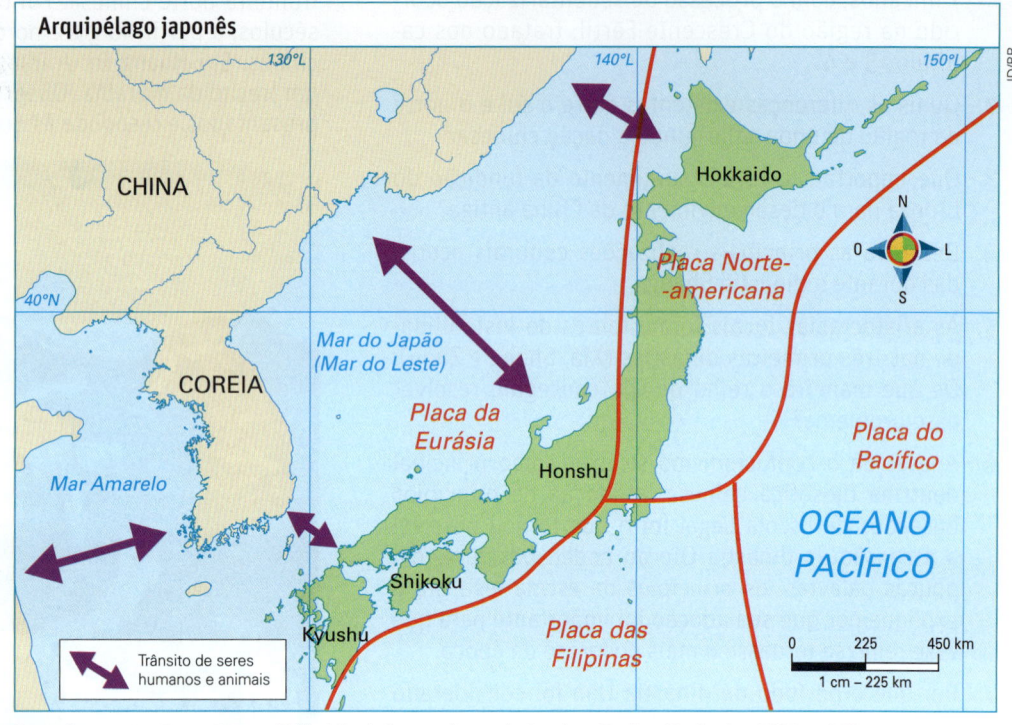

Arquipélago japonês

Fonte de pesquisa: BLACK, Jeremy (Ed.). *Atlas da história do mundo.* Londres: Dorling Kindersley, 2005. p. 258.

Ligando os pontos

Localizado no extremo oriente asiático, o Japão é constituído por diversas ilhas, entre as quais estão Hokkaido, Honshu, Shikoku e Kyushu. No entanto, as terras nipônicas já foram unidas ao continente, do qual se teriam separado no final da última glaciação.

Seus primeiros habitantes teriam vindo através de pontes de terras, localizadas ao norte e ao oeste do arquipélago, pelo estreito de Tsushima, em um movimento iniciado cerca de 30 mil anos atrás. Apesar de não haver vestígios significativos desse período, estudos genéticos e linguísticos confirmam a hipótese de que o atual povo japonês resulta da miscigenação de mongóis; melanésios; polinésios e ainus, comunidade original de certas regiões do território japonês, que hoje ocupam partes da ilha de Hokkaido e do território russo. Assim, a crença na existência de "um único povo e uma só cultura no Japão", ainda propagada por muitos políticos contemporâneos, não encontra sustentação científica.

A *Kojiki* – Narrativa das coisas antigas, mais antiga crônica do Japão (escrita em 712), permaneceu, durante um longo período, como a explicação fundamental para a história e os costumes da sociedade japonesa. Com base em tal texto, e também na tradição, justificavam-se, por exemplo, a rígida hierarquização social, o lugar subordinado ocupado pelas mulheres, a dependência humana do trabalho na terra e muitos outros aspectos.

Com o aumento das pesquisas históricas e arqueológicas, as antigas crenças deixaram de ser a base para compreender o passado do arquipélago.

Novas pesquisas procuram dedicar-se ao estudo da diversidade étnica e cultural do povo japonês e das relações entre os japoneses e outros povos do continente asiático, como chineses e coreanos.

1. Explique como o desenvolvimento dos estudos arqueológicos no Japão tem mudado a visão do povo sobre seu passado.
2. Observe o mapa acima e, com base nos seus conhecimentos em **Geografia**, relacione a existência das placas tectônicas e a afirmação de que "as terras nipônicas já foram unidas ao continente".

> A formação do Japão Antigo

Os primeiros habitantes do arquipélago eram caçadores e coletores que usavam instrumentos de pedra lascada, conheciam o fogo e se abrigavam em cavernas ou em buracos cavados na terra. Pouco a pouco foram adquirindo controle sobre o território e o ambiente e, por volta de 15 mil anos atrás, já dominavam a produção de alimentos e as técnicas para armazená-los e transportá-los em seus constantes deslocamentos.

Historiadores e arqueólogos, baseando-se em restos materiais, costumam dividir a antiguidade japonesa em culturas ou períodos distintos, marcados por diferentes tipos de moradia, de cerâmica, de práticas religiosas, de sepultamento dos mortos, de organização social e de formas de obtenção de alimento.

> A cultura Jomon (8000 a.C. a 300 a.C.)

A maior parte das informações existentes sobre o período Jomon foi obtida por meio de escavações, já que até o momento não existem nem registros escritos, nem referências posteriores a respeito dessa época. Por isso, ainda não se sabe se os Jomon formaram uma sociedade social e politicamente coesa ou se consistiam em agrupamentos humanos descentralizados.

Pelas observações de cerâmicas, cujos desenhos eram realizados sobre o barro ainda mole com o auxílio de cordas, sabe-se que eles seguiam uma religião politeísta, baseada no culto a ancestrais e elementos da natureza; e, por meio dos restos de comida presentes nessas cerâmicas e pelos vestígios fósseis encontrados nos mesmos locais que elas, pode-se concluir que esses povos eram caçadores e coletores, mas também cultivadores de inhame e de batata-doce. Os Jomon dominavam técnicas para produzir óleo com gordura de javali e extrair o tutano dos ossos de grandes animais.

Outro aspecto ressaltado pelos cientistas foi a habilidade dos Jomon de armazenar e transportar alimentos, importante para garantir sua presença em grande número de ilhas do arquipélago japonês.

As moradias do povo Jomon foram encontradas em grupos de cerca de dez casas, feitas com telhado de capim sustentado por pilares de madeira e piso de barro ou de pedras, dispostas na forma de ferradura. Tais características levam os arqueólogos a afirmar que os Jomon devem ter vivido em pequenos núcleos familiares.

Vaso de cerâmica da cultura Jomon.

Reconstituição de casas Jomon, no sítio arqueológico de Sannai-Maruyama, na província de Aomori. Foto de 2008.

› A cultura Yayoi (300 a.C. a 300 d.C.)

Por volta do século III antes da era cristã, uma nova onda de imigrantes chegou ao Japão proveniente do continente, provavelmente vinda do sul da China. Em pequenos grupos, eles alcançaram o norte do arquipélago, rapidamente dominaram os antigos habitantes e espalharam-se em direção ao sul. Tal acontecimento marcou o início de um novo período, denominado pelos pesquisadores de Yayoi.

Os grupos provenientes do continente apresentavam traços culturais bastante distintos da cultura do período Jomon: sua cerâmica era modelada em tornos e, em seguida, cozida.

Os Yayoi domesticavam o porco e o cavalo; praticavam regularmente a agricultura, semeando arroz em campos inundados e sendo responsáveis, até, por generalizar o cultivo desse cereal na região. Como obtinham a maior parte da sua alimentação com a agricultura, tornaram-se sedentários e construíram aldeias permanentes, reunindo um grande número de núcleos familiares.

Faziam uso de artefatos de bronze e de ferro. O domínio de técnicas de metalurgia possibilitou que elaborassem serras, machados e instrumentos mais sofisticados, permitindo, assim, o desenvolvimento de uma arquitetura mais complexa em madeira e pedra e a construção de templos, depósitos de suprimentos, estábulos e residências. As casas eram altas provavelmente para evitar que os ratos comessem o arroz estocado.

A cultura do arroz possibilitou aos Yayoi tornarem-se dominantes perante os habitantes mais antigos, provocando modificações profundas na vida social, política e econômica dos aldeões. Como o cultivo do arroz exigia um trabalho coletivo, houve a divisão do trabalho e, a partir daí, o surgimento de uma hierarquia social mais complexa.

O excedente agrícola e a especialização na produção de artefatos como tecidos e vasos permitiram o desenvolvimento do comércio. Havia aldeias fortes e aldeias fracas que, embora formassem alianças, por vezes disputavam as mesmas terras. Com o tempo, as aldeias Yayoi deram origem a cidades, e dos acordos existentes entre essas comunidades nasceram pequenos reinos liderados pelos mais fortes.

Pontas de lança feitas de bronze, datadas do período Yayoi.

Produção de seda de fábrica japonesa instalada no Brasil. As técnicas de criação do bicho-da-seda foram introduzidas no Japão pela cultura Yayoi. Foto de 2005.

❯ O período Yamato (250 a 710)

O primeiro Estado unificado no Japão Antigo se estabeleceu por volta de 250, pondo fim às disputas pelo poder entre os principais clãs da cultura Yayoi. O **Reino de Yamato** formou-se na planície da atual província de Nara, na ilha de Honshu.

O poder centralizado marcou o início do período Yamato, que convencionalmente foi dividido em: **período Kofun** (250 a 538) e **período Asuka** (538 a 710).

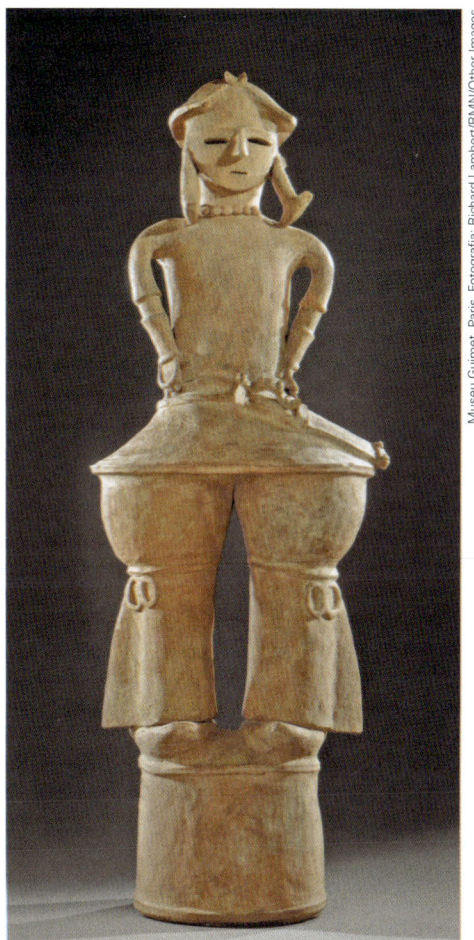

Cavalo de terracota, datado do século VI. Estatueta funerária do tipo *haniwa*.

Guerreiro de terracota, produzido entre 350 e 550. Durante o período Kofun, desenvolveu-se uma sociedade aristocrática apoiada pelo poder militar.

❯ A organização política

O Reino de Yamato expandiu-se rapidamente, abarcando a principal planície fértil do Japão, e tornou-se o maior e mais poderoso *uji* (clã) do arquipélago. Houve muitas tentativas frustradas de outros grupos para derrotar o poder dos Yamato. Entretanto, no final do século IV, essa dinastia consolidou seu poder, iniciando uma nova etapa na história japonesa.

Uma estratégia fundamental para garantir o domínio do clã Yamato foi a afirmação religiosa. Os primeiros reis Yamato detinham funções tanto seculares como religiosas (no Japão Antigo, a palavra governo – *matsurigoto* – era relacionada ao culto religioso). Acreditava-se que a dinastia real era descendente direta da divindade Sol (Amaterasu Omikami) e, para confirmar essa filiação, os Yamato dedicaram-lhe um santuário construído na localidade sagrada mais importante do xintoísmo, religião tradicional dos Yayoi.

> ### A liderança Yamato

Ao fazer valer sua liderança sobre os demais clãs, o *uji* Yamato não lhes destruiu a organização local. Tais clãs continuavam a existir em suas comunidades e a venerar os seus deuses, assim como o chefe de cada clã continuava sendo o principal sacerdote do grupo. Os governantes Yamato, no entanto, sobrepuseram-se a eles e passaram a administrar seu território estabelecendo alianças, atraindo-os com benefícios e distribuição de títulos, além da constituição de uma corte na qual a tradição, os rituais e os títulos ganhavam crescente importância.

> ### Kofun

O período Kofun recebeu o mesmo nome dos túmulos em que a nobreza passou a ser sepultada a partir do século III da nossa era. As imensas câmaras funerárias eram construídas de barro e pedra e podiam variar de tamanho.

Os achados arqueológicos nos *kofun* revelaram a presença de esculturas funerárias, denominadas *haniwa*, em forma de homens e mulheres e artefatos como armas, armaduras, arreios, joias e outros utensílios. Dessa maneira, os *kofun* são considerados valiosas fontes de informação sobre essa época, que representa o início da formação do Estado japonês e suas dinastias imperiais.

Leia

História do Japão em mangá, de Francisco Noriyuki Sato. São Paulo: Associação Cultural, 2008.
Lançado na mesma época em que se comemorava o centenário da imigração japonesa ao Brasil, esse livro retrata os 2 000 anos da história do Japão de um jeito bastante curioso: por meio de histórias em quadrinhos.

Entrada do *kofun* Ishibutai, datado do século VII, localizado na província de Nara, Japão. Estudos indicam que se trata da tumba de Soga no Umako, importante membro da corte imperial de Yamato. Foto de 2007.

> Influência e centralização do poder

No Japão Antigo, a prática de enterrar pessoas importantes em grandes sepulturas, a confecção de *haniwa* e as técnicas de tecelagem e de cerâmica foram hábitos herdados de povos da Coreia e do nordeste da Ásia.

Todas as evidências indicam que os contatos dos japoneses com o continente se tornaram mais intensos no período Yamato, resultando nas transformações da organização social e política, das crenças religiosas e das produções artísticas.

Em 604, o príncipe regente Shotoku, no primeiro documento escrito em língua japonesa, promulgou a chamada **Constituição dos 17 artigos**, que serviu de base para a instauração de um poder político e de uma burocracia centralizados, inspirados nos chineses. Nela se afirma que "em um país não há dois senhores, o povo não tem dois mestres. O soberano é o mestre do povo de todo o país".

Em 645, a Reforma Taika aumentou o poder imperial ao decretar que todas as terras do Japão passariam a pertencer oficialmente ao imperador. Essa reforma estabeleceu, também, um sistema de comunicações e estradas administrado centralmente, instituiu o registro da população e definiu que a distribuição de terras e a cobrança de impostos usariam como critério o número de pessoas de cada família.

Um pouco mais tarde, em 702, uma nova legislação – o Código Taiho – aprofundou o processo de centralização, estabelecendo regras até para a vida na corte imperial: as relações de casamento, as formas de promoção, os rituais funerários e o controle sobre os templos e os monges.

O poder central japonês, entretanto, não chegou a ser tão forte quanto era o da China. Houve oposição de diferentes clãs e a localização das comunidades que viviam isoladas em inúmeras ilhas e montanhas dificultava a unificação do poder.

> **Navegue**
>
> <http://www.br.emb-japan.go.jp/index.html>.
> Acesso em: 6 mar. 2013.
>
> O *site* apresenta informações atuais como a indicação de festivais no Brasil que promovem a cultura japonesa, além de apresentar textos que remetem à história tradicional do Japão.
>
> <http://www3.nhk.or.jp/nhkworld/portuguese/top/index.html>.
> Acesso em: 8 mar. 2013.
>
> A NHK, única emissora pública do Japão, propicia aos internautas brasileiros a oportunidade de conhecer melhor o cotidiano e a cultura do "País do Sol Nascente", por meio de *games* e do estudo *on-line* da língua japonesa; além de oferecer notícias sobre o mundo e muito mais!

As características do relevo do Japão na Antiguidade eram um fator que dificultava a centralização do poder. Na imagem, destacam-se o monte Fuji e o porto de Shimizu, localizados na província de Shizuoka. Foto de 2012.

Ontem e hoje

Ikebana

De acordo com a tradição oriental, o ritual de colocar flores no altar budista deu origem à *ikebana*, isto é, a arte da composição floral baseada em regras e simbologias.

Sob influência da tradição religiosa, desenvolveu-se uma prática estética que começou a ser difundida no início do budismo nipônico e ainda hoje é realizada por pessoas de diferentes países.

O trecho a seguir comenta como uma crença passou a influenciar a prática e a consolidação de um hábito.

Origem e desenvolvimento do arranjo floral

Diz a lenda que um dia Gautama Buda viu no chão um galho de rosas quebrado pelo vento. Comoveu-se o Iluminado pelo sofrimento das flores e, chamando um discípulo, pediu que as colocasse em um vaso com água para que pudesse prolongar sua vida, uma vez que "a vida é uma dádiva divina, a suprema beleza das flores vivas deve ser prolongada o mais possível". Talvez ligado a essa lenda veio o hábito budista de cuidar com carinho das flores e de homenagear Buda com singelos arranjos.

Com o tempo, os budistas passaram a decorar os altares com oferendas florais, e o uso espalhou-se com a nova religião na China, na Coreia e no Japão, onde o budismo foi introduzido oficialmente durante o reinado do Imperador Kimmei.

Até esse momento o Japão tinha tido raros contatos com a Coreia; mantinha, entretanto, um bom relacionamento com um dos vários reinos coreanos, o de Paikchê, de onde tinham vindo em 404 e 405 os sábios Achiki e Wanie e, alguns anos depois [...], uma imagem de Buda, em bronze cinzelado, e alguns volumes de sutras em língua chinesa, enviados pelo Rei Paichké, que recomendava a adoção de nova religião. Em 544 estudiosos coreanos, especialistas em clássicos chineses, música, medicina e adivinhação, se dirigiam ao Japão levando consigo um grupo de monges budistas que começaram a difundir sua fé.

A grande figura destes primeiros tempos do budismo nipônico foi o Príncipe Shôtuko Taishe (574-622), autor da primeira lei escrita, inspirada na doutrina budista. Regente durante o reinado da Imperatriz Suiko, foi atraído pelos ensinamentos morais e religiosos budistas e tornou-se um grande propagador da nova religião, patrocinando a construção de vários templos que se tornaram verdadeiros centros de arte.

Arranjo floral feito de acordo com as regras da tradição *ikebana*.

CAVALLI, Francesca. *Ikebana*: a arte das flores vivas. Disponível em: <http://www.estudosjaponeses.com.br/Estudos%20Japoneses/EJ_1979%20 segurança/1979_Cavalli.pdf>. Acesso em: 6 maio 2014.

Reflita

1. De acordo com a tradição religiosa, por que os budistas ornamentam seus altares com flores?
2. Como o hábito das oferendas florais se difundiu na China, na Coreia e no Japão?
3. As plantas absorvem água e sais minerais do ambiente. Essas substâncias formam a seiva mineral, que é levada para as folhas e para outras partes da planta pelo xilema (tecido condutor). De acordo com essa e outras informações que você conhece de **Biologia**, selecione um trecho do texto acima e comente a importância do xilema no processo de conservação dos arranjos de flores.

Atividades

Verifique o que aprendeu

1. Com base em estudos genéticos e linguísticos, qual é a principal hipótese sobre a origem do povo japonês?
2. Que informações sobre a cultura Jomon foram obtidas com base nas cerâmicas e nos vestígios fósseis?
3. Demonstre como o cultivo de arroz foi fundamental para assegurar a superioridade dos Yayoi perante os povos Jomon, habitantes mais antigos do Japão.
4. Comente como a prática religiosa foi importante para o domínio do clã Yamato.
5. O Código Taiho, estabelecido em 702, instituiu normas sobre as relações de casamento, sobre as formas de promoção na corte, os rituais funerários e a organização de templos. Com base nessas informações, é possível afirmar que, além das questões administrativas, no final do período Yamato, o poder centralizado controlava o cotidiano da população? Justifique.
6. Descreva as principais dificuldades que prejudicavam a centralização do poder durante o período Yamato.
7. Pesquise em livros ou na internet sobre locais turísticos no Japão relacionados às tradições culturais mencionadas no capítulo. A seguir, elabore um roteiro informativo.

Leia e interprete

8. O texto a seguir comenta a importância da religião na estabilidade política japonesa. Leia-o com atenção e responda às perguntas.

   Saisei-Itchi

   Na Antiguidade, havia uma perfeita união do governo com a religião (xintoísta). O Estado e a Igreja constituíam uma unidade ("*Saisei-Itchi*"). Nessas circunstâncias, muitas vezes as ofertas de caráter religioso eram recebidas pela Coroa como contribuição ao trono. Até o tempo do imperador Suijin [...], o palácio real era, também, a sede religiosa do país. Mesmo depois, durante muito tempo, não havia diferença entre os bens do Estado e do templo. [...]

   A unidade da religião e do governo, existente no começo da formação da nacionalidade, é um fato de muita importância para a compreensão da história japonesa. Aí reside, provavelmente, uma das razões por que, durante tantos séculos, se manteve uma única dinastia, muito embora o seu poder temporal tenha sofrido oscilações violentas, e, algumas vezes, sido reduzido a zero. [...] Porque, com toda a certeza, os próprios caudilhos militares compreendiam a impossibilidade de destruir uma dinastia que representava o centro do culto religioso nacional, quando não também o supremo órgão político da nação.

   YAMASHIRO, José. *Pequena história do Japão*. São Paulo: Herder, 1964. p. 28-29.

   a) A união entre religião e governo é, atualmente, uma prática que não encontra unanimidade na sociedade. Quais são os argumentos contrários a ela?
   b) Por que a identificação entre a religião e o imperador contribuía para dar estabilidade ao governo japonês?

9. Observe o **dotaku**, sino utilizado em festivais e cerimônias religiosas, e responda às questões.

   Sino de bronze, representativo da cultura Yayoi.

   a) Qual a técnica cujo domínio possibilitou a produção do artefato representado?
   b) Qual é a importância dessa técnica para a cultura Yayoi?

CAPÍTULO 19 — As origens da Índia

O que você vai estudar

- A formação da sociedade no vale do Indo.
- A origem dos vedas.
- As invasões vindas da Ásia Menor e da Ásia Central.
- Os impérios e os sultanatos na Índia.

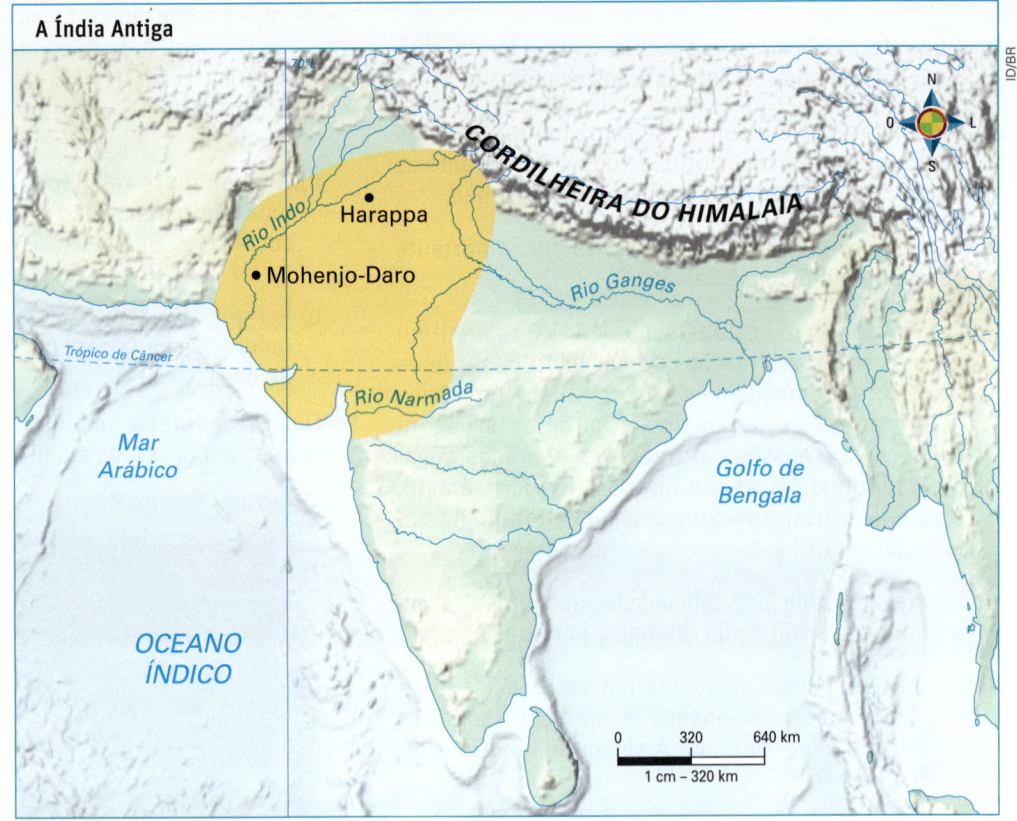

A Índia Antiga

Fonte de pesquisa: BLACK, Jeremy (Ed.). *Atlas da história do mundo*. Londres: Dorling Kindersley, 2005. p. 23.

Ligando os pontos

Por volta de 3000 a.C., uma sofisticada sociedade urbana se formou ao longo do rio Indo — a **civilização do vale do Indo**. Abrangendo uma área duas vezes maior que a do Império Egípcio e a dos Impérios Mesopotâmicos, essa sociedade situava-se na região do atual Paquistão e noroeste da Índia. Também é chamada de **civilização harappiana**, referência à cidade de Harappa, na qual ocorreram as primeiras das muitas descobertas arqueológicas que vêm contribuindo para a construção e renovação do conhecimento histórico sobre a Índia.

Outros povos do Ocidente e do Oriente participaram do processo de formação da sociedade e da cultura indianas. Vindos da própria Ásia e posteriormente da Europa, impuseram e incorporaram costumes, comércio e crenças. Entre eles estão os povos védicos, os islâmicos e os cristãos, que marcaram profundamente a história indiana.

As origens da Índia, portanto, lançam luz sobre a grande diversidade cultural atual. Evidenciam cidades imensas, com redes de água e esgoto, construções complexas e sistemas hidráulicos ao longo de rios sagrados. Denunciam também graves contradições sociais, que ainda hoje separam ricos e pobres em diversas castas.

Leia o texto acima e observe o mapa de abertura deste capítulo. Considerando também o que já foi visto em capítulos anteriores, faça o que se pede nas atividades a seguir.

1. Compare as regiões nas quais se formaram outras sociedades complexas com o território em que se desenvolveu a civilização harappiana e analise as características comuns e as diferenças entre essas culturas.
2. Organize, com a ajuda do professor, uma apresentação para a classe com o conteúdo que foi elaborado na questão anterior.

A formação da Índia

O surgimento, o desenvolvimento e o encontro das culturas harappiana e védica são fatores fundamentais para compreender a formação da Índia. Os harappianos, com sua organização e criatividade, protagonizaram a mais extensa cultura urbana do III milênio a.C. Os védicos, por sua vez, desenvolveram diversas formas de lidar com questões espirituais e materiais. Juntos, são responsáveis por numerosas características que perduram até hoje na sociedade indiana.

A cultura harappiana

Descobertas na década de 1920, as ruínas das cidades de Harappa e Mohenjo-Daro revelaram a existência de um imenso agrupamento urbano – a civilização do vale do Indo ou civilização harappiana. Localizada nos territórios do atual Paquistão e no noroeste da Índia, seu surgimento, apogeu e declínio situam-se entre 2600 a.C. e 1900 a.C.

Planejadas e bem construídas, essas cidades contavam com uma vida urbana, social e econômica equilibrada. Nelas, não foram encontrados grandes templos ou palácios majestosos dedicados a um soberano, ao contrário de outras civilizações do mesmo período.

Contatos, comércio e artes

Indícios arqueológicos revelam contatos frequentes entre os povos da civilização do vale do Indo e de outras regiões. Registros comerciais da Mesopotâmia descrevem, por exemplo, artefatos negociados provenientes da região indiana. Caravanas terrestres e viagens marítimas transportavam produtos harappianos até regiões da Ásia Central e do planalto iraniano. Eram comercializados grãos, algodão, madeira e gado. Produziam-se peças que eram confeccionadas em temperaturas superiores a 900 °C. Refinados colares e pulseiras de metal e cerâmica enriqueciam o cotidiano desse povo. Para o controle das quantidades e dos volumes comercializados ou recolhidos como impostos, eram utilizados 21 tipos de pesos.

Escrita, enterros e mistérios

A escrita dessa civilização ainda não foi decifrada. Muitos selos de pedra (placas quadradas com inscrições e símbolos) foram encontrados e analisados. Estatuetas masculinas e femininas e outros artefatos ligados a cerimônias e divindades ajudaram a esclarecer muitas características da cultura harappiana.

Os rituais funerários eram despojados. Os mortos eram sepultados em caixões de madeira, com vasos e enfeites simples. Ao que tudo indica, os harappianos não se preocupavam com ouro e pedras preciosas nessas ocasiões.

Por volta de 1900 a.C., por motivos ligados provavelmente à extensão territorial, às alterações climáticas e ao contato com outros povos, a cultura harappiana entrou em declínio.

Ruínas de Mohenjo-Daro. Foto de 2011. As ruínas indicam que existiu uma numerosa sociedade na região do Indo. Havia sistema de banhos públicos com água aquecida e rede de esgoto.

Conheça melhor

A cidade harappiana

Havia nas principais cidades quase 100 mil habitantes. Avenidas largas iam de norte a sul, de leste a oeste. Os bairros tinham ruas menores e bem construídas que levavam os moradores até as avenidas principais. Além de casas menores, viam-se outras de dois andares, feitas de tijolos cozidos ou secos ao sol. No interior das casas harappianas, salas de banho não eram raras.

Em Mohenjo-Daro foi encontrado um tanque muito grande, provavelmente utilizado para banhos públicos ou ritualísticos. O sistema de esgoto e drenagem era superior ao de muitas cidades atuais. Para os especialistas, tais descobertas revelam, entre outras características, organização, eficiência, apuro técnico e empenho dos governantes.

A cultura védica

As culturas védica e harappiana formam a base para a compreensão das origens da Índia, pois remetem ao conjunto dos quatro grandes textos escritos em idioma sânscrito entre 1500 a.C. e 600 a.C., os **Vedas**. Esses textos abordam preceitos ligados à vida espiritual e laica, e são acompanhados de narrativas históricas, tratados jurídicos, hinos e orações. A análise histórica dessas fontes possibilita a compreensão de muitos aspectos da realidade dos povos descritos. Outras fontes textuais que se articulam aos Vedas são o Ramayana e o Mahabharata, conhecidos oralmente desde 500 a.C., mas escritos apenas por volta do século IV d.C.

Povos védicos

Por volta de 1500 a.C., povos indo-europeus, conhecidos como arianos, invadiram a região antes ocupada pelos harappianos. O mais antigo Veda, o Rig Veda, escrito por volta do século XV a.C., revela costumes, divindades, práticas religiosas e culturais desse povo. Há fortes indícios de mudanças que revelam a passagem desses povos de uma cultura pastoril para uma cultura agrícola. Gado, cavalos, carruagens e escravos estão associados aos povos védicos.

As *varnas*

Os textos do Rig Veda referem-se à existência de quatro *varnas*, grupos sociais – conhecidos como castas – que compunham aquelas populações: **brâmanes** (sacerdotes); **xátrias** (administradores e guerreiros); **vaixás** (comerciantes e camponeses); e **sudras** (trabalhadores braçais e servidores dos demais grupos). Essa divisão social baseava-se inicialmente nas atividades de cada pessoa. Depois, ligando-se à cor da pele e ao nascimento, a hierarquia tornou-se cada vez mais rígida e excludente.

A mitologia védica é rica em divindades. Inicialmente elas estavam mais ligadas às forças da natureza, tais como Indra (o raio e a chuva), Agni (o fogo sacrificial) e Surya (o Sol). Os Vedas preceituavam sacrifícios e rituais para apaziguar os deuses, o que acabou se tornando parte do dia a dia.

A literatura védica posterior, no entanto, aponta para cultos e rituais mais complexos. O conjunto de tratados conhecidos como Upanishads defendia, por exemplo, a constante busca da verdade por intermédio de questionamentos.

Deuses hindus

Os deuses hindus são retratados nas mais variadas formas, desde representações híbridas de animais até humanas com vários braços, indicando múltiplos poderes e habilidades. Entre os principais estão:

Brahma – É o criador do Universo e o deus da sabedoria. Geralmente é representado com quatro rostos e quatro braços. Tem como esposa Saravasti, que é a deusa da sabedoria.

Vishnu – Do sânscrito, "o que está em toda parte". É o protetor do Universo.

Shiva – Entre múltiplos atributos, é o deus da destruição e da renovação. Seus movimentos simbolizam energia cósmica fluindo, alternância entre dia e noite, nascimento e morte.

Krishna – É o oitavo avatar de Vishnu (uma das formas que Vishnu assumiu ao visitar a Terra). É representado com pele azul-escura ou preta.

Escultura representando Brahma, o Criador, século X. Essa obra é originária do sul da Índia, do período da dinastia Chola.

Ponto de vista

Durante muito tempo a historiografia da Índia Antiga foi escrita por europeus. Utilizando conceitos de sua própria realidade histórica e sem suficiente base arqueológica, suas conclusões acabaram por se mostrar inconsistentes. Por causa dessa visão eurocêntrica, por um longo período a cultura que entrou em contato com a civilização harappiana foi considerada vinda de um povo superior, conquistador e de pele clara: os indo-europeus. Eles teriam conquistado e destruído as demais sociedades do vale do Indo. Mas descobertas arqueológicas recentes, segundo o professor Edgar Leite Ferreira Neto, articuladas com novas abordagens historiográficas, apontam para um longo processo de incorporações e assimilações entre diversos povos.

Leia

O que sabemos sobre o hinduísmo, de Anita Ganeri. São Paulo: Callis, 2002.
Explanação sobre o hinduísmo dirigida ao público jovem. Inclui fotos e ilustrações.

Índia, de reinos a impérios

A partir do século VI a.C. teve início um processo de aglutinação dos pequenos reinos da Índia, que se uniram em torno de cerca de vinte reinos maiores. Nessa época, começaram a ocorrer constantes choques entre interesses políticos e religiosos. A autoridade dos reis entrou em conflito, muitas vezes, com a importância dos sacerdotes brâmanes. Com o tempo, os reis consolidaram seu poder, apesar da crescente e poderosa influência dos brâmanes nas áreas administrativa, espiritual e social.

Entre os séculos V a.C. e IV a.C., com a expansão dos persas, posta em marcha por Ciro I e Dario I, e dos macedônicos, sob liderança de Alexandre, o Grande, algumas regiões da Índia foram anexadas sucessivamente a esses domínios. Com o declínio desses impérios na Ásia Oriental, iniciou-se uma nova fase, com a ascensão de várias dinastias espalhadas pelo subcontinente indiano.

Dinastias do norte

O Império Mauria – Em 321 a.C., Chandragupta Mauria estendeu seu poder até o rio Narmada, no centro-sul da Índia, consolidando um processo de expansão iniciado no seu pequeno reino no norte. Seu neto Ashoka (século III a.C.) ampliou seus domínios do Afeganistão até Karnátaka, mais a sudoeste.

Convertendo-se ao budismo, Ashoka, considerado um dos maiores governantes da Índia, difundiu os preceitos dessa religião por todo o Império. Os súditos deveriam, entre outros ensinamentos, respeitar todas as outras religiões, praticar a caridade e evitar a matança de animais.

O Império Gupta – No período gupta, nos séculos IV e V, o imperador governava auxiliado por um alto-sacerdote e um conselho de ministros. O corpo de funcionários administrativos era composto de magistrados, secretários, escribas, coletores de impostos, guardiões dos armazéns reais, etc. Foi um período que pôs fim às instabilidades políticas dos séculos anteriores.

As aldeias do Império Gupta eram geralmente rodeadas por muralhas e cortadas por duas avenidas que se cruzavam no centro. As casas eram feitas de adobe, cobertas com palmas e possuíam ao menos duas divisões. Em volta da aldeia havia pomares, jardins e pastos comunais. Depois deles, havia as terras pertencentes a cada família, com irrigação e lavras feitas por arados puxados por bois. Faziam-se várias colheitas por ano e produziam-se cevada, trigo, arroz, gergelim, favas, lentilhas, açafrão e cana-de-açúcar.

Dinastias do sul

Na região do Decã (centro-sul) e no sul da Índia, muitas dinastias surgiram após o declínio dos Mauria. Duas importantes foram Pallava e Chola. A primeira dominou a região de 275 a 550. A outra, bem mais poderosa, dominou a região do século IX ao XIII. Até o ano 300, muitos reinos dessa região enriqueceram por meio do comércio com Roma, exportando especiarias, tecidos finos, pedras preciosas e animais exóticos.

O Império Chola – Os Chola foram considerados a maior dinastia depois dos Gupta. Funcionários, chefes de província e comitês eleitos dinamizavam a administração. Realizavam comércio com a China, o Camboja e Mianmar, e suas expedições alcançavam o Sri Lanka, a Malásia e Sumatra.

O auge da arquitetura de templos chola tem seu marco na grandiosidade do templo Brihadishvara. Com 66 metros de altura e portais esculpidos, abrigava músicos e dançarinos que se apresentavam nos templos.

Leão de Sarnath, século III a.C., capitel de um dos pilares do rei Ashoka, em Utar Pradesh, Índia.

❯ O domínio islâmico

A chegada e o estabelecimento dos muçulmanos na Índia constituíram um longo processo. Desde as primeiras invasões, pelo noroeste indiano, no século VIII, passando pela instituição do sultanato de Délhi, ao norte, nesse mesmo período, até o domínio do Decã, no século XV. No século XVI, o poder político das dinastias enfraquece, mas se mantém até o século XVIII.

❯ A chegada do Islã

A partir do começo do século VIII tem início o avanço islâmico em direção ao Oriente. Nesse período, os muçulmanos alcançam a Índia, em um primeiro momento, pelo baixo vale do rio Indo, na região do atual Paquistão. Essa foi a primeira fase de conquistas e ocorreu durante o governo de Mahmud de Ghazni, que invadiu a região por várias vezes entre os anos 998 e 1030.

A disseminação do comércio e o saque aos templos são características dessa época. Dois séculos depois, no norte da Índia, Punjab e Délhi estavam ocupados pelos invasores islâmicos.

❯ O Império dos sultões

A fixação efetiva do islamismo e a disseminação de sua rica e multifacetada cultura ocorreram com a fundação dos sultanatos, que eram territórios comandados por um sultão.

Dois grandes sultanatos são exemplos do poder do Islã na Índia: o sultanato de Délhi, ao norte, que abrangeu o conjunto de muitas dinastias que dominaram a região desde o início do século XIII; e o sultanato de Bahmani, que, rebelando-se contra o sultanato de Délhi, dominou as regiões do centro-sul da Índia, a partir de meados do século XIV.

Entre as mudanças ocorridas sob o domínio muçulmano dos sultanatos, podemos citar o aumento do número de cidades e do comércio com o mundo islâmico. As trocas comerciais favoreceram os mercadores indianos. Caravanas terrestres e viagens marítimas eram empreendidas rumo ao Ocidente e ao Oriente, beneficiando ambos os povos, apesar de o aumento dos impostos exigidos pelos muçulmanos ocasionar um progressivo empobrecimento dos camponeses.

Houve um grande processo de urbanização, sobretudo ao norte. Mesquitas e túmulos revelam a imponência e a abrangência da dominação islâmica. No entanto, por volta do século XV, a intolerância islâmica em relação às outras crenças e os conflitos internos dentro dos próprios sultanatos criaram um conjunto de fatores que foram decisivos para o declínio e a vulnerabilidade do domínio do islamismo na Índia.

❯ O Império Mogul

Em 1526, Babur, príncipe de um Império na Ásia Central e hábil estrategista, derrotou o sultão de Délhi e iniciou o Império Mogul, que abrangeu todo o centro-norte do subcontinente indiano.

O auge do Império Mogul veio com o reinado de Akbar, de 1556 a 1605. Foi com ele que a Índia conseguiu períodos de grande estabilidade política, econômica e religiosa. Considerado sábio administrador, implementou uma política de tolerância e respeito sobre as regiões dominadas. A cobrança de impostos era equitativa e cuidadosa, sendo reduzida em momentos de dificuldades. A tolerância religiosa foi sua grande marca, aproveitando o melhor das tradições islâmicas e hindus.

Jahangir e o xá Jahan, os dois imperadores que sucederam Akbar, também deixaram um brilhante legado, sobretudo na arquitetura. A obra mais conhecida é o Taj Mahal, o auge da arquitetura mogul.

Em meados do século XIX, os derradeiros representantes do poder mogul, já enfraquecidos pela ação de governantes provinciais, foram definitivamente expulsos pelos ingleses.

Miniatura árabe do século XVI. A imagem representa a corte de um sultão. A chegada do islamismo e a instauração de sultanatos onde hoje é o Afeganistão levaram o budismo ao colapso nessa região.

Cultura e religião

Hinduísmo

O vedismo e o bramanismo são as formas mais antigas da religião que se convencionou chamar de **hinduísmo**, surgido há cerca de 5 mil anos, fruto do desenvolvimento de uma longa tradição mística e religiosa.

No entanto, o termo hinduísmo, atribuído e difundido por ocidentais, não é reconhecido pelos próprios hinduístas. Quando um indiano ou praticante da fé dos Vedas se refere à sua crença, ele a denomina Sanatana Dharma (Religião Eterna).

O hinduísmo também não designa uma religião una, fechada, mas uma diversidade de religiões, seitas e compreensões espalhadas pela Índia e por outros países cujas populações professam a tradição religiosa védica.

Ilustração do século XVII feita para o poema épico Mahabharata, texto sagrado do hinduísmo. Alguns deuses indianos são representados com vários braços para simbolizar movimento ou múltiplas habilidades.

As divindades e as diversidades

Os deuses védicos subsistiram e coexistiram com outros que surgiram posteriormente. São milhares de divindades, entre elas: Indra (a principal divindade do Rig Veda), Agni (o fogo), Kama (o amor), Sakanda (a guerra), Ganesh (o que remove obstáculos), Ganga (o rio sagrado), Hanuman (o deus-macaco), Parvarti (a mãe divina).

No entanto, a mais famosa concepção divina é a Trimurti, ou a Trindade Hindu, formada por Brahma (o Criador), Vishnu (o Conservador) e Shiva (o Destruidor).

Apesar das incontáveis manifestações das divindades, dos diversos nomes e das inúmeras formas assumidas por essas deidades, nessa cultura politeísta, a maior parte dos hinduístas considera Brahma a principal divindade do riquíssimo panteão hindu.

O sistema de castas

O sistema de castas está enraizado na cultura indiana – as *varnas*, estudadas na página 226. Apesar de terem inúmeras subdivisões atualmente, as quatro grandes castas originalmente eram constituídas por: brâmanes (orientavam os hindus filosófica e religiosamente); xátrias (administravam, lideravam e lutavam); vaixás (lidavam com a terra e o comércio); sudras (serviam as demais castas conforme sua aptidão). Além dessas divisões, existem os *dalits*, ou intocáveis, que não pertencem a nenhuma casta e são marginalizados na sociedade indiana. Atualmente, a discriminação por castas é proibida pela Constituição indiana.

Leia
O grande combate: contos escolhidos do Mahabharata, de Heloísa Prieto. São Paulo: Moderna, 2008.
Adaptação do clássico da literatura indiana, narra histórias e aventuras que mostram aspectos importantes do hinduísmo.

▶ Budismo

No século VI a.C., acompanhando o crescimento comercial e urbano desse período na Índia, surgiram também novas formas de crença. Entre elas, o budismo – criado por Sidarta Gautama (c. 563 a.C.-c. 483 a.C.), mais conhecido como Buda ("iluminado"). Articulando preceitos éticos, religiosos e filosóficos, o budismo difundiu-se rapidamente, sobretudo nas camadas mais humildes da sociedade indiana.

Para alcançar as verdades, segundo essa crença, não era necessário pertencer a uma casta nem realizar nenhum ritual de sacrifício. Todos os que desejassem a iluminação interior poderiam buscá-la. Essas características eram inovadoras em uma organização social rigidamente dividida em castas, por isso, houve muitos choques de interesses e conflitos entre sacerdotes brâmanes e budistas. Em muitas partes da Índia, os budistas foram perseguidos.

Depois da morte de Buda, um grande difusor do budismo foi o rei Ashoka Mauria. Por ordem dele, os princípios budistas expandiram-se pela Índia e por outras regiões.

Buda sob a árvore de Bodhi, cercado por discípulos, príncipes e bodisatvas. Relevo esculpido em pedra, século II a.C.

▷ O príncipe

Sidarta Gautama, nascido na região do atual Nepal provavelmente em 563 a.C., foi um príncipe que viveu, segundo a tradição, em meio ao luxo, aos prazeres e à riqueza, praticamente isolado entre os muros de seu palácio até quase 30 anos. Por essa época teria decidido conhecer a vida fora do palácio e buscar lições dos sábios de seu tempo. Viu muitas coisas, incluindo a pobreza e as doenças da população. Em busca de respostas para o que havia visto, renunciou à vida que levara até então.

▷ O iluminado

Depois de se retirar da vida palaciana, Sidarta peregrinou pelas cidades da Índia. Passou a fazer jejuns rigorosos e penitências. Porém, percebeu que as várias doutrinas aprendidas não eram satisfatórias, assim como a austeridade e as penitências exageradas.

Passou, então, a buscar a iluminação por meio da meditação. Segundo a tradição budista, ele alcançou, enfim, o conhecimento absoluto sob uma árvore, momento em que descobriu que as causas de todos os males e sofrimentos seriam o desejo e o apego exagerado a si mesmo. Descobriu também que podemos lidar com o desejo e alcançar a iluminação, sobretudo observando as Quatro Nobres Verdades e os Oito Passos da Retidão.

▷ As Verdades e os Passos

Segundo os preceitos budistas, é preciso buscar desenvolver um profundo esclarecimento sobre si mesmo e sobre a realidade. Quatro seriam as Nobres Verdades sobre as quais se deve ter um íntimo entendimento:
a) a natureza do sofrimento;
b) a origem do sofrimento;
c) o fim do sofrimento;
d) o caminho para a cessação do sofrimento.

Oito seriam os passos desse caminho:
- entendimento correto;
- pensamento correto;
- fala correta;
- ação correta;
- modo de vida correto;
- esforço correto;
- atenção correta;
- concentração correta.

Seguir esses preceitos permitiria a qualquer pessoa, sem distinção, chegar ao nirvana, ou seja, o fim definitivo de qualquer sofrimento.

■ Conheça melhor

O templo da iluminação

Declarado patrimônio da humanidade pela Unesco, o templo Mahabodhi é o marco principal edificado onde, há mais de 2 500 anos, o príncipe Sidarta Gautama teria alcançado a iluminação. A torre de 54 metros de altura é formada por vários níveis e coroada ao alto. Em seu portal, construído no século VIII, há diversas inscrições dos ensinamentos de Buda. No interior de seu santuário principal há uma grande escultura de Buda, do século X. Ao anoitecer, momento em que são feitas as preces budistas, milhares de lamparinas iluminam todo o templo.

Templo de Mahabodhi, em Bodhi Gaya, Índia, construído no século III a.C. Foto de 2010.

› Artes

› Música e dança

A música e a dança indianas têm bases fundamentalmente históricas e religiosas. São, até hoje, as artes mais apreciadas pelos indianos.

Na música, há dois estilos principais: o hindustani e o carnático (este mais específico do sul da Índia). Seus traços mais marcantes são a melodia – raga –, repleta de improvisações, e o ciclo rítmico – tala. Há ragas para cada estação do ano e para cada hora do dia. Os ragas são acompanhados de diferentes instrumentos de percussão (como a tabla), sopro (como a flauta) e cordas (como a cítara).

A dança, por sua vez, apresenta rico simbolismo e rígida disciplina. Sua característica mais marcante é a linguagem das mãos e dos olhos, que traduzem as emoções. A dança clássica indiana é a Bharat Natyan, datada do século IV. Em geral, os temas dançados se baseiam na mitologia indiana e representam uma história ou um estado de espírito. Os bailarinos desenvolvem, assim, coreografias complexas.

Ligada à espiritualidade, a ioga também faz parte do legado da cultura indiana. Conjunto milenar de práticas corporais e rituais, durante o século XX foi amplamente difundida no Ocidente.

Dançarinos indianos participam de um ensaio para o festival de Navratri, que ocorre durante nove noites e dez dias, em Ahmedabad. Foto de 2012. A tradição é mantida pela música, dança e vestuário.

› Arquitetura e escultura

A arquitetura e a escultura evoluem gradativamente, condicionadas ao hinduísmo e ao budismo e, posteriormente, ao islamismo. Mostras de uma arquitetura magnífica se encontram por toda a Índia, sobretudo em mosteiros, templos, mesquitas e mausoléus. Construídos sobre rocha sólida ou entalhados em cavernas, os monumentos arquitetônicos são expressão da sociedade indiana.

Os rituais religiosos e as narrativas históricas influenciaram o trabalho de muitos artistas. O período indo-islâmico foi marcado por um estilo que valorizava o esplendor e a grandiosidade. Exemplos famosos no Ocidente são o Taj Mahal e o Forte de Agra.

Em geral incorporada aos monumentos arquitetônicos, a escultura é requintada e muito elaborada. O Leão de Sarnath, emblema atual da Índia, data do século III a.C. O budismo inspirou muitas esculturas de Buda. No sul da Índia, destacam-se as estátuas monolíticas de Gomastevara.

Indianos muçulmanos reunidos para a Festa do Sacrifício, na mesquita de Jama Masjid, em Fatehpur Sikri, próximo a Agra. Construída no século XVI, é uma edificação clássica da arquitetura islâmica na Índia. Foto de 2012.

Ontem e hoje

O sistema de castas na sociedade indiana atual

O sistema de castas na Índia ainda é uma questão polêmica. As maneiras como o tema é abordado refletem a complexidade e a diversidade de posicionamentos e interesses religiosos, políticos e culturais que estão em jogo. Mesmo com a abolição constitucional das castas, na prática essa tradição não foi extirpada do cotidiano hindu.

Se considerarmos que a Índia pode ser vista como a maior democracia do mundo, devemos levar em conta também que, como muitos outros países, suas desigualdades sociais são imensas. Assim, para entendermos essa complexidade e essas contradições, o sistema de castas é um elemento fundamental para esclarecer a origem de diversos conflitos existentes na Índia atual.

Manifestação de mulheres *dalits* reivindicando seus direitos durante protesto em Bangalore, Índia. Foto de 2009.

Castas

Em primeiro lugar, colocaremos esta definição: a casta, que os hindus designam indiferentemente por uma ou outra das duas palavras *jâti* e *varna*, é uma função social determinada pela natureza própria de cada ser humano. A palavra *varna*, no seu sentido primitivo, significa "cor", e alguns quiseram encontrar nela uma prova ou pelo menos um indício do fato que supõe que a distinção das castas teria na origem sido fundada sobre diferenças de raça; mas não é nada disso, porque a mesma palavra tem, por extensão, o sentido de "qualidade" em geral, de onde seu uso analógico para designar a natureza particular de um ser, o que se pode chamar sua "essência individual", e é exatamente isto o que determina a casta, sem que a consideração de raça só tenha que intervir como um dos elementos que poderiam influir na constituição da natureza individual.

Guénon, René. Disponível em: <http://www.yogalotus.com.br/castas.htm>. Acesso em: 9 dez. 2013.

Dalit é linchada

[1º de agosto de 2012.] Uma mulher de 65 anos pertencente à casta dos *dalit* [...], a mais baixa do sistema social hindu, morreu linchada [...] após ser acusada de bruxaria. O crime ocorreu no povoado de Shevenan, situado na nortista região de Bihar, que é uma das mais pobres e atrasadas da Índia, segundo informou uma fonte policial à agência indiana Ians.

A vítima, Payari Devi, morreu nas mãos de uma multidão que a atacou após acusá-la de provocar a morte de um homem do povoado, Ashok Manjhi, por meio de técnicas de magia negra. [...] a polícia já deteve quatro pessoas envolvidas no crime.

Em zonas rurais de Bihar continuam sendo frequentes estes tipos de ataques contra mulheres acusadas de bruxaria. Vários governos regionais empreenderam nos últimos meses campanhas para erradicar tanto os linchamentos de supostos bruxos e bruxas como os sacrifícios humanos, embora esta última prática seja cada vez menos comum.

Disponível em: <http://veja.abril.com.br/noticia/internacional/idosa-de-casta-inferior-e-linchada-na-india-acusada-de-bruxaria>. Acesso em: 9 dez. 2013.

A Constituição da Índia

O Estado não poderá negar a nenhuma pessoa a igualdade perante a lei bem como a igual proteção de todos dentro do território da Índia. [...] O Estado não pode discriminar a ninguém com base na religião, raça, casta, gênero ou local de nascimento.

[...] A intocabilidade é abolida e sua prática sob qualquer forma é proibida.

Godoy, Arnaldo S. de M. A Constituição da Índia. Disponível em: <http://www.arnaldogodoy.adv.br/artigos/india.htm>. Acesso em: 9 dez. 2013.

Reflita

Considerando os diferentes posicionamentos, a complexidade histórica da questão e principalmente o profundo impacto provocado pelo sistema de castas na realidade de diversos segmentos sociais na Índia, faça a atividade proposta.

- Organize com seus colegas uma pesquisa sobre avanços e preconceitos ainda existentes na Índia atual e relacionados ao antigo sistema de castas. Depois, promovam um debate acerca das possíveis consequências da perpetuação, da erradicação ou da modificação no sistema de castas, procurando sugerir formas de promover o fim da discriminação de qualquer tipo.

Atividades

Verifique o que aprendeu

1. Faça uma explanação sobre as principais características, do ponto de vista técnico, das sociedades do vale do Indo.
2. Quais são os principais pontos comuns entre os aspectos culturais característicos das sociedades harappianas e das védicas?
3. Analise o papel dos valores éticos e morais da antiga sociedade indiana, tendo como base os princípios fixados nos textos védicos.
4. Identifique uma realização do Império Mauria e justifique sua importância para a época.
5. Relacione os preceitos básicos do budismo para o alcance da felicidade com os aspectos dessa crença invocados pelos brâmanes para justificar a perseguição aos budistas.
6. Interprete o papel desempenhado pelo rei Ashoka no fortalecimento do budismo, refletindo sobre a atitude do soberano em relação às manifestações da religiosidade nas regiões sob seu domínio.
7. Analise as principais características da dominação muçulmana na Índia do século XIII, assinalando algumas que podem ser observadas ainda hoje.

Leia e interprete

8. Leia o texto abaixo e faça o que se pede.

   > A Índia, ao contrário, por exemplo, do Egito e da Mesopotâmia, não é uma civilização morta. O estudo da sua antiguidade converge necessariamente para a compreensão de sua realidade presente, com a qual guarda relações diretas. A superação das perspectivas europeias colonizadoras de entendimento desse passado é uma das obras principais dos historiadores indianos no decorrer da realização da independência política de seu país, e expressa o vigor da civilização hindu. [...] Podemos dizer que a principal característica dos estudos contemporâneos sobre a Índia antiga é precisamente o dimensionamento da criatividade e inovação das relações interétnicas, que deram ao subcontinente [...] Trata-se assim de uma história cheia de significados e que muito tem a acrescentar a indianos e a ocidentais nas suas reflexões sobre o desenvolvimento das sociedades.
   >
   > Leite, Edgard. *Revista Phoînix*. Rio de Janeiro, 1999. p. 12.

   Relacione o fragmento acima com os textos sobre a cultura do vale do Indo e identifique explicações sobre a Índia Antiga que poderiam ser entendidas como uma visão europeia colonialista. Explique também que contribuição deram os pesquisadores contemporâneos para o conhecimento da Índia.

9. Quais aspectos do texto a seguir e deste capítulo podem ser articulados na avaliação do Império Gupta como um dos maiores impérios estabelecidos na Índia Antiga?

   > A Índia [dos Gupta] podia exportar porque tinha grande produção de base e produtos de luxo. [...] Os comerciantes indianos vendiam em primeiro lugar produtos locais: pedras preciosas, marfins trabalhados ou não, pérolas, lacas para tingir os tecidos de vermelho, especiarias, tecidos de algodão, madeiras preciosas como a teca e o ébano, e armas. Em seguida revendiam aos estrangeiros os produtos que transitavam pelo seu país, o almíscar tirado das cabras do Tibete, a seda chinesa, a prata e o estanho da península malaia, e muitos produtos mais. [...] É fácil compreender que, com um comércio tão florescente, se vissem passar constantemente nas estradas os elefantes ricamente ajaezados, cavalos empenachados e às vezes até com sela, mas sem estribos, peões apressados ou liteiras. Com intervalos regulares apareceram refúgio para peregrinos. Em certos países ricos como Magadha havia mesmo hospitais para os pobres e abandonados.
   >
   > Rouche, Michel. *Os impérios universais*: séculos II a IV. Lisboa: Dom Quixote, 1980. p. 341-343.

10. As vias marítimas e as transações comerciais que por elas se davam tiveram papel preponderante na história da Índia. Com o domínio islâmico não foi diferente. Assim, com base na análise desta miniatura árabe e do que foi visto no capítulo, faça as atividades propostas.

    Miniatura árabe do século XIII.

    a) A disposição espacial das personagens representadas e o tipo de atividade que realizam na embarcação apontam para que condições sociais e hierarquias de poderes?
    b) O que é possível inferir a respeito do grau de desenvolvimento naval muçulmano em relação ao europeu na época? Justifique.

CAPÍTULO 20

A expansão marítima europeia

O que você vai estudar

- O imaginário europeu na Baixa Idade Média.
- As práticas econômicas mercantilistas.
- Os portugueses à frente da expansão marítima.
- Contatos e tensões entre europeus e africanos.
- A Espanha e as viagens de Colombo.
- Europeus na América.
- A divisão do mundo entre Portugal e Espanha.

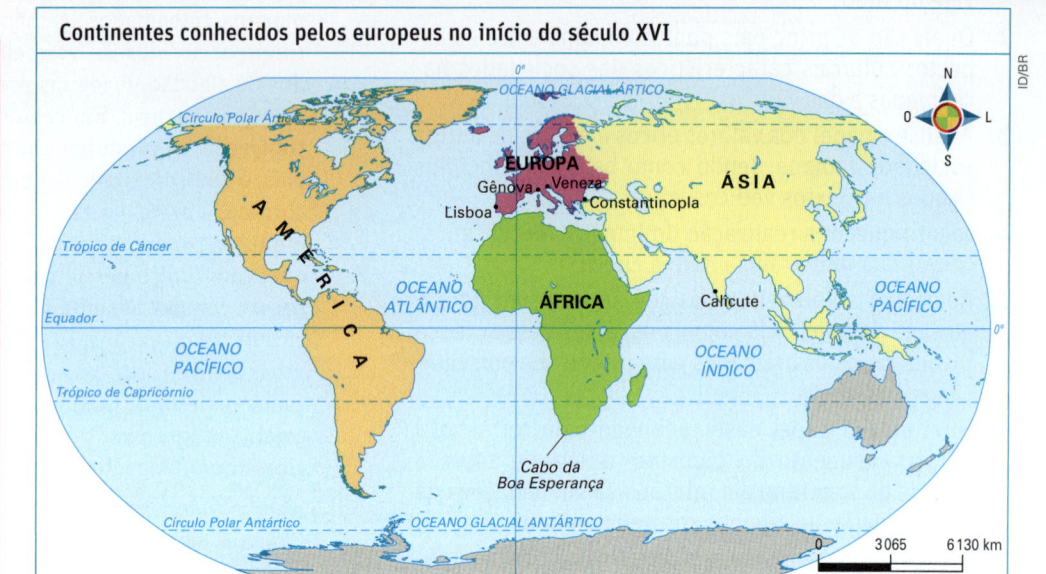

Continentes conhecidos pelos europeus no início do século XVI

Fonte de pesquisa: *Atlas geográfico escolar*. Rio de Janeiro: IBGE, 2007. p. 35.

Ligando os pontos

Até fins do século XV, os portos das cidades da península Itálica controlavam boa parte das mercadorias que chegavam e saíam da Europa e eram a porta de entrada para produtos vindos do Oriente.

Cristãos e muçulmanos guerreavam constantemente, tanto pela Terra Santa, nas lutas envolvendo as Cruzadas, quanto pela península Ibérica, nas Guerras de Reconquista. Apesar da hostilidade entre eles, esse contato promoveu a influência cultural de ambos os lados, verificada, em especial, na península Ibérica. Os reinos cristãos receberam influência na arquitetura e na língua, e os muçulmanos foram responsáveis pela preservação das obras de autores gregos.

Portugal e Espanha constituíram-se como Estados durante as guerras contra os mouros. Os lusitanos venceram os muçulmanos no século XIII e, em 1385, conquistaram sua independência de Castela após a Revolução de Avis. Os espanhóis só conseguiram consolidar sua monarquia nacional no final do século XV, quando uniram as Coroas de Castela e Aragão e reconquistaram dos mouros o Reino de Granada.

A consolidação da monarquia nacional de Portugal teve o apoio da nobreza e dos grupos mercantis. O comércio era fundamental para a economia dos portugueses, cujos navios percorriam toda a costa europeia. Interessava também à Coroa portuguesa o comércio com o Oriente, fonte de especiarias e artigos de luxo, mas, para isso, era preciso utilizar outras rotas marítimas que não as do Mediterrâneo, controladas pelos italianos.

O desafio de viabilizar o comércio com o Oriente foi enfrentado primeiro pelos portugueses e depois pelos espanhóis.

1. Observe o mapa acima e identifique quais continentes aparecem destacados.
2. O desafio português era chegar ao Oriente por outras rotas que não fossem as do mar Mediterrâneo. Observe o mapa e diga qual seria uma rota marítima alternativa.

❯ O imaginário europeu

Até o final do século XV, o mundo conhecido pelos europeus se restringia ao seu próprio continente, ao norte da África e a algumas partes da Ásia. Essas regiões estavam integradas pelo comércio, cujas rotas percorriam os portos às margens do Mediterrâneo. Muitos artigos eram comercializados: ouro, tecidos, artigos de luxo, condimentos, sal, etc.

A partir do século XI, os produtos orientais eram cada vez mais vendidos na Europa. Encontravam-se nos mercados europeus itens como diamantes indianos, pérolas do Ceilão e porcelanas chinesas. Apesar disso, os povos orientais continuavam estranhos à maioria dos europeus.

Escritores da época deixaram registros interessantes que nos permitem observar como eles imaginavam os povos que desconheciam. O inglês **John Mandeville**, por exemplo, escreveu sobre homens que tinham cabeça de cão e outros seres estranhos que viveriam nas terras do Oriente.

A imaginação dos europeus sobre a Ásia não tinha limite. Monstros sem cabeça (com olhos e boca no peito), impérios poderosos e paraísos na terra eram algumas das projeções a respeito das civilizações asiáticas. Cipango (Japão) e Catai (China) estavam entre os lugares mais comentados nas crônicas de viagem.

Algumas dessas crônicas alertavam sobre embarcações que se aventuraram nos mares desconhecidos e acabaram engolidas por monstros ou pelas águas do mar. Esses relatos constituíam um imaginário compartilhado por boa parte dos europeus daquele período.

Se a Europa pouco conhecia as terras do Oriente, ignorava tudo o que havia do outro lado do oceano hoje conhecido como Atlântico. O desconhecimento aumentava o caráter imaginativo e fantasioso dos relatos.

O oceano Atlântico, chamado de *Mare Ignotum* (mar do mistério, do desconhecido), era fonte de muitos medos. Seria povoado de monstros, teria imensas quedas-d'água e ainda outros obstáculos intransponíveis à navegação em mar aberto. Tudo isso se opunha ao mundo conhecido pelos europeus e ao domínio que tinham sobre o Mediterrâneo.

O medo dos mares era também representado em imagens. Nessa iluminura do século XII, um peixe gigantesco ameaça um barco.

Conheça melhor

Mapas medievais e mapas portulanos

Os mapas também contribuíram para a constituição do imaginário sobre outras regiões do mundo. Leia a seguir as diferenças entre os mapas medievais e os portulanos.

Os mapas medievais, terrestres ou cósmicos, finamente desenhados, destinavam-se aos letrados da época e às bibliotecas da nobreza e do clero. Eram mapas teológicos. Não tinham qualquer compromisso com a representação real do espaço, não servindo, portanto, para quem desejava orientar-se no espaço concreto, viajar por oceanos, buscar novas terras. A partir do século XIII, quando as atividades comerciais começaram a se tornar novamente importantes na Europa, transformando o Mediterrâneo em um agitado mar comercial, houve necessidade de conceber um tipo de mapa capaz de orientar os navegadores e permitir que fossem capazes de reconhecer os acidentes da costa e as correntes marítimas. Estes novos mapas, chamados "portulanos", criados pelos navegantes italianos, foram elaborados pelos próprios pilotos, ou por cartógrafos que se baseavam em informações fornecidas diretamente por pilotos.

FIGUEIREDO, Luiz Carlos; AMADO, Janaína. *No tempo das caravelas*. Goiânia: Cegraf-UFG; São Paulo: Contexto, 1992. p. 42-43.

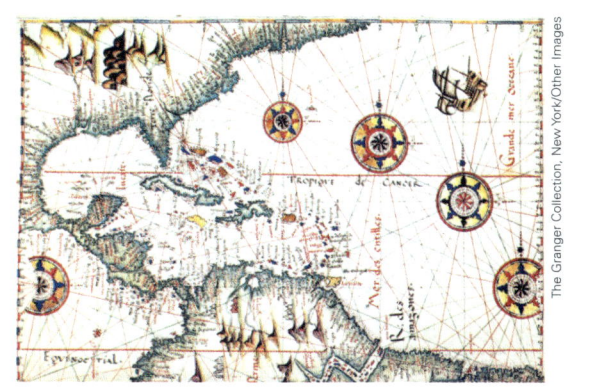

Mapa portulano do século XVI, no qual se vê parte da costa da América e o Caribe.

As viagens de Marco Polo

Além das lendas sobre o Oriente, havia também narrativas menos fantasiosas, como os relatos de viagens, entre os quais se destacou o de **Marco Polo**, mercador veneziano que viajou ao Oriente no final do século XIII.

Marco Polo conheceu boa parte da Ásia, passando por regiões da China, da Índia e do Império Mongol. Os relatos de suas viagens impressionavam pela detalhada descrição a respeito dos reinos, das riquezas e dos costumes orientais, enfatizando a abundância e as maravilhas encontradas. Com isso, a viagem de Marco Polo se tornou uma rica fonte para o imaginário dos europeus que desejavam se aventurar pelo Oriente.

As informações divulgadas pelo mercador veneziano interessavam à Igreja, que pretendia converter os pagãos asiáticos, e também aos mercadores, que desejavam estabelecer contatos comerciais.

Nessa miniatura do século XIV, está representada a caravana de Polo atravessando a Ásia. Observe que os animais da frente carregam grande quantidade de produtos. Imagens como essa circularam bastante pela Europa entre os séculos XIV e XV.

O Reino de Preste João

Durante a Baixa Idade Média, circulavam na Europa rumores sobre o Reino de Preste João, um suposto reino cristão localizado no Oriente. Lendas e fantasias sobre essa terra corriam entre os europeus, interessados em saber mais sobre um possível aliado contra os muçulmanos.

As histórias sobre o Reino de Preste João disseminaram-se, sobretudo na península Ibérica, por causa da luta contra os mouros nas Guerras de Reconquista.

Em Portugal, durante os reinados de Afonso V (1438-1481) e dom João II (1481-1495), a lenda de Preste João serviu como impulso e contraponto ao medo do desconhecido. Para os portugueses, a luta contra os mouros e a defesa da cristandade eram motivos fortes para que se lançassem nos mares em direção ao Oriente.

Com a expansão marítima a partir do século XV, os medos, as fantasias e as antigas concepções do mundo foram colocados à prova. Além de vantagens econômicas, novidades materiais e avanços tecnológicos, as viagens pelos mares e oceanos deram aos europeus condições para novas formas de entender o mundo.

> **Conheça melhor**

Religião e economia na expansão marítima

No texto a seguir, os autores expressam sua opinião a respeito dos desejos econômicos e dos motivos religiosos na expansão marítima europeia.

Motivos religiosos misturavam-se aos econômicos, não existindo, na mente da maioria das pessoas da época, a oposição entre os dois. Os europeus erigiam impérios "em nome de Deus e do lucro", conforme notou, ainda no século XIII, certo mercador italiano, e em 1485, referindo-se aos feitos do rei português dom João II, Vasco Fernandes de Lucena, na *Oração de obediência*, dirigida ao papa, completou: "Do descobrimento e exploração dessas terras parece-me já está a ver quantas e quão grandes somas de riquezas, honras e glória virão, tanto para o povo cristão como principalmente para vós, Santíssimo Padre [...]". Na ânsia de enriquecer, vários conquistadores cristãos saquearam, assassinaram e torturaram, ferindo os mais elementares princípios do cristianismo. Para evangelizar, religiosos não hesitaram em recorrer ao desrespeito, à humilhação, à força e até à dizimação de populações, contrariando as pregações do Evangelho.

FIGUEIREDO, Luiz Carlos; AMADO, Janaína. *A formação do Império português (1415-1580)*. São Paulo: Atual, 1999. p. 16.

O mercantilismo

Após a crise do século XIV, a Europa passou por um momento de estabilidade política, crescimento demográfico e reorganização econômica.

A produção manufatureira e o comércio mostravam-se negócios rentáveis. As rotas comerciais por terra e pelo mar Mediterrâneo ligavam a Europa ao norte da África e à Ásia.

A agricultura também se expandiu para suprir o aumento da demanda provocado pelo crescimento populacional. Ainda assim, os preços aumentavam, pois a procura era maior do que a oferta. Entre o final do século XV e o início do século XVI, o preço dos cereais, por exemplo, aumentou oito vezes.

A participação dos Estados nacionais

A formação dos Estados nacionais a partir do século XV é fundamental para a compreensão das mudanças econômicas desse período. Isso porque o Estado, visando se fortalecer e acumular riquezas, passou a incentivar e proteger as atividades econômicas, entendidas agora como negócios também do Estado.

Um dos principais objetivos da intervenção do Estado na economia era atender às necessidades sem comprar produtos de outros países. Essa medida era importante em função da ideia de que a riqueza do mundo era limitada. Assim, comprar menos e vender mais equivalia a enriquecer e diminuir a riqueza dos outros Estados.

Esses princípios estão na base das práticas econômicas chamadas de **mercantilismo**, que começaram a se alinhar na Europa entre o século XVI e o início do século XVIII.

O mercantilismo tinha como principal finalidade enriquecer o Estado, responsável pelo controle das atividades econômicas. Além do fortalecimento estatal, as práticas mercantilistas favoreciam os grupos sociais vinculados ao comércio e à manufatura, chamados de burguesia mercantil.

Apesar de não ter sido igual em toda a Europa, o mercantilismo tem algumas características básicas.

Características do mercantilismo

Um dos fundamentos do mercantilismo é a medida da riqueza de um país pela quantidade de metais preciosos que possui. Isso levou à política econômica chamada de **metalismo**, que consistia no acúmulo cada vez maior de ouro e prata.

Outro item fundamental do mercantilismo era a **balança comercial favorável**. Ou seja, era necessário vender mais e comprar menos de outros países.

Uma forma de diminuir as importações era aumentar os impostos sobre essa movimentação, prática chamada de **protecionismo**. Ao dificultar a importação, "protegiam-se" os produtores locais. As tarifas alfandegárias não só inibiam a entrada de produtos estrangeiros no mercado doméstico, mas também geravam dinheiro para o Estado.

Mercantilismo e expansão marítima

Ao mesmo tempo que adotavam práticas mercantilistas, os países europeus expandiam-se pelos demais continentes. Assim, o comércio ultramarino também fazia parte da lógica mercantilista. Os Estados europeus buscavam, nas novas terras, metais preciosos e artigos diversos que pudessem ser vendidos na Europa a preços mais altos.

Para tal empreendimento, os governos concederam **monopólios** a companhias de comércio – empresas privadas que tinham garantida a exclusividade das operações comerciais naqueles mercados.

Desse modo, na união entre a iniciativa privada e o Estado, ambos lucravam. O Estado concedia as licenças para a formação de companhias de comércio; em contrapartida, ricos comerciantes burgueses emprestavam dinheiro aos governantes para o financiamento das viagens e expedições marítimas.

O cambista e sua mulher, 1539, do pintor flamengo Marinus Claeszon Van Reymerswaele. A expansão marítima impulsionou as atividades comerciais e bancárias que já existiam na Europa. Essa cena representa um casal de burgueses contabilizando seus ganhos.

❯ O pioneirismo português

A reabertura do Mediterrâneo como corredor para trocas entre a Europa e o Oriente, durante a Baixa Idade Média, favoreceu a retomada do comércio internacional naquela região. A circulação de mercadorias e as trocas com o Oriente e com o norte da África criavam um circuito comercial em que era possível encontrar desde porcelanas e especiarias até escravizados e ouro.

As rotas comerciais que percorriam o Mediterrâneo eram, contudo, controladas por Veneza, Gênova e Pisa, que detinham assim uma espécie de **monopólio comercial** com o Oriente. A partir de 1453, quando Constantinopla foi tomada do Império Turco-otomano à força, a situação do comércio no Mediterrâneo ficou mais difícil para os mercadores italianos, pois houve aumento tanto nas taxas cobradas como nos preços dos produtos comercializados.

Porém, em algumas regiões da Europa havia a necessidade ou o desejo de manter o comércio com o Oriente e com a África. Para tal, era necessário encontrar rotas marítimas alternativas ao corredor do Mediterrâneo que fossem economicamente rentáveis.

❯ A situação de Portugal

No final do século XIV, Portugal já era um Estado centralizado sob a dinastia de Avis e independente da Coroa de Castela. Nesse processo de consolidação da monarquia nacional, a Coroa portuguesa foi apoiada pelos grupos mercantis que lutaram ao lado de dom João, mestre de Avis. Assim, desde o início as relações entre o Reino de Portugal e os comerciantes eram estreitas.

O Estado português privilegiou cada vez mais as atividades comerciais e as pessoas nelas envolvidas. Dessa forma, tanto concedia direitos a comerciantes quanto dava títulos de nobreza a burgueses. Boa parte da nobreza que se constituiu após a Revolução de Avis provinha dos grupos mercantis que haviam lutado contra Castela pela independência portuguesa.

Além da consolidação do Estado português, outro fator importante para entender a situação de Portugal em fins do século XIV são as ordens religiosas. Por causa da luta contra os mouros e da intenção de expandir a fé católica, algumas ordens religiosas apoiavam as expedições marítimas dos portugueses à costa africana e ao Oriente.

❯ O comércio marítimo português

As atividades econômicas portuguesas, a partir do século XIV, estiveram em boa parte ligadas ao comércio marítimo. Essas atividades comerciais constituíam um modo de gerar riquezas para o reino, já que a agricultura mal atendia às necessidades internas.

O crescimento da população, a escassez de terras férteis, as grandes áreas ocupadas pelos vinhedos destinados à produção de vinho (que era um dos principais produtos de exportação dos portugueses), que impediam o cultivo de outros produtos, e os estragos causados pelas guerras contra os mouros minavam a agricultura. Assim, o comércio surgia como uma alternativa econômica interessante e viável para suprir a deficiência da produção agrícola.

A localização geográfica de Portugal – na parte mais ocidental da Europa e com grande extensão litorânea – também facilitava as atividades marítimas. A pesca, por exemplo, era uma das práticas mais desenvolvidas em Portugal. Os portugueses pescavam até mesmo na costa inglesa.

A mediação do comércio entre as regiões norte e sul da Europa também foi ganhando importância cada vez maior. As mercadorias que chegavam ao sul da Europa pelo mar Mediterrâneo eram distribuídas nas regiões do norte, principalmente pelos comerciantes portugueses. Os portos lusitanos tornaram-se os principais intermediários entre o sul e o norte do continente, já que parte das rotas terrestres sofria com os estragos causados pela Guerra dos Cem Anos.

Vista de Lisboa em meados do século XVI, gravura de Theodor de Bry. Observe a grande atividade naval representada na imagem, fruto do desenvolvimento das práticas marítimas portuguesas desde fins do século XIV.

Em: América tertia pars, Frankfurt, 1592, Livro 3, 1ª parte: Experiências de John Staden 1548/55 no Brasil. Fotografia: ID/BR

> ### Rumo ao Atlântico

Para lucrar com o comércio dos produtos do Oriente, os portugueses precisaram encontrar outro caminho além do Mediterrâneo, já controlado pelos italianos.

Além disso, os portugueses tinham interesse no comércio direto com os africanos – atraídos pela possibilidade de conseguir ouro, que já era trocado nos portos do norte da África.

Assim, no século XV houve uma série de expedições marítimas portuguesas patrocinadas pela Coroa – que, além de recorrer aos bens da Ordem de Cristo, contraía empréstimos de banqueiros.

O primeiro passo para a expansão marítima portuguesa foi a **Conquista de Ceuta**, em 1415. Ceuta, no norte da África, era um entreposto comercial sob domínio muçulmano.

Alguns motivos impulsionaram os lusos na tomada de Ceuta. O primeiro, religioso, era conquistar o território dominado pelos mouros. O segundo, econômico, era controlar um ponto estratégico no comércio entre o Mediterrâneo e o Atlântico. O terceiro, de ordem social e militar, era conferir honrarias aos nobres guerreiros participantes da conquista.

A tomada de Ceuta não rendeu os frutos imaginados. A maioria dos negócios havia sido deslocada para outras regiões e as despesas para manter o domínio eram muito grandes.

Mas a busca pelos ricos mercados africanos e o desejo de combater os mouros continuaram a incentivar a expansão marítima portuguesa.

Ao longo desse processo, os portugueses estabeleceram feitorias na costa africana, onde trocavam tecidos, cobre e outros itens por ouro, escravizados, grãos e especiarias. Dominaram também os Açores e a Madeira (que por volta de 1460 já produziam cereais e açúcar).

Astrolábio de 1569, outro instrumento utilizado pelos navegadores portugueses.

> ### As inovações tecnológicas

Parte desse sucesso esteve ligada ao aperfeiçoamento da tecnologia de navegação, principalmente pelos contatos com os árabes, que trouxeram vários instrumentos e técnicas.

A bússola, o astrolábio, o quadrante, a balestilha e a ampulheta são exemplos de instrumentos incorporados pelos navegadores portugueses.

Houve também o aprimoramento das cartas náuticas e das técnicas de carpintaria naval. A principal inovação portuguesa foi a caravela, embarcação ágil e com velas triangulares que possibilitavam a navegação mesmo sem vento a favor.

GLOSSÁRIO

Ordem de Cristo: ordem militar criada em Portugal no início do século XIV, por determinação de dom Dinis. Teve participação importante nas Guerras de Reconquista contra os muçulmanos.

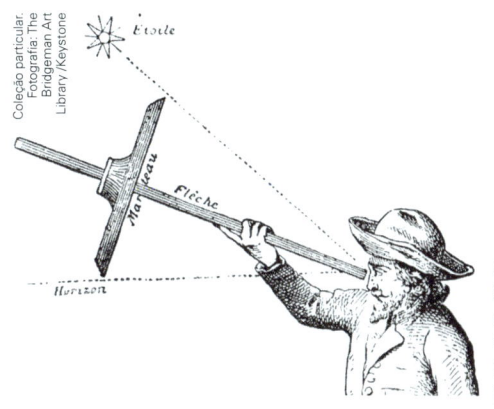

Gravura do início do século XIX mostrando a utilização da balestilha, exemplo de instrumento utilizado pelos navegadores portugueses.

Ponto de vista

A Escola de Sagres e o infante dom Henrique

No século XIX, consagrou-se entre os historiadores portugueses a ideia de que existiu uma escola em Sagres na qual o infante dom Henrique se teria reunido com especialistas na arte da navegação, cartógrafos e astrônomos. Sabe-se hoje que dom Henrique não conheceu a maioria dos nomes associados à "Escola de Sagres" e que esta jamais existiu como escola. Questiona-se também o caráter inovador da figura do infante, conforme vemos no texto do historiador Pierre Chaunu.

A figura de Henrique, o Navegador, aparece, hoje, sensivelmente diferente do estereótipo tradicional. Ela é mais humana e, em última análise, igualmente importante.

Ele nada inventou, nem inovou na ordem das ciências e das técnicas. Quando muito, reuniu os meios e os conhecimentos de seu tempo, com a finalidade de conquista que persegue. Muito mais cavaleiro que sábio ou mercador, Henrique, o Navegador, representou os interesses da nobreza um tanto afastada do poder. [...]

CHAUNU, Pierre. *A expansão europeia do século XIII ao XV*. São Paulo: Pioneira, 1978. p. 95-96.

O autor problematiza a criação, pelos historiadores portugueses do século XIX, de uma figura extraordinária que, segundo Pierre Chaunu, não era tão excepcional.

1. Você conhece alguma personagem da história brasileira que tenha sido considerada extraordinária, um herói?
2. Pesquise os motivos que levaram à criação dessa visão da personagem que você conhece e exponha para seus colegas na classe.

Africanos e portugueses

Após a tomada de Ceuta, os portugueses se lançaram à costa atlântica da África, rumo ao sul, dando início ao que ficou conhecido como **périplo africano**. Esse longo processo, que avançou por todo o século XV, estabeleceu as bases do Império colonial português e possibilitou a supremacia dos lusos sobre os mares. O historiador Pierre Chaunu identificou quatro grandes etapas da expansão portuguesa na costa africana. Veja o mapa ao lado.

> Os primeiros contatos

Os primeiros contatos entre os africanos da costa atlântica e os portugueses se estabeleceram por intermédio do **comércio**. Nos entrepostos comerciais, circulavam vários tipos de mercadorias, incluindo seres humanos escravizados, tanto homens quanto mulheres. Na região que vai da atual Libéria até a Costa do Marfim, era possível encontrar diversos produtos, entre eles arroz, peixe seco, sal, tecidos de algodão, ferro, cobre, malagueta, noz-de-cola, marfim, pedra-ume e ouro.

Etapas da expansão portuguesa no século XV

- 1ª etapa: tomada de Ceuta (1415) e travessia do cabo Bojador (1434)
- 2ª etapa: navegação do cabo Bojador a Serra Leoa (1462)
- 3ª etapa: transposição da costa da Serra Leoa até o Congo (1444-1486)
- 4ª etapa: transposição do cabo da Boa Esperança, por Bartolomeu Dias (1488). Chegada de Vasco da Gama a Calicute (1498)

Fonte de pesquisa: SERRA, Irene Seco et al. *Atlas histórico*. Madrid: Ediciones SM, 2005. p. 68.

Esse comércio ocorria ao longo da costa e dos rios. Na região do rio Kwanza, na atual Angola, os povos do litoral e as populações ribeirinhas mantinham trocas que, com a presença dos portugueses, se intensificaram. Os rios serviam de via de ligação entre o interior do continente e as regiões costeiras.

> O comércio de escravizados

O comércio de escravizados pelos portugueses começou ainda no século XV. Nos séculos seguintes, ele se transformaria no principal e mais lucrativo negócio da costa atlântica africana.

Conforme desbravavam o Atlântico, os lusos estabeleciam contatos com os povos da costa africana, geralmente em busca das minas de ouro. Além desse metal, os portugueses adquiriam escravizados, negociando e, muitas vezes, sequestrando pessoas que seriam vendidas em outros lugares. A prática do rapto gerou uma série de conflitos com habitantes da costa, que resistiam às investidas lusas.

Em algumas regiões, como na Costa do Ouro (atual Gana), os portugueses transformaram-se em intermediários do comércio interno de escravizados, participando ativamente tanto da venda quanto da compra dessa mão de obra. Na parte oriental do continente africano, por volta de 1450 havia um comércio estável que interligava a costa, o noroeste de Madagascar, o Egito, a Arábia e a Ásia, formando um importante corredor comercial no oceano Índico.

Descobridor português visto pelos africanos. Escultura de Benin, 1550. As sociedades africanas também registraram suas impressões a respeito dos portugueses. Observe o caráter bélico representado na escultura.

› A presença portuguesa na África: negociações e tensões

Após os primeiros contatos com os africanos, os portugueses estabeleceram feitorias e entrepostos comerciais ao longo da costa atlântica. As incursões em direção ao interior do continente seguiram-se às expedições costeiras, como foi a de Diogo Cão, que, em 1483, chegou ao estuário do rio Congo.

Em algumas ocasiões, esses contatos foram pacíficos, como no caso do Congo, onde o soberano local se converteu ao cristianismo, e seus súditos colaboraram para que os portugueses alcançassem regiões de difícil acesso no interior. Os conhecimentos dos habitantes do lugar sobre a construção de barcos fluviais e sobre as barreiras naturais da região foram indispensáveis às expedições portuguesas.

Em outros casos, como o da rainha Nzinga (do Ndongo, na atual Angola), os contatos foram tensos, gerando conflitos e mortes.

Quando não havia um acordo inicial, os portugueses acabavam presos e levados até os soberanos locais. A partir de então, iniciavam-se longas negociações para a libertação dos cativos.

Além das tensões, havia conflitos religiosos, já que as missões portuguesas também tinham o objetivo de converter aqueles povos ao cristianismo. Na maioria das vezes, os missionários que acompanhavam as expedições na África consideravam aqueles povos idólatras, pecadores e feiticeiros, condenando suas práticas religiosas.

A rainha Nzinga usou vários recursos para negociar com os portugueses e alcançar seu objetivo de continuar soberana do Reino Ndongo. Acima, a visão europeia. Ilustração de 1780.

Ponto de vista

O confronto dos olhares

No texto a seguir, o historiador e africanólogo Alberto da Costa e Silva recria, em estilo literário, como teria sido a reação dos africanos ao observar a chegada dos portugueses.

Ao avistar a primeira caravela, os que viviam ao sul do que viria a ser Arguim – ponto tido pelos portugueses como "os confins que dividiam a Barbaria [o norte da África] do país dos negros" – talvez a tivessem confundido com uma baleia, qual ocorreria mais tarde aos habitantes do Congo. Ou um peixe – um peixe enorme – ou "alguma ave que corria assim, andando por aquele mar" [...]. Quem olhasse da praia uma caravela, bem podia tê-la, com efeito, por um grande pássaro pousado no oceano, as duas velas latinas a simularem asas.

De perto, os forasteiros não difeririam muito dos árabes e dos berberes azenegues do Saara: o mesmo cabelo liso e longo, o mesmo nariz comprido, os mesmos lábios estreitos e uma pele ainda mais desbotada. Quase tão desbotada quanto a dos albinos. A sua cor mais se assemelhava à dos espíritos, que são brancos, do que à de gente viva. E pareciam também não ter dedos nos pés, pois a forma das botas e dos sapatos insinuava neles a falta de artelhos.

SILVA, Alberto da Costa e. *A manilha e o libambo*: a África e a escravidão, de 1500 a 1700. Rio de Janeiro: Nova Fronteira-Fundação Biblioteca Nacional, 2002. p. 149.

Conheça melhor

A rainha Nzinga

No século XVII, vários conflitos ocorreram entre os portugueses e os soberanos do Reino Ndongo (na atual Angola). Após a morte do rei Ngola Kiluanji, seu filho, Ngola Mbandi, assumiu o poder.

Os portugueses, partindo de Luanda, faziam incursões ao interior para capturar escravizados e tomar terras. Para evitar conflitos, Mbandi enviou a Luanda sua meia-irmã, Nzinga, para negociar. Em Luanda, Nzinga firmou um acordo de paz e adotou o cristianismo.

Mas o acordo não foi respeitado e os conflitos se reiniciaram. Descontente com a hesitação do rei diante dos ataques lusos, Nzinga o envenenou e assumiu o trono. A rainha renegou o cristianismo, aliou-se a outros povos da região, até mesmo com os holandeses, que na época disputavam terras com os portugueses.

Até 1663, Nzinga esteve à frente das negociações e dos conflitos com os portugueses e outros povos da região, mantendo o Reino Ndongo fora do controle lusitano.

Portugal monopoliza as especiarias

Depois de alcançar a costa africana, os portugueses pretendiam chegar às Índias. Porém, havia o grande desafio de contornar o extremo sul da África. Esse feito foi realizado por Bartolomeu Dias, em 1488, que batizou o lugar de Cabo das Tormentas (mais tarde, o rei dom João II mudou esse nome para Cabo da Boa Esperança). Sua ultrapassagem tornou possível as viagens até o Oriente pelo Atlântico.

Em 1497, o rei dom Manuel I designou Vasco da Gama para a grande viagem até as Índias. Organizou-se uma esquadra de quatro embarcações com uma tripulação de aproximadamente 170 pessoas. Após navegar pelo Atlântico e pelo Índico, Vasco da Gama chegou a Calicute, nas Índias, em 1498.

Houve negociações e conflitos com os indianos nos primeiros contatos. Alguns portugueses foram presos e quase toda a tripulação ficou sob vigilância de homens armados com espadas. Vasco da Gama teve dificuldades para estabelecer acordos com os soberanos locais, que não se iludiram com os presentes dados pelos portugueses.

> O monopólio das especiarias

Quando Vasco da Gama retornou a Portugal, em 1499, com especiarias, os portugueses tiveram a certeza do sucesso da expedição. Portugal havia descoberto um novo caminho para as Índias e novas possibilidades econômicas.

As especiarias compradas no Oriente eram revendidas na Europa por preços bem maiores. Os altos lucros desse negócio animavam cada vez mais banqueiros e mercadores a financiarem as viagens. Além disso, os portugueses também obtinham ouro ao longo da costa africana.

Assim, a política econômica mercantilista começava a funcionar. Portugal acumulava metais preciosos, monopolizava o comércio das especiarias no século XVI com a rota pelo Atlântico e mantinha a balança comercial favorável.

Após a expedição de Vasco da Gama, passou a ocorrer, anualmente, uma viagem entre Lisboa e os portos de Goa e Cochim para aquisição de especiarias. Essa rota, chamada de **Carreira das Índias**, foi realizada até o século XIX.

Grande parte dos ganhos financeiros portugueses no século XVI provinha do comércio das especiarias, que são condimentos e temperos de origem vegetal que ainda hoje usamos no dia a dia. Alguns exemplos de especiarias são: pimenta-do-reino (a mais valiosa na época das Grandes Navegações), gengibre, cravo, canela, noz-moscada, sândalo, entre outras.

As especiarias eram usadas para diversos fins. Os usos mais comuns eram como conservantes, para prolongar o período de armazenamento dos mantimentos, principalmente das carnes, e como tempero. Também eram usadas na preparação de remédios, corantes e perfumes.

Detalhe de tapeçaria flamenga do início do século XVI, representando a chegada de Vasco da Gama a Calicute, na Índia, em 1498. De acordo com a representação do artista, o encontro foi amistoso, o que não corresponde à real situação de conflito inicial.

História e Geografia

A expansão marítima ampliou as concepções geográficas do mundo. Novos mares e terras foram percorridos, contribuindo para a ampliação do horizonte conhecido pelos europeus.

Para compreender esse processo de expansão, o historiador deve conhecer conceitos e temas ligados à **Geografia**.

Alguns deles, como o trabalho com mapas, o conhecimento de características da Geografia física e da Geografia humana de diferentes regiões e as noções sobre o regime de ventos, as correntes marítimas e os sistemas climáticos são fundamentais.

Com essas noções, o historiador pode elaborar uma interpretação mais consistente dos processos de transformação ao longo do tempo, entendendo como os eventos ocorreram no espaço.

A Geografia é tão importante que os historiadores só podem explicar satisfatoriamente por que foram usadas determinadas rotas marítimas nas Grandes Navegações com base no conhecimento de informações geográficas sobre ventos, zonas de calmaria, etc.

- Você conhece outro exemplo em que a Geografia é importante para o estudo da História?

> Rumo ao oeste

No final do século XV e nos séculos seguintes, os portugueses enfrentaram a concorrência de outros países, como Espanha, Holanda, França e Inglaterra, também atraídos pela possibilidade de comercializar com outros povos e conquistar novas terras.

> A Espanha se lança ao mar

No final do século XV, a Espanha ainda lutava contra a presença moura na península Ibérica. A vitória nas Guerras de Reconquista era prioridade e fator essencial para a consolidação da monarquia espanhola. Contudo, as navegações pelo Atlântico e o comércio de especiarias eram oportunidades para o fortalecimento econômico do reino.

Somente em 1492, após a vitória contra os mouros em Granada, os reis espanhóis puderam voltar sua atenção para as grandes viagens marítimas. Um dos projetos que lhes foi apresentado para estabelecer uma rota até as Índias foi o do navegante genovês **Cristóvão Colombo**.

Colombo tinha se interessado desde muito cedo pelos temas ligados a navegação, Geografia e Astronomia. Ele conhecia desde os textos antigos de Ptolomeu até os relatos fantásticos de seus contemporâneos sobre os perigos dos mares.

O interesse e os estudos de Colombo o levaram a acreditar que a Terra era esférica e que era possível (e talvez mais vantajoso) chegar ao Oriente navegando rumo ao **oeste**, e não ao **leste**. Apoiado nessa ideia, Colombo apresentou seu projeto, em 1484, à Coroa portuguesa. Mas esta, envolvida nas viagens pela costa africana, não aceitou os riscos de seu plano.

Dois anos mais tarde, em 1486, Colombo foi à Espanha em busca de apoio, mas só o conseguiu em 1492. Naquele mesmo ano, em 3 de agosto, Colombo zarpou rumo ao oeste com três embarcações: a nau Santa María e as caravelas Niña e Pinta.

Em 12 de outubro de 1492, Cristóvão Colombo chegou com sua esquadra à ilha de Guanaani, no **Caribe**, batizada de São Salvador. Embora não visse aquilo que esperava encontrar, o genovês acreditou ter alcançado o Oriente. Colombo voltou à Espanha, em 1493, e noticiou aos reis católicos sua viagem às "Índias".

O navegador fez outras três viagens semelhantes nos anos seguintes. Mesmo com evidências de que não havia desembarcado no Oriente (como a vegetação diferente e a ausência de fortalezas e palácios), Colombo morreu em 1506 acreditando ter concluído seu projeto inicial.

Esse engano resultava de duas crenças do genovês: a primeira, de que a distância entre a Europa e o Oriente era menor do que a real; a segunda, de que havia mais terra do que água no globo terrestre. Assim, como a existência de outro continente não era conhecida, a porção de terra encontrada só poderia ser o Oriente, na visão de Colombo.

Réplicas das embarcações de Cristóvão Colombo no Cais das Caravelas, em Palos de la Frontera (Espanha), cidade de onde a esquadra de Colombo partiu em 1492. Foto de 2011.

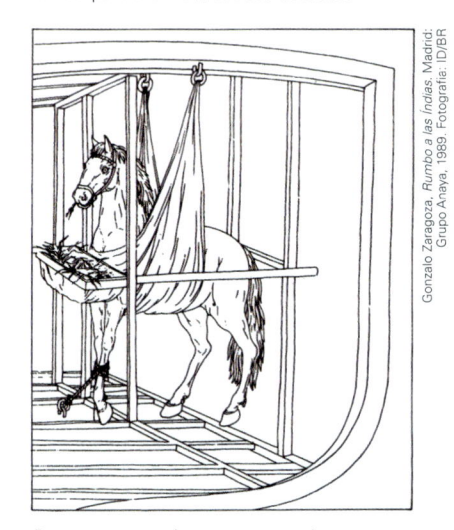

Representação de como os cavalos eram acomodados no interior de uma caravela.

Ação e cidadania

A alimentação em alto-mar

As viagens a bordo de naus e caravelas não eram fáceis. Faltava espaço, e os tripulantes se revezavam em turnos: enquanto uns trabalhavam no convés, outros dormiam.

A dieta de bordo não era muito variada, preferindo-se itens menos perecíveis e, portanto, mais resistentes ao calor e ao tempo, tais como: biscoitos, azeite, mel, carne de porco salgada ou bacalhau. O escorbuto, doença causada pela ausência de vitamina C no organismo humano, foi bastante comum no período das Grandes Navegações.

As condições de higiene eram precárias. Restos de comida misturavam-se com o lixo, em um ambiente propício à proliferação de doenças, ratos e baratas.

Os alimentos e a água eram escassos. Nos períodos de pouco vento (que atrasavam as viagens), havia racionamento da comida.

As notícias dessas dificuldades, somadas ao medo do "mar aberto", tornaram mais difícil o recrutamento de homens para as expedições.

243

› O nome da América

Colombo viajou quatro vezes às ilhas do Caribe, mas acreditou ter chegado ao Oriente. Alguns anos mais tarde, com as viagens e descrições feitas por Américo Vespúcio entre 1499 e 1505, os europeus constataram que as terras encontradas por Colombo não faziam parte da Ásia, embora o genovês se recusasse a aceitar tal ideia.

As novas terras eram, na verdade, um continente. Como foi Américo Vespúcio o primeiro a sugerir e levantar argumentos para sustentar essa ideia, o novo continente foi batizado de América. A primeira menção a esse nome encontra-se em um mapa de 1507.

› Os portugueses chegam ao Brasil

As notícias sobre as viagens de Colombo chegaram rapidamente a Portugal, já que o genovês passara por Lisboa em 1493, durante a viagem de retorno. Embora as primeiras expedições espanholas não tivessem encontrado especiarias ou metais preciosos, os portugueses sabiam que a Espanha expandia seus domínios com as novas descobertas.

Depois da expedição de Vasco da Gama às Índias, as autoridades portuguesas organizaram, em 1500, outra esquadra, colocada sob responsabilidade de Pedro Álvares Cabral. A nova viagem tinha como objetivo retornar às Índias e estabelecer acordos comerciais locais.

A frota comandada por Cabral partiu de Lisboa em março de 1500 e navegou pelo Atlântico até atingir Cabo Verde, na costa africana, em 22 de março. De lá, a esquadra seguiu em alto-mar, porém na direção sudoeste, para escapar das zonas de calmaria mais próximas da costa, onde as embarcações encontravam dificuldades.

Um mês mais tarde, a expedição aproximou-se de uma região costeira. Em 22 de abril, Pedro Álvares Cabral desembarcou nas terras correspondentes ao que hoje é o Brasil. O escrivão que integrava a frota, Pero Vaz de Caminha, registrou os eventos em uma carta, que foi enviada ao rei dom Manuel.

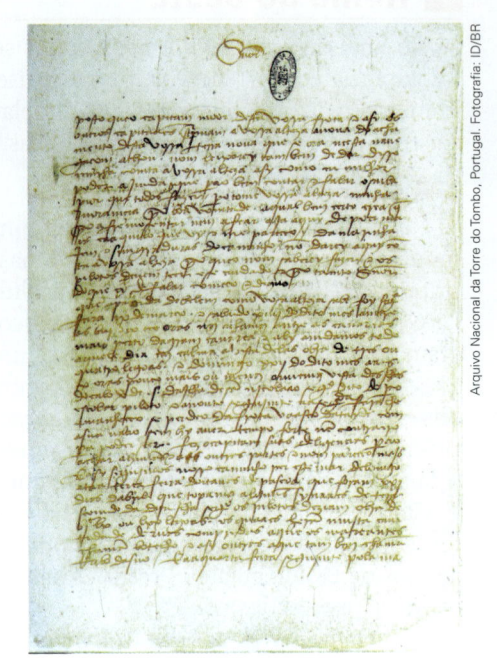

Reprodução de uma página da *Carta* de Caminha, datada de 1º de maio de 1500. Ela é considerada um dos primeiros documentos da história do Brasil. Além de possuir características do gênero carta, o documento também é estudado na disciplina de Português como **literatura de viagem**.

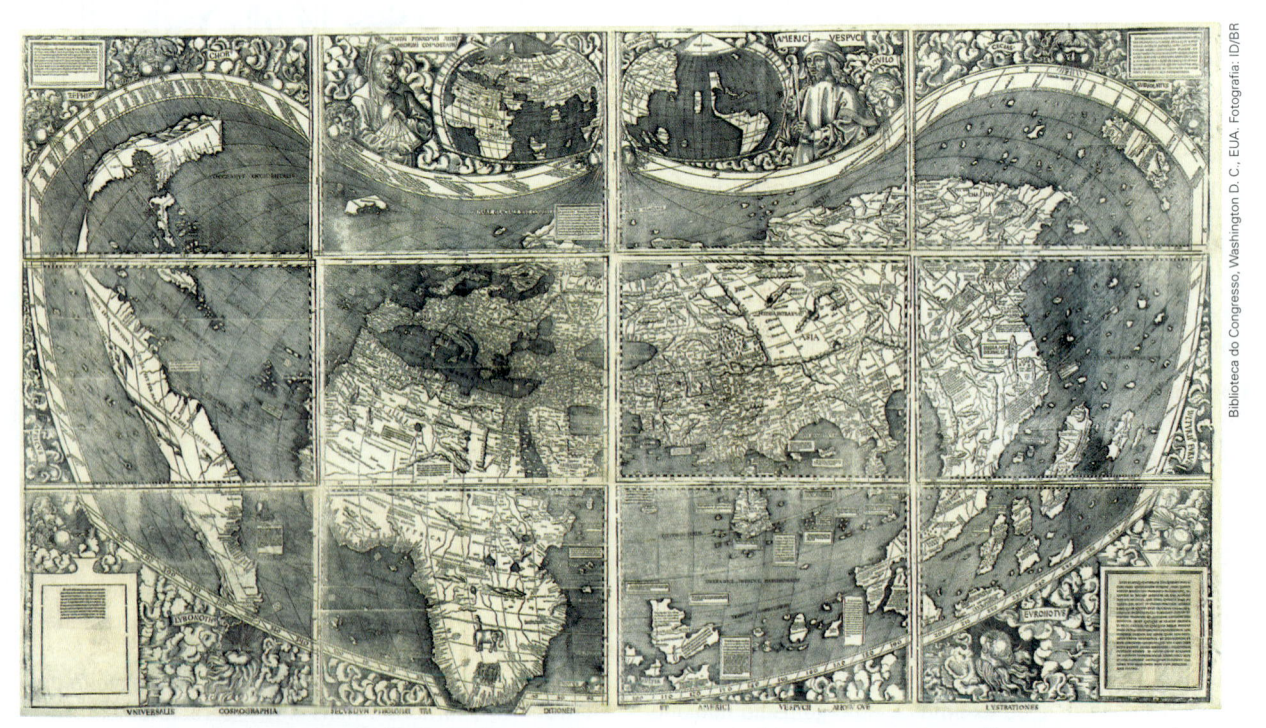

O mapa elaborado em 1507 por Martin Waldseemuller foi o primeiro a representar a América como um continente. Repare que o autor, pelas poucas informações que tinha, concebeu a América como uma estreita faixa de terra estendida de norte a sul (à esquerda do mapa).

A divisão do mundo

Agora que Portugal e Espanha haviam se aventurado pelo Atlântico, começaram as disputas pelas novas terras. Com o objetivo de estipular as fronteiras dos territórios além-mar de cada país, o papa Alexandre VI estabeleceu a **Bula Inter Coetera**, em 1493.

Esse documento doava as novas terras aos reinos ibéricos, para que seus habitantes fossem cristianizados e as novas terras, exploradas. A Igreja participava efetivamente das decisões e dos acordos estabelecidos entre as duas Coroas naquele período. A bula demarcava uma linha imaginária de 100 léguas a oeste de Cabo Verde. As terras a leste dessa linha seriam de Portugal, e as terras a oeste seriam da Espanha.

Essa divisão reproduzia os diferentes projetos assumidos pelos dois países em sua expansão marítima. Portugal realizou a viagem para leste contornando a costa africana e navegando pelo oceano Índico, e a Espanha optou pela viagem para oeste navegando pelo oceano Atlântico.

Contudo, os portugueses não ficaram satisfeitos com esse acordo e, em 1494, forçaram a assinatura do **Tratado de Tordesilhas**. O novo acordo estipulava uma linha imaginária traçada a 370 léguas para oeste das ilhas de Cabo Verde. Novamente as terras a leste seriam de Portugal e as terras a oeste, da Espanha.

Com isso, a Coroa portuguesa afastava ainda mais os espanhóis da costa africana, além de obter uma porção das novas terras encontradas no Ocidente. Parte do território que hoje é o Brasil passava a ser de Portugal, enquanto o restante da América ficava com a Espanha.

Salvator mundi – Cristo com o globo terrestre, meados do século XVI, quadro de Caspar Vopel. A divisão do mundo também pressupunha a cristianização dos povos que habitavam as novas terras.

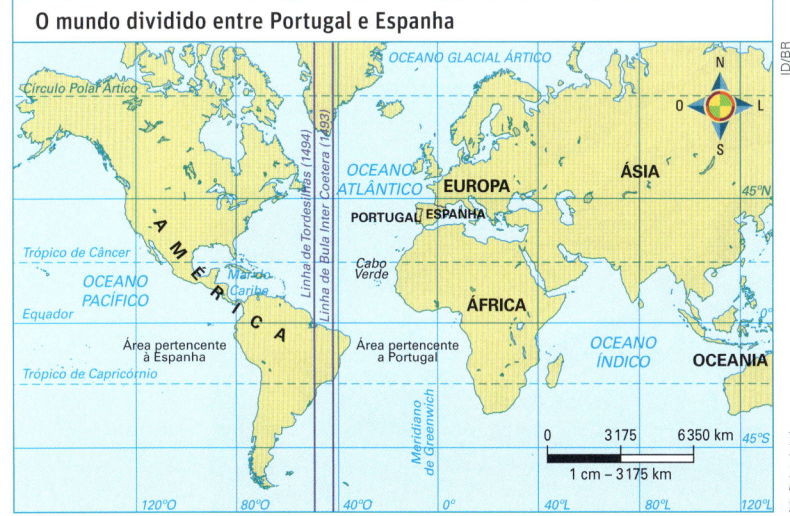

O mundo dividido entre Portugal e Espanha

Fonte de pesquisa: Serra, Irene Seco et al. *Atlas histórico*. Madrid: Ediciones SM, 2005. p. 69.

Hoje em dia

A importância da diplomacia

A expansão marítima dos países da Europa, especialmente Portugal e Espanha, provocou disputas pelas terras e pelos mares antes desconhecidos pelos europeus. Tratados como o de Tordesilhas se tornaram cada vez mais frequentes, intensificando as atividades diplomáticas a partir do século XVI.

A diplomacia (arte das negociações nas relações internacionais entre Estados) é um fator fundamental no mundo moderno. Os acordos diplomáticos, quando bem-sucedidos, são formas eficientes de evitar guerras.

Por essa razão, os governantes devem escolher cuidadosamente seus diplomatas e responsáveis pelas relações exteriores. O sucesso das negociações com outros países, seja para evitar conflitos ou para estabelecer acordos comerciais, depende em boa parte da atuação dessas pessoas.

- Você se lembra de algum caso em que houve um acordo diplomático para resolver questões conflitantes entre dois países? Forme um grupo com mais dois colegas e compartilhe com eles seu exemplo.

Ontem e hoje

Projeto urbanístico

A expansão marítima proporcionou grande interação entre europeus e outras civilizações. Às vezes, a interação era pacífica, mas em certas ocasiões os interesses das populações locais e os dos europeus eram profundamente conflitantes. Disso resultaram guerras, dominação, exploração e mesmo extermínio, como ocorreu com muitos povos indígenas da América.

Esses contatos, pacíficos ou conflituosos, resultaram nas trocas culturais, nas influências artísticas e estéticas, principalmente dos europeus sobre as demais sociedades. As potências políticas e econômicas da época, como Portugal e Espanha, expandiam seus modos de viver, falar, criar, comer, vestir, construir, pintar, esculpir.

Na América, essa influência é perceptível nas formas urbanísticas, incorporadas dos europeus. Reproduziam-se as formas europeias, porém com os materiais e técnicas locais. A ideia do Novo Mundo concebida pelos ibéricos era a de um lugar novo, onde o velho se reproduzia.

Qual foi a primeira cidade brasileira a ser planejada?

Apesar de Salvador ser considerada a primeira cidade brasileira a ser planejada, os especialistas afirmam que esse título é um pouco discutível. "Muitas outras vilas e cidades do Brasil obedeceram a critérios de planejamento urbano, com a finalidade de atingir determinados objetivos", afirma o arquiteto e urbanista Antônio Carlos de Oliveira, da Unesp, em Bauru (SP). É que, de maneira geral, as mais antigas ocupações urbanas no Brasil obedeciam a um certo planejamento, ainda que sem um traçado geométrico preciso. Isso porque suas construções tinham funções específicas, como garantir a posse do território para Portugal e a exploração dos recursos naturais da colônia. Um bom exemplo de uma cidade anterior a Salvador que foi razoavelmente planejada é a parte antiga de Olinda, em Pernambuco, fundada em 1537. Os desenhos mais velhos mostram que no local em que se situavam a Igreja Matriz e a chamada torre do governador havia duas ruas retas, paralelas entre si. Depois, com o desmoronamento de parte do morro onde estava uma delas, a maioria desse traçado acabou se perdendo com o tempo.

Disponível em: <http://mundoestranho.abril.com.br/materia/qual-foi-a-primeira-cidade-brasileira-a-ser-planejada>. Acesso em: 8 maio 2014.

Representação da cidade de Salvador, *Planta da restituição da Bahia*, de João Teixeira Albernaz, publicada em 1631.

Reflita

1. Converse com seus colegas sobre a afirmação: "A ideia do Novo Mundo concebida pelos ibéricos era a de um lugar novo, onde o velho se reproduzia".
2. Faça uma pesquisa sobre outras cidades brasileiras planejadas urbanisticamente na época colonial.

Atividades

Verifique o que aprendeu

1. Os europeus criaram um imaginário a respeito de outros povos, lugares desconhecidos e seres estranhos. Comente esse imaginário e relacione-o ao início da expansão marítima.

2. A religiosidade era parte integrante dos projetos de expansão marítima dos países ibéricos. De que modo se manifestava essa religiosidade?

3. Identifique a ideia central que fundamenta as práticas econômicas mercantilistas.

4. Explique os motivos que levaram Portugal a buscar outras rotas marítimas para o Oriente.

5. Avalie o papel das inovações tecnológicas na expansão marítima portuguesa.

6. Após o sucesso da expedição de Vasco da Gama, Portugal monopolizou o comércio das especiarias na Europa, aumentando consideravelmente sua riqueza. Por que as especiarias eram tão necessárias aos europeus?

7. Colombo viajou quatro vezes às ilhas caribenhas, na América, e morreu pensando ter chegado às Índias. Que fatores justificam esse engano de Colombo?

8. Identifique dois aspectos que evidenciam a disputa entre Portugal e Espanha durante o período da expansão marítima.

9. Por que foi dado o nome de América às terras encontradas por Colombo?

Leia e interprete

10. Segue um trecho da carta escrita, em 1500, por Pero Vaz de Caminha, integrante da esquadra de Cabral, com as primeiras impressões sobre as terras do atual Brasil. Leia o texto com atenção e responda às questões.

    > Nela [na terra], até agora, não pudemos saber que haja ouro, nem prata, nem coisa alguma de metal ou ferro; nem lho vimos. Porém a terra em si é de muito bons ares, assim frios e temperados, como os de Entre Doiro e Minho, porque neste tempo de agora os achávamos como os de lá. [...]
    >
    > Porém o melhor fruto que dela se pode tirar me parece que será salvar esta gente. E esta deve ser a principal semente que Vossa Alteza em ela deve lançar.
    >
    > E que aí não houvesse mais que ter aqui esta pousada para esta navegação de Calecute, isso bastaria.
    >
    > Quando mais disposição para se nela cumprir e fazer o que Vossa Alteza tanto deseja, a saber, acrescentando da nossa santa fé.

    MARQUES, Adhemar et al. *História moderna através de textos*. São Paulo: Contexto, 2000. p. 70-71.

    a) Explique por que Caminha se preocupa em informar ao rei sobre a existência ou não de metais preciosos.
    b) Identifique que desejos da Coroa portuguesa ao se lançar aos mares estão expressos na carta de Pero Vaz de Caminha.
    c) Interprete o seguinte trecho: "E que aí não houvesse mais que ter aqui esta pousada para esta navegação de Calecute, isso bastaria".
    d) A preocupação com os aspectos religiosos está expressa na carta de Caminha. Identifique qual é o aspecto ressaltado pelo autor e explique essa preocupação no contexto da época.

11. Observe a imagem a seguir. Trata-se de uma xilogravura publicada em 1493, em Florença, na capa de um documento que registrava comentários a respeito da viagem de Cristóvão Colombo. Essa é uma das primeiras imagens europeias representando o continente americano.

Desenho representando a chegada de Cristóvão Colombo à América. Xilogravura que ilustra a capa de folheto impresso em Florença, Itália, 1493.

a) No canto inferior esquerdo, o autor representou um monarca. Observe a imagem e a legenda e deduza quem é o soberano representado.
b) Que aspectos foram associados à América na gravura?

247

História e Geografia

O Planisfério de Cantino

A **Geografia** estuda o espaço como resultado da interação humana com a natureza em diferentes tempos. A partir das pesquisas realizadas pelos geógrafos, a análise histórica pode levar em conta as condições climáticas, os tipos de vegetação e outros elementos naturais. Assim, com o auxílio da Geografia, o historiador pode compreender diferentes processos, como o surgimento de cidades, a rota de migrações ou hábitos simples presentes no cotidiano das pessoas.

Os mapas são a mais antiga representação do pensamento geográfico. Registros mostram que eles existiam na Grécia antiga e no Império Romano, entre outras civilizações da Antiguidade. [...] Suas funções incluíam conhecer as áreas dominadas e as possibilidades de ampliação das fronteiras, demarcar territórios de caça e representar a visão de mundo que esses povos tinham. [...]

Mais do que uma ferramenta de orientação e localização, os mapas se transformaram num recurso importante para a expansão das civilizações, e o seu desenvolvimento foi colocado a serviço do poder. Eles foram fundamentais para a definição de estratégias militares e para a conquista de outros povos. [...]

A cartografia nunca foi uma ciência neutra, que representa exatamente o espaço ou a realidade. Por trás de todo mapa, há um interesse (político, econômico, pessoal), um objetivo (ampliar o território, melhorar a área agrícola etc.) e um conceito (o direito sobre determinada região, o uso do solo etc.). [...]

Moço, Anderson; Kalena, Fernanda. A história dos mapas e sua função social. Revista *Nova Escola*, n. 243, jun./jul. 2011. Disponível em: <http://revistaescola.abril.com.br/fundamental-2/historia-mapas-sua-funcao-social-636185.shtml>. Acesso em: 12 fev. 2013.

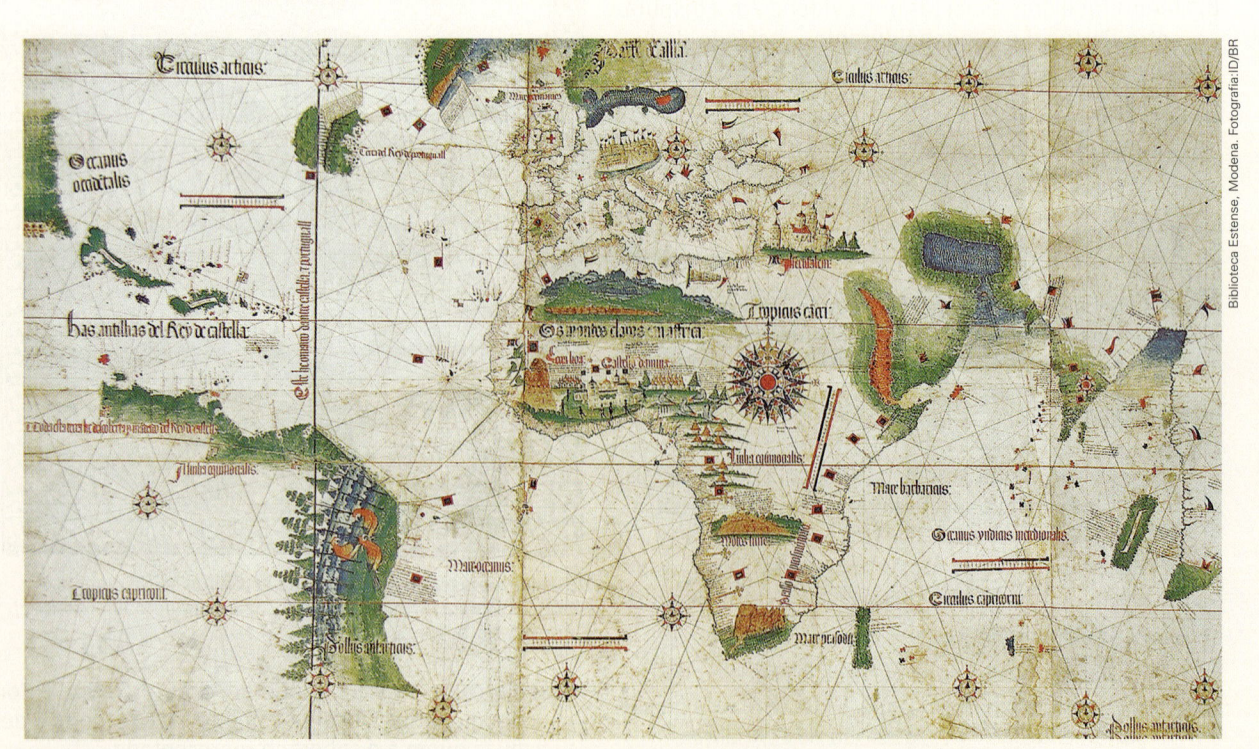

Planisfério de Cantino, 1502. Uma inscrição em latim no reverso do mapa afirma *Carta de navigar per le Isole nouam trovate in le parte de India: dono Alberto Cantino al S. Duca Hercole*: "Esta carta náutica, de ilhas recentemente descobertas na região das Índias, foi apresentada ao Duque de Ferrara, Ercole d'Este, por Alberto Cantino".

Planisfério "Cantino": uma história de espiões

No contexto político do princípio do século XVI, com a Europa suspensa nos descobrimentos ibéricos, o segredo era um imperativo. Qualquer informação geográfica fornecida pelos navegadores portugueses era tratada com grande confidencialidade por cartógrafos. A quebra de sigilo era considerada como traição ao reino e assim punida, no reinado de D. João II, com a pena de morte.

Mesmo assim, o diplomata-espião, Alberto Cantino, sediado em Lisboa, recolhe informações acerca das descobertas feitas pelas coroas ibéricas, para o Duque de Ferrara, representante de uma poderosa linhagem de comerciantes italianos. Quando este último exprime a vontade de ter um mapa ilustrativo das viagens, Cantino procura responder à exigência ducal, recorrendo a um cartógrafo ou copista, ainda hoje anônimo.

O mapa exigiu dez meses de trabalho, entre dezembro de 1501 e outubro do ano seguinte, documentados por correspondência entre o espião e o Duque. É provável que Cantino tenha tido o cuidado de entrevistar pilotos, obtendo assim mais informação, o que explica os escritos adicionais.

[...]

Composto por três grandes folhas manuscritas coladas, o planisfério foi construído no sistema de rosa dos ventos, sobre o qual estão representados o Equador, os trópicos e a linha de Tordesilhas. As bandeiras representam as nações soberanas, incluindo o Império Otomano em Constantinopla. Marcos com o brasão português denotam os portos tocados pelas expedições de Pedro Álvares Cabral e Vasco da Gama.

Mesmo sem a escala graduada de latitudes, a carta ilustra, com grande exatidão, as linhas de costa dos continentes, especialmente a África que, pela primeira vez, surge em todo o seu perímetro, com cordilheiras verdejantes e nativos exóticos. Repare-se na minúcia dada à fortaleza portuguesa que demonstra a importância da força militar.

Na Ásia, onde as naus portuguesas ainda se aventuravam timidamente, descreve-se com menos precisão a Índia, a China (pela primeira vez, representada num mapa ocidental, como "Terra dos Chins") e a Indochina. [...] Uma das inovações mais importantes respeita à grande redução da extensão longitudinal do continente asiático, o que demonstra a profundidade de conhecimentos dos cosmógrafos portugueses.

[...]

Pelo seu grande significado, o planisfério de Cantino é especialmente representativo de uma época fervilhante em descobertas e conquistas não só geográficas, como científicas. De uma enorme abrangência, este mapa inclui, na sua representação do mundo, os territórios recém-achados do Brasil e Terra Nova. Constitui, por isso, um dos raros exemplares sobreviventes de convulsões políticas e econômicas, sendo um testemunho importante do passado.

PORTAL DA MARINHA. *Planisfério "Cantino"*: uma história de espiões. Museu de Marinha, Portugal. Disponível em: <http://museu.marinha.pt/Museu/Site/PT/Geral/Planisf%C3%A9rioCantinoumahist%C3%B3riadeespi%C3%B5es.htm>. Acesso em: 12 fev. 2013.

Atividades

1. De acordo com o texto, por que a cartografia não é uma ciência neutra? Você concorda com a explicação dada? Justifique sua resposta.

2. Observe o Planisfério de Cantino:
   a) Converse com os colegas e descreva livremente o que você vê. Procure identificar no mapa alguns dos elementos — continentes, brasões, linhas imaginárias, rosa dos ventos — citados no texto Planisfério "Cantino": uma história de espiões.
   b) Que cores representam os continentes e as ilhas maiores?
   c) Como estão assinalados os trópicos, o Círculo Polar Ártico, o Equador e a linha do tratado de Tordesilhas?

3. O mapa mostra um trecho da costa brasileira. Selecione esse detalhe e faça um texto-legenda para ele. Para isso, considere:
   - a que região atual corresponde esse trecho; quando essa região foi "descoberta" e por quem; como ela está representada;
   - o contexto em que o mapa foi elaborado; quem fez; para quem fez; com que propósito.

PROJETO 2

Seminário: A política na vida cidadã

Neste livro, você estudou formas de organização política das sociedades ao longo da história. Neste projeto, você e seus colegas vão refletir sobre a **estrutura política atual**.

O que você vai fazer

O projeto tem como objetivo colaborar para que a sua comunidade compreenda o papel da política na sociedade em que vivemos. Tem também como foco propor uma reflexão sobre as possibilidades de participação política da comunidade.

Você e seus colegas vão apresentar um seminário para a comunidade escolar ou outras pessoas que possam ser convidadas. Para organizar o seminário, será necessário cumprir as etapas seguintes.

- Divulgar o evento na comunidade.
- Montar um painel, um conjunto de transparências ou uma apresentação de *slides* sobre o conteúdo pesquisado.
- Produzir um livreto para ser distribuído aos participantes.

Desenvolvimento do conteúdo

Para sensibilizar a comunidade para o exercício de uma cidadania democrática e participativa, é necessário informar as pessoas sobre o significado da política no mundo atual. Quando falamos em política, estamos nos referindo à **divisão dos poderes do Estado**, com seus deveres e responsabilidades, e às formas de **participação política** e organização da sociedade.

O encontro também poderá ser um espaço para que a comunidade reflita e discuta sobre as possibilidades de participação política do cidadão.

Para organizar essa discussão, a classe deverá, com o professor, definir as questões que serão os eixos do projeto.

- O que significa política?
- Qual é o papel de cada poder (Executivo, Legislativo e Judiciário) no Brasil?
- Qual é a função de cada agente político — vereador, deputado estadual, deputado federal e senador (Legislativo); prefeito, governador e presidente (Executivo)?
- Como a população pode interferir na construção ou na execução das leis?
- De que meios a população dispõe para fiscalizar a atuação dos seus representantes?

A elaboração desse projeto contará com quatro etapas, explicadas a seguir.

1. Pesquisa e levantamento de dados

- Para esta etapa, a classe deve dividir-se em grupos. Cada grupo fará uma pesquisa em meios de informação diferentes, como livros, jornais, *sites* da internet.
- Professores ou membros de partidos políticos podem informar sobre o funcionamento do sistema político. Se possível, converse com eles.
- Jornais e revistas possuem informações sobre a vida política brasileira. Porém, elas são fragmentadas e, em geral, tratam de ocupantes de cargos públicos atuais. Para o funcionamento da política, livros e *sites* também podem ser consultados. Como exemplo, citamos a seguinte obra:
   DIMENSTEIN, Gilberto et al. *Como não ser enganado nas eleições.* São Paulo: Ática, 2002.
   A obra contém artigos, depoimentos e informações para o eleitor votar com maior entendimento sobre o processo.

2. Seleção e organização das informações

Agora, você e seus colegas desenvolverão o seminário. Em primeiro lugar, preparem a apresentação, que vai explicar o funcionamento das instituições políticas e as formas de participação do cidadão. Usem cartazes, transparências, *slides*, etc.

Procurem utilizar cada cartaz, transparência ou *slide* para um único tema.

1º O que é política e qual é a sua função

2º O funcionamento do sistema político brasileiro

3º O sistema eleitoral

4º Município, estado e União (pode ser um *slide* para cada um)

5º O Poder Executivo

6º O Poder Legislativo

7º O Poder Judiciário

8º Cidadania e participação

As informações devem ser organizadas de forma didática, começando por explicar a necessidade da política nos dias atuais. Em seguida, vocês devem apresentar o funcionamento de cada poder do Estado brasileiro. Para facilitar, utilize este quadro.

	PODER LEGISLATIVO	PODER EXECUTIVO	PODER JUDICIÁRIO
Município	Vereadores	Prefeito	Não possui
Estado	Deputados estaduais	Governador	Tribunal de Justiça Estadual
União	Deputados federais e senadores	Presidente	Tribunais regionais e tribunais superiores

A eleição de representantes não é a única forma de participação na política. Seria interessante debater com a comunidade outras maneiras de participação popular. Para isso, o tema 8 (Cidadania e participação) deverá encaminhar uma reflexão sobre a possibilidade de interferência do cidadão na política. Associações de bairro, sindicatos e outras entidades podem representar o cidadão? Como acompanhar a atuação de nossos representantes? Podemos encaminhar soluções ou propor fóruns de debate para os problemas que nos afligem?

Obra do cartunista brasileiro Bruno Galvão, de outubro de 2008. A charge representa criticamente o distanciamento dos políticos em relação aos eleitores. Como podemos fazer para superar esse distanciamento?

3. Redação do livreto informativo

Com seus colegas, crie um manual que registre os conteúdos elencados no quadro acima. Procure ser didático, evitando explicações complexas. As informações devem ser claras e precisas.

4. Apresentação

Um grupo deverá responsabilizar-se pela divulgação do evento na comunidade. Outro deverá encarregar-se da apresentação. Além de mostrar o conteúdo pesquisado, é necessário promover e mediar uma discussão com o público. Pode-se iniciar perguntando o que as pessoas pensam sobre a importância da política ou se elas sabem qual é a função de um senador.

Vestibular e Enem

ATENÇÃO: todas as questões foram reproduzidas das provas originais de que fazem parte.

1. (Enem)

A Peste Negra dizimou boa parte da população europeia, com efeitos sobre o crescimento das cidades. O conhecimento médico da época não foi suficiente para conter a epidemia. Na cidade de Siena, Agnolo di Tura escreveu: "As pessoas morriam às centenas, de dia e de noite, e todas eram jogadas em fossas cobertas com terra e, assim que essas fossas ficavam cheias, cavavam-se mais. E eu enterrei meus cinco filhos com minhas próprias mãos (...) E morreram tantos que todos achavam que era o fim do mundo".

TURA, Agnolo di. The Plague in Siena: an italian chronicle. In: BOWSKY, William M. *The Black Death: a turning point in history?* New York: HRW, 1971 (com adaptações).

O testemunho de Agnolo di Tura, um sobrevivente da Peste Negra que assolou a Europa durante parte do século XIV, sugere que:

a) o flagelo da Peste Negra foi associado ao fim dos tempos.
b) a Igreja buscou conter o medo, disseminando o saber médico.
c) a impressão causada pelo número de mortos não foi tão forte, porque as vítimas eram poucas e identificáveis.
d) houve substancial queda demográfica na Europa no período anterior à Peste.
e) o drama vivido pelos sobreviventes era causado pelo fato de os cadáveres não serem enterrados.

2. (Ufes)

Urbanização é o processo de crescimento da população urbana em ritmo mais acelerado que o do crescimento da população rural, ou seja, é o resultado da transferência da população rural para o meio urbano. Esse processo sinaliza a transição de um padrão de vida econômica apoiado na produção agrícola fechada e autossuficiente para outro, baseado na indústria, no comércio e nos serviços.

MAGNOLI, D.; ARAÚJO, R. *Projeto de ensino de geografia*. São Paulo: Moderna, 2004. p. 166.

No caso da Europa, a passagem de uma economia agrícola para uma economia baseada no comércio e nos serviços tem suas raízes históricas no Renascimento comercial e urbano do século XI, muito embora a urbanização que hoje afeta o globo tenha se afirmado somente a partir da Revolução Industrial do século XVIII. Nesse sentido, considere as seguintes afirmativas:

I. Desde fins do século X e, sobretudo, no decorrer do século XI, verifica-se o crescimento populacional na Europa ocidental em virtude da redução do índice de mortalidade e do aumento da produção agrícola, o que irá favorecer a expansão urbana.

II. Os critérios usados para definir o urbano e o rural são universais e servem para definir o nível de urbanização de um país (desenvolvido ou não), facilitando os estudos comparativos.

III. A partir do século X, muitas cidades, na Europa, são repovoadas ou fundadas, surgindo algumas delas junto a castelos fortificados, outras em locais que congregavam peregrinos, outras em locais de feira ou encruzilhadas terrestres e fluviais.

IV. Atualmente, os níveis de urbanização podem ser considerados baixos nos países asiáticos embora sejam países que apresentem grande contingente de população urbana.

V. Desde a sua fundação, as cidades medievais estavam isentas do controle exercido pelos reis e pela nobreza feudal sobre os citadinos, que logo se tornaram os principais articuladores dos movimentos de resistência camponesa contra a exploração feudal.

É CORRETO apenas o que se afirma em:
a) I, II e III.
b) I, II e IV.
c) I e III.
d) III, IV e V.
e) IV e V.

3. (Udesc) Por muito tempo, a Idade Média europeia foi sinônimo de Idade das Trevas, marcada pela paralisação das atividades culturais. Essa imagem distorcida foi modificada atualmente pelos historiadores que a destacam como um período de grande atividade cultural. Acerca desse tema, todas as alternativas estão corretas, exceto:

a) A Idade Média revelou o homem como o centro do universo, princípio filosófico do antropocentrismo.
b) O surgimento de várias universidades medievais, a partir do século XIII, está relacionado, de modo geral, ao desenvolvimento do comércio e das cidades.
c) As Cruzadas ocorridas durante a Idade Média promoveram um maior contato entre o Ocidente e o Oriente, estimulando o comércio e promovendo trocas culturais.
d) Embora a maior parte da população europeia fosse analfabeta, os mosteiros medievais concentravam o saber em suas imensas bibliotecas, repletas de manuscritos sobre todas as ciências.
e) Um dos legados medievais mais importantes foram as catedrais em estilo gótico com novas técnicas de construção, muitas delas até hoje aproveitadas na arquitetura moderna.

4. (UPF-RS) Sobre as cidades europeias da Idade Média, leia as afirmativas abaixo.

I. Praticamente não havia cidades, pois o comércio feudal era frágil, sustentado por feiras esparsas.
II. Desapareceram depois das invasões bárbaras, restando pequenas cidades no sul da França.

III. Muitas cidades medievais tiveram seu crescimento relacionado com as grandes feiras.
IV. Algumas cidades italianas, como Veneza, eram importantes comercialmente.
V. As cidades cresceram com o planejamento do poder público e o grande incentivo da Igreja católica.

Estão corretas apenas:
a) II e V.
b) III e IV.
c) I e V.
d) I e IV.
e) II, III e IV.

5. (Unimep-SP) A finalidade das universidades nos séculos XII e XIII aproxima-se daquela das corporações de ofício que se caracterizam pela:
a) organização de mestres e aprendizes em defesa de seus interesses e instauração de um monopólio.
b) manutenção de um privilégio: o dos primogênitos.
c) subordinação e obediência às ordens monásticas.
d) as alternativas a, b e c estão corretas.
e) nenhuma das alternativas acima está correta.

6. (UFRGS-RS) Sobre a cidade no período medieval, são feitas as seguintes afirmações.
I. Em virtude de seu desenvolvimento ocorrer na Alta Idade Média, quando as atividades rurais eram pouco importantes, sua relação foi marcada por uma oposição dinâmica com o campo.
II. As cidades medievais italianas eram comunas governadas ou pela Igreja ou pela nobreza, para que fosse garantida sua defesa militar.
III. A economia urbana cada vez mais esteve fundada na troca mercantil, controlada por mercadores e organizadas em guildas e corporações.
IV. As guildas e as corporações contribuíram para valorizar o trabalho manual, combatendo, dessa forma, o desprezo e a vergonha com que ele era visto pela classe senhorial.

Quais estão corretas?
a) Apenas I e III.
b) Apenas II e III.
c) Apenas II e IV.
d) Apenas III e IV.
e) I, II, III e IV.

7. (FGV-SP) A partir de 1348, irrompeu na Europa, proveniente do continente asiático, a chamada Peste Negra. Seu efeito foi devastador, chegando a provocar a morte de mais de 25% da população europeia durante o século XIV.
Sobre a Peste Negra, podemos afirmar que:
a) a epidemia foi responsável pela recuperação econômica da Europa medieval após séculos de retração e crises de abastecimento.
b) comunidades judaicas foram responsabilizadas pela epidemia e perseguidas por cristãos, que acionavam o sentimento antijudaico existente na Idade Média.
c) a epidemia provocou a busca de novas terras protegidas do contágio da peste, resultando na conquista da África e da Palestina pelos europeus.
d) a epidemia freou o processo de dissolução do feudalismo e provocou a implementação de práticas escravistas em toda a Europa Ocidental.
e) a epidemia foi controlada ao final da Idade Média e desapareceu completamente do território europeu nos séculos XVI e XVII.

8. (UFU-MG) A Baixa Idade Média, período que vai do século X ao XV, foi marcada por processos históricos que desencadearam a crise do feudalismo, transformações de hábitos e costumes em relação ao tempo e ao trabalho. A esse respeito, assinale a alternativa INCORRETA.
a) As Cruzadas mesclaram interesses de cristianização de povos considerados infiéis e de expulsão de povos bárbaros de importantes regiões e rotas comerciais. A expulsão dos mouros na península Ibérica fortaleceu as Monarquias de Portugal e Espanha, criando condições para que estes países se tornassem pioneiros nas Grandes Navegações.
b) Nas cidades, a nascente burguesia aliou-se à Igreja contra o poderio da nobreza feudal, lutando pela centralização do poder e impondo novos valores, como o saber erudito das universidades, a usura e o trabalho das corporações de ofício responsáveis pela produção em larga escala de artigos manufaturados.
c) Na Baixa Idade Média, foram construídas grandes catedrais em estilo gótico, mostrando a imponência da Igreja católica. Por outro lado, proliferaram obras que rompiam com dogmas católicos e apresentavam visões profanas e laicas sobre o homem.
d) Na crise do feudalismo, o tempo passou do domínio sagrado para o laico. O tempo cíclico da Igreja, em que predominavam as mudanças naturais e climáticas, deu lugar ao tempo regido pelas necessidades de acumulação de capital pela nascente burguesia, promovendo a disciplina e a rotina semanal de trabalho nas manufaturas.

9. (Fuvest) As feiras na Idade Média constituíram-se:
a) instrumentos de comércio local das cidades para o abastecimento cotidiano dos seus habitantes.
b) áreas exclusivas de câmbio das diversas moedas europeias.
c) locais de comércio de amplitude continental que dinamizaram a economia da época.
d) locais fixos de comercialização da produção dos feudos.
e) instituições carolíngias para renascimento do comércio abalado com as invasões no Mediterrâneo.

Vestibular e Enem

10. (Osec-SP)

[...] Durante o século XII, toda a extensão de Flandres converteu-se em país de tecelões e batedores. O trabalho de lã, que até então se havia praticado somente nos campos, concentra-se nas aglomerações mercantis que se fundam por toda a parte e anima um comércio, cujo progresso é incessante. Formam-se, assim, a incipiente Bruges, Ipres, Lile, Duai e Arras.

(Henri Pirenne)

Podemos relacionar o conteúdo desse texto:
a) às mudanças econômicas que exigiram adaptações e mudanças no regime feudal.
b) às ligas de mercadores que impulsionaram o desenvolvimento mercantil no mar do Norte, a exemplo da Liga Hanseática.
c) ao renascimento comercial que atingiu o interior da Europa, a partir do século XI.
d) às feiras de comércio local e internacional que se desenvolveram no interior da Europa.
e) às invasões bárbaras que aceleraram a formação de vilas durante o Baixo Império Romano.

11. (Enem)

Se a mania de fechar, verdadeiro *habitus* da mentalidade medieval nascido talvez de um profundo sentimento de insegurança, estava difundida no mundo rural, estava do mesmo modo no meio urbano, pois que uma das características da cidade era de ser limitada por portas e por uma muralha.

DUBY, G. et al. Séculos XIV-XV. In: ARIÈS, P.; DUBY, G. *História da vida privada da Europa feudal à Renascença*. São Paulo: Cia. das Letras, 1990 (adaptado).

As práticas e os usos das muralhas sofreram importantes mudanças no final da Idade Média, quando elas assumiram a função de pontos de passagem ou pórticos. Esse processo está diretamente relacionado com:
a) o crescimento das atividades comerciais e urbanas.
b) a migração de camponeses e artesãos.
c) a expansão dos parques industriais e fabris.
d) o aumento do número de castelos e feudos.
e) a contenção das epidemias e doenças.

12. (Vunesp) Sobre as associações de importantes grupos sociais da Idade Média, um historiador escreveu:

Eram cartéis que tinham por objetivo a eliminação da concorrência no interior da cidade e a manutenção do monopólio de uma minoria de mestres no mercado urbano.

LE GOFF, Jacques. *A civilização do ocidente medieval*.

O texto caracteriza de maneira típica:
a) as universidades medievais.
b) a atuação das ordens mendicantes.
c) as corporações de ofício.
d) o domínio dos senhores feudais.
e) as seitas heréticas.

13. (UFC-CE) O Tratado de Tordesilhas, assinado em 7 de junho de 1494 e confirmado em seus termos pelo papa Júlio II em 1506, representou para o século XVI um marco importante nas dinâmicas europeias de expansão marítima. O tratado visava:
a) demarcar os direitos de exploração dos países ibéricos, tendo como elemento propulsor o desenvolvimento da expansão comercial marítima.
b) estimular a consolidação do reino português, por meio da exploração das especiarias africanas e da formação do exército nacional.
c) impor a reserva de mercado metropolitano espanhol, por meio da criação de um sistema de monopólio que atingia todas as riquezas coloniais.
d) reconhecer a transferência do eixo do comércio mundial do Mediterrâneo para o Atlântico, depois das expedições de Vasco da Gama às Índias.
e) reconhecer a hegemonia anglo-francesa sobre a exploração colonial, após a destruição da Invencível Armada de Filipe II, da Espanha.

14. (UFPE) Sobre a expansão marítima europeia, analise as afirmativas abaixo:
1. Para a realização da grande aventura marítima, foram fundamentais as descobertas técnicas da época, não tendo influência a experiência do navegador.
2. A busca de riqueza foi importante para o envolvimento das pessoas com a navegação e para a valorização de novos produtos comerciais.
3. O descobrimento do Brasil foi resultado de uma estratégia do grande navegador Vasco da Gama com a ajuda de Pedro Álvares Cabral.
4. A expansão marítima trouxe grandes renovações para a cultura da época e teve, portanto, claras ligações com as mudanças históricas que levaram à construção dos tempos modernos.
5. A importância das viagens de Colombo se restringe aos parâmetros de uma aventura heroica de um grande e idealista navegador.

Estão corretas apenas:
a) 1, 2 e 5.
b) 3 e 4.
c) 1, 3 e 5.
d) 2 e 4.
e) 1, 2, 4 e 5.

15. (FGV-RJ) Para esta questão, são feitas três afirmativas, cada uma pode ser certa ou errada. Leia-as com atenção e assinale a alternativa correta:
  I. A privilegiada posição geográfica de Portugal possibilita, ao país, o pioneirismo na empresa das navegações.

II. Como consequência das viagens de descobrimento, o comércio expande-se, tornando-se um empreendimento mundial.
III. O comércio das especiarias, feito através do mar Mediterrâneo, era controlado pelos portugueses.

a) Apenas a afirmativa I é correta.
b) Apenas as afirmativas I e II são corretas.
c) Apenas as afirmativas I e III são corretas.
d) Todas as afirmativas são corretas.
e) Todas as afirmativas são incorretas.

16. (Fuvest-SP)

> As armas e os barões assinalados
> Que, da Ocidental praia Lusitana,
> Por mares nunca de antes navegados,
> Passaram ainda além da Taprobana*,
> Em perigos e guerras esforçados
> Mais do que prometia a força humana,
> E entre gente remota edificaram
> Novo Reino, que tanto sublimaram
>
> * Antigo Ceilão, atual Sri Lanka.
>
> CAMÕES, Luís de. *Obra completa*. Rio de Janeiro: Nova Aguilar, 1988.

Esta é a primeira estrofe do Canto I de *Os Lusíadas*, no qual se inicia a narrativa da viagem de Vasco da Gama. Por essa estrofe é possível imaginar a importância dos documentos cartográficos, à época, para a expansão marítima. Um desses documentos eram as cartas denominadas:

a) *árabes*, que se serviam da posição dos astros para a navegação, mas apresentavam imprecisões relativas a alguns mares.
b) *náuticas*, que traziam informações precisas sobre oceanos e mares, em densa malha de coordenadas geográficas, fato que não impedia desorientações e outros riscos.
c) *geodésicas*, que traziam informações detalhadas sobre áreas continentais, embora fossem imprecisas quanto aos mares desconhecidos.
d) *portulanos*, que eram valiosas e estratégicas e caracterizavam-se por apresentar rumos a serem percorridos em oceanos e mares e poucos detalhes sobre os continentes.
e) *medievais*, que eram imprecisas, pois continham interpretações religiosas, por vezes assustadoras, quanto aos mares e continentes.

17. (PUC-SP) A *Pietà* é uma escultura em mármore de Michelangelo (1475-1564), realizada no fim do século XV, no contexto do Renascimento. Giorgio Vasari (1511-1574), um dos mais importantes intérpretes da obra de Michelangelo, ao falar desta obra, destaca seu refinamento técnico. O próprio Michelangelo reconheceu a maestria da *Pietà* ao gravar, pela primeira vez, sua assinatura na faixa que atravessa o peito da Virgem. Ainda a propósito dessa escultura, Vasari comenta:

> Como a mão do artista pôde realizar, de maneira tão divina, em tão pouco tempo uma obra tão admirável? Parece um milagre: que uma rocha informe tenha atingido uma perfeição tamanha que a própria natureza só raramente a modela na carne.
>
> PAOLUCCI, Antonio. *Michelangelo*. Florença: ATS, 1993.

A partir do comentário de Vasari, apresente o contexto histórico em que se insere o Renascimento, as novas concepções que passaram a orientar a produção artística e sua relação com a nova visão — humanista — de mundo que marca esse movimento estético-cultural.

Produza um texto-síntese em que as informações utilizadas estejam claramente articuladas, contextualizadas e relacionadas às discussões propostas. A resposta poderá, ainda, ser aprofundada por meio do destaque de outras obras e nomes expressivos do Renascimento.

18. (UFG-GO) Leia o fragmento.

> O ingresso das sociedades ocidentais na cultura escrita foi uma das principais evoluções da era moderna.
>
> CHATIER, Roger. As práticas de escrita. In: *História da vida privada no Ocidente*. São Paulo: Companhia das Letras, 2006. p. 114. (Adaptado.)

O fragmento acima menciona uma transformação nas sociedades ocidentais. Progressivamente, a partir do início da Idade Moderna, observa-se a disseminação da cultura escrita. No século XVI, essa transformação se expressa por meio:

a) das novas formas de devoção que afirmam a importância das relações pessoais e diretas do fiel com a Bíblia.
b) do processo inicial de escolarização das sociedades graças à ampliação de estabelecimentos de ensino.
c) da disseminação do uso de diários íntimos e da troca de correspondências.
d) da criação e multiplicação de jornais diários e da difusão de sua leitura.
e) do crescimento do número de monastérios, lugar onde os textos manuscritos eram reproduzidos pelos copistas.

19. (Unicamp-SP)

> Renascimento é o nome dado a um movimento cultural italiano e às suas repercussões em outros países. Caracteriza-se pela busca da harmonia e do equilíbrio nas artes e na arquitetura acrescentando aos temas cristãos medievais outros temas inspirados na mitologia e na vida cotidiana.
>
> *Dicionário do Renascimento Italiano*. Zahar Editores, 1988.

Em que momento da história europeia se situa esse movimento e qual a principal fonte de inspiração para os intelectuais e artistas renascentistas?

Vestibular e Enem

20. (Fuvest-SP) Durante muito tempo, sustentou-se equivocadamente que a utilização de especiarias na Europa da Idade Média era determinada pela necessidade de se alterar o sabor de alimentos apodrecidos, ou pela opinião de que tal uso garantiria a conservação das carnes.
A utilização de especiarias no período medieval
a) permite identificar a existência de circuitos mercantis entre a Europa, a Ásia e o continente africano.
b) demonstra o rigor religioso, caracterizado pela condenação da gastronomia e do requinte à mesa.
c) revela a matriz judaica da gastronomia medieval europeia.
d) oferece a comprovação da crise econômica vivida na Europa a partir do ano mil.
e) explicita o importante papel dos camponeses dedicados a sua produção e comercialização.

21. (Vunesp)

> Ó mar salgado, quanto do teu sal
> São lágrimas de Portugal!
> Por te cruzarmos, quantas mães choraram,
> Quantos filhos em vão rezaram!
> Quantas noivas ficaram por casar
> Para que fosses nosso, ó mar!
>
> Valeu a pena? Tudo vale a pena
> Se a alma não é pequena.
> Quem quer passar além do Bojador
> Tem que passar além da dor.
> Deus ao mar o perigo e o abismo deu,
> Mas nele é que espelhou o céu.
>
> PESSOA, Fernando. "Mar Português". *Obra poética*, 1960. Adaptado.

Entre outros aspectos da expansão marítima portuguesa a partir do século XV, o poema menciona
a) o sucesso da empreitada, que transformou Portugal na principal potência europeia por quatro séculos.
b) o reconhecimento do papel determinante da Coroa no estímulo às navegações e no apoio financeiro aos familiares dos navegadores.
c) a crença religiosa como principal motor das navegações, o que justifica o reconhecimento da grandeza da alma dos portugueses.
d) a percepção das perdas e dos ganhos individuais e coletivos provocados pelas navegações e pelos riscos que elas comportavam.
e) a dificuldade dos navegadores de reconhecer as diferenças entre os oceanos, que os levou a confundir a América com as Índias.

22. (FGV-RJ)

> A partir do século X, mas principalmente do XI, é o grande período de urbanização – prefiro utilizar esse termo mais do que o de renascimento urbano, já que penso que, salvo exceção, não há continuidade entre a Idade Média e a Antiguidade.
>
> LE GOFF, Jacques. *Por amor às cidades*. Conversações com Jean Lebrun. São Paulo: Unesp, 1998, p. 16.

A respeito das cidades medievais, após o ano mil, é CORRETO afirmar:
a) Tornaram-se centros econômicos e financeiros e vinculados às rotas mercantis e à produção agrária das áreas rurais próximas.
b) Eram fundamentalmente sedes episcopais e centros administrativos do Sacro Império Romano Germânico.
c) Tornaram-se núcleos da produção industrial que começou a desenvolver-se sobretudo no norte da Itália, a partir do século XI.
d) Tornaram-se os principais entrepostos do comércio de escravos africanos desde o início das Cruzadas.
e) Apresentaram-se como legado das pólis gregas e das cidades romanas da Antiguidade.

23. (UFF-RJ) O período do Renascimento foi muito fértil em reflexões políticas. Em contraste com o pragmatismo de Maquiavel, alguns pensadores, inconformados com os males de seu tempo, escreveram sobre sociedades imaginárias. As obras desses pensadores expunham análises realistas que denunciavam as imperfeições das sociedades, e continham propostas de sociedades ideais, baseadas na Razão e capazes de promover a paz, o conhecimento, a justiça e a igualdade em benefício de todos os seres humanos.
A obra mais representativa dessas novas propostas é
a) *O Discurso do Método*, de René Descartes (1637).
b) *Leviatã*, de Tomas Hobbes (1651).
c) *Sobre o Direito de Guerra e de Paz*, de Hugo Grócio (1625).
d) *Diálogo sobre os Dois Grandes Sistemas do Mundo*, de Galileu Galilei (1632).
e) *Utopia*, de Tomas More (1516).

24. (Fuvest-SP) A Reforma religiosa do século XVI provocou na Europa mudanças históricas significativas em várias esferas.
Indique transformações decorrentes da Reforma nos âmbitos:
a) político e religioso;
b) sócioeconômico.

Parte II

Unidade 4 — **A conquista europeia da América** — 258

- Capítulo 21 — A América antes da chegada dos europeus, 260
- Capítulo 22 — Povos indígenas no Brasil, 266
- Capítulo 23 — A invasão da América, 274
- Capítulo 24 — A colonização espanhola, 280
- Capítulo 25 — A colonização da América portuguesa, 292

Unidade 5 — **A exploração do continente americano** — 304

- Capítulo 26 — Escravizados e senhores na América portuguesa, 306
- Capítulo 27 — Ingleses, franceses e holandeses na América, 316
- Capítulo 28 — A exploração do ouro na América portuguesa, 324

Unidade 6 — **O Antigo Regime** — 342

- Capítulo 29 — Absolutismo e mercantilismo, 344
- Capítulo 30 — As revoluções inglesas, 352
- Capítulo 31 — As Luzes na Europa, 362
- Capítulo 32 — A Revolução Industrial, 372
- Capítulo 33 — A Revolução Americana, 382
- Capítulo 34 — A Revolução Francesa, 390
- Capítulo 35 — O Primeiro Império Francês, 404

Unidade 7 — **Independência na América portuguesa** — 422

- Capítulo 36 — Tensões na América portuguesa, 424
- Capítulo 37 — A Independência do Brasil, 436
- Capítulo 38 — Primeiro Reinado e Regência no Brasil, 444

Unidade 8 — **A ascensão do liberalismo** — 460

- Capítulo 39 — O Segundo Reinado no Brasil, 462
- Capítulo 40 — Nacionalismo e imperialismo, 476
- Capítulo 41 — Estados Unidos, 488

UNIDADE

4
A conquista europeia da América

Nesta unidade

21 A América antes da chegada dos europeus

22 Povos indígenas no Brasil

23 A invasão da América

24 A colonização espanhola

25 A colonização da América portuguesa

No século XVI, muitos artistas europeus fizeram representações iconográficas da América como uma mulher nua, portando arco e flecha, sentada sobre um animal exótico e rodeada de elementos tropicais. Nesta imagem, à esquerda, a representação da prática da antropofagia. A América era vista como um mundo selvagem à espera de ser dominado pelo europeu. Gravura de Marten de Vos e Adriaen Collaert, *América*, c. 1600.

Europa e América: os primeiros contatos

No final do século XV, ao buscarem rotas marítimas para o Oriente, os navegadores europeus encontraram um continente que desconheciam. Denominado América no começo do século XVI, era chamado de "Novo Mundo" pelos europeus. Contudo, não se tratava de um mundo novo para milhões de pessoas que o habitavam havia milênios.

Entre as muitas sociedades da América, algumas construíam cidades e organizavam Estados, como os astecas e maias na Mesoamérica, e os incas na região andina do atual Peru. Havia também povos de vida seminômade, que aproveitavam os recursos da natureza e praticavam a agricultura.

As relações entre europeus e indígenas, após um contato inicial amistoso, tornaram-se violentas devido ao caráter predatório do empreendimento colonial.

A exploração de minas de ouro e prata e de produtos tropicais permitiu a fixação de colonos e o surgimento de sociedades miscigenadas, em que culturas e povos se misturaram, sob o domínio dos europeus cristãos.

CAPÍTULO 21
A América antes da chegada dos europeus

O que você vai estudar
- Os indígenas americanos e suas origens.
- A sociedade maia.
- O Império Asteca.
- O Império Inca.

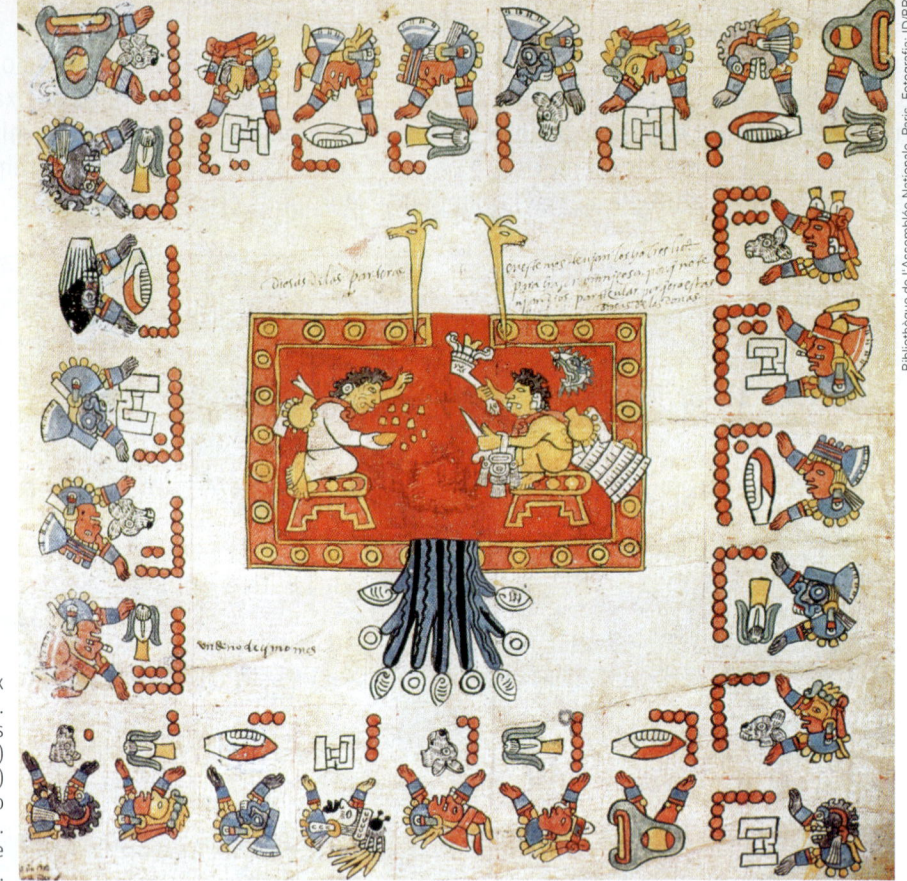

Cópia fac-símile do Codex Borbonicus, c. 1562. No centro, os deuses Oxomoco (à esquerda) e Cipactonal (à direita) elaboram o calendário religioso, *tonalpohualli*. Nas margens, glifos de dias e deuses.

Ligando os pontos

Estima-se que, no início do século XVI, havia cerca de 50 milhões de habitantes dispersos por todo o continente americano e divididos entre inúmeros povos nômades, seminômades e sedentários. Das sociedades aqui existentes à época da chegada dos europeus, três se destacam pela organização sociocultural e pela quantidade de metais preciosos que possuíam: a dos maias, a dos astecas e a dos incas.

Localizadas nas regiões da Mesoamérica e dos Andes, eram sociedades estratificadas e imperialistas, cuja história nos foi transmitida por meio de crônicas de missionários e conquistadores, e dos relatos de ameríndios, registrados, em geral, em códices (livros) pré-colombianos e do período colonial.

Os livros pré-colombianos maias e astecas apresentavam imagens e escritos sobre ritos e costumes dos nativos, tendo boa parte deles sido destruída durante o processo de conquista da América. Entretanto, nos primeiros anos de colonização espanhola, muitos códices foram produzidos, registrando o contato inicial entre os europeus e as comunidades americanas.

1. Argumente sobre a importância do estudo de códices pré-colombianos para a compreensão da cultura dos povos da Mesoamérica.
2. Em sua opinião, por que os espanhóis, no processo de conquista da América, destruíam os códices?
3. O sistema numérico usado na maior parte da Mesoamérica era o vigesimal, enquanto os europeus utilizavam o sistema decimal. Observe a imagem e identifique elementos que indicam a existência de um sistema numérico.

> Os primeiros americanos

As diferenças entre os primeiros americanos permanecem controvertidas. Estudiosos sugerem que os paleoíndios, primeiros indivíduos que chegaram ao continente há pelo menos 14 ou 15 mil anos, com características africanas e de aborígenes australianos, foram substituídos por populações mongólicas, das quais descende a maioria dos indígenas modernos. Mas não sabemos se o desaparecimento do primeiro grupo teria sido fruto de extermínio ou de uma assimilação total.

Em relação ao desenvolvimento da agricultura, a hipótese predominante sugere que teria se iniciado na Mesoamérica e na região andina aproximadamente em 7000 a.C. e se consolidado entre 4000 e 2000 a.C. Isso criou condições para a sedentarização e deu origem a sociedades complexas.

Entre as plantas cultivadas destaca-se o milho, domesticado por volta de 3000 a.C., alimento básico dos povos mesoamericanos e andinos. Também importantes são os cultivos de batata e feijão.

> Os maias

Entre 1200 e 400 a.C., floresceu a **sociedade olmeca**, tida como **cultura matriz** das grandes sociedades mesoamericanas. O legado olmeca inclui uma arquitetura monumental em pedra, esculturas, construção de canais, cultivo de milho e de feijão, expansão do comércio e produção de cerâmica. Essa população cultuava a Serpente Emplumada como divindade agrícola.

No III milênio a.C., grupos vindos do norte estabeleceram-se no México atual. Entre o II e o I milênio a.C., parte desses grupos fixou-se a noroeste do golfo do México, onde se teriam originado os astecas. Outro ramo ocupou o sul e deu origem aos maias, entre os séculos III e XII.

A civilização maia era composta de cidades autônomas, que funcionavam como centros administrativos, comerciais e religiosos rivais, alternando períodos de hegemonia. Quando os europeus chegaram, no século XVI, o apogeu maia já pertencia ao passado.

> A sociedade

A sociedade maia era estratificada: no topo estava o soberano, *halach-uinic*, que governava a cidade, assistido por um conselho de membros da elite, de sacerdotes e de chefes militares.

Abaixo dessa nobreza havia os agricultores, habitantes dos arredores das cidades. Cultivavam especialmente o milho, o feijão, o cacau, a batata-doce e o algodão.

Os maias comercializavam com povos vizinhos produtos como sal, tecidos, cacau (cujas sementes serviam como moeda), escravos (prisioneiros de guerra ou criminosos) e obsidiana (vidro vulcânico usado em armas, joias, objetos rituais, etc.).

A arquitetura, marcada pelas pirâmides de pedra, locais de ritos e sacrifícios, revela a importância das crenças religiosas. Outros destaques arquitetônicos são os campos esportivos, os observatórios astronômicos e o sistema de irrigação baseado na captação de água dos **cenotes**, principalmente no Iucatã, região de poucos rios.

Os maias eram grandes conhecedores de matemática e astronomia. Seus calendários, muito precisos, orientavam a conduta dos homens e revelavam a vontade dos deuses. A religião marcou também a escultura, a pintura e a escrita, ainda não decifrada totalmente.

Ponto de vista

Catástrofe natural ou cultural?

Pesquisas baseadas em conceitos de **Geografia** e relacionadas a fenômenos naturais e produção de alimentos auxiliam os historiadores a formular hipóteses sobre a decadência maia.

As teses mais tradicionais para explicar o declínio dos maias apontam para fenômenos naturais como grandes secas, capazes de desestruturar a sociedade. Contudo, alguns historiadores, como o mexicano Federico Navarrete, responsabilizam a própria cultura maia por esse declínio. Para ele, o aumento demográfico e a limitada produção de alimentos teriam agravado a rivalidade entre as cidades, levando as mais poderosas a edificar construções grandiosas como forma de afirmação. Isso teria reduzido a mão de obra disponível no campo, gerando aumento de tributos e ameaças de guerra. Os camponeses, então, afastaram-se das cidades para fugir dos tributos e das guerras.

Observatório Caracol, na cidade arqueológica de Chichén Itzá, no México. Na parte superior da construção, havia seteiras, pequenas aberturas retangulares feitas para observar os astros. Foto de 2010.

GLOSSÁRIO

Cenote: depressão inundada ou depósito de água encontrado em algumas cavernas do México.

Os astecas

A queda do Império dos toltecas, que dominaram o México Central do século X ao XII, e a destruição de sua capital, Tula, em 1224, por povos seminômades, iniciou um período de dispersão política, com o surgimento de várias cidades-Estado.

Nessa época, os **mexicas** ou **astecas** ocupavam o vale central mexicano. Tinham estrutura social simples e igualitária, formada por soldados-camponeses.

Em 1325 fundaram a cidade de Tenochtitlán, cuja sociedade tornou-se, aos poucos, mais complexa e hierarquizada. Tenochtitlán expandiu sua hegemonia regional e, em 1434, aliou-se a outras duas cidades, Texcoco e Tlacopán.

Esse bloco iniciou a expansão militar por meio de alianças e conquistas de outros povos, dos quais eram cobrados tributos. No início do século XVI, cerca de 12 milhões de pessoas estavam sob o comando de Montezuma II, soberano da confederação asteca com autoridade religiosa, militar e judiciária.

A vida entre os astecas

A sociedade asteca tinha por base os *altépetl*, comunidades aldeãs que detinham a propriedade coletiva da terra, e dos *calpulli*, os bairros-clãs de Tenochtitlán. Os aldeãos eram na maioria camponeses, que podiam galgar a carreira militar, a sacerdotal ou a administrativa. Sacerdotes, guerreiros e funcionários estatais compunham o grupo dirigente.

Os comerciantes eram o elo entre o centro da confederação e os povos periféricos. Agiam como espiões, trazendo informações das comunidades submetidas e das ainda por dominar. Os artesãos organizavam-se em corporações.

Havia ainda escravos – prisioneiros de guerra, condenados pela justiça, e pessoas que vendiam familiares ou a si mesmas para saldar dívidas. Os escravos podiam ter acesso a terras e a bens e só poderiam ser vendidos em caso de indolência.

A agricultura era a base econômica dos astecas, que cultivavam milho, feijão, tomate, cacau, algodão, tabaco, pimenta e frutas. Não conheciam a propriedade privada: as plantações eram coletivas e as colheitas, distribuídas entre todos. Utilizavam sistemas de irrigação, e um calendário solar orientava suas atividades. O comércio, realizado com produtos agrícolas, tecidos, cerâmica, sal, peles, ouro e prata, era diário nas grandes cidades e semanal nas cidades menores.

Acredita-se que os astecas assimilaram a visão religiosa tolteca, na qual a manutenção do universo dependia dos sacrifícios humanos dedicados aos deuses.

Entre os deuses principais estavam: Quetzalcóatl, a Serpente Emplumada, símbolo de força e sabedoria; Tláloc, deus da chuva, dos raios e trovões; e Huitzilopochtli, associado ao Sol, à guerra, à morte e aos jovens.

Os astecas desenvolveram importantes conhecimentos em matemática, astronomia, engenharia e arquitetura. A escrita era dividida em três tipos: fonética, para os nomes; pictográfica, significando o que está desenhado; e ideográfica, expressando ideias, ações ou pensamentos.

> **Assista**
> **A outra conquista.** Direção de Salvador Carrasco, México, 1998, 105 min.
> A trajetória de um escriba asteca que sobrevive ao massacre do Grande Templo, em 1520. A trama mostra o confronto entre astecas e espanhóis.

> **Leia**
> **A civilização asteca,** de Jacques Soustelle. Rio de Janeiro: Jorge Zahar, 1987.
> O livro aborda a história dos astecas, destacando sua organização política, sua sociedade e cultura.

A grande cidade de Tenochtitlán, 1945, mural de Diego Rivera. A obra apresenta o dia a dia nos mercados da capital asteca.

❯ Os incas

Quando os incas – pequena etnia vinda da região do lago Titicaca – chegaram ao vale de Cusco, no sul do atual Peru, no século XII, aliaram-se a grupos da região. Inicialmente subordinados, como indica a adoção da língua local, o quíchua, com o tempo construíram uma supremacia regional.

A partir do século XIII, os incas expandiram seus domínios pelos atuais territórios do Peru, da Bolívia, do Equador, do norte do Chile e da Argentina andina. Formou-se, assim, um império multiétnico. Sua matriz cultural eram os povos pré-incaicos, como os mochicas (100 a.C.-800 d.C.) e os chimus (séculos X-XV) – sociedades complexas, com centros urbanos organizados e agricultura desenvolvida.

❯ A organização do Império

No final do século XV, viviam no Império Inca cerca de 15 milhões de pessoas. Sua capital era Cusco ("umbigo", em quíchua), considerada cidade sagrada. Nela habitava o **Inca**, soberano supremo, tido como filho do deus Sol, Inti. Sacerdotes, altos funcionários e nobres ocupavam o topo da pirâmide social.

O Império compreendia quatro regiões administrativas, subdivididas em províncias, governadas cada uma por um *tucricuc*. As províncias dividiam-se em aldeias, os *ayllus*, unidades sociais e locais básicas do Império, chefiadas pelos *kurakas* (curacas), que organizavam o trabalho coletivo nos *ayllus* e responsabilizavam-se pelo pagamento de tributos ao Império.

Entre os tributos estava a **mita**, que obrigava os camponeses a trabalhar nas terras do Inca, no cultivo, nas minas ou com os rebanhos, e na construção de canais de irrigação, de estradas, de edifícios administrativos e de templos.

A agricultura era a base econômica dos incas, que cultivavam cerca de setecentas espécies de vegetais, entre elas batatas diversas, milho, amendoim, tomate, algodão, pimenta, mandioca, quinoa, ervas medicinais e coca. Também desenvolveram técnicas de preservação dos alimentos, aproveitando o clima dos Andes.

Não havia propriedade privada da terra, sendo a posse comunal no *ayllu*. O trabalho era coletivo, e o excedente produzido, armazenado para redistribuição, quando necessário. Criavam-se lhamas e alpacas para o transporte de cargas e para a alimentação, e para o aproveitamento da lã em vestuário. A produção artesanal baseava-se na tecelagem, na metalurgia e na cerâmica.

Os incas criaram uma vasta rede de estradas e pontes que cruzava as montanhas, facilitando a circulação de mercadorias e soldados. As estradas interligavam as principais cidades do Império, como Cusco, Cajamarca, Quito e Tiahuanaco. Exímios arquitetos, eles utilizavam pedra, bronze e argila na construção de fortalezas, de estradas, de obras hidráulicas, de templos e terraços.

Nos templos, erguidos em honra a deuses como Inti (Sol), Quilla (Lua) e Viracocha (criador do Universo e civilizador), abundavam as esculturas e os adornos de metais preciosos. A veneração à natureza evidenciava-se pelo culto a Pachamama (a "terra-mãe" que engendra a vida) e às *huacas* (lugares sagrados, como montanhas, rios, rochas, etc.).

Terraços utilizados para agricultura no Vale Sagrado dos Incas, Peru, região onde se localiza Machu Picchu. Nessa região eram cultivados diversos produtos agrícolas, principalmente batata e milho. Foto de 2011.

Ponto de vista

Agricultura há 20 mil anos

Segundo o agrônomo Mario Tapia, a domesticação de plantas nos Andes remonta a cerca de 20 mil anos. Antigas populações da região que abrange atualmente o Peru, a Bolívia, o Equador, o sul da Colômbia, o norte do Chile e a Argentina iniciaram um processo de seleção de plantas para garantir a alimentação de suas comunidades.

As sementes selecionadas eram plantadas nos mais variados tipos de solo, clima e altitude; e as técnicas para o plantio de milho, feijão, abóbora e algodão nativo, por exemplo, foram aperfeiçoadas ao longo do tempo por meio do cultivo associado e da rotação de culturas. A habilidade em tirar proveito do ambiente hostil permitiu aos camponeses andinos tornarem produtivas mais de 40 espécies vegetais.

À época do Império Inca, não havia divisão das terras utilizadas para pastoreio, sendo elas, portanto, utilizadas coletivamente. Porém, as terras destinadas à plantação, o *tupu*, eram divididas em lotes, cujo tamanho variava de acordo com a qualidade do solo. Cada um desses lotes era entregue a uma família para que dele tirasse seu sustento.

Ontem e hoje

Inti Raymi ou A Festa do Sol

Inti Raymi ou A Festa do Sol é uma festividade originária da época incaica, na qual se prestam homenagens ao Sol, divindade máxima inca. Proscrita durante o período colonial, essa celebração foi restaurada em 1944, com variações em relação ao ritual original. Na atualidade, o evento se converteu em um ato multicultural.

[...]

A tradição incaica assinala que foi Pachakuteq, o primeiro inca, quem criou a Festa do Sol. O dia central da celebração coincidia com o solstício de inverno e era o primeiro do calendário solar incaico. O Inti Raymi foi proibido pelos espanhóis nos primeiros anos da Conquista, e logo abolido de maneira oficial em 1572 pelo vice-rei Francisco de Toledo. Em 1944, a festa renasceu [...] para celebrar o nascimento da cidade. Escolheu-se 24 de junho – então Dia do Índio; hoje Dia do Camponês – porque coincidia aproximadamente com a data em que se realizava a cerimônia nos tempos dos incas.

[...]

Os testemunhos recolhidos e transmitidos por Gracilazo de la Vega nos dão uma ideia da magnitude que tinha a festa de Inti Raymi [...]. A celebração durava nove dias e era realizada na praça principal de Cusco, conhecida naquele tempo como Haukaypata, localizada no mesmo lugar da atual Plaza de Armas da cidade, ocupando entretanto uma área maior. [...] Na celebração, participavam o inca, a nobreza real e o exército. No dia principal, o inca subia no palco cerimonial (*usnu*), acompanhado por seu séquito e brindava com *chicha de jora* [bebida alcoólica fermentada feita de milho] em louvor ao Sol. Dentro do Templo do Sol, um sumo sacerdote ateava fogo a um chumaço de algodão. Todos os rituais eram acompanhados por danças e pelo soar dos *pututos*, conchas marinhas que se usavam como instrumentos musicais de vento. [...] Ao entardecer, os participantes adoravam o Sol inclinando o corpo e levantando os braços. Era o final da festa. O inca retornava a seu palácio, enquanto as mulheres atiravam, a sua passagem, flores vermelhas e plumas coloridas.

O espetáculo teatral

O Inti Raymi atual é um espetáculo teatral com mais de quinhentos atores, além de dançarinos e músicos. Como tal, segue um roteiro estabelecido, baseado nas narrativas de Gracilazo de la Vega. Ao longo dos anos, esse roteiro foi modificado várias vezes. O atual data de 1984. [...].

A celebração moderna do Inti Raymi se realiza em vários cenários: a primeira e a segunda parte têm lugar em Qorikancha (Templo do Sol) e na Plaza de Armas de Cusco. Em seguida, a encenação se muda para a esplanada da fortaleza de Sacsayhuaman, a cinco quilômetros da cidade. Ali se instalam grandes arquibancadas para os espectadores, que são milhares. A festa se inicia em 24 de junho, às oito da manhã. [...]

A parte mais importante da cerimônia [...] começa aproximadamente à uma e meia da tarde com o soar dos *pututos* e das *quepas* [espécies de trombetas][...]. O inca faz um brinde ao Sol [...]. O rito do fogo sagrado começa quando o *willaq umu* [sumo sacerdote] acende o fogo, enquanto o *willka nina kamayoq*, encarregado de manter o fogo sagrado, acende a fogueira central da esplanada e os *chasquis* fazem o mesmo [...].

O inca mostra-se satisfeito e a festa termina com uma ruidosa manifestação de todos os presentes.

Inti Raymi - la fiesta del sol. Disponível em: <http://www.elintiraymi.com/informacion-general-del-inti-raymi.htm>. Acesso em: 12 maio 2014.

A Festa do Sol mantém as tradições religiosas por meio de rituais que preservam a dança, a música e o vestuário da época incaica. Foto de 2010.

Reflita

1. Identifique semelhanças e diferenças entre a celebração da Festa do Sol do tempo dos incas e a que se realiza na atualidade.
2. A Festa do Sol tem relação com a preservação da cultura peruana? Justifique sua resposta.

Atividades

Verifique o que aprendeu

1. Por que os olmecas são considerados a cultura matriz da Mesoamérica?
2. Compare a organização política das civilizações maia, asteca e inca, destacando semelhanças e diferenças.
3. Podemos dizer que a ascensão de cada grande civilização americana pré-colombiana coincidiu com o declínio de outras? Justifique.
4. Identifique a base da economia asteca, da inca e da maia e assinale o que havia de semelhante entre elas.
5. O solo calcário de Iucatã e o terreno andino montanhoso criavam obstáculos naturais à agricultura para maias e incas. Como esses povos enfrentaram tais dificuldades?
6. É possível falar em ascensão social na sociedade asteca? Explique.
7. Explique em que consistia a *mita*, tributo cobrado no Império Inca.
8. Cite duas importantes realizações culturais e artísticas de cada uma das três grandes civilizações pré-colombianas.

Leia e interprete

9. Leia o texto a seguir e responda às questões propostas.

   > O *ayllu*, enquanto unidade econômica e social de toda a região andina central, passou a constituir a base de dominação política e exploração social com a dominação inca. [...]
   >
   > [...] O *Kuraka* era o primeiro beneficiado no excedente econômico produzido pela comunidade, com o trabalho periódico em suas terras e nas do *Huaca* – a *mita*. [...]
   >
   > Com a conquista militar, o Estado se apropria da terra e dos recursos naturais do *ayllu*. [...]
   >
   > [...] a *mita* não é prestada somente nas terras do *Kuraka* e do *Huaca*, mas também nas terras do Inca e do Sol.
   >
   > [...]
   >
   > A dominação inca mantém as antigas relações comunitárias [...]. Quando da época de prestação de trabalho nas terras do Inca e do Sol, o Estado distribuía roupas de festa, alimentos e bebidas como antes fazia o *Kuraka*, e embora mantendo o culto aos deuses locais, incorpora o culto ao Sol e a seu filho, o Inca, ao qual os aldeãos devem oferecer trabalho. [...]
   >
   > [...] Preservada a figura do *Kuraka*, mantinha-se aos olhos da comunidade o seu papel de representante da aldeia, ao mesmo tempo que se lhe convertia em elo de ligação entre os aldeãos e o Estado inca. Cooperando com a dominação inca, o *Kuraka* mantinha seus privilégios econômicos e de mando no *ayllu*. [...].
   >
   > FERREIRA, Jorge Luiz. *Incas e astecas*: culturas pré-colombianas. São Paulo: Ática, 1988. p. 41-43.

   a) Segundo o texto, que mudanças ocorreram no *ayllu* com a dominação inca nos Andes Centrais?
   b) Podemos considerar que a dominação inca respeitou a cultura dos povos andinos subjugados?
   c) Segundo o autor, qual foi a trajetória do *kuraka* (chefe de aldeia) sob o domínio inca?
   d) O que tornava a dominação inca eficaz?

10. Leia o texto a seguir e responda.

    > Todas as grandes culturas tendem a se distinguir das que as cercam. Gregos, romanos, chineses sempre opuseram sua "civilização" à "barbárie" de outros povos [...].
    >
    > Os mexicanos do centro tinham forte consciência do valor de sua cultura [...]. Eles não acreditavam ser os únicos depositários dela e estimavam, justamente, que certas tribos os igualassem [...]. Outras, ao contrário, passavam por atrasadas e bárbaras aos seus olhos. Por outro lado, eles sabiam que seu próprio povo [...] partilhara o gênero de vida dos bárbaros até uma época recente, mas se consideravam herdeiros dos civilizados que haviam colonizado o planalto bem antes deles [...].
    >
    > Esses dois polos – o bárbaro e o civilizado – são representados por duas noções histórico-míticas: os *chichimecas* e os *toltecas*. Os chichimecas são os nômades caçadores das planícies e das montanhas do norte. [...]
    >
    > Os astecas e seus vizinhos sabiam-se, portanto, [...] colocados na intersecção de duas linhagens: de um lado, a dos povos bárbaros, de que não se envergonhavam e de que cultivavam as virtudes guerreiras; de outro, a dos civilizados, dos toltecas, simbolizados pelo deus-herói Quetzalcoatl, inventor das artes e dos conhecimentos, protetor do saber.
    >
    > SOUSTELLE, Jacques. *Os astecas na véspera da conquista espanhola*. São Paulo: Círculo do Livro, 1990. p. 243-247.

    a) Segundo o texto, de que modo as grandes culturas do passado se distinguiam umas das outras? Isso ocorre ainda hoje?
    b) De acordo com o texto, os astecas construíram sua identidade em oposição aos povos vizinhos. É possível algum povo construir sua identidade sem ter outro, diferente, como referência?
    c) Por que os astecas consideravam os chichimecas inferiores e apreciavam a contribuição cultural dos toltecas?

CAPÍTULO

22 Povos indígenas no Brasil

O que você vai estudar

- O uso do termo "Brasil".
- A diversidade dos grupos indígenas.
- O predomínio tupi na costa Atlântica.
- A sociedade guerreira.
- Arte e cultura indígenas.
- Territórios indígenas.
- A resistência guarani.

Indígenas do povo Barasana colhendo maniçoba, folhas novas da mandioca. Aldeia Rouxinol, no igarapé Tarumã-Açu, em Manaus (AM). Foto de 2010.

Ligando os pontos

O território onde atualmente se situa o Brasil começou a ser povoado há mais de 10 mil anos. No início, os povos eram nômades, coletores e caçadores, fabricavam utensílios de pedra e pintavam desenhos em rochas. A fartura de alimentos fornecidos pelo mar permitiu que alguns grupos da costa se tornassem sedentários. Eles formaram grandes montes de conchas junto ao mar, os **sambaquis**.

Mais tarde, alguns povos passaram a praticar a agricultura e a produzir objetos de cerâmica, principalmente na região amazônica.

Povos como os marajoaras (da ilha do Marajó, no atual estado do Pará) e os tapajônicos (das proximidades da atual cidade paraense de Santarém) moravam em aldeias populosas e produziam artefatos de cerâmica muito elaborados. Eles cultivavam milho, mandioca, abóbora e arroz selvagem. Também criavam peixes em represas artificiais.

Com esses povos sedentários conviviam povos seminômades que, a partir da Amazônia, migraram para outras regiões do atual território brasileiro. Foram esses povos indígenas que os navegadores portugueses encontraram no litoral sul-americano no início do século XVI.

A foto acima representa uma cena do cotidiano atual das mulheres do povo Barasana. O uso do cesto de fibras se relaciona a um legado cultural antigo, assim como a colheita da mandioca.

Após a observação da imagem e a leitura do texto, responda às questões a seguir.

1. Quais são as principais características dos povos indígenas que habitavam a maior parte do litoral sul-americano no início do século XVI?
2. Observe a foto acima. Que elementos indicam o contato entre os Barasana e os não indígenas?

A diversidade dos povos indígenas

No início do século XVI, os navegadores europeus começaram a chamar de "Brasil" uma região de limites indefinidos, situada na costa leste da América do Sul. Alguns povos indígenas a chamavam de Pindorama, que significa Terra da Palmeira. Outros nomes eram usados pelos portugueses para designar partes de seus domínios sul-americanos, como Maranhão e Pará. Foi apenas no século XIX que o termo "Brasil" passou a designar o país que conhecemos atualmente.

Por isso, não é correto usar o termo "Brasil" para o período anterior à chegada dos portugueses. Os povos indígenas não viviam no Brasil. Eles viviam em terras continentais que, após a chegada dos europeus e de um processo secular de conquista e colonização, se transformou no país que chamamos Brasil.

Contudo, como a frase "indígenas que viviam no território atualmente ocupado pelo Brasil" é muito extensa e acaba dificultando a leitura, muitas vezes usa-se a opção "indígenas no Brasil", devendo-se, no entanto, deixar clara a imprecisão da expressão.

Gravura de Johann Moritz Rugendas, representando mulher indígena do povo Botocudo, século XIX.

Línguas indígenas

No início do século XVI, grande variedade de povos indígenas vivia no leste da América do Sul. Um modo possível de classificá-los é com base em seus grupos linguísticos.

Havia várias **famílias linguísticas** por volta do século XVI, cada uma delas abrangendo povos distintos. Segundo os estudiosos, as principais famílias eram: **tupi-guarani, jê, caribe** e **aruaque**. Havia ainda as chamadas **famílias reduzidas**, geralmente concentradas próximas umas das outras em algumas áreas da América do Sul.

Os focos geográficos das famílias reduzidas são considerados pelos estudiosos pontos de dispersão, ou seja, eles marcam a região original de onde saíram os outros povos, que fizeram surgir a maior parte das famílias linguísticas dos indígenas da América do Sul.

Três seriam os focos principais de dispersão:
1) a área do atual Nordeste brasileiro;
2) o planalto que se estende sobre o oeste do Brasil e sobre a Bolívia;
3) a região fronteiriça norte, entre o Peru e o Equador.

De acordo com essa hipótese, é possível averiguar de onde vieram as principais famílias linguísticas dos indígenas do Brasil.

Gravura de Johann Moritz Rugendas representando uma jovem indígena do povo Coropó, século XIX.

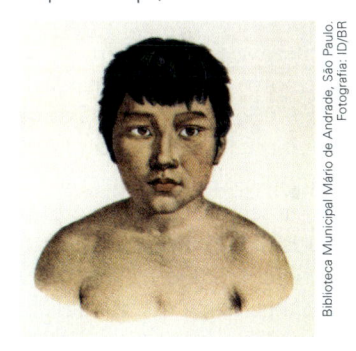

Gravura de Johann Moritz Rugendas representando um jovem indígena do povo Coropó, século XIX.

História e linguística

A análise das línguas indígenas oferece informações que permitem conhecer tanto o parentesco entre os vários povos da Terra quanto as rotas migratórias que esses povos realizaram ao longo do tempo.

Para obter essas informações, os linguistas estudam e elaboram gramáticas, fonologias e vocabulários organizados e detalhados das línguas antigas e modernas, o que possibilita aplicar um método de reconstrução desenvolvido por meio da comparação entre línguas aparentadas.

Por meio desse método pode-se saber se tais línguas tiveram uma origem comum e que grupos derivaram de um mesmo grupo ancestral. Além disso, o método permite saber quais dessas línguas derivadas estão mais próximas entre si. Quanto mais próximas forem as línguas, mais recente é a divisão do ponto de vista histórico.

O linguista estadunidense Morris Swadesh criou um método para estipular a data dessas divisões que consiste na comparação de um vocabulário básico de cem ou duzentas palavras comuns, determinando quais delas são cognatos verdadeiros. Quanto maior o porcentual de termos idênticos ou semelhantes, menor o tempo estimado de divisão entre as línguas.

• Debata com seus colegas sobre as transformações pelas quais a língua portuguesa está passando no início do século XXI, incluindo a adoção de novas palavras de origem inglesa e de gírias utilizadas na internet. O que elas dizem a respeito da sociedade atual?

> Os tupis-guaranis

Em meados do primeiro milênio, teve início uma grande migração de povos da família linguística tupi-guarani, a partir do sul da floresta Amazônica. Eram povos produtores de cerâmica que dominavam a agricultura.

A hipótese mais aceita é de que essa migração tenha ocorrido primeiro em direção ao sul, seguindo o rio Paraguai até o rio Paraná, e dali dividiu-se em dois grandes grupos.

Com seu caráter guerreiro, os tupis-guaranis ocuparam uma vasta região, predominando em toda a costa litorânea, no caso dos Tupi, e no interior da região sul-sudoeste do atual Brasil, no caso dos Guarani.

Unidos pela língua comum, os Tupi e os Guarani diferenciavam-se em alguns aspectos, entre eles a alimentação. Enquanto a base alimentar tupi era a mandioca, a dos Guarani era o milho.

Acredita-se que os Tupi tenham contribuído para o fim da cultura sambaquieira do litoral, por volta de 2 mil anos atrás.

Jovem indígena da aldeia Pindo-Te fazendo pintura no rosto de acordo com as tradições dos Guarani, Pariquera-Açu (SP). Foto de 2010.

> Os Tupi: uma sociedade guerreira

A guerra estava no centro das sociedades tupis e podia ocorrer tanto entre eles como contra outros povos, chamados por eles de **tapuias**.

A guerra tupi era justificada como uma ação de vingança contra a morte de seus ancestrais em guerras passadas. Basicamente, era formada por expedições de captura de inimigos para a realização do ritual antropofágico.

Os inimigos capturados nessas expedições eram levados às aldeias de seus captores e passavam a integrar a rotina do grupo, devendo ser bem tratados.

Quando chegava a hora do ritual de execução, os captores convidavam os membros das aldeias aliadas. A festa começava dias antes da execução. Os grupos dançavam e bebiam **cauim**, bebida alcoólica produzida com a fermentação da mandioca.

No dia marcado, o prisioneiro gritava que sua morte seria vingada por seus aliados. Em seguida, ele era morto com um golpe de tacape na nuca. Seu corpo era esquartejado e a carne era comida por todos os membros da aldeia e os convidados. Morrer em um ritual antropofágico ou no campo de batalha era uma honra que garantia o acesso à morada dos ancestrais.

Ponto de vista

Teorias sobre a migração dos tupis-guaranis

Atualmente, há duas teorias principais que buscam explicar a migração dos tupis-guaranis a partir da Amazônia.

A ideia dominante, proposta pelo antropólogo suíço Alfred Métraux, em 1927, afirma que os tupis-guaranis migraram unidos para o sul até o rio Paraguai, há cerca de 2 mil anos. Apenas ali se teriam separado em dois grupos.

Um dos grupos foi mais para o sul, resultando no ramo guarani. O outro seguiu para o leste, chegou ao litoral do Sudeste e, depois, tomou o rumo norte, ocupando a costa até o atual Nordeste brasileiro.

A segunda teoria, do antropólogo brasileiro José Proenza Brochado, desenvolvida nos anos 1980, procura demonstrar que teriam ocorrido duas frentes migratórias.

Os protoguaranis teriam saído da Amazônia em direção ao sul, atingiram o rio Paraguai e dali ocuparam a região da bacia do Prata, no início da era cristã.

A segunda corrente, dos prototupinambás, teria rumado para o leste, descendo o rio Amazonas. Chegando ao mar, ela se expandiria pela faixa costeira em direção ao sul, entre os anos 700 e 1200.

A teoria da dupla migração é menos aceita por não explicar a proximidade linguística entre os Tupi e os Guarani, e também porque não foram encontrados até hoje vestígios de ocupação tupi no litoral amazônico.

1. Formem grupos e busquem mais informações sobre as migrações dos tupis-guaranis. Pesquisem na internet, em *sites* de instituições oficiais, como a Funai, e em livros e revistas.
2. No final, apresentem os resultados para a classe.

> ### A vida na aldeia tupi

As aldeias tupis eram formadas por longas cabanas cobertas de sapé, dispostas ao redor de uma espécie de pátio ou praça central. O conjunto de cabanas era circundado por um fosso ou paliçada.

O chefe da aldeia era escolhido pela habilidade e força demonstradas no campo de batalha. Contudo, seu poder era limitado. As decisões fundamentais eram tomadas por um conselho formado pelos principais líderes da aldeia (chefes das cabanas de cada grupo familiar), geralmente por consenso.

> ### O trabalho de homens e mulheres

Todos trabalhavam na aldeia. A distribuição do trabalho cotidiano obedecia a regras de gênero e idade.

Os homens adultos guerreavam, pescavam, caçavam e preparavam a terra para o cultivo, o que às vezes incluía a limpeza da floresta por meio de queimadas, método conhecido como **coivara**. Eles também fabricavam canoas, armadilhas, arcos e flechas. Apenas os homens produziam ornamentos de penas. Meninos e velhos espantavam pássaros da plantação.

As mulheres eram responsáveis pela maioria das tarefas agrícolas, como o plantio e a colheita. Coletavam alimentos e frutos e fabricavam utensílios de cerâmica, redes, cestas, tapetes, além de cozinhar e de cuidar das crianças. O cauim era feito pelas jovens, e as meninas cuidavam dos irmãos menores.

> Nem tudo era tupi

Os povos de língua tupi ocupavam os territórios mais cobiçados pelos europeus nos primeiros séculos de colonização do leste da América do Sul. Por esse motivo, criou-se a imagem dos "Tupi" como sinônimo de indígena dessa região. Contudo, havia outros povos.

Os Tupi chamavam de tapuias – que significa "povos de língua estranha" – aqueles que não pertenciam à sua cultura. Em geral, eram grupos da família **jê**.

Os jês predominavam no planalto Central brasileiro, mas também ocupavam parte da atual Região Sudeste. Por causa de certas características físicas, alguns pesquisadores consideram que os jês sejam descendentes dos mais antigos americanos, cujos fósseis foram encontrados em Lagoa Santa, Minas Gerais.

No século XVI, algumas aldeias jês também eram encontradas no sul do Brasil, região à qual esses povos chegaram após a primeira migração em direção ao sul, por volta de 3 mil anos atrás.

> ### Aruaque e Caribe

Antes da chegada dos europeus, a bacia Amazônica já era ocupada por povos seminômades de língua tupi, Aruaque e Caribe.

Os Aruaque se distribuíam nas margens dos rios Negro e Orinoco, no médio Amazonas e na cabeceira do rio Madeira, mas eram encontrados também nas planícies do Paraguai. Já os Caribe concentravam-se na costa norte da América do Sul, nas montanhas das Guianas e no norte do Amazonas.

Aldeia Aiha dos Kalapalo, povo falante de língua jê, situada no Parque Indígena do Xingu. Foto de 2011.

Outras histórias

Enquanto os povos tupis formavam sua cultura na Amazônia, antes de sua migração para o sul, por volta de 500 a.C., na região do atual México a civilização olmeca começava a entrar em declínio.

No entanto, o legado cultural olmeca influenciaria profundamente as grandes civilizações mesoamericanas: maia, tolteca e asteca.

Aspectos da cultura indígena

A cultura dos povos indígenas é tão variada quanto as línguas que falam. Contudo, há vários aspectos comuns, como a crença no mundo espiritual, no poder mítico dos animais e na figura de um homem ou mulher que serve de intermediário entre o mundo humano e o mundo dos espíritos.

Assim como o universo religioso, as formas de expressão artística são muito importantes, mantendo relação com o passado.

Um mundo cheio de espíritos

Os povos tupis acreditavam que o mundo sobrenatural influenciava seu cotidiano. Pensavam estar rodeados de seres, como o **Abaçaí** (espírito maléfico que persegue os indígenas e os possui), e de espíritos protetores da floresta, como o **Anhangá** (que protege os animais contra a caça).

Tupã era a divindade que controlava os raios e trovões, mas que foi identificado ao Deus cristão pelos missionários no século XVI, o que conferiu a essa entidade um caráter mais importante e benevolente do que tinha entre os indígenas.

Os **pajés** eram homens ou mulheres mais velhos que, por meio de presságios e adivinhações, podiam curar ou fazer profecias. Eram os intermediários entre a comunidade e o mundo sobrenatural.

Parte dos rituais praticados pelo pajé envolvia a inalação da fumaça de tabaco, erva nativa da América. Acreditava-se que, no transe provocado pelo uso de grande quantidade de tabaco, o pajé entrava em contato com os espíritos. O pajé dançava e cantava melodias que teriam sido ensinadas em sonhos por ancestrais mortos. Com essas canções ele procurava curar os doentes.

A mitologia indígena

Os diversos grupos indígenas tinham seus próprios mitos. Os **Tupinambá** acreditavam em mitos de criação do mundo e de destruição da humanidade por meio de dilúvios e incêndios. Havia também deuses civilizadores, como **Maire-Monam**, que ensinou aos seres humanos o cultivo da terra, e **Sumé**, uma antiga entidade responsável por uma série de conhecimentos, como o cultivo da mandioca, do mate e da batata-doce na alimentação.

Na mitologia tupi, Jaci (a Lua, protetora dos amantes) e Guaraci (o Sol, doador da vida e criador de todos os seres vivos) eram divindades celestes.

O herói mítico dos Karajá era o urubu-rei, que, após ser aprisionado por um carajá, deu-lhe o Sol e ensinou a seu povo como apanhar tartarugas, edificar casas, fazer ornamentos e cordas de arco, além da agricultura.

Entre os **tupis-guaranis**, o maior mito era o da "**terra sem mal**", lugar da abundância, da ausência de sofrimento e da imortalidade, uma espécie de paraíso terrestre.

Os Tupi acreditavam que a "terra sem mal" era o destino individual dos guerreiros, mas que também podia ser alcançada coletivamente. Ela era o objetivo das constantes migrações.

Os pajés falavam da "terra sem mal" em suas andanças e pregações, dando significado à sociedade guerreira. Cronistas do século XVI afirmam que algumas migrações tupis-guaranis foram lideradas por pajés que levavam populações inteiras a abandonar seus territórios e partir em busca de novas terras, nas quais encontrariam imortalidade e descanso perpétuo.

> **Assista**
> **Xingu.** Direção de Cao Hamburger, Brasil, 2012, 102 min.
> O filme narra a história dos irmãos Villas-Bôas no contato com os povos indígenas do Centro-Oeste brasileiro, bem como a idealização e a fundação do Parque Indígena do Xingu (antigo Parque Nacional Indígena do Xingu), ocorrida em 1961.

O Quarup é um ritual indígena que homenageia os espíritos dos antepassados com danças, cantos e competições, reunindo membros de vários grupos. Aldeia Yawalapiti, no Parque Indígena do Xingu (MT). Foto de 2012.

> ### Adornos extraídos da natureza

Antes da chegada dos europeus, a maior parte dos indígenas do Brasil não usava roupas. Isso não significa, porém, que andassem simplesmente nus. Há milênios seus corpos exibem elaborados ornamentos, que vão da pintura corporal ao uso de adornos.

Os antigos Tupinambá usavam botoques, espécie de discos feitos de madeira ou de jadeíta, uma rocha verde muito valorizada e trocada entre as aldeias. O botoque era usado nas bochechas e no lábio inferior. Alguns povos indígenas da atualidade ainda usam esse tipo de ornamento.

Entre os adornos, também se destaca ampla variedade de colares feitos com madeira, conchas ou sementes, além de brincos, tiaras e cinturões de cipós e sementes que formavam chocalhos.

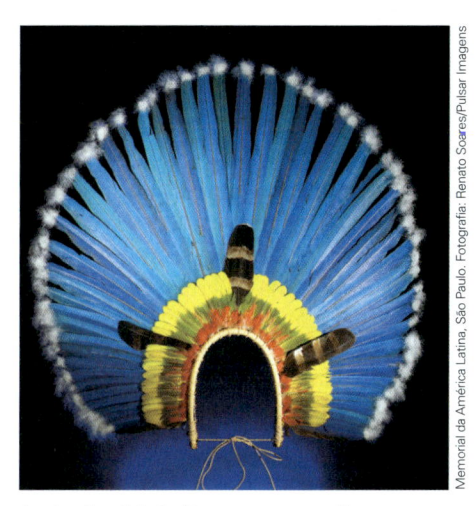

> ### A pintura corporal

A pintura do corpo com corantes vegetais e minerais também é um traço de expressão cultural importante. As cores predominantes são o preto (extraído do jenipapo) e o vermelho (extraído do urucum).

Há desenhos para cada parte do corpo, do rosto às pernas. Alguns exibem motivos geométricos, enquanto outros imitam formas animais.

A arte plumária indígena apresenta diversas combinações de penas de pássaros. Na foto, cocar de plumas elaborado pelos Bororo, indígenas que habitam o Mato Grosso.

> ### Uma arte cheia de significados

Os vários objetos com que os indígenas se adornam não são simples enfeites. Tanto as pinturas corporais quanto os adornos e a arte plumária foram criados como parte da identidade cultural de cada povo. Nas sociedades indígenas, eles identificam o sexo, a idade, a aldeia e a posição social do indivíduo. Logo, eram – e ainda são – elementos fundamentais para a construção das identidades indígenas, cujo uso persiste nas aldeias até nossos dias.

> ### Utensílios do cotidiano

As diferentes aldeias indígenas produziam utensílios com características próprias, para diversos fins.

Os povos indígenas têm, em geral, grande apreço pela música, que marca todos os rituais e as festas mais importantes. Para isso, aperfeiçoou-se a produção de instrumentos musicais, como chocalhos, guizos, flautas e trombetas de diversos gêneros. Os Bororo usavam uma trombeta típica, uma espécie de berrante em forma de hélice.

Em sociedades guerreiras, como a tupi, as armas eram muito importantes. A arma mais utilizada era o arco e flecha. Cada aldeia produzia flechas de uma maneira própria. Elas variavam no tamanho, no formato das pontas e na plumagem, de forma que observando uma flecha é possível identificar a aldeia que a produziu. Os arcos também diferem no tipo de madeira utilizada para sua produção.

De forma geral, todas as aldeias confeccionavam cestas de palha trançada, porém variavam os desenhos e a forma da tecedura. Eram predominantes dois estilos: em espiral (feito de forma circular a partir do centro) e em teia (no qual as palhas estão dispostas paralelamente).

Boneca de cerâmica da cultura karajá. Os Karajá produzem peças que representam todos os membros da família e servem para construir a identidade dos jovens indígenas.

Navegue
<http://www.socioambiental.org/>. Acesso em: 13 maio 2014.
No *site* do Instituto Socioambiental (ISA) você tem acesso à legislação e a informações sobre meio ambiente, patrimônio cultural e povos indígenas brasileiros. A seção *Especiais* aborda sempre um tema polêmico e atual, como a construção da usina de Belo Monte; já o canal temático *Povos Indígenas no Brasil* apresenta a história e a localização de diversos povos.

Ontem e hoje

A questão das Terras Indígenas no Brasil

Em busca de segurança

A chegada dos europeus ao leste da América do Sul causou profundas transformações no cotidiano e na cultura dos indígenas que habitavam a região. Muitos morreram em epidemias e nas guerras de conquista, enquanto outros foram assimilados, adotando os costumes europeus.

Outros grupos, porém, fugiram do contato com os invasores, abandonando o litoral rumo às terras do interior. Um claro exemplo dessa fuga, ocorrido ainda no século XVI, foram as migrações de grupos tupis da costa do atual Nordeste brasileiro em direção à região amazônica.

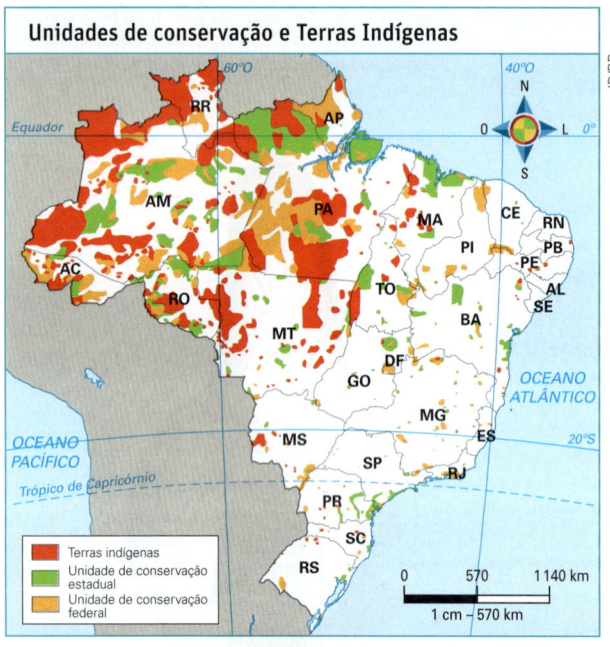

Unidades de conservação e Terras Indígenas

Legenda:
- Terras indígenas
- Unidade de conservação estadual
- Unidade de conservação federal

Fonte de pesquisa: Embrapa. Disponível em: <http://www.alcance.cnpm.embrapa.br/conteudo/resultados.htm>. Acesso em: 13 maio 2014.

Os refúgios pressionados

Contudo, com o passar dos séculos, a colonização europeia avançou em direção ao interior, alcançando pouco a pouco as matas que serviam de refúgio aos indígenas. O contato entre colonizadores e indígenas mostrou-se conflituoso. Não havia mais para onde fugir.

A perda da floresta é desastrosa para os grupos indígenas. Seus valores e crenças estão alicerçados no contato com o meio natural. Privado da floresta, o indígena perde suas referências culturais e se degrada. De profundo conhecedor dos segredos da natureza e membro de uma comunidade autossuficiente, o indígena passa a ser um mendigo ou subempregado na sociedade ocidental.

O direito do indígena à terra

A necessidade absoluta de preservar seu território levou alguns grupos indígenas, ao longo do século XX, a se organizarem para reivindicar limites territoriais definidos para as terras que ainda ocupavam.

Foi apenas nos anos 1960, com a criação do Parque Nacional do Xingu (1961), que o Estado brasileiro passou a demarcar grandes áreas nas quais os indígenas pudessem manter sua vida tradicional. Essas reservas indígenas deveriam impedir as ações predatórias do homem branco e permitir a preservação da cultura indígena.

Depois do Xingu, o governo federal passou a demarcar áreas para uso de outros povos, principalmente na região amazônica.

A difícil defesa da terra

Mesmo com a criação das reservas, as Terras Indígenas não deixaram de ser ameaçadas. Atualmente, mais de 90% das terras demarcadas pela Fundação Nacional do Índio (Funai), criada em 1967, sofrem com a exploração de mineradoras e garimpos, com empreendimentos agropecuários, madeireiras, empresas cosméticas e farmacêuticas, e empreiteiras de grandes projetos estatais (como hidrelétricas e rodovias), que colocam em risco a integridade do território indígena.

Nos anos 1980, contatos sem controle com garimpeiros ilegais provocaram epidemias de doenças e mortes em conflitos violentos.

Atualmente, o Estado brasileiro vem atuando de forma mais firme na defesa dos direitos indígenas. Um exemplo foi a decisão do Supremo Tribunal Federal, que, em 2009, ordenou a expulsão dos fazendeiros plantadores de arroz que ocupavam as Terras Indígenas da reserva Raposa Serra do Sol, no estado de Roraima. Mesmo assim, a persistência dos fazendeiros em desrespeitar direitos indígenas continuou a gerar conflitos. Em 2012, um deputado federal, líder dos arrozeiros daquela região, pretendia apresentar uma proposta de "revisão" da decisão do Supremo, favorecendo os fazendeiros.

Reflita

Discuta com seus colegas as questões abaixo.

1. Por que os indígenas devem ter garantido o direito à terra?
2. Levando em conta que os indígenas vivem em harmonia com a natureza, extraindo dela conhecimento e substâncias úteis, qual é a importância das reservas indígenas para a sociedade brasileira?

Atividades

Verifique o que aprendeu

1. Por que não é correto, para a História, usar o termo "Brasil" quando se trata dos povos indígenas anteriores ao século XVI?
2. Relacione a diversidade das culturas indígenas do leste da América do Sul com o uso da Linguística.
3. Compare as funções desempenhadas por homens e mulheres na sociedade tupi. É possível afirmar que às mulheres eram deixadas as tarefas menos árduas ou ligadas à arte e ao artesanato? Justifique sua resposta.
4. Relacione o conceito de vingança, a importância da guerra e o ritual antropofágico, demonstrando a ligação existente entre esses aspectos na sociedade tupi.
5. Relacione o mito da "terra sem mal" com as constantes migrações tupis.
6. Descreva as principais manifestações artísticas indígenas e explique sua importância para as sociedades que as produzem.

Leia e interprete

7. Leia o trecho a seguir, extraído da obra do explorador alemão Hans Staden, que foi prisioneiro dos Tupinambá no século XVI. Em seguida, responda às questões.

> Quatro dias depois reuniram, perto da aldeia de Ubatuba, algumas canoas, nas quais queriam partir para a guerra. Também o chefe Cunhambebe aí veio com suas embarcações. [...]
>
> Eram trinta e oito canoas, guarnecidas cada uma com mais ou menos dezoito homens [em um total de quase 700 pessoas]. Alguns deles tinham feito profetizar sobre a guerra, através de seus ídolos, sonhos e outras bobagens em que se atinham [acreditavam], de modo que marchavam confiantes para a empresa [façanha]. Tinham intenção de dirigir-se para a região da Bertioga, onde me haviam aprisionado, esconder-se em redor do mato nas vizinhanças da povoação, e levar prisioneiros os inimigos que aí lhes caíssem às mãos.
>
> Por volta de 14 de agosto de 1554 iniciamos esta expedição guerreira. Vem neste mês, como já se narrou, do mar para as correntes de água doce, para aí desovar, uma espécie de peixes. Em português chamam-nos *tainhas*; em espanhol, *lisas*, e na língua dos nativos, *piratis*. Os índios chamam *piracema* a este tempo de desova. Nesta época partem eles todos para a guerra, tanto os Tupinambá como seus inimigos, e durante a marcha apanham e comem os peixes. Retardam-se na ida; na volta, porém, viajam o mais depressa que podem.
>
> [...]
>
> Durante a viagem me perguntaram muitas vezes os índios se eu achava que eles aprisionariam alguém. Para não irritá-los, dizia-lhes que sim e acrescentava que os inimigos topariam conosco.
>
> [...]
>
> Quando estávamos ainda um dia de viagem distante da povoação que queriam atacar, acamparam numa capoeira em frente duma ilha, que é chamada pelos portugueses São Sebastião e pelos selvagens, Maembipe. À tarde andou o chefe Cunhambebe pelo acampamento, no bosque, exortando-os, e disse que não deviam estar agora muito longe da terra do inimigo. Cada qual devia lembrar-se bem do sonho que tivesse à noite e cuidasse de sonhar algo feliz. Depois que ele acabou de falar, dançaram com os seus ídolos até a noite. Foram então dormir. Quando se deitava, disse o meu amo que eu sonhasse também alguma coisa de bom. Respondi porém: "Não creio em sonhos, eles são falsos". Acrescentou então: "Mesmo assim, entende-te com teu Deus para que apanhemos inimigos".

STADEN, Hans. *Duas viagens ao Brasil*. Belo Horizonte: Itatiaia; São Paulo: Edusp, 1974. p. 124-127.

a) Como Hans Staden descreve a crença tupinambá na relação sonho–guerra? Justifique sua resposta, enfatizando os adjetivos usados pelo autor para falar da religiosidade tupinambá.
b) Considerando o conteúdo do texto, compare a atitude de Hans Staden em relação à religiosidade indígena com a atitude indígena em relação à religiosidade de Hans Staden.

8. Observe a imagem e indique alguns itens representados que caracterizam a dominação europeia em relação aos povos indígenas.

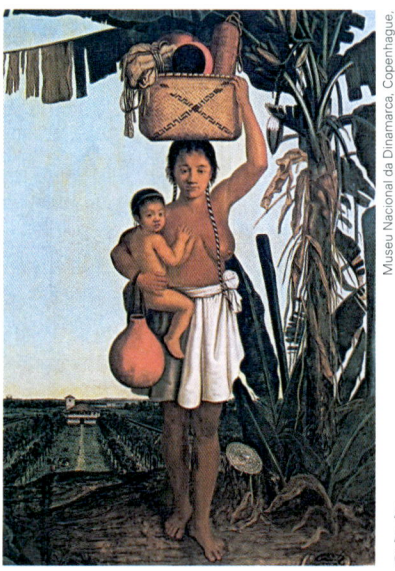

Albert Eckhout. *Mulher tupi*, 1641. Óleo sobre tela.

CAPÍTULO 23
A invasão da América

O que você vai estudar

- Colombo, os primeiros contatos, os choques e a conquista do Caribe.
- Cortés e a conquista da sociedade asteca.
- Pizarro e a conquista do Império Inca.
- A situação social dos indígenas.
- A resistência dos mapuches.

A conquista de Tenochtitlán, detalhe de pintura do século XVII, representa o cerco à capital asteca, comandado por Hernán Cortés durante a conquista da região hoje conhecida como México. Artista anônimo.

Ligando os pontos

Do século XIII ao XV, os reinos de Aragão e Castela predominavam sobre os demais no território da atual Espanha. Aragão, reino voltado para o comércio mediterrâneo, particularmente o de especiarias, mantinha fortes ligações econômicas com as cidades da península Itálica e com o norte da África. Castela era um poderoso e rico reino cujos exércitos lutavam pela expulsão dos mouros. Como prêmio pelas vitórias, a Coroa de Castela distribuía as terras conquistadas aos seus cavaleiros. Assim, para os homens de Castela, a conquista militar e a obtenção de terras eram parte de um mesmo processo durante a Guerra de Reconquista.

No século XV, com o casamento de Fernando de Aragão e Isabel de Castela, os dois reinos se unificaram, proclamando a defesa da religião cristã contra os muçulmanos.

Surgiu, então, uma Espanha agrária e aristocrática, apegada à noção de hierarquia e à ideia de pureza de sangue, o que fortaleceu a nobreza. A ascensão social tornou-se mais difícil, incapaz de atender a demanda de parcelas da população por conquistas e riquezas. Ao mesmo tempo, a expansão dos negócios da nascente burguesia espanhola esbarrava no monopólio de Gênova e Veneza sobre o lucrativo comércio com o Oriente.

A necessidade de criar bases financeiras para a manutenção do Estado e da burguesia levou à busca de rotas comerciais fora do Mediterrâneo e à chegada à América em 1492. O expansionismo encontrara um lugar para o qual seria canalizado o espírito cruzadista.

1. Identifique na imagem acima os diferenciais bélicos entre espanhóis e astecas.
2. Qual foi a importância do catolicismo no processo de unificação espanhola?

❯ Colombo e os primeiros contatos

No final do século XV, com a ampliação das redes de comércio dos países ibéricos, cidades como Lisboa, Sevilha e Barcelona tornaram-se grandes centros cosmopolitas. Muitos estrangeiros buscavam trabalho, principalmente navegadores, marinheiros e especialistas navais, interessados na expansão das rotas comerciais pelo Atlântico.

Colombo se insere nesse contexto. Nascido em Gênova, morou em Lisboa e na ilha da Madeira, partilhando da experiência portuguesa na África.

Quando ofereceu aos reis católicos seu projeto de rota alternativa para o Oriente pelo mar Oceano (como era chamado o oceano Atlântico), Colombo já estava familiarizado com a tradição marítima, comercial e organizativa, além de conhecer os frutos econômicos da expansão portuguesa.

A expedição de Colombo partiu do porto de Palos em agosto de 1492 e, depois de uma viagem tumultuada, pelo medo dos tripulantes em morrer naquele mar desconhecido, chegou à ilha caribenha de Guanaani, atual São Salvador, nas Bahamas, em 12 de outubro de 1492. Colombo tomou posse da terra em nome dos reis católicos.

Depois, explorou o litoral de outras ilhas, como a atual Cuba e a ilha onde hoje se situam o Haiti e a República Dominicana, chamada por ele de Hispaniola, a qual passaria a ser a base da conquista do Caribe.

> **Assista**
> **1492: a conquista do paraíso.** Direção de Ridley Scott, Espanha/França/Reino Unido, 1992, 150 min.
> O filme narra de maneira romântica o percurso histórico do navegador genovês Cristóvão Colombo, desde a busca pelo financiamento da expedição até os primeiros momentos da chegada à América.

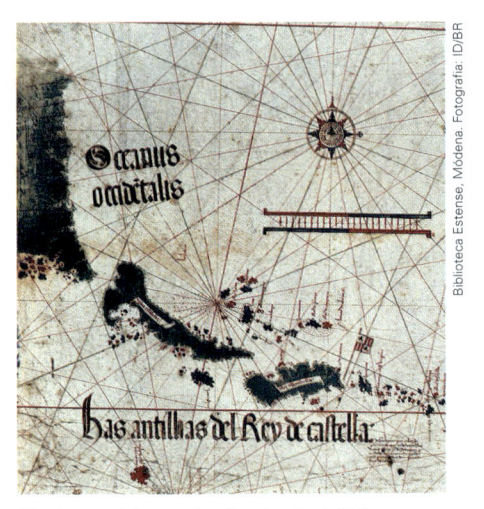

❯ Hispaniola e a conquista do Caribe

A intenção de Colombo era fazer de Hispaniola um entreposto comercial, como faziam os portugueses e os genoveses. Pretendia estabelecer feitorias para comerciar com a população local.

Os aruaques foram os primeiros a sucumbir à colonização, iniciada com a exploração do ouro de aluvião. A mão de obra indígena tornou-se escassa, pois os povos locais não resistiram a epidemias de varíola, tuberculose e gripe. Os espanhóis passaram, então, a realizar expedições para capturar e escravizar indígenas em áreas próximas.

Nesse período, os conquistadores ocuparam também outras ilhas, onde ocorreu situação semelhante. Realizaram ainda a primeira grande expedição em **Terra Firme** (região do Panamá e da costa caribenha da atual Colômbia) entre 1509 e 1513, motivada em parte pelo declínio do Caribe, decorrente da **crise populacional** (em razão do extermínio de grande parte da população indígena) e do esgotamento do ouro de aluvião.

O curto período de extração de pérolas na Venezuela, seguido mais tarde pela introdução da economia açucareira, deu às ilhas nova base econômica, enquanto a importação de escravizados africanos iniciou um longo processo de recomposição da base demográfica. Contudo, as ilhas caribenhas logo teriam importância apenas para o suprimento e para a segurança das frotas espanholas que cruzavam o Atlântico.

Ilha Hispaniola, no detalhe do planisfério de Cantino, de 1502.

Conheça melhor

Colombo, o grande Khan e a cruzada

Colombo acreditava ter chegado ao Oriente, tanto que chamou os habitantes das novas terras de índios, em alusão às Índias. Além disso, ao ouvir da população local o termo *cariba*, referindo-se aos indígenas das Pequenas Antilhas, Colombo entendeu *caniba*, concluindo serem eles súditos do grande Khan, o imperador da China citado na obra de Marco Polo. Segundo essa obra, o Khan havia desejado que sábios o instruíssem na fé de Cristo. Colombo queria concretizar tal desejo, pois estava interessado, também, em conseguir ouro suficiente para que os reis católicos lançassem uma cruzada para libertar Jerusalém do domínio muçulmano.

GLOSSÁRIO

Ouro de aluvião: ouro encontrado no leito de rios, misturado com areia e cascalho.

Base demográfica: expressão relativa à quantidade de pessoas que habitam determinado local.

Cortés conquista o México

A partir de Hispaniola, a conquista expandiu-se por dois grandes flancos: um para o Panamá (1509) e depois o Peru (1532); outro para Cuba (1511) e depois o México (1519), conforme denominações atuais. Foi essa corrente que primeiro se deparou com as grandes civilizações pré-colombianas.

Em 1519, o conquistador espanhol Hernán Cortés, tendo feito contato com populações da Mesoamérica, partiu de Cuba em direção ao continente a fim de dar prosseguimento à conquista. Com a ajuda de dois intérpretes – Malinche, sua companheira indígena, e Jerônimo de Aguilar, náufrago espanhol que aprendera a língua maia –, Cortés conseguiu comunicar-se com o povo local, os astecas. Percebeu, então, que o principal polo urbano mesoamericano era Tenochtitlán e que a dominação asteca tinha muitos inimigos.

Cortés acirrou as disputas já existentes entre os indígenas e estabeleceu alianças com os inimigos dos astecas. Fazia jogo duplo para confundir Montezuma, o governante supremo da confederação asteca. O conquistador reconhecia a força militar asteca e sabia que as armas de fogo tinham limitações: eram lentas para carregar e necessitavam de pólvora seca, o que nem sempre era fácil manter. Entretanto, não menosprezava seu caráter simbólico e seu efeito psicológico sobre os nativos.

Os mesoamericanos buscaram referências em sua própria cultura para entender os acontecimentos. Assim, associaram Cortés ao deus Quetzalcóatl, que partira em direção ao Atlântico prometendo voltar. Acolhido com honras em Tenochtitlán, o espanhol explorou essa imagem o quanto pôde diante da nobreza mexica, dividida entre aceitar ou não a submissão ao estrangeiro.

Nesse ínterim, o governador de Cuba pretendeu tirar o comando de Cortés, cuja medida foi deixar a cidade sob o comando de Pedro Alvarado, que matou muitos nobres, levando à reação dos indígenas.

Ao voltar a Tenochtitlán, Cortés foi atacado e fugiu, perdendo metade de seus homens.

A queda de Tenochtitlán: genocídio

Com reforços de Cuba e apoio dos exércitos indígenas de Texcoco e Tlaxcala e de outros grupos inimigos dos astecas, Cortés voltou a Tenochtitlán, disputando, bairro a bairro, a cidade com os astecas. A superioridade tecnológica espanhola era compensada pela superioridade numérica asteca: eles fizeram armadilhas para os cavalos, encouraçaram suas canoas para resistir às armas de fogo e, contrariando seus hábitos, armaram ataques noturnos.

Mas uma epidemia de varíola espalhou-se por Tenochtitlán e dizimou os astecas. Cortés fechou as entradas e saídas da cidade e não retirou os corpos dos mortos, o que espalhou outras doenças fatais e contaminou a água. Em agosto de 1521, a cidade estava sob o controle dos espanhóis.

Malinche atuando como intérprete para Montezuma e Cortés. Ilustração de 1892 feita com base no códice produzido em c. 1550.

GLOSSÁRIO

Mexica: outro nome do povo asteca.

História e Biologia

Infectologia é uma área da medicina que estuda doenças causadas por microrganismos, como bactérias, vírus ou protozoários. O estudo do surgimento e da disseminação de doenças provocadas por esses agentes patogênicos ajuda a entender como as epidemias influíram em determinados processos históricos.

Isso pode ser observado no papel das epidemias no genocídio dos indígenas americanos. O colapso demográfico que dizimou essas populações foi resultado de doenças infectocontagiosas trazidas pelos europeus, para as quais os indígenas não tinham defesa.

Foram registradas epidemias de varíola desde a primeira expedição de Colombo em 1492. Em 1518, a varíola varreu as civilizações mesoamericanas. O sarampo foi registrado em 1529 no Caribe e em 1531 no México e na América Central. O tifo chegou ao México em 1545 e, um ano depois, já se alastrara pela região da atual Colômbia.

- Forme um grupo com alguns colegas e façam uma pesquisa a respeito do papel atual dos infectologistas no combate às mais recentes epidemias, como a gripe suína e a gripe aviária. Exponham o resultado em sala de aula.

> Pizarro invade o Peru

A conquista do sul da América partiu do Panamá e da costa caribenha da atual Colômbia, chegando ao norte do Império Inca em 1524. Ali os espanhóis conheceram a grandeza do Império e suas riquezas por meio de informações dos nativos.

> A disputa interna pelo Império Inca

As primeiras incursões de **Francisco Pizarro** tinham como objetivo coletar informações sobre as formas de organização social e política dos incas. Na cidade de Tumbes, Pizarro soube da disputa dos irmãos Huáscar, soberano de Cusco, e Atahualpa, de Quito, pelo trono. Vendo aí uma oportunidade de acirrar os conflitos internos e concretizar sua conquista, retornou à Espanha em 1528 e obteve de Carlos V autorização para a conquista do Império Inca. Em 1530, voltou ao Panamá e, dois anos depois, desembarcou em Tumbes com um exército de duzentos homens, com o objetivo de conquistar a região.

> A tomada do Império

Quando a expedição de Pizarro invadiu as terras incas, a derrota de Huáscar para Atahualpa parecia iminente. Ao tomar conhecimento da chegada dos estrangeiros, Atahualpa não os considerou uma ameaça real, planejando atacá-los no momento propício.

Ao saber que os espanhóis preparavam-se para atacar Atahualpa, Huáscar enviou embaixadores secretamente, esperando, com isso, reverter a situação na disputa pelo poder.

Atahualpa também enviou mensageiros a Pizarro, pedindo um encontro. O espanhol aproveitou-se da situação e aprisionou Atahualpa. Nesse meio-tempo, as tropas de Atahualpa já haviam derrotado Huáscar e tomado Cusco.

Atahualpa, visando garantir seu poder, ordenou a morte de Huáscar e ofereceu a Pizarro um fabuloso resgate em ouro por sua liberdade. Nesse contexto, muitos curacas, chefes locais e regionais, dirigiram-se aos espanhóis pedindo ajuda para se libertarem do domínio inca. Esses pedidos geraram alianças com muitas etnias.

Apesar de os incas pagarem o resgate pela liberdade de Atahualpa, ele foi assassinado, desestruturando o Império, que sucumbiu aos espanhóis. No final de 1533, Cusco foi dominada e saqueada. Os conquistadores colocaram o jovem Manco Inca no poder para apaziguar a população. Iniciava-se, assim, um período de pilhagens, violência, epidemias e mortes.

Entre 1536 e 1537, Manco Inca rebelou-se e articulou as forças remanescentes em uma revolta que abalou temporariamente o domínio espanhol, mas foi incapaz de deter o processo de conquista, que seguiu rumo ao sul.

Francisco Pizarro e Atahualpa, em gravura do cronista de origem indígena Felipe Guamán Poma de Ayala, 1615. Na representação do artista, os europeus aparecem em posição de submissão ao líder inca.

Leia
Conquista e colonização da América espanhola, de Jorge L. Ferreira. São Paulo: Ática, 1992.
O livro apresenta, de forma didática, o processo histórico de conquista no México e no Peru. Analisa as estratégias dos conquistadores, a resistência indígena e o choque cultural entre essas civilizações.

Ponto de vista

A força histórica das epidemias

De acordo com o estudioso peruano Domingo Martinez Castilla, a "estranha doença" (varíola), entre outras epidemias, foi a principal aliada dos espanhóis na conquista do Império Inca. Para Castilla, essa hipótese é mais concreta do que as versões históricas nas quais se supervaloriza o papel do ser humano para explicar como uma civilização tão antiga e sólida como a inca resistiu tão pouco à invasão europeia.

O estudioso peruano não acredita nas hipóteses que invocam motivos como a revolta de outras etnias contra o Império e seu apoio aos conquistadores; a superioridade técnica europeia (armas de fogo, rodas, cavalos); e as intrigas políticas internas, representadas pelo conflito entre Huáscar e Atahualpa.

Para Castilla, as epidemias são a principal causa, mas sempre são tratadas displicentemente pelos especialistas, que até documentam sua presença, mas não avaliam suas consequências, como a fortíssima queda da população e seus efeitos sobre todos os aspectos da vida inca, desde a agricultura até a organização social e política.

Ontem e hoje

A conquista e a situação dos indígenas atuais

> Os indígenas são um terço dos 900 milhões de pessoas que vivem em extrema pobreza nas áreas rurais do mundo. Apesar de representarem apenas 5% da população mundial, os índios são 15% dos mais pobres. Os dados são da pesquisa "Situação dos povos indígenas no mundo", divulgada [...] pela Organização das Nações Unidas (ONU). [...]
> Na América Latina, as taxas de pobreza dos povos indígenas são maiores que do resto da população. No Paraguai é 7,9 vezes maior, no Panamá, 5,9 vezes, no México, 3,3 vezes e na Guatemala, 2,8 vezes. "Ser pobre e ser índio são sinônimos", alerta o estudo.
> "Trabalhadores indígenas na América Latina ganham em média a metade do que os trabalhadores não indígenas. Aproximadamente, 25% a 50% dessa distância de ganhos se devem à discriminação e à qualidade da educação", aponta o relatório.
>
> Disponível em: <http://aprendiz.uol.com.br/content/vewruthepr.mmp>. Acesso em: 21 maio 2014.

América Latina

Existe uma estreita relação entre esses dados, que apontam para uma massiva exclusão social dos indígenas, e os eventos históricos da conquista na América Latina. O processo de conquista promoveu profundas rupturas nas sociedades indígenas.

Em primeiro lugar, deve-se mencionar o rápido declínio demográfico. Dos cerca de 15 milhões de habitantes do Império Inca antes da chegada dos espanhóis, restavam apenas cerca de 600 mil menos de 90 anos depois. Entre os astecas, a catástrofe foi semelhante. Calcula-se que cerca de 20 milhões de pessoas morreram no México Central nos 30 anos seguintes à invasão espanhola.

Essa catástrofe demográfica provocou a desestruturação social das grandes sociedades pré-colombianas. Além disso, após o domínio espanhol, seguiu-se um período intenso de roubo, violência e pilhagens, no qual houve profundo desprezo pelos indígenas e sua cultura, vistos como bárbaros e passíveis de servidão.

A exploração da mão de obra indígena foi marcada por violência, maus-tratos e opressão. Altos tributos passaram a ser cobrados das comunidades, e o **sistema de reciprocidade e redistribuição da riqueza** em benefício de todos que existia entre os indígenas foi substituído pela **concentração** dos recursos nas mãos dos espanhóis.

Os homens eram requisitados para o trabalho nas fazendas (constituídas pelas terras usurpadas pelos conquistadores), nas cidades e nas minas, onde o trabalho excessivo aumentava a mortalidade masculina, desequilibrando as relações sociais e a produção agrícola.

Apesar da intensa resistência indígena, é inegável o efeito destrutivo do processo sobre essas sociedades. Fenômenos até então desconhecidos, como **novas formas de tributos**, **introdução da moeda** e da **economia de mercado**, transformaram o mundo pré-colombiano.

Nesse novo mundo construído pelos espanhóis, os indígenas foram inferiorizados e relegados aos estratos mais baixos da sociedade. Tornaram-se os estranhos, os diferentes, os inferiores, os bárbaros no seu próprio território.

Segundo o estudioso argentino Walter Mignolo, os indígenas andinos definem a chegada dos espanhóis como *Pachakuti*, uma complexa palavra aimará que significa aproximadamente "o mundo ao contrário". Essa experiência seria sentida ainda hoje pela população indígena, na forma de um processo histórico contínuo, no qual a difícil situação social é o resultado mais visível.

Indígenas Mapuche protestando em Santiago, Chile. Foto de 2013.

Reflita

1. Discuta com seus colegas a relação entre a atual situação social dos indígenas e os eventos da conquista.
2. Você acredita que hoje é possível tomar medidas sociais que reparem os danos históricos sofridos pelos indígenas? Explique.

Atividades

Verifique o que aprendeu

1. De acordo com o texto do capítulo, que razões motivaram a viagem de Colombo?

2. Identifique a base econômica da colonização espanhola no Caribe e o que motivou a colonização das ilhas.

3. Explique de que modo a comunicação com os indígenas da Mesoamérica favoreceu Cortés no processo de conquista.

4. Quem Cortés buscou para fazer alianças e poder atingir seu objetivo de conquista?

5. De que maneira os astecas procuraram compreender os acontecimentos com o surgimento de estrangeiros em suas terras?

6. Quais foram os fatores decisivos para a vitória dos conquistadores espanhóis diante das grandes civilizações pré-colombianas?

7. Quais eram as razões que moviam os conquistadores em sua empresa na América?

8. De que maneira a disputa de poder entre os herdeiros do trono inca criou condições ideais para a conquista?

Leia e interprete

9. Leia o texto a seguir, escrito pelo historiador espanhol Lopez de Gomara, expressando sua opinião sobre a conquista espanhola na América, e responda às questões.

> Como já disse, os nossos espanhóis descobriram, percorreram, converteram imensas terras em sessenta anos de conquista. Nunca rei algum ou nação alguma percorreram e subjugaram tantas coisas em tão pouco tempo, como nós fizemos, nem fizeram ou mereceram o que as nossas gentes fizeram e mereceram pelas armas, a navegação, a pregação do Santo Evangelho e a conversão dos idólatras. É por essa razão que os espanhóis são inteiramente dignos de louvor. Bendito seja Deus que lhes deu essa graça e esse poder. É grande glória e honra dos nossos reis e dos espanhóis o terem feito aceitar pelos índios um único Deus, uma só fé e um só batismo e de lhes terem arrancado a idolatria, os sacrifícios humanos, o canibalismo, a sodomia e ainda outros grandes e maus pecados, que o nosso bom Deus detesta e que castiga.

LOPEZ DE GOMARA, F. Historia general de las Indias, 1568.
In: ROMANO, Ruggiero. Os conquistadores da América. Lisboa: Dom Quixote, 1972. p. 94.

a) Como Lopez de Gomara representa os eventos da conquista?

b) Para o autor, quem é o responsável pelo sucesso espanhol obtido durante a conquista?

c) Qual é a visão de Lopez de Gomara sobre os indígenas da América? Qual é o papel fundamental do conquistador para ele?

10. Observe a gravura feita pelo artista europeu Theodore de Bry e a feita pelo cronista peruano Felipe Guamán Poma de Ayala e responda às questões.

A morte de Atahualpa, em gravura de Theodore de Bry, séc. XVI.

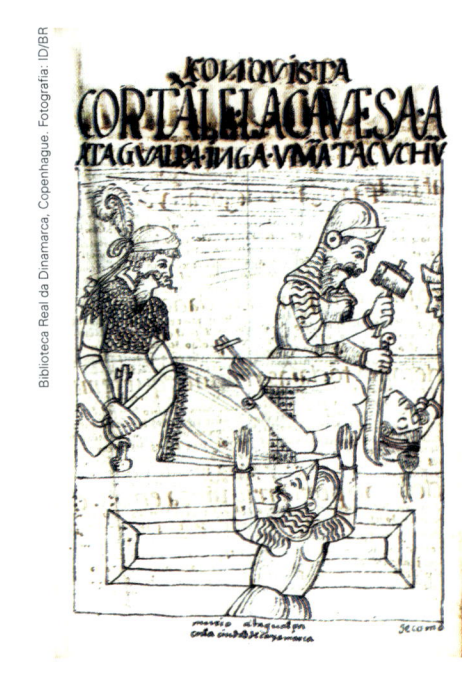

A morte de Atahualpa, em gravura de Felipe Guamán Poma de Ayala, séc. XVII.

a) Descreva sucintamente que evento histórico da conquista está representado nas gravuras acima.

b) Quais são as principais diferenças entre as duas imagens no que concerne à representação da cena?

c) Podemos afirmar que Felipe Guamán Poma de Ayala tem uma perspectiva mais indígena dos acontecimentos do que De Bry?

CAPÍTULO 24
A colonização espanhola

O que você vai estudar
- Um império de ouro e prata.
- Os vice-reinados.
- A sociedade colonial.
- Cultura e religião.

Ilustração de Theodore de Bry, de 1598, para a edição em latim da *Brevíssima relação da destruição das Índias*, de Bartolomé de Las Casas.

Ligando os pontos

Na Mesoamérica, as cidades-estado dos maias e as dos astecas e, nos Andes, as cidades-estado dos incas eram as regiões com maior densidade populacional na América pré-colombiana. Essas civilizações viviam em cidades e aldeias estáveis e praticavam a agricultura intensiva. Detinham o poder hegemônico regional e estabeleciam mecanismos rígidos de tributação sobre as pequenas unidades sociopolíticas locais, chamadas de *calpulli* (região central do México atual) e *ayllu* (nos Andes).

Parte da produção excedente era destinada aos chefes locais, depois às subdivisões provinciais e, finalmente, ao centro do poder. O Estado também cobrava uma espécie de tributo que consistia na participação de pessoas em construções de obras públicas. No sistema de trabalho rotativo e alternado, trabalhava uma aldeia por vez. Entretanto, para grandes projetos, parte da população podia ser convocada ao mesmo tempo. Assim, uma intrincada rede de relações de dependência e reciprocidade entre as comunidades aldeãs e o Estado fazia que uma série de povoados, cidades e comunidades passassem a orbitar as capitais Cusco (nos Andes) e Tenochtitlán (no México). Mesmo havendo especificidades em cada um dos sistemas, o tributo pago a um governante exercia grande força unificadora, quer fosse na porção central do México, quer em Iucatã ou nos Andes incaicos.

Foi justamente nesses centros organizados de poder das grandes civilizações pré-colombianas que começou a colonização espanhola. Os espanhóis aproveitaram a ordem social e política estabelecida pelos Estados indígenas para impor sua forte e opressiva dominação.

1. O que você pode depreender da observação da imagem acima e do último parágrafo do texto?
2. Por que a Mesoamérica e os Andes permaneceram como áreas centrais para os colonizadores espanhóis?

Um império de ouro e prata

A busca por metais preciosos iniciou a exploração econômica da América. A extração do ouro de aluvião caribenho somou-se ao saque às civilizações continentais e impulsionou a colonização espanhola.

Os espanhóis se estabelecem

A conquista da América foi marcada pela grande autonomia dos *adelantados*, homens que buscavam riqueza e prestígio no ultramar. Eles estavam amparados por contratos – chamados **Capitulações** –, que lhes garantiam o direito de exploração da terra e autorizavam a escravização de indígenas, cujo trabalho era usado na exploração de ouro no início da colonização.

Enquanto os *adelantados* exploravam o continente, a Coroa espanhola controlava a exploração das colônias por meio da **Casa de Contratação**, sediada em Sevilha. Esse órgão exercia atividades comerciais, administrativas e jurídicas. Por exemplo, cabia à Casa de Contratação garantir o monopólio e a cobrança do quinto (imposto sobre o ouro extraído), nomear funcionários e julgar as contendas ultramarinas.

Em 1524, a Coroa dividiu as atribuições da Casa de Contratação, criando o **Conselho das Índias** para regulamentar a legislação e a administração colonial.

Mão de obra indígena

A escravidão indiscriminada foi proibida pela **Lei de Burgos**, promulgada em 1512. Só poderiam ser escravizados indígenas envolvidos em **guerras justas**, isto é, os que não se submetiam à Coroa ou à Igreja.

A partir daí, estabeleceu-se um sistema de premiação pelo esforço da conquista, chamado *encomienda*: os *adelantados* recebiam terras e tornavam-se responsáveis pela defesa e catequese de comunidades indígenas existentes no território. Em contrapartida, o *encomendero* podia cobrar dos indígenas tributos em gêneros e prestação de serviços, quer como mão de obra em suas propriedades, quer em outras atividades. Além disso, poderia alugar a mão de obra de seus indígenas a outros espanhóis.

A *encomienda* foi alvo de muitas críticas por parte de religiosos e autoridades reais, pois contribuiu para o acentuado declínio demográfico indígena.

Entretanto, o sistema entrou em declínio por razões diversas, tais como: afluxo constante de imigrantes espanhóis para a América; surgimento de novas atividades econômicas, como as **haciendas**, baseadas na posse da terra e não mais na tributação; declínio demográfico da população indígena e aumento da disputa pela sua mão de obra; pressão de religiosos, como o frei Bartolomé de Las Casas, que denunciavam e condenavam os maus-tratos impostos aos nativos; criação das **Leis Novas** (1542) pela Coroa, que restringiam o poder dos *encomenderos* ao proibir a escravização indígena e a concessão de novas *encomiendas*.

Para solucionar essa disputa pela mão de obra indígena, foi introduzido o **repartimiento**, semelhante à *mita* andina e ao *cuatéquil* mexicano. O trabalho forçado passava a ter caráter rotativo e temporário entre as comunidades indígenas, que, em troca de um salário baixíssimo, desenvolviam atividades árduas e insalubres, sobretudo na mineração.

Na *encomienda*, os nativos eram submetidos a todo tipo de trabalho. Acima, trabalho em mina de prata. Desenho de Samuel Champlain, c. 1600.

> **Assista**
> **Bartolomé de Las Casas.** Direção de Sergio Olhovich Greene, México, 1993, 120 min.
> O filme narra a trajetória de frei Bartolomé de Las Casas e sua luta contra a escravização indígena.

Conheça melhor

Trabalho compulsório e crise demográfica

O trabalho compulsório contribuiu muito para a diminuição drástica da população indígena no primeiro século da colonização. Além dos maus-tratos causados pelos espanhóis, a exploração excessiva diminuía a expectativa de vida da população.

O sistema também gerou fome, pois os indígenas cumpriam longas jornadas de trabalho nos empreendimentos espanhóis – exploração de minas, lavoura, construção de edifícios, transporte de materiais – e não tinham tempo para se dedicar às atividades agrícolas de suas comunidades. Com isso, a produção declinou, ocasionando falta de alimentos e fragilizando ainda mais a saúde desses povos.

> ## A mineração

A extração de ouro no México e de prata no Peru (conforme as nomes atuais) levou à formação de núcleos mineradores. Os indígenas que trabalhavam no sistema de *encomienda* e *repartimiento* (ou *mita*) foram empregados como mão de obra na minas.

Em 1545, os espanhóis descobriram grandes jazidas de prata em Potosí (atual Bolívia) e no norte do México, na região de Zacateca. A extração da prata alcançou números bem expressivos. Segundo o historiador Pierre Chaunu, entre 1503 e 1660 cerca de 25 milhões de quilos de prata foram extraídos do solo americano.

As atividades comerciais próximas às áreas de extração mineral foram intensas e visavam ao abastecimento das grandes populações formadas ao redor dos núcleos de mineração. Para se ter uma ideia, a cidade de Potosí, no auge da extração da prata (1590-1600), chegou a ter cerca de 150 mil habitantes. As chamadas **regiões periféricas** (atuais Chile, Paraguai e Argentina) passaram a fornecer gêneros agrícolas e gado às regiões mineradoras, o que promoveu a ocupação e a concentração fundiária nessas áreas.

> ## Outras práticas econômicas

Na região da Mesoamérica, que compreendia a área central mexicana, além do ouro e da prata circulavam diversos produtos, como o cacau produzido na atual Guatemala, os tecidos de algodão de Iucatá e o índigo, matéria-prima do anil (corante têxtil), cultivado no atual território de El Salvador.

Ao mesmo tempo, novas práticas econômicas foram estimuladas. Foi o caso das pequenas manufaturas urbanas, chamadas ***obrajes***, cuja produção era destinada a um mercado intermediário, composto de mestiços, espanhóis pobres e indígenas.

Quito, na América do Sul, era um importante centro fornecedor de tecidos, tanto para a região central do atual Peru quanto para as minas auríferas de Nova Granada (atual Colômbia). Já na Mesoamérica, eram Puebla e Querétaro que abasteciam a área central mexicana.

> ## As *haciendas*

Durante o século XVII, ocorreu o declínio das atividades mineradoras. Apenas Nova Granada continuou como importante núcleo aurífero.

Cada vez mais, as ***haciendas*** se consolidaram como centro da economia na América espanhola. As *haciendas* eram grandes propriedades monocultoras de produtos tropicais voltados para o abastecimento do mercado colonial.

Entretanto, algumas regiões tornaram-se exportadoras, como foi o caso das Antilhas, baseadas no sistema de *plantation*, latifúndio monocultor e escravista em que era utilizada a mão de obra africana para a produção do açúcar.

Ao lado do açúcar, o algodão produzido no litoral do Peru também teve certa importância no comércio internacional desde meados do século XVI. Enquanto isso, na América Central o índigo ocupou o espaço deixado pela decadência do cacau guatemalteco.

A variedade das atividades produtivas (*haciendas*, minas e *obrajes*) contribuiu para a diminuição do trabalho temporário, assim como para o declínio demográfico.

Com as novas atividades, era crescente a exigência de mão de obra mais especializada e permanente.

O trabalho nas minas de Potosí, gravura de Theodore de Bry, 1596. A imagem enfatiza os maus-tratos causados aos indígenas nos empreendimentos espanhóis.

> Os vice-reinados

No decorrer do século XVI, a Espanha aprimorou seu controle sobre suas colônias na América. Se os primeiros conquistadores, os *adelantados*, possuíam autonomia para apoderar-se de terras e fazer escravos, aos poucos os colonos perderam espaço para a máquina administrativa criada pela Coroa.

Um dos primeiros órgãos de controle estabelecidos pela Coroa foram as **Audiências**, instituições de competência administrativa, judiciária e fiscalizadora instaladas nos principais centros da colônia e diretamente subordinadas ao Conselho das Índias.

A partir de 1535, a Coroa começou a estabelecer **vice-reinados** nas áreas centrais. Com isso, aumentava sua capacidade administrativa na América. Nas regiões periféricas – mas estratégicas dos pontos de vista econômico e militar –, foram instituídas **Capitanias Gerais**.

Durante o século XVII, os domínios espanhóis estenderam-se para a América do Norte, tomando o território hoje correspondente ao sul da Califórnia, ao Novo México e ao Texas. No século XVIII, os espanhóis avançaram ainda mais para o norte, tomando terras ao longo do rio Missouri, da Flórida e da Louisiana.

Na prática, o poder ficava nas mãos de altos funcionários enviados para a América pela Coroa, os *chapetones*. Apesar de se reportarem diretamente à metrópole, as atividades desses funcionários escapavam ao controle efetivo da Coroa, o que favorecia a generalização da corrupção e dos arranjos pessoais.

No âmbito local, foram criados os *cabildos*, espécie de câmaras municipais responsáveis pelo recolhimento de impostos e pela aplicação da justiça. Os cargos públicos disponíveis nos *cabildos* eram exercidos por homens ricos e influentes, geralmente descendentes de espanhóis nascidos na América. Eram proprietários de terras, de minas ou grandes comerciantes, conhecidos como *criollos*.

O presidente do *cabildo* era denominado **alcaide** e seus membros eram chamados de **regidores**.

Assim, por meio da estabilização dessas diversas esferas de poder, com sobreposição de funções e fiscalização entre as diversas partes, a Espanha consolidou seu domínio sobre a América, criando um aparato burocrático com canais de comunicação e vigilância recíproca entre súditos e soberanos.

Divisão administrativa da América espanhola (século XVIII)

Fonte de pesquisa: *Atlas de L'Histoire du monde*. Bagneux: Reader's Digest, 2005. p. 163.

Edifício do antigo *cabildo* de Buenos Aires, atual capital da Argentina. Construído no século XVII, passou por muitas reformas ao longo do tempo. Documentos e imagens históricas auxiliaram na restauração do monumento, que apresenta arcos e uma torre principal. Foto de 2012.

Outras histórias

Em meados do século XVI, enquanto os espanhóis aprimoravam o controle da metrópole sobre suas colônias americanas, a Rússia ampliava os domínios de seu território rumo ao Oriente.

Foi sob o reinado do lendário Ivan IV, o Terrível (1530-1584), da dinastia Rurikovich, que a Rússia conquistou definitivamente a Sibéria, nos confins gelados do continente asiático.

A sociedade colonial

A estrutura social da América espanhola apoiava-se em uma rígida hierarquia – com pouca mobilidade social – e definiu-se com base em critérios étnicos, pautados principalmente na tese da **pureza sanguínea**, trazida da península Ibérica.

A pureza do sangue

O período da Guerra de Reconquista (lutas pela expulsão dos árabes da península Ibérica) e da consolidação da unificação espanhola fortaleceu no mundo ibérico as diferenças entre aqueles considerados legítimos cristãos e os que eram tidos como infiéis: muçulmanos e judeus.

Muitos "infiéis" tinham negócios na Espanha e converteram-se ao catolicismo para evitar represálias, mas foram hostilizados mesmo assim. Em meados do século XIV, foram estabelecidas as leis de pureza de sangue na península Ibérica. Seu objetivo era restringir os direitos civis de mouros e judeus convertidos. As leis consideravam que nenhum descendente de judeu ou mouro, até a sexta ou sétima geração, podia pertencer às corporações profissionais, cursar as universidades, ingressar nas ordens religiosas ou militares ou ocupar qualquer posto oficial.

Essa proibição difundiu a ideia de que a condição essencial da honra estava na pureza do sangue, que foi propagada também na América.

Inicialmente, a diferença estabelecida era entre espanhóis, de um lado, e negros e indígenas, considerados bárbaros e inferiores, de outro. Mas a miscigenação contribuiu para complicar o esquema étnico original, acrescentando as categorias de **mestiço** (espanhol e indígena) e **mulato** (espanhol e negro; indígena e negro). No entanto, o critério de pureza de sangue continuava a definir a condição social segundo a perspectiva espanhola.

Divisões socioculturais

No começo da colonização havia na América uma divisão cultural bipolar: espanhóis e negros constituíam o mundo espanhol; indígenas, o mundo indígena. Posteriormente, as relações tornaram-se mais complexas. Por exemplo, em termos de organização social, os negros situavam-se mais perto dos espanhóis e agiam de modo mais parecido com eles. Por isso, nas relações diretas entre negros e indígenas, geralmente os indígenas estavam em condição subordinada. Em contrapartida, os negros tinham condição social inferior com relação aos espanhóis, pois eram escravizados.

Os mestiços pertenciam à periferia do mundo espanhol e assumiam papel cada vez mais importante nas áreas de habilidades manuais específicas, de comércio varejista e de supervisão direta dos indígenas. Também podia ocorrer de crianças mestiças serem reconhecidas e criadas por espanhóis. Era comum, ainda, um espanhol casar sua filha mestiça com um de seus subordinados espanhóis.

Todos os tipos intermediários, conhecidos como **castas**, tinham muito em comum, pois misturavam-se e assimilavam-se uns aos outros.

No entanto, duas ou três gerações depois da conquista da América, a distinção entre o *criollo* e o espanhol peninsular foi aos poucos ganhando corpo. Até meados do século XVII, a designação *criollo* era apenas um termo para designar os americanos descendentes de espanhóis. Entretanto, gradativamente a expressão adquiriu conotação de inferioridade entre os peninsulares. Ser *criollo* passou a identificar os que não obedeciam à tese da pureza sanguínea.

> **Assista**
> **Bicicletas de Nhanderu.** Direção de Patrícia Ferreira e Ariel Duarte Ortega, Brasil, 2011, 48 min. Documentário realizado por dois jovens cineastas do povo guarani mbya, reflete sobre questões cotidianas como a educação, a sobrevivência e a espiritualidade na aldeia Koenju, em São Miguel das Missões, no Rio Grande do Sul.

Cena de rua do século XIX, representando mulheres da elite com vestuário semelhante ao usado na América espanhola colonial. *A catedral e a praça maior de Lima*, 1843, pintura de Johann Moritz Rugendas.

> ## A hierarquização social

No topo da pirâmide social da América espanhola, no final do século XVII, estavam os altos funcionários da Coroa: os militares, os responsáveis pela aplicação da justiça e pela cobrança dos tributos, ou seja, aqueles com poder político-administrativo. Geralmente brancos e nascidos na Espanha, eles eram chamados de *chapetones* na América do Sul e de *gachupines* no México, termos depreciativos atribuídos pelos *criollos*.

Logo abaixo estavam os *criollos*, descendentes de espanhóis nascidos na América, que, embora formassem uma elite econômica e controlassem os *cabildos*, não tinham acesso aos altos cargos administrativos da Coroa. Portanto, seus poderes políticos eram limitados.

As contradições entre *chapetones* e *criollos* aumentavam à medida que a colonização avançava. Um dos principais pontos de divergência era a questão do "exclusivo comercial", que obrigava os *criollos* a negociar sua produção somente com grandes comerciantes metropolitanos.

Abaixo desses dois estratos sociais vinham os mestiços e os mulatos, cuja maioria era composta de trabalhadores livres assalariados. Abaixo deles estavam os indígenas, submetidos ao trabalho forçado nas minas e em outras atividades econômicas, dependendo do contexto local.

Na base da pirâmide social estavam os escravizados de origem africana. Eles trabalhavam em diversas atividades econômicas, rurais e urbanas. Nas *plantations* antilhanas eram maioria.

> ## A dinâmica das relações sociais

Entretanto, apesar dessa rígida hierarquização da sociedade colonial, as relações cotidianas funcionavam de modo dinâmico. Desde o momento da conquista da América, espanhóis e líderes indígenas estabeleceram elos que permitiram a exploração da mão de obra indígena. Os chefes das comunidades, visando manter seu poder, realizaram alianças que foram exploradas pelos interesses espanhóis.

Muitos indígenas adquiriram animais de criação, porcos e ovelhas, ou passaram a cultivar trigo usando bois e arados. Alguns começaram a produzir tecidos utilizando métodos espanhóis, tendo muitas vezes um sócio ou capataz espanhol. No Peru, os curacas (chefes locais) alugavam os serviços de aldeãos para outros espanhóis além do *encomendero*.

Essas relações eram movidas por um jogo de interesses, já que um casamento, ou mesmo o nascimento de filhos ilegítimos, estreitava relações e firmava compromissos. Líderes indígenas adotaram vários ornamentos espanhóis, tais como itens de vestuário, cavalos de montaria e, às vezes, a escrita alfabética e a língua espanhola.

Desde o início da conquista, alguns indígenas eram convocados, à força ou voluntariamente, pelos espanhóis e adotados como servos pessoais. Denominados *naborías* (no México e no Caribe) e *yaconas* (no Peru), esses indígenas estavam mais inseridos no mundo hispânico que os outros nativos e formaram uma espécie de grupo separado nas cidades, associado aos empreendimentos espanhóis.

Apesar da rígida hierarquia social e da ideia da pureza de sangue, a dinâmica das relações sociais diversificou o mundo colonial e impulsionou a mestiçagem.

Curaca peruano manipula o quipo, representado por Felipe Guamán Poma de Ayala, cronista mestiço de espanhol e quéchua nascido no século XVI. Gravura de 1615.

Conheça melhor

O desprezo pelo sangue impuro

As leis de sangue podiam determinar, além da posição social, o tipo de trabalho que caberia a cada um dos componentes da sociedade colonial.

Segundo o historiador Ronaldo Vainfas, negros e indígenas "eram objeto do mais profundo desprezo e desdém, tidos como seres inferiores aos quais cabia, conforme os valores ibéricos, o repugnante exercício de trabalhos manuais" (*Economia e sociedade na América espanhola*. Rio de Janeiro: Graal, 1984. p. 104).

❯ Cultura e religião

O processo de conquista e colonização da América promoveu o surgimento de uma cultura específica e singular, nascida do encontro da cultura espanhola com a dos povos indígenas. Alguns estudiosos têm usado o termo **aculturação**, mais abrangente, para explicar o processo que consideram a substituição da cultura indígena pela espanhola.

Para outros, no entanto, o que ocorreu na América espanhola não foi uma aculturação, mas uma **hibridização** entre as duas culturas. Falar em aculturação seria negar a permanência de muitos aspectos da cultura pré-colombiana vigentes ainda hoje e a capacidade indígena de resistir às tentativas de dominação empreendidas pelos espanhóis.

❯ As cidades

De forma geral, as cidades espanholas na América foram construídas em forma de grade, com ruas largas e perfeitamente retas, formando quarteirões quadrados e retangulares. Geralmente, há uma grande praça central, na qual se encontram a catedral, o palácio administrativo – do vice-rei, do governador ou mesmo do *cabildo* – e quase sempre a residência das pessoas mais importantes.

Apesar de muitas cidades espanholas terem sido fundadas sobre antigas cidades indígenas destruídas, os traçados urbanos e arquitetônicos visavam à construção de uma nova cidade. Porém, o modelo ibérico sofreu adaptações e ajustes às condições locais, como o uso de materiais distintos do padrão europeu. Além disso, seus construtores indígenas e africanos incorporaram às cidades hispano-americanas suas próprias influências, no que se refere às técnicas e aos materiais por eles utilizados.

Ao construírem monumentos, igrejas, fortificações e prédios administrativos, os espanhóis buscavam afirmar a presença da Coroa, da Igreja e de todos os seus valores na vida cotidiana da colônia. A urbanização era uma forma de destribalizar o indígena e descaracterizar seu universo cultural.

Entre as instituições europeias implantadas pelos espanhóis no mundo colonial estavam as **universidades**. A primeira delas foi fundada em 1538, em Santo Domingo. Em 1551, seriam fundadas universidades em Lima e na Cidade do México. Sob a responsabilidade dos religiosos, essas instituições eram centros culturais que ofereciam cursos de Teologia, de Leis e de Medicina.

❯ A fé militante

A cristianização dos povos dominados pelos espanhóis na América ocorreu no contexto da expulsão dos muçulmanos e dos judeus da Espanha e da unificação da Coroa. A experiência de uma fé militante em luta contra os "infiéis" legou aos espanhóis um espírito cruzadista. Ao desembarcarem na América, traziam não apenas as aspirações por riqueza, glória e fama, mas a incumbência de submeter os povos nativos – identificados como "pagãos" – ao cristianismo.

Durante o processo de conquista, a Igreja católica atuou ao lado das autoridades espanholas. Apesar de algumas divergências, o domínio militar era condição necessária para a evangelização.

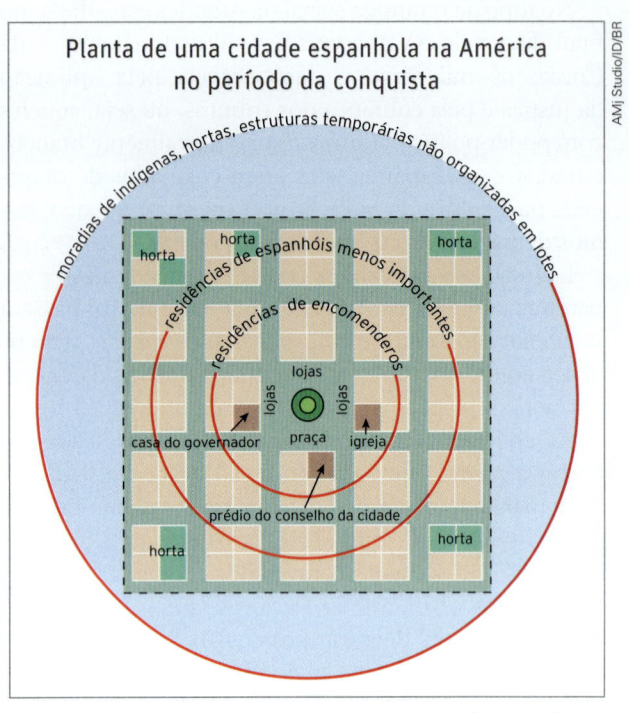

Planta de uma cidade espanhola na América no período da conquista

Fonte de pesquisa: LOCKHART, James; SCHWARTZ, Stuart B. *A América Latina na época colonial*. Rio de Janeiro: Civilização Brasileira, 2002. p. 94.

> ## A Igreja e a catequização dos indígenas

Estabeleceram-se na América espanhola algumas ordens religiosas e também a Inquisição.

Como as outras instituições espanholas, as de natureza religiosa estabeleceram suas bases nas cidades. A Inquisição instalou-se em Cartagena de los Andes, em Lima e na Cidade do México. Nas duas últimas, estabeleceram-se arcebispados, enquanto cidades de certa relevância tinham bispos. Um segundo nível de sacerdotes ficava em paróquias das cidades, enquanto os demais iam para o campo catequizar os indígenas nas *encomiendas*.

As **ordens mendicantes** foram responsáveis por iniciar o processo de catequização na América espanhola. Os dominicanos opunham-se às *encomiendas*, condenando os excessos na exploração da mão de obra indígena.

Os jesuítas, membros da Companhia de Jesus, chegaram à América alguns anos mais tarde. Eles tiveram fundamental importância nas missões guaranis, no atual território do Paraguai.

A catequização foi muitas vezes sinônimo de profunda violência – física e cultural. As ações para converter os indígenas valeram-se, muitas vezes, da chamada **extirpação das idolatrias**, o que significava a proibição de cultos e celebrações indígenas, além do ataque sistemático e da destruição de templos, túmulos, estátuas e objetos sagrados.

Em 1551, o primeiro Concílio de Lima ordenou a repressão aos cultos da religião inca. Os infratores tinham os cabelos cortados (grave degradação moral na cultura inca) ou eram penalizados com chicotadas e multas, além de serem proibidos de se tornarem chefes de comunidades indígenas.

Implantou-se também a **visita das idolatrias**, espécie de Inquisição volante. Um grupo – composto de um juiz visitador, dois padres jesuítas, um escrivão, um militar e nativos delatores – percorria várias regiões e se instalava por alguns dias nas comunidades, promovendo interrogatórios. Os inquisidores destruíam santuários, estátuas sagradas e queimavam as múmias dos antepassados incas. Para um povo que acreditava na ressurreição, a cremação era uma violência.

O processo de imposição da fé católica produziu ambiguidades e atitudes religiosas sincréticas. Na região incaica, o *Corpus Christi* confundia-se com a festa do Sol. Igrejas e cruzes foram construídas em algumas *huacas* – locais sagrados onde as divindades locais eram cultuadas –, o que permitia a mistura entre os cultos indígenas e cristãos.

Pintura da Virgem de Guadalupe, de 1746, proclamada Padroeira das Américas pela Igreja católica. A imagem tornou-se símbolo do sincretismo religioso resultante da imposição da fé católica. Autor anônimo.

Entretanto, algumas estratégias de cristianização tiveram êxito, como a transformação de um antigo local de devoção a uma deusa asteca em um local cristão, graças ao culto difundido da Virgem de Guadalupe, que teria aparecido ao indígena Juan Diego em 1542, no México. A repressão inicial das autoridades religiosas ao episódio cedeu lugar à aceitação da Igreja. Os indígenas tinham na Virgem a demonstração do reconhecimento de que faziam parte do universo cristão.

> ## Resistência

Várias eram as formas de os indígenas se recusarem a submeter-se à evangelização. A resistência ia desde a submissão aparente à fé cristã e a manutenção da religião tradicional no âmbito doméstico até a formação de um clero clandestino que transmitia os ritos tradicionais e combatia a disseminação do cristianismo, como ocorreu no México com os chamados *viejos* ("velhos", em português), verdadeiros guardiões da antiga religião.

Outra forma dramática de resistir foram os suicídios. Entretanto, essa prática na região andina era reprimida pela cremação do corpo dos suicidas pelas autoridades.

Para muitos estudiosos, na América espanhola a catequização foi um processo massificador e superficial que não conseguia adentrar no cotidiano dos indivíduos. Assim, enquanto o cristianismo dominava os lugares públicos, a religião tradicional persistia no âmbito doméstico.

Leia

Bartolomé de Las Casas e a simulação dos vencidos, de Hector Bruit. São Paulo: Iluminuras, 1995.
No livro, o autor faz uma releitura dos cronistas da América espanhola do século XVI, enfatizando as diversas formas de resistência indígena à colonização.

GLOSSÁRIO

Ordens mendicantes: ordens religiosas surgidas no século XIII, formadas por frades ou freiras que vivem em conventos e em regime de pobreza. Concentram sua ação na evangelização, na ajuda aos pobres e na caridade.

Ontem e hoje

Tesouro inca volta ao Peru após quase um século

O tesouro arqueológico extraído há quase um século de Machu Picchu está de volta ao Peru. Pela primeira vez, os peruanos podem ver de perto o legado retirado pelo pesquisador americano Hiram Bingham de 1911 a 1915, período em que ele anunciou ao mundo a descoberta da cidadela de granito nos Andes e uma equipe passou a escavá-la. Sob os auspícios da Universidade Yale e da National Geographic Society, a expedição levou para os Estados Unidos algo em torno de 45 mil fragmentos, entre peças de cerâmica, metais e ossadas.

O primeiro lote das relíquias de Machu Picchu contém 363 peças e está em exposição no Palácio de Governo, na Praça de Armas, centro de Lima. Seu destino final será a Casa Concha, em Cuzco, para onde o acervo deve ser transportado nas próximas semanas. Conforme acertado com Yale, depois de anos de disputa, a antiga capital inca será o lar definitivo de um patrimônio cujo valor, tanto histórico como sentimental, não tem preço para os peruanos. "A importância das peças não é monetária, mas se trata de uma riqueza cultural inestimável. Os materiais arqueológicos nos contam o desenvolvimento de nossa civilização. É recuperação da história", diz o arqueólogo Jamer Nelson Chávez Antígona, responsável pela organização das peças. [...]

Datadas de 1450 a 1532, período de máxima expansão do império inca, as peças mais notáveis são vasos cerimoniais (conhecidos como quencos), recipientes usados em celebrações ritualísticas e de poder (os keros), artefatos confeccionados em cobre e prata e até um esqueleto. Há ainda cestos e vasilhas ancestrais, algumas com pedestal, outras com uma ou duas alças, muitas delas pintadas. Grande parte do material está identificado. "Estamos muito contentes por recuperar tudo isso", festejava a dona de casa Sofia Ata, de 56 anos. Natural de Cuzco, estava de visita a familiares na capital e aproveitou a ocasião para também conhecer a casa do presidente da República, que em breve terá novo inquilino. "Não podia perder a oportunidade de adentrar e admirar o palácio."

Mas, num país acostumado a controvérsias e posições antagônicas, muita gente contesta o teor do gesto de Yale. "A exposição é bonita, claro, ainda que muito pobre pela riqueza que o Peru teve. Havia muito ouro, muita prata... E só nos restam resquícios de toda a riqueza original do país", observa o advogado Orlando Leaño, de 41 anos. "Tenho a impressão de que isso que nos devolveram não representa nem 1% de tudo o que se perdeu ou nos levaram."

Com fala mansa e ponderada, mas ácida, Leaño faz pensar: "Não creio que orgulho seja a palavra correta para descrever o sentimento que deveríamos ter. Seria justo que um país que se diz irmão devolvesse ao outro tudo o que lhe tomou. Faz, aliás, muito tempo que nosso legado deveria ter sido devolvido", afirma. "De toda maneira, qualquer um pode notar que não devolveram o que havia de mais valioso. Fizeram isso apenas como quem passa a mão na cabeça de quem considera inferior."

[...]

A devolução do que fora extraído do sítio arqueológico e de suas quase 200 tumbas incas pela equipe liderada por Bingham, no início do século passado, é o desfecho de décadas de reivindicação. Na época, a retirada e o envio da herança inca a Yale ocorreu com o consentimento do governo peruano, que alegava ter cedido o material para estudo por apenas 18 meses. Embora demorado, o acordo parece ter sido benéfico para todos. [...]

Peça em ouro originalmente retirada do sítio arqueológico de Machu Picchu e devolvida ao governo do Peru pela universidade estadunidense de Yale, em 2011.

Disponível em: <http://www.estadao.com.br/noticias/impresso,tesouro-inca-volta-ao-peru-apos-quase-um-seculo,707376,0.htm>. Acesso em: 13 maio 2014.

Reflita

1. Por que essas peças ficaram tanto tempo em poder dos Estados Unidos?
2. Forme um grupo com seus colegas. Converse sobre o valor que essas peças têm para o povo peruano.

Atividades

Verifique o que aprendeu

1. Analise o conflito de interesses entre a Coroa e os colonos na América espanhola.

2. Explique como a *encomienda* estimulou o processo colonizador.

3. Indique os modos de exploração do trabalho indígena e esclareça seu funcionamento.

4. Quais foram os principais empreendimentos econômicos estabelecidos pelos espanhóis na América colonial?

5. Faça um esquema hierárquico e identifique os níveis e as funções das principais instituições administrativas da América espanhola colonial.

6. De que modo se estruturou a sociedade colonial e qual foi o critério de sua hierarquização?

7. Identifique os grupos que compunham a sociedade colonial hispânica e qualifique-os.

8. Compare os conceitos de aculturação e hibridização.

9. Relacione a construção das cidades espanholas na América e a tentativa de "destribalizar" o indígena.

10. Descreva como o processo de extirpação das idolatrias contribuiu para o aparecimento de uma religiosidade sincrética entre os indígenas.

Leia e interprete

11. O texto a seguir foi escrito por Rodrigo Quiroga, governador e capitão-geral do Chile no século XVI. Depois de lê-lo, responda às questões.

    > [...] vós viestes há mais de quinze anos para esta província do Chile e tomastes parte na sua descoberta, na colonização e na conquista de todas as cidades [...]. Haveis sido capitão e chefe de campo geral de todas estas províncias e sempre haveis servido com as vossas armas, os vossos cavalos, os vossos seguidores e os vossos escravos com grandes despesas e pondo em grande perigo, risco e incerteza a vossa própria pessoa [...]. Em consequência disso [...], a título de recompensa parcial [...], vos confio (*encomiendo*) [...] a tribo chamada Millapoa, com o cacique de nome Reuqueande, os outros caciques, os índios senhores (*principales*) e todos os súditos da tribo a fim de que deles vos sirvais segundo as recomendações e ordenações reais e pelas quais sois obrigado a tratá-los bem, procurar seu crescimento [...] e doutriná-los na [...] fé católica, lei natural e boa ordem. [...]. No recebimento dos tributos e outras vantagens dos ditos índios deveis respeitar a ordem e a taxa (*tasa*) que está estabelecida ou que venha ser.
    >
    > MEDINA, J. T. Colección de documentos ineditos para la historia de Chile. t. 1. In: ROMANO, Ruggiero. *Os conquistadores da América*. Lisboa: Dom Quixote, 1972. p. 75-76.

    a) Que tipo de documento é esse texto de Rodrigo Quiroga? Justifique sua resposta.
    b) Segundo o documento, quais seriam as justificativas para a concessão de uma *encomienda*?
    c) Quais eram as obrigações e os direitos do *encomendero*?
    d) Com base no conteúdo deste capítulo, que outras vantagens um *encomendero* poderia tirar dos indígenas?

12. Observe os desenhos de Felipe Guamán Poma de Ayala e responda às questões.

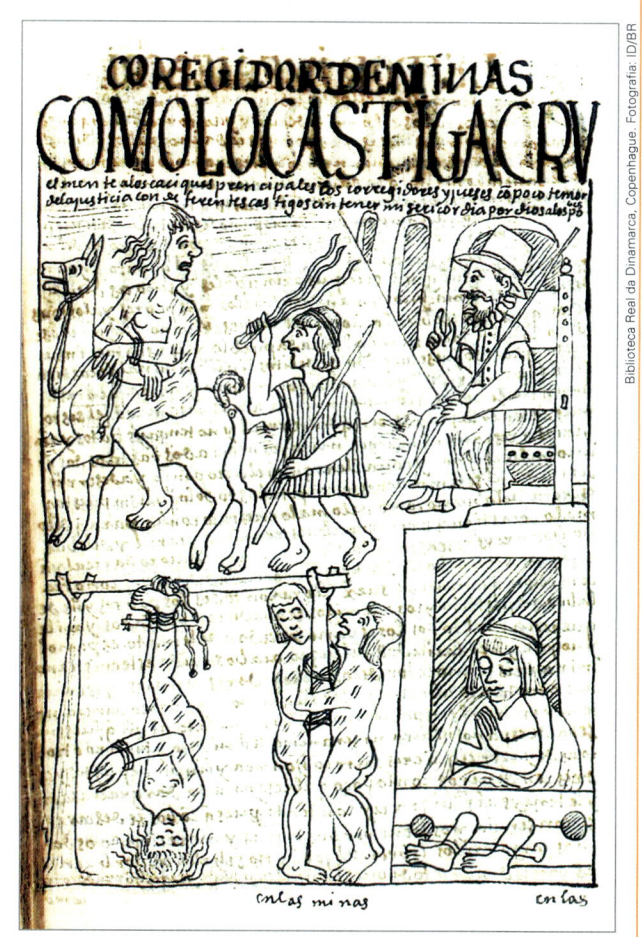

    Os principais caciques são cruelmente castigados por ordem do corregedor de minas. Gravura de Felipe Guamán Poma de Ayala, da obra *Nueva corónica y buen gobierno*, de 1615.

    a) Descreva detalhadamente a gravura.
    b) Qual é a sensação que você tem ao observá-la?
    c) Explique que evento histórico da colonização está representado nas cenas.
    d) Na sua opinião, o que Felipe Guamán Poma de Ayala quis expressar com essa ilustração?
    e) Qual é a imagem que Felipe Guamán Poma de Ayala constrói do colonizador?
    f) Como o indígena é representado? Justifique sua resposta apresentando exemplos.

História e Biologia

Infectologia e o genocídio indígena

O impacto da conquista europeia sobre as populações indígenas das Américas foi marcado pela proliferação de doenças que vitimou muitas sociedades nativas. Leia abaixo o texto do biólogo Jared Diamond, que procura relacionar estudos de Biologia a informações históricas, e o artigo que apresenta as principais características de algumas doenças.

Infectologia

Varíola, sarampo, gripe, tifo, peste bubônica e outras doenças infecciosas, endêmicas na Europa, tiveram um papel decisivo nas conquistas europeias, dizimando muitos povos de outros continentes. [...]

Em todas as Américas, as doenças introduzidas pelos europeus se alastraram de uma tribo para outra bem antes do avanço dos próprios europeus, matando um percentual calculado em cerca de 95% da população nativa da América pré-colombiana. As sociedades mais populosas e altamente organizadas da América do Norte, como a dos caciques do Mississippi, desapareceram desse modo entre 1492 e 1690, antes mesmo de europeus terem instalado sua primeira colônia junto ao rio Mississippi. Uma epidemia de varíola, em 1713, foi o maior fator de destruição do povo san, de nativos da África do Sul, pelos colonizadores europeus. Logo depois da chegada dos primeiros britânicos a Sydney, Austrália, em 1788, começou a primeira das epidemias que dizimaram os aborígines australianos. [...]

Não quero dizer, entretanto, que o papel das doenças na história foi apenas o de pavimentar o caminho para a expansão europeia. A malária, a febre amarela e outras doenças de regiões tropicais como a África, a Índia, o sudeste da Ásia e a Nova Guiné constituíram os principais obstáculos para a colonização europeia dessas áreas.

[...]

Os glóbulos brancos e outras células do corpo procuram ativamente e matam micróbios estranhos. Os anticorpos específicos que desenvolvemos gradualmente contra um micróbio específico que nos contamina reduzem a probabilidade de uma reinfecção depois de curados. Como sabemos por experiência, há certas doenças, como a gripe e o resfriado comum, contra as quais nossa resistência é apenas temporária [...]. Mas contra outras doenças – entre elas, sarampo, caxumba, rubéola, coqueluche e a agora erradicada varíola – nossos anticorpos estimulados por uma infecção conferem imunidade permanente. Esse é o princípio da vacinação: estimular nossa produção de anticorpos sem termos que passar pela experiência real da doença, pela inoculação em nosso organismo de uma variedade do micróbio morto ou atenuado.

[...]

DIAMOND, Jared M. *Armas, germes e aço*: os destinos das sociedades humanas. Rio de Janeiro: Record, 2006, p. 77-200.

Conquista de Tenochtitlán, capital asteca, por Fernão Cortez, em 13 de agosto de 1521. Gravura de 1870, autoria anônima.

Inimigos mortais

VARÍOLA

A doença atormentou a humanidade por mais de 3 000 anos. [...] A vacina foi descoberta em 1796.

- **Contaminação** – O *Orthopoxvírus variolae* era transmitido de pessoa para pessoa, geralmente por meio das vias respiratórias.
- **Sintomas** – Febre, seguida de erupções na garganta, na boca e no rosto. Posteriormente, pústulas que podiam deixar cicatrizes no corpo.
- **Tratamento** – Erradicada do planeta desde 1980, após campanha de vacinação em massa. [...]

TIFO

A doença é causada pelas bactérias do gênero *Rickettsia*. [...]

- **Contaminação** – O tifo exantemático (ou epidêmico) aparece quando a pessoa coça a picada da pulga e mistura as fezes contaminadas do inseto na própria corrente sanguínea. O *tifo murino* (ou endêmico) é transmitido pela pulga do rato.
- **Sintomas** – Dor de cabeça e nas articulações, febre alta, delírios e erupções cutâneas hemorrágicas.
- **Tratamento** – À base de antibióticos. [...]

SARAMPO

Era uma das causas principais de mortalidade infantil até a descoberta da primeira vacina, em 1963. Com o passar dos anos, a vacina foi aperfeiçoada, e a doença foi erradicada em vários países.

- **Contaminação** – Altamente contagioso, o sarampo é causado pelo vírus *Morbillivirus*, propagado por meio das secreções mucosas (como a saliva, por exemplo) de indivíduos doentes.
- **Sintomas** – Pequenas erupções avermelhadas na pele, febre alta, dor de cabeça, mal-estar e inflamação das vias respiratórias.

- **Tratamento** – Existe vacina, aplicada aos nove meses de idade e reaplicada aos 15 meses. [...]

FEBRE AMARELA

O *Flavivírus*, que tem uma versão urbana e outra silvestre, já causou grandes epidemias na África e nas Américas.

- **Contaminação** – A vítima é picada pelo mosquito transmissor, que picou antes uma pessoa infectada com o vírus.
- **Sintomas** – Febre alta, mal-estar, cansaço, calafrios, náuseas, vômitos e diarreia. 85% dos pacientes recupera-se em três ou quatro dias. Os outros podem ter sintomas mais graves, que podem levá-los à morte.
- **Tratamento** – Existe vacina, que pode ser aplicada a partir dos 12 meses de idade e renovada a cada dez anos. [...]

MALÁRIA

Em 1880, foi descoberto o protozoário *Plasmodium*, que causa a doença. A OMS considera a malária a pior doença tropical e parasitária da atualidade, perdendo em gravidade apenas para a Aids.

- **Contaminação** – Pelo sangue, quando a vítima é picada pelo mosquito *Anopheles* contaminado com o protozoário da malária.
- **Sintomas** – O protozoário destrói as células do fígado e os glóbulos vermelhos e, em alguns casos, as artérias que levam o sangue até o cérebro.
- **Tratamento** – Não existe uma vacina eficiente, apenas drogas para tratar e curar os sintomas.

Fonte de pesquisa: As grandes epidemias ao longo da história. Revista *Superinteressante*, set. 2004. Disponível em: <http://super.abril.com.br/saude/grandes-epidemias-ao-longo-historia-445155.shtml>. Acesso em: 9 maio 2014.

Atividades

1. Por que os germes levados pelos europeus foram tão mortais para as populações de outros continentes?
2. Explique por que os indígenas americanos eram tão suscetíveis às doenças infecciosas.
3. Forme cinco grupos na classe. Cada equipe deverá investigar uma das doenças citadas no artigo "As grandes epidemias ao longo da história". Aprofunde as informações sobre: a forma de contaminação; quando e quem inventou as vacinas; os tratamentos existentes; se há pesquisas para as doenças que ainda são incuráveis. Façam um cartaz e exponham o trabalho para a turma.

CAPÍTULO

25 A colonização da América portuguesa

O que você vai estudar

- A expedição de Cabral.
- A exploração da costa e o escambo do pau-brasil.
- As capitanias hereditárias e o governo-geral.
- A resistência indígena à colonização.
- A catequização dos indígenas.

Desembarque de Pedro Álvares Cabral em Porto Seguro em 1500, 1922. Óleo sobre tela de Oscar Pereira da Silva. A obra representa o primeiro contato entre portugueses e indígenas. As embarcações portuguesas estão em destaque, enfatizando o poder dos europeus.

Ligando os pontos

Em meados do primeiro milênio da era cristã, os Tupi, originários da Amazônia, iniciaram um processo de migração para terras ao sul e a leste, na direção do oceano Atlântico. No final do século XV, já dominavam o litoral do atual território brasileiro.

Eles formavam grupos seminômades que, além da caça, da coleta e da manufatura de cerâmica, plantavam milho e mandioca. Para a cultura desses vegetais, utilizavam um processo denominado coivara, pelo qual os homens queimavam um trecho da floresta para que as mulheres fizessem ali o plantio e a colheita. Quando a terra se esgotava, eles trocavam de local e repetiam o processo.

Organizados em aldeias formadas por cabanas circulares, geralmente localizadas perto dos rios, os Tupi constituíam sociedades guerreiras. A honra e o valor eram determinados nos conflitos com outros grupos tupis ou com os Tapuia. A palavra *tapuia* era usada pelos Tupi para nomear os povos que não falavam sua língua e não pertenciam à sua cultura.

Os Tupi dominaram parte do litoral atlântico e organizaram confederações de aldeias em determinadas regiões, formando, no século XV, uma grande e florescente civilização. Entretanto, no início do século XVI o domínio cultural dos Tupi foi ameaçado pela chegada dos europeus, que disputaram, além das terras, as almas, no processo de catequização, e a força de trabalho da população indígena.

Com base no quadro reproduzido acima e na leitura do texto, responda às questões.

1. Como os Tupi são representados na pintura de Oscar Pereira da Silva? E os europeus?
2. De acordo com o texto, qual foi a rota de migração dos Tupi até ocuparem a costa do atual território brasileiro?
3. O que aconteceu com as populações tupis a partir do século XVI?

A exploração da costa

No final do século XV, Portugal dedicava-se à exploração do comércio de especiarias, de ouro, de marfim e de escravizados na costa da África e, principalmente, nas chamadas Índias.

Em 1492, Cristóvão Colombo encontrou um novo continente, posteriormente denominado América. Com isso, abria-se uma nova frente de disputas territoriais e econômicas entre os reinos europeus.

Os portugueses chegaram à América em 1500, quando a expedição de Pedro Álvares Cabral, que se dirigia às Índias (veja boxe Ponto de vista) para comprar especiarias, avistou o nordeste da América do Sul e nele desembarcou.

O registro desse desembarque, na carta escrita por Pero Vaz de Caminha, enfatiza que não foram encontrados indícios de ouro, nem de prata, metal ou ferro, indicando que a terra não oferecia nada que interessasse aos europeus, ávidos por especiarias e metais preciosos.

O resultado dessa apreciação inicial foi a ênfase lusitana no comércio com as Índias. A colonização da América portuguesa só seria iniciada trinta anos depois.

Mesmo desprovida de interesse imediato, a terra que os indígenas chamavam Pindorama foi descrita como bela, de bons ares e águas infindas, onde habitava uma gente inocente, de bons rostos e corpos, mas que não tinha crença alguma.

Julgados com base em valores europeus, os indígenas eram vistos como pessoas sem cultura, prontas para serem moldadas. Os primeiros contatos entre os portugueses e os nativos, segundo Caminha, foram amistosos.

A fase de reconhecimento

Após a chegada de Cabral, a Coroa portuguesa enviou **expedições exploratórias** para avaliar a potencialidade econômica de seus novos domínios. Em 1501, Gaspar de Lemos mapeou a costa e constatou a existência de **pau-brasil** ao longo do litoral.

O tronco dessa árvore contém uma resina que serve de corante para tecidos, com tons que variam do marrom ao castanho-claro. O corante de pau-brasil tinha grande valor na Europa, o que atraiu a atenção da Coroa. O resultado foi a criação do **estanco**, ou monopólio régio, da exploração do pau-brasil. Apenas o rei de Portugal podia autorizar, em seu proveito, a extração e a venda da madeira.

O cartógrafo da expedição de 1501 foi o italiano Américo Vespúcio, que posteriormente inspirou o nome do novo continente.

Primeira missa no Brasil, 1860. Pintura de Victor Meirelles. A obra coloca o europeu no centro da imagem e da História. Os indígenas ao redor assistem à cerimônia, curiosos e submissos, como se aceitassem passivamente a cultura e a religião europeias.

Ponto de vista

Intenção ou acaso?

Uma das grandes polêmicas na história do Brasil é a questão da intencionalidade, isto é, se os portugueses sabiam ou não da existência de novas terras no Atlântico Sul antes da viagem de Cabral.

Frei Vicente Salvador, em sua *História do Brasil*, de 1627, adotou a hipótese do acaso, e Rocha Pita, cem anos depois, defendeu a mesma tese.

Mas, no século XIX, historiadores como Adolfo de Varnhagen e Capistrano de Abreu contestaram a versão do acaso e apresentaram indícios de intencionalidade, com base em documentos da época.

A tese da intencionalidade fez sucesso. A ela somou-se a ideia de que os portugueses já teriam conhecido a América do Sul em 1494. Por isso, insistiram em mover para o oeste a linha imaginária que dividia as terras encontradas e a encontrar entre Portugal e Espanha, conhecida como meridiano de Tordesilhas.

Entretanto, a presença pioneira dos lusitanos também foi contestada. Capistrano de Abreu admitiu a passagem de Pinzón, um navegador espanhol, pelo litoral pernambucano, e o historiador Max Justo Guedes, nos anos 1970, afirmou que Pinzón e Diego de Lepe, outro navegador, conheceram o litoral norte do Brasil, do Ceará ao Amapá (nomes atuais).

Contudo, a polêmica persiste. Até hoje os historiadores não chegaram a uma conclusão definitiva acerca das circunstâncias que envolveram o acontecimento.

- Discuta com seus colegas o que poderia mudar na interpretação da história do Brasil caso se adotasse uma ou outra versão.

> ## As feitorias e a extração do pau-brasil

A extração do pau-brasil trouxe mais expedições portuguesas à costa da América do Sul. A exploração e a comercialização foram arrendadas ao comerciante Fernando de Noronha, entre 1502 e 1511. A partir de 1513, foi permitido a qualquer português extrair a madeira, desde que pagasse o **quinto** à Coroa, que, por meio desse imposto, recebia 20% do lucro obtido com essa atividade.

Os portugueses iniciaram a exploração do pau-brasil por meio de **feitorias**, que eram guarnições rústicas onde alguns homens a serviço da Coroa eram o elo entre os comerciantes e os indígenas. Os nativos extraíam e transportavam a madeira em troca de objetos desconhecidos para eles, como espelhos, facas, miçangas, foices e machados.

Nesse período, outra prática da metrópole foi o envio de condenados por crimes comuns e heresia, como o judaísmo, a bigamia, etc., para o exílio na colônia. Essas pessoas eram conhecidas como **degredados**.

Detalhe do mapa *Terra Brasilis*, 1519, de Lopo Homem. A maior parte dos indígenas está representada extraindo pau-brasil.

> ## A disputa pelo Novo Mundo

Para os portugueses, a extração do pau-brasil não era tão lucrativa quanto o comércio das especiarias do Oriente. Mas, para os navegadores de outros países da Europa, a América do Sul era muito mais próxima do que a Índia, além de ser muito menos protegida por frotas de guerra e fortificações. Dessa forma, o pau-brasil despertou o interesse de outros países europeus, principalmente da França.

Apoiadas por Francisco I, rei da França, que nunca aceitou o Tratado de Tordesilhas, as expedições francesas tornaram-se assíduas frequentadoras do litoral brasileiro. Foi extraído tanto pau-brasil que o preço da madeira caiu na Europa por causa do excesso de oferta.

Para proteger seus domínios e impedir o que considerava um roubo, a Coroa portuguesa passou a enviar à América, a partir de 1516, **expedições guarda-costas**. Mesmo assim, a presença francesa aumentou. Essa situação fez que o governo de dom João III concluísse que deveria implantar colônias permanentes na Colônia.

Ação e cidadania

A Ecologia estuda as interações dos seres vivos entre si e com o meio ambiente. Essa ciência auxilia na construção do conhecimento histórico ao analisar as mudanças ambientais provocadas pela ação humana. Um exemplo é a devastação da Mata Atlântica, iniciada com a exploração do pau-brasil.

Na Idade Média, tecelões europeus importavam da Índia uma madeira conhecida como "brasil", usada na produção de um corante vermelho para tecidos mais finos.

Quando os portugueses chegaram à América do Sul, descobriram na Mata Atlântica vastas reservas de uma árvore do mesmo gênero da indiana e que produzia um corante de igual qualidade. A espécie recebeu o nome de pau-brasil.

A busca por lucros levou à exploração maciça do pau-brasil, contribuindo para a devastação da Mata Atlântica no início do período colonial.

O cultivo posterior da cana-de-açúcar e do café contribuiu para diminuir ainda mais as áreas de floresta, levando o pau-brasil quase à extinção.

No século XIX, por ordem de dom Pedro II, vastas áreas da Mata Atlântica, principalmente no Rio de Janeiro, foram recuperadas, com plantio até mesmo de pau-brasil.

No século XX, outras iniciativas foram tomadas para reproduzir a planta por meio de projetos de recuperação florestal e incluí-la na arborização urbana de todo o país.

- Você conhece alguma situação atual de risco ambiental no Brasil? Faça comentários a respeito, abordando a necessidade de políticas de preservação da natureza.

As capitanias hereditárias e o governo-geral

Em 1530, Portugal decidiu criar núcleos permanentes de povoamento e iniciar atividades agrícolas em seus domínios americanos. Para isso, enviou uma expedição comandada por Martim Afonso de Sousa.

Martim Afonso fundou a primeira vila portuguesa na América, a de São Vicente, no atual estado de São Paulo, em 1532. Também implantou o primeiro **engenho de açúcar**, combateu os franceses e explorou a costa até o rio da Prata, em busca de metais preciosos.

Certa da inexistência de ouro e prata em seus domínios, a Coroa decidiu aplicar na América o sistema de colonização privada das **capitanias hereditárias**, já utilizado nas ilhas atlânticas da Madeira e dos Açores.

O início da ocupação do território

A Coroa dividiu a colônia em 14 capitanias, 15 lotes (São Vicente foi dividida em dois lotes) que foram distribuídos a 12 donatários, que pertenciam à pequena nobreza ou eram burocratas e comerciantes que enriqueceram com a exploração da África e das Índias.

Os donatários tinham o direito de doar lotes de terra, as chamadas **sesmarias**. Eram responsáveis pela administração da justiça local e podiam, ainda, criar vilas. A posse das capitanias era transmitida aos herdeiros dos donatários, por isso eram chamadas de hereditárias.

A capitania mais próspera foi **Pernambuco**. Seu donatário, Duarte Coelho, instalou engenhos e iniciou uma lucrativa indústria açucareira. São Vicente, Porto Seguro e Ilhéus também tiveram relativo sucesso, mantendo núcleos estáveis de povoamento e produzindo pequenas quantidades de açúcar.

Porém, a maioria das capitanias não foi ocupada. Os principais motivos para esse fracasso foram os altos custos da viagem e da implantação de engenhos, a contínua incursão de estrangeiros e a **resistência indígena** à invasão de suas terras. O sistema de capitanias havia dado início à ocupação da América portuguesa, mas não garantiu a posse do território.

A intervenção da Coroa

Em 1549, a Coroa portuguesa estabeleceu um novo sistema, passando a comandar diretamente a colonização de seus domínios americanos com a instalação do **governo-geral** na Bahia.

Dom João III assinou um **Regimento** regulamentando as atribuições do primeiro governador-geral no Brasil, Tomé de Sousa: fundar uma cidade para tornar-se sede do governo-geral (Salvador), expulsar os piratas da costa, garantir o monopólio sobre o pau-brasil, organizar com os colonos a defesa territorial, fiscalizar os rendimentos das capitanias, conceder sesmarias e explorar o sertão. Com essas medidas, a Coroa buscava retomar o controle da colonização de seu território na América.

Na mesma expedição de Tomé de Sousa, chegaram ao Brasil os primeiros **jesuítas**, entre eles o padre Manoel da Nóbrega. Nesse momento, também houve a criação do primeiro bispado do Brasil, em Salvador.

Tomé de Sousa foi substituído por Duarte da Costa, em cujo governo (1553-1558) se acirrou o conflito entre colonos e jesuítas acerca da escravização indígena. Álvaro da Costa, filho de Duarte da Costa, decidido a escravizar indígenas catequizados, sofreu a oposição do bispo Pero Sardinha, o que dividiu os colonos. Além disso, em 1555 os franceses invadiram o Rio de Janeiro, ocasionando a vinda do terceiro governador-geral, Mem de Sá, incumbido de expulsá-los e pôr fim às dissensões internas.

Capitanias hereditárias

Fonte de pesquisa: *Atlas histórico escolar*. Rio de Janeiro: FAE, 1991. p. 16.

A administração do Brasil colonial

- Coroa portuguesa
  - governador-geral do Brasil
    - **provedor-mor**: setor administrativo; recolhimento de tributos e inspeções nas capitanias
    - **ouvidor-mor**: responsável pela Justiça
    - **capitão-mor**: incumbido da defesa geral do território
  - capitanias hereditárias

> Indígenas e colonizadores

No início da colonização, a Coroa lusitana concedeu aos donatários o direito de escravizar e vender indígenas, já que a maior dificuldade dos colonizadores era a escassez de mão de obra.

Mas, em 1537, o papa Paulo III decretou que os indígenas americanos eram seres humanos que poderiam ter a alma salva pela catequese e pelo batismo. Como resultado, a Igreja proibiu a escravização.

A decisão da Igreja pressionou a Coroa lusitana, que em 1548 permitiu apenas a escravização por meio da **guerra justa**, isto é, só poderiam ser escravizados os indígenas que usassem de violência contra os colonizadores.

Essa ambiguidade permitia à Coroa equilibrar-se entre os interesses escravistas dos colonizadores e a posição contrária da Igreja, principalmente da Companhia de Jesus. No Brasil, colonizadores e jesuítas travaram uma longa disputa pelo controle da população indígena.

> A resistência indígena

Os nativos resistiram de formas variadas ao processo de colonização: ora em conflito aberto contra os colonizadores (guerras, ataques a povoações e engenhos), ora por meio de migrações para o interior, ou, ainda, no cotidiano, ao darem significados próprios à cultura europeia.

A ação indígena, contudo, não se limitou a manifestações de resistência aos europeus. Muitos grupos fizeram **alianças** com os colonizadores a fim de combater seus inimigos tradicionais.

Um desses casos foi a **Confederação dos Tamoios**. Entre 1554 e 1567, várias nações tupis uniram-se contra a colonização portuguesa e sua prática de escravização indígena no litoral dos atuais estados de São Paulo e Rio de Janeiro. Por meio dela, os Tupinambá e os Tupiniquim, rivais tradicionais, acompanhados dos Carijó, dos Goitacá e dos Aimoré, entre outras etnias, aliaram-se aos franceses na luta contra os portugueses e seus aliados indígenas: os Guaianá, parte dos Tupiniquim e os Temiminó.

Em 1563, um tratado de paz mediado pelos jesuítas foi decisivo para a vitória lusitana. A pacificação enfraqueceu os confederados, enquanto a colonização portuguesa fortaleceu-se e passou a lançar novas ofensivas contra os Tupinambá. A chegada de reforços para o capitão-mor Estácio de Sá permitiu a expulsão definitiva dos franceses e a dizimação final dos Tupinambá na região.

No Nordeste, a Guerra dos Bárbaros, envolvendo as nações Cariri, Caripu, Icó e Janduí contra os colonizadores, ocorreu entre os anos de 1680 e 1720. Em razão do avanço da colonização e da ocupação das terras indígenas, os conflitos interétnicos intensificaram-se. Alianças entre indígenas e colonizadores eram comuns e significavam permanência no território e vitória sobre rivais tradicionais.

Conheça melhor

De acordo com a historiadora Laura de Mello e Souza, ao longo do século XVI os indígenas americanos foram vistos de modos diversos por missionários, colonizadores e viajantes europeus:

- Como *outra humanidade*, por meio de descrições que ora enfatizam a inocência, a docilidade, a beleza exótica, ora apontam um ser considerado inferior, irracional, *sem fé*, *sem lei*, *sem rei*, ameaçador, ou seja, um tipo de humanidade monstruosa e pecadora.
- Como *animais*, destacando a ferocidade e a bestialidade dos indígenas, comparando-os a animais irracionais.
- Como *demônios*, com ênfase nos chamados *vícios da carne*: nudez, preguiça, incesto, concubinato, poligamia, sodomia, paganismo e o temido canibalismo.

Essas visões, desfavoráveis aos indígenas, serviram para legitimar a escravização, justificando a catequização e a aculturação como meios necessários para a pretensa "humanização" deles.

Gravura de Theodore de Bry, de 1564, representando uma batalha entre nações indígenas.

> A catequização

A Companhia de Jesus, fundada em 1534 pelo espanhol Inácio de Loyola, tinha como objetivos o trabalho missionário na Terra Santa, a evangelização dos ameríndios e a recuperação das almas perdidas na Reforma. Pela ênfase missionária e pelo caráter militar da organização, os jesuítas tiveram importante papel no processo de colonização, contribuindo tanto para a **catequização** dos indígenas como para a formação cristã dos colonos.

Para viabilizar a catequização dos nativos, criaram uma rede de colégios, aprenderam as línguas nativas, escrevendo gramáticas e dicionários, e, atentos aos costumes indígenas, integravam-se à cultura local e introduziam seus elementos na liturgia católica. Para melhor interagir, usavam roupas, instrumentos e se comunicavam utilizando gestos de pajés.

> A política de aldeamentos

Para tornar a catequização mais eficiente, os jesuítas passaram a organizar **aldeamentos** a partir de 1557. Esses locais, também chamados missões ou reduções, reuniam indígenas em uma aldeia controlada por jesuítas, que submetiam os nativos a uma rígida disciplina de horários e afazeres.

O processo começava com o *trabalho físico* para o corpo, em hortas, pomares, oficinas, na pecuária, etc. Depois se introduzia o *ensinamento religioso* para a alma, com orações, missas, catecismo, aulas, celebrações teatrais e musicais, procissões, etc.

Os jesuítas argumentavam que, antes de pregar a fé, era preciso uma vigilância incessante sobre a conduta dos indígenas. Daí a relevância dos aldeamentos para reunir, fixar, dominar e educar. Era necessário primeiramente oferecer-lhes *lei* e *rei*, para então inculcar-lhes a *fé*.

Os jesuítas priorizavam as crianças indígenas, menos resistentes do que os adultos na adoção dos hábitos europeus e cristãos.

Apesar de combater a escravização dos indígenas, os jesuítas contribuíram muito para a desestruturação das nações tradicionais, tanto pela difusão de doenças, como sarampo, varíola e tifo, quanto pelo fato de os índios catequizados serem mais visados pelos colonos para a escravização.

> A difícil conversão dos nativos

Os indígenas resistiram à catequização imposta pelos jesuítas. Fugas individuais e coletivas eram frequentes, além de revoltas esporádicas e resistência ao trabalho obrigatório. A "inconstância da alma selvagem", sempre pronta para voltar aos velhos costumes e práticas, era outra forma sutil de resistência à dominação.

A própria catequização não proporcionou uma dominação plena. Muitas vezes, o processo viabilizou o surgimento de uma cultura religiosa **sincrética**, considerada herética pela Igreja.

Um exemplo foi a formação das **santidades**, um fenômeno religioso dos Tupi. Em meio a danças, cânticos e transes, eles afirmavam a vontade de encontrar a **terra sem mal**, lugar mítico onde não havia portugueses, lutas, massacres ou doenças. A santidade incorporava e rechaçava valores de dominação colonial, mesclando Tupã e Nossa Senhora, doutrina cristã e crenças indígenas, cruzes e ídolos, o que unia indígenas, mestiços e brancos na adoração de ídolos híbridos, como o Jesu Pocu – um Jesus comprido.

Anjo com feições indígenas, no interior da igreja de Santa Maria Tonantzintla, construída entre os séculos XVI e XVIII em Puebla, no México. Foto de 2007.

Leia

O índio e a conquista portuguesa, de Luiz Koshiba. São Paulo: Atual, 1998.
O autor analisa o confronto cultural entre nativos e portugueses, repensando as sociedades indígenas e buscando esclarecer o processo de dominação dos tupis-guaranis.

Ponto de vista

Estratégias de catequização

De acordo com o historiador John Manuel Monteiro, os jesuítas concentravam seus esforços em três pontos centrais: a *conversão dos principais*, pois os caciques teriam uma força de coação muito maior sobre os outros integrantes da sociedade; a *doutrinação dos jovens*, que pretendia eliminar os vícios e maus costumes já enraizados nos mais velhos; e a *eliminação dos pajés*, que, responsáveis pela manutenção da cultura religiosa nativa, tinham grande prestígio entre os Tupinambá.

Ontem e hoje

Indígenas e ecologia

Neste momento, milhares de árvores estão sendo cortadas, fontes de água começam a secar e desertos se formam onde antes nunca tinham ocorrido tais fenômenos. Diante das mudanças drásticas em ecossistemas de todo o planeta, expressões como "meio ambiente" e "ecologia" passaram a fazer parte de nosso vocabulário. Porém, expressões comuns como "cuidar da natureza", "ter atitude ecológica" ou "respeitar o planeta" nem sempre formam um mesmo conjunto de ideias e práticas. Há diferentes maneiras de "ser ecológico". Os povos indígenas têm muito a ensinar sobre esse tema.

No Brasil, há uma enorme diversidade cultural entre os povos indígenas. Mas apesar das inúmeras diferenças, algumas características parecem ser comuns a todos, ou pelo menos à grande maioria desses povos. Uma delas é a forma de relação com o meio ambiente e de preservação da biodiversidade dos ecossistemas.

Indígenas do povo Yalapiti utilizam caules secos para cobrir moradias. Gaúcha do Norte (MT). Foto de 2013.

Terra preta

O modo de vida indígena não só mantém o meio ambiente, como também muitas vezes o torna mais fértil e diverso. Um exemplo dessa dinâmica de interação com o mundo natural é a chamada terra preta de índio, que pode ser encontrada na região do rio Tapajós, nos arredores do município de Santarém (Pará) e em outros lugares da América do Sul que foram habitados por sociedades pré-colombianas.

O nome "terra preta de índio" é dado a um tipo específico de solo extremamente fértil e saturado de compostos orgânicos, daí sua cor. Como a sua incidência está diretamente ligada às antigas sociedades que ocuparam o território amazônico, sua existência é considerada resultado de um exímio manejo do meio natural.

As camadas de solo vivo da "terra preta" são o resultado do depósito de restos vegetais e animais na superfície. É como se as terras habitadas por esses povos tivessem sido constantemente adubadas ao longo do tempo. Sem retirar a camada vegetal que forma a floresta, essas populações foram capazes de "melhorar" seu ambiente e criar um tipo de solo que intriga estudiosos pela grande capacidade produtiva em um terreno considerado infértil, como o solo amazônico.

Os Ashaninka

Os Ashaninka são um dos povos indígenas mais numerosos da Amazônia, com 97 mil pessoas, quase todas vivendo em território peruano. Segundo a Fundação Nacional de Saúde, apenas cerca de 1 mil vivem no Brasil. São conhecidos pela índole guerreira e pela capacidade de convívio com o mundo não indígena sem perder suas tradições.

Com a experiência acumulada após milhares de anos vivendo na floresta Amazônica, os Ashaninka começaram, em 1992 (ano da demarcação de suas terras), a fazer um plano de manejo da terra que buscava unir seu saber tradicional à necessidade atual de viver em um espaço limitado.

Com o tempo, perceberam que de nada adiantaria fazer de sua terra uma ilha de prosperidade no meio do deserto. Isso resultou na criação da escola Yoreka Ãtame, fundada em 2007, com o objetivo de ensinar aos não indígenas as formas tradicionais ashaninkas de cuidar da terra. Além de reflorestarem sua própria terra, os Ashaninka, com a escola, participam ativamente de projetos de educação ambiental e de formação de agentes agroflorestais, assim como promovem o repovoamento de animais em todo o entorno de seu território demarcado. Passam seus saberes para os seringueiros e demais ribeirinhos, estabelecendo assim uma aliança com essas populações.

Reflita

1. Com base nas informações do texto, discuta com seus colegas de grupo como tradição e mundo moderno podem unir-se para criar um modo de vida ecológico.
2. Utilize seus conhecimentos de Geografia e Biologia para discutir com seus colegas a seguinte afirmação: "A realidade das grandes cidades não está separada da realidade do mundo rural e das áreas de proteção ambiental".

Atividades

Verifique o que aprendeu

1. Por que o território hoje denominado Brasil começou a ser colonizado pelos portugueses apenas trinta anos depois da viagem de Pedro Álvares Cabral?

2. Caracterize o processo inicial de exploração do pau-brasil implantado pelos portugueses.

3. Identifique as principais medidas lusitanas para combater as incursões francesas no litoral brasileiro.

4. Indique as razões pelas quais a Coroa portuguesa optou pelo sistema de capitanias hereditárias para colonizar o Brasil. De que modo ela regulamentou a implantação do sistema?

5. Avalie o desempenho das capitanias hereditárias e indique as suas causas.

6. Relacione o desempenho das capitanias com a criação do governo-geral do Brasil em 1549, e explique o que essa medida significou para os donatários.

7. Identifique as principais atribuições contidas no Regimento do governador-geral na colônia lusitana na América.

8. Analise as considerações teológicas da Igreja sobre o indígena e suas consequências para o processo de colonização na América portuguesa.

9. Avalie de que modo a Coroa se posicionou diante do impasse de interesses entre a Igreja e os colonizadores acerca da escravização indígena.

10. Descreva as formas de resistência indígena à colonização.

11. Qual era a relação entre a estratégia da catequização jesuítica e o surgimento de uma cultura religiosa sincrética entre os nativos?

12. Defina o que era um aldeamento e avalie criticamente seu funcionamento para a cultura indígena.

13. Analise as razões que levaram os jesuítas a falar na "difícil conversão dos gentios".

Leia e interprete

14. O trecho a seguir faz parte de um documento da Inquisição (ou Tribunal do Santo Ofício), em sua primeira visitação ao Brasil, no final do século XVI. Depois de lê-lo, responda às questões a seguir.

> Gonçalo Fernandes, cristão-velho, mestiço, disse em confissão que há cerca de seis anos no interior desta Capitania, para o lado de Jaguaripe, apareceu uma seita herética e idólatra feita de índios pagãos e cristãos, livres e escravos, que os escravos fugiam aos seus senhores para se juntarem a essa idolatria, que aí imitavam as cerimônias da Igreja, que fingiam usar rosário e rezar, que falavam uma linguagem inventada por eles, que praticavam a defumação com uma erva a que chamavam a Erva Santa, que engoliam esse fumo até caírem ébrios, dizendo que com esse fumo era o espírito de santidade que neles entrava [...] e faziam nesta idolatria muitos outros disparates.
>
> Primeira visitação do Santo Ofício às partes do Brasil: denunciações da Bahia, 1591-1593. In: ROMANO, Ruggiero. *Os conquistadores da América*. Lisboa: Dom Quixote, 1972. p. 82-83.

a) Descreva o assunto abordado no documento acima.
b) Analise a opinião do Santo Ofício sobre o movimento descrito.
c) De acordo com o relato, poderíamos caracterizar esse fenômeno como sincretismo religioso? Por quê?
d) É possível considerar o movimento descrito como um fenômeno de resistência indígena à catequização? Justifique sua resposta.

15. A gravura a seguir representa um forte construído na foz do rio Ceará (na atual Fortaleza), no início do século XVII. Observe-a e responda às questões.

Ceará, 1671. Detalhe da gravura de Arnoldus Montanus, com base em pintura de Frans Post.

a) Descreva o que poderia ter privilegiado a ocupação do lugar.
b) Após observar a imagem, o que é possível deduzir sobre a atividade econômica praticada na época?
c) Que regime de trabalho era utilizado nessa atividade econômica? Justifique.

Vestibular e Enem

ATENÇÃO: todas as questões foram reproduzidas das provas originais de que fazem parte.

1. (Fuvest-SP)

A sociedade colonial brasileira "herdou concepções clássicas e medievais de organização e hierarquia, mas acrescentou-lhe sistemas de graduação que se originaram da diferenciação das ocupações, raça, cor e condição social. [...] as distinções essenciais entre fidalgos e plebeus tenderam a nivelar-se, pois o mar de indígenas que cercava os colonizadores portugueses tornava todo europeu, de fato, um gentil-homem em potencial. A disponibilidade de índios como escravos ou trabalhadores possibilitava aos imigrantes concretizar seus sonhos de nobreza. [...] Com índios, podia desfrutar de uma vida verdadeiramente nobre. O gentio transformou-se em um substituto do campesinato, um novo estado, que permitiu uma reorganização de categorias tradicionais. Contudo, o fato de serem aborígines e, mais tarde, os africanos, diferentes étnica, religiosa e fenotipicamente dos europeus, criou oportunidades para novas distinções e hierarquias baseadas na cultura e na cor."

SCHWARTZ, Stuart B. *Segredos internos*.

A partir do texto pode-se concluir que:

a) a diferenciação clássica e medieval entre clero, nobreza e campesinato, existente na Europa, foi transferida para o Brasil por intermédio de Portugal e se constituiu no elemento fundamental da sociedade brasileira colonial.
b) a presença de índios e negros na sociedade brasileira levou ao surgimento de instituições como a escravidão, completamente desconhecida da sociedade europeia nos séculos XV e XVI.
c) os índios do Brasil, por serem em pequena quantidade e terem sido facilmente dominados, não tiveram nenhum tipo de influência sobre a constituição da sociedade colonial.
d) a diferenciação de raças, culturas e condição social entre brancos e índios, brancos e negros tendeu a diluir a distinção clássica e medieval entre fidalgos e plebeus europeus na sociedade.
e) a existência de uma realidade diferente no Brasil, como a escravidão em larga escala de negros, não alterou em nenhum aspecto as concepções medievais dos portugueses durante os séculos XVI e XVII.

2. (UFSCar-SP)

[...] as casas se erguiam separadas umas das outras, comunicando-se somente por pequenas pontes elevadiças e por canoas [...] O burburinho e o ruído do mercado [...] podia ser ouvido até quase uma légua de distância... Os artigos consistiam em ouro, prata, joias, plumas, mantas, chocolate, peles curtidas ou não, sandálias e outras manufaturas de raízes e fibras de juta, grande número de escravos homens e mulheres, muitos dos quais estavam atados pelo pescoço, com gargalheiras, a longos paus [...] Vegetais, frutas, comida preparada, sal, pão, mel e massas doces, feitas de várias maneiras, eram também lá vendidas [...] Os mercadores que negociavam em ouro possuíam o metal em grão, tal como vinha das minas, em tubos transparentes, de forma que ele podia ser calculado, e o ouro valia tantas mantas, ou tantos *xiquipils* de cacau, de acordo com o tamanho dos tubos. Toda a praça estava cercada por *piazzas* sob as quais grandes quantidades de grãos eram estocadas e onde estavam, também, as lojas para as diferentes espécies de bens.

Este texto foi escrito pelo cronista espanhol Bernal Díaz Del Castillo em 1519, sobre a cidade asteca de Tenochtitlán. A partir dele, é correto afirmar que, na época, os astecas:

a) estavam organizados a partir de uma economia doméstica, coletora e caçadora.
b) tinham uma economia comercial e de acumulação de metais preciosos (ouro) pelo Estado.
c) tinham uma economia monetária que estimulava o desenvolvimento urbano e comercial.
d) estavam organizados em duas classes sociais: os grandes proprietários de terra e os escravos.
e) desenvolviam trabalhos no campo e nas cidades, associando agricultura, artesanato e comércio.

3. (UEL-PR) Em 2001, Alejandro Toledo tornou-se o primeiro peruano com ascendência indígena a assumir a presidência da República de seu país. A cerimônia de posse, em Machu Picchu, foi marcada por rituais e símbolos do Império Incaico. A respeito dos incas, é correto afirmar:

a) Eram monoteístas antes da chegada dos espanhóis à América e chegaram a associá-los ao seu deus Viracocha.
b) Na sociedade incaica, havia uma clara separação entre política e religião, de tal modo que a seu governante, o Inca, não era atribuído nenhum caráter divino.
c) Cusco, além do principal núcleo político do Império fundado em torno do século XII, era considerado pelos incas o Centro do Mundo, o lugar mais sagrado da Terra.
d) A metalurgia para a produção de armas, adornos e ferramentas era a base econômica do Império.
e) Ao contrário do tratamento dispensado a outros povos da América, não tiveram suas estruturas político-sociais profundamente alteradas e puderam preservar suas tradições religiosas até os dias de hoje.

4. (UFMG) Leia o texto.

> A língua de que [os índios] usam, toda pela costa, é uma: ainda que em certos vocábulos difere em algumas partes; mas não de maneira que se deixem de entender. [...] Carece de três letras, convém a saber, não se acha nela F, nem L, nem R, coisa digna de espanto, porque assim não tem Fé, nem Lei, nem Rei, e desta maneira vivem desordenadamente [...].
>
> GANDAVO, Pero de Magalhães. *História da província de Santa Cruz*, 1578.

A partir do texto, pode-se afirmar que todas as alternativas expressam a relação dos portugueses com a cultura indígena, exceto:

a) A busca de compreensão da cultura indígena era uma preocupação do colonizador.
b) A desorganização social dos indígenas se refletia no idioma.
c) A diferença cultural entre nativos e colonos era atribuída à inferioridade do indígena.
d) A língua dos nativos era caracterizada pela limitação vocabular.
e) Os signos e símbolos dos nativos da costa marítima eram homogêneos.

5. (UFSC) No processo de conquista da América pelos europeus, a resistência indígena foi uma realidade percebida em todo o continente.
Sobre este tema, é correto afirmar que*:

01. em vários países hispânicos, como Peru, Bolívia e México, a sobrevivência de línguas indígenas pode ser entendida como forma de resistência.
02. no período da conquista europeia da América, os povos indígenas do continente, com o objetivo de expulsar o invasor, formaram uma unidade que superou conflitos tribais.
04. a presença da Igreja, especialmente através de várias ordens religiosas, dificultou a conquista da América pelos europeus, visto que estas ordens organizaram a população indígena para a resistência.
08. ao organizarem o sistema colonial, baseado inicialmente na exploração de ouro e prata, os espanhóis deslocaram grandes contingentes de populações indígenas para o trabalho compulsório, o que comprometeu a produção de alimentos, gerando fome e facilitando a conquista.
16. visando conquistar o interior do Brasil ainda desconhecido, os portugueses organizaram o movimento bandeirantista, que tinha a função de aprisionar e escravizar populações indígenas, prática que contou com o apoio dos jesuítas.
32. a escravidão indígena revelou-se eficaz nas áreas da grande lavoura de exportação, especialmente devido a fatores tais como: presença em massa de tribos nas áreas litorâneas; adaptação ao regime de trabalho agrícola; pouco valor dos índios cativos, dado o seu grande número.

6. (UFPE) Conquistar as terras da América foi um marco na História dos povos europeus. Portugal fez parte das aventuras marítimas e colonizadoras. Para assegurar o domínio sobre as suas conquistas, instituiu, no Brasil, o sistema de capitanias hereditárias. Historicamente, com essa medida, Portugal**:

0. conseguiu manter seu poder local e garantir um êxito inquestionável nas suas ações administrativas.
1. obteve sucesso nos seus projetos econômicos, graças à organização de plantações de algodão e de cana-de-açúcar em todas as capitanias do Nordeste.
2. proporcionou maior domínio sobre as terras colonizadas, embora tenha enfrentado dificuldades na implantação desse regime de governo.
3. teve condições de mostrar a riqueza dos investimentos portugueses e a potência militar de seu povo, uma das maiores do mundo moderno.
4. afirmou a prevalência de princípios mercantilistas da colonização portuguesa e garantiu o êxito econômico de algumas capitanias.

7. (UEL-PR)

> Os índios são obrigados a cuspir cada vez que falam em qualquer um de seus deuses. São obrigados a dançar danças novas, o Baile da Conquista e o Baile dos Mouros e Cristãos, que celebram a invasão da América e a humilhação dos infiéis. [...] Os índios fazem a Virgem desfilar em andores de plumas, e chamando-a de Avó da Luz pedem todas as noites que ela traga o sol na manhã seguinte; mas com maior devoção veneram a serpente que ela esmaga com o pé. [...] Identificam-se com Jesus, que foi condenado sem provas, como eles; mas não adoram a cruz por ser símbolo de sua imolação, e sim porque a cruz tem a forma do fecundo encontro da chuva com a terra.
>
> GALEANO, Eduardo. *As Caras e as Máscaras*. Rio de Janeiro: Nova Fronteira, 1985. p. 75.

Com base no texto e nos conhecimentos sobre a conquista na América espanhola, considere as seguintes afirmativas:

---
* Dê como resposta a soma dos números associados às afirmações corretas.
** Indicar falso ou verdadeiro.

Vestibular e Enem

I. Os espanhóis fizeram um grande esforço para suplantar as religiões indígenas, que, para eles, ofendiam o cristianismo, considerado pelos conquistadores a única religião.

II. O mundo pré-colombiano caracterizou-se pela uniformidade religiosa das culturas nativas, que eram fundamentalmente monoteístas.

III. No campo religioso inexistiu uma cisão entre o universo europeu e o indígena, na medida em que as religiões autóctones foram substituídas pela simbologia do culto ocidental.

IV. Em diversas bulas, o papa conferiu aos reis católicos o poder de evangelizar os "infiéis" nas terras descobertas, revelando a tutela da Igreja pelo poder monárquico.

Assinale a alternativa correta.

a) Apenas as afirmativas I, II e III são corretas.
b) Apenas as afirmativas I e IV são corretas.
c) Apenas as afirmativas II, III e IV são corretas.
d) Apenas as afirmativas III e IV são corretas.
e) Apenas as afirmativas I, III e IV são corretas.

8. (Fuvest-SP)

> O que mais espanta os Índios e os faz fugir dos Portugueses, e por consequência das igrejas, são as tiranias que com eles usam, obrigando-os a servir toda sua vida como escravos, apartando mulheres de maridos, pais de filhos, ferrando-os, vendendo-os, etc. [...] estas injustiças foram a causa da destruição das igrejas [...]
>
> Padre José de Anchieta, na segunda metade do século XVI.

A partir do texto, é correto afirmar que:

a) a defesa dos indígenas feita por Anchieta estava relacionada a problemas de ordem pessoal entre ele e os colonizadores da capitania de São Paulo.
b) a escravidão dos índios, a despeito das críticas de Anchieta, foi uma prática comum durante o período colonial, estimulada pela Coroa portuguesa.
c) os conflitos entre jesuítas e colonizadores foram constantes em várias regiões, tais que: Maranhão, São Paulo e Missões dos Sete Povos do Uruguai.
d) a posição de defesa dos indígenas, assumida por Anchieta, foi isolada nas Américas, tanto na Portuguesa quanto na Espanhola.
e) a defesa dos jesuítas foi assumida pela Coroa nos episódios em que essa ordem religiosa lutou por interesses antagônicos aos dos colonizadores.

9. (Fuvest-SP)

> Eu, el-rei D. João III, faço saber a vós, Tomé de Sousa, fidalgo da minha casa que ordenei mandar fazer nas terras do Brasil uma fortaleza e povoação grande e forte na Baía de Todos os Santos. [...] Tenho por bem enviar-vos por governador das ditas terras do Brasil.
>
> Regimento de Tomé de Sousa, 1549.

As determinações do rei de Portugal estavam relacionadas:

a) à necessidade de colonizar e povoar o Brasil para compensar a perda das demais colônias agrícolas portuguesas do Oriente e da África.
b) aos planos de defesa militar do império português para garantir as rotas comerciais para Índia, Indonésia, Timor, Japão e China.
c) a um projeto que abrangia conjuntamente a exploração agrícola, a colonização e a defesa do território.
d) aos projetos administrativos da nobreza palaciana visando à criação de fortes e feitorias para atrair missionários e militares ao Brasil.
e) ao plano de inserir o Brasil no processo de colonização escravista semelhante ao desenvolvido na África e no Oriente.

10. (Enem) Jean de Léry viveu na França na segunda metade do século XVI, época em que as chamadas guerras de religião opuseram católicos e protestantes. No texto abaixo, ele relata o cerco da cidade de Sancerre por tropas católicas.

> [...] desde que os canhões começaram a atirar sobre nós com maior frequência, tornou-se necessário que todos dormissem nas casernas. Eu logo providenciei para mim um leito feito de um lençol atado pelas suas duas pontas e assim fiquei suspenso no ar, à maneira dos selvagens americanos (entre os quais eu estive durante dez meses), o que foi imediatamente imitado por todos os nossos soldados, de tal maneira que a caserna logo ficou cheia deles. Aqueles que dormiram assim puderam confirmar o quanto esta maneira é apropriada tanto para evitar os vermes quanto para manter as roupas limpas [...]

Neste texto, Jean de Léry:

a) despreza a cultura e rejeita o patrimônio dos indígenas americanos.
b) revela-se constrangido por ter de recorrer a um invento de "selvagens".
c) reconhece a superioridade das sociedades indígenas americanas com relação aos europeus.
d) valoriza o patrimônio cultural dos indígenas americanos, adaptando-o às suas necessidades.
e) valoriza os costumes dos indígenas americanos porque eles também eram perseguidos pelos católicos.

11. (UFSCar-SP) Observe as imagens, que pertencem ao manuscrito de um cronista inca, Guamán Poma de Ayala (1526-1614).

Leia as afirmações seguintes, a respeito dos incas.
I. Praticavam a agricultura da batata.
II. Utilizavam arado de tração animal.
III. Homens e mulheres trabalhavam nas atividades agrícolas.
IV. Tinham calendário agrícola, respeitando épocas de plantar e colher.
V. Tinham uma escrita própria, desenvolvida desde o século XIV.

Estão corretas as afirmações:
a) I, II e III, apenas.
b) I, III e IV, apenas.
c) II, IV e V, apenas.
d) I, III, IV e V, apenas.
e) I, II, III, IV e V.

12. (UFSCar-SP) Há muitas representações errôneas na História sobre as populações indígenas brasileiras. No entanto, é correto reconhecer que:
a) todos os índios são iguais, porque possuem a mesma cultura e descendem de populações que chegaram à América há 40 mil anos.
b) os índios pertencem gloriosamente ao passado da história brasileira, mas, infelizmente, hoje em dia, já foram todos aculturados.
c) as comunidades indígenas precisam ser preservadas porque são representantes da "infância" da humanidade, ou seja, de um estágio inicial da História.
d) as culturas indígenas sobreviventes, atualmente, vivem de modo similar há centenas de anos, mantendo costumes de seus ancestrais, como daqueles que viviam aqui em 1500.
e) os povos indígenas permanecem com o direito de reivindicar terras e outros direitos à condição de índio, mesmo quando alteram aspectos no seu modo de viver, por influência da sociedade ocidental.

13. (Enem) O Império Inca, que corresponde principalmente aos territórios da Bolívia e do Peru, chegou a englobar enorme contingente populacional. Cuzco, a cidade sagrada, era o centro administrativo, com uma sociedade fortemente estratificada e composta de imperadores, nobres, sacerdotes, funcionários do governo, artesãos, camponeses, escravos e soldados. A religião contava com vários deuses, e a base da economia era a agricultura, principalmente o cultivo da batata e do milho. A principal característica da sociedade inca era a:
a) ditadura teocrática, que igualava a todos.
b) existência da igualdade social e da coletivização da terra.
c) estrutura social desigual compensada pela coletivização de todos os bens.
d) existência de mobilidade social, o que levou à composição da elite pelo mérito.
e) impossibilidade de se mudar de estrato social e a existência de uma aristocracia hereditária.

UNIDADE 5

A exploração do continente americano

Nesta unidade

26 Escravizados e senhores na América portuguesa

27 Ingleses, franceses e holandeses na América

28 A exploração do ouro na América portuguesa

Casa de fazenda, 1660, pintura do holandês Frans Post, representa a típica residência de um senhor de engenho.

A emergência do mundo colonial

Do século XVI ao XVIII, a América tornou-se indispensável para a economia mercantilista europeia.

Na América do Sul, a introdução da economia açucareira deu origem a uma sociedade marcada pela oposição entre senhores e escravizados.

O açúcar despertou o interesse dos holandeses, que dominaram parte do nordeste brasileiro em meados do século XVII. Após sua expulsão, o açúcar brasileiro perdeu importância no cenário internacional. Nesse período, Inglaterra e França também ocuparam regiões do continente americano. Os ingleses estabeleceram *plantations* no sudeste e pequenas propriedades rurais no nordeste estadunidense.

No século XVIII, o povoamento do sertão da América portuguesa ganhou força com a exploração de ouro e a criação de núcleos urbanos. Enquanto isso, a Metrópole reforçava a estrutura administrativa, aumentava a fiscalização e transferia para o Rio de Janeiro a capital da Colônia.

CAPÍTULO 26
Escravizados e senhores na América portuguesa

O que você vai estudar

- A economia açucareira.
- O engenho.
- Outros aspectos da economia colonial.
- A sociedade colonial.
- O processo de urbanização.
- Religião e desenvolvimento cultural.

Derrubada do pau-brasil, a primeira riqueza explorada na América portuguesa. Ilustração de 1575, da *Cosmografia universal*, de André Thevet.

Ligando os pontos

Durante os primeiros 30 anos de contato entre europeus e indígenas na América portuguesa, as relações estabelecidas entre ambos eram basicamente de escambo. Os portugueses, e também os franceses, precisavam da mão de obra indígena para cortar as árvores de pau-brasil e arrastar os troncos até as feitorias e embarcações. Além disso, recebiam dos indígenas o principal alimento para sua subsistência: a mandioca. Em troca das toras de pau-brasil e da mandioca, ofereciam a eles enfeites, adornos, tecidos e ferramentas, como machados e facas.

Com a implantação do sistema de capitanias hereditárias, a partir da década de 1530, as relações entre portugueses e indígenas se modificaram, e donatários e colonos passaram a explorar a mão de obra indígena com maior intensidade.

Vilas foram levantadas e havia muito mais gente para ser alimentada. O avanço da colonização deu início à escravização desses povos e a uma série de conflitos, desencadeados pela resistência indígena. A questão se agravou com a chegada dos jesuítas em 1549. Contrários à escravização dos nativos, os religiosos iniciaram o processo de conversão deles ao catolicismo, mantendo uma tensa relação com os colonos.

Observe a imagem desta página e responda às questões abaixo.
1. Relacione a imagem acima com o conteúdo do texto, identificando o papel que o indígena teve na exploração do pau-brasil na América portuguesa.
2. De acordo com o texto, por que o escambo praticado na Colônia, nas primeiras décadas do século XVI, não alterava significativamente a vida indígena?
3. Indique em que momento as relações entre indígenas e colonos modificaram-se e tornaram-se conflituosas.

A atividade açucareira

Os portugueses dominavam a técnica de produção do açúcar desde o século XV, quando iniciaram suas plantações nas ilhas do Atlântico. O açúcar produzido na ilha da Madeira e nos Açores era distribuído na Europa, primeiramente por mercadores venezianos e genoveses e depois por flamengos (originários de Flandres, atual Bélgica) e holandeses.

Os colonos lusitanos iniciaram a atividade açucareira também na América portuguesa, pois tinham o conhecimento técnico necessário, além de uma rede comercial já estabelecida e terras em abundância.

O açúcar e a colonização

A atividade açucareira na América portuguesa só se concretizou a partir de 1530. Apesar de Martim Afonso de Sousa ter instalado o primeiro **engenho** em São Vicente, foi na capitania de Pernambuco que o cultivo da cana-de-açúcar mais progrediu. O fértil solo de massapê, somado à boa hidrografia e ao clima quente e úmido, criou condições muito favoráveis à implantação dessa cultura. Além disso, a proximidade de Pernambuco com a Metrópole favorecia o transporte e a comercialização.

A participação financeira dos holandeses foi decisiva para a atividade açucareira, já que a produção do açúcar exigia grande número de escravizados, instalações de alto custo e muita mão de obra especializada.

A produção do açúcar no Brasil desenvolveu-se por meio do sistema de *plantation* – grande propriedade monocultora, voltada para a exportação e com a utilização de mão de obra escravizada.

O engenho

Inicialmente, o engenho correspondia apenas às instalações onde a cana era transformada em açúcar, mas, com o tempo, a palavra passou a nomear toda a grande propriedade produtora, composta de várias unidades. A **casa-grande** era a residência do proprietário. Feita de adobe ou taipa e com mobiliário simples, servia como fortaleza, alojamento e administração. A **senzala** era uma instalação rústica na qual habitavam os escravizados. Na **casa de engenho**, local de produção do açúcar, estavam a moenda, a casa das caldeiras, a fornalha e a casa de purgar. Os **trapiches**, engenhos movidos por tração animal, eram os mais usados por causa do baixo custo. Outra instalação importante era a **capela**, onde as pessoas se reuniam aos domingos e nas cerimônias de casamento, nos batizados e nos funerais.

No século XVI, o açúcar produzido na Colônia era enviado a Lisboa, de onde era transportado para a Antuérpia a fim de ser distribuído pela Europa. No século XVII, Amsterdã substituiu a Antuérpia nesse papel.

Fabricação de açúcar em engenho na capitania de Pernambuco. À direita, o caldo de cana é fervido em tachos, para ser transformado em melado. À esquerda, os chamados pães de açúcar. Detalhe de gravura de Georg Marcgraf, século XVII.

▶ Tabaco, cachaça, gado e mandioca

A produção de açúcar não foi a única atividade econômica do período colonial. O desenvolvimento de atividades complementares à economia açucareira foi crucial para consolidar o processo colonizador.

▶ A mandioca

A base da alimentação colonial era a **mandioca**, na forma de farinha grossa, transformada em pão ou misturada ao feijão.

Realizado em terras marginais, destinadas às lavouras de subsistência, o plantio de mandioca era um trabalho ao qual se dedicavam mamelucos, brancos pobres e negros livres. Suas roças eram pequenas e as terras para cultivo eram cedidas pelos grandes proprietários, ficando os pequenos agricultores dependentes da boa vontade desses senhores. Embora consumissem a maior parte da colheita, muitos roceiros produziam algum excedente para vender, e assim abasteciam as populações dos engenhos e dos centros urbanos.

Alguns engenhos mantinham suas próprias roças, mas outros compravam os produtos de pequenos agricultores. À medida que a demanda aumentou, acompanhando o crescimento populacional, muitos desses produtores passaram a vender alimentos em grande escala.

▶ O tabaco e a cachaça

Tabaco e **cachaça** eram itens destinados à exportação. Ambos eram usados, na África, como moeda de troca no comércio de pessoas escravizadas. A cachaça, decorrente da própria atividade açucareira, era também consumida no mercado interno.

Já o tabaco, cultivado na Bahia e em Pernambuco, em áreas não favoráveis ao cultivo da cana, também usava mão de obra escravizada, mas em proporções menores. Sua produção atraiu produtores geralmente menos ricos que os senhores de engenho. O fumo era também vendido na Europa, destino do produto de melhor qualidade.

▶ A pecuária

A indústria açucareira foi responsável pela expansão da pecuária bovina. Os rebanhos passaram a ocupar as áreas mais irrigadas do sertão entre Pernambuco e Bahia. A atividade expandiu-se pelo vale do rio São Francisco e foi a principal responsável pela interiorização do projeto colonial português no século XVII.

Em muitos casos, donos de engenhos, parentes e agregados tornavam-se criadores. Alguns indígenas trabalhavam nas fazendas de gado, mas a maioria dos trabalhadores era composta de caboclos, mestiços e brancos pobres. Embora o couro e o sebo fossem exportados, em geral a criação de gado estava voltada para o mercado interno. Além da produção de carne, os animais eram usados para transporte e tração.

Relatos e pinturas de viajantes ajudam a reconstituir parte do cardápio colonial. *Frutas brasileiras*, século XVII, tela de Albert Eckhout.

Ação e cidadania

Tradições alimentares

As fontes alimentares, base dos estudos da Nutrição, são importantes para a construção do saber histórico, pois retratam a identidade cultural de um povo, destacando diferenças regionais e sociais.

No Brasil, pelo cardápio dos colonos, nota-se a incorporação das tradições alimentares indígenas. A mandioca, predominantemente consumida entre os Tupi da costa, tornou-se a base da alimentação nas regiões litorâneas. Já o milho, base alimentar dos Guarani, dos Kaingang e dos Caiapó, entre outros, predominou no interior e, assim, originou o complexo sertanejo do milho e do porco. A opção pelo milho no interior também se explica pela mobilidade característica de sua população. As ramas de mandioca eram desajeitadas para carregar e perdiam o poder germinativo nas viagens, dificultando a ocupação de arraiais distantes.

Duas farinhas, portanto, foram as mais usadas nesse período: a de mandioca e a de milho, em suas variadas formas de preparo. No litoral: pirão, tapioca, mingau, moqueca, cauim. No sertão: angu, fubá, canjica, cuscuz, pipoca, jacuba, aluá.

- Discuta com seus colegas se a alimentação pode ser uma fonte para o estudo da História. Use exemplos do seu cotidiano para enriquecer essa discussão.

A sociedade do açúcar: casa-grande e senzala

Na sociedade colonial, a família era a base da vida social. Com o advento da atividade açucareira e o avanço da colonização, várias famílias surgiram: a dos escravizados de origem africana; a das mulheres que sustentavam sozinhas a casa e os filhos; a de alguns padres com suas concubinas e filhos; e a **família patriarcal**, dos senhores de engenho, legitimada pela Igreja.

A miscigenação entre indígenas, europeus e africanos promoveu grande diversidade étnica. Na colônia portuguesa houve uma tolerância com a diversidade étnica que não existia na Europa, até porque os colonizadores que vieram para a América portuguesa eram majoritariamente homens e formaram suas famílias unindo-se a mulheres indígenas, negras ou mestiças.

A **família patriarcal** era extensa, ou seja, incluía a parte nuclear – esposa e filhos – e também filhos ilegítimos, filhos de criação, parentes próximos e vários agregados. Todos estavam sob o domínio do grande proprietário rural. Às mulheres da elite colonial era reservado o papel doméstico, de submissão e reclusão ao lar.

Contudo, não faltaram mulheres que comandaram engenhos e importantes atividades comerciais. Mesmo as que viviam sob a opressão patriarcal reagiam à violência, iniciando processos de divórcio. Muitas dessas mulheres conseguiam conquistar relativa independência, vivendo da costura, da fiação ou do tingimento de tecidos.

› Senhores e escravizados

A marca mais profunda da divisão social na Colônia era a distância existente entre senhores e escravizados, brancos e negros. Entre os dois extremos havia uma camada social formada por pequenos agricultores, artesãos e trabalhadores livres. Nos engenhos, trabalhadores livres especializados executavam diversas tarefas, como as de mestres do açúcar, purgadores, feitores e capitães do mato.

Entretanto, era a liberdade o principal indicador do lugar social dos indivíduos. De um lado estavam os trabalhadores livres, e, de outro, os que eram escravizados.

› Indígenas e africanos

Uma das questões centrais que envolviam a produção açucareira era a necessidade de grande quantidade de mão de obra. No início da implantação do projeto colonial na América portuguesa, os colonos recorreram à escravização indígena.

Entretanto, as dificuldades eram grandes. Os jesuítas opunham-se, amparados na bula papal *Sublimis Dei* (1537), que permitia a escravização indígena apenas em caso de "guerra justa". Além disso, outros fatores dificultaram a escravização dos nativos, tais como a resistência, as migrações desses povos em direção ao interior e as doenças, que reduziram sua concentração nas regiões costeiras.

A solução, portanto, foi buscar mão de obra fora da Colônia. Na época, a escravização e o tráfico de africanos já constituíam um negócio muito viável e lucrativo. Ao chegarem à África, os portugueses encontraram um comércio de escravizados já estabelecido, pois tal prática remontava aos impérios africanos e ao comércio com os árabes das rotas do sal e do ouro transaarianas.

Desde o século XV, os portugueses ocuparam regiões africanas que serviriam de entreposto para o tráfico de pessoas escravizadas: a Costa da Mina, no golfo da Guiné, pontos em Angola e São Tomé e Príncipe. A demanda crescente por escravizados na América acirrou os conflitos interétnicos africanos, gerando novos conflitos e mais prisioneiros, que eram trocados com os traficantes por fumo, cachaça e armas de fogo.

Principais rotas do tráfico de escravizados para o Brasil (séculos XVII ao XIX)

Fontes de pesquisa: MELLO E SOUZA, Marina de. *África e Brasil africano*. 2. ed. São Paulo: Ática, 2009. p. 82 e *Atlas escolar*. Rio de Janeiro: FAE, 1973. p. 22.

Estimativa da entrada de escravizados africanos no Brasil – 1526-1850

Fonte de pesquisa: ALENCASTRO, Luiz Felipe de. *O trato dos viventes*: formação do Brasil no Atlântico Sul, séculos XVI e XVII. São Paulo: Companhia das Letras, 2000. p. 43.

As várias etnias africanas

Os africanos escravizados trazidos para a América portuguesa eram de diversas etnias e procediam de diferentes regiões.

Os **sudaneses** eram do norte da África, principalmente da Costa da Mina, região do golfo da Guiné. Os traficantes os classificavam como nagôs (que falavam ou entendiam a língua dos iorubás), da atual Nigéria, e jejes, do Reino de Daomé. Também vieram cativos oriundos de povos islamizados, como hauçás, mandingas, fulas, tapas, bornus, gurunsis, entre outros.

Já os **bantos** foram trazidos de regiões dos atuais países de Angola, do Congo, da República Democrática do Congo, de Moçambique e da Tanzânia. Pertenciam a grupos étnicos conhecidos pelos traficantes como monjolos, benguelas, cabindas, rebolos, macuas, entre outros.

A influência do povo banto pode ser observada nas religiões afro-brasileiras, cujas raízes estão nos calundus, celebrações de culto aos orixás – divindades – feitas pelos povos africanos.

A música africana era central para os ritos, festas e danças, e legou instrumentos como o tambor, o berimbau, o agogô e o reco-reco. Também incorporou influências rítmicas em manifestações culturais, como o jongo, a congada, o maracatu, os reisados, o samba de roda etc.

Há a marca cultural dos bantos também na língua portuguesa, em palavras como *moleque, capenga, dengo, encabulado, fubá, fuzuê, ginga, jiló, macaco, muamba, quiabo, quitanda*, etc.

Os tumbeiros

Depois de aprisionados pelos inimigos, os africanos eram acorrentados e marcados com ferro em brasa. Vendidos aos traficantes, embarcavam nos chamados **navios negreiros** ou **tumbeiros**.

Acorrentados nos porões dos navios, enfrentavam longas viagens de mais de trinta dias, amontoados em espaços reduzidos, sob intenso calor, tratados com água suja e alimento insuficiente. O ambiente era propício para a disseminação de epidemias, que comumente vitimavam os debilitados.

Hierarquia

Ao chegar ao Brasil, homens e mulheres escravizados eram vendidos. Nas lavouras de açúcar, eram chamados de **escravos de eito**. Trabalhavam exaustivamente sob a vigilância do feitor. O excesso de trabalho, a má alimentação e os maus-tratos em pouco tempo enfraqueciam sua saúde. A maioria das pessoas escravizadas morria antes de completar dez anos de trabalho forçado.

Os **escravos domésticos** eram escolhidos pelos senhores entre os que demonstravam maior docilidade e confiabilidade. Eles ganhavam, então, roupas melhores, alimentação adequada, e às vezes aprendiam um ofício ou recebiam alguma instrução.

Entre os africanos que ficavam nas cidades, muitos trabalhavam como **escravos de ganho**. Faziam trabalhos temporários em troca de pagamento, que era entregue, no todo ou em parte, a seus proprietários. Eventualmente, conseguiam comprar a liberdade.

Quilombos

Homens e mulheres escravizados sempre resistiram à escravidão, por meio, por exemplo, de fugas e da formação dos **quilombos** – comunidades autônomas que contavam também com indígenas, homens livres, foragidos da justiça e comerciantes.

Seus integrantes sustentavam-se por meio de alianças clandestinas com libertos, escravos de ganho, homens livres e comerciantes. Nos quilombos, praticavam-se a agricultura, a caça, a coleta, o artesanato e o comércio.

Um dos quilombos de maior expressão foi o **Quilombo dos Palmares**, que teve sua fase mais intensa entre 1629 e 1694. Situado na região da serra da Barriga, atual Alagoas, estima-se que, na década de 1670, sua população tenha chegado a 30 mil habitantes.

GLOSSÁRIO

Calundu: até o século XVIII, esse termo foi utilizado para designar práticas africanas de dança e de canto, nas quais ocorriam a invocação de espíritos, adivinhações e curas. Englobava grande variedade de cerimônias, entre as quais a dos bantos (transe mediúnico, banhos de ervas e sacrifícios de animais), as católicas (cruzes e santos) e as crenças espiritualistas europeias (adivinhação, mensagens de espíritos).

Assista

Quilombo. Direção de Carlos Diegues, Brasil, 1984, 119 min. O filme narra a trajetória de luta de africanos escravizados, organizados no Quilombo dos Palmares, contra a elite açucareira nordestina.

Agricultor em roça de batata-doce na Comunidade Quilombola de São Miguel, em Restinga Seca (RS). Foto de 2011. As comunidades quilombolas distribuídas pelo território brasileiro mantêm-se atuantes e reivindicando o direito de propriedade de suas terras determinado pela Constituição Federal desde 1988.

Vilas e cidades

Nos primeiros séculos, as cidades coloniais estavam estreitamente vinculadas ao campo. Eram bases portuárias criadas para facilitar o fluxo de produtos agrícolas.

A concentração dos engenhos no litoral fazia com que a maioria da população vivesse fora de um centro urbano, o que gerava um constante intercâmbio de mercadorias, serviços e pessoas.

Até meados do século XVII, as principais cidades eram portuárias: Olinda, Salvador, Santos, Vitória, Rio de Janeiro, Natal, São Luís e Belém. Apenas São Paulo e os povoados do planalto paulista ficavam no interior.

As cidades e vilas eram centros administrativos que regiam a vida política, social e religiosa da Colônia. Ali estavam os tribunais, o tesouro real e o governador. Também estavam os comerciantes, assim como os advogados e escrivães. Nelas residiam artesãos das mais variadas especialidades, que ofereciam seus serviços à população urbana e rural.

A malha urbana dos séculos XVI e XVII

O ritmo lento da colonização e a fundação da maioria das vilas por iniciativa dos donatários deram pouca uniformidade à malha urbana das vilas e cidades brasileiras.

Em geral, a expansão urbana se adaptava à topografia e à vida econômica, sem planejamento prévio, o que explica os traços sinuosos das ruas.

Pela importância dos portos, era comum que os grandes comerciantes morassem junto à orla. Mas a necessidade de defesa contra invasões marítimas fazia com que as cidades fossem construídas em lugares de topografia acidentada, como morros e desníveis. Isso geraria o desenvolvimento de dois núcleos urbanos distintos, como a cidade alta e a cidade baixa em Salvador, Bahia. Em geral, as igrejas ficavam nas praças principais ou em locais altos.

As praças eram pontos de encontro, local de comércio, cerimônias públicas, etc.

As construções do século XVI eram compostas por paredes de taipa, chão de terra batida e telhado de sapé. As pedras e as telhas mais adequadas para a construção só foram trazidas da Europa na década de 1570, em geral para a construção de grandes igrejas e de prédios administrativos.

A moradia urbana clássica era a casa de pedra e cal, coberta de telhas, comprida, estreita, com muitos aposentos.

A paróquia era o ponto nuclear do bairro e os chafarizes, assim como as igrejas, eram os pontos centrais de sociabilidade.

As Câmaras Municipais e os homens bons

Nas cidades funcionavam as **Câmaras Municipais**, que representavam os interesses locais. Entre suas atribuições, constava a regulamentação das feiras e dos mercados; a execução de obras públicas; a construção de edifícios; a limpeza urbana; a regulamentação de ofícios e do comércio.

Para ocupar um posto em uma das Câmaras Municipais, era necessário ser um **homem bom**, ou seja, não estar ligado ao trabalho manual, nem ser etnicamente miscigenado. Assim, o controle desse espaço ficou nas mãos da elite senhorial. Oficialmente, ficavam impedidos de participar desse centro de poder os comerciantes, os artesãos e os agricultores, além dos que tivessem ascendência africana ou indígena, mesmo que fossem livres.

Empregado do governo saindo com sua família, século XIX, gravura de Jean-Baptiste Debret. A imagem representa a hierarquia na família patriarcal.

Conheça melhor

Os chafarizes

Como não havia água corrente nas casas, os chafarizes das cidades tornaram-se centros de atividades diárias. Aí, os escravizados, os criados e os pobres da cidade encontravam-se para conversar sobre preços, casos amorosos, acontecimentos políticos, enquanto enchiam os potes.

As mulheres negras, escravizadas ou libertas, dominavam a venda de produtos perecíveis e circulavam por toda a cidade oferecendo seus quitutes em vários bairros, principalmente perto dos chafarizes.

› Igreja, arte e cultura

À medida que a colonização portuguesa avançava, a Igreja católica ampliava sua influência sobre a sociedade colonial, graças ao **padroado**, sistema por meio do qual a Coroa poderia nomear bispos, criar dioceses e recolher o dízimo a ser pago pelos fiéis. Em contrapartida, deveria sustentar a Igreja em suas terras, defender as leis eclesiásticas, remunerar os sacerdotes, promover missões evangelizadoras, etc.

Embora o sistema não impedisse os conflitos de interesses entre sacerdotes e autoridades administrativas, o padroado garantiu a hegemonia cultural católica sobre a sociedade colonial em formação.

› Inquisição e irmandades

O esforço de catequização dos indígenas promovido pelos jesuítas resultou, muitas vezes, em formas de religiosidade sincréticas. A essas formas somaram-se as diversas tradições religiosas africanas.

No **sincretismo afro-católico** dos escravizados foram preservados aspectos da religiosidade africana, que se fundiram a práticas católicas. Por exemplo, a veneração de um santo católico era também o culto de uma divindade africana: Santo Antônio e São Jorge eram identificados ao orixá Ogum. Vários rituais e práticas religiosas originados nas religiões africanas mesclaram-se aos ritos católicos e encontraram diferentes formas de expressão entre os africanos e seus descendentes no período colonial. **Catimbós**, calundus, **candomblé**, benzimentos e simpatias são exemplos de manifestações que, apesar de serem condenadas pela Igreja, eram amplamente praticadas pelas pessoas escravizadas, nos engenhos e nos centros urbanos.

A explicação para a ampla difusão dessas práticas sincréticas está na precariedade do processo de evangelização entre os africanos escravizados. A grande diversidade dos africanos, oriundos de diferentes etnias e propositadamente separados ao desembarcar na América, contribuiu para o fracasso desse projeto de evangelização e abriu brechas para o surgimento de uma religiosidade heterogênea. O sincretismo presente no catolicismo popular passou, então, a ser condenado como heresia.

O instrumento usado para combater essas "heresias" era constituído pelas visitas do Santo Ofício. Representantes dessa instituição religiosa visitaram Pernambuco, Bahia, o sul da Colônia e o Pará.

A repressão inquisitorial controlava diversos crimes: práticas judaizantes dos cristãos novos; práticas religiosas islâmicas e luteranas; blasfêmias e quebra de preceitos religiosos; feitiçaria e bruxaria; bigamia; costumes gentílicos (andar nu e pintar o corpo à moda dos indígenas). As punições variavam de flagelações públicas, multas e prisões até o degredo e a morte na fogueira. As denúncias e delações eram comuns.

O catolicismo popular ganhou força, principalmente por meio do estabelecimento das chamadas **irmandades leigas**, que constituíam redes de devoção religiosa e de assistencialismo e apoio social aos seus integrantes. Significavam, às vezes, ascensão social ou sinal de prestígio. Garantiam, ainda, às camadas humildes o acesso a um sepultamento condigno, redes de proteção social e locais de resistência à dominação cultural.

Em algumas irmandades, como a Santa Casa de Misericórdia, os descendentes de africanos e os judeus estavam proibidos de ingressar. Em contrapartida, havia irmandades leigas populares, como a de Nossa Senhora do Rosário dos Homens Pretos.

> **GLOSSÁRIO**
>
> **Catimbó**: conjunto de práticas religiosas sincréticas africanas, indígenas e europeias. Além de símbolos e santos católicos, cultua também algumas ervas, como a árvore da jurema. De características festivas e alegres, é geralmente praticado em rodas.
>
> **Candomblé**: cultua os orixás e é uma das principais religiões afro-brasileiras. Conta com uma forte característica ritual festiva, com a presença de atabaques e danças.

Festa de Nossa Senhora do Rosário, padroeira dos negros, 1835, gravura de Johann Moritz Rugendas.

> **Arte e cultura colonial**

A vida cultural da colônia portuguesa estava diretamente relacionada à hegemonia da Igreja. As instituições religiosas assumiram a educação geral por meio dos colégios jesuítas e estiveram presentes em quase todas as expressões artísticas coloniais, seja na música ou na arquitetura, seja nas artes plásticas, na literatura, etc.

As principais características da cultura colonial erudita eram a alegoria, a efusão e a exuberância católica, expressas no estilo **Barroco**.

> **A arquitetura colonial dos séculos XVI e XVII**

Os principais monumentos arquitetônicos são colégios e igrejas construídos no sistema de taipa de pilão ou com estruturas de pedra importadas de Portugal. Na arquitetura, o estilo caracteriza-se pelo excesso de detalhes, pelas construções estreitas e alongadas, de nave escura e fachada austera, geralmente de frontão triangular.

Como representantes desse estilo arquitetônico destacam-se a Igreja e Mosteiro de São Bento (Rio de Janeiro), a igreja da Ordem Terceira de São Francisco da Penitência (Rio de Janeiro), as igrejas de Nossa Senhora da Misericórdia e de Nossa Senhora da Graça (Olinda) e a catedral de Salvador.

Além das igrejas e dos colégios, destacam-se as fachadas das edificações mais antigas de cidades erguidas entre os séculos XVI e XVII, como, por exemplo, Salvador e Olinda.

> **A vida intelectual na Colônia**

Também a vida intelectual da Colônia esteve muito próxima das instituições religiosas. Por isso, a maioria dos escritores desse período pertencia aos quadros eclesiásticos. No primeiro século da colonização, houve a produção das cartas jesuíticas do padre Manoel da Nóbrega e de Anchieta, além das crônicas de visitantes estrangeiros, como Jean de Léry, Hans Staden e André Thevet.

Como não havia universidades nem imprensa no Brasil colonial, a vida intelectual dependia do que ocorria na Metrópole. Desse modo, aos intelectuais brasileiros restava a opção de acompanhar a vida da Metrópole e estudar em universidades portuguesas.

Tal integração pode ser observada em dois famosos autores do século XVII. Um deles é Gregório de Matos e Guerra (1636-1696), advogado e poeta brasileiro, conhecido como Boca do Inferno. Gregório de Matos estudou Direito em Coimbra e sua obra é permeada pela crítica aos valores e aos costumes da sociedade colonial do século XVII.

Outro autor da época é o padre jesuíta Antônio Vieira (1608-1697), que nasceu em Portugal, mas foi criado no Brasil, onde ingressou na Companhia de Jesus. Seus famosos sermões, depois reunidos e publicados, criticavam a moral e a política da época e atraíam as atenções tanto na Colônia quanto na Metrópole. Vieira era contra a perseguição aos cristãos novos e criticava firmemente a exploração dos indígenas e a corrupção dos valores cristãos.

Outro traço da presença cultural da Igreja católica no Brasil encontra-se na obra *História do Brasil*, primeira história da Colônia, escrita por frei Vicente do Salvador em 1627 e publicada no século XIX.

Assista

Palavra e utopia. Direção de Manoel de Oliveira, Portugal, 2000, 130 min. O filme narra a trajetória do padre Antônio Vieira, passando de influente homem da Corte portuguesa a perseguido pela Inquisição.

Catedral Basílica de Salvador (BA), construída no século XVII. Foto de 2011. Apresenta uma fachada austera, dividida em módulos verticais separados por pilares.

Forte de São Marcelo, em Salvador (BA), construído no século XVII. Foto de 2012. Erguido sobre um pequeno banco de recifes, é o único de planta circular no país.

Ontem e hoje

A família no Brasil

A família patriarcal do Nordeste açucareiro

A introdução da atividade açucareira proporcionou o estabelecimento da família patriarcal, predominante nas áreas de lavoura canavieira situadas na atual região do Nordeste, durante os séculos XVI e XVII.

A família patriarcal não se compunha apenas do chefe, de sua esposa e de seus muitos filhos; agregavam-se a ela outros parentes, padrinhos, afilhados, amigos, dependentes, ex-escravizados e até eventuais concubinas com sua prole. Tratava-se de uma imensa legião de agregados submetidos à rígida autoridade que emanava da temida e venerada figura do patriarca. Temida porque tinha o direito de controlar a vida e as propriedades de sua mulher e de seus filhos; venerada porque o patriarca encarnava, no coração e na mente de seus comandados, todas as virtudes e qualidades que seria possível reunir em um ser humano, dono de um poder que se estendia de sua residência até os domínios administrativos do Estado.

Queda substancial do tamanho da família

Apesar de as estruturas familiares terem passado por profundas transformações nos últimos quatro séculos, é possível comparar alguns parâmetros da constituição das famílias do século XVII com a das famílias atuais.

O tamanho da família brasileira diminuiu em todo o país: de 4,3 pessoas em média por família em 1981, chegou a 3,3 pessoas em 2010. E o número de filhos por família também diminuiu: é de 1,9 filho, pelo Censo de 2010.

Outro aspecto importante diz respeito aos tipos de arranjos familiares. A quantidade de residências habitadas por pessoas morando sozinhas, mulheres constituindo família sem cônjuge e casais sem filhos tem aumentado consideravelmente nas últimas décadas. Diminuiu proporcionalmente o número de famílias consideradas tradicionais.

O Censo de 2010 passou a contar o número de domicílios em que vivem casais *gays* e constatou que 60 mil residências eram chefiadas por um casal do mesmo sexo. É a primeira vez que se sabe o número de pessoas que vivem esse tipo de arranjo familiar no país.

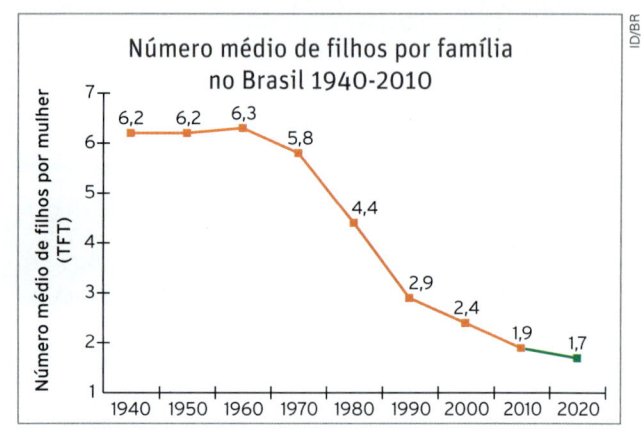

Número médio de filhos por família no Brasil 1940-2010

Ano	1940	1950	1960	1970	1980	1990	2000	2010	2020
Número médio de filhos por mulher (TFT)	6,2	6,2	6,3	5,8	4,4	2,9	2,4	1,9	1,7

Fonte de pesquisa: Censos demográficos do IBGE 1940 a 2010 e projeção em 2020. Disponível em: <http://www.ie.ufrj.br/aparte/pdfs/tendencias_demograficas_e_de_familia_24ago12.pdf>. Acesso em: 21 maio 2014.

De acordo com o censo de 2010 divulgado pelo IBGE, cerca de 60 mil famílias homoafetivas viviam no Brasil.

Pai, mãe e filhos. A média de filhos por família caiu na primeira década do século XXI.

Reflita

1. Discuta com seus colegas quais são, segundo os textos, as principais diferenças entre o modelo colonial de família patriarcal e o padrão familiar dos dias atuais no Brasil.
2. Que mudanças históricas poderiam ser responsáveis pela alteração do perfil da família no Brasil?

Atividades

Verifique o que aprendeu

1. Identifique os fatores que impulsionaram o sucesso da atividade açucareira desenvolvida no nordeste durante o período colonial.
2. Cite as razões que levaram os portugueses a investir na economia açucareira no Brasil.
3. Descreva as unidades básicas de um engenho e suas respectivas funções.
4. Analise a relevância da mandioca, da cachaça, do tabaco e do gado como atividades complementares à economia açucareira.
5. Avalie o funcionamento da família patriarcal e o papel desempenhado pelas mulheres na sociedade colonial.
6. Explicite as implicações da divisão social entre escravizados e homens livres na sociedade colonial.
7. Indique as razões que levaram os colonizadores à adoção sistemática da escravização africana, em lugar da indígena.
8. Escreva, com base nas informações do capítulo, um texto narrativo de no máximo 15 linhas relatando a saga de uma pessoa de origem africana no Brasil colonial. Não se esqueça de mencionar o local de saída, atribuir uma etnia à personagem, descrever sucintamente a viagem e, por fim, relatar sua vida no Brasil.
9. Defina o que era um quilombo e como funcionava.
10. Compare a malha urbana das principais vilas coloniais com as motivações e os interesses dos grupos sociais que viviam nelas ou que as frequentavam.

Leia e interprete

11. Observe a imagem abaixo e responda às questões.

Detalhe da pintura *Engenho com capela*, 1667, de Frans Post.

a) Descreva sucintamente a cena representada na imagem.
b) Que características básicas de um engenho estão representadas na obra de Post?
c) Podemos considerar que a imagem ajuda na compreensão do conhecimento histórico? Justifique sua resposta.
d) Qual é a importância atribuída à natureza na tela de Frans Post?

12. Com base no texto a seguir e no que foi exposto no capítulo, responda às questões propostas.

> Depois de Palmares os escravos não conseguiram reproduzir no Brasil qualquer coisa próxima. Os senhores e governantes coloniais cuidariam para que o estrago não se repetisse. Foi criado o posto de capitão do mato (também conhecido como capitão de entrada e assalto e outros termos), instituição disseminada por toda colônia como milícia especializada na caça de escravos fugidos e na destruição de quilombos.
>
> Assombrada com as dimensões de Palmares, a metrópole lusitana procurou combater os quilombos no nascedouro.
>
> [...]
>
> Para senhores e governo, o problema maior estava em que na sua maioria os quilombos não existiam isolados, perdidos no alto das serras, distantes da sociedade escravista. Embora em lugares protegidos, os quilombolas amiúde viviam próximos a engenhos, fazendas, lavras, vilas e cidades. Mantinham redes de apoio e de interesses que envolviam escravos, negros livres e mesmo brancos, de quem recebiam informações sobre movimentos de tropas e outros assuntos estratégicos. Com essa gente eles trabalhavam, se acoitavam, negociavam alimentos, armas, munições e outros produtos; com escravos e libertos podiam manter laços afetivos, de parentesco, de amizade.

REIS, João José. Ameaça negra. *Revista de História da Biblioteca Nacional*, n. 27, dez. 2007. Disponível em: <http://www.revistadehistoria.com.br/v2/home/?go=detalhe&id=1296>. Acesso em: 15 maio 2014.

a) O que pode ser deduzido sobre os meios de sobrevivência dos quilombolas?
b) Por que motivo os senhores e os governantes coloniais tanto temiam os quilombos?
c) A localização dos quilombos poderia influenciar as atitudes de escravizados nas regiões circundantes? Como isso poderia ocorrer? Quais seriam as prováveis motivações dos escravizados que sofressem essa influência?

CAPÍTULO 27
Ingleses, franceses e holandeses na América

O que você vai estudar

- A América inglesa.
- A presença francesa na América.
- Os holandeses na América portuguesa.
- Pernambuco sob domínio holandês.

A chegada dos peregrinos a Massachusetts, 1864, óleo sobre tela de Antonio Gisbert.

Ligando os pontos

No início do século XVI, Portugal e Espanha conquistaram extensas regiões do continente americano. Enquanto os portugueses estabeleceram uma colônia na América do Sul, os espanhóis avançaram progressivamente para o norte e o oeste do continente sul-americano, para a América Central, para o oeste do continente norte-americano e para a península da Flórida.

As primeiras atividades econômicas praticadas pelos europeus na América do Sul foram extrativistas. A Espanha explorava jazidas minerais, e Portugal, o pau-brasil.

Aos poucos, as metrópoles aprimoraram o controle tanto econômico quanto político sobre o continente americano. A Espanha instituiu vice-reinados; Portugal dividiu sua colônia em capitanias hereditárias.

Portugueses e espanhóis estabeleceram-se, então, na América, constituindo elites locais e implantando estruturas administrativas.

A Igreja católica, fortemente enraizada nas metrópoles ibéricas, fez-se presente desde o início do processo colonial, buscando catequizar os indígenas.

Mas o interesse pela América não se restringiu a espanhóis e portugueses. Outros europeus também viram no continente americano novas possibilidades.

A Europa nesse período passava por intensas crises. A Reforma Protestante ganhava adeptos em várias regiões e os conflitos religiosos dividiram várias nações. Nesse contexto, a América serviria de exílio ou refúgio para os excluídos ou para os que buscavam um lugar melhor para viver.

Observe a imagem acima e responda às questões.
1. De que modo a Reforma se relaciona à cena na tela?
2. Por que a Igreja católica se fez presente na América desde o início do processo de colonização?
3. Explique a relação entre os conflitos religiosos na Europa e a vinda de europeus para a América.

A colonização inglesa

As primeiras expedições inglesas à América do Norte ocorreram de 1584 a 1587. Mas somente em 1607 teve início a colonização, com o primeiro assentamento inglês no atual estado de Virgínia.

Puritanos na América, o *Mayflower*

Boa parte dos colonizadores ingleses da América do Norte eram pessoas que fugiam das perseguições religiosas e da marginalização urbana decorrente do êxodo rural na Inglaterra.

Em 1620, algumas famílias protestantes chegaram à América a bordo do navio *Mayflower*. Antes de desembarcar, fizeram um acordo de respeito mútuo e liberdade, a chamada "Declaração do *Mayflower*", que garantia a liberdade de culto no novo território.

Faziam parte desse grupo artesãos, comerciantes, camponeses e pequenos burgueses. Os *Pilgrim Fathers* ("pais peregrinos"), como foram chamados, buscavam a liberdade de culto e a prosperidade por meio de uma vida baseada nos ideais calvinistas. A ética calvinista conjugava zelo moral, valorização do trabalho, poupança e busca do lucro. Ao chegar, fundaram o núcleo de Plymouth, Massachusetts. Daí por diante, outros imigrantes vindos da Inglaterra formaram novas colônias.

Sem subvenção da Coroa, muitos não tinham como pagar a viagem. Assim, em troca do financiamento da passagem ofereciam seus serviços aos colonos já estabelecidos. Esse sistema de **servidão temporária** viabilizou a imigração de muitos ingleses para a América.

Xilogravura representando peregrinos construindo suas casas em Plymouth, Massachusetts, em 1620.

Assista

As bruxas de Salem. Direção de Nicholas Hytner, EUA, 1996, 124 min.
O filme narra um episódio de caça às bruxas ocorrido em 1692, na cidade de Salem, no atual estado de Massachusetts, Estados Unidos.

As treze colônias

A intensificação da imigração ao longo do século XVII levou à formação de treze colônias na costa atlântica da América do Norte. As colônias ao norte formavam a Nova Inglaterra – New Hampshire, Massachusetts, Rhode Island e Connecticut. Ao sul, foram fundadas, além da pioneira Virgínia, Geórgia, Maryland, Carolina do Norte e Carolina do Sul. As colônias centrais eram Pensilvânia, Delaware, New Jersey e Nova York.

As colônias do norte caracterizaram-se por pequenas propriedades rurais, voltadas para culturas de subsistência, como milho, cevada e centeio. Nessa região predominava a mão de obra familiar e a dos servos temporários. A grande disponibilidade de matérias-primas favoreceu o desenvolvimento de manufaturas, como a construção naval, estimulada pela atividade pesqueira, e a de produção de rum.

No centro, predominava a manufatura metalúrgica e têxtil. As colônias ali localizadas ficaram conhecidas como *colônias do pão*, pois em suas pequenas propriedades rurais produziam-se trigo, aveia, cevada e centeio.

No sul, a Virgínia produzia tabaco para exportação. As outras colônias sulistas também adotaram o sistema de *plantation*, grandes propriedades produtoras de gêneros de exportação, com uso de mão de obra escrava. Nelas se produziam arroz, anil e, mais tarde, algodão, que abasteceria as manufaturas inglesas.

As colônias do norte e do centro desenvolveram intensa atividade comercial. De seus portos, partiam navios com peixe seco, cereais, peles e carne salgada, produtos vendidos nas Antilhas. Ali os comerciantes compravam melaço de cana-de-açúcar para produzir rum nas colônias de origem. Essa bebida, por sua vez, era moeda de troca no tráfico de escravizados trazidos da África.

Esse ciclo configurou o **comércio triangular**, que ocorreu sem grandes restrições no século XVII.

As 13 colônias inglesas	
Nome	Ano de fundação
Virgínia	1607
New Hampshire	1623
Massachusetts (Plymouth)	1620-1630
Maryland	1634
Connecticut	1635
Rhode Island	1636
Carolina do Norte	1653
Nova York	1613
New Jersey	1664
Carolina do Sul	1670
Pensilvânia	1681
Delaware	1638
Geórgia	1733

Fonte de pesquisa: KARNAL, Leandro et al. *História dos Estados Unidos*: das origens ao século XXI. São Paulo: Contexto, 2008. p. 44.

❯ Franceses de norte a sul

Desde o início do século XVI, os franceses investiram em sua expansão marítima. As primeiras tentativas de ocupação territorial voltaram-se para a América espanhola e portuguesa, porém todas fracassaram. Posteriormente, os franceses tiveram êxito na América do Norte, nas Antilhas e nas Guianas, estabelecendo nessas regiões suas colônias americanas.

❯ A França Antártica

Interessados nas terras portuguesas da América, os franceses, que não reconheciam o Tratado de Tordesilhas, fizeram incursões em território sul-americano desde os primeiros tempos de extração do pau-brasil, participando ativamente de seu comércio.

Em 1555, liderados pelo almirante Villegaignon, ocuparam um pequeno trecho do litoral do atual estado do Rio de Janeiro, onde fundaram a **França Antártica**. Nessa região, estabeleceram boas relações com os Tupinambá, que se tornaram seus aliados. Apesar disso, os portugueses conseguiram derrotar os franceses em 1560.

❯ A França Equinocial

O fracasso da França Antártica não intimidou os franceses. Eles continuaram a fundar feitorias no litoral brasileiro e a estabelecer vínculos comerciais com os indígenas, principalmente com relação ao pau-brasil.

Em 1612, financiados pelo governo da França e apoiados por nobres e burgueses, ergueram o Forte de São Luís, no litoral do atual estado do Maranhão. Estava fundada a **França Equinocial**.

O primeiro ataque lusitano ao Forte de São Luís ocorreu em 1613. Entretanto, a resistência francesa e a falta de recursos obrigaram os portugueses a assinar uma trégua, que durou dois anos. Em 1615, uma expedição luso-espanhola atacou os franceses e acabou por derrotá-los.

Em 1616, na atual cidade de Belém (PA), os franceses construíram o Forte do Presépio, na foz do rio Pará. Um ano depois, foram expulsos por uma investida portuguesa.

A ocupação efetiva de territórios na América Central e do Sul pelos franceses só ocorreu no século XVII, com a ocupação das Guianas e de algumas ilhas do Caribe. As colônias francesas estabelecidas nessas regiões desenvolveram uma economia de *plantation*, baseada na mão de obra escravizada e no cultivo de cana-de-açúcar, mandioca e tabaco.

❯ A presença no norte: Quebec e Louisiana

Os franceses também realizaram expedições na América do Norte. As pioneiras desceram o rio São Lourenço e estabeleceram núcleos de povoação em Quebec (1608), no território atual do Canadá. À época, a região foi nomeada Nova França.

Por volta de 1680, os franceses ocuparam um amplo território na região do Golfo do México, estabelecendo, às margens do rio Mississípi, a colônia de Louisiana. Entretanto, a Coroa francesa não assumiu o empreendimento, que ficou a cargo de companhias de comércio. Dispersos num amplo território, os núcleos de povoação franceses dedicavam-se a atividades como a caça, a pesca e a extração de madeira.

Em meados do século XVIII, diante da derrota para os ingleses na Guerra dos Sete Anos (1756-1763), os franceses perderam Quebec e parte das Antilhas para a Inglaterra. Os ingleses, por sua vez, entregaram Louisiana aos espanhóis, como compensação pela conquista inglesa da Flórida. Entretanto, a parte leste do Mississípi permaneceu sob o domínio colonial inglês.

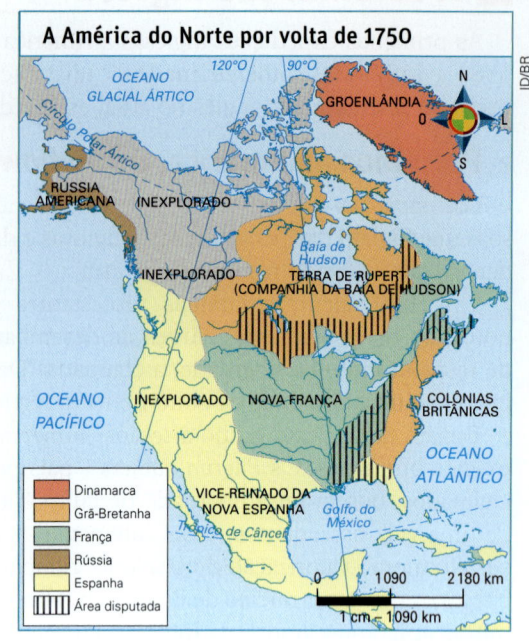

A América do Norte por volta de 1750

Fonte de pesquisa: DANIELS, Patricia S.; HYSLOP, Stephen G. *Atlas da história do mundo*. São Paulo: Abril-National Geographic Brasil, 2005. p. 199.

> Os holandeses invadem a América portuguesa

Os holandeses desempenharam importante papel na colonização da América a partir do século XVII.

Já no século XIV, cidades dos **Países Baixos** – que incluíam os atuais territórios da Bélgica e da Holanda –, como Bruges, Utrecht, Gent, Antuérpia e Amsterdã, tiveram grande desenvolvimento comercial. Durante o século XVI, os flamengos, da região de Flandres (região hoje ocupada pela Bélgica, pela Holanda e pela França), foram parceiros comerciais dos lusitanos na distribuição do açúcar produzido nas ilhas do Atlântico. Os holandeses levavam para Lisboa madeira, pescado e trigo e ali adquiriam vinho, sal e especiarias do Oriente. A partir da segunda metade do século XVI, os holandeses intensificaram sua participação no mercado açucareiro.

Até meados do século XVI, os Países Baixos faziam parte do católico Império espanhol. Porém, a rápida expansão do calvinismo fez surgir na região uma maioria protestante e o desejo de autonomia. Em 1568, a Holanda e outras províncias da região dos Países Baixos se sublevaram e, em 1579, firmaram a **União de Utrecht**, em que renegavam a soberania espanhola. Em 1581, foi consolidada a formação de um novo Estado, a **República das Províncias Unidas dos Países Baixos**, sob a liderança do príncipe Guilherme de Orange. Apesar dos esforços militares espanhóis, o processo de independência foi irreversível.

> A União Ibérica

Portugal vivia uma crise sucessória. Com a morte do rei dom Sebastião, em 1578, que não tinha herdeiros, o trono português foi reivindicado por Felipe II, rei da Espanha e neto de dom Manuel I de Portugal. A unificação das coroas portuguesa e espanhola sob Felipe II deu início à **União Ibérica**, que durou de 1580 a 1640.

O processo tornou inócuo o Tratado de Tordesilhas, viabilizando a interiorização lusitana no sul do Brasil e também na Amazônia. Por outro lado, a União Ibérica interrompeu a parceria comercial entre portugueses e holandeses, numa retaliação à independência das Províncias Unidas. A resposta holandesa foi a invasão do território brasileiro.

> As invasões de 1624 e 1630

Interessados no açúcar e nos lucros que o negócio açucareiro gerava, em 1624 os holandeses fizeram sua primeira investida no Brasil. Atacaram a Bahia e tomaram Salvador, local estratégico que, além da produção açucareira, facilitava o ataque aos navios espanhóis carregados de prata e às frotas portuguesas provenientes da Índia. Além disso, a posse de Salvador criava condições para a expansão do domínio holandês na América e na África. Entretanto, a resistência colonial foi reforçada por uma armada espanhola enviada em 1625, e os holandeses acabaram expulsos.

A primeira derrota, contudo, não desestimulou os planos holandeses. Reorganizados, em 1630, atacaram Pernambuco, principal núcleo açucareiro da Colônia onde permaneceram até 1654.

Leia
O Brasil dos holandeses, de Luiz G. Silva. São Paulo: Atual, 1997.
A obra relata os principais pontos históricos da ocupação holandesa do Nordeste brasileiro.

Durante o período em que dominaram o Nordeste açucareiro, os holandeses controlaram o tráfico de escravizados na região. Detalhe do quadro *Mercado de escravos do Recife*, século XVII, de Zacharias Wagner.

Conheça melhor

O sebastianismo

Crença mística com origem em Portugal, na segunda metade do século XVI, o sebastianismo constitui uma espécie de messianismo lusitano que penetrou profundamente na cultura popular, até mesmo na cultura nordestina do Brasil.

Os movimentos messiânicos traduzem uma inconformidade com a situação política e social e uma expectativa de salvação, vislumbrada no retorno de um messias salvador.

No caso lusitano, o messias seria o rei dom Sebastião, que voltaria e retomaria seu reinado, libertando Portugal do domínio da Coroa espanhola decorrente da União Ibérica.

Uma aura de mistério envolvia a morte de dom Sebastião em uma batalha na África. Difundiu-se a lenda de que o rei ainda estaria vivo, apenas esperando o momento certo para recuperar o trono e afastar o domínio estrangeiro.

Pernambuco holandês

Desde o início da ocupação, os holandeses fizeram de Olinda sua base para uma rápida expansão militar. Derrotaram a resistência lusitana, fragilizada pela falta de recursos. A partir de 1632, iniciaram expedições destinadas a queimar engenhos, roças e canaviais e a amedrontar a população colonial, impondo-se pela força.

Entre 1630 e 1637, os holandeses conquistaram a Paraíba, o Rio Grande do Norte e a ilha de Itamaracá, no litoral pernambucano. A ocupação da região entre o rio São Francisco e o atual Ceará fez os senhores de engenho fugirem para a Bahia. Com a resistência desarticulada, houve uma trégua no conflito luso-holandês entre 1637 e 1641.

O governo de Nassau

No início do século XVII, os holandeses reforçaram sua presença no comércio europeu. Criaram a Companhia das Índias Orientais, por meio da qual passaram a ocupar entrepostos comerciais na África e na Índia, antes sob controle ibérico. Em 1621, criaram a Companhia das Índias Ocidentais (WIC, sigla em holandês).

Em 1637, encarregada de administrar a porção nordeste do Brasil, a WIC enviou a Pernambuco o conde João Maurício de Nassau. Sua administração, ocorrida sob uma paz precária, foi marcada pela ampliação do território colonial holandês. Além de Sergipe, conquistou territórios na África, como Luanda e São Tomé, introduzindo-se no lucrativo tráfico negreiro.

Nassau incentivou a vinda de engenheiros, naturalistas, matemáticos e artistas, que investigaram a flora e a fauna e contribuíram para a urbanização do Recife. Sob sua administração, a cidade tornou-se uma das mais importantes da América, com modernas pontes, jardins e palacetes.

Com uma política de conciliação entre holandeses e luso-brasileiros, condição imprescindível para a permanência holandesa no Brasil, Nassau incentivou os luso-brasileiros a retomarem o trabalho nos canaviais. Concedeu-lhes empréstimos e leiloou os engenhos abandonados.

Ao longo do tempo, surgiram divergências entre Nassau e a WIC. Um ataque à Bahia, incentivado pela Companhia, em 1638, fracassou. Nassau foi responsabilizado pelo revés e também pelo recuo das tropas no Maranhão, em 1643. Também foi acusado de usar dinheiro da Companhia para a construção de dois palacetes no Recife.

Enquanto a WIC queria lucros no curto prazo, Nassau buscava a estabilidade da dominação, equilibrando interesses diversos. O acirramento dos conflitos entre Nassau e a Companhia das Índias Ocidentais acabou resultando em sua demissão e em seu retorno para a Europa, em 1644.

Vista da Cidade Maurícia e Recife, 1653, óleo sobre madeira de Frans Post.

História e economia

As Companhias de Comércio representaram em seu tempo o tipo mais moderno de organização do comércio exterior.

Formadas pela associação de vários comerciantes, as Companhias detinham o alvará da República das Províncias Unidas dos Países Baixos para o monopólio do comércio com suas colônias. O objetivo do alvará era eliminar a competição entre os vários postos de comércio.

Unidos, os mercadores garantiam altos lucros, já que estavam livres da concorrência, e possuíam mais capital para os empreendimentos e força política para garantir a aprovação do governo dos Países Baixos às ações militares de seu interesse.

As companhias holandesas acabaram mudando o perfil mercantilista do período. A Coroa lusitana, que até então monopolizara o comércio exterior por meio do Estado, adotaria a mesma estratégia ao permitir, em 1649, a criação da Companhia Geral do Comércio do Brasil. Essa empresa destinava-se a patrocinar a resistência ao invasor, estimulando a recuperação da indústria açucareira na região com o capital de diversos mercadores investidores.

- Debata com seus colegas de que maneira alterações ocorridas no campo econômico modificam os rumos da História.

> A Insurreição Pernambucana

No início, os pernambucanos reagiram à invasão com armas nas mãos. Vencidos no Arraial do Bom Jesus, em 1635, suspenderam momentaneamente a resistência. Alguns senhores de engenho aceitaram, então, o domínio holandês.

Entretanto, a queda do preço do açúcar no mercado europeu provocou uma crise na economia açucareira. Os senhores de engenho pretendiam livrar-se das dívidas com os holandeses, que exigiam o pagamento. Já os senhores de engenho refugiados na Bahia buscavam reaver suas propriedades perdidas.

Em 1645, os colonos se insurgiram, liderados pelos senhores de engenho André Vidal de Negreiros e João Fernandes Vieira, e apoiados por populares liderados pelo negro Henrique Dias e o indígena Filipe Camarão.

Ajudados por tropas vindas da Bahia, os revoltosos reassumiram o controle sobre Alagoas e Sergipe.

Os mais relevantes combates entre luso-brasileiros e holandeses aconteceram em Pernambuco, nos **montes Guararapes**, em 1648 e 1649, com vitória para os luso-brasileiros. Entretanto, a expulsão definitiva dos holandeses só ocorreu em 1654, quando os insurretos sitiaram o Recife por terra enquanto uma expedição organizada pela Companhia Geral de Comércio do Brasil atacava pelo mar.

Para alguns historiadores, entretanto, a expulsão dos holandeses não foi fruto apenas das batalhas travadas com os insurretos. Para conseguir a saída definitiva dos holandeses, a Coroa lusitana teria pago a eles 4 milhões de cruzados (63 toneladas de ouro).

> A migração holandesa para o Caribe

A expulsão dos holandeses do Brasil não significou seu afastamento do comércio internacional açucareiro. Eles levaram as técnicas de plantio da cana e da produção de açúcar para suas possessões nas Antilhas, e ali começaram a produzir um açúcar que passou a competir com o brasileiro no mercado europeu.

A expulsão dos holandeses provocou o declínio do comércio do açúcar brasileiro no cenário internacional, afetando a economia da região nordestina, já prejudicada pela destruição de lavouras e engenhos e pelos escravizados aquilombados.

Ponto de vista

Formação da nação?

O historiador Francisco Adolfo de Varnhagen (1816-1878) destacou, no século XIX, a importância da expulsão dos holandeses, enfatizando a união de todos os setores sociais da colônia na Insurreição Pernambucana.

Varnhagen viu no episódio o embrião do nativismo, momento de tomada de consciência e união das três *raças* que compunham o brasileiro: o lusitano, o indígena e o negro. O historiador entendeu que a participação na guerra de homens liderados pelo indígena Filipe Camarão e pelo negro Henrique Dias, ao lado dos senhores de engenho, representou o primeiro e mágico momento da formação da nação brasileira.

Porém, segundo o historiador Boris Fausto, a mobilização dos setores desfavorecidos foi pequena. Em 1648, o contingente de Henrique Dias contava com 300 soldados, apenas 10% do total de homens e 0,75% da população escravizada na região. Além disso, Filipe Camarão não representava a totalidade dos indígenas, já que muitos grupos fizeram alianças com os holandeses, e uma parte deles havia convertido-se ao calvinismo. Portanto, para esse historiador as forças de resistência luso-brasileiras estavam longe de constituir um modelo de união das três raças, como entendeu Varnhagen.

- Na sua opinião, a participação política de negros, brancos e indígenas tem o mesmo peso na história atual do Brasil? Troque ideias com seus colegas.

O quadro *A batalha de Guararapes*, de Victor Meirelles, pintado entre 1875 e 1879, representa uma das mais sangrentas batalhas da Insurreição Pernambucana.

Ontem e hoje

A cana-de-açúcar e a economia brasileira

O açúcar: a força da economia colonial

[...] Durante os cem anos percorridos de 1580 a 1680, o Brasil foi o maior produtor e exportador mundial de açúcar. [...]
[...] Na época da invasão de Pernambuco pelos holandeses, em 1630, havia aproximadamente 350 engenhos de açúcar em operação no Brasil. Na verdade o ano de 1630 marcou talvez o apogeu do regime de engenho, pois, embora o número dessas unidades devesse se expandir e os preços viessem ocasionalmente a se recuperar no futuro, nunca mais os agricultores brasileiros estariam livres da competição estrangeira, nem o açúcar brasileiro voltaria a ter a mesma hegemonia no Atlântico. [...]

Foi nas docas de Amsterdã, Londres, Hamburgo e Gênova que se determinou o sucesso final da economia açucareira brasileira. O preço europeu do açúcar subiu muito durante toda a segunda metade do século XVII. Após ligeira queda em 1610, os preços voltaram a subir na década de 1620, devido em parte à interrupção da oferta de açúcar à Europa causada pelos ataques dos holandeses ao Brasil e pelas perdas sofridas pelas frotas portuguesas.

SCHWARTZ, Stuart B. O Brasil Colonial: 1580-1750: as grandes lavouras e as periferias. In: BETHELL, Leslie (Org.). *História da América Latina Colonial.* São Paulo: Edusp; Brasília: Fundação Alexandre de Gusmão, 2004. v. II. p. 339-453.

Açúcar e etanol: a cana-de-açúcar no limiar do século XXI

Brasil vai bater recordes na produção de cana-de-açúcar e etanol

A produção brasileira de cana-de-açúcar e de etanol vai registrar um novo recorde histórico este ano, com um significativo aumento em diversas regiões do país [...].

De acordo com a agência Lusa, no total, serão processadas 571,4 milhões de toneladas de cana-de-açúcar, um aumento de 13,9 por cento em relação a 2007, numa área plantada de 8,5 milhões de hectares.

Trata-se do maior volume já processado pela indústria brasileira do setor, salientou a estatal Companhia Nacional de Abastecimento (Conab) num comunicado.

Do total da produção, 325,3 milhões de toneladas de cana-de-açúcar, um aumento de 20,1%, foram utilizadas para a produção de 26,6 milhões de litros de etanol.

A produção de 32,1 milhões de toneladas de açúcar consumiu 246 milhões de toneladas de cana-de-açúcar, um aumento de 6,7%.

O volume processado pela indústria equivale a cerca de 9,5 milhões de caminhões, que ocupariam cerca de 285 mil quilômetros de estradas, caso fossem enfileirados, referiu o comunicado.

"Somos um dos maiores produtores mundiais de açúcar e referência na fabricação de combustível a partir de matrizes de energias renováveis", afirmou o presidente da Conab, Wagner Rossi.

Brasil vai bater recordes na produção de cana-de-açúcar e etanol. Disponível em: <http://www.tvi24.iol.pt/economia/brasil-cana-de-acucar-acucar-etanol/1023726-1730.html>. Acesso em: 14 maio 2014.

A destinação de muitas áreas para o plantio de cana-de-açúcar tem recebido críticas de ambientalistas e setores ligados à preservação ambiental. Colheita mecanizada de cana em Matias Cardoso (MG). Foto de 2011.

Reflita

Leia os textos que destacam a importância da lavoura de cana-de-açúcar para a economia em diferentes períodos da história do Brasil e responda às questões a seguir.

1. Discuta com os colegas que permanências e rupturas podem ser observadas na importância econômica do plantio da cana-de-açúcar para o Brasil.
2. O crescimento da área plantada com cana-de-açúcar tem sido muito criticado. Você conhece algumas dessas críticas? Quais são as razões dessas críticas? Pesquise e discuta com seus colegas.
3. Pesquise as condições de trabalho nas áreas de cultivo de cana-de-açúcar no Brasil. Que problemas têm sido denunciados por autoridades e ONGs?

Atividades

Verifique o que aprendeu

1. Identifique os principais objetivos dos chamados "pais peregrinos" e como eles buscaram atingir esses objetivos.

2. Que razões levaram os colonos ingleses a organizar o sistema de servidão temporária nas colônias americanas?

3. Caracterize as principais diferenças na formação das colônias inglesas na porção norte e central da América do Norte em contraste com as da porção sul.

4. Explique o funcionamento do comércio triangular.

5. Compare as principais características das duas tentativas francesas de invadir a América portuguesa.

6. Indique as principais colônias que os franceses conquistaram na América ao longo do século XVII e suas atividades econômicas mais importantes.

7. Sintetize o processo de independência das Províncias Unidas.

8. Relacione a União Ibérica com as invasões holandesas na América portuguesa.

9. Descreva as estratégias empregadas pelos holandeses na conquista de Pernambuco.

10. Identifique três importantes medidas tomadas por Nassau em sua administração e avalie as razões de seu conflito com a Companhia das Índias Ocidentais.

Leia e interprete

11. Observe a imagem com atenção.

O julgamento de George Jacobs, 5 de agosto de 1692, 1855, pintura de T. H. Matteson.

a) Descreva a cena representada na imagem.
b) Que ideia é possível fazer das colônias inglesas na América do Norte no século XVII pela observação da cena representada nessa imagem?
c) Pela análise dos gestos e da posição das figuras representadas, procure identificar as emoções que o autor quis registrar na pintura.

12. Entre os primeiros artistas holandeses que estiveram no Brasil durante o período da ocupação holandesa, destacaram-se Albert Eckhout e Frans Post. Cada um a seu modo deixou registros pictóricos das terras brasileiras. Observe as imagens e responda às questões propostas.

Homem mulato, século XVII, pintura de Albert Eckhout.

Detalhe da pintura *Uma paisagem brasileira*, 1650, de Frans Post.

a) Descreva sucintamente cada uma das telas.
b) Compare a relação entre o ser humano e a natureza em ambas as telas.
c) Qual a relação de cada tela com o elemento humano da colônia?
d) Como podem ser caracterizadas as vestimentas representadas em cada pintura?

323

CAPÍTULO 28
A exploração do ouro na América portuguesa

O que você vai estudar

- À procura de ouro e prata.
- Povoando o interior.
- A sociedade na região das minas.
- Manifestações artísticas e culturais nas minas.
- A mudança do polo do poder.

Principais áreas de mineração no Brasil (século XVIII)

Fonte de pesquisa: ARRUDA, José Jobson de A. *Atlas histórico básico*. São Paulo: Ática, 2007. p. 41.

Ligando os pontos

Entre os séculos XVI e XVII, além da Espanha e de Portugal, outros países europeus conquistam territórios no continente americano.

Na América do Norte, os ingleses fundaram treze colônias. Ao sul, estabeleceram *plantations*. Ao norte, pequenas propriedades rurais e indústrias baseadas na mão de obra livre e no comércio local.

A França ocupou a costa leste do atual Canadá e a região da Louisiana. Mesmo sem estabelecer colônias no Brasil, os franceses tiveram êxito no comércio do pau-brasil.

Na América do Sul, a Companhia das Índias Ocidentais (WIC), holandesa, proibida pelos espanhóis de comercializar açúcar com produtores brasileiros, invadiu a Bahia, onde ficou apenas um ano. Em seguida, invadiu Pernambuco e, depois, toda a porção nordeste da colônia portuguesa, onde permaneceu de 1630 a 1654.

Maurício de Nassau destacou-se como governador designado pela WIC. Enquanto esteve no Brasil, promoveu inovações políticas e urbanísticas no Recife, além da vinda de artistas e cientistas que produziram registros científicos e artísticos do Brasil.

Enquanto isso, na porção sudeste do território brasileiro, exploradores organizavam expedições para os sertões ainda desconhecidos. Partindo do litoral, iam em busca de ouro, prata e pedras preciosas. No caminho, apresavam indígenas para vendê-los como escravizados.

1. Observando o mapa acima, em que regiões da América portuguesa houve atividades mineradoras no período colonial?
2. Qual foi a novidade da localização da mineração em relação às atividades tradicionais, como a plantação de cana-de-açúcar e tabaco e a pecuária?

> Em busca das minas

No contexto do mercantilismo, as colônias eram exploradas para fornecer riquezas para as metrópoles. As riquezas mais procuradas eram o ouro e a prata, mas apenas na última década do século XVII foram encontradas quantidades significativas de ouro na Colônia, no território do atual estado de Minas Gerais.

> As expedições exploratórias

Diversas expedições exploratórias foram organizadas para encontrar riquezas. Com os nomes de **entradas** e **bandeiras**, podiam ser expedições particulares ou financiadas pelo governo português. Partiam do litoral para o interior em busca de metais e pedras preciosas.

Lendas e boatos foram a base das primeiras expedições em busca de ouro e prata. A lenda do Eldorado, um lugar com muito ouro, excitava a imaginação dos exploradores.

A primeira grande entrada rumo ao sertão do Brasil foi iniciativa de Martim Afonso de Sousa, em 1531. Comandados pelo capitão Pero Lobo, oitenta homens partiram em direção às "minas do sertão", mas sem saber exatamente onde se encontravam. Foram dizimados pelos indígenas.

O fracasso dessa entrada não desencorajou as que se seguiram. Partiam de vários pontos do litoral, hoje correspondentes aos estados do Ceará, de Pernambuco, de Sergipe, da Bahia, do Espírito Santo e, principalmente, de São Paulo.

> Expedições paulistas

As expedições que partiam de São Paulo ficaram conhecidas como bandeiras. Podiam reunir centenas de homens, entre brancos, mamelucos e indígenas aculturados, que conheciam melhor a região, as trilhas e também raízes, frutas, peixes e animais utilizados na alimentação.

Os paulistas, ou **bandeirantes**, como ficaram conhecidos, passavam meses e até anos nas matas procurando metais e pedras preciosas. O lucro era garantido pela **preação** de indígenas, palavra empregada na época para definir a captura dos nativos que seriam vendidos como escravizados.

As bandeiras intensificaram-se no período das invasões holandesas. Isso porque, além de ocupar o nordeste, os holandeses dominaram os portos exportadores de escravizados na África, levando à falta de mão de obra escravizada africana em toda a Colônia.

> **Leia**
> **Opulência e miséria das Minas Gerais**, de Laura Mello e Souza. São Paulo: Brasiliense, 1997.
> O livro mostra a descoberta do ouro pelos bandeirantes, a composição social da sociedade mineira e defende a tese de que havia uma população marginalizada nas minas: os "excluídos do ouro".

Casa bandeirista urbana construída na segunda metade do século XVII, em taipa de pilão. Por manter seu estilo original, possui grande valor histórico. Atualmente, abriga a sede do Museu Casa do Anhanguera. Santana do Parnaíba (SP). Foto de 2010.

❯ Povoando os sertões

Em 1693, os bandeirantes paulistas encontraram ouro próximo às atuais cidades mineiras de Sabará, Caeté e Ouro Preto.

A notícia espalhou-se rapidamente e, nos anos subsequentes, milhares de pessoas, da Colônia e da Metrópole, dirigiram-se para lá.

A região das minas não contava com infraestrutura para receber tantas pessoas. Não havia alimento suficiente nem estradas, apenas trilhas precárias para abastecer a multidão recém-chegada.

Segundo o jesuíta André João Antonil, nos primeiros anos, a fome e a desnutrição assolaram as regiões mineradoras.

Além da fome, todo tipo de contravenção e crimes, principalmente assassinatos e roubos, ocorria na busca por melhores áreas de garimpo. Em uma região que não contava com a presença nem com o controle do governo metropolitano, a violência era extrema.

Após um primeiro momento de caos e violência, alguns exploradores retornaram a suas terras. Outros permaneceram nas áreas mineradoras, mas nem sempre como garimpeiros. Dedicaram-se ao comércio de alimentos, ao tráfico de escravizados ou ao cultivo e à criação nas terras próximas às lavras.

O governo metropolitano, por sua vez, começou a interferir na área das lavras. Promoveu a construção de estradas e passou a cobrar impostos.

As principais medidas administrativas implantadas na região das minas foram:

- Criação da **capitania de São Paulo e Minas do Ouro**, separada da capitania do Rio de Janeiro e São Vicente.
- **Distribuição das jazidas**. A descoberta de uma jazida deveria ser comunicada à Intendência das Minas. O terreno era demarcado e dividido em **datas**, que eram lotes de tamanho variável. O descobridor da jazida recebia duas datas, uma ficava com a Real Fazenda e as demais eram distribuídas de acordo com o número de escravizados de cada minerador. Quem tivesse mais de doze recebia uma data inteira, e os que tivessem menos recebiam 1,5 braça ou 5,5 m² por escravizado. Esse sistema beneficiava os mais ricos. Os pobres garimpavam em áreas minúsculas ou abandonadas por outros mineiros.
- Estabelecimento do **quinto**, imposto que correspondia à quinta parte do ouro extraído e era enviado à Coroa.
- Criação de **Casas de Fundição**, para onde todo o ouro encontrado deveria ser levado. Ali, depois de recolhido o quinto, o ouro era fundido em barras com o selo real, que certificava a cobrança do quinto.
- Com o objetivo de aumentar seus rendimentos, a Coroa criou, em substituição às Casas de Fundição, **a taxa de capitação**. A partir de então, cada mineiro pagava uma taxa por cativos acima de 12 anos, produtivos ou não. O minerador que não possuísse escravizados pagava uma taxa sobre si mesmo. A capitação englobava também lojas, hospedarias e oficinas. Quem não pagasse teria bens confiscados. As revoltas e os protestos levaram a Coroa a extinguir a capitação e reinstituir as Casas de Fundição.

❯ Ouro em Goiás e Mato Grosso

Além das marchas pelo interior, os paulistas organizaram expedições fluviais, conhecidas como **monções**, para encontrar metais ou pedras preciosas.

As monções seguiram o curso dos rios Tietê, Paraná e afluentes até atingir os locais onde hoje se situam as cidades de Cuiabá e Goiás. Foi encontrado ouro nesses locais por volta de 1720. A descoberta do ouro levou ao surgimento de novas vilas e cidades e ao aumento da população da região.

Na primeira fase da mineração, extraía-se com facilidade o **ouro de aluvião**, garimpado no leito dos rios com bateia, pá, balde e peneira. Gravura *Lavagem do minério do ouro*: a montanha Itaculumi, de Rugendas, c. 1835.

A sociedade mineradora

A descoberta de ouro no interior da atual Minas Gerais deslocou parte da população colonial do litoral para o interior. A região das minas foi ocupada por milhares de novos habitantes que precisavam de tudo: alimentos, roupas, gado, cavalos, mulas, produtos europeus e escravizados, muitos escravizados para trabalhar nas minas.

Dessa forma, a mineração favoreceu o surgimento de centros urbanos e, consequentemente, de uma sociedade mais dinâmica que a canavieira.

> A base da sociedade

A base da sociedade mineira, assim como a de todo o Brasil colonial, eram os africanos escravizados. Em 1742, a maioria da população na região das minas – cerca de 70% – era constituída por pessoas escravizadas.

Tamanha desproporção entre negros escravizados e brancos livres gerava violenta repressão. Assim como no nordeste açucareiro, qualquer ato de desobediência ou revolta nas minas era punido com castigos severos, como espancamentos públicos ou, em casos extremos, execução e exibição da cabeça decepada do escravizado fincada em uma estaca.

As fugas e a formação de quilombos eram constantes. Segundo a historiadora Laura de Mello e Souza, em sua obra *Opulência e miséria das Minas Gerais*, dois quilombos se destacavam: o quilombo do Ambrósio e o quilombo Grande.

O quilombo do Ambrósio chegou a ter mil habitantes. Era liderado pelo ex-escravizado Ambrósio. Foi destruído por uma expedição financiada pelo governo de Minas Gerais e por várias Câmaras Municipais para acabar com os focos de rebeldia e resistência negra. Houve muitos mortos. Os sobreviventes instalaram-se em outros quilombos ou fundaram quilombos menores.

> Livres e pobres

A atividade mineradora também originou uma nova camada de pobres na sociedade. Esse grupo não pertencia nem à camada base nem à camada média. Era formado por pessoas pobres atraídas pela ilusão do ouro: escravizados libertos, mulatos, brancos pobres, indígenas aculturados. Sem encontrar as sonhadas minas, nem ter atividade definida, essas pessoas faziam pequenos serviços no comércio e na agricultura. Algumas buscaram atividades ilegais, como o contrabando de ouro e diamantes e o roubo a tropas que carregavam mercadorias ou seguiam na direção dos portos com o ouro quintado.

Havia também a prostituição e a interceptação de pepitas de ouro pelas negras de tabuleiro. Estas, ao levar quitutes para vender nas lavras, voltavam às vezes com pepitas de ouro escondidas. Esse grupo heterogêneo é chamado pela historiadora Laura de Mello e Souza de "desclassificados do ouro".

Conheça melhor

A identidade das escravizadas africanas

Militar do exército português, o pintor Carlos Julião viveu no Brasil no século XVIII. Em suas pinturas, representou as condições em que viviam e trabalhavam as pessoas de origem africana.

A pintura ao lado representa uma negra de tabuleiro. Essa obra nos informa que as mulheres africanas costumavam amarrar seus filhos às costas e fumavam cachimbo, hábitos que as mulheres brancas não tinham.

Para a historiadora Silvia Hunold Lara, Julião

[...] nos mostra que os trajes de mulheres negras constituem um rico exemplo da construção de uma linguagem visual própria, que provavelmente escapava ao entendimento senhorial. Sobre seus corpos, panos, cachimbos, amuletos e colares, usados por diversos motivos – rituais ou profanos – falavam de um mundo que, mesmo sob a escravidão, servia de ponte entre os dois lados do Atlântico. Mais que em corpos masculinos, a partir dos riscos de Julião, podemos imaginar se não teriam sido as mulheres a ostentar, sobre suas peles – em situações festivas ou cotidianas –, as heranças (e raízes) africanas no Novo Mundo.

LARA, Silvia Hunold. Mulheres escravas, identidades africanas. Disponível em: <http://www.desafio.ufba.br/gt3-006.html>. Acesso em: 14 maio 2014.

Aquarela de Carlos Julião, sem data, da série Negras vendedoras.

> ## A camada média

A camada média da sociedade mineradora era composta principalmente de brancos das mais variadas profissões. Havia pequenos comerciantes, tropeiros e mineradores que faiscavam nos rios com dois a cinco cativos. Havia também pequenos agricultores, produtores de milho, mandioca, verduras e frutas destinados ao comércio local.

Essa camada tinha baixos rendimentos, mas distribuídos por grande número de pessoas que viviam nas vilas e nas cidades. Isso dava à sociedade mineradora a característica dinâmica que tanto a diferenciava da sociedade açucareira.

> ## O grupo dominante

A camada dominante era formada por:
- **mineradores** ricos que, para explorar suas minas, dispunham de muitos escravizados;
- **grandes comerciantes** de alimentos e de produtos manufaturados europeus;
- **fazendeiros** que possuíam grandes propriedades às margens do rio São Francisco e que também exploravam minas. Tinham imenso poder político nas regiões distantes do poder português.

No topo do poder político estavam os altos funcionários do reino sob a liderança do governador da capitania das Minas Gerais.

Havia também os **contratadores de diamantes** do distrito Diamantino (atual cidade de Diamantina, Minas Gerais). Eles tinham exclusividade na extração de diamantes na região do distrito Diamantino e destinavam parte do que era extraído à Coroa portuguesa. Era um negócio muito vantajoso, mas os contratadores tinham de ser muito ricos para arcar com os custos da prospecção e extração dos diamantes.

O distrito Diamantino era tão importante que os contratadores não estavam sujeitos à autoridade do governador das Minas Gerais. Eles reportavam-se diretamente ao rei de Portugal.

> ## As irmandades

Como alguns padres eram acusados de facilitar o contrabando de ouro, o rei de Portugal, dom João V, proibiu que as ordens religiosas ingressassem na região das minas. Isso fez surgir associações religiosas leigas: as irmandades.

Essas instituições eram formadas por católicos devotos que não pertenciam ao clero. Seus objetivos iniciais eram o auxílio mútuo e a caridade. As irmandades foram grandes patrocinadoras da construção de igrejas. Proporcionaram, com isso, o surgimento de talentosos artesãos, como carpinteiros, entalhadores, douradores, pintores, construtores e músicos.

As cidades e vilas do Brasil tinham irmandades divididas por critérios sociais, étnicos e profissionais. A irmandade Nossa Senhora do Rosário dos Homens Pretos era exclusiva de escravizados e negros livres; a de Nossa Senhora do Amparo era dos pardos; a de Nossa Senhora da Conceição, dos brancos ricos; e a do Senhor dos Passos congregava os militares.

Ação e cidadania

As condições de trabalho no garimpo

No século XVIII, os homens escravizados que trabalhavam na mineração tinham curta vida produtiva. Sofriam acidentes ou adoeciam em virtude da malária ou de infecções pulmonares provocadas pelas precárias condições de trabalho.

Atualmente, segundo a Organização Internacional do Trabalho (OIT), a mineração é a atividade econômica que mais provoca acidentes e doenças no mundo inteiro.

No Brasil, por exemplo, o mercúrio, substância altamente poluente, é utilizado na extração artesanal de ouro. Quando em contato com as águas dos rios, contamina os peixes, cujo consumo pode levar o ser humano a desenvolver problemas neurológicos.

1. Faça uma pesquisa para descobrir que medidas são tomadas pelo governo para impedir o uso de mercúrio no garimpo de ouro. O Centro de Tecnologia Mineral (Cetem), do Ministério da Ciência e Tecnologia, pode ser uma boa fonte de pesquisa.
2. Troque ideias com os colegas sobre o que descobriu.

No garimpo de Serra Pelada, em Curionópolis (PA), garimpeiros utilizam jatos d'água para lavar o cascalho. Na mineração do ouro, é utilizado o método de extração manual com lavagem da terra e uso do mercúrio. Foto de 2010.

O ouro integra a América portuguesa

Para atender às necessidades das novas vilas e cidades que surgiram nas regiões auríferas e diamantíferas, era preciso abastecê-las de comida, roupas, ferramentas, etc. Assim, vários caminhos foram abertos para que a ligação entre litoral e interior fosse regularizada.

As primeiras estradas

No final do século XVII, quando o ouro foi descoberto em Minas Gerais, havia apenas dois caminhos para a região, ambos longos, estreitos e muito acidentados.

O antigo caminho dos bandeirantes paulistas saía de São Paulo, margeava o rio Paraíba em direção à serra da Mantiqueira e atingia Ribeirão do Carmo, atual cidade de Mariana, ou o rio das Velhas, cuja nascente fica onde hoje é a cidade de Ouro Preto.

A partir do Rio de Janeiro, era preciso navegar ou caminhar até o porto de Parati. De lá, os viajantes subiam a serra do Mar até a atual cidade de Guaratinguetá, onde entravam no caminho dos paulistas e seguiam até Ribeirão do Carmo ou até o rio das Velhas.

Para facilitar o escoamento do ouro, as autoridades portuguesas ordenaram a abertura de um novo caminho entre Minas Gerais e Rio de Janeiro, o "Caminho Novo das Gerais", que encurtava a distância entre as duas regiões.

A descoberta de diamantes na atual região de Diamantina, ao norte da região aurífera, levou à construção de uma nova estrada até o distrito Diamantino.

Integrando Norte e Sul

O Rio de Janeiro tornou-se um centro abastecedor da região mineradora: fornecia escravizados de origem africana e variados produtos europeus. O crescimento do porto e o fortalecimento econômico da cidade do Rio de Janeiro determinaram a sua elevação a capital do vice-reino, em 1763.

Outros três importantes centros abastecedores das minas eram as capitanias de São Paulo, Bahia e São Pedro do Rio Grande do Sul, atual Rio Grande do Sul.

São Paulo fornecia milho, trigo, marmelada e frutas, além de gado, cavalos e mulas provenientes dos campos de São Pedro do Rio Grande do Sul, que eram negociados na feira da cidade de Sorocaba.

Além de gado e produtos europeus, a Bahia fornecia principalmente escravizados. Podiam ser recém-chegados da África ou vindos dos engenhos de cana-de-açúcar do nordeste, que enfrentavam a decadência da economia açucareira.

A mineração articulou pela primeira vez a porção nordeste da Colônia – que fornecia açúcar, cachaça, rapadura, gado e escravizados – ao Sul, que abastecia a população das minas com farinha de trigo, milho, frutas, marmelada, toucinho, mulas e gado bovino.

Os caminhos do ouro

Nos caminhos oficiais para as minas havia locais de cobrança, os **registros**, onde a Coroa recolhia impostos sobre os produtos transportados. Também havia fiscalização para verificar se o ouro transportado era quintado.

Para burlar os caminhos oficiais, surgiram numerosas rotas alternativas, pelas quais se transitava sem pagar imposto algum.

O contrabando era tão frequente que os caminhos alternativos eram mais movimentados do que os caminhos oficiais.

Caminhos para o ouro das Minas Gerais (século XVIII)

Fonte de pesquisa: Instituto Estrada Real. Disponível em: <http://www.estradareal.tur.br>. Acesso em: 12 mar. 2013.

❯ Arte e cultura nas minas

As igrejas construídas pelas irmandades foram feitas sob a influência artística e arquitetônica do Barroco, estilo que teve início na península Itálica em fins do século XVI.

Um amplo leque de profissionais dedicados à produção dessas igrejas surgiu e se aprimorou: escultores, pintores, engenheiros, mestres de obras, douradores e entalhadores que desenvolveram o estilo que ficou conhecido como **Barroco mineiro**.

❯ O Barroco mineiro

O Barroco caracteriza-se pelas formas exuberantes, pela profusão de adornos, pela intensa expressão de sentimentos.

No Brasil, o estilo Barroco, intimamente associado à religião católica, serviu de referência para os artistas da região das minas. Trazia muitos elementos decorativos, como a talha (dourada ou policromada), os motivos florais e curvilíneos, os anjos bochechudos e as colunas espiraladas.

A arquitetura que surgiu em Minas é original. Por ser uma área isolada, era preciso usar o material disponível na região. A pedra-sabão, por exemplo, substituiu, nas construções, o mármore e a pedra de lioz, uma pedra branca e dura, originalmente trazida de Portugal, que se quebrava quando transportada em lombo de burro, nas longas viagens do litoral às minas.

A técnica da taipa de pilão, usada em São Paulo, não se adequava à região, onde o solo é muito duro e pedregoso. Era muito difícil, portanto, extrair dali a terra argilosa necessária. Com isso, os construtores mineiros começaram a edificar construções de pedra.

❯ Aleijadinho e Mestre Ataíde

Os principais representantes do Barroco mineiro são Antônio Francisco Lisboa, o Aleijadinho, e Manuel da Costa Ataíde, o Mestre Ataíde.

Antônio Francisco Lisboa (c. 1730-1814) era arquiteto, escultor e entalhador. Não se sabe a causa das deformidades que originaram a alcunha pela qual é conhecido. Entretanto, elas não impediram que Aleijadinho realizasse obras admiradas no mundo todo, às vezes com as ferramentas amarradas às mãos.

Na igreja de Bom Jesus de Matosinhos, em Congonhas do Campo, estão alguns de seus trabalhos mais importantes: as esculturas dos profetas, em pedra-sabão, e as imagens da via-sacra, em madeira policromada.

Manuel da Costa Ataíde (c.1762-1830) era pintor, entalhador, dourador, arquiteto, músico e professor. Sobressaiu-se na pintura, pois dominava como poucos a técnica da perspectiva. Assim, pintou forros magistrais, painéis para sacristias e paredes laterais em várias igrejas, como a de Nossa Senhora do Pilar, em Ouro Preto, a de Nossa Senhora do Rosário, em Mariana, e a de Santo Antônio, em Santa Bárbara. Originário de Mariana, Mestre Ataíde desenvolveu inúmeros trabalhos em parceria com Aleijadinho, como um de seus mais preciosos, na igreja de São Francisco de Assis, em Ouro Preto, onde pintou o forro, considerado sua obra-prima, em que se sugere que o teto se abre para o céu. Também pintou painéis e talhas – esculturas em pedra ou madeira – que guarnecem a igreja.

Profeta Oseias. Escultura em pedra-sabão que faz parte do conjunto dos 12 profetas feitos por Aleijadinho, entre 1800 e 1805. As obras estão localizadas em frente à igreja de Bom Jesus de Matosinhos, em Congonhas do Campo (MG). Foto de 2011.

Nossa Senhora cercada de anjos, 1801, pintura de Mestre Ataíde no teto da igreja de São Francisco de Assis, em Ouro Preto (MG). O pintor criou uma perspectiva em que as colunas avançam para cima, sugerindo que o teto se abre para o céu.

> Música

A música sempre fez parte do dia a dia das cidades e vilas mineiras. Tanto as irmandades quanto os poderes públicos contratavam músicos para suas festas e comemorações.

Para as festas religiosas, as irmandades encomendavam composições realizadas especialmente para suas comemorações. Essa produção fez de Minas Gerais a primeira escola musical das Américas. Infelizmente, grande parte dos registros das músicas compostas desapareceu.

Os músicos eram profissionais autônomos: cantores e instrumentistas. Muitos conseguiam viver exclusivamente de seu ofício, juntando-se em corporações de músicos. Há registros que indicam que havia 250 músicos em Ouro Preto e 150 em Diamantina. No final do século XVIII, seriam mais de mil os músicos ativos na região mineradora.

Entre eles, destacou-se José Joaquim Emérico Lobo de Mesquita (1746-1805). Filho de português com escravizada, Lobo de Mesquita é considerado um dos mais importantes compositores brasileiros de música erudita e sacra do século XVIII.

Ao lado da música sacra, feita e executada especialmente em cerimônias religiosas e cívicas, havia produção de outros gêneros musicais, como música de concerto, ópera e teatro, além da música para bailes.

> Literatura

As primeiras produções literárias feitas na região das minas saíram da pena de Cláudio Manuel da Costa, Tomás Antônio Gonzaga e Inácio José de Alvarenga Peixoto. Oriundos da elite mineira, esses autores estudaram em Coimbra, Portugal, onde tiveram contato com um ambiente cultural bem diferente do colonial.

Os três envolveram-se diretamente no movimento político contra a dominação portuguesa (Conjuração Mineira). Cláudio Manuel da Costa, considerado um dos maiores poetas do período colonial, foi preso e morreu na prisão. Tomás Antônio Gonzaga, por sua vez, foi preso e exilado na África, onde morreu.

Os escritores Manuel Inácio da Silva Alvarenga, frei José de Santa Rita Durão e José Basílio da Gama, também originários da capitania das Minas, produziram importante literatura na época, mas distantes dessa região. Estabeleceram-se no Rio de Janeiro e em Portugal.

O estilo literário seguido por esses autores era o Arcadismo, em voga também em Portugal. Era caracterizado pelo culto à natureza, às virtudes humanas e à sabedoria.

Conheça melhor

A música em São João del Rei

Dois grupos musicais da cidade de São João del Rei, formados ainda no século XVIII e ativos atualmente, tiveram sua origem em corporações do período da mineração.

A Orquestra Ribeiro Bastos, fundada em cerca de 1790, mantém até hoje seus compromissos tradicionais com a Ordem Terceira de São Francisco de Assis e com as irmandades de Nosso Senhor dos Passos e do Santíssimo Sacramento.

Atualmente, a Orquestra Ribeiro Bastos é responsável pela apresentação musical de três missas semanais, além de novenas e festas religiosas como a Semana Santa e o *Corpus Christi*, patrocinadas pelas irmandades.

A Orquestra Lira Sanjoanense foi fundada em 1776. Era vinculada à irmandade de Nossa Senhora do Rosário. Inicialmente era conhecida como Companhia de Música. O nome atual foi adotado apenas no século XIX.

Concerto da Orquestra Lira Sanjoanense, que mantém a tradição musical de São João del Rei, dedicando-se à música sacra e às tradições religiosas da cidade. Foto de 2009.

Além da irmandade de Nossa Senhora do Rosário, prestou serviços para a Ordem Terceira de Nossa Senhora do Carmo, para a Arquiconfraria de Nossa Senhora das Mercês e para as irmandades de Nossa Senhora da Boa Morte, de São Gonçalo Garcia, de São Miguel e Almas, do Senhor Bom Jesus dos Passos e do Santíssimo Sacramento.

Assim como a Ribeiro Bastos, a Lira Sanjoanense realiza semanalmente a parte musical de três missas, além das novenas e festas em louvor aos santos patronos das irmandades às quais está vinculada.

O poder se desloca para o sul

Nos séculos XVI e XVII, o polo econômico da Colônia era a porção nordeste brasileira, região produtora de açúcar, cachaça e tabaco.

Com a descoberta de ouro, a principal atividade da economia colonial deslocou-se para a região das minas, onde a riqueza começou a se concentrar. Ali foram fundadas vilas e cidades.

São Paulo, Rio Grande do Sul e Bahia também se beneficiaram com o deslocamento da economia para as minas, pois passaram a abastecer a região mineradora.

O surgimento de uma nova região produtora e consumidora deslocou o eixo político-econômico da região norte da Colônia, atual Nordeste, para o sul, atual Sudeste do Brasil.

A metrópole e o ouro brasileiro

D. João V foi coroado rei de Portugal em 1706, no início da exploração de ouro em Minas Gerais. Os gastos de sua administração foram exorbitantes. O símbolo máximo de seu desgoverno econômico foi a construção do Convento de Mafra, patrocinada pelo ouro brasileiro e pela cobrança de impostos que sua extração possibilitou.

Apesar de suas conquistas ultramarinas, Portugal devia muito mais do que podia pagar, especialmente para a Inglaterra. Portanto, além do imposto sobre o ouro extraído, a Metrópole também instituiu outros, como os "direitos de entrada", que incidiam sobre a entrada de produtos que vinham de fora da região das minas; os "direitos de passagem", uma espécie de pedágio cobrado na passagem de alguns rios; e dízimos para a Igreja.

Dom José I, filho de dom João V, assumiu o poder em 1750, quando Portugal enfrentava um período de crise econômica e política. O ouro começava a declinar, o contrabando do metal aumentava, e a nobreza portuguesa que ocupava altos cargos nas colônias abusava do poder e explorava a população colonial, gerando protestos contra a dominação de Portugal.

Sobressaiu-se, então, no novo gabinete português, o ministro Sebastião José de Carvalho e Melo, o Marquês de Pombal.

As medidas pombalinas

O Marquês de Pombal comandou a economia e a política portuguesa durante 27 anos. Tornou-se o homem forte do rei dom José I e foi o condutor do **despotismo esclarecido** em Portugal.

Buscando uma administração eficiente, Pombal uniu medidas absolutistas às doutrinas mercantilistas. Criou a Companhia Geral de Comércio do Grão-Pará e Maranhão (1755), para promover o desenvolvimento da porção norte da Colônia. A Companhia comercializaria, a preços atraentes, as mercadorias produzidas na região – cacau, canela, algodão, arroz e cravo – e consumidas na Europa.

Para o desenvolvimento da porção nordeste, criou a Companhia Geral de Pernambuco e Paraíba (1759), com os mesmos objetivos.

Na região das minas, Pombal determinou novas regras e aumento de impostos. Instituiu o pagamento de cotas de 100 arrobas anuais de ouro. Portanto, essa região deveria pagar, por ano, o equivalente a 1500 quilos de ouro, arrecadados das Casas de Fundição. Esse sistema funcionou até 1760. Entretanto, ano a ano, a produção aurífera decrescia e a cota anual nunca era alcançada. Pombal instituiu, então, a **derrama**, um sistema forçado e violento de arrecadação de impostos. As derramas não foram numerosas, pois acabariam incentivando revoltas populares. A insatisfação da população das minas aumentava a cada ano. Faltava pouco para que os mineiros se insurgissem naquela que ficou conhecida como Inconfidência Mineira, tema que será desenvolvido no capítulo Tensões na América portuguesa.

> **GLOSSÁRIO**
>
> **Despotismo esclarecido:** política que buscava unir o poder absoluto dos monarcas aos ideais iluministas de progresso.

Comboio de diamantes passando por Caeté, século XIX, gravura de Rugendas. O transporte de ouro e diamantes das áreas mineradoras para o litoral estava sujeito a assaltos. Observe a escolta armada para proteger a carga preciosa.

> O distrito Diamantino

A descoberta de diamantes no Arraial do Tijuco, atual Diamantina, por volta de 1720, foi motivo de muita comemoração. Entretanto, gerou implacável fiscalização e repressão na região para evitar o contrabando das pedras.

Em 1734, a área foi demarcada, constituindo o distrito Diamantino, com sede no Arraial do Tijuco. O governo de Portugal procurou proteger a região com o objetivo de garantir a ordem e, principalmente, evitar o contrabando.

Apenas contratadores podiam dedicar-se à extração dos diamantes, sobre a qual pagavam ao governo português uma cota proporcional. Mas isso não impediu que os contratadores também contrabandeassem pedras ou interceptassem diamantes extraídos ilegalmente.

O contratador mais famoso foi João Fernandes de Oliveira. Quando retornou a Portugal, possuía uma das maiores fortunas do império colonial português.

Em 1771, Pombal acabou com o sistema de contratos, e as minas passaram a ser exploradas diretamente pela Coroa.

O historiador Caio Prado Júnior, no livro *Formação do Brasil contemporâneo*, comenta que o monopólio da exploração dos diamantes deu ensejo ao aparecimento do **garimpeiro**. Era o minerador clandestino, proibido pela administração, que vivia à margem da lei e invadia as áreas proibidas para nelas minerar.

> De Salvador para o Rio de Janeiro

A exploração de ouro e diamantes foi responsável por profundas mudanças na Colônia.

Em cem anos, a população brasileira havia crescido incrivelmente: de 300 mil habitantes passou a contar com cerca de 3 milhões. Cerca de 800 mil portugueses deslocaram-se para a Colônia. O tráfico de escravizados foi intensificado e, por causa da decadência da economia açucareira, centenas de trabalhadores escravizados do nordeste foram transferidos para as minas.

Em 1763, acompanhando o deslocamento do eixo econômico-político da região açucareira para a região mineradora, o Marquês de Pombal determinou a transferência da capital da Colônia de Salvador para o Rio de Janeiro.

A escolha do Rio de Janeiro para sediar a nova capital não foi aleatória. A cidade ocupava posição estratégica no litoral sul da Colônia e crescia como região portuária e comercial.

Seu desenvolvimento foi lento ao longo do século XVII. Por volta de 1760 contava com cerca de 30 mil habitantes. Não demoraria muito para o Rio de Janeiro tornar-se a cidade mais populosa do Brasil, passando a ter importância fundamental para o domínio colonial.

No século XVIII, com o desenvolvimento da mineração, o porto do Rio de Janeiro tornou-se o principal ponto de exportação de ouro e diamantes vindos de Minas Gerais. Também se transformou no principal porto de importação de africanos escravizados e produtos manufaturados destinados à região mineradora.

Além disso, por causa de sua localização estratégica, foram instaladas na cidade as principais forças militares da Colônia. Diante das tensões vividas na Europa, quando se opôs à Espanha em virtude da Guerra dos Sete Anos (1756-1763), o governo português precisou guardar melhor sua principal colônia. Não tardariam as disputas entre as duas metrópoles pelos territórios às margens do rio Uruguai.

> **Navegue**
> <http://www.idasbrasil.com/>.
> Acesso em: 14 maio 2014.
> Navegando pelo *site* você vai conhecer um pouco mais sobre o estado de Minas Gerais. Na seção Circuitos turísticos, destacam-se o Circuito do Ouro e o Circuito dos Diamantes, que apresentam história, arquitetura, turismo e belezas naturais das cidades de Ouro Preto, Mariana e Diamantina.

O calçamento da Estrada Real foi construído no século XVIII, por escravizados que trabalhavam acorrentados. Diamantina (MG). Foto de 2010.

Ontem e hoje

Ouro Preto tem história sufocada pelo crescimento

O puxadinho de telhas de amianto e madeira foi construído acima do chafariz de pedra-sabão datado de 1761, em Ouro Preto. É também na antiga capital de Minas que um projeto de construção de túnel rasgando o subsolo próximo ao Centro tricentenário arrepia defensores do patrimônio histórico. Enquanto isso, ônibus de grande porte continuam a circular na rua asfaltada em meio ao casario erguido no Ciclo do Ouro, em Santa Luzia. A confusão de fios dos postes atrapalha a visão da Matriz de Nossa Senhora do Bom Sucesso, em Caeté, erguida em 1757 e cuja planta tem a assinatura de Manuel Francisco Lisboa, pai de Aleijadinho. Já em Congonhas, loteamentos avançam sobre sítios arqueológicos e joias coloniais são pressionadas pela mineração, poluição visual e descaracterização do casario. Seja qual for o endereço, os problemas decorrentes do crescimento urbano refletem a dificuldade de cidades coloniais conviverem com desafios do século 21, pondo em risco seu valioso acervo histórico.

[...] obras de trânsito na Praça Tiradentes, no coração de Ouro Preto, na Região Central, chamaram a atenção para o impasse entre conservação e desenvolvimento em uma cidade que viu sua frota de automóveis duplicar em uma década, passando de 13,3 mil veículos para 27,1 mil. Sob a justificativa de eliminar o estacionamento de veículos da praça, a prefeitura retirou pedras do calçamento destinado à passagem de pedestres e à orientação do trânsito. [...]

Bagunça total

Mas os impasses na antiga Vila Rica estão longe de se restringir ao tráfego de veículos, que se amontoam nas ruas estreitas da cidade patrimônio da humanidade, onde as ladeiras estão tomadas por ocupações irregulares em áreas de risco. Relíquia do século 18, a Igreja Padre Faria, no bairro de mesmo nome, tem sua beleza ofuscada pelos postes de iluminação instalados em frente ao templo, cujos sinos dobraram no dia da morte de Tiradentes, em 21 de abril de 1792. Há mais de oito anos o MP briga na Justiça pela substituição da iluminação. No Bairro Antônio Dias, o exemplo extremo da ocupação irregular avançando sobre o patrimônio: o chafariz da Rua Barão de Ouro Branco, de 1761, está totalmente sufocado por puxadinhos e adaptações nos imóveis vizinhos.

Construída bem rente ao paredão de pedras do monumento, a cozinha e a área de serviço da casa da empregada doméstica Lucimar Bastos, de 57 anos, foi erguida praticamente em cima da estrutura. Os canos ficam à mostra ao lado do chafariz, sem falar nas madeiras que sustentam os cômodos, além das telhas sem padrão, contrastando com a estrutura histórica. Lucimar, que sonha em um dia ter a escritura da casa, conta que a construção foi feita pelo marido. "Quando chovia, minha sala molhava toda. A gente fez isso na gambiarra. O Patrimônio falou com a gente que tem que ter um arquiteto, mas a gente já custa a ter dinheiro para o material", diz. [...]

Vista do centro histórico de Ouro Preto (MG). Foto de 2013.

Palavra de especialista

Luciana Feres – Diretora de Patrimônio do Instituto dos Arquitetos do Brasil (IAB-MG)

Conciliação necessária

É impossível congelar o tempo e o desenvolvimento urbano, mas esse processo tem que vir ancorado na preservação. A especulação imobiliária pode levar à descaracterização. O trânsito gera poluição, trepidação e pode causar abalos estruturais nos imóveis. Ouro Preto e Diamantina sofrem com grandes eventos, com consequências negativas, como a urina dos frequentadores nas ruas. Além de políticas de restauração, as cidades coloniais têm que prezar pelo planejamento, com pavimentação adequada – calçamento em vez de asfalto –, áreas de estacionamento fora do Centro Histórico, transporte público de qualidade e alternativas para os passageiros, como carruagens, ciclovias e ônibus dimensionados às suas estruturas.

Disponível em: <http://www.em.com.br/app/noticia/gerais/2013/07/21/interna_gerais,425746/ouro-preto-tem-historia-sufocada-pelo-crescimento.shtml>. Acesso em: 14 maio 2014.

Reflita

1. Quais são os problemas que Ouro Preto e outras cidades históricas enfrentam?
2. Forme um grupo e depois de ler o texto e a opinião da diretora de patrimônio do IAB, Luciana Feres, discuta com seus colegas: é possível conciliar o progresso e a preservação do patrimônio histórico? Escrevam um texto com as conclusões e façam uma apresentação para a classe.

Atividades

Verifique o que aprendeu

1. Relacione a descoberta de ouro nas Minas Gerais com a violência e a onda de fome que se seguiram a ela.
2. Diferencie entradas e bandeiras.
3. Relacione as condições de vida das pessoas escravizadas na região das minas com a formação de quilombos.
4. Quem eram os "desclassificados do ouro" e o que faziam?
5. Identifique os grupos sociais que faziam parte da camada dominante nas Minas Gerais.
6. Como foi realizada a integração da região mineradora com o restante da Colônia?
7. Justifique o surgimento dos caminhos alternativos do ouro.
8. Explique a transferência da capital de Salvador para o Rio de Janeiro, em 1763.

Leia e interprete

9. O texto abaixo é de autoria do padre André João Antonil, que viveu no Brasil entre 1681 e 1716. Antonil descreveu a economia da Colônia com detalhes em sua obra *Cultura e opulência do Brasil*, valiosa fonte de informações para os estudiosos do Brasil colonial.

    > Cada ano, vêm nas frotas quantidades de portugueses e de estrangeiros, para passarem às minas. Das cidades, vilas, recôncavos e sertões do Brasil, vão brancos, pardos e pretos, e muitos índios, de que os paulistas se servem. A mistura é de toda a condição de pessoas: homens e mulheres, moços e velhos, pobres e ricos, nobres e plebeus, seculares e clérigos, e religiosos de diversos institutos, muitos dos quais não têm no Brasil convento nem casa.
    >
    > Sobre esta gente, quanto ao temporal, não houve até o presente coação ou governo algum bem ordenados, e apenas se guardam algumas leis, que pertencem às datas e repartições dos ribeiros. No mais, não há ministros nem justiças que tratem ou possam tratar do castigo dos crimes, que não são poucos, principalmente dos homicídios e furtos.
    >
    > ANTONIL, André João. *Cultura e opulência do Brasil*. 3. ed. Belo Horizonte: Itatiaia; São Paulo: Edusp, 1982. p. 167-168.

    a) Localize o período em que André João Antonil descreveu a sociedade das minas. Justifique.
    b) Quem compunha a população das minas? De onde vinham?

10. Observe as imagens a seguir e identifique em cada uma os aspectos que caracterizam o Barroco mineiro.

Altar-mor da igreja matriz de Nossa Senhora do Pilar, 1733, em Ouro Preto (MG). Foto de c. de 2010.

Vista parcial da fachada da igreja de São Francisco de Assis, 1774-1775, em Ouro Preto (MG). Foto de c. de 2010.

História e Língua Portuguesa

Os grupos linguísticos da África no século XV

De acordo com o pesquisador Quentin Atkinson, da Universidade de Auckland, Nova Zelândia, a origem da linguagem humana está no continente africano. Atkinson diz que há uma relação entre o surgimento do *Homo sapiens* e a aparição da língua falada. Leia a seguir textos sobre as diversas línguas faladas na África e reflita sobre algumas relações que podem ser estabelecidas com a história do Brasil e com a **Língua Portuguesa**.

O passado africano

A África é o continente de mais antiga ocupação pelos seres humanos, tendo sido o lugar de desenvolvimento de grande parte do conhecimento da humanidade. As culturas agrícolas e pastoris tiveram desenvolvimento importante em solo africano. As culturas das manufaturas e das artes também foram intensamente processadas pelos diversos povos africanos. No campo da filosofia, da matemática e da cultura letradas, a África precede outros continentes, realiza um significativo e inesgotável acervo. A realização de cidades, reinos, impérios e sistemas comerciais faz parte do passado africano em todas as regiões do continente. Toda essa enumeração de partes do processo civilizatório da humanidade é necessária para ilustrar a complexidade e a importância da bagagem africana trazida para o Brasil, e também levada, antes de 1500, para Portugal e Espanha. [...]

As populações das regiões bantas da África foram as primeiras a serem trazidas para o Brasil. Os bantos foram os que vieram em maior número e que mais marcaram a cultura brasileira. [...] Seguiram-se às populações bantas povos da África Ocidental, dentre eles, um número significativo de yorubanos e daomeanos. [...]

CUNHA JR., Henrique. Nós, afrodescendentes: história africana e afrodescendente na cultura brasileira. In: ROMÃO, Jeruse (Org.) *História da educação do negro e outras histórias*. Brasília: Secad/MEC, 2005. p. 249-251. Disponível em: <http://unesdoc.unesco.org/images/0014/001432/143242POR.pdf>. Acesso em: 26 fev. 2013.

O isolamento linguístico

Arrebanhados como animais, amontoados durante meses nos cercados das feitorias africanas, transportados em condições desumanas, separados das famílias, os escravos foram em norma sujeitos a uma outra violência ainda – a do isolamento linguístico:

- nos entrepostos e feitorias, onde esperavam pelos navios e se misturavam escravos das mais diversas origens e línguas;
- nos navios negreiros, cuja carga apresentava a mesma composição aleatória de falantes;
- nas plantações de destino, por estratégia intencional dos donos das fazendas e plantações, para quem a possibilidade de comunicação fácil entre os escravos aumentava o risco de revolta, risco que tentavam minimizar adquirindo preferencialmente escravos de origens diferentes.

[...]

TOMÁS, Maria Isabel. A viagem das palavras. In: LAGES, Mário Ferreira; MATOS, Artur Teodoro de (Coord.). *Portugal*: Percursos de Interculturalidade. Lisboa: Acime, 2008. v. 3. p. 446-447. Disponível em: <http://www.oi.acidi.gov.pt/docs/Col_Percursos_Intercultura/3_PI_Cap9.pdf>. Acesso em: 14 maio 2014.

As línguas de África

No continente africano falam-se cerca de 1500 línguas distribuídas por quatro famílias linguísticas: a afro-asiática, a nígero-congolesa, a nilo-saariana e a khoisan.

A família afro-asiática, localizada no norte do continente, divide-se em cinco grupos:

- o semítico;
- o berbere;
- o egípcio antigo;
- o cuxita;
- o chadiano.

Diagrama de um navio negreiro. Os cortes transversais mostram como os escravizados eram dispostos na viagem para a América. Litografia de Thomas Clarkson, 1791.

O grupo semítico inclui, entre outras, o árabe e o amárico – língua oficial da Etiópia. O grupo berbere inclui o amázico, o tuaregue e o guanche, antigamente falado nas ilhas. O egípcio antigo é o único membro conhecido do seu grupo. Ao grupo cuxita pertencem línguas como o somali – língua oficial da Somália – ou o oromo. Finalmente, o grupo chadiano inclui o haussa, que é a língua que tem mais falantes em África, a seguir ao árabe.

A família nígero-congolesa é o maior grupo de línguas do mundo [...]. Estende-se do Senegal ao Quênia e chega ao sul do continente. Divide-se nos seguintes grupos:

• o mandinga

• o kordofana

• o atlântico-congolês. Este grupo linguístico inclui subgrupos de línguas como o atlântico (fulani, wolof, serer), o kwa (akan, ewe, ioruba, igbo) ou o benué-congolês, ao qual pertencem as línguas banto (suaíli, fang, zulu, kikongo, quimbundo, kikuyu, etc.) [...]

A família nilo-sariana localiza-se em diversos núcleos entre a família afro-asiática e a nígero-congolesa. A ela pertencem o massai, o chiluk, o canúri, o songhai e o nuer, entre outras.

Moradores da cidade de Lalibela, Etiópia. Foto de 2010.

A família khoisan está distribuída pelo sul do continente e abrange línguas como o namara e o kwadi.

Ao lado das línguas agrupadas nestas quatro famílias linguísticas, no continente africano falam-se inglês, francês, português e espanhol, em consequência da colonização.

[...]

LINGUAMÓN – Casa das Línguas. *As línguas de África*. Governo da Catalunha/Câmara Municipal de Barcelona. Disponível em: <http://www10.gencat.cat/casa_llengues/AppJava/pt/diversitat/diversitat/llenguesafrica.jsp>. Acesso em: 14 maio 2014.

Professora voluntária ensina criança em escola da Cidade do Cabo, África do Sul. O país tem 11 línguas oficiais e uma taxa de alfabetização em torno de 82,4%. Foto de 2012.

Atividades

1. Os portugueses se preocupavam em separar os escravizados falantes de uma mesma língua. Mesmo assim, não conseguiram eliminar na população de origem africana o desejo de liberdade. Em grupo, faça uma pesquisa sobre o tema e apresente os resultados em sala de aula.

2. Com o auxílio do professor, pesquise a diferença entre os conceitos de língua, idioma e dialeto. Reúnam os textos encontrados e definam coletivamente esses termos.

Vestibular e Enem

ATENÇÃO: todas as questões foram reproduzidas das provas originais de que fazem parte.

1. **(UFRJ)** Em meados do século XVI, mais da metade das receitas ultramarinas da monarquia portuguesa vinham do Estado da Índia. Cem anos depois, esse cenário mudava por completo. Em 1656, numa consulta ao Conselho da Fazenda da Coroa, lia-se a seguinte passagem:

   > A Índia estava reduzida a seis praças sem proveito religioso ou econômico. [...] O Brasil era a principal substância da coroa e Angola, os nervos das fábricas brasileiras.
   >
   > Adaptado de HESPANHA, Antônio M. (Coord.). *História de Portugal*: o Antigo Regime. Lisboa: Estampa, s. d.

   Identifique duas mudanças nas bases econômicas do império luso ocorridas após as transformações assinaladas no documento.

2. **(UFG-GO)** Leia o poema a seguir.

   > Evém a Bandeira dos Polistas...
   > num tropel soturno.
   > Rasgando as lavras
   > ensacando ouro,
   > encadeiam Vila Boa
   > nos morros vestidos
   > de pau-d'arco.
   > Foi quando a perdida gente
   > riscou o roteiro incerto
   > do velho Bandeirante.
   > E Bartolomeu Bueno,
   > num passe de magia
   > histórica,
   > tira Goyaz de um prato de aguardente
   > e ficou sendo o Anhanguera.
   >
   > CORALINA, Cora. Anhanguera. *Melhores poemas*. Seleção de Darcy França Denófrio. São Paulo: Global, 2004. p. 84-86 (Coleção Melhores Poemas). [Adaptado.]

   A produção de identidades pode levar à busca de mitos fundadores. O poema de Cora Coralina expressa a relação entre um símbolo mítico e a identidade goiana, ao destacar que:
   a) o imaginário goiano rejeitou a figura do bandeirante, considerando o caráter usurpador presente na descoberta do ouro.
   b) a chegada dos bandeirantes foi considerada o acontecimento que simbolizou o abandono da identidade rural na capitania.
   c) a utilização do ardil da aguardente forjou a narrativa de receptividade entre a "perdida gente" e os bandeirantes paulistas.
   d) a descoberta do ouro concedeu importância à figura do bandeirante como emblema da inserção de Goiás no cenário nacional.
   e) as bandeiras, como estratégia político-militar portuguesa, objetivavam simbolizar o poder metropolitano na região.

3. **(FGV-SP)**

   > O primeiro testemunho sobre a antropofagia na América foi registrado por Álvarez Chanca [...] em 1493. [...] Registrada a abominação antropofágica, os monarcas espanhóis autorizam em 1503 a escravidão de todos os caraíba pelos colonos. No litoral brasileiro, os tupinambá, do grupo tupi, tinham o hábito do canibalismo ritual [...].
   >
   > Prova de barbárie e, para alguns, da natureza não humana do ameríndio, a antropofagia condenava as tribos que a praticavam a sofrer pelas armas portuguesas a "guerra justa" e do cativeiro perpétuo em 1557, por terem devorado no ano anterior vários náufragos portugueses, entre os quais se encontrava o primeiro bispo do Brasil.
   >
   > ALENCASTRO, Luís Felipe de. *Folha de S.Paulo*, 12 out. 1991.

   A partir do fragmento é CORRETO concluir que:
   a) as tribos tupiniquins, aliadas aos franceses, acreditavam na justiça e na importância da guerra justa como capaz de permitir a supremacia contra tribos inimigas.
   b) conforme determinava a legislação de Portugal e da Espanha até o início do século XIX, apenas os nativos da América que praticavam o canibalismo foram escravizados.
   c) a escravização dos ameríndios foi legal e efetiva apenas até a entrada dos primeiros homens escravos africanos na América, a partir da segunda metade do século XVII.
   d) o estranhamento do colonizador europeu com a prática da antropofagia por parte dos nativos da América serviu de pretexto para a escravização desses nativos.
   e) portugueses e espanhóis, assim como a Igreja católica, associavam a desumanidade dos índios ao fato de esses nativos insistirem na prática da guerra justa.

4. **(Uece)** Assinale a alternativa em que todos os espaços (hoje, estados) sofreram ofensivas holandesas, no Brasil Colonial.
   a) Maranhão, Ceará e Pernambuco.
   b) Ceará, Pernambuco e Amazonas.
   c) Ceará, Mato Grosso e Goiás.
   d) Piauí, Pernambuco e Mato Grosso.

5. **(UFRJ)** As Câmaras Municipais da América portuguesa do século XVII tinham a responsabilidade de, juntamente com os Oficiais da monarquia, zelar pelo "bem comum" da população. Para o exercício de tais funções, a Câmara possuía certas atribuições econômicas, políticas e jurídicas. Indique duas prerrogativas das Câmaras Municipais coloniais.

6. (UFC-CE) Sobre o Brasil colonial, é CORRETO afirmar que:
a) a integração social, política, econômica e cultural era plena.
b) o nacionalismo era o que motivava os rebelados, colocando-se acima dos interesses locais e regionais.
c) a fidelidade dos colonos aos prepostos da metrópole era inconteste, não obstante alguns mal-entendidos.
d) as chamadas rebeliões nativistas comprovavam o sólido sentimento de brasilidade então prevalecente.
e) a consciência regional é tão ou mais forte que a nacional, a construção desta se devendo especialmente aos anseios de centralização do 2º reinado.

7. (UEL-PR) A exuberância da natureza brasileira impressionou artistas e viajantes europeus nos séculos XVI e XVII.

Leia o texto e observe a imagem a seguir:

Tribo Guaicuru em busca de novas pastagens, 1823, gravura de Jean-Baptiste Debret.

> [...] A América foi para os viajantes, evangelizadores e filósofos uma construção imaginária e simbólica. Diante da absoluta novidade, como explicá-la? Como compreendê-la? Como ter acesso ao seu sentido? Colombo, Vespúcio, Pero Vaz de Caminha, Las Casas dispunham de um único instrumento para aproximar-se do Mundo Novo: os livros. [...] O Novo Mundo já existia, não como realidade geográfica e cultural, mas como texto, e os que para aqui vieram ou os que sobre aqui escreveram não cessam de conferir a exatidão dos antigos textos e o que aqui se encontra.
>
> CHAUI, M. Apud FRANZ, T. S. *Educação para uma compreensão crítica da arte*. Florianópolis: Letras Contemporâneas Oficina Editorial, 2003. p. 95.

Com base no texto e na imagem, é CORRETO afirmar:

I. O olhar do viajante europeu é contaminado pelo imaginário construído a partir de textos da Antiguidade e por relatos produzidos no contexto cultural europeu.
II. Os artistas viajantes produziram imagens precisas e detalhadas que apresentam com exatidão a realidade geográfica do Brasil.
III. Nas representações feitas por artistas estrangeiros coexistem elementos simbólicos e mitológicos oriundos do imaginário europeu e elementos advindos da observação da natureza e das coisas que o artista tinha diante de seus olhos.
IV. A imagem de Debret registra uma cena cotidiana e revela a capacidade do artista em documentar os costumes e a realidade do indígena brasileiro.

Assinale a alternativa que contém todas as afirmativas corretas.
a) I e II.
b) I e III.
c) II e IV.
d) I, III e IV.
e) II, III e IV.

8. (Unifesp) As atividades das Bandeiras, durante a colonização do Brasil, incluíam:
a) impedir a escravidão negra e a indígena.
b) garantir o abastecimento do interior.
c) perseguir escravos foragidos.
d) catequizar os povos nativos.
e) cultivar algodão, cana-de-açúcar e café.

9. (Enem)

> Os tropeiros foram figuras decisivas na formação de vilarejos e cidades do Brasil Colonial. A palavra tropeiro vem de "tropa" que, no passado, se referia ao conjunto de homens que transportava gado e mercadoria. Por volta do século XVIII, muita coisa era levada de um lugar a outro no lombo de mulas. O tropeirismo acabou associado à atividade mineradora, cujo auge foi a exploração de ouro em Minas Gerais e, mais tarde, em Goiás. A extração de pedras preciosas também atraiu grandes contingentes populacionais para as novas áreas e, por isso, era cada vez mais necessário dispor de alimentos e produtos básicos. A alimentação dos tropeiros era constituída por toucinho, feijão-preto, farinha, pimenta-do-reino, café, fubá e coité (um molho de vinagre com fruto cáustico espremido). Nos pousos, os tropeiros comiam feijão quase sem molho com pedaços de carne de sol e toucinho, que era servido com farofa e couve picada. O feijão-tropeiro é um dos pratos típicos da cozinha mineira e recebe esse nome porque era preparado pelos cozinheiros das tropas que conduziam o gado.
>
> Disponível em: <http://www.tribunadoplanalto.com.br>. Acesso em: 27 nov. 2008.

Vestibular e Enem

A criação do feijão-tropeiro na culinária brasileira está relacionada à:
a) atividade comercial exercida pelos homens que trabalhavam nas minas.
b) atividade culinária exercida pelos moradores cozinheiros que viviam nas regiões das minas.
c) atividade mercantil exercida pelos homens que transportavam gado e mercadoria.
d) atividade agropecuária exercida pelos tropeiros que necessitavam dispor de alimentos.
e) atividade mineradora exercida pelos tropeiros no auge da exploração do ouro.

10. (UFSM-RS) O estudo da história das relações entre o trabalho e o meio ambiente, nos primeiros séculos de colonização portuguesa no território brasileiro, permite afirmar:

I. A devastação da Mata Atlântica começou com a chegada dos lusitanos, que, utilizando o trabalho dos índios, provocaram a derrubada de, pelo menos, dois milhões de árvores para o comércio do pau-brasil.

II. A efetiva colonização portuguesa, baseada na *plantation* canavieira, causou um imenso dano ambiental e humano ao devastar grandes extensões da Zona da Mata Nordestina, dizimar ou expulsar as populações nativas dessas áreas e aumentar o contingente de trabalhadores traficados da África.

III. A economia da mineração caracterizou-se não só por causar quase insignificante dano ambiental, como por permitir a diminuição da exploração do trabalhador escravo, pois a sociedade das minas se tornava mais urbana, mais permeável e menos hierarquizada.

IV. A Igreja cristã, inspirada na tradição de São Francisco de Assis, manteve uma atitude de defesa das florestas, dos animais e dos seres humanos, não só denunciando as guerras contra os índios, como também condenando os senhores que maltratavam seus escravos.

Estão corretas:
a) apenas I e II.
b) apenas I e III.
c) apenas I e IV.
d) apenas II e III.
e) apenas III e IV.

11. (Enem)

O açúcar e suas técnicas de produção foram levados à Europa pelos árabes no século VIII, durante a Idade Média, mas foi principalmente a partir das Cruzadas (séculos XI e XIII) que a sua procura foi aumentando. Nessa época passou a ser importado do Oriente Médio e produzido em pequena escala no sul da Itália, mas continuou a ser um produto de luxo, extremamente caro, chegando a figurar nos dotes de princesas casadoiras.

Campos, R. *Grandeza do Brasil no tempo de Antonil (1681-1716).* São Paulo: Atual, 1996.

Considerando o conceito do Antigo Sistema Colonial, o açúcar foi o produto escolhido por Portugal para dar início à colonização brasileira, em virtude de:
a) o lucro obtido com o seu comércio ser muito vantajoso.
b) os árabes serem aliados históricos dos portugueses.
c) a mão de obra necessária para o cultivo ser insuficiente.
d) as feitorias africanas facilitarem a comercialização desse produto.
e) os nativos da América dominarem uma técnica de cultivo semelhante.

12. (UFV-MG) O sistema de colonização introduzido no Brasil pelos portugueses baseou-se fundamentalmente:
a) no monopólio do comércio pelo Estado português, assegurando, assim, a máxima lucratividade para os empresários metropolitanos.
b) no desenvolvimento de produtos tropicais para satisfação do mercado interno consumidor.
c) na exploração econômica da terra, com sua divisão em pequenos lotes chamados de feitorias.
d) no povoamento da terra pelos excedentes demográficos da Europa, semelhante ao esforço colonizador empreendido nas Américas.
e) no trabalho da mão de obra europeia assalariada, para garantir a maior produtividade da área plantada e atender aos interesses da Colônia.

13. (Enem) Rui Guerra e Chico Buarque de Holanda escreveram uma peça para teatro chamada *Calabar*, pondo em dúvida a reputação de traidor que foi atribuída a Calabar, pernambucano que ajudou decisivamente os holandeses na invasão do nordeste brasileiro, em 1632.

– Calabar traiu o Brasil que ainda não existia? Traiu Portugal, nação que explorava a Colônia onde Calabar havia nascido? Calabar, mulato em uma sociedade escravista e discriminatória, traiu a elite branca?

Os textos referem-se também a esta personagem.

Texto I

... dos males que causou à Pátria, a História, a inflexível História, lhe chamará infiel, desertor e traidor, por todos os séculos.

Visconde de Porto Seguro. In: Souza Junior, A. *Do Recôncavo aos Guararapes.* Rio de Janeiro: Bibliex, 1949.

Texto II

Sertanista experimentado, em 1627 procurava as minas de Belchior Dias com a gente da Casa da Torre; ajudara Matias de Albuquerque na defesa do Arraial, onde fora ferido, e desertara em consequência de vários crimes praticados... (os crimes referidos são o de contrabando e roubo).

CALMON, P. *História do Brasil*. Rio de Janeiro: José Olympio, 1959.

Pode-se afirmar que:

a) a peça e os textos abordam a temática de maneira parcial e chegam às mesmas conclusões.
b) a peça e o texto I refletem uma postura tolerante com relação à suposta traição de Calabar, e o texto II mostra uma posição contrária à atitude de Calabar.
c) os textos I e II mostram uma postura contrária à atitude de Calabar, e a peça demonstra uma posição indiferente em relação ao seu suposto ato de traição.
d) a peça e o texto II são neutros com relação à suposta traição de Calabar, ao contrário do texto I, que condena a atitude de Calabar.
e) a peça questiona a validade da reputação de traidor que o texto I atribui a Calabar, enquanto o texto II descreve ações positivas e negativas dessa personagem.

14. (Unesp)

Esta Capitania [do Rio de Janeiro] tem um rio muito largo e fermoso; divide-se dentro em muitas partes, e quantas terras estão ao longo dele se podem aproveitar, assim para roças de mantimentos como para cana-de-açúcar e algodão (...) E por tempo hão de se fazer nelas grandes fazendas: e os que lá forem viver com esta esperança não se acharão enganados.

GÂNDAVO, Pêro de Magalhães. *História da província de Santa Cruz ou Tratado da terra do Brasil*, 1576.

O texto refere-se:

a) ao projeto da administração portuguesa de transferir a capital da Colônia de Salvador para o Rio de Janeiro.
b) à incompetência da elite econômica e política da metrópole portuguesa, que desconhece as possibilidades de crescimento econômico da Colônia.
c) ao perigo de fragmentação política da Colônia do Brasil, caso o território permaneça despovoado na sua faixa litorânea.
d) à necessidade de ocupação econômica da Colônia, tendo em vista a ameaça representada pela Inglaterra e pela Espanha.
e) ao vínculo entre o povoamento de regiões da Colônia do Brasil e as atividades econômicas de subsistência e de exportação.

15. (Enem)

No princípio do século XVII, era bem insignificante e quase miserável a Vila de São Paulo. João de Laet dava-lhe 200 habitantes, entre portugueses e mestiços, em 100 casas; a Câmara, em 1606, informava que eram 190 os moradores, dos quais 65 andavam homiziados*.

*homiziados: escondidos da justiça.

SODRÉ, Nelson Werneck. *Formação histórica do Brasil*. São Paulo: Brasiliense, 1964.

Na época da invasão holandesa, Olinda era a capital e a cidade mais rica de Pernambuco. Cerca de 10% da população, calculada em aproximadamente 2 000 pessoas, dedicavam-se ao comércio, com o qual muita gente fazia fortuna. Cronistas da época afirmavam que os habitantes ricos de Olinda viviam no maior luxo.

FEIST, Hildegard. *Pequena história do Brasil holandês*. São Paulo: Moderna, 1998 (com adaptações).

Os textos acima retratam, respectivamente, São Paulo e Olinda no início do século XVII, quando Olinda era maior e mais rica. São Paulo é, atualmente, a maior metrópole brasileira e uma das maiores do planeta. Essa mudança deveu-se, essencialmente, ao seguinte fator econômico:

a) Maior desenvolvimento do cultivo da cana-de-açúcar no planalto de Piratininga do que na Zona da Mata Nordestina.
b) Atraso no desenvolvimento econômico da região de Olinda e Recife, associado à escravidão, inexistente em São Paulo.
c) Avanço da construção naval em São Paulo, favorecido pelo comércio dessa cidade com as Índias.
d) Desenvolvimento sucessivo da economia mineradora, cafeicultora e industrial no sudeste.
e) Destruição do sistema produtivo de algodão em Pernambuco quando da ocupação holandesa.

16. (Uerj)

Devemos sempre ter o cuidado de não comprar mais aos estrangeiros do que lhes vendemos.

SMITH, Thomas. 1549 apud BRAUDEL, F. *Os jogos das trocas*. Lisboa: Cosmos, 1985.

A afirmativa acima evidencia uma das principais características das práticas econômicas mercantilistas dos Estados absolutistas entre os séculos XV e XVIII.

a) Explique o significado de riqueza nacional na época do mercantilismo.
b) Justifique por que a ideia de balança de comércio favorável foi um fator que contribuiu para a colonização da América.

UNIDADE

6

O Antigo Regime

Nesta unidade

29 Absolutismo e mercantilismo

30 As revoluções inglesas

31 As Luzes na Europa

32 A Revolução Industrial

33 A Revolução Americana

34 A Revolução Francesa

35 O Primeiro Império Francês

Tomada da Bastilha e prisão do governador M. de Launay, em 14 de julho de 1789, final do século XVIII. Pintura anônima.

O Antigo Regime e a transição para um mundo novo

Antigo Regime foi a denominação que recebeu o período histórico em que vigorou o sistema político conhecido como absolutismo. Esses dois termos, criados após a Revolução Francesa, carregam conotações negativas: *Antigo Regime* transmite a ideia de um governo ultrapassado, enquanto *absolutismo* reforça a ideia de um poder exercido sem limites.

Entre os séculos XV e XVIII, a nobreza, a burguesia e o rei mudaram suas posições provocados especialmente pelas novas teorias políticas e econômicas e pelo crescimento das cidades, em um período considerado pelos historiadores como uma longa transição para o capitalismo.

Alguns estudiosos defendem a tese de que o Antigo Regime decorreu de uma reorganização dos senhores feudais diante de uma nova realidade econômica. Outros acreditam que ele foi resultado do equilíbrio de forças entre monarcas, nobreza e burguesia.

Assim, quando ocorreu o desequilíbrio dessas forças políticas e econômicas, surgiram revoltas que deram fim ao Antigo Regime e sepultaram de vez o feudalismo.

CAPÍTULO

29 Absolutismo e mercantilismo

O que você vai estudar

- O mercantilismo.
- As justificativas do absolutismo.
- A Inglaterra Tudor e a França Bourbon.
- As guerras pelo poder real.

Luís XIV, representado como Apolo, o deus do Sol, da música e das artes. *A família de Luís XIV*, caracterizada em trajes mitológicos, pintura de Jean Nocret, 1670.

Palácio de Versalhes, Paris. Fotografia: ID/BR

Ligando os pontos

Durante a Baixa Idade Média, os senhores feudais perderam pouco a pouco seu poder. Ao mesmo tempo, os servos libertavam-se da servidão buscando trabalho nas cidades como artesãos e comerciantes. Um ditado popular alemão afirmava: "O ar das cidades torna o homem livre".

Com a expansão marítima europeia e as conquistas na América (temas das unidades 4 e 5), entre os séculos XV e XVII, as atividades comerciais intensificaram-se, ampliando o poder econômico e político da burguesia europeia. Paralelamente, os Estados acumularam riquezas e se fortaleceram.

Aos poucos, cada rei afirmava seu poder centralizador contra os poderes locais da nobreza. Esse poder centralizado impunha um único sistema de leis e justiça, assim como moedas, medidas e impostos unificados.

Nesse período, os monarcas e a burguesia aproximaram-se, pois compartilhavam interesses. O Estado monárquico se beneficiava com o enriquecimento da burguesia, já que ela passava a pagar mais impostos, que contribuíam para a prosperidade do Estado.

Os reis contrataram burgueses para comporem o funcionalismo público e beneficiarem os negócios, garantindo estradas e cidades seguras, além de estímulos para as manufaturas e para o comércio.

O poder real ampliou-se de tal maneira que se tornou quase absoluto, como estudaremos neste capítulo.

Na tela acima, o rei da França Luís XIV e sua família estão representados como personagens da mitologia grega. O monarca aparece como Apolo, o deus do Sol, ou como ele mesmo se denominava: "Rei Sol".

Observe a pintura de Jean Nocret e responda às questões.
1. Que aspectos na tela fortalecem a imagem de Luís XIV como um homem poderoso? Exemplifique.
2. Em que medida a autodenominação do monarca francês como "Rei Sol" simboliza as monarquias absolutistas? Justifique.

O mercantilismo nos séculos XVII e XVIII

O surgimento dos Estados nacionais e a expansão marítima europeia levaram economistas como Thomas Mun (Inglaterra), Jean-Baptiste Colbert (França) e Antonio Serra (Itália) a sistematizar princípios para o enriquecimento e fortalecimento do Estado, que, agrupados, formaram o mercantilismo.

> Os princípios do mercantilismo

O mercantilismo continha vários princípios interligados. Entre eles estava o **metalismo**, a ideia de que os metais preciosos, como ouro e prata, eram indispensáveis para o sucesso das economias nacionais. Assim, se o país não tivesse minas, deveria obter metais por meio do comércio.

Outro princípio era o da **balança comercial favorável**, ou seja, o volume de exportações deveria ser maior do que o de importações.

Ainda de acordo com o pensamento mercantilista, as nações deveriam ter **colônias** para fornecer matérias-primas necessárias à metrópole e consumir seus produtos manufaturados. As colônias não poderiam produzir manufaturas, e a compra e a venda só deveriam ser efetuadas pelos comerciantes autorizados pela metrópole, o que estabelecia relações de monopólio.

De acordo com as ideias mercantilistas, uma nação poderosa deveria ter uma **população numerosa**, ou seja, trabalhadores disponíveis, mercado consumidor garantido e potenciais soldados para o exército.

O consumo interno também deveria ser controlado, principalmente a compra de produtos importados de luxo, para evitar a saída de metal precioso. Foram criadas **leis suntuárias**, estabelecendo que grupos sociais poderiam usar determinados tipos de tecidos e de adornos.

> O sistema colonial

A descoberta e a exploração de colônias além-mar faziam parte da lógica mercantilista. A colônia era peça-chave para a manutenção da balança comercial favorável da metrópole. A relação entre ambas se tornaria conhecida como **sistema colonial**.

A base desse sistema era o **monopólio**. Em geral, os governos das metrópoles concediam a alguns grupos comerciais o privilégio de comércio com as colônias. Assim, a população da colônia estava submetida a esses grupos, que compravam suas matérias-primas a preços baixos e vendiam a ela africanos escravizados e manufaturas a preços altíssimos.

Assim, grandes comerciantes e traficantes de escravos obtinham lucros altos, pagavam impostos elevados ao Estado e não tinham concorrentes, graças à concessão de monopólios.

Camafeu representando Carlos I da Espanha, século XVI.

Pingente em forma de águia com as asas abertas, feito de ouro, esmeraldas e diamantes, c. 1620.

Conheça melhor

O metalismo

No século XVI, a Espanha acumulou uma riqueza sem precedentes, graças à exploração de metais preciosos de suas colônias na América. Nesse período, de acordo com o metalismo, a economia de uma nação dependia da quantidade de ouro e prata que possuísse.

A Espanha foi, no século XVI, talvez o mais rico e poderoso país do mundo. Quando os homens inteligentes de outros países perguntavam a razão disso, julgavam encontrar a resposta nos tesouros que ela recebia das colônias. Ouro e prata. Quanto mais tivesse, tanto mais rico o país seria – o que se aplicava às nações e também às pessoas. O que fazia as rodas do comércio e indústria girarem mais depressa? Ouro e prata. O que permitia ao monarca contratar um Exército para combater os inimigos de seu país? Ouro e prata. O que comprava a madeira necessária para fazer navios, ou o cereal para as bocas famintas, ou a lã que vestia o povo? Ouro e prata. O que tornava um país bastante forte para conquistar um país inimigo – que eram os "nervos da guerra"? Ouro e prata. A posse de ouro e prata, portanto, o total de barras que possuísse um país, era o índice de sua riqueza e poder.

HUBERMAN, Leo. *História da riqueza do homem*. Rio de Janeiro: Zahar, 1987. p. 130.

A Inglaterra Tudor

Na Inglaterra, o absolutismo atingiu o auge sob a dinastia Tudor, iniciada com o fim da Guerra das Duas Rosas, quando a nobreza inglesa uniu-se e o poder do rei se consolidou.

A Guerra das Duas Rosas (1455-1485)

Após a derrota da Inglaterra para a França na Guerra dos Cem Anos (1337-1453), a instabilidade política e a crise econômica enfraqueceram o poder do rei Henrique VI. Com a sua morte, em 1471, a situação se agravou, já que ele não teve filhos.

A Inglaterra dividiu-se em dois partidos que reivindicavam o poder: o da rosa vermelha, da família Lancaster, e o da rosa branca, da família York.

A Guerra das Duas Rosas terminou quando Henrique Tudor, um Lancaster, conseguiu tomar o poder e unir as duas famílias, casando-se com Isabel de York. Ele foi coroado rei como Henrique VII.

Durante seu governo, a Inglaterra teve um grande desenvolvimento econômico. A burguesia adquiriu terras e prosperou. Henrique VII estimulou o comércio, a marinha mercante, a construção de portos e transformou a nação em uma potência.

Henrique VIII e a Igreja anglicana

O sucessor de Henrique VII foi seu filho mais novo, coroado rei como Henrique VIII.

Henrique VIII casou-se com a viúva de seu irmão, Catarina de Aragão, como forma de manter a aliança com a Espanha, mas o cardeal Wolsey, primeiro-ministro, mudou o jogo político: aliar-se à França, em vez de aliar-se à poderosa Espanha.

Essa política coincidiu com a insatisfação do rei em relação a sua esposa. Catarina não havia gerado um herdeiro masculino, o que podia causar problemas de sucessão. Henrique VIII solicitou a anulação de seu casamento ao papa Clemente VII para casar-se com a inglesa Ana Bolena. A Igreja católica, aliada da Espanha, recusou.

Sob esse pretexto, no contexto da Reforma religiosa, Henrique VIII criou uma Igreja nacional inglesa, a Igreja anglicana. Por meio do **Ato de Supremacia**, de 1534, ele tornou-se o chefe da nova Igreja. As terras da Igreja católica foram confiscadas e os mosteiros extintos. O poder concentrou-se ainda mais nas mãos do monarca.

Henrique VIII teve uma filha com Ana Bolena, Elizabeth. No entanto, para casar-se com Jane Seymour, ele acusou Ana Bolena de adultério, ordenando que ela fosse decapitada. Jane Seymour, sua nova esposa, deu à luz um menino, Eduardo.

Após mais três casamentos, Henrique VIII morreu, e seu filho ainda criança foi coroado rei como Eduardo VI. Porém, o novo monarca morreu após cinco anos de reinado. Maria, filha de Catarina de Aragão, foi a sucessora.

Elizabeth I

Como Maria, a nova rainha, era católica, a Inglaterra deixou de ser anglicana. As perseguições aos protestantes foram violentas, marcando o curto reinado de Maria Tudor, que morreu cinco anos depois.

Elizabeth I, filha de Henrique VIII e Ana Bolena, herdou o trono. Seu longo governo, que durou 45 anos, foi considerado um dos mais prósperos da história da Inglaterra.

Em seu reinado, Elizabeth I adotou medidas para:
- reforçar o absolutismo e manter o Parlamento sob seu domínio político;
- reafirmar o anglicanismo como a religião oficial da Inglaterra;
- incentivar a criação de manufaturas e de companhias de comércio e navegação;
- estimular a pirataria: os piratas ingleses, com autorização real, saqueavam os galeões espanhóis carregados de ouro e prata provenientes da América. A Coroa ficava com uma parte do lucro;
- derrotar a invencível Armada da Espanha, inimiga política e religiosa. Essa Armada contava com 130 navios, 8 mil marinheiros e 19 mil soldados. Apesar disso, foi derrotada pela marinha inglesa.

Elizabeth morreu em 1603, aos 70 anos de idade, e não deixou herdeiros. Seu primo Jaime Stuart, rei da Escócia, herdou o trono inglês e a sua hegemonia nos mares.

Retrato da rainha Elizabeth I, c. 1592, de artista anônimo. Observe o vestido da rainha, representativo da ostentação do poder monárquico, com muitas joias e muito luxo.

A França dos Bourbon

A consolidação do absolutismo na França coincidiu com o início da dinastia Bourbon. Esse período foi marcado por violentos conflitos entre católicos e protestantes franceses.

A noite de São Bartolomeu

Desde a **Reforma**, no século XVI, muitos franceses converteram-se ao protestantismo. Assim, a França, cujo rei e a maioria da população eram católicos, foi palco de violentas perseguições religiosas.

A França era governada pela dinastia Valois. O jovem rei Carlos IX, controlado por sua mãe Catarina de Médicis, concordou com uma trégua nas perseguições religiosas e casou sua irmã católica Margarida com Henrique de Bourbon, rei de Navarra e seu primo, protestante.

Após o casamento, grupos católicos pressionaram o rei para que os líderes protestantes fossem assassinados, já que muitos deles estavam em Paris para a cerimônia. Catarina de Médicis ordenou então o ataque que ficou conhecido como **Noite de São Bartolomeu**, em 24 de agosto de 1572. Na ocasião, cerca de 3 mil huguenotes (como eram conhecidos os protestantes franceses) foram assassinados.

Henrique IV

Carlos IX morreu em 1574. O trono passou para seu irmão, o último Valois, Henrique III, que morreu jovem, apunhalado por um católico fanático.

O próximo na sucessão era o marido de Margarida, Henrique. Após ter-se convertido ao catolicismo, ele tornou-se rei da França, em 1589, com o título de Henrique IV. Foi o início da dinastia dos Bourbon.

Para acabar com os conflitos religiosos, o novo rei assinou o **Edito de Nantes** em 1598, que reafirmou o catolicismo como religião oficial, mas concedeu liberdade de culto aos protestantes.

Ele também tomou medidas para melhorar a situação do povo francês. Para recuperar a economia, houve estímulo à agricultura e às manufaturas de luxo. Canais de navegação e estradas foram construídos para escoar a produção. O exército foi reorganizado e Paris, reformada. O Estado buscou desenvolver as possessões francesas do ultramar, com incentivo à colonização do Canadá.

A rápida recuperação econômica da França trouxe popularidade ao rei, mas não impediu que Henrique IV fosse assassinado, em 1610, por um católico.

Conheça melhor

Loucura ou maldição?

Por volta de 1630 surgiram na França relatos de possessão coletiva de freiras pelo demônio. Elas alegavam que o padre que lhes dava a comunhão estava possuído e, por meio dele, todas eram também possuídas.

As freiras diziam frequentar os **sabás**, reuniões de feiticeiras possuídas, nos quais praticariam rituais satânicos, como comer crianças.

Os casos impressionaram a população. Palcos foram montados para a exibição das freiras. Elas entravam em convulsão, os rostos inchavam e ficavam desfigurados.

A princípio, os juízes chamados para decidir a veracidade desses relatos concluíram que havia mesmo possessão, e alguns padres — que confessaram sob tortura — foram condenados e queimados.

Aos poucos, porém, a justiça abandonou a tortura como método para obter confissões. Ao mesmo tempo, os casos de possessão e bruxaria deixaram de ser julgados como eventos estritamente espirituais e passaram a ser tratados como distúrbios psicológicos.

Assista

A rainha Margot. Direção de Patrice Chéreau, França/Itália/Alemanha, 1994, 136 min. Baseado no romance homônimo de Alexandre Dumas, o filme aborda o conflito entre católicos e protestantes, o episódio da Noite de São Bartolomeu e seus desdobramentos, até a consolidação do poder de Henrique IV.

Tela representando o massacre da Noite de São Bartolomeu, de autoria do pintor huguenote François Dubois, pintada entre 1572 e 1584. Observe como ele ressaltou a violência dos ataques contra os protestantes.

> Luís XIII e Richelieu

O poder da dinastia Bourbon prosseguiu no reinado de Luís XIII, filho de Henrique IV, que assumiu o poder com apenas 9 anos. Sua mãe, Maria de Médicis, tornou-se a regente.

A rainha escolheu para seu conselho o bispo de Richelieu, que logo se tornaria cardeal e seria um dos articuladores do absolutismo francês.

Como ministro do rei, Richelieu reforçou o poder monárquico. Primeiramente cercou o porto de La Rochelle, um pequeno Estado protestante dentro da França católica. Após o cerco do Estado, os combatentes perderam seus direitos políticos e o poder militar, mantendo apenas a liberdade de culto.

Os governos das províncias eram reservados aos nobres. Richelieu enviou intendentes da Justiça, da Polícia e da Fazenda para impor a vontade do rei e enfrentar os poderes locais da nobreza provincial.

Na política externa, ele combateu as poderosas Espanha e Áustria para projetar politicamente a França na **Guerra dos Trinta Anos** (1618-1648). Richelieu tornou Luís XIII um dos mais poderosos soberanos da Europa. O rei morreu em 1643, cinco meses após a morte do cardeal.

> Luís XIV, o Rei Sol

Luís XIV, em sua infância, foi tutelado pelo cardeal Mazzarino, ministro que sucedeu Richelieu e que exerceu a regência com a mãe do herdeiro até que ele assumisse o trono, aos 13 anos.

Em 1648, a nobreza e parte do povo de Paris revoltaram-se contra o aumento de impostos determinado por Mazzarino. O cardeal, em sua política de fortalecer o poder real, tentava fazer com que a nobreza, até então isenta, pagasse impostos. Essa guerra civil, conhecida como Fronda, mergulhou a França no caos político e econômico. Após cinco anos, a revolta foi sufocada, mas a França estava arruinada e alguns anos foram necessários para recuperar a economia.

Luís XIV só iniciou realmente seu governo após a morte de Mazzarino, em 1661. Nesse momento, anunciou que governaria sozinho, sem um primeiro-ministro, valendo-se apenas de conselheiros, que convocaria eventualmente.

Durante seu longo reinado, de 54 anos, Luís XIV exerceu o poder convicto de que o rei era o legítimo representante de Deus na Terra, tese reforçada por Bossuet em sua teoria do direito divino.

Luís XIV tomava conhecimento de tudo o que se passava na França: da situação do exército, dos conflitos religiosos, de problemas na agricultura, da construção de estradas, enfim, nada escapava ao seu olhar atento. Entretanto, as finanças do reino foram confiadas ao ministro Colbert, burguês no qual o monarca tinha confiança absoluta.

A nobreza recebeu especial atenção. Desde a Fronda, Luís XIV sabia que devia dominar os nobres e evitar uma nova guerra civil. Para isso, comprou a fidelidade da nobreza com altas pensões e salários, luxo ostensivo e rígidas regras de hierarquia e etiqueta.

Para afastar-se da suja e agitada Paris e manter a nobreza à sua volta, Luís XIV mandou reformar um antigo pavilhão de caça de seu pai, a 16 quilômetros da capital, em Versalhes. Lá ergueu um palácio destinado a sustentar os luxos e privilégios dos nobres franceses.

Na fachada do palácio de Versalhes, em estilo Barroco, a materialização do poder absoluto de Luís XIV. Foto de 2010.

As representações do poder real

O poder do rei materializava-se em todos os âmbitos da sociedade do Antigo Regime, desde as manifestações mais visíveis, como o esplendor da arquitetura dos palácios, até as mais sutis, como as regras de etiqueta.

O palácio de Versalhes

A construção do palácio de Versalhes foi, na realidade, uma extravagância arquitetônica que colaborou, em parte, para a ruína do Antigo Regime na França.

Os historiadores calculam que o preço atual de Versalhes seria equivalente ao de um aeroporto moderno. Porém, apesar do enorme dispêndio de recursos, o palácio estava à disposição apenas de Luís XIV e de seus nobres, que viviam uma realidade muito distante da grande maioria da população miserável.

Versalhes foi projetado pelo arquiteto Louis Le Vau, em estilo barroco, com cerca de 700 aposentos, um teatro de ópera, uma capela e uma galeria de espelhos onde eram realizados os bailes da Corte. Seus jardins também foram cuidadosamente planejados.

O palácio isolava o rei e a nobreza em um mundo de luxo e prazer, distante da crise que, aos poucos, iria abater o Antigo Regime.

Etiqueta e poder

Luís XIV atraiu para Versalhes a mais poderosa nobreza da França e a manteve distraída com banquetes luxuosos, caçadas nos bosques do Palácio e festas espetaculares (nas quais, algumas vezes, o rei dançava sozinho, para deleite dos convidados).

Em vez de organizar revoltas como a Fronda, que Luís XIV temia que ocorressem novamente, a nobreza cortesã preocupava-se em conseguir convites para os bailes do rei.

Além disso, o tempo era gasto obedecendo às minuciosas regras de etiqueta. O foco era sempre o monarca: quando ele despertava, entravam os nobres, em uma ordem determinada que lhes atribuía importância, e vestiam o soberano. O rei tomava o café da manhã sozinho, enquanto nobres, privilegiadamente escolhidos para a ocasião, assistiam ao ritual.

Conheça melhor

A história da moda

Sociólogos, historiadores e filósofos estudam a moda como uma manifestação cultural complexa. Modelos, tecidos, acessórios e cores revelam os valores e o contexto social da vida das pessoas.

Durante o governo de Luís XIV, por exemplo, a nobreza francesa vestia-se com extrema sofisticação, reflexo da valorização das manufaturas de luxo voltadas para a exportação. O uso de tecidos e acessórios luxuosos pelos nobres e pelo rei fazia parte da propaganda dessas manufaturas.

Em 1672, Jean Donneau de Visé criou a primeira revista de variedades do mundo, a *Mercúrio Galante*. A publicação, que circulava também nas províncias e no exterior, descrevia a vida elegante na corte do rei Luís XIV e comentava as discussões intelectuais e artísticas, as fofocas e anedotas, e opinava sobre as peças de teatro, a etiqueta, a moda e os produtos de luxo.

Com base nessas informações, os historiadores conseguem ter uma visão além de fatos e datas: é possível desvendar a trama psicológica que envolvia as elites do absolutismo.

Hoje em dia, assim como na corte de Luís XIV, a moda envolve um mercado de produtos, como roupas, sapatos e acessórios. Ela também é símbolo de poder e de *status*.

Pintura de Pierre-Denis Martin, de 1706, representa a inauguração da Igreja dos Inválidos por Luís XIV.

Ontem e hoje

O Barroco na Europa

Palácio Nacional de Mafra, em Lisboa, Portugal. Construção no estilo Barroco. Foto de 2012.

Barroco, originalmente, era o nome que se dava a uma pérola disforme e irregular. O estilo artístico desenvolvido na Europa a partir do século XVI ganhou esse nome porque apresenta formas exageradas e exuberantes, que expressam grande emoção.

O Barroco surgiu na Itália e predominou na Europa no século XVII, após o Renascimento e o Maneirismo. Ele se distinguia dos dois estilos anteriores pela sua concepção cênica.

No Barroco, o espectador faz parte do cenário, por meio de uma interação equilibrada entre a arquitetura, a escultura e a pintura.

Para ativar a participação do espectador, os artistas barrocos utilizavam efeitos como claro e escuro, perspectivas, cheio e vazio, curvas e diagonais. Com isso, pretendiam transportar o espectador para uma nova realidade, torná-lo parte da história que estava sendo contada.

O Barroco transmite a carga emocional do cenário. O espectador deixa de ter uma atitude passiva e é estimulado a sentir dor, paixão, fé, sofrimento, enfim, tudo o que as três grandes artes transmitem.

A Igreja católica adotou o estilo Barroco em suas edificações, principalmente nas igrejas, que contêm todos os elementos fundamentais para emocionar. O conjunto harmonioso entre arquitetura, pintura e escultura leva o fiel a um êxtase místico, uma aproximação quase física com Deus.

O momento da missa é mágico. Além do espaço cênico, há a música do órgão e do coro, a voz do pregador e o perfume de incenso. A missa barroca é o êxtase dos sentidos: audição, olfato, visão e a presença tátil das formas rebuscadas da talha dourada, com suas curvas, colunas retorcidas, flores, folhas e anjos rechonchudos.

Embora inúmeras igrejas possam ser classificadas como obras-primas do Barroco, o seu ideal foi materializado no palácio de Versalhes, que uniu arquitetura, projeto paisagístico, pintura, escultura e decoração em um resultado sem precedentes, como o Salão dos Espelhos.

O Barroco teve forte influência nos países mais atingidos pela Contrarreforma, como Portugal, Espanha, Itália, Áustria e o sul da Alemanha. As igrejas católicas, profusamente enfeitadas e vibrantes de emoção, contrapunham-se ao caráter grave e circunspecto e à ausência de adornos dos templos protestantes.

O pintor, escultor e arquiteto italiano Gian Lorenzo Bernini é considerado o maior exemplo de artista barroco. Ele conjugou as três artes em obras magníficas, como a Capela Cornaro, em Roma, onde está a escultura *O êxtase de Santa Teresa*, unindo arquitetura, pintura e escultura em uma unidade mística arrebatadora.

Reflita

1. Identifique os três gêneros artísticos desenvolvidos pelo Barroco e citados no texto.
2. Discorra sobre a experiência criada pelo Barroco para o espectador.
3. Analise a relação do Barroco com a Igreja católica no século XVII.
4. Explique como o ideal barroco se conjugou à vida da alta nobreza do palácio de Versalhes.
5. Justifique a missa como o ideal barroco católico.

Atividades

1. Analise a função do Estado absolutista de acordo com os princípios do mercantilismo.

2. Relacione o mercantilismo com o sistema colonial.

3. Apresente um princípio mercantilista que ainda se encontra na política econômica de alguns países.

4. Associe o fim da Guerra das Duas Rosas com o início do absolutismo inglês.

5. Relacione a criação da Igreja anglicana por Henrique VIII com o absolutismo monárquico implantado na Inglaterra.

6. Explique o impacto causado pelas realizações de Elizabeth I no poder monárquico inglês.

7. Relacione a Noite de São Bartolomeu com a afirmação do absolutismo na França.

8. Cite medidas do governo de Luís XIV que justifiquem a sua afirmação: "O Estado sou eu".

9. Comente o papel da etiqueta na corte de Luís XIV.

Leia e interprete

10. O documento a seguir, datado de 1549, é um tratado sobre as práticas mercantilistas adotadas na Inglaterra nesse período. Leia-o e responda às questões propostas.

    > A única maneira de fazer com que muito ouro seja trazido de outros reinos para o tesouro real é conseguir que grande quantidade de nossos produtos seja levada anualmente além dos mares, e menor quantidade de seus produtos seja para cá transportada.
    >
    > Política para tornar o reino de Inglaterra próspero, rico e poderoso, 1549. In: FREITAS, Gustavo de. *900 Textos e Documentos de História*. Lisboa: Plátano Editorial, s. d. Citado por MARQUES, Adhemar Martins; BERUTTI, Flávio Costa; FARIA, Ricardo de Moura. *História Moderna através de textos*. São Paulo: Contexto, 2008. p. 89.

    a) Identifique os principais princípios mercantilistas presentes no texto.

    b) Quais são as medidas necessárias para estabelecer o protecionismo em um país?

    c) Justifique o metalismo no contexto da política econômica mercantilista.

    d) Atualmente, vários países do mundo divulgam a situação de sua balança comercial mês a mês. Por que a balança comercial varia todos os meses?

11. Faça uma pesquisa sobre o Barroco, estilo artístico que predominou na Europa no século XVII (releia a seção Ontem e hoje). A seguir, observe as imagens e escreva um texto, tomando como exemplo as formas e as características das obras representadas.

Detalhe da obra *Assunção da Virgem Maria*, século XVIII, grupo de esculturas de Egid Quirin Asam para o coro da igreja do mosteiro de Rohr, no Sacro Império Germânico (atual Alemanha). Foto de 2009.

Os jardins do palácio de Versalhes, do século XVII. Foto de 2012.

Afresco do teto da Igreja de Santo Inácio, em Roma, realizado pelo pintor e padre jesuíta Andrea del Pozzo no século XVII.

CAPÍTULO 30
As revoluções inglesas

O que você vai estudar

- Os Stuart no poder.
- Carlos I: o rei perde a cabeça.
- A República de Cromwell.
- A restauração monárquica.
- A Revolução Gloriosa.

Execução do rei Carlos I da Inglaterra, 1649. Detalhe de quadro de John Weesop.

Ligando os pontos

No século XVI, o tema "religião" era discutido por toda a Europa. A cristandade ocidental perdera a unidade. Ocorria, então, o confronto entre catolicismo e protestantismo. Além das questões de fé, as disputas religiosas envolviam também interesses políticos e econômicos. Muitos nobres e reis desejavam livrar-se da influência do papado, apoderando-se das terras e das riquezas acumuladas pela Igreja.

Na Inglaterra, Henrique VIII liderou a ruptura com o catolicismo de Roma, criando uma igreja nacional comandada pelo rei, a Igreja anglicana. Mas, apesar de tornar-se o chefe dessa Igreja, o monarca inglês não governava sozinho. Desde o século XIII, com a assinatura da Magna Carta, ele tinha de respeitar as decisões do Parlamento, principalmente em relação à criação de impostos. Mesmo um monarca autoritário como Henrique VIII não ousou desafiar essa tradição. Em vez de ignorar o Parlamento, ele preferiu manipulá-lo. O próprio rompimento com Roma atendia a uma reivindicação da sociedade, que se tornava cada vez mais anticatólica.

Contudo, o caráter oficial da Igreja anglicana desagradou muitos grupos, que aderiram a outras Igrejas reformadas. No início do século XVII, os protestantes ingleses disputavam entre si a hegemonia religiosa no reino, chocando-se com as pretensões absolutistas dos reis da dinastia Stuart.

A imagem acima foi pintada por John Weesop, um artista que retratava a aristocracia inglesa de meados do século XVII. Ela representa a execução do rei inglês Carlos I, em 1649.

Após a observação da imagem e a leitura do texto, responda às questões.
1. Descreva o local de execução do rei.
2. Considerando o que foi representado por Weesop, a execução de Carlos I chamou a atenção das pessoas? Justifique.

› Profundas mudanças sociais

Ao longo do século XVI, a Inglaterra passou por profundas transformações em sua organização social e econômica.

Nas cidades e nos campos, a burguesia e os pequenos proprietários rurais viam seu poder crescer com o aumento do comércio e da produção local de tecidos.

A dinastia Tudor, surgida em 1485, no final da Guerra das Duas Rosas, que enfraquecera parte da grande nobreza inglesa, desejava ampliar seu poder.

Como estratégia, os Tudor aliaram-se à nascente burguesia para enfrentar os grupos que se opunham ao fortalecimento da Coroa: a nobreza e, principalmente, a Igreja católica.

› Uma aliança estável

Como vimos no capítulo Absolutismo e mercantilismo, o rei Henrique VIII rompeu em 1534 com a Igreja Católica Romana, instituindo a Igreja anglicana para substituí-la.

O anglicanismo extinguiu os mosteiros, o que permitiu à Coroa confiscar as enormes e ricas propriedades da Igreja católica. A antiga estrutura de bispados e paróquias foi mantida, mas não era mais subordinada ao papa de Roma, e sim ao rei inglês.

O rompimento com o papa foi bem recebido por grande parte da população, que aderira à Reforma Protestante.

As terras confiscadas da Igreja foram vendidas pela Coroa à burguesia e à pequena nobreza, reforçando a aliança que havia entre elas. Em 1603, três quartos das terras antes pertencentes à Igreja de Roma na Inglaterra estavam nas mãos de pequenos e médios proprietários rurais.

Contudo, no início do século XVII a aliança estável entre Coroa, burguesia e pequena nobreza começou a entrar em crise na Inglaterra. Essa crise coincidiu com a ascensão de uma nova dinastia, a dos Stuart.

› O absolutismo dos Stuart

Como vimos, em 1603 a rainha inglesa Elizabeth I morreu sem deixar herdeiros diretos. O sucessor foi um primo da rainha, trineto de Henrique VII: Jaime Stuart, rei da Escócia.

Coroado como Jaime I da Inglaterra, o novo rei passou a governar de maneira diferente em relação aos Tudor. Jaime afirmava que o poder da realeza era concedido por Deus. Acreditando ser dotado do direito divino de governar, ele entendia que devia ser obedecido cegamente por seus súditos.

› Anglicanos e puritanos

A Igreja anglicana representava a adesão do Estado inglês à Reforma Protestante, mas apenas em parte.

Apesar de terem rompido com o papa, os anglicanos conservaram a estrutura hierárquica da Igreja católica, baseada nos **bispos**, e também os principais **sacramentos** e **liturgias** do catolicismo.

Os bispos anglicanos, vivendo luxuosamente junto às grandes catedrais herdadas do catolicismo, faziam o papel de agentes de propaganda do rei. Os sermões dos sacerdotes anglicanos afirmavam que o maior dos pecados era a desobediência à Coroa.

Em oposição ao anglicanismo, as ideias calvinistas, que pregavam uma ruptura muito mais radical com o catolicismo, tinham, porém, muitos adeptos na Inglaterra.

Os vários grupos protestantes de inspiração calvinista surgidos na Inglaterra no século XVI eram chamados pelo nome comum de **puritanos**, por defenderem o que acreditavam ser uma interpretação pura da Bíblia.

Os puritanos **presbiterianos**, maioria entre a burguesia e os pequenos proprietários, queriam que a Igreja fosse comandada por assembleias eleitas (presbitérios).

As crenças dos puritanos eram, em geral, contrárias aos interesses da Coroa, que desejava uma Igreja anglicana forte, sob o comando do rei.

A política absolutista de Jaime I resultou na perseguição aos puritanos e no aumento da tensão social.

> **Assista**
> **A letra escarlate.** Direção de Roland Joffé, Estados Unidos, 1995, 135 min. Em 1666, em uma colônia de puritanos ingleses na América do Norte (Massachusetts), uma mulher casada engravida na ausência do marido e é perseguida pela sociedade local. O filme é baseado no romance de mesmo nome escrito em 1850 por Nathaniel Hawthorne, escritor estadunidense de ascendência puritana nascido em Salem, Massachusetts.

Gravura de 1563 representando família de puritanos.

› Uma dinastia impopular

Interessado em implantar seu projeto absolutista, Jaime I precisava de dinheiro para manter um exército fiel e uma corte luxuosa.

Na busca de recursos, o poder real agiu de forma agressiva, restaurando antigos impostos em desuso e implantando monopólios que controlavam as atividades econômicas mais importantes do reino.

› Monopólios impopulares

A criação dos monopólios causou profundo descontentamento em vários grupos sociais da Inglaterra. A burguesia ansiava pela liberdade de produzir, comprar e vender o que quisesse nas condições do mercado. A população mais pobre sofria com o aumento de preços provocado pelo monopólio.

Havia monopólios sobre a produção de mercadorias como o sabão, o arenque, o sal e o carvão. Além de atingirem os consumidores, os monopólios criavam problemas também para as manufaturas.

O sabão era utilizado na manufatura da lã, atividade em crescimento na Inglaterra. O carvão era consumido por diversas manufaturas, como a metalúrgica.

O sal, além de ser consumido em larga escala pela população, era essencial para atividades como a produção de peixes salgados.

Ao implantar os monopólios com rigor, ao mesmo tempo que reativava impostos e taxas muito antigos, Jaime I ampliava a oposição ao seu reinado.

Essa situação agravava a tensão social que, desde o século XVI, era provocada pela política de cercamentos, abordada no boxe abaixo.

› A aliança com o inimigo

Jaime I também causou grande descontentamento entre o povo ao se reaproximar da grande inimiga da Inglaterra naquele período, a Espanha católica.

Inconformada com a ruptura de Henrique VIII, a Coroa da Espanha tentou por vários meios reintroduzir o catolicismo na Inglaterra.

Em 1588, um poderoso exército espanhol, embarcado na Grande Armada, tentou invadir a Inglaterra.

A atitude firme da rainha Elizabeth I, que venceu a armada invasora, consolidou sua imagem de defensora do protestantismo inglês.

Quando Jaime I tentou reaproximar-se dos espanhóis, assumiu a imagem de traidor dos ideais defendidos pela maioria dos ingleses.

Toda essa insatisfação resultaria em uma série de confrontos dos reis Stuart com a instituição que representava a sociedade inglesa: o **Parlamento**.

Representação da derrota da armada espanhola em Plymouth, na Inglaterra, em 1588. Gravura de Hogenberg, final do século XVI, início do século XVII.

Conheça melhor

Reestruturação fundiária na Inglaterra

Um dos fenômenos de maior impacto na sociedade inglesa dos séculos XVI e XVII foi a mudança na forma de utilização das terras. A mais marcante dessas mudanças dizia respeito aos cercamentos (*enclosures*, em inglês).

No sistema feudal, uma parcela significativa de terras era comunal. Nelas prevalecia o direito coletivo de uso. Cada habitante do feudo podia usar essas áreas para suprir algumas necessidades, tais como a coleta de madeira para construção e para lenha, e de forragem para os animais criados pelos servos, como cabras e porcos.

Os servos necessitavam dessas áreas para se manter e, assim, sustentar o senhor feudal, cultivando suas terras. Por isso, os senhores aprovavam as terras comunais em seus domínios.

Mas o desenvolvimento da economia mercantil mudou essa situação. A emergente indústria de tecelagem na Inglaterra necessitava de crescentes quantidades de lã. E pagava bem por ela. A criação de ovelhas empregava poucas pessoas, mas exigia grandes extensões de pastagens.

A solução adotada foi a apropriação das terras de uso comunal, cercando e transformando tudo em pastagens para as ovelhas.

O agravamento da crise

Quando, ao morrer, Jaime I foi substituído por seu filho, Carlos I, em 1625, o conflito entre as práticas da Coroa e os interesses da sociedade inglesa alcançou um ponto crítico. E foi no Parlamento que esse conflito fez-se mais evidente.

Por essa época, o Parlamento inglês não era uma instituição permanente, dependendo da convocação do rei para ser reunido.

A principal função do Parlamento era a aprovação de novos impostos propostos pelo rei. Na prática, era uma forma de controlar o governo, dado que sem dinheiro o rei não podia contratar soldados nem funcionários que implementassem sua política.

O Parlamento inglês era formado por duas assembleias: a **Câmara dos Lordes**, na qual se reuniam a grande nobreza e o alto clero anglicano; e a **Câmara dos Comuns**, composta basicamente de membros da pequena nobreza, da burguesia e pequenos e médios proprietários.

A Câmara dos Comuns reunia, portanto, os setores presbiterianos contrários à Igreja anglicana e a um aumento do poder real que impedisse a livre atividade mercantil e a circulação de capitais.

Confrontos entre o rei e o Parlamento

A necessidade de pagar os exércitos ingleses que lutavam na Guerra dos Trinta Anos (1618-1648) obrigou Carlos I a convocar o Parlamento em 1628.

Mas os parlamentares ingleses, descontentes havia décadas com a política implementada pelos Stuart, rebelaram-se. Declararam que votariam os novos impostos apenas se o rei acatasse a Petição de Direitos elaborada por eles, ou seja, pelo próprio Parlamento. Essa petição reforçava os direitos do Parlamento como única fonte legítima para aprovar a cobrança de impostos, a organização de exércitos e a prisão de súditos da Coroa.

Carlos I assinou a petição, mas, em 1629, dissolveu o Parlamento, e por 11 anos reinou de forma absoluta.

Governando sem o Parlamento, Carlos I adotou medidas destinadas a fortalecer seu poder. Criou impostos, perseguiu opositores, deu poder aos tribunais diretamente ligados à Coroa. Procurando eliminar a dissidência religiosa ao seu governo, tentou impor o anglicanismo aos reinos que governava.

A revolta escocesa

Na Escócia, reino de origem dos Stuart, a política de imposição da Igreja anglicana chocou a população local, de maioria presbiteriana. Em resposta, os escoceses invadiram o norte da Inglaterra em 1639.

Carlos I precisava montar um novo exército, mas não tinha recursos para isso. Diante do descontentamento geral da população inglesa, Carlos I não tinha condições de criar sozinho um novo imposto. O resultado poderia ser a eclosão de uma rebelião também na Inglaterra, que poria a Coroa em risco. O rei convocou então o Parlamento.

O Parlamento Curto

O Parlamento foi reunido, mas a maioria de seus representantes estava contra o rei e exigia garantias para votar a criação dos novos impostos.

Carlos I, furioso com a insubordinação, dissolveu o Parlamento três semanas depois de abertas as sessões. Essa assembleia ficou conhecida como Parlamento Curto.

Mas a rebelião da Escócia se agravou e, como não havia opção, o Parlamento foi novamente convocado em 1640.

O choque do novo Parlamento com o rei resultou na guerra civil.

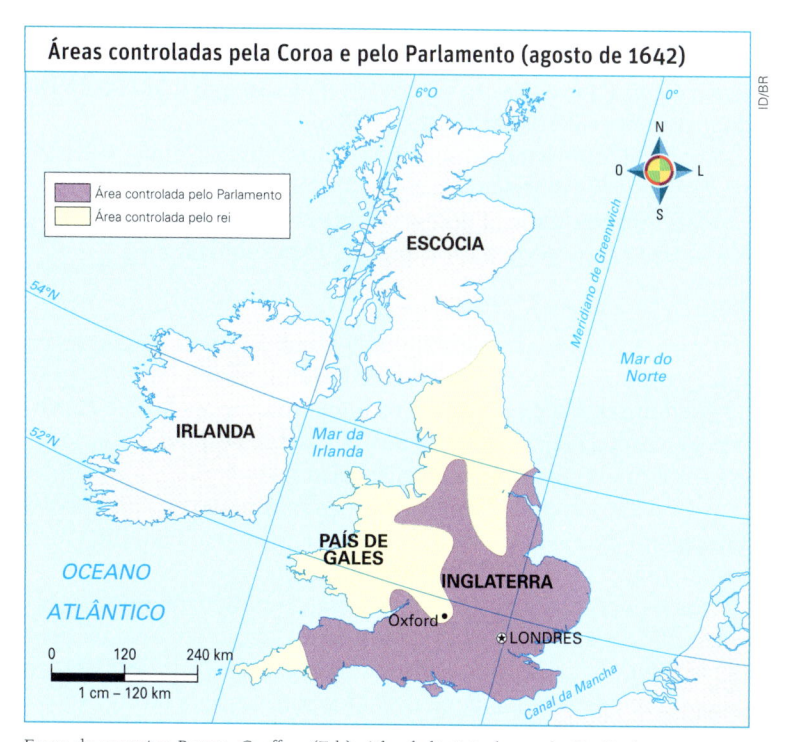

Áreas controladas pela Coroa e pelo Parlamento (agosto de 1642)

Fonte de pesquisa: PARKER, Geoffrey (Ed.). *Atlas da história do mundo*. São Paulo: Folha da Manhã, 1995. p. 180.

❯ O povo contra o rei

O Parlamento convocado em novembro de 1640 durou treze anos, e por isso ficou conhecido como Parlamento Longo (ou *Long Parliament*, em inglês).

O Parlamento Longo iniciou seus trabalhos impondo ao rei a limitação dos poderes da Coroa.

Os impostos criados sem a aprovação dos parlamentares foram declarados ilegais e abolidos. Os tribunais reais foram extintos, e os prisioneiros por motivos políticos e religiosos, libertados.

O rei não mais podia dissolver o Parlamento quando bem entendesse. Com ou sem a convocação do rei, o Parlamento se reuniria de três em três anos.

Os puritanos deixaram de ser perseguidos, ao mesmo tempo que se reformava a Igreja anglicana, que perdia seu papel de propagandista da Coroa.

❯ A revolta popular

A afronta dos proprietários ao poder real animou os grupos sociais mais pobres a também se manifestarem pela defesa de seus interesses.

Os camponeses resistiam aos cercamentos de suas terras. Nas cidades, os trabalhadores, pequenos comerciantes e artesãos promoviam manifestações exigindo mais liberdade, perseguição aos católicos e justiça.

A radicalização do movimento antiabsolutista assustou a nobreza e os burgueses mais ricos, que temiam a subversão da ordem, o que eles chamavam de "anarquia". Muitos imaginavam que era hora de fazer um acordo com o rei e estancar as mudanças na Inglaterra. Mas uma revolta eclodiu na Irlanda e impediu que isso acontecesse.

❯ A rebelião irlandesa

Durante a Idade Média, tropas inglesas invadiram a Irlanda, cujos nobres se tornaram vassalos do rei da Inglaterra.

A partir do século XVI, os ingleses iniciaram uma política de colonização das terras irlandesas, causando grande revolta entre a população local, que foi expulsa de suas terras. Os irlandeses apegaram-se ao catolicismo como forma de resistência aos ingleses, que se dividiam entre o anglicanismo e o puritanismo.

Em 1641, aproveitando-se dos conflitos entre a Coroa e o Parlamento, os irlandeses rebelaram-se contra os ingleses.

Mais uma vez Carlos I necessitava de um exército. E mais uma vez o Parlamento aproveitou a oportunidade para subjugar o rei.

❯ A tentativa de golpe

Os parlamentares publicaram uma extensa lista de acusações contra o rei – a Grande Censura ou Grande Reprimenda.

Exigiram que o rei demitisse os ministros impopulares e partilhasse o poder com o Parlamento. Por fim, acusaram a esposa de Carlos I, que era católica, de comandar a rebelião irlandesa.

A Coroa resolveu dar um basta à insubordinação dos parlamentares. Em janeiro de 1642, Carlos I invadiu o Parlamento com uma força armada, visando prender os líderes puritanos.

Mas os opositores do rei foram avisados e fugiram em tempo. Sem conseguir esmagar a oposição e temendo a reação do povo de Londres, que defendia o Parlamento, Carlos I viajou para a cidade de Oxford, onde passou a reunir as tropas de seus aliados para esmagar os puritanos.

Em Londres, o Parlamento convocou o povo para pegar em armas e lutar contra o rei. Foi o início da guerra civil conhecida como **Revolução Inglesa**.

Ação e cidadania

Perseguição religiosa

No século XVII, os católicos foram perseguidos não apenas na Inglaterra, mas também no distante Japão, contudo em um contexto cultural, político e religioso muito diferente.

Desde que receberam os primeiros comerciantes portugueses em suas praias, no final da Era Sengoku do Período Muromachi (no ano correspondente a 1542 para os ocidentais), os japoneses importaram alguns hábitos e valores ocidentais, entre eles a fé cristã. As religiões tradicionais, o budismo e o xintoísmo, perderam terreno em muitas regiões para o catolicismo, que era pregado por missionários jesuítas e franciscanos enviados pela Coroa portuguesa.

O Japão encontrava-se então em guerra civil, e muitos membros da elite local entendiam que a conversão ao cristianismo podia trazer vantagens na relação com os portugueses, que forneciam armas de fogo, e também marcar uma diferença diante dos antigos governantes, ligados às religiões tradicionais.

Porém, com a vitória do clã Tokugawa, que centralizou o poder, as influências estrangeiras passaram a ser combatidas, e o catolicismo foi perseguido. Muitos missionários e mesmo cristãos japoneses foram executados. A chegada ao Oriente dos holandeses, que seguiam o protestantismo e estavam em guerra com Portugal, contribuiu para arruinar as relações luso-japonesas. Em 1638, os portugueses foram expulsos do Japão.

A guerra civil

Iniciado o conflito entre a Coroa e o Parlamento, a Inglaterra se dividiu.

Em torno de Carlos I agruparam-se a maior parte da nobreza, os bispos da Igreja anglicana e alguns grandes burgueses que temiam a revolução social. O norte e o oeste da Inglaterra, domínios da grande aristocracia feudal, eram particularmente ligados à causa do rei.

O sul e o leste ingleses, incluindo a cidade de Londres, regiões onde a manufatura e o comércio eram mais prósperos e os puritanos predominavam, ficaram em grande parte do lado do Parlamento.

Os soldados do rei, conhecidos como **Cavaleiros**, pertenciam a grupos feudais armados e, em geral, tinham experiência militar.

As tropas do Parlamento, conhecidas como **Cabeças Redondas**, em referência aos cabelos cortados dos puritanos, vinham basicamente do povo, sem maior habilidade bélica. Seus comandantes eram, porém, nobres, o que gerava desconfianças entre a população.

Carlos I acreditava que podia vencer seus oponentes facilmente e reimplantar o regime absolutista.

O *New Model Army*

As primeiras batalhas travadas foram vencidas pelos Cavaleiros. Tentando reagir, as tropas do Parlamento afastaram os comandantes nobres. A chefia do exército foi dada a puritanos mais confiáveis.

Um desses puritanos era **Oliver Cromwell**, que organizou suas tropas de uma nova maneira.

No exército de Carlos I, assim como nas demais forças armadas da Europa, os comandos eram distribuídos com base na posição social do combatente. Apenas os nobres comandavam.

Cromwell organizou suas tropas por meio de um sistema fundamentado no **mérito militar**. Além disso, os soldados eram incentivados a discutir livremente as questões polêmicas que surgissem durante a campanha. Como resultado, os soldados sabiam por que lutavam.

Para Cromwell, era a única chance para os Cabeças Redondas compensarem as deficiências de preparo militar de suas tropas. Os batalhões organizados foram chamados de **Exército de Novo Tipo** (*New Model Army*, em inglês).

Essa prática funcionou muito bem, e o exército do Parlamento passou a vencer as tropas do rei, batalha após batalha.

O rei derrotado

Em 1645, as tropas realistas se renderam. O Parlamento venceu e passou a governar a Inglaterra.

Carlos I, que tentara escapar para a Escócia, foi capturado pelos escoceses e enviado a Londres, onde permaneceu preso.

Com a derrota do rei, os burgueses e os grandes proprietários, além dos nobres realistas, desejavam reestruturar a monarquia e manter tudo como estava. Formavam o grupo dos **Presbiterianos**.

Os pequenos proprietários, os artesãos, os pequenos comerciantes e mesmo parcelas da pequena nobreza desejavam, porém, avançar nas reformas. Esses puritanos radicais ficaram conhecidos como **Independentes** e dispunham de grande poder, pois formavam a base do Exército de Novo Tipo.

O poder militar dos Independentes causava pânico entre os Presbiterianos. A perspectiva de que os setores populares radicais pudessem, pela força das armas, levar a cabo seus objetivos parecia-lhes muito pior do que qualquer ato realizado pela monarquia.

Ponto de vista

A polêmica imagem de Oliver Cromwell

A historiografia sobre a Revolução Inglesa de 1640 é unânime em destacar Cromwell como um dos principais líderes do movimento.

Contudo, a avaliação feita sobre a atuação de Cromwell varia muito.

O historiador inglês Christopher Hill afirma em seu livro *O eleito de Deus*: "Os historiadores propiciaram-nos muitos Cromwells criados, se não a partir da imagem que dele faziam, pelo menos como veículo de seus próprios preconceitos".

Para historiadores monarquistas, Cromwell foi um usurpador que traiu o rei e implantou o terror.

Muitos democratas veem Cromwell como um puritano fanático que traiu a República, governando como rei.

Alguns historiadores de esquerda criaram a imagem de um líder revolucionário que esmagou a monarquia absolutista e abriu as portas da Inglaterra à modernidade.

Oliver Cromwell foi, de certa forma, um pouco disso tudo. Mas, principalmente, foi um homem de seu tempo, inserido em uma sociedade em transformação, que ele moldou tanto quanto foi moldado por ela.

- Debata com os colegas sobre como lideranças políticas do Brasil dos últimos 50 anos são vistas como heróis ou vilões por diferentes grupos sociais.

Representação de soldado do Exército de Novo Tipo (*New Model Army*).

> Os grupos radicais

Na luta pela liberdade, os Independentes, vindos dos setores mais pobres da população, engajaram-se em uma profunda discussão sobre como construir uma sociedade mais justa.

Influenciados pelos ideais da Reforma Religiosa de eliminação do luxo e da concentração de riquezas, alguns grupos elaboraram propostas revolucionárias. Os **Niveladores** defendiam o sufrágio universal masculino e o fim da Câmara dos Lordes; os **Cavadores** defendiam a reforma agrária.

O quadro abaixo mostra esquematicamente os grupos sociais envolvidos. A maior parte dos contingentes que se insurgiam provinha das camadas populares urbanas e dos camponeses sem terra.

Temendo que esses grupos tomassem o poder, os Presbiterianos planejaram recolocar Carlos I no poder, mas o exército impediu a execução do plano. O comandante do exército, Oliver Cromwell, assumiu o governo.

> A República e o autoritarismo de Cromwell

Enquanto Presbiterianos e Independentes lutavam pelo controle do governo, Carlos I fugiu da prisão em 1647.

A guerra civil recomeçou, sendo vencida pelo exército de Cromwell em 1648.

Novamente capturado, o rei foi acusado de alta traição por ter feito um acordo com os escoceses para que invadissem a Inglaterra. Condenado, Carlos I foi decapitado em janeiro de 1649. Em maio, foi proclamada a **República**, que recebeu o nome de *Commonwealth*.

A Inglaterra republicana passou a ser governada por um Conselho de Estado formado por 41 integrantes e presidido por Oliver Cromwell.

Apesar da execução do rei e da proclamação da República, o governo republicano não representou a vitória dos ideais dos Independentes, que foram perseguidos.

O exército foi desviado para subjugar a Irlanda e a Escócia, que acabaram incorporadas à *Commonwealth*.

Uma medida fundamental do governo republicano foi a promulgação, em 1651, do **Ato de Navegação**.

Por esse ato, apenas os navios ingleses poderiam transportar mercadorias inglesas. Assim, o governo atendia aos interesses da burguesia mercantil, que ampliava sua atuação no comércio marítimo com a Europa e com as colônias que iam se consolidando na América.

A burguesia da República Holandesa, maior potência marítima do período, reagiu a esse duro golpe aos seus negócios. O governo da Holanda declarou guerra à Inglaterra em 1652, mas seu exército foi derrotado. A vitória consolidou a ascensão do **poder marítimo** inglês.

> O fim da República

Os últimos anos do governo de Cromwell foram de **autoritarismo**. Em 1653, ele dissolveu o Parlamento. Recusando propostas para tornar-se rei, aceitou o título de **Lorde Protetor** da Inglaterra, Escócia e Irlanda.

Em 1658, Cromwell morreu. A República inglesa não instituíra uma forma de eleger seu governante. Seguindo o modelo monárquico, o filho e herdeiro de Oliver, Richard Cromwell, assumiu o governo.

Mas Richard não controlava o exército. Sem ter como se contrapor aos Presbiterianos, ele renunciou em 1659.

No ano seguinte, o Parlamento convocou Carlos Stuart, filho de Carlos I, para assumir o trono inglês. Era o fim da República.

Cartaz representando diversos grupos de trabalhadores da Inglaterra, década de 1640.

OS GRUPOS SOCIAIS E A REVOLUÇÃO INGLESA DE 1640 A 1660		
Grupo social	**Posicionamento político**	**Aspirações sociais**
Nobreza tradicional e clero anglicano	Defesa do rei e da monarquia absolutista	Manutenção da ordem social vigente
Pequena nobreza puritana e burguesia mercantil	Defesa do Parlamento e da implantação de uma monarquia controlada por ele	Maior liberdade para a atividade econômica e para a prática religiosa
Camadas populares urbanas	Defesa do Parlamento e aspirações republicanas (*levellers*)	Plena liberdade religiosa e fim dos monopólios
Camponeses destituídos de terras	Defesa do Parlamento (*diggers*)	Divisão igualitária da terra

Assista

Morte ao rei. Direção de Mike Barker, Reino Unido/Alemanha, 2003, 102 min.
O filme explora as relações entre dois líderes do *New Model Army*, Lord Fairfax e Oliver Cromwell, mostrando as expectativas de cada um em relação ao conflito e como a execução de Carlos I atinge a amizade dos dois.

O fim do absolutismo na Inglaterra

Restabelecida a monarquia em 1660, Carlos II passou a governar o país. Na sequência, os conflitos entre o rei e o Parlamento recomeçaram.

Carlos II pretendia recuperar o poder político, deixando de ser um mero instrumento nas mãos dos parlamentares.

O Parlamento, contudo, havia restaurado a monarquia porque temia a mobilização popular desencadeada pela guerra civil. No entanto, não tinha a menor intenção de submeter-se novamente a um rei a quem não pudesse controlar.

Carlos II não podia ignorar, porém, a nova ordem econômica criada pela Revolução. Ele não apenas manteve as leis que beneficiavam a burguesia, como criou novos Atos de Navegação, em 1660 e 1663, que aprofundaram as medidas republicanas.

Um Stuart católico no trono?

Carlos II, um defensor do anglicanismo, foi tolerado pelos protestantes ingleses. Mas, como não tinha filhos legítimos, o herdeiro do trono deveria ser seu irmão, Jaime, o duque de York e católico fervoroso.

A perspectiva de coroar um rei católico mexia com as mais profundas convicções políticas e religiosas do Estado protestante inglês. Assim, desenvolveram-se debates acirrados acerca da sucessão ao trono.

O Parlamento dividiu-se em dois grupos. Os Whigs defendiam a aprovação de uma lei que excluísse o duque de York da sucessão. Por sua vez, os Tories sustentavam o direito de Jaime ocupar o trono, não porque fossem simpáticos ao catolicismo, mas porque não queriam criar um precedente que pudesse ser visto como um golpe. Representantes da aristocracia, os *tories* constituíam o grupo conservador do Parlamento, enquanto os *whigs* representavam a facção liberal.

Quando Carlos II morreu, em 1685, foi sucedido por seu irmão, rei Jaime II. Era o primeiro soberano católico da Inglaterra desde Maria I, filha de Henrique VIII.

O governo de Jaime II mostrou-se problemático não apenas pelo apoio que deu ao catolicismo na Inglaterra, mas também porque o rei acalentava o projeto de reinstaurar a monarquia absoluta.

Quando, em junho de 1688, nasceu Jaime Francisco Stuart, herdeiro legítimo do rei, a perspectiva de uma dinastia católica reinando na Inglaterra tornou-se uma possibilidade concreta.

Em vez de começar uma nova guerra civil, alguns membros do Parlamento optaram por um golpe palaciano. Convocaram o genro do rei, o holandês protestante Guilherme de Orange, a invadir a Inglaterra e depor Jaime II. Em troca, receberia apoio militar e a garantia de que ele e a mulher, a protestante Maria, filha de Jaime II, assumiriam a Coroa.

A Revolução Gloriosa

As tropas de Guilherme desembarcaram na Inglaterra em novembro de 1688. Vários regimentos ingleses e a alta nobreza apoiaram o invasor.

Jaime II tentou resistir, mas, sem apoio do povo, exilou-se definitivamente na França.

Conforme fora combinado, o Parlamento entregou o trono a Guilherme e Maria, que se tornaram, em 1689, soberanos da Inglaterra, Escócia e Irlanda.

Essa mudança de governo ficou conhecida como Revolução Gloriosa, por ter ocorrido sem nenhuma convulsão social, ao contrário dos eventos de 1640.

A partir de então, uma nova monarquia foi instituída na Inglaterra. A base do novo regime seria a **Declaração de Direitos,** aprovada pelo Parlamento em 1689 e sancionada pelo rei. Por esse documento, a monarquia inglesa assumia a responsabilidade de jamais dissolver o Parlamento e de solicitar a aprovação desse órgão para todos os assuntos relativos ao aumento de impostos, garantindo o predomínio de sua vontade sobre os interesses do rei.

GLOSSÁRIO

Whig: palavra de origem escocesa que designa um tipo de soro de leite que era comum na dieta dos mais pobres. Segundo outras fontes, deriva de *whiggamores* – condutores de éguas –, apelido da facção que se opôs a Carlos I no período de 1648-1649.

Tory: o vocábulo deriva da palavra irlandesa *thairide*, que significa bandoleiro, homem armado. No final do século XVII, passou a designar os políticos que defendiam o poder real.

Representação do desembarque de Guilherme de Orange na Inglaterra, em 1688.

Ontem e hoje

Mobilização e protesto popular

Ao longo da História, grupos sociais uniram-se para protestar contra governos que consideravam injustos.

Alguns foram derrotados. Outros tiveram sucesso com o uso da pressão política e da mobilização social.

Outros tiveram de usar a força, organizando exércitos e promovendo uma guerra civil.

Entre esses eventos, a Revolução de 1640 na Inglaterra e o *impeachment* de Fernando Collor de Mello no Brasil em 1992, separados por um oceano e 352 anos, guardam semelhanças e diferenças.

O povo inglês em ação

Na Revolução Inglesa iniciada em 1640, grande parte da sociedade saiu às ruas para manifestar suas ideias políticas e lutar pelo que acreditava ser justo.

Mesmo diante de uma instituição tradicional como a monarquia, apoiada em crenças religiosas e aliada de grandes senhores, a população inglesa não se intimidou. Enfrentou a ameaça de prisões ilegais e torturas, lutou contra soldados experientes.

Ao rebelar-se, porém, o povo acreditava que nada fazia de ilegal. O rei, ele sim, é que havia descumprido seus deveres.

Desde o século XIII, os reis da Inglaterra assumiram compromissos com seu povo que deviam ser respeitados.

A grande justificativa da população inglesa para enfrentar seu rei era o desrespeito sistemático que o monarca cometia a esses compromissos.

Combatia-se o rei para salvar o Estado e a lei.

Foram o Parlamento e a justiça ingleses que decidiram o destino do rei, que acabou julgado, condenado e executado, segundo as leis da época.

Os brasileiros nas ruas

Na história brasileira houve vários momentos em que diversos grupos sociais manifestaram publicamente suas opiniões políticas, buscando mudanças sociais.

No final do século XX, ocorreu uma dessas grandes manifestações de massa.

Em 1992, organizou-se a campanha que exigia o afastamento – *impeachment* – do então presidente da República, Fernando Collor de Mello, eleito em 1989.

Tratava-se de uma reivindicação surpreendente, na medida em que se atingia o primeiro presidente eleito diretamente pelo povo desde a implantação da ditadura militar que dominara o país de 1964 a 1985.

Manifestação pedindo o *impeachment* de Fernando Collor de Mello no vale do Anhangabaú, na capital paulista, em agosto de 1992.

Mas os motivos que guiavam amplos setores da sociedade brasileira eram muito claros: Fernando Collor traíra os valores democráticos e a Constituição ao envolver-se em esquemas de corrupção.

O Congresso Nacional, exercendo suas atribuições constitucionais, acatou o pedido de *impeachment* e afastou o presidente.

A sociedade brasileira dos anos 1990 era, certamente, muito diferente da sociedade inglesa de meados do século XVII.

O momento histórico era outro, assim como as estruturas econômicas e sociais.

A forma como as pessoas relacionam política e religião mudou, assim como a forma pela qual os crimes são punidos.

Contudo, alguns valores permaneceram mais ou menos constantes ao longo do tempo, como o dever do governante de cumprir seus compromissos legais, e o direito do povo de afastar o governante que descumpre suas obrigações.

Um detalhe importante, tanto na Inglaterra de 1640 quanto no Brasil de 1992, é que a instituição que comandou o processo de deposição do governante foi a assembleia dos cidadãos, o Parlamento. Prova de que ambos os eventos pertencem ao mesmo processo de construção da democracia no Ocidente.

Reflita

1. Sob quais aspectos a Revolução Inglesa de 1640 pode ser comparada ao movimento pelo *impeachment* vivido no Brasil na década de 1990?
2. Pesquise sobre a existência de movimentos populares ao redor do mundo que, nos últimos trinta anos, procuraram derrubar governantes considerados criminosos. Debata com seus colegas sobre as estratégias usadas por esses movimentos para alcançar seus objetivos.

Atividades

Verifique o que aprendeu

1. Explique os fatores que levavam os vários segmentos da sociedade inglesa a se aliarem à Coroa na dinastia Tudor.

2. Compare as características dos protestantes anglicanos e dos puritanos ingleses, identificando as questões que causavam atrito entre eles.

3. Relacione o projeto de Jaime I de implantar um regime absolutista com a criação dos monopólios econômicos.

4. Cite os motivos que levaram a burguesia a se contrapor à criação de monopólios pelos reis Stuart.

5. O principal inimigo externo da Inglaterra durante o século XVI era a Espanha. Explique os fatores que antagonizavam ingleses e espanhóis nesse período.

6. Descreva os atritos ocorridos entre o Parlamento e o rei Carlos I entre 1625 e 1639.

7. Relacione a revolta escocesa de 1639 com o agravamento da crise política na Inglaterra.

8. Liste as reivindicações do Parlamento inglês ao longo do ano de 1641 e a reação de Carlos I a elas.

9. Explique por que as inovações introduzidas no *New Model Army* permitiram ao Parlamento derrotar o exército leal ao rei.

10. Relacione os vários grupos socioeconômicos que compunham a sociedade inglesa com a facção Independente e a facção Presbiteriana do Parlamento.

Leia e interprete

11. Na imagem abaixo, representantes do Parlamento oferecem a coroa inglesa a Guilherme de Orange e sua esposa Maria, marco fundador da monarquia parlamentar na Inglaterra. Observe-a e responda às questões propostas.

Ilustração da obra *Parlamento, passado e presente*, c. 1905, de Arnold Wright e Philip Smith.

a) Os reis europeus por direito divino costumavam ser coroados em cerimônias religiosas, recebendo a coroa na cabeça pelas mãos de uma autoridade da Igreja. No que a imagem difere desse modelo?

b) Descreva as atitudes dos súditos e do rei representadas na cerimônia de posse da coroação.

c) Que situação política explica a maneira pela qual Guilherme e Maria estão representados no quadro?

12. A extinção das terras de uso comunal na Inglaterra começou a ser implementada no século XVI e se expandiu no século XVII. Os cercamentos, como ficaram conhecidas essas apropriações de áreas comunais por particulares, ocorreram em razão da crescente valorização da terra, derivada da valorização das matérias-primas e dos alimentos que nela se produziam. A demanda por lã para a indústria têxtil que se desenvolvia, por exemplo, levou à inviabilização desse tipo de uso comum do solo pelas comunidades camponesas, provocando o êxodo da população rural, que não tinha mais como se sustentar no campo. A imagem abaixo mostra um campo cercado para a criação intensiva de ovelhas, para a produção de lã.

Ruínas dos cercamentos nas ilhas de Aran, Irlanda, feitos nos séculos XVI e XVII. Foto de 2010.

a) Quais eram os principais usos das terras comunais que beneficiavam a população local? Esses benefícios permitiam algum tipo de acumulação de riqueza? Qual era a finalidade principal desse tipo de área?

b) Relacione o deslocamento desses contingentes populacionais rurais com o crescimento da população urbana na Inglaterra.

c) O novo uso das propriedades fundiárias tornadas privadas beneficiou principalmente que setores da economia da Inglaterra no século XVI?

d) Pesquise e aponte que instituição do Estado, na Inglaterra, apoiava a prática dos cercamentos.

CAPÍTULO

31 As Luzes na Europa

O que você vai estudar

- Os fundamentos do pensamento iluminista.
- Pensadores e principais tendências do Iluminismo.
- As concepções iluministas e sua influência nas monarquias absolutistas.

Na gravura *O sono da razão produz monstros*, de 1799, o espanhol Francisco de Goya representou os perigos que pairam sobre o ser humano quando a razão adormece.

Ligando os pontos

A partir do século XVI, a Europa passou por importantes transformações, especialmente no campo das ideias.

Durante a Idade Média, a religião dominou a vida social. Esse quadro começou a mudar com o Renascimento cultural e, em seguida, com a Reforma protestante. Os artistas do Renascimento exaltaram a figura e a dignidade humanas. A Reforma religiosa propôs o contato direto entre o homem e a divindade, sem a intermediação de padres e bispos. Se era possível dirigir-se diretamente a Deus, por que não pensar por si mesmo?

No campo político, a Revolução Inglesa do século XVII contestou as monarquias absolutistas. Depois de executar o rei Carlos I e de derrubar Jaime II do trono, a sociedade inglesa construiu mecanismos que asseguraram maior participação política aos setores burgueses em ascensão e também às camadas médias.

No século XVIII, essas tendências convergiram para uma grande mudança do pensamento ocidental. Por toda a Europa surgiram filósofos que se opunham aos dogmas religiosos e ao fanatismo. Segundo esses pensadores, só a razão poderia conduzir o ser humano à maioridade intelectual e moral. Esse movimento ficou conhecido como Ilustração ou Iluminismo, os filósofos associados a ele foram chamados de iluministas, e o século XVIII, tempo em que viveram, recebeu a denominação de Século das Luzes.

Considerando esse texto de abertura e a imagem acima, na qual o artista procurou representar a situação vivida na Europa durante a difusão das ideias do Iluminismo, responda às questões.

1. O que os animais noturnos do segundo plano da imagem representam?
2. A gravura revela uma visão crítica ou favorável ao Iluminismo? Justifique a resposta.

A supremacia da razão

Embora o século XVIII, o Século das Luzes, se tenha tornado a referência cronológica para o Iluminismo, a profunda alteração das mentalidades que estabeleceu as bases intelectuais para esse movimento tem raízes mais antigas.

As premissas filosóficas do Iluminismo

As bases do pensamento iluminista do século XVIII remontam ao **Renascimento**, movimento cultural que teve lugar principalmente nas cidades italianas, entre os séculos XIV e XVI.

Enquanto pintores e escultores enfatizavam a força e a beleza do corpo humano, pensadores renascentistas descartavam a filosofia escolástica medieval e recorriam aos textos greco-romanos da Antiguidade clássica como fundamentos para uma reflexão original, centrada no ser humano.

Muitas ideias dos humanistas, como foram chamados esses intelectuais, foram retomadas no século XVI pelos pioneiros da Reforma protestante.

Nas diversas vertentes do Renascimento, a difusão de valores como o **antropocentrismo** e o **individualismo** já havia dado um passo significativo na direção da secularização do pensamento. A partir de então, manifestou-se a tendência de refletir sobre a relação entre o ser humano e a natureza por meio de uma explicação **racional**, que dispensava a visão religiosa consagrada pela filosofia medieval.

Durante a Idade Média, o **princípio da autoridade** valorizava as explicações do mundo que se pautavam na premissa de uma **verdade revelada** oferecida pela religião, quer no texto bíblico, quer na reflexão dos fundadores do cristianismo. Nos séculos XVII e XVIII, tais explicações baseadas na intervenção divina passaram a ser substituídas por outro tipo de pensamento, o qual buscava entender o mundo no âmbito da vida material.

Podemos então identificar um movimento em que o princípio de uma verdade revelada por Deus foi pouco a pouco substituído por um modelo naturalista de explicação do mundo. Segundo esse modelo, a natureza é autorregulada e obedece a leis cuja compreensão racional pode ser alcançada mediante a investigação atenta das regularidades observáveis.

As descobertas no campo da astronomia realizadas durante o Renascimento, como as de Johannes Kepler, além dos avanços da física ao longo do século XVII, chamado o Grande Século, especialmente graças aos trabalhos de Isaac Newton, constituíram a base da convicção de que é possível explicar o mundo por meio da compreensão racional das leis da natureza.

Conheça melhor

As contribuições do Iluminismo para o entendimento do ser humano

A reflexão iluminista sobre o ser humano em sua diversidade acabou por criar novas áreas específicas do conhecimento.

Ao acolher a experiência humana como fonte de suas reflexões, os filósofos iluministas passaram a considerar a humanidade um objeto de estudo. Dentro desse espírito, os pensadores das Luzes focalizaram a diversidade da experiência humana.

Como resultado desse esforço, relativizaram as certezas até então existentes de que haveria um aspecto padrão para a humanidade que marcaria os princípios da civilização; as comunidades humanas que se afastavam desse modelo seriam manifestações de estágios inferiores do desenvolvimento da espécie.

No século XIX, o aprofundamento dos questionamentos iluministas sobre as diferenças nas comunidades humanas deu origem a uma nova ciência: a Antropologia.

A condição humana, 1933, óleo sobre tela de René Magritte.

GLOSSÁRIO

Escolástica: corrente filosófica ocidental iniciada no século IX que procura conciliar alguns aspectos da racionalidade antiga – basicamente o pensamento de Platão e o de Aristóteles – com os dominantes princípios teológicos da fé cristã.

Secularização: exclusão dos aspectos místicos de um dado tema e compreensão dele apenas por meio do estudo de seus aspectos materiais e racionais.

> ## O Iluminismo e a política

Essa negação da justificativa religiosa em favor de explicações racionais alcançou todos os campos do conhecimento, especialmente aqueles cujo objeto é o próprio ser humano. Desse modo, foi desenvolvida uma nova concepção de mundo, essencialmente humana e terrena, por meio de uma visão racional.

Com base nessa lógica, o pensamento dos filósofos de inspiração iluminista chegou rapidamente às instituições políticas. Até então o fundamento filosófico da autoridade política, na maior parte dos Estados existentes, atribuía uma origem divina ao exercício do poder.

Teóricos do absolutismo, como Jacques Bossuet, já haviam sustentado que a autoridade do rei emanava diretamente de Deus, ou seja, as decisões do soberano eram a expressão da vontade divina para a vida humana secular.

Os filósofos da Ilustração buscaram encarar esse problema da autoridade política com a mesma orientação que utilizaram em outros setores do conhecimento. Eles consideraram a política uma criação inteiramente humana e procuraram explicá-la essencialmente em termos humanos, sem nenhuma referência a uma possível origem divina. Essa tendência favoreceu o desenvolvimento de novas teorias políticas que humanizavam o tema, assim como foi feito a vários outros aspectos da existência.

Por meio da contribuição dos filósofos iluministas, a atenção dos estudos da legitimação do poder político transitou da perspectiva de uma justificativa divina para um caminho que procurava compreender a dimensão do poder político com base na vida dos seres humanos em sociedade, com seus interesses extremamente diversos e muitas vezes conflitantes. Seriam essas as bases em que deveria estar apoiada a autoridade no exercício do poder monárquico: ou seja, nos aspectos da existência humana real, individual e social.

Entre os intelectuais iluministas figuravam homens e mulheres. Estas organizavam encontros em seus salões, onde recebiam artistas, professores, filósofos e gente da alta sociedade. Os salões tornavam possível o acesso à cultura e às novidades científicas, políticas, literárias, etc. *O salão de Madame Geoffrin*, 1812, de A. C. Lemonnier.

História e Filosofia

Em vários momentos da história da humanidade, mudanças políticas, técnicas ou sociais de grande importância estiveram relacionadas com teorias filosóficas específicas que influenciaram as pessoas de uma sociedade.

A **Filosofia** relaciona-se diretamente à História. Muitas vezes a leitura cuidadosa de obras filosóficas, produzidas num dado momento histórico, pode ser fonte privilegiada para aprofundar o conhecimento da mentalidade predominante na época. Dessa forma, pode-se compreender melhor a ação histórica de pessoas, comunidades ou sociedades diante de determinadas circunstâncias.

Foi o que aconteceu no século XVIII em relação ao Iluminismo. A exata compreensão do conteúdo ideológico de revoluções burguesas como a Revolução Francesa e a Guerra de Independência dos Estados Unidos só pode ser devidamente alcançada quando nos debruçamos sobre a produção filosófica dos pensadores da Ilustração.

A Filosofia, surgida na Grécia Antiga, no século V a.C., é uma das principais origens de todas as outras ciências. Consiste numa reflexão sistemática e metódica sobre a realidade, buscando ultrapassar o conhecimento advindo de aspectos aparentes dos fenômenos e alcançar sua dimensão essencial, tendo como objetivo o entendimento racional de todos os aspectos da existência.

- Com um colega, pesquise o trabalho de um filósofo contemporâneo cujo pensamento seja relevante para compreender aspectos da História nos dias de hoje.

⟩ Os pensadores iluministas

Embora a maioria dos autores dedicados ao assunto fale do Iluminismo como um movimento intelectual que se observou em boa parte da Europa, não é possível considerar as obras dos pensadores das Luzes um conjunto absolutamente coerente em todos os lugares.

Na verdade, o Iluminismo foi muito mais uma perspectiva intelectual do que um conjunto de convicções compartilhado por todos os filósofos ilustrados. Assim, havia pensadores iluministas partidários da monarquia parlamentar, enquanto outros justificavam as intervenções de alguns soberanos absolutistas considerados "esclarecidos". Mas a grande maioria professava a crença de que apenas a razão poderia libertar os homens da superstição, da ignorância e do fanatismo religioso.

A expressão usada para simbolizar essa conjunção de iniciativas dos iluministas era "ousar saber". Diante da tradição medieval, religiosa e absolutista que dominava a sociedade desse período, essa postura independente caracterizava-se como uma ousadia intelectual que se foi disseminando nas posturas e atitudes concretas do cotidiano das pessoas.

⟩ John Locke e a teoria política

A reflexão de inspiração iluminista no campo do pensamento político começou a ser realizada ainda no século XVII, com as obras do inglês John Locke.

Locke testemunhou os conflitos políticos da Inglaterra do século XVII. O apoio do filósofo às teses liberais custou-lhe o exílio na Holanda, que só terminou quando Jaime II foi derrubado e a Coroa inglesa passou às mãos do protestante Guilherme de Orange. A obra mais importante de John Locke sobre assuntos políticos foi o *Segundo tratado sobre o governo civil*, escrito em 1689.

Nesse tratado o autor formula uma teoria sobre a fundamentação e a **legitimação** dos governos. Contrariando a ideia da legitimidade do poder monárquico por meio de um mandato atribuído por Deus ao rei, Locke explicava que a política e as diferentes formas de seu exercício eram invenções humanas. Assim, sua legitimidade só podia ser buscada na esfera humana.

Com essa afirmação, o filósofo sustentava que a autoridade política dos monarcas residia num contrato social firmado pela sociedade civil, que transferia seu poder a um governante. No entanto, a garantia de que esse poder não seria utilizado de forma autoritária e contra os interesses da sociedade era o fato de ele não ser absoluto. O poder devia ser limitado por leis formuladas pela própria sociedade civil: o monarca era apenas o executor das leis concebidas pela sociedade.

Essa perspectiva, formulada nas últimas décadas do século XVII, seria retomada e ampliada pelos filósofos franceses do século XVIII.

A tira de Quino, publicada em *Toda Mafalda*, propõe uma reflexão sobre a definição da Filosofia.

› Os filósofos iluministas

François-Marie Arouet, conhecido como **Voltaire**, foi um dos mais importantes filósofos iluministas. Estudou com os jesuítas, mas logo mostrou um espírito independente, crítico e irônico. Além dos livros filosóficos, foi autor de poemas, peças teatrais e contos, e também historiógrafo e polemista. Foi preso em diversas ocasiões por "crime" de opinião.

Entre suas obras principais podemos destacar *Tratado sobre a tolerância*, *Cartas inglesas* (ou *Filosóficas*), *O filósofo ignorante* e *Cândido*.

Voltaire assumiu uma postura engajada contra a ignorância, a superstição e o fanatismo de sua época. E a forma privilegiada de combater a tradição era o conhecimento racional da realidade, que levaria necessariamente ao progresso da civilização, único caminho para o ser humano atingir a maioridade. Para o filósofo, era o homem que fazia a sua história.

Outro filósofo importante foi Jean-Jacques **Rousseau**. De família humilde, Rousseau direcionou seus interesses filosóficos para a compreensão das formas de relação entre o Estado e a sociedade. Elaborou a ideia do **contrato social**, defendendo a tese de que todo o poder político origina-se de um acordo (um contrato) firmado entre a sociedade e os governantes.

No entanto, singularizando-se entre os pensadores do Iluminismo, ele discutiu criticamente a noção de propriedade privada, que, na sua concepção, estava na origem da desigualdade entre os homens. Outra peculiaridade do pensamento de Rousseau foi seu conceito de **soberania popular**, que deveria assumir a forma de manifestação da vontade da sociedade civil por meio do **sufrágio universal**. Nenhum outro pensador iluminista defendeu esse princípio.

No que se refere à reflexão sobre as instituições políticas, foi fundamental a contribuição do filósofo francês Charles-Louis de Secondat, barão de **Montesquieu**.

Oriundo de família aristocrática, Montesquieu dedicou os primeiros anos da vida adulta a funções jurídicas no Tribunal Provincial de Bordéus. Seu primeiro trabalho importante foram as *Cartas persas*, em que analisa de forma satírica as instituições, os usos e costumes franceses. Nessa obra, ele manifestou suas críticas à monarquia absolutista e aos abusos da Igreja.

Sua obra mais importante, contudo, é *O espírito das leis*, em que analisa diversas instituições e leis, em diferentes sociedades, buscando compreender os fatores que determinam a criação delas. Inspirado na experiência de monarquia parlamentar da Inglaterra, Montesquieu propõe nessa obra a **divisão de poderes** no âmbito do Estado.

Convencido de que o maior defeito do absolutismo é a concentração dos poderes nas mãos dos monarcas, Montesquieu sugeriu a divisão desses poderes: **Executivo**, **Legislativo** e **Judiciário**, que seriam exercidos por grupos diferentes da sociedade e mutuamente fiscalizados.

A combinação do questionamento do poder político com o abandono das explicações de base religiosa foi acentuada por Denis **Diderot**, um filósofo materialista e anticlerical.

Outra contribuição relevante de Diderot foi a edição da *Enciclopédia ou Dicionário raciocinado das ciências, das artes e dos ofícios*, que organizou com o matemático Jean **d'Alembert**. Diderot queria que a obra difundisse uma concepção de mundo livre de influências religiosas e metafísicas. Muitos filósofos, cientistas, artistas, teólogos e artesãos colaboraram com a obra.

GLOSSÁRIO

Sufrágio universal: direito de participar, por meio do voto, da escolha de representantes, independentemente de sexo, classe social ou renda.

Prancha da *Enciclopédia* organizada por Diderot e D'Alembert, representando mecanismos utilizados na produção do papel. A obra apresenta artigos e verbetes relacionados a diversas áreas: Filosofia, Biologia, Matemática, Arte, entre outras.

Hoje em dia

O pensamento de Montesquieu influenciou as instituições políticas do mundo atual. Na maioria dos países, sejam repúblicas ou monarquias, o princípio da divisão dos poderes está incorporado nas instituições políticas.

- Dividam-se em três grupos e escolham um dos três poderes – Executivo, Legislativo e Judiciário – para pesquisar como ele se organiza no Brasil, na esfera federal, e como se processa a relação entre esses poderes. Depois, discutam o resultado da pesquisa com os colegas dos outros grupos.

A economia ilustrada

Durante o século XVIII, também podemos encontrar importantes contribuições na área da economia. Os pensadores da Ilustração elaboraram muitas críticas aos procedimentos econômicos das monarquias absolutistas, como o protecionismo e outras práticas mercantilistas.

Como vimos no capítulo Absolutismo e mercantilismo, o mercantilismo estava fortemente assentado sobre o princípio da **intervenção do Estado** na economia. Os economistas de inspiração iluminista passaram a questionar essa característica, propondo soluções nas quais o Estado interferisse o mínimo possível nas atividades produtivas, deixando essa tarefa para os agentes econômicos da sociedade.

Essas concepções expressavam os interesses dos setores burgueses em ascensão, que, exceto na Inglaterra, permaneciam politicamente subordinados ao absolutismo. Naquele momento, um novo setor da burguesia, o industrial, colocava-se ao lado do mercantil. As forças produtivas da Europa iniciavam uma nova etapa de seu desenvolvimento, com a multiplicação das fábricas na Inglaterra. Era o início da Revolução Industrial.

A primeira crítica ao mercantilismo partiu da escola dos fisiocratas, na qual se destacaram os franceses François Quesnay e Robert Jacques Turgot. Para essa corrente, a riqueza de um país não estava nos metais preciosos acumulados pelos reis e sim na agricultura. Eles foram os primeiros a ver o sistema econômico como um organismo, no qual o excedente, gerado no campo, é transformado pela indústria e distribuído pela atividade comercial.

Todos os obstáculos à produção, à circulação e ao consumo de gêneros deveriam ser suprimidos. Ao mesmo tempo, caberia ao Estado uma presença discreta, limitada à garantia da ordem pública e da propriedade. Tais ideias fizeram dos fisiocratas os pioneiros do liberalismo econômico.

Algumas dessas concepções influenciaram o pensador escocês **Adam Smith**, considerado o fundador da Economia Política. Em sua obra principal, *A riqueza das nações*, publicada em 1776, ele argumentava que a intervenção do Estado na economia era desnecessária e ineficiente porque o mercado tinha mecanismos próprios de regulação.

Assim como Isaac Newton havia estabelecido as leis naturais do movimento dos corpos, Adam Smith acreditava ser possível determinar as **leis naturais da economia**, ou seja, os mecanismos por meio dos quais o mercado é capaz de regular a atividade econômica, corrigindo as distorções surgidas. Essa capacidade foi chamada de "a mão invisível do mercado". Entre esses mecanismos estavam a livre concorrência e a divisão do trabalho, que contribuíam para reduzir os custos de produção e os preços das mercadorias, e favoreciam as inovações tecnológicas.

Outro nome importante foi o reverendo Thomas Malthus, economista e demógrafo. Em um trabalho de grande importância para a época, denominado *Um ensaio sobre o princípio da população*, Malthus tentou provar que a maior ameaça em relação ao futuro da humanidade residia na taxa de **crescimento populacional**, quando comparada à taxa de aumento da produção de alimentos no mundo. O problema, segundo ele, era que a população aumentava em proporção geométrica, enquanto a oferta de alimentos crescia em proporção aritmética. O reverendo indicava, como forma de minimizar essa ameaça, que todos os países se ocupassem em controlar o **crescimento vegetativo** de suas populações.

> **GLOSSÁRIO**
>
> **Crescimento vegetativo**: índice de crescimento da população com base na diferença entre o número de pessoas nascidas e o de pessoas falecidas num dado período.

Representação gráfica da teoria malthusiana

- Crescimento da produção de alimentos
- Crescimento do efetivo populacional
- Excedente na produção de alimentos
- Excedente no efetivo populacional

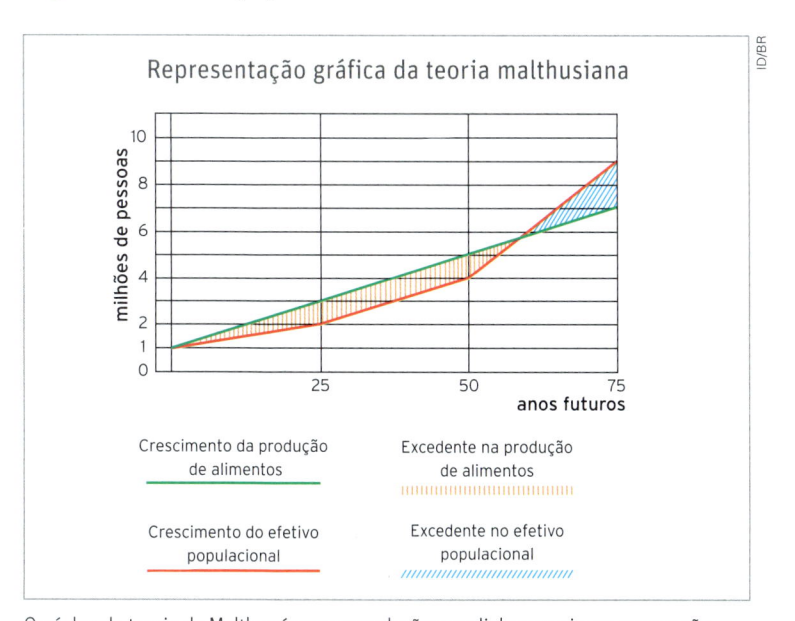

O núcleo da teoria de Malthus é que a população mundial cresceria em progressão geométrica, ao passo que a produção de alimentos cresceria em progressão aritmética.

Iluminismo e absolutismo

A expansão dos ideais iluministas pela Europa foi intensa e atingiu até mesmo os países nos quais o absolutismo monárquico apresentava uma sólida configuração e não se encontrava em crise.

Em países como Portugal, Rússia, Prússia e Áustria, vários monarcas absolutistas optaram por incorporar algumas das propostas formuladas pelos filósofos das Luzes, sem, no entanto, abrir mão do aspecto essencial: a centralização do poder na pessoa do soberano.

Quando medidas derivadas dos ideais iluministas eram implementadas sem nenhuma consideração no que se refere às críticas que esses pensadores faziam ao absolutismo em si, os historiadores usavam a expressão **despotismo esclarecido**.

O conceito de despotismo esclarecido pretende descrever situações nas quais, embora aspectos pontuais da reflexão dos filósofos iluministas tivessem sido incorporados, o princípio da autoridade quase absoluta dos monarcas não era questionado e muito menos confrontado.

O desgaste da prática absolutista atingiu os países da Europa de forma desigual, em parte por causa da forma pela qual os ideais do Iluminismo se difundiram pelo continente.

Em países em que o prestígio e a influência do catolicismo eram mais fortes, o processo de implementação desses ideais ocorreu de maneira menos intensa, e as justificativas do caráter divino na legitimação do poder dos reis sobreviveram com mais vigor.

Já nas regiões que haviam passado por crises religiosas anteriores, a influência dos filósofos iluministas havia sido observada de maneira mais concreta. Foi o caso da França, país no qual o catolicismo foi abalado pela presença de grupos protestantes – os huguenotes – durante o período da **Reforma**, e da Inglaterra, onde a Igreja Católica fora substituída pelo **anglicanismo** no governo de Henrique VIII.

A gravura *Voltaire lendo para Frederico, o Grande*, publicada em 1878, é representativa do despotismo esclarecido, quando reis absolutistas inspiravam-se nos ideais iluministas.

A Prússia sob o reinado de Frederico II

Frederico II, o Grande, tornou-se rei da Prússia em 1740. Apreciador das artes, o monarca conseguiu aliar ao espírito das Luzes as rígidas tradições prussianas, tais como um exército muito forte e profissionalizado, além de um Estado com uma clara vocação de intervir na economia. Em parte, essa aproximação ocorreu por causa de sua relação pessoal e amistosa com pensadores iluministas como Voltaire, do qual foi correspondente e amigo. O palácio de Sans-Souci, residência real, foi construído em estilo francês e hospedou em várias ocasiões cientistas e literatos franceses.

Embora o governo de Frederico II tenha-se caracterizado pelo aprofundamento da centralização do poder, muitas medidas tomadas durante sua administração foram inspiradas pelos ideais iluministas. Entre essas medidas estava a criação de um **Código de Processo Civil**, que previa um poder Judiciário independente do Executivo. Outra iniciativa progressista foi a abolição das práticas de tortura e das corveias que ainda recaíam sobre os camponeses.

Frederico II recebeu o cognome de "o Grande" pela sua capacidade administrativa e aptidão militar. Considerado um dos grandes comandantes de seu tempo, o rei ampliou muito as fronteiras prussianas.

Em 1740, anexou a Silésia, até então pertencente à Áustria, num dos primeiros lances da Guerra de Sucessão Austríaca. Mais tarde aliou-se à Grã-Bretanha na Guerra dos Sete Anos e, numericamente inferior, derrotou os exércitos franceses, russos e austríacos. Em 1772, repartiu com a Áustria e a Rússia o território polonês, anexando a chamada Prússia polonesa, a Pomerânia e outras regiões.

Foi esse espírito excessivamente belicoso, aliado a administrações tirânicas, que acabou por decepcionar Voltaire e outros iluministas que acreditavam que o despotismo esclarecido era uma forma viável de governo. Monarcas como Frederico II eram, antes de tudo, déspotas.

Assista

Amadeus. Direção de Milos Forman, EUA, 1984, 158 min. Versão romanceada da vida do compositor austríaco Wolfgang Amadeus Mozart. A maior parte do enredo se passa na Áustria governada pelo déspota esclarecido José II, que no filme aparece como um dos protagonistas.

Leia

Iluminismo: a Revolução das Luzes, de Milton Meira do Nascimento e Maria das Graças S. Nascimento. São Paulo: Ática, 1998. O livro, escrito por dois estudiosos de filosofia, explica de forma simples, mas rigorosa, os mais importantes princípios do Iluminismo.

> ## Catarina II da Rússia

Outro exemplo é o de Catarina II, czarina que governou a Rússia a partir de 1762. Responsável por ampla reforma da sociedade russa, com a criação de escolas e universidades e uma reformulação urbana, Catarina também nutria simpatia pelos filósofos do Iluminismo. Correspondia-se com Voltaire e especialmente com Diderot, de quem era leitora e admiradora.

Durante seu reinado, houve tolerância religiosa e proteção às artes e aos artistas em geral. Apesar disso, a czarina sempre exerceu um poder quase absoluto e fortemente centralizado.

Ao morrer, seu império havia anexado 500 mil quilômetros quadrados de territórios otomanos e poloneses.

> ## Portugal sob o governo de Pombal

Em Portugal o rei dom José I, que subiu ao trono em 1750, teve como primeiro-ministro Sebastião José de Carvalho e Melo, mais conhecido como Marquês de Pombal. Esse estadista ficou associado às grandes mudanças ocorridas em sua gestão. A começar pela reconstrução de Lisboa, atingida por um forte terremoto em 1755.

Além disso, Pombal revogou leis que estabeleciam distinção entre cristãos-velhos e cristãos-novos (judeus convertidos ao catolicismo). O ministro também aboliu os autos de fé, em que os condenados eram queimados em praça pública pela Inquisição.

Também figuram entre as decisões consideradas de inspiração iluminista a expulsão dos jesuítas do Império Português, tanto da metrópole quanto das colônias, e o confisco de todos os bens da ordem religiosa.

No campo da economia, Pombal adotou medidas de caráter mercantilista, como a proteção da produção nacional em relação à indústria estrangeira por meio da criação de monopólios e o incentivo ao desenvolvimento das manufaturas.

> ## A Áustria sob José II

No mesmo período, encontramos na Áustria o rei José II. Monarca absolutista, ele promoveu uma ampla reforma administrativa no Estado austríaco, garantindo grande concentração do poder em suas mãos. Embora católico, também manteve uma política de franca independência em relação à Igreja, chegando a submeter o clero secular à condição de funcionários civis, além de fundar seminários estatais.

Como alguns dos outros exemplos aqui citados, José II mantinha relação estreita com os enciclopedistas e via com simpatia a iniciativa deles.

Seus esforços no campo da educação levaram-no a instituir o ensino fundamental público obrigatório em 1773. Além disso, aboliu a servidão e a tortura e permitiu o acesso dos judeus às universidades.

Cada um desses monarcas e ministros implementou na prática muitas das medidas propostas pelos filósofos das Luzes, mas sem nunca abdicar de sua autoridade absolutista.

Gravura alemã do século XVIII representa a cidade de Lisboa durante o terremoto ocorrido em 1755. A reconstrução de Lisboa seguiu os princípios do Iluminismo.

Conheça melhor

O despotismo esclarecido e a América

Durante o século XVIII, na Espanha, a dinastia dos Bourbon, representada pelo rei Carlos III, foi responsável por uma série de medidas cujo objetivo era modernizar as estruturas de dominação das colônias espanholas na América. Nessa reforma, buscou-se tornar mais eficiente a produção de alimentos para fazer frente ao crescimento populacional observado na Espanha na segunda metade do século XVIII.

Nesse aspecto, o despotismo esclarecido da Espanha se diferenciava das demais experiências europeias, pois, enquanto em outros países voltava-se a atenção para o desenvolvimento da indústria, os espanhóis deram prioridade à agricultura. O Estado procurou estabelecer medidas fiscais que eliminassem a concorrência de outros países no comércio dos produtos agrícolas.

No que se refere às colônias, o objetivo foi reforçar as proibições determinadas pelo pacto colonial, impondo a exclusividade do comércio com a metrópole. Era uma forma de tornar a produção das colônias um complemento da economia espanhola.

Ontem e hoje

Universalismo e preconceito

Sob vários aspectos, o Iluminismo pode ser considerado um movimento intelectual com inúmeras e arrojadas propostas para a construção de um mundo melhor.

Um dos muitos valores importantes desenvolvidos e propagados pelo Iluminismo foi o universalismo. Os filósofos dessa corrente acreditavam que, quando os últimos resquícios do misticismo, das falsas crenças, do fanatismo religioso e da ignorância fossem esclarecidos pela luz da razão, não restaria nenhum preconceito.

A partir desse momento, os homens poderiam compreender que a moral e a distinção entre o certo e o errado variam de uma região a outra, de um povo a outro, dependendo das condições culturais, históricas, geográficas, etc.

Mas, nos dias atuais, é possível perceber a profunda estranheza que ainda prevalece entre indivíduos de culturas distintas. A crescente tendência em associar a cultura islâmica a atos de terrorismo, tão comum nos países ocidentais, é apenas mais um exemplo recente de como o Iluminismo não foi capaz de implementar muitas de suas propostas, como a de pôr fim aos preconceitos.

Outro exemplo evidente é o estranhamento que a África e os costumes africanos causam em muitos países do Ocidente. Uma visão de mundo eurocêntrica, que se firmou ao longo do século XIX, com o domínio dos países europeus sobre a África e sobre a Ásia, no contexto do Imperialismo, tem, em pleno século XXI, grande influência na forma de o Ocidente perceber as relações interculturais.

Membros do grupo de extrema-direita "Movimento Pró-Alemanha", em manifestação anti-islâmica, próximo a uma mesquita em Berlim. Foto de 2012.

Além desses exemplos, a xenofobia que cresce em vários países e o fortalecimento de partidos políticos ultraconservadores que tratam com hostilidade os imigrantes estrangeiros, agravados por uma crise econômica sistêmica que atinge todos os países, apenas põem em evidência a distância que ainda nos separa da realização plena de propostas concebidas pelos filósofos das Luzes.

Eventos atuais de intolerância e violência entre culturas parecem mostrar que, embora a humanidade tenha avançado bastante, com contribuições do Iluminismo, no campo da compreensão e do respeito à diversidade humana há ainda muito que consolidar e avançar.

Xenofobia na Europa

Devido ao padrão de migrantes em direção à Europa, é este continente que tem apresentado a maior parte dos casos extremos de xenofobia. Como exemplo, só nesta década, tem-se o incêndio criminoso de um edifício onde moravam migrantes turcos, na Alemanha; o caso recente do norueguês que explodiu uma bomba no centro de Oslo (capital da Noruega) e fuzilou estudantes de um partido de esquerda (que eram contra o discurso de expulsão de migrantes), totalizando aproximadamente 80 mortos. Além disso, foram observadas manifestações e passeatas contra migrantes em França, Portugal, Espanha e Inglaterra. O alvo da xenofobia são, principalmente, latinos, asiáticos e africanos.

A xenofobia e os consequentes atos contra migrantes são oficialmente considerados como crime e violação dos Direitos Humanos. Com receio de que os casos de xenofobia iniciem uma grande onda de intolerância étnica, religiosa e cultural (tal como a vivida na 2ª Guerra Mundial, que resultou no genocídio de judeus na Alemanha de Hitler), autoridades da União Europeia e organizações supranacionais como a ONU têm criado projetos para repudiar e evitar o desenvolvimento da xenofobia entre os europeus.

DE PAULA, Fernanda Cristina. Xenofobia na Europa: Os padrões atuais de migração internacional. *Revista Geografia*, n. 42, 2012. Disponível em: <http://geografia.uol.com.br/geografia/mapas-demografia/42/xenofobia-na-europa-os-padroes-atuais-de-migracao-internacional--252496-1.asp>. Acesso em: 14 maio 2014.

Reflita

1. Faça uma pesquisa sobre as práticas atuais de preconceito cultural em relação ao outro (ao diferente) e como esses preconceitos geram conflitos entre pessoas, grupos e nações.
2. Organizem-se em grupos e, para cada um dos casos pesquisados no item anterior, listem atitudes que poderiam contribuir para superar conflitos culturais reais ou potenciais.
3. Cada grupo deverá apresentar o resultado de seu trabalho e debater com a classe as sugestões de possíveis soluções para os conflitos.

Atividades

Verifique o que aprendeu

1. Com base no que vimos neste capítulo, identifique as premissas que orientaram o esforço dos pensadores iluministas.

2. Avalie a importância do pensamento de Locke na formação dos filósofos iluministas.

3. Vimos que a *Enciclopédia* desempenhou importante papel na difusão dos princípios do Iluminismo. Explique de que forma o projeto dela coincide com as linhas gerais dessa corrente.

4. Compare a contribuição de Rousseau à de outros iluministas e assinale as principais diferenças.

5. Analise, com base no texto, que deficiências Montesquieu criticava no absolutismo monárquico e que soluções ele propunha.

6. Relacione a prática política dos déspotas esclarecidos com as concepções da Ilustração.

7. Escolha dois exemplos de déspotas esclarecidos mencionados neste capítulo e analise de que maneira as ações deles foram influenciadas pelos ideais do Iluminismo.

8. Relacione as ideias de Adam Smith com os princípios gerais do pensamento iluminista.

Leia e interprete

9. Vimos que a obra de John Locke teve uma importância decisiva no pensamento dos filósofos iluministas. Leia atentamente esse trecho retirado de sua obra *Segundo tratado sobre o governo civil* e responda às questões propostas.

> 95. Sendo todos os homens, como acima dissemos, por natureza, todos livres, iguais e independentes, ninguém pode ser expulso de sua propriedade e submetido ao poder político de outrem sem dar consentimento. A maneira única em virtude da qual uma pessoa qualquer renuncia à liberdade natural e se reveste dos laços da sociedade civil consiste em concordar com outras pessoas em juntar-se e unir-se em comunidade para viverem com segurança, conforto e paz, umas com as outras, gozando garantidamente das propriedades que tiverem e desfrutando de maior proteção contra quem quer [que] não faça parte dela. Qualquer número de homens pode fazê-lo, porque não prejudica a liberdade dos demais; ficam como estavam na liberdade do estado de natureza. Quando qualquer número de homens consentiu desse modo em constituir uma comunidade ou governo, ficam, de fato, a ela incorporados e formam um corpo político no qual a maioria tem o direito de agir e resolver por todos.
>
> LOCKE, John. *Segundo tratado sobre o governo civil*. São Paulo: Nova Cultural, 1991, p. 253.

a) Segundo o autor, qual é a condição natural dos homens?

b) Em que condições e em busca de que objetivos os seres humanos constituem a sociedade civil?

c) Qual é o preço pago pela pessoa ao se ligar à sociedade civil?

d) De onde provém, segundo o texto, a legitimidade de um governo com as pessoas organizadas em sociedade civil?

10. A *Enciclopédia* dos iluministas, além das páginas de texto com o significado dos verbetes, era acompanhada de pranchas que ilustravam várias das artes e dos ofícios abordados para dar uma ideia precisa de como eram realizados. A imagem a seguir é de uma dessas pranchas e ilustra uma atividade específica. Observe-a e responda às questões.

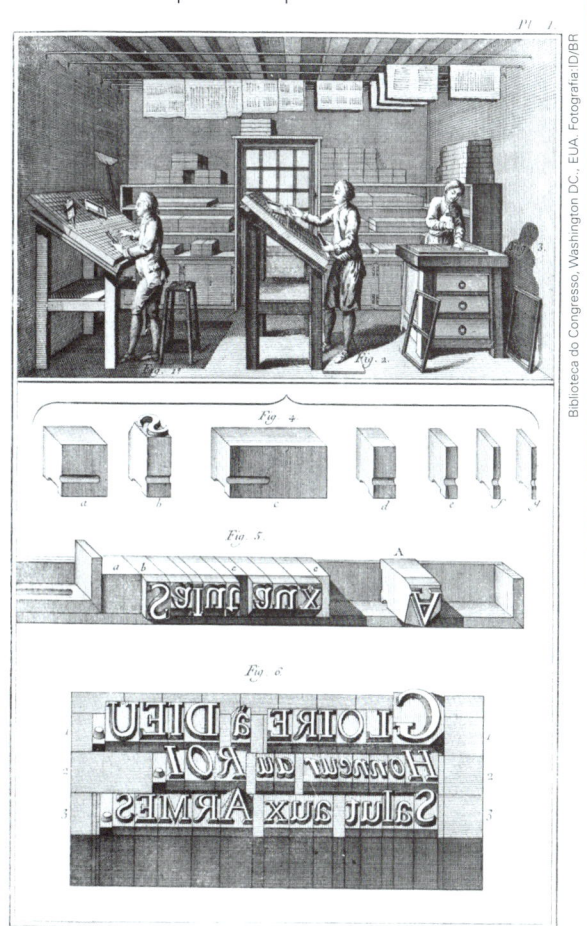

Prancha da *Enciclopédia*, 1751.

a) Qual é o ofício ilustrado?

b) Com base no que você leu sobre a *Enciclopédia* neste capítulo, justifique por que as atividades profissionais como essa têm destaque na obra.

c) A Enciclopédia do Iluminismo estabelece o princípio de que o saber, e não a fé, deveria nortear as ações humanas. A afirmação está correta? Justifique.

CAPÍTULO 32

A Revolução Industrial

O que você vai estudar

- Uma revolução das técnicas.
- Carvão, ferro e algodão.
- A sociedade industrial.
- A reação romântica.

Coalbrookdale à noite, 1801, pintura do artista inglês Philip James Loutherbourg.

Ligando os pontos

Do século XV ao XVIII, a burguesia firmou-se como classe social. Com isso, os princípios capitalistas ganharam impulso. Nesse processo, a política econômica mercantilista foi fundamental por privilegiar o comércio e criar condições para o enriquecimento dessa nova classe social. Tais transformações ocorreram primeiro na Inglaterra, pois as revoluções inglesas permitiram a afirmação de uma classe de homens de negócios, enfraquecendo a interferência absolutista. Além disso, os ingleses obtiveram vantagens econômicas em tratados assinados com Portugal e com outras nações, o que permitiu a acumulação de capital. A vitória em conflitos como a Guerra dos Sete Anos, que frustrou a expansão francesa, também contribuiu para a ampliação dos domínios ingleses sobre vários mercados.

Os lucros obtidos com o comércio mundial, o crescimento populacional, a migração em massa para áreas urbanas e as novas invenções foram fatores determinantes no desenvolvimento das fábricas na Inglaterra.

O liberalismo defendeu princípios de não intervenção do Estado na economia. Para os liberais, o direito à liberdade e à propriedade privada era inalienável. O Estado passava, então, a assegurar esses direitos, e esses novos valores foram essenciais para a construção da sociedade capitalista.

A imagem acima representa um aspecto noturno da região inglesa do vale de Coalbrookdale, que no passado era rica em minérios e onde se instalaram várias indústrias ao longo dos séculos XVIII e XIX.

Observe a imagem com atenção e responda às questões a seguir.
1. Que aspectos da natureza são visíveis na pintura?
2. Que alterações essa nova paisagem determinou no modo de vida das pessoas da época?
3. Que relações podem ser estabelecidas entre a cena representada acima e o título deste capítulo? Explique.

❯ Tempo de transformações

Os avanços tecnológicos e as mudanças socioeconômicas que marcaram a sociedade inglesa do século XVIII impulsionaram a Revolução Industrial, que alterou para sempre o cenário mundial.

A Inglaterra de 1760 começava a transformar-se aos poucos, deixando de ser uma sociedade essencialmente rural (em razão do elevado êxodo do campo) para tornar-se uma sociedade industrial. O trabalho artesanal dava cada vez mais lugar ao trabalho assalariado, e a energia do vapor passava a movimentar as máquinas, substituindo a energia humana. Esse período, que durou aproximadamente de 1760 a 1850, foi chamado de **Primeira Revolução Industrial**.

❯ Artesanato, manufatura, sistema fabril

Antes da Primeira Revolução Industrial, os tecidos de lã eram produzidos artesanalmente.

No sistema de produção **artesanal**, todas as etapas do processo produtivo poderiam ser executadas por uma única pessoa. O artesão era o dono de seu tempo, das ferramentas de trabalho e da matéria-prima. Em todas as etapas da produção, da tosquia dos carneiros (quando a matéria-prima era a lã) até a fiação, a tecelagem e o tratamento final dos tecidos, predominava a mão de obra familiar, às vezes com o auxílio de algumas pessoas contratadas.

Com o crescimento da produção e do mercado, surgiram as **manufaturas**. Nesse novo sistema, os trabalhadores eram contratados por um comerciante e concentrados em um local específico. Cada trabalhador, ou grupo de trabalhadores, dedicava-se apenas a uma das etapas da produção.

A mudança foi gradual. Primeiramente, o comerciante passou a fornecer a matéria-prima ao artesão, muitas vezes lhe emprestando ou alugando as ferramentas para que ele pudesse trabalhar. Isso criou uma relação de dependência entre o artesão e o comerciante. No segundo passo, o trabalho passou a ser feito em oficinas, cujo dono podia controlar o tempo de cada etapa da produção. A invenção de novas máquinas e o uso da energia a vapor permitiram a divisão e a especialização do trabalho nas fábricas. Essa nova fase do sistema industrial, chamada de **maquinofatura**, deu mais agilidade ao processo e resultou em aumento de produtividade. Ao mesmo tempo, transformou o artesão em simples trabalhador assalariado, especializado em apenas um tipo de tarefa.

❯ Revolução das técnicas

O sistema de produção industrial pode ser definido, de maneira geral, como um processo intenso e contínuo que pressupõe transformações técnicas.

Historicamente, as mudanças técnicas ocorreram com graus de intensidade muito diversos. Da Pré-História até o fim do século XVII, poucos foram os avanços técnicos, quando comparados aos do período posterior.

Foi a partir do século XVIII que o progresso tecnológico se intensificou. Cada nova invenção provocava certo descompasso na produção, o que forçava a aplicação de outras tecnologias que compensassem esse desequilíbrio.

No início, o avanço técnico dirigiu-se especialmente ao setor têxtil. Como grande exportadora de tecidos, a Inglaterra viu-se obrigada a investir mais no aumento da produção, de modo a abastecer seu crescente mercado consumidor no mundo. O processo de fabricação de tecidos precisava deixar de ser artesanal para ganhar em eficiência.

Na busca por eficiência, a lã, produto mais caro, já não seria a matéria-prima dominante na fabricação de tecidos. O algodão passou a ser cada vez mais usado. A demanda por produtos ingleses, exportados para outros continentes, como a América, também exigiu mais agilidade por parte do setor manufatureiro e investimentos em tecnologias que favorecessem o aumento da produtividade.

A produção artesanal era lenta e incompatível com as novas necessidades econômicas de um mercado em expansão. Nessa gravura de C. W. Jefferys, podemos observar uma roda de fiar colonial típica do século XVIII.

GLOSSÁRIO

Maquinofatura: uso de máquinas em substituição aos métodos artesanais de produção industrial. Inaugurou o sistema industrial moderno.

■ Outras histórias

As manufaturas no Brasil

Em meados do século XVIII, enquanto a indústria inglesa se desenvolvia, no Brasil a mineração de ouro entrava em decadência. Parte do capital obtido na mineração foi então investido em manufaturas. Os colonos produziam tecidos de algodão e alguns fundiam o minério de ferro encontrado nas Minas Gerais.

Esse promissor surto manufatureiro foi interrompido, porém, em 1785, quando a rainha dona Maria I proibiu as manufaturas na América portuguesa. Assim, a Coroa garantia para a Metrópole o monopólio do abastecimento de produtos manufaturados da Colônia.

› Inovações nas fábricas

A invenção, na década de 1730, da **lançadeira volante**, um dispositivo adaptado aos teares manuais, acelerou o processo de tecelagem. Seu uso permitiu a fabricação de tecidos com dimensões maiores do que os produzidos pelo método artesanal.

O aumento da capacidade de tecelagem criou uma demanda maior por fios de lã e, cerca de três décadas mais tarde, surgiu a máquina de fiar conhecida como **spinning jenny**. O equipamento tornou o processo de fiação mais veloz e eficiente. A máquina possibilitava ao artesão produzir até oito fios de uma só vez, mas a qualidade dos fios era irregular, o que comprometia o resultado final.

Em 1769, foi inventada a **spinning frame**, ou **water frame**, uma máquina movida a energia hidráulica que era capaz de produzir fios mais grossos e resistentes. As duas inovações, a *spinning jenny* e a *spinning frame*, fundiram-se em uma, a **spinning mule**, desenvolvida em 1779. Reunindo as qualidades observadas em suas antecessoras, a nova máquina tornou possível a produção em grande escala de fios finos e resistentes.

O sistema de tecelagem manual usado na época da invenção da *spinning mule* demonstrou ser ineficaz para absorver tanta oferta de fios. Era necessário encontrar um modo de acelerar a produção também nas tecelagens.

Em 1785, Edmund Cartwright inventou o tear mecânico. Movido pela energia a vapor, tecnologia desenvolvida em 1768 por James Watt, esse equipamento marcou o início da indústria moderna.

Representação da máquina de fiar *spinning jenny*. Essa invenção proporcionou o aumento da produção de fios e abriu caminho para outras inovações, como o tear mecânico movido a vapor. Gravura de 1887 colorizada posteriormente.

› Encurtamento das distâncias

As invenções não se limitaram ao setor têxtil. O uso da energia a vapor afetou outras áreas, como a dos transportes.

A partir de 1807, quando foi desenvolvido o primeiro barco a vapor, as embarcações a vela começaram a ser gradativa e progressivamente substituídas nas rotas marítimas comerciais. Pela primeira vez na história, o transporte de passageiros, de mercadorias e de correspondências podia ocorrer com regularidade, sem a dependência dos ventos. A nova tecnologia modernizou completamente o sistema de transporte fluvial e marítimo, sendo empregada em embarcações cada vez maiores e mais velozes.

A locomotiva a vapor foi inventada poucos anos depois, em 1814. A invenção é atribuída ao inglês George Stephenson e revolucionou o sistema mundial de transporte terrestre. Em pouco tempo, multiplicaram-se as estradas de ferro nos países da Europa e nos Estados Unidos. E, mais tarde, também em outras regiões do mundo.

A implantação das estradas de ferro provocava em seus usuários a sensação de que as distâncias entre lugares distantes uns dos outros tornavam-se cada vez mais curtas. Os trens cortavam regiões, facilitando o deslocamento de pessoas e de cargas e proporcionando diminuição dos custos com transporte.

A estrada de ferro foi uma inovação importante para impulsionar o crescimento e a expansão do setor industrial. Nos vagões sobre trilhos circulariam grandes quantidades de matérias-primas, que seriam transformadas nas fábricas, e de mercadorias para o abastecimento de um mercado consumidor em franca expansão, causando também outros impactos de ordem socioeconômica.

Robert Fulton inaugurou, em 1807, as viagens em barcos a vapor. Navegou o rio Hudson, de Nova York até Albany, com a embarcação *Clermont*, representada abaixo. O sistema de deslocamento era acionado por pás dispostas nas laterais externas da embarcação, movidas por uma máquina a vapor instalada no interior do barco. Gravura do século XIX.

> Carvão, ferro e algodão

Três matérias-primas foram fundamentais para que as transformações e inovações que impulsionaram a Revolução Industrial na Inglaterra do século XVIII se concretizassem: carvão mineral, ferro e algodão.

A Inglaterra contava com grandes reservas de carvão e de ferro, e o algodão era obtido principalmente em suas colônias na Ásia e na América. As reservas minerais localizavam-se principalmente nas regiões norte e oeste de seu território, em áreas próximas dos principais rios e portos e onde também se instalaram as primeiras indústrias têxteis.

O carvão foi importante para a manutenção do sistema fabril porque era usado como combustível para aquecer as caldeiras que transformavam a água em vapor.

Antes mesmo da invenção do tear mecânico, o uso da máquina movida a vapor já era comum nas minas de carvão. Desde 1712, um tipo de máquina a vapor havia sido desenvolvido para suprir uma necessidade frequente nas minas: a retirada da água que se acumulava em seu interior. O sistema demonstrou ser tão eficiente que acabou por inspirar James Watt no desenvolvimento de um modelo de máquina que aceleraria a produção nas tecelagens. Com a nova máquina, aumentou o interesse econômico pelo minério. A produção de carvão na Inglaterra quadruplicou ao longo do século XVIII. Em 1800, chegou a cerca de 10 milhões de toneladas, provavelmente 90% da produção carvoeira mundial. A instalação das ferrovias no século XIX aumentou ainda mais o consumo de carvão.

O ferro também foi fundamental para o desenvolvimento industrial. A partir do século XVIII, o metal passou a ser muito usado na construção de máquinas, de equipamentos e até de pontes. No início do século XIX, generalizou-se sua aplicação na construção de trilhos, trens e navios.

Ao processo de fabricação do ferro foram incorporadas novas tecnologias, que tornaram o metal mais resistente e baratearam sua produção. A partir da década de 1850, essa tecnologia foi aperfeiçoada e aplicada na transformação do ferro em aço. Iniciava-se nessa época a segunda fase da Revolução Industrial, que durou até meados do século XX.

A **Segunda Revolução Industrial** foi marcada pelo uso de novas formas de energia (elétrica) e novos combustíveis (petróleo). Não ficou restrita à Inglaterra; França, Bélgica, Holanda, Prússia e norte da península Itálica também viveram seus processos industriais. Os Estados Unidos e, mais tarde, o Japão passaram por processos semelhantes.

A tecnologia desenvolvida para o aproveitamento do algodão na fabricação de tecidos fez aumentar a procura por essa matéria-prima. Mais leves, os tecidos de algodão passaram a ser consumidos também em regiões de clima mais ameno. O Brasil beneficiou-se com a procura do produto no mercado mundial. O algodão seria cultivado em larga escala primeiro no Maranhão e depois em todo o Nordeste e em São Paulo.

A indústria inglesa (início do século XI)

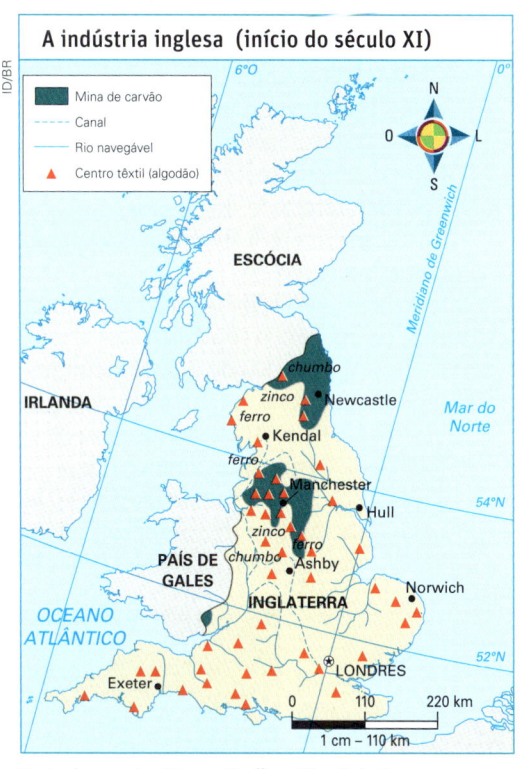

Fonte de pesquisa: PARKER, Geoffrey. *Atlas Verbo de história universal*. Lisboa-São Paulo: Verbo, 1996. p. 94.

O carvão e o ferro foram fundamentais para a revolução nos transportes. Ao lado, a primeira locomotiva, conhecida como Rocket, construída por George Stephenson. Em 1829 fez a primeira viagem entre Liverpool e Manchester, inaugurando a linha férrea. Foto de 1905.

> A sociedade industrial

A Revolução Industrial gerou profundas transformações sociais.

Simultaneamente às inovações tecnológicas desenrolava-se um fenômeno igualmente importante: os **cercamentos** de terras, ou *enclosures*. Eles se intensificaram a partir de 1760, representando um processo violento de expulsão dos camponeses das **terras comunais**.

Como resquício do sistema feudal, cada comunidade rural tinha autorização para usar livremente uma parcela das terras do senhor. O cultivo era coletivo e as terras proporcionavam não apenas colheitas suplementares mas também pasto para animais domésticos e lenha, além da caça de pequenos animais.

Os proprietários de terras, membros da burguesia ou da aristocracia inglesas, interessados em aumentar seus lucros com a venda de lã para a indústria têxtil, mandaram cercar as terras comunais para criar carneiros. Dessa forma, impediram o acesso dos camponeses, que, sem condições de sobreviver, migraram para a cidade.

Grande número de camponeses mudou-se para as cidades, onde se transformaram em mendigos ou em operários e mineiros.

Hoje, quando pensamos em cidades europeias como Londres, imaginamos beleza e planejamento. No século XIX, a falta de condições sanitárias e o sofrimento social predominavam. Esta ilustração de Gustave Doré, *Rua Dudley, Londres*, de 1872, representa o caos e a miséria reinantes.

Essas transformações foram traumáticas. Os valores e costumes dos camponeses eram bem diferentes dos que se encontrariam nos centros urbanos. No ambiente das cidades industriais, imperavam a competição e o individualismo. Além disso, como a oferta de mão de obra crescia vertiginosamente, as pessoas que vinham do campo enfrentavam problemas como desemprego e falta de moradia.

Quando empregados, recebiam salários baixíssimos e não contavam com nenhum tipo de garantia ou assistência. Perdidas no emaranhado de fábricas, chaminés e ruas insalubres, multidões de operários e mendigos sujeitavam-se a condições precárias de vida, sofrendo com a falta de higiene, com a poluição e com as epidemias.

As minas de carvão eram locais estreitos e insalubres. As crianças e as mulheres não foram poupadas no processo de modernização. Gravura de 1844.

Ação e cidadania

Mulheres no mundo do trabalho

Na época da Revolução Industrial, a família, segundo o modelo burguês, era chefiada pelo marido. Encarregado do sustento do lar, pensava-se que ele merecia ter uma esposa devotada, doce e passiva. A ideia de uma mulher trabalhar fora do lar era algo inconcebível.

Mas esse ideal de família estava muito distante da realidade dos operários. A dura vida cotidiana obrigava a mulher — e também as crianças — a trabalhar nas fábricas como meio de complementar o orçamento familiar. Assim, era comum que as mulheres operárias não dependessem do marido. Muitas vezes, até o sustentavam, já que na sociedade industrial inglesa havia inúmeras oportunidades de trabalho para mulheres. Muitos patrões preferiam empregar mulheres ou crianças, pagando salários mais baixos do que pagariam a um homem adulto.

Nas minas de carvão, as operárias executavam os trabalhos mais penosos. Meninas entravam em minas escuras e úmidas, com altos níveis de insalubridade. Isso causou muita discussão na época.

A historiadora Catherine Hall realizou estudos na década de 1980 que descrevem o trabalho de crianças e mulheres nas minas de carvão, analisando os documentos deixados por uma comissão encarregada de denunciar os abusos cometidos no século XIX.

Desempenhar funções masculinas vestindo roupas de homem foi considerado uma ofensa. Houve movimentos para proibir o trabalho feminino em locais como minas de carvão. Os homens aprovavam a iniciativa, não porque concordassem tratar-se de uma ofensa moral às mulheres, mas com medo do desemprego. A presença de operárias nas minas e nas fábricas representava uma ameaça ao emprego dos homens, que almejavam postos de trabalho e bons salários.

> A outra face do progresso

O ritmo de trabalho era muito intenso nas fábricas. Relatórios e documentos de época revelam que as jornadas duravam em média 14 horas e podiam estender-se a 19 horas diárias em alguns períodos do ano.

Ao contrário do que ocorria antes da implementação do sistema fabril, quando os artesãos determinavam por quanto tempo e em que momento do dia trabalhariam, nas fábricas o ritmo e a duração do trabalho eram determinados pelo relógio. Foi nessa época que se criou a expressão: "Tempo é dinheiro".

Quanto mais longas eram as jornadas diárias de trabalho, maior era o lucro do patrão. A permanência prolongada na fábrica resultava em maior produção e na otimização do uso de máquinas e energia. O operário, portanto, trabalhava por longo período, sem direito a intervalos para descanso.

A divisão de tarefas tornava a produção mais ágil. Mas o trabalho repetitivo executado durante horas seguidas tornava-se maçante. Os acidentes de trabalho eram constantes, assim como as doenças.

A maioria dos operários recebia salários equivalentes a oito **xelins** semanais, valor irrisório para os padrões da época e que mal cobria as despesas com alimentação. Para a sobrevivência da família, portanto, todos os membros precisavam trabalhar.

As inovações tecnológicas contribuíram para o aumento da produtividade e para a redução da quantidade de trabalhadores nas fábricas. Como consequência, o desemprego aumentou.

Descontentes com essa situação, os operários uniram-se contra os patrões e as péssimas condições de trabalho e de vida. A primeira reação coletiva foi promover a destruição de máquinas nas fábricas. Depois eles passaram a organizar-se em sociedades e associações. Em 1779, uma lei tentou proibir a criação de associações operárias. A resistência dos trabalhadores fez com que a lei fosse revogada. As associações multiplicaram-se, especialmente nos principais centros industriais da Inglaterra, como Lancashire, Yorkshire e Manchester.

As novas necessidades do mercado favoreceram a diversidade de matérias-primas na fabricação de tecidos. Nessa gravura de 1834, podemos observar a fiação de algodão em uma indústria têxtil na Inglaterra.

Ponto de vista

A pobreza é natural?

Sempre haverá ricos, portanto devem existir pobres.

Essa frase de J. P. Brissot expressa bem o pensamento do final do século XVIII e início do XIX. Também os pensadores liberais, como Adam Smith e Thomas Malthus, concordavam que a pobreza era algo natural.

A frase a seguir, de Malthus, é representativa do pensamento da época:

[...] pode parecer estranho, mas acredito que é uma verdade que, através do dinheiro, não posso elevar a condição de um homem pobre, capacitando-o a viver muito melhor que anteriormente, sem prejudicar proporcionalmente outros homens da mesma classe.

MALTHUS, Thomas Robert. *Economia*. São Paulo: Ática, 1982. p. 75.

As mazelas sociais seriam obra do destino ou das diferentes aptidões dos homens. E os pobres seriam incapazes de administrar os recursos que acumulassem. De modo geral, a visão em relação aos pobres na época era negativa e desqualificadora.

- Debata com seus colegas sobre a existência de ideias e práticas preconceituosas em relação aos pobres no Brasil e como a legislação e a ação do Estado podem auxiliar no combate a esse preconceito.

GLOSSÁRIO

Xelim: unidade monetária inglesa. Antes de 1971, cada libra esterlina valia vinte xelins. Na segunda metade do século XVIII, um pão com quase 2 quilos custava 1 xelim.

> A reação romântica

O mundo produzido pela Revolução Industrial foi traduzido de maneiras diferentes pelos que viveram essa época. Para a burguesia e para os intelectuais liberais, o crescimento econômico era visto como algo deslumbrante. Eles acreditavam que o ser humano nunca havia conseguido desenvolver a tal ponto as suas potencialidades. A ciência e a racionalidade contribuíram para a melhoria das condições de vida e para a ampliação da felicidade. No entanto, para as pessoas pobres e simples, a sociedade industrial apresentava vários aspectos negativos.

Para muitas pessoas, a sociedade se aprimorava apenas em termos materiais, deixando de lado a dimensão afetiva e espiritual do ser humano. A nova sociedade parecia fria demais, desprezando sentimentos e valores que a ciência não poderia conciliar.

Nesse contexto, surgiu na Europa, a partir do final do século XVIII, um movimento artístico e literário chamado **Romantismo**. Escritores, músicos e pintores românticos olhavam para a realidade da época de maneira crítica. Para eles, o pensamento governado pela razão não resultara, necessariamente, em um mundo melhor.

O movimento não foi homogêneo nem unificado. Politicamente, por exemplo, havia representantes dele com tendências tanto conservadoras quanto progressistas. Alguns defendiam valores religiosos tradicionais e o direito à propriedade; outros preocupavam-se com as injustiças sociais ou davam à religiosidade um caráter mais espiritualista.

> O espiritualismo moderno

Com o desenvolvimento da ciência, da tecnologia, da urbanização e com o abandono da vida rural, a sociedade moderna produziu uma visão de mundo materialista. Ao mesmo tempo, a contestação de muitas ideias religiosas abriu novas perspectivas para a expressão da religiosidade.

Vários autores ligados ao Romantismo passaram a questionar as doutrinas religiosas vigentes, fazendo reflexões sobre a imortalidade da alma e a reencarnação. Esses pensamentos não estavam necessariamente ligados a uma religião, mas à ideia da existência de um Deus criador e infinito, diferente daquele apresentado na Bíblia.

A natureza é um dos temas preferidos dos românticos. *A árvore solitária*, 1821, do pintor alemão Caspar David Friedrich.

História e artes plásticas

As obras de arte produzidas no período da Revolução Industrial revelam as impressões dos artistas sobre a vida, a sociedade, a cultura e os valores da época.

As obras do Romantismo podem ajudar a compreender aspectos do pensamento e da história do período, mas, como todas as obras de arte, além de ser um registro histórico, são também interpretações da realidade vivida pelo artista, segundo sua própria visão de mundo.

A análise de uma obra de arte com objetivos históricos não deve levar em conta apenas a obra em si, mas a biografia do autor, os materiais utilizados, o contexto em que a pintura, a gravura, a escultura, a fotografia se inserem.

É fundamental também procurar decifrar os aspectos simbólicos da obra e compreender o que o artista pretendeu comunicar, que interesses estão por trás dessa criação, qual posição o artista ocupa na sociedade.

- Em grupo, pesquise sobre as artes plásticas produzidas na Europa industrial dos séculos XVIII e XIX. Busque as informações na internet ou em livros e revistas. Escolha uma obra para analisar, tentando verificar o que se pode apreender sobre a história e a cultura do período.

> **Uma nova sensibilidade**

O Romantismo não pode ser considerado um movimento contrário ao capitalismo ou ao pensamento burguês, embora alguns autores românticos tenham feito uma crítica severa à situação dos trabalhadores. Na verdade, o interesse deles estava mais voltado para a mudança de valores culturais do que propriamente para os reflexos sociais e econômicos da Revolução Industrial.

Segundo os românticos, as relações sociais deveriam ser orientadas por critérios não tão materialistas. Eles chamavam a atenção para as outras dimensões humanas, além da racional, como a emocional, a intuitiva e a espiritual.

A Idade Média era uma das fontes de inspiração dos seguidores do Romantismo. O mundo medieval e as formas de produzir voltadas para os interesses coletivos eram o contraponto para o mundo industrial, baseado na competitividade e no acúmulo de riquezas. Para eles, a industrialização destruíra o modo de vida que havia sido preservado por vários séculos.

A herança cultural e os valores morais transmitidos de geração a geração eram considerados um modelo da verdadeira existência. Antes da Revolução Industrial, as pessoas viviam mais próximas da natureza e cultivavam tradições que as ligavam a um passado comum. A solidariedade também era um atributo mais presente nas sociedades pré-industriais, segundo as concepções românticas.

Outra crítica comum era dirigida ao Classicismo, estilo artístico que predominara no Renascimento e na transição do século XVIII para o século XIX. Para os românticos, tratava-se de uma arte decadente e que representava os valores aristocráticos.

O sobrenatural e o fantástico, o misterioso e o desconhecido inspiraram muitas obras românticas, assim como os contos de fadas. Também se revelam nessas (e em outras) obras o misticismo e o orientalismo, o gosto pelo exótico, por sociedades com culturas diferentes da europeia, como a Índia. O forte pessimismo e a defesa da morte como solução para uma existência vazia, além do subjetivismo exacerbado, aparecem nas obras de alguns autores.

Muitos dos gênios que conhecemos na literatura, na música e nas artes plásticas dos séculos XVIII e XIX fazem parte do movimento romântico. Na música, temos como exemplos o alemão Ludwig Van Beethoven, o russo Tchaikovsky e o polonês Chopin. Na literatura: os franceses François-René de Chateaubriand e Victor Hugo, o inglês Lorde Byron, os portugueses Alexandre Herculano e Almeida Garret e o alemão Goethe.

O quadro do espanhol Francisco de Goya, *Cabra-cega*, de 1788, é característico do Romantismo, com a representação da natureza ligada a valores humanos.

GLOSSÁRIO

Classicismo: movimento cultural inspirado na estética da Antiguidade clássica. Desenvolveu-se a partir do Renascimento até o século XIX.

Assista

Germinal. Direção de Claude Berri, Bélgica, 1993, 160 min.
Baseado no romance homônimo de Émile Zola, narra o drama de trabalhadores franceses nas minas de carvão.

Tempos modernos. Direção de Charles Chaplin, EUA, 1936, 87 min.
Aborda a sociedade industrial entre o final do século XIX e o início do século XX e seu impacto sobre a vida dos operários.

A busca do exótico é outra tendência dos românticos. Muitos procuravam mostrar outras culturas, como Eugène Delacroix no quadro *O sultão de Marrocos e sua comitiva*, de 1845.

Ontem e hoje

As leis trabalhistas

As condições de vida dos operários no início da Revolução Industrial eram péssimas. Não havia leis trabalhistas que regulamentassem direitos básicos como a jornada de trabalho, o descanso semanal remunerado, as férias ou licenças médicas. Se o trabalhador sofresse algum acidente durante o trabalho, eram-lhe descontadas as horas paradas. Não havia direitos trabalhistas, apenas deveres. Castigos e multas faziam parte do cotidiano dos trabalhadores. Muitas vezes, dava-se preferência ao trabalho feminino e ao trabalho infantil pelo fato de mulheres e crianças serem mais fáceis de dominar. Em geral, elas não reagiam às punições e acatavam as ordens dos patrões sem reclamar.

O luddismo

Diante dessa situação adversa, os enfrentamentos tornavam-se inevitáveis. Os trabalhadores ingleses organizaram-se pela primeira vez para lutar contra o que eles identificavam como inimigo comum: as máquinas. Em 1811, os operários invadiram fábricas para destruir as máquinas. Duramente reprimido, o movimento foi chamado de **luddismo**, em referência a seu líder, Ned Ludd. Com o tempo, os trabalhadores perceberam que os responsáveis pela situação não eram as máquinas, mas a estrutura social.

Os conflitos eram comuns nas lutas trabalhistas. Essa gravura representa uma marcha cartista. Foi publicada no livro *Verdadeiras histórias do reino da rainha Vitória*, de Cornelius Brown, em 1886.

O cartismo

Na década de 1830, surgiram novas formas de luta operária na Inglaterra. Dessa vez, mais organizados, os trabalhadores elaboraram um documento, a Carta do Povo, em que reivindicavam direitos como sufrágio masculino, voto secreto, eleições anuais, etc. O documento exigia participação política, e o movimento ficou conhecido como **cartismo**. As conquistas não foram imediatas, mas a luta dos trabalhadores obteve outras vitórias, como a aprovação de leis trabalhistas que tornavam melhores as condições de trabalho.

A evolução da legislação trabalhista

As leis trabalhistas atuais não foram concedidas espontaneamente por patrões bem-intencionados. A maioria foi resultado da organização e da luta dos trabalhadores por direitos básicos. Em várias ocasiões, essa luta sofreu repressão tão violenta, que causou a morte de muitos operários.

Na Inglaterra, uma lei de 1819 proibiu o trabalho de crianças menores de 9 anos. Em 1839, a jornada de trabalho foi reduzida para no máximo 69 horas semanais para trabalhadores menores de 18 anos. Em 1842, proibiu-se o trabalho de menores de 10 anos nas minas de carvão, e, em 1847, fixou-se em 10 horas o trabalho diário para crianças e mulheres.

Atualmente, a legislação trabalhista varia de país para país, mas, de modo geral, o quadro é muito melhor do que há 200 anos. Os trabalhadores estão organizados em sindicatos e, nos países democráticos, a greve é um direito assegurado. Vários direitos trabalhistas são reconhecidos, como férias remuneradas, licença-maternidade, aposentadoria.

Mas nem sempre as leis são cumpridas. Alguns dos problemas comuns na época da Revolução Industrial persistem ainda hoje, como, por exemplo, o desemprego.

Embora não seja a única razão do aumento do desemprego, a robótica diminuiu o número de postos de trabalho nas últimas décadas. No campo a situação é semelhante, pois a mecanização da agricultura reduz o número de trabalhadores rurais. Se a modernização trouxe benefícios, facilitando a existência humana em muitos aspectos, também excluiu milhões de pessoas do mercado de trabalho. Um dos desafios atuais é a reinserção desses indivíduos na sociedade e na economia.

Reflita

1. Pesquise e discuta com os colegas qual a relação entre progresso e desemprego. É possível modernizar as empresas sem excluir as pessoas?
2. Que papel os sindicatos, as associações e as ONGs deveriam ter na melhoria das condições de vida dos trabalhadores e de suas famílias?

Atividades

Verifique o que aprendeu

1. Sobre as inovações técnicas do século XVIII, esclareça quais eram seus objetivos.

2. Escreva um pequeno texto mostrando a relação entre os cercamentos de terras, o desenvolvimento técnico aplicado nas tecelagens e o crescimento urbano.

3. Por que a Revolução Industrial ocorreu inicialmente na Inglaterra?

4. Faça um quadro comparativo com as principais características da produção artesanal e da produção fabril.

5. Como a disponibilidade de recursos minerais como ferro e carvão facilitou o desenvolvimento industrial?

6. Qual foi a importância das estradas de ferro para o desenvolvimento industrial do século XVIII?

7. A Revolução Industrial criou um novo panorama econômico e social. Do ponto de vista social, qual foi a principal mudança observada no período?

8. Por que o panorama da Revolução Industrial incomodava tanto os românticos?

9. Explicite as condições de vida e de trabalho antes e depois da Revolução Industrial.

Leia e interprete

10. Observe a gravura reproduzida abaixo (detalhe) e responda às questões propostas.

Inauguração da ferrovia Munique-Augsburg. Litografia alemã, 1839.

a) A que classes sociais pertencem as pessoas representadas na gravura?
b) Por que estão todas reunidas? O que estão observando? Que evento está ocorrendo?
c) Que sensações elas provavelmente experimentavam no momento?

11. Em 1784, um mineralogista francês fez a seguinte observação sobre uma cidade inglesa:

> O rangido, o barulho penetrante das polias, o som contínuo dos martelos, a energia incessante dos homens mantendo todas aquelas máquinas em movimento formavam um conjunto tão interessante quanto inédito. A noite é tão cheia de fogos e luzes que, quando vemos à distância, ali uma incandescente massa de carvão, lá flamas dardejantes saltando dos altos-fornos, quando ouvimos os pesados malhos percutindo as bigornas ecoantes e o apito estridente das bombas de ar, ficamos sem saber se estamos apreciando a erupção de um vulcão ou se fomos miraculosamente transportados para as furnas de Vulcano [...].
>
> Citado por HEILBRONER, Robert L. *A formação da sociedade econômica.* Rio de Janeiro: Zahar, 1979. p. 108.

a) Vulcano é o deus romano da metalurgia e do fogo. Qual poderia ser a intenção do mineralogista ao comparar as indústrias inglesas às "furnas de Vulcano"?
b) A visão do autor sobre esse cenário industrial é positiva? Explique.
c) Que opinião os românticos poderiam ter desse quadro urbano?

12. A seguir, leia o relatório de uma comissão do governo inglês descrevendo um bairro operário na cidade de Glasgow, no século XIX, e responda às questões propostas.

> O bairro comporta uma população flutuante de quinze a trinta mil pessoas. A localidade consiste num labirinto de vielas, das quais saem inúmeras passagens para pequenos pátios quadrados, cada qual com uma latrina infecta no centro... Em algumas dessas pousadas (visitadas à noite), encontramos verdadeiros covis de seres humanos juncados pelo chão, às vezes em grupos de quinze a vinte, alguns vestidos, outros desnudos; homens, mulheres e crianças amontoados promiscuamente. As camas consistem em montes de palha úmida misturada com farrapos. Não havia quase móveis nesses lugares; o único artigo de conforto era um fogo aceso. O roubo e a prostituição constituem as principais fontes de renda de seus moradores.
>
> Citado por HEILBRONER, Robert L. *A formação da sociedade econômica.* Rio de Janeiro: Zahar, 1979. p. 109-110.

a) Antes da Revolução Industrial, as condições de vida nas cidades eram parecidas com as descritas? Justifique.
b) Ao ler o texto, percebe-se que as condições de higiene e salubridade eram precárias. Por que isso ocorria?

CAPÍTULO 33
A Revolução Americana

O que você vai estudar

- As Treze Colônias.
- A influência puritana.
- Economia do Norte e do Sul.
- As pressões da Metrópole.
- Guerra de Independência.

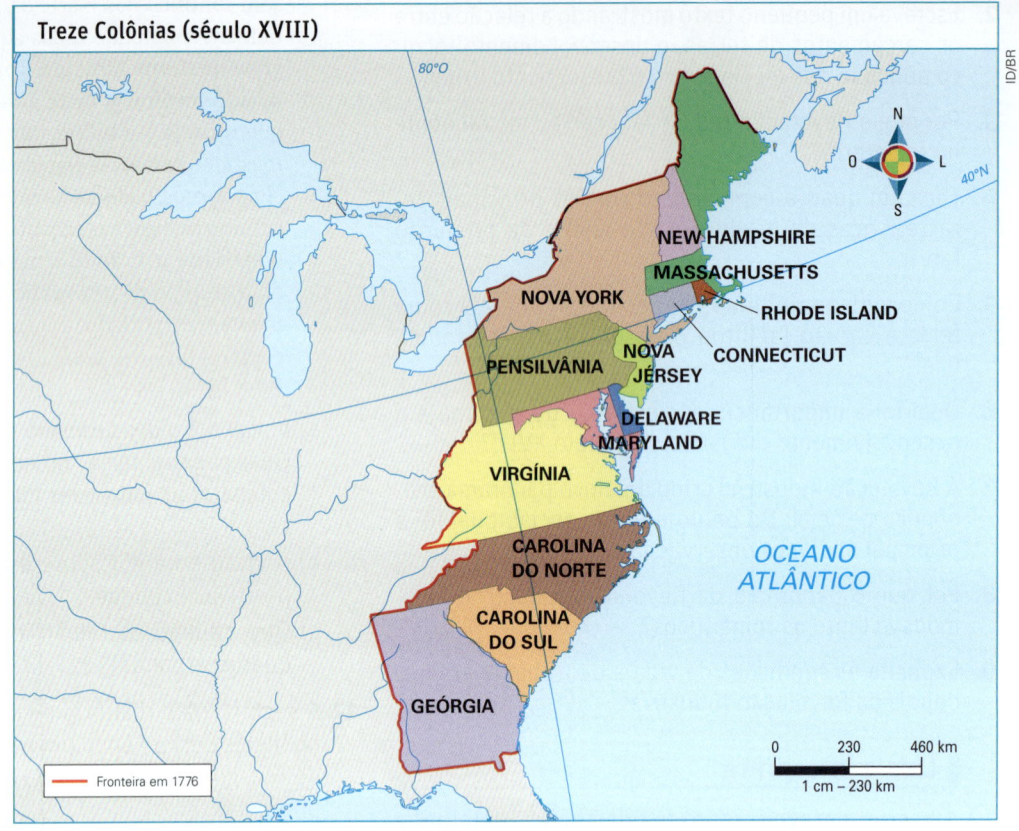

Treze Colônias (século XVIII)

[Mapa das Treze Colônias mostrando: New Hampshire, Massachusetts, Nova York, Rhode Island, Connecticut, Pensilvânia, Nova Jersey, Delaware, Maryland, Virgínia, Carolina do Norte, Carolina do Sul, Geórgia. Fronteira em 1776. Escala: 0 — 230 — 460 km; 1 cm – 230 km.]

Fonte de pesquisa: *Atlas histórico escolar*. Rio de Janeiro: FAE, 1991. p. 62.

Ligando os pontos

Os ingleses iniciaram sua expansão marítima nos últimos anos do século XVI, mais de cem anos depois de Portugal. As primeiras experiências coloniais inglesas ocorreram em territórios situados na zona de domínio espanhol: o Caribe e a costa leste da América do Norte. O desinteresse da Coroa espanhola por essas áreas facilitou a instalação de colonos, principalmente nas terras norte-americanas.

Até meados do século XVIII, a Inglaterra exerceu pouco controle sobre suas colônias da América do Norte. Diferentemente das colônias de Portugal e da Espanha, onde as metrópoles aplicavam uma política mercantilista rígida, as da América inglesa gozavam de certa autonomia, enquanto a Inglaterra passava por revoluções e conflitos religiosos.

Entretanto, com a estabilização política e principalmente com a Revolução Industrial, surgiram novas exigências, que fizeram aumentar o controle metropolitano. O algodão, largamente produzido nas colônias inglesas situadas mais ao sul, tornava-se uma mercadoria estratégica, pois era a principal matéria-prima da indústria têxtil inglesa. Além disso, havia a necessidade de salvaguardar mercados consumidores e de obter novos recursos para cobrir os altos gastos realizados com a Guerra dos Sete Anos.

O mapa acima representa a situação das colônias inglesas na América do Norte no início do século XVIII.

1. A disposição geográfica das Treze Colônias inglesas da América do Norte tem semelhanças com a das capitanias hereditárias do Brasil. Quais são elas?
2. O cultivo de algodão é uma das principais fontes de renda do atual estado da Geórgia, nos Estado Unidos. Qual a relação dessa produção com as antigas colônias inglesas?

› Os colonos se autogovernavam

O início da colonização da América do Norte pelos ingleses ocorreu em uma época – o século XVII – especialmente tumultuada da história da Inglaterra. Como vimos no capítulo As revoluções inglesas, esse século foi marcado pelo conflito entre a sociedade inglesa e os reis Stuart.

No auge dos conflitos, entre 1640 e 1660, houve uma guerra civil que causou grandes transtornos, o rei foi decapitado e instalou-se uma República que lutava contra o radicalismo dos niveladores (*levellers*) e dos cavadores (*diggers*).

Nesse contexto, não havia condições para criar na América uma estrutura de governo muito eficiente. Os colonos viveram ao longo do século XVII em relativa liberdade, contanto que pagassem os impostos e garantissem a posse do território para a Inglaterra.

Dessa forma, surgiram na América inglesa órgãos administrativos próprios, como as assembleias de colonos, que tomavam decisões sobre suas regiões.

Toda essa liberdade era especialmente importante para os que fugiam da opressão religiosa do Estado inglês e podiam, na América, professar sua fé livremente. Era o caso dos puritanos.

› A influência puritana

Entre os colonos que se transferiram para a América, estavam os puritanos, que acreditavam fazer uma interpretação "pura" dos textos bíblicos, daí o nome que adotaram. Influenciados pelas ideias de Calvino, os puritanos criticavam as Igrejas católica e anglicana e pregavam valores morais rígidos.

Havia proibições quanto ao sexo que não visasse à procriação, assim como proibições ao lazer e ao consumo de bebidas alcoólicas. O comportamento das mulheres era vigiado. Praticantes de outras vertentes do cristianismo eram muitas vezes perseguidos.

Outra característica da religiosidade puritana era o interesse pela educação. As novas religiões protestantes, desde Lutero, defendiam a leitura da Bíblia como obrigação do fiel. Para isso, era fundamental a alfabetização da comunidade.

Os puritanos criaram, assim, diversas escolas primárias, financiadas pelos próprios colonos. Fundaram também algumas universidades, como Harvard, em 1636, William and Mary, em 1693, e Yale, em 1701.

A universidade de Harvard, em Cambridge, Massachusetts, representada acima, foi fundada em 1636 com o objetivo de formar os dirigentes da Igreja puritana das colônias. *Gravura de William Burgis*, 1740. Era chamada de *New College*. Em 1639, recebeu a denominação conhecida atualmente, em homenagem ao pastor calvinista inglês John Harvard, que realizou importantes doações para a instituição.

Conheça melhor

As universidades puritanas

Nas primeiras décadas posteriores à fundação de Yale, o candidato a uma vaga na universidade devia preencher uma série de requisitos. Alguns tinham caráter religioso e eram muito rigorosos, como os descritos a seguir.

O candidato a pupilo deveria ser piedoso e seguir "as regras do Verbo de Deus, lendo assiduamente as Sagradas Escrituras, a fonte da luz e da verdade, e atendendo constantemente a todos os deveres da religião tanto em público como em segredo" [...]. Os alunos que faltassem ou chegassem atrasados às aulas pagariam multas e receberiam advertências. Quem praticasse os crimes de fornicação, furto e falsificação seria imediatamente expulso. Blasfêmias, opiniões errôneas sobre a *Bíblia*, difamação, arrombamento da porta de um colega, jogar baralho ou dados na universidade, praticar danos ao prédio, falar alto durante o estudo, portar revólver ou vestir-se inadequadamente poderiam resultar em advertência, multa ou expulsão, conforme a gravidade do ato.

Karnal, Leandro et al. *História dos Estados Unidos*: das origens ao século XXI. São Paulo: Contexto, 2008. p. 48-49.

Colônias do Norte e do Sul

Com o objetivo de destacar as importantes diferenças existentes entre as Treze Colônias, os historiadores têm optado por dividi-las em colônias do Norte e do Sul.

Entre as diferenças, destaca-se o clima: o Norte é temperado, como o norte da Europa, e o Sul é subtropical. Essa diferença gerou características próprias de exploração econômica.

As colônias do Norte

As colônias do Norte, de clima temperado, eram incapazes de cultivar produtos tropicais.

Sua exportação baseava-se em produtos florestais, como peles, cera e madeiras, além de peixe salgado, pescado nas águas frias da Terra Nova. Havia também alguma atividade industrial, principalmente a produção de navios.

A agricultura produzia milho, cereais (trigo, cevada, etc.) e frutas. Era praticada em pequenas propriedades de base familiar e sua produção estava voltada para o mercado interno, e não para a exportação. O trabalho era caracterizado pela mão de obra livre. Havia escravizados, mas sua utilização era minoritária.

Como não produziam mercadorias de alto valor comercial, a Inglaterra não se interessou em controlar as colônias do Norte. Os colonos tinham liberdade de, entre outras coisas, comerciar com outras regiões coloniais, principalmente com as ilhas do Caribe – inglesas e francesas – produtoras de açúcar.

Essa liberdade possibilitou a realização do chamado comércio triangular, realizado com os navios construídos na América. Consistia na compra de melaço de cana nas Antilhas, que era processado em destilarias do Norte, para a produção de rum e açúcar. O rum era trocado por cativos na África.

Por sua vez, os escravizados eram vendidos nas Antilhas francesas e holandesas ou nas colônias do sul da América do Norte. Esse tipo de comércio era altamente lucrativo para as colônias do Norte.

As colônias do Sul

As colônias do Sul tinham um clima propício a algumas culturas tropicais, como o tabaco, o arroz, o índigo e o algodão, de alto valor comercial na Europa.

Os altos lucros proporcionados por essas atividades atraíram pessoas com muito capital, que adquiriram enormes extensões de terra e compraram grandes quantidades de escravizados africanos.

Formaram, assim, uma rede de grandes propriedades agrícolas escravistas, as *plantations*, semelhantes às existentes nas ilhas do Caribe e na América ibérica.

Os proprietários das *plantations* formavam uma aristocracia da terra, muito diferente da comunidade de pequenos proprietários das colônias do Norte.

Outras histórias

> Enquanto as colônias inglesas na América reagiam às imposições do governo inglês, na Ásia os vários Estados indianos tentavam manter sua autonomia diante de duas grandes potências: os Impérios Mogol e Britânico, este representado pela Companhia das Índias Orientais. Manipulando as disputas internas entre hindus e mogóis muçulmanos, os ingleses conseguiram manter e ampliar o controle sobre a Índia.

Gravura de 1793 representando Eli Whitney e sua invenção, o *Cotton Gin*. A máquina, que separava o caroço das fibras de algodão, revolucionou a indústria algodoeira nos Estados Unidos.

A metrópole pressiona

No final do século XVII e durante o século XVIII, a França e a Inglaterra disputaram a hegemonia na Europa e a posse de colônias. Houve várias guerras. A América do Norte, onde ambos os países tinham territórios vizinhos, foi um dos palcos mais importantes dessa disputa.

Os colonos anglo-americanos foram chamados para defender o domínio inglês. Eles não apenas sustentaram as tropas da Inglaterra na América como enviaram milhares de homens para lutar.

Na Guerra dos Sete Anos (1756-1763), a França foi derrotada, perdendo quase todos os seus territórios norte-americanos para a Inglaterra. Os colonos anglo-americanos acreditaram que poderiam ocupar os territórios deixados pelos franceses, como recompensa pelo seu papel na vitória inglesa. Mas o rei inglês Jorge III proibiu a ocupação das regiões entre os Apalaches e o Mississípi, pois não desejava causar conflitos com as tribos indígenas da região.

O fim da liberdade

Em meados do século XVIII, os dias de relativa liberdade dos colonos ingleses na América chegaram ao fim.

A América inglesa tinha uma economia pujante. Sua população de quase 3 milhões de pessoas representava um importante mercado consumidor para a Inglaterra, que iniciava a Revolução Industrial. Usar esse potencial em benefício da economia da Metrópole proporcionaria grandes lucros ao Estado e aos capitalistas ingleses.

A Coroa britânica determinou, então, que o Exército inglês, que havia lutado na guerra contra a França, permanecesse na América, assegurando a obediência aos interesses da Metrópole. Além disso, o esforço inglês para a guerra gerara uma grande dívida. Para pagá-la, a Inglaterra impôs uma série de novos tributos aos colonos da América do Norte.

Taxas e impostos

Um dos primeiros novos impostos, criado pela **Lei do Açúcar** de 1764, taxava a importação do melaço de cana proveniente de colônias estrangeiras no Caribe.

Para defender seus interesses no comércio triangular, os colonos alegaram que, pela tradição inglesa, todo imposto deveria ser aprovado pelos representantes daqueles que o pagariam. Como os colonos não tinham representantes no Parlamento britânico, não poderiam ser onerados por novos impostos.

Em 1765, foi aprovada a **Lei do Selo**, que estabelecia a obrigatoriedade de compra e aplicação de selos nos documentos, nos contratos e nos jornais que circulassem nas colônias. Os colonos protestaram e, um ano depois, a lei foi revogada.

Em 1773, a **Lei do Chá** concedeu o monopólio da venda de chá na América à Companhia das Índias Orientais inglesa. Essa exclusividade, além de eliminar a liberdade do comércio do chá pelos colonos, significava o aumento dos preços.

O início da resistência

Em resposta à Lei do Chá, em dezembro de 1773 um grupo de colonos realizou um protesto que ficou conhecido como Festa do Chá de Boston (*Boston Tea Party*, em inglês). Disfarçados de indígenas, 150 deles invadiram três navios da Companhia das Índias atracados em Boston e atiraram todo o seu carregamento de chá no mar.

A reação britânica a essa rebelião foi a criação de uma série de medidas repressoras que ficaram conhecidas como **Leis Intoleráveis**. Entre elas, havia uma que determinava o fechamento do porto de Boston até que os prejuízos fossem ressarcidos.

Para organizar a resistência à crescente opressão inglesa, os colonos promoveram o **Congresso Continental da Filadélfia**, que reuniu representantes de quase todas as colônias. Seu programa reivindicava o fim das Leis Intoleráveis.

Em represália, o governo inglês aumentou a repressão aos colonos. Um conflito maior estava por vir.

Festa do chá em Boston, 1846, gravura de Nathaniel Currier. A gravura representa o momento em que a carga de chá é lançada ao mar.

Leia

Estados Unidos: a formação da Nação – Da colônia à independência, de Leandro Karnal (Org.). São Paulo: Contexto, 2001.
O autor analisa os primeiros séculos da história dos Estados Unidos, incluindo a independência.

❯ A Independência

Diante dessa política repressiva do governo inglês, os colonos convocaram, em meados de 1776, o **Segundo Congresso Continental da Filadélfia**.

A situação era insustentável, e muitos representantes pleiteavam a independência. Porém, nem todos eram favoráveis ao rompimento com a Inglaterra. Houve intensos debates.

Por fim, predominaram os **princípios iluministas**, que defendiam o direito dos seres humanos à felicidade e caracterizavam o Estado como um dos meios de obtê-la. Quando o governo não cumpria seu papel, cabia ao povo derrubá-lo.

Para os colonos, os ingleses não deram ouvidos às suas justas petições contra os novos tributos e contra a opressão de que eram alvo. Restava, portanto, a ruptura.

No dia 4 de julho de 1776, o Congresso reunido na Filadélfia aprovou a **Declaração de Independência**.

> **Assista**
> **O Patriota.** Direção de Roland Emmerich, EUA/Alemanha, 2000, 165 min.
> O filme conta a trajetória de uma família de colonos em meio aos acontecimentos da independência dos Estados Unidos.

Comemoração do Dia da Independência dos Estados Unidos em Huntington Beach, Califórnia. Foto de 2012.

❯ A Guerra de Independência

O governo inglês, interessado na exploração das ricas colônias norte-americanas, resolveu lutar. Enviou um poderoso exército para sufocar o que considerava colonos rebeldes. Haveria guerra.

Os colonos organizaram então uma tropa regular, o Exército Continental, chefiada por **George Washington**.

Além do exército regular, os colonos formaram **milícias** de cidadãos. Os milicianos, reunidos em pequenos grupos, usavam táticas de guerrilha para combater o pesado exército inglês.

Os colonos que, no exército e nas milícias, lutavam pela independência eram chamados de **Patriotas**. Mas havia colonos que apoiavam a Inglaterra. Esses grupos, muito numerosos nas colônias do Sul, consideravam-se **Legalistas** e pegaram em armas para lutar contra os Patriotas.

❯ O auxílio estrangeiro

A participação estrangeira foi determinante para o resultado da guerra. A Coroa francesa apoiou os colonos contra sua tradicional inimiga.

Em 1778, a **França** decidiu engajar-se diretamente na guerra e enviou 6 mil soldados e uma poderosa armada para auxiliar os colonos. A **Marinha francesa** foi fundamental para desorganizar o abastecimento das tropas inglesas. A Espanha e a Holanda, tradicionais rivais dos ingleses, não apoiaram diretamente a causa da independência, mas aproveitaram a situação e atacaram a Inglaterra, em busca de conquistas coloniais.

> **Ponto de vista**
>
> **Revolta ou revolução?**
>
> O conceito de revolução pode variar conforme a corrente historiográfica que o adota. Mas, em geral, revolução refere-se ao conflito ou ação que resulta em uma transformação radical das estruturas de poder de uma sociedade.
>
> Sobre a Guerra de Independência e a formação dos Estados Unidos, há diferentes interpretações.
>
> Para a pensadora Hannah Arendt, a criação dos Estados Unidos foi uma revolução ainda mais importante do que a Revolução Francesa. Em sua opinião, os colonos destruíram radicalmente uma estrutura colonial repressiva, construindo instituições democráticas que perduram até hoje.
>
> Para outros estudiosos, porém, tudo não passou de uma revolta dirigida pelas classes sociais e econômicas dominantes nas Treze Colônias. Segundo esses pensadores, a Guerra de Independência não provocou transformações profundas na sociedade nem acabou com a escravidão. Na verdade, os grupos dominantes fortaleceram-se com a independência e continuaram a explorar os demais grupos, incluindo escravizados e indígenas.
>
> Estudiosos, como Jacques Godechot, adotam uma posição intermediária. Para esse historiador francês, a Revolução Americana foi política e trouxe muitas transformações, como o presidencialismo eletivo e a liberdade total de culto e expressão. Mas manteve aspectos conservadores, como a escravidão e a concentração da propriedade da terra nas colônias do Sul.
>
> - Debata com seus colegas que tipo de transformação econômica, social ou cultural poderia ser considerada "revolucionária" no mundo atual.

A criação dos Estados Unidos

A guerra entre ingleses e colonos durou até 1781, quando, após sucessivos fracassos, a Inglaterra decidiu negociar a paz.

Em 1783, os representantes dos colonos, da França, da Espanha e da Inglaterra assinaram o **Tratado de Paris**, pelo qual a Inglaterra reconheceu a independência das Treze Colônias e cedeu territórios coloniais aos espanhóis e aos franceses.

Após a vitória, era necessário decidir como o novo Estado se organizaria.

A questão do autogoverno

Um dos problemas a serem enfrentados pelos anglo-americanos era a **falta de unidade** entre as colônias. Cada uma delas tinha uma história própria. Algumas ligadas a ideais religiosos, como os puritanos de Massachusetts; outras, a interesses mercantis ingleses, como a Virgínia.

Ao longo do século XVIII, o desejo comum de livrar-se do controle opressivo da Coroa inglesa uniu os colonos. Com a guerra, essa união facilitou a vitória militar.

Contudo, sem uma solução que garantisse a autonomia e a igualdade das ex-colônias, a união poderia ser desfeita. Havia o risco de cada uma delas transformar-se em um pequeno país independente, tornando-se presa fácil das potências europeias.

A solução para manter a unidade sem perder a autonomia foi adotar a **forma federativa de governo**.

Uma República federal

Em 1787, o **Congresso da Confederação** aprovou a **Constituição** que estabelecia a criação de uma **República federal**.

As ex-colônias, transformadas em **estados federados**, mantinham autonomia para cobrar a maior parte dos impostos e decidir sobre as questões locais. À **União** caberia a política externa, a organização das forças armadas e a defesa das regras gerais contidas na Constituição. O governo foi repartido em três poderes – **Executivo**, **Legislativo** e **Judiciário** – que se fiscalizavam, evitando o abuso de poder.

Entre 1787 e 1790, todas as antigas Treze Colônias aderiram à União.

O novo país recebeu o nome de Estados Unidos da América, que não se relacionava com nenhum outro nome usado nas antigas colônias.

George Washington, latifundiário do Sul que havia se destacado como líder militar na Guerra de Independência, foi eleito o primeiro **presidente** estadunidense, em 1789.

Uma democracia limitada

O novo Estado federal foi resultado de um acordo entre as **elites rurais e urbanas**, isto é, entre os proprietários de terra (predominantes no Sul) e os comerciantes e empresários manufatureiros (com maior poder no Norte). Os chamados "**pais da pátria**", homens que lideraram o processo de formação da República, pertenciam a esses grupos sociais.

George Washington era um fazendeiro de Virgínia, assim como **Thomas Jefferson**, um dos principais autores da Constituição e terceiro presidente dos Estados Unidos.

John Adams, segundo presidente do país, era um advogado de Boston. **Benjamin Franklin**, jornalista e cientista, responsável pelo acordo que engajou os franceses na guerra contra a Inglaterra, era filho de um comerciante de Boston.

A democracia que eles ajudaram a fundar garantia eleições para a maioria dos cargos de governo, além de liberdade religiosa e de expressão.

Contudo, os **pobres**, as **mulheres** e principalmente os **negros** e os **indígenas** ficaram de fora. O país que se orgulhava de ser a pátria da liberdade mantinha a **escravização** em grande parte dos Estados, notadamente nas ex-colônias do Sul.

Os indígenas não tinham direitos e foram progressivamente expulsos de suas terras a oeste dos estados federados.

A liberdade era garantida basicamente aos brancos descendentes dos europeus.

> **Navegue**
> <http://portuguese.brazil.usembassy.gov/>. Acesso em: 14 maio 2014.
> *Site* da Embaixada dos Estados Unidos no Brasil. Na seção "Notícias das Américas", você tem acesso a notícias atuais sobre fatos que envolvem a relação entre os Estados Unidos e os países do continente americano.

Gravura de aldeia do povo Mohawk, no estado de Nova York, em cerca de 1780.

Ontem e hoje

Separados, mas iguais: a institucionalização do racismo

A primeira seção da Décima Quarta Emenda constitucional estadunidense, outorgada após o fim da Guerra de Secessão, determina que:

> Todas as pessoas nascidas ou naturalizadas nos Estados Unidos e sujeitas a sua jurisdição são cidadãs dos Estados Unidos e do estado em que residirem. Nenhum estado deve fazer ou executar leis que restrinjam os privilégios ou imunidades dos cidadãos dos Estados Unidos nem privar qualquer pessoa da vida, liberdade ou propriedade, sem o devido processo legal; nem negar a qualquer pessoa sob sua jurisdição a igual proteção das leis.
>
> Disponível em: <http://www.law.cornell.edu/constitution/amendmentxiv>. Acesso em: 14 maio 2014. Tradução dos autores.

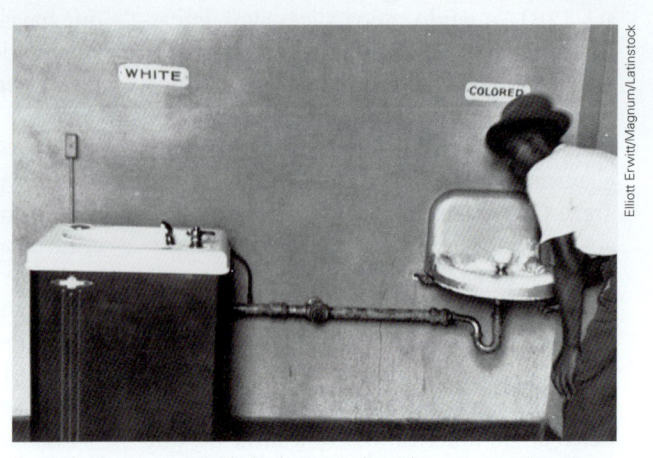

Exemplo de segregação, bebedouros indicando o uso restrito para brancos (à esquerda) e negros (à direita). Carolina do Norte, Estados Unidos. Foto de 1950.

Entretanto, passadas algumas décadas desde o fim da escravização em 1863, diversas regiões do sul dos Estados Unidos passaram a adotar leis segregacionistas, ou seja, que visavam à separação de pessoas de raças distintas. Com essas leis, conhecidas como "Jim Crow", criaram-se bairros, escolas, praças, calçadas, etc. específicos para brancos ou para afro-americanos.

Em 1896, a ação promovida por Homer Plessy contra o estado da Lousiana chegou à Suprema Corte. Esse cidadão – considerado como "homem de cor" por possuir ascendente negro – foi preso ao tentar viajar na primeira classe de um comboio reservada para "brancos". Libertado depois de pagar fiança, ele processou o estado, mas perdeu: a maioria dos membros da Suprema Corte considerou legítima a lei segregacionista da Louisiana, que pressupunha a mesma condição de conforto tanto para negros quanto para brancos, embora pessoas de diferentes raças não devessem ocupar o mesmo espaço. Era a afirmação da doutrina "separados, mas iguais", que só seria extinta em meados do século XX graças à intensificação dos movimentos antirracismos.

Pesquisa aponta segregação racial na sociedade americana

Nos Estados Unidos, apenas um negro e um branco em cada dez têm companheiros de outra etnia, indica uma pesquisa Reuters/Ipsos sobre a segregação racial na sociedade americana. Entre os brancos, 40% não têm nenhum amigo não branco. Entre todas as etnias, 30% não conhecem ninguém que não seja de seu próprio grupo. O estudo foi feito pela internet, entre 24 de julho e 6 de agosto [de 2013] com 4170 americanos.

No entanto, há grandes disparidades entre diferentes minorias e sua localização geográfica. Os hispânicos, por exemplo, estão entre os mais integrados: apenas 10% não têm amigos de outras etnias. Entre os casados, metade tem um companheiro ou companheira não hispânico.

Isso tem uma razão histórica, aponta Ann Morning, socióloga da Universidade de Nova York: "Este país tem longa história de limitação de contato entre brancos e negros e, mesmo que isso tenha ficado no passado, ainda há ecos (de segregação)". Como os hispânicos e asiáticos pertencem a uma onda migratória posterior ao segregacionismo, eles têm menos ranço histórico com relação à integração.

Claro que é no sul dos Estados Unidos, onde a discriminação institucional perdurou mais, que se concentra a menor porcentagem de pessoas que conhecem mais de cinco pessoas de outro grupo étnico. Nos estados historicamente progressistas da margem pacífica – e principalmente a Califórnia – as amizades e amores são mais diversificados.

A idade também é um fator determinante nas relações raciais americanas: um terço dos americanos com menos de 30 anos vive em casais mistos, contra menos de 10% entre os mais velhos. Apenas um em cada dez adultos de menos 30 anos não tem nenhum amigo de outra etnia.

Disponível em: <http://www.portugues.rfi.fr/americas/20130808-pesquisa-aponta-segregacao-racial-na-sociedade-americana>. Acesso em: 14 maio 2014.

Reflita

1. Pesquise a origem do termo Jim Crow.
2. Argumente sobre a incoerência entre a proposta da política "separados, mas iguais" e a insurgência de movimentos sociais contrários às leis segregacionistas.

Atividades

Verifique o que aprendeu

1. Explique como a moral puritana contribuiu para a construção da sociedade anglo-americana.

2. Explique como se deu o autogoverno dos colonos ingleses na América.

3. Estabeleça as relações existentes entre a Revolução Industrial e a Revolução Americana.

4. Relacione o comércio triangular com a revolta dos colonos anglo-americanos na segunda metade do século XVIII.

5. Descreva as principais diferenças entre as colônias do Norte e as do Sul da América inglesa e relacione essas características com a linha de conduta adotada pelas duas regiões na Guerra de Independência.

6. Explique os motivos que levaram a Inglaterra a aumentar os impostos e as taxas cobrados dos colonos americanos.

7. Descreva a reação inicial dos colonos americanos em face do aumento da opressão inglesa em meados do século XVIII.

8. Cite as formas de organização militar adotadas pelos colonos anglo-americanos na Guerra de Independência.

9. Todos os colonos anglo-americanos eram favoráveis à independência? Justifique sua resposta.

10. Por que a Coroa francesa auxiliou os colonos anglo-americanos na Guerra de Independência?

11. Por que os colonos anglo-americanos nomearam o país que fundaram de "Estados Unidos da América"?

12. Descreva, em poucas linhas, os motivos que levaram os colonos anglo-americanos a adotar o sistema federal de organização política.

Leia e interprete

13. O texto abaixo reproduz o preâmbulo (introdução) da Constituição dos Estados Unidos, promulgada pelo Congresso dos Estados Unidos em 1787. Leia-o e responda às questões.

> Nós, o povo dos Estados Unidos, a fim de formar uma União mais perfeita, estabelecer a justiça, assegurar a tranquilidade interna, prover a defesa comum, promover o bem-estar geral, e garantir para nós e para os nossos descendentes os benefícios da Liberdade, promulgamos e estabelecemos esta Constituição para os Estados Unidos da América.

Disponível em: <http://www.embaixada-americana.org.br/index.php?action=materia&id=643&submenu=106&itemmenu=110>. Acesso em: 20 maio 2014.

a) No século XVIII, a aristocracia exercia o governo de quase todos os Estados ocidentais, baseada no direito de sangue ou no direito divino. Escreva um pequeno texto analisando o caráter revolucionário do uso da expressão "Nós, o povo" no preâmbulo da Constituição dos Estados Unidos.

b) Quais são as funções da Constituição, segundo o texto do preâmbulo?

c) A liberdade era um valor fundamental para os formadores dos Estados Unidos. Justifique essa afirmação com base na análise do texto citado.

14. Abaixo estão representadas duas bandeiras dos Estados Unidos. A bandeira da imagem 1 foi adotada em 1777. A da imagem 2 é a atual bandeira oficial dos Estados Unidos, vigente desde 1960. Observe-as e responda às questões.

Imagem 1

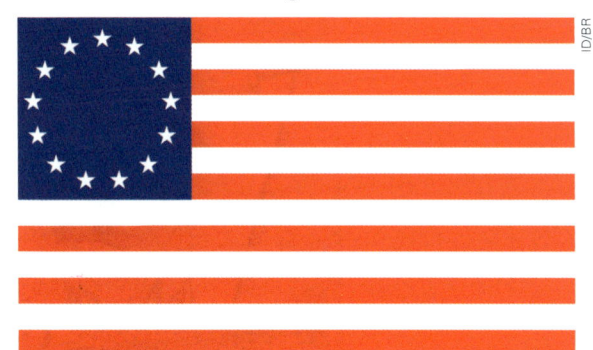

Bandeira dos EUA em 1777.

Imagem 2

Bandeira dos EUA em 2010.

a) Quantas faixas horizontais há em cada bandeira? Qual seria a justificativa da adoção desse número de faixas?

b) Quantas estrelas estão representadas na bandeira da imagem 1? Sabendo que essa bandeira data de 1777, qual seria a explicação para esse número de estrelas?

c) O que significa o aumento do número de estrelas ocorrido na bandeira da imagem 2?

CAPÍTULO

34 A Revolução Francesa

O que você vai estudar

- A sociedade francesa no século XVIII.
- O governo de Luís XVI.
- O povo nas ruas.
- O Terror jacobino.
- O Diretório e o Consulado.
- A Revolução como exemplo.

Gravura anônima mostrando a situação do Terceiro Estado, nome dado ao grupo que reunia a maior parte da população francesa, responsável por garantir o luxo da aristocracia e do alto clero. Século XVIII.

Ligando os pontos

Entre os séculos XV e XVIII, a realeza europeia procurou conciliar as diferenças entre a burguesia e a aristocracia. Para isso, buscou garantir tanto os privilégios políticos aristocráticos quanto a ascensão econômica da burguesia. Na França, durante o reinado de Luís XIV, a política de centralização do poder do Estado foi decisiva. O objetivo era aliar a participação marcante do Estado na economia com a manutenção da luxuosa vida da aristocracia francesa na corte, cujo principal símbolo era o Palácio de Versalhes.

Mas esse equilíbrio de interesses, além de exigir grandes gastos aos cofres estatais, mantinha a burguesia excluída do poder político. Enquanto os cofres estiveram cheios, a situação manteve-se estável, com recursos suficientes para manter o luxo aristocrático e os lucros dos burgueses com o comércio colonial.

Contudo, os altos gastos com a nobreza e os prejuízos com a derrota na Guerra dos Sete Anos ampliaram as contradições e precipitaram a crise do Estado absolutista na França.

O pensamento iluminista oferecia uma alternativa para essa crise. Para pensadores eram necessárias grandes reformas políticas e sociais. Apesar de todas as diferenças entre os grupos revolucionários franceses do período, havia um ponto em comum: não era mais possível aceitar o poder absoluto do rei.

Observe a imagem acima e, com base nela e no texto, responda às questões.

1. Identifique as personagens da ilustração e descreva o lugar que cada uma ocupava na sociedade francesa da época.
2. Explique qual é o conflito social representado pela imagem e qual seria sua causa.

A sociedade francesa no século XVIII

Na segunda metade do século XVIII, a maioria da população francesa – cerca de 25 milhões de pessoas – vivia no campo.

A sociedade era rigidamente hierarquizada. Regida pelo costume e pela tradição, não havia espaço para a ascensão social, pois as diferenças eram determinadas pelo nascimento, isto é, só o filho de um nobre poderia ser nobre.

A organização social, herdada da Idade Média, estava estruturada com base em três ordens: no Primeiro Estado estava o clero; no Segundo Estado, os nobres; e, no Terceiro Estado, o restante da população, composta de burgueses, trabalhadores, camponeses, etc.

A aristocracia

O clero e a nobreza não passavam de 2% da população. Desfrutavam de vários privilégios e estavam isentos da maioria dos impostos.

A Igreja detinha o monopólio da religião, controlava a educação e era grande proprietária de terras. Estava dividida em alto e baixo clero. O alto clero vinha da nobreza. Seus membros eram ricos e ocupavam os principais cargos, como bispos e cardeais.

O baixo clero tinha origem humilde. Seus integrantes formavam as ordens monásticas ou eram párocos das igrejas. Muitos viviam insatisfeitos com a vida luxuosa do alto clero.

Na nobreza, também surgiram diferenças. Os nobres da Corte eram homens ricos e poderosos, pois controlavam a maioria dos cargos e recebiam pensões e benefícios do rei.

Os nobres do campo exploravam o trabalho dos camponeses. Embora não pagassem impostos, eram críticos da alta nobreza, pois não contavam com todos os benefícios da vida na Corte.

Além desses grupos, havia ainda a nobreza de toga, constituída por burgueses que compraram seus títulos. Com os títulos, passaram a conquistar cargos, como o de magistrado. A nobreza de nascimento desaprovava essa nova nobreza, formada por pessoas enriquecidas com o comércio.

Alguns aristocratas tinham uma visão mais tolerante, influenciados pelo Iluminismo. Havia também os que se "aburguesaram", isto é, os que desenvolviam atividades econômicas de cunho capitalista.

O Terceiro Estado

O Terceiro Estado reunia a maioria da população – uma massa heterogênea de pessoas, com condições econômicas variadas.

Entre os diversos grupos sociais do Terceiro Estado, havia o dos trabalhadores urbanos, constituído por artesãos e por operários. Os mais pobres das cidades eram pejorativamente chamados de *sans culottes* (sem culotes), pois não se vestiam como a nobreza da época.

Mas, apesar da presença urbana importante, cerca de 85% dos integrantes do Terceiro Estado viviam no campo e eram, na maioria, camponeses. A maior parte era livre, mas vivia em condições precárias, oprimida pelas taxações e impostos. Muitos senhores, para aumentar a renda, criavam novas obrigações e taxas. Quando as colheitas eram ruins, a fome atingia essa população.

O Terceiro Estado era composto também pela burguesia, que vivia em melhores condições. Esse grupo reunia desde banqueiros e grandes empresários até pequenos comerciantes, profissionais liberais e artesãos.

Embora a burguesia tivesse grande poder econômico, e muitas vezes até emprestasse dinheiro ao rei, não detinha poder político. Dessa forma, a compra de títulos era importante, pois permitia o acesso aos cargos burocráticos dominados pela nobreza de nascimento.

GLOSSÁRIO

Culote: na Europa do século XVIII, era um tipo de calção curto, em geral justo, acompanhado de meias feitas de seda branca e usado pela camada mais rica da população. Os pobres usavam calças compridas e largas, de tecido grosseiro.

Desenho do livro *Galeria de modas e costumes franceses*, de 1778. Ator burguês do século XVIII usando o calção chamado culote.

O governo de Luís XVI

Em 1774, ano em que foi coroado Luís XVI, a situação econômica da França era favorável. Apesar da derrota para a Inglaterra na Guerra dos Sete Anos (1756-1763), o país era uma potência europeia, com um comércio exterior vigoroso. Entretanto, um conjunto de circunstâncias levou a economia a uma grave crise.

Naquela época, as técnicas agrícolas eram ainda rudimentares e, quando as colheitas eram ruins, muitas pessoas morriam de fome. Nas cidades, o aumento do custo de vida e os baixos salários levavam à fome e a revoltas entre a população.

A produção manufatureira dependia das corporações de ofício, pois a Revolução Industrial, que se expandia rapidamente na vizinha Inglaterra, mal começara na França.

Outro problema eram as finanças públicas. A derrota na Guerra dos Sete Anos e a perda da maioria das colônias na América causaram um grande prejuízo aos cofres franceses. Além disso, o sustento da Corte também pesava sobre a receita. Para cobrir os déficits no orçamento, o rei se comprometia com empréstimos tomados de banqueiros.

A caminho da falência

O aumento excessivo dos gastos, principalmente com a manutenção do Exército e da Marinha, foi o principal responsável pela crise. Os juros das dívidas chegavam a 50% da arrecadação.

A participação da França na Guerra de Independência americana, embora vitoriosa, tornou a situação financeira do país ainda mais insustentável. Uma saída possível teria sido cobrar impostos de todos, aristocratas – clero e nobreza –, burgueses, camponeses, etc.

Assembleia dos Notáveis

A estratégia do monarca foi mostrar a situação financeira ao clero e à nobreza, procurando apoio. Para isso, em 1787 convocou uma reunião com os representantes dessas ordens sociais. Pretendia persuadi-los a contribuir com as finanças do Estado.

Entretanto, além de não aceitarem pagar impostos, os aristocratas reivindicaram um controle maior sobre a administração.

Por fim, exigiram a convocação dos Estados Gerais, assembleia que englobava representantes dos três estados. Sem opções para solucionar o impasse, Luís XVI convocou a reunião.

A reunião dos Estados Gerais

Em maio de 1789, tomaram posse, no salão de reuniões do Palácio de Versalhes, 300 deputados da nobreza, 300 do clero e 600 do Terceiro Estado. Procurando minimizar as insatisfações, o rei resolvera que o Terceiro Estado teria direito a um número maior de deputados.

Os representantes do Terceiro Estado levaram uma série de reclamações contra os senhores, além das manifestações por mudanças no regime político.

Qualquer medida aprovada na reunião deveria passar por uma votação. Para nobres e clérigos, a votação deveria ser por estado (um estado, um voto), o que resultaria na sua vitória, pois ambos votariam unidos. Para o Terceiro Estado, o voto deveria ser individual, pois, dessa forma, venceria as votações.

Depois de intensos debates e do impasse sobre a forma de votação, Luís XVI ordenou o fechamento do salão de reuniões. Os deputados do Terceiro Estado transferiram-se para a sala do jogo da pela e instauraram uma Assembleia Nacional Constituinte, jurando não se dispersarem enquanto não criassem uma Constituição para a França.

O rei, a princípio, concordou com a decisão. Entretanto, concentrou tropas em torno de Paris para evitar uma possível rebelião popular organizada em apoio aos deputados constituintes.

Assista

Maria Antonieta. Direção de Sofia Coppola, Japão/França/EUA, 2006, 123 min.
O filme aborda a vida na Corte francesa às vésperas da Revolução, exibindo uma nobreza fútil e dependente do Estado francês.

Estudo de Jacques-Louis David, 1791, para a tela *Juramento do jogo da pela*. A composição do desenho ressalta o momento em que os deputados erguem os braços e juram manter-se unidos até a criação de uma Constituição.

O povo nas ruas

Com receio de uma reação mais repressiva por parte da monarquia, o povo revoltou-se.

Em 14 de julho de 1789, os parisienses tomaram a Bastilha, onde estavam presos os inimigos do rei. A tomada da Bastilha tornou-se, desde então, um símbolo do enfraquecimento do poder real e da vitória da Revolução Francesa.

Assembleia Nacional Constituinte, 1789-1791

O poder do rei Luís XVI foi-se corroendo pouco a pouco. Após 13 dias da queda da Bastilha, a Assembleia Nacional Constituinte determinou que a divisão da sociedade por ordens fosse extinta. Também acabou com impostos indiretos e reorganizou a administração pública. Dividiu o país em 83 departamentos, com eleições para o Poder Executivo e o Poder Legislativo. Os juízes passaram a ser eleitos pelo voto popular e o júri era escolhido por sorteio.

A maioria das reformas favoreceu os interesses burgueses, e não os da maioria da população. Foram extintos monopólios que beneficiavam os artesãos e também as corporações de ofício. Além disso, as greves e associações de trabalhadores foram proibidas.

Para resolver os problemas financeiros, os bens do clero foram estatizados e vendidos para nobres e burgueses. Os camponeses, que esperavam ter a posse das terras, não foram atendidos.

A Igreja sofreu uma reestruturação com a Constituição Civil do Clero. Seus representantes tornaram-se funcionários do Estado, livres do poder de Roma. Parte do clero aceitou, ficando conhecido como clero juramentado. Os que resistiram às mudanças ficaram conhecidos como clero refratário.

A Constituição teve como preâmbulo uma **Declaração dos Direitos do Homem e do Cidadão**. Era um documento com 17 artigos dirigido não apenas ao povo francês, mas com a pretensão de ser universal. Estabelecia igualdade jurídica e preocupava-se com o direito à propriedade.

Aprovada a Constituição

Após dois anos de intensos debates, a Constituição foi aprovada. Seus artigos reformularam o Estado, a sociedade, a Justiça e a Igreja. Luís XVI seria o rei dos franceses, mas não por direito divino.

No âmbito econômico, foram eliminadas barreiras tarifárias, regulamentos e corporações, contemplando interesses dos burgueses que queriam abrir mercados para a concorrência, pois os produtos industriais eram mais baratos.

Os camponeses, artesãos e assalariados não tiveram seus interesses atendidos. As terras comunais foram cercadas e vendidas, e os sindicatos, proibidos.

O voto passaria a ser censitário, isto é, só poderiam votar os que tivessem determinada renda mínima. Assim, favorecia-se a burguesia e eram excluídos do direito ao voto os muito pobres, os desempregados e as mulheres.

Ao concluir a Constituição, a Assembleia Nacional Constituinte se dissolveu. Foi eleito um novo grupo de deputados para assumir o Poder Legislativo.

Constituiu-se, então, a **Assembleia Nacional Legislativa**, de composição bastante heterogênea. Os grupos políticos haviam-se diversificado em conservadores e radicais. Os primeiros acreditavam que a Revolução já estava realizada: o poder do rei passava a ser limitado pela Constituição e as leis feudais haviam sido abolidas. Entretanto, para os radicais, essas medidas seriam apenas o ponto de partida para mudanças mais profundas.

> **Leia**
> **A Revolução Francesa,** de Frédéric Bluche, Stéphane Rials e Jean Tulard. Porto Alegre: L&PM, 2009. Os autores, professores da Universidade de Paris, narram de forma clara e concisa os principais eventos do movimento revolucionário que mudou a França e o mundo ocidental.

A Bastilha era uma fortaleza-prisão que simbolizava a opressão do absolutismo. Na época de sua tomada, contava com poucos prisioneiros. Na verdade, o povo buscava armas e munições. *A queda da Bastilha, 14 de julho de 1789*, de Jean-Baptiste D'Allemand, século XIX.

Girondinos e jacobinos

Os deputados mais radicais da Assembleia Nacional Legislativa formaram um partido que congregava milhares de integrantes de várias regiões francesas. Sua base de apoio eram os *sans culottes*. Como se reuniam no convento de São Tiago, *Jacobus*, em latim, ficaram conhecidos como "**jacobinos**". Na Assembleia, sentavam-se à esquerda.

Os deputados moderados eram chamados de "**girondinos**". Representavam a burguesia e boa parte deles era proveniente da região da Gironda. Na Assembleia, sentavam-se à direita. Deriva daí a distinção feita até os dias de hoje entre direita, para os conservadores, e esquerda, para os que reivindicam mudanças.

Esses grupos expressavam as divergências do processo revolucionário. Havia várias interpretações sobre quais caminhos a Revolução deveria seguir, discordâncias sobre a forma de governo – se república ou monarquia –, voto censitário ou universal, noções de liberdade e propriedade.

No princípio, a Assembleia era liderada pelos girondinos. Entretanto, com o passar do tempo, as agitações, a guerra e a fuga do rei fortaleceram os radicais, que conquistaram maior prestígio e força política.

Um rei em fuga

Sem concordar com os rumos da Revolução e pressionado pelos acontecimentos, Luís XVI foi obrigado a assinar os decretos elaborados pela Assembleia.

Apoiado pela rainha Maria Antonieta e por alguns conselheiros, decidiu fugir, imaginando que, em terras estrangeiras, poderia receber auxílio de outras nações, preocupadas com os acontecimentos na França.

Entretanto, em julho de 1791, quando Luís XVI e seus familiares tentavam escapar para a Áustria, foram presos na cidade de Varennes. O rei foi obrigado a retornar a Paris.

O sentimento antimonárquico e republicano tomou corpo. Luís XVI foi considerado traidor, e muitos desejavam a sua condenação. A Assembleia, entretanto, manteve a monarquia como sistema de governo.

A guerra

Com medo de que os ideais revolucionários chegassem a seus países, os governos da Áustria e da Prússia ameaçavam a França com a contrarrevolução, e exigiam o respeito ao rei francês.

Com o fracasso do Exército francês, que não conseguiu impedir a incursão dos exércitos inimigos em seu território, a população, revoltada e temerosa, invadiu o Palácio das Tulherias, em Paris, onde o rei havia-se abrigado depois de deixar o Palácio de Versalhes. O rei foi preso com sua família, e, em 10 de agosto de 1792, foi deposto.

A Convenção Nacional

A República foi instaurada e um novo grupo de deputados eleitos formou, em setembro de 1792, uma nova assembleia, chamada de Convenção Nacional.

A Convenção Nacional, dirigida no início por girondinos, combatia os países absolutistas, como a Áustria e a Prússia, mas continuava a manter os privilégios da burguesia francesa.

Ao condenar Luís XVI à guilhotina, a Convenção atendeu aos anseios jacobinos, que queriam sua morte. Para os girondinos bastava exilá-lo.

A Áustria e a Prússia foram derrotadas na batalha de Valmy. Em janeiro de 1793, Luís XVI foi guilhotinado. O ato provocou a formação de uma nova coligação de países, Inglaterra, Holanda e Espanha, com o objetivo de invadir a França.

Invasões estrangeiras ao território francês durante a revolução

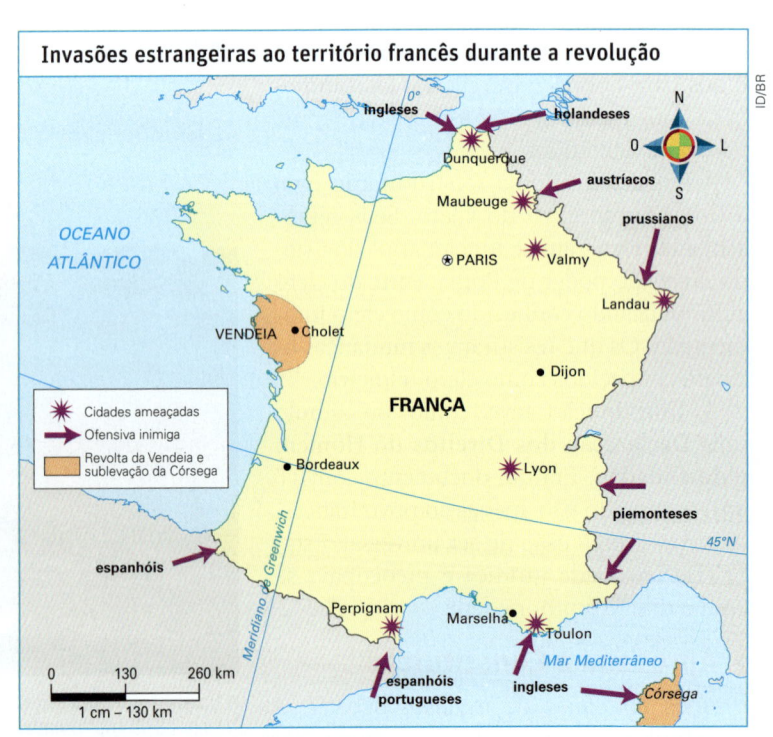

Fonte de pesquisa: HILGEMANN, Werner; KINDER, Hermann. *Atlas histórico mundial*: de la Revolución Francesa a nuestros días. Madrid: Ediciones Istmo, 1982. p. 26.

❯ O Terror jacobino

Apesar das vitórias dos revolucionários, a instabilidade política era grande. Além da invasão por outras nações, eclodiram rebeliões monarquistas, como a revolta camponesa na região da Vendeia. Outras cidades rebelaram-se contra Paris, não reconhecendo a autoridade da Convenção.

O temor em Paris fez com que a população cercasse a Convenção em junho de 1793, pedindo a prisão dos deputados girondinos, que acabaram expulsos e depois presos pelo governo quando os jacobinos tomaram o poder.

A situação era crítica e, para enfrentar os problemas, foi criado o **Comitê de Salvação Pública**.

O Comitê era um órgão da Convenção, mas transformou-se em Poder Executivo. Para resolver o problema das invasões e das insurreições, houve um gigantesco esforço de guerra. A economia passou a ser rigidamente controlada, alimentos foram confiscados no campo e os recrutamentos para o Exército tornaram-se obrigatórios.

❯ A Constituição de 1793

O novo governo promulgou uma nova Constituição, mais democrática. Entre as mais importantes medidas estabelecidas por ela estavam o sufrágio universal masculino, que colocava fim ao voto censitário, e a extinção da escravidão nas colônias. O documento também permitiu o acesso dos camponeses pobres às terras, além da criação de escolas públicas gratuitas.

❯ A guilhotina fala mais alto

O governo destacou-se, também, pela repressão. Esse período ficou conhecido como **Terror jacobino**. Todos aqueles, independentemente de classe social ou partido político, tidos como "inimigos da Revolução" eram julgados por um Tribunal Revolucionário e, em geral, condenados à morte.

Além de aristocratas que resistiram à Revolução, muitos antigos aliados foram guilhotinados. Esses líderes participaram de todo o processo da Revolução, mas, ao discordar de certas medidas adotadas, foram condenados. Alguns queriam que a radicalização fosse levada às últimas consequências. Outros acreditavam que a Revolução já teria ido longe demais e que a repressão deveria cessar.

Para **Robespierre** e **Saint Just**, líderes jacobinos, punir os que estivessem tramando contra o governo representava a defesa inconteste da Revolução. O apoio da massa parisiense também foi importante para respaldar as condenações.

Os jacobinos levaram a Revolução para um caminho que não era previsto pelos revolucionários de 1789, impulsionaram medidas democráticas e controlaram o país. Mas, ao guilhotinar líderes populares, perderam o prestígio.

❯ O Golpe de 9 Termidor

Os deputados da Convenção, liderados pelos girondinos, aproveitaram a situação e organizaram um golpe.

Em 9 Termidor, 27 de julho de 1794, Robespierre foi denunciado como tirano na Convenção. Foi guilhotinado no dia seguinte à prisão, juntamente com dezenas de outros jacobinos.

História e literatura

A articulação entre História e literatura pode ocorrer de formas diversas. A leitura crítica das obras literárias permite compreender valores, posturas políticas e culturais de um período histórico.

Muitos autores escreveram obras literárias para defender determinadas ideias, buscando formar a opinião dos leitores.

Esse era o objetivo de muitos escritores no final do Antigo Regime francês. Um exemplo é Choderlos de Laclos, que no livro *Ligações perigosas* desenvolve críticas à conduta imoral da nobreza. Assim, muitas obras literárias contribuíram para criar ou reforçar o clima de contestação da época.

- Faça uma pesquisa sobre os principais acontecimentos políticos que estão ocorrendo atualmente no Brasil. Escolha um desses acontecimentos e, baseado nele, escreva um pequeno conto, criando personagens fictícias para vivenciar a realidade política brasileira.

Pintura anônima representando a execução de Robespierre, século XIX. A guilhotina (no lado direito) foi utilizada pelos diversos grupos que comandaram a Revolução.

O Diretório e o Consulado

O grupo que assumiu o poder teve como objetivo principal encerrar o movimento revolucionário. Para eles, a Revolução havia ido longe demais ao incorporar demandas sociais. As conquistas da primeira Constituição podiam ser preservadas, mas o abuso do período do Terror deveria ser encerrado.

O Diretório foi a fase conservadora da Revolução. Para a alta burguesia era necessário acabar tanto com o radicalismo quanto com um possível retorno da aristocracia.

O novo regime passou por grandes dificuldades, por não contar com apoio popular. Foi um período de instabilidade, marcado por crise econômica e tentativas de insurreição. Novas coligações de exércitos europeus foram formadas contra a França. Internamente, a população estava insatisfeita, pois medidas sociais do período anterior foram eliminadas.

Em 1795, uma nova Constituição (moderada) foi promulgada. O voto passou a ser novamente censitário. O Poder Executivo ficava nas mãos de um Diretório, órgão composto de cinco diretores. O Legislativo era exercido por duas câmaras eleitas, o Conselho dos Quinhentos e o Conselho dos Anciãos.

Detalhe da tela *A batalha de Abuquir*, 1799, de Louis Lejeune. Em Abuquir, no Egito, Napoleão sofreu uma grande derrota perante os ingleses, perdendo o controle dos mares.

A Conjuração dos Iguais

O descontentamento da população de Paris e a sobrevivência do jacobinismo levaram a diversas mobilizações no país.

Em 1796, um grupo radical, liderado por Graco Babeuf, estruturou um programa que defendia o fim da propriedade privada e a igualdade social. Foi a chamada **Conjuração dos Iguais**. Posteriormente, o movimento foi considerado pré-socialista por causa da defesa radical da igualdade.

O grupo lançou o Manifesto dos Iguais, no qual propunha a derrubada do Diretório. A conspiração foi denunciada e todos foram presos e guilhotinados.

Napoleão Bonaparte

Diante da falta de apoio popular, e temendo insurreições da reação aristocrática, o governo aproximou-se do Exército. Nesse processo, ganhou notoriedade o general Napoleão Bonaparte, nascido na ilha de Córsega.

Na época da Convenção, quando tinha apenas 26 anos, Napoleão já era general. Aproveitou a importância do Exército na ocasião e, vencendo batalhas e reprimindo insurreições, galgou rapidamente posições hierárquicas. Considerado um grande estrategista, acumulou prestígio no período do Diretório.

Desde a prisão de Luís XVI, a França foi duas vezes invadida por forças de outros países. Nenhuma nação europeia via com bons olhos o que ocorria na França. Muitos nobres franceses haviam emigrado para esses países e preparavam uma contraofensiva.

Com guerras rápidas, utilizando poucos recursos, o Exército francês obteve importantes vitórias contra as coligações de países inimigos, como a Áustria e a Prússia.

Mas as campanhas do Exército francês, comandado por Napoleão, não eram apenas defensivas. Visavam também a expandir os territórios e sua área de influência na Europa. A burguesia no poder precisava de áreas para o desenvolvimento econômico e de um "cordão de proteção" para a França.

Conheça melhor

A Convenção criou um novo calendário, baseado no clima e na agricultura.

O outono de 1792 seria o início do ano 1. Os onze meses tinham trinta dias, e as semanas, dez dias cada. Os cinco dias que faltavam seriam acrescentados anualmente e dedicados a festas. Mais um dia seria acrescido a cada 4 anos.

Nomes dos meses:
Vindimiário: setembro-outubro, mês da vindima (colheita da uva).
Brumário: outubro-novembro, mês das brumas.
Frimário: novembro-dezembro, mês das geadas (frimas).
Nivoso: dezembro-janeiro, mês da neve.
Pluvioso: janeiro-fevereiro, mês da chuva.
Ventoso: fevereiro-20 de março, mês do vento.
Germinal: março-abril, mês da germinação das sementes.
Floreal: abril-maio, mês das flores.
Pradial: maio-junho, mês dos prados.
Messidor: junho-18 de julho, mês das messes (colheitas).
Termidor: julho-agosto, mês do calor.
Frutidor: agosto-setembro, mês das frutas.

Em 1805 Napoleão restabeleceu o calendário gregoriano.

> ## O Golpe de 18 Brumário

O novo Exército francês formou-se no curso das guerras revolucionárias. Não era mais controlado pela aristocracia. Os novos oficiais eram em geral soldados que, no decorrer das lutas, foram galgando posições na hierarquia militar.

Contudo, apesar do sucesso externo do Exército francês, internamente a situação ainda era instável. Para a burguesia, a única solução seria um governo forte. Por isso, quanto mais a burguesia se aproximava do Exército, mais o nome de Napoleão ganhava força e apoio.

Com o retorno de Bonaparte a Paris, depois de uma campanha contra os ingleses no Egito, uma parcela da burguesia passou a vê-lo como salvador. Muitos acreditavam que, talvez, fosse o momento de tê-lo como novo rei.

Em 1799, Napoleão Bonaparte, com apoio suficiente, planejou e executou um golpe militar conhecido como 18 Brumário. O Conselho dos Quinhentos foi extinto e o Diretório, derrubado. Napoleão instaurou um novo regime, o Consulado.

> ## O Consulado

Napoleão foi investido no cargo de primeiro-cônsul. Manteve-se a República, governada por um órgão cujo nome era uma referência à Roma Antiga: o Consulado.

Inicialmente, o Consulado era composto de três pessoas. Com uma nova Constituição, aprovada em 1800, Napoleão assumiu amplos poderes. O comando do Exército e a elaboração das leis estavam sob seu controle.

Napoleão centralizou e reestruturou a administração e tomou medidas protecionistas que resultaram na melhoria da economia. Em 1800, criou o Banco da França, responsável pela emissão da moeda (o franco), pela fiscalização da aplicação das políticas fiscais, e pelo controle da inflação. Napoleão incentivou o desenvolvimento da indústria e do comércio por meio de empréstimos, de investimentos e de uma política econômica protecionista.

O sistema educacional foi reorganizado, sendo assumido como uma responsabilidade do Estado. A oferta de vagas foi aumentada, com a ampliação das escolas e a criação de liceus. O ensino superior também foi privilegiado.

O general Bonaparte no Conselho dos Quinhentos, 1840, óleo sobre tela de François Bouchot. A figura de Napoleão marcou o imaginário francês. Foi representada em inúmeras obras de arte, como no quadro de Bouchot, que ilustra o momento em que Napoleão (de casaco preto, no centro da tela) extingue o Conselho dos Quinhentos, após o Golpe de 18 Brumário.

Bonaparte reconciliou-se com a Igreja católica após firmar com o papa Pio VII a Concordata de 1801. Por esse acordo, o primeiro-cônsul reconheceu o catolicismo como a religião da maioria dos franceses. Em troca, a Igreja católica se submeteria ao Estado, evitando os conflitos existentes desde a Revolução Francesa.

Além da reorganização das instituições, Napoleão pretendia proporcionar estabilidade à sociedade francesa, que havia anos sofria com guerras externas. Entendendo que a paz era indispensável ao crescimento econômico, procurou pactuar acordos com os países que estavam em guerra contra a França. Em 1802, obteve uma grande vitória diplomática, firmando com os ingleses a Paz de Amiens, um acordo que previa o fim dos conflitos entre os dois países.

Napoleão representou, para a alta burguesia, a estabilidade da Revolução que o Diretório não havia conseguido. Um período moderado, sem a participação popular, sepultou qualquer esperança de uma nova radicalização. A repressão e a censura silenciaram os opositores que contestavam o governo.

A Revolução como exemplo

O legado da Revolução ultrapassou as fronteiras francesas, repercutindo por toda a Europa e alcançando outros continentes.

Em primeiro lugar, significou esperança para muitos povos, ao colocar na ordem do dia, sob o signo da razão iluminista, a libertação contra as injustiças e a opressão praticadas pelos reis e pela aristocracia.

Ao mesmo tempo que ampliava a área de influência francesa, a guerra proporcionava a disseminação das ideias revolucionárias para outros países. As conquistas napoleônicas provocaram também instabilidade nas velhas monarquias absolutistas europeias.

A Revolução Francesa é considerada o grande modelo de revolução burguesa, pois levantou as principais questões sobre as quais as ideologias políticas iriam debruçar-se nos séculos XIX e XX.

Além de trazer esperança para muitos, descontentes com as situações a que eram submetidos, a Revolução criou um modelo de rebeldia. Para a realeza europeia era fundamental vencer a Revolução e tudo o que ela representava. Havia grande receio de que suas ideias se difundissem pelo continente. Assim, a repressão aos movimentos liberais no interior desses países foi uma constante.

A Revolução criou, assim, paradigmas e símbolos que inspiraram outros povos, como a Declaração dos Direitos do Homem e do Cidadão, a tomada da Bastilha, a execução do rei, o hino francês, o Terror, a bandeira tricolor, os *sans cullotes*.

Personagens como Robespierre e Danton também inspiraram vários movimentos e clubes políticos. Em muitos países foram fundados partidos jacobinos, que sobreviveram durante décadas no século XIX, antes que o movimento socialista trouxesse uma nova ideologia destinada a nortear os movimentos contestatórios.

O lema **Liberdade**, **Igualdade**, **Fraternidade** representou a ideia central do movimento revolucionário francês. Expressava o ideal de uma sociedade mais livre e democrática. Mas também expressava um projeto universal: a união entre os povos, ligados pelo espírito de fraternidade e tolerância.

A liberdade proposta deveria ser exercida em várias esferas da vida, como, por exemplo, na religião. A opção religiosa não poderia mais ser imposta pelo Estado, que deveria ser laico, ou seja, separado da Igreja.

> **Assista**
>
> **Danton, o processo da Revolução.** Direção de Andrzej Wajda, França/Polônia/Alemanha, 1983, 136 min.
> O filme aborda os conflitos entre o Comitê de Salvação Pública e os dissidentes como Danton. Entre suas cenas memoráveis destaca-se o debate entre Robespierre e Danton.

Desfile comemorando o Dia da Bastilha na Champs-Elysées, Paris, em 14 de julho de 2010. Na foto, observam-se as cores da bandeira atual da França.

> ## A independência do Haiti

A ilha de Santo Domingo, no Caribe, estava dividida no final do século XVIII em duas colônias, uma francesa e outra espanhola, hoje Haiti e República Dominicana, respectivamente.

Embora fosse uma das mais prósperas e rentáveis colônias da América – era grande produtora de açúcar –, a maioria da população da porção francesa era de escravizados de origem africana que viviam em condições precárias.

Quando as notícias e os ideais da Revolução Francesa chegaram até a Colônia, a elite local aproveitou a oportunidade para contestar as imposições da Metrópole, reivindicando mais liberdade.

> ## A iniciativa dos escravizados

Mas foram os escravos que obtiveram sucesso. Em 1791, começaram a manifestar-se contra a elite e se mobilizaram para lutar pela liberdade.

O líder da revolta dos escravos era Toussaint-Louverture, um ex-escravizado de boa formação cultural. Louverture demonstrou grande habilidade militar e, em 1801, assumiu o governo da ilha, acabando com a escravidão e estabelecendo uma Constituição.

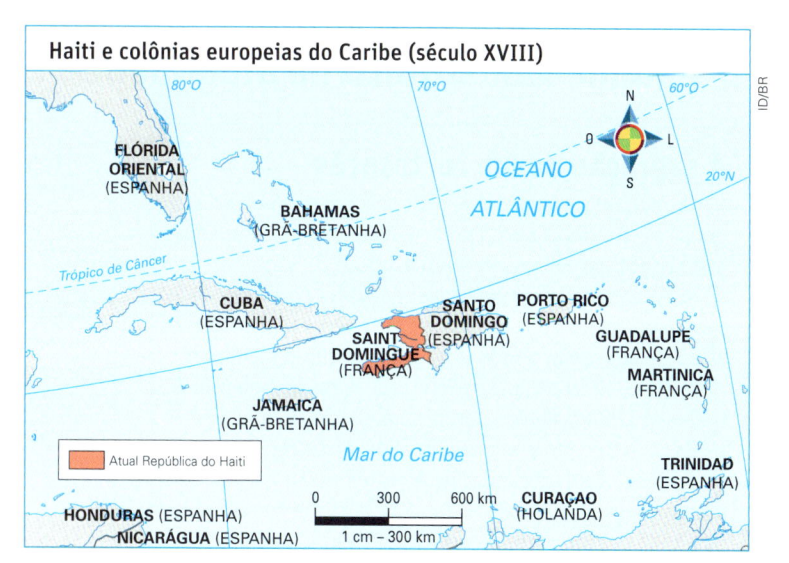

Haiti e colônias europeias do Caribe (século XVIII)

Fonte de pesquisa: PARKER, Geoffrey (Ed.). *Atlas da história do mundo*. São Paulo: Folha da Manhã, 1995. p. 161.

Em 1803, Napoleão enviou um exército que prendeu Louverture. Ele foi enviado para a França, onde morreu algum tempo depois.

A luta continuou sob a liderança de um de seus generais, Dessalines, outro escravizado liberto, que proclamou a independência em 1806 e unificou o país. Pela primeira vez uma rebelião havia, ao mesmo tempo, libertado os escravizados e trazido a independência de uma ex-colônia.

Ponto de vista

O Iluminismo e a Revolução Francesa

Poucos foram os processos históricos que suscitaram tantas interpretações como a Revolução Francesa. Na tentativa de compreendê-la, historiadores procuraram destacar os aspectos que consideravam mais importantes, recortando a realidade de formas diferentes.

Na visão de muitos historiadores, a Revolução Francesa foi uma revolução burguesa, apoiada por camponeses, pela população pobre urbana e por alguns integrantes do clero e da nobreza. Seus ideais teriam por base o Iluminismo. É a opinião, por exemplo, de Daniel Mornet.

Para esses estudiosos, a Constituição e a Declaração dos Direitos do Homem contemplavam princípios iluministas.

Outros, entretanto, questionam se isso é suficiente para afirmar que a Revolução é herdeira do Iluminismo, argumentando que, para os iluministas, um governo deveria ser impulsionado por um déspota esclarecido, isto é, um rei.

Para a historiadora contemporânea francesa Joëlle Chevé, a falência do Estado e o enfraquecimento das instituições são suficientes para explicar o fim do Antigo Regime. Não haveria, por isso, razão para afirmar que o Iluminismo foi preponderante no processo.

Sobre a característica burguesa da Revolução, o historiador norte-americano Robert Darnton assegura que a oposição entre a nobreza e a burguesia não é tão clara.

Nessa perspectiva, o historiador francês François Furet argumenta que a aristocracia esclarecida, que protegeu os iluministas, talvez tenha tido um papel mais relevante do que a burguesia, que se mostrou conservadora em muitos momentos.

Mas, para o historiador inglês Eric Hobsbawm, embora a Revolução não fosse produto de um partido, havia um consenso de ideias gerais entre a burguesia e o liberalismo iluminista.

Faça uma reflexão sobre a Revolução Francesa e a interpretação que diferentes autores formularam sobre ela. Reúna mais informações com base em uma pesquisa em livros ou na internet. Para terminar, escreva um texto argumentativo sobre estas duas questões:

1. A Revolução Francesa pode ser considerada uma revolução burguesa?
2. As ideias dos filósofos iluministas foram fundamentais para a concretização da Revolução?

Ontem e hoje

O sistema monárquico na atualidade

A sagração de um rei francês

A monarquia francesa se afirma como monarquia sagrada de direito divino. Desde Clóvis, os reis, coroados geralmente em Reims, recebem a unção da santa ampola, que, segundo uma tradição lendária, foi trazida do céu pelo Espírito Santo na forma de uma pomba. Assim que a sagração se realiza, o monarca dispõe de um poder sobrenatural – o de curar a escrofulose. A sagração não cria o rei, mas manifesta nele a potência da eleição divina. A partir da morte de seu predecessor, ele se torna rei "pela graça de Deus". Esta profunda ligação com os céus lhe oferece uma vantagem considerável que o situa acima dos grandes e de todo o reino. Desobedecer-lhe, dirá Bossuet, é cometer sacrilégio.

PETITFILS, Jean-Christian. *História Viva* – Grandes Temas. São Paulo: Duetto, s. d., n. 2. p. 9.

Parlamentares pedem fim da monarquia na Grã-Bretanha

O grupo republicano britânico Republic e parlamentares trabalhistas e independentes [...] solicitaram ao primeiro-ministro Tony Blair que inclua em sua plataforma eleitoral de 2005 a abolição da monarquia [...], com mais de 12 séculos de existência.

A organização Republic também pediu a todos os deputados britânicos que debatam a questão da monarquia, qualificada de "anacronismo" dentro de uma democracia moderna como a da Grã-Bretanha.

Stephen Pound, um dos parlamentares trabalhistas rebeldes que apoiam a campanha, declarou [...] que "a maioria dos deputados do país se mantém em silêncio sobre este tema embaraçoso". [...]

"Mas acho que temos de debater mais abertamente este tema e propor uma discussão saudável sobre o futuro da monarquia britânica", acentuou o deputado, afirmando que a figura da rainha ou rei "deveria continuar, mas só com um papel cerimonial, e não político".

[...]

Um porta-voz do Partido Trabalhista declarou, porém, que os governistas "apoiam inteiramente a família real britânica", observando que seus membros "fazem muito pelo país como embaixadores". "Não acreditamos que seja necessário fazer mudanças no sistema atual e este não foi um tema debatido em nosso Fórum Nacional, em setembro", afirmou.

[...]

A última pesquisa sobre o tema [...] concluiu que 47% dos britânicos continuam a favor da continuidade da monarquia após a morte da atual soberana, [...] [desses,] 55% querem que o príncipe Charles seja o próximo rei e 31% defendem uma eleição para o cargo.

O Estado do Paraná, 5 jan. 2005. Disponível em: <http://www.parana-online.com.br/editoria/mundo/news/107009/> Acesso em: 6 maio 2014.

A rainha Elizabeth II participando de uma cerimônia tradicional. Windsor, Inglaterra. Foto de 2007.

A monarquia entre prós e contras

Embora nos séculos XIX e XX a monarquia tenha sido substituída por sistemas republicanos, ela ainda vigora em alguns países como Inglaterra, Espanha, Bélgica e Suécia. É claro que os monarcas do século XXI não possuem os mesmos poderes que seus antepassados, pois o absolutismo foi enterrado em vários conflitos e revoluções, como a Revolução Francesa.

Na atualidade, as monarquias, em sua maioria, são constitucionais, e os reis possuem apenas funções de chefe de Estado, isto é, desempenham funções que são previstas nas Constituições de cada país, como as de cunho diplomático. O governo de fato está nas mãos do primeiro-ministro, escolhido pelo Parlamento.

A justificativa para a permanência desse sistema normalmente refere-se à tradição ou ao fato de a família real e sua pompa atraírem turistas todos os anos.

Em nosso país há defensores da monarquia que se expressam em publicações e na internet. Entre seus argumentos está a estabilidade do poder. Os críticos dizem que o sistema é uma excrescência em face do grande desenvolvimento da democracia, além de serem excessivos os gastos para a manutenção da realeza.

Reflita

Discuta com os colegas e com o professor o significado da monarquia atualmente. Considere as seguintes questões:
1. Pesquise sobre que países mantêm um sistema monárquico e quais as suas características.
2. Quais os argumentos favoráveis e os contrários à manutenção das monarquias? Analise esses argumentos.

Atividades

Verifique o que aprendeu

1. Descreva o papel da burguesia durante os diferentes momentos da Revolução Francesa.
2. Explique por que o regime republicano foi implantado no decurso da Revolução.
3. Escreva um texto que compare a primeira fase da Revolução, a Assembleia Nacional Constituinte, com a terceira fase, a Convenção Nacional.
4. Analise o período conhecido como "Terror jacobino" e cite suas principais características.
5. Cite as reivindicações do Terceiro Estado durante a Revolução Francesa.
6. Descreva as ações do governo de Luís XVI que dificultaram ainda mais o panorama econômico da França.
7. Relacione dois fatores que contribuíram para que Napoleão Bonaparte chegasse ao poder na França.
8. Explique como a Revolução Francesa influenciou outros países. Dê ao menos um exemplo.
9. Relacione a independência do Haiti com a Revolução Francesa e indique a fase da Revolução que mais se aproximaria dos ideais e conquistas dos escravos no Haiti.
10. Para alguns historiadores, a Revolução Francesa não foi apenas uma revolução, mas sim o resultado de um conjunto de revoluções: uma revolução aristocrática, uma revolução burguesa, uma revolução camponesa e uma revolução dos trabalhadores urbanos. Identifique cada uma dessas revoluções no contexto do processo histórico francês de 1787 a 1799.

Leia e interprete

11. Observe as imagens a seguir e também a que aparece na abertura deste capítulo. Depois, responda às questões.

Caricatura francesa do final do século XVIII. Clero e nobreza carregam o Terceiro Estado.

Mulher do Terceiro Estado carrega o peso dos outros dois Estados: o clero e a nobreza. Caricatura do século XVIII.

a) Explique quem são as pessoas e o que elas representam na primeira imagem.
b) Quem são as pessoas representadas na segunda imagem? Descreva o que está ocorrendo na cena.
c) Quais são as diferenças e as semelhanças entre as duas imagens observadas?
d) Considerando essas duas imagens, infira qual teria sido o período em que elas foram feitas.
e) Imagine que você fosse uma pessoa do povo e vivesse na França na época da Revolução, por exemplo, em 1799. Você consideraria correta a interpretação que os autores das imagens deram do período? Por quê?

12. Leia o texto a seguir e responda às questões.

> Nos anos que antecederam à Revolução Francesa de 1789, aumentou o número desses intelectuais com a preocupação pedagógica de formar a opinião pública. A necessidade de combater o Antigo Regime monárquico, que oprimia o povo com impostos abusivos, e de pôr às claras as mazelas da corte exigia um intelectual que se dirigisse ao público numa linguagem que ele pudesse entender.
>
> Mas não bastava isso. Seria necessário também recorrer à tradição filosófica recente, para dar mais autoridade aos discursos, que pretendiam não só fazer a crítica ao Antigo Regime, mas também construir um novo mundo, apoiado na liberdade e na igualdade.
>
> NASCIMENTO, Milton M. do; NASCIMENTO, Maria das Graças S. *Iluminismo*: a revolução das Luzes. São Paulo: Ática, 1998. p. 49.

a) A que corrente de pensamento os autores do texto se referem? Analise algumas características dessa escola filosófica.
b) Em um pequeno texto, assinale e avalie algumas das formas pelas quais os filósofos e os intelectuais buscavam combater o Antigo Regime.

História e Sociologia

Questões de gênero

As sociedades criam ideias e valores a respeito do que significa ser homem ou mulher. Trata-se das chamadas representações de gênero, que estabelecem regras que nem sempre promovem a igualdade de direitos entre homens e mulheres. Leia a seguir dois textos sobre a condição social das mulheres em momentos bem distintos.

A participação feminina na Revolução Francesa

No afã de libertar a sociedade francesa de todos os preconceitos e discriminações vigentes no Antigo Regime, os filósofos iluministas idealizaram uma nova sociedade fundamentada na trilogia: liberdade, igualdade e fraternidade. A partir desse ideário, os revolucionários edificaram na França o Estado democrático de direito, onde o respeito às liberdades e aos direitos individuais constitui um dos pontos basilares da nova organização estatal. No entanto, no desenrolar dos acontecimentos da grande Revolução Francesa, houve, pelo menos, dois enormes desvios na aplicação da ideologia libertária e igualitária: a permanência da escravidão nas colônias e a negação da igualdade política às mulheres. Neste aspecto, falaram mais alto do que o ardor revolucionário os preconceitos do Antigo Regime.

[...]

Sobre a mulher, a concepção dos iluministas não é unânime, chegando às vezes a ser paradoxal ou contraditória. Diferentemente de um provérbio do século XVI, que definia grosseiramente a mulher como "uma besta imperfeita, sem fé, sem lei, sem temor e sem constância" [...], os filósofos iluministas enfocam constantemente as diferenças fisiológicas e intelectuais que separam radicalmente os dois sexos. Para eles, homem e mulher são seres complementares, mas, nesta relação de complementaridade, os homens manifestam-se superiores às mulheres. Assim, no homem, domina a razão; na mulher, predomina o útero, que define a sua personalidade, toda a sua maneira de ser, de pensar e de agir. [...]

[...]

Vista somente a partir das obras gerais, a Revolução Francesa parece ter sido uma obra realizada exclusivamente por homens. [...]

Sendo vítimas da crise de abastecimento, da inflação e da desordem fiscal, as mulheres das camadas inferiores da sociedade participaram de sublevações e protestos em várias cidades, desde os meados do século XVIII. Assim, quando o rei convocou os Estados Gerais em agosto de 1788, elas se fizeram presentes, lutando ao lado dos homens e mobilizando a população para escolher bons representantes para a Assembleia Nacional Constituinte. Nessa eleição, nenhuma mulher foi eleita para representar o povo no Congresso Nacional. Não havia esse direito político para elas. Mesmo assim, elas estavam sempre presentes nas galerias, ora aplaudindo, ora apupando os deputados ali reunidos. A pressão que elas exercem era tão grande e constante que, em 1793, foram impedidas de assistir às sessões do parlamento. Diante desta proibição, as mulheres continuaram agindo nos cafés, nos salões, na imprensa e em outros lugares onde pudessem. Além disso, as engajadas criaram, em toda a França, mais de sessenta organizações, onde eram debatidas as questões políticas do momento e as decisões tomadas pelo Congresso Nacional.

[...]

Pelo que acabamos de ver, as mulheres participaram intensamente da Revolução Francesa, rompendo com uma filosofia e com os costumes de uma sociedade que as queriam reclusas ao lar, longe, portanto, do cenário dos acontecimentos públicos. [...]

[...]

Na realidade, elas lutaram contra dois grandes adversários: contra os costumes da sociedade do Antigo Regime, que as **segregavam** no espaço privado do lar, e, por outro lado, contra a filosofia iluminista que ensinava a sua pretendida inferioridade física e intelectual em relação ao homem. Por isso, naquele contexto histórico e cultural, era praticamente impossível elas saírem vitoriosas. Mas, mesmo assim, tiveram o mérito de lançar em boa terra a semente de um porvir igualitário.

A tão almejada cidadania política, as mulheres só conquistaram no século XX, como estamos vendo em todos os quadrantes do mundo ocidental. [...]

SOUZA, Itamar de. A mulher e a Revolução Francesa: participação e frustração. *Revista da FARN*, Natal, v. 2, n. 2, p. 111-124, jan./jul. 2003. Disponível em: <http://www.revistaunirn.inf.br/revistaunirn/index.php/revistaunirn/article/view/81/93>. Acesso em: 14 maio 2014.

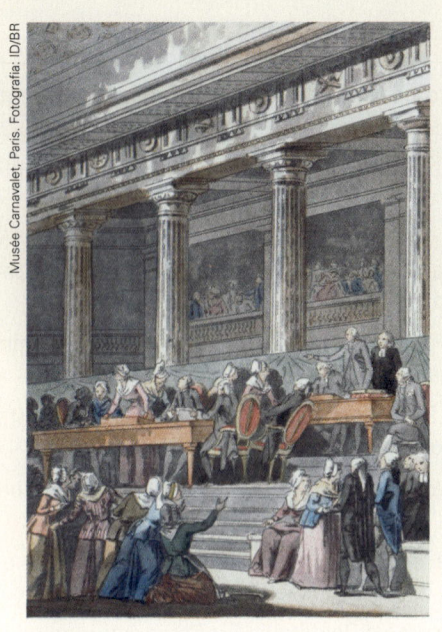

Versalhes, no dia 6 de outubro de 1789: manifestantes foram recebidas pela Assembleia Nacional. Pintura de Jean-François Janinet, século XVIII.

Maria da Penha

Se tudo tivesse ocorrido conforme planejado por seu agressor, Maria da Penha estaria morta há muito tempo, e ninguém suspeitaria que seu caso seria mais um de uma extensa lista de homicídios de mulheres no Brasil.

Mas ela sobreviveu a duas tentativas de assassinato e lutou para que seu marido, um economista colombiano, fosse condenado.

Hoje com 67 anos e paraplégica devido ao tiro que levou do ex-cônjuge, ela sabe que tem um lugar especial reservado na história do país, após ter uma lei batizada com seu nome, e que pode ajudar a salvar milhares de vidas de mulheres.

[...]

Farmacêutica bioquímica, ela relembra o instante em maio de 1983 quando um tiro a condenou a passar o resto da vida em uma cadeira de rodas. Ela tinha 38 anos.

"Meu marido atirou nas minhas costas enquanto eu dormia", disse. "Acordei com um tiro e não sabia quem havia atirado. Pensei que tinha sido ele, não o tinha visto".

As suspeitas dela eram baseadas nas atitudes cada vez mais violentas que Marco Antonio Heredia vinha adotando com ela e suas filhas. Ela havia sugerido a separação, mas ele não aceitou.

O agressor disse à polícia que o tiro que atingiu sua mulher havia sido disparado por um criminoso em uma tentativa de assalto.

Depois de passar quatro meses e meio hospitalizada, Penha voltou a viver com o marido e as filhas. "Continuei com ele porque não sabia que ele havia sido o autor da primeira vez".

"Quando voltei sofri uma segunda tentativa (de assassinato), mais dissimulada, por meio de um chuveiro elétrico danificado de propósito (para eletrocutá-la)", afirmou. "Se eu tivesse entrado no banho... Percebi antes que estava passando corrente (pela água)".

Quase um ano depois do disparo, convencida de que seu marido queria matá-la, Penha o denunciou às autoridades e começou sua luta para que Heredia fosse condenado.

[...]

Na Cúpula dos Povos, evento paralelo ao Rio + 20, ocorrido em junho de 2012, reúnem-se mulheres de diversos estados brasileiros para protestar contra o machismo. Foto de 2012.

Heredia se declarou inocente da acusação, mas após uma série de julgamentos e recursos que lhe renderam mais de uma década em liberdade, foi condenado por tentativa de homicídio e começou a cumprir pena em 2002.

Ele ficou 16 meses na cadeia, passou para o regime semiaberto e, em 2007, entrou em liberdade condicional.

Em meio à batalha judicial, o caso foi levado por ONGs à Comissão Interamericana de Direitos Humanos – que começou a pressionar o governo brasileiro.

O Estado foi responsabilizado pela demora no processo e convidado a tomar medidas para prevenir a violência doméstica – um delito que até então dificilmente se punia com prisão.

Isso levou à aprovação em 2006 da Lei Maria da Penha, que combate a violência doméstica com punições mais duras para os agressores, como a possibilidade de prisão preventiva e o impedimento da imposição de penas alternativas.

Violência contra mulher está em todas classes, diz Maria da Penha. Disponível em: <http://www.mariadapenha.org.br/index.php/component/content/article/10-ultimasnoticias/78-violencia-contra-mulher-esta-em-todas-classes-diz-maria-da-penha.html>. Acesso em: 16 mar. 2013.

Atividades

1. Qual era a concepção dos iluministas em relação ao papel da mulher na sociedade?
2. Que contribuição as mulheres deram para a Revolução Francesa?
3. Com base nos textos lidos na seção, indique que problemas sociais evidenciam a desigualdade de direitos entre homens e mulheres no passado e no presente.
4. Com o auxílio do professor, promova com seus colegas um debate para relatar as informações noticiadas pela mídia a respeito da violência contra a mulher. No final, em grupo, elaborem um folheto sobre o tema.

CAPÍTULO

35 O Primeiro Império Francês

O que você vai estudar

- Medidas de Napoleão que consolidaram princípios da Revolução Francesa.
- Formação e expansão do Império Francês.
- As manifestações artísticas e a influência da estética neoclássica.
- Os percalços de Napoleão diante da Inglaterra.
- As disposições do Congresso de Viena e a reorganização do mapa europeu.

Sagração do imperador Napoleão e coroação da imperatriz Josefina na catedral de Notre-Dame de Paris, 2 de dezembro de 1804, 1807, óleo sobre tela de Jacques-Louis David. Napoleão coroou a si mesmo e a sua esposa Josefina. O papa Pio VII permaneceu como um mero espectador. Napoleão não aceitava nenhum poder acima do seu.

Museu do Louvre, Paris. Fotografia: ID/BR

Ligando os pontos

Na segunda metade do século XVIII, a Europa passou por grandes mudanças, tanto no campo das ideias como na política e na economia. Durante esse século, os filósofos iluministas enfatizaram o lugar central que a Razão ocupava em todas as áreas.

O Antigo Regime e o absolutismo eram questionados. As ideias liberais originárias das Revoluções Inglesas do século XVII chocavam-se com a estrutura sociopolítica da maioria dos países da Europa. A Revolução Industrial inglesa e suas inovações técnicas abriam caminho a novas formas de organização social. O surgimento das classes trabalhadoras urbanas rompia com os antigos modelos sociais.

Como na Inglaterra do século XVII, a França dos anos finais do século XVIII passou por um período revolucionário. As sucessivas crises econômicas e a estrutura social francesa, que concentrava renda e poder, mantinham a maioria da população vivendo em condições materiais precárias e sem participação política efetiva.

Os revolucionários franceses proclamaram a República, decapitaram o rei, instituíram um período de terror, mudaram o calendário e lutaram contra os que desejavam restaurar a monarquia.

A Revolução Francesa teve várias fases, revezes e alguns golpes, entre os quais o do 18 Brumário, em 1799, quando Napoleão Bonaparte derrubou o Diretório e criou o Consulado, nomeando-se primeiro-cônsul. Em 1804, Napoleão coroou-se imperador.

1. A coroação de Napoleão choca-se com um dos principais ideais da Revolução Francesa. Identifique-o e comente.
2. Na tela, Napoleão coroa sua esposa Josefina. Antes disso, o imperador havia coroado a si mesmo, diante de uma plateia que incluía o papa Pio VII. Na tradição monárquica francesa, os representantes da Igreja coroavam e sagravam os reis, conferindo-lhes poder. Crie uma hipótese que justifique a atitude de Napoleão.

❯ O Império consolidou a Revolução

Após o golpe do 18 Brumário e a instituição do Consulado, teve início o processo de consolidação do período revolucionário na França. Encerrava-se, assim, a fase de violentas disputas políticas que tumultuavam a sociedade francesa desde 1789. Como foi visto no capítulo A Revolução Francesa, o general Napoleão Bonaparte, que se destacara nas guerras contra a Áustria durante o Diretório, tornou-se primeiro-cônsul e, em 1802, primeiro-cônsul vitalício. Nesse posto, Napoleão adotou medidas que visavam a reorganizar o Estado francês e preservar certas conquistas da Revolução.

❯ O Código Napoleônico

Uma das mais importantes medidas adotadas pelo primeiro-cônsul foi a criação do Código Civil dos Franceses, em 1804, também conhecido como Código Napoleônico. Esse conjunto de normas substituiu as centenas de leis e códigos que vigoravam na França desde a Idade Média, e reafirmava parte dos direitos obtidos durante o período revolucionário.

Foi definitivamente abolida qualquer distinção entre as pessoas baseada no nascimento e no sangue: todos os franceses passaram a ter os mesmos direitos e deveres. A liberdade de opinião e religião foi garantida.

Um dos aspectos mais importantes do novo Código estava relacionado à propriedade: era garantido o direito de qualquer pessoa comprar e vender bens, contanto que tivesse recursos para isso. Qualquer resquício de posse feudal das terras ficou abolido.

Outros tópicos do Código Civil, no entanto, indicavam a permanência de valores e medidas menos democráticas, como a manutenção do caráter submisso da mulher em relação ao marido, e dos filhos em relação aos pais; o restabelecimento da escravidão nas colônias; o aumento do poder dos empregadores e a diminuição da liberdade dos trabalhadores.

Feito sob medida para os interesses da burguesia ascendente, o Código Napoleônico foi adotado pelos governos de muitos países como padrão de legislação moderna.

Napoleão Bonaparte também se preocupou em fiscalizar a circulação do saber e das informações. Para isso, reorganizou a educação pública e criou a Universidade da França, controlada diretamente pelo Estado. O mesmo controle foi estabelecido sobre a imprensa, o teatro, as letras e as artes, que foram impedidos de criticar o governo.

❯ Napoleão, o imperador

No dia 18 de maio de 1804, pouco depois da instituição do Código Civil, Napoleão foi proclamado imperador por uma nova Constituição. Numa estranha contradição, o artigo primeiro dessa Carta afirmava que "O governo da República é confiado ao imperador Napoleão [...]". Não havia mais República, tinha início o Império Napoleônico, ou Primeiro Império Francês.

Em 2 de dezembro de 1804, realizou-se na Catedral de Notre-Dame a cerimônia de sagração de Napoleão, que passou a ser Napoleão I.

Napoleão I em seu trono imperial, 1806, óleo sobre tela de Jean-Auguste Dominique Ingres. Ao encomendar seus retratos, Napoleão garantia a imagem que queria ter junto ao público.

■ Conheça melhor

Os nomes de Napoleão

Ao invadir e conquistar grande parte da península Itálica, o general Napoleão Bonaparte assinava seus documentos com a forma italiana de seu nome de família: Buonaparte. Assim, apresentava-se aos italianos como um herói revolucionário europeu, a serviço de um continente livre.

Regressando a Paris e aumentando sua participação no governo, o general preferiu reforçar sua identificação com a França e voltou a usar a grafia francesa, Bonaparte.

Ao coroar-se imperador, porém, passou a assinar Napoléon, por extenso ou pelas abreviaturas Nap., Napol. ou N. Os monarcas europeus são, em geral, conhecidos apenas por seu primeiro nome, e o imperador dos franceses queria integrar-se a essa tradição.

A expansão francesa

Desde o começo da Revolução, a França entrou em guerra diversas vezes contra outros países europeus. Até o início do Império de Napoleão, em 1804, duas coligações haviam sido organizadas pelos governos de outras nações europeias com o objetivo de extinguir o processo revolucionário e restabelecer a monarquia na França.

A **primeira coligação** foi criada em 1793 por vários países, entre os quais Áustria, Prússia, Espanha, Holanda e Inglaterra. Além das questões políticas, interessava a esses países coibir a expansão econômica francesa pela Europa e pelos demais continentes.

Em 1798, os ingleses lideraram a **segunda coligação**, ao lado da Rússia, Turquia, Áustria, Suécia, Estados alemães e Reino das Duas Sicílias.

Os franceses, com o propósito de consolidar as conquistas revolucionárias e derrotar os Estados absolutistas, venceram importantes batalhas e assinaram acordos de paz com a maioria dos países coligados.

Napoleão, ainda como primeiro-cônsul vitalício, procurou pôr em prática ações expansionistas. Suas vitórias contra a Áustria, a Prússia e a Rússia criaram condições para que os franceses mantivessem seus domínios e os expandissem por outras regiões da Europa continental.

O Consulado procurou organizar a economia e reforçar o Exército e a Marinha da França, preparando a nação para novas campanhas militares. Também interveio em questões internas de países como Suíça e Holanda, preocupando os governos que se haviam coligado anos antes para deter a expansão francesa. A paz parecia cada vez menos provável.

> Derrota francesa no mar

A paz firmada com os ingleses em Amiens (1802) durou pouco. A expansão francesa preocupava os ingleses, principalmente porque Napoleão avançava cada vez mais em direção ao Mediterrâneo. Para a Inglaterra, ter o controle desse mar era essencial, pois era pelo Mediterrâneo que os ingleses chegavam ao Oriente e ao norte da África, regiões onde vendiam seus produtos.

Napoleão continuava avançando pela península Itálica e os ingleses não saíam da ilha de Malta. O conflito entre os dois países era iminente.

Decidido a invadir e derrotar seu maior oponente – a Inglaterra –, Napoleão firmou uma aliança com a Espanha e resolveu enfrentar a poderosa frota inglesa. A estratégia utilizada pelos franceses consistia em atrair os navios britânicos para o sul do Canal da Mancha a fim de que a costa inglesa ficasse descoberta.

Prevaleceu, no entanto, o poderio naval inglês. Em 1805, as duas esquadras enfrentaram-se na **Batalha de Trafalgar**, na costa atlântica espanhola. Os franceses conseguiram tirar os ingleses do canal da Mancha, mas não puderam vencê-los. A frota britânica arrasou os navios franceses e espanhóis e colocou fim ao sonho de Napoleão de invadir a Inglaterra.

> Vitórias em terra firme

Se no mar a França foi derrotada, em terra saiu-se vitoriosa. Em dezembro de 1805, na **Batalha de Austerlitz**, o exército napoleônico derrotou a **terceira coligação** – Rússia, Áustria, Nápoles e Suécia.

As vitórias francesas contra a coligação mudaram o mapa europeu. A Áustria teve de retirar suas tropas da península Itálica, dominada agora por Napoleão, que nomeou seu irmão mais velho, José, como rei de Nápoles. Outro irmão, Luís, tornou-se rei dos Países Baixos (Holanda).

Assista

Napoleão. Direção de Yves Simoneau, França, 2002, 180 min.
O filme desmistifica a personagem e mostra a complexidade e as contradições do homem Napoleão.

Leia

Napoleão, de Thierry Lentz. São Paulo: Unesp, 2008. Biografia em linguagem clara sobre a vida de Napoleão e os processos históricos da Europa em sua época.

Napoleão e suas tropas na véspera da Batalha de Austerlitz, em 1º de dezembro de 1805, 1808, pintura de Louis-François Lejeune.

> ## Minando os Estados absolutistas

As vitórias de Napoleão não impediram que a Rússia e a Prússia voltassem a aliar-se para combater os franceses. Apoiadas pela Inglaterra, elas formaram a **quarta coligação**. Entre 1806 e 1807, os exércitos de Napoleão venceram sucessivas batalhas contra os prussianos, em Iena e Auerstadt, e contra os russos, em Friedland.

Como resultado, Napoleão expandiu ainda mais seus domínios e sua influência na direção do Leste Europeu. Após derrotar os exércitos coligados, o imperador francês firmou o Tratado de Tilsit (1807) com russos e prussianos.

Por esse acordo, os prussianos perdiam parte dos seus domínios para a França e os russos aliavam-se aos franceses, principalmente contra a Inglaterra. Além disso, o tratado previa o fim das dinastias Bourbon, na Espanha, e Bragança, em Portugal.

Em 1806, Napoleão extinguiu o Sacro Império Romano-germânico e no lugar criou a **Confederação do Reno**, aliada ao imperador francês e sob sua proteção. Formada por 16 Estados, a Confederação do Reno não incluía a Áustria e a Prússia. Também, em 1806, o governo francês decretou o **bloqueio continental**, pelo qual as nações europeias ficavam proibidas de comerciar com a Inglaterra.

> ## Na península Ibérica

Aliado aos ingleses, o governo de Portugal, assim como o da Espanha, não acatou o bloqueio. Então, em 1807, Napoleão resolveu invadir Portugal por terra, atravessando a Espanha. A família real portuguesa, ciente do projeto do imperador, fugiu para o Brasil, desembarcando em Salvador em 1808.

Na passagem pela Espanha, o Exército francês forçou a abdicação do rei Fernando VII em favor de José Bonaparte, irmão de Napoleão.

Vários setores da população espanhola, contudo, apoiados pela Igreja, rejeitaram a mudança e se opuseram ao governo de José Bonaparte. Leais à monarquia espanhola, esses grupos lutaram abertamente contra o Exército francês.

Ao mesmo tempo que enfrentavam os espanhóis na **Guerra Peninsular**, como ficaram conhecidos esses conflitos, os franceses tiveram de combater mais uma coligação que se formara contra eles, a **quinta coligação**, encabeçada pela Áustria e pela Inglaterra. Ao derrotar a Áustria, o Império francês chegava ao seu apogeu.

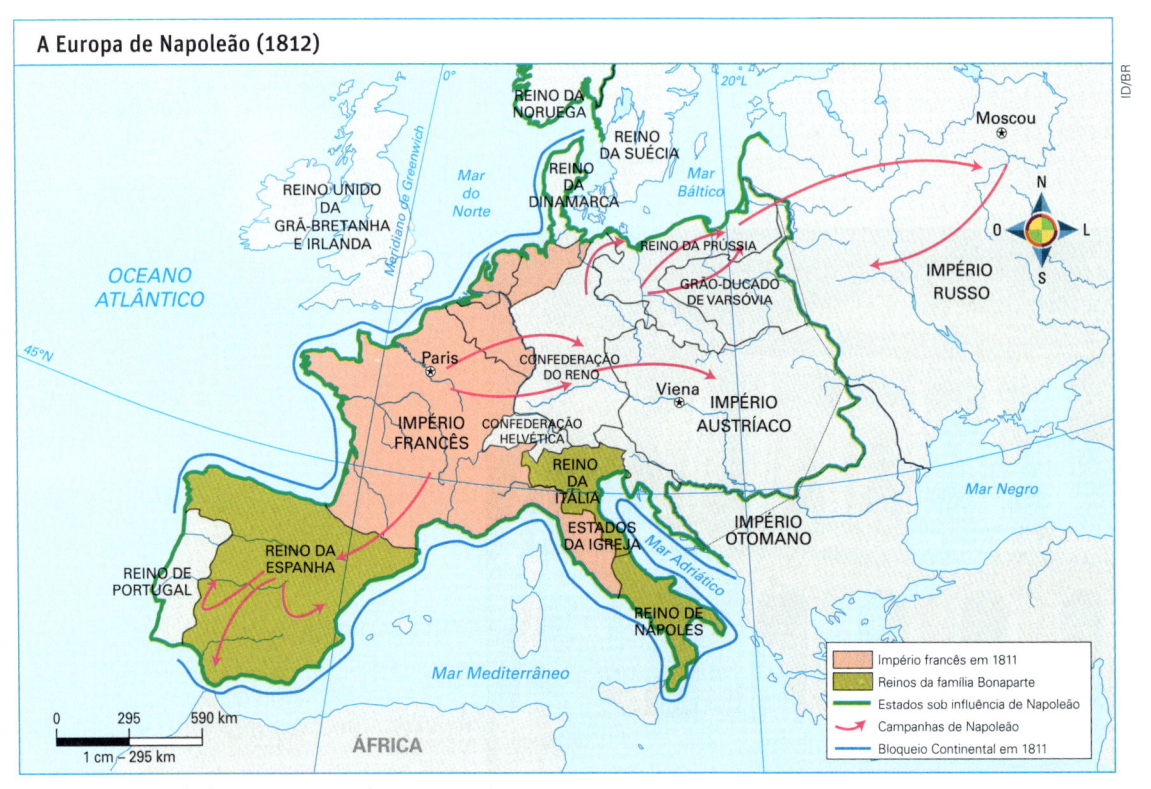

A Europa de Napoleão (1812)

Fonte de pesquisa: *Atlas historique*. Paris: Hachette, 2000. p. 37.

A estética neoclássica

Entre as décadas finais do século XVIII e o início do século XIX, um novo movimento artístico desenvolveu-se na Europa: o Neoclassicismo. Como o nome sugere, tratava-se de um movimento de retomada da arte e da cultura clássicas, em contraposição aos excessos da estética barroca.

Assim como ocorrera no Renascimento, o Neoclassicismo resgatava a **Antiguidade Clássica** como modelo de equilíbrio, proporcionalidade, simplicidade e clareza.

Nos anos 1730 e 1740, escavações arqueológicas realizadas nas ruínas das cidades romanas de Herculano e Pompeia, destruídas pela erupção do Vesúvio em 79 d.C., contribuíram para o desenvolvimento do Neoclassicismo. O trabalho arqueológico revelou uma série de objetos e pinturas que aumentaram o interesse pela cultura da Antiguidade.

A estética neoclássica floresceu principalmente na França e na Inglaterra, onde a arte barroca teve menor influência. Em seguida, disseminou-se por outras regiões da Europa.

A Democracia grega e a República romana tornaram-se modelos políticos e morais dos opositores do absolutismo. Os princípios de liberdade e igualdade foram evocados por diversos artistas e pensadores.

A arquitetura no Império

A estética neoclássica desenvolveu-se em harmonia com a crítica ao Antigo Regime e às monarquias absolutistas. Os artistas inspiravam-se nos modelos gregos e romanos.

Mesmo tendo acabado com a República na França, Napoleão valeu-se do novo movimento artístico para fazer a propaganda de seu Império. A arte era um valioso instrumento de disseminação de imagens e valores, e Napoleão sabia bem disso.

O imperador percebeu a importância da **arquitetura** na criação da identidade nacional, usando-a como símbolo da grandiosidade de seu Império. Diversos prédios e monumentos foram erguidos sob seu comando.

As construções neoclássicas destacaram-se pela simetria e pela presença de colunas, pórticos, frontões e cúpulas, entre outros elementos inspirados na arquitetura clássica. Tratava-se, quase sempre, de edifícios monumentais, que exigiam ruas mais largas e a reorganização do traçado urbano.

No Brasil, existem diversos edifícios projetados sob a influência do estilo neoclássico. Theatro da Paz, em Belém (PA), fundado em 1878, no apogeu do ciclo da borracha. Foto de 2010.

Conheça melhor

As gravuras de Épinal

Enquanto Napoleão nomeava os grandes artistas da época para administrar as "Belas Artes" no Império, as gravuras circulavam entre a população. Elas disseminavam imagens populares, costumes, modos de vestir, motivos religiosos, provérbios, canções, sátiras, informações. Como as manifestações artísticas eram controladas pelo imperador, as gravuras eram um modo de troca e comunicação entre as pessoas do povo.

Imagens de Napoleão, de sua família e de membros do governo francês também eram veiculadas pelas gravuras.

As estampas produzidas na cidade de Épinal, na França, tiveram destaque nesse período.

Representação de Napoleão Bonaparte em Ratisbona, cidade alemã conquistada pelo imperador francês em 1809. Detalhe de gravura de Épinal, início do séc. XIX.

> **Pintura**

Napoleão e os eventos ligados a suas conquistas foram pintados diversas vezes. Jacques-Louis David e Jean-Auguste-Dominique Ingres foram alguns dos artistas que representaram esses eventos.

Além de representações que enalteciam os feitos de Napoleão, os pintores neoclássicos franceses abordavam outros temas históricos e a mitologia greco-romana, muitas vezes relacionando eventos contemporâneos a modelos da Antiguidade Clássica.

As pinturas neoclássicas são caracterizadas por desenhos rigorosos e linhas bem definidas, pela valorização do trabalho com a luz, enfatizando o jogo entre o claro e o escuro, e pelo uso de tons sóbrios. Esses traços conferem volume aos corpos pintados numa tela, tornando-os muitas vezes semelhantes a esculturas.

O juramento dos Horácios, 1784, de Jacques-Louis David. A tela representa três irmãos jurando defender a República romana. Observe que as mulheres parecem desoladas com a decisão dos homens. A contraposição entre a disposição deles e o sofrimento delas indica o valor republicano de colocar o bem público e o dever cívico acima dos interesses privados.

> **Escultura**

Assim como na pintura, as formas das esculturas greco-romanas eram adaptadas aos temas da época.

Para esculpir corpos com traços, volume e movimentos próximos da realidade, os artistas faziam diversos estudos antes de iniciar o trabalho. Eles elaboravam esboços em terracota para, em seguida, trabalhar sobre o mármore ou o bronze, principais materiais utilizados.

Entre os escultores, destacaram-se Antoine-Denis Chaudet e o italiano Antonio Canova.

> **O estilo Império**

Além da pintura e da escultura, o mobiliário e a decoração sofreram influências do neoclássico. Cômodas, cadeiras e armários de madeira eram adornados com elementos decorativos de bronze. As linhas e os formatos eram inspirados na tradição clássica. Era o estilo Império.

Móvel francês em madeira, bronze e ornamentado com porcelana pintada, século XVIII.

■ **Outras histórias**

No final do século XVIII e início do XIX, Jacques-Louis David destacava-se no cenário artístico europeu, onde a estética neoclássica ganhava força. Enquanto isso, no Brasil, Manuel de Jesus Pinto pintava os interiores das igrejas barrocas de Pernambuco. Alguns de seus principais trabalhos foram realizados nas igrejas de Santo Antônio e de São Pedro dos Clérigos, Recife, Pernambuco.

Pintura de Manuel de Jesus Pinto no forro da igreja de São Pedro dos Clérigos, Recife, Pernambuco, 1804-1815.

A luta contra a Inglaterra

Durante as guerras do período napoleônico, a Inglaterra esteve sempre contra o Império Francês. Ao contrário dos Estados absolutistas que sucumbiram diante do Grande Exército de Napoleão, os ingleses impediram o avanço francês.

Napoleão conhecia bem o poder naval inglês desde a Batalha de Trafalgar, em 1805. Superar a esquadra britânica, atravessar o canal da Mancha e invadir Londres faziam parte dos planos do imperador, frustrados pela habilidade e pelo poderio da marinha inglesa.

Napoleão decidiu, então, atacá-los economicamente. Foi nesse contexto que, em 1806, decretou o **bloqueio continental**, que isolava comercialmente a Inglaterra.

Nos anos seguintes, com medidas complementares, Bonaparte reforçou a proibição, decretando inimigos os países que descumprissem o bloqueio. Isso ocorreu com Portugal. Como vimos, a Coroa portuguesa não acatou a imposição, e o país foi invadido pelas tropas napoleônicas, obrigando o rei português a fugir.

O plano francês abalou a economia inglesa. Conforme Napoleão derrotava as coligações e sujeitava os países europeus, a situação inglesa tornava-se mais difícil. Os ingleses buscavam superar essa dificuldade por meio do contrabando e do comércio com a América.

Ao provocar a crise econômica do seu principal adversário, o bloqueio desencadeou reações adversas em setores da sociedade francesa. As mercadorias inglesas não chegavam aos franceses. Com isso, as transações comerciais diminuíram e os comerciantes tiveram prejuízos.

A influência francesa na Europa

A expansão do Império Francês significou também a extensão das instituições e do sistema político e jurídico franceses. Quando alcançou o auge, no início da década de 1810, o Império havia consolidado alguns dos princípios revolucionários, além de também "exportá-los".

Na França, a organização administrativa e judiciária montada no período napoleônico perdurou por todo o século XIX. Ainda hoje, várias instituições daquela época permanecem, como o Tribunal de Contas, o Conselho de Estado, os Inspetores Gerais de Educação, etc. Os fundamentos do Código Civil de 1804 vigoraram até os anos 1960 na França, quando ele foi reformado.

Nas regiões dominadas por Napoleão, o feudalismo foi formalmente abolido. A legislação francesa foi incorporada, muitas vezes sem nenhuma modificação, por países como Bélgica, Holanda, Polônia, Suíça e Prússia.

No campo cultural, houve resultados diversos. Apesar de a França dominar três quartos da Europa em 1810, não houve um predomínio francês nas produções literárias europeias. Isso ocorria, em parte, porque Napoleão controlava rigidamente as letras na França. Nas artes plásticas, na música e na filosofia houve um processo semelhante: elas floresceram na Europa, independentemente do domínio de Napoleão.

Frontispício da primeira edição do Código Civil Napoleônico. Esse código de leis inspirou governos por todo o Ocidente.

❯ O imperador é vencido

Por volta de 1810, Napoleão governava cerca de 70 milhões de europeus, metade da população do continente. A França contava então com fortes aliados, como o rei da Prússia e o czar russo.

Mas algumas circunstâncias desgastavam o Império Francês. A Inglaterra resistia a Napoleão. Na Espanha, desde 1808, a população combatia o domínio francês. Na própria França, grupos questionavam o caráter tirânico do governo de Napoleão.

As relações com a Rússia se enfraqueciam à medida que Napoleão avançava rumo ao Leste da Europa. Além disso, não interessava aos russos, grandes produtores de trigo, respeitar o bloqueio continental. A Inglaterra era compradora desse produto. A Rússia voltou-se contra a França em 1812.

❯ A campanha da Rússia

Os russos aliaram-se à Inglaterra e à Suécia. Os franceses contavam com o Grande Exército e com o apoio formal da Prússia e da Áustria, cujos governantes mantinham contatos secretos com o soberano russo, o czar Alexandre.

Em junho de 1812, com cerca de 600 mil soldados, o Grande Exército iniciou sua marcha em direção a Moscou. Diante da superioridade numérica francesa, os generais do czar Alexandre optaram por atrair seu adversário para dentro do território russo. Assim, evitariam as grandes batalhas e obrigariam os franceses a enfrentar o frio da região.

Como tática de guerra, à aproximação do Grande Exército, os camponeses queimavam sua produção, deixando as tropas francesas sem provisões para sobreviver ao rigoroso inverno.

Quando chegou a Moscou, Napoleão e seus soldados encontraram a cidade incendiada. Sob o comando do czar, a população havia abandonado a cidade logo depois de atear fogo a suas construções.

Sem abrigo nem provisões, obrigado a enfrentar um inverno de 20 °C negativos, Napoleão retirou suas tropas rumo a Oeste.

❯ O fim do Império

Enquanto Napoleão voltava com suas tropas, a Prússia e a Áustria juntaram-se à Rússia, formando a **sexta coligação** contra a França. O Grande Exército venceu algumas batalhas, mas sucumbiu diante da superioridade numérica das tropas coligadas, na **Batalha de Leipzig**, em 1813.

Napoleão retornou com suas tropas a Paris para reorganizar a defesa, mas sem obter sucesso. Em março de 1814, os exércitos coligados tomaram Paris. Enquanto isso, os espanhóis, apoiados pelos ingleses, derrotavam os franceses e marchavam em direção à França.

Pelo **Tratado de Fontainebleau**, Napoleão foi obrigado a abdicar e a exilar-se na ilha de Elba, próxima à costa italiana.

Os Bourbon retomaram o trono francês com Luís XVIII, irmão de Luís XVI (guilhotinado pela Revolução).

❯ Os Cem Dias e Waterloo

Mesmo exilado, Napoleão sabia da impopularidade dos primeiros meses de governo de Luís XVIII. Afinal, juntamente com os Bourbon, regressou uma parte da antiga nobreza que havia sido combatida pelos revolucionários.

O general decidiu então fugir de Elba e voltar à França. Em março de 1815, Napoleão chegou a Paris e foi aclamado pela população, enquanto Luís XVIII fugia para a Bélgica. De março a junho, no período conhecido como Cem Dias, Napoleão reorganizou o Exército e quis negociar a paz. Os demais países não aceitaram, e os conflitos reiniciaram-se.

Formou-se, assim, a **sétima coligação** contra a França, composta por Rússia, Prússia, Áustria, Inglaterra e Suécia. Em junho de 1815, Napoleão foi novamente vencido, agora na **Batalha de Waterloo**, na atual Bélgica. Depois da derrota, ele foi exilado na ilha de Santa Helena, na costa da França, onde ficou até morrer, em 1821.

Tropas de Napoleão retirando-se de Moscou, pintura de Jan van Chelminski, final do século XIX. Na campanha contra a Rússia, o grande inimigo foi o frio. Estima-se que, dos 600 mil homens que integravam o Grande Exército, apenas 100 mil tenham voltado para casa.

❯ O Congresso de Viena

Com a derrota de Napoleão, Luís XVIII subiu novamente ao trono, apoiado pelos governos que haviam lutado contra o imperador. O restabelecimento do regime monárquico na França com a dinastia Bourbon era um indício do movimento que começava a ganhar força no continente: a restauração do Antigo Regime.

Ao longo do período napoleônico, vários princípios da Revolução Francesa foram consolidados. Entretanto, após a derrota do imperador, os Estados absolutistas pretenderam restabelecer a antiga ordem, anterior a 1789, e anular os ideais liberais difundidos pelos revolucionários.

O primeiro passo para a restauração do Antigo Regime foi dado durante as reuniões dos principais soberanos europeus em Viena, em 1814 e 1815, antes mesmo da derrota definitiva de Napoleão. O conjunto dessas conferências ficou conhecido como Congresso de Viena, do qual participaram representantes da Rússia, da Áustria, da Prússia, da Inglaterra e da França.

❯ As decisões do Congresso

Uma das medidas adotadas no Congresso foi a restauração do poder das casas dinásticas que haviam sido destituídas no período napoleônico. Com isso, os tronos da Espanha, de Portugal, da Holanda e da própria França voltavam a ser ocupados pelas antigas famílias reais.

O restabelecimento dessas monarquias era acompanhado pela reafirmação da legitimidade do poder real. Assim, os participantes do Congresso de Viena tentavam sufocar os ideais de igualdade política. Tratava-se da volta aos princípios do absolutismo.

Em Viena, os países signatários decidiram também reajustar o mapa político europeu. Com a expansão e as conquistas de Napoleão, vários territórios haviam sido anexados à França. A decisão, nesse caso, foi restabelecer o desenho das fronteiras anterior a 1789.

Embora houvesse algum consenso entre os participantes do Congresso, havia também divergências e conflitos de interesses. Por exemplo, enquanto os ingleses desejavam o comércio livre e por isso apoiavam a independência das colônias americanas, a Áustria, a Rússia e a Prússia queriam que a situação colonial na América fosse mantida.

Congresso de Viena, 1815, de Jean-Baptiste Isabey. No quadro, vemos a representação dos delegados que se reuniram em Viena para discutir a reorganização da Europa. À esquerda, em pé diante de uma cadeira, o príncipe austríaco Klemens von Metternich. Seu lugar destacado na tela corresponde ao papel que desempenhou nesse Congresso.

Ponto de vista

O impacto das guerras

As guerras do final do século XVIII e do período napoleônico interferiram de fato na vida cotidiana dos europeus? O historiador Eric Hobsbawm expõe o seu ponto de vista a respeito do tema.

Para a maioria dos habitantes da Europa, exceto os combatentes, a guerra provavelmente não significou mais do que uma interrupção direta ocasional do cotidiano, se é que chegou a significar isto. [...] Reconhecidamente, o número de homens armados envolvidos era muito maior do que tinha sido comum em guerras anteriores, embora não fosse extraordinário pelos padrões modernos. [...]

As perdas eram pesadas, embora não excessivamente, novamente segundo os aniquiladores padrões do nosso século [...].

As operações militares propriamente ditas matavam pessoas, direta ou indiretamente, e destruíam equipamento produtivo mas, como vimos, nada faziam a ponto de interferir seriamente no curso normal da vida e do desenvolvimento de um país. As exigências econômicas da guerra e a guerra econômica tinham consequências muito maiores.

HOBSBAWM, Eric J. *A era das revoluções*: Europa 1789-1848. Rio de Janeiro: Paz e Terra, 2002. p. 135-137.

- Qual é o critério utilizado por Hobsbawm para medir os impactos das guerras na vida cotidiana dos europeus do período de Napoleão?

> A necessidade do equilíbrio

Diante da necessidade de restabelecer a harmonia entre os Estados, o Congresso de Viena consagrou o **princípio do equilíbrio** entre os países signatários. A intenção era impedir que um Estado dominasse os demais, como havia ocorrido com a França de Napoleão.

Esse equilíbrio deveria ser político e militar, com a existência de exércitos e forças de defesa em todos os Estados. Acreditava-se que a existência de exércitos era condição para a paz entre os signatários, já que estabeleceria um cenário de igualdade de forças.

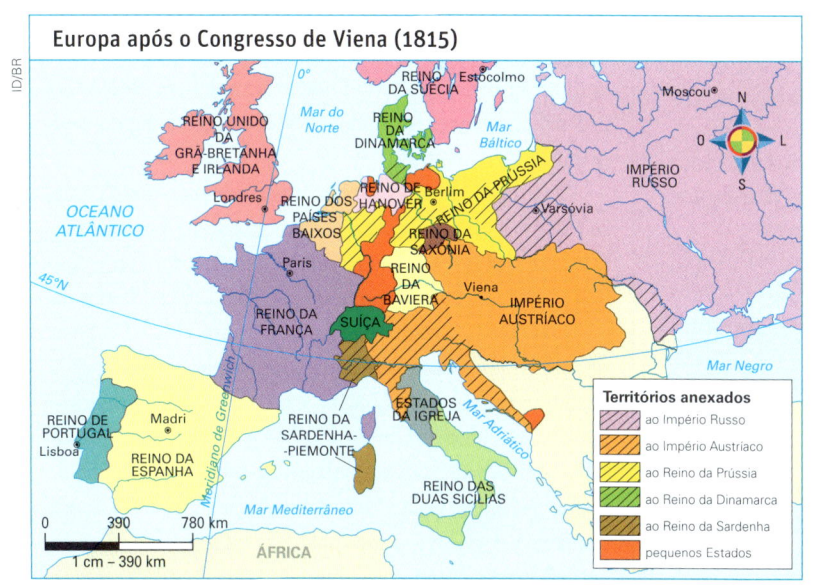

Europa após o Congresso de Viena (1815)

Fonte de pesquisa: ARRUDA, José Jobson de A. *Atlas histórico básico*. 17. ed. São Paulo: Ática, 2005. p. 25.

> A Santa Aliança

Do Congresso de Viena surgiu também a Santa Aliança, pacto militar encabeçado por Rússia, Áustria e Prússia. Posteriormente, a França também assinou o pacto.

Formada sob preceitos cristãos e com a proposta de propagar a fé, a Santa Aliança tinha como objetivo garantir a restauração das bases do Antigo Regime e do poder da aristocracia como elite política.

Para tanto, os aliados consagraram o direito de intervenção. Isto é, caso houvesse ameaça ao restabelecimento dos regimes absolutistas em alguma das nações, as demais poderiam intervir para acabar com a ameaça. Na ausência de ameaças, os Estados eram obrigados a respeitar o princípio de não intervenção.

A Santa Aliança agiu em algumas ocasiões para sufocar movimentos liberais que estouravam na Europa. Isso ocorreu, por exemplo, na Espanha e em Nápoles, no começo da década de 1820.

Além da Europa, os aliados conservadores desejavam restabelecer a ordem nas colônias americanas, onde se travavam lutas pela independência. Nessa frente, a Santa Aliança encontrou a resistência da Inglaterra e dos Estados Unidos.

Os ingleses, que viviam sob uma monarquia constitucional e se opunham ao regime absolutista, eram favoráveis à independência das colônias espanholas e à abertura dos mercados. Desse modo, poderiam comercializar seus produtos livremente, sem os entraves colocados pelos países colonizadores. Já os Estados Unidos, interessados em estender sua influência, repudiavam a interferência europeia nas questões relativas à América e opunham-se às propostas de restauração da Santa Aliança.

Conheça melhor

Napoleão e a música no século XIX

Era estreita a relação entre a música e a política na Europa do século XIX.

As lutas pela liberdade diante dos déspotas e as guerras envolvendo nações inteiras inspiravam composições musicais por todo o continente.

O compositor alemão Ludwig van Beethoven dedicou uma sinfonia a Napoleão e aos feitos dos revolucionários franceses. A Sinfonia nº 3, também chamada de *Heroica*, foi composta entre 1802 e 1805. Entretanto, quando Napoleão, então primeiro-cônsul vitalício, se fez imperador, Beethoven o considerou traidor da Revolução e rasgou a página da dedicatória.

Na Rússia, Napoleão também foi o inspirador de outra grande obra. Em 1880, para exaltar o sucesso dos russos diante das tropas francesas, em 1812, Piotr Ilich Tchaikovsky compôs a *Abertura solene para o ano de 1812*. A obra começa com o troar de um canhão e em diversos momentos expressa com emoção a violência das batalhas. O som alegre dos sinos comemora a retirada das tropas napoleônicas.

Ontem e hoje

Código Napoleônico: um legado francês à posteridade

Em 1800, durante o Consulado francês, uma comissão formada por quatro juristas foi encarregada de elaborar um código civil, que seria adotado por todo o país, unificando, assim, seu sistema legal.

Aprovado quatro anos depois, em 21 de março de 1804, como Code Civil des Français (Código Civil dos Franceses), de 1807 até 1815, ano da queda do imperador, chamou-se Código Napoleônico, voltando a ser assim denominado em 1852. Esse código, escrito em linguagem acessível para a maioria das pessoas, incorporou os ideais da Revolução Francesa, como: separação entre Igreja e Estado, igualdade de todos os cidadãos (masculinos) perante a lei, abolição dos princípios de primogenitura, legalização do divórcio, etc.

Com o avanço do Exército da França sobre a Europa, os fundamentos do Código Napoleônico foram sendo transmitidos a outros Estados e, a partir daí, inspiraram as leis civis de países de todo o mundo.

Criado para atender às necessidades da burguesia da época, atualmente esse código civil ainda vigora na França, porém muitas de suas cláusulas tiveram de ser reformuladas ao longo desses dois séculos a fim de que as leis acompanhassem as transformações da sociedade.

No entanto, os protestos de partes da sociedade em relação às mudanças no Código Napoleônico são muitos; os mais polêmicos e recentes dos últimos anos ocorreram com as propostas de lei do governo de François Hollande de legalizar o casamento *gay* e de conceder aos casais homoafetivos permissão para adotarem crianças.

Casamento *gay*: tabu de alterações no Código Civil francês permanece

"O casamento é contraído por duas pessoas de sexo diferente ou do mesmo sexo." Essa é a principal modificação que vai acontecer no Código Civil francês após o Parlamento ter adotado a lei autorizando o casamento entre casais homossexuais. Uma série de outras mudanças também está prevista, situação que incomodou os críticos ao projeto por mexer no Código Napoleônico, redigido pela primeira vez em 1804.

Os franceses mais chauvinistas guardam o texto como se fosse sagrado, mas se esquecem de que ao longo destes mais de dois séculos ele já sofreu dezenas de alterações. Em 1970, por exemplo, o homem deixou oficialmente de ser o chefe e o provedor da família perante a lei, e a esposa não precisa mais ser "obediente" ao marido.

A jurista Caroline Mecary, especialista em Direito de Família, rejeita o argumento de que o Código Civil é intocável. A última grande modernização havia sido em 1999, com a criação da união civil estável, inclusive para homossexuais, que suscitou tanta polêmica quanto o atual texto autorizando o casamento homoafetivo.

[...]

Disponível em: <http://www.portugues.rfi.fr/geral/20130425-casamento-homossexual-tabu-de-alteracoes-no-codigo-civil-frances-permanece>. Acesso em: 14 maio 2014.

Manifestantes contrários à lei que oficializa o casamento homossexual e a adoção homoparental, em Marselha, França. Foto de 2012.

Reflita

- Com base no texto, responda: Por que mudanças nas leis são necessárias e por que há pessoas que resistem a essas mudanças?

Atividades

Verifique o que aprendeu

1. As medidas de Napoleão nos primeiros anos de governo oscilaram entre a garantia das liberdades conquistadas pela Revolução Francesa e a reafirmação de valores e medidas comuns ao Antigo Regime.
   Cite e comente:
   a) Duas garantias consolidadas no período de Napoleão.
   b) Duas medidas que retomavam práticas comuns ao Antigo Regime.

2. Desde o período revolucionário, a França enfrentou várias guerras na Europa. Durante o período napoleônico, esses conflitos continuaram existindo. Relacione os conflitos aos temas abaixo.
   a) Ascensão política da burguesia.
   b) Antigo Regime.

3. Entre 1805 e 1806, Napoleão conseguiu vitórias decisivas contra a Áustria e a Rússia que alteraram o mapa político da Europa. Explique.

4. Identifique as principais dificuldades enfrentadas pelo Exército francês na Guerra Peninsular.

5. Quais fatores explicam a resistência da população espanhola ao domínio francês?

6. Relacione o florescimento do Neoclassicismo ao momento político europeu da segunda metade do século XVIII.

7. Napoleão controlou de perto a produção artística e cultural durante o seu Império. Explique como e por quê.

8. O bloqueio continental imposto por Napoleão em 1806 visava prejudicar a economia inglesa. Napoleão enfrentou, no entanto, reações adversas na Europa continental e na própria França. Comente essas dificuldades.

Leia e interprete

9. O texto abaixo é do historiador Thierry Lentz a respeito da fundação do Império de Napoleão. Leia-o e faça os exercícios a seguir.

   > Napoleão era nesse momento imperador "pela graça de Deus e a constituição da República". O retorno de Deus na investidura da soberania escandalizou os republicanos. A referência à República seria mantida nos atos oficiais e nas moedas até 1807. Já a Constituição havia sofrido uma nova e profunda reforma no Senado. [...] Napoleão era, segundo o texto [da Constituição], um monarca mais absoluto do que os reis haviam sido: nenhum corpo intermediário (destruídos pela Revolução), nenhum parlamento (substituído pelos tribunais ocupados por magistrados nomeados), nenhum conselho, nenhuma câmara legislativa que pudesse entravar seus desejos. [...]
   >
   > LENTZ, Thierry. *Napoleão*. São Paulo: Unesp, 2008. p. 94-95.

   a) Por que a "presença" de Deus na investidura da soberania escandalizava os republicanos?
   b) Crie uma hipótese para justificar a manutenção das referências à República nos atos oficiais e nas moedas do Império até 1807.
   c) De acordo com o texto, o que define o caráter absoluto do governo de Napoleão?

10. As duas imagens abaixo retratam Napoleão cruzando os Alpes, em 1800. A primeira foi pintada por Jacques-Louis David, em 1801, antes mesmo de Napoleão ser coroado imperador. A segunda, de autoria de Paul Delaroche, foi elaborada em 1848, mais de três décadas após o fim do Império Napoleônico. Observe-as.

    Acima, o quadro de Jacques-Louis, elaborado em 1801. Abaixo dele, o de Paul Delaroche, datado de 1848.

    a) Apesar de os dois quadros representarem o mesmo tema, eles têm diferenças entre si. Identifique cinco itens que diferem nas duas telas.
    b) Na sua opinião, por que Napoleão foi retratado de forma tão diferente pelos dois artistas? Troque ideias com seus colegas.

Vestibular e Enem

ATENÇÃO: todas as questões foram reproduzidas das provas originais de que fazem parte.

1. (Enem)

Em 4 de julho de 1776, as Treze Colônias que vieram inicialmente a constituir os Estados Unidos da América (EUA) declaravam sua independência e justificavam a ruptura do Pacto Colonial. Em palavras profundamente subversivas para a época, afirmavam a igualdade dos homens e apregoavam como seus direitos inalienáveis: o direito à vida, à liberdade e à busca da felicidade. Afirmavam que o poder dos governantes, aos quais cabia a defesa daqueles direitos, derivava dos governados.

Esses conceitos revolucionários que ecoavam o Iluminismo foram retomados com maior vigor e amplitude treze anos mais tarde, em 1789, na França.

COSTA, Emília Viotti da. Apresentação da coleção. In: POMAR, Wladimir. *A Revolução Chinesa*. São Paulo: Unesp, 2003 (com adaptações).

Considerando o texto acima, acerca da independência dos EUA e da Revolução Francesa, assinale a opção correta.
a) A independência dos EUA e a Revolução Francesa integravam o mesmo contexto histórico, mas se baseavam em princípios e ideais opostos.
b) O processo revolucionário francês identificou-se com o movimento de independência norte-americana no apoio ao absolutismo esclarecido.
c) Tanto nos EUA quanto na França, as teses iluministas sustentavam a luta pelo reconhecimento dos direitos considerados essenciais à dignidade humana.
d) Por ter sido pioneira, a Revolução Francesa exerceu forte influência no desencadeamento da independência norte-americana.
e) Ao romper o Pacto Colonial, a Revolução Francesa abriu o caminho para as independências das colônias ibéricas situadas na América.

2. (Unirio-RJ)

Os soberanos do Antigo Regime venceram Napoleão, em quem eles viam o herdeiro da Revolução, e a escolha de Viena para a realização do Congresso, para sede dos representantes de todos os Estados europeus, é simbólica, pois Viena era uma das únicas cidades que não haviam sido sacudidas pela Revolução.

RÉMOND, René. *O Século XIX*. São Paulo: Cultrix, 1997. p. 17.

O Congresso de Viena, reunido em 1815, mobilizou os representantes das principais monarquias europeias, tais como Rússia, Prússia, Inglaterra e Áustria, além de representantes de diversas nações da Europa, tendo como objetivo:

a) restaurar o princípio da legitimidade do poder das monarquias em diversos países europeus.
b) implantar o liberalismo econômico em países que mantinham o absolutismo monárquico, tais como Espanha e Portugal.
c) reconhecer as novas fronteiras dos Estados europeus decorrentes das guerras napoleônicas.
d) defender as ideias liberais surgidas na Revolução Francesa frente ao conservadorismo do recentemente extinto Império Napoleônico.
e) difundir o nacionalismo e a autodeterminação dos povos europeus como um princípio do "equilíbrio Europeu entre nações".

3. (UFC-CE) Assinale a alternativa que apresenta, corretamente, uma realização de Napoleão Bonaparte, que representou uma consolidação das ideias da Revolução Francesa:
a) O impedimento do retorno do uso de títulos de nobreza, reivindicado pelos seus generais e pela burguesia francesa, que desejava tornar-se a nova elite do país.
b) A criação do Código Civil, inspirado no Direito romano e nas leis do período revolucionário, que, na sua essência, vigora até hoje na França.
c) A abolição da escravidão nas colônias francesas, reafirmando o princípio da liberdade presente na Declaração dos Direitos do Homem e do Cidadão.
d) A realização de uma reforma agrária, prometida, mas não efetivada, pelos jacobinos, o que garantiu a popularidade de Napoleão entre os camponeses.
e) A criação da Constituição Civil do Clero, que proibiu toda forma de culto religioso no território francês.

4. (UFMG)

Antes, Napoleão havia levado o Grande Exército à conquista da Europa. Se nada sobrou do império continental que ele sonhou fundar, todavia ele aniquilou o Antigo Regime, por toda parte onde encontrou tempo para fazê-lo; por isso também seu reinado prolongou a Revolução, e ele foi o soldado desta, como seus inimigos jamais cessaram de proclamar.

LEFEBVRE, Georges. *A Revolução Francesa*. São Paulo: Ibrasa, 1966. p. 573.

Tendo-se em vista a expansão dos ideais revolucionários proporcionada pelas guerras conduzidas por Bonaparte, é correto afirmar que:
a) os governos sob influência de Napoleão investiram no fortalecimento das corporações de ofício e dos monopólios.

b) as transformações provocadas pelas conquistas napoleônicas implicaram o fortalecimento das formas de trabalho compulsório.
c) Napoleão, em todas as regiões conquistadas, derrubou o sistema monárquico e implantou repúblicas.
d) o domínio napoleônico levou a uma redefinição do mapa europeu, pois fundiu pequenos territórios, antes autônomos, e criou, assim, Estados maiores.

5. (Cefet-PR) Um dos principais objetivos da Santa Aliança, na Europa, era:
a) combater os ideais monárquicos e absolutistas do Antigo Regime.
b) combater os ideais humanistas e heréticos da Reforma.
c) combater os movimentos revolucionários liberais para manter o absolutismo.
d) combater o socialismo marxista, sob a inspiração da encíclica "Rerum Novarum".
e) pugnar pelos ideais políticos napoleônicos.

6. (UFPI) No Congresso de Viena (1815), as decisões foram tomadas pelas grandes potências: Rússia, Áustria, Inglaterra e Prússia, tendo como um de seus principais resultados:
a) a difusão das ideias revolucionárias, realizada, principalmente, pela maçonaria.
b) a restauração das fronteiras anteriores à Revolução Francesa.
c) a restauração das antigas monarquias parlamentares, como, por exemplo, a de Portugal.
d) a intervenção do papado em domínios territoriais do Sacro Império Romano-Germânico.
e) o auxílio prestado a movimentos revolucionários embasados nos princípios iluministas.

7. (Enem)

O que chamamos de corte principesca era, essencialmente, o palácio do príncipe. Os músicos eram tão indispensáveis nesses grandes palácios quanto os pasteleiros, os cozinheiros e os criados. Eles eram o que se chamava, um tanto pejorativamente, de criados de libré. A maior parte dos músicos ficava satisfeita quando tinha garantida a subsistência, como acontecia com as outras pessoas de *classe média* na corte; entre os que não se satisfaziam, estava o pai de Mozart. Mas ele também se curvou às circunstâncias a que não podia escapar.

ELIAS, Norbert. *Mozart*: sociologia de um gênio. Rio de Janeiro: Jorge Zahar, 1995. p. 18 (com adaptações).

Considerando-se que a sociedade do Antigo Regime dividia-se tradicionalmente em estamentos: nobreza, clero e 3º Estado, é correto afirmar que o autor do texto, ao fazer referência à *"classe média"*, descreve a sociedade utilizando a noção posterior de classe social a fim de:
a) aproximar da nobreza cortesã a condição de classe dos músicos, que pertenciam ao 3º Estado.
b) destacar a consciência de classe que possuíam os músicos, ao contrário dos demais trabalhadores manuais.
c) indicar que os músicos se encontravam na mesma situação que os demais membros do 3º Estado.
d) distinguir, dentro do 3º Estado, as condições em que viviam os "criados de libré" e os camponeses.
e) comprovar a existência, no interior da corte, de uma luta de classes entre os trabalhadores manuais.

8. (Fuvest-SP) Através do bloqueio continental, Napoleão Bonaparte procurou:
a) derrotar economicamente a Inglaterra, fechando os portos do continente ao comércio britânico.
b) aliar-se aos ingleses, visando com isso tornar-se imperador.
c) atrair o máximo de navios mercantes ingleses, para afastar o perigo de uma crise econômica na França, uma vez que esta dependia basicamente das manufaturas inglesas.
d) fazer uma aliança com a Rússia, a Prússia e a Áustria contra a Inglaterra.
e) NDA.

9. (Enem)

A Inglaterra pedia lucros e recebia lucros, tudo se transformava em lucro. As cidades tinham sua sujeira lucrativa, suas favelas lucrativas, sua fumaça lucrativa, sua desordem lucrativa, sua ignorância lucrativa, seu desespero lucrativo. As novas fábricas e os novos altos-fornos eram como as Pirâmides, mostrando mais a escravização do homem que seu poder.

DEANE, P. *A Revolução Industrial*. Rio de Janeiro: Zahar, 1979 (adaptado).

Qual relação é estabelecida no texto entre os avanços tecnológicos ocorridos no contexto da Revolução Industrial Inglesa e as características das cidades industriais no início do século XIX?
a) A facilidade em se estabelecerem relações lucrativas transformava as cidades em espaços privilegiados para a livre-iniciativa, característica da nova sociedade capitalista.
b) O desenvolvimento de métodos de planejamento urbano aumentava a eficiência do trabalho industrial.
c) A construção de núcleos urbanos integrados por meios de transporte facilitava o deslocamento dos trabalhadores das periferias até as fábricas.

Vestibular e Enem

d) A grandiosidade dos prédios onde se localizavam as fábricas revelava os avanços da engenharia e da arquitetura do período, transformando as cidades em locais de experimentação estética e artística.

e) O alto nível de exploração dos trabalhadores industriais ocasionava o surgimento de aglomerados urbanos marcados por péssimas condições de moradia, saúde e higiene.

10. (Enem) Algumas transformações que antecederam a Revolução Francesa podem ser exemplificadas pela mudança de significado da palavra "restaurante". Desde o final da Idade Média, a palavra *restaurant* designava caldos ricos, com carne de aves e de boi, legumes, raízes e ervas. Em 1765 surgiu, em Paris, um local onde se vendiam esses caldos, usados para restaurar as forças dos trabalhadores. Nos anos que precederam a Revolução, em 1789, multiplicaram-se diversos *restaurateurs*, que serviam pratos requintados, descritos em páginas emolduradas e servidos não mais em mesas coletivas e malcuidadas, mas individuais e com toalhas limpas. Com a Revolução, cozinheiros da corte e da nobreza perderam seus patrões, refugiados no exterior ou guilhotinados, e abriram seus restaurantes por conta própria. Apenas em 1835, o *Dicionário da Academia Francesa* oficializou a utilização da palavra "restaurante" com o sentido atual.

A mudança do significado da palavra <u>restaurante</u> ilustra:

a) a ascensão das classes populares aos mesmos padrões de vida da burguesia e da nobreza.

b) a apropriação e a transformação, pela burguesia, de hábitos populares e dos valores da nobreza.

c) a incorporação e a transformação, pela nobreza, dos ideais e da visão de mundo da burguesia.

d) a consolidação das práticas coletivas e dos ideais revolucionários, cujas origens remontam à Idade Média.

e) a institucionalização, pela nobreza, de práticas coletivas e de uma visão de mundo igualitária.

11. (Enem) Na década de 30 do século XIX, Tocqueville escreveu as seguintes linhas a respeito da moralidade nos EUA: "A opinião pública norte-americana é particularmente dura com a falta de moral, pois esta desvia a atenção frente à busca do bem-estar e prejudica a harmonia doméstica, que é tão essencial ao sucesso dos negócios. Nesse sentido, pode-se dizer que ser casto é uma questão de honra".

TOCQUEVILLE, A. *Democracy in America*. Chicago: Encyclopædia Britannica, Inc., Great Books 44, 1990 (adaptado).

Do trecho, infere-se que, para Tocqueville, os norte-americanos do seu tempo:

a) buscavam o êxito, descurando as virtudes cívicas.

b) tinham na vida moral uma garantia de enriquecimento rápido.

c) valorizavam um conceito de honra dissociado do comportamento ético.

d) relacionavam a conduta moral dos indivíduos com o progresso econômico.

e) acreditavam que o comportamento casto perturbava a harmonia doméstica.

12. (Vunesp)

> Se a economia do mundo do século XIX foi formada principalmente sob influência da revolução industrial britânica, sua política e ideologia foram formadas fundamentalmente pela Revolução Francesa.
> HOBSBAWM, E. J. *A Era das Revoluções*, 1789-1848.

Após a leitura do texto, responda.

a) Por que o autor denomina o período de 1789 a 1848 de "Era das revoluções"?

b) Em relação à América Latina, como se manifestou a dupla revolução apontada pelo autor?

13. (FGV-SP) Acerca do absolutismo na Inglaterra, NÃO é possível afirmar que:

a) Fortaleceu-se com a criação da Igreja anglicana.

b) Foi iniciado por Henrique VIII, da dinastia Tudor, e consolidado no longo reinado de sua filha Elizabeth I.

c) A política mercantilista intervencionista foi fundamental para a sua solidificação.

d) Foi consequência da Guerra das Duas Rosas, que eliminou milhares de nobres e facilitou a consolidação da monarquia centralizada.

e) O rei reinava mas não governava, a exemplo do que ocorreu durante toda a modernidade.

14. (UEL-PR) Por volta do século XVI, associa-se à formação das monarquias nacionais europeias:

a) a demanda de protecionismo por parte da burguesia mercantil emergente e a circulação de um ideário político absolutista.

b) a afirmação político-econômica da aristocracia feudal e a sustentação ideológica liberal para a centralização do Estado.

c) as navegações e conquistas ultramarinas e o desejo de implantação de uma economia mundial de livre mercado.

d) o crescimento do contingente de mão de obra camponesa e a presença da concepção burguesa de ditadura do proletariado.

e) o surgimento de uma vanguarda cultural religiosa e a forte influência do ceticismo francês defensor do direito divino dos reis.

15. (PUC-PR) As Guerras Civis Religiosas do século XVI na França favoreceram o fortalecimento do poder absoluto dos monarcas da dinastia Bourbon, que reinaram do século XVI ao XVIII e parte do XIX. Assinale a única alternativa ERRADA no que se refere ao absolutismo real na França:

a) Luís XIII, filho de Henrique IV e Maria de Médicis, teve longo reinado, sendo muito ajudado pela hábil política do cardeal Richelieu.

b) Luís XIV marcou o auge do absolutismo real, mandou construir o suntuoso Palácio de Versalhes e continuou, através de Colbert, a aplicar o mercantilismo no plano econômico.

c) Na Guerra dos Sete Anos (1756-1763), sob o rei Luís XV, a França vitoriosa tomou aos ingleses partes da Índia e, na América, a enorme região da Louisiana.

d) Na Guerra de Sucessão da Espanha (1701-1713), França e Espanha lutaram contra uma coligação europeia. Os tratados de Utrecht e Rastadt definiram a paz. A França perdeu para a Inglaterra a Terra Nova e Acádia e a Espanha perdeu Gibraltar, ainda em poder daquela potência insular.

e) Henrique IV fundou a dinastia de Bourbon e pacificou a França, tendo os protestantes (huguenotes) alcançado liberdade de culto e o domínio sobre várias cidades fortificadas, nos termos do Edito de Nantes (1598).

16. (UFRGS-RS) Em meados do século XVII, a Inglaterra mergulhou em uma guerra civil conhecida como Revolução Inglesa de 1640.

Entre as alternativas a seguir, assinale aquela que NÃO está relacionada com esse contexto histórico.

a) No ápice da Revolução, o rei Carlos I foi executado, e a República proclamada. Oliver Cromwell tornou-se o dirigente máximo da Inglaterra. Com o fim da guerra civil, Cromwell instituiu um governo democrático, supervisionado pelo conjunto do Parlamento, no qual os direitos humanos passaram a ser respeitados e as classes populares encontraram voz ativa.

b) Os puritanos, grupo político que desejava recuperar os valores do cristianismo primitivo e que recusava a autoridade do rei em matéria de fé, constituíram-se nos principais adversários das ideias absolutistas.

c) Após a morte de Elisabeth Tudor em 1603, ascendeu ao trono da Inglaterra a dinastia escocesa dos Stuart, os quais careceram da habilidade política necessária para negociar com o Parlamento inglês.

d) Uma das medidas da Revolução foi o estabelecimento do Ato de Navegação de 1651, que se tornou uma das bases da prosperidade comercial da Inglaterra. O Ato pretendeu obter para os navios ingleses o comércio de transportes da Europa e excluir do comércio com as colônias inglesas todos os rivais.

e) A queda da monarquia inglesa abriu caminho para o surgimento de reivindicações radicais, como a dos niveladores, que defendiam a abertura do Parlamento às classes populares, ou a dos escavadores, que aspiravam a uma redistribuição de terras que contemplasse os pequenos produtores.

17. (PUC-SP)

(...) a revolução que não se radicaliza morre melancolicamente, como a burguesa. A rigor, uma só revolução existe, a que se deflagrou em 1789: enquanto viveu, ela quis expandir-se, e, assim, a República Francesa se considerou e tentou universal – até o momento em que a pretensão de libertar o mundo se converteu na de anexá-lo, em que os ideais republicanos se reduziram ao imperialismo bonapartista.

RIBEIRO, Renato Janine. *A última razão dos reis*. São Paulo: Companhia das Letras, 1993.

Relativamente à expansão napoleônica (1805-1815), pode-se afirmar que acarretou mudanças no quadro político europeu, tais como:

a) difusão do ideal revolucionário liberal, ampliação temporária do raio de influência francesa e fortalecimento do ideário nacionalista nos países dominados.

b) isolamento diplomático da nação inglesa, radicação definitiva do republicanismo no continente e estabelecimento do equilíbrio geopolítico entre os países atingidos.

c) desestabilização das monarquias absolutistas, estímulo para o desenvolvimento industrial nas colônias espanholas e implantação do belicismo entre as nações.

d) desenvolvimento do cosmopolitismo entre os povos do império francês, incrementação da economia nos países ibéricos e contenção das lutas sociais.

e) difusão do militarismo como forma de controle político, abertura definitiva do mercado mundial para os franceses, estímulo decisivo para as lutas anticolonialistas.

PROJETO 3

Fazer um dossiê: negros e indígenas no Brasil atual

O que você vai fazer

Você estudou os povos que participaram da construção da sociedade brasileira, como os indígenas e os africanos. A **identidade** brasileira foi construída a partir de contribuições e valores desses povos, juntamente com as de portugueses e de imigrantes que vieram depois. Os encontros entre esses povos não foram sempre harmoniosos e pacíficos, muitas vezes foram marcados por conflitos e desigualdades.

Assembleia das etnias Yanomami na comunidade Toototobí-Hutukara, em Barcelos (AM). Foto de 2010.

Para conhecer a realidade brasileira é preciso entender como vive a população negra e a indígena, especialmente sua participação socioeconômica atual. Ampliar o conhecimento sobre a nossa nacionalidade, resgatando a **diversidade** existente, ajuda a eliminar os **preconceitos**.

Você e seus colegas irão produzir um **dossiê** sobre a presença negra e indígena na sociedade brasileira atual. O objetivo do projeto é promover a compreensão das **condições socioeconômicas** em que vivem as pessoas dessas populações no Brasil. A tarefa consistirá na pesquisa de textos e documentos que forneçam informações sobre esses povos.

O dossiê será apresentado à escola e à comunidade e ficará disponível para consulta.

1. Pesquisa e levantamento de dados

Com seus colegas, você irá pesquisar a situação da população negra e da indígena no Brasil. O foco da pesquisa é a **condição social e econômica** desses povos na **atualidade**.

A pesquisa deve considerar algumas questões: negros e indígenas têm condição socioeconômica inferior à de outras etnias da sociedade brasileira? O que pode ser feito para diminuir a desigualdade social?

Você e seus colegas podem buscar informações em livros, jornais, revistas e na internet. Se possível, fale com pessoas ligadas a organizações não governamentais (ONGs) ou às lideranças de movimentos indígenas e negros, jornalistas ou estudiosos do assunto (antropólogos, sociólogos, historiadores, etc.). Além de textos, o dossiê pode conter mapas, gráficos, ilustrações, fotografias.

Veja no quadro a seguir exemplos de elementos que você e seu grupo podem pesquisar.

- Dados demográficos e sociais sobre as populações negra e indígena.
- Localização de áreas habitadas pelos diversos povos indígenas.
- Localização de comunidades remanescentes de quilombos.
- Problemas enfrentados por essas populações.
    - a questão da terra para os indígenas e os conflitos atuais.
    - a participação da população negra no mercado de trabalho.
- A legislação que procura enfrentar a discriminação.
- Ações afirmativas, como a questão das cotas nas escolas e universidades públicas.
- Exemplos da produção cultural de negros e indígenas.

Abaixo damos alguns *sites* úteis, mas não limite a pesquisa a eles.

- <http://www.ibge.gov.br/home/>
- <http://www.funai.gov.br/>
- <http://www.socioambiental.org/prg/pib.shtm>
- <http://www.indiosonline.org.br/>
- <http://www.ifch.unicamp.br/ihb/>

Acessos em: 14 maio 2014.

> Atenção com as informações coletadas na internet. Muitos *sites* não são confiáveis. Alguns são preconceituosos, simplistas ou imprecisos. Sempre é bom verificar cada informação, cruzando as referências encontradas com as de outros *sites* ou livros.

Tambor de crioula, dança tradicional de origem africana, Quilombo de Felipa, em Itapecurú-Mirim (MA). Foto de 2011.

2. Organização das informações e composição do dossiê

Os documentos levantados – textos, mapas, gráficos, fotografias, gravuras – devem ser selecionados com cuidado, de acordo com cada tema. Nem todas as informações são relevantes. Por isso, vocês devem escolher quais merecem fazer parte do dossiê. É necessário também fazer um índice dos temas e dos documentos.

É importante escrever um **texto inicial** com base no que você aprendeu estudando os capítulos deste livro. Faça um texto sobre as características dos indígenas e africanos antes da colonização e como ocorreu a **aculturação** e a **dominação** impostas pelos portugueses.

Também é importante escrever um texto introdutório sobre cada tema pesquisado. O dossiê não pode ser apenas uma relação de documentos. Esclarecer, se for o caso, que há visões diferentes de cada tema. Uma **conclusão** também é fundamental.

Cada capítulo deve apresentar os temas com correção e clareza. É fundamental incluir imagens, gráficos ou tabelas que ilustrem as informações e facilitem a compreensão.

Depois de montado, o dossiê deve ser discutido em sala com o professor e todos os colegas, para verificar possíveis incorreções ou incluir sugestões.

3. Divulgação e apresentação do dossiê

O dossiê será apresentado à comunidade escolar e se possível à do bairro e ficará disponível na **biblioteca** ou na sala de leitura da escola. Se for possível produzir vários exemplares, o dossiê pode ser disponibilizado em **locais públicos** como igrejas e associações culturais do bairro. Ao mesmo tempo, divulgue a data de lançamento do dossiê.

4. Apresentação do dossiê

Essa fase do projeto pode ser organizada de várias maneiras. Você e seus colegas podem fazer uma **reunião** na escola, durante o intervalo, e passar nas classes avisando a todos da existência do dossiê. Podem também organizar um evento para mostrar o documento à comunidade escolar e, se possível, a moradores da região em torno da escola.

A exposição pode ser feita com **cartazes** ou em apresentação no computador. Um colega de cada grupo pode ficar encarregado da exposição. Seria interessante convidar pessoas que contribuíram na elaboração do dossiê para fazerem uma palestra no dia da apresentação do trabalho.

UNIDADE

7 Independência na América portuguesa

Nesta unidade

36 Tensões na América portuguesa

37 A Independência do Brasil

38 Primeiro Reinado e Regência no Brasil

Representação da *Aclamação do Rei Dom João VI*, gravura de Jean-Baptiste Debret, início do século XIX. Com a transferência da Corte portuguesa para o Brasil, a capital do Reino de Portugal foi estabelecida na cidade do Rio de Janeiro. Em 1816, dom João VI é aclamado rei do Reino Unido de Portugal, Brasil e Algarves.

A América ibérica independente

Quando Carlos II, da família Habsburgo, morreu, em 1700, quem assumiu o trono espanhol foi Felipe V, um Bourbon. Essa dinastia, ao longo do século XVIII, propôs-se a modernizar a Espanha e seus domínios ultramarinos. Em Portugal, na década de 1750, iniciavam-se também projetos modernizadores, coordenados pelo Marquês de Pombal.

Para as colônias, a modernização significava maior controle e pressão fiscal, o que gerou insatisfações diversas. Nos domínios portugueses, surgiram conjurações contra as mudanças. Nas possessões espanholas, as revoltas indígenas e a exclusão dos *criollos* dos negócios administrativos expunham as tensões existentes.

No século XIX, as guerras napoleônicas ocasionaram a invasão da península Ibérica pelos franceses. Em 1808, a Corte portuguesa fugiu para o Brasil, enquanto a Família Real espanhola foi presa por Napoleão. Na parte espanhola, as elites *criollas* continuavam leais ao rei preso por Napoleão, mas ao mesmo tempo participavam mais ativamente da administração dos vice-reinados.

CAPÍTULO 36
Tensões na América portuguesa

O que você vai estudar

- Os impactos das reformas pombalinas em Portugal e na Colônia.
- Os movimentos contestatórios na América portuguesa.
- A invasão de Portugal por Napoleão e a transferência da Corte portuguesa para o Brasil.
- As transformações no Brasil durante o período joanino.

Chegada de dom João VI a Salvador, 1952, pintura de Candido Portinari. Representação modernista do momento em que o príncipe regente de Portugal, dom João, desembarcou na Bahia, fugindo das tropas napoleônicas.

Ligando os pontos

No século XVIII, o antigo sonho português de encontrar metais preciosos tornou-se realidade, provocando transformações em todas as áreas da vida colonial.

Houve um deslocamento da administração para o centro-sul da Colônia, mais próximo das zonas auríferas. O garimpo e as atividades comerciais relacionadas a ele provocaram aumento demográfico na região das minas, acompanhado do surgimento de camadas sociais médias nos centros urbanos. Para atender às demandas dessa população, floresceu o comércio de alimentos entre as diferentes regiões da Colônia, movimentando o mercado interno.

No final do século XVIII, a Coroa portuguesa aumentava a fiscalização sobre a Colônia e a pressão pela cobrança de impostos, aprofundando sua dependência em relação à produção e ao comércio coloniais. Nesse momento, na Europa, os princípios iluministas e as críticas ao absolutismo ganhavam força. Os ideais republicanos também se espalhavam pelo mundo com a independência estadunidense. Porém, nada disso interessava à Coroa portuguesa, disposta a manter seu regime político absolutista e seu império colonial.

Para agravar a situação, o bloqueio continental imposto por Napoleão colocou em xeque a aproximação política e econômica entre Portugal e Inglaterra. Neste capítulo, você estudará como as tensões na Colônia se relacionaram com essas transformações.

1. Identifique no texto um aspecto que possa ser considerado motivador das tensões a que se refere o título deste capítulo.

2. A imagem de abertura representa a chegada da Família Real portuguesa ao Brasil, em 1808. Relacione esse evento aos processos históricos ocorridos na Europa daquele período.

❯ O projeto pombalino

Como vimos em capítulos anteriores, entre 1750 e 1777, Sebastião José de Carvalho e Melo, mais conhecido como Marquês de Pombal, foi uma das principais figuras políticas portuguesas. Ministro próximo ao rei dom José I, ele promoveu uma série de reformas modernizadoras.

Em meados do século XVIII, Portugal contava com uma atividade agrícola frágil e dependia, principalmente, das rendas provenientes das colônias. As reformas de Pombal procuraram melhorar essa situação, tornando a economia e a administração mais eficientes.

As reformas previam: desenvolver as manufaturas, impulsionar o comércio com as outras potências, reorganizar a administração política do reino e aumentar o controle sobre as colônias.

Vista do parque Eduardo VII e praça Marquês de Pombal, em Lisboa. Foto de 2010.

❯ As reformas de Pombal

Na economia, Pombal incentivou a criação de manufaturas. Concedeu isenção fiscal aos produtores portugueses, facilitou a importação de matérias-primas e aumentou os impostos sobre produtos estrangeiros. Para regulamentar as finanças e controlar a cobrança de tributos, criou o **Banco Real** e a **Fazenda Real**.

Na vida social, o ministro entrou em conflito com a nobreza e o clero, nomeou burgueses para cargos públicos e acabou com a distinção entre cristãos-novos (judeus convertidos) e cristãos-velhos (antigos católicos). Para manter a ordem, reprimiu as manifestações populares.

Pombal diminuiu o poder da Inquisição ao subordiná-la ao Estado. Também **expulsou os jesuítas** de Portugal e das colônias em 1759, pois eles tinham muita autonomia e ameaçavam a centralização do poder político.

Na educação, o ministro criou as Aulas Régias na Colônia e reorganizou a Universidade de Coimbra. A educação, antes sob responsabilidade dos jesuítas, passou às mãos do Estado. Para controlar os conteúdos, Pombal recorreu à censura das publicações.

❯ Na Colônia

Pombal também aumentou o controle sobre as colônias, principalmente o Brasil. Os objetivos eram intensificar o comércio, cobrar impostos e canalizar os lucros para Portugal.

Para tanto, propôs reformas para fiscalizar mais diretamente as possessões ultramarinas. Em 1759, enviou governadores para administrar as últimas capitanias, que foram adquiridas de seus donatários pelo governo de Portugal. Assim, extinguiu o sistema de capitanias hereditárias e tornou mais direta a administração colonial.

Em 1763, Pombal ordenou a transferência da sede do governo colonial de Salvador para o Rio de Janeiro. Essa medida pretendia diminuir o contrabando, facilitando a fiscalização e a arrecadação de tributos. Com esse mesmo objetivo, Pombal criou a Mesa de Inspeção nos portos, órgão responsável pelo controle do que entrava na Colônia e saía dela.

No âmbito econômico, o ministro instituiu as Companhias comerciais do Grão-Pará e Maranhão (1755) e de Pernambuco e Paraíba (1759). Sediadas em Lisboa, essas companhias monopolizavam o comércio nas regiões norte e nordeste. A função delas era comprar itens como algodão, cacau e arroz a preços baixos e revendê-los na Europa.

Na região das Minas Gerais, Pombal restabeleceu o **quinto**, imposto que arrecadava 20% do ouro extraído. Ao cobrar esse tributo, Portugal conseguia acumular ouro para superar as dificuldades econômicas.

O rei dom José I morreu em 1777 e Pombal, seu braço direito, perdeu o poder político. Dona Maria I subiu ao trono e recebeu o apoio dos opositores de Pombal. Ela logo revogou algumas das medidas adotadas pelo antigo ministro, como a criação das companhias de comércio. No entanto, a política de centralização do poder e de arrecadação de impostos continuou em vigor.

A Conjuração Mineira

O aumento do controle português sobre a Colônia na segunda metade do século XVIII provocou grande descontentamento de vários setores sociais no Brasil.

Os comerciantes reclamavam do **monopólio** das companhias de comércio antes da extinção delas na década de 1770 pela rainha dona Maria I. Os fabricantes queixavam-se da proibição de manufaturas na Colônia. E todos sentiam o peso dos **altos impostos** que deveriam pagar à Coroa.

O sucesso da política portuguesa de monopólio e arrecadação de tributos esbarrou em um obstáculo: uma crise econômica na Colônia. As minas de ouro davam sinais de esgotamento e a extração desse metal diminuíra (veja a tabela no fim da página, ao lado). Somava-se a isso a queda dos preços do açúcar e a concorrência de sua produção nas Antilhas.

Habitantes de Minas, 1835, gravura de Johann Moritz Rugendas.

A derrama e as tensões

O declínio dessas duas atividades significava a diminuição da arrecadação. No entanto, a Coroa não aceitava essa redução, alegando que a queda era resultado de fraudes e extravios. Com esse argumento, o governo português instituiu um recolhimento anual mínimo de 100 arrobas (1 500 quilos).

Quando esse mínimo não era atingido, impunha-se a cobrança da **derrama**: um imposto exigido da população da zona de mineração para completar as 100 arrobas devidas à Coroa. Com a queda da extração de ouro nas Minas Gerais na década de 1780, os colonos não conseguiam pagar integralmente os impostos, logo, a ameaça de cobrança por meio da derrama era cada vez mais frequente.

As autoridades portuguesas mandavam instruções para que o governador das Minas Gerais cobrasse os impostos devidos. Caso fosse necessário, ele deveria confiscar os bens e os objetos de ouro da população para completar as 100 arrobas.

A circulação das ideias

As medidas da Coroa portuguesa atingiam em cheio os interesses das elites mineiras, que não conseguiam saldar suas dívidas. Além da alta carga tributária, essas elites, formadas por homens ricos e letrados, foram cada vez mais afastadas da administração colonial portuguesa.

A esses homens abastados não interessava continuar nessa situação. As notícias da ruptura dos colonos norte-americanos com a Inglaterra e de sua Constituição republicana serviam de estímulo e exemplo à elite mineira. As **ideias iluministas** propagadas pela Europa e as críticas às monarquias absolutistas também chegavam ao pequeno grupo letrado da Colônia.

As novidades europeias geralmente chegavam à Colônia por meio dos filhos das elites locais, que eram enviados por seus pais para estudar nas universidades da Europa, sobretudo na França e em Portugal. Durante seus estudos, esses jovens entravam em contato com as novas ideias iluministas e republicanas. Quando regressavam, passavam a difundi-las.

As ideias políticas ilustradas circulavam também por meio de livros, de modo clandestino. Como a Coroa controlava de forma rigorosa o que não deveria ser lido, esses livros "subversivos" ficavam restritos a lugares privados, ocultos da fiscalização portuguesa.

EXTRAÇÃO DE OURO NO BRASIL (1750 a 1799)	
ANOS	TOTAL (QUILOS)
1750-1754	15 760
1755-1759	12 616
1760-1764	10 499
1765-1769	9 759
1770-1774	8 779
1775-1779	8 118
1780-1784	6 284
1785-1789	4 911
1790-1794	4 510
1795-1799	4 399

Fonte de pesquisa: SKIDMORE, Thomas E. *Uma história do Brasil*. 4. ed. São Paulo: Paz e Terra, 2003. p. 48.

> A trama e a traição

No final de 1788, explorando o descontentamento generalizado, pessoas da elite mineira articularam em Vila Rica uma rebelião contra a Coroa portuguesa.

A pretensão da maioria dos conjurados era proclamar uma **República** independente na capitania das Minas Gerais. Esse novo Estado deveria ter como modelo a Constituição norte-americana. Outros objetivos eram o incentivo à indústria naquela capitania, a criação de uma universidade em Vila Rica, a revisão dos tributos e o perdão das dívidas com a Fazenda Real.

A abolição da escravização na nova República foi um tema controvertido. Alguns desejavam a libertação dos cativos. Em geral, eles reconheciam que a existência de escravizados não condizia com os ideais de liberdade e igualdade por eles proclamados. Outros se opunham, enfatizando a necessidade da mão de obra escravizada nas minas e nas lavouras.

Enquanto isso, começaram a circular rumores de que o governador das Minas Gerais, Visconde de Barbacena, decretaria a derrama no início de 1789. Entretanto, ele desistiu da cobrança desse imposto e decidiu negociar o montante a ser pago pelos principais devedores.

Um dos convocados foi Joaquim Silvério dos Reis, que havia se reunido com os conjurados para articular a rebelião. Silvério dos Reis contou ao governador os planos dos conspiradores e, em troca, teve suas dívidas perdoadas. Assim, antes de serem postos em prática, os projetos dos conjurados foram reprimidos.

> O crime de inconfidência

Após a denúncia da rebelião, o governador ordenou a prisão dos rebelados e enviou-os ao Rio de Janeiro. Na sede do vice-reinado, iniciou-se a **devassa**, isto é, uma apuração minuciosa da Conjuração. O objetivo era enquadrar os conjurados no **crime de inconfidência**, ou seja, traição à Coroa. Por isso, a Conjuração Mineira é mais conhecida como Inconfidência Mineira.

O julgamento dos conjurados estendeu-se por três anos. O alferes Joaquim José da Silva Xavier, o Tiradentes, considerado o principal líder, foi enforcado em 21 de abril de 1792. Seu corpo foi esquartejado e exibido ao público. Sua cabeça foi exposta em Vila Rica. O espetáculo macabro era um recado da Coroa portuguesa aos que pretendessem se rebelar.

Conheça melhor

Quem eram os conjurados?

Os conjurados formavam um grupo bastante heterogêneo, porém com um ponto em comum: a oposição às medidas adotadas pela administração portuguesa. Havia poetas, sacerdotes, ex-estudantes vindos da Europa, militares, fazendeiros e mineradores.

Entre os principais integrantes, estavam os poetas Cláudio Manuel da Costa, Tomás Antônio Gonzaga e Inácio José de Alvarenga Peixoto, além do padre José da Silva e Oliveira Rolim e do alferes Joaquim José da Silva Xavier, o Tiradentes.

Além de sua atividade como dentista, que lhe valeu o apelido, Tiradentes havia trabalhado como tropeiro, minerador, mascate e, na época, era alferes (oficial militar).

Apesar de ter algumas posses, sua condição social era inferior à de outros conjurados. Ele ganhou notoriedade por ser o responsável pela divulgação dos ideais do movimento e por ter sido o único enforcado.

Antiga Casa da Câmara e Cadeia de Vila Rica, hoje Museu da Inconfidência, localizada na atual Praça Tiradentes, em Ouro Preto. O museu carrega em seu nome o rótulo dado pelas autoridades portuguesas aos conjurados no século XVIII. Foto de 2011.

Conjuração do Rio de Janeiro

Em 1786, um grupo de intelectuais fundou uma Sociedade Literária no Rio de Janeiro. Com a permissão das autoridades, essa Sociedade promovia encontros semanais. Nessas reuniões, médicos, literatos e demais interessados debatiam temas ligados à Física, à Literatura, à Filosofia e à Política.

Entretanto, as notícias da Conjuração Mineira assustaram a administração lusitana, e as autoridades suspenderam as atividades da Sociedade Literária em 1790.

Quatro anos depois, o poeta Manuel Inácio da Silva Alvarenga conseguiu reabri-la. Uma denúncia, porém, levantou suspeitas contra ela.

Após a prisão de vários integrantes, acusados de espalhar ideias republicanas e anticlericais, o governo instituiu a devassa, ouviu testemunhas, revirou a casa dos acusados e não encontrou provas de que eles tramavam uma rebelião. Assim, em 1797, todos foram libertados.

Conjuração Baiana

Em 1798, seis anos após Tiradentes ter sido enforcado, outra rebelião foi organizada na Colônia. Dessa vez, na antiga sede do governo português, Salvador.

No final do século XVIII, a capitania da Bahia enfrentava sérios problemas econômicos e sociais. A maioria das lavouras foi substituída pela de cana-de-açúcar, o que gerou escassez de alimentos e aumento dos preços dos produtos no mercado interno. A alta dos preços e a cobrança de impostos causavam insatisfação generalizada, até mesmo entre os militares, que reivindicavam aumento dos soldos.

Em 1797, os saques a armazéns e açougues denunciavam as dificuldades enfrentadas pela população, composta de pessoas com poucas posses, como pequenos comerciantes, artesãos, escravizados, alforriados e homens livres pobres.

O movimento e a punição

As notícias da independência dos Estados Unidos e da Revolução Francesa haviam chegado aos círculos letrados de Salvador.

Além disso, as informações sobre a rebelião escrava no Haiti, iniciada em 1791, estimulavam um possível levante contra a Metrópole. As ideias revolucionárias juntavam-se aos exemplos estrangeiros e à insatisfação e à miséria da maioria da população baiana.

Em 12 de agosto de 1798, panfletos incitando o povo à luta amanheceram espalhados pelas ruas de Salvador. Eles reivindicavam a criação de uma República, o fim do monopólio comercial português, o fim da escravização, o aumento dos soldos e a diminuição dos impostos.

As autoridades portuguesas reagiram rapidamente. No dia 25 de agosto, surpreenderam os conjurados que se encontravam reunidos para organizar e iniciar a rebelião. Os principais envolvidos foram presos logo no dia seguinte. Os demais foram detidos nos meses subsequentes.

Dos mais de trinta presos, quatro morreram na forca: os alfaiates João de Deus e Manuel Faustino, e os soldados Luiz Gonzaga das Virgens e Lucas Dantas. Os corpos permaneceram expostos por cinco dias como um aviso à população. Os demais tiveram suas penas substituídas pela prisão ou pelo degredo. A rebelião é também conhecida como **Conjuração dos Alfaiates**, pela presença de muitos deles entre os líderes.

Hoje em dia

Os nomes e a memória da Conjuração Baiana

O movimento de 1798 recebeu vários nomes: Conjuração Baiana, Conjuração dos Alfaiates, Revolta de Búzios, Sedição das Argolinhas. Os dois primeiros são mais comuns: "baiana" por uma questão geográfica, e dos "alfaiates" pela grande participação desses artesãos. "Búzios" e "argolinhas" relacionam-se aos adornos usados pelos conjurados.

Desde 2005, a Conjuração Baiana é comemorada oficialmente em Salvador no dia 12 de agosto. Essa medida, tal como a colocação de quatro bustos na praça da Piedade referentes aos condenados à forca, tem por objetivo tornar o movimento de 1798 presente na memória da sociedade soteropolitana.

- Você conhece alguma data comemorativa da sua cidade? Procure descobrir as motivações da comemoração e compare a sua resposta com a de um colega.

Foto atual da praça da Piedade, local onde os condenados pela Conjuração Baiana foram mortos em 1799.

A vinda da Corte para o Brasil

Além das revoltas na Colônia, a Coroa portuguesa enfrentava dificuldades na Europa (capítulo O Primeiro Império Francês) com o avanço de Napoleão pelo continente e com a determinação do bloqueio continental (1806) à Inglaterra.

O governo de Portugal mantinha boas relações com os ingleses, com os quais assinara tratados e se aliara em algumas ocasiões. Quando Napoleão Bonaparte decidiu proibir o comércio com a Inglaterra, Portugal não aderiu ao bloqueio. Desse modo, os portugueses tornaram-se um empecilho às pretensões francesas.

Em 1807, tropas napoleônicas atravessaram a Espanha em direção a Portugal. Enquanto isso, o príncipe regente dom João acompanhava os debates entre seus ministros e conselheiros de Estado a respeito do que fazer diante do bloqueio continental.

Alguns eram favoráveis a uma reversão de alianças, com o apoio à França e a adesão ao bloqueio continental. Outros, como os estadistas Rodrigo de Sousa Coutinho, conde de Linhares, e Antônio de Araújo e Azevedo, conde da Barca, consideravam mais prudente o refúgio da Corte na América.

A decisão

A suspeita de que as tropas napoleônicas invadiriam Portugal aumentava a tensão entre os ministros portugueses. Além disso, o governo da Inglaterra pressionava para que a Família Real portuguesa se refugiasse no Brasil. Os ingleses viam nessa medida a possibilidade de comercializar também com a Colônia.

Sob essas pressões, dom João convenceu-se de que deveria transferir a Corte para o Brasil. Assim, o príncipe regente preservaria a monarquia portuguesa e seus domínios na América.

A transferência da Corte não era uma ideia nova. Em momentos de crise, outros soberanos lusos haviam cogitado mudar a Corte para o Brasil.

A transmigração da Corte fora concebida como uma medida de emergência. Em novembro de 1807, as tropas de Napoleão invadiram Portugal. Conforme as notícias informavam que os exércitos franceses aproximavam-se de Lisboa, a possibilidade de fuga tornava-se mais real. No dia 26 desse mesmo mês, o Conselho de Estado luso decidiu pela ida da Família Real para o Brasil.

A viagem da Família Real para o Brasil

No dia seguinte, 27 de novembro, a Família Real e parte da Corte portuguesa embarcaram às pressas, escoltadas por navios ingleses. Estima-se que entre 10 e 15 mil pessoas integraram a comitiva que atravessou o Atlântico.

Membros da alta nobreza e do clero, militares, ministros, conselheiros e juízes acompanharam a Família Real. Além dos nobres, os navios transportaram os arquivos do governo, bibliotecas, uma impressora e todo o dinheiro do tesouro real.

Por causa do mau tempo, a esquadra partiu só no dia 29. No dia seguinte, 30 de novembro, os franceses entraram em Lisboa.

Os navios viajaram lotados e com poucos recursos, como alimentos e utensílios. As condições de higiene eram precárias. Apesar das dificuldades, dom João chegou à costa brasileira em 22 de janeiro.

Dias depois já estava instalado na cidade de Salvador, onde permaneceu até embarcar para o Rio de Janeiro no final de fevereiro. Pela primeira vez, um soberano europeu pisava em solo americano.

> **Navegue**
> <http://veja.abril.com.br/especiais/1808/p_036.html>. Acesso em: 21 maio 2014. O *site* apresenta uma edição comemorativa sobre os 200 anos da vinda da Família Real ao Brasil. Para isso, cria uma versão de revista como se fosse publicada em 1808. Os temas que envolvem a Corte são divididos em editorias. Na parte "Geral" você poderá ler sobre moda, gastronomia e arquitetura.

Embarque de dom João, príncipe regente de Portugal, para o Brasil, em 27 de novembro de 1807, pintura de Nicolas-Louis-Albert Delerive, 1807-1818.

❯ O Brasil joanino

A transferência da Corte para o Brasil criava uma situação inédita: a sede do império português não era mais a Metrópole, e sim a Colônia.

Logo que chegou, dom João adotou medidas para organizar a economia e a política da nova sede. Em Salvador, em 28 de janeiro de 1808, o príncipe regente decretou a **abertura dos portos brasileiros às nações amigas**. A partir de então, o Brasil poderia importar produtos de quaisquer países que mantivessem relações de paz com Portugal. Essa medida acabava com o monopólio comercial português.

Naqueles anos, a Inglaterra era a principal aliada dos lusos. Os portos brasileiros, especialmente o do Rio de Janeiro, passariam a receber grandes quantidades de manufaturados ingleses. Do mesmo modo, os produtos brasileiros poderiam ser vendidos diretamente à Inglaterra.

Os ganhos portugueses nesse comércio vinham dos impostos. Sobre as mercadorias de Portugal, cobrava-se 16%; para os itens dos demais países, 24%.

Para controlar de perto as finanças e a arrecadação de tributos, dom João estabeleceu no Brasil órgãos como o Erário Real e o Conselho da Fazenda. Em 1808, criou o Banco do Brasil para financiar os investimentos no comércio. Além disso, autorizou e subsidiou a instalação de manufaturas no Brasil (proibidas em 1785).

❯ Os tratados com os ingleses

Em 1810, a Coroa portuguesa assinou o **Tratado de Navegação e Comércio** com a Inglaterra. Por esse acordo, o imposto sobre as mercadorias inglesas diminuía para 15%, enquanto os itens dos demais países continuaram taxados em 24%. Assim, os produtos britânicos tornavam-se mais atraentes.

Cada vez mais a economia do Brasil vinculava-se à inglesa. A Inglaterra lutava contra a França de Napoleão e sabia de sua importância para o propósito português de recuperar os territórios ocupados pelos franceses. Essas condições permitiam aos ingleses vantagens nas negociações e autoridade para pressionar os portugueses.

Em 1810, no **Tratado de Aliança e Amizade**, os britânicos pediram restrição ao tráfico de escravizados nos domínios portugueses. Quanto mais gente livre, maior seria o mercado para as mercadorias inglesas. O acordo não foi cumprido integralmente. Desde então, a proibição do tráfico de escravizados e da escravização tornou-se ponto central nas relações entre Brasil e Inglaterra.

❯ A montagem da administração

Conforme organizava a área econômica, dom João também montava a administração política da nova sede. O soberano instalou no Brasil a Intendência Geral de Polícia, a Casa da Suplicação, o Desembargo do Paço, a Mesa da Consciência e Ordens. Assim, tudo o que até 1807 era resolvido em Portugal seria decidido no Rio de Janeiro.

Essas instituições pretendiam também ordenar o cotidiano da cidade. A transferência da Corte não significava o abandono dos princípios absolutistas ou da centralização política. Por isso, era necessário controlar de perto a sociedade, a circulação de ideias e de pessoas e evitar possíveis revoltas contra a Coroa portuguesa.

Para tanto, dom João organizou seu primeiro gabinete, nomeou pessoas de confiança para os principais ministérios e montou a burocracia estatal. Quase todos os que vieram de Portugal ocuparam cargos nas instituições recriadas no Brasil. Quanto mais gente trabalhava na administração pública, mais impostos eram necessários para pagar seus salários.

> **Assista**
>
> **Carlota Joaquina, princesa do Brasil.** Direção de Carla Camurati, Brasil, 1995, 100 min.
> O filme oferece uma interpretação crítica e bem-humorada do tempo em que a Corte portuguesa permaneceu no Brasil.

Gravura de autor identificado como APDG, 1826, representa a cerimônia do beija-mão. Essa cerimônia permitia o contato entre os súditos e o soberano. Nos dias do beija-mão, os cortesãos pediam favores a dom João enquanto se colocavam diante do trono e lhe beijavam a mão.

> Brasil Reino Unido

Em dezembro de 1815, dom João elevou o Brasil à condição de Reino Unido a Portugal e Algarves. Oficialmente, o Brasil deixava de ser colônia e, como sede da monarquia, equiparava-se à antiga Metrópole.

Acredita-se que um dos motivos para essa iniciativa foi a derrota de Napoleão em 1815. O príncipe regente deveria regressar a Portugal, mas, temendo ver seus domínios sacudidos por revoltas, elevou o Brasil a Reino Unido e permaneceu na América. A medida também facilitava o comércio e dava mais autonomia à antiga colônia.

Em 1816, a rainha dona Maria I morreu, aos 82 anos. O Reino Unido tinha, oficialmente, um novo rei, dom João VI, que na prática governava desde 1792.

> A Revolução Pernambucana (1817)

A instalação da Família Real no Rio de Janeiro custava caro aos cofres públicos. Para manter o luxo da Corte e da vasta burocracia, o governo aumentava os **impostos**. Havia também os gastos com a guerra na Cisplatina, atual Uruguai (veja Conheça melhor).

O aumento dos tributos provocou insatisfações em diversas capitanias do nordeste. A sensação dos contribuintes dessas regiões era de que eles pagavam impostos para sustentar o luxo da Corte e dos habitantes do Rio de Janeiro.

Além da cobrança de tributos, o preço do açúcar e do algodão havia despencado no mercado internacional. Para agravar a situação, em 1816 uma seca devastou o sertão de várias capitanias nordestinas.

Não demorou para que setores das elites pernambucanas iniciassem um movimento contra a Coroa portuguesa. Em março de 1817, militares, padres, intelectuais, proprietários de terras e comerciantes deflagraram uma revolução no Recife.

Inspirados pelos **ideais liberais e republicanos** vindos dos Estados Unidos e da França, esses homens prenderam o governador da capitania. Em seguida, declararam a independência e constituíram um governo provisório, proclamando a República de Pernambuco. As camadas mais pobres, descontentes com o aumento dos preços, apoiaram a revolução.

Em 29 de março, o governo provisório convocou uma Assembleia Constituinte. Nessa ocasião, criou-se uma lei orgânica que garantia a igualdade de direitos e a liberdade dos cidadãos. Além de separar os poderes Executivo, Legislativo e Judiciário, essa lei estabelecia a liberdade de imprensa e de culto, embora o catolicismo continuasse a ser a religião oficial.

Cedendo à pressão dos grandes proprietários de terras e engenhos, o governo revolucionário não aboliu a escravização.

Os revolucionários buscaram apoio nas capitanias vizinhas e em outros países, como os Estados Unidos e a Inglaterra. A repressão ocorreu quando o movimento começava a se espalhar pelo sertão. Dom João VI enviou suas tropas e esquadras para combater os rebeldes. Depois de derrotarem os insurretos, os batalhões portugueses entraram no Recife em 19 de maio de 1817. Em seguida, vários líderes da Revolução Pernambucana foram presos e executados.

Bênção das bandeiras da Revolução de 1817, pintura de Antonio Parreiras, início do século XX. A atual bandeira de Pernambuco foi inspirada no pavilhão criado pelos revolucionários de 1817.

Conheça melhor

A política externa de dom João VI

Desde que desembarcou no Brasil, o príncipe regente organizou sua política externa contrária à da França. Em 1809, tropas inglesas e portuguesas conquistaram a cidade de Caiena, na Guiana Francesa. Essa ação era uma espécie de represália à invasão de Portugal. Até as determinações do Congresso de Viena, em 1815, essa região ficou sob domínio dos portugueses.

Dom João VI também quis anexar uma parte das províncias platinas, disputadas entre Portugal e Espanha desde os séculos anteriores. Em 1817, os soldados portugueses entraram em Montevidéu, na região Cisplatina, ao norte do rio da Prata. A província Cisplatina foi, em 1821, anexada oficialmente ao Brasil e assim permaneceu até 1828, quando o Brasil reconheceu a independência do Uruguai.

A sociedade e a Corte

A presença da Corte no Rio de Janeiro provocou várias transformações no cotidiano da cidade e das pessoas. A começar pelo número de habitantes, já que mais de 10 mil portugueses foram incorporados aos 50 mil habitantes da capital.

As ruas eram estreitas e sujas e ocupadas principalmente por pessoas escravizadas que realizavam trabalhos manuais. Os escravizados trabalhavam como carregadores, vendedores ambulantes, sapateiros, barbeiros e circulavam o dia todo pelas ruas e pelos mercados da cidade.

Não havia redes de esgoto ou sistema de água encanada. Alguns escravizados eram encarregados de recolher os barris com excrementos e despejá-los nas praias. Eram chamados de "tigres", pois todos fugiam à sua passagem. Os cativos também buscavam água nas bicas para os seus senhores. Quem não tinha escravos comprava água dos carregadores que a transportavam pelas ruas.

Vida social e diversão

A vida social carioca ganhou novo impulso desde a chegada da Família Real. Uma grande festa aguardava o príncipe regente, que foi recebido com música, disparos de canhões e cortejos. A festa de recepção prolongou-se por nove noites.

Desde então, os festejos públicos tornaram-se frequentes no Rio de Janeiro. Fogos de artifício, luminárias, música, dança e corridas de touros animavam os participantes.

Os divertimentos privados também agitavam a vida social carioca. Típicos das elites europeias, bailes, jogos de salão e jantares tornaram-se comuns no Rio de Janeiro. Nessas ocasiões, difundia-se a etiqueta trazida da Europa, que estabelecia regras de como se comportar à mesa e em reuniões sociais.

O luxuoso Real Teatro de São João, inaugurado em 1813, foi um dos locais preferidos para a diversão da aristocracia carioca. Espetáculos teatrais, óperas, concertos e balés foram apresentados com regularidade nesse teatro durante o período joanino.

Outras atividades agitavam a vida social do Rio de Janeiro. Entre os setores populares, predominavam as folias, o Carnaval (chamado de "entrudo"), as danças e os cantos pelas ruas e as festas religiosas, como as de Sant'Ana e da Penha. Esses divertimentos não obedeciam a calendários ou etiquetas e nem sempre eram aceitos pelo Intendente Geral de Polícia, que os vigiava de perto "para evitar a desordem".

Ação e cidadania

O que se comia no Rio de Janeiro no período joanino

Os grupos mais abastados iniciavam sua refeição com um caldo, composto de várias carnes e verduras. Depois, servia-se galinha com arroz, com molhos picantes, seguida de laranjas e saladas para "acalmar o paladar". Na sobremesa, eram servidos bolos de arroz salpicados de canela, queijos, frutas, vinhos. Para finalizar, um cafezinho.

A chegada da Corte portuguesa ao Rio de Janeiro pôs em contato a tradição gastronômica europeia, com forte influência francesa, com os produtos tropicais consumidos na Colônia. Os nobres e os funcionários portugueses refugiados no Rio de Janeiro tiveram predileção principalmente por dois produtos: cachaça e palmito.

Os pobres e os escravizados não desfrutavam, porém, de tamanha fartura. Em geral, comiam apenas farinha de mandioca seca acompanhada de laranjas ou bananas.

Outras histórias

Enquanto a Família Real e os cortesãos divertiam-se com óperas e espetáculos teatrais no Rio de Janeiro, na península Itálica, Gioacchino Rossini compunha algumas das grandes óperas da história da música.

Em fevereiro de 1816, a ópera *O Barbeiro de Sevilha* estreou em Roma. Essa peça consagrou Rossini como um dos maiores compositores da época.

Vista da rua Direita, no Rio de Janeiro da década de 1820, representada em uma litografia de Johann Moritz Rugendas. O intenso movimento das ruas e dos mercados produzia muito barulho, quase sempre criticado pelos viajantes europeus.

> Cultura, Ciências e Artes

Desde sua chegada ao Rio de Janeiro, dom João adotou medidas que alteraram a cultura da cidade e do Brasil. Afinal, a nova sede do império português deveria adaptar-se aos hábitos e costumes da Corte.

O príncipe autorizou a criação da Imprensa Régia e a instalação de tipografias no Brasil, até então proibidas como forma de coibir articulações políticas contrárias à Coroa. Em setembro de 1808, a *Gazeta do Rio de Janeiro* tornou-se o primeiro jornal a ser publicado em terras brasileiras. Isso não significava liberdade de imprensa, já que a publicação não podia criticar as ações da monarquia.

Contudo, um jornal pioneiro conseguiu escapar à censura da Coroa. Editado em Londres, Inglaterra, o *Correio Braziliense*, do jornalista gaúcho Hipólito José da Costa, circulou desde junho de 1808.

Nesse mesmo ano, dom João criou o Jardim Botânico e a Real Biblioteca. A Escola Real de Ciências, Artes e Ofícios foi estabelecida em 1816, e o Museu Real, em 1818.

> A Missão Artística Francesa

Com a queda de Napoleão, em 1815, muitos artistas ligados ao imperador francês temeram represálias por parte de Luís XVIII, o rei restaurado. Vários deles desejavam deixar o país para evitar problemas políticos com o novo governo.

No Brasil, as transformações socioculturais continuavam em curso. Ainda em 1815, dom João pretendia contratar artistas na França para que eles prestassem serviços na Corte. Assim, a oferta de artistas franceses coincidiu com o desejo do regente.

Em março de 1816, desembarcou no Rio de Janeiro uma comitiva que ficaria conhecida posteriormente como Missão Artística Francesa. Entre os principais talentos, estavam os pintores Jean-Baptiste Debret, Nicolas-Antoine Taunay e o arquiteto Grandjean de Montigny.

Eles chegavam com o propósito de alinhar o "gosto artístico" e as artes do Brasil às tendências europeias. Para isso, houve uma forte difusão da **estética neoclássica** no Rio de Janeiro, tanto por meio de suas obras quanto pela Escola Real de Ciências, Artes e Ofícios.

A Missão Francesa também criou obras enaltecendo a Corte de dom João. Os artistas prestaram serviços variados ao soberano: pintura de retratos e eventos ligados à Família Real e à cidade; organização de cerimônias e festejos públicos; projeção e construção de palácios, decorados com relevos e estátuas, etc.

Ponto de vista

Convite ou pedido de emprego?

Quase sempre, quando tratam da Missão Francesa, os historiadores enfatizam o convite de dom João aos artistas franceses.

A historiadora Lilia M. Schwarcz, no entanto, contestou essa ideia. Em seu livro *O sol do Brasil* (Companhia das Letras, 2008), ela afirma que os artistas franceses ofereceram-se a dom João.

Diante das dificuldades políticas da França em 1815, homens como Nicolas-Antoine Taunay haviam escrito ao regente português pedindo emprego em sua Corte.

Assim, contesta-se a noção de que se tratava de uma "missão" organizada e contratada a pedido de dom João.

- Do seu ponto de vista, o que significa uma "missão artística"? Quais são as alterações que resultam do questionamento da noção de "missão" no caso dos artistas franceses?

Morro de Santo Antonio, 1816, óleo sobre tela de Nicolas Antoine Taunay. O artista permaneceu no Brasil de 1816 a 1821 e, durante esse curto período, produziu uma série de retratos da Família Real e de paisagens do Rio de Janeiro.

Museu Nacional de Belas Artes, Rio de Janeiro. Fotografia: ID/BR

Ontem e hoje

Crise econômica e protecionismo

Durante o período em que esteve no comando do governo português, Marquês de Pombal adotou uma série de medidas de caráter protecionista para modernizar a economia do país. Tais medidas podem ser relacionadas às que provocam os debates atuais sobre o protecionismo? Para responder, vamos contextualizar a situação portuguesa no século XVIII e o estado da economia mundial contemporânea.

O desafio de Pombal era superar o "atraso" econômico português e reduzir a dependência do país em relação à Inglaterra.

Desde as negociações do Tratado de Methuen (1703), Portugal consumia os tecidos ingleses, enquanto a Inglaterra importava os vinhos lusitanos. Por esse esquema, a indústria portuguesa não conseguia desenvolver-se e a economia tinha prejuízos, já que Portugal importava maior valor em têxteis do que vendia em vinhos.

O monopólio do comércio colonial com a América amenizava, mas não solucionava a situação portuguesa. O lucro com a cana-de-açúcar e, depois, com o ouro pagava as dívidas acumuladas junto à Inglaterra, porém aprofundava a dependência em relação às colônias.

Para superar essa crise e sob o discurso iluminista da modernização e da racionalização, Pombal incentivou e subsidiou o desenvolvimento das manufaturas em Portugal e nas colônias e reforçou os monopólios comerciais, privilegiando os negociantes lusitanos.

A ideia era que o reino produzisse os manufaturados de que sua população precisava, diminuísse as importações dos têxteis britânicos e exportasse seus produtos para a América portuguesa.

Tais iniciativas iam no sentido contrário do que pretendia a Inglaterra, cuja indústria se desenvolvia vigorosamente. Ela desejava vender seus produtos em todas as partes, sem restrições ou monopólios.

Debates atuais

No século XVIII, as regras comerciais eram estabelecidas por meio de tratados e acordos entre os países interessados. Não havia órgãos ou instituições que "intermediassem" e "controlassem" o comércio mundial.

Atualmente, há a Organização Mundial do Comércio (OMC), um órgão internacional responsável por mediar as negociações entre os seus membros e verificar o cumprimento dos tratados comerciais assinados. Criada em 1994, a OMC sucedeu o Acordo Geral de Tarifas e Comércio, estabelecido em 1947.

As medidas protecionistas estão entre os principais debates travados na OMC nos últimos anos. Há países que aumentam os impostos sobre a importação de certos itens para evitar a concorrência estrangeira. A OMC realiza "rodadas", um conjunto de encontros entre os membros em que se negociam essas situações.

Uma delas é o subsídio fornecido pelos países europeus (sobretudo a França) e pelos Estados Unidos à agricultura, diminuindo a importação de produtos agrícolas, geralmente fornecidos por países menos desenvolvidos.

Em 2012, ao discursar no encerramento do Seminário Brasil-EUA: Parcerias para o Século XXI, a presidenta Dilma Rousseff colocou-se contra a política cambial estadunidense, ao afirmar que o Brasil repudia todas as formas de protecionismo, especialmente o cambial. Segundo ela, a fragilidade da economia mundial não pode servir de pretexto para que países desenvolvidos apliquem políticas monetárias expansionistas.

A presidenta Dilma Rousseff no encerramento do seminário Brasil-EUA: Parcerias para o Século XXI, realizado em Washington. Foto de 2012.

Reflita

1. Qual é a principal diferença entre as negociações comerciais existentes no tempo do Marquês de Pombal e as que são realizadas hoje?
2. Identifique as semelhanças e as diferenças entre as formas de "proteger" a economia no caso português do século XVIII e nos exemplos mais recentes mencionados no texto.
3. Quando um país recorre a medidas protecionistas, há diminuição nas importações e os produtores locais são favorecidos, porque seus itens não sofrem concorrência. Deduza os efeitos negativos da ausência de concorrência para uma economia.

Atividades

Verifique o que aprendeu

1. Identifique duas ideias que nortearam as reformas pombalinas na administração de Portugal.
2. Além do exemplo estadunidense e do francês, indique e discorra sobre outro movimento revolucionário que inspirava os rebelados na Colônia.
3. A Conjuração Mineira é conhecida também pelo nome de "Inconfidência Mineira". Explique por quê.
4. Analise e descreva o modo pelo qual a Coroa puniu os conjurados na Bahia e em Minas Gerais.
5. Relacione a transferência da Corte portuguesa para o Brasil com as condições políticas na Europa no início do século XIX.
6. Indique os motivos que provocaram insatisfações na população pernambucana em 1817.
7. Que modificações foram introduzidas na vida social e nos modos de se divertir das pessoas do Rio de Janeiro durante o período joanino?
8. Cite três medidas tomadas por dom João que modificaram a cidade do Rio de Janeiro.

Leia e interprete

9. Não há retratos conhecidos do alferes Joaquim José da Silva Xavier, o Tiradentes, que tenham sido feitos enquanto ele estava vivo. Todas as representações do mártir mineiro devem-se à imaginação de artistas que viveram muito depois dele. A imagem 1 foi elaborada em 1940. A imagem 2 foi produzida em 1893. Observe-as e responda às questões propostas.

Imagem 1

O alferes Joaquim José da Silva Xavier, 1940, pintura de José Wasth Rodrigues.

Imagem 2

Tiradentes supliciado (detalhe), 1893, pintura de Pedro Américo.

a) Como você descreveria a figura de Tiradentes na imagem 1? Quais são as principais diferenças em relação à figura da imagem 2?
b) A tela de Pedro Américo (imagem 2), elaborada em pleno período de consolidação da jovem república brasileira, teve uma função política. Formule hipóteses sobre a mensagem política que o pintor quis transmitir nessa tela.

10. O texto a seguir trata dos panfletos e das proclamações durante a Conjuração Baiana. Leia-o com atenção e responda às questões.

> Na manhã de 12 de agosto de 1798 apareceram afixados, nos pontos de mais afluência da Cidade, vários boletins e proclamações de caráter subversivo. A população, insciente [sem saber] do que se tramava nos conventículos secretos, lia, atônita, aquela audaciosa provocação ao Governo, sem compreender houvesse força e poder que ultrapassassem os daqueles que lhe obrigavam a pagar tributos e submeter-se, sem discutir, às ordens que lhe eram transmitidas, através dos bandos, em nome da Rainha de Portugal.
>
> "Animaivos Povo bahiense que está para chegar o tempo feliz da nossa Liberdade: o tempo em que todos seremos irmaons: o tempo em que todos seremos iguaes [dizia uma das proclamações]".

Rui, Afonso. *A primeira revolução social brasileira*: 1798. 2. ed. São Paulo: Nacional; Brasília: INL, 1978. p. 45.

a) Segundo o texto, a população participava da trama contra o governo? Justifique.
b) Explique por que o autor afirma que a população ficava surpresa com a provocação dos boletins e das proclamações afixados na cidade.
c) Uma das reivindicações dos conjurados dizia respeito à "participação política efetiva" da população da Bahia. Indique onde essa questão se evidencia no texto.
d) Assinale frases do texto que indiquem a influência dos princípios revolucionários franceses.

435

CAPÍTULO 37
A Independência do Brasil

O que você vai estudar

- As insatisfações em Portugal e a Revolução do Porto (1820).
- O regresso de dom João VI a Lisboa.
- A reunião das Cortes portuguesas e o projeto de recolonização.
- A ruptura com Portugal e a emancipação política do Brasil.
- Interpretações sobre a Independência.

Representação da celebração após o Grito do Ipiranga, quando dom Pedro de Alcântara proclamou a Independência do Brasil. Pintura de François-René Moreau, 1844.

Ligando os pontos

A invasão das tropas napoleônicas na península Ibérica desencadeou uma série de transformações. Na Espanha, Napoleão coroou seu irmão, José Bonaparte, considerado um usurpador pelo povo espanhol. Em Portugal, a iminência da chegada das tropas francesas provocou a transferência da Corte lusitana para a América entre 1807 e 1808. Essa transferência foi estimulada pela Inglaterra, que desejava manter sua influência política e econômica sobre o Império Português.

Os que permaneceram em Portugal enfrentaram grandes dificuldades. Além da presença das tropas francesas, havia ainda o impacto da ausência dos órgãos administrativos, recém-transferidos para a Colônia. A situação econômica também se agravou depois do fim do monopólio comercial entre Colônia e Metrópole, disseminando um sentimento de abandono e insatisfação.

Na América portuguesa, ao contrário, o clima era de euforia e grande expectativa. Com a vinda da Família Real, a Colônia vivenciava uma situação inédita: sediava o governo metropolitano e a Corte portuguesa. Com os cortesãos, uma série de instituições e costumes chegava ao Rio de Janeiro. A partir de 1815, a antiga Colônia passava a ser parte do Reino Unido de Portugal, Brasil e Algarves. Nesse momento, era dado um passo importante rumo à autonomia e à independência.

1. Além de Portugal e do Brasil, que outros países estiveram envolvidos diretamente na vida política e econômica luso-brasileira nas duas primeiras décadas do século XIX?
2. Na tela de François-René Moreau, há um clima de celebração por causa da proclamação da Independência do Brasil. Como o pintor criou essa ideia de comemoração?

> Portugal luta pela volta da Corte

Os ingleses, parceiros econômicos de Portugal, foram decisivos na luta por expulsar os franceses do território português. Depois de alguns anos de enfrentamentos, as forças luso-britânicas venceram os exércitos de Napoleão.

Com os franceses derrotados, os ingleses passaram a participar ativamente da vida política e militar portuguesa. Durante o exílio da Família Real, o militar britânico William Beresford presidiu o Conselho de Regência e comandou o exército lusitano com o posto de marechal.

Após a derrota de Napoleão, os portugueses que ficaram em Portugal esperavam o retorno da Corte. Mas a demora no retorno da Família Real e o predomínio britânico em Portugal geraram revolta.

> A Revolução Liberal no Porto

A população portuguesa estava profundamente descontente. Com a ausência do rei e da Corte, os nobres haviam perdido seu prestígio social; os comerciantes enfrentavam a concorrência dos produtos ingleses; e os militares estavam subordinados a um comandante britânico.

Em agosto de 1820, uma revolução estourou na cidade do Porto. Os revolucionários destituíram o comandante Beresford e criaram uma Junta de Governo. Também pediram a convocação das Cortes portuguesas para que fosse elaborada uma Constituição com características liberais.

Com as Cortes reunidas a partir de 1821, os revolucionários passaram a questionar o absolutismo, pediram liberdade de imprensa, o fim da Inquisição e a criação de novas leis civis e criminais. Além disso, exigiram o retorno de dom João VI a Portugal e o restabelecimento do monopólio comercial com o Brasil.

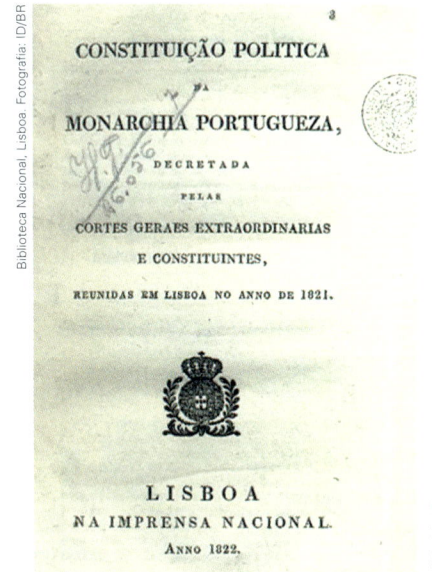

Reprodução do frontispício da primeira Constituição portuguesa, publicada em 1822. A impressão desse texto legal garantia a divulgação da nova forma de governo em todo o Império.

> As repercussões no Brasil

No Brasil, houve muitos debates a respeito da adesão ou não à Revolução do Porto.

De um lado estava a **facção brasileira**, que contava em suas fileiras, entre outros, com os proprietários rurais da região centro-sul, com os burocratas brasileiros e com os portugueses que haviam feito fortuna no Rio de Janeiro. Eles representavam os setores beneficiados com a presença da Corte no Brasil, opondo-se, portanto, ao retorno de dom João VI a Portugal.

Do outro lado estava a **facção portuguesa**, composta, entre outros, dos proprietários rurais e comerciantes das regiões norte e nordeste, além de negociantes portugueses que haviam perdido seu monopólio. Esses grupos aderiram à Revolução do Porto, pois se consideravam prejudicados pelos altos impostos cobrados a partir de 1808 e pelos benefícios concedidos aos ingleses.

Conheça melhor

Cofres vazios

À medida que as pressões aumentavam, o regresso de dom João VI a Portugal tornava-se mais próximo.

Mesmo a contragosto, o soberano preparava-se, então, para fazer o caminho inverso àquele percorrido no final de 1807. E tal como havia ocorrido naquela época, dom João VI organizava sua comitiva.

Dessa vez, "apenas" 4 mil cortesãos acompanhariam o rei. Muitos portugueses permaneceram no Rio de Janeiro, onde fizeram fortuna e carreira.

Ficava também no Brasil o herdeiro do trono, dom Pedro, como príncipe regente, cercado por aristocratas e burocratas portugueses. Afinal, o Reino Unido necessitava de quem o governasse, e também de dinheiro para as despesas públicas.

Se as circunstâncias não eram as mesmas de 1807, a atitude de dom João VI antes de embarcar era bastante semelhante. O soberano limpou os cofres brasileiros e levou consigo todo o ouro depositado no Banco do Brasil e também no Tesouro Nacional.

Às vésperas de sua independência, o Brasil encontrava-se sem recursos e com os cofres vazios!

Navegue

<http://www.museuhistoriconacional.com.br>.
Acesso em: 26 fev. 2014.
O *site* do Museu Histórico Nacional traz fotografias e informações sobre as exposições, itinerantes e permanentes. Destaque para "A construção de uma nação", que aborda o período imperial brasileiro. Na "Galeria Virtual", o visitante poderá conhecer itens do acervo do museu, como pinturas, esculturas, desenhos, moedas, objetos, móveis, documentos, livros, entre outros.

❯ Uma recolonização impossível

Diante das pressões vindas de Portugal, dom João VI jurou fidelidade à futura Constituição e regressou. Em seu lugar, deixou seu filho, dom Pedro de Alcântara, como príncipe regente do Brasil.

Ao retornar a Lisboa, dom João VI atendia parte das demandas dos liberais portugueses, que não aprovaram a permanência de dom Pedro no Brasil. Isso porque os liberais pretendiam recolocar o Brasil na condição de simples colônia de Portugal.

Os portugueses decidiram, então, restringir a autonomia administrativa e comercial brasileira. As antigas capitanias passavam a ser províncias, administradas por Juntas de Governo que deveriam responder diretamente a Lisboa, e não mais ao Rio de Janeiro. Outra medida foi tentar revogar os acordos comerciais com a Inglaterra, pois eles favoreciam o Brasil.

Com essas medidas, a Revolução Liberal do Porto tornava-se ambígua. Para o Brasil, tratava-se de restabelecer as antigas regras do pacto colonial. Para Portugal, as Cortes pretendiam adotar uma Constituição liberal, garantindo as mais diversas liberdades e minando o absolutismo.

❯ Os enfrentamentos nas Cortes

Nos embates sobre o retorno de dom João a Portugal, a facção brasileira havia sido derrotada. O "partido português" pressionava cada vez mais para reduzir a autonomia do Brasil o máximo possível. No entanto, a permanência do príncipe herdeiro, dom Pedro, dava condições para que os defensores da autonomia resistissem às investidas das Cortes.

A facção brasileira dividia-se entre conservadores e radicais. Os conservadores defendiam a criação de uma monarquia constitucional, ligada e equiparada à de Portugal, e a manutenção da ordem social vigente no Brasil. Em princípio, não cogitavam uma ruptura com Lisboa, mas não aceitavam a recolonização.

Entre os radicais, havia tanto os que desejavam uma monarquia constitucional independente como os que propunham a criação de uma República. Embora os projetos divergissem, as duas correntes do "partido brasileiro" rejeitavam a recolonização proposta pelas Cortes.

Como Reino Unido a Portugal, caberia ao Brasil enviar deputados para participar das Cortes. O número deveria ser proporcional à população: para cada 30 mil cidadãos, 1 representante. Assim, cerca de 70 deputados seguiram para Portugal entre 1821 e 1822.

Entretanto, as Cortes começaram a reunir-se em Lisboa meses antes da chegada dos representantes brasileiros, decidindo abolir a Regência e determinando o regresso imediato de dom Pedro a Portugal. Extinguiram ainda os órgãos administrativos e os tribunais superiores brasileiros. A tentativa de recolonização tomava corpo. Faltava saber se dom Pedro regressaria ou não a Lisboa.

NÚMERO DE DEPUTADOS BRASILEIROS ELEITOS POR PROVÍNCIA (INCLUÍDOS OS SUBSTITUTOS)	
Alagoas	4
Bahia	11
Ceará	7
Espírito Santo	2
Goiás	3
Maranhão	3
Pará	3
Paraíba	4
Pernambuco	12
Piauí	3
Rio de Janeiro	7
Rio Negro	2
Santa Catarina	2
São Paulo	8
Minas Gerais	17
Rio Grande do Norte	3

Fonte de pesquisa: MOTA, Carlos Guilherme. *1822: dimensões*. 2. ed. São Paulo: Perspectiva, 1986. p. 99-101.

Sessão das Cortes de Lisboa, 1820, representada na pintura de Oscar Pereira da Silva. À medida que os debates se acirravam, as intenções dos liberais portugueses de recolonizar o Brasil ficavam cada vez mais evidentes.

❯ Dom Pedro lidera o processo

Quando as Cortes determinaram o retorno imediato de dom Pedro a Portugal, a facção brasileira esforçou-se para viabilizar a permanência do regente. O regresso de dom Pedro significaria o fim da relativa autonomia administrativa e política do Brasil, alcançada durante o período joanino.

Além disso, a presença do príncipe diminuía os riscos de uma revolução ou de um movimento republicano, como vinha ocorrendo nos domínios espanhóis na América.

Os grandes proprietários da região centro-sul do Brasil, que haviam prosperado no início do século XIX, desejavam manter a autonomia e a ordem social. Uniram-se, então, em torno de dom Pedro, para articular sua permanência.

❯ O Dia do Fico

Desde que chegou de Lisboa a ordem para o retorno de dom Pedro, os líderes da facção brasileira articularam-se para que o príncipe regente ficasse. José Bonifácio de Andrada e Silva, presidente da Junta Provisória de São Paulo, organizou um manifesto pedindo a dom Pedro que permanecesse no Brasil.

Enquanto as Cortes portuguesas pressionavam pelo retorno do príncipe regente, dom Pedro recebeu o manifesto e outros documentos e comitivas solicitando que permanecesse no Brasil.

Dom Pedro decidiu atender aos pedidos que lhe chegavam. Em 9 de janeiro de 1822, ele anunciou que não voltaria para Portugal. Por isso, esse dia se tornaria conhecido como **Dia do Fico**.

O Fico reforçou as alianças entre as elites brasileiras e dom Pedro.

❯ Mais atritos com as Cortes

Para resguardar-se de possíveis intervenções das Cortes, dom Pedro adotou algumas medidas. Constituiu um novo ministério, liderado por José Bonifácio, e convocou um Conselho de Estado. Contrariando as determinações das Cortes, esse Conselho, que reunia representantes das províncias, passaria a reportar-se a dom Pedro, e não a Lisboa, como as Cortes haviam determinado.

Em maio de 1822, o príncipe reforçou sua oposição às Cortes, decretando que as ordens de Lisboa só valeriam após sua aprovação. Essa medida ficou conhecida como "**Cumpra-se**", em referência à necessidade da autorização do regente para que as ordens valessem. No mesmo mês, o Senado da Câmara do Rio de Janeiro concedeu a dom Pedro o título de "**Defensor Perpétuo do Brasil**".

❯ Dom Pedro convoca a Constituinte

Diante dessas atitudes de dom Pedro, a proposta de tornar o Brasil independente ganhava força. As alas mais radicais da facção brasileira exigiam a convocação de uma Assembleia Constituinte.

Embora os grupos conservadores não apoiassem a ideia, dom Pedro convocou a Assembleia em junho de 1822. Com tal medida, conseguiu o apoio dos liberais brasileiros e distanciou-se da imagem de soberano absolutista.

Conheça melhor

A China e a Índia muito presentes

Muitos dos homens e das mulheres que viveram e construíram a Independência do Brasil talvez nunca tenham se afastado de suas cidades e vilas, mas sem dúvida todos eles mantinham uma relação estreita com produtos do Oriente, especialmente da Índia e da China.

Se não bastassem as especiarias e plantas trazidas das terras orientais, que foram incorporados à culinária da América portuguesa — como o cravo e a canela, o coco, o abacate, a manga, etc. —, no início do século XIX muitas das mercadorias usadas pelos brasileiros também eram produzidas no Oriente.

Era o caso dos sofisticados tecidos de linho e algodão fabricados pelos indianos que vestiam a elite luso-americana, ou da fina porcelana chinesa que brilhava nas mesas das famílias mais abastadas.

Outras histórias

Em 1822, o Brasil tornava-se independente, mas o tráfico de escravizados e a escravização continuavam, pois nada mudara na ordem social.

Enquanto isso, já havia pressões pelo fim do tráfico de escravizados na Europa, sobretudo na Inglaterra. Mas muitos traficantes continuavam a enriquecer, como Francisco Félix de Sousa, considerado um dos mais ricos negociantes de escravizados da época.

O Brasil é um Império

Com o passar dos meses, as atitudes de dom Pedro fortaleciam o rompimento com Portugal. Em agosto de 1822, dom Pedro declarou inimigas todas as tropas portuguesas que desembarcassem no Brasil.

No mesmo mês, José Bonifácio publicou um manifesto dirigido às "nações amigas". Nesse documento, assinado por dom Pedro, defendia-se a proclamação da Independência.

As Cortes portuguesas reagiram enviando novos despachos a dom Pedro. Por meio desses documentos, os liberais portugueses anulavam os decretos assinados pelo príncipe e exigiam, novamente, seu regresso a Lisboa.

A ruptura definitiva

Quando os despachos das Cortes chegaram ao Rio de Janeiro, dom Pedro viajava em direção à província de São Paulo. Os documentos foram levados às pressas ao príncipe regente, alcançando-o em **7 de setembro**, quando estava às margens do riacho Ipiranga, perto de São Paulo.

Ao ler os despachos e diante do ultimato dado pelas Cortes, dom Pedro decidiu romper definitivamente com Portugal. Nesse mesmo dia, o príncipe regente proclamou a Independência do Brasil, no episódio que ficou conhecido como **Grito do Ipiranga**.

O Império do Brasil

Para celebrar a Independência, foram organizadas festas para dom Pedro em São Paulo e no Rio de Janeiro.

Em dezembro de 1822, o príncipe regente foi coroado imperador do Brasil e recebeu o título de **dom Pedro I**. O país tornava-se um Império. A ideia de Império remetia ao vasto território, à memória dos grandes impérios do passado e ao de Napoleão, e à noção de autoridade associada aos imperadores.

Mas houve conflitos em várias províncias brasileiras. Com apoio militar e financeiro inglês, as tropas brasileiras conseguiram derrotar tropas portuguesas resistentes. Os conflitos ocorreram principalmente na Bahia, nas províncias do norte e no extremo sul do país. Portugal só reconheceu a Independência brasileira em 1825.

O Brasil tornara-se independente, sob um governo monárquico, e tinha um soberano português, diferentemente dos países vizinhos, que adotaram o regime republicano. A criação da monarquia representou a vitória dos grupos políticos mais conservadores, que defendiam a manutenção da ordem social e política, garantidas pela autoridade de um imperador.

Já a solução republicana, proposta por alguns políticos, significava maior participação popular, extensão do direito ao voto e até a possibilidade de mudanças sociais. Os conflitos entre os diferentes grupos sobre a forma de governo a ser adotada foram uma constante ao longo do século XIX.

Transporte de um comboio de negros, 1835, aquarela de Rugendas.
A independência política do Brasil não trouxe mudanças significativas nas estruturas sociais.

> **Assista**
> **Independência ou morte**. Direção de Carlos Coimbra, Brasil, 1972, 108 min.
> O filme traça um perfil de dom Pedro, de sua infância até o fim de seu reinado. Foi produzido no ano em que se comemoraram 150 anos da Independência.

História e Direito

O Direito está presente em todas as esferas da vida em sociedade, desde as relações domésticas entre os casais até as negociações entre países. Por isso, para compreender a história de determinado período, é necessário conhecer razoavelmente o conjunto de leis que regulavam as sociedades dessa época e ter alguma noção a respeito de termos e conceitos jurídicos.

Por exemplo, quando observamos que os liberais portugueses queriam novas leis civis, é importante saber do que trata um Código Civil. Ou, então, quando enfatizamos que dom Pedro convocou uma Assembleia Constituinte em 1822, é essencial ter em mente a importância jurídica de uma Constituição, como a lei suprema e fundamental de um país.

- A Assembleia Constituinte realizada no Brasil entre 1987 e 1988 resultou na Constituição Cidadã.
Pesquise por que a Constituição de 1988, vigente em nosso país, ganhou esse nome e discuta com os colegas se os princípios que justificaram esse nome são respeitados atualmente.

Ruptura ou continuidade?

Declarada a Independência, o Brasil se emancipava politicamente de Portugal. A antiga condição de colônia portuguesa na América, que durara por mais de três séculos, deixava de existir para dar lugar a um novo Estado: o Império do Brasil.

Mas o que haveria de realmente **novo** nesse Estado após a Independência? O que permaneceria exatamente como no período colonial? O que mudaria, efetivamente, após 7 de setembro?

Desquite amigável

Os primeiros historiadores e intelectuais a estudar a Independência enfatizaram a **continuidade** que marcou esse processo histórico. Segundo o historiador Manoel de Oliveira Lima, por exemplo, a emancipação política brasileira foi marcada pela continuidade entre a monarquia portuguesa e a brasileira, sem grandes alterações.

Oliveira Lima, que escreveu sobre o tema no início do século XX, caracterizou a Independência brasileira como um "desquite amigável", fazendo referência à separação conjugal em que não há brigas. O processo de emancipação seria resultado mais de negociações entre as elites políticas do que propriamente de tensões sociais ou revoltas.

A Independência como revolução

Nos anos 1930, o historiador Caio Prado Júnior propôs uma nova interpretação para compreender a Independência brasileira. No lugar da "continuidade negociada", defendida anteriormente, Caio Prado destacava a **ruptura**.

Segundo ele, a Independência do Brasil criava um cenário novo em que os interesses brasileiros e os portugueses eram conflitantes.

Mas tratava-se de uma **revolução conservadora**. Isso porque não promoveu mudanças na forma de governo, nem na organização socioeconômica, baseada na escravização e nos latifúndios.

Nas décadas de 1960 e 1970, ganharam força as interpretações que compreendiam a Independência relacionada a processos históricos mais amplos. Nessa perspectiva, as pesquisas sobre a Independência brasileira deveriam levar em conta uma série de transformações: a crise do Antigo Regime, a Revolução Industrial, a Revolução Francesa, a independência dos Estados Unidos e das colônias da América espanhola.

Emília Viotti da Costa, Fernando Novais e Carlos Guilherme Mota foram alguns dos autores que partilharam essa visão.

Como a Independência do Brasil estava inserida nesse painel mundial de "revoluções" e "crises", ela também tinha um caráter revolucionário e, portanto, de ruptura.

A emancipação não só opunha os interesses brasileiros aos portugueses, mas também afirmava uma nova classe dirigente: os grandes proprietários escravistas.

A sege e a cadeira, aquarela produzida no século XIX pelo viajante inglês Henry Chamberlain, retrata aspectos da estrutura social brasileira, que foi mantida após a Independência.

Ontem e hoje

Independências, Estados e nações

Entre 1810 e 1830, o Império Espanhol e o Império Português perderam suas colônias na América, as quais conquistaram a independência e formaram países. As elites políticas e econômicas organizaram instituições, criaram leis e elegeram representantes. Estados foram constituídos e, assim, tinha início um esforço para que todos os habitantes se sentissem parte dos novos Estados. A partir de então, era necessário, por exemplo, convencer os habitantes do Peru de que eles eram "peruanos", assim como os da Argentina deveriam sentir-se "argentinos".

Mas o que fazia os "peruanos" se sentirem semelhantes entre si? Quais eram as ligações culturais entre um "argentino" da província de Santa Cruz, no sul do país, e um "argentino" de Buenos Aires? Logo após as independências, o sentimento de pertencimento das pessoas em relação a uma "nação" – à Argentina ou ao Peru, por exemplo – era ainda muito frágil.

Na América hispânica, foi só ao longo dos séculos XIX e XX que a ideia de nação, de conjunto de pessoas unidas por traços culturais comuns, tomou corpo.

Nos domínios da América espanhola houve um processo curioso de fragmentação. Os elementos culturais comuns (língua, religião, tradições) não foram suficientes para manter a unidade diante dos interesses das elites regionais. Assim, a América espanhola deu origem a vários países.

Na América portuguesa, embora ocorressem várias rebeliões, o processo de independência manteve a unidade, que vinha desde o período colonial à custa de muito empenho político e de muita violência. Era preciso contar sua história e construir vínculos culturais capazes de fazer um morador do Rio Grande do Norte e um do Rio de Janeiro sentirem-se integrantes da mesma "nação", o Brasil.

Os Bálcãs na atualidade

A região dos Bálcãs, no Sudeste europeu, é historicamente um local de conflitos étnicos e lutas por independência. Ao longo do último século, várias unidades políticas foram criadas e se esfacelaram diante das diferenças étnicas existentes na região.

O caso da ex-Iugoslávia é exemplar. Nos anos 1990, a República Socialista Federativa da Iugoslávia, que reunia seis repúblicas com nacionalidades e culturas distintas, começou a fragmentar-se. Eslovenos, croatas, macedônios e bósnios reivindicavam a independência de seus "países". Sérvios e montenegrinos continuaram integrando a Iugoslávia, até 2003.

Os sérvios, presentes em quase todas as repúblicas, queriam impor-se sobre as outras etnias.

Em 2003, o que restava da Iugoslávia passou a chamar-se Sérvia e Montenegro, um Estado formado pelas duas repúblicas remanescentes do antigo país. Em maio de 2006, os montenegrinos votaram em plebiscito pela independência. Montenegro tornou-se o mais novo país reconhecido pela comunidade internacional.

Em 2008, Kosovo, cuja maioria da população é de origem albanesa, declarou sua independência em relação à Sérvia. Este país reagiu contra a emancipação, mas um grande número de nações reconheceu o novo Estado, a começar pelos Estados Unidos, em 2008. Até 2011, mais de 80 países haviam reconhecido a independência de Kosovo, incluindo 22 dos 27 membros da União Europeia. O conflito com a Sérvia, entretanto, perdura, com vários episódios de confronto ao longo destes anos. Em 2011, os EUA iniciaram um processo diplomático para ampliar o diálogo entre Kosovo e Sérvia, mas até 2012 este último país não dava demonstrações de aceitar a emancipação política de seu antigo território.

Manifestantes de Montenegro comemoram os resultados pró-independência no plebiscito de maio de 2006.

Reflita

1. Compare os processos de emancipação nos Bálcãs com os de independência na América espanhola. Aponte as principais diferenças entre eles.
2. A independência de Montenegro diferiu das demais trajetórias de emancipação citadas. Identifique em que aspecto Montenegro se diferenciou.

Atividades

Verifique o que aprendeu

1. A permanência da Corte portuguesa no Brasil gerou insatisfação em vários setores da sociedade lusitana nos anos 1810. Que setores eram esses? Explique o motivo da insatisfação.

2. Quais eram as principais reivindicações dos revolucionários portugueses de 1820?

3. Comente como a Revolução Liberal do Porto repercutiu no Brasil.

4. Explique por que as propostas das Cortes portuguesas eram entendidas como medidas para "recolonizar o Brasil".

5. Observe a tabela da página 438 e analise o número de deputados eleitos por província. Indique as cinco províncias que mais tiveram deputados eleitos. Formule uma hipótese que justifique o maior número de eleitos nessas províncias.

6. Durante o período em que as Cortes estavam reunidas em Portugal, as capitanias passaram a ser chamadas de províncias. Analise o significado dessa mudança.

7. Indique duas atitudes do príncipe dom Pedro que desafiaram as ordens vindas de Portugal.

8. Ao assistir à aclamação de um imperador, a sociedade brasileira vivenciava uma situação política diferente em relação à dos países vizinhos da América do Sul. Relacione-as, indicando as principais diferenças entre elas.

Leia e interprete

9. Em 31 de dezembro de 1821, representantes de São Paulo, liderados por José Bonifácio de Andrada e Silva, dirigiram-se ao príncipe dom Pedro por meio de um documento no qual expuseram seu ponto de vista a respeito das ordens vindas de Portugal e das medidas adotadas pelos liberais portugueses. Leia o texto a seguir, extraído desse documento, e explique quem são os "representantes de Portugal" a que ele se refere.

> [...] Os representantes de Portugal, sem esperarem pelos do Brasil, começaram a discutir um projeto de Constituição, que devia ser comum a ambos os Reinos; projeto em que, a cada página, se descobre o maquiavelismo com que, com douradas cadeias, se intenta escravizar este riquíssimo país, reduzi-lo a mera colônia. [...] Eles [os representantes portugueses] nos têm enviado tropas, sob pretextos especiosos, sem que houvesse inimigos externos a combater, ou dissensões intestinas a sufocar. Mas, que homem há tão estúpido, que não penetre o verdadeiro fim de tais expedições? [...] A notícia da extinção dos tribunais do Rio de Janeiro, a da retirada dos vasos de guerra e os decretos de 29 de setembro vieram pôr cúmulo à nossa desesperação. Ordenam que v.a.r. [Vossa Alteza Real] vá quanto antes para Portugal, deixando o Reino do Brasil sem centro comum de governo e união, e tornando-o dependente de Lisboa em todas as suas relações e negócios; qual vil colônia sem contemplação.

CALDEIRA, Jorge (Org.). *José Bonifácio de Andrada e Silva*. São Paulo: Ed. 34, 2002. p. 136-137.

10. A imagem abaixo reproduz parte da tela de Pedro Américo intitulada *Independência ou morte*. Ela foi produzida sob encomenda para decorar a principal sala do Monumento da Independência, palácio ocupado atualmente pelo Museu Paulista (popularmente conhecido como Museu do Ipiranga), na cidade de São Paulo. Trata-se de uma representação do momento em que foi proclamada a Independência do Brasil. Observe-a e responda às questões a seguir.

Independência ou morte, 1887-1888.

a) Na cena, há um clima de exaltação e comemoração. Que detalhes da pintura justificam essa afirmação?

b) Pedro Américo teve o cuidado de entrevistar testemunhas do "Grito do Ipiranga" que ainda viviam no final do século XIX, com o intuito de fazer a representação desse acontecimento da maneira mais fiel possível. Contudo, muitos dos aspectos representados pelo pintor são sabidamente falsos, principalmente as montarias, que seriam mulas, e não cavalos. Em sua opinião, que motivos teriam levado Pedro Américo a inventar detalhes que não existiam na cena real?

443

CAPÍTULO 38
Primeiro Reinado e Regência no Brasil

O que você vai estudar

- A Constituição de 1824.
- A Confederação do Equador.
- Impopularidade e abdicação de dom Pedro I.
- As regências e as revoltas do período.

O quadro *Aclamação de dom Pedro I no Campo de Santana*, século XIX, do pintor francês Jean-Baptiste Debret, representa o momento em que dom Pedro foi aclamado pela população como imperador constitucional e "defensor perpétuo" do Brasil, no Campo de Santana, atual praça da República, no Rio de Janeiro.

Ligando os pontos

Durante o século XVIII, o Antigo Regime foi duramente criticado pelos filósofos iluministas franceses e pelos pensadores liberais de toda a Europa. No Brasil, a Conjuração Mineira, de 1789, a Baiana, de 1798, e a Revolução Pernambucana, de 1817, foram manifestações contra o Antigo Regime e o sistema colonial português.

Esses movimentos protestavam contra a opressão política, a censura, a cobrança extorsiva de impostos e contra os privilégios destinados aos altos funcionários do Estado português. Apenas a Conjuração Baiana teve como um dos objetivos o fim da escravização. Todos esses movimentos foram violentamente reprimidos.

Em 1820, outra revolta de características liberais, dessa vez na Metrópole, forçou o retorno da Família Real à Europa; era o fim do absolutismo em Portugal. Porém, as intenções portuguesas em relação ao Brasil não eram nada liberais. As Cortes de Lisboa pretendiam reconduzir o Brasil à condição de colônia portuguesa.

No entanto, a mobilização da elite brasileira em torno do príncipe regente acelerou o processo de Independência. Dom Pedro declarou sua intenção de permanecer no Brasil contra as ordens das Cortes de Lisboa e proclamou a Independência pouco depois, em 7 de setembro de 1822. No Rio de Janeiro, dom Pedro I foi aclamado imperador em 12 de outubro do mesmo ano.

1. A imagem acima representa a aclamação do primeiro imperador do Brasil. Discuta a função política de uma imagem oficial como a representada nesse quadro.
2. Reflita sobre o momento de transição do Brasil, quando rompeu os laços com Portugal e tornou-se independente. Havia unanimidade entre os brasileiros com relação a essas mudanças?

As guerras de independência e a Constituição de 1824

Alinhados com as Cortes de Lisboa, os oficiais que controlavam as províncias do Grão-Pará, do Maranhão, do Piauí, da Bahia e da Cisplatina – atual Uruguai – resistiam ao comando de dom Pedro antes mesmo da proclamação da Independência.

Em fevereiro de 1822, começaram os combates entre o exército português e o brasileiro, em Salvador. Os portugueses tomaram a cidade e os brasileiros recuaram para o **Recôncavo**.

Retomar o controle nas regiões rebeladas não foi tarefa fácil. Para vencer as forças portuguesas, dom Pedro contratou navios estrangeiros e alguns mercenários. A tomada de Salvador pelo exército de dom Pedro I e a incorporação da Bahia ao Brasil independente ocorreu apenas em 2 de julho de 1823, dez meses após a Independência oficial. O Maranhão foi integrado ao Império Brasileiro em agosto, o Grão-Pará, em outubro, e a Cisplatina, em novembro de 1823.

O governo dos Estados Unidos foi o primeiro a reconhecer a Independência do Brasil, no contexto da doutrina Monroe, que defendia a autonomia das recém-formadas nações da América.

O governo da Inglaterra reconheceu a Independência brasileira em 1825. Na época, o Brasil representava o terceiro maior mercado externo para os produtos ingleses. A Inglaterra também interveio nas negociações entre Brasil e Portugal, financiando a quantia de 2 milhões de libras esterlinas, paga pelo Brasil à ex-Metrópole a título de indenização. Com isso, a dívida brasileira com os bancos ingleses cresceu de maneira excessiva.

A Assembleia Constituinte

Proclamada a Independência, era preciso elaborar uma Constituição. A Assembleia Constituinte reuniu-se em maio de 1823, formada por cem deputados eleitos por **voto censitário** e indireto. Latifundiários, grandes comerciantes, juízes, médicos, militares e representantes da Igreja católica compunham o grupo de constituintes.

No dia da abertura da Constituinte, dom Pedro I fez um discurso em que destacou que a Constituição deveria ser digna do Brasil e dele próprio, ou seja, a função do imperador não poderia ser esquecida.

O projeto de Constituição foi redigido por Antônio Carlos de Andrada e Silva, irmão de José Bonifácio. Antônio Carlos era conservador, mas naquele momento foi apoiado pelo **Partido Brasileiro**, que defendia a soberania do Legislativo diante do imperador. O texto do projeto determinava que o Poder Executivo, representado pelo imperador, não poderia vetar completamente uma lei aprovada pela Câmara dos Deputados, ou dissolvê-la. Além disso, proibia o imperador de ser rei em outro país.

Contrário a esse projeto e adepto da Monarquia absolutista, havia o **Partido Português**, formado por militares de alta patente, funcionários públicos e comerciantes, quase todos portugueses. Com o apoio desse grupo político, dom Pedro I rejeitou o projeto e dissolveu a Assembleia Constituinte. Em seguida, reuniu um Conselho de Estado formado por dez pessoas de sua confiança, que elaborou a nova Constituição. A primeira Carta Constitucional brasileira foi outorgada pelo imperador em 1824.

Os termos da Constituição não diferiam muito do projeto de Antônio Carlos, a não ser pela introdução do Poder Moderador, que dava ao imperador total controle sobre os demais Poderes.

O Poder Legislativo era constituído pelo Senado, formado por senadores escolhidos pelo imperador em uma lista tríplice de pessoas eleitas e com mandato vitalício, e pela Câmara dos Deputados, com mandato temporário. As eleições mantiveram-se indiretas e censitárias. Para tornar-se senador era necessário comprovar renda anual mínima de 800 mil-réis.

GLOSSÁRIO

Voto censitário: para votar e ser votado, era preciso ter uma renda mínima anual. Candidatos a deputado deviam ter renda superior a 400 mil-réis/ano. Os eleitores de paróquia deviam ter renda superior a 100 mil-réis/ano para escolher os eleitores de província. Era necessária renda anual de 200 mil-réis para ser um eleitor de província e votar nos deputados.

Venda no Recife, gravura de Johann Moritz Rugendas representando o cotidiano da cidade, com escravos de ganho vendendo frutas e outras mercadorias, em c. 1830.

A Confederação do Equador

Na província de Pernambuco, a reação à Constituição de 1824 não demorou a acontecer: os republicanos não aceitavam o país autoritário e centralizador que estava surgindo.

Os antecedentes da revolta

Ainda no governo de dom João VI, em 1817, os liberais pernambucanos tentaram emancipar a província e proclamar uma República. Com a Independência do Brasil, a chama dos ideais republicanos reacendeu-se em Pernambuco e nas províncias vizinhas. Mas o caráter autoritário da Constituição do Império frustrou as expectativas.

Havia também problemas locais que contribuíram para a eclosão da revolta, entre os quais a rivalidade entre portugueses e brasileiros, impulsionada pela cobrança de dívidas antigas por parte dos comerciantes portugueses, que exigiam dos devedores brasileiros a entrega dos bens, como escravizados e terras.

O crescimento do poder político e econômico das províncias do sul e do sudeste também alimentava o temor de que as províncias do norte e do nordeste perdessem sua influência.

Por fim, a imposição de um presidente de província extremamente impopular e fiel aliado de dom Pedro I, Francisco Pais Barreto, completava o clima de animosidade na província.

Os principais líderes do movimento eram os liberais Manuel de Carvalho Pais de Andrade, Frei Joaquim do Amor Divino Caneca e Cipriano Barata, médico e filósofo preocupado com questões políticas e sociais, como a abolição da escravidão.

A Confederação

A revolta começou com a exigência de que o presidente da província, Francisco Pais Barreto, nomeado por dom Pedro I, renunciasse ao cargo diante da imensa oposição que sofria em Pernambuco. Em seu lugar, os liberais escolheram Manuel de Carvalho Pais de Andrade.

Recife foi cercada pela marinha imperial por três meses, mas resistiu, e no dia 2 de julho de 1824 Pais de Andrade proclamou a **Confederação do Equador**, unindo Pernambuco e as províncias da Paraíba, do Ceará e do Rio Grande do Norte em torno da causa republicana e pelo fim do tráfico de escravizados.

A Confederação do Equador estava afinada com os ideais de federação que serviram de base para a organização dos Estados Unidos.

Parte da população das províncias não apoiou o movimento separatista liderado por Pais de Andrade. Havia conflitos internos e as forças militares estavam divididas. Os liberais usavam a imprensa para fazer propaganda pró-República, em uma tentativa de trazer a população para o seu lado.

O fim da Confederação do Equador

Dom Pedro I nomeou o brigadeiro Francisco de Lima e Silva para comandar as forças de repressão, auxiliado no mar pelo almirante inglês Thomas Cochrane.

Após quase quatro meses de resistência, os rebeldes se entregaram. Frei Caneca, o major negro Agostinho Bezerra e outros rebeldes foram condenados à morte; os demais foram anistiados.

A Independência do Brasil teve muitos projetos políticos que foram calados. A Confederação do Equador foi um deles. Exemplo oficial disso foi a ordem de dom Pedro I para que a Confederação "fosse colocada em perpétuo silêncio".

Exército Imperial do Brasil ataca as forças confederadas no Recife, 1824, pintura de autor desconhecido.

Leia

A Confederação do Equador, de Glacyra Lazzari Leite. São Paulo: Ática, 1996. A obra analisa as particularidades de Pernambuco que levaram à Confederação do Equador.

Conheça melhor

A imprensa liberal

Em Pernambuco, jornais liberais como *Sentinela da Liberdade*, de Cipriano Barata, *Typhis Pernambucano*, de Frei Caneca, e *Desengano Pernambucano*, de João Soares Lisboa, narravam as últimas notícias sobre a Confederação do Equador e, ao mesmo tempo, faziam a propaganda política do movimento separatista.

Impopularidade e abdicação de dom Pedro I

Após a dissolução da Constituinte, a imposição da Constituição de 1824 e a repressão violenta à Confederação do Equador, a popularidade de dom Pedro I ficou seriamente abalada.

Outros problemas catalisaram o movimento popular contrário a dom Pedro I e acabaram levando à sua abdicação ao trono brasileiro.

- **A derrota na Guerra Cisplatina em 1828.** Após a expulsão dos militares portugueses da Cisplatina, em 1823, os uruguaios iniciaram seu movimento pela independência. A Argentina apoiou os uruguaios, pois tinha interesse em anexar a região e controlar a navegação na bacia do rio da Prata. Em 1825, teve início a Guerra Cisplatina. O governo brasileiro fez um empréstimo com os ingleses para contratar tropas mercenárias e comprar armas e provisões. Em 1828, com o tratado assinado no fim da guerra, a província Cisplatina tornou-se um país independente, passando a chamar-se Uruguai.
- **A morte de dom João VI (1826).** Dom Pedro I era o herdeiro natural do trono português, mas sabia que não seria possível ser imperador do Brasil e rei de Portugal ao mesmo tempo, por causa do receio dos brasileiros de que o Brasil retornasse à condição de colônia. Dom Pedro I abdicou do trono português em favor de sua filha, Maria da Glória, de apenas 7 anos de idade, e articulou o casamento dela com seu irmão, Miguel. Dom Miguel recusou o acordo e tomou o poder. Dom Pedro I gastou enormes somas de dinheiro no envio de navios e tropas para combater dom Miguel e reconduzir sua filha ao trono. Maria da Glória foi enviada para a Europa em 1828, em uma ação que pretendia defender seus direitos ao trono.
- **O sentimento antilusitano.** A aversão aos portugueses aumentava em razão da influência do "partido português" no governo. Seus integrantes eram os únicos aliados de dom Pedro I, que, em troca, concedia-lhes favores e privilégios. Boa parte da população rejeitava a intervenção dos corcundas na política brasileira.

> A abdicação

A imprensa não poupava críticas a dom Pedro I e a crise instaurou-se, de fato, quando o jornalista Líbero Badaró, feroz crítico do autoritarismo do imperador, foi assassinado em São Paulo.

Dom Pedro I viajou, então, para Minas Gerais. Em Ouro Preto, deparou-se com portas e janelas fechadas ostentando panos pretos e o soar de sinos em sinal de luto pela morte de Líbero Badaró.

De volta para o Rio de Janeiro, o imperador foi recebido por um grupo de simpatizantes, cuja maioria era portuguesa. Como resultado, iniciou-se um forte conflito de rua, a "Noite das Garrafadas", que se estendeu por três dias.

Para apaziguar os ânimos, o imperador resolveu trocar o antigo ministério por outro formado somente por brasileiros. Apesar disso as manifestações de insatisfação continuaram.

Dom Pedro I mudou novamente os ministros, mas dessa vez ele escolheu "corcundas", que formaram o "Ministério dos Marqueses". Milhares de pessoas saíram às ruas pedindo o retorno do "Ministério dos Brasileiros", mas dom Pedro I enviou tropas do exército para reprimir as manifestações.

Entretanto, o Exército também estava em clima de revolta. Oficiais brasileiros ocupavam cargos inferiores aos dos portugueses. As tropas, formadas por brancos e mulatos pobres, que ingressavam na instituição na esperança de ascender socialmente, recebiam baixos soldos, sempre atrasados.

Assim, em vez de sufocar a revolta, o exército apoiou os populares. Em 7 de abril de 1831, dom Pedro I abdicou do trono brasileiro em favor de seu filho de cinco anos, Pedro de Alcântara. Após a abdicação, retornou a Portugal.

GLOSSÁRIO

Corcunda: termo utilizado pelos brasileiros para se referirem aos partidários do absolutismo.

Abdicação de Dom Pedro I, de Aurélio de Figueiredo, pintura de 1890.

As regências

A Constituição de 1824 previa que, se o herdeiro do trono, no caso de morte ou abdicação do imperador, fosse menor de 18 anos, o país seria governado por três regentes até que o sucessor ao trono atingisse a maioridade.

Os partidos políticos

Para os brasileiros que acompanharam a sublevação das tropas do exército e aderiram às manifestações populares contra dom Pedro I, o dia 7 de abril foi uma verdadeira revolução.

Com a abdicação de dom Pedro, houve nova composição entre os grupos políticos brasileiros. O "partido português" passou a chamar-se **Partido Restaurador**, pois lutava pelo retorno do ex-imperador ao trono brasileiro. Porém, com a morte de dom Pedro I em 1834, os caramurus, como também eram chamados os restauradores, uniram-se aos liberais moderados e formaram o **Partido Regressista**.

O **Partido Brasileiro** subdividiu-se em liberais moderados, representantes dos proprietários de terra, principalmente de São Paulo e Minas Gerais, e liberais exaltados, representantes das classes médias e dos latifundiários gaúchos.

Para os moderados era necessário restabelecer a ordem, acabar com os tumultos e obedecer à Constituição. Já os liberais exaltados lutavam por mais participação política, pela autonomia das províncias, pelo fim do Senado vitalício e do Poder Moderador e contra qualquer influência portuguesa no governo. Aos gritos de "mata português", provocavam tumultos na capital do Império.

As regências trinas

Quando dom Pedro I abdicou, em abril de 1831, a Assembleia Geral estava em recesso e os três regentes que deveriam governar até que o príncipe herdeiro atingisse a maioridade foram escolhidos pelos poucos deputados que estavam na capital do Império. A regência trina provisória durou pouco mais de dois meses. Compôs-se, então, a regência trina permanente, com seus integrantes eleitos pela Assembleia Geral, formada pela Câmara dos Deputados e pelo Senado.

Nessa fase de transição, a instabilidade política refletia-se em agitações nas ruas e sublevações no exército. Eram necessárias medidas enérgicas, e foi nomeado Ministro da Justiça o padre Diogo Feijó.

Como todos os liberais moderados, o padre Feijó não confiava nos militares que, em vez de reprimir os tumultos, apoiavam os rebeldes. Copiando os franceses, Feijó criou a **Guarda Nacional**, formada por cidadãos armados com a incumbência de manter a ordem local.

O Código Criminal de 1830, aprovado por senadores e deputados, foi outro instrumento usado para reprimir ações populares como as dos capoeiras, bandos formados por negros livres ou escravizados que roubavam e matavam com golpes de capoeira e navalha.

Outro pesadelo das elites foi a revolta de escravizados do Haiti, quando a minoria branca da colônia francesa foi massacrada por africanos escravizados, em 1791. Esse processo resultou na independência do Haiti, em 1806.

> **Leia**
> **O período das regências (1831-1840)**, de Marcos Morel. Rio de Janeiro: Jorge Zahar, 2003. O autor analisa o período como um grande laboratório em que várias experiências foram testadas, como a centralização e a descentralização do poder e as inúmeras tentativas de separatismo.

Gravura do século XIX representando a revolta de escravizados em Santo Domingo, atual Haiti, em 1791. Para evitar que movimentos semelhantes aos ocorridos no Haiti acontecessem no país, incluiu-se uma cláusula no Código Criminal brasileiro prevendo que, se eclodisse uma insurreição de vinte ou mais escravizados, ela deveria ser punida com a morte dos líderes e com a aplicação de chibatadas em todos os participantes.

O Ato Adicional e a regência una

Em 1834, foi aprovado pela Assembleia Geral o **Ato Adicional** à Constituição de 1824, com a intenção de combinar os interesses políticos dos liberais moderados e dos exaltados. Seu texto, portanto, era contraditório:

- Criou Assembleias Legislativas Provinciais. Inicialmente, a cláusula foi incluída por pressão dos liberais exaltados. O objetivo era dar mais autonomia às províncias, mas na prática os impostos arrecadados permaneceram nas mãos do governo imperial, e o presidente de província, que podia vetar as leis da Assembleia Provincial, continuava a ser nomeado pelo imperador.
- O Conselho de Estado foi extinto. Em contrapartida, o Poder Moderador foi mantido e o Senado continuou a ser vitalício.
- A regência trina deveria ser substituída pela regência una e o regente deveria ser eleito por voto censitário. Foi uma medida centralizadora que agradou aos moderados.

O Ato Adicional de 1834 foi resultado da luta entre as duas principais forças políticas da época e uma tentativa de conciliar interesses em um momento de grande tensão política e social. A população da capital e das províncias estava descontente. Apenas no Rio de Janeiro, entre 1831 e 1832, ocorreram cinco revoltas. Rebeliões de escravizados eclodiam em todo o país.

A regência una do padre Feijó

Em 1835, elegeu-se o primeiro regente uno, o padre Feijó. Mas o panorama político e econômico do país era preocupante. A economia estava em crise, o preço do açúcar estava em declínio no mercado externo e o início das revoltas nas províncias ameaçava o governo do novo regente.

Em 1835, várias rebeliões eclodiram no país: a Revolta dos Malês na Bahia, a Cabanagem no Pará e a Farroupilha no Rio Grande do Sul. Dois anos depois, começou a Sabinada, também na Bahia, e em seguida a Balaiada, no Maranhão.

Nesse contexto, os liberais exaltados aliaram-se a uma parte dos moderados e formaram o Partido Progressista, futuro Partido Liberal, e os antigos restauradores uniram-se à outra parte dos liberais moderados e formaram o Partido Regressista, futuro Partido Conservador.

O padre Feijó estava em uma situação difícil. Os regressistas exigiam dele uma atitude enérgica para conter as revoltas, e os poderes locais das províncias o desafiavam. Feijó acabou renunciando em 1837.

A regência una de Araújo Lima

Araújo Lima, senhor de engenho, foi eleito regente Uno no lugar de Feijó e inaugurou uma fase política em que o poder central tornou-se mais forte. O período ficou conhecido como **Regresso**.

Para os regressistas, a centralização do poder era o caminho para controlar as revoltas que ocorriam nas províncias e acabar com o clima de anarquia que parecia instalar-se no país.

Pouco a pouco, as medidas descentralizadoras do Ato Adicional de 1834 foram anuladas, e as novas leis, incorporadas. Um exemplo disso é a **Lei Interpretativa do Ato Adicional**, de 1840, que diminuiu o poder das Assembleias Provinciais.

Cabanas em Breves, no Pará, de 1842. Gravura de F. J. Tempeltei.

Revoltas regenciais

As revoltas do período Regencial tiveram causas relacionadas a problemas políticos e sociais específicos das regiões onde ocorreram, mas também refletiram as lutas por maior participação política. O centro de poder estava muito distante das províncias, e entender o intricado jogo político era difícil e inacessível para a maior parte da população. As revoltas foram violentas e ameaçavam a unidade do Império.

Revolta dos Malês

No início do século XIX, cerca de 70% dos habitantes de Salvador, entre escravizados e livres, eram de origem africana.

No dia 24 de janeiro de 1835, começou na cidade baiana a Revolta dos Malês, que eram muçulmanos africanos, muitos deles alfabetizados em árabe. O grupo conseguiu reunir cerca de 600 rebelados, oriundos de diferentes etnias africanas.

Os líderes pretendiam tomar Salvador, matar pessoas de origem europeia ou indígena, manter como cativos os africanos ou descendentes não muçulmanos e fundar uma nação muçulmana negra. A revolta foi sufocada em poucas horas. Quatro líderes foram fuzilados, cerca de 70 rebeldes morreram em combate e em torno de 500 foram punidos com prisões, chibatadas ou exílio.

Cabanagem

As pessoas pobres da província do Grão-Pará, atual Pará, tinham geralmente ascendência indígena ou africana e viviam em cabanas simples à beira dos rios da região. Por essa razão eram chamadas de cabanos.

Desde a guerra de independência do Grão-Pará em 1823, os cabanos lutavam para que a província tivesse como presidente um líder local: o cônego Batista Campos. Mas, na época, os presidentes de província eram nomeados pelo imperador ou pelos regentes.

Em 1833, o presidente de província nomeado pelo governo imperial, Lobo de Souza, resolveu perseguir violentamente os cabanos, mas a repressão teve efeito contrário e os opositores ao governo acabaram se fortalecendo. Uma revolta iniciada em Belém espalhou-se rapidamente por toda a província. Destacaram-se nesse movimento os lavradores irmãos Vinagre, o proprietário de terra Félix Malcher e o seringueiro Eduardo Angelim.

Em janeiro de 1835, os cabanos tomaram Belém e executaram Lobo de Souza. Félix Malcher foi escolhido para presidente da província, mas sua política conciliadora com o governo imperial não foi bem recebida pelos rebeldes. Por isso, Malcher também foi executado.

Francisco Vinagre foi o segundo presidente de província cabano, mas as divergências entre os líderes contribuíram para que Belém fosse retomada pelo governo imperial. Os cabanos fugiram para o interior e resistiram até 1840, sob a liderança do seringueiro Eduardo Angelim, de apenas 21 anos. Os cabanos conseguiram conquistar Belém mais uma vez, mas foram, em seguida, brutalmente reprimidos pelas forças imperiais.

A Cabanagem foi a mais sangrenta das revoltas regenciais. Calcula-se que cerca de 30 mil pessoas morreram nessa guerra, 20% da população da província.

Outras histórias

Em 1838, quatro revoltas contra o governo imperial ocorriam em diferentes pontos do país. Na Inglaterra, nesse mesmo ano, operários enviaram ao Parlamento a Carta do Povo, reivindicando o fim do voto censitário e o direito de voto para os trabalhadores. A Carta não foi aprovada, mas abriu caminho para a regulamentação de outras leis que beneficiariam os operários, pois melhoravam as condições de trabalho e permitiam que os trabalhadores se organizassem em associações.

Leia

O império da boa sociedade, de Ilmar Rohloff de Mattos e Márcia de Almeida Gonçalves. São Paulo: Atual, 1991.
A obra analisa as tensões políticas após a abdicação de dom Pedro I e descreve as revoltas que abalaram o Império.

Localização das províncias onde ocorreram as revoltas regenciais

Fonte de pesquisa: *IstoÉ Brasil 500 anos*: atlas histórico. São Paulo: Ed. Três, 1998. p. 57.

› Farroupilha

A Revolta Farroupilha foi liderada por estancieiros – criadores de gado estabelecidos principalmente na fronteira com o Uruguai – e por charqueadores – produtores de carne-seca, vendida às outras regiões do país.

Eles sentiam-se prejudicados pela política econômica do governo imperial. Os impostos cobrados sobre a produção local tornavam o charque gaúcho mais caro do que o produto uruguaio e argentino. Os gaúchos também criticavam o fato de parte dos impostos arrecadados no Rio Grande do Sul ser enviada para outras províncias.

Os mais radicais queriam criar uma República independente. Os principais líderes do movimento foram o estancieiro e militar Bento Gonçalves, o oficial da Guarda Nacional Davi Canabarro e o revolucionário italiano Giuseppe Garibaldi.

O nome Farroupilha – ou **Guerra dos Farrapos** – foi dado ao movimento pelos inimigos como uma maneira de inferiorizá-lo, já que o exército de rebeldes era formado por civis que não tinham uniformes.

A revolta teve início com a ocupação de Porto Alegre, em 1835, pelas tropas de Bento Gonçalves, e a deposição de Fernando Braga, presidente da província nomeado pelo governo regencial.

Os farroupilhas expandiram as ações e, com ataques de cavalaria, dominaram parte do Rio Grande do Sul, proclamando a **República Piratini**, ou **Rio-Grandense**. Em 1839, ocuparam Santa Catarina e fundaram em Laguna a **República Juliana**.

A revolução começou a sofrer reveses a partir de 1842, quando o governo imperial nomeou o barão de Caxias como comandante das armas. Sem saída, os líderes acabaram aceitando negociar a paz. Como resultado, o governo aumentou a taxa de importação sobre o charque; os revoltosos foram anistiados; os oficiais farroupilhas, admitidos no exército; e as dívidas da República Piratini, perdoadas, pondo fim ao conflito em 1845.

› Sabinada

Em 1837, mais uma revolta agitou Salvador. O que mobilizou os rebeldes foi a luta pela autonomia da província e o forte sentimento antilusitano. O comércio local era dominado por portugueses, e a população considerava-se explorada por eles.

O médico e jornalista Francisco Sabino era o líder do movimento, que organizou a revolta com apoio de setores do exército e das camadas médias. Discute-se ainda se houve adesão das camadas populares ao movimento. Uma das principais propostas da Sabinada era separar temporariamente a província da Bahia do restante do Brasil, até a maioridade do príncipe dom Pedro.

A Sabinada não obteve o apoio dos grandes proprietários de terras e de escravizados do Recôncavo baiano, e o governo imperial soube se aproveitar disso. A repressão foi violenta. Cerca de 1 800 pessoas morreram e quase 3 mil foram presas, encerrando o levante em 1838.

› Balaiada

Várias revoltas ocorridas entre 1838 e 1842 na província do Maranhão foram chamadas de Balaiada. O nome é uma referência a um dos líderes do movimento, o artesão de balaios Manuel dos Anjos Ferreira, conhecido como **Balaio**. A forte crise econômica que atingiu o Maranhão nessa época fez aumentar os níveis de pobreza e contribuiu para que a população se rebelasse contra a elite local, composta de comerciantes portugueses e latifundiários produtores de **algodão**.

O movimento recebeu o apoio das camadas médias urbanas de tendências liberais. Além de Balaio, lideravam o movimento o vaqueiro Raimundo Gomes – o **Cara Preta** – e o quilombola negro **Cosme**.

O estopim da revolta foi o recrutamento forçado da população livre e pobre para servir o exército e a marinha. Os rebeldes chegaram a dominar a segunda maior cidade do Maranhão, Caxias, mas a falta de unidade e de organização interna facilitou a ação repressiva do coronel Luís Alves de Lima e Silva. Em uma população de 200 mil habitantes, quinze mil rebeldes foram mortos.

Batalha dos Farrapos, 1937, óleo sobre tela de José Wasth Rodrigues.

Leia

Revolução dos Farrapos, de Moacyr Flores. São Paulo: Ática, 1998.
A história da revolução republicana que dominou grande parte do sul do Brasil por dez anos é contada por um historiador gaúcho com grande vivacidade e riqueza de detalhes.

A Balaiada, de Maria de Lourdes Mônaco Janotti. São Paulo: Brasiliense, 1987.
Livro clássico sobre a grande rebelião ocorrida no Maranhão no século XIX, resume com grande competência os principais eventos ocorridos.

Ontem e hoje

Dependência e independência

Mudar para permanecer

A Independência do Brasil, o Primeiro Reinado e o período Regencial foram marcados por vários conflitos. O processo de Independência do Brasil foi articulado pelas elites conservadoras e pelos latifundiários escravocratas, que queriam a independência em relação a Portugal, mas sem abrir mão de seu poder político e econômico.

A aliança política com dom Pedro I foi efêmera. Em 1823, os projetos políticos entraram em choque: dom Pedro I representava o modelo de poder absoluto, aos moldes do Antigo Regime, e os latifundiários do Brasil não aceitavam mais ficar de fora das decisões políticas, pois queriam participar da elaboração e da aprovação de leis, por exemplo, além de não concordarem com o Poder Moderador, que dava ao imperador prerrogativas ilimitadas.

O comportamento autoritário do imperador contribuiu para que a sua relação com a elite, com as camadas médias e populares ficasse desgastada, principalmente nas capitais de províncias. A crise culminou com a perda do comando do Exército, e dom Pedro I não teve outra saída senão abdicar do trono brasileiro.

Para a elite agrária brasileira, a abdicação de dom Pedro I não significou necessariamente a ascensão ao poder. Durante a Regência as várias revoltas populares clamavam também por maior participação política. Nesse conturbado cenário político não houve, portanto, espaço para conquistas populares. Guerras e negociações garantiram somente a manutenção do *status quo*: o poder nas mãos da elite, a escravização e a dependência do mercado externo.

Igreja do Hospício de Nossa Senhora da Piedade da Bahia, litogravura de Johann Moritz Rugendas, século XIX.

Brasil dependente?

O processo de globalização atual começou com a expansão das empresas transnacionais a partir dos anos 1960. É desse período, por exemplo, o surgimento do conceito de aldeia global, na área da comunicação, antecipando a conectividade nas comunicações.

Com o avanço desse processo, a partir do final dos anos 1970, surgiu o neoliberalismo, no contexto da Guerra Fria, que acabou por dar fim ao bloco soviético.

Com a consolidação da globalização a partir dos anos 1990, Estados Unidos, num primeiro momento, e União Europeia e China, em seguida, passaram a ser polos políticos e econômicos de primeira grandeza, concentrando as maiores empresas e corporações do planeta.

Tais grupos mantêm suas filiais em todos os continentes. Isso faz que o Brasil, como qualquer outro país do mundo, seja dependente das grandes economias industriais.

Grandes corporações e bancos dominam e interferem na economia de diversos países, especialmente os mais pobres. Os benefícios às empresas multinacionais vão desde a isenção de impostos até a possibilidade de obtenção de matéria-prima e de mão de obra baratas.

A maior parte da população, preocupada apenas em consumir produtos cada vez mais sofisticados e modernos, deixa de exercer sua cidadania e se aliena em troca de novidades que podem ser compradas.

O resultado disso são crise econômica, especulação financeira, desemprego e miséria.

Os cidadãos devem conscientizar-se de que não são apenas consumidores e lutar para que o mundo não se torne um imenso centro de compras para poucos, enquanto o restante da população sobrevive em condições muito precárias.

Fonte de pesquisa: SINGER, Paul. De dependência em dependência: consentida, tolerada e desejada. Disponível em: <http://www.scielo.br/pdf/ea/v12n33/v12n33a08.pdf>. Acesso em: 14 maio 2014.

Reflita

1. Compare as duas formas de dependência analisadas acima. Identifique as diferenças e as semelhanças existentes entre elas.
2. Discuta com os colegas o significado do título do primeiro texto, "Mudar para permanecer", no contexto do Brasil do início do século XIX.
3. Qual é a associação possível entre consumismo e cidadania, de acordo com o segundo texto?

Atividades

Verifique o que aprendeu

1. Identifique as causas que levaram os militares das províncias do Grão-Pará, do Maranhão, do Piauí, da Bahia e da Cisplatina a não aceitar o governo do príncipe regente dom Pedro.

2. Relacione a elaboração do projeto de Constituição de 1823 com o fechamento da Assembleia Constituinte e a imposição da Constituição de 1824 por dom Pedro I.

3. Compare as principais características da Constituição de 1824 em relação às eleições com a atual Constituição do Brasil.

4. Analise o contexto que levou os pernambucanos a se revoltar contra o governo de dom Pedro I na Confederação do Equador.

5. Relacione a abdicação de dom Pedro I com os fatos que desgastaram sua imagem entre os brasileiros.

6. Avalie o significado do dia 7 de abril de 1831 para a história do Brasil.

7. O que representou a criação da Guarda Nacional e do Código Criminal de 1830 para o momento político do Brasil?

Leia e interprete

8. O texto a seguir, de Debret, trata de hábitos alimentares da época. Leia-o e faça as atividades a seguir.

> Quanto ao jantar em si, compõe-se, para um homem abastado, de uma sopa de pão e caldo gordo, chamado caldo de substância, porque é feita com um enorme pedaço de carne de vaca, salsichas, tomates, toucinho, couves, imensos rabanetes brancos com suas folhas, chamados impropriamente nabos etc., tudo bem cozido. [...] Serve-se ao mesmo tempo o cozido, ou melhor, um monte de diversas espécies de carnes e legumes de gostos muito variados embora cozidos juntos; ao lado coloca-se sempre o indispensável *escaldado* (flor de farinha de mandioca) que se mistura com caldo de carne ou de tomates ou ainda com camarões [...]. Ao lado do escaldado, e no centro da mesa, vê-se a insossa galinha com arroz, escoltada porém por um prato de verduras cozidas extremamente apimentado. [...] A esses pratos, sucedem, como sobremesa, o doce de arroz frio, excessivamente salpicado de canela, o queijo de Minas, e, mais recentemente, diversas espécies de queijos holandeses e ingleses [...].
>
> DEBRET, Jean-Baptiste. *Viagem pitoresca e histórica ao Brasil*. Belo Horizonte: Itatiaia; São Paulo: Edusp, 1978. p. 196.

a) Selecione alguns pratos descritos que ainda são consumidos.

b) Com base nas expressões usadas no texto, como o francês Debret avaliava a culinária brasileira do início do século XIX?

c) Analise como a culinária pode ajudar os historiadores a decifrar aspectos referentes à maneira de se comportar de determinado grupo social.

d) Eleja um prato típico da região em que você mora e relacione-o com a história do povo que vive nessa região.

9. A imagem a seguir é de autoria de Jean-Baptiste Debret. O pintor francês veio ao Brasil em 1816, a convite do então príncipe regente dom João, para fundar uma Academia de Belas Artes no Rio de Janeiro. Debret permaneceu no Brasil por 15 anos e produziu centenas de gravuras das paisagens e do cotidiano brasileiro. O artista foi cuidadoso observador de paisagens e pessoas do Brasil, além de ter testemunhado momentos importantes da história do país, como o governo do rei dom João VI, seu retorno a Portugal e o reinado de dom Pedro I.

Ao retornar à França, publicou suas observações e gravuras no livro *Viagem pitoresca e histórica ao Brasil*, que se tornou uma das principais fontes de pesquisa sobre a vida cotidiana dos brasileiros no período.

Representação do jantar de uma família abastada brasileira, litografia de Jean-Baptiste Debret, início do século XIX.

Observe esta cena e relacione-a com a questão social entre brancos e negros no período estudado.

Vestibular e Enem

ATENÇÃO: todas as questões foram reproduzidas das provas originais de que fazem parte.

1. (Enem)

> Após a Independência, integramo-nos como exportadores de produtos primários à divisão internacional do trabalho, estruturada ao redor da Grã-Bretanha. O Brasil especializou-se na produção, com braço escravo importado da África, de plantas tropicais para a Europa e a América do Norte. Isso atrasou o desenvolvimento de nossa economia por pelo menos uns oitenta anos. Éramos um país essencialmente agrícola e tecnicamente atrasado por depender de produtores cativos. Não se poderia confiar a trabalhadores forçados outros instrumentos de produção que os mais toscos e baratos.
>
> O atraso econômico forçou o Brasil a se voltar para fora. Era do exterior que vinham os bens de consumo que fundamentavam um padrão de vida "civilizado", marca que distinguia as classes cultas e "naturalmente" dominantes do povaréu primitivo e miserável. [...] E de fora vinham também os capitais que permitiam iniciar a construção de uma infraestrutura de serviços urbanos, de energia, transportes e comunicações.
>
> SINGER, Paul. Evolução da economia e vinculação internacional. In: SACHS, I.; WILLHEIM, J.; PINHEIRO, P. S. (Org.). *Brasil*: um século de transformações. São Paulo: Companhia das Letras, 2001. p. 80.

Levando-se em consideração as afirmações anteriores, relativas à estrutura econômica do Brasil por ocasião da independência política (1822), é correto afirmar que o país:

a) se industrializou rapidamente devido ao desenvolvimento alcançado no período colonial.
b) extinguiu a produção colonial baseada na escravidão e fundamentou a produção no trabalho livre.
c) se tornou dependente da economia europeia por realizar tardiamente sua industrialização em relação a outros países.
d) se tornou dependente do capital estrangeiro, que foi introduzido no país sem trazer ganhos para a infraestrutura de serviços urbanos.
e) teve sua industrialização estimulada pela Grã-Bretanha, que investiu capitais em vários setores produtivos.

2. (UFC-CE) Leia o texto a seguir.

> Ofício da Villa do Crato. Temos presente o Ofício de V. Excelências do primeiro do corrente a que acompanharam os Decretos da dissolução da Assembleia Constituinte e Legislativa do Brasil plenamente congregada no Rio de Janeiro [...] e apesar do laconismo que se observa em dito Ofício, ele veio pôr-nos em perplexidade pelo modo decisivo com que V. Excelências, supremas Autoridades desta Província, mandam sem mais reflexão [...].
>
> *Jornal Diário do Governo do Ceará*, 1º abr. 1824.

A citação se refere à dissolução da Assembleia Constituinte, em 1823, fato que se relaciona com a eclosão da Confederação do Equador. Sobre a participação do Ceará nesse movimento revoltoso, assinale a alternativa correta.

a) O Ceará participou da Confederação do Equador, porque pretendia romper com a dependência econômica e política em relação a Pernambuco.
b) A província do Ceará almejava se isolar das demais províncias do atual Nordeste: Paraíba, Pernambuco, Rio Grande do Norte, Piauí e Alagoas.
c) O crescimento da exportação de algodão levou os proprietários e comerciantes cearenses a lutar pelos interesses do grupo "corcunda", aliado de D. Pedro I.
d) O grupo "patriota", composto por membros da família Alencar, defendia ideias monarquistas para garantir os direitos do Ceará junto ao imperador.
e) A maior parte das elites cearenses aderiu ao movimento levada pelo receio de perder sua autonomia, em decorrência do centralismo político imposto pela Constituição de 1824.

3. (Udesc) O período monárquico no Brasil costuma ser dividido em três momentos distintos: Primeiro Reinado (1822-1831); Regências (1831-1840) e Segundo Reinado (1840-1889).

Sobre as principais questões que marcaram esses momentos, assinale a alternativa INCORRETA.

a) A Guerra do Paraguai marcou o Primeiro Reinado e foi a grande responsável pelo enfraquecimento do poder de D. Pedro I, resultando na Independência do Brasil.
b) A primeira etapa da monarquia brasileira teve dificuldades para se consolidar, o Primeiro Reinado foi curto e marcado por tumultos e conflitos entre D. Pedro I, que era português, com os brasileiros.
c) A primeira Constituição Brasileira foi outorgada em 1824, por D. Pedro I.
d) A segunda etapa da história do Brasil monárquico inicia-se em 1831, com a renúncia de D. Pedro I em favor do filho Pedro de Alcântara, com apenas cinco anos de idade.
e) O terceiro momento da monarquia no Brasil inicia-se com o reinado de Dom Pedro II, período marcado pela centralização do poder de um lado e pelas disputas político-partidárias entre liberais e conservadores, de outro.

4. (UFRJ) A tabela a seguir mostra algumas das consequências econômicas e sociais da introdução do plantio da cana-de-açúcar em substituição ao de tabaco em Barbados (Caribe) no século XVII.

Características socioeconômicas	1645	1680
Cultivo exportável dominante	Tabaco	Açúcar
Número de fazendas	11 000	350
Tamanho das fazendas	Menos de 10 acres	Mais de 10 acres
Número de escravos africanos e afrodescendentes	5 680	37 000

a) Relacionando as variáveis presentes na tabela, explique como o exemplo de Barbados ilustra as transformações fundiárias e sociais próprias da maior inserção das regiões escravistas americanas no mercado internacional na época colonial.

b) Cite duas capitanias açucareiras da América portuguesa que apresentavam características fundiárias e sociais semelhantes às de Barbados em fins do século XVII.

5. (FGV-SP) Observe o quadro.

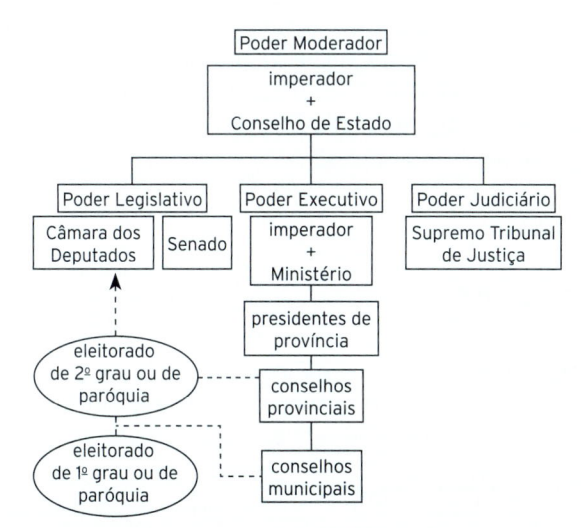

CAMPOS, Flavio de; DOLHNNIKOFF, Miriam. *Atlas História do Brasil*.

O quadro apresenta:

a) as transformações institucionais originárias da reforma constitucional de 1834, chamada de Ato Adicional.

b) a mais importante reforma constitucional do Brasil monárquico, com a instituição da eleição direta a partir de 1850.

c) a reorganização do poder político, determinada pela efetivação do Brasil como Reino Unido a Portugal e Algarves, em 1815.

d) a organização de um parlamentarismo às avessas, em que as principais decisões derivavam do Poder Legislativo.

e) a organização do Estado brasileiro, segundo as determinações da Constituição outorgada de 1824.

6. (PUC-SP) América Hispânica e América Portuguesa, futuro Brasil, viveram processos históricos parecidos, mas não idênticos, do final do século XV até a primeira metade do XIX.

A(s) questão(ões) a seguir discute(m) essas semelhanças e diferenças.

Quanto aos processos de independência na América Hispânica e no Brasil no início do século XIX, pode-se afirmar que:

a) ambos foram marcados por guerras, mas no pós-independência a América Hispânica conservou a unidade do período colonial e o Brasil foi dividido politicamente.

b) ambos receberam auxílio francês e inglês, mas no pós-independência o Brasil rompeu os laços com a Inglaterra e a América Hispânica se aproximou mais da França.

c) ambos foram influenciados pelo pensamento iluminista, mas no pós-independência na América Hispânica predominou a ideia republicana e o Brasil se tornou uma monarquia.

d) ambos contaram com apoio militar dos Estados Unidos, mas no pós-independência o Brasil se aliou aos norte-americanos e a América Hispânica entrou em conflito com eles.

e) ambos foram negociados, mas no pós-independência a autonomia da América Hispânica foi apenas provisória e a brasileira se tornou definitiva.

7. (Enem)

Em 2008 foram comemorados os 200 anos da mudança da família real portuguesa para o Brasil, onde foi instalada a sede do reino. Uma sequência de eventos importantes ocorreu no período 1808-1821, durante os 13 anos em que D. João VI e a família real portuguesa permaneceram no Brasil. Entre esses eventos, destacam-se os seguintes:

- Bahia – 1808: Parada do navio que trazia a família real portuguesa para o Brasil, sob a proteção da marinha britânica, fugindo de um possível ataque de Napoleão.
- Rio de Janeiro – 1808: desembarque da família real portuguesa na cidade onde residiriam durante sua permanência no Brasil.
- Salvador – 1810: D. João VI assina a carta régia de abertura dos portos ao comércio de todas as nações amigas, ato antecipadamente negociado com a Inglaterra em troca da escolta dada à esquadra portuguesa.
- Rio de Janeiro – 1816: D. João VI torna-se rei do Brasil e de Portugal, devido à morte de sua mãe, D. Maria I.

Vestibular e Enem

- Pernambuco – 1817: As tropas de D. João VI sufocam a revolução republicana.

Gomes, L. *1808: como uma rainha louca, um príncipe medroso e uma corte corrupta enganaram Napoleão e mudaram a história de Portugal e do Brasil*. São Paulo: Planeta, 2007 (adaptado).

Uma das consequências desses eventos foi:

a) a decadência do império britânico, em razão do contrabando de produtos ingleses através dos portos brasileiros.

b) o fim do comércio de escravos no Brasil, porque a Inglaterra decretara, em 1806, a proibição do tráfico de escravos em seus domínios.

c) a conquista da região do rio da Prata em represália à aliança entre a Espanha e a França de Napoleão.

d) a abertura de estradas, que permitiu o rompimento do isolamento que vigorava entre as províncias do país, o que dificultava a comunicação antes de 1808.

e) o grande desenvolvimento econômico de Portugal após a vinda de D. João VI para o Brasil, uma vez que cessaram as despesas de manutenção do rei e de sua família.

8. **(Unifesp)** Os membros da loja maçônica fundada por José Bonifácio em 2 de junho de 1822 (e que no dizer de Frei Caneca não passava de um "clube de aristocratas servis") juraram "procurar a integridade e independência e felicidade do Brasil como Império constitucional, opondo-se tanto ao despotismo que o altera quanto à anarquia que o dissolve".

Na visão de José Bonifácio e dos membros da referida loja maçônica, o despotismo e a anarquia eram encarnados, respectivamente:

a) pelos que defendiam a monarquia e a autonomia das províncias.

b) por todos quantos eram a favor da independência e união entre as províncias.

c) pelo chamado partido português e os republicanos ou exaltados.

d) pelos partidários da separação com Portugal e da união sul-americana.

e) pelos partidos que queriam acabar com a escravidão e a centralização do poder.

9. **(UFPel-RS)**

Art. 91. Têm voto nestas eleições primárias:

1º os cidadãos brasileiros que estão no gozo de seus direitos políticos. [...]

Art. 92. São excluídos de votar nas assembleias paroquiais: [...]

5º os que não tiverem de renda líquida anual cem mil-réis por bens de raiz, indústria, comércio ou empregos.

[...]

Art. 94. Podem ser eleitores e votar nas eleições dos Deputados, Senadores e membros dos Conselhos de Província os que podem votar na Assembleia Paroquial.

Excetuam-se:

1º os que não tiverem de renda líquida anual duzentos mil-réis por bens de raiz, indústria, comércio ou emprego. [...].

Art. 95. Todos os que podem ser eleitores são hábeis para serem nomeados Deputados.

Excetuam-se:

1º os que não tiverem quatrocentos mil-réis de renda líquida, na forma dos artigos 92 e 94. [...]

3º os que não professarem a religião do Estado.

Constituição Política do Império do Brasil, 25 mar. 1824.

De acordo com o texto e seus conhecimentos, é correto afirmar que a constituição:

I. era democrática, considerando-se que os cargos para o Poder Legislativo eram ocupados através do voto universal e secreto.

II. adotava o chamado "voto censitário".

III. garantia a liberdade religiosa a todos os residentes no Brasil, inclusive para os candidatos a cargos eletivos.

IV. foi outorgada por D. Pedro I.

Estão corretas apenas:

a) I e II.
b) II e III.
c) I e IV.
d) II e IV.
e) III e IV.

10. **(Enem)** No tempo da independência do Brasil, circulavam nas classes populares do Recife trovas que faziam alusão à revolta escrava do Haiti:

> Marinheiros e caiados
>
> Todos devem se acabar,
>
> Porque só pardos e pretos
>
> O país hão de habitar.

Amaral, F. P. do apud Carvalho, A. *Estudos pernambucanos*. Recife: Cultura Acadêmica, 1907.

O período da independência do Brasil registra conflitos raciais, como se depreende:

a) dos rumores acerca da revolta escrava do Haiti, que circulavam entre a população escrava e entre os mestiços pobres, alimentando seu desejo por mudanças.

b) da rejeição aos portugueses, brancos, que significava a rejeição à opressão da Metrópole, como ocorreu na Noite das Garrafadas.

c) do apoio que escravos e negros forros deram à monarquia, com a perspectiva de receber sua proteção contra as injustiças do sistema escravista.
d) do repúdio que os escravos trabalhadores dos portos demonstravam contra os marinheiros, porque estes representavam a elite branca opressora.
e) da expulsão de vários líderes negros independentistas, que defendiam a implantação de uma república negra, a exemplo do Haiti.

11. (UFJF-MG) Com base no quadro a seguir e em seus conhecimentos, assinale a alternativa INCORRETA sobre o tráfico de escravos no Brasil, no longo período entre os séculos XVI e XIX.

TRÁFICO DE ESCRAVOS ESTIMATIVAS DE DESEMBARQUE DE AFRICANOS NO BRASIL		
Estimativa de entradas em períodos		
1º	1531-1575	10 000
2º	1676-1700	175 000
3º	1741-1750	185 100
4º	1826-1830	250 000
5º	1846-1850	257 500

Fonte: *Estatísticas Históricas*. IBGE, 1986.

a) O tráfico atlântico de africanos para o Novo Mundo cresceu em todos os períodos indicados na tabela, o que demonstra sua importância tanto no funcionamento da economia colonial quanto no período pós-independência.
b) O recrutamento de mão de obra para as lavouras e áreas mineradoras do Novo Mundo só se tornou possível devido à participação de parcelas das sociedades africanas, ao realizarem alianças político-militares e comerciais com os traficantes.
c) No início do século XIX, a Inglaterra centrou esforços para limitar o tráfico de escravos para o Brasil. A pressão continuou até que o Império do Brasil decretasse a abolição do tráfico em 1831, o que não levou à sua extinção, como pode ser percebido no 5º período do quadro.
d) Nos séculos XVI e XVII, o destino dos cativos aportados no Brasil era quase sempre a região litorânea, particularmente a zona canavieira, mas no século XVIII foi a mineração que atraiu grande parte dos cativos.
e) O crescimento da entrada de africanos do 4º para o 5º período não foi tão acentuado, devido à grande entrada de imigrantes europeus em substituição à mão de obra nas lavouras.

12. (PUC-MG)

Em janeiro de 1822, D. Pedro I, ao dizer que ficava, definiu seu destino e do país que adotara como pátria. E foi, nessa fase, O MAIS APAIXONADO DOS BRASILEIROS, O MAIS AGRESSIVO DOS JACOBINOS, O MAIS FURIOSO ANTILUSITANO.

Lustosa, Isabel. *Perfis brasileiros*: D. Pedro I. São Paulo: Companhia das Letras, 2006.

Essas características podem ser relacionadas:
a) à postura liberal dos deputados portugueses das Cortes que fizeram refém a monarquia durante a Revolução de 1821, ao exigirem o retorno do rei D. João VI e a promulgação de uma nova constituição.
b) à ação dos brasileiros, amparados pela negativa de D. Pedro I de retorno a Portugal, de se oporem à decisão das Cortes portuguesas de reduzir o país às condições anteriores à vinda do Rei D. João VI.
c) à insegurança generalizada de D. Pedro I, quanto aos movimentos liberais associados à Revolução do Porto, em Portugal, e, consequentemente, a uma possível revolução de liderança burguesa no Brasil.
d) à condição revolucionária de D. Pedro I, que afrontava a Corte portuguesa ao convocar o exército nacional e ao iniciar uma guerra pela independência em defesa das massas, da nação do povo brasileiro.

13. (PUC-RS) A situação econômica e social do Brasil, após o movimento de independência, em 1822, pode ser descrita da seguinte forma:
a) O país passou da dependência econômica em relação a Portugal à subordinação em relação aos EUA e sofreu profundas mudanças na estrutura social.
b) O país manteve a dependência econômica em relação a Portugal, adquirindo liberdade política e social.
c) O país passou da dependência econômica em relação a Portugal à subordinação em relação à Inglaterra, não alterando sua estrutura social colonial.
d) O país passou da dependência econômica em relação a Portugal à subordinação em relação à França, alterando sua estrutura social colonial.
e) O país manteve a dependência econômica em relação a Portugal e não modificou sua estrutura social colonial.

Fórum: construindo o trabalho voluntário na comunidade

O que você vai fazer

Você e seus colegas vão organizar um fórum para construir formas de trabalho solidário na comunidade do seu bairro. O objetivo é **esclarecer** a comunidade escolar sobre essas possibilidades e propor **ações** que contribuam para a construção da solidariedade no grupo de convívio.

Você e seus colegas deverão também engajar-se em um ou mais trabalhos voluntários, dependendo do elenco de possibilidades levantado.

Um esclarecimento inicial é necessário, para que você se situe em relação ao tema. Ao longo da História, a noção de trabalho adquiriu várias percepções diferentes. O trabalho já foi visto como castigo divino e também como modo de acumular riquezas, principalmente a partir da Revolução Industrial. Nesse contexto, você estudou que a exploração do trabalho não visou ao bem comum, mas ao enriquecimento de poucas pessoas.

Nas últimas décadas, o trabalho solidário tem ganhado impulso mediante a organização na sociedade de vários **projetos sociais**. Esses projetos baseiam-se na conscientização das pessoas em torno de dois princípios básicos: **cidadania** e **solidariedade**. Regido por esses princípios, o trabalho voluntário não está necessariamente associado a caridade e filantropia, mas sim a uma ação que visa transformar as relações sociais.

A elaboração desse projeto contará com cinco etapas, descritas a seguir.

1. Pesquisa sobre trabalho voluntário

O que é trabalho voluntário? Para responder a essa questão, você e seus colegas vão fazer uma pesquisa na internet ou em bibliotecas públicas, procurando **informações** e **exemplos** sobre o significado do trabalho solidário. Essa informação é importante para que o grupo responda com clareza às eventuais dúvidas da comunidade no dia do fórum.

Você e seus colegas podem dividir-se em equipes. Uma delas poderá pesquisar a legislação existente sobre trabalho voluntário, como a Lei nº 9.608/1998, que define essa atividade. Outra equipe poderá encarregar-se da pesquisa de alguns exemplos práticos na internet; outra pesquisará quais os benefícios do trabalho voluntário para os jovens, idosos ou outros grupos sociais.

Há diversos *sites* que tratam da questão do voluntariado. Se quiser, pode procurar também artigos que fundamentam a questão do trabalho voluntário em termos sociológicos ou filosóficos. Indicamos alguns *sites*.

<https://portaldovoluntario.v2v.net/>
<http://www.mundodosfilosofos.com.br/lea13.htm>
<http://www.facaparte.org.br>

Acessos em: 14 maio 2014.

2. Entrevista preliminar com os moradores da região

Depois de obter informações preliminares, vocês devem organizar-se em grupo para efetuar uma pesquisa com os moradores. A pesquisa tem os seguintes objetivos.

- Compreender a noção que as pessoas têm de trabalho voluntário.
- Registrar propostas da comunidade em relação às necessidades da região.
- Verificar o interesse das pessoas em participar de algum trabalho.

O grupo deve elaborar **perguntas** que tenham como foco esses objetivos.

É importante colocar em locais públicos avisos sobre a entrevista e o seu tema.
Não se esqueçam de que ninguém é obrigado a participar.

3. Organização das informações e proposição de formas de trabalho voluntário

De posse de todas essas informações, vocês vão organizar o fórum. Inicialmente, devem organizar as diversas necessidades indicadas pelas pessoas da comunidade em um quadro que pode ser feito em uma cartolina ou no computador. Lembre-se de que o fórum é um espaço no qual as pessoas podem **debater** suas ideias. Por isso, vocês devem deixar claro que estão propondo o debate sobre o trabalho solidário e o que é possível e necessário fazer para a comunidade.

É fundamental elaborar cartazes convidando a comunidade para o fórum.

4. Fórum sobre trabalho

No fórum é fundamental **dar voz** às pessoas da comunidade. Podem surgir novas propostas. Um grupo deve anotar tudo o que for discutido.

Depois de todo o processo de discussão, devem ser **votadas** propostas de ação com a comunidade. Nesse momento, será desenvolvida uma forma de democracia participativa na qual as propostas discutidas serão votadas e aprovadas.

Novas propostas podem surgir durante a discussão com a comunidade. Por exemplo:

- Recolher **doações** de alimentos e repassar às famílias carentes.
- Montar um **brechó** com as roupas usadas doadas pela comunidade para venda a preços acessíveis e doar o dinheiro arrecadado a instituições beneficentes.
- Trabalhar na **conservação** de ruas, praças e outros espaços públicos.

É importante que sejam formados diversos **comitês** com alunos, professores e pessoas da comunidade para organizar a atividade escolhida. Um comitê deve encarregar-se de obter o material necessário; outro, de procurar o apoio do poder público, de outra entidade, etc. Um comitê ficará encarregado de distribuir cartazes chamando as pessoas para participar.

5. Consolidação dos projetos de trabalho voluntário

Após a organização dos comitês, é necessário encaminhar o projeto definido. Um comitê de alunos deve encarregar-se da documentação do projeto, com fotografias e depoimentos escritos para futura avaliação da atividade. As pessoas devem estar dispostas ao trabalho e convencidas de sua importância.

Trabalho voluntário realizado em mutirão de limpeza na cidade do Rio de Janeiro. Foto de 2012.

UNIDADE

8

A ascensão do liberalismo

Nesta unidade

39 O Segundo Reinado no Brasil

40 Nacionalismo e imperialismo

41 Estados Unidos

"A liberdade iluminando o mundo." A Estátua da Liberdade tornou-se um dos símbolos dos Estados Unidos.

A modernidade nos trilhos do capitalismo

O século XIX foi marcado por rápidas e intensas transformações em todos os continentes. O desenvolvimento científico e tecnológico, atrelado ao capitalismo em expansão, transfigurou uma paisagem que até então era predominantemente agrária. No lugar do camponês e do proprietário rural, passaram a predominar as figuras do operário e do industrial. E no lugar da servidão e da escravidão, passou a prevalecer o trabalho livre assalariado. Essas mudanças foram muitas vezes acompanhadas de conflitos violentos.

Foi um século de revoluções em todos os sentidos.

Países imperialistas, a pretexto de levar a civilização europeia a outros continentes, estenderam seus domínios por diversas regiões, de modo a garantir vantagens comerciais.

O mundo passava por um processo de ocidentalização imposta, que gerava muitas vezes a resistência das populações locais. Uma resistência que eventualmente também era legitimada pelos ideais liberais preconizados pelos próprios dominadores.

CAPÍTULO 39
O Segundo Reinado no Brasil

O que você vai estudar

- A maioridade antecipada de dom Pedro II.
- O regresso conservador.
- A Revolução Praieira.
- A economia no Império.
- Sociedade e cultura.
- As guerras do Império.
- A abolição da escravatura.
- Crise da Monarquia.

Pátio de fazenda de café em Vassouras (RJ). Fotolitografia de Victor Frond e Sebastien Sisson, de 1859.

Ligando os pontos

O Brasil tornou-se um país politicamente independente em 1822. Dois anos depois, uma Constituição foi outorgada pelo imperador dom Pedro I. Ele enfrentou uma revolução, a Confederação do Equador, e se envolveu na Guerra da Cisplatina, sofrendo forte oposição da população. Em 1831, diante do descontentamento, abdicou do trono e retornou para Portugal, deixando no Brasil seu filho e herdeiro Pedro de Alcântara, de apenas cinco anos de idade.

O Brasil passou a ser governado por regentes, em um período marcado por acirradas disputas entre os restauradores, os liberais moderados e os liberais exaltados. Nessa época, ocorreram revoltas em províncias distantes da capital do Império: a Balaiada (Maranhão), a Cabanagem (Pará), a Revolta dos Malês (Bahia), a Revolução Farroupilha (Rio Grande do Sul), a Sabinada (Bahia), colocando em risco a integridade do território nacional.

Com a antecipação da maioridade do herdeiro do trono e com a repressão às rebeliões, forjou-se um pacto político que garantiu a integridade territorial e maior estabilidade política. Entretanto, depois do desenvolvimento da cafeicultura e das ferrovias, das imigrações e da Guerra do Paraguai, novos desafios foram impostos, abalando as bases sociais, políticas e econômicas do Segundo Reinado.

Sobre o texto e a imagem, faça as atividades a seguir.
1. Analise as dificuldades encontradas pelo Estado brasileiro, desde a época da Independência, para garantir a integridade territorial da nação.
2. Identifique as atividades desempenhadas pelos escravizados na imagem acima.

> A maioridade antecipada

Como vimos, em 1831 dom Pedro I abdicou em favor de seu filho, herdeiro do trono, Pedro de Alcântara, de apenas cinco anos de idade. Nessas circunstâncias, até a maioridade de Pedro de Alcântara, o Brasil seria governado por regentes.

Foi um período marcado por fortes turbulências em várias províncias e pela acirrada disputa política entre liberais e conservadores.

> Liberais e conservadores na Europa e no Brasil

Ao longo da primeira metade do século XIX, vários países europeus passaram por revoluções liberais. Lutava-se, na época, contra o absolutismo monárquico e pela consolidação das liberdades individuais.

Os revolucionários exigiam, entre outras coisas, que o rei não concentrasse tantos poderes em suas mãos. Em outras palavras, exigiam um Parlamento que de fato representasse a população e lutavam pelo sufrágio universal. Por intermédio do voto, a vontade popular deveria prevalecer em detrimento da vontade do monarca. Esperavam, assim, que os direitos dos cidadãos fossem respeitados.

Para os conservadores, contudo, as aspirações democráticas representavam o perigo da anarquia política e social. Na defesa de seus privilégios políticos e da propriedade privada, muitas vezes recorriam a governos ditatoriais, capazes de impedir a radicalização da revolução. Por essa razão, tornaram-se imperadores da França Napoleão Bonaparte, em 1804, e Luís Napoleão Bonaparte, em 1852.

No Brasil, as diferenças entre liberais e conservadores não eram tão marcantes como na Europa. Ambos os partidos eram monarquistas, defensores das grandes propriedades rurais e do trabalho escravo. Além disso, suas bases políticas eram praticamente as mesmas: representavam diferentes setores da aristocracia agrária e do comércio. Os liberais contavam também com o apoio das camadas médias urbanas.

Havia, contudo, uma diferença importante entre os dois grupos nesse período. Ao contrário dos conservadores, os liberais eram partidários da **descentralização política**. Queriam maior autonomia das províncias em relação ao governo central. Como defensores do federalismo, de suas fileiras nasceria, por volta de 1870, o movimento republicano.

> O golpe da maioridade

Foram os liberais que articularam, em 1840, a **antecipação da maioridade legal** de dom Pedro de Alcântara. Como justificativa, eles declaravam que a ascensão de dom Pedro ao poder traria a pacificação das rebeliões provinciais.

O principal motivo, contudo, era outro. Desde 1837, com a renúncia de um liberal, o regente Feijó, o poder estava nas mãos dos conservadores. Em 1837, Araújo Lima assumiu a regência interinamente, mas em 1838 foi eleito com ampla maioria de votos. Assim, para os liberais a única forma de impedir o retorno à centralização política seria pôr fim ao período Regencial. Para tanto, era necessário alçar dom Pedro de Alcântara ao trono.

Como o herdeiro do trono era um adolescente, líderes do Partido Liberal criaram, em abril de 1840, o Clube da Maioridade. Passaram, então, a negociar na Assembleia Geral Legislativa a aprovação da lei que faria de dom Pedro maior de idade com apenas 14 anos. Para isso, contavam não apenas com o apoio da opinião pública, mas também com a disposição do próprio herdeiro.

Assim, em 23 de julho de 1840 a Assembleia declarou sua maioridade. No mesmo dia ele foi aclamado imperador do Brasil com o título de dom Pedro II.

Dom Pedro de Alcântara, aos 12 anos, representado com roupas militares e insígnias imperiais por Félix Émile Taunay, em pintura de 1837.

Leia

D. Pedro II, imperador do Brasil, de Antonio Carlos Olivieri. São Paulo: Callis, s. d.
De forma leve e divertida, o autor aborda o cotidiano da infância, da adolescência e da vida adulta do segundo imperador do Brasil, sem esquecer a análise dos principais eventos políticos do Segundo Reinado.

GLOSSÁRIO

Federalismo: sistema de governo no qual os poderes locais (organizados em províncias ou estados) contam com grande autonomia administrativa, enquanto o governo central (chamado federal) cuida da política externa, forças armadas, moeda, etc.
A primeira República federativa moderna foram os Estados Unidos da América. Implantada em 1787, ela teve grande influência no Brasil.

O regresso conservador

A ascensão de dom Pedro II representou o retorno dos liberais ao poder. Mas não por muito tempo, pois meses depois, em março de 1841, o próprio imperador dissolveria o gabinete (ministério) liberal e o substituiria por um conservador. Tinha início um processo de **revezamento** no poder entre o Partido Liberal e o Partido Conservador que perduraria pelos 48 anos seguintes.

Fraudes eleitorais e práticas reais

O regresso do Partido Conservador ao governo foi desencadeado pela própria atuação do Partido Liberal nas eleições parlamentares de 1840. A fim de garantir a vitória nas eleições, os liberais utilizaram meios fraudulentos, escandalizando a opinião pública e levando o imperador a compor um novo gabinete.

Várias irregularidades foram praticadas pelos liberais, como a indicação de aliados políticos para cargos de juiz de direito e chefe de polícia das províncias. Além disso, os liberais contrataram capangas armados para pressionar os eleitores, razão pela qual aquele pleito eleitoral ficou conhecido como "eleições do cacete". A fraude eleitoral, aliás, não era exclusividade dos liberais: ambos os partidos a praticaram durante todo o Segundo Reinado.

Com a formação do gabinete conservador, em 1841, promovia-se a centralização do poder defendida por esse grupo. Antes, em 1840, o Partido Conservador havia aprovado um projeto denominado **Lei Interpretativa do Ato Adicional**.

Como vimos, o Ato Adicional de 1834 introduziu na Constituição de 1824 alguns dispositivos liberais. Entre outras coisas, foram criadas as Assembleias Provinciais e foi extinto o Conselho de Estado.

Todavia, as medidas descentralizadoras eram limitadas, pois foram mantidos o Poder Moderador (privativo do imperador) e o Senado vitalício. Além disso, os presidentes das províncias continuaram sendo escolhidos pelo poder central.

Para os conservadores, as revoltas provinciais eram um reflexo do excesso de liberdade conferido pelo Ato Adicional, que foi por eles apelidado de "carta da anarquia". Por isso, a Lei Interpretativa alterava alguns de seus itens, restringindo as atribuições das Assembleias Provinciais e restaurando o Conselho de Estado.

Em 1841, com o apoio do gabinete formado pelos conservadores, o imperador estabeleceu uma nova reforma política. Por meio dela, o governo central passou a indicar juízes e delegados de polícia de cada localidade provincial, controlando com mais vigor as várias províncias.

Essas **medidas centralizadoras**, ao mesmo tempo que iam contra os princípios federalistas dos liberais, evitavam, com o fortalecimento do governo central, a fragmentação do território nacional.

O fim das rebeliões

A ascensão de dom Pedro II ao poder promoveu a consolidação da unidade nacional. Por intermédio das armas ou da diplomacia, as revoltas foram debeladas em alguns anos.

A primeira a ser derrotada foi a Revolta Liberal de 1842. Liderada em São Paulo pelo ex-presidente da província brigadeiro Rafael Tobias de Aguiar e pelo ex-regente Diogo Feijó, e em Minas Gerais pelo coronel José Feliciano, a revolta eclodiu como uma reação ao avanço dos conservadores, que revogaram as leis descentralizadoras do Período Regencial. Entretanto, foi rapidamente sufocada pelo brigadeiro Luís Alves de Lima e Silva, barão e futuro duque de Caxias. No ano anterior, ele havia sufocado a Balaiada, no Maranhão, participando também das negociações que puseram fim à Revolução Farroupilha em 1845.

Antes, porém, que se iniciasse um longo período de calmaria política, o governo imperial enfrentaria a Revolução Praieira.

Charge de Angelo Agostini publicada no jornal *Cabrião*, em fevereiro de 1867, satirizando as fraudes nas eleições. Agostini participou intensamente da imprensa humorística e crítica do século XIX, defendendo ideais abolicionistas e republicanos.

A Revolução Praieira

Em 1848, eclodiu no Recife a Revolução Praieira, última rebelião provincial do Segundo Reinado.

A revolta teve origem nas disputas **políticas entre liberais e conservadores**, mas acabou por se transformar numa revolução popular. Foi desencadeada pela reação do Partido Nacional de Pernambuco – conhecido como Partido da Praia – à volta do Partido Conservador ao poder.

Criado em 1842 como uma dissidência do Partido Liberal, o Partido da Praia ganhou esse nome por causa do local onde costumava fazer suas reuniões políticas, na sede do jornal *Diário Novo*, na rua da Praia, no Recife.

Entre 1844 e 1848, o Partido da Praia havia contabilizado vitórias políticas importantes contra seus adversários. Elegeu deputados para a Assembleia Legislativa, enquanto o presidente da província era o liberal Antônio Pinto Chichorro da Gama.

Em 1847, os praieiros venceram as eleições para o Senado. Seus adversários conservadores, os **gabirus**, pegaram em armas contra o resultado do pleito. Pressionado, o Senado anulou as eleições. No ano seguinte, o avanço conservador em Pernambuco se intensificou, com a indicação de Herculano Ferreira Pena para a presidência da província.

Descontentes, os praieiros armaram-se e deram início à revolução, em novembro de 1848. O movimento ganhou a adesão de populares, pois, além de motivos políticos, havia também motivações econômicas e sociais.

Revolta popular

O domínio do comércio varejista pelos portugueses, o chamado comércio a retalho, era, para muitos revoltosos, causa do desemprego e do alto custo de vida. Desde 1847 ocorriam ataques aos portugueses no Recife, situação que se agravou em junho de 1848, quando muitos foram mortos.

Os revoltosos também imputavam ao governo a culpa pela crise em que se encontrava a economia açucareira. Entretanto, como na maioria das rebeliões liberais ocorridas até esse período no Brasil, o fim do trabalho escravo não fazia parte de suas reivindicações.

Logo a revolução propagou-se para a Zona da Mata. Nessa região, na qual se concentravam os engenhos de açúcar, o movimento ganhou a adesão de vaqueiros, negros livres, caboclos, indígenas, etc. Para muitos deles, a revolução era um meio de se libertarem da opressão dos grandes senhores de terra e da carestia.

Liderados por Pedro Ivo, um dos senhores de engenho ligado ao Partido da Praia, os revoltosos ocuparam parte do Recife, sem, contudo, conseguir depor o governo provincial.

Após cerca de um ano e meio de combates, o governo imperial conseguiu sufocar a rebelião, com o auxílio do exército e da Guarda Nacional. Os revoltosos foram presos e, após algum tempo, anistiados pelo governo. Pedro Ivo recusou a anistia e fugiu da prisão, mas faleceu quando viajava para a Europa.

GLOSSÁRIO

Gabiru: apelido pejorativo dado pelos praieiros à aristocracia rural e mercantil ligada ao Partido Conservador. Em sentido figurado, a palavra significa *malandro, ladrão*.

Extensão dos conflitos da Revolução Praieira

Fonte de pesquisa: REZENDE, Antonio Paulo. *A Revolução Praieira*. São Paulo: Ática, 1995.

História e Geografia

O geógrafo procura entender as relações entre o ser humano e a natureza: aspectos físicos, econômicos, sociais, políticos, culturais, etc.

Por essa razão, a **Geografia** colabora de forma direta nos estudos históricos. No caso da Revolução Praieira, ela ajuda a entender o cenário econômico da revolta – a transferência do polo dinâmico da economia do Nordeste açucareiro para o Sudeste, onde se expandia a cafeicultura.

A Geografia também contribui para que o historiador entenda a dinâmica militar da revolução ao informar, por exemplo, sobre o relevo, o clima, a rede hidrográfica em que os conflitos ocorreram.

- Faça uma pesquisa sobre a economia pernambucana nos dias de hoje, comparando-a com a do período estudado. Analise o peso da lavoura de cana-de-açúcar no total das riquezas produzidas hoje nesse estado.

❯ O Império agroexportador

Em 1850, o regime imperial havia se consolidado no Brasil. A **política conciliatória** de dom Pedro II conferiu relativa autonomia às províncias e alternou gabinetes conservadores e liberais, criando uma base de apoio formada por grandes proprietários de terra.

O apoio da aristocracia rural estava condicionado à manutenção, pelo Estado, do modelo econômico herdado do período colonial, caracterizado pela concentração de terras, pela escravidão e pela exportação de matérias-primas agrícolas.

❯ A expansão do ouro verde

Introduzido no Brasil em fins do século XVIII, o **cultivo de café** expandiu-se da cidade do Rio de Janeiro para o vale do Paraíba. Na década de 1830, já havia se tornado o principal produto de exportação do país, tomando o lugar do açúcar e do algodão.

A cafeicultura manteve o modelo produtivo da *plantation*. Seus maiores compradores eram os Estados Unidos e alguns países da Europa. Como a exportação do produto sempre esteve nas mãos de empresas estrangeiras, surgiu a figura do comissário. Com estabelecimentos nos portos (Rio de Janeiro e Santos), eles atuavam como intermediários na venda de café.

O crescimento do consumo de café no exterior impulsionou a **expansão** de seu cultivo para outras áreas. Além da forte demanda, outro fator justificava essa expansão: o esgotamento do solo por causa do uso de técnicas de cultivo rudimentares. Assim, os cafezais alcançaram o sul de Minas Gerais e, a partir de 1870, atingiram o oeste paulista, onde o processo produtivo foi se alterando aos poucos, com a introdução de trabalhadores livres e novas técnicas de cultivo.

Formava-se, nesse período, uma nova camada de ricos senhores, aos quais o imperador conferiu até títulos de nobreza. Eram os "barões do café". Essa nova elite, composta de produtores e grandes negociantes de café, exerceu enorme influência nos rumos políticos do país ao longo do Segundo Reinado e também da Primeira República.

Com a cafeicultura, o eixo da economia brasileira transferiu-se do Nordeste para o Centro-Sul.

❯ Dinamismo econômico nos trilhos

A **prosperidade** gerada pela cafeicultura possibilitou a introdução das primeiras **ferrovias** no Brasil na segunda metade do século XIX. Até então, o transporte era feito em tropas de burros.

Para viabilizar o escoamento do café, tornou-se necessária uma rede de transportes que levasse a produção até o porto de Santos. O trecho mais difícil, a serra do Mar, foi vencido pela construção da primeira ferrovia paulista, a Santos-Jundiaí, pela companhia inglesa São Paulo Railway em 1868.

Em seguida surgiram, com capitais nacionais oriundos da cafeicultura, a Companhia Paulista de Estradas de Ferro, ligando Jundiaí a Campinas, e, logo depois, a Mogiana, a Ituana e a Sorocabana. No início dos anos 1880, já havia cerca de 1400 quilômetros de ferrovias cortando a província de São Paulo.

A primeira locomotiva do Brasil recebeu o nome de "Baronesa", em homenagem à esposa do construtor da ferrovia, o barão de Mauá.

■ Outras histórias

Enquanto a malha ferroviária brasileira se expandia, no Japão da Era Meiji o governo procurava modernizar a infraestrutura do país. Em 1872 foi inaugurada a primeira ferrovia japonesa, ligando as cidades de Tóquio a Yokohama, um percurso de 27 quilômetros. Como no Brasil, a locomotiva pioneira foi importada da Inglaterra, assim como todo o equipamento usado na ferrovia.

BRASIL – EXPORTAÇÃO DE MERCADORIAS (% SOBRE O VALOR TOTAL DAS EXPORTAÇÕES)

Decênio	Total	Café	Açúcar	Cacau	Erva-mate	Fumo	Algodão	Borracha	Couros e peles
1821-1830	85,8	18,4	30,1	0,5	–	2,5	20,6	0,1	13,6
1831-1840	89,8	43,8	24,0	0,6	0,5	1,9	10,8	0,3	7,9
1841-1850	88,2	41,4	26,7	1,0	0,9	1,8	7,5	0,4	8,5
1851-1860	90,9	48,8	21,2	1,0	1,6	2,6	6,2	2,3	7,2
1861-1870	90,3	45,5	12,3	0,9	1,2	3,0	18,3	3,1	6,0
1871-1880	95,1	56,6	11,8	1,2	1,5	3,4	9,5	5,5	5,6
1881-1890	92,3	61,5	9,9	1,6	1,2	2,7	4,2	8,0	3,2
1891-1900	95,6	64,5	6,6	1,5	1,3	2,2	2,7	15,0	2,4

Fonte de pesquisa: SILVA, Hélio Schlittler. Tendências e características gerais do comércio exterior no século XIX. *Revista de História da Economia Brasileira*, ano 1, p. 8, jun. 1953. Citado por FAUSTO, Boris. *História do Brasil*. 4. ed. São Paulo: Edusp, 1996. p. 191.

> Mauá

A primeira estrada de ferro brasileira foi inaugurada em 1854, no Rio de Janeiro. Ligava o porto de Mauá à estação Fragoso, linha que chegaria mais tarde à cidade de Petrópolis. O autor do projeto e empresário responsável pela obra foi Irineu Evangelista de Sousa, o barão de Mauá.

Mauá, após trabalhar como guarda-livros (contador) no Rio de Janeiro, tornou-se sócio do patrão e viajou para a Inglaterra. De volta ao Brasil, comprou uma fundição em Ponta da Areia, perto de Niterói. Em pouco tempo, fez dela um dos primeiros **estaleiros** brasileiros, de onde sairiam muitos dos navios utilizados pela marinha na Guerra do Paraguai.

Em 1851, por concessão governamental, instalou a **iluminação a gás** na cidade do Rio de Janeiro e, um ano depois, inaugurou a Companhia a Vapor do Rio Amazonas. Os barcos utilizados pela Companhia eram fabricados pelo Estaleiro de Ponta da Areia. Em 1874, o empresário realizou a ligação telegráfica entre Brasil e Europa, via cabo submarino.

Seu sucesso, entretanto, era condicionado à política econômica imperial, que ora atendia as reivindicações industrialistas, ora as agrárias. Assim, desde 1844 as **tarifas Alves Branco** estimulavam a industrialização, ao cobrar altos impostos dos produtos industrializados importados. Em 1860, porém, sob pressão da aristocracia agrária, as tarifas Alves Branco foram alteradas, prejudicando os empreendimentos de Mauá e de outros industriais.

> Prosperidade, trabalho e terras

Simultaneamente ao crescimento econômico gerado pela cafeicultura, perdia força o modelo produtivo baseado no trabalho escravizado.

Desde meados do século XIX, as pressões internacionais contra o tráfico e o trabalho escravizado cresciam. Em 1850, a Lei Eusébio de Queirós proibiu o tráfico de escravizados. Além disso, a partir de 1870 a **campanha abolicionista** se fortaleceu no país.

Diante do fim iminente do regime escravista, cafeicultores e governo passaram a investir na imigração como meio de suprir a carência de trabalhadores. Já haviam sido feitas algumas experiências com colonos europeus no país, como os assentamentos de alemães e italianos no Rio Grande do Sul, em 1824.

Em 1871 foi fundada em São Paulo a Sociedade Auxiliadora para a Imigração e Colonização, e em 1882 foi criada a Hospedaria de Imigrantes, transferida para uma sede grandiosa em 1887. Na fotografia, a Hospedaria de Imigrantes de São Paulo em 1915.

Na lavoura de café, a iniciativa ficou a cargo do Senador Nicolau de Campos Vergueiro. Ao introduzir colonos suíços e alemães na Fazenda Ibicaba, em 1847, adotou o sistema de **parceria**. O trabalhador ficava devendo ao fazendeiro uma série de "adiantamentos" – como encargos com a viagem, moradia e alimentação –, sempre superiores aos rendimentos de seu trabalho. A exploração e os maus-tratos geraram fugas e rebeliões, revelando o fracasso da experiência.

Com a criação do **colonato**, o trabalhador passou a ser pago em parte por tarefa executada e, em parte, pelo que foi colhido. Além disso, havia espaço para os colonos se dedicarem a uma lavoura de subsistência. Esse sistema foi adotado na maioria das fazendas, como resultado de anos de conflitos em torno dos contratos e das condições de trabalho.

Contando com o apoio e recursos financeiros do Estado, o fluxo imigratório passou a crescer, substituindo aos poucos a mão de obra escravizada nas lavouras.

Antes, porém, da expansão do processo imigratório, o Estado brasileiro tomou medidas que protegiam os grandes proprietários de terras.

Pela **Lei de Terras**, de 1850, a única forma de acesso às terras devolutas, isto é, pertencentes ao Estado, seria pelo processo de compra e venda. Ou seja, estava excluída a possibilidade de posse por ex-escravizados ou imigrantes. Mesmo assim, a lei ensejou intensas disputas. Alguns posseiros do Rio de Janeiro, por exemplo, apoiaram-se na lei para defender seu direito à terra.

Mas, com a lei, o governo imperial garantia o monopólio da terra nas mãos dos grandes senhores e a força de trabalho nas lavouras.

Navegue
<http://museudaimigracao.org.br/>. Acesso em: 14 maio 2014. *Site* do Museu da Imigração do Estado de São Paulo. Você pode visitar a exposição virtual que tem um acervo digital com mais de 250 mil imagens sobre a imigração no Brasil. É possível também consultar o livro de registros da hospedaria e a lista de bordo, com os imigrantes embarcados entre 1888 e 1965 e que chegaram ao porto de Santos.

▷ Sociedade e cultura

A sociedade brasileira da segunda metade do século XIX era etnicamente heterogênea. Numericamente, negros e mestiços eram maioria, tanto no campo como na cidade. No entanto, a elite era composta predominantemente de brancos que tinham na cultura europeia o modelo de civilização a ser adotado.

Um dos aspectos desse modelo cultural era o **eurocentrismo**, a crença na superioridade do europeu sobre outros povos. Para os racistas, o poderio das grandes nações europeias se explicava pela força racial do branco.

Mas as tentativas da elite para europeizar o Brasil esbarravam em um problema: o homem branco era minoria no país. Procurava-se branquear um país que era, por sua construção histórica colonial, uma pluralidade de cores, em que predominava a tonalidade escura.

Passagem do Chaco, 1871, pintura de Pedro Américo, representa um episódio da Guerra do Paraguai.

Em meio a essa contradição, o Império esforçava-se para promover o desenvolvimento cultural do Brasil. Motivos não faltavam. O primeiro deles era o interesse pessoal de dom Pedro II, um amante das artes e da ciência. Seus incentivos, por intermédio do mecenato, visavam a construir uma imagem internacional favorável do Império Brasileiro, que legitimasse a própria Monarquia.

Além disso, havia por parte da elite intelectual a necessidade de definir características que distinguissem a nação brasileira das demais. Nesse período, a preocupação com a construção de uma identidade nacional é constante, sobretudo nas artes plásticas e na literatura.

> Artes plásticas

Na pintura do Segundo Reinado predominaram os **motivos históricos**. Com o apoio de dom Pedro II, artistas formados pela Academia Imperial de Belas Artes produziram obras com o objetivo de dar um rosto "civilizado" à nação brasileira, resultante de um passado heroico. Nesse passado, o europeu era tido como protagonista, símbolo da força e da civilidade, ao passo que o indígena era identificado com a pureza.

Destacavam-se, também, obras que enalteciam o poder monárquico, representado como o ponto de equilíbrio e símbolo da unidade nacional.

A idealização do indígena e dos colonizadores europeus era fruto do **romantismo** que inspirava esses autores. A figura do negro ocupava sempre um lugar à margem na produção artística da época.

Além de Pedro Américo e Rodolfo Amoedo, são representativos desse estilo Victor Meirelles e Araújo Porto-Alegre.

Uma exceção nesse período é a obra de Almeida Júnior. O pintor paulista, como vários outros, recebeu uma bolsa do governo para estudar em Paris. Mas, ao contrário de adotar temáticas históricas ou mitológicas representadas de forma monumental, Almeida Júnior voltou-se para o universo caipira do interior de São Paulo, representado com grande **realismo**.

Almeida Júnior inovou ao pintar o povo do interior do estado de São Paulo com suas características originais, como em *O violeiro*, pintura de 1899.

> Literatura

Na literatura romântica brasileira, o indígena idealizado também aparece como herói nacional. Nessa vertente, os fundamentos da nacionalidade foram estruturados pela conciliação idealizada do elemento branco com o elemento indígena.

É o caso, por exemplo, de *O Guarani* (1857), de **José de Alencar**. Nesse romance formador do imaginário da época, o indígena não é representado como rebelde, mas como subserviente em relação ao branco invasor.

A exaltação da pátria ganhou contornos ufanistas na obra de outro autor consagrado da época, **Gonçalves Dias**. No poema *Canção do exílio* (1843), escrito em Coimbra (Portugal), no período em que o autor cursava Direito, predomina a saudade da pátria distante. Uma pátria descrita em termos exagerados, sempre salientando a exuberância da natureza: céus com mais estrelas, bosques com mais vida, vida com mais amores.

No entanto, ao lado de escritores que promoviam a exaltação da pátria e da natureza, outros autores românticos, como **Castro Alves**, engajavam-se com sua escrita na luta abolicionista. *O Navio Negreiro* (1869), de sua autoria, é um poema que fala da tragédia dos africanos tirados à força de suas terras para tornar-se propriedade de senhores de escravizados no Brasil.

Além do Romantismo, que predominou no Brasil desde a Independência, o estilo realista passou a vigorar desde a publicação de *Memórias Póstumas de Brás Cubas*, de **Machado de Assis**, em 1881. No lugar de enaltecer a pátria ou a nação, dando um caráter heroico às personagens, o Realismo caracterizou-se por expor as mazelas sociais e culturais do povo brasileiro. O abolicionista **Aluísio Azevedo**, por exemplo, publicou *O mulato* (1881), obra que chocou a sociedade ao abordar a questão racial.

> Fotografia

Em agosto de 1839, o francês Louis Mandé Daguerre exibiu, na Academia de Ciências de Paris, a sua invenção: a fotografia. Em 1832, contudo, experiências fotográficas já haviam sido realizadas no Brasil pelo francês **Hércule Florence**. Radicado no Brasil desde 1824, o invento do desenhista só chegou ao conhecimento do grande público no século XX.

Em 1840, dom Pedro II familiarizou-se com o daguerreótipo, como era conhecida a fotografia nesse período, e realizou inúmeras fotos. Promoveu a prática fotográfica no Brasil, trazendo grandes fotógrafos europeus, patrocinando exposições e incentivando a formação de fotógrafos brasileiros.

Escravizados transportando senhora em liteira na Bahia, c. 1860.

A política externa e a abolição

Com o fim das rebeliões regionais, a Monarquia brasileira consolidou-se internamente a partir de 1850. Foram os conflitos internacionais que marcaram o período seguinte. Esses conflitos influenciaram o processo que levou à abolição da escravatura no Brasil.

Brasil e Inglaterra

Em 1845, alegando motivos humanitários, o Parlamento inglês aprovou uma lei contra o **tráfico de escravizados** entre a África e a América que ficou conhecida como *Bill Aberdeen* por ter sido proposta pelo ministro Lorde Aberdeen. Por meio dela, a Inglaterra estabelecia para si o direito de vigiar mares e oceanos e abordar, aprisionar ou afundar navios que traficassem escravizados.

Além dos motivos humanitários, os ingleses tinham interesses econômicos no fim da escravização. Eles pretendiam substituir a escravização pelo trabalho assalariado na América e assim expandir o mercado consumidor de seus produtos industrializados. O Brasil, que importava pessoas escravizadas em larga escala, era um dos principais alvos dessa lei. Entre 1845 e 1850, várias embarcações brasileiras foram capturadas pelos ingleses, algumas em águas territoriais do Império. Apesar de protestar contra o abuso inglês, em 1850 o governo brasileiro extinguiu o tráfico de escravizados com a Lei Eusébio de Queirós.

Com isso o Império se chocava com os interesses dos grandes latifundiários, que utilizavam o trabalho de africanos escravizados. Ao proibir o tráfico, o governo procurou assumir uma posição conciliatória, promovendo a abolição de forma muito lenta.

Conflitos na região do Prata

Desde o início do século XIX, os governos do Brasil e da Argentina disputavam a **supremacia política** da região da **bacia do Prata**.

Para os argentinos, interessava controlar os férteis territórios agrícolas que, nos tempos coloniais, eram parte do Vice-Reino do Prata, e que pouco a pouco davam origem a quatro países independentes: Argentina, Uruguai, Paraguai e Bolívia.

O governo brasileiro tinha interesse em impedir a união platina para garantir a segurança das províncias do Sul e o acesso ao rio da Prata, caminho essencial de ligação com o interior do Império, principalmente com o Mato Grosso.

O Estado brasileiro dominou a Província Cisplatina de 1822 a 1828. Depois da independência uruguaia, os brasileiros mantiveram presença na região, cuidando para que o país não fosse controlado pelos argentinos. Contudo, o governo argentino não estava disposto a se submeter aos desejos do Império Brasileiro e executava uma clara política intervencionista no Uruguai.

Os políticos uruguaios estavam agrupados em dois partidos: o **Colorado**, ligado aos comerciantes de Montevidéu, a capital, e o **Blanco**, que se apoiava nos latifundiários do interior. Os governos de Brasil e Argentina aliavam-se ora a um, ora a outro partido, com o objetivo de manter seu controle na região.

Em 1839, o presidente argentino Juan Manuel Rosas ordenou a invasão do Uruguai e colocou no poder seu aliado, o blanco Manuel Oribe. Os colorados, liderados por Fructuoso Rivera, não aceitaram a aliança de Rosas e Oribe, iniciando uma guerra que durou até 1852.

Nos primeiros anos da guerra, o governo brasileiro se manteve afastado, dado que tinha de lidar com as revoltas em diversas províncias. Mas em 1851, com a situação interna apaziguada, o exército imperial uniu-se a Rivera e ao argentino Justo José de Urquiza, líder da oposição a Rosas. As três forças unidas derrotaram Rosas e Oribe, encerrando a guerra.

Fonte de pesquisa: ARRUDA, José Jobson de. *Atlas histórico básico*. 17. ed. São Paulo: Ática, 2007.

GLOSSÁRIO

Bacia do Prata: também conhecida como bacia Platina, é uma bacia hidrográfica situada no sul da América do Sul, formada pela junção das bacias dos rios Paraná, Paraguai e Uruguai. Abrange territórios dos atuais Brasil, Bolívia, Paraguai, Uruguai e Argentina. Sua foz, um largo estuário chamado "rio de Prata", era a porta de entrada atlântica para as minas de prata do antigo Vice-reino do Peru, disputada por portugueses e espanhóis desde o século XVI.

Leia

Guerra do Paraguai, de Wanderley Loconte. São Paulo: Ática, 2000.
A obra, além de relacionar os principais eventos da guerra que mobilizou quatro nações, aborda o cotidiano das pessoas envolvidas nos combates, destacando as dificuldades e misérias sofridas pelo lado mais fraco, os soldados de ambos os lados e a população pobre.

Guerra do Paraguai

A derrota de Juan Manuel Rosas não trouxe, porém, a paz para a região do Prata. Apesar de os argentinos abandonarem suas pretensões expansionistas, a tensão entre blancos e colorados continuava no Uruguai, enquanto uma nova força surgia na região: o Paraguai.

Batalha da Guerra do Paraguai — com soldados da infantaria, na mata, combatendo forças em canoas — representada em gravura publicada em jornal dos Estados Unidos, 1868.

O Brasil intervém no Uruguai

As contínuas disputas políticas uruguaias muitas vezes resultavam em conflitos armados. Os brasileiros, tradicionais aliados dos colorados, sofriam perseguições quando os blancos se fortaleciam. Durante o governo do líder blanco Atanasio Cruz Aguirre, era comum que as propriedades brasileiras, tanto no Uruguai quanto no Rio Grande do Sul, fossem atacadas e saqueadas por tropas blancas. Apesar dos protestos brasileiros, o presidente uruguaio nada fazia.

Em 1864, o líder dos colorados, Venâncio Flores, pediu o apoio do governo brasileiro para depor Aguirre. Com a concordância do governo argentino, o Império enviou tropas que, unidas às forças coloradas, depuseram o presidente uruguaio.

A união entre os governos brasileiro e argentino na deposição de Aguirre parecia garantir uma paz duradoura à região. Contudo, a garantia de paz desapareceu quando o governo do Paraguai, aliado dos blancos, resolveu intervir.

O ataque paraguaio

Entre os países da região do Prata, o Paraguai era o mais dependente da navegação fluvial pelos rios platinos, por não contar com uma saída para o mar.

O governo paraguaio, exercido desde 1844 pela família López, procurava desenvolver o país, implantando indústrias e ferrovias. Cercado por duas potências regionais — o Brasil e a Argentina —, o governo do Paraguai entendia que seu desenvolvimento dependia do controle do Uruguai.

Com argentinos e brasileiros apoiando os colorados, o presidente paraguaio Francisco Solano López passou a apoiar os blancos. A intervenção brasileira na guerra de Flores contra Aguirre deu o pretexto para que López atacasse o Brasil.

Tomadas de surpresa, as tropas brasileiras foram vencidas no Mato Grosso. Em seguida, López ordenou a invasão do Rio Grande do Sul, atravessando para isso o território argentino.

O governo argentino, porém, entendeu a passagem das tropas paraguaias por seu território como uma invasão, e declarou guerra ao Paraguai. Aos brasileiros e argentinos juntaram-se os colorados uruguaios. As três forças assinaram, em 1865, o Tratado da Tríplice Aliança.

A vitória da Tríplice Aliança

No início a vantagem da guerra foi paraguaia. Contudo, com o passar do tempo os países da Aliança mobilizaram quantidades crescentes de recursos e homens, e os paraguaios começaram a recuar.

Na batalha do Riachuelo (junho de 1865), a frota de guerra fluvial do Paraguai foi destruída. Sem apoio naval, os paraguaios recuaram e os aliados invadiram o país (abril de 1866). Alternaram-se vitórias e derrotas até julho de 1868, quando as forças aliadas, nesse momento sob o comando do brasileiro duque de Caxias, invadiram Assunção, a capital.

Entretanto, Solano López não se rendeu e, com o restante de um exército composto praticamente de idosos e crianças, resistiu até 1870. Em março desse ano, as forças aliadas derrotaram o exército paraguaio na batalha de Cerro Corá, na qual Solano López foi morto.

Como resultado da guerra, o Paraguai mergulhou na miséria e o Brasil e a Argentina consolidaram seu domínio sobre o sul da América do Sul.

Jovem soldado brasileiro posa uniformizado em um estúdio fotográfico, possivelmente antes de partir para a guerra no Paraguai. Ele se alistara por vontade própria, integrando um dos batalhões de Voluntários da Pátria. Muitos soldados, porém, eram recrutados à força, principalmente entre os mais pobres.

> ## Impactos da Guerra do Paraguai

No final da guerra, o Paraguai havia perdido praticamente metade de sua população. Cerca de 90% dos homens estavam mortos. Sobraram mulheres, crianças e idosos. A indústria, a agricultura e a pecuária paraguaias foram irremediavelmente destruídas.

No caso do Brasil, os prejuízos humanos também foram grandes. Além disso, cresceu a dívida externa com banqueiros ingleses. O aumento de impostos e a inflação gerada pela emissão de dinheiro acabaram elevando o custo de vida, provocando críticas ao governo.

A Guerra do Paraguai também produziu transformações na sociedade brasileira. Ao conviver com escravizados que lutaram bravamente na guerra, muitos militares aderiram à causa abolicionista.

> ## O fim da escravidão

Após o fim do tráfico, em 1850, foram criadas pelo governo duas leis que atendiam timidamente às reivindicações dos abolicionistas: a Lei do Ventre Livre, de 1871, que declarava livres os filhos de mães escravizadas, e a Lei dos Sexagenários, de 1885, que declarava livres os escravizados com mais de 60 anos de idade.

A campanha abolicionista ganhou força principalmente a partir de 1880, com a formação de vários clubes que apoiavam a extinção do trabalho escravo, e com a criação da Confederação Abolicionista, em 1883. Alguns grupos lutavam dentro da legalidade. Outros reivindicavam, juntamente com a abolição, a distribuição de terras e a expansão do ensino. Havia até mesmo grupos que promoviam a fuga de escravizados, como os caifazes de São Paulo.

Esses grupos passaram a contar com o apoio de muitos militares. Em 1887, por exemplo, o Clube Militar pediu ao governo que os soldados fossem dispensados de participar da captura de escravizados fugidos. A própria Igreja, que nunca se opusera à escravidão, passou, nesse ano, a apoiar a causa.

A Lei Áurea, assinada em 13 de maio de 1888 pela princesa Isabel, foi decorrente da intensificação dessas pressões sociais. Com ela acabou a escravidão no Brasil. No entanto, a abolição não foi acompanhada de uma política de inclusão social, como a concessão de terras. Sem receber nenhum tipo de indenização, a maioria dos ex-escravizados permaneceu por um longo período à margem da sociedade.

Charge de Angelo Agostini, de 1870, sobre escravizado que volta da Guerra do Paraguai. A legenda diz: "Cheio de glória, coberto de louros, depois de ter derramado seu sangue em defesa da pátria e libertado um povo da escravidão, o voluntário volta ao seu país natal para ver sua mãe amarrada a um tronco: horrível realidade!".

Ponto de vista

Bancos ingleses e a Guerra do Paraguai

O historiador brasileiro Francisco Doratioto nega, na obra *Maldita guerra* (São Paulo: Companhia das Letras, 2002. p. 91), a tese segundo a qual a Guerra do Paraguai teria sido orquestrada pelo governo inglês com o objetivo de atender seus interesses capitalistas na região do Prata.

Durante a guerra, os aliados obtiveram empréstimos de banqueiros ingleses. O capital não tem ideologia e busca a melhor remuneração associada ao menor risco. Fazer empréstimo ao governo de Solano López seria, pela lógica empresarial, uma atitude arriscada, pois, desde o segundo semestre de 1865, era evidente a impossibilidade de o Paraguai vencer a guerra.

Note que, para o autor, os empréstimos efetuados por banqueiros privados ingleses a Brasil, Argentina e Uruguai não podem ser utilizados como prova do apoio do governo inglês, pois foram feitos apenas na expectativa de lucro.

- Debata o assunto com seus colegas, procurando argumentos favoráveis e argumentos contrários à tese de Francisco Doratioto.

> ## Crise da Monarquia

Em 1870, dissidentes do Partido Liberal publicaram, no Rio de Janeiro, o *Manifesto Republicano*, criticando o imperador. O texto também chamava a atenção para o fato de o Brasil ser a única Monarquia da América.

Três anos depois, um grupo de fazendeiros e políticos paulistas reuniu-se em Itu para organizar o **movimento republicano**. Os integrantes da **Convenção de Itu** criaram o Partido Republicano Paulista.

Com a participação de estudantes e professores da Faculdade de Direito de São Paulo, o movimento cresceu e espalhou-se pelo país.

> ## Questão religiosa

A Constituição de 1824 definia o catolicismo como a religião oficial do Brasil. A Igreja, com base no regime do padroado, era submissa ao Estado. A nomeação de bispos cabia ao imperador, assim como o pagamento dos padres. Além disso, toda e qualquer decisão do Vaticano só seria válida no país mediante o consentimento do imperador.

Em 1872, obedecendo a determinações do papa, os bispos de Olinda e de Belém proibiram a presença de maçons em irmandades religiosas. Dom Pedro II, que era maçom, mandou prendê-los. Mesmo com a anistia dos condenados, as relações entre Igreja e Estado se desgastaram.

> ## Questão militar

A Monarquia envolveu-se entre 1883 e 1887 em uma série de **conflitos com o Exército**, gerando uma crise política que acabou por fortalecer o movimento republicano. O desgaste se iniciou quando o tenente-coronel Antônio de Sena Madureira protestou publicamente contra um projeto de lei sobre a aposentadoria de militares. Sua atitude levou o governo a proibir manifestações políticas de militares na imprensa.

No ano seguinte, Sena Madureira desobedeceu à proibição e foi punido com a transferência para o Rio Grande do Sul. Apesar disso, o tenente-coronel publicou artigos abolicionistas na imprensa gaúcha. O governo, então, exigiu que o marechal Deodoro da Fonseca o punisse. Ao se recusar, Deodoro da Fonseca foi afastado de seus cargos.

Os militares lançaram um manifesto exigindo o direito de manifestarem-se publicamente. Procurando contornar o problema, o governo atendeu às exigências. Mas os ideais republicanos já haviam se disseminado entre os militares, influenciados pelo positivismo e fortalecidos desde a Guerra do Paraguai.

> ## A Proclamação da República

Sob a liderança de Deodoro da Fonseca, e sem participação popular, em 15 de novembro de 1889 foi proclamada a República no Brasil.

A Monarquia não conseguiu esboçar nenhuma reação. Encontrava-se enfraquecida e desgastada por causa dos conflitos com a Igreja e com os militares. Além disso, havia perdido sua grande base de apoio ao abolir a escravidão sem indenizar os fazendeiros, que se sentiram traídos.

Atacado de diabetes, dom Pedro II encontrava-se fora do Rio de Janeiro. "Com seu prestígio pessoal e o derivado do trono, Pedro II servia de amortecedor das queixas militares. Sua ausência [do Rio de Janeiro] colocou oficiais do Exército em confronto direto com a elite imperial [...]. Outro problema consistia na falta de uma perspectiva animadora para um terceiro Reinado. Por morte de dom Pedro, subiria ao trono a princesa Isabel, cujo marido – o conde d'Eu – era francês e, no mínimo, uma personalidade muito discutível." (FAUSTO, Boris. *História do Brasil*. São Paulo: Edusp, 2004. p. 235.)

Iniciava-se, assim, o período republicano sob o comando de militares.

Em *Proclamação da República*, pintura de 1893 (detalhe), Benedito Calixto representou a forte presença militar na queda da Monarquia.

GLOSSÁRIO

Positivismo: corrente de pensamento criada pelo filósofo francês Auguste Comte. Para ele, a racionalidade científica deve sobrepor-se às crenças religiosas. É de sua autoria a frase "O amor por princípio, a ordem por base, o progresso por fim", que inspirou a insígnia "Ordem e progresso" da bandeira do Brasil.

■ Outras histórias

Após 55 anos de lutas, o movimento italiano denominado *risorgimento* chegou ao seu término em 1870. Com a anexação da cidade de Roma, a Itália tornava-se um país unificado politicamente.

Ontem e hoje

Abolição, uma luta de muitos

Ao ser assinada a Lei Áurea, começava-se a construir um mito: o de Isabel, a princesa Redentora. Atribuía-se a ela e à sua bondade o fim da escravização.

Nas comemorações que se seguiram ao Treze de Maio, ela era festejada como a responsável pela libertação de milhares de homens e mulheres escravizados. Entretanto, a abolição, inevitável para o Brasil em fins do século XIX, constituiu-se em uma luta promovida por muitos.

Em 1791, dois anos após o início da Revolução Francesa, ocorreu no Haiti um dos maiores levantes de escravizados, que culminou na tomada do poder pelos negros e na independência do país. Esse evento foi de grande impacto para as colônias americanas da época e, posteriormente, para os países recém-independentes. No Brasil e em vários outros lugares as tensões aumentaram: o temor de uma grande revolta popular ou escrava contra a conjuntura social, a que a elite denominava "haitianismo", deixava as autoridades em alerta sobre qualquer manifestação. Ao mesmo tempo, os ideais de igualdade, liberdade e fraternidade eram reproduzidos em discursos políticos – alguns destes pregados em praças públicas –, ainda que nem sempre o objetivo deles fosse questionar os problemas mais profundos da sociedade.

A proibição do tráfico de africanos para o Brasil em 1850 acarretou a diminuição de escravizados, cujo contingente – 1,5 milhão no censo de 1872 – não era capaz de suprir a demanda por trabalhadores. O tráfico interno cresceu, deslocando-se cativos das cidades para o campo e das outras regiões do país para as fazendas de café do Sudeste. Com a transferência, muitos se viam violentamente afastados de seus amigos, parentes e do ambiente a que estavam familiarizados. Isso aumentava ainda mais seu descontentamento, as fugas, as revoltas, sua resistência.

Nesse contexto, as campanhas abolicionistas ganharam força, com a adesão de intelectuais, jornalistas e advogados, como Luiz Gama, que defendeu com sucesso centenas de escravizados nos tribunais.

Em 1881, no Ceará, portuários e jangadeiros negros liderados por Francisco do Nascimento e José Napoleão impediram o embarque de cativos, bloqueando o porto. Apesar da reação dos escravistas, o movimento manteve-se firme – e o porto, parado – até que foi legalmente declarada a liberdade dos que seriam embarcados. A notícia espalhou-se rapidamente e recebeu apoio por toda a parte. Em 1884, foi decretado o fim da escravidão na província do Ceará.

Em todas as capitais, integrantes da força policial recusavam-se a prender ou a recuperar cativos fugitivos.

O conjunto de ações dos abolicionistas, as fugas em massa dos escravizados e o apoio da população urbana somados ao panorama sociopolítico da época foram fundamentais para impedir que a escravização continuasse por mais tempo. De qualquer forma, a princesa regente, para a cerimônia pública de assinatura da Lei Áurea, teve de atravessar uma multidão de mais de 10 mil pessoas, que a aplaudiram e lhe deram vivas.

Em grande parte do século XX, os livros didáticos e as comemorações do Treze de Maio reproduziram a visão da abolição como doação caridosa da "princesa Redentora". Hoje em dia, essa concepção vem dando lugar ao entendimento de que o fim da escravização foi um processo complexo, em que intervieram vários fatores e agentes.

Centro Dragão do Mar de Arte e Cultura em Fortaleza (CE). O nome do centro é uma homenagem a Francisco José do Nascimento, o Chico da Matilde, jangadeiro, símbolo do movimento abolicionista cearense. Foto de 2010.

Reflita

- Releia o último parágrafo do texto e discuta-o com seus colegas. Segundo o texto, como é possível explicar a transformação na forma de entender a abolição e o papel da princesa Isabel?

Atividades

Verifique o que aprendeu

1. Durante todo o Segundo Reinado, o Partido Liberal e o Partido Conservador alternaram-se no poder. Com base no que você aprendeu, apresente algumas diferenças e semelhanças entre eles.

2. O Clube da Maioridade foi criado pelos liberais, em 1840. Explique qual era o objetivo dessa entidade.

3. Por que o retorno dos liberais ao poder não impediu que o imperador tomasse medidas centralizadoras em 1841? Em que consistiam essas medidas?

4. O que levou os integrantes do Partido da Praia a se rebelarem em 1848?

5. Por que a população juntou-se aos praieiros na revolução?

6. Com relação à expansão da cafeicultura no século XIX, descreva o modelo produtivo utilizado e a região onde se desenvolveu.

7. Como se efetuou o escoamento do café das regiões produtoras aos portos?

8. Justifique a importância das tarifas Alves Branco.

9. A sociedade brasileira da segunda metade do século XIX era igualitária? Explique.

10. Comente algumas características das artes do Segundo Império.

11. O que justificou o incentivo à imigração a partir de 1870?

12. Analise a atuação brasileira na região do rio da Prata na guerra de 1851 contra a Argentina e, posteriormente, na Guerra do Paraguai.

13. Por que Solano López procedeu a ações militares contra o Brasil em 1864? Explique, considerando a situação geográfica do Paraguai.

14. Indique alguns fatores que contribuíram para o enfraquecimento da Monarquia.

Leia e interprete

15. A imagem a seguir reproduz a obra *Dom Pedro II*, pintada em 1864 por Victor Meirelles (1832-1903). O imperador encontra-se fardado. Sua postura, serena, apresenta-se firmemente equilibrada sobre um tapete verde. Em torno de sua figura predomina a cor amarelo-dourada. Ao fundo notam-se um globo terrestre e alguns livros sobre a mesa.

Dom Pedro II, 1864. Óleo sobre tela. Museu de Arte de São Paulo.

a) Relacione a indumentária de dom Pedro II à política externa brasileira no período.

b) Destaque os aspectos visuais que sugerem a ideia de um imperador culto e ilustrado.

16. A charge abaixo representa dom Pedro II e foi feita para a *Revista Illustrada*, em 1887. Observe-a e responda às questões propostas.

Charge política de Angelo Agostini, 1887.

a) Como o autor interpreta a reação do imperador aos problemas que, na época, puseram a Monarquia em crise? Explique.

b) Qual é a relação estabelecida pelo chargista entre a aparência física do imperador e a Monarquia nesse período? Qual seria, para o autor, o destino do regime monárquico?

CAPÍTULO 40
Nacionalismo e imperialismo

O que você vai estudar

- A formação dos impérios.
- A Inglaterra na Índia.
- A França na Indochina.
- A partilha da África.
- China e Japão.
- Imperialismo na América Latina.

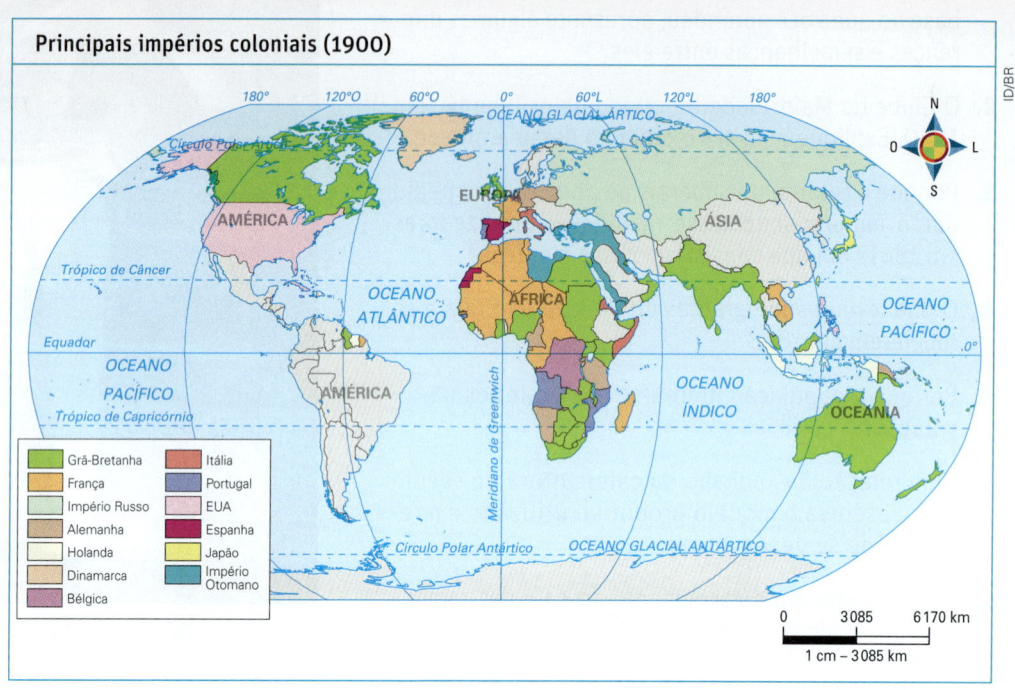

Principais impérios coloniais (1900)

Legenda:
- Grã-Bretanha
- França
- Império Russo
- Alemanha
- Holanda
- Dinamarca
- Bélgica
- Itália
- Portugal
- EUA
- Espanha
- Japão
- Império Otomano

Escala: 1 cm – 3 085 km

Fonte de pesquisa: DANIELS, Patricia S. *Atlas da história do mundo*. São Paulo: Abril-National Geographic Brasil, 2006. p. 232.

Ligando os pontos

A expansão marítima europeia teve início no século XV. A princípio, os navegadores buscavam mercadorias que a Europa valorizava e consumia. Mas logo os europeus passaram a conquistar e a ocupar as terras que os navios alcançavam. A principal região conquistada por eles nos séculos XVI a XVIII foi a América.

Seguindo os pioneiros navegadores de Portugal, navios da Espanha, da França, da Holanda e da Inglaterra cruzaram os oceanos em busca de mercadorias preciosas e exóticas, no contexto do sistema mercantilista.

No século XVIII, o início da Revolução Industrial veio mudar esse quadro. As máquinas processavam novos materiais e, produzindo mercadorias em grandes quantidades, exigiam um mercado cada vez maior. A burguesia industrial se fortalecia e passava a influir cada vez mais no rumo dos Estados. Houve revoluções burguesas em quase todos os países ocidentais, e um novo sentimento nacionalista se desenvolveu, ensejando a união dos povos que ainda viviam em regiões politicamente fragmentadas.

Avanços técnicos dotaram as marinhas e os exércitos ocidentais de armas com incrível poder de destruição. Contando com todas essas condições, as potências europeias estavam prontas para mais uma fase de expansão pelo mundo.

A imagem acima é um mapa-múndi que representa os domínios coloniais das grandes potências em fins do século XIX. Analise-o e responda:

1. Qual era o maior império da época?
2. Que continentes foram objeto dos novos impérios?
3. Qual era a posição das antigas potências coloniais (Portugal e Espanha) nessa nova fase colonialista?

A formação dos impérios

Ao longo do século XIX, enquanto alemães e italianos lutavam para se unir, alguns Estados nacionais – principalmente da Europa – desenvolviam uma política que ficou conhecida como **imperialismo**. As potências imperialistas submeteram grandes regiões da Ásia, da África e da América Latina a seus interesses econômicos, militares e políticos, impondo-lhes também sua cultura.

A maioria dos estudiosos argumenta que a origem do imperialismo foi o desenvolvimento do capitalismo nesse período, desencadeado pela Segunda Revolução Industrial.

O capitalismo monopolista

A partir de 1870, inúmeras inovações tecnológicas foram aplicadas à indústria de diversos países. A energia elétrica, o gás e os derivados do petróleo começaram a substituir a energia a vapor. Grandes inventos surgiram, como o motor a explosão, o telefone, os corantes sintéticos, novas técnicas que permitiam a produção de um aço mais barato e resistente, etc.

Nas fábricas, as máquinas funcionavam cada vez mais de modo automático, deixando de depender de grande número de trabalhadores para operá-las. A automação gerou um considerável aumento na produtividade, com duas consequências imediatas: o desemprego de operários e o barateamento dos produtos industrializados.

As empresas que podiam pagar pelas novas tecnologias tornavam-se capazes de produzir quantidades crescentes de mercadorias, abarrotando o mercado. As empresas menores, mais frágeis economicamente, não podiam competir com a produtividade das novas máquinas e acabaram falidas ou vendidas para as empresas maiores. Surgiram, assim, grandes conglomerados industriais concentrados nas mãos de poucos empresários.

A concentração empresarial resultou na formação de **trustes**, *holdings* e **cartéis**. Truste é a reunião de várias empresas sob o comando de um mesmo proprietário. *Holding* é uma empresa criada para controlar as várias empresas que compõem o truste. Cartel é um acordo entre empresas independentes (com proprietários diferentes) para controlar o mercado (preço de compra de matérias-primas, venda de produtos, etc.).

As enormes empresas dependiam de grandes somas de dinheiro para custear a produção e os novos investimentos. Os **bancos** passaram então a financiar as indústrias em larga escala. Os interesses bancários e industriais se fundiram, dando origem ao **capitalismo financeiro** ou monopolista.

Imperialismo

A Inglaterra foi o primeiro país industrializado do mundo. Na segunda metade do século XIX, porém, países como a Bélgica, a França, a Alemanha e a Itália unificadas, os Estados Unidos e o Japão passaram a competir com a indústria inglesa pelos mercados consumidores.

Os industriais desses países ambicionavam ter acesso a mercados que consumissem sua crescente produção. Eles necessitavam também de fontes confiáveis de matérias-primas, como algodão, minérios, cacau, couro, borracha, petróleo, etc.

A solução encontrada por esses empresários, apoiados pelos governos de seus países de origem, foi controlar territórios estrangeiros não industrializados.

Na América Latina, esse controle ocorreu de forma indireta, pela ação da diplomacia, da pressão militar e do investimento agressivo, que sufocava as empresas locais.

Na África e na Ásia, verificou-se o controle direto de extensos territórios, que passaram a ser governados por autoridades coloniais.

Gravura representando indústria siderúrgica na cidade de Sheffield, Inglaterra, século XIX.

> ### Neocolonialismo

O controle de extensos territórios na África e na Ásia no século XIX pelas potências imperialistas apresentava uma série de diferenças em relação ao colonialismo europeu praticado do século XVI ao XVIII. Para marcar essas diferenças, os estudiosos denominam esse processo de **neocolonialismo** (novo colonialismo).

As novas formas de dominação colonial foram basicamente três: a **colônia de enraizamento**, com a imigração de grandes contingentes populacionais e a ocupação da terra pelos colonos; a **colônia de enquadramento**, com o domínio político e administrativo e a exploração da mão de obra nativa, mas sem a tomada das terras; e o **protetorado**, com a imposição da autoridade da metrópole sobre uma região a pretexto de protegê-la de ameaças estrangeiras.

> ### Dominação e legitimação ideológica

Os países imperialistas tentaram legitimar a dominação neocolonial baseando-se no **etnocentrismo**, isto é, na convicção de sua superioridade sobre os povos dominados.

A posição etnocêntrica tinha como componente essencial a recusa em entender as características das civilizações e culturas dos países e sociedades dominados. Tradições culturais e científicas antigas e complexas, como as existentes na Índia, na China, na Birmânia, no mundo árabe, no Congo, na Guiné, etc., foram ignoradas. O discurso etnocêntrico rotulava como bárbaro ou primitivo tudo o que fosse diferente dos países imperialistas.

Na Europa, os países imperialistas criaram a ideia de que tinham a missão de civilizar os povos considerados "primitivos". Segundo essa visão, a missão civilizatória seria árdua, difícil. No discurso imperialista, os brancos ocidentais "civilizados" sofriam com o clima quente dos países "atrasados", com as doenças tropicais, com os ataques de insetos e de animais selvagens e, principalmente, com a incompreensão dos povos "primitivos", que muitas vezes rebelavam-se e massacravam seus "salvadores".

Os imperialistas consideravam essa pretensa missão o **fardo do homem branco**. Sob a justificativa desse fardo fictício, as sociedades ocidentais lançaram-se à exploração econômica e à dominação política de vastas regiões da Ásia e da África.

Conheça melhor

O darwinismo social

No Ocidente, procurou-se justificar a dominação de outros povos com base em uma interpretação equivocada das teorias de Charles Darwin, adotando o que se chamou de darwinismo social.

Segundo as teorias de Darwin, as transformações que ocorrem na natureza são resultado da seleção natural.

Os seres vivos mais bem adaptados ao meio que habitam sobrevivem em maior número e passam suas características a muitos descendentes.

Os menos adaptados morrem mais facilmente, se reproduzem menos. Os indivíduos com suas características tendem a desaparecer com o tempo.

Charles Darwin tratava de processos naturais que ocorriam ao longo de milhões de anos, e não de processos culturais que envolviam os seres humanos.

Porém, distorcendo as ideias de Darwin, alguns grupos sociais do Ocidente usaram a teoria da evolução para justificar as desigualdades existentes nas sociedades humanas.

Em relação à sociedade industrial, a ideia de seleção natural justificava tanto a concentração de poder nos grandes trustes quanto as desigualdades entre patrões e empregados.

Em relação ao imperialismo, o darwinismo social foi utilizado para legitimar a dominação de nações e etnias consideradas menos evoluídas, fortalecendo o racismo e o nacionalismo.

Propaganda de sabão da década de 1890, da Inglaterra, que ilustra a suposição de que os brancos promoviam a higiene entre outras etnias.

❯ A Inglaterra na Índia

Em meados do século XVI, a maior parte da Índia, além dos atuais Paquistão, Afeganistão e Bangladesh, era governada por uma elite de guerreiros muçulmanos de origem mongol e fala persa, que fundou o Império Mongol.

Os soberanos mongóis, em geral, não perseguiram os adeptos do hinduísmo, religião politeísta praticada pela maior parte da população da Índia. O comércio de especiarias e de produtos preciosos foi incentivado.

Os europeus, que descobriram o caminho marítimo entre a Europa e o oceano Índico no final do século XV, procuraram apoderar-se desse comércio, instalando feitorias e colônias no litoral indiano. Os portugueses foram os pioneiros, seguidos por holandeses, ingleses e franceses.

Em 1600, a Coroa inglesa criou a **Companhia das Índias Orientais** (*East India Company*, em inglês), que devia organizar e explorar o comércio com o Oriente.

❯ A Companhia Britânica das Índias Orientais

A Companhia Britânica das Índias Orientais (inicialmente denominada Companhia Inglesa das Índias Orientais) fez acordos comerciais com o Império Mongol, obtendo permissão para estabelecer feitorias em cidades portuárias como Bombaim (atual Mumbai), Calcutá e Madras.

A partir do século XVIII, a Companhia Britânica organizou suas possessões indianas como um verdadeiro Estado, contando até mesmo com **forças armadas para impor sua vontade**.

Na Guerra dos Sete Anos (1756-1763), a França e a Inglaterra lutaram para definir os limites de seus impérios coloniais. Na Índia, as tropas da Companhia apoderaram-se da maior parte das possessões francesas, consolidando o domínio britânico na região.

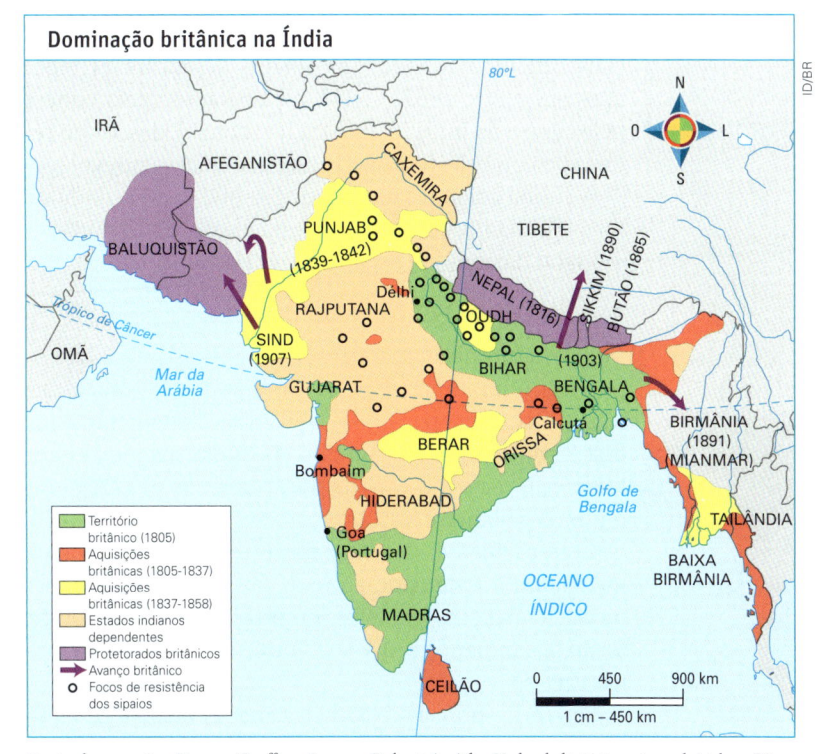

Fonte de pesquisa: PARKER, Geoffrey; LOVETT, Robert A. *Atlas Verbo de história universal*. Lisboa-São Paulo: Verbo, 1997. p. 90.

Ação e cidadania

O sistema de castas

De 2000 a.C. a 1500 a.C., aproximadamente, a sociedade indiana passou por um processo de organização que resultou na criação de quatro castas. Para dar uma justificativa divina a essa divisão, cada casta representaria uma parte do corpo de Brahma, um dos principais deuses do hinduísmo.

Assim, a casta dos *brâmanes* (a boca de Brahma) era composta dos sacerdotes, filósofos e professores. Os *xátrias* (os braços) eram os guerreiros e os governantes. Os *vaixás* (as pernas) eram os comerciantes e agricultores. E os *sudras* (os pés) eram os artesãos, operários e camponeses.

Nesse sistema não há mobilidade social. A condição de cada indivíduo é herdada de seus pais, sendo proibido o casamento entre pessoas de castas diferentes. Mas, com o tempo, ocorreram subdivisões, gerando milhares de novas castas.

Abaixo das castas descritas, encontram-se os *dalits* (o pó sob os pés de Brahma), isto é, os párias ou intocáveis, que, segundo a tradição hindu, são descendentes daqueles que violaram os códigos da casta à qual pertenciam. Eles são considerados impuros pelos demais, que evitam tocá-los. Tradicionalmente são eles que devem executar os trabalhos menos valorizados, como o de lixeiro.

A Constituição indiana de 1950 proíbe a discriminação por castas. Mas o sistema ainda vigora, principalmente no campo.

Mulher *dalit* na cidade indiana de Varanasi. Foto de 2011.

A Índia imperial britânica

Até o século XIX, a exploração britânica da Índia esteve a cargo da **Companhia das Índias Orientais**. O governo inglês mantinha alguns funcionários públicos para fiscalizar as atividades na região, mas, na prática, a Companhia gozava de ampla autonomia administrativa, facilitada pela manutenção de forças armadas próprias.

Entretanto uma grave revolta armada, ocorrida em meados do século XIX, mudou esse quadro. O Estado inglês interveio para salvar os interesses britânicos e assumiu diretamente a administração da Índia.

O exército de sipaios

A maior parte das tropas utilizadas pela Companhia das Índias inglesa para impor seus interesses era formada de **soldados indianos**, conhecidos como **sipaios**.

A utilização de nativos na força armada pode ser explicada pelas próprias características da exploração inglesa no Oriente. Durante dois séculos e meio, a presença britânica na Índia foi comandada por uma empresa comercial privada, que devia reduzir os gastos e obter o máximo de rendimento. Diante da necessidade de armar um exército, a opção de recrutar a abundante mão de obra indiana, acostumada a baixos salários, era muito mais barata e prática do que trazer soldados da Europa.

Como resultado, cerca de 200 mil sipaios serviam a Companhia das Índias em meados do século XIX.

Sipaios indianos a serviço da Companhia das Índias Orientais inglesa. Gravura de Gavin D. Crawford, 1870.

Insatisfação geral

Na primeira metade do século XIX, muitos indianos estavam insatisfeitos com a dominação inglesa. A elite via seu poder diminuir a cada dia com a **política de preempção** da Companhia das Índias, que, por meio de tal política, podia anexar qualquer território de príncipes mortos sem descendentes.

A ingerência das autoridades inglesas em questões religiosas, como a proibição da queima das mulheres viúvas com o corpo do marido – um costume hindu –, irritava a população. O povo temia ser convertido à força ao cristianismo.

Além disso, os sipaios acreditavam ter um motivo a mais para se preocupar. Havia rumores de que os britânicos usavam tanto o sebo de vaca quanto a banha de porco para encerar as embalagens da munição utilizada pelos soldados.

As vacas são animais sagrados para os hindus, e não podem ser consumidas. Os porcos, por sua vez, são considerados impuros pelos muçulmanos.

Como os soldados tinham de romper o lacre da munição com os dentes, hindus e muçulmanos recusaram-se a utilizar os cartuchos, configurando uma verdadeira insubordinação militar.

A grande revolta dos sipaios

A tensão causada pelas ações da Companhia das Índias criou um ambiente propício a uma revolta em larga escala.

Uma série de desentendimentos pontuais entre oficiais britânicos e soldados sipaios desencadeou rebeliões que, entre 1857 e 1858, espalharam-se pelo norte e pelo centro da Índia. O imperador mongol, desejando retomar o controle do Império, aceitou liderar as revoltas.

A Coroa britânica enviou tropas que, com a ajuda de forças indianas contrárias à restauração da dominação mongol, derrotaram os sipaios rebelados.

A imperatriz da Índia

Após sufocar as rebeliões, em 1858 a Coroa inglesa pôs fim à administração da Companhia Britânica das Índias Orientais, passando a governar diretamente a Índia. Para apaziguar os ânimos, os britânicos integraram lideranças locais na administração colonial e decretaram o fim da catequese cristã.

Com o objetivo de evitar novas rebeliões, os ingleses instigaram a rivalidade entre as duas principais comunidades religiosas indianas: hindu e muçulmana. Dessa forma, os indianos brigariam entre si e não contra a Coroa inglesa.

Pairando sobre as rivalidades criadas pelo imperialismo inglês, em 1877 a rainha Vitória recebeu o título de **imperatriz da Índia**.

A França na Indochina

Enquanto a Índia passava a integrar o Império Britânico, a França, outro grande país imperialista do século XIX, incorporava aos seus domínios a região da Indochina.

Situada a leste da Índia e ao sul da China, a Indochina é uma península que inclui o Vietnã, o Laos e o Camboja atuais. Desde a Antiguidade, era habitada por povos cujas culturas sofreram influência chinesa e hindu.

No século XVIII, a região encontrava-se dividida entre diversos reinos que nem sempre conviviam pacificamente.

A penetração francesa no Sudeste Asiático

Até meados do século XVIII, os interesses franceses no Oriente estavam concentrados na Índia, polo internacional de comércio.

A disputa com os ingleses pelo controle do território indiano culminou com a derrota francesa na Guerra dos Sete Anos (1756-1763). Como resultado, a França ficou desprovida de colônias importantes na Ásia.

Foi nesse momento que a atenção do governo francês voltou-se para o **leste da Índia**, onde se situa a Indochina.

A presença francesa na região teve início com as missões religiosas, ainda no século XVII. No final do século XVIII, a Coroa da França e o reino de Annam (parte do atual Vietnã) firmaram um tratado de ajuda mútua e liberdade para os missionários franceses pregarem no reino.

A França enviava armas e instrutores militares, angariando simpatias e dificultando a ação de outras potências imperialistas na região.

A ocupação do território

Na primeira metade do século XIX, cresceu o interesse francês no Sudeste Asiático. Além da exploração de produtos tropicais, a Indochina poderia servir de acesso ao grande mercado chinês, cuja produção de seda e chá era monopolizada pela Inglaterra.

Outro motivo de intervenção na região era religioso. Os missionários cristãos encontravam resistência à sua atuação na Indochina.

A proteção dos missionários cristãos foi usada como pretexto pelo imperador francês Napoleão III, que enviou uma expedição militar à região. Em 1859, Saigon, na Cochinchina (ao sul do atual Vietnã), foi ocupada.

A Indochina francesa

Partindo da Cochinchina, sucessivas ações militares ampliaram os territórios controlados pela França.

Mais ao norte, foram conquistados o reino de Annam e a região do Tonquim (centro e norte do atual Vietnã).

Conquistado o Vietnã, os interesses franceses voltaram-se para o reino do Camboja.

Apesar de formalmente independentes, os reis cambojanos deviam obediência ao reino do Sião (atual Tailândia). O governo francês ofereceu ajuda aos cambojanos, ao mesmo tempo que pressionava os tailandeses a abandonar seu domínio sobre a região. Em 1863, o Sião renunciou a seus direitos e o Camboja passou a ser um protetorado francês.

Em 1887, o governo francês uniu seus domínios da Cochinchina (colônia de enquadramento), Annam, Tonquim e Camboja (protetorados) e criou uma única colônia, a Indochina, com capital em Saigon. E, em 1893, após uma rápida guerra contra o Sião, outro reino dominado pelos siameses passou para o controle francês: o Laos.

Com a incorporação do Laos, a Indochina tomou sua forma definitiva, consolidando o **domínio da França no Sudeste Asiático**.

Fonte de pesquisa: *Atlas historique*: de l'apparition de l'homme sur la terre à l'ère atomique. Paris: Perrin, 1987. p. 382.

A partilha da África

A África foi o primeiro continente a ser ocupado pelos europeus no processo de expansão marítima europeia, no século XV. Contudo, durante séculos essa ocupação limitou-se a algumas **feitorias comerciais** na costa, onde se negociavam ouro, marfim, pimenta e escravizados.

Em 1880, apenas 10% do continente africano estava sob domínio europeu. Entre esses territórios, destacavam-se a Argélia, dominada pela França, Angola, colônia de Portugal, e a Colônia do Cabo, possessão da Inglaterra.

Nas décadas seguintes, todo o continente foi dividido entre as potências coloniais europeias: Alemanha, Bélgica, Espanha, Itália, Portugal e, principalmente, França e Inglaterra.

A justificativa formal dos governos para essa partilha era a missão civilizadora, o fardo do homem branco em levar o desenvolvimento aos povos "atrasados". A motivação real era a cobiça por terras, matérias-primas, produtos tropicais e metais preciosos, e a expansão dos investimentos capitalistas para além da Europa.

A disputa pelos territórios

Em meados do século XIX, enquanto a maioria das potências europeias procurava ampliar seus domínios na Ásia, a África permanecia relativamente fora dos planos colonialistas.

Foi **Leopoldo II**, rei da Bélgica, que iniciou a corrida pelas terras africanas. Leopoldo desejava comandar um império colonial, mas o Parlamento belga não o apoiava nesse objetivo. A solução encontrada pelo rei foi constituir uma sociedade privada, comandada por ele, que se empenhasse em ocupar e administrar territórios na África.

Decidido a ocupar a vasta e povoada bacia do rio Congo, Leopoldo II criou, em 1876, a Associação Internacional Africana, reunindo exploradores e cientistas na causa comum de mapear e conhecer os mistérios da ainda desconhecida terra do Congo. A justificativa maior, que agradava à opinião pública europeia, era erradicar para sempre a escravização no território africano.

Agindo como um empresário privado, sem a participação do Estado belga, Leopoldo enviou para a África exploradores que, em seu nome, ocuparam uma enorme área na bacia do rio Congo.

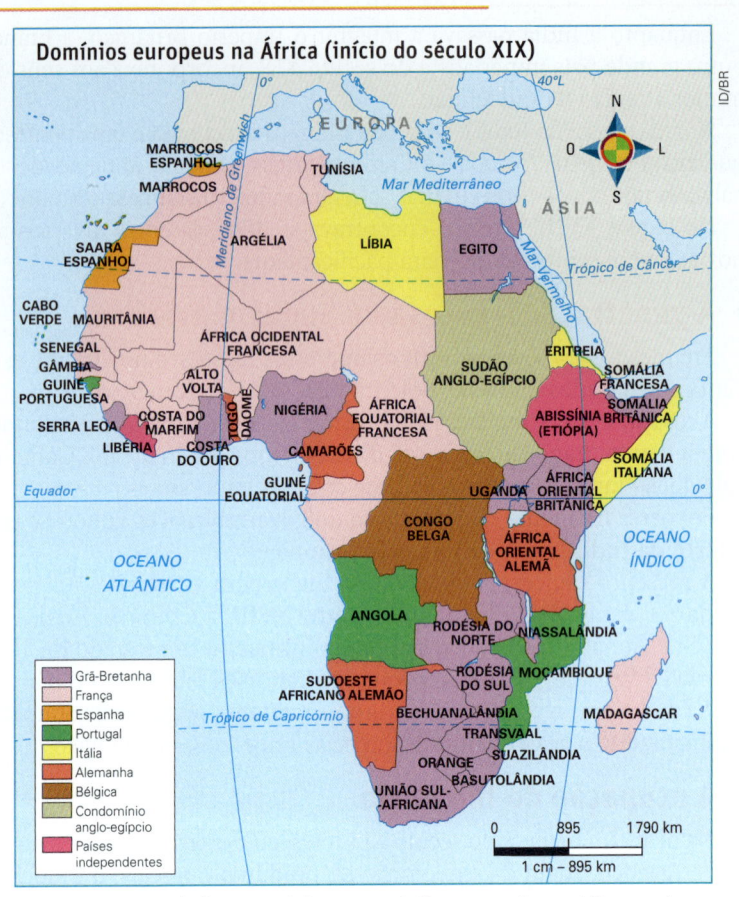

Domínios europeus na África (início do século XIX)

Fonte de pesquisa: *Atlas historique*: de l'apparition de l'homme sur la terre à l'ère atomique. Paris: Perrin, 1987. p. 384.

A Conferência de Berlim

A ação de Leopoldo chamou a atenção dos governos europeus para a África. A possibilidade de o rei belga tornar-se dono de terras na África provocou uma **corrida pela conquista de territórios africanos**.

Para evitar uma guerra que enfraquecesse a posição europeia na África, entre novembro de 1884 e fevereiro de 1885 realizou-se a Conferência de Berlim, na Alemanha. A ideia era que a divisão dos territórios africanos fosse feita pela diplomacia.

Participaram da Conferência Portugal, Inglaterra, França, Espanha, Itália, Bélgica, Holanda, Dinamarca, Suécia, Áustria, Império Otomano e Estados Unidos. A Conferência decidiu que Leopoldo II governaria o Estado Livre do Congo, de sua propriedade.

Foi determinado também o fim da escravização e do tráfico de escravizados na África. Além disso, estabeleceu-se a norma segundo a qual um território africano só poderia ser reconhecido como pertencente a uma potência se fosse ocupado por ela.

> **Leia**
> **Coração das trevas**, de Joseph Conrad. São Paulo: Companhia de Bolso, 2008.
> A obra narra uma viagem pelo coração da selva africana, mostrando os aspectos sombrios do colonialismo europeu.

> ## A divisão do território africano

A Conferência de Berlim consolidou a **preponderância da Inglaterra e da França** no domínio dos maiores territórios da África.

Portugal, antiga potência na região, limitou-se aos grandes territórios de Angola e Moçambique e alguns enclaves menores. A Alemanha, recém-unificada, recebeu a Namíbia e a Tanganica (parte da atual Tanzânia). A Itália obteve permissão para ampliar seus domínios na Eritreia e na Líbia. A Espanha manteve o Saara Ocidental, ocupado em 1884.

Mas foi no Congo que ocorreu a mais violenta das ações imperialistas na África.

> ## Os horrores do Congo

Um dos maiores feitos da Conferência de Berlim foi a consolidação dos domínios de Leopoldo II no Congo. Com o aval internacional, o rei belga empreendeu uma **política de exploração total** dos territórios que administrava, gerando lucros altíssimos sob um enorme custo humano.

A mão de obra utilizada era forçada a trabalhar sem remuneração, o que caracterizava, na prática, a reintrodução da escravização. Os castigos físicos, as torturas e os massacres de povos inteiros eram comuns como forma de reprimir qualquer tentativa de resistir à dominação.

Apenas no início do século XX a opinião pública ocidental soube com detalhes o que ocorria no Congo. Campanhas contra a ação da empresa de Leopoldo II surgiram por todo o Ocidente.

Sob pressão, em 1908 Leopoldo II repassou seus domínios privados no Congo para o Estado belga. Em troca, recebeu grande soma de dinheiro.

> ## Uma dominação ruinosa

A empresa de Leopoldo II no Congo representou o ápice da ação exploratória imperialista na África. Porém, todas as potências coloniais cometeram **crimes** e implantaram políticas que prejudicaram a população africana.

Além de toda a violência que acompanhava a conquista e a posse militar – batalhas, emboscadas, repressão, censura, etc. –, havia o **artificialismo** inerente das novas colônias. Ao conquistar e retalhar os diversos reinos africanos, os europeus criaram fronteiras coloniais que não respeitavam as tradições culturais e políticas locais. Muitas vezes, povos historicamente rivais foram forçados a conviver em um mesmo território.

Gravura publicada no *Petit Journal*, de Paris, representando um explorador francês em expedição na Nigéria, 1892.

Nesta charge do século XX, o rei Leopoldo II lucra com o sofrimento do Congo. O domínio belga do Congo provocou a morte de mais de 9 milhões de pessoas, caracterizando um genocídio com poucos paralelos na História. O governo que sucedeu Leopoldo II na administração do Congo continuou com as mesmas práticas até seus rendimentos diminuírem em função da falta de mão de obra.

China e Japão

Até o final do século XVIII, China e Japão puderam controlar a pressão colonial sobre seus territórios.

No século XIX, as potências imperialistas ocidentais aumentaram a pressão sobre os dois reinos, provocando grandes mudanças. A China e o Japão, entretanto, reagiram de forma diferente a essa pressão.

O isolamento da China

Desde o século XVI, o poderoso império chinês adotara uma **política de isolamento**. O contato com o exterior foi limitado aos portos de Macau e Cantão.

Nesses portos, os europeus compravam muitas mercadorias chinesas de alto valor comercial, como seda, porcelana e chá.

Mas os chineses não se interessavam pelas mercadorias ocidentais.

Os ingleses resolveram esse problema comercial com a **introdução do ópio indiano na China**. O vício do ópio criou um grande mercado consumidor, disposto a pagar muito aos comerciantes ingleses.

As autoridades chinesas proibiram a entrada da droga no país e passaram a apreender carregamentos de ópio.

As Guerras do Ópio

A pretexto de lutar pelo livre-comércio, a Inglaterra promoveu duas guerras contra a China, conhecidas como Guerras do Ópio.

A primeira Guerra do Ópio (1839-1842) foi vencida pelos ingleses. A China foi obrigada a assinar o Tratado de Nanquim, cedendo Hong Kong aos ingleses e abrindo cinco portos ao comércio internacional.

Em 1857, teve início a segunda Guerra do Ópio. Cantão foi bombardeada por uma esquadra anglo-francesa, e um exército de franceses e ingleses marchou sobre Pequim. A vitória ocidental, em 1860, foi total.

Os chineses foram obrigados, pelo Tratado de Pequim, a abrir mais 11 portos ao comércio europeu e a aceitar a livre navegação pelo rio Yang-Tsé.

Ao dominar os portos, os ocidentais passaram a controlar a economia chinesa.

O Japão

O Japão havia se fechado ao exterior no século XVII, mas foi obrigado a abrir seu comércio ao Ocidente no século XIX.

Em 1853, navios de guerra dos Estados Unidos entraram na baía de Tóquio e exigiram que o Japão abrisse seus portos ao comércio com os estadunidenses. Os japoneses capitularam e aceitaram tratados idênticos com a Inglaterra e a Rússia.

O Japão adotou, então, uma nova política para se proteger do imperialismo ocidental.

Revolução Meiji e imperialismo japonês

Em 1867, o imperador japonês Mutsuhito centralizou o poder, que durante 250 anos ficou nas mãos da nobreza territorial. O governo centralizado implantou grandes reformas, que transformaram o Japão em **potência industrial capitalista**. Essa época foi nomeada Era Meiji.

Na Era Meiji, indústrias e ferrovias foram criadas com o auxílio de técnicos ocidentais. Universidades passaram a ensinar os avanços científicos da Revolução Industrial. No campo, a servidão foi extinta e implantou-se a reforma agrária.

O exército e a marinha foram reorganizados e rearmados. Canhões modernos e navios de aço movidos a vapor passaram a proteger o Japão das ameaças imperialistas.

Mas o poderio japonês não serviu apenas para a defesa da independência nacional. Fortalecido, o Japão passou a praticar uma **política imperialista** sobre seus vizinhos.

Em 1894, os japoneses atacaram a China, conquistando a ilha de Taiwan e uma pesada indenização em dinheiro. A Coreia, antes sob controle chinês, passou à órbita dos japoneses. O Japão era a **nova potência** da Ásia.

GLOSSÁRIO

Era Meiji: no calendário tradicional japonês, o tempo é dividido em "eras", que em geral correspondem ao governo de cada imperador. Ao subir ao trono, o imperador Mutsuhito anunciou o início da Era Iluminada (no sentido de culta, sábia), ou Meiji, em japonês. Assim, o ano de 1868 no calendário ocidental corresponde ao ano 1 da Era Meiji no Japão.

Ataque e captura de Chuenpee, próximo de Cantão. Gravura de Henry Adlard, de 1843, representa um ataque britânico na Primeira Guerra do Ópio, em 1841.

Imperialismo na América Latina

Por volta de 1830, quase todas as colônias europeias da América Latina haviam conquistado sua independência política. No entanto, o continente passou a sofrer outras formas de dominação externa.

A Europa contra a indústria latino-americana

Os países europeus que se industrializavam, a começar pela Inglaterra, tinham interesse em que a América Latina não implantasse indústrias, continuando a produzir apenas alimentos e matérias-primas (minérios, madeiras, borracha, etc.).

A principal ação do imperialismo europeu na América Latina foi, portanto, impedir a adoção de políticas que taxassem as importações de produtos industrializados ou que, de alguma maneira, estimulassem o surgimento de uma indústria local.

Durante todo o século XIX, as principais potências europeias mantiveram diplomatas e navios de guerra na América Latina, exercendo pressão permanente para que os mercados locais permanecessem abertos aos produtos industriais da Europa.

A força do capital

Outra forma de dominação imperialista na América Latina do século XIX foi o aprofundamento da **exploração econômica**, impondo condições cada vez mais danosas aos países da região.

Bancos e governos das potências imperialistas emprestavam dinheiro aos governos latino-americanos, exigindo em troca a **submissão aos interesses europeus**. Ao exigir liberdade para investir, as empresas estrangeiras controlavam a maior parte da infraestrutura dos países latino-americanos – como ferrovias, serviços de bondes, água, esgoto, gás, eletricidade, telefonia, etc.

Manobrando empréstimos e investimentos, os países europeus dominavam grande parte da economia e da política dos países latino-americanos.

Os Estados Unidos e o Destino Manifesto

Os Estados Unidos também se tornaram, no século XIX, uma potência imperialista. Com base na crença na superioridade de seu modelo político e social, os estadunidenses criaram uma versão própria do mito do "fardo do homem branco": caberia a eles **levar a liberdade** a todos os povos do mundo, mesmo que à força.

Nesse contexto, alguns intelectuais elaboraram a doutrina do **Destino Manifesto**, pela qual Deus havia escolhido o povo dos Estados Unidos para libertar o mundo.

"A América para os americanos"

O governo dos Estados Unidos acreditava ter o dever de proteger as liberdades democráticas diante da Europa absolutista, principalmente após o Congresso de Viena de 1815 (ver capítulo O Primeiro Império Francês).

A derrota de Napoleão foi seguida pela restauração do absolutismo na maior parte da Europa. O projeto do Congresso de Viena era, claramente, reconstituir a situação existente antes da expansão napoleônica.

Um dos acontecimentos condenados pelos vitoriosos de 1815 era a independência das colônias hispânicas.

Resolvido a proteger a América das ambições europeias, em 1823 o presidente James Monroe anunciou que, a partir daquela data, os Estados Unidos impediriam qualquer tentativa de recolonização dos países americanos. A **Doutrina Monroe**, como ficou conhecida, foi resumida na frase: **A América para os americanos**.

O ato de Monroe era aparentemente benéfico para as antigas colônias latino-americanas, que dessa forma conseguiam a garantia de apoio em caso de ataque de uma potência europeia. Contudo, na prática, a finalidade da Doutrina Monroe era outra: fazer dos **Estados Unidos o país líder do continente**, subordinando as políticas locais dos países latinos aos interesses estratégicos estadunidenses.

A emergência dos Estados Unidos como país industrializado, em meados do século XIX, viria consolidar seu papel imperialista, com sérios reflexos em toda a América Latina.

Assentamento de trilhos de bonde nas ruas dos Imigrantes (atual Mauá) e Florêncio de Abreu, em São Paulo (SP). Foto de 1902.

Ontem e hoje

Os diferentes rumos da história chinesa

Em meados do século XIX, com o fim da segunda Guerra do Ópio, a China viu-se obrigada a assinar uma série de tratados que privilegiavam, exclusivamente, as potências estrangeiras, consolidando, assim, o imperialismo em seu território.

No final desse século, europeus e estadunidenses ocupavam vários portos importantes, construindo bairros inteiramente ocidentais, onde os chineses não possuíam direitos. A Rússia czarista e o Japão dominavam partes do território chinês. A Indochina, tradicional zona de influência chinesa, estava sob o controle francês. Não era difícil imaginar um futuro no qual a China perdesse a sua unidade, retalhada entre povos distintos para ser mais bem explorada.

Porém, a história chinesa tomou rumos diferentes e, ao longo do século XX, após uma sangrenta guerra civil, os chineses empreenderam um duro caminho de modernização e afirmação nacionalista. Atualmente, o país é considerado uma das maiores potências econômicas e militares do mundo.

Nos últimos anos, não é apenas o fôlego de sua economia que tem chamado a atenção do Ocidente, mas também sua relação com os países emergentes, em especial os da África subsaariana. São polêmicos os maciços investimentos feitos por empresas chinesas no continente, e para alguns economistas eles representam uma tentativa do governo chinês em se tornar hegemônico na região.

Presidente chinês chega à Tanzânia para primeira visita à África

[...]

O presidente chinês, Xi Jinping, chegou na tarde deste domingo [24 mar. 2013] a Dar es Salaam, na Tanzânia, primeira etapa da viagem que o levará ainda à África do Sul e à República do Congo, constatou a AFP.

O avião do novo chefe de Estado chinês, procedente de Moscou, primeira etapa de sua viagem ao exterior, pousou no aeroporto Julius Nyerere da capital econômica da Tanzânia por volta das 16H00 (10H00 Brasília).

O líder chinês permanecerá até a segunda-feira na Tanzânia, um país que mantém estreitas relações com a China há longo tempo.

Na noite deste domingo, Xi e seu homólogo tanzaniano, Jakaya Kikwete, assinarão 16 acordos, em particular sobre reforma de infraestruturas portuárias e de saúde.

Após visitar a Tanzânia, o presidente chinês seguirá para a África do Sul, onde na terça e quarta-feira participará em Durban da quinta cúpula dos BRICS, grupo integrado por Brasil, Rússia, Índia, China e África do Sul.

Após a reunião dos BRICS, Xi seguirá para o Congo-Brazzaville, onde encerrará seu giro pela África, cujo objetivo principal é confirmar a importância atribuída por Pequim aos países emergentes.

Disponível em: <http://www.correiobraziliense.com.br/app/noticia/mundo/2013/03/24/interna_mundo,356541/presidente-chines-chega-a-tanzania-para-primeira-visita-a-africa.shtml>. Acesso em: 14 maio 2014.

Presidente chinês Xi Jinping durante visita na cidade de Dar es Salaam, na Tanzânia, em março de 2013.

Reflita

- Pesquise na internet e em diferentes jornais e revistas notícias sobre as relações entre a China e os países da África subsaariana. Em sua opinião, as ações do governo chinês no continente africano são semelhantes às políticas imperialistas europeias do século XIX? Justifique sua opinião.

Atividades

Verifique o que aprendeu

1. Nas últimas décadas do século XIX, surgiu o capitalismo monopolista. Explique a relação entre esse fenômeno e o desenvolvimento científico e tecnológico.
2. Quais foram as três formas básicas de dominação colonial impostas pelos países imperialistas no século XIX?
3. Explique a relação entre a intensificação do domínio inglês na Índia e a Guerra dos Sete Anos.
4. A revolta dos sipaios foi desencadeada em parte pelo desrespeito inglês pelas tradições religiosas da Índia. No caso dos hindus (praticantes do hinduísmo), houve reclamações relacionadas ao desrespeito pela tradicional divisão social em castas. Explique por quê.
5. A dominação francesa na Indochina começou em 1858, com o envio de expedições militares à região. Qual foi o pretexto utilizado por Napoleão III?
6. Em 1884, foi organizada a Conferência de Berlim. Que critério criado pelos países reunidos determinou a corrida pela conquista de terras africanas?
7. A Primeira Guerra do Ópio (1839-1842) levou a China a assinar o Tratado de Nanquim. Explique o que esse tratado determinava.
8. Para evitar as mesmas humilhações sofridas pela China, o Japão adotou como tática a imitação dos países imperialistas. Explique esse processo.
9. Relacione o expansionismo dos Estados Unidos e a doutrina do Destino Manifesto.
10. Em 1823, o presidente estadunidense James Monroe fez um pronunciamento que, mais tarde, ficou conhecido como "Doutrina Monroe". A quem era dirigido esse pronunciamento e com que finalidade?

Leia e interprete

11. O historiador inglês Eric Hobsbawm, em *A era dos impérios*: 1875-1914, discute o conceito de "imperialismo", considerando esse fenômeno o "fato maior do século XIX". Leia o texto a seguir, extraído dessa obra, e responda às questões propostas.

    > Então, o fato maior do século XIX é a criação de uma economia global única, que atinge progressivamente as mais remotas paragens do mundo, uma rede cada vez mais densa de transações econômicas, comunicações e movimentos de bens, dinheiro e pessoas ligando os países desenvolvidos entre si e ao mundo não desenvolvido [...]. Sem isso não haveria um motivo especial para que os Estados europeus tivessem um interesse algo mais que fugaz nas questões, digamos, da bacia do rio Congo, ou tivessem se empenhado em disputas diplomáticas em torno de algum atol do Pacífico. Essa globalização da economia não era nova, embora tivesse se acelerado consideravelmente nas décadas centrais do século. Ela continuou a crescer [...] entre 1875 e 1914. [...] Pois a sua civilização agora precisava do exótico. O desenvolvimento tecnológico agora dependia de matérias-primas que, devido ao clima ou ao acaso geológico, seriam encontradas exclusiva ou profusamente em lugares remotos. O motor de combustão interna, criação típica do período que nos ocupa, dependia do petróleo e da borracha. [...] Os metais não ferrosos [...] tornaram-se essenciais para as ligas de aço [...].

    HOBSBAWM, Eric. *A era dos impérios*: 1875-1914. Rio de Janeiro: Paz e Terra, 1988. p. 95-96.

    a) O conceito de globalização passou a ser muito utilizado a partir das últimas décadas do século XX. Como Hobsbawm explica que esse fenômeno tenha-se intensificado já ao longo do século XIX?
    b) Qual é a relação entre a globalização do século XIX e as disputas por regiões da África e do Pacífico nesse período?

12. A imagem a seguir reproduz uma *charge* francesa produzida na década de 1890. Observe seus detalhes e responda às questões propostas.

    Gravura de Henri Meyer publicada no *Le Petit Journal*, 1898.

    a) Na parte interior da charge, várias pessoas retalham uma torta. O que essa torta representa?
    b) Quem seriam as figuras em torno da mesa?
    c) Que objeto as figuras representadas em torno da mesa seguram nas mãos? Qual seria o significado de elas segurarem esse objeto?
    d) Que personagem está na parte superior da imagem? O que os gestos e a expressão facial dessa personagem representam?

CAPÍTULO 41

Estados Unidos

O que você vai estudar

- O Pan-americanismo.
- Os EUA e a expansão para o Oeste.
- A Guerra de Secessão.
- Uma nova potência.

Washington atravessando o rio Delaware, 1851, óleo sobre tela do pintor estadunidense Emanuel Leutze.

Ligando os pontos

A independência dos Estados Unidos (1776) e a Revolução Francesa (1789) inspiraram processos de independência na América hispânica. A concretização dos ideais iluministas na América e a retração dos governos absolutistas europeus acenderam na elite *criolla* o desejo de formar governos autônomos, livres do jugo colonial. As transformações provenientes da Revolução Industrial também foram sentidas na América. O ideal de liberdade tornou-se fundamental para os negócios e as teorias econômicas baseadas no livre comércio se consolidarem em meio à crescente produtividade das potências europeias e ao desejo de ampliar mercados consumidores.

A invasão napoleônica da Espanha (1807-1814) afrouxou a dominação colonial, criando oportunidades para a elite crioula buscar a ampliação de seus poderes. Entre 1815 e 1825 surgiram na América hispânica novos países liderados por essa elite, que passou a reprimir as revoltas populares e a abafar as reivindicações de setores desfavorecidos, como indígenas, escravos e mestiços pobres.

Os Estados Unidos – com uma Constituição baseada na divisão dos três poderes, liberdade de opinião, tolerância religiosa, sistema republicano e federalista e economia de livre comércio – serviram como uma espécie de modelo a ser seguido. Representavam, acima de tudo, a ruptura total com o passado colonial. Porém, essa relação de admiração inicial, fortalecida pelo apoio estadunidense à emancipação das colônias espanholas, não perdurou ao longo do século XIX.

Após ler o texto, observe a imagem acima e responda às questões.
1. Assinale as razões que faziam dos Estados Unidos um modelo para os processos de independência na América hispânica.
2. Relacione a pintura reproduzida nesta página com a imagem dos EUA construída pela elite de origem anglo-saxã.

> O Pan-americanismo

O Pan-americanismo é uma ideologia política baseada na proposta de solidariedade entre as nações do continente americano. Sua intenção é criar, desenvolver e ordenar as relações, a associação e a cooperação entre os países da América nos assuntos de interesse comum.

A primeira proposta nesse sentido veio de **Simón Bolívar**, em 1826, quando ele convidou todas as nações recém-independentes para o **Congresso do Panamá**. Da reunião, contudo, participaram apenas o México, a Guatemala, o Peru e a anfitriã Grã-Colômbia. Os Estados Unidos enviaram observadores.

Inicialmente, pretendia-se uma defesa comum para o continente, mas a ideologia desdobrou-se na adoção do princípio do arbitramento nos impasses interamericanos, no compromisso de preservar a paz continental e na abolição da escravidão.

Apesar de não ter tido efeito prático, o Congresso do Panamá indicou a tônica das relações interamericanas: a preponderância dos interesses regionais das elites *criollas* nas jovens nações. O Brasil monárquico foi contrário aos regimes republicanos e os EUA mostraram-se temerosos com a propagação das ideias antiescravistas.

Os norte-americanos tinham, porém, sua própria concepção de pan-americanismo expressa na **Doutrina Monroe** (1823): "A América para os americanos". O objetivo principal era evitar a interferência das potências europeias e reservar para si uma área de influência onde pudessem exercer sua hegemonia.

> Os congressos pan-americanos

Em 1889, por iniciativa dos Estados Unidos, ocorreu o Primeiro Congresso Pan-americano, reunindo 18 países em Washington. Como resultado, foi criado um órgão coordenador para atuar nos impasses comerciais interamericanos, o Escritório Comercial das Repúblicas Americanas, com sede em Washington.

Vários outros congressos se sucederam até a criação da Organização dos Estados Americanos, OEA, em 1948, em Bogotá. Esses congressos ampliaram a hegemonia dos EUA sobre o continente, por meio de sua força econômica e política.

Charge política de W. A. Rogers, do início do século XIX, representando a Doutrina Monroe e a consolidação da hegemonia estadunidense sobre a América.

> José Martí e as críticas aos EUA

A força política demonstrada pelo governo estadunidense no século XIX, como no caso da guerra contra o México, gerou desconfiança nos países hispano-americanos.

Um dos maiores críticos à atuação dos líderes estadunidenses com as demais nações americanas foi o pensador, poeta e escritor cubano **José Martí** (1853-1895). Cuba iniciou a luta pela independência da Espanha na **Guerra dos Dez Anos** (1868-1878), porém só a obteve em 1902, com apoio dos Estados Unidos.

Considerado um dos heróis da independência cubana, Martí escreveu *Nuestra América* (1891), enfatizando que a América hispânica era diferente da Europa e dos EUA. Ele nomeou-a *Nuestra América*, em que o pronome "*nuestra*" ("nossa") buscava uma identidade própria e uma distinção em relação à "outra" América, representada pelos Estados Unidos e por sua **política imperialista** (que, para Martí, ameaçava o equilíbrio e a paz continental).

Martí afirmava que o perigo para *Nuestra América* eram os *"tigres de afuera"* – interesses expansionistas dos EUA – e os *"tigres de adentro"* – vários fatores internos à própria América hispânica. Entre as ameaças internas estavam a herança colonial, a fragmentação, o sentimento de inferioridade, o localismo e a excessiva importação de modelos e fórmulas alheias, como o culto desmedido das elites letradas aos modelos ingleses, franceses e estadunidenses.

Seu pensamento destoava das ideias de muitos intelectuais crioulos, que culpavam o passado colonial hispânico, a mestiçagem e a não aplicação do modelo civilizatório estadunidense como responsáveis pelo atraso latino-americano.

GLOSSÁRIO

Arbitramento: em diplomacia, é a solução de disputas internacionais por meio da ação de um país não envolvido, convidado e aceito por todas as partes, que assume o papel de árbitro (juiz) da disputa. É um modo de evitar o uso da força.

A expansão dos EUA para o Oeste

No século XIX, os EUA experimentaram crescimento populacional, territorial e econômico, tornando-se a potência do continente.

Política de imigração

Por essa época, imigrantes provenientes da Grã-Bretanha, da França, dos Países Baixos, da Escandinávia e de regiões germânicas e eslavas buscavam na América liberdade religiosa, de expressão e de trabalho.

Apesar de muitos terem ido para as cidades – tornando-se operários, comerciantes ou artesãos –, o sonho do acesso à terra ajudou a expandir o território dos Estados Unidos.

A expansão territorial

A expansão foi iniciada em 1803, quando os Estados Unidos compraram a Louisiana da França. Em 1819, aproveitando-se do enfraquecimento espanhol diante das colônias, os EUA compraram a Flórida. Na década de 1840, o Oregon foi ocupado pelos colonos britânicos e, em seguida, os Estados Unidos o adquiriram da Inglaterra. A guerra com o México (1846-1848) terminou com a anexação do Texas, do Novo México e da Califórnia. Em 1853, a região sul do Arizona foi comprada do governo mexicano, e o Alasca (1869), do Império Russo.

Cada conquista territorial foi antecipada pela fixação de colonos. A **marcha para o Oeste** esteve imbuída de um sentimento religioso-nacionalista, que considerava escolha divina fazer dos EUA uma nação poderosa, capaz de levar seus ideais de liberdade e democracia a regiões inóspitas, a outros países e povos, concepção, como vimos anteriormente, chamada **Destino Manifesto**.

Com a expansão das fronteiras até a costa Oeste, novas áreas agrícolas foram abertas. A criação de amplo mercado consumidor favoreceu a economia industrial da região norte. O eixo norte-oeste criou uma rede de transportes baseada em ferrovias e barcos a vapor, que escoavam a produção de cereais, gado e produtos industrializados.

A economia sulista agroexportadora, latifundiária e escravista também se beneficiou. A produção de algodão, tabaco, trigo e cana-de-açúcar aumentou. As indústrias foram ampliadas com o beneficiamento de produtos primários.

A questão do acesso à terra aumentou as divergências entre a burguesia industrial nortista e os latifundiários escravocratas do Sul. Os nortistas observaram que as pequenas propriedades do Oeste aumentaram o mercado consumidor dos produtos industrializados e a oferta de alimentos. Assim, defendiam a política de baixos preços para as terras públicas. Já os sulistas eram contra essa política, pois consideravam as pequenas propriedades familiares um entrave à escravização.

Essa questão contribuiu para a **Guerra de Secessão** (1861-1865). Em 1862, o presidente Abraham Lincoln aprovou o **Homestead Act** (Lei de Propriedade de Terras), segundo o qual as "terras vazias" do Oeste passaram a ser consideradas de domínio público, isto é, pertencentes ao governo. A lei autorizava os colonos a ocupar as terras. Após cinco anos de ocupação efetiva, a posse se tornava definitiva.

Genocídio dos indígenas

A ocupação das terras públicas provocou o extermínio das populações indígenas.

A **Lei de Remoção dos Índios**, de 1830, deslocou milhares de indígenas para reservas no Oeste, abrindo as pradarias férteis para colonos americanos e imigrantes.

Além de desnutrição e doenças, milhares de indígenas morreram em batalhas na resistência ao processo de colonização.

A expansão territorial dos Estados Unidos até 1853

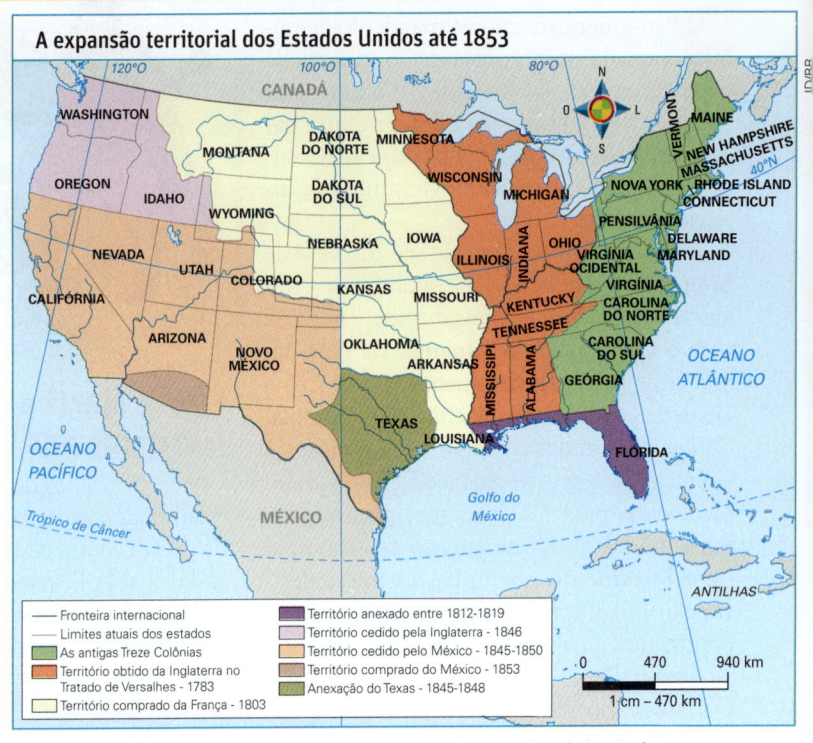

Fonte de pesquisa: ARRUDA, José Jobson de A. *Atlas histórico básico*. 17. ed. São Paulo: Ática, 2007. p. 23.

Assista

Dança com lobos. Direção de Kevin Costner, EUA, 1990, 180 min.
O filme aborda a trajetória do tenente John Dunbar, que, após a Guerra Civil, vai servir em uma região de indígenas Sioux e se aproxima dos nativos, descobrindo sua cultura.

A Guerra de Secessão

No século XIX, as divergências políticas entre os estados do Norte e os do Sul dos Estados Unidos se acentuaram. Sobre as tarifas alfandegárias, os nortistas queriam altas taxas para proteger suas indústrias; os sulistas defendiam taxas baixas para baratear produtos importados. Além disso, os sulistas reclamavam que os investimentos internos (estradas, ferrovias, portos, etc.) feitos pelo governo federal privilegiavam o Norte.

Norte e Sul disputavam a hegemonia de seus modelos socioeconômicos nos estados anexados. A escravização era uma questão central. Os industriais do Norte eram a favor do trabalho livre e da pequena propriedade; já os fazendeiros do Sul defendiam o escravismo e a expansão da *plantation*.

Na década de 1850, o Norte superava o Sul em população. Os nortistas ampliaram sua influência no âmbito federal, dividindo os congressistas no debate sobre a abolição. Nesse período, o Partido Democrata era reduto sulista, enquanto o Partido Republicano representava os interesses nortistas.

Nas eleições presidenciais de 1860, a vitória do nortista Abraham Lincoln, considerado abolicionista, desencadeou a Guerra: Carolina do Sul, Alabama, Flórida, Mississípi, Geórgia e Texas formaram os **Estados Confederados da América**, separados dos Estados Unidos. Posteriormente, juntaram-se ao grupo Arkansas, Carolina do Norte, Tennessee, Louisiana e Virgínia. Os Confederados elegeram Jefferson Davis como presidente.

› **Uma guerra moderna**

O ataque dos Confederados ao Forte Sumter foi o estopim para a guerra. Os estados da União, liderados por Lincoln, contavam com um contingente quatro vezes maior de soldados, com as maiores empresas do país e com uma ampla malha ferroviária. Em contrapartida, os confederados tinham grandes estrategistas militares.

Mais de 600 mil estadunidenses morreram nas batalhas.

Atendimento médico no campo de batalha da Guerra de Secessão. Foto de julho de 1863.

› **A vitória do Norte liberal sobre o Sul latifundiário**

Os investimentos na guerra devastaram economicamente o Sul. Os nortistas boicotavam portos e o transporte de alimentos, roupas e armas para a população e para os soldados sulistas, que começaram a desertar. Eles apelaram para seus escravizados, mas como esperar que lutassem contra abolicionistas?

Durante a guerra, Lincoln tomou decisões que fragilizaram os sulistas, entre elas a **Lei do Confisco**, que permitia o confisco pelos nortistas das propriedades usadas em favor dos confederados, e a **abolição da escravização**, em 1865. No mesmo ano, os confederados se renderam.

Os estados do Norte enriqueceram com a guerra, fortalecendo seu poder industrial e impondo o modelo de **liberalismo industrial** para todo o país.

Conheça melhor

O ressentimento sulista após a derrota na Guerra de Secessão foi responsável pelo surgimento da **Ku Klux Klan**, ou KKK, organização que procurava impedir a integração social da população negra após a abolição.

Seus integrantes, insatisfeitos com o fim da sociedade escravista e com base em uma concepção racista, buscavam barrar os direitos recém-adquiridos da população negra, como, por exemplo, o direito à terra e ao voto.

Em 1872, o grupo foi reconhecido como uma entidade terrorista e foi banido dos Estados Unidos. Mas, no início do século XX, foi reorganizado em Atlanta.

A KKK lutou pelo domínio dos brancos protestantes sobre os negros, os católicos, os judeus e os imigrantes. Seus adeptos realizaram atos de extrema violência, entre os quais linchamentos de afrodescendentes. A organização chegou a ter 4 milhões de seguidores na década de 1920, incluindo políticos, policiais, delegados, juízes, etc.

› Uma nova potência

De 1865 a 1877, o Sul dos EUA, devastado pela guerra civil, passou por uma reconstrução, sob o comando financeiro e político do Norte. A guerra consolidou o modelo socioeconômico dos nortistas, privilegiando a indústria e fazendo do país uma grande potência capitalista.

› A industrialização acelerada

Após a guerra civil teve início a era da iniciativa privada, quando grandes grupos e famílias acumularam riqueza e poder.

As estradas de ferro foram centrais nesse processo, reduzindo as distâncias entre as fontes de matérias-primas e a indústria. Cinco ferrovias intercontinentais ligaram os Estados Unidos de costa a costa e aceleraram o crescimento demográfico do Oeste. Por volta de 1900, o país era cortado por cerca de um terço das linhas férreas do mundo.

A mecanização da agricultura gerou aumento de produção e expansão das áreas de cultivo. Em 1896, um fazendeiro com ceifadeira, trançador e debulhador colhia mais trigo do que 18 homens nos anos 1850.

Os estadunidenses expandiram muito o sistema de comunicação por meio da difusão do telégrafo e, posteriormente, da expansão do telefone. Também criaram máquinas de escrever, máquinas registradoras e calculadoras. Em 1870, a eletricidade já era utilizada como fonte de energia e, mais tarde, passou a mover bondes elétricos e a acionar lâmpadas e vitrolas.

Entre 1870 e 1900, os Estados Unidos receberam mais de 20 milhões de **imigrantes** vindos da Europa e da Ásia, dobrando a população do país. Os centros urbanos, em decorrência da industrialização, expandiram-se e ganharam um novo desenho com o surgimento dos primeiros arranha-céus.

No mesmo período, cerca de 13% da renda nacional foi aplicada na indústria, enriquecendo também os bancos de investimentos, centralizados em Nova York. O surto industrial consolidou o poderio de grandes empresas e corporações que buscavam o **monopólio**. Lançando mão de mecanismos que burlavam a concorrência, como trustes e cartéis, companhias como a Standard Oil Trust chegaram a dominar 90% do refino de petróleo, construindo um império internacional no setor petrolífero.

Essa euforia industrial fez emergir o mito do *self made man*, ou seja, da ascensão social por meio do trabalho ininterrupto, apesar de a maioria dos capitães da indústria não ter um histórico de pobreza.

O cineasta Charles Chaplin foi um grande crítico do taylorismo e dos processos de disciplinarização e alienação do trabalhador no mundo industrial. Na imagem, cena do filme *Tempos modernos*, dirigido e protagonizado por ele, realizado em 1936.

Um dos primeiros arranha-céus do mundo, o Flatiron de Nova York foi inaugurado em 1902. O nome *flatiron* (ferro de passar em andares) foi dado pela população em alusão à sua forma triangular, que lembra a de um ferro de passar roupa. Foto de 2012.

História e economia

A administração de empresas é um campo de saber, fruto do *boom* industrial estadunidense no final do século XIX. Trabalhos realizados nessa área fornecem ao historiador importantes conhecimentos sobre a vida econômica e sobre a organização e os problemas do trabalho nos últimos cem anos.

Até hoje é estudado o trabalho de Frederick Winslow Taylor (1856-1915), grande nome da chamada administração científica da produção industrial.

Taylor propôs a utilização de métodos racionais na administração de empresas, com o objetivo de aumentar a eficiência e a produtividade.

Ele partiu da ideia de que quanto menor o tempo gasto pelo operário na execução de sua tarefa, maior seria a produtividade. Assim, estabeleceu uma série de princípios, como a alta especialização das tarefas, a padronização da produção e a disciplinarização do trabalhador, etc.

Taylor concebeu um sistema que influenciou o mundo do trabalho no século XX.

- Debata com seus colegas as premissas do taylorismo e discuta as possíveis consequências da adoção dessas propostas para a indústria e para o operário.

Havaí

A expansão industrial fez com que os Estados Unidos estabelecessem importantes laços comerciais com o Extremo Oriente. Procuraram, então, utilizar as ilhas do Pacífico como pontos estratégicos, aproximando-se da Monarquia havaiana, investindo no arquipélago e consolidando na região uma elite de fazendeiros e comerciantes.

Entretanto, em 1893 a rainha havaiana Liliíuokalani adotou uma política pró-Havaí e contrária aos interesses dos EUA. Como resposta, as forças estadunidenses invadiram o Havaí e anexaram-no a seu Estado em 1898.

A guerra hispano-americana: Cuba, Porto Rico e Filipinas

Desde a década de 1880, os EUA manifestavam fortes inclinações imperialistas em relação ao Caribe. Prova disso foi a negociação com a Grã-Bretanha para obter os direitos da construção de um canal no Panamá.

Entretanto, a Espanha ainda possuía importantes colônias no Caribe: Cuba e Porto Rico. Em 1895, os cubanos reiniciaram a luta por sua independência. Baseado na Doutrina Monroe, o governo estadunidense insistiu para que a Espanha concedesse autonomia a Cuba. A metrópole não aceitou e reprimiu violentamente o movimento independentista. Nesse interregno, o navio de guerra norte-americano *Maine*, ancorado em Havana, foi bombardeado pelos espanhóis. Foi o estopim para que o governo dos EUA declarasse guerra à Espanha.

A guerra hispano-americana, ocorrida em 1898, foi vencida com certa facilidade pelos EUA, que atacaram as forças espanholas em Cuba, Porto Rico e Filipinas, assumindo o controle político sobre essas regiões.

No caso das Filipinas, os Estados Unidos mantiveram o controle por meio de uma assembleia eletiva até o fim da Segunda Guerra Mundial, apesar das contestações internas dos mais diferentes setores.

Em Cuba, a assinatura de um acordo, forçado pelos congressistas anti-imperialistas antes da guerra pela independência, impossibilitou os estadunidenses de se apossarem da ilha com o fim do conflito. Porém, os Estados Unidos só se retiraram em 1902, quatro anos após a vitória. Antes, aprovaram a Emenda Platt que, incorporada à Constituição cubana, concedia o direito de os norte-americanos intervirem em Cuba para garantir a "independência e a estabilidade" daquele país. Além disso, os Estados Unidos asseguraram uma base naval em Guantánamo. A Emenda Platt foi revogada nos anos 1930, mas a ilha continuou dependente da economia norte-americana até 1959, quando ocorreu a Revolução Cubana.

Porto Rico ficou sob protetorado dos EUA, que ali estabeleceram o Legislativo de Porto Rico, em 1900. Ao longo do século XX, a ilha tornou-se um Estado livre associado aos Estados Unidos.

O *big stick* e as "repúblicas das bananas"

A guerra hispano-americana representou um divisor de águas na política externa estadunidense. Definitivamente, os Estados Unidos se colocaram como uma potência militar imperialista e respeitada no cenário internacional.

As intervenções da potência norte-americana na América Latina prosseguiram ao longo do século XX. Em 1903, os estadunidenses auxiliaram os panamenhos a separar-se da Colômbia, e garantiram a construção do Canal do Panamá, que ficaria sob seu controle até 1999.

Em 1904, o presidente Theodore Roosevelt cunhou a expressão *big stick* (grande porrete) para referir-se à política intervencionista estadunidense em relação às repúblicas latino-americanas. As repúblicas do Caribe acabaram nomeadas de *bananas republics* por serem fornecedoras de produtos primários (café, bananas, etc.) e por ficarem cada vez mais subjugadas aos interesses dos Estados Unidos.

Charge publicada na revista norte-americana *Judge Magazine*. Representa o presidente Theodore Roosevelt como um jogador de beisebol, esporte popular nos EUA, segurando o *big stick*, que caracterizava sua política para a América Central. Maio de 1907.

Ontem e hoje

O Destino Manifesto e a Doutrina Bush

Deus, a liberdade e os EUA

Não podemos saber de tudo o que está adiante. Mesmo que saibamos que Deus nos tenha colocado juntos neste momento para chorarmos juntos, permanecer juntos, servirmos uns aos outros e ao nosso país. E a tarefa que nos foi dada, defender os Estados Unidos e nossa liberdade, também é um privilégio que dividimos. Estamos preparados para este desafio. E nossa prece nesta noite é que Deus nos guarde e nos mantenha dignos. Amanhã é 12 de setembro. Um marco se passou, e uma missão continua. A liberdade que prezamos não é um presente dos Estados Unidos para o mundo, é um presente de Deus para a humanidade. (Aplausos.) Nós dos Estados Unidos temos fé em nós mesmos, mas não apenas em nós mesmos. Não conhecemos – nem alegamos conhecer todos os caminhos da Providência, embora possamos neles confiar, colocando nossa confiança no Deus amoroso que está por trás de tudo na vida e na história. Que Ele nos guie agora. E que Deus continue a abençoar os Estados Unidos da América. (Aplausos.) Acredito que Deus plantou em cada coração humano o desejo de viver em liberdade. E mesmo quando esse desejo é esmagado por décadas de tirania, ele surgirá novamente. Nós avançamos com plena confiança no triunfo final da liberdade.

(Trecho do discurso do presidente George Bush ao povo dos EUA depois do atentado às torres gêmeas em 11 de setembro de 2001.)

MARINHO, K. M. *In The President We Trust*: uma análise da concepção religiosa na esfera política dos EUA presente nos discursos de George W. Bush. São Paulo: PUC-SP, 2006. p. 150-151.

Destino Manifesto

Ao conquistarem a independência e estabelecerem um governo democrático baseado em princípios "universais" e na liberdade religiosa, os norte-americanos acreditavam estar cumprindo a promessa outrora feita pelos primeiros colonos: os Estados Unidos haviam-se tornado [...] um modelo de "progresso rumo à perfeição", um exemplo inspirador para toda a humanidade.

Nas décadas seguintes, esse modelo de autopercepção evoluiria a partir dessa premissa. À medida que o país se tornava mais forte e próspero, sobrevivendo "às intempéries do destino, aos infortúnios da má sorte, ao ódio infeccioso da Europa, à malevolência de reis e tiranos" [...], a crença inicial em uma experiência política fadada a inspirar pelo exemplo dava lugar a visão mais ambiciosa, de um país que transformaria o mundo por expansão. Exportar o "modelo norte-americano" tornou-se o "Destino Manifesto" do país – um conceito originalmente criado para justificar a expansão territorial em direção ao oeste, mas que logo passaria a englobar fronteiras cada vez mais distantes, tanto em termos geográficos como, anos mais tarde, ideológicos.

A expressão "Destino Manifesto" surgiu pela primeira vez em 1845, em artigo do jornalista John O'Sullivan sobre a anexação do Texas. Meses depois, tornar-se-ia popular ao ser reutilizada em editorial sobre a controvérsia opondo EUA e Inglaterra a respeito do território de Oregon. O editorial, publicado pelo jornal *New York Morning News*, afirmava que a reivindicação norte-americana ao Oregon "era legítima pelo direito de nosso Destino Manifesto de possuir e povoar a totalidade do continente que a providência divina nos deu para o desenvolvimento de nossa grande experiência de liberdade e governo federativo".

FONSECA, Carlos da. Deus está do nosso lado: excepcionalismo e religião nos EUA. In: *Contexto Internacional*. Disponível em: <http://www.scielo.br/pdf/cint/v29n1/a05v29n1.pdf>. Acesso em: 21 maio 2014.

A imagem representa o processo de marcha para o Oeste, período em que surgiu a concepção do Destino Manifesto. Tela de Emanuel Leutze, *O império toma o rumo do oeste*, 1861.

Reflita

1. Compare os dois textos e discuta com os colegas a permanência das ideias centrais do Destino Manifesto na recente política norte-americana expressa no discurso de George Bush.
2. Na sua opinião, é correto legitimar atitudes políticas usando um discurso essencialmente religioso? Justifique sua resposta.

Atividades

Verifique o que aprendeu

1. Defina o conceito de pan-americanismo e explique qual era a posição de Bolívar em relação a essa ideologia e como ela era compreendida pelos EUA.

2. Quais eram os principais argumentos de José Martí em sua obra *Nuestra América*? Que críticas o escritor cubano formulou à atuação dos EUA?

3. Explique o que foi a marcha para o Oeste e de que modo a política de imigração contribuiu para o processo de expansão territorial dos Estados Unidos.

4. Quais foram as posições do Norte e do Sul dos EUA em relação à política de acesso às terras públicas do Oeste americano?

5. Quais foram as consequências da expansão do acesso dos colonos às terras do Oeste para os povos indígenas da América do Norte?

6. Cite pelo menos três fatores em que os estados do Sul e os do Norte dos EUA divergiam, desencadeando a Guerra de Secessão.

7. Identifique no texto deste capítulo as medidas que Abraham Lincoln tomou e que promoveram a vitória do Norte sobre os Confederados do Sul.

8. Descreva os setores da economia estadunidense que contribuíram para o surto industrial dos EUA no final do século XIX.

9. Qual foi a importância da guerra hispano-americana e dos territórios conquistados para a consolidação dos EUA como nação imperialista? Justifique.

10. Defina o que era a política do *big stick*, que afetou principalmente as repúblicas caribenhas.

Leia e interprete

11. Leia o texto abaixo, observe a tela do pintor estadunidense John Gast e responda às questões.

    A expressão "Destino Manifesto" surgiu pela primeira vez em 1845, em artigo do jornalista John O'Sullivan sobre a anexação do Texas. Meses depois, tornar-se-ia popular ao ser reutilizada em editorial sobre a controvérsia opondo EUA e Inglaterra a respeito do território de Oregon. O editorial, publicado pelo jornal New York Morning News, afirmava que a reivindicação norte-americana ao Oregon "era legítima pelo direito de nosso Destino Manifesto de possuir e povoar a totalidade do continente que a providência divina nos deu para o desenvolvimento de nossa grande experiência de liberdade e governo federativo".

    FONSECA, Carlos da. Deus está do nosso lado: excepcionalismo e religião nos EUA. In: *Contexto Internacional*. Disponível em: <http://www.scielo.br/pdf/cint/v29n1/a05v29n1.pdf>. Acesso em: 19 mar. 2013.

    Progresso americano, 1872, pintura de John Gast.

    a) Descreva a cena representada. Depois, relacione-a com a história dos Estados Unidos e defina quem são os homens que aparecem em marcha.
    b) Relacione a imagem à definição de Destino Manifesto indicada no texto.

12. Leia este texto e faça o que se pede.

    A Assembleia Geral da ONU aprovou hoje uma resolução que pede o fim do embargo econômico e comercial declarado há quase meio século pelos Estados Unidos contra Cuba. [...]

    Esta é a 17ª vez consecutiva que Cuba apresenta à Assembleia Geral uma resolução que critica os efeitos negativos destas sanções unilaterais dos Estados Unidos e pede sua revogação. [...]

    Por sua parte, o representante americano [...] afirmou que o governo dos EUA considera que o embargo a Cuba é um assunto que não diz respeito à Assembleia Geral, porque faz parte da política comercial soberana do país.

    UOL NOTÍCIAS. ONU aprova pedido de suspensão de embargo dos EUA a Cuba, 29 out. 2008. Disponível em: <http://noticias.uol.com.br/ultnot/efe/2008/10/29/ult1808u128963.jhtm>. Acesso em: 27 jan. 2014.

    a) Com que políticas adotadas pelos EUA desde o século XIX a atitude descrita acima pode ser relacionada? Justifique.
    b) Pesquise outras ações dos Estados Unidos na América Latina e compare-as com as políticas aplicadas no decorrer do século XX.

Vestibular e Enem

ATENÇÃO: todas as questões foram reproduzidas das provas originais de que fazem parte.

1. (PUC-RS) Em 1885, com o objetivo de fixar regras para a partilha do continente africano entre as potências europeias, o chanceler alemão Bismarck convocou a Conferência de Berlim. Relacionando o fato com o contexto econômico europeu, é correto afirmar que a Alemanha ingressava na corrida neocolonial para atender as novas necessidades de exportação de _____ por parte do capitalismo _____, bem como para justificar os altos investimentos estatais no setor _____ .

a) mão de obra; monopolista; financeiro
b) capitais; liberal; financeiro
c) capitais; monopolista; bélico
d) mão de obra; liberal; bélico
e) capitais; monopolista; financeiro

2. (Enem)

> Substitui-se então uma história crítica, profunda, por uma crônica de detalhes onde o patriotismo e a bravura dos nossos soldados encobrem a vilania dos motivos que levaram a Inglaterra a armar brasileiros e argentinos para a destruição da mais gloriosa república que já se viu na América Latina, a do Paraguai.
>
> CHIAVENATTO, J. J. *Genocídio americano*: A Guerra do Paraguai. São Paulo: Brasiliense, 1979 (adaptado).

> O imperialismo inglês, "destruindo o Paraguai, mantém o *status quo* na América Meridional, impedindo a ascensão do seu único Estado economicamente livre". Essa teoria conspiratória vai contra a realidade dos fatos e não tem provas documentais. Contudo essa teoria tem alguma repercussão.
>
> DORATIOTO, F. *Maldita guerra*: nova história da Guerra do Paraguai. São Paulo: Companhia das Letras, 2002 (adaptado).

Uma leitura dessas narrativas divergentes demonstra que ambas estão refletindo sobre:

a) a carência de fontes para pesquisa sobre os reais motivos dessa Guerra.
b) o caráter positivista das diferentes versões sobre essa Guerra.
c) o resultado das intervenções britânicas nos cenários de batalha.
d) a dificuldade de elaborar explicações convincentes sobre os motivos dessa Guerra.
e) o nível de crueldade das ações do exército brasileiro e argentino durante o conflito.

3. (PUC-PR)

> A abolição da escravatura no Brasil, sem uma política de inserção social daqueles trabalhadores, trouxe uma imensa marginalização social dos afrodescendentes. Afinal, havia uma nova ordem social na qual a preferência pelos imigrantes gerou a exclusão do negro do mercado de trabalho, levando-o à miséria e a um tratamento diferenciado. Essa assimetria social – sustentada e reforçada pelo racismo científico do séc. XIX – gerou uma situação lastimável: negros ainda eram oprimidos pelas ideias escravocratas que pareciam não ter realmente desaparecido do contexto.
>
> KOSSLING, Karin Sant'Anna. Da liberdade à exclusão. Revista *Desvendando a História*. Ano 2, n. 10, p. 39.

De acordo com o texto:

I. A abolição da escravatura em 1888 pela princesa Isabel resolveu a questão de três séculos de exploração, maus-tratos e sofrimentos. A lei restituiu aos afrodescendentes a dignidade e o direito à cidadania.
II. A Lei Áurea emancipou os negros da escravidão sem, contudo, lhes oferecer possibilidades reais e dignas de participação no mercado de trabalho.
III. Os afrodescendentes ficaram condenados a exercer um papel subalterno na sociedade, levando-os à miséria.
IV. A preferência pelos imigrantes reforçou a tese da igualdade racial tão propagada no século XIX.

Estão CORRETAS:

a) I e IV.
b) II e III.
c) II e IV.
d) III e IV.
e) I e III.

4. (UFF-RJ) A política imigracionista do Império Brasileiro quase sempre esteve relacionada à necessidade de mão de obra em substituição ao cativo e ao liberto, considerados incapazes para o trabalho livre. O conteúdo ideológico desta assertiva tem propiciado uma intensa produção acadêmica sobre o tema.

Assinale a opção que traduz a afirmativa CORRETA.

a) A formação de colônias oficiais tinha um conteúdo estratégico em áreas limítrofes com outros países, já que assegurava o domínio brasileiro sobre as terras fronteiriças.
b) Ao contrário do que normalmente se pensa, a política imigracionista esteve ancorada na distribuição de grandes lotes de terras para fazendeiros, oriundos das regiões mais ricas da Europa Ocidental.
c) A imigração chinesa foi tentada com muito sucesso nas regiões sul do Brasil na primeira metade do século XIX, impulsionada pela visão positiva sobre os asiáticos.
d) O fluxo migratório revela o interesse dos camponeses europeus em busca de novas terras. O Brasil raramente conseguiu atrair imigrantes, sendo insignificante o número que chegou ao país no século XIX.
e) O vitorioso projeto de colonizar o Brasil com base na pequena propriedade assentou-se no esforço de democratizar o acesso à terra nos moldes norte-americanos.

Uma época de conflitos e inovações

No início do século XX, ganharam força os sonhos de um mundo melhor. A invenção do avião, a expansão das ferrovias cortando países e continentes, o telégrafo e a popularização do rádio como difusor de informações e entretenimento, os grandes avanços da medicina, tudo levava a crer que a humanidade entrava em uma era de prosperidade.

Entretanto, os conflitos também se intensificaram. A política imperialista praticada por ingleses e franceses na África e na Ásia desde o século anterior deu origem a grandes descontentamentos nos governos da Itália e da Alemanha, que ficaram praticamente fora da partilha colonial.

A região dos Bálcãs, quase toda sob domínio do Império Austro-húngaro, lutava pela autonomia política, com o apoio do Império Russo. O resultado dessas dissensões foi uma longa e sangrenta guerra, que, no entanto, não resolveu os profundos conflitos entre os povos da Europa.

As incontáveis questões não resolvidas criaram um terreno fértil para o surgimento do totalitarismo e resultaram em uma nova guerra.

CAPÍTULO

42 A Primeira República no Brasil

O que você vai estudar

- Os momentos finais da monarquia no Brasil.
- Os primeiros presidentes militares.
- Os cafeicultores instalam-se no poder.
- Modernização e violência na capital da República.
- Revoltas na Primeira República.

Teatro Municipal e avenida Central, no Rio de Janeiro. Foto de c. 1910.

Ligando os pontos

Na segunda metade do século XIX, a sociedade brasileira sofreu uma série de transformações. Nas províncias ao sul do Rio de Janeiro, a mão de obra escravizada foi substituída pelo trabalho dos imigrantes. Capitalistas instalaram ferrovias para escoar as mercadorias até os portos. Em 1889, o Brasil contava com cerca de 10 mil quilômetros de estradas de ferro.

Enquanto isso, crescia a insatisfação de vários grupos sociais em relação à monarquia. Após a Guerra do Paraguai, os militares exigiam um tratamento privilegiado, o que era recusado pelo Estado imperial. Depois de maio de 1888, até mesmo os donos de escravizados estavam descontentes, pois sentiam-se lesados com o fim da escravização.

Havia ainda uma percepção entre as elites de que a monarquia era incapaz de modernizar o país e, com isso, aproximar o Brasil de nações consideradas "adiantadas", como a França e a Inglaterra.

O fim da monarquia representou, para muitos grupos, o início da modernidade no Brasil. Um dos símbolos dessa modernização foi a remodelação de ruas e edifícios, nas principais cidades brasileiras, ocorrida a partir do início do século XX. A fotografia acima registra, por volta de 1910, a avenida Central, inaugurada em 1905 no Rio de Janeiro pelo novo governo republicano.

1. As ruas das cidades coloniais brasileiras eram em geral estreitas e muitas vezes tortuosas. No que a avenida Central diferia desse padrão tradicional?
2. Observe as dimensões, a forma e o tipo de calçamento da avenida Central. Por que esses itens são ideais para o uso contemporâneo das vias públicas urbanas?

Civis e militares derrubam a monarquia

Em 1870, um grupo formado por políticos liberais dissidentes, jornalistas e intelectuais publicou no Rio de Janeiro, no jornal *A República*, o *Manifesto Republicano*.

Lideradas por Quintino Bocaiuva e por Saldanha Marinho, essas pessoas repudiavam o poder centralizado do Império e defendiam a criação de uma República federativa.

Em 1873, um grupo de cafeicultores do oeste de São Paulo insatisfeitos com a monarquia reuniu-se na **Convenção de Itu** (cidade do interior paulista) e fundou o **Partido Republicano Paulista (PRP)**.

Mas esses vários grupos de republicanos não seguiam um projeto político único. Havia uma multiplicidade de propostas que visavam à construção de um novo país.

Projetos de República

Segundo o historiador José Murilo de Carvalho, em seu livro *A formação das almas*, durante a gestação da República destacaram-se três projetos políticos:

- **Liberalismo à americana** – defendia uma sociedade regulada pelo mercado, sem intervenção do Estado na vida dos cidadãos. Era adotado principalmente pelas oligarquias rurais paulistas (PRP) e mineiras.
- **Jacobinismo à francesa** – pregava a participação direta dos cidadãos no governo. Alguns setores urbanos, como os profissionais liberais, os estudantes, os jornalistas e os professores, defendiam o jacobinismo.
- **Positivismo** – criado pelo francês Auguste Comte, defendia um Poder Executivo forte e um Estado intervencionista. Grande parte dos militares brasileiros identificava-se com esse projeto.

Os republicanos civis, liderados pelo jornalista Quintino Bocaiuva, aproximaram-se do Exército e conseguiram convencer o veterano marechal Deodoro da Fonseca a derrubar dom Pedro II do poder.

No dia 15 de novembro de 1889, as unidades militares marcharam pelas ruas do Rio de Janeiro, e Deodoro depôs o ministério sem nenhuma resistência.

Dom Pedro II e sua família foram banidos e partiram para a Europa na madrugada do dia 17 de novembro. A população não participou do golpe, apenas assistiu à movimentação de tropas.

A família imperial foi para Lisboa e depois para Paris, onde dom Pedro II morreu de pneumonia, dois anos após a Proclamação da República.

GLOSSÁRIO

Jacobinismo: grupo político que defendia a democracia igualitária e o papel do Estado como promotor da justiça social. Tem origem na Revolução Francesa.

Caricatura na qual o símbolo da monarquia, a coroa, é colocado em posição de reverência à bandeira da República. Pereira Neto, *Revista Illustrada*, 1889.

Ponto de vista

Apatia ou vontade do povo?

O historiador José Murilo de Carvalho, em seu livro *Os bestializados*, utiliza a frase de um líder republicano, Aristides Lobo, para sintetizar a posição do povo durante a Proclamação da República: "O povo assistiu àquilo bestializado, atônito, surpreso, sem conhecer o que significava".

Com base nessa afirmação, José Murilo desenvolve a seguinte tese:

Os acontecimentos políticos eram representações em que o povo comum aparecia como espectador ou, no máximo, como figurante. [...] Foi o futebol, o samba e o carnaval que deram ao Rio de Janeiro uma comunidade de sentimentos, por cima e além das grandes diferenças sociais que sobreviveram e ainda sobrevivem.

CARVALHO, José Murilo de. *Os bestializados*. 2. ed. São Paulo: Companhia das Letras, 1987. p. 163.

Entretanto, para os membros do Exército, a Proclamação da República estava respaldada na vontade da nação, e não na sua apatia. Segundo esse ponto de vista, o povo ansiava por outro governo e considerava-se representado pela ação militar.

Na *Revista do Clube Militar* de janeiro de 2008, o coronel Carlos Ramos de Alencar defende:

O advento da República se fez sem derramamento de sangue [...]. Embora emancipada politicamente desde 1822, a Nação aspirava a um Governo exercido pela livre vontade do povo, em que prevalecesse a plena igualdade de direitos e deveres entre todos os cidadãos.

ALENCAR, Carlos Ramos de. A Proclamação da República. *Revista do Clube Militar*, n. 427, p. 14, jan. 2008.

- Com o auxílio do professor organize um debate a respeito da cidadania atual. Identifique semelhanças e diferenças em relação à participação dos cidadãos na época da Proclamação da República, discutida no texto acima.

A "República da Espada"

Entre 1889 e 1894, o Brasil foi governado por **militares**. Por esse motivo, o período ficou conhecido como **República da Espada**.

Foi um período de transição, marcado por conflitos entre os grupos políticos que disputavam o poder. Nesse momento, o Exército garantiu o controle do país pelas oligarquias do Sudeste, principalmente os cafeicultores de São Paulo.

Governo Provisório de Deodoro da Fonseca

O Governo Provisório foi constituído pelos dois grupos republicanos mais organizados no momento: o PRP e o Exército.

Derrubada a monarquia, o marechal Deodoro da Fonseca foi escolhido para presidente do Governo Provisório. Os republicanos liberais ocuparam os ministérios.

Deodoro extinguiu o Conselho de Estado, o Senado vitalício e fechou a Câmara dos Deputados até as eleições da Assembleia Constituinte.

O paulista Campos Sales, ministro da Justiça, separou o Estado da Igreja. O registro oficial de nascimentos e óbitos passou a ser feito pelos cartórios e foi criado o casamento civil, único com validade legal. Por modificar tradições seculares, essas medidas provocaram protestos da população, mas acabaram aceitas. Diminuía, assim, o papel da Igreja na sociedade.

O Encilhamento

Para o comando do Ministério da Fazenda, Deodoro escolheu Rui Barbosa, que adotou medidas de estímulo à industrialização do país.

O governo passou a conceder empréstimos generosos e autorizou os bancos particulares a emitir papel-moeda. Esse dinheiro deveria financiar a criação de novas empresas, principalmente indústrias.

Mudanças na lei brasileira permitiram que as novas empresas lançassem ações na Bolsa de Valores do Rio de Janeiro. A venda das ações servia para captar mais dinheiro, viabilizando a instalação de indústrias e serviços.

A grande quantidade de dinheiro em circulação levou os investidores a comprar muitas ações. Os preços dispararam, atraindo mais investidores.

Esse movimento ficou conhecido como **Encilhamento**, em referência ao momento mais tenso das apostas nos hipódromos, quando se encilham (selam) os cavalos pouco antes da corrida. Dessa maneira, os críticos da política econômica de Rui Barbosa denunciavam a irracionalidade e a falta de controle dos investimentos, efetuados como se fossem apostas em cavalos.

Quando o mercado percebeu que muitas empresas eram "fantasmas", o crédito foi cortado, e todos quiseram vender as ações. Os preços despencaram e a maioria das empresas realmente estabelecidas faliu.

O primeiro plano econômico da República foi um fiasco. Rui Barbosa pediu demissão, deixando atrás de si uma imensa crise econômica.

A Constituição de 1891

A primeira Constituição republicana alterou a organização política nacional. A forma de governo adotada foi a República presidencialista. Os poderes constituídos passaram a ser: Executivo, Legislativo e Judiciário.

O voto era limitado aos homens alfabetizados maiores de 21 anos. Não votavam: mulheres, mendigos, soldados, membros de ordens religiosas, estrangeiros e analfabetos.

As regras da nova Constituição afastavam o povo da vida política, principalmente os ex-escravizados e os pobres em geral, tanto brancos quanto negros, que raramente eram alfabetizados, além de todas as mulheres.

Leia

O Encilhamento: cenas contemporâneas da Bolsa, do visconde de Taunay (Alfredo de E. Taunay). Belo Horizonte: Itatiaia, s. d.
O visconde, autor do romance *Inocência* (1872), era um monarquista convicto e, em 1894, publicou essa ácida crítica aos primeiros anos do regime republicano. Temendo perseguições, o autor usou o pseudônimo de Heitor Malheiros. A linguagem do final do século XIX, irônica e cheia de palavras hoje em desuso, propõe ao leitor do século XXI um exercício de pesquisa ao mesmo tempo interessante e divertido.

E a febre continua desesperadamente.

Febre do Encilhamento. Caricatura de Pereira Neto, *Revista Illustrada*, 1890.

Governo constitucional de Deodoro

Os deputados da Assembleia Constituinte elegeram Deodoro da Fonseca como presidente e o marechal Floriano Peixoto como vice.

Dessa forma, Deodoro permanecia na chefia do governo, mas sob novas condições: deveria dividir o poder com o Congresso e o Judiciário. Essa nova situação não agradou ao militar, que passou a agir de forma autoritária. Destituiu os governadores estaduais que não eram seus aliados e entrou em conflito com a oposição no Congresso Nacional. No auge do conflito com os republicanos civis, o presidente fechou o Congresso.

Pressionado por uma rebelião da Marinha, Deodoro da Fonseca renunciou à presidência em novembro de 1891. O vice-presidente Floriano Peixoto, também militar, assumiu o governo.

O autoritarismo florianista

O marechal Floriano Peixoto era partidário de um Estado forte, que incentivasse a industrialização e a melhoria das condições de vida da população.

Em seu governo, os aluguéis foram congelados e praticou-se o controle de preços dos produtos de primeira necessidade. O marechal manteve hábitos simples, evitando o luxo e o aparato oficial da presidência da República.

Com essas medidas, conquistou o apoio das camadas populares. Contudo, setores das elites regionais não aceitavam o governo. Muitos republicanos entendiam que Floriano deveria ter convocado novas eleições para substituir Deodoro. A firme decisão de Floriano de permanecer no poder causava grande insatisfação entre os setores da oposição.

A união dos monarquistas a esses grupos descontentes gerou duas rebeliões armadas que tentaram derrubar o presidente, pondo em risco a jovem República.

A Revolução Federalista

No estado do Rio Grande do Sul, as correntes republicanas consolidaram-se em dois partidos: o Partido Federalista e o Partido Republicano Rio-Grandense.

Os federalistas, conhecidos como **maragatos**, defendiam a adoção do parlamentarismo e mudanças na Constituição estadual. Eram liderados por Gaspar Silveira Martins.

Os seguidores do Partido Republicano, chamados de **pica-paus**, eram positivistas, também defendiam uma descentralização, mas com um poder executivo forte.

Seu principal líder era Júlio de Castilhos, presidente (governador) do estado.

Os federalistas, que tinham simpatia por Floriano Peixoto, esperavam apoio federal para depor o governador. Mas Floriano surpreendeu a todos, ao aliar-se a Júlio de Castilhos.

Em resposta, os maragatos tentaram depor o governo à força. Floriano mandou tropas para defender Júlio de Castilhos. Os federalistas marcharam, então, para o Rio de Janeiro, com o objetivo de afastar Floriano do poder, mas foram barrados no Paraná, em 1894.

A Revolução Federalista foi contida, apesar do apoio da Revolta da Armada.

A Revolta da Armada

A recusa de Floriano Peixoto de convocar eleições para a presidência após a renúncia de Deodoro, como previa a Constituição, uniu a oposição ao governo em torno da Marinha de guerra.

Em setembro de 1893, os principais navios de guerra baseados no Rio de Janeiro, comandados pelo contra-almirante Custódio de Melo, rebelaram-se contra o governo. O Exército e grande parte da população da capital, porém, apoiaram o presidente.

Impedidos de desembarcar pelas tropas leais ao governo, os revoltosos passaram a bombardear a cidade, sem maiores consequências, a não ser apavorar a população.

Em seguida, dirigiram-se para o sul, tomando a capital de Santa Catarina, então chamada Desterro. Pretendiam unir-se aos federalistas gaúchos, mas não tiveram sucesso.

Para eliminar a revolta, Floriano fez um acordo com o PRP: os paulistas emprestariam o dinheiro necessário para montar uma nova Marinha e ele apoiaria um candidato paulista à sua sucessão. Em 1894, os revoltosos foram vencidos, e, com o apoio de Floriano, foi eleito o primeiro presidente civil do Brasil, o paulista Prudente de Morais.

Artilharia da Guarda Nacional durante a Revolta da Armada, no Rio de Janeiro. Foto de 1894.

A República civil

Ao afastar-se da política, Floriano Peixoto deixou o caminho aberto para as oligarquias do centro-sul, principalmente os cafeicultores, estabelecerem um mecanismo político capaz de garantir estabilidade econômica e sua manutenção no poder.

Um civil na presidência

O paulista Prudente de Morais, primeiro presidente civil do Brasil, era um advogado ligado aos interesses dos cafeicultores.

As afinidades existentes entre o governador do Rio Grande do Sul, Júlio de Castilhos, e os políticos paulistas permitiram que Prudente de Morais negociasse o fim da Revolução Federalista em 1895.

O problema mais sério que Prudente de Morais enfrentou em sua administração foi a **Guerra de Canudos**.

Canudos

Na década de 1870, o sertão nordestino foi assolado por secas violentas. Houve intensas migrações e surtos de fome. Esse ambiente instável propiciou o aparecimento de **líderes messiânicos**, que percorriam o sertão pregando mensagens de esperança. Um deles era Antônio Conselheiro.

Em 1893, Conselheiro e seus seguidores ocuparam uma fazenda abandonada às margens do rio Vaza-Barris, no arraial de Canudos, interior da Bahia.

A comunidade era formada por ex-escravizados, brancos, mulatos e mestiços pobres e por grupos indígenas que perderam suas terras para latifundiários.

Antônio Conselheiro batizou o povoado de Belo Monte e determinou regras rigorosas: proibiu jogos de azar, bebidas alcoólicas, prostituição e instituiu horários para as orações.

Os fazendeiros queixaram-se ao governo da Bahia sobre o que consideravam ser uma comunidade de fanáticos religiosos. Em 1896, uma força policial foi enviada a Belo Monte para expulsar os sertanejos. Os policiais foram derrotados. O governo, então, enviou tropas do Exército.

Os soldados sofriam com o calor, a falta de água e de comida e com as táticas de guerrilha utilizadas pelos sertanejos. Somente no final de 1897, Belo Monte foi derrotada.

O saneamento financeiro

Campos Sales, também do PRP, assumiu a presidência em 1898. Herdou enorme dívida externa, em um momento em que o preço do café caía no mercado externo.

O governo brasileiro tomou emprestados 10 milhões de libras do banco inglês Rothschild e suspendeu o pagamento da dívida.

Essa renegociação ficou conhecida como Dívida Flutuante ou Funding Loan, o que na realidade era um novo empréstimo para pagar o anterior.

Para diminuir as despesas e aumentar a receita, o ministro da Fazenda Joaquim Murtinho foi rigoroso: cortou as despesas do governo em infraestrutura, como construção de estradas, escolas e hospitais, e aumentou os impostos. Durante o governo Campos Sales a economia foi saneada, mas quem pagou foi o povo: mais imposto e menos emprego.

> **Navegue**
> <http://guiado estudante.abril.com.br/estudar/historia/canudos-sertao-pe-guerra-482882.shtml>. Acesso em: 18 fev. 2014.
> No *site* do Guia do Estudante, a revista *Aventuras na História* traz um relato sobre o final trágico do arraial de Canudos. O texto fala também sobre as táticas militares utilizadas pelo Exército brasileiro e pelos homens de Antônio Conselheiro.

Trincheiras usadas na luta contra os soldados republicanos no Parque Estadual de Canudos (BA). Foto de 2011.

Conheça melhor

Os sertões, de Euclides da Cunha

O engenheiro Euclides da Cunha, um republicano fervoroso, escreveu em 1897 dois artigos nos quais denunciava a revolta comandada por Antônio Conselheiro como um movimento antirrepublicano ligado aos monarquistas das grandes cidades.

A direção do jornal *O Estado de S. Paulo* gostou dos artigos e convidou o engenheiro para trabalhar como correspondente de guerra no sertão baiano.

Euclides encontrou no sertão algo muito diferente do que procurava. Ele compreendeu com lucidez que não se tratava de monarquistas, mas de outra sociedade, que adotava outros valores e que era muito diferente da sociedade urbana do litoral.

Esse choque cultural provocou em Euclides da Cunha uma forte impressão, resultando em um dos mais importantes livros da literatura brasileira: *Os sertões*, publicado em 1902.

A aventura da borracha na Amazônia

A borracha natural, extraída das seringueiras nativas da Amazônia, começou a ser utilizada em larga escala pela indústria no final do século XIX. Com ela produziam-se artigos como calçados, roupas e pneus de carruagens e dos novos automóveis.

Em 1890, os seringais amazônicos eram responsáveis por 90% da produção mundial de borracha. A exportação da borracha promoveu a prosperidade da Amazônia brasileira, região que até então era relativamente pobre.

Essa riqueza ficava quase toda concentrada nas mãos dos **seringalistas**, poderosos proprietários de amplas áreas de mata nos estados do Pará e do Amazonas, onde havia seringais nativos.

Uma riqueza concentrada

Os seringalistas adotavam um estilo de vida extravagante. Construíam grandes palacetes de estilo europeu nas cidades de Manaus e Belém, e financiavam obras como o Teatro Amazonas, de Manaus. As viagens à Europa eram frequentes.

As capitais amazônicas puderam implantar novidades como bondes elétricos e telefones ao mesmo tempo que elas chegavam ao Rio de Janeiro.

O outro lado dessa pujante economia era, porém, sombrio. Os trabalhadores – na maior parte nordestinos que fugiam das secas –, conhecidos como **seringueiros**, viviam em condições bem precárias.

Morando em acampamentos isolados, os seringueiros dependiam totalmente do armazém do seringalista para comprar alimentos, remédios, armas, munição, facas, etc. Os preços cobrados nesses armazéns eram altíssimos, contrastando com os baixos salários pagos aos seringueiros. Para sobreviver, eles acabavam se endividando.

As dívidas contraídas pelos trabalhadores no armazém criavam, assim, uma realidade de escravização informal: o seringueiro era obrigado a trabalhar para pagar suas dívidas, que não paravam de crescer, perpetuando sua ligação com o seringalista. Caso tentasse abandonar o trabalho, era caçado e capturado como um criminoso fugitivo.

A questão do Acre

A necessidade de expandir as áreas de extração da borracha levou cerca de 60 mil seringueiros a ocupar a região do rio Acre, rica em seringais, que pertencia à Bolívia e era também disputada pelo Peru. Logo havia mais brasileiros do que bolivianos na região, o que gerava atritos entre os dois grupos.

Em 1899, os brasileiros residentes no Acre proclamaram a independência do território. O governo da Bolívia protestou, e o governo brasileiro exigiu que os rebeldes devolvessem o Acre aos bolivianos.

Contudo, a economia acriana estava dominada pelos brasileiros. Dessa forma, os conflitos continuaram.

Em 1903, o governo brasileiro resolveu intervir, dessa vez apoiando militarmente os brasileiros, que haviam novamente proclamado a independência do território.

A diplomacia brasileira, comandada pelo barão do Rio Branco, conseguiu evitar uma guerra com a Bolívia.

Em novembro de 1903, o **Tratado de Petrópolis** estabeleceu que o Acre seria incorporado definitivamente ao Brasil. Em troca, o governo brasileiro pagaria 2 milhões de libras ao governo da Bolívia e construiria a ferrovia Madeira-Mamoré, de 400 km, para escoar a borracha da Bolívia até Porto Velho, em Rondônia, e dali, pelos rios Madeira e Amazonas, até Belém.

Em 1912, a ferrovia ficou pronta, mas não teve importância econômica. No final do século XIX, os ingleses haviam levado mudas de seringueira para a Malásia, para Cingapura e para o Ceilão (atual Sri-Lanka), dominando, assim, o mercado mundial de borracha.

O Teatro Amazonas, em Manaus (AM), inaugurado em 1896, é um testemunho da riqueza proporcionada pela borracha. Foto de 2010.

A questão do Acre

Fonte de pesquisa: *Atlas histórico escolar*. Rio de Janeiro: FAE, 1991. p. 46.

› A política dos governadores

Após solucionar o problema financeiro, a administração de Campos Sales criou alguns mecanismos para garantir a permanência das oligarquias no poder, o que ficou conhecido como política dos governadores. Por trinta anos, as oligarquias conseguiram anular todos os projetos políticos de oposição.

› O coronelismo e o voto de cabresto

A manipulação das eleições era uma das bases da política dos governadores. Os latifundiários ou "**coronéis**", denominação originada na Guarda Nacional, indicavam seu candidato para qualquer cargo.

O **voto aberto** determinava o processo de controle, permitindo a formação do "curral eleitoral", grupo de eleitores que seguiam a indicação do chefe local. O "coronel" determinava os votos de seus comandados em troca de favores, que iam de cargos públicos até presentes variados, como um par de botas, remédios ou uma garrafa de cachaça. Essa disposição do eleitorado em vender seu voto contribuía para o voto de cabresto, controlado pelos coronéis.

Caso a influência política, os discursos e os presentes não gerassem o resultado esperado, apelava-se para a violência ou para a fraude, comum desde as eleições no Império.

› O poder dos governadores

As oligarquias de cada estado se organizavam principalmente nas eleições para o Congresso Nacional.

Por meio dos coronéis e de seus currais eleitorais, eram eleitos os deputados e os senadores, aliados políticos das oligarquias.

Para evitar a vitória de candidatos de oposição, o governo de Campos Sales criou a Comissão Verificadora de Poderes, que apurava possíveis irregularidades do candidato eleito. Na realidade, essa comissão encontrava irregularidades apenas entre os candidatos de oposição, que não conseguiam assumir seus cargos. Essa prática era conhecida como "degola" e permitia ao presidente da República governar sem uma oposição significativa.

Nos estados, os mesmos mecanismos possibilitavam aos governadores controlar os legislativos estaduais.

Havia, na verdade, um sistema de convivência pacífica entre o poder federal, controlado pelos grandes estados, e os poderes estaduais, controlados pelas oligarquias locais. Como o presidente da República não sofria oposição significativa na Câmara Federal e no Senado, as oligarquias estaduais, em troca, ficavam livres para fazer o que bem entendessem dentro de seus estados.

A política dos governadores era essa cordial troca de favores entre o presidente da República e os governadores dos estados aliados.

O rompimento do equilíbrio entre União e estados ocorreu apenas três vezes e foi motivado pela insatisfação dos estados médios, como Rio Grande do Sul, Bahia e Pernambuco, com o predomínio de São Paulo e Minas Gerais.

› O "café com leite"

São Paulo era o estado mais rico da federação, e Minas Gerais era o estado mais populoso e o segundo mais rico. As oligarquias dos dois estados eram representadas pelo PRP e pelo PRM (Partido Republicano Mineiro), que organizaram a máquina eleitoral para eternizá-los no poder federal.

A alternância de políticos de São Paulo e de Minas na presidência da República ficou conhecida como política do café com leite, integrante da política dos governadores.

Charge *Tempo quente*, de 1909. A representação destaca uma "conexão" entre os dois candidatos presidenciáveis: o marechal Hermes da Fonseca, à esquerda, e Rui Barbosa, à direita.

> A modernização autoritária

As elites republicanas desejavam reformar o Brasil, conforme modelos criados nos países industrializados, principalmente da Europa.

A cidade-símbolo do país era a capital federal, o Rio de Janeiro, cujo centro era dominado por casarões coloniais, que haviam sido, muitos deles, transformados em imensos cortiços. Doenças como febre amarela, peste bubônica, cólera e varíola estavam fora de controle.

Durante o verão, muitos navios que vinham da Europa não paravam no Rio de Janeiro, por causa das doenças.

> A reforma do Rio de Janeiro

Em 1902, o cafeicultor paulista Rodrigues Alves sucedeu Campos Sales na presidência da República em um momento favorável. Com a economia saneada após o Funding Loan, havia recursos para investimentos públicos. Nessa ocasião, ele afirmou que o seu programa de governo seria muito simples: "Vou limitar-me a duas coisas: o saneamento e o melhoramento do porto do Rio de Janeiro".

O plano era complexo. Para executá-lo, Rodrigues Alves concedeu plenos poderes ao prefeito do Rio de Janeiro, Pereira Passos, que gerenciou a reforma do porto e do centro da capital federal.

Avenida Central (atual avenida Rio Branco). Centro do Rio de Janeiro após as reformas de Pereira Passos. Foto de c. 1910.

> "Bota-abaixo! Bota-abaixo!"

O engenheiro Paulo de Frontin, responsável pelas obras, inspirado na reforma de Paris, planejou abrir largas avenidas cortando o centro. Para isso, centenas de casarões foram demolidos a golpes de marreta e a população foi obrigada a abandonar os cortiços rapidamente.

O povo estava assustado e descontente com as demolições, que foram apelidadas de Bota-abaixo. Uma parcela dos desalojados foi engrossar a população das favelas nos morros vizinhos ou em locais distantes do centro da cidade.

> A campanha sanitarista de Oswaldo Cruz

Para combater as doenças que assolavam a capital, o presidente Rodrigues Alves contratou o médico sanitarista Oswaldo Cruz.

Oswaldo Cruz havia trabalhado no Instituto Pasteur, de Paris, e era diretor do Instituto Soroterápico (atual Instituto Oswaldo Cruz), instituição responsável pela fabricação de vacinas contra a peste bubônica e a varíola.

O governo federal concedeu plenos poderes ao sanitarista, que contava com recursos e funcionários para agir com todo o rigor no Rio de Janeiro.

Oswaldo Cruz combateu a peste bubônica com um grupo de 50 agentes sanitaristas, que aplicavam raticida e orientavam a população a recolher o lixo. Havia também um funcionário responsável pela compra de ratos mortos. Em pouco tempo, as epidemias de peste bubônica desapareceram da capital federal.

O outro lado do Bota-abaixo: impedida de morar no centro, a população pobre busca abrigo nos morros. Barracos no morro do Pinto, no Rio de Janeiro. Foto de 1912.

Com o objetivo de combater a febre amarela, que atingia a cidade nos meses de verão, Oswaldo Cruz organizou as brigadas mata-mosquitos para pulverizar inseticida em todas as casas e despejar petróleo em águas paradas para matar a larva do mosquito transmissor da febre amarela.

Grupos de oposição protestavam contra a invasão das brigadas mata-mosquitos nas residências, mas, diante dos resultados positivos, as manifestações não tiveram eco na população. Em 1903, houve 469 mortes por febre amarela e, em 1904, apenas 39.

Resolvido o problema das epidemias de peste e de febre amarela, restava a varíola, doença grave que ocorria principalmente no inverno.

Navegue
<http://portal.fiocruz.br/>. Acesso em: 27 fev. 2014.
Site da Fundação Oswaldo Cruz, apresenta o trabalho realizado pela instituição. Clicando em "A Fundação" e depois em "História", você terá acesso à "Linha do tempo", que mostra eventos históricos mundiais e outros ligados à fundação, como a Revolta da Vacina.

› A vacina da discórdia

A pedido de Oswaldo Cruz, em outubro de 1904 o Congresso Nacional aprovou a vacinação obrigatória da população contra a varíola.

A vacina antivariólica fora criada no final do século XVIII e originalmente era produzida com vírus retirados de vacas, o que deu origem ao nome, *vaccina*. Porém, apesar de relativamente eficaz, no início do século XX a vacina ainda era vista com desconfiança por grande parte da população.

No Rio de Janeiro de 1904, os políticos e a imprensa de oposição ao governo deram início a uma campanha acirrada contra a medida. Afirmavam que a obrigatoriedade era uma violência contra a liberdade e que a vacina provocava a varíola, em vez de imunizar contra ela.

O povo do Rio de Janeiro, cansado de tantas arbitrariedades, como o Bota-abaixo, as brigadas mata-mosquitos, o aumento do custo de vida e o desemprego provocados pela política de Rodrigues Alves, traduziu a sua insatisfação em uma rebelião.

› A Revolta da Vacina

No dia 10 de novembro de 1904, o povo começou a quebrar calçadas e ruas, derrubar postes, virar bondes e armar barricadas nas ruas do Rio de Janeiro. Multidões percorriam as ruas, saqueando casas de comércio e depredando redações de jornais que apoiavam o governo.

A rebelião popular e espontânea foi vista por alguns políticos de oposição como forma de derrubar o governo e tomar o poder. Contudo, as Forças Armadas permaneceram fiéis a Rodrigues Alves e aos poucos retomaram o controle das ruas. Muitos populares foram mortos.

Centenas de pessoas acabaram presas. Alguns estudiosos afirmam que as autoridades aproveitaram a vitória para remover os "indesejáveis" das ruas do Rio de Janeiro.

Mendigos, líderes populares, jogadores de capoeira e "malandros" foram presos às dezenas. Sem nenhum julgamento, grande parte dos detentos foi embarcada à força em navios que partiam para os seringais amazônicos. Poucos sobreviveram à viagem ou às duras condições da selva.

A expulsão das pessoas consideradas indesejáveis era coerente com as reformas que estavam em curso na então capital federal. O povo carente não tinha lugar na nova cidade.

› Uma nova capital para Minas Gerais

O ideal modernizador dos republicanos provocou projetos de reforma urbana por todo o país. No caso do estado de Minas Gerais, porém, esse movimento foi além: em vez de reformar a capital, Ouro Preto, optou-se pela construção de uma cidade inteiramente nova para sediar o governo.

O projeto começou a tomar corpo em 1892. Em 1893, o engenheiro Aarão Reis completou os estudos que previam a implantação de uma cidade planejada, circundada por uma avenida de contorno e cruzada por largas avenidas.

O projeto previa como ponto principal uma praça cívica, onde se situam os palácios do governo e as principais secretarias estaduais. Ao contrário das cidades coloniais, na nova cidade republicana as igrejas não ocupariam local de destaque, nem mesmo a catedral.

O governo mineiro escolheu a região do Curral del Rey, onde se situava a modesta vila de Belo Horizonte, para a implantação da cidade.

Em 12 de dezembro de 1897, a nova capital foi inaugurada. O nome original de Cidade de Minas acabou em desuso, substituído por Belo Horizonte.

▪ Outras histórias

O Domingo Sangrento na Rússia

Pouco tempo depois da Revolta da Vacina no Rio de Janeiro, os conflitos entre os trabalhadores e a monarquia absoluta intensificaram-se na Rússia czarista.

Em 22 de janeiro de 1905, uma multidão dirigiu-se ao Palácio de Inverno do czar Nicolau II, em São Petersburgo, para pedir direitos políticos, reforma agrária e o fim da censura.

Os manifestantes foram recebidos à bala e centenas morreram. O Domingo Sangrento iniciou as agitações sociais que culminariam com a Revolução de 1905.

Bonde virado na praça da República, no Rio de Janeiro, durante a Revolta da Vacina. As empresas de serviços públicos responsáveis pelos bondes, geralmente estrangeiras, eram vistas como exploradoras do povo e, por isso, costumavam ser alvo da revolta da população. Foto de 1904.

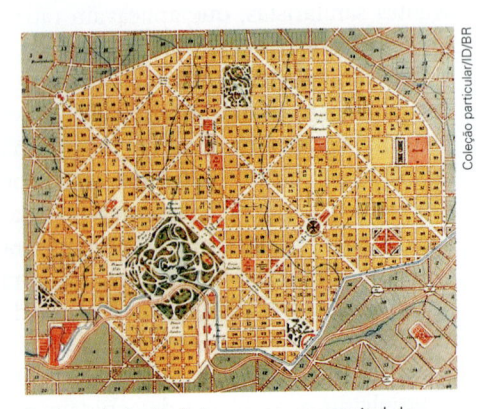

Projeto de Aarão Reis para a nova capital de Minas Gerais, 1895.

O Convênio de Taubaté

Em 1906, a economia baseada na exportação de café enfrentava grave crise. A produção cafeeira atingia 20 milhões de sacas, enquanto o consumo mundial era inferior a 16 milhões. O excesso de produção fazia os preços despencarem.

Os governadores dos estados produtores, São Paulo, Minas Gerais e Rio de Janeiro, reuniram-se no **Convênio de Taubaté** (cidade do interior paulista) e estabeleceram as seguintes medidas para conter os preços: solicitação de um empréstimo externo de 15 milhões de libras esterlinas; estabelecimento de um preço mínimo para a saca de café; proibição de novas plantações de café e criação de estoques reguladores.

O Convênio de Taubaté assegurou a permanência das oligarquias cafeicultoras no poder, fortalecendo a política dos governadores.

A vida do operário

Se na economia a situação era grave, no âmbito social também havia problemas. Cerca de 40% dos imigrantes vindos para o Brasil voltaram aos seus países de origem. Dos que permaneceram, muitos abandonaram os cafezais e foram tentar a sorte nas cidades, como operários, funcionários do comércio e artesãos.

Em 1900, 92% dos operários de São Paulo eram imigrantes e trabalhavam em condições duríssimas: dezesseis horas de trabalho por dia, seis a sete dias por semana, sem descanso.

Para reverter essa situação, os trabalhadores começaram a se organizar em **Ligas Operárias** e a promover greves exigindo direitos trabalhistas. Em 1907, a cidade de São Paulo foi paralisada por uma greve geral que reivindicava jornada de oito horas e aumento de salário.

As indústrias

No decorrer da segunda metade do século XIX, teve início no Brasil um lento processo de industrialização. No começo do século XX, havia algumas indústrias de grande porte, com centenas de empregados, maquinário a vapor, etc., como as tecelagens. Mas a maioria das empresas não passava de pequenas oficinas que produziam artigos como velas, sabão, chapéus, etc.

Grandes ou pequenas, eram quase todas voltadas à produção de bens de consumo cotidiano que não exigiam sofisticação tecnológica na sua elaboração.

Praticamente não havia indústrias de bens duráveis, como metalúrgicas, siderúrgicas, indústrias químicas, etc.

Automóvel e eletricidade

Em 1893, a pacata cidade de São Paulo foi invadida por um automóvel com fornalha, caldeira e chaminé. Esse foi um dos primeiros automóveis importados no Brasil: um Daimler movido a vapor.

Outra novidade que deixou a população de São Paulo ainda mais entusiasmada foram os bondes elétricos.

Até 1900, o transporte coletivo era realizado por bondes puxados por burros. Em maio de 1900, a população concentrou-se para ver a primeira viagem do bonde elétrico, da empresa The São Paulo Railway, Light and Power Co. Ltd. A Light, como era chamada pela população, instalou os bondes elétricos, os postes e os fios para fornecer eletricidade.

A Campanha Civilista

Nas eleições presidenciais de 1910, pela primeira vez, houve uma campanha eleitoral realmente disputada, com comícios, discursos e bandas de música. O jurista baiano Rui Barbosa, apoiado pelo PRP, concorreu com o marechal Hermes da Fonseca.

A campanha eleitoral de 1910 ficou conhecida como Civilista, devido à luta de Rui Barbosa em nome da moralização das eleições e contra a volta dos militares ao poder.

Houve fraudes praticadas pelos partidários dos dois candidatos. No final das apurações, Hermes da Fonseca foi aclamado vencedor. A espada voltava ao poder.

Trabalhadores colocam trilhos na avenida Rangel Pestana, em São Paulo. Em primeiro plano, pavimentação da via. Foto do início de 1900.

GLOSSÁRIO

Estoque regulador: é formado por mercadorias estocadas (armazenadas) pelo Estado, que, assim, impede que os preços caiam em períodos de pouco consumo. Quando a demanda aumenta, o Estado vende as mercadorias estocadas, impedindo uma alta excessiva nos preços.

Leia

O movimento operário na Primeira República, de Cláudio Batalha. Rio de Janeiro: Jorge Zahar, 2000.
O livro conta a história da classe operária no começo da República, as formas de organização e as diferentes correntes ideológicas dos movimentos operários.

O modelo em crise

A **Campanha Civilista** materializou as dissidências entre as oligarquias do Brasil. O domínio político de São Paulo causava insatisfação nas demais oligarquias. Enquanto Rui era apoiado por São Paulo, o marechal Hermes tinha o apoio de Minas e do Rio Grande do Sul.

A Revolta da Chibata

Logo após a posse de Hermes da Fonseca, em 22 de novembro de 1910 os marinheiros dos encouraçados São Paulo e Minas Gerais, liderados pelo marinheiro negro João Cândido, revoltaram-se contra os castigos físicos, comuns na Marinha.

Resolvidos a conseguir um tratamento digno, os marinheiros ameaçaram bombardear o Rio de Janeiro, caso a chibata não fosse abolida. Exigiam também a anistia para os rebeldes, além da concessão de melhores condições de trabalho e de alimentação.

O Congresso aprovou as reivindicações, mas logo que os marinheiros se entregaram os líderes do movimento foram presos.

A política das salvações

Após reprimir a Revolta da Chibata, Hermes da Fonseca tentou acabar com o domínio das oligarquias estaduais.

Essa tentativa, conhecida como política das salvações nacionais, consistiu na deposição dos governadores eleitos e na nomeação de militares para substituí-los.

Em São Paulo, a oligarquia mobilizou as forças estaduais e impediu a intervenção.

Apesar de conseguir impor interventores em alguns estados, as salvações nacionais foram um fracasso. A troca de nomes no governo não resultou em mudanças reais nas práticas políticas.

Nesse contexto, ocorreram movimentos regionais de rebeldia que desestabilizaram ainda mais a ordem institucional, como o cangaço, no nordeste, e a Guerra do Contestado, no sul do país.

O cangaço

A origem do cangaço está nos bandos de jagunços armados por coronéis para servir de instrumento de poder das oligarquias.

O cangaço formou-se quando alguns jagunços decidiram montar o seu próprio bando, com regras próprias, chefiados por um líder que respeitavam e a quem obedeciam. Viviam do saque e do roubo e aterrorizavam as cidades do sertão.

O cangaço começou no final do século XIX e atingiu seu apogeu na década de 1920, com o bando de Lampião.

Outros líderes famosos foram Antônio Silvino e Corisco, cuja morte, em 1940, marcou o fim do cangaço no Brasil.

Guerra do Contestado

Em 1908, a empresa estadunidense Brazil Railway recebeu do governo brasileiro uma faixa de mais de mil quilômetros de extensão e 30 quilômetros de largura para a implantação de uma ferrovia que ligaria São Paulo ao Rio Grande do Sul.

Essa concessão levou à expulsão de muitos agricultores que não tinham documentação, apesar de ocuparem as terras havia muito tempo.

A situação era mais séria no Contestado, região na fronteira entre Santa Catarina e Paraná disputada pelos dois estados.

A demissão de mais de 8 mil operários depois da conclusão das obras da ferrovia, em 1910, agravou o quadro de miséria na região.

Foi assim que, em 1912, surgiu o líder messiânico José Maria, que reuniu milhares de seguidores e criou uma comunidade religiosa igualitária, a Monarquia Celeste. Fundaram povoados e recusavam-se a seguir as ordens das autoridades.

O governo federal enviou 8 mil soldados, e, pela primeira vez no Brasil, aviões foram utilizados em bombardeios. Depois de cinco anos de resistência e 20 mil mortos, os rebeldes do Contestado foram derrotados em 1916.

Navegue
<http://www2.uol.com.br/lampiao/>.
Acesso em: 27 fev. 2014.
Nesse *site*, além da vida de Lampião e Maria Bonita, são apresentados diversos aspectos do cangaço. Você vai conhecer as táticas utilizadas pelos cangaceiros, suas roupas e armas, os ataques do bando, as principais personagens e também a influência do cangaço em manifestações artísticas.

Lampião e Maria Bonita, no centro, cercados pelo bando de cangaceiros. Foto de 1936.

A inflação da guerra

Com a derrota do projeto reformista de Hermes da Fonseca, as oligarquias elegeram o mineiro Venceslau Brás como presidente (1914 a 1918).

Apesar de ocorrer na Europa, a Primeira Guerra Mundial causou sérios efeitos no Brasil. A exportação de alimentos para os países beligerantes e a dificuldade para importar produtos industrializados provocaram aumento nos preços internos, que não foi acompanhado pelo aumento dos salários. Os operários passaram a realizar greves e manifestações, que eram reprimidas com violência pela polícia.

Essa situação resultou em uma greve geral.

A grande greve de 1917

Em 1917, a cidade de São Paulo foi tomada por uma onda de greves. Os operários pediam aumento salarial, fim do trabalho para menores de 14 anos e do trabalho noturno para mulheres e menores de 18 anos, oito horas de trabalho diárias e redução dos aluguéis.

A morte de um manifestante marcou o início da **greve geral**, comandada por anarquistas e que paralisou 70 mil trabalhadores na capital paulista. Após tensas negociações, os operários aceitaram um aumento de 20%, sem dispensa dos grevistas.

O Tenentismo

Durante o mandato de Artur Bernardes, jovens oficiais do Exército se envolveram no movimento conhecido como **Tenentismo**.

Eles defendiam reformas como o voto secreto, a centralização do poder, a obrigatoriedade dos ensinos primário e profissional, etc. Em nome desses ideais, deflagraram algumas rebeliões.

- **Revolta dos 18 do Forte de Copacabana** – Tentando evitar a posse de Artur Bernardes, em 1922, foi planejada a sublevação dos fortes do Rio de Janeiro. Só o Forte de Copacabana aderiu à revolta.

  Isolados e bombardeados, os soldados do forte se renderam, com a exceção de 17 homens, que saíram e enfrentaram as tropas do governo. A eles juntou-se um civil. Apenas dois sobreviveram.

- **Revolução Paulista de 1924** – Em julho de 1924, tropas do Exército sediadas em São Paulo se rebelaram contra o governo federal. O plano era que fossem acompanhadas pelas tropas gaúchas, o que só ocorreu parcialmente.

  Isoladas na capital, as tropas rebeldes foram cercadas e bombardeadas pelas forças fiéis ao governo. Abandonaram então a cidade para cessar o ataque que atingia os civis.

- **Coluna Prestes** – As tropas que participaram da Revolução Paulista uniram-se aos militares gaúchos rebelados, liderados pelo capitão Luís Carlos Prestes. Juntos, formaram a Coluna Prestes.

  O plano de Prestes era levar a revolução ao interior do país, conquistando o apoio da população. Entre 1925 e 1927, a coluna percorreu cerca de 25 mil quilômetros em treze estados do país, perseguida por tropas legalistas. Sem apoio popular e reforços militares, acabou refugiando-se na Bolívia, onde se dissolveu.

Uma multidão acompanha o sepultamento de José Martinez, jovem operário morto pela polícia. O enterro marcou o início da greve geral. Foto de 1917.

Outras histórias

O Kuomintang

Enquanto os tenentes buscavam reformar a república brasileira, na China, alguns grupos lutavam por objetivos semelhantes. A república chinesa, instaurada em 1911 com cunho autoritário e subserviente aos interesses estrangeiros, não contentava a burguesia urbana e a intelectualidade nacionalista. Em 1912, esses setores de oposição fundaram o movimento **Kuomintang** (Partido Nacional do Povo), que tomou o poder na China em 1927.

Ontem e hoje

Os automóveis no Brasil: crescimento e caos

Os primeiros automóveis que chegaram ao Brasil assustaram a população. Eram barulhentos, soltavam muita fumaça e, para surpresa geral, não eram puxados por cavalos ou burros.

Seguindo o exemplo das locomotivas que puxavam os trens, esses automóveis pioneiros eram movidos a vapor. A tração a vapor usava, porém, caldeiras e fornalhas de aço, o que tornava os veículos muito grandes e pesados, dificultando sua passagem pelas ruas e estradas brasileiras.

Os carros importados em seguida eram movidos a benzina ou gasolina, o que diminuiu muito o peso e o tamanho dos veículos. De qualquer forma, o custo ainda era extremamente alto para a maioria da população. No início do século XX, a cidade de São Paulo possuía apenas 83 automóveis, e o Rio de Janeiro, capital federal, 35.

O abolicionista José do Patrocínio foi um dos primeiros cariocas a possuir automóvel, também a vapor, em 1897. O poeta Olavo Bilac, amigo de Patrocínio, era companhia nos passeios que o fumacento veículo fazia pelas ruas do Rio. Certo dia, Bilac resolveu aprender a dirigir e Patrocínio aceitou ensiná-lo. Esse inocente curso de condução acabou tornando-se famoso. Em sua primeira aula, o poeta bateu contra uma árvore e destruiu o carro, orgulho de José do Patrocínio. O abolicionista ficou arrasado, mas Olavo Bilac passou a se gabar que fora o pioneiro nos acidentes de automóveis no Brasil.

O trânsito em uma grande metrópole

Embora a frota na cidade de São Paulo venha diminuindo nos últimos quatro anos, em maio de 2012, o número de veículos motorizados chegou a 7 274 917, o que significa que mais de 35% do total dos veículos brasileiros ainda estão nessa cidade. De acordo com a Companhia de Engenharia de Tráfego (CET), em horário de pico, o número gira em torno de 456 mil veículos nas ruas ao mesmo tempo.

Esses números denunciam a vitória do transporte individual, em detrimento do transporte coletivo.

A infraestrutura para receber tamanha quantidade de automóveis é insuficiente, e os resultados são congestionamentos de dezenas de quilômetros todos os dias, tráfego lentíssimo, aumento da emissão de gases tóxicos e ocorrência de doenças respiratórias e psicossomáticas resultantes do estresse no trânsito.

Para os técnicos e especialistas em trânsito, a solução mais racional e rápida é investir no transporte coletivo. Os ônibus são uma resposta imediata e menos onerosa que o metrô, mas, a longo prazo, o metrô e os trens também deveriam ser utilizados.

Os prejuízos contabilizados pelos congestionamentos envolvem a perda de tempo do trabalhador no trânsito e os problemas decorrentes de doenças, como as causadas pela poluição e as provocadas pelo desgaste emocional, além dos acidentes.

A situação de São Paulo se reproduz, em maior ou menor grau, na maioria das grandes cidades brasileiras.

Cartaz de 2010 do programa Rio Capital da Bicicleta. Com o aumento da frota de veículos nas últimas décadas, campanhas buscam valorizar meios de transporte não poluentes e desestimulam o uso de automóveis.

Reflita

1. O poeta Olavo Bilac gabava-se de ser o pioneiro dos acidentes automobilísticos no Brasil. Atualmente, uma atitude como essa seria condenada pela imprensa e pela opinião pública. Contudo, a postura de Bilac não foi mal recebida em 1897. Em sua opinião, o que explica reações tão diferentes em relação a um mesmo evento?

2. Faça uma pesquisa sobre os problemas de trânsito de sua cidade entrevistando alguns motoristas que você conheça. Exponha os resultados para a classe. Caso não haja tantos problemas, debata com seus colegas os fatores que facilitam o trânsito. Caso haja muitos e sérios problemas, liste quais são e discuta com seus colegas as possíveis soluções.

Atividades

Verifique o que aprendeu

1. Cite os principais projetos políticos existentes no Brasil no início da República, segundo o estudo do historiador José Murilo de Carvalho, e indique o projeto político vitorioso.

2. Explique o fracasso do plano econômico do ministro da Fazenda Rui Barbosa durante o Governo Provisório de Deodoro da Fonseca.

3. Qual foi a principal revolta enfrentada pelo governo do marechal Floriano Peixoto? Explique.

4. Indique os principais aspectos do movimento de Canudos e analise os motivos que levaram à destruição da comunidade.

5. O que foi o Funding Loan, realizado no governo de Campos Sales?

6. Faça comentários sobre a política dos governadores, o coronelismo e a política do café com leite.

7. Relacione o sistema de trabalho dos seringueiros e a concentração da renda nas mãos dos seringalistas.

8. Comente alguns dos impactos sociais causados pela reforma do porto e do centro do Rio de Janeiro durante a presidência de Rodrigues Alves.

9. Fale da Revolta da Vacina, que ocorreu no Rio de Janeiro em 1904, relacionando-a com os acontecimentos que se passavam na época.

10. Por que a construção de uma nova capital no estado de Minas Gerais foi coerente com o ideal republicano de modernidade?

11. Cite os principais aspectos do Convênio de Taubaté e identifique o grupo social que esse acordo beneficiou.

12. Explique os motivos que levaram a Política das Salvações ao fracasso.

13. Por que a greve de 1917 e o movimento operário do período contribuíram para desestabilizar a ordem republicana oligárquica?

14. Relacione a origem do Tenentismo com a política do café com leite.

15. Descreva uma das três mais importantes rebeliões militares dos anos 1920.

Leia e interprete

16. A charge a seguir satiriza o processo eleitoral brasileiro no começo do século XX. O autor, o caricaturista Alfredo Storni, caracterizou a República como uma jovem mulher, ao lado de uma urna. Ao centro, encontra-se um político, e, à direita, um eleitor. A charge era acompanhada do seguinte diálogo: Ela (a República): "É o Zé Besta?". Ele (o coronel): "Não, é o Zé Burro". Observe a charge e responda às questões.

Charge publicada na revista *Careta*, Rio de Janeiro, 1927.

a) Que prática política está sendo satirizada na charge?
b) Que grupos políticos o autor da charge critica?
c) Os grupos políticos criticados na charge estavam no poder em 1927 e ela foi publicada em uma revista de grande circulação na época, a revista *Careta*. O que isso indica a respeito da censura no período em questão?

17. O texto abaixo é um artigo do Convênio de Taubaté, firmado entre os governos de São Paulo, de Minas Gerais e do Rio de Janeiro em 1906. Leia-o e responda às questões.

> Art. 6º Os governos contratantes obrigam-se a criar uma sobretaxa de 3 francos sujeita a aumento ou diminuição, por saca de café que for exportada por qualquer dos seus estados e, bem assim, manter as leis que neles dificultam, por impostos suficientemente elevados, o aumento das áreas dos terrenos cultivados com café, nos seus territórios, pelo prazo de dois anos, que poderá ser prorrogado por mútuo acordo.
>
> Disponível em: <http://www2.camara.gov.br/internet/legislacao/legin.html/textos/visualizarTexto.html?ideNorma=582975&seqTexto=105713>. Acesso em: 14 maio 2014.

a) Que medidas indicadas no texto visavam impedir a superprodução de café?
b) Por que a superprodução de café era ruim para os cafeicultores?
c) Por que era necessário que os três estados se comprometessem a tomar as mesmas medidas?

História e Língua Portuguesa

Literatura, República e Monarquia

Esaú e Jacó, penúltimo romance de Machado de Assis, lançado em 1904, reflete o contexto político da época.

A República substituiu o Império em 1889, mas viveu seus primeiros anos sobressaltada pelo temor de uma eventual restauração monárquica. As correntes políticas mais poderosas – fossem republicanas ou monarquistas – vinham da mesma matriz conservadora. Assim são os personagens machadianos de Esaú e Jacó, os gêmeos Pedro e Paulo, que se antagonizam o tempo todo. Pedro estuda direito, é cauteloso e republicano. Paulo, estudante de medicina, mais impetuoso que o irmão, é monarquista.

O conto "Um Apólogo", publicado em 1885, já reflete as preocupações políticas de Machado de Assis. Na obra, ele narra a discussão entre uma agulha e um novelo de linha. Linha e agulha, assim como costureira e baronesa, simbolicamente podem representar grupos sociais conflitantes. A relação de subordinação entre agulha e linha, base do conflito na história, também pode ser um metáfora relacionada a relações de poder em diferentes sociedades e momentos históricos.

Como gênero textual, o apólogo é uma narrativa curta e, como a fábula, tem uma moral; no apólogo, as personagens são inanimadas (pedras, rios, relógios, moedas, estátuas, etc.) e na fábula, de modo geral, são animais.

Leia a seguir o conto machadiano:

Um Apólogo

Era uma vez uma agulha, que disse a um novelo de linha:

– Por que está você com esse ar, toda cheia de si, toda enrolada, para fingir que vale alguma coisa neste mundo?

– Deixe-me, senhora.

– Que a deixe? Que a deixe, por quê? Porque lhe digo que está com um ar insuportável? Repito que sim, e falarei sempre que me der na cabeça.

– Que cabeça, senhora? A senhora não é alfinete, é agulha. Agulha não tem cabeça. Que lhe importa o meu ar? Cada qual tem o ar que Deus lhe deu. Importe-se com a sua vida e deixe a dos outros.

– Mas você é orgulhosa.

– Decerto que sou.

– Mas por quê?

– É boa! Porque coso. Então os vestidos e enfeites de nossa ama, quem é que os cose, senão eu?

– Você? Esta agora é melhor. Você é que os cose? Você ignora que quem os cose sou eu, e muito eu?

– Você fura o pano, nada mais; eu é que coso, prendo um pedaço ao outro, dou feição aos babados...

– Sim, mas que vale isso? Eu é que furo o pano, vou adiante, puxando por você, que vem atrás, obedecendo ao que eu faço e mando...

– Também os batedores vão adiante do imperador.

– Você é imperador?

– Não digo isso. Mas a verdade é que você faz um papel subalterno, indo adiante; vai só mostrando o caminho, vai fazendo o trabalho obscuro e ínfimo. Eu é que prendo, ligo, ajunto...

Estavam nisto, quando a costureira chegou à casa da baronesa. Não sei se disse que isto se passava em casa de uma baronesa, que tinha a modista ao pé de si, para não andar atrás dela. Chegou a costureira, pegou do pano, pegou da agulha, pegou da linha, enfiou a linha na agulha, e entrou a coser. Uma e outra iam andando orgulhosas, pelo pano adiante, que era a melhor das sedas, entre os dedos da costureira, ágeis como os galgos de Diana – para dar a isto uma cor poética. E dizia a agulha:

– Então, senhora linha, ainda teima no que dizia há pouco? Não repara que esta distinta costureira só se importa comigo; eu é que vou aqui entre os dedos dela, unidinha a eles, furando abaixo e acima.

A linha não respondia nada; ia andando. Buraco aberto pela agulha era logo enchido por ela, silenciosa e ativa como quem sabe o que faz, e não está para ouvir palavras loucas. A agulha, vendo que ela não lhe dava resposta, calou-se também, e foi andando. E era tudo silêncio na saleta de costura; não se ouvia mais que o plic-plic plic-plic da agulha no pano. Caindo o sol, a costureira dobrou a costura, para o dia seguinte; continuou ainda nesse e no outro, até que no quarto acabou a obra, e ficou esperando o baile.

Veio a noite do baile, e a baronesa vestiu-se. A costureira, que a ajudou a vestir-se, levava a agulha espetada no corpinho, para dar algum ponto necessário. E quando compunha o vestido da bela dama, e puxava a um lado ou outro, arregaçava daqui ou dali, alisando, abotoando, acolchetando, a linha, para mofar da agulha, perguntou-lhe:

– Ora agora, diga-me quem é que vai ao baile, no corpo da baronesa, fazendo parte do vestido e da elegância? Quem é que vai dançar com ministros e diplomatas, enquanto você volta para a caixinha da costureira, antes de ir para o balaio das mucamas? Vamos, diga lá.

Parece que a agulha não disse nada; mas um alfinete, de cabeça grande e não menor experiência, murmurou à pobre agulha:

– Anda, aprende, tola. Cansas-te em abrir caminho para ela e ela é que vai gozar da vida, enquanto aí ficas na caixinha de costura. Faze como eu, que não abro caminho para ninguém. Onde me espetam, fico.

Contei esta história a um professor de melancolia, que me disse, abanando a cabeça: – Também eu tenho servido de agulha a muita linha ordinária!

MACHADO DE ASSIS, J. M. Um Apólogo. Pará: Universidade da Amazônia/Nead - Núcleo de Educação a Distância, s. d. Disponível em: <http://www.dominiopublico.gov.br/download/texto/ua000231.pdf>. Acesso em: 14 maio 2014.

Atividades

1. Identifique no conto de Machado de Assis palavras ou expressões que podem ser relacionadas ao período monárquico e ao escravismo.
2. Cite a frase em que o autor explicita a relação de subordinação da costureira para com a baronesa.
3. Qual é a moral do apólogo? Discuta seu significado com os colegas e anote suas observações.

CAPÍTULO 43
As Américas no início do século XX

O que você vai estudar

- A Revolução Mexicana.
- Argentina, Uruguai e Paraguai.
- Estados Unidos e o *big stick*.

Detalhe do mural *A revolução contra a ditadura porfiriana*, 1952-1954, de David Alfaro Siqueiros, que mostra o ditador Porfirio Díaz (ao centro) pisoteando a Constituição mexicana.

Ligando os pontos

Durante o século XIX, as colônias da Espanha e de Portugal na América conquistaram sua independência política. No Brasil, manteve-se a monarquia, agora sob a égide de uma Constituição. Nos demais países da América Latina formaram-se repúblicas comandadas pelas elites locais.

Com a conquista da autonomia, ganhou força na América hispânica a figura do caudilho, geralmente um chefe militar que havia se destacado nas guerras de independência ou nas guerras civis. O caudilho também podia ser um latifundiário que representava interesses regionais. Dotado de carisma e de capacidade militar e política, podia em certos casos conquistar o apoio da elite econômica para governar o país. Um exemplo foi Juan Manuel de Rosas, ditador na Argentina por mais de 20 anos (de 1829 a 1852), que representou a elite dos criadores de gado, os *estancieros*.

Outro caudilho foi o presidente do México Porfirio Díaz. Durante um governo de mais de três décadas, do final do século XIX ao início do XX, desenvolveu a economia mexicana incentivando a entrada de capital estrangeiro, principalmente para a mineração, para as ferrovias e para a agricultura. Porém, esse desenvolvimento econômico não beneficiou o povo: os lucros destinaram-se às empresas no exterior, e o capital que permaneceu no país se concentrou nas mãos de poucos latifundiários. Os indígenas, mais de um terço da população, foram esquecidos, e suas terras acabaram destinadas aos latifundiários. Assim, a miséria nas cidades e nos campos se generalizou.

1. Observe o detalhe do mural de Siqueiros e explique quem os homens próximos a Porfirio Díaz representam.
2. Identifique na imagem características que possam distinguir Porfirio Díaz como um caudilho.

A Revolução Mexicana

A Revolução Mexicana, conflito armado que teve início em 1910, foi movida principalmente pela questão do acesso à terra. Desde o período colonial, os indígenas foram expropriados de suas terras. A independência do México, em 1821, não mudou esse quadro, culminando com a ditadura de Porfirio Díaz.

A ditadura de Porfirio Díaz

Porfirio Díaz havia lutado no Exército mexicano entre 1850 e 1870, período de consolidação do Estado liberal controlado pela **elite *criolla***. Em 1876, ele tomou o poder por meio de um golpe militar.

Durante sua longa ditadura, Díaz, influenciado pelo positivismo, modernizou o México e abriu a economia do país ao capital estrangeiro. Empresas estadunidenses investiram na exploração de petróleo, nas minas e nas ferrovias, enquanto as empresas inglesas financiavam a indústria de tecidos, de alimentos e as siderúrgicas.

Díaz estabeleceu no México, entre 1893 e 1902, a **Lei dos Baldios**, sob o argumento de desenvolver a agricultura. Por essa lei, companhias demarcadoras podiam avaliar que terrenos eram baldios, ou seja, improdutivos, recebendo em troca um terço dessas terras. Assim, essas empresas apropriaram-se de quase 17 milhões de hectares.

Com o apoio dos juízes locais, essas companhias confiscaram as terras dos indígenas e dos pequenos proprietários, que, uma vez desapropriados, se tornaram mão de obra barata para empresas estrangeiras e para os latifundiários.

O ressentimento e a revolta, gerados entre os indígenas pela usurpação de suas terras, de suas raízes e de sua história, foram um dos motores da Revolução Mexicana.

Pancho Villa e o norte do México

A partir de 1890, houve expansão da mineração no norte do México. Para atender à demanda da industrialização, cobre, carvão e petróleo começaram a ser explorados, principalmente por empresas estadunidenses. As mineradoras também possuíam fazendas de gado e controlavam rodovias, ferrovias, empresas de telefonia e de eletricidade.

A população do norte revoltava-se com o desprezo dos estrangeiros pelos trabalhadores locais, considerados "lerdos e preguiçosos", com a usurpação de suas riquezas naturais e com os efeitos da Lei dos Baldios.

Nesse contexto de injustiça social, surgiram líderes guerrilheiros apoiados pela população local. O mais popular foi **Pancho Villa**, que roubava gado das fazendas, assaltava trens e distribuía entre os pobres os produtos saqueados. Ele tornou-se uma lenda local, chamado de "Centauro do Norte" ou "Napoleão do México".

Em 1909, um rico fazendeiro do norte, Francisco Madero, se opôs a mais uma reeleição de Porfirio Díaz e se lançou candidato à presidência. Ele defendia o fim da reeleição, a liberdade política, a luta contra os monopólios e privilégios e, principalmente, a solução para a questão da terra.

A campanha de Madero arrebatou multidões, mas vinte dias antes das eleições ele foi preso, acusado de levar o povo à revolta. Após sair da prisão, fugiu para o Texas, nos Estados Unidos, onde escreveu o Plano de San Luis de Potosí, que posteriormente se transformou em um resumo das propostas da Revolução.

Em outubro de 1910, partidários de Madero procuraram Pancho Villa para apoiar a Revolução. Villa deixou o banditismo e passou a ser um líder revolucionário de destaque.

Emiliano Zapata e o sul do México

O sul do México, em especial o estado de Morelos, transformou-se após a Lei dos Baldios. Os camponeses perderam suas terras para grandes produtores de açúcar.

Os latifundiários compraram máquinas modernas e construíram ferrovias para escoar a produção. Os camponeses tornaram-se mão de obra temporária, utilizada apenas nos meses de colheita da cana, permanecendo desempregados no restante do ano.

O mesmo sentimento de usurpação e de revolta experimentado no norte tomou conta dos camponeses do sul, que formaram uma guerrilha em março de 1911, sob a liderança do pequeno proprietário **Emiliano Zapata**.

GLOSSÁRIO

Elite *criolla*: filhos de espanhóis nascidos na América e que eram donos de terras, de minas ou de empresas; elite econômica das ex-colônias espanholas.

Assista

E estrelando Pancho Villa. Direção de Bruce Beresford, Estados Unidos, 2003, 112 min. Narra o episódio em que Pancho Villa assinou um contrato que autorizava o diretor estadunidense D. W. Griffith a filmá-lo em ação contra o Exército de Victoriano Huerta.

Leia

Imagens da Revolução Mexicana, de Camilo de Mello Vasconcellos. São Paulo: Alameda, 2007. Esse livro foca os trabalhos realizados por Juan O'Gorman, Jorge Gonzáles Camarena e David Alfaro Siqueiros nas paredes do Museu Nacional de História, onde retrataram a Revolução Mexicana por meio de murais.

❯ Francisco Madero no poder

Em 1911, os rebeldes do norte constituíram um governo, enquanto os guerrilheiros de Zapata, no sul, combatiam Porfirio Díaz. Em maio do mesmo ano, após um acordo com os revolucionários, o presidente renunciou e partiu para a Europa. No mês seguinte, Madero chegou à capital do México e foi aclamado por uma multidão, assumindo a presidência no final do ano.

As expectativas em relação ao seu governo, contudo, não foram satisfeitas. Moderado, Madero tentou, em vão, conciliar interesses dos ex--porfiristas, das empresas estrangeiras, do governo dos Estados Unidos e dos operários, além dos indígenas e dos camponeses, que constituíam cerca de 80% da população do México.

❯ O Plano de Ayala e o golpe de Victoriano Huerta

Em novembro de 1911, Zapata lançou o Plano de Ayala, uma reação a Madero, determinando a expropriação de latifúndios para redistribuí--los em *ejidos*, terras cultivadas coletivamente pelos indígenas ou por camponeses.

Madero mandou tropas para combater Zapata, mas acabou assassinado por um de seus generais, Victoriano Huerta, que tomou o poder. Líderes políticos de todas as regiões do México pegaram em armas para derrubar o golpista.

Huerta provocou também a desconfiança do governo dos Estados Unidos, que, para evitar que a instabilidade política abalasse seus investimentos, mandou fuzileiros navais invadir o México.

O governador de um estado do norte, Venustiano Carranza, aliado de Villa e de Zapata, liderou os ataques contra o general Huerta, que, pressionado, renunciou ao poder. Carranza entrou vitorioso na Cidade do México, em agosto de 1914.

❯ Venustiano Carranza no poder

Carranza assumiu a presidência e aproximou-se dos operários, mas Villa e Zapata não se submeteram a seu poder. Zapata governava o sul com o Plano de Ayala, expropriando latifúndios e devolvendo as terras às comunidades indígenas. A base de seu poder era o **exército zapatista** e as comunidades camponesas. Villa, por sua vez, retornou à luta armada e manteve o controle do norte do país.

Em 1917, uma nova Constituição foi promulgada, incorporando alguns ideais da Revolução. De acordo com o texto legal, os latifúndios improdutivos seriam expropriados e repartidos em pequenas propriedades. Havia a possibilidade de criação de *ejidos*. Foram convocadas eleições, e Carranza foi eleito presidente para um novo mandato.

Em relação à **legislação trabalhista**, a Constituição previa direitos inovadores para a época, como a jornada diária de 8 horas de trabalho, a regulamentação do trabalho feminino e infantil, o salário mínimo, a liberdade para os sindicatos, o direito de greve, a justiça trabalhista, etc.

Porém, a luta pelo poder continuou. Zapata foi assassinado a mando de Carranza em 1919. Um ano depois, Carranza também foi morto e substituído por Álvaro Obregón, um de seus aliados políticos. Pancho Villa foi assassinado em 1923.

Os resultados da Revolução Mexicana foram contraditórios. Os direitos dos trabalhadores aumentaram, assim como o acesso à terra, mas as tensões sociais e religiosas permaneceram. A pacificação viria apenas na década de 1930.

Ponto de vista

Aliança na Revolução Mexicana

Segundo a historiadora Anna Maria Martinez Corrêa, a classe operária mexicana se aliou aos camponeses. No livro *A Revolução Mexicana*, ela defende essa visão.

No momento da derrubada da ditadura porfirista, a aliança operário--camponesa existiu e foi positiva. Posteriormente, porém, as lideranças autênticas do operariado mexicano foram afastadas mediante prisões, deportações e mortes. Por sua vez, os políticos reformistas passaram a desenvolver uma ação desagregadora daquela aliança.

Desfeita a aliança operário-camponesa, afastadas as principais lideranças com a adesão de setores do operariado aos grupos reformistas, o movimento operário mexicano achava-se descaracterizado [...].

CORRÊA, Anna Maria Martinez. *A Revolução Mexicana, 1910-1917*. São Paulo: Brasiliense, 1983. p. 39-40.

- Debata com seus colegas sobre os grupos sociais envolvidos na Revolução Mexicana. A aliança entre camponeses e operários foi importante ou a Revolução vigorou apenas pela forte participação camponesa? Justifique.

Exército revolucionário comandado por Zapata e Villa, que combateu Porfirio Díaz no estado de Morelos, sul do México. Foto de c. 1910.

Argentina, Uruguai e Paraguai

Depois da Guerra do Paraguai (1864-1870), os países do antigo vice-reino do Prata – Argentina, Uruguai e Paraguai – desenvolveram-se de forma diferenciada.

A Argentina

Após a independência do vice-reino do Prata, a Argentina foi palco de lutas entre a burguesia comercial da cidade de Buenos Aires e os latifundiários do interior. As elites da capital e das províncias lutavam entre si pelo controle do Estado, e proclamavam sua independência quando não tinham seus interesses atendidos.

A solução encontrada foi a criação de um Estado federalista que preservasse a autonomia das províncias e os interesses comerciais de Buenos Aires. No governo de Bartolomeu Mitre, iniciado em 1862, a federação argentina se estabilizou, permitindo o desenvolvimento do país.

Ao longo do século XIX, foram ocupadas terras ao sul de Buenos Aires para o cultivo de trigo e a criação de gado, desalojando os indígenas dos pampas. O gado era abatido, salgado e transformado em charque, que, assim como o trigo, era exportado para o Brasil e para a Europa, enquanto a Argentina importava produtos industrializados ingleses.

No final do século XIX e início do XX, a Argentina passou por grandes mudanças. O país promoveu uma intensa imigração de europeus, as cidades cresceram, principalmente Buenos Aires; e as classes médias urbanas ampliaram seu espaço na sociedade, enfraquecendo o domínio político das oligarquias agrárias.

O Uruguai

No final do século XIX, o Uruguai dispunha de imensas pastagens para a criação de bovinos e ovinos; predominava o latifúndio.

Assim como no Brasil e na Argentina, ocorreu ali uma intensa imigração europeia. Houve investimentos ingleses em ferrovias e em serviços públicos, em especial na cidade de Montevidéu.

Politicamente, desde a independência em relação ao Brasil, os partidos Blanco e Colorado lutavam pelo poder no Uruguai. No início do século XX, o líder colorado José Batlle y Ordóñez foi eleito presidente.

O governo de Ordóñez promoveu **reformas sociais e econômicas** para melhorar as condições de vida dos operários, diminuir a dependência de produtos estrangeiros e desenvolver a educação.

Reeleito, Ordóñez promoveu uma **reforma constitucional** pela qual o Poder Executivo passou a ser exercido por um colegiado de colorados e blancos. Esse governo consensual e cauteloso manteve uma alta qualidade de vida até a crise econômica que ocorreu na década de 1920.

O Paraguai e a Guerra do Chaco

Após a derrota na guerra contra Brasil, Argentina e Uruguai, o Paraguai foi governado por políticos corruptos que dilapidaram o país.

Enquanto isso, a Bolívia perdia sua saída para o mar, ao ser derrotada pelo Chile na **Guerra do Pacífico** (1879-1883). Para compensar a perda, em 1932 os bolivianos invadiram a região do Chaco paraguaio. Tinha início a **Guerra do Chaco**. Após três anos de conflitos, o Paraguai venceu a Bolívia, que perdeu três quartos da região do Chaco.

Conheça melhor

Indígenas cavaleiros

Os indígenas dos pampas viviam nas planícies ao sul de Buenos Aires e eram considerados os mais agressivos da Argentina. Exímios cavaleiros e hábeis guerreiros, utilizavam como armas a lança e a boleadeira.

A expansão das estâncias de charque para o sul da capital Argentina foi fatal para os indígenas dos pampas, que perderam suas áreas de caça. Em resposta, eles aumentaram os ataques às estâncias e aos povoados ao longo do século XIX.

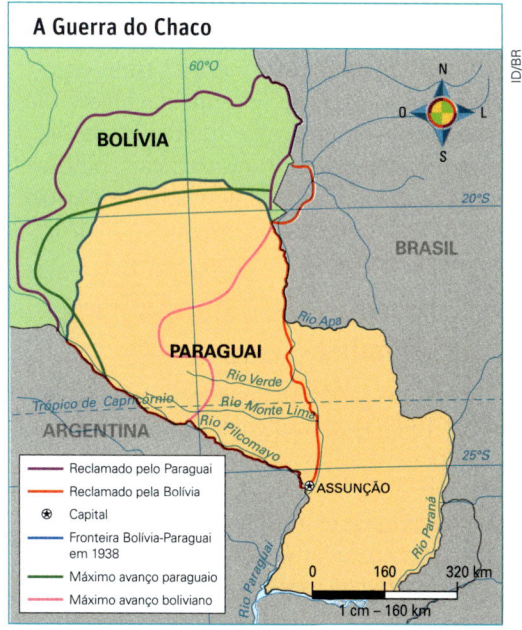

A Guerra do Chaco

Fonte de pesquisa: Biblioteca Central del Ejército Argentino. Disponível em: <http://www.biblioteca.ejercito.mil.ar/Doctrina/Biblioteca/Libros/Soldados/Imagenes/Capitulo%20II/mapa1.jpg>. Acesso em: 7 set. 2009.

Estados Unidos e o *big stick*

"Fale macio e carregue um grande porrete que você irá longe." Essa frase, que traduzia a política do ***big stick*** (grande porrete), foi utilizada pelo então governador de Nova York, **Theodore Roosevelt**, para descrever suas relações políticas locais. Quando ele se tornou presidente, a frase passou a ser a marca registrada de sua política externa imperialista.

O Corolário Roosevelt e a América Latina

Roosevelt foi eleito vice-presidente dos Estados Unidos pelo Partido Republicano e assumiu a presidência após o assassinato do presidente McKinley em 1901.

Roosevelt acreditava que as nações deveriam ser responsáveis pela manutenção da paz e da ordem. Para ele, os países "civilizados" tinham a obrigação de administrar os países "bárbaros".

Nessa linha de pensamento, o presidente criou o **Corolário Roosevelt**, afirmando que qualquer agressão aos países da América Latina seria combatida pelos Estados Unidos, protetor dos "pobres" e dos "fracos".

Na realidade, o Corolário Roosevelt mantinha a ideologia do **Destino Manifesto**, expressa durante a **Marcha para o Oeste**, e da **Doutrina Monroe**, anunciada em 1823 pelo presidente estadunidense James Monroe para acabar com a influência espanhola e inglesa na América.

O governo dos Estados Unidos aplicou a política do *big stick* na América Latina, especialmente no Caribe, visando favorecer os interesses econômicos de grandes empresas, como produtores de frutas tropicais, produtores e distribuidores de derivados de petróleo e prestadores de serviços (eletricidade, telefonia, hotéis, etc.).

Cuba, República Dominicana e Colômbia

Cuba conquistou sua independência somente em 1898, contando com a ajuda dos Estados Unidos, que, após a explosão de um de seus navios de guerra ancorado no porto de Havana, declararam guerra à Espanha. Com a derrota espanhola, Cuba tornou-se independente, mas tropas estadunidenses permaneceram na ilha para garantir os interesses de suas empresas.

Em 1901, uma lei denominada Emenda Platt foi inserida na Constituição cubana, dando aos Estados Unidos o direito de interferir nas relações internas e externas da ilha, na sua economia e de manter uma base naval em Guantánamo, no sudoeste do país. A influência política e econômica estadunidense permaneceu até 1959, quando o ditador Fulgêncio Batista, mantido no poder com apoio do governo dos Estados Unidos, foi derrubado por uma revolução liderada pelos irmãos Fidel e Raúl Castro e pelo argentino Ernesto Che Guevara.

Em relação à **República Dominicana**, os EUA administraram a sua frágil economia entre 1905 e 1914, garantindo a produção de cana-de-açúcar nos latifúndios de capital estadunidense. Os marines construíram estradas, escolas, melhoraram as comunicações e as condições sanitárias para garantir a produção e o escoamento do açúcar produzido.

Na **Colômbia**, em 1880, a empresa do engenheiro francês Ferdinand de Lesseps tentou construir um canal interoceânico que uniria o oceano Pacífico ao Atlântico, facilitando a navegação e barateando o frete das companhias. Porém, devido ao desnível entre os oceanos e a área do canal e às doenças tropicais, ele não foi concluído e a empresa faliu.

O presidente Roosevelt propôs assumir a obra em troca do controle do canal, o que foi vetado pelo Senado colombiano. O governo estadunidense financiou, então, um grupo rebelde que proclamou a República do Panamá, viabilizando a construção e o controle exclusivo do Canal do Panamá – inaugurado em 1914 – pelos Estados Unidos. O controle do canal foi devolvido ao Panamá em 2000.

GLOSSÁRIO

Destino Manifesto: ideia defendida por intelectuais e políticos estadunidenses de que os Estados Unidos foram escolhidos por Deus para guiar o mundo para a liberdade.

Marcha para o Oeste: movimento de expansão do território dos Estados Unidos, a partir das 13 colônias originais, em direção ao oeste, até atingir o oceano Pacífico.

Doutrina Monroe: em 1823, o presidente James Monroe declarou que os Estados Unidos impediriam qualquer tentativa de recolonização da América pelas potências europeias. Seu lema era "A América para os americanos".

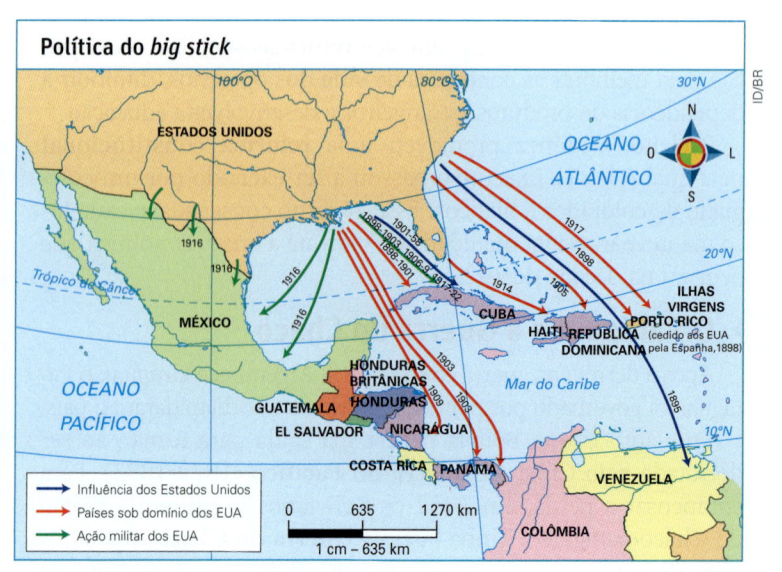

Política do *big stick*

Fonte de pesquisa: PARKER, Geoffrey (Ed.). *Atlas da história do mundo*. São Paulo: Folha da Manhã, 1995. p. 243.

› Os conflitos na Nicarágua

Na Nicarágua, o ditador José Santos Zelaya negou ao governo estadunidense a construção de mais um canal interoceânico, mas deu permissão ao Japão. Essa insubordinação levou os Estados Unidos a apoiar uma revolta dos conservadores contra Zelaya. Seus fuzileiros navais colaboraram, assim, para o golpe de Emiliano Chamorro Vargas, o que tornou possível, em 1914, o **Tratado Bryan-Chamorro**. Assim, os Estados Unidos conseguiram a exclusividade do canal e o direito de estabelecer bases navais no país caribenho.

Os fuzileiros navais retornaram à Nicarágua em 1926 para combater uma revolta liberal liderada por Juan Bautista Sacasa, José María Moncada e Augusto César Sandino. Porém, seis meses depois, Sacasa e Moncada deixaram a revolta e, sob proteção estadunidense, foram sucessivamente eleitos para a presidência. Sandino, ao contrário, continuou a lutar contra a presença dos marines.

Antes de deixar o país, os fuzileiros estadunidenses treinaram a Guarda Nacional da Nicarágua para garantir seus interesses locais. A Guarda, comandada por Anastacio Somoza García, era responsável pela manutenção da ordem no país. Anastacio Somoza ordenou o assassinato de Sandino, em 1934, e derrubou Sacasa do poder, em 1937. Dessa forma, por meio de eleições fraudulentas, foi eleito presidente.

A família Somoza ficou no poder até 1979, quando foi derrubada por uma revolta popular liderada pela **Frente Sandinista de Libertação Nacional** (FSLN). Criada em 1962 para combater a interminável ditadura dos Somoza, a FSLN aglutinava estudantes, trabalhadores e camponeses sob orientação socialista.

Após tomar o poder, os sandinistas sofreram oposição dos "contras", grupo formado principalmente por ex-membros da Guarda Nacional treinados pela CIA, a Agência Central de Inteligência dos Estados Unidos. No início dos anos 1980, foi descoberto que o dinheiro que financiava os "contras" vinha da venda de armas estadunidenses ao Irã na guerra contra o Iraque. O escândalo atingiu a credibilidade do presidente Ronald Reagan. Em 1984, o Congresso dos EUA proibiu o financiamento aos "contras". O governo dos Estados Unidos declarou, então, que a eleição do presidente sandinista Daniel Ortega havia sido fraudulenta e impôs um embargo econômico ao país.

Conheça melhor

O escândalo Irã-contras

As notícias de jornais e revistas constituem uma das muitas fontes de pesquisa para os historiadores. É comum pesquisadores recorrerem a arquivos jornalísticos para reconstruir uma época ou um episódio. A imprensa revela o dia a dia em várias áreas da vida das pessoas, como a política, a economia, a cultura e o cotidiano.

Em 1984, por exemplo, a imprensa estadunidense descobriu que o Conselho de Segurança Nacional dos Estados Unidos vendia armas ao Irã em troca da libertação de reféns de grupos terroristas xiitas no Líbano. O dinheiro era depositado em uma conta na Suíça, movimentada pelos contras, grupos guerrilheiros de direita que pretendiam derrubar o governo sandinista na Nicarágua.

A ampla divulgação desse caso, conhecido como Irã-contras na grande imprensa, foi um escândalo, por envolver representantes do governo dos Estados Unidos em negociações com terroristas do Irã e no financiamento de um grupo paramilitar antissandinista na Nicarágua.

Combatentes comemoram a vitória da Frente Sandinista de Libertação Nacional, que derrubou o governo de Somoza, na Nicarágua. Foto de 1979.

Ontem e hoje

A arte mural

Na arte mural, ou muralismo, o artista constrói sua obra diretamente na superfície de uma parede. Podem ser utilizadas várias técnicas, como a aplicação de tinta sobre gesso ou argamassa, de ladrilhos, de mosaicos, entre outras. A arte mural, ao ser permanentemente exposta em um local público, acaba chegando a grande número de pessoas, diferentemente de outras formas de arte voltadas para a exposição em museus e em outros locais específicos. Há exemplos dessa arte em civilizações antigas, como a grega e a romana. Do século XIII em diante, artistas como Giotto (c. 1267-1337) e Michelangelo (1475-1564) trabalharam essa forma de arte. No começo do século XX, no México, o muralismo ganha força como um movimento artístico criado por artistas como Diego Rivera (1886-1957), José Clemente Orozco (1883-1949) e David Alfaro Siqueiros (1896-1974).

O grafite, que surgiu nos anos 1970 em Nova York, nos EUA, é uma forma de arte que também tem como suporte as paredes e os muros de espaços públicos.

O muralismo mexicano

Exploração, condições precárias, opressão: o primeiro parágrafo da história das revoluções geralmente se conforma com essas questões. Campesinato, revolta, tomada: foi exatamente nesse contexto que a Revolução Mexicana se configurou no início do século XX [...].

A década de [19]20 foi marcada como um momento de instabilidade política muito forte no México. Como a revolução tinha "chegado ao poder", o contexto pedia a unificação do povo – o momento do pensar, de construir uma identidade nacional. Como as raízes mexicanas foram diretamente integradas no movimento revolucionário, era necessário pensar em quem era esse povo, quem constituía essa "nação". Paralelo a esse contexto, o movimento modernista, que se firmou como uma forte corrente de vanguarda nas artes – nessa época –, propunha, entre outras coisas, uma discussão acerca das nacionalidades.

É nessa conjuntura que o movimento Muralista aflora num México pós-revolucionário, catalisado pelo sentimento libertador da revolução: o momento em que o povo derruba o ditador e começa a buscar seus próprios interesses – e tem como tema [...] a independência da América espanhola – um momento de quebra da dominação política da metrópole e o nascimento dos estados nacionais.

É dessa forma que Diego Rivera, David Siqueiros, José Orozco – considerados "los tres grandes" – pintam uma série de murais nos palácios públicos, com o objetivo de retomar a temática social, sendo vistos como precursores de uma arte pública em função de seu compromisso político bem como seu apelo visual; era necessário romper com as estéticas europeias e propor uma arte que fosse do povo e para o povo: nesse momento, a pintura sai do cavalete e dos espaços fechados, simbolizando que não mais pertence a uma pessoa, e sim ao povo, e vai para as paredes – "muros" – dos edifícios públicos, daí o nome.

Explanando a questão da identidade, é possível observar nesses murais, de uma forma geral, o retrato desse povo: a civilização asteca, o índio, o colonizador, o mestiço, pois isso criava o sentimento de "pertencimento". Afinal, índios e mestiços tiveram um papel fundamental no processo revolucionário mexicano [...].

[...]

ZANELATTO, Carol. O muralismo mexicano. Disponível em: <http://www.revistacliche.com.br/2013/09/o-muralismo-mexicano/>. Acesso em: 13 fev. 2014.

Detalhe do afresco *A história do México*, 1930-1932, de Diego Rivera, que representa astecas, camponeses e líderes da Revolução. Ao centro, a águia, símbolo da nação.

Reflita

1. Pode ser vista como uma postura de vanguarda a escolha do muro pelos artistas mexicanos como forma de popularizar a arte. Relacione essa afirmativa com a característica de movimento que a arte mural teve no México do início do século XX.
2. Compare os grafites realizados atualmente com a arte mural feita pelos artistas mexicanos no começo do século XX.

Atividades

Verifique o que aprendeu

1. Que ações do governo de Porfirio Díaz foram decorrentes da influência do positivismo?

2. Relacione a Lei dos Baldios com a expropriação das terras das comunidades indígenas e dos pequenos proprietários.

3. De que forma a intensificação das atividades de empresas estrangeiras, especialmente estadunidenses, e a Lei dos Baldios influenciaram a atividade revolucionária de Pancho Villa?

4. Associe o projeto político de Francisco Madero com o apoio que ele recebeu de Emiliano Zapata e de Pancho Villa.

5. Explique a relação entre o governo de Francisco Madero e o Plano de Ayala de Emiliano Zapata.

6. Descreva o governo de Venustiano Carranza.

7. Analise a situação política e social da Argentina e do Uruguai no início do século XX.

8. De que maneira o Corolário Roosevelt e a política do *big stick* pretendiam agir na América Latina?

9. Como os Estados Unidos mantiveram a sua influência política e econômica em Cuba após a independência da ilha?

10. Explique como os Estados Unidos conseguiram construir e controlar um canal interoceânico entre o Atlântico e o Pacífico.

Leia e interprete

11. Observe a imagem a seguir, da comunidade de Javier Hernandez, e responda às questões.

    Placa indicando localidade gerida pelo Exército Zapatista de Libertação Nacional (EZLN), no México. Foto de 2005.

    a) Descreva, do ponto de vista socioeconômico, a imagem reproduzida na fotografia.
    b) Qual é a mensagem que a placa pretende passar para quem chega à região?
    c) Por que motivo as pessoas representadas na placa usam máscara?

12. O texto a seguir é a descrição que o general Smedley D. Butler, do Corpo de Fuzileiros Navais dos EUA, faz do imperialismo de seu país. Ramo das Forças Armadas, esse Corpo atua no Exército, na Marinha e na Aeronáutica, destacando-se pela agilidade em suas ações e pela subordinação direta ao presidente dos Estados Unidos. Por essas características, os Fuzileiros Navais são considerados símbolo do imperialismo estadunidense.

    > Passei 33 anos e 4 meses no serviço ativo, como membro da mais ágil força militar do meu País – o Corpo de Fuzileiros Navais. Servi em todos os postos, desde segundo-tenente a general. E, durante tal período, passei a maior parte de meu tempo como guarda-costas de alta classe, para os homens de negócios, para Wall Street e para os banqueiros. Em resumo, fui um quadrilheiro para o capitalismo...
    >
    > Foi assim que ajudei a transformar o México, especialmente Tampico, em lugar seguro para os interesses petrolíferos americanos, em 1914. Ajudei a fazer de Cuba e Haiti lugares decentes para que os rapazes do National City Bank pudessem recolher os lucros... Ajudei a purificar a Nicarágua para os interesses de uma casa bancária internacional dos Irmãos Brown, em 1909-1912. Trouxe a luz à República Dominicana para os interesses açucareiros norte-americanos em 1916. Ajudei a fazer de Honduras um lugar "adequado" às companhias frutíferas americanas, em 1903. Na China, em 1927, ajudei a fazer com que a Standard Oil continuasse a agir sem ser molestada.
    >
    > Durante todos esses anos eu tinha, como diriam os rapazes do gatilho, uma boa quadrilha. Fui recompensado com honrarias, medalhas, promoções. Voltando os olhos ao passado, acho que poderia dar a Al Capone algumas sugestões. O melhor que ele podia fazer era operar em três distritos urbanos. Nós, os fuzileiros, operávamos em três continentes.

    Common Sense, nov. 1935. In: HUBERMANN, Leo. *História da riqueza do homem*. 14. ed. Rio de Janeiro: Zahar, 1978. p. 266-267.

    a) Qual era a função do Corpo de Fuzileiros Navais para o autor do documento?
    b) Quais eram os interesses das empresas estadunidenses defendidos pelas forças navais no México, em Cuba, no Haiti, na Nicarágua, na República Dominicana, em Honduras e na China, de acordo com o texto?
    c) No final do texto, o autor cita Al Capone. Faça uma pequena pesquisa e responda por que ele foi lembrado pelo general Butler.

CAPÍTULO 44
A Primeira Guerra Mundial

O que você vai estudar

- A tensão crescente na Europa e a política de alianças.
- O início da Primeira Guerra Mundial e a guerra de trincheiras.
- O desenvolvimento de novos armamentos.
- A entrada dos Estados Unidos na Tríplice Entente e o Tratado de Versalhes.

Soldados ingleses carregam ferido em lamaçal na Batalha de Passchendaele, na Bélgica. Foto de 1917.

Ligando os pontos

No início do século XX, o Ocidente vivia um clima de paz armada. A Inglaterra e a França dominavam extensas áreas do planeta, controlando fontes de matérias-primas, estratégicas para o processo de industrialização por que passavam. A Alemanha e a Itália, unificadas na segunda metade do século XIX, se ressentiam de não contar com um império colonial e pressionavam ingleses e franceses para obter territórios na África, na Ásia e na Oceania.

O desenvolvimento industrial alemão chocava-se com os interesses ingleses pela disputa não apenas do fornecimento de matérias-primas, mas também do controle de mercados consumidores. No centro da Europa, o Estado multinacional da Áustria-Hungria dominava povos de línguas e tradições muito diferentes, gerando mal-estar e atritos nacionalistas.

As tensões existentes eram administradas de maneira diferente pelos governos europeus. Ao lado de regimes liberais, que podem ser chamados de democracias burguesas, como o governo francês e o inglês, ainda havia na Europa monarquias autoritárias, como a Alemanha, a Áustria-Hungria e a Rússia, onde as Forças Armadas tinham grande influência nos assuntos do governo.

Esse conjunto de tensões e ambições iria resultar na maior guerra conhecida até aquela época.

1. Os uniformes militares ocidentais do século XIX possuíam detalhes em metal dourado, fitas coloridas, penachos. O que o uniforme e os equipamentos registrados na fotografia acima informam sobre o novo tipo de guerra que surgia no século XX?
2. Descreva o campo de batalha reproduzido na fotografia. Que tipos de arma produziriam uma paisagem desse tipo?

Tensão crescente

Entre 1870 e 1914, ocorreu na Europa um período de **paz armada**, no qual as diversas potências equipavam suas forças armadas e treinavam seus exércitos, preparando-se para enfrentar seus inimigos na luta pela hegemonia no continente.

A política de alianças de Bismarck

No início do século XIX, os povos de língua alemã na Europa dividiam-se em muitos estados. Os dois maiores eram a Áustria e a Prússia, que procuravam controlar toda a região.

O governo da Prússia, sob o comando do ministro Otto von Bismarck, conseguiu neutralizar as ambições austríacas. Em 1871, os prussianos lideraram os estados alemães em uma vitoriosa guerra contra a França. O resultado foi a anexação da região franco-alemã da Alsácia-Lorena, rica em ferro e carvão, e a união dos Estados alemães sob o comando do rei prussiano, Guilherme I, coroado *kaiser* (imperador) da **Alemanha unificada**.

Além de aliar-se à Rússia, em 1882 Bismarck fez alianças com os governos da **Itália**, que se ressentia da invasão francesa a Túnis (pertencente à Itália), e da **Áustria-Hungria**, que queria garantir seus interesses nos **Bálcãs**. Estava formada a **Tríplice Aliança**, que isolava a França.

Os Bálcãs: "barril de pólvora" da Europa

No início do século XIX, a região dos Bálcãs era ocupada por povos de etnias, culturas e religiões diferentes, na maior parte dominados pelo Império Otomano.

O enfraquecimento do poder otomano, porém, permitiu que alguns povos conquistassem a independência, como a Sérvia (1804) e a Grécia (1821), e despertou a ambição das potências europeias. O governo da Áustria-Hungria anexou a Bósnia, enquanto os russos aliaram-se à Sérvia, país eslavo de religião cristã ortodoxa que pretendia dominar toda a região.

A princípio, o governo alemão procurava equilibrar as disputas entre seus aliados austríacos e russos nos Bálcãs. Contudo, o novo *kaiser*, Guilherme II, mudou de política e afastou-se da Rússia.

Os russos, necessitando de apoio na Europa Ocidental e de empréstimos para financiar suas importações, aproximaram-se da França, que, após tantos anos de isolamento político, aceitou a aliança.

O nacionalismo

Ao longo do século XIX, consolidou-se na Europa a ideia de que os povos que tinham a mesma língua, os mesmos costumes e as mesmas tradições formavam uma nação, e que toda nação tinha o direito de viver de maneira autônoma em um Estado independente. Essa concepção recebeu o nome de **nacionalismo**.

O nacionalismo gerava situações de tensão no Império Austro-húngaro, que reunia povos muito diversos, como tchecos, eslovacos, bósnios, croatas, eslovenos, italianos, poloneses, etc. O governo da Itália reivindicava a posse dos territórios austríacos habitados por italianos, assim como os tchecos e os eslovacos lutavam pela independência de sua região.

Os poloneses, que habitavam um território dividido entre prussianos, russos e austríacos no século XVIII, lutavam para recuperar sua autonomia e constituir um Estado independente.

No Reino Unido, de maioria protestante, os irlandeses católicos enfrentavam as forças inglesas pela independência da Irlanda.

Os ideais nacionalistas chocavam-se com as pretensões imperialistas das grandes potências e contribuíam para o aumento da tensão na Europa.

> **GLOSSÁRIO**
>
> **Bálcãs**: região do sudeste da Europa compreendida pela península Balcânica, onde se situam atualmente os seguintes países: Bulgária, Romênia, Eslovênia, Croácia, Sérvia, Montenegro, Macedônia, Albânia, Bósnia-Herzegovina e Grécia, além da Trácia turca. Por sua localização, funciona desde a Antiguidade como ponte entre o Oriente e a Europa.

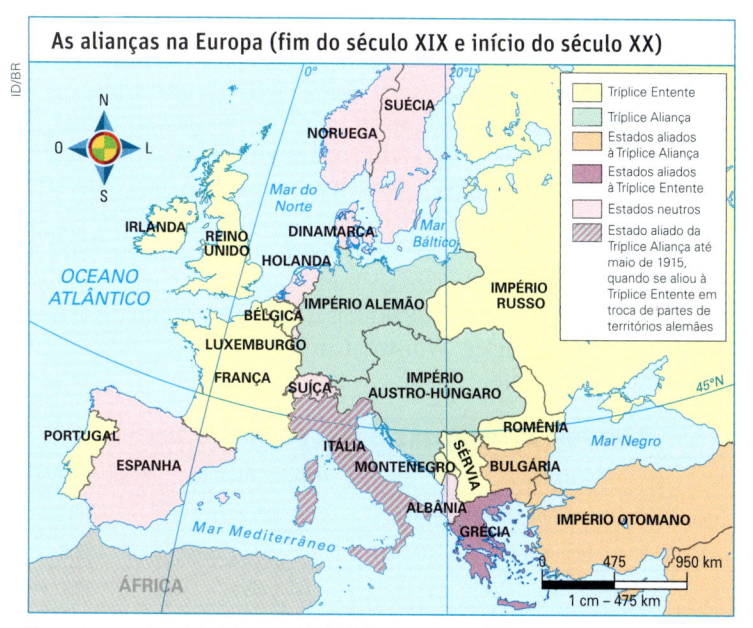

As alianças na Europa (fim do século XIX e início do século XX)

Fonte de pesquisa: *Atlas histórico*. Madrid: Ediciones SM, 2005. p. 120.

› Uma potência emergente

No início do século XX, a Alemanha, unificada desde 1871, era uma potência industrial e militar em franco crescimento, o que alarmava as demais potências, principalmente a França e a Inglaterra.

A população alemã, que era de 41 milhões de habitantes em 1870, saltou para 66 milhões em 1914. A produção de carvão aumentou 800%, quase atingindo a produção inglesa. Às vésperas da Primeira Guerra, a Alemanha produzia dois terços do aço de toda a Europa e gerava mais eletricidade do que a Grã-Bretanha, a França e a Rússia juntas.

Enquanto a Alemanha crescia economicamente, a Grã-Bretanha administrava seu imenso império colonial, onde o "Sol nunca se punha".

Os ingleses contavam com a maior frota de navios do mundo, mas as indústrias da Alemanha e dos Estados Unidos ameaçavam a produção industrial inglesa.

› A luta por um império colonial

A concorrência econômica envolvia também a disputa por colônias na África e na Ásia. Em 1897, o primeiro-ministro alemão, Hans von Bülow, declarava no *Reichstag*, o Parlamento alemão: "Não queremos pôr na sombra quem quer que seja, mas também exigimos um lugar ao sol". O "lugar ao sol" alemão era modesto comparado ao império colonial britânico ou francês.

Para conquistar colônias, o governo alemão investiu na construção de uma poderosa marinha de guerra, capaz de enfrentar os ingleses. O temor da ameaça alemã uniu os governos da Grã-Bretanha e da França.

Em 1904, ingleses e franceses assinaram um acordo em relação à política colonial. Ficou estabelecido que a Inglaterra manteria sua influência no Egito e a França no Marrocos.

No ano seguinte, o *kaiser* Guilherme II fez uma visita ao sultão do Marrocos para demonstrar seu apoio ao país dominado pelos franceses. Essa visita resultou em uma crise com a França e a Inglaterra, fortalecendo a união dos dois países contra as investidas do nascente imperialismo alemão.

O avanço alemão também aproximou ingleses e russos, que disputavam a hegemonia na Ásia. Em 1907, esses dois países resolveram suas diferenças: a Inglaterra dominou o Afeganistão, e a Rússia, o Turquistão. O Irã foi dividido entre os dois países.

Em 1907, **Inglaterra**, **França** e **Rússia**, opondo-se à Tríplice Aliança, uniram-se naquela que ficou conhecida como **Tríplice Entente**. A Europa estava, então, dividida em dois blocos equilibrados e opostos. A corrida armamentista aumentou.

Entre 1870 e 1914, a maioria dos países europeus adotou o serviço militar obrigatório e equipou Exército e Marinha. A nascente aviação também se adaptava aos fins bélicos.

Em 1911, uma tentativa de avanço alemão no Marrocos resultou na concessão de uma parte do Congo francês para a Alemanha, mas fez soar, por toda a Europa, "as campainhas de alarme", como disse o então ministro da Marinha inglês, Winston Churchill.

A guerra era iminente.

Leia
Nada de novo no *front*, de Erich Maria Remarque. Porto Alegre: L&PM, 2004. Livro autobiográfico em que o autor descreve o cotidiano nas trincheiras e o sofrimento dos jovens diante do horror da guerra.

Conheça melhor

Propaganda: tática de guerra

Para cooptar a população, os países envolvidos na Primeira Guerra Mundial faziam propaganda política em que utilizavam recursos subjetivos como o patriotismo e o revanchismo.

Além dos cartazes que convocavam os cidadãos a se alistar, havia artigos de jornais, insuflando a população contra os inimigos, e uma nova mídia, o cinema.

A nova indústria cinematográfica de Hollywood, nos Estados Unidos, produziu filmes satanizando o *kaiser* Guilherme II, como *Kaiser, a besta de Berlim*, realizado em março de 1918, e *Ao inferno com o kaiser*, realizado em junho desse mesmo ano.

Cartaz de 1915 estimula o recrutamento na Inglaterra. O lado emocional é privilegiado: "Mulheres britânicas, digam 'Vá!'".

AS FORÇAS MOBILIZADAS EM 4 DE AGOSTO DE 1914

Recursos	Tríplice Aliança	Tríplice Entente
População (em milhões de habitantes)	115,2	265,5
Produção de aço (em milhões de toneladas)	17	15,3
Divisões disponíveis	146	212
Navios de guerra	20	39

Fonte de pesquisa: *Enciclopédia Britânica*. Disponível em: <http://www.britannica.com/EBchecked/topic/648646/World-War-I>. Acesso em: 14 maio 2014.

A solução pelas armas

Em junho de 1914, a tensão política chegava ao auge. A Sérvia, em campanha pela união dos povos eslavos dos Bálcãs, pretendia anexar a Bósnia, em poder da Áustria-Hungria. Como resposta, o governo austro-húngaro realizou manobras militares na fronteira entre Bósnia e Sérvia, e enviou o herdeiro do trono, o arquiduque Francisco Ferdinando, e sua mulher, Sofia, a uma visita à capital bósnia, Sarajevo.

A sociedade secreta pró-Sérvia Mão Negra, apoiada por militares sérvios, assassinou o casal imperial no dia de sua chegada a Sarajevo.

As declarações de guerra

As autoridades austríacas descobriram a existência de uma ligação entre a Mão Negra e o governo sérvio. Após o atentado, a Áustria-Hungria apresentou quinze exigências à Sérvia, que acatou todas, menos uma: o julgamento dos culpados por uma comissão composta de representantes da Áustria e da Sérvia. A rejeição dessa exigência levou o governo da Áustria-Hungria a declarar guerra contra a Sérvia. Diante da invasão da Sérvia pelas tropas austríacas, o governo russo, aliado dos sérvios, deslocou suas tropas para os Bálcãs. O governo da Alemanha, aliado da Áustria, exigiu que os russos recuassem, o que não ocorreu, iniciando o conflito entre as duas potências.

Os franceses apoiaram a Rússia. Em resposta, os alemães invadiram a Bélgica, um país neutro, para dali atacarem a França. Diante da violação da neutralidade belga, em 4 de agosto de 1914 os ingleses, que até então se mantinham neutros, declararam guerra à Alemanha. Começava assim a Primeira Guerra Mundial. Os governos das potências envolvidas acreditavam que a guerra seria uma solução rápida para os seus conflitos. Entretanto, Edward Grey, ministro das Relações Exteriores da Grã-Bretanha, tinha uma opinião diferente: "As luzes se apagam por toda a Europa. Não as veremos acender novamente enquanto vivermos".

Ponto de vista

Primeira Guerra Mundial e Antigo Regime

O historiador estadunidense Arno J. Mayer discorda da opinião segundo a qual a Primeira Guerra Mundial seria resultado do choque de Estados imperialistas, movidos por interesses industriais capitalistas.

Mayer defende a tese de que a Primeira Guerra foi a última resistência dos representantes do Antigo Regime, principalmente os aristocratas latifundiários, que tentavam impedir a burguesia capitalista, industrial e urbana, de tomar o controle total das sociedades e dos Estados europeus.

[...] [A] Grande Guerra de 1914 [...] foi uma consequência da remobilização contemporânea dos *anciens régimes* da Europa. Embora perdendo terreno para as forças do capitalismo industrial, as forças da antiga ordem ainda estavam suficientemente dispostas e poderosas para resistir e retardar o curso da história, se necessário recorrendo à violência. A Grande Guerra foi antes a expressão da decadência e queda da antiga ordem, lutando para prolongar sua vida [...].

MAYER, Arno J. Citado por MARQUES, Adhemar Martins; BERUTTI, Flávio; FARIA, Ricardo. *História contemporânea através de textos*. São Paulo: Contexto, 2008. p. 108.

- Discuta com seus colegas situações em que grupos ligados ao passado resistem a mudanças, seja com armas, seja com ações, como censura, proibição de certos comportamentos, etc.

Conheça melhor

O atentado de Sarajevo

O arquiduque Francisco Ferdinando e sua esposa Sofia foram de trem para Sarajevo. Saíram da estação ferroviária em um carro aberto para percorrer a cidade até o local onde ocorreria uma recepção oficial. Espalhados ao longo do trajeto, sete membros do grupo Mão Negra estavam armados com duas bombas e revólveres.

Uma bomba arremessada contra a comitiva errou o alvo e atingiu um dos carros que seguia o arquiduque, ferindo os ocupantes. O motorista que dirigia o carro do casal imperial saiu em alta velocidade, e os outros terroristas não conseguiram alvejar o arquiduque.

Um dos terroristas, Gavrilo Princip, desistiu do atentado e foi a um bar. Horas depois, o carro do arquiduque, ao retornar da recepção, passou por acaso diante de Gavrilo Princip, que sacou seu revólver e assassinou Francisco Ferdinando e sua mulher.

Ilustração do assassinato de Francisco Ferdinando e de sua esposa publicada em *Le Petit Journal*, em 12 de julho de 1914.

> A guerra de movimento

O Estado-Maior do exército alemão pôs em prática o Plano Schlieffen, tática ofensiva e defensiva que movimentava tropas em duas frentes: a ocidental, contra a França, e a oriental, contra a Rússia.

A primeira fase da guerra ficou conhecida como guerra de movimento, pela agilidade do ataque alemão. Após invadir a Bélgica, em setembro de 1914, os alemães estavam a 70 km de Paris.

> O crescimento da Entente e da Tríplice Aliança

Cobiçando as colônias alemãs da Oceania, o Japão aliou-se à Entente, em agosto de 1914. Por sua vez, o Império Otomano ambicionava limitar a influência russa no Oriente, recuperando seu papel de potência. Em outubro de 1914, o governo otomano aderiu à Tríplice Aliança, fortalecendo a frente oriental contra a Rússia.

Apenas em maio de 1915, a Itália saiu da neutralidade, abandonando a Tríplice Aliança e juntando-se à Entente, sob a promessa de receber territórios nos Bálcãs no final do conflito.

> O desgaste nas trincheiras

Contido pelos franceses na Batalha do Marne, o rápido avanço alemão não durou muito tempo.

Sem poder avançar, o exército alemão decidiu garantir as posições conquistadas, cavando trincheiras, covas protegidas por arame farpado que abrigavam ninhos de metralhadoras. O poder de fogo dos exércitos entrincheirados impedia o avanço de ambas as partes, imobilizando milhares de soldados.

No início de 1915, a frente ocidental havia se tornado uma imensa trincheira contínua, de quase mil quilômetros de extensão. As trincheiras eram escavadas diretamente no solo, medindo em geral quase dois metros de altura por 1,80 m de largura, protegidas por sacos de areia e arame farpado.

Nas trincheiras, os soldados esperavam meses para avançar alguns metros. O cotidiano de milhões de soldados na Primeira Guerra era composto de frio, fome, doenças, ratos, poucas horas de sono e tiroteios constantes. Na primeira Batalha do Marne, morreram quase 250 mil soldados, entre ingleses, franceses e alemães.

Em maio de 1915, o alto comando alemão resolveu concentrar esforços na frente russa.

> Forças em impasse

Para conter a ofensiva alemã, a Rússia perdeu – entre mortos, feridos e prisioneiros – cerca de 1 milhão e 700 mil soldados.

Na frente ocidental, os exércitos da Inglaterra e da França não conseguiam expulsar os invasores alemães. A Áustria-Hungria vingava-se da Sérvia e impunha derrotas à Itália. Até 1915, a vantagem na guerra era da Tríplice Aliança, dominada pelos impérios centrais, como eram chamados os impérios Alemão e Austro-húngaro.

Em fevereiro de 1916, o exército alemão, decidido a romper o imobilismo das trincheiras, lançou grande ofensiva contra a cidade francesa de Verdun. Os franceses resistiram e conseguiram conter o avanço alemão, ao custo de quase 300 mil homens, entre os meses de fevereiro e junho de 1916. As perdas alemãs na Batalha de Verdun foram expressivas, fazendo os soldados desertarem.

Em julho, a Entente reagiu. Contudo, apesar de os aliados contarem com uma artilharia bem equipada e com tanques de guerra, uma novidade: a Alemanha resistiu. O avanço da Entente foi um fracasso.

Após dois anos de guerra, o desgaste e o cansaço das tropas eram visíveis. Alguns grupos pacifistas, como os socialistas, exigiam o fim da guerra, vista como um conflito entre capitalistas que sacrificava inutilmente o povo.

> **Assista**
> **Johnny vai à guerra.** Direção de Dalton Trumbo, EUA, 1971, 111 min.
> Soldado gravemente ferido na Primeira Guerra está em um quarto de hospital e percebe que perdeu braços e pernas. Entre delírios e realidade, ele relembra o mundo que perdeu por causa da guerra.

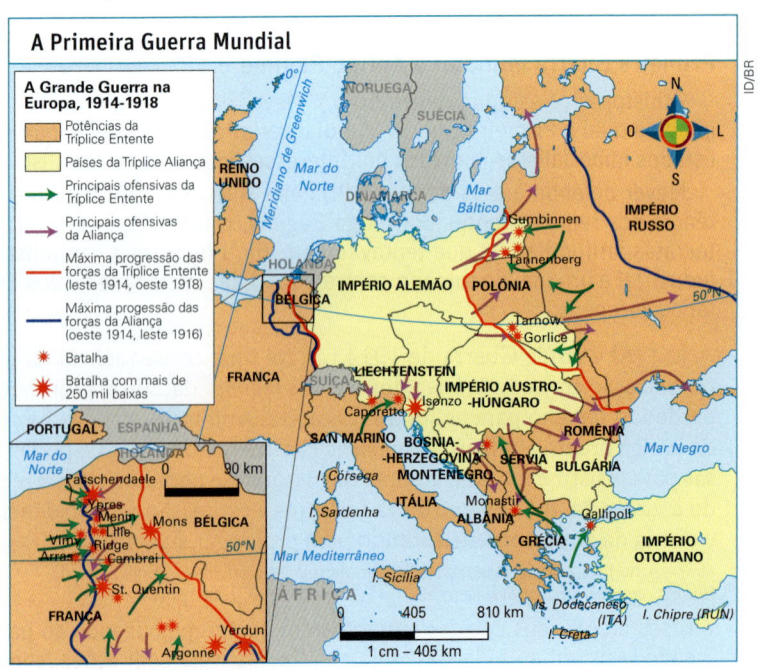

A Primeira Guerra Mundial

Fonte de pesquisa: PARKER, Geoffrey. *Atlas Verbo de história universal*. São Paulo-Lisboa: Verbo, 1997. p. 124-125.

Tecnologia a serviço da morte

A Primeira Guerra Mundial estimulou o desenvolvimento de máquinas com alto poder letal. Algumas armas, como metralhadoras e granadas, já existiam desde o século XIX, mas foram aperfeiçoadas nesse grande conflito. Outros armamentos, como os tanques de guerra, foram utilizados pela primeira vez.

Armas terrestres

A metralhadora foi utilizada na Guerra de Secessão dos Estados Unidos, entre 1861 e 1865, e na Guerra Franco-prussiana, entre 1870 e 1871. Aperfeiçoada ao longo das décadas seguintes, na Primeira Guerra disparava 600 balas por minuto, com um alcance de até 900 metros.

As metralhadoras acabaram com os ataques frontais de artilharia e de cavalaria, já ineficientes. Para proteger-se do fogo inimigo, as tropas passaram a enterrar-se em trincheiras. Entretanto, apesar da proteção, as trincheiras tornavam as batalhas muito mais desgastantes.

Os primeiros tanques de guerra eram tratores reforçados com placas de aço. Eles foram desenvolvidos, simultaneamente, na Grã-Bretanha e na França, entre 1915 e 1916. Os tanques aceleravam os ataques de infantaria porque resistiam às balas, destruíam os arames farpados e ultrapassavam as trincheiras.

A qualidade dos tanques ingleses e franceses era superior à dos tanques alemães. Por isso, a Entente conseguiu uma importante vantagem militar e tecnológica.

O **gás de cloro** foi utilizado pela primeira vez pelos alemães, em 1915, na frente ocidental. Em 1917, na Batalha de Ypres, os alemães lançaram **gás mostarda**, que queimava os tecidos, provocava cegueira e até a morte.

As granadas, as minas terrestres e os lança-chamas foram armas criadas mais para ferir do que matar. O soldado ferido precisava da ajuda de dois a três companheiros, que, para isso, necessitavam interromper a luta.

Armas navais

Os **submarinos** alemães, chamados U-boat, causavam estragos na Marinha inglesa. Pela primeira vez na história, foram utilizados para afundar navios mercantes. Em 1917, os U-boat afundaram 430 navios. Muitos deles eram embarcações estadunidenses que transportavam mercadorias para a Inglaterra. Isso provocou a entrada dos Estados Unidos na Entente.

Os **couraçados** também foram empregados nas batalhas navais da Primeira Guerra. A Inglaterra lançou, em 1906, o couraçado HMS Dreadnought, considerado revolucionário pela sua artilharia pesada e por ter o casco blindado. Seu ponto fraco era o casco submerso, impossível de blindar, senão o navio não flutuaria. Para afundar os couraçados, utilizavam-se minas navais e torpedos disparados por submarinos.

Armas aéreas

No início da Primeira Guerra Mundial, os aviões eram utilizados para reconhecimento prévio do terreno. Ao longo do conflito, começaram a ser usados com metralhadoras ou para bombardear as trincheiras.

Os aviadores também abatiam aviões inimigos em batalhas aéreas acompanhadas pelos soldados e pela população civil. Os aviadores tornaram-se heróis populares. O famoso Barão Vermelho, o aviador alemão Manfred von Richthofen, tornou-se uma lenda depois de abater oitenta aviões da Entente.

Os ingleses foram os primeiros a usar tanques na Primeira Guerra Mundial. Foto de c. 1917.

Ação e cidadania

Alimentação em período de guerra

Na segunda fase da Primeira Guerra Mundial, com a ampliação do uso de trincheiras pelos exércitos inimigos, a fome, o frio e as doenças tornaram-se tão nocivos para os combatentes quanto as armas de fogo.

O dia a dia dos soldados nesses locais não era fácil. Encurralados em escavações, que deveriam lhes servir de proteção, muitos pereceram devido à insalubridade do ambiente úmido e malcheiroso. Os exércitos, além de tudo, sofriam com a escassez de comida, pois à medida que a frente oponente se aproximava mais difícil ficava para os governos enviarem-lhes alimentos como carne enlatada, pão, biscoitos ou vegetais.

A população civil também vivenciou períodos de fome. Alimentos como manteiga, leite e batata tornaram-se raros, sendo encontrados somente no mercado negro a preços elevadíssimos. O nabo, vegetal antes destinado à alimentação de animais, e a carne de cavalo passaram a compor a sopa de militares, ilustrando as dificuldades vividas pela Europa durante esses quatro anos de conflito.

❯ O mundo reorganizado

Em janeiro de 1917, o alto comando alemão iniciou uma campanha submarina para aniquilar a Marinha inglesa e interromper o abastecimento dos países da Entente. A ação dos U-boat alemães estendeu-se a navios de todas as nacionalidades, e muitos navios mercantes dos Estados Unidos foram afundados.

O presidente estadunidense, Woodrow Wilson, defendia a neutralidade dos EUA, mas, diante dos ataques marítimos, pediu ao Congresso que aprovasse a entrada do país na guerra, ao lado da Entente. O pedido foi prontamente atendido.

Enquanto os Estados Unidos preparavam-se para enviar tropas à Europa, o governo autocrático do czar Nicolau II na Rússia foi derrubado por sociais-democratas, que implantaram a República.

❯ A Rússia sai da guerra

A Rússia não estava preparada para enfrentar a máquina de guerra alemã. Na frente oriental, 4 milhões de soldados russos morreram até 1917. Contrária ao conflito, a população russa realizava manifestações diárias pedindo "pão, paz e terra".

Em novembro de 1917, o grupo socialista russo conhecido como **bolchevique** derrubou os sociais-democratas e implantou um governo socialista. Uma das primeiras medidas foi a saída da Rússia da guerra.

As exigências da Alemanha para a saída da Rússia foram definidas no Tratado de Brest-Litovski. As condições eram duras: a Rússia perdeu a Polônia, Lituânia, Letônia, Estônia, Finlândia e Ucrânia.

Após a saída da Rússia, a Alemanha concentrou todas as suas forças na frente ocidental. Em março de 1918, a Entente foi surpreendida por um poderoso ataque alemão que lhe custou 90 mil prisioneiros. Tudo indicava uma vitória da Tríplice Aliança.

❯ Os Estados Unidos na Primeira Guerra Mundial

Em 1918, chegaram as primeiras tropas estadunidenses. Em setembro do mesmo ano elas já somavam 1 milhão e 200 mil soldados, bem alimentados, relativamente bem treinados e com armas novas.

A inexperiência das tropas recém-chegadas ao território europeu era compensada pela força da indústria estadunidense: em 1917, a produção de aço dos Estados Unidos era três vezes maior do que a dos impérios centrais.

Também crescia o profundo desgaste da Tríplice Aliança, após quatro anos de guerra.

Conheça melhor

A espiã Mata Hari

A Primeira Guerra Mundial chocou o mundo pela carnificina de milhões de jovens nas trincheiras e pelo uso de gases venenosos e lança-chamas. Toda uma geração de europeus foi sacrificada. Em meio aos horrores da guerra, circularam personagens tão exóticas quanto misteriosas. Entre elas, Mata Hari.

Margaretha Geertruida Zelle nasceu na Holanda em 1876. Foi casada com um capitão do Exército holandês que a tratava com violência. Acompanhando o marido, morou alguns anos na ilha de Java, na atual Indonésia, que era colônia da Holanda.

A dançarina e espiã Mata Hari posando em Paris, durante a Primeira Guerra Mundial.

Devido aos maus-tratos que sofria no casamento, Margaretha divorciou-se em 1902 e mudou-se para Paris. Na capital francesa, aos 26 anos começou a apresentar-se em espetáculos de dança sagrada indiana, assumindo a identidade da bela e exótica dançarina Mata Hari.

O sucesso foi estrondoso. Mata Hari atraiu homens ricos e poderosos, incluindo políticos e militares. A dançarina excursionava pela Europa, sempre reunindo multidões.

Alguns de seus admiradores eram alemães. Em 1914, Mata Hari mudou-se para Berlim, pouco tempo antes de a guerra ser declarada.

Em 1916, retornou a Paris, onde procurava a companhia de funcionários do governo francês, a quem seduzia com seus encantos. Suspeita de espionagem, Mata Hari começou a ser vigiada e teve de trabalhar para o serviço secreto francês para provar sua lealdade e assim permanecer em Paris.

Ainda sob suspeita, Mata Hari recebeu de espiões franceses informações sigilosas, que logo transmitiu aos alemães. Era uma armadilha. Comprovada sua culpa, a dançarina holandesa foi presa e julgada.

Apesar de todo o *glamour* de sua trajetória, Mata Hari sofreu o mesmo destino dos jovens sacrificados nas trincheiras. Em 15 de outubro de 1917, a sedutora dançarina, condenada à morte por espionagem, foi fuzilada na prisão francesa de Vincennes.

Navegue

<http://veja.abril.com.br/historia/primeira-grande-guerra-mundial/>.
Acesso em: 27 fev. 2014.
Série especial no *site* da revista *Veja* sobre a Primeira Guerra Mundial. Com seis edições – de abril de 1914 a junho de 1919 –, destaca as batalhas e os eventos principais por meio de reportagens, fotos e vídeos.

A rendição da Tríplice Aliança

O ano de 1918 não deixou dúvidas em relação ao enfraquecimento da força militar da Tríplice Aliança. Em poucos meses, as rendições começaram a demonstrar os resultados da entrada dos Estados Unidos na guerra.

Em outubro de 1918, o Império Otomano se rendeu. No mês seguinte, a Áustria-Hungria também capitulou.

A Alemanha ainda resistia, mas, em novembro, os socialistas promoveram uma onda de greves por todo o país. As tropas da Entente aproximavam-se das fronteiras alemãs. Diante do caos social e da possível derrota, em 9 de novembro o *kaiser* Guilherme II renunciou e fugiu para a Holanda.

Ao chanceler Max von Baden restou a tarefa de negociar a rendição e organizar o novo governo da Alemanha.

O Tratado de Versalhes

A paz com a Alemanha, negociada no Tratado de Versalhes, em 1919, foi dominada pelo espírito de revanche. A seguir, alguns itens do tratado.
- Devolução da Alsácia-Lorena à França.
- Alemanha e Áustria ficavam proibidas de se unirem em um só país.
- Parte do território alemão foi cedida à Polônia, incluindo uma saída para o mar que separava a Prússia Oriental do restante da Alemanha. Essa passagem era o "corredor polonês".
- A Alemanha foi desarmada e seu Exército, reduzido a 100 mil homens. Também foi proibida de ter Marinha de guerra, tanques, aviões e artilharia pesada.
- A Alemanha devia pagar indenizações de guerra.

Apoiado em uma bengala, o marechal francês Ferdinand Foch, em frente ao vagão de trem onde foi assinado o armistício com a Alemanha, em novembro de 1918, na França.

Fonte de pesquisa: ARRUDA, José Jobson de A. *Atlas histórico básico*. 17. ed. São Paulo: Ática, 2007. p. 27.

Os tratados de paz

Embora tenham lutado juntos na Tríplice Aliança, cada país derrotado teve sua paz negociada separadamente. As principais determinações dos acordos foram:
- O Império Austro-húngaro foi extinto e desmembrado em diversos países independentes, como a Áustria, a Hungria, a Tchecoslováquia e a Polônia.
- O antigo Império Turco-otomano foi reduzido à península da Anatólia, transformando-se em uma república: a Turquia. A Síria ficou sob o controle da França. A Palestina e a região do atual Iraque passaram para o controle inglês.

A ascensão do Japão

Em 1904, Rússia e Japão entraram em guerra pelo domínio da Coreia e da Manchúria, região da China rica em ferro e carvão. Ao vencer as forças russas em 1905, o Japão tornou-se a grande potência do Extremo Oriente.

Em 1914, o Japão entrou na Primeira Guerra ao lado da Entente para conquistar as colônias da Alemanha. Em Versalhes, os japoneses se retiraram das negociações, pois não receberam as colônias pretendidas. Suas ambições, contudo, permaneceram, contribuindo para a deflagração da Segunda Guerra Mundial.

Ontem e hoje

Tecnologia de paz na guerra

A indústria a serviço da vida e da morte

No início do século XX, a mesma tecnologia metalúrgica que produzia instrumentos cirúrgicos, locomotivas e projetores de cinema permitiu que fossem construídos canhões e metralhadoras de inédito poder destruidor. Os novos explosivos que abriam túneis e canais na rocha com facilidade eram utilizados em bombas que dilaceravam os corpos dos soldados. O avião que encurtava as distâncias nas viagens também despejava bombas.

O mesmo arame farpado usado para proteger o gado nas pastagens servia para ferir e prender os combatentes que se arrastavam pelo solo.

As novas armas propiciadas pela Segunda Revolução Industrial acabaram gerando um novo e terrível cenário de guerra: a trincheira.

O cotidiano dos enterrados vivos

Nas trincheiras, obrigados a se proteger das metralhadoras e canhões, os soldados passavam meses literalmente enterrados vivos.

Eles cavavam buracos dentro das trincheiras para serem usados como "banheiros" e, depois que ficavam cheios, cobriam-nos com terra.

Muitas trincheiras ficavam em regiões abaixo do nível do mar e a água brotava, inundando-as. O grau de insalubridade era muito alto: além dos "banheiros" inundados, muitos dos soldados mortos eram enterrados próximo às trincheiras. Ratos saltavam dos cadáveres para as trincheiras, disseminando doenças como o tifo e roendo os alimentos dos soldados.

Muitas vezes, os combatentes passavam fome porque os suprimentos não chegavam às trincheiras, isoladas pelo fogo inimigo.

Dormir também era um luxo na linha de frente. O fogo cerrado da artilharia não possibilitava horas de sono tranquilas.

Tecnologia da vida e da morte no espaço

Atualmente, a tecnologia de satélites serve a muitos fins pacíficos, como a previsão do tempo, a transmissão de sinais de TV, rádio, telefones e internet, controle do meio ambiente, etc. Entretanto, hoje, também não há guerra sem o uso de satélites.

Assim como há 100 anos, a tecnologia da paz continua a servir à guerra.

A serviço das forças armadas dos países desenvolvidos, os satélites militares fornecem informações estratégicas para a localização de tropas, de depósitos de armas e de mísseis.

Sinais de satélite guiam as tropas por regiões desconhecidas, na terra, no mar e no ar. Mísseis e bombas são direcionados por satélites, ampliando o poder de destruição dessas armas.

Há também satélites espiões, capazes de interceptar comunicações, como conversas ao telefone, e de fotografar a superfície da Terra com grande precisão e proximidade.

A tecnologia que facilita nosso dia a dia continua a ameaçar nossa vida e nossa liberdade.

É um desafio do século XXI.

Soldados ingleses nas trincheiras na região do rio Somme, na França, em 1916.

Reflita

1. Organize um debate com seus colegas com base no texto acima. Se hoje não há mais o horror das trincheiras e é possível localizar tropas, depósitos de armas e mísseis por meio de satélites, por que os soldados ainda são convocados e sofrem os horrores da guerra?
2. Reflita sobre o uso das tecnologias. Compare a guerra de trincheiras da Primeira Guerra Mundial com a invasão do Iraque. Será que as guerras atuais resultam em menos sofrimento e mortes? Explique.

Atividades

Verifique o que aprendeu

1. Identifique os objetivos de Bismarck, primeiro-ministro da Alemanha, ao criar a política de alianças.
2. Por que a região dos Bálcãs transformou-se no "barril de pólvora da Europa" no início do século XX?
3. Descreva os motivos que levaram a Alemanha unificada a alterar o contexto político e econômico da Europa.
4. Explique o papel dos ideais nacionalistas no aumento das tensões na Europa do início do século XX.
5. Que tensões políticas motivaram o atentado ao arquiduque austríaco Francisco Ferdinando?
6. Descreva as principais características das duas fases da Primeira Guerra, levando em consideração as estratégias militares adotadas.
7. Relacione a guerra de trincheiras com a alta mortalidade de soldados ocorrida na Primeira Guerra.
8. Explique por que o ano de 1917 foi fundamental para os países envolvidos na Primeira Guerra Mundial.
9. Qual a razão de o Tratado de Versalhes ter provocado o sentimento de humilhação que tomou conta da Alemanha após a guerra?
10. Por que o Japão se envolveu na Primeira Guerra Mundial?

Leia e interprete

11. Leia abaixo alguns artigos do Tratado de Versalhes e responda às questões.

    O Tratado de Versalhes

    [...]

    Artigo 119 – A Alemanha renuncia em favor do Principal Aliado e das Potências Associadas todos os seus direitos e títulos sobre as possessões de ultramar...

    Artigo 159 – As forças militares alemãs serão desmobilizadas e reduzidas como se prescreve adiante.

    Artigo 160 – Numa data que não deve ser posterior a 31 de março de 1920, o Exército Alemão não deve compreender mais que sete divisões de infantaria e três divisões de cavalaria.

    Depois daquela data, o número total de efetivos no Exército dos Estados que constituem a Alemanha não deve exceder de cem mil homens, inclusive oficiais e estabelecimentos de depósitos. O Exército dedicar-se-á exclusivamente à manutenção da ordem dentro do território e ao controle das fronteiras. [...]

    Artigo 198 – As forças armadas da Alemanha não devem incluir quaisquer forças militares ou navais...

    Artigo 231 – Os Governos Aliados e Associados afirmam e a Alemanha aceita a sua responsabilidade e de seus Aliados por ter causado todas as perdas e prejuízos a que os Aliados e Governos Associados e seus membros foram sujeitos como uma consequência da guerra, imposta a eles pela agressão da Alemanha e de seus aliados.

    MARQUES, Adhemar Martins; BERUTTI, Flávio; FARIA, Ricardo. *História contemporânea através de textos*. São Paulo: Contexto, 2008. p. 116-117.

    a) Deduza o que aconteceu com as colônias da Alemanha após a assinatura do Tratado de Versalhes.
    b) Relacione o artigo 231 com a indenização que a Alemanha foi obrigada a pagar à Inglaterra e à França de acordo com esse documento.
    c) Por que historiadores acham as condições desse Tratado uma das causas da Segunda Guerra?

12. O cartaz abaixo exalta a participação das tropas coloniais africanas na Primeira Guerra Mundial.

    Cartaz francês do Dia do Exército Africano e das Tropas Coloniais. Gravura de 1917.

    a) Com base no cartaz, explique como a questão colonial foi uma das causas da Primeira Guerra.
    b) Descreva a função das colônias para as metrópoles no contexto do século XIX.
    c) Analise a imagem e descreva como o combatente negro está representado em relação às demais figuras do cartaz.

CAPÍTULO 45
A Rússia revolucionária

O que você vai estudar

- A crise do czarismo.
- A deposição do czar e a Revolução Russa.
- A repercussão da Revolução Russa no mundo.

Cartaz russo do início do século XX, produzido pelos bolcheviques, criticando o czar, os sacerdotes e os ricos por submeterem o povo a condições miseráveis.

Ligando os pontos

Ao longo do século XIX, alguns países europeus — como Inglaterra, França, Alemanha, Bélgica e Holanda — passaram por intensos processos de industrialização. Nesse período, as ideias liberais se disseminaram, promovendo modificações nos sistemas políticos. Aos poucos, a burguesia chegou ao poder, e a sociedade do Antigo Regime, ancorada no absolutismo e no ordenamento social rígido, foi substituída por instituições mais democráticas.

Entretanto, a realidade social e econômica produzida pela Revolução Industrial criou um clima de insatisfação, tendo em vista as condições nas quais o proletariado se encontrava. Eclodiram, assim, diversos movimentos revolucionários inspirados nos ideais socialistas e anarquistas.

No final do século XIX e no início do século XX, a Rússia se aproximou da França e da Inglaterra por meio de acordos comerciais e militares que culminaram com a formação da Tríplice Entente. Esses acordos ocorreram em virtude da necessidade de industrialização da Rússia, além da existência de conflitos políticos e territoriais com a Alemanha, a Áustria e a Turquia.

A Primeira Guerra Mundial foi um desastre para a Rússia, pois seus oficiais não estavam preparados e o país não contava com um parque industrial que fizesse frente às necessidades militares. As derrotas nos campos de batalha custaram milhões de vidas, aumentando a insatisfação da sociedade em relação ao governo czarista.

A busca pela modernização, aliada ao movimento político socialista e às derrotas no curso da Primeira Guerra Mundial, deu ensejo à Revolução Russa.

Observe o cartaz reproduzido acima. Trata-se de um cartaz russo datado de 1918.

1. Descreva a cena representada.
2. Qual é o tipo de denúncia representada no cartaz? Troque ideias com os colegas e com o professor.

A crise do czarismo

No início do século XX, a Rússia era um enorme Império. Seu território estendia-se do leste da Europa ao noroeste da Ásia e do norte da China ao oceano Ártico. Esse país passava por um rápido crescimento demográfico. Em 1914, o Império Russo possuía cerca de 170 milhões de habitantes.

A população russa caracterizava-se pela **diversidade de etnias**, e de religiões, tais como russos, cazaques, ucranianos, finlandeses e poloneses, cristãos, judeus e muçulmanos, com línguas e culturas diferentes. Ao longo dos séculos e de sua formação, o Império incorporou muitas nacionalidades. Entretanto, havia grupos que ansiavam por autonomia e por isso ocorriam intensos conflitos.

A Rússia não acompanhou a Revolução Industrial que se espraiava pela Europa Ocidental. Continuava um país essencialmente agrícola, no qual a maior parte da população vivia no campo. O país experimentava um processo tímido de urbanização em algumas importantes cidades, como São Petersburgo, a capital do Império, e Moscou.

A sociedade russa

Embora a servidão tivesse sido juridicamente extinta em 1861, a sociedade russa do início do século XX ainda guardava características medievais.

Os camponeses, que formavam a maior parte da população, viviam em condições precárias, dependentes das colheitas nem sempre bem-sucedidas. A agricultura não havia se modernizado e os períodos de fome eram frequentes. Alguns camponeses conseguiram se tornar proprietários de terras. Eram os *kulaks*. Entretanto, a maioria vivia sob enorme exploração dos grandes proprietários rurais: a nobreza e a Igreja ortodoxa.

Em uma sociedade com pouquíssima mobilidade social, a elite era formada pela aristocracia, proprietária de terras, pela Igreja ortodoxa e pelos militares, que compunham a base de apoio do czarismo.

A **burguesia** formava um pequeno grupo e não tinha grande participação no poder. Isso porque o processo de desenvolvimento industrial era incipiente.

O **operariado** também era minoritário em relação aos camponeses. Concentrava-se nas cidades industriais, onde eram comuns greves e manifestações por direitos trabalhistas, como descanso remunerado, salários mais dignos e jornada de oito horas.

Eram profundas as desigualdades sociais que caracterizavam a sociedade russa.

O czarismo

A Rússia vivia sob um governo autocrático. Os czares acreditavam-se reis pela vontade de Deus. Quase nenhum poder os limitava. Qualquer concessão seria um ato de fraqueza contrário à tradição monárquica russa.

Embora existissem assembleias locais, com alguns poderes administrativos, eram raras as formas democráticas de participação política. Não havia um Parlamento Nacional nem tampouco liberdade de associação política.

Para conter o crescimento da oposição, o czar exercia uma intensa repressão por meio de sua **polícia política**, a Okrana. Utilizando métodos violentos, como assassinatos, prisões e deportações para a Sibéria, a Okrana era temida por todos os que desafiassem o Império.

Em 20 de outubro de 1894, Nicolau II sucedeu o pai, Alexandre III, no trono russo. O novo czar procurou manter as tradições políticas herdadas de seus antecessores, isto é, um governo forte e centralizado.

GLOSSÁRIO

Igreja ortodoxa: Igreja cristã criada em 1054 com o Cisma do Oriente, que, por questões doutrinárias, opôs a Igreja católica à Igreja do Oriente. Era a Igreja oficial da Rússia no início do século XX.

Autocracia: poder centralizado em uma pessoa que não sofre qualquer limitação, tendo total controle sobre a economia, a sociedade e a política. Difere do absolutismo, no qual o rei serve de árbitro e é mediador entre os interesses dos diversos grupos sociais e econômicos.

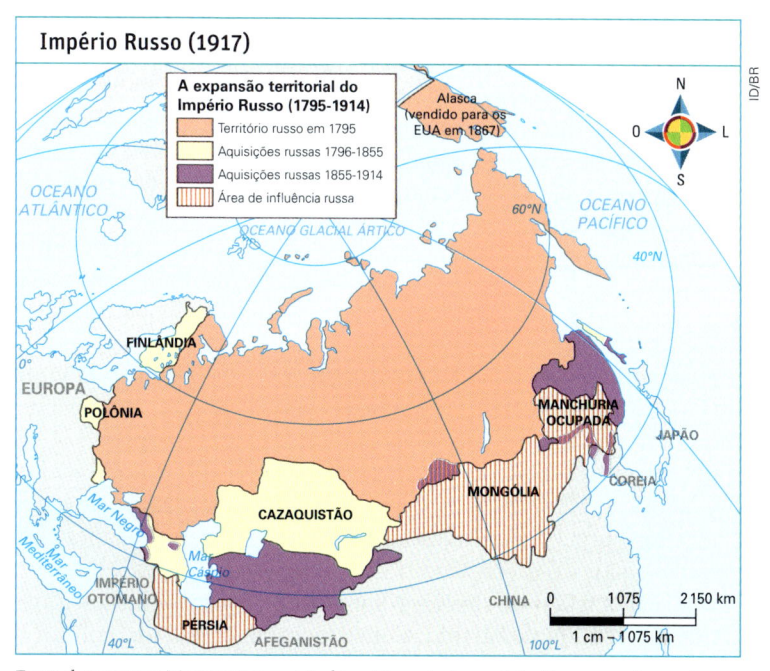

Império Russo (1917)

A expansão territorial do Império Russo (1795-1914)
- Território russo em 1795
- Aquisições russas 1796-1855
- Aquisições russas 1855-1914
- Área de influência russa

Alasca (vendido para os EUA em 1867)

Fonte de pesquisa: Marxists Internet Archive. Disponível em: <http://www.marxists.org/glossary/media/places/r/russia/1533-1896.gif>. Acesso em: 23 maio 2014.

> A Revolução de 1905

Entre 1904 e 1905, a Rússia disputou com o Japão territórios na Coreia e na Manchúria. Os exércitos russos sofreram uma inesperada e humilhante derrota.

O fracasso na guerra contra o Japão intensificou o descontentamento da população russa em relação ao governo czarista. Foram organizadas greves e manifestações. Em janeiro de 1905, operários dirigiram-se ao Palácio de Inverno, residência do czar, em São Petersburgo, para entregar-lhe uma petição em que reivindicavam, entre outros itens, a reforma agrária e a participação política. Os manifestantes foram violentamente reprimidos pelos soldados da Guarda Imperial, que mataram centenas deles. Esse evento ficou conhecido como **Domingo Sangrento**.

O episódio incitou mais manifestações contra as autoridades em várias regiões do país. Em meio às greves, os trabalhadores começaram a organizar **sovietes**, que eram conselhos formados por representantes eleitos da classe trabalhadora. Em muitos momentos os sovietes realizaram gestões democráticas, deliberando e resistindo às autoridades czaristas.

Para apaziguar os ânimos da população, o czar permitiu a eleição de uma Câmara de Deputados, a **Duma**. Mas, se em um primeiro momento o estabelecimento da Duma pareceu um passo inicial em direção à abertura e à democratização do país, não foi o que se verificou posteriormente.

Após o abrandamento dos movimentos populares, o czar vetou a redação de uma Constituição e dissolveu a Duma. Isso aconteceria mais de uma vez, quando os deputados discordavam do imperador. A democracia estava limitada e não se falava em mudanças econômicas ou sociais.

> Uma oposição dividida

O autoritarismo político russo impedia que a oposição atuasse na legalidade. Mesmo assim, na passagem do século XIX para o XX, importantes partidos políticos foram fundados.

A elite burguesa, que desejava a participação política e a construção de um governo democrático nos moldes liberais do Ocidente, fundou o **Partido Constitucional-Democrático**, ou Kadete, que reivindicava uma monarquia parlamentarista.

O Domingo Sangrento retratado no quadro de Ivan Vladimirov, c. 1909.

Também surgiram partidos revolucionários que almejavam um governo popular. Entretanto, esses partidos discordavam entre si em relação ao encaminhamento do processo revolucionário e à base social do movimento.

Os **socialistas revolucionários** defendiam a aliança entre operários e camponeses como uma estratégia para a tomada do poder. Eles consideravam os trabalhadores uma classe revolucionária e, para atingir seu objetivo, praticavam ações terroristas, assassinando autoridades com o objetivo de minar o poder czarista.

Os integrantes do **Partido Operário Social-Democrata Russo**, de inspiração marxista, acreditavam que a vanguarda do movimento revolucionário deveria ser o operariado. Esse partido, durante a realização de seu segundo congresso, dividiu-se em duas tendências: bolchevique e menchevique.

Os **bolcheviques** eram liderados por Vladimir Lênin, que defendia a construção de um partido de militantes profissionais. Eles lutavam por uma revolução socialista. Os **mencheviques**, liderados por Julius Martov, defendiam a via eleitoral para chegar ao poder. Acreditavam ser necessário realizar uma revolução burguesa anterior à socialista, para a qual seria preciso estabelecer uma aliança com a burguesia.

O estabelecimento desses partidos, que representavam diversas classes sociais excluídas da política russa, evidenciava a profunda insatisfação da sociedade em relação ao czarismo.

A Revolução Russa

A participação da Rússia na Primeira Guerra gerou uma crise econômica e social interna insustentável. Em 1917, a agricultura ficou caótica em razão do envio de milhões de homens para as frentes de combate e passou a faltar alimento para a população.

Pela segunda vez, uma guerra abalava de tal forma a organização interna do país que eclodiram intensos protestos públicos, no campo e nas cidades. Mas, dessa vez, o resultado foi diferente. Na capital, **Petrogrado** (antiga São Petersburgo), o governo perdia dia a dia o controle da situação por causa das greves operárias. Em uma das manifestações, os soldados encarregados de reprimir a multidão se recusaram a atirar nos manifestantes. Acuado, Nicolau II, o czar, abdicou. Era a chamada **Revolução de Fevereiro**, pelo **calendário juliano**.

O Governo Provisório

Com o apoio da Duma, o príncipe Lvov liderou a formação de um Governo Provisório, do qual participaram diferentes partidos, como o dos mencheviques e o dos socialistas revolucionários. O novo governo, porém, não retirou a Rússia da guerra. Em julho de 1917, ante o agravamento da crise, o príncipe demitiu-se em favor de seu ministro da Justiça, Alexander Kerensky.

Para muitos, a queda do czarismo contemplava as aspirações da sociedade russa. Esperava-se que mudanças políticas produzissem modificações significativas no país. Mas o que se viu nos meses posteriores à Revolução de Fevereiro foi uma profunda desilusão popular.

Nas cidades, os operários lutavam por melhores condições de trabalho, como salários mais dignos e jornada de oito horas por dia. No campo, os trabalhadores pressionavam pelo acesso à terra, e todos queriam o fim da participação russa na guerra.

Mas a elite governante não estava preocupada em atender as demandas sociais e econômicas da maioria da população. Nem o fim da guerra estava nos planos da Duma, que pretendia fazer prevalecer os acordos firmados com outras nações, como Inglaterra e França, ao lado das quais lutavam as tropas russas.

Essas contradições proporcionaram um terreno fértil para as agitações, principalmente dos bolcheviques, que não aceitaram participar do governo. Dessa forma, não desgastaram a sua imagem diante do povo e eximiram-se da responsabilidade da permanência da Rússia na guerra, motivo de grande descontentamento da população. Em poucos meses, com a continuidade das agitações sociais e o enfraquecimento do governo, o partido bolchevique ganhava prestígio e crescia em adesões.

Lênin liderava os bolcheviques sob o lema **Paz, pão e terra**, que resumia as reivindicações dos trabalhadores rurais e urbanos. A paz significava o fim da participação russa na guerra; o pão, o fim da fome; e a terra, a reforma agrária.

Leon Trotsky, revolucionário que logo se integraria ao partido bolchevique, foi eleito presidente do soviete de Petrogrado e criou a **Guarda Vermelha**, formada por operários, soldados e marinheiros dispostos a combater os inimigos da Revolução.

Além do fim da participação russa na guerra, os bolcheviques lutavam pela derrubada do Governo Provisório e pela entrega do poder aos sovietes.

O partido bolchevique conseguiu vários postos nos sovietes existentes e em outros que estavam sendo formados, em diversas regiões. Dessa forma, o governo da Duma perdeu o controle sobre o país. O soviete de Petrogrado rivalizava com ela, assumindo diversas funções administrativas. Ocorria o que muitos historiadores chamaram de **dualidade de poder**.

A Duma parecia imóvel diante das reivindicações populares. A insistência em permanecer na guerra intensificava ainda mais o descontentamento da população. O agravamento da crise política e econômica propiciava a eclosão de agitações, greves, ocupações de fábricas e terras no campo, empurrando a Rússia para outro desfecho revolucionário.

Aos poucos, os bolcheviques e o soviete de Petrogrado tomaram conta da situação.

GLOSSÁRIO

Petrogrado: nome da cidade russa de São Petersburgo entre 1914 e 1924. Petersburgo era uma palavra de origem alemã, e a eclosão da Primeira Guerra Mundial, que opôs a Alemanha e a Rússia, levou o czar a mudar o nome de sua capital para uma forma russa: Petrogrado. Em 1924, a cidade passaria a se chamar Leningrado, em homenagem ao líder bolchevique Lênin, voltando em 1991 ao nome original de São Petersburgo.

Calendário juliano: introduzido por Júlio César na Roma Antiga, esse calendário continuou a ser utilizado em alguns países, mesmo após a introdução do calendário gregoriano, em relação ao qual tem uma diferença de 13 dias. Assim, pelo calendário gregoriano, a Revolução de Fevereiro ocorreu em março, e a de Outubro, em novembro.

Reunião do soviete de Petrogrado, em 1917. Os bolcheviques, rivalizando com outros partidos ligados aos sovietes, conquistaram poder e influência na instituição que se mostrou fundamental na Revolução.

› A Revolução de Outubro

Em 25 de outubro de 1917 (7 de novembro no calendário gregoriano) uma nova manifestação dirigida pelos bolcheviques cercou o Palácio de Inverno, onde estava instalado o Governo Provisório. Kerensky fugiu. Era a **Revolução de Outubro**, no curso da qual os bolcheviques tomaram definitivamente o poder.

Lênin formou o Conselho dos Comissários do Povo. Trotsky assumiu o posto de comissário dos negócios estrangeiros, e Josef Stalin o de comissário das nacionalidades.

As primeiras medidas adotadas pelo novo governo visavam contemplar os anseios do povo russo. O **decreto sobre a terra** procurou solucionar a questão da reforma agrária. E, tendo em vista as diversas nacionalidades que compunham o Império Russo e ansiavam por autonomia, estabeleceu-se a **autodeterminação das nacionalidades**, com medidas como o direito dos povos não russos de preservar sua língua e sua cultura. No âmbito econômico, ocorreu a **nacionalização de bancos e empresas**, que foram transferidos parcialmente ao controle operário. Posteriormente, Lênin mudou a capital para Moscou, cidade mais estratégica e fácil de proteger por sua localização.

Após os bolcheviques tomarem o poder, foram realizadas eleições para a formação de uma Assembleia Constituinte. Entretanto, os bolcheviques conquistaram apenas um quarto das cadeiras. Os socialistas revolucionários tinham a maioria. Lênin resolveu, então, fechar a Assembleia após o início dos trabalhos. A partir daquele momento ficou claro que os bolcheviques não pretendiam construir um governo democrático, que dialogasse com as várias forças políticas.

O Partido Comunista é hoje o segundo maior da Rússia. Na imagem, integrantes do partido comemoram o aniversário da Revolução de Outubro, em Moscou. Foto de 2011.

› A guerra civil

Entre as promessas feitas pelos bolcheviques estava a de retirar a Rússia da guerra. A paz foi assinada em março de 1918, por meio do Tratado de Brest-Litovski, firmado com a Alemanha. A Rússia pagou caro para sair do conflito, que só terminou em novembro de 1918. Para isso, teve de abrir mão de parte considerável do seu território: parte da Belarus, por exemplo, ficou com a Alemanha, e nações como Finlândia, Polônia e Ucrânia obtiveram a independência.

Para os russos, entretanto, a paz durou pouco tempo. Com o objetivo de pôr fim à Revolução e restaurar o antigo poder, generais czaristas organizaram os **Exércitos Brancos**, que tinham o apoio de ingleses, estadunidenses, franceses e japoneses, entre outras nações, que temiam que a Revolução inspirasse rebeliões de trabalhadores em seus territórios.

Para enfrentar essa força contrarrevolucionária, os bolcheviques formaram o **Exército Vermelho**, comandado por Trotsky. Dessa maneira, teve início uma guerra civil que durou dois anos – de 1918 a 1920 – e trouxe graves consequências para o país, como a morte de milhões de pessoas, a desorganização da produção e o flagelo da fome.

Embora nos primeiros momentos da guerra civil os integrantes dos Exércitos Brancos controlassem grande parte do país, eles tiveram dificuldade em obter apoio dos camponeses, pois esses temiam perder suas terras caso os contrarrevolucionários vencessem.

Em 1920, após constantes combates, revoltas internas e fugas de soldados, os Exércitos Brancos foram definitivamente derrotados pelo Exército Vermelho.

> **Conheça melhor**
>
> **Makhno e o exército anarquista**
>
> Durante a guerra civil da Rússia, Nestor Makhno lutou para defender seu país, a Ucrânia. Combateu os Exércitos Brancos aliando-se aos bolcheviques. Posteriormente, combateu o Exército Vermelho.
>
> Anarquista, Makhno defendia um socialismo libertário, que recusava qualquer forma de opressão. Para ele, o bolchevismo seria mais uma forma de política autoritária.
>
> Com a ocupação da Ucrânia pelo Exército Vermelho, o exército makhnovista foi perseguido. Makhno escapou e viveu no exílio até sua morte, em 1935, na França.

> **Comunismo de guerra**

Para solucionar os problemas econômicos e sociais da Rússia, os bolcheviques tomaram uma série de medidas, nacionalizando e centralizando a economia.

Com o objetivo de estimular a produção agrícola, empreenderam a política de **reforma agrária**, tão ansiada pelos camponeses. Entretanto, o governo bolchevique estabeleceu o **controle ostensivo da produção** de cereais, base da alimentação russa, e determinou a entrega obrigatória de parte da produção para o abastecimento do Exército e das cidades. As indústrias também foram objeto de um rígido controle da produção.

Foi estabelecido o trabalho obrigatório. Os trabalhadores deveriam trabalhar nos dias de folga ou nas horas livres na construção de obras públicas e na produção de alimentos.

O dinheiro foi pouco a pouco abolido. Os pagamentos passaram a ser feitos na base de trocas de produto por produto ou produto por serviço. Os salários, iguais para todos os trabalhadores, também eram pagos em produtos, e os serviços públicos eram gratuitos.

Essas imposições levaram a greves e revoltas contra o governo bolchevique. Uma das mais importantes foi a Revolta de Kronstadt, uma fortaleza naval localizada no mar Báltico, nas proximidades da cidade de Petrogrado. Em fevereiro de 1921, os marinheiros alocados nessa fortaleza iniciaram o movimento, pedindo melhores condições econômicas e abertura política. Entretanto, a revolta foi vista como um movimento contrarrevolucionário. A repressão foi feroz e os revoltosos foram derrotados.

> **A Nova Política Econômica**

A baixa produtividade das indústrias, das minas e dos campos, decorrente dos anos de guerras e de revoltas, impedia a modernização da economia. Temia-se uma revolução camponesa em virtude da insatisfação dos agricultores, que eram obrigados a entregar parte de sua produção, conforme ditava o comunismo de guerra.

Logo ficou claro que não seria possível estruturar às pressas uma sociedade comunista igualitária, com o nivelamento das classes sociais, em um país que não se havia modernizado.

Para enfrentar a situação, o **Partido Comunista**, nova denominação do partido bolchevique, encerrou o comunismo de guerra e introduziu um novo programa de reformas, que ficou conhecido como **Nova Política Econômica** ou, simplesmente, **NEP**. Suas medidas foram motivadas pela necessidade de desenvolvimento econômico.

A produção foi estimulada com investimentos de capital estrangeiro e com o desenvolvimento de empresas particulares em setores que não fossem considerados estratégicos. Os setores considerados estratégicos, como a indústria de máquinas, a siderurgia e o petróleo, permaneceram nas mãos do governo.

Os camponeses foram desobrigados de entregar parte do que produziam. Em troca, deveriam pagar impostos. Com a NEP o governo concedeu-lhes o direito de vender o excedente de suas produções nas cidades. Essas medidas assegurariam certa liberdade econômica e deveriam incitar a produção.

A economia monetária foi reativada. Os salários voltaram a ser em dinheiro e os serviços públicos eram novamente pagos. Não havia mais trabalho obrigatório, e a remuneração não era mais igualitária, para estimular a produtividade de cada operário.

Politicamente, a Rússia permanecia centralizada nas mãos do Partido Comunista. Outros partidos eram proibidos de funcionar. A repressão era firme e constante. Os comunistas criaram a Tcheka, uma polícia secreta que vigiava e punia seus opositores.

Em dezembro de 1922, foi aprovado o Tratado de União das Repúblicas Soviéticas. Agora Rússia, Belarus, Ucrânia e Transcaucásia, entre outras nações que compunham o antigo Império Russo, reuniram-se para formar a **União das Repúblicas Socialistas Soviéticas**, ou **URSS**.

Em janeiro de 1924, Lênin faleceu. Iniciou-se um período de intensas disputas dentro do Partido Comunista. Naquele momento, Trotsky e Stalin se opuseram. O primeiro defendia a revolução permanente, ou o processo de internacionalização da revolução, para que a Rússia não ficasse isolada. O segundo defendia o comunismo em um só país, para que o regime se consolidasse na Rússia.

Stalin venceu a disputa. Recebeu o comando político do país em 1928.

Durante e depois da Revolução, muitos cartazes foram utilizados para mobilizar a população. Gravura conclamando a união entre operários e camponeses, 1920.

A Revolução e o mundo

A experiência russa de 1917 fundou um novo tipo de sociedade. Era a primeira experiência socialista da história. Para os revolucionários bolcheviques, a Revolução Russa era a grande alternativa ao capitalismo e, em breve, outros países seguiriam seu exemplo.

Partidos comunistas espalhados pelos diferentes continentes também acreditavam que chegaria a hora da sua revolução. Para tanto, os operários deveriam organizar-se em partidos rigidamente centralizados e inspirados na experiência da Rússia. Os movimentos socialistas tinham Lênin e a Revolução Russa como ícones.

A burguesia mundial temia que a experiência russa motivasse os trabalhadores de seus países. Por isso, partiu para uma intensa repressão ao movimento operário e aos partidos comunistas.

A Terceira Internacional Comunista

Desde meados do século XIX, trabalhadores do mundo todo procuravam unir forças em sua defesa. Em 1864 formou-se, em Londres, a Associação Internacional dos Trabalhadores, que ficou conhecida como **Primeira Internacional**. Dela participaram representantes de diversas correntes ideológicas. Entretanto, devido às divergências entre as várias associações operárias, a Primeira Internacional foi dissolvida duas décadas depois.

A **Segunda Internacional** foi criada em 1889, em Paris. Ciente das divergentes correntes, formou-se como uma federação de partidos e grupos nacionais autônomos. Desfez-se em função da Primeira Guerra Mundial.

Partiu de Lênin a formação da **Terceira Internacional Comunista**, ou **Comintern**, para organizar o movimento socialista internacional. A Terceira Internacional foi criada em 1921 sob a égide dos bolcheviques, que pretendiam promover as futuras ações revolucionárias.

Sua diretriz era a implantação de um movimento uniforme no qual os partidos comunistas, sob a direção de Moscou, formassem revolucionários profissionais para preparar o terreno para a revolução.

Alguns grupos esquerdistas não se aliaram ao Comintern e criticaram o movimento que tendia a uma dominação soviética e burocrática. Entretanto, a maioria dos partidos preferiu seguir as orientações de Moscou.

Cartaz convocando para a Terceira Internacional Comunista, em Moscou, 1921.

Conheça melhor

Comunismo ou socialismo?

O tipo de regime instalado na extinta União Soviética, caracterizado pela "ditadura do proletariado", costuma ser ora chamado de comunista, ora de socialista. Contudo, esses dois conceitos não são originalmente sinônimos e seu uso indiscriminado pode gerar alguma confusão.

Na teoria clássica de Karl Marx e Friedrich Engels, a superação plena do capitalismo ocorreria em duas etapas. A primeira etapa seria a **socialista**, implantada pela revolução proletária, que suprime a propriedade privada e instala um Estado forte, a ditadura do proletariado. A organização estatal forte seria indispensável para eliminar qualquer resistência burguesa à nova ordem.

O gradual avanço na implantação do socialismo terminaria por gerar uma sociedade plenamente igualitária e libertária, chamada de **comunista**, na qual todos viveriam em harmonia e o próprio Estado deixaria de ser necessário.

Há consenso entre os estudiosos de que, do ponto de vista de Marx, nenhuma das sociedades revolucionárias do século XX atingiu a etapa do comunismo. Daí ter surgido, entre outras, a expressão "socialismo real" para caracterizar esses regimes.

Contudo, na prática político-partidária, os dois conceitos ganharam novos significados. O comunismo passou a ligar-se à defesa da revolução violenta e da ditadura do proletariado, ao passo que o socialismo se identificou com a corrente anticapitalista que condena as práticas comunistas e defende a democracia pluralista. Com esse novo significado, o uso do termo "comunismo" tornou-se oficial na maior parte dos Estados socialistas, onde o poder foi monopolizado pelo Partido Comunista. Essa situação explica por que se tornou comum o uso de expressões como "Estado comunista" ou "regime comunista" para se referir a governos socialistas como os da antiga URSS, de Cuba ou da China.

> ### A Revolução Alemã

Os revolucionários bolcheviques acreditavam que uma revolução de dimensão mundial evitaria o isolamento da Rússia diante do mundo capitalista. Para eles, essa revolução poderia ser desencadeada na Alemanha, pelo movimento comunista revolucionário alemão, pois era grave a situação social do país em virtude da derrota sofrida na Primeira Guerra Mundial.

Depois de intensas rebeliões, promovidas até mesmo por soldados que lutaram na Primeira Guerra, o imperador Guilherme II abdicou em fins de 1918. Foi proclamada a República alemã sob os auspícios do Partido Social-Democrata, que era socialista, mas não radical. Iniciava-se, assim, a **República de Weimar**.

A República de Weimar era federal e parlamentarista. O presidente deveria ser eleito por voto popular. O chanceler, nomeado pelo presidente, assumiria o Poder Executivo. Mas a nova república foi repudiada pela burguesia, pelo Exército e pelos grupos de extrema direita e esquerda.

Agitações inspiradas na Revolução Russa ocorreram em várias cidades alemãs. A liderança do movimento era conduzida pela **Liga Espartaquista**, que posteriormente daria origem ao **Partido Comunista Alemão** e era formada por dissidentes do Partido Social-Democrata descontentes com os rumos que o partido havia tomado, especialmente quando decidiu apoiar a participação da Alemanha na Primeira Guerra.

Fundada em 1916, a Liga Espartaquista pregava a revolução. Seu nome derivou do jornal *Spartakus* (título inspirado no líder rebelde na Roma Antiga), editado pelos principais idealizadores do movimento.

Entre os principais líderes espartaquistas estavam Rosa Luxemburgo, Karl Liebknecht e Clara Zetkin. Eles viam o exemplo russo com esperança, embora criticassem a falta de democracia do regime que havia fechado a Assembleia Constituinte.

A insurreição foi organizada entre 1918 e início de 1919. Os espartaquistas não obtiveram o apoio que esperavam e acabaram derrotados. Rosa Luxemburgo e Liebknecht foram presos e assassinados por grupos ultradireitistas, que mais tarde iriam apoiar o nazismo.

Reprodução de cartaz da Liga Espartaquista, 1919.

Outras histórias

Além da Rússia, a China foi o outro país com território e população imensos a promover uma revolução comunista.

Durante o processo de independência chinês, concretizado em 1912, ocorreu a aliança entre o Kuomitang, o partido nacionalista, e o Partido Comunista Chinês, liderado por Mao Tsé-tung.

Na década de 1920, houve o rompimento entre esses dois partidos e a consequente guerra civil na China, que só terminou em 1949, com a vitória dos comunistas.

Ponto de vista

Outubro: revolução ou golpe?

A Revolução Russa produziu múltiplas interpretações históricas, desde a sua realização. Historiadores refletiram sobre alguns pontos centrais, como a inevitabilidade ou não da revolução, se o czarismo poderia ter se tornado um regime moderno caso a Primeira Guerra não houvesse ocorrido ou se o papel de Lênin e de outros líderes tivesse sido diferente.

Admirando ou não o movimento de outubro de 1917, muitos consideram que foi realmente uma revolução, pois produziu intensas transformações na história russa.

Entretanto, para Richard Pipes, historiador estadunidense especializado em história russa, em 1917 houve apenas uma revolução, a Revolução de Fevereiro. Essa sim representou uma ruptura ao derrubar o odiado regime czarista e instaurar um governo com princípios democráticos. A Revolução de Fevereiro ocorreu de forma espontânea e teve por base a mobilização popular.

Já o episódio conhecido como Revolução de Outubro não seria uma revolução, pois não foi um movimento espontâneo. A Revolução de Outubro foi tramada metodicamente por um pequeno grupo de "conspiradores", os bolcheviques. Dessa forma, teria sido apenas um golpe promovido por um grupo, sem a participação do povo.

- Em equipe, reflita sobre as causas e consequências da Revolução de Outubro. Discuta com os colegas a posição de Richard Pipes e exponham suas conclusões para a classe.

Ontem e hoje

O comunismo

A ideologia comunista surgiu no século XIX e desde então vem sendo debatida e reelaborada por sucessivas gerações de militantes e pensadores. O ideal comunista serviu de inspiração para movimentos e regimes em várias partes do mundo. Ao longo do século XX, os comunistas conquistaram o poder em vários países do Leste Europeu, da África, da Ásia e também em Cuba, no continente americano.

Em 1991, a União Soviética se esfacelou e com ela grande parte dos regimes comunistas. Entretanto, o sistema político instaurado pela Revolução Russa, que tanto impacto causou nas primeiras décadas do século passado, ainda inspira pessoas que sonham com um mundo melhor.

A Rússia revolucionária

O escritor e historiador belgo-russo Victor Serge participou ativamente na Revolução Russa de 1917. Por adotar uma postura crítica em relação ao governo de Josef Stalin (1928-1953) foi preso e acabou seus dias exilado no México. Mesmo perseguido, Serge não deixava de exibir uma imagem otimista da revolução de outubro, que não correspondia exatamente ao que ocorria no período. O trecho transcrito abaixo, publicado em 1930, é um exemplo dessa atitude.

"Um primeiro balanço da Revolução Russa deve ser levantado em 1927. Dez anos se passaram. A ditadura do proletariado, a partir de 1920 ou 1921, datas aproximadas e discutíveis, se transformou na ditadura do Partido Comunista, este por sua vez sujeito à ditadura da 'velha guarda bolchevique'. Essa 'velha guarda' constituía, em geral, uma elite notável, inteligente, desinteressada, ativa, pertinaz. Os resultados conseguidos são admiráveis. No estrangeiro, a URSS é respeitada, reconhecida, por vezes admirada. Internamente, a reconstrução econômica se completou sobre as ruínas deixadas pelas guerras, apenas com os recursos do país e da energia popular. Um novo sistema de produção coletivista substituiu o capitalismo e funciona bastante bem. As massas trabalhadoras da Rússia demonstraram sua capacidade de vencer, de organizar e de produzir. Novos costumes e um novo sentimento de dignidade do trabalhador haviam se estabilizado."

SERGE, Victor. *O ano I da Revolução Russa*. São Paulo: Boitempo, 2007. p. 495.

Rússia, 2012: um desafio para os comunistas

Em 1991, diante da insatisfação de amplos setores da sociedade soviética com a falta de liberdade e as dificuldades econômicas, a URSS fragmentou-se em inúmeros Estados, que em grande parte adotaram o sistema econômico capitalista e a democracia representativa. Os comunistas, porém, não desapareceram: continuaram atuantes, defendendo que, mais cedo ou mais tarde, as contradições do capitalismo permitiriam a volta do comunismo ao poder.

A crise financeira internacional iniciada em 2008 foi vista por alguns comunistas como o sinal de que o momento de retorno ao poder se aproximava. Em 2011, na Rússia, os fatos pareceram confirmar essa esperança. O Partido Comunista da Federação da Rússia saiu fortalecido das eleições parlamentares, obtendo quase 20% dos votos no país, praticamente o dobro do que haviam assegurado em 2007. Entretanto, nas eleições à presidência, em 2012, o partido governista ganhou, permanecendo no poder.

Para os comunistas russos, a situação atual é um desafio. A maioria da população almeja melhores condições de vida, pois a situação econômica e social foi agravada com a crise internacional que abalou principalmente a Europa. O que se reivindica é que o país encontre meios de sair da crise dentro da normalidade democrática.

Os comunistas perderam o poder, mas continuam atuantes. Comunistas russos comemorando o Dia do Trabalhador, 1º de maio. Foto de 2012.

Reflita

- A luta por um mundo mais justo e igualitário tem atraído grande número de pessoas e grupos há muitas décadas. Os comunistas tiveram um importante papel nessa luta ao longo do século XX, mas não foram os únicos. Debata com seus colegas sobre os grupos que atualmente lutam por mudanças do sistema econômico e do modo de vida das pessoas em busca de um mundo melhor.

Atividades

Verifique o que aprendeu

1. Relacione a Revolução Industrial com a Rússia do início do século XX.
2. Explique a diferença entre czarismo e absolutismo.
3. Qual é a relação entre a Revolução Russa e a Primeira Guerra Mundial?
4. Faça uma distinção entre a Revolução de Fevereiro e a Revolução de Outubro de 1917.
5. Descreva a situação política da Rússia antes da Revolução de 1917. Explique como essa situação foi propícia para a Revolução.
6. Lênin chamou a Revolução de 1905 de "ensaio geral" para a revolução que posteriormente seria desencadeada na Rússia. Explique o significado dessa expressão no contexto da época.
7. Compare as medidas tomadas no comunismo de guerra com as medidas adotadas sob a Nova Política Econômica.
8. Explique as diferenças essenciais entre os agrupamentos políticos russos.
9. Qual era o papel dos sovietes no processo revolucionário?

Leia e interprete

10. O texto a seguir foi publicado no jornal-mural da 19ª Brigada Eusébio Giambone, dos *partisans* italianos (guerrilhas que combatiam o nazifascismo), em 1944. Leia-o com atenção e responda às questões.

    > Depois da Revolução Francesa, surgiu na Europa uma Revolução Russa, e isso mais uma vez ensinou ao mundo que mesmo o mais forte dos invasores pode ser repelido, assim que o destino da Pátria é realmente confiado ao povo, aos humildes, aos proletários, à gente trabalhadora.
    >
    > HOBSBAWM, E. *Era dos extremos*. São Paulo: Companhia das Letras, 1995. p. 61.

    a) De acordo com o texto, por que motivo a Revolução Russa teria sido vitoriosa?
    b) Quais são as diferenças entre a Revolução Francesa e a Revolução Russa em relação às classes sociais envolvidas e à ideologia que as motivou?
    c) Quais são as semelhanças entre os dois processos históricos a que o texto se refere?

11. Observe o cartaz reproduzido a seguir e responda a estas questões.
    a) Descreva a cena representada no cartaz.
    b) Que grupos sociais e personagens da sociedade russa estão representados na cena? Justifique sua resposta.

Cartaz de propaganda bolchevique de 1919. A legenda diz: "A luta do cavaleiro vermelho contra o poder negro".

12. Uma das premissas do marxismo sobre a revolução socialista era que ela deveria ocorrer em um país já plenamente capitalista. Mas a Revolução Russa ocorreu em um país onde o capitalismo era pouco desenvolvido. Isso gerou controvérsias na época entre os diversos pensadores marxistas. Lênin, respondendo a Karl Kautsky, teórico político alemão que tinha discordâncias sobre o processo revolucionário, escreveu:

    > Nossa revolução é socialista. De início, com *todos* os agricultores, lutamos contra a monarquia, os proprietários fundiários, a Idade Média (e a revolução foi burguesa-democrática). Depois, com os agricultores mais pobres, com os semiproletários, com todos os explorados, combatemos o capitalismo, aí incluímos os agricultores abastados; os *kulaks*, os especuladores, e a revolução, na mesma proporção, tornou-se socialista.
    >
    > SERGE, V. *O ano I da Revolução Russa*. São Paulo: Boitempo, 2007. p. 473.

    a) O que significa a afirmação de Lênin de que os bolcheviques lutaram contra "a Idade Média"?
    b) Para os bolcheviques, os camponeses são uma classe revolucionária? Explique.
    c) No decorrer da Revolução Russa, como ficou a relação entre os bolcheviques e o campesinato?

CAPÍTULO

46 A crise do liberalismo

O que você vai estudar

- Os loucos anos 1920.
- A crise de 1929.
- A URSS em busca de um novo modelo.
- Lázaro Cárdenas e a experiência mexicana.

Fotografia tirada em 1930, nos Estados Unidos, mostra fila sob a placa que informa: "Sopa, café e *donuts* grátis para desempregados".

Ligando os pontos

A Primeira Guerra Mundial levou as principais potências europeias a uma profunda crise, com milhões de mortos, economias arruinadas e o descontentamento generalizado nas populações. Entretanto, o conflito beneficiou uma nação: os Estados Unidos, que passaram por uma crescente ascensão política e econômica. O país, que ingressou na Primeira Guerra apenas no final do conflito, sofreu bem menos seus efeitos negativos. Além disso, obteve vantagens por ter abastecido os europeus com seus produtos.

Ao mesmo tempo, a Revolução Russa de 1917, inspirada em princípios marxistas, construiu uma sociedade alternativa ao capitalismo. Depois da guerra civil, a União Soviética criou um caminho para o socialismo, servindo como referência para movimentos revolucionários em todo o mundo e centralizando as decisões dos partidos comunistas de diversos países. A Revolução, porém, não ocorreu em escala mundial como queriam os bolcheviques, e o capitalismo, com algumas exceções, entrou em uma fase de recuperação. Com a morte de Lênin, Josef Stalin exilou e depois mandou executar Leon Trotsky. Dessa maneira, Stalin centralizou o poder, mudando os rumos da política soviética.

No Brasil, a economia era sustentada pela produção cafeeira, que estava em franca expansão. Mas qualquer abalo nos mercados mundiais poderia gerar uma grave crise no país.

Após a leitura do texto e a observação da fotografia desta página, responda às questões.

1. Em sua opinião, por que nos anos 1930 tornou-se necessário dar esse tipo de assistência aos desempregados?
2. Formule hipóteses sobre a situação da economia mundial na época mencionada e sobre como ela poderia ter chegado a essa situação.

> Os loucos anos 1920

Nos Estados Unidos, a década de 1920 foi marcada por profundos contrastes e foi denominada por alguns autores de "os loucos anos 20". O país desenvolveu-se economicamente em meio à miséria de parcelas da sociedade. Por um lado, havia liberdade econômica, por outro, havia restrições aos trabalhadores, aos negros e aos imigrantes. Tudo isso ocorreu em um momento de intensas inovações culturais e tecnológicas.

O progresso econômico e o controle da inflação criaram novos valores na classe média, ancorados na **cultura do consumismo**. Os avanços tecnológicos produziram novos sonhos, como carros, rádios e geladeiras. Criou-se um estilo de vida, o *American way of life*.

A liberdade e o prestígio foram relacionados à possibilidade de consumir mais, principalmente objetos de luxo. O cinema e a propaganda auxiliavam na construção desse imaginário.

> O caminho da supremacia norte-americana

O século XX foi para alguns o **século americano**, em referência à influência política, econômica e cultural que os Estados Unidos exerceram a partir do final da Primeira Guerra Mundial.

O início do século foi marcado pelo crescimento industrial e pela expansão demográfica. Nesse período, havia nos Estados Unidos cerca de 80 milhões de habitantes, grande parte imigrantes de países europeus, asiáticos e de outras partes da América.

A economia estadunidense foi beneficiada pela guerra, durante a qual os EUA aumentaram suas exportações e concederam empréstimos aos países da Europa. No final do conflito, os Estados Unidos eram grandes credores dos europeus.

Paralelamente, a Primeira Guerra devastou a economia dos países beligerantes. Mas, com seu parque industrial preservado, os EUA não tiveram de passar pelo caos do pós-guerra. Pelo contrário: apoderaram-se de mercados antes dominados por europeus, ampliando as suas exportações.

Por causa desses fatores, os Estados Unidos se sobressaíram diante das antigas potências europeias.

Mas o progresso econômico carregava contradições. Grande parte das empresas nos Estados Unidos era controlada por gigantescas **corporações** que concentravam o capital. Esse processo de monopolização entrava em choque com os princípios da economia de livre mercado e da concorrência. Muitas pequenas e médias empresas faliram ou foram absorvidas pelos conglomerados.

O crescimento industrial advinha também de novas técnicas e princípios que aumentavam a produção, como o taylorismo e o fordismo.

O capital financeiro, centralizado em Nova York, foi fundamental para o financiamento desse crescimento econômico.

Conheça melhor

A indústria do entretenimento

O intenso desenvolvimento tecnológico entre o final do século XIX e início do XX modificou as formas de cultura e diversão de todas as classes sociais. Leia o texto do historiador Nicolau Sevcenko a esse respeito.

[...] a montanha-russa obviamente não foi criada com essa intenção de potencializar a imaginação e nem mesmo o cinema derivou de qualquer motivação dotada desse teor nobre. Sua destinação desde a origem foi a de proporcionar entretenimento para o maior número pelo menor preço. [...]

O resultado foi um espantoso sucesso. A montanha-russa foi inventada em 1884 e o cinema dez anos depois, em 1894. Em ambos se fica na fila, se paga, se senta e, por um período de tempo determinado, se é exposto a emoções mirabolantes. A montanha-russa produz a vertigem no corpo, de tal modo que oblitera os sentidos e mal se pode observar ou apreender o mundo ao redor. No cinema, as luzes se apagam e a tela se irradia com uma hipnótica luz prateada, isolando todos os sentidos e fazendo com que a vertigem nos entre pelos olhos. O que se paga é o preço da vertigem, e não é caro.

SEVCENKO, N. *A corrida para o século XXI*: no loop da montanha-russa. São Paulo: Companhia das Letras, 2001. p. 73-74.

Primeiro parque de diversões em Coney Island, Estados Unidos. Foto de 1900.

› Os excluídos da prosperidade

O crescimento da economia levou a uma percepção de que o progresso poderia ser compartilhado, mas a capacidade de consumo não era estendida a todos os grupos sociais.

O operariado era submetido a salários baixos e a uma legislação trabalhista que não lhe concedia muitos direitos e previa uma jornada de trabalho de dez horas diárias. Mulheres e crianças empregadas ganhavam ainda menos. O movimento sindical era reprimido pelo governo. Era essa política de salários depreciados e de controle do movimento operário que potencializava o lucro e a expansão econômica dos Estados Unidos.

Os negros, ou afro-americanos, enfrentavam intenso preconceito. Meio século após a abolição da escravização, eram alvo de **políticas institucionalizadas de segregação**. Não podiam utilizar os mesmos equipamentos urbanos dos brancos, como ônibus ou bebedouros. Quando protestavam, eram perseguidos e muitas vezes mortos. Nos estados sulistas a perseguição era maior, o que levou muitos a migrar para o norte.

Os imigrantes também sofriam preconceitos. Havia restrições à imigração no pós-guerra, com cotas para cada nacionalidade.

Protesto de brancos contra o fim da segregação nas escolas públicas dos Estados Unidos, em 1954. A segregação racial legalizada foi adotada por mais de cinquenta anos nos Estados Unidos.

› Formas de resistência

Nas primeiras décadas do século XX, predominaram governos conservadores do Partido Republicano, com uma política de perseguição a sindicatos e de discriminação contra a população negra e imigrante.

Entretanto, nesse período surgiram **movimentos de contestação** nas esferas política, étnica e feminista, que lutavam contra a discriminação e a pobreza na sociedade estadunidense. Proliferaram também sindicatos com inspiração anarquista ou socialista que promoviam greves. O **Partido Socialista da América** também procurou organizar o movimento operário, com uma proposta marxista de ação proletária.

O **movimento feminista** articulou-se na luta pelo voto das mulheres. Ocorreram diversos protestos pela igualdade de direitos entre os gêneros.

› A era do *jazz*

A extrema desigualdade levou muitos escritores, intelectuais e artistas a criticar a situação social. Nessa efervescência cultural, uma manifestação revolucionou a música e a cultura do século XX: o *jazz*.

O *jazz* baseava seus ritmos, sentimentos e ideias na cultura popular de comunidades negras, inicialmente em Nova Orleans, e rebelava-se contra o modo de vida tradicional da sociedade estadunidense. Suas combinações de escalas e ritmos inspiravam-se na música africana e no *blues*, surgido das músicas de trabalho dos escravizados do Sul.

Inicialmente, o *jazz* foi marginalizado fora da comunidade afro-americana. Mas em duas décadas proliferaram *jazz bands*, que se apresentavam em salões de dança frequentados até mesmo por classes mais abastadas.

■ Outras histórias

Não foi apenas nos EUA que existiu preconceito racial institucionalizado. No Brasil, a cultura popular negra também foi perseguida.

Após a abolição foram criadas leis que proibiam os batuques, a capoeira, o samba e o candomblé. O Código Criminal de 1890 estabelecia prisão de 2 a 6 meses aos capoeiristas.

História e música

A música revela traços da cultura de uma época. Para o historiador é importante saber, além do tipo de instrumento ou da sonoridade, quem são as pessoas envolvidas na criação musical e quais são as suas origens sociais.

A cantora estadunidense Billie Holiday lançou em 1939 a música "Estranhos frutos", inspirada por um acontecimento do sul dos Estados Unidos. Dois rapazes negros, acusados de assassinato, foram mortos e pendurados em uma árvore. A letra da música revela o extremo racismo da época.

As árvores do sul dão um estranho fruto,
Sangue nas folhas e sangue na raiz,
Corpos negros balançando à brisa do sul,
Estranhos frutos pendurados nos álamos.

MEEROPOL, A. Strange Fruit. Intérprete: Billie Holiday. In: *Lady sings the blues*. Nova York: Verve Records, 1956. 1 disco sonoro. Lado A, faixa 12. Tradução dos autores.

• Pesquise outras músicas que retratem períodos históricos. Selecione uma e apresente informações sobre o período.

A crise de 1929

A expansão econômica dos EUA foi interrompida em fins da década de 1920. Nesse período, as economias europeias recuperavam-se e voltavam a competir com a indústria estadunidense. Como a expansão do mercado interno era limitada pela pobreza de uma parcela da população, o crescimento da economia não se sustentou. O aumento da produção não foi acompanhado pelo aumento do consumo, criando estoques e derrubando os preços.

A **crise de superprodução** também atingiu a agricultura, por causa das melhorias técnicas e do controle fundiário concentrado em grandes empresas. O resultado foi a demissão em massa de trabalhadores.

Havia ainda problemas de ordem financeira. A facilidade de crédito endividou fazendeiros, industriais e outros investidores. O dinheiro era destinado para a especulação financeira ou para o consumo de bens.

As empresas em crescimento fortaleceram o mercado acionário. A **especulação financeira** alastrou-se por amplas camadas sociais, pois as ações eram um investimento de risco com retorno rápido e muito lucrativo. Mas a valorização das ações não correspondia à realidade da indústria em crise.

Os valores preconizados pelo **liberalismo econômico** estavam entre as causas da crise. A tese de que o Estado não deveria interferir na economia impediu que fossem criados mecanismos de controle sobre a circulação de capitais e investimentos.

Esses fatores conjugados – superprodução, subconsumo, especulação financeira, desigualdades e o ideário do liberalismo econômico – construíram o cenário que desembocou na crise de 1929.

A quebra da Bolsa

Esse processo culminou na **quinta-feira negra**, ocorrida em 24 de outubro de 1929. Rumores de que algumas empresas estavam em péssima situação financeira levaram muitas pessoas a vender suas ações. Porém, como não havia compradores, os preços das ações despencaram abruptamente.

Nos dias subsequentes, as ações transformaram-se em papéis sem valor. Empresas, bancos e grandes investidores perderam, da noite para o dia, quase tudo o que possuíam. Alguns especuladores chegaram a suicidar-se.

Embora o presidente dos Estados Unidos, Herbert Hoover, afirmasse que a crise acabaria em alguns meses, nos três anos seguintes a situação só piorou. Milhares de bancos e empresas faliram. O desemprego cresceu de forma drástica, diminuindo o consumo e afetando ainda mais a economia. Os estoques aumentaram e os preços industriais e agrícolas caíram. Essa situação de crise ficou conhecida como **Grande Depressão**.

A parcela da população que vivia na pobreza cresceu muito e sofreu com o desemprego. Na época, era comum ver desempregados, e mesmo famílias inteiras, perambulando, famintos e sem moradia, ou em longas filas de distribuição de comida. Houve também o aumento das favelas.

Com a escassez de empregos, mulheres, negros e imigrantes tiveram seus postos de trabalho ocupados por homens brancos. Para muitos, a caridade foi a única forma de sobrevivência.

Multidão em Wall Street, centro financeiro de Nova York, em 25 de outubro de 1929. Nesse dia, grandes banqueiros tentaram frear, sem sucesso, a queda vertiginosa das ações na Bolsa.

Conheça melhor

Os números da crise

A crise de 1929 modificou o fluxo de capitais e de populações. A imigração reduziu-se bastante. Segundo o historiador Eric Hobsbawm, entre 1900 e 1914 entraram quase 15 milhões de pessoas nos Estados Unidos. De 1914 até 1929, entraram cerca de 5,5 milhões. Mas, na década de 1930, menos de 750 mil migraram para o país.

A produção industrial mundial despencou em pelo menos um terço nos dois anos após a crise. As vendas e a renda líquida diminuíram.

Outro problema foi o desemprego. Nos Estados Unidos, no auge da crise (1932-1933), perto de 27% da força de trabalho estava desempregada. Na Alemanha, o desemprego esteve perto de 41%.

A produção automotiva caiu pela metade. A Ford, que empregava 128 mil pessoas antes da crise, contava com apenas 37 mil em 1931.

A crise produziu efeitos devastadores no mundo todo, criando o caldo de cultura em que se desenvolveria o totalitarismo em muitos países.

> ## A crise se alastra

A crise espalhou-se rapidamente. Os Estados Unidos diminuíram consideravelmente o volume de suas importações, o que afetou o comércio mundial. Os empréstimos concedidos por eles aos países europeus depois da Primeira Guerra foram suspensos, levando a crise a alastrar-se por todos os continentes.

> ## O New Deal

O presidente Herbert Hoover não conseguiu reequilibrar a economia e o Partido Republicano perdeu apoio na população. Nas eleições de 1932, o democrata Franklin Delano Roosevelt foi eleito para a presidência. Seu compromisso era acabar com a crise econômica que havia quase quatro anos assolava os Estados Unidos. Para tanto, defendia uma política de intervenção do Estado na economia.

Em 1933, Roosevelt lançou um conjunto abrangente de medidas econômicas conhecido como **New Deal** (Novo Acordo). Essas medidas eram destinadas tanto às áreas rurais quanto às urbanas. Elas priorizavam a assistência social e a execução de obras públicas para minimizar o desemprego.

Esse plano foi inspirado nas ideias do economista inglês **John Maynard Keynes**, que na época defendia a criação de empregos como mola propulsora da economia. Para ele, o trabalhador com renda transforma-se em consumidor, impulsionando o desenvolvimento econômico como um todo.

Foram organizadas agências para a criação de empregos. Surgiram **frentes de trabalho** em obras financiadas pelo Estado, como estradas e parques nacionais.

Ao mesmo tempo, os sindicatos foram reorganizados e tiveram mais liberdade. Novas leis trabalhistas e previdenciárias foram formuladas. Surgiram medidas para reestruturar os bancos e o crédito.

Porém, como o primeiro conjunto de medidas não recuperou a economia, em 1935 um **novo New Deal** foi apresentado. Ele abrangia programas de assistência social e direitos aos trabalhadores, como a jornada de trabalho reduzida e a sindicalização.

Com isso, a partir de 1939 a economia passou a dar sinais de melhora.

Trabalhadores na plantação de pinheiros do projeto de reflorestamento em Colorado, Estados Unidos. Foto de 1940.

Ponto de vista

A recuperação econômica dos EUA

Franklin Roosevelt lançou um pacote de medidas que ampliava as políticas sociais estadunidenses, gerando emprego e renda. As medidas demoraram a surtir efeito, mas, depois de alguns anos, a economia se recuperou.

Entretanto, para o historiador Sean Purdy, as medidas do New Deal não recuperaram de fato a economia. Isso ocorreu graças aos efeitos provocados pela Segunda Guerra Mundial.

Ele argumenta que o plano não distribuiu renda, apenas promoveu um pouco de segurança econômica aos trabalhadores dos Estados Unidos, com o aumento dos serviços públicos.

Para ele, os aspectos positivos foram o prestígio dos sindicatos e os direitos políticos concedidos aos imigrantes. Mas o sistema de previdência social não foi estendido a todos os trabalhadores.

Os países social-democratas, com seus Estados de bem-estar social, criados após a Segunda Guerra Mundial (1939-1945), tinham, segundo Purdy, garantias e legislações sociais superiores às do New Deal.

- Pesquise, em grupo, programas de bem-estar social formulados na Europa, nos Estados Unidos e no Brasil. Construam um quadro comparativo e apresentem-no aos outros grupos.

Atividades

Verifique o que aprendeu

1. Escreva um texto comparando o projeto estadunidense, o soviético e o cardenista na década de 1930. Que semelhanças e diferenças havia entre eles?

2. Por que o século XX é chamado por alguns analistas de "o século americano"?

3. Descreva as contradições econômicas e sociais que a sociedade estadunidense vivenciou na década de 1920.

4. Indique alguns dos movimentos de contestação à ordem socioeconômica vigente nos Estados Unidos no início do século XX.

5. O *jazz* pode ser considerado uma manifestação cultural de protesto contra o sistema sociocultural dominante nos Estados Unidos? Justifique.

6. Por que podemos afirmar que a superprodução foi uma das causas determinantes da crise de 1929? Em que ela consistia?

7. Descreva a situação socioeconômica de negros, mulheres e imigrantes durante os anos da Grande Depressão.

8. Relacione duas medidas adotadas pelo governo estadunidense para enfrentar a crise de 1929. De que forma elas podiam estabilizar a economia?

9. Explique as diferenças entre as práticas do liberalismo e as propostas de Keynes e Roosevelt para superar a crise de 1929.

10. Como a União Soviética se transformou em um regime totalitário?

11. Qual foi a importância da planificação econômica para a economia da União Soviética no período stalinista?

12. Explique qual foi a política que Stalin adotou em relação aos camponeses e quais foram os seus motivos.

13. É correto afirmar que a sociedade soviética era igualitária na década de 1920? Justifique sua resposta.

14. Por que a União Soviética não foi afetada pela crise de 1929?

15. A sociedade mexicana já se encontrava pacificada quando Lázaro Cárdenas assumiu a presidência da República? Explique.

16. Descreva duas realizações do governo de Lázaro Cárdenas que beneficiaram a população e a economia mexicanas.

Leia e interprete

17. A fotografia abaixo remete a uma família em situação de pobreza que poderia ter vivido em alguma capital brasileira em meados do século XX. Mas trata-se de uma cena da época da Grande Depressão nos EUA.

Família de trabalhadores imigrantes em McIntosh County, Oklahoma. Foto de 1939.

a) Descreva a imagem.

b) Quais as características das condições de vida dessa família? Elas condizem com o discurso de oportunidades para todos veiculado nos EUA?

18. Em novembro de 1929, em um artigo denominado "O ano da grande abertura", Stalin escreveu o texto a seguir. Leia-o e responda às questões propostas.

> Estamos prosseguindo a todo vapor pela estrada da industrialização para o socialismo, deixando para trás o nosso tradicional atraso russo.
>
> Estamos começando a ser o país do metal, o país do automóvel, o país do trator.
>
> E quando tivermos sentado a URSS num automóvel, o camponês num trator, então que os capitalistas, que se orgulham de sua "civilização", nos alcancem. Veremos que países podem então ser considerados atrasados, e quais os que serão adiantados.

CARR, E. H. *A Revolução Russa de Lênin a Stalin (1917-1929)*. Rio de Janeiro: Zahar, 1981. p. 155.

a) Como foi obtida a industrialização desejada pelo governo soviético?

b) Para que o camponês sentasse em um trator, qual foi o processo desencadeado na URSS? Ele tinha o apoio dos camponeses?

c) É possível identificar nesse discurso um projeto autoritário implícito? Explique.

CAPÍTULO 47
Os totalitarismos

O que você vai estudar

- Conceito de totalitarismo.
- O fascismo na Itália.
- O nazismo na Alemanha.
- Os nazistas no poder.
- A banalização do mal.
- As ditaduras ibéricas.

Comício do Partido Nazista em Nuremberg, Alemanha. Foto de 1936.

Ligando os pontos

Após a Primeira Guerra Mundial, muitos países europeus atravessaram uma grave crise econômica e social. Na Alemanha, a situação foi agravada pela derrota no conflito. Embora os Estados Unidos reivindicassem uma paz "sem vencedores nem vencidos", o Tratado de Versalhes impôs aos alemães a perda de territórios e o pagamento de elevadas indenizações. Ao longo dos anos, cresceu na Alemanha o espírito revanchista.

A Itália, embora tivesse lutado ao lado dos vencedores, obteve poucas vantagens territoriais. Irritados, os italianos sentiram-se traídos pela Inglaterra e pela França.

Ao mesmo tempo, a Revolução Russa representava uma ameaça para os círculos dirigentes dos países europeus, pois os partidos comunistas ocidentais ansiavam por repetir o exemplo bolchevique. Temendo que os governos liberais, constantemente paralisados por divisões partidárias, não pudessem barrar o comunismo, a elite e a classe média europeias voltaram-se para novos sistemas políticos que prometessem contentar os pobres sem comprometer a estabilidade da propriedade privada.

Foi nesse contexto que surgiram os totalitarismos de direita.

Observe a fotografia acima. Ela registra um comício do Partido Nazista realizado na cidade alemã de Nuremberg, em 1936.
1. Na cena, milhares de pessoas se voltam para uma tribuna, possivelmente para ouvir um discurso. Ao observar a imagem, é possível dizer qual é a profissão dessas pessoas?
2. Como essas pessoas estão dispostas no espaço da praça?
3. O que essa disposição simboliza em relação aos valores nazistas?

Conceito de totalitarismo

No decorrer do século XIX, a maior parte da burguesia ocidental apoiou os regimes liberais. O liberalismo pregava a autonomia dos indivíduos diante do Estado e das corporações econômicas. O Estado liberal deveria apenas criar regras que organizassem a sociedade, deixando todas as ações para a iniciativa privada.

No início do século XX, porém, o desequilíbrio socioeconômico provocado pela Primeira Guerra Mundial e o receio de que o exemplo da revolução comunista da Rússia se espalhasse pela Europa levaram parte da classe dominante a repensar sua posição política.

Novas ideias afirmavam que o liberalismo e a democracia, pulverizando o poder entre os indivíduos, não poderiam fazer frente às crises econômicas nem combater o comunismo. Foi nesse contexto que surgiram doutrinas autoritárias que defendiam um Estado intervencionista, que determinasse o rumo a ser tomado pela sociedade. Algumas dessas doutrinas transformaram-se em propostas totalitárias.

Os regimes totalitários receberam genericamente a designação de fascistas, a partir da experiência italiana, que também será estudada. Mas não se pode esquecer a existência de totalitarismos de esquerda, como o stalinismo soviético.

Totalitarismo e autoritarismo

O totalitarismo é um fenômeno mais complexo do que o autoritarismo. Tanto no totalitarismo como no autoritarismo as formas de livre participação política são reduzidas ou abolidas, os meios de comunicação sofrem censura, a repressão e a violência política são instrumentos do governo. Porém, no totalitarismo há certas características que são marcantes.

Em primeiro lugar, o Estado totalitário promove o culto à personalidade do chefe político, tido como o "guia", o "líder". Um modelo de organização militar é imposto à sociedade e vigora o sistema de partido único.

Outra característica importante é o fato de o totalitarismo constituir-se em fenômeno de massas. O Estado utiliza os meios de comunicação de que dispõe e produz espetáculos cívicos grandiosos, nos quais a ideologia totalitária é exaltada.

No Estado totalitário, os interesses individuais e de classe são considerados ilegítimos. O partido e o Estado defendem o interesse de todos: o interesse da nação. A oposição ao partido deve ser combatida por toda a sociedade, porque representa a negação dos interesses da nação.

No caso alemão, a propaganda política utilizou todos os meios de comunicação disponíveis, incluindo invenções recentes, como o cinema e o rádio. O partido e o Estado criaram associações de jovens, de mulheres, de trabalhadores e de crianças, nas quais as pessoas eram submetidas a intensa doutrinação.

O culto ao líder é uma característica do totalitarismo. Na imagem, o líder nazista Adolf Hitler é representado em cartaz alemão de autoria de K. Stauber, 1930.

Nacionalismo extremado

Uma das ideias mais importantes para as doutrinas totalitárias é a da pátria. Ela está acima dos anseios dos grupos sociais, dos interesses de classe ou de partido, e todo sacrifício deve ser empreendido para o seu engrandecimento.

O patriotismo é levado ao extremo, incitando o ódio a estrangeiros e minorias étnicas. A necessidade de lutar pelo interesse da pátria conduz a uma perspectiva militarista. A conquista de colônias ou de um "espaço vital" torna-se decisiva. Para o regime totalitário, os Estados poderosos teriam uma espécie de "direito natural" de anexar territórios para garantir seu desenvolvimento econômico.

A militarização da sociedade é, assim, fundamental nesse processo. Ela passa pela família, pela escola e por outras instituições sociais. O bom cidadão é o que pode ser um bom soldado, capaz de dar a vida pela pátria.

Outras histórias

Nos anos 1920, enquanto as ideologias totalitárias ganhavam adeptos no Ocidente, no Japão ocorria uma série de reformas democráticas, lideradas pelo imperador Taishô. Em 1925, foi introduzido o sufrágio universal para os homens japoneses acima de 25 anos de idade. Ao mesmo tempo, crescia o número de operários socialistas e comunistas, que reivindicavam melhores condições de vida.

Esse início de democracia, porém, não foi duradouro, encerrando-se com o militarismo, que se fortaleceu após a crise econômica de 1929.

> ### Antiliberalismo e anticomunismo

Na primeira metade do século XX, portanto, a ênfase totalitária na unidade da nação e da pátria resultou na defesa da ditadura. O liberalismo não seria uma filosofia política adequada, pois levaria a um individualismo prejudicial ao desenvolvimento do grupo.

Os diferentes partidos que manifestavam opiniões distintas, inerentes à democracia, prejudicariam o funcionamento do Estado, por trazer disputas e desunião. Defendia-se, assim, o regime de partido único com um Estado que controlasse todas as decisões, sem oposição.

O outro inimigo do Estado totalitário de direita seria o marxismo. A supremacia de uma classe – o proletariado – sobre as demais seria um princípio que dividiria a sociedade em lugar de uni-la. A repressão aos comunistas e socialistas constituía uma das principais metas dos totalitarismos de direita.

> ### O problema racial

Muitos regimes totalitários procuraram unir a nação, ao enfatizar a superioridade do cidadão nacional diante dos demais povos da Europa e do mundo. Ao mesmo tempo, alguns grupos étnicos eram apontados como inferiores, passíveis de exploração, de expulsão e mesmo de massacres genocidas.

O totalitarismo alemão utilizou ideias que, desde o século XIX, afirmavam existir uma "raça ariana", comunidade de guerreiros que, ao conquistar áreas na Europa central e setentrional, manteve sua "pureza", enquanto os outros europeus se miscigenaram com povos do Oriente Médio, do norte da África, etc.

A pretensa pureza do sangue era portadora de um sentimento de superioridade para o povo alemão, humilhado pela derrota na Primeira Guerra Mundial e pelo Tratado de Versalhes. Os nazistas souberam tirar proveito desse sentimento para seu projeto de dominação.

Ao lado da "raça superior", da qual os alemães seriam os legítimos representantes, existiriam as "raças degeneradas", que ameaçariam a suposta pureza da raça ariana e deveriam ser excluídas da sociedade. Entre elas estavam os judeus.

Outras noções eram ainda compartilhadas pelos movimentos fascistas, como a desconfiança em relação ao racionalismo. Enquanto o racionalismo iluminista, dominante no Ocidente desde meados do século XVIII, defendia a análise e a ação movidas pela ciência e pela reflexão racional, os totalitarismos pregavam o uso da emoção e da vontade. Por isso, são chamados de "regimes irracionalistas".

A mobilização das massas em grandes concentrações públicas é uma das características dos regimes totalitários. Na imagem acima, o líder fascista italiano Benito Mussolini dirige-se à multidão reunida na praça da catedral em Milão. Foto de 1930.

Conheça melhor

As ideias racistas

Em meados do século XIX, as concepções racistas ganharam força no Ocidente, com base em uma literatura pseudocientífica, de pretensa base biológica. Elas serviriam para a posterior fundamentação da doutrina nazista.

O conde francês Arthur de Gobineau, no livro *Ensaio sobre a desigualdade das raças humanas* (1855), sustentou que a decadência dos povos, física e intelectual, seria resultado da miscigenação entre as raças. Nessa obra, ele desenvolveu a noção de uma raça ariana superior.

Foi acompanhado por autores como o antropólogo Vacher de Lapouge, que em 1899 publicou um livro sobre os arianos, e Houston Stewart Chamberlain, que também em 1899 afirmou a superioridade da raça ariana e a identificou com o povo alemão.

Os povos não arianos, como os semitas (que incluíam os judeus), seriam inferiores.

Surgiu daí o interesse na eugenia, isto é, no pretenso aprimoramento genético dos seres humanos. Esse cenário resultaria em perseguições a todos os que não faziam parte do projeto ariano: judeus, ciganos, homossexuais, etc.

O fascismo na Itália

O primeiro país ocidental onde se instalou um regime totalitário foi a Itália.

Os italianos enfrentavam uma situação difícil após a Primeira Guerra Mundial. Mesmo integrando o bloco vencedor, obtiveram apenas alguns territórios alpinos antes pertencentes à Áustria e regiões balcânicas de população eslovena e croata, bem menos do que fora prometido pelos aliados.

Os operários italianos, animados pelo exemplo russo, promoviam greves e rebeliões que incluíam a ocupação de fábricas e de fazendas. Com isso, cresceu o receio da alta burguesia e das classes médias de uma insurreição operária.

Surgiram grupos conservadores e nacionalistas que defendiam um Estado forte e soluções violentas contra os revolucionários, criticando a fraqueza do governo liberal. Muitos eram formados por ex-soldados que organizaram corpos paramilitares de repressão ao movimento operário.

Entre esses grupos estavam os Fasci di Combattimento (Feixes de Combate), fundados em 1919. Seu líder era Benito Mussolini, jornalista, ex-socialista e ex-combatente da guerra. Em 1921, o movimento transformou-se no **Partido Nacional Fascista**.

Os *fasci* logo reuniram mais de 300 mil membros. Conhecidos como **camisas negras**, atacavam partidos, sindicatos e jornais operários.

Sentindo-se suficientemente fortes, os fascistas organizaram, em 1922, a **Marcha sobre Roma**. O objetivo era pressionar o rei italiano Vítor Emanuel III a nomear Mussolini como primeiro-ministro. O medo dos comunistas e o apoio de grupos no poder aos fascistas contribuíram para concretizar esse projeto.

O feixe (*fascio*) de varas amarradas em torno de um machado é um dos emblemas do poder da antiga civilização romana que foi utilizado pelo fascismo. Representa a união corporativa da sociedade em torno do Estado.

Os fascistas no poder

Nomeado primeiro-ministro, em poucos anos Mussolini centralizou o poder em suas mãos, livrando-se da oposição por meio de fraudes nas eleições, perseguições e assassinatos.

Somente o Partido Fascista foi autorizado a funcionar. A imprensa passou a ser controlada. Foram criadas corporações congregando patrões e trabalhadores. A medida visava controlar o movimento operário. Aos poucos, os socialistas foram retirados dos sindicatos e o controle passou para os fascistas.

Organizou-se um bem montado culto à figura de Mussolini, tratado como *Il Duce* (O Líder). Com um discurso nacionalista de reerguimento do país, os fascistas procuravam convencer as massas da possibilidade de retomar o passado grandioso da Itália, principalmente a fase do Império Romano. O cinema e o rádio eram utilizados na propaganda do regime.

Mussolini aproximou-se da Igreja católica e, em 1929, firmou o Tratado de Latrão com o papa Pio XI. O tratado regularizava o território dos Estados Pontifícios, reduzidos ao Vaticano, encerrando uma disputa que datava da conquista de Roma no processo de unificação italiana.

Outra realização do regime foi a Carta del Lavoro, que estabeleceu uma concepção corporativista da legislação trabalhista. No documento, procurou-se organizar os direitos já existentes sem acrescentar novos benefícios aos trabalhadores. As greves foram proibidas.

Na década de 1930, a Itália aproximou-se da Alemanha nazista. Em 1935, invadiu a Etiópia, nação africana que havia permanecido livre do imperialismo europeu. Embora sob pressão internacional, os italianos conquistaram o país.

> **Assista**
>
> **Um dia muito especial.** Direção de Ettore Scola, Itália/Canadá, 1977, 110 min.
> Roma, 6 de maio de 1938. Enquanto a cidade celebra a visita de Hitler a Mussolini, dois vizinhos bastante diferentes se conhecem: a dona de casa Antonietta, casada com um militante fascista e mãe de seis filhos, e o radialista homossexual Gabriele.

O nazismo na Alemanha

A situação econômica e social alemã após a derrota na Primeira Guerra Mundial era extremamente delicada. O Tratado de Versalhes foi uma das causas fundamentais para a crise que se desencadeou no país na década de 1920.

De fato, a Alemanha foi declarada a principal responsável pela guerra e condenada a pagar pesadas indenizações aos países vitoriosos. Isso reduziu sua capacidade de recuperação.

O país teve de entregar à França a Alsácia-Lorena – anexada depois da Guerra Franco-Prussiana de 1870 – e uma parte do litoral da Prússia oriental à Polônia, o "corredor polonês", viabilizando o acesso dos poloneses ao mar. Cedeu, ainda, por quinze anos, o território do Sarre à França, para que os franceses explorassem as minas de carvão da região.

A Renânia, sob ocupação francesa, foi devolvida à Alemanha em 1930, mas permaneceu desmilitarizada. Outras regiões passaram ao controle da Bélgica e da Liga das Nações. Os alemães foram impedidos de fabricar aviões ou navios de guerra e seu Exército deveria limitar-se a 100 mil homens.

A política das potências vencedoras gerou um sentimento profundo de humilhação entre os alemães.

A República de Weimar

A derrota na guerra resultou no fim da monarquia alemã. Em fins de 1918, o *kaiser* Guilherme II renunciou e saiu do país, enquanto a república era proclamada na pequena cidade de Weimar.

A Constituição de 1919 estabeleceu na Alemanha uma república federativa parlamentarista, o primeiro regime democrático do país desde a unificação. O presidente da República era o chefe de Estado e tinha o poder de escolher o chanceler (primeiro-ministro), que desempenhava as funções de chefe de governo. Essa escolha dependia do partido que obtivesse a maioria no Reichstag, o Parlamento.

Fonte de pesquisa: ARRUDA, José Jobson de A. *Atlas histórico básico*. São Paulo: Ática, 2007. p. 27.

A democracia liberal instaurada na República de Weimar tinha de enfrentar, porém, a crise econômica e o acirramento das tensões sociais. O operariado socialista procurava tomar o poder, participando de rebeliões e da ocupação de fábricas. A burguesia assistia a tudo horrorizada, temendo a revolução comunista.

A radicalização política dominava. Uma tentativa de insurreição comunista foi sufocada em 1919. O governo alemão, controlado pelos socialistas moderados do Partido Social-Democrata, usou grupos paramilitares para reprimir os operários rebelados. Muitos desses grupos paramilitares eram pagos pelos aristocratas *junkers* (proprietários de terras que controlavam o oficialato do Exército) e pelos grandes empresários.

Além do extremismo político, o governo republicano gerou uma grave crise econômica, ao pagar as indenizações de guerra. Para efetuar os pagamentos, o governo emitiu grande quantidade de dinheiro, deflagrando uma inflação praticamente incontrolável.

O marco, moeda alemã, sofreu uma desvalorização jamais vista: um dólar valia 4 marcos em 1914, 186 em 1922 e, no final de 1923, mais de 4 bilhões de marcos. Os preços aumentavam de hora em hora. O processo descontrolado piorava a situação da classe trabalhadora, que se aproximava dos comunistas e de outros grupos políticos mais radicais.

Na segunda metade da década de 1920, entretanto, a situação econômica melhorou, principalmente com o controle da inflação, com o aumento das exportações e com os investimentos estadunidenses.

O Partido Nazista

O nazismo teve sua origem nas teorias de superioridade racial "ariana", no antissemitismo e na ideia de Estado autoritário, que seduziam uma parte da sociedade alemã no início do século XX.

Entre os grupos que pregavam esses ideais estava o Partido Trabalhista Alemão, fundado em 1919. Naquele mesmo ano, **Adolf Hitler**, um soldado austríaco que havia lutado no Exército alemão na Primeira Guerra, filiou-se ao partido.

Com um discurso nacionalista agressivo, Hitler enfatizava a importância da vontade para a tomada do poder. Culpava os judeus e os comunistas pela derrota na guerra e pela crise da Alemanha. Em pouco tempo tornou-se o líder do partido, cujo nome foi alterado para Partido Nacional-Socialista dos Trabalhadores Alemães (Nazista).

O nacional-socialismo

O **Partido Nazista** contava com uma milícia paramilitar chamada SA (do alemão Sturmabteilung, "Seção de Assalto"), que atacava sedes de jornais, sindicatos e partidos operários e reprimia greves e comícios de esquerda. Mais tarde, foi criada outra força armada nazista: a SS (do alemão Schutzstaffel, "Tropas de Proteção"), que inicialmente funcionava como guarda pessoal de Adolf Hitler.

Em 1923, quando reuniam cerca de 3 mil militantes, os nazistas tentaram promover um **golpe de Estado** na cidade de Munique. Foi o "*Putsch* de Munique" ou "*Putsch* da Cervejaria", por ter sido tramado em um bar. Apesar de apoiado por setores do Exército, o golpe fracassou e muitos nazistas foram presos, entre eles, Adolf Hitler.

Tropas do Partido Nazista posicionam-se em Munique, durante tentativa de golpe. Foto de 1923.

Durante os meses em que ficou preso, Hitler escreveu o livro *Minha luta*, no qual expôs as concepções totalitárias e racistas do nazismo. O livro defendia a perseguição aos judeus e a conquista de territórios para a constituição do "espaço vital" necessário para o desenvolvimento da Alemanha. Também argumentava que todas as comunidades de origem alemã, como a Áustria e a região tchecoslovaca dos Sudetos, deveriam ser incorporadas à Alemanha.

Antes da crise de 1929, entretanto, o nazismo teve pouca expressividade eleitoral. Nos anos de recuperação econômica, as classes médias e o empresariado não se interessaram pelo discurso violento e racista de Hitler. Assim, o partido dispunha de poucas cadeiras no Parlamento.

Ponto de vista

Origens do nacional-socialismo

Os estudiosos interpretam de diferentes formas as origens do nazismo. Muitos afirmam que elas podem ser encontradas na cultura que se formou na Alemanha da segunda metade do século XIX e nas condições econômicas e sociais específicas das décadas de 1920 e 1930.

Entretanto, o sociólogo alemão Norbert Elias (1897-1990) afirmava que, para entender a ascensão nazista, seria necessário recuar mais no passado alemão.

Elias empreendeu uma análise da história alemã desde o Sacro Império Germânico, fundado por Oto I, em 962, na Idade Média. Nesse período, os alemães tiveram certa importância no cenário europeu, como herdeiros da ideia de império que permanecia desde o Império Romano.

Entretanto, com o passar dos séculos, várias nações europeias se organizaram como monarquias centralizadas, concentrando recursos e população. Com isso, formaram grandes exércitos e armadas, conquistaram reinos vizinhos e empreenderam as Grandes Navegações e a formação de impérios coloniais.

Os alemães, porém, permaneceram fragmentados em vários Estados. Como resultado, perderam diversas guerras e não formaram um império colonial.

A unificação e a construção do Estado nacional alemão só ocorreram no final do século XIX, sob o comando do mais poderoso Estado alemão, a Prússia, que era militarista e autoritário. Esse processo associou, no imaginário popular, Estado forte, governo autoritário e unidade nacional.

Para Norbert Elias, foi essa associação que Hitler soube explorar, seduzindo as massas alemãs com a perspectiva de levar a Alemanha à condição de potência europeia.

- A ideia de um passado glorioso costuma ser usada por políticos e grupos para valorizar países, regiões e cidades. Pesquise a história de sua cidade ou região e identifique os discursos que procuram valorizá-la, citando fatos heroicos e acontecimentos gloriosos.

❯ Os nazistas no poder

A crise iniciada em 1929 nos Estados Unidos abalou a Europa. Na Alemanha, seus efeitos foram ainda mais sensíveis. Sem a possibilidade de obter empréstimos externos e tendo suas exportações drasticamente diminuídas, os alemães mergulharam em nova crise. O desemprego aumentou e o Estado não conseguia garantir assistência aos pobres.

A radicalização política foi um dos efeitos da **deterioração do quadro econômico e social**. Os partidos de esquerda eram procurados pelos operários descontentes, e a ideia de uma revolução comunista voltava a circular.

Contudo, dessa vez havia os nazistas, com seu discurso de modernização autoritária e racista. A classe média e a burguesia industrial, com medo da crise e da ascensão dos comunistas, voltaram-se para Hitler. Parte do empresariado financiou os nazistas, pois acreditava que somente eles poderiam deter o avanço comunista.

As eleições de 1932 resultaram em um Parlamento dividido. Os nazistas formaram a maior bancada, mas os deputados socialistas e comunistas, juntos, eram maioria no Parlamento.

Contudo, a esquerda não conseguiu estabelecer uma aliança. Diante do impasse, o presidente Paul von Hindenburg, um estimado herói de guerra, convidou Hitler para ocupar o cargo de chanceler.

❯ O Terceiro Reich

Hitler assumiu o cargo em janeiro de 1933 e logo tratou de estabelecer o controle absoluto sobre o Estado alemão.

Em fevereiro de 1933, o palácio do Reichstag, símbolo da unificação e da democracia alemãs, foi incendiado. A sociedade ficou indignada. O governo culpou os comunistas e, com isso, obteve respaldo para perseguir os partidos de esquerda. A imprensa foi censurada. Rapidamente, o poder foi centralizado nas mãos do chanceler, retirando-se a autonomia das províncias.

Com a morte de Hindenburg, em 1934, ocorreu nova ilegalidade. **Hitler**, que já era primeiro-ministro, **tornou-se presidente da Alemanha**, acumulando os dois cargos.

Para enfrentar o desemprego, o governo levou a cabo uma política de frentes de trabalho, como construção de estradas, obras públicas e trabalhos no campo, além de impulsionar a indústria bélica.

Outro fator que facilitou a superação dos efeitos da crise foi o esmagamento do movimento operário.

O regime instituído por Hitler passou a ser chamado de **Terceiro Reich**. O Primeiro Reich teria sido o Império fundado por Oto I na Idade Média (o Sacro Império Romano-germânico) e o Segundo Reich, o império proclamado em 1871 com a unificação alemã. Segundo os nazistas, o Terceiro Reich devolveria à Alemanha a grandiosidade perdida.

A construção de grandes rodovias de pista dupla, as primeiras do mundo com essas dimensões, fazia parte dos planos de Hitler para desenvolver a Alemanha. Na imagem, Adolf Hitler (em pé, no primeiro carro) participa da inauguração da rodovia que ligava Frankfurt a Darmstadt. Foto de 1935.

■ Outras histórias

Diversos partidos nazistas foram fundados no mundo. De acordo com a historiadora Ana Maria Dietrich, o Brasil possuiu o maior número de nazistas fora da Alemanha, com 2 900 membros.

Um dos instrumentos de divulgação da ideologia eram as escolas alemãs que recebiam, até mesmo, subsídios do governo nazista.

A partir de 1938, ao instaurar um processo de nacionalização da educação brasileira, o governo Vargas proibiu escolas que usavam línguas e ideologias estrangeiras.

⟩ A banalização do mal

Um sistema totalitário baseia seu poder na aplicação da violência generalizada e na censura dos meios de comunicação e da produção cultural. Além disso, utiliza a propaganda para difundir uma imagem positiva do regime, escondendo todos os aspectos negativos. O nazismo soube utilizar esses instrumentos.

⟩ A máquina repressora

O Estado nazista contava com três grandes **instituições repressoras**: a SA, a SS e a Gestapo.

A primeira força paramilitar nazista, a SA, tinha como estratégia promover arruaças nas ruas e atos de violência. Ela foi útil nos tempos em que os nazistas lutavam para desestabilizar o governo, mas tornou-se inconveniente quando Hitler passou a governar a Alemanha. O Exército alemão também temia que a SA se tornasse a força armada oficial do Estado nazista, logo, pressionava o governo de Hitler para extinguir a milícia.

Em junho de 1934, procurando consolidar o governo nazista, Hitler ordenou a prisão e o assassinato dos principais líderes da SA. Em seu lugar foi criada a SS, que, sob o comando de Heinrich Himmler, transformou-se no braço armado do Partido Nazista, contando com tropas militares de elite, que agiam sem intervenção do Exército alemão.

A SS controlava a Gestapo (do alemão Geheime Staatspolizei, "Polícia Secreta do Estado"). A Gestapo possuía agentes secretos que investigavam e identificavam os opositores do nazismo. Usando torturas em seus interrogatórios, executava as pessoas consideradas perigosas à dominação nazista, sem nenhum tipo de julgamento.

⟩ Propaganda nazista

O **Ministério da Propaganda**, comandado por Joseph Goebbels, foi fundamental para convencer a sociedade alemã a aceitar os ideais e o comando nazista.

Os atos de propaganda não se limitavam à montagem de festas e celebrações que empolgavam o público ou aos discursos inflamados de Hitler, transmitidos por rádio e televisão (recém-implantada na Alemanha) ou projetados nos cinemas. O ministério também divulgava notícias e versões falsas sobre opositores ao regime, que serviam para justificar a dominação nazista.

> **Assista**
> **O grande ditador.** Direção de Charles Chaplin, Estados Unidos, 1940, 128 min. Passado na Tomânia, um país fictício, o filme satiriza o totalitarismo de Adolf Hitler e Benito Mussolini. Chaplin mistura humor e crítica política, enfrentando o nazismo com coragem. É um dos poucos filmes antinazistas estadunidenses produzidos antes que a Alemanha declarasse guerra aos Estados Unidos, em 1941.

O atleta estadunidense Jesse Owens quebrou o recorde mundial dos 100 metros na Olimpíada de Berlim. Uma rara situação em que a propaganda nazista não deu certo: fotografias e filmes nazistas tiveram de registrar a vitória de Owens, um negro, sobre os "arianos puros" em quatro provas de atletismo. Foto de 1936.

Ação e cidadania

Jogos Olímpicos no governo nazista

Em 1912, Berlim foi escolhida para sediar as Olimpíadas de 1916. No entanto, por causa do prolongamento da Primeira Guerra Mundial, esse evento foi cancelado. Para os alemães, a oportunidade de Berlim ser a cidade-sede dos Jogos Olímpicos surgiu novamente em 1931, com sua eleição pelo Comitê Olímpico Internacional (COI).

Entretanto, por causa da política antissemita propagada pelo Terceiro Reich na época, houve em diversos países, entre eles os Estados Unidos e a Inglaterra, a proposta de boicote a esse evento. Hitler, então, a fim de evitar a escolha de outra cidade ou a não participação de alguns países, afrouxou por algum tempo sua política racista, mandando retirar dos centros de Berlim cartazes que propagavam ofensas aos judeus.

Isso porque, para os nazistas, as Olimpíadas eram uma chance de mostrar ao mundo seu fortalecimento econômico e a crença na superioridade da raça ariana. Assim, foram feitos grandes investimentos para a realização do evento, como a construção de um estádio com capacidade aproximada de 100 mil pessoas.

> ### A sociedade organizada

Diversas organizações foram criadas reunindo trabalhadores, estudantes e professores para disseminar a ideologia oficial.

A **Juventude Hitlerista** tinha o objetivo de formar adolescentes e jovens em torno das ideias do regime. A **Liga das Jovens Alemãs** procurava ensinar às mulheres seu papel como mães e esposas devotadas, dedicadas à transmissão dos ideais nazistas na família. Esses grupos tinham uma hierarquia quase militar.

O cartaz mostra o ideal de beleza e vigor físico associado pela ideologia nazista à "raça ariana".

> ### A ideia de uma "raça pura"

O projeto nazista de criação de uma raça ariana pura foi levado às últimas consequências. Cientistas filiados aos ideais nazistas procuravam promover a "purificação da raça" por meio do controle genético, colocando em prática a teoria conhecida como **eugenia**.

Dessa forma, a reprodução deveria ocorrer apenas entre pessoas da raça ariana. A miscigenação era proibida, e os mestiços de todas as raças, considerados inferiores.

A propaganda encarregava-se de divulgar as supostas vantagens dos filhos gerados entre arianos, exibindo imagens de jovens louros robustos e sorridentes.

Ao mesmo tempo, foi empreendida uma **política de eliminação dos "incapazes"**, por meio de programas de esterilização e do assassinato de pessoas consideradas degeneradas, como os doentes mentais.

> ### A Noite dos Cristais

O discurso nacional-socialista transformava o judeu no grande inimigo da sociedade. Como em outros países europeus, o antissemitismo era popular na região desde a Idade Média, por razões religiosas e econômicas. Nos anos 1920, os nazistas utilizaram esse **antissemitismo** tradicional, unindo a ele aspectos da eugenia.

Os nazistas aproveitaram a insatisfação popular causada pela crise econômica para jogar a sociedade contra os judeus, apontados como financistas frios, comerciantes exploradores e acusados de terem empregos melhores do que os dos alemães "puros".

Em 1935, o governo nazista editou as **Leis de Nuremberg**, que institucionalizavam juridicamente a inferioridade dos judeus na sociedade alemã. Segundo essas leis racistas, os judeus não podiam casar-se com não judeus nem ter empregados alemães em suas casas.

Ano após ano, a propaganda nazista divulgava que os judeus eram pessoas cruéis e gananciosas. Militantes nazistas faziam campanha nas ruas contra empresas pertencentes a pessoas judias. Eram comuns as agressões a judeus sem que a polícia as reprimisse.

As ações de violência antissemita culminaram na chamada **Noite dos Cristais**. Na noite de 9 de novembro de 1938, em diversas cidades alemãs e austríacas, a SS comandou tropas que destruíram milhares de residências e lojas pertencentes a judeus, depredaram sinagogas e prenderam grande número de judeus. Muitos foram mortos. Os vidros despedaçados das janelas deram nome a essa ação agressiva.

Incrivelmente, a comunidade judaica foi responsabilizada pela arruaça de que foi vítima. Como resultado, os judeus foram expropriados de seus negócios, obrigados a viver em áreas confinadas (guetos) e a usar na roupa uma estrela amarela. Também foram impedidos de frequentar muitos locais. Assim, desenvolvia-se uma **política de segregação**, que conduziria mais tarde ao extermínio em massa.

> ### A arte e a cultura oficial

O ideal artístico nazista visava resgatar a arte clássica e era contrário às produções modernas, tidas como "arte degenerada". Muitas obras pertencentes a escolas como Cubismo, Impressionismo e Expressionismo foram proibidas. A "verdadeira arte" deveria mostrar a superioridade alemã.

O discurso oficial afirmava que todas as conquistas humanas teriam sido realizadas por arianos. No campo da literatura, da filosofia e da ciência, muitos autores clássicos foram descartados. As obras de Einstein e Freud, ambos judeus, foram proibidas. Era comum a queima de livros de autores judeus.

Assista

Arquitetura da destruição. Direção de Peter Cohen, Suécia, 1992, 121 min.
O documentário aborda as relações entre as artes plásticas e o projeto de Hitler de higienizar e embelezar o mundo por meio da limpeza racial.

As ditaduras ibéricas

Outros países europeus, embora em condições históricas distintas, assistiram à instauração de regimes autoritários inspirados no fascismo e no nazismo.

A radicalização na Espanha

No início do século XX, a Espanha era um país periférico no contexto europeu, sob uma monarquia predominantemente rural, com urbanização e industrialização incipientes.

Na década de 1920, o reino havia se tornado uma ditadura militar, encabeçada pelo general Primo de Rivera. Em 1930, com a crise econômica e a oposição de setores da sociedade civil, Rivera abandonou o governo. No ano seguinte, os republicanos venceram as eleições. O rei Afonso XIII abdicou e a república foi instaurada na Espanha.

Em 1936, as eleições espanholas foram vencidas por uma aliança formada por socialistas, comunistas, anarquistas e republicanos. Era a Frente Popular, cujo programa eleitoral prometia reformas econômicas em benefício dos trabalhadores. A elite espanhola decidiu resistir às mudanças.

A guerra civil espanhola

Em julho de 1936, parte do Exército, influenciada pela Falange Tradicionalista Espanhola, grupo de inspiração fascista, revoltou-se, sob a liderança do general Francisco Franco.

Os golpistas, conhecidos como "nacionalistas", foram apoiados por falangistas, monarquistas e católicos, mas conseguiram dominar apenas uma área no norte da península.

Os militares republicanos, unidos aos militantes de esquerda, que incluíam socialistas, anarquistas e comunistas, resistiram ao golpe. Iniciou-se, assim, a guerra civil que dividiu a Espanha.

Hitler e Mussolini enviaram armamentos e soldados para auxiliar os rebeldes. A França e a União Soviética apoiaram o governo republicano com o envio de dinheiro e armas, mas não se envolveram diretamente no conflito. Milhares de voluntários, provenientes de vários países, ingressaram nas Brigadas Internacionais para lutar ao lado da República.

A radicalização ideológica provocou massacres e a destruição de cidades inteiras.

Em 1939, com o apoio decisivo das forças italianas e alemãs, Franco conquistou Madri, encerrando a guerra. Os **franquistas** instauraram um regime autoritário, de inspiração fascista, que perseguiu ferozmente os opositores.

O salazarismo português

Em Portugal também havia simpatizantes das ideias fascistas. O país implantara a república em 1910, mas a luta entre a burguesia conservadora e os operários socialistas deixava instáveis os governos que se sucediam.

Em 1928, em meio a um clima político tumultuado, o general Óscar Carmona, que havia participado de um golpe de Estado dois anos antes, foi eleito presidente de Portugal. Ele convidou para o Ministério da Economia o professor António de Oliveira Salazar. Carmona era defensor de um Estado autoritário que reprimisse os movimentos de esquerda, principalmente os comunistas, e impusesse a paz social com a manutenção da religião católica e da propriedade privada.

Pouco a pouco, o general Carmona ampliou a ditadura. Acabou com a oposição e censurou a imprensa, centralizando o poder.

Conduzindo uma política econômica rígida que trouxe a volta do crescimento, o ministro da Economia, António Salazar, tornou-se a figura mais importante do governo. Essa condição foi oficializada em 1932, quando ele foi indicado para o cargo de primeiro-ministro.

Em 1933, Salazar instituiu o Estado Novo, inspirado no fascismo, tornando-se o líder supremo de um Estado autoritário. O cargo de presidente da República tornou-se apenas honorífico, ficando o poder concentrado nas mãos do primeiro-ministro.

Salazar governou Portugal até 1968, quando ficou gravemente doente, morrendo dois anos depois. O regime que criou recebeu o nome de **salazarismo**.

> **Assista**
> **Terra e liberdade.** Direção de Ken Loach, Itália/Espanha/Alemanha/Inglaterra, 1995, 109 min.
> Em meados dos anos 1930, o inglês David Carr deixa a cidade de Liverpool para lutar por seus ideais na Revolução Espanhola.

Cartaz de propaganda republicana e antifascista da guerra civil espanhola de 1937. Na imagem, um soldado republicano (à direita) ataca um soldado nacionalista que leva a suástica nazista no braço, uma alusão ao envolvimento dos nazistas alemães na guerra. As datas lembram um ano do início do conflito.

Ontem e hoje

O totalitarismo na primeira metade do século XX

A ideia do Estado dominado por um partido único foi adotada por muitos grupos políticos e sociais europeus a partir de 1918, quando as democracias liberais foram taxadas de fracas e inoperantes diante dos problemas sociais.

Áustria, Bulgária, Eslováquia, Hungria e Croácia foram governadas por grupos pró-totalitários que se aliaram a nazistas durante a Segunda Guerra Mundial. O governo que se instalou na França entre 1940 e 1944 era igualmente afinado com os valores nazistas. Mesmo na Inglaterra, maior adversária dos nazistas alemães, havia grupos que não descartavam a hipótese de aliar-se a Hitler.

Na Espanha e em Portugal, Franco e Salazar, respectivamente, implantaram governos com fortes aspectos totalitários. Também na América, em países como Estados Unidos, Brasil e Argentina, havia grupos que defendiam o totalitarismo como o melhor sistema político para pacificar a sociedade e promover a superioridade nacional.

Extremismos em tempos de crise

Embora as ideias e os atos nazifascistas sejam reconhecidos pela maioria das pessoas como exemplos de barbárie, ainda há grupos que simpatizam com essas concepções. Em muitos países existem movimentos e partidos que pregam a violência e o preconceito.

As épocas de crise econômica criam condições para o aumento dos grupos extremistas. Na Europa existem movimentos contra os imigrantes, acusados de tirar os empregos dos europeus e de pôr em risco a cultura local. Existe também a desconfiança sobre a capacidade da democracia para resolver problemas como o desemprego e a criminalidade.

A pólis e a suástica

Assolada por uma crise financeira que afundou o país numa dívida de bilhões de euros, e por uma taxa de desemprego de mais de 21% (54%, entre os jovens na faixa de 15 a 24 anos), a República Helênica foi tomada pelas mais intensas manifestações de rua desde a eclosão da crise financeira de 2008. Os seguidos pacotes de ajuda econômica negociados no seio da União Europeia, se por um lado propõem imensos empréstimos ao país, por outro impõem a ele a aceitação de medidas financeiras monetaristas, como a redução de salários e aposentadorias.

[...]

Poucas horas depois de fechadas as urnas, os primeiros resultados começaram a chegar. Superando as sondagens iniciais, a Frente de Esquerda não apenas ampliou sua base parlamentar como tornou-se também o segundo maior partido do país, inviabilizando que o esperado governo de coalizão entre o Nova Democracia e o PASOK fosse realizado. O Amanhecer, por sua vez, conseguiu 7%, obtendo assim 21 cadeiras parlamentares. Seus militantes são acusados muitas vezes de se valer da violência em suas manifestações, e, mais de uma vez, seus líderes tiveram expostas as idiossincrasias da direita radical europeia. [...]

O destino da Grécia, neste momento, pende em uma tênue balança, pois sem acordo para a formação de um gabinete parlamentar de coalizão entre os maiores partidos, a Grécia corre o risco de deixar a zona do Euro. Por isso, novas eleições parlamentares foram convocadas. [...]

LEITÃO, Alexandre Enrique. A pólis e a suástica. *Revista de História,* 22 maio 2012. Disponível em: <www.revistadehistoria.com.br/secao/artigos/a-polis-e-a-suastica>. Acesso em: 14 maio 2014.

Membros do partido de extrema-direita grego Amanhecer Dourado comemoram resultado nas eleições, em Salônica. A crise econômica que afeta o país fortaleceu o partido. Foto de 2012.

Reflita

1. Por que os ideais totalitários se tornam mais atraentes às pessoas em épocas de crise econômica?
2. Debata com seus colegas as vantagens da democracia e da liberdade como formas de garantir a paz social e a felicidade das pessoas.

Atividades

Verifique o que aprendeu

1. Explique a relação existente entre Estado intervencionista e nacionalismo nas doutrinas totalitárias.
2. Que fatores explicam a ascensão do fascismo italiano?
3. Por que os movimentos de direita cresceram na Alemanha após a Primeira Guerra Mundial?
4. Descreva como os nazistas conseguiram, de um pequeno grupamento político, conquistar o poder na Alemanha, em 1933.
5. Dê dois exemplos de ideias defendidas pelo nazismo alemão.
6. Quais foram as estratégias da propaganda nazista para disseminar suas ideias na sociedade?
7. Descreva as instituições repressoras do Estado nazista e o papel que desempenharam na consolidação do poder nazista na Alemanha.
8. Podemos afirmar que houve uma "ciência nazista"? Argumente.
9. Quais foram as estratégias de Adolf Hitler para consolidar seu poder na Alemanha?
10. Podemos afirmar que os regimes implantados na Espanha e em Portugal eram totalitários? Explique.

Leia e interprete

11. O texto transcrito abaixo foi escrito pela pensadora alemã Hannah Arendt, uma das maiores estudiosas do fenômeno do totalitarismo. O trecho escolhido aborda a propaganda nazista, comparando-a com os anúncios comerciais que conhecemos em nosso dia a dia. Leia-o para responder às questões propostas.

> A forte ênfase que a propaganda totalitária dá à natureza "científica" das suas afirmações tem sido comparada a certas técnicas publicitárias igualmente dirigidas às massas. De fato, os anúncios mostram o "cientificismo" com que um fabricante "comprova" [...] que o seu "sabonete é o melhor do mundo". Também é verdade que há um certo elemento de violência nos imaginosos exageros publicitários; por trás da afirmação de que as mulheres que não usam essa determinada marca de sabonete podem viver toda a vida espinhentas e solteironas, há [...] o sonho de que, algum dia, o fabricante do "único sabonete que evita espinhas" tenha o poder de privar de maridos todas as mulheres que não o usem. Tanto no caso da publicidade comercial quanto no da propaganda totalitária, a ciência é apenas um substituto do poder. A obsessão dos movimentos totalitários pelas demonstrações "científicas" desaparece assim que eles assumem o poder. Os nazistas dispensaram até mesmo os eruditos que procuraram servi-los, e os bolchevistas usam a reputação dos seus cientistas para finalidades completamente não científicas, transformando-os em charlatães.
>
> ARENDT, Hannah. *Origens do totalitarismo.* São Paulo: Companhia das Letras, 1989. p. 394.

a) Qual é a relação que a propaganda, totalitária ou comercial, tem com a ciência?
b) Por que a autora afirma que a propaganda comercial contém "elementos de violência"?
c) Por que a autora afirma que "a ciência é apenas um substituto do poder"?

12. A imagem abaixo reproduz o quadro *Guernica*, do pintor espanhol Pablo Picasso, feito em 1937. O quadro representa o bombardeio da cidade espanhola de Guernica pela aviação alemã, ocorrido no dia 26 de abril de 1937, durante a guerra civil espanhola. Observe-o e faça as atividades propostas.

a) Descreva a cena representada no quadro.
b) Que sentimentos estão representados? Justifique sua resposta.
c) Formule hipóteses em relação à mensagem que Pablo Picasso quis transmitir ao pintar esse quadro e a que facção da guerra civil espanhola ele apoiaria.

Guernica, 1937, pintura de Pablo Picasso.

CAPÍTULO 48
A Segunda Guerra Mundial

O que você vai estudar

- O expansionismo nazista.
- A Europa em guerra.
- A guerra na Ásia.
- A reação aliada.
- A derrota do Eixo.
- Cultura e propaganda nos anos de guerra.

A cidade alemã de Colônia devastada por bombardeios dos Aliados. A grande catedral gótica pode ser vista à esquerda. Foto de 1945.

Ligando os pontos

As motivações políticas e econômicas que geraram a Primeira Guerra Mundial (1914-1918) não foram solucionadas com o fim do conflito. O Tratado de Versalhes resultou em pesadas imposições à Alemanha, causando um sentimento revanchista que concorreu para o surgimento de grupos direitistas. O país passava por graves problemas econômicos, decorrentes da crise de 1929, o que fez muitos alemães depositar a confiança deles no Partido Nacional-Socialista dos Trabalhadores Alemães, ou Partido Nazista, liderado por Hitler, que assumiu o poder em 1933.

O projeto nazista ancorava-se na pretensa supremacia da "raça ariana", na conquista de um "espaço vital" no leste e na destruição do comunismo. Com a ascensão de Hitler, a tentativa de vingança contra as nações que derrotaram a Alemanha na Primeira Guerra era uma questão de tempo.

A Itália também adotou um governo totalitário, alinhado com o nazismo alemão. Na União Soviética, por sua vez, o governo seguia um totalitarismo de esquerda, liderado por Stalin, e, apesar do grande crescimento industrial, houve no país intensa perseguição política e o culto à personalidade do líder.

Já os Estados Unidos, alheios aos conflitos europeus, defendiam o isolacionismo. O governo de Franklin Roosevelt, por meio do New Deal, procurou minorar os efeitos devastadores da crise de 1929 e impulsionar a economia estadunidense. A crise econômica e o declínio do liberalismo marcaram o país na década de 1930.

Sobre a imagem e o texto acima, faça as atividades propostas a seguir.
1. O que a imagem revela? Descreva suas impressões.
2. Levante hipóteses sobre o que poderia ter provocado a situação registrada acima.

❯ O expansionismo nazista

Os nazistas pretendiam construir uma grande Alemanha, que reunisse toda a população germânica da Europa em uma única nação. Para isso, era imprescindível a conquista do chamado **espaço vital**, formado por territórios anexados à Alemanha que assegurassem a produção de matérias-primas e alimentos para o novo império.

A preparação para a guerra tornou-se o objetivo primordial do governo. Com isso, houve enorme esforço de modernização das indústrias de base e militar.

❯ O desrespeito ao Tratado de Versalhes

O governo nazista ignorou as limitações militares impostas aos alemães pelo Tratado de Versalhes. Em 1935, Hitler instituiu o serviço militar obrigatório e reocupou a região do Sarre, rica em jazidas de carvão, explorada pelos franceses como indenização de guerra desde 1919. Um ano depois, remilitarizou a Renânia, região entre Alemanha e França mantida sem tropas para evitar uma nova agressão alemã aos franceses.

Em março de 1938, o governo alemão anexou a Áustria, que não resistiu. Essa ação ficou conhecida como **Anschluss** (Anexação).

No mesmo ano, Hitler voltou-se para os Sudetos, região da Tchecoslováquia habitada por uma população de fala alemã. Pressionado a entregar à Alemanha parte de seu território, o governo tchecoslovaco pediu, sem sucesso, ajuda à França e à Inglaterra. Preferindo contentar Hitler para evitar uma guerra devastadora, ingleses e franceses aceitaram a ocupação dos Sudetos pela Alemanha na Conferência de Munique, realizada em setembro de 1938.

Prosseguindo sua preparação para a guerra, Hitler firmou um acordo militar com a Itália. Em seguida, aproximou-se do Japão. Esses contatos deram origem ao Eixo Roma-Berlim-Tóquio. Estava feita a aliança para a próxima guerra mundial.

❯ A política de "apaziguamento"

Por temerem uma nova guerra e por estarem abaladas com a crise econômica, as nações europeias não opuseram forte resistência às ambições alemãs. Restringiram-se a ações diplomáticas.

Na Inglaterra, o primeiro-ministro Neville Chamberlain optou por uma política de apaziguamento, não se contrapondo aos interesses hitleristas. Pretendia evitar uma guerra fazendo concessões. Ao mesmo tempo, os países europeus começaram a armar-se para um possível conflito.

❯ O Pacto Ribbentrop-Molotov

Em Moscou, o governo de Stalin acreditava que as concessões feitas a Hitler pelo Ocidente pretendiam jogar os alemães contra os soviéticos, tendo em vista que os interesses territoriais nazistas situavam-se na Europa Oriental. Após uma fracassada tentativa de aproximar-se da França e da Inglaterra, o governo da URSS resolveu firmar um pacto de não agressão com os alemães.

Stalin pretendia adiar ao máximo um conflito com Hitler, por mais que isso parecesse contraditório, uma vez que um dos maiores objetivos nazistas era a destruição do comunismo soviético. Isso lhe daria tempo para se preparar militarmente. Por outro lado, a Alemanha desejava evitar o erro da Primeira Guerra, quando teve de combater em duas frentes de guerra.

O pacto de não agressão foi assinado em agosto de 1939, entre URSS e Alemanha. Ficou conhecido por Pacto Ribbentrop-Molotov, nome dos ministros do exterior dos dois países.

Entre as cláusulas secretas do pacto, estava a que previa a divisão da Polônia entre as duas nações. Em 1º de setembro de 1939, os alemães invadiram a Polônia.

> **Leia**
> **Maus**, de Art Spiegelman. São Paulo: Companhia das Letras, 2005. Em quadrinhos, o autor conta a história de seu pai, sobrevivente do Holocausto.

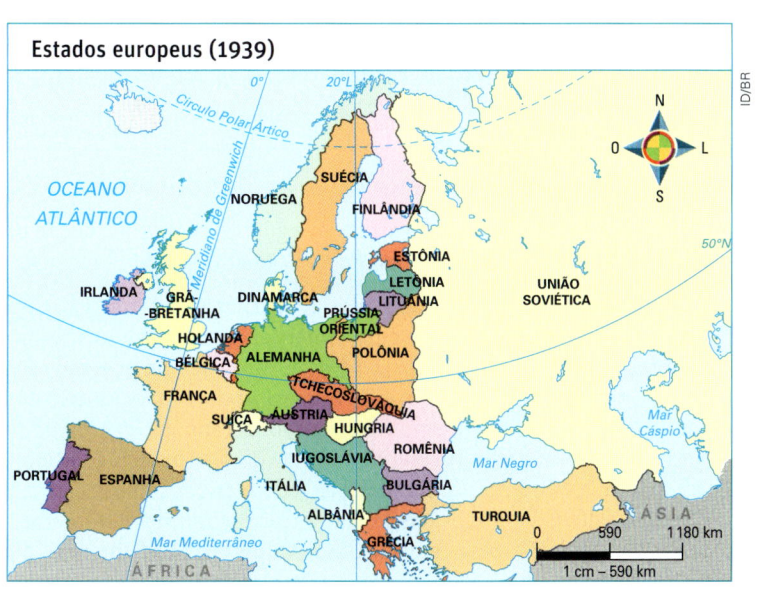

Estados europeus (1939)

Fonte de pesquisa: *Atlas histórico escolar*. Rio de Janeiro: FAE, 1991. p. 146-147.

A Europa em guerra

Na Polônia, os alemães inauguraram uma estratégia de guerra: a *Blitzkrieg*, que significa "guerra relâmpago". Ela recorria primeiramente à aviação, com bombardeios intensos, seguida da invasão realizada por blindados e pela infantaria. Com esse rápido ataque, os poloneses renderam-se em cerca de um mês.

França e Inglaterra, que haviam se comprometido a proteger as fronteiras polonesas, entenderam que as ambições de Hitler haviam ultrapassado todos os limites e declararam guerra à Alemanha.

Antes de enfrentar seus inimigos, os alemães garantiram a rota de abastecimento de ferro sueco para a sua indústria bélica, invadindo a Dinamarca e a Noruega.

A França ocupada

O passo seguinte de Hitler foi invadir a França, pela Bélgica, em maio de 1940. Soldados franceses e ingleses direcionaram-se para aquela fronteira, mas os alemães abriram uma segunda frente. Cruzando a Linha Maginot, uma rede de túneis e fortificações construídas na fronteira da França com a Alemanha, as tropas alemãs cercaram os exércitos da França e da Inglaterra em Dunquerque, próximo ao Canal da Mancha.

Os alemães em pouco tempo dominaram a capital, Paris, derrotando os franceses.

A França foi dividida em duas regiões: o norte, ocupado pela Alemanha; e o sul, administrado pelo marechal francês Pétain, simpatizante do fascismo, que organizou um **governo colaboracionista**. O general francês Charles de Gaulle não aceitou a rendição e formou um governo em Londres, onde organizou um **movimento de resistência**.

A Batalha da Inglaterra

Vencida a França, restava derrotar a Inglaterra. A Luftwaffe, força aérea alemã, passou a bombardear instalações militares e industriais inglesas, preparando uma grande invasão naval. Contudo, a Real Força Aérea Britânica (RAF) mostrou grande capacidade, vencendo os aviões alemães.

Repelido pelos ingleses, Hitler voltou-se para o leste, fonte de importantes matérias-primas, como o petróleo.

O início da guerra no leste

Hungria, Bulgária e Romênia aliaram-se aos alemães, que invadiram a Iugoslávia.

O governo italiano, que de início manteve uma postura neutra, animou-se com as vitórias alemãs e, em 1940, declarou guerra à Inglaterra e à França. Pretendendo recriar o Império Romano ao redor do Mediterrâneo, os italianos – que já dominavam a Líbia (1931), a Abissínia (Etiópia, em 1935) e a Albânia (1939) – invadiram, sem sucesso, a Grécia, em outubro de 1940. A vitória sobre os gregos só ocorreria com o auxílio alemão.

Londrinos desabrigados em virtude de bombardeios caminham pela rua com seus pertences. Durante vinte semanas os alemães bombardearam Londres. Foto de 1940.

Conheça melhor

O apoio a Hitler

Em virtude dos lucros auferidos com a guerra e com a produção bélica, grandes empresas e corporações apoiaram o projeto hitlerista. O historiador Pedro Tota afirma que:

Assim que Hitler subiu ao poder, o patriarca da família Krupp percebeu a importância do projeto de governo dos nazistas. Reprimia os movimentos operários, ao mesmo tempo em que desenvolvia uma política de cooptação dos trabalhadores. [...] Não é coincidência que as grandes corporações ficassem satisfeitas com a ascensão dos nazistas. A Krupp e a Thyssen, grandes fabricantes de armas, por exemplo, passaram a receber encomendas lucrativas. Alguns números demonstram que, entre 1933 e 1939, houve rápido crescimento na indústria de aviões de combate e no efetivo militar das Forças Armadas: em 1934 foram construídos 840 aviões; em 1936, 2 530; em 1938, 3 350 e, em 1939, 4 733. A produção bélica em geral havia aumentado mais de 22 vezes entre 1933 e 1940. Os efetivos das Forças Armadas também cresceram assustadoramente: de pouco mais de 100 mil soldados em 1933, para cerca de 3,8 milhões em 1939, ou seja, mais de 35 vezes.

Tota, Pedro. Segunda Guerra Mundial. In: Magnoli, Demétrio (Org.). *História das guerras*. 3. ed. São Paulo: Contexto, 2008. p. 360.

> Operação Barbarossa

No início de 1941, a Alemanha começou a preparar-se para invadir a União Soviética, com um plano denominado Operação Barbarossa. Tudo levava a crer que a invasão ocorreria em breve, mas Stalin tardou em acreditar.

Em junho de 1941, soldados alemães, italianos, romenos, húngaros e finlandeses iniciaram a conquista da URSS. Os exércitos alemães concentraram seu ataque em três regiões: Leningrado, antiga São Petersburgo, ao norte; Moscou, ao centro; e as áreas agrícolas da Ucrânia, ao sul.

As primeiras semanas foram devastadoras. O Exército Vermelho da URSS não conseguiu fazer frente à *Wehrmacht* (Forças Armadas da Alemanha). Os alemães tomaram territórios onde havia importante produção industrial, além de inúmeras riquezas minerais e agrícolas. Os soviéticos desmontaram muitas dessas indústrias e as instalaram a leste dos Montes Urais, para que não caíssem em poder do inimigo.

Em outubro de 1941, as forças nazistas se aproximaram de Moscou e de Leningrado.

> A instauração da barbárie

Os militares alemães receberam ordens de não ter clemência com a população soviética. Eram comuns os assassinatos de civis e, em algumas cidades, a ordem oficial era para que toda a população fosse dizimada.

Os nazistas impuseram um **clima de terror** em todos os territórios ocupados. As populações locais transformavam-se em trabalhadores compulsórios para o Estado ou para indústrias alemãs. Os recursos industriais, agrícolas e até as obras de arte eram saqueados. Os países conquistados deveriam servir como fornecedores de riquezas à Alemanha.

As pessoas que resistiam eram mortas, e aquelas originárias das raças consideradas inferiores, como judeus e eslavos, sofreram ainda mais a ação da barbárie nazista.

> O Holocausto

Os judeus eram confinados em guetos, locais isolados do restante da sociedade. Nos guetos, iniciou-se uma política de assassinatos sistemáticos, visando diminuir o número de judeus. Com o passar do tempo, os nazistas aperfeiçoaram seus métodos assassinos, utilizando caminhões que funcionavam como câmaras de gás móveis.

Para confinar todas as pessoas consideradas inimigas pelos nazistas, como comunistas, ciganos, homossexuais e testemunhas de Jeová, foram criados, a partir de 1933, os campos de concentração.

Ao longo da guerra, no entanto, surgiu um novo tipo de campo, voltado para o assassinato em massa: os **campos de extermínio**.

Nos campos de extermínio, as principais vítimas dos nazistas eram os judeus.

Nas várias regiões dominadas pela Alemanha, os judeus eram deportados para esses campos da morte. Os mais jovens e aptos eram utilizados como escravos, enquanto os mais velhos e doentes eram exterminados. No fim da guerra, cerca de 6 milhões de judeus haviam sido mortos.

Nos campos, também ocorriam experimentos científicos que usavam os prisioneiros como cobaias humanas. Foram realizadas experiências cruéis, que causavam danos permanentes ao corpo ou a morte.

> **Assista**
>
> **A lista de Schindler.** Direção de Steven Spielberg. EUA, 1993, 197 min.
> O filme conta a história de um empresário alemão que usou seu dinheiro e suas conexões para libertar judeus de campos de concentração, em plena Segunda Guerra Mundial.

Entrada do campo de extermínio de Auschwitz, na Polônia, onde foram mortos centenas de milhares de judeus. No portão, a frase: *Arbeit macht Frei* (O trabalho liberta). Foto de 1979.

Ponto de vista

Razões da invasão da União Soviética

O nazismo nunca escondeu seu projeto de acabar com o comunismo. Porém, para o historiador britânico John Keegan, especialista em história militar, os aspectos ideológicos não foram os únicos responsáveis pela invasão da União Soviética. As questões econômicas teriam sido fundamentais.

Os alemães careciam de muitas matérias-primas e cobiçavam os vastos recursos minerais e agrícolas soviéticos. Eles planejavam fazer da União Soviética uma espécie de colônia que forneceria os recursos para sustentar a "Grande Alemanha" nazista, o Estado mais poderoso do mundo.

- Debata com seus colegas a seguinte questão: De que formas pacíficas os povos dispõem para obter as matérias-primas e os demais produtos de que necessitam para viver e se desenvolver?

A guerra na Ásia

Com seu parque industrial em crescimento desde a segunda metade do século XIX, o Japão precisava de matérias-primas para manter sua indústria. Por esse motivo, os japoneses deram início a uma política de expansão na região asiática. Em 1931, invadiram a Manchúria e, poucos anos depois, ocuparam outros territórios da China.

Na época, líderes do Japão desenvolveram uma ideologia fortemente **militarista** e **nacionalista**, acreditando na superioridade dos japoneses em relação aos outros povos da região. Aproveitando a situação de guerra e o enfraquecimento das nações europeias, mantiveram a expansão em direção às colônias inglesas, francesas e holandesas na Ásia.

Porém, o expansionismo japonês chocava-se com os interesses estadunidenses no Pacífico. O governo dos Estados Unidos estabeleceu, então, sanções econômicas ao Japão, criando dificuldades para a economia japonesa.

Pearl Harbor

Os japoneses necessitavam das matérias-primas existentes no Pacífico. Portanto, a presença estadunidense na região era uma ameaça para eles.

Para conter o controle estadunidense do Pacífico, em dezembro de 1941 o Japão atacou de surpresa a maior base naval dos EUA na região, Pearl Harbor, no Havaí. O ataque destruiu grande parte da frota e matou milhares de soldados estadunidenses.

Até então, os EUA tinham-se mantido neutros, embora abastecessem os ingleses com armas e alimentos. Sob o impacto do ataque a Pearl Harbor o governo dos Estados Unidos declarou guerra ao Japão e integrou-se ao núcleo central dos países aliados.

A guerra no Pacífico

Depois de Pearl Harbor, os japoneses ampliaram a ofensiva na Ásia, dominando a Indochina francesa e a Birmânia e Cingapura inglesas. Aos poucos, outras regiões foram incorporadas, como as Filipinas.

Enquanto isso, os estadunidenses reconstruíam rapidamente a frota naval no Pacífico. Em 1942, após as batalhas do mar de Coral e de Midway, eles colocaram os japoneses na defensiva, recuperando as ilhas do Pacífico.

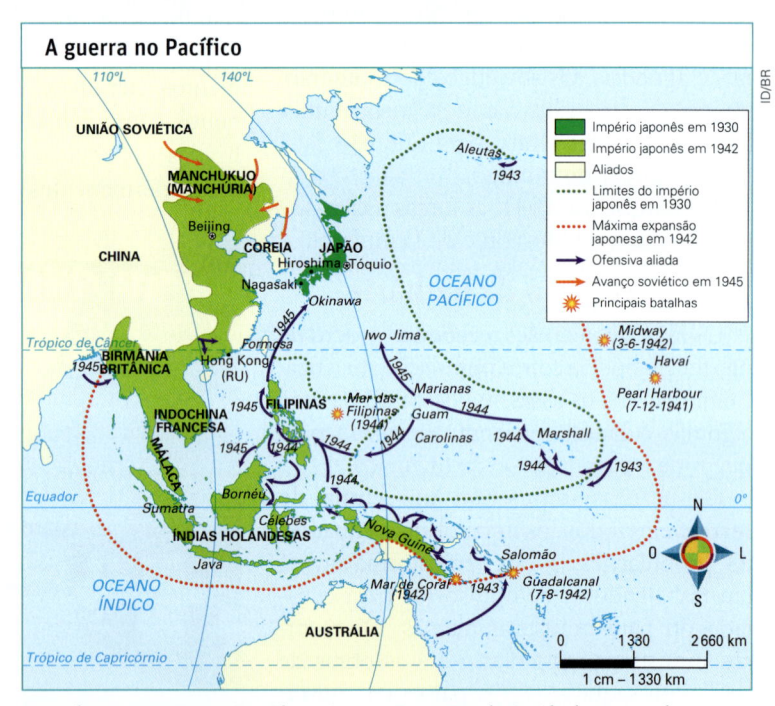

A guerra no Pacífico

Fonte de pesquisa: Franco Jr., Hilário; Andrade Filho, Ruy de O. *Atlas história geral.* São Paulo: Scipione, 1995. p. 73.

História e geopolítica

A geopolítica é um campo de estudos que leva em consideração várias ciências, como História, Geografia, economia e ciência política.

Seu objeto de estudo é o poder, exercido pelos Estados-Nação por meio do controle de determinados espaços, obtido com estratégias convenientes aos seus interesses.

Buscando transformar-se em potências regionais ou mundiais, os Estados-Nação participam de disputas que, muitas vezes, levam à guerra. A geopolítica também se preocupa com a compreensão desses conflitos.

No início do século XX, os interesses das nações industrializadas eram a busca por matérias-primas e mercados consumidores para seus produtos. As colônias lhes proporcionavam esses mercados. Privada de colônias na África e Ásia, a Alemanha esperava consegui-las na própria Europa, reordenando a geopolítica da região.

- Faça uma pesquisa sobre a geopolítica no mundo atual. Verifique quais são as principais disputas e quais as nações envolvidas.

A reação aliada

Em 1941, diante do sucesso da *Blitzkrieg* alemã, muitas pessoas acreditavam que o nazifascismo dominaria o mundo. Contudo, a expulsão dos exércitos alemães das cercanias de Moscou pelo Exército Vermelho, em dezembro de 1941, marcou uma nova fase da guerra. Foi a primeira derrota dos alemães.

Stalingrado

Repelido em Moscou, Hitler voltou-se para Stalingrado. Se conquistasse essa cidade, controlaria o rio Volga, importante via de transporte, e dominaria os campos petrolíferos da região do Cáucaso. Entretanto, apesar da superioridade em armamentos e em número de soldados, as tropas nazistas encontraram uma feroz resistência soviética.

Quando apenas uma pequena parte de Stalingrado ainda se encontrava sob o poder soviético, os russos enviaram um poderoso exército em socorro da cidade sitiada. O 6º Exército alemão, com mais de 300 mil soldados, foi cercado. Embora Hitler ordenasse a luta até a morte, o marechal alemão Friedrich von Paulus, sem ter como alimentar seus soldados, rendeu-se em janeiro de 1943.

Muitos historiadores consideram que o início da derrota alemã começou em Stalingrado, em cuja batalha os alemães perderam mais de 250 mil homens. Os sobreviventes foram levados a campos de prisioneiros, e poucos retornaram à Alemanha após a guerra.

A vitória em Stalingrado marcou o início do avanço soviético. As tropas alemãs começavam a ser empurradas para oeste. A Alemanha organizou ainda um contra-ataque em Kursk, configurando a grande batalha de tanques, mas os soviéticos venceram novamente.

Os Aliados se reúnem

Os soviéticos combatiam sozinhos os alemães na Europa Oriental. Para desviar as tropas alemãs de seu país, Stalin pressionava seus aliados ingleses e estadunidenses para que fosse aberta uma frente no oeste. Ao visitar Moscou, em 1942, o primeiro-ministro britânico, Winston Churchill, prometeu uma segunda frente na Itália.

O destino da Aliança foi selado na Conferência de Teerã. Por três dias, Stalin (à esquerda), Roosevelt (ao centro) e Churchill (à direita) discutiram planos para a derrota de Hitler e dos países do Eixo. Foto de 1943.

Havia certa desconfiança por parte de Stalin de que os ingleses também pretendessem a destruição da URSS, embora quisessem a derrota dos alemães. Por outro lado, o ódio de Hitler por todos os Estados, socialistas ou liberais, facilitou a aliança.

Para alcançar a vitória definitiva, era necessário que os Aliados se reunissem para dissipar as desconfianças, discutir as estratégias da guerra e pensar na situação do mundo após o fim do conflito. O primeiro desses encontros ocorreu em Teerã, capital da Pérsia (atual Irã), em novembro de 1943, quando se reuniram Stalin, Churchill e o presidente dos Estados Unidos, Franklin Roosevelt.

No encontro em Teerã, Stalin insistiu para que a segunda frente fosse aberta na França, que, no seu entender, caracterizava um objetivo estratégico muito mais importante do que a Itália. Para o líder soviético, a proximidade entre o norte da França e a Alemanha forçaria Hitler a mobilizar grandes contingentes para a região, facilitando a recuperação do Exército Vermelho no leste.

A tese foi aceita pelos governos da Inglaterra e da França, e a invasão do norte da França pelos Aliados começou a ser planejada.

A luta no interior da cidade de Stalingrado foi de uma violência sem precedentes. Na imagem, soldados do Exército Vermelho abrem fogo contra o inimigo entre as ruínas. Foto de 1943.

A guerra no norte da África

O Exército italiano sofreu inúmeras derrotas na Segunda Guerra Mundial, só alcançando êxito nas situações em que houve a intervenção da Alemanha.

Mussolini ordenou a invasão do Egito, mas foi derrotado pelos ingleses. Os alemães enviaram, então, um exército conhecido como Afrika Korps, sob o comando do general Erwin Rommel, para auxiliar os italianos.

A ofensiva de Rommel, que ficou conhecido como "a raposa do deserto", reconquistou diversos territórios. Contudo, os britânicos, liderados pelo general Bernard Montgomery, derrotaram o Afrika Korps na Batalha de Al-Alamein. Milhares de soldados alemães e italianos foram aprisionados.

Al-Alamein foi a primeira grande vitória do Exército britânico contra os nazistas e marcou o início da conquista aliada no norte da África.

A invasão da Itália

Partindo de bases sólidas conquistadas no norte da África, os Aliados invadiram a ilha da Sicília, no sul da Itália, em julho de 1943. Os italianos, cansados de tantas derrotas, estavam dispostos a se render. O Conselho Fascista depôs Mussolini para tentar negociar com os Aliados.

Hitler, contudo, não poderia perder a Itália para seus inimigos e ordenou que o Exército alemão ocupasse o país. Com o auxílio da Alemanha, Mussolini instaurou um governo no norte da Itália, a República de Salò.

Os exércitos aliados conquistaram a península Itálica a partir do Sul, encontrando feroz resistência dos alemães. Essa etapa da guerra contou com a participação de soldados brasileiros.

O desembarque na Normandia

No dia 6 de junho de 1944, uma gigantesca força-tarefa composta de milhares de soldados britânicos, estadunidenses, canadenses e franceses desembarcou na Normandia. Esse dia passou para a história com o nome de **Dia D**.

As praias da região, de difícil acesso, eram protegidas pelos alemães. No entanto, os Aliados conseguiram tomar as posições. A partir daí, outras regiões foram conquistadas.

Com a ajuda da resistência francesa, os aliados conseguiram libertar Paris. Depois, foi a vez da Bélgica e da Holanda.

Soldados estadunidenses desembarcam no litoral norte da França, na região da Normandia, em 6 de junho de 1944.

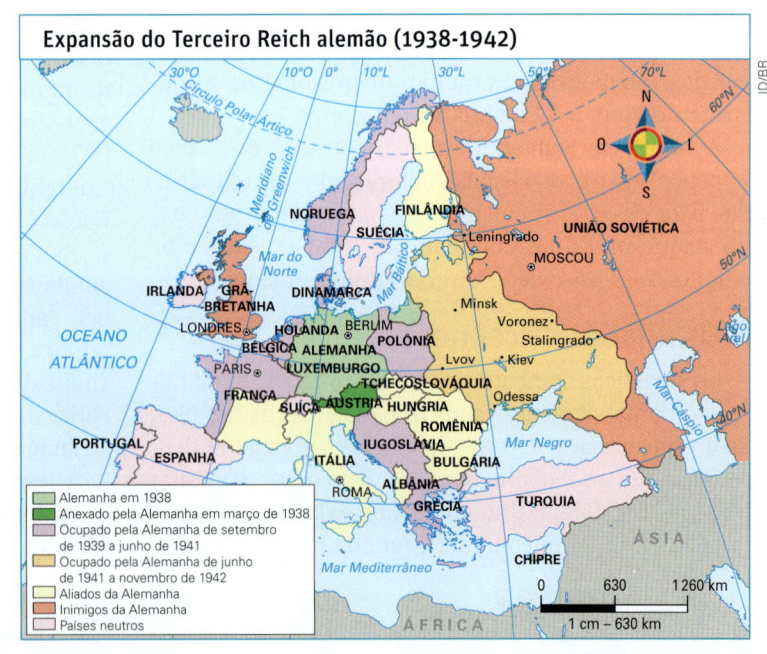

Expansão do Terceiro Reich alemão (1938-1942)

Fonte de pesquisa: ARRUDA, José Jobson de A. *Atlas histórico básico*. 17. ed. São Paulo: Ática, 2007. p. 30.

> **Conheça melhor**
>
> **Os movimentos de resistência**
>
> Em diversos países formaram-se movimentos de resistência contra a ocupação nazista. Seus integrantes — os *partisans* — utilizavam táticas de guerrilha, no campo e nas cidades, para lutar contra a barbárie nazista.
>
> Alguns movimentos foram organizados por liberais, outros por comunistas. Suas ações consistiam em espionagem, sabotagem ou, ainda, na proteção aos judeus, remetendo-os para fora das zonas ocupadas pelos nazistas.

A derrota do Eixo

Hitler não aceitava a derrota iminente. Agia como se fosse possível construir alguma arma secreta ou pudesse acontecer algo que levasse a uma vitória milagrosa de seus exércitos. Para ele, a rendição estava fora de cogitação. Sua ordem era para que o povo alemão lutasse até o último homem.

Para evitar o sacrifício do país, alguns oficiais do Exército alemão tentaram assassinar Hitler. Com isso, pretendiam tornar viável uma negociação com os Aliados. Porém, os atentados fracassaram.

Com a ofensiva soviética, do lado leste, e dos estadunidenses, dos ingleses e demais aliados, do lado oeste, os exércitos alemães foram aos poucos empurrados de volta ao seu país.

O recuo nazista

Na Polônia, com a aproximação do Exército Vermelho, os poloneses rebelaram-se contra a dominação alemã no **Levante de Varsóvia**. No entanto, a revolta foi brutalmente sufocada. Posteriormente, os poloneses acusaram a URSS de não os ter apoiado.

Finlândia, Romênia e Bulgária assinaram acordos de paz com a URSS. Já a Hungria foi conquistada à força.

Na frente ocidental, em dezembro de 1944 os alemães tentaram uma ofensiva na região montanhosa de Ardenas, entre Bélgica, França e Luxemburgo. Era uma tentativa de forçar os Aliados a recuar. Embora vitoriosos no início, os alemães acabaram derrotados por dois motivos: a chegada de reforços aos exércitos aliados e uma grande ofensiva soviética no leste, que obrigou a Alemanha a enviar tropas para o local.

O Terceiro Reich agoniza

Pouco a pouco, a população alemã deixou de confiar na propaganda de guerra de Joseph Goebbels, ministro do Povo e da Propaganda, que veiculava notícias de uma hipotética vitória. Após milhões de mortes e inúmeras cidades arrasadas por bombardeios, a derrota era evidente.

O Terceiro Reich agonizava. Foram formados grupos de crianças e idosos para defender a cidade de Berlim, cercada pelos soviéticos. Combustíveis e munição estavam em falta. Integrantes da SS puniam com a morte qualquer suspeito de deserção.

Em fevereiro de 1945, na cidade de Yalta, na Crimeia, os chefes dos Estados aliados, Stalin, Churchill e Roosevelt, encontraram-se em uma nova conferência. Os debates concentraram-se nos preparativos para o final da guerra e na possível realidade produzida após o conflito. Também foi discutida a participação da União Soviética na guerra contra o Japão, após a derrota de Hitler.

O fim da guerra na Europa

Na Itália, Mussolini foi vencido, encerrando-se a República de Salò. Em sua tentativa de fuga, foi preso, julgado e fuzilado pela resistência italiana.

Em 28 de abril de 1945, Hitler casou-se com sua companheira, Eva Braun, e, dois dias depois, ambos se suicidaram. Seus corpos foram incinerados.

Em 9 de maio de 1945, a Alemanha rendeu-se incondicionalmente aos Aliados. O "sonho" de Hitler, de uma Alemanha senhora do mundo, estava terminado.

Consequências materiais

Além da assombrosa perda de vidas humanas, os prejuízos materiais na Europa foram enormes.

As nações envolvidas acabaram por esgotar seus recursos econômicos, humanos e materiais. A exceção foram os Estados Unidos, que conseguiram manter intacta sua capacidade industrial e financeira.

> **Assista**
>
> **A queda: as últimas horas de Hitler.**
> Direção de Oliver Hirschbiegel, Alemanha, 2004, 150 min.
> O filme é uma interpretação dos últimos dias de vida de Hitler em seu *bunker*, em Berlim, cercado pelas tropas soviéticas que avançam sobre a cidade. As perversões do regime nazista e a participação de pessoas comuns são representadas com fidelidade pelo diretor.

Grande parte do patrimônio cultural, artístico e material da Europa perdeu-se na guerra. A cidade de Dresden, na Alemanha, foi praticamente destruída pelos bombardeios dos Aliados. Foto de 1945.

Ontem e hoje

A Segunda Guerra Mundial no cordel do Pará

O cordel é um folheto com poemas rimados, que aborda temas diversos, que vão desde os últimos acontecimentos até histórias de amor, de valentia, oração, etc. Surgiu na Península Ibérica e foi trazido para o Nordeste do Brasil pelo colonizador europeu, florescendo através dos pioneiros Hugolino do Sabugi, Silvino Pirauá de Lima e Leandro Gomes de Barros, este último responsável pela sua projeção comercial nas primeiras décadas do século XX. O nome "cordel" vem de Portugal, onde os folhetos eram expostos pendurados em barbantes (cordões ou cordéis).

[...]

É importante ressaltar que a literatura de cordel compreende a parte impressa e, como tal, representa menos que 1% da poesia realmente feita no nível popular; o restante é apenas cantado por violeiros, trovadores ou cantadores. Os folhetos a que temos acesso hoje são uma pequena parcela do que realmente era produzido pelos poetas populares.

[...]

A importância dos folhetos consiste no fato de que eles são escritos na maioria das vezes por poetas das camadas populares, e o seu público também é constituído pelas camadas populares. [...] O cordel era um meio pelo qual as camadas populares tomavam conhecimento das notícias, pois o fato de os folhetos serem lidos predominantemente d (e maneira coletiva tornava-os mais próximos daqueles que apresentavam pouca intimidade com o mundo da escrita.

[...]

No período da Segunda Guerra Mundial o Brasil vivia sob o Estado Novo, regime dirigido por Getúlio Vargas. O regime getulista impunha forte censura e reprimia a oposição. Nesse contexto, os poetas de cordel vão se posicionar de acordo com as medidas propagadas pelo Estado Novo. Mesmo que os poetas discordassem do governo, não podiam expressar isso nos folhetos. De acordo com Mark Curran "os poetas humildes ainda estavam sujeitos à censura do governo, à época da criação do Departamento de Imprensa e Propaganda (DIP) do regime de Getúlio" . Um bom exemplo disso é o caso do poeta João Martins de Atayde, que segundo Curran teria queixado-se "de haver nada menos que cinco poemas novos detidos pelos censores, em outubro de 1944".

Soldados brasileiros em combate durante a Segunda Guerra Mundial, em Montese, na Itália. Foto de 1945.

A literatura de cordel vai ter uma grande importância no Pará do tempo da Segunda Guerra Mundial. Dados do IBGE apontam que boa parte da população paraense em 1940 era analfabeta: 59% das mulheres e 46,55% dos homens não sabiam ler nem escrever. Essa população não tinha acesso a jornais e revistas. Já para os alfabetizados a dificuldade era outra, num tempo de crise como o da guerra, era difícil comprar esses veículos de informação. Mesmo o rádio, que foi o veículo de informação mais utilizado pelo Estado Novo, não era acessível a toda a população, principalmente à população do interior do Pará.

Os folhetos de cordel eram mais acessíveis à população. Como o folheto era produzido a partir de um papel mais frágil, seu preço tornava-se mais barato do que jornais e revistas. Algumas entrevistas nos apontam que em Belém os folhetos eram vendidos no mercado do Ver-o-Peso. [...]

Mesmo os analfabetos compravam os folhetos, pois os mesmos tinham um valor para essas pessoas, ter um folheto era prender nas mãos um pouco do saber. Os analfabetos reconheciam a temática dos folhetos através das ilustrações das capas, denominadas xilogravuras.

Durante a guerra os folhetos publicados vão seguir a política adotada pelo governo do Estado Novo. No período de 1939-1941, quando o Brasil assume uma posição de neutralidade, os poetas narram os acontecimentos da guerra, mas não optam por nenhum dos lados em conflito, apoiando a atitude do governo.

MENEZES NETO, Geraldo Magella de. A Segunda Guerra Mundial nos folhetos de cordel o Pará . Disponível em: <http://www.anpuhsp.org.br/sp/downloads/CD%20XIX/PDF/Paineis/Geraldo%20Magella%20de%20Menezes%20Neto.pdf>. Acesso em: 3 mar. 2014.

Reflita

1. Como a censura do governo de Getúlio Vargas, segundo o texto, influenciou os poetas de cordel do Pará?
2. Pesquise com seus colegas e analise as características da literatura de cordel atuais que são semelhantes à produção feita em meados do século XX.

Atividades

Verifique o que aprendeu

1. Winston Churchill afirmou que a Segunda Guerra Mundial era a continuação da Primeira. Por que ele fez essa afirmação?

2. O que foi a política de "apaziguamento" adotada pela diplomacia inglesa? Pode-se dizer que ela foi bem-sucedida? Por quê?

3. Explique os motivos que levaram Hitler a obter vários sucessos militares seguidos até 1942.

4. Apesar dos conflitos ideológicos entre Inglaterra, Estados Unidos e União Soviética, explique como foi possível a aliança entre esses três países.

5. Por que a invasão da Polônia marcou o início da Segunda Guerra Mundial?

6. Quais foram os motivos que levaram os japoneses a atacar os Estados Unidos em Pearl Harbor?

7. Qual foi o significado do Dia D para a derrota dos alemães na Segunda Guerra Mundial? Explique.

8. A guerra estendeu-se no Oriente ainda por alguns meses, com a resistência japonesa, mesmo com suas cidades sendo bombardeadas. O Japão somente se rendeu em 2 de setembro de 1945, após o ataque, pelos Estados Unidos, com a recém-desenvolvida bomba atômica, às cidades de Hiroshima e Nagasaki. Faça pesquisas sobre esse acontecimento, comentando sobre o número de mortes e sobre as consequências do uso desse tipo de armamento.

Leia e interprete

9. Leia o que Rudolf Höss, comandante do campo de concentração de Auschwitz, escreveu em suas memórias e responda às questões a seguir.

> Depois de minha prisão, fizeram-me notar que eu podia ter me recusado a executar as ordens, ou mesmo, se necessário fosse, liquidado Himmler. Não creio que uma tal ideia pudesse aflorar no espírito de um único oficial dentre os milhares de SS [...]. Em sua qualidade de *Reichsführer*, Himmler era intocável [...]. A partir do momento em que se procedeu ao extermínio em massa, não me senti feliz em Auschwitz. Eu estava descontente comigo mesmo. Estafado de trabalho, não podia confiar em meus subordinados, e não era compreendido e sequer ouvido por meus chefes hierárquicos. Eu me encontrava realmente numa situação pouco invejável, ao passo que todo mundo dizia que "o comandante tinha uma vida das mais agradáveis" [...]. Nunca fui cruel e nunca me deixei arrastar a sevícias [...]. Eu era uma engrenagem inconsciente da imensa máquina de extermínio do 3º Reich. A máquina se quebrou, o motor desapareceu, e devo fazer o mesmo. O mundo assim o exige.

Citado por Vincent, G. Guerras ditas, guerras silenciadas e o enigma identitário. In: Prost, Antoine; Vincent, Gerard (Org.). *História da vida privada*: da primeira guerra a nossos dias. São Paulo: Companhia das Letras, 2006. v. 5. p. 228-229.

a) Qual é a imagem que o autor procura passar de si mesmo nesse relato?

b) De que maneira ele procura retirar de si a responsabilidade pelas mortes no campo de concentração?

c) O autor considera que poderia ter agido diferentemente, contestando as ordens de seus superiores?

d) O que ele quer dizer com "A máquina se quebrou, o motor desapareceu, e devo fazer o mesmo. O mundo assim o exige."?

10. O sociólogo Norbert Elias citou em seu livro *Os Alemães* uma carta escrita em 1944. Leia um trecho dessa carta e responda às questões.

> Meu querido filho Wolf,
>
> Hoje é domingo e neste momento estou de volta à casa e completamente sozinha. Seu pai foi a uma reunião da associação de veteranos, e Annelise está com a tia Lina. [...] Meu querido filho, você escreve que até agora as coisas têm corrido bem para o seu lado, o que eu também posso dizer a nosso respeito. Sim, meu querido filho, você também está enfrentando o inimigo e eu sei que exercerá o seu dever como cumpre a um soldado alemão. Que Deus Todo-Poderoso o proteja. A Nossa querida pátria alemã está em grande perigo, atacada por todos os lados. E no dia 20 de julho aconteceu a pior coisa que se poderia imaginar – pessoas chegadas ao nosso amado *Führer* tentaram assassiná-lo. Mas Deus Todo-Poderoso não quis que tivessem êxito e estendeu Sua proteção sobre ele. [...] sim meu querido filho, o que teria sido de todos nós se o *Führer* fosse levado em tempo de guerra? Tenhamos esperança que no final tudo acabará bem [...].

Citado por Tota, Pedro. Segunda Guerra Mundial. In: Magnoli, Demétrio (Org.). *História das guerras*. 3. ed. São Paulo: Contexto, 2008. p. 379.

a) Considerando o que escreveu a autora da carta, qual era a posição de parte da população alemã diante do nazismo e da guerra?

b) Qual é a imagem de Hitler que transparece na carta?

c) Em sua opinião, a maioria do povo alemão compartilhava o apoio ou ele predominava apenas entre uma minoria? Justifique sua resposta.

d) Que fatores colaboraram para a construção da imagem de Hitler exposta na carta? Justifique.

CAPÍTULO 49
A Era Vargas

O que você vai estudar

- O fim da Primeira República no Brasil.
- As tensões políticas e ideológicas na Era Vargas.
- As reivindicações sociais e a legislação trabalhista.
- O regime ditatorial do Estado Novo.
- O rádio e o cinema durante a Era Vargas.
- O Brasil na Segunda Guerra Mundial.
- O fim do Estado Novo.

Na foto, Getúlio Vargas desfila nas comemorações do 1º de maio de 1944, no estádio do Pacaembu, em São Paulo. Na Era Vargas, o Dia do Trabalhador era celebrado com grandes festejos e reverências ao presidente.

Ligando os pontos

A partir de 1889, o Brasil passou a viver sob um regime republicano. Após um breve período em que os militares governaram, as oligarquias regionais tornaram-se hegemônicas na política nacional, principalmente as paulistas, as mineiras e as gaúchas. Apesar da Constituição de 1891, a situação institucional do país ainda era bastante frágil. Nas eleições eram comuns a fraude, o voto de cabresto, a violência e a troca de favores. Assim, a participação política dos cidadãos ficava extremamente prejudicada.

Durante as primeiras décadas do século XX, houve crescimento da população urbana. Muita gente saía do campo e ia para as cidades buscar empregos nas indústrias e no comércio nascentes. Após a Primeira Guerra Mundial e durante a década de 1920, surgiram sinais inequívocos de descontentamento. A greve geral de 1917 em São Paulo, o Tenentismo e a Coluna Prestes foram algumas das manifestações que contestavam a política do café com leite. Outros partidos políticos foram criados, como o Partido Comunista do Brasil (PCB), o Partido Democrático (PD), de São Paulo, e o Partido Libertador (PL), do Rio Grande do Sul.

Na Primeira República, os presidentes quase sempre estiveram distantes das pessoas comuns e dos trabalhadores. No entanto, o crescimento da população urbana, sobretudo das massas trabalhadoras e das classes médias, introduzia no cenário político outras necessidades e anseios, não contemplados pelas oligarquias.

Na imagem acima, vemos Getúlio Vargas durante os festejos do Dia do Trabalho, em 1944, em um estádio de futebol em São Paulo.

1. Observe a imagem e responda: Qual era a principal diferença entre a atitude de Getúlio Vargas e a dos presidentes que o precederam?
2. Identifique no texto qual processo histórico tornou possível a ocorrência de manifestações públicas como a da fotografia acima.

A ruptura de 1930

A política do café com leite foi questionada durante os anos 1920. Mas a supremacia das elites cafeeiras se confirmou em 1926, com a eleição de um representante paulista, Washington Luís, para a presidência.

Durante o governo de Washington Luís, a oposição à aliança entre paulistas e mineiros se fortaleceu. Além disso, o então presidente tomou uma decisão que gerou discordâncias entre as próprias elites dirigentes: indicou outro representante de São Paulo para sua sucessão.

Entre paulistas e mineiros havia um acordo de alternância na presidência da República: ora governava um representante de São Paulo, ora um de Minas Gerais. Washington Luís, nascido no Rio de Janeiro, mas ligado às oligarquias paulistas, quebrou o acordo e indicou Júlio Prestes, presidente (governador) de São Paulo, candidato ao pleito de 1930.

Outras histórias

Enquanto as tensões políticas aumentavam no Brasil, tinha início na Índia um protesto pacifista liderado por Mahatma Gandhi, que se opunha ao domínio da região pela Grã-Bretanha. Era a Marcha do Sal contra uma decisão do governo britânico que proibia os indianos de explorarem as próprias salinas, obrigando-os a importar sal da Inglaterra.

A Aliança Liberal

Washington Luís acreditava que Júlio Prestes continuaria a política de estabilização econômica, que mantinha os preços do café em alta. O então presidente supunha também que as elites mineiras aceitariam sua decisão sem maiores problemas, já que ele gozava de grande popularidade.

A reação mineira logo mostrou que Washington Luís se equivocara. Antônio Carlos de Andrada, presidente de Minas Gerais, não aceitou a indicação. Andrada sabia que, se aprovasse o nome de Júlio Prestes, os mineiros perderiam espaço no poder. Articulou, então, uma aliança com políticos gaúchos para enfrentar os paulistas, colocando fim à política do café com leite.

Em 1929, mineiros, gaúchos e paraibanos formaram a **Aliança Liberal**. Getúlio Vargas, governador do Rio Grande do Sul, seria o candidato da Aliança em 1930. João Pessoa, governador da Paraíba, seria candidato à vice-presidência.

Foto de manifestação a favor da Aliança Liberal, em 1929. Mineiros e gaúchos, até então adversários políticos, uniram-se para fazer oposição a Júlio Prestes.

A deposição de Washington Luís

Após meses de campanha e articulações políticas, as eleições foram realizadas em março de 1930. Júlio Prestes se elegeu presidente da República com 57% dos votos. Houve acusações de fraudes de ambos os lados. Como a posse só ocorreria em novembro, as críticas da oposição acirravam o debate em torno da eleição.

Os integrantes da Aliança Liberal dividiram-se quanto ao que deveria ser feito. Alguns aceitaram a derrota; outros defendiam uma "revolução armada" para depor Washington Luís e impedir a posse de Júlio Prestes.

Enquanto a oposição não se decidia, o ambiente político tornava-se mais tenso. O governo federal adotou a prática da "degola", anulando a vitória de deputados ligados à Aliança Liberal. Para aumentar a tensão, em 26 de julho, o candidato derrotado à vice-presidência, João Pessoa, foi assassinado. Apesar de ter motivos passionais, o assassinato foi atribuído ao governo de Washington Luís.

A morte de João Pessoa causou grande comoção entre a população. Alguns setores da oposição retomaram a ideia de "revolução armada". Homens como Osvaldo Aranha, Getúlio Vargas, Góis Monteiro, Juarez Távora, entre outros, tomaram a frente do movimento. Em 3 de outubro, as ações se iniciaram nos estados que integravam a Aliança Liberal e se espalharam pelo país nos dias seguintes.

Em 24 de outubro, Washington Luís foi deposto por uma Junta Militar, que assumiu provisoriamente o governo. Getúlio Vargas, que vinha do Sul, chegou ao Rio de Janeiro em 31 de outubro e foi saudado pela população carioca. Empossado em 3 de novembro, Vargas tornou-se chefe do Governo Provisório.

Getúlio Vargas (ao centro) posa para foto durante a cerimônia de sua posse na presidência da República, no Rio de Janeiro, em novembro de 1930.

> O Governo Provisório

Logo no início de seu governo, Getúlio Vargas adotou **medidas centralizadoras**, o que diminuía o poder das oligarquias regionais.

Vargas destituiu quase todos os presidentes estaduais (governadores), e no lugar deles nomeou **interventores** subordinados ao governo federal. Os estados perdiam assim a autonomia de que desfrutavam desde o início do período republicano.

Getúlio Vargas suspendeu a Constituição de 1891 e assumiu o comando do Poder Legislativo. Em novembro de 1930, o chefe do Governo Provisório fechou o Congresso e as casas legislativas estaduais e municipais. A partir de então, as medidas e os decretos do Governo Provisório não poderiam mais ser contestados pela Justiça.

Na área social, Vargas criou o **Ministério do Trabalho**, limitou o número de sindicatos e instituiu leis de proteção aos trabalhadores, como a jornada de oito horas de trabalho e a aposentadoria.

Para manter a supremacia do Exército sobre as polícias estaduais, Vargas impôs um limite de investimento dos estados na área militar. Os contingentes estaduais não poderiam estar mais bem armados ou preparados do que o Exército.

No campo econômico, ele teve de lidar com os efeitos da crise mundial iniciada em 1929. Embora as fazendas continuassem produzindo café, o produto não era exportado, em razão da crise. Para evitar que os preços do café caíssem muito, em razão da grande oferta e da baixa procura, o governo federal passou a comprar o produto, para em seguida queimar parte das sacas. Essa prática ocorreu de 1931 até 1944.

Ainda assim, os preços do café caíram, ocasionando falta de recursos para importar itens industrializados. Ao longo dos anos 1930, foi necessário aumentar os investimentos na industrialização. Essa era uma forma de substituir as importações e criar um parque industrial nacional.

Navegue
<http://cpdoc.fgv.br/producao/dossies>.
Acesso em: 1º mar. 2014.
Site do Centro de Pesquisa e Documentação de História Contemporânea (CPDOC). Clicando na seção Navegando na História, você terá acesso a diversos textos e imagens sobre a Era Vargas.

Queima de café em Santos, no litoral do estado de São Paulo, no começo dos anos 1930.

PRINCIPAIS PRODUTOS BRASILEIROS DE EXPORTAÇÃO (1924-1945) (%)					
Períodos	Café	Couros/Pele	Cacau	Mate	Outros
1924-1929	72,5	4,5	3,3	2,9	16,8
1930-1933	69,1	4,3	3,5	3,0	20,1
1934-1939	47,8	4,4	4,3	1,4	42,1
1940-1945	32,5	3,6	3,2	0,9	59,8

Fonte de pesquisa: VILELA, Annibal V.; SUZIGAN, Wilson. *Política do governo e crescimento da economia brasileira:* 1889-1945. p. 70. Citado por FAUSTO, Boris. *História do Brasil*. São Paulo: Edusp, 1994. p. 292.

> As divergências no governo

Os grupos que haviam apoiado Vargas em 1930 tinham interesses diferentes. Além das elites dirigentes do Rio Grande do Sul, de Minas Gerais e da Paraíba, Getúlio Vargas tinha o apoio dos militares e também do Partido Democrático de São Paulo.

As primeiras medidas de Vargas beneficiavam claramente os militares, que participaram ativamente do Governo Provisório. A centralização do poder político, uma das aspirações dos tenentes, foi atendida nos primeiros meses.

Os militares ligados ao Tenentismo defendiam a criação de indústrias de base e de uma legislação trabalhista e eram partidários da nacionalização dos bens naturais, dos meios de transporte e de comunicação.

Mas o caráter autoritário e centralizador das ações do Governo Provisório desagradou os civis. Até o Partido Democrático de São Paulo, da base da Aliança Liberal, se indispôs com o governo federal.

História e economia

Para compreender o funcionamento de determinada sociedade e seus processos históricos, o historiador recorre também aos conhecimentos da economia. Dessa forma, é possível estudar como as sociedades utilizam e produzem bens e serviços.

A história das sociedades está relacionada à maneira pela qual elas gerenciam suas economias. Por isso, as crises econômicas provocam também mudanças significativas na organização social e política.

A crise de 1929 é um exemplo. Para compreender a força do discurso da centralização política nos anos 1930, é preciso considerar as críticas feitas ao modelo econômico liberal a partir de 1929.

Em 2008, o mundo passou a enfrentar outra grande crise econômica de proporções globais. Novamente, as críticas aos modelos liberais apareceram, reacendendo os debates sobre o tema.

- Pesquise em jornais, revistas e na internet as razões da crise mundial iniciada em 2008. Relacione os acontecimentos econômicos aos efeitos sociais e políticos provocados por essa crise.

> Reação em São Paulo

Getúlio Vargas nomeou um tenente pernambucano, João Alberto, para ser interventor em São Paulo. Essa medida desagradou o Partido Democrático paulista, que esperava participar do governo do estado. As elites paulistas viram-se, então, marginalizadas da administração política após o golpe de 1930.

Temendo que o chefe do Governo Provisório se perpetuasse no poder, os políticos paulistas defendiam a elaboração de uma nova Constituição e a preservação da autonomia dos estados diante do governo federal. Getúlio Vargas sabia da importância econômica e política de São Paulo e tomou algumas medidas para diminuir as tensões.

Vargas trocou o interventor de São Paulo, criou um **Código Eleitoral** e convocou uma Assembleia Constituinte. Mas essas ações não acalmaram os ânimos em São Paulo.

> A revolta paulista de 1932

Em maio de 1932, após a morte de quatro estudantes em um enfrentamento com a polícia getulista, as tensões políticas em São Paulo aumentaram. Os nomes desses estudantes – Martins, Miragaia, Dráusio e Camargo – originaram o movimento MMDC, tornando-se símbolo da luta contra Getúlio.

Em 9 de julho teve início a revolta em São Paulo. Ela contestava o autoritarismo getulista e exigia a elaboração de uma nova Constituição. A guerra civil estendeu-se até o mês de outubro. As tropas federais venceram os rebelados paulistas, que não tiveram o apoio de outros estados. A mobilização da população paulista não foi suficiente para derrotar as forças getulistas.

> A Constituição de 1934

A pressão pela constitucionalização do país não terminou com os conflitos de 1932 em São Paulo. O Governo Provisório promoveu, então, eleições para uma **Assembleia Constituinte** em 1933.

Com a criação do Código Eleitoral em 1932, as eleições tiveram novos procedimentos. O voto tornou-se obrigatório e secreto. As mulheres conquistaram o direito de votar em eleições nacionais. Analfabetos e menores de 21 anos ainda não votavam.

A organização da Justiça Eleitoral, com o novo Código, facilitava a fiscalização e diminuía as chances de fraudes. O Código Eleitoral também determinava a formação de uma **bancada classista**: um conjunto de deputados que representavam associações profissionais e seriam eleitos por associações e sindicatos próprios.

Em maio de 1933, realizaram-se as eleições para a Assembleia Constituinte, formada por 214 representantes eleitos pelo voto popular e 40 representantes classistas. No mês de novembro, a Assembleia se reuniu e iniciou os trabalhos e os debates, que giraram em torno da centralização política e da autonomia dos estados.

A nova Constituição foi promulgada em 16 de julho de 1934. Entre outros aspectos, ela preservava a autonomia dos estados; estabelecia que a primeira eleição para a presidência da República seria indireta e que as eleições seguintes seriam diretas; e determinava a nacionalização de minas, jazidas e quedas-d'água.

Getúlio Vargas foi eleito presidente do Brasil, cargo que deveria ocupar até 1938, quando seriam realizadas eleições diretas.

Almerinda Farias Gama, em primeiro plano, delegada do Sindicato dos Datilógrafos e Taquígrafos, em meio aos trabalhos de eleição dos deputados classistas para a Assembleia Constituinte brasileira, em 1933.

| Ação e cidadania |

As mulheres na política

Com o Código Eleitoral de 1932, as mulheres conquistaram o direito de votar em eleições nacionais. Mas esse direito ainda era restrito. Poderiam votar mulheres casadas (com autorização do marido), viúvas e solteiras que tivessem renda própria.

Em 1934, essas restrições foram suprimidas do Código Eleitoral. O voto feminino, entretanto, não era obrigatório. Somente na Constituição de 1946 é que passou a ser obrigatório para as mulheres que exercessem profissões remuneradas. Em 1965, a obrigatoriedade foi universalizada.

Após a Primeira Guerra, alguns países europeus e os Estados Unidos estabeleceram o sufrágio feminino, aumentando os debates sobre a participação da mulher na política.

Vargas constitucional

A Constituição de 1934 confirmou uma série de direitos trabalhistas conquistados pelos trabalhadores desde o início do Governo Provisório. Uma das conquistas foi a garantia da autonomia e da pluralidade dos sindicatos, revogando um decreto de 1931 que exigia um único sindicato por categoria profissional.

A existência de dois ou mais sindicatos para uma categoria diminuía as chances de manipulação ou controle por parte do **Ministério do Trabalho**. Além disso, a legislação de 1934 garantia direitos básicos aos trabalhadores, como férias anuais e descanso semanal remunerados.

O salário mínimo, a jornada de oito horas diárias, a proibição do trabalho para menores de 14 anos, a proteção às gestantes e a criação da Carteira de Trabalho também foram aprovados pela Constituinte.

Para solucionar os conflitos trabalhistas, a Carta de 1934 previa a criação da **Justiça do Trabalho**. Em 1943, essas medidas foram complementadas com a elaboração da **Consolidação das Leis do Trabalho** (CLT), que reuniu e unificou a legislação trabalhista da época. Ainda hoje, as relações de trabalho são regulamentadas pela CLT.

A radicalização ideológica

O governo constitucional de Getúlio Vargas foi marcado por um processo de radicalização ideológica. A crise econômica ainda assolava a Europa e os Estados Unidos, onde havia altos níveis de desemprego.

A eficiência das soluções liberais foi contestada. Em seu lugar, foram propostas medidas autoritárias. As ideologias extremistas europeias do início dos anos 1930, como o totalitarismo (capítulo Os totalitarismos), tiveram desdobramentos no Brasil.

O Integralismo e a Aliança Nacional Libertadora

Criada em 1932, a **Ação Integralista Brasileira** (AIB) era um movimento político que possuía fortes influências do fascismo italiano. Dirigida por Plínio Salgado, a AIB se espalhou por todo o país e difundiu ideias nacionalistas, antiliberais, anticomunistas e antissemitas.

Os integralistas defendiam um poder centralizado e autoritário. Sob o lema "Deus, Pátria e Família", Plínio Salgado e os demais líderes da AIB adotavam valores cristãos e tradicionais para atrair novos militantes. Esse movimento seria posto na ilegalidade em 1937.

Do outro lado do debate estavam os grupos de esquerda, alguns influenciados pelos ideais comunistas. Em 1935, foi criada a **Aliança Nacional Libertadora** (ANL), que reuniu vários grupos políticos e ex-tenentes da esquerda, críticos do governo de Getúlio.

Luís Carlos Prestes, que havia participado dos movimentos tenentistas nos anos 1920 (capítulo A Primeira República no Brasil), liderou o movimento. A ANL também criticava os princípios liberais e o imperialismo.

A rebelião da ANL

Antes mesmo da organização da ANL, ocorreram conflitos entre comunistas e integralistas em 1934. No ano seguinte, vários embates nas ruas das grandes cidades foram registrados.

Getúlio Vargas, por seu lado, propôs ao Congresso uma Lei de Segurança Nacional. Aprovada em abril de 1935 pelo Legislativo, essa lei definia as greves e as diversas manifestações de protesto como sendo "crimes contra a ordem". Nesse mesmo ano o governo colocou a ANL na ilegalidade.

Os grupos mais radicais da ANL decidiram apelar para uma revolta armada e tentar depor Vargas. Em novembro de 1935, no Rio Grande do Norte, teve início a **Intentona Comunista**, apoiada por rebeliões no Recife e no Rio de Janeiro. Houve vários enfrentamentos entre as forças getulistas e os revoltosos. Sem o esperado apoio do Exército e de outros estados, a tentativa de golpe foi sufocada e duramente reprimida pelo governo federal.

> **Assista**
> **Olga.** Direção de Jaime Monjardim, Brasil, 2004, 141 min.
> O filme conta a história de Olga Benário Prestes, militante comunista alemã que veio ao Brasil para participar da Intentona Comunista ao lado de Prestes. Após a vitória de Vargas, Olga é presa e enviada à Alemanha de Hitler.

Plínio Salgado (à mesa, em pé) discursa em reunião integralista, em São João del-Rei, (MG). Conhecidos como "camisas-verdes", por causa dos uniformes, usavam a letra grega sigma (Σ) como símbolo, como se vê no centro da imagem. Foto de 1935.

A ditadura do Estado Novo

Diante dos episódios de 1935, Vargas intensificou a repressão aos movimentos de contestação ao governo. Jornalistas, intelectuais e parlamentares foram presos, acusados de conspirar contra o governo.

Nos dois anos seguintes, o Brasil permaneceu grande parte do tempo sob estado de sítio ou de guerra. As liberdades constitucionais estavam suspensas e o regime político começava a se fechar. As oposições ao governo Vargas passaram a ser consideradas "crimes contra a nação".

A campanha eleitoral para 1938

Como estava previsto na Constituição de 1934, haveria eleições em 1938, das quais Getúlio Vargas não poderia participar. As articulações políticas e as campanhas se iniciaram ainda em 1936.

Armando de Salles Oliveira concorreria pelo Partido Constitucionalista, ligado ao Partido Democrático de São Paulo. José Américo de Almeida seria o candidato do governo. E Plínio Salgado sairia pela Ação Integralista Brasileira.

Entretanto, a radicalização ideológica e a suspensão das garantias constitucionais ameaçavam o andamento das campanhas e do pleito. Vargas discursou várias vezes entre 1936 e 1937 insinuando que a situação política do país não era própria para eleições.

O presidente denunciava um "perigo comunista" iminente que poderia se aproveitar das campanhas eleitorais para dar um golpe. Impossibilitado de participar do pleito, Getúlio Vargas dava indícios de que não respeitaria o calendário eleitoral.

O Plano Cohen e mais um golpe

A ideia de uma ameaça comunista tornou-se cada vez mais forte entre os membros do governo. Em setembro de 1937, o oficial integralista Olímpio Mourão Filho redigiu um plano comunista detalhado para a tomada do governo no Brasil.

Esse plano era fictício e simulava uma insurreição comunista. Atribuído a um judeu de nome Cohen, o plano foi vazado na imprensa, que o divulgou como se fosse real.

Os conflitos com os comunistas e as ameaças de levantes e insurreições existiam. O Plano Cohen, no entanto, não era obra dos comunistas, mas, sendo a eles atribuído, foi o motivo que faltava para Getúlio Vargas desfechar o golpe de Estado.

Alegando que o país corria risco de ser tomado pelos comunistas, Vargas deu um golpe de Estado em novembro de 1937. Anulou as eleições marcadas para o ano seguinte e suspendeu as liberdades civis e políticas; fechou o Congresso Nacional; extinguiu a Constituição de 1934 e a substituiu por uma nova Carta, que fora redigida antes mesmo do golpe. Era o início do **Estado Novo** no Brasil.

Nessa charge da revista *Careta*, o cartunista J. Carlos satiriza Getúlio Vargas em janeiro de 1937, criticando o "apego" dele ao poder.

Ponto de vista

Autoritário ou totalitário?

Muitos historiadores, como Boris Fausto, consideram que o regime político brasileiro durante o Estado Novo era **autoritário**, mas não **totalitário**.

Outros historiadores entendem, no entanto, que havia traços totalitários no governo instalado em 1937.

Veja, abaixo, o ponto de vista da cientista política Maria Celina D'Araujo.

Na prática, os regimes baseados nesses pressupostos foram e são ditaduras, pois, ao apregoarem o fim do conflito político como caminho para a paz e o desenvolvimento, usam o poder do Estado para suprimir outras formas de poder. Calam o conflito silenciando a pluralidade social e negam a política para a usarem de maneira discricionária. Estes governos acabam ou sendo autoritários [...] ou como sistemas totalitários – caso em que, além de autoritários, assentam-se em uma ampla política mobilizatória, através de um partido único ou de forças paramilitares. [...] Com graus e nuanças particulares, foi isso o que aconteceu no Estado Novo no Brasil [...].

D'ARAUJO, Maria Celina Soares. *O Estado Novo*. Rio de Janeiro: Jorge Zahar, 2000. p. 13-14.

- Faça uma pesquisa para descobrir quais Estados atuais poderiam ser considerados autoritários ou totalitários. A seguir, escreva um texto sobre a sua pesquisa.

> ## Medidas ditatoriais

Vargas instituiu em seu novo governo a Constituição de 1937, repleta de vários dispositivos autoritários. Ela ficou conhecida como **Polaca**, por causa das semelhanças com a Constituição polonesa.

Na nova Constituição, o Poder Executivo se sobrepôs ao Legislativo. Os partidos políticos foram extintos. Getúlio Vargas governava assinando decretos-leis que substituíam a legislação que deveria ser discutida e aprovada nas casas legislativas.

Os governadores eleitos só seriam empossados com a autorização de Vargas. Caso não concordasse com a escolha, o presidente podia nomear alguém para governar determinado estado.

Os estados perdiam sua autonomia, subordinando-se diretamente ao governo federal. E as oligarquias perdiam sua força de articulação política regional, já que nem sempre conseguiam eleger seus representantes.

Apesar de haver oposição às ações de Vargas, o presidente procurava anular todos os espaços legais de contestação a seu governo, reprimindo especialmente os movimentos de esquerda.

No Estado Novo, o governo retomou o princípio de um único sindicato por categoria profissional. Autorizava-se a formação de várias associações sindicais por categoria profissional, porém só era legal aquela reconhecida pelo governo.

Com isso, o Estado aumentava o controle sobre os sindicatos, sua organização e reivindicações. As greves, por exemplo, foram proibidas, sob a alegação de que não atendiam aos interesses nacionais. No período Vargas, a figura do "pelego" ganhou popularidade. Pelego era o nome dado ao sindicalista que defendia os interesses do Estado e do patrão, em vez de lutar pelas reivindicações dos trabalhadores.

> ### Leia
> **O crime do restaurante chinês**, de Boris Fausto. São Paulo: Companhia das Letras, 2009.
> Com base em um crime ocorrido em São Paulo, o autor analisa o funcionamento da polícia e da justiça e reflete sobre as manifestações culturais nos anos 1930.

Concentração de trabalhadores no estádio do Pacaembu, em São Paulo, nas celebrações do dia 1º de maio de 1944. Nas faixas, demonstrações de culto à imagem do presidente e submissão dos sindicatos.

> ## A informação controlada

Além de controlar as mais diversas manifestações para garantir a ordem ditatorial, Vargas também pretendia controlar o fluxo de informações. Para isso, não só proibia a manifestação de ideias contrárias ao seu governo, como estimulava a produção de campanhas e propagandas favoráveis a sua imagem e a de sua administração.

Em 1939, foi criado o **Departamento de Imprensa e Propaganda (DIP)**, que foi fundamental na construção da imagem de Vargas e no controle das informações veiculadas durante o Estado Novo.

O DIP organizava manifestações patrióticas e cívicas de apoio a Vargas. A imagem do presidente era a do líder que encarnava a pátria e os valores nacionais. Assim, apoiar Getúlio significava estar do lado do Brasil.

Também eram elaborados materiais de propaganda e cartilhas escolares com imagens positivas do presidente. O DIP dirigia ainda a transmissão da **Hora do Brasil**, programa de rádio que divulgava as ações do governo.

Além disso, todo o tipo de informação ou de expressão artístico-cultural considerado "nocivo" ao Brasil era censurado. Eram consideradas "nocivas" as informações com aspectos negativos e as críticas ao governo Vargas.

Nesse caso, como ocorre nos regimes autoritários, a imagem do presidente se confundia com a imagem do país. A lógica que se pretendia criar era a de que, ao se criticar Getúlio Vargas, traía-se o Brasil.

Cultura e sociedade

A propaganda oficial do governo Vargas tirou proveito de um meio de comunicação que se disseminava nos anos 1930: o rádio. Introduzido no Brasil nos anos 1920, o rádio ganhou popularidade apenas na década seguinte. Nessa época, os problemas técnicos que havia diminuíram, e a qualidade das transmissões melhorou.

Como a maioria da população era analfabeta, o rádio tornava-se um meio de comunicação eficiente. Vargas sabia disso e, em 1937, determinou que fossem instalados receptores de rádio em locais com grande aglomeração de pessoas. Seu objetivo era difundir a propaganda oficial do regime e seus projetos de integração nacional.

A Era do rádio

Durante os anos 1920, as transmissões radiofônicas privilegiaram conteúdos educativos, música clássica e discursos políticos.

Esse cenário mudou nos anos seguintes. Nesse período foram incorporados vários estilos de **música popular** nas transmissões. Eram reproduzidos sambas cariocas, maxixes nordestinos e marchinhas de Carnaval.

Ao mesmo tempo, as gravadoras lançavam artistas e cantores de música popular. Nos **programas de auditório**, os ouvintes iam até a emissora para assistir às transmissões.

Outra produção bastante popular eram as **radionovelas**, equivalentes às atuais telenovelas, porém transmitidas pelo rádio.

A disseminação do rádio na sociedade brasileira criava novos costumes. No âmbito privado, as famílias que possuíam os aparelhos se reuniam em torno do rádio para ouvir os programas.

Os que não possuíam rádios iam muitas vezes à casa de vizinhos para acompanhar as atrações. Ou então iam até estabelecimentos comerciais que disponibilizavam seus aparelhos para atrair novos clientes. A publicidade veiculada durante a programação também divulgava novos produtos, ideias e costumes.

Difusão e controle

Ao mesmo tempo em que a música popular se difundia por meio do rádio, era controlada de perto pelo regime do Estado Novo. As imagens criadas pela propaganda oficial de um Brasil próspero não deveriam ser contestadas.

Logo, as canções difundidas tinham de estar alinhadas a essa proposta. Quando não estavam, eram censuradas. Os exemplos mais comuns desse controle ocorreram em relação aos sambas.

Durante o Estado Novo, as letras de samba que exaltavam a malandragem, a vadiagem e a jogatina foram desaprovadas pelo regime. Ou os sambistas celebravam o trabalho e a disciplina ou não teriam suas músicas reproduzidas.

Muitos compositores continuaram a exaltar a malandragem nas rodas de samba, distantes das autoridades. Outros sambistas, contudo, escreviam letras que homenageavam Vargas ou celebravam a disciplina e a felicidade dos trabalhadores brasileiros. Apreciados pelos setores populares, os sambas de exaltação ao Estado Novo atingiam grande número de pessoas.

Auditório da Rádio Nacional, durante programa musical. Criada em 1936, ela foi comprada pelo governo Vargas em 1940 e se tornou a "emissora do Estado" e a campeã de audiência. Foto da década de 1950.

Hoje em dia

O rádio na era da internet

Se as famílias reuniam-se em torno do rádio nos anos 1930 e 1940 para se divertir ou ouvir as notícias do dia, hoje essa prática é menos comum.

Muitas das inovações da "cultura do rádio" foram incorporadas por outros meios de comunicação. Exemplos disso são os noticiários, as novelas ou os programas de entrevistas com celebridades.

As músicas, antes popularizadas pelo rádio, hoje são veiculadas também pela internet ou em aparelhos eletrônicos portáteis. Os noticiários na internet e na televisão rivalizam com os transmitidos pelo rádio.

Entretanto, o rádio continua a ser um valioso meio de comunicação, principalmente nos momentos em que nos deslocamos de um lugar a outro ou para a prestação de serviços à comunidade, como ocorre com as rádios comunitárias.

- Debata com seu colega o papel do rádio nos dias de hoje e explique as principais diferenças em relação ao rádio dos anos 1930 e 1940.

> Cinema

A produção cinematográfica teve um grande impulso nos anos 1930. Desde o período do Governo Provisório, Vargas já demonstrara interesse em incentivar o cinema.

Esse estímulo tinha um objetivo definido: os filmes deveriam melhorar a educação do povo brasileiro. Como era uma das principais formas de diversão na época, o cinema tornou-se um importante veículo de divulgação de ideias e valores.

Sob o pretexto de melhorar a educação da população, Vargas tornou obrigatória a exibição de filmes nacionais educativos de curta-metragem antes de qualquer sessão de cinema. Esses filmes educativos tinham a função de divulgar a história e os valores nacionais, exaltando o Brasil. Os curtas-metragens faziam também propaganda do governo Vargas.

A partir de 1939, o Estado passou a controlar diretamente a produção de filmes por meio do DIP, que, além de realizar curtas-metragens, controlava a exibição de filmes produzidos por particulares. O Estado também incentivou a produção de longas-metragens alinhados ao governo.

No período Vargas, destacaram-se duas produtoras de cinema: a **Cinédia**, fundada em 1930, que ficou conhecida por suas comédias musicais populares e pelo grande número de filmes lançados; e a **Atlântida**, de 1941, que consolidou a produção dessas comédias. Ambas lançaram e consagraram grandes artistas, como Oscarito, Grande Otelo, Carmem Miranda e Dercy Gonçalves.

> Educação

Além das manifestações artístico-culturais, Vargas esteve atento à educação.

Para isso, contou com a colaboração de Gustavo Capanema, ministro da Educação e da Saúde Pública entre 1934 e 1945. Tal como no âmbito artístico, Capanema associou educação ao patriotismo, à valorização dos símbolos que levassem à criação de uma identidade nacional.

Entre as matérias, constava Educação Moral e Cívica, cujo conteúdo pretendia formar o cidadão segundo os critérios de boa conduta moral e amor à pátria. Capanema investiu também no ensino profissionalizante para qualificar a mão de obra comercial e a industrial.

Ao controlar os conteúdos, o governo Vargas pretendia estabelecer um padrão nacional para a educação. O Ensino Superior também passou por um processo de centralização e nacionalização. Em 1935, foi criada a Universidade do Rio de Janeiro, que reunia diversas faculdades já existentes. A partir de 1937, ela passou a ser chamada de Universidade do Brasil.

> Os intelectuais e a busca do Brasil

Vários intelectuais e artistas brasileiros trabalharam para o governo de Vargas. Gustavo Capanema apoiou os artistas modernistas (capítulo A Primeira República no Brasil), que buscavam compreender a "identidade nacional". Mário de Andrade, Heitor Villa-Lobos, Manuel Bandeira, entre outros, prestaram serviços na área da cultura.

Enquanto isso, outros intelectuais dedicavam-se a pensar o que era o Brasil, sua história e sua identidade. Surgiram, então, alguns estudos que se tornaram referência para a compreensão e para a explicação da história e da cultura brasileiras. Entre eles, *Casa-grande e senzala*, de Gilberto Freyre, de 1933; *Evolução política do Brasil*, de Caio Prado Júnior, de 1933; e *Raízes do Brasil*, de Sérgio Buarque de Holanda, de 1936.

O governo Vargas investiu ainda na preservação do patrimônio cultural. Em 1937, foi criado o **Serviço do Patrimônio Histórico e Artístico Nacional** (SPHAN). Esse órgão era responsável pela conservação dos bens móveis e imóveis relacionados à história e à cultura do Brasil. Cidades, monumentos e paisagens naturais classificados como patrimônio deveriam ser preservados.

Cartaz do filme *O descobrimento do Brasil*, de Humberto Mauro, de 1937. Com trilha sonora de Heitor Villa-Lobos, é exemplo de filme encomendado pelo governo.

▌Outras histórias

Enquanto no Brasil o governo Vargas promulgava leis favoráveis aos trabalhadores, em Cuba o militar Fulgêncio Batista comandava uma rebelião de sargentos em 1933. Nesse momento, Cuba passava por um período de desordem que se seguiu à queda do ditador Gerardo Machado. Batista, porém, não assumiu a presidência imediatamente. Manteve-se no comando das Forças Armadas, a serviço dos donos de engenho estadunidenses, senhores de 40% das terras e de 60% da comercialização do açúcar cubano.

Em 1940, Batista elegeu-se presidente da República, cargo que exerceu até 1944. Mais tarde, em 1952, voltou ao poder, dessa vez como ditador, mediante um golpe de Estado. Seu governo transformou a ilha em um centro de jogatina dos turistas estadunidenses. Foi destituído do poder pela Revolução Cubana, liderada por Fidel Castro, em 1959.

Aliado da democracia

Na década de 1930, o Brasil manteve relações comerciais com a Alemanha sob o governo de Hitler. Vargas assinou acordos com os alemães, para os quais o Brasil vendia matérias-primas, principalmente algodão e café, e dos quais importava produtos industrializados.

Do mesmo modo, o Brasil também assinava acordos com os Estados Unidos e outros países, mas os grupos políticos ligados aos militares pressionavam para que o governo se aproximasse da Alemanha. Outros setores defendiam a manutenção das relações comerciais e políticas com os Estados Unidos.

O Brasil se posiciona

Os debates sobre a política externa aumentaram com o início da Segunda Guerra Mundial. Nesse período, os Estados Unidos aproximaram-se do governo Vargas e dos países latino-americanos com a intenção de afastá-los do nazismo.

Os EUA negociavam o apoio brasileiro aos Aliados, o uso de bases militares brasileiras no Nordeste e o fornecimento de matérias-primas. Por seu lado, o Brasil buscava contrapartida financeira e tecnológica em troca do alinhamento.

No final de 1941, os EUA declararam guerra ao Eixo, aumentando as pressões sobre a posição brasileira no conflito. Pouco depois, o Brasil rompeu relações diplomáticas com os países do Eixo.

Não demorou e o país passou a ser alvo de ataques: submarinos alemães afundaram cinco navios mercantes brasileiros. Então, em agosto de 1942, devido a uma forte pressão popular, o Brasil declarou guerra ao Eixo.

Em 1943, Vargas criou a **Força Expedicionária Brasileira** (FEB) para lutar ao lado dos Aliados na Itália. Em junho de 1944, cerca de 25 mil soldados brasileiros foram enviados para combater os países do Eixo na Europa.

Os acordos com os Estados Unidos

Para evitar que o Brasil se aliasse ao Eixo na Segunda Guerra, os Estados Unidos aceitaram financiar alguns projetos. Além de fornecer equipamentos militares, os estadunidenses assinaram acordos para viabilizar a construção de indústrias ligadas à siderurgia no Brasil.

Em 1941, os governos do Brasil e dos Estados Unidos decidiram criar a **Companhia Siderúrgica Nacional** (CSN), em Volta Redonda, no Rio de Janeiro. Durante a guerra, ela forneceria aço aos países aliados. Terminados os conflitos, ela seria a base da produção de maquinários e armamentos para o Brasil.

No ano seguinte foi criada a **Companhia Vale do Rio Doce**, voltada para a extração de minério de ferro. Constituída com capital estadunidense, a companhia também deveria abastecer os Aliados durante a guerra.

Além do aço, o Brasil exportava outras matérias-primas. O governo incentivou a exploração do látex, na região amazônica, reativando a **economia da borracha** no início dos anos 1940.

O fim do Estado Novo

Conforme o Brasil se posicionava ao lado dos Aliados na Segunda Guerra, aumentava o debate político interno. Havia uma contradição que se tornara mais evidente durante o conflito: a sociedade brasileira vivia sob um regime autoritário e fechado, mas o Estado se aliara às forças democráticas.

A oposição ao governo Vargas cresceu ainda mais durante o período de guerra. As lideranças civis pressionavam o presidente para que o país retomasse o regime democrático, com eleições diretas e partidos políticos livres.

Com o fim da Segunda Guerra e a derrota dos países do Eixo, em 1945, as pressões aumentaram. Getúlio Vargas dava sinais de que atenderia às reivindicações. O presidente convocou eleições legislativas e permitiu a organização livre de partidos políticos.

No entanto, havia temores de que Getúlio Vargas, sustentado por sua popularidade, tramasse outro golpe e permanecesse no poder. Em razão disso, o Alto Comando do Exército depôs Vargas, que assinou sua renúncia em 29 de outubro de 1945.

Cartaz (1939-1945) da campanha para arrecadação de fundos destinada ao esforço de guerra.

Ontem e hoje

Tecnologia e controle dos meios de comunicação

Nos anos 1930 e 1940, o Brasil passou por um processo de expansão dos meios de comunicação, sobretudo no que se refere ao rádio. Rapidamente, esse aparelho disseminou-se pelos centros urbanos, tornando-se poderosa ferramenta de comunicação, alcançando muitos lugares e pessoas. As transmissões amadoras pioneiras dos anos 1920 deram lugar ao trabalho profissional nos estúdios a partir dos anos 1930.

Popularização e controle

O aperfeiçoamento tecnológico e a popularização do rádio contribuíram para a difusão da música popular nos anos 1920 e 1930. Os trabalhadores ouviam sambas, marchinhas, choros, canções sertanejas e maxixes, que, então, começavam a ser transmitidos pelo rádio e gravados em disco.

O governo getulista, ao perceber o potencial político do rádio, procurou controlá-lo, tanto pela censura como pelo uso do meio para veicular as propagandas e os valores do Estado Novo. Para justificar o controle estatal, atribuiu-se ao rádio uma função pública e educativa. Assim, o DIP fiscalizava a programação e organizava os pronunciamentos radiofônicos de Vargas.

Em 1940, o governo federal estatizou a Rádio Nacional do Rio de Janeiro, tornando-a uma espécie de porta-voz. A emissora tornou-se líder de audiência, atraindo o público para ouvir a programação elaborada pelo DIP.

Política e meios de comunicação hoje

Ainda hoje, a liberdade de expressão é um tema bastante polêmico, principalmente pela capacidade de comunicação de mídias como televisão, rádio e internet, com tecnologias cada vez mais aprimoradas e mais concentradas nas mãos de poucos grupos. Ao mesmo tempo, há uma pluralidade de opiniões originadas em uma infinidade de culturas e visões de mundo. Quando se trata de disputa política, as discordâncias podem ser ainda mais acirradas.

E é no terreno da política que há, muitas vezes, a tentativa de silenciar ou controlar os que discordam da ordem estabelecida e que se expressam na televisão, no rádio ou na internet.

Jornalistas e políticos chineses durante sessão do Congresso Nacional Popular da China, em Beijing. O governo chinês adota uma das mais severas políticas de censura na internet. Foto de 2006.

Como funciona a censura na internet

Um dos primeiros apelidos da internet foi "super-rodovia da informação", porque ela supostamente deveria fornecer às pessoas comuns acesso rápido a um volume praticamente ilimitado de dados. Para muitos usuários, é exatamente isso que o acesso à internet propicia. Para outros, é como se a super-rodovia da informação oferecesse alguns sérios obstáculos na forma de **censura na internet**.

Os motivos para a censura variam de um desejo bem-intencionado de proteger crianças contra conteúdo indevido a tentativas autoritárias de controlar o acesso de um país à informação. Não importa quais sejam as razões dos censores, o resultado final é o mesmo: eles bloqueiam o acesso a páginas de *web* que considerem indesejáveis.

A censura na internet não é apenas uma ferramenta governamental ou paterna. Existem diversos produtos de *software* disponíveis no mercado para bloquear ou limitar o acesso a *sites* específicos. A maioria das pessoas conhece esses programas como filtros de *web*, no entanto os oponentes da censura os designam como *censorware*.

Embora existam partidários e antagonistas declarados da censura na internet, é difícil dividir a maioria das pessoas nessas duas categorias. Nem todos utilizam as mesmas táticas para atingir seus objetivos. Alguns oponentes dos governos contestam esse tipo de procedimento na Justiça. Outros se dedicam a uma guerrilha da informação, oferecendo às pessoas acesso clandestino a informações.

STRICKLAND, Jonathan. Disponível em: <http://informatica.hsw.uol.com.br/censura-na-internet.htm>. Acesso em: 14 maio 2014.

Reflita

1. A relação de Getúlio Vargas, nos anos 1930 e 1940, com os meios de comunicação limitava a liberdade de expressão. Relacione esse panorama com as tentativas atuais de impor censura às mídias digitais, principalmente na internet.

2. Você já passou por algum tipo de censura ao acessar a internet? Debata com seus colegas a afirmação: "Os motivos para a censura variam de um desejo bem-intencionado de proteger crianças contra conteúdo indevido a tentativas autoritárias de controlar o acesso de um país à informação".

Atividades

Verifique o que aprendeu

1. Relacione a formação da Aliança Liberal para as eleições de 1930 com a política do café com leite, praticada durante a Primeira República.

2. Cite três fatos que aumentaram a tensão política no período entre as eleições e a posse do futuro presidente em 1930.

3. Identifique as divergências e os debates políticos que surgiram após as primeiras medidas adotadas por Vargas como chefe do Governo Provisório.

4. Que fatores aumentaram a insatisfação dos políticos paulistas e provocaram os conflitos com o governo federal em 1932?

5. O Código Eleitoral de 1932 propunha alguns avanços em relação aos procedimentos eleitorais comuns durante a Primeira República. Indique-os.

6. A criação e o funcionamento dos sindicatos foram um dos temas mais polêmicos da política trabalhista de Vargas. Formule uma hipótese que justifique a relevância desse tema durante o período em que Vargas esteve no poder.

7. Analise as diferenças e as semelhanças existentes entre a Aliança Nacional Libertadora e a Ação Integralista Brasileira.

8. Relacione o processo de "radicalização ideológica" ao surgimento do Estado Novo com o golpe de 1937.

9. A partir do golpe de 1937, Vargas adotou uma série de medidas ditatoriais. Cite duas e explique por que são consideradas "ditatoriais".

10. Observe a imagem da página 582 e interprete a frase que aparece em uma das faixas levantadas pelos trabalhadores: "Os bancários de S. Paulo saúdam o grande presidente Getúlio Vargas".

11. Relacione a popularização do rádio com a difusão da propaganda getulista.

12. Além de controlar a programação das rádios, o DIP atuava em outras frentes para organizar a propaganda do governo Vargas e fiscalizar as informações veiculadas. Identifique-as.

13. Apesar de aliado dos países vencedores da Segunda Guerra Mundial, o Estado Novo brasileiro perdeu força em 1945. Explique o motivo desse enfraquecimento do regime.

Leia e interprete

14. O texto a seguir é um fragmento do discurso proferido por Getúlio Vargas, em 1º de maio de 1940, no estádio de futebol do Vasco da Gama, no Rio de Janeiro. Leia-o e faça os exercícios que se seguem.

    Trabalhadores do Brasil: aqui estou, como de outras vezes, para compartilhar as vossas comemorações e testemunhar o apreço em que tenho o homem do trabalho como colaborador direto da obra de reconstrução política e econômica da Pátria. [...]

    A despeito da vastidão territorial, da abundância de recursos naturais e da variedade de elementos de vida, o futuro do País repousa, inteiramente, em nossa capacidade de realização. Todo trabalhador, qualquer que seja a sua profissão, é, a este respeito, um patriota que conjuga seu esforço individual à ação coletiva, em prol da independência econômica da nacionalidade. O nosso progresso não pode ser obra exclusiva do governo, sim de toda a Nação, de todas as classes, de todos os homens e mulheres, que se enobrecem pelo trabalho, valorizando a terra em que nasceram.

    BARROS, Edgard Luiz de. *Getúlio!* São Paulo: Nankin, 2004. p. 97-98.

    a) A que comemorações Vargas se refere?
    b) Relacione a ideia de "reconstrução política e econômica" com o nome dado ao regime de Vargas a partir do golpe de 1937.
    c) Quais são os artifícios usados por Vargas nesse discurso para construir a ideia de um Brasil integrado, sem divisões?

15. A charge abaixo foi elaborada pelo cartunista J. Carlos em 1945 e representa a relação entre Getúlio Vargas e a sociedade. Observe-a e responda às questões a seguir.

A relação entre Getúlio Vargas e a sociedade, segundo o cartunista J. Carlos.

a) Identifique Getúlio Vargas e explique qual é o elemento cômico da charge.
b) Observe as demais personagens. Que grupos sociais elas representam?
c) Que recursos visuais o cartunista utilizou para diferenciar os grupos sociais?
d) Com base no que foi estudado neste capítulo e nas respostas acima, crie um título para a charge.

Vestibular e Enem

ATENÇÃO: todas as questões foram reproduzidas das provas originais de que fazem parte.

1. (Fuvest-SP) Em um balanço sobre a Primeira República no Brasil, Júlio de Mesquita Filho escreveu:

> [...] a política se orienta não mais pela vontade popular livremente manifesta, mas pelos caprichos de um número limitado de indivíduos sob cuja proteção se acolhem todos quantos pretendem um lugar nas assembleias estaduais e federais.
>
> A crise nacional, 1925.

De acordo com o texto, o autor:
a) critica a autonomia excessiva do Poder Legislativo.
b) propõe limites ao federalismo.
c) defende o regime parlamentarista.
d) critica o poder oligárquico.
e) defende a supremacia política do Sul do país.

2. (Unioeste-PR) A cidade do Rio de Janeiro no início do século XX, então capital da República, assistiu a importantes revoltas populares, entre as quais a Revolta da Vacina. Sobre esse período é INCORRETO afirmar:
a) A cidade do Rio de Janeiro, durante o governo do presidente Rodrigues Alves (1902-1906), encontrava-se em meio a problemas de saneamento e superpopulação de cortiços, que foram justificadores de uma reforma urbana.
b) O prefeito do Rio de Janeiro Pereira Passos e o médico Oswaldo Cruz elaboraram um grande projeto sanitário que executou a demolição de velhos prédios e cortiços, que deram lugar a grandes avenidas e jardins. Tais medidas chegaram mesmo a eliminar o morro do Castelo para dar lugar à avenida Central, atual avenida Rio Branco.
c) Oswaldo Cruz, diretor de Saúde Pública, criou as chamadas Brigadas Mata-Mosquitos, que ficaram sob o controle de funcionários do Serviço Sanitário, que invadiam as casas para desinfecção e eliminação dos mosquitos transmissores da febre amarela.
d) A reação popular, entretanto, não conseguiu suspender a obrigatoriedade da vacina.
e) A reação da população exigiu do governo a decretação do Estado de Sítio em 1904. Centenas de pessoas foram presas e muitas delas enviadas para o Acre, contendo definitivamente a rebelião.

3. (Unemat-MT) O crescimento urbano, na passagem do século XIX para o XX no Brasil, atraiu para a nascente indústria grande número de trabalhadores.

Sobre os movimentos reivindicatórios dos operários nesse período, assinale a alternativa correta.
a) A liberdade de organização dos sindicatos estava garantida em lei.
b) O atendimento às reivindicações dos trabalhadores pela burguesia industrial impedia as greves e paralisações.
c) Baixos salários e precárias condições de vida e de trabalho eram as principais motivações do nascente movimento operário no Brasil.
d) Antes de 1930, já preocupado com as condições dos trabalhadores urbanos, Vargas toma medidas para protegê-los.
e) As primeiras greves no Brasil só surgiram em 1929, em virtude da crise econômica mundial.

4. (UFG-GO) A Primeira Guerra Mundial foi denominada por seus contemporâneos como "Grande Guerra". Essa denominação aponta para uma diferença substantiva desse conflito. Comparada às guerras do [século] XIX, na Primeira Guerra:
a) a duração do conflito foi maior, pois a guerra de trincheiras impedia os avanços militares.
b) a infantaria destacou-se como opção estratégica no combate ao inimigo.
c) os acordos diplomáticos foram responsáveis pelo fortalecimento do equilíbrio europeu.
d) as ações bélicas tiveram alcance mundial porque se desenvolveram em todos os continentes.
e) as inovações tecnológicas, utilizadas em larga escala, ampliaram o potencial beligerante.

5. (Cesgranrio-RJ)

> Desde os primeiros dias da Revolução, o nosso partido teve a firme convicção de que a lógica dos acontecimentos o levaria ao poder.
>
> Leon Trotsky

Tal convicção foi posteriormente confirmada e a Revolução Russa de 1917 caracterizou-se como um dos mais importantes acontecimentos históricos da primeira metade do século XX, na medida em que significou a tentativa de se implantar o primeiro Estado socialista, experiência, até então, sem precedentes. Entre os fatores que favoreceram a eclosão dessa Revolução, identificamos corretamente o(a):
a) desenvolvimento tardio do capitalismo industrial na Rússia, que favoreceu o afastamento da aristocracia rural e do exército da base de poder da monarquia czarista, substituídos pela burguesia e pelo operariado.
b) acirramento da crise econômica e social decorrente da participação da Rússia na Primeira Guerra Mundial, que agravou a carestia generalizada de alimentos e as greves, e enfraqueceu a autoridade governamental do Czar.
c) substituição da autocracia czarista por um governo fundamentado em uma monarquia parlamentar liberal, que ampliou os direitos políticos individuais fortalecendo os partidos políticos, inclusive os mencheviques revolucionários.
d) Revolução Burguesa de 1905, que concedeu autonomia política e administrativa às nacionalidades

que formavam o Império Russo, implementando uma política de reforma agrária que extinguiu os privilégios da aristocracia fundiária e da Igreja Ortodoxa.

e) vitória dos bolcheviques e mencheviques nas eleições da Duma legislativa (1906) convocada pelo Czar, após o "Domingo Sangrento", na qual obtiveram uma maioria parlamentar que possibilitou a implantação de diversas reformas econômicas socializantes.

6. (PUC-RJ) As relações internacionais no entreguerras (1918-1939) foram marcadas por uma tentativa de criar um órgão internacional que teria como uma de suas funções evitar um novo conflito mundial.

Essa organização ficou conhecida como:
a) Organização dos Estados Americanos (OEA).
b) Sociedade das Nações ou Liga das Nações.
c) Organização das Nações Unidas (ONU).
d) Organização do Tratado do Atlântico Norte (OTAN).
e) Organização Mundial do Comércio (OMC).

7. (PUC-RJ)

> Desde o final do século XIX, os Estados Unidos intervieram política e economicamente várias vezes em países do continente, em especial no Caribe e na América Central [...]. A esse intervencionismo foi dado o nome de "Big Stick", inspirado numa frase famosa do Presidente Theodore Roosevelt sobre a política americana para o continente.
>
> MOURA, Gerson. Tio Sam chega ao Brasil. p. 15-16.

Sobre o "Big Stick" estão corretas as afirmativas, À EXCEÇÃO DE:

a) O governo dos EUA defendeu o lema da "América para os americanos", opondo-se às tentativas de intervenção de potências europeias.
b) O governo norte-americano, em nome da preservação da ordem e da democracia, justificava a intervenção armada dos EUA em países da América.
c) A inclusão da Emenda Platt (1901) na primeira Constituição do Estado independente cubano exemplificou a política intervencionista dos EUA.
d) O apoio norte-americano à independência do Panamá, em 1903, garantiu, entre outros aspectos, a exploração financeira e comercial da região do canal.
e) O presidente Theodore Roosevelt (1901-1909) resumiu sua política internacional sob a máxima do "fale macio e use um porrete".

8. (FGV) O contexto europeu do final do século XIX e início do XX relaciona-se à eclosão da Primeira Guerra Mundial porque:

a) a Primeira Revolução Industrial desencadeou uma disputa, entre os países europeus, por fontes de carvão e ferro e por consumidores dos excedentes europeus.
b) a unificação da Itália rompeu o equilíbrio europeu, pois fez emergir uma nova potência industrial, rival da Grã-Bretanha e do Império Austríaco.
c) o revanchismo alemão, devido à derrota na Guerra Franco-Prussiana, fez a Alemanha desenvolver uma política militarista e expansionista.
d) a difusão do socialismo, principalmente nos Bálcãs, acirrou os movimentos emancipacionistas na área, então sob domínio do Império Turco.
e) a corrida imperialista, com o estabelecimento de colônias e áreas de influência na África e na Ásia, aumentou as rivalidades entre os países europeus.

9. (Cesgranrio-RJ) Ao longo do século XX, diversos movimentos sociais eclodiram na América Latina. Dentre eles, destacamos a Revolução Mexicana, iniciada em 1911, que se caracterizou, em suas origens, como um movimento:

a) operário pela implantação de um governo socialista no México.
b) nacionalista contrário à dominação política espanhola.
c) burguês em defesa da industrialização do país.
d) camponês de luta por uma reforma agrária.
e) liberal em prol de uma aliança econômica com os Estados Unidos.

10. (FGV) Leia atentamente as afirmações abaixo, sobre o Tenentismo, e assinale a alternativa correta.

I. O Movimento Tenentista (1922-1927) obteve, ao longo de sua marcha de sul ao norte do país, amplo apoio popular, destacando-se a adesão de operários anarquistas e socialistas à marcha.

II. Os únicos sobreviventes do Levante do Forte de Copacabana (1922) foram os tenentes Antônio Siqueira Campos e Eduardo Gomes, que se tornou, décadas depois, ministro da Aeronáutica da Ditadura Militar.

III. O Tenentismo representou um descontentamento das camadas médias urbanas com a política excludente das oligarquias cafeeiras.

IV. É no campo do chamado Movimento Tenentista que emerge o mito do Cavaleiro da Esperança, atribuído a Luís Carlos Prestes, comandante de importante coluna que percorreu 25 mil quilômetros através de 13 Estados do país.

V. Os tenentes tinham um plano claro e objetivo para a tomada do poder e o estabelecimento de uma nova ordem social com ampla participação popular.

a) Apenas as afirmações I, III e V estão corretas.
b) Apenas as afirmações II, III e IV estão corretas.
c) Apenas as afirmações II, III e V estão corretas.
d) Apenas as afirmações I, III e IV estão corretas.
e) Apenas as afirmações III, IV e V estão corretas.

Vestibular e Enem

11. (Ufes)

> [...] Tanto homens de negócios quanto governos tinham tido a esperança de que, após a perturbação temporária da Guerra Mundial, a economia mundial de alguma forma retomasse aos dias felizes de antes de 1914. [...] Contudo, o reajuste mostrou-se mais difícil que o esperado. Os preços e o "boom" desmoronaram em 1929 [...].
>
> HOBSBAWM, E. *A era dos extremos*: o breve século XX – 1914-1991. São Paulo: Companhia das Letras, 1995. p. 93-4.

O período de depressão retratado no texto foi seguido por mudanças políticas substantivas em nível mundial, dentre as quais é correto citar:

a) o fortalecimento das democracias liberais, aumentando a preocupação para com os direitos individuais do cidadão.
b) a consolidação do pluripartidarismo e da autonomia dos órgãos legislativos, que antes eram subjugados ao Poder Executivo.
c) o crescimento dos regimes totalitários, com ênfase na propaganda nacionalista como instrumento de mobilização das massas.
d) a implementação de políticas econômicas baseadas no livre-comércio e sem intervenção do Estado, a exemplo de *New Deal* dos EUA.
e) o surgimento de grandes estadistas que representavam partidos de "centro-esquerda" e defendiam propostas de desenvolvimento econômico com justiça social.

12. (Enem) Leia um texto publicado no jornal *Gazeta Mercantil*. Esse texto é parte de um artigo que analisa algumas situações de crise no mundo, entre elas a quebra da Bolsa de Nova Iorque em 1929, e foi publicado na época de uma iminente crise financeira no Brasil.

> Deu no que deu. No dia 29 de outubro de 1929, uma terça-feira, praticamente não havia compradores no pregão de Nova Iorque, só vendedores. Seguiu-se uma crise incomparável: o Produto Interno Bruto dos Estados Unidos caiu de 104 bilhões de dólares em 1929 para 56 bilhões em 1933, coisa inimaginável em nossos dias. O valor do dólar caiu a quase metade. O desemprego elevou-se de 1,5 milhão para 12,5 milhões de trabalhadores – cerca de 25% da população ativa – entre 1929 e 1933. A construção civil caiu 90%. Nove milhões de aplicações, tipo caderneta de poupança, perderam-se com o fechamento dos bancos. Oitenta e cinco mil firmas faliram. Houve saques e norte-americanos que passaram fome.
>
> *Gazeta Mercantil*, 5 jan. 1999.

Ao citar dados referentes à crise ocorrida em 1929, em um artigo jornalístico [...], pode-se atribuir ao jornalista a seguinte intenção:

a) Questionar a interpretação da crise.
b) Comunicar sobre o desemprego.
c) Instruir o leitor sobre aplicações em bolsas de valores.
d) Relacionar fatos passados e presentes.
e) Analisar dados financeiros americanos.

13. (Enem)

> São Paulo, 18 de agosto de 1929.
> Carlos [Drummond de Andrade],
> Achei graça e gozei com o seu entusiasmo pela candidatura Getúlio Vargas-João Pessoa. É. Mas veja como estamos... trocados. Esse entusiasmo devia ser meu e sou eu que conservo o ceticismo que deveria ser de você. [...]. Eu... eu contemplo numa torcida apenas simpática a candidatura Getúlio Vargas, que antes desejara tanto. Mas pra mim, presentemente, essa candidatura (única aceitável, está claro) fica manchada por essas pazes fragílimas de governistas mineiros, gaúchos, paraibanos [...], com democráticos paulistas (que pararam de atacar o Bernardes) e oposicionistas cariocas e gaúchos. Tudo isso não me entristece. Continuo reconhecendo a existência de males necessários, porém me afasta do meu país e da candidatura Getúlio Vargas. Repito: única aceitável.
> Mário [de Andrade]
>
> LEMOS, Renato. *Bem traçadas linhas*: a história do Brasil em cartas pessoais. Rio de Janeiro: Bom Texto, 2004. p. 305.

Acerca da crise política ocorrida em fins da Primeira República, a carta do paulista Mário de Andrade ao mineiro Carlos Drummond de Andrade revela:

a) a simpatia de Drummond pela candidatura Vargas e o desencanto de Mário de Andrade com as composições políticas sustentadas por Vargas.
b) a veneração de Drummond e Mário de Andrade ao gaúcho Getúlio Vargas, que se aliou à oligarquia cafeeira de São Paulo.
c) a concordância entre Mário de Andrade e Drummond quanto ao caráter inovador de Vargas, que fez uma ampla aliança para derrotar a oligarquia mineira.
d) a discordância entre Mário de Andrade e Drummond sobre a importância da aliança entre Vargas e o paulista Júlio Prestes nas eleições presidenciais.
e) o otimismo de Mário de Andrade em relação a Getúlio Vargas, que se recusara a fazer alianças políticas para vencer as eleições.

14. (UFMT) Em 1933, Adolf Hitler assumiu o poder na Alemanha abrindo caminho para a implementação do nazismo, movimento político que tentou englobar todos os aspectos da vida social e política. Sobre o nazismo, é correto afirmar que:

a) o objetivo era dominar todo o planeta, pregando a destruição dos povos tidos como atrasados.
b) tinha contra si a maioria da população alemã, que resistiu ao máximo à implementação dessa ideologia.

c) sua ideologia tinha afinidades com os regimes comunistas do Leste Europeu, promovendo alianças duradouras entre os países dessa região.
d) tinha um forte conteúdo racista, uma vez que pregava a existência da supremacia ariana.
e) foi uma ideologia de tipo socialista que pregava a estatização e a coletivização, opondo-se à exploração do homem pelo homem e à propriedade privada.

15. (Enem) Em discurso proferido em 17 de março de 1939, o primeiro-ministro inglês à época, Neville Chamberlain, sustentou sua posição política:

> Não necessito defender minhas visitas à Alemanha no outono passado, que alternativa existia? Nada do que pudéssemos ter feito, nada do que a França pudesse ter feito, ou mesmo a Rússia, teria salvado a Tchecoslováquia da destruição. Mas eu também tinha outro propósito ao ir até Munique. Era o de prosseguir com a política por vezes chamada de 'apaziguamento europeu', e Hitler repetiu o que já havia dito, ou seja, que os Sudetos, região de população alemã na Tchecoslováquia, eram a sua última ambição territorial na Europa, e que não queria incluir na Alemanha outros povos que não os alemães.
> (Internet: com adaptações.)

Sabendo-se que o compromisso assumido por Hitler em 1938, mencionado no texto acima, foi rompido pelo líder alemão em 1939, infere-se que:
a) Hitler ambicionava o controle de mais territórios na Europa além da região dos Sudetos.
b) a aliança entre a Inglaterra, a França e a Rússia poderia ter salvado a Tchecoslováquia.
c) o rompimento desse compromisso inspirou a política de "apaziguamento europeu".
d) a política de Chamberlain de apaziguar o líder alemão era contrária à posição assumida pelas potências aliadas.
e) a forma que Chamberlain escolheu para lidar com o problema dos Sudetos deu origem à destruição da Tchecoslováquia.

16. (Enem)

> A figura de Getúlio Vargas, como personagem histórica, é bastante polêmica, devido à complexidade e à magnitude de suas ações como presidente do Brasil durante um longo período de quinze anos (1930-1945). Foram anos de grandes e importantes mudanças para o país e para o mundo. Pode-se perceber o destaque dado a Getúlio Vargas pelo simples fato de este período ser conhecido no Brasil como a 'Era Vargas'.
>
> Entretanto, Vargas não é visto de forma favorável por todos. Se muitos o consideram como um fervoroso nacionalista, um progressista ativo e o 'Pai dos Pobres', existem outros tantos que o definem como ditador oportunista, um intervencionista e amigo das elites.

Considerando as colocações acima, responda à questão seguinte, assinalando a alternativa correta:

Provavelmente você percebeu que as duas opiniões sobre Vargas são opostas, defendendo valores praticamente antagônicos. As diferentes interpretações do papel de uma personalidade histórica podem ser explicadas, conforme uma das opções abaixo. Assinale-a.
a) Um dos grupos está totalmente errado, uma vez que a permanência no poder depende de ideias coerentes e de uma política contínua.
b) O grupo que acusa Vargas de ser ditador está totalmente errado. Ele nunca teve uma orientação ideológica favorável aos regimes politicamente fechados e só tomou medidas duras forçado pelas circunstâncias.
c) Os dois grupos estão certos. Cada um mostra Vargas da forma que serve melhor aos seus interesses, pois ele foi um governante apático e fraco – um verdadeiro marionete nas mãos das elites da época.
d) O grupo que defende Vargas como um autêntico nacionalista está totalmente enganado. Poucas medidas nacionalizantes foram tomadas para iludir os brasileiros, devido à política populista do varguismo, e ele fazia tudo para agradar aos grupos estrangeiros.
e) Os dois grupos estão errados, por assumirem características parciais e, às vezes conjunturais, como sendo posturas definitivas e absolutas.

17. (Ibmec-RJ) Sobre os fatores que contribuíram para a ocorrência da Segunda Guerra Mundial, são feitas as seguintes afirmativas:
I. A extrema rigidez do Tratado de Versalhes em relação à Alemanha estimulou uma onda revanchista naquele país.
II. Apesar de desempenhar um papel decisivo no contexto político europeu, especialmente em função da participação dos Estados Unidos em suas decisões, a Liga das Nações não foi capaz de deter os rumos dos acontecimentos que culminaram na invasão da Polônia.
III. A Crise de 29 ampliou os problemas de natureza social que atingiam a Europa e reforçou a ação dos grupos ultranacionalistas, como o fascista e o nazista.

Assinale:
a) se apenas a afirmativa I for correta.
b) se apenas a afirmativa II for correta.
c) se apenas a afirmativa III for correta.
d) se as afirmativas I e II forem corretas.
e) se as afirmativas I e III forem corretas.

18. (Unesp)

> A fixação do ano de 1930 como um primeiro marco divisor da História do Brasil contemporâneo tem a artificialidade implícita em qualquer periodização, mas se justifica por razões que se situam além da história política ou da simples tradição.

Sintetize algumas razões dessa periodização historiográfica.

PROJETO 5

Seminário: cooperativismo na economia

O que você vai fazer

Você e seus colegas irão promover um seminário para explicar à comunidade do bairro o significado do cooperativismo na economia e levantar possíveis ideias de projetos que podem ser desenvolvidos na sua região.

Você estudou que, na década de 1920, o progresso econômico propiciou o crescimento da renda de parcelas da sociedade e o avanço da tecnologia, favorecendo uma nova cultura ancorada no chamado *American way of life*. Essa cultura caracterizava-se pelo consumismo extremado e pela crescente desigualdade social. Além disso, as grandes corporações dominaram a economia de tal forma que pequenas empresas foram sendo eliminadas da competição.

Nos dias atuais, diferentes movimentos sociais manifestaram discordância com relação a esse modelo econômico, considerando-o danoso à natureza e à sociedade. Dessa insatisfação nasceu a economia solidária, que tem como valores fundamentais o **consumo responsável**, a **preservação do meio ambiente**, a **solidariedade** e a **democracia**.

Uma das formas de organização da economia solidária são as cooperativas. Elas têm como princípios fundamentais: auxílio mútuo entre as pessoas e ausência de competição; gestão democrática das decisões (todos são iguais e participam sem funções de chefia); partilha igualitária dos lucros; autonomia.

O objetivo deste projeto é trazer essa discussão à comunidade.

1. Pesquisa e investigação do tema

A classe deve ser dividida em grupos para facilitar o desenvolvimento da pesquisa, que deve ser realizada na internet ou em entidades que trabalhem com economia solidária ou cooperativas. Os grupos pesquisarão os seguintes temas:

1. História e princípios do cooperativismo.
2. Sociedades cooperativas e o seu funcionamento no mundo.
3. Cooperativismo e capitalismo.
4. Cooperativismo e desemprego.
5. Tipos de cooperativas (ligadas à produção agrícola, à pesca, à atividade artesanal e industrial, à circulação de mercadorias, ao consumo, ao crédito, à educação, etc.).
6. Cooperativas que podem ser fundadas na sua região, observadas as condições naturais do espaço e as habilidades e talentos dos moradores.

A internet possui um universo imenso de endereços eletrônicos nos quais você e seus colegas podem ter acesso a diversas informações. Indicamos alguns *sites*.

- <http://www.fbes.org.br/>
- <http://www2.mte.gov.br/ecosolidaria/ecosolidaria_oque.asp>
- <http://www.ecosol.org.br/>
- <http://www.abpes.org.br/>
- <http://www.cooperativismopopular.ufrj.br/>

Acessos em: 15 maio 2014.

2. Organização do seminário

De posse de todas as informações disponíveis, é hora de preparar o seminário, que é um encontro para a exposição de um assunto, seguida por um debate com participação dos ouvintes. Cada grupo deve expor o tema que pesquisou, de forma clara e concisa, destacando aquilo que é mais importante. Para isso, é fundamental ordenar a apresentação em forma de *slides* ou cartazes.

Algumas ideias que você e seus colegas considerem essenciais podem ser exploradas de forma mais detalhada. Para isso, é possível utilizar pequenos textos, como o do exemplo abaixo, os quais poderão ser projetados, lidos ao público ou, ainda, uma cópia poderá ser entregue a cada pessoa.

> A OIT (Organização Internacional do Trabalho), por meio da Recomendação 127/66, assinala que: "nos países em vias de desenvolvimento, estabelecer e expandir cooperativas deveria ser considerado um dos fatores importantes do desenvolvimento econômico, social e cultural".
> Disponível em: <http://www.ocbgo.org.br/site.do?idArtigo=21>. Acesso em: 15 maio 2014.

Por exemplo, o grupo que irá trabalhar com os princípios do cooperativismo pode falar de características desse modelo, como a autonomia e a gestão democrática, e perguntar ao público sua opinião sobre o assunto. Com isso, as pessoas são inseridas na discussão, participando com sugestões ou fazendo perguntas.

Os *slides* utilizados podem ser impressos e entregues aos ouvintes. Essa reprodução, além de apoiar o acompanhamento das exposições, pode ter a função de orientar futuros projetos de cooperativas, como uma que trabalhe com reciclagem de lixo, uma de crédito, entre outras.

Na Cooperativa de Biojoias de Tucumã, no Pará, mulheres são qualificadas para transformar sementes da flora amazônica em peças ornamentais femininas, como colares, brincos e anéis. Foto de 2010.

3. Divulgação

Combine com o professor a data e o lugar onde será realizado o seminário. Você e seus colegas devem fazer cartazes que apresentem a proposta do seminário e convidem a todos para participar na data definida. Afixe os cartazes em locais públicos, como supermercados, farmácias, correios, etc.

4. Apresentação do seminário

Uma boa maneira de encaminhar as exposições é fazer uma divisão clássica da exposição em introdução, desenvolvimento e conclusão.

- **Introdução**: aqui, os grupos responsáveis pelos temas 1, 2 e 3 deverão relatar a história e os princípios do cooperativismo, destacando a importância da construção de cooperativas como uma maneira de desenvolver formas de solidariedade.
- **Desenvolvimento**: neste momento, os grupos responsáveis pelos temas 4 e 5 apresentarão os resultados de suas pesquisas, oferecendo exemplos de cooperativas que deram certo no Brasil e as possibilidades de fazer cooperativas na região.
- **Conclusão**: como fechamento da discussão, o grupo responsável pelo tema 6 deverá apresentar formas de cooperativas que acredita serem mais viáveis, de acordo com as necessidades da região, ligadas aos diferentes setores (agropecuário, turístico, transporte, saúde, habitacional, etc.).

É importante que a classe escolha um relator para registrar as ideias que surgirem durante as discussões com o público. Cada grupo pode ter um relator para descrever as conclusões.

A apresentação do seminário deve finalizar com uma proposta de ações. Podem surgir iniciativas importantes. Fica a cargo da classe pensar a sua participação em futuras cooperativas. Podem até trabalhar como assessores, tendo em vista o conhecimento acumulado com a pesquisa e o seminário. Essa parte não é obrigatória, já que o objetivo essencial é apresentar noções de cooperativismo e informar as pessoas acerca da sua importância na sociedade e na economia da comunidade.

UNIDADE 10

A Guerra Fria

Nesta unidade

50 Duas superpotências disputam o mundo

51 A América Latina no pós-guerra

52 O Brasil e o populismo

53 O tempo das ditaduras

54 A ditadura militar no Brasil

55 O Oriente Médio

Estados Unidos e União Soviética – Jogo de forças

Países capitalistas membros da Otan em 1949
Outros países de economia capitalista
Países socialistas do Pacto de Varsóvia
Outros países de economia socialista
Intervenção estadunidense
Intervenção soviética
Conflitos ou crises

* O Vietnã era dividido em Vietnã do Norte e Vietnã do Sul. Foi unificado em 1976.

Fonte de pesquisa: BONIFACE, Pascal; VÉDRINE, Hubert. *Atlas do mundo global*. São Paulo: Estação Liberdade, 2009. p. 18.

As disputas pelo mundo

Após a Segunda Guerra Mundial, as divergências políticas, econômicas e ideológicas entre Estados Unidos (capitalista) e União Soviética (socialista) se acentuaram, e de 1945 a 1991 a tensão entre ambos estruturou as relações internacionais.

Apesar de nunca terem se confrontado diretamente, estadunidenses e russos interferiram em conflitos reais no Terceiro Mundo, sempre tentando estender sua hegemonia.

Diante do fortalecimento soviético, Estados Unidos, Canadá e Europa Ocidental formaram a Organização do Tratado do Atlântico Norte, a Otan, uma aliança militar de proteção mútua. Em contrapartida, a União Soviética liderou o Pacto de Varsóvia, a aliança militar que reunia países do bloco comunista.

Além das disputas política e militar, EUA e URSS enfrentaram-se também no campo tecnológico. Em 1957, os soviéticos lançaram o primeiro satélite artificial. Em 1969, os estadunidenses chegaram à Lua. A criação de armas cada vez mais sofisticadas fez do planeta um campo minado, que só viria a se desfazer a partir dos anos 1990.

Mapa elaborado com base na situação verificada no final dos anos 1980.

CAPÍTULO

50 Duas superpotências disputam o mundo

O que você vai estudar

- Os acordos entre os Aliados após a Segunda Guerra Mundial.
- Estados Unidos e União Soviética lutam pela hegemonia global.
- Os desdobramentos militares da Guerra Fria.
- O processo de descolonização da Ásia e da África.

O muro de Berlim separou amigos e parentes. Nessa imagem, em Berlim Ocidental, casal se arrisca a subir no muro para falar com familiares retidos no lado oriental. Foto de 1961.

Ligando os pontos

Na década de 1930, os países capitalistas tentavam se recuperar do colapso econômico desencadeado pela quebra da Bolsa de Nova York, em 1929. A crise financeira não tinha apenas gerado desemprego e uma situação de calamidade em grande parte do mundo, mas também havia colocado em xeque as soluções políticas liberais dos anos 1920.

Diante dessa instabilidade, diversos regimes autoritários organizaram-se e prosperaram na Europa, como uma resposta à crise do liberalismo. O fascismo na Itália, o nazismo na Alemanha, o salazarismo em Portugal e o franquismo na Espanha são exemplos desses governos autoritários.

Por sua vez, a União Soviética adotou um regime comunista desde a Revolução de 1917. Governados por Josef Stalin, os soviéticos também viviam sob um regime autoritário, mas haviam sido poupados dos efeitos da crise mundial. Já os Estados Unidos enfrentaram graves problemas econômicos, mas mantiveram suas bases liberais e democráticas.

Após assumir o poder em 1933, Hitler estabeleceu um regime totalitário na Alemanha. Em 1939, o líder nazista mergulhou o mundo na Segunda Guerra Mundial. Depois de mais de cinco anos de destruição, os países do Eixo – Alemanha, Itália e Japão – sucumbiram diante dos Aliados.

Embora tivessem regimes políticos e valores distintos, estadunidenses, ingleses e soviéticos uniram-se para combater o nazifascismo. Juntos, lideraram a vitória contra o Eixo. Terminada a guerra, e sem um inimigo comum, as divergências entre as três potências voltariam à tona.

1. Relacione o título do capítulo à imagem acima.
2. Quais foram as duas superpotências que disputaram o mundo após a Segunda Guerra Mundial?
3. Por que essas duas superpotências polarizaram as disputas?

❯ O mundo do pós-guerra

Conforme os Aliados venciam as batalhas na Segunda Guerra Mundial, iniciavam-se as negociações e os acordos diplomáticos sobre o que fazer após o conflito.

Os principais líderes aliados – Franklin D. Roosevelt (Estados Unidos), Winston Churchill (Inglaterra) e Josef Stalin (União Soviética) – reuniram-se em algumas ocasiões. Além de estratégias de luta, eles debateram sobre os rumos do mundo no pós-guerra.

❯ A Conferência de Yalta

Em fevereiro de 1945, os líderes aliados encontraram-se em Yalta, na União Soviética. Tropas aliadas já ocupavam grande parte da Europa. O Exército Vermelho predominava na porção oriental, e os anglo-americanos, na parte ocidental. Os alemães ainda resistiam às investidas.

Um dos temas em discussão era a reorganização da Europa e de suas fronteiras após o conflito. Havia alguns impasses, entre eles a administração da Polônia, onde se estabelecera um governo pró-União Soviética após a vitória do Exército Vermelho sobre os nazistas.

Os líderes aliados dividiram Berlim, uma cidade arruinada pela guerra. Na imagem, crianças berlinenses vão à escola carregando os sapatos nas mãos para economizá-los. Foto de 1945.

Stalin defendia a manutenção do regime pró-URSS. Britânicos e estadunidenses queriam que os próprios poloneses elegessem um novo governo após o conflito. Stalin concordou com a realização de eleições livres, mas, como se comprovaria depois, esse termo tinha significados diferentes para anglo-americanos e soviéticos.

Os líderes aliados também iniciaram as discussões sobre a futura divisão e ocupação da Alemanha pelos vencedores e as bases da fundação da Organização das Nações Unidas. As zonas de influência anglo-soviéticas na Europa e a definição de fronteiras na parte oriental da Europa também estiveram em pauta.

Os debates e acordos firmados em Yalta começaram a moldar uma nova ordem política, marcada pelo conflito de interesses entre soviéticos e anglo-americanos.

❯ A Conferência de Potsdam

Em julho de 1945, os líderes aliados reuniram-se novamente, agora em Potsdam, na Alemanha. As circunstâncias eram diferentes: Hitler havia-se suicidado, a Alemanha havia-se rendido e o cerco contra o Japão sinalizava o fim da guerra.

Os integrantes da cúpula também eram outros. Dos três estadistas presentes em Yalta, apenas Stalin ainda representava seu país em Potsdam. Roosevelt havia morrido. Coube a Harry Truman, então presidente dos Estados Unidos, representar o país. O representante dos ingleses foi Clement Attlee, primeiro-ministro britânico na época.

As negociações foram bem mais tensas e difíceis do que em Yalta. Duas circunstâncias acirravam os ânimos: a forte presença do Exército Vermelho na Europa Oriental, onde grupos comunistas tomavam o poder, e a realização de testes bem-sucedidos com a bomba atômica pelos estadunidenses, que lhes dava boas condições nas negociações.

Diante desse cenário, os estadistas decidiram dividir o território alemão em quatro partes, distribuídas entre estadunidenses, ingleses, russos e franceses. A capital alemã, Berlim, também seria dividida em quatro zonas, distribuídas entre os mesmos países. Os líderes estabeleceram ainda uma reparação de guerra e decidiram desmilitarizar o território alemão, eliminando as indústrias bélicas do país.

Essas decisões e a partilha da Alemanha não amenizavam as divergências entre Moscou e os demais aliados. A unidade formada para combater o nazismo começava a desfazer-se.

Fonte de pesquisa: *Atlas da história do mundo*. São Paulo: Folha da Manhã, 1995. p. 270.

A Cortina de Ferro

Com o fim da Segunda Guerra Mundial, o choque de interesses entre os vencedores se intensificou. No lugar da aliança contra o Eixo, acirraram-se as divergências políticas e ideológicas entre o **comunismo soviético** e o **capitalismo ocidental**.

A União Soviética saiu da guerra fortalecida militarmente, apesar do enorme número de mortos e da destruição em grande escala de cidades, indústrias e plantações. O Exército Vermelho havia-se tornado uma das principais forças armadas do planeta. Com tal poder militar, Stalin decidiu pôr em prática o plano rejeitado em Yalta e Potsdam: **controlar o Leste Europeu**.

O objetivo era garantir a segurança do território soviético e impedir uma futura invasão pelos países ocidentais em caso de novos conflitos. Para tanto, Stalin pretendia assegurar o domínio político comunista nos países ligados a Moscou, como Polônia, Tchecoslováquia, Hungria, Iugoslávia, Bulgária, Romênia e Albânia. Ao controlar esses países, Stalin formaria uma barreira entre a Europa Ocidental e a União Soviética.

Observando as manobras políticas e militares de Moscou depois do conflito, Churchill previra, em 1946, a formação dessa barreira, por ele nomeada de **Cortina de Ferro**.

Quase todos os países do Leste Europeu aderiram ao comunismo, colocando-se na órbita de Moscou. A exceção foi a Iugoslávia, governada na época pelo marechal Tito, que se manteve independente do controle soviético, apesar de adotar o regime socialista.

Dois mundos

A expansão dos regimes comunistas consolidava a **divisão do mundo entre dois blocos**, cujas ideologias eram opostas e concorrentes: o bloco comunista, liderado pela União Soviética, e o capitalista, encabeçado pelos Estados Unidos.

Conforme Stalin apoiava os movimentos comunistas no Leste Europeu, as tensões entre os dois blocos aumentavam. Os líderes políticos do bloco capitalista exigiam eleições livres nesses países, o que era prometido e ao mesmo tempo ignorado por Moscou.

As constantes divergências políticas, ideológicas e diplomáticas entre EUA e URSS a partir de 1945 geraram um clima de intensa hostilidade. A Segunda Guerra Mundial nem bem terminara e o mundo parecia estar à beira de outro conflito.

Como as disputas ideológicas e diplomáticas não conduziam ao conflito armado direto, o período pós-1945 ficou conhecido como **Guerra Fria**.

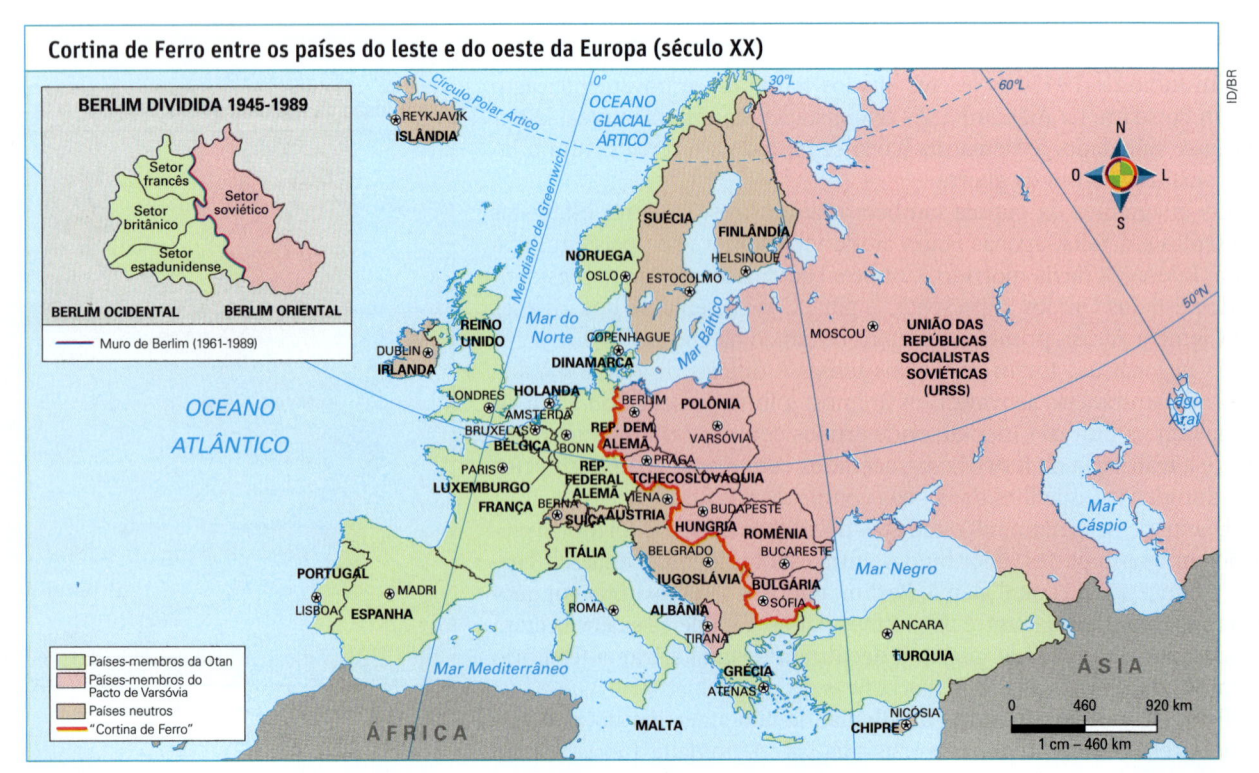

Cortina de Ferro entre os países do leste e do oeste da Europa (século XX)

Fonte de pesquisa: BONIFACE, Pascal; VÉDRINE, Hubert. *Atlas do mundo global*. São Paulo: Estação Liberdade, 2009. p. 20.

O mundo capitalista

A Segunda Guerra Mundial pôs fim à hegemonia europeia. Com milhões de pessoas mortas e cidades inteiras destruídas, a Europa saiu do conflito arrasada.

Diante do declínio europeu, tornava-se necessário reequilibrar as relações internacionais para evitar novos conflitos. Assim, ainda em 1943, Franklin Roosevelt, o presidente dos Estados Unidos, sugeriu a criação de uma organização internacional que cumprisse essa função.

A Organização das Nações Unidas

Em junho de 1945, representantes de 51 países assinaram a Carta das Nações Unidas, que criou a Organização das Nações Unidas (ONU). Em outubro desse mesmo ano a ONU iniciou suas atividades. Entre seus objetivos estava a coordenação de ações que mantivessem a harmonia, a cooperação e a paz mundiais.

Além disso, a ONU deveria promover o desenvolvimento social e econômico das nações e proteger os direitos humanos, desrespeitados durante o conflito mundial. Em dezembro de 1948, foi lançada a **Declaração Universal dos Direitos Humanos**. Esse documento, vigente até hoje, assegura direitos fundamentais, como o direito à vida, à liberdade e à segurança pessoal.

Intervenções

Em meio aos esforços da ONU para a promoção da paz mundial, os avanços comunistas no Leste Europeu geravam novas tensões. Diante disso, as potências capitalistas começaram a se opor à ascensão soviética. Enquanto Moscou estendia seu controle e cercava sua zona de influência com a Cortina de Ferro, os Estados Unidos lideravam a reação.

Em março de 1947, o presidente Harry Truman discursou no Congresso dos Estados Unidos enfatizando a necessidade de conter a ofensiva comunista. O discurso deu início à **Doutrina Truman**, uma **política de contenção**, cujo objetivo era impedir novos avanços soviéticos.

Pela Doutrina Truman, os Estados Unidos se comprometiam a garantir a liberdade dos países que sofressem ameaças comunistas. Os casos mais imediatos foram Grécia e Turquia, países não alinhados aos soviéticos, mas que sofriam constantes pressões comunistas.

O governo dos EUA forneceu apoio militar e financeiro para que gregos e turcos pró-ocidentais combatessem grupos guerrilheiros e estabelecessem governos fora da zona de influência de Moscou.

Com a Doutrina Truman foi inaugurada uma nova fase na política externa dos Estados Unidos. Em vez do isolamento do período anterior à Segunda Grande Guerra, o país passou a atuar na esfera internacional, especialmente na Europa.

O Plano Marshall

Em junho de 1947, o secretário de Estado estadunidense, George C. Marshall, propôs um **plano de auxílio econômico para a reconstrução da Europa**. Conhecido como Plano Marshall, esse programa previa o empréstimo de bilhões de dólares aos países europeus arrasados pelo conflito.

O objetivo dos idealizadores do Plano Marshall era reconstruir a infraestrutura dos países destruídos pela guerra, gerar empregos e ativar as diversas economias da Europa. Com isso, os Estados Unidos ganhavam aliados políticos e parceiros comerciais, aumentando sua zona de influência no continente europeu.

O Plano Marshall previa ajudar a reconstrução dos países abalados pela guerra. A imagem mostra cartaz elaborado pelo artista Reijn Dirksen para promover o Plano de Recuperação da Europa, em 1947, financiado pelo Plano Marshall. As bandeiras dos países simbolizam as velas que moveriam o navio Europa.

Por meio do Plano Marshall, o governo dos Estados Unidos emprestava dinheiro a juros baixíssimos aos países auxiliados, além de fornecer equipamentos. Agricultor (à esquerda) ensina mecânica a trabalhadores alemães (à direita) usando um trator do Plano Marshall. Foto de 1949.

> O bloqueio de Berlim

A Doutrina Truman e o Plano Marshall fortaleceram a presença estadunidense na Europa. O governo soviético reagiu, intensificando o controle sobre o Leste Europeu.

Para isolar cada vez mais os países socialistas, Stalin vetou o Plano, impedindo-os de tomar empréstimos do governo estadunidense. Em 1949, o governo soviético criou um órgão de planejamento econômico voltado para os países socialistas: o Conselho Econômico de Assistência Mútua (**Comecon**).

Os dirigentes soviéticos também passaram a restringir o contato dos cidadãos dos países comunistas sob sua influência com o Ocidente. Com essa medida pretendiam evitar a fuga de mão de obra para os países capitalistas em processo de reconstrução.

Em junho de 1948, Stalin ordenou o **bloqueio de Berlim**. A cidade, que ficava na zona de ocupação soviética, teve fechados todos os acessos terrestres para as zonas ocidentais, controladas por estadunidenses, ingleses e franceses. Com o bloqueio, os 2 milhões de habitantes da parte ocidental de Berlim não teriam alimentos, combustíveis, energia elétrica nem medicamentos. Dessa maneira, o governo soviético pretendia forçar os aliados a abandonar a parte ocidental de Berlim, permitindo a reunificação da cidade sob controle comunista.

Entretanto, o bloqueio foi rompido por uma ponte aérea que, estabelecida pelos aliados, mantinha contato com Berlim Ocidental. Entre junho de 1948 e maio de 1949, milhares de voos levaram alimentos, carvão e também os componentes para a instalação de uma termelétrica completa na metade ocidental de Berlim.

A parte ocidental de Berlim, bloqueada pelos soviéticos, dependia de ajuda externa. Além dos aviões cargueiros, centenas de outros tiveram suas poltronas removidas de forma a transportar carne, farinha, carvão e combustível. Avião cargueiro aproxima-se do aeroporto de Tempelhof, em Berlim Ocidental. Foto de c. 1948.

> A criação da Otan

O bloqueio de Berlim havia demonstrado que as tensões entre o bloco comunista e o capitalista poderiam aumentar. Em 1949, representantes dos Estados Unidos, do Canadá e de alguns países da Europa Ocidental fundaram a **Organização do Tratado do Atlântico Norte (Otan)**.

Essa organização internacional nascia como uma aliança militar que reuniria as Forças Armadas dos países-membros para defendê-los de um possível ataque soviético.

> Guerra ideológica

O final dos anos 1940 marcou o início da guerra ideológica entre a URSS e os EUA. Nessa guerra, o comunismo era condenado e patrulhado pelo governo estadunidense, e as autoridades soviéticas faziam o mesmo com o capitalismo.

Um dos fenômenos mais representativos desse período foi o **macarthismo**, conjunto de ações anticomunistas coordenadas pelo senador estadunidense Joseph McCarthy entre o final da década de 1940 e meados dos anos 1950. O Comitê de Atividades Antiamericanas, dirigido por McCarthy, era o órgão responsável pela investigação de pessoas suspeitas de serem comunistas, simpatizantes ou até mesmo espiãs a serviço de Moscou. Durante esse período, deflagrou-se uma onda de **perseguição à ameaça comunista**. Quaisquer manifestações, reuniões ou atitudes que fossem suspeitas eram rapidamente investigadas pelo Estado.

Milhares de pessoas foram vigiadas, especialmente artistas e intelectuais. Muitas perderam o emprego ou se exilaram. Conforme a imprensa relatava os casos de prisão, intensificavam-se o medo do comunismo e a delação. Muita gente passou a denunciar conhecidos, colegas de trabalho ou amigos, gerando extrema insegurança.

> **Assista**
>
> **Boa noite e boa sorte**. Direção de George Clooney, EUA, 2005, 93 min.
> O filme aborda o conflito entre o jornalista Edward Murrow e o senador Joseph McCarthy, quando Murrow expõe em cadeia nacional de televisão os métodos usados pelo político na caça aos comunistas.
>
> **O bom pastor**. Direção de Robert De Niro, EUA, 2006, 167 min.
> A história do nascimento da CIA contada sob a perspectiva de um jovem brilhante que faria tudo para proteger seu país. O filme reflete o mundo definido pela paranoia da Guerra Fria.

A União Soviética organiza seu império

Com a Guerra Fria, a disputa entre os blocos ocidental e oriental aumentava. A qualquer ação de um dos blocos cabia imediatamente a reação do outro, o que aguçava as tensões.

As duas Alemanhas

Em maio de 1949, estadunidenses, ingleses e franceses uniram as zonas alemãs que eles controlavam desde o fim da Segunda Guerra Mundial e criaram a **República Federal da Alemanha** (**RFA**) ou, como era comumente chamada, a Alemanha Ocidental, de economia capitalista.

Em contrapartida, em outubro do mesmo ano, os soviéticos criaram a **República Democrática Alemã** (**RDA**), a Alemanha Oriental, de economia socialista e submetida ao controle do governo soviético.

A Alemanha fora definitivamente dividida em duas partes que não se comunicavam entre si. Muitas famílias ficaram divididas entre as metades do país.

Construído em 1961, o muro de Berlim dividiu a cidade. Muitos alemães foram mortos ao tentar passar do lado oriental para o lado ocidental. Na imagem, dois soldados do lado ocidental ajudam a fuga de um jovem de 17 anos que escapava do lado oriental. Foto de 1961.

Os soviéticos se armam

As bombas nucleares lançadas sobre o Japão, em 1945, demonstraram ao mundo o poderio militar dos EUA. Em tempos de Guerra Fria, contar com uma força armada poderosa dava aos estadunidenses meios para negociar e pressionar outros países.

Por isso, a União Soviética também investiu em seu poderio militar. Já em 1949, os soviéticos fizeram testes bem-sucedidos com a bomba nuclear. A partir de então, os dois polos da disputa possuíam armas de destruição em massa.

Foi quando teve início a chamada **corrida armamentista**. Os governos estadunidense e soviético passaram a investir intensamente em pesquisas científicas com o objetivo de aperfeiçoar e desenvolver armamentos, estratégias e serviços de inteligência.

Várias bases militares foram instaladas ao redor do mundo, com foguetes e mísseis nucleares de longo alcance. O globo terrestre virou um grande campo minado.

Para fazer frente à Otan, os líderes soviéticos organizaram sua própria aliança militar. Em 1955, foi criada a Organização do Tratado de Varsóvia (OTV) ou **Pacto de Varsóvia.** Tratava-se de uma aliança que reunia, além do Exército Vermelho, as Forças Armadas dos países alinhados com Moscou.

História e propaganda

Os profissionais responsáveis pela elaboração de peças de publicidade são graduados em comunicação social. Entre outras funções, eles dedicam-se a propagar ideias e/ou vender produtos por meio de diversos canais de comunicação.

À medida que as propagandas veiculam valores, elas tornam-se importantes ferramentas para o historiador. As propagandas políticas, por exemplo, permitem-nos perceber e analisar as ideias, os valores e as ações que determinado governo pretendeu divulgar a sua população e aos demais países.

Durante a Guerra Fria, Estados Unidos e União Soviética, entre outros países envolvidos, produziram e veicularam inúmeras propagandas por meio de cartazes, filmes, programas de rádio e de televisão.

- No Brasil, a propaganda feita pelo governo municipal, pelo estadual e pelo federal é permitida e regulamentada por lei. Discuta com os colegas a importância desse tipo de propaganda em um regime democrático.

Esta charge, de 1950, elaborada pelo cartunista estadunidense D. R. Fitzpatrick, ridiculariza a ideologia de paz proposta pelos norte-coreanos, que invadiram o sul do país, no início da Guerra da Coreia.

A "guerra quente"

Embora soviéticos e estadunidenses não se enfrentassem diretamente em seus próprios territórios, a radicalização ideológica do pós-guerra gerou conflitos militares em outros lugares do planeta, como na África, na América Central e na Ásia.

China

A presença de países imperialistas na China, no final do século XIX, contribuiu para a estagnação da economia chinesa e para o surgimento de convulsões sociais. A população insurgia-se contra os governantes, que não conseguiam defender seu país. O governo imperial, autoritário e tradicionalista, não foi capaz de impedir que estrangeiros controlassem a economia chinesa.

No início do século XX, a China era um país pouco industrializado, se comparado às nações europeias e aos Estados Unidos. A maioria da população chinesa trabalhava no campo, com técnicas rudimentares.

Em 1911, o Império Chinês foi derrubado e Sun Yat-sen, eleito presidente provisório da **República da China**. Sun organizou, em 1912, o Partido Nacional do Povo – **Kuomintang**. Entre 1912 e 1921, entretanto, houve uma série de conflitos com as lideranças militares oriundas do Império, até que o Kuomintang se consolidasse no poder.

Nacionalistas versus comunistas

Em 1921, foi fundado o **Partido Comunista Chinês**. Entre os seus fundadores estava o futuro líder do país, **Mao Tsé-tung**. Em um primeiro momento, os dois partidos – comunista e nacionalista – aproximaram-se, já que os nacionalistas chineses haviam recebido o apoio dos comunistas russos após a vitória da Revolução de 1917. Essa aliança, contudo, foi rompida em 1927.

Em 1925, após a morte de Sun Yat-sen, **Chiang Kai-shek** assumiu a liderança do Kuomintang. Os nacionalistas pretendiam unificar o país, e para isso enfrentaram os líderes militares locais. Entretanto, os comunistas opuseram-se aos nacionalistas. Enquanto os comunistas queriam liderar uma revolução a partir do campo, os nacionalistas queriam promover reformas a partir das cidades.

Iniciou-se, então, uma **guerra civil entre nacionalistas e comunistas** que se estendeu até 1937. Liderados por Chiang Kai-shek, 900 mil soldados subordinados ao Kuomintang partiram contra o **Exército Vermelho**, organizado pelos comunistas, que, liderados por Mao Tsé-tung, percorreram durante um ano mais de 10 mil quilômetros a pé, travando batalhas ao longo de todo o percurso. Esse episódio ficou conhecido como a **Longa Marcha**.

Em 1937, o Japão invadiu a China. Com as forças voltadas para o conflito interno, os nacionalistas não conseguiram impedir a ocupação japonesa da parte oriental do país.

A Revolução Socialista Chinesa

Diante da derrota sofrida na Segunda Guerra Mundial, os japoneses foram expulsos da China e os conflitos civis recomeçaram. Os comunistas haviam conquistado forte apoio popular, por causa da sua resistência ao invasor.

Nessa fase, a guerra civil chinesa sofreu os efeitos da Guerra Fria, tornando-se palco da disputa das superpotências. Enquanto a URSS apoiava os comunistas, os nacionalistas recebiam suporte dos EUA.

Entre 1945 e 1949, o Exército Vermelho avançou sobre as forças nacionalistas de Chiang Kai-shek. Em 1º de outubro de 1949, após seguidas vitórias contra os nacionalistas, os comunistas entraram em Beijing e fundaram a **República Popular da China**.

Chiang Kai-shek fugiu para Taiwan, onde fundou a **República da China**.

O bloco comunista ganhava, então, um valioso membro. A República Popular da China era o país mais populoso do mundo. Mas os Estados Unidos não reconheceram o governo da China continental. Para eles, era legítimo apenas o governo estabelecido em Taiwan.

> **Navegue**
> <http://www2.uol.com.br/historiaviva>. Acesso em: 1º mar. 2014.
> *Site* da revista *História Viva* com uma série de artigos, reportagens e vídeos relacionados à Guerra Fria.

Em 1º de junho de 1949, o Exército Vermelho, também conhecido como Exército da Libertação, marchou sobre a cidade de Beijing. Grupos civis organizados e caminhões carregando faixas com inscrições pró-Mao juntaram-se aos soldados.

› A Guerra da Coreia

Após ficar sob domínio japonês entre 1910 e 1945, a Coreia conquistou sua autonomia no final da Segunda Guerra Mundial, com a ajuda dos EUA e da União Soviética. Entretanto, a península da Coreia foi dividida no paralelo 38°, em duas zonas de ocupação: uma soviética, outra estadunidense.

No norte, formou-se a **República Popular Democrática da Coreia**, ou Coreia do Norte, sob influência da União Soviética e da China. No sul, constituiu-se a **República da Coreia**, ou Coreia do Sul, sob influência dos Estados Unidos.

Os governos dos dois Estados pretendiam reunificar a Coreia, mas não chegavam a um acordo sobre quem deveria controlar o novo país. Em 1950, as tropas da Coreia do Norte invadiram a Coreia do Sul com o objetivo de impor seu próprio regime a toda a região.

Apoiados pelo Conselho de Segurança da ONU, os Estados Unidos saíram em defesa dos sul-coreanos e conseguiram rechaçar os invasores.

Preocupado com o avanço estadunidense em direção a sua fronteira, o governo chinês enviou reforços para ajudar os norte-coreanos. O conflito estendeu-se até 1953, quando houve um armistício. **A guerra não teve vencedor** e ainda hoje a península da Coreia está dividida em dois países.

Em 2007, foram realizados esforços para um acordo de paz que acabasse com o conflito entre as duas Coreias, iniciado em 1950. Entretanto, em 2009, a Coreia do Norte retomou os testes nucleares, provocando novas tensões na região. Na imagem, manifestantes em Seul, Coreia do Sul, protestam contra o segundo teste nuclear norte-coreano. Foto de 2009.

› A Guerra do Vietnã

No final do século XIX, Vietnã, Laos e Camboja tornaram-se colônias francesas, reunidos na União Indochinesa. Durante a Segunda Guerra Mundial, o Japão invadiu o Vietnã, mas os franceses continuaram a participar da administração vietnamita.

Com a expulsão dos japoneses, no fim da guerra, surgiram conflitos em torno de quem governaria o Vietnã. O comunista Ho Chi Minh, que havia liderado a luta contra os japoneses, proclamou a independência do país em 1945. Mas os franceses pretendiam recolonizar a região, o que levou a um conflito que só terminaria em 1954 com a rendição francesa.

Também em 1945, na Conferência de Genebra, ficou decidido que o Vietnã seria temporariamente dividido em dois. Criaram-se então o Vietnã do Norte, de orientação comunista, e o Vietnã do Sul, sob influência capitalista, divididos pelo paralelo 17°.

Após a divisão do país as tensões aumentaram. O governo de Ho Chi Minh, apoiado pelos soviéticos, avançava em direção ao sul e pretendia unificar o país sob um regime comunista. No Vietnã do Sul, formou-se um governo ditatorial apoiado pelos Estados Unidos e disposto a eliminar as guerrilhas comunistas, conhecidas como **vietcongues**.

A partir dos anos 1960, os Estados Unidos intensificaram seu apoio ao sul capitalista. Para isso, enviaram cerca de 500 mil soldados ao Vietnã, dos quais 58 mil morreram. Do lado vietnamita, mais de 1 milhão de pessoas morreram, entre militares e civis.

Diante da resistência norte-vietnamita e das críticas da opinião pública estadunidense, o então presidente Richard Nixon negociou a retirada de suas tropas do Vietnã em 1973. Sem esse apoio, o Vietnã do Sul sucumbiu diante dos exércitos norte-vietnamitas. Em 1975, o Vietnã foi unificado sob um regime comunista.

A Guerra do Vietnã (1959-1975)

Fonte de pesquisa: *Atlas histórico*. Madrid: Ediciones SM, 2005. p. 140.

> Lutas no continente africano

Desde as primeiras décadas do século XX, tomavam corpo na África movimentos que pretendiam expulsar os colonizadores europeus e criar Estados governados pelos próprios africanos.

Ao fim da Segunda Guerra Mundial, a maioria das colônias africanas conseguiu a independência, que foi conquistada, em muitas delas, por meio da ação de **movimentos armados**, que pressionavam os colonizadores para negociar acordos. Contudo, em regiões como a Argélia francesa, o Congo belga (atual República Democrática do Congo) e nas colônias portuguesas de Guiné Bissau, Angola e Moçambique, a negociação fracassou e a solução encontrada foi a guerra de independência.

O contexto da Guerra Fria acabou por permear essas lutas de independência e provocar guerras civis. Procurando tomar o poder, grupos armados africanos procuraram o auxílio da União Soviética e da China, enquanto outros grupos eram apoiados pelos Estados Unidos.

Foi o caso de Angola, onde os grupos de esquerda se uniram no Movimento Popular para a Libertação de Angola (**MPLA**), apoiado pela URSS e pela China. Após a conquista da independência angolana, em 1975, o MPLA assumiu o poder. Forças anticomunistas se agregaram então na União Nacional para a Independência Total de Angola (**Unita**). Armada pelos Estados Unidos, a Unita passou a atacar o governo do MPLA, iniciando uma guerra civil que durou até 2002, causando cerca de 500 mil mortos e quase 2 milhões de refugiados.

Em Moçambique ocorreu processo semelhante. Após a independência, em 1975, a Frente de Libertação de Moçambique (**Frelimo**), de orientação marxista, assumiu o governo do novo país. As forças anticomunistas uniram-se então na Resistência Nacional Moçambicana (**Renamo**), resultando em uma sangrenta guerra civil que durou até 1992.

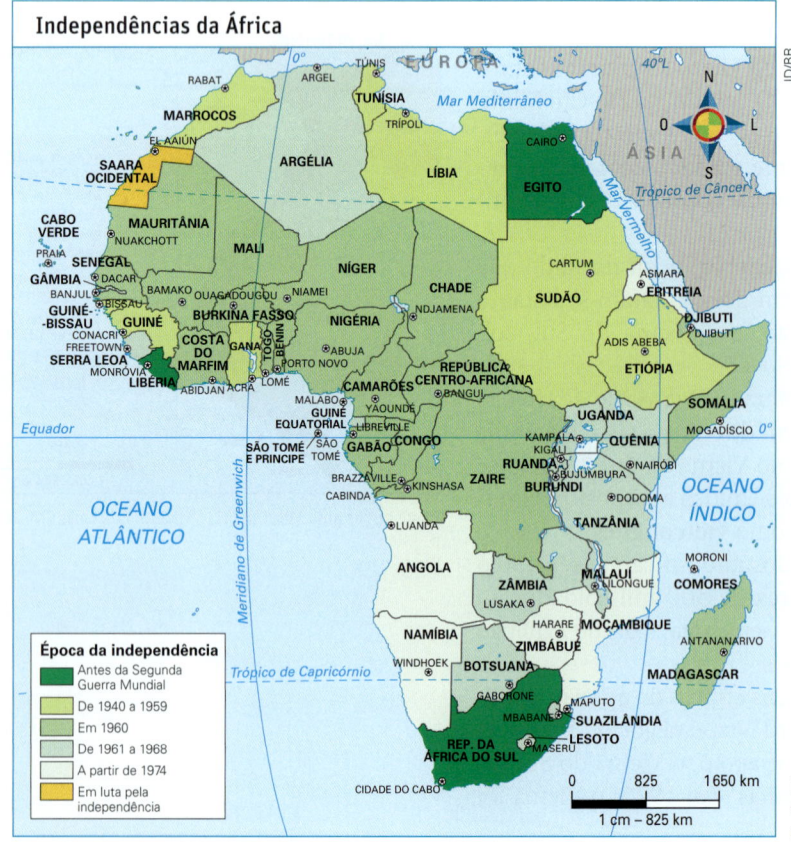

Ponto de vista

Descolonização ou independência?

Os historiadores brasileiros Luiz Arnaut e Ana Mónica Lopes discutem o uso do termo **descolonização** para a compreensão dos processos históricos africanos no pós-guerra.

Antes de qualquer outra aproximação com o tema, é necessário pôr em questão o próprio nome pelo qual este processo é conhecido. A maioria dos textos se refere a ele como descolonização. [...] É intrigante, no entanto, que o processo semelhante ocorrido nas Américas no século XIX seja chamado de independência. Ou seja, temos [...] dois processos semelhantes que são chamados de nomes distintos quando a referência é a América ou a África. [...] No caso da América a independência é pensada como libertação, como rompimento com o passado e projeção de um futuro. Já no caso da África, descolonização sugere um momento da História onde o presente ainda é identificado pelo passado [...]. Descolonização mantém os Estados independentes presos na lógica do passado colonial [...]. Assim, acreditamos ser mais coerente e correto chamar este processo e período como libertação ou independência.

ARNAUT, Luiz; LOPES, Ana Mónica. *História da África*: uma introdução. Belo Horizonte: Crisálida, 2005. p. 79-80.

- Em sua opinião, nos dias de hoje qual é a importância do debate sobre os termos "descolonização" e "independência" para os cidadãos de uma ex-colônia africana?

Independências da África

Fonte de pesquisa: *Le Monde diplomatique*. Disponível em: <http://www.monde-diplomatique.fr/cartes/decolonisation>. Acesso em: 15 maio 2014.

> A independência da Índia

Terminada a Segunda Guerra Mundial, as potências vencedoras depararam-se com uma contradição. Apesar de se autoproclamarem defensoras de valores universais, como **liberdade e autodeterminação dos povos**, haviam subjugado outras regiões, que mantinham como colônias, sobretudo na Ásia e na África. Era o caso, por exemplo, da Inglaterra e da França.

A criação da ONU e a promulgação da Declaração Universal dos Direitos Humanos acentuaram essa contradição. Se todos os povos eram iguais e tinham direito à liberdade, a dominação colonial tornava-se questionável. Assim, nos anos posteriores à guerra, cresceram os movimentos pela emancipação dos povos colonizados.

Conforme os colonizados alcançavam sua independência, Estados Unidos e União Soviética concorriam para estender sua influência aos novos países. Para tanto, os dois blocos ofereciam auxílio militar e financeiro aos povos que lutavam por sua autonomia política.

> A Índia de Mahatma Gandhi

O domínio inglês na Índia começou a ser contestado ainda no final do século XIX. Em 1885 foi realizado o Congresso Nacional Indiano, surgindo, em seguida, o **Partido do Congresso**, majoritariamente hindu. E, para representar a população islâmica da Índia, foi organizada, em 1906, a **Liga Muçulmana**.

Os movimentos de contestação ganhavam força e os ingleses aumentavam a repressão, como ocorreu no Massacre de Amritsar, em 1919. Aos poucos cresceram o desejo de independência e o sentimento nacionalista.

Na década de 1920, **Mahatma Gandhi**, um dos líderes do Partido do Congresso, esteve à frente de vários protestos em prol da independência. Com base em princípios que pregavam a **resistência pacífica e a não violência**, e junto com Jawahareal Nehru, Gandhi propunha medidas como o boicote a mercadorias inglesas e o não pagamento de impostos.

Não cumprir as regras impostas pelos britânicos era, segundo Gandhi, uma **desobediência civil**. Em 1930, ele liderou a **Marcha do Sal**, protesto pacífico contra a proibição imposta pelos colonizadores de os indianos extraírem sal de seu próprio território, obrigando-os a importar da Inglaterra um produto que eram capazes de produzir.

> Partilha territorial

Embora hindus e muçulmanos desejassem a emancipação, os projetos políticos de ambos eram divergentes, o que enfraquecia o movimento pela autonomia. Todavia, a Inglaterra, empobrecida pela guerra, não conseguiu manter suas colônias.

Em 15 de agosto de 1947, a Índia tornou-se independente. Entretanto, a rivalidade religiosa entre a maioria hinduísta e a minoria muçulmana provocou uma partilha territorial. O subcontinente indiano dividiu-se em Índia e Paquistão, que acomodariam, respectivamente, hindus e muçulmanos. Essa divisão do território foi traumática, provocando massacres e o deslocamento de grande parte da população.

No ano seguinte, Gandhi foi assassinado por um extremista hindu que não aceitava sua tolerância em relação aos muçulmanos.

Conheça melhor

As línguas como herança

Em um canal de televisão, um jogador de futebol da Costa do Marfim fala francês ao conceder uma entrevista. Em outra emissora, um economista nigeriano discursa em inglês. Ambos falavam a língua oficial de seu país.

Nos séculos XIX e XX, durante a expansão imperial europeia, muitos aspectos da cultura ocidental – valores religiosos, tradições políticas, vestuário e alimentação – foram transmitidos às sociedades asiáticas e africanas.

Mesmo após a ruptura com os colonizadores, vários desses aspectos persistem nessas regiões. Entre eles, a língua. Hoje, a maior parte dos países africanos tem o idioma do colonizador como língua oficial.

Um dos principais protestos pacíficos organizados por Gandhi foi a Marcha do Sal. Gandhi foi preso, mas a resistência continuou. Gandhi, ao centro, sem camisa e de cabeça baixa, lidera a marcha. Foto de 1930.

Ontem e hoje

Faça amor, não faça guerra

A partir de 1959, o governo comunista do Vietnã do Norte e a ditadura estabelecida no Vietnã do Sul disputaram o controle do território.

Para evitar a reunificação do Vietnã sob um regime comunista, os Estados Unidos enviaram armas e soldados ao Sudeste Asiático no início dos anos 1960. Conforme as imagens dos combates e das baixas eram veiculadas pela mídia, aumentavam as críticas à participação estadunidense no conflito.

Entre os setores sociais que protestaram contra a participação dos Estados Unidos na Guerra do Vietnã, os jovens tiveram atuação destacada. Milhares deles saíram às ruas em passeatas e manifestações. Nas universidades, os debates fervilhavam. Sob o lema "**Faça amor, não faça guerra**", os *hippies* encabeçaram os movimentos juvenis pela paz.

O Festival de Woodstock

Além da crítica ao consumismo, o movimento *hippie* questionava a ação dos EUA na Guerra do Vietnã.

Os *hippies* adotaram um comportamento que punha em xeque os valores vigentes: cabelos e barbas compridos, trajes coloridos. Pregavam o amor livre e a rejeição à sociedade de consumo.

O *rock'n'roll* era um riquíssimo meio de expressão. Em 1969, no Festival de Música de Woodstock, nos Estados Unidos, centenas de milhares de jovens reuniram-se para assistir a diversos artistas entoarem suas canções de protesto contra a guerra.

Centenas de milhares de jovens compareceram ao Festival de Woodstock, realizado em uma fazenda no estado de Nova York, durante três dias. Foto de 1969.

Mulheres dividem Nobel da Paz em 2011

Desde sua primeira edição, em 1901, o Prêmio Nobel da Paz já tinha sido entregue a 121 pessoas e organizações. Entre os ganhadores, apenas doze eram mulheres. O número subiu para 15 [...] com o anúncio do trio de ganhadoras da edição de 2011. A presidente da Libéria, Ellen Johnson Sirleaf, a militante pela paz Leymah Gbowee, também liberiana, e a ativista Tawakkul Karman, uma iemenita que se destacou na onda de manifestações da Primavera Árabe no Iêmen, foram escolhidas [...].

As três foram premiadas "pela luta pacífica pela segurança das mulheres e pelo direito de participar nos processos de paz", declarou, em Oslo, o presidente do comitê norueguês, Thorbjoern Jagland. "Não podemos alcançar a democracia e a paz duradoura no mundo se as mulheres não tiverem as mesmas oportunidades que os homens para influenciar os acontecimentos em todos os níveis da sociedade", completou ele.

Mulheres da Libéria e Iêmen dividem Nobel da Paz em 2011. *Veja*. Disponível em: <http://veja.abril.com.br/noticia/internacional/tres-mulheres-dividem-o-premio-nobel-da-paz-em-2011>. Acesso em: 15 maio 2014.

Vencedoras do Nobel da Paz de 2011: a ativista iemenita Tawakkul Karman (à esquerda); a liberiana Leymah Gbowee, militante pela paz (no centro); e a então presidente da Libéria Ellen Johnson Sirleaf (à direita).

Reflita

1. Qual a reivindicação comum mencionada nos textos acima?
2. Qual a relação do Festival de Woodstock em 1969 e as ações militares do governo dos Estados Unidos?
3. Destaque do texto o trecho que indica a desigualdade entre homens e mulheres com relação à premiação do Nobel da Paz. A seguir, formule hipóteses que justifiquem os motivos para tal diferença.

Atividades

Verifique o que aprendeu

1. Entre os temas debatidos pelos líderes aliados em 1945, estava a definição das fronteiras e dos governos no Leste Europeu. Explique por que esse tema era importante.

2. Defina com suas palavras o que era a Cortina de Ferro.

3. O termo Guerra Fria designou as tensões e as disputas entre os Estados Unidos e a União Soviética entre 1947 e 1991. Por que foram consideradas "frias" as tensões desse período?

4. A criação da Organização das Nações Unidas (ONU) foi uma reação aos estragos causados pela Segunda Guerra Mundial. Justifique essa afirmativa.

5. Cite duas medidas adotadas pelos Estados Unidos que caracterizam sua liderança no mundo capitalista.

6. Entre 1948 e 1949, as tensões entre as superpotências aumentaram. Identifique dois acontecimentos que evidenciem esse aumento das tensões.

7. Relacione os termos "macarthismo" e "guerra ideológica".

8. Compare a Organização do Tratado do Atlântico Norte ao Pacto de Varsóvia.

9. Estados Unidos e União Soviética não se enfrentaram diretamente durante a Guerra Fria, mas estiveram envolvidos em diversas regiões onde houve "guerras quentes". Comente a participação das duas superpotências nos conflitos citados a seguir:

    a) na China do pós-guerra;

    b) na Coreia;

    c) no Vietnã.

10. Explique por que a descolonização na Ásia e na África tornou-se um tema central para soviéticos e estadunidenses entre as décadas de 1940 e 1970.

Leia e interprete

11. No texto a seguir, o historiador Eric Hobsbawm comenta as particularidades da Guerra Fria. Leia-o e faça os exercícios pedidos.

    > A Segunda Guerra Mundial mal terminara quando a humanidade mergulhou no que se pode encarar, razoavelmente, como uma Terceira Guerra Mundial, embora uma guerra muito peculiar. [...]
    >
    > A peculiaridade da Guerra Fria era a de que, em termos objetivos, não existia perigo iminente de guerra mundial. Mais que isso: apesar da retórica apocalíptica de ambos os lados, [...] os governos das duas superpotências aceitaram a distribuição global de forças no fim da Segunda Guerra Mundial [...]. A URSS controlava uma parte do globo, ou sobre ela exercia predominante influência [...] e não tentava ampliá-la com o uso de força militar. Os EUA exerciam controle e predominância sobre o resto do mundo capitalista [...], assumindo o que restava da velha hegemonia imperial das antigas potências coloniais. Em troca, não intervinha na zona aceita de hegemonia soviética.
    >
    > HOBSBAWM, Eric. *Era dos extremos*: o breve século XX – 1914-1991. São Paulo: Companhia das Letras, 1995. p. 224.

    a) Interprete a expressão "retórica apocalíptica de ambos os lados", utilizada pelo autor.

    b) O texto menciona que a União Soviética controlava uma parte do globo. Indique a que região o autor se refere e explique por que os soviéticos a controlavam.

    c) Segundo Hobsbawm, os estadunidenses assumiram o que restava da hegemonia das antigas potências coloniais. Explique por que eles tomaram para si esse posto.

    d) Identifique o principal argumento do autor nesse texto.

12. A charge a seguir, elaborada em 1948, aborda as disputas entre as duas superpotências no pós-guerra. Observe-a e responda às questões propostas.

    Charge produzida durante a Guerra Fria.

    a) Qual país cada personagem representa?

    b) Os dois soldados lutam sobre Berlim. Por que o autor escolheu essa cidade?

    c) Os dois homens lutam com palitos no lugar das armas que carregam. Relacione essa cena às disputas da Guerra Fria.

    d) Por que os estadunidenses não usaram as armas atômicas de que dispunham?

CAPÍTULO 51
A América Latina no pós-guerra

O que você vai estudar

- A postura dos Estados Unidos na América Latina.
- A política na Argentina peronista.
- A trajetória cubana no século XX.
- A Revolução e a Guerra Fria no Caribe.

Milhares de cubanos celebram o 58º aniversário do ataque aos quartéis de Moncada e Carlos Manuel de Céspedes, marco inicial da Revolução Cubana. Foto de 2011.

Ligando os pontos

No começo do século XIX, as antigas colônias ibero-americanas transformaram-se em países independentes. Nas décadas seguintes, consolidaram-se os Estados nacionais no continente americano. Desde o início desse processo, os Estados Unidos se preocuparam em estender sua influência pela América Latina, que reunia basicamente as ex-colônias ibéricas. Tanto a Doutrina Monroe ("A América para os americanos"), como a política do *big stick*, de Theodore Roosevelt, demonstravam o interesse estadunidense de garantir sua hegemonia na América.

Com o fim da Segunda Guerra Mundial e a ascensão da União Soviética como superpotência, os Estados Unidos ganhavam um concorrente na disputa pelo "controle" da América Latina. Se era importante garantir a expansão capitalista na Europa do pós-guerra, era também fundamental aos estadunidenses a manutenção da América Latina como sua zona de influência. Já os soviéticos estavam interessados em conseguir aliados políticos e econômicos em outras regiões do mundo, para além da Europa Oriental e da Ásia.

As divergências ideológicas que existiam nos anos 1930 aumentaram no período do pós-guerra. Enquanto os Estados Unidos pretendiam combater o comunismo na América Latina, surgiam grupos políticos que propunham a revolução e exaltavam o modelo soviético. Essas disputas influenciaram decisivamente os processos e a formação política dos países latino-americanos na segunda metade do século XX.

1. O texto acima menciona a existência de divergências ideológicas nos anos 1930 que aumentaram após o término da Segunda Guerra Mundial. Explique.

2. A imagem acima exalta a Revolução Cubana. A ideia de que era necessário fazer uma revolução se tornou comum nos países latino-americanos no pós-guerra. Relacione essa ideia de revolução na América com a Guerra Fria.

> Da boa vizinhança à repressão

A partir do final do século XIX, a política internacional dos Estados Unidos voltou-se cada vez mais para a América Latina. A política do *big stick* desenvolvida pelo presidente Theodore Roosevelt, que governou entre 1901 e 1909, estendeu-se pelas três primeiras décadas do século XX.

Para defender seus interesses no continente, os EUA adotaram práticas intervencionistas, interferindo na política interna dos vizinhos latino-americanos, principalmente nos países do Caribe e da América Central.

Em 1933, Franklin Roosevelt assumiu a presidência dos Estados Unidos e adotou uma política internacional diferente da de seu tio Theodore. No lugar da intervenção militar para a solução de tensões com os países latino-americanos, Franklin Roosevelt optou pelas negociações diplomáticas. Era a **política da boa vizinhança**, que foi mantida até o final da Segunda Guerra Mundial.

A nova linha de conduta favoreceu a recuperação da estabilidade política e econômica dos Estados Unidos após a crise de 1929. A ideia de cooperação entre os países do continente, sem atritos ou intervenções militares, era a base da proposta de Franklin Roosevelt, que assegurava a influência estadunidense e a manutenção das relações comerciais com a América Latina.

> EUA e URSS disputam hegemonia

No contexto da Guerra Fria, os Estados Unidos estenderam sua política de contenção ao comunismo nos países latino-americanos para manter sua hegemonia na América.

Em 1961, o presidente John F. Kennedy apresentou um novo plano para a política externa estadunidense na América: a **Aliança para o Progresso**. Tratava-se de um programa para promover e acelerar o desenvolvimento econômico nos países latino-americanos.

Ao dar apoio financeiro, o governo de Kennedy pretendia estabilizar as economias, evitar o avanço comunista e garantir a existência de governos democráticos no continente.

Para lutar contra o "perigo vermelho", Kennedy criou os **Corpos da Paz**, órgão governamental composto de cidadãos estadunidenses que viajavam como voluntários a países onde percebessem qualquer ameaça comunista. Sua função era fornecer ajuda às populações locais e combater a propaganda antiestadunidense.

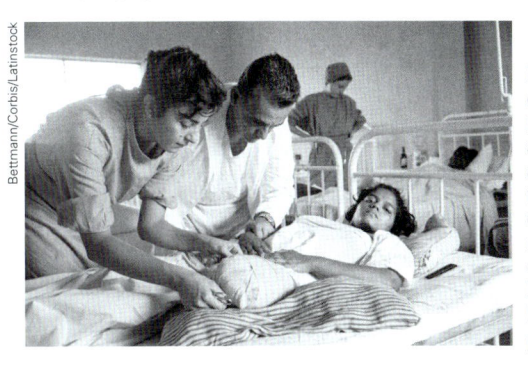

Era comum voluntários dos Corpos da Paz permanecerem próximos a áreas de conflito para atender os feridos. Na imagem, enfermeira estadunidense auxilia no tratamento de vítima de morteiro em Santo Domingo, República Dominicana, invadida pelos EUA. Foto de 1965.

Além desses programas e órgãos, a Agência Central de Inteligência (CIA) dos Estados Unidos atuava junto a grupos militares e paramilitares na América Latina. A CIA dava apoio técnico para que se reprimissem possíveis manifestações comunistas no continente.

Entre os anos 1960 e 1970, a radicalização ideológica e as intervenções estadunidenses resultaram no estabelecimento de diversas ditaduras militares de direita na América Latina.

Conheça melhor

O Relógio do Apocalipse

Em 1947, dois anos após a destruição das cidades japonesas de Hiroshima e Nagasaki por bombas atômicas, o *Boletim de Cientistas Atômicos*, fundado por físicos que integraram o Projeto Manhattan (projeto de pesquisa estadunidense para a produção de bombas atômicas) e com sede em Chicago, EUA, idealizou um relógio para simbolizar a iminência de uma catástrofe nuclear.

Nesse, que ficou conhecido como Relógio do Apocalipse, a meia-noite representa o fim do mundo. No momento de sua criação, o ponteiro marcava 23h53.

Ao longo de seus mais de 60 anos de existência, o relógio foi adiantado e atrasado muitas vezes. O momento em que o ponteiro esteve mais próximo da meia-noite foi em 1953, após testes com a bomba de hidrogênio pelos Estados Unidos e pela União Soviética, quando marcou 23h58.

Em 1991, em virtude do Tratado de Redução de Armas Estratégicas, o ponteiro foi atrasado para as 23h43.

A última alteração no Relógio do Apocalipse ocorreu em 2007, quando o ponteiro foi posicionado em 23h55, em razão das ambições nucleares do Irã e da Coreia do Norte, país que em 2009 realizou testes nucleares subterrâneos.

Na sede da revista *Boletim de Cientistas Atômicos*, em Chicago, o relógio representa o risco de uma hecatombe nuclear.

A Argentina de Perón

Conhecida como **década infame**, os anos 1930 foram marcados por eleições fraudulentas e disputas internas na Argentina. Em 1930, o país sofreu um golpe de Estado liderado pelo general José Félix Uriburu, que depôs o então presidente Hipólito Yrigoyen. Com isso, os militares passaram a ter enorme influência na política argentina.

Os diversos grupos políticos dividiam-se quanto à posição do país na Segunda Guerra Mundial. As divergências ideológicas entre anticomunistas, liberais, conservadores e comunistas acirravam as disputas.

No início dos anos 1940, a tensão principal opunha os simpatizantes dos regimes autoritários europeus aos que apoiavam os Aliados. Conforme os países do Eixo conquistavam vitórias, a política interna argentina agitava-se com a possibilidade de instalação de um regime autoritário.

Golpe militar

Em 1941, foi fundado o Grupo de Oficiais Unidos (GOU) em Buenos Aires. Tratava-se de um grupo de militares simpatizantes do **fascismo**. Entre esses militares estava Juan Domingo Perón.

Em junho de 1943, o GOU deu um golpe de Estado e derrubou o então presidente Ramón Castillo. O Exército tomava o poder para si, embora não tivesse um projeto político de governo. Os coronéis e os tenentes-coronéis que passaram a administrar o país tinham objetivos diferentes e continuavam divididos entre si.

A prisão e a popularidade de Perón

Evidências dessa divisão surgiram logo nos primeiros anos depois do golpe de 1943. Em 1945, Juan Domingo Perón ocupava, ao mesmo tempo, o posto de vice-presidente do país e o de ministro da Guerra. Nessa época, Perón já era popular, sobretudo por suas ações à frente da Secretaria do Trabalho que beneficiaram a classe trabalhadora.

Entretanto, a pressão da opinião pública argentina pela democratização aumentava após a derrota dos países do Eixo. Além disso, os militares continuavam divididos quanto aos projetos políticos para o país.

Essa situação chegou ao limite em outubro de 1945, quando o homem forte do governo militar, o vice-presidente Perón, foi destituído e preso. Isso gerou a reação e o protesto das **massas trabalhadoras** e dos sindicalistas. Poucos dias depois de sua destituição e prisão, Perón foi libertado e aclamado por milhares de pessoas.

As eleições

Foram então convocadas eleições presidenciais para fevereiro de 1946. Dois grandes grupos políticos formaram-se para disputar o pleito. De um lado, uma aliança em torno de Juan Domingo Perón. Do outro, a União Democrática, composta dos civis que faziam oposição aos militares no governo.

Com 52% dos votos, a aliança peronista ganhou a disputa. Tinha início o primeiro mandato de Perón como presidente da Argentina.

O governo próximo das massas

Vitorioso nas eleições, Perón iniciou seu governo colocando em prática algumas das promessas eleitorais: promoveu o aumento salarial dos servidores públicos e assegurou direitos trabalhistas, como férias remuneradas. A essas ações somaram-se investimentos na saúde pública, na habitação e no lazer dos operários.

Com essas medidas, Perón aproximava-se cada vez mais das massas trabalhadoras e dos sindicatos. Assim, ganhava de uma só vez a simpatia dos trabalhadores e a lealdade dos sindicatos que o apoiavam.

Aos 24 anos, a estrela do rádio Eva Duarte casou-se com Perón, então com 48 anos, pouco antes de ele se tornar presidente. Evita Perón, como ficou conhecida, abraçou a causa do marido, conquistando grande popularidade. Na imagem, Evita em campanha pela reeleição de Perón. Foto de 1951.

Em pronunciamentos no rádio e em comícios, Perón apresentava-se como aquele que, no poder, concederia os direitos reivindicados pelos trabalhadores. Milhares de peronistas manifestaram-se diante do palácio do governo, em Buenos Aires, a favor de seu retorno ao poder. Foto de 1945.

O primeiro período de Perón

Em seu primeiro mandato presidencial, iniciado em 1946, Perón optou por fortalecer a **indústria** argentina. Ele facilitou o crédito para os empresários e nacionalizou setores básicos da economia, como ferrovias, comunicações e transportes urbanos.

No campo político, o governo foi marcado pela censura à imprensa e pela perseguição a todos que lhe faziam oposição.

As obras sociais ficaram a cargo da esposa do presidente, **Eva (Evita) Perón**. A construção de hospitais, escolas, creches e abrigos para crianças e idosos tinha a participação direta de Evita. Os desvalidos argentinos idealizavam Evita como uma mãe pronta a oferecer-lhes abrigo.

Com altos níveis de popularidade e com o bom desempenho da economia, Perón se reelegeu em 1952, ano da morte de Evita. Mas, no segundo mandato presidencial, a situação política e econômica mudou. A produção industrial diminuiu e a inflação aumentou. Além disso, a oposição civil foi reforçada por setores do Exército e da Igreja católica, até então aliados de Perón.

A Revolução Libertadora

Em 1955, a Argentina sofreu mais um golpe de Estado. A oposição ao governo cresceu ainda mais, e um levante militar autodenominado Revolução Libertadora destituiu Perón, que se exilou na Espanha.

O novo regime passou a perseguir os peronistas, chegando a fuzilar civis e militares. Em 1958, um civil não peronista, Arturo Frondizi, foi eleito presidente da Argentina, pondo fim à Revolução.

Instabilidade e violência

A presença de um civil à frente da presidência, no entanto, não foi uma constante nos anos seguintes. Entre 1955 e 1973, apenas dois presidentes argentinos eram civis, e ambos foram derrubados por golpes militares.

Essa situação, somada à marginalização política dos peronistas, gerou diversas tensões durante os anos 1960. Surgiram grupos guerrilheiros armados, como os **Montoneros** (esquerda peronista) e o **Exército Revolucionário do Povo** (ERP, trotskista).

Diante das pressões populares e dos conflitos, os militares convocaram eleições presidenciais em 1973. O vencedor foi o peronista Héctor Cámpora.

Meses depois, Perón regressou do exílio, e Cámpora renunciou à presidência. Seguiram-se novas eleições presidenciais ainda em 1973. Candidato, Perón venceu as eleições e assumiu a presidência da Argentina.

Mas ele permaneceu pouco tempo no poder. Morto em 1974, foi sucedido por sua esposa na época, Isabelita Perón, que já exercia a vice-presidência.

O culto à personalidade foi uma característica fundamental no populismo peronista. Tanto a figura de Perón quanto a de Evita foram idolatradas. Acima, páginas da cartilha *Evita*, destinada ao ensino fundamental no início dos anos 1950.

Ponto de vista

O mito em xeque

O escritor argentino Marcos Aguinis considera Evita Perón grande responsável pela atual decadência de seu país. Para ele, o assistencialismo implantado por Evita prejudicou muito o povo argentino.

No texto a seguir, ele questiona o caráter mítico que Eva Perón alcançou na história argentina. Nesse caso, a palavra "mito" corresponde a uma visão deformada ou idealizada da realidade.

Contrariamente ao que o mito e o desejo propõem, a documentação da época e seus testemunhos revelam que Eva Perón serviu mais à imobilização do país do que a seu crescimento. A Fundação que ela cria com fundos de origem desconhecida leva ao paroxismo a ação do Estado paternalista: distribui consolo, alegria, e recolhe submissão. São presentes dados com o dinheiro dos ricos, como Robin Hood, mas que não tornam os ricos menos ricos porque lhes permitem transferir os custos aos preços. E os pobres não se tornam menos pobres porque recebem os peixes, já que não são estimulados a usar a vara de pescar; em troca, acentuam-se os hábitos de dependência.

AGUINIS, Marcos. *Un país de novela*: viaje hacia la mentalidad de los argentinos. Buenos Aires: Planeta, 2003. p. 157-158. Traduzido pelos autores.

- Considerando o texto, discuta com seus colegas a importância de o historiador questionar os mitos construídos ao longo do tempo.

▶ Cuba e a Revolução

A partir de 1898, após se tornar independente da Espanha, com a ajuda dos estadunidenses, o governo de Cuba manteve estreitas relações com os Estados Unidos. Em razão da **Emenda Platt** (capítulo As Américas no início do século XX), incorporada à Constituição cubana em 1901, os estadunidenses poderiam intervir diretamente nos assuntos internos do país, mesmo após saírem da ilha. Cuba tornou-se, assim, um verdadeiro protetorado dos Estados Unidos.

Nos anos 1930, a **política da boa vizinhança** de Franklin Roosevelt tornou a Emenda Platt sem efeito. Essa decisão diminuía o número de ações unilaterais e propiciava negociações. No entanto, as principais atividades econômicas cubanas estavam ligadas à exportação de açúcar aos Estados Unidos e o setor industrial era pouco desenvolvido, o que forçava as importações de produtos estadunidenses.

Nesse cenário, apenas pequena parcela da sociedade – proprietários de terras, profissionais liberais e pessoas envolvidas na indústria turística – era beneficiada. A maior parte da população cubana vivia em condições precárias.

Em Cuba, empresários estadunidenses exploravam os cassinos, o mercado imobiliário, a construção civil, o mercado financeiro, etc. Na foto, cassino do Hotel Nacional, em setembro de 1958. Três meses mais tarde, a revolução modificaria completamente a relação de Cuba com os Estados Unidos.

❯ As dificuldades políticas

No campo político, ao longo da primeira metade do século XX, os cubanos sofreram a ação de governos ditatoriais e intervenções militares estadunidenses.

Em 1925, diante da crescente agitação de estudantes e militantes comunistas, teve início o governo ditatorial do militar Gerardo Machado. Apoiado pelos Estados Unidos, Machado perseguiu os opositores do seu governo, o que gerou diversos conflitos internos.

Em 1933, o general Gerardo Machado foi deposto em um movimento de que participaram militares, representantes das oligarquias rurais, estudantes universitários e trabalhadores vinculados ao **Partido Comunista Cubano**. Entre os líderes do movimento destacou-se o sargento Fulgêncio Batista, que se tornou, nos anos seguintes, figura importante na história cubana.

❯ A ditadura de Fulgêncio Batista

Após o movimento de 1933, Fulgêncio Batista assumiu o comando do Exército em Cuba. Embora os presidentes fossem civis, entre 1934 e 1940 Batista exerceu enorme influência no governo.

Eleito presidente em 1940, Fulgêncio Batista governou até 1944, seguido por Ramón Grau San Martín (1944-1948), e este por Carlos Prío Socarrás (1948-1952). Nesse período, os cubanos conheceram um período democrático, com eleições e governos a salvo de golpes militares.

Em março de 1952, Fulgêncio Batista liderou um golpe de Estado, e até 1958 governou Cuba de modo ditatorial. O governo estadunidense, preocupado com o avanço comunista, apoiou seu governo, pois considerava Batista um de seus melhores aliados.

❯ Desigualdade social

A desigualdade social aumentava à medida que a economia cubana se restringia à exportação de matérias-primas. Ao longo dos anos 1950, mais de 30% da economia cubana era controlada por empresas dos Estados Unidos. Havia um contraste entre o luxo dos magnatas estadunidenses e de pequenos setores das oligarquias cubanas e a precariedade de vida da maioria da população.

Havia resistência ao governo, mas Fulgêncio Batista reprimia violentamente seus opositores.

▌ Conheça melhor

O beisebol em Cuba

A presença estadunidense em Cuba não se restringiu à política ou à economia. Além das grandes empresas e dos produtos industrializados, os estadunidenses levaram para Cuba um de seus esportes mais populares: o beisebol.

O beisebol tornou-se paixão nacional cubana. Atualmente, a seleção cubana de beisebol é uma das melhores do mundo. Desde 1992, quando o esporte foi incorporado às Olimpíadas, a seleção cubana ganhou três medalhas de ouro e duas de prata.

Assista

Cuba Libre. Direção de Juan Gerard, EUA/Alemanha, 2003, 109 min.
Às vésperas da Revolução Cubana, um rapaz passa por experiências novas e dramáticas, como o exílio do pai e o envolvimento com revolucionários e com uma linda estadunidense.

> ### Fidel Castro

Após o golpe de 1952, vários grupos se organizaram para contestar e lutar contra a ditadura de Fulgêncio Batista. Entre os principais líderes da oposição destacava-se o advogado Fidel Castro.

Para Fidel Castro, a saída para derrubar a ditadura e retomar a democracia estava na luta armada. Em 1953, ele reuniu um grupo de jovens para dar início a uma ação revolucionária: tomar o quartel de Moncada e, em seguida, decretar uma greve. Fidel acreditava que assim teria o apoio da população e destituiria Fulgêncio Batista.

No entanto, o ataque a Moncada, em julho de 1953, fracassou após um embate entre os revolucionários e o Exército. Vários jovens morreram no conflito, enquanto outros foram presos, incluindo o próprio Fidel Castro.

Com a prisão dos rebeldes, aumentaram as manifestações contra o governo. Para evitar maiores desgastes e melhorar sua imagem diante da população, Batista anistiou Fidel Castro em 1955. Com a libertação de Castro, a formação de um novo movimento insurgente era uma questão de tempo.

> ### A Revolução

Após sua libertação, Fidel Castro viajou ao México para organizar uma nova insurreição. Com seu irmão Raúl, Fidel iniciou o projeto para retornar a Cuba e depor Batista. No México, os irmãos Castro conheceram o médico argentino Ernesto Che Guevara, que aderiu ao movimento.

Em novembro de 1956, mais de 80 homens embarcaram rumo a Cuba. A viagem atrasou três dias e as forças de Batista descobriram o plano revolucionário. Ao chegar à costa cubana, os insurgentes tornaram-se alvos fáceis para os militares, que já os esperavam. Apenas 12 sobreviveram.

Os sobreviventes esconderam-se em **Sierra Maestra** e dividiram-se em pequenos grupos para organizar novos ataques. Por dois anos, travou-se uma **guerra de guerrilhas** nessa região de Cuba, enquanto nas cidades vários grupos clandestinos reforçavam a oposição a Batista.

Diante da forte oposição e da impossibilidade de derrotar os guerrilheiros, Fulgêncio Batista deixou Cuba em 31 de dezembro de 1958. No dia seguinte, os revolucionários chegaram a Havana e tomaram o poder.

A partir da esquerda, Raúl Castro, Juan Almeida, Fidel Castro, Ramiro Valdés e Ciro Redondo, líderes da Revolução, reúnem-se em Sierra Maestra, Cuba. Foto de c. 1958.

> ### Cuba e os Estados Unidos

Fidel Castro assumiu o governo de Cuba, adotando imediatamente várias medidas de impacto na política interna e externa do país. Propôs a reforma agrária, baixou os preços dos aluguéis, e nacionalizou tanto empresas estrangeiras como cubanas. Como havia muitas empresas estadunidenses na ilha, as tensões com os Estados Unidos aumentaram.

As relações com o governo estadunidense tornavam-se mais difíceis à medida que Cuba se aproximava da União Soviética. Em represália, o governo estadunidense diminuiu drasticamente as importações de açúcar cubano, que passou a ser vendido, então, aos soviéticos.

Em 1961, estadunidenses e cubanos romperam relações diplomáticas. Fidel então declarou Cuba um **Estado socialista**. No ano seguinte, o governo estadunidense impôs um severo **embargo econômico** à ilha.

Cuba tornava-se parceira da União Soviética. A aliança era boa para ambos os países. Enquanto os cubanos ganhavam um forte aliado político, econômico e militar, os soviéticos ampliavam sua zona de influência para uma região estratégica, já que próxima dos Estados Unidos.

Em 1962, o mundo esteve à beira de um conflito nuclear. Os estadunidenses descobriram que os soviéticos haviam instalado mísseis de médio e longo alcance em Cuba. Esse episódio ficou conhecido como a **Crise dos Mísseis** e só foi solucionado quando os soviéticos decidiram retirar seus mísseis da ilha.

\multicolumn{4}{c}{NACIONALIZAÇÃO PROGRESSIVA DOS SETORES ECONÔMICOS EM CUBA (%)}
Setores	1961	1963	1968
Agricultura	37	70	70
Indústria	85	95	100
Construção	80	98	100
Transporte	92	95	100
Comércio	52	75	100
Comércio (atacado)	100	100	100
Sistema bancário	100	100	100
Educação	100	100	100

Fonte de pesquisa: AYERBE, Luis Fernando. *A Revolução Cubana.* São Paulo: Unesp, 2004. p. 73.

Assista
Treze dias que abalaram o mundo. Direção de Roger Donaldson, EUA, 2000, 145 min. A Crise dos Mísseis, em Cuba, colocou Estados Unidos e União Soviética prestes a iniciar uma nova guerra.

Ontem e hoje

Os jovens e o regime cubano

Juventude cubana vive entre dois mundos: o da revolução e o da expectativa

Havana – Jovens vestidos com roupas moderníssimas, brilho nos jeans, tênis de último tipo e unhas cuidadosamente feitas misturam-se a cartazes com os rostos de Fidel Castro, Che Guevara e Camilo Cienfuegos dos tempos em que lideraram a Revolução Cubana, em 1959. A juventude de Cuba do século 21 parece guiada pela expectativa de mudança, mas ainda é rodeada pelas incertezas que cercam essas perspectivas.

Formado em história com especialização em assuntos de Cuba, Reynaldo Castillos se viu obrigado a trabalhar em um hotel da capital. Segundo ele, recebe mais vendendo cartões-postais e falando sobre a história de Cuba para turistas do que em sala de aula. "Estou feliz. Está tudo bem", disse, desconversando sobre eventuais angústias ou dilemas.

Oficialmente, o governo diz que 16% dos 12 milhões de habitantes têm acesso à internet. Mas a prática mostra que a realidade é outra: nos lugares públicos onde há computadores, o acesso é limitado a duas horas por dia, sendo que há vários *sites* proibidos, como o Facebook e o Twitter, além de servidores.

"O bloqueio na internet é imposto pelos Estados Unidos, como o acesso ao Twitter e até ao Facebook", disse a jornalista Rosa Miriam Elizarde, editora do Cubadebate, *site* oficial do governo, e estudiosa dos noticiários *on-line*. De acordo com ela, os *sites* bloqueados pelo governo são aqueles que têm conteúdo "contrarrevolucionário" e com intenção de "contaminar o sistema".

O acesso aos meios de comunicação é uma realidade difícil para os cubanos. A exceção fica com os aparelhos de televisão – em todas as casas há pelo menos um. Há emissoras que transmitem programas em chinês, por causa de uma parceria entre Cuba e China, além da ACN que é exclusivamente de notícias e outras de variedades.

[...]

Os cubanos ainda convivem com as dificuldades de usar o telefone no país. A opção para a maior parte das pessoas são os orelhões, espalhados nos mais diferentes locais das cidades. Alguns cubanos têm telefones celulares. De acordo com relatos, ter um aparelho celular é indicação de *status* social.

Independentemente dos avanços da tecnologia, os jovens cubanos ainda se apegam às antigas tradições e não escondem suas crenças, como na la santería – religião de origem africana que se assemelha ao candomblé, cultuando os orixás, homenageando os antepassados e com ritos de incorporação.

Segundo os jovens, a abertura política permitiu que todos se sintam mais à vontade para professar sua fé. Em Cuba, é comum que nas casas, a exemplo do Brasil, tenham quadros com imagens católicas e de orixás. Mas as dificuldades econômicas afetam também os cultos religiosos.

"É muitíssimo caro se preparar para a santería. É necessário comprar várias coisas que nos mandam e por causa do momento, de restrições, que vivemos no país, isso fica mais caro ainda. Então espero um momento melhor", disse a garçonete María Peña, referindo-se ao adiamento de seu ingresso como filha de santo. "Agora tenho um bebê, então tenho mais gastos."

GIRALDI, Renata. Juventude cubana vive entre dois mundos: o da revolução e o da expectativa. Disponível em: <http://memoria.ebc.com.br/agenciabrasil/noticia/2011-08-01/juventude-cubana-vive-entre-dois-mundos-da-revolucao-e-da-expectativa>. Acesso em: 23 maio 2014.

O beisebol chegou a Cuba no século XIX sob influência estadunidense. Atualmente esse jogo é considerado o esporte nacional. Foto de 2012.

Reflita

1. Compare o acesso aos meios de comunicação disponível para os jovens cubanos e os existentes para os jovens brasileiros. Destaque semelhanças e diferenças.
2. Com base nas comparações anotadas na questão acima, relacione as condições de acesso aos meios de comunicação e o exercício da cidadania para os jovens de ambos os países.

Atividades

Verifique o que aprendeu

1. Explique por que a política de boa vizinhança de Franklin Roosevelt era novidade nas relações entre os Estados Unidos e a América Latina.

2. Relacione a política externa do presidente John Kennedy com as disputas com a União Soviética durante o período da Guerra Fria.

3. Associe as tensões na política argentina no final dos anos 1930 com o início da Segunda Guerra Mundial.

4. Os governos do presidente argentino Juan Domingo Perón ficaram conhecidos por sua proximidade com as massas. Identifique dois aspectos de sua política que justifiquem essa proximidade.

5. Os sindicalistas estavam entre as principais bases de apoio ao presidente Perón. Comente a importância desse apoio para o governo peronista.

6. Entre os anos 1950 e 1970, a Argentina passou por um período de instabilidade política e de violência. Cite e explique três processos que contribuíram para essa situação.

7. Caracterize a ligação de Cuba com os Estados Unidos em relação a sua situação econômica e política nas primeiras décadas do século XX.

8. Uma das propostas dos revolucionários cubanos era eliminar a dependência que o seu país tinha em relação aos Estados Unidos. Explique como eles colocaram a proposta em prática.

9. Indique dois processos que expliquem o aumento da tensão entre Cuba e os Estados Unidos nos anos 1960.

Leia e interprete

10. No texto a seguir, o historiador Luis Alberto Romero aborda a relação entre o Estado peronista e os sindicatos. Leia-o com atenção e faça as atividades solicitadas.

    > A relação entre Perón e o sindicalismo – crucial no Estado peronista – sem dúvida foi complexa, negociada e difícil de reduzir a uma fórmula simples. Apesar da forte pressão do governo sobre os sindicatos e da decisão de controlar sua ação, esses dois elementos nunca deixaram de ser a expressão social e política dos trabalhadores. Sob esse ponto de vista, o Estado não apenas facilitava e estimulava a organização da classe e a cobria de benefícios, mas criava uma situação de comunicação e participação fluida e mesmo familiar, longe de parecer algo estranho. O Estado peronista, por sua vez, tinha nos trabalhadores sua grande força legitimadora, e reconhecia isso; e não de maneira retórica ou abstrata, mas com referência direta às suas organizações e a seus dirigentes, aos quais concedeu um lugar de destaque.
    >
    > ROMERO, Luis Alberto. *História contemporânea da Argentina*. Trad. Edmundo Barreiros. Rio de Janeiro: Jorge Zahar, 2006. p. 104.

    a) Explique por que o Estado peronista preocupava-se em facilitar e estimular a organização da classe trabalhadora.

    b) A relação entre o peronismo e os sindicatos era bastante próxima e intensa. Considerando a relação entre o governo e os sindicatos exposta pelo autor, cite um exemplo de benefício e um exemplo de prejuízo para a classe trabalhadora argentina.

    c) Além dos trabalhadores propriamente ditos, o historiador Luis Alberto Romero faz menção a outro setor que se beneficiou diretamente com a aproximação entre o peronismo e as associações sindicais. Identifique-o.

    d) O autor afirma que o Estado peronista procurava criar "uma situação de comunicação e participação fluida e mesmo familiar" com os sindicatos. O que o autor quis dizer com essa expressão? Discuta sobre isso com os colegas e com o professor.

11. A charge a seguir foi publicada em 1946, na revista argentina *Cascabel*. Nela, o caricaturista aborda a relação entre o presidente Juan Domingo Perón e a Confederação Geral do Trabalho (CGT), central sindical argentina. Observe a imagem e responda às questões propostas.

    Revista *Cascabel*, 1946.

    a) Como o caricaturista representou o presidente Juan Domingo Perón?

    b) Considerando a cena representada, como você caracterizaria a relação entre Perón e a CGT?

    c) A charge carrega um tom de crítica à relação entre o governo de Perón e a CGT. Justifique essa afirmação.

    d) O caricaturista colocou o presidente Perón em meio a grandes quantias de dinheiro, simbolizadas na imagem pelas cifras. Interprete esse detalhe da charge.

CAPÍTULO

52 O Brasil e o populismo

O que você vai estudar

- Uma nova Constituição.
- Dutra e a Guerra Fria.
- A volta de Vargas.
- Anos JK.
- Cultura bossa-nova.

Com projeto urbanístico de Lúcio Costa, arquitetura de Oscar Niemeyer e paisagismo de Roberto Burle Marx, Brasília representou um marco na arquitetura mundial. Foto de 2011.

Ligando os pontos

Liderando o movimento de 1930, Getúlio Vargas assumiu o poder no Brasil, pondo fim ao período conhecido como República Velha. Ao longo dessa década e na primeira metade dos anos 1940, a vida política brasileira girou em torno de sua figura.

Em 1932, eclodiu a Revolução Constitucionalista em São Paulo contra o governo central, que terminou no mesmo ano com a derrota dos paulistas. Dois anos depois, foi promulgada a Constituição que, entre outros fatores, traria de volta o jogo político democrático. No entanto, com a radicalização política entre esquerda (ANL) e direita (integralistas), Vargas encontrou um pretexto para desferir, em 1937, um golpe do qual resultou a ditadura do Estado Novo. Durante o período ditatorial, Vargas promoveu o culto a sua personalidade, utilizando-se da propaganda ideológica, e, com ajuda da censura e da polícia política, calou e reprimiu os opositores ao regime.

Nesse período, explodiu o maior conflito armado de todos os tempos, a Segunda Guerra Mundial. Após um período de simpatia pelos regimes fascistas, Vargas decidiu apoiar os Aliados contra o Eixo, levando o Brasil a entrar na guerra e enviando a Força Expedicionária Brasileira à Itália. Com a derrota dos regimes nazifascistas, o próprio governo Vargas, uma ditadura, ruiu por terra.

A fotografia acima mostra a praça dos Três Poderes, em Brasília. Responda.

1. Por que o prédio do Congresso Nacional, ao fundo, é dividido em dois edifícios?
2. O que representam o Palácio do Planalto e o Supremo Tribunal Federal na mesma praça?

› Uma nova Constituição

Com a derrota do nazifascismo europeu, em 1945, aumentaram as pressões pelo fim do Estado Novo brasileiro. Entretanto, mobilizações contra a ditadura já ocorriam antes.

Em 1943, a União Nacional dos Estudantes (UNE) promoveu manifestações contra a ditadura em várias regiões do Brasil. Em São Paulo, por exemplo, alunos da Faculdade de Direito do Largo São Francisco fizeram a Passeata do Silêncio. Com um lenço cobrindo a boca, os estudantes expressavam a revolta contra a supressão da liberdade de expressão pela ditadura. A repressão da polícia foi violenta, deixando 2 mortos e 25 feridos.

No ano seguinte, quando o governo brasileiro enviou a **Força Expedicionária Brasileira (FEB)** para lutar na Itália ao lado dos Aliados, representantes da oposição começaram a apontar para a contradição entre a ditadura interna e a luta pela democracia no exterior. O governo, contudo, justificava a ditadura com a guerra, prometendo que, no fim do conflito, haveria eleições livres no país.

Em fins de 1944, a oposição passou a divulgar o nome de Eduardo Gomes, major-brigadeiro da Aeronáutica, como candidato à presidência. Pressionado, Vargas publicou, no início de 1945, o Ato Adicional à Carta de 1937, dispondo sobre as eleições gerais que escolheriam o novo presidente e elegeriam a Assembleia Constituinte.

› Queremismo e deposição

No decorrer desse período, foram criados três grandes partidos. Reunindo os adversários de Getúlio Vargas, formou-se a **União Democrática Nacional (UDN)**. Por iniciativa do governo e de seus partidários, foi criado o **Partido Social Democrático (PSD)**, e, também sob influência do governo, foi organizado o **Partido Trabalhista Brasileiro (PTB)**, que tinha por objetivo aglutinar os trabalhadores urbanos.

Enquanto a UDN lançava a candidatura de Eduardo Gomes, o governo indicava como candidato, pelo PSD, o general Eurico Gaspar Dutra, que ainda exerce o cargo de ministro da Guerra. Entretanto, grupos ligados ao trabalhismo iniciaram uma campanha pela permanência de Vargas no poder, que ficou conhecida como queremismo, derivada do *slogan* "queremos Getúlio" criado pelos partidários de Vargas.

Apoiada pelo Partido Comunista do Brasil (PCB), que seguia orientações da URSS de apoiar os governos que se opuseram ao nazifascismo, os queremistas queriam que a **Assembleia Constituinte** fosse instalada antes da saída de Getúlio, que poderia, então, concorrer à presidência.

Para a oposição, o queremismo fora articulado pelo próprio Getúlio Vargas, que manobrava a situação para se manter no poder.

Diante disso, o general Góis Monteiro mobilizou as tropas, forçando Getúlio a renunciar. Até a posse do novo presidente eleito, o país foi governado pelo presidente do Supremo Tribunal Federal, José Linhares.

Manifestação na cidade do Rio de Janeiro na campanha de apoio à candidatura e à permanência de Getúlio no poder, conhecida como "queremismo". Foto de 1945.

História e arquitetura

A arquitetura tem entre seus objetivos estudar e elaborar projetos voltados para a construção de ambientes destinados ao uso humano, como moradias, prédios públicos, etc.

O estudo da arquitetura de uma época presta ao historiador informações sobre valores, hábitos, estética, técnicas, organização social, política e econômica de determinada sociedade.

Na época estudada neste capítulo, as criações de arquitetos brasileiros foram inovadoras, revelando, entre outros aspectos, a relação entre a arquitetura e os projetos políticos nacionalistas e desenvolvimentistas vigentes nesse período.

Essas criações revelam também aspectos da ideologia oficial que promoveu, por exemplo, a construção de Brasília.

Dividam a classe em grupos, pesquisem os itens a seguir e debatam os resultados.

1. Escolham uma edificação, pública ou privada, de sua cidade e descubra a que estilo arquitetônico ela pertence e o período em que foi construída.
2. Verifiquem se atualmente o prédio escolhido tem ainda a mesma finalidade da época de sua construção ou se foi adaptado para outro uso.

> ## As eleições de 1945

No início da campanha eleitoral de 1945, a vitória do brigadeiro Eduardo Gomes, da UDN, parecia certa. A candidatura de seu oponente, o general Eurico Gaspar Dutra, do PSD, só ganhou força com a declaração de apoio que recebeu de Getúlio Vargas às vésperas das eleições.

Para a população, a candidatura de Eduardo Gomes passou a soar como antigetulismo, e o brigadeiro foi apelidado de "candidato pó de arroz", uma vez que seu nome foi associado aos interesses dos ricos. Além disso, o PSD contava com o apoio da máquina administrativa, principalmente por parte dos interventores estaduais.

Com isso, Eurico Gaspar Dutra surpreendeu a oposição: foi eleito com 55% dos votos válidos, contra 35% de seu oponente. O PCB, que voltara à legalidade com o fim do Estado Novo, também teve grande votação, conquistando 10% dos votos para o candidato Iedo Fiúza.

Não foi só a vitória de Dutra que mostrou que o prestígio de Getúlio Vargas junto ao povo era muito grande. Candidatando-se ele próprio a senador em cinco estados, e a deputado federal em nove, Getúlio elegeu-se no Rio Grande do Sul e em São Paulo para o primeiro cargo e em sete estados para o segundo, fortalecendo assim o PSD e o PTB. Acabou assumindo a vaga de senador pelo Rio Grande do Sul.

> ## A Constituição de 1946

Em 1946, com a posse de Dutra e com a instalação da Assembleia Constituinte, tiveram início os debates que culminaram na nova Carta Constitucional, promulgada em setembro do mesmo ano.

Na nova Constituição, o Brasil foi definido como uma República Federativa (República dos Estados Unidos do Brasil), com autonomia administrativa de estados e municípios.

Os poderes foram claramente divididos em Executivo, Legislativo bicameral, com o Congresso Nacional formado pelo Senado e pela Câmara dos Deputados, e Judiciário. Entretanto, o Executivo manteve grandes poderes, entre os quais o de nomear os ministros do Supremo Tribunal Federal (STF).

O presidente da República, chefe do poder Executivo, passaria a ser eleito por voto direto e secreto para um mandato de cinco anos, sem possibilidade de reeleição.

Um dos avanços da nova Constituição dizia respeito ao capítulo relativo à cidadania. As mulheres mantiveram o **direito de voto**, previsto na Constituição de 1934. Assim, poderiam votar os maiores de 18 anos de ambos os sexos, com exceção dos analfabetos. Nessa época, os analfabetos constituíam mais da metade da população.

Foram assegurados, no capítulo dos direitos e das garantias individuais, a liberdade de consciência e de crença, a liberdade de reunião e de associação e o direito ao *habeas corpus*. Quanto à censura, ela foi mantida apenas para espetáculos e diversões públicas.

No âmbito social, a nova Carta previa a participação dos trabalhadores nos lucros das empresas, mas isso não entrou em vigor nesse período, pois nenhuma lei complementar foi criada para assegurar esse direito.

No tocante à política trabalhista, o corporativismo do sistema sindical não foi suprimido, uma vez que o texto constitucional definia os sindicatos como órgãos de colaboração com o Estado. Além disso, foi mantido o imposto sindical, cuja existência era uma forma de manter o controle sobre as diretorias dos sindicatos. Foi mantido também o poder do Estado de intervir nos sindicatos. Mas foi assegurado aos trabalhadores o direito de greve.

A Constituição também preservou a estrutura fundiária do país, altamente concentradora de terras nas mãos de uma minoria, os latifundiários.

Na esfera familiar, a Constituição foi conservadora. Atendendo à Igreja católica, manteve o casamento indissolúvel, proibindo o divórcio.

GLOSSÁRIO

Habeas corpus: ação jurídica que protege o cidadão de detenção ou prisão por ato abusivo de um agente do Estado.

Comício do general Eurico Gaspar Dutra na praça da Sé, na cidade de São Paulo. Foto de 1945.

❯ Dutra e a Guerra Fria

O governo de Eurico Gaspar Dutra coincidiu com o início da Guerra Fria.

O conflito latente entre a União das Repúblicas Socialistas Soviéticas (URSS) e os Estados Unidos da América (EUA), que procuravam assegurar sua hegemonia em várias regiões do planeta, dividiu o mundo em países alinhados aos EUA e países alinhados aos soviéticos. Não foi diferente com o Brasil. Em 1947, foi assinado, no Rio de Janeiro, o Tratado Interamericano de Assistência Recíproca (Tiar). Sob influência dos EUA, esse tratado estabelecia que o ataque a um país americano deveria ser considerado um ataque a todos os demais. Com isso, Brasil e demais signatários alinhavam-se aos EUA.

Além da esfera militar, o alinhamento do governo brasileiro aos EUA verificou-se também na esfera diplomática, com o governo Dutra rompendo relações com a URSS. Internamente, Dutra, que em outras questões costumava respeitar a Constituição, reprimiu a esquerda, passando a controlar as atividades sindicais dos trabalhadores.

❯ O combate ao comunismo

O PCB, que havia sido legalizado, teve uma votação expressiva nas eleições de 1945, não apenas para a presidência. Elegeu 17 deputados, um senador e conquistou a maioria na Câmara dos Vereadores do Distrito Federal. Em São Paulo, chegou a superar a UDN nas eleições estaduais. Com cerca de 200 mil filiados, o PCB era a quarta maior força política do país.

Em 1947, contudo, iniciou-se a ofensiva contra o comunismo brasileiro, quando o Supremo Tribunal Federal cassou o registro do PCB, sob a alegação de que seu programa era incompatível com a democracia, além de ser controlado pela URSS. Em 1948, o Congresso aprovou uma lei para cassar o mandato de todos os eleitos pelo PCB. Com isso, o partido voltou à clandestinidade.

❯ A repressão aos trabalhadores

Ainda em março de 1946, quando a Assembleia Constituinte deliberava, um decreto de Dutra **restringiu o direito de greve**, ao definir diversas atividades como essenciais e proibir as paralisações dos trabalhadores nessas áreas.

A nova Constituição reconhecia o direito de greve, mas estipulava que uma lei deveria regulamentá-lo. Assim, o decreto do governo Dutra tornou o direito de greve sem efeito.

Além disso, iniciou-se também a intervenção, pelo Ministério do Trabalho, em sindicatos e centrais sindicais, onde era forte a presença dos comunistas.

As medidas tomadas por Dutra contra o direito de greve tinham por objetivo conter a onda de paralisações provocadas por perdas salariais resultantes da inflação.

❯ As políticas econômicas

Na primeira fase de seu governo, Dutra promoveu a **liberalização da economia**, abrindo o mercado interno para os produtos importados. Esperava, com essas medidas, que a concorrência dos produtos importados levasse à redução dos preços e ao equilíbrio da economia, sem afetar o crescimento do país.

Na prática, contudo, o país perdeu parte considerável das divisas acumuladas com as exportações durante a guerra. Sem resultados positivos, o governo mudou a política econômica, restringindo as importações de bens de consumo e valorizando o cruzeiro, a moeda corrente na época, como forma de **incentivar a produção nacional** voltada para o consumo interno, estimulando, assim, o crescimento da indústria.

Com isso, o PIB brasileiro cresceu a uma média de 8% ao ano entre 1948 e 1950. Mas, com a repressão aos sindicatos, os trabalhadores tiveram perdas salariais, pois os reajustes não acompanhavam o aumento do custo de vida. Assim, enquanto a economia brasileira crescia, o salário dos trabalhadores era corroído.

Manifestação na cidade de São Paulo contra a cassação do PCB. A liberdade de associação e de opinião era limitada pela política de alinhamentos da Guerra Fria. Foto de 1947.

❯ A volta de Vargas

Ao longo do governo Dutra, o nome de Vargas crescia como candidato à sucessão. Nas eleições de 1950, Dutra não apoiou Getúlio, lançando a candidatura de Cristiano Machado pelo PSD.

Mesmo assim, boa parte do partido apoiou Vargas, candidato pelo PTB, com Café Filho como vice. Getúlio foi apoiado também pelo líder populista Adhemar de Barros, governador de São Paulo. Em troca, deveria apoiar Adhemar na sua própria sucessão, caso fosse eleito. A UDN lançou novamente Eduardo Gomes.

Com um discurso nacionalista na campanha, Getúlio defendia principalmente o desenvolvimento da indústria brasileira e a ampliação dos direitos trabalhistas.

Getúlio Vargas em campanha eleitoral. Foto de 1950.

❯ A eleição e o início do governo

Vargas foi eleito com 48,7% dos votos contra 29,7% de Eduardo Gomes e 21,5% de Cristiano Machado. Insatisfeita com o resultado, a UDN se opôs a sua posse, afirmando que Vargas não atingira a maioria absoluta, isto é, mais da metade dos votos. Mas esse argumento não tinha amparo na lei eleitoral.

A desconfiança da UDN em relação ao populismo de Getúlio era compartilhada por jornais influentes, que alertavam a população para o risco de uma nova ditadura.

Entretanto, mesmo com a mobilização dos setores conservadores da sociedade, Vargas tomou posse. Com seu estilo conciliador, nomeou um ministério conservador, composto em sua maioria de representantes do PSD.

Suas propostas para combater a inflação e reequilibrar as finanças públicas eram, inicialmente, liberais, com menos intervenção estatal e com a abertura do país às importações.

❯ Nacionalistas e entreguistas

O governo Vargas transcorreu em meio a uma disputa entre duas correntes, cada qual defendendo um **modelo de desenvolvimento** para o país.

De um lado, os defensores do ingresso de capital externo no país, chamados pejorativamente de "entreguistas". Integrado pela UDN e pela grande imprensa, esse grupo argumentava também que o governo deveria manter um rígido controle orçamentário para evitar déficits públicos e conter a inflação.

A outra corrente era a dos "nacionalistas", que defendiam o desenvolvimento do país de forma autônoma. Formado por políticos do PSD, do PTB e do PCB, esse grupo defendia a estatização de áreas estratégicas da economia, evitando a entrada de capital estrangeiro.

Vargas implementou uma política econômica nacionalista, limitando em 10% a remessa para o exterior de lucros de empresas estrangeiras. E criou o **Banco Nacional de Desenvolvimento Econômico** (BNDE), para incentivar sobretudo a área industrial.

Vários investimentos foram feitos em infraestrutura, como no sistema de transportes e de energia. Além disso, Getúlio adotou uma política econômica francamente voltada para a defesa dos recursos brasileiros, especialmente nas áreas energética e siderúrgica.

Conheça melhor

O populismo brasileiro

O populismo é um fenômeno caracterizado pela ascensão ao poder de líderes carismáticos, cujas ações políticas são fundamentadas no apoio direto das massas.

Tais líderes propagam a ideia de serem os portadores dos anseios nacionais. Colocando-se acima de partidos e de ideologias políticas, procuram atuar como árbitros nas disputas sociais.

O apoio popular é conquistado pela promoção de políticas assistencialistas associadas ao culto à personalidade e à propaganda ideológica. Getúlio Vargas, por exemplo, cultivou uma imagem de "pai dos pobres" ainda durante o Estado Novo, que sobreviveu até mesmo à sua morte.

Além de seus herdeiros políticos, como João Goulart e Leonel Brizola, outros líderes populistas tiveram grande projeção na década de 1950, como Adhemar de Barros e Jânio Quadros.

> O petróleo é nosso

O grande tema de disputa entre "nacionalistas" e "entreguistas" era o petróleo. Ainda no governo Dutra, o debate sobre o papel estratégico do petróleo para a soberania nacional mobilizou os círculos militares, opondo os que defendiam o monopólio estatal aos que queriam a abertura ao capital internacional.

Em 1951, Getúlio Vargas enviou ao Congresso um projeto de lei com o objetivo de estatizar e monopolizar a exploração e a distribuição do petróleo brasileiro.

O debate mobilizou a opinião pública. De um lado da arena, a grande imprensa e empresários de vários setores defendiam a abertura para o capital estrangeiro, utilizando-se dos meios de comunicação como forma de convencer a população.

Do outro lado, estudantes da UNE, sindicalistas e comunistas organizavam grandes comícios em defesa do monopólio estatal, com o *slogan* "O petróleo é nosso". A mobilização popular ganhou as ruas das grandes cidades brasileiras, levando o Congresso a aprovar, em outubro de 1953, a criação da **Petrobras**, empresa estatal que detinha o monopólio de exploração, distribuição e refino do petróleo no Brasil.

> Entre a direita e a esquerda

Para os setores conservadores da sociedade, não era só a política econômica nacionalista de Getúlio que desagradava. Durante a Guerra da Coreia (1950-1953), o governo brasileiro recusou-se a enviar tropas à região, mantendo-se neutro no conflito. Com isso, gerou atritos com o governo dos EUA e com setores das Forças Armadas e da sociedade civil.

Por sua vez, a inflação corroía os salários, afetando a classe média e, principalmente, os trabalhadores. Desde que foi criado, em 1940, no primeiro governo Vargas, o salário mínimo só tivera um pequeno reajuste em 1951. Assim, em 1953, uma série de greves eclodiu, a maior delas em São Paulo, onde 300 mil trabalhadores paralisaram suas atividades.

Procurando apoio na população, Vargas nomeou João Goulart para o Ministério do Trabalho. Goulart era um político do PTB gaúcho. Tinha bom trânsito nos meios sindicais, mas era mal visto pelos conservadores, que o consideravam um radical de esquerda.

Pressionado pelas reivindicações dos trabalhadores, Jango, como João Goulart era conhecido, anunciou, no início de 1954, aumento de 100% do salário mínimo. Entretanto, as pressões de vários setores contrários ao aumento, principalmente das Forças Armadas, obrigaram Vargas a demiti-lo. Em 1º de maio desse mesmo ano, contudo, o próprio Vargas decretou o aumento proposto por seu ex-ministro do Trabalho.

> O suicídio de Vargas

O aumento do salário mínimo repercutiu favoravelmente perante os trabalhadores, mas provocou mais críticas da oposição, que acusava Getúlio de favorecer aliados políticos e de corrupção. Entre os críticos, o jornalista e político Carlos Lacerda, ligado à UDN, defendia a destituição de Vargas.

Em 5 de agosto de 1954, um atentado a tiros feriu Lacerda e matou o major da Aeronáutica Rubens Vaz, que fazia sua segurança. As investigações indicavam como mandante do crime o chefe da guarda presidencial do Palácio do Catete, Gregório Fortunato.

Com a indignação geral, o próprio vice-presidente Café Filho, que se aliou à oposição, propôs sua renúncia e a de Getúlio. Na noite de 23 de agosto, Vargas reuniu seu ministério. Alguns ministros sugeriram seu afastamento temporário, mas os militares exigiam a renúncia.

No dia seguinte, Getúlio Vargas se suicidou com um tiro no coração.

Sua morte provocou grande comoção. Multidões tomaram as ruas das principais cidades. Os mais revoltados depredaram jornais e emissoras antigetulistas e queimaram bandeiras estadunidenses. Para a população, o "pai dos pobres" havia sido levado à morte por seus opositores.

O cortejo fúnebre que acompanhou o corpo de Vargas reuniu uma gigantesca multidão no Rio de Janeiro. Foto de 1954.

▶ Anos JK

Com a morte de Getúlio Vargas, assumiu a presidência o vice, João Café Filho. Montando um ministério predominantemente udenista, Café Filho promoveu o combate à inflação, restringindo o crédito e os gastos públicos, o que levou a economia à recessão.

Em 1955, criou a Instrução 113 da Superintendência da Moeda e do Crédito (Sumoc), que permitia a importação de equipamentos com uma política cambial favorável.

Diante das duras críticas dos nacionalistas, o governo recuou. No entanto, essa política de atração de capitais estrangeiros seria retomada no governo seguinte, de Juscelino Kubitschek.

▸ Eleição de JK

O político mineiro Juscelino Kubitschek, conhecido como JK, havia sido prefeito de Belo Horizonte (1940-1945) e governava o estado de Minas Gerais quando seu nome foi escolhido pelo PSD para concorrer à presidência em 1955. João Goulart, pelo PTB, foi lançado como vice na chapa, formando a "frente nacional", cujo programa baseava-se no binômio nacionalismo-desenvolvimentismo.

Ambos eram herdeiros políticos de Getúlio Vargas. Apesar disso, JK recebeu apenas 36% dos votos, ao passo que o general Juarez Távora, da UDN, teve 30%, Adhemar de Barros, do PSP, 26%, e Plínio Salgado, do PRP, 8%.

Da mesma forma como havia ocorrido com Vargas, a vitória de Juscelino Kubitschek e João Goulart gerou uma campanha da UDN contra a posse, alegando novamente que a eleição não se dera com os votos da maioria absoluta. Carlos Lacerda afirmava que eles haviam sido eleitos por causa da demagogia e do apoio de comunistas.

▸ O golpe preventivo

O coronel Jurandir Bizarria Mamede declarou-se contrário à posse, representando o setor radical anticomunista das Forças Armadas, que se encontravam divididas.

Em reação ao apelo golpista do coronel Mamede, o ministro da Guerra, Teixeira Lott, solicitou autorização ao presidente Café Filho para que pudesse punir o coronel. No entanto, o presidente precisou afastar-se por motivos de saúde, sendo substituído pelo presidente da Câmara dos Deputados, Carlos Luz, que negou o pedido de punição.

A ideia de um golpe conservador que impedisse a posse de Juscelino e Jango ganhava força. Lott, então, demitiu-se do ministério e, mobilizando tropas, destituiu o presidente interino, dando um golpe preventivo. A presidência foi ocupada pelo presidente do Senado, Nereu Ramos, que garantiu a posse de JK.

▸ Cinquenta anos em cinco

O programa de governo de Juscelino era ambicioso. Em campanha, ele havia prometido fazer o Brasil crescer cinquenta anos em cinco. Em seu **Plano de Metas**, o novo governo propunha grandes investimentos para desenvolver as indústrias de base, bem como promover o desenvolvimento de infraestrutura, principalmente nas áreas de transportes e de produção de energia. O objetivo era transformar o Brasil em um país plenamente industrializado, condição para superar o subdesenvolvimento.

O nacional-desenvolvimentismo de JK representava, em parte, a continuidade da política econômica de Vargas. Mas, ao contrário do nacionalismo varguista, procurava atrair investimentos estrangeiros.

JK estimulou a entrada de investimentos principalmente nas indústrias automobilística, farmacêutica, petroquímica e de eletrodomésticos.

Boa parte dessas novas indústrias instalou-se na Região Sudeste. No caso da indústria automobilística, as cidades paulistas de Santo André, São Bernardo e São Caetano, o chamado ABC, foram o grande polo de atração.

No fim do governo JK, a produção industrial crescera cerca de 80%, e o PIB, uma média de 7% ao ano.

Assista

Conterrâneos velhos de guerra. Direção de Vladimir Carvalho, Brasil, 1990, 153 min. O documentário mostra outra visão da construção de Brasília: as péssimas condições de trabalho de quase 50 mil operários, na maioria nordestinos. Depoimentos e imagens raras revelam uma realidade desconhecida dos brasileiros.

Francisco Julião discursa para integrantes das Ligas Camponesas, organizações que ganharam visibilidade no governo JK por lutar pela terra e por direitos básicos. Foto de 1961.

A construção de Brasília

Também fazia parte das promessas de campanha de JK a construção de uma nova capital federal no Planalto Central.

Enviado ao Congresso, o projeto de lei com essa finalidade, mesmo sofrendo oposição, foi aprovado ainda em 1956. Uma das alegações contrárias ao projeto era a de que os gastos de construção da capital gerariam mais inflação, o que de fato ocorreu, em função das despesas do governo. A oposição promoveu até mesmo a abertura de uma CPI, alegando irregularidades nos contratos com as empreiteiras.

A transferência da capital dividia opiniões. Para os funcionários públicos era um transtorno, pois eles teriam de se mudar do Rio de Janeiro para o interior do país. Mas havia razões estratégicas. A economia, até então, concentrara-se em grandes cidades ao longo do litoral; a transferência da capital para o interior promoveria a integração do país.

O projeto vencedor foi o do urbanista Lúcio Costa, cujo plano-piloto lembra a forma de um avião, com grandes avenidas planejadas para o trânsito rápido de automóveis.

O arquiteto Oscar Niemeyer projetou vários prédios, entre os quais o Palácio da Alvorada, a catedral de Brasília, o Palácio do Planalto e o edifício do Congresso Nacional, enquanto Roberto Burle Marx ficou responsável pelo paisagismo.

A nova capital foi construída em tempo recorde, com mão de obra predominantemente de nordestinos que migraram para a região e ficaram conhecidos como **candangos**.

Em 21 de abril de 1960, o presidente Juscelino Kubitschek inaugurou Brasília.

O outro lado do crescimento econômico

O crescimento econômico na era JK teve um preço: a inflação chegou à casa dos 39,5% em 1959. O principal motivo desse surto inflacionário foram os gastos do governo, principalmente com a construção de Brasília. Além da inflação, o governo seguinte herdou uma dívida externa de US$ 3,1 bilhões, elevadíssima para a época.

Além disso, o crescimento econômico não beneficiou todas as camadas sociais. Os principais beneficiados foram os empresários ligados aos investidores internacionais e a classe média, que cresceu numericamente nesse período. A atração de multinacionais gerou empregos, mas tornou o país mais dependente do capital externo.

Os altos investimentos na industrialização não tiveram sua contrapartida na área rural, prejudicando os trabalhadores do campo. As cidades do Sudeste, onde a indústria se concentrou, passaram a atrair grandes contingentes de migrantes. Enquanto os ricos e a classe média ampliavam sua participação na riqueza produzida, o restante da população empobrecia.

Construção do edifício do Congresso Nacional em Brasília. A maior parte dos trabalhadores que participaram das obras era composta de migrantes nordestinos, os candangos. Ao fundo, os prédios da Esplanada dos Ministérios. Foto de 1959.

Ponto de vista

Projeto e realidade brasilienses

Segundo o arquiteto e antropólogo Lauro Cavalcanti, entre o projeto de Brasília e a sua realização, houve grande hiato do ponto de vista social.

Em seu artigo *Brasília: a construção de um exemplo*, Cavalcanti explica que inicialmente o projeto da nova capital previa a ocupação igualitária dos conjuntos habitacionais. Funcionários públicos do alto escalão e trabalhadores morariam lado a lado, havendo apenas alguma diferenciação no tamanho dos apartamentos e sua localização nas superquadras.

A realidade, contudo, mostrou-se muito diferente. Brasília se tornou uma cidade igual a outras metrópoles brasileiras, com espaços segregados para pobres, classe média e ricos. Os pobres foram expulsos para a periferia sem recursos, ao passo que os ricos construíram mansões à beira do lago Paranoá.

A própria disposição espacial da capital induziria à segregação, concentrando os moradores segundo suas profissões e papel na cidade. O projeto igualitário não saiu do papel.

- Discuta com seus colegas a maneira como os habitantes das cidades de sua região ocupam o espaço urbano. As classes sociais encontram-se misturadas ou cada uma ocupa um lugar específico? Quais as consequências desse tipo de ocupação?

Cultura bossa-nova

No período JK – os "anos dourados" – a sociedade foi embalada pelo sonho da modernidade que acompanhou o impulso industrializante da segunda metade da década de 1950. A vida urbana ganhou dinamismo, com a presença cada vez maior de automóveis e lambretas, enquanto os eletrodomésticos facilitavam a vida das donas de casa da classe média.

O rádio era ainda o veículo de comunicação por meio do qual radionovelas e programas musicais entretinham um público cada vez mais heterogêneo e complexo nas grandes cidades. A televisão, introduzida no país em 1950, ainda era privilégio de poucos.

Novos valores eram importados junto com o *rock'n'roll* de Elvis Presley, Jerry Lee Lewis e Chuck Berry, e a rebeldia de James Dean, exibida nas telas dos grandes cinemas.

Chocando-se com os valores tradicionais, a juventude de classe média adotava desde as roupas características da juventude estadunidense, como o *jeans* e as jaquetas de couro, até comportamentos rebeldes.

No imaginário popular, o futebol foi consolidado como um dos grandes símbolos nacionais, principalmente após a conquista da Copa do Mundo de 1958. Estádios monumentais eram lotados por torcedores que vibravam com os dribles e os gols de Mané Garrincha, Pelé e outros craques. Muitos desses torcedores passaram a acompanhar a narração dos jogos pelos novos rádios portáteis.

Nas grandes cidades, como o Rio de Janeiro, o samba invadia as avenidas centrais nos desfiles carnavalescos, difundindo de forma cada vez mais ampla essa manifestação cultural originária das populações menos favorecidas.

O desenvolvimento econômico era acompanhado por mudanças na expressão cultural do país. Entretanto, a heterogeneidade das manifestações culturais, opondo simplicidade e sofisticação, revela como os benefícios da modernidade foram usufruídos de maneira desigual pelas distintas camadas da população.

> Do samba para a bossa nova

Foi nesse período que surgiu no Rio de Janeiro um novo movimento musical, a **bossa nova**. A palavra "bossa" fazia parte do jargão da época, significando "jeito". Assim, "bossa nova" fazia referência a um jeito novo de compor e interpretar, combinando o samba tradicional com o *jazz* e com elementos de música erudita.

Em 1958, foi lançado o disco *Canção do amor demais*, com canções de Tom Jobim e Vinicius de Moraes cantadas por Elizeth Cardoso. As músicas do disco tiveram o acompanhamento do violonista João Gilberto, cuja maneira de tocar caracterizaria o movimento. A bossa nova fez grande sucesso, principalmente ante o público mais jovem de classe média, repercutindo internacionalmente.

A expressão "bossa nova" tornou-se símbolo dessa época, principalmente dos setores privilegiados da sociedade. O próprio Juscelino Kubitschek ficou conhecido como "presidente bossa-nova".

> Literatura

Também nesse período, a literatura passou por inovações. Um grupo de escritores paulistas – Décio Pignatari e os irmãos Haroldo e Augusto de Campos – criou o **movimento concretista**, lançando em 1952 a revista *Noigandres*. A poesia concreta aproximava a literatura das artes plásticas, ao explorar a forma das palavras e sua disposição na página tanto quanto seu sentido. Usando jogos de palavras sintéticos, palavras soltas, neologismos e estrangeirismos, o movimento refletia a consolidação da sociedade industrial em São Paulo nos anos 1950.

É desse período também a publicação de *Grande sertão: veredas*, de Guimarães Rosa, considerada uma das mais importantes criações literárias na língua portuguesa.

Assista

Vinicius. Direção de Miguel Faria Jr., Brasil, 2005, 122 min.
A produção reconstitui, a partir da montagem de um *show*, a trajetória de vida do diplomata, poeta, compositor e intérprete Vinicius de Moraes. Depoimentos e interpretações de clássicos de Vinicius por vários artistas compõem um quadro multifacetado do poeta.
As transformações ocorridas no Rio de Janeiro, apresentadas com imagens da época, formam um pano de fundo que ajuda a compreender o período efervescente do desenvolvimento da bossa nova.

Capa e contracapa do artista Poty para a 7ª edição de *Grande Sertão: veredas*, publicado originalmente em 1957.

> Teatro e cinema

A dramaturgia brasileira também passou por inovações nessa época, com a fundação em São Paulo, em 1948, do **Teatro Brasileiro de Comédia (TBC)**. Explorando o repertório do teatro clássico, o TBC produziu espetáculos sofisticados, influenciando a dramaturgia em todo o país.

No caso do cinema, em 1949 foi fundada em São Bernardo do Campo, São Paulo, a Companhia Cinematográfica **Vera Cruz**, que produziu cerca de 20 filmes. Um desses filmes, *O cangaceiro*, de Lima Barreto, foi premiado no Festival de Cannes.

O acontecimento mais importante nessa área, porém, foi o lançamento, em 1955, do filme *Rio, 40 graus*, dirigido por Nelson Pereira dos Santos. Com esse filme, tinha início o Cinema Novo, movimento inspirado no neorrealismo italiano. Ele dava prioridade aos temas sociais e suas produções eram de baixo custo. *Assalto ao trem pagador*, de Roberto Farias (1962), *Ganga Zumba*, de Cacá Diegues (1963), e *Vidas secas*, de Nelson Pereira dos Santos (1963), foram outras importantes produções desse movimento.

> Artes plásticas

Em 1947, foi fundado o Museu de Arte de São Paulo (Masp). Quatro anos depois, em 1951, realizou-se a 1ª Bienal Internacional de São Paulo. Obras de estrangeiros consagrados e de brasileiros passaram a ser expostas em eventos como esse, sintonizando o Brasil com a produção artística internacional.

A partir da 1ª Bienal paulista, desenvolveu-se no Rio de Janeiro e em São Paulo o concretismo. Estilo surgido na Europa no início do século XX, adotava as linhas geométricas e a cor para compor a obra de arte, procurando distanciar-se tanto do figurativismo quanto do abstracionismo, que imitaria imagens abstratas existentes na imaginação do artista. O concretismo não quer ser um exercício de imaginação, mas um estudo rigoroso de componentes de obra de arte como linhas e cores.

O grupo carioca era representado, entre outros, por Ivan Serpa, Lygia Clark e Hélio Oiticica, que adotavam princípios geométricos menos rígidos na criação.

O grupo paulista, apegado a um concretismo rigoroso, tinha entre seus componentes Waldemar Cordeiro e Geraldo de Barros.

Além dos concretistas, havia artistas independentes, adeptos do abstracionismo, que contribuíram para a renovação estética da época; entre eles, tiveram particular destaque os de origem japonesa, como Manabu Mabe e Tomie Ohtake.

> Arquitetura

A arquitetura brasileira já havia incorporado inovações estéticas modernistas nas décadas anteriores, sob influência principalmente das ideias do arquiteto e urbanista franco-suíço Le Corbusier.

Na década de 1930, o edifício do Ministério da Educação e Saúde (MES), por exemplo, foi projetado por uma equipe composta, entre outros, de Oscar Niemeyer, Afonso Eduardo Reidy e Carlos Leão, sob a direção de Lúcio Costa e consultoria de Le Corbusier.

A criatividade dos arquitetos brasileiros tornou-se mundialmente reconhecida. Niemeyer, por exemplo, é considerado um dos mais importantes arquitetos modernistas do mundo, e elaborou projetos no Brasil e no exterior.

Nesse período, foram executados vários projetos de arquitetos modernistas brasileiros, destacando-se os edifícios criados para a região da lagoa da Pampulha, em Belo Horizonte, e para Brasília.

Cartaz da 1ª Bienal Internacional de São Paulo de autoria de Antonio Maluf. Marco inicial do movimento concretista brasileiro.

O Congresso Nacional, projetado por Oscar Niemeyer, é composto pelo Senado Federal, de cúpula convexa (voltada para baixo), e pela Câmara dos Deputados, de cúpula côncava (voltada para cima). As torres em forma de "H" têm 28 andares e abrigam atividades administrativas. Foto de 2011.

Ontem e hoje

Trabalho feminino

Segundo a historiadora Carla Bassanezi, em seu artigo "Mulheres dos anos dourados",

> "[...] cresceu na década de cinquenta a participação feminina no mercado de trabalho [...]. Entretanto, eram nítidos os preconceitos que cercavam o trabalho feminino nessa época. Como as mulheres ainda eram vistas prioritariamente como donas de casa e mães, a ideia de incompatibilidade entre casamento e vida profissional tinha grande força no imaginário social. Um dos principais argumentos dos que viam com ressalvas o trabalho feminino era o de que, trabalhando, a mulher deixaria de lado seus *afazeres domésticos* e suas atenções e cuidados para com o marido: ameaças não só à organização doméstica como também à estabilidade do matrimônio".
>
> BASSANEZI, Carla. Mulheres dos anos dourados. Citado por PRIORE, Mary del (Org.). *História das mulheres no Brasil*. 9. ed. São Paulo: Contexto, 2008. p. 624.

Ainda de acordo com a autora, cresceram as oportunidades de emprego que exigiam qualificação, o que impulsionou a escolaridade feminina, principalmente para as funções de enfermeira, professora, funcionária burocrática, médica, assistente social, etc.

A mulher no mercado de trabalho

Na década de 1950, a inserção da mulher no mercado de trabalho qualificado começou a crescer por vários fatores: o desenvolvimento e a diversificação da economia, a chegada de empresas multinacionais, a urbanização, etc. Havia, contudo, fortes restrições ao trabalho feminino. Na mentalidade da época, o lugar da mulher era no lar, pois as mulheres "emancipadas" eram mal vistas socialmente. Nas décadas seguintes, a participação feminina no mercado de trabalho cresceu muito, sobretudo porque aumentou o número de mulheres com formação no nível médio e no superior.

Hoje, as mulheres atuam nas mais variadas funções, disputando vagas antes exclusivas dos homens, até mesmo em cargos eletivos, tanto no Legislativo quanto no Executivo. Mas, de acordo com a Pesquisa Nacional por Amostra de Domicílios (Pnad) 2011, divulgada em 21 de setembro de 2012, e que investiga dados sobre população, migração, educação, emprego, família, domicílios e rendimento, a renda média das mulheres no Brasil permanece menor que a dos homens, embora essa diferença venha diminuindo, segundo dados do Instituto Brasileiro de Geografia e Estatística (IBGE). Em 2009, o ganho médio entre as mulheres equivalia a 67,1% do rendimento dos homens.

Condições do trabalho feminino: mudanças significativas

> "Historicamente, o rendimento das mulheres é inferior ao dos homens, mas as condições de trabalho, que antes eram mais distintas, começam a ficar parecidas, dando mais chances de as diferenças entre os salários diminuírem. Hoje, as mulheres têm menos filhos, passam mais tempo no trabalho, ocupam cargos de chefia. Se cruzarmos os salários de homens de 2004 até 2011, vemos que as curvas convergem", disse a gerente [Maria Lucia Vieira, gerente da Pnad do IBGE].
>
> De acordo com o instituto, em 2011, 31,4% das mulheres ocupadas recebiam até um salário mínimo por mês (R$ 622). Entre os homens, essa proporção era de 22,1%. No ano passado, somente 0,4% das mulheres ganhavam acima de 20 salários mínimos (R$ 12 440), enquanto entre os homens a proporção era de 0,9%.
>
> G1. Renda de mulheres cresce 13%, mas equivale a 70% do ganho de homens. 21 set. 2012. Disponível em: <http://g1.globo.com/economia/noticia/2012/09/renda-de-mulheres-cresce-13-mas-equivale-70-do-ganho-de-homens.html>. Acesso em: 15 maio 2014.

A mulher atualmente desempenha praticamente todas as funções antes atribuídas unicamente ao homem, mas com remuneração média inferior. Foto de 2010.

Reflita

1. Faça uma pesquisa com familiares e conhecidos a respeito do trabalho de mulheres e homens fora e dentro de casa e responda:
    a) As mulheres sofrem limitações para exercer algum tipo de atividade profissional? Justifique.
    b) Há colaboração por parte dos homens nos afazeres domésticos?
    c) As mulheres são sempre tratadas com respeito em seu ambiente de trabalho?
2. Verifique, com base em sua pesquisa e em outras leituras, se ainda há preconceito com relação ao trabalho feminino.

Atividades

Verifique o que aprendeu

1. Entre as manifestações contrárias ao Estado Novo de Vargas, em 1943, ocorreu a Passeata do Silêncio em São Paulo. Quem a organizou e qual era a principal crítica ao governo?

2. Em 1944, opositores do regime ditatorial de Vargas utilizaram o envio da FEB para lutar na Segunda Guerra Mundial como argumento contrário à ditadura no Brasil. Explique o motivo.

3. O que foi o queremismo?

4. De que forma, nas eleições de 1945, ficou patente a popularidade de Vargas junto ao povo?

5. Explique por que a Constituição de 1946 foi ao mesmo tempo progressista e conservadora, no capítulo relativo à cidadania.

6. Por que o direito de greve, assegurado pela nova Constituição, acabou tornando-se letra morta durante o governo Dutra?

7. Qual era a relação entre a perseguição ao comunismo durante o governo Dutra e o contexto internacional?

8. Carlos Lacerda e outros líderes udenistas fizeram ferrenha oposição à posse de Getúlio Vargas, eleito presidente da República nas eleições de 1950. Qual era o temor declarado por esses políticos em relação à ascensão de Vargas ao poder?

9. O que, em síntese, defendiam os "nacionalistas" e os "entreguistas" e qual desses grupos recebeu o apoio de Vargas durante seu governo?

10. Explique a campanha "O petróleo é nosso", relacionando-a à disputa entre nacionalistas e entreguistas.

11. Por que o atentado contra Carlos Lacerda gerou uma crise política que acabou levando Vargas ao suicídio?

12. O que foi o golpe preventivo? Explique levando em consideração as forças políticas em conflito no período.

13. Comente, em linhas gerais, quais foram os objetivos do nacional-desenvolvimentismo de Kubitschek e que medidas foram tomadas para implementá-lo.

14. A transferência da capital do país para Brasília dividia opiniões. Pesquise argumentos favoráveis e argumentos desfavoráveis à criação da nova capital durante o governo Kubitschek.

15. No período em que Kubitschek foi presidente, a produção cultural brasileira em várias áreas sofreu profundas modificações. Relacione as inovações estéticas às transformações econômicas que ocorreram na época.

Leia e interprete

16. A carta testamento foi um texto escrito por Getúlio Vargas durante os dias que antecederam seu suicídio. Analise a seguir o trecho final da carta e responda ao que se pede.

    E aos que pensam que me derrotaram respondo com a minha vitória. Era escravo do povo e hoje me liberto para a vida eterna. Mas esse povo de quem fui escravo não mais será escravo de ninguém. Meu sacrifício ficará para sempre em sua alma e meu sangue será o preço de seu resgate. [...] Lutei contra a espoliação do Brasil. Lutei contra a espoliação do povo. Tenho lutado de peito aberto. O ódio, as infâmias e as calúnias não abateram meu ânimo. Eu vos dei a minha vida. Agora vos ofereço a minha morte. Nada receio. Serenamente dou o primeiro passo no caminho da eternidade e saio da vida para entrar na História.

    FAUSTO, Boris. *Getúlio Vargas*: o poder e o sorriso. São Paulo: Companhia das Letras, 2006. p. 195-196.

    a) Quem eram, para Getúlio, os que pensavam que o derrotaram? O que ele quis dizer com "derrota"?

    b) Qual era a intenção de Getúlio Vargas ao dizer que era escravo do povo? E quem é o povo ao qual ele se refere?

    c) Que sacrifício o texto sugere que Vargas estaria fazendo? Qual seria a finalidade desse sacrifício?

17. A imagem a seguir representa o projeto do plano piloto de Brasília, nova capital federal, elaborado pelo arquiteto e urbanista Lúcio Costa em 1957. Observe-a com atenção e responda às questões propostas.

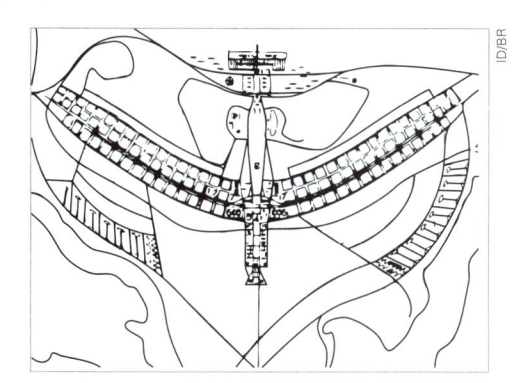

    Fonte de pesquisa: Arkitekt Urbo. Disponível em: <http://www.arkitekturbo.arq.br/brasilia.gif>. Acesso em: 15 maio 2014.

    a) A forma escolhida como base para a implantação do plano piloto da cidade de Brasília lembra que tipo de figura? Em sua opinião, o que poderia justificar a escolha desse formato?

    b) Relacione as características do projeto de Brasília executado pelo urbanista Lúcio Costa com o projeto de modernização implementado no Brasil nos anos de governo do presidente Juscelino Kubitschek.

CAPÍTULO 53
O tempo das ditaduras

O que você vai estudar

- O "perigo vermelho" justifica as ditaduras.
- Ditadores por toda parte.
- Golpes e ditaduras na América do Sul.
- Guerrilhas latino-americanas.
- Guerrilha europeia.

As ditaduras impuseram-se e mantiveram-se por meio da violência e do terror. A imagem mostra o bombardeio do Palácio de La Moneda, no Chile, durante o golpe militar que depôs o presidente Salvador Allende. Foto de 1973.

Ligando os pontos

O fascismo italiano e o nazismo alemão, como vimos, foram derrotados na Segunda Guerra Mundial. No entanto, Estados Unidos da América (EUA) e União das Repúblicas Socialistas Soviéticas (URSS), países aliados durante a guerra, tornaram-se superpotências mutuamente hostis. Os EUA lideraram os países capitalistas por meio de tratados militares, entre os quais a Otan. Já a URSS, líder do bloco socialista, comandou o Pacto de Varsóvia.

A Guerra Fria foi o pano de fundo de vários conflitos nos quais as superpotências enfrentaram-se indiretamente. Foi o caso da Guerra da Coreia e da Guerra do Vietnã, países divididos entre capitalistas e socialistas que tiveram cada lado respectivo apoiado por uma superpotência. EUA e URSS procuraram assegurar sua hegemonia em regiões estratégicas. Para isso, além da ajuda econômica, treinaram combatentes, financiaram e forneceram armas aos seus aliados.

Para os Estados Unidos, que exercem influência sobre toda a América Latina, a Revolução Cubana foi traumática, pois Cuba, um país vizinho, tornou-se aliado da URSS. Além disso, o exemplo cubano poderia influenciar uma juventude que, na década de 1960, contestava cada vez mais os valores estabelecidos.

Na fotografia desta página, o Palácio de La Moneda, em Santiago, é bombardeado pelos militares que tomaram o poder no Chile em 1973. Sede da Presidência da República, foi defendido pelo presidente socialista eleito, Salvador Allende, que morreu no episódio. Projetado originalmente para ser a Casa da Moeda, ainda na época colonial, teve sua construção iniciada no fim do século XVIII.

1. Analise os regimes ditatoriais implantados com o apoio dos EUA, no que se refere ao respeito aos direitos humanos, fazendo a comparação com o discurso difundido pelos estadunidenses que prega a "libertação" do suposto perigo comunista.
2. Pesquise os principais argumentos que a União Soviética utilizou para justificar a implantação e o apoio a regimes comunistas em sua área de influência e exponha suas conclusões aos colegas.

❱ O "perigo vermelho" justifica as ditaduras

Durante a **Guerra Fria**, houve conflitos que envolveram intensas disputas ideológicas, como a Revolução Cubana, a Revolução Chinesa e a Guerra do Vietnã.

A vitória de movimentos revolucionários comunistas preocupava os políticos estadunidenses e seus aliados, pois eles consideravam que estavam diante de um avanço do comunismo, razão pela qual intensificaram medidas para contê-lo.

Em paralelo, multiplicaram-se grupos guerrilheiros de esquerda. Descontentes com as desigualdades sociais, muitos jovens aderiram à luta armada para combater as injustiças atribuídas ao sistema capitalista.

❭ O "perigo vermelho"

Para os estrategistas estadunidenses e seus aliados, o avanço do comunismo estava relacionado à disseminação dos ideais marxistas. Assim, além do "perigo externo" – os países comunistas –, havia "inimigos internos", ou seja, grupos políticos de esquerda atuantes em países não comunistas.

Para combater esses "indesejáveis", foi usada a **propaganda ideológica**. Disseminou-se o medo do "perigo vermelho", por meio da **indústria cultural** – cinema, televisão, imprensa, etc. –, de alguns setores da Igreja católica e de outras instituições formadoras de opinião.

Assim, para parte da população, o comunismo foi identificado como um regime sem liberdade, o oposto da democracia. Para as elites, além disso, ele representava um perigo real, uma vez que as revoluções pregavam a socialização dos meios de produção.

Por essa razão, parte dos grandes empresários e da classe média apoiou a implantação de ditaduras em seus países, acreditando que os governos vigentes simpatizavam com o comunismo, ou que guerrilheiros de esquerda poderiam tomar o poder. Os EUA e seus aliados, por sua vez, colaboraram com essas **ditaduras de direita**, em geral impostas pelas Forças Armadas.

❭ Os EUA e as ditaduras

A participação dos Estados Unidos na implantação de ditaduras na Europa e na América Latina assumiu várias formas. Grande parte dos golpes militares durante a Guerra Fria teve apoio de políticos, de militares e do serviço secreto estadunidense.

As principais estratégias para desestabilizar governos supostamente contrários aos EUA envolviam manipulação de informações, boicotes econômicos, pressões diplomáticas, acordos secretos com a oposição local e propaganda ideológica favorável aos grupos golpistas.

Além disso, os EUA forneciam grandes quantidades de armas para as Forças Armadas ditatoriais. Entre 1973 e 1980, foram vendidos mais de US$ 66 bilhões em armamentos aos países do Terceiro Mundo.

Havia ainda o treinamento militar oferecido por organizações estadunidenses. Mais de 500 mil policiais e militares de 85 países foram treinados, desde a década de 1950, em instituições como a Escola das Américas.

❭ A Escola das Américas

A Escola das Américas (Army School of the Americas) foi criada em 1946 na Zona do Canal do Panamá – na época um território sob controle estadunidense –, sendo transferida em 1984 para o Fort Benning, no estado da Georgia, EUA.

Nessa escola treinaram dezenas de milhares de militares da Argentina, Bolívia, Brasil, Chile, Colômbia, Costa Rica, Equador, El Salvador, Guatemala, Honduras, Nicarágua, Panamá, Paraguai, Peru, Uruguai e Venezuela.

O objetivo do treinamento era impedir o avanço do comunismo. Para isso, eram ensinadas táticas antiguerrilha e formas de interrogatório de presos políticos. Ao mesmo tempo, doutrinavam-se os militares latino-americanos nos ideais anticomunistas.

Assista

Estado de sítio.
Direção de Constantin Costa-Gavras, França/Alemanha/Itália, 1972, 120 min.

Com roteiro baseado em fatos reais, o filme mostra o sequestro, por um grupo guerrilheiro uruguaio, do cônsul brasileiro e de um cidadão estadunidense que ensinava técnicas de tortura a agentes da repressão em vários países latino-americanos.

Ativistas em Washington, EUA, exigindo o fechamento da Escola das Américas. Foto de 2002.

Ditadores por toda parte

Durante a Guerra Fria, as superpotências apoiavam um grande número de ditaduras em muitos países. Entre as ditaduras de direita, algumas já haviam sido implantadas no período anterior à Segunda Guerra Mundial, como era o caso de Portugal e da Espanha. Outras, contudo, resultaram de **golpes de Estado** que, em geral, objetivaram impedir a expansão do comunismo.

As velhas ditaduras

Tanto o regime ditatorial de António de Oliveira Salazar, em Portugal, quanto o de Francisco Franco, na Espanha, eram ideologicamente semelhantes ao fascismo italiano. No entanto, por razões estratégicas, os países ibéricos mantiveram-se neutros durante a Segunda Guerra Mundial.

Com o término da Guerra e a derrota do Eixo, ganhou força o repúdio dos regimes ditatoriais pela comunidade internacional. Porém, como predominava nas ditaduras ibéricas um anticomunismo extremado, Salazar e Franco garantiram o apoio dos Estados Unidos para os seus governos. Com isso, conseguiram conservar-se no poder.

As ditaduras ibéricas conseguiram ainda obter legitimidade internacional. Em 1953, a Espanha assinou o **Pacto de Madrid**, que autorizava a instalação de bases militares estadunidenses em seu território, o que ocorreu em 1955, no mesmo ano em que o país foi admitido na ONU. Portugal, por sua vez, era membro fundador da Otan (1949) e, assim como a Espanha, foi admitido na ONU também em 1955, e na Associação Europeia de Livre Comércio em 1960.

As ditaduras desses países só chegaram ao fim na década de 1970.

O regime dos coronéis na Grécia

Com o fim da Segunda Guerra Mundial e a expulsão dos nazistas da região dos Bálcãs, efetivada pela União Soviética, o regime comunista passou a predominar no Leste da Europa. No caso da Grécia, contudo, um plebiscito realizado em 1946 restabeleceu a monarquia, reconduzindo o rei Jorge II ao trono.

O monarca mostrou-se francamente favorável a um governo de extrema direita, fato que acabou levando o país a uma guerra civil. Com o apoio dos Estados Unidos, a esquerda foi derrotada e, em 1949, teve início uma severa repressão ao comunismo.

Nas disputas políticas durante a década de 1950, a direita, liderada por Constantino Karamanlis, fundador da União Radical Nacional, sempre manteve a maioria parlamentar. No entanto, desde o assassinato de Grigoris Lambrakis, parlamentar de esquerda, em 1963, Karamanlis começou a perder terreno para o partido União de Centro, liderado por George Papandreou.

A crise política, desencadeada pelas tensões entre o Parlamento e o rei chegou ao clímax em 1967. Tendo como justificativa uma suposta ameaça comunista, em abril desse ano um grupo de oficiais do Exército, comandado por George Papadopoulos, tomou o poder por intermédio de um golpe de Estado, instalando uma ditadura de direita.

As ruas de Atenas e de outras cidades gregas foram tomadas por tanques de guerra e paraquedistas. Constantino II, que era o rei da Grécia nesse período, empossou os militares conspiradores. No entanto, oito meses depois, uma tentativa de contragolpe fracassada obrigou a família real a fugir do país. A junta militar, então, indicou um regente e nomeou Papadopoulos primeiro-ministro.

A opressão do "**regime dos coronéis**", como foi chamado, durou sete anos, de 1967 a 1974. Houve censura à imprensa, as greves foram consideradas ilegais e muitos funcionários públicos considerados da esquerda e do centro foram demitidos. Extremamente conservadores, os militares proibiram até mesmo músicas modernas, minissaias, cabelos compridos pelos homens, além do estudo de diversas disciplinas, como **Sociologia**, estudo dos idiomas russo e búlgaro, etc.

Tanques do Exército vigiam edifício do parlamento após golpe militar em Atenas, Grécia. Foto de 1967.

Ocidentalização e golpes de Estado na Turquia

Desde 1923, quando se tornou uma República sob a liderança de Mustafa Kemal Atatürk, a Turquia iniciou um processo de modernização, entendida como a adoção de valores e práticas ocidentais. Acompanhando o Estado laico ocidental, rompeu os vínculos existentes entre o Estado turco e a religião islâmica. A educação religiosa foi limitada e a alfabetização passou a utilizar o alfabeto latino, substituindo o árabe.

Após manter-se neutra em grande parte da Segunda Guerra Mundial, a Turquia colocou-se ao lado dos Estados Unidos na Guerra Fria. Situada em uma posição estratégica entre os mares Negro e Mediterrâneo e ao sul da URSS, a Turquia tornou-se membro da Otan em 1952. Bases e mísseis estadunidenses foram então instalados no país.

Internamente, as disputas políticas entre esquerda e direita durante a Guerra Fria foram sempre tuteladas pelas Forças Armadas, inspiradas nas propostas modernizantes de Kemal Atatürk. Sob o pretexto de garantir a estabilidade política, ocorreram golpes de Estado nesse período.

Depois dos dois primeiros golpes, respectivamente em 1960 e 1971, a radicalização política entre extrema esquerda e extrema direita aumentou. Assim, em 1980, um novo golpe militar iniciou uma intensa repressão na Turquia. Os militares assumiram o governo e extinguiram todos os partidos políticos no país.

Dois anos depois, em 1983, o poder foi devolvido aos civis.

A Democracia Dirigida da Indonésia e o golpe de Suharto

A Indonésia conquistou sua independência em relação à Holanda em 1945, sob a liderança de Ahmed Sukarno, do Partido Nacionalista da Indonésia.

Seu governo estendeu-se até a década de 1960. Nesse período, Sukarno aproximou-se politicamente do comunismo. Em 1956, ele extinguiu todos os partidos políticos e criou a **Democracia Dirigida**. Em 1958, sufocou uma rebelião anticomunista patrocinada pelos EUA. Os comunistas cresciam em força e número na Indonésia.

Em 1963, Sukarno foi nomeado presidente vitalício da Indonésia. Dois anos depois, em setembro de 1965, um levante militar, sob a liderança de Hadji Mohamed Suharto, massacrou centenas de milhares de comunistas e democratas indonésios. Sukarno, enfraquecido, quase sem poder desde então, foi deposto por Suharto em 1968.

Nas décadas seguintes, Suharto, alinhado aos Estados Unidos, implantou uma ditadura que manteve a estabilidade política no arquipélago indonésio por intermédio da repressão e da violência contra dissidentes políticos e movimentos separatistas.

Além disso, o Exército indonésio invadiu e ocupou a ex-colônia portuguesa de **Timor-Leste**, em 1975, massacrando 200 mil timorenses e transformando o país em província da Indonésia.

Membros do Partido Comunista da Indonésia sendo levados para a prisão em Jacarta. Eles foram cercados pelo Exército após o golpe de Estado fracassado contra o governo do presidente Sukarno. Foto de 1965.

História e ciência política

O curso de ciência política, uma das disciplinas de Ciências Sociais, tem o objetivo de estudar conceitos como política de esquerda, política de direita, ditadura, guerrilha, terrorismo, etc.

Esses conceitos são instrumentos fundamentais para o estudo e a compreensão da História. Em seu ofício, os historiadores manejam esses instrumentos tendo em vista a temporalidade, procurando, assim, explicar fenômenos como as ditaduras de direita, os grupos de guerrilha ou terrorismo de esquerda e de direita, entre outros. Para tanto, utilizam os conceitos da ciência política na análise das fontes históricas documentais.

Com isso, os historiadores procuram entender como cada um desses conceitos sofre alterações, pequenas ou grandes, em razão do contexto particular de cada país e de cada época estudados.

Compreender conceitos de ciência política é, portanto, essencial para compreender melhor a História.

Pesquise e debate com seus colegas:

1. Quais são as semelhanças e as diferenças entre as ditaduras de direita e as ditaduras de esquerda no período estudado neste capítulo?
2. Por que um mesmo fenômeno pode ser denominado de terrorismo ou de guerrilha pelas diferentes personagens?

Golpes e ditaduras na América do Sul

Nas décadas de 1960 e 1970, na América do Sul, foram implantados regimes ditatoriais com o apoio dos Estados Unidos, que temiam que a Revolução Cubana se espalhasse na região e procuravam preservar seus interesses econômicos na América Latina.

Assim, os EUA orientaram golpes de Estado contra governos eleitos, formaram militares latino-americanos na Escola das Américas e apoiaram, por intermédio da CIA, ações contra o "perigo vermelho".

A ditadura de Stroessner no Paraguai

O Paraguai sofreu vários golpes de Estado no século XX. Entre 1950 e 1954, o país teve um presidente eleito, Federico Chávez. Mas uma crise financeira desencadeou um novo golpe militar, encabeçado pelo general Alfredo Stroessner.

A ditadura de Stroessner foi a mais longa da América do Sul: durou 35 anos. Nesse período, houve eleições fraudulentas, nas quais Stroessner era candidato único.

Assim, predominou no país o **estado de exceção**, isto é, uma situação em que os direitos dos cidadãos não são garantidos, o governo pode agir livremente, sem o controle dos poderes Legislativo e Judiciário democraticamente constituídos. O governo de Stroessner desrespeitou constantemente os direitos humanos, executando prisões extrajudiciais, tortura e assassinato de presos políticos.

Como as demais ditaduras da América do Sul, a de Stroessner teve apoio dos EUA, pois reprimia organizações de esquerda.

Impulsionada por investimentos estadunidenses e por acordos com outros países do **Cone Sul**, a economia paraguaia cresceu no final dos anos 1970. Um desses acordos foi a construção, juntamente com o Brasil, da hidrelétrica de Itaipu.

Golpes e ditaduras na Argentina

Entre os anos de 1960 e 1970, a Argentina foi sacudida por vários golpes militares anticomunistas.

A participação das Forças Armadas na política intensificou-se em 1966, com o golpe contra o presidente Arturo Illia, que havia feito reformas sociais, como investimentos em educação e controle de preços de produtos essenciais. Além disso, Illia tomou medidas que limitaram a remessa de lucros de empresas estrangeiras. Essas medidas desgastaram o governo entre as elites e os militares. Com o apoio de setores da imprensa e do empresariado, uma campanha "legitimou" a intervenção militar.

Os militares procuraram conter a "infiltração comunista". A pretexto de defender os valores cristãos, foi imposta a censura às expressões artísticas e aos costumes.

Em 1973, o país voltou à democracia por pressão popular. Perón, contudo, foi proibido de participar das eleições. Apesar disso, o peronismo saiu-se vencedor, elegendo Héctor Cámpora, que renunciou e convocou novas eleições. Em setembro desse ano, Perón foi eleito.

Perón morreu em 1974, e sua esposa, Isabelita Perón, assumiu o governo. Seu mandato foi marcado por uma crise econômica e administrativa e pelo terrorismo de grupos de extrema direita, como a **Triple A**, Aliança Anticomunista Argentina.

Em 1976, um golpe militar derrubou a presidente, instaurando uma das mais cruéis ditaduras do Cone Sul, que durou até 1983.

Inúmeras ações de **terrorismo de Estado** foram cometidas em campos de concentração para presos políticos, nos quais a tortura era utilizada regularmente. Quase 2 mil pessoas foram reconhecidamente assassinadas, além de pelo menos 9 mil desaparecidas, incluindo crianças e idosos.

> **Assista**
> **Uma operação chamada Condor.** Direção de Roberto Mader, Brasil, 2007, 110 min.
> Documentário com entrevistas e cenas raras que esclarecem muito a atuação conjunta das ditaduras do Cone Sul, com apoio dos EUA, na violenta repressão a qualquer tipo de oposição nos anos 1970.

Mães da praça de Maio, em Buenos Aires, Argentina, exigem notícias sobre o paradeiro de filhos e netos, uns torturados e assassinados e outros, crianças e bebês, sequestrados e "adotados" por outras famílias. Foto de 1983.

❯ O autoritarismo no Uruguai

No Uruguai, a ditadura militar foi precedida por governos civis autoritários na década de 1960.

Por causa da crise econômica pela qual o país passava, crescia, desde os anos 1950, a insatisfação popular. Nesse contexto surgiu, no início dos anos 1960, o grupo guerrilheiro de esquerda **Tupamaros**.

Com o objetivo de reprimir suas ações, em 1965 a polícia e o serviço secreto uruguaio passaram a ser treinados por agentes da CIA. Essas atividades ocorreram antes mesmo da implantação da ditadura.

Em 1968, o então presidente Pacheco Areco declarou **estado de emergência** e, em 1972, o presidente seguinte, Juan Maria Bordaberry, intensificou o combate aos Tupamaros.

Em 1973, os militares impuseram uma ditadura que perdurou até 1983. Nesse período, os direitos civis foram desrespeitados. Cerca de 180 uruguaios foram mortos.

❯ O golpe na via chilena para o socialismo

No Chile, o cenário político na década de 1960 estava dividido em três grupos: a burguesia e os latifundiários, representados pelo Partido Nacional; a classe média da Democracia Cristã; e os operários e intelectuais, ligados aos partidos de esquerda (socialistas e comunistas).

Em 1970, várias facções de esquerda, com o apoio da Democracia Cristã, criaram a **Unidade Popular**, que elegeu Salvador Allende presidente, levando os socialistas ao poder.

Allende implementou várias **reformas**, entre as quais a nacionalização de grandes empresas, a ampliação da reforma agrária e a aproximação diplomática com países socialistas.

Mas as medidas econômicas fracassaram, gerando uma crise. Além dos fatores internos, boicotes informais dos EUA contribuíram para o agravamento da crise.

A insatisfação da classe média e de setores populares que exigiam reformas mais radicais isolou o governo. O serviço secreto estadunidense e setores de extrema direita do Exército, por sua vez, conspiravam contra Allende.

Em 11 de setembro de 1973, foi desferido um golpe militar sob a liderança do general Augusto Pinochet. O golpe incluiu o bombardeio do Palácio de La Moneda, onde Allende morreu resistindo.

Milhares de ativistas, sindicalistas e intelectuais de esquerda foram presos no Estádio Nacional do Chile, em Santiago, e houve várias mortes. As torturas e os assassinatos resultaram em mais de 3 mil mortos e desaparecidos.

O terrorismo de Estado cometeu atentados contra chilenos em outros países, assassinando políticos chilenos no exílio.

Na economia, o governo adotou medidas que mais tarde seriam conhecidas como **neoliberais**, com a privatização de vários setores. Além disso, ampliou-se a participação da iniciativa privada e as transações com o mercado externo.

Militares vigiam presos políticos no Estádio Nacional do Chile. Milhares de pessoas foram presas, torturadas e até mortas nesse local. Foto de 1973.

❯ As ditaduras da África

Nas décadas de 1960 e 1970, os novos Estados independentes do continente africano procuravam o caminho do desenvolvimento, após décadas de exploração colonial. Contudo, o artificialismo da maioria das fronteiras, impostas pelos colonizadores, e o jogo das superpotências na Guerra Fria propiciaram o surgimento de diversas ditaduras.

Líderes como Mobutu Sese Seko, ditador do Zaire (atual República Democrática do Congo) de 1965 a 1997; Jean-Bédel Bokassa, ditador da República Centro Africana entre 1976 e 1979; e Idi Amin Dada, ditador de Uganda de 1971 a 1979, governaram com grande violência, massacrando seus oponentes e apropriando-se das riquezas nacionais.

O caráter anticomunista de grande parte desses governos autoritários fez com que as potências ocidentais, formalmente defensoras da liberdade democrática, apoiassem os ditadores com dinheiro e armamento. Quando grupos ligados aos direitos humanos denunciavam as atrocidades cometidas na África, países como os Estados Unidos minimizavam as denúncias.

Na disputa pela hegemonia na Guerra Fria, a União Soviética também apoiou ditaduras africanas, como a de Siad Barre na Somália, entre 1969 e 1977.

Guerrilhas latino-americanas

Como resposta às ditaduras que se implantavam no continente, muitos latino-americanos se engajaram na guerrilha a partir de 1960. Grupos revolucionários formaram-se em países como Argentina, Brasil, Chile, El Salvador, Nicarágua, Peru e Uruguai.

Em geral, esses grupos eram compostos majoritariamente de jovens idealistas da chamada **nova esquerda**. Assim, questionavam as práticas dos partidos comunistas e socialistas tradicionais, que, para eles, seguiam apenas as diretrizes da União Soviética e restringiam a ação política a disputas eleitorais.

Esses grupos revolucionários lutavam contra regimes ditatoriais de direita, que eram apoiados pela política intervencionista dos Estados Unidos. Assim, entre as propostas desses grupos constavam a **nacionalização de empresas estrangeiras**, a **reforma agrária** e a **implantação do socialismo**.

A **Revolução Cubana**, liderada por jovens, era sua maior inspiração. Guerrilhas rurais foram desencadeadas para conquistar o apoio camponês. Mas a guerrilha urbana também foi usada contra o autoritarismo, na busca de apoio popular.

Grande parte desses grupos guerrilheiros foi desbaratada pelas forças ditatoriais.

> Os Tupamaros

O **Movimento de Libertação Nacional** uruguaio, cujos militantes eram denominados Tupamaros, em homenagem ao líder inca Tupac Amaru, foi criado em 1962.

Seus integrantes, que chegaram a mais de 2 mil, pertenciam principalmente à juventude socialista uruguaia. Eles pretendiam, pela luta armada, defender movimentos populares contra ações de grupos de extrema direita e mobilizar a população rumo à revolução socialista.

Os Tupamaros utilizaram diversas estratégias de luta. Em 1963, por exemplo, libertaram presos em um posto policial do município brasileiro de Uruguaiana (RS) e roubaram armas e mantimentos que foram distribuídos em uma favela da capital uruguaia, Montevidéu. Suas ações de guerrilha urbana incluíam assaltos a bancos, sequestros de autoridades e atentados a bomba.

Em 1972, as Forças Armadas do Uruguai desmantelaram o grupo.

> O sandinismo

Em 1962, foi criada na Nicarágua a **Frente Sandinista de Libertação Nacional** (FSLN). Seu nome homenageava Augusto César Sandino, que liderou, na década de 1930, a luta contra a intervenção militar dos Estados Unidos no país.

A FSLN empreendeu uma guerrilha camponesa contra a elite que governava o país, principalmente a família Somoza, apoiada pelos EUA, que controlava a política e parte da economia nicaraguense desde 1936.

O sandinismo era apoiado por sindicatos, estudantes, intelectuais e setores da Igreja. Nos anos 1970, à medida que a força da FSLN crescia, o poder do então ditador Anastácio Somoza enfraquecia.

Em 1978, o jornalista Pedro Chamorro, opositor ao governo Somoza, foi assassinado. Em razão da comoção nacional e internacional, os Estados Unidos retiraram seu apoio à ditadura Somoza.

Em 1979, uma revolução popular, sob a liderança sandinista, derrubou Somoza. Uma junta provisória foi criada, com participação dos sandinistas e de outras correntes políticas, como a burguesia antissomozista.

Entre as medidas do novo governo destacaram-se a **nacionalização de bancos** e o início da **reforma agrária**, o que gerou reações conservadoras apoiadas pelos EUA. Em 1984, o líder sandinista Daniel Ortega foi eleito presidente.

Contudo, as dificuldades econômicas e a guerra civil enfraqueceram o apoio popular aos sandinistas. Em 1990, foi eleita presidente Violeta Chamorro, opositora dos sandinistas, encerrando a fase revolucionária na Nicarágua.

População nicaraguense comemora a vitória da Revolução Sandinista na capital, Manágua. Foto de 1979.

■ Outras histórias

Na Índia, no início dos anos 1970, o Partido do Congresso vence as eleições e adota medidas de caráter socialista, entre as quais a nacionalização dos bancos. O país também se aproximou da URSS, no contexto da Guerra Fria.

No âmbito regional, a Índia interferiu na guerra civil entre o Paquistão Oriental e o Paquistão Ocidental. Em consequência desse conflito, o Paquistão Oriental tornou-se independente e adotou o nome de Bangladesh.

> Sendero Luminoso

O grupo guerrilheiro Sendero Luminoso foi criado no Peru na década de 1960 por estudantes e professores universitários.

Era de inspiração **maoísta**, ou seja, seguia as ideias comunistas do líder chinês Mao Tsé-tung. Ao contrário dos bolcheviques russos, que se apoiavam nos operários das indústrias para fazer a revolução, Mao afirmava que a luta revolucionária podia e devia ser feita pelos camponeses. Essa premissa era aceita por muitos revolucionários dos países não industrializados e foi adotada pelo Sendero Luminoso, que concentrou suas ações no campo e nas florestas do país.

Os militantes do Sendero Luminoso adotaram também a tática da guerra total. Argumentavam que o Estado peruano era dominado por latifundiários e grandes burgueses apoiados pelo imperialismo estadunidense e que, portanto, era preciso destruir totalmente a estrutura do Estado, e reconstruí-la por meio do poder popular.

Após anos de doutrinação ideológica e organização, as ações armadas do Sendero iniciaram-se em 1980. Daí em diante, o Peru viu-se imerso em violentos conflitos entre governo, grupos paramilitares e guerrilha. Esses conflitos vitimaram cerca de 70 mil pessoas. Os rebeldes chegaram a dominar o centro-sul do país e a periferia de Lima.

Em 1992, o presidente Alberto Fujimori, com o apoio de setores do Exército, fechou o Congresso, destituiu o Poder Judiciário, passando a governar de forma ditatorial. Nesse ano, lideranças do Sendero Luminoso foram capturadas e o movimento foi desmantelado.

> As Farc

Em 1948, ocorreram na Colômbia violentos protestos de rua contra o assassinato em Bogotá do líder liberal Jorge Gaitán. Conhecidos como **Bogotazo**, esses protestos levaram a uma guerra civil conhecida como La violencia, que durou até 1958 e levou milhares de pessoas à morte.

Nesse período, os socialistas e os liberais eram aliados. No início da década de 1960, contudo, os liberais romperam com os socialistas, temendo a radicalização da revolução. Reconciliados, liberais e conservadores passaram a alternar-se no poder.

Em 1964, um grupo de camponeses comunistas perseguido pelo Exército embrenhou-se nas florestas e montanhas, dando origem às Forças Armadas Revolucionárias Colombianas (Farc). Assim como os revolucionários cubanos, o grupo tinha o objetivo de implantar o comunismo por meio da luta armada iniciada no campo. Nas décadas seguintes, os efetivos das Farc chegaram a quase 30 mil guerrilheiros, conquistando e mantendo sob seu governo vários departamentos colombianos.

As Farc combatem forças governamentais e grupos paramilitares de direita que proliferam no país. Mesmo após o fim da Guerra Fria, a organização continuou em atividade, acusada de associar-se ao narcotráfico – razão alegada pelos Estados Unidos para ajudar militarmente o governo colombiano na luta contra os guerrilheiros.

> Frente Farabundo Martí de El Salvador

El Salvador também foi marcado por sucessivos golpes militares ao longo do século XX. Em oposição a eles, alguns grupos revolucionários de esquerda em atividade se uniram, na década de 1980, formando a Frente Farabundo Martí de Libertação Nacional (FMLN).

A FMLN iniciou uma guerra civil extremamente violenta, com dezenas de milhares de mortos. As forças governamentais contavam com apoio financeiro e bélico dos EUA. Apesar disso, várias regiões do país foram conquistadas pelos revolucionários.

No início dos anos 1990, um processo de paz promovido pela ONU e com a participação de vários partidos políticos levou a FMLN a se tornar um partido político legal, encerrando a guerra civil.

Mulher observa painel bordado com o nome de mortos e desaparecidos durante o conflito entre os movimentos armados e as forças governamentais no qual morreram cerca de 70 mil pessoas no Peru, entre 1980 e 2000. Foto de 2004.

❯ Guerrilha europeia

A radicalização política alastrou-se pela Europa nas décadas de 1960 e 1970. Assim como na América Latina, foram criadas organizações de extrema esquerda contrárias ao jogo político tradicional. Além disso, alguns grupos separatistas já existentes optaram pela luta direta nesse período.

Essas organizações eram formadas principalmente por jovens que adotaram a luta armada como meio de atingir seus objetivos. Entre elas estavam as Brigadas Vermelhas na Itália, a RAF na Alemanha, o ETA na Espanha e o IRA na Irlanda e Inglaterra.

❯ As Brigadas Vermelhas

A organização comunista Brigadas Vermelhas (Brigate Rosse) atuou na Itália principalmente entre 1970 e 1981. Fundada em 1969 por jovens do movimento estudantil, reunia também militantes de partidos de esquerda, do movimento operário e da esquerda católica. Seus principais líderes foram Renato Curcio e, após sua prisão, Mario Moretti.

Seus integrantes inspiravam-se na luta armada latino-americana, especialmente na dos Tupamaros, organizando assaltos a bancos, sequestros e, às vezes, a execução de empresários e de autoridades.

Suas ações visavam forçar o Estado a assumir sua face autoritária, o que garantiria ao movimento a simpatia da opinião pública.

No início de 1978, seus militantes sequestraram o ex-primeiro-ministro e líder do Partido Democrata Cristão Aldo Moro. Durante os dois meses em que ele foi mantido refém, as negociações com o primeiro-ministro Giulio Andreotti não tiveram sucesso, pois este recusou-se a atender a reivindicação de libertar presos políticos. Em 10 de maio, o corpo de Aldo Moro foi encontrado dentro de um carro no centro de Roma.

A violência do grupo, em vez de angariar simpatias, gerou protestos dentro e fora da Itália. Com a intensificação das ações policiais e a prisão de centenas de militantes, as Brigadas Vermelhas entraram em declínio na década de 1980.

Outras facções de esquerda também surgiram na Itália, como a Lotta Continua (Luta Contínua), Potere Operario (Força Operária), Prima Linea (Linha de Frente), Formazione Communiste Combattenti (Formações Comunistas Combatentes), etc.

Mas as facções de extrema direita também atuaram nessas décadas. Foi o caso do Núcleo Armado Revolucionário, grupo neofascista que, em agosto de 1980, explodiu uma bomba na estação ferroviária de Bolonha, matando 85 pessoas e ferindo duzentas. Esses grupos tinham como integrantes generais, parlamentares, ministros de Estado, além de representantes da indústria e do setor bancário.

❯ RAF

A Facção do Exército Vermelho (Rote Armee Fraktion – RAF) foi fundada em 1970 na Alemanha pelo jovem casal de intelectuais Andreas Baader e Gudrun Ensslin. A organização ficou popularmente conhecida como **Baader Meinhof** depois de uma espetacular fuga de Baader da prisão, em 1970, ajudado pela jornalista Ulrike Meinhof.

Baader e Ensslin lançaram o *Manifesto sobre o conceito de guerrilha urbana* e criaram a RAF com o objetivo de implantar um governo anti-imperialista e socialista na República Federal da Alemanha. Sua ideologia era uma composição de nacionalismo e marxismo.

A organização praticou vários atentados na década de 1970, como assassinatos de soldados, policiais e empresários; sequestro de políticos; assaltos a bancos. Ao longo desse período, 28 pessoas foram mortas, 93 ficaram feridas, 30 bancos foram assaltados e 162 pessoas sofreram sequestro.

A resposta do governo alemão foi dura. Em 1972, vários militantes da organização foram capturados, incluindo os líderes Baader, Ensslin e Meinhof. Em 1976, Meinhof foi encontrada morta na cela da penitenciária de Stuttgart. No ano seguinte, Baader e Ensslin também foram encontrados mortos. As autoridades alemãs alegaram suicídio em todos os casos, mas as evidências indicaram que houve execução.

Emboscada das Brigadas Vermelhas, no centro de Roma, que resultou no sequestro do político Aldo Moro e na morte de cinco guarda-costas. Foto de 1978.

Assista

O grupo Baader Meinhof. Direção de Uli Edel, Alemanha/França/República Tcheca, 2008, 150 min.
O filme conta a história real do grupo extremista alemão Facção do Exército Vermelho, que ficou conhecido como Baader Meinhof, em sua violenta ação contra o imperialismo. Atentados a bomba, assaltos a banco e sequestros eram práticas comuns da organização guerrilheira. A produção mostra também o drama psicológico das personagens.

> **ETA**

A organização Pátria Basca e Liberdade (em basco Euskadi Ta Askatasuna – ETA) foi criada em 1958 na Espanha. Seu objetivo é a independência de regiões da Espanha e da França que alegam ser território basco.

Durante a **Guerra Civil Espanhola** (1936-1939), os bascos identificaram-se com os republicanos e, depois da derrota, foram perseguidos por Franco. Na ditadura franquista, a língua basca foi proibida, manifestações culturais foram reprimidas e muitos bascos foram presos por defender a autonomia de sua região.

As ações do ETA começaram como resposta à repressão imposta pela ditadura franquista. Na década de 1960, o grupo aproximou-se da ideologia marxista, aderindo à luta armada. Dessa forma, cometeram atentados contra policiais, políticos e até contra bascos moderados.

Em 1973, o ETA matou o primeiro-ministro de Franco, marechal Luis Carrero Blanco, recebendo apoio de muitos opositores ao franquismo.

Os atentados do ETA, cujos integrantes seguem uma moral rígida e conservadora, atingiram também cinemas, bares, discotecas, traficantes de drogas, etc., considerados por eles símbolos da decadência moral. Entre 1958 e 2011, o grupo vitimou mais de 800 pessoas.

Depois da morte do ditador Francisco Franco e da instauração da democracia, o ETA se enfraqueceu. A maior parte da população basca deixou de identificar-se politicamente com o grupo e com seus métodos violentos. A nova Constituição concedeu relativa autonomia ao País Basco, garantindo um Parlamento próprio que controla a polícia, a educação e a coleta de impostos.

Entretanto, o ETA continuou a atuar até outubro de 2011, quando anunciou o fim de suas atividades.

> **IRA**

Os ingleses dominavam regiões da Irlanda desde a Idade Média. No século XVII, ao mesmo tempo que adotava a religião protestante, a Coroa inglesa iniciava uma política de dominação e colonização da Irlanda, que culminou com a incorporação da ilha ao Reino Unido em 1801. Os irlandeses, majoritariamente católicos, nunca aceitaram a dominação inglesa, tendo-se rebelado inúmeras vezes. No início do século XX, foi criado o Exército Republicano Irlandês (Irish Republican Army – IRA), católico, para lutar pela independência da ilha.

Em 1922, após uma violenta guerra civil, o Reino Unido reconheceu a independência da Irlanda, que proclamou a República, com capital em Dublin. O governo inglês manteve, porém, o controle sobre seis províncias protestantes no norte da ilha, com capital em Belfast. Muitos militantes do IRA continuaram a luta com o objetivo de integrar a região norte da ilha com a República recém-criada no sul.

Na década de 1960, explodiram conflitos opondo católicos e protestantes na Irlanda do Norte. Em 1969, o Exército inglês passou a exercer funções policiais, reprimindo manifestantes católicos. O IRA iniciou então ações violentas.

Em 1971, um soldado britânico foi morto, o que levou os ingleses a prender suspeitos sem julgamento. No ano seguinte, paramilitares britânicos mataram 13 civis em Derry, episódio que ficou conhecido como **Domingo Sangrento** (*Bloody Sunday*). Houve assim uma escalada de violência. Enquanto grupos armados combatiam os ingleses na Irlanda do Norte, o IRA praticava atentados na Inglaterra contra militares e autoridades. Mais de 3 mil pessoas morreram.

Sem conseguir alcançar os seus objetivos, o IRA anunciou o fim da luta armada em 2005, quando passou a atuar politicamente dentro das regras democráticas vigentes, por meio do grupo Sinn Féin.

Cratera aberta pelo atentado a bomba do ETA que vitimou o primeiro-ministro da Espanha, Luis Carrero Blanco. Foto de 1973.

Ontem e hoje

Guerrilheiros e narcotraficantes

Idealismo e guerrilha

Inspirados por figuras como o médico argentino Ernesto "Che" Guevara, um dos líderes da Revolução Cubana, jovens de várias partes do mundo engajaram-se na luta pelo socialismo.

Na América do Sul, região marcada por profundas desigualdades sociais, inúmeros focos guerrilheiros surgiram na década de 1960. Muitas pessoas perderam a vida tentando mudar um quadro que, desde o período colonial, foi marcado pela exclusão social e econômica de amplas camadas da população.

Para a maior parte desses guerrilheiros, as injustiças sociais decorriam do capitalismo e do imperialismo. Assim, enfrentavam interesses econômicos locais e internacionais. Ainda hoje existem guerrilhas atuando na América do Sul.

Transformação do Sendero Luminoso em narcoguerrilha faz Peru temer por "colombianização"

Da guerrilha Sendero Luminoso restam o nome e pouco mais. O grupo maoista que impôs o terror no Peru durante a década de 1980 e parte da de 90 não é mais um movimento político que pretende tomar o poder por meio da revolução; hoje ele é um bando dedicado ao narcotráfico. [...] "Não há um ressurgimento do Sendero Luminoso", afirma Jaime Antezana, sociólogo especialista em temas de narcoterrorismo, que enfatiza que o que se vive atualmente no vale de Apurimac e Ene é um novo fenômeno. A partir de 2000, os remanescentes do grupo terrorista se refugiaram nos vales da coca e estabeleceram alianças com os narcotraficantes. "Primeiro foi para proteção, mas paulatinamente os senderistas foram entrando em cheio no negócio da droga", acrescenta. Os narcoguerrilheiros inclusive renegam seu líder histórico, Abimael Guzmán, que está preso. Também mudaram sua atitude em relação aos civis. Já não os aterrorizam, mostram-se colaboradores e usam seu dinheiro para ganhar o apoio de uma população muito pobre, que carece dos serviços mais elementares, como água potável e um mínimo de assistência à saúde. [...]

CORDERO, Jaime. Disponível em: <http://noticias.bol.uol.com.br/internacional/2009/05/05/ult581u3213.jhtm>. Acesso em: 15 maio 2014.

Grupo de soldados escoltando prisioneiro envolvido com o narcotráfico em Lima, Peru. Foto de 2012.

Guerrilheiros ou narcotraficantes?

Na Colômbia e no Peru atuam, desde a década de 1960, respectivamente, os grupos guerrilheiros Farc e Sendero Luminoso. Ambos adotaram táticas de guerrilha, procurando atrair os camponeses para a causa revolucionária. Seus objetivos eram estabelecer o socialismo no lugar do capitalismo, sistema que consideravam injusto.

Hoje as Farc colombianas e o Sendero Luminoso peruano são acusados pelas autoridades de seus países e pelos EUA de terem se transformado em narcotraficantes. Nessa versão, os propósitos políticos desses grupos foram substituídos por desejo de lucro. Não são mais revolucionários, mas criminosos comuns.

O combate a esses grupos ganhou espaço na mídia por causa da ajuda militar e logística norte-americana e das repercussões negativas de sequestros praticados pelas Farc de personalidades que foram mantidas reclusas por anos a fio. As opiniões se dividem. Para uns, os ideais revolucionários foram adulterados, enquanto para outros a ligação com o narcotráfico é estratégica. Por intermédio dela esses grupos conseguiriam recursos financeiros para prosseguir com a luta.

Reflita

1. Pesquise em jornais, revistas e na internet o envolvimento desses grupos com o narcotráfico. Procure entender as diferentes opiniões e debata com seus colegas se os ideais revolucionários realmente acabaram ou se houve uma mudança de estratégia.
2. Reflita sobre as mudanças ocorridas nesses grupos revolucionários em virtude das transformações geopolíticas com o fim da Guerra Fria e o desmantelamento do socialismo em várias partes do mundo.
3. Verifique se o quadro de miséria contra a qual os revolucionários lutavam na década de 1960 se alterou nesses países. Relacione suas descobertas com a continuidade desses grupos revolucionários, isto é, se eles ainda têm razão de existir.

Atividades

Verifique o que aprendeu

1. Explique por que, do ponto de vista geopolítico, era vital para os Estados Unidos combater o comunismo na América Latina.

2. Por que a burguesia e parte da classe média temiam o "perigo vermelho" nos países latino-americanos?

3. Com o fim da Segunda Guerra Mundial e dos regimes nazifascistas, o que levou os Estados Unidos a tolerar regimes ditatoriais como o de Salazar em Portugal e o de Franco na Espanha?

4. Relacione a Guerra Fria com os golpes de Estado perpetrados na Grécia, na Turquia e na Indonésia.

5. Vários regimes ditatoriais foram impostos em muitos países da América do Sul nas décadas de 1960 e de 1970. Cite aspectos comuns a essas ditaduras.

6. Explique o que foi a via chilena para o socialismo e qual foi o resultado dessa experiência.

7. Que evento revolucionário inspirou a maioria das organizações guerrilheiras de esquerda na América do Sul durante a década de 1960? Por que motivo?

8. Quais eram os principais objetivos dos grupos revolucionários de inspiração marxista da América do Sul ao pretender realizar a revolução?

9. O que havia em comum entre os objetivos dos grupos ETA e IRA na Europa?

Leia e interprete

10. O historiador brasileiro Enrique Serra Padrós discute o papel dos Estados Unidos nas ditaduras de direita. Leia a seguir um trecho de sua obra e responda às questões propostas.

    > [...] os EUA desempenharam um papel central na consolidação dessa nova ordem e, particularmente, desenvolveram quatro formas de apoio aos governos que utilizaram o TDE [Terrorismo de Estado] para viabilizar o enquadramento interno:
    >
    > – proteção e reabilitação de quadros fascistas derrotados na II Guerra Mundial. Tal fato não teve maior peso sobre o continente latino-americano, a não ser de forma indireta. [...];
    >
    > – patrocínio de intervenções diretas ou indiretas que instalaram e protegeram os aliados locais. [...] desestabilização de governos refratários (aos EUA); manipulação de informações; cooptação por meio de propaganda; solapamento e boicote das atividades econômicas; pressão diplomática; estímulo e apoio aos golpes de Estado;
    >
    > – instrumentalização da subversão de direita contra governos inimigos ou pouco confiáveis. Desse modo, implementaram-se mecanismos de financiamento, armamento, doutrinação, modernização e treinamento das forças golpistas [...];
    >
    > – fornecimento de armas às forças de segurança e aos governos amigos, assim como instrução pertinente. [...]
    >
    > PADRÓS, Enrique Serra. Repressão e violência: segurança nacional e terror de Estado nas ditaduras latino-americanas. In: FICO, Carlos et al. (Org.). *Ditadura e democracia na América Latina*: balanço histórico e perspectivas. Rio de Janeiro: FGV, 2008. p. 170-171.

    a) O autor afirma que as ditaduras latino-americanas praticavam o terrorismo de Estado. Que ações das ditaduras estudadas se enquadram nesse conceito?

    b) Ao referir-se à reabilitação de quadros fascistas, que ditadores poderiam ser mencionados?

    c) O autor enumera vários tipos de ação dos EUA para desestabilizar regimes democráticos considerados indesejáveis, entre os quais o "boicote das atividades econômicas". Qual seria o impacto desse tipo de ação?

    d) Os Estados Unidos são considerados um país democrático. Como explicar a sua participação direta nos golpes e ditaduras latino-americanas?

11. O historiador inglês Tony Judt discute as atividades da organização separatista basca ETA, na obra *Pós-guerra*. Analise o trecho da obra e responda.

    > Um motivo do impacto limitado do ETA, a despeito da escala pavorosa e do trauma causado pelos surtos de ações assassinas, foi que a maioria dos bascos não se identificava nem com os meios nem com os fins da organização. Na verdade, muitos bascos sequer eram bascos. As transformações econômicas da Espanha nos anos 60 e as grandes migrações dentro do país e no exterior haviam provocado mudanças que ficavam além do entendimento dos nacionalistas veteranos e de seus seguidores jovens e fanáticos. Em meados dos anos 80, menos da metade da população da região basca tinha genitores bascos [...]. À medida que o projeto político da organização se afastava da realidade social, o ETA tornava-se cada vez mais extremista.
    >
    > JUDT, Tony. *Pós-guerra*: uma história da Europa desde 1945. Rio de Janeiro: Objetiva, 2008. p. 469.

    a) Explique o que o autor quer dizer quando afirma que a maioria da população do País Basco não se identificava nem com os fins nem com os meios do ETA.

    b) Por que, segundo o autor, muitos habitantes do País Basco não eram bascos?

    c) De acordo com o texto, o fato de não ter mais o apoio da população pôs fim às ações do ETA? Justifique sua resposta.

CAPÍTULO 54
A ditadura militar no Brasil

O que você vai estudar

- Jânio, a crise e o governo João Goulart.
- O golpe de 1964 e os militares no poder.
- A rebeldia juvenil e os anos de chumbo.
- O projeto de Brasil grande.
- Cultura de massas e resistência.
- Abertura lenta e gradual.

O monumento *Tortura nunca mais*, no Recife, obra dos escultores Eric Perman e Demetrio Albuquerque, foi o primeiro a homenagear mortos e desaparecidos políticos vítimas da ditadura militar de 1964. Foto de 2010.

Ligando os pontos

Com o fim da Segunda Guerra Mundial e a queda dos regimes nazifascistas na Europa, o Brasil foi tomado por anseios democráticos. Em 1946, após o fim do Estado Novo, uma nova Constituição com princípios democráticos passou a vigorar no país. Mas o mundo logo ingressou na Guerra Fria, e o presidente eleito no Brasil, Eurico Gaspar Dutra, alinhou-se politicamente aos Estados Unidos, pôs o Partido Comunista novamente na ilegalidade e passou a reprimir as manifestações de esquerda.

Getúlio Vargas, que voltou ao poder em 1950, eleito pelo povo, procurou implementar uma política nacionalista, que ia contra os interesses estadunidenses e era taxada de esquerdista pela oposição. Iniciou-se, a partir de então, um período conturbado. A crise desencadeada por conflitos entre a presidência da República e setores sociais descontentes com a política populista culminou no suicídio de Vargas.

Juscelino Kubitschek tomou posse como presidente em 1956, prometendo para o país um desenvolvimento de "cinquenta anos em cinco". Já no início do mandato, promoveu rápida industrialização, contando com investimentos de capitais nacionais e estrangeiros. Multinacionais foram instaladas no Brasil, e o governo obteve empréstimos para investir em infraestrutura. Em 1960, a nova capital do país, Brasília, foi inaugurada. O resultado negativo desse processo foi o aumento da dívida pública e o crescimento da inflação. Politicamente, o país estava a caminho de uma nova crise, gerada pela radicalização política de setores de esquerda e de direita.

A imagem acima é uma fotografia do monumento *Tortura nunca mais*, de 1994, situado na cidade do Recife, em Pernambuco. Analise a imagem e responda.

1. Qual é a impressão que se tem quanto à posição do homem representado?
2. A escultura remete a que momento histórico específico?
3. Faça uma pesquisa e identifique o instrumento de tortura a que o monumento faz referência.

Jânio Quadros e a crise

O professor e político mato-grossense Jânio Quadros teve muito êxito em sua rápida carreira política. Radicado em São Paulo desde a juventude, foi eleito vereador na capital paulistana em 1948, deputado estadual em 1950 e prefeito da cidade de São Paulo em 1953. Dois anos depois, conseguia eleger-se governador do estado. Jânio procurou construir uma imagem de **austeridade** moral e administrativa.

Cuidava para que sua aparência inspirasse a ideia de ser um homem do povo e um trabalhador. Não era incomum que se apresentasse com cabelos despenteados, roupas amassadas e caspa no paletó. Fiscalizava pessoalmente, com aparições de surpresa, o trabalho dos funcionários públicos em várias repartições. Seu símbolo era uma vassoura, sugerindo que ele varreria a corrupção da política.

Comunicava-se com assessores e secretários por meio de **bilhetes**, às vezes enviando-os também à imprensa. Neles, rebatia ataques de adversários ou dava ordens.

Com esse comportamento, tornou-se nacionalmente conhecido e concorreu às eleições presidenciais de 1960.

A breve presidência

Jânio foi eleito presidente da República com a maior votação da história do Brasil até então. Contudo, ele não conseguiu eleger seu vice-presidente, cargo que era votado separadamente.

O vice eleito foi o gaúcho João Goulart (Jango), da coligação adversária PTB-PSD (Partido Trabalhista Brasileiro e Partido Social Democrático), considerada de esquerda pelo grupo que apoiava Jânio, liderado pela conservadora UDN (União Democrática Nacional). Para os eleitores, porém, o apelo populista de Jânio era o par perfeito da tradição trabalhista de Jango, apesar de ambos representarem grupos políticos adversários.

A plataforma de campanha de Jânio era o combate à inflação e à corrupção e a promessa de acabar com a dívida externa. No governo, iniciado em 31 de janeiro de 1961, as reformas econômicas geraram recessão e queda nos salários, desagradando, assim, os grupos populares.

Jânio também desagradou os grupos conservadores ao propor alterações na lei de remessa de lucros de empresas estrangeiras.

Como política externa, restabeleceu relações diplomáticas com a União Soviética e apoiou a independência das colônias portuguesas na África, procurando demonstrar relativa independência em relação aos Estados Unidos.

Entretanto, a medida de Jânio considerada mais grave pelos conservadores foi a condecoração de Ernesto "Che" Guevara, um dos líderes da Revolução Cubana, com a Ordem Nacional do Cruzeiro do Sul, comenda oferecida pelo presidente da República a personalidades estrangeiras. O gesto provocou muitas críticas, principalmente em setores das Forças Armadas.

A renúncia

A política personalista de Jânio Quadros contrariou tanto setores populares quanto conservadores, acabando por isolar seu governo.

O líder da UDN, Carlos Lacerda, pronunciou-se pelo rádio no dia 24 de agosto, acusando o presidente de planejar um golpe de Estado. No dia seguinte, causando indignação e perplexidade, Jânio encaminhou ao Congresso seu pedido de renúncia.

Até hoje se discute quais seriam as reais intenções da renúncia. Uma das hipóteses mais plausíveis é que, ao enviar a carta de renúncia, Jânio calculava que o Congresso não a aceitaria e que as Forças Armadas jamais permitiriam a posse do vice, João Goulart, um representante da esquerda.

Jânio Quadros esperava que amplos setores clamassem por sua permanência, o que lhe permitiria impor condições que aumentassem seu poder. Mas nada disso aconteceu.

O Congresso aceitou imediatamente a renúncia e empossou o deputado Ranieri Mazzilli, então presidente da Câmara dos Deputados, já que o vice-presidente, João Goulart, encontrava-se em viagem oficial à República Popular da China.

Reprodução da carta de renúncia de Jânio Quadros à presidência, no estilo "bilhete", dirigida ao Congresso Nacional. O envio de bilhetes era característico do populismo de Jânio.

A instabilidade do governo de Jango

A renúncia de Jânio Quadros provocou uma das mais sérias crises políticas da história brasileira. A Constituição determinava que, na ausência do presidente, o vice assumiria. Mas a UDN, com o apoio dos militares, tentou impedir a posse de Jango, tido como perigoso político de esquerda.

A "Rede da legalidade"

Aguardando os acontecimentos, Jango adiou a volta da China para o Brasil. Enquanto isso, manifestações em apoio a sua posse ocorriam em vários estados.

Leonel Brizola, político do PTB e cunhado de Jango, então governador do Rio Grande do Sul, liderou o movimento pelo cumprimento da Constituição. Esse movimento ficou conhecido como "Rede da legalidade". Com o apoio do III Exército, Brizola ameaçou provocar uma guerra civil caso Jango não fosse empossado.

O parlamentarismo e o plebiscito

Diante do impasse, o Congresso Nacional propôs um acordo: Jango seria empossado presidente caso aceitasse a instauração do parlamentarismo. Assim, Jango assumiria a presidência, mas o Poder Executivo seria exercido por um primeiro-ministro.

O acordo determinava que, em 1965, quando o mandato de Jango estivesse perto do fim, um plebiscito decidiria pela manutenção ou não do parlamentarismo. Sem alternativa, Jango aceitou as condições e tomou posse em 7 de setembro de 1961.

O parlamentarismo no Brasil, que teve três primeiros-ministros, passou a ser indagado por causa da crise econômica e das agitações políticas e sociais. Jango, então, liderou um movimento pela volta do presidencialismo.

Pressionado, o Congresso antecipou o plebiscito para 1963. Com a vitória do presidencialismo, Jango retomou o governo com plenos poderes.

As Reformas de Base

Para enfrentar a crise da economia brasileira, Jango adotou o **Plano Trienal**. De autoria de Celso Furtado, então ministro do Planejamento, esse plano pretendia reduzir os índices inflacionários sem comprometer o crescimento econômico.

Em março de 1963, foi aprovado o Estatuto do Trabalhador Rural, que estendia aos trabalhadores do campo os mesmos direitos dos trabalhadores urbanos. Em meados de 1963, o presidente anunciou as Reformas de Base, uma série de medidas que visavam implantar mudanças estruturais, entre as quais as **reformas agrária**, **educacional**, **bancária** e **urbana**.

Em setembro desse ano foi aprovada a lei que limitava as remessas de lucros das multinacionais para o exterior. Ambas as leis desagradaram os latifundiários e os representantes de empresas estrangeiras no país.

A crise

O entedimento da época é que, caso fossem implementadas, as Reformas de Base alterariam significativamente a sociedade brasileira, diminuindo o poder das elites. Por isso, setores conservadores do Congresso opuseram-se à proposta.

A grande imprensa moveu ataques violentos à administração de João Goulart, que passou a ser chamado de incompetente. Além disso, por causa de suas ligações com o movimento sindical e do projeto de reformas estruturais, Jango foi acusado de tentar implantar o comunismo no país.

Em resposta à campanha conservadora, os setores populares da sociedade mobilizaram-se. No campo, as Ligas Camponesas exigiam a reforma agrária e, nas cidades, o movimento pró-reforma envolvia sindicatos, partidos de esquerda e estudantes.

Nos bastidores, grupos de direita tramavam um golpe contra Jango. Vários governadores, entre os quais Adhemar de Barros, de São Paulo, Magalhães Pinto, de Minas Gerais, e Carlos Lacerda, do então estado da Guanabara, também conspiravam contra o governo de João Goulart.

GLOSSÁRIO

Ligas Camponesas: associações civis de trabalhadores rurais que surgiram em 1945, pós-Estado Novo, em quase todo o país. Numa trajetória instável, chegaram aos anos 1960 já como um amplo movimento que tinha como um dos principais objetivos a reforma agrária. O movimento foi desmantelado pela ditadura militar imposta em 1964.

Na ocasião da renúncia de Jânio Quadros, o vice-presidente João Goulart estava na China, em visita oficial. Na imagem, Jango passa em revista tropas em Beijing. Foto de 1961.

Os militares no poder

Nos primeiros meses de 1964, João Goulart procurou obter apoio nas camadas populares como meio de pressionar o Congresso a aprovar as reformas. Participou de várias manifestações que culminaram no Comício da Central do Brasil, principal estação ferroviária do Rio de Janeiro, em 13 de março.

Na presença de cerca de 150 mil pessoas, Jango defendeu a reforma da Constituição e anunciou que desapropriaria terras às margens de rodovias e ferrovias para implementar a reforma agrária.

A reação contra o presidente veio em 19 de março, quando ocorreu em São Paulo a Marcha da Família com Deus pela Liberdade, reunindo cerca de 250 mil manifestantes. Seguindo o exemplo paulista, outras manifestações foram organizadas por setores conservadores do clero e por entidades femininas, empresariais e por outros setores da classe média, que protestavam contra as medidas propostas pelo governo de Goulart.

Os militares, que em grande parte tramavam também a deposição do presidente, ficaram alarmados com uma manifestação de marinheiros, ocorrida em 25 de março, na qual eles exigiam melhores condições de trabalho e apoio às Reformas de Base. A Marinha prendeu os líderes, mas Goulart anistiou-os, o que para os militares representava uma quebra da hierarquia militar.

> O golpe

A Revolta dos Marinheiros repercutiu negativamente no comando militar, que decidiu apoiar o golpe.

Na madrugada de 31 de março, o general Olímpio Mourão Filho ordenou que as tropas da IV Região Militar de Minas Gerais partissem em direção ao Rio de Janeiro, com o objetivo de depor João Goulart. Comandos militares de outras regiões aderiram ao movimento.

João Goulart não tentou resistir. Voou para Brasília e depois para o Rio Grande do Sul, de onde partiu para o exílio no Uruguai. Em 1º de abril, mesmo com Jango ainda em território brasileiro, o Congresso Nacional declarou vacante a presidência. Mais uma vez, Ranieri Mazzilli, então presidente da Câmara, assumia interinamente o cargo de presidente da República. Contudo, logo foi substituído por uma Junta Militar.

O golpe obteve o apoio da classe média e dos setores mais conservadores da sociedade, como os grandes proprietários rurais, os empresários e a Igreja católica, além de vários governadores de estado.

O governo dos Estados Unidos também ficou do lado dos militares. Anos mais tarde, foi revelado que uma operação secreta denominada "Brother Sam" foi montada com o objetivo de dar apoio aos golpistas no caso de haver resistência por parte da esquerda. Até um porta-aviões estadunidense foi posto à disposição, caso fosse necessário intervir militarmente.

> A repressão

Logo depois do golpe militar, teve início uma violenta repressão aos movimentos populares e aos políticos de esquerda.

Tanques de guerra e caminhões com soldados tomaram as ruas das principais cidades do país. Sedes de sindicatos, de partidos e de outras organizações favoráveis às Reformas de Base foram invadidas e colocadas sob intervenção militar. Entre elas, a União Nacional dos Estudantes (UNE), posta na ilegalidade.

Funcionários públicos foram exonerados, militares e juízes foram afastados. A perseguição estendeu-se a senadores, deputados e vereadores, que foram cassados, enquanto outros perderam seus direitos políticos, como os ex-presidentes João Goulart, Jânio Quadros e Juscelino Kubitschek, além dos governadores Leonel Brizola e Miguel Arraes.

Além disso, foi criado o Serviço Nacional de Informação (SNI), cujo objetivo era investigar e monitorar a vida de possíveis inimigos do governo.

Assista

Cabra marcado para morrer. Direção de Eduardo Coutinho, Brasil, 1984, 119 min. Em 1964, o diretor rodava uma ficção que contava a história das Ligas Camponesas surgidas no nordeste brasileiro e de seu líder João Pedro Teixeira. O golpe militar suspendeu as filmagens e cassou o diretor, a equipe técnica e os atores. Após a ditadura, Eduardo Coutinho retomou o projeto, realizando um documentário sobre o filme inacabado.

Comício da Central do Brasil, no Rio de Janeiro, no qual Jango recebeu apoio da população para realizar as Reformas de Base. Foto de 1964.

> O governo militar

Em 9 de abril, a junta militar que assumiu o poder promulgou um **Ato Institucional** que concedia mais poderes ao Executivo: o presidente poderia suspender direitos políticos, cassar mandatos, demitir funcionários públicos, entre outros atos. O Congresso elegeu o general Humberto de Alencar Castelo Branco como presidente da República. Seu governo deveria durar até 1965, quando ocorreriam novas eleições. Mas uma emenda constitucional protelou sua saída para março de 1967.

Um novo Ato Institucional, o AI-2, foi decretado em 1965, abolindo os partidos políticos e instituindo eleições indiretas para presidente. No ano seguinte, o AI-3 tornou indiretas as eleições para governador, e estabeleceu que os prefeitos de capitais passariam a ser nomeados pelos governadores. Era uma resposta à vitória eleitoral da oposição que, em 1965, elegeu os governadores do Estado da Guanabara e de Minas Gerais.

Em 1966, foi estabelecido o bipartidarismo, com a criação da Aliança Renovadora Nacional (Arena), que apoiava o governo, e do Movimento Democrático Brasileiro (MDB), a oposição consentida.

As medidas, claramente antidemocráticas, fizeram parte da sociedade civil, que havia apoiado o golpe, sentir-se traída, pois considerava que a intervenção militar deveria ser passageira, já que o objetivo seria combater o que era interpretado como subversão à democracia.

Alguns políticos, como Carlos Lacerda e Adhemar de Barros, que apoiaram os conspiradores, passaram a criticar a ditadura. Os militares mais moderados, ligados à Escola Superior de Guerra (ESG), eram favoráveis à devolução do poder aos civis. Mas a **linha dura**, os militares mais conservadores, eram completamente contrários a essa ideia.

Em 1966, enquanto os militares preparavam a sucessão de Castelo Branco, protestos estudantis contra a ditadura começaram a ocorrer. Até Carlos Lacerda, inimigo político de Juscelino Kubitschek e de João Goulart, propôs aos dois que, juntos, formassem uma **Frente Ampla** com o objetivo de fortalecer a oposição. Mas a iniciativa, rapidamente reprimida pelos militares, não teve sucesso.

> A consolidação do regime ditatorial

Ainda em 1966, antes de deixar o poder, Castelo Branco enviou ao Congresso Nacional um projeto de Constituição, que foi aprovado em janeiro do ano seguinte.

A nova Carta Constitucional fortalecia ainda mais o Poder Executivo, conferindo ao presidente da República mais poderes, principalmente no tocante à política econômica e de segurança nacional. Além da Constituição, Castelo Branco fez aprovar a **Lei de Imprensa** e a **Lei de Segurança Nacional**.

A primeira impunha restrições à liberdade de expressão, principalmente dos veículos de comunicação de massa, como os jornais impressos, o rádio e a televisão. A segunda tinha como objetivo legitimar ações repressivas contra opositores do governo militar considerados uma ameaça à segurança da nação.

> A sucessão

Em 1967, assumiu a presidência o general Artur da Costa e Silva, ligado aos militares da linha dura. Durante seu governo intensificaram-se as manifestações de repúdio à ditadura, encabeçadas pelo movimento estudantil e, em algumas cidades do país, pelo movimento operário.

Dessa vez, a oposição aos militares contou com o apoio de setores da classe média. Essa parcela da sociedade sentia-se frustrada com o autoritarismo e com os fracos resultados, até então, da política econômica governamental.

As disputas entre a oposição à ditadura e o governo autoritário intensificariam-se no ano seguinte, quando o mundo todo seria abalado pela rebelião da juventude.

GLOSSÁRIO

Ato Institucional: na ditadura que governou o Brasil entre 1964 e 1985 era um decreto do Poder Executivo (isto é, dos militares) com força para modificar a Constituição ou qualquer outra lei do país. A possibilidade de legislar por meio de Atos Institucionais dava, na prática, poder absoluto aos ditadores.

Com tanques de guerra no centro do Rio de Janeiro, os militares se estabelecem no poder. Foto de 1964.

A rebeldia da juventude e os anos de chumbo

O ano de 1968 foi aquele em que a juventude se rebelou. Em vários países, quase simultaneamente, ocorreram manifestações contra o imperialismo e a sociedade capitalista.

No Brasil, descontentes com a ditadura que governava o país, os estudantes encabeçaram os protestos.

Oposição estudantil

Mesmo na clandestinidade, a **União Nacional dos Estudantes** (UNE) manteve uma estrutura de alcance nacional. Em 1968, a UNE intensificou os protestos contra a ditadura e o sistema de ensino.

As reivindicações dos estudantes ganharam as ruas das grandes cidades, recebendo apoio de setores organizados da sociedade, como a Ordem dos Advogados do Brasil (OAB) e a Conferência Nacional dos Bispos do Brasil (CNBB), parte da imprensa e do MDB. Os confrontos entre os manifestantes e a polícia tornaram-se cada vez mais frequentes e violentos.

Esses protestos atingiram o auge em março, quando o estudante secundarista Edson Luís Lima Souto, de 17 anos, foi morto a tiros pela polícia, no Rio de Janeiro. Cerca de 50 mil pessoas acompanharam o cortejo fúnebre pelas ruas da cidade.

Outras situações de grande violência ocorreram no Rio de Janeiro. Em 21 de junho, um confronto entre estudantes e policiais deixou 23 pessoas baleadas e quatro mortos. No dia 26, milhares de pessoas saíram em protesto pelas ruas do Rio de Janeiro, na **Passeata dos Cem Mil**.

A sucessão de episódios de enfrentamento culminou em 13 de outubro com a invasão pela polícia do sítio Murundu, em Ibiúna, no estado de São Paulo, onde se realizava clandestinamente o 30º Congresso da UNE. Os principais líderes da entidade foram presos.

Radicalização e reação

Estimulados pela repressão aos estudantes, grupos de extrema direita praticavam ações terroristas. O Comando de Caça aos Comunistas (CCC) invadia universidades, teatros e outros estabelecimentos culturais, identificados como defensores de ideias de esquerda.

Integrantes do CCC invadiram e espancaram atores e atrizes no teatro Ruth Escobar, em São Paulo, onde era representada a peça *Roda Viva*, de Chico Buarque de Holanda. Outra de suas vítimas foi o estudante secundarista José Guimarães, assassinado em 1968 durante a **Batalha da Maria Antônia**, confronto armado entre estudantes da Universidade Mackenzie apoiados pelo CCC e alunos da Faculdade de Filosofia da USP.

Alguns grupos de esquerda defendiam a luta armada, adotando a guerrilha urbana e rural, inspiradas nas experiências latino-americanas, principalmente de Cuba.

Ainda em 1967, sob a liderança de Carlos Marighella, a Ação Libertadora Nacional (ALN) havia assaltado bancos e carros pagadores, a fim de obter fundos para a compra de armas e para a organização de uma guerrilha. Em 1968, no mesmo dia em que a polícia prendia os estudantes em Ibiúna, a ALN metralhava o agente da CIA Charles R. Chandler, que colaborara com os militares brasileiros na repressão à sociedade civil.

Os órgãos de repressão, cada vez mais truculentos, prendiam e torturavam supostos membros de grupos de esquerda para identificar e capturar outros envolvidos.

"Sexta-feira Sangrenta", nome pelo qual ficou conhecido o conflito entre policiais e estudantes ocorrido no Rio de Janeiro. Foto de 1968.

Leia

Brasil: nunca mais, coordenado pela Arquidiocese de São Paulo. Petrópolis: Vozes, 2003.
O livro resume o trabalho de um grupo de pesquisadores que analisou mais de 700 processos que tramitaram na Justiça Militar entre 1964 e 1979. Relata como se estruturou o aparato repressor que tinha na tortura e no assassinato de opositores à ditadura militar seu principal modo de atuação.

Outras histórias

Em maio de 1968, eclodiu um grande movimento na França, iniciado com greves estudantis, em Paris, contra o conservadorismo do ensino e da sociedade francesa. Em 10 de maio, cerca de 20 mil estudantes enfrentaram a polícia. No dia 20, trabalhadores aderiram à greve, ocupando fábricas em todo o país. Mas, seguindo orientações de sua central sindical, os trabalhadores voltaram ao trabalho, pondo fim ao movimento.

❯ O cerco se fecha com o AI-5

No Congresso, parlamentares da oposição repudiaram as ações repressivas e a Lei de Segurança Nacional.

Em setembro de 1968, o deputado Márcio Moreira Alves pronunciou um discurso em que defendia o boicote às comemorações da Semana da Pátria e aos militares.

O teor do discurso foi considerado ofensivo pelas Forças Armadas e o governo exigiu do Congresso o direito de processar o deputado. Após um longo processo de debates, a maioria dos parlamentares votou contra o pedido. No dia seguinte, 13 de dezembro, o governo decretou o Ato Institucional n. 5. O AI-5 concedia ao governo o poder de dissolver o Congresso sempre que desejasse e de suspender os direitos civis da população. Os cidadãos podiam ser mantidos presos sem motivo explícito, ao mesmo tempo que qualquer reunião ou forma de expressão podia ser proibida ou reprimida pelo governo.

Amparado no AI-5, o Executivo cassou mandatos políticos, demitiu e aposentou compulsoriamente professores e funcionários públicos e passou a vigiar e a censurar os meios de comunicação com muito mais rigor.

❯ Luta armada e repressão

Com o AI-5, iniciava-se a fase mais repressiva e violenta do regime militar. Qualquer contestação passou a ser ferozmente reprimida, e a ditadura intensificou ainda mais a repressão aos opositores do regime. As prisões, as torturas e os assassinatos tornaram-se frequentes.

Uma estrutura repressiva foi montada para coibir as ações armadas. Os Departamentos de Ordem e Política Social (Dops) agiam nos estados subordinados formalmente aos governadores.

Em São Paulo, foi criada em 1969 a Operação Bandeirante (Oban), com integrantes das polícias estadual e federal e das Forças Armadas. Financiada por empresários brasileiros e por empresas multinacionais, a Oban atuava como uma organização paramilitar e agia à margem da lei.

Em 1970, a Oban foi colocada sob a jurisdição de um novo órgão repressivo, o Destacamento de Operações de Informações e Centro de Operações de Defesa Interna (DOI-Codi). A ação do DOI-Codi envolvia investigação, prisão, tortura e assassinato de presos políticos. As técnicas de tortura incluíam choques elétricos, "paus-de-arara", afogamentos, estupros, queimaduras e pressão psicológica. O objetivo era, principalmente, arrancar dos acusados nomes e paradeiros de outros envolvidos. O número de mortos e desaparecidos foi muito grande.

❯ Ações desesperadas

Grupos de guerrilheiros e militantes de organizações de esquerda investiram em ações mais ousadas. Uma dessas ações previa o sequestro de embaixadores para trocá-los pelos companheiros presos. Além da ALN, surgiram grupos como o Movimento Revolucionário 8 de outubro (MR-8) e a Vanguarda Popular Revolucionária (VPR).

A primeira grande ação terrorista foi o sequestro do embaixador dos Estados Unidos, Charles Elbrick, em 1969, promovido pela ALN e pelo MR-8. A ação obteve êxito, com a libertação de 15 presos políticos. Houve ainda outros sequestros, mais presos políticos foram liberados e seguiram diretamente para o exílio.

> **Assista**
> **Cidadão Boilesen.** Direção de Chaim Litewski, Brasil, 2009, 92 min.
> Documentário investiga as relações entre o empresário dinamarquês Henning Albert Boilesen e o aparato repressor da ditadura militar. O filme mostra como um cidadão respeitado e influente no mundo dos negócios, também ensinava e financiava técnicas de tortura.

Conheça melhor

A batalha da Maria Antônia

Nos anos 1960, a rua Maria Antônia, no centro de São Paulo, abrigava duas universidades, uma quase em frente da outra. De um lado, a Faculdade de Filosofia, Ciências e Letras da USP, cujos alunos eram, em sua maioria, contrários ao regime militar. De outro, a Universidade Mackenzie, onde estudavam muitos integrantes e simpatizantes de grupos de extrema direita, como o CCC.

Em 2 de outubro de 1968, eclodiu um violento conflito entre alunos da USP e do Mackenzie. Ovos foram lançados por mackenzistas na direção de estudantes secundaristas que realizavam um pedágio na rua para arrecadar dinheiro para a organização do Congresso da UNE. Os uspianos revidaram. Durante todo o dia, rojões, pedras e coquetéis molotov foram atirados pelos dois lados.

No dia seguinte, o conflito continuou. Bombas incendiárias destruíram o edifício da Faculdade de Filosofia da USP, que seria definitivamente desocupado. O estudante secundarista José Guimarães foi morto por um tiro disparado dos telhados do Mackenzie. Essa morte gerou uma passeata pelas ruas do Centro, com violentos protestos, angariando, porém, apoio de parte da população.

Fachada da antiga Faculdade de Filosofia, Ciências e Letras da USP, na rua Maria Antonia. Foto de 1968.

❯ O projeto de Brasil grande

Do ponto de vista dos militares, a estabilidade econômica era vital para a preservação da ordem vigente. Sem estabilidade, aumentariam as pressões pela democracia.

Várias ações foram adotadas visando ao desenvolvimento econômico. A primeira foi o Programa de Ação Econômica do Governo (Paeg), implantado em 1964, no governo de Castelo Branco. As primeiras medidas propunham reduzir os gastos públicos e restringir o crédito.

❯ O "milagre brasileiro"

O general Costa e Silva não completou seu mandato. Gravemente doente, foi substituído por uma Junta Militar, que em 1969 escolheu o general Emílio Garrastazu Médici para a presidência. Médici, um representante da linha dura, reprimiu ferozmente a oposição, perseguindo e prendendo. Muitos adversários políticos foram vítimas de tortura e assassinato.

Porém, a economia do país cresceu. Em 1967, foram adotadas medidas para manter a estabilidade econômica com altos índices de crescimento.

No período de 1968 a 1973, o Brasil atingiu taxas de crescimento econômico superiores a 10% ao ano, o que fazia crer que em poucas décadas o país se transformaria em uma potência econômica. Era a época do "milagre brasileiro".

O capital estrangeiro aplicado no parque industrial foi uma das causas do crescimento acelerado da economia brasileira. Os investidores procuravam mercados seguros, e o custo de produção no Brasil era baixo, sustentado por uma política de incentivos fiscais e de arrocho salarial.

Mas foi o Estado que tomou a frente dos investimentos. Na época do "milagre", o governo brasileiro fez grandes investimentos em siderurgia, petroquímica, construção naval, infraestrutura, geração de energia e em outros setores da economia considerados estratégicos. O Estado brasileiro aproveitava a grande oferta de crédito a juro baixo no mercado internacional para viabilizar a criação de empresas estatais.

Nesse período, apesar dos índices de crescimento, houve grande concentração de renda, beneficiando a elite e a classe média, em detrimento da maioria da população. Enquanto a classe média comprava eletrodomésticos, carro e casa própria, milhões de brasileiros, vindos principalmente do campo, concentravam-se em favelas que se formavam nas grandes cidades.

O governo usava uma figura de linguagem para justificar essa política. Dizia que primeiro era preciso fazer crescer o bolo, para só então reparti-lo.

❯ Brasil potência?

A época do crescimento econômico foi capitalizada politicamente pelo governo, que prometia colocar o Brasil no rol dos países desenvolvidos até o final do século XX. Várias obras e empreendimentos projetados ganhavam, assim, uma conotação política e contribuíam para que os militares permanecessem no poder.

Entre as obras grandiosas na época, destacam-se a **rodovia Transamazônica**, que pretendia integrar as Regiões Norte e Nordeste do país, mas que nunca foi concluída; a **ponte Rio-Niterói**, construída durante o governo Médici e anunciada na época como a segunda maior do mundo. Também na década de 1970, Brasil e Paraguai iniciaram as obras da **usina hidrelétrica de Itaipu**, por muitos anos a maior do planeta. E, em 1975, o Brasil assinou acordo com a Alemanha Ocidental para construir as **usinas nucleares** de Angra 2 e Angra 3, completando o programa nuclear iniciado com a compra da usina de Angra 1, dos Estados Unidos.

Contudo, o "milagre" acabou em inflação explosiva, recessão e desemprego quando as crises do petróleo provocaram o aumento dos juros internacionais e tornaram impagável a crescente dívida externa brasileira. A renda da classe média caiu, aumentando a insatisfação com o regime militar.

Usina nuclear Angra 1, em Angra dos Reis (RJ). A instalação de usinas nucleares no Brasil fazia parte do projeto dos militares de dominar essa tecnologia. Foto de 2011.

Cultura de massas e resistência

Nos anos 1960, a cultura brasileira sofreu o impacto da expansão dos meios de comunicação de massa, como televisão, editoras e gravadoras de música. Essa expansão deveu-se ao crescimento dos investimentos nacionais e estrangeiros na **indústria cultural**. E também houve, por parte do governo federal, incentivos e investimentos diretos em tecnologia e infraestrutura na área de comunicação.

Para o governo, o rádio e principalmente a televisão poderiam ajudar a promover a integração do país, algo considerado vital para a segurança nacional. Assim, esses e outros meios de comunicação passaram a veicular a propaganda ideológica do regime militar.

A televisão

Ao lado do cinema, do rádio e da indústria editorial e fonográfica, a televisão, introduzida no Brasil em 1950, firmou-se no cenário cultural brasileiro na década de 1960.

Em 1965, o governo criou a **Embratel**. Nessa década, consolidaram-se as principais redes de televisão do país, todas elas sediadas no eixo Rio-São Paulo. Com isso, padrões linguísticos e de comportamento desses dois estados passaram a influenciar os costumes das outras regiões do país.

Na década seguinte, o Brasil apresentava altos índices de analfabetismo. Nessa época, a televisão tornou-se o meio de comunicação de massa mais poderoso do país, com um modelo de programação que foi estabelecido para fortalecer a fidelidade da audiência. Em horários predeterminados, passaram a ser exibidos programas infantis, esportivos ou jornalísticos, além de programas de auditório, novelas e jogos de futebol.

Usando o recém-criado **sistema de transmissão por satélite**, a Copa do Mundo de Futebol de 1970, no México, pôde ser assistida ao vivo por milhões de brasileiros. Enquanto imagens da TV exibiam o triunfo da seleção brasileira, tratando-o como se fosse uma vitória do governo, a ditadura militar prendia, torturava e assassinava os opositores ao regime.

A censura e a propaganda ideológica

A censura a jornais, revistas, programas de rádio e televisão, espetáculos de teatro ou de música, livros e filmes, entre outras formas de expressão, foi uma das mais fortes marcas da ditadura militar.

Notícias que não interessavam ao governo ou conteúdos considerados subversivos eram simplesmente retiradas da página ou cortados do programa. Alguns jornais protestavam colocando poesias ou receitas de bolo no lugar da matéria censurada. Músicos burlavam a censura empregando duplo sentido em suas composições ou assinando as letras com pseudônimos.

Havia, contudo, a autocensura por parte de alguns veículos de comunicação que apoiavam a ditadura. Eles eram beneficiados com verbas publicitárias, pois o maior anunciante na época era o governo.

A ditadura militar também investia em propaganda ideológica, produzindo cartazes, anúncios na TV, no rádio e no cinema, além de incentivar as músicas ufanistas. Procurava, assim, mostrar um Brasil sem problemas e prestes a tornar-se uma potência mundial.

A internacionalização cultural

Assim como os demais meios de comunicação, a televisão também contribuiu para a difusão no país dos costumes estrangeiros, principalmente dos Estados Unidos. As mensagens publicitárias introduziam ou consolidavam hábitos de consumo, tanto de produtos convencionais quanto de produtos culturais, como a moda e a música.

A **música pop** inglesa e estadunidense da época conquistava multidões de jovens em todo o mundo e no Brasil. Ouvidas em discos e em programas radiofônicos, e vistas no cinema e na TV, bandas como Beatles e Rolling Stones passaram a ser imitadas, dando origem ao iê-iê-iê, representado no Brasil principalmente pelo movimento da Jovem Guarda. O *rock* influenciou vários compositores e intérpretes brasileiros e ditou novos comportamentos para a juventude.

"Brasil, ame-o ou deixe-o" foi um dos *slogans* criados durante o governo Médici.

> Arte nacional popular e de vanguarda

A partir do início dos anos 1960, a produção cultural brasileira refletiu as disputas ideológicas da época, principalmente nos meios estudantis.

Havia a esquerda mais radical, que condenava a influência das grandes potências capitalistas na arte e nos hábitos dos brasileiros. Essa influência era rotulada por esse grupo como **imperialismo cultural**. Representados pelo Centro Popular de Cultura (CPC) – órgão cultural mantido pela UNE – essa corrente pregava uma arte nacionalista e popular, dotada de uma clara função política. Era a chamada **arte engajada**, que tinha como missão conscientizar e mobilizar politicamente a população.

Outros grupos defendiam o livre uso de referências culturais, sem preconceitos. Eles acusavam a esquerda radical de praticar o **patrulhamento ideológico**, perseguindo seus opositores. Um dos mais importantes grupos de cultura alternativos surgiu em 1967: o **tropicalismo**.

Os artistas tropicalistas, como Caetano Veloso, Gilberto Gil e Tom Zé, introduziram inovações estéticas que mesclavam releituras de elementos nacionais com propostas das vanguardas internacionais. O tropicalismo era contrário à redução da arte à mera função de didática política.

> Os festivais da MPB

Os festivais de Música Popular Brasileira (MPB), promovidos por emissoras de televisão e transmitidos para todo o país, começaram em 1965, revelando grandes compositores e intérpretes.

Em um período marcado pela repressão política, canções de protesto de participantes dos festivais também conquistavam a preferência da juventude. Os festivais transformaram-se, assim, em um meio de exteriorizar o descontentamento com o regime militar. A canção *Pra não dizer que não falei das flores*, de Geraldo Vandré, ficou em segundo lugar no Festival Internacional da Canção de 1968, sendo em seguida proibida pela ditadura. Mas tornou-se um hino para aqueles jovens que tinham como horizonte o socialismo ou a busca pela liberdade.

Pelas mesmas razões, letras consideradas apolíticas ou músicos que os jovens consideravam abertos ao imperialismo cultural eram vaiados, como foi o caso de Caetano Veloso no festival de 1968. Nesse caso, o tropicalismo foi muito criticado por usar recursos identificados com a cultura estadunidense, como a guitarra elétrica.

> Cultura de resistência

Nesse período, desenvolveram-se várias formas de resistência cultural. Em todas as áreas da arte e da cultura produziam-se obras críticas ao conservadorismo e ao regime militar. Usava-se a criatividade para driblar a censura.

O **Cinema Novo** foi, como vimos, um movimento da cinematografia brasileira que propunha uma reflexão sobre a realidade nacional e suas contradições regionais e sociais.

Com produções baratas e criativas, o Cinema Novo teve reconhecimento internacional pela qualidade estética e profundidade temática. *Terra em transe*, de Glauber Rocha, de 1967, recebeu dois prêmios no Festival de Cannes.

O teatro e as artes plásticas também foram canais de crítica à sociedade autoritária. Dramaturgos, atores, diretores e artistas plásticos sofreram na pele as agruras da censura e da repressão. Deixaram, contudo, uma produção cultural significativa sobre o período. Vários deles tiveram de se exilar, outros ficaram no país, mas impedidos de se expressar livre e plenamente.

Em fins dos anos 1960, surgiram jornais alternativos que usavam a irreverência e o humor para fazer oposição à ditadura. Esse foi o caso de *O Pasquim*, publicação semanal escrita por um grupo de intelectuais e jornalistas que se opunham ao regime militar.

Assista

Uma noite em 67. Direção de Ricardo Calil e Renato Terra, Brasil, 2010, 93 min. Documentário sobre a etapa final do III Festival da música brasileira, mescla imagens de arquivos e entrevistas que reconstituem a memória da noite em que se apresentaram Caetano Veloso, Chico Buarque, Edu Lobo, Roberto Carlos, Gilberto Gil e Mutantes.

A cantora Gal Costa interpreta a canção "Divino maravilhoso" no 4º Festival de Música Popular Brasileira. O público lotava as dependências do Teatro Record, em São Paulo, torcendo por suas músicas favoritas. Foto de 1968.

❯ Abertura lenta e gradual

Em março de 1974, o general Ernesto Geisel, da ala moderada do Exército, assumiu a presidência da República, anunciando que, ao longo de seu mandato, promoveria a volta à democracia. Mas essa abertura política seria "lenta, gradual e segura".

Nas eleições parlamentares de novembro desse ano, a oposição obteve uma vitória expressiva: de 3 para 16 cadeiras no Senado; 44% das vagas da Câmara Federal; e a maioria dos deputados estaduais em seis estados. Era uma demonstração de que os militares perdiam prestígio. Em 1976, o MDB obteve a maioria nas eleições municipais.

O discurso dos políticos de oposição passava a interessar a uma grande parte do eleitorado, ao propor a transformação da sociedade, o retorno à democracia e reformas econômicas que gerassem maior bem-estar para a população.

O governo militar entendeu que era necessário silenciar a oposição e contra-atacou com a **Lei Falcão**, de julho de 1976, que determinava novas regras para a propaganda política.

Nos termos de uma nova lei, os candidatos não podiam discursar livremente, mas apenas divulgar seu nome, legenda (partido), currículo resumido e seu número de registro na Justiça Eleitoral. Na televisão, exibia-se o retrato de cada candidato.

Em 1977, foi decretado o **Pacote de Abril**, um conjunto de medidas que visavam garantir a maioria da Arena no Congresso e o controle dos governos estaduais. O Congresso foi fechado por 14 dias para permitir a mudança da lei eleitoral. Foi renovada a eleição indireta para governador e o mandato presidencial aumentou para seis anos. Um terço dos senadores passou a ser indicado pelo governo federal. Eram os chamados **senadores biônicos**.

❯ Linha dura e fim do AI-5

A extrema direita continuou a praticar ações para conter o crescimento da oposição ao regime. Em outubro de 1975, o diretor de jornalismo da TV Cultura, **Wladimir Herzog**, foi encontrado morto no quartel do II Exército, em São Paulo.

Segundo versões oficiais, Herzog teria cometido suicídio por enforcamento. Suspeitava-se, porém, que ele fora assassinado após ter sido torturado. Hoje sabe-se que, de fato, Herzog morreu em consequência das torturas sofridas na prisão. Na época, o crime gerou protestos em várias partes do mundo e, no Brasil, impulsionou atos de repúdio à ditadura.

Em janeiro de 1976, o operário Manuel Fiel Filho, acusado de pertencer ao Partido Comunista, foi preso, torturado e morto por agentes do **DOI-Codi**, em São Paulo. Novamente alegou-se que o prisioneiro havia se enforcado com as próprias meias.

Tais atos de brutalidade acabaram agravando o clima de animosidade entre o governo e a sociedade, provocando mudanças, como a nomeação do general considerado moderado Dilermando Monteiro para o comando do II Exército.

Aos poucos, comandado por Geisel, o grupo moderado tomava as rédeas do governo e aceitava a solução da abertura política. Em 1978, o AI-5 foi revogado, suspendendo-se oficialmente as cassações políticas, as prisões arbitrárias e a censura prévia.

Jornalistas como Wladimir Herzog incomodavam a ditadura por adotarem uma posição crítica e independente diante do governo. Na imagem, Herzog posa na redação da British Broadcasting Corporation (BBC), em Londres, Inglaterra, onde trabalhou por três anos após o golpe militar. Foto de 1966.

Ponto de vista

Longa transição

Para a cientista política Celina D'Araújo, o processo de abertura política foi lento para preservar os militares de futuras retaliações e não comprometer a instituição.

[...] o norte central a orientar a abertura desses governos era não permitir qualquer cisão nas Forças Armadas. Haviam permanecido coesas no poder para efeitos do "público externo" e teriam que sair em bloco, sem fissuras, sem clivagens, frente à sociedade. Era uma forma de se protegerem em bloco de possíveis demandas por processos judiciais envolvendo a questão dos direitos humanos, os atos discricionários praticados durante a ditadura. Era uma transição que colocava como inegociável a imunidade militar. Para isso a coesão na saída era imprescindível. O discurso precisava ser monolítico. [...] nossa transição foi a mais longa entre todas aquelas praticadas pelas ditaduras que caíram na época.

D'ARAÚJO, Maria Celina. Geisel e Figueiredo e o fim do regime militar. In: *Seminário 40 anos do golpe de 1964*. Rio de Janeiro: 7 Letras, 2004. p. 93.

- Discuta com os colegas as circunstâncias da abertura política no Brasil, nos anos 1970. Bastaram as pressões da sociedade para que os militares devolvessem o poder aos civis, ou havia outros interesses em jogo? Confrontem o texto acima com o conteúdo estudado no capítulo.

> Os últimos anos da ditadura militar

Sucessor de Geisel, o general João Batista Figueiredo tomou posse em março de 1979, também prometendo redemocratizar o país e, sob pressão da sociedade civil, sancionou a Lei da Anistia, que atendia parcialmente à demanda dos movimentos sociais.

Os presos políticos foram libertados, e os exilados puderam voltar ao país, entre os quais Leonel Brizola, Luís Carlos Prestes, Miguel Arraes, José Serra, José Dirceu e outros. A Lei da Anistia também beneficiou os que torturaram e mataram os opositores do regime nos anos de repressão, benefício que é contestado pelas vítimas e parentes de vítimas da ditadura.

> Pluripartidarismo e ações da extrema direita

Outra mudança pró-democracia foi a volta do **pluripartidarismo**, em 1979. Com o fim do MDB e da Arena, vários partidos de oposição foram criados ou recriados, entre os quais o Partido do Movimento Democrático Brasileiro (PMDB), o Partido Democrático Trabalhista (PDT) e o Partido Trabalhista Brasileiro (PTB). A antiga Arena passou a chamar-se Partido Democrático Social (PDS).

Diante dos indícios de que, dessa vez, o governo promoveria a abertura política, vários atentados a bomba foram praticados pela extrema direita. Bancas de jornal e outros espaços públicos, e até a antiga sede do Conselho Federal da Ordem dos Advogados do Brasil (OAB), no Rio de Janeiro, foram alvos de atentados.

Muitos desses atentados eram imputados à esquerda. Em abril de 1981, no entanto, uma tentativa fracassada de atentado no centro de convenções Riocentro, no Rio de Janeiro, acabou revelando os verdadeiros conspiradores. Enquanto cerca de 20 mil pessoas assistiam a um espetáculo musical em comemoração ao Dia do Trabalho, uma bomba explodiu dentro de um automóvel, matando um militar e ferindo outro. Ficou claro que se tratava de um atentado da linha dura militar. O Exército, porém, negou envolvimento no caso e impediu as investigações.

> O novo sindicalismo

O sindicalismo ressurgiu no Brasil no ABCD, região altamente industrializada na Grande São Paulo. Os sindicatos da região, principalmente os do setor metalúrgico, ganharam força a partir de 1978, lutando pela recuperação de perdas salariais provocadas pela inflação de 1973 e 1974.

Milhares de operários aderiram ao movimento, gerando várias greves, em uma afronta direta ao regime militar. Houve intervenções em sindicatos e prisões de líderes. Em 1981, os líderes sindicais foram julgados com base na Lei de Segurança Nacional. Ao mobilizar milhares de trabalhadores, as greves do ABCD significaram um marco na luta contra a ditadura.

O surgimento de lideranças sindicais que não estavam atreladas aos tradicionais partidos de esquerda representou um fato novo na política brasileira pós-1964. A postura inovadora dessas lideranças levou ao surgimento de uma nova agremiação política, o Partido dos Trabalhadores (PT), em 1980.

O então líder sindical Luiz Inácio da Silva, conhecido como Lula, discursa para assembleia de metalúrgicos em greve reunida no estádio de Vila Euclides, em São Bernardo do Campo (SP). As greves do ABC levaram milhares de pessoas às ruas e contribuíram para minar o poder da ditadura. Foto de 1979.

História e Sociologia

A **Sociologia** é uma das disciplinas das Ciências Sociais. Como o próprio termo indica, seu objeto de estudo é a sociedade. O sociólogo investiga sobretudo as relações sociais entre os diversos grupos que compõem a sociedade.

A Sociologia auxilia o historiador a compreender e interpretar vários momentos ou fatos históricos, por exemplo. Por que a ditadura no Brasil recebeu o apoio, principalmente, das camadas mais favorecidas da sociedade? Que ações e atuações empreenderam os diferentes setores da sociedade, diante do autoritarismo do regime militar?

- Em grupos, façam uma pesquisa sobre os anos da ditadura no Brasil, procurando identificar os agentes sociais e o papel que eles desempenharam no processo. Tentem responder, por exemplo, por que, por ocasião do Golpe de 1964, setores ligados à OAB, à Igreja e até à imprensa apoiaram os militares, ao passo que os movimentos estudantis e sindicais não os apoiaram. Reflitam também sobre a posição da classe média ao longo de todo o processo.

Ontem e hoje

Direito de greve

Durante a ditadura militar, as greves dos trabalhadores foram fortemente reprimidas.

Em 28 de junho de 1989, já no período democrático, foi criada a Lei Federal n. 7783, que dispõe sobre o direito de greve.

De acordo com esse documento, o direito de greve é definido como "suspensão coletiva do trabalho, temporária e pacífica, total ou parcial, de prestação de serviços a empregador".

São esclarecidas na lei as condições para o exercício da greve, tornando ilegais as que não as atendam, como no caso de abusos.

Agentes da Polícia Federal em greve queimam diplomas em Porto Alegre

Em greve desde o dia 7 de agosto, agentes, escrivães e papiloscopistas da Polícia Federal (PF) do Rio Grande do Sul promoveram nesta quinta-feira (6) uma queima simbólica de diplomas de graduação e pós-graduação no saguão do prédio da Superintendência da PF, em Porto Alegre.

De acordo com o Sindicato dos Policiais Federais do Rio Grande do Sul (Sinpef-RS), o ato foi um protesto contra o governo federal, que segundo os servidores não reconhece a formação de nível superior para esses cargos, apesar da qualificação ser exigida por uma lei de 1996.

Os servidores da PF reivindicam um plano de reestruturação da carreira de agentes, escrivães e papiloscopistas. O salário inicial dos três cargos é R$ 7,5 mil, o equivalente a 56,2% da remuneração dos delegados, cujo vencimento inicial é R$ 13,4 mil. A categoria também exige melhores condições de trabalho e a contratação de novos funcionários.

A categoria não aceitou a proposta do governo, de 15,8% de reajuste em três vezes até 2015. O Ministério do Planejamento deu por encerradas as negociações com os servidores da PF e demais categorias do funcionalismo federal em greve no dia 26 de agosto. No Rio Grande do Sul, a categoria chegou a obter liminar que impedia o corte no ponto dos servidores, mas a decisão foi derrubada a pedido da Advocacia-Geral da União (AGU).

AGENTES da Polícia Federal em greve queimam diplomas em Porto Alegre. G1 RS. Disponível em: <http://g1.globo.com/rs/rio-grande-do-sul/noticia/2012/09/agentes-da-policia-federal-em-greve-queimam-diplomas-em-porto-alegre.html>. Acesso em: 23 maio 2014.

Policiais federais fazem greve em Porto Alegre (RS). Foto de 2012.

Greve na ditadura e na democracia

Durante a ditadura militar, dispositivos "legais" foram criados com o intuito de reprimir as lutas trabalhistas, sob a alegação de defender a nação brasileira da subversão e do caos.

Com a redemocratização do país, em 1989, o direito de greve passou a ser amparado por lei. Regras claras foram criadas para determinar as condições em que as greves poderiam ocorrer e quais seriam seus limites, entre outros pontos. Desde então, as greves podem ser julgadas legítimas ou não pelos tribunais competentes.

Mas conflitos e desentendimentos em torno desse direito legítimo ainda ocorrem. Sendo uma manifestação de determinado segmento social, a greve acaba inevitavelmente colidindo com interesses de outros segmentos. Tais conflitos fazem parte do jogo democrático e, desde que não resultem em violência ou abusos, devem ser aceitos, tanto quanto são aceitas as divergências políticas e sociais comuns às instituições democráticas.

Reflita

1. Debata com os colegas se seria possível ocorrer uma greve de policiais na época da ditadura.
2. Uma greve pode provocar vários contratempos para a população, entre os quais a diminuição de serviços essenciais ou o caos no trânsito. Como os grevistas, no exercício legítimo de direito, poderiam amenizar tais transtornos para a população?

Atividades

Verifique o que aprendeu

1. Qual era o significado da vassoura adotada por Jânio Quadros como símbolo político?

2. Por que Jânio Quadros condecorou Ernesto "Che" Guevara e como esse ato foi interpretado pelos setores mais conservadores no Brasil?

3. Explique a crise institucional gerada pela renúncia de Jânio Quadros.

4. O que foi a "Rede da legalidade" e em que ela contribuiu para a posse de Jango?

5. Que objetivo tinha o Congresso Nacional ao estabelecer o parlamentarismo no Brasil, em 1961?

6. Após o plebiscito de janeiro de 1963, que restabeleceu o presidencialismo no Brasil, Jango propôs as Reformas de Base. Por que a ala conservadora da classe política brasileira rejeitou tais propostas de mudança?

7. Alguns políticos conservadores que apoiaram o golpe militar mudaram de opinião a partir de 1965. Explique por quê.

8. Qual era o objetivo dos militares ao anularem, em 1967, a Constituição de 1946, vigente até então, substituindo-a por uma nova?

9. Relacione a publicação do AI-5 com o início da fase mais repressora do regime militar.

10. Por que, a partir de 1969, a luta armada e a prática do terrorismo de esquerda cresceram no país?

11. O que foi o "milagre econômico" brasileiro?

12. Quais foram as classes sociais que mais se beneficiaram com a política econômica do governo Médici? Por quê?

13. Explique as razões que levaram os governos militares a investir na expansão dos meios de comunicação.

14. Quais eram os métodos usados pelos governos militares para censurar os meios de comunicação de massa e por que alguns jornais, revistas e programas de rádio e televisão se antecipavam à censura do regime militar, exercendo a autocensura?

Leia e interprete

15. O político e escritor Alfredo Syrkis atuou no movimento estudantil brasileiro e participou da luta armada. No texto a seguir ele se refere a essa experiência.

> Na verdade, foi uma geração, como eu gosto de dizer, que se *trifurcou*, no Brasil. Uma parte dela, após o AI-5, quando a ditadura se transformou em ditadura total, foi para a luta armada, para a clandestinidade; outra parte resolveu ir fundo na questão da contracultura, procurando criar um universo à parte, em que fosse possível viver: foram as comunidades rurais, o uso de drogas, sobretudo das alucinógenas, como o LSD. As pessoas passaram a viver juntas em comunidade, pequenas famílias, tentando não ler jornal, sair daquela realidade, sair daquele *bode*, como se dizia na época. Foram as pessoas que se tornaram *hippies*. E houve um terceiro segmento daquela geração, que acabou rapidamente se integrando àquilo que o sistema oferecia.
>
> SYRKIS, Alfredo. Os paradoxos de 1968. In: GARCIA, Marco Aurélio; VIEIRA, Maria Alice (Org.). *Rebeldes e contestadores*: 1968 – Brasil, França e Alemanha. 2. ed. São Paulo: Fundação Perseu Abramo, 2008. p. 112.

a) A que setor da sociedade o autor faz referência quando se utiliza do termo "uma geração"?

b) De acordo com o texto, que influência teve o AI-5 na definição dos rumos da "geração" referida? Todos tomaram o mesmo caminho? Justifique.

16. Analise a charge abaixo, de Chico Caruso, publicada no *Jornal do Brasil* em 9 de março de 1979.

— Então ficamos assim: um por quase todos; todos por, eventualmente, um ou outro...

Charge representando o fim do bipartidarismo.

a) Agora, faça uma pesquisa na internet e identifique os políticos que inspiraram as caricaturas criadas por Caruso. A que partido político cada personagem representada pertencia?

b) A charge faz uma paródia do romance histórico de Alexandre Dumas, *Os três mosqueteiros*, publicado em 1844, cujo lema das personagens era: "*Um por todos e todos por um*". Considerando-se que o ano da publicação da charge coincide com a instituição do pluripartidarismo no Brasil, analise a frase contida nela.

História e Arte

A ditadura e as artes plásticas

No Brasil, o golpe militar de 1964 pôs fim ao período de contestações políticas, movimentos culturais e manifestações sociais que haviam agitado o país até então. Iniciava-se um longo período de ditadura que perseguiu, prendeu e torturou políticos, estudantes, intelectuais, operários, artistas, cidadãos que fossem considerados inimigos do regime. A partir de 1968, com a instituição do Ato Institucional n. 5 (AI-5), as cassações, deportações e prisões recrudesceram, e a censura proibiu a circulação de centenas de filmes, livros, peças teatrais, músicas e até novelas. A imprensa diária, durante anos, sofreu com a censura prévia, que inúmeras vezes impediu a divulgação de notícias políticas, sociais ou culturais sobre o país.

[...] As elites cultas do país, escritores incluídos, passaram a posicionar-se como "focos" de resistência ao projeto nacional representado pelo governo militar. Movimentos de renovação, baseados no engajamento político e social, transformaram o cinema, o teatro, a música, as artes plásticas, a literatura. [...]

ENCICLOPÉDIA Itaú Cultural – Literatura brasileira. Disponível em: <http://www.itaucultural.org.br/aplicexternas/enciclopedia_lit/index.cfm?fuseaction=definicoes_texto&cd_verbete=12161&lst_palavras=>. Acesso em: 14 maio 2014.

ZILIO, Carlos. *Lute*, 1967. Serigrafia sobre filme plástico e resina plástica acondicionada em marmita de alumínio. Coleção Museu de Arte Moderna de São Paulo.

Carlos Zilio

Durante a ditadura militar, muitos artistas se manifestaram contra o governo ditatorial e procuraram denunciar a opressão que atingia o país. A tortura institucionalizada era uma prática cruel. O artista plástico carioca Carlos Zilio, nascido em 1944, foi preso por estar engajado no combate direto à ditadura.

Zilio emerge no cenário artístico brasileiro nos anos 1960 [...].

O artista cria máscaras de rostos anônimos, agrupadas em série e que agregadas a outros elementos, como relógios de ponto ou marmitas, como em *Lute* (1967), fazem com que a obra adquira caráter de denúncia social. Esse trabalho representa o esforço máximo do artista para integrar arte e política. No interior da marmita, em lugar do alimento, uma máscara sem rosto.

Após *Lute*, o artista interrompe sua produção para se dedicar à militância política. Em março de 1970, é ferido a bala em confronto com a polícia e preso, sendo colocado em liberdade dois anos depois. Na cadeia, Zilio inicia uma série de desenhos e de pinturas em pratos que evocam a violência vivida. Em 1973, cria a obra *Para um Jovem de Brilhante Futuro*, com uma maleta de executivo (tipo 007), cujo interior é ocupado por fileiras de pregos, com as pontas voltadas para cima. Nesse trabalho, [...] o artista ironiza a situação social e política do país, sobretudo em relação ao futuro de uma juventude alienada.

Enciclopédia Itaú Cultural – Artes Visuais. Disponível em: <http://www.itaucultural.org.br/aplicexternas/enciclopedia_ic/index.cfm>. Acesso em: 14 maio 2014.

ZILIO, Carlos. *Para um jovem de brilhante futuro*, 1973. Fotocópias sobre papel e valise com pregos. Coleção Museu de Arte Contemporânea da Universidade de São Paulo.

Elifas Andreato

O paranaense Elifas Andreato, nascido em Rolândia, em 1946, também produziu obras significativas durante os "anos de chumbo".

Entre os trabalhos [que realizou durante o período militar] estão: o cartaz para a peça de teatro *Mortos sem sepultura*, de Jean Paul-Sartre, e a capa do disco *Nervos de Aço*, de Paulinho da Viola, além de edições de jornais e revistas conhecidos pela oposição ao regime militar, como: J*ornal Momento*, *Opinião*, *Movimento Ex* e *Argumento*. Entre os trabalhos realizados nos anos 1990 estão as cenografias que Elifas desenvolveu para teatro e exposições como Monteiro Lobato (1998) e Notícias de Rui Barbosa (1999).

Com suas armas – o lápis, a caneta e o pincel – Elifas participou ativamente da resistência, ocupando a mesma trincheira onde toda a vanguarda brasileira combatia, junto aos talentos mais expressivos das variadas manifestações do pensamento. [...]

ANDREATO, Elifas. *As cores da Resistência*, maio/out. 2010. Disponível em: <http://www.pinacoteca.org.br/pinacoteca-pt>. Acesso em: 26 maio 2014.

Pintura *25 de outubro*, de Elifas Andreato. A obra homenageia o jornalista Vladimir Herzog, assassinado no DOI-Codi de São Paulo, em 1975.

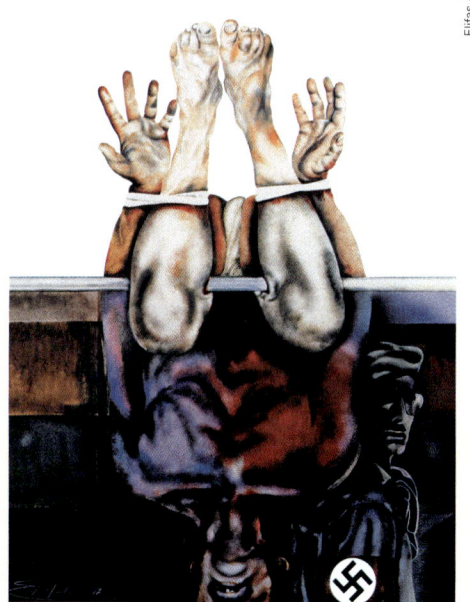

Cartaz da peça *Mortos sem sepultura* com o pau-de-arara, suplício que foi o verdadeiro símbolo da ditadura no Brasil, e a suástica nazista.

Atividades

1. Discuta com os colegas as duas obras de Carlos Zilio (*Lute* e *Para um jovem de brilhante futuro*). O que elas podem significar, considerando o contexto político da época?
2. Por que a obra *25 de outubro*, de Elifas Andreato, foi chamada de *Guernica brasileira*? Pesquise e identifique pelo menos um elemento do quadro de Andreato que aparece no painel *Guernica,* de Pablo Picasso.
3. Que relação você faz entre o pau-de-arara, método de tortura, e a suástica nazista, que aparecem no cartaz de Elifas Andreato para a peça *Mortos sem sepultura*?

CAPÍTULO

55 O Oriente Médio

O que você vai estudar

- Uma região cobiçada.
- O sionismo e o Estado de Israel. As guerras árabe-israelenses.
- A resistência palestina.

A cidade de Jerusalém é considerada sagrada por cristãos, muçulmanos e judeus. Na imagem, em primeiro plano, o Muro das Lamentações, local de devoção para os judeus, e, logo atrás, a mesquita islâmica do Domo da Rocha, com sua cúpula dourada, importante para os muçulmanos. Foto de 2011.

Ligando os pontos

O Oriente Médio foi berço de grandes culturas na Antiguidade, entre as quais a suméria, a egípcia e a hebraica. A importância econômica e estratégica do Oriente Médio sempre atraiu a cobiça de conquistadores. A região fez parte dos impérios Persa, Macedônico, Romano, Bizantino, Árabe e Turco.

A Palestina, território do Oriente Médio, foi habitada por diversos povos, entre eles os hebreus, que professavam o judaísmo, religião monoteísta que serviria de base ao cristianismo e ao islamismo. Os hebreus, ou judeus, revoltaram-se contra o domínio romano no ano 70 d.C. Derrotados, foram expulsos da região. Os habitantes da Palestina foram então cristianizados, assim como outros habitantes do Império Romano.

Mais tarde, integrados ao Império Bizantino, os palestinos cristãos sofreram uma dura perseguição religiosa, por adotar uma corrente do cristianismo diferente da defendida pelo governo imperial. No século VII, os conquistadores árabes muçulmanos, tolerantes em relação a cristãos e judeus, puseram fim às perseguições religiosas. Por isso foram, em geral, bem recebidos. Com o passar dos séculos, a população islamizada tornou-se maioria na Palestina, situação que se manteve até o século XX, quando novas ondas migratórias viriam modificar a região.

A imagem desta página mostra a cidade de Jerusalém, ocupada pelo Exército de Israel desde 1967 na região do Monte Moriá, local considerado sagrado por judeus e muçulmanos.

1. O que a proximidade entre os locais sagrados que se destacam na imagem indica sobre a importância de Jerusalém para as religiões monoteístas?
2. Ambos os monumentos encontram-se bem conservados e em pleno uso pelos fiéis do judaísmo e do islamismo. O que essa situação de convivência pode indicar para a solução dos conflitos que afetam israelenses e palestinos no século XXI?

› Uma região disputada

No início do século XX, os países europeus criaram o conceito de Oriente Médio para designar uma vasta área de predomínio muçulmano localizada entre a Europa, a Ásia e a África. Os limites atribuídos ao Oriente Médio variam, dependendo de quem os traça. Em geral, são incluídos sob essa denominação países como os atuais Egito, Jordânia, Síria, Turquia, Arábia Saudita, Emirados Árabes Unidos, Iraque, Irã, Israel e os territórios palestinos.

Pela localização estratégica, militar e comercial dessa grande região, a posse dela foi disputada desde a Antiguidade. Nela surgiram as três maiores religiões monoteístas: o judaísmo, o cristianismo e o islamismo.

Tanta riqueza atraiu a atenção de grandes impérios. O último deles foi o Império Turco-otomano.

› Apogeu e declínio turco

Os turcos eram originalmente nômades da Ásia Central. A partir do século X, dirigiram-se para o Oeste, conquistando as regiões que encontraram no caminho. No século XVII, o Império Turco, também conhecido como Império Otomano, estendia-se por uma vasta área da Europa, da Ásia e da África.

Porém, nos séculos seguintes, os turcos perderam força diante dos países da Europa, que desenvolviam a Revolução Industrial. No século XIX, os países industrializados tornaram-se potências imperialistas.

› Imperialismo europeu no Oriente Médio

Ao longo do século XIX, os territórios otomanos passaram a ser disputados pelas potências europeias. A Rússia buscou o controle dos estreitos de Bósforo e Dardanelos, via marítima entre o mar Negro e o mar Mediterrâneo. A França construiu o canal de Suez, concluído em 1869, ligando o mar Mediterrâneo ao mar Vermelho.

A Inglaterra apossou-se da ilha de Chipre e, em 1882, fez do Egito um protetorado. Além disso, os ingleses instalaram-se no litoral da península Arábica e no Kuwait.

Em 1903, a Alemanha, que se tornou uma potência industrial após sua unificação, fez um acordo para a construção de uma ferrovia que ligasse Berlim a Bagdá (no atual Iraque).

Mesmo a Pérsia (atual Irã), que não pertencia ao Império Otomano, acabou sob controle de britânicos e russos.

› A região sob mandato europeu

Na Primeira Guerra Mundial, o Império Otomano aliou-se à Alemanha e à Áustria. Em 1916, a França, a Inglaterra e a Rússia, aliadas contra a Alemanha, firmaram o acordo secreto Sykes-Picot, partilhando as províncias turcas, caso vencessem o conflito. Assim, após a derrota da Alemanha, o Império Turco foi extinto.

Com a retirada russa da guerra, por causa da Revolução de 1917, França e Inglaterra foram encarregadas pela **Sociedade ou Liga das Nações** de administrar o Oriente Médio. À França, coube o mandato sobre a Síria, que incluía o atual Líbano. À Inglaterra, coube o mandato sobre a Palestina e a Mesopotâmia.

› A divisão do Oriente Médio

O imperialismo europeu e sua interferência na região criaram novas fronteiras no Oriente Médio. Em 1920, a França dividiu a Síria, criando um novo país, o Líbano, na região onde se concentrava a população cristã. Na Mesopotâmia foi criado o Iraque, que se tornou soberano em 1930. Por interesses estratégicos, a Inglaterra separou da Palestina uma região a leste do rio Jordão, a Transjordânia, embrião da futura Jordânia.

Essas interferências imperialistas, associadas a movimentos nacionalistas e **fundamentalistas**, provocariam inúmeros conflitos no Oriente Médio ao longo do século XX.

GLOSSÁRIO

Fundamentalista: em termos religiosos, a pessoa ou grupo que tenta seguir literalmente as regras (fundamentos) contidas nos textos considerados sagrados, sem admitir adaptações para o tempo presente. Há fundamentalistas cristãos, judaicos e muçulmanos.

Imperialismo europeu no Oriente Médio e no norte da África

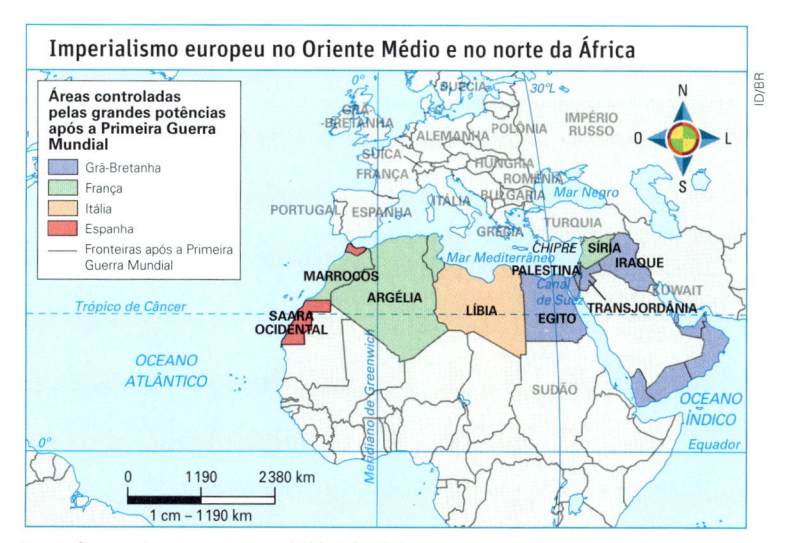

Fonte de pesquisa: BLACK, Jeremy (Ed.). *Atlas da história do mundo*. Londres: Dorling Kindersley, 2005. p. 232.

> A questão judaica

Depois de sua expulsão da Judeia, em 70 d.C., os judeus dispersaram-se pelas províncias do Império Romano, fenômeno conhecido como **diáspora**. No Ocidente cristão, os judeus sofreram com a intolerância religiosa. Muitas vezes foram obrigados a morar em guetos. Houve casos de expulsão em massa de judeus de um país, como o que ocorreu na Espanha em 1492. Entre os séculos XVI e XVIII, a Inquisição católica perseguiu os praticantes da religião judaica, principalmente na península Ibérica. Muitos judeus refugiaram-se no Leste Europeu.

No século XIX, as perseguições continuaram em países como Rússia e Polônia. Foi nesse contexto que surgiu, na Europa, um movimento judeu de caráter religioso, cultural e político denominado **sionismo** (Sião era o nome antigo de Jerusalém, cidade sagrada do judaísmo). O sionismo defendia que a perseguição aos judeus só terminaria quando houvesse um Estado judaico independente.

Em 1897, o movimento oficializou-se como Organização Sionista Mundial, comandada pelo escritor húngaro Theodor Herzl. Essa organização tinha o objetivo de promover o retorno do povo judeu à Palestina, região do reino judaico de Israel na Antiguidade.

Com essa finalidade em mente, passou a angariar fundos em comunidades judaicas espalhadas pelo mundo para comprar terras na Palestina e estabelecer colônias rurais na região. Na Palestina, muitos colonos implantaram os *kibutzim*, cooperativas agrícolas inspiradas em ideais socialistas, onde tanto o trabalho quanto os produtos da terra são divididos igualmente entre os participantes.

Em 1909, os judeus fundaram na Palestina a cidade de Tel-Aviv. Com recursos financeiros e técnicos, geraram um alto desenvolvimento agrícola nas áreas colonizadas.

> A interferência inglesa

Em 1917, a causa sionista ganhou apoio do governo da Inglaterra com a divulgação de uma carta do ministro do exterior britânico, Lorde Balfour, a um líder sionista, o Barão de Rothschild. Em nome da Coroa britânica, a **Declaração Balfour**, como ficou conhecida, reconhecia o direito dos judeus a um "lar nacional" na Palestina, região controlada pelos britânicos desde o fim da Primeira Guerra.

O apoio britânico desagradou à população árabe da região. Muitos árabes que haviam lutado ao lado da Inglaterra contra o domínio turco, ao saberem da Declaração, sentiram que os territórios em que viviam e suas propriedades estavam ameaçados.

Na década de 1920, aumentou a hostilidade entre os árabes e a crescente população judaica na Palestina. No entanto, a imigração judaica intensificou-se, principalmente a partir de 1929, quando passou a ser dirigida pela Agência Judaica. Essa organização negociava com os ingleses a instalação de judeus na região.

Jovem participa da colheita de uvas no *kibutz* Tzuba, próximo a Jerusalém. Foto de 2010.

História e relações internacionais

O curso de relações internacionais, oferecido nos níveis de graduação e pós-graduação por muitas universidades brasileiras, estuda as relações políticas, econômicas e sociais entre Estados ou blocos de Estados, considerando questões de poder, interesses econômicos, motivações sociais e culturais, conflitos e guerras, entre outros aspectos.

Seu universo de pesquisa é multidisciplinar, apoiando-se em contribuições das áreas de ciência política, economia, filosofia, direito, geografia, sociologia, antropologia e história.

Os especialistas em relações internacionais produzem estudos que auxiliam muito o trabalho dos historiadores para o entendimento do passado imediato.

No caso do Oriente Médio, por exemplo, os estudos de relações internacionais identificam os vários grupos que atuam na cena política da região, os interesses econômicos das grandes potências mundiais e a atuação de organismos multilaterais, como a ONU.

Esses estudos não apenas auxiliam os historiadores como também usam a História como fonte de análise.

- Debata com seus colegas a importância do estudo das relações internacionais para o entendimento dos atuais conflitos existentes no Oriente Médio.

> A mudança de orientação britânica

No início da década de 1930, cerca de 175 mil judeus viviam na Palestina, incentivados pelo apoio inglês à imigração judaica para a região. Ainda assim, os árabes eram amplamente majoritários, cerca de 780 mil.

Contudo, interesses econômicos e militares levaram a Inglaterra a mudar sua orientação quanto à questão judaica nos anos 1930.

As Forças Armadas inglesas eram totalmente dependentes do petróleo estrangeiro. No caso de uma guerra com a Alemanha, que parecia cada vez mais provável, o acesso às reservas de petróleo dos países do Oriente Médio era muito importante para a segurança da Inglaterra. Para conquistar o apoio desses países ricos em petróleo, os ingleses deixaram de apoiar a causa judaica na Palestina. O temor de que os árabes se aliassem aos países nazifascistas também foi um fator importante para a nova posição inglesa.

Como compensação aos judeus, os ingleses propuseram **a partilha da Palestina**: dois terços seriam concedidos aos árabes e um terço aos judeus. Mas os árabes rejeitaram a proposta.

Por sua vez, a Haganah, força de militantes armados criada pelos judeus na década de 1920, ampliou os choques contra os árabes, o que levou os ingleses a aumentar sua presença militar na região.

A partir de 1933, os nazistas alemães passaram a perseguir os judeus. À medida que o nazismo avançava, conquistando grande parte da Europa, o antissemitismo instalava-se no continente, provocando maciça migração de judeus em direção à Palestina.

> A Palestina e a Segunda Guerra Mundial

Temendo um agravamento da tensão entre árabes e judeus, os ingleses procuraram restringir a imigração judaica para a Palestina.

Os judeus residentes na Palestina, porém, tinham outros planos. No início da década de 1940, a Agência Judaica, dirigida por David Ben Gurion, deixou clara sua disposição de criar um Estado judaico independente na Palestina. Diante dos obstáculos impostos pelos ingleses, desde 1944 grupos armados judaicos, como a Irgun e o dissidente Stern, passaram a praticar atos terroristas contra os britânicos.

Ainda em 1944, o ministro inglês para assuntos do Oriente Médio, Lorde Moyne, foi assassinado. Em 1946, uma bomba destruiu o hotel King David, em Jerusalém, matando dezenas de pessoas.

> A ONU e a criação do Estado de Israel

Com o fim da Segunda Guerra, vieram à tona os horrores praticados nos campos de concentração nazistas. Os milhões de judeus assassinados legitimaram os esforços judaicos de criar um Estado próprio.

A pedido do governo inglês, em 1947 a ONU passou a deliberar sobre a questão. Os EUA apoiavam o movimento sionista. Os soviéticos, contrários a esse movimento, acabaram apoiando a criação de Israel, para se contrapor aos interesses ingleses na região. Ainda em 1947, foi aprovada pela Assembleia Geral da ONU a partilha da Palestina em dois Estados: Israel, judeu, e Palestina, árabe. Jerusalém seria internacionalizada e ficaria sob controle da ONU.

A Alta Comissão Árabe rejeitou o plano. Confrontos armados espalharam-se pela região. Os grupos armados judeus passaram a utilizar a "defesa agressiva": para cada ataque a judeus, a represália envolveria a destruição e a tomada de vilas e cidades árabes, com a expulsão de seus habitantes. A captura de aldeias, bairros e cidades árabes, massacres cometidos muitas vezes contra civis, levou 250 mil árabes palestinos ao exílio. Em 14 de maio de 1948 foi criado o Estado de Israel.

> **Leia**
> **Sumri**, de Amós Oz. São Paulo: Ática, 2005.
> Livro sobre a passagem para a adolescência de um menino israelense – os amigos, a escola, a família, os hábitos e as impressões sobre a cidade de Jerusalém durante o mandato britânico.

> **Assista**
> **Kedma.** Direção de Amos Gitai, Israel/França/Itália, 2002, 100 min.
> O filme mostra a saga de um grupo de imigrantes judeus que chegou à Palestina pouco antes da criação do Estado de Israel e é recebido à bala pelos soldados ingleses.

Fachada do hotel King David (Rei Davi), em Jerusalém, destruída por um atentado a bomba executado pelas forças judaicas que lutavam pela implantação de um Estado judeu na Palestina. Foto de 1946.

❯ Uma sucessão de guerras

Os países árabes não pretendiam admitir a existência de Israel. Em 15 de maio de 1948, um dia após a criação do Estado israelense, uma coalizão árabe composta de Egito, Síria, Transjordânia, Líbano e Iraque invadiu o novo país. Os israelenses reagiram e venceram a coalizão. O conflito terminou em 1949.

A maior parte dos territórios reservados aos palestinos foi ocupada por Israel, mas o Egito anexou a Faixa de Gaza e a Transjordânia (atual Jordânia) ocupou a Cisjordânia. Dessa forma, o Estado palestino não chegou a se formar.

A cidade de Jerusalém, que deveria ser governada pela ONU, foi dividida, cabendo a Israel os bairros ocidentais e à Jordânia a parte oriental.

A expulsão sistemática dos palestinos das terras ocupadas pelos israelenses gerou a **questão palestina**. Centenas de milhares de árabes palestinos, fugindo dos ataques israelenses, passaram a viver como refugiados em outros países do Oriente Médio.

❯ A instabilidade no mundo árabe

O Oriente Médio passou por várias crises políticas internas após a derrota na guerra de 1948.

No contexto da Guerra Fria, alguns países árabes alinharam-se com os Estados Unidos e outros adotaram medidas que desagradaram os estadunidenses, medidas de caráter nacionalista, que punham em risco o controle dos EUA sobre as jazidas de petróleo.

Em 1951, no Irã, o primeiro-ministro Mohammed Mossadegh chegou ao poder e decidiu nacionalizar o petróleo. Em resposta, o serviço secreto dos Estados Unidos, a CIA, orquestrou um golpe de Estado, depondo o primeiro-ministro em 1953.

Outros regimes nacionalistas árabes adotaram reformas socializantes, aproximando-se da União Soviética. Entre eles, o governo egípcio, liderado pelo coronel Gamal Abdel Nasser, e o sírio, sob o governo do partido Baas.

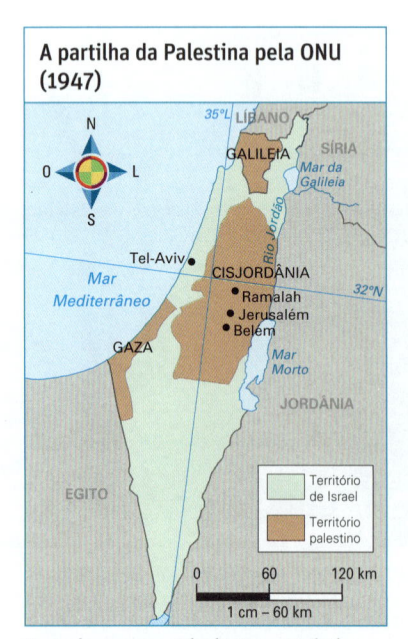

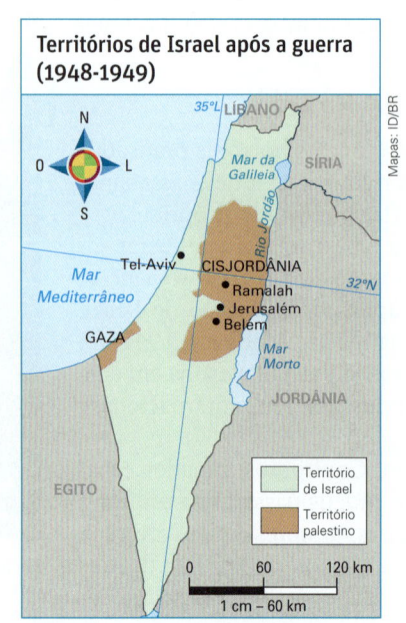

Ponto de vista

A divisão da Palestina

Para os países-membros da ONU que aprovaram a criação do Estado de Israel, este foi um ato de justiça em relação ao perseguido povo judeu. Mas, para os árabes que ocupavam há séculos o território palestino, a divisão da Palestina foi um crime contra seus direitos. É o que pensa o historiador egípcio Lotfallah Soliman, autor do texto a seguir.

O plano de partilha proposto pela maioria da comissão parece ter sido traçado num asilo de loucos. Uma simples olhadela no mapa basta para provar sua incoerência. Ele realiza vários projetos impossíveis ao mesmo tempo. Primeiro, o de dar aos dois Estados criados as fronteiras proporcionalmente mais longas do mundo, sendo cada um dos dois Estados composto de três partes apenas ligadas entre si. Em seguida, o de dar ao Estado sionista mais da metade da Palestina, quando os judeus representam apenas um terço da população e possuem apenas seis por cento da superfície total. E, ainda, o de conceder ao Estado sionista toda ou quase toda a planície fértil do litoral e de confinar o futuro Estado árabe às colinas pedregosas do interior.

SOLIMAN, Lotfallah. *Por uma história profana da Palestina*. São Paulo: Brasiliense, 1990. p. 117.

- Com a ajuda do professor, formem dois grupos em sua classe. Um deve pesquisar argumentos a favor da causa israelense e o outro, a favor da causa palestina. No final da pesquisa, os dois grupos devem dialogar, visando construir regras para uma convivência harmoniosa.

A partilha da Palestina pela ONU (1947)

Fonte de pesquisa: *Atlas histórico*. Madrid: Ediciones SM, 2005. p. 142.

Territórios de Israel após a guerra (1948-1949)

Fonte de pesquisa: *Atlas histórico*. Madrid: Ediciones SM, 2005. p. 142.

> ### Crise de Suez

Em julho de 1956, o governo egípcio de Gamal Abdel Nasser nacionalizou a empresa que administrava o canal de Suez, da qual o governo inglês era o principal acionista, impedindo que navios israelenses o cruzassem. Os britânicos firmaram, então, uma aliança com os governos de Israel e da França.

Em outubro desse ano, forças de Israel invadiram a península do Sinai, procurando atingir o canal de Suez. Pouco depois, tropas anglo-francesas atacaram Port Said, cidade situada ao norte do canal.

O ataque, condenado pela opinião pública internacional, gerou uma crise de proporções globais. Os soviéticos ameaçaram bombardear Paris e Londres com armas nucleares, caso as tropas anglo-francesas não se retirassem do Egito. Os estadunidenses também foram contrários à ação militar, por oposição ao velho colonialismo europeu.

Pressionados pela comunidade internacional e pelas superpotências, ingleses e franceses deixaram Port Said. Israel, contudo, retirou-se do Sinai apenas em março de 1957, dando lugar a tropas da ONU. Logo depois o canal foi reaberto.

O episódio trouxe grande prestígio político a Nasser junto aos países árabes e enfraqueceu a influência britânica na região. Ao longo das duas décadas seguintes, vários territórios árabes sob controle inglês conquistaram a independência: Chipre, Kuwait, Áden, Catar, Bahrein, Omã e Emirados Árabes.

> ### Guerra dos Seis Dias

Com o fim da crise de Suez, os governos dos países árabes sentiram-se fortes para reconquistar a Palestina e passaram a planejar uma ação militar contra Israel. Em 1966, Síria e Egito criaram o **Pacto de Defesa Árabe**, ao qual se juntou depois a Jordânia.

Em maio de 1967, enquanto tropas árabes concentravam-se nas fronteiras israelenses, Nasser bloqueou o golfo de Ácaba, impedindo o acesso de embarcações ao porto de Eliat, pertencente a Israel. Tropas egípcias ocuparam o deserto do Sinai, levando as tropas da ONU a se retirar.

Em 4 de junho de 1967, Israel estava completamente cercado por tropas muito mais numerosas do que as que compunham seu Exército. Em 5 de junho, contudo, Israel realizou um ataque aéreo que destruiu, no solo, toda a força aérea egípcia.

Sem apoio aéreo, as tropas árabes tornaram-se vulneráveis aos ataques israelenses e foram derrotadas. Israel ampliou suas fronteiras, anexando as colinas de Golã, a Cisjordânia, o canal de Suez e a península do Sinai, além de assumir o controle de Jerusalém oriental.

Acampamento de refugiados palestinos em Jericó, na Cisjordânia. Foto de 1964.

> ### A reação dos derrotados

Nos países árabes, a derrota trouxe, além da perda de vidas humanas, a diminuição da popularidade de suas lideranças, principalmente a do egípcio Gamal Abdel Nasser. O governo da Arábia Saudita, que era pró-ocidental e antissoviético, ganhou influência.

Em novembro de 1967, a ONU determinou que o governo de Israel retirasse suas tropas dos territórios ocupados e solucionasse o problema dos refugiados. Em resposta, o governo israelense declarou que só negociaria se os árabes reconhecessem o direito de existência do Estado de Israel, o que não ocorreu.

As conquistas de Israel forçaram mais 200 mil palestinos a deixar suas terras. A maioria deles buscou refúgio na vizinha Jordânia, onde formavam uma comunidade importante desde 1948, contando até mesmo com forças político-militares.

Em setembro de 1970, o governo jordaniano deu ordens ao Exército para desarmar os grupos guerrilheiros palestinos. A ação gerou verdadeiras batalhas nas quais morreram milhares de palestinos. O episódio ficou conhecido como **Setembro Negro**. Um milhão de palestinos fugiu para o Líbano.

Assista

Paradise now. Direção de Hany Abu-Assad, França/Alemanha/Holanda/Israel, 2005, 90 min.
O filme conta a história de dois jovens palestinos, amigos de infância, recrutados por extremistas para realizar atentados suicidas em Tel-Aviv. Abordagem original sobre uma questão polêmica atual.

> Guerra do Yom Kippur

Com a morte de Gamal Abdel Nasser, em 1970, seu aliado e militar Anwar Sadat assumiu a presidência do Egito. Em 1973, egípcios e sírios formaram uma nova coalizão com o objetivo de retomar os territórios ocupados por Israel. A ofensiva foi lançada em 6 de outubro, feriado judaico de Yom Kippur, Dia do Perdão.

Utilizando modernas armas de fabricação soviética, o ataque árabe foi, a princípio, bem-sucedido. A Síria retomou parcialmente as colinas de Golã, e o Egito conquistou o canal de Suez. Entretanto, a partir de 12 de outubro Israel contra-atacou, vencendo as forças árabes.

Em 1974, negociações de paz obrigaram Israel a retirar suas tropas para o interior do Sinai. A ONU passou a controlar a zona de fronteira entre a Síria e Israel.

A derrota na Quarta Guerra Árabe-Israelense provocou mudanças no mundo árabe. O governo do Egito mudou de estratégia e aproximou-se dos Estados Unidos, enquanto a Síria aprofundou suas relações com a União Soviética. A nova postura do governo egípcio trouxe uma chance de paz à região.

> Os acordos de Camp David

Em 1977, Anwar Sadat, com a mediação do governo estadunidense, assinou com Israel os **Acordos de Camp David**. Como resultado, Egito e Israel estabeleceram relações diplomáticas. Era a primeira vez que um governo árabe reconhecia a existência de Israel.

Foi acertada a retirada completa dos israelenses do Sinai e anunciada a intenção de solucionar a situação dos palestinos que viviam na Cisjordânia e na Faixa de Gaza, ocupadas por Israel em 1967.

Sadat, contudo, foi considerado um traidor pelos outros países árabes, que expulsaram o Egito da Liga Árabe.

> O novo poder do petróleo

Em setembro de 1960, os maiores exportadores de petróleo do mundo – Arábia Saudita, Irã, Iraque, Kuwait e Venezuela – criaram a **Organização dos Países Exportadores de Petróleo** (Opep).

Além de ampliar os lucros, os membros da Opep procuraram controlar a produção de petróleo, que se encontrava nas mãos de empresas do Ocidente. Como resultado, nos anos 1970, vários países produtores de petróleo expulsaram as empresas petrolíferas estrangeiras, substituindo-as por empresas estatais.

Foi assim no Iraque (1975), no Kuwait e no Catar (ambos em 1974). O governo da Arábia Saudita nacionalizou a petrolífera Aramco em 1976, mesmo ano em que as autoridades da Venezuela criaram a estatal PDVSA.

> A Opep e a primeira crise do petróleo

Ao assumir o controle do petróleo existente em seus territórios, os governos dos países do Oriente Médio puderam manipular o fornecimento do produto como forma de pressionar o Ocidente a atender seus interesses.

Assim, ao fim da Guerra do Yom Kippur, a força da Opep foi utilizada para obrigar os israelenses a abandonar os territórios ocupados. Entre outubro de 1973 e março de 1974, a Opep quadruplicou o preço do petróleo.

Os governos dos países produtores de petróleo enriqueceram, enquanto o mundo industrializado, acostumado por anos a consumir combustíveis a baixo custo, sofreu com a inflação e a recessão.

A primeira crise do petróleo alertou o mundo para a dependência energética em relação aos combustíveis fósseis. A partir de então, passaram a ser pesquisadas fontes alternativas de energia, como a solar e a eólica.

Assista

Kippur. Direção de Amos Gitai, Israel/França, 2000, 120 min.
Durante a Guerra do Yom Kippur, dois soldados do Exército israelense perdem-se de suas unidades e acabam juntando-se à Cruz Vermelha. Com isso, seus pontos de vista sobre o conflito sofrem mudanças significativas.

Tanques sírios de fabricação soviética, destruídos durante a Guerra do Yom Kippur. Foto de 1973.

A resistência palestina

Os governos dos países árabes reagiram desde o início à criação do Estado de Israel, como vimos nas páginas anteriores. Contudo, os próprios palestinos não assistiram passivos à ocupação de seu território. Unidos pelo drama comum de terem sido expulsos de sua terra natal, os habitantes da Palestina organizaram grupos de resistência armada.

OLP e Al-Fatah

Um desses grupos, a Organização para a Libertação da Palestina (OLP), foi fundado em Jerusalém, em maio de 1964, reunindo as lideranças de vários grupos político-militares. Defendia o uso da luta armada para eliminar o Estado de Israel e reconstituir o território da Palestina dos tempos do mandato britânico.

A organização Fatah (ou Al-Fatah, "A Luta"), liderada por Yasser Arafat, uniu-se à OLP e tornou-se seu braço militar, realizando inúmeras missões armadas. Em 1969, Arafat foi eleito presidente da OLP, consolidando o poder da Fatah na organização.

A OLP esteve baseada inicialmente na Jordânia. Contudo, em 1970 o governo jordaniano expulsou a organização, no episódio conhecido como Setembro Negro, mencionado anteriormente. A OLP mudou-se então para o Líbano, de onde passou a lançar novas ações armadas. Essas ações provocaram graves consequências para o povo libanês.

Conflitos no Líbano

As ações da OLP a partir do território libanês mudaram a correlação de forças que havia entre muçulmanos sunitas, muçulmanos xiitas e cristãos maronitas. Até 1970, esses grupos viviam em equilíbrio. Considerando-se mais fortes pela presença palestina, os muçulmanos passaram a exigir mais direitos políticos, o que os cristãos libaneses entendiam como uma ameaça a sua segurança.

Cada grupo formou sua própria força armada, as milícias, que se tornaram mais fortes do que o próprio Exército do Líbano.

Em 1975, uma série de pequenos choques e provocações resultou em um conflito em larga escala entre as milícias muçulmanas e cristãs. Foi o início da guerra civil libanesa, que devastou o país e durou, em várias fases, até 1990.

A gravidade desse conflito foi ampliada pelas intervenções militares externas: sírios e israelenses, apoiando o lado cristão, e a OLP, apoiando os muçulmanos.

FPLP

Outro grupo palestino era a Frente Popular para a Libertação da Palestina (FPLP), fundada em 1967 por George Habash. De orientação marxista e nacionalista, ela tinha por objetivo destruir o Estado de Israel, considerado uma forma de imperialismo ocidental sobre o Oriente Médio. A FPLP opunha-se aos países árabes tidos como "conservadores" e procurou o apoio da URSS e da China. Em 1968, a organização uniu-se à OLP.

A FPLP declinou no final da década de 1980, com o colapso da URSS.

A Intifada e o Hamas

Em 1987, a população dos territórios palestinos ocupados pelos israelenses – Cisjordânia e Faixa de Gaza – iniciou um levante espontâneo de repúdio à violência que sofria cotidianamente.

Não se tratava de um levante armado. Basicamente, a população civil reunia-se para protestar contra o Exército de Israel e atirava pedras nos soldados e nos veículos militares que se aproximavam, tática de luta que ficou conhecida como **Intifada**. A reação do Exército israelense à Intifada, matando jovens palestinos desarmados, provocou o repúdio da opinião pública internacional.

No mesmo ano da eclosão da Intifada, foi organizado o Movimento de Resistência Islâmica, o Hamas.

O Hamas, desde o início, posicionou-se como uma alternativa à OLP. Executou vários ataques suicidas a militares e civis israelenses. Sua popularidade junto aos palestinos, contudo, deveu-se aos programas assistenciais que mantém, como hospitais e escolas.

> **Leia**
> **O conflito Israel-Palestina**, de Dawoud El-Alami e Daniel Cohn-Sherbok. São Paulo: Palíndromo, 2005. El-Alami é um historiador palestino. Cohn-Sherbok, um rabino. Cada um escreve uma parte do livro, com base nos seus pontos de vista, promovendo um debate no final.

Palestino atira pedras em soldados israelenses em protesto contra o fechamento de uma estrada durante a segunda Intifada, iniciada em setembro de 2000. Foto de 2011.

Ontem e hoje

Identidade cultural

O *hijab*, usado pelas mulheres muçulmanas, pode referir-se tanto ao conjunto de vestimentas típicas delas quanto ao próprio véu que lhes cobre a cabeça, seguindo, assim, os preceitos do Alcorão, livro sagrado do islamismo (reler boxe da página 135). De acordo com o Alcorão, as mulheres muçulmanas devem vestir-se modestamente e de maneira a ter a beleza delas guardada. Na Palestina, por exemplo, até mesmo as mulheres praticantes de outra religião que não exige o uso do *hijab* acabam, muitas vezes, sendo insultadas por estarem sem ele.

Mulher palestina utilizando o *hijab*, em Qalandia, próximo a Jerusalém, Israel. Foto de 2013.

Jovem palestina experimenta seu primeiro banho de mar em Torres [RS]

As águas verdes, calmas e quentes que encantam veranistas e moradores de Torres [...] encorajaram a jovem palestina Hanan Hamed a encarar seu primeiro banho de mar em 20 anos de vida. Com o jeito precavido de quem tateia o desconhecido, a estreante sorri satisfeita com a experiência, enquanto sente as ondas baterem em seus pés.

Há cerca de um ano, ela se mudou para o Brasil para viver com seu marido, o canoense Muhamad Hamad, 19 anos. Os dois se conheceram um pouco antes do casamento, quando o gaúcho foi morar na Palestina para aprender árabe.

Vizinho da casa onde Hanan morava com mais 10 irmãos, ele se apaixonou pelo olhar dela, única parte do corpo que os costumes da cultura muçulmana permitem mostrar, além dos pés e das mãos. [...]

Filho de palestino e brasileira, o gaúcho já conhecia as tradições quando se interessou pela garota. Por isso, tratou logo de negociar o casamento. Chamou o pai e o avô para dialogar com a família de Hanan.

[...]

Expressivos, negros e pintados com delineador, nem mesmo os olhos que fisgaram o coração de Muhamad ficaram expostos no litoral gaúcho. A jovem usava óculos de sol. O corpo Hanan manteve velado por trás de uma calça comprida, uma blusa de manga longa, maiô, canga e lenço na cabeça [...].

Acostumada com a burca desde os 13 anos, quando a menarca tornou Hanan "oficialmente mulher", a jovem lida bem com a diferença cultural e não se importa em ter de andar vestida assim. Aceita bem a cultura em que foi criada e entende a forma como as brasileiras vão à praia.

– Eu não julgo, respeito a individualidade e a liberdade de cada um – afirma.

Mesmo que seu primeiro banho tenha sido apenas no rasinho, sem mergulhar, ela não reclama do calor de mais de 30 °C. No verão de seu país, as temperaturas costumam ser mais altas. Hanan nunca pensou que moraria no Brasil. Veio para cá para ser mulher de Muhamad e está satisfeita com a perspectiva.

Após terminar o colégio, não ingressou na faculdade nem procurou emprego. A ausência de carreira não é motivo de frustração. Por enquanto, ela gosta da ideia de ter bastante tempo para dedicar ao marido. Há sete anos vestindo-se assim, Hanan comenta que Muhamad é o único homem que já viu seu corpo. E isso só ocorreu após o casamento.

Por estar em um país onde a intimidade é socialmente consentida antes mesmo do matrimônio, pergunto a Hanan se ela não se choca com os comportamentos vistos por aqui. Sua resposta demonstra maturidade intercultural:

– Quase nada me choca. Acho que as mulheres são livres e fazem o que julgam que é certo. A única coisa que estranho é quando bebem demais – admite.

A doçura e a tranquilidade da jovem se misturam com um quê de timidez quando, a cada pergunta, ela se remete ao marido em árabe antes de dar a resposta em inglês. Quando foi abordada para a entrevista, praticamente se escondeu atrás do companheiro. Mas, aos poucos, conforme a conversa evoluiu, ganhou confiança e aceitou mostrar sem filtros o que a sua cultura permite: a simpatia.

Eli, Lara. Disponível em: <http://zerohora.clicrbs.com.br/rs/geral/verao/noticia/2014/02/jovem-palestina-experimenta-seu-primeiro-banho-de-mar-em-torres-4418199.html>. Acesso em: 18 fev. 2014.

Reflita

1. Comente o trecho da reportagem que diz que a jovem palestina, ao responder a uma questão, demonstra ter maturidade intercultural.
2. Em uma resposta fornecida pela jovem palestina na reportagem, ela diz que as mulheres são livres e fazem o que julgam que é certo. Na sua opinião, essa jovem é livre e faz o que julga que é certo?

Atividades

1. Relacione a Primeira Guerra Mundial com a partilha do Império Turco entre ingleses e franceses.

2. Qual é a origem do sionismo?

3. Por que o apoio da Inglaterra à causa sionista gerou a resistência dos árabes da Palestina na década de 1920?

4. Qual é a relação entre a intensificação da imigração judaica para a Palestina e a situação política da Alemanha na década de 1930?

5. O que levou a Inglaterra a mudar sua política em relação aos judeus na década de 1930, criando obstáculos à imigração desse povo para a Palestina?

6. Relacione a Guerra Fria com a criação do Estado de Israel em 1948.

7. Explique a relação entre a guerra de 1948 e o início da questão palestina.

8. Analise a crise do canal de Suez em 1956, explicando as motivações de Egito e Inglaterra no conflito.

9. Quais foram os resultados da Guerra dos Seis Dias para Israel, para os países árabes e para os palestinos?

10. Por que os jordanianos atacaram os palestinos em 1970?

11. Por que os acordos de Camp David levaram ao isolamento do Egito junto à comunidade árabe?

12. Relacione a crise do petróleo na década de 1970 com os conflitos árabe-israelenses.

13. Indique um grupo político-militar palestino e descreva suas características principais.

14. Relacione o Setembro Negro à eclosão da guerra civil no Líbano em 1975.

15. O que foi a Intifada de 1987?

Leia e interprete

16. Arthur James Balfour, ministro britânico de Assuntos Estrangeiros, enviou uma carta, em novembro de 1917, ao Barão de Rothschild, um dos líderes da causa sionista. Essa carta ficou conhecida como Declaração Balfour. Leia a seguir um trecho desse documento e responda às questões propostas.

> O governo de Sua Majestade encara favoravelmente o estabelecimento na Palestina de um lar Nacional para o povo judeu e envidará os melhores esforços para facilitar a realização desse objetivo, ficando claramente entendido que não se fará nada que possa prejudicar os direitos civis e religiosos das comunidades não judaicas da Palestina ou os direitos e a condição política desfrutados pelos judeus em quaisquer outros países.

TREIGNIER, Michel. *Guerra e paz no Oriente Médio*. 3. ed. São Paulo: Ática, 1998. p. 20.

a) O texto de Balfour tenta conciliar todos os interesses em jogo da Palestina? Justifique sua resposta.

b) Como seria possível conciliar os interesses dos vários grupos que habitavam a Palestina e os projetos judeus de criação de um "lar nacional"? Elabore a resposta com base no conteúdo deste capítulo.

c) O que significa não prejudicar "os direitos e a condição política desfrutados pelos judeus em quaisquer outros países"?

17. A charge abaixo, de autoria do caricaturista escocês Brian Adcock, aborda criticamente o conflito entre israelenses e palestinos. Observe-a e responda às questões que seguem.

A frase de Albert Einstein no alto da charge é: "A definição de estupidez é fazer sempre as mesmas coisas e esperar resultados diferentes."

a) Segundo a visão de Adcock, que tipo de atitude assume o militante israelense e o palestino para resolver suas divergências?

b) Considerando a atitude das personagens representadas na charge, qual seria o resultado do conflito entre israelenses e palestinos?

c) Qual seria a crítica que Brian Adcock faz ao conflito árabe-israelense?

Vestibular e Enem

ATENÇÃO: todas as questões foram reproduzidas das provas originais de que fazem parte.

1. **(Ufal)** Ao final da Segunda Guerra Mundial, o clima já era francamente favorável à emancipação dos povos oprimidos pelas potências capitalistas ocidentais, porque:
   a) o nacionalismo de origem europeia, assimilado pelos dominados, serviu de instrumento ideológico na luta contra os dominadores.
   b) a herança colonialista traduzia-se numa imensa maioria dominada, alheia às rivalidades de caráter étnico-religioso.
   c) os palestinos, acatando o que a ONU determinou, cederam parte de seus territórios para os judeus.
   d) as principais nações europeias encontravam-se fortalecidas, sem evidenciar problemas internos.
   e) a ONU contribuiu para que a opinião pública internacional permanecesse indiferente ao processo emancipacionista.

2. **(Enem)** Em 1947, a Organização das Nações Unidas (ONU) aprovou um plano de partilha da Palestina que previa a criação de dois Estados: um judeu e outro palestino. A recusa árabe em aceitar a decisão conduziu ao primeiro conflito entre Israel e países árabes. A segunda guerra (Suez, 1956) decorreu da decisão egípcia de nacionalizar o canal, ato que atingia interesses anglo-franceses e israelenses. Vitorioso, Israel passou a controlar a Península do Sinai. O terceiro conflito árabe-israelense (1967) ficou conhecido como Guerra dos Seis Dias, tal a rapidez da vitória de Israel. Em 6 de outubro de 1973, quando os judeus comemoravam o Yom Kippur (Dia do Perdão), forças egípcias e sírias atacaram de surpresa Israel, que revidou de forma arrasadora. A intervenção americano-soviética impôs o cessar-fogo, concluído em 22 de outubro. A partir do texto acima, assinale a opção correta.
   a) A primeira guerra árabe-israelense foi determinada pela ação bélica de tradicionais potências europeias no Oriente Médio.
   b) Na segunda metade dos anos 1960, quando explodiu a terceira guerra árabe-israelense, Israel obteve rápida vitória.
   c) A guerra do Yom Kippur ocorreu no momento em que, a partir de decisão da ONU, foi oficialmente instalado o Estado de Israel.
   d) A ação dos governos de Washington e de Moscou foi decisiva para o cessar-fogo que pôs fim ao primeiro conflito árabe-israelense.
   e) Apesar das sucessivas vitórias militares, Israel mantém suas dimensões territoriais tal como estabelecido pela resolução de 1947, aprovada pela ONU.

3. **(Fuvest-SP)** Existem semelhanças entre as ditaduras militares brasileira (1964-1985), argentina (1976-1983), uruguaia (1973-1985) e chilena (1973-1990). Todas elas:
   a) receberam amplo apoio internacional tanto dos Estados Unidos quanto da Europa Ocidental.
   b) combateram um inimigo comum, os grupos esquerdistas, recorrendo a métodos violentos.
   c) tiveram forte sustentação social interna, especialmente dos partidos políticos organizados.
   d) apoiaram-se em ideias populistas para justificar a manutenção da ordem.
   e) defenderam programas econômicos nacionalistas, promovendo o desenvolvimento industrial de seus países.

4. **(Unifesp)**
   > ... E a elevação do salário mínimo a nível que, nos grandes centros do país, quase atingirá o dos vencimentos máximos de um [militar] graduado, resultará, por certo, se não corrigida de alguma forma, em aberrante subversão de todos os valores profissionais, estancando qualquer possibilidade de recrutamento, para o Exército, de seus quadros inferiores.

   Memorial dos Coronéis, de fevereiro de 1954.

   Sobre o documento, é correto afirmar que expressava:
   a) o ponto de vista de todos os coronéis, que estavam preocupados com os baixos salários pagos aos militares.
   b) a posição dos coronéis contrários ao presidente Vargas e à sua política econômica, incluindo a elevação do salário mínimo.
   c) o mal-estar generalizado existente nas fileiras do Exército brasileiro com a política industrial do presidente Vargas.
   d) o descontentamento dos coronéis nacionalistas pelo fato de o salário mínimo não contemplar os trabalhadores rurais.
   e) a luta surda que então existia entre coronéis, de um lado, inimigos de Vargas, e tenentes, de outro, que apoiavam o presidente.

5. **(Mackenzie-SP)**
   > Já vou embora
   > Mas sei que vou voltar
   > Amor não chora
   > se eu volto é pra ficar
   > Amor não chora
   > Que a hora é de deixar
   > O amor de agora
   > Pra sempre ele ficar
   > Eu quis ficar aqui

Mas não podia
O meu caminho a ti
Não conduzia
Um rei mal coroado
Não queria
O amor em seu reinado
Pois sabia
não ia ser amado
Amor não chora
Eu volto um dia
O rei velho e cansado
Já morria
Perdido em seu reinado
Sem Maria
Quando me despedia
No meu canto lhe dizia.

Geraldo Vandré, *Canção da despedida.*

Os versos acima são de uma canção que, assim como outras do compositor, foram alvo da censura oficial da época, por sua crítica mais ou menos velada ao regime político então vigente. Considere as três proposições, a seguir, a respeito desse período da história brasileira.

I. A repressão política exercida pelo governo voltou-se violentamente para o meio artístico-cultural do país, como o teatro e a música popular, submetendo-o à censura e, além disso, obrigando muitos intelectuais e artistas a optar pelo exílio.

II. O regime ditatorial revela uma grande contradição interna, na medida em que combinava a mais severa perseguição política aos opositores com uma clara normalidade democrática, visível na existência livre dos vários partidos políticos, na regularidade de eleições diretas para presidente, e na liberdade de ação sindical.

III. A decretação de atos institucionais foi uma prática recorrente do Executivo com o intuito de manter o controle sobre a situação política, pois permitiu ao presidente, entre outras coisas, fechar o Congresso Nacional e cassar direitos políticos.

Assinale:

a) se apenas I é correta.
b) se apenas I e II são corretas.
c) se apenas I e III são corretas.
d) se apenas II e III são corretas.
e) se I, II e III são corretas.

6. (Enem)

O ano de 1954 foi decisivo para Carlos Lacerda. Os que conviveram com ele em 1954, 1955, 1957 (um dos seus momentos intelectuais mais altos, quando o governo Juscelino tentou cassar o seu mandato de deputado), 1961 e 1964 tinham consciência de que Carlos Lacerda, em uma batalha política ou jornalística, era um trator em ação, era um vendaval desencadeado não se sabe como, mas que era impossível parar fosse pelo método que fosse.

FERNANDES, Hélio. *Carlos Lacerda*, a morte antes da missão cumprida. In: Tribuna da Imprensa, 22/5/2007 (com adaptações).

Com base nas informações do texto acima e em aspectos relevantes da história brasileira entre 1954, quando ocorreu o suicídio de Vargas (em grande medida, devido à pressão política exercida pelo próprio Lacerda), e 1964, quando um golpe de Estado interrompe a trajetória democrática do país, conclui-se que:

a) a cassação do mandato parlamentar de Lacerda antecedeu a crise que levou Vargas à morte.
b) Lacerda e adeptos do getulismo, aparentemente opositores, expressavam a mesma posição político-ideológica.
c) a implantação do regime militar, em 1964, decorreu da crise surgida com a contestação à posse de Juscelino Kubitschek como presidente da República.
d) Carlos Lacerda atingiu o apogeu de sua carreira, tanto no jornalismo quanto na política, com a instauração do regime militar.
e) Juscelino Kubitschek, na presidência da República, sofreu vigorosa oposição de Carlos Lacerda, contra quem procurou reagir.

7. (Unesp) A crise que envolveu a nacionalização do canal de Suez pelo Egito conjugou questões políticas, econômicas e militares numa escala internacional. O coronel Gamal Abdel Nasser, governante egípcio, anunciou a nacionalização em julho de 1956, provocando ataques militares contra o Egito por Israel, Grã-Bretanha e França. Que condições históricas internacionais dos anos 50 permitiram a nacionalização do canal de Suez e o fracasso dos movimentos armados contra o Egito?

a) Os Estados Unidos da América iniciavam em 1956 sua escalada militar no Vietnã e o bloco comunista estava cindindo pela crescente aproximação da China à política internacional das nações capitalistas.
b) Os países árabes ameaçavam suspender o fornecimento de petróleo para os Estados Unidos, caso as hostilidades militares não cessassem, e o movimento operário inglês era favorável à expansão do islamismo.
c) O desenlace da crise foi condicionado pela divisão internacional de forças entre as potências durante a guerra fria e pela expansão do nacionalismo nas regiões do Oriente Médio e do Norte da África.
d) O canal de Suez era pouco importante para a economia do capitalismo europeu e o governo egípcio era uma barreira à expansão do islamismo no Oriente Médio.

e) A Grã-Bretanha e a França, recém-saídas da Segunda Guerra Mundial, estavam militarmente enfraquecidas e o Estado de Israel conseguiu estabelecer relações políticas pacíficas com os aliados árabes do Egito.

8. (Unicamp-SP)

> A palavra revolução tem sido empregada de modo a provocar confusões... No essencial, porém, há pouca confusão quanto ao seu significado central: sabe-se que a palavra se aplica para designar mudanças drásticas e violentas na estrutura da sociedade.
>
> (FERNANDES, Florestan. *O que é Revolução*. São Paulo: Brasiliense, 1981. p. 7-8.)

Explique por que, segundo o conceito proposto por Florestan Fernandes, o movimento político de 1964 não foi uma revolução.

9. (Uece) Após a tomada do poder, os revolucionários cubanos encontraram muita resistência por parte da comunidade internacional. Dentre as medidas tomadas contra Cuba, pode-se assinalar corretamente:

a) forças militares, formadas por mercenários e apoiadas pelo governo americano, tentaram invadir a ilha, sendo derrotadas na Baía dos Porcos.
b) uma força-tarefa internacional, organizada pela ONU, invadiu a ilha e depôs o governo corrupto de Batista.
c) o bloqueio econômico contra Cuba, proposto pelos EUA à OEA, não foi implementado por conta da resistência de países como o Brasil e a Argentina.
d) a URSS procurou atenuar os conflitos provocados pela Revolução Cubana, evitando apoiar econômica e militarmente o novo governo.

10. (UFG-GO) Entre a Declaração Truman (1947) e o desmantelamento do regime socialista na URSS (1991), o mundo viveu sob o signo da Guerra Fria. Numa avaliação posterior, a Guerra Fria surge como uma "paz regulada", que propiciava, em última instância, o equilíbrio. Assim sendo, era positiva para as potências, pois estas não precisavam assumir um confronto direto; antes, o evitavam. Mas está claro que a Guerra Fria gerou, para os que a vivenciaram, a sensação de ameaça real e constante.

Com base nessas informações, analise os desdobramentos da Revolução Cubana (1959) "no contexto da Guerra Fria".

11. (UFMG) O golpe político-militar de 1964 acarretou transformações na economia brasileira originadas das mudanças nas relações de trabalho, das novas necessidades do desenvolvimento capitalista no país e das mudanças na conjuntura internacional.

Todas as alternativas apresentam indicadores corretos das transformações na economia brasileira pós-64, EXCETO:

a) A abertura do país às empresas multinacionais a partir da abolição das restrições à remessa de lucros para o exterior.
b) A adoção de uma nova política salarial e a implantação do Fundo de Garantia por Tempo de Serviço (FGTS) substituindo o sistema de estabilidade no emprego.
c) A consolidação do setor industrial nacional através da elevação dos salários urbanos e do aumento da oferta e do consumo de bens não duráveis.
d) A elevação do volume de impostos e a consequente falência de um grande número de pequenas e médias empresas.
e) A expansão da indústria petroquímica, siderúrgica e do alumínio, realizada sob o patrocínio do Estado, com a participação de conglomerados nacionais e estrangeiros.

12. (Unaerp-SP)

> Em 1968, Caetano Veloso, ao defender num festival a sua composição "É Proibido Proibir", assim respondeu às vaias do público: "Mas é essa a juventude que quer tomar o poder? Vocês têm coragem de aplaudir este ano uma música que vocês não teriam coragem de aplaudir o ano passado! São a mesma juventude que vai sempre, sempre matar o velhote inimigo que morreu ontem. Vocês não estão entendendo nada, nada, nada! Absolutamente nada [...] O problema é o seguinte: estão querendo policiar a música brasileira. Mas eu e o Gil já abrimos o caminho [...]. Nós, eu e ele tivemos coragem de enfrentar todas as estruturas e sair de todas. E vocês? E vocês? Se vocês em política forem como em estética estamos feitos."
>
> HOLLANDA, Heloisa Buarque; GONÇALVES, Marcos A. *Cultura e participação nos anos 60*. São Paulo: Brasiliense, 1982. v. 41. p. 6 (Coleção Tudo é História).

Quando Caetano fala sobre o policiamento da música brasileira, ele se refere a um conjunto de medidas repressivas tomadas pelos governos militares, que culminaria:

a) na promulgação do Ato Institucional nº 5 (AI-5).
b) na criação do Departamento de Censura.
c) no fechamento da UNE.
d) na criação do Departamento de Ordem Política e Social.
e) na extinção dos partidos políticos.

13. (UFC-CE) Leia as afirmativas a seguir, a respeito da década de setenta do século XX.

I. Os EUA saíram vitoriosos na Guerra do Vietnã.

II. O escândalo de "Watergate" provocou a renúncia do presidente dos EUA, Richard Nixon.

III. A derrubada do governo de Salvador Allende, no Chile, contou com o apoio do governo norte-americano.

Da leitura das afirmativas acima, é correto afirmar que:

a) somente II é verdadeira.
b) somente III é verdadeira.
c) I e III são verdadeiras.
d) II e III são verdadeiras.
e) I e II são verdadeiras.

14. (UFPE) A história dos países latino-americanos, apesar de distinta, tem muito em comum. Assinale a alternativa que confirma este enunciado:

a) O atraso na industrialização tornou essa região dependente de fornecedores externos de bens de produção, o que conduziu a um crescente endividamento externo.
b) A industrialização da América Latina deu-se de forma homogênea, acompanhando as conjunturas de crescimento econômico dos Estados Unidos.
c) As migrações internas entre países da América Latina têm contribuído para uma história comum de desenvolvimento tecnológico.
d) As guerras de independência na América Latina foram simultâneas contra as metrópoles e, na metade do século XIX, todas as nações haviam se transformado em repúblicas livres da escravidão.
e) A economia dos países da América Latina está voltada para o seu próprio mercado interno.

15. (UnB-DF) A respeito da história contemporânea do Chile, julgue os itens que se seguem. *

0. Quando presidente, Salvador Allende estatizou várias indústrias e acelerou o processo de reforma agrária, o que deu a seu governo características claramente socialistas.

1. No início da década de 70, o Chile acolheu vários exilados brasileiros, ideologicamente identificados com a esquerda e perseguidos pela ditadura militar.

2. O presidente Augusto Pinochet, sucessor de Allende, deu continuidade à política socialista, constituindo-se, além disso, em um dos principais defensores dos direitos humanos na América Latina.

3. Os Estados Unidos mantiveram-se afastados da política chilena, exceção feita à contribuição da CIA na contenção das forças radicais de direita, no final do governo Allende.

16. (Unicamp-SP) No século XX, as nações imperialistas europeias, enfraquecidas pelas guerras mundiais e por problemas internos, começaram a enfrentar a luta por independência de suas colônias afro-asiáticas. Algumas colônias escolheram o confronto direto, enquanto outras, como a Índia, seguiram o caminho da desobediência civil liderado por Gandhi para enfrentar o poder britânico.

a) Como a Segunda Guerra Mundial influenciou o processo de descolonização?
b) O que foi o movimento de desobediência civil na Índia?

17. (UFPR) Após a Segunda Guerra Mundial, ocorreu o chamado "processo de descolonização", que envolveu uma série de lutas de libertação nacional ocorridas na África e na Ásia. **

Sobre esse contexto, é correto afirmar:

01. Todas as independências africanas foram feitas em nome do liberalismo econômico; politicamente, seus líderes adotaram o regime democrático norte-americano como modelo.

02. Apesar de alguns episódios violentos, o processo de descolonização das possessões portuguesas ocorreu de forma pacífica, permitindo uma transição que assegurou a estabilidade política dos novos países.

04. Nos processos de descolonização da Ásia, assim como na África, verificou-se a intervenção da União Soviética e dos Estados Unidos, interessados em fazer crescer suas áreas de influência.

08. Os líderes dos movimentos africanos de independência eram, em sua maioria, intelectuais formados nas universidades das metrópoles europeias, preparados para se tornarem administradores coloniais.

16. Embora importantes na definição das nacionalidades, as etnias e credos religiosos não tiveram papel significativo nos processos de independência africanos e asiáticos.

32. A Índia foi uma das primeiras possessões coloniais a alcançar sua independência, graças ao movimento de desobediência civil encabeçado por Mahatma Gandhi.

64. As colônias europeias na Ásia e África conseguiram suas independências como parte dos acordos de paz da Segunda Guerra; com esses acordos, os líderes aliados reconheceram o direito de autodeterminação dos povos.

Soma ( )

---

* Indicar falso ou verdadeiro.
** Dê como resposta a soma dos números associados às afirmações corretas.

Evento: Festival cultural

O que você vai fazer

Você e seus colegas vão organizar uma exposição das manifestações artísticas produzidas no bairro da escola.

Você estudou nos capítulos deste volume diversas manifestações culturais produzidas por diferentes grupos sociais. A cultura engloba tudo o que os homens produzem, a partir do momento em que estabelecem relações entre si. O ser humano é, assim, um permanente produtor de cultura. Essas experiências culturais, como a língua, a alimentação, as vestimentas, a dança, etc, são transmitidas às gerações futuras pela experiência, pelo aprendizado, pela prática social.

Os meios de comunicação privilegiam apenas algumas formas culturais, dificultando muitas vezes o acesso à imensa diversidade cultural existente em nosso país. Com frequência, a escola também se preocupa mais com a transmissão de um certo "patrimônio cultural universal", deixando em segundo plano a cultura local ou regional.

Toda comunidade conta com um legado cultural, pois as pessoas que habitam um determinado espaço vivenciam experiências culturais muitas vezes semelhantes. Por isso, neste projeto, você e seus colegas irão mobilizar toda a comunidade.

O projeto será desenvolvido em várias etapas, explicadas a seguir.

1. Planejamento do evento

Você e seus colegas devem fazer uma pesquisa sobre as manifestações culturais existentes em seu bairro. Converse com seus colegas, professores, familiares e vizinhos sobre as tradições culturais da sua região. Pergunte se conhecem pessoas que desenvolvem algum tipo de atividade cultural e que podem colaborar no evento. Veja alguns exemplos de áreas que podem ser exploradas.

- Literatura
- Teatro
- Artes plásticas
- Música: instrumentistas, cantores, coral
- Dança
- Expressões de religiosidade
- Fotografias
- Tradições e costumes
- Culinária
- Festas

Feito o levantamento preliminar, a classe deve ser dividida em grupos. Cada grupo ficará encarregado de um dos temas que serão apresentados no evento.

2. Convite para a participação da comunidade

É hora de convidar as pessoas que tenham interesse em apresentar seu trabalho no evento. Por exemplo, pessoas ligadas à comunidade escolar ou moradores do bairro que produzam literatura, conheçam receitas regionais, façam teatro, participem de grupos musicais, etc. O convite deve ser estendido a todos os colegas da escola.

A classe deve definir um número limite de participantes, de modo que o evento possa acontecer em um único dia. Com a ajuda do professor, defina a data e confirme a possibilidade de participação de todos os interessados no dia agendado.

3. Organização do evento

O evento deve ser muito bem-planejado. É preciso verificar se ocorrerão atividades simultâneas. Podem-se promover também sessões de cinema, com filmes de ficção, animação, documentários ou curtas que trabalhem com a questão da cultura popular.

Veja ao lado um exemplo de programação.

Você e seus colegas podem deixar mais bonito o espaço escolar, promovendo uma exposição de fotografias ou artesanato.

Horário	Evento	Local
8h	Apresentação do grupo de capoeira	Pátio
9h	Teatro	Sala de projeção
10h	Literatura de cordel Exposição de artes plásticas Apresentação de dança	Sala 1 Sala 2 Sala 3
11h	Comidas típicas	Pátio
12h – 13h	Intervalo para almoço	—
13h	Cursos diversos de artesanato	Salas 1, 2, 3 e 4
14h	Teatro	Sala de projeção
15h	Coral	Pátio
15h30	Contadores de histórias Oficina de dança	Sala 1 Pátio
16h	Documentário	Sala de projeção
17h	Grupo de samba	Pátio

4. Divulgação

As atividades podem ser divulgadas por meio de cartazes em lugares de grande circulação do bairro, como escolas, mercados, meios de transporte, hospitais, etc. Deve haver cartazes informando com clareza a programação. Se alguma atividade necessitar de inscrição prévia por comportar número reduzido de pessoas, devem ser registrados o dia e o local da inscrição.

5. Apresentação

As atividades devem ser planejadas com antecedência. É preciso prever a infraestrutura necessária, como o número de cadeiras, o equipamento de som, a sinalização das salas onde ocorrerão os eventos, etc.

O grupo encarregado de cada tema se responsabilizará pela ajuda no transporte dos instrumentos, por entrar em contato com as pessoas que realizarão as atividades, por garantir o cumprimento do horário das apresentações, etc. Uma equipe deverá encaminhar as pessoas às suas atividades de interesse.

Para a abertura, convide o diretor, ou diretora, de sua escola. Pode-se também promover uma breve palestra de abertura em que alguma pessoa conhecida da comunidade fale sobre a importância do evento ou sobre seu trabalho. É preciso deixar claro a todos que o evento procurará prestigiar as tradições culturais e a produção que a comunidade desenvolve.

Escola de Timóteo (MG) incorporou ao seu currículo a valorização da cultura afro-brasileira. Na imagem, oficina de capoeira. Foto de 2013.

UNIDADE

11

O mundo globalizado

Nesta unidade

56 A reação democrática

57 A redemocratização do Brasil

58 O fim do mundo soviético

59 Em busca de uma nova ordem

60 A democracia consolidada

A bolsa de valores de Nova York é um símbolo do fim das fronteiras em um mundo globalizado. Nela são negociadas ações de empresas de todas as partes do planeta, em uma clara manifestação do poder do capitalismo financeiro. Foto de 2010.

Fluxos de informação e de capital

A segunda metade do século XX foi marcada pelo crescimento da interligação global de informações e de capital, que passaram a fluir com rapidez e abrangência cada vez maiores ao redor do mundo. O desenvolvimento de novas tecnologias, principalmente na informática, fez as fronteiras entre os países se diluírem.

Povos e culturas antes sem contato entre si passaram a trocar influências significativas, gerando um processo de globalização cultural. Entretanto, as manifestações culturais dos países desenvolvidos é que se tornaram predominantes, difundindo seus hábitos, gostos e produtos culturais, que passaram a servir de modelo para todo o mundo. Em contrapartida, as culturas locais de alguns povos, antes restritas, começaram a ser veiculadas e conhecidas em outras regiões do planeta, até em nações com maior poder financeiro.

Dependentes umas das outras, as várias economias locais perderam autonomia, tornando-se vulneráveis a crises de âmbito internacional, como a ocorrida na primeira década do século XXI.

CAPÍTULO 56

A reação democrática

O que você vai estudar

- Os ideais democráticos.
- A Revolução dos Cravos, em Portugal.
- A democracia na Espanha.
- A redemocratização da Argentina.
- A democracia no Uruguai, no Paraguai e no Chile.
- O fim do *apartheid* na África do Sul.

Charge do cartunista suíço Patrick Chappatte, de 2006, representando o funeral do general Augusto Pinochet, que chefiou a ditadura no Chile por 17 anos.

Ligando os pontos

Entre a Primeira e a Segunda Guerra Mundial, instalaram-se regimes autoritários em vários países europeus, entre os quais Espanha e Portugal. Esses regimes conseguiram se manter no poder mesmo após o novo panorama geopolítico estabelecido com o fim do nazifascismo e com o início da Guerra Fria, graças ao apoio dos Estados Unidos (EUA), empenhados em conseguir aliados na oposição à União Soviética (URSS).

Ao longo da Guerra Fria, as disputas ideológicas entre esquerda e direita acirraram-se em nível global e local. Enquanto explodiam movimentos revolucionários de esquerda apoiados pela URSS em várias partes do mundo, muitos países alinhados com os EUA passaram a restringir a atuação interna de partidos de esquerda.

Em alguns casos, como ocorreu na América Latina, foram desencadeados golpes de Estado com o pretexto de impedir o "avanço do comunismo".

Nos países onde isso aconteceu, as liberdades democráticas foram desrespeitadas, por meio da instauração de ditaduras. A resistência ao terrorismo de Estado por parte de grupos de oposição foi cruelmente reprimida em nações como Brasil, Chile, Argentina e Uruguai. Milhares de pessoas foram presas, torturadas e assassinadas, muitas vezes sem que a sociedade tivesse pleno conhecimento, uma vez que não havia liberdade de imprensa.

Nas últimas décadas do século XX, esses regimes de caráter ditatorial ruíram diante da pressão social pelo retorno à democracia.

Observe e analise a imagem desta página e responda às questões.
1. Quais são os grupos representados na charge e que papel eles desempenham?
2. Qual é a relação entre o que está representado na charge e a transição vivida por outros países, nos quais ditaduras deram lugar a democracias no final do século XX?

❯ Os ideais democráticos

Boa parte das **ditaduras de direita** implantadas durante a Guerra Fria teve o apoio de **setores conservadores** da sociedade civil. Isso ocorreu em regimes ditatoriais sul-americanos dos anos 1960 e 1970. O mesmo já se havia passado em ditaduras iniciadas nas décadas anteriores em outros continentes, como na de Salazar (Portugal), na de Franco (Espanha) e no regime de *apartheid* na África do Sul.

Para esses grupos conservadores, a ditadura era um meio de preservar seus privilégios e a ordem social vigente. Para eles, havia nesse período o risco de um "avanço do comunismo" no mundo, resultante de revoluções populares estimuladas pela URSS e por outros países socialistas. Por isso eles não hesitaram em apoiar a instalação de governos ditatoriais.

Ao mesmo tempo, os ditadores desse período procuraram legitimar-se com um **discurso de salvação nacional**. Eles apresentavam-se como defensores da "ordem" política, moral e econômica. Assim, todas as pessoas e os grupos políticos contrários à ordem vigente eram considerados inimigos da pátria, da religião e da "liberdade" capitalista.

Todos os instrumentos do Estado foram utilizados, legal ou ilegalmente, contra esses "inimigos". A **vigilância** foi constante nas ditaduras: pessoas eram investigadas, perseguidas e, muitas vezes, torturadas e assassinadas.

❯ Os ventos de liberdade

Nas décadas de 1960 e 1970, trabalhadores, estudantes, intelectuais e artistas de várias partes do mundo envolveram-se na defesa da **liberdade**.

Nos anos 1960, eclodiram vários movimentos que reivindicavam a ampliação das liberdades. Esse era o desejo dos universitários no movimento conhecido como **Maio de 68**, que grafitaram nos muros de Paris um dos seus *slogans*: "É proibido proibir". Entre os intelectuais, o filósofo francês Jean-Paul Sartre já havia defendido, décadas antes, a liberdade como principal característica humana, a ponto de afirmar que "o homem está condenado a ser livre".

Enquanto nas sociedades democráticas eclodiam movimentos pela ampliação das liberdades, como a **contracultura**, nos países ditatoriais os **direitos humanos** eram sistematicamente desrespeitados. A maioria dos crimes cometidos pelo Estado não chegava ao conhecimento amplo da população em virtude da censura.

No entanto, o testemunho de exilados políticos, assim como a ação de intelectuais e artistas, sensibilizou a opinião pública internacional com suas denúncias. Um bom exemplo desse movimento foi o cinema político, que produziu filmes como os do cineasta grego Costa-Gavras. Em *Z* (1969) ele denunciou os crimes cometidos pela ditadura grega; em *Estado de sítio* (1973) abordou a ditadura uruguaia e a brasileira, e em *Desaparecidos, um grande mistério* (1982) denunciou a ditadura chilena.

❯ O repúdio à ditadura

Aos poucos, aumentou a mobilização internacional de repúdio às ditaduras. O anseio pela democracia também cresceu nas nações onde vigoravam regimes ditatoriais. Ampliaram-se os segmentos sociais que reivindicavam a redemocratização de seus países.

Outras razões locais, como o fracasso de políticas econômicas e a atuação de lideranças civis, também foram determinantes para o fim das ditaduras de direita. Assim, ao longo das décadas de 1970 e 1980, vários países voltaram a ter regimes democráticos no mundo ocidental.

Assista

Hair. Direção de Milos Forman, EUA, 1979, 121 min.
Recriação de espetáculo teatral pacifista. Conta a história de jovem do interior que se alista para a guerra do Vietnã, mas encontra grupo *hippie* que contesta seus valores. O filme mostra o clima de rebeldia da contracultura no final dos anos 1960 e início da década seguinte.

Os *hippies*, engajados no movimento de contracultura dos anos 1960, defendiam um mundo de paz, amor e total liberdade. Foto do final da década de 1960.

A Revolução dos Cravos

O Estado Novo, ditadura de direita liderada por Oliveira Salazar, vigorava em Portugal desde 1933. Mesmo com o afastamento de Salazar do poder, em 1968, o salazarismo prosseguiu com Marcelo Caetano, que manteve o autoritarismo e a repressão. A Polícia Internacional e de Defesa do Estado (Pide) perseguia implacavelmente os opositores do regime. Na África, para conservar suas colônias, o governo português mantinha intensas ações militares contra grupos separatistas.

Atraso e insatisfação

A insatisfação com a ditadura cresceu na década de 1970. A economia ia mal, já que boa parte dos investimentos do Estado era destinada à **guerra nas colônias africanas**.

Além disso, essa guerra obrigava os jovens a prestar serviço militar na África por dois anos. Muitos, pelo descontentamento em lutar e pela carência de oportunidades no próprio país, emigravam.

Em 1973, formou-se um novo núcleo de oposição ao governo, o **Movimento das Forças Armadas** (MFA), constituído por militares de média patente, em geral capitães insatisfeitos com a guerra no ultramar, que se aliaram aos vários setores da sociedade que se opunham à ditadura, como intelectuais, estudantes, artistas e operários. Seu projeto expressava-se em três "Ds": **democracia**, **descolonização** e **desenvolvimento**.

O dia da liberdade

O MFA articulou um golpe para 25 de abril de 1974. Nessa data, o movimento fez ruir o regime salazarista. Marcelo Caetano exilou-se no Brasil, mas antes exigiu como condição a entrega do poder ao general António de Spínola.

Durante o levante militar, a população aderiu e se misturou aos soldados, empunhando cravos e colocando-os nos canos dos fuzis. Por essa razão o movimento ficou conhecido como **Revolução dos Cravos**.

A transição

O 25 de abril transcorreu com quatro mortos pela Pide. Os presos políticos foram libertados; os sindicatos e os partidos voltaram à legalidade; os exilados retornaram; e a Pide foi extinta. Seguiram-se dois anos de transição para a democracia, marcados por agitações políticas.

Após tentar controlar as forças de esquerda e as Forças Armadas, em setembro de 1974, o general Spínola renunciou. Com isso, o poder passou às mãos do MFA, ligado ao Partido Comunista. As colônias portuguesas de Angola, Moçambique, Cabo Verde e Guiné-Bissau conquistaram a independência.

Em 1975, as agitações intensificaram-se. O general Spínola encabeçou uma tentativa malsucedida de golpe. Nas eleições para a Assembleia Constituinte, o Partido Socialista saiu vencedor. Foi aprovada uma nova Constituição estabelecendo a democracia e determinando a disputa do poder por meio de eleições diretas.

Militares que participaram da Revolução dos Cravos portando flores oferecidas pela população. Foto de 1974.

Conheça melhor

As causas econômicas da Revolução dos Cravos

Segundo o historiador brasileiro Lincoln Secco, uma das causas da Revolução dos Cravos encontra-se nas relações econômicas de Portugal. A manutenção do império colonial era vital para a conservação da ditadura, mas impedia que a economia portuguesa se modernizasse e se integrasse ao ritmo de desenvolvimento europeu.

A contradição fundamental que conferia a dinâmica da crise sistêmica do império colonial português, a partir dos anos [19]60, residia no afastamento, dilatado e constante, de interesses e laços econômicos entre a metrópole e suas colônias. Ou seja, a sobrevivência do império, como superestrutura jurídico-política da sociedade metropolitana, tornava-se cada vez mais vital para a manutenção do regime, mas não das suas economias e da sua infraestrutura. Ao contrário, era o desenvolvimento das forças de produção que exigia a mudança política, como precondição para adaptar o país aos ritmos da sociedade europeia, à qual os industriais e comerciantes portugueses encontravam-se cada vez mais vinculados.

SECCO, Lincoln. *A Revolução dos Cravos e a crise do império colonial português*: economias, espaços e tomadas de consciência. São Paulo: Alameda, 2004. p. 90.

A democracia na Espanha

Desde o fim da **guerra civil espanhola** (1936-1939), a Espanha era governada pelo ditador Francisco Franco, que estabeleceu um regime extremamente repressivo e autoritário.

Durante a ditadura, todos os partidos políticos foram proibidos, com exceção da Falange, o partido único do governo. Suas principais bases ideológicas eram o catolicismo conservador e o anticomunismo. O regime franquista perdurou até a morte de Franco, em 1975, quando, por sua vontade, o poder passou ao herdeiro do trono espanhol, Juan Carlos.

O pacto de Moncloa

Ao constituir Juan Carlos como seu herdeiro político, Franco imaginava que ele daria prosseguimento a sua política autoritária. Entretanto, uma vez coroado, em novembro de 1975, o rei expressou o seu desejo de redemocratizar a Espanha.

Iniciou-se, assim, a **transição para a democracia**. Em outubro de 1977, foram firmados, no Palácio de Moncloa, em Madri, acordos entre várias forças políticas – como os partidos com representação parlamentar e os sindicatos patronais e de trabalhadores –, que se comprometeram a colaborar com o processo democrático e a adotar as políticas econômicas do governo que visavam estancar a inflação. Entre outras medidas rumo à democracia, restabeleceu-se na Espanha a liberdade de imprensa, de expressão, de reunião e de associação política. Criou-se uma legislação que criminalizava a prática da tortura, enquanto atos como o adultério e o concubinato deixaram de ser considerados crimes.

Em 1977, realizaram-se as primeiras eleições livres desde 1936. O Parlamento elaborou uma nova Constituição, promulgada em 1978.

Tentativa de golpe

Em 1981, a recente democracia espanhola foi ameaçada. Problemas relacionados à crise econômica, às ações terroristas do ETA, movimento separatista do País Basco (visto no capítulo O tempo das ditaduras), e à própria aversão ao regime democrático de setores de extrema direita das Forças Armadas levaram alguns de seus integrantes a conspirar contra o novo governo.

Em fevereiro desse ano, um grupo de militares, comandado pelo tenente-coronel Antonio Tejero Molina, invadiu o Congresso dos Deputados. Ao mesmo tempo, o general Jaime Milans del Bosch, comandante militar de Valência, declarou estado de emergência, exigindo do rei Juan Carlos a dissolução do Parlamento. Os golpistas pretendiam instalar uma nova ditadura militar na Espanha.

A atuação do rei Juan Carlos, contudo, foi importante na contenção do golpe. O monarca espanhol fez um pronunciamento pela televisão, na condição de Comandante das Forças Armadas, condenando a ação dos golpistas. Sem o apoio do monarca, e sem conseguir a adesão de outros comandos militares, os golpistas foram obrigados a depor as armas e a libertar os deputados.

Antonio Tejero Molina, à frente de membros da Guarda Civil, invade o Parlamento espanhol na tentativa de golpe. Foto de 1981.

O PSOE no poder

Os partidos de esquerda e seus integrantes foram severamente perseguidos durante o período franquista. Um deles, o **Partido Socialista Operário Espanhol** (PSOE), havia sido banido por Franco em 1939. Com a redemocratização, contudo, o partido voltou à legalidade em 1977.

Em 1979, o PSOE desvinculou-se do marxismo, do qual havia sido adepto, e declarou-se social-democrata. Em 1982, depois de uma nova tentativa fracassada de golpe militar, o partido conquistou a maioria no Parlamento. Seu líder, Felipe González, governou o país, então, por quatro mandatos consecutivos.

Durante esse período, a economia espanhola foi modernizada e várias reformas foram implementadas, permitindo ao país integrar-se à União Europeia. Após décadas de ditadura, a Espanha consolidava a democracia.

A redemocratização da Argentina

Em 1976, em meio a uma profunda crise política, econômica e social na Argentina, militares derrubaram a então presidente Maria Estela Martínez de Perón, conhecida como Isabelita Perón (como vimos no capítulo O tempo das ditaduras). A Argentina passou a ser governada por uma Junta Militar.

Em abril de 1977, surgiu um movimento de resistência que ficou conhecido como **Mães da Praça de Maio**. Eram mulheres que se reuniam nessa praça de Buenos Aires exigindo que as autoridades revelassem o paradeiro de seus filhos e netos desaparecidos em ações do Estado. Esse movimento foi o embrião da luta pela redemocratização do país.

Em 1982, durante a ditadura do general Leopoldo Galtieri, a economia argentina encontrava-se em crise, o que desgastou a imagem do governo ante os setores sociais que o apoiavam. Objetivando reconquistar esse apoio, a ditadura apelou para o nacionalismo, levantando a antiga questão das ilhas Malvinas.

Essas ilhas, relativamente próximas ao litoral argentino, estavam sob domínio britânico desde 1833. Alegando que elas seriam da Argentina por direito, o governo de Galtieri mobilizou as Forças Armadas para retomá-las, iniciando a **Guerra das Malvinas**.

A Inglaterra reagiu e venceu o conflito em pouco tempo, desmoralizando ainda mais o governo militar. Essa derrota desencadeou pressões da população contra a ditadura, que foi obrigada a convocar eleições.

Redemocratização e crise

Raúl Alfonsín foi eleito presidente pelo partido **União Cívica Radical** em outubro de 1983. Ao assumir o posto, o primeiro presidente eleito democraticamente depois do regime militar tomou medidas punitivas em relação às ações terroristas, de esquerda e de direita, cometidas durante a ditadura.

Os decretos visavam punir os integrantes de organizações guerrilheiras e das Forças Armadas envolvidos em atos de terrorismo. Foi criada uma comissão para apurar as violações dos direitos humanos cometidas por militares.

A partir de 1985, vários militares foram julgados, entre eles Jorge Videla, condenado à prisão perpétua. Entretanto, em 1987, os militares reagiram, iniciando uma grande rebelião de jovens oficiais, os "**caras pintadas**".

Como os oficiais de alta patente se recusaram a obedecer às suas ordens, Alfonsín só conseguiu reprimir a rebelião com o apoio da população, que se manifestou contrária ao golpe. Para evitar uma guerra civil, o presidente negociou com os militares, concedendo a interrupção do julgamento de novos acusados.

Apesar dos problemas econômicos, gerados pela dívida externa e pela inflação, e por novas tentativas de golpe, Alfonsín deu continuidade ao processo de transição democrática. Em 1989, Carlos Menem, peronista, foi eleito presidente do país.

Marcha pela democracia em Buenos Aires, Argentina. Foto de 1982.

História e direito

Além de constituir um sistema de normas de conduta, o direito é também um ramo do conhecimento das ciências sociais. Ele subdivide-se em especializações, como direito civil, penal, comercial, constitucional, etc.

O estudo dessas áreas sobre as normas legais relativas ao indivíduo e ao Estado é de vital importância para o historiador. Com base no conhecimento de alterações efetuadas em determinado código de leis, ele pode descobrir permanências e rupturas nas sociedades ao longo do tempo.

Assim, ao comparar as alterações efetuadas no Código Civil ou na Constituição durante processos ditatoriais e após a queda de ditaduras, é possível ao historiador inferir se a democratização foi plena ou relativa nos países analisados.

- Faça uma pesquisa sobre o processo de criação das leis constitucionais em países democráticos e em países ditatoriais e debata com seus colegas.

> Uruguai, Paraguai e Chile

Assim como a Argentina, outros países do Cone Sul passaram por processos de redemocratizaçao ao longo da década de 1980, entre eles o Uruguai, o Paraguai e o Chile.

> A ditadura e a redemocratização do Uruguai

A ditadura uruguaia vigorou de 1973 a 1985. No primeiro período, o governo civil de Juan Maria Bordaberry foi mantido sob um regime denominado Processo Cívico-Militar. Em 1976, porém, os militares destituíram Bordaberry, intensificando a repressão. As atividades políticas foram suspensas e os sindicatos e grêmios estudantis passaram a ser ilegais.

Em 1978, teve início uma discreta abertura política. Dois anos depois, foi feito um plebiscito com o objetivo de legitimar a ditadura. Caso fosse aprovado o projeto constitucional proposto pelos militares, eles teriam consentimento popular para continuar o seu governo. Entretanto, a população votou majoritariamente contra os militares.

Diante da derrota, os militares tiveram de negociar com os dois maiores partidos uruguaios, o Blanco e o Colorado. Teve início um lento processo de transição para a democracia, dirigido pela própria ditadura.

Em 1984, o diálogo entre políticos e militares culminou no **Pacto do Clube Naval**, que permitiu a transição para a democracia. Nesse ano, foram realizadas eleições para presidente, com a vitória de Julio María Sanguinetti, do Partido Colorado.

No ano seguinte, o Parlamento eleito criou a **Lei de Reconciliação Nacional**, que anistiava presos políticos e funcionários civis e militares que participaram da repressão e das violações dos direitos humanos na ditadura.

Entretanto, tribunais uruguaios aceitaram denúncias contra militares. A pressão do setor militar levou o Parlamento a criar, em 1986, a Lei de Caducidade da Pretensão Punitiva do Estado, proibindo a condenação de pessoas envolvidas na violação dos direitos humanos durante o regime ditatorial. Em 1989, um plebiscito ratificou a lei.

Familiares de vítimas e a Comissão de Direitos Humanos da ONU denunciaram posteriormente essa lei, uma vez que ela institucionalizava a impunidade.

> A queda de Stroessner no Paraguai

A ditadura paraguaia, implantada em 1954, foi a mais longa entre os regimes antidemocráticos instalados nos países sul-americanos. Durante 35 anos, o general Alfredo Stroessner impôs um regime de exceção, interrompido apenas em 1989.

Ao contrário dos demais países do Cone Sul, a transição paraguaia ocorreu após um novo golpe militar, liderado pelo general Andrés Rodriguez. Stroessner fugiu para o Brasil, onde permaneceu até a morte, em 2006, livre de punições por seus crimes.

Em 1992, o Paraguai adotou uma nova Constituição, que, entre outras medidas, criminalizou os atentados à integridade física da pessoa, considerando imprescritíveis os crimes de genocídio e de tortura, os desaparecimentos, os sequestros e os assassinatos por razões políticas.

Ainda nesse ano, foram descobertos, nos arredores de Assunção, capital do Paraguai, arquivos secretos com dados sobre os crimes políticos cometidos durante a ditadura Stroessner, conhecidos como **arquivos do terror**. Essa documentação revelou a existência da **Operação Condor**, que envolveu as ditaduras paraguaia, argentina, boliviana, brasileira, chilena e uruguaia.

Em Montevidéu, manifestantes apoiam a anulação da Lei de Caducidade, que anistiou os responsáveis por crimes e violação dos direitos humanos durante a ditadura no Uruguai. Foto de 2011.

Ação e cidadania

Rio 92 — a ecologia entra em pauta

Nesse período de consolidação democrática em vários países da América Latina, ocorria na cidade do Rio de Janeiro a 2ª Conferência das Nações Unidas sobre Meio Ambiente e Desenvolvimento Humano, a Rio 92.

O tema central desse encontro foi a necessidade de criar formas sustentáveis de desenvolvimento econômico e humano, e de frear o processo de degradação ambiental em curso.

A partir da Rio 92, a questão ambiental entrou definitivamente na pauta de discussões de governos, empresas e organizações da sociedade civil em todo o mundo.

› A ditadura chilena e a derrota de Pinochet

A ditadura chilena, imposta em 1973, perdurou até 1989. Durante esse período, o chefe supremo da nação, general Augusto Pinochet, reuniu poderes praticamente absolutos.

Em 1980, Pinochet convocou um plebiscito destinado a aprovar uma nova Constituição, que daria legitimidade à ditadura. Como a consulta popular foi feita no país sob estado de sítio, estando a oposição totalmente reprimida, a Carta Constitucional foi aprovada. Entre outras regulamentações, ela previa oito anos de mandato presidencial para Pinochet, que poderia ser renovado por meio de um novo plebiscito.

Em 1986, guerrilheiros da Frente Patriótica Manuel Rodríguez (FPMR) coordenaram um atentado contra Pinochet. A emboscada não teve êxito e o governo reagiu com centenas de prisões e assassinatos de opositores.

Apesar da repressão, a ditadura entrou em declínio. Além do descontentamento popular, o fim de outras ditaduras sul-americanas isolou o regime chileno.

Pressionado, em 1998 Pinochet convocou um plebiscito cujo resultado foi contrário a sua permanência no poder. Sob pressão internacional, ele foi obrigado a marcar eleições presidenciais. A oposição, superando suas divergências, uniu-se, derrotando o candidato do governo. Em 1990, o democrata cristão eleito, Patricio Aylwin, assumiu a presidência. Mas Pinochet manteve-se como chefe das Forças Armadas até 1998, quando se tornou senador vitalício até 2002. Com isso, conseguiu defender-se de acusações contra seu governo ditatorial no Chile.

Nos anos seguintes, a democracia se fortaleceu pouco a pouco, com eleições parlamentares e presidenciais realizadas regularmente. Em 2006, foi eleita a socialista Michelle Bachelet, primeira mulher a assumir a presidência do Chile. Vítima da ditadura, foi torturada e exilada e teve seu pai morto na época do governo ditatorial.

Quatro anos depois, em janeiro de 2010, foi eleito Sebastián Piñera, representante de uma coalizão de direita. Em 2011, gigantescas manifestações estudantis foram violentamente reprimidas pelo governo de Piñera.

Manifestantes e familiares de vítimas e desaparecidos na ditadura chilena protestam contra a impunidade do general Pinochet. A manifestação ocorreu em Santiago, Chile. Foto de 2000.

Ponto de vista

Ditaduras e direitos humanos

Segundo a historiadora brasileira Samantha Viz Quadrat, o desrespeito aos direitos humanos não se iniciou tampouco acabou junto com o fim das ditaduras latino-americanas.

É bastante comum relacionar as violações de direitos humanos ao período ditatorial dos anos 1960 e 1980, como o momento fundador desses crimes. As violações dos direitos humanos hoje são apontadas recorrentemente como herança das ditaduras. Não compartilho dessa visão. As violações de direitos humanos têm uma longa existência na América Latina que antecede os períodos das ditaduras. Não foram inventadas pelos ditadores da segunda metade do século XX, embora tais governos tenham largamente utilizado esses meios para combater a oposição política e disseminar o medo na população.

QUADRAT, Samantha Viz. A emergência do tema dos direitos humanos na América Latina. In: FICO, Carlos et al. (Org.). *Ditadura e democracia na América Latina*: balanço histórico e perspectivas. Rio de Janeiro: FGV, 2008. p. 384.

- Debata com seus colegas as afirmações da autora, procurando entender as razões pelas quais ela alega que as violações de direitos humanos são crônicas na América Latina.

> O *apartheid*

A África do Sul, país com 80% da população formada por negros, viveu durante décadas sob o regime de *apartheid*. O termo significa "separação" e definia o regime de **segregação racial** praticado pela minoria branca sobre a maioria não branca.

As origens desse regime remontam ao período colonial. A África do Sul foi colonizada por holandeses a partir do século XVII. Os bôeres ou africânderes, como ficaram conhecidos esses colonizadores, passaram a dominar territórios e populações africanas nessa região.

Com a **Guerra dos Bôeres**, no final do século XIX, a África do Sul tornou-se domínio britânico. Nessa ocasião, as determinações do **Tratado de Vereeniging** entre bôeres e ingleses eram racistas, pois impediam, por exemplo, o voto dos negros.

> A instalação do *apartheid*

Várias leis foram criadas para aprofundar o *apartheid*. Em 1911, o Regulamento do Trabalho Indígena criminalizou a quebra de contrato de trabalho por parte dos negros. Em 1913, a **Lei de Terras** dividiu as terras de acordo com a cor da pele. Os negros, que eram dois terços da população, ficaram com 7,5% das terras, ao passo que 92,5% delas ficaram com os brancos.

O *apartheid* propriamente dito foi estabelecido em 1948 pelo Partido Nacional, que criou novas leis, proibindo, por exemplo, o casamento entre brancos e negros.

> O Congresso Nacional Africano

Em 1912, um grupo de intelectuais e ativistas negros criou o **Congresso Nacional Africano** (**CNA**), com o objetivo de combater a segregação racial. Sua atuação ao longo das décadas seguintes teve poucos resultados.

A partir de 1943, o CNA adotou um discurso mais radical, substituindo o apelo à compreensão entre brancos e negros pela reivindicação à cidadania plena.

As ações do CNA foram intensificadas na década seguinte, por meio de campanhas de desobediência às leis racistas, como boicotes ao sistema de transportes e a queima de salvo-condutos exigidos aos negros para circularem em áreas de brancos. A repressão cresceu, com a prisão de milhares de ativistas.

Em 21 de março de 1960, a polícia atirou contra manifestantes, matando 69 pessoas no **Massacre de Shaperville**. O CNA adotou então a luta armada como forma de resistência. No ano seguinte, foi criada a organização Lança da Nação, que, entre outras ações, sabotava alvos militares.

Um dos principais líderes do movimento, Nelson Mandela, foi preso em 1962 e condenado à prisão perpétua.

> O fim do *apartheid*

Em 1969, a ONU instituiu o Dia Internacional contra a Discriminação Racial, comemorado no dia 21 de março em referência ao Massacre de Shaperville.

Na década seguinte, inúmeras resoluções foram adotadas pela **Organização da Unidade Africana**, integrada por países africanos independentes e pela ONU, condenando o regime de *apatheid*. Em 1972, a África do Sul foi excluída da Olimpíada de Munique e, em 1985, o Conselho de Segurança da ONU recomendou sanções econômicas contra o país. A maioria negra manteve contínua resistência e protagonizou muitas revoltas, duramente reprimidas pelo governo de extrema direita. Aos poucos, essas lutas começaram a produzir mudanças.

Em 1990, o então presidente Frederik de Klerk, que havia sido eleito no ano anterior, iniciou o processo de extinção do *apartheid*. Nesse ano, Nelson Mandela foi libertado e, em 1994, eleito o primeiro presidente negro da África do Sul, governando o país até 1999. A Constituição de 1996 estabeleceu igualdade de direitos entre todos os sul-africanos.

Nelson Mandela e sua esposa, Graça Machel, durante cerimônia de encerramento da Copa do Mundo em Joanesburgo. Foto de 2010.

Ontem e hoje

Igualdade econômica entre negros e brancos ainda é distante

O regime de *apartheid* vigorou durante décadas na África do Sul. Principalmente a partir de 1948, várias leis segregacionistas foram criadas por representantes da minoria branca, que dominava o país, excluindo negros e mestiços dos direitos básicos da cidadania.

Na década de 1990, contudo, depois de muitos anos de luta contra a segregação, mudanças profundas ocorreram no país. A luta dos negros, a liderança de Nelson Mandela e as pressões internacionais levaram ao fim o regime de *apartheid*.

Placa utilizada no período em que vigorava o *apartheid* na África do Sul informando que o estabelecimento é de uso exclusivo de pessoas brancas.

> Quando Freddy Kenny abriu a empresa vendendo hortifrútis em uma picape detonada durante a década de 1970, uma sirene soava [...] [em] sua terra natal, toda noite às 21h, sinalizando a ele e a todos os negros que deviam deixar os limites da cidade imediatamente ou seriam presos.
>
> Hoje em dia, a única coisa pairando é a estátua de seis metros de Nelson Mandela, o homem que conduziu a África do Sul para fora do *apartheid* e a uma era de democracia, com o punho levantado em uma saudação do poder negro. Agora um magnata dos supermercados, Kenny doou a imagem de bronze de Mandela, o primeiro presidente negro da África do Sul, e a mandou erigir sobre o ponto mais alto da cidade, o morro Naval.
>
> [...]
>
> A vida nova de Kenny, com as mordomias e privilégio dos colegas brancos, é uma prova do comprometimento de Mandela, que morreu a cinco de dezembro [2013], de fazer da reconciliação racial a principal bandeira de sua presidência. Ele liderou um partido que combateu uma insurgência armada contra o governo do *apartheid*, mas quando saiu da prisão pregou o perdão e a harmonia. Despido de ódio, Mandela negociou um final pacífico para o domínio branco, dando origem à Nação do Arco-Íris.
>
> Porém, a igualdade racial nas urnas se mostrou muito mais fácil de conquistar do que a igualdade social e econômica. Embora Kenny [...] [tenha] ultrapassado muitos sul-africanos brancos, ele é uma exceção à regra da oportunidade e progresso desiguais que continua sendo um dos maiores desafios da nação atualmente.
>
> Desde o fim do *apartheid*, o governo construiu mais de dois milhões de casas, levou eletricidade a milhões de lares e aumentou tremendamente o número de pobres com acesso à água potável [...], e uma porcentagem crescente da população adulta negra fez o ensino médio, com uma parcela em elevação indo à faculdade.
>
> Porém, os negros sul-africanos ainda estão muito atrás dos brancos e, segundo algumas cifras, ficando ainda mais para trás. [...] E embora o país tenha progredido em reduzir o número de negros analfabetos ou com poucos anos de escolaridade, pouquíssimos brancos têm esse obstáculo a superar; pelo contrário, eles foram à faculdade e além em índices maiores desde o fim do *apartheid*.
>
> A nação também continua profundamente dividida nas esferas sociais. Segundo o Barômetro da Reconciliação da África do Sul, pesquisa sobre atitudes raciais e sociais, menos de 40 por cento dos sul-africanos socializam com pessoas de outra raça. [...] As escolas ainda permanecem bastante segregadas.
>
> [...]
>
> Homens como Kenny, com sua riqueza e *status*, vivem com facilidade em um mundo multirracial. Todavia, para a maioria dos sul-africanos negros, a raça continua sendo um senhor obstáculo. A exemplo de muitos jovens negros pobres, Mamello Tlakeli, 27 anos, afirmou não ter nenhum contato significativo com os brancos.
>
> [...] Tlakeli disse que os brancos da África do Sul continuaram a prosperar como antes do *apartheid*, enquanto os negros continuaram atrás.
>
> — Existe um grande abismo entre brancos e negros. A Nação do Arco-Íris é um sonho, não uma realidade.

Disponível em: <http://zerohora.clicrbs.com.br/rs/mundo/noticia/2013/12/sul-africanos-afirmam-que-cultura-de-igualdade-economica-entre-negros-e-brancos-ainda-e-distante-4369102.html>. Acesso em: 19 fev. 2014.

Reflita

1. Tendo passado duas décadas do fim do *apartheid*, o regime de segregação racial que vigorou na África do Sul de 1948 a 1994, ainda há no país grande distância entre negros e brancos, tanto econômica quanto social. Retire do texto trechos que comprovem essa afirmativa.
2. Comente a última frase do texto: "– Existe um grande abismo entre brancos e negros. A Nação do Arco-Íris é um sonho, não uma realidade."

Atividades

Verifique o que aprendeu

1. Identifique os setores da sociedade que mais apoiaram as ditaduras de direita e explique os motivos desse apoio.

2. De que forma a juventude, os intelectuais e os artistas de países democráticos, com os exilados políticos, contribuíram para a redemocratização ocorrida em diversos países nas décadas de 1970 e 1980?

3. Nos países com regimes ditatoriais também cresceu a aversão à ditadura ao longo da década de 1970. Explique as razões que levaram as camadas dominantes a reivindicar a redemocratização nesses países.

4. Por que as guerras nas colônias africanas foram fatores de desgaste do Estado Novo português? Na explicação, leve em consideração vários aspectos a respeito.

5. A redemocratização portuguesa ficou conhecida como Revolução dos Cravos. Explique o motivo.

6. Por que Francisco Franco optou por transferir o poder ao herdeiro do trono espanhol, Juan Carlos?

7. Qual foi o papel do rei Juan Carlos na transição espanhola para a democracia?

8. Em 1982, o Partido Socialista Operário Espanhol chegou ao poder de forma democrática. Qual era a orientação ideológica desse partido antes de 1979 e que orientação ele adotou após essa data?

9. O que reivindicavam as Mães da Praça de Maio? Explique a origem desse movimento, considerando as ações dos militares argentinos.

10. Relacione a Guerra das Malvinas à situação política e econômica argentina no início dos anos 1980.

11. Por que a apuração de crimes cometidos na ditadura argentina provocou uma crise no governo democrático de Alfonsín? Como ela foi solucionada?

12. De que maneira os militares conseguiram, após a redemocratização do Uruguai, evitar punições pelos crimes cometidos na ditadura?

13. Por que o processo de transição para a democracia no Paraguai foi diferente dos processos dos demais países do Cone Sul?

14. Explique como o ditador Pinochet conseguiu eximir-se de julgamentos por crimes políticos após o fim da ditadura militar no Chile.

15. O que foi o regime de *apartheid* na África do Sul? Explique levando em consideração as origens históricas e as normas legais desse regime.

Leia e interprete

16. A imagem ao lado é uma reprodução de um cartaz comemorativo da Revolução dos Cravos. Analise-o e responda.

    a) Por que foi usada uma criança como protagonista dessa comemoração?
    b) Qual é o papel do fuzil na composição do cartaz?
    c) Analise a relação entre a criança, o fuzil amparado pelos militares e o cravo que é colocado na boca da arma. O que o cartaz sugere?

17. Em outubro de 1975, o ex-primeiro-ministro de Portugal, Vasco Gonçalves, concedeu entrevista ao semanário belga *Hebdo*. Leia a seguir trecho dessa entrevista e responda às questões.

    > A situação atual do PCP [Partido Comunista Português] é extremamente complicada e difícil. Participando de uma maneira ou de outra no governo, o PC entendeu que o inimigo principal não era a social-democracia, mas sim o fascismo. Esta ideia está na base da sua política. Mas uma questão que se põe e que se punha já no seio do governo é a de saber se devemos lutar pela realização dos objetivos socialistas ou se estamos numa fase na qual deve lutar-se prioritariamente contra o fascismo e a reação. Pessoalmente, penso que estas duas hipóteses quase se confundem. Neste momento é muito difícil distinguir entre os social-democratas e os reacionários de direita e os próprios fascistas, de tal modo se confundem. É esta a minha opinião em face das práticas dos diferentes grupos políticos.

    SECCO, Lincoln. *A Revolução dos Cravos e a crise do império colonial português*: economias, espaços e tomadas de consciência. São Paulo: Alameda, 2004. p. 145.

    a) Com base na leitura dessa declaração, qual era a orientação ideológica de Vasco Gonçalves?
    b) Qual era a dúvida, segundo o político, que pairava nos meios do Partido Comunista Português nesse período?

CAPÍTULO 57
A redemocratização do Brasil

O que você vai estudar

- A progressão do processo de abertura.
- A campanha pelas Diretas Já.
- A última eleição indireta e a morte de Tancredo.
- O governo José Sarney.
- A volta da eleição direta e o governo Collor.

Comício pela campanha das Diretas Já, em Belo Horizonte (MG). Com a abertura política, as manifestações populares voltavam à vida política nacional. Foto de 1984.

Ligando os pontos

A partir do golpe de 1964 no Brasil, os militares iniciaram uma política de restrição das liberdades. Para afastar a "ameaça comunista", prenderam e cassaram líderes sindicais, políticos e estudantis. O Poder Executivo limitou a autonomia dos estados e promulgou leis que facilitavam a repressão aos adversários do regime.

O auge do autoritarismo ocorreu a partir de dezembro de 1968, com o AI-5. Por meio dele, o presidente tinha o direito de fechar o Congresso, as assembleias legislativas e as câmaras municipais, cassar mandatos, suspender direitos políticos, demitir, remover, aposentar ou afastar de seus cargos funcionários públicos e juízes. O direito ao *habeas corpus* foi suspenso. A repressão entrou em sua fase mais dura no governo Médici.

Com o governo Geisel (1974-1979), teve início um processo de abertura lenta e gradual do regime, que alternou medidas liberalizantes e repressivas. A vitória do MDB nas eleições de 1974 precipitou o lançamento do Pacote de Abril, em 1977, com nova série de medidas autoritárias.

Em 1978, Geisel deu um passo à frente em sua política de abertura "lenta e gradual". O AI-5 foi revogado e, já no governo Figueiredo (1979-1985), foi aprovada a Lei da Anistia e decretado o retorno ao pluripartidarismo. O controle sobre a imprensa foi revogado. Os cidadãos podiam voltar a manifestar-se com relativa liberdade. A cada dia, a luta pelo retorno à democracia ganhava mais força.

Observe a imagem acima, leia o texto e responda às questões.
1. Quando ocorreu o auge da repressão do regime militar no Brasil?
2. Relacione a imagem acima ao processo de abertura política brasileira.

❯ A progressão da abertura

No início dos anos 1980, a abertura política já se fazia sentir na sociedade brasileira. A revogação do AI-5, a Lei da Anistia, o retorno dos exilados e a volta ao pluripartidarismo anunciavam novos tempos.

As greves dos metalúrgicos no ABC paulista, organizadas por um sindicalismo mais atuante, indicavam mudanças no cenário político desde o final dos anos 1970. Campanhas salariais tornavam-se manifestações contra o regime e ajudavam a mobilizar a sociedade civil.

Em 1980, foram aprovadas as **eleições diretas** para governador e a extinção da figura do senador biônico. Apesar disso, o regime acreditava que a pulverização da oposição em vários partidos facilitaria a vitória do PDS, o partido governista, permitindo manter o controle da situação.

Entretanto, como vimos no capítulo A ditadura militar no Brasil, os grupos paramilitares de direita, ligados aos aparelhos repressores e inconformados com a abertura, iniciaram uma série de atentados. Bombas foram colocadas em bancas de revistas, na sede de jornais de oposição, em locais públicos, igrejas e até na sede da OAB, no Rio de Janeiro.

Também vimos que, em 1981, em um centro de convenções no Rio de Janeiro, o Riocentro, onde era comemorado o dia 1º de maio, uma bomba explodiu antes da hora dentro de um carro, matando um sargento e ferindo um capitão do Exército. A investigação resultou na responsabilização da esquerda, mas todos sabiam que a linha dura do Exército lutava contra a redemocratização. O episódio precipitou a renúncia do general Golbery do Couto e Silva, principal ideólogo da abertura política e contrário à manipulação das investigações.

❯ As eleições estaduais de 1982

Apesar do episódio do Riocentro, o então presidente João Batista Figueiredo manteve o calendário eleitoral que previa eleições diretas para os governos estaduais em novembro de 1982. Para conter a oposição, o governo obteve do Congresso a proibição das **coligações partidárias** e a criação do **voto vinculado**, pelo qual o eleitor era obrigado a votar em um mesmo partido em todos os níveis representativos, executivo e legislativo, municipal e estadual. A medida visava beneficiar o PDS, mais forte nos municípios: o voto no vereador puxaria votos para o partido nos outros níveis.

O PP (Partido Popular), que reunia adversários conservadores do PDS, como Tancredo Neves e Magalhães Pinto, fundiu-se ao PMDB depois que ambos viram suas possibilidades eleitorais diminuírem.

A campanha eleitoral possibilitou um amplo debate, apesar da **Lei Falcão**, que limitava a aparição ao vivo dos candidatos no rádio e na televisão.

No Congresso Nacional, o grande vitorioso foi o PDS, que obteve ampla maioria no Senado e a maior bancada na Câmara dos Deputados.

Na eleição para governador, o PMDB conseguiu expressivas vitórias em estados importantes: em São Paulo elegeu Franco Montoro, em Minas Gerais, Tancredo Neves, no Paraná, José Richa. No Rio de Janeiro, o PDT elegeu Leonel Brizola, antigo adversário da ditadura, confirmando seu prestígio político.

Mesmo assim, o PDS venceu na maioria dos estados, mesmo naqueles em que a oposição era forte, como Pernambuco e Rio Grande do Sul. Neste último, a divisão entre PMDB e PDT favoreceu o êxito governista.

Rua da cidade de São Caetano do Sul (SP), coberta por panfletos de propaganda eleitoral, durante a primeira eleição pluripartidária no Brasil desde 1965. Foto de 1982.

GLOSSÁRIO

Senador biônico: senador eleito indiretamente por um colégio eleitoral criado pela ditadura militar em 1977 para manter a maioria governista no Senado nas eleições de 1978.

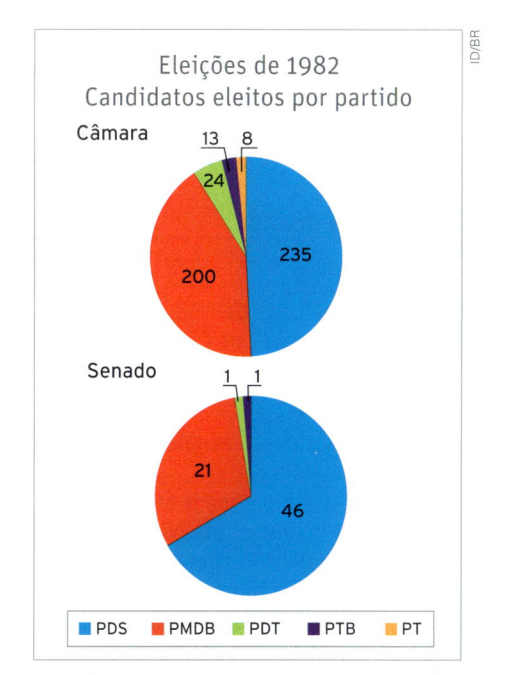

Eleições de 1982
Candidatos eleitos por partido

Câmara: PDS 235, PMDB 200, PDT 24, PTB 13, PT 8

Senado: PDS 46, PMDB 21, PDT 1, PTB 1

Fonte de pesquisa: NAPOLITANO, Marcos. *O regime militar brasileiro: 1964-1985*. São Paulo: Atual, 1998.

A campanha pelas Diretas Já

Após as eleições de 1982, o entendimento entre a oposição ao regime era que a ditadura só chegaria ao fim quando houvesse eleições diretas para a presidência da República. No decorrer de 1983, várias ações levaram ao início de uma campanha pelas eleições diretas. Em março, o deputado mato-grossense Dante de Oliveira (PMDB) apresentou ao Congresso um projeto de emenda constitucional que propunha a volta das eleições para presidente já na sucessão de Figueiredo.

Enquanto isso, o senador Teotônio Vilela (PMDB) sugeria uma campanha nacional pelo voto direto para presidente. O PT definiu a campanha como prioritária. O PMDB apoiou, promovendo um comício em Goiânia.

Em novembro de 1983, em um comício em São Paulo, uma **frente suprapartidária** que reunia o PT, o PMDB, o PDT, a Central Única dos Trabalhadores (CUT) e outras organizações civis deu início a uma campanha nacional por eleições diretas. Entretanto, a campanha só ganhou fôlego em janeiro de 1984, com o engajamento total do PMDB.

A mobilização social

Sob a liderança do governador de São Paulo, Franco Montoro, um comitê suprapartidário promoveu um comício na praça da Sé em 25 de janeiro de 1984. O evento ultrapassou todas as expectativas, reunindo mais de 250 mil pessoas.

Daí em diante, o movimento ganhou as ruas. Milhões de pessoas se manifestaram nas principais cidades do país, exprimindo seu apoio às eleições diretas e exigindo a resolução de problemas como a inflação, os baixos salários e a segurança.

Comícios foram organizados em todo o país com a presença de artistas, intelectuais e políticos de todas as alas de centro e esquerda, que fizeram das **Diretas Já** um marco na luta pela redemocratização. A cor amarela, símbolo do movimento, tomou as ruas.

Definida a data de votação da emenda Dante de Oliveira em 25 de abril, a campanha intensificou-se. Comícios realizados no Rio de Janeiro, em 10 de abril, e em São Paulo, em 16 de abril, levaram às ruas, cada um, cerca de 1 milhão de manifestantes.

O 25 de abril de 1984

Quando a emenda Dante de Oliveira foi posta em votação na Câmara, o governo decretou estado de emergência em Brasília.

Apesar do apoio de alguns dissidentes do PDS, a emenda não atingiu o *quorum* de dois terços dos deputados para a aprovação. Seriam necessários 320 votos, e a emenda obteve 298. A derrota frustrou a população. Mais uma vez, a eleição para presidente seria indireta, no Colégio Eleitoral.

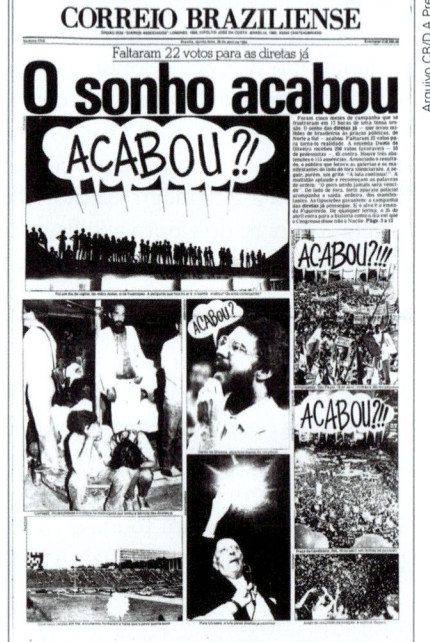

Capa do jornal *Correio Braziliense*, de 26 de abril de 1984.

Conheça melhor

Vai passar

Muitos artistas participaram nas Diretas Já. Canções como "Vai passar", de Chico Buarque de Holanda e Francis Hime, tornaram-se referência da campanha.

Vai passar

Vai passar nessa avenida um samba popular
[...]
Num tempo página infeliz da nossa história,
passagem desbotada na memória
Das nossas novas gerações
Dormia a nossa pátria mãe tão distraída
sem perceber que era subtraída
Em tenebrosas transações
Seus filhos erravam cegos pelo continente,
levavam pedras feito penitentes
Erguendo estranhas catedrais
E um dia, afinal, tinham o direito a uma alegria fugaz
Uma ofegante epidemia que se chamava carnaval,
o carnaval, o carnaval
Vai passar, palmas pra ala dos barões famintos
O bloco dos napoleões retintos
e os pigmeus do *boulevard*
Meu Deus, vem olhar, vem ver de perto uma cidade
[a cantar
A evolução da liberdade até o dia clarear [...]

HOLANDA, Chico Buarque de; HIME, Francis. Vai passar. Intérprete: Chico Buarque. In: *Chico 50 anos*: Malandro. S. l.: Universal Music. 1 CD. Faixa 14.

🞂 A última eleição indireta

Com a derrota da emenda Dante de Oliveira, os partidos começaram a mobilizar-se para as **eleições indiretas** para presidente do Brasil. No PDS, havia três possíveis candidatos: o então vice-presidente Aureliano Chaves, civil ligado aos moderados; o ministro do Interior, coronel Mário Andreazza, indicado pelos militares; e o ex-governador de São Paulo, Paulo Maluf, figura política nascida na ditadura, mas que tinha um projeto próprio de poder.

Maluf venceu a disputa pela indicação do PDS na convenção partidária. Entretanto a vitória do político paulista irritou os militares e descontentou os moderados, provocando uma profunda cisão no PDS.

Aproveitando o enfraquecimento do PDS e do projeto militar, o PMDB, liderado por Ulysses Guimarães, lançou o nome do moderado Tancredo Neves, governador do estado de Minas Gerais, para disputar a presidência no Colégio Eleitoral.

Ao centro, Tancredo Neves canta o hino nacional na Câmara dos Deputados depois de ser eleito presidente da República pelo Colégio Eleitoral. Ao seu lado direito estão sua esposa, dona Risoleta, e o vice-presidente, José Sarney. Ao seu lado esquerdo, de terno escuro, o deputado Ulysses Guimarães. Foto de 1985.

ᐳ A Frente Liberal e a Aliança Democrática

Em julho de 1984, Aureliano Chaves retirou-se da disputa pela candidatura de seu partido e começou a trabalhar na organização da **Frente Liberal**, que reunia os dissidentes do PDS.

A Frente Liberal aproximou-se do PMDB e firmou uma aliança em apoio à candidatura de Tancredo Neves, indicando como vice de sua chapa José Sarney, ex-presidente do PDS e então senador pelo Maranhão. A união dessas forças ficou conhecida como **Aliança Democrática**.

O programa de Tancredo Neves contemplava a convocação de uma Assembleia Constituinte, os problemas sociais, as eleições diretas, a dívida externa, o emprego, a Previdência Social, a liberdade sindical e o Estado de Direito. A coordenação da campanha coube ao deputado Ulysses Guimarães.

ᐳ A eleição de Tancredo

Uma campanha intitulada **Muda Brasil: Tancredo já!** aproveitou a empolgação provocada pela campanha das Diretas Já. Apesar de as eleições serem indiretas, o povo brasileiro continuava a manifestar sua vontade. Queria o retorno à democracia, e a eleição de Tancredo Neves consolidaria o processo de redemocratização.

Em 15 de janeiro de 1985, o Colégio Eleitoral, composto por congressistas e delegados das assembleias estaduais, elegeu Tancredo Neves para a presidência da República, por 480 votos contra 180 dados a Paulo Maluf. O PDT, apesar de não compor a Aliança Democrática, votou em Tancredo, enquanto o PT negou-se a participar do pleito indireto. Depois de 21 anos de regime militar, o Brasil voltava a ter um presidente civil.

Tinha início a **Nova República**, termo cunhado por Tancredo para seu período de governo. O novo presidente receberia um país com uma dívida externa de 100 bilhões de dólares e inflação de 228% ao ano.

Entretanto, Tancredo Neves não chegou a assumir a presidência. Na véspera da posse, prevista para o dia 15 de março, Tancredo foi internado às pressas em um hospital de Brasília. No dia seguinte, seu vice, José Sarney, tomava posse no lugar do presidente eleito.

O estado de saúde de Tancredo agravou-se, e ele foi levado a São Paulo, onde foi submetido a uma série de cirurgias. O país inteiro aguardava os boletins médicos que alimentavam um falso otimismo.

Tancredo morreu em 21 de abril de 1985. Multidões acompanharam o cortejo que saiu de São Paulo e passou por Brasília e Belo Horizonte, até o enterro, em São João del Rei, sua terra natal.

◆ O governo Sarney

Imposto na última hora ao PMDB, ex-presidente do PDS, carecendo de autoridade na Aliança Democrática e desafeto do presidente João Figueiredo por sua aliança com a oposição, o maranhense José Sarney tomou posse nomeando o ministério escolhido por Tancredo Neves.

A morte de Tancredo transformou o governo interino de Sarney em definitivo. Ele deveria coordenar um ministério que não escolhera e sobre o qual lideranças peemedebistas, como Ulysses Guimarães, então presidente da Câmara dos Deputados, tinham muita influência.

> ### Reformas políticas e institucionais

Do ponto de vista político, os principais dilemas a serem enfrentados eram: a revogação das leis provenientes do regime militar, que limitavam as liberdades democráticas, e a eleição de uma **Assembleia Constituinte**.

Em maio de 1985, Sarney iniciou a eliminação do chamado entulho autoritário. Sancionou a emenda que restabeleceu eleições diretas para a presidência da República e para as principais cidades do país. O direito ao voto foi estendido aos analfabetos. Uma nova legislação facilitou o registro de novos partidos, permitindo a legalização do Partido Comunista Brasileiro (PCB) e do Partido Comunista do Brasil (PCdoB).

A medida mais aguardada era a convocação da Assembleia Constituinte, para a qual foram realizadas eleições em novembro de 1986. O PMDB obteve vitória esmagadora, tanto no Congresso quanto nos estados, elegendo 22 dos 23 governadores do país.

> ### A Constituição de 1988

A nova Constituição do Brasil foi promulgada em outubro de 1988. Ulysses Guimarães, presidente da Câmara, chamou-a de **Constituição Cidadã**, em referência aos avanços sociais obtidos.

No plano eleitoral, a Constituição de 1988 determinou o restabelecimento das eleições diretas para presidente da República, extensão do voto aos analfabetos, voto facultativo para jovens entre 16 e 18 anos e manutenção do pluripartidarismo, com regras mais flexíveis para a criação de partidos.

Quanto aos direitos individuais, foi garantida a liberdade de expressão, de imprensa e de organização, incluindo a sindical. Assegurou-se o pleno direito ao *habeas corpus* e foi instituído o *habeas data*, que concede a qualquer pessoa o acesso a informações de interesse geral ou particular sobre ela contidas em órgãos públicos. O racismo e a tortura tornaram-se crimes inafiançáveis e, no caso da tortura, impossível de ser anistiado.

No plano dos direitos sociais, garantiram-se amplos direitos trabalhistas: jornada de 44 horas semanais, férias com adicional de um terço do salário, licença-maternidade de 120 dias, licença-paternidade de cinco dias, amplo direito de greve, liberdade e autonomia sindical, proibição de intervenção nos sindicatos, aposentadoria mínima equivalente ao salário mínimo. Houve também a extensão dos benefícios da Previdência Social aos trabalhadores rurais.

Foram reconhecidos **direitos de minorias**, como indígenas e comunidades quilombolas. A Constituição de 1988 contemplou também o **meio ambiente**, prevendo mecanismos para sua proteção e identificando os biomas a serem protegidos.

A Constituição previu ainda o direito à educação, ao transporte, à saúde e à moradia e incumbiu os governos de implementar programas específicos para universalizá-los.

A nova carta abriu caminho, nos anos seguintes, para a elaboração de um novo **Código Civil**, do **Código de Defesa do Consumidor**, do **Estatuto da Criança e do Adolescente** e do **Estatuto do Idoso**.

Apesar dos avanços em várias áreas, a elaboração das leis é um campo de discussões e mesmo de confrontos entre interesses dos diferentes grupos que compõem a sociedade, estando sempre em mutação.

Assista

Feliz ano velho. Direção de Roberto Gervitz, Brasil, 1987, 111 min.
Filme baseado na história real de Marcelo Rubens Paiva. Jovem estudante, cujo pai desaparecera na ditadura, sofre acidente e fica tetraplégico. A partir daí suas perspectivas mudam e ele busca forças para enfrentar a nova realidade.

A Constituição de 1988 criou mais mecanismos para os brasileiros buscarem seus direitos. Na imagem, povos indígenas protestam no Rio de Janeiro durante a Conferência das Nações Unidas sobre Desenvolvimento Sustentável, a Rio +20. Foto de 2012.

> ## Inflação e Plano Cruzado

Na esfera econômica, os desafios do novo governo eram a escalada crescente da inflação e o endividamento externo. Em agosto de 1985, Sarney nomeou o empresário Dilson Funaro para o Ministério da Fazenda, e, em 1986, lançou o **Plano Cruzado**.

O plano consistia na introdução de uma nova moeda, o cruzado, com o corte de três zeros do desvalorizado cruzeiro e o congelamento de preços e de salários por um ano. A preocupação em aumentar o poder de compra das camadas populares também ficou evidenciada com o chamado **gatilho salarial**, pelo qual os salários eram reajustados automaticamente quando a inflação passava dos 20%.

Os efeitos iniciais do plano foram o aumento do poder de compra, a contenção da inflação e um clima de euforia nacional. Entretanto, a onda de consumo e congelamento de preços promoveu uma crise de abastecimento, proporcionando o surgimento do ágio, valor cobrado por fora da tabela imposta pelo governo. Um dos casos mais expressivos foi o da carne bovina, ausente das prateleiras dos supermercados. Para os pecuaristas, manter os preços congelados significava prejuízo, pois o tabelamento ignorava as variantes de custos reais do produto, como ração, entressafra, etc.

Produtores, empresários e comerciantes passaram a boicotar o plano. Ao longo da cadeia produtiva, um tentava empurrar para o outro os custos financeiros da inflação anterior, embutidos nos preços dos produtos.

> ## Eleições e moratória

Apesar dos indícios de fracasso, o plano garantiu ao PMDB uma vitória esmagadora nas eleições de 1986. O governo lançou o **Plano Cruzado II**, desvalorizando o cruzado diante do dólar, liberando o preço de serviços e produtos, elevando os impostos sobre telefonia, combustíveis, cigarros, bebidas, energia e automóveis. As medidas acarretaram declínio das exportações, aumento das importações e o esgotamento das reservas cambiais.

Em janeiro de 1987, o Brasil decretou a **moratória**, ou seja, suspendeu o pagamento da dívida externa. A crise agravou-se com a escalada inflacionária e o aumento geral de preços. Funaro foi então substituído pelo economista Luiz Carlos Bresser Pereira, que lançou o **Plano Bresser**, com novo congelamento de preços e salários por 90 dias, extinção do abono salarial, aumento de impostos e tarifas públicas, e suspensão da moratória. Tudo era parte de um retorno à economia livre, sem tabelas ou congelamentos, mas a descrença nos planos econômicos inviabilizou o controle da inflação.

Por fim, o economista Maílson da Nóbrega substituiu Bresser Pereira e lançou, em 1989, o **Plano Verão**. O cruzado perdeu três zeros e deu lugar ao cruzado novo, mas a promessa feita de corte nos gastos públicos, de privatização das estatais e de demissão de funcionários públicos não se concretizou. No final de 1989, a inflação acumulada chegou a mais de 1 700%.

> ## Mercosul

A aproximação com os países vizinhos, especialmente a Argentina, foi uma das marcas da política externa desse período. O então presidente da Argentina Raul Alfonsín e o presidente José Sarney expressaram sua decisão de acelerar o processo de integração bilateral.

O primeiro passo foi dado com o Tratado de Iguaçu, em 1985, que previa a integração econômica e política da América do Sul. Em março de 1991, o Tratado de Assunção estabeleceu o Mercado Comum do Sul, o **Mercosul**, com a adesão do Paraguai e do Uruguai.

História e estatística

A estatística oferece uma contribuição importante à construção do conhecimento histórico. Os dados estatísticos coletados pelo Estado, pelas universidades, fundações e grupos de pesquisa ajudam a traçar um panorama do contexto social, político e econômico de determinado período estudado.

É possível ter uma ideia do caos econômico vivido no governo Sarney ao olharmos os dados estatísticos relativos à inflação nesse período.

ANO	INFLAÇÃO (%)
1985	28,22
1986	68,08
1987	367,12
1988	891,67
1989	1635,85
1990	1639,08

Fonte de pesquisa: Fipe. Disponível em: <http://www.fipe.org.br/web/index.asp>. Acesso em: 15 maio 2014.

- Debata com seus colegas a importância dos dados estatísticos para a produção do conhecimento histórico.

O governo Collor de Mello

Nas eleições diretas para a presidência da República que ocorreriam em novembro de 1989, vários partidos políticos lançaram candidato. Entre eles estavam nomes tradicionais, como os de Leonel Brizola (PDT), Ulysses Guimarães (PMDB), Mário Covas (PSDB), Aureliano Chaves (PFL) e Paulo Maluf (PDS). Todavia, chegaram ao segundo turno das eleições dois nomes novos no cenário político nacional: Fernando Collor de Mello (PRN) e Luiz Inácio Lula da Silva (PT).

A polarização

Durante o processo eleitoral, houve forte polarização ideológica, pois Collor e Lula eram, respectivamente, as novas caras da direita e da esquerda no Brasil.

Descendente de políticos de projeção nacional, Fernando Collor foi prefeito de Maceió antes dos 30 anos. Eleito deputado federal pelo PDS, migrou para o PMDB e chegou ao governo de Alagoas em 1986.

Candidato pelo pequeno PRN, Collor iniciou a campanha em um patamar modesto. Mas, com o início dos programas eleitorais, passou a liderar as pesquisas. Usando muito bem a comunicação pela TV, Collor propagou os temas de sua campanha: "caça aos marajás" – nome atribuído a funcionários públicos com altos salários –, modernização administrativa e inserção do país no mercado global.

Lula, por sua vez, era proveniente das classes populares. Nascido em Garanhuns (PE), migrou para São Paulo ainda na infância, foi alfabetizado aos 10 anos e começou a trabalhar aos 14. Empregou-se aos 19 anos em uma metalúrgica em São Bernardo do Campo (SP). Anos depois, iniciou sua militância sindical, liderando greves importantes em 1977, 1978 e 1979. Cofundador e principal líder do Partido dos Trabalhadores, o PT, Lula propunha reformas sociais e econômicas que visavam alterar a estrutura da sociedade brasileira.

As propostas de Lula encontravam forte resistência entre os conservadores, fazendo renascer o discurso anticomunista. Dizia-se que os empresários deixariam o país se ele vencesse. A grande imprensa apoiou Collor, e as forças de centro direita – PFL, PDS e parte do PMDB – transferiram para ele o apoio de suas bases com receio de uma vitória da esquerda.

Fernando Collor de Mello e Luiz Inácio Lula da Silva, durante debate promovido pela TV Bandeirantes, mediado pelo jornalista Boris Casoy. Foto de 1989.

Ponto de vista

O peso da mídia

A campanha eleitoral de 1989 suscitou importantes discussões sobre a mídia.

No livro *Notícias do Planalto*, o jornalista Mário Sérgio Conti analisou os estreitos laços entre a mídia e o poder político que favoreceram amplamente Collor, destacando a edição manipulada do último debate exibido pela Rede Globo.

Carly Aguiar, pós-doutora em Comunicação Política, destacou a mentalidade conservadora da imprensa escrita em artigo intitulado "Imprensa e eleições 89: imagens e atores da política". A autora mostra a ênfase dada pela imprensa ao perigo de que o Brasil adotasse o comunismo caso a esquerda vencesse. Em contrapartida, o mito do "salvador da pátria" foi encarnado por Collor, que passou a simbolizar o bem lutando contra o mal, imagem amplamente difundida pelos grupos de comunicação.

Nenhum dos grandes jornais, revistas ou redes de televisão apoiou a candidatura de Lula no segundo turno.

Venício de Lima discute em seu artigo "Televisão e política: hipótese sobre o 1º turno das eleições de 1989" a influência da mídia no longo prazo. Para ele, a vitória de Collor deve ser explicada com base na construção de um "cenário de representação da política" pela televisão anterior a 1989. Lima considera que não só nas campanhas políticas, mas também nos intervalos entre elas, a mídia fornece perspectivas, molda imagens de candidatos e de partidos, ajuda a promover temas sobre os quais versará a campanha e cria a atmosfera específica de qualquer campanha eleitoral. Além disso, a mídia transmite juízos de valor em novelas, filmes, séries, telejornais e programas humorísticos, e acaba por condicionar ou mesmo determinar as possibilidades de um candidato.

- Debata com seus colegas sobre a capacidade da mídia de formar opinião, influenciar eleições e condicionar o olhar crítico da sociedade.

> ## A vitória de Collor

Em dezembro de 1989, os eleitores voltaram às urnas e deram a vitória a Fernando Collor. Seu ministério, para o qual escolheu alguns amigos de Maceió, foi logo apelidado pela mídia de República das Alagoas.

Para modernizar o país, Collor adotou **práticas neoliberais**, como a diminuição do papel do Estado na economia. Baixou as taxas de importação, abrindo a economia aos produtos estrangeiros, e deu início ao processo de **privatização** de empresas estatais.

Collor usava o *marketing* político para personificar a própria modernização. A mídia o mostrava exercitando-se ao ar livre com camisetas em que se liam frases de efeito, pilotando *jet skis* e aviões de caça.

> ## O Plano Collor

Em 16 de março de 1990, um dia depois da posse do presidente, sua equipe econômica, liderada pela ministra da Fazenda, Zélia Cardoso de Melo, lançou um plano econômico que ficou conhecido como **Plano Collor**.

Todos os depósitos bancários acima de 50 mil cruzados novos, um valor baixo na época, incluindo contas-correntes, cadernetas de poupança e aplicações financeiras, foram congelados por 18 meses. Depois desse período, o dinheiro foi devolvido em parcelas, corrigidas monetariamente. O objetivo era tirar dinheiro de circulação para, assim, conter o consumo e reduzir a inflação. As medidas econômicas foram muito mal recebidas pela população. E mais uma vez a moeda brasileira foi mudada: o nome cruzeiro voltava a ser usado, substituindo o cruzado novo.

Apesar de provocar a queda inicial da inflação, o chamado choque heterodoxo, o novo plano econômico, combinado com baixas tarifas de importação, para conter os preços dos produtos nacionais, provocou uma profunda recessão.

A inflação voltou a crescer. Em 1991, foi lançado o **Plano Collor II**, que congelou preços e salários. Entretanto, recebido com descrença e em meio a graves denúncias de corrupção, o plano não conteve a onda inflacionária.

> ## Corrupção e *impeachment*

Em maio de 1992, o irmão do presidente, Pedro Collor, denunciou um grande esquema de corrupção, tráfico de influências, irregularidades financeiras e contas fantasmas que envolveriam Fernando Collor e seus aliados políticos. A denúncia indicava que a figura principal do esquema era Paulo César Farias, tesoureiro de campanha e amigo pessoal do presidente.

O **Esquema PC**, como ficou conhecido, passou a ser investigado por meio de uma Comissão Parlamentar de Inquérito (CPI), promovida pelo Congresso. À medida que o trabalho da CPI avançava, as irregularidades eram comprovadas.

Collor convocou os que o apoiavam a vestir as cores da bandeira nacional e sair às ruas. Em resposta, a imprensa e representantes da sociedade civil estimularam a população a vestir-se de preto, a cor que simboliza o luto. Convocadas por entidades civis lideradas pela Ordem dos Advogados do Brasil e pela Associação Brasileira de Imprensa, multiplicaram-se as mobilizações dos **caras pintadas**, em referência aos jovens que pintavam os rostos com as cores da bandeira e expressões de protesto. A campanha pelo afastamento do presidente, **Fora Collor!** ganhou as ruas.

No Congresso, em gesto inédito na história republicana, teve início o processo de *impeachment*, destinado a afastar Collor da presidência. Pressionado e acusado de corrupção passiva, formação de quadrilha, estelionato, prevaricação e defesa de interesses privados no governo, Collor renunciou em 29 de dezembro de 1992. O Congresso Nacional cassou seus direitos políticos por oito anos e o vice-presidente, Itamar Franco, assumiu a presidência.

Passeata na cidade de Curitiba (PR) exigindo o *impeachment* de Fernando Collor. Foto de 1992.

GLOSSÁRIO

Impeachment: termo inglês que significa "impedimento". Designa o processo político cujo objetivo é afastar o chefe do Poder Executivo – federal, estadual ou municipal – em caso de descumprimento de normas constitucionais.

Assista

Terra estrangeira. Direção de Walter Salles e Daniela Thomas, Brasil/Portugal, 1995, 100 min. Filme da fase conhecida como "retomada do cinema brasileiro", traça um paralelo entre o Plano Collor e a desilusão da juventude com o futuro do país, o que levou centenas de jovens a emigrarem para Europa e Estados Unidos.

Ontem e hoje

A inflação e os hábitos de consumo

Por causa da inflação dos anos 1980, da estabilização da economia nos anos 1990 e da crise mundial deflagrada em 2008, o consumidor brasileiro já teve de organizar seu orçamento de maneiras muito diversas.

Os anos da hiperinflação

O governo Sarney consolidou a volta da democracia ao Brasil. Na economia, porém, marcou o início de experiências desastrosas calcadas no populismo. Para tentar conter a inflação, Sarney anunciou o Plano Cruzado, em 1986, baseado no congelamento geral de preços. Foi o período dos "fiscais do Sarney" – cidadãos que, espontaneamente, monitoravam as gôndolas dos supermercados. A medida conteve a inflação artificialmente, mas produziu desabastecimento. Com os produtos em falta, o comércio passou a cobrar ágio. A inflação voltou sem dó. [...] O recorde mensal foi batido em março de 1990, quando a taxa alcançou 82%. Os comerciantes remarcavam os preços diariamente. Nesse quadro pré-apocalíptico, os brasileiros levavam às últimas consequências a correção monetária, uma loucura econômica institucionalizada no Brasil. Com ela, preços e salários eram reajustados automaticamente assim que era divulgada a inflação do mês anterior. Essa prática realimentava o monstro, pois a alta de preços era replicada no futuro. Uma praga só extinta com o Plano Real, em 1994.

VEJA 40 anos, edição especial, set. 2008. Disponível em: <http://veja.abril.com.br/especiais/veja_40anos/p_170.html>. Acesso em: 23 maio 2014.

Nos tempos da inflação galopante, os marcadores de preços eram usados diariamente. Funcionária remarca produtos em supermercado. Foto de 1994.

A estabilidade melhorou a alimentação

[A partir de 1994] [...] o Plano Real confirmou as expectativas iniciais de que a estabilização da moeda traria como consequência uma expansão sobre o consumo alimentar no Brasil, com influência positiva também sobre a produção de gêneros alimentícios "in natura" e industrializados. Essa demanda aquecida por alimentos foi satisfatoriamente atendida tanto pela redução da ociosidade industrial quanto pelo aumento das importações [...].

As contribuições mais expressivas [de crescimento da produção de alimentos] advêm dos seguintes segmentos: chocolates, balas e confeitos, 35,1%; sorvetes e enlatados, 15%; produtos dietéticos, 10%; laticínios, 11% e bebidas lácteas refrigeradas, principalmente iogurtes, 30% [...].

Outra importante constatação evidenciada após a implantação do Plano Real é a de que os brasileiros passaram não apenas a consumir mais, mas também optaram pela aquisição de produtos mais elaborados e de melhor qualidade. Um vasto contingente de consumidores, os de baixa renda, foi incorporado ao mercado de alimentos, enquanto alguns segmentos da população elevaram seu padrão de consumo, migrando para alimentos mais sofisticados [...].

SILVA, Joselis Moreira da; PAULA, Nilson Maciel de. Alterações no padrão de consumo de alimentos no Brasil após o Plano Real. Disponível em: <http://www.pet-economia.ufpr.br/banco_de_arquivos/00015_artigo_evinvi_Joselis.pdf>. Acesso em: 23 maio 2014.

Uma curta recessão

A crise financeira mundial que se agravou a partir de setembro de 2008 causou sérios transtornos ao padrão de consumo de países como Estados Unidos, Reino Unido, Irlanda, Espanha, Dubai e Islândia, onde o desemprego aumentou e o consumo teve uma queda brusca.

No Brasil, a situação foi menos dramática. Nos últimos meses de 2008, com a retração da exportação de diversos produtos, houve aumento do desemprego e a atividade econômica caiu. Foi o consumo interno que salvou o país de uma grande recessão. Incentivados pela diminuição de impostos de alguns produtos, como automóveis, geladeiras e materiais de construção, os consumidores brasileiros foram às compras, permitindo a retomada do crescimento ao longo de 2009.

Reflita

1. Assinale diferenças entre o consumidor brasileiro dos anos inflacionários e o dos anos seguintes.
2. Cite uma diferença entre os períodos de crise relatados nos textos. Se necessário, pesquise em jornais e revistas para identificar as características dos dois períodos.
3. Em relação aos momentos econômicos comentados nos textos acima, como está a economia do Brasil nos dias de hoje? Discuta com seus colegas e com o professor, justificando sua posição.

Atividades

Verifique o que aprendeu

1. Aponte as principais medidas de abertura política adotadas pela ditadura militar durante os anos 1980.

2. Relacione a criação do voto vinculado pelo governo Figueiredo e a vitória do PDS nas eleições de 1982.

3. Quais foram as principais iniciativas que promoveram o movimento pelas Diretas Já?

4. Explique o surgimento da Frente Liberal e sua importância para a vitória de Tancredo Neves nas eleições indiretas de 1985.

5. Analise o início do governo de José Sarney em decorrência da morte de Tancredo Neves.

6. Relacione as expectativas políticas em relação ao governo Sarney e as mudanças institucionais por ele introduzidas.

7. Avalie as razões de Ulysses Guimarães para nomear a Constituição de 1988 como "Constituição Cidadã".

8. O que foi o Plano Cruzado? Explique.

9. O que significou para o Brasil o Tratado de Iguaçu?

10. Analise o conjunto de situações que conduziram à eleição de Fernando Collor para a presidência da República nas eleições de 1989.

11. Collor elegeu-se prometendo modernizar o Estado brasileiro e a economia. Indique as atitudes de seu governo nesse sentido.

Leia e interprete

12. Leia este texto e responda às questões que seguem.

> A música popular também esteve presente nas vozes de Beth Carvalho, Chico Buarque e Fafá de Belém. Até o jogador mais famoso do Corinthians, o Dr. Sócrates, cantou, puxando a massa com *Caminhando*, o hino não oficial da campanha pelas Diretas. Sócrates por sinal foi responsável por um dos momentos mais vibrantes da manifestação, quando anunciou que desistiria de jogar no exterior caso a Emenda Dante de Oliveira fosse aprovada.
>
> Quando a comissão de frente da passeata chegou ao vale do Anhangabaú, o coro era ensurdecedor. Puxada por Osmar Santos, a multidão entoava bordões que se tornaram clássicos da campanha, como "um, dois, três, Maluf no xadrez" e "um, dois, três, quatro, cinco mil, queremos eleger o presidente do Brasil" [...].
>
> LEONELLI, Domingos; OLIVEIRA, Dante de. *Diretas Já*: quinze meses que abalaram a ditadura. Rio de Janeiro: Record, 2004. p. 513.

a) A que episódio se refere a narrativa acima?
b) Que imagem a narrativa constrói do evento?
c) Que trechos transmitem a ideia de que esse não foi um evento isolado?
d) Segundo o texto, Sócrates anunciou que desistiria de jogar no exterior se a emenda Dante de Oliveira fosse aprovada. Qual era a importância dessa emenda para o movimento?

13. Observe as imagens e responda às questões.

Festa da vitória de Fernando Collor em São Paulo (SP). Foto de 1989.

Passeata na cidade de São Paulo (SP). Foto de 1992.

a) Que momentos estão registrados nas imagens?
b) Quais são as diferenças entre as duas imagens?
c) De acordo com o que você estudou no capítulo, explique o que levou à eleição de Collor e por que, pouco depois, o presidente eleito pelo voto direto sofreu processo de *impeachment*.

CAPÍTULO

58 O fim do mundo soviético

O que você vai estudar

- A crise dos regimes socialistas.
- Perestroica e *glasnost*.
- A queda do Muro de Berlim.
- A derrocada dos comunistas no Leste Europeu.
- A desintegração da União Soviética (URSS)

No dia 10 de novembro de 1969, em Moscou, uma parada militar passa diante do Mausoléu de Lênin, em direção à Praça Vermelha, para celebrar o 52º aniversário da Revolução Russa.

Ligando os pontos

A União das Repúblicas Socialistas Soviéticas, a URSS, foi formada em 1922, cinco anos após a ascensão dos bolcheviques ao poder na Rússia. A centralização do poder político, implementada desde os anos da Guerra Civil (1918-1921), chegou ao auge durante o período stalinista.

Sob a ditadura de Stalin, o centralismo se consolidou. Na economia, manifestou-se nos Planos Quinquenais e na forçada coletivização agrícola. Na vida política, significou a perseguição aos inimigos do regime. Assim, Stalin combinou modernização, crescimento econômico e autoritarismo. Em nome do novo homem soviético, ele promoveu a "russificação" da URSS, desrespeitando minorias étnicas e diferenças culturais.

Após a Segunda Guerra Mundial, a URSS emergiu como potência mundial capaz de fazer frente à maior potência capitalista, os Estados Unidos. Esse embate polarizado entre as duas potências mundiais ficou conhecido como Guerra Fria. A disputa ideológica levou ambos os lados a medir forças por meio de uma corrida armamentista.

No entanto, o custo dos investimentos era muito alto. A partir dos anos 1970, a URSS começou a dar sinais de enfraquecimento. Com a dificuldade de acompanhar o ritmo econômico do Ocidente, o país entrou em um período de estagnação.

Em 1985, o esgotamento do modelo econômico soviético levou o país a um processo de reforma, liderado por Mikhail Gorbachev, que conduziu ao fim do governo socialista e levou à desintegração da União Soviética, em 1991.

Observe a imagem acima, leia o texto e faça o que se pede a seguir.
1. Indique alguns exemplos do centralismo autoritário na URSS.
2. De que forma o poderio militar representa, ao mesmo tempo, a força e a fraqueza soviéticas?

A URSS e os países comunistas em crise

Durante os anos 1960, as dificuldades internas na União Soviética e nos Estados Unidos levaram ambos a adotar uma **política de distensão** (*détente*), isto é, de redução do ritmo da corrida armamentista.

No bloco soviético, as dificuldades surgiram após a ruptura da URSS com a China. No bloco capitalista, a Guerra do Vietnã produziu grande desgaste dos EUA. Diante disso, as duas potências estabeleceram acordos que iam desde a não proliferação do arsenal nuclear até o incremento das relações comerciais.

No decorrer dos anos 1970, houve um retrocesso gradativo na política de distensão e um aumento da **desconfiança mútua**, para a qual muito contribuiu a política expansionista soviética. Além de financiar as guerrilhas de libertação nacional na África (Angola e Moçambique) e invadir o Afeganistão, a URSS buscou aproximar-se de países árabes como a Síria.

Nos Estados Unidos, o governo do conservador Ronald Reagan, empossado em 1980, reforçou o clima de Guerra Fria, ao anunciar um bilionário programa de defesa aérea, conhecido como Guerra nas Estrelas. Esse programa previa um sistema de satélites e mísseis que destruiria qualquer míssil lançado contra os EUA ou seus aliados. A União Soviética não tinha recursos para reagir a uma ameaça tão sofisticada e cara.

> Dificuldades econômicas e liberdade política

A retomada da competição entre as potências agravou ainda mais a economia soviética, abalada pelos altos custos do setor bélico e pela estagnação causada pela burocratização da administração pública. No fim dos anos 1970, estava claro que o bloco soviético tornara-se incapaz de acompanhar o ritmo econômico do Ocidente.

Tais informações invadiram os meios de comunicação de massa apesar da censura estatal. A inferioridade da URSS em comparação com o Ocidente não se manifestava apenas na quantidade de produtos elaborados, que declinava de forma visível. O enfraquecimento era perceptível sobretudo na qualidade dos produtos, na tecnologia empregada e nos métodos de organização da gestão administrativa e produtiva.

Em resposta à crise de estagnação do capitalismo nos anos 1970 causada pelo crescimento da concorrência internacional (Japão, Alemanha, etc., política de substituição de importações terceiro-mundistas) e pela alta do petróleo em 1973, os Estados Unidos e outras potências capitalistas ingressaram em uma nova revolução científico-tecnológica, desenvolvendo áreas como informática, telecomunicações, robótica e biotecnologia.

Nos países socialistas, a crise econômica tinha caráter estrutural. O esforço de equiparar a produção das indústrias da União Soviética aos níveis de produção dos Estados Unidos levou ao esgotamento dos recursos soviéticos. Além disso, a sociedade estava insatisfeita com as diferenças entre seu padrão de vida e o dos países ocidentais. O regime soviético perdia, assim, sua legitimidade e aceitação.

Para os países socialistas, os mecanismos de subordinação à URSS reproduziam as relações das potências capitalistas com países subdesenvolvidos ou em desenvolvimento. A aspiração por maior liberdade política e por reformas no sistema econômico e administrativo crescia na própria URSS e, sobretudo, no Leste Europeu.

Conheça melhor

O desastre de Chernobyl

Em 1986, em uma das maiores usinas nucleares da URSS, instalada perto da cidade de Chernobyl, na Ucrânia, erros técnicos levaram à explosão do maior de seus quatro reatores. Uma imensa nuvem radioativa se espalhou pela região, matando pessoas e animais e comprometendo seriamente todo o meio ambiente.

Segundo a Organização Mundial da Saúde, as regiões afetadas tiveram maior incidência de doenças cancerígenas e correlatas, decorrentes da contaminação. Em Belarus, por exemplo, a incidência de câncer aumentou cerca de setenta vezes.

O desastre ambiental evidenciou as deficiências da URSS, acelerando o processo de reformas.

Parque de diversões abandonado em Pripyat, que se tornou uma cidade fantasma após o acidente nuclear de Chernobyl, na Ucrânia. Foto de 2012.

> ## Primavera de Praga e Revolução de Veludo

Em abril de 1968, o líder do Partido Comunista da Tchecoslováquia, Alexander Dubcek, deu início a uma série de reformas, concedendo maior liberdade de expressão e **desafiando o domínio soviético**. Essas medidas ficaram conhecidas como Primavera de Praga. Em represália, em agosto de 1968, os tanques do Pacto de Varsóvia ocuparam Praga. Dubcek foi levado a Moscou e destituído de seu cargo, enquanto os comunistas da Tchecoslováquia eram realinhados à URSS.

Apesar da repressão, os acontecimentos na Tchecoslováquia abalaram o mundo socialista. Cerca de 20 anos depois, os governantes da maior parte dos países-satélites da URSS, localizados no Leste Europeu, tiveram sua legitimidade questionada pela população, diante da permanente possibilidade do intervencionismo soviético.

Em 1989, a população da Tchecoslováquia foi para as ruas, provocando aquela que ficou conhecida como **Revolução de Veludo**. Diante da ameaça de guerra civil, as autoridades comunistas resolveram negociar com a oposição. Formou-se um governo de transição sob a liderança do intelectual Václav Havel. Em junho de 1990, foram realizadas as primeiras eleições democráticas no país, depois de 40 anos sob regime comunista.

Juntamente com a instauração da democracia, teve início o movimento separatista eslovaco. O processo tornou-se irreversível, e, em janeiro de 1993, a Tchecoslováquia dividiu-se em **República Tcheca** e **República da Eslováquia**.

> ## O Solidariedade polonês

Na Polônia, o **movimento sindical** conseguiu desafiar a repressão soviética. Três fatores foram importantes para o sucesso do movimento: a antipatia ao regime por parte da maioria da população; a posição da Igreja católica como organização nacional independente; a força política da classe operária demonstrada em greves maciças desde meados da década de 1950.

Assim, a partir dos anos 1970, o governo comunista polonês assistiu à ascensão de um movimento trabalhista politicamente organizado, apoiado por diversos intelectuais dissidentes e pela Igreja, fortalecida pelo resultado das eleições no Vaticano, com a escolha, em 1978, do polonês Karol Wojtyla para o papado, com o nome de João Paulo II.

Em 1980, sob a liderança do sindicalista Lech Walesa, foi fundada uma federação sindical autônoma com o nome de **Solidariedade**. Utilizando a **greve geral** como arma, organizou-se ao redor do Solidariedade um movimento de oposição nacional ao regime comunista na Polônia.

O governo polonês, chefiado pelo general Jaruzelski, tentou reprimir o movimento. Em 1981, o Solidariedade foi considerado ilegal. Walesa e os demais líderes foram presos. Tudo isso fez crescer o **apoio popular à oposição**. Em 1983, Walesa recebeu o Prêmio Nobel da Paz, ampliando sua força política no cenário internacional.

Os outros governos socialistas do Leste Europeu observavam atentamente o desenrolar dos acontecimentos, cuidando de impedir seu próprio povo de repetir a experiência polonesa. Ainda havia a ameaça de intervenção soviética, porém na URSS também ocorriam mudanças. Em 1985, Mikhail Gorbachev, destacado político reformista, assumiu a liderança da União Soviética, sinalizando que iminentes transformações estavam por vir.

Diante dos acontecimentos políticos na URSS e da forte oposição polonesa, o general Jaruzelski comprometeu-se com a liberalização do regime e com a realização de eleições livres em seu país. Em 1988, o Solidariedade deixou a ilegalidade e, em 1990, conduziu Walesa à presidência da Polônia, derrubando o regime comunista.

Em uma rua de Praga os tanques russos são cercados pela multidão. A população da Tchecoslováquia enfrentou a invasão russa por meio de uma resistência pacífica. Os russos, entretanto, endureceram e o regime voltou a se fechar. Foto de 1968.

❯ Perestroica e *glasnost*

Em 1985, Mikhail Gorbachev assumiu a secretaria-geral do Partido Comunista soviético, cargo mais importante na antiga URSS, em meio a uma grave crise. A economia planificada – centrada na indústria pesada e nas fazendas coletivas – dava sinais de **esgotamento e estagnação**.

No âmbito político e social, enquanto a população soviética sofria com a falta de serviços básicos, como luz e água, e fazia filas para conseguir pão e leite, os altos funcionários do Partido Comunista tinham acesso a todo o tipo de privilégios, faziam compras em lojas especiais e moravam em luxuosos apartamentos.

O novo líder soviético propôs mudanças liberalizantes com base em dois princípios: a **perestroica** (palavra russa que significa "reestruturação") para a economia, e a *glasnost* (que significa "transparência") no campo político.

❯ Transparência e reestruturação

A perestroica foi instituída na URSS em meados dos anos 1980 com o objetivo de reestruturar a economia soviética. Havia o interesse de aproximar a URSS de países capitalistas como Alemanha, Japão e Estados Unidos. Entre as medidas para viabilizar a perestroica estavam a diminuição dos gastos militares, a permissão para a existência da pequena propriedade privada, a abertura de concorrência para as áreas de monopólio estatal e maior liberdade para a instalação de empresas estrangeiras na URSS. As medidas visavam ao aumento da produtividade e à aceleração do crescimento econômico.

Apesar dessas medidas liberalizantes, a reforma não teve o êxito esperado. Foram consideradas tímidas pelos mais críticos e equivocadas por setores do Partido Comunista.

Em contrapartida, a *glasnost* teve maior sucesso. Instituída no final dos anos 1980, marcou o início da democratização da União Soviética. Foram promovidas mudanças fundamentais na estrutura política do país. A atuação do Partido Comunista foi atenuada e a autoridade dos governos locais, aumentada. Em 1989, foi eleito um novo Parlamento, o **Congresso dos Deputados do Povo**, que elegeria o novo presidente. Pela primeira vez, muitos candidatos concorreriam ao Parlamento, comunistas e não comunistas, reformistas e conservadores.

Aos poucos, com a diminuição da censura e do controle estatal, a crítica reapareceu. O clima de acerto de contas com o regime tomava conta da opinião pública. Enquanto isso, o governo de Gorbachev libertava presos políticos e declarava a neutralidade do Estado nos assuntos ligados à fé.

❯ Política externa

Gorbachev acreditava que a era nuclear tornava imperativo o desenvolvimento de um novo pensamento político. Assim, buscou uma aproximação com o Ocidente, propondo acordos para a redução do arsenal nuclear. Sob seu comando, a URSS estabeleceu com os Estados Unidos um acordo para a eliminação dos mísseis de médio alcance, o que promoveu um clima de distensão internacional. Além disso, em 1989, o líder soviético retirou as tropas do Afeganistão, demonstrando seus propósitos pacifistas.

Gorbachev sofreu a resistência de setores conservadores do aparelho estatal, mas levou a cabo sua política desarmamentista, bem como tomou iniciativas para cancelar subsídios aos países do Leste Europeu subordinados à hegemonia soviética, para promover a paz no Oriente Médio e para retomar o diálogo com a China.

Gorbachev conquistou junto ao Ocidente uma imensa e duradoura popularidade. Seu esforço pelo fim da Guerra Fria lhe valeu o Prêmio Nobel da Paz, em 1990.

Mikhail Gorbachev, da URSS, e Ronald Reagan, então presidente dos EUA, reúnem-se em Genebra, Suíça, na primeira de uma série de conferências que puseram fim à Guerra Fria entre as duas grandes potências mundiais. Foto de 1985.

> O fim da Guerra Fria

Diante das medidas liberalizantes na União Soviética, as populações dos países socialistas do Leste Europeu passaram a manifestar-se em favor de sua **autonomia nacional**.

Em 1989, o governo da Hungria abriu a fronteira com a Áustria, quebrando a proibição que vedava o contato com o mundo capitalista. A Hungria foi o primeiro país a abandonar oficialmente o marxismo-leninismo e a adotar o pluripartidarismo, realizando eleições livres e democráticas.

> A queda do Muro de Berlim

Esses acontecimentos repercutiram de forma significativa na Alemanha dividida. Em Berlim, onde desde 1961 um muro dividia a cidade em um lado comunista e outro capitalista, o governo da República Democrática da Alemanha (RDA) sofria pressões da população para flexibilizar as viagens para o lado ocidental.

Porém, Erich Honecker, governante da Alemanha Oriental desde 1971, recusava-se a promover reformas semelhantes às que foram implantadas na União Soviética. A resistência de Honecker incentivou ainda mais as manifestações pró-democracia e a emigração maciça de alemães orientais. Utilizando a fronteira aberta da Hungria, muitos aproveitaram para emigrar para o lado ocidental pela Áustria. Em outubro de 1989, Honecker foi substituído por Egon Krenz.

Em 9 de novembro de 1989, após uma informação equivocada de que as viagens ao lado ocidental estariam liberadas, uma multidão dirigiu-se aos postos de fronteira no muro. Os guardas tentaram conter as pessoas, mas nada podiam fazer diante da multidão, que forçava passagem. Entusiasmada, a população dos dois lados do muro começou a abrir, com pás, picaretas e martelos, o caminho para a reunificação.

A queda do Muro de Berlim determinou o fim dos regimes socialistas implantados no Leste Europeu.

> A unificação alemã

Após a queda do Muro de Berlim, o então primeiro-ministro da República Federal da Alemanha (RFA), Helmut Kohl, propôs a reunificação das duas Alemanhas ao governo da RDA. Cerca de um ano depois, a reunificação estava selada. Entretanto, o processo apresentou problemas relacionados aos diferentes níveis econômicos entre as duas regiões.

Seria preciso equiparar economicamente as duas regiões, o que repercutiu de forma negativa no lado ocidental. No lado oriental, a população passou da euforia ao desencanto ao perceber que estava longe de atingir os níveis de desenvolvimento da antiga RFA.

O acordo que formalizou a unificação das duas Alemanhas, em 18 de maio de 1990, previa, entre outras coisas, que a base da união monetária dos dois países se caracterizaria pela propriedade privada, a livre concorrência, a liberdade de preços e a livre circulação de trabalhadores, capitais, bens e serviços. Estabelecia, também, que a RDA adotaria o marco ocidental como unidade monetária e eliminaria os subsídios estatais à indústria e à agricultura.

Hoje em dia

Alemães ocidentais x alemães orientais

Quase duas décadas após a reunificação, as diferenças entre alemães ocidentais, os *wessis*, e orientais, os *össis*, persistem na Alemanha como uma cicatriz deixada pelo Muro de Berlim e pelos tempos da Guerra Fria.

Além das diferenças econômicas reais, já que os *össis* ganham em média um quarto a menos que os *wessis*, um sentimento de inferioridade persiste entre os alemães orientais.

Esse sentimento não é infundado. Após a reunificação, os *össis* perceberam que as experiências vividas no Leste valiam muito pouco na Alemanha reunificada. Viram também que os alemães ocidentais representavam forte concorrência para os postos de trabalho. Tal situação fez nascer um intenso ressentimento no lado oriental e promoveu a ascensão de partidos xenófobos de extrema direita, dificultando ainda mais a situação.

- Discuta com seus colegas as barreiras de preconceito e discriminação existentes no Brasil, comparando-as com os problemas vividos pela população alemã.

Jovens sobem no Muro de Berlim, comemorando o fim da divisão da cidade. O Muro de Berlim tinha 3,60 metros de altura, 160 km de comprimento e 300 torres de observação. Foto de 1989.

> ### A luta pela democracia na Romênia

Na Romênia, a queda do regime comunista não seguiu o mesmo ritmo da Alemanha, da Tchecoslováquia e da Hungria. O líder comunista romeno, Nicolau Ceausescu, no poder desde os anos 1960, não abriu mão do governo. Apesar de ter-se oposto à invasão da Tchecoslováquia em 1968 e de ter levado a Romênia a uma condição de certa autonomia em relação à URSS, seu governo foi caracterizado por uma **ditadura** extremamente repressiva.

Durante os anos 1980, em meio às reivindicações populares por transformações políticas no país, Ceausescu enrijeceu o regime, contando com o apoio da polícia política romena, a Securitate.

Em 1989, no decorrer dos acontecimentos em todo o Leste Europeu, as manifestações romenas cresceram. Em dezembro de 1989, Ceausescu mandou reprimir uma passeata, quando foram mortas centenas de pessoas. No final desse mesmo mês, convocou uma manifestação de apoio ao governo em Bucareste. Entretanto, essa manifestação transformou-se em uma **insurreição**. Houve muitos confrontos entre as tropas fiéis ao governo e a população, com inúmeros mortos. Ceausescu e sua esposa foram presos e executados, poucos dias depois.

Em 1990, o oposicionista Ion Iliescu foi eleito presidente pelo voto popular.

> ### A luta pela democracia nos Bálcãs

A Iugoslávia se tornou um país comunista pela ação de um movimento guerrilheiro antinazista logo após a Segunda Guerra Mundial. Assumiu a forma de uma federação de repúblicas com povos e culturas muito diferentes – Sérvia, Croácia, Eslovênia, Bósnia-Herzegovina, Montenegro e Macedônia – sob a liderança do croata Josip Broz Tito.

Tito promoveu na Iugoslávia uma política independente da URSS, mantendo-se neutro durante a Guerra Fria. Internamente, buscou o fortalecimento das repúblicas mais frágeis diante da Sérvia e da Croácia para preservar a unidade iugoslava. Após sua morte, em 1980, desencadeou-se uma **onda de nacionalismo** nas repúblicas.

Em 1990, em decorrência da abertura política no Leste Europeu, a Liga Comunista Iugoslava perdeu o monopólio político. Era o início de uma **guerra sangrenta** envolvendo as repúblicas balcânicas que compunham a Iugoslávia e que só terminaria dez anos depois. (Esse conteúdo será estudado no próximo capítulo.)

A **Albânia**, que ficou sob a ferrenha ditadura stalinista de Enver Hoxha, que governou de 1944 a 1985, trilhou seu caminho para a democracia por meio de pressões populares por reformas, no final dos anos 1980. Em 1990, o governo de Ramiz Alia concedeu liberdade religiosa e autorizou a formação de partidos oposicionistas, os quais venceram as eleições de 1992, derrotando os comunistas.

O Leste Europeu em 1980

Fonte de pesquisa: KINDER, Hermann; HILGEMANN, Werner. *Atlas histórico mundial (II): de la Revolución Francesa a nuestros días.* Madrid: Akal/Istmo, 2006. p. 314.

O Leste Europeu em 2009

Fonte de pesquisa: KINDER, Hermann; HILGEMANN, Werner. *Atlas histórico mundial (II): de la Revolución Francesa a nuestros días.* Madrid: Akal/Istmo, 2006. p. 314.

A desintegração da União Soviética

Com a abertura política implementada pela *glasnost*, a credibilidade do governo Gorbachev começou a ruir nas repúblicas que compunham a URSS.

Os parlamentos das repúblicas dos países bálticos – Estônia, Letônia e Lituânia –, eleitos em 1989, estabeleceram o primado das leis de cada república sobre as da União Soviética, em um desafio claro às tradições centralistas soviéticas.

Nas **repúblicas do Cáucaso** (Geórgia, Armênia e Azerbaijão) e da Ásia Central (Casaquistão, Turcomenistão, Uzbequistão, Quirguistão e Tadjiquistão) aceleraram-se as contradições étnicas regionais, como as da Armênia e do Azerbaijão, além de certo despertar da identidade islâmica (religião predominante nas repúblicas da Ásia Central). Em toda parte, os parlamentos locais proclamavam a soberania de suas leis em detrimento das leis da União Soviética, relegadas a segundo plano. Em cada república soviética, a questão nacional, antes subestimada pelas elites dirigentes da União Soviética, tornava-se centro do cenário político.

Por fim, também nas **nações eslavas** – Ucrânia, Belarus e Rússia –, os mais sólidos baluartes da União Soviética, despontaram forças desagregadoras. Independentemente das diretrizes do poder central, Ucrânia e Belarus elegeram presidentes em agosto de 1990, e, em abril de 1991, a Rússia elegeu Boris Ieltsin, aumentando ainda mais as pressões sobre o enfraquecido Gorbachev.

O golpe frustrado

Em agosto de 1991, setores conservadores do **Partido Comunista** e das **Forças Armadas** soviéticas tentaram dar um golpe de Estado com o objetivo de liquidar a política reformista de Gorbachev. Para isso, prenderam Gorbachev em sua casa de campo, na Crimeia, e anunciaram que ele estava doente. Era uma clara tentativa de reimplantar o regime autoritário.

Diante disso, Boris Ieltsin, no governo da Rússia, mobilizou a população de Moscou e São Petersburgo (nome adotado por Leningrado) contra o golpe, ganhando ainda mais popularidade e poder. Com o povo russo contrário à volta do autoritarismo, depois de três dias o golpe fracassou. Gorbachev foi liberado e tentou retomar o poder, mas seus homens de confiança haviam se comprometido com o golpe e seu desgaste político era enorme. Na prática, Boris Ieltsin passou a ter o controle político da situação, que levou à dissolução da URSS.

Ainda em agosto, diversas repúblicas conseguiram a independência: Estônia, Letônia, Lituânia, Ucrânia, Belarus, Moldávia, Casaquistão, Quirguistão, Azerbaijão, Uzbequistão, Tadjiquistão, Armênia e Turcomenistão.

Outras histórias

Já em 1990, o fim da União Soviética provocou mudanças na África. Países que haviam adotado o regime socialista, como Angola e Moçambique, rapidamente acompanharam a nova conjuntura mundial.

Moçambique promoveu uma reforma na Constituição nesse mesmo ano, criando regras para a implantação da economia de mercado e determinando a realização de eleições gerais já sem o regime de partido único. Essas mudanças ajudaram a pôr fim à guerra civil no país.

Em Angola, no ano seguinte, o Congresso alterou a Constituição no mesmo sentido: regulamenta o funcionamento da economia de mercado e põe fim ao regime de partido único.

União Soviética (1990)

Fonte de pesquisa: PARKER, Geoffrey (Ed.). *Atlas da história do mundo*. São Paulo: Folha da Manhã, 1995. p. 288.

› Ieltsin e a formação da CEI

Durante o processo de dissolução da URSS, Boris Ieltsin assumiu o controle da situação. Eleito presidente da Rússia, a maior e mais importante de todas as repúblicas soviéticas, agiu rapidamente e dissolveu o Partido Comunista e a polícia secreta, a KGB, recebendo plenos poderes do Parlamento russo.

Na verdade, o caminho traçado por Ieltsin foi crucial para a desagregação e o fim da União Soviética. Ele possuía talentos para transitar bem tanto na velha política (dureza e esperteza) quanto na nova (demagogia, jovialidade e conhecimento de mídia).

Até então, a União Soviética e sua principal componente, a Rússia, não eram claramente distintas. Ieltsin fez da Rússia uma república como as outras. Ao distingui-las e assumir a Federação Russa, Ieltsin suplantou o poder cada vez mais enfraquecido da URSS.

Em dezembro de 1991, sob a liderança dos dirigentes das três repúblicas eslavas – Rússia, Ucrânia e Belarus –, foi declarada extinta a União Soviética e fundada a **Comunidade dos Estados Independentes** (CEI), composta de 11 das ex-repúblicas soviéticas.

› Dificuldades internas

Em 1992, Ieltsin deu início a um plano radical de desestatização da economia. Empresas estatais foram privatizadas, houve abertura ao capital estrangeiro e liberalização dos preços. Entretanto, o povo russo deparou-se com problemas que até então desconhecia, como **inflação** e **desemprego**. Com a crise, veio também a recessão e a escalada do crime organizado.

Em 1993, Ieltsin e o Parlamento entraram em atrito por causa das reformas. Em setembro, o presidente russo dissolveu o Parlamento. Os deputados reagiram, mas Ieltsin recebeu o apoio das Forças Armadas e continuou a governar. Em dezembro, os russos aprovaram uma nova constituição, que garantiu ao presidente amplos poderes.

› Chechênia

Em novembro de 1991, a pequena República da Chechênia, localizada na região do Cáucaso, declarou sua independência da Rússia. Ieltsin enviou tropas para a capital, Grozni. Diante da forte resistência chechena, as tropas russas retiraram-se três dias depois.

Em dezembro de 1994, a Rússia iniciou uma campanha militar de repressão à Chechênia. As tropas do Exército russo tomaram boa parte do território checheno e, em janeiro de 1995, avançaram até a capital, Grozni, após bombardear a cidade. Milhares de civis foram mortos.

Enfraquecidos, os chechenos aceitaram um acordo de cessar-fogo. Mas iniciaram uma guerra de guerrilhas contra as forças russas.

Em 1997, Aslan Mashkadov foi eleito presidente da Chechênia com o compromisso de seguir a luta pela independência.

Em setembro de 1999, a Chechênia voltou a ser atacada pelo Exército russo. O governo alegou que a região havia-se tornado uma área de refúgio para grupos radicais islâmicos, procurando com isso a aprovação internacional.

Após cinco meses de ofensiva militar, a Rússia ocupou quase todo o território checheno. A partir de então, o governo russo manteve a região sitiada, os direitos civis cerceados e a imprensa censurada.

Em 16 de abril de 2009, o presidente russo Dmitri Medvedev anunciou o fim da operação antiterrorismo na Chechênia.

Organizações como a Anistia Internacional reivindicam a apuração dos indícios de violações aos direitos humanos, como torturas, assassinatos e sequestros.

Repúblicas do Cáucaso (década de 1990)

Fonte de pesquisa: KINDER, Hermann; HILGEMANN, Werner. *Atlas histórico mundial (II): de la Revolución Francesa a nuestros días*. Madrid: Akal/Istmo, 2006. p. 312.

Ontem e hoje

Rússia: potência militar e hegemonia regional

Construída sobre os escombros do grande Império Russo, a União Soviética herdou da velha estrutura monárquica o papel de liderança regional e de hegemonia sobre vastas regiões da Europa do Leste. A própria formação da URSS é decorrente do entusiasmo revolucionário que tomou conta de diversas regiões pertencentes ao antigo Império Russo.

Ao final da Segunda Guerra Mundial, quando emergiu como grande potência depois de ter derrotado os nazistas nas frentes de combate do Leste Europeu, a URSS trouxe para sua esfera de influência boa parte das nações daquela região.

Seu domínio político foi consolidado com a criação do **Cominform** (organização que congregava partidos comunistas europeus) e com o Pacto de Varsóvia. Assim, além das repúblicas que eram parte da URSS, outras nações do Leste Europeu ficaram sob o domínio soviético. As exceções à hegemonia soviético-russa eram a Iugoslávia, governada pelo marechal Tito, e a Romênia, dirigida por Ceausescu, que trilharam caminhos mais independentes.

No imenso território dominado pela URSS, Moscou ditava as ordens. Ao patrocinar as guerrilhas de libertação nacional em Angola e Moçambique, nos anos 1970, a URSS mostrava o alcance de sua força também na África. O Afeganistão, invadido em 1979, foi o último país ocupado pelos soviéticos, na tentativa de ampliar ainda mais suas fronteiras.

A nova Rússia, a velha fórmula

O fim da Guerra Fria e a derrocada da União Soviética enfraqueceram a hegemonia regional russa. No entanto, recentes acontecimentos mostraram o esforço do atual Estado russo para manter o controle sobre determinadas áreas de influência e deter a expansão da influência norte-americana em regiões tradicionalmente controladas por Moscou.

O governo norte-americano, desde o esfacelamento da URSS, tem ampliado sua presença militar e política no Leste Europeu. Muitas das ex-repúblicas soviéticas tornaram-se membros da Otan.

A Rússia reage retomando a política armamentista e fazendo demonstrações de força. Reprime os movimentos separatistas internos – caso da Chechênia – e volta-se contra os pró-ocidentais. Em 2008, por exemplo, a Rússia bombardeou a Geórgia em "defesa" dos territórios reconhecidos como independentes e invadidos por forças georgianas, como Ossétia do Sul e Abkhásia.

Desfile militar em Moscou, Rússia. Foto de 2012.

Além da disputa pela hegemonia regional, no cenário internacional a Rússia aproximou-se de inimigos declarados do governo norte-americano.

Por meio desses enfrentamentos, a Rússia busca recuperar seu prestígio no cenário internacional como potência político-militar, posição que perdeu após a derrocada da URSS.

Reflita

1. Com base no conteúdo do capítulo, identifique quais as regiões que saíram da esfera de influência russa.
2. De que modo os russos buscam reverter essa perda de hegemonia regional?
3. Em sua opinião, qual a finalidade política da demonstração de força? Discuta a questão com seus colegas e com o professor.
4. Durante a Guerra Fria, a justificativa para a intervenção militar era ideológica: pró-comunista ou pró-capitalista. Explique as novas justificativas das potências internacionais para atuar militarmente em outros países.

Atividades

Verifique o que aprendeu

1. O que foi a política de distensão adotada pelos EUA e pela URSS nos anos 1960?
2. Identifique as consequências econômicas para a União Soviética da retomada da corrida armamentista no final dos anos 1970.
3. Avalie a dificuldade dos países socialistas de manter sua estrutura centralista durante os anos 1980.
4. Descreva os principais fatores que levaram ao surgimento de uma forte oposição ao regime socialista na Polônia.
5. Analise o papel desempenhado pelo sindicato Solidariedade na Polônia.
6. Explique o que foram a *glasnost* e a perestroica.
7. Comente criticamente as mudanças provocadas pela perestroica e pela *glasnost* na sociedade soviética.
8. Relacione as reformas implementadas por Gorbachev com a derrocada do socialismo no Leste Europeu.
9. Explique o significado político da queda do Muro de Berlim.
10. Compare o processo de transição do regime socialista para o democrático na maioria dos países do Leste Europeu com o processo romeno e explicite as diferenças.
11. Identifique o principal fator desencadeador da desintegração da Tchecoslováquia e da Iugoslávia e compare o processo nas duas regiões.

Leia e interprete

12. Observe as imagens e respondas às questões que seguem.

Sobre um tanque de guerra, Boris Ieltsin discursa em defesa do Parlamento, frustrando o golpe da linha dura soviética. Foto de 1991.

Em 9 de novembro de 1989, depois de 28 anos de existência, cai o Muro de Berlim.

a) Descreva as imagens, relacionando-as aos temas trabalhados no capítulo.
b) Analise a imagem que a primeira fotografia constrói de Boris Ieltsin.
c) Compare as duas imagens e identifique que personagens surgem como protagonistas da História em cada uma.
d) Comente a sensação que cada imagem desperta em você. Justifique sua resposta.

13. O texto abaixo é de autoria do analista inglês Steven Eke, publicado logo após a morte de Boris Ieltsin, em abril de 2007. Leia o texto e responda às questões propostas.

> Ao homenagear o ex-presidente russo Boris Yeltsin, [...] muitos líderes mundiais o elogiaram pela habilidade de conduzir pacificamente a transição na Rússia, que abandonou o modelo soviético e abraçou a democracia e a economia de mercado.
>
> Poucos deles optaram por destacar as consequências da decisão de Yeltsin de enviar, em 1994, tropas à Chechênia, a república separatista do Cáucaso.
>
> A guerra na Chechênia foi considerada por muitos uma humilhação nacional. Dezenas de milhares de civis morreram, as maiores cidades chechenas foram reduzidas a escombros e os russos foram forçados a se retirar sem que os separatistas fossem completamente neutralizados. [...]

EKE, Steven. Ofensiva na Chechênia foi pesadelo para Yeltsin. *BBC Brasil*, 24 abr. 2007. Disponível em: <http://www.bbc.co.uk/portuguese/reporterbbc/story/2007/04/070424_chechenia_yeltsinrg.shtml>. Acesso em: 23 maio 2014.

a) Que pontos positivos e negativos do governo de Boris Ieltsin são citados no texto?
b) Segundo o texto, por que a guerra na Chechênia é motivo de vergonha para muitos russos?
c) O sólido poderio militar da antiga URSS foi mantido pela Rússia? Justifique sua resposta com base no texto.

CAPÍTULO 59
Em busca de uma nova ordem

O que você vai estudar

- A supremacia dos Estados Unidos.
- O Oriente Médio.
- A dilaceração da Iugoslávia.
- O Onze de Setembro e suas consequências.
- Críticas à globalização.
- Crise e desenvolvimento.
- A América Latina no século XXI.

Neal Berry, morador de rua na cidade de São Francisco, nos Estados Unidos, utiliza um *notebook*. A globalização conectou as pessoas, sem resolver o problema da desigualdade. Foto de 1996.

Ligando os pontos

Os anos 1960, nos Estados Unidos e na Europa Ocidental, foram considerados os tempos áureos do *Welfare State* (Estado de Bem-Estar Social). A demanda de bens e serviços gerada pela Segunda Guerra Mundial e pela reconstrução do Japão e da Europa possibilitou o grande crescimento econômico dos países desenvolvidos. Isso garantia altos investimentos no setor social, privilegiando os trabalhadores (seguridade social, altos salários mínimos, estabilidade no emprego, etc.), e na infraestrutura, mantendo o desenvolvimento da produção, o consumo e o emprego.

Porém, nos anos 1970, esse sistema econômico deu sinais de esgotamento. A competição entre Estados Unidos, Europa Ocidental e Japão, somada às políticas de substituição das importações na maioria dos países do Terceiro Mundo (especialmente na América Latina), diminuiu as margens de lucro das grandes corporações. O resultado foi a diminuição do crescimento econômico e a escassez de recursos para financiar o *Welfare State*.

A recessão de 1973, derivada da crise do petróleo, desencadeou uma série de modificações que solaparam o estilo fordista de produção fabril. Os anos 1970 e 1980 foram de reajustamento social e político. Nesse contexto, o neoliberalismo emergiu nos Estados Unidos e na Inglaterra como receita política que defendia o fim do compromisso do Estado com os encargos sociais, a não intervenção do Estado na economia, além da desregulamentação do mercado de trabalho (fim dos longos contratos trabalhistas, adoção do sistema de banco de horas, terceirização, etc.). Tinha início no mundo capitalista a era do mercado global.

Observe a imagem acima, leia o texto e faça o que se pede.
1. Caracterize o *Welfare State*.
2. Relacione a imagem com a era do mercado global e a decadência do *Welfare State*.

A supremacia dos Estados Unidos

O fim da Guerra Fria e a derrocada da União Soviética elevaram os Estados Unidos à supremacia no plano das relações internacionais. No início dos anos 1990, o mundo deixava de ser bipolar e passava a se integrar em torno da economia capitalista liderada pelos EUA.

Sob a égide do pensamento **neoliberal** e da ideia de que o desenvolvimento estava ao alcance de todos, surgiu uma nova ordem mundial, hierárquica, que dividiu o mundo em países **desenvolvidos** e países **em desenvolvimento**.

> O triunfo neoliberal

Em resposta à crise econômica dos anos 1970, os Estados Unidos e as potências capitalistas ocidentais ingressaram em uma nova revolução científico-tecnológica que criou novas atividades econômicas, como a informática, as telecomunicações, a robótica e a biotecnologia.

Foi nesse contexto que emergiu nessas nações o pensamento neoliberal, que responsabilizava o *Welfare State* e seus altos custos sociais pela criação de entraves para o crescimento econômico. O neoliberalismo defende o controle de preços por meio do **livre mercado**.

A doutrina neoliberal prega também a concepção do **Estado mínimo**, ou seja, a mínima intervenção do Estado na economia e a retração de sua postura assistencialista.

A ascensão do neoliberalismo no cenário internacional ocorreu nos anos 1980, durante os governos de Ronald Reagan (Estados Unidos), de Margaret Thatcher (Grã-Bretanha) e de Helmut Kohl (Alemanha Ocidental).

O neoliberalismo dominou o cenário da política econômica nos anos 1990, recomendando aos países em desenvolvimento que privatizassem suas empresas estatais, abrissem sua economia ao mercado internacional e permitissem maior troca de mercadorias e serviços.

> A globalização

A adoção das premissas neoliberais esteve associada a uma revolução nos meios de comunicação e nos transportes que impulsionou o processo de integração econômica crescente do mundo capitalista. Esse processo tornou-se conhecido como **globalização**.

O desenvolvimento de novas áreas de conhecimento, como a informática e a mecatrônica (união da mecânica com a eletrônica, criando máquinas "inteligentes"), dinamizou profundamente a produção industrial. As telecomunicações – televisão, rádio, internet, fax, telefonia celular – derrubaram as distâncias e aceleraram o tempo.

O fluxo de mercadorias, de pessoas e de capital intensificou-se. Além disso, em busca de condições mais favoráveis para a relação custo-benefício, as indústrias dirigiram-se para os países emergentes em busca de incentivos fiscais e mão de obra barata, acelerando a internacionalização da produção e do capital.

Tudo isso foi viabilizado pela **economia de mercado**, com a diminuição das barreiras alfandegárias e das medidas protecionistas, a fixação de preços pela lei da oferta e da procura, o fim da intervenção estatal e a livre circulação de capital.

Restaurante de rede de *fast-food* estadunidense instalado em Moscou, Rússia. No mundo globalizado, até a alimentação se torna global, derrubando fronteiras políticas e culturais. Foto de 2012.

> Problemas globais

Essas grandes mudanças estruturais do capitalismo e do modo de gerar riquezas não incluíram os países mais pobres do mundo, que concentram mais de dois terços da população mundial.

Pelo contrário, a globalização fez aumentar o fosso entre ricos e pobres. O desemprego tornou-se estrutural, a pobreza aumentou e a classe média perdeu qualidade de vida, enquanto a fome e o desabrigo se generalizaram em todos os continentes.

› A multipolarização

O processo de globalização econômica foi viabilizado, em parte, pelos acordos internacionais que fizeram surgir grandes **blocos econômicos** no final do século XX. Países próximos geograficamente adotaram privilégios comerciais entre si, de modo a atuar conjuntamente no mercado internacional.

Entre esses blocos estão a **União Europeia** (UE); o **Nafta** (Acordo Norte-americano de Livre Comércio), composto de Estados Unidos, Canadá e México; e o **Mercosul** (Mercado Comum do Sul), formado originalmente por Argentina, Brasil, Paraguai e Uruguai. Em junho de 2012, o presidente paraguaio Fernando Lugo foi afastado do governo pelo Parlamento. Por esse motivo, o Paraguai foi suspenso do Mercosul. Em seu lugar foi admitida a Venezuela.

A União Europeia destaca-se por ter como finalidade a unificação econômica, monetária e política dos países-membros. Nesse processo, concretizou a unificação monetária em 2002, com a criação de uma moeda europeia, o **euro**, estabeleceu a cidadania europeia para os cidadãos dos países-membros e constituiu um Parlamento europeu. Em 2012, a União Europeia era formada por 27 países-membros, dos quais 17 adotaram o euro como moeda nacional.

> **Leia**
> **A nova des-ordem mundial**, de Carlos Walter Porto-Gonçalves e Rogério Haesbaert. São Paulo: Unesp, 2006.
> Por meio de uma linguagem bastante acessível ao público, esse livro faz um retrato da nova "desordem" mundial, em que se verificam as consideráveis transformações econômicas, culturais, políticas e ambientais no mundo contemporâneo.

› A hegemonia dos Estados Unidos

O processo de globalização e a formação dos blocos econômicos não constituíram ameaça à hegemonia global estadunidense. Pelo contrário, no plano econômico, organismos como o Banco Mundial, o Fundo Monetário Internacional (FMI) e a Organização Mundial do Comércio (OMC) viabilizaram a concretização dos interesses estadunidenses.

No plano político, os EUA entraram nos anos 1990 como "vencedores da Guerra Fria". Sem nenhuma outra potência capaz de lhes fazer frente, mostraram sua força bélica na Guerra do Golfo (1990-1991), ao liderar uma coalizão de 30 países contra a invasão iraquiana do Kuwait. A demonstração de força voltaria a acontecer no início do século XXI, com as invasões do Afeganistão e do Iraque, em retaliação aos atentados de 11 de setembro, em 2001.

Parte da hegemonia cultural estadunidense deve-se à consolidação e à ampliação da **cultura de consumo**, difundida em escala global pelos diversos meios de comunicação.

A internet, a televisão a cabo e as redes sociais, por exemplo, promovem a uniformização da cultura, da estética e dos gostos. Aliados à propaganda, esses meios de comunicação fazem com que, nos centros urbanos, jovens em diferentes países como a Áustria, a Turquia, o Brasil e o Japão vistam-se da mesma forma e desejem consumir os mesmos produtos.

Fonte de pesquisa: União Europeia. Disponível em: <http://europa.eu/about-eu/eu-history/2000-2009/index_pt.htm>. Acesso em: 29 maio 2014.

O Oriente Médio

Nas últimas décadas do século XX, o Oriente Médio assistiu à derrocada das propostas modernizadoras de governos seculares que controlavam a região.

A modernização forçada e a promessa de desenvolvimento e de distribuição mais igualitária da riqueza, não concretizadas pelos regimes nacional-desenvolvimentistas – fossem pró-EUA, como o Irã do xá Reza Pahlevi, ou pró-URSS, como o Egito do presidente Nasser –, fizeram surgir diversos grupos islâmicos que defendiam a manutenção dos seus valores culturais e deram início à formação de regimes político-religiosos baseados nos preceitos do Corão. A ascensão desses grupos **fundamentalistas islâmicos** coincide, em muitos países da região, com o declínio das ideologias seculares **pan-arabistas** e com o fracasso político de seus líderes.

O fundamentalismo propôs uma reação à política nacional-desenvolvimentista das elites políticas laicas, considerada ocidentalizante, e mobilizou setores insatisfeitos com seus governos.

GLOSSÁRIO

Fundamentalismo islâmico: ideologia política e religiosa adotada por grupos tradicionalistas e caracterizada pelo apego a interpretações particulares e conservadoras e a dogmas do islamismo. Pressupõe rigorosa obediência a um corpo de princípios considerados fundamentais.

Pan-arabista: que visa reunir e unificar os povos e as nações árabes nas esferas política, cultural e ideológica.

A Revolução Iraniana

A partir da década de 1940, o Irã foi governado ditatorialmente pelo xá Reza Pahlevi. Nitidamente pró-EUA, o xá impôs **reformas ocidentalizantes** econômicas e culturais, desrespeitando as tradições, os valores e as crenças religiosas da maioria da população iraniana.

Em 1951, o então primeiro-ministro Mohammad Mossadegh nacionalizou o petróleo iraniano, contrariando os interesses estadunidenses e ingleses. Essa medida deflagrou um conflito entre Mossadegh e o xá, que chegou a deixar o país. Em 1953, com a ajuda dos governos dos EUA e da Inglaterra, um golpe de Estado depôs Mossadegh e consolidou o poder autoritário do xá.

A oposição era duramente reprimida. Entre os opositores, muitos eram religiosos xiitas reconhecidos e respeitados pela maioria da população, como o aiatolá Khomeini, do alto clero islâmico, que teve de buscar exílio na França.

Representando as aspirações da maioria xiita, Khomeini defendia uma revolução que implantasse uma república igualitária governada por clérigos xiitas, de modo a instaurar um regime socialmente justo, regido pela lei islâmica, que refreasse a ocidentalização dos costumes.

Em 1978, a escalada da repressão levou uma multidão de estudantes às ruas de Teerã. As manifestações reivindicavam o retorno de Khomeini do exílio e a deposição do xá. Era o início da revolução.

Antes mesmo de retornar ao país, em janeiro de 1979, Khomeini organizou o Conselho da **Revolução Islâmica**, passando aos clérigos xiitas o domínio do país.

O xá Reza Pahlevi acabou exilado nos Estados Unidos, país que Khomeini considerava o maior inimigo da tradição islâmica.

Soldados do exército iraniano desfilam com imagem do aiatolá Khomeini, durante cerimônia comemorativa da Revolução Islâmica de 1979, em Teerã, Irã. Foto de 2012.

Khomeini pregou a difusão da Revolução Islâmica, e sua vitória influenciou profundamente os muçulmanos xiitas na Ásia e no Oriente Médio.

A Guerra Irã × Iraque

A Revolução Islâmica no Irã significou para os EUA um retrocesso de sua influência política no Oriente Médio. Também colocou em alerta os governos muçulmanos sunitas vizinhos do Irã, que temiam que os ideais xiitas iranianos se espalhassem. Nesse contexto, o governo sunita de Saddam Hussein, então presidente do Iraque, lançou uma intensa repressão interna aos xiitas, que eram maioria em seu país, ao mesmo tempo que declarou guerra ao regime dos aiatolás.

O conflito, iniciado em setembro de 1980, se estenderia por oito anos. O objetivo de Saddam Hussein era conquistar as áreas petrolíferas iranianas, alcançar a chefia moral do mundo árabe e fazer retroceder a influência xiita no Iraque e nos demais países do Oriente Médio. Apesar de contar naquele momento com o apoio dos Estados Unidos, Saddam Hussein não conseguiu derrotar o Irã.

O conflito Irã-Iraque prejudicou as exportações de petróleo do Oriente Médio para a Europa e para os Estados Unidos e só terminou em 1988. Morreram cerca de 500 mil iraquianos e 750 mil iranianos, entre civis e militares. Pelo menos 1 milhão de pessoas ficaram feridas.

> ## A Guerra do Golfo Pérsico

Em 1990, Saddam Hussein acusou o Kuwait, pequeno país ao sul do Iraque, de vender petróleo a baixo preço e em quantidade acima da estabelecida pela Organização dos Países Exportadores de Petróleo (Opep). O líder iraquiano exigia do Kuwait grande indenização para compensar as perdas sofridas pelo Iraque, que elevaram para 80 bilhões de dólares a dívida externa do país. Por fim, Saddam reivindicou o direito ao território kuwaitiano como forma de compensar o prejuízo iraquiano e acabou por invadir o país em agosto de 1990.

Em retaliação, os Estados Unidos, os maiores compradores do petróleo kuwaitiano, decretaram boicote econômico ao Iraque, enviaram tropas ao golfo Pérsico e acionaram o Conselho de Segurança da Organização das Nações Unidas, que autorizou o uso da força contra o Iraque, caso ele não desocupasse o Kuwait. Aproveitando a visibilidade internacional, Saddam Hussein condicionou sua retirada do Kuwait à criação de um Estado palestino.

Dois dias após o vencimento do prazo para a desocupação do Kuwait dado pela ONU (15/1/1991), os EUA lideraram a coalizão de 30 países (Grã-Bretanha, França, Arábia Saudita, Egito, Canadá, Turquia e Austrália, entre outros), que passou a bombardear o Iraque, enquanto forças terrestres expulsavam os iraquianos do Kuwait.

O Iraque, então, lançou mísseis contra Israel e a Arábia Saudita, principais aliados estadunidenses no Oriente Médio. Mas foi incapaz de deter as forças da coalizão. No final de fevereiro, Saddam Hussein assinou o cessar-fogo que pôs fim ao conflito.

> ## Israel e o Estado palestino

Como vimos no capítulo O Oriente Médio, no final dos anos 1970, Israel ocupava a península do Sinai, a Faixa de Gaza, a Cisjordânia e as colinas de Golã. Essa expansão devia-se às vitórias militares sobre o Egito, a Síria e a Jordânia nas guerras dos Seis Dias (1967) e do Yom Kippur (1973).

A partir de 1973, os países árabes contrários à existência de Israel e aliados dos palestinos ameaçaram boicotar o fornecimento de petróleo aos países que apoiassem o Estado hebreu.

Os palestinos, com seus territórios totalmente ocupados, fundaram a Organização para a Libertação da Palestina (OLP), sediada no Líbano. Com ela, buscavam apoio da comunidade internacional para a criação de um Estado palestino. Em 1974, Yasser Arafat, líder da OLP, foi recebido na Assembleia da ONU, obtendo reconhecimento internacional para a causa palestina.

Nos últimos anos da década de 1970, ocorreram as primeiras conversações de paz entre o primeiro-ministro israelense, Menachem Begin, e o presidente egípcio, Anuar Sadat. Com a intermediação do presidente Jimmy Carter, dos Estados Unidos, os dois líderes assinaram o **Acordo de Camp David**, que estabeleceu a desocupação da península do Sinai por Israel e previu a formação de um Estado palestino na Cisjordânia.

Entretanto, extremistas radicais de ambos os lados não permitiram a concretização do acordo. Sadat foi assassinado em 1981, enquanto judeus ortodoxos multiplicavam suas colônias na Cisjordânia.

A invasão do Líbano por Israel em 1982 e a expulsão da OLP do território libanês mudaram a estratégia palestina para a região.

A partir de 1987, o foco da resistência palestina concentrou-se nos territórios ocupados. Na Faixa de Gaza, civis construíram barricadas, de onde atiravam pedras e paus nas patrulhas israelenses. Na Cisjordânia, trabalhadores fizeram greves contra patrões judeus. Era o início da **Intifada**, luta que chamou ainda mais a atenção da comunidade internacional para a causa palestina.

Confronto entre palestinos e soldados israelenses na Faixa de Gaza. No final dos anos 1980, muitos viam a Intifada – resistência palestina – como uma versão moderna do confronto bíblico de Davi contra Golias: paus e pedras contra tanques e armas pesadas. Foto de 1988.

Outras histórias

O Painel Intergovernamental sobre Mudança Climática, grupo de estudos criado pela ONU em 1988, divulgou em 1990 o primeiro relatório sobre os níveis de gases do efeito estufa. Esse relatório mostrou que a ação do homem estava agravando o aquecimento global.

O IPCC, sigla do grupo em inglês, é composto de cientistas de cerca de 130 países que não desenvolvem pesquisas científicas, mas analisam as pesquisas realizadas nos diversos países e alertam para as prováveis consequências do aquecimento global no meio ambiente.

› Acordos para a paz

No início dos anos 1990, com a queda do regime soviético, Arafat intensificou seu empenho em firmar acordos com Israel. Em 1993, com a mediação do presidente estadunidense Bill Clinton, Arafat e Yitzhak Rabin, primeiro-ministro de Israel, assinaram o primeiro dos **Acordos de Oslo**. O documento estabelecia que Israel devolveria os territórios palestinos ocupados, concedendo autonomia à Faixa de Gaza e à Cisjordânia. Aos palestinos coube reconhecer o Estado de Israel e renunciar ao terrorismo.

Em 1994, foi criada a **Autoridade Nacional Palestina** (ANP), entidade que deveria ser o embrião do governo do futuro Estado independente, responsável pela administração e segurança dos territórios palestinos. Arafat assumiu o comando da ANP e comprometeu-se a desmantelar os grupos radicais terroristas Hamas e Hezbollah. O líder palestino, entretanto, não teve força política para isso, e a atuação de radicais, tanto palestinos quanto israelenses, comprometeu os Acordos de Oslo.

Em 1998, um novo documento, o **Acordo de Wye Plantation**, retomou os acordos de paz. Os palestinos comprometeram-se a retirar de sua Carta Nacional as cláusulas referentes à destruição de Israel e que previam o terrorismo como forma legítima de luta. Em contrapartida, Israel desocuparia mais 13% do território da Cisjordânia. No entanto, a ascensão da extrema direita ao governo israelense travou as negociações e impediu a proclamação da independência da Palestina, programada para 1999, quando grupos radicais palestinos retomaram suas ações.

Em 2002, sob o governo do primeiro-ministro Ariel Sharon, Israel iniciou a construção de um **muro** ao longo da fronteira norte da Cisjordânia com o objetivo de diminuir o acesso da população palestina a Israel e, consequentemente, o número de atentados. Entretanto, a construção do muro foi criticada pela opinião pública mundial.

Em 2004, com a morte de Arafat, Mahmoud Abbas, também da corrente Fatah, sucedeu-o na liderança da Autoridade Nacional Palestina. Em 2005, Israel retirou os assentamentos judeus da Faixa de Gaza. Entretanto, no início de 2006, o Hamas venceu as eleições parlamentares dessa região, derrotando o moderado Fatah e acentuando o conflito com Israel.

No mesmo ano de 2006, depois de uma trégua com Israel, o Hezbollah, que atua no sul do Líbano, voltou a atacar Israel, que revidou bombardeando o sul do país vizinho. Apesar da ofensiva na região, os israelenses não conseguiram desarticular o grupo, que a cada dia se torna politicamente mais forte no Líbano.

› A Primavera Árabe

Em dezembro de 2010, Mohamed Bouazizi, um jovem tunisiano de 26 anos, ateou fogo em si mesmo, após as autoridades da cidade em que morava lhe terem negado a permissão de vender frutas nas ruas, atividade que ele exercia para ajudar na renda familiar.

A partir daí, diversas manifestações em favor de melhores condições sociais espalharam-se pela Tunísia, ocasionando a destituição do presidente Zine el-Abdine Ben Ali – que estava no poder desde 1987 – e dando início ao movimento mundialmente conhecido como Primavera Árabe.

Seguindo o exemplo do povo tunisiano, pessoas de alguns países do Oriente Médio e do norte da África saíram às ruas protestando contra governos ditatoriais ainda vigentes na região. Essas manifestações ganharam notoriedade, principalmente porque os protestantes utilizaram redes sociais e *blogs* da internet para mobilizar a sociedade e a comunidade internacional.

Em alguns locais, como na Líbia e na Síria, eclodiram sangrentas guerras civis; em outros, como a Tunísia, Egito e Iêmen, depois da renúncia dos governantes autoritários foram realizadas eleições democráticas.

Localizado em uma ilha que dispõe de grandes reservas de gás natural, o Catar, país árabe aliado dos Estados Unidos, adotou uma política estratégica em relação aos acontecimentos da Primavera Árabe, apoiando, por exemplo, líderes revolucionários líbios, a fim de conquistar uma liderança diplomática e, ao mesmo tempo, contrapor-se à Arábia Saudita e ao Irã.

Conheça melhor

Alguns grupos atuantes na Palestina

- **Hezbollah** – grupo fundado no Líbano, em 1982, com o objetivo de combater as tropas israelenses no sul do Líbano. Defende a criação de um Estado islâmico palestino. Atua como partido político, mas mantém grupos armados.
- **Hamas** – criado em 1987, é um partido político com o objetivo de estabelecer um Estado palestino islâmico. Controla politicamente a Faixa de Gaza e parte da Autoridade Palestina.
- **Jihad Islâmica** – grupo terrorista independente que prega, desde os anos 1970, a destruição de Israel e a criação de um Estado islâmico palestino.
- **Kach** – grupo criado em 1990 que busca a expansão das fronteiras de Israel, a extinção de qualquer Estado palestino e defende a manutenção dos assentamentos judaicos em áreas palestinas.

A dilaceração da Iugoslávia

Após a Segunda Guerra Mundial, a Iugoslávia tornou-se uma federação de repúblicas comunistas.

Com a morte do presidente Josip Broz Tito, em 1980, teve início um processo de fragilização da união federal, agravado pela emergência das lutas nacionalistas e antissocialistas no Leste Europeu, a partir de 1989, e pelo colapso da União Soviética.

Enquanto eslovenos e croatas, mais próximos do Ocidente, buscavam reformas que visassem à autonomia nacional, ao pluralismo político e à economia de mercado, e os bósnios ansiavam por autonomia, o então presidente sérvio da Iugoslávia, Slobodan Milosevic, defendia a manutenção da estrutura da antiga federação, sob a hegemonia sérvia.

Em 1991, a Croácia e a Eslovênia proclamaram independência.

A guerra na Croácia

Diante da fragmentação da federação, o governo da Iugoslávia, monopolizado pelos sérvios, reagiu, enviando tropas à Eslovênia e à Croácia. A Sérvia reivindicava a liderança regional e retomava o antigo projeto de construção da **Grande Sérvia**, que ocuparia a maior parte da Croácia e da Bósnia.

O conflito com a Eslovênia encerrou-se ainda em 1991, com a vitória dos separatistas. Mas, na Croácia e na Bósnia, prolongou-se até 1995.

Na Croácia, a maioria sérvia da região de Krajina rebelou-se, buscando autonomia. Ajudados pela Sérvia, eles lutaram até 1995, quando a Croácia retomou o controle de Krajina, provocando a fuga de milhares de servo-croatas em direção à Sérvia.

Horror na Bósnia

Na Bósnia – dividida etnicamente entre sérvios, croatas e bósnios –, o conflito assumiu a forma de **limpeza étnica**, caracterizada pelo massacre de bósnios pelas milícias sérvias. Sarajevo, a capital e principal cidade bósnia, foi cercada e bombardeada. Civis foram massacrados e mulheres bósnias, estupradas, para que gerassem crianças sérvias. Diante desses horrores, a ONU enviou uma Força de Paz, que, porém, não conseguiu conter a violência.

A pressão internacional contra a Sérvia, que incluiu um embargo comercial, obrigou, porém, que Milosevic suspendesse a ajuda dada às milícias. Sem o fornecimento de novas armas e munição, os milicianos aceitaram negociar o fim do conflito.

Em 1995, com a mediação do presidente estadunidense Bill Clinton, foi assinado o Acordo de Dayton, que estabeleceu a independência da Bósnia-Herzegovina como uma **federação** composta de duas repúblicas: uma bósnio-croata e outra sérvia.

O Kosovo

Em 1998, a região sérvia de Kosovo, povoada por uma maioria albanesa, tentou efetivar sua autonomia. Milosevic reagiu, praticando uma política de limpeza étnica na região e negando-se a atender os apelos internacionais pelo fim das ações genocidas.

O Ocidente, porém, decidira que os fatos da Bósnia não se repetiriam. Em junho de 1999, a Otan iniciou o bombardeio da Sérvia, forçando Milosevic a retroceder. Kosovo tornou-se, então, um protetorado internacional administrado pela ONU.

Em 2008, sob protestos da Sérvia, os kosovares declararam sua independência, reconhecida, contudo, apenas por alguns países.

Slobodan Milosevic foi forçado a renunciar ao poder em 2000 e preso em seguida, acusado de corrupção pelo judiciário sérvio e de crimes contra a humanidade pelo **Tribunal Penal Internacional** de Haia (Holanda). Ele morreu na prisão em 2006.

Estados que formavam a Iugoslávia (1990)

Fonte de pesquisa: KINDER, Hermann; HILGEMANN, Werner. *Atlas histórico mundial (II): de la Revolución Francesa a nuestros días.* Madrid: Akal/Istmo, 2006. p. 318.

❯ O Onze de Setembro

Em 11 de setembro de 2001, os Estados Unidos sofreram ataques terroristas de grande impacto. Os alvos foram dois diferentes centros de poder: um simbólico centro econômico, as torres do World Trade Center, em Nova York, e o Pentágono, sede do comando militar localizado em Washington. Os terroristas sequestraram aviões comerciais, lançando-os em seguida contra os edifícios, matando milhares de pessoas. Com as novas tecnologias de comunicação, os atentados foram transmitidos em tempo real para o mundo todo.

Os atentados foram assumidos por uma organização islâmica sunita chamada **Al Qaeda** ("A Base").

A forte reação militar dos Estados Unidos ao terrorismo resultou na invasão do Afeganistão, em 2001, e do Iraque, em 2003. Também foram impostas sanções comerciais e diplomáticas aos potenciais adversários da superpotência.

❯ A Al-Qaeda

A rede terrorista Al-Qaeda foi organizada pelo saudita Osama Bin Laden no final da década de 1980. Seu objetivo era reunir fundamentalistas islâmicos para estabelecer um novo califado islâmico e expulsar os ocidentais – incluindo Israel – dos territórios muçulmanos.

No Afeganistão, a Al-Qaeda foi acolhido pelo governo do **Talibã**, milícia fundamentalista sunita que tomou o poder no país em 1996.

Contrária às políticas seculares, a Al-Qaeda criticava líderes como Saddam Hussein, a quem acusava de transformar o Iraque em Estado laico. Contrária também à ingerência ocidental nos países islâmicos, a Al-Qaeda considera os EUA opressores dos muçulmanos. Justifica-se citando o apoio estadunidense a Israel nos conflitos contra os palestinos, a presença de bases militares dos EUA na Arábia Saudita e a influência econômica das corporações ocidentais na exploração do petróleo do Oriente Médio.

Em 1998, a Al-Qaeda lançou um manifesto, em forma de decreto religioso, em que incitava os muçulmanos a matar os estadunidenses e seus aliados. Nesse mesmo ano, a Al-Qaeda tornou-se conhecida mundialmente pelos atentados às embaixadas estadunidenses no Quênia e na Tanzânia.

Mas foi com o atentado de 11 de setembro de 2001 que se tornou a mais conhecida organização terrorista do planeta.

❯ A invasão do Afeganistão

Em resposta aos atentados de 11 de setembro, em outubro de 2001 forças anglo-americanas deram início à invasão do Afeganistão, com o objetivo de derrubar o governo talibã, destruir os campos de treinamento da Al-Qaeda e capturar Osama Bin Laden.

Soldados estadunidenses durante invasão no Afeganistão. Foto de 2001.

Em novembro, o governo talibã caiu e, em dezembro, uma assembleia de chefes de diferentes clãs e etnias afegãos estabeleceu a República como nova forma de governo do Afeganistão.

Hamid Karzai, o presidente eleito em 2004, não foi capaz de pacificar o país. Reeleito em 2009, ainda precisava da ajuda estadunidense para se manter no poder. Apesar disso, o presidente dos Estados Unidos, Barack Obama, eleito para o cargo em 2008, anunciou em 2012 que as forças estadunidenses seriam retiradas do Afeganistão até fins de 2014.

Irã, Iraque e Afeganistão

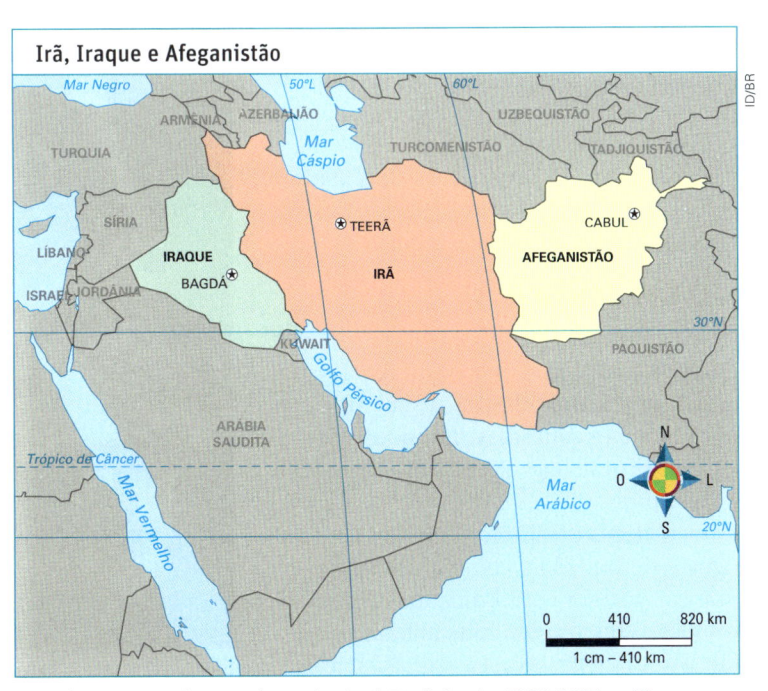

Fonte de pesquisa: *Atlas geográfico escolar*. 4. ed. Rio de Janeiro: IBGE, 2007. p. 47.

> A Doutrina Bush e o "eixo do mal"

Além de ordenar a invasão do Afeganistão, George W. Bush (presidente dos EUA entre 2001 e 2009) procurou reforçar a segurança interna de seu próprio país. Por meio da lei conhecida como **Patriotic Act** (Ato Patriótico), Bush eliminou, na prática, o direito dos cidadãos à privacidade. Bastava que os órgãos de Estado alegassem suspeita de terrorismo para que os cidadãos fossem legalmente espionados.

A **Doutrina Bush** incluía o princípio da **guerra preventiva** contra países que pudessem representar qualquer ameaça à segurança dos EUA. Bush reuniu Irã, Iraque e Coreia do Norte no que chamou de **eixo do mal**. Esses países, segundo ele, desenvolviam armas de destruição em massa e patrocinavam o terrorismo.

> A invasão do Iraque

Sob essas alegações, os Estados Unidos invadiram o Iraque em março de 2003. França, China, Alemanha e Rússia opuseram-se à invasão, e o Conselho de Segurança da ONU vetou a iniciativa. Mas Inglaterra, Espanha, Itália, Polônia e Austrália integraram a coalizão que ocupou o Iraque. Em dezembro do mesmo ano, Saddam Hussein foi capturado. Ele seria julgado e condenado à forca em 2006.

Em 11 de março de 2004, várias bombas explodiram em trens lotados na cidade espanhola de Madri, causando cerca de 200 mortes e mais de mil feridos. Em 7 de julho de 2005, ocorreram novos ataques à bomba, dessa vez no metrô de Londres, Inglaterra.

A Al-Qaeda reivindicou os dois ataques como forma de punir os países que apoiaram os EUA na invasão do Iraque.

> O fim da era Bush

A Guerra do Iraque foi extremamente negativa para o governo Bush. As alegadas armas químicas de destruição em massa jamais foram encontradas. Tampouco conseguiram provar ligações de Hussein com o terrorismo.

As relações dos Estados Unidos com antigos e fiéis aliados, como a Alemanha e a França, ficaram comprometidas. Em muitos locais, eclodiu um forte antiamericanismo. Por onde passava, George Bush provocava protestos.

A morte de soldados estadunidenses também mobilizou uma forte oposição interna, desgastando ainda mais o governo.

Toda essa insatisfação permitiu a ascensão de uma nova figura política: Barack Obama.

> A eleição de Barack Obama

Após oito anos de governo de George Bush, os estadunidenses estavam dispostos a mudar os rumos do país. Escolheram para isso o primeiro presidente afro-americano da história dos Estados Unidos: Barack Obama, eleito em novembro de 2008.

Em 2010, o presidente conseguiu que o Congresso dos Estados Unidos aprovasse seu projeto mais ambicioso: a reforma do sistema de saúde. Atualmente, os planos de saúde estadunidenses deixam de oferecer cobertura médica a cerca de 50 milhões de pessoas. A reforma de Obama estende a cobertura médica para todos os cidadãos. Em junho de 2012, a Suprema Corte dos Estados Unidos aprovou a reforma. Contra ela se ergueu o então candidato à presidência da República pelo Partido Republicano, Mitt Romney, que acusava a reforma de "socialista".

Romney e Obama se enfrentaram nas eleições presidenciais de 2012, e o então presidente estadunidense, mais uma vez, saiu vitorioso da disputa.

Assista

Fahrenheit 11 de setembro. Direção de Michael Moore, Estados Unidos, 2004, 122 min. Documentário crítico sobre o governo George W. Bush durante o episódio dos atentados de 11 de setembro de 2001 e as subsequentes medidas adotadas por ele contra o terrorismo.

Eleitor comemora a reeleição de Barack Obama em Nova York, EUA. Foto de 2012.

A crítica à globalização

As consequências da globalização têm sido criticadas por intelectuais, políticos, instituições sociais e não governamentais, indígenas, ambientalistas, sindicalistas e religiosos do mundo todo.

Desde o início dos anos 1990, as tradicionais reuniões dos países mais ricos, como o G-7 (Estados Unidos, Japão, Alemanha, França, Inglaterra, Itália e Canadá), do Banco Mundial, do FMI e da OMC são acompanhadas de **movimentos antiglobalização**, que reivindicam o cancelamento da dívida dos países pobres com os ricos, proteção para o meio ambiente e a limitação do poder do capital global (materializado nas grandes corporações internacionais, no mercado financeiro especulativo, nos paraísos fiscais, nas instituições globais – FMI, BM, OMC – e no G-7), entre outras medidas.

Os movimentos antiglobalização abrangem centrais sindicais, o *Greenpeace*, o Movimento dos Sem Terra (MST) brasileiro, a francesa Confédération Paysanne, feministas da Marcha Mundial das Mulheres, além da Associação para Taxação das Transações Financeiras em Apoio aos Cidadãos (ATTAC) – de origem francesa, além de grupos anarquistas, socialistas, homossexuais, etc.

A internet é um dos principais instrumentos de luta e mobilização, propiciando a promoção de debates, denúncias e a difusão das causas de cada grupo.

O Fórum Social Mundial

Em 2001, foi inaugurado na cidade gaúcha de Porto Alegre o **Fórum Social Mundial**, reunindo movimentos sociais de todos os continentes que lutem contra o imperialismo e o neoliberalismo. O fórum tem como objetivo promover debates e oferecer alternativas para a obtenção da justiça e da prosperidade, visando a uma transformação social global. Seu *slogan* é "**Um outro mundo é possível**".

Desde então, o fórum vem promovendo encontros periódicos em cidades de países como Brasil, Quênia, Venezuela, Índia, Mali, Paquistão e Senegal. Esses encontros reúnem de forma igualitária militantes independentes, ONGs, estudantes e líderes da luta contra a globalização.

Críticos da globalização

Um dos grandes críticos do mundo globalizado é o linguista estadunidense Noam Chomsky. Ele critica o **terrorismo de Estado**, como o praticado pelos Estados Unidos no Afeganistão e no Iraque, e o que chama de **capitalismo de Estado da grande empresa**, fruto de relações antiéticas entre os interesses das grandes corporações e os governos dos países ricos.

Outro renomado crítico da globalização é o cineasta estadunidense Michael Moore. Por meio de documentários, Moore revela as facetas menos conhecidas e sombrias da globalização, como a exploração de mão de obra escrava na Indonésia por uma famosa empresa de artigos esportivos de capital estadunidense; as relações estreitas entre o governo Bush, as corporações petrolíferas e a invasão do Iraque; etc.

Nos anos 2011 e 2012, um outro movimento antiglobalização iniciou-se nos Estados Unidos, chamado **Ocupe Wall Street**. Em 17 de setembro de 2011 manifestantes contra a política econômica do mundo globalizado passaram a instalar-se no Parque Zuccotti, em Nova York, portando cartazes, entre os quais se lia "Nós somos os 99%". Eles queriam denunciar que a desigualdade social levara 1% da população, ao longo das últimas três décadas, a acumular cada vez mais dinheiro e privilégios em detrimento dos demais. Em diversas capitais europeias, americanas e asiáticas ocorreram "ocupações" semelhantes de lugares públicos.

Assista

A corporação. Direção de Jennifer Abbott e Mark Achbar, Canadá, 2004, 145 min. Documentário sobre o poder das grandes corporações no mundo atual.

Edukators. Direção de Hans Weingartner, Áustria/Alemanha, 2004, 127 min. Narra a história de jovens adeptos de um movimento antiglobalização.

O movimento **Ocupe Wall Street** espalhou-se pelo mundo inteiro por meio de convocação feita na internet, no Twitter e no Facebook. Na imagem, manifestação em Nova York, EUA. Foto de 2011.

Conflitos étnicos, religiosos e políticos

Os processos de luta pela independência ocorridos na África e na Ásia foram marcados, em muitos países, por intensas disputas étnicas e religiosas. No caso africano, grande parte dos conflitos teve origem nas fronteiras artificiais impostas pelos colonizadores, que colocaram em um mesmo país etnias tradicionalmente rivais. Rivalidade que, muitas vezes, era estimulada pelos colonizadores, seguindo a política de "dividir para governar".

Conflitos étnicos na África

Desde 1970, mais de trinta guerras eclodiram na África. Os conflitos mais prolongados e sangrentos ocorreram em países como Nigéria, Zaire, Sudão, Etiópia, Angola, Moçambique, Ruanda, Burundi, África do Sul, Libéria e Somália.

Um dos mais sangrentos conflitos ocorreu em Biafra, região da Nigéria riquíssima em petróleo e habitada majoritariamente pelo povo ibo, que reivindicou sua autonomia em 1967. A revolta foi sufocada de forma violenta pelo governo nigeriano, apoiado pelos países vizinhos, temerosos de que grupos étnicos de seus territórios seguissem o exemplo. Rebeldes e civis foram reprimidos com crueldade, e a fome devastou a região após o término do conflito, em 1970.

Outro importante conflito ocorreu no início dos anos 1990 em Ruanda. Setores radicais da etnia hutu (85% da população) iniciaram uma política de limpeza étnica em relação à minoria tútsi. Cerca de 800 mil pessoas, entre tútsis e hutus moderados, foram mortas.

Apenas com o agravamento da situação a ONU interveio com uma força de paz liderada pela França. Um tribunal internacional foi estabelecido para julgar, até 2010, aqueles que se engajaram nas facções hutus de extermínio dos tútsis. Vários líderes políticos e militares foram condenados à prisão perpétua pelo crime de genocídio.

Angola e Moçambique

As duas principais colônias portuguesas na África – Angola e Moçambique – mergulharam em uma crise institucional no período pós-colonial.

Angola conquistou a independência em 1974, durante a Revolução dos Cravos, em Portugal, e em pleno contexto da Guerra Fria. Três grupos lutavam pela libertação angolana: o Movimento Popular de Libertação de Angola, **MPLA** (marxista, pró-URSS e auxiliado por Cuba), a Frente Nacional para a Libertação de Angola, **FNLA** (financiada pelos EUA e pelo Zaire, hoje República Democrática do Congo) e a União Nacional para a Independência Total de Angola, **Unita** (financiada pelos EUA e pela África do Sul).

Após a independência, os três grupos iniciaram uma guerra civil pela disputa do poder. O líder Agostinho Neto, do MPLA, foi proclamado presidente, mas a Unita (que incorporou a FNLA) manteve a guerrilha e o domínio de parte do território. Em 1979, após a morte de Agostinho Neto, José Eduardo dos Santos assumiu a presidência. A guerra civil estendeu-se até 2002, quando o Parlamento angolano anistiou todos os combatentes e a Unita tornou-se um partido político.

Moçambique também foi palco de uma guerra civil após se tornar independente de Portugal. Em 1976, a Frente de Libertação de Moçambique (**Frelimo**), socialista, assumiu o controle do país, sob a liderança de Samora Machel. Entretanto, a facção dissidente Resistência Nacional Moçambicana (**Renamo**), apoiada pela África do Sul, manteve conflitos com o governo oficial até 1992, quando ambos assinaram um acordo de paz.

Atualmente, os governos de Angola e Moçambique trabalham pela reconstrução de seus respectivos países, organizando a exploração das grandes riquezas naturais e procurando superar a pobreza, agravada durante os períodos de conflito.

> **Assista**
> **Hotel Ruanda.** Direção de Terry George, EUA/Itália/África do Sul, 2004, 121 min.
> Gerente de hotel internacional em Ruanda abriga cerca de 1 200 pessoas durante a guerra civil em que quase um milhão de pessoas morreram.

O genocídio de tútsis, em Ruanda, por grupos da etnia hutu, cessou com a ascensão dos tútsis ao governo do país em 1995. O medo de retaliação e vingança tútsi causou, então, a fuga de famílias hutus para países vizinhos. Na foto, refugiados ruandeses da etnia hutu aguardam distribuição de alimentos em campo de refugiados instalado no Congo, em 1998.

> ## Índia × Paquistão

A rivalidade entre Índia e Paquistão retrocede ao processo de independência dos dois países, em 1947. Há séculos, hindus e muçulmanos conviviam no território indiano. Os britânicos acirraram as divergências entre eles, tornando insustentável a convivência dos seguidores das duas religiões.

Com o fim da dominação britânica, a solução encontrada para evitar uma sangrenta guerra civil foi dividir hindus e muçulmanos. A população muçulmana foi concentrada no Paquistão, ao passo que a Índia ficava reservada para a maioria hindu.

Durante o processo, a região de **Caxemira**, de maioria islâmica, mas controlada por um marajá hindu, tornou-se alvo de disputa. A ONU viabilizou um acordo e repartiu a região entre Índia e Paquistão, mas a parte indiana da Caxemira prosseguiu na luta pela autonomia.

O fortalecimento do **fundamentalismo hindu** nos anos 1990 fez aumentar a tensão entre Índia e Paquistão, que intensificaram uma corrida armamentista regional. Os dois países têm armas nucleares, e há entre eles um delicado equilíbrio regional.

> ## China – potência do século XXI

Após a morte de Mao Tsé-tung, em 1976, Deng Xiaoping assumiu o poder na China comunista. Ele havia sido afastado do círculo do poder durante a Revolução Cultural de 1966.

Deng Xiaoping rompeu com a extrema esquerda do Partido Comunista e priorizou a modernização de quatro setores: Exército, agricultura, indústria e tecnologia. Com o objetivo de desenvolver a indústria, Xiaoping implantou um sistema conhecido como **socialismo de mercado**. Foi permitido formar pequenas e médias empresas privadas. Em 1985, havia mais de 17 milhões delas em toda a China. O governo chinês também criou as **Zonas Econômicas Especiais** (**ZEEs**), situadas no litoral, abertas ao capital estrangeiro e voltadas para a exportação.

A abertura chinesa, entretanto, ficou restrita ao campo econômico, destacando-se como parte fundamental da economia globalizada. Em contrapartida, o Partido Comunista conservou o monopólio político do país. Quando, em 1989, jovens chineses manifestaram-se pedindo a democratização do regime, na Praça da Paz Celestial, o governo respondeu com armamentos pesados, repressão, prisões e mortes.

Em 1997, Jiang Zeming substituiu Deng Xiaoping e deu sequência às reformas econômicas. Na década de 1990, a economia chinesa passou a apresentar taxas de crescimento anual superiores a 10%. Investidores internacionais continuaram a aplicar no país, atraídos por mão de obra barata, gigantesco mercado consumidor e infraestrutura (transportes, portos, etc.) de primeiro mundo.

Antigos rivais dos estadunidenses, os chineses têm hoje excelentes relações comerciais e diplomáticas com os Estados Unidos. Buscando garantir o fornecimento regular de matérias-primas e novos mercados para seus produtos, muitas empresas chinesas passaram a investir em países da África e da América Latina, aumentando a inserção da China no mundo globalizado.

Em 2008, ao sediar os Jogos Olímpicos, os chineses destacaram-se por sua capacidade de mobilização, planejamento e execução das obras. Analistas de todo o mundo preveem um futuro promissor para a China, que deverá consolidar-se como uma das principais potências do século XXI.

História e economia

Economia é a ciência social que estuda a produção, a distribuição e o consumo de bens e serviços. A análise econômica de uma sociedade é um instrumento importante para o conhecimento histórico.

Os economistas elaboram análises sobre o passado e o presente das atividades e relações econômicas que são de grande utilidade para o entendimento das sociedades.

O caso da China contemporânea é exemplar. Tentando entender as bases do enorme crescimento da economia chinesa a partir do final do século XX, muitos economistas vêm estudando aspectos da mentalidade, da cultura e dos valores chineses, tanto quanto analisam a quantidade das riquezas minerais ou as taxas de produção e consumo da população.

- Faça uma pesquisa sobre os custos ambientais e sociais do forte crescimento econômico chinês. Em seguida, discuta sobre isso com os colegas e com o professor. Amplie a discussão considerando a questão: É possível conciliar um forte crescimento econômico com sustentabilidade ambiental?

A arquitetura dos arranha-céus de Hong Kong, na China, revela o grau de desenvolvimento das atividades econômicas do país. Foto de 2011.

A América Latina no século XXI

Ao longo dos anos 1990, a América Latina viveu um processo de consolidação da abertura democrática e de inserção no mundo da economia global. No entanto, conflitos e tensões provocados por profundos contrastes sociais emergiram nesse contexto.

O Movimento Zapatista no México

Em 1983, formou-se no estado de Chiapas, no sul do México, o Movimento Zapatista, inspirado nas ideias do líder revolucionário Emiliano Zapata. Composto principalmente de camponeses da etnia maia, que forma a maioria da população da região, o movimento zapatista defende os direitos das comunidades indígenas e a manutenção de uma economia comunitária. Em 1994, seus militantes formaram o **Exército Zapatista de Libertação Nacional** (EZLN), que assumiu o controle de cinco cidades de Chiapas.

Nessa ocasião, o EZLN manifestou-se contra o Nafta e contra a reforma constitucional mexicana, que havia revogado leis que reconheciam as propriedades comunais indígenas e instituíam mecanismos para protegê-las. Tais ações, noticiadas pela mídia, colocaram as reivindicações indígenas em evidência. Desde então, o EZLN passou a buscar apoio na sociedade civil, principalmente por meio de ações midiáticas, apesar de permanecerem armados e controlarem parte de Chiapas.

Colômbia: as Farc e o narcotráfico

A adoção de políticas neoliberais na Colômbia reforçou a ação de grupos como as **Forças Armadas Revolucionárias da Colômbia (Farc)**, que em 1995 controlavam cerca de 40% do território colombiano e impunham derrotas aos militares. Há denúncias de que a expansão das Farc foi financiada pelo poderoso narcotráfico colombiano.

A presença de grandes grupos produtores e distribuidores de cocaína em território colombiano chamou a atenção do governo dos Estados Unidos, que desde 2000 mantém uma política de ajuda militar às Forças Armadas da Colômbia, com o envio de instrutores militares e bilhões de dólares em dinheiro e armamentos.

O início do século XXI marcou um declínio da ação das Farc, com a prisão de seus principais líderes e o aumento da presença militar estadunidense na Colômbia.

A Argentina em crise

Na década de 1990, a Argentina esteve sob o comando do presidente **Carlos Menen** (1988-1999), do Partido Justicialista (peronista). Menem, com seu ministro da Economia, Domingo Cavallo, adotou um **programa neoliberal**: abriu a economia argentina ao capital estrangeiro, iniciou um programa de privatizações e buscou a estabilização monetária.

O resultado foi o sufocamento da economia argentina, altas taxas de desemprego, aumento da dívida externa, crescimento da pobreza e do trabalho informal.

O sucessor de Menem, Fernando de la Rúa, manteve a política anterior. Manifestações populares levaram à sua renúncia em dezembro de 2001. Em 2002, o peronista Nestor Kirchner foi eleito presidente.

Kirchner decretou a **moratória** da dívida externa, **desvalorizou o peso** (moeda argentina), impulsionando as exportações, e estimulou o crescimento da economia. Seu sucesso econômico proporcionou a eleição de sua mulher, Cristina Kirchner, à presidência da Argentina, em 2007. Reeleita em outubro de 2011, Cristina Kirchner prosseguiu com a política nacionalista do marido, mas em 2012 a inflação voltou a crescer e a economia deu sinais de crise.

> **Assista**
> **Luna Avellaneda.** Direção de Juan José Campanella, Argentina/Espanha, 2004, 143 min.
> Um centro comunitário da periferia de Buenos Aires enfrenta problemas financeiros. Enquanto os sócios buscam alternativas para que o clube continue funcionando, seus familiares e amigos emigram para a Espanha, fugindo da crise econômica causada pela desvalorização do peso argentino.

Após o fim de 30 anos de ditadura, em 1986, o Haiti sofreu uma série de golpes de Estado e a ação de milícias paramilitares. Em 2010, com o devastador terremoto que vitimou milhões de haitianos, esse quadro se agravou. Diante dos problemas sociais, as forças da ONU ampliaram sua atuação para garantir a segurança e organizar a assistência humanitária aos cidadãos haitianos. Na imagem, uma soldada brasileira auxilia na distribuição de refeições à população carente da capital Porto Príncipe. Foto de 2013.

> ### A Venezuela bolivariana

No início do século XXI, muitos países sul-americanos elegeram governos ligados aos setores populares, fortalecidos com a crise do modelo neoliberal na região.

Um dos principais líderes populares surgidos nesse processo foi Hugo Chávez, ex-militar eleito presidente da Venezuela em 1998. O governo de Chávez adotou o **socialismo bolivariano**, que defende a estatização dos setores estratégicos (energia, siderurgia, mineração, telecomunicações, etc.) e a redistribuição da renda por meio de amplos projetos sociais e da reforma agrária.

Chávez utilizou **referendos** para convocar uma Assembleia Constituinte e aprovar uma nova Constituição em 1999, mudando as bases do Estado venezuelano.

A nova legislação previa também a realização de eleições presidenciais em 2000. Eleições vencidas por Hugo Chávez, que iniciou a nacionalização de diversas empresas e ampliou o controle de seu grupo sobre a maior geradora de riquezas do país, a estatal Petróleos de Venezuela S.A. (PDVSA).

O projeto bolivariano gerou grandes críticas entre o empresariado e os setores da classe média e da Igreja católica, que promoveram manifestações antichavistas. Em 2002, os oposicionistas executaram um golpe para depor o governo. Diante da resistência popular e da condenação da comunidade internacional, os golpistas recuaram. Hugo Chávez reassumiu o poder e ampliou as reformas. A oposição passou a boicotar as eleições, mas Chávez foi reeleito em 2006.

Em 2009, a Assembleia Nacional da Venezuela aprovou a reeleição ilimitada para a presidência da República, e Chávez foi reeleito em 2012. Com a morte dele, em março de 2013, é eleito o chavista Nicolás Maduro.

> ### A expansão da Revolução Bolivariana

Em 2004, os governos da Venezuela e de Cuba criaram a **Alternativa Bolivariana para as Américas (Alba)**, uma associação de países compromissados com o socialismo bolivariano, sob o comando de Hugo Chávez. Até 2012, haviam aderido à Alba os governos de Venezuela, Cuba, São Vicente e Granadinas, Antígua e Barbuda, Bolívia, Equador, Honduras, Nicarágua e República Dominicana.

Líderes da Alba reunidos em Caracas, Venezuela. Foto de 2010.

> ### Bolívia e Equador

As sociedades da Bolívia e do Equador, apesar de compostas majoritariamente de **povos indígenas**, eram historicamente dominadas pela elite de origem europeia.

A falência do projeto neoliberal nesses dois países e o enfraquecimento das elites tradicionais permitiram que os movimentos indígenas se fortalecessem e, pela primeira vez na história, assumissem o poder.

Na Bolívia, uma desastrada política de privatizações e o aumento de impostos causaram protestos, que resultaram em dezenas de mortes e obrigaram o presidente Gonzalo Sánchez de Lozada a renunciar em 2003.

Em 2005, o líder indígena aimará Evo Morales venceu as eleições presidenciais, iniciando um processo de reconstrução nacional, calcada nos ideais bolivarianos. Morales foi reeleito em 2009.

Situação semelhante ocorreu no Equador, onde, em 2005, protestos populares obrigaram o presidente neoliberal Lucio Gutiérrez a renunciar. Nas eleições de 2006, venceu o candidato dos movimentos populares e indígenas, Rafael Correa, que ao final do mandato anunciou sua candidatura à reeleição.

A eleição de políticos nacionalistas ligados às causas populares, contrários à globalização, ocorreu também em países como o Uruguai, com Tabaré Vazquez (2005) e José Mujica (2009), em Honduras, com Manuel Zelaya (2006), e no Paraguai, com Fernando Lugo (2008). Em 2012, Fernando Lugo foi afastado do governo pelo Parlamento do Paraguai e substituído por Federico Franco.

GLOSSÁRIO

Bolivariano: referência histórica a Simon Bolívar, militar e revolucionário nascido na cidade de Caracas, atual capital da Venezuela, e um dos principais líderes do processo de independência das colônias hispano-americanas.

Referendo: na política, é uma votação na qual os cidadãos são convocados para aprovar ou rejeitar mudanças importantes na legislação de um país.

Ontem e hoje

A permanência dos muros

As imagens abaixo retratam a permanência histórica da intolerância. Alemanha, Estados Unidos e Israel, cada um a seu tempo, ergueram muros para isolar seu vizinho indesejado.

No final da década de 1950, a migração de alemães do leste comunista para o oeste capitalista era intensa, pondo em risco a estabilidade da Cortina de Ferro.
Para conter esse fluxo, em 1961 foi erguido o Muro de Berlim. Ele dividiu a cidade em Berlim oriental, socialista, e Berlim ocidental, capitalista. O muro tornou-se símbolo da Guerra Fria. Ele foi derrubado em 1989. Foto de 1962.

Há décadas, milhares de trabalhadores latino-americanos tentam instalar-se nos Estados Unidos, em busca de melhores condições de vida. Os EUA reprimem esse tipo de migração, considerada ilegal. Em 2006, na fronteira entre Estados Unidos e México, foi levantado um muro para tentar conter a imigração ilegal pelo deserto. A iniciativa foi do então presidente George W. Bush. Foto de 2006.

Em 2002, Israel começou a erguer um muro na Cisjordânia. É uma barreira de centenas de quilômetros que divide territórios israelenses e palestinos, separando famílias e dificultando a vida dos palestinos que trabalham no território de Israel. A justificativa para sua construção foi a segurança de Israel contra terroristas provenientes das áreas palestinas. Foto de 2012.

Turistas e vagabundos

Para os habitantes do Primeiro Mundo – o mundo cada vez mais cosmopolita e extraterritorial dos homens de negócio globais, dos controladores globais da cultura e dos acadêmicos globais – as fronteiras dos Estados foram derrubadas, como o foram para as mercadorias, o capital e as finanças. Para os habitantes do Segundo Mundo, os muros constituídos pelos controles de imigração, as leis de residência, a política de "ruas limpas" e "tolerância zero" ficaram mais altos; os fossos que os separam dos locais de desejo e da sonhada redenção ficaram mais profundos, ao passo que todas as pontes, assim que se tenta atravessá-las, revelam-se levadiças. Os primeiros viajam à vontade, divertem-se bastante viajando (particularmente se vão de primeira classe ou de avião particular), são adulados e seduzidos a viajar, sendo sempre recebidos com sorrisos e de braços abertos.

Os segundos viajam às escondidas, muitas vezes ilegalmente, às vezes pagando por uma terceira classe superlotada num fedorento navio sem condições de navegar mais do que os outros pagam pelos luxos dourados de uma classe executiva – e ainda por cima são olhados com desaprovação, quando não presos e deportados ao chegar.

BAUMAN, Zygmunt. *Globalização*: as consequências humanas. Rio de Janeiro: Jorge Zahar, 1999. p. 97-98.

Reflita

1. Observe as imagens e assinale a função e o contexto histórico em que os três muros foram construídos.
2. Relacione o texto acima, do sociólogo polonês Zygmunt Bauman, com as imagens e, sob a orientação do professor, promova com seus colegas um debate sobre a intolerância em tempos de globalização.

Atividades

Verifique o que aprendeu

1. Assinale as principais características do pensamento neoliberal.
2. Identifique os fatores que promoveram o processo de globalização.
3. Defina o que é a multipolarização e quais seriam os novos polos surgidos com a globalização.
4. Descreva os principais fatores no campo da economia, da política e da cultura que demonstram a hegemonia estadunidense no processo de globalização.
5. Escreva um texto analisando o contexto político da ascensão do fundamentalismo islâmico no Oriente Médio e suas principais bandeiras.
6. Explique os motivos que levaram à Revolução Iraniana em 1979 e como esse acontecimento se relaciona com a Guerra Irã × Iraque.
7. Avalie os episódios que levaram à Guerra do Golfo.
8. Quais foram os principais avanços e retrocessos na tentativa de criação de um Estado palestino, do Acordo de Camp David até os Acordos de Oslo?
9. Relacione o processo de dilaceração da Iugoslávia com as guerras da Croácia, da Bósnia e do Kosovo ocorridas nos anos 1990.
10. Descreva a Al-Qaeda, relacione seus principais ideais políticos e indique como sua atuação no cenário internacional desencadeou a invasão do Afeganistão por forças lideradas pelos EUA.
11. Relacione os atentados de 11 de setembro de 2001, a Doutrina Bush e a invasão do Iraque em 2003.
12. Identifique as principais reivindicações dos diversos movimentos antiglobalização.
13. Explique o que é o Fórum Social Mundial.
14. Quem é Noam Chomsky? Cite algumas de suas críticas à globalização.
15. Indique as principais razões dos conflitos étnicos africanos, como Biafra e Ruanda.
16. Compare os conflitos vividos em Angola e Moçambique após a independência desses países.
17. Indique as principais razões da hostilidade entre a Índia e o Paquistão.
18. Relacione as principais medidas tomadas pelo regime comunista chinês que fizeram do país uma das maiores economias do planeta.
19. Identifique as principais razões que levaram o movimento zapatista a ocupar as prefeituras de importantes cidades mexicanas da região de Chiapas, em 1994.
20. Avalie as raízes da crise econômica argentina e seu saneamento pelo governo Kirchner.
21. Analise a ascensão do poder popular na América Latina.

Leia e interprete

22. Leia alguns trechos do discurso proferido pelo então presidente estadunidense, George W. Bush, em 20 de março de 2003, no momento em que seu país dava início à invasão do Iraque. Em seguida, responda às questões.

> Meus companheiros cidadãos, neste momento as forças norte-americanas e de coalizão estão no estágio inicial da operação militar para desarmar o Iraque, libertar sua população e defender o mundo de um grave perigo. Sob minhas ordens, as forças de coalizão começaram a atacar alvos específicos de importância militar para minar a capacidade bélica de Saddam Hussein. Este é o estágio inicial daquela que será uma campanha ampla e planejada. [...] A todos os homens e mulheres das forças armadas dos Estados Unidos que estão agora no Oriente Médio, a paz de um mundo tumultuado e a esperança de um povo oprimido agora dependem de vocês. A confiança está bem colocada. [...] Neste conflito, a América encara um inimigo que não tem respeito por convenções de guerra ou regras de moralidade. Saddam Hussein instalou tropas e equipamentos iraquianos em áreas civis, tentando usar homens, mulheres e crianças inocentes como escudos para suas próprias tropas, uma última atrocidade contra seu povo. [...] O povo dos Estados Unidos, nossos amigos e aliados não viverão à mercê de um regime criminoso que ameaça a paz com armas de assassinato em massa. [...] Meus companheiros cidadãos, os perigos sobre nosso país e o mundo serão superados. Nós transpassaremos esse momento de risco e continuaremos com o trabalho pela paz. Nós defenderemos nossa liberdade. Nós traremos liberdade para os outros. E nós venceremos. Que Deus abençoe nosso país e todos que o defendem.

Disponível em: <http://www1.folha.uol.com.br/folha/mundo/ult94u53194.shtml>. Acesso em: 24 maio 2014.

a) Como Bush descreve o Iraque e o governo de Saddam Hussein?
b) Comente a parte final do discurso de Bush: "Meus companheiros cidadãos, os perigos sobre nosso país e o mundo serão superados. Nós transpassaremos esse momento de risco e continuaremos com o trabalho pela paz. Nós defenderemos nossa liberdade. Nós traremos liberdade para os outros. E nós venceremos. Que Deus abençoe nosso país e todos que o defendem".
c) Para Bush, a guerra é o instrumento necessário para se manter a paz. Dê sua opinião sobre a questão.
d) Bush estabelece uma clara divisão entre "nós" e "eles" em seu discurso. Explique.

CAPÍTULO 60
A democracia consolidada

O que você vai estudar

- O governo Itamar Franco e o Plano Real.
- O governo FHC.
- O governo Lula.
- O governo Dilma Rousseff.
- Cultura e sociedade no Brasil do século XXI.

Lula participou da campanha de Fernando Henrique Cardoso, candidato ao Senado pelo MDB, em 1978. Na época lutando pela redemocratização, Lula e FHC tornaram-se símbolo da consolidação da democracia no Brasil.

Ligando os pontos

Os anos de 1980 foram considerados uma "década perdida", diante do fracasso em superar o processo inflacionário e da incapacidade em desenvolver a economia. O insucesso dos planos econômicos do governo Sarney levou a população a desacreditar em fórmulas mágicas para acabar com a inflação. Porém, do ponto de vista político, essa década contabilizou vitórias: a abertura política e o retorno à democracia no Brasil. Essas conquistas foram impulsionadas pelo movimento Diretas Já e pela transição ao regime democrático, consolidado pela Constituinte de 1988 e pelo retorno das eleições presidenciais livres e diretas.

Porém, o governo eleito em 1989 repetiu, na área econômica, a fórmula dos anos 1980, com os fracassados Planos Collor. De modo geral, a economia adotou políticas neoliberais, com a privatização de estatais e a abertura ao capital estrangeiro e às importações. Do ponto de vista político, o primeiro presidente eleito de forma direta depois de 29 anos, Fernando Collor de Mello, enfrentou graves denúncias de corrupção. Todavia, a recém-conquistada democracia sobreviveu ao teste institucional. O Congresso Nacional, pressionado por manifestações de rua de estudantes e de outros setores da sociedade, promoveu o processo de *impeachment* do presidente em 1992. Collor sucumbiu às acusações de corrupção, mas a democracia brasileira saiu fortalecida, mostrando a solidez de suas instituições.

Observe a imagem desta página, leia o texto e responda às questões abaixo.

1. As trajetórias políticas de Fernando Henrique Cardoso e Lula começaram no período da ditadura militar. Levando em consideração a fotografia, descreva essas trajetórias até os dias de hoje.
2. Analise a eficácia das medidas econômicas do ponto de vista da população. É possível avaliar seus resultados? Justifique.

O governo Itamar Franco e o Plano Real

Em fins de 1992, para não sofrer *impeachment*, Fernando Collor renunciou à presidência da República. Em seu lugar, assumiu o cargo o vice-presidente Itamar Franco. Como rompera com Collor logo depois do início das denúncias de corrupção, Itamar ganhou credibilidade e apoio para administrar o país.

Ministério de coalizão e nacionalismo

Itamar Franco estruturou um ministério composto de uma ampla coalizão, com nomes ligados à maioria dos partidos com representação no Congresso Nacional.

Adotando uma política nacionalista, Itamar freou o programa de privatizações previsto pelo governo Collor e conteve a abertura da economia. Seu governo incentivou a indústria, por meio de isenções fiscais, em troca da ampliação dos postos de trabalho. Entretanto, diante da grave crise inflacionária, o presidente privatizou a Companhia Siderúrgica Nacional (CSN), com o objetivo de obter recursos para o Estado.

Ainda no início de 1993, o governo realizou o plebiscito previsto pela Constituição de 1988 para definir a forma de governo a ser adotada no país. A **república presidencialista** sagrou-se vencedora diante da alternativa parlamentarista (republicana ou monárquica).

O ministro FHC e o Plano Real

Em maio de 1993, Fernando Henrique Cardoso (FHC) assumiu o comando do Ministério da Fazenda. Iniciou-se então a elaboração de um novo plano econômico para acabar com a inflação e promover a estabilização da economia – o **Plano Real**, que criou a Unidade Real de Valor (URV), um indexador variável da economia usado na transição para a nova moeda, o **real**, até que ela entrasse em vigor. O plano foi implantado em julho de 1994, pelo então ministro da Fazenda Rubens Ricúpero.

De acordo com o planejamento, o real manteria paridade com o dólar e eliminaria a espiral inflacionária. O novo plano econômico não adotou as soluções propostas anteriormente, como o congelamento dos preços e de salários, ou mesmo confiscos. A alternativa foi converter para a nova moeda os salários, pela média dos meses anteriores, e os preços, por uma planilha de custos. Para desestimular a alta dos preços, o governo reduziu as **taxas de importação**, o que permitiu que produtos estrangeiros competissem no mercado interno.

Ao processo de **valorização da moeda**, somou-se a retomada das **privatizações** para tentar equilibrar as contas públicas. Além disso, o governo buscou o controle e o saneamento dos bancos estaduais endividados, privatizando muitos deles.

No âmbito internacional, a dívida externa brasileira, cujo pagamento gradual fora acertado no governo anterior, continuou a ser negociada. Sucessivas reuniões de representantes do governo com o Fundo Monetário Internacional (FMI) e demais credores internacionais conseguiram satisfazer parcialmente os interesses de ambas as partes. Tais negociações aumentaram a credibilidade do Brasil, que buscava atrair investimentos estrangeiros e capital financeiro com a **elevação das taxas de juros**.

As medidas do Plano Real levaram ao fim o processo inflacionário e estabilizaram a economia. A eficácia do plano aumentou a popularidade de Itamar Franco e o prestígio de Fernando Henrique Cardoso, que teve, então, sua candidatura à presidência impulsionada, com o apoio de Itamar.

Em outubro de 1994, FHC venceu as eleições presidenciais, com 55% dos votos, apoiado pela aliança entre PSDB, PFL e PMDB, derrotando Lula, do PT.

Primeira página do jornal *Folha de S.Paulo*, 30 jun. 1994.

❯ O governo FHC

O primeiro dos dois mandatos de Fernando Henrique Cardoso priorizou a área econômica. Com uma base de apoio ampla no Congresso Nacional, o governo aprovou emendas constitucionais que promoveram reformas na economia brasileira, visando consolidar a estabilização.

A proposta do governo FHC orientou-se pelas premissas do **neoliberalismo**, principalmente com relação à abertura para o mercado externo, às privatizações e à redução da participação do Estado na economia.

Para adequar seus gastos à arrecadação, o governo implantou a **Lei de responsabilidade fiscal**, pela qual os gastos públicos não podem ser superiores à arrecadação, e **reformas** como a da Previdência Social, aumentando a idade mínima da aposentadoria.

❯ As privatizações e a abertura da economia

As principais medidas para reduzir a participação do Estado na economia foram as privatizações e a abertura da economia. A quebra do monopólio estatal sobre o **setor energético** e das **telecomunicações**, além da alteração do conceito de empresa nacional, permitiu a entrada de grande volume de capital estrangeiro na economia brasileira.

O governo privatizou a Embraer (produtora de aeronaves), a Telebrás (sistema de telefonia e satélites), a Vale do Rio Doce (mineradora), entre outras empresas. No caso da telefonia, a entrada do capital externo resultou na ampliação das linhas telefônicas e na expansão do mercado de telefones celulares.

O controle inflacionário e a valorização do real mantinham em alta a popularidade de FHC. Com o apoio da base aliada, o Congresso Nacional aprovou a emenda constitucional que autorizava a reeleição em mandatos sucessivos para os cargos de prefeito, governador e presidente da República.

Em outubro de 1998, FHC reelegeu-se presidente da República.

Outras histórias

Enquanto FHC articulava a emenda da reeleição no Brasil, em 1997, Pol Pot, líder do Khmer Vermelho, o Partido Comunista, reapareceu no Camboja depois de 18 anos escondido na selva e de sua morte ter sido anunciada várias vezes. Responsável pelo regime genocida dos anos 1970, era acusado pelo próprio Khmer de mandar matar ex-companheiros e suas famílias. Pol Pot foi condenado à prisão perpétua e morreu em 1998.

Conheça melhor

A política brasileira e as alianças partidárias

Para estabelecer condições de governabilidade, o presidente da República compõe alianças partidárias capazes de garantir-lhe os votos necessários no Parlamento para a aprovação de suas ações de governo.

Em uma república presidencialista e democrática, como a brasileira, tais alianças ocorrem por afinidade ideológica entre partidos ou por composições momentâneas por interesse mútuo, chamadas de fisiologismo político. Assim, os partidos que elegem uma bancada numerosa de parlamentares negociam o apoio ao Poder Executivo em troca de posições de destaque no governo, como ministérios, presidências de estatais, secretarias especiais, etc.

A falta de uma base de apoio que garanta uma maioria sólida no Parlamento geralmente inviabiliza a governabilidade, pois uma bancada oposicionista forte pode travar diversos projetos do Executivo.

Fernando Henrique Cardoso na rampa do Congresso Nacional durante a cerimônia de posse. Foto de 1995.

Ascensão e queda do real forte

FHC iniciou o segundo mandato com grande desvalorização do real diante do dólar, o que encareceu os produtos importados e provocou um aumento na inflação.

O crescimento econômico foi mínimo nesse período, em decorrência, principalmente, de crises externas, como a do México (1995), a da Malásia (1997/1998) e a da Rússia (1998-1999). Nesses casos, a ameaça de bancarrota obrigava o governo a pedir ajuda ao FMI, que impunha sua política de austeridade fiscal e orçamentária de efeito recessivo.

O agravamento da recessão econômica, o aumento do desemprego, os apagões em 2001 e 2002, que evidenciavam a falta de investimentos na infraestrutura e na geração de energia, a alta expressiva do dólar e o retorno da pressão inflacionária derrubaram a popularidade de FHC e impulsionaram a candidatura de Luiz Inácio Lula da Silva nas eleições de 2002.

Questões sociais

A era FHC também foi marcada por inúmeras reivindicações sociais. Durante seu governo, houve grande aumento do desemprego e migração dos postos de trabalho para o mercado informal nos centros urbanos.

No campo, a atuação do **Movimento dos Trabalhadores Sem Terra (MST)** intensificou-se com a ocupação de fazendas e com a exigência de agilidade na reforma agrária, ações que foram questionadas pelos fazendeiros. O número insuficiente de assentamentos implantados pelo governo não diminuiu a tensão em regiões conflituosas. Em 1996, o massacre de Eldorado dos Carajás, no Pará, no qual 19 trabalhadores sem-terra morreram pela ação da polícia, tornou-se um símbolo das reivindicações no campo.

Em contrapartida, o governo FHC, no âmbito federal, criou programas sociais como o bolsa-escola, o vale-gás e o bolsa-alimentação. Também atuou no ensino básico, com a criação do Fundo de Manutenção e Desenvolvimento do Ensino Fundamental e Valorização do Magistério (Fundef) e a busca pela universalização do acesso à escola.

Na saúde, o governo destacou-se pela política de distribuição gratuita de **remédios contra o vírus HIV**, pelo incentivo da produção de **medicamentos genéricos** e pelas campanhas de **vacinação**, que ajudaram a reduzir a taxa de mortalidade infantil.

> **GLOSSÁRIO**
>
> **Apagão**: termo com que ficou conhecido o período em que o país teve de se submeter a medidas emergenciais de economia de energia elétrica, como a diminuição em 20% do consumo residencial, o aumento das tarifas e a utilização de usinas termelétricas.

Conheça melhor

O massacre de Eldorado dos Carajás

Em abril de 1996, no município de Eldorado dos Carajás, no Pará, cerca de 1 500 sem-terra acampados na região decidiram fazer uma marcha contra a demora na desapropriação de terras para assentamento das famílias. A Polícia Militar (PM) foi encarregada de tirá-los do local, por ordem do secretário de segurança do Pará, que declarou, depois do ocorrido, que autorizara "usar a força necessária, inclusive atirar".

Segundo os relatos de jornalistas, cerca de 150 policiais militares — armados até mesmo com itens alheios ao seu arsenal, como foices e carabinas — promoveram um verdadeiro massacre, abrindo fogo contra a multidão, que incluía mulheres e crianças. Dezenove sem-terra foram mortos e 69 ficaram feridos — dos quais três viriam a falecer posteriormente em decorrência dos ferimentos. Do lado policial, 11 ficaram feridos.

O episódio derrubou o então ministro da Agricultura, e uma semana depois o governo anunciou a criação do Ministério da Reforma Agrária. Os fazendeiros da região foram acusados de terem criado um fundo para auxiliar a PM no combate aos sem-terra.

Após inquéritos e julgamentos, somente um coronel da PM e seu subordinado de maior patente foram condenados, mas ficaram apenas nove meses recolhidos em estabelecimentos da polícia.

Monumento relembra o massacre de Eldorado dos Carajás, um símbolo das tensões no campo durante o governo de Fernando Henrique Cardoso. Foto de 1996.

❯ O governo Lula

A candidatura do ex-líder sindical **Luiz Inácio Lula da Silva** nas eleições de 2002 decolou como resultado do descontentamento com o governo FHC. Apoiado em uma ampla aliança partidária, Lula derrotou o governista José Serra, do PSDB. Os eleitores depositaram em Lula as expectativas de acabar com a estagnação econômica, de promover a inclusão social e de modernizar o país.

A trajetória pessoal do novo presidente – migrante nordestino, metalúrgico em São Paulo e líder político derrotado em três eleições presidenciais – também contribuiu para que ele solidificasse sua popularidade.

❯ Política econômica ortodoxa

O governo Lula iniciou seu mandato com uma **política econômica ortodoxa**. Antes das eleições, os temores do mercado e dos investidores com uma possível vitória de Lula agravaram a situação econômica do Brasil.

Os maiores problemas herdados pelo governo Lula eram a enorme dívida pública, a desvalorização do real e os sinais de retorno da inflação, além da estagnação da economia. Henrique Meirelles, deputado pelo PSDB, foi indicado à presidência do Banco Central com o intuito de acalmar os ânimos do mercado e dos investidores.

Junto ao então ministro da Fazenda Antonio Palocci, Meirelles manteve a política monetária ortodoxa, a lógica de equilíbrio fiscal e as altas taxas de juros, controlando a inflação. As medidas recuperaram a confiança do mercado financeiro internacional no Brasil.

❯ Fome Zero e Bolsa Família

Nos primeiros dias, o novo governo deu início a uma política de combate à fome com o programa **Fome Zero**, mais tarde substituído pelo **Bolsa Família**, que beneficiou mais de 11 milhões de famílias no país e ajudou financeiramente as camadas mais pobres da população, exigindo, em contrapartida, que a família beneficiada mantivesse os filhos na escola e com a vacinação em dia.

Essas políticas sociais de **transferência direta de renda** foram consideradas assistencialistas pela oposição. Outra crítica foi a burocratização excessiva na implantação do programa e na distribuição dos recursos.

Entretanto, o combate à pobreza acabou mostrando enorme eficácia, tornando-se um símbolo do governo Lula, ampliando sua popularidade e seu prestígio dentro e fora do país.

História e *marketing*

O estudo do mercado surgiu das necessidades oriundas da Revolução Industrial. Inicialmente, o *marketing* era inseparável da economia e da administração clássica, dedicando-se à logística e à produtividade para maximizar os lucros. Após a Segunda Guerra Mundial, com o crescimento vertiginoso da concorrência, em razão da aplicação de novas tecnologias, o *marketing* foi utilizado para atrair e lidar com os consumidores para garantir a venda dos produtos.

Ao longo do século XX, o *marketing* tornou-se uma ferramenta necessária em campanhas políticas. Hoje em dia, os candidatos e suas ideias devem ser atraentes para o eleitorado. Por isso, ao analisar processos democráticos de transição, o historiador pode estudar o *marketing* político para compreender as estratégias utilizadas e as opções do eleitorado.

Nas eleições de 2002, por exemplo, a estratégia de *marketing* da campanha de Lula buscou desconstruir a imagem de líder sindical enraivecido e inflexível ideologicamente, cultivada pelo eleitorado mais conservador. Com a barba aparada, sorriso no rosto e muita cordialidade, o Lula de 2002 não se assemelhava ao da disputa eleitoral de 1989.

- Debata com seus colegas a influência do *marketing* na política, avaliando seus aspectos positivos e seus aspectos negativos.

Foto de Lula, durante a posse como presidente do Brasil, em 1º de janeiro de 2003. Vitorioso na quarta disputa, ele se elegeu representando uma alternativa ao modelo político-econômico do governo FHC.

O crescimento das exportações

O governo Lula promoveu o incentivo às exportações, gerando um superávit na balança comercial brasileira que permitiu o aumento da reserva de dólares adquiridos pelo Banco Central e o retorno gradual do desenvolvimento econômico. Um dos resultados disso foi o pagamento das dívidas com o FMI.

A conjuntura favorável e as mudanças na política econômica permitiram a redução progressiva da taxa interna de juros, deslocando recursos que se destinavam ao pagamento da dívida pública para o setor produtivo e para programas sociais.

Os críticos do governo Lula afirmam, porém, que houve excesso de contratações de funcionários públicos, desviando recursos do Estado que poderiam ser utilizados em obras e serviços de saúde e educação.

Reeleição e PAC

Em meados de 2005, o Partido dos Trabalhadores, base do governo Lula, foi abalado por um escândalo de corrupção. A imprensa denunciou o chamado esquema do "mensalão", afirmando que deputados receberiam uma quantia mensal para compor a base de sustentação do governo no Congresso. Deputados de vários partidos foram acusados e houve algumas cassações.

Apesar do escândalo, Lula foi reeleito em 2006, com 60,83% dos votos válidos.

No segundo mandato, o governo Lula ampliou os projetos sociais, como o Bolsa Família, o Luz para Todos (programa para a ampliação da eletrificação) e o Programa Universidade para Todos (ProUni), concedendo bolsas de estudo nas instituições privadas para alunos de baixa renda.

Visando melhorar a infraestrutura do país (portos, estradas, urbanização, etc.), foi lançado o **Programa de Aceleração do Crescimento** (**PAC**), com diversas obras financiadas em forma de parceria entre o poder público e a iniciativa privada.

As perspectivas de crescimento da economia brasileira foram ampliadas em 2007, com a confirmação da descoberta, pela Petrobras, de extensas **jazidas de petróleo** na Bacia de Santos, área da costa situada entre os estados do Rio de Janeiro e de Santa Catarina.

Esse petróleo situa-se a grandes profundidades, abaixo de uma camada subterrânea de sal, e por isso as jazidas receberam o nome de **pré-sal**.

Política externa

Em termos de política externa, o governo Lula foi marcado pela liderança brasileira dos países emergentes e pela maior projeção do país no mundo.

Considerado, ao lado de Rússia, Índia, China e África do Sul – **BRICS** –, uma das potências emergentes do século XXI, o Brasil passou a integrar diversos fóruns internacionais de discussão e decisão. Um deles é o G-20, que desde 1999 reúne as 20 maiores economias do mundo e que ganhou grande importância após a crise financeira iniciada em 2008.

> **Assista**
> **Peões.** Direção de Eduardo Coutinho, Brasil, 2004, 84 min. Documentário leva à reflexão sobre as eleições de 2002, tecendo relações entre a candidatura de Lula e as greves do ABC paulista, ocorridas no final da década de 1970.

Charge a respeito do encontro entre Lula e Barack Obama em Pittsburgh, EUA, durante reunião do G-20 em 2009. O presidente estadunidense admitiu publicamente o carisma do governante brasileiro.

❯ O governo Dilma

Em 2010, ano das eleições presidenciais para a escolha do sucessor de Luiz Inácio Lula da Silva, uma pesquisa encomendada pela Confederação Nacional da Indústria (CNI) apontou que o índice de aprovação do governo federal era de 87%.

No mesmo ano, o PT, com o apoio do presidente, oficializou a candidatura da então ministra-chefe da Casa Civil, Dilma Vana Rousseff, que, ao vencer no segundo turno das eleições seu adversário José Serra, candidato pelo Partido da Social Democracia Brasileira (PSDB), tornou-se a primeira mulher no Brasil a conquistar o cargo de chefe de Estado.

❯ Trajetória política

Em 1964, aos 16 anos, em Belo Horizonte, Dilma Rousseff iniciou sua trajetória de militância política. Participou de grupos de oposição ao regime militar e a favor de ações armadas contra o governo, como o Comando de Libertação Nacional (Colina).

Foi presa e condenada em 1970, permanecendo em cárcere por quase três anos. Como outros presos políticos, foi submetida a sessões de tortura. Após deixar a prisão, Dilma mudou-se para Porto Alegre e passou a militar em favor do MDB, partido de oposição ao regime ditatorial. Exerceu diferentes cargos no Executivo como secretária da Fazenda da Prefeitura de Porto Alegre e secretária estadual de Energia, Minas e Comunicações do Rio Grande do Sul.

Dilma Rousseff se filiou ao PT em 2000. Como candidata ao cargo presidencial, em 2010, participou de uma extensa campanha por diversos municípios. No segundo turno de votação, Dilma comprovou o favoritismo e garantiu a vitória.

❯ Programa de governo

Após tomar posse da presidência em janeiro de 2011, Dilma Rousseff, a despeito de especulações sobre futuras influências de Lula em sua gestão, buscou dar em certa medida continuidade à política econômica de seu antecessor – visando ao crescimento econômico, porém dando grande ênfase à política fiscal e a ações que promovessem o desenvolvimento social.

Dilma iniciou seu governo dentro de um período de grave crise internacional. Dessa maneira, ainda no começo do mandato, o presidente do Banco Central, Alexandre Tombini, optou por aumentar a taxa básica de juros para conter a economia e os índices de inflação preocupantes. Consequentemente, o PIB brasileiro no final do primeiro ano cresceu menos do que a projeção inicialmente prevista. Aos poucos, porém, foram-se promovendo reajustes em direção à instalação de juros mais baixos, a fim de tornar o país competitivo e atrair investimentos.

No dia da posse, a presidente eleita Dilma Rousseff passa revista às tropas do Exército, Brasília (DF). Foto de 2011.

> **Desenvolvimento social**

Nos dois primeiros anos do governo Dilma, além dos programas Bolsa Família e Universidade para Todos, que se mantiveram da gestão presidencial anterior, outros projetos foram criados para promover melhorias nas áreas da saúde e da educação.

A **Rede Cegonha**, programa lançado em março de 2011, na cidade de Belo Horizonte, surgiu com a promessa de se estender a todo o território nacional. Esse projeto propunha um conjunto de medidas para ampliar a assistência a gestantes e crianças, com a finalidade de diminuir as taxas de mortalidade infantil e materna.

Já o programa **Ação Brasil Carinhoso**, lançado em maio de 2012 como complemento ao programa Bolsa Família, visava ao auxílio de famílias em condições de extrema pobreza com crianças de até seis anos de idade, por meio da garantia de uma renda mínima de R$ 70,00 a cada membro. Além do repasse de renda, esse programa facilitou o acesso de crianças a creches; promoveu cuidados relativos à saúde, como o fornecimento de suplemento de vitamina A e sulfato ferroso para combater a anemia infantil; e distribuiu medicamentos gratuitos contra a asma, doença que estava entre as principais causas para a internação de crianças no Sistema Único de Saúde (SUS).

Em relação à educação, o **Programa Nacional de Acesso ao Ensino Técnico e Emprego** (**Pronatec**), outro projeto criado pelo governo Dilma, buscou aumentar a oferta de escolas técnicas federais e concedeu bolsas de estudo a estudantes e profissionais em cursos técnicos e profissionalizantes disponíveis em entidades privadas, visando ao aumento da oferta de mão de obra especializada.

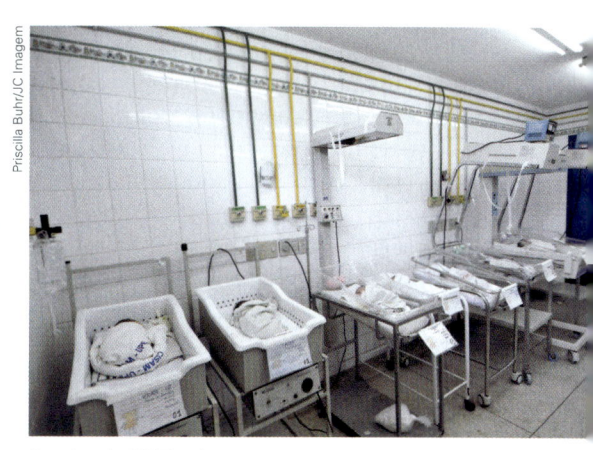

Estudos do IBGE indicaram que entre 2001 e 2011 ocorreu a redução da taxa de nascidos de mães adolescentes. Na imagem, maternidade em Recife (PE). Foto de 2011.

> **Índice de aprovação**

Apesar de algumas críticas à gestão de Dilma, principalmente no que se refere à economia, terem sido feitas por políticos de oposição, uma pesquisa realizada pelo Instituto Brasileiro de Opinião Pública e Estatística (Ibope), realizada em dezembro de 2012, revelou que 62% das 2002 pessoas entrevistadas em 147 municípios consideraram o governo bom ou ótimo, mantendo-o num alto índice de aprovação.

Hoje em dia

Lei de cotas para o Ensino Superior

O Brasil foi o último país independente da América a abolir a escravidão; e, após a assinatura da Lei Áurea em 1888, nem o governo imperial, nem os presidentes republicanos realizaram políticas efetivas de inclusão dos ex-escravizados na sociedade, resultando na marginalização social da maior parte dos afrodescendentes.

Desde a década de 1980, diversas ações vêm sendo feitas, a fim de diminuir as desigualdades inter-raciais. Em 2012, a presidente Dilma Rousseff sancionou a Lei de Cotas para o Ensino Superior, que disponibiliza 50% das vagas nas universidades federais para alunos provenientes de escola pública. Dessa porcentagem, ainda foram oferecidas vagas exclusivas a pardos, negros e indígenas.

Muito ainda precisa ser feito para promover a inserção desses grupos no Ensino Superior, mas a Síntese de Indicadores Sociais de 2012, pesquisa realizada pelo Instituto Brasileiro de Pesquisas e Estatísticas (IBGE), apontou que houve progressos: o número de negros e pardos nas universidades chegou a 35,8%, três vezes maior do que em 2001.

- Discuta com seus colegas e responda por que a dificuldade de acesso a um ensino de qualidade contribui para a exclusão social de pessoas. Anote suas observações no caderno.

Cultura e sociedade no Brasil do século XXI

O Brasil do início do século XXI é um país urbano. Nada menos que 86,5% da população brasileira morava em cidades em 2010, em contraste com os 30% de 1940.

O crescimento da população urbana não ocorreu, porém, de forma uniforme ou harmônica ao longo do século XX. A maciça migração rural e a falta de planejamento resultaram na formação de bairros sem infraestrutura básica (abastecimento de água, coleta de esgoto, sistema viário, etc.), que produziam e reproduziam a exclusão social de amplas camadas da população. A ditadura militar foi um fator a mais no aprofundamento da exclusão, ao reprimir a manifestação livre das ideias e dos anseios da população e ao privilegiar os interesses do grande capital.

A volta da democracia e a consequente eleição de candidatos comprometidos com as causas populares propiciaram um perceptível aumento da qualidade de vida do conjunto da população.

Entre 1990 e 2010, a mortalidade infantil caiu mais do que a metade, ao passo que a expectativa de vida subiu de 66,57 anos para 73,5 anos. A taxa de analfabetismo caiu de 17,2% em 1992 para 9,6% em 2010.

Quanto ao Índice de Desenvolvimento Humano (IDH), que mede o grau de bem-estar social dos diversos países, o Brasil em 2010 integrava o grupo de países de alto desenvolvimento.

Coroando a fase de bons resultados nos indicadores econômicos e sociais, o Brasil foi escolhido para sediar os dois mais importantes eventos esportivos do mundo: a **Copa do Mundo de Futebol**, em 2014, e as **Olimpíadas** e **Paraolimpíadas**, que ocorrerão na cidade do Rio de Janeiro em 2016.

Todos esses índices e eventos positivos não podem, porém, encobrir o fato de que há muitos problemas a serem resolvidos.

> Os problemas persistentes

Apesar de o índice de desigualdade cair ano a ano, a **distribuição de renda** no Brasil ainda é uma das piores do mundo. A obtenção da igualdade na repartição da riqueza nacional é uma meta não apenas do Estado, mas também de muitas organizações não governamentais e instituições da sociedade civil.

A **falta de segurança** é também um sério problema, principalmente nas grandes cidades. Os índices de criminalidade brasileiros são ainda muito altos, provocando inúmeras reações na sociedade, como a instalação de cercas eletrificadas em edifícios e a contratação de serviços de segurança privados.

A ação das forças policiais mostra-se algumas vezes problemática, havendo relatos de abusos de autoridade e violência desproporcional não apenas contra suspeitos de crimes, mas também em relação aos cidadãos mais pobres.

A ausência do Estado em muitas comunidades carentes permitiu a expansão e o enraizamento do **crime organizado**, ligado basicamente ao tráfico de drogas. Armadas com os recursos do tráfico, facções criminosas passaram a dominar bairros inteiros, impondo regras, oferecendo "proteção" e assassinando pessoas que consideram ameaça a seus planos e ações.

O crescimento do poder dessas facções, algumas vezes, provoca choques com a população de toda uma cidade ou região. Em 2006, a organização criminosa autodenominada Primeiro Comando da Capital (PCC) resolveu mostrar sua força diante do Estado, que perseguia seus líderes, e atacou postos e viaturas de polícia, agências bancárias e ônibus em várias cidades do estado de São Paulo. A população entrou em pânico e as ruas ficaram desertas.

Além da segurança, a qualidade de vida nas grandes cidades ainda é muito desigual. Ao lado de bairros bem implantados, há inúmeros **loteamentos irregulares** na periferia e favelas. A urbanização desses bairros precários, assim como a revitalização dos antigos **centros das cidades**, muitas vezes degradados, são outros desafios que ainda aguardam uma solução eficiente e duradoura.

Assista

Notícias de uma guerra particular. Direção de João Moreira Salles e Kátia Lund, Brasil, 1999, 57 min.
Retrata as mudanças nas relações e no cotidiano de moradores e traficantes no morro Santa Marta, no Rio de Janeiro, ocorridas nos anos 1990. No processo de filmagem, os diretores conheceram Roberto Pimentel, membro do Bope, que inspirou a construção da personagem Capitão Nascimento, do filme *Tropa de Elite*.

Campanha de vacinação contra poliomielite em posto de saúde da Tijuca, Rio de Janeiro. Foto de 2012.

> ## O novo cinema

Em meados dos anos 1990, ocorreu a "retomada do cinema brasileiro", após a crise que se seguiu à extinção, por Fernando Collor de Mello, da Embrafilme, maior financiadora do cinema nacional nos anos 1970 e 1980.

Em 1993, Itamar Franco apoiou a criação da Lei do Audiovisual, que reintroduziu o financiamento estatal para os filmes produzidos no Brasil.

A ação de Itamar permitiu que uma nova geração de cineastas surgisse, produzindo filmes com temáticas inovadoras. Em 1995, após anos de paralisia, um filme brasileiro voltou a fazer sucesso, enchendo salas de exibição por todo o país: *Carlota Joaquina, princesa do Brasil*, de Carla Camurati, lançado em 1995.

Também de 1995 é *O Quatrilho*, de Fábio Barreto, indicado ao Oscar de melhor filme estrangeiro. A mesma indicação repetiu-se em 1998 com *Central do Brasil*, de Walter Salles, estrelado por Fernanda Montenegro, que concorreu ao Oscar de melhor atriz.

No início do século XXI, outros filmes brasileiros alcançaram grande público no Brasil e no exterior por causa da temática atual e das novas estratégias de lançamento. *Cidade de Deus*, de Fernando Meirelles (2002); *Carandiru*, de Hector Babenco (2003); *Tropa de Elite* (2007), de José Padilha; e *À deriva*, de Heitor Dhalia (2009), são alguns deles.

> ## O Brasil digital

O final do século XX marcou, em todo o mundo, o início de um novo tempo: a era da internet. Capaz de transmitir textos, sons, imagens estáticas e em movimento sem limite de distância, a internet representa uma enorme transformação na maneira como as informações são produzidas, distribuídas e acessadas.

No Brasil, o serviço de internet foi introduzido em 1991, a princípio acessado apenas por universidades e centros de pesquisa. Em 1996, alcançou escala comercial. Desde então, o número de internautas (usuários de internet) cresce todos os anos, havendo ações governamentais de popularização da internet, chamados de programas de "inclusão digital".

A possibilidade de trocar informações em tempo real, com pessoas de lugares mais distantes, geograficamente isolados, é um recurso importante em um país de grande extensão como o Brasil.

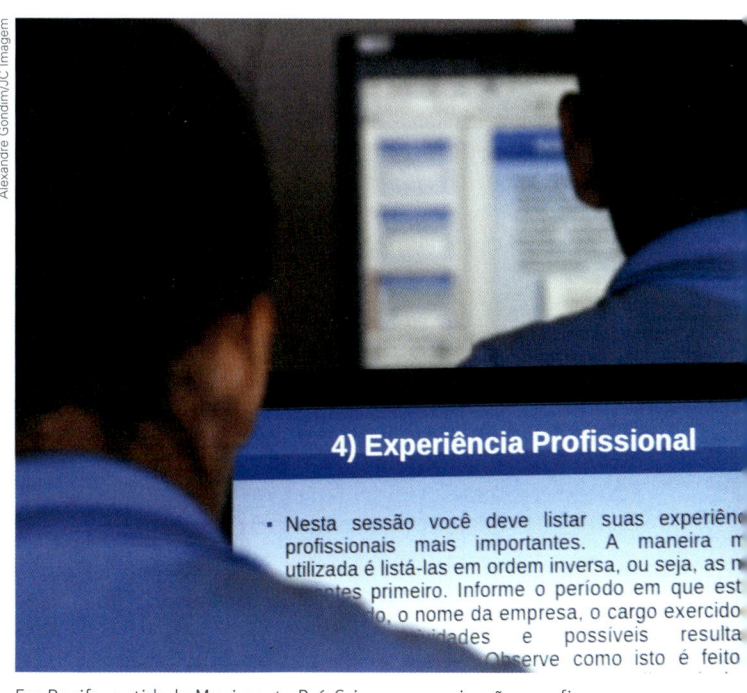

Em Recife, entidade Movimento Pró-Criança, organização sem fins lucrativos, promove curso de informática para jovens. Foto de 2012.

Ponto de vista

O Brasil é um país pobre ou desigual?

Um estudo realizado pelo Instituto de Pesquisa Econômica Aplicada (Ipea), lançado em setembro de 2012, conclui que o Brasil reduziu "drasticamente" a distância entre os mais ricos e os mais pobres nos últimos anos. Entre 2001 e 2011, a renda *per capita* dos 10% mais ricos aumentou 16,6% em termos acumulados. Já a renda dos mais pobres cresceu 91,2% no mesmo período. Marcelo Neri, presidente do órgão, comenta:

Se eu fizesse uma conta simples, seria um crescimento de 9% ao ano. A renda dos 10% mais pobres cresce 5 vezes e meia mais rápido que a dos 10% mais ricos.

DESIGUALDADE no Brasil recua, mas ainda está entre as 12 mais altas. Disponível em: <http://economia.estadao.com.br/noticias/economia,desigualdade-no-brasil-recua-mas-ainda-esta-entre-as-12-mais-altas,128226,0.htm>. Acesso em: 15 maio 2014.

Outro estudo divulgado pela Organização Internacional do Trabalho (OIT) mostra que, entre 2003 e 2009, a pobreza no Brasil caiu 36,5%. Entretanto, apesar dessa redução, 8,5% da população brasileira ainda vive em condições de extrema pobreza. São 16,27 milhões de pessoas que têm uma renda *per capita* que varia entre R$ 1 e R$ 70. Laís Abramo, diretora da OIT no Brasil, afirma:

Em linhas gerais, há uma evolução muito positiva desses indicadores, mas isso não quer dizer que não persistam ainda enormes desafios.

RELATÓRIO da OIT mostra que pobreza no Brasil caiu 36% em 6 anos. Disponível em: <http://ultimosegundo.ig.com.br/brasil/2012-07-19/relatorio-da-oit-mostra-que-pobreza-no-brasil-caiu-36-em-6-anos.html>. Acesso em: 15 maio 2014.

As posições apresentadas nos dois trechos concordam que na sociedade brasileira existe uma profunda desigualdade na distribuição da renda gerada no país.

• Com base nesse debate, discuta em sala que medidas políticas governamentais poderiam corrigir as profundas distorções de renda na sociedade brasileira.

Ontem e hoje

Favelas: problemas e soluções

A origem das favelas

Somente após ferrenha campanha contra o cortiço as atenções começam a se voltar para esse novo espaço geográfico e social que vai despontando, gradativamente, como o mais recente território da pobreza. Em especial, *uma* favela cataliza as atenções, mais precisamente o morro da Favella, que entrou para a história por sua associação com a guerra de Canudos, por abrigar ex-combatentes que ali se instalaram para pressionar o Ministério da Guerra a lhes pagar os soldos devidos. O morro da Favella, até então denominado morro da Providência, passa a emprestar seu nome aos aglomerados de casebres sem traçado, arruamento ou acesso aos serviços públicos, construídos em terrenos públicos ou de terceiros, que começam a se multiplicar no centro e nas zonas sul e norte da cidade do Rio de Janeiro. [...] apenas na segunda década do século XX é que a imprensa passa a utilizar a palavra favela de forma substantiva e não mais em referência exclusiva ao morro da Favella, surgindo assim uma nova categoria para designar as aglomerações pobres, de ocupação ilegal e irregular, geralmente localizadas em encostas.

Outro morro, o de Santo Antônio, também atesta a origem desse fenômeno. [...]

Datam igualmente do século XIX a Quinta do Caju, a Mangueira – que não corresponde à atual e muito conhecida favela da Mangueira – e a Serra Morena, todas elas *anteriores* ao morro da Favella. O início da ocupação de tais áreas remonta a 1881. Tanto no caso da Quinta do Caju como no da Mangueira, nada comprova que a ocupação original tenha ocorrido por invasão; sabe-se apenas que os primeiros moradores foram imigrantes portugueses, espanhóis e italianos.

É porém o morro da Favella, repito, que entra para a história. [...]

VALLADARES, Licia. A gênese da favela carioca: a produção anterior às ciências sociais. *Revista Brasileira de Ciências Sociais*, out. 2000. Disponível em: <http://www.scielo.br/scielo.php?script=sci_arttext&pid=S0102-69092000000300001&lng=en&nrm=iso>. Acesso em: 15 maio 2014.

Organizando a "desordem"

A favela é, por definição, uma ocupação precária, implantada sem nenhuma orientação de técnicos e autoridades. As ruas são estreitas, as casas, em geral, pequenas e coladas umas às outras. Encostas muito íngremes são ocupadas, assim como a várzea dos rios.

As especificações das concessionárias de serviços públicos (fornecimento de água, energia elétrica, telefonia, etc.) não são respeitadas, o que dificulta a instalação da infraestrutura urbana dos bairros regulares.

Contudo, essa ocupação desordenada não se traduz, necessariamente, em desorganização. Os habitantes das favelas – trabalhadores, donas de casa, estudantes e mesmo pequenos empreendedores – criam outro tipo de organização no seu dia a dia, adaptando o espaço da favela às suas necessidades.

Vizinhos formam laços de solidariedade. Por meio de mutirões, em muitos lugares foram eliminados os barracos de madeira, substituídos por casas de alvenaria.

Nas ruas mais largas, surgem estabelecimentos comerciais, de padarias a salões de cabeleireiro. *Lan houses* são montadas, conectando os moradores ao mundo pela internet.

Muros de residências do Jardim Santo André, na zona sul da cidade de São Paulo, pintados pelo projeto Jamac, Jardim Miriam Arte Clube, iniciativa de um grupo de artistas plásticos e pessoas da comunidade que intervêm na paisagem urbana visando melhorar a qualidade de vida em áreas carentes. Foto de 2009.

Associações de moradores, com ou sem a ajuda do Estado e de ONGs, implantam projetos de inclusão social, como escolas de arte e esportes, padarias e rádios comunitárias.

Ainda há muito a ser feito. Mas são os próprios moradores, tanto ou mais do que os técnicos, que podem mostrar os caminhos a serem seguidos.

Reflita

1. Segundo o texto de Licia Valladares, qual foi a origem das favelas?
2. Pesquise sobre as ações que as associações de moradores das favelas de sua cidade ou região promovem para melhorar a qualidade de vida de suas comunidades.
3. Debata com seus colegas sobre a relação entre os moradores dos bairros organizados e os moradores das favelas em sua cidade. Que imagem os moradores dos bairros organizados têm das favelas?

Atividades

Verifique o que aprendeu

1. Quais foram as medidas políticas e econômicas adotadas por Itamar Franco em seu governo?

2. Avalie o processo de implantação do Plano Real e suas imediatas consequências econômicas e políticas.

3. Descreva a política econômica adotada no governo Fernando Henrique Cardoso.

4. De que maneira a estagnação da economia brasileira afetou a popularidade de FHC em seu segundo mandato?

5. Comente pelo menos dois problemas sociais enfrentados pelo governo FHC e duas de suas políticas voltadas para a área social.

6. Qual foi a política econômica adotada pelo governo Lula diante do quadro herdado do governo FHC?

7. Quais foram os principais programas sociais implementados pelo governo Lula e que críticas eles receberam da oposição?

8. Descreva sucintamente a política externa praticada pelo Brasil no governo Lula.

9. Analise o problema da violência urbana no Brasil do século XXI, considerando o processo de expansão dos centros urbanos.

10. Por que razão a produção cinematográfica brasileira passou a ser caracterizada pela expressão "retomada do cinema brasileiro" a partir de meados da década de 1990?

11. Qual é a importância da internet para um país com as características do Brasil?

Leia e interprete

12. Leia o texto a seguir, do ex-deputado Antonio Delfim Netto, e responda às questões propostas.

> O grande debate, o que nos domina hoje, é "o que vamos tirar do pré-sal?" Concretamente, o petróleo que está lá nos dá a oportunidade efetiva de libertar o Brasil das restrições externas de uma vez por todas. Ou, se cometermos erros que estão à espreita, pode nos levar à armadilha do empobrecimento, pensando que a riqueza vem fácil e é inesgotável. [...]
>
> No caso brasileiro, o interesse maior da discussão atual é saber de que forma vamos fazer a divisão dos benefícios da exploração do petróleo nos anos próximos, quando o recurso estiver sendo extraído dos poços do pré-sal. Antes de qualquer outra consideração, é necessário que prevaleça o federalismo. Significa que nenhum estado pode ser ignorado no momento da distribuição desse bônus submarino que a natureza depositou em frente à costa brasileira.
>
> Um dos ingredientes importantes nessa questão foi lembrado pelo governador Eduardo Campos, de Pernambuco, quando mostrou que não se pode medir ao certo qual é o custo da produção do petróleo para os estados em cujo espaço marítimo ele é extraído. Há uma evidente discriminação em favor dos estados produtores, sem que até agora exista um balanço confiável entre custos e benefícios resultantes da instalação da atividade petroleira. É certo que existem custos, devido em boa parte aos danos ambientais, mas há demonstrações claras de que os benefícios superam em larga margem aqueles inconvenientes que, aliás, são corrigíveis ao longo do próprio processo de produção. [...]
>
> DELFIM NETTO, A. *Royalties* para todos. *Carta Capital*, São Paulo: Confiança, 23 set. 2009.

a) Identifique e comente as principais preocupações do autor em relação à exploração do petróleo originário do pré-sal.

b) Que princípios ou opções o autor defende como possível solução para os problemas levantados em relação à exploração desse petróleo?

c) Elabore propostas para a utilização das riquezas geradas pela exploração do pré-sal e apresente-as para debate em sala de aula.

13. Observe com atenção a charge do cartunista Angeli e responda às questões abaixo.

ANGELI. *Folha de S.Paulo*, São Paulo, 20 jun. 2000.

a) Descreva sucintamente a charge.

b) Explique as alusões a símbolos da internet contrapostas à miséria da família representada na charge.

c) Qual é a reação das pessoas que passam pela rua em relação aos excluídos?

d) Que sentimento a charge desperta em você? Justifique sua resposta.

História e Matemática

Gráficos e dados estatísticos na análise histórica

O uso de gráficos na representação de dados estatísticos relaciona conteúdos da Matemática com diversas áreas de conhecimento, entre elas, a História.

Por meio da comparação de dados pesquisados em diferentes anos, é possível observar mudanças e permanências em diversas atividades como educação, trabalho, assistência social, etc.

Objetivos da Pnad

Como um levantamento estatístico que integra o Programa Nacional de Pesquisas Contínuas por Amostra de Domicílios da Fundação IBGE (Instituto Brasileiro de Geografia e Estatística), a Pesquisa Nacional por Amostra de Domicílios (Pnad) vem sendo realizada desde 1967 com um duplo objetivo:
- suprir a falta de informações sobre a população brasileira durante o período intercensitário;
- estudar temas insuficientemente investigados ou não contemplados nos censos demográficos decenais realizados por aquela instituição.

Origens da Pnad

Na década de [19]60, tornou-se evidente que o Brasil carecia de informações para planejar e acompanhar o seu desenvolvimento social, econômico e demográfico, pois os dados decenais, oriundos dos censos demográficos, eram insuficientes e demasiadamente defasados no tempo para atender às demandas. As pesquisas por amostra de domicílios eram o caminho possível para o atendimento das demandas existentes, tendo em vista que, além de possibilitarem um maior controle das fases operacionais e uma significativa redução do tempo de execução e dos custos, permitem a ampliação e o aprofundamento dos temas captados pelos levantamentos que investigam toda a população.

Disponível em: <http://portal.mec.gov.br/index.php?option=com_content&view=article&id=12521:inf>. Acesso em: 23 maio 2014.

Principais tipos de gráficos

Os dados estatísticos podem ser apresentados como tabelas ou gráficos. Assim, o historiador, munido de informações sobre os diferentes tipos de representação, pode ampliar suas análises. Observe a seguir os principais tipos de gráficos com dados pesquisados pela Pnad.

Gráfico de colunas e barras
Os gráficos de colunas e barras são geralmente usados para comparar quantidades.

O comprimento de uma coluna ou barra indica o valor que representa.

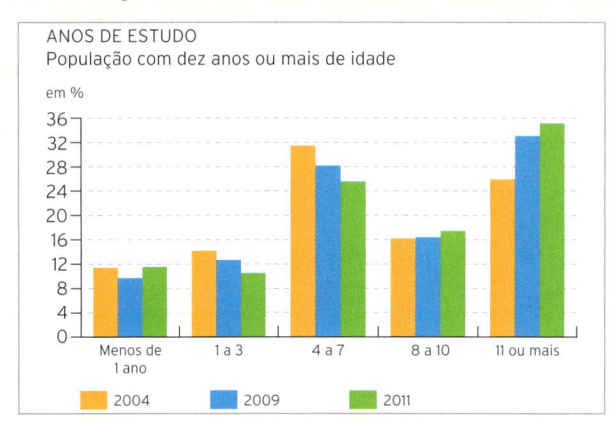

Fonte de pesquisa: Pnad – IBGE. Disponível em: <http://educacao.uol.com.br/noticias/2012/09/21/cresce-numero-de-populacao-sem-com-menos-de-um-ano-de-estudo-aponta-pnad-2011.htm>. Acesso em: 23 maio 2014.

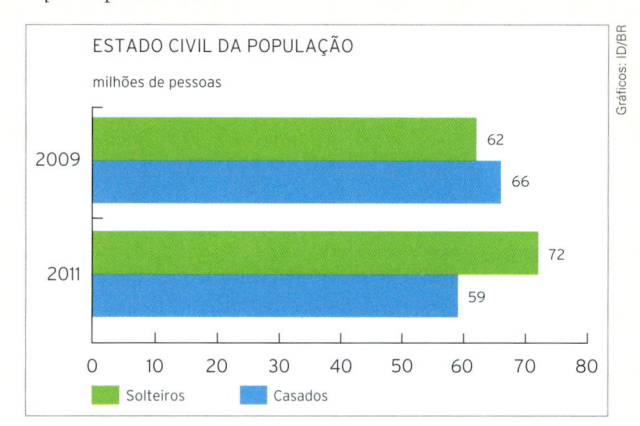

Fonte de pesquisa: Pnad – IBGE. Disponível em: <http://noticias.uol.com.br/cotidiano/ultimas-noticias/2012/09/21/numero-de-solteiros-cresce-e-ultrapassa-o-de-casados-no-pais-aponta-ibge.htm>. Acesso em: 23 maio 2014.

Gráfico linear ou de segmento

Tipo de gráfico adequado para representar quantidades que variam com o tempo. Indica a quantidade que aumenta ou diminui e se a variação foi grande ou pequena.

Gráfico setorial

O gráfico setorial também é conhecido como gráfico de *pizza*. É utilizado para representar quantas são as partes em porcentagem que compõem um certo universo.

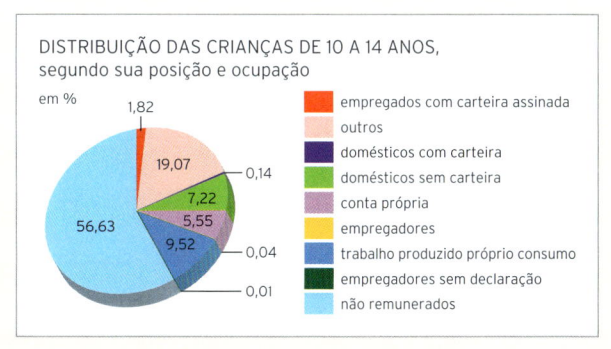

Fonte de pesquisa: Pnad – IBGE. Disponível em: <http://educacao.uol.com.br/noticias/2012/09/21/cresce-numero-de-populacao-sem-com-menos-de-um-ano-de-estudo-aponta-pnad-2011.htm>. Acesso em: 23 maio 2014.

Fonte de pesquisa: Pnad. Disponível em: <http://www.lite.fae.unicamp.br/papet/2002/el300c/seminario03.htm>. Acesso em: 23 maio 2014.

Atividades

1. O que a Pnad pesquisa?
2. Sobre os gráficos desta página, em grupo, discuta com os colegas.
   a) No gráfico de colunas, qual o período representado?
   b) Em relação ao gráfico de barras, qual foi a mudança ocorrida no período representado?
   c) De acordo com o gráfico linear, qual foi o ano com índice mais baixo da população sem instrução?
3. Dos gráficos apresentados acima, quais são os tipos que você utilizaria para comparar dados de períodos diferentes? Justifique.

Vestibular e Enem

ATENÇÃO: todas as questões foram reproduzidas das provas originais de que fazem parte.

1. (Enem) Os mapas a seguir revelam como as fronteiras e suas representações gráficas são mutáveis. Essas significativas mudanças nas fronteiras de países da Europa oriental nas duas últimas décadas do século XX, direta ou indiretamente, resultaram:

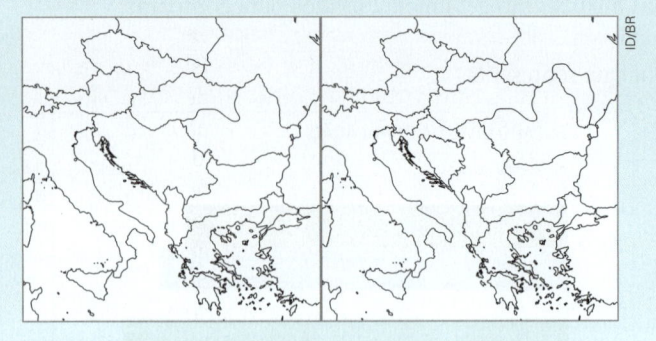

a) do fortalecimento geopolítico da URSS e de seus países aliados, na ordem internacional.
b) da crise do capitalismo na Europa, representada principalmente pela queda do Muro de Berlim.
c) da luta de antigas e tradicionais comunidades nacionais e religiosas oprimidas por Estados criados antes da Segunda Guerra Mundial.
d) do avanço do capitalismo e da ideologia neoliberal no mundo ocidental.
e) da necessidade de alguns países subdesenvolvidos ampliarem seus territórios.

2. (Enem) Um professor apresentou os mapas [...] numa aula sobre as implicações da formação das fronteiras no continente africano. Com base na aula e na observação dos mapas, os alunos fizeram três afirmativas:

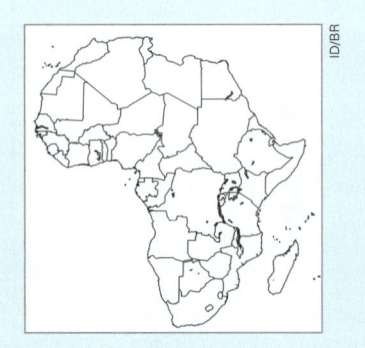

Atualidades/Vestibular 2005, 1º sem., ed. Abril, p. 68.

I. A brutal diferença entre as fronteiras políticas e as fronteiras étnicas no continente africano aponta para a artificialidade em uma divisão com objetivo de atender apenas aos interesses da maior potência capitalista na época da descolonização.
II. As fronteiras políticas jogaram a África em uma situação de constante tensão ao desprezar a diversidade étnica e cultural, acirrando conflitos entre tribos rivais.
III. As fronteiras artificiais criadas no contexto do colonialismo, após os processos de independência, fizeram da África um continente marcado por guerras civis, golpes de Estado e conflitos étnicos e religiosos.

É verdadeiro apenas o que se afirma em:

a) I   b) II   c) III   d) I e II   e) II e III

3. (Enem)

> Um certo carro esporte é desenhado na Califórnia, financiado por Tóquio, o protótipo é criado em Worthing (Inglaterra) e a montagem é feita nos EUA e México, com componentes eletrônicos inventados em Nova Jérsei (EUA), fabricados no Japão. [...]. Já a indústria de confecção norte-americana, quando inscreve em seus produtos 'made in USA', esquece de mencionar que eles foram produzidos no México, Caribe ou Filipinas.
>
> ORTIZ, Renato, *Mundialização e Cultura*.

O texto ilustra como em certos países produz-se tanto um carro esporte caro e sofisticado, quanto roupas que nem sequer levam uma etiqueta identificando o país produtor. De fato, tais roupas costumam ser feitas em fábricas – chamadas "maquiladoras" – situadas em zonas francas, onde os trabalhadores nem sempre têm direitos trabalhistas garantidos. A produção nessas condições indicaria um processo de globalização que:

a) fortalece os Estados Nacionais e diminui as disparidades econômicas entre eles pela aproximação entre um centro rico e uma periferia pobre.
b) garante a soberania dos Estados Nacionais por meio da identificação da origem de produção dos bens e mercadorias.
c) fortalece igualmente os Estados Nacionais por meio da circulação de bens e capitais e do intercâmbio de tecnologia.
d) compensa as disparidades econômicas pela socialização de novas tecnologias e pela circulação globalizada da mão de obra.
e) reafirma as diferenças entre um centro rico e uma periferia pobre, tanto dentro como fora das fronteiras dos Estados Nacionais.

4. **(Enem)** Segundo Samuel Huntington (autor do livro *O choque das civilizações e a recomposição da ordem mundial*), o mundo está dividido em nove "civilizações", conforme o mapa abaixo.

Na opinião do autor, o ideal seria que cada civilização principal tivesse pelo menos um assento no Conselho de Segurança das Nações Unidas.

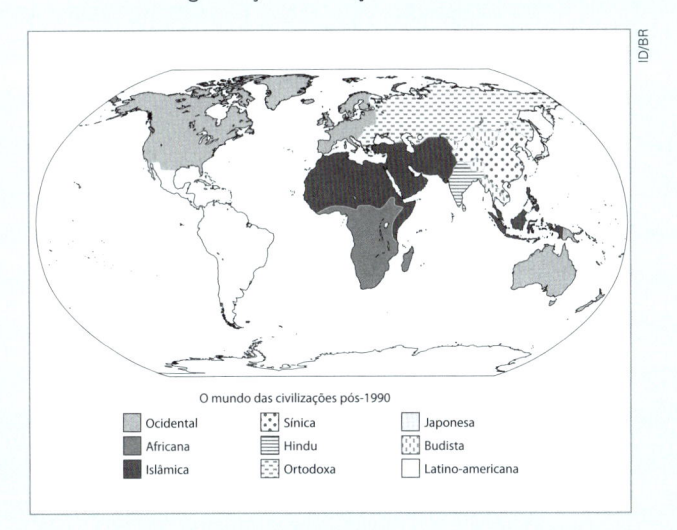

O mundo das civilizações pós-1990

- Ocidental
- Africana
- Islâmica
- Sínica
- Hindu
- Ortodoxa
- Japonesa
- Budista
- Latino-americana

Sabendo-se que apenas EUA, China, Rússia, França e Inglaterra são membros permanentes do Conselho de Segurança, e analisando o mapa acima, pode-se concluir que:

a) atualmente apenas três civilizações possuem membros permanentes no Conselho de Segurança.
b) o poder no Conselho de Segurança está concentrado em torno de apenas dois terços das civilizações citadas pelo autor.
c) o poder no Conselho de Segurança está desequilibrado, porque seus membros pertencem apenas à civilização ocidental.
d) existe uma concentração de poder, já que apenas um continente está representado no Conselho de Segurança.
e) o poder está diluído entre as civilizações, de forma que apenas a África não possui representante no Conselho de Segurança.

5. **(Enem)** No dia 7 de outubro de 2001, Estados Unidos e Grã-Bretanha declararam guerra ao regime Talibã, no Afeganistão. Leia trechos das declarações do presidente dos Estados Unidos, George W. Bush, e de Osama Bin Laden, líder muçulmano, nessa ocasião:

George Bush:

Um comandante-chefe envia os filhos e filhas dos Estados Unidos à batalha em território estrangeiro somente depois de tomar o maior cuidado e depois de rezar muito. Pedimos-lhes que estejam preparados para o sacrifício das próprias vidas. A partir de 11 de setembro, uma geração inteira de jovens americanos teve uma nova percepção do valor da liberdade, do seu preço, do seu dever e do seu sacrifício. Que Deus continue a abençoar os Estados Unidos.

Osama Bin Laden:

Deus abençoou um grupo de vanguarda de muçulmanos, a linha de frente do Islã, para destruir os Estados Unidos. Um milhão de crianças foram mortas no Iraque, e para eles isso não é uma questão clara. Mas quando pouco mais de dez foram mortos em Nairóbi e Dar-es-Salaam, o Afeganistão e o Iraque foram bombardeados e a hipocrisia ficou atrás da cabeça dos infiéis internacionais. Digo a eles que esses acontecimentos dividiram o mundo em dois campos, o campo dos fiéis e o campo dos infiéis. Que Deus nos proteja deles.

Adaptados de *O Estado de S. Paulo*, 8/10/2001.

Pode-se afirmar que:

a) a justificativa das ações militares encontra sentido apenas nos argumentos de George W. Bush.
b) a justificativa das ações militares encontra sentido apenas nos argumentos de Osama Bin Laden.
c) ambos apoiam-se num discurso de fundo religioso para justificar o sacrifício e reivindicar a justiça.
d) ambos tentam associar a noção de justiça a valores de ordem política, dissociando-a de princípios religiosos.
e) ambos tentam separar a noção de justiça das justificativas de ordem religiosa, fundamentando-a numa estratégia militar.

6. **(Enem)** O texto abaixo é um trecho do discurso do primeiro-ministro britânico, Tony Blair, pronunciado quando da declaração de guerra ao regime Talibã:

Essa atrocidade [o atentado de 11 de setembro, em Nova York] foi um ataque contra todos nós, contra pessoas de todas e nenhuma religião. Sabemos que a Al-Qaeda ameaça a Europa, incluindo a Grã-Bretanha, e qualquer nação que não compartilhe de seu fanatismo. Foi um ataque à vida e aos meios de vida. As empresas aéreas, o turismo e outras indústrias foram afetados e a confiança econômica sofreu, afetando empregos e negócios britânicos. Nossa prosperidade e padrão de vida requerem uma resposta aos ataques terroristas.

O Estado de S. Paulo, 8/10/2001.

Nesta declaração, destacaram-se principalmente os interesses de ordem:

a) moral.
b) militar.
c) jurídica.
d) religiosa.
e) econômica.

Vestibular e Enem

7. (Enem)

> [...] O recurso ao terror por parte de quem já detém o poder dentro do Estado não pode ser arrolado entre as formas de terrorismo político, porque este se qualifica, ao contrário, como o instrumento ao qual recorrem determinados grupos para derrubar um governo acusado de manter-se por meio do terror.
>
> 2 - Em outros casos os terroristas combatem contra um Estado de que não fazem parte e não contra um governo (o que faz com que sua ação seja conotada como uma forma de guerra), mesmo quando por sua vez não representam um outro Estado. Sua ação aparece então como irregular, no sentido de que não podem organizar um exército e não conhecem limites territoriais, já que não provêm de um Estado.
>
> BOBBIO, N.; MATTEUCCI, N.; PASQUINO, G. (Org.). *Dicionário de Política*. Brasília: Ed. da UnB, 1986.

De acordo com as duas afirmações, é possível comparar e distinguir os seguintes eventos históricos:

I. Os movimentos guerrilheiros e de libertação nacional realizados em alguns países da África e do Sudeste asiático entre as décadas de 1950 e 1970 são exemplos do primeiro caso.

II. Os ataques ocorridos na década de 1990, como às embaixadas de Israel, em Buenos Aires, dos EUA, no Quênia e na Tanzânia, e ao World Trade Center, em 2001, são exemplos do segundo caso.

III. Os movimentos de libertação nacional dos anos 50 a 70 na África e Sudeste asiático e o terrorismo dos anos 90 e 2001 foram ações contra um inimigo invasor e opressor, e são exemplos do primeiro caso.

É correto o que se afirma apenas em:
a) I
b) II
c) I e II
d) I e III
e) II e III

8. (Unesp) Sobre a queda do Muro de Berlim, no dia 10 de novembro de 1989, é correto afirmar que:
a) o fato acirrou as tensões entre Oriente e Ocidente, manifestas na permanência da divisão da Alemanha.
b) resultou de uma longa disputa diplomática, que culminou com a entrada da Alemanha no Pacto de Varsóvia.
c) expressou os esforços da ONU, que, por meio de acordos bilaterais, colaborou para reunificar a cidade, dividida pelos aliados.
d) constituiu-se num dos marcos do final da Guerra Fria, política que dominou as relações internacionais após a Segunda Guerra Mundial.
e) marcou a vitória dos princípios liberais e democráticos contra o absolutismo prussiano e conservador.

9. (Unesp) Analise o quadro.

DISTRIBUIÇÃO DE RENDA NO BRASIL			
População remunerada	Participação na renda		
	1960	1970	1976
50% mais pobres	17,71	14,91	11,80
30% seguintes	27,92	22,85	21,10
15% seguintes	26,66	27,38	28,00
5% mais ricos	27,69	34,86	39,00

GUIMARÃES, Alberto Passos. *As classes perigosas*.

A partir dos dados, pode-se concluir que, no período considerado:
a) houve concentração de renda no país.
b) a distribuição de renda manteve-se inalterada.
c) os índices apontam para a extinção da pobreza no Brasil.
d) existiu ampla mobilidade no sentido da ascensão social.
e) aumentou o salário das camadas sociais mais pobres.

10. (Uerj) Adaptado de *O Globo*, 12/4/2009

> Quinze anos depois do genocídio que vitimou mais de 800 mil pessoas, visitar Ruanda ainda é uma espécie de jogo de adivinhação – a cada rosto que passa tenta-se descobrir quem foi vítima e quem foi algoz na tragédia de 1994. O governo do país recorre à união do povo. O censo e as carteiras de identidade étnicas não existem mais, todos agora são apenas considerados ruandeses. O esforço do presidente Paul Kagame em evitar um novo conflito é tão grande que chamar alguém de "tutsi" ou "hutu" de maneira ofensiva é crime, com pena que pode chegar a 14 anos.
>
> Marta REIS

> A presença do trauma do genocídio é o principal problema social de Ruanda, maior inclusive que a pobreza. Tratar esse trauma coletivo devia ser prioridade número um, e não transformá-lo num tabu. A política do governo é a do esquecimento por lei, por obrigação. Errada é a vitimização do genocídio, pois existe uma história de conflitos anterior e posterior ao massacre.
>
> Marcio GAGLIATO

A polêmica sobre os efeitos do genocídio de Ruanda, ocorrido em 1994, aponta para contradições dos processos de constituição de Estados nacionais na África contemporânea. Com base na análise dos textos, a resolução dessas contradições estaria relacionada à adoção das seguintes medidas:

a) conciliação político-religiosa — afirmação das identidades locais.
b) punição das diferenças culturais — unificação da memória nacional.
c) denúncia da dominação colonial — integração ao mundo globalizado.
d) reforço do pertencimento nacional — revisão das heranças da descolonização.

11. (Unifesp)

> Os atentados de 11 de setembro nos Estados Unidos causaram um grande impacto em diversas partes do mundo. Da queda do regime do Talebã no Afeganistão a leis restringindo liberdades civis na Europa, a tragédia americana estabeleceu uma nova era nas relações internacionais e abalou governos.
>
> *O mundo após 11 de setembro*, in BBC Brasil.com. Disponível em: <www.bbc.co.uk/portuguese/especial/1911_mundo911/>. Acesso em: 11 nov. 2002.

Entre os impactos provocados pelos ataques terroristas ao World Trade Center de Nova Iorque, em 11 de setembro de 2001, podemos citar a:
a) ação decisiva dos Estados Unidos na intermediação dos conflitos entre Israel e palestinos para solucionar a crise do Oriente Médio.
b) vitória de Barack Obama nas eleições presidenciais, tornando-se o primeiro afro-americano a governar os Estados Unidos.
c) retomada dos conflitos no Oriente Médio, com a ocupação do Kuwait por tropas iraquianas e a repressão contra os curdos.
d) pressão norte-americana sobre o governo do Paquistão para que participasse do combate ao terrorismo islâmico.
e) crescente preocupação diplomática e militar norte-americana com os governos de esquerda latino-americanos.

12. (Enem) O gráfico a seguir ilustra a evolução do consumo de eletricidade no Brasil, em GWh, em quatro setores de consumo, no período de 1975 a 2005.

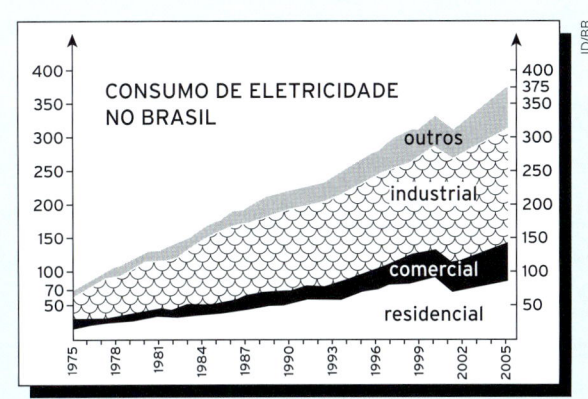

Balanço Energético Nacional. Brasília: MME, 2003 (com adaptações).

A racionalização do uso da eletricidade faz parte dos programas oficiais do governo brasileiro desde 1980. No entanto, houve um período crítico, conhecido como "apagão", que exigiu mudanças de hábitos da população brasileira e resultou na maior, mais rápida e significativa economia de energia. De acordo com o gráfico, conclui-se que o "apagão" ocorreu no biênio:
a) 1998-1999
b) 1999-2000
c) 2000-2001
d) 2001-2002
e) 2002-2003

13. (FGV-SP)

> O Ministério do Desenvolvimento Social divulgou, em agosto de 2007, um estudo que revelou que um em cada quatro brasileiros recebia ajuda financeira do governo federal por meio do Programa Bolsa Família, considerado o carro-chefe dos projetos sociais do atual governo federal.
>
> *Site* da Revista *Veja*. Disponível em: <http://vejaonline.abril.uol.com.br/notitia/servlet/newstorm.ns.presentation.NavigationServlet?publicationCode=1&pageCode=1&textCode=130282&date=currentDate>. Acesso em: 22 ago. 2007.

O Bolsa Família é tipificado como um programa de "transferência condicional" de renda pelo fato de:
a) os benefícios serem muito baixos, variando de 18 a 112 reais por mês.
b) os beneficiados receberem dinheiro do governo federal e, em troca, terem que atender a algumas exigências, como mandar os filhos à escola e manter as vacinas em dia.
c) os beneficiados terem que prestar algum trabalho voluntário em contrapartida ao benefício recebido.
d) o dinheiro para o projeto vir dos impostos pagos pelo contribuinte brasileiro.
e) os pais terem obrigatoriedade de votar em todas as eleições.

14. (UFG-GO) No decorrer do século XX, a China vivenciou diferentes experiências econômicas. Da Revolução Chinesa, de 1949, à China contemporânea, essas experiências podem ser representadas
a) pela radicalização do processo de isolamento econômico.
b) pela continuidade da política de valorização da economia agrária.
c) pelo distanciamento dos ideais econômicos coletivistas, defendidos pelo socialismo ortodoxo.
d) pela formação de blocos econômicos transnacionais, sob sua liderança.
e) pelo incentivo à aproximação dos mercados orientais para fortalecer a região diante do Ocidente.

Referências bibliográficas

ACKER, Teresa van. *Grécia*: a vida cotidiana na cidade-estado. São Paulo: Atual, 1994.

AGGIO, Alberto; LAHUERTA, Milton (Org.). *Pensar o século XX*: problemas políticos e história nacional na América Latina. São Paulo: Ed. da Unesp, 2003.

AGUIAR, Carly B. Imprensa e eleições 1989: imagens e atores da política. *Comunicação & Política*, v. 1. n. 3, p. 179-194, abr. 1995.

AGUINIS, Marcos. *Un país de novela*: viaje hacia la mentalidad de los argentinos. Buenos Aires: Planeta, 2003.

AGULHON, Maurice. *1848*: o aprendizado da República. Rio de Janeiro: Paz e Terra, 1991.

ALENCASTRO, Luiz Felipe de. *História da vida privada no Brasil*: Império. São Paulo: Companhia das Letras, 1997. v. 2.

_____. *O trato dos viventes*: formação do Brasil no Atlântico Sul – séculos XVI e XVII. São Paulo: Companhia das Letras, 2000.

ALMEIDA, Claudio Aguiar. *Cultura e sociedade no Brasil*: 1940-1968. 4. ed. São Paulo: Atual, 1999.

ALTAMIRANO, Carlos. *Bajo el signo de las masas (1943-1973)*. Buenos Aires: Ariel, 2001.

AMADO, Janaína; FIGUEIREDO, Luiz Carlos. *A formação do império português (1415-1580)*. São Paulo: Atual, 1999.

_____. *No tempo das caravelas*. Goiânia: Cegraf-UFG; São Paulo: Contexto, 1992.

ANDERSON, Perry. *Linhagens do Estado absolutista*. Porto: Afrontamento, 1984.

_____. *Passagens da antiguidade ao feudalismo*. São Paulo: Brasiliense, 1989.

ANTONIL, André J. *Cultura e opulência no Brasil*. Belo Horizonte: Itatiaia; São Paulo: Edusp, 1982.

ARISTÓTELES. *Política e a Constituição de Atenas*. São Paulo: Nova Cultural, 1999.

ARMITAGE, João. *História do Brasil*. Belo Horizonte: Itatiaia; São Paulo: Edusp, 1981.

ARNOLD, David. *A época dos descobrimentos*. Lisboa: Gradiva, 1983.

ARRUDA, José Jobson de. A. *A Revolução Inglesa*. São Paulo: Brasiliense, 1984.

AYERBE, Luis Fernando. *A Revolução Cubana*. São Paulo: Ed. da Unesp, 2004.

_____. *Estados Unidos e América Latina*: a construção da hegemonia. São Paulo: Ed. da Unesp, 2002.

BAKER, George. *Deuses e heróis*. São Paulo: Brasiliense, 1960.

BARROS, Edgard Luiz de. *Getúlio!* São Paulo: Nankin, 2004.

BASCHET, J. *A civilização feudal*: do ano 1000 à colonização da América. São Paulo: Globo, 2006.

BATH, Sérgio. *Japão*: ontem e hoje. São Paulo: Ática, 1993.

BAUMAN, Zygmunt. *Globalização*: as consequências humanas. Rio de Janeiro: Jorge Zahar, 1999.

BERNAND, Carmen; GRUZINSKI, Serge. *História do Novo Mundo*: da descoberta à conquista, uma experiência europeia (1492-1550). São Paulo: Edusp, 2001.

BETHELL, Leslie. *História da América Latina colonial*. São Paulo: Edusp; Brasília: Fundação Alexandre Gusmão, 2004.

_____ (Org.). *História da América Latina*: da independência a 1870. São Paulo: Edusp, 2004. v. 3.

BETTENSON, Henry (Org.). *Documentos da Igreja cristã*. São Paulo: Aste, 1967.

BLACKBURN, Robin. *Depois da queda*: o fracasso do comunismo e o futuro do socialismo. Rio de Janeiro: Paz e Terra, 1993.

BLÁZQUEZ MARTÍNEZ, José María. *Fenícios y cartagineses en el Mediterráneo*. Madrid: Cátedra, 1999.

BLOCH, Marc. *A sociedade feudal*. 2. ed. Lisboa: Edições 70, 1987.

_____. *A estranha derrota*. Rio de Janeiro: Jorge Zahar, 2011.

BOTELHO, Ângela Vianna; REIS, Liana Maria. *Dicionário histórico Brasil*: Colônia e Império. 5. ed. Belo Horizonte: Autêntica, 2006.

BRANCO, Samuel Murgel. *Evolução das espécies*: o pensamento científico, religioso e filosófico. São Paulo: Moderna, 1995.

BRENER, Jayme. *A Primeira Guerra Mundial*. 2. ed. São Paulo: Ática, 2007.

BURCKHARDT, Jacob. *A cultura do Renascimento na Itália*. São Paulo: Companhia das Letras, 2003.

BURKE, Peter. *O Renascimento italiano*. São Paulo: Nova Alexandria, 1999.

_____. *Variedades de história cultural*. Rio de Janeiro: Civilização Brasileira, 2000.

CALDEIRA, Jorge (Org.). *José Bonifácio de Andrada e Silva*. São Paulo: Editora 34, 2002.

CAMÍN, Héctor A.; MEYER, Lorenzo. *À sombra da Revolução Mexicana*: história mexicana contemporânea, 1910--1989. São Paulo: Edusp, 2000.

CAMPOS, Adriana Pereira; SILVA, Gilvan Ventura da (Org.). *Da África ao Brasil*: itinerários históricos da cultura negra. Vitória: Flor&Cultura, 2007.

CAPELATO, Maria H. R. *Multidões em cena*: propaganda política no arguismo e no peronismo. São Paulo: Papirus, 1998.

CARDOSO, Ciro Flamarion. *América pré-colombiana*. São Paulo: Brasiliense, 2004.

_____. *O Egito Antigo*. 2. ed. São Paulo: Brasiliense, 1982.

_____. *O trabalho na América Latina colonial*. São Paulo: Ática, 1985.

Cardoso, Ciro Flamarion. Varnas e classes sociais na Índia Antiga. In: *Sete olhares sobre a antiguidade*. Brasília: Ed. da UnB, 1998.
Carr, E. H. *A Revolução Russa de Lenin a Stalin*. Rio de Janeiro: Zahar, 1981.
Carter, Howard; Mace, A. C. *A descoberta da tumba de Tutankhamon*. São Paulo: Planeta, 2004.
Carvalho, José Murilo de. *A formação das almas*: o imaginário da República no Brasil. São Paulo: Companhia das Letras, 1990.
_____. *Cidadania no Brasil*: o longo caminho. 10. ed. Rio de Janeiro: Civilização Brasileira, 2008.
Castro, Eduardo Viveiros de. *A inconstância da alma selvagem e outros ensaios de antropologia*. São Paulo: Cosac & Naify, 2002.
Cavalcante, Berenice (Org.). *Modernas tradições*: percursos da cultura ocidental: séculos XV-XVII. Rio de Janeiro: Access, 2002.
Chaui, Marilena. *Convite à filosofia*. São Paulo: Ática, 1998.
Chaunu, Pierre. *A expansão europeia do século XIII ao XV*. São Paulo: Pioneira, 1978.
Chilvers, Ian. *Dicionário Oxford de arte*. 2. ed. São Paulo: Martins Fontes, 2001.
Coggiola, Osvaldo (Org.). *Revolução Cubana*: história e problemas atuais. São Paulo: Xamã, 1998.
Conti, Mário Sérgio. *Notícias do Planalto*: a imprensa e Fernando Collor. São Paulo: Companhia das Letras, 1999.
Coquery-Vidrovitch, Catherine (Org.). *A descoberta de África*. 2. ed. Lisboa: Edições 70, 2004.
Costa, Emília Viotti da. *Da Monarquia à República*: momentos decisivos. 7. ed. São Paulo: Fundação Ed. da Unesp, 1999.
Costa e Silva, Alberto. *A enxada e a lança*: a África antes dos portugueses. 3. ed. Rio de Janeiro: Nova Fronteira, 2006.
_____. *A manilha e o libambo*: a África e a escravidão, de 1500 a 1700. Rio de Janeiro: Nova Fronteira, 2002.
Crouzet, Maurice. *História geral das civilizações*. Rio de Janeiro: Bertrand Brasil, 1994. v. 7.
Cunha, Manuela Carneiro (Org.). *História dos índios no Brasil*. São Paulo: Companhia das Letras-Fapesp, 1992.
D'Araújo, Maria Celina. *O Estado Novo*. Rio de Janeiro: Jorge Zahar, 2000.
D'Haucourt, Geneviève. *A vida na Idade Média*. São Paulo: Martins Fontes, 1994.
Debret, Jean-Baptiste. *Viagem pitoresca e histórica ao Brasil*. Belo Horizonte: Itatiaia; São Paulo: Edusp, 1978.
Del Priore, Mary; Venâncio, Renato Pinto. *Ancestrais*: uma introdução à história da África atlântica. 3. ed. Rio de Janeiro: Elsevier, 2004.
_____. *O livro de ouro da história do Brasil*. Rio de Janeiro: Ediouro, 2001.
Delumeau, Jean. *A civilização do Renascimento*. Lisboa: Estampa, 1984. 2 v.
Demant, Peter. *O mundo muçulmano*. São Paulo: Contexto, 2004.
Devoto, Fernando J.; Fausto, Boris. *Brasil e Argentina*: um ensaio de história comparada (1850-2002). São Paulo: Editora 34, 2004.
Dias, Maria Odila L. S. *A interiorização da metrópole e outros estudos*. São Paulo: Alameda, 2005.
Donner, Herbert. *História de Israel e dos povos vizinhos*: dos primórdios até a formação do estado. Petrópolis: Vozes, 1997. v. 1.
Doratioto, Francisco Fernando Monteoliva. *Maldita guerra*: nova história da guerra do Paraguai. São Paulo: Companhia das Letras, 2002.
Duby, Georges (Org.). *História da vida privada 2*: da Europa feudal à Renascença. São Paulo: Companhia das Letras, 1990.
_____. *A sociedade cavalheresca*. São Paulo: Martins Fontes, 1992.
_____. *Idade Média, idade dos homens*: do amor e outros ensaios. São Paulo: Companhia das Letras, 1989.
_____. *O tempo das catedrais*: a arte e a sociedade, 980-1420. Lisboa: Estampa, 1979.
_____. *Senhores camponeses*. São Paulo: Paz e Terra, 1993.
_____; Ariès, Philippe. *História da vida privada*. São Paulo: Companhia das Letras, 1995. v. 4.
Espinosa, Fernanda (Org.). *Antologia de textos históricos medievais*. Lisboa: Sá da Costa, 1972.
Fairbank, John King; Goldman, Merle. *China*: uma nova história. 3. ed. Porto Alegre: L&PM, 2008.
Falcon, Francisco J. Calazans. *Iluminismo*. São Paulo: Ática, 1994.
Farringyon, Benjamin. *A ciência grega*. São Paulo: Ibrasa, 1961.
Fausto, Boris. *Getúlio Vargas*: o poder e o sorriso. 2. reimp. São Paulo: Companhia das Letras, 2006.
_____. *O crime do restaurante chinês*: carnaval, futebol e justiça na São Paulo dos anos 30. São Paulo: Companhia das Letras, 2009.
Fausto, Carlos. *Os índios antes do Brasil*. Rio de Janeiro: Jorge Zahar, 2000.
Febvre, Lucien. *A Europa*: gênese de uma civilização. Bauru: Edusc, 2004.
_____. *Michelet e a Renascença*. São Paulo: Scritta, 1994.
Feres Jr., João. *A história do conceito de "Latin America" nos Estados Unidos*. Bauru: Edusc, 2005.
Fernández-Armesto, Felipe. *Ideias que mudaram o mundo*. São Paulo: Arx, 2004.

Referências bibliográficas

FERNÁNDEZ-ARMESTO, Felipe; WILSON, Derek. *Reforma*: o cristianismo e o mundo – 1500-2000. Rio de Janeiro: Record, 1997.
FERREIRA, Jorge Luiz. *Conquista e colonização da América espanhola*. São Paulo: Ática, 1992.
_____. *Incas e astecas*: culturas pré-colombianas. São Paulo: Ática, 1988.
FERREIRA, Suzana C. S. *Cinema carioca nos anos 30 e 40*: os filmes musicais na telas da cidade. São Paulo: Annablume; Belo Horizonte: PPGH-UFMG, 2003.
FERRONHA, António Luís A. (Org.). *As cartas do "rei" do Congo D. Afonso*. Lisboa: Elo, 1992.
FICO, Carlos et. al. (Org.). *Ditadura e democracia na América Latina*: balanço histórico e perspectivas. Rio de Janeiro: FGV, 2008.
FINLEY, Moses I. *Economia e sociedade na Grécia Antiga*. São Paulo: Martins Fontes, 1989 (Coleção O Homem e a História).
FLANDRIN, Jean-Louis; MONTANARI, Massimo (Org.). *História da alimentação*. São Paulo: Estação Liberdade, 1996.
FLORENZANO, Maria Beatriz B. *O mundo antigo*: economia e sociedade. 5. ed. São Paulo: Brasiliense, 1985.
FONTANA, Josep. *Introdução ao estudo da História geral*. Bauru: Edusc, 2000.
FORTES, Luis R. Salinas. *O Iluminismo e os reis filósofos*. São Paulo: Brasiliense, 1982.
FRANCO JR., H. *A Eva Barbada*: ensaios de mitologia medieval. São Paulo: Edusp, 1996.
_____. *A Idade Média*: nascimento do Ocidente. 2. ed. São Paulo: Brasiliense, 2006.
FREITAS, Gustavo. *900 textos e documentos de História*. Coimbra: Plátano, 1977. v. 1.
FROBENIUS, Leo; FOX, Douglas C. *Mitos, contos e lendas da África*: a gênese africana. São Paulo: Landy, 2005.
FUENTES, Carlos. *O espelho enterrado*: reflexões sobre a Espanha e o Novo Mundo. Rio de Janeiro: Rocco, 2001.
FUNARI, Pedro Paulo. *Grécia e Roma*. São Paulo: Contexto, 2007.
_____; NOELLI, Francisco Silva. *Pré-História do Brasil*. 2. ed. São Paulo: Contexto, 2005.
FURET, François. *A Revolução em debate*. Bauru: Edusc, 2001.
GARCIA, Marco Aurélio; VIEIRA, Maria Alice (Org.). *Rebeldes e contestadores*: 1968. Brasil, França, Alemanha. São Paulo: Fundação Perseu Abramo, 1999.
GARIN, Eugenio. *Ciência e vida civil no Renascimento italiano*. São Paulo: Ed. da Unesp, 1996.
GASPAR, Madu. *A arte rupestre no Brasil*. Rio de Janeiro: Jorge Zahar, 2003.
_____. *Sambaqui*: arqueologia do litoral brasileiro. Rio de Janeiro: Jorge Zahar, 2000.
GATHIER, E. *O pensamento hindu*. Rio de Janeiro: Agir, 1996.
GENDROP, Paul. *A civilização maia*. Rio de Janeiro: Jorge Zahar, 1987.
GIDDENS, Antony. *Mundo em descontrole*: o que a globalização está fazendo de nós. São Paulo-Rio de Janeiro: Record, 2006.
GILROY, Paul. *O Atlântico negro*: modernidade e dupla consciência. São Paulo: Ed. 34; Rio de Janeiro: Universidade Candido Mendes, 2001.
GIORDANI, Mário Curtis. *História da África*: anterior aos descobrimentos. Petrópolis: Vozes, 1985.
_____. *História da Ásia*: anterior aos descobrimentos. Petrópolis: Vozes, 1985.
GLÉNISSON, Jean. *Introdução aos estudos históricos*. 4. ed. São Paulo: Difel, 1983.
GOMBRICH, E. H. *A história da arte*. Rio de Janeiro: Jorge Zahar, 1981.
GOMES, Flávio. *Palmares*: escravidão e liberdade no Atlântico Sul. São Paulo: Contexto, 2005.
GONÇALVES, Reinaldo; FILGUEIRAS, Luiz. *A economia política do governo Lula*. São Paulo: Contraponto, 2007.
GORENDER, Jacob. *Combate nas trevas*. 6. ed. São Paulo: Ática, 2003.
GUENÉE, Bernard. *O Ocidente nos séculos XIV e XV*: os Estados. São Paulo: Pioneira-Edusp, 1981.
GUEVARA, Ernesto. *Revolução Cubana*. 4. ed. São Paulo: Edições Populares, 1979.
GUGLIELMO, Antonio Roberto. *A Pré-História*: uma abordagem ecológica. São Paulo: Brasiliense, 1999.
GUINSBURG, J. *Denis Diderot*: o espírito das "luzes". São Paulo: Ateliê, 2000.
HALL, Catherine. *Ergue-se a cortina*. São Paulo: Companhia das Letras, 2003.
HAUSER, Arnold. *História social da literatura e da arte*. São Paulo: Mestre Jou, 1982. 2 v.
HEILBRONER, Robert. *A formação da sociedade econômica*. Rio de Janeiro: Jorge Zahar, 1984.
HENIG, Ruth. *As origens da Primeira Guerra Mundial*. São Paulo: Ática, 1991.
HERNÁNDEZ, Leila Leite. *A África na sala de aula*: visita à história contemporânea. São Paulo: Selo Negro, 2005.
HETZEL, Bia; NEGREIROS, Silvia (Org.). *Pré-História do Brasil*. Rio de Janeiro: Manati, 2007.
HILL, Christopher. *A Revolução Inglesa de 1640*. Lisboa: Presença; São Paulo: Martins Fontes, 1977.
_____. *O eleito de Deus*: Oliver Cromwell e a Revolução Inglesa. São Paulo: Companhia das Letras, 1988.
_____. *O mundo de ponta-cabeça*: ideias radicais durante a Revolução Inglesa de 1640. São Paulo: Companhia das Letras, 1997.
HOBSBAWM, Eric. *A era das revoluções (1789-1848)*. 25. ed. Rio de Janeiro: Paz e Terra, 2009.

Hobsbawm, Eric. *A era dos extremos*: o breve século XX (1914-1991). 13. ed. São Paulo: Companhia das Letras, 2009.
_____. *A era dos impérios (1875-1914)*. 13. ed. Rio de Janeiro: Paz e Terra, 2009.
_____. *História social do jazz*. Rio de Janeiro: Paz e Terra, 2009.
_____. *Sobre História*. São Paulo: Companhia das Letras, 1998.
_____; Ranger, Terence. *A invenção das tradições*. 4. ed. Rio de Janeiro: Paz e Terra, 2006.
Hooker, J. T. *Lendo o passado, do cuneiforme ao alfabeto*: a história da escrita antiga. São Paulo: Edusp-Melhoramentos, 1996.
Hoornaert, Eduardo; Tonucci, Paulo. *Protagonistas e testemunhas da conquista*. São Paulo: Paulinas, 1992.
Hourani, Albert. *Uma história dos povos árabes*. São Paulo: Companhia das Letras, 1994.
Huberman, Leo. *História da riqueza do homem*. 14. ed. Rio de Janeiro: Jorge Zahar, 1978.
Huizinga, J. *El concepto de la historia y otros ensayos*. México: FCE, 1993.
Janson, H. W.; Janson, A. F. *Iniciação à história da arte*. 2. ed. São Paulo: Martins Fontes, 1996.
Joffily, Bernardo. *IstoÉ Brasil*: 500 anos. São Paulo: Ed. Três, 2000.
Judt, Tony. *Pós-guerra*: uma história da Europa desde 1945. Rio de Janeiro: Objetiva, 2008.
Junqueira, Mary A. *Estados Unidos*: a consolidação da nação. São Paulo: Contexto, 2001.
Karnal, Leandro et al. *História dos Estados Unidos*: das origens ao século XXI. São Paulo: Contexto, 2008.
Kaspi, André. *New deal*, a grande virada americana. *História Viva*, São Paulo, Duetto, n. 5, março de 2004.
Ki-Zerbo, Joseph. *Para quando África?*: entrevista com René Holenstein. Rio de Janeiro: Pallas, 2006.
Krantz, Frederic (Org.). *A outra História*: ideologia e protesto popular nos séculos XVII a XIX. Rio de Janeiro: Jorge Zahar, 1990.
Kristeller, Paul. *Tradição clássica e pensamento no Renascimento*. Lisboa: Edições 70, 1995.
La Boetie, Etienne de. *Discurso da servidão voluntária*. 3. ed. São Paulo: Brasiliense, 1986.
Lambert, Jean-Marie. *História da África negra*. Goiânia: Kelps, 2001.
Lamounier, B.; Figueiredo, Rubens (Org.). *A era FHC*: um balanço. São Paulo: Cultura Editores Associados, 2002.
Le Goff, J. *A civilização do Ocidente medieval*. Bauru: Edusc, 2005.
_____. *História*: novos objetos. 3. ed. Rio de Janeiro: Francisco Alves, 1988.
_____. *História*: novos problemas. 2. ed. Rio de Janeiro: Francisco Alves, 1979.
_____. *Para um novo conceito de Idade Média*. Lisboa: Estampa, 1980.
_____. *São Luís: Biografia*. Rio de Janeiro: Record, 1999.
_____; Nora, Pierre. *História*: novas abordagens. 2. ed. Rio de Janeiro: Francisco Alves, 1986.
_____; Schmitt, J. C. *Dicionário temático do Ocidente medieval*. Bauru-São Paulo: Edusc-Imprensa Oficial do Estado, 2002.
_____. *Por amor às cidades*: conversações com Jean Lebrun. São Paulo: Ed. da Unesp, 1998.
Leick, Gwendolyn. *Mesopotâmia*: a invenção da cidade. Rio de Janeiro: Imago, 2003.
Leite, E. Da civilização do Indo ao Império Maurya; novas abordagens no estudo da Índia antiga. In: Revista *Phoînix*. Rio de Janeiro: Sette Letras, 1999.
_____. *Religiões antigas da Índia*. Rio de Janeiro: Papéis e Cópias, 1997.
Leite, Glacyra Lazzari. *A Confederação do Equador*. São Paulo: Ática, 1996.
Leonelli, Domingos. *Diretas Já*: quinze meses que abalaram a ditadura. Rio de Janeiro: Record, 2004.
Lévêque, Pierre. *A aventura grega*. Lisboa: Edições Cosmos, 1967. v. 3.
Levi, Peter. *Grécia, berço do Ocidente*. Madrid: Ediciones del Prado, 1996. v. 1 (Coleção Grandes Impérios e Civilizações).
Levi, Primo. *É isto um homem?* 2. ed. Rio de Janeiro: Rocco, 2013.
Lima, Venício A. de. *Mídia*: teoria e política. São Paulo: Fundação Perseu Abramo, 2001.
Lobo, Huertas. *A arte e a Revolução Industrial nos séculos XVIII e XIX*. Lisboa: Horizonte, 1984.
Locke, John. *Segundo tratado sobre o governo civil*. São Paulo: Nova Cultural, 1987.
Lockhart, James; Schwarz, Stuart B. *A América Latina na época colonial*. Rio de Janeiro: Civilização Brasileira, 2002.
Lopes, Ana Mónica; Arnaut, Luiz. *História da África*: uma introdução. Belo Horizonte: Crisálida, 2005.
Lopez, Luiz Roberto. *História da América Latina*. 4. ed. Porto Alegre: Mercado Aberto, 1998.
Maalouf, Amin. *As cruzadas vistas pelos árabes*. São Paulo: Brasiliense, 2007.
Maestri Filho, Mário José. *O escravismo antigo*. São Paulo: Atual, 1985.
Malerba, Jurandir. *O Brasil imperial (1808-1889)*: panorama da história do Brasil no século XIX. Maringá: Eduem, 1999.
_____ (Org.). *A independência brasileira*: novas dimensões. Rio de Janeiro: FGV, 2006.
Manchester, William. *Fogo sobre a Terra*: a mentalidade medieval e o Renascimento. Rio de Janeiro: Ediouro, 2004.
Mandrou, Robert. *Magistrados e feiticeiros na França do século XVII*. São Paulo: Perspectiva, 1979.

Referências bibliográficas

MANTRAN, Robert. *Expansão muçulmana*: séculos VII-XI. São Paulo: Pioneira, 1977.
MARINS, Paulo C. G. *Através da rótula*: sociedade e arquitetura urbana no Brasil, séculos XVII a XX. São Paulo: Humanitas-FFLCH-USP, 2001.
MARQUES, Adhemar Martins et al. *História moderna através de textos*. 11. ed. São Paulo: Contexto, 2008.
_____; BERUTTI, Flávio; FARIA, Ricardo. *História contemporânea através de textos*. São Paulo: Contexto, 2008.
MATSUURA, Oscar. Calendários e o fluxo do tempo. *Scientific American Brasil,* São Paulo, Duetto, n. 7, dez. 2007.
MATTOS, Ilmar Rohloff de; ALBUQUERQUE, Luís Affonso Seigneur de. *Independência ou morte*: a emancipação política do Brasil. 7. ed. São Paulo: Atual, 1991.
_____; GONÇALVES, Márcia de Almeida. *O império da boa sociedade*: a consolidação do Estado imperial brasileiro. 7. ed. São Paulo: Atual, 1991.
MATTOSO, Katia M. de Queirós. *Textos e documentos para o estudo da história contemporânea (1789-1963)*. São Paulo: Hucitec-Edusp, 1977.
MAXWELL, Kenneth. Por que o Brasil foi diferente? O contexto da independência. In: MOTA, Carlos Guilherme (Org.). *Viagem incompleta (1500-2000)*: a experiência brasileira. 2. ed. São Paulo: Senac, 2000.
MEIRELLES, Domingos. *1930*: os órfãos da revolução. 2. ed. Rio de Janeiro: Record, 2006.
MELATTI, J. C. *Índios do Brasil*. São Paulo: Hucitec; Brasília: Ed. da UnB, 1993.
MELLO, Evaldo Cabral de. *A outra independência*: o federalismo pernambucano de 1817 a 1824. São Paulo: Ed. 34, 2004.
_____. *O negócio do Brasil*: Portugal, os Países Baixos e o Nordeste, 1641-1669. Rio de Janeiro: Topbooks, 2003.
_____. *Um imenso Portugal*: história e historiografia. São Paulo: Editora 34, 2002.
MELLO E SOUZA, Marina de. *África e Brasil africano*. 2. ed. São Paulo: Ática, 2009.
MELLO E SOUZA, Laura de. *O diabo e a Terra de Santa Cruz*: feitiçaria e religiosidade popular no Brasil colonial. São Paulo: Companhia das Letras, 1986.
MIRANDA, Wander Melo (Org.). *Anos JK*: margens da modernidade. São Paulo: Imprensa Oficial do Estado; Rio de Janeiro: Casa de Lucio Costa, 2002.
MISKULIN, Sílvia Cezar. *Cultura ilhada*: imprensa e Revolução Cubana (1959-1961). São Paulo: Xamã, 2003.
MITRE, Emílio. *Historia de la Edad Media en Occidente*. Madrid: Cátedra, 1995.
MONGELLI, Lênia Márcia (Org.). *Mudanças e rumos*: o Ocidente medieval (séculos XI-XIII). Cotia: Íbis, 1997.
MORAES, José Geraldo V. *Cidade e cultura urbana na Primeira República*. São Paulo: Atual, 1994.
MORALES, José. *El Islam*. Madrid: Rialp, 2001.
MOREAU, Pierre. *Histórias das últimas lutas no Brasil entre holandeses e portugueses, 1646/1648*. Belo Horizonte-São Paulo: Itatiaia-Edusp, 1979.
MOREL, Marco. *O período das Regências (1831-1840)*. Rio de Janeiro: Jorge Zahar, 2003.
MOTA, Carlos Guilherme (Org.). *1822*: dimensões. 2. ed. São Paulo: Perspectiva, 1986.
_____. *Viagem incompleta (1500-2000)*. A grande transação. 2. ed. São Paulo: Senac, 2000.
_____; NOVAIS, Fernando Antônio. *A independência política do Brasil*. São Paulo: Moderna, 1986.
MULLETT, Michael. *A Contrarreforma e a Reforma católica nos princípios da Idade Moderna europeia*. Lisboa: Gradiva, 1985.
MURMIS, Miguel; PORTANTIERO, Juan Carlos. *Estudios sobre los orígenes del peronismo*. Buenos Aires: Siglo XXI, 2004.
NABUCO, Joaquim. *O abolicionismo*. Rio de Janeiro: Nova Fronteira; São Paulo: Publifolha, 2000.
NAPOLITANO, Marcos. *O regime militar brasileiro*: 1964-1985. São Paulo: Atual, 1998.
NASCIMENTO, Maria das Graças; NASCIMENTO, Milton Meira. *Iluminismo*: a revolução das Luzes. São Paulo: Ática, 2002.
NEPOMUCENO, Eric. *Emiliano Zapata*. São Paulo: Brasiliense, 1982.
_____. *O massacre*: Eldorado dos Carajás, uma história de impunidade. São Paulo: Planeta do Brasil, 2007.
NEVES, Eduardo Góes. *Arqueologia da Amazônia*. Rio de Janeiro: Jorge Zahar, 2006.
NEVES, Walter; HUBBE, Mark. Os primeiros das Américas. *Nossa História*, Rio de Janeiro, n. 22, ago. 2005.
NOVAIS, Fernando A. *Aproximações*: estudos de História e historiografia. São Paulo: Cosac & Naify, 2005.
OLIVEIRA, Cecilia H. S.; MATTOS, Claudia Valladão de (Org.). *O brado do Ipiranga*. São Paulo: Edusp-Museu Paulista, 1999.
OLIVER, Roland. *A experiência africana*: da Pré-História aos dias atuais. Rio de Janeiro: Jorge Zahar, 1994.
PEDRERO-SÁNCHEZ, Maria Guadalupe. *História da Idade Média*: textos e testemunhas. São Paulo: Ed. da Unesp, 2000.
PEREGALLI, Enrique. *A América que os europeus encontraram*. São Paulo: Atual; Campinas: Ed. da Unicamp, 1986.
PEREIRA, Francisco José. *"Apartheid"*: o horror branco na África do Sul. 6. ed. São Paulo: Brasiliense, 1994.
PEREIRA, Rosalie Helena de Souza (Org.). *O Islã clássico*. São Paulo: Perspectiva, 2007.
PERRY, Marvin. *Civilização Ocidental*: uma história concisa. São Paulo: Martins Fontes, 2002.
PETIT, Paul. *História antiga*. São Paulo: Difel, 1983.
PILAGALLO, Oscar. *A História do Brasil no século 20 (1920-1940)*. São Paulo: Publifolha, 2002.

PIMENTA, João Paulo G. A independência brasileira e o liberalismo português: um balanço da produção acadêmica. In: *Revista de Historia Iberoamericana*. Madrid: Universia, n. 1. v. 1. 2008.
PINSKY, Jaime (Org.). *100 textos de história antiga*. 5. ed. São Paulo: Contexto, 1991.
_____; *As primeiras civilizações*. 23. ed. São Paulo: Contexto, 2006.
PIPES, R. *História concisa da Revolução Russa*. Rio de Janeiro: BestBolso, 2008.
POLO, Marco. *As viagens "Il milione"*. São Paulo: Martin Claret, 2003.
PRADO, Maria Lígia C. *O populismo na América Latina*. 6. ed. São Paulo: Brasiliense, 1989.
_____. *América Latina no século XIX*: tramas, telas e textos. São Paulo: Edusp, 1999.
PRIORE, Mary del. *História das mulheres no Brasil*. 9. ed. São Paulo: Contexto, 2008.
_____; NEVES, Maria de Fátima das; ALAMBERT, Francisco. *Documentos de História do Brasil*: de Cabral aos anos 90. São Paulo: Scipione, 1997.
_____; SOARES, Gabriela Pellegrino; COLOMBO, Sylvia. *Reflexões sobre a democracia na América Latina*. São Paulo: Senac, 2007.
_____; VENÂNCIO, Renato. *O livro de ouro da História do Brasil*. Rio de Janeiro: Ediouro, 2001.
PROENÇA, Graça. *História da Arte*. 17. ed. São Paulo: Ática, 2007.
QUEIROZ, Teresa Aline P. *O Renascimento*. São Paulo: Edusp, 1995.
RAMPINELLI, Waldir J. *No fio da navalha*: crítica às reformas neoliberais de FHC. São Paulo: Xamã, 1998.
REIS FILHO, D. A.; FERREIRA, J.; ZENHA, C. *O século XX*. Rio de Janeiro: Civilização Brasileira, 2002.
REMARQUE, Erich Maria. *Nada de novo no* front. Rio de Janeiro: Record, s. d.
RIBEIRO, Renato Janine. *A etiqueta no Antigo Regime*: do sangue à doce vida. São Paulo: Brasiliense, 1983.
ROBESPIERRE, Maximilien. *Discursos e relatórios na Convenção*. Rio de Janeiro: Eduerj-Contraponto, 1999.
ROMERO, Luis Alberto. *História contemporânea da Argentina*. Rio de Janeiro: Jorge Zahar, 2006.
RONAN, Colin A. Das origens à Grécia. In: *História ilustrada da ciência*. Rio de Janeiro: Jorge Zahar, 1997. v. 1.
ROUANET, Sergio Paulo. *As razões do Iluminismo*. São Paulo: Companhia das Letras, 2000.
ROUSSEAU, Jean-Jacques. *Discurso sobre a origem da desigualdade entre os homens*. Rio de Janeiro: Ediouro, 1994.
_____. *Do contrato social*. São Paulo: Nova Cultural, 1987.
RUIZ, Beatriz Hilda G. *África*: teorías y vivencias temporales. Buenos Aires: Clepsidra, 1992.
RUSS, Jacqueline. *O socialismo utópico*. São Paulo: Martins Fontes, 1991.
SAID, Edward. *Reflexões sobre o exílio*. São Paulo: Companhia da Letras, 2003.
SALOMONI, A. *Lênin e a Revolução Russa*. São Paulo: Ática, 1995.
SANTACANA MESTRE, Joan; RUVIRA, Gonzalo Z. *Atlas histórico*. Madrid: Ediciones SM, 1999.
SANTIAGO, Theo (Org.). *Do feudalismo ao capitalismo*: uma discussão histórica. 10. ed. São Paulo: Contexto, 2006.
SANTILLANA, Giorgio. *O papel da arte no renascimento científico*. São Paulo: FAU-USP, 1981.
SCARPARI, Maurizio. *A China antiga*. Barcelona: Folio, 2006.
SCHEIDL, Ludwig. *Dez anos após a queda do muro*: a unificação alemã no contexto europeu. Coimbra: Faculdade de Letras da Universidade de Coimbra-Edições Colibri, 1999.
SCHNERB, Robert. *O século XIX*: o apogeu da civilização europeia. Rio de Janeiro: Bertrand Brasil, 1996.
SECCO, Lincoln. *A Revolução dos Cravos e a crise do império colonial português*: economias, espaços e tomadas de consciência. São Paulo: Alameda, 2004.
SERGE, V. *O ano I da Revolução Russa*. São Paulo: Boitempo, 2007.
SEVCENKO, Nicolau. *A corrida para o século XXI*: no *loop* da montanha-russa. São Paulo: Companhia das Letras, 2001.
_____. *História da vida privada no Brasil*: República – da *belle époque* à era do rádio. 6. reimp. São Paulo: Companhia das Letras, 2004.
_____. *O Renascimento*. 24. ed. São Paulo: Atual, 1994.
SILVA, Arlenice Almeida da. *As guerras da independência*. São Paulo: Ática, 1995.
SILVA, Dilma de Melo; CALAÇA, Maria Cecília F. *Arte africana e afro-brasileira*. São Paulo: Terceira Margem, 2006.
SKINNER, Quentin. *As fundações do pensamento político moderno*. São Paulo: Companhia das Letras, 2006
SMITH, Adam. *A riqueza das nações*. São Paulo: Nova Cultural, 1988.
SOUSA, Rafael L. *"Punk"*: cultura e protesto. São Paulo: Pulsar, 2002.
SOUSTELLE, Jacques. *A civilização asteca*. Rio de Janeiro: Jorge Zahar, 1987.
_____. *Os astecas na véspera da conquista espanhola*. São Paulo: Companhia das Letras, 1992.
SQUEFF, Enio; WISNIKI, José Miguel. *Música*: o nacional e o popular na cultura brasileira. 2. ed. 2. reimp. São Paulo: Brasiliense, 2004.
STOIANI, Raquel. *Da espada à águia*: construção simbólica do poder e legitimação política de Napoleão Bonaparte. São Paulo: Humanitas, 2005.
STOLCKE, Verena. *Cafeicultura*: homens, mulheres e capital (1850-1980). São Paulo: Brasiliense, 1986.

Referências bibliográficas

Stone, Isidor F. *O julgamento de Sócrates*. São Paulo: Companhia das Letras, 1988.
Stone, Lawrence. *Causas da Revolução Inglesa*: 1529-1642. Bauru: Edusc, 2000.
Strayer, Joseph R. *As origens medievais do Estado moderno*. Lisboa: Gradiva, s. d.
Syrett, Harold C. (Org.). Ordens fundamentais de Connecticut – 14 de janeiro de 1639. In: *Documentos históricos dos Estados Unidos*. São Paulo: Cultrix, 1993.
Tao, Wang. *Explorando a China*. 2. ed. São Paulo: Ática, 2001.
Tapajós, Renato. *Em câmara lenta*. 2. ed. São Paulo: Alfa-Omega, 1979.
Terra, Antonia. *A história das cidades brasileiras*. São Paulo: Melhoramentos, 2012 (Coleção Como eu Ensino).
Thompson, E. P. *A formação da classe operária inglesa*: a força dos trabalhadores. 3. ed. Rio de Janeiro: Paz e Terra, 1987.
Thoreau, Henry David. *A desobediência civil e outros escritos*. São Paulo: Martin Claret, 2002.
Thornton, John. *A África e os africanos na formação do mundo atlântico*: 1400-1800. 2. ed. Rio de Janeiro: Campus, 2003.
Todorov, Tzvetan. *A conquista da América*: a questão do outro. São Paulo: Martins Fontes, 1999.
Tulard, Jean. *Napoleão*: o mito salvador. Niterói: Casa Jorge, 1996.
Vainfas, Ronaldo. *A heresia dos índios*: Companhia das Letras, 1995.
_____. *Dicionário de Brasil colonial*. Rio de Janeiro: Objetiva, 2001.
_____. *Economia e sociedade na América Espanhola*. Rio de Janeiro: Graal, 1984.
_____ (Org.). *América em tempo de conquista*. Rio de Janeiro: Jorge Zahar, 1992.
Vernan, Jean-Pierre. *As origens do pensamento grego*. 7. ed. Rio de Janeiro: Difel, 2002.
_____. *Entre mito e política*. São Paulo: Companhia das Letras, 2000.
_____. *Universo, os deuses, os homens*. São Paulo: Edusp, 2001.
Veyne, Paul. *Como se escreve a História*. Lisboa: Edições 70, 1983.
_____. *Sexo e poder em Roma*. Rio de Janeiro: Civilização Brasileira, 2008.
Villa, Marco Antonio. *Pancho Villa*. São Paulo: Brasiliense, 1984.
Vovelle, Michel. *A Revolução Francesa explicada à minha neta*. São Paulo: Ed. da Unesp, 2007.
Weil, Simone. *A condição operária e outros estudos sobre a opressão*. Rio de Janeiro: Paz e Terra, 1979.
Xenofonte. Ditos e feitos memoráveis de Sócrates. In: *Sócrates*. São Paulo: Nova Cultural, 1987 (Coleção Os Pensadores).

Siglas de universidades

Cefet-PR	Centro Federal de Educação Tecnológica do Paraná
Cesgranrio-RJ	Centro de Seleção de Candidatos ao Ensino Superior do Grande Rio
FGV-SP	Fundação Getúlio Vargas
Fuvest-SP	Fundação Universitária para o Vestibular
Ibmec	Instituto Brasileiro de Mercado de Capitais
Mackenzie-SP	Universidade Presbiteriana Mackenzie
PUC-PR	Pontifícia Universidade Católica do Paraná
PUC-RJ	Pontifícia Universidade Católica do Rio de Janeiro
PUC-RS	Pontifícia Universidade Católica do Rio Grande do Sul
PUC-SP	Pontifícia Universidade Católica de São Paulo
Udesc	Universidade do Estado de Santa Catarina
Uece	Universidade Estadual do Ceará
UEL-PR	Universidade Estadual de Londrina
Uerj	Universidade Estadual do Rio de Janeiro
Ufal	Universidade Federal de Alagoas
UFC-CE	Universidade Federal do Ceará
Ufes	Universidade Federal do Espírito Santo
UFF-RJ	Universidade Federal Fluminense
UFG-GO	Universidade Federal de Goiás
UFJF-MG	Universidade Federal de Juiz de Fora
UFMG	Universidade Federal de Minas Gerais
UFMT	Universidade Federal de Mato Grosso
UFPE	Universidade Federal de Pernambuco
UFPel-RS	Universidade Federal de Pelotas
UFPI	Universidade Federal do Piauí
UFPR	Universidade Federal do Paraná
UFRGS-RS	Universidade Federal do Rio Grande do Sul
UFRJ	Universidade Federal do Rio de Janeiro
UFRN	Universidade Federal do Rio Grande do Norte
UFSC	Universidade Federal de Santa Catarina
UFScar-SP	Universidade Federal de São Carlos
UFU-MG	Universidade Federal de Uberlândia
Unaerp-SP	Universidade de Ribeirão Preto
UnB-DF	Universidade de Brasília
Unemat-MT	Universidade do Estado de Mato Grosso
Unesp-SP	Universidade Estadual Paulista Júlio de Mesquita Filho
Unicamp-SP	Universidade Estadual de Campinas
Unifesp	Universidade Federal de São Paulo
Unimep-SP	Universidade Metodista de Piracicaba
Unioeste-PR	Universidade Estadual do Oeste do Paraná
Unirio-RJ	Universidade do Rio de Janeiro
UPF-RS	Universidade de Passo Fundo
Vunesp	Fundação para o Vestibular da Universidade Estadual Paulista

ser Protagonista BOX

CADERNO DE REVISÃO

HISTÓRIA

ENSINO MÉDIO

ORGANIZADORA EDIÇÕES SM

Obra coletiva concebida, desenvolvida e produzida por Edições SM.

São Paulo,
1ª edição 2014

Ser Protagonista BOX História – Caderno de Revisão
© Edições SM Ltda.
Todos os direitos reservados

Direção editorial	Juliane Matsubara Barroso
Gerência editorial	Angelo Stefanovits
Gerência de processos editoriais	Rosimeire Tada da Cunha
Colaboração	Gabriela Miyoko Kajimata Santana
Coordenação de edição	Ana Paula Landi, Cláudia Carvalho Neves
Edição	Cláudio Cavalcanti
Assistência de produção editorial	Alzira Aparecida Bertholim Meana, Flávia Romancini Rossi Chaluppe, Silvana Siqueira
Preparação e revisão	Cláudia Rodrigues do Espírito Santo (Coord.), Izilda de Oliveira Pereira, Rosinei Aparecida Rodrigues Araujo, Valéria Cristina Borsanelli
Coordenação de *design*	Erika Tiemi Yamauchi Asato
Coordenação de Arte	Ulisses Pires
Edição de Arte	Melissa Steiner Rocha Antunes
Projeto gráfico	Erika Tiemi Yamauchi Asato
Capa	Alysson Ribeiro, Erika Tiemi Yamauchi Asato, Megalo Design
Iconografia	Priscila Ferraz, Tatiana Lubarino Ferreira
Tratamento de imagem	Robson Mereu
Editoração eletrônica	Setup Bureau
Fabricação	Alexander Maeda
Impressão	Eskenazi Indústria Gráfica Ltda

Dados Internacionais de Catalogação na Publicação (CIP)
(Câmara Brasileira do Livro, SP, Brasil)

Ser protagonista : história : revisão : ensino médio, volume único / obra coletiva concebida, desenvolvida e produzida por Edições SM. — 1. ed. — São Paulo : Edições SM, 2014. — (Coleção ser protagonista)

Bibliografia.
ISBN 978-85-418-0221-5 (aluno)
ISBN 978-85-418-0222-2 (professor)

1. História (Ensino médio) I. Série.

14-00664   CDD-907

Índices para catálogo sistemático:
1. História : Ensino médio 907

1ª edição, 2014

Edições SM Ltda.
Rua Tenente Lycurgo Lopes da Cruz, 55
Água Branca 05036-120 São Paulo SP Brasil
Tel. 11 2111-7400
edicoessm@grupo-sm.com
www.edicoessm.com.br

Apresentação

Este livro, complementar à coleção *Ser Protagonista*, traz o conteúdo resumido dos principais tópicos que constituem o programa curricular do Ensino Médio.

Ele foi organizado sob a forma de temas seguidos de atividades, o que possibilita ao aluno fazer uma revisão criteriosa do que aprendeu e, ao mesmo tempo, aferir seu domínio dos assuntos por meio da realização de uma série de exercícios de vestibular selecionada com precisão para cada tema.

No final do livro, há um gabarito com respostas, para que o aluno possa conferir e corrigir os exercícios que realizou.

Edições SM

CONHEÇA SEU LIVRO

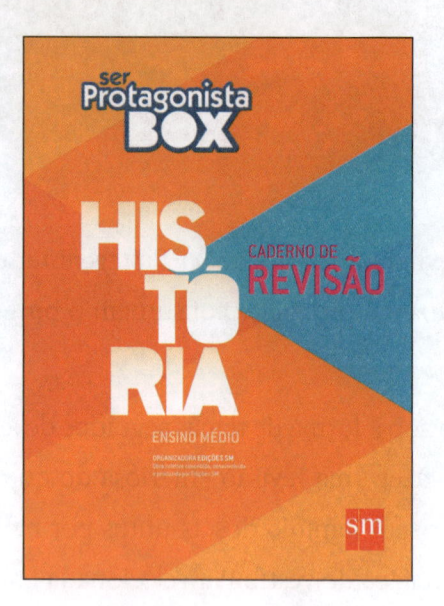

O *Ser Protagonista* **Revisão** retoma os conteúdos da disciplina e propõe a resolução de questões dos principais vestibulares do país.

Cada tema apresenta uma síntese dos principais conteúdos e conceitos estudados, proporcionando uma revisão do que foi estudado durante os três anos do Ensino Médio.

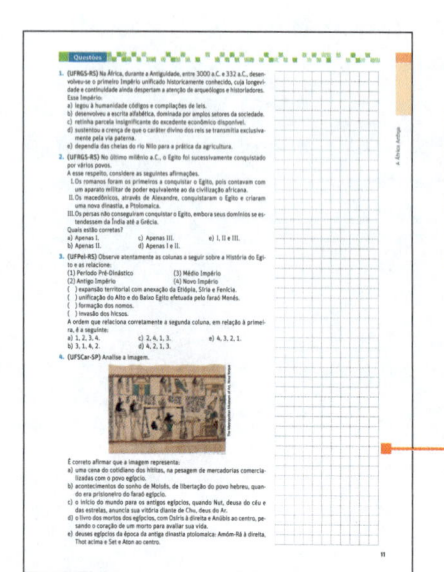

Relacionadas ao tema, questões de vestibulares de universidades de todo o Brasil contribuem para a compreensão e fixação dos conteúdos revisados.

Este espaço é destinado a resoluções de exercícios e anotações.

4

SUMÁRIO

- O trabalho do historiador e origem e dispersão dos seres humanos — 6
- A África Antiga — 10
- A leste do Mediterrâneo — 12
- A Grécia Antiga — 14
- Roma: a cidade e o Império — 16
- A Idade Média — 18
- O Renascimento e a Idade Moderna — 26
- Sociedades africanas — 30
- China e Índia — 34
- A expansão marítima europeia — 38
- A América antes dos europeus — 40
- A América espanhola — 42
- A colonização da América portuguesa — 46
- A América inglesa, francesa e holandesa — 54
- Absolutismo e mercantilismo — 56
- As revoluções inglesas e a Revolução Industrial — 60
- O Iluminismo e a Revolução Americana — 66
- A Revolução Francesa e o Império Francês — 72
- América Latina: a conquista da independência — 80
- O Império Brasileiro — 88
- Das revoluções liberais ao imperialismo — 96
- América: imperialismo e revolução — 102
- Socialismo, guerra e revolução — 108
- A Primeira República no Brasil — 114
- A ascensão do totalitarismo — 118
- O mundo em guerra — 124
- O Brasil entre 1930 e 1945 — 132
- A América Latina entre a revolução e as ditaduras — 136
- Brasil: do populismo à ditadura militar — 142
- O Oriente Médio — 148
- O triunfo da democracia — 152
- O fim da Guerra Fria e a globalização — 156
- Brasil: a consolidação da democracia — 162
- Gabarito — 166

O trabalho do historiador e origem e dispersão dos seres humanos

As "idades" da História

Ao estudar o passado, os historiadores organizam o tempo em períodos, eras ou "idades". No século XVI, no Ocidente, a História passou a ser classificada em três períodos: Antiguidade, Idade Média e Idade Moderna. No século XIX, a História começou a ser vista como ciência, o que tornou essa divisão um pouco mais complexa. Baseando-se em acontecimentos europeus, e de acordo com a visão europeia, a História ficou dividida da seguinte forma:

Idade Antiga (da criação da escrita, por volta de 4000 a.C., até a queda do Império Romano do Ocidente em 476);

Idade Média (da queda do Império Romano até a ocupação de Constantinopla pelos turcos em 1453);

Idade Moderna (da queda de Constantinopla até o início da Revolução Francesa em 1789);

Idade Contemporânea (da Revolução Francesa até a atualidade).

Segundo essa visão, a invenção da escrita deu início à História. O período anterior aos primeiros registros escritos – por volta de 4000 a.C. – foi chamado de **Pré-História**.

Nos dias de hoje, muitos historiadores, embora trabalhem com essa divisão da História, fazem ressalvas a ela. As duas principais são:

- afirmar que a História se inicia com a escrita seria considerar que povos ágrafos não têm História;
- sociedades de tempos mais remotos seriam "primitivas", "inferiores" às mais recentes, o que não é verdade.

O tempo capturado

Ao longo dos séculos e dos milênios, as sociedades produziram muitos registros de sua história: imagens, textos, utensílios, edifícios, cidades, etc. Muitos desses registros estão preservados em arquivos públicos, em museus históricos e em museus de arte, ciência, cultura popular, tecnologia, etc. No caso do Brasil, também no Instituto do Patrimônio Histórico e Artístico Nacional (Iphan).

Investigar o passado

O trabalho do historiador é interpretar, por meio de pesquisas, o passado humano. Nessa investigação, ele utiliza a **metodologia científica** para analisar os vestígios deixados pelas sociedades, chamados de **fontes** ou **documentos**.

Durante muito tempo, a História foi estudada apenas com base nas realizações das pessoas mais poderosas e sob o prisma político. A partir do século XX, os **historiadores marxistas** começaram a estudar também as questões econômicas. Os pesquisadores da **Escola dos Annales**, por sua vez, pensaram o tempo de forma diferente, assinalando que há mudanças de breve, média e longa durações. Outro campo de investigação da História, conhecido como **História das Mentalidades**, estuda a influência das ideias nas sociedades. A tendência mais recente, porém, tem sido a de abordar a História por meio da cultura. Essa abordagem une a metodologia marxista à dos Annales e tem por objetivo a valorização de diferentes vozes e do papel dos indivíduos como sujeitos da História.

As fontes da História

Atualmente, muitos registros de ações e pensamentos humanos são utilizados para investigar o passado:

- **fontes escritas** (cartas, registros de nascimento, casamento e morte, livros, jornais, etc.);
- **fontes materiais** (objetos, construções, monumentos, meios de transporte, etc.);
- **fontes iconográficas** (desenhos, pinturas, esculturas, fotografias, etc.);
- **fontes orais** (cantos, lendas, entrevistas, etc.).

A interdisciplinaridade e a História

O objeto de estudo da História é o ser humano. Todo conhecimento que ajude a entendê-lo é útil à História. Disciplinas sociais, como a **Geografia**, a **Arqueologia** e a **Economia**, biológicas, como a **Biologia** e a **Medicina**, e exatas, como a **Matemática**, são exemplos de áreas do conhecimento que auxiliam a História.

História e ficção

O elemento narrativo é a principal semelhança entre a História e a ficção: ambas relatam fatos. Porém, nem tudo o que vemos sobre o passado nos filmes, nas novelas e nos romances corresponde à verdade. Muitas vezes, seus autores se baseiam em acontecimentos passados, mas não têm a preocupação de um historiador, que é investigar, por meio de métodos científicos, o que de fato ocorreu. Isso acontece porque o escritor de ficção, diferentemente do historiador, é livre para interpretar a realidade como deseja.

A origem dos seres humanos

Os ancestrais mais antigos do ser humano, os **hominídeos**, nasceram na África há milhões de anos. O gênero *Australopithecus* é o mais antigo já descoberto, com aproximadamente 4 milhões de anos. Do gênero *Homo* foram encontrados fósseis de 2 milhões de anos. A espécie *Homo habilis* já fazia instrumentos de pedra. O *Homo erectus* aprendeu a controlar o fogo. O *Homo neanderthalensis*, o homem de Neandertal, que viveu entre 200 mil e 30 mil anos atrás, fabricava instrumentos de pedra e enterrava seus mortos.

O *Homo sapiens*

Há cerca de 120 mil anos, nasceu na África o *Homo sapiens* moderno. Era **nômade**, vivia da caça e da coleta de frutos e migrou para outros continentes. No período **Paleolítico**, fez os primeiros machados e outros objetos de pedra lascada. Há cerca de 40 mil anos, começou a fazer pinturas em cavernas e em rochas a céu aberto – pintura rupestre.

A Revolução Neolítica

Por volta de 8000 a.C., o *Homo sapiens* começou a praticar a agricultura. Com ela, sua vida se transformou. Aos poucos, ele deixou de ser nômade e se tornou **sedentário**. Domesticou alguns animais (porcos, carneiros, cachorros, etc.) e se fixou em aldeias. Também passou a fabricar cerâmica e a construir depósitos para armazenar a colheita. Esse período é conhecido como **Neolítico**.

As aldeias cresceram. Surgiram outras profissões, além da de agricultor. Algumas aldeias se tornaram cidades. A necessidade de registrar estoques de alimentos e a troca de produtos levou à invenção da escrita. Ao mesmo tempo, alguns grupos passaram a controlar o poder político.

A Idade dos Metais

Por volta de 6000 a.C., o ser humano aprendeu a técnica de fundir metais – o primeiro deles foi o cobre. Em seguida, descobriu que era possível misturar cobre com estanho para produzir bronze, com o qual fazia armas e outros objetos. O ferro só começou a ser forjado por volta de 1500 a.C.

Pintura rupestre representando pastores e seu gado, c. 1000 a.C. Sítio arqueológico de Tassili, Argélia.

A chegada dos seres humanos à América

Há duas teorias para a ocupação da América: a do **Estreito de Bering** afirma que grupos asiáticos teriam chegado à América através de uma ponte de gelo que ligava a Sibéria ao Alasca há milhares de anos; a do **oceano Pacífico** afirma que os humanos teriam navegado das ilhas Polinésias até a América do Sul (há cerca de 50 mil anos, segundo a arqueóloga Niéde Guidon).

Em 1920, foram encontrados vestígios humanos de 12 mil anos na cidade de Clóvis, Estados Unidos. Até recentemente, eram considerados os mais antigos da América. Pesquisas mais recentes, porém, descobriram vestígios anteriores: na Venezuela, o sítio de **Taima-Taima**, com cerca de 15 mil anos; no Chile, **Monte Verde**, com cerca de 12 300 anos; no Brasil, **Pedra Pintada**, com cerca de 11 300 anos.

Há no Brasil aproximadamente 20 mil sítios arqueológicos. No de **Lagoa Santa**, Minas Gerais, foi encontrado o fóssil humano mais antigo da América, com cerca de 11 680 anos e traços de povos africanos ou de aborígenes australianos. Deram-lhe o nome de **Luzia**.

Os povos dos sambaquis

Há cerca de 8 mil anos, povos coletores e caçadores se fixaram em alguns pontos do litoral brasileiro. Viviam da pesca e da coleta de moluscos. O principal vestígio desses povos são os **sambaquis**, montes de conchas de até 30 metros de altura. Ali, eles enterravam seus mortos e objetos de todo tipo.

Povos agricultores da Amazônia

As primeiras sociedades sedentárias do território brasileiro se fixaram na Amazônia há 2 mil anos. Duas delas foram a marajoara e a tapajônica.

A **cultura marajoara** se desenvolveu entre os séculos V e XV na ilha de Marajó. Cultivava a mandioca e o arroz-selvagem e praticava a cerâmica.

A **cultura tapajônica**, ou **Santarém**, existiu entre os séculos X e XVII na cidade de Santarém, no Pará. Produzia cerâmica e vivia basicamente da agricultura.

Entre os séculos XIII e XVII, floresceu no Alto Xingu (Mato Grosso) uma sociedade formada por grandes vilas e aldeias interligadas por estradas.

Questões

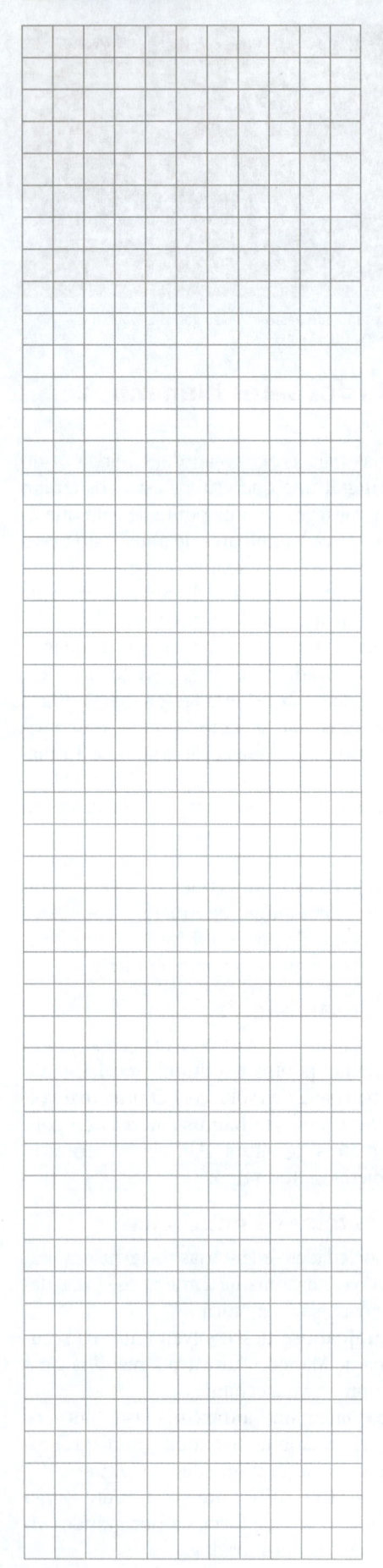

1. **(UFPE)** Alguns historiadores afirmam que a História iniciou quando a humanidade inventou a escrita. Nessa perspectiva, o período anterior à criação da escrita é denominado Pré-História. Sobre esse assunto assinale a alternativa correta.

    a) A História e a Pré-História só podem se diferenciar pelo critério da escrita. Logo, aqueles historiadores que não concordam com esse critério estão presos a uma visão teológica da História.

    b) Esta afirmação não encontra qualquer contestação dos verdadeiros historiadores, pois ela é uma prova irrefutável de que todas as culturas evoluem para a escrita.

    c) Os historiadores que defendem a escrita como único critério que diferencia a História da Pré-História reafirmam a tradição positivista da História.

    d) A escrita não pode ser vista como critério para distinguir a História da Pré-História, pois o aspecto econômico é considerado um critério muito mais importante.

    e) Os únicos historiadores que defendem a escrita como critério são os franceses, em razão da influência da filosofia iluminista.

2. **(UFPE)** A História pode ser vista como uma grande aventura humana, onde há buscas e invenções incontáveis. Assinale F (falso) ou V (verdadeiro): a complexidade do ser humano exige do historiador:

    (   ) uma análise exclusiva dos fatos econômicos para compreender a sua ousadia e capacidade de invenção no tempo.

    (   ) um estudo mais relacionado com a interdisciplinaridade, com a comunicação entre os diversos saberes existentes.

    (   ) um reforço constante do ideário da Escola Metódica, baseado na objetividade e na imparcialidade do conhecimento científico.

    (   ) uma pesquisa estruturada na racionalidade das fontes escritas, sem relações com depoimentos orais ou subjetivos.

    (   ) um saber específico sobre o tempo, afirmando a concepção positivista de Comte, linear e progressista, predominante no século XIX.

3. **(UPE)** A História é uma área do conhecimento que sofreu várias inovações metodológicas no século XX. Essas inovações provocaram mudanças que estão ligadas à eclosão da Escola dos Annales. Nessa perspectiva, é correto afirmar que:

    a) a Escola dos Annales reafirmou os postulados positivistas, reforçando uma história política como a única perspectiva de análise da sociedade.

    b) a produção cultural humana assim como as mentalidades, o imaginário, o cotidiano e a cultura popular foram vistos como novos interesses de estudo dos historiadores.

    c) a análise econômica desaparece da pauta de temáticas estudadas pela História após o advento dos Annales.

    d) a única preocupação dos historiadores influenciados pelo pensamento dos Annales se refere à cultura.

    e) não existem ainda hoje ecos do pensamento dos Annales nos estudos sobre a história do Brasil.

4. **(UFRGS-RS)** A denominação "Revolução Neolítica", cunhada nos anos 1960 pelo arqueólogo Gordon Childe, refere-se a uma série de intensas transformações. Entre essas mudanças, é correto citar:

    a) a criação do poder político centralizado associado ao domínio do poder religioso.

    b) o desenvolvimento de conglomerados urbanos baseados no trabalho escravo.

c) a instituição privada das terras, com o cultivo de cereais e a criação de animais.
d) o surgimento da divisão natural do trabalho, com a atribuição de papel produtivo relevante à mulher.
e) a transição da economia de subsistência para uma economia industrial.

5. **(UFPE)** Em relação ao momento em que homens e mulheres se colocaram como seres históricos no mundo, é correto afirmar:
   a) A invenção da escrita, da roda, do fogo é o que caracteriza os povos considerados com história, que se estabeleceram às margens do rio Nilo, há milhões de anos.
   b) A história da humanidade teve início na região conhecida na Antiguidade por Mesopotâmia, quando se inventou a escrita.
   c) As pesquisas arqueológicas vêm apontando que a história humana teve início há um milhão de anos, em várias regiões do globo terrestre, simultaneamente.
   d) Entre 4 e 6 milhões de anos atrás, surgiram na África os primeiros antepassados do ser humano com os quais teve início a história da humanidade.
   e) O elemento preponderante no reconhecimento dos homens e mulheres como seres históricos é a invenção da linguagem, há 2 milhões de anos, no continente europeu.

6. **(Ufla-MG)** Observe o mapa.

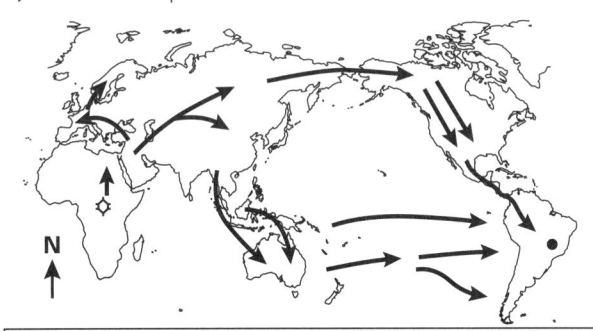

➤ Prováveis rotas do ser humano para a América
◇ Provável região do surgimento da espécie humana
● Fósseis humanos mais antigos do continente

Assinale a alternativa que NÃO se relaciona com as diversas hipóteses de origem do homem americano.
   a) O mapa justifica a hipótese de o homem americano apresentar características mongoloides ou pré-mongoloides, povos oriundos da Mongólia e Sibéria que penetraram no continente americano pelo Estreito de Bering.
   b) Segundo o que demonstra o mapa, o homem chegou à América em migrações esporádicas, navegando pelo Pacífico, vindo da Ásia, Polinésia e Oceania.
   c) Segundo o mapa, o homem americano é autóctone, ou seja, surgiu no próprio continente, embora não exista nenhum fóssil anterior ao *Homo sapiens sapiens*.
   d) Observando o mapa, fica evidente que o Ser Humano não chegou ao continente americano pelo oceano Atlântico, apesar de esse ser o caminho mais "curto".
   e) No continente sul-americano, o fóssil mais antigo é de uma mulher conhecida por Luzia, encontrada em 1975 próximo a Lagoa Santa/MG, datada de 11 500 anos.

A África Antiga

■ Às margens do Nilo

As terras férteis do Nilo atraíram diferentes povos, que passaram a ocupar a região, por volta de 6 a 5 mil anos a.C. Esse processo de **sedentarização** levou à formação de comunidades tribais conhecidas como **nomos**. Agrupadas, elas formaram dois reinos. Por volta de 3100 a.C., o faraó Menés unificou os reinos do **Baixo Egito** (ao norte, na região do delta do rio Nilo) e do **Alto Egito** (mais ao sul, no vale do rio Nilo), dando origem ao Império Egípcio.

A principal atividade econômica era a agricultura, que propiciou o desenvolvimento de técnicas de irrigação, construções para o armazenamento de água e controle de inundações.

Estado e sociedade

A história do Egito Antigo, após Menés, pode ser dividida em Antigo, Médio e Novo Império.

No **Antigo Império** (3100 a.C.–2000 a.C.), o poder era **teocrático**, ou seja, o faraó era considerado representante divino. Ao final desse período, a oposição dos **nomarcas** (chefes dos nomos) levou ao enfraquecimento do poder do faraó.

O **Médio Império** (2000 a.C.–1580 a.C.) teve como principais acontecimentos a retomada do poder dos faraós, a migração dos hebreus para o Egito e a invasão dos hicsos (povo), militarmente superiores.

No período do **Novo Império**, que vai dos anos 1580 a.C. a 1085 a.C., os hicsos foram expulsos do Egito. A partir de 1080 a.C., o Egito sofreu uma série de invasões: pelos assírios; depois pelos persas; pelo macedônio Alexandre, o Grande; por fim, pelos romanos, em 30 a.C.

A **sociedade** egípcia era bastante hierarquizada. No topo estava o **faraó**, dono de todas as terras e de tudo o que era produzido. Os **sacerdotes**, formavam a camada mais elevada e mais culta. Em seguida estavam os **nobres**, altos funcionários da administração que auxiliavam na defesa e no comércio.

Os **escribas** detinham o poder de ler e escrever os **hieróglifos** (escrita oficial). Trabalhavam principalmente na cobrança de impostos. Havia ainda os **soldados**, recrutados no estrangeiro em troca de lotes de terra.

Nas camadas inferiores, estavam os **artesãos**; os **camponeses** (felás); os **escravos**, minoria na sociedade, prisioneiros de guerra.

Economia e conhecimentos

A economia egípcia tinha por base a **agricultura** e era controlada pelo Estado. O comércio local era feito por meio de trocas de mercadorias. O **comércio exterior** usava argolas de ouro e cobre como moeda. A **atividade manufatureira** produzia cerâmica, vidro e tecidos.

Os egípcios desenvolveram conhecimentos em diversas áreas: praticavam a **escrita hieroglífica**, precursora da escrita alfabética; dominavam os conhecimentos matemáticos (**Aritmética** e **Geometria**); a **Astronomia** permitiu o uso do calendário solar e a identificação de estrelas; a prática da mumificação levou a avanços na área da **Medicina**; nas **artes**, realizaram grandes obras arquitetônicas, pinturas em paredes, produções literárias e música (uso de instrumentos de corda, sopro e metal).

■ Além do Nilo

Além da sociedade egípcia, outros povos fazem parte da história da África Antiga. Havia grandes reinos e impérios, bem como agrupamentos nômades e pequenas aldeias.

O Reino de Cuxe

No vale do Nilo, ao sul do Egito, desenvolveu-se, entre os séculos VII a.C. e II d.C., o Reino de Cuxe, que teve como principal característica econômica o comércio. As trocas comerciais realizadas pelos cuxitas eram responsáveis pelo intercâmbio entre os povos que viviam na região central da África e na região da costa mediterrânea. A relação entre cuxitas e egípcios foi marcada pelas trocas comerciais e por períodos de guerras e dominação.

O Império de Axum

Por volta do século V a.C. surgiram na região entre o Reino de Cuxe e o mar Vermelho inúmeras cidades fundadas por povos que viviam no sul da península Arábica. A localização favoreceu o desenvolvimento de uma sociedade urbana dedicada ao comércio marítimo que promovia o intercâmbio entre o mundo mediterrâneo, a Arábia, a Índia e o Sudeste Asiático. O governo da cidade de Axum, com maior poder militar, passou a dominar as demais cidades da região, consolidando a formação do Império de Axum.

No século VII, os árabes conquistaram a cidade de Adulis, onde se localizava o principal porto axumita, e passaram a dominar as rotas comerciais do mar Vermelho.

No mesmo período, a produção agrícola que abastecia a cidade de Axum decaiu e a população da cidade diminuiu progressivamente. Em fins do século VIII, a antiga capital do Império estava reduzida a um simples vilarejo.

Questões

1. **(UFRGS-RS)** Na África, durante a Antiguidade, entre 3000 a.C. e 332 a.C., desenvolveu-se o primeiro Império unificado historicamente conhecido, cuja longevidade e continuidade ainda despertam a atenção de arqueólogos e historiadores. Esse Império:
   a) legou à humanidade códigos e compilações de leis.
   b) desenvolveu a escrita alfabética, dominada por amplos setores da sociedade.
   c) retinha parcela insignificante do excedente econômico disponível.
   d) sustentou a crença de que o caráter divino dos reis se transmitia exclusivamente pela via paterna.
   e) dependia das cheias do rio Nilo para a prática da agricultura.

2. **(UFRGS-RS)** No último milênio a.C., o Egito foi sucessivamente conquistado por vários povos.
   A esse respeito, considere as seguintes afirmações.
   I. Os romanos foram os primeiros a conquistar o Egito, pois contavam com um aparato militar de poder equivalente ao da civilização africana.
   II. Os macedônicos, através de Alexandre, conquistaram o Egito e criaram uma nova dinastia, a Ptolomaica.
   III. Os persas não conseguiram conquistar o Egito, embora seus domínios se estendessem da Índia até a Grécia.
   Quais estão corretas?
   a) Apenas I.
   b) Apenas II.
   c) Apenas III.
   d) Apenas I e II.
   e) I, II e III.

3. **(UFPel-RS)** Observe atentamente as colunas a seguir sobre a História do Egito e as relacione:
   (1) Período Pré-Dinástico
   (2) Antigo Império
   (3) Médio Império
   (4) Novo Império
   ( ) expansão territorial com anexação da Etiópia, Síria e Fenícia.
   ( ) unificação do Alto e do Baixo Egito efetuada pelo faraó Menés.
   ( ) formação dos nomos.
   ( ) invasão dos hicsos.
   A ordem que relaciona corretamente a segunda coluna, em relação à primeira, é a seguinte:
   a) 1, 2, 3, 4.
   b) 3, 1, 4, 2.
   c) 2, 4, 1, 3.
   d) 4, 2, 1, 3.
   e) 4, 3, 2, 1.

4. **(UFSCar-SP)** Analise a imagem.

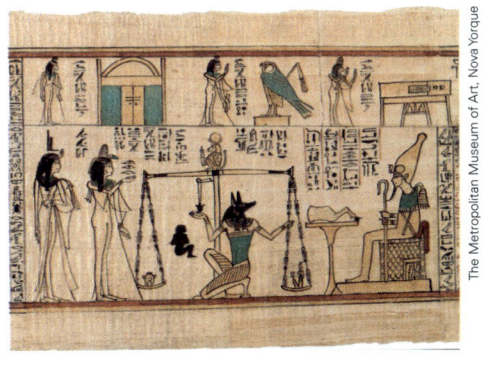

   É correto afirmar que a imagem representa:
   a) uma cena do cotidiano dos hititas, na pesagem de mercadorias comercializadas com o povo egípcio.
   b) acontecimentos do sonho de Moisés, de libertação do povo hebreu, quando era prisioneiro do faraó egípcio.
   c) o início do mundo para os antigos egípcios, quando Nut, deusa do céu e das estrelas, anuncia sua vitória diante de Chu, deus do Ar.
   d) o livro dos mortos dos egípcios, com Osíris à direita e Anúbis ao centro, pesando o coração de um morto para avaliar sua vida.
   e) deuses egípcios da época da antiga dinastia ptolomaica: Amóm-Rá à direita, Thot acima e Set e Aton ao centro.

A leste do Mediterrâneo

A Mesopotâmia

Região entre os rios Tigre e Eufrates, hoje ocupada pelo Iraque. Inicialmente, os povos dessa região viviam em **cidades-Estado** independentes.

Sumérios e acadianos

No sul, a **civilização suméria** se formou por volta de 4000 a.C. Suas cidades-Estado eram governadas pelos *patesi*, chefes políticos e religiosos. Os sumérios criaram uma escrita em forma de cunhas gravadas em placas de barro: a **escrita cuneiforme**.

Os acadianos ocuparam o centro da Mesopotâmia. Por volta de 2340 a.C., um de seus reis, Sargão I, teria conquistado a Suméria e criado o primeiro Estado unificado da Mesopotâmia.

Babilônios, assírios e caldeus

Por volta de 2000 a.C. os amoritas derrotaram os acadianos e fundaram o **Primeiro Império Babilônico**, cuja capital era a **Babilônia**. Seu principal rei, Hamurábi, reuniu diversas leis no **Código de Hamurábi**. Após sua morte, o império foi dominado pelos assírios.

Os assírios também construíram um império, só destruído no século VII a.C. pelos caldeus. Estes fundaram então o **Segundo Império Babilônico**. Um de seus reis, Nabucodonosor II, conquistou a Palestina e escravizou muitos hebreus no **cativeiro da Babilônia**. Por volta de 539 a.C., o Segundo Império da Babilônia foi dominado pelos persas.

O Império Persa

Em 550 a.C., Ciro, rei da Pérsia, deu início à expansão do Império Persa. A grande extensão territorial alcançada por esse império é explicada pelo respeito de Ciro em relação à cultura e à religião dos povos dominados. Um exemplo disso é a libertação dos hebreus do cativeiro da Babilônia.

Mais tarde, o rei Dario I criou quatro capitais e vinte províncias, as **satrapias**, administradas pelos **sátrapas**. Dario I unificou as leis, os impostos e a moeda (dárico). Foi derrotado na Batalha de Maratona ao tentar dominar a Grécia em 490 a.C. Seu filho Xerxes continuou a guerra contra os gregos, mas foi derrotado.

Os fenícios

Por volta de 3000 a.C., os **fenícios** ocuparam o território do atual Líbano. A proximidade do Mediterrâneo fez com que desenvolvessem a pesca e o comércio marítimo. Seu artesanato ficou conhecido pela produção de tecidos de cor púrpura.

Estavam organizados em **cidades-Estado** – as principais eram Tiro (produtora de tecidos), Biblos (que comercializava papiro egípcio), Sídon e Beritos (atual Beirute). Desenvolveram um **alfabeto fonético**, mais prático que a escrita cuneiforme e os hieróglifos egípcios.

Os fenícios estabeleceram várias colônias no Mediterrâneo. A mais conhecida foi Cartago, no norte da África, que se envolveu em várias guerras com Roma, as Guerras Púnicas.

Os hebreus

Provenientes da Mesopotâmia, por volta de 1250 a.C., os hebreus estabeleceram-se às margens do rio Jordão, em Canaã (atuais **Palestina** e **Jordânia**, principalmente). Eles consideravam que essa terra lhes tinha sido destinada por Deus.

Depois de um período de seca e fome, os hebreus migraram para o Egito. Sob o domínio dos **hicsos**, o Egito propiciou uma vida tranquila aos hebreus; após a expulsão dos hicsos, eles passaram à condição de escravos. O **Êxodo**, narrado na Bíblia, faz referência ao retorno dos hebreus a Canaã, conduzidos por Moisés.

De regresso à Palestina, por volta de 1230 a.C., os hebreus retomaram as terras de Canaã, então dominada por cananeus e filisteus, por volta do ano 1000 a.C. Davi, um de seus reis, conquistou Jerusalém. Salomão, seu sucessor, expandiu o comércio exterior e construiu o primeiro templo de Jerusalém, símbolo da religiosidade dos hebreus.

Após a morte de Salomão, doze tribos que compunham o povo hebreu se dividiram. Duas formaram o Reino de Judá, e as outras dez, o Reino de Israel. As de Israel foram atacadas pelos assírios, e a maioria de seu povo foi morta ou escravizada. As de Judá foram escravizadas por Nabucodonosor II no **Cativeiro da Babilônia**.

Os judeus foram libertados desse cativeiro pelos persas e retornaram a Canaã. A partir de 63 a.C., com a conquista da Palestina pelos romanos, o povo judeu foi expulso de sua terra, episódio conhecido como **diáspora**.

Questões

1. (Ufes)

"À grande transformação econômica da Idade do Bronze dá-se o nome de Revolução Urbana. Essa revolução correspondeu à passagem das comunidades agrícolas autossuficientes para cidades, com comércio e artesanato especializado. A agricultura continuou como a principal atividade econômica, mas a economia, antes agrícola e pastoril, ganhou maior diversidade e complexidade com a multiplicação dos ofícios ou profissões e com o estabelecimento de um sistema regular de trocas. Assim, por volta de 3000 a.C., o Egito, a Mesopotâmia e o Vale do Indo já não eram mais um conjunto de aldeias de agricultores autossuficientes, mas constituíam Estados com uma complexa organização social."

AQUINO, R. S. et al. *História das sociedades*: das comunidades primitivas às sociedades medievais. Rio de Janeiro: Ao Livro Técnico, 1980. p. 77-78. Adaptado.

Dos itens a seguir, o único que NÃO pode ser considerado característica da Revolução Urbana que resultou na formação da Civilização Mesopotâmica por volta de 3000 a.C. é:

a) a escrita cuneiforme.
b) a metalurgia do bronze.
c) o modo de produção escravista.
d) a arquitetura monumental, com destaque para os "zigurates".
e) o sistema de Cidades-Estados independentes (Ur, Lagash, Nippur, Umma e outras).

2. (PUC-PR) O Império Babilônico dominou diferentes povos, como os sumérios, os acádios e os assírios. Para governar povos tão diferentes, o rei Hamurábi organizou o primeiro código de leis escritas, o Código de Hamurábi.

"Se um homem acusou outro de assassinato mas não puder comprovar, então o acusador será morto.

Se um homem ajudou a apagar o incêndio da casa de outro e aproveitou para pegar um objeto do dono da casa, este homem será lançado ao fogo.

Se um homem cegou o olho de outro homem, o seu próprio será cegado. Mas se foi olho de um escravo, pagará metade do valor desse escravo.

Se um escravo bateu na face de um homem livre, cortarão a sua orelha.

Se um médico tratou com faca de metal a ferida grave de um homem e lhe causou a morte ou lhe inutilizou o olho, as suas mãos serão cortadas. Se a vítima for um escravo, o médico dará um escravo por escravo.

Se uma mulher tomou aversão a seu marido e não quiser mais dormir com ele, seu caso será examinado em seu distrito. Se ela se guarda e não tem falta e o seu marido sai com outras mulheres e despreza sua esposa, ela tomará seu dote de volta e irá para a casa do seu pai."

Assinale a alternativa correta:

a) As leis aplicavam-se somente aos homens livres e que possuíssem propriedades.
b) Estabeleceu o princípio que todos eram iguais perante a lei e por isso um escravo teria os mesmos direitos que um homem livre.
c) O Código de Hamurábi representava os ideais democráticos do Império Babilônico.
d) O código tinha como princípio a "pena de talião", resumida na expressão "olho por olho, dente por dente".
e) O código considerava a mulher propriedade do homem e sem direitos.

3. (UFSM-RS) A Mesopotâmia ocupa lugar central na história da humanidade. Na Antiguidade, foi berço da civilização sumeriana devido ao fato de:

a) ser ponto de encontro de rotas comerciais de povos de diversas culturas.
b) ter um subsolo rico em minérios, possibilitando o salto tecnológico da Idade da Pedra para a Idade dos Metais.
c) apresentar um relevo peculiar e favorável ao isolamento necessário para o crescimento socioeconômico.
d) possuir uma área agricultável extensa, favorecida pelos rios Tigre e Eufrates.
e) abrigar um sistema de rios ideal para locomoção de pessoas e apropriado para o desenvolvimento comercial.

A Grécia Antiga

■ Tempos de formação

Situada na península Balcânica, a partir do século XX a.C. a Grécia Antiga foi ocupada pelos aqueus, eólios, jônios e dórios.

Os aqueus se fixaram no Peloponeso, onde fundaram cidades-Estado como **Micenas**. Por volta de 1200 a.C., os micênios se envolveram em um longo conflito conhecido como **Guerra de Troia**, tema do poema épico *Ilíada*, atribuído a Homero.

Por volta do século XII a.C., os aqueus foram expulsos pelos dórios e migraram para outras regiões. A chegada dos dórios levou a uma forma de organização social muito simples, com unidades agrícolas de caráter coletivo: os *genos*. Pouco a pouco, porém, a sociedade tornou-se mais complexa. Surgiu assim a *pólis*, ou cidade-Estado grega. Alguns grupos se apossaram da maior parte das terras, formando uma aristocracia agrária.

No século VIII a.C., os gregos fundaram diversas colônias em vários lugares do Mediterrâneo. Por volta do século V a.C., as cidades-Estado mais importantes da Grécia eram Atenas e Esparta.

■ Esparta e Atenas

A economia de Atenas estava baseada no comércio marítimo. Suas terras cultivadas eram controladas pelos **eupátridas**, que formavam a aristocracia rural. Abaixo deles estavam os **demiurgos** (artesãos) e os pequenos proprietários. Havia também os **metecos** (estrangeiros), comerciantes sem direitos políticos. Também não desfrutavam desses direitos **escravos** e **mulheres**.

Essas desigualdades provocaram alguns conflitos sociais em Atenas. Surgiram líderes políticos com muito poder que adotaram medidas contra os eupátridas. Eram chamados de **tiranos**. Em 506 a.C., o legislador **Clístenes** afastou a aristocracia rural do poder, que passou a ser exercido pelos cidadãos. Estes tomavam decisões na assembleia. Mulheres, escravos e estrangeiros não eram considerados cidadãos.

Esparta, ao contrário, era uma sociedade militarizada. Situada no Peloponeso, seus habitantes descendiam dos dórios. Os proprietários de terra, os *esparciatas*, formavam o grupo dominante. Comerciantes, artesão e camponeses, conhecidos como *periecos*, moravam na periferia da cidade. Na base da sociedade estavam os escravos.

Esparta era governada por dois reis (**diarquia**). Contava com um conselho de ancião (*Gerúsia*) e uma assembleia de cidadãos. Os éforos, junta formada por cinco cidadãos eleitos anualmente, administravam a cidade.

■ A época clássica

A Grécia viveu seu período clássico no século V a.C., que foi marcado por avanços nas artes, filosofia, letras e ciências. Nessa época de ouro, ocorreram também muitas guerras, que a conduziram, no século seguinte, ao domínio macedônico.

As guerras entre os gregos e os persas iniciaram-se sob o reinado de Dario I, rei persa que, sem sucesso, tentou ocupar Atenas. O sucessor de Dario I, Xerxes, tentou novas investidas contra os gregos, porém foi derrotado em 479 a.C.

Temerosas de novas ameaças, Atenas e outras cidades-Estado organizaram a Liga de Delos, arrecadando dinheiro, soldados e navios para a defesa do território. No entanto, Atenas desviou recursos para reconstruir-se, e foram tantas as obras e os incentivos à cidade que esse período ateniense ficou conhecido como século de ouro, sobretudo quando esteve sob o governo de Péricles.

Para opor-se à **hegemonia de Atenas**, Esparta aliou-se a outras cidades, formando a Liga do Peloponeso. Iniciou-se, assim, a **Guerra do Peloponeso**, que teve como resultado a hegemonia de Esparta e, tempos depois, a de Tebas. As disputas entre as cidades-Estado enfraqueceram o mundo grego.

Foi Felipe II, rei da Macedônia, quem iniciou sua expansão sobre as cidades-Estado gregas. Alexandre, o Grande, seu filho, deu continuidade às conquistas, dominando ainda o Egito, a Pérsia e parte da Índia. Seu objetivo era integrar as culturas ocidentais e orientais, o que originou a **cultura helenística**.

Questões

1. **(UPE)** Construir uma relação solidária entre as pessoas faz parte do fazer político humano. As experiências feitas são múltiplas.
   Na Grécia, nos tempos da democracia:
   a) houve êxito na quebra das hierarquias e na vitória de princípios de igualdade social para crescimento econômico.
   b) extinguiu-se a escravidão e criaram-se alternativas de trabalho para todos, seguindo os ensinamentos de Platão e Aristóteles.
   c) buscou-se diminuir as diferenças entre as pessoas, mas não se acabaram as hierarquias sociais nem as desigualdades econômicas.
   d) efetivou-se a aristocracia no poder, apesar da grande astúcia política dos monarcas e das assembleias populares.
   e) havia grandes semelhanças com a democracia contemporânea, afirmando valores universais e definindo direitos sociais.

2. **(UFC-CE)**
   "Na cidade grega antiga, ser cidadão não significava apenas fazer parte de uma entidade 'nacional', mas também participar numa vida comum."
   MOSSÉ, Claude. *O cidadão na Grécia antiga*. Lisboa: Edições 70, 1999. p. 51.

   Tomando por base a afirmativa acima, pode-se compreender corretamente que a vida na pólis, para o cidadão, significava:
   a) romper com a religião e os mitos e adotar o modo de vida proposto pelos filósofos, o de disseminar a filosofia e a democracia para todas as cidades-estado gregas.
   b) realizar o ideal grego de unificação política, militar, geográfica, econômica, religiosa e cultural de todas as cidades-estados e assim suprimir as tiranias e as oligarquias.
   c) exercer obrigatoriamente uma magistratura ao longo da vida, pois o aprendizado político por todos representava a garantia do bem-estar social e da manutenção da democracia.
   d) formar um corpo de súditos cujas decisões políticas se orientavam para a manutenção do poder econômico e religioso das famílias detentoras de frotas que comercializavam pelo Mediterrâneo.
   e) integrar uma comunidade que visava ao seu bem comum por meio de decisões políticas, da adoção de uma defesa militar e de práticas religiosas que buscavam benefícios e proteção dos deuses da cidade.

3. **(PUC-RS)** Para responder à questão, considere as afirmativas a seguir, sobre a cidade-estado (pólis), base da organização sociopolítica da Grécia Antiga.
   I. Esparta, que englobava as regiões da Lacônia e da Messênia, e Atenas, que correspondia a toda a região da Ática, eram exceções quanto à grande dimensão territorial, se comparadas à maioria das demais cidades-estado.
   II. As cidades-estado consolidaram suas estruturas fundamentais no chamado período arcaico da história grega e conheceram sua máxima expressão política e cultural durante o período clássico.
   III. A acrópole, parte alta da zona urbana da pólis, concentrava as atividades econômicas essenciais para o sustento material da cidade, suplantando a produção agrícola da zona rural nesse setor.
   IV. As cidades-estado formavam unidades politicamente autônomas e economicamente autossuficientes, não tendo desenvolvido processos significativos de expansão territorial por colonização de novas áreas até o período helenístico.

   Estão corretas apenas as afirmativas:
   a) I e II.   b) II e III.   c) III e IV.   d) I, II e IV.   e) I, III e IV.

4. **(FGV-SP)**
   "Quando diminuiu a ameaça persa, o ódio ao imperialismo ateniense cresceu particularmente entre os espartanos e seus aliados, que criaram (...) uma força militar terrestre, e se decidiram pela guerra por sentirem sua independência ameaçada pelo imperialismo de Atenas. A guerra representou o suicídio da Grécia das pólis independentes".
   CAMPOS, Flávio de; MIRANDA, Renan Garcia. *Oficina de História*: História integrada.

   O texto apresenta:
   a) as Guerras Médicas.
   b) a Guerra de Troia.
   c) a Guerra do Peloponeso.
   d) a Primeira Guerra Púnica.
   e) a Segunda Diáspora Grega.

Roma: a cidade e o Império

■ A monarquia

Roma foi fundada no século VIII a.C., como resultado da reunião de algumas aldeias. Sua primeira forma de organização foi a **Monarquia**. Era então uma cidade-Estado. O poder era controlado pelos **patrícios**, grandes proprietários de terra. Em 509 a.C., os patrícios se rebelaram contra o rei e o expulsaram do poder. Tinha início a **República**.

■ A República

Sob a República, a sociedade romana estava dividida em **patrícios**, **plebeus** (pequenos proprietários, comerciantes e artesãos), **clientes** (ex-escravos protegidos por patrícios) e **escravos**.

O poder supremo era controlado pelo **Senado**, formado apenas por patrícios. Havia também a **Assembleia Centuriata** (formada pelo exército) e a **Assembleia Tribal**, formada por civis que elegiam alguns magistrados, membros do poder Executivo.

Os plebeus quase não participavam da vida política. Descontentes com essa e outras desigualdades, eles se revoltaram várias vezes. Como resultado, eles fizeram conquistas como a **Lei das Doze Tábuas**, o fim da escravização por dívidas e o direito de eleger **Tribunos da Plebe**.

Nesse período, o exército romano invadiu e conquistou pouco a pouco toda a península Itálica, venceu e conquistou **Cartago** (cidade-Estado no norte da África) nas **Guerras Púnicas** e ocupou a península Ibérica. O número de escravos (prisioneiros de guerra) aumentou assombrosamente.

Em 133 a.C., o Tribuno da Plebe Tibério Graco propôs a realização de uma reforma agrária, mas foi assassinado a mando dos patrícios. Seu irmão, Caio Graco, foi eleito Tribuno da Plebe e assumiu sua causa. Foi também levado à morte pelo patrícios.

Para conter as crises, o Senado colocou militares no poder. Dois deles foram **Mário** e **Sila**. Em 60 a.C., os generais **Crasso**, **Pompeu** e **Júlio César** elegeram-se senadores e se uniram para organizar um governo que seria chamado de **Primeiro Triunvirato**.

■ O Império

Com a morte de Crasso, Júlio César venceu Pompeu na guerra e assumiu o poder. Os senadores reagiram e alguns deles o mataram em 44 a.C. Em resposta, seus aliados Marco Antônio, Lépido e Caio Otávio organizaram o **Segundo Triunvirato**. Mas eles também se desentenderam. Após derrotar Lépido e Marco Antônio, Otávio foi proclamado **Imperador** e passou a ser chamado de **Augusto** (adorado como um deus).

O exército romano foi fundamental para a expansão e manutenção das fronteiras do **Império**. Na base estavam os **legionários** (soldados). Cada legião (unidade do exército) reunia cerca de 8 mil legionários, mais cavaleiros e máquinas de guerra.

■ O fim do mundo antigo

O século II foi o auge do expansionismo romano, cujo território se estendia do norte da África ao mar do Norte, da península Ibérica à Mesopotâmia. Porém, a partir do século III, o Império Romano entrou em crise. Entre as causas dessa crise estavam:

- diminuição das conquistas territoriais e do número de escravos;
- substituição dos legionários por guerreiros germânicos;
- crises na produção e na arrecadação de impostos;
- inflação;
- guerras civis por disputa de poder;
- enfraquecimento do comércio, o que levou ao abandono das cidades e à intensificação da vida rural em torno das **vilas** controladas por grandes proprietários.

Na tentativa de conter a crise, o imperador Diocleciano instituiu a **tetrarquia**: em 284 dividiu o Império em quatro regiões, mas não obteve bons resultados.

Constantino, em 306, unificou novamente o Império e construiu uma nova capital, **Constantinopla**, buscando reavivar o comércio e a vida urbana. Além disso, permitiu a prática do cristianismo, religião que ganhava muitos adeptos entre as camadas mais baixas devido à mensagem de igualdade.

O imperador **Teodósio** se converteu ao cristianismo e, em 391, tornou-o a religião oficial de Roma. Dividiu ainda o Império Romano em duas partes: Ocidente e Oriente, mas as levas de povos germânicos já pressionavam as fronteiras romanas.

Em 476, os hérulos invadiram Roma e depuseram o último imperador, Rômulo Augusto, marcando o fim do Império Romano do Ocidente.

Questões

1. (UFSM-RS)

"Os romanos costumavam vender uma parte das terras conquistadas, anexar outras e arrendá-las aos cidadãos que nada possuíssem, mediante um ligeiro censo (renda anual) ao tesouro público. Os ricos, porém, tinham conseguido apoderar-se dessas terras; eis por que foi feita uma lei que proibia a todos os cidadãos ter mais de 125 hectares. Mas os ricos conseguiram a obtenção de terras sob nomes de empréstimos; por fim, tomaram-nas abertamente em seu nome, então os pobres, espoliados da sua posse, trataram de evitar o serviço militar e a criação de filhos. Assim, a Itália seria em breve despovoada de habitantes livres e cheia de escravos bárbaros que os ricos empregavam na cultura das terras, para substituir os cidadãos que haviam expulsado delas."

PLUTARCO. Vida de Tibério e de Caio Graco. In: ARRUDA; PILETTI. *Toda a História*. São Paulo: Ática, 2008. p. 76. v. 1.

O texto aponta as modificações na estrutura fundiária da Itália, no século II a.C. Sobre essas transformações, é incorreto afirmar:
a) A substituição dos camponeses por escravos, nas terras da península Itálica, está relacionada com a expansão militar romana e com o aumento da oferta de escravos.
b) O Senado romano, dominado pelo patriciado, barrou a formação de latifúndios com mão de obra escrava, pois entendeu que essa mudança alterava a base social da sociedade.
c) O Senado romano, controlado por grandes proprietários de terra, viu de forma favorável a formação do latifúndio escravista e o desmantelamento das unidades de produção camponesa.
d) A vitória militar sobre Cartago e a expansão territorial pelas terras banhadas pelo Mediterrâneo favoreceram o aumento da oferta de mão de obra escrava no mercado romano.
e) A expansão político-militar da República romana pelo Mediterrâneo teve implicações no sistema socioeconômico e transformou as relações da sociedade com o meio ambiente da península itálica.

2. (PUC-PR)

"Os animais da Itália possuem cada um sua toca, seu abrigo, seu refúgio. No entanto, os homens que combatem e morrem pela Itália estão à mercê do ar e da luz e nada mais: sem lar, sem casa, erram com suas mulheres e crianças".

Estas são palavras de Tibério Graco, político romano do século II a.C.

Nesse contexto da história de Roma, podemos afirmar que:
a) Roma encontrava-se num período de paz e prosperidade resultado da política da "Paz Romana" promovida pelo regime imperial.
b) Resultado das expansões territoriais, Roma tornou-se superpopulosa, apesar de rica, acentuaram-se as diferenças sociais, de um lado uma aristocracia privilegiada que vivia em meio a festas e mordomias e por outro a maior parte da população vivia na mais absoluta miséria.
c) Esse é um período que coincide com a tentativa de estabelecimento de um regime democrático em Roma, por modelo e influência da política ateniense de Péricles.
d) Nessa época Roma enfrentava as dificuldades das Guerras Médicas em que disputava o território cartaginês com os persas.
e) Nesse período a sociedade romana vivia uma situação de decadência da autoridade central e declínio das atividades comerciais, resultado principalmente da disseminação do cristianismo.

3. (UFRGS-RS) Durante a República Romana, a escravidão aumentou consideravelmente sua importância na sociedade e na economia, contribuindo para a crescente dependência da República Romana em relação à mão de obra escrava.

A dependência da mão de obra escrava na República Romana devia-se:
a) à expansão das grandes propriedades e ao aniquilamento da pequena propriedade rural.
b) às guerras de conquista empreendidas por Roma, as quais contribuíram decisivamente para o predomínio dessa relação de trabalho.
c) à inexistência de mão de obra livre e ao desinteresse da população pelos trabalhos manuais.
d) aos conflitos entre patrícios e plebeus na luta pela terra.
e) à necessidade de ampliação da oferta de mão de obra para o desenvolvimento do artesanato.

A Idade Média

■ Os reinos germânicos

A partir do século III, o Império Romano do Ocidente começou a ser invadido por povos germânicos, vindos do norte e do leste do Império.

Alguns desses povos se incorporaram à sociedade romana de forma pacífica. Tornaram-se então **federados** do Império. Foi o caso, por exemplo, dos **francos**. A partir de 400 d.C., metade dos soldados do Império era formada por germânicos.

Em meados do século IV, chegou ao leste da Europa um povo nômade vindo do Oriente. Eram os **hunos**, que empurraram os povos germânicos para oeste. Assim, entraram no território romano os **ostrogodos**, os **visigodos**, os **suevos**, os **vândalos**, e outros. Em 476, Odoacro, rei dos hérulos invadiu Roma e depôs o imperador Rômulo Augústulo.

Diversos reinos germânicos se formaram no território ocupado: o Reino Franco na Gália; o Reino Visigodo na península Ibérica; o Reino Ostrogodo na península Itálica; etc. Em 496, Clóvis, rei dos francos, se converteu ao catolicismo e tornou-se aliado da Igreja de Roma.

A fusão de tradições romanas e germânicas daria origem ao mundo feudal. Esse processo começou com a **ruralização** da sociedade. Por um lado, as invasões germânicas aceleraram a fuga das pessoas para o campo; por outro, estabeleceu-se a ligação entre o trabalhador e a terra, base da **servidão** feudal.

■ O feudalismo

A sociedade feudal foi marcada pela influência da Igreja católica, cujos sacerdotes formavam o **clero**. A **nobreza** era o grupo social dominante. Seus integrantes eram grandes proprietários de terras. Por meio da **investidura de cavaleiros**, alguns guerreiros podiam se tornar nobres.

Na base da sociedade estavam os servos, os escravos e os homens livres pobres. Os **servos** estavam ligados ao feudo. Trabalhavam para o senhor feudal e para sua subsistência. A **escravidão** era praticada em pequena escala em alguns lugares. Os **homens livres pobres** eram pequenos proprietários.

O feudo era a grande propriedade autossuficiente. Às vezes, o senhor feudal cedia parte de suas terras a outro nobre, seu **vassalo**. Com essa medida, ele se tornava **suserano**.

Por volta do ano 1000, a sociedade feudal estava dividida em **três ordens**: clero, nobreza e servos.

Iluminura do século XIII que representa a sociedade feudal. À esquerda, um clérigo, no centro, um nobre, e, à direita, um camponês.

■ O Império Bizantino

Ao contrário do Império do Ocidente, o Império Romano do Oriente não foi conquistado pelos povos germânicos. Sua capital era **Constantinopla**, fundada em 330 sobre uma antiga povoação chamada **Bizâncio**.

Durante o governo de Justiniano (527-565), o Império Bizantino expandiu suas fronteiras e retomou parte do antigo Império do Ocidente (norte da África, península Itálica, etc.). Justiniano reuniu ainda as leis romanas em uma coleção conhecida como **Código de Justiniano**.

O Império Bizantino professava o cristianismo. Seu chefe era o bispo de Constantinopla, o **patriarca**. Entre os séculos VIII e IX, alguns religiosos se opuseram à adoração de imagens (ícones) e chegaram a destruí-las. Eram os **iconoclastas**. Em 843, os ícones voltaram a ser cultuados.

Em 1054, as disputas entre o papa e o patriarca levaram à divisão da Igreja católica em duas: Igreja Católica Apostólica Romana e Igreja Católica Ortodoxa. Foi o **Cisma do Oriente**.

▪ Reinos do Ocidente

Em 732, os francos, sob o comando de Carlos Martel, detiveram o avanço árabe em território europeu na Batalha de Poitiers. Carlos Martel era prefeito do palácio, mas seu filho, Pepino, tornou-se rei dos francos. Seu neto, Carlos Magno, também rei dos francos, conquistou muitas terras e, aliado à Igreja, fundou o **Império Carolíngio**, recebendo do papa a coroa de imperador no ano de 800.

Após a morte de Carlos Magno, o trono foi ocupado por seu filho, Luís, o Piedoso. Morto Luís, seus filhos – Lotário, Carlos e Luís – passaram a disputar a coroa. Depois de uma guerra civil, em 843, o Tratado de Verdum dividiu o Império em três partes: França Ocidental, França Central e França Oriental (mais tarde, Reino Germânico).

▪ O Sacro Império Romano-Germânico

Com a divisão, o território do antigo Império Carolíngio passou a ser atacado por povos invasores. No Reino Germânico, Oto I venceu esses invasores. O papa, que estava sob sua proteção, o coroou imperador do Ocidente. Com isso, seu reino passou a se chamar Sacro Império Romano-Germânico.

A autoridade de Oto e de seus sucessores se estendia também à Igreja, pois nomeavam bispos e abades (**investidura**). Com o fortalecimento do papado a partir do século XI, porém, a Igreja retirou do imperador sua autoridade religiosa.

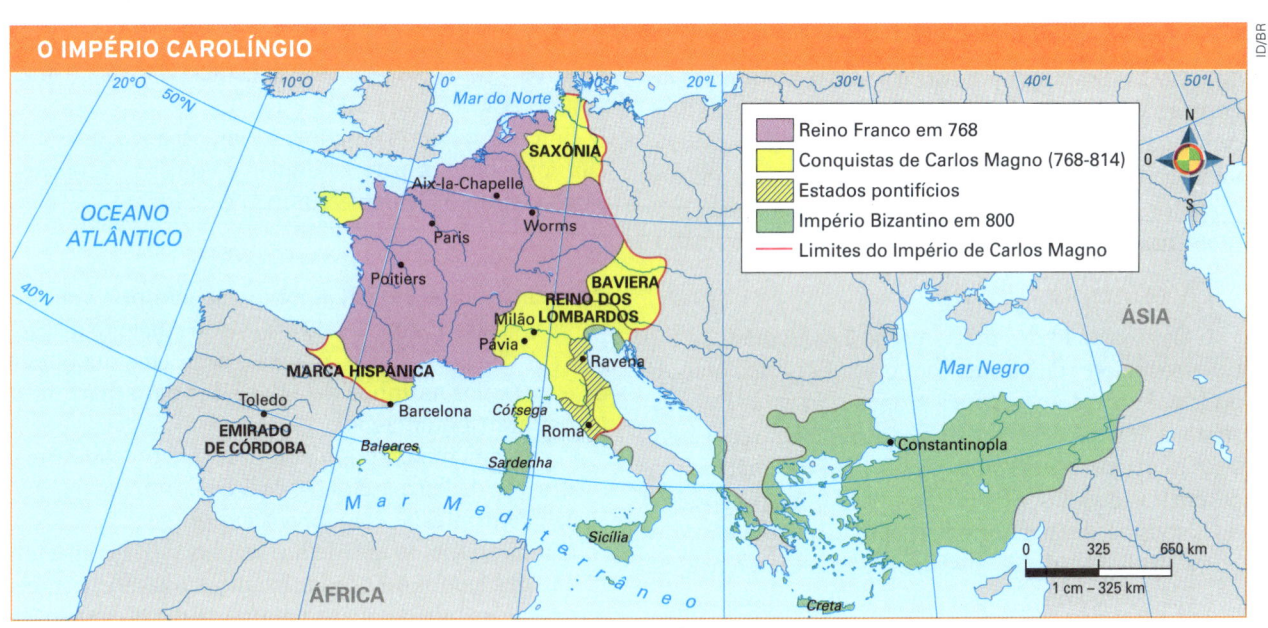

O IMPÉRIO CAROLÍNGIO

Fonte de pesquisa: ARRUDA, José Jobson de A. *Atlas histórico básico*. 17. ed. São Paulo: Ática, 2007. p. 15.

▪ O Islã

A formação do islamismo

No começo do século VI, a península Arábica, de terras desérticas, era ocupada por tribos nômades que viviam principalmente do comércio e da criação de ovelhas e camelos. A cidade de **Meca** era um grande centro comercial. Ali estava também a **Caaba**, templo no qual as diversas divindades tribais eram adoradas.

Maomé (Muhammad) nasceu em Meca em 570. Segundo a tradição, Maomé tornou-se o profeta de uma nova religião, o islamismo, depois de receber revelações do arcanjo Gabriel. Pregou a existência de um deus único, Alá, realizando as primeiras conversões por volta de 613. Os comerciantes de Meca, temerosos de que essa nova crença atrapalhasse as peregrinações religiosas à cidade, iniciaram uma perseguição a Maomé, que fugiu para Yatreb (Medina). Esse episódio ficou conhecido como **Hégira**. O ano em que ocorreu, 622, marca o início do calendário muçulmano.

Maomé tornou-se líder político e religioso dos muçulmanos, difundindo o islamismo pacífica e militarmente pela península Arábica. Após sua morte, em 632, foi sucedido por **califas**, chefes políticos e religiosos da comunidade islâmica. **Abu Bakr** foi o primeiro dos califas.

A expansão islâmica

No califado de Abu Bakr (632-634), o islamismo unificou todas as tribos da península Arábica. Omar Ibn al-Khattab (634-644), seu sucessor, estendeu a fé islâmica aos impérios vizinhos. O sucesso da expansão islâmica está associado à tolerância aos povos dominados, que podiam manter suas religiões e tradições.

Após a morte do terceiro califa, um parente de Maomé – representante do grupo xiita – e um parente do último califa e governador da Síria disputaram a sucessão do califado. Este último assumiu, dando início à **dinastia Omíada**. A capital foi transferida de Medina para

Damasco, o cargo de califa tornou-se hereditário e a língua oficial passou a ser o árabe. A expansão islâmica alcançou então o norte da África e a península Ibérica.

Novas divergências surgiram entre os partidários dos descendentes de Maomé (xiitas) e os dos califas (sunitas). Em 749, após várias rebeliões, a dinastia Omíada foi derrubada, e Abu'l Abbas, parente de Maomé, assumiu, dando início à **dinastia Abássida**. Bagdá se tornou a capital, e o Império Islâmico sofreu sua primeira divisão de poder.

Na península Ibérica, chamada pelos conquistadores islâmicos de **Al-Andalus**, um sobrevivente da dinastia Omíada organizou o califado de Córdoba, independente da dinastia Abássida. Em pouco tempo, a região tornou-se uma das mais importantes do Império.

A dinastia Abássida continuou sua expansão para o leste, avançando sobre os atuais territórios do Paquistão e do Afeganistão e sobre o noroeste da Índia, além das ilhas do Mediterrâneo e de áreas da Ásia Menor. O surgimento de novos califados em territórios que pertencem atualmente ao Egito, à Tunísia e ao Irã levou à fragmentação política do Império Islâmico. Cada um dos califados tinha características culturais e políticas próprias, mas todos se mantinham unidos pelo islamismo.

Os princípios do Islã

O livro sagrado dos muçulmanos é o **Alcorão**, escrito pelos seguidores de Maomé com base nos relatos orais do profeta. Seus escritos seriam a própria palavra de Deus revelada a Maomé e descrevem a origem do Universo e dos seres humanos, assim como os princípios e as práticas que devem ser adotados pelos fiéis. Os cinco princípios básicos do islamismo, a serem seguidos por todo muçulmano, são:
- a **profissão de fé** (*shahada*), ou seja, a crença em Alá como único Deus e no profeta Maomé;
- as **cinco orações diárias** (*salat*), voltadas para Meca;
- o pagamento de um **tributo anual** (*zakat*), proporcional aos rendimentos do muçulmano, destinado à caridade;
- o **jejum** (*sawn*) durante o mês sagrado de Ramadã (o nono do calendário muçulmano);
- a **peregrinação** (*hadj*) a Meca, uma vez na vida.

Cultura e arte islâmicas

À medida que os muçulmanos conquistavam novos territórios, procuravam compreender e assimilar a cultura e o conhecimento dos povos dominados. Os sábios islâmicos traduziam obras de matemática, física, filosofia, arquitetura e medicina, muitas vezes formulando novas teorias. Essa literatura circulava por todo o Império, e foi graças às traduções desse material que o mundo cristão conheceu grande parte dela.

A produção artística do mundo islâmico também sofreu influência dos povos conquistados. Nas artes plásticas, duas linhas se destacaram:
- a religiosa, que, segundo a tradição muçulmana, não podia representar figuras humanas e animais e que deu origem a uma arte geométrica (arabescos) e a uma caligrafia artística (de textos do Alcorão);
- a laica, com figuras em miniatura que ilustravam produções literárias e científicas.

A construção de mesquitas e palácios foi a principal realização arquitetônica do Império Islâmico. Na literatura, a difusão da língua árabe e o contato com outros povos e culturas permitiram o desenvolvimento de diferentes textos, como os filosóficos, as poesias e os romances. *As mil e uma noites* tornou-se a obra literária mais famosa da escrita árabe.

■ As cruzadas

Em 1095, o papa Urbano II convocou os cristãos a conquistar Jerusalém, a Terra Santa, que havia caído sob o domínio dos muçulmanos. Diversas expedições militares foram organizadas na Europa para cumprir esse objetivo. Conhecidas como **cruzadas**, foram no total oito expedições entre 1096 e 1270.

Embora não tenham atingido seu objetivo, as cruzadas contribuíram para estimular o comércio e o intercâmbio entre o Ocidente europeu e o Oriente.

■ A expansão do comércio

A partir do século XI, a população europeia voltou a crescer, graças ao fim das invasões e ao aumento da produtividade agrícola, com a invenção da **charrua** (arado de ferro) e dos **moinhos de água** e **de vento** (para moer grãos e transportar água).

O crescimento da população favoreceu o comércio e a formação de feiras e cidades, nas quais um novo grupo social, a **burguesia**, começava a enriquecer.

Durante a Alta Idade Média (séculos V-IX), com a formação dos feudos e a produção autossuficiente, as moedas praticamente desapareceram. A partir do século XI, com a expansão do comércio, os reis e os senhores feudais passaram a cunhar suas próprias moedas. Entretanto, a diversidade de moedas prejudicava o comércio. Essa foi uma das razões pelas quais os mercadores (ou seja, a burguesia) passaram a apoiar a unificação política em torno dos reis. Isso porque a centralização política, entre outras coisas, significaria também a adoção de uma só moeda, o que favorecia o comércio.

■ As cidades

Locais de feiras e mercados, as cidades também cresceram. Muitas delas tinham sua origem em povoados subordinados a castelos ou abadias. Para se livrarem desses laços de dependência em relação aos senhores feudais ou aos abades, os **burgueses** (comerciantes e artesãos) compravam a autonomia das cidades por meio de **Cartas de Franquia**.

Para preservar seus lucros, comerciantes e artesão organizavam-se em **guildas** e **corporações de ofício**. Essas organizações monopolizavam a produção e a comercialização de certos produtos, impedindo a entrada de concorrentes em seus ramos de atividade.

A fome, a peste e a guerra

No decorrer do século XIV, a Europa foi atingida por várias calamidades. A primeira foi a fome, provocada por fatores climáticos e pelo esgotamento de terras cultiváveis. A segunda foi a **Peste Negra**, ou peste bubônica, trazida do Oriente pelos ratos. A doença matou cerca de um terço da população europeia. A terceira calamidade foi a **Guerra dos Cem Anos** (1337-1453), entre a Inglaterra e a França.

Esse conjunto de fatores contribuiu para enfraquecer a nobreza feudal e fortalecer o poder dos reis. Uma nova época começava.

A formação das monarquias nacionais

Durante quase toda a Idade Média, o reis dividiam seu poder com os senhores feudais (poder local) e a Igreja (poder universal). A partir do século XII, com a expansão do comércio, o rei apoiou-se na burguesia para enfrentar a nobreza feudal e concentrar o poder em suas mãos.

Para governar na nova situação, os reis criaram um aparato administrativo, jurídico e militar capaz de centralizar o governo e manter a ordem. O exemplo típico desse processo ocorreu na França. Nesse país, o conflito entre o rei, a nobreza e a Igreja atingiu seu apogeu sob o reinado de Felipe IV, o Belo (1285-1314). Esse monarca obrigou o clero a pagar impostos e, em 1309, transferiu a sede do papado de Roma para Avignon, na França.

Na Inglaterra, esse processo foi mais complexo. Em 1215, a nobreza aprovou a **Carta Magna**, documento que limitava o poder do rei. Mais tarde, foi criado o **Parlamento**, poder Legislativo responsável pela elaboração das leis.

Na península Ibérica, os reinos cristãos precisaram primeiro expulsar os muçulmanos, que ocupavam a região desde o século VIII. Esse processo é conhecido como **Reconquista**. Em 1469, Fernando, rei de Aragão, casou-se com Isabel de Castela. Com a união dos dois reinos teve início a formação da Espanha moderna.

Portugal era inicialmente um feudo dos reinos de Leão e Castela. Em 1139, o senhor desse feudo, Afonso Henriques, rompeu com os dois reinos e se declarou rei de um novo país. Nascia assim o reino de Portugal. Em 1385, Portugal enfrentou e venceu Castela na **Revolução de Avis**, que colocou no poder o rei dom João I, **Mestre de Avis**.

Iluminura do século XV representando cena da Batalha de Aljubarrota, quando as tropas de Castela foram derrotadas pelos portugueses.

Questões

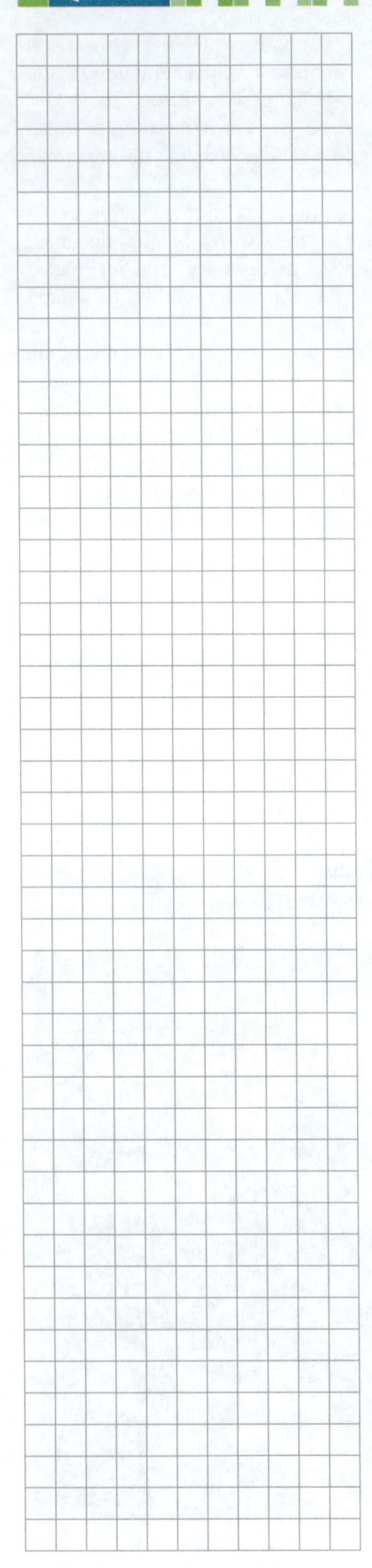

1. (Unesp)

"Com a ruralização, a tendência à autossuficiência de cada latifúndio e as crescentes dificuldades nas comunicações, os representantes do poder imperial foram perdendo capacidade de ação sobre vastos territórios. Mais do que isso, os próprios latifundiários foram ganhando atribuições anteriormente da alçada do Estado."

FRANCO JR., Hilário. *O feudalismo*. São Paulo: Brasiliense, 1986. Adaptado.

A característica do feudalismo mencionada no fragmento é:

a) o desaparecimento do poder militar, provocado pelas invasões bárbaras.
b) a fragmentação do poder político central.
c) o aumento da influência política e financeira da Igreja Católica.
d) a constituição das relações de escravidão.
e) o estabelecimento de laços de servidão e vassalagem.

2. (Fatec-SP) Considere a ilustração a seguir.

In: BARBOSA, Elaine Senise; NAZARO JUNIOR, Newton; PERA, Silvio Adegas. *Panorama da História*. Curitiba: Positivo, 2005. v. 1. p. 121.

A partir dos conhecimentos da história do feudalismo europeu, pode-se inferir que, na ilustração:

a) as classes sociais relacionavam-se de forma harmoniosa por incorporarem em suas mentes os princípios elementares do cristianismo.
b) as castas sociais poderiam modificar-se ao longo do tempo, pois isso dependia fundamentalmente da vontade do poder divino do papa.
c) as terras dos feudos eram divididas igualmente entre os vários segmentos sociais, priorizando-se os que dependiam dela para sobrevivência.
d) a organização social possibilitava a mobilidade, permitindo a ascensão dos indivíduos que trabalhassem e acumulassem riqueza material.
e) a estrutura da sociedade era marcada pela ausência de mobilidade, sendo caracterizada por uma hierarquia social dominada por uma instituição cristã.

3. (UFPE) O Feudalismo não foi uniforme em toda a Europa, mas, na administração de todas as suas propriedades, contou com a participação da Igreja Católica. Apesar dos princípios cristãos de amor e de generosidade, os trabalhadores, reconhecidos como servos, no feudalismo, eram:[1]

( ) tratados como escravos, inclusivamente no tempo da colonização portuguesa, embora tivessem certos direitos mantidos pela tradição da época.
( ) assalariados, como pequenos proprietários de terra, conseguindo viver com certa dignidade e benevolência por parte dos senhores dominantes.
( ) moradores entre os feudos com ampla garantia de proteção no caso de guerras, embora fossem proibidos de cultivar sua própria agricultura.
( ) bastante explorados pelos senhores feudais, dispondo apenas de um tempo bastante restrito para cuidar das suas próprias vidas.
( ) considerados importantes para o cultivo da terra e limpeza dos canais; pagavam impostos aos senhores feudais.

---

[1] Indique as alternativas verdadeiras (V) e as falsas (F).

4. **(UPE)** Na Idade Média, Bizâncio era um importante centro comercial e político. Merecem destaques seus feitos culturais, mostrando senso estético apurado e uso das riquezas existentes no Império. Na sua arquitetura, a igreja de Santa Sofia destacou-se pela:
   a) sua afinação com o estilo gótico, com exploração dos vitrais e o uso de metais na construção dos altares.
   b) simplicidade das suas linhas geométricas, negando a grandiosidade como nas outras obras existentes em Bizâncio.
   c) grande riqueza da sua construção, com uso de mosaicos coloridos e colunas de mármore suntuosas.
   d) imitação que fazia dos templos gregos, com altares dedicados aos mitos mais conhecidos, revelando paganismo.
   e) consagração dos valores católicos medievais, em que a riqueza interior era importante em toda cultura existente.

5. **(UFPel-RS)**

   Divisão do Império Carolíngio pelo Tratado de Verdun

   Reino de Carlos, o Calvo
   Reino de Luís, o Germânico
   Reino de Lotário

   Este mapa se refere à:
   a) centralização política, na fase inicial da Idade Moderna.
   b) divisão do Império Romano, no final da Idade Antiga.
   c) formação dos Estados Nacionais, no século XV.
   d) Europa Ocidental, na Idade Antiga.
   e) organização dos reinos francos, na Idade Média Ocidental.

6. **(PUC-PR)** A História do Império Bizantino abrangeu um período equivalente ao da Idade Média, apesar da instabilidade social, decorrente, entre outros fatores:
   a) dos frequentes conflitos internos originados por controvérsias políticas e religiosas.
   b) da excessiva descentralização política que enfraquecia os imperadores.
   c) da posição geográfica de sua capital, Constantinopla, vulnerável aos bárbaros, que com facilidade a invadiam frequentemente.
   d) da constante intromissão dos imperadores de Roma em sua política.
   e) da falta de um ordenamento jurídico para controle da vida social.

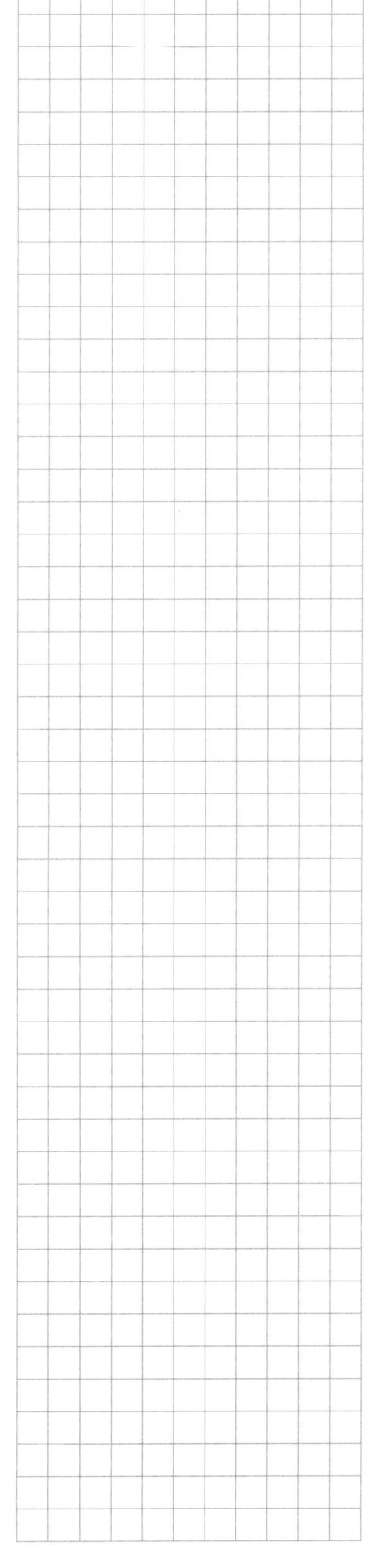

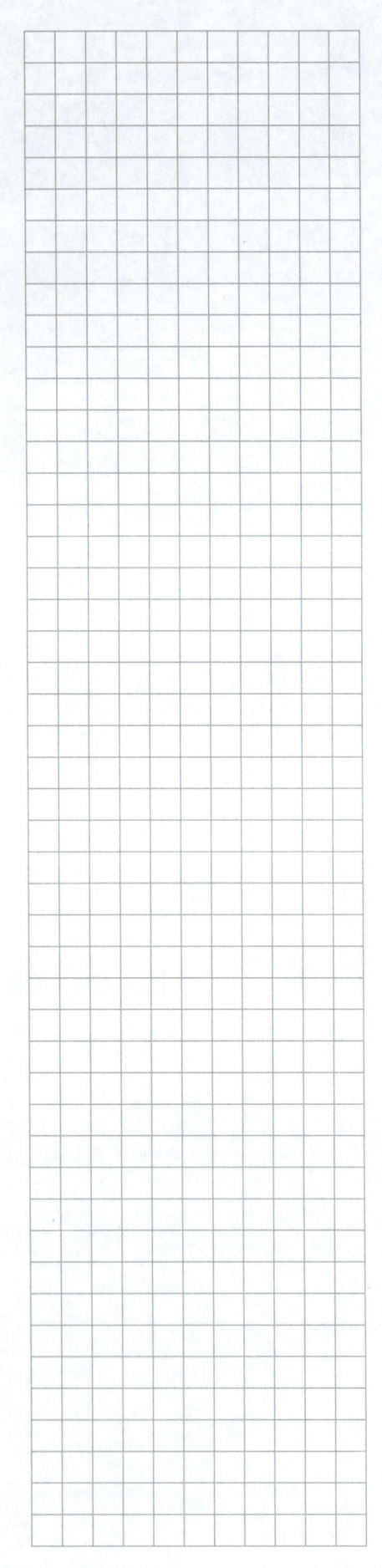

7. (UEM-PR) Desde fins do Império Romano, as cidades vinham sendo abandonadas. Sendo assim, entre os séculos V e X, na alta Idade Média, uma ruralização da vida foi se impondo e tornou-se uma característica da Europa medieval. A respeito desse período, assinale a(s) alternativa(s) correta(s).[1]

01. No século VIII, Carlos Magno assumiu o trono do Império Carolíngio e, em troca de lealdade, doou as terras obtidas nas guerras de conquista ao clero e à nobreza e dividiu o território sob o seu controle em condados e marcas.

02. Em razão da ruralização, as cidades foram todas abandonadas e deixaram de existir completamente na Europa até o início do século XV. Esse fato explica a sobrevivência do império romano do Oriente até o início da modernidade.

04. O chamado renascimento carolíngio, ao impor o primado da razão sobre a fé e resgatar os valores artísticos e filosóficos da Antiguidade, antecipou em cinco séculos o notável processo de transformações culturais e racionalização que ocorreu no renascimento italiano do século XV.

08. A ruralização propiciou o desenvolvimento de uma economia de subsistência e uma grande diminuição das trocas mercantis.

16. Durante a alta Idade Média, o nobre cavaleiro El Cid liderou os cristãos na luta contra os cristãos ortodoxos, invasores da Península Itálica.

8. (UFPR) A presença islâmica na Península Ibérica estende-se desde 711, data da Batalha de Guadalete, quando os visigodos são vencidos pelos invasores árabes, até o século XV, quando, em 1492, os reis católicos da Espanha conquistam o reino de Granada, último núcleo muçulmano na Península.

Tal convivência entre as culturas ocidental e árabe num mesmo espaço geográfico, durante cerca de sete séculos, teve como consequência principal:

a) a realização de uma síntese cultural que gera, nos séculos medievais, uma cultura peninsular mais pobre do que em qualquer outra parte da cristandade ocidental.

b) a interpretação e atualização da cultura clássica na cristandade ocidental através das contribuições dos árabes.

c) uma simpatia permanente entre cristãos e árabes que limitou o movimento das Cruzadas na Terra Santa.

d) o atraso da Península Ibérica nas ciências ditas experimentais – medicina, astronomia, matemática, cartografia e geografia.

e) o desenvolvimento de um estilo artístico nas mesquitas que privilegia as representações de figuras humanas.

9. (Fuvest-SP)

> "Se o Ocidente procurava, através de suas invasões sucessivas, conter o impulso do Islã, o resultado foi exatamente o inverso."
>
> MAALOUF, Amin. *As Cruzadas vistas pelos árabes.* São Paulo: Brasiliense, 2007. p. 241.

Um exemplo do "resultado inverso" das Cruzadas foi a:

a) difusão do islamismo no interior dos Reinos Francos e a rápida derrocada do Império fundado por Carlos Magno.

b) maior organização militar dos muçulmanos e seu avanço, nos séculos XV e XVI, sobre o Império Romano do Oriente.

c) imediata reação terrorista islâmica, que colocou em risco o Império britânico na Ásia.

d) resistência ininterrupta que os cruzados enfrentaram nos territórios que passaram a controlar no Irã e Iraque.

e) forte influência árabe que o Ocidente sofreu desde então, expressa na gastronomia, na joalheria e no vestuário.

---
[1] Dê como resposta a soma dos números associados às afirmações corretas.

10. (Uece) Sobre os fundamentos do Islã ou Islame, assinale o correto:
a) É uma religião politeísta que surgiu no final do século IV d.C. e tem em Maomé seu principal mártir. Seu livro sagrado é o Talmude.
b) É uma religião monoteísta que surgiu no século X d.C. Sua sede religiosa é a cidade de Medina e seu livro sagrado é a Kaaba.
c) É uma religião politeísta que surgiu no século I d.C. Sua sede é Jerusalém, Maomé seu fundador e não tem um livro sagrado.
d) É uma religião monoteísta que surgiu no século VII d.C. Seu profeta é Maomé e seu livro sagrado é o Alcorão.

11. (UPE) O Islamismo – religião pregada por Maomé e seus seguidores – tem hoje mais de 1 bilhão de fiéis espalhados pelo mundo, sendo ainda predominante no Oriente Médio, região onde surgiu. Um dos principais fundamentos da expansão muçulmana é a Guerra Santa. A respeito dos muçulmanos, é correto afirmar que:
a) a expansão árabe-muçulmana acabou por islamizar uma série de povos, exclusivamente árabes.
b) o povo árabe palestino, atuando na revolução armada palestina, rejeita qualquer solução que não a libertação total do Estado de Israel.
c) em Medina, a religião criada por Maomé, embora tenha crescido rapidamente e tenha criado a Guerra Santa – Gihad –, não teve caráter expansionista.
d) a história do Líbano contemporâneo esteve sempre ligada à busca de um certo equilíbrio entre várias comunidades que compõem o país, especialmente as duas mais importantes: xiitas e cristãos.
e) a facção dos fundamentalistas islâmicos pertence à corrente xiita, sendo que os mais radicais repudiam os valores do mundo ocidental moderno.

12. (UFPE) Analise as afirmativas abaixo, relacionadas com a existência das Cruzadas.
1. As Cruzadas eram expedições organizadas pelos senhores feudais, com a finalidade de reativar a vida nos feudos.
2. As Cruzadas, expedições marcadas por interesses religiosos e econômicos, contavam com a participação da Igreja Católica.
3. As Cruzadas não trouxeram contribuições para a economia no Ocidente, pois criaram conflitos inexpressivos e exacerbaram o fanatismo religioso.
4. A participação da população pobre nas Cruzadas foi significativa e aponta para um dos momentos de crise do sistema feudal.
5. Os lucros dos nobres nas Cruzadas contribuíram para revitalizar a economia feudal, com a adoção do trabalho assalariado.
Está(ão) correta(s):
a) 5 apenas.
b) 2 e 3 apenas.
c) 1 apenas.
d) 1, 2, 3, 4 e 5.
e) 2 e 4 apenas.

13. (UFPI) O período compreendido entre o final da Idade Média e o início da Idade Moderna foi caracterizado pela criação de alianças entre os monarcas europeus e a burguesia. Sobre as referidas alianças, podemos afirmar que tinham como objetivos centrais:
a) a criação de barreiras protecionistas que dificultassem a circulação das mercadorias no mercado europeu.
b) a valorização das autoridades religiosas evangélicas e a submissão do estado à igreja.
c) a unificação de moedas, de pesos e medidas que facilitassem as transações comerciais, assim como a construção de uma estrutura política que rompesse com os particularismos feudais.
d) a criação de uma nova estrutura política em que as atividades e a lógica de produção das corporações de ofício medievais seriam totalmente preservadas.
e) a preservação das práticas políticas e econômicas medievais que haviam possibilitado o surgimento da burguesia.

O Renascimento e a Idade Moderna

■ O Humanismo

A partir do século XIV, consolidou-se na Europa uma corrente renovadora de ideias: o **Humanismo**. Seus adeptos, os **humanistas**, se opunham ao pensamento medieval, ligado à Igreja católica.

Para a Igreja, era Deus o centro do universo (**teocentrismo**). Para os humanistas, era o ser humano que devia estar no centro das indagações (**antropocentrismo**). Eles também valorizavam a razão humana, capaz de transformar a natureza e a sociedade (**racionalismo**).

Não por acaso, essa renovação de ideias começou na península Itálica, região na qual floresciam o comércio e a vida urbana, que favoreciam a vida intelectual e a visão crítica das ideias medievais.

Em meados do século XV, Johann Guttenberg inventou os tipos móveis de impressão, com os quais era possível imprimir livros em série. Isso levou à divulgação em massa das ideias humanistas.

O pensamento político também foi influenciado pelo Humanismo. Na península Itálica, Nicolau Maquiavel escreveu *O príncipe*, livro no qual considera que o governante virtuoso seria aquele capaz de manter o poder, nem que para isso fosse necessário usar a violência.

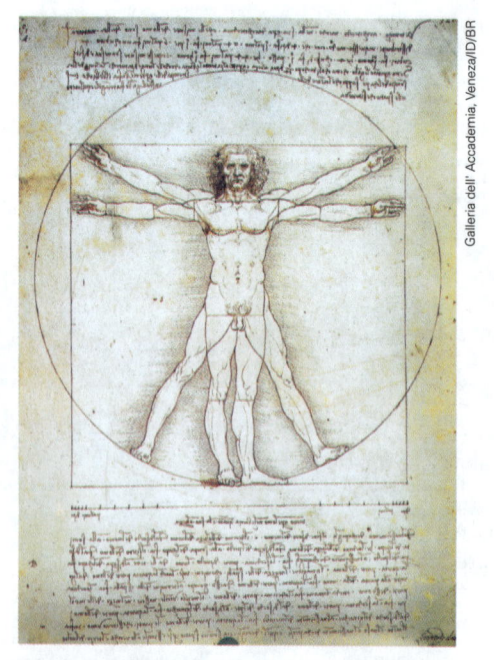

O homem vitruviano, desenho de Leonardo da Vinci, c. 1490. O corpo humano também era estudado pelos humanistas.

■ A explosão das artes

Esse período iniciado com o Humanismo interagiu com uma profunda renovação da vida artística. Pintores, escultores e arquitetos rejeitaram a arte gótica da Baixa Idade Média e se voltaram para a arte greco-romana. Esse movimento renovador recebeu o nome de **Renascimento**.

O Renascimento na península Itálica é dividido em três fases: *Trecento* (século XIV), *Quattrocento* (século XV) e *Cinquecento* (século XVI). Principais nomes do *Trecento*: **Dante**, **Petrarca** e **Boccaccio** na literatura, e **Giotto** na pintura. No *Quattrocento* destacaram-se o arquiteto **Donatello**, os pintores **Botticelli** e **Masaccio** e o escultor e arquiteto **Brunelleschi**. Durante o *Cinquecento*, brilharam artistas como **Leonardo da Vinci**, **Rafael**, **Ticiano** e **Michelangelo**.

Basílica Santa Maria del Fiore, em Florença. A cúpula, projetada pelo arquiteto Filippo Brunelleschi no século XIV, é um dos marcos do *Quattrocento*.

Da península Itálica o Renascimento se irradiou para outras regiões da Europa. Uma delas foi **Flandres** (atual Bélgica). Ali se destacaram os pintores **Bosh**, **Peter Brueghel**, o **Velho**, e **Jan Van Eyck**. Na literatura, **Erasmo de Roterdã** publicou a obra *Elogio da loucura*, com críticas à Igreja.

A França e a Inglaterra produziram nessa época alguns expoentes da literatura, como o francês **François Rabelais**, autor de *Pantagruel* (1532) e *Gargantua* (1534), e o inglês William **Shakespeare**, autor das tragédias *Romeu e Julieta* (1597) e *Hamlet* (1601). Na Espanha, **Miguel de Cervantes** escreveu *Dom Quixote de La Mancha* (1615) e, em Portugal, **Luís de Camões** produziu *Os lusíadas* (1556).

As ciências e o Renascimento

A valorização da razão fez surgir a ciência moderna, que passou a buscar explicações racionais para os fenômenos da natureza.

Nicolau Copérnico, astrônomo polonês, formulou a teoria heliocêntrica (1543), afirmando que o Sol era o centro do universo, e não a Terra, como queria a Igreja. Na península Itálica, o astrônomo **Galileu Galilei** tentou provar que a Terra gira em torno do Sol. Por esse motivo, em 1632 foi condenado a se retratar pelo Tribunal da Inquisição, um órgão da Igreja católica.

A Reforma protestante

Em 1517, o monge de origem germânica Martinho Lutero se rebelou contra a venda de indulgências (absolvição dos pecados) pelo clero e pregou na porta da igreja de Wittenberg um texto com 95 teses, nas quais rejeitava certos princípios do catolicismo.

Acusado de heresia, em 1521 Lutero foi convocado a comparecer à **Dieta de Worms** (uma espécie de assembleia), na qual deveria renunciar às suas ideias. Lutero, porém, manteve suas críticas à Igreja. Foi então excomungado pelo papa e passou a ser perseguido, mas contou com o apoio de alguns integrantes da nobreza e se refugiou em um de seus castelos.

Enquanto isso, suas 95 teses eram difundidas por todo o território do Sacro Império Germânico. Estimulados por elas, os camponeses dessa região se rebelaram contra a nobreza em 1524. Aliado de nobres dissidentes, Lutero condenou a rebelião, que foi violentamente sufocada pelas tropas do Sacro Império Germânico.

Em 1530, Lutero publicou a *Confissão de Augsburgo*, na qual expunha sua doutrina: livre interpretação da Bíblia; salvação pela fé, e não pelas obras, como afirmava a Igreja; abolição de alguns sacramentos, etc.

O conflito só terminou em 1555, quando católicos e protestantes do Sacro Império Germânico firmaram a **Paz de Augsburgo**. Segundo esse acordo, cada príncipe teria o direito de escolher livremente a religião de seu principado. Era o fim da hegemonia da Igreja católica na região.

A Reforma se propaga

Na França, **João Calvino** elaborou sua própria doutrina, o **calvinismo**. Ele também defendia a salvação pela fé, mas acrescentou que ela estava associada à **predestinação**, segundo a qual Deus já teria determinado previamente, ou seja, desde o nascimento, aqueles que seriam salvos ou não. Se uma pessoa enriquecesse por meio do trabalho, isso seria um sinal da salvação.

Na Inglaterra, a Reforma foi resultado da ação do rei Henrique VIII, que fundou a **Igreja Anglicana** em 1534.

A Contrarreforma

Em resposta ao avanço da Reforma, a Igreja católica criou a Companhia de Jesus em 1534, com o objetivo de difundir o catolicismo no mundo, restaurou o Tribunal da Inquisição (criado no século XIII) e realizou o **Concílio de Trento** (1545-1563), que reafirmou os princípios da doutrina católica.

A Idade Moderna

As mudanças pelas quais passou a Europa a partir do século XV configuraram uma nova época e uma nova sociedade. Novos atores sociais, como a burguesia mercantil, começavam a se impor no cenário econômico. O comércio avançava, pondo fim ao isolamento dos feudos. Na península Itálica, o Renascimento artístico e científico abria novos horizontes para o conhecimento. Em diversos países europeus, consolidava-se o Estado nacional por meio de Monarquias centralizadas.

Em Portugal, a dinastia de Avis dava início à expansão marítima europeia com a conquista de Ceuta, no norte da África, em 1415. No fim do século, Colombo chegava à América (1492) e Vasco da Gama abria o Caminho Marítimo para as Índias (1498). Poucos anos depois, no começo do século XVI, a Europa inteira era agitada pela Reforma protestante e por conflitos sociais e religiosos.

Os séculos XV e XVI seriam, portanto, de grandes mudanças. Com o feudalismo em crise e a ascensão do capitalismo mercantil, a Idade Média chegava ao fim. Muitos historiadores deram à nova época que começava o nome de **Idade Moderna** e estabeleceram como seu marco inicial o ano em que os turcos-otomanos tomaram de assalto a cidade de Constantinopla, pondo fim ao milenar Império Bizantino: 1453. Essa data, contudo, é um tanto arbitrária. Além disso, muitos traços, valores e costumes medievais não desapareceram da noite para o dia. Restos do feudalismo, por exemplo, permaneceriam na Europa até o século XIX. Dessa forma, a transição do feudalismo para o capitalismo mercantil, ou da Idade Média para a Idade Moderna, seria marcada por mudanças e permanências. Ainda segundo historiadores preocupados com a periodização da história, a Idade Moderna terminaria com a Revolução Francesa, em 1789, quando teria início a Idade Contemporânea.

Questões

1. **(UFU-MG)** A imagem adiante foi concebida em 1434 pelo artista flamengo Jan Van Eyck (1390-1441). A cena foi encomendada pelo mercador italiano Giovanni Arnolfini, retratado na tela ao lado de sua noiva, Jeanne de Chenany, e testemunhava a união conjugal desse casal.

Jan Van Eyck. *O casal Arnolfini* (1434). Óleo sobre madeira, 82 × 60 cm. Galeria Nacional, Londres. Disponível em: <http://gallery.euroweb.hu/art/e/eyck_van/jan/15arnolf/15arnol.jpg>.

Considerando o contexto social, econômico e artístico em que esse quadro foi pintado, assinale a alternativa INCORRETA.

a) O quadro é indicativo de transformações históricas pelas quais passava a Europa desde a crise do feudalismo. Ele testemunha a emergência de novas classes sociais e de novos sentidos para a arte no contexto da chamada Revolução Comercial, retratando uma cena cotidiana de pessoas comuns (no caso, burgueses).

b) No século XV, a presença de mercadores italianos no norte da Europa era comum. Flandres e a Península Itálica estavam conectadas entre si desde, pelo menos, o século XIII, fazendo parte de uma grande rede de comunicação comercial, marítima e terrestre constituída na Europa.

c) O quadro demonstra que a nascente burguesia europeia, do século XV em diante, passou a gozar de *status* social correspondente ao da nobreza. Isso porque, ao longo dos séculos XV, XVI e XVII, figurar em obras de arte era privilégio exclusivo dos grupos sociais de maior poder e prestígio.

d) A pintura flamenga do século XV dialogou com o Renascimento Italiano. A técnica da pintura a óleo, por exemplo, foi introduzida em Flandres e também na Itália naquela época. Essa técnica permitiu que pintores flamengos, florentinos e venezianos dessem mais realismo e vivacidade às suas obras.

2. **(UFC-CE)** A análise histórica do Renascimento italiano, caso das obras de Leonardo da Vinci e de Brunelleschi, permite identificar uma convergência entre as artes plásticas e as concepções burguesas sobre a natureza e o mundo naquele período. Acerca da relação entre artistas e burgueses, é correto afirmar que ambos:

a) convergiram em ideias, pois valorizavam a pesquisa científica e a invenção tecnológica.

b) retomaram o conceito medieval de antropocentrismo ao valorizar o indivíduo e suas obras pessoais.

c) adotaram os valores da cultura medieval para se contrapor ao avanço político e econômico dos países protestantes.

d) discordaram quanto aos assuntos a serem abordados nas pinturas, pois os burgueses não financiavam obras com temas religiosos.

e) defenderam a adoção de uma postura menos opulenta em acordo com os ideais do capitalismo emergente e das técnicas mais simples das artes.

3. **(Unicamp-SP)**

    "De uma forma inteiramente inédita, os humanistas, entre os séculos XV e XVI, criaram uma nova forma de entender a realidade. Magia e ciência, poesia e filosofia misturavam-se e auxiliavam-se, numa sociedade atravessada por inquietações religiosas e por exigências práticas de todo gênero."

    Adaptado de GARIN, Eugenio. *Ciência e vida civil no Renascimento italiano.* São Paulo: Ed. Unesp, 1994. p. 11.

    Sobre o tema, é correto afirmar que:

    a) o pensamento humanista implicava a total recusa da existência de Deus nas artes e na ciência, o que libertava o homem para conhecer a natureza e a sociedade.

    b) a mistura de conhecimentos das mais diferentes origens – como a magia e a ciência – levou a uma instabilidade imprevisível, que lançou a Europa numa onda de obscurantismo que apenas o Iluminismo pôde reverter.

    c) as transformações artísticas e políticas do Renascimento incluíram a inspiração nos ideais da Antiguidade Clássica na pintura, na arquitetura e na escultura.

    d) as inquietações religiosas vividas principalmente ao longo do século XVI culminaram nas Reformas Calvinista, Luterana, Anglicana e finalmente no movimento da Contrarreforma, que defendeu a fé protestante contra seus inimigos.

4. **(Unesp)**

    "Os centros artísticos, na verdade, poderiam ser definidos como lugares caracterizados pela presença de um número razoável de artistas e de grupos significativos de consumidores, que por motivações variadas – glorificação familiar ou individual, desejo de hegemonia ou ânsia de salvação eterna – estão dispostos a investir em obras de arte uma parte das suas riquezas. Este último ponto implica, evidentemente, que o centro seja um lugar ao qual afluem quantidades consideráveis de recursos eventualmente destinados à produção artística. Além disso, poderá ser dotado de instituições de tutela, formação e promoção de artistas, bem como de distribuição das obras. Por fim, terá um público muito mais vasto que o dos consumidores propriamente ditos: um público não homogêneo, certamente (...)."

    GINZBURG, Carlo. *A micro-história e outros ensaios,* 1991.

    Os "centros artísticos" descritos no texto podem ser identificados:

    a) nos mosteiros medievais, onde se valorizava especialmente a arte sacra.

    b) nas cidades modernas, onde floresceu o Renascimento cultural.

    c) nos centros urbanos romanos, onde predominava a escultura gótica.

    d) nas cidades-estados gregas, onde o estilo dórico era hegemônico.

    e) nos castelos senhoriais, onde prevalecia a arquitetura românica.

5. **(UTFPR)** O Concílio de Trento, reunido de 1545 a 1563, marcou a reação da Igreja Católica, na tentativa de barrar o avanço do protestantismo e resolver os seus graves problemas internos, sendo o movimento denominado de Contrarreforma. Entre as medidas tomadas, aponte a única INCORRETA.

    a) Reafirmação da autoridade papal e manutenção do celibato clerical.

    b) Confirmação dos sete sacramentos e elaboração do catecismo.

    c) Criação de seminários e proibição das indulgências.

    d) Apoio à recente criação da Companhia de Jesus (1534).

    e) Interpretação livre da Bíblia e supressão das imagens de santos.

Sociedades africanas

As Áfricas

A África tem sido muitas vezes descrita como um único bloco, sem que se considere a diversidade geográfica, política, histórica, cultural e étnica dos seus diferentes povos.

O **deserto do Saara**, barreira geográfica natural, divide a África em duas partes, segundo a classificação mais recorrente quando se trata desse continente: a África mediterrânica (ao norte) e a subsaariana (ao sul). O contato entre essas duas regiões foi possível graças ao uso do camelo como animal de transporte, que levava mercadorias através das várias rotas do deserto e, com isso, proporcionou também a troca de conhecimentos.

A região conhecida como **Magrebe**, no nordeste do continente, foi onde o contato com os povos do Mediterrâneo se tornou mais intenso. Já o **Sahel**, na margem sul do deserto, integrava as rotas de comércio entre o sul e o norte do Saara. Mais ao sul, nas florestas e savanas, desenvolveu-se a metalurgia; nas áreas mais úmidas, a agricultura; nas regiões mais secas, a pecuária.

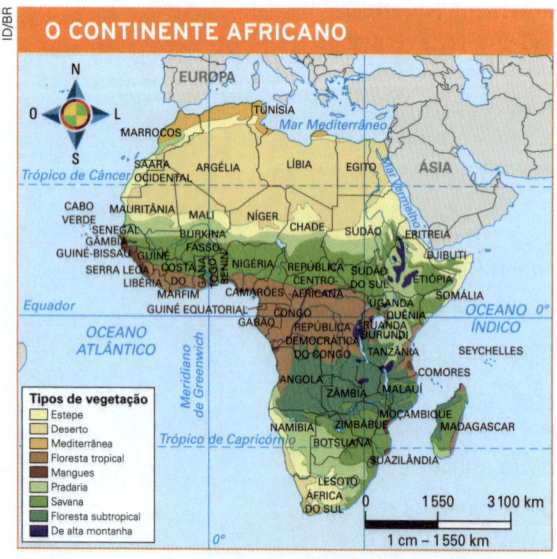

Fonte de pesquisa: COSTA E SILVA, Alberto da. *A enxada e a lança*: a África antes dos portugueses. 3. ed. Rio de Janeiro: Nova Fronteira, 2006. p. 21.

A organização política

Na África subsaariana, entre os séculos V e XVII, desenvolveram-se organizações políticas que iam desde pequenas aldeias (clãs) a grandes reinos e impérios.

Os **clãs**, originários de um ancestral comum, eram governados por um chefe eleito, com funções políticas e militares. O casamento entre mulheres e homens de diferentes clãs permitia o aumento da população, pois essas sociedades africanas eram **matrilineares** e os filhos, incorporados ao clã da mãe.

A aliança entre os clãs formava um **reino** governado por um rei e por um conselho, assessorados por burocratas e soldados. A sucessão ao trono era hereditária; porém, a existência da **poligamia** às vezes acarretava conflitos entre os herdeiros. Nas sociedades matrilineares, o sucessor do rei deveria ser filho de sua irmã.

Algumas sociedades africanas se organizaram em **cidades** independentes, com governantes responsáveis pela administração urbana e dos conflitos, pela distribuição de terras e pela aquisição de escravos.

A natureza da **escravidão** nessas sociedades é alvo de debates entre os estudiosos. Walter Rodney, por exemplo, sustenta a ideia de uma **escravidão de linhagem** ou **doméstica**: a descendência do escravo incorporado a um clã era assimilada por este; portanto, não era praticado o comércio de cativos. Outros autores, da linha de John Thornton, defendem a tese de que, antes do século XV, já havia, na África, comércio de cativos e que os europeus apenas participaram desse processo, intensificando-o.

De toda forma, os escravos das sociedades africanas eram os **prisioneiros de guerra** ou pessoas expulsas da comunidade. Em algumas comunidades havia mobilidade social – ou seja, era possível, para um cativo, tornar-se livre –, enquanto em outras, isso não ocorria.

No entanto, foi a partir do tráfico de escravos moderno, liderado pelos europeus, que a escravidão tomou dimensões nunca antes vistas; cerca de 11 milhões de cativos foram transferidos da África, principalmente para as Américas. Esse processo levou muitos reinos africanos à desestruturação e à decadência, seja por guerras para apresamento de cativos, seja pela diminuição da população.

As sociedades do Sudão Ocidental

Na região oeste do **Sahel**, entre os séculos IV e XV, desenvolveram-se alguns reinos. A população se dedicava à agricultura (arroz e sorgo), ao pastoreio, à caça e à pesca. Organizada em aldeias, tinha a liderança de um chefe, que, entre outras coisas, apaziguava os conflitos pela posse da terra entre pastores e agricultores. O crescimento da atividade comercial na região, a partir das rotas saarianas, tornou-a fornecedora de muitas mercadorias (sal, cobre, perfume, tecidos, ouro, cereais). Por causa dessa prosperidade, surgiram nessa região (conhecida como Sudão Ocidental) grandes e poderosos reinos.

Reino de Gana – Foi a partir das aldeias **soninqués**, entre os rios Níger e Senegal, que se desenvolveu o Reino de Gana, por volta do século V. Sua maior riqueza eram ouro e os tributos de mercadores e Estados a ele subordinados. Seu rei, que tinha o título de *gana* (chefe de guerra), acumulava funções políticas e militares. Por volta do século X, o reino soninqué entrou em crise, devido aos ataques de povos islâmicos. Uma série de embates entre os recém-convertidos ao islamismo e os seguidores das crenças tradicionais enfraqueceu ainda mais o reino, nos séculos XI e XII.

Império do Mali e Songai – Por volta do século XIII, o Reino de Gana foi dominado pelos **sossos**, que expandiram seu domínio para territórios **mandingas** (também no Sudão Ocidental). Os mandingas, convertidos ao islamismo, venceram os sossos sob a liderança do *mansa* (rei) Sundiata Keita e se espalharam por todo o território de Gana e possessões sossas, dando início ao **Império do Mali**. Os mansas do Mali passaram a controlar importantes áreas produtoras de ouro e sal, além dos entrepostos comerciais por onde passavam as caravanas. O islamismo se difundiu, principalmente na cidade de **Tombuctu** e, no século XIV, sob o reinado de Kankan Mussa, o Mali chegou ao auge.

No século XV, o Império do Mali sofreu ataques de grupos do norte, como os tuaregues, e do sul, o que o levou à decadência. Sob a liderança de Soni Ali, os songais, que viviam a leste do Império, conquistaram Tombuctu, expandindo-se depois para outras regiões. O islamismo e as religiões animistas africanas conviveram no então emergente **Império Songai**, que durou até o final do século XVI, quando foi dominado pelos muçulmanos marroquinos.

Reino do Benin – Ao sul do Sudão Ocidental viviam os **edos**, povo da savana e da floresta tropical. Eles praticavam a agricultura e a pesca e foram responsáveis pela formação do Reino do Benin. **Odudua** é o herói lendário que teria enviado seu filho para fundar o reino e tornar-se o **obá**, líder político e religioso. No Benin, a base da economia eram as atividades agrícolas e comerciais.

Cidade de Ilê Ifé – Os povos **iorubás** se organizaram em reinos e cidades, com uma economia baseada na agricultura. A cidade de Ilê Ifé, cujo ancestral também remonta ao mito de Odudua, era governada por um *oni*, título que recebia o soberano com funções político-religiosas. Os povos iorubás destacaram-se como produtores de objetos artísticos, como máscaras e esculturas de bronze e terracota.

Reino do Congo – Mais ao sul do continente, próximo à **bacia do Rio Congo**, formou-se o Reino do Congo. Por volta do século XIV, o movimento migratório do grupo **banto** levou os muchicongos a se instalarem nessa região. O líder desses povos era **Nimi a Lukeni**, o *manicongo* ("senhor do Congo"). Com o tempo, os muchicongos integraram-se aos povos locais e, por meio de casamentos e alianças, o *manicongo* dominou toda a região. No século XVI, o Reino era formado por cerca de 5 milhões de habitantes. Suas terras férteis permitiram o desenvolvimento da agricultura, além da caça e da pesca, beneficiada pela savana e pelos rios.

■ Cultura e artes africanas

Muitas cidades africanas se destacaram por sua riqueza cultural e artística, como é o caso de Tombuctu, no Sudão Ocidental. Além de ser um grande centro comercial (localizava-se no caminho dos mercadores que percorriam as rotas do deserto), Tombuctu contava com construções notáveis, influenciadas pela arquitetura islâmica (o islamismo era a religião predominante). Mas foi como centro do saber que essa cidade se destacou: a Universidade de Sankore chegou a contar com pelo menos 25 mil estudantes.

Nas artes plásticas, **esculturas** de madeira, terracota, marfim e de diferentes metais foram encontradas em diversas regiões, revelando usos e costumes cotidianos e religiosos dessa sociedade.

As **máscaras**, produzidas em marfim, madeira, terracota e bronze, tinham função religiosa; por isso, os artesãos que as produziam tinham de passar por um processo de purificação.

Eles também fabricavam todo tipo de objetos e utensílios para o cotidiano, utilizando os mais diferentes tipos de material; porém, era o **ferreiro**, que trabalhava com o metal de maior prestígio (o ferro), que desfrutava de maior consideração, pois acreditava-se que sua atividade era mágica.

Na **religiosidade africana**, havia as crenças **tradicionais**, de acentuado aspecto sobrenatural, e as três grandes religiões **monoteístas** (islamismo, judaísmo e cristianismo). As tradicionais, embora com diferenças de uma região para outra, têm em sua base princípios que se assemelham, como:

- forte relação entre o mundo material e o espiritual;
- cerimônias em homenagem aos ancestrais;
- sacralidade da terra;
- a ideia de que o ser humano é formado por corpo, espírito e energia vital;
- crença em adivinhos e curandeiros.

É grande a **diversidade linguística** na África: há mais de mil línguas identificadas. Todas elas pertencem a quatro grandes famílias linguísticas: afro-asiática, nilo-saariana, níger-cordofaniana e khoisan. A maioria dos africanos fala mais de um idioma, já que, em cada país, embora exista uma língua oficial, outras tantas são faladas por milhares de pessoas.

A família linguística **níger-cordofaniana** tem mais de trezentos idiomas; são as línguas **banto**. Seus falantes, os bantos, ocupam a região centro-sul do continente. Outro grupo linguístico também ocupa o sul do continente: os povos com idiomas da família khoisan.

Questões

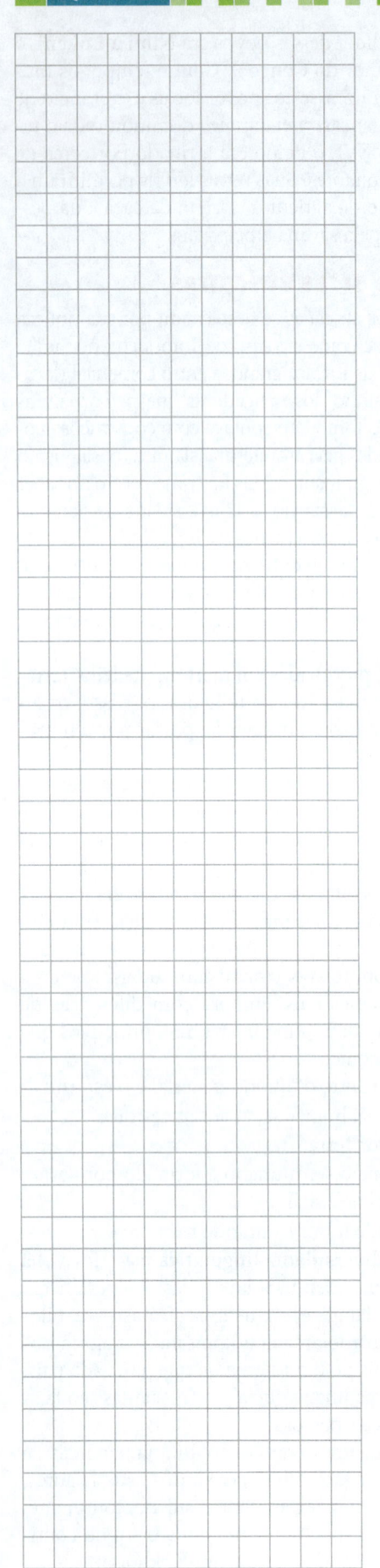

1. (Unicamp-SP)

"A longa presença de povos árabes no norte da África, mesmo antes de Maomé, possibilitou uma interação cultural, um conhecimento das línguas e costumes, o que facilitou posteriormente a expansão do islamismo. Por outro lado, deve-se considerar a superioridade bélica de alguns povos africanos, como os sudaneses, que efetivaram a conversão e a conquista de vários grupos na região da Núbia, promovendo uma expansão do Islã que não se apoia na presença árabe."

Adaptado de ARNAUT, Luiz; LOPES, Ana Mônica. *História da África*: uma introdução. Belo Horizonte: Crisálida, 2005. p. 29-30.

Sobre a presença islâmica na África é correto afirmar que:

a) o princípio religioso do esforço de conversão, a *jihad*, foi marcado pela violência no norte da África e pela aceitação do islamismo em todo o continente africano.

b) os processos de interação cultural entre árabes e africanos, como os propiciados pelas relações comerciais, são anteriores ao surgimento do islamismo.

c) a expansão do islamismo na África ocorreu pela ação dos árabes, suprimindo as crenças religiosas tradicionais do continente.

d) o islamismo é a principal religião dos povos africanos e sua expansão ocorreu durante a corrida imperialista do século XIX.

2. (Unesp)

"Os africanos não escravizavam africanos, nem se reconheciam então como africanos. Eles se viam como membros de uma aldeia, de um conjunto de aldeias, de um reino e de um grupo que falava a mesma língua, tinha os mesmos costumes e adorava os mesmos deuses. (...) Quando um chefe (...) entregava a um navio europeu um grupo de cativos, não estava vendendo africanos nem negros, mas (...) uma gente que, por ser considerada por ele inimiga e bárbara, podia ser escravizada. (...) O comércio transatlântico (...) fazia parte de um processo de integração econômica do Atlântico, que envolvia a produção e a comercialização, em grande escala, de açúcar, algodão, tabaco, café e outros bens tropicais, um processo no qual a Europa entrava com o capital, as Américas com a terra e a África com o trabalho, isto é, com a mão de obra cativa."

COSTA E SILVA, Alberto da. *A África explicada aos meus filhos*, 2008. Adaptado.

Ao caracterizar a escravidão na África e a venda de escravos por africanos para europeus nos séculos XVI a XIX, o texto:

a) reconhece que a escravidão era uma instituição presente em todo o planeta e que a diferenciação entre homens livres e homens escravos era definida pelas características raciais dos indivíduos.

b) critica a interferência europeia nas disputas internas do continente africano e demonstra a rejeição do comércio escravagista pelos líderes dos reinos e aldeias então existentes na África.

c) diferencia a escravidão que havia na África da que existia na Europa ou nas colônias americanas, a partir da constatação da heterogeneidade do continente africano e dos povos que lá viviam.

d) afirma que a presença europeia na África e na América provocou profundas mudanças nas relações entre os povos nativos desses continentes e permitiu maior integração e colaboração interna.

e) considera que os únicos responsáveis pela escravização de africanos foram os próprios africanos, que aproveitaram as disputas tribais para obter ganhos financeiros.

3. **(UFSCar-SP)** A forte e atual presença de usos e costumes dos iorubás na Bahia deve-se:

   a) à sua chegada no último ciclo do tráfico dos escravos na região, no fim do século XVI e início do XVII.

   b) à vitória dos portugueses sobre os holandeses no Golfo da Guiné, de onde vieram para o Brasil numerosos escravos embarcados no forte São Jorge da Mina.

   c) ao controle pelos portugueses da costa do Congo, onde obtinham um grande número de escravos, trocados por barras de ferro.

   d) à presença numerosa desse povo em Angola, onde era realizado o comércio entre a África e a Bahia, envolvendo escravos e o tabaco.

   e) à resistência cultural desses descendentes de escravos oriundos de classe social elevada e de sacerdotes firmemente ligados aos preceitos religiosos africanos.

4. **(PUC-MG)**

   "Os maracatus são desfiles de natureza real, que se repetem no Nordeste do Brasil. Ao ritmo dos tambores, marcham o rei e a rainha sob enormes guarda-sóis, como na África, no meio de seus súditos. À frente dos soberanos, dança uma jovem que traz na mão uma boneca. Essa boneca chama-se calunga – e é um símbolo de poder, o lunga ou calunga, entre os pendes e outros povos de Angola. Até recentemente – ignoro se isto continua a dar-se –, antes da saída do Maracatu, cada figurante ia até a boneca, tocava-a e fazia um gesto de veneração. Está aí o sinal de que o desfile, sob disfarce da festa, devia encobrir antigamente uma outra realidade, não só religiosa, mas também política, o que nos faz suspeitar de que o rei do Maracatu, no passado, era um rei africano, a mostrar-se aos seus súditos no exílio e a chefiar, sem que os senhores disso suspeitassem, uma rede de ajuda mútua, uma comunidade que podia estar dispersa entre várias propriedades rurais e vários bairros urbanos, mas procurava, a seu modo e como lhe era permitido, preservar e continuar a África no Brasil."

   Costa e Silva, Alberto da. *Um rio chamado Atlântico*. p.162.

   Assinale a opção que registra CORRETAMENTE a ideia contida no trecho.

   a) Havia reis e chefes entre os africanos que vieram para o Brasil e aqui perdiam seu referencial de poder.

   b) Embora escravos, os reis africanos continuaram, no Brasil, a receber respeito e homenagens de seus súditos.

   c) A festa do Maracatu, que se repete no Nordeste, é um símbolo latente da forma católica angolana no Brasil.

   d) O Maracatu dá a oportunidade aos africanos e descendentes de, na fantasia, tornarem-se os dominadores.

5. **(UFPB)** O tráfico de pessoas, a partir do século XVI, provocou alterações significativas na estrutura social, nos territórios, na política e na demografia de vários reinos africanos. De acordo com o processo descrito, é correto afirmar:

   a) O tráfico europeu de pessoas preferiu a exportação de mulheres, abastecendo o trabalho escravo em suas colônias.

   b) A racionalidade do tráfico de pessoas impediu a morte e a fuga de escravos durante a captura e o transporte.

   c) Os lucros obtidos com o tráfico de pessoas permitiram o alto desenvolvimento das economias de vários reinos africanos.

   d) O tráfico de pessoas alterou o perfil populacional africano, tornando-o majoritariamente feminino em várias regiões.

   e) A economia escravista promoveu a estabilidade política dos reinos africanos instalados no litoral atlântico.

China e Índia

China: das origens ao Império Qin

Por volta de 5000 a.C., grupos humanos começaram a se fixar no vale de alguns rios da região hoje conhecida como China. Formaram-se pequenas aldeias que viviam da agricultura e da criação de animais. Com o crescimento da população, essas aldeias se transformaram em cidades fortificadas. Essas cidades se agruparam e formaram pequenos reinos.

Em 2200 a.C., o clã Xia impôs seu domínio sobre os outros clãs e unificou os reinos, fundando a primeira dinastia chinesa, a **dinastia Xia**. Por volta de 1750 a.C., o clã Shang expulsou os Xia do poder e fundou a **dinastia Shang**. Nessa época, foram criados o calendário de 365 dias e os ideogramas que dariam origem à escrita chinesa.

Desde então, diversas dinastias se sucederam na China. Por volta de 475 a.C., o território chinês foi fragmentado e formaram-se sete reinos independentes que entraram em conflito. Foi a **Era dos Reinos Combatentes**.

Em 221 a.C., um desses reinos, Qin, dominou os outros e constituiu o **Império Qin**. O líder desse Império, Ying Zheng, deu início à construção da **Grande Muralha da China**. Após sua morte, o Império entrou em crise e uma revolta camponesa colocou no poder a **dinastia Han**.

Em 1974 foi descoberto o túmulo do imperador Shi Huang Di, da dinastia Qin, guardado por um exército de cerca de 7 mil guerreiros de terracota.

Da dinastia Han à dinastia Ming

Os quatro séculos da dinastia Han foram de grande prosperidade para a China. O comércio se expandiu para o Ocidente (**Rota da Seda**); foram construídas grandes obras públicas (estradas, canais de navegação, etc.); verificaram-se avanços tecnológicos, como a invenção do **papel** e do **sismógrafo**; foram difundidos os ensinamentos do filósofo **Confúcio** e de sua filosofia, o **confucionismo**; na medicina, começou a ser aplicada a técnica da acupuntura e da anestesia.

Entretanto, a dinastia Han também entrou em crise. Sucederam-se a ela outras dinastias, até que em 618 teve início a **dinastia Tang**. No decorrer desse período, os **mandarins** (funcionários letrados) ganharam poder, em oposição aos **eunucos** (guardiões das mulheres do imperador). Invenções como os **tipos móveis de impressão** e o **papel-moeda** marcaram essa época.

Em 907, a dinastia Tang foi substituída no poder pela **Dinastia Song**. Novos avanços se verificaram, entre os quais a invenção da **pólvora** e da **bússola**. Entretanto, em 1279, um povo vindo do norte, os **mongóis**, invadiu a China, onde seu governante, Kublai Khan, fundou a **dinastia Yuan**.

Em 1368, os chineses expulsaram os mongóis de seu território e o Império passou a ser governado pela **dinastia Ming**.

As Grandes Navegações chinesas

Toda a tecnologia naval desenvolvida pelos chineses possibilitou a organização de sete expedições marítimas, entre 1405 e 1433, período da dinastia Ming. Zheng He, um eunuco de confiança do imperador, foi o almirante da primeira esquadra, formada por 317 navios, entre os quais sessenta e dois grandiosos navios-tesouro. O objetivo dessas viagens não era colonizar nem comercializar, e sim estabelecer **relações diplomáticas** com os reinos da costa do Índico, conhecer sua cultura, ciência e geografia.

Com a morte do imperador Yung-Lo (1424) e do almirante Zheng He (1433), a oposição às navegações ganhou espaço, principalmente por parte dos letrados (mandarins), que, contrários às expedições marítimas, se tornaram poderosos e impuseram o isolamento do império chinês. Em 1567, naus portuguesas e espanholas chegaram à costa da China em busca de seda e porcelana; com isso, as expedições marítimas passaram a ser definitivamente proibidas (mantendo-se apenas os portos de Cantão e Macau). O imperador da dinastia Ming foi derrubado em 1644 pelos **manchus**, que, assim como os mongóis, mantiveram muitas das características culturais e políticas chinesas.

As origens da Índia

Uma das primeiras civilizações a florescer no vale do rio Indo, no subcontinente indiano, foi a sociedade **harapense** (ou **dravidiana**), conhecida por suas cidades **Harappa** e **Mohenjo-Daro**, erguidas por volta de 3000 a.C. Ambas contavam com avenidas, água encanada e rede de esgotos, além de intenso comércio. Essa civilização entrou em colapso por volta de 1500 a.C., quando grupos provenientes da Ásia central, os **árias** (ou **arianos**), conquistaram a região.

Os arianos seguiam uma orientação religiosa com muitos deuses (**politeísmo**), baseada em textos conhecidos como **Vedas**. A sociedade **védica** estava dividida em castas: no topo, os **brâmanes** (sacerdotes); a seguir, os **xátrias** (administradores e guerreiros), os **vaixás** (comerciantes e camponeses) e os **sudras** (trabalhadores). Abaixo de todos estavam os **párias**, que não pertenciam a nenhuma casta e eram chamados de "intocáveis".

Na esfera da religião, alguns aspectos das crenças dos harapenses fundiram-se às crenças védicas, dando origem ao **hinduísmo**.

Reinos e impérios

Entre os séculos VI e IV a.C, o território indiano foi conquistado sucessivamente pelos persas e pelos macedônios de Alexandre, o Grande. Em 321 a.C., um dos povos indianos, liderado por Chandragupta Mauria, expulsou os macedônios e fundou o **Império Mauria**, que ocupava quase todo o subcontinente indiano. Cem anos depois, esse império se fragmentou em vários reinos.

Em 320 d.C., a região norte da Índia foi novamente unificada, sob o **Império Gupta**. Entretanto, por volta de 998, a Índia começou a ser ocupada pelos muçulmanos, que fundaram vários sultanatos (reinos governados por sultões), entre os quais o **sultanato de Délhi**.

A ocupação da Índia pelos muçulmanos dinamizou o comércio e os contatos entre Oriente e Ocidente. As cidades se urbanizaram, com a construção de mesquitas (templos) e monumentos. Em 1526, o príncipe Babur derrotou o sultão de Délhi e fundou o **Império Mogul**. O **Taj Mahal** é a obra mais expressiva da arquitetura mogul.

Religiões

O hinduísmo é, ainda hoje, a religião majoritária da Índia. Cultua vários deuses. Três deles formam a **Trimurdi** (Trindade): Brahma (o Criador), Vishnu (o Conservador) e Shiva (o Destruidor).

Por volta de 566 a.C., um príncipe indiano, **Sidarta Gautama**, renunciou à riqueza para buscar a iluminação por meio da meditação. Ao alcançá-la, após vários anos, ele se tornou *Buda* (o Iluminado). Sua doutrina, o **budismo**, espalhou-se pelo Oriente. Buda se opunha ao sistema de castas e afirmava que, para superar o sofrimento é preciso alcançar a purificação espiritual.

Outra religião importante no continente indiano é o **islamismo**, cuja história foi abordada nas páginas 19 e 20 deste livro.

Ruínas de Mohenjo-Daro. Fotografia de 2007.

Questões

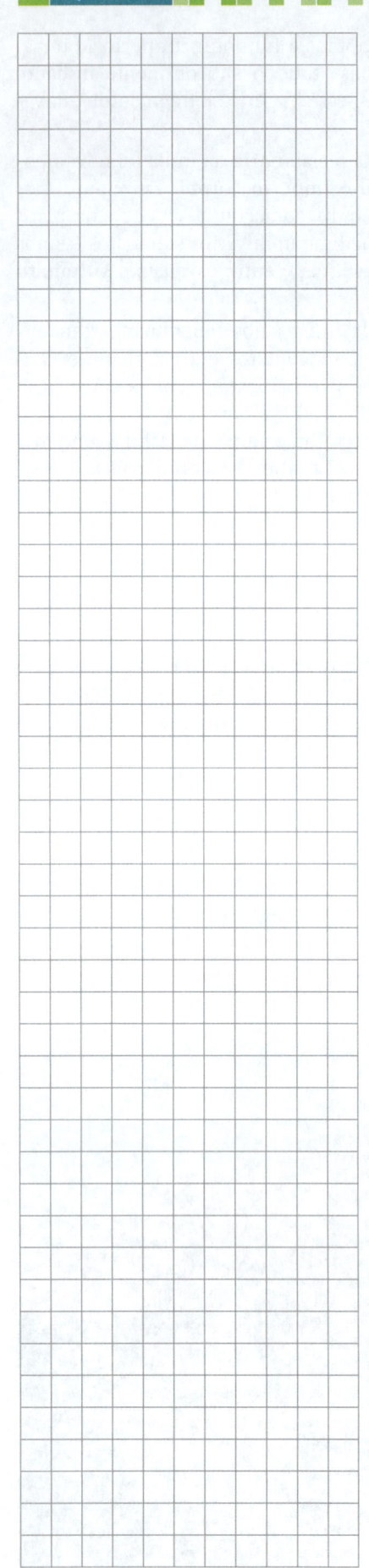

1. (Ufal) Considere o desenho.

Wang Tao. *Explorando a China*. São Paulo: Ática, 1996. p. 25.

O desenho mostra dois soldados chineses usando flechas incendiárias. No século X, os chineses descobriram que, aplicando pólvora às flechas, podiam criar uma nova arma explosiva visando destruir seus inimigos. No entanto, mesmo com essas armas os chineses não conseguiram impedir, três séculos depois, que os:

a) hunos dominassem completamente seu território e lhes impusessem o confucionismo.

b) europeus invadissem as regiões produtoras de seda e monopolizassem o comércio desse produto.

c) japoneses invadissem as regiões agrícolas do Vale do Rio Amarelo, visando à exploração do arroz.

d) persas e os tártaros exercessem o domínio sobre seu território e controlassem as rotas da seda.

e) mongóis impusessem a dominação sobre seu território, aproveitando os conflitos internos entre chineses.

2. Sobre as características da cultura harappiana na civilização da Índia Antiga, assinale a alternativa correta:

a) Grandes templos religiosos e santuários pré-hindus são características marcantes da arquitetura harappiana.

b) Indícios arqueológicos revelam uma cultura marcada pela vida urbana e social, um comércio terrestre e marítimo que alcançava longas distâncias, havendo contato desses povos com outros comerciantes da China e da Mesopotâmia.

c) A civilização harappiana era muito guerreira e conquistou grandes porções do território dos atuais Mongólia e Paquistão.

d) Pesquisas arqueológicas caracterizam os povos harappianos como nômades e sedentários que viviam nas planícies do vale do Indu; foram conquistados e exterminados pelos invasores védicos.

e) Os harappianos se inspiraram e foram influenciados pela cultura védica dos antigos povos arianos que haviam habitado a planície do rio Ganges e desaparecido milhares de anos antes.

3. Sobre o domínio islâmico na Índia Antiga, assinale a alternativa INCORRETA.

a) As primeiras invasões dos muçulmanos no território indiano se deram ainda no século VIII.

b) A fundação e a consolidação dos sultanatos de Dehli e Bahmani contribuíram para uma efetiva disseminação da cultura islâmica na região da Índia.

c) Um aumento do comércio e das trocas comerciais e um grande processo de urbanização são características da época dos sultanatos.

d) A tolerância religiosa e cultural foi marcante durante todo o domínio islâmico na Índia, já que os muçulmanos e os hindus praticavam religiões muito semelhantes.
e) O império Mogol estendeu-se por todo o centro-norte da Índia. O reinado de Akbar (1556-1605) foi considerado um momento de grande esplendor e de estabilidade política e econômica.

4. Considere as alternativas abaixo sobre o budismo:

I. Sidarta Gautama, o Buda, é uma figura lendária dos livros védicos, responsável por desviar os seres humanos do caminho de Brahma.

II. Segundo o budismo, o apego exagerado a si mesmo é a origem do sofrimento que atinge os seres humanos. Esse entendimento está contido na doutrina das Quatro Nobres Verdades.

III. As doutrinas budistas encontraram a resistência de muitos sacerdotes brâmanes, que, em alguns momentos, chegaram a perseguir os budistas na Índia.

Estão corretas as afirmações expressas nos números:

a) I e II.
b) II e III.
c) I apenas.
d) III apenas.
e) I, II e III.

5. (UFG-GO) Analise as imagens a seguir.

Disponível em: <www.arquidiocesedegoiania.org.br>. Acesso em: nov. 2009.

Disponível em: <www.caminhosalternativos.files.wordpress.com/2008/12/novaimagemjpg>. Acesso em: out. 2009.

Das comunidades primitivas às contemporâneas, as crenças mágico-religiosas são fenômenos recorrentes, que integram o universo cultural e simbólico das comunidades. Considerando esse pressuposto:

a) identifique a matriz religiosa que deu origem a uma das crenças (cristianismo e hinduísmo) representadas nas imagens.
b) explique a relação entre crença religiosa e vida cotidiana, concretizada por meio de símbolos, tais como os exemplificados nas imagens.

A expansão marítima europeia

O mercantilismo

Depois das crises do século XIV, a Europa conheceu no século XV um período de maior estabilidade, no qual de consolidaram os **Estados Nacionais** (ou **Monarquias Nacionais**). As atividades econômicas – comércio e manufatura, sobretudo – orientavam-se pelos **princípios mercantilistas**, apoiados pela burguesia mercantil e sob controle do Estado. As principais características do **Mercantilismo** foram:

- **acumulação** de ouro e prata (**metalismo**) como medida de riqueza de um país;
- **balança comercial favorável**: as exportações deveriam ser maiores do que as importações;
- **protecionismo**, com a criação de impostos sobre os produtos estrangeiros;
- **monopólios comerciais** e exclusividade da metrópole no comércio com as colônias.

Portugal toma a dianteira

Em 1453, Constantinopla foi conquistada pelos turcos-otomanos. Esse fato estrangulou o comércio no Mediterrâneo, controlado pelas cidades de Gênova e Veneza, na península Itálica. A procura por produtos do Oriente, porém, não diminuiu. Assim, as potências europeias começaram a buscar rotas marítimas alternativas.

Portugal, já consolidado como Estado Nacional desde a **Revolução de Avis** no século XIV, tinha nos grupos mercantis o principal apoio à Monarquia. Por isso, o Estado português passou a estimular as atividades comerciais marítimas, o que também era do interesse da Igreja, que via na expansão marítima um caminho para difundir a fé católica.

Também contribuíram para a expansão marítima portuguesa algumas inovações tecnológicas, como o astrolábio, a bússola, o quadrante e a balestilha. Além disso, desenvolveram-se estudos de cartas náuticas e foi inventada a **caravela**.

Mesmo antes da queda do Império Bizantino, o Estado e a burguesia portuguesa se lançaram à exploração da África. Em 1415, conquistaram **Ceuta**, no norte africano. Seguiram-se outros avanços pela costa oeste do continente. Esse processo tem sido chamado de **périplo africano**. No litoral atlântico da África, os portugueses comercializavam sobretudo ouro e pessoas escravizadas.

Em 1498, finalmente, o almirante português **Vasco da Gama** chegou a Calicute, na Índia, depois de contornar o continente africano. Estava aberto o **Caminho Marítimo para as Índias**.

Colombo chega à América

Ao contrário dos portugueses, o governo espanhol adotou o caminho proposto pelo genovês **Cristóvão Colombo**. Certo de que a Terra era redonda, Colombo dizia que, para chegar ao Oriente, bastava navegar para o Ocidente. Em 1492, ele partiu da Espanha com três caravelas e chegou à América em outubro daquele ano. Acreditando ter aportado nas Índias, chamou seus habitantes de **índios**. Foi só por volta de 1501 que o navegador Américo Vespúcio anunciou que essas terras constituíam um continente desconhecido dos europeus. Em sua homenagem, esse continente passou a se chamar América.

ETAPAS DA EXPANSÃO PORTUGUESA NO SÉCULO XV

- 1ª etapa: tomada de Ceuta (1415) e travessia do cabo Bojador (1434)
- 2ª etapa: navegação do cabo Bojador a Cabo Verde (1434-1444)
- 3ª etapa: transposição da costa da Serra Leoa até o Congo (1444-1486)
- 4ª etapa: transposição do cabo da Boa Esperança, por Bartolomeu Dias (1488). Chegada de Vasco da Gama a Calicute (1498)

Fonte de pesquisa: Serra, Irene Seco et al. *Atlas histórico*. Madrid: Ediciones SM, 2005. p. 68.

Após o retorno de Vasco da Gama a Portugal, uma nova expedição foi enviada às Índias. Chefiada por Pedro Álvares Cabral, ela se desviou do caminho e, em 22 de abril de 1500, chegou às terras hoje conhecidas como Brasil.

A divisão do mundo

As expedições marítimas de Portugal e da Espanha provocaram disputas entre os dois países. Para resolver os conflitos, em 1494 foi assinado o **Tratado de Tordesilhas**, pelo qual as terras encontradas a leste do meridiano de Tordesilhas pertenceriam a Portugal; as que ficassem a oeste seriam da Espanha.

Questões

1. **(UFF-RJ)** Considerando o processo de expansão da Europa moderna a partir dos séculos XV e XVI, pode-se afirmar que Portugal e Espanha tiveram um papel predominante. Esse papel, entretanto, dependeu, em larga medida, de uma rede composta por interesses:
   a) políticos, inerentes à continuidade dos interesses feudais em Portugal; intelectuais, associados ao desenvolvimento da imprensa, do hermetismo e da Astrologia no mundo ibérico; econômicos, vinculados aos interesses italianos na Espanha, nos quais a presença de Colombo é um exemplo; e sociais, vinculados ao poder do clero na Espanha.
   b) políticos, vinculados ao processo de fragmentação política das monarquias absolutas ibéricas; sociais, associados ao desenvolvimento de novos setores sociais, como a nobreza; coloniais, decorrentes da política da Igreja católica, que via os habitantes do Novo Mundo como o homem primitivo criado por Deus; e econômicos, presos aos interesses mouros na Espanha.
   c) políticos, vinculados às práticas racistas que envolviam a atuação dos comerciantes ibéricos no Oriente; científicos, que viam na expansão a negação das teorias heliocêntricas; econômicos, ligados ao processo de aumento do tráfico de negros para a Europa através de alianças com os Países Baixos; e religiosos, marcados pela ação ampliada da Inquisição.
   d) políticos, associados ao modelo republicano desenvolvido no Renascimento italiano; religiosos, decorrentes da vitória católica nos processos da Reconquista ibérica; econômicos, ligados ao movimento geral de desenvolvimento do mercantilismo; e sociais, inerentes à vitória do campo sobre a cidade no mundo ibérico.
   e) políticos, vinculados ao fortalecimento da centralização dos estados ibéricos; econômicos, provenientes do avanço das atividades comerciais; religiosos, relacionados com a importância do Papado na Península Ibérica; e intelectuais, decorrentes dos avanços científicos da Renascença e que viram na expansão a realidade de suas teorias sobre Geografia e Astronomia.

2. **(Unesp)** A propósito da expansão marítimo-comercial europeia dos séculos XV e XVI pode-se afirmar que:
   a) a Igreja Católica foi contrária à expansão e não participou da colonização das novas terras.
   b) os altos custos das navegações empobreceram a burguesia mercantil dos países ibéricos.
   c) a centralização política fortaleceu-se com o descobrimento das novas terras.
   d) os europeus pretendiam absorver os princípios religiosos dos povos americanos.
   e) os descobrimentos intensificaram o comércio de especiarias no mar Mediterrâneo.

3. **(EsPCEx-SP)**

   "Um conjunto de forças e motivos econômicos, políticos e culturais impulsionou a expansão comercial e marítima europeia a partir do século XV, o que resultou, entre outras coisas, no domínio da África, da Ásia e da América."

   Extraído de: Silva, 1996.

   O fato que marcou o início da expansão marítima portuguesa foi o(a):
   a) contorno do Cabo da Boa Esperança em 1488.
   b) conquista de Ceuta em 1415.
   c) chegada em Calicute, Índia, em 1498.
   d) ascensão ao trono português de uma nova dinastia, a de Avis, em 1385.
   e) descobrimento do Brasil em 1500.

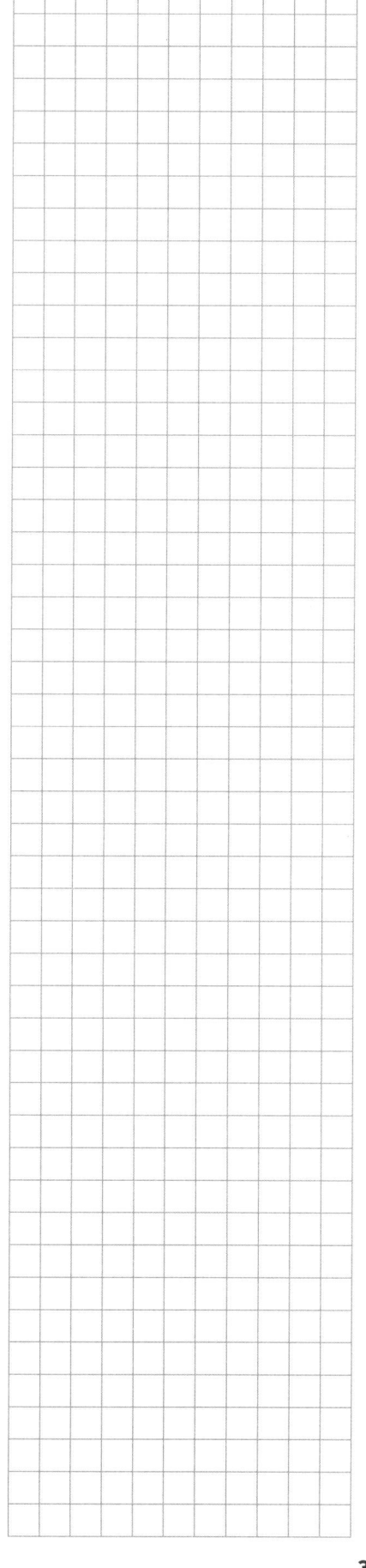

A América antes dos europeus

Maias e astecas

Uma das primeiras civilizações da América Central foi a **Olmeca**, que floresceu entre 1200 e 400 a.C. Sua influência marcaria as civilizações **mesoamericanas** posteriores. Uma delas, a dos **maias**, ocupou o sul do golfo do México entre os séculos III e XII.

A sociedade maia estava organizada em cidades-Estado. Cada uma tinha seu soberano, que governava com o apoio dos sacerdotes, dos militares e de um conselho formado por pessoas da elite. Abaixo deles estavam os agricultores. O comércio também era uma atividade importante. Os maias construíram pirâmides e observatórios astronômicos. Tinham um calendário solar de 365 dias.

Por volta do século XIII, os **astecas** ou **mexicas** se fixaram no México central, que séculos antes havia sido palco do Império Tolteca. Ali, eles fundaram a cidade de **Tenochtitlán**. Os povos vizinhos foram dominados e obrigados a pagar tributos.

Ao contrário da sociedade maia, a asteca estava unificada sob a chefia de um soberano que governava com o apoio de sacerdotes, funcionários estatais e militares. Havia comerciantes e artesãos. Na base estavam os camponeses e, abaixo deles, os escravos (prisioneiros de guerra, endividados e criminosos).

Os astecas desenvolveram conhecimentos de matemática e astronomia (tinham um calendário solar). Tinham uma escrita e também uma engenharia avançada, com grandes templos e pirâmides.

Os incas

Os incas, oriundos da região do lago Titicaca, ocuparam o vale de Cusco, no Peru, por volta do século XII. Com o tempo, expandiram seu domínio sobre outros povos (mochicas, chimus), formando um império com cerca de 15 milhões de habitantes.

Cusco (do quíchua, "umbigo") era a cidade sagrada e o centro do Império Inca, cujo soberano era considerado filho do deus Sol. Ele governava com o auxílio de altos funcionários, sacerdotes e nobreza.

A base da economia era a agricultura, com mais de setecentas espécies de cultivo. Criavam lhamas e alpacas, utilizadas no transporte, na alimentação e na produção de lã.

Os incas se destacaram na engenharia e na arquitetura, construindo estradas, pontes, fortalezas, templos e terraços nas montanhas para a produção agrícola. Seus principais deuses eram Inti (Sol), Quilla (Lua) e Viracocha (criador do Universo).

Povos indígenas do Brasil

O território a que chegou Pedro Álvares Cabral em abril de 1500 era chamado pelos nativos de **Pindorama**, *Terra das Palmeiras*. Durante os primeiros tempos, os portugueses mantiveram contato com os povos **Tupi**. Mas havia outros, espalhados pelo interior do território, cuja classificação se baseia hoje em **famílias linguísticas**. São elas: **tupi-guarani**, **jê**, **caribe** e **aruaque**.

Os **Tupi** habitavam a faixa litorânea. Os **Guarani**, o interior do sul-sudoeste do território atual do Brasil. Ambos eram povos guerreiros e agricultores. Entre os Tupi, a guerra era justificada como vingança contra a morte em combate de antepassados. Os inimigos capturados eram devorados em rituais **antropofágicos**.

As **aldeias**, formadas por conjuntos de cabanas de sapé, eram lideradas por um cacique e um conselho de chefes de cada grupo familiar. Os homens cuidavam da guerra, da caça, da pesca e preparavam a terra para o plantio por meio da **coivara**, ou queimada. As mulheres, do plantio, da fabricação de cerâmica e cestaria, da educação das crianças, etc.

Aspectos da cultura indígena

A diversidade linguística e cultural dos povos indígenas é grande, mas há entre eles algumas semelhanças quanto à visão de mundo e à religiosidade. Os Tupi acreditavam na existência de espíritos maléficos, como **Abaçaí**, e benéficos, como **Anhangá** (protetor da floresta). **Tupã** era o deus do raio e do trovão; a partir do século XVI, por influência europeia, tornou-se uma divindade mais benevolente, semelhante ao Deus cristão. Os **pajés** tinham o poder da cura e da advinhação.

Além disso, os Tupi-Guarani acreditavam numa **Terra Sem Mal**, uma espécie de paraíso terrestre; essa crença motivou muitas migrações desses povos.

De um modo geral, todos os indígenas, e não só os Tupi, usavam adornos muito elaborados, como brincos, tiaras, cocares, braceletes e peitorais, feitos com penas de pássaros. Alguns povos usavam também bodoques, discos de madeira ou de jadeíta nos lábios inferiores. As **pinturas corporais** eram outra característica dessas populações.

A **música indígena** tinha como principais instrumentos os chocalhos, guizos, flautas e trombetas. O arco e a flecha eram as armas mais importantes, mas também eram usados lanças e tacapes.

Questões

1. (FGV-SP)

"(...) a religião desempenhava papel central nas relações entre o Estado e a sociedade. A guerra era sagrada, pois através dela se obtinham escravos para o sacrifício humano, elemento central na ligação entre a comunidade e o Estado.

(...) reinavam sobre um império aberto a dois oceanos.

(...) Em 1519 (...), com cerca de 5 milhões de habitantes, era a maior concentração urbana do mundo".

CAMPOS, Flavio de; MIRANDA, Renan Garcia. *Oficina de História* - História integrada.

O texto apresenta características dos:
a) tupis.
b) incas.
c) maias.
d) mexicas.
e) araucanos.

2. (UFSM-RS) Analise as afirmações sobre as sociedades americanas:

I. Os povos americanos, durante milhares de anos antes da chegada dos europeus, ocuparam a grande variedade dos ecossistemas do continente, desenvolvendo uma multiplicidade de culturas com as especificidades próprias da sua adaptação ao meio ambiente.

II. Astecas e Incas, na medida em que aproveitaram e aprimoraram o legado das inúmeras culturas que os precederam nos ecossistemas da Mesoamérica e América Andina, puderam desenvolver civilizações sofisticadas com alto índice de urbanização.

III. A exploração exaustiva dos recursos naturais, como a devastação das florestas para a extração da madeira usada na construção e ampliação dos templos religiosos, provocou significativas mudanças ambientais que contribuíram para acelerar o declínio da civilização Maia.

IV. É possível encontrar, na história da América portuguesa, registros da ocorrência de alianças entre índios e negros que resistiram à escravidão e construíram alternativas à sociedade e à economia coloniais, como os quilombos, núcleos com ampla adaptação a regiões isoladas e mais seguras no interior, dotados de uma produção mais diversificada e uma sociedade mais horizontal que a da casa-grande e da senzala.

Estão corretas:
a) apenas I e II.
b) apenas I e III.
c) apenas II e IV.
d) apenas III e IV.
e) I, II, III e IV.

3. (UEL-PR) Os astecas sacrificavam prisioneiros de guerra para alimentar seus deuses. O capturado tinha seu coração arrancado, era decapitado e tinha seu sangue bebido pelo captor que, depois, levava o corpo para casa, esfolava-o, comia-o com milho e vestia sua pele.

É correto afirmar que estes rituais no mundo dos astecas eram de ordem simbólica, uma vez que:

a) os vencidos deveriam pagar um tributo de sangue aos astecas, que viam a si próprios como deuses.
b) os sacerdotes astecas exigiam ofertas de sangue para que não faltasse alimento em seus templos.
c) um grande número de sacrifícios representava um reforço do abastecimento alimentar, evitando a carestia.
d) o captor do prisioneiro se vingava do inimigo, comendo suas carnes e vestindo sua pele.
e) os deuses exigiam ofertas do bem mais precioso que os homens possuíam, a vida, para que o mundo fosse preservado.

A América espanhola

A conquista do México

Em 1492, como vimos, Cristóvão Colombo, a serviço da Espanha, desembarcou na América, mais exatamente na ilha de Guanaani, no mar do Caribe. Pouco depois, iniciou a colonização de outra ilha, **Hispaniola**, onde hoje estão o Haiti e a República Dominicana. A população nativa foi dizimada. Em pouco tempo, o ouro da ilha se esgotou.

Teve início então a colonização do continente. Em 1519, uma expedição chefiada por **Hernán Cortés** chegou à região do México. Os astecas, liderados por Montezuma, receberam os espanhóis amigavelmente, mas essa relação logo mudou. Munido de armas de fogo e ajudado por intérpretes (a indígena Malinche e o náufrago Jerônimo de Aguilar), Cortés aliou-se a povos inimigos dos astecas e cercou a cidade de Tenochtitlán. Os astecas reagiram, mas uma epidemia de **varíola** (doença trazida pelos espanhóis) dizimou a população da cidade. Em agosto de 1521, a conquista espanhola da sociedade asteca estava consumada.

A conquista de Tenochtitlán, pintura do século XVII, retrata o cerco à capital asteca comandado por Hermán Cortés durante a conquista do México. Artista anônimo.

A queda do Império Inca

Em 1532, sob o comando de Francisco Pizarro, uma expedição espanhola desembarcou no território do Império Inca. Eram 168 homens apenas, mas dispunham de cavalos e armas de fogo (ambos desconhecidos dos indígenas). Ao chegar à cidade de Cajamarca, Pizarro encontrou-se com o imperador Atahualpa, à frente de um exército de 80 mil homens. Apesar da desproporção numérica, Pizarro capturou Atahualpa e exigiu como resgate ouro suficiente para encher um quarto de seis metros de comprimento por cinco de largura. Os incas pagaram o exigido, mas Pizarro faltou à palavra e matou Atahualpa. Em 1535, todo o Império Inca estava sob domínio espanhol.

A colonização espanhola

A principal motivação da colonização espanhola na América foi a procura de ouro e prata. Ouro de aluvião foi encontrado na ilha de Hispaniola, mas logo se esgotou. No continente, a exploração dos metais preciosos assumiu proporções gigantescas. Para isso havia os *adelantados*, colonos autorizados pelo governo espanhol a escravizar indígenas para o trabalho nas minas.

Os *adelantados* recebiam grandes extensões de terras e se comprometiam a catequizar e proteger os indígenas que viviam nessas terras. Estes, em troca, deveriam pagar-lhes tributos na forma de produtos ou de serviços prestados. Esse sistema era conhecido como *encomienda*.

Na Espanha, a administração das questões coloniais era exercida pela **Casa de Contratação** e pelo **Conselho das Índias**.

Em 1524, o governo espanhol extinguiu a encomienda e a substituiu pelo *repartimiento*. Essa nova forma de exploração consistia na utilização temporária de nativos, que no final das atividades recebiam uma remuneração simbólica.

Em 1545, a descoberta de prata em Potosí (na Bolívia atual) e Zacateca (no México) proporcionou novas riquezas à metrópole espanhola.

A partir do século XVII, as atividades mineradoras entraram em declínio. A economia das colônias passou então a apoiar-se, em parte, nas **haciendas** – latifúndios monocultores de produtos tropicais. Em algumas regiões, como as Antilhas, as *haciendas* produziam açúcar para exportação com base no trabalho de africanos escravizados, sistema conhecido como *plantation*.

A sociedade colonial

Para administrar suas colônias na América, o governo espanhol organizou as áreas centrais em **Vice-Reinos** e as periféricas em **Capitanias Gerais**. Formaram-se assim os Vice-Reinos de **Nova Espanha** (México atual) **Peru**, **Nova Granada** (Colômbia atual) e **do Rio da Prata** (atuais Argentina, Paraguai e Uruguai). As Capitanias Gerais foram estabelecidas em regiões hoje conhecidas como Cuba, Venezuela, Chile e Flórida.

Os funcionários da administração, conhecidos como *chapetones*, eram enviados diretamente da Espanha. Câmaras municipais, chamadas de *cabildos*, cuidavam da administração local. Eram ocupadas por *criollos*, grandes proprietários descendentes de espanhóis, mas nascidos na América.

Em fins do século XVII, no topo da **pirâmide social** da América espanhola estavam os *chapetones*. Logo abaixo, ficavam os *criollos*, com poderes limitados à administração dos *cabildos*. Homens livres pobres e mestiços formavam um grupo social abaixo dos *criollos*. Em seguida, vinham os indígenas e, na base da pirâmide, os escravizados de origem africana.

A cultura nos primeiros tempos

Dois conceitos têm sido aplicados às transformações culturais decorrentes do processo de conquista e colonização da América: **aculturação** e **hibridização**. O primeiro designa a substituição da cultura indígena pela europeia; o segundo se refere à formação de uma nova cultura com base na fusão de aspectos da cultura indígena e da cultura europeia. A aculturação sugere o desenraizamento cultural do indígena. Por isso, tem sido mais aceito o conceito de hibridização, que não reduz o indígena a mero espectador passivo da conquista europeia.

Muitas cidades na América espanhola foram construídas sobre as ruínas de antigos centros urbanos indígenas, como demonstração ostensiva de poder. Cercadas de muralhas, elas concentravam na grande praça central as instituições do governo, a igreja matriz e as residências dos funcionários mais graduados. A arquitetura seguia padrões europeus, embora muitas vezes estes tivessem que ser adaptados aos materiais locais e às técnicas da mão de obra indígena e africana. As universidades foram algumas das instituições estabelecidas pelos espanhóis. Construídos a partir do século XVI, esses centros de ensino eram controlados pela Igreja e ali eram ministrados cursos de Teologia, Medicina e Leis.

O papel da Igreja católica

A colonização da América espanhola esteve associada à **expansão da fé católica**. O processo de Reconquista na península Ibérica, que resultou na formação da Espanha e de Portugal, imprimiu à colonização espanhola um espírito cruzadista, colocando lado a lado a Igreja católica e a Coroa. À Igreja cabia a evangelização dos indígenas e a educação dos filhos dos colonizadores. Em 1519, foi introduzido no continente o **Tribunal do Santo Ofício**, ou **Inquisição**, encarregado de vigiar e punir as religiões indígenas e as atitudes consideradas desvios de comportamento.

A catequização dos nativos ficou a cargo dos jesuítas, religiosos da **Companhia de Jesus** cujos métodos não estavam isentos de violência, uma vez que a extinção das **idolatrias** (rituais, monumentos e objetos sagrados dos indígenas) era necessária para a conversão. O Concílio de Lima (no Peru atual), em 1551, determinou a repressão aos cultos da religião inca, punindo severamente os indígenas que os praticassem.

Diante de tanta intolerância religiosa, o **sincretismo** tornou-se uma alternativa para os indígenas, que associavam seus deuses ou práticas a santos e rituais da religião católica. Entre os incas, por exemplo, a comemoração de *Corpus Christi* foi assimilada à festa do Sol. Ao mesmo tempo, igrejas e cruzes foram construídas em locais considerados sagrados por esse povo. Entre os astecas também ocorreram manifestações de sincretismo religioso, como o culto à Virgem de Guadalupe, que teria aparecido ao indígena Juan Diego em 1542 em um lugar no qual era cultuada uma das deusas da religião asteca. Após um período de repressão por parte da Igreja, a santa foi assimilada ao universo católico.

Ao lado dessas manifestações de sincretismo religioso, a resistência dos indígenas à evangelização nunca desapareceu. Assim, muitos nativos mantiveram suas práticas em âmbito doméstico ou em grupos clandestinos, transmitindo suas tradições e combatendo o catolicismo longe das vistas dos espanhóis.

Questões

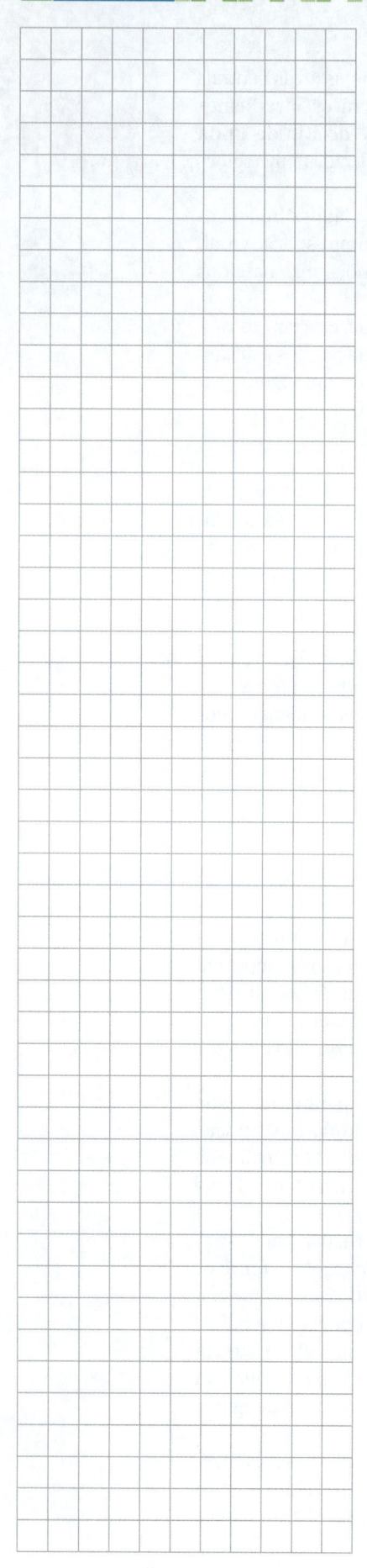

1. (PUC-PR) Segundo Stefan Ujvari,

> "O Novo Mundo saiu perdendo no intercâmbio de doenças. Os europeus podem ter levado a sífilis, que só raramente era mortal; em compensação, trouxeram para as Américas numerosas doenças, inclusive e, principalmente, a varíola, que dizimou populações indígenas e facilitou a tarefa de conquistadores como Cortez e Pizarro. Os índios não tinham defesas contra tais enfermidades e até a gripe podia matá-los".

UJVARI, Stefan Cunha. *A história e suas epidemias*: a convivência do homem com os micro-organismos. Rio de Janeiro: Senac, 2003. p. 11.

São elementos que caracterizam a conquista espanhola, EXCETO:

a) Não foram apenas o ouro e a prata que atraíram os espanhóis para o Novo Mundo. O desejo de conquistar e converter pagãos também contribuiu para isso.

b) Em 1519, Fernão Cortez desembarcou no litoral mexicano com um pequeno exército e, durante dois anos de campanha, conseguiu derrotar os astecas e conquistar o México para a coroa espanhola.

c) No final da década de 1520, Francisco Pizarro saiu vitorioso sobre o império inca e conquistou o Peru para a Espanha.

d) O interesse pelo Novo Mundo se dava principalmente pela política empreendida pela Espanha de distribuir poderes e terras de forma igualitária entre os colonos. Nesse sentido, a Igreja e os funcionários reais acabaram sendo os que menos receberam privilégios e riquezas.

e) O ouro e a prata, resultados da conquista sobre o Novo Mundo, representaram a principal fonte econômica para o financiamento das guerras empreendidas por Filipe II contra os turcos muçulmanos e os protestantes holandeses e ingleses em meados do século XVI.

2. (Unesp)

> "(...) como puder, direi algumas coisas das que vi, que, ainda que mal ditas, bem sei que serão de tanta admiração que não se poderão crer, porque os que cá com nossos próprios olhos as vemos não as podemos com o entendimento compreender."

CORTÉS, Hernán. Cartas de Relación de la Conquista de Mexico, escritas de 1519 a 1526.

O processo de conquista do México por Cortés estendeu-se de 1519 a 1521. A passagem acima manifesta a reação de Hernán Cortés diante das maravilhas de Tenochtitlán, capital da Confederação Mexica. A reação dos europeus face ao novo mundo teve, no entanto, muitos aspectos, compondo admiração com estranhamento e repúdio. Tal fato decorre:

a) do desinteresse dos conquistadores pelas riquezas dos Astecas.
b) do desconhecimento pelos europeus das línguas dos índios.
c) do encontro de padrões culturais diferentes.
d) das semelhanças culturais existentes entre os povos do mundo.
e) do espírito guerreiro e aventureiro das nações europeias.

3. (UFC-CE) Sobre a conquista da América, é verdade dizer que astecas, incas e maias foram subjugados pelos espanhóis, embora houvesse superioridade numérica de índios. Para isso contribuíram o uso de armas de fogo, os conflitos internos entre os nativos e as doenças transmitidas pelos conquistadores. Sobre a conquista dos incas, assinale a alternativa correta.

a) Os incas foram derrotados porque acreditaram que os conquistadores eram deuses de volta aos Andes e se sacrificaram em frente deles.

b) A conquista do vasto território inca foi se consolidando sem resistência por parte dos indígenas, sobretudo dos quéchuas, que foram exterminados.

c) O aventureiro Fernão Cortez cruzou o Panamá, chegou ao Pacífico e comandou a conquista dos incas, aproveitando-se das lutas internas que enfraqueciam o Império.

d) Atahualpa consultou os sacerdotes adivinhos para que explicassem a invasão dos conquistadores. Por não obter resposta, o rei os matou e dessa forma o Império teocrático colapsou.

e) O conquistador espanhol, após ter tido contato direto com Atahualpa, armou-lhe uma cilada e o fez prisioneiro; pediu resgate em ouro, mas, mesmo assim, o matou. Sem o rei, o Império desestabilizou-se e caiu.

4. **(Unicamp-SP)**

"Durante a conquista espanhola no México, iniciada em 1519 por Cortés, a superioridade tecnológica dos europeus era amplamente compensada pela superioridade numérica dos indígenas e muitos truques foram inventados para atrapalhar o deslocamento dos cavalos: os indígenas acostumaram-se a cavar fossas profundas nas quais espetavam paus em que as montarias eram empaladas. Mais tarde, em 1521, canoas 'encouraçadas' resistiriam às armas de fogo. A tática indígena evoluiu e adaptou-se às práticas do adversário: os mexicas, contrariamente ao costume, armaram ataques noturnos ou em terreno coberto. Por outro lado, se as epidemias de varíola já estavam dizimando as tropas de México-Tenochtitlan, também não poupavam os índios de Tlaxcala ou de Texcoco, que apoiavam os espanhóis."

Adaptado de BERNAND, Carmen; GRUZINSKI, Serge. *História do Novo Mundo*. São Paulo: Edusp, 1997. p. 351.

a) Identifique uma estratégia utilizada por espanhóis e outra pelos indígenas durante as disputas pelo domínio do México.

b) Explique por que houve acentuada queda demográfica entre as populações indígenas nas primeiras décadas após a conquista espanhola.

5. **(UFG-GO)** Leia o texto.

"Colombo fala dos homens que vê unicamente porque estes, afinal, também fazem parte da paisagem. Suas menções aos habitantes das ilhas aparecem sempre no meio de anotações sobre a Natureza, em algum lugar entre os pássaros e as árvores."

TODOROV, Tzvetan. *A conquista da América*: a questão do outro. São Paulo: Martins Fontes, 1993. p. 33.

A passagem acima ressalta que a atitude de Colombo decorre de seu olhar em relação ao outro. Essa posição, expressa nas crônicas da Conquista, pode ser traduzida pela:

a) interpretação positiva do outro, associando-a à preservação da Natureza.

b) identificação com o outro, possibilitando uma atitude de reconhecimento e inclusão.

c) universalização dos valores ocidentais, hierarquizando as formas de relação com o outro.

d) compreensão do universo de significações do outro, permitindo suas manifestações religiosas.

e) desnaturalização da cultura do outro, valorizando seu código linguístico.

6. **(Uece)** O processo de colonização da América Espanhola foi intenso e violento. Os espanhóis utilizaram largamente de agressividade, superioridade técnico-militar, assim como de diferentes formas de exploração do trabalho indígena, sendo a *encomienda* a mais comum. Sobre a *encomienda* assinale o correto.

a) Constituía-se em uma forma de trabalho remunerado com algumas moedas de prata, proposta pelo rei da Espanha para a população indígena.

b) Era o direito de capturar indígenas, dado pelo rei aos *encomienderos*, que, em troca, deveriam proporcionar aos nativos educação cristã.

c) Constituía-se em trabalho compulsório temporário no qual o indígena trabalhava por um período e depois podia livremente deixar de prestar serviços para a coroa espanhola.

d) Era um acordo firmado entre espanhóis e líderes indígenas para fornecimento de mão de obra nas minas de prata.

A colonização da América portuguesa

As capitanias hereditárias

De início, os portugueses não se preocuparam em ocupar as terras que os indígenas chamavam de Pindorama. Sua atenção estava voltada sobretudo para o comércio com o Oriente. Algumas expedições, contudo, foram enviadas. Na primeira delas, em 1501, Gaspar de Lemos notou a existência de **pau-brasil**, madeira cuja resina era utilizada como corante para tecidos. Teve início então a primeira atividade econômica na colônia: a extração e a comercialização do pau-brasil. A Coroa portuguesa tinha o monopólio (**estanco**) sobre essa atividade, mas podia arrendá-la a particulares.

O corte e o transporte do pau-brasil até a praia eram feitos pelos indígenas a troco de utensílios como espelhos, machados, etc. Os troncos eram armazenados em **feitorias** até a chegada dos navios que os levariam a Portugal.

Outros países europeus estavam interessados no pau-brasil. O principal deles era a França, que enviou diversas expedições destinadas a explorar a madeira.

Em 1530, a Coroa portuguesa decidiu ocupar as novas terras. Para isso, enviou uma expedição comandada por Martim Afonso de Souza, que fundou a vila de São Vicente, no atual estado de São Paulo, e instalou na região o primeiro engenho de açúcar.

Detalhe do mapa *Terra Brasilis*, de Lopo Homem, 1519. A maior parte dos indígenas está representada extraindo pau-brasil.

O modelo de colonização implementado foi o das **Capitanias Hereditárias**. O território da colônia foi dividido em 14 faixas de terras que iam do litoral até o meridiano de Tordesilhas e foram entregues a 12 **donatários**. Estes seriam responsáveis pela proteção das capitanias, pela distribuição de lotes (**sesmarias**) aos colonos, pela justiça e pela fundação de vilas.

O Governo-Geral

A capitania que mais prosperou foi a de Pernambuco, seguida da de São Vicente. Quase todas as outras fracassaram. Algumas porque não foram ocupadas pelos donatários e outras devido à **resistência indígena**. Diante disso, em 1549 o governo português estabeleceu um **Governo-Geral** para administrar a colônia, com sede em Salvador.

O primeiro governador-geral foi Tomé de Souza (1549-1553), que trouxe com ele alguns **jesuítas** chefiados pelo padre Manuel da Nóbrega. Durante a administração do segundo governador-geral, Duarte da Costa (1553-1558), o território do atual Rio de Janeiro foi invadido por franceses, que fundaram na região uma colônia chamada **França Antártica**, de onde só foram expulsos em 1567, sob a administração do terceiro governador-geral, Mem de Sá.

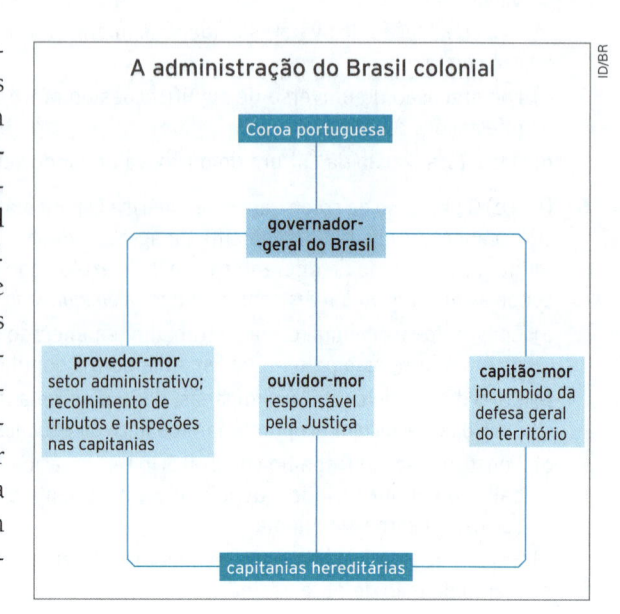

A administração do Brasil colonial

- Coroa portuguesa
  - governador-geral do Brasil
    - provedor-mor: setor administrativo; recolhimento de tributos e inspeções nas capitanias
    - ouvidor-mor: responsável pela Justiça
    - capitão-mor: incumbido da defesa geral do território
  - capitanias hereditárias

■ Indígenas e colonizadores

Inicialmente, o governo de Portugal autorizou os donatários a escravizar os indígenas. Entretanto, em 1537 o papa Paulo III proibiu essa prática. Assim, em 1548 o rei de Portugal decidiu que só poderiam ser escravizados os indígenas que resistissem à colonização e fossem aprisionados no que os portugueses chamavam de **guerra justa**.

A resistência indígena à colonização se manifestou por meio de guerras, ataques a povoados e fugas para o interior. Em certos casos, alguns povos indígenas se aliaram aos franceses para enfrentar os portugueses, como ocorreu durante o episódio da França Antártica, com a criação da **Confederação dos Tamoios**. Em outros casos, formaram-se alianças entre vários povos nativos para resistir ao avanço português, como ocorreu durante a **Guerra dos Bárbaros**, no Nordeste do Brasil, entre 1688 e 1713.

■ O monopólio ideológico da Igreja católica

A colonização portuguesa na América foi conduzida pela Coroa e pela Igreja católica desde a chegada de Pedro Álvares Cabral e seus homens às terras que os Tupi chamavam de Pindorama. A presença católica nesse momento foi marcada pela **Primeira Missa** no novo território, celebrada por frei Henrique de Coimbra em 26 de abril de 1500.

Os jesuítas, que começaram a chegar em 1549, como parte do séquito de Tomé de Souza, assumiram a maior parte da tarefa de evangelização (outras ordens religiosas também participariam desse trabalho). Para melhor se comunicar com os nativos, os padres aprenderam a língua e a cultura dos Tupi, incorporando-as à liturgia católica. A partir de 1557, os jesuítas e outras ordens religiosas organizaram aldeamentos conhecidos como **missões** ou **reduções**, aldeias rigidamente controladas, nas quais, além de catequizados, os indígenas eram submetidos aos hábitos europeus e ao trabalho obrigatório e disciplinado. Como se dizia na época, era necessário dar-lhes "lei e rei" para que chegassem à fé em Cristo e à obediência ao Estado português.

Embora fossem contrários à escravização dos nativos, os jesuítas também contribuíram para a desestruturação de suas sociedades, pois os indígenas catequizados abandonavam suas aldeias para viver nas missões, onde não lhes era permitido realizar seus rituais. No século XVII, as missões jesuíticas seriam alvo dos bandeirantes à procura de indígenas para escravizar. Várias delas foram arrasadas e milhares de nativos, escravizados nesse processo.

No trabalho de conversão dos nativos, os jesuítas tiveram que enfrentar várias formas de resistência, como fugas individuais e coletivas e rejeição aos hábitos europeus e ao trabalho obrigatório. O sincretismo religioso, outra forma de resistência, foi inicialmente considerado heresia pela Igreja, mas os indígenas recorriam constantemente a ele como recurso para manter seus valores e crenças tradicionais. Referências às **santidades** e à **terra sem males**, velhos mitos indígenas, eram encontrados entre os Tupi catequizados, assim como a associação entre Nossa Senhora e Tupã, num misto de religiosidade cristã e indígena.

Ao lado desse trabalho de evangelização, a Igreja cuidou também de controlar a vida espiritual dos colonos. Para isso, construiu igrejas e capelas, e criou paróquias, colégios, seminários e dioceses. Entretanto, muitos colonos se deixavam atrair pela liberdade existente entre os indígenas, uniam-se às nativas e levavam uma vida que os religiosos chamavam de "dissoluta". Diante disso, e para aumentar o controle espiritual sobre seu "rebanho", em 1591 a Igreja trouxe para a Colônia o Tribunal do Santo Ofício, ou Inquisição, que atuava por meio de "visitações", julgando e condenando todos aqueles cujos desvios de crença e conduta pareciam ameaçar o controle da Igreja sobre a vida moral e espiritual da Colônia.

■ A atividade açucareira

Os portugueses já produziam açúcar nas ilhas dos Açores e da Madeira. Ao iniciar a colonização do Brasil, já detinham conhecimento e terras para ampliar sua produção e seu comércio. A partir de 1530, muitos engenhos foram estabelecidos em Pernambuco, com instalações caras e grande número de escravizados. O sistema adotado para a exploração do açúcar foi a *plantation* – grande propriedade monocultora voltada para exportação, em que era usado o trabalho escravo. As instalações incluíam o engenho, a **casa-grande**, a **senzala** e a capela. Os portugueses exportavam o açúcar produzido por meio de uma rede comercial com os flamengos e os holandeses, que distribuíam o produto na Europa.

A mandioca, o tabaco e a aguardente também eram produtos importantes, que complementavam a economia açucareira. O tabaco e a cachaça, por exemplo, eram usados como moeda de troca na África, para a compra de escravizados. A atividade pecuária, por sua vez, promoveu a interiorização da Colônia, provocada pelo aumento dos rebanhos em decorrência do crescimento da demanda por carne, couro e sebo.

A sociedade do açúcar: casa-grande e senzala

A sociedade colonial do período açucareiro foi marcada pela presença da família patriarcal, cujo centro era ocupado pelo senhor de engenho que, com seu núcleo familiar e muitos agregados, vivia na casa-grande. Era uma sociedade caracterizada pelo abismo entre senhores brancos e africanos escravizados (que viviam nas senzalas), além de uma camada intermediária de homens pobres, porém livres.

No início do período colonial, a escravidão indígena foi a alternativa temporária do colonizador, que, em pouco tempo, embarcou no lucrativo negócio do tráfico negreiro, tornando o comércio de cativos em várias regiões da África parte essencial do projeto colonial. Acorrentados nos porões dos navios negreiros, os africanos capturados vinham de diferentes regiões do continente, pertenciam a diferentes etnias e, portanto, carregavam uma diversidade cultural muito grande. Esse comércio garantia altos lucros para a metrópole e o fornecimento de mão de obra abundante para as lavouras na Colônia.

O trabalho escravo não era empregado apenas nas lavouras de cana-de-açúcar. Na casa-grande, havia a presença marcante de escravos domésticos; nas vilas e cidades, os **escravos de ganho** vendiam produtos ou realizavam trabalhos temporários, revertendo os lucros para o patrão. Resistindo à escravidão, muitos cativos fugiam para os **quilombos**, onde buscavam sobreviver clandestinamente por meio da caça, da pesca, da coleta, da lavoura, de alianças com comerciantes e de saques, garantindo sua liberdade. O de maior destaque foi o **Quilombo dos Palmares**, na serra da Barriga, Alagoas, local em que mais de 30 mil quilombolas moraram, liderados por **Zumbi**.

Vilas e cidades

As cidades e as vilas eram os núcleos do poder colonial; localizavam-se em sua maioria no litoral, pois eram originárias de portos que complementavam o sistema de exportação agrícola. Os traçados sinuosos das ruas demonstram que, adaptadas ao relevo e à necessidade de defesa, expandiram-se para as áreas mais altas, sem planejamento. As construções de maior destaque, pela arquitetura e pela importância que tinham na sociedade colonial, eram os grandes casarões da administração, as Câmaras Municipais e as numerosas igrejas e catedrais, centros da vida social da Colônia.

A sociedade colonial era marcada pela presença da Igreja católica, que condenava as práticas religiosas resultantes da mistura de crenças das várias etnias que conviviam na Colônia. Vindos de diversas partes da África, os cativos apresentavam diferenças culturais que dificultaram o processo de evangelização. As práticas sincréticas da religiosidade católica, muito difundidas entre os escravizados e as camadas pobres, foram combatidas como heresias pelo clero oficial e pela Inquisição. Sua sobrevivência tornou-se possível com a criação de irmandades leigas populares, que garantiam a identidade cultural de grupos diferentes.

A idade do ouro na América portuguesa

Os portugueses procuravam ouro em sua Colônia da América desde o começo do século XVI. Para isso, criaram as **entradas** e **bandeiras**, expedições que penetravam no interior do território à procura de metais preciosos ou de indígenas para aprisionar e escravizar.

Em 1693, um bandeirante paulista encontrou ouro na região do atual estado de Minas Gerais. Milhares de pessoas dirigiram-se então para lá, à procura de enriquecimento rápido. Após um período caótico, o governo de Portugal passou a controlar a região mineradora, distribuindo lavras, abrindo estradas, cobrando impostos e fundando vilas (Mariana, Vila Rica, Sabará e outras). Nascia, assim, uma sociedade mais urbana, diversificada e dinâmica do que a do Nordeste açucareiro.

Na base dessa sociedade estavam os africanos escravizados, obrigados a trabalhar em condições precárias nos rios (ouro de aluvião) e nas minas. Descontentes, muitos deles se revoltavam e fugiam para formar quilombos. Homens **livres e pobres** também faziam parte dessa sociedade. Havia ainda nas vilas e cidades uma **camada média**, formada por artesãos, comerciantes, pequenos mineradores, intelectuais, militares, sacerdotes, etc. O grupo dominante era constituído por grandes mineradores, fazendeiros, grandes comerciantes, altos funcionários da administração, etc.

■ Ouro e integração

As necessidades de abastecimento da região mineradora levaram, pela primeira vez na Colônia, à formação de uma rede de ligação entre o Nordeste e o Sul. O Rio de Janeiro fornecia africanos escravizados e produtos europeus; o Rio Grande do Sul, cavalos, mulas e gado; do Nordeste chegavam açúcar, rapadura e cachaça.

Para controlar a circulação de mercadorias e fiscalizar o pagamento do **quinto** (imposto de 20% sobre o ouro extraído), o governo português ordenou a abertura de uma rota entre Minas Gerais e o Rio de Janeiro e instituiu **registros**, locais de cobrança de impostos sobre os produtos transportados.

■ O Barroco mineiro

Iniciado em meados do século XVI na península Itálica, o **Barroco** foi um estilo artístico caracterizado pelas formas curvas e exuberantes, pela abundância de adornos e pela expressão dos sentimentos. No Brasil, adotou características próprias e atingiu o auge na região das Minas Gerais.

Seus maiores expoentes foram Antônio Francisco Lisboa, o **Aleijadinho**, arquiteto, escultor e entalhador, que projetou a igreja de São Francisco em Vila Rica (atual Ouro Preto), e Manuel da Costa Ataíde, autor da pintura do forro dessa igreja.

No campo da literatura, destacaram-se os poetas **Cláudio Manuel da Costa**, **Tomás Antônio Gonzaga** e **Alvarenga Peixoto**, que, em 1789, se envolveriam na conspiração pela independência conhecida como **Inconfidência Mineira**.

■ O poder se desloca para o sul

A exploração do ouro em Minas Gerais deslocou o eixo da economia colonial do Nordeste para o Centro-Sul. Ao mesmo tempo, a descoberta de diamantes no Distrito Diamantino, em 1720, levou a um rígido controle da região. Em 1771, a exploração dessas pedras preciosas ficou a cargo da Coroa portuguesa.

Como resultado do deslocamento do eixo econômico, em 1763 a capital da Colônia passou a ser o Rio de Janeiro, que substituiu Salvador nessa função. A essa altura, o porto do Rio de Janeiro já era o maior da Colônia, recebendo africanos escravizados e produtos europeus e exportando ouro e diamantes.

Em Portugal, com o afluxo de riquezas provenientes do ouro e dos impostos da Colônia, o rei dom João V (1706-1750) efetuou gastos exorbitantes com o luxo da Corte e a construção de palácios e monumentos. Como resultado, seu sucessor, dom José I (1750-1777), teve de enfrentar sérios problemas políticos e econômicos. Sob a batuta do ministro Sebastião de Carvalho e Melo, o Marquês de Pombal, o governo de dom José I foi marcado pelo despotismo esclarecido. Pombal adotou medidas que combinavam mercantilismo com ideias iluministas. Entre as medidas mercantilistas, criou a Companhia de Comércio do Grão-Pará e Maranhão e a Companhia Geral de Pernambuco, empresas monopolistas destinadas a impulsionar o desenvolvimento econômico dessas regiões. Ao mesmo tempo, instituiu como imposto, na região de Minas Gerais, o pagamento de cotas de cem arrobas de ouro por ano. Quando esse montante não era atingido, realizava-se a **derrama**, sistema forçado de arrecadação do imposto, a ser pago por toda a população. Em contrapartida, Pombal adotou medidas de caráter iluminista, como a secularização da educação, retirando-a do controle da Igreja. Além disso, expulsou os jesuítas de Portugal e de suas colônias, alegando que eles fugiam do controle do governo e agiam livremente, como "um Estado dentro do Estado".

Questões

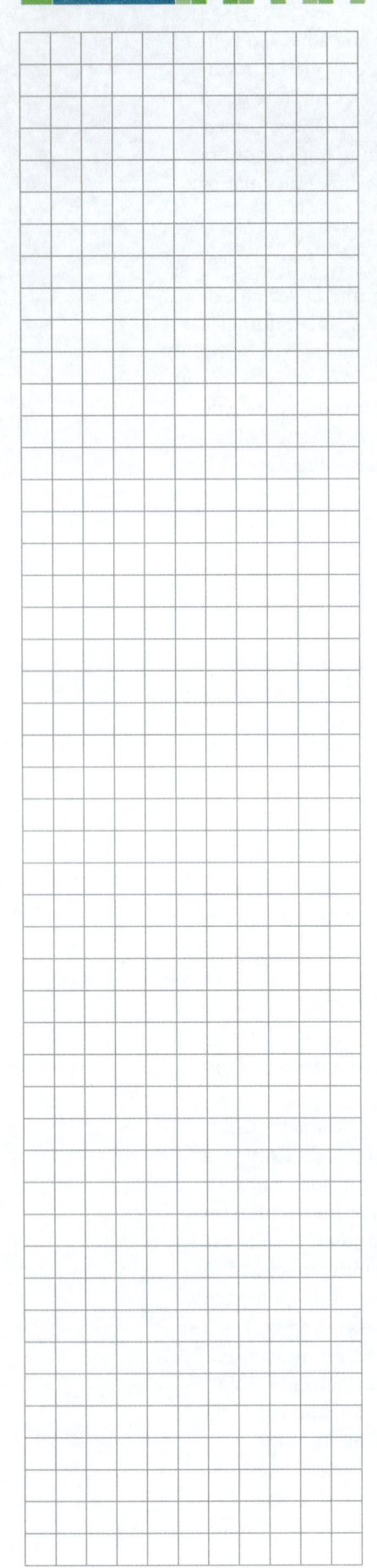

1. (PUC-RS) Entre 1500 e 1530, os interesses da coroa portuguesa, no Brasil, focavam o pau-brasil, madeira abundante na Mata Atlântica e existente em quase todo o litoral brasileiro, do Rio Grande do Norte ao Rio de Janeiro. A extração era feita de maneira predatória e assistemática, com o objetivo de abastecer o mercado europeu, especialmente as manufaturas de tecido, pois a tinta avermelhada da seiva dessa madeira era utilizada para tingir tecidos. A aquisição dessa matéria-prima brasileira era feita por meio da:

a) exploração escravocrata dos europeus em relação aos índios brasileiros.
b) criação de núcleos povoadores, com utilização de trabalho servil.
c) utilização de escravos africanos, que trabalhavam nas feitorias.
d) exploração da mão de obra livre dos imigrantes portugueses, franceses e holandeses.
e) exploração do trabalho indígena, no estabelecimento de uma relação de troca, o conhecido escambo.

2. (UFMG) Leia este trecho do documento:

> "Eu el-rei faço saber a vós (...) fidalgo de minha casa que vendo eu quanto serviço de Deus e meu é conservar e enobrecer as capitanias e povoações das terras do Brasil e dar ordem e maneira com que melhor e seguramente se possam ir povoando para exaltamento da nossa santa fé e proveito de meus reinos e senhorios e dos naturais deles ordenei ora de mandar nas ditas terras fazer uma fortaleza e povoação grande e forte em um lugar conveniente para daí se dar favor e ajuda às outras povoações e se ministrar justiça e prover nas coisas que cumprirem a meus serviços e aos negócios de minha fazenda e a bem das partes (...)."

É CORRETO afirmar que, nesse trecho de documento, se faz referência:

a) à criação do Governo Geral, com sede na Bahia.
b) à implantação do Vice-Reinado no Rio de Janeiro.
c) à implementação da Capitania-sede em São Vicente.
d) ao estabelecimento de Capitanias Hereditárias, no nordeste.

3. (Uece)

> "Logo que missionários e cronistas pisaram com suas sandálias as margens do Novo Mundo, o fervor religioso típico da época combinou-se com a beleza estonteante da natureza tropical: terreno fértil, chuvas regulares, animais graciosos, boas águas e nativos dóceis ao trabalho evangelizador."
>
> FIGUEIREDO, Luciano. *Rebeliões no Brasil Colônia*.
> Rio de Janeiro: Jorge Zahar Editora, 2005. p. 7-9.

Tomando por base o texto acima, marque a opção que revela possíveis razões para as insatisfações que se sucederam na relação colônia-metrópole.

a) As relações mercantis desenvolvidas entre comerciantes reinóis e nativos que findavam por privilegiar os habitantes da nova terra.
b) Nos primórdios da colonização, os produtos agrícolas cultivados pelos nativos em grande escala foram, em grande parte, o motivo da eclosão dos primeiros conflitos.
c) O idílio e harmonia mencionados se dissipariam à medida que Portugal instituía novos poderes e a colonização avançava com a intensificação da busca de almas para a conversão e de braços para as lavouras.
d) No período sugerido, eram numerosos os protestos realizados pelos nativos que em conjunto com colonos armados invadiam as propriedades rurais e espaços da administração metropolitana.

4. (Unesp) Sobre o emprego da mão de obra escrava no Brasil colonial, é possível afirmar que:

a) apenas africanos foram escravizados, porque a Igreja Católica impedia a escravização dos índios.
b) as chamadas "guerras justas" dos portugueses contra tribos rebeldes legitimavam a escravização de índios.

c) interesses ligados ao tráfico negreiro controlado pelos holandeses forçavam a escravização do africano.

d) os engenhos de açúcar do Nordeste brasileiro empregavam exclusivamente indígenas escravizados.

e) apenas indígenas eram escravizados nas áreas em que a pecuária e o extrativismo predominavam.

5. **(UFC-CE)** Ao contrário da América espanhola, a América portuguesa não apresentou, no princípio, abundância de metais preciosos. Na falta de riqueza mineral, foi o açúcar que, em termos econômicos, tornou viável os primeiros passos da colonização.

Sobre o contexto da produção de açúcar nos engenhos coloniais portugueses no século XVI, assinale a alternativa correta.

a) A existência de um solo ideal para o cultivo da cana-de-açúcar levou as capitanias situadas nas atuais regiões Nordeste e Centro-Oeste do Brasil a experimentarem um maior desenvolvimento.

b) A organização da produção açucareira no Brasil estava voltada para o atendimento da crescente e rentável demanda do mercado europeu, não atendida pelos engenhos da colônia portuguesa dos Açores.

c) A autoridade do senhor de engenho se restringia aos limites de sua propriedade, estando fora dela submetida às leis e normas da Coroa portuguesa, defendidas na colônia por um forte aparato militar e judiciário.

d) Os senhores de engenho, em comparação com os barões do café, tratavam seus escravos com menos violência, pois estes eram tidos como mercadorias de alto valor e de difícil reposição.

e) O alto valor do açúcar no mercado internacional promoveu um grande acúmulo de riqueza na colônia, que logo superou, em volume, a economia da metrópole.

6. **(Unesp)** Entre as formas de resistência negra à escravidão, durante o período colonial brasileiro, podemos citar:

a) a organização de quilombos, nos quais, sob supervisão de autoridades brancas, os negros podiam viver livremente.

b) as sabotagens realizadas nas plantações de café, com a introdução de pragas oriundas da África.

c) a preservação de crenças e rituais religiosos de origem africana, que eram condenados pela Igreja Católica.

d) as revoltas e fugas em massa dos engenhos, seguidas de embarques clandestinos em navios que rumavam para a África.

e) a adoção da fé católica pelos negros, que lhes proporcionava imediata alforria concedida pela Igreja.

7. **(UFU-MG)** Sobre os quilombos no Brasil colonial, é correto afirmar que:

a) formaram-se quilombos em várias regiões do Brasil, havendo o convívio entre populações escravas africanas e indígenas, tendo como principal exemplo o Quilombo dos Palmares, no atual estado de Alagoas.

b) os quilombolas dependiam da permissão dos senhores das propriedades próximas para transitar pelas cidades circunvizinhas, bem como para comercializar os produtos de suas terras.

c) todos os quilombos possuíam um exército próprio, de modo a proteger suas terras contra o avanço de inimigos, assim como uma complexa organização social.

d) as maiores populações quilombolas no Brasil formaram-se nas regiões de maior produção monocultora de exportação, como os estados do Rio Grande do Sul, Santa Catarina e Paraná.

8. **(Fuvest-SP)** A criação, em território brasileiro, de gado e de muares (mulas e burros), na época da colonização portuguesa, caracterizou-se por:

a) ser independente das demais atividades econômicas voltadas para a exportação.

b) ser responsável pelo surgimento de uma nova classe de proprietários que se opunham à escravidão.

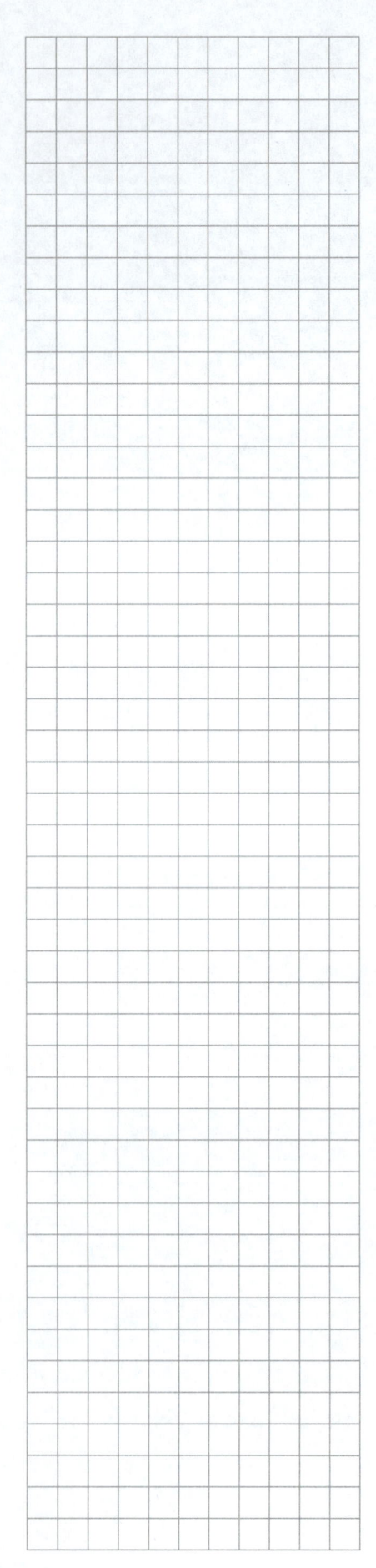

c) ter estimulado a exportação de carne para a metrópole e a importação de escravos africanos.
d) ter-se desenvolvido, em função do mercado interno, em diferentes áreas no interior da colônia.
e) ter realizado os projetos da Coroa portuguesa para intensificar o povoamento do interior da colônia.

9. **(UFPE)** No Brasil, o açúcar foi a grande riqueza dos tempos coloniais, ajudando os portugueses na exploração e no enfrentamento das suas dificuldades econômicas. Nos famosos engenhos de açúcar:[1]

   ( ) predominava o trabalho escravo, mas havia atividades desempenhadas por homens livres, embora rígidas hierarquias estivessem presentes.
   ( ) foram feitas muitas tentativas de romper com a centralização administrativa, pela divisão dos latifúndios e criação de centros artesanais.
   ( ) alimentavam-se preconceitos que dificultavam a adoção de uma vida livre e garantiam a autoridade dos senhores de engenho.
   ( ) aconteciam, com assiduidade, grandes revoltas de escravos, que prejudicavam os lucros e perturbavam a vida social das elites econômicas.
   ( ) mantinha-se um poder baseado na riqueza concentrada, no que esteve presente a atuação da Igreja Católica e de seus representantes.

10. **(UFSCar-SP)** A gravura ilustra diferentes fases da produção do açúcar no Brasil colonial.

    Autoria não identificada. *Açúcar do Brasil*, 1700-1710.

    a) Identifique essas fases.
    b) Escreva sobre o papel exercido pela produção açucareira na organização econômica e social da Colônia.

11. **(Unicamp-SP)**

    "A arte colonial mineira seguia as proposições do Concílio de Trento (1545-1553), dando visibilidade ao catolicismo reformado. O artífice deveria representar passagens sacras.

    Não era, portanto, plenamente livre na definição dos traços e temas das obras. Sua função era criar, segundo os padrões da Igreja, as peças encomendadas pelas confrarias, grandes mecenas das artes em Minas Gerais."

    Adaptado de: SANTIAGO, Camila F. G. Traços europeus, cores mineiras: três pinturas coloniais inspiradas em uma gravura de Joaquim Carneiro da Silva. In: FURTADO, Junia (Org.). *Sons, formas, cores e movimentos na modernidade atlântica. Europa, Américas e África*. São Paulo: Annablume, 2008. p. 385.

    Considerando as informações do enunciado, a arte colonial mineira pode ser definida como:

    a) renascentista, pois criava na colônia uma arte sacra própria do catolicismo reformado, resgatando os ideais clássicos, segundo os padrões do Concílio de Trento.

---
[1] Indique as alternativas verdadeiras (V) e as falsas (F).

b) barroca, já que seguia os preceitos da Contrarreforma. Era financiada e encomendada pelas confrarias e criada pelos artífices locais.

c) escolástica, porque seguia as proposições do Concílio de Trento. Os artífices locais, financiados pela Igreja, apenas reproduziam as obras de arte sacra europeias.

d) popular, por ser criada por artífices locais, que incluíam escravos, libertos, mulatos e brancos pobres que se colocavam sob a proteção das confrarias.

12. **(UEMG)** Leia atentamente o trecho selecionado, a seguir:

"... decadência em que se [achava] o povo das Minas, vexação em que se [via] causada da multidão de negros fugidos e aquilombados que [havia] em todas elas, de que [resultavam] os extraordinários casos que continuamente [estavam] sucedendo nos cruéis assassínios e roubos violentos que a cada instante [estavam] fazendo..."

Representação da Câmara de Vila Rica ao Rei de Portugal de 31 de agosto de 1743. Arquivo Público Mineiro. Seção Colonial. Códice CMOP 49 fl. 81. Citada no livro *Vassalos rebeldes*, de Carla M. J. Anastasia. Belo Horizonte: C/Arte, 1998. p. 130.

O aumento da violência nos sertões mineiros, durante o século XVIII, a que se refere o fragmento acima, é considerado resultado histórico:

a) da substituição do trabalho escravo em Minas Gerais pelo trabalho imigrante italiano, após a proibição do tráfico negreiro.

b) do declínio da comercialização da cana-de-açúcar no território mineiro, em virtude da concorrência do produto oriundo das Antilhas Holandesas.

c) das crises de fome e abastecimento provocadas pela corrida do ouro ao território mineiro, constantes fugas de escravos e aumento da cobrança de impostos sobre os alimentos.

d) dos abusos cometidos pelos jagunços contratados pelos senhores de engenho, para matar os negros reconhecidos como assassinos profissionais.

13. **(Mackenzie-SP)**

"Os bandeirantes foram romantizados (...) e postos como símbolo dos paulistas e do progresso, associação enobrecedora. A simbologia bandeirante servia para construir a imagem da trajetória paulista como um único e decidido percurso rumo ao progresso, encobrindo conflitos e diferenças."

Katia Maria Abud

Ainda que essa imagem idealizada do bandeirante tenha sido uma construção ideológica, sua importância, no período colonial brasileiro, decorre:

a) de sua iniciativa em atender à demanda de mão de obra escrava do Brasil Holandês, durante o governo de Maurício de Nassau.

b) de sua extrema habilidade para lidar com o nativo hostil, garantindo sua colaboração espontânea na busca pelo ouro.

c) de sua colaboração no processo de expansão territorial brasileira, à medida que ultrapassou o Tratado de Tordesilhas e fundou povoados, garantindo, futuramente, o direito de Portugal sobre essas terras.

d) de sua atuação decisiva na Insurreição Pernambucana, que resultou na expulsão dos holandeses do nordeste, em 1654, considerada como o primeiro movimento de cunho emancipacionista da colônia.

e) da colaboração dos mesmos na formação das Missões Jesuíticas, cujo objetivo era a proteção e catequização de índios tupis, obstáculo à ocupação do território colonial.

14. **(Unifesp)** As atividades das Bandeiras, durante a colonização do Brasil, incluíam:

a) impedir a escravidão negra e indígena.

b) garantir o abastecimento do interior.

c) perseguir escravos foragidos.

d) catequizar os povos nativos.

e) cultivar algodão, cana-de-açúcar e café.

A América inglesa, francesa e holandesa

A colonização inglesa

Depois de algumas expedições no século XVI, em 1607 os ingleses fundaram na América do Norte a colônia de **Virgínia**. Em 1620, chegou à baía de Plymouth o navio *Mayflower* com algumas famílias calvinistas que fugiam de perseguições religiosas na Inglaterra. Ali, elas fundaram a colônia de **Massachusetts**. Esses foram os pontos de partida para a formação das **Treze Colônias** inglesas da América do Norte. No sul, as colônias adotaram o sistema de *plantation*: grandes propriedades monocultoras voltadas para a exportação e com trabalho escravo. No norte, região conhecida como **Nova Inglaterra**, o sistema adotado foi de pequenas propriedades voltadas para o mercado interno e com trabalho familiar e assalariado.

Franceses na América

A presença francesa na América teve início no século XVI em territórios conquistados por portugueses e espanhóis. Em 1555, foi fundada no atual estado do Rio de Janeiro a **França Antártica**, colônia liderada pelo almirante Villegaignon. Dali foram expulsos pelos portugueses em 1567.

Em 1612, os franceses voltaram à carga e fundaram no atual estado do Maranhão a colônia **França Equinocial**. Expulsos mais uma vez por tropas luso-brasileiras, tentaram ainda ocupar sem sucesso a atual cidade de Belém.

No século XVII, os franceses fundaram colônias em ilhas do Caribe e nas Guianas, onde desenvolveram culturas de cana-de-açúcar e tabaco nos moldes do sistema de *plantation*. Na América do Norte, eles conquistaram territórios no atual **Canadá**, na região oeste das Treze Colônias inglesas e no sul do rio Mississípi (colônia de **Louisiana**).

A Holanda e a União Ibérica

Em Portugal, a morte do rei dom Sebastião (1578), que não tinha herdeiros, provocou uma crise sucessória que resultou na posse do trono português pelo rei da Espanha Felipe II, dois anos depois. Esse fato deu início à **União Ibérica** (1580-1640).

Até então, os holandeses tinham participado ativamente do financiamento e da comercialização do açúcar brasileiro. A Espanha, porém, era inimiga da Holanda e agora que dominava Portugal proibiu a participação holandesa no negócio do açúcar.

A solução encontrada pelos holandeses foi invadir a Bahia em 1624. Expulsos no ano seguinte, em 1630 eles ocuparam Pernambuco, centro açucareiro da Colônia, onde permaneceriam até 1654.

O Brasil holandês

Desde o início da ocupação, Olinda se tornou a base dos holandeses. A partir de 1632, eles iniciaram uma série de expedições, destruindo engenhos, roças e canaviais e afugentando os senhores de engenho para a Bahia. Em sete anos, os holandeses conquistaram a Paraíba, o Rio Grande do Norte e a ilha de Itamaracá, no litoral de Pernambuco. Entre 1637 e 1641, contudo, houve uma trégua no conflito com os portugueses.

A Companhia da Índias Ocidentais (WIC, na sigla em holandês), responsável pela ocupação e pela administração do território colonial holandês, conquistou ainda territórios na África, em São Tomé e em Luanda, onde passou a controlar o lucrativo comércio de escravos.

Em 1637, a WIC enviou o conde João Maurício de Nassau a Pernambuco, para administrar e expandir os domínios no Brasil. Nassau estabeleceu uma política de conciliação entre holandeses e luso-brasileiros e incentivou a produção açucareira, concedendo empréstimos aos senhores de engenho. Investiu ainda na modernização da cidade do Recife, construindo pontes, jardins, palacetes e trazendo engenheiros, matemáticos, artistas e naturalistas. Porém, as divergências entre a WIC, interessada em lucros a curto prazo, e a administração de Nassau, que visava à estabilidade política e econômica, tiveram como consequência a demissão de Nassau em 1644.

A queda do preço do açúcar na Europa e a cobrança dos holandeses em relação ao pagamento das dívidas decorrentes dos empréstimos para a produção açucareira provocaram a insurgência dos senhores de engenho contra seus credores em 1645. Liderada pelos senhores de engenho André Vidal de Negreiros e João Fernandes Vieira, pelo escravo liberto Henrique Dias e pelo indígena convertido ao catolicismo Felipe Camarão, a **Insurreição Pernambucana** (revolta de caráter nativista), depois de vencer muitas batalhas, acabou em 1654, com a expulsão dos holandeses. Portugal já se encontrava separado da Espanha e, para conseguir a expulsão definitiva dos holandeses, pagou a estes 4 milhões de cruzados (cerca de 63 toneladas de ouro).

Questões

1. **(FGV-SP)** A conquista colonial inglesa resultou no estabelecimento de três áreas com características diversas na América do Norte.
   Com relação às chamadas "colônias do sul" é correto afirmar:
   a) Baseavam-se, sobretudo, na economia familiar e desenvolveram uma ampla rede de relações comerciais com as colônias do Norte e com o Caribe.
   b) Baseavam-se numa forma de servidão temporária que submetia os colonos pobres a um conjunto de obrigações em relação aos grandes proprietários de terras.
   c) Baseavam-se numa economia escravista voltada principalmente para o mercado externo de produtos, como o tabaco e o algodão.
   d) Consolidaram-se como o primeiro grande polo industrial da América com a transferência de diversos produtores de tecidos vindos da região de Manchester.
   e) Caracterizaram-se pelo emprego de mão de obra assalariada e pela presença da grande propriedade agrícola monocultora.

2. **(UFF-RJ)** As lutas religiosas na Europa do século XVI acabaram tendo um dos seus episódios na Baía de Guanabara.
   Assinale a opção que apresenta corretamente esse episódio.
   a) A presença de franceses com a intenção de criar a cidade de Henryville e de estabelecer a França Antártica nas Américas.
   b) A presença francesa com o intuito de estabelecer uma rota comercial, tendo como principal produto o pau-brasil e a constituição de uma colônia de luteranos nas Américas.
   c) A presença de comerciantes e de piratas franceses com a responsabilidade de apoderar-se do pau-brasil, capturar indígenas e estabelecer no Maranhão uma colônia de anabatistas.
   d) A presença de franceses com o ideal de expansão dos preceitos anglicanos e o desejo de construir a cidade de Henryville.
   e) A presença de franceses com a intenção de combater os católicos e empreender o domínio da área sul das Américas.

3. **(UFRGS-RS)** Assinale com V (verdadeira) ou F (falsa) as afirmações abaixo, referentes ao período das invasões holandesas no Nordeste brasileiro.
   ( ) A motivação principal das invasões batavas ao Brasil está relacionada à conjuntura da União Ibérica, que fez com que os adversários da Espanha se tornassem hostis a Portugal.
   ( ) O ataque às regiões produtoras de açúcar, inicialmente na Bahia e depois em Pernambuco, foi realizado pela Companhia das Índias Orientais.
   ( ) Em função do desenvolvimento urbano e de uma política conciliadora entre luso-brasileiros e batavos, o governo de Nassau é considerado a "idade de ouro" do domínio holandês na América.
   ( ) A chamada Restauração Pernambucana foi uma consequência do processo de endividamento dos lavradores de cana luso-brasileiros com o governo holandês.
   A sequência correta de preenchimento dos parênteses, de cima para baixo, é:
   a) V – F – V – V   c) F – V – V – F   e) V – V – F – F
   b) V – F – F – V   d) F – F – V – V

4. **(EsPCEx-SP)** Leia atentamente os itens abaixo.
   I. O grande motivo da ida de ingleses para a América do Norte foram as perseguições religiosas e políticas.
   II. Ao contrário do que ocorreu na América espanhola e na América portuguesa, a Coroa inglesa foi a grande articuladora da colonização na América do Norte.
   III. Ao longo do século XVI, os franceses estiveram na América, mas não como uma atitude sistemática e coerente da Coroa. Eram, na maioria das vezes, os corsários e uns poucos indivíduos que atuavam.
   IV. A mita era um sistema de divisão da produção agrícola entre os donos das *haciendas* (fazendas) e os *miteiros* (arrendatários), adotado pelos espanhóis para colonizar a América.
   V. Para operar seu imenso comércio mundial, os holandeses criaram grandes empresas mercantis e de navegação, como a Companhia Holandesa das Índias Ocidentais.
   Assinale a única alternativa em que todos os itens listam características corretas da Colonização Europeia na América.
   a) I, II e III.   c) II, IV e V.   e) I, III e IV.
   b) I, III e V.   d) II, III e IV.

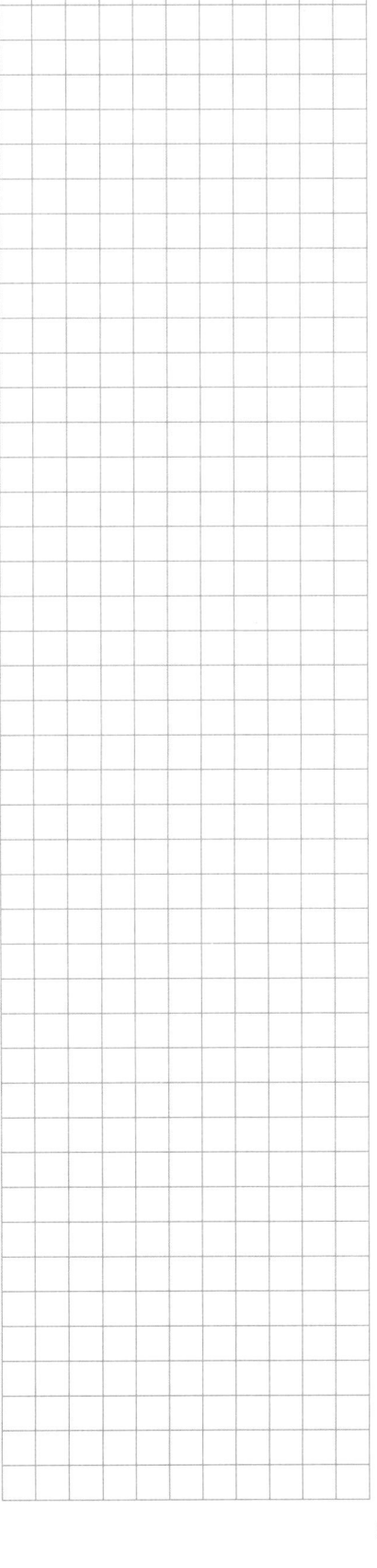

Absolutismo e mercantilismo

O mercantilismo nos séculos XVII e XVIII

Os princípios mercantilistas, criados pelos economistas Jean-Baptiste Colbert (França), Thomas Mun (Inglaterra) e Antonio Serra (Itália), foram adotados pelos Estados nacionais modernos como modelo para o desenvolvimento econômico. Entre suas principais características estavam:

- o **metalismo**, que consistia em acumular metais preciosos (ouro e prata) como fonte de riqueza para o país;
- a **balança comercial favorável**, ou seja, as exportações deveriam ser maiores do que as importações;
- a posse de **colônias**, com as quais se instituía o **monopólio comercial**.

Ainda segundo as ideias mercantilistas, em uma nação não poderia faltar mão de obra para o trabalho (portanto, a população deveria ser numerosa), e era necessário que o exército fosse capaz de protegê-la. Foram ainda instituídas as **leis suntuárias**, que limitavam o consumo de artigos importados de luxo (tecidos, adornos) a uma parcela da população, de modo a evitar a saída de metais preciosos.

O **sistema colonial** foi uma das facetas do mercantilismo: a descoberta e a exploração de outros continentes permitiram a alguns países europeus a acumulação de riquezas. Isso porque, lá, eles estabeleceram colônias, que, além de ricas em recursos naturais, só poderiam realizar transações econômicas com suas metrópoles, embora tenham ocorrido algumas exceções.

O **monopólio comercial** garantia aos empreendedores metropolitanos o direito exclusivo de venda de artigos manufaturados aos colonos, que, por sua vez, podiam oferecer apenas produtos primários, para que não houvesse concorrência entre as partes. Em relação à exploração mineral na colônia, por exemplo, os governos concediam o monopólio a comerciantes e traficantes de escravizados e, em troca, colhiam deles elevados impostos.

Os teóricos do absolutismo

Ao longo dos séculos XVI e XVII, muitas teorias políticas tentaram justificar e regulamentar o poder absoluto dos reis. O filósofo francês **Jean Bodin**, em sua obra *Seis livros da República*, defendia o poder máximo do monarca, que deveria ter autoridade para criar e anular leis civis, alegando que elas não poderiam ser feitas pelas mesmas pessoas que as cumpriam. Porém, o rei deveria estar subordinado a acordos e contratos com a sociedade. Na Inglaterra, o filósofo, historiador e cientista **Thomas Hobbes**, em sua obra *Leviatã*, afirmava que, para segurança da sociedade, o rei deveria ser absoluto, uma vez que a liberdade individual levava à guerra do "homem contra o homem". Por meio de um **pacto social**, as pessoas abriam mão de sua liberdade individual em troca da segurança de todos, garantida pelo rei absoluto. Quase cem anos depois de Jean Bodin, **Jacques Bossuet**, bispo francês, foi tutor do filho do rei Luís XIV, o mais absolutista dos monarcas franceses. Bossuet escreveu *A política segundo a Sagrada Escritura*, em que defendeu a **teoria do direito divino**, justificando o poder absolutista como vontade de Deus expressa na Bíblia.

A Inglaterra Tudor

Derrotada na Guerra dos Cem Anos (1337-1453), a Inglaterra vivia, no século XV, um momento de crise econômica. A instabilidade política também marcou esse período: um conflito – conhecido como **Guerra das Duas Rosas** (1455-1485) – instaurou-se pela disputa do trono após a morte de Henrique VI, que não deixou herdeiros. As famílias Lancaster (rosa vermelha) e York (rosa branca) reivindicavam o poder. Quando Henrique Tudor, da família Lancaster, casou-se com Isabel, da família York, a guerra chegou ao fim. Tinha início a **dinastia Tudor**.

Durante o reinado de Henrique Tudor, coroado como Henrique VII, a Inglaterra teve um grande desenvolvimento comercial e marítimo, transformando-se em uma potência. Seu filho, Henrique VIII, sucedeu-o e tornou-se o mais absoluto dos reis ingleses, acumulando ainda o poder de chefe religioso da Igreja Anglicana pelo **Ato de Supremacia** (1534). Henrique VIII confiscou os bens e extinguiu os monastérios da Igreja católica. O divórcio do seu primeiro casamento (com Catarina de Aragão, que não gerara um herdeiro masculino), negado pelo papa Clemente VII, foi o grande desencadeador das contendas com a Igreja católica, que terminaram em rompimento entre as duas partes e levaram ao surgimento da Igreja anglicana. Com Ana Bolena, sua segunda esposa, Henrique VIII teve uma filha, Elizabeth; e com Jane Seymour, terceira esposa, um menino, Eduardo.

Seus filhos o sucederam: Eduardo VI reinou por cinco anos e morreu; Maria I, filha do primeiro casamento e católica, teve um curto reinado marcado por perseguições aos protestantes e pela restauração do catolicismo; por fim, Elizabeth I, sua segunda filha, governou por 45 anos, tornando-se absolutista e reafirmando a religião anglicana. Durante seu reinado, houve um grande incentivo ao comércio, à atividade manufatureira e à navegação. A marinha inglesa tornou-se a grande senhora dos mares, vencendo a Armada da Espanha e saqueando navios espanhóis vindos da América (pirataria). Elizabeth não deixou herdeiros, e seu primo Jaime, rei da Escócia, assumiu o trono após sua morte.

A França dos Bourbon

O apogeu do absolutismo francês ocorreu sob a dinastia **Bourbon**, entre fins do século XVI e fins do século XVIII. Os reis anteriores, Carlos IX e Henrique III, da dinastia **Valois**, enfrentaram muitos conflitos entre católicos e protestantes (*huguenotes*). Na **Noite de São Bartolomeu**, em 24 de agosto de 1572, um ataque organizado pelo rei Carlos IX e sua mãe, Catarina de Médicis, contra os protestantes, em Paris, levou à morte de aproximadamente 3 mil huguenotes. Em 1589, Henrique III, irmão e sucessor de Carlos IX, foi assassinado por um católico fanático.

Henrique IV subiu ao trono em 1589 e deu início à **dinastia Bourbon**. Para conter os conflitos religiosos, assinou o **Édito de Nantes**, que, embora afirmasse o catolicismo como religião oficial da França, conferia liberdade de culto aos protestantes. Investimentos na área da agricultura e da manufatura possibilitaram melhorias para a economia francesa, assim como o incentivo à colonização do Canadá. Paris foi reformada; o exército, reorganizado; estradas e canais de navegação, construídos. Apesar da sua popularidade, Henrique IV foi assassinado por um católico em 1610.

Luís XIII sucedeu seu pai, Henrique IV, com apenas 9 anos de idade. Sua mãe, Maria de Médicis, tornou-se a regente e escolheu o bispo **Richelieu** como ministro do rei. Richelieu reforçou o absolutismo, tornando Luís XIII um dos mais poderosos reis da França. Durante seu reinado, a nobreza provincial submeteu-se ao rei, que concentrou os poderes da Justiça, da Polícia e da Fazenda. Externamente, a França combateu a Espanha e a Áustria (Guerra dos Trinta Anos, 1618-1648). Luís XIII morreu em 1643, cinco meses depois da morte de seu ministro Richelieu.

Seu filho, **Luís XIV**, conhecido como **Rei Sol**, assumiu o trono aos 13 anos de idade, sob a tutela do cardeal Mazzarino, que se tornou seu ministro. Mazzarino propôs o aumento dos impostos para a população e a cobrança de impostos da nobreza – que, até então, era isenta. Essa medida deflagrou uma guerra civil, a Fronda, que durou cerca de cinco anos e arruinou a economia francesa. Após a morte de Mazzarino, Luís XIV anunciou que governaria sem um primeiro-ministro, apenas com conselheiros, afirmando seu poder absoluto e "de direito divino" ao longo de 54 anos de reinado. A nobreza francesa tornou-se fiel ao rei, por causa dos altos cargos e salários que recebeu, além de uma vida de luxo e privilégios na Corte; o palácio de Versalhes transformou-se no símbolo do poder real. Todas as questões do país (religiosas, sociais, econômicas) passavam pelo conhecimento de Luís XIV. Colbert, burguês de confiança do rei, foi seu ministro das finanças.

As representações do poder real

O poder político sob o absolutismo era simbolizado pelas suas monumentais construções e pelas muitas regras de etiqueta adotadas pela nobreza. A construção do **Palácio de Versalhes**, no lugar de um antigo pavilhão de caça do rei Luís XIII, e a manutenção da nobreza, com seus luxos e privilégios, custavam verdadeiras fortunas aos cofres franceses, levando o reino a uma crise financeira, enquanto a maioria da população vivia em condições miseráveis. As normas de etiqueta e de conduta impostas à nobreza, em troca de festas espetaculares e banquetes luxuosos no palácio, mantinham a figura absoluta e divina do rei e evitavam que a nobreza se revoltasse contra o poder monárquico.

Na política externa, Luís XIV tentou manter a soberania francesa na Europa, empreendendo guerras com diversos países, o que acentuou a crise financeira na França. Entre os conflitos, destacam-se: a **Guerra da Holanda**, em 1667; a **Guerra da Liga de Augsburgo** (1689-1697), travada contra Inglaterra, Áustria, Espanha, Holanda e Suécia (entre outros países), que não levou a nada e só aumentou a crise francesa; a **Guerra de Sucessão Espanhola** (1701-1714), pela posse do trono espanhol em favor de Filipe V, neto de Luís XIV.

Luís XIV, que não concordava com os huguenotes, passou a persegui-los após a morte de Colbert. Com a anulação do Édito de Nantes, aproximadamente 300 mil protestantes deixaram a França, levando consigo suas práticas comerciais e manufatureiras. Eles foram para Holanda, Inglaterra e Alemanha, o que causou ainda mais problemas para a economia francesa. No fim do reinado de Luís XIV, em 1715, a França estava arruinada e o absolutismo, com seus dias contados.

Questões

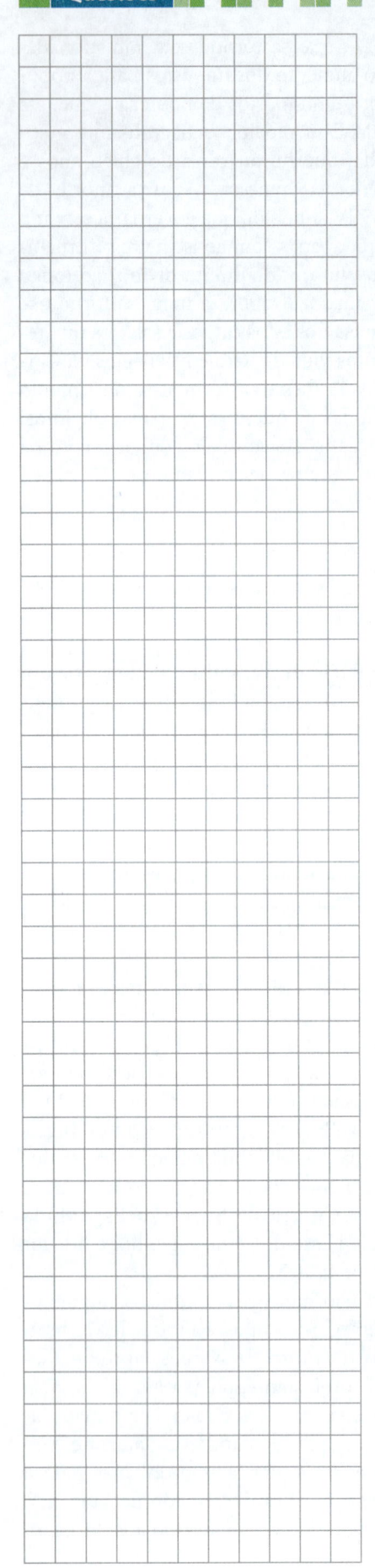

1. **(ESPM-SP)**

    "Na Idade Moderna, os intelectuais, sobrepujando a mentalidade medieval, criaram uma ideologia política típica do período, legitimando o absolutismo."

    VICENTINO, Cláudio. *História Geral*.

    Assinale entre as alternativas a seguir aquela que apresenta um dos pensadores que se destacaram na teoria política do período absolutista, bem como a obra em que trata do assunto.
    a) Thomas Morus, que escreveu *Utopia*.
    b) John Locke, que escreveu *Segundo Tratado do Governo Civil*.
    c) Charles Fourier, que escreveu *O Novo Mundo Industrial*.
    d) Jacques Bossuet, autor da obra *Política Segundo a Sagrada Escritura*.
    e) Barão de Montesquieu, autor da obra *O Espírito das Leis*.

2. **(Unifesp)** Nos reinados de Henrique VIII e de Elisabeth I, ao longo do século XVI, o Parlamento inglês

    "aprovava 'pilhas de estatutos', que controlavam muitos aspectos da vida econômica, da defesa nacional, níveis estáveis de salários e preços, padrões de qualidade dos produtos industriais, apoio aos indigentes e punição aos preguiçosos, e outros desejáveis objetivos sociais".

    STONE, Lawrence, 1972.

    Essas "pilhas de estatutos", ou leis, revelam a:
    a) inferioridade da monarquia inglesa sobre as europeias no que diz respeito à intervenção do Estado na economia.
    b) continuidade existente entre as concepções medievais e as modernas com relação às políticas sociais.
    c) prova de que o Parlamento inglês, já nessa época, havia conquistado sua condição de um poder independente.
    d) especificidade da monarquia inglesa, a única a se preocupar com o bem-estar e o aumento da população.
    e) característica comum às monarquias absolutistas e à qual os historiadores deram o nome de mercantilismo.

3. **(UFRGS-RS)** Observe a figura a seguir, que representa a construção da imagem do Rei-Sol.

    Luís XIV assumiu o poder monárquico francês em 1661 e, em pouco tempo, impôs à França e à Europa a imagem pública de um Rei-Sol todo poderoso. Toda uma máquina de propaganda foi colocada a serviço do rei francês. Escritores, historiadores, escultores e pintores foram convocados ao exercício da sua glorificação. O mito de Luís XIV foi criado em meio a mudanças socioeconômicas e políticas na França do século XVII.

    A esse respeito, considere as seguintes afirmações:
    I. Luís XIV, rei por direito divino, suscitou a admiração de seus pares europeus, Versalhes foi copiada por toda a Europa, o francês consolidou-se

como língua falada pela elite europeia. Porém, sombras viriam a ofuscar o Rei-Sol, visto que a oposição exilada começou a denunciar a autocracia do monarca francês.

II. Para restabelecer a paz no reino, após a rebelião da Fronda e a Guerra dos Trinta Anos, e dedicar-se à consolidação da cultura francesa como universal, Luís XIV devolveu o poder das províncias às grandes famílias aristocráticas.

III. A fim de criar uma imagem pública positiva e democrática, Luís XIV organizou a partilha do poder de Estado com o Parlamento e com o Judiciário, dando início à divisão dos três poderes, cara a Montesquieu e fundamental para os novos rumos da política europeia.

Quais estão corretas?

a) Apenas I.
b) Apenas II.
c) Apenas III.
d) Apenas I e III.
e) Apenas II e III.

4. (UFSM-RS) Observe a figura:

Joana d'Arc em Paris, setembro de 1429. PILETI. *História e vida*. v. 3. p. 199.

Figuras heroicas forjadas a partir de personagens reais ou criadas por artistas têm função semelhante. Joana d'Arc, na Guerra dos Cem Anos, serviu para:

a) reerguer a França abatida pela desaceleração econômica.
b) apoiar o rei da França e fortalecer o seu reino.
c) expulsar os invasores pagãos do território francês.
d) consolidar o predomínio do papa na Europa.
e) dar um herdeiro ao trono francês.

5. (UFMG) Considerando-se as características do Antigo Regime, é incorreto afirmar que:

a) a economia foi fortemente marcada pela atividade comercial, regida por concepções e práticas denominadas Mercantilismo.
b) a expansão comercial associada à expansão marítima provocou forte migração e consequente despovoamento das cidades europeias.
c) a organização política predominante era fundamentada no Absolutismo monárquico e se legitimou pela teoria do Direito Divino dos Reis.
d) o processo de ocupação e colonização de territórios além-mar ajudou a expandir a cultura e os valores da Europa.

6. (Unifesp) Mercantilismo é o nome normalmente dado à política econômica de alguns Estados Modernos europeus, desenvolvida entre os séculos XV e XVIII. Indique:

a) duas características do Mercantilismo.
b) a relação entre o Mercantilismo e a colonização da América.

As revoluções inglesas e a Revolução Industrial

■ Dos Tudor aos Stuart

Entre 1485 e 1603, a Inglaterra foi governada pela dinastia **Tudor**, que instaurou o absolutismo no país, sobretudo durante os reinados de Henrique VIII (1509-1547) e de sua filha, Elizabeth I (1558-1603).

Elizabeth não teve filhos. Ao morrer, foi sucedida por seu primo Jaime I, que era também rei da Escócia. Com o novo rei, teve início a dinastia **Stuart**. O reinado de Jaime I foi marcado pela afirmação do "direito divino dos reis" e por perseguições aos **puritanos** (calvinistas), muitos dos quais emigraram para a América do Norte.

Além disso, Jaime I restabeleceu antigos impostos e monopólios, prejudicando os interesses de setores da burguesia e da população em geral. No campo, continuavam os **cercamentos** das terras comunais, que passavam a ser utilizadas como pastagens de ovelhas, fornecedoras de lã para as manufaturas têxteis. Tudo isso gerava grande insatisfação social. No **Parlamento**, crescia a oposição ao rei.

Em 1625, com a morte de Jaime I, subiu ao trono seu filho Carlos I. O novo monarca logo entrou em choque com o Parlamento, que se recusou a aprovar sua pretensão de aumentar os impostos. Em resposta, Carlos I fechou o Parlamento.

Em 1639, a Inglaterra foi invadida pelos puritanos escoceses. Carlos I convocou então o Parlamento, que se recusou a aprovar o aumento de impostos proposto pelo rei para enfrentar a rebelião escocesa. Carlos I o dissolveu mais uma vez. Por sua curta duração (três semanas), essa assembleia ficou conhecida como **Parlamento Curto**.

Com o agravamento da revolta escocesa, o rei convocou novamente o Parlamento, que duraria 13 anos e é por isso chamado de **Parlamento Longo**.

■ A Revolução Puritana

As tensões entre o monarca e o Parlamento continuaram. Em 1642, Carlos I tentou sem êxito prender a oposição puritana no Parlamento. Teve início então uma **guerra civil** entre o rei e o Parlamento. Entre os partidários de Carlos I estavam a alta nobreza, os bispos anglicanos e setores do exército. O Parlamento, por sua vez, era apoiado pela burguesia e pelos puritanos.

Um dos líderes do Parlamento, o puritano **Oliver Cromwell**, assumiu o comando do exército rebelde. Em 1648, depois de várias derrotas, as tropas do rei se renderam. Carlos I foi preso, julgado e executado em 1649.

Durante a luta, surgiram setores mais radicais no exército de Cromwell, como os **niveladores**, que defendiam o sufrágio universal masculino, e os **cavadores**, favoráveis a uma reforma agrária. Cromwell os reprimiu, proclamou a **República** (ou *Commonwealth*) e, em 1653 recebeu o título de **Lorde Protetor da Inglaterra**, cargo vitalício e hereditário. Seu governo tornou-se, assim, uma ditadura.

Em 1651, Cromwell assinou o **Tratado de Navegação**, pelo qual todas as mercadorias que entrassem ou saíssem de portos ingleses deveriam ser transportadas por navios ingleses. A medida beneficiou a burguesia mercantil, mas prejudicou a Holanda, que declarou guerra à Inglaterra. O conflito foi vencido pelos ingleses, que consolidaram assim seu poder naval.

Morto em 1659, Cromwell foi sucedido por seu filho, Richard, que ficou pouco tempo no poder. Em 1660, com o afastamento de Richard Cromwell, era coroado Carlos II, filho do rei executado Carlos I.

■ A Revolução Gloriosa

Era o fim da República, mas não dos conflitos entre o Parlamento e o rei. Da mesma forma que seu pai, Carlos II almejava o poder absoluto. Entretanto, manteve as leis que beneficiavam a burguesia e, em 1660 e 1663, decretou outros Atos de Navegação

Em 1685, com a morte de Carlos II, subiu ao trono seu irmão Jaime II, católico fervoroso que também alimentava pretensões absolutistas. Temendo a possibilidade de restabelecimento de uma dinastia católica, alguns integrantes do Parlamento planejaram um golpe de Estado. Para isso, convidaram o príncipe holandês Guilherme de Orange, genro de Jaime II, a ocupar o trono inglês. Guilherme desembarcou na Inglaterra em 1688, à frente de um exército. Sem apoio na população, Jaime II abandonou o trono e refugiou-se na França.

Esse golpe, que recebeu o nome de **Revolução Gloriosa** por ter sido realizado sem derramamento de sangue, colocou Guilherme de Orange e sua esposa, Maria Stuart (protestante, filha de Jaime II) no trono da Inglaterra, Escócia e Irlanda. Em 1689, o Parlamento e o novo rei instituíram a **Declaração de Direitos**, documento que reafirmava o poder e a autoridade do Parlamento, impedindo o rei de dissolvê-lo. Era o fim do absolutismo na Inglaterra.

Revolução Industrial

▪ Tempo de transformações

A Revolução Industrial teve início na Inglaterra, no século XVIII. A partir de 1760, lentas mas significativas mudanças nas técnicas de produção e nas relações sociais transformaram a sociedade inglesa em uma sociedade tipicamente industrial. Esse período, que vai de 1760 a 1850, é denominado **Primeira Revolução Industrial**.

No início, as mudanças ocorreram de maneira lenta e gradual, passando de um sistema de produção essencialmente **artesanal**, **manufaturado**, para o sistema fabril das **maquinofaturas**, com o emprego de mão de obra assalariada. Isso, além da divisão do trabalho, gerou elevado aumento da produção e grandes lucros aos burgueses.

Essa mudança marcante nos meios de produção foi possível graças às constantes inovações técnicas. Buscando eficiência, grande produtividade e altos lucros nos mercados coloniais, o setor têxtil inglês foi o principal vetor do progresso tecnológico; os constantes avanços desse setor possibilitaram a conquista dos mercados coloniais e a utilização de diferentes matérias-primas, como o algodão.

Entre as inovações técnicas destacam-se o aperfeiçoamento da máquina a vapor por James Watt (1768) e o tear mecânico movido a vapor (1785), permitindo às fábricas de tecelagem um aproveitamento muito maior dos fios, que máquinas como a *spinning mule* produziam em larga escala.

A **energia a vapor** também contribuiu para o desenvolvimento de outras áreas: o barco a vapor (1807) e a locomotiva a vapor (1814) revolucionaram o sistema mundial de transportes de pessoas e de mercadorias, encurtando distâncias e diminuindo o tempo de transporte de cargas. Multiplicavam-se as estradas de ferro pela Europa e pelos Estados Unidos, o que contribuiu muito para o desenvolvimento do setor industrial.

▪ Carvão, ferro e algodão

Durante o período da Primeira Revolução Industrial, os tecidos de **algodão** passaram a ser uma alternativa aos tecidos de lã. Por serem mais leves e baratos, seu uso foi difundido mundialmente com enorme aceitação, constituindo-se na matéria-prima essencial da primeira fase da industrialização. Igualmente importante era o **carvão mineral**, combustível das máquinas a vapor, fundamental para as tecelagens, as locomotivas e os barcos. O **ferro** foi decisivo para o desenvolvimento da indústria, por ser utilizado largamente na produção de máquinas, trens, trilhos, navios e pontes.

Novas técnicas de produção do ferro levaram à criação do **aço** e, a partir de meados do século XIX, o uso da **energia elétrica** e do **petróleo** e a expansão industrial para os países continentais da Europa marcaram o início da **Segunda Revolução Industrial**.

▪ A sociedade industrial

Na Inglaterra do século XVIII, paralelamente ao processo de inovações técnológicas, prosseguiam os **cercamentos** nos campos. A decisão dos proprietários de terra de cercar as antigas terras comunais e utilizá-las para a criação de ovelhas, forçou milhares de camponeses a abandonar os campos e a migrar para as cidades em busca de alternativas para a sobrevivência, transformando-se em operários de fábrica ou mineiros.

Isso gerou um excedente de mão de obra para os industriais, resultando na exploração dos operários. As jornadas de trabalho eram longas – até 19 horas por dia, sem direito a intervalos – e os salários, baixíssimos. Mulheres e crianças eram obrigadas a trabalhar, realizando atividades repetitivas e, muitas vezes, perigosas e em lugares insalubres.

Diante do desemprego, da miséria e da exploração cada vez mais cruel, os operários reagiram. Primeiramente, com o movimento dos quebradores de máquinas (**luddismo**); depois, com a criação de **associações de trabalhadores**, que se multiplicavam por todas as cidades industriais da Inglaterra.

▪ O Romantismo

A Revolução Industrial transformou, também, a maneira como as pessoas enxergavam o mundo e as próprias mudanças que estavam vivenciando. Nessa época, nasce o **Romantismo**, movimento artístico e literário que buscava refletir acerca dessas transformações na sociedade, na vida dos indivíduos e nos valores culturais e espirituais.

Alguns artistas do período também criticavam o **Classicismo**, acusando-o de representar apenas valores aristocráticos. Além disso, os românticos valorizavam a subjetividade, o exótico e o desconhecido, as tradições populares e a herança cultural, ressaltando a natureza e sua ligação com o que consideravam os verdadeiros valores humanos.

Questões

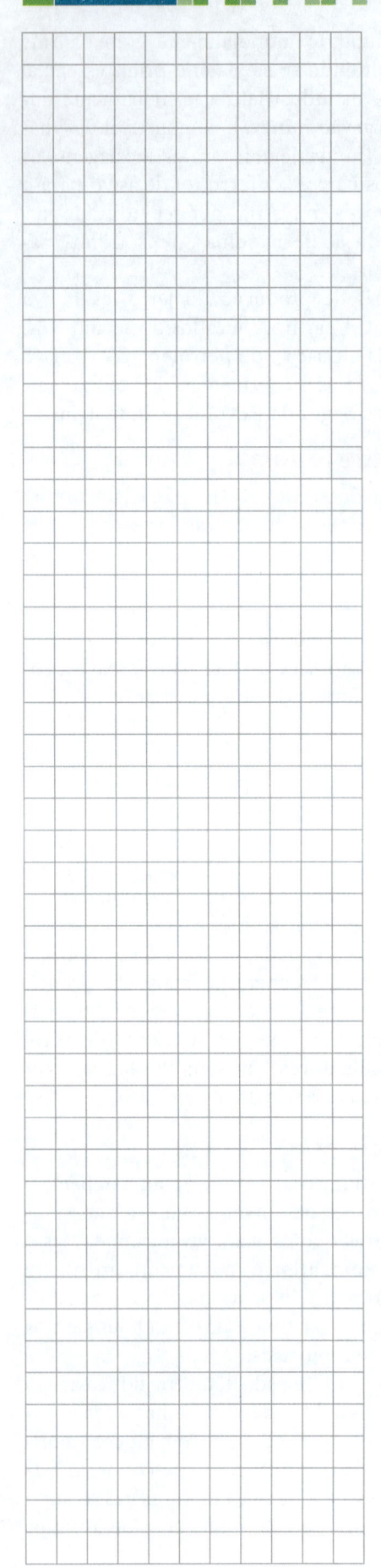

1. (UFRGS-RS) Ao longo da Revolução Inglesa, ocorrida no século XVII, emergiu um regime republicano, que durou cerca de uma década, sob o comando de Oliver Cromwell, o "Lord Protector" da Inglaterra.

Sobre esse período republicano, é correto afirmar que:

a) a Inglaterra, enfraquecida pela transição de regime, ficou à mercê das demais potências europeias, às quais foi obrigada a conceder uma série de vantagens comerciais.

b) Cromwell, no intuito de proteger a economia interna, elaborou diversas restrições comerciais que o colocaram em conflito direto com os holandeses.

c) a morosidade com que Cromwell implantou sua política econômica contribuiu para a curta duração de seu governo.

d) ele teve como particularidade o retrocesso do puritanismo religioso, característica marcante nos tempos do monarca Carlos I.

e) ele representou uma fase de distensão entre a Inglaterra e as oposições irlandesas e escocesas.

2. (Unesp) A Revolução Puritana (1640) e a Revolução Gloriosa (1688) transformaram a Inglaterra do século XVII. Sobre o conjunto de suas realizações, pode-se dizer que:

a) determinaram o declínio da hegemonia inglesa no comércio marítimo, pois os conflitos internos provocaram forte redução da produção e exportação de manufaturados.

b) resultaram na vitória política dos projetos populares e radicais dos cavadores e dos niveladores, que defendiam o fim da monarquia e dos privilégios dos nobres.

c) envolveram conflitos religiosos que, juntamente com as disputas políticas e sociais, desembocaram na retomada do poder pelos católicos e em perseguições contra protestantes.

d) geraram um Estado monárquico em que o poder real devia se submeter aos limites estabelecidos pela legislação e respeitar as decisões tomadas pelo Parlamento.

e) precederam as revoluções sociais que, nos dois séculos seguintes, abalaram França, Portugal e as colônias na América, provocando a ascensão política do proletariado industrial.

3. (ESPM-SP)

> "O Ato de Navegação de 1651 originou um conflito contra a supremacia naval holandesa. A guerra entre a Commonwealth e a Holanda nasceu de um determinado número de incidentes provocados pela rivalidade entre as duas comunidades marítimas, não podendo ser atribuída a nenhuma causa isolada."
>
> Trevelyan, G. M. *História concisa da Inglaterra.*

O texto faz referência ao Ato de Navegação e à guerra entre Inglaterra e Holanda que ocorreram:

a) sob o governo da rainha Elisabeth I, que consolidou a hegemonia naval inglesa.

b) sob o governo de Carlos II, rei da dinastia Stuart, restaurada após a morte de Cromwell.

c) sob o governo da monarquia parlamentarista instituído após a Revolução Gloriosa.

d) sob o governo de Henrique VIII, rei que, ao vencer esse conflito, implantou o absolutismo na Inglaterra.

e) sob o governo republicano estabelecido por Cromwell, que a partir de 1653 tornou-se o Lorde Protetor da Inglaterra.

4. (Unesp) Gerald Winstanley, líder dos escavadores da Revolução Puritana na Inglaterra (1640-1660), definiu a sua época como aquela em que "o velho mundo está rodopiando como pergaminho no fogo". Embora os escavadores tenham sido vencidos, a Revolução Inglesa do século XVII trouxe mudanças significativas, dentre as quais destacam-se a:

a) instituição do sufrágio universal e a ampliação dos direitos das Assembleias populares.
b) separação entre Estado e religião e a anexação das propriedades da Igreja Anglicana.
c) liberação das colônias da Inglaterra e a proibição da exploração da mão de obra escrava.
d) abolição dos domínios feudais e a afirmação da soberania do Parlamento.
e) ampliação das relações internacionais e a concessão de liberdade à Irlanda.

5. (Unesp)

> "Este considerável aumento de produção que, devido à divisão do trabalho, o mesmo número de pessoas é capaz de realizar, é resultante de três circunstâncias diferentes: primeiro, ao aumento da destreza de cada trabalhador; segundo, à economia de tempo, que antes era perdido ao passar de uma operação para outra; terceiro, à invenção de um grande número de máquinas que facilitam o trabalho e reduzem o tempo indispensável para o realizar, permitindo a um só homem fazer o trabalho de muitos."

SMITH, Adam. Investigação sobre a natureza e as causas da riqueza das nações (1776). In: SMITH, Adam/Ricardo. São Paulo: Abril Cultural, 1984. (Os pensadores.)

O texto, publicado originalmente em 1776, destaca três características da organização do trabalho no contexto da Revolução Industrial:

a) a introdução de máquinas, a valorização do artesanato e o aparecimento da figura do patrão.
b) o aumento do mercado consumidor, a liberdade no emprego do tempo e a diminuição na exigência de mão de obra.
c) a escassez de mão de obra qualificada, o esforço de importação e a disciplinarização do trabalhador.
d) o controle rigoroso de qualidade, a introdução do relógio de ponto e a melhoria do sistema de distribuição de mercadorias.
e) a especialização do trabalhador, o parcelamento de tarefas e a maquinização da produção.

6. (UEL-PR) Sobre a Revolução Industrial nos séculos XVIII e XIX, é correto afirmar:

a) Uma condição indispensável para a transição do artesanato para a manufatura e desta para a indústria moderna foi a concentração da propriedade dos meios de produção nas mãos do capitalista.
b) O crescimento industrial na Inglaterra resultou em um processo conhecido como "segunda servidão", na qual os antigos servos rurais foram transferidos para as indústrias urbanas, visando ao aumento de produtividade das mesmas.
c) Embora detivessem o poder político, tanto a burguesia rural como a aristocracia urbana não possuíam capitais que possibilitassem o desenvolvimento da Revolução Industrial, sendo esta, portanto, financiada pelos pequenos proprietários rurais.
d) A industrialização na Grã-Bretanha iniciou-se com a instalação das indústrias de bens de capital (aço e maquinário) e, depois de estruturada essa base, partiu-se para a produção de bens de consumo semiduráveis e não duráveis (tecidos, alimentos, bebidas).
e) Por não haver complementaridade entre a atividade industrial e a pecuária (gado bovino, ovino), este foi o setor mais duramente atingido pela conversão da Europa rural em industrial.

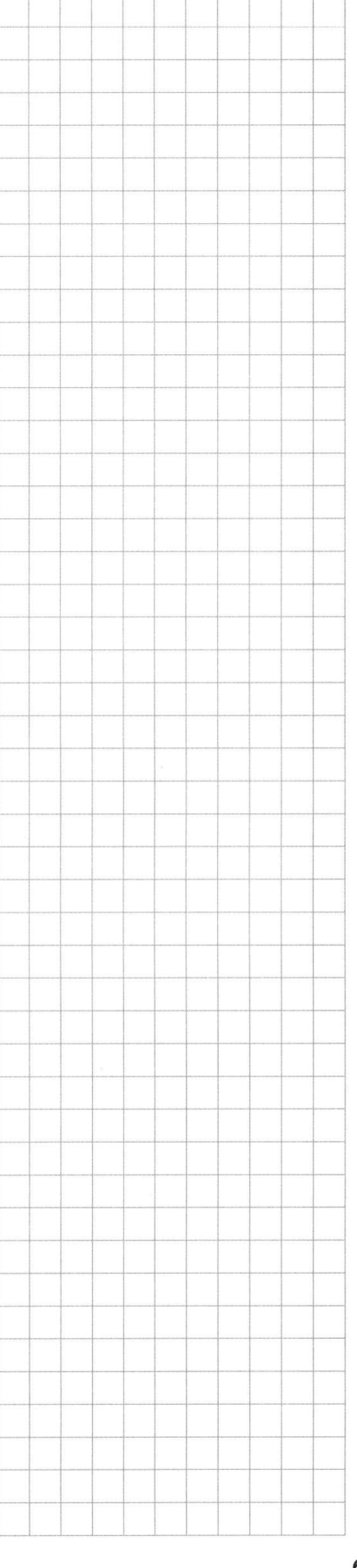

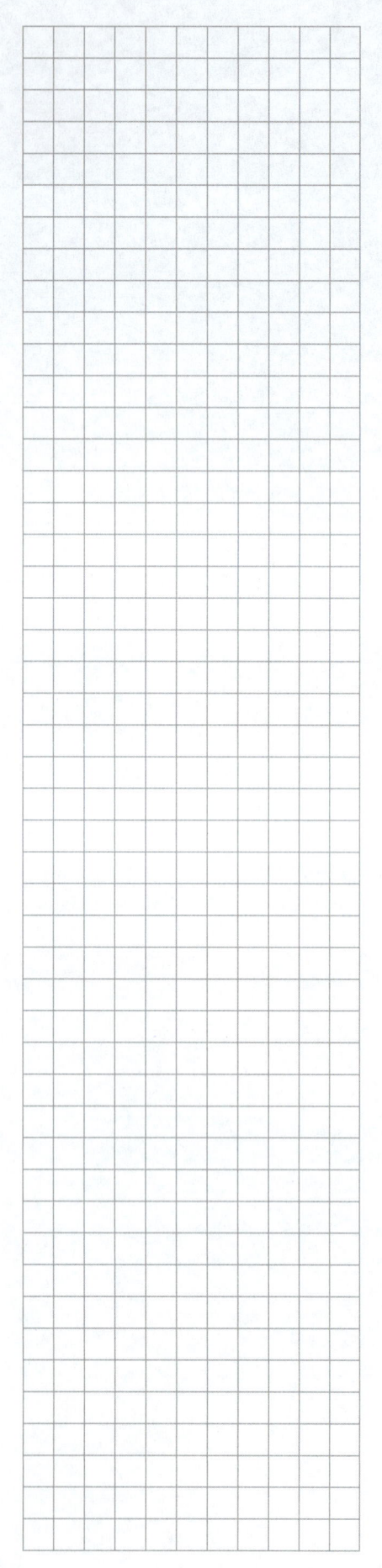

7. (UFC-CE) Leia o texto a seguir.

> "A cada 1º de maio, lembramos de Parsons, Spies e seus companheiros de patíbulo. Mas poucos lembram do nome de James Towle, que foi, em 1816, o último "destruidor de máquinas" enforcado. Caiu pelo poço da forca gritando um hino *luddita* [sic] até que suas cordas vocais se fecharam num só nó."
>
> FERRER, Christian. Os destruidores de máquinas.
> *Libertárias*, São Paulo, n. 4, p. 5, dez. 1998.

Sobre os destruidores de máquinas, de que trata o texto acima, assinale a alternativa correta.

a) Foram trabalhadores ingleses que combateram com ações diretas a mecanização dos teares durante a Revolução Industrial.

b) Eram grupos de rebeldes irlandeses liderados pelos radicais jacobinos insatisfeitos com a restauração da monarquia dos Bourbon na França.

c) Eram integrantes das vanguardas das *trade unions*, os primeiros sindicatos de trabalhadores da Inglaterra, que elaboraram a "Carta do Povo".

d) Foram trabalhadores anarquistas que morreram enforcados por terem lutado pela jornada de oito horas durante a greve geral de Haymarket Riot, em Chicago.

e) Eram grupos de indígenas do meio oeste dos EUA, entre eles os sioux, que atacavam os trens (cavalos de aço) que dividiam as manadas de búfalos dentro de seus territórios.

8. (IFSP) A Revolução Industrial, ocorrida na Inglaterra no final do século XVIII e no século XIX:

a) trouxe a substituição da maquinofatura pela manufatura e pelo trabalho artesanal.

b) provocou profundas transformações sociais, pois os salários masculinos subiram vertiginosamente, levando as mulheres a voltarem ao seu papel tradicional de mãe e esposa.

c) rapidamente se espalhou pelo restante da Europa, sendo a Alemanha o segundo país a se industrializar.

d) mudou substancialmente a vida do homem, que não mais era dono de seu tempo, como os mestres artesãos o eram.

e) provocou mudanças políticas ao trazer a substituição da monarquia absolutista pela monarquia parlamentarista, regime em vigor até hoje.

9. (PUC-RS) A Revolução Industrial que se consolidou na Inglaterra da segunda metade do século XVIII apresentava fatores condicionantes em variados campos da sociedade britânica. No campo institucional, tem-se a _____; no que se refere ao pensamento econômico, apresenta-se o _____; no plano ético de fundamentação religiosa, cita-se o _____ e, no campo econômico, verifica-se a liberação de mão de obra causada pela prática dos _____.

a) Monarquia Parlamentar
   mercantilismo
   protestantismo
   cercamentos

b) República Parlamentar
   liberalismo
   catolicismo
   campos abertos

c) Monarquia Parlamentar
   liberalismo
   protestantismo
   cercamentos

d) República Parlamentar
   mercantilismo
   protestantismo
   campos abertos

e) Monarquia Parlamentar
   liberalismo
   catolicismo
   cercamentos

10. (Unemat-MT) Para muitos historiadores, o período compreendido entre 1850 e 1914, do ponto de vista econômico, é conhecido como "Segunda Revolução Industrial".

Sobre o tema assinale a alternativa correta.
a) Nesse período, a industrialização se concentrou na Inglaterra, que era conhecida como a Oficina do Mundo.
b) Esta fase da industrialização ficou limitada ao uso do ferro, do carvão e do vapor.
c) Nesta época, devido ao progresso econômico que a industrialização proporcionou, o movimento operário praticamente desapareceu na Europa e nos Estados Unidos.
d) Entre os anos de 1873 e 1896, ocorreu uma grave crise econômica na Europa, cuja maior consequência foi o fim dos trustes e cartéis.
e) A deflagração da I Guerra Mundial (1914-1918) teve como uma de suas motivações a rivalidade entre as nações industrializadas, resultante do acelerado desenvolvimento econômico ocorrido a partir do final do século XIX.

11. (Ibmec-RJ)

"A expressão Revolução Industrial tem sido utilizada para designar um conjunto de transformações econômicas, sociais e tecnológicas que teve início na Inglaterra, na segunda metade do século XVIII. Em pouco tempo, essas mudanças afetariam outros países da Europa e outros continentes, alterando definitivamente as relações entre as sociedades humanas."

FIGUEIRA, D. G. *História.* São Paulo: Ática, 2005. p. 193.

Sobre esse tema são feitas as seguintes afirmativas:
I. A produção de tecidos foi um dos primeiros setores a desenvolver o processo industrializador.
II. Ao aumentar a produtividade de cada trabalhador, aumentou a oferta de mercadoria e, por consequência, possibilitou uma redução nos preços dos produtos.
III. O sucesso da Revolução Industrial foi tão significativo que originou um apoio à utilização de máquinas, processo que ficou conhecido como luddismo.

Assinale:
a) se apenas a afirmativa I for correta.
b) se apenas a afirmativa II for correta.
c) se apenas a afirmativa III for correta.
d) se as afirmativas I e II forem corretas.
e) se as afirmativas II e III forem corretas.

12. (UEPG-PR) A economia capitalista apresentou diversos saltos tecnológicos, chamados de revoluções industriais, que se manifestaram no aparecimento da fábrica moderna, vinculada à utilização industrial da energia a vapor e à mecanização. Sobre este tema, assinale o que for correto.[1]

01. Em geral associados à segunda revolução industrial, desenvolveram-se o taylorismo e o fordismo, com um rígido controle do ritmo de trabalho nas empresas, que se tornam cada vez mais especializadas.
02. Em virtude de sua expansão imperialista, a França foi o núcleo da primeira revolução industrial, deflagrada pelo investimento dos recursos obtidos com a exploração colonial.
04. Através da organização operária, o anarquismo defendia uma ampla legislação social, assegurada pelo Estado.
08. O aprofundamento da industrialização trouxe consigo as reivindicações do movimento operário por melhores salários e melhores condições de trabalho.
16. Capital, recursos naturais e mercado são aspectos essenciais da produção capitalista. Existe, porém, um quarto requisito, sem o qual essa produção não teria condições de existir: o controle sobre o trabalho.

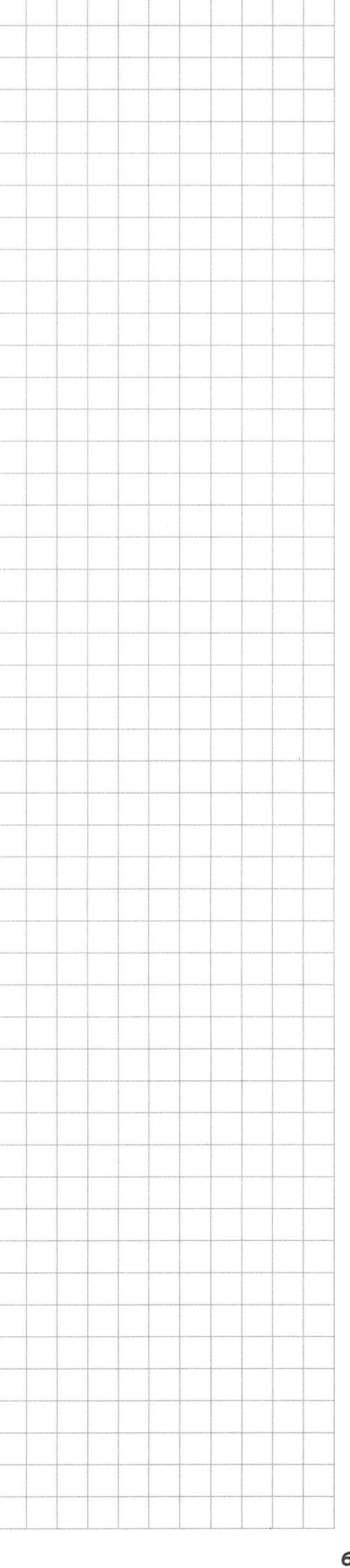

---
[1] Dê como resposta a soma dos números associados às afirmações corretas.

O Iluminismo e a Revolução Americana

■ Iluminismo: a supremacia da razão

O século XVIII na Europa, chamado de **Século das Luzes**, foi marcado pelo **Iluminismo**, movimento intelectual que rejeitava o misticismo religioso, exaltava a razão e condenava o absolutismo dos reis. Iniciado na Inglaterra, desenvolveu-se pricipalmente na França.

Os iluministas propunham uma forma de pensar baseada na razão como meio de libertar o ser humano da ignorância e da superstição, em oposição ao pensamento religioso medieval. Somente as luzes da razão, diziam eles, poderiam vencer as trevas da ignorância. Eram adeptos, portanto, da ciência, do pensamento racional (**racionalismo**) e do "esclarecimento" por meio da educação.

A concepção de Estado proposta por eles tinha por base o conceito de **contrato social**. Segundo esse conceito, os seres humanos são portadores de direitos naturais e nascem livres e iguais. Em determinado momento do **estado de natureza**, anterior à formação da sociedade, eles teriam estabelecido um **pacto** ou **contrato**, pelo qual ficavam criados o Estado e a sociedade civil.

Daí serem chamados de **contratualistas**, ou **jusnaturalistas** (do latim *jus naturalis*, direito natural). Entretanto, não havia consenso entre eles sobre a forma ideal de governo. Enquanto alguns defendiam a Monarquia constitucional, outros propunham a República. Alguns chegaram a colaborar com os "déspotas esclarecidos".

John Locke, filósofo inglês, foi um dos precursores do pensamento político iluminista. Ainda no século XVII, na obra *Segundo tratado sobre o governo civil*, ele rejeitava a ideia de direito divino dos reis, afirmando que a **legitimidade** de um governo era atribuída pela sociedade civil e que o povo tinha o direito de se rebelar contra a tirania.

François-Marie Arouet, filósofo francês conhecido como **Voltaire**, empenhou-se na luta contra a superstição e o fanatismo religioso. Era partidário de uma monarquia constitucional como a da Inglaterra. Entre suas obras destacam-se o *Tratado sobre a tolerância* e as *Cartas inglesas*.

Jean-Jacques Rousseau, filósofo franco-suíço, argumentava que as desigualdades sociais têm sua origem na propriedade privada e que, embora nasça bom, o ser humano é corrompido pela sociedade. Autor de *O contrato social*, Rousseau era partidário da República e da democracia direta, instrumento para o exercício da "vontade geral" da sociedade (soberania popular).

Charles-Louis de Secondat, francês conhecido como **Montesquieu**, em sua obra *O espírito das leis* propunha a divisão do poder do Estado em três grupos de instituições; os poderes **Executivo**, **Legislativo** e **Judiciário**. Defendia uma monarquia constitucional nos moldes da inglesa.

Denis Diderot, igualmente francês, foi o responsável pelo projeto de elaboração da *Enciclopédia*, ou *Dicionário raciocinado das ciências, das artes e dos ofícios*, obra realizada com a colaboração do matemático Jean d'Alembert.

O escocês **Adam Smith**, um dos fundadores da economia política, foi também um dos pioneiros do **liberalismo econômico**. Em sua obra *A riqueza das nações* ele condena o Mercantilismo e a intervenção do Estado na economia, propõe a livre concorrência entre as empresas e afirma que a distribuição da riqueza deve ser feita pela "mão invisível" do mercado.

■ O despotismo esclarecido

Alguns países europeus de monarquias absolutistas, como Prússia, Rússia, Áustria e Portugal, incorporaram em seu governos certas ideias iluministas. Essa combinação de princípios absolutistas e iluministas tem sido chamada de **despotismo esclarecido**.

Na **Prússia**, o rei **Frederico II**, amigo de Voltaire, instituiu um **Código do Processo Civil** que tornava o poder Judiciário independente do poder Executivo, aboliu as torturas e extinguiu a corveia (obrigação que tinha o servo de trabalhar gratuitamente para o senhor durante alguns dias por semana), medidas inspiradas pelo Iluminismo.

Na **Rússia**, a czarina **Catarina II** correspondia-se com Voltaire e Diderot. Em seu reinado, estabeleceu a tolerância religiosa, criou escolas e universidades e promoveu reformas urbanas. Na **Áustria**, o rei **José II** instituiu o ensino fundamental público e obrigatório e extinguiu as torturas e a servidão dos camponeses.

Em **Portugal**, **dom José I** teve como primeiro-ministro o **Marquês de Pombal**, que governou entre 1750 e 1777. Muitas das medidas adotadas por Pombal eram de inspiração iluminista. Entre elas, a extinção dos autos de fé da Inquisição, que consistiam em execuções públicas de pessoas acusadas de heresia; a expulsão dos jesuítas do Império português e a revogação das leis que distinguiam os cristãos dos cristão-novos, judeus convertidos por conveniência ao cristianismo. Entretanto, no plano econômico Pombal não seguiu a política liberal. Pelo contrário, adotou medidas econômicas mercantilistas, como a criação de monopólios e o protecionismo.

As Treze Colônias inglesas na América

Durante o século XVII, os colonos ingleses que migraram para a América, em sua maioria puritanos, desenvolveram uma espécie de autogoverno em seus domínios, com órgãos administrativos que deliberavam sobre assuntos das colônias e mantinham certa liberdade diante da Metrópole. A Inglaterra passava por um conturbado momento político, devido às lutas da população e do Parlamento contra o absolutismo, e não tinha condições de estabelecer maior controle administrativo sobre suas possessões americanas.

As Treze Colônias inglesas se diferenciavam quanto às características de exploração econômica e às formas de organização da sociedade. Nas colônias do Norte, de clima temperado, desenvolveu-se uma agricultura voltada para o mercado interno, baseada na pequena propriedade e no trabalho assalariado. As condições climáticas dessa região impossibilitavam o cultivo de gêneros tropicais para a exportação.

Já nas colônias do Sul, a aristocracia rural enriquecia com a exportação de produtos como tabaco, arroz, índigo e algodão, cultivados em grandes propriedades de terra, as *plantations*, com a presença de trabalho escravo africano na monocultura agrícola.

AS TREZE COLÔNIAS NO SÉCULO XVIII

Fonte de pesquisa: *Atlas histórico escolar*. Rio de Janeiro: FAE, 1991. p. 62.

A Metrópole pressiona

Os ingleses tiveram o apoio dos colonos americanos em suas guerras contra os franceses pelo domínio territorial na América do Norte. Porém, após a Guerra dos Sete Anos (1756-1763), a Inglaterra, a fim de melhorar sua situação econômica, instituiu novos impostos aos colonos:

- Lei do Açúcar (1764): aumentava a taxação sobre o açúcar importado pelos colonos americanos de possessões no Caribe que não fossem inglesas;
- Lei do Selo (1765): obrigava a compra e o uso de selos nos documentos ou publicações que circulassem na Colônia;
- Lei do Chá (1773): estabelecia o monopólio do comércio de chá para os ingleses da Companhia das Índias Orientais.

Os colonos resistiram à cobrança dos novos impostos. Em 1773, ocorreu um protesto que ficou conhecido como a **Festa do Chá** de Boston, quando colonos disfarçados de indígenas atacaram os navios ingleses no porto da cidade e jogaram toda sua carga de chá no mar. Em resposta, os ingleses determinaram o fechamento do porto de Boston e o pagamento indenizatório do chá perdido, entre outras medidas repressivas que ficaram conhecidas como **Leis Intoleráveis**. Para deliberar sobre o controle inglês e organizar a resistência, representantes das colônias se encontraram no **Congresso Continental da Filadélfia** (1774). Eles exigiam o fim das Leis Intoleráveis. A resposta do governo inglês foi mais repressão.

A independência

Em meados de 1776, foi realizado o **Segundo Congresso Continental da Filadélfia**. Inspirados em ideais e preceitos iluministas, os colonos declararam-se independentes da Inglaterra no dia 4 de julho de 1776. Os ingleses responderam à rebelião enviando mais tropas à América. George Washington, latifundiário sulista, chefiou as tropas do Exército Continental, organizado pelos colonos para a defesa de sua liberdade. Os colonos que lutaram contra os ingleses eram chamados de **patriotas**; os **legalistas** apoiaram os ingleses e lutaram contra os patriotas. A França enviou auxílio militar para os americanos, desejando com isso enfraquecer a Inglaterra. Essa participação foi decisiva.

A criação dos Estados Unidos

Em 1781, após sucessivas derrotas, os ingleses decidiram negociar a paz. Em 1783, foi assinado o **Tratado de Paris**, pelo qual a Inglaterra reconhecia a independência das Treze Colônias. Em 1787, no **Congresso da Confederação**, foi criada a **República**, garantindo a autonomia dos estados; à **União** caberiam a política externa e a defesa da Constituição; a divisão em três poderes foi adotada. O novo país foi chamado de Estados Unidos da América e George Washington, eleito seu primeiro presidente.

Os líderes do processo de independência eram representantes das elites urbanas e rurais, entre eles George Washington, Thomas Jefferson, John Adams e Benjamin Franklin. A democracia forjada por eles, no entanto, tinha seus limites: pobres, mulheres e negros foram excluídos da participação política. A escravidão foi mantida, principalmente nos estados do Sul.

Questões

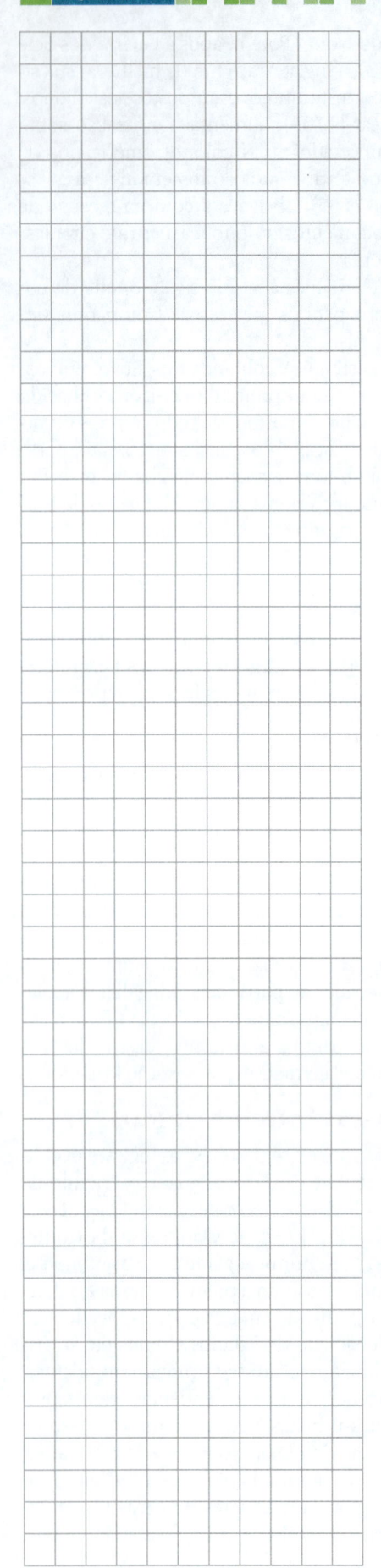

1. (Mackenzie-SP) O liberalismo, como doutrina política atuante no cenário europeu, desde o final do século XVIII, apesar de servir principalmente aos interesses da classe burguesa, contagiou as parcelas populares da sociedade oprimidas pelos nobres e pelos reis absolutistas. A sociedade liberal burguesa, mesmo sendo essencialmente elitista, era mais livre do que a do Antigo Regime, por:

a) acreditar nos princípios democráticos, criando oportunidades para que todos pudessem enriquecer.
b) permitir maior liberdade de expressão e pensamento, e restringir a esfera de atuação do poder estatal.
c) aumentar, ao máximo, o poder do Estado, para que este defendesse as liberdades individuais de cada cidadão.
d) garantir a igualdade de todos perante a lei e o direito à participação política para todos os indivíduos.
e) praticar o liberalismo econômico, acreditando na livre iniciativa e na regulamentação do comércio pelo Estado.

2. (UFPI) Analise as afirmações abaixo sobre o Iluminismo e assinale a única alternativa incorreta:

a) Muitas das ideias propostas pelos filósofos iluministas são, hoje, elementos essenciais da identidade da sociedade ocidental.
b) O pensamento iluminista caracterizou-se pela ênfase conferida à razão, entendida como inerente à condição humana.
c) Diversos pensadores iluministas conferiram uma importância central à educação enquanto instrumento promotor da civilização.
d) A filosofia iluminista proclamou a liberdade como direito incontestável de todo ser humano.
e) O Iluminismo constituiu-se importante instrumento político das monarquias absolutas.

3. (UFPB) O Iluminismo, corrente de pensamento nascida na Europa ocidental do século XVIII, fundamentou uma nova organização política, social e econômica, que inaugurou a chamada Idade Contemporânea.

Sobre essa corrente de pensamento, é correto afirmar que:

a) defendeu uma teocracia, supremacia do poder divino nos governos, e uma teologia universalista, Deus como fundamento e explicação de tudo na sociedade e na natureza.
b) professou uma crença na Razão humana, associada a uma teologia para a explicação da sociedade, mas não da natureza, que só podia ser compreendida pela Razão humana.
c) propagou os ideais da Razão humana como o fundamento de todo conhecimento do mundo natural e social, na luta contra o domínio da Igreja e do poder divino dos reis.
d) significou a primeira grande crítica ao eurocentrismo por estabelecer ideais racionalistas, universalistas e cosmopolitas em diálogo com as culturas não europeias.
e) estabeleceu o relativismo da verdade em contraposição ao absolutismo das monarquias divinas, o que fundamentou a Declaração dos Direitos do Homem.

4. (UFPR)

"A justiça sem a força é impotente; a força sem a justiça é tirânica. A justiça sem a força será contestada, porque há sempre maus; a força sem a justiça será acusada. É preciso reunir a justiça e a força; e dessa forma, fazer com que o justo seja forte, e o que é forte seja justo."

Pascal. Pensamentos V, 298. Apud. Barros, Alberto Ribeiro de. *A teoria da soberania de Jean Bodin*. São Paulo: Unimarco, 2001.

Essa passagem dos *Pensamentos* do filósofo e matemático Blaise Pascal (1623-1662) remete à relação de equilíbrio que deve existir entre o poder político e a justiça. A respeito dessa questão central para a filosofia e a ciência política desde o século XVII, assinale a alternativa correta.

a) Nos séculos XVII e XVIII, as monarquias absolutistas foram controladas pelos parlamentos em toda a Europa, prevalecendo as teorias políticas constitucionais sobre a teoria do direito divino dos reis.

b) Ao escrever sobre as formas de governo, Montesquieu (1689-1755) aproximou-se do pensamento político de John Locke, tornando-se um opositor da monarquia e defensor do regime republicano democrático.

c) John Locke (1632-1704) defendia que ninguém podia isentar-se das leis que regem a sociedade civil, criticando enfaticamente as teorias absolutistas, que consideravam uma prerrogativa do poder monárquico não se submeter às leis que regulavam a vida dos súditos.

d) Os pensadores políticos dos séculos XVI e XVII que defenderam a causa política da monarquia eram seguidores dos princípios políticos pragmáticos enunciados por Maquiavel no começo do século XVI, mesmo que para tanto tivessem que renunciar à moral e à religião.

e) Thomas Hobbes (1588-1679) foi um defensor do equilíbrio entre executivo e legislativo, pregando a necessidade de um parlamento forte que moderasse a monarquia.

5. (Fatec-SP) Adam Smith, teórico do liberalismo econômico, cuja obra *Riqueza das Nações* constitui o baluarte, a cartilha do capitalismo liberal, considerava:

a) a política protecionista e manufatureira como elemento básico para desenvolver a riqueza da nação.

b) necessária a abolição das aduanas internas, das regulamentações e das corporações então existentes nos países.

c) a propriedade privada como a raiz das infelicidades humanas, daí toda a economia ter de ser controlada pelo Estado.

d) a terra como fonte de toda a riqueza, enquanto a indústria e o comércio apenas transformavam ou faziam circular a riqueza natural.

e) o trabalho como fonte de toda a riqueza, dizendo que, com a concorrência, a divisão do trabalho e o livre comércio, a harmonia e a justiça social seriam alcançadas.

6. (PUC-PR)

"Todavia, o recurso ao STF é um procedimento legítimo que não vem a interferir, mas a reforçar o equilíbrio entre os poderes.

Ao contrário do que afirmam os deputados, independência não é sinônimo de autonomia plena, mas de inter-relação e controle mútuo."

Folha de S.Paulo, Editorial, 2 nov. 2005.

O texto nos lembra, mais especificamente:

a) Diderot.
b) Voltaire.
c) Montesquieu.
d) Hobbes.
e) Rousseau.

7. (UFMG) Leia este trecho, em que se faz referência à construção do mundo moderno:

"... os modernos são os primeiros a demonstrar que o conhecimento verdadeiro só pode nascer do trabalho interior realizado pela razão, graças a seu próprio esforço, sem aceitar dogmas religiosos, preconceitos sociais, censuras políticas e os dados imediatos fornecidos pelos sentidos."

CHAUÍ, Marilena. *Primeira filosofia*. 4. ed. São Paulo: Brasiliense, 1985. p. 80.

A partir da leitura desse trecho, é correto afirmar que a formação do mundo moderno se caracteriza por:

a) nova postura com relação ao conhecimento, a qual transforma o modo de entendimento do mundo e do próprio homem.

b) ruptura com as concepções antropocêntricas, a qual modifica as relações hierárquicas senhoriais.

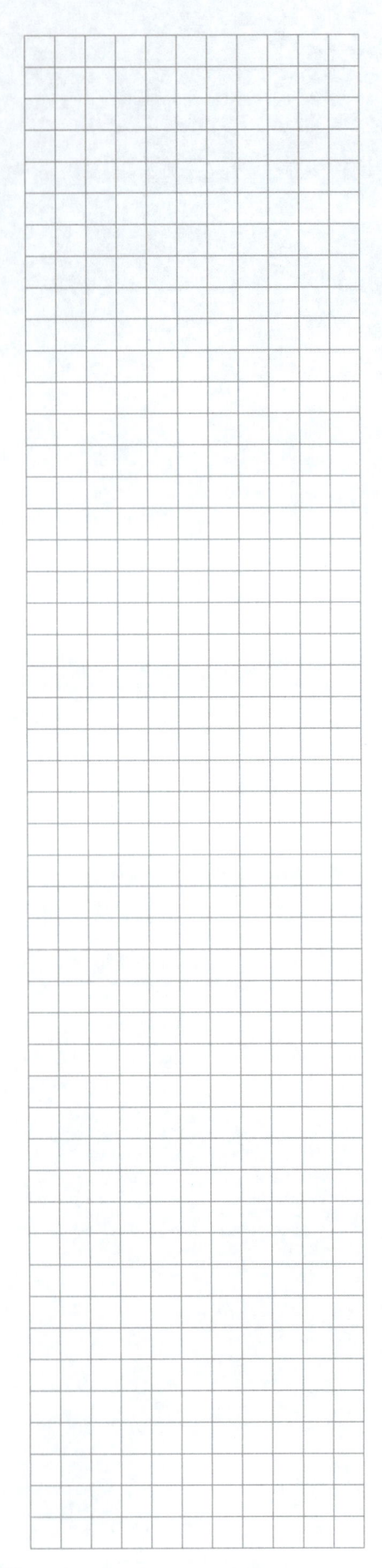

c) ruptura com o mundo antigo, a qual caracteriza um distanciamento do homem face aos diversos movimentos religiosos.

d) adaptações do pensamento contemplativo, as quais reafirmam a primazia do conhecimento da natureza em relação ao homem.

8. **(Ufes)** No apogeu da crítica ao Antigo Regime, o filósofo e escritor francês Denis Diderot (1713-1784) afirmou: "Os homens somente serão livres quando o último rei for enforcado nas tripas do último padre". Ao lado de D'Alembert, Rousseau, Montesquieu, Voltaire e outros pensadores do seu tempo, Diderot produziu a famosa Enciclopédia, obra em 33 volumes, com 71 818 artigos e 2 885 ilustrações, redigida entre 1750 e 1772. Essa obra integrava um importante movimento filosófico conhecido como Iluminismo, que realizou forte crítica às monarquias de então e aos costumes da época, consolidando a modernidade.

a) Aponte duas das principais ideias do Iluminismo.

b) Analise a relação entre o pensamento iluminista e o surgimento do Despotismo Esclarecido, adotado por algumas monarquias europeias.

9. **(PUC-PR)** O chá veio da China e atingiu a Europa no início do século XVII, com o primeiro carregamento chegando a Amsterdã em 1609. A partir do século XVIII, a Inglaterra torna-se o principal importador de chá da Europa. Nesse mesmo período, o chá consistiu em importante bebida da população dos Estados Unidos da América, ainda colônia inglesa. A partir desse contexto, marque a alternativa CORRETA.

a) Esse período é marcado pela questão dos impostos, especialmente a aprovação, em 1773, do imposto inglês sobre o chá, produto importado e muito consumido pelos colonos.

b) Em meados do século XVIII, fortaleceram-se as relações entre colonos norte-americanos e a sua metrópole inglesa, especialmente com o apoio dos colonos contra os invasores espanhóis.

c) Além do imposto sobre o chá, o Parlamento inglês aprovou também o imposto sobre o açúcar. No entanto, essa lei não foi tão grave, pois esse produto não era importante para os Estados Unidos, que, nessa época, quase não consumiam açúcar.

d) A Lei do Chá está relacionada ao episódio em que colonos ingleses, vestidos de índios, jogaram um carregamento de chá no mar, no porto de Boston. Esse incidente radical levou a Inglaterra a reconhecer a independência dos Estados Unidos.

e) Os conflitos entre Inglaterra e França (Guerra dos Sete Anos – 1756-1763) estão relacionados diretamente à Guerra de Secessão norte-americana.

10. **(UEL-PR)** Leia o texto a seguir.

> "(...) A independência e a construção do novo regime republicano foi um projeto levado adiante pelas elites das colônias. Escravos, mulheres e pobres não são os líderes desse movimento. A independência norte-americana (EUA) é um fenômeno branco, predominantemente masculino e latifundiário ou comerciante. (...)."
>
> KARNAL, L. *Estados Unidos*: da colônia à independência. São Paulo: Contexto, 1990. p. 67. (Coleção Repensando a História.)

Com base no texto e nos conhecimentos sobre o processo de independência dos Estados Unidos, é correto afirmar que:

a) o movimento de independência da América do Norte não representou a união das treze colônias por um sentimento único de nação, mas, sim, um movimento contra o domínio da Inglaterra, potencializado pelo sentimento antibritânico.

b) a América do Norte independente, com as reformas de caráter democrático, aboliu as diferenças entre os habitantes da colônia, instituindo a prática da inclusão por meio de uma Constituição Liberal.

c) a colonização da América do Norte pela Inglaterra diferenciou-se daquela feita na América do Sul pelos espanhóis e portugueses porque contou com a organização e assistência da metrópole nesse empreendimento de conquista e exploração.

d) a força do catolicismo foi preponderante no processo de emancipação, pois incentivava o crescimento espiritual da população, libertação dos escravos e a expansão territorial – crescimento que só seria possível cortando os laços com a metrópole.

e) um dos problemas apresentados no período de lutas pela independência dos EUA foi a falta de um projeto comum entre as colônias do norte e as colônias do sul, que não se harmonizavam quanto a um acordo na forma de promulgar a Constituição estadunidense do norte e do sul.

11. (UFPI) Com relação à Independência dos Estados Unidos, em 1776, é correto afirmar que:

a) a primeira constituição dos Estados Unidos adotou a república federalista e presidencial como modelo de governo.

b) a Declaração de Independência defendeu a implantação de uma monarquia constitucional para dirigir politicamente a futura nação.

c) a França negou ajuda aos norte-americanos, visto que pretendia manter sua parceria com a Inglaterra na exploração comercial da América do Norte.

d) a Espanha negou ajuda aos norte-americanos, dado que com a derrota da Holanda poderia intensificar seus acordos comerciais com os colonos do sul.

e) a luta dos norte-americanos divulgou a perspectiva de se construir a unidade continental americana, baseada no ideal iluminista de liberdade e igualdade social.

12. (UFU)

"O fim maior e principal para os homens unirem-se em sociedades políticas e submeterem-se a um governo é a conservação de suas propriedades, ou seja, de suas vidas, liberdades e bens."

Adaptado de Locke, John. Dois Tratados sobre o Governo. São Paulo: Martins Fontes, 1998. p. 495

"A autoproteção constitui a única finalidade pela qual se garante à humanidade, individual ou coletivamente, interferir na liberdade de ação de qualquer um. O único propósito de se exercer legitimamente o poder sobre qualquer membro de uma comunidade civilizada, contra sua vontade, é evitar dano aos demais."

Adaptado de Mill, J.Stuart. A Liberdade. São Paulo: Martins Fontes, 2000. p. 17

Os trechos anteriores referem-se aos fundamentos do pensamento liberal. Sobre esse tema, assinale a alternativa que apresenta a explicação INCORRETA.

a) Em defesa da razão e da liberdade, vários pensadores europeus inspiraram uma série de transformações sociais, econômicas e políticas, principalmente a partir do século XVIII, cujas consequências estão presentes até hoje na sociedade contemporânea.

b) As bases filosóficas e políticas da sociedade civil e do Estado liberal moderno formaram-se, primeiramente, na Inglaterra no século XVII, tendo como um de seus principais idealizadores John Locke.

c) A defesa da liberdade e da propriedade como direitos legítimos do indivíduo foi importante na formação do ideário liberal, comum a dois importantes movimentos político-sociais europeus nos séculos XVII e XVIII: a Revolução Gloriosa na Inglaterra e a Revolução Francesa.

d) Os princípios do liberalismo, defendidos por Locke e Stuart Mill, excluem os direitos do indivíduo na sociedade ao justificarem a adoção de punições em função de ameaças à liberdade e à propriedade.

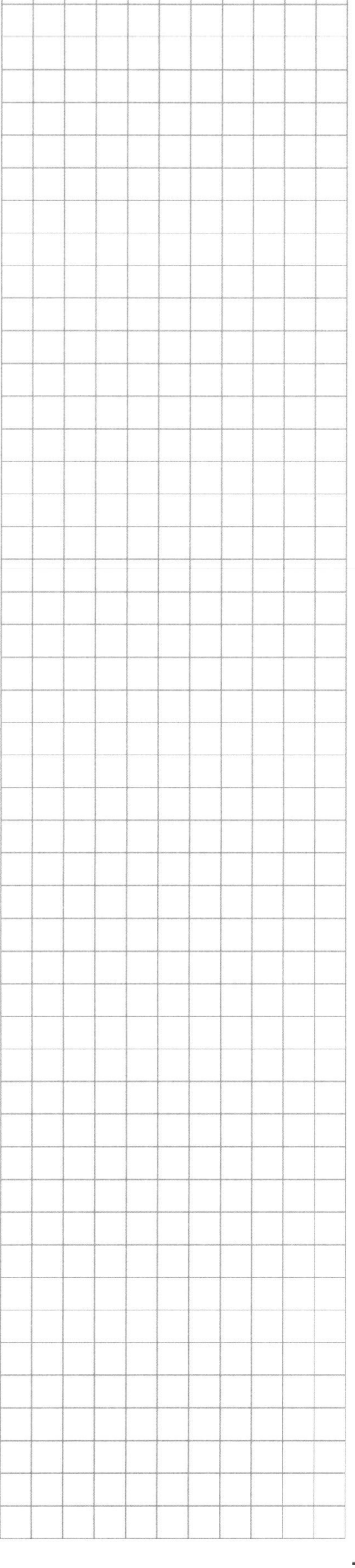

A Revolução Francesa e o Império Francês

A sociedade francesa no século XVIII

Na França do século XVIII a sociedade estava estruturada em três grandes grupos sociais denominados **estados** – não confundir com o conjunto de instituições de governo conhecido como Estado, geralmente grafado com letra inicial maiúscula. Tratava-se, portanto, de uma sociedade estamental estratificada, ou seja, formada por estamentos ou estratos sociais. Essa forma de organização em estamentos (os estados, também chamados de **ordens**) era uma herança do feudalismo medieval.

Havia entre os três estados uma rígida hierarquia social. O primeiro e o segundo estados ocupavam o topo da sociedade e detinham diversos privilégios. O **primeiro estado** era composto pelo clero da Igreja católica, dividido em alto e baixo clero. No alto clero estavam os bispos, abades e cardeais, quase sempre provenientes da nobreza. O baixo clero reunia os sacerdotes sem títulos, que estavam na base da hierarquia eclesiástica. Boa parte das terras francesas pertencia à Igreja católica que, além disso, controlava a educação e estava isenta da maioria dos impostos. O clero também desfrutava do direito de ser julgado por tribunais próprios e independentes do Estado.

O **segundo estado** era formado pela nobreza, o setor mais rico da sociedade. Dela faziam parte o rei e sua família, os cortesãos (nobres da Corte, os mais privilegiados pelos favores reais), os grandes proprietários rurais (nobres do campo, herdeiros dos senhores feudais da Idade Média) e a nobreza de toga, formada por burgueses ricos que compravam títulos de nobreza. Da mesma forma que o clero, os nobres não pagavam impostos. Sua renda era proveniente da terra e do trabalho dos camponeses.

O único grupo que pagava impostos era o **terceiro estado**, que reunia a maior parte da população. Era um grupo heterogêneo de pessoas, pois dele faziam parte a burguesia (banqueiros, comerciantes, empresários, etc.), os artesãos, os trabalhadores assalariados das cidades (os *sans-culottes*, ou seja, os que não usavam calções semelhantes aos da nobreza), a pequena burguesia (lojistas, militares de baixa patente, profissionais liberais, pequenos funcionários públicos, etc.), os empregados e empregadas domésticas e os camponeses, muitos dos quais eram servos. Esse contingente representava 98% da sociedade francesa, ou seja, cerca de 27,5 milhões de pessoas. A esmagadora maioria da população (cerca de 85%) vivia no campo. Não havia quase mobilidade social entre o terceiro estado e a nobreza. Burgueses muito ricos, porém, podiam comprar títulos de nobreza. Entretanto, um camponês jamais poderia chegar a ser nobre.

Diante dessas disparidades, um observador da época, o abade Emmanuel Joseph Sieyès, assim definiu a situação imposta ao terceiro estado: "O que é o terceiro estado? Tudo. O que ele tem sido na política francesa até hoje? Nada. O que pede ele? Ser qualquer coisa". Sieyès fazia parte do clero, mas não escondia sua simpatia em relação ao terceiro estado.

Fome, tensão e revolta: o governo de Luís XVI

A primeira metade do século XVIII foi de grande prosperidade para a França. Entretanto, durante o reinado de Luís XVI (1774-1792) o país mergulhou num período de grave crise econômica, intensificada pela baixa produção agrícola e pela derrota francesa na Guerra dos Sete Anos (1756-1763). Além disso, para sustentar os gastos da Corte, as receitas reais eram complementadas com empréstimos bancários cada vez maiores; a participação da França na guerra de independência dos Estados Unidos aprofundou os problemas econômicos, e a tensão social cresceu.

Dois anos foram particularmente desastrosos para a agropecuária francesa: em 1785, uma seca prolongada dizimou quase todo o rebanho bovino; em 1788, as baixas temperaturas dos meses de inverno (dezembro, janeiro e fevereiro no hemisfério Norte) afetaram seriamente as colheitas. Como resultado, o país teve de enfrentar uma baixa oferta de alimentos acompanhada da alta de preços. Até mesmo o pão começou a faltar na mesa da população pobre, provocando fome e revolta.

O rei organizou a Assembleia dos Notáveis, na tentativa de propor a cobrança de impostos ao clero e à nobreza. A proposta foi recusada, e a Assembleia exigiu do rei a convocação dos Estados Gerais. Pressionado, o monarca cedeu: em maio de 1789, teve início a reunião dos representantes dos três estados: trezentos representantes do clero, trezentos da nobreza e seiscentos integrantes do terceiro Estado.

Logo no início das reuniões, surgiu um impasse sobre que sistema de votação adotar. Para o clero e a nobreza, cada estado deveria ter direito a um voto. Porém, o terceiro estado queria a votação individual, ou seja, cada pessoa teria direito a um voto.

Diante do impasse, o rei decidiu fechar o salão de reuniões. Os representantes do terceiro Estado, apoiados por alguns representantes do clero, transferiram-se para o salão de jogos do palácio, de onde só sairiam quando fosse elaborada uma Constituição para a França. Estava inaugurada, assim, a **Assembleia Nacional Constituinte**.

■ O povo nas ruas

Diante das tropas reais em Paris e nas portas do Palácio de Versalhes e temendo um possível ataque à Assembleia, no dia 14 de julho a população parisiense invadiu a prisão da Bastilha em busca de armamento e munição, num episódio emblemático da Revolução Francesa.

A Assembleia Nacional aboliu, então, a divisão da sociedade por Estados, reordenou a administração pública e a tributação. Mas a maioria das reformas beneficiava apenas a burguesia. A Igreja teve os bens estatizados e vendidos, numa tentativa de sanar as contas públicas. Ao aceitarem a Constituição Civil do Clero, alguns de seus integrantes ficaram conhecidos como **clero juramentado**, diferenciando-se daqueles que se opunham a tais medidas, o **clero refratário**.

A Bastilha era uma fortaleza prisão que simbolizava a opressão do absolutismo. Na época de sua tomada, contava com poucos prisioneiros. Na verdade, o povo buscava armas e munições. *A queda da Bastilha*, 14 de julho de 1789, óleo sobre tela de Jean-Baptiste Lallemand, século XIX.

Em agosto de 1789, foi proclamada a **Declaração dos Direitos do Homem e do Cidadão**, influenciada pelas ideias iluministas e de caráter essencialmente burguês. Esse documento foi uma espécie de preâmbulo da Constituição votada em 1791. Uma vez aprovada a Carta constitucional, a Assembleia Constituinte se autodissolveu. Foi então formada uma Assembleia Legislativa, composta por deputados eleitos pelo voto censitário, pelo qual só os cidadãos que dispunham de certa renda poderiam votar. Os novos parlamentares estavam divididos, basicamente, entre os moderados **girondinos** (sentavam-se à direita no plenário) e os radicais **jacobinos** (sentavam-se à esquerda).

Os primeiros estavam satisfeitos com as conquistas alcançadas; os segundos acreditavam que as mudanças estavam apenas começando e preparavam mais reivindicações.

A primeira Constituição francesa definiu a monarquia constitucional como forma de governo e estabeleceu a divisão do Estado em três poderes: Executivo, Legislativo e Judiciário, segundo a proposta de Montesquieu, um dos filósofos iluministas. O rei, portanto, foi mantido no trono, embora permanecesse sob vigilância no palácio das Tulherias, em Paris. Seus poderes, contudo, estavam limitados pela Constituição e pelo poder Legislativo.

Enquanto isso, nas províncias, setores do clero agitavam os camponeses contra a Revolução e muitos integrantes da nobreza fugiam para a Áustria e outros países governados por Monarquias absolutistas. Em junho de 1791, o próprio rei e sua família tentaram fugir para a Áustria, acreditando que lá poderiam reorganizar suas forças e marchar sobre Paris para esmagar a Revolução. Reconhecidos na fronteira, Luís XVI e sua mulher, a rainha Maria Antonieta, foram presos e obrigados a voltar a Paris.

A tentativa de fuga do rei fez crescer os sentimentos antimonarquistas e radicalizou o processo revolucionário. A Assembleia Legislativa foi dissolvida e criado um Conselho Executivo Provisório, presidido por Georges-Jacques Danton. Para o lugar da Assembleia Legislativa foi eleita uma **Convenção Nacional**, dessa vez por meio do sufrágio universal masculino (só os homens podiam votar). Os jacobinos, que representavam sobretudo a pequena e a média burguesia, mas também eram apoiados pelos *sans-culottes*, conquistaram a maioria das cadeiras do novo órgão de poder. Seus principais líderes eram Maximilien-Marie Robespierre e Louis Antoine de Saint-Just. Inicialmente, eles contavam com o apoio dos líderes da **Comuna de Paris** e do grupo dos *cordeliers* (cordeleiros), outra corrente radical liderada por Danton, Jean-Paul Marat e Camile Desmoulins.

Tanto os jacobinos quanto os *cordeliers* estavam organizados em clubes, associações democráticas abertas para todos aqueles que apoiassem a Revolução e pagassem uma mensalidade. Entre os jacobinos, não era permitida a participação de mulheres. Mais aberto para a população pobre, o clube dos *cordeliers* aceitava a presença feminina.

O golpe final contra a Monarquia ocorreu em 22 de setembro de 1792, quando a Convenção Nacional proclamou a República. Logo depois, Luís XVI foi julgado por traição, condenado à morte e executado na guilhotina em janeiro de 1793. Meses depois, também a ex-rainha Maria Antonieta foi guilhotinada. A reação dos governos da Inglaterra, Áustria, Prússia, Espanha e Rússia foi imediata: juntos, formaram uma coligação militar e atacaram a França.

Em Paris, a Convenção aprovou uma nova Constituição e adotou um novo calendário. O nome dos meses foi modificado e o ano de 1792 passou a ser considerado o Ano 1 da Revolução. A Constituição republicana, por sua vez, estabeleceu conquistas mais democráticas do que a Carta anterior, como o ensino público gratuito, o divórcio e a abolição da escravidão nas colônias francesas, além do sufrágio universal masculino, que já fora posto em prática na própria eleição da Convenção Nacional.

O Terror jacobino

Para enfrentar as dificuldades externas e internas, a Convenção instituiu a **Lei dos Suspeitos**, que autorizava a prisão e a condenação à morte de qualquer pessoa denunciada como contrarrevolucionária. Em junho de 1793, os jacobinos forçaram a Convenção a decretar a prisão de diversos líderes girondinos, políticos moderados que representavam a alta burguesia. Sob a liderança de Robespierre, foi criado o **Comitê de Salvação Pública**, que durante um ano seria o verdadeiro poder Executivo da Revolução. Ao mesmo tempo, foi organizado um **Tribunal Revolucionário**, que levaria a julgamento não apenas aristocratas contrarrevolucionários e políticos moderados, mas também líderes populares que criticavam as condenações à morte na guilhotina e o autoritarismo dos jacobinos. Dessa forma, foram presos e executados líderes do grupo dos *cordeliers*, antes aliados dos jacobinos, entre os quais Georges-Jacque Danton, Jacques-René Hébert e Camile Desmoulins, e dirigentes da Comuna de Paris, assim como militantes da facção radical conhecida como *enragés* (enraivecidos).

Essas medidas configuraram um regime autoritário que ficaria conhecido como **Terror**. Entretanto, a repressão indiscriminada contra os adversários, ou mesmo contra os críticos do Terror, desgastou o governo de Robespierre, que perdeu rapidamente o apoio que tinha entre setores populares aos quais estivera aliado. Os líderes jacobinos viram-se, assim, isolados dos clubes revolucionários e fragilizados diante de seus inimigos.

Nessas circunstâncias, em julho de 1794, os jacobinos foram derrubados do poder pelo grupo dos girondinos, no golpe conhecido como **9 Termidor** (mês correspondente a julho-agosto, de acordo com o calendário revolucionário). Diversos líderes jacobinos foram presos e condenados à morte por tirania. Entre eles estavam Robespierre e Saint-Just.

O Diretório e o Consulado

Com o domínio político girondino inicia-se uma nova fase no processo revolucionário, a fase do **Diretório**. Seus líderes anularam as conquistas democráticas do período jacobino, e uma nova Constituição foi aprovada (1796). Um grupo de jacobinos, liderado por Graco Babeuf, criou um programa político que defendia o fim da propriedade privada e a igualdade social, na **Conjuração dos Iguais**. Buscando o apoio popular, o grupo publicou o Manifesto dos Iguais, chamando a população a se insurgir contra o Diretório. Os conjurados, porém, foram denunciados e condenados à morte.

Temeroso de novas manifestações da população e de manobras políticas radicais, o governo buscou o apoio do exército. O jovem general **Napoleão Bonaparte** já era então um reconhecido estrategista militar. Na visão dos girondinos, simbolizava o novo exército francês, nascido no calor das lutas contra os invasores contrarrevolucionários. Napoleão também procurava apoio político a favor de sua ascensão ao governo da França. Em 1799, no dia **18 Brumário** (mês correspondente a outubro/novembro no calendário revolucionário), Napoleão Bonaparte derrubou o Diretório e iniciou um novo regime, o **Consulado**.

Inicialmente, a República foi mantida, e Napoleão, nomeado primeiro-cônsul. Mas depois, com uma nova Constituição, em 1800, o general concentrou grandes poderes (em 1804, foi coroado imperador).

Napoleão iniciou uma série de reformas administrativas e econômicas. Reconciliou-se com a Igreja católica, amenizando os conflitos com Roma que duravam desde o início da Revolução. Suas reformas visavam principalmente à reorganização da sociedade e à sua estabilidade. Tratados de paz com as forças estrangeiras foram assinados. Para a alta burguesia, isso significou a manutenção das conquistas que a privilegiava como dona do capital. Repressão e censura à oposição impediram novas formas de radicalização política.

A Revolução como exemplo

A influência e as repercussões da Revolução Francesa não ficaram restritas à Europa. Ao mesmo tempo que contestava e abalava conceitos políticos vigentes desde o começo dos tempos modernos, a Revolução ofereceu novos modelos políticos e econômicos, sob a luz do Iluminismo e do liberalismo. Para diferentes povos e nações ao redor do mundo, o lema francês **Liberdade, Igualdade e Fraternidade** significava esperança de novos tempos e uma bandeira na luta contra a opressão dos povos e a falta de liberdade. A Revolução Francesa é considerada, ainda hoje, o maior exemplo de revolução burguesa.

Revolução no Haiti

Um caso emblemático e muito significativo do alcance e dos ecos da Revolução Francesa fora da França se verificou no Haiti, colônia francesa da região do Caribe. Colonizado pelos franceses com base na produção de açúcar, o Haiti ocupa hoje metade da ilha de São Domingos. No século XVIII, 90% de sua população eram compostos de africanos escravizados.

Em 1791, sob a influência dos ideais revolucionários vitoriosos na França, os escravizados se rebelaram contra o colonialismo e a escravidão. Seu principal líder era um ex-escravo chamado Toussaint L'Ouverture (1743-1803), que havia estudado na Europa, onde entrara em contato com as ideias iluministas. Em 1801, depois de vários anos de combate, L'Ouverture assumiu o governo. Na França, porém, o poder estava nas mãos de Napoleão Bonaparte, cujo governo havia restaurado a escravidão nas colônias da França. Tropas francesas invadiram então o Haiti, prenderam L'Ouverture e o levaram para Paris, onde ele morreria em 1803.

A luta dos haitianos, contudo, não arrefeceu. Sob a liderança de outro ex-escravo, Jean-Jacques Dessalines, a rebelião prosseguiu até a derrota final dos franceses. A escravidão foi abolida e, no dia 1º de janeiro de 1804, o governo revolucionário de Dessalines proclamou a independência do Haiti, primeira colônia a se emancipar na América Latina. Seguindo o exemplo de Napoleão, Dessalines foi coroado imperador com o nome de Jacques I. Governou o Haiti até 1806, quando foi assassinado por dois de seus auxiliares.

O Império consolida a Revolução

Embora reprimisse os revolucionários mais radicais, Napoleão adotou medidas que garantiam muitas das conquistas da Revolução. Uma delas foi a criação do **Código Napoleônico**, que instituiu a igualdade de todos perante a lei, a liberdade religiosa e a liberdade de expressão, embora o Estado exercesse controle sobre a imprensa e as artes. O código garantia também a propriedade privada e proibia a formação de sindicatos de trabalhadores. Dessa forma, seu principal beneficiário era a burguesia.

Napoleão criou a Universidade da França e modernizou a educação pública. Contudo, restaurou a escravidão nas colônias e reprimiu a revolução no Haiti. Apoiado com entuasiasmo pela burguesia, o Código foi considerado modelo de legislação moderna. Em 1804, Napoleão foi coroado imperador.

A expansão francesa

Ainda na época do Diretório, entre 1796 e 1797, Napoleão comandara o exército francês em campanhas vitoriosas na península Itálica e no Egito. Uma vez coroado imperador, promoveu uma política expansionista que levou o exército francês a invadir diversos países. Nesse avanço, em 1806 Napoleão extinguiu o antigo Sacro Império Germânico, criando em seu lugar a **Confederação do Reno**. A essa altura, o imperador francês já era senhor de quase toda a Europa.

Vitorioso no continente, Napoleão não conseguiu subjugar a Inglaterra, principal adversária da França. Tentando enfraquecê-la, em 1806 decretou o **Bloqueio Continental**, que proibia os países europeus de comerciarem com os ingleses. Como os governos da Espanha e de Portugal não acataram o bloqueio, tropas francesas invadiram os dois países em 1807. Fernando VII, rei da Espanha, foi deposto e em seu lugar foi coroado José Bonaparte, irmão do imperador. Em Portugal, a família real e a Corte fugiram para o Brasil.

Em sua expansão, o Império difundiu pela Europa algumas das conquistas da Revolução, entre as quais a abolição do feudalismo nos países invadidos.

Napoleão fracassa na Rússia

Apesar do boicote de Portugal e da Espanha, que durou apenas até 1807, o Bloqueio Econômico prejudicou seriamente a Inglaterra, cujas exportações de tecidos caíram verticalmente, da mesma forma que suas importações de produtos coloniais. A Rússia também foi afetada, pois era parceira comercial da Inglaterra. Em reação a isso, e também pelo perigo que representava Napoleão para a sociedade russa, onde ainda vigorava o regime de servidão para os camponeses, em 1810 o czar (imperador) Alexandre I rompeu o Bloqueio e voltou a comerciar com a Inglaterra.

A resposta de Napoleão foi lançar, em 1812, aquela que seria sua última campanha militar: a invasão da Rússia.

À frente de um exército de 600 mil homens, Bonaparte atravessou a Europa e chegou a Moscou. Entretanto, os russos abandonaram e incendiaram a cidade, sem dar combate. Castigado pelo rigoroso inverno russo e sem provisões, o exército francês foi obrigado a voltar para a França, dizimado pela fome e pelo frio. Ao chegar a Paris, estava reduzido a 100 mil homens.

A França foi então invadida pelos exércitos coligados da Inglaterra, Prússia, Rússia e Áustria. Em abril de 1814, Napoleão renunciou ao trono e foi enviado para a ilha de Elba, no Mediterrâneo. Em fevereiro de 1815, fugiu de Elba e voltou para Paris, onde foi aclamado pela população. De março a junho (os "Cem Dias"), reorganizou o exército, mas foi definitivamente vencido na **Batalha de Waterloo**, preso e enviado para a ilha de Santa Helena, no Atlântico, onde morreu em 1821.

O Congresso de Viena

Em 1814, quando Napoleão foi afastado do poder pela primeira vez, representantes das nações vencedoras se reuniram na Áustria com o objetivo de refazer o mapa europeu e restaurar as dinastias destronadas durante as **guerras napoleônicas**. Conhecida como **Congresso de Viena**, a reunião foi suspensa durante os "Cem Dias" e retomada pouco antes da Batalha de Waterloo (1815).

Na França, foi restaurada a dinastia Bourbon, com o rei Luís XVIII no trono. Ao mesmo tempo, a Rússia, a Áustria e a Prússia formaram a **Santa Aliança**, com o objetivo de garantir a ordem monárquica nos países europeus e em suas colônias. Esse retrocesso, porém, não foi duradouro, pois a influência da Revolução Francesa logo se faria sentir novamente em todo o mundo.

Napoleão I em seu trono imperial, óleo sobre tela de Jean-Auguste Dominique Ingres, 1806. Ao encomendar seus retratos, Napoleão garantia a imagem que queria ter perante o público.

Questões

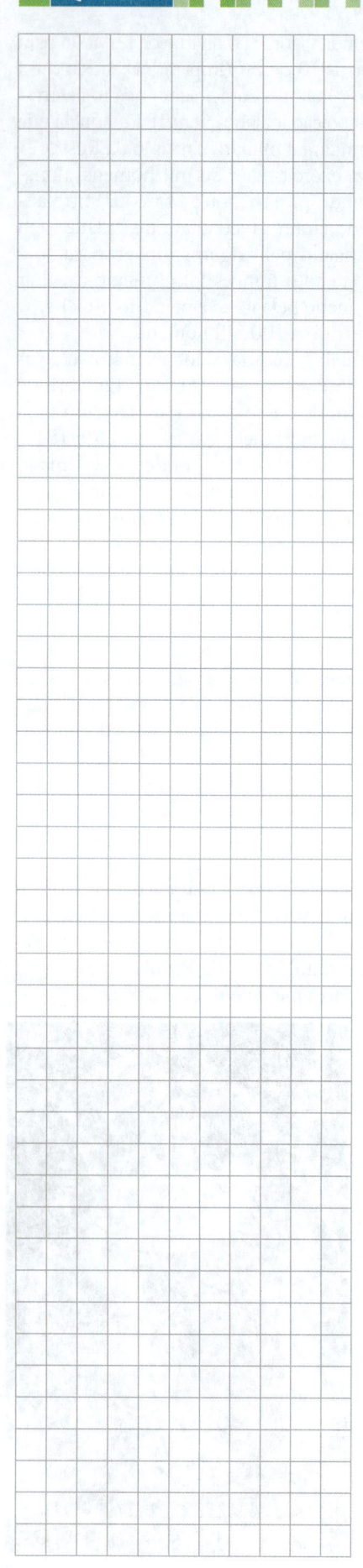

1. (IFSP) Antes de 1789, inúmeros problemas devastavam a França, o que a levou à grande revolução de 14 de julho.

Assinale a alternativa que contém os fatores que propiciaram o surgimento da Revolução.

a) O decreto do Bloqueio Continental por Napoleão Bonaparte, o que levou praticamente toda a Europa a uma guerra. Esta, fazendo milhares de vítimas entre os franceses, trouxe um colapso à economia (pela diminuição da mão de obra), o que levou o país à revolução de 14 de julho.

b) A coroação de Luís XIV como o "rei Sol". Monarca vaidoso e perdulário, construiu Versalhes, solapando as finanças francesas, o que levou o país a imensos déficits. Descontentes com a situação, filósofos iluministas pregavam a substituição da Monarquia por uma República, e a luta entre monarquistas e republicanos levou ao início da Revolução.

c) O enorme déficit causado por altos gastos com a Corte e o pagamento de dívidas aliado às baixas receitas, recaindo todo o ônus dos impostos sobre o Terceiro Estado. Além disso, o ideário iluminista adotado pela burguesia fez com que esta se dispusesse a lutar por uma igualdade jurídica.

d) A França estava devastada pelas guerras de religião, havendo perseguições e assassinatos de huguenotes pelos católicos. Buscando a paz social, o rei Luís XIV estabeleceu o Édito de Nantes, trazendo a liberdade religiosa. Descontentes com a medida real, os católicos depuseram e aprisionaram o rei, o que deu início à revolução.

e) O surgimento da Revolução Industrial na França, o que levou milhares de camponeses às cidades, em busca de melhores condições de vida. Não encontrando trabalho (não conheciam o trabalho fabril), vivendo nas ruas e lançados à miséria, grande parte da população de Paris invadiu a Bastilha, buscando um teto para se abrigar do rigoroso inverno francês. O rei reagiu expulsando os invasores, o que deu início à revolução.

2. (Cesgranrio-RJ)

> "Santa Guilhotina, protetora dos patriotas, rogai por nós;
> Santa Guilhotina, terror dos aristocratas, protegei-nos;
> Máquina adorável, tende piedade de nós;
> Máquina adorável, tende piedade de nós;
> Santa Guilhotina, livrai-nos de nossos inimigos."
>
> ARASSE, Daniel. *A guilhotina e o imaginário do terror*. São Paulo: Ática, 1989. p. 106-107.

A leitura do texto remete ao período da Revolução Francesa conhecido como Terror, que pode ser identificado como o momento:

a) de diversas revoltas lideradas por trabalhadores rurais que pleiteavam o direito à terra, e contra os quais o governo girondino utilizou a guilhotina indiscriminadamente.

b) de medidas populares, tais como o controle de preços e a reforma agrária, sob a liderança jacobina, durante o qual a guilhotina representava para muitos a justiça revolucionária.

c) do apogeu do domínio burguês, caracterizado pela criação do Banco de França e pelo aumento do comércio francês com as nações europeias, durante o qual a guilhotina simbolizava a eliminação dos resquícios feudais.

d) do retorno da nobreza em uma ação contrarrevolucionária, que eliminou as lideranças burguesas e populares que haviam iniciado o processo revolucionário e utilizou a guilhotina como protetora da pátria ameaçada.

e) resultante da Lei de Cercamentos, que provocou a expulsão dos camponeses de suas terras e sua execução sumária, através do uso da guilhotina.

3. **(UEL-PR)** A Revolução Francesa representou uma ruptura da ordem política (o Antigo Regime) e sua proposta social desencadeou:
   a) a concentração do poder nas mãos da burguesia, que passou a zelar pelo bem-estar das novas ordens sociais.
   b) a formação de uma sociedade fundada nas concepções de direitos dos homens, segundo as quais todos nascem iguais e sem distinção perante a lei.
   c) a formação de uma sociedade igualitária regida pelas comunas, organizadas a partir do campo e das periferias urbanas.
   d) convulsões sociais, que culminaram com as guerras napoleônicas e com a conquista das Américas.
   e) o surgimento da soberania popular, com eleição de representantes de todos os segmentos sociais.

4. **(UFPA)** Luís XVI, no momento da tomada da Bastilha, proferiu estas palavras: "Não quero me separar do 'meu clero' e da 'minha nobreza'", que refletem a sociedade francesa do Antigo Regime. Essa sociedade era:
   a) dividida em classes sociais, com uma nobreza parasitária que detinha todos os privilégios, inclusive em cobrar o dízimo das comunidades camponesas, especialmente daquelas consideradas revolucionárias.
   b) formada de moradores de castelos medievais, pertencentes a uma notável nobreza de sangue, que detinha todos os privilégios, inclusive o de escolher os padres que atuavam nas paróquias.
   c) dividida em Ordens ou Estados, sendo a nobreza e o clero, isto é, o primeiro e o segundo Estados, detentores da maioria dos privilégios e muito ricos em terras e rendas.
   d) constituída de uma nobreza togada, muito rica e proprietária de terras que extrapolavam as fronteiras da França e que se sustentava de impostos pagos pelos camponeses, como a talha e a corveia.
   e) composta de duas Ordens – clero e nobreza –, sendo o clero a mais rica, embora dependesse das rendas advindas dos tributos que a nobreza togada era obrigada a pagar à Igreja e dos impostos pagos pelos comerciantes.

5. **(Uece)** Sobre as Revoluções Burguesas, são feitas as seguintes afirmações:
   I. Consolidam o liberalismo e marcam mudanças nas estruturas econômicas, políticas e sociais de suas respectivas sociedades.
   II. Têm como base a defesa do Antigo Regime e iniciam a transição do feudalismo para o capitalismo.
   III. Seus exemplos mais expressivos são: Revolução Inglesa (1644), Revolução Americana (1776) e Revolução Francesa (1789).
   Assinale o correto.
   a) Apenas as afirmações I e II são verdadeiras.
   b) Apenas as afirmações I e III são falsas.
   c) Apenas as afirmações II e III são falsas.
   d) Apenas as afirmações I e III são verdadeiras.

6. **(UPE)** A Revolução Francesa marcou a ascensão da burguesia ao poder, acabando com o absolutismo francês. Sobre a França revolucionária, assinale a alternativa correta.
   a) A burguesia atuava também no campo, em especial no sul da França, onde dominava o comércio de tecido.
   b) Os grupos políticos urbanos se restringiam ao apoio da nobreza reformada, a qual, assim como o clero, clamava por reformas econômicas.
   c) A burguesia parisiense contestava o alto índice de impostos que era obrigada a pagar.
   d) O drástico corte de gastos da Corte de Luís XVI diminuiu a crise econômica da França no fim do século XVIII.
   e) Os camponeses ficaram alheios ao processo revolucionário, colhendo depois os frutos das conquistas burguesas.

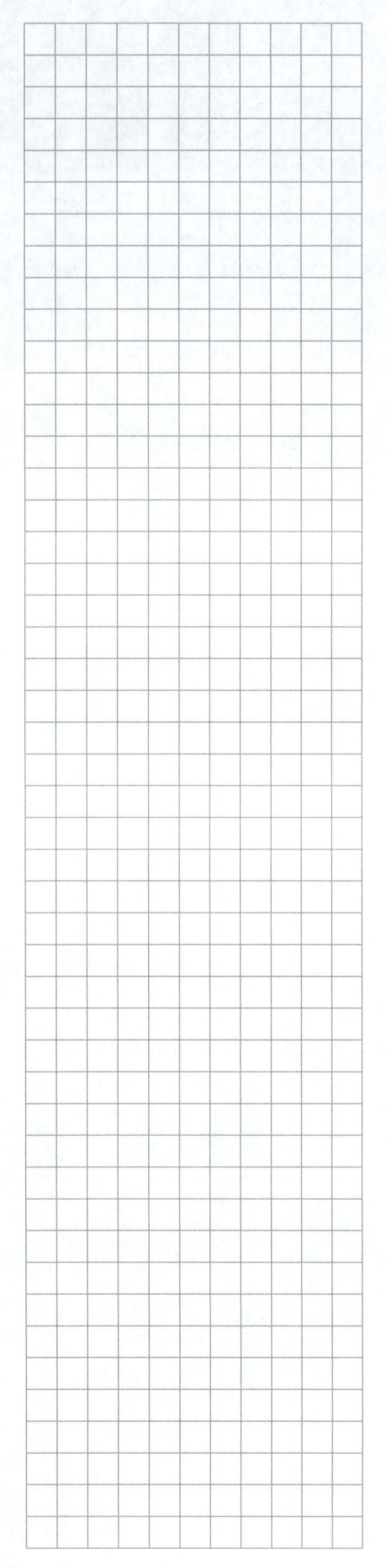

7. (ESPM-SP) Leia os textos e responda:

"Do lado do rei estavam os católicos da Inglaterra e da Irlanda, os anglicanos do norte e do oeste e os lordes, alta nobreza possuidora da terra feudal. Militarmente, as tropas reais eram constituídas pelos cavaleiros. Pelo Parlamento lutavam os puritanos, pequenos proprietários rurais e comerciantes, e os artesãos das cidades; Londres apoiava o Parlamento e lhe fornecia muitos recursos. Os componentes do exército do Parlamento eram chamados de Cabeças Redondas."

Hill, Christopher. *O eleito de Deus.*

"Entre 1648-1652, a França viveu lutas. Para reprimir a rebelião burguesa que tendia a se alastrar de Paris para outras cidades, Mazarino contou com a ajuda de elementos da nobreza, como o príncipe de Condé. Na repressão aos revoltosos, Condé adquiriu poderes e passou a rivalizar com a autoridade de Mazarino. Quando o cardeal tentou reagir, destituindo Condé do comando do exército, desencadeou-se a rebelião da nobreza contra o poder central."

Campos, Raymundo de. *História Geral.*

Os textos apresentados devem ser relacionados respectivamente com:
a) Revolução Gloriosa – Revolução Francesa.
b) Revolução Puritana – As Guerras da Fronda.
c) Revolução Puritana – Revolução Francesa.
d) Rebelião de Wat Tyler – As Guerras da Fronda.
e) Revolução Gloriosa – Jacquerries.

8. (Udesc) Entre 1789 e 1799, a França atravessou um período profundamente transformador conhecido por Revolução Francesa. Em relação às características desse processo revolucionário e seus desdobramentos, analise cada proposição e assinale (V) para verdadeira ou (F) para falsa.

( ) A França foi inovadora, pois não havia notícias de uma Revolução de Caráter Burguês e Liberal na Europa do século XVIII.

( ) Durante os dez anos do processo revolucionário, houve uma série de acordos que garantiram uma transição tranquila e pacífica da Monarquia Absolutista para a República Federativa.

( ) A Revolução Francesa pode ser subdividida em quatro momentos: a Assembleia Constituinte, a Assembleia Legislativa, a Convenção e o Diretório.

( ) A Revolução Francesa disseminou nova concepção política e organizacional do Estado; suas ideias influenciaram a disseminação de guerras e conflitos e seus ideais de Liberdade, Igualdade e Fraternidade passaram a ser buscados por quase todas as nações do mundo contemporâneo.

Assinale a alternativa que apresenta a sequência correta, de cima para baixo.
a) V – F – V – F
b) V – V – F – F
c) F – V – V – V
d) V – V – V – V
e) F – F – V – V

9. (Ibmec-SP) A expansão napoleônica no século XIX influenciou decisivamente vários acontecimentos históricos no período. Dentre esses acontecimentos podemos destacar:

a) a Independência dos Estados Unidos. Com a atenção da Inglaterra voltada para as batalhas com a marinha napoleônica, os colonos americanos declararam sua independência, vencendo rapidamente os ingleses.

b) a formação da Santa Aliança, um pacto militar entre Áustria, Prússia, Inglaterra e Rússia que evitou a eclosão de movimentos revolucionários na Europa e impediu a independência das colônias espanholas e inglesas na América.

c) a Independência do Brasil. Com a ocupação de Portugal pelas tropas napoleônicas, houve um enfraquecimento da monarquia portuguesa que culminou com as lutas pela independência e o rompimento de D. Pedro I com Portugal.

d) a Independência das colônias espanholas. Em 1808 a Espanha foi ocupada pelas tropas napoleônicas ao mesmo tempo em que se difundiam os ideais liberais da Revolução Francesa que inspirou as lutas pela independência.

e) o Congresso de Viena. A França de Napoleão assinou um pacto com a Áustria, Inglaterra e Rússia cujo objetivo maior era estabelecer uma trégua e reorganizar todo o mapa europeu.

10. **(FGV-SP)** Entre 1814-1815, representantes das nações europeias reuniram-se no chamado Congresso de Viena. As principais discussões desses encontros giraram em torno:

a) da adoção do Código Napoleônico por todos os Estados europeus, como forma de modernizar as instituições sociais e adequá-las ao desenvolvimento capitalista do período.

b) da reorganização da Europa após as guerras napoleônicas, procurando garantir à burguesia os avanços conquistados após anos de revoluções.

c) da definição de fronteiras e governantes europeus a partir da ideia de legitimidade, isto é, a restauração do poder e das divisões territoriais anteriores à Revolução Francesa.

d) da necessidade de banir definitivamente os princípios fundamentais do Antigo Regime, tais como a desigualdade jurídica, a dominação aristocrática e o absolutismo.

e) da implementação do Parlamentarismo como a única forma de garantir a dominação aristocrática e a restauração das dinastias destronadas pelas revoluções.

11. **(Unesp)**

"Artigo 5º – O comércio de mercadorias inglesas é proibido, e qualquer mercadoria pertencente à Inglaterra, ou proveniente de suas fábricas e de suas colônias é declarada boa presa.

(...)

Artigo 7º – Nenhuma embarcação vinda diretamente da Inglaterra ou das colônias inglesas, ou lá tendo estado, desde a publicação do presente decreto, será recebida em porto algum.

Artigo 8º – Qualquer embarcação que, por meio de uma declaração, transgredir a disposição acima, será apresada e o navio e sua carga serão confiscados como se fossem propriedade inglesa."

Excerto do Bloqueio Continental, Napoleão Bonaparte. Citado por Mattoso, Kátia M. de Queirós. *Textos e documentos para o estudo da história contemporânea (1789-1963)*, 1977.

Esses artigos do Bloqueio Continental, decretado pelo Imperador da França em 1806, permitem notar a disposição francesa de:

a) estimular a autonomia das colônias inglesas na América, que passariam a depender mais de seu comércio interno.

b) impedir a Inglaterra de negociar com a França uma nova legislação para o comércio na Europa e nas áreas coloniais.

c) provocar a transferência da Corte portuguesa para o Brasil, por meio da ocupação militar da Península Ibérica.

d) ampliar a ação de corsários ingleses no norte do Oceano Atlântico e ampliar a hegemonia francesa nos mares europeus.

e) debilitar economicamente a Inglaterra, então em processo de industrialização, limitando seu comércio com o restante da Europa.

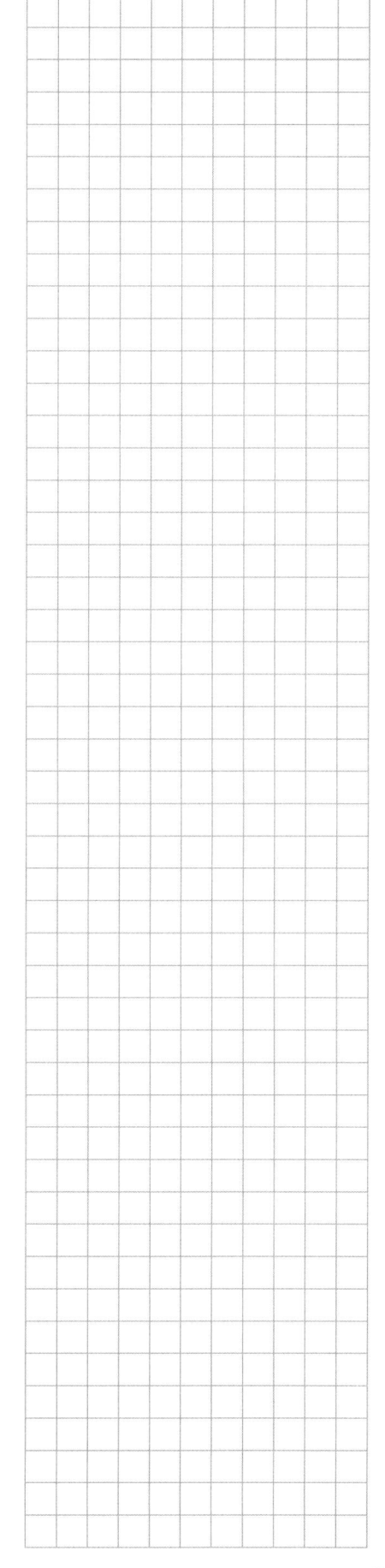

América Latina: a conquista da independência

A Espanha dominada

Em 1807, Napoleão Bonaparte dominou a Espanha, levando o rei Fernando VII à abdicação e José Bonaparte, seu irmão, ao trono. A elite espanhola não reconheceu a legitimidade do novo governo e organizou uma **Junta Central**, resistindo aos franceses até 1810. Em 1812, as Cortes (parlamento espanhol) promulgaram uma Constituição liberal, limitando o poder do rei francês.

Nas colônias espanholas, a notícia da abdicação de Fernando VII despertou sentimentos emancipacionistas, principalmente na elite *criolla*, que, pela primeira vez, passou a participar das Juntas de Governo.

Com a queda de Napoleão, em 1814, Fernando VII ignorou a nova Constituição, restabeleceu o absolutismo na Espanha e tentou recuperar o controle das colônias, o que desencadeou reações por parte dos *criollos*.

A independência do Prata

No Vice-Reino do Prata (atuais Argentina, Paraguai e Uruguai), os sentimentos nativistas estavam latentes desde 1806. Nesse ano, Buenos Aires foi invadida por forças inglesas (na tentativa de estabelecer ali bases comerciais), mas o povo da cidade derrotou e expulsou os invasores. Com esse triunfo, as elites *criollas* perceberam o poder e a influência que exercem sobre o território.

A partir de 1810, em meio à crise na Espanha, os debates emancipacionistas ganharam força na região. Em Buenos Aires, o vice-rei foi destituído pelos *criollos*, e uma junta local passou a governar, representando o Cabildo (instituição encarregada da administração geral das cidades coloniais) e a "vontade do povo". Essas mudanças ficaram conhecidas como **Revolução de Maio**, símbolo da independência argentina.

Entre 1810 e 1816, o governo independente das Províncias Unidas do Rio da Prata declarou a liberdade de imprensa, a abolição da escravidão e o fim dos títulos de nobreza e da tortura. Quando Fernando VII recuperou o trono espanhol, houve uma tentativa de reintegrar as províncias do rio da Prata.

Não havia unidade entre as Províncias Unidas. Em 1811, a capitania do Paraguai, resistente ao domínio de Buenos Aires, proclamou sua independência e formou sua própria junta. Em 1813, José Gaspar Francia derrubou a Junta Paraguaia e tornou-se ditador do Paraguai.

Em 1816, as Províncias Unidas do Rio da Prata se declararam oficialmente independentes da Espanha. Em 1826, é instituída a República Argentina.

San Martín e Bolívar

Embora as ideias emancipatórias ganhassem força, ainda havia um grupo local favorável à Espanha, instalado principalmente no interior do Prata e no Vice-Reino do Peru.

O general argentino **José de San Martín** planejava libertar as províncias do interior e alcançar o Peru a partir da Capitania do Chile. Para tal, transpôs os Andes com cerca de 4 mil soldados, derrotando as tropas fiéis ao rei nas **Batalhas de Chacabuco** (1817) e **Maipú** (1818). Em fevereiro de 1818, o Chile foi proclamado independente (sob o governo de **Bernardo O'Higgins**). Em julho de 1821, foi a vez do Peru, que passou a ser governado por San Martín.

Simón Bolívar, *criollo* venezuelano, também lutou contra as forças realistas. Com Antonio José de Sucre, militar venezuelano, derrotou as tropas espanholas em Lima e, ao alcançar a região do Alto Peru, proclamou a independência da Bolívia. O sonho de Bolívar era criar uma **grande República americana**, mas San Martín não compartilhava os mesmos ideais.

No Vice-Reino da Nova Granada e na Capitania Geral da Venezuela também se formaram Juntas de Governo a partir de 1810. Entretanto, os espanhóis conseguiram retomar o controle da região, embora por pouco tempo.

A República da Grã-Colômbia

Em 1819, as tropas de Bolívar ocuparam a capital de Nova Granada, Bogotá, e proclamaram a **República da Grã-Colômbia**, que englobava a Venezuela e outras regiões do antigo Vice-Reino. Bolívar recebeu então o título de *Libertador* e foi eleito presidente da nova República. A unidade da região, entretanto, não se manteria. Poucos anos depois, a Grã-Colômbia se dividiria para dar origem à Venezuela, ao Equador, à Colômbia e ao Panamá.

O México independente

Após a abdicação de Fernando VII, temendo perder o controle do Vice-Reino da Nova Espanha, os espanhóis colocaram um general no comando da região. A elite *criolla*, que planejava levantes contra os peninsulares (colonialistas nascidos na Espanha), encontrava-se clandestinamente para discutir assuntos políticos. Era o caso do padre Miguel Hidalgo, que defendia a devolução das terras indígenas, o fim da escravidão dos nativos e dos tributos pagos à Espanha.

Em 1810, o padre Hidalgo liderou uma insurreição contra os peninsulares, com o lema "Viva a Virgem de Guadalupe! Morte ao mau governo! Viva Fernando VII", episódio conhecido como **Grito de Dolores**. O movimento ganhou espaço, marchando rumo à Cidade do México e sofrendo retaliações por parte do governo; Hidalgo foi fuzilado em 1811.

O Brasil no caminho da independência

O projeto pombalino

Sob o reinado de dom José I (1750-1777), o Marquês de Pombal atuou como ministro, centralizando o poder e promovendo reformas sociais e econômicas. Em Portugal, Pombal incentivou a criação de manufaturas, facilitando a importação de matérias-primas e aumentando os impostos dos produtos estrangeiros; criou o **Banco Real** e a **Fazenda Real**, para regulamentar e controlar as finanças. Na esfera social, Pombal confrontou-se com o clero e a nobreza, nomeando burgueses para cargos públicos, acabando com a divisão entre cristãos-novos (judeus convertidos) e cristãos-velhos (antigos católicos), diminuindo o poder da Inquisição e expulsando os jesuítas.

Nas colônias e principalmente no Brasil, o ministro intensificou a cobrança de impostos na região mineradora, transferindo estrategicamente a capital da Colônia para o Rio de Janeiro. Estabeleceu companhias de comércio no norte e nordeste do Brasil, que compravam algodão, cacau e arroz para revendê-los na Europa.

Com a morte de dom José I, em 1777, a rainha, dona Maria I, assumiu o trono de Portugal e afastou o Marquês de Pombal do governo. Embora as companhias de comércio tenham sido extintas, a rainha manteve a centralização política e a rigidez fiscal adotada por Pombal.

A Conjuração Mineira

Na segunda metade do século XVIII, uma crise econômica tomou conta da Colônia. O ouro das minas tornava-se escasso, e a extração diminuía ano após ano; além disso, o preço do açúcar caía, devido à concorrência dos holandeses nas Antilhas.

Contudo, a metrópole portuguesa não admitia o esgotamento do ouro das minas nem o descumprimento do pagamento das cem arrobas anuais de impostos. Ameaçava com a **derrama**, ou seja, o confisco de bens e objetos de ouro dos colonos, até que se completassem as cem arrobas. O descontentamento por parte da elite mineira, com dívidas por liquidar e cada vez mais afastada de cargos na administração colonial, fez surgir a ideia de ruptura com a Metrópole. Na Europa, os filhos da elite mineradora entraram em contato com as ideias iluministas, motivadoras da independência dos Estados Unidos e da Revolução Francesa.

No final de 1788, a elite mineira articulou uma revolta, que seria desencadeada quando o governador das Minas Gerais decretasse a derrama, esperada para o início de 1789. Organizado em Vila Rica, o movimento propunha a proclamação da independência da Capitania de Minas Gerais, sob um regime republicano e aos moldes da Constituição estadunidense. Desejava criar indústrias, uma universidade em Vila Rica e rever a cobrança de impostos, além de instituir o perdão das dívidas com a Fazenda Real. Entretanto, o governador ficou sabendo da conspiração por Joaquim Silvério dos Reis, que havia participado das reuniões dos conjurados. Antes que a revolta acontecesse, o governador mandou prender todos os envolvidos, e uma **devassa** (inquérito) foi aberta no Rio de Janeiro. O julgamento dos conjurados, acusados de crime de **inconfidência** (traição à Coroa), estendeu-se por três anos. Muitos dos envolvidos foram presos e banidos. **Joaquim José da Silva Xavier**, o **Tiradentes**, porém, foi condenado à morte em 1792. Depois de enforcado, teve o corpo esquartejado e a cabeça exposta em Vila Rica: era um aviso aos que se opusessem à Coroa portuguesa.

Extração de ouro no Brasil – 1750 a 1799	
Anos	Total (quilos)
1750-1754	15 760
1755-1759	12 616
1760-1764	10 499
1765-1769	9 759
1770-1774	8 779
1775-1779	8 118
1780-1784	6 284
1785-1789	4 911
1790-1794	4 510
1795-1799	4 399

Fonte de pesquisa: SKIDMORE, Thomas E. *Uma história do Brasil*. 4. ed. São Paulo: Paz e Terra, 2003. p. 48.

Conjuração do Rio de Janeiro

A Conjuração Mineira assustou as autoridades portuguesas, o que tornou o controle de possíveis rebeliões mais ostensivo. A Sociedade Literária do Rio de Janeiro sofreu várias retaliações; formada por um grupo de intelectuais que discutiam temas ligados à Física, à Literatura, à Filosofia e à Política, seus participantes foram obrigados a suspender as atividades de 1790 a 1794. Em 1797, uma nova acusação levou seus membros à prisão; no entanto, a devassa não conseguiu comprovar nenhum crime contra a Coroa.

Conjuração Baiana

Em 1798, a capitania da Bahia, que passava por sérias crises econômicas e sociais, foi palco de uma nova revolta contra a Metrópole. A alta nos preços dos alimentos e a cobrança de impostos geraram uma grande insatisfação popular, e as notícias sobre as rebeliões dos escravizados no Haiti motivaram a população a se rebelar. Em 12 de agosto de 1798, vários panfletos foram espalhados pelas ruas de Salvador, incitando o povo à luta. Propunham a formação de uma República, o fim do monopólio comercial português, a abolição da escravidão, o aumento dos soldos dos militares e a diminuição dos impostos. A reação das autoridades portuguesas foi imediata: no dia 25 de agosto, os conjurados foram surpreendidos e presos, e as quatro lideranças foram condenadas à forca: os alfaiates João de Deus e Manuel Faustino e os soldados Luiz Gonzaga das Virgens e Lucas Dantas. Essa rebelião foi chamada também de **Conjuração dos Alfaiates**.

A vinda da Corte para o Brasil

No início do século XIX, a expansão napoleônica e o Bloqueio Continental tornaram-se uma ameaça para Portugal. Os franceses proibiram o comércio com a Inglaterra, porém Portugal não podia aceitar o bloqueio, pois assinara muitos tratados com os ingleses, com quem tinha boas relações.

Em 1807, as tropas napoleônicas decidiram atacar Portugal. Em 26 de novembro de 1807, o Conselho de Estado optou pela transmigração da Corte e, no mesmo dia, começou o embarque de emergência.

Cerca de 15 mil pessoas desembarcaram em Salvador, na Bahia, em 22 de janeiro de 1808; além da família real e da nobreza portuguesa, foram trazidos os arquivos do governo, bibliotecas, uma prensa tipográfica e todo o tesouro real.

O Brasil joanino

O Brasil Colônia se tornara a sede da Coroa portuguesa. A primeira medida tomada por dom João foi a **abertura dos portos brasileiros às nações amigas**, a fim de permitir que a Inglaterra, principal aliada de Portugal, pudesse vender e comprar produtos nos portos do Brasil. Além disso, os impostos sobre a circulação de mercadorias, de 16% para os produtos portugueses e 24% para os produtos de outros países, caíram para 15% para os produtos ingleses, a partir do **Tratado de Navegação e Comércio**, assinado em 1810.

Ainda em 1810, os portugueses assinaram o **Tratado de Aliança e Amizade**, em que a Inglaterra exigia o fim do tráfico de escravizados, pois via na abolição uma possibilidade futura de aumentar o mercado para os produtos ingleses. Porém, o acordo não foi cumprido e passou a ser alvo de desavenças entre Brasil e Inglaterra.

O Rio de Janeiro passou a agregar as funções administrativas, fiscais, jurídicas e políticas. Em 1815, o Brasil foi elevado à categoria de Reino Unido a Portugal e Algarves, deixando de ser colônia. Com a morte de dona Maria I, em 1816, dom João foi coroado rei, tornando-se oficialmente dom João VI.

Em 1817, eclode no Recife a **Revolução Pernambucana**. As causas da revolta foram: o aumento dos impostos para o sustento da Corte e da vasta burocracia, os gastos com a **Guerra da Cisplatina** (Uruguai), as baixas do preço do algodão e do açúcar no mercado internacional, tudo isso somado à seca que devastou algumas regiões do Nordeste.

Os insurgentes (membros da elite pernambucana e de setores médios da população) prenderam o governador da capitania e decretaram a independência de Pernambuco. Influenciado pelos ideais liberais e republicanos, o governo provisório estabelecido convocou uma Assembleia Constituinte na qual defendia a separação dos três poderes, a liberdade de imprensa e de culto e a igualdade de direitos aos cidadãos.

Como o movimento foi ganhando apoio nas capitanias vizinhas, dom João VI articulou a repressão. Enviando tropas e esquadras para combater os insurretos, os batalhões portugueses entraram no Recife e derrotaram os rebeldes, que foram presos e tiveram suas lideranças executadas.

A sociedade e a Corte

A vida social no Rio de Janeiro sofreu várias transformações com a presença da Corte portuguesa. Os hábitos e costumes europeus foram transferidos para o Rio de Janeiro, estabelecendo novas regras de comportamento e novas práticas sociais no Brasil.

Algumas medidas de caráter cultural foram adotadas por dom João, como a criação: da Imprensa Régia; do Jardim Botânico; da Escola Real de Ciências, Artes e Ofícios; do Museu Real. Em 1816, uma **Missão Artística Francesa** formada por pintores como Jean-Baptiste Debret, Nicolas-Antoine Taunay e o arquiteto Grandjean de Montigny desembarcou no Rio de Janeiro, onde passou a prestar serviços à Corte portuguesa, alinhando o Brasil às últimas tendências europeias, principalmente ao **neoclassicismo**.

Portugal luta pela volta da Corte

Com o fim do domínio francês sobre Portugal, a Inglaterra passou a exercer papel importante nas questões políticas e militares do país, sob a liderança de William Beresford no Conselho de Regência e no controle do exército lusitano. Porém, devido à ausência do rei e da Corte e com a permanência inglesa, uma revolução estourou na cidade do Porto, fruto da insatisfação da sociedade lusa.

A **Revolução Liberal do Porto**, de 1820, destituiu Beresford do comando, estabeleceu uma Junta de Governo e convocou as Cortes para a elaboração de uma Constituição. A Revolução do Porto questionava o absolutismo, defendia a liberdade de imprensa, exigia o fim da Inquisição, propunha novas leis civis e criminais. Os revolucionários exigiam ainda o retorno imediato do rei e o restabelecimento do monopólio comercial com o Brasil (recolonização).

No Brasil, dois grupos se formaram: uma **facção brasileira**, que se havia beneficiado da presença da Corte no Brasil (proprietários do Centro-Sul, burocratas brasileiros e portugueses que enriqueceram no Rio de Janeiro) e era contrária ao retorno do rei; e uma **facção portuguesa**, formada por defensores da Revolução do Porto e que fora prejudicada com os altos impostos e o fim do monopólio, desde a chegada da Corte ao Rio de Janeiro.

Uma recolonização impossível

Em 1821, dom João VI, cedendo aos revolucionários do Porto, retornou a Portugal e jurou fidelidade à Constituição. Entretanto, a intenção de restaurar a antiga condição do Brasil como Colônia parecia não se poder cumprir, devido à permanência do filho do rei, dom Pedro, como príncipe-regente no Rio de Janeiro.

A facção brasileira via na presença de dom Pedro uma possibilidade de evitar a recolonização e de conseguir mais autonomia. Dividia-se entre **conservadores**, que defendiam, a princípio, a criação de uma monarquia constitucional sem ruptura com Lisboa, e **radicais**, que defendiam uma monarquia constitucional independente ou mesmo a República.

Como Reino Unido a Portugal e Algarves, o Brasil participou das Cortes, enviando cerca de 70 deputados a Lisboa entre 1821 e 1822. Mas, antes que os representantes brasileiros chegassem, as Cortes decidiram extinguir a Regência, exigindo o retorno de dom Pedro a Portugal.

Dom Pedro lidera o processo

O regresso de dom Pedro significaria o fim da autonomia administrativa e política conseguida com dom João VI e a possibilidade de um movimento de independência, republicano e transformador da ordem social vigente. Diante disso, a facção brasileira resolveu articular a permanência de dom Pedro e a manutenção da estrutura social e política.

Presidente da junta provisória de São Paulo, **José Bonifácio de Andrada e Silva** enviou um manifesto pedindo a dom Pedro que ficasse no Brasil; outros líderes também se alinharam ao lado do príncipe-regente. Em 9 de janeiro de 1822, dom Pedro anunciou que ficaria no Brasil (**Dia do Fico**). Estava firmada a aliança com a elite brasileira.

Dom Pedro, precavendo-se da oposição das Cortes portuguesas, formou um novo ministério e um Conselho de Estado, composto de representantes das províncias como José Bonifácio. As ordens de Lisboa só seriam acatadas no Brasil depois de aprovadas por dom Pedro (**"Cumpra-se"**); em junho de 1822, o príncipe-regente convocou uma Assembleia Constituinte, recebendo o apoio da ala mais radical da facção brasileira.

A independência do Brasil

A ruptura com Portugal tornava-se iminente. Em agosto de 1822, dom Pedro declarou que as tropas portuguesas que desembarcassem no Brasil seriam consideradas inimigas, enquanto José Bonifácio preparava um documento às "nações amigas", assinado pelo regente, anunciando a independência do Brasil sob uma Monarquia constitucional. As Cortes portuguesas reagiram, cancelando os decretos assinados por dom Pedro e exigindo seu retorno imediato a Portugal. Quando dom Pedro recebeu as ordens de Lisboa, encontrava-se em São Paulo (às margens do riacho Ipiranga): era 7 de setembro de 1822. Decidiu não cumpri-las e proclamou a independência do Brasil (**Grito do Ipiranga**).

Em dezembro de 1822, dom Pedro foi coroado imperador do Brasil com o título de dom Pedro I. Porém, ocorreram conflitos em oposição à independência: na Bahia, nas províncias do norte e do extremo sul, tropas portuguesas e brasileiras se enfrentaram, estas com a ajuda decisiva dos ingleses. Somente em 1825, Portugal reconheceu a independência do Brasil.

A adoção da monarquia foi uma exceção no contexto das independências dos países da América, que, ressalvado o caso do México, seguiram o regime republicano. Ao longo do período monárquico, os grupos que defendiam uma ruptura mais radical, republicana e com mudanças sociais questionaram por vários momentos o modelo político adotado.

Questões

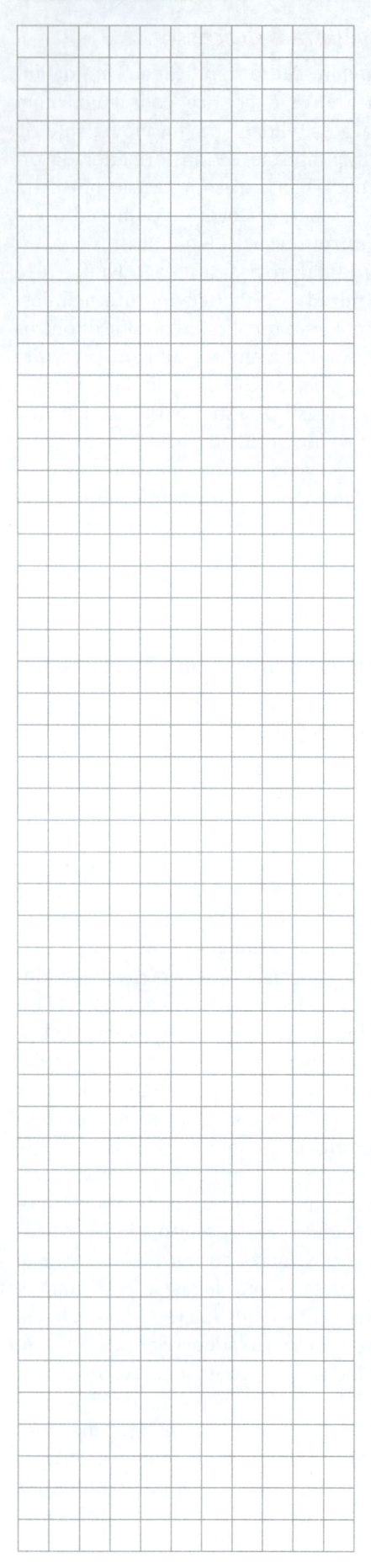

1. (ESPM-SP)

"Entre 1808 e 1810, verificaram-se acontecimentos que tornaram possível a independência política das colônias espanholas na América. O papel dos (...) foi muito importante no deflagrar do processo autonomista. Embora não fossem entidades representativas – seus membros não eram eleitos pelo voto popular – nelas os *criollos* dominavam amplamente. Em 1810, em todos os centros importantes da América Espanhola, os (...) se haviam constituído em juntas governativas e deposto as autoridades metropolitanas (com exceção de Lima)."

AQUINO, Jesus e Oscar. *História das sociedades americanas.*

O texto trata das condições da América hispânica às vésperas da independência. Assinale a alternativa que apresente, respectivamente, o acontecimento que no plano internacional contribuiu para o desencadeamento das lutas de independência das colônias espanholas, e a estrutura política, citada no texto, que na própria América foi determinante para a deflagração do processo autonomista:

a) Independência dos EUA – Vice-Reinados.
b) Invasão das tropas napoleônicas na Península Ibérica – Cabildos.
c) Congresso de Viena – Capitanias Hereditárias.
d) Primavera dos Povos – Casa de Contratação.
e) Guerra das Laranjas – Audiência.

2. (UFSM-RS)

"Simón Bolívar (1783-1830) era 'partidário da formação de grandes Estados e confederações, porque sabia que nações pequenas e fracas nada mais seriam do que dependências econômicas da Inglaterra e dos Estados Unidos'."

CÁCERES, Florival. *História da América.* São Paulo: Moderna, 1992. p. 98.

O pensamento e a figura do libertador Simón Bolívar se tornaram representativos de um projeto de América Latina, a respeito do qual é possível afirmar:

I. Devido à sua origem mestiça, Simón Bolívar expressava a ideia de uma sociedade americana liberta do domínio espanhol e organizada politicamente, de modo a integrar os povos nativos da América e também os negros trazidos da África.

II. A formação de empresas estatais e a limitação do tamanho das propriedades rurais faziam parte do ideário de Simón Bolívar e foram combatidas pela aristocracia *criolla*, satisfeita com a estrutura econômica e social colonial.

III. A Confederação Pan-Americana esboçada por Bolívar enfrentou a oposição de grupos oligárquicos, dispostos tanto a se afirmarem como forças políticas dominantes em suas regiões quanto a negociarem com as potências imperialistas.

IV. O projeto de unidade política de Simón Bolívar chocou-se com os interesses das oligarquias rurais da Colômbia, Venezuela e Equador e também da Inglaterra e Estados Unidos.

Está(ão) correta(s):
a) apenas I e II.
b) apenas I e III.
c) apenas I, II e III.
d) apenas III e IV.
e) apenas IV.

3. (PUC-RJ) Sobre os movimentos de independência ocorridos na América inglesa, em 1776, e na América hispânica nas primeiras décadas do século XIX, estão corretas as alternativas, À EXCEÇÃO de uma. Indique-a.

a) Em meados do século XVIII, nas treze colônias inglesas, os colonos americanos reagiram contra as leis impostas pelo Parlamento britânico e organizaram-se para defender a sua autonomia político-administrativa, a liberdade de comércio e a igualdade de direitos entre os habitantes do Reino e das colônias.

b) Em 1776, as colônias inglesas votaram a Declaração de Independência, que defendia princípios fundamentais do Iluminismo como a igualdade, o direito à liberdade e a instituição de governos fundados no consentimento dos governados.

c) Os movimentos de independência na América hispânica estão diretamente relacionados à invasão napoleônica da Espanha em 1808 e à deposição do rei Fernando VII, que resultaram no estabelecimento de juntas de governos locais na América, iniciando um intenso e amplo período revolucionário.

d) Assim como ocorreu com as treze colônias inglesas, todas as colônias espanholas na América tornaram-se independentes ao mesmo tempo, apesar de não terem mantido a unidade territorial existente e terem se dividido em vários estados nacionais independentes.

e) A revolução de independência das treze colônias inglesas e também os ideais iluministas depositários de novos princípios de organização política e social, contrários à monarquia, ao direito divino dos reis e a favor da soberania popular, tiveram uma enorme influência nos movimentos de independência da América hispânica.

4. (UEL-PR)

"A emancipação das colônias hispano-americanas, liderada pelos grandes senhores de terras e pela burguesia 'criolla', encontrou apoio nos setores médios e populares, os quais, em alguns momentos, chegaram a ameaçar a estrutura de dominação de classe imposta pelo regime colonial. Entretanto, com exceção dos Estados Unidos, que implantaram um regime liberal burguês, no restante da América a independência revelou-se um fato político. Realizada a autonomia, rompidos os vínculos com as metrópoles, as classes dominantes das antigas colônias tomaram o poder e constituíram Estados Nacionais que mantiveram afastada das decisões políticas a massa da população trabalhadora (majoritariamente indígena, camponesa ou não). A estrutura colonial não sofreu qualquer alteração de peso. A Inglaterra abriu mais ainda a sua porta no continente, assegurando-se de mercados consumidores e de matérias-primas; a propriedade territorial continuou nas mesmas mãos, a despeito de algumas tentativas de líderes liberais das Guerras de Independência; a população camponesa permaneceu sob a exploração e o domínio dos seus antigos senhores."

AQUINO, R. S. L. de; LEMOS, N. J. F.; LOPES, O. G. P. C. *História das sociedades americanas*. Rio de Janeiro: Record, 2000. p. 165-166.

De acordo com o texto, é correto afirmar:

a) A América hispânica estava vivenciando, já há algum tempo, um maior grau de liberdade comercial em função da crise econômica metropolitana, bem como a crise política desencadeada pelo domínio francês, entre os anos de 1808 a 1813.

b) O fenômeno da emancipação política na Nova Espanha foi peculiar na América. A Revolução Mexicana foi o movimento mais representativo do descontentamento da parcela camponesa da população contra o autoritarismo e dominação da Espanha, culminando na emancipação do território do México.

c) Em toda a América hispânica e também na portuguesa, o processo de lutas pela emancipação dos diversos espaços geográficos que futuramente se constituíram em espaços nacionais foi conduzido pela Igreja, que lucraria com as emancipações, agregando mais terras ao seu já rico patrimônio.

d) A participação dos Estados Unidos nos processos de independência das Américas foi de crucial importância para a adoção do Regime Republicano pelos espaços recém-independentes.

e) Após sua independência, a América portuguesa rompeu os laços com a metrópole – Portugal – e aliou-se às forças de Napoleão Bonaparte, adotando para esse espaço recém-independente os princípios da Revolução Francesa.

5. (UEM-PR) A luta pela independência dos países americanos se desenvolveu nos séculos XVIII e XIX. Assinale o que for correto sobre os movimentos emancipacionistas desses países.[1]

01. A Igreja Católica ficou neutra durante as lutas pela independência das colônias americanas.

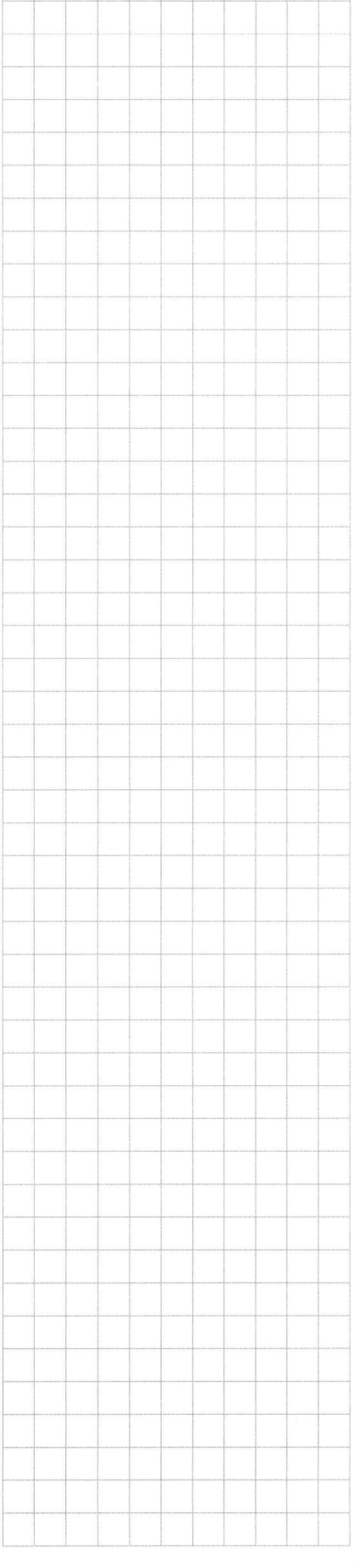

---

[1] Dê como resposta a soma dos números associados às afirmações corretas.

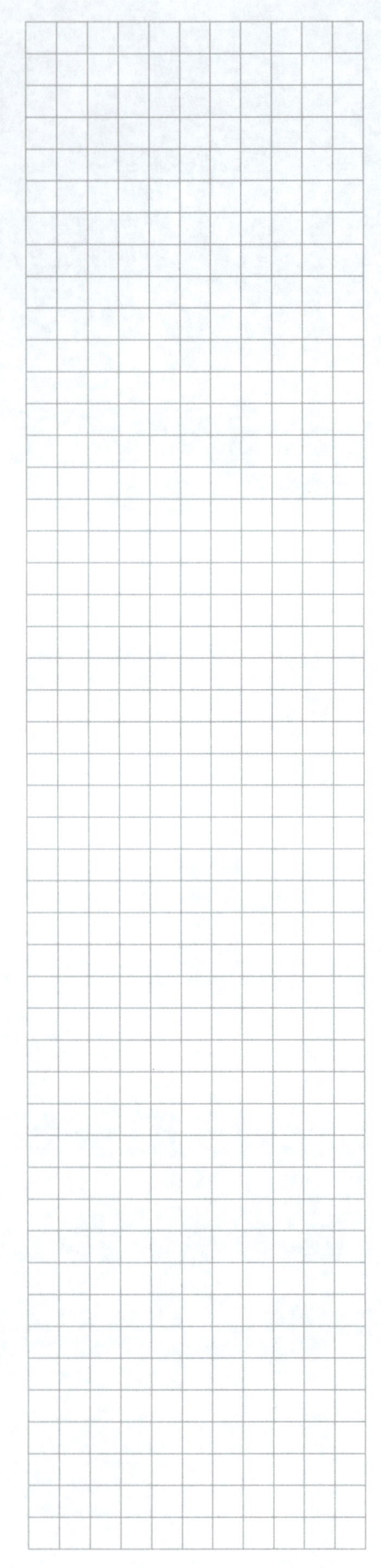

02. A Revolução que culminou com a independência dos Estados Unidos foi inspirada nas teorias dos pensadores iluministas franceses e nas ideias de John Locke.
04. A Rebelião dos Comuneros, liderada principalmente por índios e crioulos, lutou pela independência do Paraguai e pelo estabelecimento de um governo popular.
08. A Inglaterra sempre se opôs à independência das colônias portuguesas e espanholas.
16. No final da década de 1820, apenas Cuba e Porto Rico mantinham-se dependentes do Império Espanhol.

6. **(UFPR)** As reformas pombalinas, encetadas por Sebastião José de Carvalho e Mello (1699–1782), o Marquês de Pombal, tiveram efeito entre 1755, logo após o terremoto de Lisboa, e 1777, quando esse estadista perdeu sua proeminência na administração do império português. Sobre as reformas que implantou ao longo de sua administração como ministro de Dom José I, é correto afirmar:
   a) Tiveram grande impacto sobre o Brasil, uma vez que se criaram companhias de comércio em todas as capitanias, com o objetivo mais amplo de racionalizar o comércio e implantar um rígido sistema colonial, vinculando metrópole e colônia.
   b) Ativeram-se, no campo da educação, ao ensino básico, deixando de lado as instituições universitárias portuguesas.
   c) Basearam-se na aliança e aproximação à Ordem Jesuítica, que recebeu impulsos e estímulos fundamentais por seu papel na educação oferecida no Reino e nas colônias.
   d) Consistiram, entre outras medidas, na criação de instituições e repartições públicas vitais à administração do Reino e suas colônias, como o Erário Régio.
   e) Reforçaram, graças ao seu caráter absolutista, distinções de raça e classe em Portugal e suas colônias, impedindo a ascensão social de negros, índios e indianos existentes nos domínios lusos.

7. **(PUC-RJ)** Sobre as transformações político-sociais e econômicas ocorridas durante a permanência da Corte portuguesa no Brasil (1808-1821), estão corretas as afirmações a seguir, À EXCEÇÃO DE:
   a) A vinda da família real para o Brasil transformou a colônia no principal centro das decisões políticas e econômicas do Império português.
   b) A abertura dos portos favoreceu os interesses dos proprietários rurais produtores de açúcar e algodão, uma vez que se viram livres do monopólio comercial.
   c) A permanência da Corte portuguesa no Rio de Janeiro satisfez os interesses dos diferentes grupos sociais da colônia e trouxe benefícios para todas as regiões do Brasil.
   d) Durante o Período Joanino, organizaram-se novos órgãos e instituições, como o Banco do Brasil e a Casa da Moeda.
   e) Dentre as medidas que mudaram o perfil político-econômico da colônia, destacaram-se os tratados de Aliança e Amizade e de Comércio e Navegação, que deram benefícios aos ingleses.

8. **(Unifesp)** Em 1808, a família real portuguesa se transferiu para o Brasil. Esta transferência está ligada à:
   a) tentativa portuguesa de impedir o avanço inglês na América.
   b) disputa entre Inglaterra e França pela hegemonia europeia.
   c) perda, por Portugal, de suas colônias na costa da África.
   d) descoberta recente de ouro na região das Minas Gerais.
   e) intenção portuguesa de proclamar a independência do Brasil.

9. **(FGV-SP)** Leia os quatro trechos seguintes.
   "I. Acreditavam os conspiradores que a derrama seria o estopim que faria explodir a rebelião contra a dominação colonial. Em uma de suas reuniões criaram até a palavra de ordem para começarem a agir. 'Tal dia faço o batizado' era a senha.

II. Dois envolvidos (...) escaparam às garras da repressão: José Basílio da Gama, que fugiu para Lisboa quando começaram as prisões, e Manoel Arruda da Câmara, que era sócio correspondente da Sociedade Literária do Rio de Janeiro, mas vivia no exterior. (...) O fato é que um ano após a prisão dos acusados nada de grave fora apurado, até porque recorreram ao recurso de negar articulação contra o domínio português. Em geral admitiram que suas reuniões eram marcadas por discussões filosóficas e científicas.

III. (...) dentre os 33 presos e processados, havia 11 escravos, cinco alfaiates, seis soldados, três oficiais, um negociante e um cirurgião. (...) Suas ideias principais envolviam o seguinte: a França constituía o modelo a seguir; o fim da escravidão; a separação entre Igreja e Estado (...)

IV. Criou-se um Governo Provisório (...), integrado por representantes de cinco segmentos da sociedade: Domingos Teotônio Jorge (militares), Domingos José Martins (comerciantes), Manoel Correia de Araújo (agricultores), padre João Ribeiro Pessoa de Melo Montenegro (sacerdotes) e doutor José Luís Mendonça (magistrados). (...) Empenhado em ampliar o movimento anticolonial, o Governo Provisório enviou emissários a outras capitanias: Paraíba, Rio Grande do Norte, Ceará, Alagoas e Bahia."

AQUINO, Rubim Santos Leão et alii. *Sociedade brasileira*: uma história através dos movimentos sociais.

Os trechos de I a IV tratam, respectivamente, dos seguintes eventos:
a) Conjuração Mineira; Confederação do Equador; Conjuração Baiana; Guerra dos Mascates.
b) Conjuração Mineira; Conjuração do Rio de Janeiro; Conjuração Baiana; Revolução de 1817.
c) Revolta de Vila Rica; Conjuração do Rio de Janeiro; Conjuração Baiana; Revolução de 1817.
d) Conjuração Mineira; Conjuração do Rio de Janeiro; Revolução de 1817; Revolta dos Cabanos.
e) Conjuração Baiana; Conjuração Mineira; Revolução de 1817; Conspiração dos Suassuna.

10. **(UEM-PR)** No início do século XIX, em razão das guerras napoleônicas, a Corte Portuguesa transfere-se para o Rio de Janeiro. A colônia portuguesa na América torna-se a sede da Corte. A esse respeito, assinale a(s) alternativa(s) correta(s).[1]
    01. Ao chegar ao Rio de Janeiro, o rei de Portugal realiza uma série de reformas administrativas e culturais para adaptar a cidade às necessidades da vida cortesã.
    02. Nesse período, o Brasil recebe uma grande influência da cultura europeia, sobretudo após a chegada da missão artística francesa.
    04. Nesse período, Jean-Baptiste Debret documentou, em seus desenhos e aquarelas, dentre outros temas, cenas da sociedade do Rio de Janeiro, os usos e costumes dos habitantes da colônia.
    08. Na arquitetura, a missão artística francesa desenvolveu o estilo neoclássico, abandonando os princípios barrocos.
    16. Com o final do período joanino e o retorno da missão artística francesa à Europa, cessou, no Brasil, a influência cultural francesa e se iniciou o movimento modernista brasileiro.

11. **(PUC-MG)** Sobre a independência do Brasil, é INCORRETO afirmar que:
    a) resultou de um processo político comandado pelos grandes proprietários de terras.
    b) girou em torno de D. Pedro I com o objetivo de garantir a unidade do país.
    c) proporcionou mudanças radicais na estrutura de produção para beneficiar as elites.
    d) a produção continuou a atender às exigências do mercado internacional.

---
[1] Dê como resposta a soma dos números associados às afirmações corretas.

O Império Brasileiro

O Primeiro Reinado

Em fevereiro de 1822, alguns meses antes do Grito do Ipiranga, tropas portuguesas se amotinaram na Bahia e ocuparam Salvador em protesto contra a decisão de dom Pedro de permanecer no Brasil. Após o 7 de Setembro, forças favoráveis a Portugal nas províncias do Grão-Pará, Maranhão, Piauí, Cisplatina e Bahia assumiram posição contrária à emancipação do Brasil. Era o início das guerras da Independência, que seriam vencidas uma a uma pelas tropas leais a dom Pedro I até fins de 1823. Para isso, o governo brasileiro contou com a ajuda de tropas e oficiais estrangeiros, sobretudo ingleses, como Alexander Cochrane.

Os Estados Unidos foram o primeiro país a reconhecer, em 1824, a Independência do Brasil. Com o reconhecimento da Inglaterra, em 1825, o governo brasileiro obteve de bancos ingleses um empréstimo de 2 milhões de libras esterlinas, com os quais "comprou" o reconhecimento de Portugal.

Uma Constituição outorgada

Convocada em junho de 1822, a **Assembleia Constituinte** deu início a seus trabalhos em maio de 1823. O projeto de Constituição estabelecia que o imperador não poderia se sobrepor às decisões do Parlamento. Insatisfeito, dom Pedro dissolveu a Assembleia e encarregou o Conselho de Estado de redigir outro projeto.

A organização do poder no Império

- Poder Moderador
  - Conselho de Estado
  - Poder Legislativo
    - Senado
    - Assembleia Geral (Câmara dos Deputados)
  - Poder Executivo
    - Presidentes de Províncias
    - Conselhos Gerais de Províncias
  - Poder Judiciário
    - Supremo Tribunal de Justiça

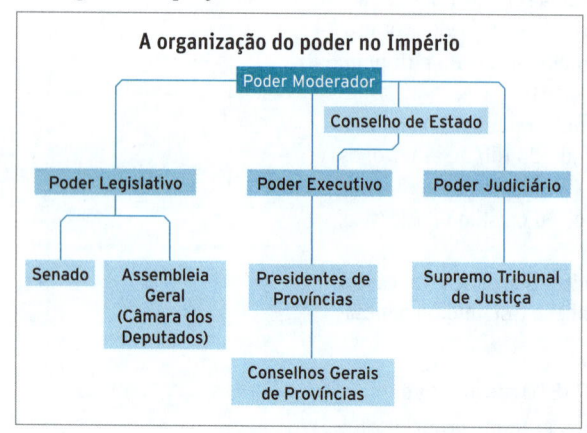

Feito isso, em março de 1824 o imperador **outorgou** a primeira Constituição brasileira. Estruturava-se, assim, o Estado Nacional brasileiro sob o signo do autoritarismo, pois a Carta constitucional criava um poder acima dos outros, a ser exercido pelo imperador além do Executivo. Era o **Poder Moderador**.

A Confederação do Equador

A dissolução da Constituinte e a outorga da Constituição por dom Pedro I provocaram reações imediatas. No Recife, em julho de 1824 os líderes do movimento liberal Frei Caneca e Manuel Pais de Andrade se rebelaram e proclamaram a **Confederação do Equador**, república formada por Pernambuco, Paraíba, Ceará e Rio Grande do Norte. O governo sufocou a rebelião em novembro de 1824. Frei Caneca e outros líderes foram presos e executados.

A abdicação de dom Pedro I

As atitudes autoritárias de dom Pedro I o tornaram extremamente impopular. A guerra na Província Cisplatina, que levou à independência do Uruguai em 1828, também colaborou para isso.

Ao mesmo tempo, após a morte de dom João VI em 1828, dom Pedro I envolveu-se em disputas pela sucessão do trono de Portugal. A insatisfação da população atingiu seu ápice em novembro de 1830, com o assassinato em São Paulo do jornalista Líbero Badaró, crítico implacável do imperador. Em março de 1831, portugueses e brasileiros se enfrentaram no Rio de Janeiro na **Noite das Garrafadas**. Em abril, o imperador abdicou do trono em favor de seu filho, Pedro de Alcântara, com cinco anos de idade.

O Período Regencial

A Constituição previa a formação de uma regência trina, caso o sucessor do trono fosse menor de idade. Com o Parlamento em recesso, organizou-se uma **Regência Trina Provisória**. Dois meses depois, ela foi substituída por uma **Regência Trina Permanente**, que criou a **Guarda Nacional**. Composta por tropas recrutadas pelos grandes proprietários de terras, a Guarda Nacional deveria atuar como força auxiliar do exército, voltada sobretudo para a repressão de agitações sociais no meio rural. Seus comandantes eram geralmente grandes proprietários e recebiam o título de "coronel", embora não tivessem formação militar.

Em 1834, o **Ato Adicional** à Constituição criou as **Assembleias Legislativas** nas províncias, extinguiu o Conselho de Estado e instituiu a **Regência Una** em substituição à Regência Trina. Em abril de 1835, **Diogo Feijó** foi eleito para a Regência Una.

Ao extinguir o Conselho de Estado, nomeado pelo imperador (ou pela Regência), e criar Assembleias Legislativas nas províncias, o Ato de 1834 descentralizava o poder, distribuindo-o mais equilibradamente entre as elites regionais. A medida era uma concessão aos federalistas, que formavam o grupo liberal conhecido como "exaltado" ou "farroupilha" e lutavam por mais autonomia para as províncias.

O Brasil passava então por uma grande instabilidade política e social, com várias rebeliões nas províncias. Diante de tanta pressão, Feijó renunciou em 1837. Para substituí-lo, foi eleito **Araújo Lima**, que adotou uma política centralizadora, conhecida como **Regresso**. Em 1840, a **Lei Interpretativa do Ato Adicional** diminuiu o poder das Assembleias Legislativas.

Vejamos agora as principais rebeliões nas províncias.

Revoltas regenciais

Revolta dos Malês – rebelião de africanos de religião islâmica, escravizados e libertos, em Salvador, Bahia, em 1835. Lutava pelo fim da escravidão e do caráter exclusivo da religião católica. Foi sufocada, e seus líderes, executados.

Cabanagem – revolta no Grão-Pará. Em 1835, os cabanos (pessoas que moravam em cabanas nas margens dos rios) ocuparam Belém e executaram o governador Lobo de Souza. Exigiam que o presidente da província fosse um representante local e não uma pessoa de fora nomeada pelo governo central. Violentamente reprimidos, os cabanos resistiram até 1840. Cerca de 30 mil pessoas morreram no conflito.

Farroupilha (**Guerra dos Farrapos**) – rebelião no Rio Grande do Sul liderada por criadores de gado e produtores de charque, prejudicados pelos altos impostos e pela concorrência do produto uruguaio e argentino. Partidários dos liberais exaltados (daí o nome Farroupilha da revolta), em 1835, os rebeldes ocuparam Porto Alegre e em 1836 proclamaram a **República Rio-Grandense** (ou **Piratini**). Em 1839, ocuparam Santa Catarina, onde proclamaram a **República Juliana**. A revolta terminou em 1845 com um acordo de paz.

Sabinada – revolta de setores das camadas médias urbanas de Salvador em 1837. Liderada pelo médico Francisco Sabino, opunha-se à centralização do poder regencial. Chegou a fundar uma **República Baiense**, mas foi sufocada em 1838.

Balaiada – rebelião de amplos setores da população pobre do Maranhão iniciada em 1838. Seus principais líderes foram o artesão de cestos **Manuel Francisco dos Anjos Ferreira**, o **Balaio**, e o ex-escravizado **Raimundo Gomes Vieira**. Apoiados por cerca de 3 mil escravizados, sob a liderança de **Cosme Bento das Chagas**, o **Negro Cosme**, em 1839 os balaios ocuparam a cidade de Caxias, onde estabeleceram um governo provisório que exigiu o fim da Guarda Nacional e a expulsão dos portugueses da província. Em 1840, a revolta foi esmagada por tropas comandadas por **Luís Alves de Lima e Silva**, futuro **duque de Caxias**.

■ O Segundo Reinado

Marcado por revoltas provinciais, o Período Regencial foi também palco de disputas de poder entre os **partidos Liberal** e **Conservador**. Não havia entre esses dois "partidos" grandes divergências. Ambos representavam a aristocracia escravista e monarquista. Contudo, os liberais eram mais partidários da descentralização política (ou seja, do federalismo) do que os conservadores.

A formação dos dois partidos fora resultado de diversas disputas, agrupamentos e reagrupamentos das principais forças políticas do país a partir da Independência. Em 1831, essas forças estavam agrupadas em três grandes facções: a dos **Restauradores** (ou Caramurus), de tendências absolutistas, que pedia o retorno de dom Pedro I ao trono; a dos liberais **Moderados** (Chimangos), que defendia a monarquia constitucional; e a dos liberais **Exaltados** (Farroupilhas), que lutava pelo federalismo (autonomia das províncias; alguns deles eram **republicanos**). Com a morte de dom Pedro I, em 1834, os Restauradores se juntaram aos Moderados. Logo depois, os Moderados se dividiram em **Regressistas** e **Progressistas**. Os Regressistas deram origem ao Partido Conservador; os Progressistas, ao Partido Liberal.

Os conservadores estavam no poder, desde a renúncia de Feijó, em 1837. Argumentando que só o imperador poderia extinguir as revoltas, os liberais propuseram que a maioridade de dom Pedro fosse antecipada. Em 1840, a **Assembleia Geral** (Parlamento) aprovou a proposta e o jovem Pedro foi coroado como dom Pedro II aos 14 anos de idade. O episódio ficou conhecido como **Golpe da Maioridade**.

Dom Pedro de Alcântara, aos 12 anos, representado por Félix Emile Taunay em 1837.

Com a posse de dom Pedro II os liberais voltaram ao poder, mas logo foram afastados para dar lugar aos conservadores. Em 1841, um ministério conservador instituiu reformas, estabelecendo que cabia ao governo central a nomeação de juízes e delegados de polícia para os municípios. Insatisfeitos, em 1842 setores liberais promoveram levantes armados em São Paulo e Minas Gerais (**Revolta Liberal**), controlados rapidamente pelo governo.

A Revolução Praieira

Em 1848, eclodiu no Recife a última revolta provincial. Promovida por um grupo liberal conhecido como **Partido da Praia** (daí o nome de **Revolução Praieira**), foi resultado de diversos fatores, como a nomeação de um conservador para presidente da província, a carestia de vida, o desemprego e o controle do comércio pelos portugueses. Os rebeldes ocuparam o Recife e a revolta se espalhou pela Zona da Mata (região do açúcar). Após um ano e meio de combates, o governo central sufocou a rebelião.

O Império agroexportador

A conquista da independência política em 1822 não foi acompanhada de mudanças na estrutura social e econômica da nova nação. Assim, o Império manteve o modelo agroexportador apoiado sobretudo na monocultura do café e no trabalho escravo (*plantations*). Com o esgotamento do solo no Vale do Paraíba, a cultura cafeeira se expandiu para o noroeste paulista e para Minas Gerais.

A partir da segunda metade do século XIX, foram construídas as primeiras **ferrovias**. A **Santos-Jundiaí** (1867), da companhia inglesa São Paulo Railway, foi a pioneira na província de São Paulo e teve importância fundamental para o escoamento do café do interior até o porto de Santos.

Entretanto, a primeira ferrovia do Brasil data de 1854. Tinha apenas 14 quilômetros e foi construída no Rio de Janeiro pelo barão de **Mauá**, empresário industrial, responsável também pela iluminação a gás da capital do Império, pela criação de um dos primeiros estaleiros do país e por outros empreendimentos.

A política imperial tentava atender tanto às reivindicações industrialistas dos empresários como aos interesses da aristocracia rural. As **tarifas Alves Branco** (1844), por exemplo, estimularam a industrialização por meio de impostos sobre produtos importados, mas, por pressão dos cafeicultores, foram revogadas em 1860.

Brasil — Exportação de mercadorias (% sobre o valor total das exportações)									
Decênio	Total	Café	Açúcar	Cacau	Erva-mate	Fumo	Algodão	Borracha	Couros e peles
1821-1830	85,8	18,4	30,1	0,5	–	2,5	20,6	0,1	13,6
1831-1840	89,8	43,8	24,0	0,6	0,5	1,9	10,8	0,3	7,9
1841-1850	88,2	41,4	26,7	1,0	0,9	1,8	7,5	0,4	8,5
1851-1860	90,9	48,8	21,2	1,0	1,6	2,6	6,2	2,3	7,2
1861-1870	90,3	45,5	12,3	0,9	1,2	3,0	18,3	3,1	6,0
1871-1880	95,1	56,6	11,8	1,2	1,5	3,4	9,5	5,5	5,6
1881-1890	92,3	61,5	9,9	1,6	1,2	2,7	4,2	8,0	3,2
1891-1900	95,6	64,5	6,6	1,5	1,3	2,2	2,7	15,0	2,4

Fonte de pesquisa: SILVA, Hélio Schlittler. Tendências e características gerais do comércio exterior no século XIX. *Revista de História da Economia Brasileira*, ano 1, p. 8, jun. 1953. Citado por FAUSTO, Boris. *História do Brasil*. 4. ed. São Paulo: Edusp, 1996. p. 191.

A Guerra do Paraguai

Em meados do século XIX, as disputas pelo controle da bacia do rio da Prata levaram a enfrentamentos entre o Brasil e a Argentina e a intervenções de ambos os países nos assuntos internos do Uruguai. Em 1864, o presidente Solano López, do Paraguai, usou uma intervenção militar brasileira no Uruguai como pretexto para atacar o Brasil. Tropas paraguaias penetraram em Mato Grosso e atravessaram o território argentino com o intuito de invadir o Rio Grande do Sul. Em 1865, os governos do Brasil, da Argentina e do Uruguai assinaram o **Tratado da Tríplice Aliança**, contra o Paraguai.

Em 1866, depois de várias batalhas, as forças da Tríplice Aliança invadiram o Paraguai e, em 1869, ocuparam a capital, Assunção. Um ano depois, Solano López foi morto na fronteira com Mato Grosso.

A guerra teve consequências dramáticas para o Paraguai. Apenas 10% de sua população masculina sobreviveu ao conflito. A indústria e a agricultura do país foram arrasadas. Para Brasil e Argentina, a guerra significou a conquista da supremacia de seus interesses na região, mas suas economias ficaram ainda mais dependentes do capital inglês, que financiou o esforço de guerra dos aliados. No Brasil, a Guerra do Paraguai também influenciou os rumos da luta abolicionista, pois os militares passaram a apoiar a causa (veja a seguir).

A Batalha da Guerra do Paraguai representada em gravura publicada em jornal dos Estados Unidos, 1868.

A abolição do trabalho escravo

Outro complicador para o governo brasileiro era a posição da Inglaterra, país industrializado, que começou a fazer pressões sobre países escravistas para que abolissem a escravidão e o tráfico de escravizados. Calculavam os ingleses que, com a abolição, cresceria o mercado consumidor para seus produtos, pois os ex-escravizados passariam a receber salários como trabalhadores livres e poderiam adquirir alguns desses produtos.

Em 1845, valendo-se da **Bill Aberdeen** (lei que proibia o comércio de escravizados entre a África e a América), a marinha inglesa aprisionou embarcações brasileiras acusadas de tráfico negreiro. Essas pressões levaram dom Pedro II a aprovar, em 1850, a **Lei Eusébio Matoso**, que proibia o tráfico.

Depois dessa lei, vieram a **Lei do Ventre Livre** (1871) e a **Lei dos Sexagenários** (1885). A essa altura, a **Campanha Abolicionista** mobilizava multidões nas ruas das grandes cidades. Muitos trabalhadores escravizados fugiam das fazendas para formar quilombos, com o apoio de organizações abolicionistas. A partir de 1887, a escravidão parecia ter seus dias contados, pois o exército e a Igreja passaram a apoiar a abolição. Assim, as pressões de diversos setores sociais e a resistência de escravizados e ex-escravizados levaram a princesa Isabel, em 13 de maio de 1888, a assinar a **Lei Áurea**, que acabava com a escravidão no Brasil. Entretanto, essa libertação não foi acompanhada de uma política de inclusão social, como a realização de uma reforma agrária, por exemplo. Na prática, isso mantinha os ex-escravizados sem direitos e à margem da sociedade.

O fim da escravidão ocorreu em meio a uma profunda crise da monarquia. Desde 1870, com a publicação do **Manifesto Republicano**, vinham crescendo as forças políticas que rejeitavam o regime monárquico. Em 1873, fazendeiros paulistas fundaram o **Partido Republicano de São Paulo**. A partir de então, o movimento a favor da República avançou progressivamente, embora sem empolgar as multidões, como ocorreu com a Campanha Abolicionista.

Em 1872, um episódio envolvendo um bispo católico, que proibiu o ingresso de maçons em irmandades religiosas, desagradou pessoas do governo, como o visconde do Rio Branco, que era maçom e presidente do **Conselho de Ministros**. O bispo foi preso por ordem do imperador e solto algum tempo depois, mas o episódio, conhecido como **Questão Religiosa**, abalou as relações entre o Império e a Igreja católica.

Outra crise que debilitou ainda mais seriamente o Império ocorreu entre os militares e o governo. Conhecida como **Questão Militar**, a crise teve início em 1884, quando o tenente-coronel Sena Madureira, promoveu, na Escola de Tiro de Campo Grande, no Rio de Janeiro, da qual era comandante, uma homenagem a Francisco Nascimento, jangadeiro cearense que participava da luta contra a escravidão em sua província. Algum tempo antes, Nascimento e outros jangadeiros do Ceará haviam se recusado a transportar trabalhadores escravizados para um navio negreiro. Como punição pela atitude do oficial, o governo o transferiu para o Rio Grande do Sul.

Uma vez em Porto Alegre, Sena Madureira publicou um artigo no jornal republicano *A Federação*, no qual narrava os eventos pelos quais fora punido. Diante disso, o ministro da Guerra proibiu os militares de externar posições políticas pela imprensa. Rompendo a disciplina do exército, a oficialidade rio-grandense protestou publicamente contra a proibição do ministro. Mais grave ainda: o presidente da província e comandante do exército no Rio Grande do Sul, marechal Deodoro da Fonseca, se recusou a punir os oficiais, como exigia o ministro da Guerra. Em represália, o governo o destituiu dos dois cargos. Em 1887, Deodoro seria eleito o primeiro presidente do recém-criado **Clube Militar**, no Rio de Janeiro. Dois anos depois, ele proclamaria a República.

Sociedade e cultura

O panorama cultural do Brasil, a partir da segunda metade do século XIX, foi marcado pelo eurocentrismo. Embora a maioria da população brasileira, na cidade e no campo, fosse formada por negros e mestiços, a elite branca minoritária pretendia "europeizar" o Brasil e construir uma imagem nacional "positiva" aos olhos das outras nações.

Nas **artes plásticas**, os motivos históricos prevaleceram sobretudo no **Romantismo**, cujas obras contrapunham a civilidade do branco europeu à fraqueza e à pureza do indígena, além de valorizar a monarquia. A obra de **Almeida Júnior**, por representar cenas do cotidiano do interior paulista, é considerada uma exceção à produção artística dessa época.

A visão romântica do indígena brasileiro e de seu contato com o europeu foi tema da **literatura**, como em *O Guarani*, de **José de Alencar**. A exaltação nacional e o amor à pátria aparecem em obras como *Canção do Exílio*, de **Gonçalves Dias**. Já **Castro Alves**, jovem poeta baiano, destoava da produção da época: seu poema *O navio negreiro* é um indignado protesto contra o tráfico negreiro e o sofrimento dos africanos trazidos ao Brasil.

O **Realismo** também ganhou importância no Brasil, sobretudo após a publicação de *Memórias Póstumas de Brás Cubas*, de Machado de Assis, e de *O mulato*, de Aluísio Azevedo (ambas em 1881). O eixo temático passava, então, do romantismo indígena e do enaltecimento da pátria para os problemas e infortúnios do povo brasileiro.

Questões

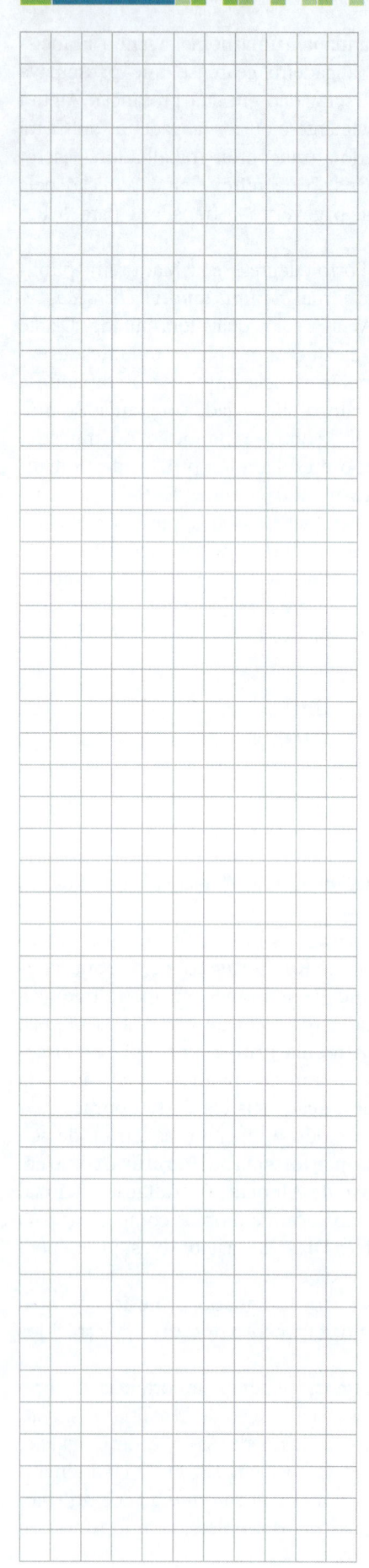

1. (UPE) A liberdade política exige lutas e enfrentamentos, muitas vezes, violentos. Em Pernambuco, a insatisfação da população levou à organização da Confederação do Equador, logo depois de 1822.

Liderada pelos liberais, a Confederação tinha como objetivo:

a) afirmar um governo baseado numa Monarquia Constitucional, segundo os modelos do Iluminismo francês.

b) definir um governo democrático, com o fim imediato da escravidão e do governo monárquico.

c) reforçar a centralização política, sem, contudo, alterar a Constituição de 1824 e suas normas básicas.

d) criar uma república federativa, facilitando a descentralização política e o fim do autoritarismo.

e) destruir o poder dos grandes latifundiários, proclamando uma constituição radicalmente liberal.

2. (UFPR) Com a abdicação do imperador D. Pedro I em 1831, o fracasso do primeiro reinado tomou corpo. Com relação a isso, considere os fatos a seguir:

I. A imigração europeia para o Brasil ocorrida nesse período.

II. A eclosão da guerra na Província Cisplatina (1825-1828) contra as Províncias Argentinas, a qual consumiu recursos do Estado em formação, e cujo principal resultado foi a criação da República Oriental do Uruguai, em 1828.

III. A indisposição do Imperador nas negociações com os deputados das províncias do Brasil, que levou ao fechamento da Assembleia Constituinte, em 12 de novembro de 1823, e à imposição de uma carta constitucional em 1824.

IV. A queda do gabinete dos Andradas, que levou o Imperador a se cercar de inúmeros portugueses, egressos de Portugal ainda ao tempo do governo de D. João VI.

Tiveram influência direta no desfecho do primeiro reinado os fatos apresentados em:

a) I, III e IV somente.
b) III e IV somente.
c) II, III e IV somente.
d) I, II e III somente.
e) I e II somente.

3. (FGV-SP)

"Iniciados os trabalhos da Constituinte [em maio de 1823], José Bonifácio procurou articular em torno de si os propósitos dos setores conservadores, além de esvaziar radicais e absolutistas.

Na prática, José Bonifácio (...) procurou imprimir um projeto conciliador entre as pretensões centralizadoras e os anseios das elites rurais. O papel do imperador deveria ser destacado dentro da organização do novo Estado, já que em torno de sua figura se construiria a unidade territorial do novo país."

AQUINO, Rubim Santos Leão de et alli. *Sociedade brasileira*: uma história através dos movimentos sociais.

No momento em que os trabalhos constituintes eram iniciados, a manutenção da unidade territorial do Brasil corria riscos em virtude:

a) da ocupação exercida por forças militares portuguesas na Bahia, no Pará e na província Cisplatina.

b) das pressões inglesas para que as regiões próximas da bacia amazônica fossem separadas do Brasil.

c) da Revolta dos Farrapos, que lutava pela emancipação das províncias do Rio Grande do Sul e de Santa Catarina.

d) da adesão de Gonçalves Ledo ao Partido Brasileiro, que defendia uma ampla autonomia do nordeste brasileiro.

e) de o anteprojeto constitucional – a Constituição da Mandioca – apontar para uma ordem administrativa igual à dos EUA.

4. **(Unesp)** No início dos trabalhos da primeira Assembleia Constituinte da história do Brasil, o imperador afirmou "esperar da Assembleia uma constituição digna dele e do Brasil". Na sua resposta, a Assembleia declara "que fará uma constituição digna da nação brasileira, de si e do Imperador".

   Essa troca de palavras entre D. Pedro I e os constituintes refletia:
   a) a oposição dos proprietários rurais do nordeste ao poder político instalado no Rio de Janeiro.
   b) a tendência republicana dos grandes senhores territoriais brasileiros.
   c) o clima político de insegurança provocado pelo retorno da família real portuguesa a Lisboa.
   d) uma indisposição da Assembleia para com os princípios políticos liberais.
   e) uma disputa sobre a distribuição dos poderes políticos no novo Estado.

5. **(PUC-PR)** Dentre as características da Carta Imperial de 1824, outorgada por D. Pedro I, NÃO está incluído ou incluída:
   a) o voto universal e secreto.
   b) o exercício do Poder Moderador pelo monarca.
   c) a forma unitária do Estado.
   d) o casamento apenas religioso, com efeitos civis.
   e) a divisão do território nacional em Províncias.

6. **(UFRGS-RS)** Leia o texto abaixo.

   "Conheça o Brasil que o dia 20 de setembro de 1835 foi a consequência inevitável de uma má e odiosa administração; e que não tivemos outro objeto, e não nos propusemos a outro fim que restaurar o império da lei, afastando de nós um administrador inepto e faccioso, sustentando o trono constitucional do nosso jovem monarca e a integridade do Império."

   Manifesto de 25 de setembro de 1835. *Coletânea de documentos de Bento Gonçalves da Silva*. Porto Alegre: Arquivo Histórico do Rio Grande do Sul, 1985. p. 269.

   Em relação ao manifesto acima, é correto afirmar que:
   a) os farroupilhas defendiam, desde o primeiro momento, o ideário republicano e separatista.
   b) os revoltosos desejavam antecipar a posse de Dom Pedro II, ainda menor de idade.
   c) a revolta foi motivada pelo desejo dos farroupilhas de reintegrar a província ao Império brasileiro.
   d) os revoltosos estavam contrariados com o governo do presidente provincial.
   e) os farroupilhas representavam os ideais conservadores, manifestos na defesa do "império da lei".

7. **(UFG-GO)** A ocorrência de rebeliões, tais como a Cabanagem (1835-1840), no Pará, a Sabinada (1837-1838), na Bahia, e a Balaiada (1838-1841), no Maranhão, determinou a caracterização da Regência como um período conturbado. Todavia, a ocorrência de rebeliões tão distintas apresenta como aspecto comum a:
   a) reivindicação popular pela abolição da escravatura, tornando inviável o apoio das camadas médias urbanas aos movimentos contra a ordem regencial.
   b) influência da experiência republicana da América Hispânica, decorrente da proximidade intelectual entre as elites imperiais e os *criollos*.
   c) mobilização das camadas populares pelos segmentos da elite, objetivando o controle do poder nas referidas províncias.
   d) tentativa de restabelecer o poder moderador, transferindo-o para a Regência Una como forma de resistir às reformas liberais.
   e) rejeição ao regime monárquico, revelador da permanência do privilégio concedido ao português desde a Colônia.

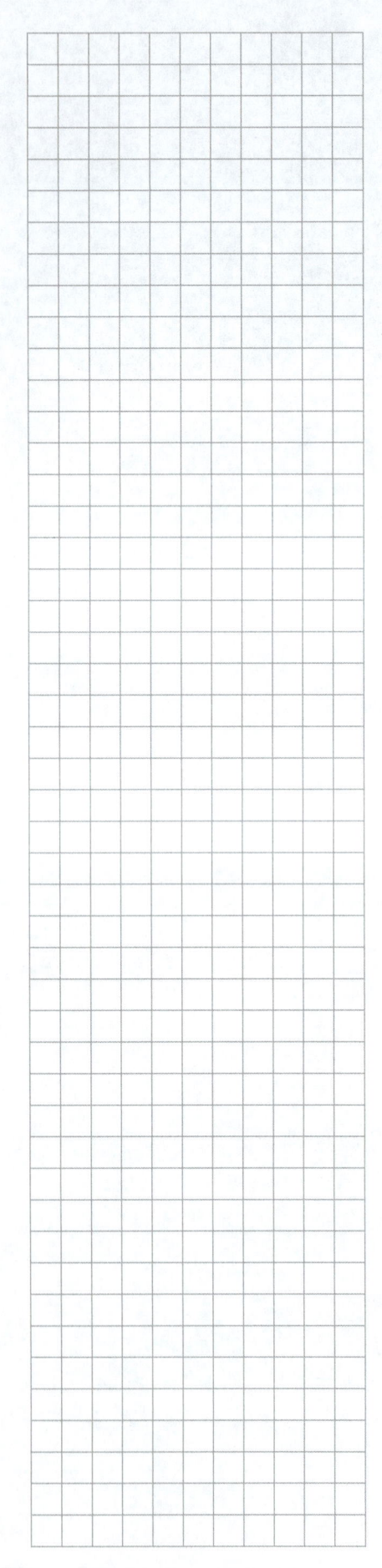

8. **(FGV-SP)** A Revolta dos Malês:
   a) foi comandada por escravos e libertos muçulmanos que controlaram Salvador por alguns dias.
   b) foi iniciada por setores da elite maranhense contra as medidas centralizadoras adotadas pelo governo sediado no Rio de Janeiro.
   c) foi liderada por comerciantes paulistas contrários à presença dos portugueses na região das minas.
   d) foi articulada pelo setor açucareiro da elite baiana descontente com a falta de investimentos do governo imperial.
   e) estabeleceu uma ampla rede de quilombos em Pernambuco, desafiando a dominação holandesa.

9. **(UPE)** Com a Abdicação de D. Pedro I, romperam-se os elos entre Brasil e Portugal. Consolidou-se, assim, o poder dos latifundiários, os quais conseguiram moldar uma monarquia liberal-escravista de acordo com seus interesses e expectativas. Nessa perspectiva, é correto afirmar:[1]
   ( ) A Abdicação foi resultado de um conflito que vinha de antes da Independência, o conflito entre lusitanismo e a classe dominante nacional.
   ( ) Para a classe dominante nacional, o absolutismo de D. Pedro I representava a garantia da manutenção de uma ordem que ajustava os seus principais interesses.
   ( ) Economicamente, o Brasil vivia um longo hiato intercíclico, não havendo nenhum produto de exportação que se salientasse.
   ( ) A Abdicação de D. Pedro I deve ser vista, exclusivamente, pela sua motivação em favorecer sua filha D. Maria da Glória.
   ( ) A monarquia logrou impor o centralismo unitarista acima de federalismo, criando uma unidade nacional.

10. **(Unesp)** Entre as várias rebeliões ocorridas no período regencial, destaca-se a chamada Guerra dos Farrapos, iniciada em 1835. O conflito:
    a) prosseguiu até a metade da década seguinte, quando o governo do Segundo Império aumentou os impostos de importação dos produtos bovinos argentinos e anistiou os revoltosos.
    b) demonstra que as disputas comerciais entre Brasil e Argentina se iniciaram logo depois da independência e desde então se agravaram, até atingir a atual rivalidade entre os dois países.
    c) permitiu a adoção de um regime federalista no Brasil, uma vez que as negociações entre o governo imperial e os rebeldes determinaram a autonomia política rio-grandense.
    d) revela a impossibilidade de estabelecer relações políticas e diplomáticas na América Latina após a independência política e durante o período de formação dos estados nacionais.
    e) impediu a continuação do período regencial e levou à aceitação de outra exigência dos participantes da revolta: a antecipação da maioridade do futuro imperador Pedro II.

11. **(Fuvest-SP)**

    "Nossas instituições vacilam, o cidadão vive receoso, assustado; o governo consome o tempo em vãs recomendações... O vulcão da anarquia ameaça devorar o Império: aplicai a tempo o remédio."

    Padre Antonio Feijó, em 1836.

    Essa reflexão pode ser explicada como uma reação à:
    a) revogação da Constituição de 1824, que fornecia os instrumentos adequados à manutenção da ordem.
    b) intervenção armada brasileira na Argentina, que causou grandes distúrbios nas fronteiras.
    c) disputa pelo poder entre São Paulo, centro econômico importante, e Rio de Janeiro, sede do governo.

---

[1] Indique as alternativas verdadeiras (V) e as falsas (F).

d) crise decorrente do declínio da produção cafeeira, que produziu descontentamento entre proprietários rurais.

e) eclosão de rebeliões regionais, entre elas, a Cabanagem no Pará e a Farroupilha no sul do país.

12. **(Unesp)**

"No século XIX a música brasileira teve sua maior expressão na obra de Antonio Carlos Gomes, aclamada personalidade musical da corte de dom Pedro II. A estreia de sua ópera *O Guarani* em 1870 nos teatros de Milão e do Rio de Janeiro trouxe-lhe reconhecimento internacional. A ópera inspira-se no romance indianista *O Guarani*, de José de Alencar, publicado em 1857, que narra um triângulo amoroso entre a jovem Cecília, o índio Pery e o português dom Álvaro."

GOMES, Carlos. *Coleção Folha Grandes Óperas.* v. 7, 2011. Adaptado.

Assinale a alternativa que se refere corretamente a fatos ocorridos na história do Brasil no período que se estende de 1850 a 1870.

a) A colonização do Brasil ultrapassou os limites geográficos da linha de Tordesilhas, provocando conflitos permanentes entre as metrópoles portuguesa e espanhola.

b) A incorporação do território do Acre pelo Estado brasileiro promoveu um desenvolvimento econômico na região da bacia do rio Amazonas.

c) O fim do tráfico de escravos da África para o Brasil aumentou o investimento de capital inglês que serviu para fomentar a modernização e o crescimento urbano do Rio de Janeiro.

d) Com a proibição do tráfico de escravos, o governo imperial adotou uma série de medidas para facilitar o acesso da população brasileira à propriedade da terra.

e) Em São Paulo, a produção do café continuou restrita à faixa litorânea e ao vale do rio Paraíba, regiões favorecidas pela fertilidade da terra roxa.

13. **(Unicamp-SP)**

"A política do Império do Brasil em relação ao Paraguai buscou alcançar três objetivos. O primeiro deles foi o de obter a livre navegação do rio Paraguai, de modo a garantir a comunicação marítimo-fluvial da província de Mato Grosso com o restante do Brasil. O segundo objetivo foi o de buscar estabelecer um tratado delimitando as fronteiras com o país guarani. Por último, um objetivo permanente do Império, até o seu fim em 1889, foi o de procurar conter a influência argentina sobre o Paraguai, convencido de que Buenos Aires ambicionava ser o centro de um Estado que abrangesse o antigo vice-reino do Rio da Prata, incorporando o Paraguai."

Adaptado de DORATIOTO, Francisco. *Maldita Guerra*: nova história da Guerra do Paraguai. São Paulo: Companhia das Letras, 2002. p. 471.

Sobre o contexto histórico a que o texto se refere é correto afirmar que:

a) A Guerra do Paraguai foi um instrumento de consolidação de fronteiras e uma demonstração da política externa do Império em relação aos vizinhos, embora tenha gerado desgastes para Pedro II.

b) As motivações econômicas eram suficientes para empreender a guerra contra o Paraguai, que pretendia anexar territórios do Brasil, da Bolívia e do Chile, em busca de uma saída para o mar.

c) A Argentina pretendia anexar o Paraguai e o Uruguai, mas foi contida pela interferência do Brasil e pela pressão dos EUA, parceiros estratégicos que se opunham à recriação do vice-reino do Rio da Prata.

d) O mais longo conflito bélico da América do Sul matou milhares de paraguaios e produziu uma aliança entre indígenas e negros que atuavam contra os brancos descendentes de espanhóis e portugueses.

Das revoluções liberais ao imperialismo

■ O último Bourbon

Após a derrota de Napoleão Bonaparte, o **Congresso de Viena** (1815) tentou restabelecer nos países europeus o Antigo Regime e os privilégios da nobreza e da Igreja, restaurando ainda as fronteiras anteriores às conquistas napoleônicas e combatendo as ideias revolucionárias.

Na França, os Bourbon retomaram o poder, e **Luís XVIII** (irmão do rei guilhotinado, Luís XVI) foi coroado rei, com poderes moderados por uma monarquia constitucional. Sucedeu-o **Carlos X**, com pretensões absolutistas e apoiado pela nobreza monarquista. Em 1830, nas eleições para o Parlamento, Carlos X alterou as leis eleitorais, estabeleceu a censura e dissolveu o Parlamento; esse **golpe absolutista** levou-o ao exílio, após uma rebelião popular. Assume o trono **Luís Felipe** de Orléans com o apoio da alta burguesia, evitando que a **Revolução Liberal** iniciada pela baixa burguesia e por trabalhadores urbanos exigisse igualdade social. Seu reinado foi marcado pela extinção dos resquícios absolutistas e pela proximidade com a burguesia; por isso, foi chamado de "rei burguês".

As ideias liberais e nacionalistas influenciaram diversos movimentos na Europa. Além da França, ocorreram revoltas populares na Bélgica, que conquistou sua independência da Holanda; em Portugal, que aprovou uma Constituição Liberal (1834); na Polônia, na Espanha e nos Estados italianos e alemães. A Santa Aliança atuou com o objetivo de conter essas revoluções.

PRINCIPAIS REBELIÕES NA EUROPA EM 1848

Fonte de pesquisa: BLACK, Jeremy (Ed.). *Atlas da história do mundo*. Londres: Dorling Kindersley, 2005. p. 201.

■ A Primavera dos Povos

Em **1848**, uma nova onda revolucionária sacudiu a Europa, depois das revoluções liberais de 1830. Opondo-se às monarquias absolutistas, seus participantes defendiam regimes mais **democráticos** e **liberdade econômica**. Alguns grupos mais radicais desejavam a igualdade política, com o sufrágio universal e a República, além da distribuição igualitária de terras e riquezas.

Luís Filipe, na França, aliou-se à alta burguesia, mais conservadora, diante das reivindicações democráticas populares. No entanto, quando em 1848 o povo tomou as ruas de Paris e enfrentou o exército, o rei foi forçado a abdicar, instaurando-se a **República**. Porém, o governo republicano não trouxe as mudanças esperadas, e os operários de Paris iniciaram uma série de revoltas que foram reprimidas de forma brutal, resultando na morte de 1 500 rebeldes e na prisão e deportação de outros tantos. No mesmo ano, as eleições presidenciais colocaram **Luís Napoleão Bonaparte** no poder. Em 1851, um **golpe de estado** tornou-o imperador da França com o título de Napoleão III.

Essas revoluções liberais e, em certos casos, nacionalistas ficaram conhecidas como **Primavera dos Povos**. Conduzidas pela burguesia liberal, algumas delas contaram com grande participação de trabalhadores, que lutavam pela igualdade social e política. Embora tenham provocado mudanças em alguns países, foram derrotadas em sua maioria:

- na Itália e na Alemanha, lutou-se pela unificação política;
- na Dinamarca, pela instalação de um Parlamento e por uma monarquia constitucional;
- os húngaros e o Reino Lombardo insurgiram-se contra o domínio austríaco;
- os romenos e os sérvios lutaram contra o domínio da Hungria;
- a Polônia levantou-se contra a Rússia, a Prússia e a Áustria.

A burguesia, a partir de então, optou pela **via reformista** para alcançar seus objetivos, controlando os trabalhadores e as possíveis **revoltas armadas**. Dois grupos sociais passaram, desde então, a se opor, o que se estenderia ao longo dos séculos XIX e XX: a burguesia e o proletariado.

A unificação da Itália e da Alemanha

Até a segunda metade do século XIX, a Itália e a Alemanha não existiam como Estados nacionais. A península Itálica era um mosaico de pequenos reinos e ducados, alguns sob controle de países estrangeiros, como a Áustria. No centro do território estavam os **Estados Pontifícios**, controlados pelo Papado. Em meados do século XIX, ganhou força um movimento nacionalista: o *Risorgimento* (Ressurgimento), dividido entre **monarquistas** e **republicanos**.

Em 1859, o primeiro-ministro do Reino da Sardenha-Piemonte, o monarquista **conde Cavour**, deu início a uma guerra contra a Áustria, que dominava diversas regiões da península. A Sardenha venceu o conflito com o apoio da França e anexou a Lombardia e a Romagna. No Sul, o republicano **Giuseppe Garibaldi** conquistou o Reino das Duas Sicílias e aliou-se a Cavour. Em 1861, o rei do Piemonte-Sardenha, Vitor Emanuel II, foi coroado rei da Itália. Com a conquista dos Estados Pontifícios, em 1870, Roma tornou-se capital da Itália.

Da mesma forma que na península Itálica antes da unificação, a **Confederação Germânica** era composta de pequenos Estados, cuja liderança era disputada pelos dois reinos mais fortes, a **Áustria** e a **Prússia**. Nessa região, a luta pela unificação foi liderada pelo primeiro-ministro da Prússia, **Otto Von Bismarck**. Campanhas militares foram vencidas contra a Dinamarca (1864) e a Áustria (1866). Em 1870, a Prússia enfrentou e venceu a França na **Guerra Franco-Prussiana**. Em 1871, o rei da Prússia, Guilherme I, era coroado imperador da Alemanha. Estavam unificados, assim, os Estados germânicos, com exceção da Áustria, que permaneceu como reino independente.

Os novos impérios

O fenômeno do imperialismo no século XIX está ligado à expansão do capitalismo sob sua forma monopolista. Esse tipo de capitalismo teve início a partir de 1870, com a **Segunda Revolução Industrial** (invenção do automóvel, petróleo como fonte de energia, produção de aço em larga escala, etc.). Sua principal característica foi a formação de grandes grupos econômicos que dividiam o mercado entre si, em prejuízo da livre concorrência. Esses grupos aliaram-se aos grandes bancos (**capital financeiro**) e promoveram a expansão militar e econômica para novos territórios, à procura de fontes de matéria-prima – minérios, produtos agrícolas, petróleo – e mercados consumidores.

O imperialismo moderno assumiu também formas de dominação política e militar, com a conquista de colônias. Nesse caso, é chamado de **neocolonialismo**.

O neocolonialismo foi justificado pelo **darwinismo social**, corrente ideológica que afirmava a superioridade racial dos europeus e sua "missão civilizatória" em relação aos povos dominados.

A partilha da África e da Ásia

Entre 1885 e 1887, representantes de várias potências se reuniram na **Conferência de Berlim**, com o objetivo de dividir a África entre elas. Fronteiras foram criadas artificialmente, antigas divisões entre povos foram ignoradas. A Inglaterra e a França, que já se haviam lançado à conquista de territórios no continente africano, ficaram com os maiores domínios coloniais. Portugal e Espanha mantiveram suas antigas colônias. Alemanha e Itália também foram agraciadas com alguns territórios, e a Bélgica ficou com o Congo, na qualidade de propriedade privada do rei Leopoldo II.

Na Ásia, a Inglaterra já dominava a Índia desde o século anterior, enquanto a França era senhora da Indochina (atuais Vietnã, Laos e Camboja). Na China, os ingleses traficavam ópio, droga que causa desânimo e prostração e que por isso era proibida pelas autoridades. A pretexto de defender o "livre comércio", a Inglaterra desfechou contra os chineses três *Guerras do Ópio* (1839-1842, 1856 e 1858). Vencida nos três conflitos, a China foi obrigada a pagar pesadas indenizações de guerra e a abrir seus portos ao comércio internacional. Em 1895, o país foi dividido em zonas de influência administradas pelas potências ocidentais.

A Revolução Meiji no Japão

Em meados do século XIX, o Japão era ainda um país com características feudais. O poder do imperador era dividido com o *xogum*, supremo comandante militar. Em 1868, após uma guerra civil, o imperador Mutsuhito reconquistou todos os seus poderes e deu início a uma profunda transformação do país. Conhecido como **Revolução Meiji** (ou **Era Meiji**), esse processo levou à rápida industrialização do Japão sob o comando do Estado.

O antigo sistema feudal foi abolido, e uma Constituição, promulgada. A Marinha e o Exército foram modernizados, o Estado estimulou a instalação de fábricas, promoveu a construção de ferrovias e enviou jovens para estudar no Ocidente.

Nessa arrancada capitalista, o Japão também se lançaria a conquistas imperialistas. Assim, em 1894 venceu a China na **Guerra Sino-Japonesa** e anexou a Coreia e a ilha de Formosa e, entre 1904 e 1905, derrotou a Rússia em um conflito por disputas territoriais no extremo Oriente.

Questões

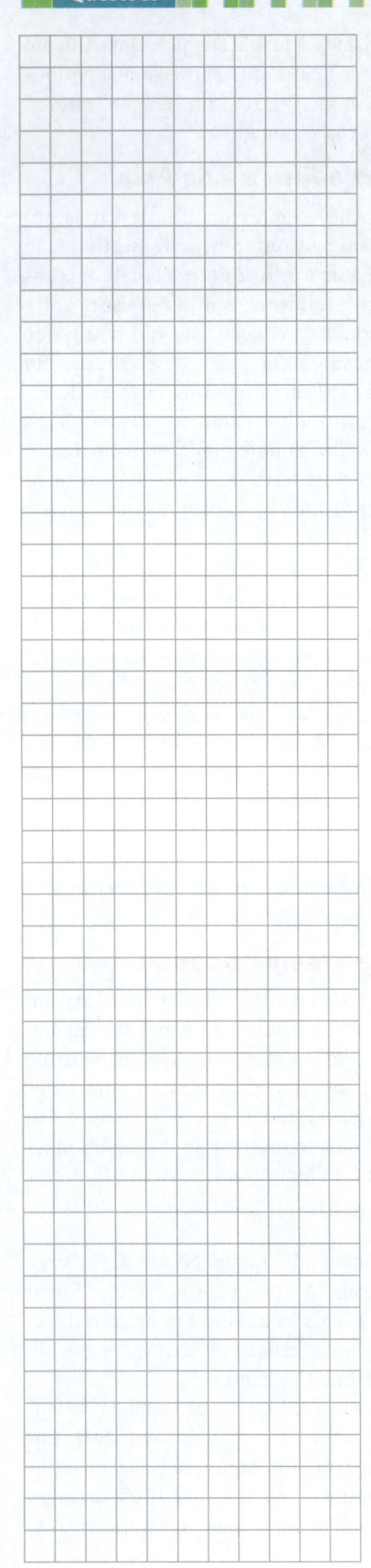

1. **(Fatec-SP)** Considere a foto para responder à questão.

   Paris – Arco do Triunfo.
   <http://www.linternaute.com/paris/magazine/diaporama/06/paris-vu-du-ciel/1950/images/2.jpg>. Acesso em: 2 set. 2009.

   O Arco do Triunfo foi iniciado por ordem de Napoleão Bonaparte em 1806, e a Paris dos boulevares (das avenidas) surgiu a partir da reforma urbana implantada pelo barão Haussmann, prefeito de Paris entre 1853 e 1870, período em que a França era governada por Luís Bonaparte. A foto demonstra o resultado final dessas duas iniciativas que representam a vitória do projeto:
   a) socialista de uma cidade em que seus espaços devem pertencer igualmente a todos os cidadãos.
   b) burguês em que o embelezamento da cidade, os parques, novos edifícios e monumentos devem atender mais às necessidades da classe burguesa do que às da população mais pobre.
   c) anarquista de uma cidade onde a população não precisaria de um órgão governamental, pois os próprios cidadãos a governariam.
   d) neoliberal em que a economia da cidade deve ser gerada não mais pelo investimento do Estado e sim pelo livre investimento das empresas privadas.
   e) comunista de uma cidade moldada nas diretrizes da Primeira Internacional Comunista.

2. **(Udesc)** Assinale a alternativa CORRETA, em relação à chamada "Primavera dos Povos".
   a) A "Primavera dos Povos" não influenciou a formação dos movimentos sociais do Século XIX.
   b) Foi uma revolução brasileira, mas que atingiu também outros países do Cone Sul.
   c) Houve influência da "Primavera dos Povos" no Brasil através do movimento dos "Seringueiros".
   d) Atribuição colocada ao movimento revolucionário francês em 1848, que derrubou a monarquia de Luís Felipe e trouxe à discussão a exploração burguesa e a dominação política.
   e) A influência da "Primavera dos Povos" se restringiu às preocupações francesas do período.

3. **(UFRGS-RS)** Dentre as alternativas a seguir, assinale aquela que está correta em relação ao processo de unificação italiana, concluída na segunda metade do século XIX.
   a) O Congresso de Viena concluiu o processo de integração nacional italiano na medida em que este veio ao encontro dos interesses das elites locais.
   b) O processo de unificação nacional resultou das fortes pressões da burguesia do Sul do país, cuja economia demandava um mercado interno homogêneo, dinâmico e integrado para a colocação da sua moderna produção industrial.
   c) A construção do Estado Nacional implicou enfrentar e expulsar as tropas de ocupação pertencentes aos impérios britânico, russo e espanhol, estabelecidas na Península Itálica desde os acontecimentos de 1848.

d) O movimento de unificação partiu das áreas mais industrializadas, teve forte presença de uma burguesia interessada na ampliação do mercado interno e foi sustentado pela ideologia do nacionalismo.

e) A consolidação da formação do Estado nacional italiano ocorreu com a anuência do papa Pio IX e o reconhecimento, pelo primeiro-ministro Cavour, da existência e da soberania do Estado do Vaticano, após as negociações da Questão Romana.

4. **(UEL-PR)** A respeito da revolução de 1848 na Europa, é correto afirmar:
   a) Restringiu-se a Paris e às pequenas cidades periféricas.
   b) Contou com uma reduzida participação do proletariado.
   c) Caracterizou-se pela disputa entre liberais, nacionalistas e socialistas.
   d) Foi marcada pelo radicalismo dos camponeses republicanos.
   e) Nela, os revolucionários defendiam a continuidade da monarquia e de Luís Filipe à frente do Governo.

5. **(UFRGS-RS)** Em 1830 o rei Carlos X, líder dos ultrarrealistas da França, desfechou um golpe com a intenção de restaurar o absolutismo, o que resultou nas jornadas gloriosas de julho, em Paris, que tiveram como consequência a:
   a) proclamação da República, em que se destacou Luís Bonaparte, que organizou o Partido da Ordem.
   b) liquidação do absolutismo dos Bourbons e a instalação de uma monarquia liberal sob o governo de Luís Felipe de Orléans.
   c) instauração do governo do comitê de salvação pública e a declaração de guerra à Santa Aliança.
   d) conquista do México para desviar a tensão política interna e restaurar o prestígio dos Bourbons.
   e) enunciação da Doutrina Monroe, prevendo a conquista do Oeste dos Estados Unidos pela província francesa do Quebec.

6. **(Unesp)** Nas últimas décadas do século XIX, na Europa, dois países ainda lutavam pela unidade e pela consolidação de um Estado Nacional. Esses países são:
   a) França e Itália.
   b) França e Alemanha.
   c) Itália e Espanha.
   d) Alemanha e Itália.
   e) Espanha e França.

7. **(UFC-CE)** Entre 1792 e 1815, a Europa esteve em guerra quase permanente. No final, os exércitos napoleônicos foram derrotados. Em seguida, as potências vencedoras, Rússia, Prússia, Grã-Bretanha e Áustria, conjuntamente com a França, reuniram-se no Congresso de Viena, que teve como consequência política a formação da Santa Aliança. A partir do comentário acima, marque a alternativa que contenha duas decisões geopolíticas aprovadas pelo citado Congresso:
   a) defesa do liberalismo e auxílio aos movimentos socialistas na Europa.
   b) restabelecimento das fronteiras anteriores a 1789 e isolamento da França do cenário político europeu.
   c) valorização das aristocracias em toda a Europa continental e ascensão dos girondinos no governo da França a partir de 1815.
   d) reentronização das casas reais destituídas pelos exércitos napoleônicos e criação de um pacto político de equilíbrio entre as potências europeias.
   e) apoio aos movimentos republicanos e concentração de poderes na coroa britânica, permitindo a esta a utilização da sua marinha de guerra como instrumento contrarrevolucionário.

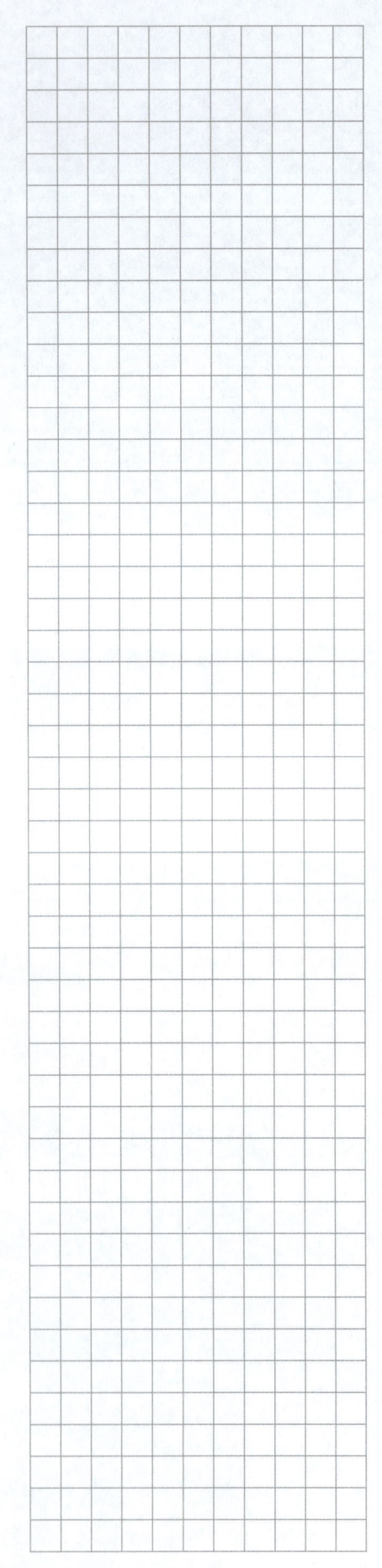

8. **(Uerj)**

    "A União Europeia dá continuidade ao seu processo de ampliação. Com o ingresso da Bulgária e Romênia em 2007, o bloco passa a contar com 27 países-membros."
    <www.dw-world.de>.

    Vem de longe o esforço europeu para desenvolver estratégias que garantam a paz e o equilíbrio entre as nações que formam o continente. No século XIX, por exemplo, a tentativa realizada pelas nações participantes do Congresso de Viena (1814-1815) foi rompida com a unificação alemã, fruto da política empreendida por Bismarck.

    Apresente dois objetivos do Congresso de Viena e um efeito da unificação alemã sobre as relações políticas europeias estabelecidas na época.

9. **(PUC-PR)** As revoluções liberais burguesas inspiraram-se em ideias de intelectuais iluministas que muito valorizavam a razão, procurando explicações racionais para todas as coisas. Dentre estas ideias, as que mais estavam diretamente relacionadas àqueles movimentos revolucionários eram:

    I. A liberdade individual era um entrave ao funcionamento do Estado e deveria ser abolida.

    II. O Estado nada mais era do que o poder conjunto de todos os membros da sociedade, poder este limitado.

    III. O poder político deve ser indivisível e uno, pois somente assim pode atender suas finalidades.

    IV. Em oposição ao Antigo Regime, a centralização administrativa devia concentrar os poderes políticos.

    V. O Mercantilismo deveria ser substituído pelo Liberalismo, em oposição a qualquer tipo de regulamentação.

    São corretas as afirmações:

    a) I e IV.
    b) I e III.
    c) II e V.
    d) III e IV.
    e) IV e V.

10. **(Udesc)** O imperialismo, ou neocolonialismo, como também é conhecido, é constituído por práticas dos Estados Nacionais, que pretendem colocar-se como expansores de seus domínios, controlando outras nações supostamente imaginadas como mais frágeis e mesmo até menos civilizadas. Sobre o imperialismo das últimas décadas do século XIX, é correto afirmar que:

    a) o Brasil foi colaborador da política imperialista na África.

    b) os países latino-americanos, no final do século XIX, em sua maioria ainda colônias das metrópoles, também sofreram com o neocolonialismo.

    c) os Estados Unidos foram o Estado mais ostensivo em sua política imperialista no período citado.

    d) as investidas dos países europeus na expansão de seus domínios foram centradas sobretudo na África e Ásia.

    e) Alemanha e Itália, países há muito tempo constituídos como Estados Nacionais, tiveram papel de destaque no imperialismo do final do século XIX.

11. **(Unesp)** O imperialismo colonial europeu do final do século XIX e início do século XX mudou a geopolítica do continente africano, fragmentando-o em fronteiras representadas pelo aparecimento de novos espaços linguísticos e novas dinâmicas espaciais e econômicas.

FERRO, Marc. *História das colonizações*, 1996. Adaptado.

Analisando o mapa, pode-se afirmar que:

a) em 1895, França, Grã-Bretanha, Portugal, Espanha, Alemanha e Itália fizeram um acordo de divisão da totalidade do continente africano.

b) os impérios coloniais, a partir da Conferência de Berlim, dominaram a África para instalar indústrias, visto que era algo inexistente na Europa.

c) os países envolvidos nesse processo necessitavam de mercados exteriores, matérias-primas agrícolas e minerais para compensar o declínio da industrialização na Europa.

d) a repartição da África foi um projeto civilizador europeu, que, para ser estabelecido, exigiu a destruição social das oligarquias locais.

e) o imperialismo apoiou-se também nas rivalidades nacionalistas britânica, francesa e alemã, que originaram novos espaços linguísticos na África.

12. (UFPel-RS)

"Em 1887 o Vietnã passou a ser, oficialmente, uma colônia, situada na Península da Indochina, e era fornecedora de arroz, borracha e madeira para o mercado europeu, nos moldes do modelo imperialista implantado pelas grandes nações capitalistas.

Durante a Segunda Guerra Mundial, foi fundada a Liga para a Independência do Vietnã (Vietminh), de orientação socialista e liderada por Ho Chi Minh."

Depoimento do advogado português Jorge Santos. In: RODRIGUES, Urbano Tavares (Org.). *A Guerra do Vietname*. Lisboa: Estampa, 1968.

A colonização referida foi efetivada no século XIX, pelo seguinte país:

a) China.
b) Japão.
c) Estados Unidos.
d) Inglaterra.
e) França.

13. (UFV-MG) A expressão *Risorgimento* designa o conjunto de movimentos heterogêneos que desejaram a unificação da Itália no século XIX. A vertente vitoriosa que promoveu a unificação da Itália foi:

a) o projeto republicano de Giuseppe Mazzini, que criou o movimento Jovem Itália.

b) o movimento popular e secreto dos Carbonários, que defendeu a instituição de um Estado unitário e laico, contra a influência da Igreja e do Império Austríaco.

c) o Papado, que defendeu a instituição de uma monarquia teocrática com sede no Vaticano.

d) o movimento liderado pelo reino do Piemonte-Sardenha, que adotou uma monarquia constitucional laica e favoreceu a industrialização.

América: imperialismo e revolução

■ A expansão dos Estados Unidos

Entre os séculos XVIII e XIX, a população dos Estados Unidos passou de 4 milhões de habitantes (1790) para 50 milhões (1880), e seu território de treze estados, em 1776, para 35, em 1860.

Em meados do século XIX, difundiu-se pelo país a doutrina do **Destino Manifesto**, segundo a qual os Estados Unidos teriam sido escolhidos por Deus para se expandir pela América. Assim, durante a **Marcha para o Oeste**, vastos territórios indígenas foram ocupados por colonos de origem europeia. Iniciada por volta de 1830, essa expansão foi acelerada com a **Lei de Propriedade de Terras** (*Homestead Act*, 1862), que garantia aos colonos um lote de terra.

Em 1803, o governo dos Estados Unidos comprou à França napoleônica o território da Louisiânia. Em 1819, a Espanha lhe vendeu a Flórida. Com as aquisições, o território dos Estados Unidos dobrou de tamanho. Mas a voracidade por novas terras, "legitimada" pela doutrina do Destino Manifesto, não parou por aí. Em 1845, o Texas, que se declarara independente do México em 1836, foi anexado pelos Estados Unidos. O acontecimento deu início a uma guerra entre os dois países que terminou com a derrota dos mexicanos e a anexação pelos estadunidenses dos territórios da Califórnia, Colorado, Nevada, Novo México, Arizona e Utah, antes pertencentes ao México. Nesse meio-tempo, em 1846, os Estados Unidos incorporaram também o Oregon, cedido pela Inglaterra. Mais tarde, em 1867, o Alasca seria comprado à Rússia. Em 1898, Porto Rico foi conquistado à Espanha.

Completava-se, assim, a expansão em terras americanas. As antigas Treze Colônias inglesas haviam se transformado em um país-continente, cujo território ía do Atlântico ao Pacífico e da região dos Grandes Lagos, no norte, ao golfo do México, no sul.

■ A Guerra de Secessão

Essa gigantesca expansão, contudo, não contribuiu para superar as diferenças históricas entre as diversas regiões.

No Norte do país, predominavam pequenas propriedades rurais familiares (trabalho assalariado) e uma economia urbana industrializada. Muitas pessoas eram ali favoráveis à abolição do trabalho escravo. No Sul, a economia era de *plantation* (monocultura voltada para a exportação e trabalho escravo) e os grandes proprietários rurais defendiam a permanência da escravidão.

Em 1860, as eleições presidenciais foram vencidas pelo nortista **Abraham Lincoln**, contrário à escravidão. Em resposta, os estados do Sul se declararam separados da União e criaram os ***Estados Confederados da América***. Era o começo de um conflito armado entre o Norte e o Sul que duraria cinco anos: a **Guerra de Secessão** (1861-1865), que deixou um saldo de mais de 800 mil mortos.

Mais industrializado, o Norte venceu o conflito e a escravidão foi abolida. No Sul, foi criada uma organização secreta com o objetivo de impor a segregação racial e aterrorizar a população afrodescendente: era a ***Ku Klux Klan***.

■ A política do *big stick*

Durante a Guerra de Secessão, a demanda por armas, equipamentos militares e meios de transporte impulsionou a indústria. Ao mesmo tempo, ampliou-se o mercado consumidor com a abolição da escravidão, a chegada de imigrantes europeus e a elevação do nível de vida dos colonos beneficiados com o *Homestead Act*.

Em pouco tempo, esse crescimento econômico assumiu proporções gigantescas. No começo do século XX, o industrial Henry Ford introduziu a linha de montagem e a produção em massa de automóveis, estimulando diversos outros ramos da economia. O país se tornava uma potência industrial. Apoiada nesse crescimento, a teoria do Destino Manifesto ganhou novo impulso, embalando sonhos imperialistas. Um dos resultados desse processo foi a política do ***big stick*** (grande porrete), do presidente Theodore Roosevelt (1901-1909) e segundo

TERRITÓRIOS MEXICANOS INCORPORADOS PELOS EUA

- - - - Fronteira do México em 1824
- Incorporado em 1845
- Território cedido em 1845-1850
- Território cedido em 1848
- Território cedido em 1853
- México em 1867

1 cm – 660 km

Fonte de pesquisa: BETHEL, Leslie (Org.). *História da América Latina:* da Independência até 1870. São Paulo: Edusp; Brasília: Fundação Alexandre de Gusmão, 2004. v. III. p. 432.

a qual os Estados Unidos se reservavam o direito de intervir nos assuntos internos dos países latino-americanos. O *big stick* tem sido considerado uma continuação da **Doutrina Monroe**, do presidente James Monroe (1823), e seu lema: "A América para os americanos".

Um exemplo da influência estadunidense na América Latina foi a **Emenda Platt** à Constituição cubana (1901), que garantia aos Estados Unidos a base militar de **Guantánamo** em território cubano e o direito de intervir nos assuntos internos da ilha.

Na **Colômbia** – cujo território compreendia o **Panamá** –, em 1880, uma empresa francesa começou a construir um canal de ligação entre os oceanos Atlântico e Pacífico. Com a falência da empresa, o governo estadunidense passou a financiar um grupo rebelde, que declarou a independência do Panamá e entregou aos Estados Unidos o encargo de terminar as obras do canal, inaugurado em 1914.

Na **Nicarágua**, em 1926, tropas estadunidenses intervieram para sufocar uma revolta liderada por **Augusto César Sandino**, que lutou até 1934, quando foi assassinado a mando do comandante da Guarda Nacional (e, mais tarde, ditador) Anastácio Somosa, apoiado pelos Estados Unidos.

■ A Revolução Mexicana

Em 1910, o liberal **Francisco Madero** deu início a um movimento armado contra o ditador do México, **Porfirio Díaz**. Logo recebeu o apoio de dois líderes camponeses, **Francisco "*Pancho*" Villa**, no norte do México e **Emiliano Zapata**, no sul. Os camponeses lutavam contra a miséria e contra a usurpação de suas terras pelos grandes proprietários. Obrigado a enfrentar duas forças revolucionárias que o fustigavam no norte e no sul, o exército do governo foi derrotado e Porfirio Díaz foi forçado a renunciar em 1911. Aclamado pelas multidões, Francisco Madero assumiu a presidência. Seu governo, contudo, gerou insatisfação entre aqueles que antes o apoiaram, pois ele buscou conciliar os interesses dos ricos fazendeiros e das empresas estrangeiras com as aspirações dos camponeses pobres.

Insatisfeito com os rumos do movimento do qual ele fora um dos líderes, Zapata lançou o **Plano de Ayala**, no qual defendia a expropriação dos latifúndios e a distribuição de terras na forma de propriedades coletivas, os *ejidos*. Madero interpretou esse ato como uma manifestação de rebeldia e enviou tropas para enfrentar Zapata e seus companheiros. Entretanto, Victoriano Huerta, um de seus generais, deu um golpe de Estado. Afastado do poder, Madero foi preso e executado na prisão a mando de Huerta.

Emiliano Zapata, à direita, com o chapéu sobre o joelho, e Pancho Villa, ao centro, sentado na cadeira presidencial, posam no Palácio Nacional, na cidade do México, em 1914.

Os conflitos, porém, continuaram. Com o apoio militar dos Estados Unidos, Venustiano Carranza, um antigo colaborador de Francisco Madero, organizou um exército e se lançou contra as forças de Huerta. Em 1914, Victoriano Huerta renunciou à presidência e Carranza assumiu o poder.

Em sua luta contra Huerta, Carranza contou com o apoio de Pancho Villa e seu exército de camponeses. Uma vez no poder, deu início a uma reforma agrária baseada nos *ejidos*. Essa medida de caráter popular desagradou os grandes proprietários rurais, mas também deixou insatisfeitos Villa e Zapata, que a julgavam insuficiente. No Sul, Zapata apoiou-se no Plano de Ayala para desapropriar latifúndios e devolver as terras antes pertencentes às comunidades indígenas.

Em 1917, uma Assembleia Constituinte convocada pelo governo de Carranza aprovou uma nova Constituição, que incorporava algumas medidas propostas pelo Plano de Ayala, como a reforma agrária, limitava a influência da Igreja e nacionalizava os recursos do subsolo. Além disso, a nova Carta constitucional estabelecia a liberdade sindical, um salário mínimo e uma jornada de trabalho de oito horas, além de regulamentar o trabalho infantil e feminino. Com essa política, Carranza foi eleito para a Presidência em 1917 nos termos da nova Constituição.

Entretanto, os conflitos e disputas pelo poder continuaram a se acirrar. Em 1919, a Revolução Mexicana foi interrompida com o assassinato de Emiliano Zapata a mando do presidente Carranza. O próprio Carranza seria morto no ano seguinte. Em 1923, Pancho Villa também seria assassinado. Mortos os três líderes, a Revolução começou a ceder terreno aos setores moderados e conservadores. Em 1929, líderes desses grupos organizaram o Partido Revolucionário Nacional, que logo passaria a se chamar **Partido Revolucionário Institucional** (PRI), como se a Revolução tivesse se institucionalizado. Desde então, o PRI governaria o México quase sem oposição. Entretanto, em 2000 ele perdeu o poder para o Partido da Ação Nacional (PAN), que conseguiu eleger Vicente Fox presidente da República.

A interrupção da Revolução Mexicana, contudo, não impediu que mais tarde duas outras revoluções triunfassem na América Latina: a **Revolução Cubana** (socialista), em 1959, e a **Revolução Sandinista**, na Nicarágua, em 1979.

Questões

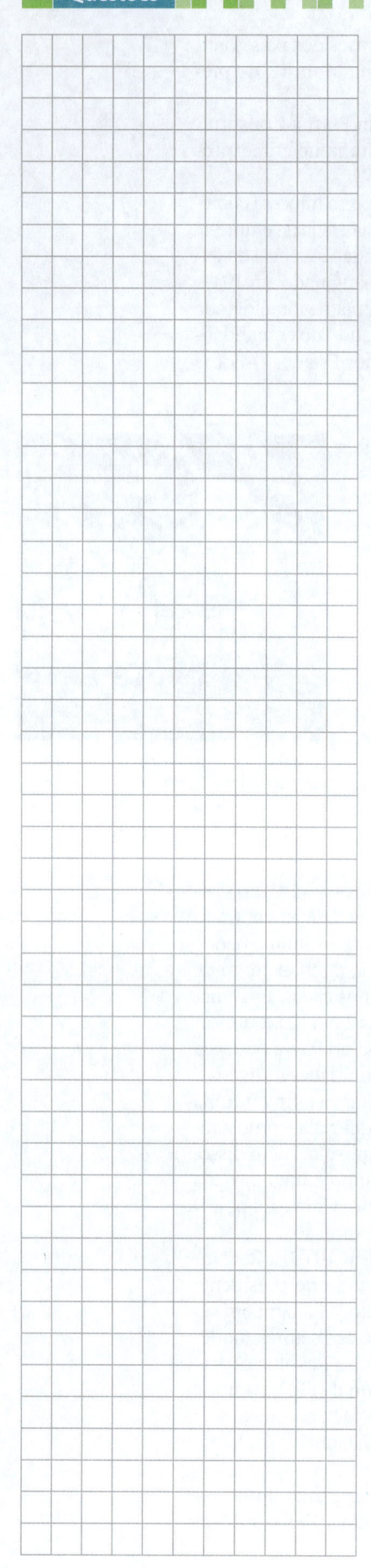

1. **(Fuvest-SP)** No século XIX, o surgimento do transporte ferroviário provocou profundas modificações em diversas partes do mundo, possibilitando maior e melhor circulação de pessoas e mercadorias entre grandes distâncias. Dentre tais modificações, as ferrovias:

   a) facilitaram a integração entre os Estados nacionais latino-americanos, ampliaram a venda do café brasileiro para os países vizinhos e estimularam a constituição de amplo mercado regional.

   b) permitiram que a cidade de Manchester se conectasse diretamente com os portos do Sul da Inglaterra e, dessa forma, provocaram o surgimento do sistema de fábrica.

   c) facilitaram a integração comercial do Ocidente com o Extremo Oriente, substituíram o transporte de mercadorias pelo Mar Mediterrâneo e despertaram o sonho de integração mundial.

   d) permitiram uma ligação mais rápida e ágil, nos Estados Unidos, entre a costa Leste e a costa Oeste, chegando até a Califórnia, palco da famosa corrida do ouro.

   e) permitiram a chegada dos europeus ao centro da África, reforçaram a crença no poder transformador da tecnologia e demonstraram a capacidade humana de se impor à natureza.

2. **(Uerj)**

   "Progresso americano" (1872)

   John Gast
   <www.askart.com>.

   A tela de John Gast simboliza a difusão de progressos materiais, como as ferrovias e o telégrafo, nos EUA, no decorrer do século XIX.

   Essas mudanças contribuíram para a conquista de novos territórios e foram justificadas pelo seguinte conjunto de ideias:

   a) Doutrina Monroe.
   b) Política do Big Stick.
   c) Política da Boa Vizinhança.
   d) Doutrina do Destino Manifesto.

3. **(Unifesp)**

   "(...) os continentes americanos, pela condição livre e independente que assumiram e mantêm, não deverão, daqui por diante, ser considerados objetos de futura colonização por parte de quaisquer potências europeias(...)."

   Mensagem da presidência dos Estados Unidos ao Congresso, em 1823.

Sobre essa mensagem, é correto afirmar que:
a) tornou-se letra morta, pelo fato de esse mesmo governo iniciar uma política neocolonial no continente.
b) alardeou os desígnios dos Estados Unidos no sentido de justificar sua futura dominação sobre a América Latina.
c) nasceu da necessidade de o governo norte-americano ser aceito como parceiro no clube das potências da época.
d) provocou entre as potências europeias uma perda de interesse pelo continente americano em geral.
e) ficou conhecida como a doutrina Monroe, a qual, naquele momento, expressava os interesses de toda a América.

4. **(UEL-PR)** As interpretações predominantes afirmam que a escravidão nos Estados Unidos da América foi abolida devido ao fato de que:
   I. O sistema escravista era incompatível com o funcionamento da República que, pela Constituição de 1776, previa igualdade plena de direitos à população.
   II. Existia uma rivalidade entre o Norte industrializado e o Sul agrícola, que desencadeou uma guerra na qual o resultado final foi favorável ao Norte.
   III. A escravidão limitava o crescimento do mercado interno ao diminuir a renda dos trabalhadores.
   IV. Por ser o último país a permiti-la, os EUA estavam submetidos a fortes pressões, inclusive dos líderes religiosos, que ameaçaram excomungar os proprietários de escravos.
   Assinale a alternativa que contém todas as afirmativas corretas.
   a) I e II.
   b) II e III.
   c) III e IV.
   d) I, II e IV.
   e) I, III e IV.

5. **(Uece)** Foi um dos conflitos mais sangrentos ocorridos no Continente Americano (1861-1865). Estima-se a morte de 970 mil pessoas entre civis e soldados. Entre as causas do conflito destacam-se a questão da escravidão e a rivalidade econômica entre o Norte industrializado e o Sul agrícola. Estamos nos referindo:
   a) à Guerra Civil Americana, mais conhecida como Guerra de Secessão.
   b) à Guerra das Rosas, travada entre o Canadá e os Estados Unidos da América pela disputa de mercado consumidor e exportador.
   c) à Guerra do Paraguai, maior conflito armado internacional ocorrido no continente americano no séc. XIX, também chamada de Guerra da Tríplice Aliança.
   d) a um dos conflitos pela independência do México desencadeando uma Guerra Civil travada entre diferentes províncias que divergiam entre si.

6. **(Fuvest-SP)** Nos Estados Unidos, a expansão para o Oeste se completou no final do século XIX. Discorra sobre esse fenômeno histórico no que se refere:
   a) à questão indígena e à incorporação de terras para a agricultura.
   b) ao Oeste, como temática da cultura norte-americana, por exemplo na literatura, no cinema e nos meios de comunicação.

7. **(UEM-PR)** A formação territorial do que vieram a ser os Estados Unidos da América deu-se por meio de uma política expansionista. Sobre essa questão, assinale a(s) alternativa(s) correta(s).[1]
   01. A jovem nação nasceu na segunda metade do século XVIII, a partir das antigas treze colônias inglesas da costa leste.
   02. No início do século XIX, a Flórida foi adquirida dos espanhóis.
   04. Em meados do século XIX, a ilha do Havaí foi comprada da França.
   08. Em meados do século XIX, a Califórnia foi conquistada do México.
   16. Na segunda metade do século XIX, o Alasca foi adquirido da Rússia.

---
[1] Dê como resposta a soma dos números associados às afirmações corretas.

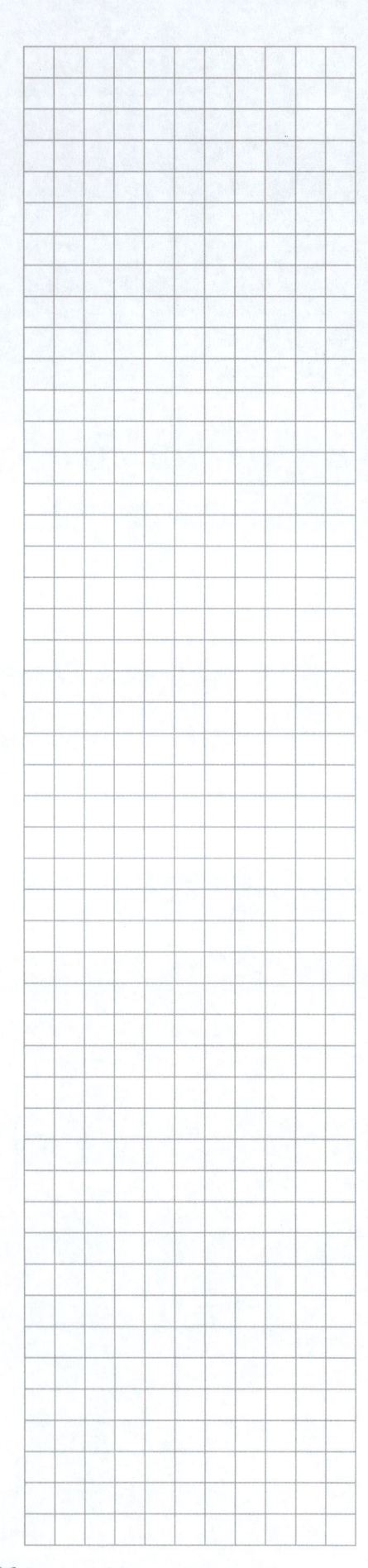

8. (Uerj)

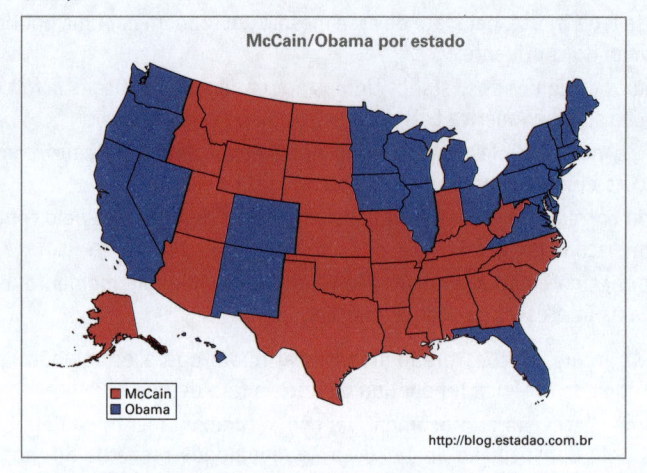

McCain/Obama por estado

<http://blog.estadao.com.br>.

A vitória de Barack Obama nas eleições presidenciais de 2008 foi revestida de grande significado. O mapa dos resultados finais do último pleito nacional norte-americano revela que a história do país continua afetando a sua geografia eleitoral.

É possível associar cerca de metade dos estados onde Barack Obama foi derrotado em 2008 ao seguinte aspecto da história dos Estados Unidos:

a) utilização da mão de obra escrava.
b) proibição da entrada de imigrantes.
c) implantação das primeiras unidades industriais.
d) consolidação das principais organizações sindicais.

9. (Fatec-SP)

"No caso da história americana, um dos eventos mais retratados pela memória social é, sem dúvida, a chamada Marcha para o Oeste. Mesmo antes do surgimento do cinema, esses temas já faziam parte das imagens da história americana. A fronteira foi um tema constante dos pintores do século XIX. A imagem das caravanas de colonos e peregrinos, da corrida do ouro, dos *cowboys*, das estradas de ferro cruzando os desertos, dos ataques dos índios marcam a arte, a fotografia e também a cinematografia americana."

CARVALHO, Mariza Soares de. In: <http://www.historia.uff.br/primeirosescritos/files/pe02-2.pdf>. Acesso em: 29 ago. 2009.

Entre os fatores que motivaram e favoreceram a Marcha para o Oeste está:

a) a possibilidade de as famílias de colonos tornarem-se proprietárias, o que também atraiu imigrantes europeus.
b) o desejo de fugir da região litorânea afundada em guerras com tribos indígenas fixadas ali, desde o período da colonização.
c) a beleza das paisagens americanas, o que atraiu muitos pintores e fotógrafos para aquela região.
d) o avanço da indústria cinematográfica, que encontrou no Oeste o lugar perfeito para a realização de seus filmes.
e) a existência de terras férteis que incentivaram a ida, para o Oeste, de agricultores que buscavam ampliar suas plantações de algodão.

10. (Fuvest-SP)

"Uma casa dividida contra si mesma não subsistirá. Acredito que esse governo, meio escravista e meio livre, não poderá durar para sempre. Não espero que a União se dissolva; não espero que a casa caia. Mas espero que deixe de ser dividida. Ela se transformará só numa coisa ou só na outra."

ABRAHAM LINCOLN, em 1858.

Esse texto expressa a:
a) posição política autoritária do presidente Lincoln.
b) perspectiva dos representantes do sul dos EUA.
c) proposta de Lincoln para abolir a escravidão.
d) proposição nortista para impedir a expansão para o Oeste.
e) preocupação de Lincoln com uma possível guerra civil.

11. (UFC-CE) Com a adoção da política do Big Stick, os EUA, no governo de Theodore Roosevelt, inauguraram uma prática de intervenção, inclusive armada, em especial nos países latino-americanos, onde o capital estadunidense tornou-se hegemônico. Em decorrência desta política, é correto afirmar que:
a) a intervenção dos EUA na América Central foi rejeitada pelos movimentos populares, como as revoluções sandinista e mexicana.
b) a política do Big Stick foi amplamente rechaçada pelo governo brasileiro graças ao apoio político e financeiro da Inglaterra e da França.
c) o governo estadunidense favoreceu o Paraguai na guerra contra a Argentina pelo controle da região petrolífera do Chaco, onde atuava a Standard Oil Co.
d) os movimentos populares apoiados na luta e no pensamento político de José Martí evitaram que Cuba, logo após a independência, se tornasse um protetorado dos EUA.
e) a República do Panamá proclamou sua independência da Colômbia em 1903, tornando-se um protetorado dos EUA, e, em 1914, foi inaugurado um canal ligando o Atlântico ao Pacífico.

12. (UFBA)

"Por volta de 1830, a maioria dos países da América já tinha proclamado a independência. Entretanto as diferenças entre eles eram bastante claras. Os Estados Unidos da América (EUA) começavam a se tornar o país mais industrializado do planeta. A América Latina continuava presa às pesadas heranças coloniais: predominavam as economias exportadoras de produtos primários, governos de latifundiários que olhavam com ar de superioridade para a multidão de governados de pele mais escura, grandes comerciantes que enriqueciam importando montanhas de produtos de qualidade ou quinquilharias das fábricas inglesas, ausência de direitos para a maioria da população."

SCHIMIDT, 2005. p. 427.

Com base na análise do texto, associada aos conhecimentos sobre o Imperialismo, pode-se afirmar:[1]

01. O imperialismo europeu do século XIX, em direção à América Latina, foi possível após estabelecer com os Estados Unidos acordos de limites de áreas a serem recolonizadas.
02. As pesadas heranças coloniais referidas no texto explicam o limitado número de imigrantes europeus direcionados à Argentina e ao Brasil, no período de 1820 a 1880.
04. Os Estados Unidos, ao se tornarem o país mais industrializado do planeta, reuniram condições econômicas e políticas para concretizar seu projeto imperialista, no século XX, em direção à América Latina.
08. O olhar de superioridade dos governos de latifundiários em relação à multidão de governados de pele mais escura revela o fortalecimento dos desequilíbrios sociais, ampliados no contexto da dominação imperialista dos Estados Unidos.
16. O número de imigrantes europeus com destino aos Estados Unidos se intensificou durante a Primeira Grande Guerra, devido à ruralização da economia europeia.
32. O fortalecimento econômico do Brasil, nas três primeiras décadas do século XX, motivado pela política de substituição das importações, impediu a presença imperialista norte-americana no país, durante o período da Guerra Fria.

---
[1] Dê como resposta a soma dos números associados às afirmações corretas.

Socialismo, guerra e revolução

O proletariado

As condições de vida e trabalho dos operários na época da Revolução Industrial eram de extrema miséria. A ausência de legislação que protegesse homens, mulheres e crianças da exploração dos donos das fábricas permitia todo tipo de abuso e desmandos. Isso acentuou as contradições entre a burguesia, camada social favorecida que usufruía dos novos bens industriais, e o proletariado, camada social que produzia esses bens em condições aviltantes e não podia usufruir deles.

As primeiras reações contra essa situação ocorreram ainda no início do século XIX, com o **luddismo** (quebra de máquinas). Mas foi apenas em 1837, com o movimento **cartista**, que os trabalhadores obtiveram algumas conquistas. A **Carta do Povo**, enviada ao Parlamento inglês pela Associação Geral dos Operários de Londres, continha reivindicações como abolição do trabalho infantil e redução da jornada de trabalho para 8 horas diárias, mas elas não foram atendidas. Entretanto, foram aprovadas leis que proibiram o trabalho de menores de 9 anos, e estabeleceu-se que mulheres e crianças não poderiam cumprir uma jornada superior a dez horas. Por essa época, surgiram por toda a Inglaterra as *trade unions*, entidades precursoras dos sindicatos.

De 1864 a 1876, destacou-se a atuação da Associação Internacional dos Trabalhadores, ou **Primeira Internacional**, que pretendia unificar a luta dos trabalhadores no mundo inteiro, reunindo pensadores de diferentes correntes de ideias.

O liberalismo

O liberalismo surgiu em oposição às ideias mercantilistas e absolutistas, representando a doutrina política e econômica própria da camada burguesa. Opunha-se ao controle do Estado sobre a economia e defendia a liberdade individual como valor supremo.

Já no século XVIII, o escocês Adam Smith, considerado o "pai" do liberalismo econômico, assim como os fisiocratas franceses, defendia ideias como a não intervenção do Estado na economia, a liberdade de mercado como base para a riqueza de uma nação e a livre concorrência. Destacou-se ainda a **teoria do valor**, do inglês David Ricardo, que associava o capital acumulado à riqueza produzida pelo trabalho.

Os socialismos

Diante das injustiças sofridas pelos trabalhadores e do fortalecimento da burguesia e do conjunto de ideias que ela defendia, surgiram os teóricos socialistas, propondo reformas e transformações nas sociedades industriais: eles buscavam justiça social e desejavam o fim da exploração da classe operária.

Chamamos de **socialismo utópico** as primeiras correntes de pensamento socialista que buscavam condições de vida e trabalho mais satisfatórias para os operários, baseando-se em transformações morais e espirituais. Os franceses **Claude Saint-Simon** e **Charles Fourier** e o inglês **Robert Owen** foram os principais teóricos dessa corrente.

Já o chamado **socialismo científico** baseava-se no conhecimento histórico e no materialismo. **Karl Marx** e **Friedrich Engels**, seus maiores teóricos, explicitaram o caráter revolucionário do proletariado e os caminhos que a sociedade percorreria até alcançar o **comunismo**. Essas ideias tiveram repercussão mundial e ficaram conhecidas como **marxismo**.

A contribuição de Marx

Segundo o marxismo, o liberalismo era a ideologia da classe burguesa. Caberia ao método do **materialismo histórico** analisar as sociedades capitalistas e criar instrumentos para compreender o capitalismo e as ideias da classe dominante. No livro *O capital*, obra que abrange pensamentos filosóficos e econômicos, Marx revela que, na competitividade inerente ao sistema capitalista, a luta de classes deveria levar à revolução social dos trabalhadores.

Além de sua produção intelectual, Marx esteve envolvido diretamente com a Associação Internacional dos Trabalhadores, lutando pelo fortalecimento do movimento operário em vários países. Marx e Engels publicaram, em 1848, o **Manifesto do Partido Comunista**.

Anarquismo

Outra proposta de revolução social surgiu ao mesmo tempo que o socialismo, mas com ideias baseadas na liberdade e contrárias a qualquer forma de governo: o **anarquismo**. Para os pensadores dessa corrente, o Estado deveria ser abolido e a igualdade social deveria vir acompanhada da liberdade individual. Anticlericais, os anarquistas argumentam que a organização estatal, assim como o pensamento religioso, legitima a opressão.

Proudhon foi um pensador francês que defendeu a organização social por meio do cooperativismo e era contrário a qualquer ideia de Estado, ainda que fosse um Estado comunista. Para ele, a liberdade individual estava acima de tudo e o comunismo representaria um governo autoritário.

Bakunin, teórico russo, defendia a revolução como meio para destruir o capitalismo e chegar a uma democracia direta, baseada na autogestão em uma sociedade sem propriedade privada e sem Estado, na qual os próprios trabalhadores organizariam e controlariam os meios de produção, que seriam coletivos. Essas ideias foram chamadas de **anarquismo coletivista**.

■ A Primeira Guerra Mundial

Entre o final do século XIX e o começo do século XX, a tensão entre os países europeus aumentava à medida que cresciam o nacionalismo e as disputas territoriais. Isso levou as grandes potências europeias a formar alianças militares que garantissem seus interesses e as defendessem das potências rivais. Esse período ficou conhecido como **paz armada**, porque, embora uma relativa paz reinasse entre os países, os investimentos em armas de guerra e no poder dos exércitos aumentavam, o que evidenciava a preparação para um conflito militar.

Na **Alemanha** recém-unificada, após a guerra Franco-Prussiana (1870-1871), o ministro Bismarck e o *kaiser* (imperador) Guilherme I firmaram alianças com a Itália, a Áustria-Hungria e a Rússia, formando a **Tríplice Aliança** em 1882.

Os **Bálcãs** eram uma região instável, localizada no sudeste europeu. Anteriormente dominados pelos turco-otomanos, eram o centro de disputas entre grandes potências, como a Áustria-Hungria e a Rússia. No entanto, o nacionalismo dos povos balcânicos crescia, e eles almejavam a independência política.

A prosperidade industrial e o fortalecimento da política imperialista da Alemanha colocou-a em concorrência direta com a Inglaterra. Essa disputa pode ser compreendida no contexto da corrida imperialista por novos territórios na Ásia e na África, que garantiriam o fornecimento de matérias-primas e o acesso a um mercado consumidor maior. O crescimento alemão e uma virada na diplomacia do novo *kaiser*, Guilherme II, levaram a Inglaterra, a França e a Rússia a assinar acordos militares e a formar a **Tríplice Entente** em 1907. A partir daí, a corrida armamentista nos países europeus se acirrou: um conflito armado parecia iminente.

■ A solução pelas armas

O estopim da Primeira Guerra Mundial (1914-1918) foi o assassinato do herdeiro do trono austro-húngaro, o arquiduque Francisco Ferdinando, em Sarajevo, na Bósnia, por nacionalistas sérvios em 1914. Uma a uma, as nações europeias entraram no conflito seguindo as alianças militares formadas nos anos anteriores. A guerra ampliou-se com a entrada do Japão ao lado da Entente, e do Império Turco-Otomano ao lado da Tríplice Aliança.

O rápido avanço alemão (seguindo o **plano Schlieffen**) caracterizou a **fase inicial** do conflito.

Para manter as posições conquistadas, os exércitos construíam enormes **trincheiras**. Com isso, a disputa por territórios passou a realizar-se palmo a palmo: as sangrentas batalhas dos exércitos entrincheirados marcariam a **segunda fase** da Primeira Guerra Mundial.

Assim, após dois anos de conflito, as tropas mostravam-se desgastadas, imundas e cansadas. Milhares de soldados desertavam e grupos de oposição à guerra cresciam nos países envolvidos.

■ Tecnologia a serviço da morte

A Primeira Guerra Mundial foi o palco para que **novas armas** e **máquinas de guerra** fossem testadas e usadas pela primeira vez. A metralhadora foi aperfeiçoada e forçava a infantaria inimiga a se enterrar nas trincheiras. Os tanques de guerra desenvolvidos pelos ingleses e franceses eram superiores aos tanques alemães: atravessavam trincheiras e derrubavam barreiras de arame farpado, o que favorecia os exércitos da Entente. Armas químicas, como o gás mostarda e o gás cloro, foram usadas pela primeira vez pelos exércitos alemães, provocando milhares de mortes. Submarinos alemães, os *U-Boats*, também foram usados, torpedeando tanto navios de guerra da Entente quanto navios mercantes que abasteciam a Inglaterra. Centenas desses navios mercantes eram estadunidenses, e sua destruição provocou a entrada dos Estados Unidos no conflito no lado da Entente em 1917. Nos ares, os aviões eram usados em batalhas aéreas e em bombardeios às trincheiras, provocando destruição e causando a morte de milhares de pessoas.

■ O mundo reorganizado

Os Estados Unidos entraram na Primeira Guerra com tropas numerosas, armamentos novos e uma indústria vigorosa capaz de manter o esforço bélico. Ainda em 1917, a Rússia foi sacudida pela Revolução Bolchevique, que colocou no poder um governo comunista, cujos representantes assinaram a rendição para a Alemanha (**Tratado de Brest-Litovski**) sob duras condições. Os alemães concentraram então todos os seus esforços na frente ocidental.

Em 1918, a Alemanha continuava resistindo aos ataques, mas entre outubro e novembro desse ano os impérios Turco-Otomano e Austro-Húngaro se renderam. Para a Alemanha, o enfraquecimento no campo militar juntava-se às crescentes pressões internas pelo fim da guerra. As manifestações e greves que assolavam o país tiveram como consequência a renúncia do *kaiser* Guilherme II em 9 de novembro de 1918. A rendição alemã marcou o fim do conflito armado. No ano seguinte, a paz foi negociada entre os países, mas separadamente. Para os Impérios Austro-Húngaro e Turco-Otomano, a assinatura da rendição significou a extinção de suas entidades políticas:

em seus territórios surgiram diversas nações. Para a Alemanha, considerada culpada pela guerra, restava o cumprimento das determinações do **Tratado de Versalhes**, documento formulado pelos países vencedores e que impunha pesadas penas aos alemães.

▪ A Revolução Russa

Às vésperas da Revolução, a Rússia era um imenso império cuja população tinha origens e traços culturais distintos. Todos viviam sob o domínio de um czar – na época, Nicolau II, pertencente à dinastia Romanov. A sociedade era estratificada e marcada pela desigualdade: para um pequeno número de pessoas da aristocracia havia uma imensa maioria de camponeses pobres que viviam em condições precárias. A industrialização e a urbanização eram incipientes. A burguesia e os trabalhadores das cidades não tinham acesso à representação ou ao poder político, por isso organizavam-se clandestinamente em partidos distintos. O poder político estava nas mãos do czar, que governava o Império com base no absolutismo monárquico de origem divina. O czarismo russo era mantido graças à presença da polícia política (*Okrana*), do numeroso exército e do apoio da Igreja ortodoxa.

Após a guerra contra o Japão (1904-1905), a instabilidade social cresceu. Em 1905, durante uma manifestação popular, centenas de pessoas foram mortas num episódio conhecido como **Domingo Sangrento**. A população passou a organizar-se de formas alternativas. A mais expressiva foram os **sovietes**, uma espécie de conselhos de representantes do povo.

A repressão às manifestações foi violenta, mas a crescente instabilidade social e política levou o czar a aprovar as eleições para a Duma, a Câmara dos Deputados. Essa medida agradou à população; contudo, o czar vetou algumas propostas da Câmara, como a elaboração de uma Constituição, e dissolveu-a por mais de uma vez.

A oposição política clandestina estava representada por grupos como o Partido Constitucional Democrático (*Kadete*), que reunia a elite burguesa; e o Partido Operário Social-Democrata Russo, que tinha orientação marxista e estava dividido entre os **bolcheviques**, liderados por **Lênin**, que defendiam a via revolucionária, e os **mencheviques**, liderados por Julius Martov, que defendiam a via eleitoral e a formação de alianças políticas para chegar ao poder.

▪ O assalto ao poder

A entrada da Rússia na Primeira Guerra Mundial fez aumentar a miséria no campo e a revolta nas cidades. As tropas encarregadas de reprimir as manifestações populares recusavam-se a fazê-lo. O aumento das greves operárias contribuía para enfraquecer o governo.

Em fevereiro de 1917, grandes manifestações operárias levaram ao ressurgimento dos sovietes e à queda do czar. Formou-se um governo provisório liderado pelos *kadetes* que durou poucos meses. O poder foi assumido então por **Alexandre Kerensky**, socialista moderado. Os bolcheviques, liderados por **Lênin**, opunham-se ao governo, com os *slogans* **Todo o poder aos sovietes** e **Pão, paz e terra**. Ao lado de Lênin, destacava-se **Leon Trotsky**, eleito presidente do soviete de Petrogrado, a cidade mais industrializada da Rússia. No dia 25 de outubro de 1917, à frente de uma insurreição de operários e marinheiros, os bolcheviques tomaram o poder.

Em dezembro de 1917, a Rússia assinou a rendição diante da Alemanha, por meio do **Tratado de Brest-Litovski**. A oposição ao governo revolucionário foi organizada com a criação do **Exército Branco**, liderado pelos generais czaristas e financiado por diferentes nações estrangeiras contrarrevolucionárias. Entre 1918 e 1920, uma violenta **Guerra Civil** colocou em lados opostos o Exército Branco e o Exército Vermelho, que, apesar de várias derrotas, saiu vitorioso devido ao apoio dos camponeses.

Para tentar solucionar os graves problemas econômicos e sociais, os bolcheviques criaram uma espécie de comunismo de guerra: centralizaram o controle produtivo das principais empresas e dos setores industriais e impuseram diversas medidas que visavam melhorar a distribuição de alimentos e aumentar a produtividade. Contudo, o autoritarismo dessas medidas foi por vezes alvo de protestos, como na **Revolta de Kronstadt** em fevereiro de 1921. O comunismo de guerra mostrou-se incapaz de promover a modernização da economia e de enfrentar o problema da baixa produtividade dos campos, das minas e das indústrias. Temendo uma revolta camponesa, o governo soviético introduziu um novo programa de reformas, a **Nova Política Econômica** (NEP), que, entre outras medidas, permitia a formação de empresas privadas nos setores não estratégicos. Em 1922, foi criada a **União das Repúblicas Socialistas Soviéticas** (**URSS**), reunindo as diferentes nações que anteriormente formavam o Império Russo.

Após a morte de Lênin, em 1924, os dois líderes mais influentes do Partido Comunista, **Trotsky** e **Stalin**, passaram a disputar o poder. Trotsky defendia a democracia dos sovietes e a extensão da revolução para outros países. Stalin pretendia ser possível a construção do "socialismo em um só país". Stalin eliminou Trotsky e todos os seus oponentes e estabeleceu um Estado policial e burocrático que esmagou os ideais do socialismo.

A revolução bolchevique de 1917 representou uma alternativa ao capitalismo para centenas de associações de trabalhadores em todo mundo; e, com o avanço das ideias comunistas e o exemplo da Rússia, as camadas dominantes passaram a intensificar a repressão aos movimentos operários.

Após a vitória da revolução na Rússia, os bolcheviques fundaram a **Terceira Internacional Comunista** (**Comintern**), que, sob o comando do Partido Comunista de Moscou, objetivava uniformizar os movimentos operários com base no modelo soviético.

Entretanto, alguns grupos esquerdistas preferiram não se aliar à Comintern, julgando-a uma forma de dominação soviética.

Questões

1. **(ESPM-SP)** Em conjunto com as grandes transformações econômicas, políticas e sociais do século XIX, surgiram doutrinas e correntes ideológicas. Uma delas foi o Anarquismo, que pregava:
   a) o respeito à propriedade privada, o controle demográfico e a observância da lei natural da oferta e da procura.
   b) a revolução socialista, o controle do Estado pela ditadura do proletariado, o comunismo.
   c) a erradicação do Estado, das classes, das instituições e tradições visando à imediata instalação do comunismo.
   d) a necessidade de um contrato entre os governados e o Estado, o imperativo da moral e do bem comum como fundamentos do poder político.
   e) a religião como instrumento de reforma e justiça social, além da formação de comunidades coletivistas.

2. **(Unicamp-SP)**
   "A história de todas as sociedades tem sido a história das lutas de classe. Classe oprimida pelo despotismo feudal, a burguesia conquistou a soberania política no Estado moderno, no qual uma exploração aberta e direta substituiu a exploração velada por ilusões religiosas. A estrutura econômica da sociedade condiciona as suas formas jurídicas, políticas, religiosas, artísticas ou filosóficas. Não é a consciência do homem que determina o seu ser, mas, ao contrário, são as relações de produção que ele contrai que determinam a sua consciência."

   Adaptado de MARX, K.; ENGELS, F. *Obras escolhidas*. São Paulo: AlfaÔmega, s.d., v. 1, p. 21-23, 301-302.

   As proposições dos enunciados acima podem ser associadas ao pensamento conhecido como:
   a) materialismo histórico, que compreende as sociedades humanas a partir de ideias universais independentes da realidade histórica e social.
   b) materialismo histórico, que concebe a história a partir da luta de classes e da determinação das formas ideológicas pelas relações de produção.
   c) socialismo utópico, que propõe a destruição do capitalismo por meio de uma revolução e a implantação de uma ditadura do proletariado.
   d) socialismo utópico, que defende a reforma do capitalismo, com o fim da exploração econômica e a abolição do Estado por meio da ação direta.

3. **(PUC-RJ)** Leia, com atenção, os textos a seguir.
   Documento 1:
   "Defendi por quarenta anos o mesmo princípio: liberdade em cada coisa, na religião, na filosofia, na literatura, na indústria, na política; e por liberdade entendo o triunfo da individualidade, seja sobre a autoridade que gostaria de governar de forma despótica, seja sobre as massas que reclamam o direito de sujeitar a minoria à maioria."

   Documento 2:
   "Detesto a comunhão, porque é a negação da liberdade e porque não concebo a humanidade sem liberdade. Não sou comunista, porque o comunismo concentra e engole, em benefício do Estado, todas as forças da sociedade; porque conduz inevitavelmente à concepção da propriedade nas mãos do Estado, enquanto eu proponho (...) a extinção definitiva do princípio mesmo da autoridade e tutela, próprios do Estado, o qual, com o pretexto de moralizar e civilizar os homens, conseguiu (...) somente escravizá-los, persegui-los e corrompê-los."

   Nos documentos anteriores, estão expressas duas visões da realidade social elaboradas no século XIX representativas das ideias:
   a) do liberalismo e do socialismo utópico.
   b) da doutrina social da Igreja e do socialismo científico.
   c) do socialismo utópico e do anarquismo.
   d) do liberalismo e do anarquismo.
   e) da doutrina social da Igreja e do socialismo utópico.

4. **(UFPB)** Karl Marx e Friedrich Engels afirmaram no Manifesto do Partido Comunista (1848) que "(...) a burguesia submeteu o campo à cidade. Criou cidades enormes, aumentou tremendamente a população urbana em relação à rural, arrancando assim contingentes consideráveis da população do embrutecimento da vida rural".

Disponível em: <http://www.histedbr.fae.unicamp.br/acer_fontes/ acer_marx/pdf>.
Acesso em: 9 ago. 2011.

Sobre essas transformações históricas e sociais, identifique as afirmativas corretas.[1]

( ) A revolução urbana promovida pelos comerciantes propiciou o ressurgimento das cidades.
( ) A expulsão dos camponeses de suas terras criou a primeira geração de operários de fábrica.
( ) A reordenação demográfica ocorrida nas cidades gerou o crescimento populacional nas áreas rurais.
( ) A dispersão da população urbana foi substituída pela concentração populacional no campo.
( ) A urbanização e a industrialização das cidades permitiram o surgimento das metrópoles.

5. **(UFPE)** O século XIX foi cenário de movimentos políticos que criticaram o capitalismo. Pensadores como Karl Marx defenderam alternativas políticas diferentes e formularam utopias. Sobre as ideias de Marx, podemos afirmar que elas:

a) ressaltaram a necessidade política de fazer reformas no capitalismo, contudo, sem grandes radicalizações.
b) restringiram-se ao mundo europeu e ao catolicismo da época, marcados pelo conservadorismo.
c) denunciaram, de forma apaixonada, as injustiças sociais e políticas do capitalismo, sem construir utopias.
d) sofreram influências de algumas ideias do liberalismo, embora construíssem outra concepção de mundo.
e) fortaleceram a crítica à classe dominante, sem contudo oferecer alternativas políticas para mudar.

6. **(UFPE)** No século XIX, houve mudanças na forma de pensar as relações políticas e sociais. Observando os acontecimentos da época, nos diversos campos do saber, podemos assinalar que:[1]

( ) o pensamento de Auguste Comte se destacou na formulação das pesquisas científicas, com repercussões na cultura internacional, embora não tenha ficado livre de críticas.
( ) os estudos históricos ganharam dinamismo, com interesses de muitas nações em formar seus acervos e sedimentar a atividade de intelectuais especialistas.
( ) as teorias de Marx tiveram presença no movimento dos trabalhadores, incentivando rebeldias e críticas ao capitalismo.
( ) as teses iluministas foram contestadas amplamente, com a crise do liberalismo e a ascensão dos partidos socialistas.
( ) a formação de novos conhecimentos contribuiu também para fortalecer preconceitos e criar hierarquias sociais violentas.

7. **(UFPel-RS)** Artigos do Tratado de Versalhes (séc. XX):

"Art. 45 – Alemanha cede à França a propriedade absoluta (...), com direito total de exploração das minas de carvão situadas na bacia do rio Sarre.
Art. 119 – A Alemanha renuncia, em favor das potências aliadas, a todos os direitos sobre as colônias ultramarinas.
Art. 171 – Estão proibidas na Alemanha a fabricação e a importação de carros blindados, tanques, ou qualquer outro instrumento que sirva a objetivos de guerra.

---

[1] Indique as alternativas verdadeiras (V) e as falsas (F).

Art. 232 – A Alemanha se compromete a reparar todos os danos causados à população civil das potências aliadas e a seus bens."

MARQUES, Adhemar Martins et al. *História Contemporânea*: textos e documentos. São Paulo: Contexto, 1999.

De acordo com o texto e com seus conhecimentos, é correto afirmar que o Tratado de Versalhes:

a) encerrou a 2ª Guerra Mundial, fazendo com que a Alemanha perdesse as colônias ultramarinas para os países dos Aliados.

b) extinguiu a Liga das Nações, propondo a criação da Organização das Nações Unidas (ONU), em 1945, com o objetivo de preservar a paz mundial.

c) estimulou a competição econômica e colonial entre os países europeus, culminando na 1ª Guerra Mundial.

d) permitiu que as potências aliadas dividissem a Alemanha no fim da 2ª Guerra Mundial em quatro zonas de ocupação: francesa, britânica, americana e soviética.

e) impôs duras sanções à Alemanha, no fim da 1ª Guerra Mundial, fazendo ressurgir o nacionalismo e reorganizando as forças políticas do país.

8. **(UTFPR)** Em 1917, o governo czarista russo sofria a oposição de várias forças políticas, especialmente dos mencheviques e dos bolcheviques. Às dificuldades econômicas e às resistências ao absolutismo dos Romanov somaram-se os efeitos da Primeira Guerra Mundial e as derrotas russas. Em fevereiro de 1917, o czar Nicolau II foi deposto com a revolução liberal liderada por Kerensky. Sobre o desenrolar da Revolução Russa e surgimento da URSS é INCORRETO afirmar que:

a) o governo de Kerensky, ao manter a Rússia na Primeira Guerra, enfraqueceu-se, favorecendo seus opositores, liderados por Lênin, que defendia as "teses de abril", sintetizadas no *slogan* "paz, terra e pão".

b) em outubro (novembro no calendário gregoriano) de 1917, teve início a Revolução Socialista, liderada por Lênin, que fez o Tratado de Brest-Litovski, que tirou a Rússia da Primeira Guerra.

c) a resistência nacional e internacional ao governo revolucionário socialista mergulhou a Rússia numa sangrenta guerra civil, contrapondo os "vermelhos" (revolucionários) contra os "brancos" (monarquistas, reacionários e imperialistas). Com a vitória dos seguidores de Lênin, o governo socialista implementou a NEP (Nova Política Econômica), ao mesmo tempo que era constituída a União das Repúblicas Socialistas Soviéticas (URSS).

d) a morte de Lênin, em 1924, abriu a disputa pelo poder soviético entre Stálin, favorável ao socialismo num só país, e Trotsky, favorável à internacionalização da revolução.

e) Trotsky saiu vitorioso e implantou planos quinquenais de desenvolvimento, nos quais procurou-se a socialização total da economia, ampla burocratização da administração e a eliminação física dos opositores ao regime, entre eles, Stálin, assassinado em 1940, no México.

9. **(PUC-MG)** Em outubro de 1917, os bolcheviques assumiram o poder na Rússia. A Revolução Russa de 1917 anunciou o fim do capitalismo e o início do comunismo em escala planetária. Sobre a Revolução Russa e a consolidação do socialismo soviético, todas as afirmativas estão corretas, EXCETO:

a) Revelou-se um movimento de caráter radical, visto que morreram milhares de homens defendendo suas posições e impondo um sacrifício à população russa em nome de uma revolução social.

b) Foi um movimento de ruptura no processo do antigo Império Russo. A demolição quase instantânea do regime czarista significou uma mudança no destino da Rússia e da Europa.

c) Revelou-se como um movimento perverso. A ascensão do comunismo demonstrou um socialismo com regime autoritário comparável aos governos totalitários da Europa.

d) Foi um movimento isolado no processo de modernização da Rússia empreendido pelo Czar, refletiu os anseios do grupo dos camponeses pela coletivização da terra.

A Primeira República no Brasil

■ A proclamação da República

Os anos 1870 no Brasil foram marcados por uma crescente insatisfação contra a monarquia. Por essa época, foram lançados no Rio de Janeiro o jornal *A República* e o *Manifesto Republicano*. Logo depois, foi criado o **Partido Republicano de São Paulo**. Aos poucos, a Campanha Republicana chegou aos quartéis, onde muitos oficiais eram positivistas e favoráveis à República.

Assim, em 15 de novembro de 1889, a República era proclamada no Rio de Janeiro pelo marechal Deodoro da Fonseca, à frente de uma tropa de soldados. Formou-se, então, um Governo Provisório presidido pelo marechal Deodoro, que expulsou do país o ex-imperador dom Pedro II.

Para ministro da Fazenda, Deodoro nomeou **Rui Barbosa**, que implementou medidas para estimular a instalação de novas empresas e indústrias, autorizando bancos particulares a emitir papel-moeda. Essa política ficou conhecida como **Encilhamento**. Entretanto, a abertura de empresas fantasmas e a especulação financeira provocaram uma crise econômica e muitos empresários declararam falência. Rui Barbosa se demitiu do ministério.

Em 1891, foi aprovada uma nova Constituição pela Assembleia Constituinte. Estabeleceu-se a separação entre o Estado e a Igreja, o direito de voto para os homens alfabetizados e maiores de 21 anos, a forma de governo republicana, etc.

A própria Assembleia elegeu indiretamente os marechais Deodoro da Fonseca e Floriano Peixoto para a presidência e vice-presidência da República. Em novembro de 1891, contudo, pressões do Congresso Nacional e uma rebelião na Marinha levaram Deodoro a renunciar. Floriano assumiu o governo.

Uma vez na presidência, Floriano teve de enfrentar duas rebeliões: a **Revolta da Armada** (ou da Marinha), no Rio de Janeiro, e a **Revolta Federalista**, no Rio Grande do Sul, ambas em 1893. Conhecidos como **maragatos**, os **federalistas** gaúchos pegaram em armas contra o governador do estado, Júlio de Castilhos, aliado de Floriano Peixoto. Eles se opunham às sucessivas reeleições de Castilhos e protestavam contra o centralismo do governo gaúcho. No Rio de Janeiro, a Revolta da Armada foi resultado das disputas entre a Marinha e o Exército e da reivindicação de eleições para a presidência da República feitas pelo almirante Custódio de Melo. Em 1894, a rebelião foi extinta pelas tropas do governo.

■ A República oligárquica

Floriano governou até 1894, quando foi eleito pelo voto direto para a presidência da República, o civil **Prudente de Morais** (1894-1898), do **Partido Republicano Paulista** (PRP). Prudente deu início a uma longa sequência de presidentes civis ligados à cafeicultura de São Paulo e Minas Gerais. Logo no começo de seu mandato, negociou um acordo de paz com os federalistas do Rio Grande do Sul. Na Bahia, porém, a **Revolta de Canudos** foi mais difícil de resolver. O líder da rebelião era Antônio Conselheiro, acusado de monarquista e fanático religioso. À frente de milhares de sertanejos, ele construiu o arraial de Belo Monte e resistiu a diversas expedições do Exército. A última delas destruiu Canudos em 1897.

O sucessor de Prudente de Morais foi **Campos Sales** (1898-1902), outro representante do PRP. Sob seu governo, foi estabelecida a alternância no poder dos partidos Republicano Paulista e Republicano Mineiro (PRM). Não havia na época partidos nacionais. Cada estado tinha seu próprio Partido Republicano. Assim, o governo central deveria ser ocupado ora pelo PRP, ora pelo PRM. Essa alternância, que foi quebrada algumas vezes, ficou conhecida como **política do café com leite**.

Outra característica do governo Campos Sales foi um grande acordo com os chefes de governo dos estados, pelo qual o presidente apoiaria os candidatos dos governos estaduais nas eleições locais, recebendo em troca o apoio desses governos ao candidato do governo central nas eleições presidenciais. Esse acordo ficou conhecido como **Política dos Governadores**.

A base dessa política estava nos **coronéis**, chefes políticos do interior (geralmente latifundiários ou comerciantes) que garantiam a vitória do governo nas eleições regionais. Isso era possível porque o voto não era secreto, o chefe político sabia em quem votava cada pessoa do lugar. Assim, ele arregimentava os eleitores para votar nos seus candidatos. Eram os **currais eleitorais**, garantidos pelo **voto de cabresto**.

Os coronéis estavam ligados aos líderes políticos de cada estado por meio dos Partidos Republicanos. Juntos, eles formavam **oligarquias** estaduais que se eternizavam no poder.

Outra prática comum, a **degola**, consistia em impedir que candidatos da oposição tomassem posse. Isso porque havia no Congresso Nacional uma Comissão de Verificação de Poderes, controlada pelo governo, que determinava quem deveria ter o mandato reconhecido. O candidato eleito que não apoiasse as oligarquias no governo corria o risco de não poder tomar posse do cargo.

▪ A modernização autoritária

Rodrigues Alves (1902-1906), sucessor de Campos Sales, começou o processo de modernização do porto e do centro urbano do Rio de Janeiro, capital da República na época. O prefeito da cidade, Pereira Passos, iniciou os novos projetos urbanísticos com a abertura de largas avenidas na região central. Para isso, muitos cortiços e casarões foram derrubados, o que ficou conhecido como **Bota Abaixo**.

Na área da saúde, por meio de brigadas sanitaristas criadas pelo médico **Oswaldo Cruz**, as epidemias de peste bubônica e febre amarela foram debeladas. Com a lei de vacinação obrigatória, aprovada pelo Congresso Nacional em 1904, Oswaldo Cruz tentou erradicar a varíola. Contudo, havia grande insatisfação por parte da população: a violência do processo do Bota Abaixo e das brigadas sanitaristas, assim como a obrigatoriedade da vacinação, teve como consequência o levante popular conhecido como **Revolta da Vacina**, em 10 de novembro de 1904. O confronto com o exército deixou dezenas de mortos e feridos, e centenas de presos.

Em 1906, a economia cafeeira encontrava-se em grave crise. A produção de café era superior ao consumo mundial, o que fazia despencar seu preço no mercado. Para contornar o problema, fazendeiros de São Paulo, Minas Gerais e Rio de Janeiro reuniram-se numa cidade do interior paulista e criaram o **Convênio de Taubaté**, a partir do qual seriam tomadas as seguintes medidas: solicitação de empréstimos estrangeiros no valor de 15 milhões de libras esterlinas; criação de estoques reguladores para armazenar o café excedente, a fim de evitar rebaixamento do produto; estabelecimento de um valor mínimo por saca de café produzida.

No setor industrial, as indústrias de bens de consumo cresciam nas cidades, mas ainda havia carência de indústrias de transformação que exigiam maiores investimentos, como a metalurgia e a siderurgia.

No âmbito social, os operários, que eram, em sua maioria, imigrantes europeus, começaram a se organizar em **Ligas Operárias**, passando a exigir melhores condições de trabalho. Em 1917, houve uma greve geral na cidade de São Paulo, na qual se reivindicava uma jornada de trabalho de oito horas.

▪ O modelo em crise

Durante as eleições de 1910, a campanha civilista de Rui Barbosa foi derrotada, e o Marechal Hermes da Fonseca elegeu-se presidente (1910-1914), marcando a volta dos militares ao poder. Foi o primeiro abalo da política do café com leite.

Nesse mesmo ano, após a posse do novo presidente, ocorreu a **Revolta da Chibata**. Liderados por João Cândido, o Almirante Negro, marinheiros se rebelaram contra seus oficiais, exigindo o fim dos castigos físicos e melhores condições de trabalho e de alimentação. Os revoltosos ameaçavam bombardear a capital federal caso não fossem atendidos, mas, em seguida, as lideranças do movimento foram presas.

Após reprimir a Revolta da Chibata, Hermes da Fonseca nomeou diversos militares para o cargo de governador. Essa manobra ficou conhecida como **política das salvações nacionais**. Nesse contexto, crescia a oposição das oligarquias regionais e revoltas abalavam o poder federal. No Nordeste, bandos de cangaceiros armados ameaçavam a ordem e o poder dos coronéis locais. O bando de Lampião, Maria Bonita e Corisco, já nos anos 1920 e 1930, é o mais conhecido desses grupos. O cangaço só foi completamente controlado pelo Estado em 1940.

A zona de fronteira entre o Paraná e Santa Catarina e os projetos de construção de ferrovias na região marcam o contexto histórico da **Revolta do Contestado** (1911-1915). O líder religioso da comunidade Monarquia Celeste, José Maria, e seus seguidores foram reprimidos com violência pelo governo federal, que enviou um grande contingente de soldados e armamentos. A resistência durou cinco anos e mais de 20 mil pessoas morreram.

Venceslau Brás governou de 1914 a 1918, período que coincidiu com a **Primeira Guerra Mundial**, cujos efeitos foram sentidos no Brasil. Aumento dos preços dos alimentos, inflação e crescimento da insatisfação popular, entre outros fatores, provocaram a greve geral de 1917, em São Paulo. Esse movimento popular mostrou que diversas tendências políticas – comunismo, socialismo e anarquismo – ganhavam espaço entre os trabalhadores.

O governo de **Epitácio Pessoa** (1919-1922) foi marcado pela oposição dos militares à política das oligarquias estaduais. Já a eleição de **Artur Bernardes** para a presidência, em 1921, estabelece o início do **Tenentismo**, movimento de oficiais de baixa patente que reivindicavam mudanças políticas e confrontavam a ordem estabelecida pelas oligarquias no poder. Uma rebelião que ficou conhecida como **Revolta do Forte de Copacabana** tentou evitar a posse de Artur Bernardes na presidência em 1922: 17 militares e um civil enfrentaram as tropas do governo nas ruas da capital, mas acabaram derrotados. Em 1924, ocorreu a **Revolução Paulista**, envolvendo militares em São Paulo; esse movimento culminou na histórica marcha de mais de 20 mil quilômetros pelo interior do Brasil – a **Coluna Prestes**, liderada por Luís Carlos Prestes. Os militares revoltosos buscavam apoio popular contra o governo. Em 1927, sem apoio e sem reforços, a Coluna foi desfeita.

Questões

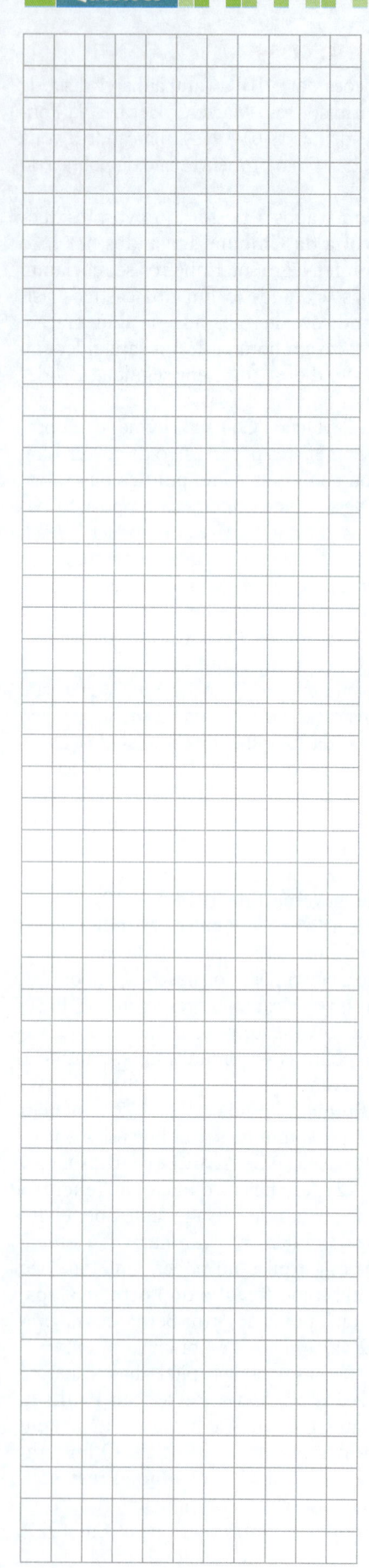

1. **(Unesp)** A Coluna Prestes, que percorreu cerca de 25 mil quilômetros no interior do Brasil entre 1924 e 1927, associa-se:
   a) ao florianismo, do qual se originou, e ao repúdio às fraudes eleitorais da Primeira República.
   b) à tentativa de implantação de um poder popular, expressa na defesa de pressupostos marxistas.
   c) ao movimento tenentista, do qual foi oriunda, e à tentativa de derrubar o presidente Artur Bernardes.
   d) à crítica ao caráter oligárquico da Primeira República e ao apoio à candidatura presidencial de Getúlio Vargas.
   e) ao esforço de implantação de um regime militar e à primeira mobilização política de massas na história brasileira.

2. **(Uerj)**

   Fonte: <http://www1.folha.uol.com.br>.

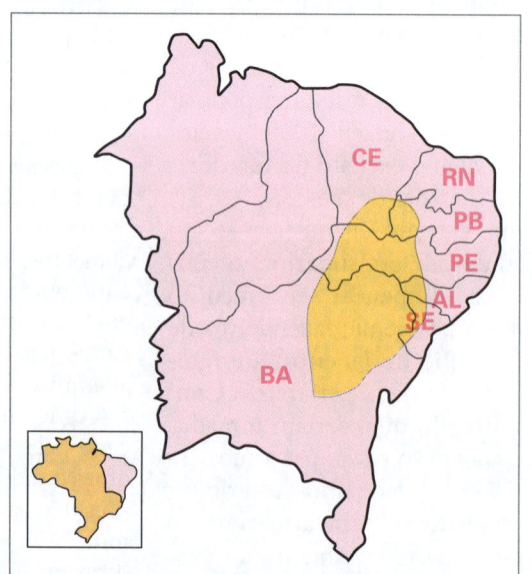

   Fonte: <http://pt.wikipedia.org>.

   O cangaço representou uma manifestação popular favorecida, basicamente, pela seguinte característica da conjuntura social e política da época:
   a) cidadania restringida pelo voto censitário.
   b) analfabetismo predominante nas áreas rurais.
   c) criminalidade oriunda das taxas de desemprego.
   d) hierarquização derivada da concentração fundiária.

3. **(Uerj)**

   "Cheio de apreensões e receios despontou o dia de ontem, 14 de novembro de 1904. Muito cedo tiveram início os tumultos e depredações. Foi grande o tiroteio que se travou. Estavam formadas em toda a rua do

Regente, estreita e cheia de casas velhas, grandes e fortes barricadas feitas de montões de pedras, sacos de areia, bondes virados, postes e pedaços de madeira arrancados às casas e às obras da avenida Passos."

Jornal do Comércio, 15 nov. 1904. Adaptado de: *Nosso Século (1900-1910)*. São Paulo: Abril Cultural, 1980.

"O progresso envaidecera a cidade vestida de novo, principalmente inundada de claridade, com jornais nervosos que a convenciam de ser a mais bela do mundo. Era a transição da cidade doente para a maravilhosa."

CALMON, Pedro (historiador 1902-1985). Adaptado de: *Nosso Século (1900-1910)*. São Paulo: Abril Cultural, 1980.

Os textos referem-se aos efeitos da gestão do prefeito Pereira Passos (1902-1906), momento em que a cidade do Rio de Janeiro passou por uma de suas mais importantes reformas urbanas. Uma intervenção de destaque foi a abertura da avenida Central, hoje avenida Rio Branco, provocando não só elogios, como também conflitos sociais. A principal motivação para esses conflitos esteve relacionada à:

a) restrição ao comércio popular.
b) devastação de áreas florestais.
c) demolição de moradias coletivas.
d) elevação das tarifas de transporte.

4. (Unicamp-SP)

"A reação popular conhecida como Revolta da Vacina se distinguiu pelo trágico desencontro de boas intenções: as de Oswaldo Cruz e as da população. Mas em nenhum momento podemos acusar o povo de falta de clareza sobre o que acontecia à sua volta. Ele tinha noção clara dos limites da ação do Estado."

Adaptado de: CARVALHO, José Murilo de. Abaixo a vacina! *Revista Nossa História*, ano 2, n. 13, p. 74, nov. 2004.

A Revolta da Vacina pode ser considerada como uma reação popular contra a ação do Estado porque:

a) o povo não se revoltava contra a obrigatoriedade da vacinação, mas contra os meios violentos pelos quais o Estado a executava, demolindo cortiços e expulsando os pobres para os morros.
b) o povo se revoltava contra certas medidas do governo, como a expulsão de moradores e a demolição de cortiços para a abertura de avenidas, e a vacinação obrigatória, realizada com intervenção violenta da polícia.
c) o povo se revoltava contra a ação do Estado, por considerá-la um desrespeito à moral das famílias, embora desejasse a vacinação gratuita e obrigatória.
d) o povo se revoltava contra a obrigatoriedade da vacinação porque essa medida era tomada por um governo ditatorial, que fechou o congresso nacional e ficou conhecido como "república da espada".

5. (Uerj)

"Nós, marinheiros, cidadãos brasileiros e republicanos, mandamos esta honrada mensagem para que Vossa Excelência faça aos marinheiros brasileiros possuirmos os direitos sagrados que as leis da República nos facilitam. Tem Vossa Excelência 12 horas para mandar-nos a resposta satisfatória, sob pena de ver a Pátria aniquilada."

Adaptado do memorial enviado pelos marinheiros ao presidente Hermes da Fonseca, em 1910. In: MARANHÃO, Ricardo; MENDES JUNIOR, Antônio. *Brasil história*: texto e consulta. São Paulo: Brasiliense, 1983.

Os participantes da Revolta da Chibata (1910-1911) exigiam direitos de cidadania garantidos pela Constituição da época. As limitações ao pleno exercício desses direitos, na Primeira República, foram causadas pela permanência de:

a) hierarquias sociais herdadas do escravismo.
b) privilégios econômicos mantidos pelo Exército.
c) dissidências políticas relacionadas ao federalismo.
d) preconceitos étnicos justificados pelas teorias científicas.

A ascensão do totalitarismo

A crise do liberalismo

Após a Primeira Guerra Mundial, enquanto os países europeus se recuperavam das perdas sofridas, a economia dos Estados Unidos crescia em ritmo acelerado. Novas técnicas e formas de organização do trabalho, como o **fordismo** e o **taylorismo**, faziam crescer a produtividade e aceleravam ainda mais a expansão econômica.

Essa expansão estimulava o consumo das camadas média e alta da população. Nascia a **cultura do consumismo** e o *American way of life* (modo americano de vida). Mas a prosperidade não chegava para todos. Cerca de 90% da renda ficava nas mãos de 13% da população. Para a grande maioria, restavam apenas 10%.

A crise de 1929

Em fins dos anos 1920, o crescimento dos Estados Unidos foi interrompido: externamente, pela recuperação das economias europeias; internamente, pelo mercado, limitado pela pobreza de grande parte da população. Não obstante, o ritmo de produção continuou o mesmo. Em pouco tempo, o aumento dos estoques baixou o preço dos produtos, gerando uma crise de superprodução. Muitos agricultores e empresários estavam endividados pelo crédito fácil. A especulação financeira não condizia com os valores reais das ações. Em outubro de 1929, os rumores de crise provocaram uma corrida para a venda de ações e a Bolsa de Valores de Nova York quebrou.

Milhares de empresas faliram, provocando o desemprego de milhões de trabalhadores. Tinha início a **Grande Depressão**, que piorou nos anos seguintes e se propagou para os outros países capitalistas. Em 1932, Franklin Roosevelt, do Partido Democrata, foi eleito presidente e lançou o *New Deal* (Novo Acordo), conjunto de medidas inspiradas nas ideias do economista inglês **John Maynard Keynes**: desvalorização do dólar para estimular as exportações; obras públicas para gerar empregos; assistência social; concessão de direitos aos trabalhadores, etc.

Com essas medidas, a economia estadunidense começou a se recuperar a partir de 1939.

A URSS sob o stalinismo

Isolada do mundo capitalista, a União Soviética não foi afetada pela Grande Depressão. Em 1927, vigorava no país a **Nova Política Econômica (NEP)**, que permitia o lucro individual e a propriedade privada dentro de certos limites. Em 1928, o governo soviético, sob a liderança de Stalin, extinguiu a NEP e deu início à implantação dos **Planos Quinquenais**. Esses planos estabeleceram como prioridade o desenvolvimento da indústria pesada (siderurgia, metalurgia, petroquímica, etc.) e a coletivização forçada da agricultura. Foram adotadas então duas formas de grandes propriedades coletivas da terra: **Kolkhoses** – cooperativas cujos lucros eram divididos entre o Estado e os camponeses; e **Sovkhozes** – fazendas estatais.

O primeiro Plano Quinquenal teve validade até 1932. Após ele, seguiram-se outros. O custo social desses planos foi muito alto, principalmente no campo. Milhões de camponeses foram mortos pelo simples fato de não aceitarem a coletivização forçada das terras.

Ao mesmo tempo, Stalin, que exercia o cargo de secretário-geral do Partido Comunista Soviético, reprimiu duramente todos os seus opositores. Por volta de 1940, todos os líderes da Revolução de 1917 haviam sido executados, depois de processos sumários nos quais eram acusados de alta traição. Esses processos eram fundados em mentiras criadas para justificar as condenações a trabalhos forçados e à pena capital. Refugiado no México, Leon Trotsky foi assassinado a mando de Stalin em 1940.

Senhor absoluto do poder, Stalin estabeleceu uma ditadura policial e burocrática distante dos ideais de Marx, Engels e outros socialistas. Instaurou-se então um **Estado totalitário**, cujo poder era exercido por uma burocracia apoiada em um partido único. Não havia liberdade de imprensa. As greves estavam proibidas. Não havia liberdade de expressão nem de organização, e a própria vida privada das pessoas era vigiada pela polícia política.

Em contraste com o terror sob o qual vivia a população, a propaganda soviética procurava transmitir a ideia de que uma sociedade igualitária estava em construção. As desigualdades, porém, permaneciam: funcionários do Estado e do Partido recebiam altos salários, enquanto a maioria da população camponesa e operária vivia em condições precárias.

O totalitarismo

Após a Primeira Guerra Mundial e a Revolução Russa, a Europa atravessou um período de muitas incertezas. Alguns países adotaram totalitarismos de direita, como o **nazismo** na Alemanha e o **fascismo** na Itália. Na União Soviética, estabeleceu-se um totalitarismo de esquerda, o **stalinismo**.

O totalitarismo não foi uma forma de autoritarismo como outras. Entre suas principais características estavam o partido único, a supressão das liberdades, o desrespeito aos direitos humanos, a capacidade de mobilizar as massas por meio de uma propaganda ideológica sistemática, o culto aos chefes, a repressão contra toda oposição, o emprego da tortura como forma de dominação, os campos de trabalho forçado e o controle da vida particular das pessoas.

No caso do totalitarismo de direita, o **anticomunismo** foi um dos componentes centrais da ideologia dominante. A repressão aos socialistas e comunistas foi extremamente violenta. Na Alemanha, isso foi acompanhado pelo mito da superioridade racial do povo alemão e pela perseguição dos que eram considerados "degenerados" ou "inferiores", especialmente os judeus. Além do **antissemitismo**, o nazismo defendia a teoria do **espaço vital**, que justificaria a conquista de novos territórios.

O fascismo na Itália

O totalitarismo de direita recebeu a designação geral de **fascismo**. Mais especificamente, a palavra está ligada a um fenômeno político ocorrido na Itália com a fundação do Partido Nacional Fascista em 1921. Depois da **Marcha sobre Roma**, organizada pelos fascistas em 1922, abriu-se o caminho para a ascensão de **Benito Mussolini**, seu líder, ao poder. De fato, ainda em 1922, o rei Vitor Emanuel III nomeou Mussolini para o cargo de primeiro-ministro.

Chamado de *duce* (líder) por seus seguidores, Mussolini passou a reprimir e perseguir seus opositores e a governar o país com mão de ferro. A propaganda e o discurso fascista associavam os novos tempos às glórias do antigo Império Romano. Mussolini implementou uma legislação trabalhista baseada no corporativismo, a **Carta del Lavoro**, na qual o Estado assumia o papel principal; assinou com a Igreja católica o **Tratado de Latrão**, reconhecendo a soberania do papado sobre o Estado do Vaticano; em 1935, ordenou a invasão da Etiópia.

O nazismo na Alemanha

Após a derrota na Primeira Guerra Mundial, a Alemanha passou a adotar o sistema republicano parlamentarista (o imperador havia abdicado). Esse regime foi chamado de **República de Weimar**.

O contexto político era muito conturbado. Dois grupos disputavam o poder: os comunistas, que promoveram uma insurreição fracassada em 1919, e os paramilitares de extrema direita financiados por grandes industriais.

A economia também sofria os efeitos da Primeira Guerra Mundial e das duras condições do Tratado de Versalhes, que pôs fim ao conflito. A crise capitalista de 1929 aprofundou os problemas sociais e econômicos do país. Esse contexto criou condições para a ascensão do **Partido Nazista**.

Liderado por **Adolf Hitler**, esse partido originou-se do Partido Trabalhista Alemão. Hitler ingressou no grupo em 1919, modificou seu nome para Partido Nacional-Socialista dos Trabalhadores Alemães e impôs a ele suas ideias. Em 1923, os nazistas tentaram chegar ao poder por meio de um golpe fracassado – o **Putsch de Munique**. Hitler foi preso e escreveu no cárcere o livro *Mein kampf* (*Minha luta*), no qual expunha suas ideias racistas, antissemitas e anticomunistas, além de sua teoria do "espaço vital".

No começo dos anos 1930, o Partido Nazista já contava com milhares de adeptos provenientes, sobretudo, da classe média e da burguesia, que viam nele uma garantia de proteção contra o "perigo do comunismo".

A propaganda nazista e a divisão entre comunistas e socialistas permitiram que, nas eleições parlamentares de 1932, o partido de Hitler obtivesse 37% dos votos. Em 1933, Hitler foi nomeado para o cargo de chanceler (primeiro-ministro) pelo presidente Hindenburg.

Após a morte de Hindenburg, em 1934, Hitler acumulou as funções de presidente e chanceler. Tornou-se, assim, o *führer* (líder) do povo alemão, inaugurando o **Terceiro Reich** (Império) da Alemanha.

Em 1935, foram aprovadas as **Leis de Nuremberg**, que estabeleciam a inferioridade dos judeus e proibiam-nos de casar-se com não judeus e de ter empregados alemães. Na sequência, eles foram segregados em guetos e enviados a campos de concentração e extermínio. Mais de 6 milhões de pessoas, entre judeus, ciganos e comunistas, seriam mortos nesses campos.

A Guerra Civil Espanhola

Em 1936, uma aliança de partidos de esquerda, a **Frente Popular**, venceu as eleições na Espanha e assumiu o poder. Seu programa de reformas sociais não agradava às elites, que reagiram com uma rebelião comandada pelo general Francisco Franco, apoiado pela Alemanha nazista. Para ajudar o governo republicano, formaram-se **brigadas internacionais**, compostas de militantes de esquerda de diversos países. A Guerra Civil Espanhola terminou em 1939 com a vitória de Franco, que impôs uma ditadura fascista.

Questões

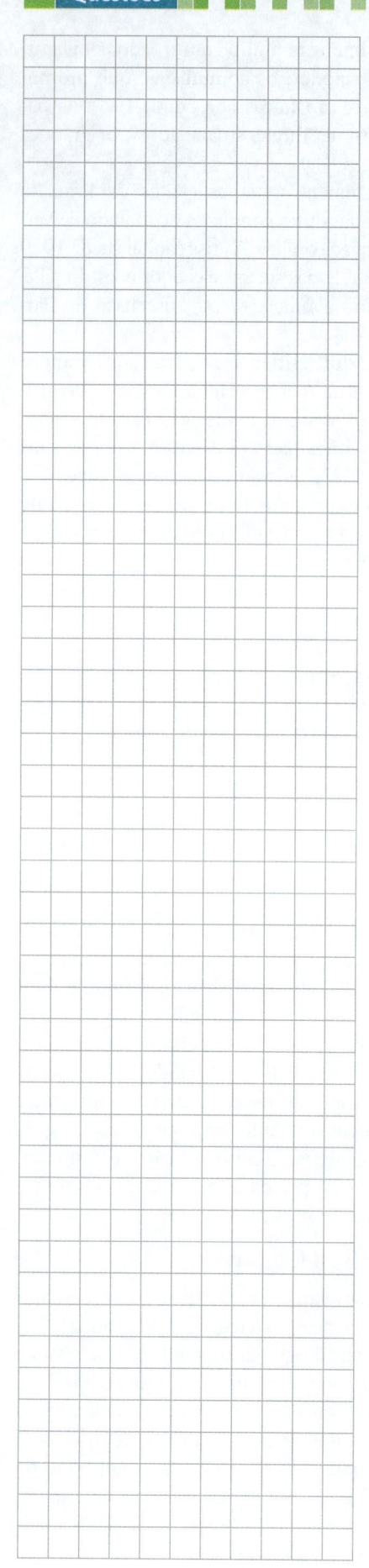

1. (IFSP) Em seu discurso de posse, em 1933, o presidente dos EUA, Franklin Delano Roosevelt, tentou encorajar seus compatriotas: "O único medo que devemos ter é do próprio temor. Uma multidão de cidadãos desempregados enfrenta o grave problema da subsistência e um número igualmente grande recebe pequeno salário pelo seu trabalho. Somente um otimista pode negar as realidades sombrias do momento".

O problema que atemorizava os EUA, cujos efeitos foram desemprego e baixos salários, referido pelo presidente Roosevelt, era:

a) a Primeira Guerra Mundial, em que os EUA lutaram ao lado da Tríplice Entente contra a Tríplice Aliança, obtendo a vitória após três anos de combate. Entretanto, a vitória não trouxe crescimento econômico, mas, sim, desemprego e fome.

b) a Segunda Guerra Mundial, quando os norte-americanos lutaram ao lado dos Aliados contra o eixo nazifascista. Embora vencedores, o ônus financeiro da guerra foi muito pesado.

c) a Guerra do Vietnã, quando os EUA apoiaram o Vietnã do Sul contra o avanço comunista do Vietnã do Norte, tendo gasto milhões de dólares em uma guerra infrutífera.

d) a depressão de 1929, causada pela existência de uma superprodução, acompanhada de um subconsumo, crise típica de um Estado Liberal.

e) a primeira Guerra do Golfo, quando o Iraque invadiu o Kuwait, e os EUA, na defesa de seus interesses petrolíferos, invadiram o Iraque na defesa de seu pequeno estado aliado.

2. (Uerj) Andy Warhol (1928-1987) é um artista conhecido por criações que abordaram valores da sociedade de consumo; em especial, o uso e o abuso da repetição. Esses traços estão presentes, por exemplo, na obra que retrata as latas de sopa Campbell's, de 1962.

Museu de Arte Moderna, Nova York.
Fotografia: Alamy/Other Images

Fonte: <www.moma.org>.

O modelo de desenvolvimento do capitalismo e o correspondente elemento da organização da produção industrial representados neste trabalho de Warhol estão apontados em:

a) taylorismo – produção flexível.
b) fordismo – produção em série.
c) toyotismo – fragmentação da produção.
d) neofordismo – terceirização da produção.

3. (Unemat-MT) Em outubro de 2009, completou 80 anos uma das maiores crises da economia capitalista, conhecida como "Queda da Bolsa de Nova York de 1929", cujas implicações tiveram proporções globais.

A partir dessa informação, assinale a alternativa incorreta.

a) Na União Soviética, a crise de 1929 teve um impacto avassalador, impedindo que este país colocasse em prática o seu programa de rápida industrialização e estabilidade econômica.

b) Esta crise reduziu drasticamente os empréstimos norte-americanos e com isso agravou ainda mais a situação dos países europeus que estavam se recuperando dos excessivos gastos com a 1ª Guerra Mundial.

c) Os países da América Latina como o Brasil, que dependiam da exportação de matérias-primas e alimentos, reduziram fortemente o seu comércio com os países industrializados.

d) Nos Estados Unidos, com a crise, a economia foi reduzida pela metade e o número de desempregados teve um aumento expressivo.

e) Na Europa, a crise de 1929 fortaleceu e, ao mesmo tempo, favoreceu os grupos políticos que combatiam e defendiam os regimes totalitários.

4. **(PUC-RS)** Inicialmente favorecida pelas condições internacionais do pós-Primeira Guerra, a economia dos Estados Unidos conheceu um período de forte expansão e euforia nos anos 1920. Todavia, ao final dessa década, o país seria um dos focos da crise mundial de 1929 e da Grande Depressão que a seguiu. Um dos motivos dessa violenta reversão de expectativas foi:

a) a falência das principais medidas estabilizadoras do *New Deal*.
b) a política antitruste determinada pela Sociedade das Nações.
c) a perda de mercados devido à descolonização afro-asiática.
d) a superprodução no setor primário dos Estados Unidos.
e) o crescimento da dívida norte-americana em relação às principais potências europeias.

5. **(UFMG)** Considerando-se a crise econômica mundial, iniciada em 1929 com a quebra da Bolsa de Nova York, é correto afirmar que:

a) a Alemanha sofreu impacto imediato e violento desse evento, em razão dos laços econômicos estreitos que vinha mantendo com os Estados Unidos.
b) a escassez de matérias-primas e de crédito, entre outras causas do *crash* norte-americano, muito contribuiu, na época, para alimentar a espiral inflacionária.
c) a URSS foi um dos países atingidos por esse evento, pois a recessão no mundo capitalista prejudicou as exportações de petróleo do país.
d) os países da América do Sul sentiram os efeitos desse evento, devido à repatriação do capital estrangeiro anteriormente investido nessa região.

6. **(UEL-PR)** Sobre as revoluções contemporâneas, considere as afirmativas a seguir.

I. A Revolução Chinesa foi desencadeada pelos operários das grandes cidades industriais, que lideraram o movimento social em direção ao socialismo, em aliança com a burguesia industrial, opositora ao imperialismo norte-americano.

II. A concepção marxista de revolução socialista enfatiza a direção proletária do processo revolucionário, por meio da organização da luta de classe contra os proprietários dos meios de produção (burguesia e latifundiários).

III. A coletivização das terras da União Soviética, sob o regime de Joseph Stálin, efetuou-se contra a reforma agrária anterior, promovida por Lenin durante a revolução bolchevique, que havia distribuído terras para os camponeses.

IV. Contando com o apoio de setores burgueses e liberais de oposição à ditadura de Fulgêncio Batista, a Revolução Cubana, em seu início, não possuía o caráter socialista.

Assinale a alternativa correta.
a) Somente as afirmativas I e III são corretas.
b) Somente as afirmativas III e IV são corretas.
c) Somente as afirmativas I e II são corretas.
d) Somente as afirmativas I, II e IV são corretas.
e) Somente as afirmativas II, III e IV são corretas.

7. **(PUC-RJ)** As relações internacionais no entre guerras (1918-1939) foram marcadas por uma tentativa de criar um órgão internacional que teria como uma de suas funções evitar um novo conflito mundial.

Essa organização ficou conhecida como:
a) Organização dos Estados Americanos (OEA).
b) Sociedade das Nações ou Liga das Nações.
c) Organização das Nações Unidas (ONU).
d) Organização do Tratado do Atlântico Norte (OTAN).
e) Organização Mundial do Comércio (OMC).

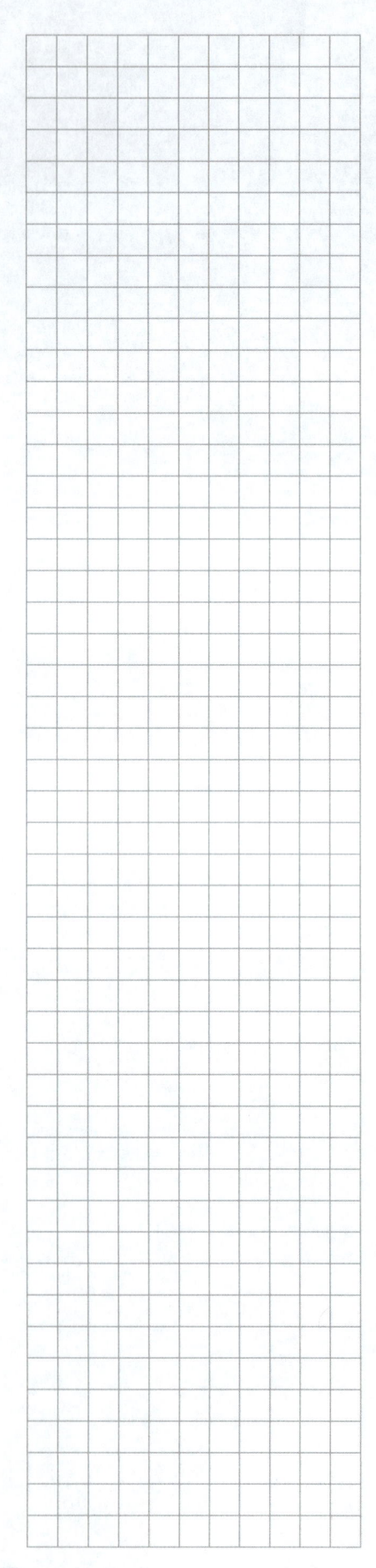

8. (Cefet-MG) A questão refere-se à tabela seguinte.

Índice de preços e salários nos Estados Unidos

ANOS	PREÇOS	SALÁRIOS
1929	95,3	100,5
1930	86,4	81,3
1931	73,0	61,5
1932	64,8	41,6
1933	65,9	44,0

Analisando esses dados, conclui-se, corretamente, que a crise:

a) fez parte da Grande Depressão atenuada pelos efeitos da implementação do *New Deal*.
b) afetou os preços da economia americana com impacto significativo na massa salarial.
c) foi de superprodução, pois os preços se elevaram, devido à grande quantidade de produtos disponíveis.
d) constitui uma avaliação histórica equivocada, uma vez que, no ano de 1929, a economia americana era satisfatória.

9. (UEL-PR) Com base nos conhecimentos sobre a crise econômica mundial do período de 1929, considere as afirmativas a seguir.

I. Após a Primeira Guerra Mundial, as nações derrotadas, como a Alemanha e a Áustria, foram auxiliadas em sua reconstrução econômica pelas potências vencedoras, Inglaterra e França, com pesados investimentos nos setores de energia e siderurgia.
II. O impacto da Crise de 1929 foi mundial, estendendo-se dos Estados Unidos para todos os países capitalistas, desenvolvidos ou não.
III. O excesso de intervenção dos Estados Nacionais na economia foi a principal causa da Grande Depressão, ao desestimular o crescimento econômico da iniciativa privada.
IV. Nos Estados Unidos, a Grande Depressão começou a ser combatida através do *New Deal*, política pela qual o Estado Nacional interveio na economia, injetando recursos públicos em reformas sociais e econômicas bem como disciplinando as relações capitalistas.

Assinale a alternativa correta.

a) Somente as afirmativas I e II são corretas.
b) Somente as afirmativas I e III são corretas.
c) Somente as afirmativas II e IV são corretas.
d) Somente as afirmativas I, III e IV são corretas.
e) Somente as afirmativas II, III e IV são corretas.

10. (Unesp)

"Nas primeiras sequências de *O triunfo da vontade* [filme alemão de 1935], Hitler chega de avião como um esperado Messias. O bimotor plaina sobre as nuvens que se abrem à medida que ele desce sobre a cidade. A propósito dessa cena, a cineasta escreveria: 'O sol desapareceu atrás das nuvens. Mas quando o Führer chega, os raios de sol cortam o céu, o céu hitleriano'."

LENHARO, Alcir. *Nazismo, o triunfo da vontade*, 1986.

O texto mostra algumas características centrais do nazismo:

a) o desprezo pelas manifestações de massa e a defesa de princípios religiosos do catolicismo.
b) a glorificação das principais lideranças políticas e a depreciação da natureza.
c) o uso intenso do cinema como propaganda política e o culto da figura do líder.
d) a valorização dos espaços urbanos e o estímulo à migração dos camponeses para as cidades.
e) o apreço pelas conquistas tecnológicas e a identificação do líder como um homem comum.

11. (UPE) Leia atentamente o trecho que se segue, extraído do livro de memórias do cineasta espanhol Luis Buñuel (1900-1983):

> "Em julho de 1936, Franco desembarcava à frente de tropas marroquinas, com a intenção inabalável de acabar com a República e de restabelecer 'a ordem' na Espanha. Minha mulher e meu filho acabavam de retornar a Paris, fazia um mês. Eu estava sozinho em Madri. Em uma manhã, bem cedo, fui acordado por uma explosão, seguida de várias outras. Um avião republicano bombardeava o quartel de La Montaña, e ouvi também alguns disparos de canhão. (...). Eu mal podia crer. (...). A revolução violenta que sentíamos germinar havia alguns anos, e que pessoalmente eu tanto almejara, passava sob a minha janela, diante dos meus olhos. Ela me encontrava desorientado, descrente."

BUÑUEL, Luis. *Meu último suspiro*. São Paulo: CosacNaify, 2009. p. 215. Adaptado.

Baseando-se no texto acima e no fato histórico por ele mencionado, analise as afirmações seguintes:

I. Madri foi um dos palcos da Guerra Civil Espanhola (1936-1939), que dividiu a Espanha entre radicais conservadores de direita e republicanos de esquerda.
II. O general Franco tinha o apoio interno da Igreja, do exército e dos latifundiários, contando, ainda, com o apoio internacional da Alemanha hitlerista.
III. A fuga para o exterior, como fizeram a esposa e o filho de Buñuel, foi uma prática comum entre os cidadãos espanhóis, durante a guerra, a qual recebia apoio dos republicanos.
IV. Apoiados pela Igreja, os republicanos não aceitaram a participação de voluntários estrangeiros em seu exército.
V. Os republicanos de esquerda foram influenciados pelo pensamento socialista e anarquista.

Estão corretas:

a) I, III e IV.
b) I, IV e V.
c) II, III e IV.
d) II, IV e V.
e) I, II e V.

12. (UPE) O totalitarismo foi um fenômeno político da Europa do pós-Primeira Guerra que acentuou as tensões políticas de então, contribuindo para a eclosão da Segunda Guerra Mundial. Na Europa Ocidental, países como a Alemanha, a Itália e a Espanha assistiram a governos baseados em preceitos totalitários. Sobre essa realidade, é correto afirmar que:

a) a ascensão política de Hitler na Alemanha não contou com o apoio de manifestações populares nem com a receptividade de suas propostas políticas em eleições.
b) na Itália, Mussolini só conseguiu chegar ao controle do Estado com o apoio do partido nazista alemão.
c) o caráter antissemita do totalitarismo de direita só se manifestou de forma acentuada na Itália fascista.
d) o apoio da Alemanha nazista foi de suma importância para a vitória das forças de direita na Guerra Civil Espanhola e para a subida de Franco ao poder.
e) apesar de compactuar com posturas políticas da Alemanha hitlerista, a Itália permaneceu neutra durante toda a Segunda Guerra Mundial.

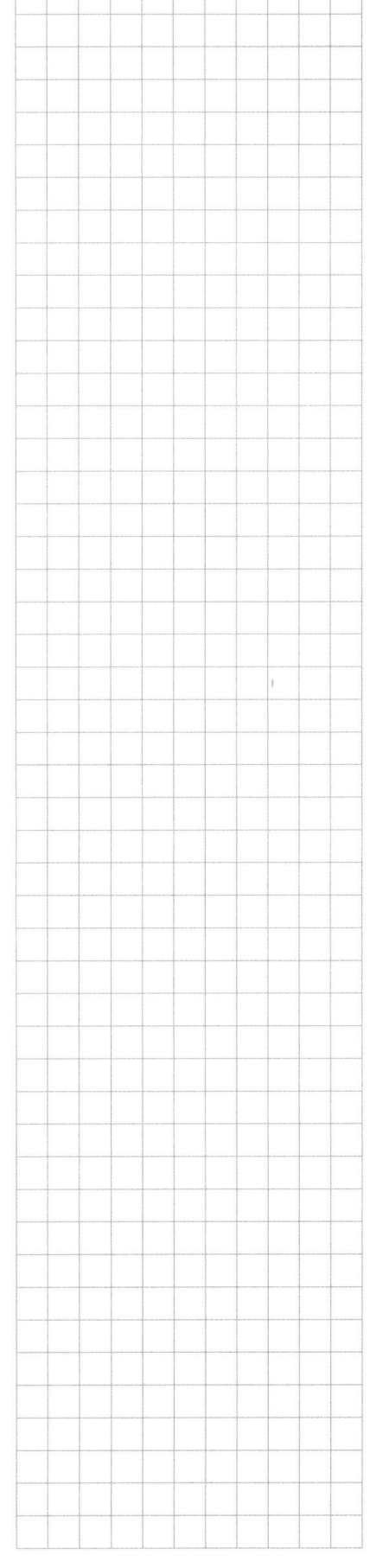

O mundo em guerra

O expansionismo nazista

O expansionismo defendido pelos ditadores fascistas teve características bem singulares na Alemanha. Adolf Hitler criou uma ideologia que misturava a ciência da eugenia racial da época com programas políticos voltados para a militarização da sociedade, justificando a política expansionista com a ideia de formação da "Grande Alemanha". Segundo essa perspectiva, a criação de um Estado poderoso seria "vital" para o pleno desenvolvimento do "povo ariano", "raça pura" da Alemanha.

Para transformar o discurso em ação, Adolf Hitler precisava desrespeitar as determinações do Tratado de Versalhes, que impunha limitações ao desenvolvimento da indústria bélica alemã. Durante a construção do Terceiro Reich, ainda como chanceler e, depois, como *Führer*, Hitler incentivou a indústria pesada, investiu em armamentos e remodelou e ampliou o exército.

Diante disso, países como França e Inglaterra adotaram uma política apaziguadora, ignorando as violações de Hitler ao Tratado de Versalhes, vistas como um problema pequeno, se comparado ao desastre de uma guerra. Essa postura estimulou Hitler, que em março de 1938 anexou a Áustria e, meses depois, invadiu os Sudetos, região da Tchecoslováquia.

A política expansionista de Hitler e a atitude passiva dos líderes da Inglaterra e da França levaram Stalin a uma manobra diplomática: em agosto de 1939, foi assinado um **pacto de não agressão** entre os líderes soviético e nazista, de modo a satisfazer as ambições militares de ambos os países. Para a Rússia, era o tempo necessário para se preparar para a guerra; para a Alemanha, satisfazia as ambições militares de combater em apenas uma frente de batalha.

Em 1940, Hitler e Mussolini firmaram com o governo japonês o **Pacto Anti-Komintern**, de combate ao comunismo (aliança conhecida como **Eixo**). A invasão da Polônia pelo exército da Alemanha, em novembro de 1939, deu início à Segunda Guerra Mundial.

A Segunda Guerra Mundial

A estratégia de "guerra relâmpago", ou *blitzkrieg*, foi usada pelos alemães para conquistar rápidas posições nas invasões da Polônia, Dinamarca e Noruega. Diante disso, franceses e ingleses declararam guerra à Alemanha, mas a invasão da França pelo exército alemão, em maio de 1940, resultou na conquista nazista da cidade de Paris. A França foi dividida, ficando uma parte ocupada pelos nazistas, e a outra sob o controle de um governo colaboracionista com a Alemanha. Hitler intensificou os ataques aéreos à Inglaterra, que resistiu e evitou que fosse realizada uma invasão naval.

Enquanto isso, a Itália invadia a Grécia com o auxílio do exército nazista. Após conseguir grandes vitórias, Hitler preparou-se para invadir a União Soviética, o que ocorreu com o apoio de seus aliados italianos, romenos, húngaros e finlandeses, a partir de junho de 1941. As tropas alemãs conquistaram vários territórios soviéticos. As populações locais foram transformadas em prisioneiras de guerra ou trabalhadores escravizados nos campos de concentração. Já os opositores do regime, os ciganos, os homossexuais, as testemunhas de Jeová e, principalmente, os judeus foram enviados para campos de extermínio.

A Guerra na Ásia

O Japão vinha desenvolvendo uma política imperialista na Ásia, e seus anseios militaristas e expansionistas encontravam nos Estados Unidos um obstáculo para o controle de todo o Pacífico. Em dezembro de 1941, um ataque surpresa de aviões japoneses à base naval de **Pearl Harbour**, no Havaí, resultou na morte de milhares de soldados estadunidenses e marcou a entrada dos Estados Unidos na guerra. Porém, o avanço japonês prosseguia, com o sucesso das invasões da Indochina, da Birmânia e de Cingapura.

A reação aliada

A derrota do exército alemão na batalha de Moscou, no final de 1941, desencadeou uma virada na guerra. A vitória do Exército Vermelho soviético animou os aliados, que lançaram sucessivas ofensivas contra os nazistas. Na **Batalha de Stalingrado**, depois de cercadas e sem condições de se manterem em combate, as forças alemãs tiveram de se render, em janeiro de 1943. Após essa vitória, as tropas soviéticas passaram para a ofensiva, e ingleses e estadunidenses abriram uma nova frente de batalha na Itália.

A aliança entre a União Soviética, a Inglaterra e os Estados Unidos foi decisiva para a derrota do Eixo. Durante o conflito, seus líderes se encontraram em alguns momentos para definir estratégias conjuntas e traçar um plano de ação que pudesse derrotar a Alemanha. Num desses encontros, em Teerã, foi iniciado o planejamento de uma gigantesca ofensiva dos **aliados** na França, o que forçaria os exércitos de Hitler a uma grande mobilização de tropas e recursos.

No norte africano, os ingleses conquistaram uma importante vitória contra as tropas nazistas. A Alemanha vinha auxiliando Mussolini nas suas conquistas no norte da África, mas, a partir de meados de 1943, os aliados passaram à ofensiva e conquistaram diversas posições no Mediterrâneo, incluindo a Sicília. Uma junta do próprio Partido Fascista depôs Benito Mussolini, que, com o apoio de Hitler e de tropas leais a ele, fugiu para o norte da Itália.

Em junho de 1944, cerca de 3 milhões de soldados ingleses e estadunidenses desembarcaram na Normandia (norte da França), episódio conhecido como **Dia D**. Em pouco tempo, com o auxílio da **resistência** francesa, os aliados tomaram Paris e avançaram em direção à Alemanha.

■ A derrota do Eixo

As sucessivas vitórias dos aliados nas duas frentes de batalha empurravam as tropas nazistas para seu próprio território. Para Hitler, tratava-se de levar a guerra até as últimas consequências; por isso, a assinatura de uma rendição não era cogitada. Diante das derrotas, alguns oficiais tramaram o assassinato do *Führer*, mas as tentativas fracassaram.

As ofensivas dos aliados continuavam: na Polônia e na Hungria, o Exército Vermelho impunha grandes derrotas à Alemanha; e na Bélgica, uma última tentativa de ofensiva dos nazistas foi contida por seus adversários no fim de 1944. Entre janeiro e maio de 1945, Mussolini foi preso e executado, e Hitler suicidou-se com outros oficiais nazistas diante da iminente derrota em Berlim pelo Exército Vermelho. As possibilidades se esgotaram, e a Alemanha assinou a rendição, encerrando o conflito na Europa.

Porém, na Ásia, o Japão continuava em guerra contra os Estados Unidos. Em agosto de 1945, os estadunidenses lançaram duas bombas atômicas em Hiroshima e Nagasaki, forçando a rendição japonesa e encerrando a Segunda Guerra Mundial.

As estimativas de vítimas no conflito superam os 50 milhões. As imagens do **Holocausto** e da miséria nos campos de concentração entraram para a História como exemplos das atrocidades que essa guerra ocasionou. As ruínas de cidades inteiras fizeram parte do cenário do pós-guerra e as perdas materiais foram dramáticas. As fronteiras europeias foram novamente redefinidas: a Alemanha foi dividida em quatro zonas de influência, controladas por estadunidenses, ingleses, franceses e soviéticos. Mas o poderio econômico e militar passava agora às mãos das duas maiores potências – Estados Unidos e União Soviética –, que iriam opor-se durante a **Guerra Fria**.

■ Cultura e propaganda nos anos de guerra

A propaganda política foi amplamente utilizada pelos países em guerra como forma de receber apoio da população civil. Para isso, os países beligerantes utilizaram o rádio, o cinema, cartazes, comícios e campanhas, exaltando a nobreza da sua luta, a bravura de seus combatentes, a crueldade e a "barbárie" de seus inimigos – com o objetivo de justificar o enorme esforço dos exércitos nessa "guerra total".

A propaganda política do governo estadunidense, por exemplo, veiculava a necessidade de os países latino-americanos se aliarem em nome da defesa da democracia e da liberdade contra o temível inimigo fascista. A Alemanha, por sua vez, empregava a propaganda política mesmo antes de se iniciarem os conflitos, ressaltando a superioridade da "raça alemã" e a necessidade de realizar uma limpeza étnica no território do Terceiro Reich.

A cidade alemã de Colônia, em 1945, devastada por bombardeios dos aliados. A grande catedral gótica pode ser vista à esquerda.

▪ O mundo do pós-guerra

Conforme se aproximava o fim da Segunda Guerra Mundial, a evidente derrota do Eixo e os rumos que o mundo tomaria no pós-guerra eram discutidos pelos países vencedores. Os líderes dos Estados Unidos, Inglaterra e União Soviética reuniram-se em Yalta (fevereiro de 1945) e em Potsdam (julho de 1945) para traçar uma estratégia conjunta para atacar a Alemanha e o Japão, além de definir as medidas políticas que seriam adotadas após o término do conflito armado. O que os mantinha unidos era o inimigo comum, o nazifascismo; tratava-se, porém, de uma aliança muito frágil, pois a União Soviética, de orientação comunista, e os Estados Unidos, defensores do capitalismo liberal, tinham objetivos muito diferentes.

Após a vitória dos aliados, essas divergências se manifestaram com toda a força. A divisão da Alemanha em "zonas de influência", definida na **Conferência de Potsdam**, já demonstrava que as negociações seriam marcadas pelo antagonismo entre União Soviética e Estados Unidos. Para a União Soviética, a sucessiva instauração de regimes comunistas nos países do Leste Europeu representou uma vantagem estratégica contra o avanço dos capitalistas, pois mantinha o governo de Moscou territorialmente protegido por uma barreira de países comunistas, a chamada **Cortina de Ferro**. Mais importante ainda: isso fortaleceria política e ideologicamente o "bloco comunista" durante a **Guerra Fria**.

▪ A Guerra Fria

Denomina-se Guerra Fria o período entre 1947 e 1989, marcado pela disputa política e ideológica entre os Estados Unidos e a União Soviética, que dividiram virtualmente o mundo em dois blocos antagônicos: um capitalista, sob influência e controle de Washington; e outro socialista, sob influência e controle de Moscou. Os dois países não entraram em conflito armado direto durante esse período, mas as convulsões políticas e sociais em seus respectivos países aliados e protegidos muitas vezes "esquentaram" o clima e acirraram a disputa entre capitalistas e socialistas.

Em outubro de 1945, começaram os trabalhos da Organização das Nações Unidas (ONU). Idealizada durante a guerra com o objetivo de mediar os conflitos entre as nações, a ONU buscava estabelecer o equilíbrio de forças e resolver as diferenças por meios diplomáticos, valorizando a paz mundial e a proteção aos direitos humanos. Substituía, assim, a extinta Liga das Nações, criada logo após o término da Primeira Guerra Mundial com objetivos muito semelhantes.

Desde o início de 1947, com o estabelecimento da **Doutrina Truman**, o crescimento do comunismo e da influência da União Soviética na Europa e no restante do mundo era entendido pelos Estados Unidos como uma ameaça real que deveria ser combatida a todo custo. Como resposta ao rápido crescimento do comunismo nos países do Leste Europeu, os Estados Unidos lançaram o **Plano Marshall** em meados de 1947. Tratava-se de um

A EUROPA DURANTE A GUERRA FRIA

Fonte de pesquisa: BONIFACE, Pascal; VÉDRINE, Hubert. *Atlas do mundo global*. São Paulo: Estação Liberdade, 2009. p. 20.

programa de ajuda e estímulo às economias europeias por meio do qual os estadunidenses financiavam a reconstrução dos países arrasados pela guerra e, assim, ampliavam sua influência e fortaleciam o "bloco capitalista".

A União Soviética, por sua vez, preocupou-se com a crescente influência dos Estados Unidos na Europa, proporcionada pelos programas de ajuda econômica contemplados no Plano Marshall. Assim, em meados de 1948, Stalin decretou o bloqueio do acesso a Berlim (o território alemão havia sido dividido em zonas de influência, e a cidade estava situada na parte controlada pelos soviéticos). No ano seguinte, a criação do Conselho Econômico de Assistência Mútua (**Comecon**), organismo econômico responsável por fortalecer as economias socialistas, tentava conter a influência do capitalismo.

Ainda em 1949, foi criada a **Organização do Tratado do Atlântico Norte** (Otan), aliança militar formada pelos países capitalistas, que estabelecia um acordo de mútua defesa dos países-membros contra a "ameaça soviética". Para os estadunidenses, o comunismo era uma ameaça que deveria ser combatida também dentro de seu território. Por isso, nos anos 1940 e 1950, assumiram importância as ações do Comitê de Atividades Antiamericanas de perseguição e repressão aos comunistas e a seus simpatizantes. Essa política ficou conhecida como **macarthismo**.

Os acontecimentos ocorridos na Alemanha no pós-guerra são representativos desse período de disputa ideológica. Em 1949, o país foi dividido em República Federal Alemã, capitalista, e República Democrática Alemã, socialista. A capital, Berlim, também foi repartida ao meio. No começo de 1961, soviéticos e alemães orientais construíram o **Muro de Berlim**, que passou a demarcar essa separação, tornando-se também um símbolo da Guerra Fria.

Como resposta à crescente militarização do bloco capitalista, os soviéticos explodiram sua primeira bomba atômica em 1949. Em 1955, o bloco comunista também criou uma aliança militar, a **Organização do Tratado de Varsóvia**.

Guerras "quentes"

Durante a Guerra Fria, a disputa entre capitalismo e socialismo levou alguns países a conflitos armados. Na **China**, a derrota japonesa em 1945 fez com que as forças do Partido Nacionalista Kuomintang e as do Partido Comunista Chinês voltassem a se enfrentar, continuando uma guerra civil que vinha assolando o país desde o rompimento da aliança entre os dois partidos em 1927. O conflito foi vencido em 1949 pelas forças comunistas lideradas por Mao Tsé-tung, que proclamou em Pequim a criação da República Popular da China.

A derrota japonesa também teve repercussões na **Coreia**, que estava ocupada pelo Japão desde 1910. Em 1945, estadunidenses e soviéticos dividiram o território coreano em duas zonas de influência: a Coreia do Norte, socialista, e a Coreia do Sul, capitalista. Em 1950, após a invasão da Coreia do Sul pela Coreia do Norte, os Estados Unidos intervieram militarmente a favor da parte capitalista com o aval da ONU. Essa intervenção garantiu a divisão das duas Coreias, e uma trégua foi assinada por ambas em 1953.

Outra intervenção militar dos Estados Unidos na Ásia acabou terminando sem sucesso. O **Vietnã** também havia sido dividido entre capitalistas (sul) e comunistas (norte), após a derrota japonesa em 1945. Os comunistas eram liderados por **Ho Chi Minh**, que declarou a independência do Vietnã em 1945 e passou a combater os franceses (que pretendiam recolonizar a região) em um conflito que durou até 1954, com a derrota da França. Os comunistas continuaram se fortalecendo e avançando sobre o sul, com o objetivo de unificar o Vietnã. A partir de 1960, os estadunidenses intervieram diretamente no conflito, armando e financiando os exércitos do Vietnã do Sul e enviando numerosas tropas. Mas a guerrilha vietcongue e os exércitos comunistas saíram vitoriosos, obrigando os estadunidenses a se retirarem em 1973. Ho Chi Minh unificou o Vietnã, derrotando os exércitos do sul em 1975.

A descolonização da África

Com o fim da Segunda Guerra Mundial, diversos povos africanos deram início a movimentos de libertação nacional em busca de sua independência. Em alguns casos, a emancipação foi conquistada por vias pacíficas. Em outros, foi necessário recorrer à luta armada. Assim, o número de países independentes na África saltou de cinco em 1945 para 31 em 1970. Pela via pacífica, emanciparam-se, entre outros, Gana, Sudão, Nigéria, Camarões, Mali, etc. Entre os que conquistaram a independência pela via armada estão: Argélia, Moçambique, Angola e outros.

A independência da Índia

Na **Índia**, os ingleses tentaram manter o domínio colonial, mas sua presença era contestada desde o final do século XIX, com a criação do **Partido do Congresso** e da **Liga Muçulmana**. Essas organizações, apesar de distintas (o que evidenciava as contradições da complexa sociedade indiana), passaram a realizar passeatas e manifestações, reprimidas pelos britânicos com extrema violência, como no caso do **Massacre de Amritsar**, em 1919. Desde essa época, **Mahatma Gandhi**, líder dos indianos e verdadeiro guia no processo de independência, assumiu papel de destaque. Por meio da sua tática de **desobediência civil** e de **resistência não violenta**, a Índia conquistou a autonomia em 1947. Porém, a unidade territorial não foi mantida, e dois países foram criados: a Índia, de maioria hindu, e o Paquistão, de maioria muçulmana.

Questões

1. (Mackenzie-SP)

"O inimigo é cruel e implacável. Pretende tomar nossas terras regadas com o suor de nossos rostos, tomar nosso cereal, nosso petróleo, obtidos com o trabalho de nossas mãos. Pretende restaurar o domínio dos latifundiários, restaurar o czarismo... germanizar os povos da União Soviética e torná-los escravos de príncipes e barões alemães...

(...) em caso de retirada forçada... todo o material rodante tem que ser evacuado. Ao inimigo não se deve deixar um único motor, um único vagão de trem, um único quilo de cereal ou galão de combustível. Todos os artigos de valor (...) que não puderem ser retirados devem ser destruídos sem falta."

Após 70 anos da 2ª Guerra Mundial, o discurso acima, de Joseph Stálin, nos remete:

a) à invasão soviética ao território alemão, marco na derrocada nazista frente à ofensiva Aliada nos *fronts* Ocidental e Oriental.

b) à Operação Barbarosa, decorrente da assinatura do Pacto Ribbentrop-Molotov, estopim para a 2ª Guerra Mundial.

c) ao Anschluss, quando a anexação da Áustria pelo Terceiro Reich provocou a reação soviética contra os alemães.

d) à estratégia soviética frente à invasão alemã, conhecida como tática da "terra arrasada", a mesma utilizada pelos russos contra Napoleão, no início do século XIX.

e) à Batalha de Stalingrado, uma das mais sangrentas e memoráveis de todo o conflito, decisiva para a vitória Nazista.

2. (UEPG-PR) A II Guerra Mundial, ocorrida entre 1939 e 1945, marcou a derrota do nazifascismo e a origem de uma nova ordem mundial. A respeito desse conflito e de seus antecedentes, assinale o que for correto.[1]

01. Oficialmente a II Guerra Mundial teve início com a invasão da Polônia pela Alemanha e com a declaração de guerra por parte da Inglaterra e da França aos germânicos.

02. Apesar da proximidade com a Europa, o norte da África foi uma região na qual não se registrou nenhum combate envolvendo as forças do Eixo e os Aliados.

04. A entrada efetiva dos Estados Unidos no conflito se deu logo após o ataque nipônico à base militar de Pearl Harbour, no Havaí.

08. Uma das maiores surpresas produzidas pela II Guerra Mundial foi a aliança entre a Alemanha nazista de Hitler e a União Soviética comunista de Stálin, a qual só foi desfeita após o final do conflito e da tomada de Moscou pelos norte-americanos.

3. (Fuvest-SP) As bombas atômicas, lançadas contra Hiroshima e Nagasaki em 1945, resultaram na morte de aproximadamente 300 000 pessoas, vítimas imediatas das explosões ou de doenças causadas pela exposição à radiação. Esses eventos marcaram o início de uma nova etapa histórica na corrida armamentista entre as nações, caracterizada pelo desenvolvimento de programas nucleares com finalidades bélicas.

Considerando essa etapa e os efeitos das bombas atômicas, analise as afirmações a seguir.

I. As bombas atômicas que atingiram Hiroshima e Nagasaki foram lançadas pelos Estados Unidos, único país que possuía esse tipo de armamento ao fim da Segunda Guerra Mundial.

II. As radiações liberadas numa explosão atômica podem produzir mutações no material genético humano, que causam doenças como o câncer ou são transmitidas para a geração seguinte, caso tenham ocorrido nas células germinativas.

---

[1] Dê como resposta a soma dos números associados às afirmações corretas.

III. Desde o fim da Segunda Guerra Mundial, várias nações desenvolveram armas atômicas e, atualmente, entre as que possuem esse tipo de armamento, têm-se China, Estados Unidos, França, Índia, Israel, Paquistão, Reino Unido e Rússia.

Está correto o que se afirma em:

a) I, somente.

b) II, somente.

c) I e II, somente.

d) II e III, somente.

e) I, II e III.

4. (UFSCar-SP)

"Esse mundo novo de extermínio em massa e aniquilação cultural patrocinados pelo Estado deu origem a um novo termo – *genocídio*, que surgiu em 1944 (...)."

Mazower, Mark. *Continente sombrio*. São Paulo: Companhia das Letras, 2001.

O termo *genocídio* foi historicamente cunhado com o extermínio:

a) dos anarquistas ucranianos durante a revolução bolchevique.

b) dos judeus durante a vigência do nazismo.

c) dos romenos no seu processo de independência.

d) dos etíopes na invasão italiana.

e) dos *zulus* durante o governo racista da África do Sul.

5. (UFSC)

"'Cartas de Iwo Jima' é o segundo longa-metragem dirigido por Eastwood a respeito do momento chave da campanha do Pacífico, durante a Segunda Guerra Mundial, depois de 'A Conquista da Honra', que apresentou a batalha sob uma perspectiva norte-americana. Em fevereiro de 1945, Iwo Jima, uma pequena ilha vulcânica perdida 1 200 km ao sul de Tóquio, foi cenário de combates violentos que deixaram 6 821 mortos nas fileiras americanas e 21 900 no exército imperial japonês."

Cartas de Iwo Jima é bem recebido nos cinemas japoneses.
Disponível em: <http://tools.folha.com.br>. Acesso em: 6 jul. 2007.

Sobre a Segunda Guerra Mundial e o período Pós-Guerra, é correto afirmar que:[1]

01. Ao contrário das guerras anteriores, a Segunda Guerra travou-se quase exclusivamente na esfera militar, com pequenas baixas entre civis mas com enormes baixas entre os exércitos envolvidos.

02. A expressão "Guerra Fria" surgiu logo após o término da Segunda Guerra, evidenciando a grande rivalidade entre França e Inglaterra, que disputavam a hegemonia na Europa.

04. A ascensão dos movimentos nazifascistas, prometendo desenvolvimento econômico e segurança social, foi possível devido à adesão popular.

08. A disputa já existente entre japoneses e norte-americanos pelo domínio do Oceano Pacífico se intensificou quando os nipônicos bombardearam a base norte-americana de Pearl Harbor.

16. O final do conflito foi marcado pela existência de dois campos de batalha: um no Oceano Pacífico e outro no Índico.

32. A construção do Muro de Berlim foi uma decisão tomada pelos aliados, evitando a fuga em massa de alemães ocidentais para o lado comunista.

64. As bombas lançadas em Hiroshima e Nagasaki pelos norte-americanos marcaram o início da Segunda Guerra Mundial.

---

[1] Dê como resposta a soma dos números associados às afirmações corretas.

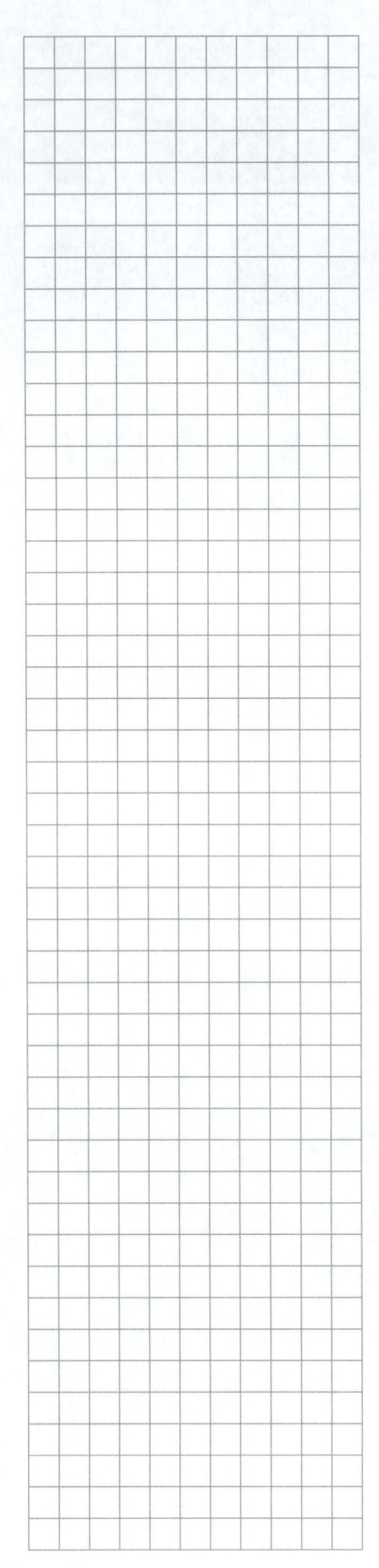

6. **(UEM-PR)** Após a Segunda Guerra Mundial, desencadeou-se um processo de descolonização e o mundo foi envolvido pela Guerra Fria. Sobre tais questões, assinale a(s) alternativa(s) correta(s).[1]

01. No subcontinente indiano, o Paquistão surge como Estado independente alinhado com os Estados Unidos da América e a Inglaterra, enquanto sua porção oriental, a República de Bangladesh, nascia vinculada à União Soviética.

02. Após a Segunda Guerra Mundial, a Tchecoslováquia dividiu-se: a República Checa, membro da Organização do Tratado do Atlântico Norte (OTAN); e a Eslováquia, vinculada ao Pacto de Varsóvia.

04. A Alemanha se dividiu na Alemanha Oriental, sob influência da União Soviética, e na Alemanha Ocidental, aliada dos Estados Unidos da América, da França e da Inglaterra.

08. As áreas de influência soviética e norte-americana no território coreano, no período posterior à Segunda Guerra Mundial, resultaram em dois Estados independentes e ideologicamente opostos: a República Popular Democrática da Coreia do Norte e a República da Coreia do Sul.

16. Após o fim do domínio colonial francês no Vietnã, surgiram dois países, o Vietnã do Norte, sob regime socialista, e o Vietnã do Sul, sob regime capitalista.

7. **(Unicamp-SP)**

"Para muitos norte-americanos, Vietnã é o nome de uma guerra, não de um país. Os vietnamitas parecem figuras sombrias, sem nome nem rosto, vítimas desamparadas ou agressores cruéis. A história começa apenas quando os Estados Unidos entram em cena."

Adaptado de: GETTLEMAN, Marvin E. et. al (Ed.). *Vietnam and America:* a documented history. New York: Grove Press, 1995. p. xiii.

Esse desconhecimento dos norte-americanos quanto a seus adversários na Guerra do Vietnã pode ser relacionado ao fato de os norte-americanos:

a) promoverem uma guerra de trincheiras, enquanto os vietnamitas comunistas movimentavam seus batalhões pela selva. Contando com um forte apoio popular, os Estados Unidos permaneceram por anos nesse conflito, mas não conseguiram derrotar os vietnamitas.

b) invadirem e ocuparem o território vietnamita, desmantelando os batalhões comunistas graças à superioridade americana em treinamento militar e armamentos. Apesar do apoio popular à guerra, os Estados Unidos desocuparam o território vietnamita.

c) desconhecerem as tradições dos vietnamitas, organizados em torno de líderes tribais, que eram os chefes militares de seus clãs. Sem ter um Estado como adversário, o conflito se arrastou e, sem apoio popular, os Estados Unidos acabaram se retirando.

d) encontrarem grande dificuldade em enfrentar as táticas de guerrilha dos vietnamitas comunistas, que tinham maior conhecimento territorial. Após várias derrotas e sem apoio popular em seu próprio país, os Estados Unidos retiraram suas tropas do Vietnã.

8. **(Udesc)** As décadas de 1950 a 1980 foram marcadas por uma polarização global entre duas formas de pensar e organizar o mundo, conhecida como Guerra Fria. Analise cada proposição sobre os acontecimentos e processos que contribuem para o entendimento desse período e assinale (V) para verdadeira ou (F) para falsa.

( ) A emergência da União da República Socialista Soviética – URSS, após a Segunda Guerra, como uma das grandes potências militares e políticas do mundo, alarmou os países capitalistas, sobretudo diante do avanço do comunismo na Europa.

( ) A Doutrina Truman foi o ponto de partida para a Guerra Fria; o Plano Marshall, que dela fez parte, foi proposto pelos Estados Unidos com a intenção de conter a expansão socialista, mantendo os países europeus sob influência norte-americana.

---

[1] Dê como resposta a soma dos números associados às afirmações corretas.

( ) O bloqueio de Berlim, em 1948, foi o primeiro grande conflito entre os dois blocos; mais tarde a construção de um muro separando as duas partes da cidade tornaria o Muro de Berlim o principal símbolo da Guerra Fria.

( ) A crise dos mísseis foi um dos momentos mais críticos da Guerra Fria.

( ) A Guerra Fria significou ações que iam da ameaça militar à coação política, econômica e ideológica. A hostilidade gerada por estas ações colocava no horizonte a possibilidade de uma guerra nuclear, gerando um clima de medo que se espraiou para todo o mundo, nesse período.

Assinale a alternativa que contém a sequência correta, de cima para baixo.

a) V – V – V – V – V
b) F – V – F – V – V
c) F – F – V – V – V
d) V – F – F – F – V
e) V – V – V – F – F

9. **(UFSM-RS)** Na Conferência de Potsdam, em julho de 1945,

"Churchill compreendeu de imediato, [que] a situação mudou totalmente após o anúncio da explosão de Alamagordo [a explosão da primeira bomba atômica pelos EUA]. O Japão podia ser esmagado rapidamente, sem a ajuda de Moscou. Na Europa, qualquer tentativa de expansão dos exércitos soviéticos encontraria as novas armas americanas. Os termos do futuro equilíbrio mundial se encontravam assim subitamente modificados."

GAJA, R. Introdução à política externa da era nuclear. In: MAIOCCHIO, R. *A era atômica*. São Paulo: Ática, 1996. p. 13.

A respeito da nova realidade criada pela "explosão dos mil sóis", considere as afirmativas a seguir.

I. A bomba atômica, criada especialmente para atingir Hiroshima e Nagasaki, a fim de derrotar o Japão, foi uma conquista da ciência e da tecnologia que possibilitou às grandes potências a construção de uma era de paz entre as nações.

II. O novo artefato bélico definiu os termos do embate político entre as grandes potências, eliminando a possibilidade de novas guerras, tanto aquelas realizadas por exércitos regulares quanto os combates de guerrilha.

III. A bomba atômica tornou-se um dado novo nos acordos que vinham sendo feitos entre EUA e URSS, as duas potências que, desde o final da Segunda Guerra Mundial, haviam dividido o mundo em duas grandes áreas sob a sua influência.

IV. A bomba atômica desencadeou novo estilo de confronto, tornando-se o artefato bélico principal para os países que almejam disputar o poder político e militar do planeta.

Está(ão) correta(s):

a) apenas I.
b) apenas II.
c) apenas II e III.
d) apenas III e IV.
e) apenas IV.

10. **(Uece)** Vários fatores contribuíram para o processo de descolonização afro-asiática que culminou, de fato, na quebra dos elos coloniais há muito tempo presentes no continente africano e no continente asiático. Assinale a alternativa que melhor sinaliza os principais fatores desse processo.

a) Perda da hegemonia europeia, graças ao desgaste material e humano provocado pelas duas grandes guerras, e o desenvolvimento do sentimento nacionalista nos povos colonizados.

b) Os acordos pactuados entre os EUA e a União Soviética, após a Primeira Guerra Mundial, comprometendo-se em não interferir em ambos os continentes.

c) Várias insurreições e movimentos emancipatórios dos vários países afro-asiáticos que se organizaram livremente e lutaram por sua independência após o final da Primeira Guerra Mundial.

d) Ausência de princípios de autodeterminação entre os diferentes povos afro-asiáticos que os impulsionasse a se libertar do domínio europeu.

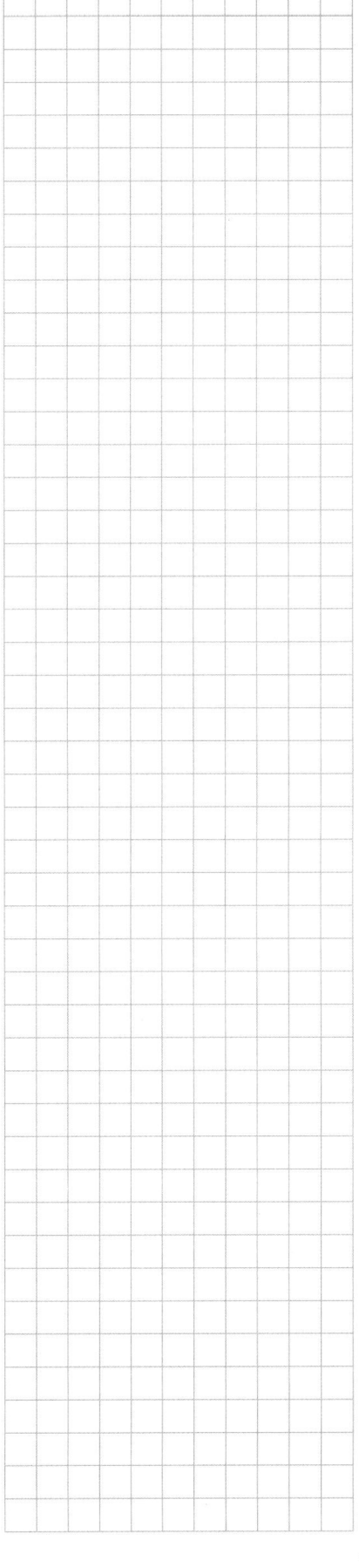

O Brasil entre 1930 e 1945

O movimento de 1930

Ao longo dos anos 1920, ocorreram diversas manifestações de oposição à supremacia política das elites mineira e paulista no Brasil, marcada por um acordo de alternância de poder: ora um candidato mineiro era alçado à presidência, ora um paulista. Em 1926, a elite cafeicultora paulista elegeu Washington Luís à presidência. A sucessão presidencial caberia a Minas Gerais; porém, Washington Luís indicou Júlio Prestes (governador de São Paulo) como candidato às eleições de 1930. Isso rompeu o acordo entre os dois estados, e Minas Gerais lançou como candidato à presidência o gaúcho Getúlio Vargas e à vice-presidência o paraibano João Pessoa. Formava-se, assim, a **Aliança Liberal** entre Minas Gerais, Rio Grande do Sul e Paraíba, pondo fim à política do café com leite.

Com 57% dos votos, Júlio Prestes elegeu-se presidente, mas setores da Aliança Liberal, não aceitando a derrota, defendiam a "revolução armada", ou seja, a deposição de Washington Luís para impedir a posse de Júlio Prestes. O governo federal, em contrapartida, lançou mão da "degola" dos deputados eleitos pertencentes à Aliança Liberal.

O assassinato de João Pessoa, em 26 de julho de 1930, atribuído ao governo de Washington Luís, foi o estopim para a "revolução armada", que ocorreu alguns meses depois. Em 3 de outubro, as ações se iniciaram nos estados do Rio Grande do Sul, da Paraíba e de Minas Gerais, expandindo-se rapidamente para o restante do país. Em 24 de outubro, Washington Luís foi deposto por uma Junta Militar e, em 3 de novembro, Vargas tornou-se o chefe do Governo Provisório. Tinha início a Era Vargas.

O Governo Provisório

Durante o Governo Provisório, Getúlio Vargas adotou **medidas centralizadoras**, nomeando **interventores** para o governo dos estados. Vargas assumiu o Poder Legislativo, fechando o Congresso, as casas legislativas estaduais e municipais e suspendendo a Constituição de 1891. Na área social, criou o **Ministério do Trabalho** e promulgou uma legislação trabalhista que respondia a algumas reivindicações dos trabalhadores, como jornada de oito horas de trabalho, aposentadoria, etc. Ao mesmo tempo, passou a controlar os sindicatos, mediando as relações entre patrões e empregados. Nos anos 1930, aumentou os investimentos na área industrial com o objetivo de promover a substituição de alguns produtos importados.

O movimento de 1930 afastou o **Partido Republicano Paulista** (PRP) do governo de São Paulo. Esse partido representava a elite cafeicultora do estado, que se sentiu lesada em seus interesses com a nomeação de um interventor. Também a legislação trabalhista provocava insatisfação entre os empresários paulistas. Assim, no começo de 1932, o Partido Democrático, que havia apoiado o movimento de 1930, rompeu com Getúlio e aliou-se ao PRP, exigindo a convocação de uma Assembleia Constituinte.

Em fevereiro de 1932, o governo central decretou um **Código Eleitoral**, que, além de convocar eleições para a Assembleia Constituinte, concedia o direito de voto às mulheres. Apesar disso, a oposição paulista cresceu, exaltada com a morte de quatro estudantes (Martins, Miragaia, Dráusio e Camargo – **MMDC**) em 1932, num enfrentamento com a polícia getulista.

Em 9 de julho de 1932 teve início a **Revolução Constitucionalista**, que exigia a elaboração de uma nova Constituição e questionava o caráter autoritário do governo Vargas. Em outubro, as tropas federais venceram os paulistas, que não tiveram apoio de outros estados.

Eleita em maio de 1933, a Assembleia Constituinte era formada por 214 representantes eleitos pelo voto popular e 40 representantes classistas (deputados que representavam sindicatos patronais e de trabalhadores). A nova Constituição, promulgada em 1934:

- manteve o caráter federalista e a autonomia dos estados;
- nacionalizou minas, jazidas e quedas-d'água;
- tornou os sindicatos mais plurais e autônomos, diminuindo o controle por parte do Ministério do Trabalho;
- regulamentou vários direitos trabalhistas, como a jornada de oito horas, o salário mínimo, a proibição do trabalho para menores de 14 anos, a proteção às gestantes, as férias anuais, o descanso semanal, a criação da Carteira de Trabalho, etc. Além disso, criou a Justiça do Trabalho. Em 1943, essas medidas foram complementadas e compiladas na **Consolidação das Leis do Trabalho** (CLT);
- determinou que a eleição daquele ano para a presidência da República seria indireta, o que garantiu que o próprio Getúlio Vargas fosse eleito.

Vargas constitucional

No âmbito político, o governo constitucional de Vargas foi marcado pela radicalização ideológica na sociedade. A formação de partidos autoritários na Europa influenciou o surgimento da **Ação Integralista Brasileira** (AIB), em 1932, com fortes tendências fascistas. Nacionalistas, antiliberais, anticomunistas e antissemitas, os integralistas defendiam um governo centralizador, unipartidário, sob o comando de um líder e com o lema "Deus, Pátria e Família". Seu principal líder era **Plínio Salgado**. Do outro lado, sob influência dos ideais comunistas, estavam os grupos de esquerda que fundaram a **Aliança Nacional Libertadora** (ANL), cujos integrantes criticavam o liberalismo e o imperialismo e eram liderados por **Luís Carlos Prestes**, remanescente do Movimento Tenentista dos anos 1920.

Os enfrentamentos entre comunistas e integralistas nos anos sucessivos levaram o governo a aprovar a **Lei de Segurança Nacional** em 1935, tornando as greves e as manifestações de protesto "crimes contra a ordem". No mesmo ano, a ANL foi posta na ilegalidade e reagiu, por meio de uma revolta armada chamada pelo governo de **Intentona Comunista**. Essa tentativa de golpe foi duramente reprimida pelo governo federal.

■ A ditadura do Estado Novo

Nos anos seguintes à insurreição da ANL, Vargas decretou estado de sítio por diversas vezes, e a repressão à oposição tornou-se mais intensa. A suspensão das garantias constitucionais e a radicalização ideológica ameaçavam as eleições presidenciais, previstas para 1938. Getúlio Vargas, que não poderia concorrer ao pleito, apontava para o iminente "perigo comunista" e, em setembro de 1937, o **Plano Cohen** veio à tona. Tratava-se de um plano fictício, elaborado por um integralista, que denunciava um suposto golpe comunista. Diante desse "risco", em novembro de 1937 Getúlio deu um golpe de Estado: suspendeu as eleições, as liberdades civis e políticas e fechou o Congresso. Era o início do **Estado Novo**.

A Constituição de 1934 foi anulada e substituída por uma nova Carta (apelidada "Polaca") de caráter autoritário. Extinguiram-se os partidos políticos e os governos estaduais perderam autonomia, cabendo a Getúlio aceitar ou indicar interventores, além de assinar decretos-leis. Os sindicatos perderam sua representatividade e passaram a ser controlados pelo governo por meio de sindicalistas submissos ("pelegos"). Para fiscalizar a circulação de informações e, principalmente, de ideias contrárias ao governo, Vargas criou o **Departamento de Imprensa e Propaganda** (DIP), que, além de censurar todo tipo de informação ou expressão cultural e artística "nociva", também propagandeava os feitos do governo, por meio de programa de rádio (*A Hora do Brasil*), cartilhas escolares e outros materiais. Nesse período histórico, opor-se a Getúlio significava opor-se ao Brasil.

■ Cultura e sociedade

O **rádio** chegou ao Brasil nos anos 1920; porém, foi a partir dos anos 1930 que ele se popularizou, tornando-se o principal meio de comunicação de uma sociedade com grande número de analfabetos. Foi por meio das transmissões radiofônicas que a **música popular** se difundiu: sambas cariocas, maxixes nordestinos e marchinhas de Carnaval eram escutados nos mais diferentes lugares, assim como os **programas de auditório** e as **radionovelas**.

Getúlio Vargas aproveitou-se da popularidade do rádio para difundir a propaganda oficial do governo e censurar as ideias que se opunham ao regime do Estado Novo.

O **cinema**, impulsionado nos anos 1930 pelo próprio governo, era um grande entretenimento para boa parcela da população. À medida que o governo Vargas abolia as liberdades individuais, as produções cinematográficas também eram censuradas. A exibição de curtas-metragens educativos antes das sessões de cinema tornou-se obrigatória. Muitas deles faziam propaganda do governo. A **Cinédia** (1930) e a **Atlântida** (1941) foram as duas principais produtoras cinematográficas da época, com destaque para a realização de comédias.

Na **educação**, o patriotismo e a valorização dos símbolos da identidade nacional foram incentivados, com a criação de disciplinas como Educação Moral e Cívica. Com o objetivo de valorizar a cultura nacional, muitos artistas e intelectuais prestaram serviços ao governo getulista, como Gustavo Capanema (ministro da Educação e da Saúde Pública de 1934 a 1945), Mário de Andrade, Heitor Villa-Lobos, Manuel Bandeira e outros. Em 1937, foi criado o **Serviço do Patrimônio Histórico e Artístico Nacional** (SPHAN), com o intuito de preservar o patrimônio histórico e cultural do país. Algumas importantes obras históricas e sociológicas foram produzidas nessa época, como: *Casa-Grande e Senzala*, de Gilberto Freyre; *Evolução Política do Brasil*, de Caio Prado Júnior; e *Raízes do Brasil*, de Sérgio Buarque de Holanda.

■ Aliado da democracia

Durante os anos 1930, o Brasil manteve relações comerciais com a Alemanha e com os Estados Unidos. Todavia, com a eclosão da Segunda Guerra Mundial, os militares ligados ao poder pressionavam o presidente a apoiar a Alemanha, enquanto os Estados Unidos aproximavam-se do governo Vargas na tentativa de obter apoio brasileiro. Com a entrada dos estadunidenses na Segunda Guerra, em 1941, o Brasil viu-se forçado a posicionar-se no conflito. Em troca de financiamentos para a construção de indústrias brasileiras, declarou guerra aos países do Eixo e alinhou-se com os Aliados. A **Companhia Siderúrgica Nacional** (CSN), em Volta Redonda, e a **Companhia Vale do Rio Doce** foram criadas nesse contexto; fornecedoras de aço e de minério de ferro para os aliados durante a guerra, tornaram-se a base do processo industrial brasileiro.

O Brasil exportou ainda látex para a indústria bélica estadunidense, reativando a economia da borracha na Região Amazônica. Em 1943, a **Força Expedicionária Brasileira** (FEB) enviou 25 mil soldados para combater ao lado dos Aliados na Europa.

Com o fim do conflito mundial, o Brasil passou a viver uma contradição interna. O país ainda mantinha um governo fechado e autoritário, embora estivesse aliado às forças democráticas. A sociedade civil também se opunha ao Estado Novo, exigindo a redemocratização do país e o retorno das eleições diretas e dos partidos políticos. Em outubro de 1945, apesar de Getúlio Vargas dar sinais de abertura política, o alto comando do Exército depôs o presidente e determinou o fim do Estado Novo.

Questões

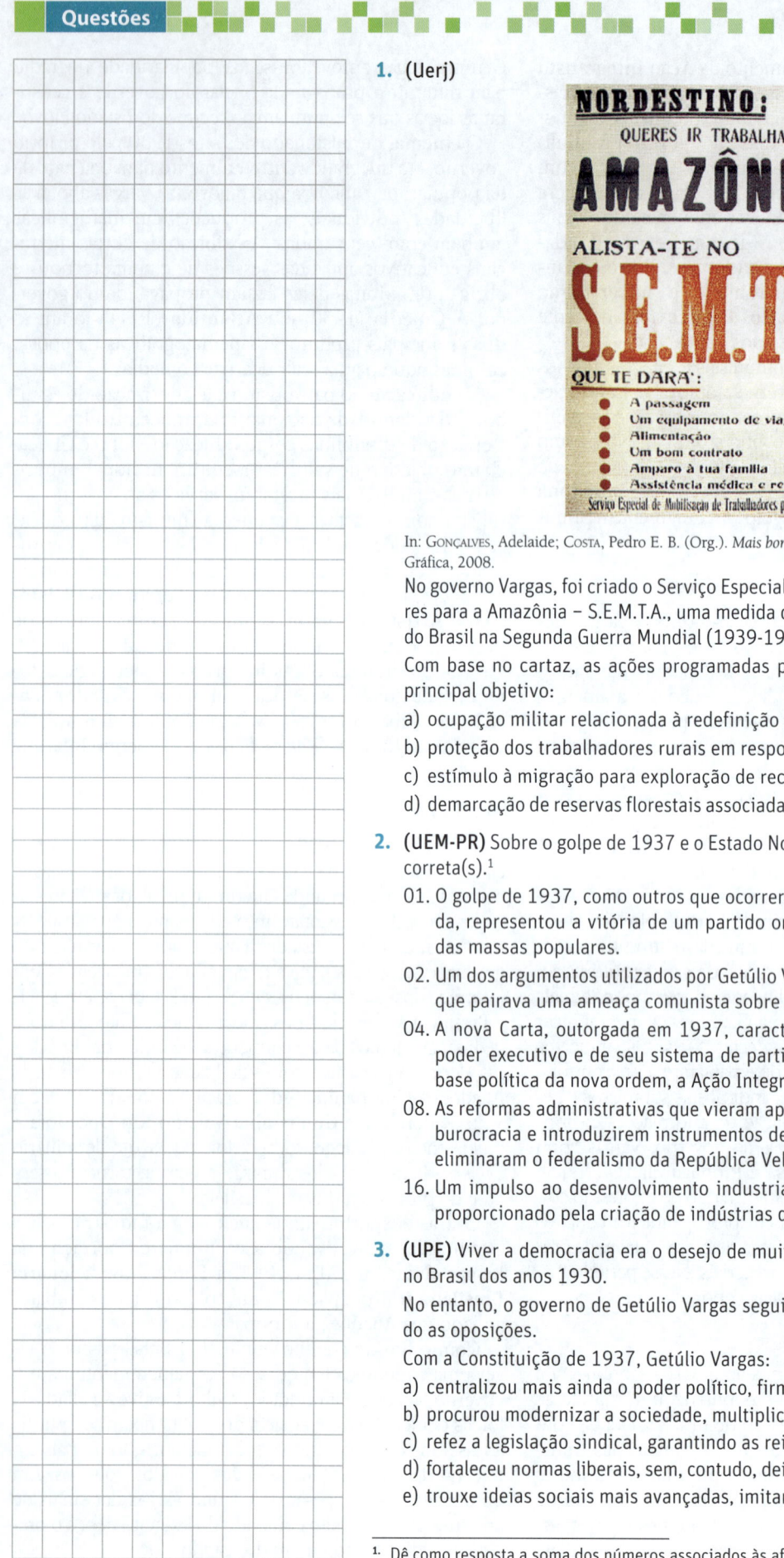

1. (Uerj)

NORDESTINO:
QUERES IR TRABALHAR NA
AMAZÔNIA?
ALISTA-TE NO
S.E.M.T.A.
QUE TE DARÁ:
- A passagem
- Um equipamento de viagem
- Alimentação
- Um bom contrato
- Amparo à tua família
- Assistência médica e religiosa

Serviço Especial de Mobilização de Trabalhadores para a Amazônia

In: GONÇALVES, Adelaide; COSTA, Pedro E. B. (Org.). *Mais borrachas para a vitória*. Brasília: Ideal Gráfica, 2008.

No governo Vargas, foi criado o Serviço Especial de Mobilização de Trabalhadores para a Amazônia – S.E.M.T.A., uma medida direcionada para a participação do Brasil na Segunda Guerra Mundial (1939-1945).

Com base no cartaz, as ações programadas por esse serviço tiveram como principal objetivo:

a) ocupação militar relacionada à redefinição das fronteiras nacionais.
b) proteção dos trabalhadores rurais em resposta à depressão econômica.
c) estímulo à migração para exploração de recursos naturais estratégicos.
d) demarcação de reservas florestais associada à política de defesa ambiental.

2. (UEM-PR) Sobre o golpe de 1937 e o Estado Novo, assinale a(s) alternativa(s) correta(s).[1]

01. O golpe de 1937, como outros que ocorreram na Europa na mesma década, representou a vitória de um partido organizado e teve o apoio ativo das massas populares.
02. Um dos argumentos utilizados por Getúlio Vargas para dar o golpe foi o de que pairava uma ameaça comunista sobre a sociedade brasileira.
04. A nova Carta, outorgada em 1937, caracterizou-se pelo predomínio do poder executivo e de seu sistema de partido único, e representada pela base política da nova ordem, a Ação Integralista Brasileira.
08. As reformas administrativas que vieram após o golpe, ao modernizarem a burocracia e introduzirem instrumentos de controle por parte do Estado, eliminaram o federalismo da República Velha.
16. Um impulso ao desenvolvimento industrial brasileiro nesse período foi proporcionado pela criação de indústrias de base estatais.

3. (UPE) Viver a democracia era o desejo de muitos grupos políticos existentes no Brasil dos anos 1930.

No entanto, o governo de Getúlio Vargas seguia outros caminhos, enfrentando as oposições.

Com a Constituição de 1937, Getúlio Vargas:

a) centralizou mais ainda o poder político, firmando o autoritarismo.
b) procurou modernizar a sociedade, multiplicando os partidos políticos.
c) refez a legislação sindical, garantindo as reivindicações operárias.
d) fortaleceu normas liberais, sem, contudo, deixar seu poder de centralizador.
e) trouxe ideias sociais mais avançadas, imitando modelos europeus.

---
[1] Dê como resposta a soma dos números associados às afirmações corretas.

4. **(UEL-PR)** Leia o texto a seguir.

> "Alguns itens da lista de assuntos censurados pelo Departamento de Imprensa e Propaganda (DIP) aos jornalistas em 1943: 'Nenhuma fotografia da Rússia; Nada sobre a tragédia de Alegrete: um indivíduo assassinou a esposa e 8 filhos; Nada sobre a União Nacional de Estudantes a não ser a nota oficial; Proibida a divulgação das aspirações das classes trabalhistas de Porto Alegre, enviadas ao chefe do governo; Proibida a reprodução do artigo do sr. Macedo Soares sobre o problema da produção leiteira. Nada sobre o leite, completamente nada; Sobre o peixe deteriorado, só nota da polícia; Nenhum anúncio ou polêmica em torno do livro *Stalin*; Nada sobre as dívidas externas; Nada sobre uma granada que explodiu na Vila Militar, matando um tenente e vários soldados; Nada contra a Espanha; Proibidas quaisquer alusões ao regime brasileiro anterior a 10 de novembro de 1937, sem prejuízo de referências à democracia, pois o regime atual é também uma democracia; Nada assinado por Oswald de Andrade'."

Depoimento do jornalista Hermínio Sacchetta ao repórter Noé Gertel para a *Folha de S.Paulo* em 1979. Disponível em: <http://almanaque.folha.uol.com.br/memoria_6.htm>. Acesso em: 27 jul. 2011.

Com base no texto e nos conhecimentos sobre o tema, explique o papel desempenhado pelo DIP durante o Estado Novo.

5. **(Mackenzie-SP)**

A crítica ao pelego, *Jornal dos Metalúrgicos*, 1977.

O termo "pelego", com o sentido presente na crítica citada, foi forjado, na política brasileira:

a) na Era Vargas, quando os sindicatos foram legalizados, estando, entretanto, atrelados ao Ministério do Trabalho, resultando em um processo de despolitização da classe operária.

b) durante o governo JK, quando a intensa penetração de capital estrangeiro levou a mudanças na legislação trabalhista, em defesa da classe operária.

c) no curto governo Jânio Quadros, quando os sindicatos foram fechados, em uma tentativa de conter as agitações de caráter socialista que ocorriam no país.

d) durante o governo de João Goulart, como sendo uma característica de sua política social de esquerda, reflexo da aliança política estabelecida com o governo Fidel Castro.

e) durante a Ditadura Militar, que transformou os sindicalistas em agentes políticos oficiais de repressão aos movimentos de contestação dos trabalhadores urbanos.

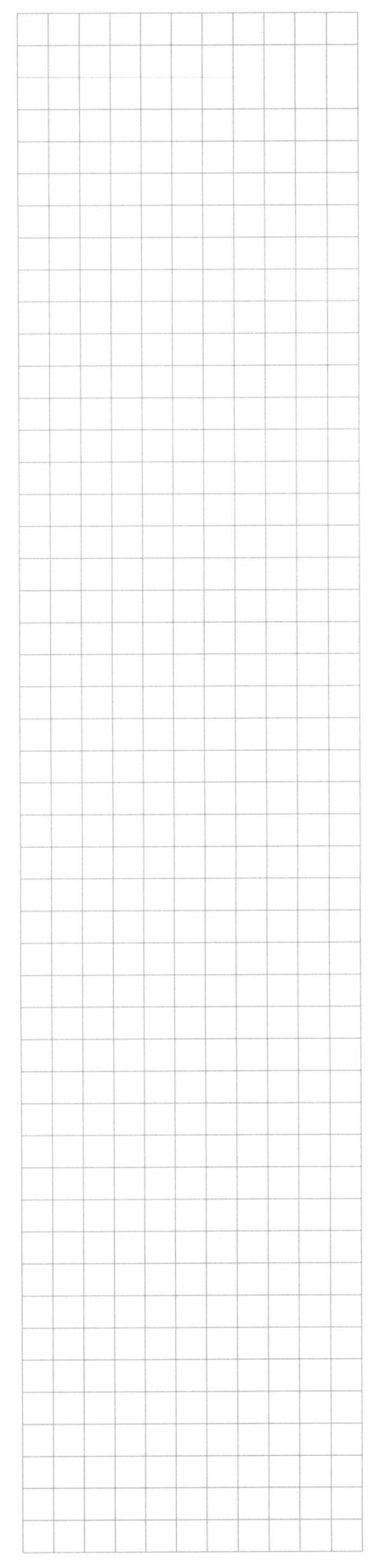

A América Latina entre a revolução e as ditaduras

■ Do *big stick* à boa vizinhança

Ao longo do século XX, a política externa estadunidense mudou de orientação diversas vezes. Nos anos 1901-1909, o governo de Theodore Roosevelt orientou-se pela política do *big stick*, com a adoção de práticas intervencionistas nos países latino-americanos. Nos anos 1930, Franklin Roosevelt tentou amenizar as tensões com os países vizinhos seguindo uma **política de boa vizinhança**, sem, entretanto, deixar de atuar nos países da América Latina.

Após a Segunda Guerra Mundial, a disputa de poder entre Estados Unidos e União Soviética alterou a atitude estadunidense diante dos países vizinhos. Em 1961, o presidente John Kennedy lançou a **Aliança para o Progresso**, com base na qual os EUA financiavam o desenvolvimento dos países latino-americanos com o intuito de evitar a proliferação das ideias e dos modelos comunistas. Os **Corpos da Paz** atuavam diretamente no combate à ameaça comunista, com apoio técnico da Agência Central de Inteligência dos Estados Unidos (CIA). As ditaduras militares estabelecidas na América Latina foram resultado dessas intervenções estadunidenses.

■ A Argentina de Perón

Na década de 1930, a Argentina viveu momentos de grande instabilidade política, ocasionada por fraudes eleitorais, golpes de Estado e divergências ideológicas internas. Na década seguinte, após a fundação do Grupo de Oficiais Unidos (GOU), os militares chegaram ao poder por meio de um golpe (1943). O mais popular entre eles era o secretário do Trabalho, o coronel Juan Perón, que deu início a uma política de proteção aos trabalhadores com o apoio dos sindicatos. Essa popularidade acabou por se voltar contra ele, pois o restante do governo temia a mobilização dos trabalhadores em torno de seu nome. Em outubro de 1945, Perón foi destituído do cargo e preso. Milhares de trabalhadores saíram às ruas em protesto e o governo foi obrigado a libertá-lo. Em 1946, Perón foi eleito presidente da Argentina com 52% dos votos.

O governo de Perón concedeu direitos trabalhistas, aumentou o salário de servidores públicos, investiu em saúde pública, habitação e lazer e nacionalizou setores básicos da economia desenvolvendo o setor industrial. **Eva Perón**, sua esposa (conhecida como **Evita**), tornou-se a "mãe dos desvalidos", cuidando das obras sociais do governo. A popularidade de Perón rendeu-lhe um segundo mandato, marcado, no entanto, por uma crise econômica e por forte oposição de grupos civis. Em 1955, um golpe de Estado, denominado **Revolução Libertadora**, depôs Perón, levando-o ao exílio; os peronistas, civis e militares, passaram, então, a ser perseguidos.

Nos anos seguintes, no período entre 1955 e 1973, apenas dois civis assumiram a presidência, e ambos foram derrubados por golpes militares. Em 1973, os militares aceitaram o retorno e a candidatura de Perón, que venceu as eleições e assumiu novamente a presidência da Argentina.

■ Cuba e a Revolução

Na primeira metade do século XX, Cuba atravessou um período de instabilidade política, marcado por governos ditatoriais, manifestações populares e pela formação do **Partido Comunista Cubano**. Na área social, a maioria da população vivia em condições precárias, fruto de uma economia agrícola exportadora e monopolizada pelo capital estrangeiro.

Em 1933, **Fulgêncio Batista** tornou-se comandante do Exército e, em 1940, foi eleito presidente de Cuba, governando até 1944. Em março de 1952, depois de uma década de relativa tranquilidade política, Batista liderou um golpe de Estado e governou Cuba até o dia 1º de janeiro de 1959, sob um regime ditatorial e com apoio dos EUA.

Fidel Castro, advogado cubano, defendia a redemocratização do país por meio da luta armada. Em 1953, liderando um grupo revolucionário, atacou o quartel de Moncada. A ação fracassou e Fidel Castro acabou preso. Em 1955, ele foi beneficiado por uma anistia concedida por Batista. Viajou então para o México, onde organizou um novo grupo insurgente, com a participação de Raul Castro (seu irmão) e do argentino Ernesto Che Guevara. Em 1956, os rebeldes desembarcaram em Cuba. Eram pouco mais de oitenta combatentes. Recebidos à bala por tropas do governo, muitos morreram no confronto. Restaram doze sobreviventes que escaparam para a Sierra Maestra. Durante três anos, travaram ali uma guerra de guerrilhas, conquistando o apoio dos camponeses. Em janeiro de 1959, entraram vitoriosos na capital, Havana, enquanto Batista fugia para os EUA.

O governo cubano foi assumido por Fidel Castro, que propôs a reforma agrária, a nacionalização de empresas e o barateamento do preço dos aluguéis, entre outras medidas. A tensão entre Cuba e Estados Unidos aumentou, e o alinhamento de Fidel ao governo soviético levou os dois países americanos a romper relações diplomáticas. Em 1961, Cuba foi declarada um **Estado socialista**; como resposta, os EUA impuseram um embargo econômico à ilha. No ano seguinte, a instalação de mísseis soviéticos em Cuba levou à **Crise dos Mísseis**, uma forte ameaça de conflito nuclear, solucionada com a retirada dos mísseis da ilha.

Ditaduras na América Latina

O triunfo da Revolução Cubana em 1959 levou os Estados Unidos a endurecer sua política de contenção do comunismo na América Latina, mesmo ao preço da destruição de regimes democráticos. Assim, em diversos países latino-americanos, os estadunidenses apoiaram a destituição de governos eleitos democraticamente e a instalação de ditaduras militares de direita.

Em um desses países, o **Paraguai**, a ditadura foi implantada antes mesmo da Revolução Cubana. De fato, em 1954 o general Alfredo Stroessner tomou o poder por meio de um golpe de Estado e governou o país até 1988 com o beneplácito dos Estados Unidos. Seu governo foi marcado pela repressão contra os opositores, pela censura à imprensa e pela supressão das liberdades.

Na **Argentina**, o presidente Juan Perón foi deposto por um golpe de Estado em 1955. Novos golpes militares ocorreram em 1962 e 1966. Eleições livres realizadas em 1973 colocaram Juan Perón novamente no poder. Morto no ano seguinte, ele foi sucedido por sua segunda esposa, a vice-presidente Isabel Perón.

Novo golpe militar, liderado pelo general Videla, derrubou esse governo em 1976, instalando uma violenta ditadura que deixou milhares de mortos e desaparecidos. Sua política de perseguição aos opositores de esquerda e comunistas foi marcada pelo uso sistemático da **tortura** e do **desrespeito aos direitos humanos**.

No **Uruguai**, a crise econômica e a insatisfação popular eram cada vez maiores nos anos 1960. Em meados da década, a oposição armada do grupo de guerrilha urbana **Tupamaros** levou o governo a aproximar-se cada vez mais dos Estados Unidos. Em 1973, os militares instauraram uma ditadura e permaneceram no poder até 1983, sempre contando com treinamento militar e apoio dos Estados Unidos e da CIA.

No **Chile**, o governo socialista democrático de **Salvador Allende**, eleito em 1970, foi derrubado em 1973 por meio de um golpe de Estado liderado pelo general Augusto **Pinochet**, durante o qual o palácio presidencial foi bombardeado. Em seu interior encontrava-se o presidente Allende, que morreu resistindo. A ditadura chilena foi marcada pelo terrorismo de Estado e pela perseguição aos opositores do regime Pinochet. O governo chileno perseguiu opositores dentro e fora de seu território e foi um dos principais eixos da **Operação Condor**, que promovia a integração entre as forças repressivas das ditaduras dos países sul-americanos e contava com o apoio da CIA.

Guerrilhas latino-americanas

Com a instalação das ditaduras militares, setores da esquerda latino-americana passaram a organizar a luta armada, e diversas guerrilhas surgiram nas cidades e no campo, opondo-se às ditaduras e à hegemonia dos Estados Unidos. A vitória da Revolução Cubana em 1959 serviu de inspiração para a luta desses grupos.

No **Uruguai**, a guerrilha do **Movimento de Libertação Nacional**, ou **Tupamaros**, empreendeu diversas ações contra o governo na década de 1960. Sob intensa repressão e perseguição, foi desmantelada no início da década de 1970.

Na **Nicarágua**, nos anos 1960 e 1970, a **Frente Sandinista de Libertação Nacional** se fortaleceu e ganhou apoio popular contra o governo de Somoza, aliado dos Estados Unidos. Em 1979, o ditador foi deposto, e uma junta provisória composta de sandinistas e membros de outros partidos passou a governar o país. Em 1984, o sandinista Daniel Ortega foi eleito presidente, mas a oposição política financiada pelos estadunidenses levou o país a uma guerra civil que durou até o início dos anos 1990.

No **Peru**, grupos dissidentes do Partido Comunista Peruano criaram a guerrilha conhecida como **Sendero Luminoso**, de inspiração **maoista**; a luta armada no campo intensificou-se a partir dos anos 1980. A prisão do líder Abimael Gusmán e de outras lideranças ocasionou o desmantelamento do grupo no final dos anos 1990.

Na **Argentina**, formaram-se em meados dos anos 1970 dois grupos de guerrilha urbana: os **Montoneros** (peronistas de esquerda) e o **Exército Revolucionário do Povo** (ERP, trotskista). Reprimidos duramente pelos militares, foram extintos alguns anos depois.

O ano de 1964 marca o surgimento da guerrilha das **Forças Armadas Revolucionárias da Colômbia** (Farc), depois de um período de violenta guerra civil no país entre 1948 e 1958. As Farc surgem como oposição armada ao governo de conciliação entre liberais e conservadores, que passou a exercer o poder na década de 1960, isolando politicamente socialistas e outros grupos de esquerda. Acusadas de estarem associadas ao narcotráfico, foram combatidas pelo governo colombiano com apoio financeiro e militar dos Estados Unidos, o que enfraqueceu a guerrilha que, mesmo assim, continua em ação até os dias de hoje.

Em **El Salvador**, grupos de esquerda fundaram a **Frente Farabundo Martí de Libertação Nacional** (FMLN) em outubro de 1980. O país mergulhou numa violenta guerra civil, tendo de um lado a guerrilha e, de outro, as tropas do governo financiadas pelos Estados Unidos. O conflito só foi encerrado nos anos 1990, após um processo de paz promovido pela Organização das Nações Unidas (ONU). Em 1992, por meio dos Acordos de Paz de Chapultepec, a guerrilha armada tornou-se um partido político socialista.

Questões

1. (PUC-MG) O avanço do capitalismo em toda a América Latina a partir do início do século XIX até a I Guerra Mundial provocou uma série de mudanças no comportamento político e nas estruturas econômicas e sociais das jovens nações. São exemplos dessas mudanças, EXCETO:

a) Um aumento do quadro demográfico dos países, a partir da crescente expansão urbana provocada pelos surtos de industrialização.

b) Desmilitarização das instituições em atenção às demandas populares e populistas.

c) Racionalização do aparelho de Estado juntamente com aparato repressivo militar.

d) Avanço da participação ocidental europeia na condução dos padrões estéticos e culturais das sociedades locais.

2. (Udesc) Entre as décadas de 1930 e 1950 é possível observar a emergência de regimes denominados populistas em diferentes países latino-americanos.

Sobre esses regimes na América Latina na primeira metade do século XX, assinale (V) para as afirmativas verdadeiras e (F) paras as afirmativas falsas.

( ) Regimes populistas, de forma geral, podem ser definidos como governos fortes e centralizados sob o domínio de líderes reformistas, ao mesmo tempo autoritários e carismáticos, com grande apoio popular.

( ) Os principais representantes do populismo na América Latina são Evo Morales, na Bolívia; Hugo Chavez, na Venezuela; e Luiz Inácio Lula da Silva, no Brasil.

( ) Os principais representantes do populismo nesse período foram Getúlio Vargas, no Brasil; Lázaro Cárdenas, no México; e Juan Domingo Perón, na Argentina.

( ) No Brasil, por meio de forte propaganda política, promoção de grandes cerimônias públicas e da instituição de uma legislação social, Getúlio Vargas conseguiu fazer com que a maioria dos trabalhadores urbanos o identificasse como defensor das causas sociais e dos interesses nacionais.

( ) Os governos populistas da Argentina, do Brasil e do México investiram na reforma agrária em uma forte política de redistribuição de renda, iniciando um período de grande prosperidade e desenvolvimento social na América Latina.

Assinale a alternativa que contém a sequência CORRETA, de cima para baixo.

a) F – V – F – V – V
b) V – V – F – V – V
c) V – F – V – V – F
d) F – F – V – V – F
e) V – V – V – V – V

3. (PUC-RJ)

Ilustração do livro *Justicialismo*, de Graciela A. de Videla. Buenos Aires: Estrada, 1953. p. 121.

"Na Argentina, durante o governo Perón (1946-1955), a propaganda política desempenhou um papel fundamental na legitimação e na consolidação do regime. Fotos, retratos, esculturas de Perón e Eva, o escudito, a bandeira, expressões características como 'justicialismo', 'terceira posição', datas exaltadas pelo regime, composições musicais, discursos do presidente ou de sua esposa, tudo constituía conteúdo simbólico de grande força, no que se referia à sedução das massas."

CAPELATO, Maria Helena R. *Multidões em cena*: propaganda política no varguismo e no peronismo. Campinas: Papirus, 1998. p. 49.

a) Retire da imagem um elemento que explicite práticas, conceitos e ideias veiculadas durante o governo Perón (1946-1955) na Argentina.

b) Identifique duas características semelhantes entre o governo Perón na Argentina (1946-1955) e o governo do Estado Novo de Vargas no Brasil (1937-1945).

4. **(UFSC)** A Revolução Cubana, liderada por Fidel Castro, estimulou a intelectualidade de esquerda na América Latina na busca por um futuro melhor para os povos latino-americanos. Em relação à Revolução Cubana, é CORRETO afirmar que:[1]

   01. a tomada do palácio La Moneda deu início ao processo revolucionário em Cuba.
   02. contou com a participação decisiva do grupo guerrilheiro de inspiração marxista chamado Sendero Luminoso.
   04. no processo da Revolução, o governo corrupto e repressivo de Fulgêncio Batista foi derrubado do poder por meio de um golpe apoiado pelos EUA.
   08. na década de 1950, a economia cubana, controlada por capital norte-americano, baseava-se fundamentalmente na produção de açúcar.
   16. com a vitória da Revolução, empresas foram estatizadas e as propriedades rurais submetidas à reforma agrária. Em represália, os EUA suspenderam a compra do açúcar cubano, criando dificuldades econômicas e forçando Cuba a se aproximar da URSS.
   32. teve início em 1959 e o seu significado para a América Latina equivale ao significado que a Revolução Russa (1917) teve para a Europa e a Revolução Chinesa (1949) para a Ásia.

5. **(Uece)**

   "A história não admite erros."

   CHE GUEVARA. In: WOLF, E. R. *Las Luchas Campesinas del siglo XX*. Cidade: Siglo Veintiuno Editores. p. 367.

   Acerca da Revolução Cubana, assinale o correto.

   a) Fulgêncio Batista faz um acordo com os rebeldes, propõe rendição em troca de seu exílio no exterior, enquanto as colunas assumem o comando do governo cubano.
   b) Após a vitória revolucionária em Cuba, Che Guevara assume o comando militar e é assassinado na tentativa de evitar uma invasão americana à ilha.
   c) Comandadas por Camilo Cienfuegos, Che Guevara, Fidel e Raul Castro, quatro colunas foram ocupando, uma a uma, as cidades e províncias da ilha cubana.
   d) A OEA (Organização dos Estados Americanos) intermediou o diálogo e o acordo de paz entre os rebeldes vencedores e os representantes do então governo Fulgêncio Batista.

6. **(UPE)** A América Latina, após a libertação da dominação colonial europeia, tem mostrado "movimentos" buscando novos caminhos. No século XX, sobretudo na segunda metade, os países desse continente têm sofrido perturbações políticas e econômicas muito frequentes. Sobre o período do texto acima,

---

[1]. Dê como resposta a soma dos números associados às afirmações corretas.

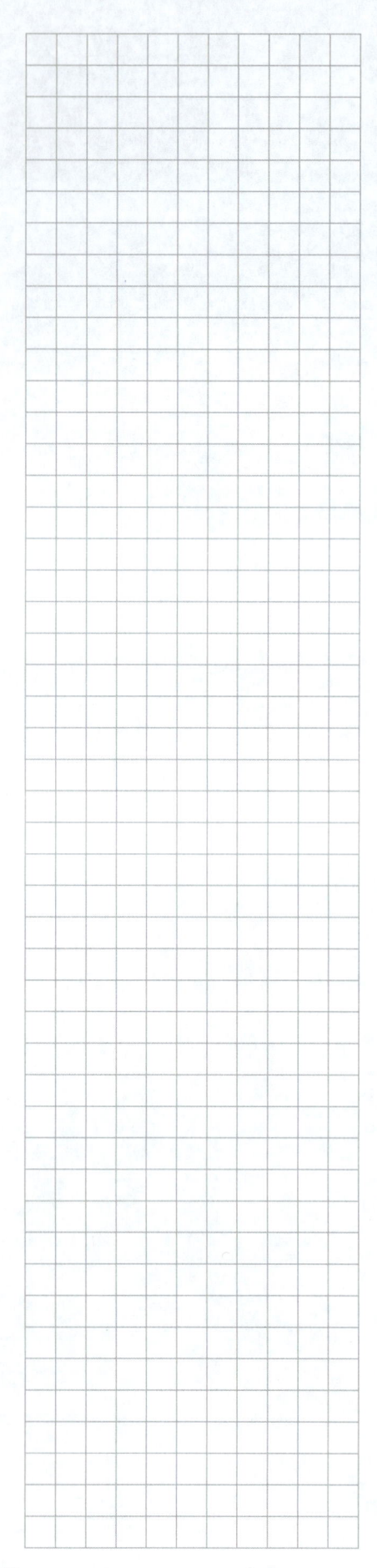

extraem-se vários elementos que podem ser considerados. Em relação a eles, analise os itens a seguir.

I. Foi somente a partir da década de 1950 que a luta nacionalista, de caráter reformista, tomou contornos mais nítidos em defesa do imperialismo.

II. O Populismo teve seu auge na década de 1950, com Movimentos como o Peronismo, na Argentina, e o Trabalhismo, no Brasil.

III. O Populismo deixou de trazer avanços para o movimento de massas.

IV. A série de golpes militares os quais sacudiram o continente nos anos 1960/70 foi ato do imperialismo, das oligarquias rurais, dos grandes banqueiros e dos industriais.

V. Depois de séculos de alianças com o poder e com as classes dominantes, a Igreja busca novo comprometimento: opção pelos oprimidos, inspirada na Teologia da Libertação.

Estão corretos:

a) I, II e III.
b) II, IV e V.
c) I, III e IV.
d) III, IV e V.
e) II, III e IV.

7. (FGV-SP) Leia os textos:

"I. O líder oposicionista (...) Francisco Madero, candidato derrotado às eleições presidenciais [de 1910] e poderoso fazendeiro no norte do país, conclamou a população a depor pelas armas o atual mandatário, Porfírio Díaz, que está no poder desde 1876. (...) Madero anunciou hoje o Plano de São Luís Potosí (...)

II. O ataque japonês à Manchúria, em 1931, e a invasão total, seis anos depois, fizeram o Partido Comunista e o Kuomintang selarem uma trégua, em 1937. A prioridade de ambos passou a ser derrotar o Japão. Mas a vitória aliada sobre o Eixo deixou uma dúvida no ar: quem ocuparia o espaço político deixado pela saída de 1,2 milhão de soldados japoneses?

III. Os guerrilheiros do 26 de julho, que há mais de dois anos lutavam contra o governo a partir de suas bases na Sierra Maestra, dominavam desde o ano passado [1958] a segunda cidade do país (...) de onde marcharam para a capital. Fulgêncio Batista, de 57 anos, renunciou de surpresa na noite da passagem de ano [1958-1959].

(...)

IV. 7 de maio [de 1954] – As forças comunistas, sob o comando do general Vo Nguyen Giap, tomaram hoje o estratégico campo de pouso de Dien Bien Phu, (...) derrotando as forças francesas após 55 dias de cerco.

V. 3 de julho [de 1962] – Uma multidão está festejando a independência (...) depois de 132 anos de domínio colonial francês e de oito anos de guerra contra a metrópole, com um saldo de mais de um milhão de mortos. (...) O novo presidente deve ser Ahmed Bem Bella."

BRENER, Jayme. *Jornal do século XX.*

Os textos fazem referência, respectivamente:

a) ao México; a China; ao Panamá; ao Vietnã; ao Irã.
b) à Venezuela; à Coreia; a Porto Rico; ao Camboja; ao Iraque.
c) à Bolívia; à China; a Cuba; ao Camboja; à Argélia.
d) ao México; à China; a Cuba; ao Vietnã; à Argélia.
e) à Venezuela; à Mongólia; ao Panamá; à Coreia; a Guiné-Bissau.

8. (Uece) Na América Latina, o neoliberalismo – doutrina econômica que defende a total liberdade de mercado e restrição à intervenção estatal sobre a economia – foi implantado:

a) na Bolívia, com Evo Morales.
b) em Cuba, com Fidel Castro.
c) na Venezuela, com Hugo Chávez.
d) no Chile, a partir da ditadura de Augusto Pinochet.

9. **(UFC-CE)** A partir de 1989, a América Latina incorpora o neoliberalismo. Este modelo, contestado por diferentes grupos e movimentos sociais, caracterizou-se, neste continente, por:
   a) atenuar as diferenças sociais e a dependência em relação ao capital internacional, ofertando o pleno emprego.
   b) estimular o desenvolvimento do campo social e político e implementar uma sociedade mais justa e igualitária.
   c) diminuir o poder da iniciativa privada transnacional, mediante a intervenção do Estado a favor da burguesia nacional.
   d) ter uma base econômica formada por empresas públicas que regularam a oferta e a demanda, assim como o mercado de trabalho.
   e) instaurar um conjunto de ideias políticas e econômicas capitalistas que defendeu a diminuição da ingerência do Estado na economia.

10. **(Fuvest-SP)** Existem semelhanças entre as ditaduras militares brasileira (1964--1985), argentina (1976-1983), uruguaia (1973-1985) e chilena (1973-1990). Todas elas:
    a) receberam amplo apoio internacional tanto dos Estados Unidos quanto da Europa Ocidental.
    b) combateram um inimigo comum, os grupos esquerdistas, recorrendo a métodos violentos.
    c) tiveram forte sustentação social interna, especialmente dos partidos políticos organizados.
    d) apoiaram-se em ideias populistas para justificar a manutenção da ordem.
    e) defenderam programas econômicos nacionalistas, promovendo o desenvolvimento industrial de seus países.

11. **(UFPE)** O conteúdo histórico da luta e das ações políticas ganha espaços diferentes nas últimas décadas do mundo contemporâneo. Nessas lutas e disputas, inclusive as internacionais, o envolvimento dos Estados Unidos da América:[1]
    ( ) continua sendo importante, pois defende os valores capitalistas desse país.
    ( ) mudou bastante, pois essa nação se afastou definitivamente dos países europeus.
    ( ) manteve-se significativo apenas nos conflitos com países asiáticos.
    ( ) trouxe perspectivas de paz, sobretudo com a influência diplomática dos últimos governos.
    ( ) preocupou-se em assegurar, perante o mundo, a dominação econômica e política do país.

12. **(UFSCar-SP)**
    "Em nome da Segurança Nacional, foram realizados sequestros, prisões, torturas e encarceramentos em campos de concentração, para quem se manifestou contra o governo. Logo no início do regime foi feita queima dos acervos das bibliotecas públicas e particulares. Essa realidade durou até 1989, quando, por pressão internacional, foi realizado um plebiscito no qual o povo deveria optar pela permanência do governante por mais cinco anos. O plebiscito foi realizado e ficou conhecido historicamente como 'El Plebiscito del No', já que a maioria do povo disse não à permanência do regime, implantado com o apoio da CIA."

    O relato é parte da história:
    a) da Argentina.
    b) da Colômbia.
    c) da Bolívia.
    d) da Venezuela.
    e) do Chile.

[1] Indique as alternativas verdadeiras (V) e as falsas (F).

Brasil: do populismo à ditadura militar

Uma nova Constituição

O fim do Estado Novo foi marcado por dois movimentos antagônicos: de um lado, uma parcela da sociedade pressionava pelo fim da ditadura, caso das manifestações da União Nacional dos Estudantes (UNE) e da Passeata do Silêncio (1943); de outro, grupos ligados ao trabalhismo defendiam a continuidade de Getúlio Vargas no poder, movimento conhecido como **queremismo**. Em 1945, pressionado pela sociedade e pelas Forças Armadas, Getúlio publicou o Ato Adicional à Carta de 1937, que dispunha sobre as eleições gerais e a formação de uma **Assembleia Constituinte**. Porém, antes mesmo de deixar o cargo, uma Junta Militar forçou sua renúncia e o país ficou sob o comando do presidente do Supremo Tribunal Federal até a posse do novo presidente.

A restauração do pluripartidarismo levou à formação da **União Democrática Nacional** (UDN), partido de oposição a Getúlio Vargas; do **Partido Social Democrático** (PSD), aliado ao governo; e do **Partido Trabalhista Brasileiro** (PTB), formado por trabalhadores urbanos getulistas. O **Partido Comunista do Brasil** (PCB) saiu da ilegalidade e apoiou inicialmente a proposta "Constituinte com Getúlio". Deposto Vargas, lançou candidato próprio à presidência nas **eleições de 1945**. A UDN lançou Eduardo Gomes (major-brigadeiro da Aeronáutica); o PCB indicou Iedo Fiúza; Getúlio e o PTB apoiaram a candidatura do general Eurico Gaspar Dutra (PSD). Dutra venceu com 55% dos votos. O PCB teve uma votação significativa, com 10% dos votos. O próprio Getúlio foi eleito senador pelo Rio Grande do Sul, numa aliança entre o PSD e o PTB.

Manifestação na cidade do Rio de Janeiro, em 1945, em apoio à candidatura e à permanência de Getúlio Vargas no poder.

Os trabalhos para a elaboração da **nova Constituição** tiveram início em 1946. O Brasil restabelecia a divisão dos três poderes, com um Legislativo bicameral (Senado e Câmara dos Deputados) e um Executivo com poderes de nomear os ministros do Supremo Tribunal Federal. O presidente passava a ser eleito por voto direto e secreto, incluindo o feminino (os analfabetos ainda não tinham direito ao voto), seu mandato seria de cinco anos e ele não poderia ser reeleito. Foi assegurada a liberdade de consciência, de culto, de reunião e associação (direito de greve), assim como o direito ao *habeas corpus*. O corporativismo do sistema sindical foi mantido (impostos sindicais, intervenções do Estado).

Dutra e a Guerra Fria

O governo de Dutra promoveu o alinhamento do Brasil com os Estados Unidos no contexto da Guerra Fria. Em 1947, o Brasil assinou o **Tratado Interamericano de Assistência Recíproca** (Tiar) com os EUA e rompeu relações diplomáticas com a URSS, dando início à **ofensiva contra o comunismo** no país. O Partido Comunista foi posto novamente na ilegalidade, e seus parlamentares, cassados. Os trabalhadores também sofreram repressão, com o controle dos sindicatos e a proibição do direito de greve.

Na economia, Dutra incentivou a **liberalização**, abrindo o mercado para os produtos importados. Porém, devido à inflação e à perda de divisas, o governo mudou de estratégia, passando a restringir as importações e a incentivar a produção nacional. O PIB cresceu, em média, 8% ao ano (1948-1950).

A volta de Vargas

Em 1950, com um discurso nacionalista e **populista** de desenvolvimento industrial e de defesa dos trabalhadores, Getúlio Vargas foi eleito presidente pelo PTB, com 48,7% dos votos. Duas correntes de pensamento político-econômico marcaram seu governo: os **entreguistas**, que faziam parte da UDN e da grande imprensa e defendiam a entrada de capital externo no país; e os **nacionalistas**, do PSD, do PTB e do clandestino PCB, que defendiam um desenvolvimento autônomo, evitando a entrada do capital estrangeiro.

A política seguida por Vargas desde 1930 tornou-se um modelo de **populismo**, prática que se caracteriza pela concessão de benefícios aos trabalhadores em troca de seu apoio ao governo; por posições nacionalistas e antioligárquicas; e por um discurso que dilui as classes sociais e seus conflitos no conceito genérico de "povo".

Vargas limitou a remessa de lucros para o exterior (10%); criou o **Banco Nacional de Desenvolvimento Econômico** (BNDE); investiu em infraestrutura (transporte e energia); concedeu incentivos ao setor industrial e criou a estatal **Petrobras**, após uma campanha popular cujo *slogan* era "O petróleo é nosso". O monopólio da exploração, distribuição e refino do petróleo foi alvo de acirrados debates no Congresso e na sociedade.

Entretanto, as taxas de inflação e de desvalorização dos salários causaram descontentamento entre os trabalhadores. Buscando apoio popular, Getúlio nomeou **João Goulart** (**Jango**) para o Ministério do Trabalho e, em 1954, aprovou um aumento de 100% no salário mínimo, o que favoreceu sua imagem diante dos trabalhadores, mas não da oposição. Para piorar a situação, o jornalista e deputado udenista **Carlos Lacerda**, principal crítico de Vargas, sofreu um atentado que causou a morte de Rubens Vaz, major da Aeronáutica. As investigações apontavam para um crime a mando de Vargas, o que aumentou a pressão para que ele renunciasse. Em 24 de agosto de 1954, em meio a uma crise política, Getúlio Vargas se suicidou.

Anos JK

Café Filho assumiu a presidência e em seu curto mandato adotou uma política cambial favorável às importações, atendendo aos interesses da UDN.

Nas eleições de 1955, a UDN lançou o general Juarez Távora candidato à presidência, mas foram Juscelino Kubitschek e João Goulart, dos partidos PSD e PTB, respectivamente, que foram eleitos para presidente e vice-presidente. A UDN não aceitou o resultado, alegando que o candidato não fora eleito com a maioria absoluta dos votos. O coronel Jurandir Mamede, representando o setor radical anticomunista das Forças Armadas, ameaçou impedir a posse de JK, mas o ministro da Guerra, Teixeira Lott, o advertiu. Nesse ínterim, Café Filho renunciou e o presidente da Câmara dos Deputados, Carlos Luz, favorável a Mamede, assumiu a presidência da República. Lott demitiu-se do cargo de ministro, organizou a ala legalista das Forças Armadas, depôs Carlos Luz e empossou Nereu Ramos (presidente do Senado) no cargo, assegurando a transição para o governo de JK.

O governo de Juscelino foi marcado pelo **nacional-desenvolvimentismo**, embora também tenha aberto a economia para investimentos estrangeiros. Seu **Plano de Metas** propunha incentivos à indústria de base e à infraestrutura de transporte e energia, mas foi nos setores automobilístico, farmacêutico, petroquímico e de eletrodomésticos que a indústria mais cresceu, embora dependente do capital externo.

Em 1960, JK inaugurou **Brasília**, a nova capital, que fazia parte de um projeto de integração e desenvolvimento econômico do interior do país. Os gastos com a construção de Brasília aumentaram os índices de inflação (39,5% em 1959) e a dívida externa (US$ 3,1 bilhões). A maioria da população não usufruiu do crescimento econômico da era JK; muitos empobreceram (principalmente no campo), e a concentração das indústrias no Sudeste gerou um grande movimento migratório no país; apenas os ricos empresários e a classe média se beneficiaram.

Cultura bossa-nova

O período JK foi chamado de **anos dourados**, pela atmosfera de modernidade que produziu, expressa no desenvolvimento industrial, na urbanização, na arquitetura da nova capital, na presença cada vez maior de eletrodomésticos e automóveis.

Culturalmente, o país recebeu a influência de **novos valores**, que se chocavam com o pensamento e a cultura tradicionais. Era a modernidade, traduzida na música pelo *rock'n'roll* e pela **bossa nova** (combinação do samba tradicional com o *jazz*); no vestuário (*jeans* e jaqueta de couro); no rádio, pelas narrações de jogos de futebol, programas musicais e radionovelas.

A **literatura** passou por inovações. Um grupo de escritores paulistas, Décio Pignatari, Haroldo de Campos e Augusto de Campos, criou o **movimento concretista**. A poesia concreta aproximou a literatura das artes plásticas, explorando não apenas o sentido, mas a forma e a disposição das palavras. Nesse período, Guimarães Rosa, autor de *Grande sertão: veredas*, consagrou-se como um dos maiores escritores brasileiros.

Ivan Serpa, Lygia Clark, Hélio Oiticica, Waldemar Cordeiro e Geraldo de Barros destacaram-se como os principais nomes do concretismo nas artes plásticas. Ainda nesse período ocorreu a construção do **Museu de Arte Moderna de São Paulo** (Masp) e lançou-se a **I Bienal Internacional de São Paulo**.

A fundação do **Teatro Brasileiro de Comédia** (TBC), em São Paulo, influenciou a dramaturgia em todo o país. No **cinema**, o período foi marcado por produções da Companhia **Vera Cruz** (*O cangaceiro*, de Lima Barreto, foi premiado em Cannes) e, sobretudo, pelo **Cinema Novo**, com *Rio, 40 graus*, de Nelson Pereira dos Santos, *Assalto ao trem pagador*, de Roberto Farias, e outros.

A **arquitetura** moderna brasileira tornou-se referência mundial, com destaque para Oscar Niemeyer, que projetou os edifícios públicos de Brasília e da lagoa da Pampulha, em Belo Horizonte.

Jânio Quadros e a crise

Quando concorreu às eleições presidenciais em 1960, **Jânio Quadros** foi apoiado por setores conservadores e populares da sociedade. Naquela época, a escolha do presidente e do vice-presidente era feita separadamente; Jânio Quadros, apoiado pela conservadora UDN, venceu a disputa para a presidência, e João Goulart, o Jango, apoiado pelo PTB e pelo PSB (opositores de Jânio), foi eleito vice.

Durante seu governo, Jânio perdeu pouco a pouco o apoio que o sustentava no poder. O restabelecimento das relações diplomáticas com a União Soviética e a condecoração de Che Guevara, líder da Revolução Cubana, contribuíram para o desgaste do presidente diante das elites conservadoras. A instabilidade e as tentativas de reformas econômicas geraram recessão, afetando diretamente o salário dos trabalhadores e aumentando a impopularidade do presidente. A oposição crescente da própria UDN levou Jânio a renunciar em agosto de 1961. Com o vice-presidente João Goulart em visita oficial à China, o deputado Ranieri Mazzili, presidente da Câmara dos Deputados, assumiu a presidência.

O governo João Goulart

A direita conservadora organizou-se em torno da UDN, apoiada pelos militares, para impedir a posse de João Goulart, o que violaria a Constituição. Lançou-se, então, uma campanha que ficou conhecida como **Rede da Legalidade**, liderada por políticos do PTB, como Leonel Brizola, que pedia o empossamento imediato de Jango. Como alternativa ao impasse, o Congresso adotou o Parlamentarismo, e Jango tomou posse como presidente em setembro de 1961. Contudo, a instabilidade econômica, política e social deu força ao movimento político que pedia o restabelecimento do Presidencialismo, aprovado após plebiscito realizado em janeiro de 1963.

João Goulart foi alvo das críticas da elite conservadora nacional. Seu programa de **Reformas de Base** entrava em choque direto com os interesses das elites e das grandes empresas estrangeiras. A oposição lançou uma violenta campanha contra ele, acusando-o de comunista. Além disso, as camadas populares intensificaram suas demandas por reformas, como a agrária, exigida pelas Ligas Camponesas, lideradas pelo deputado Francisco Julião.

A campanha pelas reformas também crescia entre os trabalhadores urbanos. Procurando maior apoio nas camadas populares e na mobilização da esquerda para pressionar o Congresso a favor das reformas, João Goulart realizou o **Comício da Central do Brasil**, em 13 de março de 1964. A resposta das camadas conservadoras foi dada dias depois, na **Marcha da Família com Deus pela Liberdade** e em diversas outras manifestações.

A ditadura militar

João Goulart também perdeu apoio nos círculos militares, após o episódio da **Revolta dos Marinheiros**, em 25 de março de 1964. No dia 31 de março de 1964, o comando das Forças Armadas ordenou a deposição de João Goulart, que não resistiu e partiu para o exílio no Uruguai. Começava um período de forte repressão aos movimentos populares e às organizações que, anteriormente, haviam apoiado as Reformas de Base, como a **União Nacional dos Estudantes** (UNE). Expurgos no funcionalismo público, perseguição a deputados e senadores e cassações de direitos políticos marcaram o período inicial da ditadura. Os militares criaram então o **Sistema Nacional de Informações** (SNI) com o objetivo de organizar a repressão aos "inimigos do Estado".

O primeiro presidente militar foi o general Humberto de Alencar Castelo Branco. Durante seu governo, foram promulgados os primeiros de uma série de Atos Institucionais (AIs), medidas com força de lei que os militares criaram para aumentar os poderes do Executivo e cercear as liberdades políticas: o AI-2 (1965) extinguiu todos os partidos políticos; o AI-3 (1966) instituiu o bipartidarismo, com a criação da **Aliança Renovadora Nacional** (Arena), que apoiava o governo, e do **Movimento Democrático Brasileiro** (MDB), que fazia "oposição consentida". No final de seu governo, foram aprovadas uma nova Constituição, a Lei de Imprensa e a Lei de Segurança Nacional.

Em 1967, assumiu a presidência o general Artur da Costa e Silva. A oposição à ditadura cresceu muito em seu governo, até mesmo entre setores que anteriormente haviam apoiado o golpe militar. Como resposta, o governo aumentou a repressão, e as manifestações lideradas pela juventude no ano seguinte intensificaram as disputas entre o governo e a oposição.

A rebeldia da juventude nos "anos de chumbo"

O ano de **1968** foi marcado pela realização, em vários países, de manifestações e protestos contra a ordem mundial vigente. No Brasil, esses protestos foram liderados pelos estudantes, organizados em torno da clandestina UNE, com apoio de outras entidades, como a **Ordem dos Advogados do Brasil** (OAB) e a **Conferência Nacional dos Bispos do Brasil** (CNBB).

Em março, os protestos culminaram na morte do estudante Edson Luís, no Rio de Janeiro. Outra manifestação em junho resultou em quatro mortes e mais de mil presos. A resposta dos estudantes foi a organização de uma gigantesca manifestação no Rio de Janeiro (**Passeata dos Cem Mil**). Em São Paulo, o **Comando de Caça aos Comunistas** (CCC), grupo de extrema-direita, invadiu o teatro Ruth Escobar e espancou os atores;

em outubro, ocorreu a **Batalha da Maria Antônia**, na qual estudantes da universidade Mackenzie e membros do CCC enfrentaram os alunos da Faculdade de Filosofia da USP; no mesmo mês, a polícia prendeu a maioria das lideranças estudantis durante o congresso da UNE, realizado clandestinamente em Ibiúna (SP).

Foi também a partir de 1968 que aumentou entre os grupos de esquerda a opção pela luta armada como meio de enfrentar a ditadura. Grupos de guerrilha, como a **Ação Libertadora Nacional** (ALN), liderada por Carlos Marighella, já se vinham estruturando desde 1967.

O repúdio à ditadura cresceu tanto entre os grupos guerrilheiros como entre os que faziam oposição política dentro do Congresso, o que levou Costa e Silva a fechar a instituição e a decretar o **AI-5**, que marcaria o período mais violento e repressor do regime militar no Brasil, pois aboliu as liberdades individuais e intensificou a repressão aos opositores do regime, prendendo-os, torturando-os e matando-os. Para tanto, foram criados os **DOI-CODI** (sigla para Departamento de Operações Internas e Centro de Operações de Defesa Interna), órgãos de repressão financiados em grande parte pelo capital estrangeiro.

Diante do recrudescimento das forças de repressão do Estado, novos grupos armados de esquerda surgiram, como o **Movimento Revolucionário 8 de outubro** (MR-8) e a **Vanguarda Popular Revolucionária** (VPR). Uma das mais ousadas ações desses grupos foi o sequestro do embaixador estadunidense Charles Elbrick, que foi trocado por quinze prisioneiros políticos em 1969.

O conflito ocorrido em 21 de junho de 1968, entre policiais e estudantes no Rio de Janeiro, ficou conhecido como "sexta-feira sangrenta". O confronto deixou 23 pessoas baleadas e quatro mortos.

O projeto do Brasil grande

Costa e Silva morreu em 1969, sendo substituído pelo general Emílio Garrastazu **Médici**, que intensificou ainda mais a repressão aos opositores do regime. Seu governo foi marcado por avanços econômicos, conhecidos como **milagre brasileiro**, que só puderam ser alcançados por meio de uma política de investimento estatal em grandes obras e companhias públicas e do incentivo à entrada de capital estrangeiro em diferentes setores da economia. Os maiores beneficiários desse "milagre" foram a elite e a classe média; a maioria da população continuou a receber baixos salários e a viver sob péssimas condições.

O "milagre" foi usado ideologicamente pelo governo para aumentar sua popularidade por meio da propaganda política e de investimentos em obras monumentais. São desse período a Usina de Itaipu, a rodovia Transamazônica, a Ponte Rio-Niterói e as usinas nucleares Angra 2 e Angra 3.

Cultura de massas e resistência

A televisão tornou-se muito popular nos anos 1960, e a conquista da Copa do Mundo do México, em 1970, foi associada aos feitos do governo militar. O uso de adesivos ufanistas e a adoção do *slogan* "Brasil, ame-o ou deixe-o" eram intensamente divulgados. A produção cultural nesse período foi marcada pela forte censura às obras de artistas contrários ao regime. Estes, por sua vez, muitas vezes conseguiam "driblar" a censura por meio de jogos de palavras e alegorias que camuflavam suas críticas.

A "arte engajada" tornou-se uma forma de "resistência cultural", sendo utilizada pelos militantes de esquerda para conscientizar a população e denunciar o autoritarismo do regime.

Ao fim do governo Médici, o "milagre brasileiro" dava sinais de desgaste, com o aumento da inflação e da dívida externa.

Abertura lenta e gradual

O general Ernesto **Geisel** sucedeu Médici na presidência em 1974. Considerado um militar que não fazia parte da "linha dura", começou a implantar um lento processo de abertura política. Contudo, a aprovação da Lei Falcão (1976), dos Pacotes de Abril (1977) e a criação dos chamados senadores biônicos (nomeados pelo governo) mantinham a oposição sob rígido controle e garantiam a maioria política da Arena (o partido do governo) no Congresso.

Os assassinatos do jornalista Wladimir Herzog e do operário Manuel Filho pelos militares contribuíram para aumentar a oposição e a indignação da sociedade contra o regime. Para os militares moderados, era o momento de preparar a entrega do poder aos civis. O AI-5 foi revogado em 1978. O sucessor de Geisel na presidência, o general João Baptista Figueiredo, aprovou em 1979 a Lei da Anistia, importante passo para a redemocratização do país. No mesmo ano, a volta do pluripartidarismo acirrava as disputas políticas, com a criação de vários partidos de oposição. O sindicalismo operário, principalmente na região do ABC paulista, reunia líderes importantes que mobilizavam os trabalhadores para grandes manifestações e greves, momento em que foi criado o **Partido dos Trabalhadores** (PT), em 1980, marco importante nas lutas pela redemocratização.

Questões

1. (Unesp)

"Bossa nova mesmo é ser presidente
desta terra descoberta por Cabral.
Para tanto basta ser tão simplesmente:
simpático, risonho, original.
Depois desfrutar da maravilha
de ser o presidente do Brasil,
voar da Velhacap pra Brasília,
ver Alvorada e voar de volta ao Rio.
Voar, voar, voar.
(...)."

<small>Juca Chaves. Apud Lustosa, Isabel. *Histórias de presidentes*, 2008.</small>

A canção *Presidente bossa-nova*, escrita no final dos anos 1950, brinca com a figura do presidente Juscelino Kubitschek. Ela pode ser interpretada como a:

a) representação de um Brasil moderno, manifestado na construção da nova capital e na busca de novos valores e formas de expressão cultural.
b) celebração dos novos meios de transporte, pois Kubitschek foi o primeiro presidente do Brasil a utilizar aviões nos seus deslocamentos internos.
c) rejeição à transferência da capital para o Planalto Central, pois o Rio de Janeiro continuava a ser o centro financeiro do país.
d) crítica violenta ao populismo que caracterizou a política brasileira durante todo o período republicano.
e) recusa da atuação política de Kubitschek, que permitia participação popular direta nas principais decisões governamentais.

2. (UFRGS-RS) Observe a charge abaixo.

<small>Fausto, Bóris. *Getúlio Vargas*: o poder e o sorriso. São Paulo: Companhia das Letras, 2006.</small>

Essa charge, inspirada em uma marcha de carnaval interpretada por Francisco Alves, faz referência:

a) à ascensão de Getúlio Vargas ao poder, após o golpe do Estado Novo.
b) ao término do Estado Novo com a destituição de Getúlio Vargas.
c) à volta de Getúlio Vargas ao poder, após o governo de Eurico Dutra.
d) à eleição de Getúlio Vargas como governador do Rio Grande do Sul, após a redemocratização.
e) à reeleição de Getúlio Vargas como presidente, após o governo JK.

3. (Mackenzie-SP) O governo de Eurico Gaspar Dutra (1946-1950) foi influenciado pelos acontecimentos internacionais que marcaram o pós-guerra. A política econômica adotada em seu governo tinha como principal objetivo:

a) o aumento da intervenção do Estado, que passou a controlar as importações, diminuindo as tarifas alfandegárias.
b) a manutenção de uma política de confisco para combater a inflação que, entretanto, não prejudicou os ajustes salariais dos trabalhadores.
c) a liberalização do câmbio, aumentando as importações de produtos supérfluos, sem adotar uma política de seleção nas importações.
d) a adoção de uma política liberal e nacionalista, favorável aos negócios das empresas nacionais.
e) a manutenção das condições favoráveis à acumulação de capital, por meio de uma política social democrática e nacionalista.

4. **(Fatec-SP)** Após a Segunda Guerra Mundial, o Brasil viveu importantes transformações em seu sistema político. Em meio a esse processo, o país presenciou um movimento chamado queremismo, que:
   a) defendia a presença de Getúlio Vargas na condução da transição democrática.
   b) propunha a exclusão de Getúlio Vargas do cenário político nacional.
   c) era liderado pela esquerda brasileira e exigia a legalização do Partido Comunista Brasileiro (PCB).
   d) tinha como bandeira principal o retorno da política do café com leite.
   e) pedia a prisão do presidente Getúlio Vargas e de seus colaboradores políticos.

5. **(UFC-CE)**
   > "É preciso dizer que o que ocorreu comigo não é exceção, é regra. Raros os presos políticos brasileiros que não sofreram torturas. Muitos, como Schael Schreiber e Virgílio Gomes da Silva, morreram na sala de torturas. Outros ficaram surdos, estéreis ou com outros defeitos físicos."

   In: Beto, Frei. *Batismo de Sangue*: guerrilha e morte de Carlos Marighella. 14. ed. rev. e ampl. Rio de Janeiro: Rocco, 2006.

   A partir desse trecho do depoimento de frei Tito de Alencar, escrito na prisão, em 1970, assinale a alternativa correta sobre a situação dos direitos humanos no decorrer da ditadura instalada no Brasil em 1964.
   a) Os governos estabelecidos depois de 1964 conseguiram provar que os que morreram na prisão já estavam doentes e não aceitavam o tratamento médico oferecido.
   b) A tortura realizada nas delegacias de polícia era uma exceção, na medida em que havia a publicação de reportagens na imprensa com o objetivo de defender os direitos humanos.
   c) A tortura de presos começou a ser utilizada no Brasil a partir de 1972 e foi abolida com o movimento em torno da Anistia em 1979, em sintonia com os movimentos pelos direitos humanos.
   d) A coerção em torno dos meios de comunicação e a tortura de presos políticos eram meios utilizados pelo regime de 1964 para reprimir movimentos e opiniões divergentes da ideologia oficial.
   e) A repressão aos meios de comunicação se realizou a partir do Governo do Presidente Médici, momento em que se inaugura a prática da tortura para obter depoimentos de subversivos.

6. **(UFMG)** Considerando-se os fatores que contribuíram para a longevidade do regime militar no Brasil, é correto afirmar que foi de grande relevância:
   a) a combinação entre a ordem constitucional, amparada pela Constituição de 1967, e a arbitrariedade, expressa em sucessivos Atos Institucionais.
   b) a manutenção de um sistema político representativo, com eleições indiretas em todos os níveis, exceto para a Presidência da República.
   c) o desenvolvimento econômico-social do país, acompanhado de um constante crescimento do Produto Interno Bruto (PIB).
   d) o rodízio de lideranças políticas entre as Forças Armadas, por meio de eleições indiretas no âmbito do Comando Supremo da Revolução.

7. **(Ibmec-RJ)** Comprometendo-se com a redemocratização do país desde o seu discurso de posse, em 15 de março de 1979, o general João Figueiredo tomou uma série de medidas com esse objetivo, EXCETO:
   a) a assinatura da Lei de Anistia, que permitiu a volta dos exilados políticos ao Brasil.
   b) o fim do bipartidarismo, possibilitando o surgimento de legendas como o PT e o PDT, entre outras.
   c) a revogação do AI-5, considerado a mais radical de todas as medidas tomadas pelos governos militares.
   d) a volta das eleições diretas para os governos estaduais.
   e) abrandamento da ação da censura aos meios de comunicação.

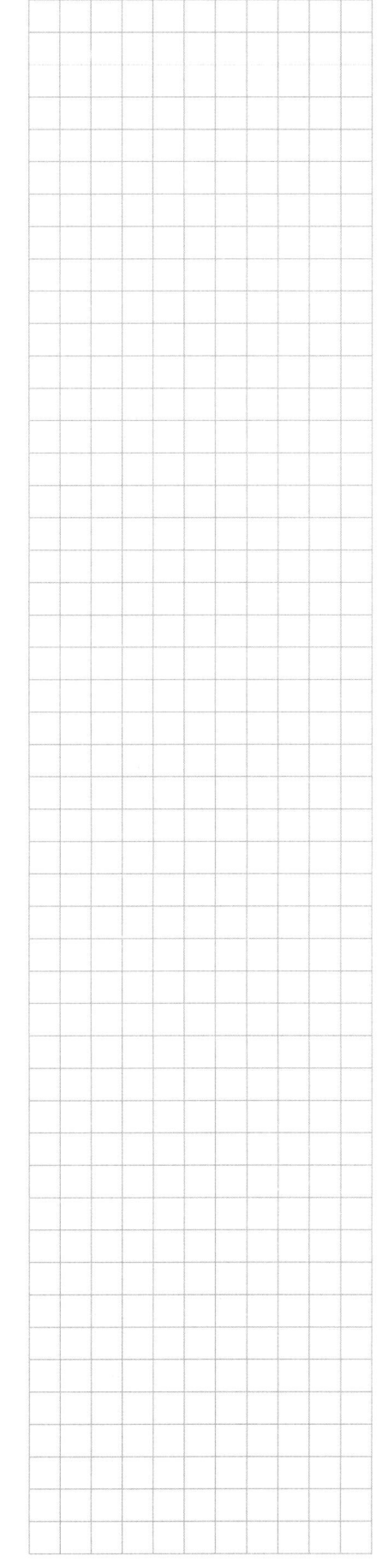

O Oriente Médio

■ Uma região disputada

Oriente Médio foi um conceito criado pelos países europeus, no início do século XX, para delimitar uma área predominantemente muçulmana localizada entre a Europa, a Ásia e a África. Em geral, os países que fazem parte dessa região são os atuais Egito, Jordânia, Síria, Turquia, Arábia Saudita, Emirados Árabes Unidos, Iraque, Irã, Israel e os territórios palestinos.

Desde a Antiguidade, essa área sempre foi muito disputada pela sua importância estratégica, militar, comercial e cultural. Foi nela que surgiram o judaísmo, o catolicismo e o islamismo.

A partir do século X, os turcos conquistaram diversos territórios, entre os quais a região da Palestina. No final do século XII, no seu auge, o Império Turco ou Império Otomano ocupava uma grande área da Europa, da Ásia e da África. Porém, nos séculos seguintes, perdeu força.

A desintegração do Império Turco Otomano, realizada pelas potências europeias após a Primeira Guerra Mundial, transformou o território do Oriente Médio em palco de disputas de interesses entre França e Inglaterra, sobretudo por causa do Canal de Suez e dos campos petrolíferos da Península Arábica e do Kuwait, que são estratégicos. Nas décadas de 1920 e 1930, a dominação colonial enfrentou a resistência de movimentos nacionalistas pró-independência e a oposição de movimentos religiosos fundamentalistas.

■ A questão judaica

A partir de 1900, para fugir da discriminação e das perseguições crescentes na Europa, judeus de diversas partes do mundo passaram a imigrar para a região da Palestina, resultado do esforço da **Organização Sionista Mundial**; criada em 1897, tinha caráter nacionalista e reivindicava a "recriação" de um Estado nacional judaico. Com apoio financeiro de grandes banqueiros europeus ligados à causa sionista, os imigrantes judeus compraram terras na Palestina, dando origem aos numerosos *kibutzim* (estabelecimentos agrícolas judaicos). Em 1909, os judeus fundaram a cidade de Tel-Aviv.

Em 1917, a causa sionista obteve o apoio financeiro e político dos ingleses, expresso na **Declaração Balfour**, que afirmava sua concordância com a criação de um Estado judaico na Palestina. Essa postura era vista com desconfiança pelos nacionalistas árabes da região, que aumentaram a pressão

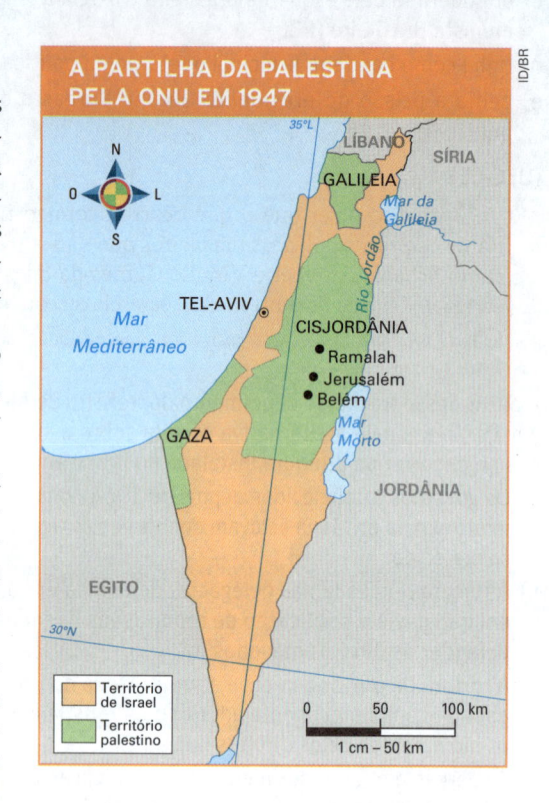

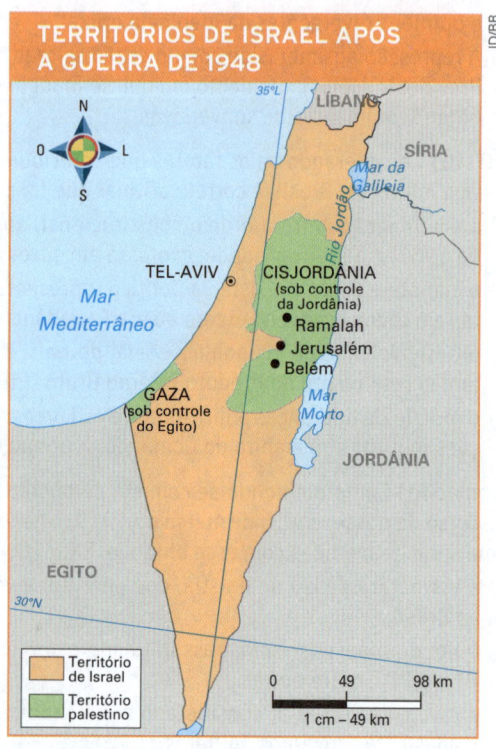

A PARTILHA DA PALESTINA PELA ONU EM 1947

TERRITÓRIOS DE ISRAEL APÓS A GUERRA DE 1948

Fonte de pesquisa: KINDER, Hermann; HILGEMANN, Werner. *Atlas histórico mundial (II): de la revolución francesa a nuestros días*. Madrid: Akal/Istmo, 2006. p. 278.

sobre a Inglaterra. Acordos econômicos com a Alemanha nazista levaram a Inglaterra a diminuir seu apoio à causa judaica. Contudo, a onda de antissemitismo que varreu a Europa durante a Segunda Guerra Mundial intensificou a imigração de judeus para a região da Palestina. Como possuíam considerável capital, os colonos investiam firmemente na estruturação do "território judeu", com a criação de escolas, hospitais, infraestrutura e a organização de um exército clandestino, o Haganah, o que aumentou o conflito com os árabes.

A revolta de 1936 marca o início da resistência armada dos nacionalistas árabes e dos atentados contra autoridades britânicas praticados por sionistas. Isso levou a Inglaterra a adotar um discurso de "divisão do território" palestino entre árabes e judeus; essa proposta foi aceita pelos sionistas, mas foi rejeitada enfaticamente pelos árabes nacionalistas. Em 1947, a Assembleia Geral da ONU aprovou a partilha do território palestino, e em maio de 1948 foi criado o **Estado de Israel**.

■ Uma sucessão de guerras

Com a criação do Estado judeu, centenas de milhares de palestinos que viviam na região se tornaram refugiados, sobretudo em países como Jordânia, Líbano e Iraque. Outra consequência imediata foi a ampla declaração de guerra dos países árabes contra o Estado de Israel. Egito, Líbano, Jordânia, Síria e Iraque iniciaram uma ofensiva militar, encerrada em 1949. Os israelenses saíram vitoriosos, e grande parte dos territórios destinados aos árabes pela partilha foi ocupada por Israel. Para incentivar a colonização das terras ocupadas, o governo israelense aprovou a **Lei do Retorno**, em 1950.

Nesse período, as disputas pela hegemonia sobre o Oriente Médio fizeram parte do contexto da Guerra Fria. O aumento do nacionalismo e a aproximação de alguns líderes com o governo soviético levaram os Estados Unidos a intervir na região por meio de apoio a golpes de Estado a fim de garantir seus interesses econômicos; foi o caso do golpe que derrubou o primeiro-ministro iraniano Mohammed Mossadegh, em 1951. Em 1956, estadunidenses e soviéticos condenaram a invasão do Egito, efetuada por tropas israelenses, britânicas e francesas, após a nacionalização do **canal de Suez**, realizada pelo presidente egípcio e líder nacionalista Gamal Nasser.

Em 1967, outro conflito entre árabes e israelenses eclodia na região. Gamal Nasser fechou o porto de Ákaba, bloqueou o porto de Eliat e assinou um acordo militar com a Jordânia. Com apoio estadunidense, os israelenses lançaram uma rápida ofensiva, conhecida como a **Guerra dos Seis Dias**, que matou mais de meio milhão de palestinos refugiados e conquistou mais territórios para Israel. Para muitos refugiados palestinos, a organização de grupos armados era necessária para combater Israel. Em 1970, a tentativa empreendida pelo governo da Jordânia para desarmar esses grupos resultou no massacre de palestinos conhecido como **Setembro Negro**. Gamal Nasser morreu no mesmo ano.

Em 6 de outubro de 1973, a Síria e o Egito realizaram um ataque surpresa aos territórios ocupados desde a Guerra dos Seis Dias, mas a contraofensiva israelense foi violenta, fazendo que sírios e egípcios recuassem para as antigas fronteiras. O presidente do Egito na época, Anwar Sadat, iniciou o processo de negociação de paz com Israel, que ocorreu com a mediação dos Estados Unidos e foi oficializada nos **Acordos de Camp David**. Essa iniciativa egípcia foi interpretada pelos países árabes como uma traição e teve como consequência a expulsão do Egito da Liga Árabe. Nesse ano, a **Organização dos Países Exportadores de Petróleo** (Opep), criada nos anos 1960 e formada, inicialmente, por países árabes e pela Venezuela, como resposta aos ataques e à ocupação israelense, utilizou o petróleo como arma política, reduzindo sua oferta no mercado mundial e aumentando o valor do barril em dez vezes. Foi o chamado **Primeiro Choque do Petróleo**.

■ A resistência palestina

Em 1964, foi fundada a **Organização para Libertação da Palestina** (OLP), que reunia diversos movimentos e representava o povo palestino, que, naquele momento, estava disperso e sem governo. A principal organização da OLP era o **Fatah** (ou Al-Fatah, "A luta"), fundada em 1959 por Abu Jihad, Mohmoud Abbas e Yasser Arafat, sem caráter religioso, e que realizou diversas ações armadas contra Israel. Em 1966, na Síria, foi criada a **Frente Popular para Libertação da Palestina** (FPLP), que, por ser um grupo de orientação marxista, buscou aproximação com a União Soviética.

No **Líbano**, o crescimento dos campos de refugiados palestinos e das organizações de resistência armada não era aceito pelos cristãos, que sempre se manifestaram contra a presença dos palestinos em território libanês, apoiando Israel nas guerras contra os árabes. Já os muçulmanos libaneses, pelo contrário, opunham-se a Israel e apoiavam os palestinos, oferecendo ajuda aos refugiados. Após ataques israelenses a aldeias palestinas no sul do Líbano, a guerra civil tornou-se inevitável. Entre 1975 e 1989, milhares de pessoas morreram e o massacre dos campos de refugiados de **Shabra** e **Shatila**, efetuado por tropas israelenses e libanesas, causou revolta na comunidade internacional, porém seus responsáveis permanecem ainda hoje impunes.

Em 1987, cada vez mais encurralada e vivendo em condições precárias num pequeno território cercado por tropas de Israel, a população palestina rebelou-se, armada de pedras e estilingues, contra os fuzis israelenses. Essa rebelião recebeu o nome de **Intifada** (termo árabe que significa "revolta das pedras") e foi duramente reprimida pelo exército de Israel. A "revolta das pedras" contra as armas automáticas dos israelenses abriu novos caminhos para a resistência palestina e para o reconhecimento do seu território.

Nesses tempos de conflitos nasceu também o Movimento de Resistência Islâmica, o **Hamas** (sigla em árabe), formado por fundamentalistas muçulmanos que desejam a destruição de Israel e opõem-se às negociações conduzidas pela OLP.

Questões

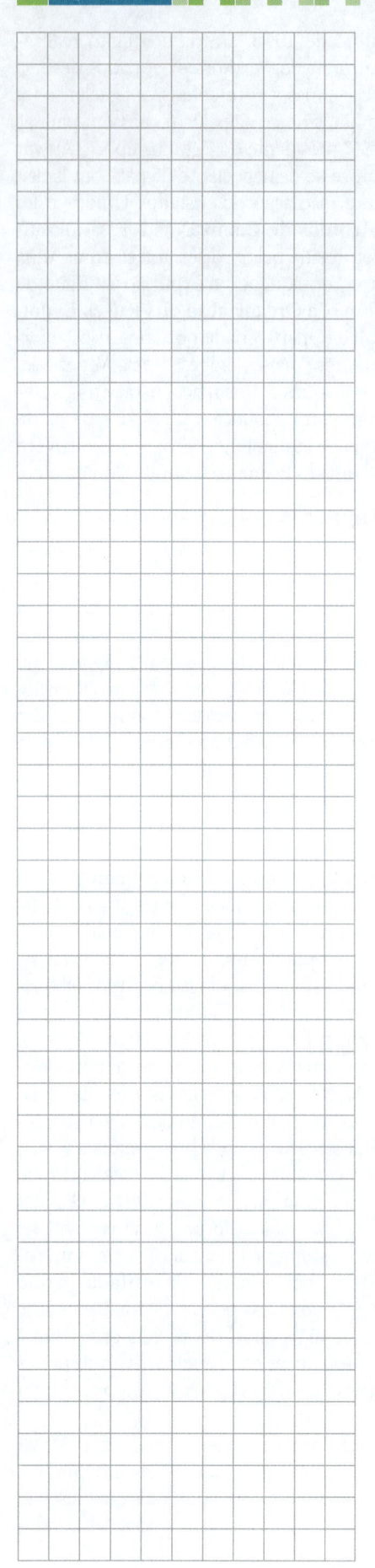

1. **(Unicamp-SP)** Em discurso proferido em 20 de maio de 2011, o presidente dos EUA, Barack Obama, pronunciou-se sobre as negociações relativas ao conflito entre palestinos e israelenses, propondo o retorno à configuração territorial anterior à Guerra dos Seis Dias, ocorrida em 1967. Sobre o contexto relacionado ao conflito mencionado é correto afirmar que:

   a) a criação do Estado de Israel, em 1948, marcou o início de um período de instabilidade no Oriente Médio, pois significou o confisco dos territórios do Estado da Palestina que existia até então e desagradou ao mundo árabe.

   b) a Guerra dos Seis Dias insere-se no contexto de outras disputas entre árabes e israelenses, por causa das reservas de petróleo localizadas naquela região do Oriente Médio.

   c) a Guerra dos Seis Dias significou a ampliação territorial de Israel, com a anexação de territórios, justificada pelos israelenses como medida preventiva para garantir sua segurança contra ações árabes.

   d) o discurso de Obama representa a postura tradicional da diplomacia norte-americana, que defende a existência dos Estados de Israel e da Palestina, e diverge da diplomacia europeia, que condena a existência dos dois Estados.

2. **(Unesp)** O petróleo não é uma matéria-prima renovável e precisou de milhões de anos para sua criação. A maioria dos poços encontra-se no Oriente Médio, na antiga União Soviética e nos EUA. Sua importância aumentou desde meados do século XIX, quando era usado na indústria, e hoje é um dos grandes fatores de conflitos no Oriente Médio. Aponte as três primeiras grandes crises do petróleo nos últimos anos.

   a) A primeira foi em 1973, quando os EUA tentaram invadir Israel para dominar os poços petrolíferos desse país; a segunda foi em 1979, quando foi criado o Estado da Palestina e eclodiu o conflito com a Arábia Saudita; a terceira foi em 1991, quando começou a guerra do Iraque.

   b) A primeira foi em 1973, quando houve uma crise de produção no Oriente Médio, levando ao aumento do preço dos barris de petróleo no mundo todo; a segunda foi em 1979, quando o Kuwait se recusou a vender petróleo para os EUA; a terceira foi em 1991, quando começou a guerra dos EUA contra o Afeganistão.

   c) A primeira foi em 1973, devido ao conflito árabe-israelense; a segunda em 1979, quando os árabes diminuíram a produção de barris; a terceira em 1991, que acabou gerando a Guerra do Golfo, quando o Iraque invadiu o Kuwait.

   d) A primeira foi em 1973, quando o Iraque invadiu a Palestina; a segunda foi em 1979, período de baixa produção de petróleo no Oriente Médio; a terceira foi em 1991, devido à Guerra do Golfo.

   e) A primeira foi em 1973, quando vários países do mundo exigiram a fundação da OPEP para controlar os preços dos barris de petróleo; a segunda foi em 1979, quando se deu o conflito árabe-israelense; a terceira foi em 1991, quando teve início a guerra da Palestina.

3. **(UFMG)**

   > "Sob pressão do cartel de produtores de petróleo, a OPEP, o preço do produto, então baixo e, em termos reais, caindo desde a guerra, mais ou menos quadruplicou em 1973 (...) Na verdade, a gama real de flutuações foi ainda mais sensacional: em 1970 o petróleo era vendido a um preço médio de 2,53 dólares o barril, mas no fim da década de 1980 o barril valia 41 dólares."
   >
   > HOBSBAWM, Eric J. *A era dos extremos*: o breve século XX – 1914-1991. São Paulo: Companhia das Letras, 1995. p. 459.

   Considerando-se a chamada Crise do Petróleo de 1973 e seus impactos, é INCORRETO afirmar que:

   a) a origem da crise foi o embargo da OPEP à exportação de petróleo, cuja intenção era a de pressionar pela desocupação do Canal de Suez.

   b) essa crise é um dos fatores que explicam a recessão econômica e o aumento do desemprego nos países centrais, em meados da década de 1970.

c) o incremento nos preços gerou o enriquecimento súbito dos exportadores árabes e o excesso de recursos nas mãos desse grupo resultou no fenômeno dos petrodólares.

d) os países prejudicados pela encarecimento do petróleo responderam com várias medidas, que abrangeram do racionamento de combustíveis à pesquisa de fontes energéticas alternativas.

4. **(Unesp)** A crise que envolveu a nacionalização do canal de Suez pelo Egito conjugou questões políticas, econômicas e militares numa escala internacional. O coronel Gamal Abdel Nasser, governante egípcio, anunciou a nacionalização em julho de 1956, provocando ataques militares contra o Egito por Israel, Grã-Bretanha e França. Que condições históricas internacionais dos anos 1950 permitiram a nacionalização do canal de Suez e o fracasso dos movimentos armados contra o Egito?

a) Os Estados Unidos da América iniciavam em 1956 sua escalada militar no Vietnã e o bloco comunista estava cindido pela crescente aproximação da China à política internacional das nações capitalistas.

b) Os países árabes ameaçavam suspender o fornecimento de petróleo para os Estados Unidos, caso as hostilidades militares não cessassem, e o movimento operário inglês era favorável à expansão do islamismo.

c) O desenlace da crise foi condicionado pela divisão internacional de forças entre as potências durante a Guerra Fria e pela expansão do nacionalismo nas regiões do Oriente Médio e do Norte da África.

d) O canal de Suez era pouco importante para a economia do capitalismo europeu e o governo egípcio era uma barreira à expansão do islamismo no Oriente Médio.

e) A Grã-Bretanha e a França, recém-saídas da segunda Guerra Mundial, estavam militarmente enfraquecidas e o Estado de Israel conseguiu estabelecer relações políticas pacíficas com os aliados árabes do Egito.

5. **(PUC-RJ)** Em janeiro de 1979, Reza Pahlevi, Xá do Irã, frente à crescente oposição política e popular, fugiu do país criando uma crise política que culminou com a vitória dos partidários do clérigo xiita Ruholá Khomeini.

Assinale a alternativa que indica corretamente a política da República Islâmica do Irã após a revolução.

a) A nacionalização dos recursos naturais impedia o processo de exploração do petróleo pelas grandes empresas multinacionais que, até então, tinham sede no país.

b) A adesão do Irã à União das Repúblicas Socialistas Soviéticas, o que agravou ainda mais tensões da chamada segunda Guerra Fria.

c) A criação de um sistema político multipartidário e democrático.

d) A imediata declaração de "guerra santa" contra os sunitas do Iraque, governado nessa época por Saddam Hussein.

e) Aceitação da existência de um Estado judeu na Palestina e o estabelecimento de relações diplomáticas com Israel.

6. **(UEG-GO)** O Oriente Médio é, atualmente, a região de maior instabilidade política no mundo. São fatores que historicamente explicam esta turbulência, EXCETO:

a) a criação do Estado de Israel, em 1948.

b) o interesse internacional pelas reservas de petróleo da região.

c) a Revolução Islâmica, no Irã, em 1978.

d) a ausência do Estado laico nos países islâmicos.

7. **(Fuvest-SP)** Criado em 1948, o Estado de Israel acaba de completar 60 anos. Discorra sobre:

a) o contexto histórico internacional que levou à criação desse Estado;

b) as razões históricas dos conflitos entre israelenses e palestinos, que persistem até hoje.

O triunfo da democracia

A reação democrática

Entre os anos 1960 e 1970, governos autoritários se instalaram em diversos países da América Latina. Na Europa, as ditaduras de Portugal e Espanha eram mais antigas. Em 1968, movimentos contra a Guerra do Vietnã e por mais liberdade e democracia, impulsionados pelo **Maio francês**, varreram o mundo.

Portugal e Espanha

Em **Portugal**, a ditadura de Oliveira Salazar (Estado Novo) foi implantada em 1933, após o golpe militar de 1926. Em abril de 1974, jovens oficiais ligados ao **Movimento das Forças Armadas** promoveram a **Revolução dos Cravos** e instauraram um regime democrático. Em 1975, com a convocação de uma Assembleia Constituinte e a realização de eleições livres, a democracia se consolidou. No mesmo ano, as colônias portuguesas de Angola, Moçambique, Cabo Verde e Guiné-Bissau tornaram-se independentes.

A **Espanha** estava submetida à ditadura do general Franco desde 1939, quando terminou a **Guerra Civil Espanhola**. Com a morte do ditador em 1975, o rei Juan Carlos assumiu o poder e deu início à redemocratização do país. O **Pacto de Moncloa** selou um compromisso entre os diversos setores da sociedade e o governo. Foram restabelecidas as liberdades, realizaram-se eleições livres para o Parlamento e uma nova Constituição foi promulgada em 1978. Nos anos 1980, a economia espanhola se modernizou e o país integrou-se à **União Europeia**.

A redemocratização da Argentina

Em 1976, um golpe militar derrubou na Argentina a presidente Isabelita Perón. Com o assassinato de milhares de militantes de esquerda, formou-se o movimento **Mães da Praça de Maio**, composto de mulheres que exigiam das autoridades informações sobre seus filhos desaparecidos.

Em 1982, o governo militar envolveu-se em um conflito com a Inglaterra, a **Guerra das Malvinas**, alegando que as ilhas Malvinas pertenciam à Argentina por direito. A intenção dos militares era, na verdade, desviar as atenções da crise econômica e unir o povo argentino em torno do governo. A manobra não deu resultado, pois a Argentina foi fragorosamente derrotada no conflito. No ano seguinte, os militares foram obrigados a convocar eleições e a entregar o poder a um presidente civil, o político Raúl Alfonsín, da União Cívica Radical.

Uruguai e Chile

No **Uruguai**, a ditadura teve início em 1973. Em 1980, numa tentativa de se legitimar, o governo promoveu um plebiscito com o objetivo de modificar a Constituição, mas a maioria dos eleitores recusou a proposta. Isso obrigou os militares a dialogarem com os partidos **Blanco** e **Colorado** (os dois maiores partidos uruguaios) e abriu caminho à redemocratização do país. Em 1984, foram realizadas eleições, com a vitória do Partido Colorado. A **Lei de Reconciliação Nacional** anistiou os presos políticos e os agentes da repressão envolvidos em torturas e outros crimes. Em 2009, foi eleito para a Presidência da República um antigo militante **tupamaro** (grupo guerrilheiro de esquerda), que deve governar o país até o começo de 2015.

De 1973 a 1989, o **Chile** viveu sob a ditadura do general Augusto Pinochet, que exterminou milhares de opositores ao regime. Em 1988, realizou-se um plebiscito no qual a maioria da população votou contra a permanência de Pinochet no poder. Ao mesmo tempo, aumentaram os movimentos pelo afastamento do ditador. Submetido também a pressões internacionais pela redemocratização do Chile, Pinochet foi forçado a convocar eleições presidenciais e perdeu para o democrata-cristão Patricio Aylwin. Em outubro de 1998, em viagem a Londres, Pinochet foi preso a pedido de um juiz espanhol. Permaneceu em prisão domiciliar na Inglaterra até março de 2000. A democracia foi restabelecida no Chile e, em 2006, a socialista Michelle Bachelet tornou-se a primeira mulher a presidir o país.

África: o fim do *apartheid*

O regime de **segregação racial** foi instaurado na **África do Sul** pelos colonizadores holandeses e ingleses. Em 1948, ele foi institucionalizado pelo *apartheid*, conjunto de leis que privava a população negra de vários direitos, como o acesso à propriedade da terra e o direito ao voto, além de proibir o casamento entre brancos e negros. Desde 1912, o **Congresso Nacional Africano** (CNA), formado por intelectuais e ativistas negros, lutava pelo fim da segregação. Em 1960, uma manifestação contra o *apartheid* foi violentamente reprimida, resultando na morte de 69 pessoas (**Massacre de Shaperville**). Diante disso, o CNA optou pela luta armada. Um de seus líderes, Nelson Mandela, foi preso em 1962 e condenado à prisão perpétua. Em 1990, fortes pressões internacionais obrigaram o governo a libertá-lo. Mandela saiu da prisão com uma mensagem de reconciliação entre negros e brancos. Em 1994, foi eleito presidente da República, governando o país até 1999. Morreu em dezembro de 2013, pranteado pelo povo da África do Sul e homenageado por chefes de Estado do mundo inteiro.

A redemocratização do Brasil

Em 1979, sob o governo do general João Baptista Figueiredo (1979-1985), o Congresso Nacional aprovou duas leis que abriam caminho para a redemocratização do país: a **Lei de Anistia** e a **Lei de Reforma Partidária**. Esta última extinguia o bipartidarismo e regulamentava a formação de novas agremiações. A Arena, agremiação do governo, passou a se chamar Partido Democrático Social (PDS); o MDB, de oposição, recebeu o nome de Partido do Movimento Democrático Brasileiro (PMDB); outros partidos foram registrados, entre eles o Partido dos Trabalhadores (PT).

Entre 1983 e 1984, milhões de pessoas saíram às ruas em todo o país em favor de eleições diretas para presidente da República (**Diretas Já!**), mas uma emenda à Constituição com esse objetivo foi derrotada no Congresso Nacional em abril de 1984.

Entretanto, em janeiro de 1985 o candidato da oposição, Tancredo Neves, venceu as eleições indiretas no **Colégio Eleitoral** e tornou-se o primeiro presidente civil desde 1964. Tancredo, porém, faleceu antes de tomar posse. Seu vice, José Sarney, político ligado anteriormente à ditadura, assumiu a presidência. Tinha início a **Nova República**.

Os governos Sarney e Collor

Sarney revogou as leis antidemocráticas do regime militar e convocou eleições para uma Assembleia Constituinte. Em 1988, a Constituinte aprovou a nova Constituição brasileira, marcada por importantes conquistas políticas e sociais, como o direito de voto aos analfabetos e aos jovens maiores de 16 anos, a extensão da Previdência Social aos trabalhadores rurais, o reconhecimento dos direitos das **minorias indígenas** e dos **quilombolas**, o direito à saúde e à educação, o direito de greve, a liberdade de expressão, etc. O racismo e a tortura foram declarados crimes inafiançáveis. Por todos esses avanços, ela foi chamada de **Constituição Cidadã**. Nos anos seguintes, foram estabelecidos o **Código de Defesa do Consumidor**, o **Estatuto da Criança e do Adolescente**, o **Estatuto do Idoso** e um novo **Código Civil**.

Na esfera econômica, porém, o governo Sarney acumulou derrotas. Nesse período, a inflação atingiu níveis estratosféricos. Para combatê-la, foram lançados sucessivamente diversos planos econômicos. O primeiro deles foi o **Plano Cruzado**, que substituiu a antiga moeda, o cruzeiro, por uma nova, o cruzado, e congelou preços e salários. Isso gerou desabastecimento de produtos de primeira necessidade, devido ao boicote de produtores e empresários, prejudicados com o congelamento de preços. Seguiram-se o **Plano Cruzado II** (que criou o cruzado novo), o **Plano Bresser** e o **Plano Verão**. Nenhum deles extinguiu a inflação. No final do mandato de Sarney, ela chegava a 1 700% ao ano.

Assim, nas eleições presidenciais de 1989 venceu um candidato da oposição de direita, Fernando Collor de Mello. Collor prometia acabar com a inflação e "caçar" os **marajás** (funcionários públicos com salários altíssimos e outros privilégios). Logo ao assumir o cargo, anunciou o **Plano Collor**, que substituiu o cruzado novo pelo cruzeiro, confiscou as cadernetas de poupança depositadas nos bancos e congelou as contas bancárias acima de determinado valor, além dos preços e salários. A inflação, entretanto, não foi debelada.

O governo Collor foi marcado ainda pela privatização de empresas estatais (**política neoliberal**) e pela recessão econômica. Em 1992, denúncias de corrupção contra o presidente provocaram a mobilização de milhares de pessoas, que saíram às ruas ao grito de **Fora Collor!**. No Congresso, teve início um processo de *impeachment* (impedimento) do presidente. Para fugir a ele, Collor renunciou em dezembro de 1992.

Questões

1. (UFSC) Na última Copa do Mundo, na África do Sul, a mídia rendeu tributo a Nelson Mandela. Em relação a Mandela e sobre a África do Sul, é correto afirmar que:[1]

01. a liderança de Mandela foi fundamental para combater o *apartheid* na África do Sul.

02. Mandela não conseguiu combater o *apartheid*, visto que ficou preso mais de 20 anos numa prisão em Soweto.

04. Mandela iniciou a política do *apartheid* na África do Sul, a qual se expandiu por todo o continente africano.

08. o *apartheid* foi uma política adotada por Mandela que reivindicava a ascensão dos negros aos cargos políticos na África do Sul.

16. a África do Sul notabilizou-se por ser um dos maiores produtores de diamantes do mundo.

32. a África do Sul foi palco da Guerra dos Bôeres, na qual os grupos étnicos locais, Utus e Tutsis, entraram em guerra fratricida.

2. (Unesp) A Guerra das Malvinas (Falklands) opôs Argentina e Inglaterra de abril a junho de 1982. Entre os motivos da guerra, podemos citar a:

a) ação imperialista inglesa sobre a Antártida, que pretendia expandir o território britânico até o extremo sul.

b) intenção norte-americana de manter hegemonia militar sobre o continente através do domínio inglês.

c) disposição argentina de retomar o controle das ilhas, ricas em combustíveis fósseis e estrategicamente importantes.

d) interferência do Brasil, que se dispôs a mediar o conflito, mas aguçou a tensão entre Inglaterra e Argentina.

e) omissão da Organização das Nações Unidas, que se recusou a apoiar as pretensões britânicas em relação às ilhas.

3. (Uece) Observe os versos da canção de Chico Buarque:

"Foi bonita a festa, pá
Fiquei contente
E inda guardo, renitente
Um velho cravo para mim
Já murcharam tua festa, pá
Mas certamente
Esqueceram uma semente
Nalgum canto do jardim"

Chico Buarque, 1978.

Nessa canção, Chico Buarque sugere acontecimentos do dia 25 de abril de 1974 em Portugal, quando chega ao fim o regime político autoritário iniciado em 1926. Sobre esse acontecimento, assinale o correto.

a) Trata-se da Revolução Festiva, quando flores foram distribuídas por populares que destituíram as forças militares do poder.

b) Trata-se da Revolução Patrícia, ou "pá", quando, em seu final, uma grande festa celebrou a vitória.

c) Trata-se da Revolução dos Cravos quando um grupo de jovens oficiais militares depôs o governo ditatorial.

d) Trata-se da Revolução das Flores quando agricultores se rebelaram contra jovens oficiais militares atirando-lhes cravos murchos.

4. (Unesp)

"É proibido proibir."

"A imaginação no poder."

As duas frases foram pintadas em muros de Paris durante as revoltas estudantis de maio de 1968. Elas ilustram algumas ideias dos rebeldes, como:

a) a celebração da sociedade ocidental, do consumismo e do capitalismo monopolista.

---

[1] Dê como resposta a soma dos números associados às afirmações corretas.

b) o fim de todo tipo de governo e a valorização dos meios de comunicação de massa.
c) a defesa da liberdade total, do socialismo real e do conceito de alimentação natural.
d) o desejo de extinguir as provas de acesso ao ensino superior e as aulas de língua estrangeira.
e) a crítica à sociedade de consumo, às hierarquias e à burocratização da sociedade.

5. **(UFRJ)** O premiado documentário brasileiro "Condor", de 2007, dirigido por Roberto Mader, resgatou diferentes versões do que ficou conhecido como "Operação Condor", ou seja, um conjunto de ações político-militares coordenadas, nos anos 70 do século passado, por diversos governos da América Latina, como Chile, Brasil, Argentina, Uruguai, Paraguai e Bolívia.

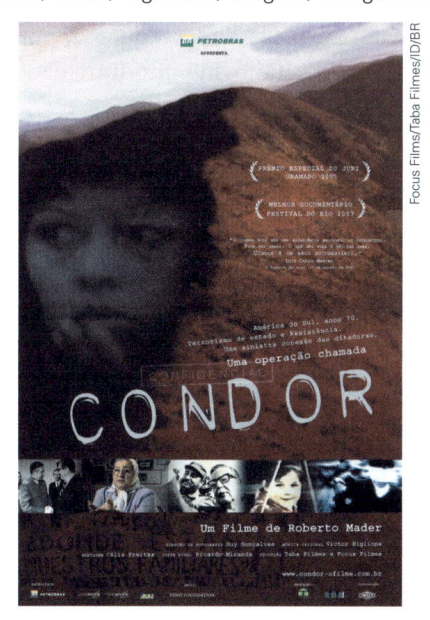

<http://br.cinema.yahoo.com/filme>.

a) Apresente um argumento dos governos envolvidos na Operação para levá-la adiante.
b) Em meados da mesma década de 1970, algumas longas ditaduras europeias chegaram ao fim, uma das quais em Portugal. Identifique uma característica da Revolução dos Cravos (1974).

6. **(PUC-PR)** O *Apartheid* foi um regime político que segregou grande parte da população sul-africana, baseado no princípio da cor da pele. Esse regime terminou no início da década de 1990, por meio de:
a) uma guerra civil que irrompeu liderada por Nelson Mandela e que ameaçou a estabilidade política e econômica do país.
b) Estados Unidos e Grã-Bretanha, que ameaçaram invadir a África do Sul se o poder não fosse entregue também aos cidadãos não brancos da África do Sul.
c) uma grave crise econômica que se abateu sobre a África do Sul, em decorrência de uma prolongada greve geral promovida pelos trabalhadores negros, que se recusaram a trabalhar nas empresas e minas sul-africanas, até que a cidadania plena lhes fosse concedida.
d) um plebiscito, no qual a população branca da África do Sul decidiu abolir o regime e permitir que a população sul-africana não branca também participasse da vida política de seu país. Essa ação foi motivada por fortes pressões internacionais que ameaçavam a estabilidade da economia sul-africana.
e) uma coligação militar formada por vários países africanos, incluindo Nigéria, Tanzânia, Quênia, Angola e Moçambique, que ameaçou cortar ligações econômicas com a África do Sul, caso a cidadania plena não fosse concedida a toda população.

O fim da Guerra Fria e a globalização

Crise na União Soviética

Baseada na propriedade estatal dos meios de produção, a economia soviética obedecia a uma rígida planificação. Não havia liberdade de mercado. O governo decidia o que as fábricas deveriam produzir, em que quantidade e com que qualidade, além do preço dos produtos.

Durante os planos quinquenais, o crescimento industrial tinha por base a expansão da indústria pesada (siderurgia, petroquímica, máquinas e equipamentos, etc.). Pouca importância era dada à produção de bens de consumo e aos investimentos em tecnologia e produtividade, com exceção de áreas como a exploração do espaço e a produção bélica. Nessas condições, a União Soviética, potência líder do bloco comunista, não pôde acompanhar a nova revolução tecnológica empreendida pelos países capitalistas.

Essas características, somadas à ausência de liberdade e à ditadura de partido único, provocaram o declínio econômico do bloco comunista a partir do final dos anos 1970 e aumentaram o descontentamento da população com o regime socialista. Em 1968, uma tentativa de liberalização na Tchecoslováquia (a **Primavera de Praga**) foi violentamente reprimida por tropas soviéticas e do Pacto de Varsóvia. Na década seguinte, o movimento sindical **Solidariedade**, na Polônia, organizou a oposição ao Partido Comunista, contando com amplo apoio da sociedade. A greve geral de 1980, contudo, sofreu forte repressão, resultando na prisão dos líderes do movimento.

Perestroica e glasnost

Em 1985, mudanças importantes começaram a ser introduzidas na URSS. Para tentar solucionar a grave crise econômica e dar fim ao longo período de estagnação, Mikhail **Gorbachev** propôs reformas e elaborou dois planos liberalizantes:

- a *Perestroica* (reconstrução), cujo objetivo era modernizar e aproximar a economia soviética do modelo de economia dos países capitalistas. Medidas como a privatização de algumas empresas estatais e a redução do investimento na indústria bélica foram adotadas;
- a *Glasnost* (transparência), cujo objetivo era democratizar a União Soviética.

Essa política contribuiu para aumentar a popularidade do líder Gorbachev. Durante seu governo, a aproximação diplomática com os Estados Unidos criou um período de distensão entre as duas potências. Internamente, porém, seu programa de desarmamento nuclear, entre outras medidas pacifistas, foi duramente criticado pelos setores mais duros do Partido Comunista.

O fim da Guerra Fria

Entre 1988 e 1989, diversos países-satélites declararam sua autonomia em relação ao governo soviético. Nesses países, foram realizadas eleições livres e os novos líderes decretaram o fim do regime socialista. O episódio mais significativo desse processo ocorreu na Alemanha. O **Muro de Berlim**, que desde os anos 1960 separava a República Federal Alemã (capitalista) da República Democrática Alemã (socialista), foi derrubado pela população no dia 9 de novembro de 1989. Esse acontecimento se tornou marco da unificação da Alemanha e do fim da Guerra Fria.

Na **Romênia**, a "distensão política" e o processo de liberalização não ocorreram de maneira tranquila. Em 1989, o governo do ditador **Nicolau Ceausescu** foi derrubado por uma revolta popular. Preso e condenado à morte, Ceausescu foi executado juntamente com sua mulher. Na região dos **Bálcãs**, o carismático **Marechal Tito**, com sua política de independência e neutralidade em relação ao Partido Comunista de Moscou, manteve a **Iugoslávia** unida. Contudo, após sua morte, em 1980, acirraram-se as disputas nacionalistas entre sérvios, croatas, eslovenos e bósnios, entre outros, resultando na desintegração do território iugoslavo.

O fim da União Soviética

Da mesma forma que os países-satélites, as repúblicas que formavam a União Soviética declararam uma a uma sua independência.

Em dezembro de 1991, Gorbachev renunciou à presidência e a URSS foi extinta. Em seu lugar, foi criada a **Comunidade dos Estados Independentes** (CEI), reunindo onze das ex-repúblicas soviéticas. Boris **Ieltsin** foi o primeiro presidente eleito democraticamente na Rússia; entre outras medidas, ele extinguiu a KGB, a polícia secreta soviética. Os interesses **nacionalistas** de cada país sobressaíam em detrimento do centralismo comunista, e surgiram conflitos motivados por questões religiosas, étnicas ou políticas. Na Rússia, na Ucrânia e em Belarus, as eleições presidenciais entre o final de 1990 e o início de 1991 marcaram o declínio do poder do Partido Comunista ante as novas forças políticas que resultaram desses conflitos.

Em 1991, as alas conservadoras do Partido Comunista, numa tentativa de manter seu domínio, prenderam Gorbachev na Crimeia. Liderados por Boris Ieltsin, os russos saíram às ruas exigindo a volta de Gorbachev, que retomou seu cargo.

O triunfo da globalização

A desintegração da União Soviética sinalizou o fim da Guerra Fria e contribuiu para a expansão de um processo que se desenvolvia no mundo capitalista desde a década de 1980: a **globalização**. Esse processo tem como principais características a interdependência entre os países, a abertura dos mercados, a aceleração das comunicações e dos transportes, a **revolução tecnológica**, a **informática**, a comunicação instantânea por meio da **internet**, a hegemonia do **capital financeiro especulativo**, as **empresas transnacionais**, o **celular**, a **nanotecnologia** e o novo papel atribuído à **informação** e ao **conhecimento**. O contexto histórico no qual se deu a globalização foi o da supremacia do **neoliberalismo** e tem sido chamado de **Nova Ordem Mundial** e **Era do Conhecimento**.

Como parte desse processo, nos anos 1990 formaram-se grandes **blocos econômicos**: o Acordo Norte-Americano de Livre-Comércio (Nafta); o Mercado Comum do Sul (Mercosul); a Cooperação Econômica da Ásia e do Pacífico (Apec); e a União Europeia (UE). O objetivo desses blocos é a integração comercial entre os países de uma mesma região no contexto de uma economia de mercado, derrubando barreiras alfandegárias e facilitando a circulação de mercadorias. No caso da União Europeia, isso inclui a livre circulação de cidadãos entre os países-membros. A existência desses blocos não diminuiu o poder econômico e a hegemonia mundial dos Estados Unidos; pelo contrário, a cultura do consumo difundiu-se com o processo de globalização, fortalecendo o imperialismo estadunidense.

Fonte de pesquisa: *Folha On-line*. Disponível em: <http://www1.folha.uol.com.br/folha/bbc/ult272u57255.shtml>. Acesso em: 13 ago. 2012.

A crítica à globalização

O estímulo ao consumo tem sido uma das marcas da globalização. As pessoas são constantemente estimuladas a comprar até mesmo produtos de que não precisam e a substituir artigos recém-comprados por outros mais novos. Isso acarreta graves problemas ambientais, pois muitos produtos substituídos são lançados na natureza e levam séculos para se decompor. Grande parte deles contém substâncias tóxicas que contaminam rios e mares, ou se infiltram no solo, causando sérios danos à agricultura e à saúde humana.

Outra marca da globalização neoliberal tem sido o aumento das desigualdades entre os países ricos e os países pobres e, dentro de cada país, entre as classes mais abastadas e a maioria pobre da população. Com a política de desregulamentação do mercado de trabalho e de diminuição dos custos das empresas, o neoliberalismo inaugurou a terceirização. Com ela, o desemprego e a perda de conquistas trabalhistas se alastraram pelo mundo.

Diante disso, a globalização neoliberal tem sido duramente criticada e combatida por movimentos sociais, ONGs, sindicatos, grupos políticos formados por ambientalistas, pacifistas, intelectuais e estudantes de esquerda, feministas, etc. Esses grupos e movimentos costumam promover manifestações antiglobalização e se reunir no **Fórum Social Mundial**, realizado anualmente desde 2001 em diferentes países. O objetivo do Fórum é elaborar alternativas em relação à globalização excludente. Seu lema traduz as esperanças de milhões de excluídos: "**Outro mundo é possível**".

O 11 de setembro de 2001

Em 11 de setembro de 2001, a organização islâmica **Al-Qaeda** promoveu ataques terroristas às Torres Gêmeas de Nova York e ao Pentágono. O governo do então presidente George W. Bush reagiu com a **Guerra ao Terror**, invadindo o Afeganistão em outubro do mesmo ano. O pretexto era acabar com o regime político dos talibãs, acusados de proteger Osama Bin Laden e outros líderes da Al-Qaeda. Numa guerra relâmpago, os estadunidenses derrubaram o governo talibã, e eleições foram realizadas ainda em dezembro de 2001. Entretanto, os Estados Unidos mantiveram suas tropas na região, enfrentando a resistência de milícias armadas.

A Guerra ao Terror do governo Bush incluía o reforço da segurança interna dos EUA: a aprovação do **Ato Patriótico**, em outubro de 2001, marcou a adoção de medidas de emergência, que priorizavam a "segurança nacional", diminuindo a liberdade individual dos cidadãos e estabelecendo uma constante "vigilância e proteção" contra supostos terroristas.

Em 2003, tropas anglo-estadunidenses invadiram o Iraque sob a falsa alegação de que o país produzia armas de destruição em massa. O ditador Saddam Hussein foi deposto, preso e executado. Em 2004, George W. Bush foi reeleito, mas em 2008 seu candidato à presidência perdeu as eleições para o democrata **Barak Obama**, primeiro afrodescendente a governar os Estados Unidos. Em dezembro de 2011, Obama decretou a retirada das tropas estadunidenses do Iraque. No ano seguinte, reelegeu-se para mais um mandato na presidência dos EUA.

Crise e desenvolvimento

As **nações africanas** que resultaram dos movimentos de independência após a Segunda Guerra Mundial viveram as últimas décadas do século XX envolvidas em profundas agitações sociais ou violentas guerras civis. São exemplos desse conturbado período: os massacres em Biafra, na **Nigéria** (1967-1970); o genocídio em **Ruanda** (1994); e as guerras civis devastadoras de **Moçambique** (1978-1992), **Angola** (1979-2002) e **Congo** (1997-1999).

Na **Ásia**, a **China** adotou o socialismo de mercado a partir de meados da década de 1970, implementando mudanças importantes que fortaleceram a economia. Porém, essa abertura econômica não foi acompanhada de mudanças na política chinesa e na estrutura de poder exercida pelo Partido Comunista. O governo continuou mantendo uma severa repressão sobre a sociedade e sobre territórios ocupados, como o **Tibete**. Uma manifestação popular a favor da democracia terminou com centenas de mortes, no episódio conhecido como **Massacre da Praça da Paz Celestial**, em 1989. Em 2010, a China se tornou a segunda economia do mundo, atrás apenas dos EUA.

Junto a outros países emergentes de grande desenvolvimento, a China passou a fazer parte do grupo conhecido como **Bric** (iniciais de Brasil, Rússia, Índia e China), ao qual se somou a África do Sul (South Africa) para formar o **Brics**. Esses países procuram ter mais influência nas decisões internacionais.

■ A América Latina no século XXI

Na América Latina, a adoção do modelo neoliberal econômico e a desigualdade social provocaram reações da sociedade que levaram lideranças de esquerda ao poder, fortalecendo em alguns países a luta anti-imperialista contra a hegemonia estadunidense. No **Chile**, a socialista Michelle Bachelet governou o país entre 2006 e 2010 e foi novamente eleita para a presidência em 15 de dezembro de 2013. Na **Venezuela**, Hugo Chávez instituiu o "socialismo bolivariano". Eleito em 1998, exerceu três mandatos, até março de 2013, quando faleceu. Foi substituído no poder por Nicolás Maduro, que mantém sua política anti-imperialista. Na **Bolívia** e no **Equador**, a eleição de Evo Morales (2005) e Rafael Correa (2006), respectivamente, marcou a adoção nos dois países de políticas voltadas para as camadas pobres da população. Na **Argentina**, uma profunda crise econômica durante os anos 1990 só começou a ser superada com o governo nacionalista de Nestor Kirchner (2003-2007), sucedido na presidência por sua mulher, Cristina Kirchner (2007-2011), reeleita para um novo mandato em 2011.

Na **Nicarágua**, Daniel Ortega, ex-guerrilheiro e líder da Frente Sandinista de Libertação Nacional, que já havia governado o país entre 1985 e 1990, foi novamente eleito para a presidência em 2006. Essas mudanças na orientação política de diversos governos permitiram a formação, em 2006, da **Aliança Bolivariana para as Américas** (Alba), associação voltada para a integração econômica, social e política dos povos latino-americanos. Atualmente, a Alba é formada por oito países, entre os quais Venezuela, Cuba, Equador, Bolívia e Nicarágua.

No **México** e na **Colômbia**, os movimentos armados caracterizam a principal oposição aos governos neoliberais e às injustiças sociais decorrentes do processo de globalização. No México, o **Exército Zapatista de Libertação Nacional** (EZLN) reúne lideranças indígenas contra o modelo econômico mexicano, que prioriza os interesses das multinacionais em detrimento das comunidades indígenas. Na Colômbia, o poder das **Forças Armadas Revolucionárias da Colômbia** (Farc) vem diminuindo nos últimos anos, devido à intensificação do combate ao narcotráfico e às operações militares empreendidas pelo governo colombiano, com auxílio dos Estados Unidos.

Questões

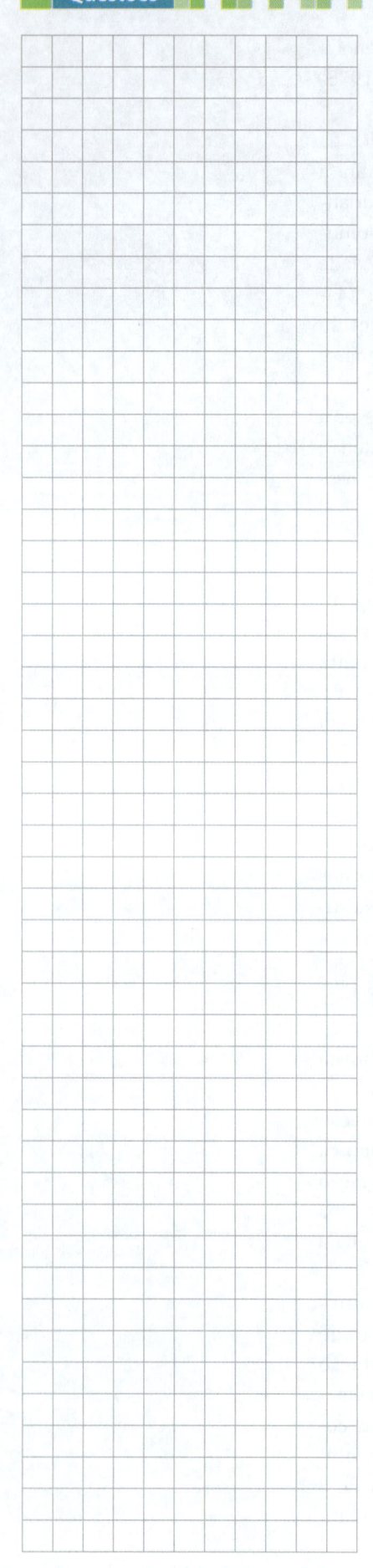

1. (Unicamp-SP)

"Existem épocas em que os acontecimentos concentrados num curto período de tempo são imediatamente vistos como históricos. A Revolução Francesa e a de 1917 foram ocasiões desse tipo e também 1989. Aqueles que acreditavam que a Revolução Russa havia sido a porta para o futuro da história mundial estavam errados. E, quando sua hora chegou, todos se deram conta disso. Nem mesmo os mais frios ideólogos da Guerra Fria esperavam a desintegração quase sem resistência verificada em 1989."

Adaptado de: HOBSBAWM, Eric. 1989: o que sobrou para os vitoriosos. *Folha de S.Paulo*, p. A-2. 12 nov. 1990.

a) No contexto entre as duas guerras mundiais, quais seriam as razões para a Revolução Russa ter simbolizado uma porta para o futuro?

b) Identifique dois fatores que levaram à derrocada dos regimes socialistas da Europa após 1989.

2. (Uerj)

"Os monumentos da cidade vão permanecer como leões nas areias do deserto

Desafiando o destino

E quando os muros forem derrubados com estrondo

A queda vai ecoar

Para o testemunho de toda a Europa"

BENN, Gottfried. *Folha de S.Paulo*, 16 nov. 1989.

Próxima às ruínas do Muro de Berlim, está preservada uma placa com o seguinte aviso em inglês, russo, francês e alemão: "Você está deixando o setor americano".
Adaptado de *O Globo*, 19 mar. 2009.

Em 2009, comemoram-se na Alemanha vinte anos da derrubada do Muro de Berlim. Sua construção, em 1961, esteve relacionada à:

a) divisão étnica da cidade.
b) crise dos regimes democráticos europeus.
c) bipolaridade das relações internacionais.
d) reação nacionalista à influência estrangeira.

3. (UEG-GO) A Copa de 2006 mostrou ao mundo uma Alemanha próspera, patriótica e, aparentemente, livre dos fantasmas de seu passado. O grande marco da reestruturação do país foi a queda do Muro de Berlim, em 1989. Em uma escala global, o que significou a reunificação da Alemanha Ocidental com a Alemanha Oriental?

a) A desintegração do bloco comunista, liderado pela União Soviética, na Europa Oriental.
b) A derrota dos Estados Unidos na Guerra Fria e a diminuição de sua influência na Europa pós-Segunda Guerra Mundial.
c) Um obstáculo ao processo de formação da União Europeia, por causa do fortalecimento dos partidos neonazistas na Alemanha.
d) Uma crise econômica global provocada pela incorporação repentina da Alemanha Oriental à economia de mercado.

4. (Mackenzie-SP)

"Em um zoológico, satisfazem-se as necessidades materiais básicas, mas não se pode sair da clausura. Nessas circunstâncias, muitos animais suspiram por voltar à selva. Sem dúvida, esquecem, ou nunca souberam, que o mundo da selva é cruel e que poucos ali sobrevivem decentemente e menos ainda são os que triunfam. Além disso, durante o período da grande transição, as vantagens do zoológico são subestimadas e as da selva, exageradas."
EMMERIJ, L. Perestroika en Occidente. In: HAESBAERT, R. *Blocos internacionais de poder.*

Considerando o processo de declínio do mundo socialista, o texto sugere que:
a) os problemas sociais observados nos países do antigo Bloco Socialista não seriam solucionados com a simples transição para o Capitalismo.
b) a Glasnost e sua proposta de transparência política deixou nítida a superioridade técnica e social gerada pelo Capitalismo, em comparação com o Socialismo.
c) havia, a partir da Perestroika, esperanças de que o mundo sucumbisse à estabilidade econômica e social promovida pelo Socialismo Utópico.
d) a democracia e a liberdade, típicas do mundo capitalista, promoveram a superação dos problemas de ordem social que o sistema possa ter originado, daí sua supremacia.
e) o elevado padrão de vida, a igualdade social e a democracia, garantidos pela estrutura socialista, a exemplo da ex-URSS, nunca serão atingidos dentro do mundo capitalista.

5. (Uerj)

Adaptado de: <www.roguestatesmen.blogspot.com>.

Os quadrinhos ironizam a bipolaridade característica da Guerra Fria, ordem de poder mundial que marcou a maior parte da segunda metade do século XX. A crítica central do texto recai sobre a seguinte característica desse contexto geopolítico:
a) formação de blocos militares, que deu origem à política do "Big Stick".
b) corrida armamentista, que gerou a doutrina da "Destruição Mútua Assegurada".
c) conflitos bélicos diretos entre EUA e URSS, que estabeleceram o "Equilíbrio do Terror".
d) confrontos regionais manipulados pelas superpotências, que resultaram na "Détente".

Brasil: a consolidação da democracia

O governo de Itamar Franco e o Plano Real

Após a renúncia do presidente Collor, seu vice, **Itamar Franco**, assumiu o cargo. Como ele havia rompido com Collor, desvinculou-se de qualquer relação com os escândalos de corrupção, garantindo o apoio de vários partidos ao governo. Itamar adotou uma política de viés nacionalista, controlando as importações e as privatizações. Em 1993, foi realizado um **plebiscito**, previsto na Constituição, sobre a forma de governo a ser adotada no país. A população votou a favor da república presidencialista, descartando o parlamentarismo (republicano ou monarquista).

O novo ministro da Fazenda, Fernando Henrique Cardoso (FHC), lançou o **Plano Real** para acabar com a inflação e promover a estabilidade econômica. O cruzeiro passou a se chamar **cruzeiro real**; ao lado dele, foi criada a **Unidade Real de Valor** (URV). O cruzeiro real era a moeda corrente, usada pela população. Já a URV tinha o valor fixo de um dólar e servia para corrigir diariamente salários, preços e serviços. Como valia um dólar, a URV não perdia valor, enquanto o cruzeiro real se desvalorizava. Em julho de 1994, a URV passou a se chamar **real** e o cruzeiro real foi extinto. Era o fim da inflação. O Plano Real estabilizou a economia e impulsionou a candidatura de Fernando Henrique à presidência. Apoiado por Itamar e pela aliança partidária entre PSDB, PFL e PMDB, Fernando Henrique venceu Lula, candidato do PT às eleições de 1994.

O governo FHC

O governo de Fernando Henrique foi marcado pela **política neoliberal**, com a abertura da economia para o mercado externo, as privatizações e a diminuição da participação do Estado na economia. Algumas medidas foram tomadas para equilibrar os gastos e a arrecadação pública, como a reforma da Previdência Social, que aumentou a idade mínima para a aposentadoria, e a Lei de Responsabilidade Fiscal. Ocorreram privatizações no setor energético (Vale do Rio Doce) e de telecomunicações (Telebras), entre outros. Muitos críticos apontaram irregularidades no processo de privatização, como o favorecimento de grupos ligados ao governo e o uso de recursos públicos, mas a grande base aliada do Congresso Nacional não levou as denúncias adiante e ainda votou uma emenda constitucional que possibilitava a reeleição do presidente. Em 1998, Fernando Henrique foi reeleito, vencendo novamente o candidato Lula.

Lula participou da campanha de Fernando Henrique Cardoso, candidato ao Senado pelo MDB, em 1978. Na época lutando pela redemocratização, Lula e FHC tornaram-se símbolos da consolidação da democracia no Brasil.

O segundo mandato de FHC foi marcado pela desvalorização do real em relação ao dólar, pelo aumento da inflação e do desemprego e pela ocorrência de apagões de energia elétrica (em 2001 e 2002), decorrentes da falta de investimento na produção de energia. O crescimento econômico foi mínimo, e a especulação do capital externo – que, em momentos de crise, retira os investimentos do país – deixava o Brasil dependente do **Fundo Monetário Internacional** (FMI). Na área social, o desemprego aumentou o mercado informal nas cidades, enquanto no campo ocorriam conflitos por terra, mobilizando o **Movimento dos Trabalhadores Sem Terra** (MST), que exigia a reforma agrária. Alguns programas sociais foram implantados, como o bolsa-escola, o vale-gás e o bolsa-alimentação. Na educação, foi criado o Fundo de Manutenção e Desenvolvimento do Ensino Fundamental e Valorização do Magistério (Fundef). Na saúde, os remédios contra o vírus HIV tornaram-se gratuitos, a produção de medicamentos genéricos foi incentivada e aumentaram as campanhas de vacinação infantil.

O governo Lula

Luiz Inácio Lula da Silva venceu as eleições presidenciais em 2002, em decorrência da impopularidade do segundo mandato de FHC e das alianças partidárias feitas pelo PT. Seu vice, José de Alencar, era um empresário do setor têxtil. A trajetória de vida de Lula – ex-sindicalista e oriundo de uma família pobre – provocou uma expectativa de mudanças sociais entre a população.

No início de seu governo, Lula adotou uma política econômica ortodoxa. Com a herança deixada pelos governos anteriores, como a enorme dívida externa, a desvalorização do real, os sinais de retorno da inflação e a estagnação da economia, o então presidente do Banco Central, Henrique Meirelles, adotou medidas de equilíbrio fiscal e altas taxas de juros, a fim de controlar a inflação.

Logo nos primeiros dias de seu mandato, Lula apresentou um programa que visava reunir todos os projetos sociais criados pelo governo federal de combate à fome e à pobreza extrema no Brasil: o **Fome Zero**. Vinculado a esse programa, foi criado o **Bolsa Família**, que beneficiou mais de 11 milhões de famílias de baixa renda por meio de **transferência direta de renda**. Em 2004, foi criado o **Programa Universidade para Todos** (ProUni), pelo qual alunos provenientes de escolas públicas ou bolsistas integrais de colégios particulares, pertencentes a famílias de baixa renda, podem concorrer a uma bolsa integral ou parcial nas universidades particulares associadas ao programa.

A política econômica do governo Lula buscou o superávit na balança comercial por meio do incentivo às exportações, o que contribuiu para equilibrar as contas públicas e pagar a dívida brasileira com o FMI, aumentando a credibilidade internacional do país. Os juros internos diminuíram, ao passo que os investimentos em programas sociais aumentaram, gerando emprego e distribuição de renda.

Em 2005, um escândalo de corrupção abalou o governo: o **Mensalão**, um esquema de compra de apoio no Congresso que levou à cassação de vários congressistas. Entretanto, a popularidade de Lula não foi afetada, e ele foi reeleito em 2006. O segundo governo de Lula criou mais programas sociais, como o Luz para Todos, e ampliou o Programa Universidade para Todos. O **Programa de Aceleração do Crescimento** (PAC) foi lançado com o objetivo de melhorar a infraestrutura do país. A descoberta de jazidas de petróleo na bacia de Santos (**pré-sal**) trouxe a possibilidade de o Brasil se tornar um dos maiores produtores de petróleo do mundo e, portanto, gerou perspectivas de crescimento econômico.

Na política externa, Lula aproximou-se dos países emergentes e projetou o Brasil no mundo: com Rússia, Índia e China (que formam a sigla **Bric**), foi considerado a potência emergente do século XXI, colocando o país em inúmeros debates e decisões internacionais.

Cultura e sociedade no Brasil do século XXI

No século XXI houve melhorias nos indicadores econômicos e sociais do Brasil: a taxa de expectativa de vida subiu para 74,6 anos em 2012, enquanto a taxa de mortalidade infantil caiu pela metade (nas duas últimas décadas); a taxa de analfabetismo foi de 9% em 2012, o que colocou o Brasil próximo aos países de alto desenvolvimento, segundo o Índice de Desenvolvimento Humano (IDH) da ONU. A melhora da qualidade de vida gerou repercussões internacionais e o país foi escolhido para sediar a **Copa do Mundo** em 2014 e as **Olimpíadas** e as **Paraolimpíadas** em 2016. Porém, alguns problemas persistem: a distribuição de renda ainda é uma das mais desiguais do mundo; 81,2% da população mora nas cidades, cujos índices de criminalidade são altos e onde falta planejamento em infraestrutura. Do ponto de vista cultural, houve a retomada do cinema nacional, com a criação da Lei do Audiovisual, que possibilitou o surgimento de uma nova geração de cineastas. Ações do governo buscaram popularizar o acesso à internet (**inclusão digital**), colocando a população diante de uma ampla gama de informações em tempo real, integrando o país não só internamente mas também ao restante do mundo.

O governo Dilma Rousseff

Em 2010, os brasileiros elegeram **Dilma Rousseff**, do PT, a primeira mulher presidente da República. Ex-ministra de Minas e Energia e posteriormente da Casa Civil do governo Lula, Dilma foi eleita com quase 56 milhões de votos.

Durante o regime militar, Dilma foi líder estudantil e integrante de organizações que defendiam a luta armada contra a ditadura. Foi presa e torturada.

Dilma iniciou seu governo dando prosseguimento aos programas do governo anterior. Com a crise econômica internacional, o país começou a apresentar baixas taxas de crescimento econômico, mas manteve relativamente altas as de geração de empregos.

No plano político, o governo foi abalado pelo julgamento, em 2013, dos envolvidos no processo do Mensalão. Alguns integrantes do PT foram condenados nesse processo a cumprir penas de prisão, juntamente a dirigentes de outros partidos.

Em junho e julho de 2013, grandes manifestações de protesto contra o aumento nas passagens de ônibus urbanos, contra a corrupção e por melhores condições de saúde e educação agitaram a vida em quase todas as grandes cidades do país. O governo respondeu a elas com o programa **Mais Médicos** e com a promessa de realizar uma reforma política. Nas cidades, as prefeituras municipais congelaram o preço dos transportes.

Questões

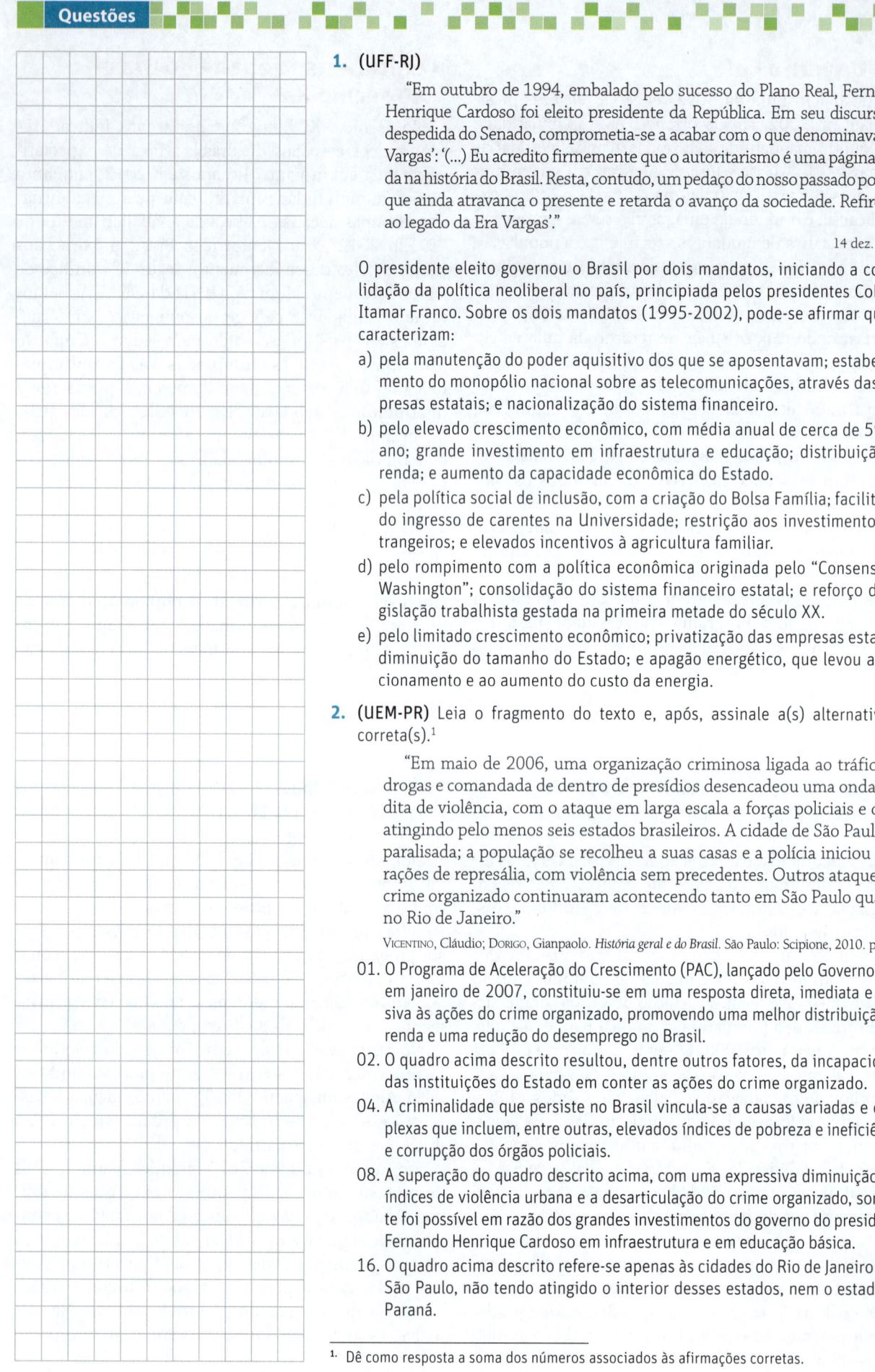

1. (UFF-RJ)

"Em outubro de 1994, embalado pelo sucesso do Plano Real, Fernando Henrique Cardoso foi eleito presidente da República. Em seu discurso de despedida do Senado, comprometia-se a acabar com o que denominava 'Era Vargas': '(...) Eu acredito firmemente que o autoritarismo é uma página virada na história do Brasil. Resta, contudo, um pedaço do nosso passado político que ainda atravanca o presente e retarda o avanço da sociedade. Refiro-me ao legado da Era Vargas'."

14 dez. 1994.

O presidente eleito governou o Brasil por dois mandatos, iniciando a consolidação da política neoliberal no país, principiada pelos presidentes Collor e Itamar Franco. Sobre os dois mandatos (1995-2002), pode-se afirmar que se caracterizam:

a) pela manutenção do poder aquisitivo dos que se aposentavam; estabelecimento do monopólio nacional sobre as telecomunicações, através das empresas estatais; e nacionalização do sistema financeiro.

b) pelo elevado crescimento econômico, com média anual de cerca de 5% ao ano; grande investimento em infraestrutura e educação; distribuição de renda; e aumento da capacidade econômica do Estado.

c) pela política social de inclusão, com a criação do Bolsa Família; facilitação do ingresso de carentes na Universidade; restrição aos investimentos estrangeiros; e elevados incentivos à agricultura familiar.

d) pelo rompimento com a política econômica originada pelo "Consenso de Washington"; consolidação do sistema financeiro estatal; e reforço da legislação trabalhista gestada na primeira metade do século XX.

e) pelo limitado crescimento econômico; privatização das empresas estatais; diminuição do tamanho do Estado; e apagão energético, que levou ao racionamento e ao aumento do custo da energia.

2. (UEM-PR) Leia o fragmento do texto e, após, assinale a(s) alternativa(s) correta(s).[1]

"Em maio de 2006, uma organização criminosa ligada ao tráfico de drogas e comandada de dentro de presídios desencadeou uma onda inédita de violência, com o ataque em larga escala a forças policiais e civis, atingindo pelo menos seis estados brasileiros. A cidade de São Paulo foi paralisada; a população se recolheu a suas casas e a polícia iniciou operações de represália, com violência sem precedentes. Outros ataques do crime organizado continuaram acontecendo tanto em São Paulo quanto no Rio de Janeiro."

VICENTINO, Cláudio; DORIGO, Gianpaolo. *História geral e do Brasil*. São Paulo: Scipione, 2010. p. 805.

01. O Programa de Aceleração do Crescimento (PAC), lançado pelo Governo Lula em janeiro de 2007, constituiu-se em uma resposta direta, imediata e incisiva às ações do crime organizado, promovendo uma melhor distribuição de renda e uma redução do desemprego no Brasil.

02. O quadro acima descrito resultou, dentre outros fatores, da incapacidade das instituições do Estado em conter as ações do crime organizado.

04. A criminalidade que persiste no Brasil vincula-se a causas variadas e complexas que incluem, entre outras, elevados índices de pobreza e ineficiência e corrupção dos órgãos policiais.

08. A superação do quadro descrito acima, com uma expressiva diminuição dos índices de violência urbana e a desarticulação do crime organizado, somente foi possível em razão dos grandes investimentos do governo do presidente Fernando Henrique Cardoso em infraestrutura e em educação básica.

16. O quadro acima descrito refere-se apenas às cidades do Rio de Janeiro e de São Paulo, não tendo atingido o interior desses estados, nem o estado do Paraná.

---

[1] Dê como resposta a soma dos números associados às afirmações corretas.

3. **(UPE)**

    "Em todos os modelos, as eleições se decidem por maioria de votos. Nesse sentido, as eleições podem ser de vários tipos: simples, relativo e absoluto. Conforme o tipo adotado, ganha o candidato que obtiver mais votos, com qualquer número, ou é estabelecido um *quorum*, uma quantidade mínima de votos, para que haja vencedor, e a eleição seja validada, ou, ainda, é exigido metade mais um dos votos válidos."

    MARTINEZ, P. *Forma de Governo*. São Paulo: Moderna, 1992. Adaptado.

    No Brasil, já foram praticados, desde a Colônia, vários sistemas eleitorais. Nesta perspectiva:

    I. no tempo da Colônia, os nobres podiam eleger, entre eles, representantes dos conselhos locais.

    II. na República Velha, a riqueza deixou de ser requisito para votar e ser votado.

    III. a Constituição de 1946 manteve a proibição de voto dos analfabetos e das mulheres.

    IV. o golpe militar de 1964 e a ditadura que se seguiu puseram fim às eleições diretas para presidente.

    V. a Constituição de 1988 transformou o Brasil numa democracia de massa: eleger seus representantes tornou-se um direito de todos.

    Estão corretas:

    a) apenas as afirmativas I e IV.
    b) apenas as afirmativas I, II e V.
    c) apenas as afirmativas I, II, IV e V.
    d) apenas as afirmativas III e IV.
    e) todas.

4. **(PUC-MG)** O PAC (Programa de Aceleração do Crescimento, do governo Lula), lançado em 2007 pela ministra da Casa Civil Dilma Rousseff, tem inspiração nas teses desenvolvimentistas criadas na década de 1960:

    a) pela OEA (Organização dos Estados Americanos).
    b) pela Unesco (Organização das Nações Unidas para a Educação, a Ciência e a Cultura).
    c) pela Cepal (Comissão Econômica para América Latina).
    d) pelo FMI (Fundo Monetário Internacional).

5. **(FGV-SP)** Recentemente, em julho de 2011, faleceu o ex-presidente Itamar Franco. A respeito da sua chegada ao poder e do seu governo, é correto afirmar:

    a) Venceu Luiz Inácio Lula da Silva no primeiro turno das eleições disputadas em 1994, graças ao sucesso do Plano Real, implementado no governo de Fernando Henrique Cardoso.
    b) Venceu Luiz Inácio Lula da Silva nas eleições de 1989 e organizou um governo de coalizão nacional, do qual participaram todos os demais partidos políticos brasileiros, incluindo o PT.
    c) Assumiu a presidência após o processo de *impeachment* do presidente Fernando Collor de Mello e, com seu ministro Fernando Henrique Cardoso, implementou o Plano Real.
    d) Foi eleito em janeiro de 1985, em eleição direta pelo colégio eleitoral, e organizou um governo de reformas políticas e econômicas que permitiram sua reeleição em 1994.
    e) Foi eleito em 1994 devido ao sucesso do Plano Real implementado no governo do presidente Fernando Henrique Cardoso, do qual participou como ministro da Fazenda.

6. **(Udesc)** Existem projeções razoáveis de economistas e administradores que consideram os países integrantes do BRIC (Brasil, Rússia, Índia e China) potências econômicas; juntos representarão cerca de 40% da população mundial nos próximos vinte anos. Estabeleça um ponto em comum entre esses países e discorra sobre ele.

Gabarito

O trabalho do historiador e origem e dispersão dos seres humanos
página 8
1. Alternativa c.
2. F-V-F-F-F.
3. Alternativa b.
4. Alternativa d.
5. Alternativa d.
6. Alternativa c.

A África Antiga
página 11
1. Alternativa e.
2. Alternativa b.
3. Alternativa d.
4. Alternativa d.

A leste do Mediterrâneo
página 13
1. Alternativa c.
2. Alternativa d.
3. Alternativa d.

A Grécia Antiga
página 15
1. Alternativa c.
2. Alternativa e.
3. Alternativa a.
4. Alternativa c.

Roma: a cidade e o Império
página 17
1. Alternativa b.
2. Alternativa b.
3. Alternativa b.

A Idade Média
página 22
1. Alternativa b.
2. Alternativa e.
3. F-F-F-V-V.
4. Alternativa c.
5. Alternativa e.
6. Alternativa a.
7. 1 + 8 = 9.
8. Alternativa b.
9. Alternativa b.
10. Alternativa d.
11. Alternativa d.
12. Alternativa e.
13. Alternativa c.

O Renascimento e a Idade Moderna
página 28
1. Alternativa c.
2. Alternativa a.
3. Alternativa c.
4. Alternativa b.
5. Alternativa e.

Sociedades africanas
página 32
1. Alternativa b.
2. Alternativa c.
3. Alternativa d.
4. Alternativa b.
5. Alternativa d.

China e Índia
página 36
1. Alternativa e.
2. Alternativa b.
3. Alternativa d.
4. Alternativa b.
5. a) A matriz religiosa da primeira imagem é o cristianismo. A imagem representa a Santíssima Trindade, com o Filho (Jesus Cristo), o Pai e o Espírito Santo (representado por um pombo). De joelhos, aparece também a Virgem Maria. O judaísmo, matriz religiosa que deu origem ao cristianismo, não aceita a divindade de Cristo. O conceito de Santíssima Trindade foi formulado pela primeira vez no Concílio de Niceia, em 325. Já a matriz religiosa da segunda imagem são as crenças religiosas védicas (Índia antiga. O deus hinduísta com cabeça de elefante é Ganesha).
    b) Manifesta-se nos preceitos religiosos que orientam a conduta das pessoas. Esses preceitos são introjetados e fortalecidos por meio de símbolos e da palavra da divindade registrada nos textos sagrados.

A expansão marítima europeia
página 39
1. Alternativa e.
2. Alternativa c.
3. Alternativa b.

A América antes dos europeus
página 41
1. Alternativa d.
2. Alternativa e.
3. Alternativa e.

A América espanhola
página 44
1. Alternativa d.
2. Alternativa c.
3. Alternativa e.
4. a) Uma das táticas dos espanhóis consistiu em recrutar intérpretes, como a indígena Malinche, para se fazer entender pelos povos subjugados pelos astecas e que nutriam contra eles um acirrado espírito de vingança. Com a ajuda desses intérpretes, os espanhóis conseguiram mobilizar esses povos a seu favor. Os astecas também desenvolveram táticas criativas para enfrentar os conquistadores, como armadilhas para cavalos, e canoas "encouraçadas".
    b) As primeiras décadas da conquista espanhola na América foram de destruição de valores culturais dos ameríndios (cidades, templos, etc.) e de extermínio de populações inteiras, tanto pelas armas quanto por epidemias de doenças desconhecidas pelos nativos. Além disso, os espanhóis deslocaram contingentes indígenas de diversas regiões para o trabalho nas minas. Tudo isso desestruturou as sociedades ameríndias e sua agricultura, provocando fome e morte de milhares de pessoas.
5. Alternativa c.
6. Alternativa b.

A colonização da América portuguesa
página 50
1. Alternativa e.
2. Alternativa a.
3. Alternativa c.
4. Alternativa b.
5. Alternativa b.
6. Alternativa c.
7. Alternativa a.
8. Alternativa d.
9. V-F-V-F-V.
10. a) No primeiro plano, à esquerda, um carro de bois traz do canavial feixes de cana-de-açúcar (primeira fase). A cana é recolhida por um trabalhador escravizado que a levará para o galpão do segundo plano, à esquerda, onde será esmagada pela moenda, obtendo-se assim o caldo (segunda fase), que será fervido e levado ao galpão do primeiro plano à direita, no qual o melaço passará pelos tachos de purgar e será transformado em açúcar mascavo (terceira fase).
    b) A produção açucareira foi, durante mais de um século, a base da economia na América portuguesa. No Nordeste, ela ocupou a faixa de terras mais próxima do litoral, de solo e regime de chuvas ideais para a produção da cana-de-açúcar. Baseava-se na grande propriedade monocultora e no trabalho escravo. O engenho de açúcar era a unidade básica de produção. Nele estavam concentradas não só as edificações necessárias a essa produção, mas também a "casa-grande" do senhor do engenho e a senzala, moradia coletiva dos trabalhadores escravizados. A organização social, extremamente hierarquizada, tinha por base a família patriarcal.
11. Alternativa b.
12. Alternativa c.
13. Alternativa c.
14. Alternativa c.

A América inglesa, francesa e holandesa
página 55
1. Alternativa c.
2. Alternativa a.
3. V-F-V-V.
4. Alternativa b.

Absolutismo e mercantilismo
página 58
1. Alternativa d.
2. Alternativa b.
3. Alternativa a.
4. Alternativa b.
5. Alternativa b.
6. a) Destacam-se a balança comercial favorável, o metalismo (quanto maior a quantidade de metais preciosos armazenados por um país tanto mais rico ele seria), o comércio como atividade econômica mais importante de uma nação e a aplicação de tarifas alfandegárias sobre os produtos importados para proteger os similares nacionais (protecionismo).

b) Ao valorizar a acumulação de metais preciosos e o comércio, o Mercantilismo estimulou a colonização da América. A política mercantilista estabeleceu mecanismos como o monopólio comercial (o exclusivo), que obrigava a colônia a comerciar exclusivamente com a metrópole, para a qual a colônia constituía fonte de matéria-prima e de metais preciosos e mercado para os seus produtos.

As revoluções inglesas e a Revolução Industrial

página 62

1. Alternativa b.
2. Alternativa d.
3. Alternativa e.
4. Alternativa d.
5. Alternativa e.
6. Alternativa a.
7. Alternativa a.
8. Alternativa d.
9. Alternativa c.
10. Alternativa e.
11. Alternativa d.
12. 1 + 8 + 16 = 25

O Iluminismo e a Revolução Americana

página 68

1. Alternativa b.
2. Alternativa e.
3. Alternativa c.
4. Alternativa c.
5. Alternativa e.
6. Alternativa c.
7. Alternativa a.
8. a) A crença no primado da razão e a rejeição do misticismo; a crítica ao absolutismo e a defesa da liberdade de consciência, etc.
   b) No século XVIII, o absolutismo dava sinais de esgotamento como modelo político. Na França, principalmente, os pensadores iluministas propunham um novo modelo político, baseado na adoção de Constituições que assegurassem direitos e liberdades individuais e coletivas. A maioria desses pensadores era adepta da Monarquia constitucional. Nessas circunstâncias, alguns monarcas aceitaram promover reformas em seus reinos para não perder o trono. Esses monarcas ficaram conhecidos como déspotas esclarecidos.
9. Alternativa a.
10. Alternativa a.
11. Alternativa a.
12. Alternativa d.

A Revolução Francesa e o Império Francês

página 76

1. Alternativa c.
2. Alternativa b.
3. Alternativa b.
4. Alternativa c.
5. Alternativa d.
6. Alternativa c.
7. Alternativa b.
8. F-F-V-V.
9. Alternativa d.
10. Alternativa c.
11. Alternativa e.

América Latina: a conquista da independência

página 84

1. Alternativa b.
2. Alternativa d.
3. Alternativa d.
4. Alternativa a.
5. 2 + 4 + 16 = 22.
6. Alternativa d.
7. Alternativa c.
8. Alternativa b.
9. Alternativa b.
10. 1 + 2 + 4 + 8 = 15.
11. Alternativa c.

O Império brasileiro

página 92

1. Alternativa d.
2. Alternativa c.
3. Alternativa a.
4. Alternativa e.
5. Alternativa a.
6. Alternativa d.
7. Alternativa c.
8. Alternativa a.
9. V-F-V-F-V.
10. Alternativa a.
11. Alternativa e.
12. Alternativa c.
13. Alternativa a.

Das revoluções liberais ao imperialismo

página 98

1. Alternativa b.
2. Alternativa d.
3. Alternativa d.
4. Alternativa c.
5. Alternativa b.
6. Alternativa d.
7. Alternativa d.
8. Os principais objetivos do Congresso de Viena foram: restaurar no trono as casas dinásticas derrubadas pela ação da Revolução Francesa e das tropas napoleônicas, segundo o princípio da legitimidade monárquica, e restabelecer as fronteiras nacionais das nações europeias anteriores a 1789.
   Com a unificação da Alemanha, rompeu-se o equilíbrio de forças entre as nações europeias, a alteração do mapa europeu estabelecido pelo Congresso de Viena e a formação de alianças entre as potências da Europa na perspectiva de novos conflitos armados.
9. Alternativa c.
10. Alternativa d.
11. Alternativa e.
12. Alternativa e.
13. Alternativa d.

América: imperialismo e revolução

página 104

1. Alternativa d.
2. Alternativa d.
3. Alternativa e.
4. Alternativa b.
5. Alternativa a.
6. a) O primeiro avanço dos estadunidenses rumo ao Oeste ocorreu como resultado da Guerra de Independência (1775-1783), na qual os Estados Unidos, apoiados pela França, Espanha e Holanda, enfrentaram a Inglaterra. A Paz de Versalhes assegurou aos Estados Unidos a posse de um extenso território a oeste, situado entre as antigas Treze Colônias e a Louisiana. Em 1803, a Louisiana foi comprada à França pelo governo estadunidense. Em 1862, a *Lei Homestead* concedeu terras ainda mais a oeste a todo colono que quisesse ocupá-las. Todo esse processo ocorreu com a expulsão e o extermínio dos povos indígenas que antes habitavam essas terras.
   b) Esse processo foi mitificado pela literatura, pelo cinema e pelos meios de comunicação estadunidenses, que o descreveram como a epopeia heroica de um país em formação. Nessa construção ideológica, os indígenas foram descritos como selvagens impermeáveis à "civilização", ao "progresso" e aos valores capitalistas.
7. 1 + 2 + 8 + 16 = 27.
8. Alternativa a.
9. Alternativa a.
10. Alternativa e.
11. Alternativa e.
12. 2 + 4 + 8 = 14.

Socialismo, guerra e revolução

página 111

1. Alternativa c.
2. Alternativa b.
3. Alternativa d.
4. V-V-F-F-V.
5. Alternativa d.
6. V-V-V-F-V.
7. Alternativa e.
8. Alternativa e.
9. Alternativa d.

A Primeira República no Brasil

página 116

1. Alternativa c.
2. Alternativa d.
3. Alternativa c.
4. Alternativa b.
5. Alternativa a.

A ascensão do totalitarismo

página 120

1. Alternativa d.
2. Alternativa b.

Gabarito

3. Alternativa **a**.
4. Alternativa **d**.
5. Alternativa **a**.
6. Alternativa **e**.
7. Alternativa **b**.
8. Alternativa **b**.
9. Alternativa **c**.
10. Alternativa **c**.
11. Alternativa **e**.
12. Alternativa **d**.

O mundo em guerra
página 128
1. Alternativa **d**.
2. 1 + 4 = 5.
3. Alternativa **e**.
4. Alternativa **b**.
5. 4 + 8 = 12.
6. 4 + 8 + 16 = 28.
7. Alternativa **d**.
8. V-V-V-V-V.
9. Alternativa **d**.
10. Alternativa **a**.

O Brasil entre 1930 e 1945
página 134
1. Alternativa **c**.
2. 2 + 8 + 16 = 26.
3. Alternativa **a**.
4. Criado em dezembro de 1939, o Departamento de Imprensa e Propaganda (DIP) tinha por objetivo promover a imagem do governo por meio de intensa propaganda, fazer a censura dos meios de comunicação e exaltar a figura de Getúlio Vargas. Ao mesmo tempo, o DIP difundia uma ideologia que valorizava o trabalho e os símbolos nacionais, buscando criar um sentimento de identidade nacional ligado às condições peculiares do povo brasileiro, como a mestiçagem e suas manifestações culturais. Uma de suas realizações foi a fixação da imagem de Getúlio como "pai dos pobres", que teria "doado" as leis trabalhistas às classes trabalhadoras.
5. Alternativa **a**.

A América Latina entre a revolução e as ditaduras
página 138
1. Alternativa **b**.
2. Alternativa **c**, V-F-V-V-F.
3. a) A mulher em primeiro plano na imagem simboliza a proteção aos trabalhadores que se veem ao fundo, garantida pelo governo de Perón. A balança que ela segura representa a igualdade de todos perante a Constituição e perante Perón, cujo rosto aparece no último plano, refletido no céu como um ser onipresente e onisciente, a proteger a nação.
   b) O autoritarismo e o apelo permanente aos trabalhadores, expresso particularmente nas grandes manifestações de 1º de Maio, Dia do Trabalho.
4. 8 + 16 = 24.
5. Alternativa **c**.

6. Alternativa **b**.
7. Alternativa **d**.
8. Alternativa **d**.
9. Alternativa **e**.
10. Alternativa **b**.
11. V-F-F-F-V.
12. Alternativa **e**

Brasil: do populismo à ditadura militar
página 146
1. Alternativa **a**.
2. Alternativa **c**.
3. Alternativa **c**.
4. Alternativa **a**.
5. Alternativa **d**.
6. Alternativa **a**.
7. Alternativa **c**.

O Oriente Médio
página 150
1. Alternativa **c**.
2. Alternativa **c**.
3. Alternativa **a**.
4. Alternativa **c**.
5. Alternativa **a**.
6. Alternativa **d**.
7. a) A criação do Estado de Israel ocorreu logo após a Segunda Guerra Mundial (1939-1945), durante a qual cerca de 6 milhões de judeus foram exterminados pelos nazistas. O *Holocausto* tornou-se mundialmente conhecido após o conflito, sensibilizando a opinião pública mundial. Para ela, a criação de um Estado judeu seria uma espécie de compensação. De fato, desde a época do Império Romano, quando foram expulsos da Palestina, os judeus encontravam-se dispersos por várias regiões do mundo, principalmente da Europa, onde sofriam discriminações desde a Idade Média.
   b) Já em fins do século XIX, adeptos do *Sionismo*, movimento de retorno à Palestina criado pelo húngaro Theodor Herzl, começaram a se transferir da Europa Oriental para a antiga Canaã, onde se localizavam em tempos bíblicos os reinos de Israel e Judá, por considerá-la a Terra Prometida de que fala o Velho Testamento. Com o fim da Segunda Guerra Mundial, milhares de judeus afluíram para a Palestina, onde criaram duas organizações armadas: o *Hagana* e o *Irgun*. Esse afluxo causou mal-estar entre os árabes que viviam na região. Em 1947, a ONU aprovou um plano que dividia o território da Palestina em dois Estados; um deles, judeu, o outro, palestino. Os árabes, entretanto, rejeitaram o plano, alegando que os judeus ficariam com a maior parte desse território e que a população palestina era duas vezes maior do que a judaica. Enquanto isso, era criado, em 1948, o Estado de Israel. Teve início então uma guerra entre Israel e a Liga Árabe, formada pelos governos do Egito, Iraque, Síria, Líbano e Transjordânia (atual Jordânia), vencida pelos israelenses.

O triunfo da democracia
página 154
1. 1 + 16 = 17.
2. Alternativa **c**.
3. Alternativa **c**.
4. Alternativa **e**.
5. a) O principal argumento das ditaduras militares envolvidas na Operação Condor dizia respeito à necessidade de combater de forma coordenada a "guerra revolucionária" desencadeada pelas organizações da esquerda armada no continente.
   b) A Revolução dos Cravos foi promovida por jovens oficiais das forças armadas portuguesas com uma perspectiva democrática e esquerdizante.
6. Alternativa **d**.

O fim da Guerra Fria e a globalização
página 160
1. a) A Revolução Russa de 1917 simbolizou uma porta para o futuro porque muitas pessoas esperavam que ela abrisse caminho para o socialismo, inaugurando uma era de liberdade, igualdade, solidariedade e fraternidade.
   b) O esgotamento do modelo socialista-burocrático de Estado, marcado pela ausência de liberdade que impedia o debate e a crítica ao regime, a concentração de poderes nas mãos de uma burocracia rígida e privilegiada, o atraso tecnológico, que dificultava a competitividade desses regimes no mercado internacional, e o sistema de partido único, que bloqueava o desenvolvimento de novas ideias.
2. Alternativa **c**.
3. Alternativa **a**.
4. Alternativa **a**.
5. Alternativa **b**.

Brasil: a consolidação da democracia
página 164
1. Alternativa **e**.
2. 2 + 4 = 6.
3. Alternativa **c**.
4. Alternativa **c**.
5. Alternativa **c**.
6. Em primeiro lugar, todos eles são países emergentes, ou seja, estão à frente dos países pobres ou "subdesenvolvidos" em termos de crescimento industrial, peso relativo de suas economias (medido pelo valor global do Produto Interno Bruto de cada um), potencial econômico e valor de suas transações comerciais no mercado mundial (exportações e importações). Um segundo aspecto comum a todos eles é a permanência, ao lado do processo de industrialização, de acentuadas desigualdades sociais e de outras características que os assemelham aos países "subdesenvolvidos" (dependência tecnológica em relação aos países desenvolvidos, pobreza nas zonas rurais e em bolsões urbanos, etc.).

ser Protagonista BOX

CADERNO DE COMPETÊNCIAS ENEM

HISTÓRIA

ENSINO MÉDIO

ORGANIZADORA EDIÇÕES SM
Obra coletiva concebida, desenvolvida e produzida por Edições SM.

SM

São Paulo,
1ª edição 2014

Ser Protagonista BOX História – Caderno de Competências ENEM
© Edições SM Ltda.
Todos os direitos reservados

Direção editorial	Juliane Matsubara Barroso
Gerência editorial	Angelo Stefanovits
Gerência de processos editoriais	Rosimeire Tada da Cunha
Colaboração	Leandro Salman Torelli
Coordenação de edição	Ana Paula Landi, Cláudia Carvalho Neves
Edição	Cláudio Cavalcanti
Assistência de produção editorial	Alzira Aparecida Bertholim Meana, Flávia Romancini Rossi Chaluppe, Silvana Siqueira
Preparação e revisão	Cláudia Rodrigues do Espírito Santo (Coord.), Izilda de Oliveira Pereira, Rosinei Aparecida Rodrigues Araujo, Valéria Cristina Borsanelli
Coordenação de *design*	Erika Tiemi Yamauchi Asato
Coordenação de Arte	Ulisses Pires
Edição de Arte	Melissa Steiner Rocha Antunes
Projeto gráfico	Erika Tiemi Yamauchi Asato
Capa	Alysson Ribeiro, Erika Tiemi Yamauchi Asato, Megalo Design
Iconografia	Priscila Ferraz, Bianca Fanelli
Tratamento de imagem	Robson Mereu
Editoração eletrônica	[sic] comunicação
Fabricação	Alexander Maeda
Impressão	Eskenazi Indústria Gráfica Ltda

Dados Internacionais de Catalogação na Publicação (CIP)
(Câmara Brasileira do Livro, SP, Brasil)

Ser protagonista : história : competências ENEM :
 ensino médio, volume único / obra coletiva
 concebida, desenvolvida e produzida por Edições SM.
 — 1. ed. — São Paulo : Edições SM, 2014. —
 (Coleção ser protagonista)

Bibliografia.
ISBN 978-85-418-0221-5 (aluno)
ISBN 978-85-418-0222-2 (professor)

1. ENEM - Exame Nacional do Ensino Médio
2. História (Ensino médio) I. Série.

14-00656   CDD-907

Índices para catálogo sistemático:
1. História : Ensino médio 907

1ª edição, 2014

Edições SM Ltda.
Rua Tenente Lycurgo Lopes da Cruz, 55
Água Branca 05036-120 São Paulo SP Brasil
Tel. 11 2111-7400
edicoessm@grupo-sm.com
www.edicoessm.com.br

Apresentação

Este livro, complementar à coleção *Ser Protagonista*, contém aproximadamente cem questões elaboradas segundo o modelo das competências e habilidades, introduzido no universo educacional pioneiramente pelo Enem e depois adotado por muitos vestibulares do país. A maioria das questões é do próprio Enem; as demais foram elaboradas pela equipe editorial de Edições SM.

O volume proporciona prática mais do que suficiente para dar ao aluno o domínio das estratégias de resolução adequadas. Além disso, ao evidenciar o binômio competência-habilidade explorado em cada questão, contribui para que ele adquira mais consciência do processo de aprendizagem e, consequentemente, mais autonomia.

Antes de começar a resolver as questões, recomenda-se a leitura da seção *Para conhecer o Enem*, que fornece informações detalhadas sobre a história do Enem e apresenta a matriz de competências e habilidades de cada área do conhecimento.

Edições SM

CONHEÇA SEU LIVRO

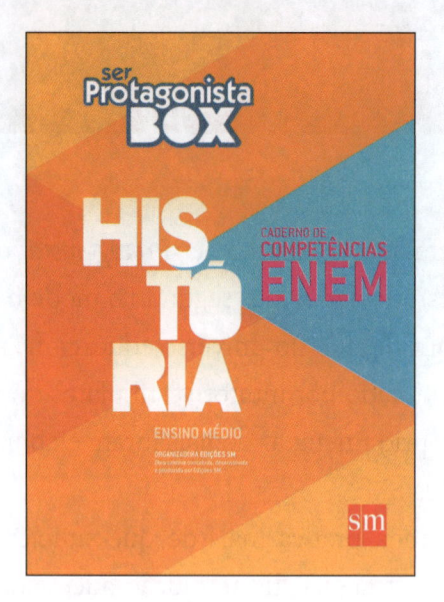

O *Ser Protagonista* Competências Enem possibilita um trabalho sistemático e contínuo com as principais habilidades exigidas pelo Enem.

Apresenta questões selecionadas das provas do Enem e também questões inéditas, desenvolvidas com base na Matriz de Referência do Enem (identificadas pela sigla SM).

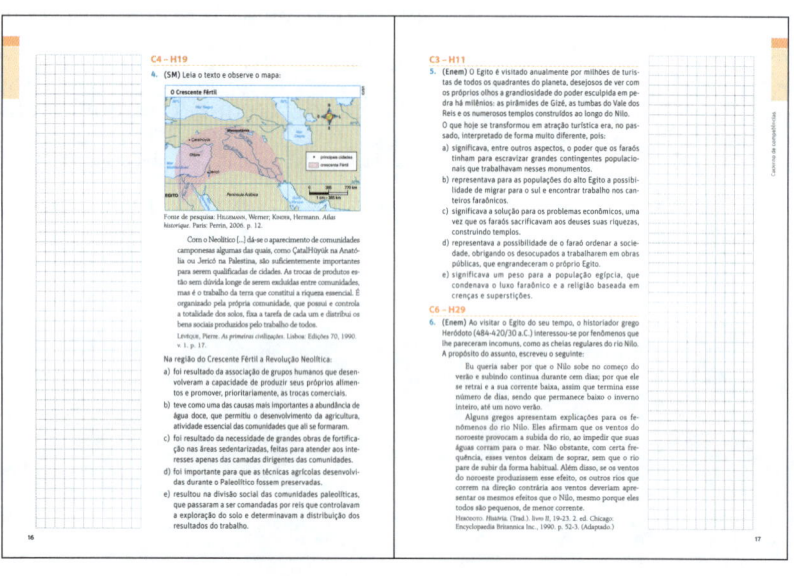

Todas as questões trazem a indicação da competência e da habilidade que está sendo trabalhada.

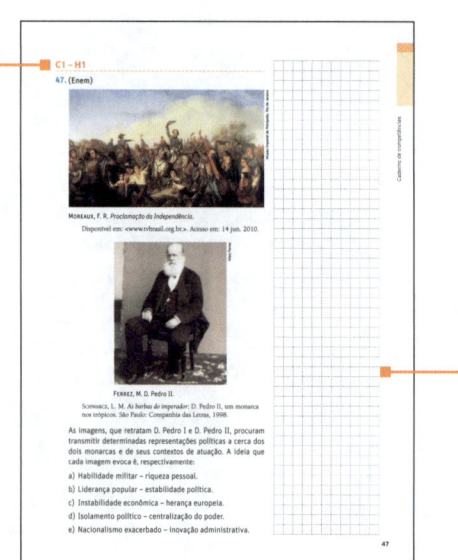

Este espaço é destinado a resoluções de exercícios e anotações.

SUMÁRIO

Para conhecer o Enem 6
- **Uma breve história do Enem** 6
    - O contexto, a análise e a reflexão interdisciplinar 8
    - Os eixos cognitivos 9
    - Competências e habilidades 10
    - As áreas de conhecimento 10
- *Ser Protagonista* **Competências Enem** 13
- **Atividades** 14

PARA CONHECER O ENEM

O Exame Nacional do Ensino Médio (Enem) tornou-se o exame mais importante realizado pelos alunos que concluem a formação básica. Sem dúvida, essa avaliação ganhou destaque nos últimos anos, na medida em que é, atualmente, a principal forma de ingresso no Ensino Superior público e, em grande medida, também no Ensino Superior privado.

Por conta disso, em 2013, a edição do Enem teve mais de 7 milhões de candidatos inscritos. O objetivo de quem faz o exame no contexto atual é, fundamentalmente, ingressar no Ensino Superior. As informações disponíveis neste material foram elaboradas no sentido de auxiliá-lo nessa tarefa.

Uma breve história do Enem

A primeira edição do Enem é de 1998. As características daquela avaliação eram diferentes da atual. Apesar de poucas mudanças pedagógicas, há muitas diferenças no que diz respeito à estrutura do exame.

Em 1998, a prova tinha 63 questões com uma proposta interdisciplinar e mais uma redação, realizada em apenas um dia. Muito diferente do formato atual, no qual as provas são divididas em quatro áreas do conhecimento – Ciências Humanas, Ciências da Natureza, Linguagens e Códigos e Matemática e suas respectivas tecnologias – e mais a redação. Além disso, com 180 questões, a prova ficou muito maior e mais abrangente, exigindo maior capacidade de organização e concentração dos candidatos em dois dias de aplicação.

É importante compreender os sentidos dessas mudanças e os seus significados. Em suma, é relevante esclarecer por que e como o Enem se tornou o exame mais importante do país.

Em meados da década de 1990, uma proposta de reforma no sistema educacional brasileiro foi finalmente posta em prática com a criação da Lei de Diretrizes e Bases da Educação Nacional (LDB, Lei n. 9 394/1996).

A nova lei apresentava uma proposta, inovadora à época, de organização da chamada educação básica, incluindo nela o Ensino Médio, como última etapa dessa formação. No artigo 35, a lei apresentava os objetivos gerais do Ensino Médio:

> O Ensino Médio, etapa final da educação básica, com duração mínima de três anos, terá como finalidades:
> I — a consolidação e o aprofundamento dos conhecimentos adquiridos no ensino fundamental, possibilitando o prosseguimento de estudos;
> II — a preparação básica para o trabalho e a cidadania do educando, para continuar aprendendo, de modo a ser capaz de se adaptar com flexibilidade a novas condições de ocupação ou aperfeiçoamento posteriores;
> III — o aprimoramento do educando como pessoa humana, incluindo a formação ética e o desenvolvimento da autonomia intelectual e do pensamento crítico;
> IV — a compreensão dos fundamentos científico-tecnológicos dos processos produtivos, relacionando a teoria com a prática, no ensino de cada disciplina.
>
> BRASIL. Presidência da República. Lei de Diretrizes e Bases da Educação (Lei n. 9 394, de 20 de dezembro de 1996). Brasília, DF, 1996. Disponível em: <http://www.planalto.gov.br/ccivil_03/leis/l9394.htm>. Acesso em: 11 fev. 2014.

Assim, o Ensino Médio se tornava parte integrante da formação básica dos estudantes brasileiros e seu papel seria a continuação dos estudos, a preparação para o mundo do trabalho e da cidadania, o desenvolvimento dos valores humanos e éticos e a formação básica no que tangem aos aspectos científicos e tecnológicos.

Tentava-se, assim, aproximar a educação brasileira das questões contemporâneas, dotá-la de capacidade para enfrentar os dilemas do mundo rápido, tecnológico e globalizado que começava a se solidificar naquele momento.

Nesse caminho, pouco mais de dois anos depois, o Ministério da Educação apresentou ao país os Parâmetros Curriculares Nacionais para o Ensino Médio. A proposta de elaborar um currículo baseado em competências e habilidades, sustentados na organização de eixo cognitivos e em áreas de conhecimento, foi a estrutura básica dos Parâmetros e a característica fundamental do modelo pedagógico que se tentava implementar no país a partir de então.

A preocupação era, novamente, dotar os educandos de uma formação adequada para o novo mundo tecnológico, de mudanças rápidas que exigem adaptação quase instantânea a realidades que nem bem se cristalizam já estão sendo transformadas. Por isso, a ideia de organizar o currículo a partir de competências que garantam a atuação do indivíduo numa nova realidade social, econômica e política:

> A revolução tecnológica, por usa vez, cria novas formas de socialização, processos de produção e, até mesmo, novas definições de identidade individual e coletiva. Diante desse mundo globalizado, que apresenta múltiplos desafios para o homem, a educação surge como uma utopia necessária indispensável à humanidade na sua construção da paz, da liberdade e da justiça social. [...]
>
> Considerando-se tal contexto, buscou-se construir novas alternativas de organização curricular para o Ensino Médio comprometidas, de um lado, com o novo significado do trabalho no contexto da globalização e, de outro, com o sujeito ativo, a pessoa humana que se apropriará desses conhecimentos para se aprimorar, como tal, no mundo do trabalho e na prática social. Há, portanto, necessidade de se romper com modelos tradicionais, para se alcancem os objetivos propostos para o Ensino Médio.
>
> BRASIL. Ministério da Educação, Secretaria de Educação Média e Tecnológica. *Parâmetros curriculares nacionais*: Ensino Médio. Brasília: Ministério da Educação, 1999. p. 25.

Foi com base nesses documentos e na visão que eles carregam sobre o significado da educação da última etapa da formação básica, isto é, uma educação voltada para a cidadania no contexto de um país e um mundo em constante transformação, que o Enem foi pensado como um exame de avaliação do Ensino Médio brasileiro.

Em 1998, na sua primeira versão, o Enem pretendia dar subsídios para a avaliação do desempenho geral dos alunos ao final da educação básica, buscando aferir o nível de desenvolvimento das habilidades e das competências propostas na LDB e nos Parâmetros Curriculares Nacionais.

O exame tornava-se, assim, uma ferramenta de avaliação que os próprios estudantes poderiam utilizar para analisar sua formação geral e, conforme indicavam os documentos que sustentaram sua criação, como uma forma alternativa para processos de seleção para novas modalidades de ensino após a formação básica e mesmo para o mundo do trabalho.

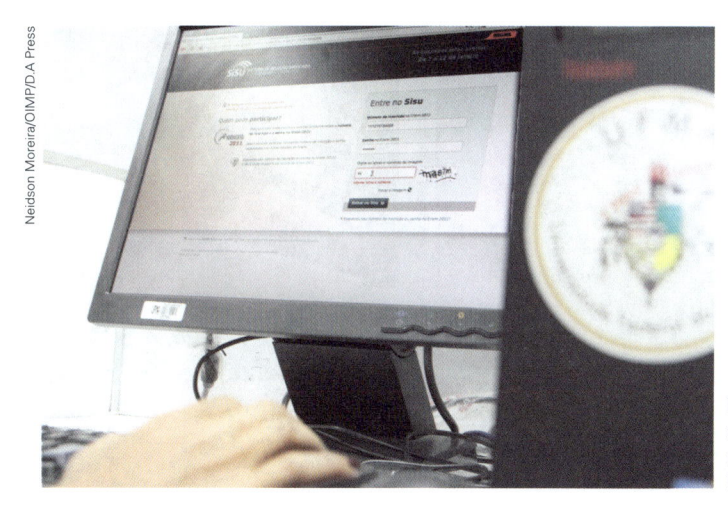

Inscrições para o Sistema de Seleção Unificada – SiSU na Universidade Federal do Maranhão (UFMA) em 2012.

PARA CONHECER O ENEM

Ao longo dos anos, o número de inscritos foi crescendo, chegando à casa dos milhões desde 2001, e a prova passou a ser utilizada em vários processos seletivos de universidades públicas e privadas. Essa transformação tem um momento decisivo no ano de 2004, quando o governo federal criou o Programa Universidade para Todos (ProUni) – onde alunos de baixa renda, oriundos da escola pública ou bolsistas integrais de escolas privadas, podem cursar o Ensino Superior privado com bolsas de 100% ou 50%.

Nesse momento, quando várias escolas de nível superior privado aderiram ao ProUni, o Enem ganhou uma dimensão gigantesca, com mais de três milhões de inscritos em 2005.

Em 2009, com a criação do Sistema de Seleção Unificada (SiSU), no qual a maioria das vagas nas universidades federais é disputada pelos candidatos que realizaram o Enem numa plataforma virtual, o exame do Enem passou por uma profunda reformulação. Desde então, a avaliação se realiza em dois dias, no último fim de semana do mês de outubro, com 180 questões e uma redação.

A forma de pontuação também mudou. Inspirado no sistema estadunidense, o Ministério da Educação implementou a Teoria de Resposta ao Item (TRI), na qual cada questão passa por classificações de dificuldade e complexidade e a pontuação varia de acordo com essa classificação, as consideradas mais difíceis recebem uma pontuação maior que as consideradas mais fáceis. Além disso, é possível, segundo a TRI, verificar possíveis "chutes", caso o candidato acerte questões difíceis e erre as fáceis sobre assuntos parecidos. Assim, desde então, provas de anos diferentes podem ser comparadas e os resultados do Enem podem ser analisados globalmente.

Com a adesão de mais de 80% das universidades federais ao SiSU e com quase 200 mil bolsas oferecidas em universidades privadas pelo ProUni, o Enem se tornou o exame mais importante do país. Além de avaliar o desempenho dos alunos, ele passou a ser decisivo para o ingresso nas escolas de Ensino Superior em todo o país.

■ O contexto, a análise e a reflexão interdisciplinar

Desde sua primeira formulação, o Enem sempre se apoiou na proposta de ser uma prova interdisciplinar. Desde 2009, no entanto, o exame mantém a interdisciplinaridade, mas dentro das áreas de conhecimento. Assim, a interdisciplinaridade se realiza entre as disciplinas das quatro grandes áreas: Linguagens e Códigos, Matemática, Ciências Humanas e Ciências da Natureza.

Em geral, as questões exigem dos candidatos capacidade de análise e reflexão sobre contextos. Procura-se, portanto, estabelecer a relação entre o conhecimento adquirido e a realidade cotidiana que nos cerca, abordando as múltiplas facetas da vida social, desde aspectos culturais até os tecnológico e científico.

As capacidades de leitura e de interpretação, nas suas diversas modalidades – textos, documentos, gráficos, tabelas, charges, obras de arte, estruturas arquitetônicas, etc. –, são elementos centrais da proposta pedagógica do exame. O domínio dessas competências se aplica a toda a prova, na medida em que não há, no Enem, questões que exijam apenas memorização. Na verdade, elas exigem capacidade de análise crítica a partir da leitura e da interpretação de situações-problema apresentadas.

Portanto, em geral, o Enem apresenta diferenças de estilo e proposta pedagógica quando comparado aos vestibulares tradicionais. Entretanto, isso não quer dizer que a prova não exija uma boa formação no Ensino Médio. Ao contrário, esta é essencial para que o desempenho seja satisfatório, já que o exame procura valorizar todo o conhecimento obtido e relacionado ao cotidiano. Além disso, verifica-se, nos últimos anos, uma aproximação dos vestibulares à proposta do Enem, tornando-os mais reflexivos e críticos, em detrimento do caráter memorizador que algumas provas apresentavam anteriormente, o que vem exigindo também uma reformulação dos currículos e das propostas pedagógicas das escolas.

Dessa forma, não se trata de analisar se o Enem é mais fácil ou mais difícil que os exames vestibulares tradicionais, mas de compreender as suas características e se preparar para realizar a prova da melhor maneira possível.

▪ Os eixos cognitivos

O Enem está estruturado em torno de eixos cognitivos. Eles são a base para todas as áreas do conhecimento e se referem, essencialmente, aos domínios básicos que os candidatos devem ter para enfrentar, compreender e resolver as questões que a prova apresenta. Mas, principalmente, são as referências básicas do que precisamos dominar para atuar na realidade social, política, econômica, cultural e tecnológica que nos cerca.

A Matriz de Referência do Enem apresenta os cinco eixos cognitivos:

I. **Dominar linguagens (DL):** dominar a norma culta da Língua Portuguesa e fazer uso das linguagens matemática, artística e científica e das línguas espanhola e inglesa.

II. **Compreender fenômenos (CF)**: construir e aplicar conceitos das várias áreas do conhecimento para a compreensão de fenômenos naturais, de processos histórico-geográficos, da produção tecnológica e das manifestações artísticas.

III. **Enfrentar situações-problema (SP)**: selecionar, organizar, relacionar, interpretar dados e informações representados de diferentes formas, para tomar decisões e enfrentar situações-problema.

IV. **Construir argumentação (CA)**: relacionar informações, representadas em diferentes formas, e conhecimentos disponíveis em situações concretas, para construir argumentação consistente.

V. **Elaborar propostas (EP)**: recorrer aos conhecimentos desenvolvidos na escola para elaboração de propostas de intervenção solidária na realidade, respeitando os valores humanos e considerando a diversidade sociocultural.

BRASIL. Ministério da Educação. Instituto Nacional de Estudos e Pesquisas Educacionais Anísio Teixeira. *Matriz de Referência para o Enem*. Brasília, 2009. Disponível em: <http://portal.mec.gov.br/index.php?Itemid=310+enen.br>. Acesso em: 12 fev. 2014.

Conforme podemos perceber pela leitura atenta, os eixos cognitivos são essenciais para a compreensão, o diagnóstico e a ação diante de qualquer situação que se apresente a nós. A ideia é que, dominando esses eixos, os candidatos sejam capazes de solucionar os desafios colocados diante deles nas provas e na vida. Assim, propõe-se um exame que valorize aspectos da vida real, apresentando problemas para que os candidatos demonstrem capacidade de compreensão e diagnóstico, de encarar a situação, analisando seu contexto, de construir argumentação em torno do desafio para, por fim, elaborar uma proposta de ação.

Os eixos cognitivos, chamados, até o Enem 2008, de competências gerais, são a estrutura básica do exame, o sustentáculo pedagógico que dá sentido à prova, na medida em que garante a ela uma coerência, já que todos os desafios apresentados na avaliação têm de se fundamentar nesses eixos.

■ Competências e habilidades

As diversas áreas do conhecimento possuem as suas competências e habilidades específicas, que procuram evidenciar as características das abordagens de cada uma das áreas. Mas afinal, qual a diferença entre competência e habilidade? O que elas significam?

A base para a elaboração da matriz de referência do Enem são os Parâmetros Curriculares Nacionais para o Ensino Médio. Vejamos, então, como ali se apresenta a ideia de competência:

> De que competências se está falando? Da capacidade de abstração, do desenvolvimento do pensamento sistêmico, ao contrário da compreensão parcial e fragmentada dos fenômenos, da criatividade, da curiosidade, da capacidade de pensar múltiplas alternativas para a solução de um problema, ou seja, do desenvolvimento do pensamento divergente, da capacidade de trabalhar em equipe, da disposição para procurar e aceitar críticas, da disposição para o risco, do desenvolvimento do pensamento crítico, do saber comunicar-se, da capacidade de buscar conhecimento. Estas são competências que devem estar presentes na esfera social, cultural, nas atividades políticas e sociais como um todo, e que são condições para o exercício da cidadania num contexto democrático.
>
> BRASIL. Ministério da Educação. Secretaria de Educação Média e Tecnológica. *Parâmetros curriculares nacionais*: ensino médio. Brasília: Ministério da Educação, 1999. p. 24.

Ora, as competências são entendidas como mecanismos fundamentais para a compreensão do mundo e atuação nele, isto é, o saber fazer, conhecer, viver e ser. Não basta o domínio dos conteúdos, mas é necessário aplicá-lo ao contexto em que se encontra. Isso é competência: a capacidade de contextualizar o saber, ou seja, comparar, classificar, analisar, discutir, descrever, opinar, julgar, fazer generalizações, analogias e diagnósticos.

As habilidades são as ferramentas que podemos dispor para desenvolver competências. Logo, para saber fazer, conhecer, viver e ser, precisamos de instrumentais que nos conduzam para que a ação se torne eficaz. As habilidades são esses instrumentais que, manejados, possibilitam atingir os objetivos e desenvolver a competência.

Podemos concluir, portanto, que no Exame Nacional do Ensino Médio o conteúdo que aprendemos na escola deve ser utilizado como instrumento de vivência e de aplicabilidade real, por isso a necessidade de desenvolver competências e habilidades que permitam isso. Assim, os diferentes conteúdos das diversas áreas do conhecimento estão presentes na prova, mas de forma estrategicamente pensada e aplicada a situações da realidade social, política, econômica, cultural, científica e tecnológica.

■ As áreas de conhecimento

Ciências Humanas e suas Tecnologias

A área de Ciências Humanas envolve as disciplinas de História, Geografia, Sociologia e Filosofia. Nessa área, as exigências giram em torno da capacidade da análise das mudanças e permanências, no tempo e no espaço, bem como nos campos social, político, econômico e cultural.

A preocupação da prova é analisar aspectos da identidade, das transformações como fenômenos das relações de poder, da importância das instituições políticas, sociais e econômicas, assim como os impactos das tecnologias nas relações humanas, a valorização da democracia e da cidadania e, por fim, os impactos causados pelo homem na natureza.

As competências e habilidades da área são as seguintes:

Competência de área 1
Compreender os elementos culturais que constituem as identidades.

H1	Interpretar historicamente e/ou geograficamente fontes documentais acerca de aspectos da cultura.
H2	Analisar a produção da memória pelas sociedades humanas.
H3	Associar as manifestações culturais do presente aos seus processos históricos.
H4	Comparar pontos de vista expressos em diferentes fontes sobre determinado aspecto da cultura.
H5	Identificar as manifestações ou representações da diversidade do patrimônio cultural e artístico em diferentes sociedades.

Competência de área 2
Compreender as transformações dos espaços geográficos como produto das relações socioeconômicas e culturais de poder.

H6	Interpretar diferentes representações gráficas e cartográficas dos espaços geográficos.
H7	Identificar os significados histórico-geográficos das relações de poder entre as nações.
H8	Analisar a ação dos estados nacionais no que se refere à dinâmica dos fluxos populacionais e no enfrentamento de problemas de ordem econômico-social.
H9	Comparar o significado histórico-geográfico das organizações políticas e socioeconômicas em escala local, regional ou mundial.
H10	Reconhecer a dinâmica da organização dos movimentos sociais e a importância da participação da coletividade na transformação da realidade histórico-geográfica.

Competência de área 3
Compreender a produção e o papel histórico das instituições sociais, políticas e econômicas, associando-as aos diferentes grupos, conflitos e movimentos sociais.

H11	Identificar registros de práticas de grupos sociais no tempo e no espaço.
H12	Analisar o papel da justiça como instituição na organização das sociedades.

H13	Analisar a atuação dos movimentos sociais que contribuíram para mudanças ou rupturas em processos de disputa pelo poder.
H14	Comparar diferentes pontos de vista, presentes em textos analíticos e interpretativos, sobre situação ou fatos de natureza histórico-geográfica acerca das instituições sociais, políticas e econômicas.
H15	Avaliar criticamente conflitos culturais, sociais, políticos, econômicos ou ambientais ao longo da história.

Competência de área 4
Entender as transformações técnicas e tecnológicas e seu impacto nos processos de produção, no desenvolvimento do conhecimento e na vida social.

H16	Identificar registros sobre o papel das técnicas e tecnologias na organização do trabalho e/ou da vida social.
H17	Analisar fatores que explicam o impacto das novas tecnologias no processo de territorialização da produção.
H18	Analisar diferentes processos de produção ou circulação de riquezas e suas implicações socioespaciais.
H19	Reconhecer as transformações técnicas e tecnológicas que determinam as várias formas de uso e apropriação dos espaços rural e urbano.
H20	Selecionar argumentos favoráveis ou contrários às modificações impostas pelas novas tecnologias à vida social e ao mundo do trabalho.

Competência de área 5
Utilizar os conhecimentos históricos para compreender e valorizar os fundamentos da cidadania e da democracia, favorecendo uma atuação consciente do indivíduo na sociedade.

H21	Identificar o papel dos meios de comunicação na construção da vida social.
H22	Analisar as lutas sociais e conquistas obtidas no que se refere às mudanças nas legislações ou nas políticas públicas.
H23	Analisar a importância dos valores éticos na estruturação política das sociedades.
H24	Relacionar cidadania e democracia na organização das sociedades.
H25	Identificar estratégias que promovam formas de inclusão social.

	Competência de área 6 Compreender a sociedade e a natureza, reconhecendo suas interações no espaço em diferentes contextos históricos e geográficos.
H26	Identificar em fontes diversas o processo de ocupação dos meios físicos e as relações da vida humana com a paisagem.
H27	Analisar de maneira crítica as interações da sociedade com o meio físico, levando em consideração aspectos históricos e(ou) geográficos.
H28	Relacionar o uso das tecnologias com os impactos sócio-ambientais em diferentes contextos histórico-geográficos.
H29	Reconhecer a função dos recursos naturais na produção do espaço geográfico, relacionando-os com as mudanças provocadas pelas ações humanas.
H30	Avaliar as relações entre preservação e degradação da vida no planeta nas diferentes escalas.

BRASIL. Ministério da Educação. Instituto Nacional de Estudos e Pesquisas Educacionais Anísio Teixeira. *Matriz de referência para o Enem*. Brasília, 2009. Disponível em: <http://portal.mec.gov.br/index.php?Itemid=310+enen.br>. Acesso em: 12 fev. 2014.

Para obter mais informações sobre o Enem, consulte <http://portal.inep.gov.br/web/enem>. Acesso em: 27 fev. 2014.

Ser Protagonista Competências Enem

Desde sua formulação, os livros da coleção Ser Protagonista concebem a educação com base nos referenciais das competências e habilidades a serem desenvolvidas em cada uma das áreas do conhecimento. Os exercícios elaborados para os livros procuram trabalhar esses elementos, destacando-se na contextualização e no propósito de envolver problemas da multifacetada realidade da sociedade atual.

A intenção é ampliar esse olhar, apresentando um material adicional no qual o propósito da coleção é ainda mais aprofundado. Neste caderno, você tem acesso a um material específico, focado no desenvolvimento dos eixos cognitivos e nas competências e habilidades do Enem. O objetivo é complementar e fortalecer o projeto pedagógico da coleção Ser Protagonista, com a intenção de fortalecer ainda mais a proposta pedagógica praticada.

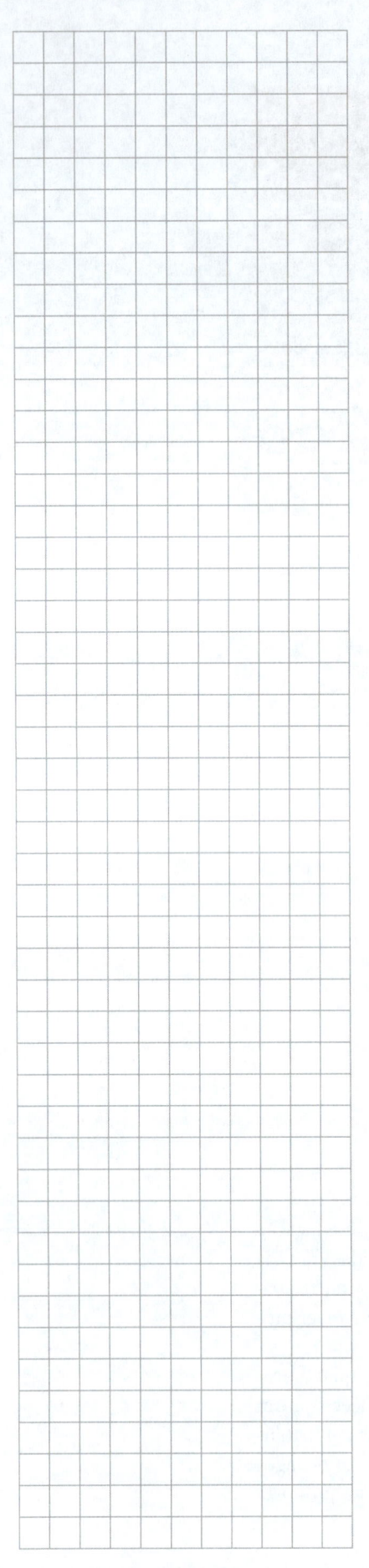

Atividades

C1 – H5

1. **(Enem)** Os quatro calendários apresentados abaixo mostram a variedade na contagem do tempo em diversas sociedades.

1º de janeiro de 2000	24 de Ramadã de 1378	23 de Tevet de 5760	7º dia do 12º mês do Ano do Coelho
OCIDENTAL (Gregoriano)	ISLÂMICO	JUDAICO	CHINÊS
Baseado no ciclo solar, tem como referência o nascimento de Cristo.	A base é a Lua. Inicia-se com a fuga de Maomé de Meca, em 622 d.C.	Calendário lunar, parte da criação do mundo conforme a Bíblia.	Referência lunar. Iniciado em 2697 a.C., ano do patriarca chinês Huangti.

Com base nas informações apresentadas, pode-se afirmar que:

a) o final do milênio, 1999/2000, é um fator comum às diferentes culturas e tradições.

b) embora o calendário cristão seja hoje adotado em âmbito internacional, cada cultura registra seus eventos marcantes em calendário próprio.

c) o calendário cristão foi adotado universalmente porque, sendo solar, é mais preciso que os demais.

d) a religião não foi determinante na definição dos calendários.

e) o calendário cristão tornou-se dominante por sua antiguidade.

C6 – H28

2. **(Enem)**

Se compararmos a idade do planeta Terra, avaliada em quatro e meio bilhões de anos ($4,5 \times 10^9$ anos), com a de uma pessoa de 45 anos, então, quando começaram a florescer os primeiros vegetais, a Terra já teria 42 anos. Ela só conviveu com o homem moderno nas últimas quatro horas e, há cerca de uma hora, viu-o começar a plantar e a colher. Há menos de um minuto percebeu o ruído de máquinas e de indústrias e, como denuncia uma ONG de defesa do meio ambiente, foi nesses últimos sessenta segundos que se produziu todo o lixo do planeta!

O texto permite concluir que a agricultura começou a ser praticada há cerca de:

a) 365 anos.
b) 460 anos.
c) 900 anos.
d) 10 000 anos.
e) 460 000 anos.

C1 – H1

3. (Enem)

Pintura rupestre da toca do Pajaú (PI).

> Disponível em: <http://www.betocelli.com.br>.
> Acesso em: 28 set. 2012.

A pintura rupestre mostrada na figura anterior, que é um patrimônio cultural brasileiro, expressa:

a) o conflito entre os povos indígenas e os europeus durante o processo de colonização do Brasil.

b) a organização social e política de um povo indígena e a hierarquia entre seus membros.

c) aspectos da vida cotidiana de grupos que viveram durante a chamada pré-história do Brasil.

d) os rituais que envolvem sacrifícios de grandes dinossauros atualmente extintos.

e) a constante guerra entre diferentes grupos paleoíndios da América durante o período colonial.

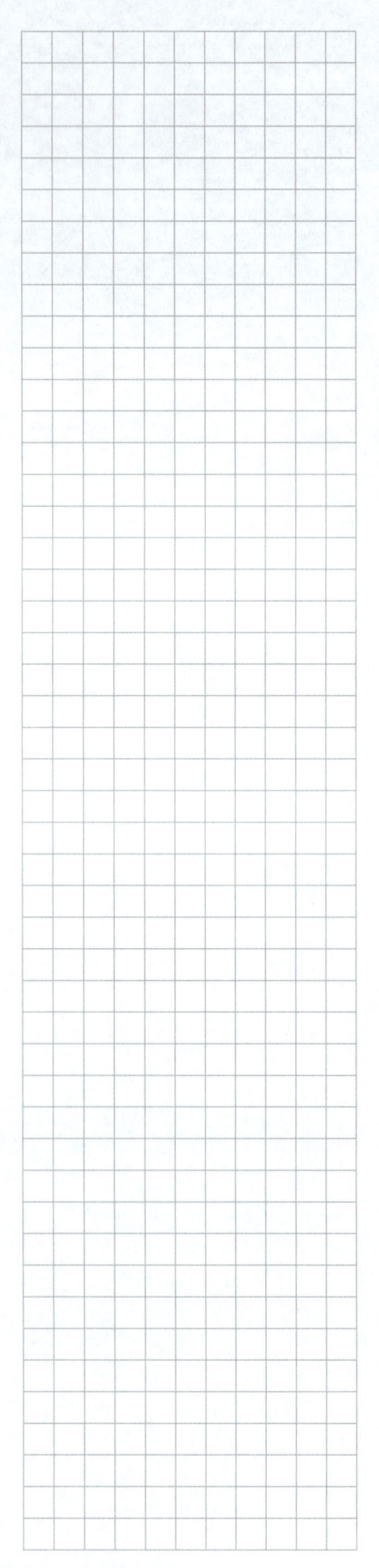

C4 – H19

4. (SM) Leia o texto e observe o mapa:

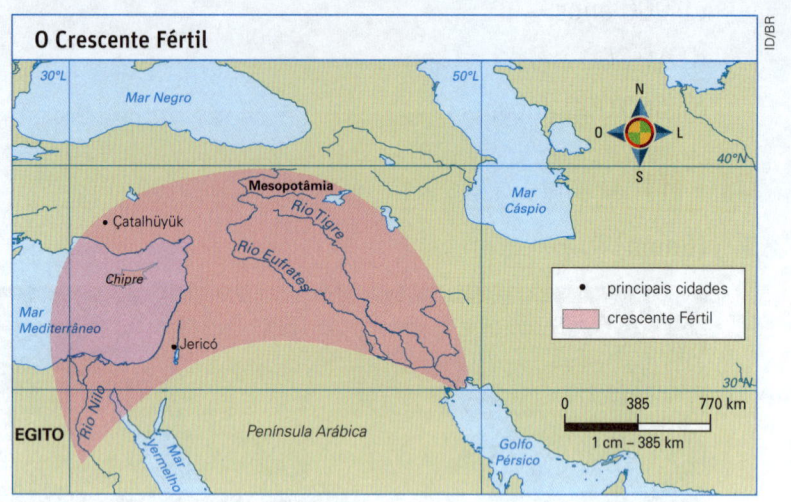

Fonte de pesquisa: HILGEMANN, Werner; KINDER, Hermann. *Atlas historique*. Paris: Perrin, 2006. p. 12.

> Com o Neolítico [...] dá-se o aparecimento de comunidades camponesas algumas das quais, como ÇatalHüyük na Anatólia ou Jericó na Palestina, são suficientemente importantes para serem qualificadas de cidades. As trocas de produtos estão sem dúvida longe de serem excluídas entre comunidades, mas é o trabalho da terra que constitui a riqueza essencial. É organizado pela própria comunidade, que possui e controla a totalidade dos solos, fixa a tarefa de cada um e distribui os bens sociais produzidos pelo trabalho de todos.
>
> LÉVÊQUE, Pierre. *As primeiras civilizações*. Lisboa: Edições 70, 1990. v. 1. p. 17.

Na região do Crescente Fértil a Revolução Neolítica:

a) foi resultado da associação de grupos humanos que desenvolveram a capacidade de produzir seus próprios alimentos e promover, prioritariamente, as trocas comerciais.

b) teve como uma das causas mais importantes a abundância de água doce, que permitiu o desenvolvimento da agricultura, atividade essencial das comunidades que ali se formaram.

c) foi resultado da necessidade de grandes obras de fortificação nas áreas sedentarizadas, feitas para atender aos interesses apenas das camadas dirigentes das comunidades.

d) foi importante para que as técnicas agrícolas desenvolvidas durante o Paleolítico fossem preservadas.

e) resultou na divisão social das comunidades paleolíticas, que passaram a ser comandadas por reis que controlavam a exploração do solo e determinavam a distribuição dos resultados do trabalho.

C3 – H11

5. (Enem) O Egito é visitado anualmente por milhões de turistas de todos os quadrantes do planeta, desejosos de ver com os próprios olhos a grandiosidade do poder esculpida em pedra há milênios: as pirâmides de Gizé, as tumbas do Vale dos Reis e os numerosos templos construídos ao longo do Nilo.

O que hoje se transformou em atração turística era, no passado, interpretado de forma muito diferente, pois:

a) significava, entre outros aspectos, o poder que os faraós tinham para escravizar grandes contingentes populacionais que trabalhavam nesses monumentos.

b) representava para as populações do alto Egito a possibilidade de migrar para o sul e encontrar trabalho nos canteiros faraônicos.

c) significava a solução para os problemas econômicos, uma vez que os faraós sacrificavam aos deuses suas riquezas, construindo templos.

d) representava a possibilidade de o faraó ordenar a sociedade, obrigando os desocupados a trabalharem em obras públicas, que engrandeceram o próprio Egito.

e) significava um peso para a população egípcia, que condenava o luxo faraônico e a religião baseada em crenças e superstições.

C6 – H29

6. (Enem) Ao visitar o Egito do seu tempo, o historiador grego Heródoto (484-420/30 a.C.) interessou-se por fenômenos que lhe pareceram incomuns, como as cheias regulares do rio Nilo. A propósito do assunto, escreveu o seguinte:

> Eu queria saber por que o Nilo sobe no começo do verão e subindo continua durante cem dias; por que ele se retrai e a sua corrente baixa, assim que termina esse número de dias, sendo que permanece baixo o inverno inteiro, até um novo verão.
>
> Alguns gregos apresentam explicações para os fenômenos do rio Nilo. Eles afirmam que os ventos do noroeste provocam a subida do rio, ao impedir que suas águas corram para o mar. Não obstante, com certa frequência, esses ventos deixam de soprar, sem que o rio pare de subir da forma habitual. Além disso, se os ventos do noroeste produzissem esse efeito, os outros rios que correm na direção contrária aos ventos deveriam apresentar os mesmos efeitos que o Nilo, mesmo porque eles todos são pequenos, de menor corrente.

HERÓDOTO. *História*. (Trad.). livro II, 19-23. 2. ed. Chicago: Encyclopaedia Britannica Inc., 1990. p. 52-3. (Adaptado.)

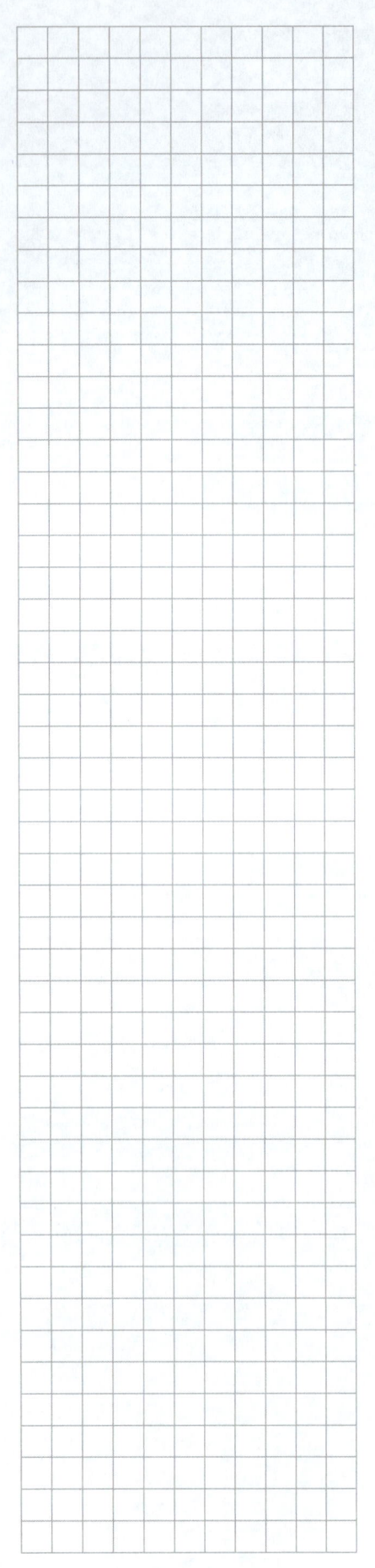

Nessa passagem, Heródoto critica a explicação de alguns gregos para os fenômenos do rio Nilo. De acordo com o texto, julgue as afirmativas a seguir.

I. Para alguns gregos, as cheias do Nilo devem-se ao fato de que suas águas são impedidas de correr para o mar pela força dos ventos do noroeste.

II. O argumento embasado na influência dos ventos do noroeste nas cheias do Nilo sustenta-se no fato de que, quando os ventos param, o rio Nilo não sobe.

III. A explicação de alguns gregos para as cheias do Nilo baseava-se no fato de que fenômeno igual ocorria com rios de menor porte que seguiam na mesma direção dos ventos.

É correto apenas o que se afirma em:

a) I.
b) II.
c) I e II.
d) I e III.
e) II e III.

C1 – H1

7. (SM) Leia o texto abaixo:

A morte entre os antigos gregos

Muitos estudiosos chegaram a acreditar que o sentimento do homem grego diante da morte não fosse de dor e de desespero. Afinal, em muitas circunstâncias, o próprio pai decidia não criar o filho ou a filha e determinava a sua morte por exposição ao relento. Entretanto, há documentos de sobra que atestam que a morte chocava e era muito sentida, principalmente quando quem morria era jovem. [...]

Os documentos atestam também que a execução dos ritos funerários consistia em um momento privilegiado no qual uma família, ou um grupo social, podia exibir suas glórias, sua riqueza, sua importância na comunidade. Entre os gregos isso se traduziu em uma tendência à sofisticação e à monumentalidade das sepulturas. Tendência que se observa claramente nas leis que buscaram restringir as despesas com os mortos.

FLORENZANO, Maria Beatriz Borba. *Nascer, viver e morrer na Grécia Antiga*. 3. ed. São Paulo: Atual, 1996. p. 64-66.

Com base no texto, podemos considerar que, entre os gregos antigos:

a) os rituais funerários eram considerados apenas um motivo para demonstrar a superioridade social da família do morto.

b) a morte era encarada com naturalidade, já que a concepção religiosa dos gregos levava à indiferença em relação à perda de parentes.

c) apesar dos documentos mostrarem o contrário, alguns historiadores consideravam que os gregos não tinham sentimentos diante da morte.

d) a visão que se tinha da morte era extremamente pragmática, já que a comoção se manifestava apenas em ocasiões nas quais morriam pessoas jovens.

e) a morte era seguida pelo sentimento de perda, sobretudo se o morto fosse jovem, mas os ritos funerários eram encarados como eventos sociais.

C3 – H13

8. **(SM)** Sob a República romana (509-27 a.C.), os plebeus tiveram de lutar muito para conquistar direitos e serem considerados cidadãos. Leia o texto a seguir:

> Somente depois de mais de dois séculos de luta entre plebeus insatisfeitos e patrícios poderosos é que os plebeus conseguiram progressivamente obter direitos políticos iguais aos nobres. Por volta de 450 a.C., os plebeus conseguiram que as leis segundo as quais as pessoas seriam julgadas fossem registradas por escrito, numa tentativa de evitar injustiças do tempo em que as leis não eram escritas e os cônsules, sempre da nobreza de sangue, administravam a justiça como bem entendiam, conforme suas conveniências. O conjunto de normas finalmente redigidas foi chamado "A Lei das Doze Tábuas", que se tornou um dos textos fundamentais do Direito romano, uma das principais heranças romanas que chegaram até nós. A publicação dessas leis, na forma de tábuas que qualquer um podia consultar, [...] foi importante, pois o conhecimento das "regras do jogo" da vida em sociedade é um instrumento favorável ao homem comum e potencialmente limitador da hegemonia e arbítrio dos poderosos.

FUNARI, Pedro Paulo. *Grécia e Roma*. 4. ed. São Paulo: Contexto, 2009. p. 83.

Considerando as informações do texto, escolha um ou mais entre os itens abaixo:

I. A Lei das Doze Tábuas foi um instrumento fundamental de apropriação do poder por parte dos patrícios em prejuízo dos plebeus.

II. A luta plebeia por direitos e garantias na forma de leis escritas foi um passo histórico importante na luta pela conquista da cidadania.

III. A forma de preservação da lei por meio da tradição oral era algo que garantia a todos os antigos romanos acesso irrestrito aos seus direitos.

IV. O Direito Romano constitui um dos legados mais importantes da sociedade romana à cultura ocidental contemporânea.

São corretos apenas os itens:

a) I e II.
b) III e IV.
c) I e III.
d) II e IV.
e) II e III.

C5 – H22

9. (Enem)

> Durante a realeza, e nos primeiros anos republicanos, as leis eram transmitidas oralmente de uma geração para outra. A ausência de uma legislação escrita permitia aos patrícios manipular a justiça conforme seus interesses. Em 451 a.C., porém, os plebeus conseguiram eleger uma comissão de dez pessoas — os decênviros — para escrever as leis. Dois deles viajaram a Atenas, na Grécia, para estudar a legislação de Sólon.
>
> COULANGES, F. *A cidade antiga*. São Paulo: Martins Fontes, 2000.

A superação da tradição jurídica oral no mundo antigo, descrita no texto, esteve relacionada à:

a) adoção do sufrágio universal masculino.
b) extensão da cidadania aos homens livres.
c) afirmação de instituições democráticas.
d) implantação de direitos sociais.
e) tripartição dos poderes políticos.

C1 – H3

10. (Enem) A Idade Média é um extenso período da História do Ocidente cuja memória é construída e reconstruída segundo as circunstâncias das épocas posteriores. Assim, desde o Renascimento, esse período vem sendo alvo de diversas interpretações que dizem mais sobre o contexto histórico em que são produzidas do que propriamente sobre o Medievo.

Um exemplo acerca do que está exposto no texto acima é:

a) a associação que Hitler estabeleceu entre o III Reich e o Sacro Império Romano-Germânico.

b) o retorno dos valores cristãos medievais, presentes nos documentos do Concílio Vaticano II.

c) a luta dos negros sul-africanos contra o *apartheid*, inspirada por valores dos primeiros cristãos.

d) o fortalecimento político de Napoleão Bonaparte, que se justificava na amplitude de poderes que tivera Carlos Magno.

e) a tradição heroica da cavalaria medieval, que foi afetada negativamente pelas produções cinematográficas de Hollywood.

C1 – H3

11. (SM) Leia o texto e observe o mapa.

> Os muçulmanos mantiveram as noções de justiça social, igualdade, tolerância e de uma compaixão prática na frente da consciência muçulmana há séculos. Os muçulmanos nem sempre corresponderam a esses ideais e frequentemente têm dificuldade de incorporá-los a suas instituições sociais e políticas. Mas a luta para chegar a isso foi, durante séculos, a mola mestra da espiritualidade islâmica. Os ocidentais devem ter consciência de que também é do seu interesse que o Islã permaneça saudável e forte. O Ocidente não tem sido inteiramente responsável pelas formas extremadas de islamismo, que cultivam uma violência que viola os cânones mais sagrados da religião. Mas o Ocidente, por certo, contribuiu para esse processo e, para diminuir o medo e o desespero que se encontram na raiz de toda visão fundamentalista, deveria cultivar uma avaliação mais acurada do Islã no terceiro milênio.

ARMSTRONG, Karen. *O islã*. Rio de Janeiro: Objetiva, 2001. p. 245.

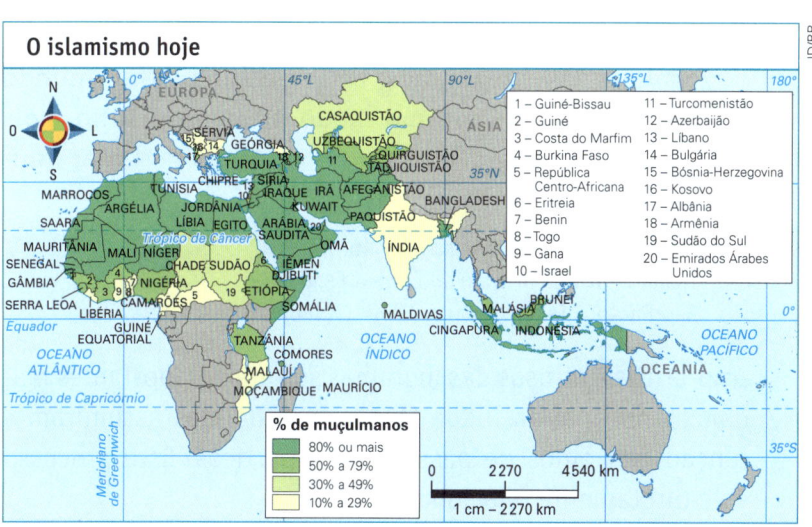

Fonte de pesquisa: O'BRIEN, Joanne; PALMER, Martin. *O atlas das religiões*: o mapeamento completo de todas as crenças. São Paulo: Publifolha, 2008. p. 24-25.

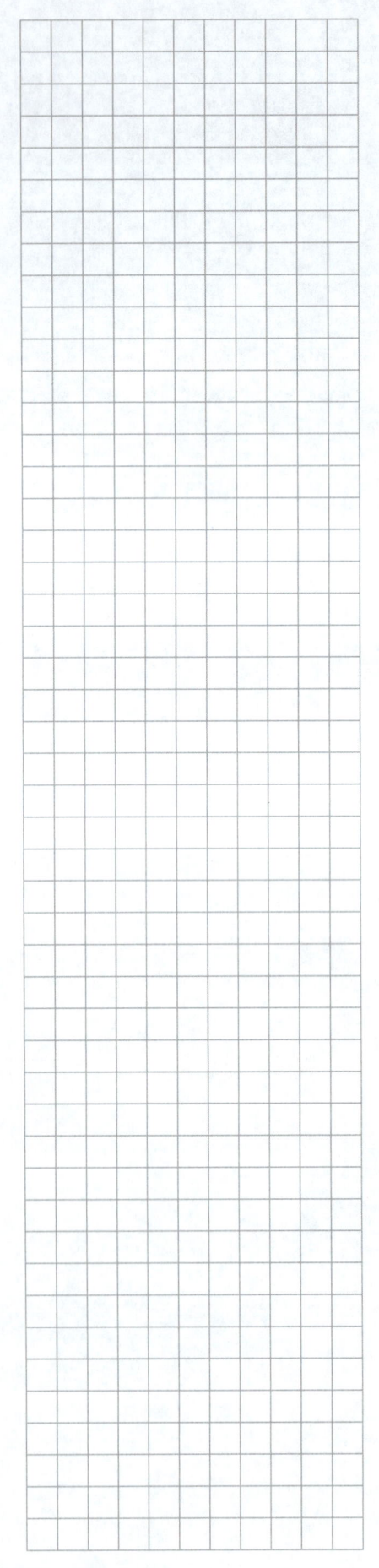

Analise os itens abaixo:

I. Apesar de ser a religião que mais cresce no mundo, o islamismo ainda se concentra especialmente no Oriente Médio e no norte do continente africano.

II. Todos os islâmicos são árabes, destacando-se o fato de que aqueles que aderem à religião mudam também de etnia.

III. Atualmente, os seguidores do islamismo chegam a 80%, ou mais, dos habitantes de países como Arábia Saudita, Irã, Líbia e Egito.

IV. Após os atentados de 11 de setembro de 2001 nos Estados Unidos, o convívio entre islâmicos e cristãos se intensificou, especialmente porque o governo estadunidense, por meio da imprensa, procurou criar uma visão positiva e não preconceituosa em relação à fé muçulmana.

V. Apesar de o islamismo cultivar valores e ideais de justiça social, igualdade, tolerância e compaixão, há movimentos muçulmanos que pregam e praticam a violência estimulados pela incompreensão e intolerância do Ocidente.

Estão corretos somente os itens:

a) II, III e IV.
b) I, II e III.
c) I, III e V.
d) II, IV e V.
e) I, IV e V.

C4 – H18

12. (Enem)

Se a mania de fechar, verdadeiro *habitus* da mentalidade medieval nascido talvez de um profundo sentimento de insegurança, estava difundida no mundo rural, estava do mesmo modo no meio urbano, pois que uma das características da cidade era de ser limitada por portas e por uma muralha.

DUBY, G. et al. Séculos XIV-XV. In: ARIÈS, P.; DUBY, G. *História da vida privada da Europa Feudal à Renascença*. São Paulo: Cia. das Letras, 1990. (Adaptado.)

As práticas e os usos das muralhas sofreram importantes mudanças no final da Idade Média, quando elas assumiram a função de pontos de passagem ou pórticos. Este processo está diretamente relacionado com:

a) o crescimento das atividades comerciais e urbanas.

b) a migração de camponeses e artesãos.

c) a expansão dos parques industriais e fabris.

d) o aumento do número de castelos e feudos.

e) a contenção das epidemias e doenças.

C1 – H3

13. (Enem)

> Quando ninguém duvida da existência de um outro mundo, a morte é uma passagem que deve ser celebrada entre parentes e vizinhos. O homem da Idade Média tem a ressurreição. Pois nada se detém e tudo continua na eternidade. A perda contemporânea do sentimento religioso fez da morte uma provação aterrorizante, um trampolim para as trevas e o desconhecido.
>
> DUBY, G. *Ano 2000 na pista do nossos medos.* São Paulo: Unesp, 1998. (Adaptado.)

Ao comparar as maneiras com que as sociedades têm lidado com a morte, o autor considera que houve um processo de:

a) mercantilização das crenças religiosas.

b) transformação das representações sociais.

c) disseminação do ateísmo nos países de maioria cristã.

d) diminuição da distância entre saber científico e eclesiástico.

e) amadurecimento da consciência ligada à civilização moderna.

C4 – H18

14. (SM) Leia o texto abaixo.

> Entre meados do século XII e meados do século XIII, a recrudescência das condenações da usura é explicada pelo temor da Igreja ao ver a sociedade abalada pela proliferação das práticas usurárias. O terceiro Concílio de Latrão (1179) declara que muitos homens abandonam sua condição social, sua profissão para tornarem-se usurários. No século XIII, o papa Inocêncio IV e o grande canonista Hostiensis temem a deserção dos campos, devido ao fato de os camponeses terem se tornado usurários ou estarem privados de gado e de instrumentos de trabalho pelos possuidores de terras, eles próprios atraídos pelos ganhos da usura. A atração pela usura faz aparecer a ameaça de um recuo da ocupação dos solos e da agricultura, e com ela o espectro da fome.
>
> LE GOFF, Jacques. *A bolsa e a vida*: a usura na Idade Média. 2. ed. São Paulo: Brasiliense, 2004. p. 25.

Considerando as informações do texto, a prática da usura, na Baixa Idade Média:

a) foi um fenômeno isolado, que não podia abalar as estruturas da sociedade feudal, mas que a Igreja reprimiu por superstições e preconceito.

b) era expressão de uma nova forma de acumular riqueza que se chocava com a visão de mundo pregada pela Igreja católica e abalava as tradicionais formas de organização da sociedade medieval.

c) enfraqueceu sobremaneira o poder da Igreja, que reagiu condenando-a e destruindo o avanço da urbanização e do comércio medievais.

d) favoreceu o surgimento e o enriquecimento de uma nova classe social, a burguesia, que, com a Igreja, apoiou a melhoria da produção agrícola e a fixação do camponês na terra.

e) impediu o pleno desenvolvimento econômico da Europa Ocidental, que continuou presa aos velhos paradigmas tecnológicos do período feudal.

C1 – H1

15. (Enem)

Acompanhando a intenção da burguesia renascentista de ampliar seu domínio sobre a natureza e sobre o espaço geográfico, através da pesquisa científica e da invenção tecnológica, os cientistas também iriam se atirar nessa aventura, tentando conquistar a forma, o movimento, o espaço, a luz, a cor e mesmo a expressão e o sentimento.

SEVCENKO, N. *O Renascimento*. Campinas: Unicamp, 1984.

O texto apresenta um espírito de época que afetou também a produção artística, marcada pela constante relação entre:

a) fé e misticismo.
b) ciência e arte.
c) cultura e comércio.
d) política e economia.
e) astronomia e religião.

C6 – H27

16. (SM) Leia o texto abaixo.

Parece-me, portanto, que o vasto âmbito de atividades e realizações de Leonardo da Vinci, o arquétipo do *uomo universale*, pode ser mais bem examinado nas três categorias de artista, criador e cientista. Na sua própria síntese, as atividades de inventor, ou criador, assim como aquelas de artista, estão inextricavelmente relacionados a *scientia*, o conhecimento dos princípios naturais. Ele se referia a si mesmo, em uma de suas expressões mais interessantes, como "o inventor é o intérprete entre o homem e a natureza".

CAPRA, Fritjof. *A ciência de Leonardo da Vinci*: um mergulho profundo na mente do grande gênio da Renascença. São Paulo: Cultrix, 2008. p. 59.

Conforme o texto e o que sabemos sobre o Renascimento, podemos considerar que:

a) Leonardo da Vinci sintetiza alguns dos valores fundamentais do Renascimento, especialmente a relação intrínseca entre o conhecimento da natureza e do ser humano, por um lado, e, por outro, a capacidade de produzir arte e ciência.

b) apesar dos profundos conhecimentos científicos de Leonardo da Vinci, sua obra artística expressava uma visão ultrapassada do ser humano e da natureza.

c) ao ser criador, artista e cientista, Leonardo da Vinci se mostrava capaz de superar os limitados sonhos renascentistas, que pretendiam apenas incorporar parte da produção intelectual da Antiguidade Clássica ao pensamento moderno.

d) Leonardo da Vinci revolucionou a ciência ao transformar a natureza em escrava dos desejos humanos de avanço tecnológico, independentemente dos impactos ambientais que tais transformações pudessem causar.

e) as propostas renascentistas de transformação do mundo esbarraram na incapacidade dos seus expoentes máximos em pensar saídas para a crise da relação entre arte, criação e ciência.

C5 – H23

17. (Enem)

Nasce daqui uma questão: se vale mais ser amado que temido ou temido que amado. Responda-se que ambas as coisas seriam de desejar; mas porque é difícil juntá-las, é muito mais seguro ser temido que amado, quando haja de faltar uma das duas. Porque dos homens se pode dizer, duma maneira geral, que são ingratos, volúveis, simuladores, covardes e ávidos de lucro, e quanto lhes fazem bem são inteiramente teus, oferecem-te o sangue, os bens, a vida e os filhos, quando, como acima disse, o perigo está longe; mas quando ele chega, revoltam-se.

MAQUIAVEL, N. *O Príncipe*. Rio de Janeiro: Bertrand, 1991.

A partir da análise histórica do comportamento humano em suas relações sociais e políticas, Maquiavel define o homem como um ser:

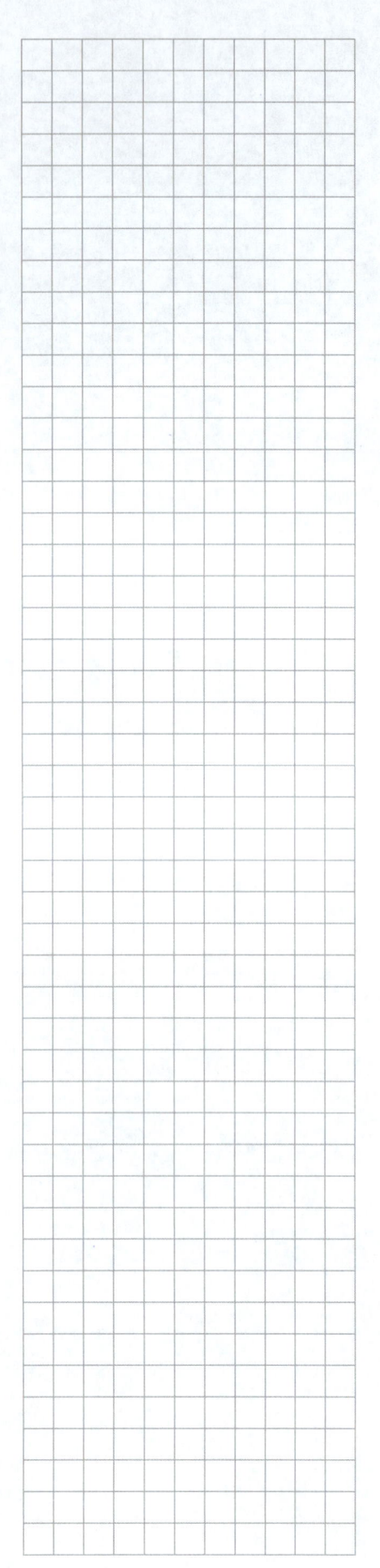

a) munido de virtude, com disposição nata a praticar o bem a si e aos outros.
b) possuidor de fortuna, valendo-se de riquezas para alcançar êxito na política.
c) guiado por interesses, de modo que suas ações são imprevisíveis e inconstantes.
d) naturalmente racional, vivendo em um estado pré-social e portando seus direitos naturais.
e) sociável por natureza, mantendo relações pacíficas com seus pares.

C2 – H7

18. (Enem)

A identidade negra não surge da tomada de consciência de uma diferença de pigmentação ou de uma diferença biológica entre populações negras e brancas e(ou) negras e amarelas. Ela resulta de um longo processo histórico que começa com o descobrimento, no século XV, do continente africano e de seus habitantes pelos navegadores portugueses, descobrimento esse que abriu o caminho às relações mercantilistas com a África, ao tráfico negreiro, à escravidão e, enfim, à colonização do continente africano e de seus povos.

MUNANGA, K. Algumas considerações sobre a diversidade e a identidade negra no Brasil. In: *Diversidade na educação*: reflexões e experiências. Brasília: Semtec/MEC, 2003. p. 37.

Com relação ao assunto tratado no texto, é correto afirmar que:

a) a colonização da África pelos europeus foi simultânea ao descobrimento desse continente.
b) a existência de lucrativo comércio na África levou os portugueses a desenvolverem esse continente.
c) o surgimento do tráfico negreiro foi posterior ao início da escravidão no Brasil.
d) a exploração da África decorreu do movimento de expansão europeia do início da Idade Moderna.
e) a colonização da África antecedeu as relações comerciais entre esse continente e a Europa.

C1 – H3

19. (SM) Leia o texto abaixo:

A história da África é importante para nós, brasileiros, porque ajuda a explicar-nos. Mas é importante também por seu valor próprio e porque nos faz melhor compreender o grande continente que fica em nossa fronteira leste e de onde proveio quase a metade de nossos antepassados. Não pode continuar o seu estudo afastado de nossos currículos, como se fosse matéria exótica. Ainda que disto não tenhamos consciência, o obá do Benin ou o *angola a quiluanje* estão mais próximos de nós do que os antigos reis da França.

SILVA, Alberto da Costa e. *Um rio chamado Atlântico*. 2. ed. Rio de Janeiro: Nova Fronteira, 2011. p. 240.

Da leitura do texto é possível depreender que:

a) a África e o Brasil mantêm relações culturais intensas, o que fundamenta o grande interesse existente no Brasil pela história do continente africano.

b) apesar da significativa importância da história europeia para o Brasil, insiste-se no país em se valorizar a cultura e a história africanas, de importância menor.

c) apesar de afastada dos currículos escolares, a história do continente africano é fundamental para a compreensão da identidade cultural brasileira.

d) em razão de sua importância para a compreensão da sociedade e da cultura brasileiras, a história da África tem sido mais valorizada do que a história europeia.

e) não se pode pensar a história brasileira sem colocar em condição de igualdade a importância cultural e política dos reis africanos e europeus para a nossa formação.

C1 – H3

20. (Enem)

Seguiam-se vinte criados custosamente vestidos e montados em soberbos cavalos; depois destes, marchava o Embaixador do Rei do Congo magnificamente ornado de seda azul para anunciar ao Senado que a vinda do Rei estava destinada para o dia dezesseis. Em resposta obteve repetidas vivas do povo que concorreu alegre e admirado de tanta grandeza.

Coroação do Rei do Congo em Santo Amaro, Bahia apud DEL PRIORE, M. Festas e utopias no Brasil colonial. In: CATELLI JR., R. *Um olhar sobre as festas populares brasileiras*. São Paulo: Brasiliense, 1994. (Adaptado.)

Originária dos tempos coloniais, a festa da Coroação do Rei do Congo evidencia um processo de:

a) exclusão social.
b) imposição religiosa.
c) acomodação política.
d) supressão simbólica.
e) ressignificação cultural.

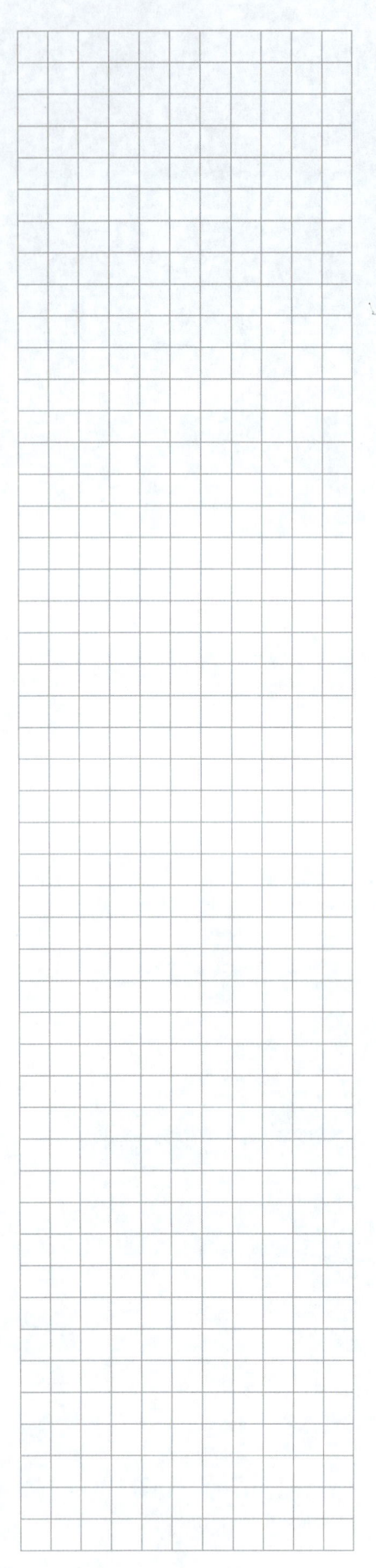

C1 – H2

21. (Enem)

> A África também já serviu como ponto de partida para comédias bem vulgares, mas de muito sucesso, como *Um príncipe em Nova York* e *Ace Ventura:* um maluco na África; em ambas, a África parece um lugar cheio de tribos doidas e rituais de desenho animado. A animação *O rei Leão*, da Disney, o mais bem-sucedido filme americano ambientado na África, não chegava a contar com elenco de seres humanos.
>
> LEIBOWITZ, E. Filmes de Hollywood sobre África ficam no clichê.
> Disponível em: <http://noticias.uol.com.br>. Acesso em: 17 abr. 2010.

A produção cinematográfica referida no texto contribui para a constituição de uma memória sobre a África e seus habitantes. Essa memória enfatiza e negligencia, respectivamente, os seguintes aspectos do continente africano:

a) a história e a natureza.

b) o exotismo e as culturas.

c) a sociedade e a economia.

d) o comércio e o ambiente.

e) a diversidade e a política.

C1 - H3

22. (Enem)

> A recuperação da herança cultural africana deve levar em conta o que é próprio do processo cultural: seu movimento, pluralidade e complexidade. Não se trata, portanto, do resgate ingênuo do passado nem do seu cultivo nostálgico, mas de procurar perceber o próprio rosto cultural brasileiro. O que se quer é captar seu movimento para melhor compreendê-lo historicamente.
>
> MINAS GERAIS. *Cadernos do Arquivo 1*: escravidão em Minas Gerais.
> Belo Horizonte: Arquivo Público Mineiro, 1988.

Com base no texto, a análise de manifestações culturais de origem africana, como a capoeira ou o candomblé, deve considerar que elas:

a) permanecem como reprodução dos valores e costumes africanos.

b) perderam a relação com o seu passado histórico.

c) derivam da interação entre valores africanos e a experiência histórica brasileira.

d) contribuem para o distanciamento cultural entre negros e brancos no Brasil atual.

e) demonstram a maior complexidade cultural dos africanos em relação aos europeus.

C2 – H9

23. (Enem) O Império Inca, que corresponde principalmente aos territórios da Bolívia e do Peru, chegou a englobar enorme contingente populacional. Cuzco, a cidade sagrada, era o centro administrativo, com uma sociedade fortemente estratificada e composta por imperadores, nobres, sacerdotes, funcionários do governo, artesãos, camponeses, escravos e soldados. A religião contava com vários deuses, e a base da economia era a agricultura, principalmente o cultivo da batata e do milho.

A principal característica da sociedade inca era a:

a) ditadura teocrática, que igualava a todos.

b) existência da igualdade social e da coletivização da terra.

c) estrutura social desigual compensada pela coletivização de todos os bens.

d) existência de mobilidade social, o que levou à composição da elite pelo mérito.

e) impossibilidade de se mudar de estrato social e a existência de uma aristocracia hereditária.

C3 – H11

24. (SM) Observe as imagens a seguir e escolha a alternativa correta.

A grande esfinge com a pirâmide de Quéfren ao fundo. Gizé, Egito, foto de 2012.

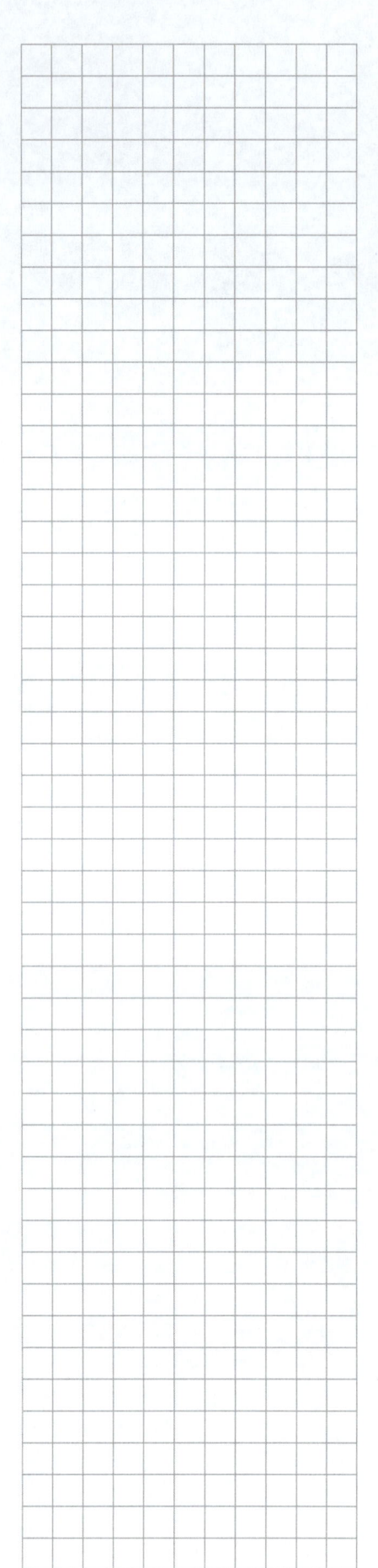

Pedra do Sol, popularmente conhecida como calendário asteca.

I. Do ponto de vista do exercício do poder político, os dois Estados eram centralizados em torno do líder, que tinha seu poder associado a uma origem divina.

II. As grandes construções e as obras públicas eram executadas por grupos sociais subalternos, principalmente escravos, existentes em larga quantidade nos dois impérios.

III. As sociedades egípcia e asteca eram altamente estratificadas, o que tornava a mobilidade social algo restrito; a base de ambas era formada essencialmente por camponeses.

IV. Apesar de a economia das duas sociedades depender da agricultura, desenvolveram-se nelas trocas comerciais intensas com os povos vizinhos, sobretudo por meio de rotas marítimas.

Estão corretas somente as afirmações:

a) I e II.
b) III e IV.
c) I e IV.
d) I e III.
e) II e IV.

C3 – H11

25. (Enem)

Os vestígios dos povos Tupi-Guarani encontram-se desde as Missões e o rio da Prata, ao sul, até o Nordeste, com algumas ocorrências ainda mal conhecidas no sul da Amazônia. A leste ocupava toda a faixa litorânea, desde o Rio

Grande do Sul até o Maranhão. A oeste, aparece (no rio da Prata) no Paraguai e nas terras baixas da Bolívia. Evitam as terras inundáveis do Pantanal e marcam sua presença discretamente nos cerrados do Brasil central. De fato, ocuparam, de preferência, as regiões de floresta tropical e subtropical.

Prous, A. *O Brasil antes dos brasileiros*. Rio de Janeiro: Jorge Zahar Editor, 2005.

Os povos indígenas citados possuíam tradições culturais específicas que os distinguiam de outras sociedades indígenas e dos colonizadores europeus. Entre as tradições tupis-guaranis, destacava-se:

a) a organização em aldeias politicamente independentes, dirigidas por um chefe, eleito pelos indivíduos mais velhos da tribo.

b) a ritualização da guerra entre as tribos e o caráter semissedentário de sua organização social.

c) a conquista de terras mediante operações militares, o que permitiu seu domínio sobre vasto território.

d) o caráter pastoril de sua economia, que prescindia da agricultura para investir na criação de animais.

e) o desprezo pelos rituais antropofágicos praticados em outras sociedades indígenas.

C1 – H1

26. (Enem)

Em geral, os nossos tupinambás ficam bem admirados ao ver os franceses e os outros dos países longínquos terem tanto trabalho para buscar o seu arabotã, isto é, pau-brasil. Houve uma vez um ancião da tribo que me fez esta pergunta: "Por que vindes vós outros, *mairs* e *perós* (franceses e portugueses), buscar lenha de tão longe para vos aquecer? Não tendes madeira em vossa terra?"

Léry, J. Viagem à terra do Brasil. In: Fernandes, F. *Mudanças sociais no Brasil*. São Paulo: Difel, 1974.

O viajante francês Jean de Léry (1534-1611) reproduz um diálogo travado, em 1557, com um ancião tupinambá, o qual demonstra uma diferença entre a sociedade europeia e a indígena no sentido:

a) do destino dado ao produto do trabalho nos seus sistemas culturais.

b) da preocupação com a preservação dos recursos ambientais.

c) do interesse de ambas em uma exploração comercial mais lucrativa do pau-brasil.

d) da curiosidade, reverência e abertura cultural recíprocas.

e) da preocupação com o armazenamento de madeira para os períodos de inverno.

C1 – H1

27. (Enem)

> De ponta a ponta, é tudo praia-palma, muito chã e muito formosa. Pelo sertão nos pareceu, vista do mar, muito grande, porque, a estender olhos, não podíamos ver senão terra com arvoredos, que nos parecia muito longa. Nela, até agora, não pudemos saber que haja ouro, nem prata, nem coisa alguma de metal ou ferro; nem lho vimos. Porém a terra em si é de muito bons ares [...]. Porém o melhor fruto que dela se pode tirar me parece que será salvar esta gente.
>
> Carta de Pero Vaz de Caminha. In: MARQUES, A; BERUTTI, F.; FARIA, R. *História moderna através de textos*. São Paulo: Contexto, 2001.

A carta de Pero Vaz de Caminha permite entender o projeto colonizador para a nova terra. Nesse trecho, o relato enfatiza o seguinte objetivo:

a) Valorizar a catequese a ser realizada sobre os povos nativos.

b) Descrever a cultura local para enaltecer a prosperidade portuguesa.

c) Transmitir o conhecimento dos indígenas sobre o potencial econômico existente.

d) Realçar a pobreza dos habitantes nativos para demarcar a superioridade europeia.

e) Criticar o modo de vida dos povos autóctones para evidenciar a ausência de trabalho.

C3 – H15

28. (Enem)

> **Chegança**
>
> Sou Pataxó,
>
> Sou Xavante e Carriri,
>
> Ianomâmi, sou Tupi
>
> Guarani, sou Carajá.
>
> Sou Pancaruru,
>
> Carijó, Tupinajé,
>
> Sou Potiguar, sou Caeté,

Ful-ni-ô, Tupinambá
Eu atraquei num porto muito seguro,
Céu azul, paz e ar puro...
Botei as pernas pro ar.
Logo sonhei que estava no paraíso,
Onde nem era preciso dormir para sonhar.

Mas de repente me acordei com a surpresa:
Uma esquadra portuguesa veio na praia atracar.
Da grande-nau
Um branco de barba escura,
Vestindo uma armadura me apontou pra me pegar.
E assustado dei um pulo da rede,
Pressenti a fome, a sede,
Eu pensei: "vão me acabar".
Levantei-me de Borduna já na mão.
Aí, senti no coração,
O Brasil vai começar.

NÓBREGA, A.; FREIRE, W. *Pernambuco falando para o mundo*, 1998. 1 CD.

A letra da canção apresenta um tema recorrente na história da colonização brasileira, as relações de poder entre portugueses e povos nativos, e representa uma crítica à ideia presente no chamado mito:

a) da democracia racial, originado das relações cordiais estabelecidas entre portugueses e nativos no período anterior ao início da colonização brasileira.

b) da cordialidade brasileira, advinda da forma como os povos nativos se associaram economicamente aos portugueses, participando dos negócios coloniais açucareiros.

c) do brasileiro receptivo, oriundo da facilidade com que os nativos brasileiros aceitaram as regras impostas pelo colonizador, o que garantiu o sucesso da colonização.

d) da natural miscigenação, resultante da forma como a metrópole incentivou a união entre colonos, ex-escravas e nativas para acelerar o povoamento da colônia.

e) do encontro, que identifica a colonização portuguesa como pacífica em função das relações de troca estabelecidas nos primeiros contatos entre portugueses e nativos.

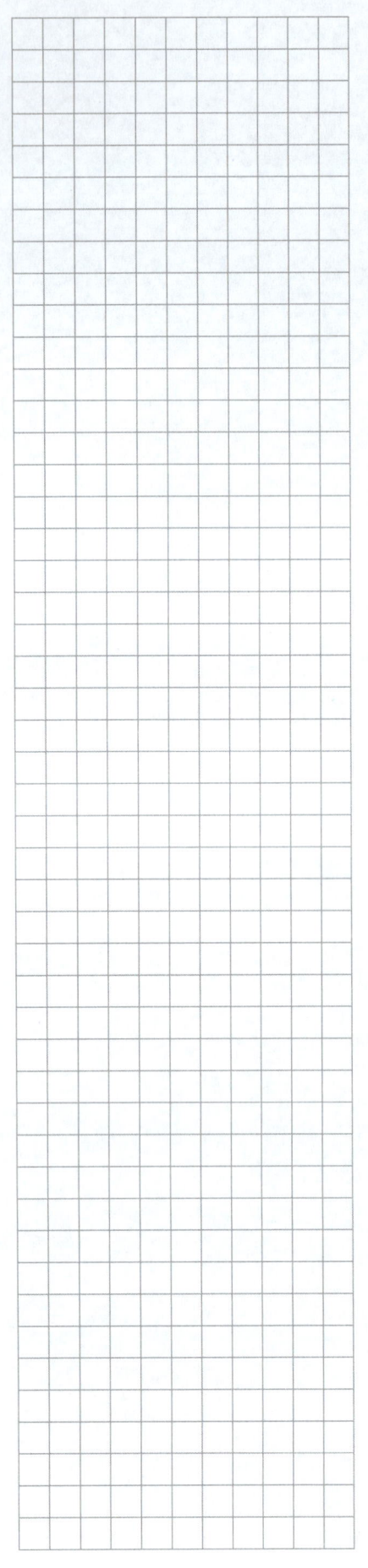

C1 – H1

29. (Enem)

> Dali avistamos homens que andavam pela praia, obra de sete ou oito. Eram pardos, todos nus. Nas mãos traziam arcos com suas setas. Não fazem o menor caso de encobrir ou de mostrar suas vergonhas; e nisso têm tanta inocência como em mostrar o rosto. Ambos traziam os beiços de baixo furados e metidos neles seus ossos brancos e verdadeiros. Os cabelos seus são corredios.
>
> CAMINHA, P. V. Carta. RIBEIRO, D. et al. *Viagem pela história do Brasil*: documentos. São Paulo: Companhia das Letras, 1997. (Adaptado.)

O texto é parte da famosa Carta de Pero Vaz de Caminha, documento fundamental para a formação da identidade brasileira. Tratando da relação que, desde esse primeiro contato, se estabeleceu entre portugueses e indígenas, esse trecho da carta revela a:

a) preocupação em garantir a integridade do colonizador diante da resistência dos índios à ocupação da terra.

b) postura etnocêntrica do europeu diante das características físicas e práticas culturais do indígena.

c) orientação da política da Coroa Portuguesa quanto à utilização dos nativos como mão de obra para colonizar a nova terra.

d) oposição de interesses entre portugueses e índios, que dificultava o trabalho catequético e exigia amplos recursos para a defesa da posse da nova terra.

e) abundância da terra descoberta, o que possibilitou a sua incorporação aos interesses mercantis portugueses, por meio da exploração econômica dos índios.

C1 – H5

30. (SM) Leia o texto abaixo:

> O Brasil possui uma imensa diversidade étnica e linguística, estando entre as maiores do mundo. São cerca de 220 povos indígenas, mais de 80 grupos de índios isolados, sobre os quais ainda não há informações objetivas. 180 línguas, pelo menos, são faladas pelos membros destas sociedades, que pertencem a mais de 30 famílias linguísticas diferentes. [...]
>
> No que diz respeito à identidade étnica, as mudanças ocorridas em várias sociedades indígenas, como o fato de falarem português, vestirem roupas iguais às dos outros

membros da sociedade nacional com que estão em contato, utilizarem modernas tecnologias (como câmeras de vídeo, máquinas fotográficas e aparelhos de fax), não fazem com que percam sua identidade étnica e deixem de ser indígenas.

Fundação Nacional do Índio (FUNAI). *Índios no Brasil*. Disponível em: <www.funai.gov.br>. Acesso em: 16 nov. 2013.

As comunidades indígenas existentes no Brasil lutam pela preservação de sua identidade cultural. Com base nessa afirmação e no texto acima, podemos considerar que as comunidades indígenas:

a) constituem suas identidades apenas quando se misturam aos demais grupos étnicos que compõem o povo brasileiro.

b) perdem boa parte de sua identidade cultural quando utilizam os recursos tecnológicos propiciados pela sociedade de consumo.

c) perdem, cada vez mais, os componentes básicos de sua identidade cultural, pois vestem-se como os outros grupos étnicos e abandonaram completamente suas línguas nativas.

d) dispõem de mecanismos para preservar sua cultura, principalmente por meio do isolamento em relação às demais comunidades étnicas brasileiras.

e) recriam suas identidades culturais com base nas características de sua comunidade e no contato com as demais etnias que compõem o povo brasileiro.

C3 – H15

31. (Enem)

O canto triste dos conquistados: os últimos dias de Tenochtitlán

Nos caminhos jazem dardos quebrados;

os cabelos estão espalhados.

Destelhadas estão as casas,

Vermelhas estão as águas, os rios, como se alguém as tivesse tingido,

Nos escudos esteve nosso resguardo,

mas os escudos não detêm a desolação...

Pinsky J. et al. *História da América através de textos*. São Paulo: Contexto, 2007 (fragmento).

O texto é um registro asteca, cujo sentido está relacionado ao(à):

a) tragédia causada pela destruição da cultura desse povo.

b) tentativa frustrada de resistência a um poder considerado superior.

c) extermínio das populações indígenas pelo Exército espanhol.

d) dissolução da memória sobre os feitos de seus antepassados.

e) profetização das consequências da colonização da América.

C4 – H18

32. (SM) Sobre a produção açucareira no Brasil colonial, a historiadora Vera Ferlini afirma:

> Em suma, a organização fundiária colonial estava estreitamente ligada às determinações mais gerais da política metropolitana. A atividade agrícola não constituía, para o colono, fator de acumulação de capitais, mas de riquezas, no sentido de resultar na ampliação do fundo de terras e de escravos. O nobre negócio do açúcar, sob a tutela do Estado, dele recebia, como favor, as condições de realização e reprodução. A exploração, grande compromisso entre a Coroa, os comerciantes e a classe proprietária colonial, não era uma exterioridade imposta pela metrópole, mas presença totalizante, a fazer da terra a base de superlucros realizáveis no mercado externo e fonte de perpetuação do poder interno.

FERLINI, Vera. *Terra, trabalho e poder*: o mundo dos engenhos no Nordeste colonial. Bauru: Edusc, 2003. p. 285.

Considerando o texto acima, podemos concluir que:

a) a organização da exploração fundiária estava de acordo com uma política de distribuição de terras e redução sistemática de escravizados.

b) a exploração de terras e escravizados era condição essencial para a manutenção do poder dos senhores de engenho e para a acumulação de riquezas por parte dos comerciantes e da Coroa portuguesa.

c) a produção de cana-de-açúcar era submetida ao controle estatal, sendo os comerciantes e os proprietários coloniais reduzidos a meros serviçais do Estado português.

d) não havia um projeto sistemático de exploração de terras e de escravizados na América portuguesa, já que o Estado português era incapaz de organizar essa produção, que ficou a cargo exclusivamente da iniciativa privada.

e) apenas os senhores de engenho é que lucravam com a exploração das terras e dos escravizados na América portuguesa, pois a Coroa e os comerciantes ficavam com fatias menores dos lucros desse negócio.

C3 – H15

33. (SM) Leia o texto abaixo:

> Palmares cresceu com o avanço da economia açucareira e o aumento do tráfico africano em substituição ao cativeiro indígena no litoral. O medo causado por Palmares assustou os poderosos da capitania desde o início do quilombo [...]. O número de quilombolas de Palmares cresceu muito nas décadas de 1630-1650, pois as guerras luso-flamengas enfraqueceram o controle senhorial, facilitando a fuga de escravos [...]. O experiente capitão-mor Fernão Carrilho, depois de diversas batalhas, deu Palmares por destruído, em 1678, mas na verdade só prendera muitos líderes palmarinos, dentre os quais os parentes de Ganga Zumba, líder dos quilombolas. Com esse trunfo, o governador Aires Souza e Castro pressionou o "rei de Palmares" para firmar o "acordo do Recife" [...]. O acordo deu início a nova fase na história do quilombo: provocou dissidências e fez surgir a liderança de Zumbi, que insistiu na guerra [...]. Em 1695, Zumbi foi morto pelos bandeirantes, sendo degolado e tendo sua cabeça enviada para o Recife como troféu. A importância da vitória sobre Palmares foi tamanha para a metrópole que chegou a ser chamada de "gloriosa Restauração de Palmares", sendo comparada ao triunfo sobre os holandeses.
>
> HERMANN, Jacqueline. Palmares. In: VAINFAS, Ronaldo (Dir.). *Dicionário do Brasil colonial (1500-1808)*. Rio de Janeiro: Objetiva, 2000. p. 467-468.

A importância do quilombo dos Palmares para a história dos afro-brasileiros está relacionada:

a) ao seu fracasso, que possibilitou as negociações pelo fim da escravidão.

b) à sua força política, já que foi capaz de impor seus interesses aos líderes dos colonizadores.

c) às suas lideranças, principalmente Ganga Zumba e Zumbi, mortos na resistência aos ataques.

d) ao seu insucesso, representado pelas seguidas derrotas militares impostas pelos colonizadores.

e) ao seu simbolismo, pois representa a luta dos africanos contra a escravidão e a exploração.

C1 – H1

34. (Enem)

> O açúcar e suas técnicas de produção foram levados à Europa pelos árabes no século VIII, durante a Idade Média, mas foi principalmente a partir das Cruzadas

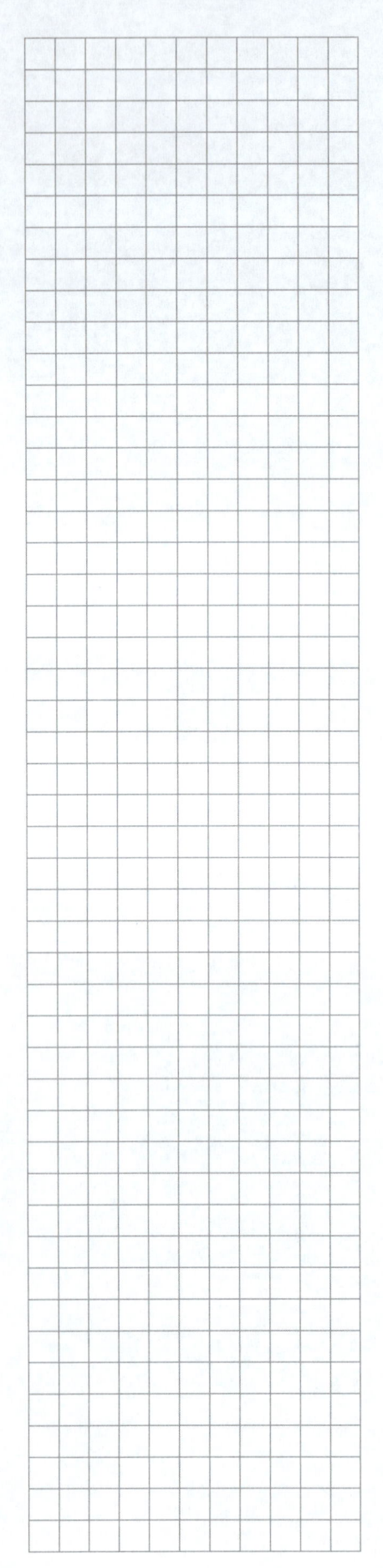

(séculos XI e XIII) que a sua procura foi aumentando. Nessa época passou a ser importado do Oriente Médio e produzido em pequena escala no sul da Itália, mas continuou a ser um produto de luxo, extremamente caro, chegando a figurar nos dotes de princesas casadoiras.

CAMPOS, R. *Grandeza do Brasil no tempo de Antonil* (1681-1716). São Paulo: Atual, 1996.

Considerando o conceito do Antigo Sistema Colonial, o açúcar foi o produto escolhido por Portugal para dar início à colonização brasileira, em virtude de:

a) o lucro obtido com o seu comércio ser muito vantajoso.

b) os árabes serem aliados históricos dos portugueses.

c) a mão de obra necessária para o cultivo ser insuficiente.

d) as feitorias africanas facilitarem a comercialização desse produto.

e) os nativos da América dominarem uma técnica de cultivo semelhante.

C1 – H3

35. (Enem)

Os tropeiros foram figuras decisivas na formação de vilarejos e cidades do Brasil colonial. A palavra *tropeiro* vem de "tropa", que, no passado, se referia ao conjunto de homens que transportava gado e mercadoria. Por volta do século XVIII, muita coisa era levada de um lugar a outro no lombo de mulas. O tropeirismo acabou associado à atividade mineradora, cujo auge foi a exploração de ouro em Minas Gerais e, mais tarde, em Goiás. A extração de pedras preciosas também atraiu grandes contingentes populacionais para as novas áreas e, por isso, era cada vez mais necessário dispor de alimentos e produtos básicos. A alimentação dos tropeiros era constituída por toucinho, feijão-preto, farinha, pimenta-do-reino, café, fubá e coité (um molho de vinagre com fruto cáustico espremido).

Nos pousos, os tropeiros comiam feijão quase sem molho com pedaços de carne de sol e toucinho, que era servido com farofa e couve picada. O feijão tropeiro é um dos pratos típicos da cozinha mineira e recebe esse nome porque era preparado pelos cozinheiros das tropas que conduziam o gado.

Disponível em: <http://www.tribunadoplanalto.com.br>. Acesso em: 27 nov. 2008.

A criação do feijão tropeiro na culinária brasileira está relacionada à:

a) atividade comercial exercida pelos homens que trabalhavam nas minas.

b) atividade culinária exercida pelos moradores cozinheiros que viviam nas regiões das minas.

c) atividade mercantil exercida pelos homens que transportavam gado e mercadoria.

d) atividade agropecuária exercida pelos tropeiros que necessitavam dispor de alimentos.

e) atividade mineradora exercida pelos tropeiros no auge da exploração do ouro.

C3 – H13

36. (Enem)

> Em 4 de julho de 1776, as treze colônias que vieram inicialmente a constituir os Estados Unidos da América (EUA) declaravam sua independência e justificavam a ruptura do Pacto Colonial. Em palavras profundamente subversivas para a época, afirmavam a igualdade dos homens e apregoavam como seus direitos inalienáveis: o direito à vida, à liberdade e à busca da felicidade. Afirmavam que o poder dos governantes, aos quais cabia a defesa daqueles direitos, derivava dos governados. Esses conceitos revolucionários que ecoavam o Iluminismo foram retomados com maior vigor e amplitude treze anos mais tarde, em 1789, na França.
>
> COSTA, Emília Viotti da. Apresentação da coleção. In: POMAR, Wladimir. *Revolução Chinesa*. São Paulo: Unesp, 2003. (Adaptado.)

Considerando o texto acima, acerca da independência dos EUA e da Revolução Francesa, assinale a opção correta.

a) A independência dos EUA e a Revolução Francesa integravam o mesmo contexto histórico, mas se baseavam em princípios e ideais opostos.

b) O processo revolucionário francês identificou-se com o movimento de independência norte-americana no apoio ao absolutismo esclarecido.

c) Tanto nos EUA quanto na França, as teses iluministas sustentavam a luta pelo reconhecimento dos direitos considerados essenciais à dignidade humana.

d) Por ter sido pioneira, a Revolução Francesa exerceu forte influência no desencadeamento da independência norte-americana.

e) Ao romper o Pacto Colonial, a Revolução Francesa abriu o caminho para as independências das colônias ibéricas situadas na América.

C1 – H5

37. (Enem)

O que se entende por Corte do antigo regime é, em primeiro lugar, a casa de habitação dos reis de França, de suas famílias, de todas as pessoas que, de perto ou de longe, dela fazem parte. As despesas da Corte, da imensa casa dos reis, são consignadas no registro das despesas do reino da França sob a rubrica significativa de Casas Reais.

ELIAS, N. *A sociedade de corte*. Lisboa: Estampa, 1987.

Algumas casas de habitação dos reis tiveram grande efetividade política e terminaram por se transformar em patrimônio artístico e cultural, cujo exemplo é:

a) o palácio de Versalhes.

b) o Museu Britânico.

c) a catedral de Colônia.

d) a Casa Branca.

e) a pirâmide do faraó Quéops.

C4 – H19

38. (Enem)

Os cercamentos do século XVIII podem ser considerados como sínteses das transformações que levaram à consolidação do capitalismo na Inglaterra. Em primeiro lugar, porque sua especialização exigiu uma articulação fundamental com o mercado. Como se concentravam na atividade de produção de lã, a realização da renda dependeu dos mercados, de novas tecnologias de beneficiamento do produto e do emprego de novos tipos de ovelhas. Em segundo lugar, concentrou-se na inter-relação do campo com a cidade e, num primeiro momento, também se vinculou à liberação de mão de obra.

RODRIGUES, A. E. M. Revoluções burguesas. In: REIS FILHO, D. A. et al (Org.). *O século XX*. Rio de Janeiro: Civilização Brasileira, 2000. v. 1. (Adaptado.)

Outra consequência dos cercamentos que teria contribuído para a Revolução Industrial na Inglaterra foi o:

a) aumento do consumo interno.

b) congelamento do salário mínimo.

c) fortalecimento dos sindicatos proletários.

d) enfraquecimento da burguesia industrial.

e) desmembramento das propriedades improdutivas.

C4 – H16

39. (Enem)

A prosperidade induzida pela emergência das máquinas de tear escondia uma acentuada perda de prestígio. Foi nessa idade de ouro que os artesãos, ou os tecelões temporários, passaram a ser denominados, de modo genérico, tecelões de teares manuais. Exceto em alguns ramos especializados, os velhos artesãos foram colocados lado a lado com novos imigrantes, enquanto pequenos fazendeiros-tecelões abandonaram suas pequenas propriedades para se concentrar na atividade de tecer. Reduzidos à completa dependência dos teares mecanizados ou dos fornecedores de matéria-prima, os tecelões ficaram expostos a sucessivas reduções dos rendimentos.

Thompson, E. P. *The making of the english working class*. Harmondsworth: Penguin Books, 1979. (Adaptado.)

Com a mudança tecnológica ocorrida durante a Revolução Industrial, a forma de trabalhar alterou-se porque:

a) a invenção do tear propiciou o surgimento de novas relações sociais.
b) os tecelões mais hábeis prevaleceram sobre os inexperientes.
c) os novos teares exigiam treinamento especializado para serem operados.
d) os artesãos, no período anterior, combinavam a tecelagem com o cultivo de subsistência.
e) os trabalhadores não especializados se apropriaram dos lugares dos antigos artesãos nas fábricas.

C4 – H19

40. (Enem)

A Inglaterra pedia lucros e recebia lucros. Tudo se transformava em lucro. As cidades tinham sua sujeira lucrativa, suas favelas lucrativas, sua fumaça lucrativa, sua desordem lucrativa, sua ignorância lucrativa, seu desespero lucrativo. As novas fábricas e os novos altos-fornos eram como as Pirâmides, mostrando mais a escravização do homem que seu poder.

Deane, P. *A Revolução Industrial*. Rio de Janeiro: Zahar, 1979. (Adaptado.)

Qual relação é estabelecida no texto entre os avanços tecnológicos ocorridos no contexto da Revolução Industrial Inglesa e as características das cidades industriais no início do século XIX?

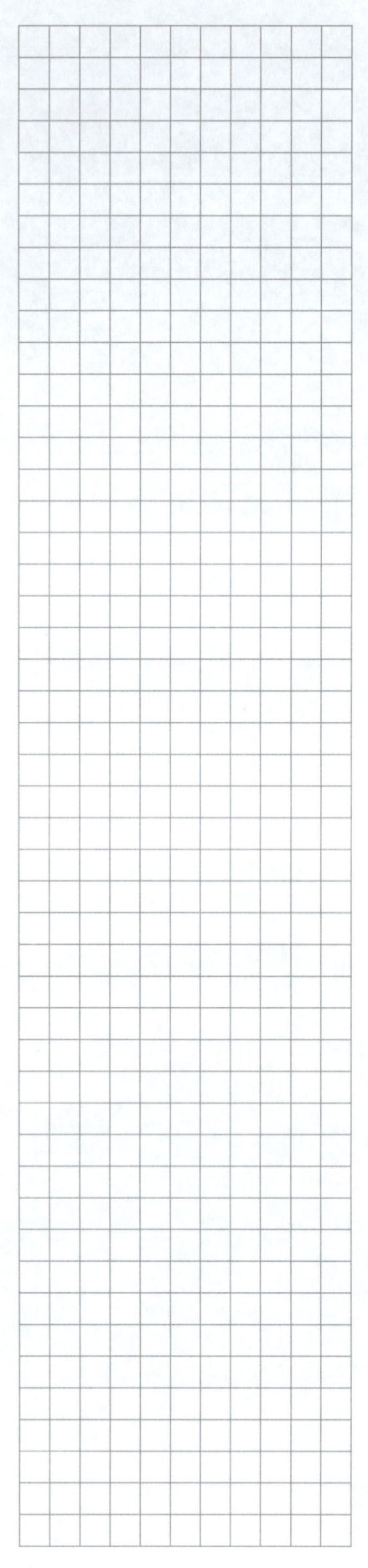

a) A facilidade em se estabelecerem relações lucrativas transformava as cidades em espaços privilegiados para a livre-iniciativa, característica da nova sociedade capitalista.

b) O desenvolvimento de métodos de planejamento urbano aumentava a eficiência do trabalho industrial.

c) A construção de núcleos urbanos integrados por meios de transporte facilitava o deslocamento dos trabalhadores das periferias até as fábricas.

d) A grandiosidade dos prédios onde se localizavam as fábricas revelava os avanços da engenharia e da arquitetura do período, transformando as cidades em locais de experimentação estética e artística.

e) O alto nível de exploração dos trabalhadores industriais ocasionava o surgimento de aglomerados urbanos marcados por péssimas condições de moradia, saúde e higiene.

C3 – H14

41. (SM) Leia e compare os textos a seguir:

Texto I

Há uma espécie humana de indivíduos tão inferiores a outros como o corpo o é em relação à alma, ou a fera ao homem; são os homens nos quais o emprego da força física é o melhor que deles se obtêm. Partindo dos nossos princípios, tais indivíduos são destinados, por natureza, à escravidão; porque, para eles, nada é mais fácil que obedecer. Tal é o escravo por instinto: pode pertencer a outrem (também lhe pertence ele de fato), e não possui razão além do necessário para dela experimentar um sentimento vago; não possui a plenitude da razão.

ARISTÓTELES. *A política*. 15. ed. Rio de Janeiro: Ediouro, 1988. p. 16.

Texto II

Assim, de qualquer lado que se considerem as coisas, direito de escravidão é nulo, não somente porque é ilegítimo, senão porque é absurdo e nada significa. As palavras *escravatura* e *direito* são contraditórias, e, por conseguinte, excluem-se mutuamente. Quer seja de um homem a outro homem, quer seja de um homem a um povo, este raciocínio será sempre igualmente insensato: "Estabeleço contigo uma convenção, toda a teu cargo e tudo em meu proveito, que observarei durante o tempo que me aprouver, enquanto tu o cumprirás durante o tempo que me convier".

ROUSSEAU, Jean-Jacques. *O contrato social*. 17. ed. Rio de Janeiro: Ediouro, 1996. p. 33.

Da comparação entre os dois textos, podemos concluir que:

a) tanto a filosofia de Aristóteles quanto a de Rousseau defendem a escravidão como resultado da superioridade moral de alguns homens em relação a outros.

b) para o pensamento filosófico clássico, a escravidão é resultante de roubo, enquanto os iluministas acreditavam que a escravidão era resultante de uma debilidade moral.

c) tanto os clássicos quanto os iluministas defendem o fim da escravidão, embora os iluministas acreditassem na intenção de muitos escravos permanecerem cativos.

d) para os iluministas, a escravidão é resultado da opressão política da nobreza sobre os servos, enquanto a filosofia clássica considerava a escravidão condenável.

e) Aristóteles considerava a escravidão algo natural, enquanto para Rousseau ela era ilegítima.

C5 – H24

42. (Enem)

> Para que não haja abuso, é preciso organizar as coisas de maneira que o poder seja contido pelo poder. Tudo estaria perdido se o mesmo homem ou o mesmo corpo dos principais, ou dos nobres, ou do povo, exercesse esses três poderes: o de fazer leis, o de executar as resoluções públicas e o de julgar os crimes ou as divergências dos indivíduos. Assim, criam-se os poderes Legislativo, Executivo e Judiciário, atuando de forma independente para a efetivação da liberdade, sendo que esta não existe se uma mesma pessoa ou grupo exercer os referidos poderes concomitantemente.
>
> MONTESQUIEU, B. *Do espírito das leis*. São Paulo: Abril Cultural, 1979. (Adaptado.)

A divisão e a independência entre os poderes são condições necessárias para que possa haver liberdade em um Estado. Isso pode ocorrer apenas sob um modelo político em que haja:

a) exercício de tutela sobre atividades jurídicas e políticas.

b) consagração do poder político pela autoridade religiosa.

c) concentração do poder nas mãos de elites técnico-científicas.

d) estabelecimento de limites aos atores públicos e às instituições do governo.

e) reunião das funções de legislar, julgar e executar nas mãos de um governante eleito.

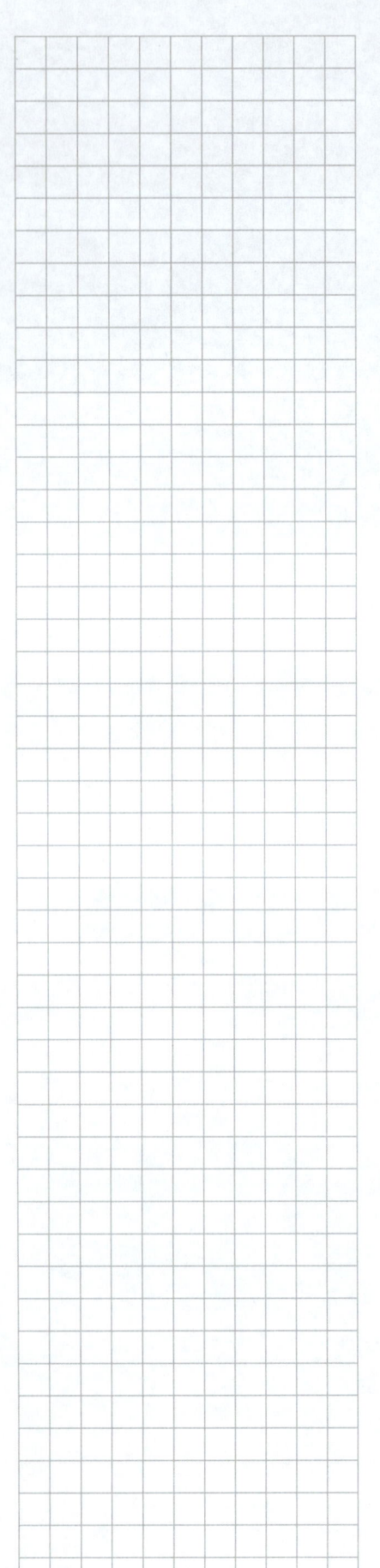

C5 – H22

43. (Enem)

Em nosso país queremos substituir o egoísmo pela moral, a honra pela probidade, os usos pelos princípios, as conveniências pelos deveres, a tirania da moda pelo império da razão, o desprezo à desgraça pelo desprezo ao vício, a insolência pelo orgulho, a vaidade pela grandeza de alma, o amor ao dinheiro pelo amor à glória, a boa companhia pelas boas pessoas, a intriga pelo mérito, o espirituoso pelo gênio, o brilho pela verdade, o tédio da volúpia pelo encanto da felicidade, a mesquinharia dos grandes pela grandeza do homem.

Hunt, L. Revolução Francesa e vida privada. In: Perrot, M. (Org.). *História da vida privada*: da Revolução Francesa à Primeira Guerra. São Paulo: Companhia das Letras, 1991. v. 4. (Adaptado.)

O discurso de Robespierre, de 5 de fevereiro de 1794, do qual o trecho transcrito é parte, relaciona-se a qual dos grupos político-sociais envolvidos na Revolução Francesa?

a) À alta burguesia, que desejava participar do poder legislativo francês como força política dominante.

b) Ao clero francês, que desejava justiça social e era ligado à alta burguesia.

c) A militares oriundos da pequena e média burguesia, que derrotaram as potências rivais e queriam reorganizar a França internamente.

d) À nobreza esclarecida, que, em função do seu contato com os intelectuais iluministas, desejava extinguir o absolutismo francês.

e) Aos representantes da pequena e média burguesia e das camadas populares, que desejavam justiça social e direitos políticos.

C5 – H22

44. (SM) Observe a pintura abaixo:

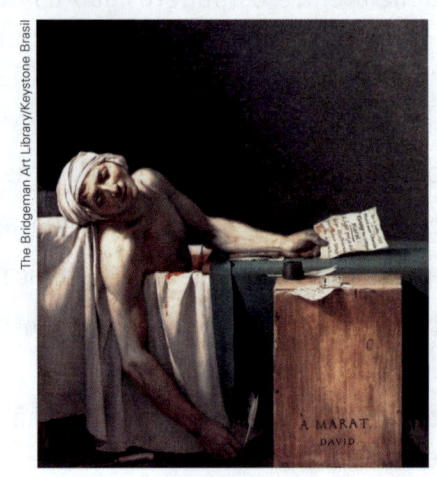

Marat assassinado ou *A morte de Marat*, pintura de Jacques-Louis David, 1793. Óleo sobre tela, 128 cm x 165 cm. Muséeus Royaux des Beaux-Arts de Belgique, Bruxelas.

A pintura representa o revolucionário francês Jean-Paul Marat, morto em sua casa no dia 13 de julho de 1793 por uma mulher, Charlotte Corday, simpatizante da corrente girondina, oposta aos radicais, dos quais Marat era um dos líderes. Jornalista, médico e cientista, Marat publicava o jornal *O Amigo do Povo*, em que expunha suas posições de forma polêmica. Charlotte o apunhalou no peito enquanto o revolucionário repousava na banheira, hábito adquirido devido a uma doença de pele cujas feridas só eram amenizadas em imersão. A pintura de David, feita no mesmo ano da morte de Marat, contribuiu para tornar o líder radical um ícone da Revolução Francesa.

Sobre o momento da Revolução em que ocorreu o assassinato de Marat, identifique a alternativa correta.

a) As conquistas jacobinas, em especial a vitória sobre os inimigos externos e a consolidação das conquistas revolucionárias, foram enfraquecidas pela ascensão dos monarquistas ao poder em 1793.

b) Sob seu governo, os jacobinos lançaram diversos ataques aos inimigos internos e externos da Revolução. Somente após a derrota jacobina é que a normalidade democrática foi retomada na França para nunca mais ser abandonada.

c) As conquistas populares propiciadas pela era jacobina, especialmente o sufrágio universal e a educação primária pública e gratuita defendidas por Marat, foram ofuscadas pela prática de assassinatos dos inimigos políticos na fase do "Terror".

d) O período jacobino mostrou-se decepcionante em termos de conquistas populares, especialmente porque Robespierre e seus seguidores não conseguiram vencer os inimigos externos da Revolução e perderam o poder para os girondinos.

e) Durante a fase jacobina, a Revolução Francesa tomou outro rumo: em vez de consolidar as conquistas burguesas, os jacobinos buscaram uma reaproximação com a Igreja e a Monarquia, o que enfureceu os *sans-culottes*, que passaram a apoiar os girondinos.

C3 – H15

45. (Enem) No tempo da independência do Brasil, circulavam nas classes populares do Recife trovas que faziam alusão à revolta escrava do Haiti:

Marinheiros e caiados

Todos devem se acabar,

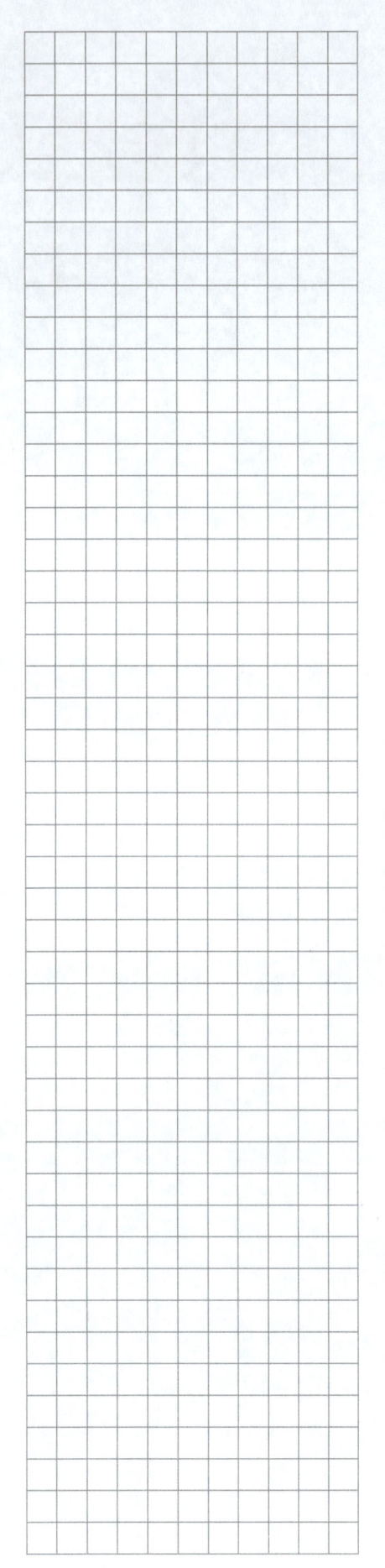

Porque só pardos e pretos
O país hão de habitar.

AMARAL, F. P. do. apud CARVALHO, A. *Estudos pernambucanos*.
Recife: Cultura Acadêmica, 1907.

O período da independência do Brasil registra conflitos raciais, como se depreende:

a) dos rumores acerca da revolta escrava do Haiti, que circulavam entre a população escrava e entre os mestiços pobres, alimentando seu desejo por mudanças.

b) da rejeição aos portugueses, brancos, que significava a rejeição à opressão da Metrópole, como ocorreu na Noite das Garrafadas.

c) do apoio que escravos e negros forros deram à monarquia, com a perspectiva de receber sua proteção contra as injustiças do sistema escravista.

d) do repúdio que os escravos trabalhadores dos portos demonstravam contra os marinheiros, porque estes representavam a elite branca opressora.

e) da expulsão de vários líderes negros independentistas, que defendiam a implantação de uma república negra, a exemplo do Haiti.

C3 – H15

46. (Enem) Após a abdicação de D. Pedro I, o Brasil atravessou um período marcado por inúmeras crises: as diversas forças políticas lutavam pelo poder e as reivindicações populares eram por melhores condições de vida e pelo direito de participação na vida política do país. Os conflitos representavam também o protesto contra a centralização do governo. Nesse período, ocorreu também a expansão da cultura cafeeira e o surgimento do poderoso grupo dos "barões do café", para o qual era fundamental a manutenção da escravidão e do tráfico negreiro.

O contexto do Período Regencial foi marcado:

a) por revoltas populares que reclamavam a volta da monarquia.

b) por várias crises e pela submissão das forças políticas ao poder central.

c) pela luta entre os principais grupos políticos que reivindicavam melhores condições de vida.

d) pelo governo dos chamados regentes, que promoveram a ascensão social dos "barões do café".

e) pela convulsão política e por novas realidades econômicas que exigiam o reforço de velhas realidades sociais.

C1 – H1

47. (Enem)

MOREAUX, F. R. *Proclamação da Independência*.

Disponível em: <www.tvbrasil.org.br>. Acesso em: 14 jun. 2010.

FERREZ, M. *D. Pedro II*.

SCHWARCZ, L. M. *As barbas do imperador*: D. Pedro II, um monarca nos trópicos. São Paulo: Companhia das Letras, 1998.

As imagens, que retratam D. Pedro I e D. Pedro II, procuram transmitir determinadas representações políticas a cerca dos dois monarcas e de seus contextos de atuação. A ideia que cada imagem evoca é, respectivamente:

a) Habilidade militar – riqueza pessoal.

b) Liderança popular – estabilidade política.

c) Instabilidade econômica – herança europeia.

d) Isolamento político – centralização do poder.

e) Nacionalismo exacerbado – inovação administrativa.

C6 – H27

48. (SM) Leia o texto a seguir.

> Com a abertura dos portos, ampliaram-se imediatamente as possibilidades de articulação com o comércio internacional. O Brasil continuava a ser uma imensa retaguarda rural para os mercados urbanos europeus, com ligações diretas com os novos mercados e maior autonomia. Mas já se anunciava um movimento de migrações internas. Com a decadência das regiões de mineração, a população se deslocava para novas fronteiras de desenvolvimento, visando à ocupação das terras férteis do planalto, na região leste, para a cultura do açúcar e do café, no estado do Rio de Janeiro, na Zona da Mata mineira, no sul de Minas Gerais e no estado de São Paulo. O rápido aumento da população urbana nos países europeus em industrialização assegurava uma demanda dos principais produtos brasileiros, estimulando inclusive o aumento da produção açucareira do Nordeste e da produção algodoeira nas províncias do Norte.
>
> REIS FILHO, Nestor Goulart. Urbanização e modernidade: entre o passado e o futuro (1808-1945). In: MOTA, Carlos Guilherme (Org.). *Viagem incompleta*: a experiência brasileira (1500-2000). São Paulo: Senac, 2000. p. 87.

Com base no texto e em seus conhecimentos sobre o tema, analise as afirmações abaixo:

I. A abertura dos portos brasileiros, ocorrida em 1808, foi decisiva para a ampliação da ligação do Brasil com os grandes consumidores dos produtos brasileiros.

II. A posição mundial do Brasil era de exportador de produtos primários, essencialmente agrícolas, e consumidor de produtos industrializados provenientes do exterior.

III. A decadência da região mineradora fortaleceu o processo de urbanização brasileiro, que era impedido de se realizar pela centralidade da atividade aurífera.

IV. Entre os produtos agrícolas brasileiros, o café se destacava, naquele momento, como o mais importante, especialmente devido à decadência do açúcar e do algodão.

Estão corretas apenas as afirmações:

a) I e II.
b) III e IV.
c) I e III.
d) II e IV.
e) I e IV.

C3 – H13

49. (Enem)

> O alfaiate pardo João de Deus, que, na altura em que foi preso, não tinha mais do que 80 réis e oito filhos, declarava que "Todos os brasileiros se fizessem franceses, para viverem em igualdade e abundância".
>
> MAXWELL, K. Condicionalismos da Independência do Brasil. SILVA, M. N. (Org.). *O império luso-brasileiro, 1750-1822.* Lisboa: Estampa, 1986.

O texto faz referência à Conjuração Baiana. No contexto da crise do sistema colonial, esse movimento se diferenciou dos demais movimentos libertários ocorridos no Brasil por:

a) defender a igualdade econômica, extinguindo a propriedade, conforme proposto nos movimentos liberais da França napoleônica.

b) introduzir no Brasil o pensamento e o ideário liberal que moveram os revolucionários ingleses na luta contra o absolutismo monárquico.

c) propor a instalação de um regime nos moldes da república dos Estados Unidos, sem alterar a ordem socioeconômica escravista e latifundiária.

d) apresentar um caráter elitista burguês, uma vez que sofrera influência direta da Revolução Francesa, propondo o sistema censitário de votação.

e) defender um governo democrático que garantisse a participação política das camadas populares, influenciado pelo ideário da Revolução Francesa.

C2 – H7

50. (Enem)

> Para o Paraguai, portanto, essa foi uma guerra pela sobrevivência. De todo modo, uma guerra contra dois gigantes estava fadada a ser um teste debilitante e severo para uma economia de base tão estreita. Lopez precisava de uma vitória rápida e, se não conseguisse vencer rapidamente, provavelmente não venceria nunca.
>
> LYNCH, J. As Repúblicas do Prata: da Independência à Guerra do Paraguai. In: BETHELL, Leslie (Org.). *História da América Latina:* da independência até 1870. São Paulo: Edusp, 2004. v. 3.

A Guerra do Paraguai teve consequências políticas importantes para o Brasil, pois:

a) representou a afirmação do Exército Brasileiro como um ator político de primeira ordem.

b) confirmou a conquista da hegemonia brasileira sobre a Bacia Platina.

c) concretizou a emancipação dos escravos negros.

d) incentivou a adoção de um regime constitucional monárquico.

e) solucionou a crise financeira, em razão das indenizações recebidas.

C1 – H3

51. (Enem)

No final do século XIX, as Grandes Sociedades carnavalescas alcançaram ampla popularidade entre os foliões cariocas. Tais sociedades cultivavam um pretensioso objetivo em relação à comemoração carnavalesca em si mesma: com seus desfiles de carros enfeitados pelas principais ruas da cidade, pretendiam abolir o entrudo (brincadeira que consistia em jogar água nos foliões) e outras práticas difundidas entre a população desde os tempos coloniais, substituindo-os por formas de diversão que consideravam mais civilizadas, inspiradas nos carnavais de Veneza. Contudo, ninguém parecia disposto a abrir mão de suas diversões para assistir ao carnaval das sociedades. O entrudo, na visão dos seus animados praticantes, poderia coexistir perfeitamente com os desfiles.

PEREIRA, C.S. Os senhores da alegria: a presença das mulheres nas Grandes Sociedades carnavalescas cariocas em fins do século XIX. In: CUNHA, M. C. P. *Carnavais e outras festas*: ensaios de história social da cultura. Campinas: Unicamp; Cecult, 2002. (Adaptado.)

Manifestações culturais como o carnaval também têm sua própria história, sendo constantemente reinventadas ao longo do tempo. A atuação das Grandes Sociedades, descrita no texto, mostra que o carnaval representava um momento em que as:

a) distinções sociais eram deixadas de lado em nome da celebração.

b) aspirações cosmopolitas da elite impediam a realização da festa fora dos clubes.

c) liberdades individuais eram extintas pelas regras das autoridades públicas.

d) tradições populares se transformavam em matéria de disputas sociais.

e) perseguições policiais tinham caráter xenófobo por repudiarem tradições estrangeiras.

C3 – H14

52. (Enem)

Substitui-se então uma história crítica, profunda, por uma crônica de detalhes onde o patriotismo e a bravura dos nossos soldados encobrem a vilania dos motivos que levaram a Inglaterra a armar brasileiros e argentinos para a destruição da mais gloriosa república que já se viu na América Latina, a do Paraguai.

CHIAVENATTO, J. J. *Genocídio americano*: a Guerra do Paraguai. São Paulo: Brasiliense, 1979. (Adaptado.)

O imperialismo inglês, "destruindo o Paraguai, mantém o *status quo* na América Meridional, impedindo a ascensão do seu único Estado economicamente livre".

Essa teoria conspiratória vai contra a realidade dos fatos e não tem provas documentais. Contudo essa teoria tem alguma repercussão.

DORATIOTO, F. *Maldita guerra*: nova história da Guerra do Paraguai. São Paulo: Companhia das Letras, 2002. (Adaptado.)

Uma leitura dessas narrativas divergentes demonstra que ambas estão refletindo sobre:

a) a carência de fontes para a pesquisa sobre os reais motivos dessa Guerra.
b) o caráter positivista das diferentes versões sobre essa Guerra.
c) o resultado das intervenções britânicas nos cenários de batalha.
d) a dificuldade de elaborar explicações convincentes sobre os motivos dessa Guerra.
e) o nível de crueldade das ações dos exércitos brasileiro e argentino durante o conflito.

C2 – H8

53. (Enem)

Ninguém desconhece a necessidade que todos os fazendeiros têm de aumentar o número de seus trabalhadores. E como até há pouco supriam-se os fazendeiros dos braços necessários? As fazendas eram alimentadas pela aquisição de escravos, sem o menor auxílio pecuniário do governo. Ora, se os fazendeiros se supriam de braços à sua custa, e se é possível obtê-los ainda, posto que de outra qualidade, por que motivo não hão de procurar alcançá-los pela mesma maneira, isto é, à sua custa?

Resposta de Manuel Felizardo de Souza e Mello, diretor geral das Terras Públicas, ao Senador Vergueiro. In: ALENCASTRO, L. F. (Org.) *História da vida privada no Brasil*. São Paulo: Companhia das Letras, 1998. (Adaptado.)

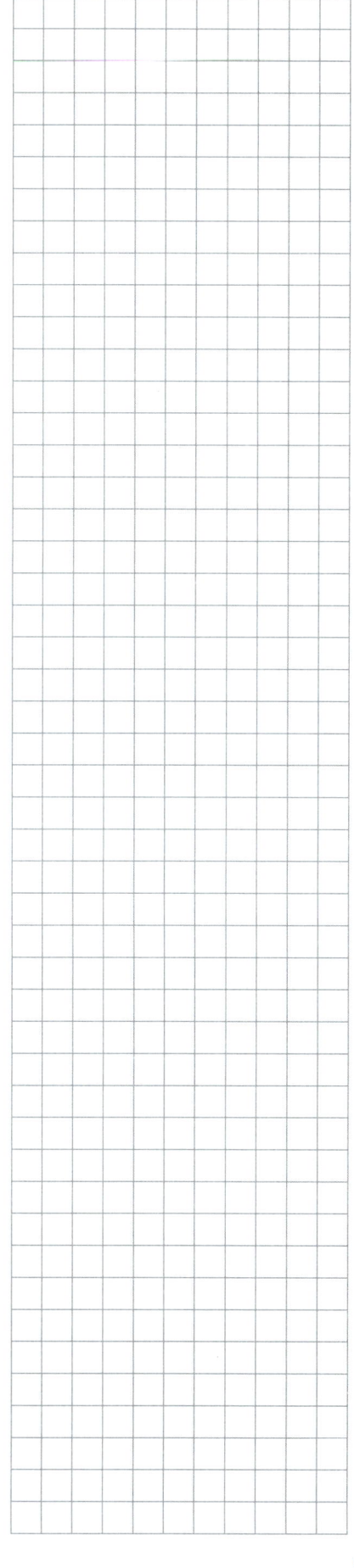

O fragmento do discurso dirigido ao parlamentar do Império refere-se às mudanças então em curso no campo brasileiro, que confrontaram o Estado e a elite agrária em torno do objetivo de:

a) fomentar ações públicas para ocupação das terras do interior.

b) adotar o regime assalariado para proteção da mão de obra estrangeira.

c) definir uma política de subsídio governamental para o fomento da imigração.

d) regulamentar o tráfico interprovincial de cativos para sobrevivência das fazendas.

e) financiar a fixação de famílias camponesas para estímulo da agricultura de subsistência.

C5 – H22

54. (Enem)

> A escravidão não há de ser suprimida no Brasil por uma guerra servil, muito menos por insurreições ou atentados locais. Não deve sê-lo, tampouco, por uma guerra civil, como o foi nos Estados Unidos. Ela poderia desaparecer, talvez, depois de uma revolução, como aconteceu na França, sendo essa revolução obra exclusiva da população livre. É no Parlamento e não em fazendas ou quilombos do interior, nem nas ruas e praças das cidades, que se há de ganhar, ou perder, a causa da liberdade.
>
> NABUCO, J. O abolicionismo [1893]. Rio de Janeiro: Nova Fronteira: São Paulo: Publifolha, 2000. (Adaptado.)

No texto, Joaquim Nabuco defende um projeto político sobre como deveria ocorrer o fim da escravidão no Brasil, no qual:

a) copiava o modelo haitiano de emancipação negra.

b) incentivava a conquista de alforrias por meio de ações judiciais.

c) optava pela via legalista de libertação.

d) priorizava a negociação em torno das indenizações aos senhores.

e) antecipava a libertação paternalista dos cativos.

C5 – H22

55. (SM) Em 13 de maio de 1888, a Princesa Regente do Brasil, dona Isabel, assinava a Lei Áurea, que determinava o fim da escravidão no país. O término do cativeiro, contudo, não resultou em completa e definitiva inclusão dos negros na sociedade brasileira. Segundo a historiadora Emília Viotti da Costa,

[...] a abolição foi apenas um primeiro passo em direção à emancipação do povo brasileiro. O arbítrio, a ignorância, a violência, a miséria, os preconceitos que a sociedade escravista criou ainda pesam sobre nós. Se é justo comemorar o Treze de Maio, é preciso, no entanto, que a comemoração não nos ofusque a ponto de transformarmos a liberdade que simboliza em um mito a serviço da opressão e da exploração do trabalho.

Costa, Emília Viotti da. *A abolição*. 8. ed. São Paulo: Unesp, 2008. p. 131.

Segundo a autora, o fim da escravidão:

a) não criou mecanismos automáticos de inclusão social dos negros. Por isso, o Treze de Maio deveria ser ignorado.

b) é uma data histórica da luta dos afrodescendentes no Brasil, mas o passado escravista ainda se manifesta na forma de preconceitos e discriminação contra eles.

c) deve ser comemorado como o momento mais importante da luta contra a exclusão social no Brasil, visto que o benefício instituído pela lei foi essencial para a superação dos preconceitos.

d) simboliza a luta dos negros contra a exclusão social de que eram vítimas. Por isso, o Treze de Maio deve ser comemorado, mas com moderação, já que ainda há trabalho escravo no Brasil.

e) é algo sem importância, que só demonstra o fracasso da luta pela cidadania no Brasil, pois a herança escravista é reforçada pela opressão e exploração do trabalho entre nós.

C3 – H13

56. (SM) Observe a imagem e leia o texto a seguir:

A Liberdade guiando o povo, pintura de Eugène Delacroix, 1830. Óleo sobre tela, 260 cm x 325 cm. Louvre, Paris.

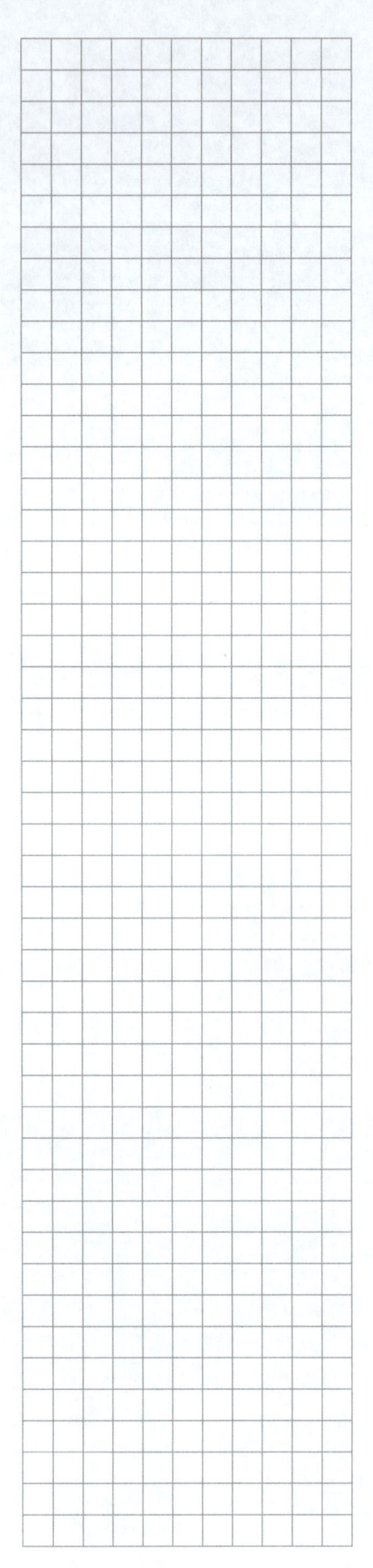

A novidade da *Liberté*, de Delacroix, portanto, reside na identificação da figura feminina nua com uma mulher real do povo, uma mulher emancipada e desempenhando um papel atuante – de fato, de liderança – no movimento dos homens. [...] a *Liberté*, de Delacroix não está sozinha, nem representa a fraqueza. Ao contrário, ela representa a força concentrada do povo invencível.

HOBSBAWN, Eric John. *Mundos do trabalho*. Rio de Janeiro: Paz e Terra, 1987. p. 126.

Com base no texto e na imagem, podemos dizer que as mulheres são:

a) associadas aos movimentos de defesa do regime monárquico e absolutista, fortalecidos após o Congresso de Viena, em 1815.

b) representadas como frágeis e incapazes de liderar um movimento revolucionário de grandes proporções.

c) vinculadas aos movimentos revolucionários como lideranças populares e responsabilizadas pelo seu fracasso.

d) representadas como protagonistas das ações revolucionárias liberais e republicanas de 1830.

e) destituídas de papel decisivo nos processos revolucionários liberais e democráticos de 1830.

C4 – H16

57. (SM) Leia o texto abaixo:

Contudo, é claro que a transformação da estrutura das grandes empresas, da oficina ao escritório e à contabilidade, progrediu substancialmente entre 1880 e 1914. A "mão invisível" das modernas organização e administração empresariais agora substituía a "mão invisível" do mercado anônimo de Adam Smith. Assim sendo, os executivos, engenheiros e contadores começaram a assumir as funções dos administradores-proprietários. Agora era mais provável que o homem de negócios típico, ao menos nas grandes empresas, não fosse mais um membro da família do fundador, mas um executivo contratado, e que o encarregado de supervisionar seu desempenho fosse um banqueiro ou acionista, em vez de um capitalista administrador.

HOBSBAWN, Eric J. *A era dos impérios*: 1875-1914. 7. ed. Rio de Janeiro: Paz e Terra, 2002. p. 72.

No texto citado, o autor analisa algumas características da sociedade:

a) na transição do feudalismo para o capitalismo, durante a qual os antigos senhorios foram transformados em modernas estruturas produtivas capitalistas.

b) na passagem do capitalismo concorrencial para o capitalismo monopolista, durante a qual as novas tecnologias exigiam mudanças nas formas de gestão empresarial.

c) na transformação do capital mercantil em capital financeiro, quando o sistema bancário assumiu a liderança no processo de acumulação de capital.

d) no processo de substituição do sistema mercantilista pelo capitalismo industrial, que surgia sustentado por novas tecnologias como a energia a vapor e a máquina de tear.

e) na transição do capitalismo para o socialismo, durante a qual a "mão invisível", de Adam Smith, dá lugar aos aparatos burocráticos do Estado, que passam a ditar os rumos do processo produtivo.

C2 – H6

58. (Enem)

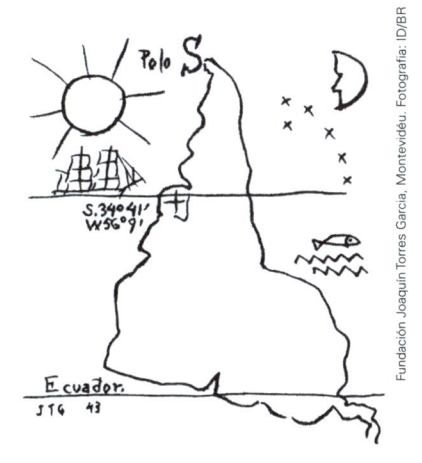

O desenho do artista uruguaio Joaquín Torres-García trabalha com uma representação diferente da usual da América Latina. Em artigo publicado em 1941, em que apresenta a imagem e trata do assunto, Joaquín afirma:

> Quem e com que interesse dita o que é o norte e o sul? Defendo a chamada Escola do Sul por que, na realidade, nosso norte é o Sul. Não deve haver norte, senão em oposição ao nosso sul.
>
> Por isso colocamos o mapa ao revés, desde já, e então teremos a justa ideia de nossa posição, e não como querem no resto do mundo. A ponta da América assinala insistentemente o sul, nosso norte.

TORRES-GARCÍA, J. *Universalismo constructivo*.
Buenos Aires: Poseidón, 1941. (Adaptado.)

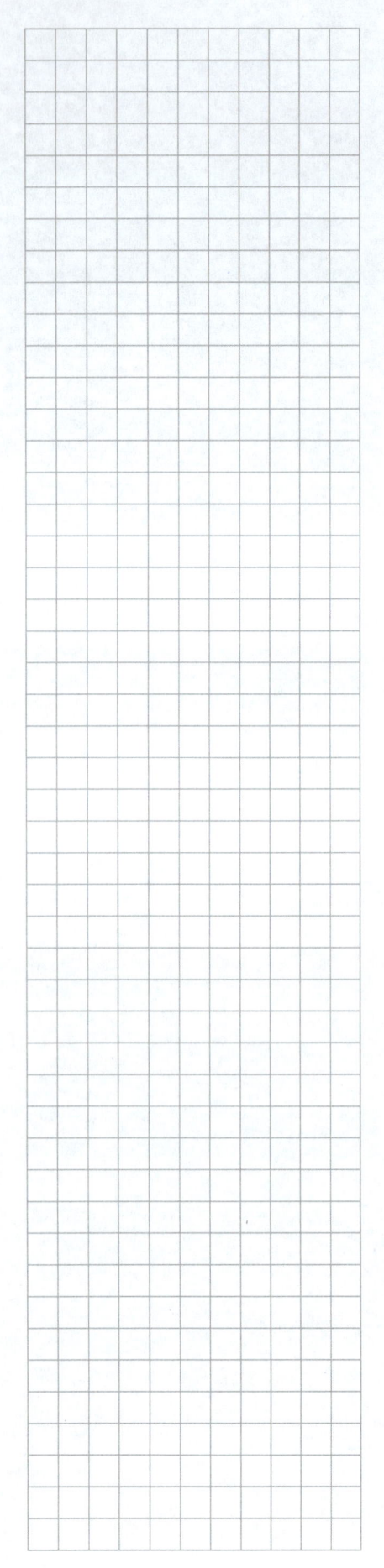

O referido autor, no texto e imagem acima:

a) privilegiou a visão dos colonizadores da América.
b) questionou as noções eurocêntricas sobre o mundo.
c) resgatou a imagem da América como centro do mundo.
d) defendeu a Doutrina Monroe expressa no lema "América para os americanos".
e) propôs que o sul fosse chamado de norte e vice-versa.

C3 – H13

59. (Enem)

> O movimento operário ofereceu uma nova resposta ao grito do homem miserável no princípio do século XIX. A resposta foi a consciência de classe e a ambição de classe. Os pobres então se organizavam em uma classe específica, a classe operária, diferente da classe dos patrões (ou capitalistas). A Revolução Francesa lhes deu confiança; a Revolução Industrial trouxe a necessidade da mobilização permanente.
>
> HOBSBAWM, E. J. *A era das revoluções*. São Paulo: Paz e Terra, 1977.

No texto, analisa-se o impacto das Revoluções Francesa e Industrial para a organização da classe operária. Enquanto a "confiança" dada pela Revolução Francesa era originária do significado da vitória revolucionária sobre as classes dominantes, a "necessidade da mobilização permanente", trazida pela Revolução Industrial, decorria da compreensão de que:

a) a competitividade do trabalho industrial exigia um permanente esforço de qualificação para o enfrentamento do desemprego.
b) a completa transformação da economia capitalista seria fundamental para a emancipação dos operários.
c) a introdução das máquinas no processo produtivo diminuía as possibilidades de ganho material para os operários.
d) o progresso tecnológico geraria a distribuição de riquezas para aqueles que estivessem adaptados aos novos tempos industriais.
e) a melhoria das condições de vida dos operários seria conquistada com as manifestações coletivas em favor dos direitos trabalhistas.

C2 – H7

60. (Enem) A primeira metade do século XX foi marcada por conflitos e processos que a inscreveram como um dos mais violentos períodos da história humana.

Entre os principais fatores que estiveram na origem dos conflitos ocorridos durante a primeira metade do século XX estão:

a) a crise do colonialismo, a ascensão do nacionalismo e do totalitarismo.

b) o enfraquecimento do Império Britânico, a Grande Depressão e a corrida nuclear.

c) o declínio britânico, o fracasso da Liga das Nações e a Revolução Cubana.

d) a corrida armamentista, o terceiro-mundismo e o expansionismo soviético.

e) a Revolução Bolchevique, o imperialismo e a unificação da Alemanha.

C3 – H14

61. (Enem)

> Até que ponto, a partir de posturas e interesses diversos, as oligarquias paulista e mineira dominaram a cena política nacional na Primeira República? A união de ambas foi um traço fundamental, mas que não conta toda a história do período. A união foi feita com a preponderância de uma ou de outra das duas frações. Com o tempo, surgiram as discussões e um grande desacerto final.
>
> FAUSTO, B. *História do Brasil.* São Paulo: Edusp, 2004. (Adaptado.)

> A imagem de um bem-sucedido acordo café com leite entre São Paulo e Minas, um acordo de alternância de presidência entre os dois estados, não passa de uma idealização de um processo muito mais caótico e cheio de conflitos. Profundas divergências políticas colocavam-nos em confronto por causa de diferentes graus de envolvimento no comércio exterior.
>
> TOPIK, S. *A presença do Estado na economia política do Brasil de 1889 a 1930.* Rio de Janeiro: Record, 1989. (Adaptado.)

Para a caracterização do processo político durante a Primeira República, utiliza-se com frequência a expressão *Política do Café com Leite*. No entanto, os textos apresentam a seguinte ressalva à sua utilização:

a) A riqueza gerada pelo café dava à oligarquia paulista a prerrogativa de indicar os candidatos à presidência, sem necessidade de alianças.

b) As divisões políticas internas de cada estado da federação invalidavam o uso do conceito de aliança entre estados para este período.

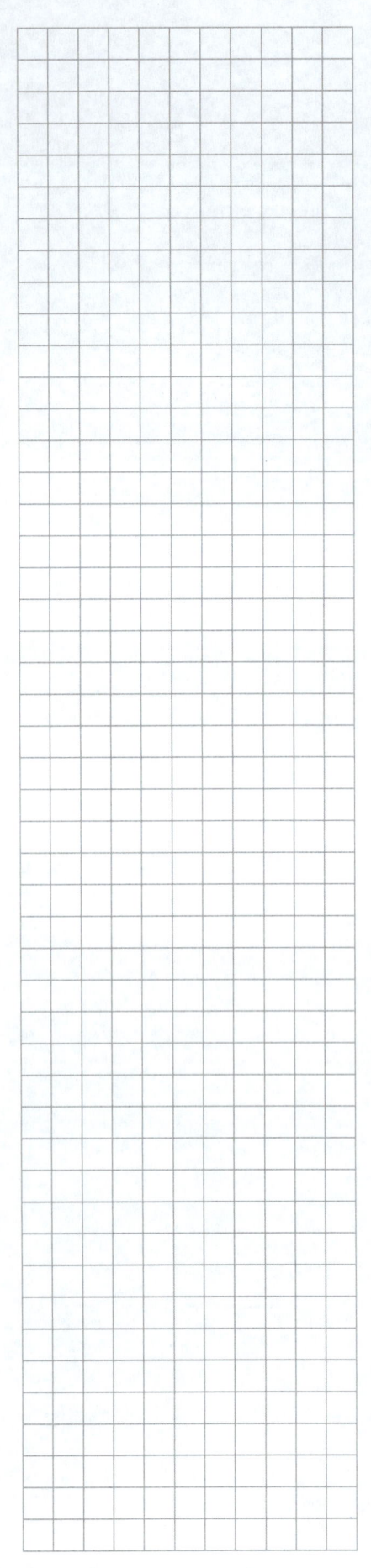

c) As disputas políticas do período contradiziam a suposta estabilidade da aliança entre mineiros e paulistas.

d) A centralização do poder no executivo federal impedia a formação de uma aliança duradoura entre as oligarquias.

e) A diversificação da produção e a preocupação com o mercado interno unificavam os interesses das oligarquias.

C2 – H9

62. (Enem)

> Para os amigos pão, para os inimigos pau; aos amigos se faz justiça, aos inimigos aplica-se a lei.
>
> LEAL, V. N. *Coronelismo, enxada e voto.* São Paulo: Alfa Omega.

Esse discurso, típico do contexto histórico da República Velha e usado por chefes políticos, expressa uma realidade caracterizada:

a) pela força política dos burocratas do nascente Estado republicano, que utilizavam de suas prerrogativas para controlar e dominar o poder nos municípios.

b) pelo controle político dos proprietários no interior do país, que buscavam, por meio dos seus currais eleitorais, enfraquecer a nascente burguesia brasileira.

c) pelo mandonismo das oligarquias no interior do Brasil, que utilizavam diferentes mecanismos assistencialistas e de favorecimento para garantir o controle dos votos.

d) pelo domínio político de grupos ligados às velhas instituições monárquicas e que não encontraram espaço de ascensão política na nascente república.

e) pela aliança política firmada entre as oligarquias do Norte e Nordeste do Brasil, que garantiria uma alternância no poder federal de presidentes originários dessas regiões.

63. (Enem)

> Nos estados, entretanto, se instalavam as oligarquias, de cujo perigo já nos advertia Saint-Hilaire, e sob o disfarce do que se chamou "a política dos governadores". Em círculos concêntricos, esse sistema vem cumular no próprio poder central que é o sol do nosso sistema.
>
> PRADO, P. *Retrato do Brasil.* Rio de Janeiro: José Olympio, 1972.

A crítica presente no texto remete ao acordo que fundamentou o regime republicano brasileiro durante as três primeiras décadas do século XX e fortaleceu o(a):

a) poder militar, enquanto fiador da ordem econômica.

b) presidencialismo, com o objetivo de limitar o poder dos coronéis.

c) domínio de grupos regionais sobre a ordem federativa.

d) intervenção nos estados, autorizada pelas normas constitucionais.

e) isonomia do governo federal no tratamento das disputas locais.

C3 – H15

64. (Enem)

> **O mestre-sala dos mares**
>
> Há muito tempo nas águas da Guanabara
> O dragão do mar reapareceu
> Na figura de um bravo marinheiro
> A quem a história não esqueceu
> Conhecido como o almirante negro
> Tinha a dignidade de um mestre-sala
> E ao navegar pelo mar com seu bloco de fragatas
> Foi saudado no porto pelas mocinhas francesas
> Jovens polacas e por batalhões de mulatas
> Rubras cascatas jorravam nas costas
> Dos negros pelas pontas das chibatas...
>
> BLANC, A.; BOSCO, J. *O mestre-sala dos mares*. Disponível em: <www.usinadeletras.com.br>. Acesso em: 19 jan. 2009.

Na história brasileira, a chamada Revolta da Chibata, liderada por João Cândido e descrita na música, foi:

a) a rebelião de escravos contra os castigos físicos, ocorrida na Bahia, em 1848, e repetida no Rio de Janeiro.

b) a revolta, no porto de Salvador, em 1860, de marinheiros dos navios que faziam o tráfico negreiro.

c) o protesto, ocorrido no Exército, em 1865, contra o castigo de chibatadas em soldados desertores na Guerra do Paraguai.

d) a rebelião dos marinheiros, negros e mulatos, em 1910, contra os castigos e as condições de trabalho na Marinha de Guerra.

e) o protesto popular contra o aumento do custo de vida no Rio de Janeiro, em 1917, dissolvido, a chibatadas, pela polícia.

C4 – H18

65. (Enem)

A crise de 1929 e dos anos subsequentes teve sua origem no grande aumento da produção industrial e agrícola, nos EUA, ocorrido durante a 1ª Guerra Mundial, quando o mercado consumidor, principalmente o externo, conheceu ampliação significativa. O rápido crescimento da produção e das empresas valorizou as ações e estimulou a especulação, responsável pela "pequena crise" de 1920-21. Em outubro de 1929, a venda cresceu nas Bolsas de Valores, criando uma tendência de baixa no preço das ações, o que fez com que muitos investidores ou especuladores vendessem seus papéis. De 24 a 29 de outubro, a Bolsa de Nova York teve um prejuízo de US$ 40 bilhões. A redução da receita tributária que atingiu o Estado fez com que os empréstimos ao exterior fossem suspensos e as dívidas, cobradas; e que se criassem também altas tarifas sobre produtos importados, tornando a crise internacional.

RECCO, C. *História*: a crise de 29 e a depressão do capitalismo. Disponível em: <http://www1.folha.uol.com.br/folha/educacao/ult305u11504.shtml>. Acesso em: 26 out. 2008. (Adaptado.)

Os fatos apresentados permitem inferir que:

a) as despesas e prejuízos decorrentes da 1ª Guerra Mundial levaram à crise de 1929, devido à falta de capital para investimentos.

b) o significativo incremento da produção industrial e agrícola norte-americana durante a 1ª Guerra Mundial consistiu num dos fatores originários da crise de 1929.

c) a queda dos índices nas Bolsas de Valores pode ser apontada como causa do aumento dos preços de ações nos EUA em outubro de 1929.

d) a crise de 1929 eclodiu nos EUA a partir da interrupção de empréstimos ao exterior e da criação de altas tarifas sobre produtos de origem importada.

e) a crise de 1929 gerou uma ampliação do mercado consumidor externo e, consequentemente, um crescimento industrial e agrícola nos EUA.

C3 – H15

66. (Enem)

As Brigadas Internacionais foram unidades de combatentes formadas por voluntários de 53 nacionalidades dispostos a lutar em defesa da República espanhola. Estima-se que cerca de 60 mil cidadãos de várias partes do mundo – incluindo 40 brasileiros – tenham se incorporado a essas unidades. Apesar de coordenadas pelos comunistas, as Brigadas contaram com membros socialistas, liberais e de outras correntes político-ideológicas.

SOUZA, I. I. A Guerra Civil Europeia. História Viva, n. 70, 2009. (Fragmento.)

A Guerra Civil Espanhola expressou as disputas em curso na Europa na década de 1930. A perspectiva política comum que promoveu a mobilização descrita foi o(a):

a) crítica ao stalinismo.
b) combate ao fascismo.
c) rejeição ao federalismo.
d) apoio ao corporativismo.
e) adesão ao anarquismo.

C3 – H11

67. (Enem) Os regimes totalitários da primeira metade do século XX apoiaram-se fortemente na mobilização da juventude em torno da defesa de ideias grandiosas para o futuro da nação. Nesses projetos, os jovens deveriam entender que só havia uma pessoa digna de ser amada e obedecida, que era o líder. Tais movimentos sociais juvenis contribuíram para a implantação e a sustentação do nazismo, na Alemanha, e do fascismo, na Itália, Espanha e Portugal.

A atuação desses movimentos juvenis caracterizava-se:

a) pelo sectarismo e pela forma violenta e radical com que enfrentavam os opositores ao regime.
b) pelas propostas de conscientização da população acerca dos seus direitos como cidadãos.
c) pela promoção de um modo de vida saudável, que mostrava os jovens como exemplos a seguir.
d) pelo diálogo, ao organizar debates que opunham jovens idealistas e velhas lideranças conservadoras.
e) pelos métodos políticos populistas e pela organização de comícios multitudinários.

C3 – H15

68. (SM) Leia o texto abaixo:

> Os eventos do verão de 1934 assinalaram o fim da primeira fase do regime de Hitler. Ele conseguira consolidar seu poder, ao mesmo tempo em que mantinha a lealdade e o apoio da maioria das elites conservadoras e disciplinava os elementos com um potencial desagregador em suas próprias fileiras. As maiores instituições da sociedade alemã estavam alinhadas com a causa nacional-socialista. A oposição esquerdista fora brutalmente reprimida. A constituição de Weimar fora substituída por um novo regime autoritário, destinado a restaurar o orgulho alemão e promover o interesse nacional. Em 1935, a suástica do Partido Nazista tornou-se a bandeira oficial alemã.

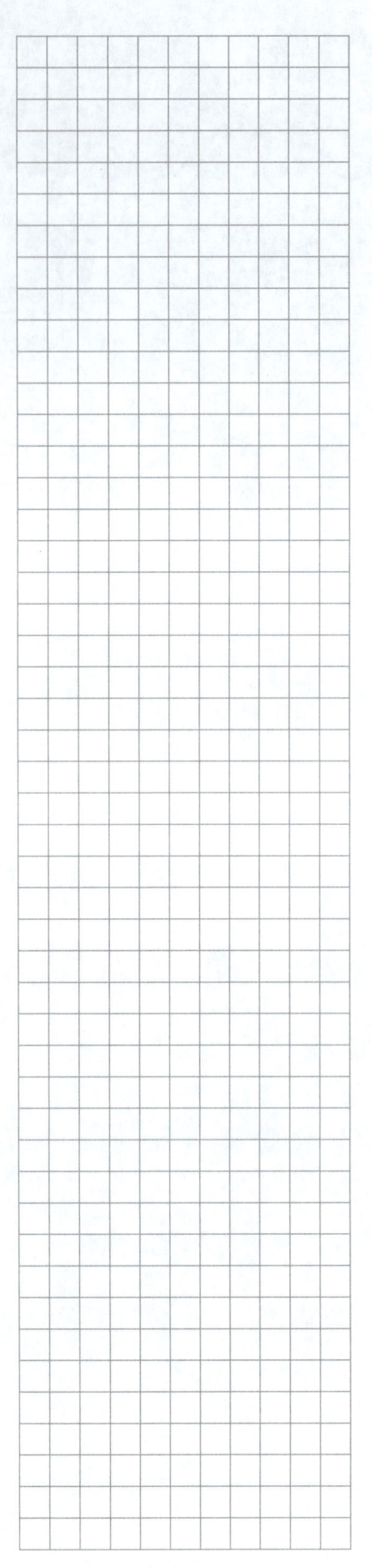

A popularidade de Hitler continuava a crescer. Era difícil até mesmo para os céticos não ser contagiado pelo entusiasmo que o regime gerava. Muitos alemães estavam sinceramente convencidos de que chegava a hora do renascimento nacional. Hitler também se beneficiou da reviravolta para melhor na economia que acompanhou sua consolidação do poder. Afinal, a recuperação econômica era a condição prévia para uma política externa ativa e para a manutenção do apoio popular. Enquanto a economia alemã prosperasse, o poder de Hitler permaneceria seguro.

STACKELBERG, Roderick. *A Alemanha de Hitler*: origens, interpretações, legados. Rio de Janeiro: Imago, 2002. p. 166-167.

Segundo o texto, o poder de Hitler se consolidou, entre outros fatores:

a) pela economia em decadência e pelo controle das instituições políticas.

b) pelo crescimento do apoio popular e pelo fracasso das instituições políticas.

c) pelo crescimento da economia e pela repressão total à população.

d) pelo controle das instituições políticas e pelo crescimento econômico.

e) pela decadência das instituições políticas e pelo fracasso da economia.

C2 – H7

69. (Enem)

Em discurso proferido em 17 de março de 1939, o primeiro-ministro inglês à época, Neville Chamberlain, sustentou sua posição política: "Não necessito defender minhas visitas à Alemanha no outono passado, que alternativa existia? Nada do que pudéssemos ter feito, nada do que a França pudesse ter feito, ou mesmo a Rússia, teria salvado a Tchecoslováquia da destruição. Mas eu também tinha outro propósito ao ir até Munique. Era o de prosseguir com a política por vezes chamada de 'apaziguamento europeu', e Hitler repetiu o que já havia dito, ou seja, que os Sudetos, região de população alemã na Tchecoslováquia, eram a sua última ambição territorial na Europa e que não queria incluir na Alemanha outros povos que não os alemães".

Disponível em: <www.johndclare.net>. (Adaptada.)

Sabendo-se que o compromisso assumido por Hitler em 1938, mencionado no texto, foi rompido pelo líder alemão em 1939, infere-se que:

a) Hitler ambicionava o controle de mais territórios na Europa além da região dos Sudetos.

b) a aliança entre a Inglaterra, a França e a Rússia poderia ter salvado a Tchecoslováquia.

c) o rompimento desse compromisso inspirou a política de "apaziguamento europeu".

d) a política de Chamberlain de apaziguar o líder alemão era contrária à posição assumida pelas potências aliadas.

e) a forma que Chamberlain escolheu para lidar com o problema dos Sudetos deu origem à destruição da Tchecoslováquia.

C2 – H7

70. (Enem) O objetivo de tomar Paris marchando em direção ao Oeste era, para Hitler, uma forma de consolidar sua liderança no continente. Com esse intuito, entre abril e junho de 1940, ele invadiu a Dinamarca, a Noruega, a Bélgica e a Holanda. As tropas francesas se posicionaram na Linha Maginot, uma linha de defesa com trincheiras, na tentativa de conter a invasão alemã.

Para a Alemanha, o resultado dessa invasão foi:

a) a ocupação de todo o território francês, usando-o como base para a conquista da Suíça e da Espanha durante a segunda fase da guerra.

b) a tomada do território francês, que foi então usado como base para a ocupação nazista da África do Norte, durante a guerra de trincheiras.

c) a posse de apenas parte do território, devido à resistência armada do exército francês na Linha Maginot.

d) a vitória parcial, já que, após o avanço inicial, teve de recuar, devido à resistência dos blindados do general De Gaulle, em 1940.

e) a vitória militar, com ocupação de parte da França, enquanto outra parte ficou sob controle do governo colaboracionista francês.

C1 – H2

71. (Enem)

O Massacre da Floresta de Katyn foi noticiado pela primeira vez pelos alemães em abril de 1943. Numa colina na Rússia, soldados nazistas encontraram aproximadamente doze mil cadáveres. Empilhado em valas estava um terço da oficialidade do exército polonês, entre os quais, vários engenheiros, técnicos e cientistas. Os nazistas aproveitaram-se ao máximo do episódio em sua propaganda antissoviética. Em menos de dois anos, porém, a Alemanha foi derrotada e a Polônia caiu na órbita da União Soviética – a qual reescreveu a história, atribuindo o massacre de Katyn aos nazistas. A Polônia inteira sabia tratar-se de uma mentira; mas quem o dissesse enfrentaria tortura, exílio ou morte.

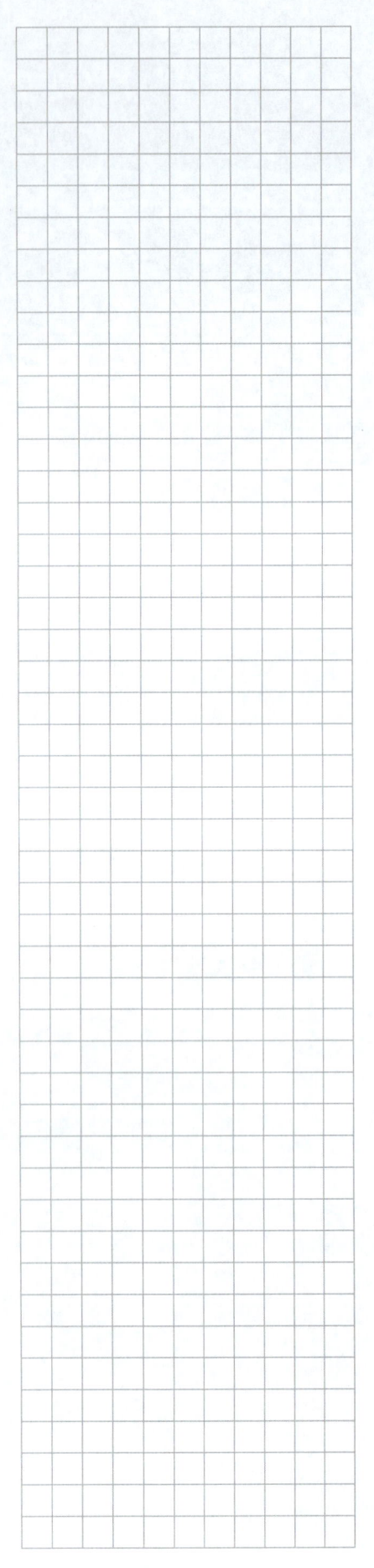

Disponível em: <http://veja.abril.com.br>. Acesso em: 19 maio 2009. (Adaptado.) Disponível em: <http://dn.sapo.pt>. Acesso em: 19 maio 2009. (Adaptado.)

Como o Massacre de Katyn e a farsa montada em torno desse episódio se relacionam com a construção da chamada Cortina de Ferro?

a) A aniquilação foi planejada pelas elites dirigentes polonesas como parte do processo de integração de seu país ao bloco soviético.

b) A construção de uma outra memória sobre o Massacre de Katyn teve o sentido de tornar menos odiosa e ilegítima, aos poloneses, a subordinação de seu país ao regime stalinista.

c) O exército polonês havia aderido ao regime nazista, o que levou Stálin a encará-lo como um possível foco de restauração do Reich após a derrota alemã.

d) A Polônia era a última fronteira capitalista do Leste europeu e a dominação desse país garantiria acesso ao mar Adriático.

e) A aniquilação do exército polonês e a expropriação da burguesia daquele país eram parte da estratégia de revolução permanente e mundial defendida por Stálin.

C4 – H20

72. **(SM)** Leia o texto abaixo, sobre uma das consequências da Guerra Fria:

Essa mesma tensão gerada pelo conflito entre EUA e URSS promoveu um desenvolvimento científico e tecnológico jamais imaginado. A importância dos investimentos destinados ao setor técnico-científico já havia sido demonstrada, sobretudo na Segunda Guerra Mundial quando, entre outros, a bomba atômica definiu o final do conflito no Pacífico e colocou os EUA à frente na luta pelo poder hegemônico no cenário internacional. Entretanto, não só a indústria bélica foi beneficiada. O computador, a internet, os relógios digitais, as imagens via satélite que cotidianamente transmitem os acontecimentos em tempo real e até a viagem do homem à Lua são, de certa forma, produtos da Guerra Fria. Sem a ameaça do bloco adversário, o desenvolvimento de satélites e foguetes se daria num ritmo muito mais lento.

FARIA, Ricardo de Moura; MIRANDA, Mônica Liz. *Da Guerra Fria à Nova Ordem Mundial*. São Paulo: Contexto, 2003. p. 40.

O desenvolvimento tecnológico do período da Guerra Fria pode ser associado:

a) à crise dos Mísseis.

b) à corrida espacial e armamentista.

c) à coexistência pacífica.

d) à "nova" Guerra Fria, do presidente estadunidense Ronald Reagan.

e) ao Muro de Berlim.

C1 – H2

73. (Enem)

É difícil encontrar um texto sobre a Proclamação da República no Brasil que não cite a afirmação de Aristides Lobo, no *Diário Popular* de São Paulo, de que "o povo assistiu àquilo bestializado". Essa versão foi relida pelos enaltecedores da Revolução de 1930, que não descuidaram da forma republicana, mas realçaram a exclusão social, o militarismo e o estrangeirismo da fórmula implantada em 1889. Isto porque o Brasil brasileiro teria nascido em 1930.

MELLO, M. T. C. *A república consentida*: cultura democrática e científica no final do Império. Rio de Janeiro: FGV, 2007. (Adaptado.)

O texto defende que a consolidação de uma determinada memória sobre a Proclamação da República no Brasil teve, na Revolução de 1930, um de seus momentos mais importantes. Os defensores da Revolução de 1930 procuraram construir uma visão negativa para os eventos de 1889, porque esta era uma maneira de:

a) valorizar as propostas políticas democráticas e liberais vitoriosas.

b) resgatar simbolicamente as figuras políticas ligadas à Monarquia.

c) criticar a política educacional adotada durante a República Velha.

d) legitimar a ordem política inaugurada com a chegada desse grupo ao poder.

e) destacar a ampla participação popular obtida no processo da Proclamação.

C5 – H21

74. (Enem)

A partir de 1942 e estendendo-se até o final do Estado Novo, o Ministro do Trabalho, Indústria e Comércio de Getúlio Vargas falou aos ouvintes da Rádio Nacional semanalmente, por dez minutos, no programa *Hora do Brasil*. O objetivo declarado do governo era esclarecer os trabalhadores acerca das inovações na legislação de proteção ao trabalho.

GOMES, A. C. A invenção do trabalhismo, *Revista dos Tribunais*. Rio de Janeiro: Iuperj; São Paulo: Vértice, 1988. (Adaptado.)

Os programas *Hora do Brasil* contribuíram para:

a) conscientizar os trabalhadores de que os direitos sociais foram conquistados por seu esforço, após anos de lutas sindicais.

b) promover a autonomia dos grupos sociais, por meio de uma linguagem simples e de fácil entendimento.

c) estimular os movimentos grevistas, que reivindicavam um aprofundamento dos direitos trabalhistas.

d) consolidar a imagem de Vargas como um governante protetor das massas.

e) aumentar os grupos de discussão política dos trabalhadores, estimulados pelas palavras do ministro.

C5 – H22

75. (Enem)

De março de 1931 a fevereiro de 1940, foram decretadas mais de 150 leis novas de proteção social e de regulamentação do trabalho em todos os seus setores.

Todas elas têm sido simplesmente uma dádiva do governo. Desde aí, o trabalhador brasileiro encontra nos quadros gerais do regime o seu verdadeiro lugar.

DANTAS, M. *A força nacionalizadora do Estado Novo*. Rio de Janeiro: DIP, 1942. Apud BERCITO, S. R. *Nos Tempos de Getúlio*: da revolução de 30 ao fim do Estado Novo. São Paulo: Atual, 1990.

A adoção de novas políticas públicas e as mudanças jurídico-institucionais ocorridas no Brasil, com a ascensão de Getúlio Vargas ao poder, evidenciam o papel histórico de certas lideranças e a importância das lutas sociais na conquista da cidadania. Desse processo resultou a:

a) criação do Ministério do Trabalho, Indústria e Comércio, que garantiu ao operariado autonomia para o exercício de atividades sindicais.

b) legislação previdenciária, que proibiu migrantes de ocuparem cargos de direção nos sindicatos.

c) criação da Justiça do Trabalho, para coibir ideologias consideradas perturbadoras da "harmonia social".

d) legislação trabalhista, que atendeu reivindicações dos operários, garantido-lhes vários direitos e formas de proteção.

e) decretação da Consolidação das Leis do Trabalho (CLT), que impediu o controle estatal sobre as atividades políticas da classe operária.

C3 – H13

76. (Enem)

> A solução militar da crise política gerada pela sucessão do presidente Washington Luís em 1929-1930 provoca profunda ruptura institucional no país. Deposto o presidente, o Governo Provisório (1930-1934) precisa administrar as diferenças entre as correntes políticas integrantes da composição vitoriosa, herdeira da Aliança Liberal.

LEMOS, R. A revolução constitucionalista de 1932. In: SILVA, R. M.; CACHAPUZ, P. B.; LAMARÃO, S. (Org.). *Getúlio Vargas e seu tempo*. Rio de Janeiro: BNDES.

No contexto histórico da crise da Primeira República, verifica-se uma divisão no movimento tenentista. A atuação dos integrantes do movimento, liderados por Juarez Távora, os chamados "liberais" nos anos 1930, deve ser entendida como:

a) a aliança com os cafeicultores paulistas em defesa de novas eleições.

b) o retorno aos quartéis diante da desilusão política com a "Revolução de 30".

c) o compromisso político-institucional com o governo provisório de Vargas.

d) a adesão ao socialismo, reforçada pelo exemplo do ex-tenente Luis Carlos Prestes.

e) o apoio ao governo provisório em defesa da descentralização do poder político

C5 – H22

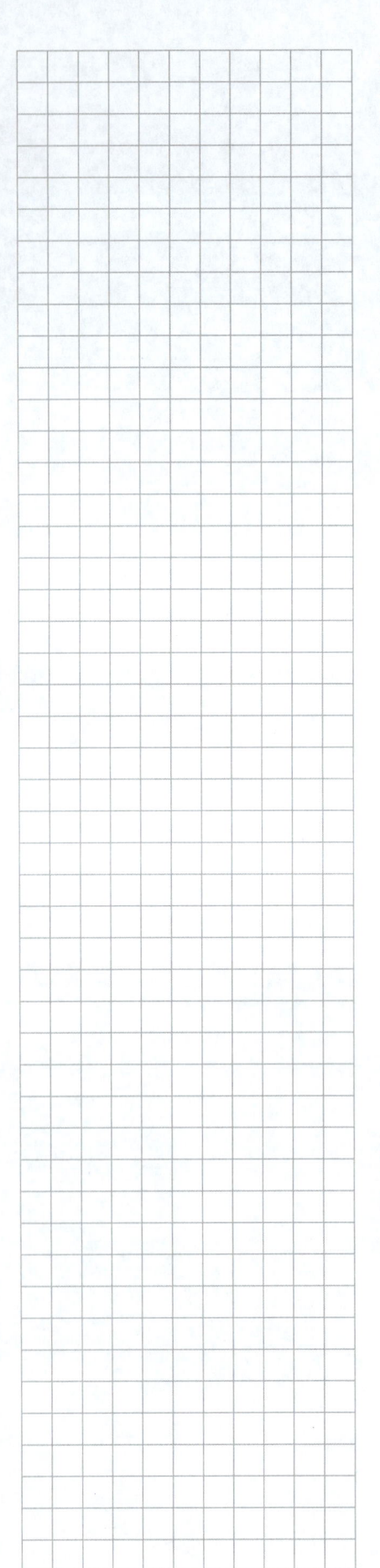

77. (Enem)

— Haverá ainda quem resista á poderosa influencia do partido Mulherista?!

PEDERNEIRAS, R. Revista da Semana, ano 35, n. 40, 15 set. 1934. In: LEMOS, R. (Org.). *Uma história do Brasil através das caricaturas (1840--2001)*. Rio de Janeiro: Bom Texto; Letras e Expressões, 2001.

Na imagem da década de 1930, há uma crítica à conquista de um direito pelas mulheres, relacionado com a:

a) redivisão do trabalho doméstico.

b) liberdade de orientação sexual.

c) garantia da equiparação salarial.

d) aprovação do direito ao divórcio.

e) obtenção da participação eleitoral.

C3 – H11

78. (Enem)

Os generais abaixo-assinados, de pleno acordo com o Ministro da Guerra, declaram-se dispostos a promover uma ação enérgica junto ao governo no sentido de contrapor medidas decisivas aos planos comunistas e seus pregadores e adeptos, independentemente da esfera social a que pertençam. Assim procedem no exclusivo propósito de salvarem o Brasil e suas instituições políticas e sociais da hecatombe que se mostra prestes a explodir.

Ata de reunião no Ministério da Guerra, 28/09/1937. BONAVIDES, P.; AMARAL. R. *Textos políticos da história do Brasil*. v. 5. Brasília: Senado Federal, 2002. (Adaptado.)

Levando em conta o contexto político-institucional dos anos 1930 no Brasil, pode-se considerar o texto como uma tentativa de justificar a ação militar que iria:

a) debelar a chamada Intentona Comunista, acabando com a possibilidade da tomada do poder pelo PCB.

b) reprimir a Aliança Nacional Libertadora, fechando todos os seus núcleos e prendendo os seus líderes.

c) desafiar a Ação Integralista Brasileira, afastando o perigo de uma guinada autoritária para o fascismo.

d) instituir a ditadura do Estado Novo, cancelando as eleições de 1938 e reescrevendo a Constituição do país.

e) combater a Revolução Constitucionalista, evitando que os fazendeiros paulistas retomassem o poder perdido em 1930.

C1 – H5

79. (SM) Observe a imagem e leia o texto abaixo.

Cena do filme *Alô amigos*, de 1942. A personagem de Walt Disney, Pato Donald, conhece um amigo brasileiro, Zé Carioca (à direita), e visita o "país do Carnaval".

> A expansão das empresas holiudianas no mercado brasileiro difundia, assim, a cultura americana no país. Isso, sem dúvida, facilitou a execução do projeto de americanização do Brasil [...]. As condições tornavam-se favoráveis ao sucesso da Política de Boa Vizinhança de Roosevelt, e a presença física de algumas figuras mitificadas pelo cinema só fazia reforçar o chamado sonho "holiudiano".
>
> Tota, Antonio Pedro. *O imperialismo sedutor*. São Paulo: Companhia das Letras, 2000. p. 134.

A Política de Boa Vizinhança, do presidente dos EUA, Franklin Roosevelt, que utilizava o cinema como instrumento de sua estratégia, afetou a identidade cultural brasileira, já que:

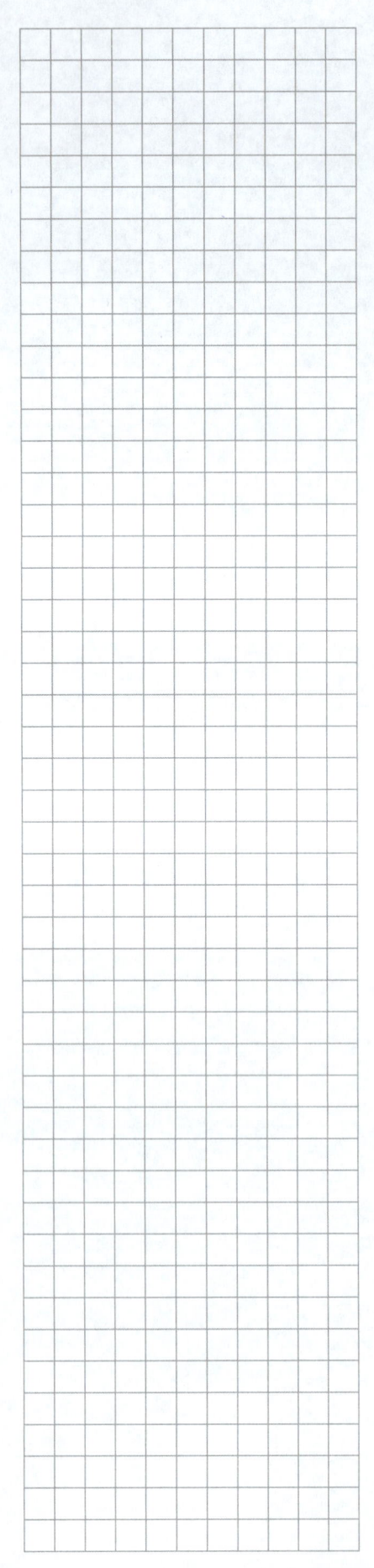

a) a penetração de aspectos da propaganda do *american way of life* eliminou várias das manifestações culturais genuinamente nacionais.

b) a resistência cultural que aqui se praticou naquele momento enfraqueceu sobremaneira a presença de aspectos culturais estadunidenses no país.

c) ocorreu um processo de sincretismo cultural, pelo qual alguns aspectos do *american way of life* foram reelaborados pelas práticas culturais locais.

d) as imposições das instituições estadunidenses e brasileiras, na época do Estado Novo, destruíram diversas manifestações da nossa cultura e identidade.

e) a propaganda do *american way of life* foi suficientemente forte para se impor à cultura popular, mas não para destruir as práticas culturais de elite, muito mais suscetíveis às influências europeias.

C3 – H13

80. (Enem)

> Não é difícil entender o que ocorreu no Brasil nos anos imediatamente anteriores ao golpe militar de 1964. A diminuição da oferta de empregos e a desvalorização dos salários, provocadas pela inflação, levaram a uma intensa mobilização política popular, marcada por sucessivas ondas grevistas de várias categorias profissionais, o que aprofundou as tensões sociais. "Dessa vez, as classes trabalhadoras se recusaram a pagar o pato pelas sobras" do modelo econômico juscelinista.

MENDONÇA, S. R. *A industrialização brasileira.* São Paulo: Moderna, 2002. (Adaptado.)

Segundo o texto, os conflitos sociais ocorridos no início dos anos 1960 decorreram principalmente:

a) da manipulação política empreendida pelo governo João Goulart.

b) das contradições econômicas do modelo desenvolvimentista.

c) do poder político adquirido pelos sindicatos populistas.

d) da desmobilização das classes dominantes frente ao avanço das greves.

e) da recusa dos sindicatos em aceitar mudanças na legislação trabalhista.

C2 – H8

81. (Enem)

Meta do faminto

JK – Você agora tem automóvel brasileiro, para correr em estradas pavimentadas com asfalto brasileiro, com gasolina brasileira. Que quer mais?

JECA – Um prato de feijão brasileiro, seu doutô!

Théo. In: Lemos, R. (Org.). Rio de Janeiro: Bom Texto; Letras & Expressões, 2001. Uma história do Brasil através da caricatura (1840-2001).

A charge ironiza a política desenvolvimentista do governo Jucelino Kubitschek, ao:

a) evidenciar que o incremento da malha viária diminuiu as desigualdades regionais do país.

b) destacar que a modernização das indústrias dinamizou a produção de alimentos para o mercado interno.

c) enfatizar que o crescimento econômico implicou aumento das contradições socioespaciais.

d) ressaltar que o investimento no setor de bens duráveis incrementou os salários de trabalhadores.

e) mostrar que a ocupação de regiões interioranas abriu frente de trabalho para a população local.

C3 – H11

82. (Enem)

Em meio às turbulências vividas na primeira metade dos anos 1960, tinha-se a impressão de que as tendências de esquerda estavam se fortalecendo na área cultural. O Centro

Popular de Cultura (CPC) da União Nacional dos Estudantes (UNE) encenava peças de teatro que faziam agitação e propaganda em favor da luta pelas reformas de base e satirizavam o "imperialismo" e seus "aliados internos".

KONDER, L. *História das ideias socialistas no Brasil*. São Paulo: Expressão Popular, 2003.

No início da década de 1960, enquanto vários setores da esquerda brasileira consideravam que o CPC da UNE era uma importante forma de conscientização das classes trabalhadoras, os setores conservadores e de direita (políticos vinculados à União Democrática Nacional – UDN –, Igreja Católica, grandes empresários etc.) entendiam que esta organização:

a) constituía mais uma ameaça para a democracia brasileira, ao difundir a ideologia comunista.
b) contribuía com a valorização da genuína cultura nacional, ao encenar peças de cunho popular.
c) realizava uma tarefa que deveria ser exclusiva do Estado, ao pretender educar o povo por meio da cultura.
d) prestava um serviço importante à sociedade brasileira, ao incentivar a participação política dos mais pobres.
e) diminuía a força dos operários urbanos, ao substituir os sindicatos como instituição de pressão política sobre o governo.

C5 – H24

83. (Enem)

PSD - PTB - UDN

PSP - PDC - MTR

PTN - PST - PSB

PRP - PR - PL - PRT

Finados

FORTUNA. *Correio da Manhã*, ano 85, n. 22.264, 2 nov. 1965.

A imagem foi publicada no jornal *Correio da Manhã*, no dia de Finados de 1965. Sua relação com os direitos políticos existentes no período revela a:

a) extinção dos partidos nanicos.
b) retomada dos partidos estaduais.
c) adoção do bipartidarismo regulado.
d) superação do fisiologismo tradicional.
e) valorização da representação parlamentar.

C1 – H3

84. (SM) Leia o texto abaixo:

> Os mais velhos lembram-se muito bem, mas os mais moços podem acreditar: entre 1950 e 1979, a sensação dos brasileiros [...] era a de que faltava dar uns poucos passos para finalmente nos tornarmos uma nação moderna. Esse alegre otimismo [...] foi mudando a sua forma. Na década de 1950, alguns imaginavam até que estaríamos assistindo ao nascimento de uma nova civilização nos trópicos, que combinava a incorporação das conquistas materiais do capitalismo com a persistência dos traços de caráter que nos singularizam como povo: a cordialidade, a criatividade, a tolerância. De 1967 em diante, a visão do progresso vai assumindo a nova forma de uma crença na modernização, isto é, de nosso acesso iminente ao "Primeiro Mundo".
>
> MELLO, João Manuel Cardoso de; NOVAIS, Fernando. *Capitalismo tardio e sociabilidade moderna*. 2. ed. São Paulo: Unesp; Campinas: Facamp, 2009. p. 7.

Segundo o texto citado, o processo de modernização brasileiro:

a) gerou desconfianças, visto que a população preferia manter os traços de caráter que geralmente atribuímos a nós mesmos, como a cordialidade, a criatividade e a tolerância.

b) foi entendido como resultado natural da superioridade da cultura brasileira, baseada em aspectos positivos e inclusivos, diferentes do restante do mundo.

c) foi desprezado pela maioria da população, já que mantinha as características mais negativas da nossa cultura, especialmente a cordialidade, considerada instável no mundo competitivo capitalista.

d) foi tratado com indiferença, na medida em que a maioria da população, apesar de alguma resistência inicial, preferiu aceitar o crescimento econômico como algo inevitável.

e) foi recebido pela população com otimismo, pois havia quem considerasse que o crescimento econômico ocorria em conjunto com a manutenção de nossas características culturais.

C5 – H21

85. (SM) Observe a charge abaixo:

Nosso século. São Paulo: Abril Cultural, 1980.

Ela se relaciona ao contexto histórico brasileiro, no qual:

a) ocorre a imposição do Estado Novo, quando o governo de Getúlio Vargas tornou-se ditatorial.
b) o governo de Eurico Dutra adere aos dos Estados Unidos no contexto da Guerra Fria.
c) houve um aprofundamento da ditadura militar no Brasil, com a imposição do Ato Institucional nº 5.
d) o presidente Fernando Collor determina o confisco dos recursos depositados nos bancos.
e) ocorre o fim da ditadura militar e os generais que exerceram a presidência foram expulsos do país.

C3 – H13

86. (Enem)

> Um gigante da indústria da internet, em gesto simbólico, mudou o tratamento que conferia à sua página palestina. O *site* de buscas alterou sua página quando acessada da Cisjordânia. Em vez de "territórios palestinos", a empresa escreve agora "Palestina" logo abaixo do logotipo.

BERCITO, D. Google muda tratamento de territórios palestinos. *Folha de S.Paulo*, 4 maio 2013. (Adaptado.)

O gesto simbólico sinalizado pela mudança no *status* dos territórios palestinos significa o:

a) surgimento de um país binacional.
b) fortalecimento de movimentos antissemitas.
c) esvaziamento de assentamentos judaicos.
d) reconhecimento de uma autoridade jurídica.
e) estabelecimento de fronteiras nacionais.

C3 – H13

87. (Enem)

> O ano de 1968 ficou conhecido pela efervescência social, tal como se pode comprovar pelo seguinte trecho, retirado de texto sobre propostas preliminares para uma revolução cultural: "É preciso discutir em todos os lugares e com todos. O dever de ser responsável e pensar politicamente diz respeito a todos, não é privilégio de uma minoria de iniciados. Não devemos nos surpreender com o caos das ideias, pois essa é a condição para a emergência de novas ideias. Os pais do regime devem compreender que autonomia não é uma palavra vã; ela supõe a partilha do poder, ou seja, a mudança de sua natureza. Que ninguém tente rotular o movimento atual; ele não tem etiquetas e não precisa delas".

Journal de la comune étudiante. Textes ET documents. Paris: Seuil, 1969. (Adaptado.)

Os movimentos sociais, que marcaram o ano de 1968:

a) foram manifestações desprovidas de conotação política, que tinham o objetivo de questionar a rigidez dos padrões de comportamento social fundados em valores tradicionais da moral religiosa.

b) restringiram-se às sociedades de países desenvolvidos, onde a industrialização avançada, a penetração dos meios de comunicação de massa e a alienação cultural que deles resultava eram mais evidentes.

c) resultaram no fortalecimento do conservadorismo político, social e religioso que prevaleceu nos países ocidentais durante as décadas de 1970 e 1980.

d) tiveram baixa repercussão no plano político, apesar de seus fortes desdobramentos nos planos social e cultural, expressos na mudança de costumes e na contracultura.

e) inspiraram futuras mobilizações, como o pacifismo, o ambientalismo, a promoção da equidade de gêneros e a defesa dos direitos das minorias.

C5 – H22

88. (SM) Leia o texto abaixo:

> A década de 1960 do século passado significou para a América Latina desenvolvimento, mas foi também o período da repressão das esperanças por regimes militares. Em seguida à Revolução Cubana, à Pedagogia dos Oprimidos e à Teologia da Libertação, vieram a morte de Che Guevara, o massacre na Praça de Tlatelolco, a repressão do movimento *Cordobazo* e da guerrilha urbana no Brasil e no Cone Sul. A década de 1980 foi marcada por novas esperanças, desencadeadas pela vitória da guerrilha sandinista na Nicarágua, em 1979, e pelo fim paulatino dos regimes autoritários em muitos países. Nesse período, o mote das feministas chilenas, "democracia no país e democracia em casa", tornou-se o símbolo dos movimentos feministas em toda a América Latina, que desempenharam um importante papel naquela fase de transição.
>
> POTTHAST, Barbara. Democracia no país e democracia em casa. *Humboldt*, Goethe Institut, 2008. Disponível em: <www.goethe.de>. Acesso em: 22 nov. 2013.

O exemplo do movimento das mulheres chilenas, citado no texto, demonstra que:

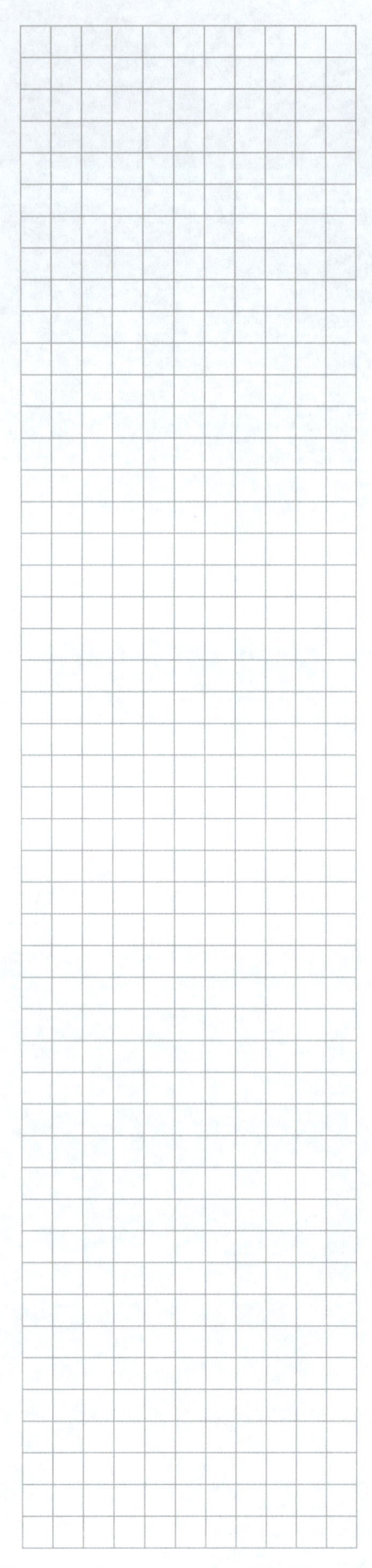

a) a reconstrução da identidade das mulheres engajadas em movimentos feministas foi fundamental para que elas tivessem papel destacado na luta pela redemocratização dos países latino-americanos.

b) depois de muito tempo sem interesse em política, as mulheres da América Latina resolveram participar do debate sobre a redemocratização dos países que viveram sob regimes ditatoriais entre as décadas de 1960 e 1980.

c) o fracasso da luta contra as ditaduras latino-americanas se deve muito ao fato de as mulheres terem se desviado do problema principal e se preocupado mais com a "democracia em casa".

d) a participação feminina em vários movimentos de resistência à ditadura na América Latina foi fundamental para que as democracias retornassem, porém foi necessário sacrificar as lutas pela igualdade de gênero.

e) o desenvolvimento econômico associado ao fim das ditaduras latino-americanas beneficiou as mulheres, que puderam se dedicar às lutas pela "democracia em casa", sem se preocupar com a "democracia no país".

C5 – H22

89. (Enem)

> Tendo encarado a besta do passado olho no olho, tendo pedido e recebido o perdão e tendo feito correções, viremos agora a página – não para esquecê-lo mas para não deixá-lo aprisionar-nos para sempre. Avancemos em direção a um futuro glorioso de uma nova sociedade sul-africana, em que as pessoas valham não em razão de irrelevâncias biológicas ou de outros estranhos atributos, mas porque são pessoas de valor infinito criadas à imagem de Deus.

Desmond Tutu, no encerramento da comissão da verdade na África do Sul. Disponível em: <http://td.camera.leg.br>. Acesso em: 17 dez. 2012. (Adaptado.)

No texto, relaciona-se a consolidação da democracia na África do Sul à superação de um legado:

a) populista, que favorecia a cooptação de dissidentes políticos.

b) totalitarista, que bloqueava o diálogo com os movimentos sociais.

c) degregacionista, que impedia a universalização da cidadania.

d) estagnacionista, que disseminava a pauperização social.

e) fundamentalista, que engendrava conflitos religiosos.

C3 – H13

90. (Enem)

Movimento dos Caras-Pintadas

Disponível em: <http://www1.folha.uol.com.br>.
Acesso em: 17 abr. 2010. (Adaptado.)

O movimento representado na imagem, do início dos anos de 1990, arrebatou milhares de jovens no Brasil. Nesse contexto, a juventude, movida por um forte sentimento cívico:

a) aliou-se aos partidos de oposição e organizou a campanha Diretas Já.

b) manifestou-se contra a corrupção e pressionou pela aprovação da Lei da Ficha Limpa.

c) engajou-se nos protestos-relâmpago e utilizou a internet para agendar suas manifestações.

d) espelhou-se no movimento estudantil de 1968 e protagonizou ações revolucionárias armadas.

e) tornou-se porta-voz da sociedade e influenciou o processo de *impeachment* do então presidente Collor.

C2 – H7

91. (Enem)

> A bandeira da Europa não é apenas o símbolo da União Europeia, mas também da unidade e da identidade da Europa em sentido mais lato. O círculo de estrelas douradas representa a solidariedade e a harmonia entre os povos da Europa.
>
> Disponível em: <http://europa.eu/index_pt.htm>.
> Acesso em: 29 abr. 2010. (Adaptado.)

A que se pode atribuir a contradição intrínseca entre o que propõe a bandeira da Europa e o cotidiano vivenciado pelas nações integrantes da União Europeia?

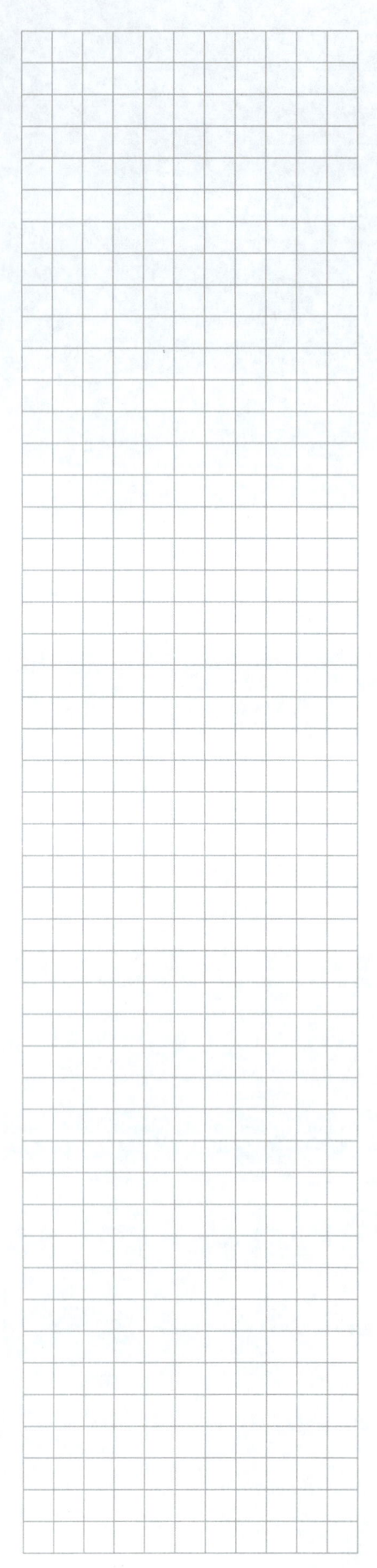

a) Ao contexto da década de 1930, no qual a bandeira foi forjada e em que se pretendia a fraternidade entre os povos traumatizados pela Primeira Guerra Mundial.

b) Ao fato de que o ideal de equilíbrio implícito na bandeira nem sempre se coaduna com os conflitos e rivalidades regionais tradicionais.

c) Ao fato de que Alemanha e Itália ainda são vistas com desconfiança por Inglaterra e França mesmo após décadas do final da Segunda Guerra Mundial.

d) Ao fato de que a bandeira foi concebida por portugueses e espanhóis, que possuem uma convivência mais harmônica do que as demais nações europeias.

e) Ao fato de que a bandeira representa as aspirações religiosas dos países de vocação católica, contrapondo-se ao cotidiano das nações protestantes.

C2 – H7

92. (SM) Leia o texto a seguir:

> A China anunciou [...] que dobrará, para 20 bilhões de dólares, seus créditos à África e se comprometeu a fazer com que seus investidores também beneficiem os africanos, em uma decisão que coroa a presença crescente da segunda economia mundial no continente.
>
> Desde 2009, a China é o principal sócio comercial da África. O intercâmbio comercial entre China e a África alcançou 166,3 bilhões de dólares [em 2011], uma alta de 83% em relação a 2009, segundo o Ministério do Comércio chinês, que indica que a China se tornou o primeiro sócio comercial da África.

China anuncia 20 bilhões de dólares para investimentos na África. *Jornal Correio Braziliense*, 19 jul. 2012. Disponível em: <www.correiobraziliense.com.br>. Acesso em: 21 nov. 2013.

O aumento dos investimentos chineses no continente africano se deve, entre outros fatores:

a) à necessidade de políticas humanitárias na África para redução da pobreza e da mortalidade infantil.

b) às necessidades chinesas de novas fontes de alimentos e matérias-primas, abundantes na África.

c) ao fato de a China buscar enfraquecer a significativa presença estadunidense na África.

d) ao interesse africano de procurar novos parceiros comerciais que não queiram apenas explorá-la.

e) ao fracasso das parcerias que a China mantinha com a Rússia, a Índia e o Brasil.

C4 – H20

93. (SM) Leia o texto a seguir:

> A aceleração das inovações tecnológicas se dá agora numa escala multiplicativa, uma autêntica reação em cadeia, de modo que em curtos intervalos de tempo o conjunto do aparato tecnológico vigente passa por saltos qualitativos em que a ampliação, a condensação e a miniaturização de seus potenciais reconfiguram completamente o universo de possibilidades e expectativas, tornando-o cada vez mais imprevisível e incompreensível. Sendo assim, sentimo-nos incapazes de prever, resistir ou entender o rumo que as coisas tomam, tendemos a adotar a tradicional estratégia de relaxar e gozar. Deixamos para pensar nos prejuízos depois, quando pudermos. Mas o problema é exatamente esse: no ritmo em que as mudanças ocorrem, provavelmente nunca teremos tempo para parar e refletir, nem mesmo para reconhecer o momento em que já for tarde demais.
>
> SEVCENKO, Nicolau. *A corrida para o século XXI*: no *loop* da montanha-russa. São Paulo: Companhia das Letras, 2001. p. 16-17.

Seguindo a argumentação do autor, podemos dizer que a sociedade, na transição do século XX para o século XXI:

a) está completamente satisfeita com a onda de inovações tecnológicas que ocorrem atualmente.

b) encontra-se perdida, mas começa a questionar o futuro do planeta, refletindo sobre as consequências do crescimento econômico desenfreado.

c) prefere acompanhar os acontecimentos à distância e não vivenciá-los de forma a sentir todo o prazer que as inovações tecnológicas poderiam proporcionar.

d) sente-se incapaz de reagir e de entender os acontecimentos e prefere, assim, experimentar o prazer das mudanças, sem refletir sobre elas.

e) nunca parou para refletir e, portanto, prefere resistir às mudanças.

C5 – H23

94. (SM) Leia o texto abaixo:

> Existem várias definições para o termo *bioética* [...]. Uma das mais completas diz que bioética é um conjunto de pesquisas, discursos e práticas, normalmente multidisciplinares, cuja finalidade é esclarecer e resolver questões éticas suscitadas pelos avanços e pela aplicação da medicina e da biologia. [...]

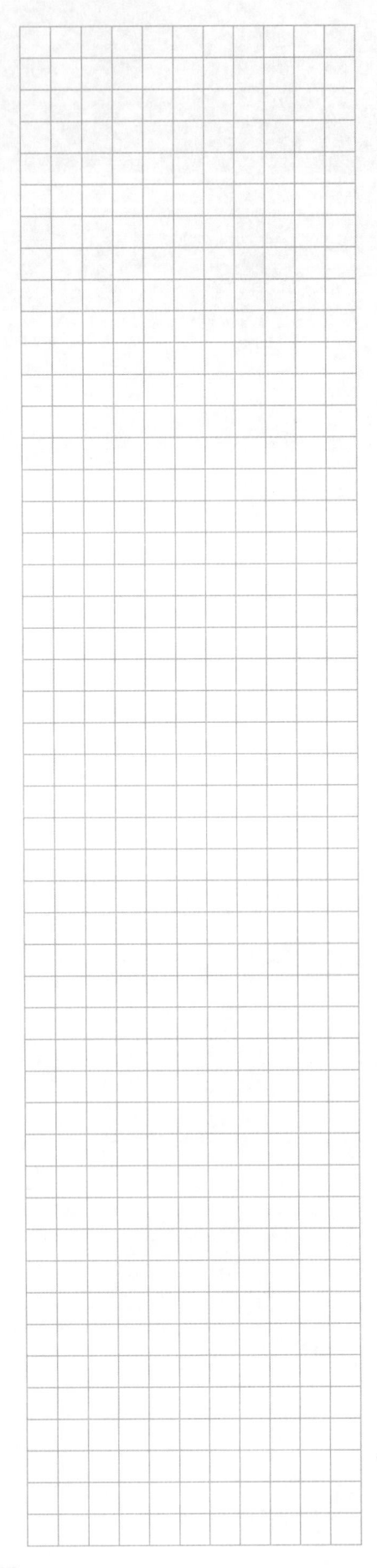

Entre os temas abordados, sobressaem-se o aborto, a eutanásia, os transgênicos, a fertilização *in vitro*, a clonagem e os testes com animais.

A bioética é um campo de estudo propício ao embate de grupos de interesses distintos, como indústrias farmacêuticas, laboratórios de biotecnologia, organizações ambientalistas, associações de consumidores e entidades de classe. [...]

VASCONCELOS, Yuri. O que é bioética?, *Planeta Sustentável*, Abril, jan. 2008. Disponível em: <www.planetasustentavel.abril.com.br>. Acesso em: 23 nov. 2013.

Considerando a definição de bioética acima, analise os itens a seguir:

I. A preocupação com questões éticas na aplicação da ciência ganhou importância nos últimos anos em razão do avanço das pesquisas científicas. Estas permitem, por exemplo, práticas de fertilização laboratorial e clonagem, que atualmente é feita em animais, mas, no futuro, pode ser aplicada em seres humanos.

II. As organizações ambientalistas são as mais interessadas em debates de natureza bioética, já que as instituições de pesquisa, por exemplo, sempre se opõem a esse tipo de debate público.

III. A possibilidade de produção de alimentos geneticamente modificados se configura em um dos temas mais importantes no campo da bioética. Entretanto, o debate tem sido boicotado pelos países pobres, que podem se beneficiar com o aumento produtivo, a despeito dos potenciais riscos à saúde humana que esses alimentos podem provocar.

IV. A utilização de animais em pesquisas científicas para a produção de medicamentos ou, até mesmo, para a geração de novos cosméticos é um dos assuntos que mais dividem as opiniões daqueles que se envolvem com as discussões bioéticas.

São corretos apenas os itens:

a) I e II.
b) III e IV.
c) I e IV.
d) II e III.
e) II e IV.

C5 – H22

95. (Enem)

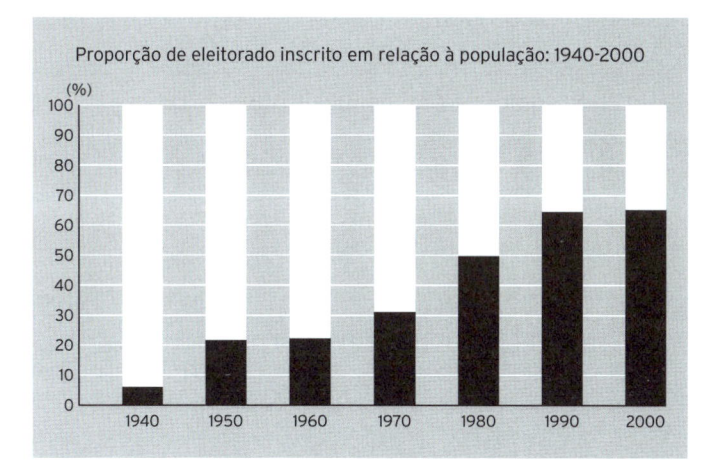

Proporção de eleitorado inscrito em relação à população: 1940-2000

GOMES, A. et al. *A República no Brasil*. Rio de Janeiro: Nova Fronteira, 2002.

A análise do gráfico permite identificar um intervalo de tempo no qual uma alteração na proporção de eleitores inscritos resultou de uma luta histórica de setores da sociedade brasileira. O intervalo de tempo e a conquista estão associados, respectivamente, em:

a) 1940-1950 – direito de voto para os ex-escravos.
b) 1950-1960 – fim do voto secreto.
c) 1960-1970 – direito de voto para as mulheres.
d) 1970-1980 – fim do voto obrigatório.
e) 1980-1996 – direito de voto para os analfabetos.

C3 – H11

96. (SM) A Organização Internacional do Trabalho (OIT) considera que ocorre trabalho infantil quando o trabalhador tiver idade inferior à exigida pela legislação do país. No Brasil, essa idade mínima é de 16 anos. Segundo o Censo Demográfico realizado pelo Instituto Brasileiro de Geografia e Estatística (IBGE), em 2010 havia no Brasil 3,4 milhões de crianças trabalhando ilegalmente. Diante desse quadro, é papel do Estado brasileiro agir no sentido de eliminar a prática do trabalho infantil. Entre diversas ações possíveis, consideram-se as mais eficazes aquelas que promovam:

a) formas de incentivo ao trabalho doméstico.
b) programas de aumento salarial aos adolescentes.
c) aumento de vagas nas escolas no período noturno.
d) programas que contribuam para a diminuição da gravidez na adolescência.
e) políticas de combate à pobreza e à desigualdade social.

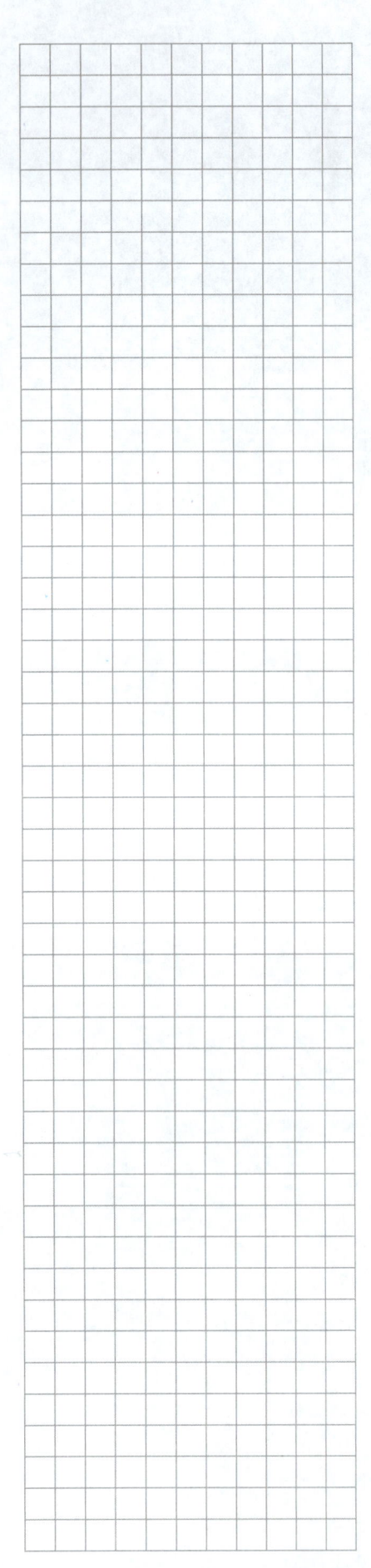

C2 – H8

97. (SM) Observe os dados abaixo sobre a desigualdade social no Brasil e leia o texto:

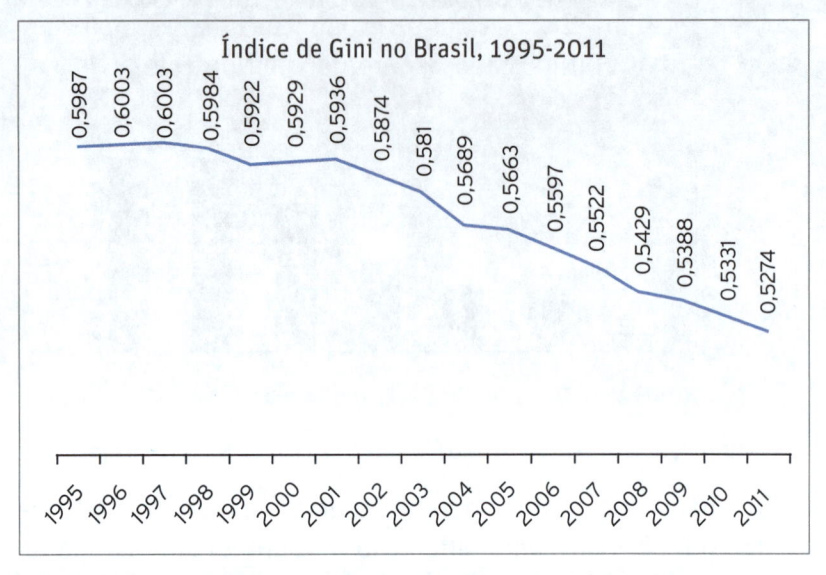

Índice de Gini no Brasil, 1995-2011

Ano	Índice
1995	0,5987
1996	0,6003
1997	0,6003
1998	0,5984
1999	0,5922
2000	0,5929
2001	0,5936
2002	0,5874
2003	0,581
2004	0,5689
2005	0,5663
2006	0,5597
2007	0,5522
2008	0,5429
2009	0,5388
2010	0,5331
2011	0,5274

Fonte de pesquisa: Comunicados do IPEA (Instituto de Pesquisas Econômicas Aplicada). *A década inclusiva (2001-2011)*: desigualdade, pobreza e políticas de renda. Brasília, 25 set. 2012. p. 9. Disponível em: <www.ipea.gov.br>. Acesso em: 18 nov. 2013.

Brasil atingiu em 2011 a menor desigualdade social da história, diz IPEA

O salário dos 10% mais pobres da população brasileira cresceu 91,2% entre 2001 e 2011. O movimento engloba cerca de 23,4 milhões de pessoas saindo da pobreza. Já a renda dos 10% mais ricos aumentou 16,6% no período, de forma que a renda dos mais pobres cresceu 550% sobre o rendimento dos mais ricos, segundo dados divulgados nesta terça-feira pelo Instituto de Política Econômica Aplicada (Ipea). [...]

O crescimento dos salários é o principal indicador para a melhoria, aponta o estudo. É o que responde por 58% da diminuição da desigualdade. Em segundo lugar vem os rendimentos previdenciários, com 19% de contribuição, seguido pelo Bolsa Família, com 13%. Os 10% restantes são benefícios de prestação continuada e outras rendas. [...]

O recorte por regiões mostra que no Nordeste a renda subiu 72,8%, enquanto no Sudeste cresceu 45,8%, sempre no mesmo período de comparação. [...]

MARCHESINI, Lucas. País atingiu em 2011 a menor desigualdade social da história, diz IPEA. *Jornal Valor Econômico*. 25 set. 2012. Disponível em: <www.valor.com.br>. Acesso em: 18 nov. 2013.

O texto citado revela que:

a) a desigualdade social caiu de maneira significativa, possivelmente como resultado da melhoria dos salários e das políticas de transferência de renda, sobretudo no Nordeste.

b) a desigualdade social manteve-se em queda, principalmente em razão das políticas públicas liberais implementadas nos últimos anos, sobretudo no Nordeste.

c) a melhora das condições sociais no país foi resultado do fracasso das políticas públicas de controle da inflação e de distribuição de renda, não somente no Nordeste.

d) a queda dos índices de desigualdade social no Brasil se deve somente ao aumento da oferta de empregos verificado na Região Nordeste.

e) a queda na desigualdade social foi resultado de fatores externos, especialmente o longo período sem crises econômicas significativas e o fim da seca no Nordeste.

C3 – H14

98. (Enem)

Texto I

A nossa luta é pela democratização da propriedade da terra, cada vez mais concentrada em nosso país. Cerca de 1% de todos os proprietários controla 46% das terras. Fazemos pressão por meio da ocupação de latifúndios improdutivos e grandes propriedades, que não cumprem a função social, como determina a Constituição de 1988. Também ocupamos as fazendas que têm origem na grilagem de terras públicas.

Disponível em: <www.mst.org.br>. Acesso em: 25 ago. 2011. (Adaptado.)

Texto II

O pequeno proprietário rural é igual a um pequeno proprietário de loja: quanto menor o negócio, mais difícil de manter, pois tem de ser produtivo e os encargos são difíceis de arcar. Sou a favor de propriedades produtivas e sustentáveis e que gerem empregos. Apoiar uma empresa produtiva que gere emprego é muito mais barato e gera muito mais do que apoiar a reforma agrária.

Lessa, C. Disponível em: <www.observadorpolitico.org.br>. Acesso em: 25 ago. 2011. (Adaptado.)

Nos fragmentos dos textos, os posicionamentos em relação à reforma agrária se opõem. Isso acontece porque os autores associam a reforma agrária, respectivamente, à:

a) redução do inchaço urbano e à crítica ao minifúndio camponês.

b) ampliação da renda nacional e à prioridade ao mercado externo.

c) contenção da mecanização agrícola e ao combate ao êxodo rural.

d) privatização de empresas estatais e ao estímulo ao crescimento econômico.

e) correção de distorções históricas e ao prejuízo ao agronegócio.

C2 – H8

99. (SM) Observe a imagem e analise os dados da tabela a seguir.

| As dez maiores favelas brasileiras em 2010 ||||
Posição	Estado	Nome da favela	População
1º	RJ	Rocinha	69 161
2º	DF	Sol Nascente	56 483
3º	RJ	Rio das Pedras	54 793
4º	MA	Coroadinho	53 945
5º	PA	Baixadas da Estrada Nova Jurunas	53 129
6º	PE	Casa Amarela	53 030
7º	CE	Pirambu	42 878
8º	SP	Paraisópolis	42 826
9º	AM	Cidade de Deus	42 476
10º	SP	Heliópolis	41 118

Fonte de pesquisa: Garcia, Janaina. Habitantes de favelas brasileiras ganham menos que o salário mínimo, aponta Censo. UOL Notícias, 21 dez. 2011. Disponível em: <www.uol.com.br>. Acesso em: 20 dez. 2013.

Com base na análise da tabela e nos conhecimentos sobre o assunto, podemos considerar que alguns dos fatores responsáveis pelo processo de favelização no Brasil (foram)

a) as desigualdades sociais e regionais, que obrigaram milhares de pessoas a migrar em direção às grandes cidades em busca de melhores oportunidades, associada a uma oferta de empregos inferior à demanda e à falta de planejamento no processo de urbanização.

b) a falta de planejamento familiar entre a população de baixa renda.

c) o fracasso das políticas públicas de urbanização das favelas, decorrente da descrença da população na possibilidade de solução do problema por meio dessas políticas.

d) o aumento da pobreza, especialmente nos últimos anos, o que levou a população pobre a buscar essa alternativa de moradia que, até dez anos atrás, não existia no Brasil.

e) o crescimento da população urbana, resultado do declínio das atividades econômicas no campo, incapazes de atender satisfatoriamente as demandas do mercado interno.

C5 – H22

100. (SM) Observe a foto abaixo e analise as afirmações:

I. As manifestações de junho de 2013 no Brasil começaram como protesto contra o aumento do preço da tarifa de ônibus aliado à baixa qualidade do transporte público nas grandes cidades.

II. A maioria da população, influenciada pelos meios de comunicação, rejeitou as manifestações, consideradas por boa parte da opinião pública algo negativo para a imagem do país.

III. Os governantes adotaram imediatamente medidas em benefício da população. Os transportes públicos melhoraram de modo sensível e os investimentos na área social se transformaram em prioridade nas gestões públicas.

IV. Os protestos abordaram temas diversos que envolviam desde a luta contra a corrupção até a cobrança por maiores investimentos em educação e saúde pública.

No que se refere às Jornadas de Junho, manifestações que ocorreram em várias cidades brasileiras durante o mês de junho de 2013, são corretas somente as afirmações:

a) I e II.
b) III e IV.
c) I e IV.
d) II e IV.
e) I e III.

Gabarito

1. b
2. d
3. c
4. b
5. a
6. a
7. e
8. d
9. b
10. a
11. c
12. a
13. b
14. b
15. b
16. a
17. c
18. d
19. c
20. e
21. b
22. c
23. e
24. d
25. b
26. a
27. a
28. e
29. b
30. e
31. c
32. b
33. e
34. a
35. c
36. c
37. a
38. a
39. a
40. e
41. e
42. d
43. e
44. c
45. a
46. e
47. b
48. a
49. e
50. a
51. d
52. d
53. c
54. c
55. b
56. d
57. b
58. b
59. e
60. a
61. c
62. c
63. c
64. d
65. b
66. b
67. a
68. d
69. a
70. e
71. b
72. b
73. d
74. d
75. d
76. c
77. e
78. d
79. c
80. b
81. c
82. a
83. c
84. e
85. c
86. d
87. e
88. a
89. c
90. e
91. b
92. b
93. d
94. c
95. e
96. e
97. a
98. e
99. a
100. c